中国林业产业与林产品年鉴

YEARBOOK OF CHINA FOREST INDUSTRY

2016

国家林业局　编

STATE FORESTRY ADMINISTRATION

中国林业出版社

CHINESE FORESTRY PUBLISHING HOUSE

图书在版编目(CIP)数据

中国林业产业与林产品年鉴. 2016卷/国家林业局编. —北京：中国林业出版社，2017.6
ISBN 978-7-5038-9034-5

Ⅰ. ①中… Ⅱ. ①国… Ⅲ. ①林业经济－中国－2016－年鉴 ②林产品－中国－2016－年鉴
Ⅳ. ①F326.2-54 ②F426.88-54

中国版本图书馆CIP数据核字(2017)第123182号

责任编辑：易婷婷　周军见

出版　中国林业出版社(100009　北京西城区德内大街刘海胡同7号)
电话　(010)83143666
网址　http://lycb.forestry.gov.cn　**E-mail**：cfybook@163.com
发行　中国林业出版社
印刷　北京中科印刷有限公司
版次　2017年8月第1版
印次　2017年8月第1次
开本　889mm×1194mm　1/16
印张　55
字数　1590千字
定价　399.00元

ISBN 978-7-5038-9034-5

《中国林业产业与林产品年鉴》
编 委 会

《中国林业产业与林产品年鉴》(2016)
特约编委

《中国林业产业与林产品年鉴》(2016)
编辑部

总　编　辑：李金华　王　满

执行总编辑：王月华　奉国强

副 总 编 辑：毛炎新　崔　平

编辑部主任：奉国强

成　　　员：张英豪　刘艳平　邸萍萍　马龙波

宣为兰　文跃平　吴　琰　杨志梁

邓厚平　刘　鹏　刘易友　谢　忠

《中国林业产业与林产品年鉴》(2016)

分支主编

施　海　北京市园林绿化局
李俊柱　天津市林业局
韩振庭　河北省林业厅
蒲建民　河北省林业厅
张　雁　山西省林业厅
周　浩　山西省林业厅
张博文　内蒙古自治区林业厅
曲建军　辽宁省林业厅
高海山　辽宁省林业厅
祁永辉　吉林省林业厅
金元日　吉林省林业厅
张新国　延边朝鲜族自治州林管局
戴瑞山　延边朝鲜族自治州林管局
高　明　黑龙江省林业厅
陈凯声　黑龙江省林业厅
朱建华　上海市林业局
茅国梁　上海市林业局
王晓南　江苏省林业局
康志雄　浙江省林业厅
孙守胜　安徽省林业厅
黄先青　安徽省林业厅
章　纯　安徽省林业厅
邓荣佛　福建省林业厅
王　琅　江西省林业厅
蔡恒义　江西省林业厅
孙成南　山东省林业厅
肖武奇　河南省林业厅
彭锦云　湖北省林业厅
龚树立　湖南省林业厅
邹榜先　广东省林业厅
冷光明　广西壮族自治区林业厅
李儒法　海南省林业厅
张晓勇　重庆市林业局
兰雪莲　重庆市林业局
刘屈原　四川省林业厅
侯拥军　贵州省林业厅
李伟平　云南省林业厅
张海武　西藏自治区林业厅
范　彪　陕西省林业厅
高建玉　甘肃省林业厅
才让旦周　青海省林业厅
朱　斌　宁夏回族自治区林业厅
李　国　宁夏回族自治区林业厅
李建民　新疆维吾尔自治区林业厅
刘　炜　内蒙古大兴安岭重点国有林管理局
涂海萍　中国吉林森林工业(集团)总公司
孙立人　中国龙江森林工业(集团)总公司
李海波　中国龙江森林工业(集团)总公司
康文学　大兴安岭林业集团公司
罗　毅　新疆生产建设兵团林业局

《中国林业产业与林产品年鉴》(2016)

特约编辑

编 辑 说 明

一、《中国林业产业与林产品年鉴》是一部全面、系统、准确反映我国林业产业体系建设成就、机制、经验及其发展动态的大型资料性工具书。每年一卷，限收录上一年度信息与资料。

二、《中国林业产业与林产品年鉴》的基本任务是，宣传国家有关政策法规；收录各省(区、市)与国家森工企业林业产业发展动态及其先进地县(旗、市、区、局)经验和重点企业经营状况，林产品国际进出口贸易资料等。为我国林业现代化、参与国际竞争、面向市场、面向生产基层，提供专业化、精准的信息，推进林产业有一个大的提升。

三、第八卷(2016)根据国家林业局林策发〔2007〕117号通知要求，以2015年资料为主，全卷200多万字。

四、该卷(2016)编纂内容分六大部分：(一)特辑部分，收录国家领导人有关讲话，国家林业局主要文件等；(二)全国林业产业发展概述；(三)行业篇，包括木材、木材加工、果品、花卉、林下产品以及林产化工，森林旅游等林业产业支柱产业；(四)各省(区、市)林业产业，龙头企业及其品牌产品；(五)林产品主产县(旗、市、区、局)；(六)林产品进出口贸易资料。

五、该卷林业产业与林产品资料来源于《中国林业统计年鉴》《中国农业统计资料》、国家统计部门提供的数据资料，各省组织下属各县(旗、市、区、局)林业部门并经省、地、县三级审核的统计调查资料。

六、该卷所录资料均不含台湾省及香港、澳门特别行政区。

七、年鉴文字部分，实行条目编辑。条头设【】。条目标题力求简明、规范。且设黑体和楷体两级层次标题。全卷编排按内容分类。

八、年鉴编撰及资料收集，分别由各省(区、市)林业厅(局)、五大国有林区森工(林业)集团、兵团林业局和国家林业局有关司(局)及有关协会承担。

九、年鉴计量单位、文字撰稿、资料选用均执行国家现行立法规定。

十、条目、文章，一律署名，文责自负。

《中国林业产业与林产品年鉴》编辑部

《中国林业产业与林产品年鉴》编纂流程简图

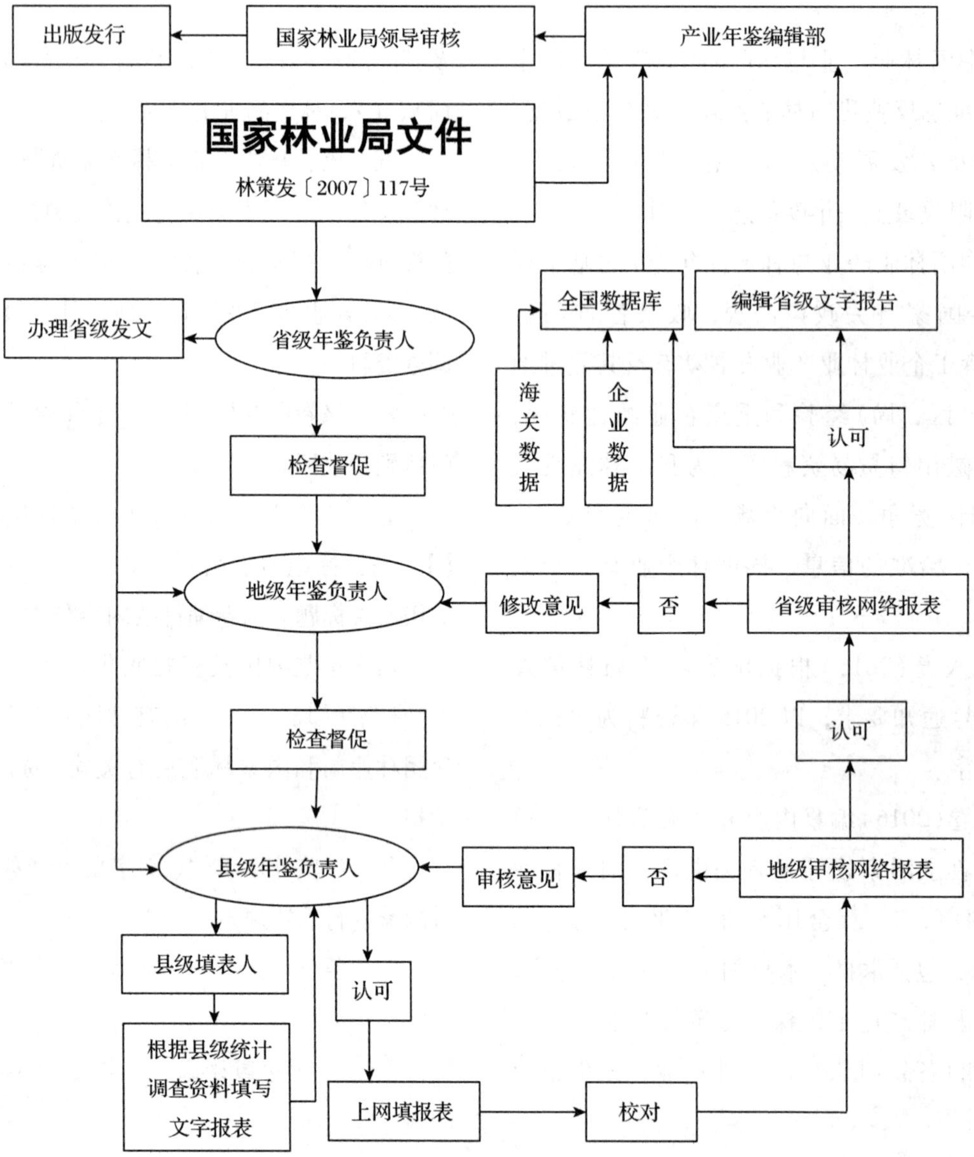

目　录

特　辑

中国林业产业综述与行业篇

各省(区、市)林业产业

林产品主产地及产量

林产品进出口

特　辑

SPECIAL

振奋精神　狠抓落实　全面完成今年林业改革发展任务

——在全国林业厅局长电视电话会议上的讲话

张建龙

(2015 年 7 月 23 日)

这次会议的主要任务是：深入学习领会习近平总书记系列重要讲话精神，认真贯彻落实党的十八大和十八届二中、三中、四中全会精神，总结上半年工作，部署下半年工作，确保全面完成全年工作任务，实现“十二五”圆满收官，同时谋划好“十三五”林业发展蓝图。为开好这次会议，国家林业局党组听取了各司局、各单位的汇报。刚才，7 个省(区)作了交流发言，听了很受启发，希望大家认真学习借鉴。下面，我讲三个问题：

一、上半年工作完成情况

上半年，全国林业系统深入学习领会习近平总书记系列重要讲话精神，按照党中央、国务院的决策部署和全国林业厅局长会议的总体安排，全力推进生态林业民生林业建设，各项工作取得了明显成效。

(一)林业改革全面推进。党中央、国务院印发了《国有林场改革方案》和《国有林区改革指导意见》，国务院专门召开电视电话会议进行部署，我局会同国家发改委制定了分工方案，国有林场和国有林区改革正式启动。印发了《国有林场改革试点验收办法》，制定了《国有林场岗位设置管理指导意见》，12 个省份制定了国有林场改革实施方案。东北、内蒙古重点国有林区全面停止了天然林商业性采伐，启动了森林资源管理与利用分开试点。国有林场和国有林区道路纳入相关公路网规划，金融机构债务问题正在抓紧解决。集体林权制度改革确定了 30 个综合改革试验示范区，林业专业合作组织近 16 万家，经营林地 2.4 亿亩*。累计取消下放行政审批事项 42 项，占原有总数的 43.8%。完成了非行政许可审批事项清理工作，取消下放 35 项，其余 22 项调整为内部审批或列入其他行政权力。制定了《规范和改进行政审批工作总体方案》，开展了行政审批中介服务、工商登记前置审批事项、职业资质资格等清理规范工作。参与起草了《生态文明体制改革实施方案》以及党政领导干部生态环境损害责任追究办法与自然资源资产离任审计试点方案，开展了建立国家公园体制试点，启动了林业自然资源资产负债表编制工作。

(二)造林绿化扎实开展。全国共完成造林 5437 万亩，占全年计划的 57%；完成森林抚育 6301 万亩，占全年计划的 60%。成功举办共和国部长义务植树、国际森林日植树等活动，第三届中国绿化博览会筹备工作基本就绪。全国林木种子样品合格率 88.3%，苗木合格率 91.4%。三北工程新增两个百万亩人工林基地建设项目，启动了退化林分提质性修复试点，完成全年计划任务的 78%。长江流域等防护林工程、河北坝上地区退化林分改造试点已完成全年任务。下达退耕还林任务 1000 万亩，通过签订责任书、召开调度会、建立定期报告制度等措施，大力推进任务落实。京津风沙源治理工程林业建设任务已完成 61%，石漠化综合治理工程造林任务全部完成。制定了《国家储备林管理办法》，启动了利用国家开发银行贷款建设国家储备林基地试点，建设国家储备林近 600 万亩。推动了国有林场场外造林，确定了 28 家试点示范林场。碳汇造林快速发展，土地利用变化与林业碳汇计量监测试点顺利推进，林业

* 1 亩≈0.067 公顷。

碳汇交易日益活跃。

（三）资源保护力度不断加大。各地加快划定林业生态红线，有的省制定了林业生态红线党政领导干部问责办法。起草了《全国天然林保护实施意见》，完善了天然林保护工程核查指标体系，工程区17.3亿亩森林得到有效保护。开展了第九次全国森林资源连续清查和“十三五”期间年森林采伐限额编制工作，出台了《建设项目使用林地审核审批管理办法》。开展了非法侵占林地清理排查专项行动，共清理排查案件4.8万多起，涉及违法违规占用林地128.5万亩。启动了新一轮古树名木资源普查试点。印发了严格禁止围垦占用湖泊湿地的通知，30处国家湿地公园通过验收。成立了中国湿地保护协会和沿海湿地保护网络，开展了重要湿地健康功能价值评价和泥炭地调查。全国新增湿地保护面积450万亩，恢复湿地22.5万亩。制定了《国家沙化土地封禁保护区管理办法》，推进了沙化土地封禁保护试点和国家沙漠公园试点。

（四）野生动植物保护全面加强。习近平总书记、李克强总理等中央领导同志多次作出重要批示，明确要求加强野生动植物保护工作，有关部门专门制定了分工方案和贯彻措施。组织开展了“眼镜蛇三号行动”，严厉打击野生动植物非法贸易。决定暂停一年进口《濒危野生动植物种国际贸易公约》生效后所获的非洲象牙雕刻品，公开销毁了662公斤象牙及其制品，并宣布了加强象等野生动物保护的10项措施。加强了珍稀濒危物种拯救保护，开展了野生动物驯养繁殖单位清理整顿和第二次全国野生动植物资源调查。建立了全国林业自然保护区数据库，与有关部委联合下发了《关于进一步加强涉及自然保护区开发建设活动监督管理的通知》，并开展了专项检查。

（五）森林防火等灾害防控成效明显。全面落实森林防火行政首长负责制，各级领导亲自抓森林防火工作，在重要时段多次对森林防火工作进行部署并加强督促检查。及时发布火险预测预报，严格执行有火必报和热点核查零报告制度。18个省份开展了森林航空消防，共租用飞机108架次，飞行近2300小时。1～6月，全国发生森林火灾2667起，受害森林面积16.3万亩，伤亡26人，分别比去年同期下降21%、39%和74%。完成了《2011～2013年松材线虫病等重大林业有害生物防治目标责任书》履责整改工作，已有21个省份制定了落实国办《关于进一步加强林业有害生物防治工作的意见》的文件，加强了京津冀等区域重大林业有害生物联防联治。全国林业有害生物发生面积1.01亿亩，同比下降4.3%。认真开展陆生野生动物疫源疫病监测防控，妥善应对H5N1高致病性禽流感、大熊猫犬瘟热等16起野生动物疫情。全国共发生沙尘天气11次，次数和强度均低于近14年同期平均值。

（六）林业产业发展势头良好。1～6月，全国林业产业总产值2.39万亿元，同比增长12%，其中第三产业同比增长23.5%；林产品进出口贸易额664亿美元，与去年同期持平。认真落实国办《关于加快木本油料产业发展的意见》，油茶、核桃等木本油料生产基地建设快速推进，启动了第二批国家级核桃示范基地认定。制定了全国集体林地林下经济发展规划和林药林菌发展实施方案，确定了128个林下经济示范基地，开展了非木质林产品认证试点。全国林下经济总产值1943亿元，同比增长15%。完善了国家森林生态产品、林业生态原产地产品认定评定办法，开展了林产品质量提升行动。制定了《森林旅游标准化体系框架》，新增国家级森林公园28处。

（七）依法治林稳步推进。形成了森林法修改稿，野生动物保护法已上报全国人大环资委，种子法修改已经全国人大常委会第一次审议。湿地保护条例立法已与有关部门达成初步共识，退耕还林条例、天然林保护条例、大熊猫保护条例制修订工作稳步推进。共办理林业行政许可事项1945件、行政诉讼应诉案件4件，完成行政复议案10件，制定发布规范性文件9件。开展了林木采伐管理检查、征占用林地行政许可检查、防沙治沙执法年等活动，严厉打击各类违法犯罪活动。全国共办理林业行政案件10.6万起，森林、野生动物等刑事案件1.2万起，有效保护了森林资源。

（八）林业宣传工作深入开展。中央主流媒体刊发林业稿件6300多条（次）。新华社推出了《为了中华民族永续发展——习近平总书记关心生态文明建设纪实》。开展了各类主题宣传活动，围绕国有林场和林区改革、象等野生动植物保护、天然林保护、新一轮退耕还林等重点工作进行了深度报道，对中央6号文件、木本油料产业发展意见等文件进行了解读。发布了全国第四次大熊猫调查结果和生态建设与自然保护情况。协助举办了“森林中国·2014中国生态英雄”大型公益活动。开展了奋斗在林改一线的优秀大学生村官遴选宣传活动，举办了三北工程建设成就展、世界防治荒漠化和干旱日纪念活动。参与举办了生态文明贵阳国际论坛2015年年会。《论生态文明》被评为第二届全国党员教育培训优秀教材，中国林业出版社入选全国农家书屋建设优秀单位。

(九)林业国际合作逐步深化。利用各种多边、双边场合，积极应对国际打击野生动植物非法交易、打击木材非法采伐、应对气候变化等热点敏感问题。参加了联合国森林论坛第11届大会、湿地公约第12届缔约方大会和大森林论坛，推动建立国际森林治理体系。认真谋划第七轮中美战略与经济对话，就林业相关议题开展了对口磋商并取得积极成效。与英国、肯尼亚等国召开了多双边会议，与德国、南非、斐济、斯洛文尼亚、世界自然保护联盟等国家和国际组织签署了合作协议或行动计划。濒危物种进出口管理在便利服务、自身建设等方面取得积极进展。亚太森林组织成立了首届董事会及理事会，《运行章程》已经各方确认，国际化进程明显加快。林业应对气候变化工作稳步推进。荒漠化防治、两个境外林业合作项目分别纳入“一带一路”生态建设总体规划和重大项目库。亚欧林业示范项目进展顺利，林业援外工作全面展开。

(十)林业科技和信息化水平稳步提高。全面梳理了林业科技重大需求，并列入了国家重点研发计划相关专项动议。杨树、竹子、落叶松、牡丹通过科技部专家论证，为纳入国家转基因生物新品种培育重大科技专项迈出重要一步。新批准成立5个工程技术研究中心、2个生物产业基地和3个林产品质量检验检测中心，25个新建生态定位站纳入建设网络。发布了90项林业行业标准，成立了国际标准化组织(ISO)竹藤技术委员会。建立了国家林业科技推广成果库和项目库，加大了科技成果推广转化力度。编印了《生态文明制度构建中的中国森林资源核算研究》。我国森林认证体系获得40多个发达国家认可。印发了林业遗传资源保护与可持续利用行动计划，油茶、核桃等遗传资源调查编目工作进展顺利。开展了第三批林业知识产权试点，加大了植物新品种侵权行为打击力度。编制了林业云、物联网等专项规划，加强了卫星遥感、网络通信等现代信息技术在林业中的应用，“金林工程”、林业电子商务平台等重点项目建设加快推进。启动了第二批全国林业信息化示范市县和首批示范基地建设。中国林业网站群规模继续扩大，智慧化水平稳步提升，访问量近16亿人次。

(十一)政策资金保障能力不断提升。中央林业投入1071亿元，全国共完成林业投资1503亿元。落实国有林区停止天然林商业性采伐试点补助资金15.2亿元、国有林场改革补助资金36.3亿元。提高了国有国家级公益林补偿标准以及天然林保护工程森林管护费和社会保险补助标准，中央财政今年为此新增投入37亿元。下达林业贴息贷款计划290亿元，协调国家开发银行拟发放长期低息贷款，主要用于支持国家储备林建设和木本油料产业发展。安排林业棚户区(危旧房)改造任务7.7万户和中央投资12亿元，累计安排166.5万户和240亿元。中国绿化基金会和中国绿色碳汇基金会募集资金5262万元。修订了7个林业建设项目和工程建设管理规定，开展了资金稽查审计，项目和资金管理水平进一步提高。

(十二)机关队伍建设持续加强。严格落实中央八项规定精神，启动了“三严三实”专题教育，推进了“两转变、两服务”活动，党的群众路线教育实践活动成果不断巩固。成立了国家林业局党建工作领导小组，党建研究会平台作用日益显现。干部人事制度改革稳步推进，机构编制工作更加规范，事业单位分类方案已经确定。印发了《国家林业局干部培训班管理办法》，强化了干部管理监督、教育培训和人才队伍建设。开展了林业站重点工作质量效果跟踪调查，加强了林业站标准化建设和人员培训，全国乡镇林业站保持在2.5万个、11万人左右。认真落实党风廉政建设党委主体责任和纪委监督责任，干部廉洁从政意识明显增强。

二、下半年工作安排意见

下半年工作任务十分繁重，各地各单位要认真贯彻落实今年中央6号文件和12号文件精神，按照全国林业厅局长会议的安排部署，加强组织领导，强化工作措施，明确责任分工，狠抓工作落实，确保全面完成各项工作任务。

（一）全力推进林业改革。国有林场和国有林区改革要完成省级实施方案编制审批工作，明确改革时间表和路线图，争取尽快全面启动改革。国有林区改革方案要全面贯彻中央6号文件精神和汪洋副总理关于“保生存、卸包袱、求发展”的要求。要采取先易后难、逐一解决的方式积极推动改革，着力推进国有林区政企、政事、事企和管办“四分开”，创新森林资源管理体制和监管机制，开展监管机构垂直管理试点，加强森林资源培育和经营，抓好全面停伐后的产业转型，妥善安置林区富余职工，确保职工基本生活有保障、林区社会和谐稳定。国有林场改革要按照功能定位，合理界定国有林场属性，强化森林资源监管，抓好定编定岗、经费保障、富余职工分流安置等工作，完成改革试点验收。集体林权制度改革要争取国务院出台深化改革的文件，稳定家庭承包经营权，规范林权流转，培育新型经营主体，完善社会化服务体系，推动适度规模经营，提升林业发展效益。深化林业行政审批制度改革，再取消下放一批审批事项，对已取消下放审批事项加强监管。认真贯彻落实《生态文明体制改革实施方案》，参与做好自然资源资产产权制度建设、建立国家公园体制试点等工作，推动完善生态文明制度体系。

（二）全面完成造林绿化任务。造林任务已写入今年政府工作报告，是必须完成的硬任务。目前全国还有4000多万亩造林任务没有完成。造林任务比较重的省份，要加强组织领导和督促检查，强化责任落实，重点抓好雨季造林、秋冬季造林和补植补造，推进干旱半干旱地区造林，确保完成全年造林任务。国家林业局将加强调度督导，对造林进度慢、未按计划完成任务的省份进行通报。京津冀地区要大力推进造林绿化工作，确保在生态建设与保护方面率先取得突破。退耕还林要加快进度，同时编制好新一轮退耕还林实施方案，争取扩大退耕还林规模。三北、长江流域等重点防护林体系建设，要抓好退化防护林改造，谋划启动中俄界河、南水北调中线等防护林体系建设工程。全面完成京津风沙源治理工程林业建设任务，抓好沙化土地封禁保护试点。继续做好种苗供应工作，加强种苗市场监管，启动国家林木种质资源设施保存库建设，确保完成1000万亩国家储备林建设任务。抓紧修订《造林绿化规划纲要》，办好第三届中国绿化博览会，发布林业应对气候变化“十三五”行动要点、适应方案和政策与行动白皮书。

（三）着力提升森林资源质量。森林资源质量不高，是我国林业最突出的问题。提高森林资源质量，关键在于加强森林经营。国有林区和国有林场要发挥示范带头作用，东北、内蒙古重点国有林区要以林业局为单位抓紧科学编制森林经营方案，并严格以此开展森林经营活动。完成《全国森林经营规划（2016～2050年）》编制工作，建立国家、省、市、县四级森林经营规划体系。加强森林经营重大问题研究，健全森林经营技术标准体系。推进全国森林经营样板示范基地建设，完成中期评估和成效监测。各地要认真组织开展森林抚育，严格执行相关技术规程，努力提高森林抚育质量。

（四）严格保护林地等林业资源。林地是林业发展的根基，当前林地保护压力日益加大。要完善并严格实施国家、省、县三级林地保护利用规划，推进林地年度变更调查工作，核实划清林地与耕地、草地等土地的界限。强化林地用途管制，严格审核审批建设项目使用林地，加强对临时占用林地的监管，建立恢复林业生产条件验收制度。通报非法侵占林地清理排查专项行动结果，抓好跟踪问责和问题整改。对150个县和东北、内蒙古重点国有林区25个森工局开展森林资源管理检查，强化重大案件查处督办和责任追究。同时，要加强对森林、湿地和沙区植被的保护和管理。抓好天然林保护工程核查、绩效考评和效益监测，推动出台《全国天然林保护实施意见》。强化森林资源监督机制和监督网络建设，继续做好第九次全国森林资源连续清查工作，完成“十三五”森林采伐限额编制和报批工作，开展森林资源政府任期届中调查和“十二五”规划目标考核。推进古树名木资源普查试点，严格管理大树移植行为。抓好湿地保护恢复项目建设，严格保护湿地资源。

（五）切实加强野生动植物保护。习近平总书记明确要求，要抓住当前的有利条件，遵循规律、完善思路、创新举措，把野生动植物保护工作做好。各级林业部门要强化责任意识，加强协调沟通，更为主动做好野生动植物保护工作。要在普遍保护的基础上，加大大熊猫、东北虎豹、亚洲象等重点物种保护力度，争取将更多的珍稀濒危野生动植物纳入保护范围。认真落实象等野生动植物保护工作分工方案和具体措施，争取国务院出台加强野生动植物保护的文件，调整国家重点保护野生动物名录，推动建立国家野生动植物保护联席会议制度，完善部门间执法协调机制。加强野生动植物栖息地保护，强化对9个建立国家公园体制试点省份涉林工作的指导，着手规划建立几个以野生动物类型为主的国家公园，批准建立一批国家级自然保护区、湿地公园、沙漠公园，指定一批国际重要湿地，严肃查处违法开矿、修路、建电站等破坏自然保护区的行为，全面提升自然保护区建设和管理水平。

（六）扎实做好森林火灾等灾害防控工作。要层层落实责任，完善应急预案，提升防控能力，努力减少灾害损失。认真做好森林防火应急值守工作，加强火源管控和检查督导，全面消除火灾隐患。加强森林消防专业队、航空护林站基础设施建设，加大森林火灾综合防控力度。统筹安排森林防火力量，重兵出击，迅速扑救，确保不发生重特大森林火灾。推进林火预警监测、防火通信与信息指挥等项目建设，提升森林防火综合调度能力。修订《森林航空消防管理办法》，加快组建武警森林部队直升机支队飞行二大队，协调做好武警消防应急队组建和装备配备工作。报请国务院同意我局与各省级政府签订2015～2017年重大林业有害生物防治目标责任书，全面落实地方政府防治责任。修订《突发林业有害生物事件处置办法》。加大松材线虫病、美国白蛾、鼠兔害防治督导力度，做好林业有害生物监测普查。继续加强野生动物疫源疫病监测防控，制定突发疫情应急预案。

（七）加快发展林业产业。我国已成为林业产业大国，但产业素质不高，产业结构不合理，必须加快转型升级和提质增效。加强宏观指导和政策扶持，优化发展环境，促进产业龙头化、集群化、特色化、品牌化发展，努力把我国建设成为林业产业强国。要积极发展木本粮油、经济林、森林旅游、竹藤花卉、生物质能源、生物材料等产业，促进传统产业改造升级，抢占新兴产业战略制高点。编制《全国林业产业“十三五”发展规划》和油茶、核桃等专项规划，出台《关于整合和统筹资金支持贫困地区油茶核桃等木本油料产业发展的指导意见》。制定《全国木材经营加工管理办法》，推进产业示范园区、林下经济示范基地、核桃示范基地、森林生态产品体系建设。建设全国重点林产品市场监测预警系统，加强林产品质量监管。抓好标准化示范企业和国家林业重点龙头企业认定工作，成立林业龙头企业联盟。开展林业企业信用评级，办好第八届中国义乌国际森林产品博览会、第二届中国森林食品交易博览会、中原花木交易博览会等林业展会。

（八）高度重视林业宣传工作。要善用各种媒体，更新宣传观念，既坚持正面宣传为主，又敢于主动揭露矛盾和问题，积极回应社会关切，让全社会更好地了解林业。认真开展百家媒体百名记者进林场、青春舞动绿丝路等宣传活动。继续办好《绿色时空》《绿野寻踪》栏目，联合凤凰卫视推出电视专题片《绿色梦》第四季，拍摄制作一批林业和生态文明题材的影视作品。深入推进森林城市创建工作，广泛开展青少年生态文明体验成果展示等活动。推动出版党和国家领导人论生态文明建设和论三北防护林体系建设两本文献，出版《绿水青山——建设美丽中国纪实》《中国湿地资源系列图书》。制定《中国生态文化发展纲要(2016～2020年)》，推进森林文化价值评估研究。组织生态文化村、生态文化示范基地评选和造林绿化评比表彰，办好第四届中国湿地文化节、2015年中国森林旅游节和第七届中国生态文化高峰论坛，认真筹备2016唐山世界园艺博览会。

（九）深入开展国际交流合作。林业国际合作是国家外交的组成部分，也是推动林业发展的重要力量。要主动参与国际林业治理，妥善应对各种涉林敏感问题，学习借鉴国际林业先进理念和经验技术。做好世界林业大会、世界林火大会、世界竹子大会等重要国际会议参会准备工作。科学谋划“一带一路”林业国际合作，推动亚太经合组织林业合作和中国—中东欧林业合作机制建设，办好世界生态系统大会、南非“中国年”活动和第五届库布其国际沙漠论坛。继续推动亚太森林组织国际化，加快推进中美共建中国园、国际竹藤组织青岛科技基地项目建设。加强与非政府组织合作，推动国家林业局加入世界自然保护联盟。抓好欧投行、世行、亚行、GEF 等林业项目建设，争取启动一批新的贷款项目。继续做好荒漠化防治、野生动物保护等援外项目建设和培训工作，加快林业“走出去”步伐。

（十）大力加强林业法治建设。着力完善林业法律法规体系，加快推动森林法、野生动物保护法、种子法修订工作，做好湿地、天然林、大熊猫等保护条例的起草和报审工作。印发实施《全面推进林业法治建设的实施意见》。加强执法监管，严厉打击破坏林业资源的违法违规行为。做好规范性文件审查和专项清理工作，坚决杜绝通过文件设定行政审批、限定资质资格、增设中介服务壁垒等做法。认真办理行政复议案件，适应行政诉讼由审查制改为登记制的需要，积极做好行政诉讼应诉工作。加强普法宣传教育，增强林业干部职工和社会公众法律意识和法治观念。

（十一）不断提升科技和信息化水平。科技和信息化是林业现代化的强大动力，也是衡量林业生产力水平的重要指标。要推进林业科技体制改革，加强专项研究和科技攻关，增强林业科技创新能力，抓好成果转化和推广应用，提升林业科技进步贡献率。继续开展林业科技特派员科技创业行动，制定加强林业标准化和科普工作的意见。推进森林认证制度试点，强化林业植物新品种保护。推动现代信息技术与林业深度融合，把信息化贯穿林业建设和管理全过程，全面提升林业信息化水平。推进“金林工程”建设，加快发展林业电子商务，推动重点林产品信息综合服务、质量追溯平台和林业财政专项资金、野生动植物进出口审批等信息系统建设。抓好中国林业网普查，加强网络信息安全和运维保障，推进林业电子政务内网和异地容灾备份建设。

（十二）积极争取政策资金支持。林业发展既要积极争取政府增加投入，建立长期稳定的政策和资金投入机制，又要创新投融资方式，多渠道筹措资金，解决投入不足问题。要保障各项改革顺利推进，完善全面停止天然林商业性采伐补助政策，提高森林管护费和社会保险补助费标准，争取落实富余人员安置、职工提前退休、金融债务化解等政策。提高森林植被恢复费征收标准，出台规范政策性森林保险工作的指导意见。推动建立荒漠生态效益补偿制度和防沙治沙奖励补助政策。统筹安排各类营造林资金，探索差异化营造林投入政策，北方地区要加大人工造林投资力度，逐步提高中央投资补助标准，加快百万亩人工林基地建设；南方地区要将投入重点转移到提质增效上来，增加森林可持续经营投入，加大对混交林培育、储备林建设和退化防护林改造的资金扶持力度。适时改进国家造林生产计划编制方式，探索编制三年滚动营造林生产计划。加快推进林业装备现代化，加大森林防火、林业有害生物防治、基层站所、科研监测、信息化等投入力度，争取开辟国有林区防火道路投资渠道。会同财政部出台林业领域推广政府和社会资本合作（PPP）模式的指导意见，与国家开发银行签署共同推进国家储备林建设、木本油料等重点领域建设合作协议。强化林业资金和项目管理，加大资金稽查监管力度，确保资金安全有效运行。

（十三）全面加强干部队伍建设。加强干部队伍建设，是落实全面从严治党的必然要求，也是推动林业发展的根本保障。要重点抓好“三严三实”专题教育，加强理想信念和党规党纪教育，开展社会主义核心价值观宣讲活动，努力提高党员干部的责任意识、担当意识、法纪意识和工作能力。加强领导班子和干部队伍建设，从严监督管理干部，强化正确用人导向。推进人才库建设和高层次专业技术人才培养引进，出台加快发展林业职业教育的意见，做好干部培训教育工作。探索建立定向招生、合作办校等机制，加大基层专业人才队伍培养力度。制定进一步加强林业工作站建设的意见，稳定基层林业机构队伍，提高公共管理服务能力。全面落实党风廉政建设责任制，持之以恒落实中央八项规定精神，加大违纪违法案件查处力度，为林业改革发展营造风清气正的良好环境。

三、科学谋划“十三五”林业改革发展问题

“十三五”是协调推进“四个全面”战略布局的重要时期，也是林业改革发展的关键阶段。当前，全国正在认真谋划“十三五”发展蓝图。各级林业部门要高度重视，集中力量，认真研究“十三五”林业改革发展问题。力争通过今后五年的努力，如期实现2020年各项林业改革发展目标，进一步提升我国林业现代化水平，为全面建成小康社会、建设生态文明和美丽中国作出新的更大贡献。

（一）深入学习领会习近平总书记系列重要讲话精神。党的十八大以来，习近平总书记关于生态文明建设和林业改革发展的重要讲话、指示、批示达70多次，提出了许多重大战略思想，这是做好各项林业工作的根本指针，我们一定要深入学习、认真落实。一要深入学习领会习近平总书记关于生态文明建设和林业改革发展的重大战略思想。习近平总书记强调：生态兴则文明兴、生态衰则文明衰；保护生态环境就是保护生产力，改善生态环境就是发展生产力；良好生态环境是最公平的公共产品，是最普惠的民生福祉；既要金山银山，又要绿水青山，宁要绿水青山，不要金山银山，绿水青山就是金山银山；环境就是民生，青山就是美丽，蓝天也是幸福。这些重要论述，既有对人类文明发展规律、经济社会发展规律的准确把握，又有对人与自然、生态环境与生产力、保护生态与发展经济之间关系的科学认识，还有对增添民生福祉和实现中华民族永续发展的深谋远虑。我们要认真学习领会，真正做到内化于心、外化于行，成为践行中国特色社会主义生态观的引领者和推动者。二要切实增强推动林业改革发展的责任感和使命感。习近平总书记强调：森林是国家、民族最大的生存资本，是人类生存的根基；林业建设是事关经济社会可持续发展的根本性问题；全面深化林业改革，创新林业治理体系；缺林少绿依然是一个迫切需要解决的重大现实问题，我们必须强化绿色意识，加强生态恢复、生态保护，这是个历史性时刻；为全面建成小康社会、实现中华民族伟大复兴的中国梦不断创造更好的生态条件。这些重要论述，既有对林业地位作用的准确定位，又有对全国生态状况的科学判断，还有对林业改革发展的明确要求。我们要牢记职责使命，勇挑历史重担，把差距当潜力，把压力变动力，全面提升我国林业发展水平。三要用习近平总书记系列重要讲话精神统领林业工作全局。习近平总书记系列重要讲话，是中国特色社会主义理论体系的重要内容，是马克思主义中国化的最新成果。广大林业干部职工要用这些最新理论成果武装头脑，真正把思想和行动统一到讲话精神上来，把各项指示要求落实到实际工作中去，指导和推动我国林业改革发展迈上新的台阶。

（二）准确把握林业形势与任务。当前，我国经济发展进入新常态，生态文明建设进入新阶段，党中央、国务院对林业工作高度重视，社会各界对生态问题日益关注，人民群众对良好生态需求更加迫切，林业改革发展的内外部环境正在发生深刻变化。认真研判和准确把握这些新变化新趋势，对于科学谋划“十三五”乃至今后一个时期的林业工作至关重要。一要认真分析林业发展面临的国际环境。随着生态问题的日益国际化和政治化，重视森林、保护生态已成为国际社会的广泛共识，有的已上升为国家战略，成为综合国力竞争的重要筹码。推进全球生态治理，应对全球气候变化，加强自然生态保护，树立国家良好形象，迫切需要发挥林业的特殊作用。林产品国际市场需求旺盛但竞争激烈，需要我国林业进一步提升参与全球竞争的能力。二要认真分析林业发展面临的国内形势。我国正在协调推进“四个全面”战略布局，全面加强“五大建设”，努力实现“五化”协同发展。要认真分析工业化、城镇化对森林、湿地保护带来的压力，农业人口减少对林业经营主体和经营方式带来的变化。同时，还要认真分析国家财力变化、中央地方事权划分对林业投入的影响，以及充分发挥市场在资源配置中的决定性作用对林业融资带来的机遇。三要认真分析林业发展呈现的内部特征。我国林业正在全面深化改革、加快转型升级，要及时了解林业发展动态，准确把握林业发展规律，增强工作指导的科学性和政策扶持的针对性。如经济发展新常态下，每年造林应保持什么样的规模，国内木材需求将会发生什么变化，林产品对外贸易将会呈现哪些趋势，林业如何走上创新发展之路等。总之，只有密切关注国际国内形势变化和林业自身发展趋势，科学谋划，趋利避害，才能适应新常态、抓住新机遇、实现新发展。

（三）认真研究林业重大问题。当前，我国林业已经进入发展关键期、改革攻坚期、矛盾凸显期，问题无处不在、无时不有。谋划“十三五”林业工作，关键在于坚持问题导向，敢于正视问题，善于发现问题，着力解决问题。一要深入研究林业重大战略问题。习近平总书记指出，森林关系生存安全、淡水安全、国土安全、物种安全、气候安全和国家外交大局。要尽快把林业如何服务这些国家大局研究透，找准林业在全局中的位置，明确政策的切入点和工作的着力点，进一步拓展林业发展空间，更好地体现以生态建设为主的林业发展战略。二要深入研究森林资源培育和保护问题。增加资源总量，提升资源质量，是充分发挥林业多种功能的根本保证。过去很长一段时期，我国森林资源持续快速增长，但是质量效益问题突出，必须把提质增效放在更加重要的位置。既要研究如何保持造林速度，增加森林面积，又要研究如何加大保护力度，巩固造林成果，还要研究如何加强森林经营，提高森林资源质量，探索一条造林、保护、提质并重的发展之路。三要深入研究增强林业发展动力和活力问题。坚持向改革要动力、以创新添活力。要研究如何增加国有林区和国有林场改革动力，通过全面深化改革，使森林资源持续增加、生态产品生产能力持续提高、生态功能持续增强，成为建设生态文明和美丽中国的主力军。集体林业要研究如何通过深化改革，探索形成产权主体明晰、经营形式多样、发展利益共享的集约经营之路。要研究如何通过科技创新、管理创新、经营创新、投资创新，进一步释放林业发展的活力。四要深入研究改善林区生产生活条件问题。林区和林农已成为全面建成小康社会的“短板”，要研究如何优化林业产业结构，加强引导和监管，提升质量和效益，促进职工群众就业增收；如何加强基础设施和装备建设，提升林业现代化水平，确保林区同步全面建成小康社会。

（四）科学编制林业“十三五”规划。“十三五”规划，既是未来五年林业的发展蓝图，又是各项林业工作的行动指南。在全面建成小康社会、实现第一个百年奋斗目标的关键时期，编制好“十三五”规划有着特殊意义。各级林业部门要加强组织领导和统筹协调，集中精干力量，科学编制“十三五”规划。一要坚持服务国家大局，顺应人民群众期待。规划的指导思想、基本原则、目标任务要充分体现国家重大战略需求和人民群众意愿，充分体现林业职能作用和发展规律，做到远近结合、宏观与微观结合。二要紧密结合林业实际，着力解决突出问题。根据林业的新形势新任务，聚焦2020年林业发展目标，找准优势和潜力，合理规划布局，注重补齐“短板”，统筹解决林业的难点问题和薄弱环节，推动林业全面协调发展。三要加强沟通协调，搞好规划衔接。主动协调国家有关部门，争取将林业的重要指标、重点任务和重大工程体现到国家“十三五”规划《纲要》中。要紧紧围绕“一带一路”、长江经济带、京津冀协同发展等国家战略，积极谋划一批关系林业长远发展的重大工程、重大项目、重大政策，确保将林业的发展机遇变成实实在在的发展优势。四要坚持开放民主编制规划，充分发挥专家学者作用。要大胆创新、细心求证，在规划理念、文本框架、主要内容和实施机制等方面大胆创新，广泛听取各方面意见和建议，使规划真正做到耳目一新、实用管用，科学引领林业未来发展。

（五）全力抓好工作部署落实。习近平总书记多次强调，一分部署，九分落实，要发扬钉钉子的精神，切实把工作落到实处。谋划“十三五”林业工作，推动林业改革发展，必须认真践行“三严三实”要求，狠抓工作部署落实。一要振奋精神、勇于担当。面对艰巨繁重的改革发展任务，要牢固树立责任意识，大力弘扬担当精神，人人做到振奋精神、爱岗敬业、勤勉干事。尤其是在各种困难和复杂问题面前，要勇于担当、迎难而上，积极化解矛盾和问题，决不能退避三舍、推诿扯皮、无所作为。二要转变作风、狠抓落实。对定下来的事情，要雷厉风行、说干就干，以抓铁有痕、踏石留印的劲头一抓到底，抓出成效。要加强调查研究，了解基层群众所需所盼，努力为群众办实事、解难事。要完善干部考核评价机制，褒奖和重用狠抓落实、善抓落实的干部，教育和调整只尚空谈、不干实事的干部，问责和惩处弄虚作假、失职渎职的干部。三要突出重点、抓住关键。抓工作决不能眉毛胡子一把抓，而是要突出重点、以点带面。尤其是对中央关于林业的重大决策、重大部署、重大举措和国家林业局确定的重点工作，要坚持一把手亲自抓，明确责任分工，加强督促检查，确保全面贯彻落实。四要协调沟通、形成合力。当前正是"十三五"规划思路的形成期，对于确定未来五年林业的目标任务、政策措施十分关键。各地各单位要主动请示汇报，积极争取党委、政府的重视和支持。要加强与发改、财政等部门的协调沟通，争取更多政策和资金支持，为林业改革发展创造更好的条件。

同志们，做好下半年工作，谋划"十三五"蓝图，责任重大，任务繁重。让我们紧密团结在以习近平同志为总书记的党中央周围，高举中国特色社会主义伟大旗帜，以邓小平理论、"三个代表"重要思想、科学发展观为指导，深入学习领会习近平总书记系列重要讲话精神，认真贯彻落实"四个全面"战略布局，锐意进取，开拓创新，狠抓落实，全面提升林业现代化水平，为全面建成小康社会、实现中华民族伟大复兴中国梦不断创造更好的生态条件。

大力推进"互联网+"引领林业现代化

——在第四届全国林业信息化工作会议上的讲话

张建龙

（2015年9月24日）

在国家信息化全面提速、林业改革发展全面深化和总结"十二五"成果、谋划"十三五"蓝图之际，国家林业局召开第四届全国林业信息化工作会议，具有十分重要的意义。会议的主要任务是：贯彻落实党中央、国务院关于信息化的决策部署，认真总结林业信息化工作，科学分析当前面临的新形势，研究部署"十三五"重点任务，大力推进"互联网+"林业建设，全面提升我国林业信息化水平。

刚才，戴道晋副省长和邓三龙厅长介绍了湖南林业特别是信息化建设情况，昨天我又到湖南省林业厅参观考察了信息化工作，湖南省各级林业部门对信息化的思想认识高度统一，将信息化确定为实现林业现代化和绿色湖南的重大举措，坚持集中经费、统一建设、统一管理、统一应用，近年来全省累计投入信息化建设资金6亿多元。加强云计算、物联网、大数据等新一代信息技术与林业核心业务深度融合，建成了林权信息管理系统、林地测土配方系统、林业有害生物监测系统，显著提升了林业现代化水平。对湖南省林业信息化工作可用四句话来评价：一是很振奋，二是眼前一亮，三是看到了希望，四是增强了信心。湖南省给我们提供了可复制、可借鉴的经验。这次会议不仅是一次全国林业信息化工作会议，更是一次林业信息化建设的现场会。希望大家认真学习湖南林业信息化建设的宝贵经验，真正用信息化引领林业现代化。下面，我讲四点意见：

一、认真总结成绩，积极推广"十二五"林业信息化建设成功经验

信息化工作是新兴事业，特别是对林业这种传统行业来说，推动起来难度很大。但是这些年来，特别是"十二五"以来，我国林业信息化全面快速推进，发生了巨大变化，推动林业现代化水平显著提升。

（一）思想认识高度统一，实现了从消极被动到积极主动的重大转变。过去，大部分单位和同志对信息化没有深刻系统的认识，被动应付甚至排斥抵触心理比较普遍。"十二五"以来，国家林业局出台了《全国林业信息化建设纲要》和《中国智慧林业发展指导意见》等顶层设计，连续召开了三届全国林业信息化工作会议进行动员部署，各地各单位也通过各种形式对本地本单位林业信息化工作进行具体部署。全国各地尽管信息化发展有快有慢，水平有高有低，但全系统对信息化是完善林业治理结构、提高林业治理能力重要手段的认识逐步提高，并达成共识，思想认识高度统一，实现了从消极应对到主动作为的重大转变。

（二）各级领导高度重视，实现了从相对落后到部委领先的重大转变。信息化工作是非常重要的基础性工作和实现林业现代化的关键性手段，需要超前谋划、大量投入才能推动起来。领导不重视肯定寸步难行。过去，在人们的眼里，信息化的主要工作就是查网线、修电脑，纯属外围边缘性工作，在行业内外更是默默无闻，无人知晓。"十二五"以来，各级林业部门领导对信息化建设高度重视，带头学、带头用、亲自抓，投入大量资金人力，成立专职管理机构，建立专业技术队伍，拿出得力举措，真抓实干。全国林业信息化创造了多个"第一"，实现了多个"突破"，填补了多项空白，成为国家信息化建设新亮点。林业信息化相继被纳入自然空间信息库、物联网示范、"互联网+"行动、大数据战略、"十三五"政务信息化工程等国家重大工程规划。林业信息化多项成果成为国家信息化优秀案例，数十家部委单位前来参观、调研、学习，成为展示林业形象的新名片。国家林业局政府网在中央部委排名中每年上升一个新台阶，目前已位列第二名，荣获“中国政府网站领先奖”“中国互联网最具影响力政府网站”等多个奖项，有关成果先后荣获“十佳电子政务效能管理优秀案例”等上百项奖励，林业信息化迈入国家信息化建设的领先行列。

（三）基础保障明显增强，实现了从分散无序到集约统一的重大转变。信息化是高新技术领域，没有专门机构、专业队伍和统一发展规划，很难有大的作为。过去，林业信息化建设各自为政、“烟囱”林立、“孤岛”遍布，信息资源利用效率低下，低水平重复建设等问题屡见不鲜，协同合作障碍重重。“十二五”以来，我们坚持“五个统一”，以整合促进行业共建，以示范带动行业发展，以融合催生行业共享，建成了上下贯通的信息高速公路，建立了集中共享的统一平台，“平台上移、应用下移”“统一开发、分级部署”“统一管理、集约建设”深入人心。目前，全国绝大多数省份都建起专职信息化管理机构和专业化信息化队伍，信息化基础设施日趋完备，业务能力不断提高，统一推进、互联互通新局面基本形成。

（四）业务应用全面拓展，实现了从零星应用到全面支撑的重大转变。“十二五”以前，林业信息化处于起步阶段，进展缓慢、零星分布，中央有、地方缺，机关有、林区缺，个别人有、多数人缺，个别单位有、多数单位缺，对于大部分人来说，信息化可有可无、若即若离。“十二五”以来，国家林业局通过制定发展纲要、标准规范和战略规划，开展各层级业务培训、多批次示范建设和多种形式的经验交流活动，在业务层面对全国林业信息化工作进行统筹协调、具体指导。林业信息化发展突飞猛进，日新月异，信息技术已经融合到林业行业的各级部门、各项业务、各个领域，有力提升了林业现代化水平。全国林业信息化思路明确，路径清晰，完成了从边缘辅助到核心业务应用的角色转变，开启了全系统、全方位、全流程支撑林业改革发展的新局面，为下一步全面开展业务应用打下良好基础。

（五）信息技术深度融合，实现了从数字林业到智慧林业的重大转变。过去，林业信息化以计算机、互联网等信息技术为主，支撑核心业务的作用有限。“十二五”以来，以云计算、物联网、移动互联网、大数据等为代表的新一代信息技术全面应用，资源监管、生态修复、应急管理、产业提升等支撑林业核心业务的信息系统纷纷建成上线，“一张图”代替了双脚，“卫星遥感”代替了双手，“远程监控”代替了双眼，智慧林场、智慧果园、智慧企业、智慧旅游、网络医院、电商平台等，为林业改革发展注入了新动力，发挥了不可替代的重要作用。仅2014年，全国林产品电商平台销售额就超过1万亿元，成为林业经济的新增长点。

（六）电子政务高效快捷，实现了从传统管理到网络服务的重大转变。过去，办文抄抄写写，办会东奔西走，办事跑来跑去，基本还留在纸与笔、铅与火时代，工作量大、效率低、能耗重、成本高。“十二五”以来，各地基本上都实现了办公自动化，机关文件运转由3周减为1周，效率提高两倍；移动办公系统的建立，打破了传统办公方式的时空界限，实现了随时随地办公的新模式；省级以上视频会议每年召开300多次，每年节约会议经费近9000万元；通过网上行政审批平台，以前1周才能办完的事项，现在仅需1天就可在家门口办妥；外网服务平台形成了“纵向到底、横向到边、特色鲜明”、子站超过3000个的站群体系，日均信息发布量100万字，日均访问量100万人次，通过在线访谈、智能问答、建言献策等形式解答社会关注的问题，架起政府与社会公众的沟通桥梁；建设了覆盖微博、微信、微视、移动客户端的林业新媒体，显著扩大了政府与公众的互动交流渠道。办文用内网、办会开视频、办事上外网，已然成为务林人的新习惯，实现了林业部门由传统管理到网络服务的根本转变。

林业信息化成就的取得，是党中央、国务院正确领导的结果，是各有关部门和地方各级领导大力支持的结果，更是各级林业主管部门和全体林业信息化人艰苦努力的结果。在此，我代表国家林业局，向长期以来关心支持参与林业信息化建设的各位领导和各位同志，表示崇高的敬意和衷心的感谢！

二、科学分析形势，准确把握“十三五”林业信息化建设总体思路

当前，全球正快步迈入信息社会，我国正处于全面建成小康社会和现代化建设的关键时期，新一代中央领导集体将“信息化水平大幅提升”纳入全面建成小康社会的重要目标，将信息化建设提升至国家现代化建设的战略高度。习近平总书记指出：“没有网络安全就没有国家安全，没有信息化就没有现代化”。李克强总理指出：“互联网+”对提升产业乃至国家综合竞争力将发挥关键作用。2015年以来，国务院先后出台《关于积极推进“互联网+”行动的指导意见》《促进大数据发展行动纲要》等重要文件，对信息化建设进行了全面布局。

“十三五”是我国现代化建设的关键时期，也是实现林业现代化的重要时期。深化林业改革，加强资源保护，提升质量效益，夯实基础保障，加快推进林业现代化，都必须依靠信息化技术的支撑和引领。湖南等省的实践证明，林业信息化对提升林业管理水平、优化林业资源配置、提高产业经营水平、促进生态文化传播和提高人员素质、推动科技进步等具有关键作用。我国多数林区地处偏远，经济社会欠发达，迫切需要运用互联网思维，创新林业治理理念；迫切需要借助现代信息技术，提高林业治理效率；迫切需要依托信息高速公路，改变林区落后面貌；迫切需要通过多元信息服务，实现产业提质增效；迫切需要实施信息惠民，帮助林农脱贫致富。各级林业部门要结合深化林业改革和创新治理体系的最新要求，顺势而为、借势而上，将“互联网+”作为推动“十三五”林业改革发展的重大举措，全面提升林业现代化水平。

加快林业信息化发展，既有良好的基础和机遇，但也存在不少突出问题：一是一些地方对推进林业信息化建设的紧迫性和重要性认识还不深刻，有的还认为林业信息化是信息化部门的事。二是部分单位运用现代信息技术的主动性、融合性、创新性还不够，满足于现有的思维方式和工作定式。三是政策措施、资金投入的支持力度不够，复合型人才缺乏，林业信息化水平不均衡，各自为政的现象依然存在。各地各单位对这些问题要高度重视，认真研究解决，倍加珍惜稍纵即逝的发展机遇，倍加珍惜来之不易的建设成果，以“互联网+”为契机，以引领林业现代化为目标，科学谋划“十三五”林业信息化工作。

根据当前的形势和任务，“十三五”林业信息化工作，要深入贯彻党中央、国务院关于加快信息化建设的系列决策部署，大力推进“互联网+”林业建设，实现互联网思维、大数据决策、智能型生产、协同化办公、云信息服务，为引领林业现代化做出新贡献。力争到2020年，全国林业信息化率达到80%，其中，国家级林业信息化率达到90%，省级林业信息化率达到80%，市级林业信息化率达到70%，县级林业信息化率达到60%。

互联网思维。互联网时代已经到来，林业工作者要善于运用互联网思维，实现以创新思维谋思路，以融合思维促发展，以用户思维强服务，以协作思维聚力量，以快速思维提效率，以极致思维上水平，敢于打破阻碍，促进开放包容，对全球开放、对未来开放、对全社会开放，完善共建共享的参与机制和创新平台，拓展林业发展空间，拓宽林业投入渠道，让所有关心林业、爱护生态的人都参与到林业现代化建设中来。

大数据决策。以大数据等新一代信息技术为支撑，建立一体化的智慧决策平台，实现林业各类数据信息实时采集、深度挖掘、主体化分析和可视化展现，为林业重大决策提供数据依据和决策模型，及时发现战略性、苗头性和潜在性问题，自动化、智能化分析预判林业各种情况和趋势，提高林业重大决策的科学性、预见性、针对性。

智能型生产。加速新一代信息技术与林业的深度融合，促进理念创新、技术进步、效率提升，推动林业生产转型升级、创新发展。引入“O2O”“PPP”、电商等模式，加速物品、技术、设备、资本、人力等生产要素在产业领域流动，实现各种资源的合理配置和高效利用，让农民足不出户也可知晓市场行情，盘活林业资产，激发林区活力，提高生产效率，提升产品质量，让大众创业、万众创新在林业开花结果，全面提高林业核心竞争力。

协同化办公。按照共建共享、互联互通的原则，打造林业各领域、各环节、各层级智能协同的政务管理信息系统，建立起运转协调、公正透

明、廉洁高效的林业管理体系，推进智慧化办公、移动化办公，实现林业全过程信息化管理，进一步提升林业治理能力和治理水平。

云信息服务。充分利用云计算、移动互联网等新一代信息技术，打造中国林业云服务平台，实现各类林业数据高效交换、集中保存、及时更新、协同共享，提供全时空、全媒体林业信息服务，林农、企业、管理部门和社会公众随时随地可云端共享权威、全面、个性化的信息服务，确保优质高效、便捷普惠。

三、抓住关键环节，大力推进“互联网+”林业建设

“十三五”时期林业建设的重点是推动林业现代化，林业改革发展、资源保护、生态修复、产业发展等都离不开信息化的支撑和引领。林业信息化要融入林业工作全局，“互联网+”要紧贴林业重点工作，“+”林业最需要的内容，“+”惠林富农益民的项目，“+”我们能做到的事情，先易后难，逐步推进。各项规划、任务落实到具体业务部门，服务林业，服务林农。

(一)依托“互联网+”拓展政务服务，实现林业治理阳光高效。目前，我国林业政务服务仍然难以满足不断增长的社会需求，迫切需要加快“互联网+”与政府公共服务深度融合，提升林业部门的服务能力和管理水平。要推进政府职能转变，国家林业局25项行政审批明年一律实行网上审批，有关司局单位要加快落实，争取明年上半年全部实现网上审批，严格规范审批程序，明确办理时限，层层落实相关责权。要加快国家林业局办公网升级改造，优化办公平台各应用系统，扩大移动办公应用范围，提高工作效率和政务服务智慧化水平。要持续优化中国林业网站群，进一步扩大站群规模，扩展站群类型，实现林业各级部门和各类核心业务全覆盖。要推进中国林业云创新工程建设，实现站群云服务平台统一建设和管理，核心功能统一开发，数据资源统一管理、开放共享。要打造智慧林业决策平台，通过大数据分析系统，对互联网涉林信息进行态势分析，提升智能决策能力。

(二)依托“互联网+”深化林业改革，实现资源增长林农增收。“十三五”时期是深化集体林权改革、开启国有林场林区改革的关键时期，林业信息化要紧跟林业改革发展，为林业改革发展注入动力。要运用新一代信息技术，厘清资源资产权属等，加快建设国有林场林区统一的数据库和资源资产动态监管系统，为林场林区资源资产监管提供现代信息技术手段和动态数据，实现对森林抚育、资源资产、企业改制的全程监管和绩效考核，确保资源资产只增不减。要建设智慧林区，及时提供各种信息服务，方便林区群众生产生活，为林区职工民生改善提供精准信息服务。要建立全国统一的林权数据库和林权交易平台，引导林权规范有序流转，盘活林地资源，放活林地经营，搞活林业经济。

(三)依托“互联网+”加强资源监管，实现生态保护无缝连接。长期以来，林业资源保护压力有增无减，生态破坏容易恢复难，有的资源甚至永远无法恢复，迫切需要利用信息技术，加快建设林业一张图，构建集森林、湿地、沙地和野生动植物资源监管于一体的智慧林业资源监管平台，加强对全国林业资源进行精准定位、精准保护和动态监管，严厉打击毁林占林、滥伐盗采等破坏森林资源的行为，实现国家对林业资源保护和利用的有效监管。要加强智慧野生动植物保护工程建设，建立野生动植物资源监测体系与信息管理平台，提高野生动植物资源监管、保护和利用水平。要开展林业生态监测与评估物联网应用，为林业生态工程建设和管理提供科学依据。要推进林业大数据开发，建立林业大数据分析模型，提升预测预警及宏观决策能力。

(四)依托“互联网+”开展生态修复，实现生态建设科学有序。目前一些地方造林质量不高，重栽植轻管护，造林绿化成果难以巩固，迫切需要利用“互联网+”，加快推进造林绿化精细化管理和重点工程核查监督，科学回答“哪里适合造林”“林子造在哪里”等问题，全面提升生态修复质量。要加快智慧营造林管理系统升级，推广林地测土配方示范应用，实现营造林管理现代化，提高营造林绩效管理水平。要加强智慧林业重点工程建设，实现立项、启动、执行、验收全过程信息化管理，及时准确掌握工程建设现状，提高工作绩效和监管水平。

（五）依托“互联网＋”强化应急管理，实现生态灾害安全可控。我国是森林火灾、病虫害和沙尘暴灾害多发的国家，生态灾害处置难度大，一旦发生，损失严重，迫切需要利用信息化手段，实现各类信息集中监测管理，加强预警预报和应急指挥，有效防止灾害的发生和蔓延。要打造林业应急感知平台，推广应用“森林眼”等建设成果，实现林业应急指挥监控感知，应急联动，提升应急管理效能和水平。要推进应急监测预警物联网应用，提高综合防控能力和指挥调度能力。要推进林业生态保护北斗示范应用项目，探索形成北斗导航应用新模式，实现国家、省、市、县的多级联动应用。

（六）依托“互联网＋”发展林业产业，实现发展方式转型升级。随着人们生活水平的快速提高，公众对优质绿色的生态产品的需求日益增加，对森林、湿地等自然美景的向往日趋强烈。要以“互联网＋”战略为契机，推动林业产业转型升级，拓宽林产品销售渠道，把优质特色林产品和优质森林旅游产品推向社会大众，既实现林业增收，又惠及社会大众。要建设智慧林业产业培育工程，促进信息技术在林业产业中的应用，积极培育产业新业态。要开展林产品质量安全监管物联网应用，实现采伐、运输、生产、仓储、配送、销售等全过程数据可追溯、质量可监控、信息可查询。要推广应用林产品交易平台建设成果，为林企林农提供智能、便捷服务，推动服务业转型，培育服务新业态。要加快智慧林业两化融合，全面提高林业生产管理水平及产业竞争力。要建设国际林产品贸易投资平台，加强国家间的林业经济合作与技术交流，提升我国林业国际地位和影响力。要推广应用江西井冈山森林旅游物联网应用示范成果，建设全国森林旅游大数据平台，为公众提供及时有效的森林旅游信息和相关服务。

（七）依托“互联网＋”繁荣生态文化，实现生态事业全民参与。在快速发展的信息时代，弘扬生态文化，迫切需要应用现代信息手段，构建生态文化展示交流平台，加强生态文化传播能力建设，为建设生态文明营造良好的文化氛围。要打造林业全新媒体，在现有“三微一端”的基础上，构建行业微博群、微信群、微视群和移动客户端超市，实现主动推送服务，形成全行业集群化沟通服务新模式。要创新生态文化业态和生态文化传播方式，在在线培训、图书出版、远程教育等方面培育形式多样的新型文化业态，形成全民参与、全民共享的生态文明建设新风尚。要建设智慧林业数字图书馆、博物馆、文化馆等，让人们充分享受林业生态文明成果，汲取林业生态文化营养。

（八）依托“互联网＋”夯实基础条件，实现林业要素融合慧治。加快林业现代化，迫切需要加强林业宽带网络及信息采集、传输体系建设，进一步夯实和提升基础支撑能力。要充分利用国家电子政务网络，加快网络建设，实现林业全行业网络的互通互联。要继续推进机房等基础设施建设，建成林业大数据中心，实现数据大集中。要尽快建设林业数据灾备中心，确保林业信息安全。

四、坚持多措并举，确保全面完成各项任务

从全国总体发展现状看，林业信息化工作目前还处于打好基础、全面起航的阶段，所有工作还在路上。“十三五”期间，全国林业信息化率要达到80%，比现在的62%提高18个百分点，任务十分艰巨。各级林业部门要采取有力措施，齐抓共建，形成合力，确保“互联网＋”林业各项任务圆满完成。

（一）加强组织领导。没有信息化就没有现代化，信息化是林业现代化的核心标志和关键支撑。从明年开始，我局将把信息化率列为考核各地各单位工作业绩的重要指标，落实责任，强力推进，务求实效。各地各单位要运用互联网思维，将信息化作为林业现代化的突破口和切入点，纳入林业中心工作，高度重视，加强领导，统筹安排。林业信息化事关林业发展全局，涉及林业建设各个方面，不能只靠林业信息化部门推动，全行业都要积极参与，心往一处想，劲往一处使，万众一心、齐心协力，将一切有利的资源要素都汇聚到“互联网＋”林业建设上来，形成全面、快速、高效推进林业信息化的态势。

（二）做好顶层设计。加快修订出台“十三五”全国林业信息化发展规划和林业云、物联网、大数据行动计划等顶层设计。各地要结合自身实际情况，制定“十三五”林业信息化发展规划和专项行动计划。要将信息化规划纳入本级林业“十三五”发展规划，推动现代信息技术与林业改革发展深度融合。为确保顶层设计落实到位，国家林业局信息办和各级林业信息化管理机构，要负责全国和各地林业信息化发展的统筹协调、督导考核。公共性、基础性和关键性的信息化项目，由国家林业局信息办和各地林业信息化机构按统一标准，统一组织建设，各地各单位共享使用。各地各单位所有林业信息化项目，在报计财部门审批前要先报本级信息化部门审核同意。

(三)确保资金到位。各级林业部门要将林业信息化投入列入林业建设总体预算内，逐年加大投入比例。在现有林业建设项目总投资中，要确保有一定的资金用于信息化建设。要积极争取国家和地方信息化项目，国家林业局正大力争取“十三五”政务信息化工程、林业大数据工程、林业电子商务平台等重点工程项目，各省级和市县级林业部门也要积极争取地方信息化建设工程项目，进一步争取各级财政资金的支持。要推动相关领域扩大向社会资本开放、向社会购买服务，加快构建政府投资与社会力量广泛参与的信息化资金保障机制。积极创建多种公众参与平台，拓宽投融资渠道，引导社会力量投资林业信息化建设。要提高信息化建设资金使用效率，把好钢用在刀刃上。

(四)坚持统一管理。国家林业局信息办和各地林业信息化部门要对林业信息化工作实行总牵头，负责统一组织、协调、指导、监督、管理林业信息化工作，其他部门要着眼林业现代化建设大局，加强协调配合，摒弃部门利益，拆除“烟囱”壁垒，优化资源配置。要强化统一平台建设，加强信息资源共享，各地各单位除涉密以外，所有信息资源都要放在本级统一平台上共享。强化网络、网站、应用系统的统一运行维护工作，实行运维精细化管理。落实风险评估和等级保护制度，制定和完善信息安全应急预案，提高突发安全事件处置能力。加快林业信息化标准的制修订工作，提高标准化水平。

(五)充实机构队伍。目前，全国有29个省级林业厅局成立了信息化专职管理机构，个别还没有成立的省份要抓紧落实，尽快实现全国省级林业信息化专职管理机构全覆盖。要加快推动市县级林业信息化专门机构建设，林业信息化示范省要率先实现市级、县级信息化专门机构全覆盖。要不断充实信息化队伍，积极争取扩大信息化专职人员，力争省级信息化机构专职人员达到10人，市级5人、县级3人。要加强复合型人才引进和教育培训，提高干部职工信息化意识和信息技术应用能力，适应林业现代化需要。

同志们，做好林业信息化工作，责任重大，使命光荣。让我们紧密团结在以习近平同志为总书记的党中央周围，按照“十三五”确定的工作目标，齐心协力，奋勇拼搏，努力开创林业信息化发展新局面，为推动林业改革发展、实现林业现代化做出新的更大贡献!

中华人民共和国种子法（中华人民共和国主席令第三十五号）

《中华人民共和国种子法》已由中华人民共和国第十二届全国人民代表大会常务委员会第十七次会议于2015年11月4日修订通过，现将修订后的《中华人民共和国种子法》公布，自2016年1月1日起施行。

中华人民共和国主席　习近平

2015年11月4日

中华人民共和国种子法

（2000年7月8日第九届全国人民代表大会常务委员会第十六次会议通过根据2004年8月28日第十届全国人民代表大会常务委员会第十一次会议《关于修改〈中华人民共和国种子法〉的决定》第一次修正根据2013年6月29日第十二届全国人民代表大会常务委员会第三次会议《关于修改〈中华人民共和国文物保护法〉等十二部法律的决定》第二次修正 2015年11月4日第十二届全国人民代表大会常务委员会第十七次会议修订）

目　录

第一章　总　则

第一条　为了保护和合理利用种质资源，规范品种选育、种子生产经营和管理行为，保护植物新品种权，维护种子生产经营者、使用者的合法权益，提高种子质量，推动种子产业化，发展现代种业，保障国家粮食安全，促进农业和林业的发展，制定本法。

第二条　在中华人民共和国境内从事品种选育、种子生产经营和管理等活动，适用本法。

本法所称种子，是指农作物和林木的种植材料或者繁殖材料，包括籽粒、果实、根、茎、苗、芽、叶、花等。

第三条　国务院农业、林业主管部门分别主管全国农作物种子和林木种子工作；县级以上地方人民政府农业、林业主管部门分别主管本行政区域内农作物种子和林木种子工作。

各级人民政府及其有关部门应当采取措施，加强种子执法和监督，依法惩处侵害农民权益的种子违法行为。

第四条　国家扶持种质资源保护工作和选育、生产、更新、推广使用良种，鼓励品种选育和种子生产经营相结合，奖励在种质资源保护工作和良种选育、推广等工作中成绩显著的单位和个人。

第五条　省级以上人民政府应当根据科教兴农方针和农业、林业发展的需要制定种业发展规划并组织实施。

第六条　省级以上人民政府建立种子储备制度，主要用于发生灾害时的生产需要及余缺调剂，保障农业和林业生产安全。对储备的种子应当定期检验和更新。种子储备的具体办法由国务院规定。

第七条 转基因植物品种的选育、试验、审定和推广应当进行安全性评价，并采取严格的安全控制措施。国务院农业、林业主管部门应当加强跟踪监管并及时公告有关转基因植物品种审定和推广的信息。具体办法由国务院规定。

第二章 种质资源保护

第八条 国家依法保护种质资源，任何单位和个人不得侵占和破坏种质资源。

禁止采集或者采伐国家重点保护的天然种质资源。因科研等特殊情况需要采集或者采伐的，应当经国务院或者省、自治区、直辖市人民政府的农业、林业主管部门批准。

第九条 国家有计划地普查、收集、整理、鉴定、登记、保存、交流和利用种质资源，定期公布可供利用的种质资源目录。具体办法由国务院农业、林业主管部门规定。

第十条 国务院农业、林业主管部门应当建立种质资源库、种质资源保护区或者种质资源保护地。省、自治区、直辖市人民政府农业、林业主管部门可以根据需要建立种质资源库、种质资源保护区、种质资源保护地。种质资源库、种质资源保护区、种质资源保护地的种质资源属公共资源，依法开放利用。

占用种质资源库、种质资源保护区或者种质资源保护地的，需经原设立机关同意。

第十一条 国家对种质资源享有主权，任何单位和个人向境外提供种质资源，或者与境外机构、个人开展合作研究利用种质资源的，应当向省、自治区、直辖市人民政府农业、林业主管部门提出申请，并提交国家共享惠益的方案；受理申请的农业、林业主管部门经审核，报国务院农业、林业主管部门批准。

从境外引进种质资源的，依照国务院农业、林业主管部门的有关规定办理。

第三章 品种选育、审定与登记

第十二条 国家支持科研院所及高等院校重点开展育种的基础性、前沿性和应用技术研究，以及常规作物、主要造林树种育种和无性繁殖材料选育等公益性研究。

国家鼓励种子企业充分利用公益性研究成果，培育具有自主知识产权的优良品种；鼓励种子企业与科研院所及高等院校构建技术研发平台，建立以市场为导向、资本为纽带、利益共享、风险共担的产学研相结合的种业技术创新体系。

国家加强种业科技创新能力建设，促进种业科技成果转化，维护种业科技人员的合法权益。

第十三条 由财政资金支持形成的育种发明专利权和植物新品种权，除涉及国家安全、国家利益和重大社会公共利益的外，授权项目承担者依法取得。

由财政资金支持为主形成的育种成果的转让、许可等应当依法公开进行，禁止私自交易。

第十四条 单位和个人因林业主管部门为选育林木良种建立测定林、试验林、优树收集区、基因库等而减少经济收入的，批准建立的林业主管部门应当按照国家有关规定给予经济补偿。

第十五条 国家对主要农作物和主要林木实行品种审定制度。主要农作物品种和主要林木品种在推广前应当通过国家级或者省级审定。由省、自治区、直辖市人民政府林业主管部门确定的主要林木品种实行省级审定。

申请审定的品种应当符合特异性、一致性、稳定性要求。

主要农作物品种和主要林木品种的审定办法由国务院农业、林业主管部门规定。审定办法应当体现公正、公开、科学、效率的原则，有利于产量、品质、抗性等的提高与协调，有利于适应市场和生活消费需要的品种的推广。在制定、修改审定办法时，应当充分听取育种者、种子使用者、生产经营者和相关行业代表意见。

第十六条 国务院和省、自治区、直辖市人民政府的农业、林业主管部门分别设立由专业人员组成的农作物品种和林木品种审定委员会。品种审定委员会承担主要农作物品种和主要林木品种的审定工作，建立包括申请文件、品种审定试验数据、种子样品、审定意见和审定结论等内容的审定档案，保证可追溯。在审定通过的品种依法公布的相关信息中应当包括审定意见情况，接受监督。

品种审定实行回避制度。品种审定委员会委员、工作人员及相关测试、试验人员应当忠于职守，公正廉洁。对单位和个人举报或者监督检查发现的上述人员的违法行为，省级以上人民政府农业、林业主管部门和有关机关应当及时依法处理。

第十七条 实行选育生产经营相结合，符合国务院农业、林业主管部门规定条件的种子企业，对其自主研发的主要农作物品种、主要林木品种可以按照审定办法自行完成试验，达到审定标准的，品种审定委员会应当颁发审定证书。种子企业对试验数据的真实性负责，保证可追溯，接受省级以上人民政府农业、林业主管部门和社会的监督。

第十八条 审定未通过的农作物品种和林木品种，申请人有异议的，可以向原审定委员会或者国家级审定委员会申请复审。

第十九条 通过国家级审定的农作物品种和林木良种由国务院农业、林业主管部门公告，可以在全国适宜的生态区域推广。通过省级审定的农作物品种和林木良种由省、自治区、直辖市人民政府农业、林业主管部门公告，可以在本行政区域内适宜的生态区域推广；其他省、自治区、直辖市属于同一适宜生态区的地域引种农作物品种、林木良种的，引种者应当将引种的品种和区域报所在省、自治区、直辖市人民政府农业、林业主管部门备案。

引种本地区没有自然分布的林木品种，应当按照国家引种标准通过试验。

第二十条 省、自治区、直辖市人民政府农业、林业主管部门应当完善品种选育、审定工作的区域协作机制，促进优良品种的选育和推广。

第二十一条 审定通过的农作物品种和林木良种出现不可克服的严重缺陷等情形不宜继续推广、销售的，经原审定委员会审核确认后，撤销审定，由原公告部门发布公告，停止推广、销售。

第二十二条 国家对部分非主要农作物实行品种登记制度。列入非主要农作物登记目录的品种在推广前应当登记。

实行品种登记的农作物范围应当严格控制，并根据保护生物多样性、保证消费安全和用种安全的原则确定。登记目录由国务院农业主管部门制定和调整。

申请者申请品种登记应当向省、自治区、直辖市人民政府农业主管部门提交申请文件和种子样品，并对其真实性负责，保证可追溯，接受监督检查。申请文件包括品种的种类、名称、来源、特性、育种过程以及特异性、一致性、稳定性测试报告等。

省、自治区、直辖市人民政府农业主管部门自受理品种登记申请之日起二十个工作日内，对申请者提交的申请文件进行书面审查，符合要求的，报国务院农业主管部门予以登记公告。

对已登记品种存在申请文件、种子样品不实的，由国务院农业主管部门撤销该品种登记，并将该申请者的违法信息记入社会诚信档案，向社会公布；给种子使用者和其他种子生产经营者造成损失的，依法承担赔偿责任。

对已登记品种出现不可克服的严重缺陷等情形的，由国务院农业主管部门撤销登记，并发布公告，停止推广。

非主要农作物品种登记办法由国务院农业主管部门规定。

第二十三条 应当审定的农作物品种未经审定的，不得发布广告、推广、销售。

应当审定的林木品种未经审定通过的，不得作为良种推广、销售，但生产确需使用的，应当经林木品种审定委员会认定。

应当登记的农作物品种未经登记的，不得发布广告、推广，不得以登记品种的名义销售。

第二十四条 在中国境内没有经常居所或者营业场所的境外机构、个人在境内申请品种审定或者登记的，应当委托具有法人资格的境内种子企业代理。

第四章 新品种保护

第二十五条 国家实行植物新品种保护制度。对国家植物品种保护名录内经过人工选育或者发现的野生植物加以改良，具备新颖性、特异性、一致性、稳定性和适当命名的植物品种，由国务院农业、林业主管部门授予植物新品种权，保护植物新品种权所有人的合法权益。植物新品种权的内容和归属、授予条件、申请和受理、审查与批准，以及期限、终止和无效等依照本法、有关法律和行政法规规定执行。

国家鼓励和支持种业科技创新、植物新品种培育及成果转化。取得植物新品种权的品种得到推广应用的，育种者依法获得相应的经济利益。

第二十六条 一个植物新品种只能授予一项植物新品种权。两个以上的申请人分别就同一个品种申请植物新品种权的，植物新品种权授予最先申请的人；同时申请的，植物新品种权授予最先完成该品种育种的人。

对违反法律，危害社会公共利益、生态环境的植物新品种，不授予植物新品种权。

第二十七条 授予植物新品种权的植物新品种名称，应当与相同或者相近的植物属或者种中已知品种的名称相区别。该名称经授权后即为该植物新品种的通用名称。

下列名称不得用于授权品种的命名：

(一)仅以数字表示的；

(二)违反社会公德的；

(三)对植物新品种的特征、特性或者育种者身份等容易引起误解的。

同一植物品种在申请新品种保护、品种审定、品种登记、推广、销售时只能使用同一个名称。生产推广、销售的种子应当与申请植物新品种保护、品种审定、品种登记时提供的样品相符。

第二十八条 完成育种的单位或者个人对其授权品种，享有排他的独占权。任何单位或者个人未经植物新品种权所有人许可，不得生产、繁殖或者销售该授权品种的繁殖材料，不得为商业目的将该授权品种的繁殖材料重复使用于生产另一品种的繁殖材料；但是本法、有关法律、行政法规另有规定的除外。

第二十九条 在下列情况下使用授权品种的，可以不经植物新品种权所有人许可，不向其支付使用费，但不得侵犯植物新品种权所有人依照本法、有关法律、行政法规享有的其他权利：

(一)利用授权品种进行育种及其他科研活动；

(二)农民自繁自用授权品种的繁殖材料。

第三十条 为了国家利益或者社会公共利益，国务院农业、林业主管部门可以作出实施植物新品种权强制许可的决定，并予以登记和公告。

取得实施强制许可的单位或者个人不享有独占的实施权，并且无权允许他人实施。

第五章　种子生产经营

第三十一条 从事种子进出口业务的种子生产经营许可证，由省、自治区、直辖市人民政府农业、林业主管部门审核，国务院农业、林业主管部门核发。

从事主要农作物杂交种子及其亲本种子、林木良种种子的生产经营以及实行选育生产经营相结合，符合国务院农业、林业主管部门规定条件的种子企业的种子生产经营许可证，由生产经营者所在地县级人民政府农业、林业主管部门审核，省、自治区、直辖市人民政府农业、林业主管部门核发。

前两款规定以外的其他种子的生产经营许可证，由生产经营者所在地县级以上地方人民政府农业、林业主管部门核发。

只从事非主要农作物种子和非主要林木种子生产的，不需要办理种子生产经营许可证。

第三十二条 申请取得种子生产经营许可证的，应当具有与种子生产经营相适应的生产经营设施、设备及专业技术人员，以及法规和国务院农业、林业主管部门规定的其他条件。

从事种子生产的，还应当同时具有繁殖种子的隔离和培育条件，具有无检疫性有害生物的种子生产地点或者县级以上人民政府林业主管部门确定的采种林。

申请领取具有植物新品种权的种子生产经营许可证的，应当征得植物新品种权所有人的书面同意。

第三十三条 种子生产经营许可证应当载明生产经营者名称、地址、法定代表人、生产种子的品种、地点和种子经营的范围、有效期限、有效区域等事项。

前款事项发生变更的，应当自变更之日起三十日内，向原核发许可证机关申请变更登记。

除本法另有规定外，禁止任何单位和个人无种子生产经营许可证或者违反种子生产经营许可证的规定生产、经营种子。禁止伪造、变造、买卖、租借种子生产经营许可证。

第三十四条 种子生产应当执行种子生产技术规程和种子检验、检疫规程。

第三十五条 在林木种子生产基地内采集种子的，由种子生产基地的经营者组织进行，采集种子应当按照国家有关标准进行。

禁止抢采掠青、损坏母树，禁止在劣质林内、劣质母树上采集种子。

第三十六条 种子生产经营者应当建立和保存包括种子来源、产地、数量、质量、销售去向、销售日期和有关责任人员等内容的生产经营档案，保证可追溯。种子生产经营档案的具体载明事项，种子生产经营档案及种子样品的保存期限由国务院农业、林业主管部门规定。

第三十七条 农民个人自繁自用的常规种子有剩余的，可以在当地集贸市场上出售、串换，不需要办理种子生产经营许可证。

第三十八条 种子生产经营许可证的有效区域由发证机关在其管辖范围内确定。种子生产经营者在种子生产经营许可证载明的有效区域设立分支机构的，专门经营不再分装的包装种子的，或者受具有种子生产经营许可证的种子生产经营者以书面委托生产、代销其种子的，不需要办理种子生产经营许可证，但应当向当地农业、林业主管部门备案。

实行选育生产经营相结合，符合国务院农业、林业主管部门规定条件的种子企业的生产经营许可证的有效区域为全国。

第三十九条 未经省、自治区、直辖市人民政府林业主管部门批准，不得收购珍贵树木种子和本级人民政府规定限制收购的林木种子。

第四十条 销售的种子应当加工、分级、包装。但是不能加工、包装的除外。

大包装或者进口种子可以分装；实行分装的，应当标注分装单位，并对种子质量负责。

第四十一条 销售的种子应当符合国家或者行业标准，附有标签和使用说明。标签和使用说明标注的内容应当与销售的种子相符。种子生产经营者对标注内容的真实性和种子质量负责。

标签应当标注种子类别、品种名称、品种审定或者登记编号、品种适宜种植区域及季节、生产经营者及注册地、质量指标、检疫证明编号、种子生产经营许可证编号和信息代码，以及国务院农业、林业主管部门规定的其他事项。

销售授权品种种子的，应当标注品种权号。

销售进口种子的，应当附有进口审批文号和中文标签。

销售转基因植物品种种子的，必须用明显的文字标注，并应当提示使用时的安全控制措施。

种子生产经营者应当遵守有关法律、法规的规定，诚实守信，向种子使用者提供种子生产者信息、种子的主要性状、主要栽培措施、适应性等使用条件的说明、风险提示与有关咨询服务，不得作虚假或者引人误解的宣传。

任何单位和个人不得非法干预种子生产经营者的生产经营自主权。

第四十二条 种子广告的内容应当符合本法和有关广告的法律、法规的规定，主要性状描述等应当与审定、登记公告一致。

第四十三条 运输或者邮寄种子应当依照有关法律、行政法规的规定进行检疫。

第四十四条 种子使用者有权按照自己的意愿购买种子，任何单位和个人不得非法干预。

第四十五条 国家对推广使用林木良种造林给予扶持。国家投资或者国家投资为主的造林项目和国有林业单位造林，应当根据林业主管部门制定的计划使用林木良种。

第四十六条 种子使用者因种子质量问题或者因种子的标签和使用说明标注的内容不真实，遭受损失的，种子使用者可以向出售种子的经营者要求赔偿，也可以向种子生产者或者其他经营者要求赔偿。赔偿额包括购种价款、可得利益损失和其他损失。属于种子生产者或者其他经营者责任的，出售种子的经营者赔偿后，有权向种子生产者或者其他经营者追偿；属于出售种子的经营者责任的，种子生产者或者其他经营者赔偿后，有权向出售种子的经营者追偿。

第六章 种子监督管理

第四十七条 农业、林业主管部门应当加强对种子质量的监督检查。种子质量管理办法、行业标准和检验方法，由国务院农业、林业主管部门制定。

农业、林业主管部门可以采用国家规定的快速检测方法对生产经营的种子品种进行检测，检测结果可以作为行政处罚依据。被检查人对检测结果有异议的，可以申请复检，复检不得采用同一检测方法。因检测结果错误给当事人造成损失的，依法承担赔偿责任。

第四十八条 农业、林业主管部门可以委托种子质量检验机构对种子质量进行检验。

承担种子质量检验的机构应当具备相应的检测条件、能力，并经省级以上人民政府有关主管部门考核合格。

种子质量检验机构应当配备种子检验员。种子检验员应当具有中专以上有关专业学历，具备相应的种子检验技术能力和水平。

第四十九条 禁止生产经营假、劣种子。农业、林业主管部门和有关部门依法打击生产经营假、劣种子的违法行为，保护农民合法权益，维护公平竞争的市场秩序。

下列种子为假种子：

(一)以非种子冒充种子或者以此种品种种子冒充其他品种种子的；

(二)种子种类、品种与标签标注的内容不符或者没有标签的。

下列种子为劣种子：

(一)质量低于国家规定标准的；

(二)质量低于标签标注指标的；

(三)带有国家规定的检疫性有害生物的。

第五十条 农业、林业主管部门是种子行政执法机关。种子执法人员依法执行公务时应当出示行政执法证件。农业、林业主管部门依法履行种子监督检查职责时，有权采取下列措施：

(一)进入生产经营场所进行现场检查；

(二)对种子进行取样测试、试验或者检验；

(三)查阅、复制有关合同、票据、账簿、生产经营档案及其他有关资料；

(四)查封、扣押有证据证明违法生产经营的种子，以及用于违法生产经营的工具、设备及运输工具等；

(五)查封违法从事种子生产经营活动的场所。

农业、林业主管部门依照本法规定行使职权，当事人应当协助、配合，不得拒绝、阻挠。

农业、林业主管部门所属的综合执法机构或者受其委托的种子管理机构，可以开展种子执法相关工作。

第五十一条 种子生产经营者依法自愿成立种子行业协会，加强行业自律管理，维护成员合法权益，为成员和行业发展提供信息交流、技术培训、信用建设、市场营销和咨询等服务。

第五十二条 种子生产经营者可自愿向具有资质的认证机构申请种子质量认证。经认证合格的，可以在包装上使用认证标识。

第五十三条 由于不可抗力原因，为生产需要必须使用低于国家或者地方规定标准的农作物种子的，应当经用种地县级以上地方人民政府批准；林木种子应当经用种地省、自治区、直辖市人民政府批准。

第五十四条 从事品种选育和种子生产经营以及管理的单位和个人应当遵守有关植物检疫法律、行政法规的规定，防止植物危险性病、虫、杂草及其他有害生物的传播和蔓延。

禁止任何单位和个人在种子生产基地从事检疫性有害生物接种试验。

第五十五条 省级以上人民政府农业、林业主管部门应当在统一的政府信息发布平台上发布品种审定、品种登记、新品种保护、种子生产经营许可、监督管理等信息。

国务院农业、林业主管部门建立植物品种标准样品库，为种子监督管理提供依据。

第五十六条 农业、林业主管部门及其工作人员，不得参与和从事种子生产经营活动。

第七章 种子进出口和对外合作

第五十七条 进口种子和出口种子必须实施检疫，防止植物危险性病、虫、杂草及其他有害生物传入境内和传出境外，具体检疫工作按照有关植物进出境检疫法律、行政法规的规定执行。

第五十八条 从事种子进出口业务的，除具备种子生产经营许可证外，还应当依照国家有关规定取得种子进出口许可。

从境外引进农作物、林木种子的审定权限，农作物、林木种子的进口审批办法，引进转基因植物品种的管理办法，由国务院规定。

第五十九条 进口种子的质量，应当达到国家标准或者行业标准。没有国家标准或者行业标准的，可以按照合同约定的标准执行。

第六十条 为境外制种进口种子的，可以不受本法第五十八条第一款的限制，但应当具有对外制种合同，进口的种子只能用于制种，其产品不得在境内销售。

从境外引进农作物或者林木试验用种，应当隔离栽培，收获物也不得作为种子销售。

第六十一条 禁止进出口假、劣种子以及属于国家规定不得进出口的种子。

第六十二条 国家建立种业国家安全审查机制。境外机构、个人投资、并购境内种子企业，或者与境内科研院所、种子企业开展技术合作，从事品种研发、种子生产经营的审批管理依照有关法律、行政法规的规定执行。

第八章　扶持措施

第六十三条 国家加大对种业发展的支持。对品种选育、生产、示范推广、种质资源保护、种子储备以及制种大县给予扶持。

国家鼓励推广使用高效、安全制种采种技术和先进适用的制种采种机械，将先进适用的制种采种机械纳入农机具购置补贴范围。

国家积极引导社会资金投资种业。

第六十四条 国家加强种业公益性基础设施建设。

对优势种子繁育基地内的耕地，划入基本农田保护区，实行永久保护。优势种子繁育基地由国务院农业主管部门商所在省、自治区、直辖市人民政府确定。

第六十五条 对从事农作物和林木品种选育、生产的种子企业，按照国家有关规定给予扶持。

第六十六条 国家鼓励和引导金融机构为种子生产经营和收储提供信贷支持。

第六十七条 国家支持保险机构开展种子生产保险。省级以上人民政府可以采取保险费补贴等措施，支持发展种业生产保险。

第六十八条 国家鼓励科研院所及高等院校与种子企业开展育种科技人员交流，支持本单位的科技人员到种子企业从事育种成果转化活动；鼓励育种科研人才创新创业。

第六十九条 国务院农业、林业主管部门和异地繁育种子所在地的省、自治区、直辖市人民政府应当加强对异地繁育种子工作的管理和协调，交通运输部门应当优先保证种子的运输。

第九章　法律责任

第七十条 农业、林业主管部门不依法作出行政许可决定，发现违法行为或者接到对违法行为的举报不予查处，或者有其他未依照本法规定履行职责的行为的，由本级人民政府或者上级人民政府有关部门责令改正，对负有责任的主管人员和其他直接责任人员依法给予处分。

违反本法第五十六条规定，农业、林业主管部门工作人员从事种子生产经营活动的，依法给予处分。

第七十一条 违反本法第十六条规定，品种审定委员会委员和工作人员不依法履行职责，弄虚作假、徇私舞弊的，依法给予处分；自处分决定作出之日起五年内不得从事品种审定工作。

第七十二条 品种测试、试验和种子质量检验机构伪造测试、试验、检验数据或者出具虚假证明的，由县级以上人民政府农业、林业主管部门责令改正，对单位处五万元以上十万元以下罚款，对直接负责的主管人员和其他直接责任人员处一万元以上五万元以下罚款；有违法所得的，并处没收违法所得；给种子使用者和其他种子生产经营者造成损失的，与种子生产经营者承担连带责任；情节严重的，由省级以上人民政府有关主管部门取消种子质量检验资格。

第七十三条 违反本法第二十八条规定，有侵犯植物新品种权行为的，由当事人协商解决，不愿协商或者协商不成的，植物新品种权所有人或者利害关系人可以请求县级以上人民政府农业、林业主管部门进行处理，也可以直接向人民法院提起诉讼。

县级以上人民政府农业、林业主管部门，根据当事人自愿的原则，对侵犯植物新品种权所造成的损害赔偿可以进行调解。调解达成协议的，当事人应当履行；当事人不履行协议或者调解未达成协议的，植物新品种权所有人或者利害关系人可以依法向人民法院提起诉讼。

侵犯植物新品种权的赔偿数额按照权利人因被侵权所受到的实际损失确定；实际损失难以确定的，可以按照侵权人因侵权所获得的利益确定。权利人的损失或者侵权人获得的利益难以确定的，可以参照该植物新品种权许可使用费的倍数合理确定。赔偿数额应当包括权利人为制止侵权行为所支付的合理开支。侵犯植物新品种权，情节严重的，可以在按照上述方法确定数额的一倍以上三倍以下确定赔偿数额。

权利人的损失、侵权人获得的利益和植物新品种权许可使用费均难以确定的，人民法院可以根据植物新品种权的类型、侵权行为的性质和情节等因素，确定给予三百万元以下的赔偿。

县级以上人民政府农业、林业主管部门处理侵犯植物新品种权案件时，为了维护社会公共利益，责令侵权人停止侵权行为，没收违法所得和种子；货值金额不足五万元的，并处一万元以上二十五万元以下罚款；货值金额五万元以上的，并处货值金额五倍以上十倍以下罚款。

假冒授权品种的，由县级以上人民政府农业、林业主管部门责令停止假冒行为，没收违法所得和种子；货值金额不足五万元的，并处一万元以上二十五万元以下罚款；货值金额五万元以上的，并处货值金额五倍以上十倍以下罚款。

第七十四条　当事人就植物新品种的申请权和植物新品种权的权属发生争议的，可以向人民法院提起诉讼。

第七十五条　违反本法第四十九条规定，生产经营假种子的，由县级以上人民政府农业、林业主管部门责令停止生产经营，没收违法所得和种子，吊销种子生产经营许可证；违法生产经营的货值金额不足一万元的，并处一万元以上十万元以下罚款；货值金额一万元以上的，并处货值金额十倍以上二十倍以下罚款。

因生产经营假种子犯罪被判处有期徒刑以上刑罚的，种子企业或者其他单位的法定代表人、直接负责的主管人员自刑罚执行完毕之日起五年内不得担任种子企业的法定代表人、高级管理人员。

第七十六条　违反本法第四十九条规定，生产经营劣种子的，由县级以上人民政府农业、林业主管部门责令停止生产经营，没收违法所得和种子；违法生产经营的货值金额不足一万元的，并处五千元以上五万元以下罚款；货值金额一万元以上的，并处货值金额五倍以上十倍以下罚款；情节严重的，吊销种子生产经营许可证。

因生产经营劣种子犯罪被判处有期徒刑以上刑罚的，种子企业或者其他单位的法定代表人、直接负责的主管人员自刑罚执行完毕之日起五年内不得担任种子企业的法定代表人、高级管理人员。

第七十七条　违反本法第三十二条、第三十三条规定，有下列行为之一的，由县级以上人民政府农业、林业主管部门责令改正，没收违法所得和种子；违法生产经营的货值金额不足一万元的，并处三千元以上三万元以下罚款；货值金额一万元以上的，并处货值金额三倍以上五倍以下罚款；可以吊销种子生产经营许可证：

（一）未取得种子生产经营许可证生产经营种子的；

（二）以欺骗、贿赂等不正当手段取得种子生产经营许可证的；

（三）未按照种子生产经营许可证的规定生产经营种子的；

（四）伪造、变造、买卖、租借种子生产经营许可证的。

被吊销种子生产经营许可证的单位，其法定代表人、直接负责的主管人员自处罚决定作出之日起五年内不得担任种子企业的法定代表人、高级管理人员。

第七十八条　违反本法第二十一条、第二十二条、第二十三条规定，有下列行为之一的，由县级以上人民政府农业、林业主管部门责令停止违法行为，没收违法所得和种子，并处二万元以上二十万元以下罚款：

（一）对应当审定未经审定的农作物品种进行推广、销售的；

（二）作为良种推广、销售应当审定未经审定的林木品种的；

（三）推广、销售应当停止推广、销售的农作物品种或者林木良种的；

（四）对应当登记未经登记的农作物品种进行推广，或者以登记品种的名义进行销售的；

（五）对已撤销登记的农作物品种进行推广，或者以登记品种的名义进行销售的。

违反本法第二十三条、第四十二条规定，对应当审定未经审定或者应当登记未经登记的农作物品种发布广告，或者广告中有关品种的主要性状描述的内容与审定、登记公告不一致的，依照《中华人民共和国广告法》的有关规定追究法律责任。

第七十九条　违反本法第五十八条、第六十条、第六十一条规定，有下列行为之一的，由县级以上人民政府农业、林业主管部门责令改正，没收违法所得和种子；违法生产经营的货值金额不足一万元的，并处三千元以上三万元以下罚款；货值金额一万元以上的，并处货值金额三倍以上五倍以下罚款；情节严重的，吊销种子生产经营许可证：

（一）未经许可进出口种子的；

（二）为境外制种的种子在境内销售的；

（三）从境外引进农作物或者林木种子进行引种试验的收获物作为种子在境内销售的；

（四）进出口假、劣种子或者属于国家规定不得进出口的种子的。

第八十条　违反本法第三十六条、第三十八条、第四十条、第四十一条规定，有下列行为之一的，由县级以上人民政府农业、林业主管部门责令改正，处二千元以上二万元以下罚款：

（一）销售的种子应当包装而没有包装的；

（二）销售的种子没有使用说明或者标签内容不符合规定的；

（三）涂改标签的；

（四）未按规定建立、保存种子生产经营档案的；

（五）种子生产经营者在异地设立分支机构、专门经营不再分装的包装种子或者受委托生产、代销种子，未按规定备案的。

第八十一条　违反本法第八条规定，侵占、破坏种质资源，私自采集或者采伐国家重点保护的天然种质资源的，由县级以上人民政府农业、林业主管部门责令停止违法行为，没收种质资源和违法所得，并处五千元以上五万元以下罚款；造成损失的，依法承担赔偿责任。

第八十二条　违反本法第十一条规定，向境外提供或者从境外引进种质资源，或者与境外机构、个人开展合作研究利用种质资源的，由国务院或者省、自治区、直辖市人民政府的农业、林业主管部门没收种质资源和违法所得，并处二万元以上二十万元以下罚款。

未取得农业、林业主管部门的批准文件携带、运输种质资源出境的，海关应当将该种质资源扣留，并移送省、自治区、直辖市人民政府农业、林业主管部门处理。

第八十三条　违反本法第三十五条规定，抢采掠青、损坏母树或者在劣质林内、劣质母树上采种的，由县级以上人民政府林业主管部门责令停止采种行为，没收所采种子，并处所采种子货值金额二倍以上五倍以下罚款。

第八十四条　违反本法第三十九条规定，收购珍贵树木种子或者限制收购的林木种子的，由县级以上人民政府林业主管部门没收所收购的种子，并处收购种子货值金额二倍以上五倍以下罚款。

第八十五条　违反本法第十七条规定，种子企业有造假行为的，由省级以上人民政府农业、林业主管部门处一百万元以上五百万元以下罚款；不得再依照本法第十七条的规定申请品种审定；给种子使用者和其他种子生产经营者造成损失的，依法承担赔偿责任。

第八十六条　违反本法第四十五条规定，未根据林业主管部门制定的计划使用林木良种的，由同级人民政府林业主管部门责令限期改正；逾期未改正的，处三千元以上三万元以下罚款。

第八十七条　违反本法第五十四条规定，在种子生产基地进行检疫性有害生物接种试验的，由县级以上人民政府农业、林业主管部门责令停止试验，处五千元以上五万元以下罚款。

第八十八条　违反本法第五十条规定，拒绝、阻挠农业、林业主管部门依法实施监督检查的，处二千元以上五万元以下罚款，可以责令停产停业整顿；构成违反治安管理行为的，由公安机关依法给予治安管理处罚。

第八十九条 违反本法第十三条规定，私自交易育种成果，给本单位造成经济损失的，依法承担赔偿责任。

第九十条 违反本法第四十四条规定，强迫种子使用者违背自己的意愿购买、使用种子，给使用者造成损失的，应当承担赔偿责任。

第九十一条 违反本法规定，构成犯罪的，依法追究刑事责任。

第十章 附 则

第九十二条 本法下列用语的含义是：

（一）种质资源是指选育植物新品种的基础材料，包括各种植物的栽培种、野生种的繁殖材料以及利用上述繁殖材料人工创造的各种植物的遗传材料。

（二）品种是指经过人工选育或者发现并经过改良，形态特征和生物学特性一致，遗传性状相对稳定的植物群体。

（三）主要农作物是指稻、小麦、玉米、棉花、大豆。

（四）主要林木由国务院林业主管部门确定并公布；省、自治区、直辖市人民政府林业主管部门可以在国务院林业主管部门确定的主要林木之外确定其他八种以下的主要林木。

（五）林木良种是指通过审定的主要林木品种，在一定的区域内，其产量、适应性、抗性等方面明显优于当前主栽材料的繁殖材料和种植材料。

（六）新颖性是指申请植物新品种权的品种在申请日前，经申请权人自行或者同意销售、推广其种子，在中国境内未超过一年；在境外，木本或者藤本植物未超过六年，其他植物未超过四年。

本法施行后新列入国家植物品种保护名录的植物的属或者种，从名录公布之日起一年内提出植物新品种权申请的，在境内销售、推广该品种种子未超过四年的，具备新颖性。

除销售、推广行为丧失新颖性外，下列情形视为已丧失新颖性：

1. 品种经省、自治区、直辖市人民政府农业、林业主管部门依据播种面积确认已经形成事实扩散的；

2. 农作物品种已审定或者登记两年以上未申请植物新品种权的。

（七）特异性是指一个植物品种有一个以上性状明显区别于已知品种。

（八）一致性是指一个植物品种的特性除可预期的自然变异外，群体内个体间相关的特征或者特性表现一致。

（九）稳定性是指一个植物品种经过反复繁殖后或者在特定繁殖周期结束时，其主要性状保持不变。

（十）已知品种是指已受理申请或者已通过品种审定、品种登记、新品种保护，或者已经销售、推广的植物品种。

（十一）标签是指印制、粘贴、固定或者附着在种子、种子包装物表面的特定图案及文字说明。

第九十三条 草种、烟草种、中药材种、食用菌菌种的种质资源管理和选育、生产经营、管理等活动，参照本法执行。

第九十四条 本法自2016年1月1日起施行。

林业发展“十三五”规划

第一章　林业进入改革发展新阶段

林业建设是事关经济社会可持续发展的根本性问题。“十二五”以来，党中央、国务院对林业建设的重视前所未有，广大人民群众对良好生态的期待前所未有，林业承担绿色发展的历史重任前所未有，保护和修复三个系统一个多样性、发展生态林业民生林业取得重大成就。站在新起点，肩负新使命，面临新挑战，我国林业进入推进现代化建设新阶段。

第一节　“十二五”建设主要成就

全国林业系统深入贯彻落实党中央、国务院的战略部署，紧紧围绕保护和修复三个系统一个多样性、发展生态林业民生林业，“十二五”规划主要任务全面完成，约束性指标顺利实现，集体林权制度改革深入推进，国有林区、国有林场改革全面启动。全国造林面积比“十一五”增长20%，达到3000万公顷；森林抚育全面展开，达到3968万公顷；林业棚户区改造任务基本完成，惠及林区167万户、500万人口；林业产业产值年增速超过20%，达到5.94万亿元；林业政策体系不断完善，林业投入达到1.77万亿元，其中中央投入达到4948亿元。

一、生态建设成效显著

造林绿化加快推进，天然林资源保护、退耕还林、防护林体系建设、湿地保护与恢复、防沙治沙、石漠化治理、野生动植物保护及自然保护区建设等一批重大林业生态保护与修复工程稳步实施。根据第八次全国森林资源清查(2009～2013年)，全国森林面积2.08亿公顷，活立木总蓄积164.33亿立方米，森林蓄积151.37亿立方米。与第七次清查相比，森林面积增加了1223万公顷，其中，天然林面积增加了215万公顷。全国森林植被总生物量170.02亿吨，总碳储量84.27亿吨，顺利完成“十二五”森林覆盖率21.66%、森林蓄积量143亿立方米两个约束性指标任务。根据第二次全国湿地资源调查(2009～2013年)，全国湿地面积5360.26万公顷，与第一次调查相比，受保护的湿地面积增加525.94万公顷，达到2324.32万公顷。全国完成沙化土地治理面积1000万公顷，土地沙化趋势整体得到初步遏制。全国林业系统累计建立各级各类自然保护区2189处，面积1.25亿公顷，其中，国家级自然保护区359处，面积7874万公顷，大熊猫、东北虎、朱鹮、藏羚羊、扬子鳄等野外种群数量稳中有升。

二、林业改革稳步推进

集体林权制度改革深入推进，集体林地确权登记工作基本完成，各地已确权集体林地面积27亿亩，占纳入集体林权制度改革面积的99%。全国已建立县级以上林权管理服务机构1600多个，建立林业合作组织15万个，涉及农户1400多万户。国有林区、国有林场改革全面启动，中共中央、国务院印发了《国有林场改革方案》和《国有林区改革指导意见》，明确了改革底线和改革任务，国家和地方出台了一系列扶持保障政策，中央安排了专项改革资金，内蒙古、吉林、黑龙江制定了重点国有林区改革方案，河北、浙江、江西、山东、湖南、甘肃完成了国有林场改革试点，广东、北京、辽宁等22个省(自治区、直辖市)制定了国有林场改革方案。2014年，在黑龙江重点国有林区开展停止天然林商业性采伐试点，停止采伐天然林145.9万立方米；2015年，天然林停伐范围扩大到内蒙古、吉林重点国有林区，东北、内蒙古重点国有林区全部停止天然林商业性采伐390.2万立方米。参与制定中共中央、国务院《关于加快推进生态文明建设的意见》和《生态文明体制改革总体方案》，提出林业治理体系制度框架，出台国家储备林制度方案，开展建立国家公园体制试点和编制自然资源资产负债表。取消下放和调整行政审批事项64项，比例达67%，提前完成改革任务。

三、林业产业快速发展

林业产业继续保持快速增长势头，产业规模不断扩大，产值不断增加，林产品贸易跃居世界首位。全国林业产业总产值由2010年的2.28万亿元增长到2015年的5.94万亿元，林业一、二、三产业结构由2010年的39∶52∶9调整为2015年的34∶50∶16。林业主要产业带动就业人数5247万人。木材加工产能持续扩大，年均人造板产量2.5亿立方米、木地板产量6.9亿平方米。经济林产业快速发展，年均提供干鲜果品、木本粮油等特色经济林产品1.5亿吨，年产值突破万亿元，其中油茶种植面积达到382万公顷，年产茶油55万吨，实现年产值600亿元。森林等自然资源旅游蓬勃发展，建立各级森林公园、湿地公园、沙漠公园4300多个，面积2300万公顷，2015年林业旅游与休闲人数达到23亿人次，实现旅游收入6700亿元。林产品进出口额从2010年963亿美元增长到2015年1385亿美元。

四、林区棚户区及基础设施逐步改善

林业棚户区改造成效显著。国有林场危旧房改造如期完成，国有林区棚户区改造进入收尾阶段。截至2015年底，累计安排中央投资397亿元，基本建成167万户。林业棚户区改造相当于林区过去50年住房建设总和，已惠及林区500万人口，真正解决了长期生活在低矮、阴暗、潮湿、几代人共居一室林区职工的"住有所居"问题。棚户区改造围绕保生态调整了林区生产力布局，建成了一批林业新区和森林小镇，林区生活环境焕然一新。国有林区林场新建道路9000千米，解决了1300个林场道路通畅问题，林区林场职工居住、供电、给排水、医疗、教育等难题正在逐步缓解。

五、保障能力不断增强

林业法制建设进一步加强。"十二五"期间，颁布林业法律1部、林业部门规章14件，野生动物保护法修订草案已提请全国人大常委会审议。林业科技支撑能力逐步提高。新建生态定位站86个、国家林业科技示范园区5个、工程技术研究中心40个、生物产业基地12个和林产品质量检验检测中心28个；发布实施林业标准661项，成立ISO竹藤技术委员会；组织实施林业科技推广项目2200多项；森林认证体系得到42个国家认可；制定并印发了《中国林业遗传资源保护与可持续利用行动计划》。林业防灾应急能力明显增强。全国森林火灾受害率控制在1‰以下，林业有害生物成灾率控制在4.5‰以下。林业执法力度不断加大，组织开展"天网""利剑"等十余次全国专项行动，查处涉林刑事案件14万起。林业种苗建设不断加强。建设国家重点林木良种基地226处，林木良种使用率达到61%，累计提供林木良种1.3亿公斤，生产合格苗木1500多亿株。林业基层站所建设成效显著。全国乡镇林业工作站保持在2.5万多个、职工队伍11万多人，覆盖全国乡镇数量的92%，管理指导了乡村护林员65万余人，基层林业管理服务网络进一步强化。林业信息化全面快速推进。发布全国林业信息化建设纲要和技术指南、智慧林业指导意见，林业卫星遥感等核心业务建成上线，建成智能办公系统和新一代智慧门户，互联互通基本形成。林业宣传和生态文化体系进一步完善。出台《中国生态文化发展纲要》，开展"地球绿飘带""最美湿地""生态中国"等大型宣传活动，完成《中华大典·林业典》，国家森林城市达到96个，国家生态文明教育基地达到76个。

第二节　有利条件和机遇

"十二五"期间保护和修复三个系统一个多样性、发展生态林业民生林业取得的重大成就，为"十三五"时期林业改革发展奠定了坚实基础。林业正处在新的战略机遇期和黄金发展期，林业改革发展具备了很多有利条件和积极因素。

一、党中央国务院高度重视林业发展

十八大以来，党中央、国务院更加重视林业，习近平总书记对生态文明建设和林业改革发展作出了一系列重要指示批示，特别指出，林业建设是事关经济社会可持续发展的根本性问题。在2016年1月26日中央财经领导小组第十二次会议上，习近平总书记强调，森林关系国家生态安全，要加强森林生态安全建设，着力推进国土绿化，着力提高森林质量，着力开展森林城市建设，着力建设国家公园。4月5日，习近平总书记在参加首都义务植树活动时指出，发展林业是全面建成小康社会的重要内容，是生态文明建设的重要举措；要多种树、种好树、管好树，让大地山川绿起来，让人民群众生活环境美起来。森林作为陆地生态的主体、自然生态系统的顶层、国家民族最大的生存资本，在全面建成小康社会和建设生态文明中的地位作用更加凸显。党的十八届五中全会提出了创新、协调、绿色、开放、共享的发展理念，林业是践行五大发展理念、转变发展方式的重要体现，是新常态下转型升级的重要环节，是构建生态安全屏障的重要支柱，是建设美丽中国的重要内容。围绕保生态守红线、兴林富民惠民，党中央、国务院制定出台了一系列政策措施，每年中央1号文件和2015年中央6号、12号、25号等重要文件，着重强调或专门部署了生态文明建设和林业改革工作，有力推动了林业发展。森林覆盖率和蓄积量成为了国家经济社会发展的约束性指标，林业建设和生态保护成为了党政领导干部政绩考核的重要内容。

二、绿色发展赋予了林业发展新使命

坚持绿色发展，是我国发展理论的重大创举，是对我国国情和世界发展潮流准确深刻把握作出的战略抉择。绿色发展迫切要求林业承担起筑牢生态安全屏障、夯实生态根基的重大使命，加大力度保护和修复自然生态系统，从根本上扭转生态环境恶化趋势，保障国家生态安全，增强减缓和适应气候变化能力。绿色发展迫切要求林业承担起创造绿色财富、积累生态资本的重大使命，提供更多优质的生态产品，不断提高森林、湿地、荒漠、生物多样性等生态服务价值和公共服务能力。绿色发展迫切要求林业承担起引领绿色理念、繁荣生态文化的重大使命，大力提升保护森林、爱护动物、亲近自然的生态意识，培育公民生态价值观，推动全社会形成绿色循环低碳的发展方式和生活方式，努力创造人与自然和谐共生的人文财富，为建设美丽中国作出新贡献。

三、全面建成小康社会提出了林业发展新任务

良好生态环境是提高人民生活水平、改善人民生活质量、提升人民幸福感的基础和保障，是最公平的公共产品和最普惠的民生福祉，是全面建成小康社会的必然要求。广大人民群众由过去"求生存"到现在"求生态"，由过去"盼温饱"到现在"盼环保"，由过去"要硬化"到现在"要绿化"。这就要求，林业建设要把保护生态环境、提供优质生态产品、增加生态福祉作为出发点和落脚点，充分发挥涵养水源、净化水质、保持水土、固碳释氧、吸霾滞尘、调节气候、美化环境、休闲游憩、健康养生等强大生态功能，努力为人民群众营造天蓝、地绿、水净的美好家园。全面建成小康社会的难点重点在山区林区沙区，这些地区属于集中连片特殊困难地区，也是重点生态功能区，依靠传统产业脱贫难。林业具有进入门槛低、产业链条长、就业容量大、收益可持续的优势，脱贫增收潜力巨大。这就要求，加强生态建设，发展生态产业，实行生态补偿，对生态特别重要和脆弱的实行生态保护扶贫，实现林业精准扶贫、精准脱贫，补齐短板。

四、供给侧结构性改革明确了林业发展新要求

我国经济发展已经进入了由高速增长转向中高速增长的新常态，以"一带一路"建设、京津冀协同发展、长江经济带建设为引领的区域发展空间逐步形成，贯彻落实新发展理念、适应把握引领经济发展新常态，坚持以人民为中心的发展思想，推进供给侧结构性改革，其中一项重大任务就是为人民提供更多优质生态产品。当前，林业建设进入数量增速换挡、质量亟待提高的转型升级关键时期，加强供给侧改革和生态提速增质是新时期对林业改革发展的新要求，林业要主动适应把握引领。供给侧改革要求林业增加多元投入，加强生态保护修复，大力发展绿色产业，既要切实打好还欠账、增容量、提质量的生态攻坚战，也要增加经济总量、丰富优质生态产品和林产品供应，为稳增长、满足社会需求作出积极贡献。供给侧改革要求林业强化创新驱动，培育发展新动力，拓展发展新空间，构建发展新体制，实现提质增效。供给侧改革要求林业加快建立生态文明法律制度，用严格的法律制度保护生态环境。供给侧改革要求林业厘清政府和市场权责，加强中央事权和支出责任，更好地发挥政府在生态建设中的重要作用，充分发挥市场在资源配置中的决定性作用。

五、全球生态治理带来了林业发展新机遇

构建生态命运共同体是应对气候变化、维护全球生态安全、推进全球生态治理的必然选择。

重视森林、保护生态已经成为国际社会的广泛共识和各国发展的重大战略，生态环境已成为综合国力竞争的新筹码，林业在提升国家生态环境实力、展示国家形象方面发挥着越来越大的作用。联合国《2030 年可持续发展议程》明确将保护森林、湿地、荒漠生态系统和生物多样性作为独立完整的目标之一；2015 年联合国森林论坛讨论了未来 15 年全球森林政策，对森林在消除贫困以及应对气候变化方面的关键作用达成共识。党的十八大和十八届五中全会明确提出我国要为维护全球生态安全作出新贡献，习近平总书记在气候变化巴黎大会上明确指出“中国 2030 年森林蓄积量比 2005 年增加 45 亿立方米左右”，这就要求林业在全球生态治理格局中扮演更加重要角色。当前，我国林业的国际地位和影响力不断提高，具备了加快发展、为国家外交战略和对外开放战略作出更大贡献的条件和机遇。以应对气候变化、履行国际公约和处理国际热点问题为主的国际事务参与能力不断增强，与许多国家特别是周边国家双边合作成效显著，为林业拓宽了外部发展空间，为开展“森林外交”“生态外交”奠定了良好基础。我国林业发展战略与国际社会可持续发展的主流思想一致，有利于林业在统筹国际国内两个大局中，占据主动，趋利避害，积极而为。

第三节　困难和挑战

我国生态资源稀缺，生态系统退化严重，偿还欠债、守住存量、扩大增量的任务十分艰巨。

一、生态修复难度增大

经过 30 多年大规模造林绿化，可造林地的结构和分布发生了显著变化。全国宜林地、疏林地以及需要退耕的坡耕地、严重沙化耕地等潜在可造林地 4946 万公顷，其中，3958 万公顷宜林地中，有 67% 分布在华北、西北干旱、半干旱地区，有 12% 分布在南方岩溶石漠化地区，自然立地条件差，造林成林越来越困难，土地已经成为加快林业建设的主要制约因素；加之传统的劳动力、土地等投入要素优势逐步丧失，造林抚育用工短缺，劳动力和用地成本不断上涨，一些地方甚至出现了造林任务分解难、落实难问题。同时，林业发展方式较为粗放，重面上覆盖、轻点上突破，重挖坑栽树、轻经营管理，重数量增长、轻质量提升，重单一措施、轻综合治理，造成森林结构纯林化、生态系统低质化、生态功能低效化、自然景观人工化趋势加剧。全国森林单位面积蓄积量只有全球平均水平的 78%，纯林和过疏过密林分所占比例较大，森林年净生长量仅相当于林业发达国家的一半左右。

二、资源保护压力加大

随着经济社会发展和城镇化推进，一些地区林业资源破坏严重，保护的压力持续增加，出现了森林破碎化、湿地消失、物种灭绝等生态问题。2009 ~ 2013 年违法违规侵占林地年均 200 万亩，2004 ~ 2013 年湿地面积年均减少 510 万亩，沙化和石漠化土地占国土面积近 20%，有 900 多种脊椎动物、3700 多种高等植物受到生存威胁，过去十年年均发生森林火灾 7600 多起，森林病虫害发生面积 1.75 亿亩以上。全面保护天然林的任务十分繁重。生态空间受到严重挤压，生态承载力已经接近或超过临界点。生态危机不仅导致越来越多的健康问题、经济问题，还成为引发社会矛盾的燃点。生态破坏严重、生态灾害频繁、生态压力巨大已成为全面建成小康社会的最大瓶颈。

三、体制机制缺乏活力

体制不顺、机制不活、产权界定不清是制约林业发展的深层次问题。国有林区和国有林场改革刚刚起步，面临困难较多，历史包袱沉重，改革动力不足，融入当地经济社会发展进程滞后，存在职工收入偏低、社会保障薄弱、产业转型困难等问题。集体林权制度改革存在经营权落实不到位、处置权设置不完整等问题，规模经营和新型经营主体发育迟缓，集约化、专业化、组织化、社会化程度不高。产权模式落后，投融资机制不活，社会资本进入困难，改革红利远未释放。

四、林业产品供给能力不足

森林、湿地等自然生态系统的生态产品供给和生态公共服务能力，与人民群众期盼相比还有很大差距。生态空间、生产空间、生活空间错配突出，人口密集区生态承载力不足，人们对身边增绿、社区休憩、森林康养的需求越来越迫切。生态体验设施缺乏，森林湿地难以感知，生态资源还未有效转化为优质的生态产品和公共服务，生态服务价值未充分显化和量化，我国生态服务已经成为与发达国家的最大差距。木材作为国家经济社会发展和人民生活不可或缺的战略物资，国内供应能力严重不足，对外依存度高，木本油料、森林食品、道地林药等非木林产品供需矛盾突出，高附加值产品比重低，林业巨大的生产潜力没有充分发挥。

五、基础设施装备落后

我国相对集中连片的林区多位于老少边穷岛等地区，林区道路、供电、饮水、通讯等基础设施建设和公共事业长期落后，多未纳入当地经济社会发展规划及投资计划，相关扶持政策难以落实，自我发展和更新能力丧失。林业生产机械化程度低，森林防火、野生动植物保护、资源管理、林业执法、有害生物防治等现代装备手段落后，协同创新平台和国家重点实验室严重缺乏，高新实用技术成果推广应用不足，品种创新和技术研发能力不高，科技进步贡献率远低于林业发达国家水平，林业人才队伍薄弱，基层站所基础设施装备落后。

六、管理服务水平不高

林业治理体系尚不健全，该政府办的没有办到位，该放给市场的没有放到位，林业自然资源保护、公共资源配置、生态效益补偿、损害责任追究等制度尚不健全。长期以来，资源管制、营造林管理较为粗放，森林、湿地、荒漠、野生动植物等资源监测、保护修复等没有落在“一张图”和山头地块上，难以做到精准保护、精准建设。信息化建设滞后，林业大数据融合度低，互联网等现代先进技术应用不足，运用现代信息技术的主动性、融合性、创新性不够，服务林农群众的手段落后。

第二章 “十三五”林业发展总体思路

第一节 指导思想

高举中国特色社会主义伟大旗帜，全面贯彻党的十八大和十八届三中、四中、五中全会精神，深入贯彻习近平总书记系列重要讲话精神，牢固树立创新、协调、绿色、开放、共享的发展理念，深入实施以生态建设为主的林业发展战略，以维护森林生态安全为主攻方向，以增绿增质增效为基本要求，深化改革创新，加强资源保护，加快国土绿化，增进绿色惠民，强化基础保障，扩大开放合作，加快推进林业现代化建设，为全面建成小康社会、建设生态文明和美丽中国作出更大贡献。

林业是经济社会可持续发展的根基，发展林业是全面建成小康社会的一项重大任务，“十三五”推进林业现代化建设的基本要求是：

——始终坚持把改善生态作为林业发展的根本方向。保护生态环境就是保护生产力，改善生态环境就是发展生产力。坚持保护优先、自然修复为主，坚持数量和质量并重、质量优先，加强森林生态安全建设，加快国土绿化进程，开展山水林田湖生态治理，开展森林城市建设，加强林业生态资源科学经营，全面提升自然生态系统稳定性和生态服务功能。

——始终坚持把做强产业作为林业发展的强大活力。绿水青山就是金山银山，发挥森林是水库、钱库和粮库的重要功能，深刻认识生态和产业、公益和经济的辩证关系，发展林业特色和新兴产业，改造提升传统产业，增强林业发展活力，实现林业精准扶贫，在国土上创造和积累生态资本和绿色财富，促进绿色富国、绿色惠民。

——始终坚持把保护资源和维护生物多样性作为林业发展的基本任务。全面保护天然林、湿地、沙地植被，以及典型生态系统、生物物种及遗传基因的多样性，实施森林质量精准提升工程，严格保护林地、湿地。加快珍稀濒危野生动植物抢救性保护，建设国家公园，强化野生动植物进出口管理。培养公民生态价值观，促进人与自然和谐共生。

——始终坚持把改革创新作为林业发展的关键动力。加强林业改革顶层设计，健全国有林和集体林管理体制，创新产权模式，广泛调动全社会力量发展林业的主动性和创造性。发挥科技创新的引领作用，实现由要素驱动向创新驱动转变，推动大众创业、万众创新，不断释放改革红利、创新红利，全面提升林业生态效益、经济效益、社会效益。

——始终坚持把依法治林作为林业发展的可靠保障。加快林业科学立法、民主立法，加强林业执法和普法，形成完备的林业法律规范体系、高效的法治实施体系、严密的法治监督体系、有力的法治保障体系，保护产权、规范公权，不断完善林业治理体系和提高治理能力。

——始终坚持把开放合作作为林业发展的重要路径。以国际履约和合作交流为平台，以“一带一路”为契机，深度参与全球应对气候变化、林业合作和生态治理，积极服务国家政治外交大局，统筹国际国内两种资源、两个市场，形成全方位林业对外开放新格局，为维护全球生态安全作出新贡献。

第二节 规划目标

“十三五”时期，我国林业要加快推进功能多样化、经营科学化、管理信息化、装备机械化、服务优质化，为到2050年基本实现林业现代化奠定坚实基础。到2020年，我国林业发展的主要目标是：

——国土生态安全屏障更加稳固。林业生产力布局进一步优化，生态承载力明显提升，生态环境质量总体改善，生态安全屏障基本形成。天然林、湿地、重点生物物种资源得到全面保护，森林覆盖率提高到23.04%，森林蓄积量增加14亿立方米，湿地保有量稳定在8亿亩，林业自然保护地占国土面积稳定在17%以上，新增沙化土地治理面积1000万公顷。

——林业生态公共服务更趋完善。绿色惠民、公平共享、服务水平不断增强，优质生态产品和林产品更加丰富。森林年生态服务价值达到15万亿元，林业年旅游休闲康养人数力争突破25亿人次，国家森林城市达到200个以上，人居生态环境显著改善。生态文化更加繁荣，生态文明理念深入人心。

——林业民生保障更为有力。林业产业转型升级，林业职工和林农收入不断提高，生产生活条件逐步改善，吸纳就业能力不断增强，国内木材储备供应能力显著提高，林业产业总产值达到8.7万亿元，生态补偿脱贫一批。

——林业治理能力明显提升。林业改革稳步推进，国有林区、国有林场成为绿化国土和林业建设的主力军，集体林业活力进一步释放，科技创新和依法治林进一步增强，基础设施和装备条件进一步改善，人才队伍进一步优化，林业制度体系更加健全。

表1 “十三五”林业发展主要指标表

指标名称	2015年	2020年	属性
生态保护			
(1)森林覆盖率(%)	21.66	23.04	约束性
(2)森林蓄积量(亿立方米)	151	165	约束性
(3)林地保有量(万公顷)	31100	31230	约束性
(4)湿地保有量(万公顷)	5342	5342	约束性
(5)国家重点保护野生动植物保护率(%)	90	95	约束性
(6)新增沙化土地治理面积(万公顷)	1000	1000	约束性
(7)* 林业自然保护地面积占国土比例(%)	15	17	约束性
(8)混交林占比(%)	39	45	约束性
(9)单位面积森林蓄积量(立方米/公顷)	89.79	95	预期性
(10)* 生态服务价值(万亿元/年)	13.84	15	预期性
(11)森林植被碳储量(亿吨)	84.27	95	预期性
经济民生			
(12)林业产业总产值(万亿元/年)	5.94	8.7	预期性
(13)林业就业人数(万人)	5247	6000	预期性
(14)林业在岗职工收入年增长率(%)	10	12	预期性
(15)国家森林城市数量(个)	96	200	预期性
(16)林业旅游休闲康养人次(亿人次/年)	23	25	预期性
基础保障			
(17)林业科技进步贡献率(%)	48	55	预期性
(18)林木良种使用率(%)	61	75	预期性
(19)森林火灾受害控制率(%)	<1	<0.9	预期性
(20)林业有害生物成灾控制率(%)	<4.5	<4	预期性
(21)林业信息化率(%)	62	80	预期性
(22)林业机械化率(%)	45	55	预期性

注：生态服务价值，现阶段特指森林生态系统每年提供的生态服务价值，包括涵养水源、保育土壤、固碳释氧、净化大气环境、森林防护、生物多样性保护、森林游憩7类生态服务价值。

林业自然保护地，指林业系统建立的国家公园、自然保护区、森林公园、湿地公园、沙漠公园、沙化土地封禁保护区。

第三节 发展格局

以国家“两屏三带”生态安全战略格局为基础，以服务京津冀协同发展、长江经济带建设、“一带一路”建设三大战略为重点，综合考虑林业发展条件、发展需求等因素，按照山水林田湖生命共同体的要求，优化林业生产力布局，以森林为主体，系统配置森林、湿地、沙区植被、野生动植物栖息地等生态空间，引导林业产业区域集聚、转型升级，加快构建“一圈三区五带”的林业发展新格局。

“一圈”为京津冀生态协同圈，打造京津保核心区并辐射到太行山、燕山和渤海湾的大都市型生态协同发展区，增强城市群生态承载力，改善人居环境，提升国际形象。

“三区”为东北生态保育区、青藏生态屏障区、南方经营修复区，作为我国国土生态安全的主体，是全面保护天然林、湿地和重要物种的重要阵地，也是保障重点地区生态安全和木材安全的战略基地。

“五带”为北方防沙带、丝绸之路生态防护带、长江(经济带)生态涵养带、黄土高原—川滇生态修复带、沿海防护减灾带，作为我国国土生态安全的重要骨架，是改善沿边、沿江、沿路、沿山、沿海自然环境的生态走廊，也是扩大生态空间、提高区域生态承载力的绿色长城。

一、京津冀生态协同圈

京津冀生态协同圈是京津冀协同发展战略的生态空间，范围包括北京、天津、河北三省市全部，以及山西东部、内蒙古中段南部、辽宁西南部、山东西北部，生态建设以构建环首都生态屏障为中心，辐射太行山、燕山、坝上高原和渤海湾地区。该区域西靠太行，北枕燕山，东临渤海，南接华北大平原，地缘相接、人缘相亲，地域一体、文化一脉，将发展为人口超亿的国际化城市群。因地处北方农牧交错带前缘的生态过渡区，生态极为脆弱，长期的过度开发、地下水超采，造成生态空间严重不足，生态承载力已临近或超过阈值，大气污染、土地退化、人口资源环境矛盾凸显。

本圈林业建设主攻方向是扩大环境容量和生态空间，缩小区域内生态质量梯度，提高生态承载力，把京津冀生态协同圈打造成为全国生态保护的中心区和样板区。划定生态保护红线，实施分区管理，全面保护森林湿地绿地资源，营造成片森林、联通水系和恢复洼淀湖沼湿地，建设永定河等生态廊道。加大京津保地区营造林和白洋淀、衡水湖等湖泊湿地恢复力度，建设太行山、燕山和坝上生态防护区和水源涵养区，加强水源地、风沙源区和环渤海盐碱地生态治理。加强环首都国家公园、森林公园、湿地公园建设，推动生态公共服务设施在城区均衡布局并贯通到周边地区，建设高品质的城市森林，优化美化城乡人居环境，打造国家重要绿色增长极。

二、东北生态保育区

东北生态保育区是国家“两屏三带”生态格局中东北森林带的空间载体，范围涉及黑龙江、吉林全部，辽宁东部和内蒙古东部，分布有广阔的森林、草原和湿地，是北半球世界三大温带森林带之一、世界三大黑土带之一，也是我国沼泽湿地最集中、最丰富的地区，森林面积和蓄积量占全国的1/5，是我国木材战略储备基地和重要粮仓及东北华北平原的重要生态屏障。

本区林业建设主攻方向是全面加强森林、湿地和重要野生生物保护，休养生息，提高生态功能。全面停止天然林商业性采伐，加强森林管护；强化森林经营，调整和优化森林结构，培育优质材、大径材和珍贵材，建成国家木材战略储备基地；充分发挥森林、湿地等生态服务功能，建设完善相关服务设施，强化生态公共服务；加强退化湿地修复和退耕还湿，遏制沼泽湿地消失退化和黑土层变瘠变薄；建设东北虎豹等重点物种国家公园和自然保护区、森林公园、湿地公园，建立中俄蒙朝联合保护机制，保护珍稀物种野外种群及其栖息地；发展森林旅游等生产性服务业，积极发展种养等接续产业，开展对外森林资源开发合作，建立一批进口木材资源储备加工交易基地；加快林区基础设施和现代装备建设。

三、青藏生态屏障区

青藏生态屏障区是国家“两屏三带”生态格局中青藏高原生态屏障的空间载体，范围涉及青海、西藏大部，新疆、甘肃、四川部分地区，地貌以高原为主，海拔3000米以上，自然资源丰富，自然环境类型多样，是长江、黄河、澜沧江、雅鲁藏布江等重要河流的发源地，是世界高原特有生物的集中分布区，也是维持我国乃至全球气候稳定的“生态源”和“气候源”。

本区林业建设主攻方向是保护青藏高原特有生态环境，促进区域经济社会可持续发展，维护我国乃至南亚江河流域的生态平衡。全面保护高原湿地、江河源头原生植被，维持雪山、冰川、河流和高原生态系统的稳定，加强沙化土地治理，形成以原生植被为主体、功能稳定、类型齐全的自然生态系统，增强水源涵养等生态功能；建设藏羚羊等重点物种国家公园，维系联通大型自然保护地，强化国家森林公园、湿地公园、沙漠公园建设；加强高原湖泊和野生动物活动区、迁徙沿线的生态公共服务设施建设。

四、南方经营修复区

南方经营修复区是国家“两屏三带”生态格局中南方丘陵山地带的空间载体，范围包括长江以南、横断山脉以东的南方地区，横跨亚热带、热带气候带，水热同季，自然条件优越，是我国传统的集体林区，也是常绿阔叶林、热带雨林相对集中分布的区域，纯林和人工林比重大，用材林和经济林相对集中，杉、松、桉、竹种植规模大，栽培经验丰富。

本区林业建设主攻方向是全面保护天然林，大力培育混交林，全面提高林地生产力，加快退耕还林，治理水土流失，防治石漠化。全面保护常绿阔叶林、热带雨林和自然湿地，建设亚洲象等重点物种国家公园，保护珍稀濒危物种及其栖息地，强化国家森林公园、湿地公园建设；开展绕城、绕村、绕湖防护林体系建设，建设森林城市群，提升珠三角等城市群生态质量。集约经营用材林、竹林、油茶及其他特色经济林、花卉等，加快国家储备林建设，以国有林场为主体，大力培育珍贵用材和大径材；加快退化林修复，培育针阔混交林。因地制宜发展林下经济，培育新兴产业，加快传统木材加工业转型升级，打造制浆造纸、家具制造等林产品深加工产业集群。

五、北方防沙带

北方防沙带是国家“两屏三带”生态格局中北方防沙带的空间载体，范围包括新疆、甘肃、宁夏、内蒙古、辽宁、吉林等部分地区及新疆生产建设兵团有关团场，与东北西北部、华北北部和西北北部的风沙带走向、范围基本一致，古尔班通古特、巴丹吉林、腾格里、乌兰布和、库布其、毛乌素、浑善达克、科尔沁、呼伦贝尔等沙地和沙漠沿带分布，干旱缺水，土壤瘠薄、次生盐渍化严重，林草植被覆盖率低，生态非常脆弱，是我国主要的风沙策源区和灾害严重区。

本带林业建设主攻方向是保护荒漠生态系统，加强防沙治沙，增加林草植被。加强沙化土地封禁保护区建设；强化国家森林公园、湿地公园、沙漠公园建设；加强风沙源生态修复和退化林带修复，禁止滥开垦、滥放牧和滥樵采，实施保护性造林，增加地表秸草覆盖，减少造林地风蚀，成片构建乔灌草相结合的防风固沙林；保证合理生态用水，积极发展节水林业和沙产业。

六、丝绸之路生态防护带

丝绸之路生态防护带是“一带一路”战略丝绸之路经济带的生态空间，范围包括新疆、青海、甘肃、陕西、湖北、河南、安徽、山东、江苏等部分地区及新疆生产建设兵团有关团场，与东起连云港、西至阿拉山口出境的新欧亚大陆桥和喀什出境的中巴经济走廊走向一致，是丝绸之路经济带的重要通道，沿陇海、兰新线两侧设置生态屏障，从东向西分布有鲁南苏北湿地、伏牛山地、秦岭、六盘山、祁连山、青海湖、河西走廊、柴达木盆地、天山南北、塔里木河流域和塔里木盆地南缘等重要生态节点，地貌多样、地形复杂，生态环境多变。

本带林业建设主攻方向是以节点治理为主、分段施策，加强重要节点的自然保护与生态修复，沿路形成绿色珠链。东段以湿地保护为重点，保护和修复淮河中下游河湖湿地；中段侧重山地水土流失治理和水源地保护，加强山地生态修复，增加森林植被，提高森林质量；西段以防沙治沙和绿洲防护为重点，构建乔灌草相结合的防护林体系。以保护塔里木河、艾比湖、天山、祁连山、青海湖、六盘山、秦岭、微山湖、洪泽湖等重点区域生物多样性为目的，建设一批国家公园、自然保护区、森林公园、湿地公园、沙漠公园；利用充足的土地、光热条件发展特色林果业。

七、长江(经济带)生态涵养带

长江(经济带)生态涵养带是长江经济带战略的生态空间，范围包括云南、四川、贵州、重庆、湖北、湖南、江西、安徽、浙江、上海、江苏等部分地区，与长江经济带走向和范围基本一致，人口和经济总量均超过全国的40%，是具有全球影响力的内河经济带。北界沿秦巴山地往南，南界延伸到鄱阳湖、洞庭湖和太湖等丘陵湖区一线，坡耕地多，人均耕地少，森林、湿地、山地草场、生物物种和水资源极为丰富，武陵山地是我国乃至全球生物多样性最丰富的地区之一，中下游湖泊群是我国重要的淡水湖泊湿地集中分布区和候鸟栖息地与驿站。

本带林业建设主攻方向是加快保护与修复沿江生态系统，建设沿江绿色生态廊道，实施长江防护林体系建设、沿江重要湿地保护等重大生态修复工程，增强水源涵养、水土保持功能，全面保护和恢复湿地资源，提升天然林整体功能，保护野生动植物及生物多样性，加强流域重点生态功能区保护和修复。建立重要水库、湖泊、河流闸坝生态水量联合调度机制，大力实施退耕退垸还湖还湿，改善河湖连通性，修复长江沿线湖泊湿地生态功能。建设一批国家自然保护区、森林公园、湿地公园。加强源头区和湖泊、河流周边防护林建设，对陡坡耕地和山洪地质灾害易发区耕地实行退耕还林，提高林草植被质量；对石漠化严重地区实行综合治理；加强退化林和人工纯林修复，增加复层异龄混交林比重，构建绿色生态走廊。大力发展森林旅游、林下经济和木竹产品加工园区。

八、黄土高原—川滇生态修复带

黄土高原—川滇生态修复带是国家“两屏三带”生态格局中黄土高原—川滇生态屏障的空间载体，范围包括山西、陕西、甘肃、宁夏、四川、云南、青海和西藏等省(区)部分地区，地理单元为黄土高原和横断山脉的高山峡谷地带，是我国地势第一、二级阶梯的分界线。黄土高原东西千余公里，是世界上黄土覆盖面积最大的高原，气候干旱，降水集中，植被稀疏，水土流失非常严重；横断山脉南北纵贯900余千米，是全球生物多样性热点地区，东西骈列，江河并流，山高谷深，古冰川侵蚀与堆积地貌广布，重力作用致山崩、滑坡、泥石流乃至地震频繁，水土流失严重，生态十分脆弱。

本带林业建设主攻方向是全面保护自然生态系统和生物多样性，以自然修复为主，加强水土流失和石漠化综合治理。严格保护天然林和湿地，加强珍稀物种和生物多样性保护，建设大熊猫等国家公园，强化自然保护区、森林公园、湿地公园建设，提高重点物种栖息地质量；加快退耕还林，加大退化林分、退化湿地修复，增加自然生态资源总量，逐步形成功能稳定、类型齐全的高原生态系统；加强地质灾害损毁林地修复，实施林业治山；加强高山峡谷、高原湖泊和野生动物活动区的生态公共服务设施建设，推动生态体验；积极发展珍贵用材、特色林果、木本粮油基地和生态产业园区。

九、沿海防护减灾带

沿海防护减灾带是“一带一路”战略海上丝绸之路的生态空间，范围包括辽宁、山东、江苏、上海、浙江、福建、广东、广西等省(区、市)的沿海地区及海南省、沿海诸岛屿，是我国经济总量最大、对外开放程度最高、人口最密集的地区。大陆岸线长1.8万千米，有大于500平方米的岛屿6900多个，纵贯我国热带、亚热带、温带三个气候带，自然条件多变，生态系统多样，灾害性台风、赤潮、海啸和风暴潮频发。

本带林业建设主攻方向是加强海洋生态灾害防治，建设以红树林、海岸基干林带和纵深防护林构成的生态防护体系，强化风口综合治理和基干林带断带补齐合拢。开展滨海湿地、红树林、珊瑚礁、海草床、河口、海湾等典型生态系统保护与修复，实施“南红北柳”湿地修复工程，强化自然保护区、森林公园、湿地公园建设，开展岸线整治与生态景观恢复，加强退化林带修复、森林经营及人居环境优化美化，防控外来有害生物；开展海岛生态保护与建设、典型受损生态系统修复。依托沿海口岸辐射和临港工业能力，建设一批国家进口木材资源储备加工交易基地和地板、家具、木结构建筑等木竹加工产业集群。

第三章 战略任务

紧紧围绕推进林业现代化建设的总体目标，按照“一圈三区五带”的林业发展格局，加快国土绿化，提升林业产业，深化改革创新，加强依法治林，强化保护经营，发展公共服务，强化基础保障，扩大开放合作。完成营造林任务7333万公顷，其中：造林3333万公顷，包括人工造林、封山育林、飞播造林、退化林修复、人工更新；森林抚育4000万公顷。新增森林蓄积量14亿立方米。完成湿地修复14万公顷；沙化土地治理1000万公顷。

第一节　加快推进国土绿化行动

开展大规模国土绿化行动，加强林业重点工程建设，系统修复森林、湿地、荒漠生态系统，增加森林、湿地面积和森林蓄积量，巩固和扩大生态空间，增强自然生态功能，构筑国土绿色生态安全屏障。

一、加快造林绿化

坚持全民义务植树，发动全社会力量大规模植树增绿，绿化美化国土空间。坚持封山育林、人工造林并举，宜封则封、宜造则造，宜林则林、宜灌则灌、宜草则草。加强三北、沿海、长江、珠江、太行山、平原、血防等林业重点工程建设，打通连接重点生态功能区的绿色廊道；加大干旱半干旱地区封禁保护和自然修复力度，推行节水造林，加快建设一批百万亩集中连片的森林植被带；稳定和扩大新一轮退耕还林，加快25度以上坡耕地、严重沙化耕地和重要水源地15～25度坡耕地退耕还林进程，探索地下水严重超采、土壤污染严重耕地造林试点。加快开展乡镇村屯造林绿化示范建设。建设树种配置合理、结构稳定、功能完善的森林生态系统，形成沿海、沿江、沿线、沿边、沿湖(库)、沿岛的国土绿化网格，促进山脉、平原、河湖、城市、乡村绿化协同。举办第四届中国绿化博览会。

二、推进沙漠化石漠化等重点生态区域系统修复

加强沙漠化、石漠化土地治理，全面落实全国防沙治沙规划，将防沙治沙任务逐级分解落实到各地，签订责任书；优先将主要风沙源区、风沙口、沙尘路径、沙化扩展活跃区和岩溶石漠化地区“一片两江”作为重点突破区域，以自然修复为主，生物措施与工程措施相结合，增加林草植被，推进沙化土地封禁保护，加强防沙治沙示范区建设，推进水土流失综合治理，强化风沙源头和水源涵养区生态保护。稳步推进重点生态功能区、生态脆弱区的生态系统修复，自然修复与人工促进相结合，以点带面，综合治理，提升生态服务功能。加强退化森林和残次林修复，封补抚改并举，逐步培育为混交林、复层林、异龄林，增加珍贵树种、乡土树种、长周期树种比重，提高生态系统稳定性；加快工矿废弃地、破损山体和灾毁林地生态治理和植被恢复，兴林与治山相结合，着力拓展生态空间。

三、加快国家储备林建设

以保障木材安全、稳定市场供给、调剂市场需求为主要目的，按照“市场主导、政府扶持，金融支持、主体担保，企业经营、林农受益”原则，在水土光热条件较好的南方省区和其他适宜地区，借鉴林业世界银行项目契约式和造林模型管理经验，利用好国家开发性、政策性和商业性金融渠道，完善财政贴息激励机制，推广政府和社会资本合作模式，吸引社会资本参与储备林投资、运管和管理，加快推进国家储备林建设。在东北、内蒙古重点国有林区加强木材战略储备基地建设。采取人工林集约栽培、现有林改培、抚育及补植补造等措施，发展短中长周期乡土大径级和珍贵树种用材林为主体的储备基地。建立国家储备林制度，制定包括契约管理、代储代管、动用轮换、验收评估、融资创新等制度方案，保障储备总量稳定和运行安全。到2020年建设国家储备林2.1亿亩，基地建成后每年新增木材供应能力9500万立方米以上。

第二节　做优做强林业产业

充分挖掘林业产业在绿色发展中的优势和潜力，以政策引导、示范引领、龙头带动为抓手，发展特色产业，扶持新兴产业，提升传统产业，打造产业品牌，优化产业结构，培育龙头企业，壮大产业集群，推进林业一、二、三产业融合发展。

一、加强特色林业基地建设

加快木本粮油产业发展，推进油茶、核桃等木本粮油高产稳产基地建设；大力发展林木种苗、花卉、竹藤、生物药材、木本调料等基地，推进布局区域化、栽培品种化、生产标准化、经营产业化；大力发展林下经济，增加生态资源和林地产出。

二、加快产业优化升级

加快提升林产加工业，强化木竹加工、林产

化工、制浆造纸和林业装备制造业转型升级，全面构建技术先进、生产清洁、循环节约的新业态，提高资源综合利用水平和产品质量安全。大力扶持战略性新兴产业发展，培育木结构绿色建筑产业、林业生物产业、生物质能源和新材料产业，加强林业生物产业高效转化和综合利用。做大做强森林等自然资源旅游，大力推进森林体验和康养，发展集旅游、医疗、康养、教育、文化、扶贫于一体的林业综合服务业。

三、发展优势产业集群

促进产业聚集和融合发展，培育林业国家级现代林业产业示范园区和木材加工贸易区。优化人造板、家具、木浆造纸、林业装备制造和林业循环经济等产业布局，依托资源禀赋和口岸，打造一批精深加工产业集群，发挥重点产业聚集效应和区域产业竞争优势。依托特色林产品基地、森林食品基地及竹藤示范区，建设特色林业精品园等现代产业示范园区。大力培育林业龙头企业。

四、完善产业服务体系

加快健全林业产业和林产品标准体系，逐步建立林产品产前、产中、产后的全系列标准规范，把无公害、“绿色”标准的推广与优质林产品基地、现代林业标准化科技示范园建设紧密结合起来，建立健全林产品质量检测认证体系和林业产业信用体系，制定林业产业和市场准入负面清单。积极推进产销监管链、竹林经营和生态产品服务认证机制。淘汰落后产能，压缩疏导过剩产能，进一步优化产业结构。加强林业产业和林产品市场监测预警工作。加快实施林业品牌发展战略，建设国家森林标志性产品体系。建设林产品电子商务交易平台，鼓励森林产品连锁超市、新型电商企业和仓储物流业发展。

第三节　全面提高森林质量

按照因地制宜、分类施策、造管并举、量质并重的森林可持续经营原则，强化系统管理，实施科学经营，加快培育多目标多功能的健康森林。

一、分类促进科学经营

科学开展天然林经营。保育结合，人工促进天然更新和森林演替，调整林分层次结构，优化树种组成，大力培育天然复层异龄林。“原生林”要充分利用自然演替和更新能力，以天然更新为主，维护良好的森林结构和功能。“次生林”要加强中幼龄林抚育和退化林修复，调整和优化林分树种结构、龄组结构、径级结构和密度结构，使森林生态系统的结构和功能更加稳定。“稀疏林”要实行封育和补植补造，增加珍贵树种、乡土树种混交和深根系树种比重，恢复森林环境。

加快开展人工林经营。大力推进人工商品林集约经营，提高森林经营强度，积极改造低效退化林分，提高森林质量和林地产出。在自然条件适宜地区，建设一批集约化、规模化森林经营基地。推进人工公益林近自然经营，优先选择乡土树种、深根系树种作为目标树，大力培育混交、复层森林结构，根据林分生长状况和自然分化情况科学实施抚育经营，适时调整林分密度，促进林木生长。

适度开展灌木林经营。根据自然条件确定灌木林经营方向、方式和经营强度，科学开展平茬复壮、间密留疏，增强灌木林的稳定性，有条件的地区开展适度培育乔木林，形成乔灌混交，提高防护等综合效能。

大力开展林地立体复合经营。在满足森林主导功能和经营主体目标的前提下，积极开展立体种植、复合经营，综合发展森林培育和林下种植养殖，按照森林可持续经营和生态原产地认证要求生产森林产品。

二、强化森林经营管理

构建国家、省、县三级森林经营规划体系，进一步强化森林经营的法律地位、法律约束。在做好二类调查及各项专业调查基础上，重点国有林区以森林可持续经营为突破口，以林业局为单元科学编制和实施森林经营方案，重点培育长周期、多目标、多功能的复层异龄混交林。国有林场以提供森林生态服务为主线，以林场为单元编制和实施森林经营方案，重点培育珍贵树种、大径级优质良材和优美森林景观。集体林以推进规模经营为抓手，鼓励经营主体单独编制和实施简明森林经营方案，将经营措施落实到山头地块，组建专业化的森林经营队伍。构建以全国性标准为指导、区域和地方标准为补充、涵盖不同森林类型的森林经营技术标准体系。大力推广典型森林经营模式与技术，构建符合我国实际的森林作业法体系。建立森林经营成效监测评价体系，加强对森林经营活动的管理监督，明确各级林业部门推进森林经营工作的主体责任。强化森林二类调查、土壤普查、分类与质量评价，进行立地分类区划，编制林业基础数表，建立主要森林类型的生长收获模型，建设模式林、样板林体系，构建森林经营成效监测网络。

三、推进混交林培育

新规划造林地应优先营造混交林，现有人工纯林逐渐采取森林抚育措施调整树种结构，退化林、残次林修复采取补植改造、树种替换等方式修复为混交结构，积极推行针叶与阔叶树种混交、先锋树种与演替后期树种混交、乔木与灌木树种混交，大力发展乡土树种、珍贵树种、深根系树种、演替后期树种为建群种的混交林，形成层次多、冠层厚、生态位错落有致的森林结构，提高森林质量和生态系统稳定性，增强森林生态、经济与社会效益。

第四节　强化资源和生物多样性保护

林业资源和生物多样性是大自然赋予人类的宝贵财富，是人类赖以生存的基本条件，是经济社会可持续发展的基础，保护生态首先要保护资源和生物多样性，构建生态廊道和生物多样性保护网络。

一、全面保护天然林资源

完善天然林保护制度，把1.3亿公顷天然乔木林全面保护起来。全面停止7053万公顷国有天然林商业性采伐；协议停止集体和个人天然林商业性采伐，鼓励、引导集体和个人停伐，对于自愿停伐的，由县级政府与林权权利人签订停伐协议，中央财政比照国家级公益林生态效益补偿政策给予停伐奖励补助，逐步实现5907万公顷集体和个人天然林停伐。加强6813万公顷天然灌木林地、未成林封育地、疏林地管护。健全和落实天然林管护体系，形成远山设卡、近山巡护的合理布局，加强管护基础设施建设，实现管护区域全覆盖。对典型的天然林生态系统集中分布区域建立自然保护区和森林公园。全面保护天然林实行省级人民政府负总责，目标、任务、资金、责任“四到省”，实行国有天然林资源总量管控。到2020年，天然林保护的法律制度体系、监测评价体系基本完备，天然林保护能力全面提高。

二、严格保护林地资源

调整修改土地分类标准，把林地作为提供生态产品的“耕地”看待，实行严格保护。适时修编《全国林地保护利用规划纲要(2010～2020年)》，强化全国林地“一张图”建设、应用和维护更新，分级分类进行林地用途管制，严格控制林地转化为其他用途土地。综合应用遥感和样地调查技术，完善森林资源与生态状况、造林地监测系统，积极探索按年度或动态发布调查监测成果。建立以森林经营方案为基础、总量与强度双控的森林采伐管理新机制，健全国家级公益林管理和政策体系。加强执法体系建设，严格实施森林资源监督和林政稽查，严厉打击违法违规破坏林地和沙区植被行为。加强古树名木保护和复壮，严禁移植天然大树进城。

三、全面保护湿地资源

建立湿地保护制度，实行湿地资源总量管理，将总量控制任务逐级分解落实到各地，明确各级政府和管护主体的保护责任；推进甘肃、宁夏湿地产权确权试点；探索中央政府对生态功能重要的湿地直接行使所有权；将国际重要湿地、国家重要湿地和湿地公园纳入禁止开发区域，对江河源头、水源涵养区以及滨海湿地、高原湿地、鸟类迁飞网络湿地给予重点保护，构建适应全面保护要求的湿地保护体系；开展退耕(牧)还湿、退养还滩、生态补水，保障重要河湖湿地及河口生态水位，稳定和扩大湿地面积；连通江河湖泊湿地水系，开展污染和有害生物防控，保护生物多样性，改善湿地生态质量，维护湿地生态系统的完整性和稳定性；开展跨区域、跨国界湿地保护与利用合作；进一步完善湿地资源调查监测、科普宣教和技术培训体系，构建统一的湿地监测、评估和预警平台；开展湿地可持续利用示范、社区扶持共建和湿地生态效益补偿。

四、全面保护野生动植物资源

保护、修复和扩大珍稀濒危野生动植物栖息地，建设生态廊道，改善栖息地碎片化、孤岛化、种群交流通道阻断的状况，设立专门保护站点。开展濒危野生动植物抢救性保护，优先实施极度濒危野生动物和极小种群野生植物保护工程，科学进行珍稀濒危野生动植物再引入。优化全国野生动物救护网络，完善布局并建设一批野生动植物救护繁育中心，加强珍稀濒危野生动植物救护繁育和野化放归。强化野生动植物基因保护保存体系，建设国家野生动植物基因设施库，建设一批区域性基因库，开展林木种质资源普查摸底，收集、保护、引进一批珍贵种质资源，建设一批林木种质资源原地、异地和设施保存库。建立全国统一协调的野生动植物及栖息地监测、评价和预警系统，完善野生动物疫源疫病监测防控体系。整合设立一批国家公园，保护自然生态系统的原真性和完整性，构建以自然保护区和国家公园为主体、其他保护地和自然保护小区为补充的自然保护体系，完善生物多样性保护网络，加强典型生态系统、珍稀濒危野生动植物种的就地保护、近地保护、迁地保护，建设一批大熊猫、东北虎豹、亚洲象、藏羚羊等重要物种国家公园。加强森林公园、湿地公园、沙漠公园等保护地管理和建设。有步骤对居住在自然保护区核心区与缓冲区居民实施生态移民。开展生物多样性本底调查与评估，完善观测体系。强化野生动植物及其制品繁育、利用监管，开展野生动植物繁育利用及其产品制品的认证标识，严格监管乱捕滥猎、乱采滥挖、乱食滥用野生动植物等不文明行为。建设执法查没野生动植物制品储存和展示中心，开展野生动植物保护警示教育。调整修订国家重点保护野生动植物名录。

五、强化野生动植物进出口管理

加强野生动植物及其制品进出口管理，建立全国相关部门信息共享、联防联控的工作机制，建立和完善进出口电子信息网络系统，探索建立指定口岸和口岸特派检查员制度。停止象牙制品商业性贸易，构建履约执法情报信息分析研究和共享平台，组建打击非法交易犯罪同盟，严厉打击象牙等野生动植物制品非法交易，严控特有、珍稀、濒危野生动植物种质资源和基因流失。加强动植物检疫，严防严控外来有害物种入侵，强化联合跨境保护。

第五节　全面深化林业改革

全面推进国有林区和国有林场改革，进一步完善集体林权制度改革，发挥国有林区林场在绿化国土中的带动作用，增加林业发展内生动力。

一、全力推动重点国有林区改革

坚持国有林区维护国家生态安全和木材战略储备的功能定位，推进政企、政事、事企和管办“四分开”，加快林区转型。一是全面建成林区小康社会。林区职工工资性收入显著增加，发展林区特色产业增收凸显，林区社会保障水平不断提高，妥善安置富余职工转岗就业，教育、文化、社保、医疗等公共服务与地方差距逐步缩小，林区人口素质和社会文明程度显著提高。二是完善改革政策。国家逐步提高天保工程森林管护费、社会保险补助费、政策性社会性支出等各项补助标准。采取停息挂账、转增资本金、豁免等多项措施，分类化解国有林区金融机构债务。加快落实“4555”人员提前退休政策。开发适合国有林区的金融产品和金融服务，加大财政贴息力度。三是健全森林资源监管体制。组建精简高效的国有林管理机构，实行“横向到边、纵向到底”的垂直监管体制，切实加强对停止天然林商业性采伐和森林、湿地、野生动植物及其他林区资源的监督。四是提高森林资源经营管理水平。科学编制和实施森林经营规划和经营方案，加强森林资源培育和抚育经营。按照管办分开原则，由国有林管理机构采取政府购买服务方式，将部分森林经营事务交由剥离企业承接，搭建林业职工就业平台。五是加强林区基础设施建设。将林区防火道路、安全饮水、电网、管护站点用房等基础设施，与地方同步规划、同步投入、同步建设。六是大力扶持林区特色产业。支持森林旅游、特色养殖种植、加工等一、二、三产业融合发展；建立产业发展基金，创新投融资模式，支持产业园区、集聚区等平台建设，支持境外森林资源开发合作，大众创业、万众创新，推动产业转型发展。

二、全面推进国有林场改革

合理界定国有林场保护培育森林资源、维护国家生态安全的主体功能定位，推进国有林场改革。一是创新国有林场管理体制。将国有林场明确为生态公益服务事业单位，核定机构、编制、人员，经费纳入同级地方政府财政预算。加快分离国有林场各类社会职能，逐步理顺国有林场与代管乡镇、村的关系，落实国有林场法人自主权，经营活动实行市场化运作、“收支两条线”管理。加强森林资源监管，形成国家、省、市三级监管体系。加强森林资源培育和抚育经营，探索建立一批森林类型国家公园。二是妥善安置富余职工。按照“内部消化为主，多渠道解决就业”和“以人为本，确保稳定”的原则，通过政府购买服务实现再就业。加大对国有林场的支持力度，逐步提高公益林管护费补助标准，切实增加职工收入。在保持林场生态系统完整性和稳定性的前提下，积极开展森林多种经营，发展森林旅游等特色产业。三是加强基础设施建设。加快林场供电、饮水、道路、管护站点用房等基础设施建设，提高与城镇发展的融合度。四是化解金融债务。采取多种方式分类化解国有林场金融机构债务，加大金融扶持力度。五是加强国有林场森林资源保护和培育，强化地方政府和党政领导干部森林资源保护、生态建设等职责，提高生态指标考核约束力。

三、继续深化集体林权制度改革

在明晰产权、承包到户的基础上，稳定承包权，放活经营权，培育新型经营主体，促进适度规模经营。一是加快形成集体林地三权分置和互惠共赢的权利关系。按照产权规律和林业经营特点分置三权，落实集体所有权，稳定农户承包权，放活经营权，加强承包经营合同管理。二是扶持培育新型经营主体。鼓励发展各类专业大户、家庭林场、股份制林场，加快发展合作经营，鼓励组建林业合作社，推进集体林权有序流转，支持多种形式的林业适度规模经营。三是推动各种资本进入集体林发展。加大对造林、林木良种、森林抚育的财政支持力度；全面取消育林基金；支持工商资本投资林产业，总结推广林权出资注册制度；引导金融机构完善针对新型集体林经营主体的信贷、保险支持机制，创新金融产品和服务；探索通过置换、赎买、租赁、入股等形式收储重点区位商品林。四是加快发展绿色富民产业。大力发展林下经济，建设国家林下经济示范基地，加快森林旅游示范区和“森林人家”建设，推动农村经济社会发展和产业结构调整，促进农民增收致富。五是完善社会化服务体系。加快建立林权管理服务中心、林权交易平台、森林资源资产评估、林业融资担保、林权收储等服务机构；指导农户制订适合家庭经营的简易森林经营方案；加强承包经营纠纷调处，积极推进县级林地承包经营纠纷仲裁体系建设，探索建立林业法律援助机制。

第六节　大力推进创新驱动

在全社会林业需求旺盛和林业建设任务更加繁重的形势下，必须强化科技新引领、拓宽发展新模式、培育发展新动力，推动大众创业、万众创新，用创新驱动引领林业发展再上新水平。

一、实施科技引领新战略

全面深化林业科技体制改革，紧扣支撑生态建设、引领产业升级、服务绿色发展三大主题，充分发挥科技第一生产力、创新第一驱动力的作用，把满足林业现代化建设的重大需求、解决关键问题作为林业科技工作的出发点和落脚点，组织多学科、跨地域的科技协同创新，实施一批对经济社会发展和全行业科技进步有带动性、标志性、突破性的重大科技项目。通过加强基础研究、关键技术攻关以及技术集成示范推广与应用，获得拥有自主知识产权的重大科技成果，提高林业自主创新能力，实现基础研究、应用开发、成果转化、产业发展的协同，问题链、创新链、价值链和产业链的协同。加强林业科研机构能力建设。完善林业科研评价和激励机制，强化理论创新与国际前沿对接、技术创新与现实生产力对接、研发人员创新劳动与个人利益对接。加强人才队伍建设，保护林业知识产权。加强林业植物新品种保护，积极推进森林认证，强化林业生物安全和遗传资源管理。加强重点实验室、生态定位观测研究站网等林业科技条件平台建设。

二、培育国土绿化新机制

积极培育新型营造林主体，鼓励家庭林场、林业专业合作组织、企业、社会团体、个人开展专业化规模化造林绿化，认捐、认养林木。大力推动国有林区、国有林场开展多种形式的场外合作造林和森林保育经营，新建一批担负区域国土绿化和生态修复主体任务的国有林场。创新产权模式，引导各方面资金投入植树造林，对营造商品林的造林主体赋予林木占有、使用、收益、处置(采伐)等权利，对营造公益林的造林主体赋予依托公益林生态功能开展特许经营的优先权，探索国家赎买重要生态区位公益林相关政策。探索实行林木良种苗木国家专供，以政府购买服务形式向种苗生产主体购买优质种苗，免费向营造林主体提供。创新中央财政造林补贴政策，由事前以计划为主向事后以绩效为主转变，对新造已成林地给予补助。建立政策性金融、商业性金融、开发性金融、合作性金融分工合理、相互补充的金融支持林业新体系。积极鼓励私营企业、民营资本与政府合作，大力推广国家储备林 PPP 建设模式，增加中国绿化基金和中国绿色碳汇基金总量。丰富义务植树实现形式，提高义务植树尽责水平。

三、构建林业管理新模式

加快林业部门职能转变，进一步规范和改革林业行政审批行为，制定权力清单和责任清单，公开权力运行流程。减少林业行政审批事项，加强取消和下放审批事项的事中事后监督及考核问责。转变职能，加强生态安全监测和预警制度建设，服务国家生态安全战略。规范创新林业社会组织建设，建立政府承担、定向委托、合同管理、评估兑现的新型政社关系，推进政府向协会购买服务。鼓励探索建立林业创新驱动综合试验区。

四、打造"互联网＋"林业发展新引擎

应用新一代信息技术，与林业各项业务深度融合，推动"互联网＋"绿色生态行动，全面提升林业现代化水平。建立林业网上审批平台，搭建林业数据开发和智慧决策平台，建设林业资源数据库和动态监管系统、智慧林区综合服务平台、智慧营造林管理系统等，为林业核心业务提供精准信息服务和智慧化解决方案。加强林业网站群建设，完善优化综合办公系统，实现政务管理公开透明、智能协同。建设林业云平台、物联网、移动互联网、大数据、"天网"、信息灾备中心等，夯实和提升林业信息化基础支撑能力，形成立体感知、互联互通、协同高效、安全可靠的"互联网＋"林业发展新动力。

第七节　切实加强依法治林

完善林业法治体系，提高林业法治水平，用最严格的制度、最严密的法治为推进林业现代化提供可靠保障。

一、完善林业法律体系

加强林业重点领域立法，用严格的法律制度保护生态环境，通过立改废，主动适应林业全面深化改革需要，确保重大改革于法有据。以修订森林法和野生动物保护法、制定湿地保护条例等为重点，着力完善覆盖森林、湿地、荒漠生态系统和生物多样性的林业法律法规体系。强化林业立法与改革决策衔接，坚持在法治下推动改革，在改革中完善法制，实现立法和改革相统一。坚持科学立法、民主立法，建立基层林业立法联系点，加快推进林业法制队伍建设，培养林业公职律师，加强林业法律顾问制度建设。加强林业规范性文件审查制度建设，加大林业规范性文件合法性审查工作力度，及时开展规范性文件实施评估，定期开展规范性文件清理，及时立新废旧，实现动态管理。

二、强化林业执法体系

加强林业行政执法队伍建设，严格执法主体资格管理，落实行政执法责任制，稳步推进林业综合行政执法改革，调整执法职能，整合执法资源，建立健全林业行政执法监督机制。加强森林资源监督机构队伍和能力建设，在有条件的省(区、市)逐级派驻森林资源监督机构。加强森林公安基础信息化、警务实战化、执法规范化、队伍正规化建设，探索开展省级以下垂直管理试点，加大基础设施建设、执法办案场所改造、教育训练基地完善和警用装备配置力度，建立健全涉林案件快速查处机制，加强林区治安视频监控系统建设，全面夯实完善林区治安综合防控和反恐维稳体系，提升森林公安人防、技防、物防水平。依法严肃查处高发多发、社会敏感度高、影响恶劣的违法案件，追究相关人员、单位责任，提高震慑效果。

三、健全林业普法体系

提高林业干部队伍运用法治思维和法治方式来推动工作的能力水平。在全社会深入开展林业普法宣传教育活动，用法治意识构筑全社会保护生态的无形红线。健全林业普法体制机制，创新形式手段，丰富内容载体，提高普法宣传的实际效果。把法律意识培养与生态道德培养有机结合起来，让尊重自然、保护森林成为公众精神信仰和道德风尚。

第八节　发展生态公共服务

满足广大人民群众对良好生态的新期待，努

力把良好的生态成果和生态效益有效地转化为生态公共服务，构建内容丰富、规模适度、布局合理、满足不同群体需要的生态公共服务网络。

一、大力发展森林城市

让森林走进城市，让城市拥抱森林，以自然为美，把好山好水好风光融入城市，充分发挥森林在改善城市宜居环境和城市现代风貌方面的独特作用，增加城市绿色元素，使城市森林、绿地、水系、河湖、耕地形成完整的生态网络。加强城市内绿化，建设城市绿廊，推进屋顶绿化，使城市适宜绿化的地方都绿起来；疏解城市功能腾退的土地，优先用于绿化。加强城市周边和城市群绿化，实行“退工还林”，利用城市周边闲置土地、荒山荒坡、污染土地，开展植树造林，成片建设城市森林、湿地和永久性公共绿地，为城市戴上“绿色项链”。大力提高城市特别是建成区绿化覆盖率，提升森林景观，建设林水相依、林路相依、林居相依的城市森林复合生态系统，让城市再现绿水青山，为城市营造绿色安全的生产空间、健康宜居的生活空间、优美完备的生态空间。加快推进国家森林城市群、森林城市、森林乡镇、森林村庄建设，初步形成符合国情、具有特色、类型丰富的森林城市格局。

二、着力建设美丽乡村

积极稳妥推进新农村生态建设，加快改善农村人居环境。开展美丽乡村、生态乡村示范建设活动，按照道路林荫化、庭院花果化的要求，建设一条进村景观路，保留一处公共休憩绿地，保护一片民俗风水林，配置一块排污净水湿地，房前屋后见缝插绿，田间地头造林增绿，实现村庄绿化靓化，形成沿河风景林、房前屋后花果林、村中空地休憩林、村庄周围护村林的美丽乡村绿化格局。

三、加快推进生态保护扶贫

对生态特别重要和脆弱地区的贫困人口实行生态补偿脱贫，加大林业重点生态工程在贫困地区的实施力度，通过森林湿地管护和沙化土地封禁补助、退耕还林补助、营造林投资补助、生态补偿等林业补贴方式，让有劳动能力的贫困人口就地转为护林员、防火专业队员等生态保护人员，直接增加参与林业建设的贫困人口收入，实现生态补偿脱贫一批。鼓励引导贫困农民、林区贫困职工利用当地生态资源，大力发展特色经济林、森林旅游等绿色产业。加强技术推广和技能培训，丰富培训形式，提高贫困人口和林业职工有效就业和自主创业能力素质，拓宽林业特色产业扶贫的路径。加强滇桂黔等集中连片特困区、林业定点扶贫县和国有林区林场扶贫力度，实现山区林区沙区精准扶贫、精准脱贫。

四、加快构建生态公共服务网络

加大自然保护地、生态体验地的公共服务设施建设力度，开发和提供优质的生态教育、游憩休闲、健康养生养老等生态服务产品。加快发展生态标识系统、绿道网络、环卫、安全等公共服务设施，营造生态优美、景观多样、绿色宜人的生态空间。精心设计打造以森林、湿地、沙漠、野生动植物栖息地、花卉苗木为景观依托的生态体验精品线路，集中建设一批公共营地、生态驿站，开展空气负氧离子监测发布，提高生态体验产品档次和服务特色，让广大人民群众亲近森林、感知森林、享受森林。

五、大力繁荣生态文化

丰富和完善生态博物馆、科技馆、标本馆和植物园、野生动物园等生态文化载体，加强生态文化传播体系平台建设，为人们提供丰富多样的生态文化创意产品与服务。加强生态价值观教育，以植树节、森林日、湿地日、荒漠化日、爱鸟周等重要节日为契机，集中开展主题宣传教育活动，将自然生态教育纳入义务教育体系，从小培养爱护森林、保护自然的生态文明理念。积极开展“国家生态文明试验区”“生态文明先行示范区”“生态文明示范工程试点市(县)”“生态保护与建设示范区”“全国生态文化示范县”建设，发掘保护原生态文化。

第九节　夯实林业基础保障

重点解决林业装备落后、管理手段粗放、应急能力不足、信息化薄弱、科技含量低等突出问题，全面提升林业设施装备保障能力，提高生态风险防控能力，奠定林业现代化基础。

一、加强林业基层站所建设

推进林业基层站所标准化、规范化建设，提高林业工作站、木材检查站、科技推广站、森林管护站及森林公安派出所的执法、服务、管理能力。因地制宜，调整优化林业基层站所布局，整合功能，强化设施设备配置，推进多功能综合型站所建设，基本形成布局合理、手段完备的现代化林业基层站网体系，打通林业管理服务基层“最后一公里”。修订基层站所人员、护林员配备标准，稳定机构队伍。进一步探索林业基层站所管理服务模式和运行机制。加强林木种苗保障能力建设，加快推进种质资源和良种繁育体系建设，满足生态建设和造林绿化的良种壮苗需求。

二、加强森林防火和有害生物防治

切实加强森林防火，坚持“预防为主、积极消灭”的工作方针，按照“科学分区、分类施策”的治理原则，推进传统防火和科学防火相结合、风力灭火和以水灭火相结合、人力灭火和机械灭火相结合，加强专业森林消防队伍、武警森林部队和应急扑火队伍建设，强化森林防火基础设施建设，提高装备技术水平，加大依法治火力度，建立健全长效机制，推动预警响应规范化、火源管理法制化、火灾扑救科学化、队伍建设专业化、装备建设机械化、基础工作信息化，全面提升森林火灾综合防控能力。全面加强林业有害生物治理，坚持“预防为主、科学治理、依法监管、强化责任”的方针，采取“突出重点、分级管理、分类施策、分区治理”的防治策略，加强监测预警、检疫御灾和应急除治，大力推行森林健康、工程治理、无公害防治等治理措施，积极应对突发林业生物灾害，压缩主要林业有害生物发生范围和危害程度，控制危险性有害生物扩散蔓延。

三、加强生态监测评价体系建设

深化遥感、定位、通信技术全面应用，构建天空地一体化监测预警评估体系，实时掌握全国生态资源状况及动态变化，及时发现和评估重大生态灾害、重大生态环境损害情况。实施林业航天航空应用工程，综合运用大系统、大样地、定位观测、视频监控、北斗导航、自动传感、人工智能等先进技术，推进森林、湿地、荒漠化土地与野生动植物栖息地调查监测业务与空间技术的深度融合，完善沙尘暴灾害监测预警。研究建立系统科学、准确快捷的生态监测评价标准，为推行生态政绩考核和生态损害责任追究制度提供科学依据。

四、加快林区装备现代化建设

加强国有林区林场防火道路、饮水、供电、通信等基础设施建设，巩固国有林区林场棚户区改造成果，完善配套基础设施和社会保障体系。大力推进数字化、机械化、航空等现代装备在森林经营、森林防火、有害生物防治、野生动植物保护上的应用，配备一批适应林区特点的陆水空巡护运输监测交通工具，以及营造林机械设备，推进林区装备现代化。全面完成林业棚户区改造任务，对国有林区和国有林场生活在深山远山地区、周边无乡镇和村屯的职工开展移民搬迁。

第十节 扩大林业开放合作

充分发挥林业独特优势和作用，拓宽林业发展的外部空间和环境，提升发展水平，服务国家外交战略和对外开放战略。

一、建立健全林业国际合作体系

增强林业国际合作的全局性、主动性和前瞻性。突出亚太、立足周边、巩固拉美、面向全球，按照“一带一路”战略总体布局，拓展中亚、澜沧江－湄公河、中东欧等区域和次区域林业合作机制。积极履行涉林国际公约，参与全球森林治理体系顶层设计，提高国际合作的主动权、话语权。落实国家应对气候变化承诺目标，发挥大熊猫、朱鹮等作为对外友好使者的独特作用，增强林业生态外交，为“一带一路”提供软实力和绿色支撑，树立良好国际形象。拓展林业资源开发合作。深化中美、中俄、中欧、中非等林业务实合作，创新经济技术合作与民间交流。继续支持国际竹藤组织和亚太森林组织发挥作用，积极参与全球林业治理体系构建。加强与涉林非政府组织合作，规范管理。拓展林业援外领域，丰富林业援外内容和形式，培训与项目结合、技术与资金并用，建立林业援外长效机制，带动我国先进理念、优秀人才、创新模式走出去。扩大野生动植物保护领域对外合作和援助，建立打击野生动植物非法交易和木材非法采伐的国际合作机制。加强林业国际合作重大问题研究。推进森林认证体系建设及国际合作。办好世界园艺博览会和世界湿地大会。

二、建立健全林业对外开放体系

加快提升林业对外贸易和利用外资水平，创

新林产品贸易方式，优化林产品对外贸易结构。促进林业出口产品由初级产品、低附加值为主向精深加工产品、高附加值转变，加快推进多元化贸易战略，加强林产品国际贸易预警体系建设，建立健全安全有效的林产品对外贸易体系。抓好世行、亚行、欧投行在建项目管理，积极争取扩大利用国际金融组织和外国政府贷款规模，优化和规范外商直接投资，助推内外资项目融合发展。制定完善自贸区及“一带一路”贸易政策措施，支持国内企业走出去，在俄罗斯、东南亚、中东欧、拉美、大洋洲及非洲等具备条件的国家开展森林资源开发利用合作，转移和利用国内木材加工、林业机械制造等优质产能，建成一批集森林资源采伐、加工、贸易与物流于一体的境外木材加工园区。依托我国主要进口木材口岸，建设进口木材资源储备加工交易基地。依托亚太区域林业企业合作与交流平台机制，积极推动林业调查规划、勘察、设计、标准、认证等服务和技术、设备、管理模式走出去，深化与俄罗斯、马来西亚、新西兰、新加坡等国现代林业服务贸易合作。

三、建立健全林业应对气候变化体系

实施《国家应对气候变化规划(2014～2020年)》和《国家适应气候变化战略(2013～2020年)》，增加森林和湿地碳汇，大力发展林业生物能源，支持发展绿色清洁能源，倡导木质林产品绿色生产和绿色消费，减少林业碳排放。建立健全林业碳汇计量与监测体系，开展林业碳汇调查和连续动态监测，完善森林、湿地、木质林产品各类碳库现状及动态数据库，加强林业碳汇计量监测中心基础设施建设，完善林业碳汇技术标准体系，开展国家自主贡献林业目标进展评估。积极推进林业碳汇项目减排量交易试点，促进林业融入国家碳排放权交易体系。开展林业适应气候变化试点，鼓励社会资本参与碳汇林业建设，指导开展碳汇造林。加强林业应对气候变化研究和培训、宣传及人才队伍建设。深化林业应对气候变化国际合作交流，积极推进“减少毁林和森林退化造成的碳排放，并通过森林保护、森林可持续管理增加森林面积而增加森林碳汇”(REDD+)项目试点。

第四章　林业重点工程项目

林业重点工程项目是推进山水林田湖生态保护和修复、维护生物多样性的基础，是实现绿色发展、推进林业现代化的战略途径，是有效解决长期困扰和阻碍我国经济社会可持续发展问题的发力点。“十三五”时期，实施一批、谋划一批、储备一批林业重点工程项目。

第一节　国家重大工程

在国家层面，谋划和实施对筑牢屏障和富国惠民作用显著、对经济发展和结构调整全局带动性强的9项林业重大工程。

一、国土绿化行动工程

开展大规模植树造林活动，集中连片建设森林，形成大尺度绿色生态保护空间和连接各生态空间的绿色廊道，构建国土绿化网络。在北方防沙带，加快建设科尔沁、毛乌素等百万亩防风固沙林。在东北生态保育区，推进松辽、松嫩平原农田防护林体系建设。在京津冀生态协同圈，以京津保核心区过渡带为重点建设成片森林，在燕山、太行山水源涵养区、海河流域、坝上高原建设水源涵养林和防风固沙林。在丝绸之路生态防护带，加快建设西安至乌鲁木齐绿色通道、泾渭河流域水土保持林、六盘山和祁连山水源涵养林、天山北坡防风固沙林、南疆河谷荒漠绿洲锁边林、桐柏山和大别山保水固土林等区域性防护林体系。在黄土高原－川滇生态修复带，加快开展黄土高原综合治理林业示范建设、横断山脉水源涵养林建设和六盘山生态修复。沿海地区，以提升防灾减灾能力为重点，加快红树林等海岸基干林带建设。沿长江(经济带)生态涵养带，以水源涵养林、水土保持林、护岸林为重点，加快中幼林抚育和混交林培育。在南方经营修复区，以水源涵养林建设和水土流失及石漠化治理为重点，加强南北盘江、左右江、东江、红水河等流域防护林和珠江－西江经济带生态建设。在南方血吸虫病流行区继续实施林业血防工程。开展破损山体修复和农田防护林建设。到2020年，完成营造林2108万公顷。

工程建设重点。三北防护林建设：在三北地区乔灌草、封飞造改相结合，突出重点、规模治

理、整体推进，营造林729万公顷，退化林修复66.7万公顷。长江防护林建设：在长江流域营造林426万公顷，加大森林经营力度，推进退化林修复，提高森林质量，构建“两湖一库”防护林体系。珠江防护林建设：在珠江流域营造林221万公顷，推进退化林修复，提高森林整体生态功能，遏制水土流失。沿海防护林建设：在沿海地区营造林130万公顷，推进海岸基干林带和消浪林建设，修复退化林，完善沿海防护林体系和防灾减灾体系。农田防护林建设：在粮食主产区营造农田林网和村镇绿化350万公顷，提高平原农区防护林体系综合功能。太行山绿化：在太行山脉营造林116万公顷，增加森林资源，优化林分结构。林业血防建设：在血吸虫病易发区营造及修复抑螺防病林36万公顷，降低钉螺密度和人畜血吸虫病感染率。盐碱地造林：在全国不同区域选育盐碱地适生树种和研究造林技术，开展营造林试点示范。干热河谷造林：在西南干热河谷地区选育适生树种和研究造林技术，开展营造林试点示范。山体生态修复：对全国受自然灾害、大型建设项目破坏的山体、矿山废弃地等，采取固坡填土、恢复植被等治山措施，修复破损山体，固坡复土50万公顷、造林100万公顷。

二、森林质量精准提升工程

加快推进森林经营，强化森林抚育、退化林修复等措施，精准提升大江大河源头、重点国有林区、国有林场和集体林区森林质量，促进培育健康稳定优质高效的森林生态系统。加强森林生态效益补偿，落实公益林管护责任。加大林木良种壮苗培育。加快推进森林城市、森林城市群和美丽乡村建设，把森林、绿地、湿地、花卉作为重要生态基础设施，建设城市绿道网络、森林公园、郊野公园、湿地公园。加强古树名木保护。在京津冀生态协同圈、东北生态保育区、青藏生态屏障区、南方经营修复区、北方防沙带、丝绸之路生态防护带、长江（经济带）生态涵养带、黄土高原—川滇生态修复带、沿海防护减灾带构筑国家生态安全屏障。

工程建设重点。国家生态安全屏障保护修复：推进“两屏三带”森林保护与修复，加强森林抚育、补植补造、退化林修复，集中连片建设高质量生态防护林带、林网，搭建国家生态安全的骨架。大江大河源头生态保护修复：推进大江大河源头森林保育，提高区域森林覆盖率；调整林分结构，优化树种组成，大力培育混交林和复层异龄林，提升涵养水源、保持水土功能。森林经营：推进建立全国、省、县森林经营规划体系和各类经营主体森林经营方案体系，完善森林经营技术规程和建设标准，实施国有林场森林保护和培育工程。完成森林抚育4000万公顷，退化林修复900万公顷。公益林管护：强化国有、集体和个人所有公益林管护责任，落实管护主体，完善森林生态效益补偿政策，逐步提高补偿标准，保障和维护公益林所有者、管护者权益。林木良种培育：推进林木种质资源保存和良种选育推广、种苗生产供应、种苗行政执法和社会化服务体系建设。建设林木种质资源保存库485处，国家林木育种中心90处，重点林木良种基地200处、采种基地100处，保障性苗圃300处。森林城市建设：建设大尺度森林、大面积湿地、大型绿地和花卉场所，完善城市绿道、生态文化传播等生态服务设施网络。建成200个国家森林城市，在京津冀、长三角、珠三角、长株潭、中原、关中—天水等区域建成6个国家级森林城市群。美丽乡村建设：建设乡村围村林、庭院林、风水林、公路林、水系林，保护古树名木，完善乡村绿道、生态文化传承等生态服务设施。古树名木保护：严格保护古树名木树冠覆盖区域、根系分布区域，科学设置标牌和保护围栏，对衰弱、濒危古树名木采取促进生长、增强树势措施，抢救古树名木60万株、复壮300万株。

三、天然林资源保护工程

全面停止国有天然林商业性采伐，协议停止集体和个人天然林商业性采伐。将天然林和可以培育成为天然林的未成林封育地、疏林地、灌木林地等全部划入天然林保护范围，对难以自然更新的林地通过人工造林恢复森林植被。在东北生态保育区、青藏生态屏障区、南方经营修复区、长江（经济带）生态涵养带、京津冀生态协同圈、黄土高原—川滇生态修复带等天然林集中分布区域，重点开展天然林管护、修复和后备资源培育，适宜地区继续开展公益林建设。

工程建设重点。全面停止天然林商业性采伐：停止国有林区、国有林场等国有天然林商业性采伐，协议停止集体和个人天然林商业性采伐。强化天然林管护：加强1.3亿公顷天然乔木林和6813万公顷天然灌木林地、未成林封育地、疏林地管护，建立分级管护体系，创新管护机制，强化管护手段。推进天然林修复：以自然恢复为主，对退化、过密过疏的天然林采取退化林修复、抚育、补植补造等措施，促进天然林顶级群落演替，提升生态功能。营造公益林300万公顷，抚育中幼林877万公顷，后备资源培育163万公顷。

四、新一轮退耕还林工程

稳定和扩大新一轮退耕还林范围和规模，在黄土高原—川滇生态修复带、京津冀生态协同圈、北方防沙带、长江(经济带)生态涵养带等区域的15片重点水源涵养、水土流失、岩溶石漠化和风沙地区，将具备条件的25度以上坡耕地、严重沙化耕地、重要水源地15~25度坡耕地和严重污染耕地退耕还林，增加林草植被，治理水土流失。到2020年，实施退耕还林534万公顷，项目区水土流失和土地沙化严重的局面明显扭转。

工程建设重点。陡坡耕地退耕还林：对25度以上坡耕地实施退耕还林。沙化耕地退耕还林：对严重沙化耕地实施退耕还林。重要水源地15~25度坡耕地退耕还林：对三峡库区、丹江口库区等重要水源地15~25度坡耕地实施退耕还林。严重污染耕地退耕还林：按照国家有关土地污染防治要求，在充分调查认定的基础上，开展严重污染耕地退耕还林。

五、湿地保护与恢复工程

对全国重点区域的自然湿地和具有重要生态价值的人工湿地，建立比较完善的湿地保护管理体系、科普宣教体系和监测评估体系，实行优先保护和修复，恢复原有湿地，扩大湿地面积。对东北生态保育区、长江(经济带)生态涵养带、京津冀生态协同圈、黄土高原—川滇生态修复带和沿海防护减灾带的国际重要湿地、湿地自然保护区和国家湿地公园，及其周边范围内非基本农田耕地实施退耕(牧)还湿、退养还滩。到2020年，修复退化湿地14万公顷。

工程建设重点。湿地保护修复：在以国际重要湿地、湿地自然保护区和国家湿地公园为主的重点湿地分布区内，开展湿地补水、水生植被恢复、水位调控、富营养化治理、外来入侵物种防控等建设。退耕(牧)还湿：对重要湿地及其周边范围内可退耕地实施退耕还湿、退养还滩，采取地形改造、栖息地营造、引水蓄水、清淤疏浚等措施，增加湿地面积，退耕(牧)还湿规模10万公顷。湿地保护管理能力建设：构建全国统一的湿地资源监测、评估和监管平台，加强国家湿地监测中心基础设施建设，建设一批湿地科普宣教中心、湿地博物馆、宣教基地和湿地野外研究基地。

六、濒危野生动植物抢救性保护及自然保护区建设工程

开展野生动物重要栖息地区划，优化完善自然保护体系，推进自然保护区、保护小区管护、宣教等基础设施和能力建设，在保护薄弱和空缺地带划建自然保护区、保护小区，建设关键地带生态廊道。以大熊猫、东北虎豹、亚洲象、藏羚羊等珍稀物种为代表，建立一批国家公园、国际观鸟基地、世界珍稀野生动植物种源基地，开展自然保护和生态体验基础设施建设。实施极度濒危野生动物和极小种群野生植物拯救保护，改善和扩大栖息地，开展野外种群复壮。建设野生动植物救护繁育中心和基因库、执法查没野生动植物制品储存展示中心。开展国家级自然保护区生态本底调查，构建自然保护区和野生动植物监测、监管与评价预警系统。建设野生动物疫源疫病监测防控体系。到2020年，全国林业系统自然保护区数量达到2240处。

工程建设重点。珍稀濒危野生动植物抢救性保护：对大熊猫、朱鹮、虎、豹、亚洲象等70余种极度濒危野生动物和兰科等120种极小种群野生植物实施抢救性保护，开展就地、迁地、种源保护和野化放归回归，建设世界珍稀野生动植物种源基地。野生动物救护繁育：新建、扩建和完善10处野生动物救护中心和10处珍稀濒危野生动物繁育基地。国家野生动植物基因设施库建设：建设国家野生动植物基因设施保存库，逐步收集保存全国野生动植物的种子、器官、组织、细胞、胚胎、精子、卵子、DNA等遗传基因材料。自然保护区体系建设：新建一批自然保护区和自然保护小区，提升一批国家级自然保护区，加强自然保护区基础设施和能力建设，完成国家级自然保护区资源本底和社区普查，构建动态监测监管平台。重点物种国家公园建设：在大熊猫、东北虎豹、亚洲象、藏羚羊等重点物种栖息地，依托国家级自然保护区，整合建立重点物种国家公园，建设可食植物及猎物基地、生态廊道、宣教和生态体验等基础设施。野生动物疫源疫病监测防控：新建野生动物疫病监测预警站223处、国家野生动物疫病研究中心2处、样品库3处、疫情应急物资储备库2处、区域性流行病学调查中心6处、候鸟迁徙调查研究中心1处。

七、防沙治沙工程

以北方防沙带和丝绸之路生态防护带西段为重点，开展固沙治沙，加强防沙治沙综合示范区和沙化土地封禁保护区建设，开展国家沙漠公园试点建设，坚持分区化、规模化、基地化治理，努力建成10个百万亩、100个十万亩、1000个万亩防沙治沙基地。京津冀生态协同圈，加强林草植被保护和退耕退牧还林还草，提高现有植被质量。南方经营修复区、长江（经济带）生态涵养带，重点加大对大江大河上游或源头、生态区位特殊地区石漠化治理力度，保护和恢复森林植被，减轻风沙危害，减少水土流失，增加土地生态承载力。

工程建设重点。京津风沙源治理：在北京、天津、河北、山西、内蒙古和陕西6个省（区、市）的138个县区，继续加强植被保护和建设，人工造林146万公顷，飞播造林34万公顷，封山育林115万公顷，工程固沙18万公顷。石漠化治理：对位于南方岩溶石漠化地区的贵州、云南、广西、湖南、湖北、四川、重庆、广东8省（区、市），恢复林草植被，治理石漠化，林草植被建设与保护面积195万公顷。丝绸之路防沙治沙：在新疆、内蒙古、甘肃等10个省（区）和新疆生产建设兵团，开展工程固沙治沙200万公顷。沙化土地封禁保护：在主要沙尘源和沙尘暴主要路径区，依法划建沙化土地封禁保护区，开展封禁保护200万公顷。国家沙漠公园建设：依托沙漠和沙化土地、石漠化地区的自然景观特点，建设国家沙漠（石漠）公园150处。

八、林业产业建设工程

在自然条件适宜地区和东北、内蒙古重点国有林区，建设国家储备林和木材战略储备基地。加强林业资源基地建设，加快产业转型升级，促进产业高端化、品牌化、特色化、定制化，满足人民群众对优质绿色产品的需求。建设一批具有全国影响力的花卉苗木示范基地，发展一批增收带动能力强的木本粮油、特色经济林、林下经济、林业生物产业、沙产业、野生动物驯养繁殖利用示范基地，加快发展和提升森林旅游休闲康养、湿地度假、沙漠探秘、野生动物观赏产业，加快林产工业、林业装备制造业技术改造、自主创新，打造一批竞争力强、特色鲜明的产业集群和示范园区，建立林业产业和全国重点林产品市场监测预警体系。

工程建设重点。国家储备林基地建设：在东南沿海地区、长江中下游地区、黄淮海地区、西南适宜地区、京津冀地区、东北地区6大区域，集约培育速丰林、珍贵树种和大径级用材林1400万公顷。木本粮油产业：建设油茶、核桃、油用牡丹、油橄榄、文冠果、长柄扁桃、枣、板栗等一批木本油料林和木本粮食林基地，推进加工产业发展，到2020年，种植面积1800万公顷，年产量2450万吨。森林旅游休闲康养产业：构建以森林公园为主体，湿地公园、自然保护区、沙漠公园、森林人家等相结合的森林旅游休闲体系，大力发展森林康养和养老产业。到2020年，各类林业旅游景区数量达到9000处，森林康养和养老基地500处，森林康养国际合作示范基地5～10个。特色经济林产业：建设杏、山楂、松子、榛子、蓝莓、樱桃、杨梅、花椒、八角、杜仲、辣木、枸杞、金银花等一批特色杂果、木本调料、木本药材基地，推进规模化、产业化、标准化生产，到2020年，种植面积达到667万公顷。林下经济：发展林菌、林药、林禽、林畜等林地立体复合经营，促进林下种植养殖业、采集与景观等资源共享、协调发展，林下种植面积达到1800万公顷。花卉苗木产业：发展种植面积基本稳定、产业结构更趋合理的花卉苗木产业。建设国家花卉种质资源库90个、重点花卉良种繁育生产示范基地100个、花卉市场58个、物流中心14个，培育产值超亿元的花卉苗木企业100个。竹产业：发展优质、高产、高效竹林，强化竹产业发展重点县建设，加强竹林资源定向培育，大力发展竹子加工产业，提高竹产业集约化经营水平，到2020年，竹产业总产值达到3000亿元。林业生物产业：加强南药、北药以及其他特色生物制药产业发展，建设油料、木质、淀粉等新能源林基地1500万公顷，支持林业纳米材料、聚合复合材料、三维结构纤维板等新型生物质材料研发。沙产业：大力培育沙棘、肉苁蓉等植物资源，延长产业发展链条，发展沙漠森林湿地景观旅游，引导建立一批加工企业和沙产业示范园区，发展沙产业基地100万公顷。林产工业：推进林浆纸一体化、林板一体化建设，延长产业链和价值链，引导人造板、家具、木浆造纸、林化产品等产业集聚发展，培育30个具有国际影响力的示范产业集群，淘汰落后产能80%以上。林业装备制造业：构建林业机械技术创新和制造体系，加强研发基地建设和示范推广，自主研发智能联合采育机、大型全天候森林防火运兵车等重大装备，培育30~50家能够参与国际分工的专业化生产企业。重点林业产业园区建设：集聚林业资源基地、林产品加工、家具制造、制浆造纸、产品营销、电子商务、金融服务、技术支持以及物流配送等企业，建设50个产值200亿元以上的林业产业示范园区。全国重点林产品市场监测预警体系建设：建设林产品信息长期跟踪监测网络，对主要林产品产量、库存、流通、消费等经济状况及产业发展形势进行监测、分析、预测与发布。建设林产品品牌公众查询和质量追溯平台。

九、林业支撑保障体系建设工程

强化森林火灾预防、扑救、保障三大体系，开展森林消防队伍、航空消防、大型装备、以水灭火、林火阻隔系统、防火应急道路、林火预警监测、通信和信息指挥系统建设。完善有害生物监测预警、检疫御灾、防治减灾三大体系，加强重大有害生物以及重点生态区域有害生物防治。加强国有林区林场道路、饮水、供电、棚户区改造等基础设施建设，提升装备现代化水平。加强林业基层站所标准化建设，推进机构队伍稳定化、管理体制顺畅化、站务管理制度化、基础设施现代化、履行职责规范化、服务手段信息化、人才发展科学化、示范效益最大化。开展森林公安基础设施和警用装备达标建设。推进林业科技支撑能力建设，系统研发重大共性关键技术，加强科技成果转化应用，健全林业标准体系，建设林业智库。开展“互联网+”林业建设，构建林业立体感知体系、智慧林业管理体系、智慧林业服务体系。

工程建设重点。森林防火：在全国装备大型装备队伍90支、风力灭火机械化队伍1834支、以水灭火机械化队伍690支，新建航站13个、升级改造16个，建设生物防火隔离带3.9万千米，完善预警监测和信息指挥系统建设，加强专业森林消防队伍营房和实训基地建设。林区防火应急道路建设：在国有林区和国有林场，新建“断头路”连接道路和桥涵，升级改造现有路况较差道路，新建8960千米，升级改造2.1万千米，改造桥梁892座。林业有害生物防治：加强京津冀、三峡库区、秦巴山区、黄山、张家界、武夷山、祁连山等重点区域和松材线虫病、美国白蛾、林业鼠(兔)害、薇甘菊、蛀干性与食叶性等重大有害生物监测预警、检疫御灾、应急防治，合理布局应急防控物资储备库和除害处理场。重点国有林区公益性基础设施建设：区划调整610个中心林场，改扩建森林经营管护用房166万平方米，新建和改造供水厂271处，硬化局场址道路398万平方米。国有林区棚户区改造及深山远山林区职工搬迁：完成国有林区棚户区改造剩余任务5万户；推进东北、内蒙古重点国有林区生活在深山远山地区、周边无乡镇和村屯的职工群众搬迁。国有林区林场装备现代化建设：配备航空护林、无人机、视频监控等现代化装备，推进生态保护、营林生产、巡护监测、园林绿化、林果生产和林业生物质能源等装备设施现代化。林业基层站所建设：强化7000个林业工作站、65个生态定位站、1000个基层林业科技推广站、1000个林木种苗站标准化、规范化建设。森林公安执法能力建设：新建森林公安业务技术用房、派出所、看守所、拘留所和强制戒毒所2700个，改造执法办案场所3000个，建设全国森林公安数据中心和国家警用物资储备库，配备现代警用设备，建设省、市级森林公安指挥情报中心。林业科技支撑能力建设：开展基础研究、关键技术研发，组织实施重大科技推广项目2000项，制修订林业标准1000项；建设国家重点实验室1个、局重点实验室50个，工程技术研究中心50个，国家级林产品质检站31个，科技示范园区10个。“互联网+”林业建设：全力推进“互联网+”政务服务、改革创新、资源监管、生态修复等林业重点领域建设，开展全国林业网上行政审批平台、林权交易综合服务平台、生态红线监测、重大生态工程智能监管决策系统等建设。林业空间基础设施建设：推进林业卫星应用，建设卫星数据和产品管理设施，建立卫星综合实验场和真实性检验站，构建机载平台和机载系统。加强森林、湿地、荒漠及生物多样性监测预警评估体系建设，综合应用无人机、北斗定位、自动传感、无线传输、人工智能等设施设备。

第二节　区域重点生态保护修复项目

依托“一圈三区五带”的发展格局，在实施国家林业重点工程基础上，按照主导功能，部署一批区域重点生态保护修复项目，将生态建设任务落实到重点区域，突出全面保护、系统修复、科学经营、强化服务，充分调动地方积极性，中央和地方形成合力，实行区域集中、政策组合、资金整合、重点突出、绩效优先、责任考核，发挥整体效益，使“十三五”的林业发展目标和主要任务更加聚焦、更加明确、更加有针对性。

“十三五”期间，全国规划区域重点生态保护修复项目100个，按照主导功能分为涵养水源、保持水土、防沙治沙、生物多样性保护、森林质量提升、生态功能提升六大类。

第五章　制度体系

按照深化生态文明体制改革和推进林业现代化的任务要求，建立健全以自然生态保护为主体的林业制度体系，为林业改革发展提供强大保障。

第一节　建立健全林业资源资产产权制度

对国土空间内的林业资源明确产权主体，明晰产权关系，使林业资源的占有、使用、收益、处置，做到权有其主、主有其利、利有其责。

——明晰国家所有的林业资源产权。中央政府对重点国有林区、生态功能重要湿地、珍稀野生动植物种和部分国家公园直接行使所有权。重点国有林区的资源由国务院林业主管部门代表国家行使所有权、履行出资人职责，负责对林区内的山水林田湖等所有生态资源进行系统规划和综合治理，或经国务院批准，由国务院林业主管部门委托地方进行管理。探索对湿地、荒漠开展确权登记，明晰权能。对国有林场、森林公园、湿地公园、沙漠公园，建立由国家所有、省级政府行使所有权并承担主体责任、由地方政府分级管理的体制。

——强化集体林地经营权能。健全集体所有、集体经济组织成员或农户行使承包权的集体林地产权体系，稳定承包权、放活经营权，依法赋予农民对承包林地占有、使用、收益、流转及经营权抵押、担保权能，对经营权实行依法有偿流转。

第二节　建立健全林业资源用途管制制度

严格保护自然生态系统，科学促进生态系统修复，维护生态文明建设的空间载体。

——加强生态红线管控。制定生态红线区划技术规范，尽快把林地和森林、湿地、物种、沙区植被等4条生态红线落实到山头地块。制定最严格的管理办法，实行生态红线总量管控。加强林地、湿地、沙化土地用途管制，实行规划管理、定额管理和用途管制，划定封禁保护区。

——完善自然保护制度。在自然保护区基础上，将具有典型意义的生态资源纳入国家公园保护范围，制定国家公园功能区类型和划分标准，建立重要生物物种等国家公园保护机制。

——强化森林资源监督专项机制。强化森林资源监督派出机构职能，将督查督办破坏森林资源案件作为第一要务，建立健全监督与执法相结合、监督与监测相结合、职能监督与社会监督相结合、考核评价与责任追究相结合的工作机制，建立健全约谈制度、报告与反馈制度以及曝光与通报制度等制度机制。

第三节　建立健全林业自然资源资产负债表编制制度

编制林地、湿地、林木等林业自然资源资产负债表，为实行领导干部林业生态资源资产责任和离任审计提供科学依据。

——编制自然资源资产负债表。按照森林、

湿地、林木等林业自然资源保护和管控需要，开展具有重要生态功能的自然资源核算，建立自然资源资产账户，编制资源存量及变动表和资源质量及变动表。改进统计调查方法，加强统计调查全过程质量控制，确保编表所需基础数据真实可靠。

——建立自然资源资产核算制度。完善林业资源资产实物量和价值量核算体系，推动建立林业资源核算与国民经济核算相衔接。深入开展生态系统服务价值评估。

第四节　建立健全生态环境损害责任追究制度

对林业资源实施最严格的监管制度，确保自然生态系统中的“最大变量”释放“最大能量”。

——建立生态资源监测和评估机制。建立定期清查与年度监测相衔接、国家监测与地方调查相协调、抽样调查与区划调查相结合，覆盖森林、湿地、荒漠生态系统和野生动植物资源的全国连续清查调查监测评估机制。国家层面定期发布国家和区域生态状况和林业绿色经济发展动态变化信息，开展风险评估、生态安全评价和生态与产业安全预警，地方层面建立相应机制。

——推行生态政绩考核机制。强化省级政府林业有害生物防治、防沙治沙目标责任考核。探索建立将资源消耗、生态破坏、生态效益纳入经济社会发展的新型绿色考核评价体系，增加生态相关指标权重，建立科学的评价标准，成立权威、独立的生态绩效评价机构。

——严格生态损害责任追究。根据《党政领导干部生态环境损害责任追究办法(试行)》要求，制定破坏林地和森林、湿地、物种、沙区植被等责任追究细则，制定生态损害责任追究标准和管理办法，加大生态环境损害赔偿和生态破坏处罚力度。

——建立生态资源社会监督机制。增强公众生态意识，畅通群众监督、舆论监督渠道，健全举报和处置机制，把生态资源置于全社会监督之下，提高生态资源监管成效。

第五节　建立健全生态保护补偿制度

实行生态补偿，调动利益相关方保护生态的积极性，促进生态保护和修复。

——完善生态保护补偿标准。根据生态区位、资源状况、保护难度等，实行森林、湿地、沙区封禁等差别化补偿机制，探索建立与国家财力增长、工资物价水平、生态服务价值等相挂钩的动态补偿机制，研究探索荒漠生态补偿和防沙治沙奖补制度。

——完善重点生态功能区转移支付政策。严格落实自然保护区、森林公园等国家禁止开发区转移支付资金，加大转移支付资金支持生态保护与修复的力度。在生态区位极为重要区域，探索政府赎买(租赁)非国有林地、湿地、水源地试点，建立永久性保护区域。

——建立地区间横向和流域生态保护补偿机制。探索实行受益地区补偿保护地区、流域下游补偿上游的区域补偿机制，对因保护生态而造成单位和个人损失的给予其相应经济补偿。

第六节　建立健全公共财政投入制度

充分体现林业公益属性，加大公共财政投入力度，推动林业深化改革、转型升级、提质增效。

——建立中央主导、差别化的营造林投资机制。增加营造林投资规模，通过整合用好现有财政性资金提高造林补助标准。中央财政性资金集中力量办大事，更多用于“两屏三带”、大江大河源头的保护修复。创新营造林生产计划管理，编制三年滚动营造林生产计划，统筹安排、滚动实施。完善重点领域和薄弱环节投资政策，在林区民生、森林保护、资源管理、科技支撑等重点领域和薄弱环节，适度加强中央事权和支出责任，重点支持国有林区林场路、水、电、卫生、医疗、通讯等基础设施建设，加大林业重大技术装备投资力度。

——完善林业补助制度。重点支持营造混交林，将新造林抚育纳入林业补助范围，并按照抚育措施实行差别化的补贴政策。将以野生动植物物种保护为主要内容的国家公园纳入补贴范围，并实施濒危物种保护政策。探索建立林下经济补助扶持机制。加大对林业灾害监测和防治的投入力度。对国有林区防火应急道路的维护给予补贴。完善财政林业补助资金监管体系。

——探索推进百万亩人工林基地建设项目化管理。按项目建立营造林模型，按模型开展作业设计，按作业设计足额投入并组织实施，按设计目标监督考核。建立百万亩人工林基地建设投资标准与物价变化联动的动态调整机制。探索实行工程项目、技术标准、支持政策“三位一体”的生态修复管理模式。

——建立投资执行监管稽查制度。推进投资安排和执行的统筹协调，建立健全投资、项目、监管三位一体的投资管理体系，实现重点地区、重大项目在线监管，加大林业资金稽查力度，确保中央投资的有效落实和效益发挥。

第七节 建立健全金融保险服务制度

创新金融扶持政策，发展绿色金融，着力解决融资难、融资贵问题，释放林业发展潜力，将林业的资源优势转变为发展优势。

——加大金融扶持力度。积极引导金融机构开发贷款期和宽限期长、利率优惠、手续简便、服务完善等适应林业特点的金融产品。鼓励建立合作社信用联盟、探索开展林区微型金融和农户互助金融。

——完善林权抵押贷款管理。建立林权抵押贷款风险保证金制度，降低金融机构的贷款风险，建立健全林权抵押物的担保收储平台。完善森林资源资产抵押与交易平台，规范森林资源资产评估行为，培育林业信托机构，建立公平、透明、高效的林权交易市场。

——完善林业贷款贴息政策。推进实施贴息期限与林业贷款周期相一致、贴息范围与林业发展领域相适应的财政贴息政策，加大贴息投入力度，建立健全财政、林业、金融管理部门共同参与的林业贴息贷款协同监管机制。

——完善森林保险制度。引导保险机构完善投保程序、简化投保手续、降低保险费率，积极支持保险机构建立森林保险专业查勘定损平台，提高森林出险后的理赔效率，推动建立森林巨灾保险基金、巨灾再保险等。

——积极推广政府与社会资本合作(PPP)模式。在国家储备林、国家公园、森林公园、湿地公园、沙漠公园、绿道、城郊公园、休闲游憩设施以及林区公共服务设施等领域优先探索实施 PPP 项目，加快制定《林业政府和社会资本合作项目指南》和财政资金管理办法。

第六章 加强组织领导

按照党中央、国务院的决策部署和全国林业工作总体要求，全力抓好“十三五”规划的实施，确保取得成效。

第一节 落实规划实施责任

林业建设社会性、公益性、系统性很强，推动林业工作需要充分发挥党总揽全局、协调各方的政治优势，摆上各级党委、政府的重要日程。各级林业部门要主动作为，当好各级地方党委、政府的参谋，积极争取建立党政主要负责人牵头的林业建设领导机制，完善发展战略制定、重大方针政策执行、健全决策咨询、建设成效评价等制度。按照中央“党政同责”“一岗双责”的要求，实行党政领导林业生态建设目标责任制，解决好“一把手”关键少数问题。各省林业主管部门要组织编制好省(自治区、直辖市)林业“十三五”规划，将规划任务逐级分解到各个地区。明确各级地方政府实施规划的主体责任，通过层层签订责任状将责任落实到人，使“十三五”规划抓住关键，任务落地，责任到人，确保实效。

第二节 健全林业机构队伍

林业建设点多面广线长，任务繁重，条件艰苦，机构队伍建设十分必要。强化各级林业行政管理机构职能，统一行使对森林、湿地、荒漠和野生动植物等自然生态系统的保护与修复职责。明确基层林业工作站的公益属性，解决好身份编制问题，改善基层工作和生活条件，稳定健全林业基层生产、技术、管理队伍。提升林业队伍整体素质。建立健全全国林业人才发展规划体系，深入实施全国林业“百千万人才”工程和《高端人才引进行动计划》，多渠道引进和培养高水平专业技术和经营管理人才，建立高层次人才库。加强林业职业教育，完善基层林业专业技术人才继续教育体系，加快实施专业技术人才知识更新工程，激励人才向基层流动、到一线创业，优化基层森林经营人才配置机制。加强林业教育院校工作，推进部部、省部共建，科学确定院校定位，改进完善专业和课程设置，大力培养具有现代林业理念的专业技术和经营管理人才。探索实施“林业基层场、站大学生计划”，争取在招生、助学、就业等方面政策支持。

第三节　强化规划实施监督

本规划是指导林业改革发展、实现未来五年发展蓝图的纲领性文件，各级林业部门要切实履行职责，加大工作力度，确保完成规划提出的各项任务和保障措施。要加强统筹各类林业生态空间规划，做好政策和任务的相互衔接，做到集中发力，重点突破，切实解决生态保护与修复存在的突出问题。强化对规划实施情况跟踪分析，建立规划实施评估机制，开展规划中期评估和终期考核，加强对规划执行情况的监督和检查，定期公布重点工程项目进展情况和规划目标完成情况。国家林业局有关部门要组织编制一批落实本规划的重点专项规划。地方林业部门要切实贯彻国家战略意图，结合地方实际，突出地方特色，做好地方规划与本规划提出的发展战略、主要目标和重点任务的衔接协调。加强年度计划与本规划的衔接，确保本规划提出的发展目标和主要任务落地、实施、见效。

国家林业局关于切实加强野生植物培育利用产业发展的指导意见

林护发〔2015〕7号

各省、自治区、直辖市林业厅(局),内蒙古、吉林、龙江、大兴安岭森工(林业)集团公司,新疆生产建设兵团林业局,国家林业局各司局、各直属单位:

野生植物是自然生态系统的重要组成部分,是人类生存和社会发展的重要物质基础,是国家重要的战略资源,在维护生态系统平衡、促进经济社会可持续发展中发挥着不可替代的作用。近年来,各地按照"加强保护、积极发展、合理利用"的方针,在严格保护野生植物资源的同时,大力发展培育利用产业,并且取得了良好成效。随着经济社会的快速发展和人民生活水平的不断提高,人们对野生植物及其产品的需求不断增大,供需矛盾日益突出。为更好地保护生态、改善民生,促进经济社会可持续发展,现就进一步加强野生植物培育利用产业发展提出如下指导意见。

一、充分认识加强野生植物培育利用产业发展的重要意义

(一)加强野生植物培育利用产业发展是建设生态文明和美丽中国的重要内容

党的十八大和十八届三中全会提出建设生态文明和美丽中国,实现中华民族永续发展的战略任务。这既为我国林业生态建设发展指明了方向,也进一步提出了新的更高要求。在加快外延发展的同时必须充分认识、立足和依靠自身资源优势,挖掘潜力,眼睛向内,把握基础。我国有野生高等植物3万多种,丰富的植物资源为我国生态文明建设和经济社会发展提供了基本的生态和物质保障。大力发展野生植物的培育利用,不仅可以有效缓解野生植物的生存压力,维护生态系统的稳定,还能不断为绿化和美化环境培育新的绿色资源,为社会提供丰富的绿色健康产品,更好地满足生态文明和美丽中国建设的需要。

(二)加强野生植物培育利用产业发展是生态林业建设的重要任务

生态林业是发展经济、保护环境、协调人与自然发展的新型林业发展道路。生态林业建设既要充分合理利用自然资源,提高森林系统的生产力,又要保护和改善生态环境,使自然资源永续利用,取得经济与生态双重效益。加强野生植物培育利用,可以充分发挥野生植物资源的再生优势、循环特点和低碳潜力,在有效保护和改善生态环境的同时,不断生产适合人们需要的产品。目前,我国仅药用和具有观赏价值的野生植物就多达1.5万种。其中,绝大部分尚处于未开发利用状态。因此,野生植物培育利用产业是发展前景非常广阔的"朝阳产业",既能成为新的经济增长点,也能满足生态建设的需要,为我国生态林业发展作出更大贡献。

(三)加强野生植物培育利用产业发展是发展民生林业的重要途径

我国已有27亿亩集体林地承包到户,涉及1.5亿户4.5亿林农,林地生产率和农村劳动生产率具有巨大的提升空间和发展潜力。野生植物培育利用是一个大产业,每种植物的开发利用,都能形成一条完整的产业链和巨大的经济规模。加快这一产业发展,不仅将增加众多就业机会,提高广大群众收入水平,促进生产生活条件的改善,而且随着市场需求的不断增加,培育的规模将会越来越大,巨大的经济效益和社会效益也将会越来越多地惠及广大人民群众。同时,利用野生植物培育的绿色产品,对保障人体健康、提高人体素质也将发挥更重要的作用。因此,野生植物培育利用产业的发展,对于促进民生林业和地方经济社会的发展都具有十分重要的意义。

二、加强野生植物培育利用产业发展的指导思想、基本原则、发展目标和重点布局

(四)指导思想

按照党的十八大和十八届三中全会关于建设生态文明和美丽中国以及国家林业局关于建设发展生态林业和民生林业的总体要求，在加强野生植物资源保护的同时，大力发展野生植物培育利用产业。切实加强政府引导和部门合作，动员社会力量广泛参与。充分发挥市场对资源配置的决定性作用，加强宏观调控和市场监管，遵循自然规律和经济规律，坚持走绿色发展的道路。进一步加强示范带动、科技服务和政策扶持，不断提高产业素质，扩大产业规模，优化产业结构和布局，提高产品质量和竞争力，为促进林农增收、加快地方经济社会发展、建设生态文明和美丽中国作出积极的贡献。

(五)基本原则

一是坚持保护促发展、发展促保护。始终坚持以保护为前提。通过加快野生植物培育利用产业发展，既有效保护野外资源，又不断满足社会多样化需求，切实把对野生植物资源的消耗转移到人工培育产品的利用上来，实现保护与利用的协调统一。

二是坚持市场导向、因地制宜。根据野生植物生物学特性，不断研究基因价值和培育利用技术。要充分发挥市场对资源配置的决定性作用，发展市场需求大、发展前景好、产品质量好、价值高的产业项目。要从实际出发，因地制宜，发展具有地方特色的野生植物培育利用产业。

三是坚持统筹规划、重点突出。统筹规划和优化野生植物培育利用产业发展的结构和布局，实现资源科学合理的配置和有效地开发利用。在全面搞好规划布局的同时，突出发展重点，建设好培育基地，抓好龙头企业，发展主导产业，生产名优产品。

四是坚持宏观管理、分类指导。以国家产业政策和规划为指导，以资源为基础，以市场为导向，综合运用经济、法律和行政等手段，强化管理和分类指导，确保野生植物培育利用产业健康有序发展。

五是坚持科技引领、示范带动。加强培育利用的基础研究和新产品的研发，增强产业发展的核心竞争力。运用现代科学技术和手段，着力抓好资源培育和产品加工，不断提高科技含量和发展水平。充分发挥龙头企业和典型大户的示范带动作用，引导社会力量广泛参与，努力扩大野生植物培育利用产业发展规模。

六是坚持持续发展、改善民生。按照科学发展的要求，构建具有竞争优势的野生植物培育利用产业链，培育特色产业集群，提高产业发展水平和层次，确保可持续发展。同时，要把野生植物培育利用产业发展与当地林业产业结构调整、地方经济发展相结合，促进农民增收致富，着力改善民生。

(六)发展目标

到2020年，在全国建成2000个具有一定规模的野生植物培育利用产业发展基地，培育500家龙头企业和一批富有创新活力的中小企业，培育利用年产值达2000亿元以上。通过积极努力，使野生植物培育利用生产体系、市场体系和监管体系更加完善，结构和布局更加合理，创新能力明显增强，发展环境明显改善，规模和质量大幅提升，社会效益和经济效益突出显现，资源保护和培育利用协调发展，为促进经济社会持续稳定发展和推进生态文明建设作出新的贡献。

(七)发展重点和布局

国家林业局拟选择林药植物和观赏植物作为培育发展的重点，实施优先开发和重点扶持。各地可根据资源等实际情况，确定当地重点培育发展的物种。华北地区，要重点选择肉苁蓉等物种进行培育利用；东北地区，要重点选择黄檗、刺五加、人参、刺参、五味子等物种进行培育利用；华东地区，要重点选择石斛、金线莲、罗汉松、重楼、红豆杉、兰花等物种进行培育利用；中南地区，要重点选择杜仲、沉香、金花茶、兰花、红豆杉等物种进行培育利用；西南地区，要重点选择甘松、川贝母、石斛、川木香、滇紫草、红景天、胡黄连、秦艽、兰花等物种进行培育利用；西北地区，要重点选择肉苁蓉、甘草、黄芪、雪莲、软紫草、阿魏、锁阳等物种进行培育利用。

三、加强野生植物培育利用产业发展的主要措施

(八)科学制定产业发展规划，进一步明确野生植物产业发展重点

及时制定野生植物培育利用产业发展规划，

指导和引导好全国野生植物培育利用产业的发展。各地要在国家产业政策和规划的指导下，根据当地资源情况和产业发展现状，编制野生植物培育利用产业的发展规划，明确产业发展重点、发展步骤和措施，确保野生植物培育利用产业健康有序发展。各地要在规划的指导下，因地制宜，突出特色，筛选出具有生命力、发展前景好、符合当地实际的发展项目，努力形成具有广阔发展前景和地方特色的野生植物培育利用产业，提高产业发展竞争力。

(九)抓好优良品种选择和种苗培育，提升良种壮苗保障能力

品种选择和种苗培育，是确保野生植物培育利用产业发展取得成功的重要环节和基础保障。要在明确发展项目的基础上，强化野生植物培育利用品种选育等基础工作，筛选培育优良品种。选择产品品质好、有效成分含量高、抗病虫和自然灾害能力强，产品用途广、市场价值高、发展前景好的野生植物品种加以培育利用。种苗是开展野生植物培育利用的基础，要从源头上抓起，建设具有一定规模和标准的种苗培育生产基地，运用现代化的育苗技术，培育生产高质量的良种壮苗，为野生植物培育利用产业发展提供基础保障。

(十)通过典型的引领和示范，带动野生植物产业的健康规范发展

按照“基地化、专业化、产业化”的要求，充分发挥市场在资源配置中的决定性作用，整合物质、技术及管理资源，培育一批生产基础好、技术装备新、不同类型和各具特色的野生植物培育利用示范基地和典型示范大户，带动野生植物培育利用产业的发展。对已经成型的和正在发展的规模较大、效益较好、带动力强、管理较为规范的野生植物培育利用基地，作为重点扶持对象加以扶持。要积极协调有关部门，做好土地承包经营权有偿流转，确保基地建设所需用地；要加强组建专业合作经济组织和协会组织，充分发挥其信息服务和行业协调等方面的作用，建立起紧密型的“公司＋基地＋合作社＋农户”产业发展模式，增强产业发展的组织化程度。

(十一)加大扶持力度，为野生植物产业发展创造良好的环境和条件

野生植物培育利用产业发展要纳入当地林业发展规划，作为林业重点产业项目予以优先扶持。在符合相关政策的条件下，重点对野生植物培育种源基地、示范基地、龙头企业和种植大户给予贷款贴息、财政专项和扶贫项目支持，加快推动产业升级，充分发挥带动作用。健全银行、保险、林业、财政等部门的沟通协调机制，积极开展林权抵押贷款、小额贷款和农民联保贷款以及政策性保险等业务，提供融资支持。鼓励社会资本投资野生植物培育利用产业。

(十二)不断强化基础研究和科技支撑，全面提高野生植物产业发展水平

要抓好调查研究，全面了解和掌握当地野生植物资源情况及相关产业发展情况，做到情况明、底数清。根据植物产业发展特点和市场需求，研究掌握当地重点野生植物的主要生物学特性、培育利用和加工的关键技术、产品的功能和开发利用的前景，提高产业发展科技含量和水平。要对难以培育成功的物种实施科技攻关，努力将其纳入开发利用范围。要加强野生植物培育利用研究成果的转化，使科研成果及时转化为现实生产力。要积极鼓励和引导野生植物培育利用单位和企业与科研教学单位开展合作交流，建立合作交流机制，促进“产、学、研”联动，提高企业产品开发和创新能力。通过加强各项基础研究和成果转化工作，为野生植物培育利用产业发展提供有力的科技支撑，有效提高产业发展水平。

(十三)进一步健全完善管理机制，促进野生植物产业科学有序发展

要切实加强行业管理，逐步研究实行野生植物经营利用产品专用标识管理制度和认证管理制度，制定生产质量管理标准，确保野生植物培育利用产品的“真实、优质、稳定、可控”；总结利用野生植物培育利用绿色生产工艺和原材料的综合利用技术，有效控制有害生物传播风险，有效减少生产污染，提高资源利用效率和水平；要充分发挥行业协会的作用，加强企业与部门之间的交流合作，开展行业自律，促进野生植物培育利用产业健康持续稳定发展。

(十四)规范市场和质量管理，实施野生植物

培育利用品牌发展战略

强化市场流通领域管理，规范野生植物培育利用市场流通行为；做好市场开拓，除国内市场外，要不断拓宽国际市场，鼓励和支持企业开展合法的野生植物培育产品进出口经营活动，多渠道引进国外优良的野生植物资源和先进的生产技术。从事野生植物培育利用的企业要牢固树立品牌意识，采取措施提高产品质量，靠过硬的产品质量树立品牌，靠完善的售后服务塑造品牌。要进一步加强管理，做好各项服务，积极帮助企业进行标准认证、认可等质量管理工作，推动企业提高品质，因地制宜发展品牌产品，实施品牌发展战略。

四、切实加强对野生植物培育利用产业发展的组织领导

(十五)进一步加强组织领导

各地要充分认识加快野生植物培育利用产业发展的重要意义，切实加强组织领导。要把野生植物培育利用产业发展作为资源保护、经济发展、惠及民生、建设生态文明和美丽中国的重要工作来抓，做到认识到位、责任到位、政策到位、工作到位，统一规划管理，统一组织实施，统一监督检查。

(十六)充分发挥职能部门作用

各级林业主管部门要把野生植物培育利用产业发展作为生态林业和民生林业发展的大事来抓，进一步转变作风，提高认识，明确责任，研究制定发展规划，抓好典型示范，强化监督检查，搞好各项服务。主动加强与政府和发展改革、财政、扶贫、农业、工商、国土、质检、科研和贸易等部门的沟通联系，争取重视和支持。搞好工作协调，制定相应政策，加大支持力度，强化工作指导，积极促进野生植物培育利用产业健康持续快速发展。

国家林业局
2015 年 1 月 9 日

国家林业局关于印发《林业植物新品种测试管理规定》的通知

林技发〔2015〕26号

各省、自治区、直辖市林业厅(局),内蒙古、吉林、龙江、大兴安岭森工(林业)集团公司,新疆生产建设兵团林业局,国家林业局各司局、各直属单位:

《林业植物新品种测试管理规定》已经2015年1月29日国家林业局局务会审议通过,现印发给你们,请认真执行。执行中有何问题和建议,请及时反馈我局科技发展中心(植物新品种保护办公室)。

国家林业局
2015年2月27日

林业植物新品种测试管理规定

第一章 总则

第一条 为了规范管理林业植物新品种测试工作,根据《中华人民共和国植物新品种保护条例》和《中华人民共和国植物新品种保护条例实施细则(林业部分)》,制定本规定。

第二条 本规定的植物新品种测试是指植物新品种特异性、一致性和稳定性测试(以下简称DUS测试)。

第三条 国家林业局负责林业植物新品种测试管理工作,根据需要委托测试机构开展植物新品种测试。具体工作由国家林业局科技发展中心(国家林业局植物新品种保护办公室,以下简称新品办)承担。

第二章 测试机构

第四条 受国家林业局委托的测试机构(以下简称测试机构)应当根据新品办安排的任务及要求开展测试。

测试机构对测试报告的真实性和准确性负责。
第五条测试机构应当具有相应的测试技术人员、实验地和设施等满足植物新品种测试的必要条件。测试机构不得从事测试品种及与测试品种相近植物种的育种。

第六条 测试机构应当收集和保存相关已知品种,妥善保管繁殖材料和相关技术资料,不得利用繁殖材料进行与测试无关的任何活动。

第七条 测试机构应当设立测试技术小组,负责DUS测试工作,由1名技术负责人和至少2名测试员组成。

第八条 测试机构应当成立咨询专家组,由3~5名相关专家组成,为近似品种筛选等测试工作提供技术咨询。

第九条 测试机构应当建立健全内部管理制度。

第十条 测试机构应当根据植物新品种测试指南(以下简称测试指南)编制DUS测试操作技术手册、图像拍摄规程等技术文件。

第三章 测试任务

第十一条 国家林业局根据需要委托相应的测试机构开展测试工作,并由新品办与测试机构的法人单位签订委托测试合同。

第十二条 测试机构接受委托测试任务后,按照相应测试指南的要求制定测试方案,在测试结束后1个月内向新品办提交测试报告。

第四章　繁殖材料

第十三条　新品办根据不同植物特点规定并公示繁殖材料接收起止日期。

第十四条　测试机构按照测试指南的要求接收品种权申请人提交的繁殖材料，对符合要求的签发签收单，分别交与申请人和新品办；对不符合要求的，书面报告新品办并说明理由。新品办可以要求申请人在规定时间内补交繁殖材料。

在测试过程中，发现繁殖材料无法满足测试要求的，测试机构应当书面报告新品办并说明理由，新品办可以要求申请人再次递交满足条件的繁殖材料。

第十五条　测试机构应当采用常规技术对申请品种进行栽培与管护，并作记录。如果有特殊栽培技术要求，申请人应当在提交的技术问卷中说明。

第十六条　测试结束后，测试机构如需在保护期内保存必要数量的繁殖材料用于其他品种的测试，应当与申请人签订繁殖材料保密承诺书，其余繁殖材料应当销毁或灭活。发生繁殖材料流失、被盗的，应当依法追究有关人员的责任。

第五章　近似品种

第十七条　测试机构确定近似品种，可以参考申请人和咨询专家组的意见和建议，也可以查询已知品种数据库。技术负责人签署近似品种筛选确定表。

第十八条　经新品办书面同意，测试机构可以根据测试需要，要求申请人提供近似品种的繁殖材料。

第六章　测试性状观测与记录

第十九条　测试机构应当将测试品种与近似品种、标准品种同时种植在相同的环境条件下开展测试。

测试机构根据测试指南要求，按照操作技术手册进行观测，并作好记录。

第二十条　测试员对于测试性状判定有争议时，由技术负责人确定。

第二十一条　测试过程中拍摄的照片应当完整准确反映测试品种的特异性和一致性。

第七章　测试报告

第二十二条　测试报告应当包括测试编号、品种权申请号、测试品种名称、测试指南名称、测试时间、测试地点、测试人员、报告完成日期、栽培环境及植株生长状况，特异性、一致性和稳定性评价、结论等，并附测试性状记录表、照片和近似品种的选择意见表。

第二十三条　测试机构应当按时完成测试，由于不可抗力的原因，在规定时间内不能完成测试，应当记录备案，并报告新品办。

第二十四条　测试报告应当由测试机构法定代表人签署，注明日期，加盖法人公章，并报送新品办。

第八章　附则

第二十五条　测试机构应当对测试过程中的记录建立档案，并按照有关规定管理。

第二十六条　本规定自 2015 年 4 月 1 日起施行，有效期至 2019 年 12 月 31 日。

国家林业局办公室关于公布2014～2015年国家林下经济示范基地名单的通知

办改字〔2015〕106号

各省、自治区、直辖市林业厅(局)：

为贯彻落实《国务院办公厅关于加快林下经济发展的意见》(国办发〔2012〕42号)精神，根据《关于推荐认定2014年国家林下经济示范基地的通知》(林改综〔2014〕51号)规定，结合全国林下经济发展现状，在各地推荐的基础上，经审核和公示，现认定河北省滦平县等128家单位为2014～2015国家林下经济示范基地(以下简称“示范基地”，具体名单见附件)。

开展林下经济示范基地创建工作，是国办发〔2012〕42号文件确定的林下经济工作七大主要任务之一，是深化集体林权制度改革，促进农民增收致富的重要措施，各地要高度重视。示范基地创建要与《全国集体林地林下经济发展规划纲要(2014～2020年)》和《全国集体林地林药林菌发展实施方案(2015～2020年)》相结合，大力发展当地特色的地道和珍稀品种，逐渐形成“一县一品”特色与优势，不断增强林下经济产品的市场竞争力；要通过示范基地创建，重点扶持一批规模大、效益好、带动力强的林下经济示范基地，通过以点带面的示范带动作用，优先推广先进的实用技术和发展模式，辐射带动广大农民积极发展林下经济，为周边及类似区域提供借鉴参考，起到“探路子、出经验、做示范”的重要作用；要注重发挥政策、资金、项目的引导和拉动作用，加大对示范基地的扶持力度，不断增强示范基地的影响力；要加强对示范基地运行情况的监督管理，加强对优秀示范基地的宣传推介，切实发挥示范基地示范带动作用，进一步促进林下经济发展。我局每2年将对示范基地进行一次复核，不合格的将取消“国家林下经济示范基地”称号。

请各省、自治区、直辖市林业厅(局)将本辖区示范基地建设方案审定汇总后于2015年12月30日前报送我局。

特此通知。

附件：2014～2015年国家林下经济示范基地名单

国家林业局办公室
2015年7月2日

附件

2014～2015年国家林下经济示范基地名单

1. 河北省滦平县
2. 山西省广灵县
3. 山西省隰县
4. 山西省陵川县
5. 山西省左权县
6. 内蒙古自治区阿拉善左旗
7. 内蒙古自治区磴口县
8. 内蒙古自治区阿拉善右旗
9. 辽宁省东港市
10. 辽宁省新宾县
11. 吉林省通化县
12. 吉林省汪清县
13. 黑龙江省东宁县
14. 黑龙江省孙吴县
15. 黑龙江省汤原县
16. 黑龙江省桦南县
17. 江苏省泗阳县
18. 江苏省句容市

19. 浙江省安吉县
20. 安徽省金寨县
21. 安徽省休宁县
22. 安徽省砀山县
23. 安徽省旌德县
24. 安徽省亳州市谯诚区
24. 福建省邵武市
26. 福建省建阳市
27. 福建省永安市
28. 福建省泰宁县
29. 福建省连城县
30. 福建省柘荣县
31. 福建省明溪县
32. 江西省金溪县
33. 江西省全南县
34. 江西省弋阳县
35. 山东省泗水县
36. 山东省滕州市
37. 山东省新泰市
38. 山东省沂水县
39. 河南省嵩县
40. 河南省陕县
41. 河南省林州市
42. 河南省确山县
43. 湖北省房县
44. 湖南省平江县
45. 湖南省新化县
46. 湖南省桑植县
47. 湖南省浏阳市
48. 湖南省石门县
49. 广西壮族自治区融水县
50. 广西壮族自治区隆林县
51. 海南省琼中黎族苗族自治县
52. 重庆市南川区
53. 重庆市秀山土家族苗族自治县
54. 重庆市荣昌县
55. 重庆市城口县
56. 四川省广元市昭化区
57. 四川省合江县
58. 贵州省赤水市
59. 贵州省桐梓县
60. 云南省南华县
61. 云南省凤庆县
62. 云南省宜良县
63. 云南省玉龙县
64. 陕西省太白县
65. 陕西省佛坪县
66. 陕西省略阳县
67. 陕西省岚皋县
68. 陕西省山阳县
69. 陕西省洛南县
70. 甘肃省会宁县
71. 甘肃省临泽县
72. 甘肃省敦煌市
73. 宁夏回族自治区彭阳县
74. 宁夏回族自治区隆德县
75. 新疆维吾尔自治区温宿县
76. 新疆维吾尔自治区莎车县
77. 新疆维吾尔自治区泽普县
78. 新疆维吾尔自治区叶城县
79. 北京灵之秀文化发展有限公司
80. 北京霞云岭山水田园怡人食品技术开发有限公司
81. 平山县葫芦峪农业科技开发有限公司
82. 河北峰峰众怡农业开发有限公司
83. 河北绿岭果业有限公司
84. 山西景致苗木有限公司
85. 内蒙古鄂尔多斯市恩格贝沙漠生态旅游文化有限公司
86. 吉林省北佳林业科技开发有限公司
87. 桦甸市宏兴种养殖有限责任公司
88. 白山林村中药开发有限公司
89. 浙江百灵谷科技有限公司
90. 庆元县亿康农林科技有限公司
91. 池州天源现代农业有限公司
92. 江西九江凌华实业有限公司
93. 江西赣州庚艺农业生物科技有限公司
94. 江西远泉实业集团有限公司
95. 江西省鑫隆农业发展有限公司
96. 山东唯真国色农林科技有限公司
97. 山东日照真诺生物科技有限公司
98. 河南省雅新园艺有限公司

99. 湖北福舟坊药材有限公司
100. 湖北春又生菜业有限公司
101. 湖北保康帝豪中药材种植有限责任公司
102. 鄂州市兴林有限公司
103. 武陵惠风农业科技有限公司
104. 衡山天华生态农业有限公司
105. 湖南利诺生物药业有限公司
106. 广东桂岭蜂业科技股份公司
107. 广东望天湖现代农业科技有限公司
108. 广东龙岗马山茶业股份有限公司
109. 广西中港高科国宝金花茶产业有限公司
110. 云南福滋农业科技开发有限公司
111. 甘肃润霖杜仲产业开发有限公司
112. 青海嘉林浆果产业有限公司
113. 北京四海种植专业合作社
114. 北京草根堂种植专业合作社
115. 北京万丰菌业专业合作社
116. 河北怀安县益民果树种植专业合作社
117. 桓仁正植林下参专业合作社
118. 延寿县长寿山园艺专业合作社
119. 浙江缙云县绿野笋业专业合作社
120. 山东高密市惠和香菇专业合作社
121. 河南省南阳市宛城区鼎吉种植农民专业合作社
122. 湖南省岳阳县盛源林业合作社
123. 广东肇庆市木林森黄栀子种植专业合作社
124. 海南文昌宏绿种养专业合作社
125. 定安岭口富民花卉专业合作社
126. 安县天池中药材种植专业合作社
127. 四川省都江堰市神禾中药材种植农民专业合作社
128. 四川省汶川县德润中药材种植专业合作社

关于整合和统筹资金支持贫困地区油茶核桃等木本油料产业发展的指导意见

各有关省、自治区、直辖市林业厅(局)、财政厅(局)、扶贫办(局)、国家开发银行各分行:

为贯彻落实《中共中央办公厅 国务院办公厅关于创新机制扎实推进农村扶贫开发工作的意见》(中办发〔2013〕25 号)、《国务院办公厅关于加快木本油料产业发展的意见》(国办发〔2014〕68 号)精神,国家林业局、财政部、国务院扶贫办、国家开发银行研究决定,通过整合和统筹相关资金,大力支持贫困地区发展油茶、核桃等木本油料产业,集中力量解决产业发展投入不足的突出问题,努力增加贫困人口收入,促进贫困地区全面建成小康社会。现提出如下意见。

一、重要意义

当前和今后一个时期,是扶贫开发的关键时期。我国有 7017 万贫困人口,其中 60% 集中分布在山区,受自然因素等限制,这些地区经济发展相对落后,贫困群众自我发展能力不足,脱贫致富仍有较大难度。油茶、核桃等木本油料在山区种植面积广、经济效益高、收益期长、品质优良,是推动山区经济发展的重要产业。油茶收益期可达 80 年以上,核桃收益期可达 100 年以上。充分利用贫困地区的林地资源,大力发展油茶、核桃等木本油料产业,是加快山区经济发展、破解贫困人口脱贫难题的重要途径。然而由于油茶、核桃等木本油料产业前期投入大、周期长,急需政策扶持和资金投入。整合和统筹资金,充分发挥林业、扶贫等惠农政策和中央财政资金的引导作用,鼓励和支持金融、社会等其他资本投入贫困地区发展油茶、核桃等木本油料产业,对于加快贫困地区经济发展,促进农民群众增收致富,具有十分重要的现实意义。

二、基本原则

(一)坚持精准扶贫,务求实效。以贫困地区和革命老区,特别是建档立卡贫困人口为主要扶持对象,以发展油茶、核桃等木本油料产业为扶贫措施,以促进贫困地区经济发展、提高贫困群众收入为目的,着力提高贫困地区油茶、核桃等木本油料产业生产水平,增强贫困地区和贫困群众自我发展能力。

(二)坚持整合统筹,协同推进。中央财政负责统一指导相关财政资金整合和统筹工作,各地负责整合和统筹安排使用中央财政专项资金和本地区相关资金,支持贫困地区木本油料产业发展。纳入整合和统筹范围的专项资金,按照管理渠道不乱、用途不变的原则,集中力量支持贫困地区油茶、核桃等木本油料产业发展。

(三)坚持改革创新,激发活力。探索采取股权投资、利用政府投资支持社会资本合作模式,打破瓶颈制约和体制机制障碍,鼓励技术创新、产业组织方式创新以及投融资模式创新,引导带动社会各界参与油茶、核桃等木本油料产业发展,提高产业发展整体水平。

(四)坚持因地制宜,量力而行。根据本地区自然条件、林地资源等实际情况,科学制定目标任务、发展方式、建设重点,编制木本油料产业扶贫实施方案,合理确定实施进度,确保各项措施落到实处。同时注意生态保护优先,限制在坡度过大、土地瘠薄、生态脆弱和生态区位重要的地方种植木本油料。

(五)坚持试点先行,总结经验。在油茶、核桃等木本油料适宜种植区、贫困人口相对集中区以及积极性较高的地区开展试点示范,做大做强油茶、核桃等木本油料产业,辐射周边,全面推广。

三、主要措施

(一)整合资金,发挥财政杠杆作用。纳入整合和统筹范围的中央财政专项资金,包括退耕还林、防护林、中央财政林业补助资金、财政扶贫资金、现代农业发展资金、农业综合开发资金等相关资金,集中支持油茶、核桃等木本油料产业发展。中央财政对符合规定条件的木本油料产业贷款项目予以贴息支持。各省也要积极支持。纳入整合和统筹范围的地方相关资金，由各地根据实际情况和木本油料产业发展需求确定。

（二）明确中央财政资金扶持方向。中央财政资金重点支持种苗生产、基地建设、科技创新、技术推广等关键环节。种苗生产重点加强良种选育，不断推出高产优质油茶、核桃新品种，建立种苗供应的可追溯制度，全面推行“四定三清楚”（即：定点采穗、定点育苗、定单生产、定向供应，品种清楚、种源清楚、销售去向清楚）。基地建设要引入丰产栽培技术，着力建设标准化、专业化、规模化的高标准示范基地，提高产业发展的质量效益。科技创新要优先开展研发种植、加工、采摘等机械的研制，降低劳动强度和人工成本，提高生产效率。技术推广要重点推广最新的优良品种和栽培管理技术，加强技术指导和培训，真正让企业和农户掌握实用技术，确保产业增加效益，实现企业增收，农民致富。

（三）加大开发性金融支持力度。国家开发银行将贫困地区木本油料产业作为重点支持产业，提供大额、长期、稳定的信贷资金支持。采用统一规划、统一授信的模式，与政府有关部门加强合作，共同编制省级专项规划，确定市场化运作的企业作为借款主体，进行统一授信，各市县项目实施主体作为用款人负责项目建设，按照“谁用款、谁承担还款责任，借款人负责统一还款”的原则开展试点。鼓励各地区通过创新PPP、政府购买服务等融资模式，吸引社会资本（包括符合条件的融资平台公司）投入贫困地区木本油料产业。同时创新担保方式，探索林权、林地承包经营权抵押、项目相关应收账款质押及企业风险准备金等制度。完善森林保险保费补贴制度，支持贫困地区木本油料产业发展。

（四）加大商业性金融投入。鼓励引导各类商业性金融机构和社会资本参与油茶、核桃等木本油料产业建设中来。各有关部门要积极支持引导，建立健全融资机制，出台针对性的金融产品，创造融资机会，为各类经营主体创造良好的融资环境。要研究探索信用担保、林权等抵押担保、质押担保等多种抵押担保形式，吸引更多金融资本支持。

（五）加强产业化经营。充分尊重市场规律，积极培育跨地区经营、产供销一体化的木本油料龙头企业，鼓励企业通过联合、兼并和重组等方式做大做强。支持企业在主产区建立原料林基地和建设仓储物流设施，发展多种经营模式。鼓励企业发挥科技创新主体作用，支持企业与科研机构合作，形成科技创新、技术服务、产业开发有机联系的产学研紧密合作体系。鼓励企业开展油茶、核桃等木本油料综合利用，推广新技术、研发新产品、新工艺，提高精深加工能力，增加产业附加值。

（六）提高建档立卡贫困人口的参与度和受益度。推行以企业带动、专业合作组织联动机制和“企业+专业合作组织+基地+农户”等组织模式，积极鼓励贫困农户以土地承包经营权入股，劳动力入股，推动规模化、集约化经营，提高产业的组织化程度。完善资金投入机制，把已投入基地用于基础设施建设和产业发展的资金，量化折股，配置到村到户；探索通过财政投入的资金，直接配股到村到户，在盛果期前，村户依据持有股份，获得保底收益，盛果期后按股分红的利益分配模式。

四、保障条件

（一）加强组织领导。地方各级林业部门应切实承担起牵头责任，加强组织协调，建立健全工作机制，明确内部分工，落实相关职责，增强与其他部门的协作沟通。扶贫部门应将油茶、核桃等木本油料作为适宜种植区贫困村主导产业，强化引领和指导。财政部门要积极整合和统筹本地区财政安排的相关资金，进一步扩大整合和统筹资金规模。国家开发银行要加大贷款投入力度，放宽贷款政策。

（二）加强资金管理。贫困地区油茶、核桃等木本油料产业发展涉及部门多、资金渠道多，要加强资金监管，督促项目实施主体按照各类资金管理规定，确保财政资金使用的规范、安全、有效。要按照“既整合统筹、又加强管理”的要求，加强对整合统筹资金的监管，避免出现借此名义挪用资金的现象。林业、财政、扶贫等部门要管好用好资金，同时充分发挥审计部门、金融机构、社会中介机构以及新闻媒体的监督作用，确保资金安全运行。

（三）加强信息管理。要主动向社会公开相关信息，既要包括规章制度、发展规划、产业政策等综合性政策文件，也要包括社会投资项目可以申请的政府投资专项名称、适用范围、支持对象、分配方法、申报程序、审批规则等具体内容，并提升服务水平，及时回复政策咨询意见。要认真总结和推广好的经验和做法，及时发现并研究解决政策推进过程中出现的问题，以建档立卡信息为基础，建立信息反馈系统，加强信息统计和分析，及时向国家林业局、国务院扶贫办、财政部反馈信息。

国家林业局

财 政 部

国务院扶贫办

国家开发银行

2015 年 11 月 24 日

工业和信息化部关于进一步促进产业集群发展的指导意见

工信部企业〔2015〕236号

各省、自治区、直辖市及计划单列市、新疆生产建设兵团中小企业主管部门:

产业集群是中小企业发展的重要组织形式和载体,对推动企业专业化分工协作、有效配置生产要素、降低创新创业成本、节约社会资源、促进区域经济社会发展都具有重要意义。经过多年的发展,我国产业集群已逐步发展壮大,一些地区产业集群销售收入已达到本地企业销售收入一半以上,产业集群对区域经济的支撑作用日益明显。但目前产业集群发展总体水平还不高,部分产业集群集聚度较低,创新能力弱、信息化水平低、品牌建设不够、公共服务滞后、基础设施不配套,亟待转型升级,提升发展能力。按照国务院促进中小企业发展和《中国制造2025》的要求,现就推动产业集群转型升级,进一步促进产业集群发展,提出以下意见。

一、加强规划引导,促进产业集群科学发展

(一)按照布局合理、产业协同、资源节约、生态环保的原则,对产业集群进行规划布局和功能定位。产业集群发展规划要纳入本地区发展规划,与城乡规划、土地利用总体规划等有机衔接。

(二)鼓励支持在产业集群中建设中小企业产业(工业)园区、小型微型企业创业创新基地、创客空间等中小企业创业创新集聚区,鼓励有条件的产业集群建设多层标准厂房,高效开发利用土地。

(三)加强产业集群基础设施保障,推进产业集群生态文明建设。完善产业集群能源供应、给排水、排污综合治理等基础设施,推广节能减排共性技术,鼓励企业参与节能减排投融资、合同能源管理、开展清洁生产审核,推动建立集群内废旧物回收处理、再制造工程咨询等第三方环境治理方式,加强节能管理和"三废"有效治理,推动绿色低碳循环发展。

二、提升龙头骨干企业带动作用,强化专业化协作和配套能力

(四)发挥龙头骨干企业的示范带动效应。每个产业集群应明确2~3家龙头骨干企业,并对其重点扶持。鼓励龙头骨干企业将配套中小企业纳入共同的供应链管理、质量管理、标准管理、合作研发管理等,提升专业化协作和配套能力。支持龙头骨干企业建立开放性研发平台向中小配套企业开放,推动协同制造和协同创新。

(五)鼓励和引导中小企业与龙头骨干企业开展多种形式的经济技术合作,建立稳定的供应、生产、销售等协作、配套关系,提高专业化协作水平,完善产业链,打造创新链,提升价值链,推动中小企业"专精特新"发展,培育和发展一批成长性好的企业。

三、加强区域品牌建设,推动要素聚集和价值提升

(六)组织开展区域品牌建设工作,发挥行业协会、技术机构、龙头骨干企业和中小企业作用,联合打造区域品牌。鼓励产业集群制定区域品牌发展规划,开展区域品牌策划与设计,申报注册国家地理标志、集体商标、原产地、证明标志等集体品牌,保护区域品牌知识产权,深化区域品牌内涵。建立健全区域品牌评价制度,加强区域品牌信誉和风险管理,确保区域品牌健康发展。

(七)支持建设产业集群展览展示平台、电子商务平台等公共营销渠道,推动线上电子商务与线下专业市场融合发展。支持开展区域品牌宣传推广,鼓励有条件的产业集群发展工业旅游和产业旅游,引导企业参与宣传区域品牌,共同扩大区域品牌和企业品牌的社会影响。

四、提高产业集群信息化水平,建设智慧集群

(八)加强产业集群光纤宽带网络和移动通信网络建设,深化移动互联网、云计算、大数据、

物联网等新一代信息技术在产业集群中的应用。加快信息技术改造传统产业，支持对企业设计、制造、管理、销售、服务等关键环节的信息化应用能力提升，发展网络制造等新型生产方式，开展网络实时诊断、流程优化再造、云服务等新型服务。

(九)实施互联网+产业集群建设行动，建设“智慧集群”。选择一批管理规范、产业集聚度高、创新能力强、信息化基础好、引导带动作用大的重点产业集群，开展百家“智慧集群”建设和认定工作，总结推广“智慧集群”发展经验。

五、提升创新能力，增强集群竞争优势

(十)鼓励和支持产业集群与高校、科研机构建立产学研用协同创新网络，采取多种形式建立产业集群研发中心、设计中心和工程技术中心等。培育建设一批产业、产品协同研发平台，推动产业集群共性技术研发和推广应用，引导创新资源向集群集聚。鼓励和引导企业间联合组建产业联盟或研发联盟等新型合作模式，强化产业链整合和供应链管理。

(十一)引导企业采用国内外先进技术标准，推进可靠性管理体系建设，强化工艺、质量、节能、环保、卫生等标准化管理。推进产品国际标准认证，支持企业参与行业、国家和国际标准制订和修订。

(十二)建立产业集群知识产权服务机制，保护技术创新成果及知识产权。鼓励建立产业集群知识产权联盟，解决共性问题，推动知识产权共享，增强中小企业的知识产权创造、运用、管理和保护能力。

六、提升公共服务能力，支撑产业集群转型升级

(十三)支持产业集群公共服务平台建设，发挥中小企业公共服务平台网络的作用，集聚优质服务资源，采取政府购买服务、无偿资助、业务奖励等形式，鼓励各类服务机构提供服务，扩大公共服务的覆盖面和受益面。加速先进制造技术的推广应用，支持新产品认证服务，增强产品检测服务能力。支持科研院所、高校向产业集群开放重大科研基础设施和大型科研仪器。建立创业创新项目库，提供技术应用、融资支持、商务和政务代理等服务。加快建立社会化、专业化现代物流服务网络。

(十四)建立健全产业集群多层次、多类别的人才培养机制，鼓励利用社会培训资源开展产业集群人力资源培训。加强产业集群内企业科技创新人才、高技能人才培养。加大集群内“专精特新”企业经营管理人员培训，将其纳入企业经营管理人员素质提升工程。引进国内外职业培训机构，提升职业教育水平。支持集群内企业员工参与国内外职业技能比赛。

(十五)支持发展行业协会和产业联盟，引导和推动产业集群依法组建行业协会、商会。充分发挥行业协会行业自律、教育培训和品牌营销作用，开展行业标准制定、商业模式推介等示范活动。支持行业协会或联盟成员间实行集约化采购、共有品牌等多种合作共享模式，打造利益共同体。

七、加强指导和政策支持，优化产业集群发展环境

(十六)各地要把提升产业集群发展能力、促进产业集群转型升级作为推动中小企业发展的重要工作内容。建立和完善促进产业集群发展工作协调机制，切实加强对产业集群发展的管理、指导和服务。要根据实际制定和完善本地产业集群发展规划，加强规划引导。

(十七)建立产业集群运行监测制度，鼓励有条件的地区和行业研究发布产业集群指数，加强预警和引导。建立产业集群评价机制，完善评价考核和分类指导。

(十八)各级企业技术改造或转型升级专项资金、中小企业发展专项资金、基金及服务体系建设资金，对产业集群龙头骨干企业转型升级、公共服务平台建设、智慧集群建设、集群企业或机构在产业链各环节的合作创新、产业集群发展规划制定等优先给予资金支持。符合条件的国家中小企业公共服务示范平台中的技术类服务平台，对其在合理数量范围内进口国内不能生产或者国内产品性能尚不能满足需要的科技开发用品，免征进口关税和进口环节增值税、消费税。

(十九)落实支持中小企业发展的金融政策，重点加强和改善产业集群中小企业金融服务。积极引导银行业金融机构创新金融产品和金融服务，以及知识产权质押、股权质押、仓单质押、商业信用保险保单等多种融资方式。建立和完善集群企业信用体系，推动信用信息共享。鼓励金融机构、投资机构、中小企业信用担保机构与产业集群建立项目对接，搭建合作平台。

（二十）推动产业集群合作交流。以培训、研讨、展览、项目对接等方式为媒介，促进人才、技术、资本、服务、信息等创新要素的流动和共享。建立产业集群国际合作交流机制，鼓励有条件的产业集群“走出去”，加强国际合作。

工业和信息化部

2015 年 7 月 10 日

中国林业产业综述与行业篇

OVERVIEW OF CHINA'S FOREST INDUSTRY

2015 年全国林业统计年报数据及分析报告

【概 述】 2015 年是“十二五”收官和为“十三五”打基础的重要之年。全国林业系统认真贯彻落实习近平总书记系列重要讲话精神和党中央、国务院的决策部署，全力推进林业改革发展，国土绿化任务顺利完成，森林质量进一步提升，野生动植保护力度不断强化，国家投资与金融资本助推林业发展，林业产业保持中高速增长，林业在岗职工收入快速增长，森林火灾和安全生产事故大幅减少，各项林业事业都取得明显成效，为建设生态文明、推动经济社会发展作出了积极贡献。

【国土绿化与重点工程】

国土绿化 2015 年国土绿化任务全面完成，全国共完成造林面积 768.20 万公顷，其中人工造林 436.18 万公顷，飞播造林 12.84 万公顷，新封山育林 215.29 万公顷，退化林修复 73.93 万公顷，人工更新 29.96 万公顷。人工造林、飞播造林、新封山育林分别比 2014 年增长 7.6%、17.1% 和 16.1%。

国家林业重点工程建设 2015 年国家林业重点生态工程建设扎实推进，全年完成造林面积 284.05 万公顷，占全部造林面积的 37.0%，其中人工造林 158.43 万公顷、飞播造林 10.74 万公顷、新封山育林 102.57 万公顷、退化林修复 12.31 万公顷。天保工程、退耕还林工程、京津风沙源治理工程和三北及长江流域等重点防护林体系工程分别为 64.48 万公顷、63.60 万公顷、22.33 万公顷和 133.64 万公顷，占全部造林面积的比重分别为 8.4%、8.3%、2.9% 和 17.4%。

2015 年，东北、内蒙古重点国有林区全面停止了天然林商业性采伐，天保工程区木材产量进一步调减，比 2014 年减少 10.6%，为 608.62 万立方米，占全国木材总产量的 8.4%。森林管护面积为 11427 万公顷。天保工程区项目实施单位年末人数为 77.89 万人，其中在岗职工 54.45 万人。

2014 年国家启动了新一轮退耕还林工程，2014 年和 2015 年共下达退耕还林任务 100 万公顷。2015 年完成造林面积 63.60 万公顷，其中退耕地造林 44.63 万公顷，荒山荒地造林 18.94 万公顷，新封山育林 333 公顷。新一轮退耕还林任务重点向西部地区倾斜，西部 12 个省区(含新疆兵团)共完成退耕地造林 40.76 万公顷，占全部退耕地造林的 91.3%。

【造林质量和森林质量】 2015 年，在保证造林规模的同时，更加注重造林质量的提升，增加混交林、乡土树种、珍贵树种的造林比重，全面提升造林成林后抗灾害能力和防护功能以及生态服务功能。

造林质量 人工造林面积中新造混交林 114.58 万公顷，占全部人工造林面积的 26.3%。按林种主导功能分，人工造林面积中防护林 205.61 万公顷，占全部人工造林面积的 47.1%，经济林 130.01 万公顷，占全部人工造林面积的 29.8%，用材林 94.95 万公顷，占全部人工造林面积的 21.8%。

森林质量 全国共完成森林抚育面积 781.26 万公顷，退化林修复面积 73.93 万公顷，其中低效林改造 68.48 万公顷，退化防护林修复面积 5.45 万公顷。2015 年在三北工程 9 个省(区)启动开展退化林分改造试点工作，共安排退化林分改造任务 5 万公顷。同时，按照国务院批复的《河北张家口坝上地区退化林分改造试点实施方案》，河北张家口坝上地区退化最严重的 1.67 万公顷防护林全部完成改造。

林木种苗 全年林木种子采收量和苗木产量分别为 2.64 万吨和 671.34 亿株，育苗面积 136.70 万公顷，其中国有育苗面积 8.13 万公顷。林木种苗抽检合格率稳定在 90% 以上，林木良种使用率达 60.8%。

【野生动植保护和湿地建设】 2015 年，林业系统自然保护区达到2229处，总面积1.24亿公顷，占全国国土面积的12.9%。国家级林业自然保护区总数达346个，面积达到8108.45万公顷，国家级自然保护区面积占林业系统自然保护区总面积的65%。

野生植物就地保护小区1423个，总面积353万公顷。野生植物种源培育基地1051个。野生动物种源繁育基地6994个，其中商业性野生动物驯养繁殖单位6801个。野生动物观赏展演单位457个。野生动植物保护管理站2832个，野生动植物科研及监测机构638个，野生动物疫源疫病监测站1385个，鸟类环志中心（站）110个。全国从事野生动植物及自然保护区建设的人员达5.23万人，其中各类专业技术人员1.75万人。

2015年，新增国际重要湿地3处，国际重要湿地达到49处，面积411.24万公顷。新建国家湿地公园试点137处，新增湿地保护面积30万公顷，恢复退化湿地2万公顷，退耕还湿0.77万公顷。

【国家投资与金融资本】 2015年，实际到位各类林业建设资金4257亿元，与2014年基本持平。按来源分，国家预算资金1911亿元，占资金总量的44.9%，国内贷款（主要为林业贴息贷款）、利用外资、自筹资金和其他资金为375亿元、23亿元、1629亿元和319亿元，分别占资金总量的8.8%、0.5%、38.3%和7.5%。

全部林业投资完成额达到4290亿元，与2014年基本持平，其中国家投资完成1630亿元，占全部林业投资完成额的38.0%。按建设内容分，用于生态建设与保护方面的投资为2017亿元，用于林木种苗、森林防火、有害生物防治等林业支撑与保障方面的投资为227亿元，用于林业产业发展方面的资金为1565亿元，用于棚户区改造等林业社会性基础设施建设资金103亿元；用于林业公共管理等其他资金378亿元。

2015年，林业棚户区（危旧房）改造任务加快实施，森林防火应急道路、饮水、供电、管护站点等林区基础设施建设加快推进。全年安排棚户区（危旧房）改造任务7.7万户、投资11.7亿元。累计安排林业棚户区（危旧房）改造任务166.6万户，累计安排中央投资397亿元，竣工入住近150万户，惠及林区职工群众500万人。

中央林业投入 2015年，中央财政提高国家级公益林和天然林资源保护工程补助标准，扩大全面停止天然林商业性采伐补助范围，加大新一轮退耕还林投入力度，支持林业发展的政策措施不断完善，中央林业投入达1074.5亿元，与2014年同口径相比增加73.7亿元。

林业金融创新 2015年国家林业局与国家开发银行签订战略合作协议，首个国家储备林基地项目贷款100亿元在广西落地，成为中国造林史上贷款规模最大、期限最长、利率最优惠的项目。相继印发了《国家储备林制度方案》《关于做好国家储备林建设工作的通知》。森林保险范围扩大到29个省（区），中国成为全球政策性森林保险第一大市场，2015年全国森林保险投保面积达1.5亿公顷、保险金额超过1万亿元。与中国银监会联合出台了《关于林权抵押贷款的实施意见》，林权抵押贷款余额837亿元。

林业利用外资 2015年，国际引资竞争日趋激烈，中国林业利用外资大幅减少，利用外资项目个数为174个，比2014年减少45个。实际利用外资规模3.8亿美元，比2014年减少63.4%，其中国外借款0.8亿美元，外商直接投资2.7亿美元，无偿援助0.3亿美元。林业实际利用外资金额占全国实际使用外资（FDI）金额（1263亿美元）的0.3%。

【林业产业发展】 2015年，中国林业产业保持中高速增长，但受经济转型升级和产业结构调整影响，林业制造业增速放缓，森林旅游为主的林业第三产业成为林业经济增长的新亮点。

林业产业总产值 2015年林业产业总产值达到5.94万亿元（按现价计算），比2014年增长9.86%，自2010年以来，林业产业总产值的平均增速达到21.1%。

分地区看，东部地区林业产业总产值为28122亿元，中部地区林业产业总产值为13555亿元，西部地区林业产业总产值为12950亿元，东北地区林业产业总产值为4736亿元。中、西部地区林业产业增长速度最快，增速都超过15%。东部地区林业产业总产值所占比重最大，占全部林业产业总产值的47.4%。受国有林区天然林商业采伐全面停止和森工企业转型影响，东北地区林业产业总产值出现负增长。林业产业总产值超过3000亿元的省份共有8个，分别是广东、山东、广西、福建、江苏、浙江、湖南和江西。

分产业看，第一产业产值20207亿元，占全部林业产业总产值的34.0%，同比增长8.9%；第二产业产值29893亿元，占全部林业产业总产值的50.4%，同比增长6.4%；第三产业产值9262亿元，占全部林业产业总产值的15.6%，同比增长25.4%。林业三次产业的产值结构已由2010年的39∶52∶9，调整为2015年的34∶50∶16，以林业旅游与休闲为主的林业服务业所占比重逐年增大，产业结构逐步优化。

2015年，超过万亿元的林业支柱产业分别是经济林产品种植与采集业和木材加工及木竹制品制造业，产值分别达到11949亿元和11495亿元。林业旅游与休闲服务业产值为6759亿元，有望成为第三个产值突破万亿元的支柱产业，全年林业旅游和休闲的人数达到23亿人次。

木材生产及林产工业 ①木材产量。2015年，全国商品材总产量为7218万立方米，比2014年减少12.3%，其中东北、内蒙古国有林区木材产量比2014年减少209万立方米。此外，全国农民自用材采伐量733万立方米，农民烧材采伐量2228万立方米。

②竹材产量。2015年，大径竹产量为23.5亿根，比2014年增长5.9%，其中毛竹13.6亿根，其他直径在5厘米以上的大径竹9.9亿根。竹产业产值达1923亿元。

③锯材与木片、木粒加工产品产量。2015年，锯材产量为7430万立方米，比2014年增长8.7%。木片、木粒加工产品4286万实积立方米，与2014年基本持平。

④人造板产量。2015年，全国人造板总产量为28680万立方米，比2014年增长4.8%。其中胶合板16546万立方米，纤维板6619万立方米，刨花板产量2030万立方米，其他人造板3485万立方米(细木工板占60%)。

⑤木竹地板产量。2015年木竹地板产量为7.7亿平方米，与2014年基本持平。其中实木地板1.3亿平方米，实木复合地板2.4亿平方米，强化木地板(浸渍纸层压木质地板)2.9亿平方米，竹地板1.0亿平方米。

⑥林产化工产品产量。2015年，全国松香类产品产量174.3万吨，比2014年增长2.5%。松节油类产品产量26.3万吨，樟脑产量1.3万吨，冰片产量2002吨，栲胶类产品产量7584吨，紫胶类产品产量3344吨。木竹热解产品产量163万吨。

经济林、花卉产业 2015年，全国各类经济林产品产量稳定增长，达到1.74亿吨，比2014年增长9.5%。从产品类别看，水果产量为1.46亿吨，干果产量为1044万吨，茶等林产饮料产品的产量为216万吨，林产调料产品的产量为67万吨，竹笋干、食用菌等森林食品产量为423万吨，杜仲、枸杞等木本药材的产量为245万吨，木本油料产量为560万吨，松脂、油桐等林产工业原料产量188万吨。

2015年，花卉种植面积129万公顷，花卉苗木产业产值达到2106亿元。观赏苗木100亿株，切花切叶184亿支，盆栽植物41亿盆，草坪4.0亿平方米。花卉市场4318个，花卉企业5.3万家。花卉产业从业人员506万人，花农135万户。

林业主要产品销售价格 2015年，木材综合平均价格为每立方米815元，大径竹综合平均价格为每根9元，均与2014年基本持平。胶合板综合平均价格为每立方米1919元，比2014年提高14.3%；木地板综合平均价格为每平方米157元，中密度纤维板综合平均价格为每立方米1484元，分别比2014年降低17.8%和7.7%；锯材综合平均价格为每立方米1371元，木片综合平均价格为每实积立方米801元，刨花板综合平均价格为每立方米1305元，与2014年变化不大。松香和栲胶综合平均价格分别比2014年提高29.2%和5.8%，为每吨11540元和11972元，紫胶综合平均价格为每吨30738元，比2014年降低11.1%。

【林业系统在岗职工】 2015年林业系统年末人数共计148.5万人，比2014年减少4.2%。其中，在岗职工115.8万人，离开本单位仍保留劳动关系人员28.0万人，其他从业人员4.7万人。林业系统在岗职工按学历结构分，中专及中专以下学历人员所占比重最大，为67.69万人，占全部在岗职工的56.6%；按年龄结构分，41至50岁职工为49.5万人，占全部在岗职工的42.7%，51岁以上职工为22.8万人，占全部在岗职工的19.7%；在岗职工中专业技术人员为30.7万人，占全部在岗职工的26.6%。

林业系统在岗职工年平均工资达到41645元，比2014年增长20.6%。

分地区看，东部地区林业系统在岗职工年平均工资最高，达到57594元；中部地区林业系统在岗职工年平均工资40602元，连续多年增速最快，达到23.9%；西部地区林业系统在岗职工年平均工资为46037元；东北地区林业系统在岗职工年平均工资最低，为32193元。分行业看，林业工程技术与规划管理业、林业公共管理业、林业科技交流推广服务业和野生动植物保护与自然保护区管理业年平均工资最高，都超过5万元；花卉及其他观赏植物种植业年平均工资最低，为30632元。

【森林火灾和林业安全生产情况】 2015年，森林火灾等灾害防控工作扎实开展，全年没有发生特大森林火灾，H5N1高致病性禽流感、大熊猫犬瘟热等突发野生动物疫情得到妥善处理，林业生产安全事故大幅减少。

林业灾害发生情况 全年共发生森林火灾2936起，受害森林面积1.3万公顷，人员伤亡26人，分别比2014年减少20.7%、32.3%和76.8%。林业有害生物发生面积1200.5万公顷，除治面积813.8万公顷。

林业安全生产情况 2015年，林业生产事故大幅减少，其中轻伤、重伤和死亡分别为327人次、16人次和32人，分别比2014年减少45.2%、61.0%和27.3%。

【主要林产品进出口贸易】 2015年，受国内国际林产品需求低迷影响，林产品进出口贸易整体表现疲弱。根据海关统计数据汇总分析，全国林产品进出口贸易额为1384.8亿美元，比2014年减少1.1%。其中，出口额747.6亿美元，比2014年增长3.5%；进口额637.2亿美元，比2014年减少6.0%。

主要林产品进口情况 2015年原木进口量4456.9万立方米，金额80.6亿美元，分别比2014年减少12.9%和31.6%；锯材进口量2660.0万立方米，金额75.1亿美元，分别比2014年增长3.3%和减少7.1%；纸、纸板及纸制品进口量298.6万吨，金额40.5亿美元，分别比2014年增长1.4%和减少6.2%；纸浆进口量1984.0万吨，金额127.6亿美元，分别比2014年增长10.4%和5.7%；木家具进口量1019.2万件，金额8.8亿美元，分别比2014年增长3.7%和减少0.5%；木片进口量983.0万吨，金额16.9亿美元，分别比2014年增长11.0%和9.9%。

主要林产品出口情况 2015年木家具出口量3.3亿件，金额228.5亿美元，分别比2014年增长3.5%和3.5%；纸、纸板及纸制品出口量743.0万吨，金额150.3亿美元，分别比2014年减少3.0%和增长5.4%；木制品出口额59.8亿美元，比2014年增长8.7%；胶合板出口量1076.7万立方米，金额54.9亿美元，分别比2014年减少7.8%和5.6%；纤维板出口量228.0万吨，金额14.3亿美元，分别比2014年减少10.8%和12.6%；锯材出口量28.8万立方米，金额2.1亿美元，分别比2014年减少29.5%和30.6%。

（国家林业局发展规划与资金管理司）

【2015 年全国林业产业统计表】

表 1　2015 各地区林业

(按现行

地　区	总　计	第　一					
		合　计	涉　林				
			合　计	其中：湿地产业	林木育种和育苗		
					小　计	林木育种	林木育苗
全国合计	**593627135**	**202073172**	**191643469**	**1171620**	**17113534**	**1290428**	**15823106**
北　京	1422701	974350	973658	1514	48388	2685	45703
天　津	244159	223828	223828	—	5152	265	4887
河　北	14745594	7202539	7171139	—	481940	20557	461383
山　西	4527466	3418049	3402999	—	703340	18708	684632
内蒙古	4177852	1973569	1791966	3881	336931	23354	313577
内蒙古集团	1100767	360862	350510	—	4561	42	4519
辽　宁	16645910	9176981	9008395	27978	648310	121703	526607
吉　林	15500553	3998506	3659856	2432	267061	13158	253903
吉林集团	1524667	292207	277302	—	8930	1121	7809
长白山集团	700589	268012	249749	—	13029	190	12839
黑龙江	14385038	5660970	3955321	892	209127	13483	195644
龙江集团	5013894	1948797	914735	—	11877	3069	8808
上　海	3917852	438955	438955	—	44785	—	44785
江　苏	40843282	10120883	9810954	246863	1528487	216855	1311632
浙　江	37634580	8408883	8389762	1700	1789844	730	1789114
安　徽	28318418	8645971	8385991	117240	1042873	97572	945301
福　建	42773410	7490312	7479212	1100	82165	14357	67808
江　西	30630245	9801482	9298296	21545	698357	36413	661944
山　东	63442512	23021100	22242285	116145	4481386	19347	4462039
河　南	16581934	8206210	7787396	57139	543631	86789	456842
湖　北	23241429	8462121	8019141	27565	495903	78225	417678
湖　南	32254551	10861200	9982695	376881	893208	242992	650216
广　东	71502750	8253893	8131717	6266	92033	8600	83433
广　西	43098962	14747466	12050615	2468	259776	28193	231583
海　南	4691584	2968452	2966866	—	13399	1660	11739
重　庆	6621930	3143447	3041827	5308	285071	81426	203645
四　川	26643488	10078638	9313038	9221	329581	55462	274119
贵　州	8102745	3446566	3383472	27073	237965	18102	219863
云　南	15044874	9714533	9370601	112223	196290	14432	181858
西　藏	264669	233003	233003	—	21641	1277	20364
陕　西	10143985	7892891	7843412	3523	569428	63928	505500
甘　肃	3857148	3361899	3296851	2333	174369	4109	170260
青　海	511686	503389	503389	210	10141	650	9491
宁　夏	1544316	914552	914552	120	182617	784	181833
新　疆	9485483	8333883	8313603	—	433945	4612	429333
新疆兵团	3225558	3182254	3167023	—	48124	3	48121
大兴安岭	826029	394651	258674	—	6390	—	6390

产业总产值(一)

价格计算)

单位:万元

产　业

产　业

营造林	木材和竹材采运			经济林产品的种植与采集		
	小计	木材采运	竹材采运	小计	水果种植	坚果、含油果和香料作物种植
18470086	**9998305**	**7297348**	**2700957**	**119488112**	**59377741**	**20202817**
382155	9456	9456	—	433503	383658	49545
43916	12046	12046	—	132420	128741	3679
506110	64429	64429	—	5484684	3977242	1215754
725963	7401	7401	—	1914875	1322009	517563
785493	103373	103373	—	445247	202935	43023
174764	63322	63322	—	44656	621	—
492956	147869	147869	—	5898595	2651823	1040674
163057	369795	369795	—	2231914	303681	103007
25429	87727	87727	—	121795	699	6974
24988	98012	98012	—	84252	199	12796
232452	112197	112197	—	3109628	146594	62573
130505	2261	2261	—	758346	1436	1182
57189	2831	1446	1385	292393	289898	—
1770966	296632	281292	15340	3997527	2791764	118385
341120	405859	135162	270697	5152599	2107956	298096
1253404	756155	511937	244218	4330832	1441115	417348
300242	1427657	786197	641460	4486532	1789972	170056
1062006	749919	418955	330964	4942124	2248953	649974
949952	410866	331991	78875	12615001	9994499	1820754
700007	257786	253040	4746	4378725	2180582	650382
835882	236863	179518	57345	5444486	2321804	375349
1645214	554108	450123	103985	5067988	2003765	1122453
371770	783324	559376	223948	4738769	3112159	194741
1294231	1822115	1514644	307471	7102930	4102436	508685
166857	65086	60770	4316	2308446	1068098	732507
443547	100294	63273	37021	1800665	1220075	146999
652032	494984	237191	257793	6386538	2568227	1491610
645923	185035	169767	15268	1920171	680480	208631
510831	526331	424250	102081	7439801	1689312	1704187
140336	36335	36263	72	34691	13693	14600
627055	36581	32693	3888	6393829	4020636	1463868
284810	3497	3413	84	2798215	1887941	631000
62854	1731	1731	—	428253	2753	2797
118823	166	166	—	596340	240610	26666
791157	17584	17584	—	7059711	2484330	4412275
449195	5177	5177	—	2659388	986443	1632586
111776	—	—	—	120680	—	5636

表1　2015 各地区林业

(按现行

地　区	第　一　产　业						
	涉　林　产　业						林业系统非林产业
	经济林产品的种植与采集				花卉及其他观赏植物种植	陆生野生动物繁育与利用	
	茶及其他饮料作物的种植	森林药材种植	森林食品种植	林产品采集			
全国合计	**10986200**	**8391408**	**10877365**	**9652581**	**21062653**	**5510779**	**10429703**
北　京	—	—	300	—	90777	9379	692
天　津	—	—	—	—	30114	180	—
河　北	300	143219	79746	68423	412912	221064	31400
山　西	—	57642	14006	3655	44498	6922	15050
内蒙古	1588	73490	50593	73618	23335	97587	181603
内蒙古集团	—	1341	9408	33286	—	63207	10352
辽　宁	108000	643798	1138259	316041	794942	1025723	168586
吉　林	6770	1235730	487815	94911	143578	484451	338650
吉林集团	—	54660	42350	17112	509	32912	14905
长白山集团	—	3064	57635	10558	80	29388	18263
黑龙江	2704	261719	2365156	270882	48014	243903	1705649
龙江集团	—	89051	508098	158579	48	11698	1034062
上　海	—	—	1508	987	41757	—	—
江　苏	292854	236923	131373	426228	2155649	61693	309929
浙　江	1154252	318185	1158730	115380	450332	250008	19121
安　徽	1323481	372459	444170	332259	860109	142618	259980
福　建	1257325	130809	571293	567077	1143134	39482	11100
江　西	584288	208850	469874	780185	1735833	110057	503186
山　东	572376	71034	126798	29540	2636372	1148708	778815
河　南	566880	412625	307854	260402	1688554	218693	418814
湖　北	1065947	369238	1081732	230416	903960	102047	442980
湖　南	686443	483707	290852	480768	1614930	207247	878505
广　东	257652	143644	319466	711107	2052437	93384	122176
广　西	401841	438033	403170	1248765	1104550	467013	2696851
海　南	7358	29839	5912	464732	355591	57487	1586
重　庆	139390	111544	81833	100824	385534	26716	101620
四　川	765566	319919	688526	552690	1179864	270039	765600
贵　州	606546	186121	60736	177657	350740	43638	63094
云　南	753715	841943	311540	2139104	614134	83214	343932
西　藏	—	3198	3200	—	—	—	—
陕　西	408366	175976	201173	123810	157049	59470	49479
甘　肃	18720	233909	11585	15060	17891	18069	65048
青　海	3043	417650	410	1600	62	348	—
宁　夏	795	306829	80	21360	15965	641	—
新　疆	—	154038	—	9068	9892	1314	20280
新疆兵团	—	40268	—	91	4482	657	15231
大兴安岭	—	9337	69675	36032	144	19684	135977

产业总产值(二)

价格计算)

单位:万元

第二产业							
合计	涉林产业						
	合计	其中:湿地产业	木材加工和木、竹、藤、棕、苇制品制造				
			小计	木材加工	人造板制造	木制品制造	竹、藤、棕、苇制品制造
298933386	**290962871**	**1814412**	**114953014**	**21979059**	**60334140**	**24575620**	**8064195**
31849	29730	—	29730	—	29730	—	—
4020	4020	—	—	—	—	—	—
6653099	6652147	—	3390905	191915	2966836	224285	7869
728487	723223	—	106191	45249	52449	8493	—
1193769	1047643	—	897903	819916	57274	20438	275
175157	30228	—	5288	5288	—	—	—
5008434	4929704	—	2649399	860945	817516	956295	14643
9385959	8636587	56534	2904941	814323	988170	1100451	1997
597494	423763	—	343987	9455	210824	123708	—
194847	89500	—	82672	7285	34243	41144	—
6163879	4727164	2085	2683681	1024593	803640	853177	2271
1498675	445401	—	261474	80870	29485	151119	—
3273133	3273133	—	531322	39067	11433	477043	3779
26102647	24783011	12360	16173265	2823021	11351239	1605325	393680
23328351	23320491	224434	6436301	608071	1433897	3319533	1074800
13990644	13625230	103820	9110680	1384332	5209825	1394892	1121631
33468199	33361298	41000	12051806	1297021	2888811	5346239	2519735
14608584	14002101	1951	4199919	563760	1200659	2072769	362731
35866355	35169107	6160	19106350	3593607	14124844	1092526	295373
6453239	6426025	19968	3162583	581023	2195781	318116	67663
8887066	8729629	26135	2654891	338296	1230556	803050	282989
11702922	10920081	338911	3892117	929185	1070392	1077404	815136
48281531	48150655	2590	7256123	1041797	4343380	1496630	374316
24020202	23155733	863794	12374882	3616135	6941429	1454226	363092
1448391	1447841	—	129409	77441	46374	4459	1135
2041567	1973980	400	606517	183123	224167	125781	73446
8751859	8551863	36444	2576509	507016	1496392	374796	198305
1098703	1069506	46376	501687	196757	121767	125920	57243
3981608	3891230	29600	1119488	352640	490896	258576	17376
7466	7466	—	7466	7466	—	—	—
1177381	1147414	—	350593	67856	216316	52609	13812
192258	182092	1750	8465	4452	2037	1078	898
—	—	—	—	—	—	—	—
366083	366083	100	275	275	—	—	—
594297	590007	—	25850	7341	18109	400	—
11884	11884	—	299	299	—	—	—
121404	68677	—	13766	2436	221	11109	—

表 1　2015 各地区林业

(按现行

地区	第　二					
	涉　林					
	木、竹、藤家具制造	木、竹、苇浆造纸和纸制品				林产化学产品制造
		小计	木、竹、苇浆制造	造纸	纸制品制造	
全国合计	**50417257**	**54521790**	**7171751**	**27622376**	**19727663**	**6040052**
北　京	—	—	—	—	—	—
天　津	4020	—	—	—	—	—
河　北	533699	30899	1603	25316	3980	37530
山　西	28001	14064	3100	600	10364	150
内蒙古	15979	25129	479	—	24650	—
内蒙古集团	—	24650	—	—	24650	—
辽　宁	633668	33300	31400	1900	—	23015
吉　林	486264	535189	97485	262850	174854	14276
吉林集团	7088	—	—	—	—	9367
长白山集团	2952	—	—	—	—	1552
黑龙江	585416	398198	30592	300991	66615	6950
龙江集团	68119	607	410	77	120	4720
上　海	1413578	955176	415575	539601	—	54675
江　苏	1352461	4105595	244857	2341254	1519484	242023
浙　江	3864676	8590360	669764	4594389	3326207	174397
安　徽	1182642	432135	155989	208570	67576	146861
福　建	4313692	6886761	1317787	2781257	2787717	915560
江　西	7308086	331956	26595	277836	27525	619914
山　东	3173900	4993603	1226846	3388622	378135	103290
河　南	867821	847618	506495	219556	121567	17533
湖　北	997798	2045647	483344	1359614	202689	59534
湖　南	1341367	2007763	343691	1480065	184007	203458
广　东	16245857	17487862	684504	7203341	9600017	903930
广　西	1728126	2468834	160622	1240743	1067469	1967152
海　南	43066	810493	500	809993	—	15910
重　庆	532305	302087	182151	114078	5858	13541
四　川	3178844	989740	471255	402601	115884	54526
贵　州	114462	78963	38593	30401	9969	41995
云　南	384248	119229	78524	37522	3183	410643
西　藏	—	—	—	—	—	—
陕　西	76797	29069	—	1276	27793	335
甘　肃	8023	—	—	—	—	2300
青　海	—	—	—	—	—	—
宁　夏	—	110	—	—	110	—
新　疆	1285	2010	—	—	2010	—
新疆兵团	85	—	—	—	—	—
大兴安岭	1176	—	—	—	—	10554

产业总产值(三)

价格计算)

单位:万元

产 业

产 业

木质工艺品和木质文教体育用品制造	非木质林产品加工制造业					林业系统非林产业
	小计	木本油料、果蔬、茶饮料等加工制造	野生动物食品与毛皮革等加工制造	森林药材加工制造	其他	
5885991	**47810474**	**34827520**	**2808256**	**10174698**	**11334293**	**7970515**
—	—	—	—	—	—	2119
—	—	—	—	—	—	—
12949	2478269	1711011	42019	725239	167896	952
422	563379	556105	1319	5955	11016	5264
65	53524	37316	16208	—	55043	146126
—	—	—	—	—	290	144929
55734	1361180	507049	487553	366578	173408	78730
58258	4522212	861194	125549	3535469	115447	749372
—	46258	37874	1287	7097	17063	173731
—	160	160	—	—	2164	105347
48572	627615	441914	68393	117308	376732	1436715
8510	33778	7897	—	25881	68193	1053274
12660	305722	163831	46519	95372	—	—
224134	2320072	956681	375955	987436	365461	1319636
1878058	2266061	1793705	172517	299839	110638	7860
490530	1995454	1682295	42899	270260	266928	365414
1286721	6339521	5714443	156296	468782	1567237	106901
172792	1227239	1193666	2200	31373	142195	606483
327272	6929034	6751426	10781	166827	535658	697248
101664	1263469	809935	12448	441086	165337	27214
153561	2577825	2086003	43354	448468	240373	157437
211303	2514470	2172913	102031	239526	749603	782841
250370	3332641	1853293	745229	734119	2673872	130876
259879	1999026	1025220	273477	700329	2357834	864469
86768	361449	361449	—	—	746	550
75032	237954	171024	14636	52294	206544	67587
120345	1183432	1046066	27836	109530	448467	199996
15177	250773	221227	2978	26568	66449	29197
41995	1510933	1408805	511	101617	304694	90378
—	—	—	—	—	—	—
1482	566119	483551	16270	66298	123019	29967
248	157205	149013	—	8192	5851	10166
—	—	—	—	—	—	—
—	364862	173555	20910	170397	836	—
—	458473	453156	—	5317	102389	4290
—	11000	11000	—	—	500	—
—	42561	41674	368	519	620	52727

表 1　2015 各地区林业

(按现行

地　区	第　三					
	合计	涉　林				
		合计	其中：湿地产业	林业生产服务	林业旅游与休闲服务	林业生态服务
全国合计	**92620577**	**84483207**	**2007720**	**3626609**	**67589463**	**6153179**
北　京	416502	376850	7100	81029	253154	22465
天　津	16311	16311	—	—	16311	—
河　北	889956	826419	—	69210	628577	40143
山　西	380930	352567	4852	37782	95874	122337
内蒙古	1010514	526168	5200	57654	313431	39205
内蒙古集团	564748	92615	—	—	79800	—
辽　宁	2460495	2308106	14629	15189	1696080	143480
吉　林	2116088	1330168	11816	61955	1098566	41999
吉林集团	634966	71978	—	19515	24877	8000
长白山集团	237730	64481	—	14746	16861	6554
黑龙江	2560189	1431627	32107	48231	1001929	109228
龙江集团	1566422	597700	807	11985	480882	4852
上　海	205764	205764	—	—	119769	81261
江　苏	4619752	4511741	359173	379704	2770430	572261
浙　江	5897346	5893176	31907	60985	5440213	232181
安　徽	5681803	5364294	209756	238794	3789367	750204
福　建	1814899	1812729	4230	51243	1410759	102448
江　西	6220179	5970173	33419	173176	4851852	590575
山　东	4555057	4259113	267279	253024	3023306	560767
河　南	1922485	1908551	33200	38838	1359012	352303
湖　北	5892242	5292394	65178	770887	3570122	356691
湖　南	9690429	8910863	425257	601317	6447535	958954
广　东	14967326	14451329	311000	50958	13694563	269230
广　西	4331294	3060129	15450	227016	2446687	100137
海　南	274741	273935	792	10049	238592	3167
重　庆	1436916	1393043	13805	25963	1214888	65786
四　川	7812991	7289530	15383	50821	6944386	149194
贵　州	3557476	3296977	115617	84280	2958645	165798
云　南	1348733	1103137	16740	72403	684769	78620
西　藏	24200	24200	—	—	24200	—
陕　西	1073713	1009497	3600	28923	681451	207384
甘　肃	302991	261870	1625	43212	76860	11655
青　海	8297	8297	—	282	7885	130
宁　夏	263681	261351	1156	67637	184014	9520
新　疆	557303	548544	5570	15279	408582	13176
新疆兵团	31420	31420	5000	320	28315	—
大兴安岭	309974	204354	1879	10768	137654	2880

产业总产值(四)

价格计算)

单位:万元

产业			补充资料		
产业					
林业专业技术服务	林业公共管理及其他组织服务	林业系统非林产业	竹产业产值	油茶产业产值	林下经济产值
2022142	**5091814**	**8137370**	**19229925**	**6328920**	**54039375**
2471	17731	39652	—	—	12716
—	—	—	—	—	1479
25838	62651	63537	—	—	377528
5902	90672	28363	—	—	18739
26149	89729	484346	—	—	418133
10048	2767	472133	—	—	118189
169152	284205	152389	—	—	698867
32973	94675	785920	—	—	1783924
7690	11896	562988	—	—	104977
1122	25198	173249	—	—	129689
40343	231896	1128562	—	—	2812842
24330	75651	968722	—	—	1618895
—	4734	—	—	—	277
221721	567625	108011	7972	60	341452
28891	130906	4170	4201219	304853	14977113
123523	462406	317509	1653269	250949	2105187
18748	229531	2170	4825894	308682	3881523
72075	282495	250006	3223149	2066278	1791438
272559	149457	295944	—	—	2751034
52123	106275	13934	6187	27204	1795198
148495	446199	599848	343259	333837	774340
399870	503187	779566	2064032	2238728	2236158
2466	434112	515997	108239	169395	280573
65758	220531	1271165	404153	448944	6650298
2553	19574	806	2125	42349	224974
24027	62379	43873	171139	13323	601962
84956	60173	523461	1966161	24966	6051124
18444	69810	260499	191623	47744	520840
78679	188666	245596	59354	39893	1767419
—	—	—	—	—	15144
35886	55853	64216	2108	11715	591149
28722	101421	41121	42	—	245881
—	—	—	—	—	410
165	15	2330	—	—	7440
30732	80775	8759	—	—	73501
2785	—	—	—	—	17667
8921	44131	105620	—	—	230712

表2 各地区主要木材、

地区	木材及竹材										
	商品										
	合计	其中		原木	薪材	按来源分		按用途分			
		热带木材	针叶木材			天然林	人工林	直接用原木	加工用材	造纸用材	其他
全国合计	**7218.21**	**1098.85**	**1403.39**	**6546.35**	**671.86**	**527.79**	**6690.42**	**1797.26**	**4122.45**	**831.08**	**467.43**
北京	12.92	—	0.18	7.81	5.11	0.04	12.88	11.28	1.08	—	0.56
天津	17.04	—	—	17.04	—	—	17.04	—	—	—	17.04
河北	80.45	—	2.56	63.87	16.57	8.58	71.87	9.03	62.35	0.62	8.45
山西	14.10	—	1.05	10.16	3.94	4.44	9.67	8.52	0.93	—	4.65
内蒙古	142.62	—	43.52	136.32	6.30	73.59	69.03	30.46	65.24	3.46	43.46
内蒙古集团	77.97	—	41.39	75.98	2.00	70.40	7.57	16.04	18.59	2.60	40.74
辽宁	165.92	—	23.28	145.83	20.09	4.92	161.00	88.72	68.00	2.23	6.97
吉林	287.87	—	32.64	284.50	3.37	169.39	118.48	112.73	165.06	0.27	9.81
吉林集团	41.96	—	2.50	41.74	0.22	37.24	4.72	1.66	37.40	—	2.90
长白山集团	58.16	—	6.00	58.10	0.06	57.66	0.50	4.49	51.64	0.01	2.03
黑龙江	156.77	—	23.23	148.11	8.67	60.44	96.34	98.88	46.24	4.34	7.32
龙江集团	4.01	—	0.12	3.63	0.38	0.93	3.08	3.18	0.44	0.37	0.02
上海	—	—	—	—	—	—	—	—	—	—	—
江苏	131.82	—	0.71	122.59	9.23	0.01	131.81	34.37	89.96	3.86	3.62
浙江	123.68	—	73.81	121.69	1.99	—	123.68	46.00	67.27	0.79	9.63
安徽	457.96	—	88.03	399.29	58.67	20.62	437.35	175.64	252.48	8.78	21.07
福建	496.99	—	203.58	448.14	48.86	8.54	488.46	151.23	296.67	14.59	34.50
江西	232.16	—	190.76	217.73	14.43	30.29	201.87	72.27	139.75	8.83	11.30
山东	364.01	—	0.44	310.50	53.51	—	364.01	74.10	257.88	16.08	15.95
河南	228.88	—	0.06	205.65	23.23	0.17	228.72	9.71	199.26	3.37	16.55
湖北	227.13	—	23.97	187.89	39.24	7.64	219.49	39.81	176.88	7.51	2.93
湖南	262.75	—	60.83	243.40	19.35	7.52	255.23	88.62	144.22	18.62	11.29
广东	790.83	127.90	149.91	711.74	79.09	9.24	781.59	280.66	371.57	106.02	32.58
广西	2105.72	800.60	256.49	1940.10	165.62	11.40	2094.32	121.67	1306.89	528.48	148.68
海南	124.47	124.47	1.52	107.83	16.64	0.20	124.27	28.05	42.15	34.17	20.11
重庆	50.08	—	11.47	39.57	10.51	5.72	44.37	13.98	14.89	12.97	8.24
四川	169.72	—	33.70	150.46	19.26	1.17	168.55	85.48	75.70	0.54	8.00
贵州	175.28	—	87.17	168.35	6.93	6.88	168.40	52.86	110.17	9.78	2.47
云南	348.47	45.87	92.21	309.54	38.93	90.79	257.68	131.70	151.26	45.61	19.91
西藏	4.16	—	—	4.16	—	4.16	—	—	4.16	—	—
陕西	6.82	—	1.36	5.87	0.95	0.14	6.68	3.03	3.56	0.12	0.11
甘肃	3.35	—	0.03	3.35	—	0.24	3.11	1.60	0.88	—	0.87
青海	1.25	—	—	1.18	0.07	0.20	1.05	0.26	0.92	0.06	0.01
宁夏	1.05	—	—	0.78	0.27	—	1.05	—	0.78	—	0.27
新疆	33.93	—	0.88	32.88	1.04	1.49	32.44	26.61	6.25	—	1.06
新疆兵团	10.64	—	—	10.64	—	—	10.64	8.56	2.08	—	—
大兴安岭	—	—	—	—	—	—	—	—	—	—	—

竹材产品产量

单位:万立方米

采伐产品								木材及竹材采伐产品				
材					非商品材			竹材				
按生产单位分								大径竹(万根)				
系统内国有企业单位生产的木材	系统内国有林场、事业单位生产的木材	系统外企、事业单位采伐自营林地的木材	乡(镇)集体企业及单位生产的木材	村及村以下各级组织和农民个人生产的木材	合计	农民自用材采伐量	农民烧材采伐量	合计	其中:村及村以下各级组织和农民个人生产的大径竹	毛竹	其他	小杂竹(万吨)
419.50	**1302.86**	**366.77**	**538.88**	**4590.20**	**2961.56**	**733.43**	**2228.14**	**235466.04**	**136463.32**	**136748.93**	**98717.11**	**1125.25**
—	0.02	1.06	1.29	10.55	11.28	11.18	0.10	—	—	—	—	—
—	—	—	—	17.04	—	—	—	—	—	—	—	—
—	29.24	0.02	2.90	48.29	17.03	2.71	14.32	—	—	—	—	—
0.29	6.98	—	0.17	6.66	0.96	0.78	0.18	—	—	—	—	—
78.07	8.11	2.22	1.73	52.49	5.45	4.99	0.46	—	—	—	—	—
77.97	—	—	—	—	—	—	—	—	—	—	—	—
14.06	42.73	0.15	38.43	70.55	30.83	12.18	18.64	—	—	—	—	—
126.56	73.69	9.65	20.77	57.21	—	—	—	—	—	—	—	—
41.96	—	—	—	—	—	—	—	—	—	—	—	—
58.16	—	—	—	—	—	—	—	—	—	—	—	—
6.86	95.23	1.81	6.06	46.82	7.15	7.12	0.03	—	—	—	—	—
4.01	—	—	—	—	—	—	—	—	—	—	—	—
—	—	—	—	—	—	—	—	—	—	—	—	0.05
—	14.31	8.61	23.34	85.56	16.06	11.97	4.08	408.00	210.30	261.51	146.49	4.88
0.04	12.35	0.26	14.81	96.22	24.24	6.11	18.14	19744.69	12799.18	18960.04	784.65	51.37
0.95	39.82	3.07	21.59	392.54	108.90	54.31	54.58	15724.15	5745.10	12673.65	3050.50	64.17
54.29	81.14	8.39	34.64	318.53	1029.01	91.03	937.98	71532.00	70062.00	46572.00	24960.00	221.39
14.69	73.74	10.89	16.81	116.03	65.53	16.69	48.85	18550.57	4342.50	17079.07	1471.50	15.37
1.53	6.81	0.15	14.09	341.43	18.43	12.22	6.21	—	—	—	—	—
0.64	7.09	5.20	10.74	205.22	74.80	40.58	34.21	153.89	135.89	153.89	—	15.13
1.59	13.81	5.66	14.27	191.81	99.83	45.87	53.96	3123.76	1290.74	2343.13	780.63	10.55
15.85	40.37	11.69	36.70	158.14	88.92	23.36	65.57	6398.59	3288.24	5564.83	833.75	9.50
5.40	92.08	75.83	42.43	575.09	8.01	0.79	7.21	12753.70	6301.48	4093.83	8659.86	194.99
7.26	582.52	157.12	124.58	1234.24	544.57	195.96	348.61	52627.28	22369.73	17504.77	35122.50	70.15
39.76	1.34	27.05	13.56	42.76	4.44	2.35	2.08	829.48	46.30	37.99	791.49	0.13
—	11.07	0.77	14.33	23.91	16.60	9.53	7.07	7692.41	674.77	970.52	6721.89	63.35
1.47	15.30	6.31	15.36	131.29	96.51	28.14	68.36	8163.39	4979.94	1476.01	6687.38	330.93
1.25	21.71	3.69	25.73	122.89	13.30	4.54	8.76	1657.09	400.14	1310.73	346.36	6.17
37.99	26.09	26.15	42.98	215.26	576.75	104.82	471.93	15501.28	3779.02	7198.73	8302.55	65.56
—	4.16	—	—	—	45.09	20.24	24.86	—	—	—	—	0.00
0.22	0.73	0.04	0.62	5.21	50.52	19.57	30.94	605.78	38.00	548.24	57.55	1.41
0.05	0.94	0.06	0.42	1.88	0.58	0.46	0.12	—	—	—	—	0.15
—	—	0.05	—	1.20	1.24	1.20	0.04	—	—	—	—	—
0.03	—	0.75	0.05	0.22	0.40	0.40	—	—	—	—	—	—
10.64	1.49	0.14	0.48	21.19	5.16	4.32	0.83	—	—	—	—	—
10.64	—	—	—	—	—	—	—	—	—	—	—	—
—	—	—	—	—	—	—	—	—	—	—	—	—

表 3　各地区主要经济林

地　区	各类经济林产品总量	水果产品								
		合　计	苹果	柑橘	梨	葡萄	桃	杏	荔枝	龙眼
全国合计	**173562693**	**146124304**	**40786836**	**30782937**	**18877400**	**14059995**	**13669176**	**2554815**	**2486821**	**1715443**
北　京	796869	714378	90254	—	139329	40331	381034	24119	—	—
天　津	276208	273409	47650	—	39836	81040	57248	3141	—	—
河　北	14475246	13110166	3665784	—	5059899	1659871	1931515	289005	—	—
山　西	5644604	4792366	3094502	—	805059	233958	465407	136768	—	—
内蒙古	579746	485752	129443	—	46690	75982	4006	31604	—	—
内蒙古集团	14644	1493	—	—	—	—	—	—	—	—
辽　宁	7295179	6046864	2816214	—	1421175	802810	570668	88618	—	—
吉　林	966065	649273	197506	—	127309	204917	1164	4889	—	—
吉林集团	11623	100	—	—	—	—	—	—	—	—
长白山集团	16659	280	—	—	260	20	—	—	—	—
黑龙江	810642	235139	107528	—	29264	57034	129	551	—	—
龙江集团	195554	4447	—	—	—	741	—	—	—	—
上　海	330555	330371	11	117189	28660	98369	78878	38	—	—
江　苏	3109361	2939779	612285	33870	770482	698723	648787	24193	—	—
浙　江	4941679	4332364	—	1966096	431465	717686	397641	—	—	—
安　徽	3634059	3052108	390796	41321	1160365	463833	725691	25274	—	—
福　建	7386354	5821911	25586	2376235	234945	166565	260362	—	471250	230193
江　西	5325373	4533632	626	4004673	172927	85051	74879	296	—	—
山　东	20287037	18795928	9906038	—	1590459	1510854	3915445	312054	—	—
河　南	7364155	6310410	3127715	114329	1190216	498455	839146	143131	—	—
湖　北	7834148	6398689	14746	4281452	572576	354611	1062078	12861	—	—
湖　南	6497888	4930582	—	3864751	196741	331909	137886	655	—	—
广　东	8527615	7855914	—	2761507	85832	1305	57137	—	1176109	727627
广　西	13135119	11395041	—	4873233	1095813	449652	285168	238	646146	611375
海　南	2379723	1824125	—	56552	—	—	1773	—	158810	61806
重　庆	3088114	2820288	7064	1883523	314151	139755	108598	11618	425	20115
四　川	6960759	5800183	609460	2926881	643773	325663	485867	12272	15323	55431
贵　州	2200753	1553692	51697	359633	323728	278315	226900	2651	870	770
云　南	8523731	5798087	306761	595129	540494	798919	246242	1764	17888	8126
西　藏	11149	7312	2905	154	2216	850	685	6	—	—
陕　西	11468448	9627151	6992049	519409	334843	356249	317394	94842	—	—
甘　肃	8931841	8393996	6833071	7000	366337	792253	200560	108770	—	—
青　海	104468	2827	896	—	1249	12	109	360	—	—
宁　夏	970546	821640	612973	—	19127	142311	11421	29525	—	—
新　疆	9682275	6470927	1143276	—	1132440	2692712	175358	1195572	—	—
新疆兵团	2836062	1792579	458417	—	413192	803631	67160	39994	—	—
大兴安岭	22984	—	—	—	—	—	—	—	—	—

产品生产情况(一)

单位:吨

猕猴桃	其他水果	干果产品							
		合 计	板栗	枣（干重）	柿子（干重）	仁用杏（大扁杏等甜杏仁）	榛子	松子	其他干果
1219587	**19971294**	**10435165**	**2342054**	**5401925**	**1151519**	**116240**	**125827**	**105941**	**1191659**
26	39285	77579	24311	11718	26513	5573	—	—	9464
—	44494	1365	1365	—	—	—	—	—	—
1740	502352	1101805	327482	554277	174209	30263	8614	3	6957
35	56637	615132	2564	482686	51309	20163	—	331	58079
—	198027	48318	—	910	—	14688	11712	9056	11952
—	1493	9174	—	—	—	—	118	9056	—
18	347361	750302	138262	235495	—	34775	94144	31396	216230
185	113303	31296	1253	—	—	89	6751	21510	1693
—	100	1418	—	—	—	—	29	1158	231
—	—	3228	—	—	—	—	—	3222	6
—	40633	19443	—	—	—	—	3695	14368	1380
—	3706	8577	—	—	—	—	662	6751	1164
1692	5534	—	—	—	—	—	—	—	—
7927	143512	73738	24237	12275	35052	635	—	—	1539
56998	762478	105285	86827	1298	9019	—	—	—	8141
19011	225817	144364	105870	12283	23548	200	—	—	2463
8504	2048271	264088	134893	125	122740	—	—	—	6330
28007	167173	37919	31076	737	2895	—	—	—	3211
6024	1555054	949114	313346	371400	127950	119	33	—	136266
64956	332462	376291	114805	119778	137279	1693	—	—	2736
26328	74037	474157	412402	31095	24619	11	—	—	6030
61391	337249	132418	101655	18131	10668	—	—	—	1964
3870	3042527	59975	21229	3300	28728	—	—	—	6718
5589	3427827	234662	101606	11365	121431	—	—	—	260
—	1545184	462917	—	—	—	—	—	—	462917
28449	306590	25513	16470	2785	1984	—	—	1143	3131
182735	542778	60280	38081	5629	6076	75	—	7036	3383
68635	240493	72496	58015	2930	4875	—	—	763	5913
7876	3274888	308284	200416	1975	28244	—	667	13645	63337
—	496	—	—	—	—	—	—	—	—
639451	372914	1174266	83272	850499	205821	4674	—	4104	25896
140	85865	217376	2617	159866	8559	1855	—	1388	43091
—	201	—	—	—	—	—	—	—	—
—	6283	66877	—	62338	—	11	—	—	4528
—	131569	2548496	—	2449030	—	1416	—	—	98050
—	10185	1014746	—	1013342	—	707	—	—	697
—	—	1409	—	—	—	—	211	1198	—

表3 各地区主要经济林

地区	林产饮料产品(干重)			林产调料产品(干重)				
	合计	毛茶	其他林产饮料产品	合计	花椒	八角	桂皮	其他林产调料产品
全国合计	**2161369**	**1881176**	**280193**	**671697**	**398224**	**147545**	**76080**	**49848**
北京	—	—	—	46	46	—	—	—
天津	—	—	—	5	5	—	—	—
河北	5	5	—	10726	10726	—	—	—
山西	—	—	—	14315	13683	—	—	632
内蒙古	—	—	—	—	—	—	—	—
内蒙古集团	—	—	—	—	—	—	—	—
辽宁	—	—	—	—	—	—	—	—
吉林	—	—	—	—	—	—	—	—
吉林集团	—	—	—	—	—	—	—	—
长白山集团	—	—	—	—	—	—	—	—
黑龙江	2300	—	2300	—	—	—	—	—
龙江集团	—	—	—	—	—	—	—	—
上海	—	—	—	—	—	—	—	—
江苏	13576	13576	—	175	175	—	—	—
浙江	179114	168955	10159	—	—	—	—	—
安徽	109328	105366	3962	500	277	—	1	222
福建	326680	326220	460	936	—	—	—	936
江西	45626	45348	278	196	8	26	39	123
山东	118521	26148	92373	50411	42876	—	—	7535
河南	17879	17150	729	30177	30142	—	—	35
湖北	203299	200478	2821	5232	3693	29	237	1273
湖南	103862	99981	3881	1264	1021	75	145	23
广东	65386	51307	14079	42261	—	4900	37361	—
广西	65513	64118	1395	176152	17270	122690	36118	74
海南	757	290	467	27504	306	—	—	27198
重庆	17300	17118	182	48293	47463	178	100	552
四川	142883	140135	2748	56914	56657	148	13	96
贵州	180714	179116	1598	9071	7770	175	425	701
云南	511773	374696	137077	68896	37492	19318	1638	10448
西藏	—	—	—	5	5	—	—	—
陕西	49994	49910	84	66254	66245	6	3	—
甘肃	1259	1259	—	62259	62259	—	—	—
青海	2000	—	2000	30	30	—	—	—
宁夏	3600	—	3600	75	75	—	—	—
新疆	—	—	—	—	—	—	—	—
新疆兵团	—	—	—	—	—	—	—	—
大兴安岭	—	—	—	—	—	—	—	—

产品生产情况(二)

单位:吨

森林食品					森林药材								
合　计	竹笋干	食用菌（干重）	山野菜（干重）	其他森林食品（干重）	合　计	银杏（白果）	山杏仁（苦杏仁）	杜仲	黄柏	厚朴	山茱萸	枸杞	沙棘
4235865	**771623**	**2734563**	**397448**	**332231**	**2452871**	**115945**	**176900**	**184406**	**44733**	**203564**	**47665**	**293220**	**27061**
—	—	—	—	—	—	—	—	—	—	—	—	—	—
—	—	—	—	—	—	—	—	—	—	—	—	—	—
10347	—	5262	4427	658	67715	—	27213	—	1	—	—	12097	4650
17372	—	12339	175	4858	48032	—	8818	180	—	—	1416	—	1330
25200	—	16280	8008	912	20456	—	840	—	—	—	—	13514	2003
3759	—	144	3615	—	218	—	—	—	—	—	—	—	—
279490	—	199346	75591	4553	154916	120	136067	—	—	—	—	1261	2965
168327	—	94657	63248	10422	87705	—	—	—	—	—	—	—	—
6065	—	4141	1809	115	3164	—	—	—	—	—	—	—	—
11859	—	10125	1574	160	1115	—	—	—	—	—	—	—	—
508599	—	385493	67016	56090	44150	—	320	—	—	—	—	33	696
155635	—	80664	57373	17598	26402	—	—	—	—	—	—	—	—
184	184	—	—	—	—	—	—	—	—	—	—	—	—
27590	721	23905	2964	—	53716	26711	—	212	—	—	1	2	—
223212	160779	59112	3189	132	18163	1917	—	577	—	1926	5241	—	—
104803	31272	57139	7746	8646	43947	2101	—	2349	189	539	879	82	—
603081	175462	378340	46418	2861	80930	1735	—	—	—	9492	—	—	—
116999	45588	58735	7925	4751	34470	331	—	6311	122	3638	48	—	—
113059	—	40717	7266	65076	27190	15655	—	620	—	—	—	—	—
193995	1101	163017	19680	10197	179685	2394	—	17729	805	370	31534	2019	—
234693	18237	179300	24218	12938	186685	21184	—	17431	6552	13884	1600	619	—
158710	38251	32722	9399	78338	250061	2716	—	91438	4698	119608	112	1	—
72718	39805	32358	261	294	28148	774	—	—	—	283	—	—	—
242062	35871	203225	1174	1792	130515	8861	—	2593	43	3493	—	98	—
19057	365	410	—	18282	28133	—	—	—	—	—	—	—	—
46684	27539	15819	1408	1918	91517	1298	—	7825	11204	7374	126	396	—
252380	138195	73494	14935	25756	133768	15453	—	18079	15814	33323	255	91	—
77117	—	63225	8031	5861	50567	6760	1293	8145	4559	2497	454	143	—
624003	23052	587322	7046	6583	194476	159	—	423	249	1	—	1	—
37	—	37	—	—	—	—	—	—	—	—	—	—	—
92897	35191	40700	12460	4546	177229	7613	2052	10293	429	7025	5952	162	2010
6359	10	3561	2313	475	75069	163	100	201	68	111	47	50426	450
—	—	—	—	—	98795	—	—	—	—	—	—	93625	5000
—	—	—	—	—	78102	—	197	—	—	—	—	77905	—
—	—	—	—	—	64046	—	—	—	—	—	—	40745	7957
—	—	—	—	—	10692	—	—	—	—	—	—	8597	2095
16890	—	8048	2550	6292	4685	—	—	—	—	—	—	—	—

表3 各地区主要经济林

地区			木本油料					
	五味子	其他森林药材	合计	油茶籽	核桃	油橄榄	油用牡丹籽	其他木本油料
全国合计	**48608**	**1310769**	**5600282**	**2163492**	**3331703**	**27907**	**22572**	**54608**
北京	—	—	4866	—	4866	—	—	—
天津	—	—	1429	—	1429	—	—	—
河北	—	23754	174482	—	173361	—	6	1115
山西	—	36288	157387	—	157297	—	—	90
内蒙古	—	4099	20	—	—	—	—	20
内蒙古集团	—	218	—	—	—	—	—	—
辽宁	2848	11655	63607	—	60927	—	—	2680
吉林	22962	64743	29464	—	29464	—	—	—
吉林集团	171	2993	876	—	876	—	—	—
长白山集团	637	478	177	—	177	—	—	—
黑龙江	11696	31405	1011	—	1011	—	—	—
龙江集团	9138	17264	493	—	493	—	—	—
上海	—	—	—	—	—	—	—	—
江苏	1	26789	787	—	787	—	—	—
浙江	—	8502	82321	64353	17968	—	—	—
安徽	19	37789	159744	78327	74454	—	6801	162
福建	200	69503	140895	138338	181	—	—	2376
江西	10	24010	425416	425108	218	—	—	90
山东	—	10915	232814	—	219717	—	10492	2605
河南	1400	123434	162003	24324	131614	—	1665	4400
湖北	5115	120300	237790	141857	94357	—	1450	126
湖南	138	31350	838415	824341	13053	1	40	980
广东	26	27065	154110	149374	—	450	—	4286
广西	—	115427	196601	191670	1756	—	—	3175
海南	—	28133	1971	1971	—	—	—	—
重庆	534	62760	27832	5302	18102	363	15	4050
四川	3	50750	491255	20708	458435	7000	—	5112
贵州	665	26051	147273	71790	74791	—	—	692
云南	189	193454	851750	16944	824527	74	—	10205
西藏	—	—	3795	—	3795	—	—	—
陕西	2276	139417	238137	9085	221074	2	2075	5901
甘肃	24	23479	175233	—	148863	20017	28	6325
青海	—	170	816	—	816	—	—	—
宁夏	—	—	252	—	252	—	—	—
新疆	—	15344	598806	—	598588	—	—	218
新疆兵团	—	—	18045	—	18045	—	—	—
大兴安岭	502	4183	—	—	—	—	—	—

产品生产情况(三)

单位:吨

林产工业原料							
合　计	生漆	油桐籽	乌桕籽	五倍子	棕片	松脂	紫胶（原胶）
1881140	**22806**	**412042**	**32179**	**25081**	**59145**	**1326292**	**3595**
—	—	—	—	—	—	—	—
—	—	—	—	—	—	—	—
—	—	—	—	—	—	—	—
—	—	—	—	—	—	—	—
—	—	—	—	—	—	—	—
—	—	—	—	—	—	—	—
—	—	—	—	—	—	—	—
—	—	—	—	—	—	—	—
—	—	—	—	—	—	—	—
—	—	—	—	—	—	—	—
—	—	—	—	—	—	—	—
—	—	—	—	—	—	—	—
—	—	—	—	—	—	—	—
—	—	—	—	—	—	—	—
1220	—	152	—	—	452	616	—
19265	199	2507	118	55	3906	12480	—
147833	324	24299	874	1677	16178	104230	251
131115	58	18267	214	46	2098	110432	—
—	—	—	—	—	—	—	—
93715	2111	79182	8235	4173	—	14	—
93603	4092	24081	14136	2937	2183	46174	—
82576	826	32985	1133	1555	6713	39364	—
249103	705	7500	900	291	3463	235109	1135
694573	43	83214	52	132	3585	607547	—
15259	—	—	—	—	176	15083	—
10687	1194	6450	538	2037	438	30	—
23096	489	17934	1199	509	1683	1282	—
109823	8600	68312	2653	6881	5341	17869	167
166462	685	19343	2	116	9953	134474	1889
—	—	—	—	—	—	—	—
42520	3445	27764	2125	4483	2962	1588	153
290	35	52	—	189	14	—	—
—	—	—	—	—	—	—	—
—	—	—	—	—	—	—	—
—	—	—	—	—	—	—	—
—	—	—	—	—	—	—	—
—	—	—	—	—	—	—	—

表 4 各地区油茶与

地 区	油茶产业发展情况										花卉产业发展情况
	年末实有油茶林面积(公顷)			繁殖圃		苗木产量(万株)			油茶籽产量(万吨)	油茶企业(个)	年末实有花卉种植面积(公顷)
	合计	当年新造面积	当年低改面积	个数(个)	面积(公顷)	合计	其中:一年生苗木产量	其中:二年留床苗木产量			
全国合计	**3821717**	**158034**	**157844**	**450**	**7229**	**96741**	**57355**	**26273**	**216**	**2208**	**1292292**
北 京	—	—	—	—	—	—	—	—	—	—	3983
天 津	—	—	—	—	—	—	—	—	—	—	257
河 北	—	—	—	—	—	—	—	—	—	—	43985
山 西	—	—	—	—	—	—	—	—	—	—	1188
内蒙古	—	—	—	—	—	—	—	—	—	—	271
内蒙古集团	—	—	—	—	—	—	—	—	—	—	—
辽 宁	—	—	—	—	—	—	—	—	—	—	27504
吉 林	—	—	—	—	—	—	—	—	—	—	7403
吉林集团	—	—	—	—	—	—	—	—	—	—	—
长白山集团	—	—	—	—	—	—	—	—	—	—	—
黑龙江	—	—	—	—	—	—	—	—	—	—	1871
龙江集团	—	—	—	—	—	—	—	—	—	—	—
上 海	—	—	—	—	—	—	—	—	—	—	1021
江 苏	—	—	—	22	400	190	90	100	—	—	292146
浙 江	159667	6175	6879	19	205	3414	1475	1937	6	230	90528
安 徽	120275	6195	4197	21	200	5844	3321	1992	8	232	35128
福 建	187158	6961	9046	33	232	5084	2599	837	14	160	68028
江 西	898222	25325	38352	71	707	16949	7760	3766	43	314	51662
山 东	—	—	—	—	—	—	—	—	—	—	162569
河 南	44127	1355	585	12	59	1176	1058	118	2	16	121917
湖 北	215024	23853	5588	56	1921	7984	4377	3521	14	198	86152
湖 南	1241115	37472	70473	72	322	17189	10423	6028	82	628	59422
广 东	171374	12680	7783	22	1443	4138	2173	1124	15	105	62636
广 西	330311	7867	9267	18	115	5909	4526	1116	19	163	26445
海 南	1886	332	—	5	12	327	253	52	—	11	8351
重 庆	32133	2303	300	3	38	4009	2846	1163	1	20	22469
四 川	25031	3577	233	14	569	2354	1814	240	2	6	52079
贵 州	143010	13815	3141	26	529	6969	4861	1247	7	39	21635
云 南	226820	7470	2000	13	277	12073	6954	2723	2	78	19310
西 藏	—	—	—	—	—	—	—	—	—	—	—
陕 西	25564	2654	—	43	200	3135	2825	310	1	8	19652
甘 肃	—	—	—	—	—	—	—	—	—	—	3040
青 海	—	—	—	—	—	—	—	—	—	—	37
宁 夏	—	—	—	—	—	—	—	—	—	—	518
新 疆	—	—	—	—	—	—	—	—	—	—	1083
新疆兵团	—	—	—	—	—	—	—	—	—	—	92
大兴安岭	—	—	—	—	—	—	—	—	—	—	2

花卉产业发展情况

花卉产业发展情况											
切花切叶产量（万支）	盆栽植物产量（万盆）	观赏苗木产量（万株）	草坪产量（万平方米）	花卉市场（个）	花卉企业（个）		花农（万户）	花卉从业人员（万人）		控温温室面积（万平方米）	日光温室面积（万平方米）
					合计	其中：大中型企业		合计	其中：专业技术人员		
1836017	**414179**	**1003361**	**39674**	**4318**	**52516**	**9136**	**134.76**	**505.77**	**28.95**	**5772**	**16926**
3672	14884	1683	734	22	196	74	0.10	0.93	0.08	101	327
216	2510	329	51	13	71	5	0.15	0.42	0.04	72	73
16291	9920	142470	416	273	1072	72	3.94	13.20	1.06	81	627
339	1610	575	125	124	257	21	0.13	0.69	0.17	17	1519
3783	1780	771	8	83	43	2	0.04	0.45	0.04	10	85
—	—	—	—	—	—	—	—	—	—	—	—
194237	26164	5102	724	69	328	56	3.66	6.02	0.40	226	2857
4415	2840	1024	138	46	100	7	0.30	1.18	0.11	20	22
—	—	1	—	—	—	—	—	—	—	—	—
—	6	—	—	—	1	—	—	—	—	—	—
229	406	1177	30	17	87	19	0.17	1.23	0.08	23	12
—	—	20	—	—	—	—	—	—	—	—	—
33198	9083	37	1042	13	140	32	0.07	0.49	0.06	38	179
130994	29955	276201	10774	281	6763	1044	14.57	72.65	1.49	695	1129
116951	27421	149955	3507	123	10169	2710	15.34	64.14	4.03	459	979
8926	11012	21574	2876	338	1802	222	5.18	14.24	1.08	79	345
110971	49366	29883	1475	198	3288	899	9.47	42.92	2.20	254	1646
20702	8295	31840	1013	415	1543	127	2.37	11.04	1.26	25	40
148904	115201	111166	219	422	3926	909	18.31	52.53	3.50	2854	1177
60637	12901	56452	259	187	2789	525	9.72	56.44	1.99	145	485
10796	12302	35051	772	269	1323	180	5.11	12.13	1.64	41	175
4249	3114	21644	3072	288	2185	240	6.58	27.92	1.46	51	104
211187	26073	14292	3132	101	9175	957	5.80	15.23	0.99	147	1078
17750	7182	23223	5284	55	1177	124	9.88	47.37	1.18	51	83
159916	13362	1021	391	41	699	244	0.88	5.08	0.14	43	8
9718	2668	6113	1648	123	1606	167	2.90	13.21	0.61	18	20
39164	13338	20040	1354	372	2062	296	11.77	27.33	3.32	26	781
9408	1876	5383	463	84	380	56	0.33	1.49	0.08	25	32
501437	3367	17944	23	122	492	52	5.82	11.71	1.15	81	2608
—	—	—	—	—	—	—	—	—	—	—	—
515	1106	13889	63	97	484	23	0.62	3.08	0.54	37	48
11919	2805	2744	14	82	210	44	1.29	1.81	0.14	130	136
46	310	1	—	15	61	10	0.02	0.10	0.02	—	—
5189	2127	10646	16	13	38	14	0.11	0.31	0.03	3	175
231	1201	1088	21	32	50	5	0.13	0.43	0.05	22	177
23	203	296	19	2	1	—	0.03	0.07	—	10	161
29	—	44	—	—	—	—	—	0.01	—	1	1

表 5　各地区主要林产工业

地　区	木竹								
	锯　材				木片、木粒加工产品（万实积立方米）				
						总计	胶合板		
	合计	普通锯材	特种锯材	枕木及其他锯材			合计	木胶合板	竹胶合板
全国合计	**7430.38**	**7253.76**	**67.28**	**109.35**	**4285.80**	**28679.52**	**16546.25**	**15344.48**	**493.13**
北　京	—	—	—	—	—	18.50	—	—	—
天　津	—	—	—	—	—	10.60	1.10	1.10	—
河　北	154.87	154.80	—	0.07	20.13	1670.42	588.13	587.31	—
山　西	14.93	14.93	—	—	8.54	44.59	0.59	0.59	—
内蒙古	761.46	759.75	—	1.72	6.24	49.47	38.53	37.23	—
内蒙古集团	—	—	—	—	—	—	—	—	—
辽　宁	338.62	330.97	4.58	3.07	106.90	522.27	264.93	254.71	—
吉　林	173.09	165.31	2.38	5.40	37.92	434.95	152.24	90.71	—
吉林集团	0.77	0.77	—	—	—	163.14	0.33	0.33	—
长白山集团	2.74	2.61	0.13	—	0.10	7.27	1.04	0.98	—
黑龙江	628.90	626.28	2.62	—	86.06	478.32	313.61	309.50	—
龙江集团	28.44	28.44	—	—	0.55	12.21	3.78	1.12	—
上　海	—	—	—	—	—	4.00	4.00	4.00	—
江　苏	182.75	182.30	0.13	0.31	142.69	4685.60	3159.85	3127.29	2.37
浙　江	327.80	321.09	4.19	2.52	52.11	646.54	270.84	163.16	104.88
安　徽	413.94	404.32	0.58	9.04	223.97	2105.49	1490.22	1413.69	54.30
福　建	217.67	217.67	—	—	202.57	850.75	420.27	299.36	103.39
江　西	218.83	201.15	4.39	13.29	140.65	436.50	155.69	84.18	60.19
山　东	1355.75	1323.71	29.62	2.42	2009.46	7068.23	4839.77	4590.27	—
河　南	212.25	210.09	—	2.17	211.64	1692.13	788.72	699.65	—
湖　北	258.24	257.34	0.90	—	79.81	633.47	171.26	156.11	3.67
湖　南	420.43	407.06	6.92	6.44	42.78	491.87	264.39	151.92	83.27
广　东	172.20	171.70	0.19	0.31	215.46	1815.92	1108.40	1099.77	2.71
广　西	939.28	877.25	7.60	54.43	533.21	3560.73	2054.41	1907.10	4.42
海　南	47.57	47.28	—	0.30	42.55	29.45	16.71	15.97	—
重　庆	43.69	40.35	—	3.34	30.99	124.35	57.72	51.09	5.62
四　川	146.97	145.66	1.20	0.10	40.24	812.51	212.63	143.38	60.89
贵　州	90.39	85.58	0.85	3.96	8.06	89.69	56.03	48.15	6.75
云　南	290.02	288.59	1.12	0.31	32.30	279.83	98.09	90.47	0.67
西　藏	3.03	3.03	—	—	—	—	—	—	—
陕　西	9.57	9.42	—	0.15	8.90	106.78	8.95	8.56	—
甘　肃	1.03	1.03	—	—	0.51	1.10	0.97	0.97	—
青　海	—	—	—	—	—	—	—	—	—
宁　夏	—	—	—	—	—	—	—	—	—
新　疆	6.10	6.10	—	—	2.02	15.38	8.21	8.21	—
新疆兵团	0.07	0.07	—	—	—	—	—	—	—
大兴安岭	1.01	1.01	—	—	0.10	0.08	0.02	0.02	—

产品产量(一)

单位:万立方米

加工制品										
	人造板									
	纤维板						刨花板			
		木质纤维板						木质刨花板		
其他胶合板	合计	小计	硬质纤维板	中密度纤维板	软质纤维板	非木质纤维板	合计	小计	其中:定向刨花(OSB)	非木质刨花板
708.64	**6618.53**	**6412.83**	**596.71**	**5768.83**	**47.29**	**205.70**	**2030.19**	**1998.15**	**91.92**	**32.03**
—	18.50	18.50	—	18.50	—	—	—	—	—	—
—	9.50	9.50	—	9.50	—	—	—	—	—	—
0.82	475.94	475.94	4.32	447.62	24.00	—	296.22	288.87	—	7.35
—	15.25	15.25	—	15.25	—	—	5.69	5.69	—	—
1.30	3.95	3.95	0.02	3.93	—	—	1.89	1.89	—	—
—	—	—	—	—	—	—	—	—	—	—
10.21	117.86	117.86	6.49	111.37	—	—	67.96	67.96	—	—
61.53	135.90	135.90	—	135.90	—	—	64.62	63.93	—	0.69
—	109.34	109.34	—	109.34	—	—	53.08	52.39	—	0.69
0.06	6.11	6.11	—	6.11	—	—	—	—	—	—
4.12	98.53	98.53	17.03	81.50	—	—	44.76	44.76	—	—
2.66	0.53	0.53	0.53	—	—	—	2.85	2.85	—	—
—	—	—	—	—	—	—	—	—	—	—
30.19	756.50	756.43	41.73	713.15	1.55	0.07	238.86	238.71	0.68	0.15
2.79	94.46	94.46	0.25	94.01	0.20	—	11.67	11.44	—	0.23
22.23	357.40	357.40	57.30	300.10	—	—	122.54	122.29	—	0.25
17.51	138.43	138.43	—	138.43	—	—	123.92	123.92	—	—
11.32	134.66	134.16	36.66	92.43	5.07	0.50	37.86	35.54	—	2.32
249.50	1375.92	1178.96	275.29	894.92	8.75	196.96	403.09	403.09	17.21	—
89.07	347.44	347.44	41.16	303.33	2.95	—	112.34	112.34	22.10	—
11.48	318.56	316.95	12.37	304.19	0.40	1.61	78.44	76.63	49.37	1.81
29.20	52.03	52.03	—	52.03	—	—	17.37	17.37	—	—
5.91	552.02	552.02	59.54	492.48	—	—	138.29	125.46	—	12.84
142.89	840.22	840.22	13.80	826.42	—	—	193.59	193.59	—	—
0.73	4.00	4.00	—	4.00	—	—	8.75	8.75	—	—
1.00	49.23	47.73	4.56	43.17	—	1.50	14.52	8.52	—	6.00
8.36	459.06	454.00	15.00	437.20	1.80	5.06	26.29	25.89	0.10	0.40
1.13	11.23	11.23	—	8.65	2.58	—	3.73	3.73	2.46	—
6.95	150.34	150.34	9.89	140.45	—	—	14.93	14.93	—	—
—	—	—	—	—	—	—	—	—	—	—
0.39	94.59	94.59	1.31	93.28	—	—	2.86	2.86	—	—
—	—	—	—	—	—	—	—	—	—	—
—	—	—	—	—	—	—	—	—	—	—
—	—	—	—	—	—	—	—	—	—	—
—	7.00	7.00	—	7.00	—	—	—	—	—	—
—	—	—	—	—	—	—	—	—	—	—
—	—	—	—	—	—	—	—	—	—	—

表 5　各地区主要林产工业

地　区	木竹						
	人造板		其他加工材				
	其他人造板						
	合计	其中:细木工板	合计	改性木材	指接材	合计	实木地板
全国合计	**3484.56**	**2075.96**	**891.54**	**184.27**	**409.16**	**77355.85**	**12979.36**
北　京	—	—	—	—	—	—	—
天　津	—	—	—	—	—	90.30	—
河　北	310.13	239.93	19.11	10.84	1.80	87.00	47.00
山　西	23.06	6.90	0.27	0.27	—	—	—
内蒙古	5.10	3.03	—	—	—	8.08	8.08
内蒙古集团	—	—	—	—	—	—	—
辽　宁	71.53	2.58	15.05	—	15.05	2383.43	1042.82
吉　林	82.20	57.88	6.97	0.05	5.93	4082.01	417.01
吉林集团	0.39	0.39	0.09	—	0.09	406.20	—
长白山集团	0.12	0.12	0.10	—	—	245.12	4.71
黑龙江	21.41	20.37	5.83	0.10	5.23	788.51	600.45
龙江集团	5.05	4.86	1.79	—	1.79	15.72	11.72
上　海	—	—	—	—	—	2799.90	—
江　苏	530.38	343.15	2.70	2.20	—	28936.64	2228.68
浙　江	269.57	269.57	117.05	13.66	103.39	10370.06	4060.81
安　徽	135.34	78.34	9.93	0.97	7.36	5179.55	520.79
福　建	168.12	145.48	97.51	3.97	93.45	2904.88	355.61
江　西	108.29	84.39	93.53	23.09	67.55	6051.65	392.22
山　东	449.45	212.57	206.96	40.31	20.62	4703.09	409.49
河　南	443.63	133.16	0.83	—	—	1229.70	1133.05
湖　北	65.21	64.46	14.07	5.21	8.24	3271.44	59.32
湖　南	158.09	132.24	16.76	0.85	15.23	1052.32	275.39
广　东	17.21	12.17	3.02	—	0.40	1284.46	698.48
广　西	472.52	226.01	235.20	71.82	38.51	717.31	81.65
海　南	—	—	9.50	8.00	1.50	16.58	3.00
重　庆	2.89	2.76	7.16	2.41	4.75	6.25	4.15
四　川	114.53	21.06	25.15	—	15.88	970.40	454.44
贵　州	18.70	7.83	2.39	0.15	2.25	119.92	33.09
云　南	16.47	11.41	2.24	0.17	2.04	301.18	153.25
西　藏	—	—	—	—	—	—	—
陕　西	0.38	0.35	0.33	0.20	—	0.79	0.59
甘　肃	0.13	0.13	—	—	—	—	—
青　海	—	—	—	—	—	—	—
宁　夏	—	—	—	—	—	—	—
新　疆	0.17	0.13	—	—	—	—	—
新疆兵团	—	—	—	—	—	—	—
大兴安岭	0.06	0.06	—	—	—	0.40	—

产品产量(二)

单位:万立方米、吨

加工制品				林产化学产品					
木竹地板(万平方米)				松香类产品			松节油类产品		
实木复合木地板	浸渍纸层压木质地板(强化木地板)	竹地板(含竹木复合地板)	其他木地板(含软木地板、集成材地板等)	合计	松香	松香深加工产品	合计	松节油	松节油深加工产品
24182.59	**28987.91**	**10195.35**	**1010.64**	**1742521**	**1531163**	**211358**	**263209**	**213142**	**50067**
—	—	—	—	—	—	—	—	—	—
—	90.30	—	—	—	—	—	—	—	—
40.00	—	—	—	—	—	—	—	—	—
—	—	—	—	—	—	—	—	—	—
—	—	—	—	—	—	—	—	—	—
—	—	—	—	—	—	—	—	—	—
1136.41	200.00	—	4.20	—	—	—	—	—	—
3459.62	183.94	—	21.44	—	—	—	—	—	—
406.20	—	—	—	—	—	—	—	—	—
135.41	105.00	—	—	—	—	—	—	—	—
185.79	—	—	2.27	—	—	—	—	—	—
4.00	—	—	—	—	—	—	—	—	—
686.70	2102.80	10.40	—	—	—	—	—	—	—
5286.69	20687.53	732.13	1.60	9600	9600	—	—	—	—
5606.70	8.40	634.09	60.07	20000	2500	17500	8000	—	8000
1308.30	2048.44	985.79	316.24	7764	7364	400	1891	1891	—
164.27	—	2385.00	—	133602	113836	19766	15937	10924	5013
531.63	79.80	5038.27	9.74	126517	103152	23365	55901	24917	30984
3857.78	317.16	2.00	116.66	—	—	—	—	—	—
67.50	29.15	—	—	—	—	—	—	—	—
622.15	2437.02	19.00	133.95	25383	25100	283	3402	2951	451
67.76	447.87	242.49	18.82	31326	15163	16163	5983	3585	2398
328.33	—	4.35	253.30	156222	108997	47225	25800	24497	1303
571.50	—	52.36	11.80	1027034	979778	47256	114083	112883	1200
10.00	—	3.58	—	428	428	—	98	98	—
0.30	—	1.80	—	984	979	5	—	—	—
227.90	208.00	20.94	59.12	825	825	—	—	—	—
22.45	—	63.16	1.22	20495	17630	2865	2170	1850	320
0.42	147.51	—	—	182341	145811	36530	29944	29546	398
—	—	—	—	—	—	—	—	—	—
—	—	—	0.20	—	—	—	—	—	—
—	—	—	—	—	—	—	—	—	—
—	—	—	—	—	—	—	—	—	—
—	—	—	—	—	—	—	—	—	—
—	—	—	—	—	—	—	—	—	—
—	—	—	—	—	—	—	—	—	—
0.40	—	—	—	—	—	—	—	—	—

表5　各地区主要林产工业产品产量(三)

单位:万立方米、吨

地　区	林产化学产品											
	樟脑		冰片		栲胶类产品			紫胶类产品			木竹热解产品	木质生物质成型燃料
	合 计	其中:合成樟脑	合 计	其中:合成冰片	合 计	栲胶	栲胶深加工产品	合 计	紫胶	紫胶深加工产品		
全国合计	**13427**	**13005**	**2002**	**1185**	**7584**	**7584**	**—**	**3344**	**2747**	**597**	**1630536**	**485100**
北　京	—	—	—	—	—	—	—	—	—	—	—	—
天　津	—	—	—	—	—	—	—	—	—	—	—	—
河　北	—	—	—	—	1200	1200	—	—	—	—	42000	13000
山　西	—	—	—	—	—	—	—	—	—	—	1200	—
内蒙古	—	—	—	—	—	—	—	—	—	—	—	170000
内蒙古集团	—	—	—	—	—	—	—	—	—	—	—	—
辽　宁	—	—	—	—	—	—	—	—	—	—	13700	—
吉　林	—	—	—	—	—	—	—	—	—	—	6887	5488
吉林集团	—	—	—	—	—	—	—	—	—	—	—	—
长白山集团	—	—	—	—	—	—	—	—	—	—	—	5278
黑龙江	—	—	—	—	—	—	—	—	—	—	1894	—
龙江集团	—	—	—	—	—	—	—	—	—	—	—	—
上　海	—	—	—	—	—	—	—	—	—	—	—	—
江　苏	—	—	—	—	—	—	—	—	—	—	8200	—
浙　江	—	—	—	—	—	—	—	—	—	—	173315	—
安　徽	—	—	—	—	—	—	—	—	—	—	88743	40820
福　建	12380	12380	—	—	—	—	—	—	—	—	366114	—
江　西	402	1	21	—	—	—	—	—	—	—	143701	100
山　东	—	—	—	—	—	—	—	—	—	—	76326	1600
河　南	—	—	—	—	1000	1000	—	—	—	—	13180	—
湖　北	—	—	—	—	—	—	—	—	—	—	256	65262
湖　南	16	—	1356	565	—	—	—	27	27	—	97358	109868
广　东	—	—	—	—	—	—	—	1119	1119	—	10345	85
广　西	5	—	5	—	5384	5384	—	—	—	—	45625	42120
海　南	—	—	—	—	—	—	—	—	—	—	204	—
重　庆	—	—	—	—	—	—	—	—	—	—	5920	—
四　川	624	624	—	—	—	—	—	30	30	—	13425	—
贵　州	—	—	—	—	—	—	—	—	—	—	431302	28377
云　南	—	—	620	620	—	—	—	2168	1571	597	70867	—
西　藏	—	—	—	—	—	—	—	—	—	—	—	—
陕　西	—	—	—	—	—	—	—	—	—	—	—	—
甘　肃	—	—	—	—	—	—	—	—	—	—	—	—
青　海	—	—	—	—	—	—	—	—	—	—	—	—
宁　夏	—	—	—	—	—	—	—	—	—	—	—	—
新　疆	—	—	—	—	—	—	—	—	—	—	—	—
新疆兵团	—	—	—	—	—	—	—	—	—	—	—	—
大兴安岭	—	—	—	—	—	—	—	—	—	—	19974	8380

中国造纸工业

【纸及纸板生产和消费情况】

纸及纸板生产量和消费量 据中国造纸协会调查资料显示，2015 年全国纸及纸板生产企业约 2900 家，全国纸及纸板生产量 10710 万吨，较 2014 年增长 2.29%。消费量 10352 万吨，较 2014 年增长 2.79%，人均年消费量为 75 千克(13.75 亿人)。2006～2015 年，纸及纸板生产量年均增长率 5.71%，消费量年均增长率 5.13%(见表 1)。

纸及纸板主要产品生产和消费情况 ①新闻纸。2015 年新闻纸生产量 295 万吨，较 2014 年增长 -9.23%；消费量 299 万吨，较 2014 年增长 -6.85%。2006 ～ 2015 年生产量年均增长率 -2.63%，消费量年均增长率 -1.22%。

②未涂布印刷书写纸。2015 年未涂布印刷书写纸生产量 1745 万吨，较 2014 年增长 1.75%；消费量 1680 万吨，较 2014 年增长 3.13%。2006～2015 年生产量年均增长率 4.06%，消费量年均增长率 3.70%。

③涂布印刷纸。2015 年涂布印刷纸生产量 770 万吨，较 2014 年增长 -0.65%；消费量 642 万吨，较 2014 年增长 2.72%。2006～2015 年生产量年均增长率 5.89%，消费量年均增长率 5.40%。

其中，铜版纸 2015 年铜版纸生产量 680 万吨，较 2014 年增长 -0.73%；消费量 596 万吨，较 2014 年增长 1.53%。2006～2015 年生产量年均增长率 6.68%，消费量年均增长率 6.72%。

④生活用纸。2015 年生活用纸生产量 885 万吨，较 2014 年增长 6.63%；消费量 817 万吨，较 2014 年增长 7.64%。2006～2015 年生产量年均增长率 7.28%，消费量年均增长率 7.23%。

⑤包装用纸。2015 年包装用纸生产量 665 万吨，较 2014 年增长 2.31%；消费量 681 万吨，较 2014 年增长 2.41%。2006～2015 年生产量年均增长率 2.77%，消费量年均增长率 2.87%。

表 1 2015 年纸及纸板生产和消费情况 单位：万吨

品种	生产量			消费量		
	2014 年	2015 年	同比(%)	2014 年	2015 年	同比(%)
总量	10470	10710	2.29	10071	10352	2.79
1. 新闻纸	325	295	-9.23	321	299	-6.85
2. 未涂布印刷书写纸	1715	1745	1.75	1629	1680	3.13
3. 涂布印刷纸	775	770	-0.65	625	642	2.72
其中：铜版纸	685	680	-0.73	587	596	1.53
4. 生活用纸	830	885	6.63	759	817	7.64
5. 包装用纸	650	665	2.31	665	681	2.41
6. 白纸板	1395	1400	0.36	1301	1299	-0.15
其中：涂布白纸板	1345	1340	-0.37	1251	1238	-1.04
7. 箱纸板	2180	2245	2.98	2240	2297	2.54
8. 瓦楞原纸	2155	2225	3.25	2152	2228	3.53
9. 特种纸及纸板	250	265	6.00	205	217	5.85
10. 其他纸及纸板	195	215	10.26	174	192	10.34

⑥白纸板。2015 年白纸板生产量 1400 万吨，较 2014 年增长 0.36%；消费量 1299 万吨，较 2014 年增长 -0.15%。2006～2015 年生产量年均增长率 4.53%，消费量年均增长率 3.27%。

其中，涂布白纸板 2015 年涂布白纸板生产量 1340 万吨，较 2014 年增长 -0.37%；消费量 1238 万吨，较 2014 年增长 -1.04%。2006～2015 年生产量年均增长率 4.52%，消费量年均增长率 3.22%。

⑦箱纸板。2015 年箱纸板生产量 2245 万吨，较 2014 年增长 2.98%；消费量 2297 万吨，较 2014 年增长 2.54%。2006～2015 年生产量年均增长率 7.72%，消费量年均增长率 6.99%。

⑧瓦楞原纸。2015 年瓦楞原纸生产量 2225 万吨，较 2014 年增长 3.25%；消费量 2228 万吨，较 2014 年增长 3.53%。2006～2015 年生产量年均增长率 7.82%，消费量年均增长率 7.19%。

⑨特种纸及纸板 2015 年特种纸及纸板生产量 265 万吨，较 2014 年增长 6.00%；消费量 217 万吨，较 2014 年增长 5.85%。2006～2015 年生产量年均增长率 10.26%，消费量年均增长率 5.77%。

【纸及纸板生产企业经济指标完成情况】 据国家统计局统计，2015 年 1～12 月规模以上造纸生产企业 2791 家；主营业务收入 8003 亿元，同比增长 2.33%；工业增加值增速 1.90%；产成品存货 317 亿元，同比增长 -0.24%；利税总额 611 亿元，同比增长 2.87%，其中利润总额 373 亿元，同比增长 2.90%；资产总计 9940 亿元，同比增长 5.92%；资产负债率 58.74%，较 2014 年增加 0.19 个百分点；负债总额 5839 亿元，同比增长 5.90%；在统计的 2791 家造纸生产企业中，亏损企业有 366 家，占 13.11%。

【纸及纸板生产企业经济类型与规模结构】 根据国家统计局提供的 2015 年 1～12 月规模以上造纸生产企业的相关数据分析，在统计的 2791 家规模以上造纸生产企业中，国有及国有控股企业有 63 家，占 2.26%；“三资”企业有 301 家，占 10.78%；集体及其他企业有 2427 家占 86.96%。在造纸企业主营业务收入总额中，国有及国有控股企业占 7.75%；“三资”企业占 26.96%；集体及其他企业占 65.29%。在利税总额中，国有及国有控股企业占 4.38%；“三资”企业占 24.99%；集体及其他企业占 70.62%。在利润总额中，国有及国有控股企业占 1.64%；“三资”企业占 24.46%；集体及其他企业占 73.90%。

按照我国大、中、小型企业划分标准，2015 年在 2791 家规模以上造纸生产企业中，大中型造纸企业 517 家、占 18.52%，小型企业 2274 家、占 81.48%；在纸及纸板产品主营业务收入中，大中型企业占 66.28%，小型企业占 33.72%；在利税总额中，大中型企业占 64.68%，小型企业占 35.32%；在利润总额中，大中型企业占 65.77%，小型企业占 34.23%。

2015 年纸及纸板产量超过 100 万吨的生产企业有：玖龙纸业(控股)有限公司 1263 万吨；理文造纸有限公司 519 万吨；山东晨鸣纸业集团股份有限公司 418 万吨；山东太阳控股集团有限公司 314 万吨；华泰集团有限公司 308 万吨；安徽山鹰纸业股份有限公司 294 万吨；福建联盛纸业 232 万吨；金东纸业(江苏)股份有限公司 203 万吨；宁波中华纸业有限公司(含宁波亚洲浆纸业有限公司)199 万吨；中国纸业投资有限公司 176 万吨；江苏荣成环保科技股份有限公司 161 万吨；东莞建晖纸业有限公司 135 万吨；金红叶纸业集团有限公司 124 万吨；浙江景兴纸业股份有限公司 123 万吨；山东世纪阳光纸业集团有限公司 114 万吨；海南金海浆纸业有限公司 108 万吨；山东博汇纸业股份有限公司 106 万吨。

2015 年木浆产量超过 100 万吨的生产企业有：山东亚太森博浆纸有限公司 155 万吨；海南金海浆纸业有限公司 150 万吨。

【纸浆生产和消耗情况】

纸浆生产情况 据中国造纸协会调查资料，2015 年全国纸浆生产总量 7984 万吨，较 2014 年增长 0.98%。其中，木浆 966 万吨，较 2014 年增长 0.42%；废纸浆 6338 万吨，较 2014 年增长 2.41%；非木浆 680 万吨，较 2014 年增长 -9.93%(见表 2)。

纸浆消耗情况 2015 年全国纸浆消耗总量

9731万吨，较2014年增长2.60%。木浆2713万吨，占纸浆消耗总量28%，其中进口木浆占18%、国产木浆占10%；废纸浆6338万吨，占纸浆消耗总量65%，其中进口废纸浆占25%、国产废纸浆占40%；非木浆680万吨，占纸浆消耗总量7%，其中稻麦草浆占3.1%、竹浆占1.5%、苇(荻)浆占1.0%、蔗渣浆占1.0%、其他非木浆占0.4%(见表3)。

表2　2006～2015年纸浆生产情况　　单位：万吨

	2006年	2007年	2008年	2009年	2010年	2011年	2012年	2013年	2014年	2015年
纸浆合计	5196	5924	6415	6733	7318	7723	7867	7651	7906	7984
其中：1. 木浆	526	605	679	560	716	823	810	882	962	966
2. 废纸浆	3380	4017	4439	4997	5305	5660	5983	5940	6189	6338
3. 非木浆	1290	1302	1297	1176	1297	1240	1074	829	755	680
苇浆	144	144	150	144	156	158	143	126	113	100
蔗渣浆	74	90	97	98	117	121	90	97	111	96
竹浆	95	120	146	161	194	192	175	137	154	143
稻麦草浆	908	849	808	676	719	660	592	401	336	303
其他浆	69	99	97	97	111	109	74	68	41	38

表3　2015年纸浆消耗情况　　单位：万吨

品种	2014年	占比例(%)	2015年	占比例(%)	同比(%)
总量	9484	100	9731	100	2.60
木浆	2540	27	2713	28	6.81
其中：进口木浆	1588*	17	1757**	18	10.64
废纸浆	6189	65	6338	65	2.41
其中：进口废纸浆	2243	24	2392	25	6.64
非木浆	755	8	680	7	-9.93

*　2014年进口木浆1797万吨，扣除溶解浆209万吨，实际消耗量1588万吨。

**　2015年进口木浆1984万吨，扣除溶解浆227万吨，实际消耗量1757万吨。

【纸制品生产和消费情况】

纸制品生产量和消费量　根据国家统计局数据，2015年全国规模以上纸制品生产企业3898家，生产量7038万吨，较2014年增长6.07%；消费量6766万吨，较2014年增长6.18%；进口量12万吨，出口量284万吨。2006～2015年，纸制品生产量年均增长率13.60%，消费量年均增长率13.84%。

纸制品生产企业经济类型与规模结构　2015年全国规模以上纸制品生产企业3898家，国有及国有控股企业40家，占1.03%；"三资"企业629家，占16.14%；集体及其他企业有3229家，占82.84%。在纸制品生产企业主营业务收入总额中，国有及国有控股企业占0.86%；"三资"企业占24.72%；集体及其他企业占74.42%。在利税总额中，国有及国有控股企业占0.76%；"三资"企业占29.51%；集体及其他企业占69.73%。在利润总额中，国有及国有控股企业占0.61%；"三资"企业占30.74%；集体及其他企业占68.65%。

按照我国大、中、小型企业划分标准，2015年在3898家规模以上纸制品生产企业中，大中型纸制品生产企业465家、占11.93%，小型企业3433家、占88.07%；在纸制品生产企业主营业务收入中，大中型企业占36.53%，小型企业占63.47%；在利税总额中，大中型企业占43.65%，小型企业占56.35%；在利润总额中，大中型企业占45.79%，小型企业占54.21%。

【纸及纸板、纸浆、废纸及纸制品进出口情况】

纸及纸板、纸浆、废纸及纸制品进口情况　2015年纸及纸板进口287万吨，较2014年增长

1.77%；纸浆进口1984万吨，较2014年增长10.41%；废纸进口2928万吨，较2014年增长6.40%；纸制品进口12万吨，较2014年增长-7.69%。2015年进口纸及纸板、纸浆、废纸、纸制品合计5211万吨，较2014年增长7.58%，用汇220.83亿美元，较2014年增长1.65%。进口纸及纸板平均价格为1162.31美元/吨，较2014年平均价格增长-7.70%；进口纸浆平均价格为642.85美元/吨，较2014年平均价格增长-4.28%；进口废纸平均价格为180.31美元/吨，较2014年平均价格增长-7.19%(见表4)。

表4 2015年中国纸浆、废纸、纸及纸板、纸制品进口情况 单位：万吨

品 种	2014年进口量	2015年进口量	同比(%)
一、纸浆	1797	1984	10.41
二、废纸	2752	2928	6.40
三、纸及纸板	282	287	1.77
1. 新闻纸	5	6	20.00
2. 未涂布印刷书写纸	31	37	19.35
3. 涂布印刷纸	34	34	0.00
其中：铜版纸	26	26	0.00
4. 包装用纸	20	21	5.00
5. 箱纸板	86	84	-2.33
6. 白纸板	64	61	-4.69
其中：涂布白纸板	64	60	-6.25
7. 生活用纸	4	3	-25.00
8. 瓦楞原纸	5	9	80.00
9. 特种纸及纸板	27	26	-3.70
10. 其他纸及纸板	6	6	0.00
四、纸制品	13	12	-7.69
总 计	4844	5211	7.58

注：数据来源于海关总署。

纸及纸板、纸浆、废纸及纸制品出口情况 2015年纸及纸板出口645万吨，较2014年增长-5.29%；纸浆出口10.20万吨，较2014年增长4.62%；废纸出口0.07万吨，与2014年持平；纸制品出口284万吨，较2014年增长2.90%。2015年出口纸及纸板、纸浆、废纸、纸制品合计939.27万吨，较2014年增长-2.85%，创汇189.64亿美元，较2014年增长5.60%。出口纸及纸板平均价格为1418.09美元/吨，较2014年平均价格增长8.55%；出口纸浆平均价格为1105.64美元/吨，较2014年平均价格增长-8.11%(见表5)。

表5 2015年中国纸浆、废纸、纸及纸板、纸制品出口情况 单位：万吨

品 种	2014年出口量	2015年出口量	同比(%)
一、纸浆	9.75	10.20	4.62
二、废纸	0.07	0.07	0.00
三、纸及纸板	681	645	-5.29
1. 新闻纸	9	2	-77.78
2. 未涂布印刷书写纸	117	102	-12.82
3. 涂布印刷纸	184	162	-11.96
其中：铜版纸	124	110	-11.29
4. 包装用纸	5	5	0.00
5. 箱纸板	26	32	23.08
6. 白纸板	158	162	2.53
其中：涂布白纸板	158	162	2.53
7. 生活用纸	75	71	-5.33
8. 瓦楞原纸	8	6	-25.00
9. 特种纸及纸板	72	74	2.78
10. 其他纸及纸板	27	29	7.41
四、纸制品	276	284	2.90
总 计	966.82	939.27	-2.85

注：数据来源于海关总署。

纸及纸板主要产品进出口量比较 ①新闻纸：2015年进口量大于出口量，净进口量4万吨。

②未涂布印刷书写纸：2015年出口量大于进口量，净出口量65万吨。

③涂布印刷纸：2015年出口量大于进口量，净出口量128万吨。其中，铜版纸：2015年出口量大于进口量，净出口量84万吨。

④生活用纸：2015年出口量大于进口量，净出口量68万吨。

⑤包装用纸：2015年进口量大于出口量，净进口量16万吨。

⑥白纸板：2015年出口量大于进口量，净出口量101万吨。其中，涂布白纸板：2015年出口量大于进口量，净出口量102万吨。

⑦箱纸板：2015年进口量大于出口量，净进口量52万吨。

⑧瓦楞原纸：2015年进口量大于出口量，净进口量3万吨。

⑨特种纸及纸板：2015年出口量大于进口量，净出口量48万吨。

2015年纸制品进口量12万吨，较2014年减少1万吨，同比增长-8%。

2015年纸制品出口量284万吨，较2014年增加8万吨，同比增长3%。

【纸及纸板生产布局与集中度】 根据中国造纸协会调查资料，2015 年我国东部地区 11 个省(区、市)，纸及纸板产量占全国纸及纸板产量比例为 75.0%，与 2014 年持平；中部地区 8 个省(区)比例占 16.3%，比 2014 年提高 0.5 个百分点；西部地区 12 个省(区、市)比例占 8.7%，比 2014 年降低 0.5 个百分点(见表 6)。

表 6　2015 年纸及纸板生产量区域布局变化

	2014 年		2015 年	
	产量（万吨）	比例（%）	产量（万吨）	比例（%）
纸及纸板产量	10470	100.0	10710	100.0
其中：东部地区	7855	75.0	8035	75.0
其中：中部地区	1652	15.8	1750	16.3
其中：西部地区	963	9.2	925	8.7

注：据中国造纸协会调查资料。

2015 年广东、山东、浙江、江苏、福建、河南、湖南、河北、重庆、安徽、天津、湖北、广西、四川、江西和海南 16 个省(区、市)纸及纸板产量超过 100 万吨，产量合计 10226 万吨，占全国纸及纸板总产量的 95.48%(见表 7)。

【环境保护】 根据环境保护部统计，2014 年造纸和纸制品业(统计企业 4664 家，比 2013 年减少 192 家)用水总量为 119.65 亿吨，其中新鲜水量为 33.55 亿吨，占工业总耗新鲜水量 386.34 亿吨的 8.68%；重复用水量为 86.10 亿吨，水重复利用率为 71.96%，与 2013 年基本持平。万元工业产值(现价)新鲜水用量为 46.2 吨，比 2013 年减少 2.7 吨，降低 5.5%。废水排放量为 27.55 亿吨，占全国工业废水总排放量 186.96 亿吨的 14.7%。排放废水中化学需氧量(COD)为 47.8 万吨，比 2013 年 53.3 万吨减少 5.5 万吨，减少 10.3%，占全国工业 COD 总排放量 274.6 万吨的 17.4%，比 2013 年减少 1.3 个百分点。万元工业产值(现价)化学需氧量(COD)排放强度为 6.6 千克，比 2013 年降低 13.2%。排放废水中氨氮为 1.6 万吨，占全国工业氨氮总排放量 21.0 万吨的 7.6%，与 2013 年基本持平。万元工业产值(现价)氨氮排放强度为 0.22 千克，比 2013 年降低 12%。造纸工业废水处理设施年运行费用为 56.9 亿元，比 2013 年减少 1 亿元。2014 年，造纸和纸制品业二氧化硫排放量 41.2 万吨，比 2013 年减少 3.7 万吨，降低 8.2%；氮氧化物排放量 19.4 万吨，与 2013 年基本持平；烟(粉)尘排放量 14.2 万吨，比 2013 年降低 4.7%。废气治理设施年运行费用 17.3 亿元，比 2013 年提高 6.1%。　　（中国造纸协会）

表 7　2015 年纸及纸板产量 100 万吨以上的省(区、市)

单位：万吨

产量 省(区、市)	2014 年	2015 年	较 2014 年增长（%）
广东省	1760	1820	3.41
山东省	1750	1780	1.71
浙江省	1590	1650	3.77
江苏省	1280	1305	1.95
福建省	650	665	2.31
河南省	630	600	-4.76
湖南省	300	320	6.67
河北省	320	305	-4.69
重庆市	300	290	-3.33
安徽省	230	265	15.22
天津市	235	235	0.00
广西壮族自治区	240	230	-4.17
湖北省	200	230	15.00
四川省	210	190	-9.52
江西省	145	173	19.31
海南省	155	168	8.39
合 计	9995	10226	2.31

注：中国造纸协会调查资料

中国家具产业

【概　述】 2015年全年主营业务收入7872.5亿元，同比增长9.29%，实现利润总额500.86亿元，同比增长14.03%，比轻工行业平均增速高出6.46个百分点，行业转型升级取得明显成效。出口额542.83亿美元，同比实现正增长，国际市场份额得到进一步巩固。工业增加值增速高于全国轻工以及全国工业增加值增速，为全国轻工行业及国民经济稳增长作出重要贡献。2015年，全国家具行业完成累计产量7.70亿件，其中，东部地区产量6.13亿件，占79.63%；中部地区产量0.95亿件，占12.29%；西部地区产量0.34亿件，占4.42%；东北部完成累计产量0.28亿件，占3.66%。东部沿海地区依然是中国家具的主产区，家具产量占比接近80%。但就增速来看，中西部地区的增长优势明显，中部地区同比增长8.18%，西部地区同比增长7.55%。

规模以上企业分布及运营情况　“十二五”期间，随着产业规模化、集约化发展，产业集中度不断提高，大型企业的竞争力进一步加强。2015年家具行业大型企业比2011年增加了83家，企业数翻了两番，占比提升了143个百分点(表1)。与此同时，大型企业的生产规模与效益显示出扩大的趋势，小型企业则与之相反。2015年，大型企业的平均主营业务收入为125717.93万元，平均利润总额为11199.67万元，分别是小型企业的13.21倍和20.36倍；大型企业的主营业务收入利润率为8.91%，比小型企业高出了3.13个百分点。截至2015年年底，家具行业全部规模以上企业5290家，其中大型企业109家，占2.06%；中型企业825家，占15.6%；小型企业4356家，占82.34%(表1)。

从主营业务收入上看，2015年，家具行业规模以上企业主营业务收入7872.50亿元，同比增长9.29%；实现利润500.86亿元，同比增长14.03%。2015年家具行业小型企业完成主营业务

表1　十二五期间家具行业规模以上企业数变化情况

年份	大型企业		中型企业		小型企业	
	企业数	占比	企业数	占比	企业数	占比
2015年	109	2.06%	825	15.6%	4356	82.34%
2014年	106	2.14%	851	17.22%	3985	80.64%
2013年	89	1.89%	825	17.49%	3802	80.62%
2012年	77	1.75%	783	17.75%	3552	80.51%
2011年	26	0.63%	553	13.41%	3546	85.96%

收入4145.22亿元，占全部的52.65%；中型企业主营业务收入2356.96亿元，占全部的29.94%；大型企业主营业务收入1370.33亿元，占全部的17.41%。从不同规模企业主营业务收入均值上看，大型企业平均年主营业务收入12.57亿元，比2014年增加0.94亿元，同比增长8.04%；中型企业平均年主营业务收入2.86亿元，比2014年增加0.17亿元，同比增长6.15%；小型企业平均年主营业务收入0.95亿元，比2014年增加0.10亿元，同比增长11.76%。在子行业中，木质家具制造主营业务收入总量5030.68亿元，居第一位，占家具行业规上企业全部主营业务收入的63.9%，且增速最快，同比增长9.7%。其次是金属家具制造，占比18.65%，同比增长9.3%，均超过行业平均增速。

从利润总额上看，2015年小型企业完成利润总额239.6亿元，占全部的47.84%；中型企业完成利润总额139.18亿元，占全部的27.79%；大型企业完成利润总额122.08亿元，占全部的24.37%。从不同规模企业利润均值上看，大型企业平均年利润11199.67万元，比2014年增加2290.15万元，同比增长25.70%；中型企业平均年利润1687.09万元，比2014年增加114.50万元，同比增长7.28%：小型企业平均年利润550.05万元，比2014年增加62.44万元，同比增长12.81%。从不同规模企业主营业务利润率上

看，家具行业大型企业主营业务利润率8.91%，比2014年增长1.25个百分点；中型企业主营业务利润率5.91%，比2014年增长0.06个百分点；小型企业主营业务利润率5.78%，比2014年增长0.06个百分点。木质家具制造和金属家具制造的利润总额仍居前两位，其利润合计占到行业利润总额的81.74%。但就增速来看，其他家具制造和塑料家具制造居前，同比分别增长33.5%和20.2%，木质家具制造和金属家具制造均同比增长11.4%，低于行业平均增速。

2015年，中国家具行业规模以上企业完成出口交货值1720.13亿元，比2014年增长5.02%，占全国家具行业主营业务收入的21.85%。外销市场比重比2014年降低0.75个百分点，基本持平。内销比重占3/4以上。

区域发展格局 “十二五”期间，随着中西部地区行业投资的增大以及东部地区家具产业向中西部转移，中西部地区的家具产业得以快速发展，占全国家具行业的比重也逐渐扩大，我国家具产业布局开始趋向平衡。从主营业务收入的占比来看，东部从2011年的65.64%收窄为2015年的63.06%，而中部和西部则分别从2011年的15.07%和10.08%扩大为2015年的20.41%和10.40%。

东部地区家具行业主营业务收入仍占全国家具行业的大半部分，广东、山东、浙江等东部沿海省份是家具行业最为发达的地区，但其主营业务收入占全国的比重呈下降态势，已由2011年的65.64%下降到目前的63.06%，降低2.58个百分点。

中部、西部地区主营业务收入占全国的比重呈上升态势。其中，中部地区主营业务比重由2011年的15.07%上升到目前的20.41%，提高5.34个百分点。西部地区主营业务比重由2011年的10.08%上升到目前的10.4%，提高0.32个百分点。对于河南、四川、安徽等中部西部地区，近年来已经逐渐成为家具生产的中坚力量。这些地区的经济发展并不处于全国前列，城镇化过程中本地居民将出现更多的消费需求，本地家具市场将产生更多空间，助力当地家具企业快速走上规模化的发展道路。

东北地区在前几年主营业务占比总体保持稳定，2015年，由于东北地区轻工行业经济增速下降，家具行业主营业务收入占全国的比重也比2014年降低了1.94个百分点。辽宁、黑龙江等东北老工业区，家具业显现疲软状态。

主要产区发展状况 ①广东省依然为我国家具生产、出口的第一大省。2015年广东省规模以上家具企业1188家，占全国家具行业规模以上企业总数的比重为22.46%。完成主营业务收入1735.8亿元，占全国家具行业主营业务总计的22.05%，同比增长6.19%；实现利润88.13亿元，占全国家具行业利润总额的17.6%，同比增长12.44%。

广东省家具子行业主营业务收入情况如下：木质家具制造完成累计主营业务收入1038.94亿元（占59.85%），同比增长5.42%；其他家具制造累计完成主营业务收入322.02亿元（占18.55%），同比增长6.75%；金属家具制造累计完成主营业务收入319.2亿元（占18.39%），同比增长8.69%；竹、藤家具制造累计完成主营业务收入30.76亿元（占1.77%），同比增长0.94%；塑料家具制造累计完成主营业务收入24.88亿元（占1.43%），同比增长6.95%。

据海关统计口径数据，2015年，广东省家具行业对外贸易总额265.79亿美元，占家具行业对外贸易总额的46.8%，同比增长0.82%。其中，出口额262.37亿美元，占家具出口总额的48.33%，同比增长0.86%。

②山东省继续保持健康平稳发展。2015年，山东省规模以上家具企业544家，占全国家具行业规模以上企业总数的比重为10.28%。完成主营业务收入922.2亿元，占全国家具行业主营业务总计的11.71%，同比增长9.9%；实现利润61.34亿元，占全国家具行业利润总额的12.25%，同比增长10.64%。

山东省家具子行业主营业务收入情况如下：木质家具制造累计完成主营业务收入811.55亿元（占88%），同比增长11.42%；其他家具制造累计完成主营业务收入74.53亿元（占8.08%），同比增长-7.96%；金属家具制造累计完成主营业务收入26.51亿元（占2.87%），同比增长5.79%；

竹、藤家具制造累计完成主营业务收入7.45亿元(占0.81%),同比增长193.02%;塑料家具制造累计完成主营业务收入2.16亿元(占0.23%),同比增长-0.61%。

据海关统计口径数据,2015年山东省家具行业对外贸易总额25.56亿美元,占全国家具行业对外贸易总额的4.5%,同比增长2.16%。其中,出口额25.08亿美元,占全国家具出口总额的4.62%,同比增长2.57%。

③浙江省利润增速最快。2015年,浙江省规模以上家具企业739家,占家具行业规模以上企业总数的比重为13.97%。完成主营业务收入811.05亿元,占家具行业主营业务总计的10.3%,同比增长4.48%;实现利润54.58亿元,占家具行业利润总额的10.9%,同比增长38.49%。

浙江省家具子行业主营业务收入情况如下:金属家具制造累计完成主营业务收入274.43亿元(占33.84%),同比增长-0.42%;木质家具制造完成累计主营业务收入255.74亿元(占31.53%),同比增长8.12%;其他家具制造累计完成主营业务收入216.2亿元(占26.66%),同比增长13.71%;塑料家具制造累计完成主营业务收入36.04亿元(占4.44%),同比增长1.3%;竹、藤家具制造累计完成主营业务收入28.65亿元(占3.53%),同比增长-25.53%。

据海关统计口径数据,2015年浙江省家具行业对外贸易总额105.61亿美元,占家具行业对外贸易总额的18.6%,同比增长4.32%。其中,出口额104.41亿美元,占家具出口总额的19.23%,同比增长4.28%。

④河南省后发优势逐步显现。2015年,河南省规模以上家具企业314家,占家具行业规模以上企业总数的比重为5.94%。完成主营业务收入590.22亿元,占家具行业主营业务总计的7.5%,同比增长13.89%;实现利润58.52亿元,占家具行业利润总额的11.68%,同比增长8.08%。

由于河南省处于中国中部地区,承接东部产业转移后对该区域家具行业的发展起到推动作用,后发优势逐步显现,2015年河南省家具行业规模以上企业的主营业务收入和利润名列前茅,但同时受地域限制,在对外贸易发展方面有一定的局限性。

⑤四川省步入平稳发展阶段。2015年,四川省规模以上家具企业283家,占家具行业规模以上企业总数的比重为5.35%。完成主营业务收入487.54亿元,占家具行业主营业务总计的6.19%,同比增长6.56%;实现利润29.27亿元,占家具行业利润总额的5.84%,同比增长5.85%。

【家具进出口贸易】 海关总署发布的数据表明,2015年,中国家具进出口总值567.91亿美元,居轻工行业第四位,同比增长1.02%;贸易顺差517.75亿美元,居轻工行业第三位,同比增长2.30%。

出口贸易 据海关统计,2015年,家具产品出口额542.83亿美元,同比增长1.62%,比2014年提高了1.01个百分点。但从月度出口额看,连续6个月出现负增长。其中,7月份、8月份、9月份和10月份出口额分别同比下降9.06%、10.18%、6.12%和4.18%;11月份和12月份又分别同比下降6.71%和2.47%。

出口国别及贸易增速。2015年,中国家具产品出口主要集中在美国、日本、英国、新加坡、澳大利亚、德国、中国香港、加拿大、马来西亚、韩国等地区。其中,美国是中国家具出口的第一大国,2015年家具产品出口美国167.38亿美元,占出口总额的30.83%,同比增长9.93%;对日本出口额29.02亿美元,同比下降5.2%;对英国出口额27.13亿美元,同比增长11.91%。在出口排名前十位的国家和地区中,对韩国出口增长最快,达到17.87%;对日本、德国和马来西亚出口同比负增长,尤其是对马来西亚出口同比下降26.32%。

2015年,美国国内消费基本保持平稳,个人消费支出增长3.1%,比2014年加快0.4个百分点,带动中国对其家具出口达到近10%的正增长;欧元区扩大量化宽松(QuantitativeEasing,简称“QE”)预期升温,虽然使得中国对其家具出口的增速由上半年的6.87%降至0.58%,却仍比2014年提高了0.37个百分点;日本经济面临较大下行风险,消费者信心止步不前,日本民间最终消费支出下降1.2%,降幅比2014年扩大0.3

个百分点，导致中国对其家具出口表现为持续负增长。

与此同时，中国家具行业与国际新兴市场的出口贸易呈现出分化之势。家具出口至东盟、金砖国家(除中国外)与自贸区等新兴市场的累计出口值合计占家具行业出口总值的 26.45%，比 2014 年同期收窄了 0.50 个百分点；对东盟、金砖国家(除中国外)以及智利、瑞士 2 个自贸区的出口增长为负，对新西兰、澳大利亚 2 个自贸区的出口表现为个位数增长，而对其他市场的出口均保持了两位数以上的较好增长态势(表 2)。

出口贸易方式分布情况。中国家具出口企业从代工生产、贴牌出口向自创品牌、自主设计、自主研发转变，努力提升在全球价值链中的地位，出口自主性和内生力量在逐渐加强。2015 年，家具行业两大主要出口贸易方式中，一般贸易完成累计出口额 449.61 亿美元，占 82.83%；进料加工贸易完成累计出口额 59.73 亿美元，占 11%。一般贸易方式出口由 2014 年的负增长恢复到正增长 1.05%；进料加工贸易出口仍呈现出负增长，为 -4.15%。

与 2014 年相比，前者增速提高了 2.44 个百分点，占比收窄了 0.47 个百分点；后者增速回落了 3.40 个百分点，占比收窄了 0.67 个百分点。尽管一般贸易方式依旧主导家具行业出口，但是上半年增速达到了 11.89%，而下半年出现回落，全年增速比行业整体低了 0.57 个百分点，仅拉动行业出口值增长了 0.88 个百分点，同时对出口值增长的贡献率也由上半年的 88.88% 降至 53.96%。

2015 年，家具子行业中坐具及其零件、木家具、金属家具的出口额超过 450 亿元，占到出口总额的 80% 以上。其中，坐具及其零件完成累计出口额 236.32 亿美元，占 43.54%；木家具完成累计出口额 146.48 亿美元，占 26.99%；金属家具完成累计出口额 75.21 亿美元，占 13.86%。另外，其他材料制家具及家具零件完成累计出口额 63.72 亿美元，占 11.74%；塑料家具完成累计出口额 8.8 亿美元，占 1.62%；医用家具完成累计出口额 5.28 亿美元，占 0.97%；弹簧床垫完成累计出口额 3.91 亿美元，占 0.72%；牙科、理发椅及其零件完成累计出口额 2.38 亿美元，占 0.44%；竹、藤、柳条及类似材料制家具完成累计出口额 0.71 亿美元，占 0.13%。

就增速来看，出口所占份额最多的坐具及其零件、木家具、金属家具的出口额增长速度放缓，牙科、理发椅及其零件出口额增长最快，同比增长 33.9%，其次是塑料家具和弹簧床垫，同比分别增长 12.6% 和 8.3%。

进口贸易 2015 年，中国家具行业进口增幅大幅收窄。据海关统计，2015 年家具产品累计进口额 25.08 亿美元，同比下降 10.57%，是 2008 年以来出现的首次负增长，比 2014 年跌了 19.82 个百分比。从月度看，除 2 月份外，其他月份均为负增长。

目前，中国家具行业正在处于增速换挡期，上游房地产的不景气导致消费增长乏力。进口家具绝大部分属于高端消费领域，在整体经济下行的情况下受到的影响较大。

2015 年，中国家具产品进口主要来源于德国、意大利、美国、越南、韩国、日本等国。其中德国和意大利是较大的进口贸易国，德国完成进口额 4.32 亿美元，占 12.71%，意大利完成进口额 3.01 亿美元，占 12%；美国位居第三，完成进口额 2028 亿美元，占 9.08%。从进口额增长速度看，主要进口国中，英国增幅较大，同比增长 32.31%；从日本、韩国的进口额降幅较大，同比分别下降 32.88% 和 23.28%。

在中国家具行业主要商品进口中，按进口额大小排在前三位的子行业是坐具及其零件、木家具和其他材料制家具及家具零件。其中坐具及其零件进口额 13.15 亿美元，占家具产品进口额的 50% 以上，但增速下降了 17.3 个百分点；木家具进口额 6.63 亿美元，同比增长 4.12%；其他材料制家具及家具零件进口额 2.84 亿美元，同比下降 17.05%。

主要进口产品中，弹簧床垫增幅最高，达到 48.6%；塑料家具和竹、藤、柳条及类似材料制家具也呈现两位数增长。坐具及其零件、牙科、理发椅及其零件、其他材料制家具及家具零件进口呈现两位数的负增长。

"一带一路"出口情况 "一带一路"建设是党中央、国务院根据全球形势变化，统筹国内国际两个大局做出的重大战略决策，沿线64个国家大部分是新兴和发展中国家。2015年中国家具对"一带一路"沿线65个国家的出口额121.04亿美元，出口额占行业出口总额的22.30%，仅低于对美国的家具出口份额。其中，10个国家属于东盟(占37.61%)，5个国家属于中亚(占24.99%)，16个国家属于西亚(占17.61%)，8个国家属于南亚(占10.09%)，17个国家属于欧盟(占6.27%)，7个国家属于独联体(占2.98%)，5个国家属于中东、1个国家属于东亚(合计占0.44%)。

"一带一路"战略构想同时平衡东西两道发展线路，开辟交通和物流大通道，实现贸易和投资便利化，推进各国金融产业合作，推动中西部地区开放，推动东部地区产业升级，将为中国经济增长寻找新的增长动力。打通所有海上通道，将会影响全球经济总量和贸易总量。"一带一路"战略的实施，有效拓展了中国家具行业对外贸易的发展空间。

表2 2015年家具行业主要商品出口主要国际市场情况

主要国际市场		2015年出口值(万美元)	2014年出口值(万美元)	占比(%)	增速(%)
家具行业主要商品		5428305.31	5341553.32	100.00	1.62
传统市场	美国	1673759.20	1522632.32	30.83	9.93
	欧盟	1009607.34	1003761.09	18.60	0.58
	日本	290235.15	306141.43	5.35	-5.20
自贸区	中国—东盟	556935.99	624288.42	10.26	-10.79
	中国—新加坡	209695.15	186010.00	3.86	12.73
	中国—巴基斯坦	8346.10	4439.57	0.15	87.99
	中国—新西兰	25630.13	24407.79	0.47	5.01
	中国—智利	24038.54	24191.80	0.44	-0.63
	中国—秘鲁	12894.37	8309.70	0.24	55.17
	中国—哥斯达黎加	3421.52	2788.39	0.06	22.71
	内地—中国港澳	200809.93	168097.07	3.70	19.46
	内地—中国台湾	51771.64	35531.72	0.95	45.71
	中国—冰岛	465.33	382.50	0.01	21.66
	中国—瑞士	4426.96	4792.78	0.08	-7.63
	中国—澳大利亚	202779.45	193011.12	3.74	5.06
	中国—韩国	141845.36	120343.51	2.61	17.87
金砖国家(除中国外)		202319.40	227015.69	3.73	-10.88

表3 2015年家具行业规模以上企业主营业务收入表

行业名称	2015年主营业务收入(万元)	2014年主营业务收入(万元)	增速(%)
家具制造业	78725025.1	72035159.2	9.29
其中：木质家具制造业	50306773.2	45873848.3	9.66
竹、藤家具制造业	1681754.6	1557994.5	7.94
金属家具制造业	14679225.9	13433441.7	9.27
塑料家具制造业	975493.5	977508.9	-0.21
其他家具制造业	11081777.9	10192365.8	8.73

表4 2015年家具行业规模以上企业出口交货值表

行业名称	2015年出口交货值(万元)	2014年出口交货值(万元)	增速(%)
家具制造业	17201309.8	16378475.8	5.02
其中：木质家具制造业	8642358.1	8151815.2	6.02
竹、藤家具制造业	485369.7	474702.2	2.25
金属家具制造业	4571998.9	4384531.2	4.28
塑料家具制造业	511996.7	498938.1	2.62
其他家具制造业	2989586.4	2868489.1	4.22

表5 2015年各地区家具行业规模以上企业主营业务收入表

地区名	汇总企业单位数(个)	2015年主营业务收入(万元)	2014年主营业务收入(万元)	增速(%)
全国	5290	78725025.1	72035159.2	9.29
北京市	69	796037.2	768626.1	3.57
天津市	67	1093054.1	878119.8	24.48
河北省	146	2706086.9	2228000.1	21.46
山西省	5	51258.8	59266.3	-13.51
内蒙古自治区	8	224172.0	229673.3	-2.40
辽宁省	153	2604451.6	3261808.0	-20.15
吉林省	71	1399480.8	1225283.1	14.22
黑龙江省	64	814984.2	795878.1	2.40
上海市	174	2836013.3	2815728.9	0.72
江苏省	264	3350186.5	3038274.8	10.27
浙江省	739	8110527.7	7763068.1	4.48
安徽省	280	3216140.5	2823312.2	13.91
福建省	331	4163860.8	3593602.7	15.87
江西省	128	2316725.1	1850618.3	25.19
山东省	544	9222041.4	8391498.3	9.90
河南省	314	5902180.3	5182487.7	13.89

（续）

地区名	汇总企业单位数（个）	2015 年主营业务收入（万元）	2014 年主营业务收入（万元）	增速（%）
湖北省	137	1573238.3	1435170.5	9.62
湖南省	131	3009034.2	2480669.0	21.30
广东省	1188	17358032.5	16346141.8	6.19
广西壮族自治区	48	1140858.9	827577.0	37.86
海南省	3	11811.8	10051.8	17.51
重庆市	60	1025872.8	898420.7	14.19
四川省	283	4875381.4	4575230.6	6.56
贵州省	33	303171.1	211471.1	43.36
云南省	9	23788.9	20432.1	16.43
陕西省	24	241246.3	206394.5	16.89
甘肃省	4	10375.7	6443.6	61.02
青海省	1	29217.1	27302.0	7.01
宁夏回族自治区	6	58894.6	42330.6	39.13
新疆维吾尔自治区	6	256900.3	42278.1	507.64

表 6　2015 年各地区家具产量表

地区名	2015 年产量（件）	2014 年产量（件）	增速（%）
全国	769613219	766681633	0.38
北京市	7004890	6834024	2.50
天津市	11891758	10422675	14.10
河北省	13296754	12681005	4.86
山西省	122797	154880	-20.71
内蒙古自治区	836997	1114410	-24.89
辽宁省	22747721	22625673	0.54
吉林省	3171226	3632519	-12.70
黑龙江省	2281995	2601178	-12.27
上海市	22865764	26452632	-13.56
江苏省	16253666	16030564	1.39
浙江省	210620795	211912895	-0.61
安徽省	11395641	10974861	3.83
福建省	134654897	126660030	6.31
江西省	14221883	14409218	-1.30
山东省	39479629	39097942	0.98
河南省	54710526	49467967	10.60
湖北省	6623667	6003905	10.32
湖南省	7478167	6394808	16.94
广东省	156761702	168636512	-7.04
广西壮族自治区	4716177	4393472	7.35

（续）

地区名	2015 年产量（件）	2014 年产量（件）	增速（%）
海南省	15773	63553	-75.18
重庆市	5811750	5280613	10.06
四川省	19582383	17781208	10.13
贵州省	1323010	1205067	9.79
云南省	164120	183160	-10.40
陕西省	859897	843370	1.96
甘肃省	62562	118732	-47.31
青海省	22607	105921	-78.66
宁夏回族自治区	222143	241166	-7.89
新疆维吾尔自治区	412322	357672	15.28

表 7　2015 年全国各地区家具进口情况

地区名	2015 年进口值（美元）	2014 年进口值（美元）	增速（%）
全国	2508217125	2804668784	-10.57
上海市	919799670	955700993	-3.76
广东省	341971782	351212369	-2.63
北京市	262357327	280683799	-6.53
江苏省	192624405	217458055	-11.42
浙江省	119825860	110713774	8.23
天津市	110340035	123703034	-10.80
辽宁省	101440892	139877397	-27.48
福建省	84207849	170478760	-50.61
吉林省	80309080	121784649	-34.06
广西壮族自治区	55337618	73738147	-24.95
山东省	48105740	57031377	-15.65
重庆市	42439972	39718944	6.85
湖北省	38245367	52710912	-27.44
四川省	36295094	40809578	-11.06
河北省	24812050	11035466	124.84
黑龙江省	11509147	9540033	20.64
云南省	9255267	8508125	8.78
江西省	5619174	1933037	190.69
湖南省	4601328	6653493	-30.84
陕西省	4288916	3180752	34.84
新疆维吾尔自治区	3698631	256248	1343.38
海南省	2878879	4991336	-42.32
河南省	2619483	3209237	-18.38
山西省	2573976	2612652	-1.48

(续)

地区名	2015 年进口值（美元）	2014 年进口值（美元）	增速(%)
安徽省	1888803	15961667	-88.17
甘肃省	404404	463	87244.28
贵州省	341049	149644	127.91
内蒙古自治区	331731	334784	-0.91
西藏自治区	52987	146693	-63.88
青海省	37109	4840	666.71
宁夏回族自治区	3500	528526	-0.99

表 8　2015 年全国各地区家具出口情况

地区名	2015 年出口值（美元）	2014 年出口值（美元）	增速(%)
全国	54283053126	53415533177	1.62
广东省	26237303854	26012861812	0.86
浙江省	10440968110	10012329835	4.28
江苏省	3719856756	3599675050	3.34
福建省	2907955440	3010417914	-3.40
上海市	2841025184	2960723077	-4.04
山东省	2507600972	2444728457	2.57
河北省	1153493546	1028077204	12.20
江西省	936698386	807820888	15.95
天津市	566437293	597235957	-5.16
辽宁省	553464870	583616155	-5.17
安徽省	424903890	429593165	-1.09
河南省	364224060	319215228	14.10
湖南省	262387929	219024726	19.80
重庆市	248210447	109772372	126.11
北京市	232658827	246516383	-5.62
湖北省	199616421	143024773	39.57
四川省	144052923	125553963	14.73
黑龙江省	130662123	208221047	-37.25
云南省	87657329	62133292	41.08
吉林省	74080141	78266248	-5.35
广西壮族自治区	53976851	55081272	-2.01
新疆维吾尔自治区	48171629	101862548	-52.71
海南省	32703313	36308918	-9.93
内蒙古自治区	31150751	59828984	-47.93
甘肃省	23862831	18383521	29.81
贵州省	22531248	31222590	-27.84
陕西省	20561596	75601551	-72.80

(续)

地区名	2015 年出口值（美元）	2014 年出口值（美元）	增速(%)
宁夏回族自治区	7803684	25729976	-69.67
青海省	7769920	5923149	31.18
山西省	685972	3199105	-78.56
西藏自治区	576830	3584017	-83.91

【中国家具产业集群】　2003 年 3 月，第一个《中国红木家具生产专业镇》在大涌镇建立。经过十多年的培育，产业集群规模日益壮大。截至 2015 年年底，中国家具产业集群共计 45 个，其中，特色区域 35 个，新兴产业园区 10 个。中国家具产业集群类型涵盖广泛，35 个特色区域中，传统家具产区 11 个，木质家具产区 4 个，流通市场 5 个，出口基地 4 个，金属家具产区 3 个，此外还有办公家具、软体家具、校用家具、家具电商和家具展览等。从分布位置上看，这 45 个产业集群涵盖了东部、中部和西部地区，分布在广东、浙江、江苏、山东、河北、辽宁、云南、江西、湖北、河南、四川、福建、安徽 13 个省份中，分布范围广泛，这些地区同时也是全国工业制造业的核心。其中，广东省占 8 个，浙江省 6 个，江苏省 5 个，是产业集群分布最多的三大地区。

2015 年中国家具产业集群发展概况　中国家具产业集群每年都保持着一定数量的增长规模。2015 年，中国新增 8 个产业集群。新增的产业集群中，有 4 个新兴产业园、2 个生产型产区、1 个电商产贸综合区以及 1 个展览贸易区。

从新增集群的类型上看，自然集聚形成的传统制造业产区近两年增加速度放缓，由政府规划的新兴产业园增速突飞猛进。中国家具新兴产业园是家具行业在发展中兴起的工业及相关产业的集中区域，在家具行业中，工业化程度较高、产业链也相对完整。由于得到当地政府的大力支持，加之地处交通要塞，多种有利因素激活了产业园建设的浪潮。在很大程度上，新兴家具产业园反映了当代中国家具工业水平，引领中国家具业的发展方向。2015 年，中国新增的 4 个新兴产业园，大多是因为当地政府优厚的发展政策，吸引了行业中急需扩充产能的家具企业入驻，间接承接了发达省份家具产业向中部地区的转移。

新增的4个特色区域：中国家具电商产销第一镇——沙集、中国校具生产基地——南城、中国软体家具产业基地——周村和中国家具展览之都——厚街，所属4个不同的产业类型，在整个35个特色区域中，这4个地区的细分领域独一无二。由此可以看出，随着中国家具产业体系的不断健全，产业集群的生产及经营类型被不断细分，一些家具小众分支(如校具生产基地)也开始成为一个成规模化发展的独立产区，领域的细分有利于当地产业针对化发展策略的有效实施。例如，江苏省沙集镇，抓住“互联网+”的发展趋势，在互联网时代下，先人一步，现在的沙集已经成为“中国淘宝第一镇”“中国农村电子商务第一镇”和“中国家具电商产销第一镇”，网销额从2006年的1000万飞升至2014年的47亿，成为了中国家具产业集群创新发展的样板。

在国家及地方政府的支持下，中部地区的家具产业发展势头强劲。中部作为承接东部家具产业转移的节点。近两年来，各级地方政府对制造业给予了丰厚的政策红利，通过不断搭建公共服务平台体系，帮助本地企业快速发展，同时也得到了省外企业的青睐。2015年新增的8个产业集群，有5个位于中部地区。其中，河南省2个、安徽省1个、湖北省1个、江西省1个，位于安徽省六安市叶集区的家居产业园成为安徽省首个家具集群，家具产业的发展极大地提升了当地居民的收入水平。

中国家具产业格局 中国家具产业的地理格局正在发生重大变化，产业转移趋势明显，其规律和主要走势为沿海向内地，发达地区向发展中地区、空白区域迁徙。产业转移的驱动力，从降低成本到开拓市场。产业转移的目的，符合国家两横三纵的大格局。产业转移最终的结果是形成相对合理、均衡的产业网络。

中国家具产业的形态包括特色区域、新兴产业园等。特色区域是由于产业集聚，经过较长时间积累，当地某种类型家具发展壮大形成集群。特色区域经过多年积累，具有一定的传统优势，然而，特色区域的企业规模小，工业化程度低，必须解决进化问题，应依据发展趋势，重新定位，梳理区域内的产品结构和产业结构，包括企业类型及其比例，打造公共技术平台，重在培育宜生土壤，重视区域品牌的建设与传播。

新兴产业园是在国家政策的支持下发展起来的，产业园的发展壮大需要解决两个问题，即现实生存与可持续发展。产业园的入驻企业一般都是在市场网络有保障的情况下投资建造的，在目前很长一段时间能够稳定生存。而可持续发展问题与产业园的长远定位及其与之相匹配的资源积累和能力建设息息相关，需要高度重视。

表9　中国家具协会产业集群一览表

序号	时间	名称	所在地
1	2003年3月	中国红木家具生产专业镇	广东省中山市大涌镇
2	2003年8月	中国椅业之乡	浙江省湖州市安吉县
3	2004年3月	中国家具商贸之都	广东省佛山市顺德乐从镇
4	2004年8月	中国实木家具之乡	山东省德州市宁津县
5	2004年9月	中国家具出口第一镇	广东省东莞市大岭山镇
6	2005年7月	中国西部家具商贸之都	四川省成都市武侯区
7	2005年8月	中国家具制造重镇	广东省顺德龙江镇
8	2005年8月	中国家具材料之都	广东省顺德龙江镇
9	2005年9月	中国金属玻璃家具产业基地	河北省廊坊市胜芳镇
10	2006年12月	中国实木家具产业基地	辽宁省庄河市
11	2007年3月	中国北方家具商贸之都	河北省廊坊市香河县
12	2007年5月	中国欧式古典家具生产基地	浙江省玉环县

(续)

序号	时间	名称	所在地
13	2008 年 1 月	中国传统家具专业镇	广东省台山市大江镇
14	2008 年 5 月	中国古典家具名镇	广东省中山市三乡镇
15	2009 年 6 月	中国东部家具商贸之都	江苏省苏州相成区蠡口镇
16	2009 年 12 月	中国民族木雕家具产业基地	云南省大理市剑川县
17	2010 年 4 月	中国板式家具产业基地	四川省崇州市
18	2011 年 4 月	中国出口沙发产业基地	浙江省海宁市
19	2011 年 6 月	中国中部家具产业基地	江西省南康市
20	2011 年 7 月	中国古典家具文化产业基地	山东省滨州市阳信县
21	2011 年 7 月	中国北方家具出口产业基地	山东省胶州市胶西镇
22	2011 年 7 月	中国华中家具产业园	湖北省潜江市
23	2011 年 7 月	中国家具彰武新型产业园区	辽宁省阜新市彰武县
24	2012 年 4 月	中国金属家具产业基地	江西省樟树市
25	2012 年 4 月	中国办公家具产业基地	浙江省杭州市
26	2012 年 10 月	中国浴柜之乡	浙江省杭州市萧山区党山镇
27	2012 年 11 月	中国苏作红木家具名镇——海虞	江苏省常熟市海虞镇
28	2012 年 11 月	中国苏作红木家具名镇——碧溪	江苏省常熟市碧溪镇
29	2012 年 12 月	中国家具红安新兴产业园	湖北省黄冈市红安县
30	2012 年 12 月	中国西南家具产业基地	四川省成都市新都区
31	2013 年 4 月	中国(瑞丽)红木家具产业基地	云南省瑞丽市
32	2013 年 4 月	中国仙作红木家具产业基地	福建省莆田市仙游县
33	2013 年 8 月	中国红木(雕刻)家具之都	浙江省东阳市
34	2013 年 8 月	中国东部家具产业基地	江苏省南通市海安县
35	2014 年 3 月	中国中原家具产业园	河南省新乡市原阳县
36	2014 年 9 月	中国京作古典家具产业基地	河北省保定市涞水县
37	2014 年 9 月	中国京作古典家具发祥地	河北省保定市涞水县
38	2014 年 11 月	中国钢制家具基地	河南省洛阳市庞村镇
39	2014 年 12 月	中国红木家居文化园	浙江省衢州市龙游县
40	2015 年 4 月	中国家具电商产销第一镇	江苏省睢宁县沙集镇
41	2015 年 5 月	中国长江经济带(湖北)家居产业园	湖北省锦州市监利县
42	2015 年 5 月	中国校具生产基地	江西省抚州市南城县
43	2015 年 5 月	中国中部(清丰)家具产业园	河南省濮阳市清丰县
44	2015 年 10 月	中国软体家具产业基地	山东省淄博市周村区
45	2015 年 11 月	中国(信阳)新兴家居产业基地	河南省信阳市羊山新区
46	2015 年 11 月	中国中部(叶集)家居产业园	安徽省六安市叶集实验区
47	2015 年 11 月	中国家具展览之都	广东省东莞市厚街镇

【中国古典家具名镇——三乡】 三乡镇隶属于广东省中山市，位于珠江三角洲中部、中山市南部，毗邻珠海，地处山区与冲积平原中间，山丘环列。全镇版图面积 93.68 平方千米，辖 14 个行政村和 3 个社区，2013 年年末常住人口 20.26 万人，其中当地户籍人口 4.21 万人，港澳台同胞和旅外侨胞 7 万人。

三乡镇曾获评为全国乡镇企业出口创汇管理

先进单位、国家卫生镇、国家级生态乡镇、全国特色景观旅游名镇和中国古典家具名镇。2015 年，三乡镇上规模企业共 7 家，其中 4 家为家具企业，总产值为 8780 万元，销售收入为 8141 万元。

家具产业概况 三乡镇古典家具行业起源于 20 世纪 90 年代初，本地丰厚的文化积淀，为古典家具行业提供了良好的发展基础和文化氛围，经过十多年的发展，三乡逐步形成了以古旧家具和明清风格仿古家具为主的三大中式古典家具市场(巨龙古玩城、华财古玩城、明清古典家具市场)。与此同时，镇内数十家大型欧美古典家具生产企业异军突起，以高端的设计和优良品质迅速抢占了欧美地区的中高端家具市场，成为了国际市场享有盛名的西式彩绘古典家具群体。三大中式古典家具市场以及西式彩绘古典家具企业群为三乡的古典家具产业带来了人才、技术、销售的高度聚集，吸引到省内外中西古典家具和古玩行业精英先后汇集三乡，形成了一个古典家具、古玩文化圈。2008 年，中国家具协会、中山市人民政府、广东省家具协会等 11 个单位在三乡镇共建"中国古典家具名镇"，从此开启了三乡古典家具发展的新历程。

品牌发展及重点企业情况 三乡的中式古典家具企业，虽是跟随三大古典家具市场的足迹在三乡慢慢形成，但随着家具市场的成熟，众多的外地厂纷纷被吸引来到三乡落户，创立了一批在行业内声名显赫的企业，如"世纪明家""忠华瑞""啄木居"等。

2015 年发展大事记 三乡古典家具行业历经 20 多年的积蓄和发展，在荣获"广东省古典家具专业镇"的殊荣后，凭借"中国最大的明清古旧家具集散地"以及"行内知名度很高的欧美古典家具生产企业集群"两大特色，获得中国家具协会协助，举办了首届中国(三乡)古典家具文化节暨招商洽谈会，为迎接此次文化节，除了三大市场奉献了一场中式古典文化盛宴之外，三乡的西式古典家具企业积极响应，花费数月与镇政府共建了"三乡古典家具精品博览中心"，在三大中式古典家具市场之外建设了一个西式古典家具的展示以及销售平台，成为了首届中国(三乡)古典家具文化节上的一个大亮点。文化节通过开幕式(14 项招商合作项目签约仪式)、古典家具精品博览中心开馆、中国家具产业高峰论坛、全国家具协会秘书长年会、西式古典家具行业标准座谈会、央视《寻宝》——走进中山等几大板块，极大地吸引了全国家具行业人士的眼球，让"古典家具名镇"旗下的三大古典家具市场以及三乡古典家具精品得到了充分展现。该届文化节以高规格、大规模、涉及面广的文化活动给产业发展带来深远影响。

在成功举办三届"文化节"的背景下，2015 年 12 月 26 日至 2016 年 1 月 3 日为期 9 天的第四届中国(三乡)古典家具文化节暨"品质生活、品味经典"艺术展得以成功、安全、圆满地举行，得到镇内外各界人士好评，实现经济效益和社会效益双丰收，达到预期效果。本届文化节将进一步提升三乡镇古典家具行业的整体实力，促进古典家具产业集群转型升级。

【中国仙作红木家具产业基地——仙游】 仙游县地处福建东南沿海中部，县域总面积 1835 平方千米，总人口 112 万人。2007 年注册的"仙作"商标在国内形成区域品牌；仙游县有 10 家古典工艺家具企业的产品被评为福建省名牌产品，涌现出了以"三福工艺""大家之家""贡品轩"等为代表的龙头企业，带动了中小企业快速发展。2015 年，全县产业产值达 310 亿元，同比增长 7.1%，其中规模以上企业 154 家产值 184.2 亿元，创税 3 亿多元。

表 10 2011～2015 年仙游县家具行业发展情况汇总

主要指标	2015 年	2014 年	2013 年	2012 年	2011 年
企业数量(个)	4000	3900	3700	3471	3349
规模以上企业数量(个)	154	114	96	80	75
工业总产值(亿元)	310	290	275	175	160
规模以上企业工业总产值(亿元)	248	232	247	157	136
出口值(亿美元)	31.0	28.5	27.0	17.0	16.0
内销(亿元)	289.0	261.5	248.0	158.0	144.0

发展措施 引导带动，推进企业转型升级。一是抱团营销。2015 年来共组织 100 多家工艺企业参加了北京、上海、深圳、太原、青岛、杭州、厦门、莆田等 13 场大型会展，达成意向合同 5.9

亿多元，成交额3.1亿元。2015中国(仙游)红木艺雕精品博览会成功举办，共达成意向额7亿元，成交额达5.2亿元。二是整合提升。在古典家具行业内推行产销分离，引导个体工商户转为限上商贸企业，推动小微企业上规模，2015年新增规模工艺企业40家，规模以上企业实现产值19.3亿元，同比增加20.6%。三是开拓市场。积极引导工艺企业由单纯开发高端市场产品向中高端和大众化消费并重转变，研发面向大众、适销对路的新中式新古典家居产品，形成"高端市场独秀，中低端市场并进"的市场格局。目前已在巩固海黄、越黄等原有高端原料产品的基础上，逐步开发以缅甸花梨、微凹黄檀、白酸枝、鸡翅木等中低端原料为主的红木产品，市场销售额增长约21%。四是创新产品。大力引导企业改变以往过分讲究复古、仿古的产品理念，将现代家具的实用功能和审美情趣融入其中，在品种款式、结构工艺、功能尺度上大胆创新，同时引导企业牢固树立"做古典工艺家具就是做文化、做艺术、做精品"的观念，提升产品附加值。积极推动红木家装产业发展，鼓励连天红等龙头企业尝试从单一的家具生产向家装、家饰产品延伸。

保障重点，创优企业发展环境。优先突破人才、平台、资金等关键要素的制约，为工艺企业提供优质服务。一是强化人才培育。大力实施人才强基工程，2015年新增中国传统工艺美术大师6名、中国传统工艺美术青年大师3名、市级工艺美术大师49名。依托县鲁班职业技能培训学校积极开展职业技能、电子商务培训等工作，已举办15期培训班，培训人次750人次。依托仙游职业中专学校，免费为企业技工培训，并颁发技工等级证书，做到持证上岗。鼓励企业积极参与各类技能比赛，推动更多的优秀作品和优秀人才脱颖而出，举办了第二届"仙艺杯"工艺品雕刻制作职业技能竞赛。二是完善平台建设。重点抓好"一街四走廊""两园六个城"，海峡艺雕旅游城、环球工艺城竣工投入使用，工艺产业园及二期、根艺古玩城、三福工艺园等项目动工建设。三是着力融资服务。用好每年500万元产业发展专项资金，积极支持产业的技术研发、市场推广、品牌打造等关键领域；协调银企关系，多次召开银企融资对接会，设立中小企业风险补偿金2000万元，建立了近3亿元的助保贷资金池，促成银行对仙作工艺企业加大信贷扶持，推动红木质押融资业务，有效解决企业融资与"去库存"问题，2015年银行共放贷工艺美术产业资金81.23亿元，同比增加9.16亿元。

多方宣传，大力推广"仙作"品牌。一是加大广告宣传。投入500多万元用于仙作品牌宣传，与福建省电视台综合频道签订为期一年的广告宣传，同时在福厦高速等交通要道上建立了16块大型户外广告牌。二是有效利用互联网。充分利用其互联网更新速度快、传播空间广(全球性)、传播自由度高和交互性强等优点，使仙作品牌在全球得到快速传播。2015中国(仙游)红木艺雕精品博览会期间网络点击量突破百万次。三是加强品牌打造。顺利获评"全国红木古典家具产业知名品牌创建示范区"，"世界中式古典家具之都"创建工作通过初评。大力实施品牌培育计划，2015年新增福建省著名商标11家、莆田市知名商标12家。

加强监管，促使产品质量提高。一是建立质量保证制度。建立以"一证一书一卡一芯"(一芯指RIFD芯片)为主要内容的质量保证制度，实现从原料进厂、生产加工、出厂销售到售后服务的生产使用全过程监管，以及产品质量的可追溯体系和责任追究体系，强化企业产品质量主体责任。全县已有1000多家古典工艺家具企业实行"一证一书一卡"制度。二是提升监管力度。经贸、市场监督管理局、税务等部门加强行业服务和管理，主动上门服务企业。加强安全生产监管，坚决取缔三合一厂房，注意预防工人因吸入木粉而发生新的职业病种，强制要求企业与工人签订用工合同、保险合同等。三是发挥协会作用。推动各行业协会在服务企业、开拓市场、培养人才、创建品牌、行业自律等方面发挥作用，特别是对恶性竞争、投机取巧、生产假冒伪劣产品的企业，采取行业制裁措施，进一步规范企业营销行为，树好行业形象。新成立了福建省红木工艺品协会，加强对红木工艺品的行业监管。

培育电商，促进"仙作"蓬勃发展。深化全县工艺美术企业电子商务应用，促进实体购销渠道和网络购销渠道互动发展，提高供应链和商务协同水平。鼓励有条件的龙头企业电子商务平台向行业电子商务平台转化，引导中小企业积极融入龙头企业的电子商务购销体系。鼓励红木产业应用第三方电子商务平台，开展线上销售、采购，线下沟通，提高生产经营和流通效率，提升专业化生产、协作配套作用，促进红木产业和电子商务的进一步融合发展。目前，全县80%以上工艺企业有建立企业门户网站，佛珠、小件工艺品商户1万多家，其中90%以上通过淘宝网、天猫网、京东网、微店等电子商务方式销售产品。初步形成了1个淘宝镇、4个淘宝村，搭建了"5833""仙作购"两个第三方交易平台。全县通过电子商务实现年销售额30多亿元，仙游县位列"电商百佳县"第26位。

【中国红木(雕刻)家具之都——东阳】 东阳地处浙江省中部，总人口83万人，地域面积1747平方千米，迄今已有1800多年的历史。自明朝以来，东阳就有"百工之乡"的美誉，并以东阳木雕扬名于世，很多传统工艺也得以传承，由此发展形成了东作红木家具风格的雏形。近年来，东阳红木家具产业在此基础上蓬勃发展，已成为全国最重要的红木家具生产基地之一。

行业发展情况及公共平台建设情况 东阳红木家具产区目前已经形成东阳中国木雕城、东阳红木家具市场、横店红木家具中心、南马花园红木家具城等四大交易市场和城北工业新区、横店镇、南马镇三大产业基地。同时，东阳市政府联手一批优秀浙商团队投资百亿打造的中国木雕文化博览城项目中的中国木雕博物馆、国际会展中心等已建成并投入使用，这对进一步提升东阳木雕·红木家具产业知名度，丰富产业层次，打下了坚实的基础。

从人才队伍建设情况来看，东阳作为百工之乡，人才类别之多、数量之多、技艺之高在全国首屈一指。除了拥有亚太手工艺大师2位，国家级、省级工艺美术大师45位之外，行业协会还积极培养技师和家具设计师，现经培训获得职业资格证书的技师和家具设计师以及中高级技工等专业技术人才已有600余位。

在政策引领方面，自2010年起出台了《东阳市木雕·红木家具行业准入指导意见》和《关于促进木雕·红木家具行业转型升级的若干意见》等多个政策文件，同时，制定行业标准——《东阳市木雕·红木家具企业联盟标准》，开展行业整治，并在人才、土地、财税方面加以保障；积极实施"名品、名企、名家"战略，提升自主创新能力，鼓励企业设立技术中心、大师创作设计室等；引导企业综合运用技术、标准、品牌、专利等手段，积极开发新产品、新技术、新工艺。提出了"支持发展，加强管理，规范提升，诚信经营"的原则。

在公共服务平台建设方面，东阳市政府积极搭建招商引资、电子营销、质量检测等平台，制定行业标准，规范市场。东阳市政府在做足基本工作的基础上通过特色展会、招商引资、举办会议、电视媒体等形式面向全国宣传，走出一条独具特色的"东作"红木家具产业发展道路，成为名副其实的中国红木(雕刻)家具之都。

经济运营情况 2015年，东阳市木雕·红木家具行业完成产值153亿元，经工商注册登记的木雕·红木家具生产企业3000多家，其中规模以上企业123家，从业人员9万余人。2015年红木家具行业新增已授权专利259件，全行业累计已授权专利1500余件。东阳市先后荣膺"中国红木(雕刻)家具之都""世界木雕之都"等称号，已成为全国最重要的红木家具集散地之一。

表11 2011~2015年东阳市红木家具行业发展情况汇总表(生产型)

主要指标	2015年	2014年	2013年	2012年	2011年
企业数量(个)	2756	3267	2627	2072	1035
规模以上企业数量(个)	123	123	95	—	—
工业总产值(亿元)	153	142	132	120	107
商场销售总面积(万平方米)	112.9	106.9	90.9	82.6	82.6
商场数量(个)	6	6	5	4	4

品牌发展及重点企业情况 从领军企业的发展水平来看，东阳木雕·红木家具龙头企业实力强劲。现拥有东阳名牌以上的企业有46家(其中浙江省级名牌7个，金华市级名牌19个，东阳市级名牌20个)；获得中国驰名商标的企业10家(司法认定)，浙江省著名商标的企业5家，金华市著名商标的企业10家，东阳市知名商标的企业

19家。

东阳市明堂红木家具有限公司　作为东阳市木雕·红木家具龙头企业，明堂红木积极转型升级，精细生产；立足传统，推陈出新；以人为本，注重培养；创新营销，明星代言；引进设备，环保车间。近年来，明堂积极组建产品设计开发团队，与国内外优秀的设计机构和家具设计师合作，产品出新率达到15%。2015年还荣获了“中国家具产业集群优秀企业”、东阳市人民政府“市长质量奖”等荣誉称号。

东阳市中信红木家具有限公司　中信红木是东阳市规模最大的红木家具生产企业之一，也是东阳木雕·红木家具龙头骨干企业。2015年年初，中信红木引进了一条先进的红木家具生产流水线，这是东阳第一家流水线生产红木家具的企业。采用流水线生产，实现以机代人，进行标准化生产，操作安全，吸尘效果较好，生产效率高。

浙江大清翰林古典艺术家具有限公司　大清翰林作为东阳市的龙头骨干企业，以传统家具设计为代表，在产地、全国、国际3个不同级别的专业展会上大放异彩。截至2015年，大清翰林获得了三届以上中国红木家具“东作”奖特别金奖，连续三届“金斧奖”中国传统家具设计制作大赛最高奖项——神品奖。2015年，该公司吴腾飞荣获了中国家具设计领域的最高奖项——金点奖，这是红木家具行业首位、也是唯一获此殊荣的设计者。

2015年发展大事记　4月28～30日，第一届中国(东阳)木雕·红木家具交易博览会在东阳中国木雕城国际会展中心举行。100多个品牌企业的精品红木家具汇聚一堂，向全国各地的经销采购商一展“东作”之魅力。

9月5日，在2015中国红木家具大会期间举办了首届2015年度中国红木家具“东作”设计创意比赛，通过实践创作与点评交流不断提升东作家具设计师的实力水平。

2015年建设健全东阳市红木家具检测机构。自2009年起东阳市红木家具行业协会与南京林业大学合作进行材质鉴定检测工作，2015年年初成立了红木家具质量检测机构，并通过实验室资质认定。同时，国家级木雕红木产品质量监督检验中心也在东阳积极筹建中。

【中国实木家具之乡——宁津】　宁津县位于山东省西北部冀鲁交界处，区划面积833平方千米，辖9镇1乡2个街道1个省级经济开发区，人口47万，是“中国五金机械产业城”“中国实木家具之乡”“中国桌椅之乡”“全国食用菌产业化建设示范县”“中国民间艺术(杂技)之乡”和“中华蟋蟀第一县”。地处北京、天津、石家庄、济南等大中城市圈中心地带，与河北省沧州市、衡水市隔河相望，北邻天津滨海新区、南靠省会城市群经济圈、东接黄河三角洲高效生态经济区，是京津冀一体化发展的协同发展区，为企业开拓市场提供了“南北借力，东西逢源”的地缘优势，是一片投资沃土。

行业发展情况　宁津县的实木家具产业起源于20世纪90年代，起始由加工业户自发形成，经政府引导，逐步由小到大，由散到聚，跨越发展成为全县的支柱产业和富民产业。在宁津，实木家具产业已呈遍地开花之势，全县共有家具生产企业3078家，其中规模以上企业58家，从业人员达到4.7万人，形成了2个家具园区、7个特色乡镇、180个专业村的集群格局。

宁津实木家具产品有餐厅家具、厨房家具、酒店家具、卧房家具、套房家具、办公家具、软包家具和实木内门八大系列上千个品种，拥有经典中式、简约欧式、现代中式、英式田园乡村、后现代实木、明清古典等多种典型风格。三江木业“鲁特蒂亚”欧式古典家具、名岳家具“美瑞克”法式宫廷家具、汇丰家具“左岸尚东”简约欧式家具、大亨木业“欧帝森”实木门等品牌家具主要销往全国一线、二线城市。

宁津家具经销全国20余个省市，其中餐桌餐椅占到长江以北市场份额的50%以上，家具产品远销美国、韩国、欧盟等30余个国家和地区。自2004年起，数十次获得省、国家级颁发的“实木家具示范县”和“实木家具产业基地”等荣誉称号。2015年9月，中国家具协会授予宁津实木家具“中国家具先进产业集群奖”。

公共平台建设情况　投资建立了建筑面积5万平方米的中国宁津家具大世界，集中展销宁津精品家具。投入资金3000余万元，建成了家具行业技术中心，2011年被认定为省级公共服务平台，2013年被工信部认定为国家级公共服务示范平台，可为家具企业提供产品研发、质量检测、出口监管、信息服务、民企培训等多项服务。在2012年的第六届家具文化节上，山东宁津家具研究院正式揭牌成立，为家具企业进行产品研发、人员培训提供方便。以山东省电子商务平台网易商平台为依托，搭建宁津县家具产业电子商务平台。成立电子商务服务中心，并与"好品山东"签署合作协议。

经济运营情况 在宁津，家具产业已呈遍地开花之势，全县共有家具生产加工企业3078处(户)，其中规模以上企业58家，从业人员达到4.7万人。2015年，全县家具产业实现销售收入170亿元，出口创汇7990万元。

品牌发展及重点企业情况 宁津县拥有"兴强""万赢""吉祥木""德克"4个山东省名牌产品和"美瑞克"1个山东省著名商标。家具产业已由过去的"群山无峰"向"群山成峰"转变，家具龙头企业优势逐步凸显，涌现出美善、三江、宏发、德克、鸿源、汇丰、大亨等20余家龙头骨干企业。其中，大亨木业、宏发木业、名岳家具、三江木业被授予"山东省实木家具产业基地骨干企业"称号。

2015年发展大事记 2015年，宁津县紧抓京津冀一体化协同机遇，积极谋划，强化招商引资，主动承接京津冀地区家具产业转移，实现与京津冀家具产业的分工协作、协调发展。成功与廊坊华日家具公司举行高档家具产业园投资合同签约仪式，华日集团计划投资19.5亿元在宁津建设高档家具产业园。签约仪式上，来自北京京派联盟及京津冀的家具企业有50多家，进一步考察洽谈，寻找合作契机，为宁津县家具产业招商储备了大量后续项目，确保了大项目的支撑作用。

表12 2010~2015年宁津县家具行业发展情况汇总

主要指标	2015年	2014年	2013年	2012年	2011年
企业数量(个)	3099	3078	3061	3045	3029
规模以上企业数量(个)	59	58	56	50	48
主营业务收入(亿元)	170	168	158	148.6	140.7
规模以上企业主营业务收入(亿元)	161.0	159.0	150.0	140.8	139.0
出口值(万美元)	1358	1300	1100	980	950

(续)

主要指标	2015年	2014年	2013年	2012年	2011年
内销(亿元)	168	165	155	147	140
家具产量(万件)	3550	3360	3160	2970	2800

【中国中部家具产业基地——南康】 2011年7月，中国家具协会与南康区政府签署了共建"中国中部家具产业基地"协议。在国际国内整体经济形势下行和企业生产成本不断上升的双重不利因素的影响下，南康家具产业仍然保持快速发展的态势，产业链条更加完善，品质和形象不断提升，连续五年被中国家具协会评为"全国优秀家具产业集群"。

2015年，南康实现地区生产总值170.2亿元，增长10.6%；实现财政总收入24.7亿元，同比增长13%；实现公共财政预算收入18.4亿元，同比增长13.7%，财政总收入增速居全市第一；完成固定资产投资145亿元，同比增长19%，增速居全市第一；实现规模以上工业增加值62.7亿元，同比增长10.5%；实现社会消费品零售总额36.9亿元，同比增长13.4%；城镇居民人均可支配收入24023元，同比增长11%；农民人均可支配收入8316元，同比增长13%。

产业概况 南康家具产业起步于20世纪90年代初，历经20多年发展，产业从无到有，规模从小到大，初步形成了集加工制造、销售流通、专业配套、家具基地等为一体的产业集群，是南康最重要的支柱产业、民生产业和富民产业。南康家具企业从2013年的5029家增至2015年的7548家，从业人员从2013年的20万增至2015年的30万人，家具市场建筑面积从120万平方米增加至160万平方米，营业面积和年交易额在全国位居前列。2015年，南康家具产业总产值达到880亿元，专利申请量1190件，授权量达到1092件，2015年全区家具产业年耗材达560万立方米，其中，国外木材450万立方米，占80%。南康家具行业的中国驰名商标、江西省著名商标、江西省名牌在这三年中分别增加了3个、41个和17个。截至2015年年底，南康家具拥有中国驰名商标4个，江西省著名商标84个，江西名牌29个，各种品牌占有量在江西名列前茅。

全面推进家具产业公共服务平台建设 南康在打造口岸、园区、烘干、喷涂、研发、检测、展销、物流、金融等九大公共服务平台的基础上，又推进了外贸服务中心、进口木材废料加工中心两大平台建设，形成了“9+2”的平台支撑。

一是组建了服务外贸进出口的公共机构。2015年5月，组建了南康家具进出口贸易服务中心。以“首问负责、一站式办证、保姆式服务、辐射家具全产业”为宗旨，以家具出口和木材进口企业为服务对象，推动南康家具产业转型升级。截至2015年年底，38家家具进出口企业签约服务中心，33家已装修好办公场所可开展业务，其中有实绩的木材进口企业13家，全区办理外贸经营者备案登记企业达230家，在赣州港直接报关报检的家具进出口企业由最初的4家增加到37家，辐射带动近500家本地家具企业开展进出口业务，实现家具产业向“买全球，卖全球”迈进。

二是成立了研发服务公共平台。引进中国航天科工集团江西分公司成立航天云网服务平台，建设以云制造服务为核心的高端生产性服务平台。目前已有自由王国、瑞之林、李氏王朝等省内外1205家企业成功入驻，完成标的金额1500余万元。

三是搭建和完善家具产品质量监督检验中心。2013年国家家具产业质量监督检验中心(江西)获批建设，落户南康，项目投资9000万元，占地面积3.3公顷，建筑面积达1.5万平方米，主要承担家具用材鉴定、家具中有害物质检验、质量仲裁检验及有关技术服务和培训等，是全国第五家、中部地区唯一一家也是落户县区第一家国家级家具检测机构。2015年10月，中心通过了CNAS“三合一”现场初步评审。

四是展销平台市场化运作日益成熟。2015年举办的第二届中国(赣州)家具产业博览会吸引观展商和采购商16.6万人次，交易额(含全年专卖签约)达15.25亿元，同步举办的网上家博会共有500多家企业参与，累计访问量达833万人次，成交额4670万元。展会的召开在业内及周边各省市影响力巨大。同时，采取财政补贴等形式，鼓励家具企业到广东、成都、上海等国内外知名家具生产基地参展，通过外出参展进一步提升南康家具区域品牌影响力。

五是园区平台大规模开工建设。围绕园区化的发展思路，着力推动333公顷家具产业园建设，继续完善产业园布局规划和企业入园办法，通过银行贷款等形式筹措资金3.5亿元，投入3.4亿元用于各园区及项目建设，有力推进了开发建设工作，取得了良好效果。同时高标准规划建设了家具产业出口小区。小区位于南康家具产业园，项目占地5.1公顷，总投资约1.6亿元，建设标准厂房14栋，总建筑面积约10万平方米，12家有先进理念、能引领带动进出口业务和具有示范作用的企业入驻，目前入驻企业全部正式投产。

六是政企银联合，打造金融创新平台。近年来，南康经济的持续增长，每日上亿的现金流，吸引国内各大商业银行、金融机构的入驻，给南康家具产业发展提供了各式各样的金融贷款支持。主要成效有：一是推动企业直接融资，紧紧抓住中国证监会对口支援等重大契机，积极运作博士家具、金东门化工等一批龙头企业到新三板挂牌。二是引进全国著名的中小企业融资平台——深圳前海股权交易中心在南康设立服务基地，为南康中小企业提供展示、融资服务，至今已有61家家具企业在该中心挂牌，为46家挂牌企业实现融资11470万元。三是积极实施“财园信贷通”“小微信贷通”，创新推出“家具产业信贷通”、启动“创业信贷通”，4个“信贷通”累计放款14.1亿元。四是总额1亿元的中小企业还贷周转金开始运行，帮助中小企业解决临时“过桥”资金难题。累计提供还贷周转金9326万元，其中家具企业金额5187万元。

产业链条进一步完善 完善的产业链条是南康家具产品“物美价廉”的重要保障，通过近20年的发展，南康家具内部循环链条已趋近完善，但连接外部循环的产业链仍需建设及完善。在区委政府的不断推动下，产业进行了转型升级，家具业主通过外出参展、观展开阔视野，思维得到转变。区委政府在推动产业转型升级的同时，也不断地吸收新概念、新想法，为家具产业发展注入新活力。

一是建造和完善赣州港功能。通过各级政府的努力，由南康区政府独资筹建的赣州港于2013

年启动，2015年1月19日正式运营，这是全国首个、也是唯一一个进境木材内陆口岸，目前开通了东南亚"直运"，启动了北欧"直运"工作，即将开通赣州港经满洲里到俄罗斯、经新疆阿拉善到欧洲木材进口及家具出口"一带一路"铁路专列，争取早日开通多口岸直通业务。赣州港铁路专用线于2015年11月29日正式动工兴建，2016年5月投入运营后，将形成一个新的物流枢纽和口岸高地。

二是推动家具电商快速发展。南康电商目前已形成光明电子商务创业孵化园、泓泰家具电子商务城、北方大厦、城市壹号等电子商务企业聚集区域，办公面积超过20万平方米，集聚了近千家电商企业、200多家广告摄影公司近20家快递企业，有1万多名从业人员，2015年家具电商销售额达52.2亿元，"双11"当日交易额达1.1亿元。南康家具市场被国家商务部评为"国家电子商务示范基地"。

三是产品业态不断丰富。赣州汇明木业有限公司进入南康家具产业园后，新上总投资达12亿元的年产22万立方米人造板项目，达产后将年出口货柜6000个以上，出口额将超过1亿美元，打通了实木家具与板式家具的链条环节，填补了南康板式家具自营出口的空白；由广东东莞最大的实木家具出口企业远大集团公司，联合本土3家优质家具企业成立的江西中元智能家具有限公司，采用世界先进制造技术，专业生产出口美式家具，项目投资5亿元，竣工投产后年产值将达15亿元，利税1亿元。南康家具市场被评为"江西省重点培育内外贸结合商品市场"，以南康为主体的赣州家具基地被评为第三批国家外贸转型升级专业型示范基地。

四是物流配套链不断强化。南康区现有304家专业家具物流企业，经营的物流专线1000多条，总营业额已达65亿元，年运货量达20万车次。有4家物流企业被授予国家AAA级物流企业称号，4家被授予国家AA级物流企业称号，有规模以上物流企业8家，2015年物流税收达7300多万元，同比增长18倍。

产业布局进一步优化　一是经济开发区扩区调区获得通过。南康经济开发区扩区调区获得省政府批复同意，规划面积由346.7公顷扩至1362.9公顷，主要承载家具产业的南康经开区基础设施建设加快推进，新增开发面积366.7公顷。

二是建设了一批家具生产聚集区。南康区积极争取省、市国土、林业部门关心支持，按照"引企入园(区)、退厂还耕、区域集聚、疏堵结合"的思路，规划建设了11个家具生产集聚区，拓展了企业发展空间。通过引导企业往园区聚集，带动了整个产业的规范发展和集约发展。

三是强化招商引资。南康区专门成立招商引资工作领导小组，先后开展了"外出驻点招商月"活动、南康家具进出口专项招商活动，积极组织参加省市举办的北京会、香港会、厦门会、广州会、赣台会、长三角赣商联盟投资洽谈会、深圳会，以及"民企入赣"等招商活动。同时积极利用重大节会平台，主动走访对接重点客商、重点企业，加快推进一批重点项目落地，取得了明显成效。目前，已签约落户项目105个，跟踪洽谈项目60个。

四是加大对龙头企业扶持力度。设立家具企业技术改造基金。对采用经省级以上(含省级)相关部门认定属国内领先、国际一流的先进设备的家具企业，给予相应的奖励，2015年南康区奖励龙头企业技改资金1500万元；对参加重要展会的参展企业实行补贴。在2015年的第21届中国国际家具展(上海家具展)上，15家南康品牌家具企业以南康家具产业集群形式整体亮相，展现了南康家具产业集群，特别是实木家具的整体风采。通过龙头项目的示范引领，带动一批本地企业迅速转变经营理念，积极开展家具出口，化解国内经济下行带来的库存压力。

五是推行"南康家具品牌联盟"。由区家具协会牵头制定"南康家具品牌联盟"的使用和准入办法以及扶持政策，把南康的优质家具企业全部纳入、统一使用，力争2016年实现南康优质家具企业全面使用"南康家具品牌联盟"标志。

(中国家具协会)

中国橡胶工业

【概　述】 2015年，中国天然橡胶产量同比有所下降，与此同时，需求方面各种利空因素席卷而来，原油价格持续下跌、轮胎出口受阻、重型货车轮胎市场销量大幅下降等，导致中国天然橡胶下游行业需求持续低迷，利润大幅缩水，企业经营困难。整体来看，2015年中国天然橡胶行业仍处于供需失衡状态，天然橡胶价格持续下行，一度跌破万元大关，创出7年新低。

新增资源量继续增长，增速放缓 据中国物流信息中心统计，2014年天然橡胶累计新增资源量为345.5万吨，同比增长4.3%；2015年天然橡胶累计新增资源量为356万吨，同比增长2.6%，增幅同比下降1.7%。

2015年，中国天然橡胶产量同比下滑。国内天然橡胶产区天气状况全年良好，但由于市场利空因素较多，天然橡胶供过于求，价格持续下跌，胶树种植户利润空间越来越小，甚至出现亏损，部分胶园减小割胶频率。特别是第二季度，受天然橡胶价格持续低迷影响，国内胶树开割时间整体晚于2014年同期，海南中南部地区胶树开割率不足60%，新胶上市进度十分缓慢，天然橡胶产量低于2014年同期水平。第三季度情况有所好转，国内产区雨季结束，胶乳供应充足，多数加工厂开足马力生产，天然橡胶产量在正常范围内偏高，较前期明显提升。但从全年来看，2015年中国天然橡胶产量同比下降，这是近年来首次出现这种现象。据初步统计，2015年中国天然橡胶累计产量约为82万吨，同比下降约4.3%。

2015年，中国天然橡胶进口量保持增长。全年受产量、需求量和社会库存量等因素影响，中国天然橡胶进口量呈“前低后高”的态势。2015年上半年天然橡胶进口量同比保持小幅增长；第三季度开始大幅增长，增幅保持在25%以上；第四季度增幅虽然有所降低，但仍处于较高水平。

据中国海关统计，2015年，中国天然橡胶进口量为274万吨，同比增长4.8%。虽然国内产量出现下降，但由于进口量持续增长，2015年中国天然橡胶新增资源量较2014年仍有增长。由于目前国内需求端消化能力有限，天然橡胶进口量显著体现在显性库存量上。数据显示，截至2015年12月底，青岛保税区天然橡胶库存量持续上升至25.52万吨，同比增长近1倍。

市场需求继续低迷 2015年中国国内生产总值(GDP)增速为6.9%，这是自1990年来首次跌破7%。同时，中国的投资、出口和消费自年初以来均呈增速放缓趋势，特别是对大宗商品价格影响较大的房地产开发投资增速回落最为明显。采购经理指数(PMI)连续5个月在50以下，经济运行呈现胶着状态。需求偏弱、成本高抬、资本市场和汇率市场波动共同导致中国大宗商品市场价格较长时期处于较低水平。

从天然橡胶主要下游行业来看，2015年轮胎行业产能过剩、库存积压，经济运行形势仍然不容乐观。经历十多年的高速发展尤其是近两年“井喷”式投资后，中国轮胎行业出现较为严重的结构性过剩，中低档同质化轮胎过剩，高档及绿色轮胎仍有缺口。轮胎企业库存量普遍相当于1.5～2个月的产量。轮胎企业开工率不断走低，总体跌至60%左右，同比下降近10%，同时由于生产集中度不高，众多企业间为争夺市场相互压低产品价格，导致轮胎价格持续向下。

此外，2015年轮胎行业的发展环境可谓“内外交困”。首先，国务院关税税则委员会下发的《2015年关税实施方案》正式实施。中国进口天然橡胶仍实行选择税，其中从量税上调为每吨1500元，增长了300元。但是该方案的实施并未实现提高天然橡胶价格的初衷，却增加了下游轮胎企业的成本负担。其次，8月份美国商务部发布了中国输美轻型货车轮胎及乘用车轮胎征收14.35%～87.99%的反倾销税和20.73%～116.33%的反补贴税。美国是中国轮胎最主要的海外市场，中国对美国的轮胎出口量约占中国轮胎出口量的1/3。

此次"双反"使本来就困难重重的轮胎出口雪上加霜，中国很多轮胎企业不得不放弃美国市场。

与此同时，在2015年整体经济增长继续放缓的背景下，汽车消费难现亮点，低速增长成为中国汽车行业的常态。据中国汽车工业协会统计，2015年中国汽车产销量分别为2450.33万和2459.76万辆，同比分别增长3.25%和4.68%，增速同比降低4.01%和2.18%。其中，乘用车产销量分别为2107.94万和2114.63万辆，同比分别增长5.78%和7.30%；商用车产销量分别为342.39万辆和345.13万辆，同比分别下降9.97%和8.97%。在商用汽车中，与天然橡胶需求密切相关的重型货车市场依然如履薄冰。2015年，重型货车销量降幅持续扩大，2月份降幅甚至接近50%。

2015年重型货车市场累计销售量为54.68万辆，同比下降27%，同比净减少约20万辆。商用车，尤其是重型货车销售市场低迷导致天然橡胶需求遭受严重打击。

市场价格继续震荡下行 2015年中国天然橡胶市场价格延续2014年的跌势，继续呈震荡下行，全年仅有5月份出现较小幅回升，其他月份环比均下降，特别是11月份，降幅达到10%。据中国物流信息中心市场统计，2015年中国天然橡胶累计平均价格同比下降17.96%，合成橡胶累计平均价格同比下降10.2%。

2015年国内天然橡胶(SCRWF)价格情况为：云南电子商务中心平均价格为12373元/吨，同比下降745元/吨；上海市场平均价格为11270元/吨，同比下降2258元/吨，最高价格为13000元/吨，最低价格为8700元/吨；青岛市场平均价格为11199元/吨，同比下降2239元/吨，最高价格为12900元/吨，最低价格为8700元/吨；天津市场平均价格为11374元/吨，同比下降2254元/吨，最高价格为13100元/吨，最低价格为8800元/吨。国外主产国天然橡胶价格情况为：泰国RSS3平均价格为1581美元/吨，同比下降398美元/吨，最高价格为1900美元/吨，最低价格为1215美元/吨；印度尼西亚SIR20平均价格为1378美元/吨，同比下降350美元/吨，最高价为1635美元/吨，最低价格为1140美元/吨；新加坡期货市场到期RSS3现货平均价格为1562美元/吨，同比下降398美元/吨，最高价格为1905美元/吨，最低价格为1171美元/吨(以上部分数据来源于农业部农垦局)。 （中国物流信息中心 董昱）

【天然橡胶的重要地位】

用途广泛 世界上的橡胶制品已达8万种之多。据发达国家计算，橡胶消费量和钢铁产量保持的比例，一般认为1～1.5∶100，即消耗100吨钢铁，必须有1～1.5吨橡胶(目前中国钢材产量约10亿吨，那么中国每年橡胶消费量至少1000万吨)。可以说，橡胶是一种广普性社会资源，经济地位十分重要。

不可替代性 天然橡胶既是四大工业原料中唯一的可再生资源，又是一种典型的约束性战略资源(全球含居民区和保护区宜植天然橡胶的土地不超过3亿亩)，还是高精尖技术产品不可或缺的材料之一。

战略性 天然橡胶是国民经济生产的基础产业和必备物资。在国际交往中把其视为重要筹码之一，在政治上常用禁运天然橡胶的办法对敌国制裁；在贸易上以哄抬价格或配额管制的方式阻挠订货或减少供应等。从中国的国际地位和发展环境看，天然橡胶不能全部依赖进口，军工国防等必需品供应应该立足国内解决。

敏感性 中国目前80%的天然橡胶需要进口，进口来源国中个别国家与中国在南海有岛礁争端。天然橡胶产业的发展与地缘政治敏感性高度相关。同时，这一产业还关系到300万人口、50万农户的生计及边疆沿海的社会安定。

生态效益可观 据研究，橡胶园在一个生产周期里(按25年计)，每公顷(15亩)每年可固定318.7吨大气中的碳，而热带山地雨林生态系统每公顷每年碳固定量只有1.366吨，明显低于橡胶园的二氧化碳固定量。国际天然橡胶生产国联合会每年都呼吁，把天然橡胶林作为森林碳储备量进行碳市场交易；橡胶产业的发展还彻底改变了少数民族"刀耕火种""游耕轮歇""毁林种粮"的旧习，有效减少了当地居民砍林、毁林的现象。在轮歇地上种植橡胶树，既带来了收入，又绿化了荒山，实现了生态效益与社会效益同步发展的良性循环，海南农垦植胶区曾被联合国粮农组织誉为最有生态价值的人工热带雨林群落系统。

（中国天然橡胶协会　郑文荣）

【中国三大植胶区气候及土壤类型概况】

云南植胶区气候及土壤类型概况　云南植胶区位于北纬21°09′~25°00′，东经97°30′~105°08′，主要分布在西双版纳、临沧、德宏、红河、普洱5个地州，文山和保山仅有少量种植，其中西双版纳州，种植面积占全省的54.24%，产量占全省的77.49%。云南植胶区气候类型具有大陆性兼海洋性气候交错影响的特点，年平均气温20~22.6℃，年降水量1200~1700毫米。与东南亚植胶国相比，云南植胶区纬度偏北，海拔100~1000米，比世界传统植胶区北缘纬度向北移达6°~10°，海拔提高200~800米，年平均温度低5~6℃，年降水量少300~900毫米，≥10℃年积温少1800~2000℃。此外，由于云南植胶区处于内陆云南高原横断的脉尾阁区，地形和小气候环境复杂，年平均气温等值线不与纬度、经度平行，也不与等高线相叠，冬季低温寒害是该植胶区发展橡胶生产的最主要限制因素。云南植胶区土层深厚肥沃，气候温暖湿润，日温差高达18℃左右，有利于橡胶树光合产物积累和产胶，单位面积橡胶产量居世界前列。目前，云南已成为中国种植面积最大、产胶最多、单产最高的优质天然橡胶生产基地。

海南植胶区气候及土壤类型概况　海南植胶区位于北纬18°20′~20°05′，东经108°21′~111°03′，其范围涵盖海南全省18个县市。海南植胶区属热带季风气候区，光热与水气资源异常丰富，绝大多数地区年平均日照时数在2000小时以上，年平均气温24℃左右，年平均积温达8000℃以上，年降水量达2000毫米左右，但年内降水量分配不均，有明显的干湿季，是中国光照和热量条件最好的天然橡胶生产基地。由于海南植胶区地处中国东南沿海最前端，易受台风袭击，台风是该地区发展橡胶生产的最主要限制因素。海南植胶区土壤类型多为砖红壤，该类土壤是热带雨林或季雨林下形成的地带性土壤，主要由玄武岩、花岗岩、安山岩、变质岩及海相沉积物等母岩发育而来。

广东植胶区气候及土壤类型概况　广东植胶区位于该省西南部和东南部，属北热带、南亚热带季风气候，主要包括粤西和粤东植胶区，其中粤西植胶区位于北纬20°13′~22°44′、东经109°35′~112°19′，主要包括徐闻、雷州、遂溪、廉江、电白、化州、高州、信宜、阳西、阳东、阳春等县市，该地区地势北高南低，地貌类型较为复杂，年平均气温21~23℃，热量条件南部稍好、北部较差。粤西植胶区土壤肥力较差，土壤类型南部主要是玄武岩发育的砖红壤、中部分布有浅海沉积物发育的砖红壤、北部丘陵多为赤红壤；粤东植胶区位于北纬20°27′~23°28′、东经114°54′~116°13′，主要包括揭阳、汕尾等局部地区，该地区气候温和清凉、雨水充沛、阳光充足，年平均气温21~23℃，最高气温37.4℃，极端低温达0℃左右，年降水量1500~2300毫米，土壤类型主要为砂页岩、花岗岩风化发育而成的赤红壤，土层较深厚。总体来说，广东植胶区光照、温度、水分和土壤等条件基本符合橡胶树生长所需要的环境气候条件。

然而，广东植胶区不仅纬度偏高，热量偏低，属于重寒区，受地理环境和气候因素的影响，冬季出现低温寒害的频率较大，仅新中国成立以来，广东植胶区就遭受了十多次大规模寒潮侵袭，且大寒潮年份均有橡胶树寒害发生，轻者造成橡胶树树冠受害，落叶枯枝，重者茎干严重受害和干枯，甚至大面积冻死。此外，广东植胶区地处中国华南沿海地区，还经常遭受强台风袭击，给天然橡胶生产带来重大损失。台风和寒潮低温是该地区发展橡胶生产的最主要限制因素。

【中国植胶区主要育成或引进橡胶树品种】

中国橡胶树选育种概况　中国的橡胶树选育种工作始于20世纪50年代，由于国家对橡胶树选育种工作的高度重视，国内的橡胶树选育种工作在“六五”至“九五”期间一直被列入国家科技攻关项目，至1995年已逐步形成了以国内自育品种为主，各推荐等级品种数量结构合理的种植体系。经过半个多世纪的发展，中国橡胶树选育种工作采用引种与自主选育并重的育种策略，已建立起集高产多抗为育种目标、并适合中国植胶区发展的橡胶树选育种技术体系。

截至2015年年底，经全国橡胶树品种汇评，有75个橡胶品种通过了审定(见表1)，其中大规模推广级的品种11个，中规模推广级的品种23个，小规模推广级的品种44个，其中海垦1成为海南重风区主推品种；93－114成为广东寒害频发区的主要推广品种；云研77－4、77－2成为云南等高海拔地区大面积推广品种；热研7－33－97等新品种已在海南等地大面积推广种植，这些自主选育品种的推广应用，为加快中国橡胶树优良品种的更新换代打下了良好的基础。

表1 中国自主选育的橡胶树品种

推广等级/个	国内自主选育品种名称
大规模(11个)	热研7－33－97、93－114、大丰95、文昌11、文昌217、海垦1、海垦2、南华1、云研77－2、云研77－4、云研277－5
中规模(23个)	热研7－18－55、热研7－20－59、热研8－333、热研8－79、热研88－13、文昌193、文昌33－24、文昌7－35－11、海垦6、保亭032－33－10、保亭155、保亭235、保亭3410、保亭911、大丰117、大丰99、南俸37、大岭64－36－101、红星1、化59－2、云研1(有性系)、云研72－729、云研73－46
小规模(44个)	热研2－14－39、热研4(7－2)、热研5－11、热研6－881、热研7－18－55、热研78－3－5、文昌65－8－502、文昌7－35－11、大丰318、大丰78－138、大丰78－14、大丰78－184、大丰78－25、大丰78－50、保亭1－285、保亭79－017、保亭911、保亭933、针选1号、大岭17－155、大岭64－21－65、南俸70、徐研141－2、徐研140－2(有性系)、琼研S－01、文研172、湛试326、湛试312－4、湛试366、GT1/PR107与93－114/GT1(三合树材料2个)、云研72－32、云研72－324、云研73－477、云研75－11、云研76－235、云研80－1983、勐养90－01、广西6－68、桂研66－2、天任31－45、五星I3、河口3－11、红山II26

国外引进橡胶树品种概况 由于橡胶树生长周期长，通过自主培育橡胶树优良无性系存在时间长、难度大、收效低等不利因素，而从国外引进橡胶树优良无性系，并从中鉴定和筛选出适合中国植胶区环境类型种植的橡胶树优良品种则不失为一条捷径。自20世纪50年代后期以来，中国植胶区各生产单位结合其所处的环境条件和生产实际，从国外引进了大量优良无性系进行适应性试种，并成功鉴定和筛选出RRIM600、PR107、GT1等优良品种在生产中广泛应用，使得中国植胶业在短时间内实现了跨越式发展。

在此基础上，中国的橡胶树育种工作十分注重利用国外优良无性系作为杂交亲本进行新品种选育种工作。目前，中国育成的一大批橡胶树优良新品种都是通过引进品种间或引进品种与当地品种进行的品种间杂交选育而来，如当前生产中大规模推广种植的橡胶树品种热研7－33－97、大丰95、云研277－5以及海垦2等品系都是利用国外优良无性系杂交育成，充分说明国外引进品种材料在中国橡胶树选育种过程中起着举足轻重的作用。

【中国植胶区主要育成或引进橡胶树品种类型及适宜种植区域】

云南植胶区主要育成橡胶树品种类型及适宜种植区域 云南植胶区地处热带北缘的高海拔地区，冬季热量不足，常有冷空气侵袭，低温寒害是云南天然橡胶产业发展的主要障碍，尤其在特强冷冬年份，橡胶树寒害具普遍性和严重性。因此，筛选和培育抗寒高产橡胶树品种是云南植胶区天然橡胶产业发展的关键，进一步加大以橡胶树抗寒选育种为主攻方向的技术研发，加快推广橡胶树抗寒高产新品种及配套栽培技术，整体增强橡胶树的抗寒能力才是云南植胶业发展的根本出路。

在橡胶树抗寒新品种选育过程中，云南植胶区经过60多年的发展，橡胶树选育种工作经历了早期实生树和优良母树的初生代无性系选择，再到20世纪60年代初大面积引进RRIM600、PR107、PB86、GT1等国外优良高产无性系，使得云南植胶区干胶产量由早期的400千克/公顷增至2500千克/公顷，不仅干胶产量有了显著提高，而且在短时间内实现了种植品种的良种化，取得了较好的经济效益。在此基础上，针对云南植胶区具有高海拔、冬季热量不足、低温寒害频发等特点，云南省热带作物科学研究所的科研人员对不同抗寒性的橡胶树亲本进行了系统而有效的杂交选育，自主培育出一大批适合云南植胶区不同环境类型种植的橡胶树抗寒高产优良品种，如云研1号、云研2号等优良有性系，以及云研77－2、云研77－4、云研73－46等高产抗寒优良无性系。目前，云南植胶区自主选育的大规模推广级品种主要有云研77－2、云研77－4、云研277－5等；中规模推广级品种主要有云研73－46等；小规模推广品种主要有云研73－477，以及云研75－11等(相关品种的适宜种植范围见表2)，这些优良品种在生产中的推广应用，为进一步促进云南天然橡胶产业发展提供了强有力支撑。

表2 云南植胶区育成橡胶树品种及适宜种植区域

品种名称	推广级别	亲本组合	适宜种植区域
云研77－2	大规模	GT1×PR107	云南省Ⅰ、Ⅱ、Ⅲ类型区900米以下，特别是Ⅱ、Ⅲ类区种植
云研77－4	大规模	GT1×PR107	云南省Ⅰ、Ⅱ、Ⅲ类型区900米以下，特别是Ⅱ、Ⅲ类区种植
云研277－5	大规模	PB5/63×Tjirl	云南西部垦区的轻寒静风区种植
云研73－46	中规模	GT1×PR107	云南Ⅰ、Ⅱ、Ⅲ类型区900米以下，特别是Ⅱ、Ⅲ类型区种植
云研73－477	小规模	广西6－68×云研277－5	云南植胶区的轻、中寒害类型区种植
云研75－11	小规模	GT1×云研277－5	云南植胶区的轻、中寒害类型区种植

海南植胶区主要育成橡胶树品种及适宜种植区域 海南植胶区是国内大规模发展天然橡胶最早、产业基础最好的省份。经过半个多世纪的发展，以中国热带农业科学院橡胶研究所为轴心的橡胶科研单位通过自主选育，培育出一大批适合本地区种植业发展的橡胶树优良品种在生产中推广应用。目前，海南省自育大规模推广级品种主要有海垦1、海垦2、文昌217、文昌11、热研7－33－97、大丰95等；中规模推广级优良品种主要有热研7－20－59、热研8－79、热研88－13、文昌33－24、保亭155等；小规模推广品种主要有热研5－11、保亭155、针选1号等(相关品种的适宜种植范围见表3)。

表3 海南植胶区育成橡胶树品种及适宜种植区域

品种名称	推广级别	亲本组合	品种特性及适宜种植区域
热研7－33－97	大规模	RIRM600×PR107	海南中西部中风区大规模种植，东北部重风区中规模推广种植
93－114	大规模	天任31－45×河口311	广东粤西中风中寒区及轻风中、重寒区，粤东中寒区种植
文昌217	大规模	海垦1×PR107	海南东北部重风区大面积种植
文昌11	大规模	RIRM600×PR107	海南东北部重风区大规模种植，东部重风区中规模推广种植
海垦1	大规模	亲本不明	海南东北部重风区和粤西重风中寒区种植
海垦2	大规模	PB86×PR107	海南东部和南部重风区大规模推广，其他类型区中规模推广；云南适种RRIM600的地区种植
大丰95	大规模	PB86×PR107	海南中部寒害偶发重风区大规模种植，在东部重风区、南部重风区、中西部中风区和西部干旱中风区中规模种植
热研7－20－59	中规模	RIRM600×PR107	海南中西部中风区中规模种植，东北部和东部重风区小规模种植
热研8－79	中规模	热研88－13×热研217	在海南及云南轻风区中规模种植
热研88－13	中规模	RRIM600×PILB84	海南西部微寒中风区推广种植，以及云南适种RRIM600的地区种植
热研8－333	中规模	热88－13×热研217	海南中西部中风区推广种植
热研5－11	小规模	热研56－5×热研88－13	海南中西部轻风区种植
针选1号	小规模	PB28/59×RRIM600	海南南部重风区小规模种植

广东植胶区主要育成橡胶树品种及适宜种植区域 寒害和风害是广东植胶区所面临的两大主要自然灾害，鉴于该区橡胶树遭受寒害与风害的现象存在普遍性和严重性。在品种选择方面必须按照橡胶树育种规程进行一系列的科学选育研究，选育和推广种植抗寒、抗风高产品系才是该地区天然橡胶产业发展的根本出路。目前，广东植胶区自主选育的大规模推广级品种主要有南华1等；

中规模推广级品种主要有化59－2、红星1等；小规模推广品种主要有化1－285等（相关品种的适宜种植范围见表4）。值得一提的是，近年来广东植胶区自主选育的橡胶树新品系湛试327－13不仅抗寒能力较强、生长速度较快、产量较高，而且树皮较厚、皮较软、易割胶、不长流，已在广东垦区的中、重寒区逐步扩大其种植范围。

表4　广东植胶区育成橡胶树品种及适宜种植区域

品种名称	推广级别	亲本组合	适宜种植区域
南华1	大规模	亲本不明	适宜在轻风中寒区大规模推广，广东植胶区中、重寒区种植
93－114	大规模	天任31－45×合口3－11	适宜在轻风中寒区大规模推广，广东植胶区中、重寒区种植
化59－2	中规模	天任31－45×红山Ⅱ26	粤西重寒区、中寒区种植
红星1	中规模	初生代无性系	广东省重风中寒区和中风中寒区种植
三合树1号	中规模	93－114/GT1	粤西中寒轻风区种植
湛试327－13	试种级	93－114×PR107	广东垦区的中、重寒区种植
湛试218－6	试种级	湛试692×广谭29－2	轻风中寒、中风中寒区种植
湛试167－16	试种级	南华1×海垦1	中寒中风区、中寒重风区种
化38－26	试种级	天任31－45×合口3－11	在粤西中、重寒区种植
徐育141－2	试种级	海垦1×PR107	在重风中寒区种植
徐育11721	试种级	初生代无性系	在重风中寒区和中风中寒区种植
徐育3	试种级	PB5/51×RRIM600	在粤西中风中寒区种植
徐育25030A	试种级	RRIM600×海垦1	中寒重风和中风区种植

中国植胶区主要引进橡胶树品种及适宜种植区域　中国在北纬18°以上的非传统植胶区大面积植胶，不仅适宜橡胶树种植的区域十分有限，而且橡胶树遭受寒害、风害等逆境胁迫因子的影响较为严重。因此，在橡胶树引种过程中，必须结合中国三大植胶区的主要逆境胁迫因子以及地区生态环境类型特点，并经多年、多点的试种才能引种成功。目前，海南植胶区从国外引进的大规模推广级橡胶树优良品种主要有PR107、RRIM600、RRIM712、GT1、PB86，以及热垦126等；云南植胶区自国外引进的大规模推广级橡胶树优良品种主要有PR107和GT1等；广东植胶区自国外引进的大规模推广级橡胶树优良品种主要有PB86和GT1等（国外引进相关品种的适宜种植区域见表5）。

表5　国外引进主栽橡胶树品种及适宜种植区域

品种名称	推广级别	亲本组合	适宜种植区域
PR107	大规模	初生代无性系	海南各类型区和云南Ⅰ类型区大规模种植
RRIM600	大规模	Tjir1×PB86	海南、云南垦区大规模推广
RRIM712	大规模	Tjir1×PB49	海南东部、东北部重风区和中部微寒偶发重风区大规模种植
GT1	大规模	亲本不明	广东省、云南省、福建省大规模种植
PB86	大规模	初生代无性系	广东、海南大规模推广
热垦126	大规模	Tjir1×PB49	海南东部、东北部重风区和中部微寒偶发重风区大规模种植
IAN873	大规模	PB86×FA1717	粤西Ⅰ类型区和Ⅱ类型区优越环境中规模推广种植，海南西部干旱中风区和中部偶发重风区小规模推广种植
RRIM623	中规模	PB49×PilB84	海南中南部和中部、西部轻风轻寒区小规模推广；湛江北部地区轻风区，轻、中寒区选择优良小环境中规模推广
PB260	中规模	PB5/51×PB49	海南东部重风区中规模推广
PB235	中规模	PB5/51×PBS/78	云南西部轻寒区种植

【中国植胶区橡胶树品种区域配置建议】

云南植胶区主要推荐和试种橡胶树品种类型

云南植胶区不仅环境独特，地形地貌复杂多变，而且环境对气象要素的再分配作用明显，形成众多气象因素各异的小环境，低温寒害是制约该地区橡胶种植发展的最重要限制因子之一。因此，云南省发展橡胶种植业首先应针对不同地区特殊的气候环境，参照当地的气象数据和植胶经验，对相关生态类型区和植胶小环境进行宜植地寒害类型区划分，优先扶持具有较好宜胶环境的西双版纳州(主要包括景洪、勐腊、勐海等市县)，红河州(主要包括河口、绿春、金平、屏边等县)，德宏州(主要包括瑞丽、潞西等市县)，临沧市(主要包括耿马、沧源、镇康等县)，以及普洱市(主要包括孟连、江城、西盟、墨江、景谷、镇源和翠云区等市县区)等19个县市(区)发展橡胶种植业；然后，根据区划结果，按照不同环境类型小区对口配置相关抗寒高产品种，调整品种布局，使相关品种依据各自的特性在适当的环境类型区种植，以充分发挥其抗寒高产潜力。

根据多年的植胶经验和环境类型区划，云南Ⅰ类植胶区主要环境类型为轻寒区(主要植胶区域见表4)，此类型区水热条件较好，基本不受台风影响，受害寒影响较轻，在橡胶树品种配置方面应重点推荐种植高产抗寒品种，如热垦628、热研8－79、热垦525、热垦523、云研73－46、GT1、PR107、云研77－4、云研77－2等高产抗寒品种，可适当试种热研7－33－97、云研80－1983、云研76－235等品种。Ⅱ类植胶区主要环境类型为中寒区(主要植胶区域见表4)，此类型区基本不受台风影响，常受中等平流型或辐射型寒害影响，在橡胶树品种配置方面应重点推荐种植抗寒高产品种，如热垦628、云研77－4、云研77－2、云研73－46、GT1等抗寒高产品种。同时，根据区域小环境可以试种热研7－33－97、云研80－1983、云研76－235等品种。Ⅲ类植胶区主要环境类型为重寒区(主要植胶区域见表6)，此类型区受辐射型和平流型害寒的影响均较为严重，常出现霜冻现象，在橡胶树品种配置方面应重点推荐种植抗寒品种，如云研77－4、云研77－2、云研73－46、GT1抗寒品种，也可以适当试种云研80－1983、云研76－235、湛试327－13等抗寒品种。

表6　云南植胶区主要推广种植及试种橡胶树品种

植胶区类型及主要包含区域	推广种植品种	试种品种
云南Ⅰ类植胶区：西双版纳州、普洱、临沧地区、德宏州及红河州的金平、绿春、元阳县等地区的开阔丘陵、低山海拔800米以下(金平海拔550米以下)的阳坡及紧密丘陵阳坡中上坡位	热垦628、热研8－79、热垦525、热垦523、云研73－46、GT1、PR107、云研77－4、云研77－2	热研7－33－97、云研80－1983、云研76－235
云南Ⅰ类植胶区：红河州河口县及文山州的马关县、麻栗坡县等地区海拔150米以下，山前屏障良好的中、低丘陵、台地；海拔150～250米的丘陵低山的北风阳坡	热垦628、热研8－79、GT1、云研77－4、云研77－2、PR107	热研7－33－97、云研80－1983、云研76－235
云南Ⅱ类植胶区：西双版纳州、普洱、临沧地区、德宏州及红河州的金平、绿春、元阳县等地区的开阔丘陵、低山海拔800～900米(金平海拔550～600米)的阳坡；海拔800米(金平海拔550米)以下的半阳坡或半阴坡及坡度小于10度的阴坡高台地；较紧密丘陵、低山的阳坡坡下部位，较缓阴坡坡上部位	热垦628、云研77－4、云研77－2、云研73－46、GT1	云研80－1983、云研76－235、湛试327－13
云南Ⅱ类植胶区：红河州河口县及文山州的马关县、麻栗坡县等地区海拔150米以下的迎风较缓阴坡；海拔150～250米的中、高丘陵迎风阳坡、半阳坡；海拔250～300米的背风阳坡	云研77－4、热垦628、云研77－2、云研73－46、GT1	云研80－1983、云研76－235、湛试327－13
云南Ⅲ类植胶区：西双版纳州、普洱、临沧地区、德宏州及红河州的金平、绿春、元阳县等地区的开阔丘陵、低山海拔900～950米(金平海拔600～650米)的阳坡；海拔800米(金平550米)以下，坡度10～20度的阴坡；紧密丘陵低山的半阳坡或半阴坡、低台地	云研77－4、云研77－2、云研73－46、GT1	云研80－1983、云研76－235、湛试327－13
云南Ⅲ类植胶区：红河州河口县及文山州的马关县、麻栗坡县等地区海拔150～250米的丘陵迎风缓阴坡、半阴坡；海拔250～300米的山丘迎风阳坡	云研77－4、云研77－2、云研73－46、GT1	云研80－1983、云研76－235、湛试327－13

海南植胶区主要推荐和试种橡胶树品种类型

50多年的植胶经验证明海南岛东部地区台风频繁，中西部地区台风危害较轻，因此，在天然橡胶布局规划方面，应优先扶持中西部地区的琼中、儋州、澄迈、临高、白沙、昌江、屯昌、乐东、东方等9个县市发展橡胶种植业，并稳步扩大种植规模，在品种布局方面应以高产抗风品种为主，逐步提高橡胶树单位面积产量；东部地区的海口、文昌、琼海、定安、万宁、陵水等6个市县，以及南部的五指山市、保亭县和三亚市，由于夏、秋季节发生台风侵袭的概率较大，在品种布局方面应根据历年风害发生的特征与规律，严格选择避风小环境来稳步促进当地植胶业的发展。同时，东部地区在橡胶树品种配置方面要以抗风为重点进行技术研发，大力培育和推广抗风高产品系，着力推广胶园抗风配套工程建设和栽培技术。

根据多年的植胶经验和环境类型区划，海南Ⅰ类植胶区主要环境气候类型为轻风区(主要植胶区域见表6)，该区域受台风和害寒影响相对较小，偶发重风，在橡胶树品种配置方面应大力推广高产、高产速生以及高产抗风优良品种，如重点推广热研7-33-97、大丰95、文昌217、文昌11、热垦126等高产抗风品系，可以试种热研8-79、热垦523，云研80-1983等品种。海南Ⅱ类植胶区主要环境气候类型为中风区(主要植胶区域见表7)，该区域常受台风影响，在橡胶树品种推荐植方面主要应以抗风高产品种为主，如文昌11、文昌217、PR107、热研7-20-59、热研7-33-97、RRIM600等抗风高产品种，部分小环境可考虑种植热研8-79等高产品种。同时，根据多年多点的试验也可以试种热垦628、热研8-79、文昌193等其他品种(海南各类型区推广种植及试种品种如表6所示)。

广东植胶区主要推荐和试种橡胶树品种类型

不同橡胶树品系对不同环境类型表现出不同的抗性。一直以来，广东植胶区经过多次风害与寒害侵袭后，在总结前人经验的基础上不断调整橡胶树育种目标与品种布局结构，已达成以下几点共识：①在橡胶树品种布局规划方面一定要因地制宜，合理规划植胶区，不宜植胶的避寒条件差的环境，应不再进行植胶。②合理规划地区小环境，选择种植不同抗性的品系。如抗寒力稍差的高产品系，一定要种在最避寒的小环境中，才能取得良好的经济效益；③其他区域引种的橡胶树品种，必须在本地区适应性试种的基础上选择对口品种，以免区域环境不适应而造成不必要的损失，尤其是边远山区地形复杂，若品种选择不当，不仅影响橡胶树的正常生长，还会影响到植后林地的管理、产量和综合效益。

根据多年的植胶经验和环境类型区划，广东省Ⅰ类植胶区主要环境类型为轻风轻寒区、中风轻寒区和轻风中寒区(主要植胶区域见表8)，该区域受台风影响较小，但低温寒害影响时有发生，橡胶树推荐种植品种以抗寒高产和高产抗寒为主，如热研7-33-97、云研77-4、云研77-2、热垦628、PR107等抗寒高产和高产抗寒品种，可以试种湛试327-13、化1-285、文昌217、云研73-46等品种；Ⅱ类植胶区主要环境类型为重风中寒区和中寒中风区(主要植胶区域见表7)，该区域常受台风和低温寒害影响，橡胶树推荐种植品种以抗风高产和抗寒高产为主，如南华1、云研77-4、红星1、化59-2、热研7-33-97、徐育11712、徐育25030A等抗风高产和抗寒高产品种，可以根据当地的植胶小环境试种湛试327-13、化1-285、湛研2、热研7-20-59等品种；Ⅲ类植胶区主要环境类型为重寒轻风区(主要植胶区域见表8)，该区域受台风影响较小，低温寒害影响较重，橡胶树推荐种植品种以抗寒高产为主，如云研77-4、IAN873、热研7-33-97、93-114、GT1等抗寒高产品种。同时，根据多年的试验观测可以试种湛试327-13、化1-285、化38-26等品种。

表7　海南植胶区主要推广种植及试种橡胶树品种

植胶区类型及主要包含区域	推广种植	试种
Ⅰ类植胶区：儋州市，屯昌县，澄迈县，临高县，白沙县，琼中县，五指山市等中西部县市	热研7-33-97、热垦628、大丰95、热研7-20-59，文昌217，文昌11，PR107	热研8-79、热垦523，云研80-1983

（续）

植胶区类型及主要包含区域	推广种植	试种
Ⅱ类植胶区：文昌市、定安县、琼海市、万宁市、保亭县、陵水县、东方市、乐东县、昌江县、三亚市等海南东部及南部市县	文昌 11、文昌 217、PR107、热研 7－20－59、热研 7－33－97、RRIM600	热垦 628、热研 8－79、文昌 193

表 8　广东植胶区主要推广种植及试种橡胶树品种

植胶区类型及主要包含区域	推广种植品种	试种品种
Ⅰ类植胶区：廉江、化州、电白北部、化州、高州地区	热研 7－33－97、云研 77－4、云研 77－2、热垦 628、PR107	湛试 327－13、化 1－285、文昌 217、云研 73－46
Ⅱ类植胶区：徐闻、海康的南部，遂溪及海康的北部、阳江中部	南华 1、云研 77－4、红星 1、化 59－2、热研 7－33－97	湛试 327－13、化 1－285、湛研 2、热研 7－20－59、徐育 11712、徐育 25030A
Ⅲ类植胶区：粤西的信宜、阳春、阳西及化州的北部，粤东的普宁、揭阳及陆丰北部	云研 77－4、IAN873、热研 7－33－97、93－114、GT1	湛试 327－13、化 1－285、化 38－26

（位明明　李维国　黄华孙　罗　萍　和丽岗）

中国花卉产业

【概 述】 2015年，中国花卉生产总面积130.55万公顷，比2014年的127.02万公顷增长2.77%，增长幅度略低于2014年；销售总额1302.57亿元，比2014年的1279.45亿元增长1.81%，增长幅度比2014年高2.48%；出口额6.20亿美元，与2014年基本持平。2015年，中国花卉出口稳定，花卉生产平稳，内销增长明显。

2015年，花木种植面积前三位的仍为江苏、浙江、河南。江苏花木种植面积达15.11万公顷，比2014年增加4544.50公顷，增长3.10%。江苏鲜切花类、盆栽植物类种植面积均有所减少，但观赏苗木、食用与药用花卉以及工业及其他用途花卉种植面积均有一定幅度上升，分别新增2643.40公顷、1972.10公顷和687.10公顷。浙江花木种植面积为14.57万公顷，基本与2014年持平。河南的花木种植面积为11.51万公顷，比2014年降低1.47%。与2014年持平，2015年花木种植面积排在前十位的仍是江苏、浙江、河南、山东、四川、湖南、广东、福建、云南、湖北，面积之和为95.69万公顷，占全国总面积的73.30%。

2015年，销售额百亿元以上的有江苏、浙江、广东、福建。江苏花卉销售额位列全国之首，为179.26亿元，比2014年增长7.31%，远高于面积增长率。浙江、广东、福建紧随其后，销售额分别是152.61亿元、144.80亿元和127.40亿元。与2014年相比，除浙江下降9.54%外，广东和福建分别比2014年的128.77亿元和116.37亿元增长12.45%和9.47%。

花木生产大省的江苏、浙江仍以观赏苗木生产为主，观赏苗木销售额分别为112.58亿元和109.27亿元，占本省总销售额的62.80%和71.60%。其他苗木生产大省河南、山东、四川、安徽、湖北等的苗木销售额也分别占本省总销售额的70.25%、52.46%、55.19%、58.04%和56.33%。2015年，广东、福建盆栽植物类生产优势越发明显。2015年，广东盆栽植物类销售额达68.64亿元，新增11.50亿元，增幅高达20.12%。福建盆栽植物类销售额达46.06亿元，新增4.37亿元，增幅达10.47%。

2015年，云南花卉出口仍一枝独秀，出口额达2.45亿美元，占全国花卉总出口额的39.46%。鲜切花占云南花卉出口的主要部分，盆栽植物、盆景、食用与药用花卉、工业及其他用途花卉、种苗用花卉、种球用花卉等也都有大量的出口，出口额分别为665.20万美元、1011.00万美元、1035.00万美元、4083.50万美元、1971.30万美元、423.00万美元。福建花卉出口额位列第二，为1.02亿美元，比2014年增长1.41%。2015年，福建盆栽植物出口额2987.10万美元，虽比2014年下降1104.90万美元，但盆景出口额从2014年的2831.00万美元增长到3940.50万美元，增幅高达39.19%。江苏花卉出口跃升第三。2015年，江苏花卉出口额大幅上涨到8792.00万美元，比2014年增加3019.00万美元，增长幅度达52.30%。江苏花卉出口的增长主要体现在鲜切花类的出口上。2015年，江苏鲜切花出口额达6642.00万美元，比2014年大幅增长609.00万美元，增幅高达118.99%。2015年，广东花卉出口大幅下降到5345.50万美元，比2014年下降51.75%。与江苏相反，广东花卉出口下降主要体现在鲜切花类上，出口额从2014年的6319.70万美元急降到1200.90万美元，降幅高达81.00%。其中，鲜切花出口从3479.00万美元下降到919.00万美元，大幅下降2560.00万美元，下降73.58%；鲜切叶出口从896.00万美元下降到25.00万美元，下降97.21%；鲜切枝出口从1944.70万美元下降到256.90万元，下降86.79%。

花卉出口额位列前五名的依次是云南、福建、江苏、广东、浙江。这5个省的花卉出口总额为5.37亿美元，占全国花卉出口总额的86.61%。中国花卉出口仍集中在传统花卉生产和出口地区。

表1　2015年全国花卉种植面积分布

序号	类别	占总面积%
1	鲜切花类	4.82
2	盆栽植物类	8.02
3	观赏苗木	58.88
4	食用与药用花卉	19.76
5	工业及其他用途花卉	3.51
6	草坪	3.51
7	种子用花卉	0.42
8	种苗用花卉	0.56
9	种球用花卉	0.46
10	干燥花	0.05

【鲜切花】

生产布局基本不变　2015年，全国鲜切花类产品种植面积6.29万公顷，比2014年的6.48万公顷下降2.90%。其中鲜切花种植面积4.97万公顷，比2014年降低4.15%；鲜切叶7431.36公顷，降低3.44%。湖北、海南、浙江、广东、四川是鲜切叶生产大省，种植面积分别为1982.00公顷、1159.70公顷、1120.30公顷、841.72公顷和533.00公顷。鲜切枝5757.87公顷，增长10.41%。广东鲜切枝生产面积最大，达2049.93公顷，比2014年大幅增长37.92%；海南次之，生产面积为1109.00公顷。从统计数据可以看出，云南和湖北鲜切花类产品的种植面积超过1万公顷，分别为1.14万公顷和1.10万公顷，其中仍然只有云南鲜切花种植面积超过1万公顷，为1.12万公顷，比2014年略增0.40%。

鲜切花类产品种植面积排在前五位的是云南、湖北、广东、辽宁和江苏。其中鲜切花种植面积排在前五位的依次也是云南、湖北、广东、辽宁和江苏；鲜切叶种植面积排在前五位的是湖北、海南、浙江、广东、四川；鲜切枝种植面积排在前五位的是广东、海南、四川、湖北、广西。总体来看，鲜切花生产布局并没有改变，尤其是云南，鲜切花生产面积、销量、销售额分别占全国鲜切花生产面积、总销量和总销售额的22.54%、36.49%和23.23%，所占比例比2014年又有所提高。

2015年全国鲜切花类产品销售额127.10亿元，比2014年的135.34亿元降低6.08%。平均销售价格0.65元/支，与2014年持平略低。鲜切花、鲜切叶、鲜切枝销售额分别为113.69亿元、6.94亿元、6.47亿元，平均销售单价分别为0.67元/支、0.56元/支、0.47元/支，与2014年的0.69元/支、0.49元/支、0.42元/支相比，鲜切花销售单价略有降低，但鲜切叶和鲜切枝的销售单价均有10%以上的上升幅度。

切花出口增长，切叶、切枝出口大幅回落

2015年，全国鲜切花类产品出口总额3.04亿美元，比2014年的3.16亿美元下降3.86%，占全国花卉总出口额的49.02%。其中，鲜切花出口2.70亿美元，比2014年增长6.44%；鲜切叶出口3083.13万美元，大幅回落24.47%；鲜切枝出口256.90万美元，直降87.85%。鲜切花类产品出口额排名前五位的是云南、江苏、浙江、福建、广东，五省出口总额为2.90亿美元，占整个鲜切花类产品出口额的95.35%。

鲜切花是主要出口种类　2015年，共有11个省(区、市)出口鲜切花，并且主要集中在云南、江苏、福建、浙江、广东、辽宁6个省份，总额为2.65亿美元，占全国鲜切花出口总额的97.92%。从统计数据可以看出，云南鲜切花出口继续保持遥遥领先之势，出口额达1.51亿美元，占全国鲜切花出口额的55.74%。2015年，江苏鲜切花出口从2014年的3033.00万美元大幅上升到6642.00万美元，增幅达118.99%。福建和辽宁的鲜切花出口也从2014年的1193.40万美元、320.00万美元分别上涨到1653.70万美元、850.00万美元，增幅分别为38.57%、165.63%。2015年，广东鲜切花出口下降幅度最大，从2014年的3479.00万美元下降到919.00万美元，大幅下降73.58%。浙江仍是名副其实的鲜切叶生产和出口大省。2015年，全国鲜切叶出口额为3083.13万美元，其中浙江2956.00万美元，占总出口额的95.88%。2015年广东鲜切叶出口从2014年的896.00万美元下降到25.00万美元，直降97.21%。2015年，全国鲜切枝出口额仅为256.90万美元，均为广东出口。

主要切花种植面积下降 2015年，月季、康乃馨、百合、唐菖蒲、菊花、非洲菊6种主要鲜切花的种植面积全线下降，为43932.20公顷，比2014年下降10.37%。其中，以唐菖蒲下跌幅度最大，达38.38%，非洲菊的下降幅度也达10.81%，百合、菊花下降幅度相对较小，仅为1.71%、2.06%。2015年，月季、康乃馨、百合、唐菖蒲、菊花、非洲菊单价分别为0.49元/支、0.37元/支、2.45元/支、0.54元/支、0.51元/支、0.33元/支，与2014年的0.54元/支、0.38元/支、2.52元/支、0.62元/支、0.48元/支、0.41元/支相比，除菊花单价有所上涨外，月季、唐菖蒲、百合、唐菖蒲、非洲菊单价均有不同程度的下降（见表2）。

表2 2015年主要鲜切花产销情况

产品类型	种植面积（公顷）	同比增减(%)	销售量（万支）	销售额（万元）	平均价格（元/支）
月 季	13544.31	-5.60	567762.01	280928.51	0.49
康乃馨	3016.77	-9.28	255011.94	94677.73	0.37
百 合	8823.85	-1.71	143128.82	349997.92	2.45
唐菖蒲	2038.21	-38.38	29769.20	16078.87	0.54
菊 花	7273.59	-2.06	221634.25	112699.89	0.51
非洲菊	5127.27	-10.81	281414.71	93615.51	0.33

【盆 花】

盆栽植物类面积降低 2015年，全国盆栽植物类花卉的种植面积为10.48万公顷，比2014年的10.66万公顷降低1.75%。有10个省的种植面积超过4000公顷，分别为广东、陕西、四川、福建、江苏、湖南、云南、河南、江西、湖北，其中广东的面积达2.10万公顷，比排名第二的陕西高出近1.04万公顷。这10个省盆栽植物类花卉种植面积为7.94万公顷，占全部总面积的75.75%。

在盆栽植物生产上，广东仍然独占鳌头，盆栽植物种植面积高达1.59万公顷，是第二名四川的2.64倍。除广东外，四川、福建、江苏、云南仍是盆栽植物生产大省，种植面积均在3000公顷以上。广东、四川、江苏、福建、云南的种植总面积为3.56万公顷，占全部总面积的56.40%。盆景生产面积上千公顷以上的有广东、四川、福建、浙江、湖南、湖北、陕西、江西8个省，面积共1.42万公顷，占全部总面积的79.50%。各地均有花坛植物种植，其中种植面积上千公顷的有陕西、四川、山东、广东、湖南、河南、福建、内蒙古，面积总和为1.70万公顷，占全部总面积的71.56%。

盆栽植物类销售额不降反升 2015年，全国盆栽植物类销售额为307.37亿元，比2014年的279.67亿元大幅增长9.91%。其中盆栽植物销售额为216.03亿元，增长16.67%；盆景销售额为52.09亿元，降低0.78%。花坛植物销售额为39.25亿元，比2014年降低6.54%。

主要盆花销售单价大幅回升 2015年，主要盆栽植物种植面积为5.12万公顷，比2014年下降10.33%。其中纳入统计的凤梨、红掌、观叶芋、杜鹃花、国兰、蝴蝶兰的种植面积全线下降，凤梨、红掌、观叶芋、杜鹃花等盆花的种植面积均大幅降低10%以上，尤其是观叶芋类、杜鹃花类大幅下降26.84%、33.88%。从统计数据看，2015年，凤梨、红掌、蝴蝶兰、国兰、杜鹃、观叶芋等盆花单价分别为13.18元/盆、11.59元/盆、15.16元/盆、3.68元/盆、9.41元/盆和9.31元/盆，与2014年的7.74元/盆、9.30元/盆、12.92元/盆、10.74元/盆、8.63元/盆和11.63元/盆相比，凤梨、红掌、蝴蝶兰价格分别大幅上涨70.31%、24.59%、17.32%，杜鹃也有9.08%的涨幅，而国兰和观叶芋则下跌65.77%、19.97%（见表3）。

表3 2015年主要盆花产销情况

产品类别	种植面积(公顷)	同比增减(%)	销售量(万盆)	销售额(万元)	平均价格(元/盆)
凤梨类	4733.27	-10.33	13571.61	178898.20	13.18
红　掌	2388.87	-12.45	9471.21	109741.37	11.59
观叶芋	4884.10	-13.15	11552.76	107526.58	9.31
杜鹃花	820.38	-26.84	2417.43	22756.45	9.41
国　兰	711.64	-33.88	33299.46	122401.47	3.68
蝴蝶兰	543.93	-5.50	1744.56	26443.46	15.16

盆栽花卉出口降低　2015年，盆栽植物类出口额为1.25亿美元，比2014年的1.33亿美元降低6.20%。其中，盆栽植物出口额从2014年的9071.20万美元下降到7126.00万美元，下降21.44%；盆景出口额为5272.10万美元，比2014年大幅增长26.99%；花坛植物出口额为113.00万美元，与2014年基本持平。

2015年，福建盆栽植物类出口额6927.60万美元，比2014年持平略高，占全国盆栽植物类出口总额的55.37%，比2014年的51.91%提高3.46%。除福建外，江苏、云南、广东也是盆栽植物类出口大省，出口额分别为2040.00万美元、1768.20万美元、1618.00万美元，但与2014年相比，除云南略有下降外，江苏、广东下降幅度都比较大，分别为19.69%、15.65%。福建、江苏、云南、广东盆栽植物类出口额1.24亿美元，占整个盆栽植物类出口总额的98.74%。福建6927.60万美元的盆栽植物类出口额全部由盆栽植物和盆景完成，其中盆栽植物出口额为2987.10万美元，比2014年大幅降低27.00%；盆景出口额为3940.50美元，比2014年大幅上升39.19%。江苏2040.00万美元的盆栽植物类出口额全部由盆栽植物完成。广东1618.00万美元的出口额大部分由盆栽植物完成，为1291.90万美元，比2014年大幅下降15.65%；盆景305.10万美元，比2014年略增2.21%。云南1768.20万美元的盆栽植物类出口中，盆栽植物665.20美元，花坛植物92.00万美元，其余的1011.00万美元全部是盆景出口。此外，浙江、江西、海南、广西也有少量盆栽植物类出口。

【观赏苗木】　2015年，全国观赏苗木种植面积76.87万公顷，比2014年的74.10万公顷增长3.74%，增长幅度与2014年基本持平。销售量132.69亿株，比2014年的132.92亿株下降0.47%；销售额为646.94亿元，比2014年的659.07亿元降低1.84%。出口额为3240.10万美元，上升1.56%。

观赏苗木种植面积上万公顷的省(区、市)仍为18个，分别是浙江、江苏、河南、福建、山东、广东、四川、江西、湖南、安徽、湖北、河北、吉林、重庆、辽宁、广西、云南、陕西。其中浙江、江苏两省的观赏苗木种植面积均在12万公顷以上，浙江为13.10万公顷，江苏为12.35万公顷。江西苗木种植面积从2014年的2.22万公顷增长到3.65万公顷，增长幅度高达64.28%。18个省(区、市)的苗木种植面积总和为73.41万公顷，占全国总种植面积的95.50%。

观赏苗木销售额在100亿元以上的仍然只有江苏、浙江两省，遥遥领先于其他省(区、市)。其中江苏112.56亿元，比2014年降低2.86%；浙江观赏苗木销售额为109.27亿元，比2014年的133.84亿元大幅下降18.36%。销售额在10亿元以上的有江苏、浙江、河南、福建、广东、山东、四川、江西、湖北、安徽、广西、湖南、河北、贵州、陕西。它们的销售额之和为593.99亿元，占总销售额的91.81%。

广东仍是中国的苗木出口大省，出口额为2255.00万美元，比2014年持平略增，占全国苗木出口总额的69.60%。福建、山东、江苏出口额分别为577.10万美元、298.00万美元、110.00万美元。

【食用药用、工业用花卉】　2015年，全国食用与药用花卉种植面积为25.79万公顷，比2014年的25.05万公顷增加2.98%。山东、湖南、云南、四川、河南、湖北、重庆、安徽是食用与药用花卉生产大省，种植面积都在1万公顷以上，种植面积之和为20.35万公顷，占总种植面积的78.92%。

2015年食用与药用花卉出口额1731.90万美元，增长12.40%。云南是食用与药用花卉出口大省，2015年出口额为1035.00万美元，占整个出口额的59.76%。福建、浙江也有食用与药用花卉出口，出口额分别为521.90万美元和172.00万美元。

黑龙江工业及其他用途花卉的生产面积仍然最大，达1.29万公顷，比2014年减少7.06%；销售额4.85亿元，比2014年降低1.08%。云南工业及其他用途花卉的生产面积7120.00公顷，与2014年基本持平。广西工业及其他用途花卉的生产面积也达到6016.11公顷，比2014年降低3.08%。四川、福建、内蒙古也有2000公顷以上的种植面积。

2015年工业用花卉出口额8404.70万美元，比2014年的4502.10万美元大幅增长86.68%。其中，黑龙江出口额为4130.20万美元，云南为4083.50万美元，两省的出口额达8213.70万美元，占总出口额的97.73%，福建也有190.00万美元的出口额。

【花卉种苗生产】 中国花卉种子生产仍然集中在甘肃、内蒙古等西北地区，其生产面积分别为920.40公顷、895.20公顷。其中甘肃销售额位居第一，达11509.40万元，另有220.00万美元的出口；广西次之，销售额为8559.40万元。

2015年种苗用花卉种植面积从2014年的6903.39公顷增长到7327.52公顷，增长6.14%。生产面积最大的是广东、湖南、四川、河南，面积均在500公顷以上。福建种苗销售额为6.29亿元，位居榜首；广东位居第二，达1.63亿元；江苏、浙江、陕西、上海的种苗销售额也在1.00亿元以上，分别为1.32亿元、1.16亿元、1.05亿元、1.00亿元。上海种苗用花卉种植面积虽只有80.07公顷，但销售额也高达1.00亿元以上，亩均销售额达8.33万元。

2015年种苗出口总额从2014年的6903.80万美元下降到4644.55万美元，比2014年下降55.15%。云南、河南、上海仍是种苗生产和出口大户，其中云南出口额为1971.30万美元，河南出口额为1000.00万美元，上海出口额为921.55万美元。云南、河南、上海的出口额之和为3892.85万美元，占总出口额的83.82%。此外，广东、福建、山东、浙江、甘肃、北京也分别有267.60万美元、215.10万美元、120.00万美元、98.00万美元、35.00万美元和16.00万美元。

2015年中国种球生产面积6069.88公顷，比2014年的5657.77公顷增长7.28%。辽宁、新疆是中国种球生产大省，生产面积分别为1682.60公顷、1613.40公顷，面积之和占全国种球生产面积的54.30%，销售额之和也占全国总销售额的63.37%。此外，河北、广东、甘肃、云南等省的种球生产面积也在200公顷以上。2015年中国种球只有云南实现了出口，出口额为423.00万美元。

【干燥花】 2015年，全国干燥花种植面积从2014年的621.20公顷增加到704.90公顷，增长13.47%；销售额1.19亿元，增长9.05%；出口额418.00万美元，大幅增长84.96%。

【花卉经营单位与分布】 2015年，全国花卉市场3220个，比2014年的3286个减少66个，降低2.01%。江西花卉市场增量最多，比2014年增加38个，增长65.52%；其次是湖北和四川，都增加了18个；福建也从2014年的50个增加到63个。江苏花卉市场减量最多，减少63个，下降27.04%；其次是山西，也从2014年的196个下降到150个，减少46个，下降23.47%；北京花卉市场降幅最大，比2014年减少18个，下降45.00%。河北花卉市场最多，为319个；广东次之，为307个；四川、湖南的花卉市场也都在200个以上，分别达到283个、273个。

花卉企业为84978个，比2014年略减0.50%。其中，花卉企业中的大中型花卉企业15592个，增长3.07%。花卉企业数名列前五名的仍是浙江、山东、广东、江苏和福建，分别为26393个、12560个、11244个、7270个和4435个。江苏花卉企业增量最大，从2014年的6589个增加到7270个，增加681个；山东次之，增加310个；江西第三，增加290个，增长26.17%。广东花卉企业减少最多，从2014年的12524个减少到11244个，减少1280个，下降10.22%；福建次之，减少290个，下降6.14%；四川第三，减少232个，降低14.28%。

大中型花卉企业仍主要分布在浙江、广东、江苏、山东、福建、云南、河南等花卉主产区，其中浙江、广东、江苏、山东、福建的大中型花卉企业在1000个以上，分别为4278个、2363个、1656个、1520个和1294个。花农175.11万户；从业人员518.54万人，其中专业技术人员23.36万人。花农、从业人员和专业技术人员均比2014年有所下降，尤其是专业从业人员大幅下降16.68%。云南花农最多，达26.20万户；江苏次之，达21.87万户。浙江、河南、广西、四川和湖南的花农人数也在10万户以上。江苏从业人员最多，有71.30万人；浙江次之，有58.32万人；第三是云南，有45.57万人。专业技术人员中，江苏最多，达5.06万人；浙江次之，有3.72万人；广东第三，为1.89万人。

【2015年全国花卉保护地栽培情况】 2015年，中国花卉保护地栽培面积12.53万公顷，比2014年的12.95万公顷降低3.23%。其中温室面积2.84万公顷，基本与2014年持平。温室中的节能日光温室面积1.15万公顷，比2014年的9282.46公顷大幅增长23.94%。大(中、小)棚面积4.87万公顷，比2014年的5.66万公顷降低14.04%。遮阴棚面积4.82万公顷，比2014年上涨8.55%。

花卉保护地栽培面积在1万公顷以上的有广东、江苏、四川、云南，其中广东面积最大，达2.71万公顷；江苏次之，为2.08万公顷；四川第三，为1.15万公顷；云南与四川相当，为1.14万公顷。2015年，广东、山东、江苏、四川等省花卉保护地栽培面积增减幅度较大。其中广东、山东和江苏花卉保护地栽培面积增长上千公顷。广东花卉保护地栽培面积增量最大，达8807.00公顷，增长48.26%；山东增加1221.50公顷，增长75.24%；江苏增加1034.10公顷，增长5.23%。四川、辽宁、浙江花卉保护地栽培面积下降达1000公顷以上。四川减少1.12万公顷，降幅达49.28%；辽宁减少2268.20公顷，下降31.13%；浙江减少1894.10公顷，下降21.35%。

广东温室栽培面积最大，达7603.30公顷，比2014年增长3.87%；辽宁次之，为3762.60公顷，降低20.44%；江苏第三，为2996.20公顷，增长7.70%。在温室中的节能日光温室，辽宁面积最大，为2877.30公顷；河北次之，1359.97公顷。江苏的大(中、小)棚面积最大，达1.24万公顷，与2014年相比持平略高；云南次之，为8942.00公顷，降低4.54%；广东从2014年的3642.30公顷增长到5534.20公顷，大幅增长51.94%。广东遮阴棚面积最大，从2014年的7287.70公顷大幅增长到1.39万公顷，增长91.00%；四川次之，为7554.00公顷；江苏和浙江的遮阴棚面积也分别达到5427.20公顷和3519.20公顷。各类花卉保护地栽培面积的分布与各地的气候条件和栽培水平密切相关。

表4　2015年十大类主要花卉产销情况总表

项目 类型	种植面积 (公顷)	销售量单位	销售量	销售额 (万元)	出口额 (万美元)
合 计	1305464.32	—	—	13025663.85	61975.48
一、鲜切花类	62904.00	万支	1950381.03	1271004.41	30382.13
其中：鲜切花	49714.77	万支	1690219.78	1136866.55	27042.10
鲜切叶	7431.36	万支	123695.93	69431.65	3083.13
鲜切枝	5757.87	万支	136465.32	64706.21	256.90
二、盆栽植物类	104747.61	万盆	702657.68	3073716.18	12511.10
其中：盆栽植物	63195.70	万盆	398545.74	2160278.43	7126.00

（续）

项目 类型	种植面积 （公顷）	销售量单位	销售量	销售额 （万元）	出口额 （万美元）
盆　景	17823.61	万盆	22612.61	520924.11	5272.10
花坛植物	23728.35	万盆	281499.34	392513.64	113.00
三、观赏苗木	768684.73	万株	1326929.27	6469409.10	3240.10
四、食用与药用花卉	257920.00	千克	181850698.53	1397436.27	1731.90
五、工业及其他用途	45842.80	吨	21380856.75	223611.33	8404.7
六、草坪	45832.36	万平方米	115488.84	267400.23	0
七、种子用花卉	5430.55	千克	722231.57	46116.44	220.00
八、种苗用花卉	7327.52	万株	341670.55	189815.77	4644.55
九、种球用花卉	6069.88	万粒	64442.20	75287.29	423.00
十、干燥花	704.90	—	—	11866.83	418.00

注：1. 所有数据保留两位小数；2. 食用与药用花卉计算干重；3. 工业及其他用途花卉计算鲜重。

表5　2015年主要花卉品种产销情况表

项目 品种	种植面积 （公顷）	销售量 （万支）	销售额 （万元）
一、主要鲜切花			
1. 现代月季(玫瑰)	13544.31	567762.01	280928.51
2. 康乃馨	3016.77	255011.94	94677.73
3. 百　合	8823.85	143128.82	349997.92
4. 唐菖蒲	2038.21	29769.20	16078.87
5. 菊　花	7273.59	221634.25	112699.89
6. 非洲菊	5127.27	281414.71	93615.51
二、主要盆栽植物			
1. 凤梨类	4733.27	13571.61	178898.20
2. 花烛属类	2388.87	9471.21	109741.37
3. 观叶芋类	4884.10	11552.76	107526.58
4. 杜鹃花类	820.38	2417.43	22756.45
5. 中国兰花	711.64	33299.46	122401.47
6. 蝴蝶兰类	543.93	1744.56	26443.46

【2015中国花木产业年度人物】　其由中国花卉协会、中国绿色时报社主办，中国花卉园艺杂志社和浙江省杭州市萧山区花卉协会协办。2015年度是第五次进行评选，共有上海、江苏、浙江、福建、江西、山东、河南、湖南、四川、陕西、青海、贵州、云南13个省(市)花协和中国花卉协会牡丹芍药分会、荷花分会、盆栽分会、月季分会、绿化观赏苗木分会5个分支机构推荐了31位候选人。通过认真审核、充分商议和投票表决，从31名候选人中推选出10位“2015中国花木产业年度人物”。评选结果如下。

朱跃宁　把走差异化之路落到实处。朱跃宁，福建宏盛园艺股份有限公司董事长。早期通过网络和建立自己的网站，加上其他一些渠道，结识了很多国外客商，如韩国、日本、欧洲甚至中东的客商。网站已建立十多年。网站主要是一个对外推广宣传的平台，方便跟国外客商联系。2005年，公司获得出口盆景场检验检疫备案资格认证，2008年成为中荷MPS花卉认证首批获证企业。从此，公司把市场做到了世界各地，几年间产品远销欧洲、日本、韩国、埃及、沙特阿拉伯、科威特、加拿大、新西兰等20个国家和地区。出口产品包括漳州榕树、虎尾兰、仙人球、三角梅、铁树、榆树、水仙花、多肉植物、金钱树、观叶植物、绿化苗木等各种盆栽、盆景植物。每年出口量在200个货柜以上，创汇200万美元以上。公司在积极对外出口产品的同时，还引进了冬青、黑松、红枫、五针松、罗汉松、华盛顿棕、中东海枣，高干多头铁树等国外优良品种，带动1000多户农户生产，创造产值100万美元，丰富了中国市场上的花卉植物品种。朱跃宁采用“公司+基地+农户”的产业化经营发展模式，辐射带动了基地周边2万多户农户，种植花卉基地3万多亩，成为了漳州百花村花卉苗木种植销售名副其实的领头人。

在做好花卉进出口业务的同时，朱跃宁还承

揽完成了大量园林景观工程，有些工程还成为了精品工程。2012 年 5 月至 2015 年，朱跃宁带领公司承建了福建省沈海高速公路森林绿化通道龙海段任务。沈海高速陇海段地处沿海，风力大，土壤盐碱度高，地势较低，土地较贫瘠。宏盛园艺坚持“带、网、片、点”相结合的原则，根据地块类型分类规划。在树种选择上，按照“造林大苗化、树种多样化、品种乡土化、色彩季相化”的树种选择要求和“因地制宜、适地适树”的原则，选择抗风、耐盐碱、耐水性好的易生长、好管理的凤凰木、刺桐、美丽异木棉等乡土景观树种，突出“四季皆绿、四季有花、四季变化”的森林通道景观效果。采用高起垄、挖大穴、填客土、埋基肥的方法改善土壤条件，提高树木成活率。最终朱跃宁将这一工程打造成了一条“树林有高度、林带有厚度、绿色有浓度”的花繁叶茂、四季常青的森林通道，成为建设生态龙海、提高龙海对外形象的重要窗口之一。

走“私人定制”的高端路线。2014 年，朱跃宁创造性地提出了“景观定制”概念，并投资兴建名贵苗木展示交易中心，实现房、树、人的完美结合。2014 年宏盛园艺开展了“城市污泥在花卉栽培上的应用”这一科技项目，以推广科技、环保的方式改善区域生态环境，降低花木种植成本，并为农民免费提供污泥种植技术服务，提高花卉技术含量，间接带动花卉苗木种植基地 5000 亩，可辐射到龙海及漳州各县。

祁生武　致富梦想在希望的田野上实现。祁生武，青海省湟中县生武花卉苗木种植专业合作社主任。16 年前西宁到湟源的高速公路修好后要进行绿化，需要云杉、珍珠梅、黄刺玫、红刺玫等花卉苗木。这些苗木种类都很普通，需要量也很大，但绿化公司找了很多地方，都没有买到货。所以祁生武就开始种植花灌木。正是因为看准了商机，祁生武在当年就种植了 10 多亩地的花卉苗木，并且选择的都是生长快、周期短的花灌木，如丁香、连翘、珍珠梅、黄刺玫、榆叶梅等，第二年规模就扩大到了 100 多亩。二、三年以后，祁生武又增添了国槐、旱柳、金叶榆、紫叶李、紫叶矮樱、海棠等乔木类品种。如今，包括萱草、福禄考、鸢尾等草花在内，祁生武的花木种类已达到 50 多种。

在祁生武的带动下，加上前些年苗木市场的如火如荼，周边不少农户开始种植花卉苗木。为了帮助农户把苗木产品销售出去，祁生武主动帮助农户结识了一些苗木经营商，帮助他们拓宽经营渠道，增加收益。

祁生武还组织湟中县多巴镇的 1300 多户农民掌握科学的种植技术。他一方面积极参加湟中县、多巴镇举办的经纪人培训班，另一方面给大家购买有关种植的书籍，努力学习科学种植技术，并把学到的知识用于具体的实践中，又把实践中遇到的问题带到培训班上虚心向技术员请教。由于肯下苦功钻研，灵活运用所学的知识，边实践边总结，很多农户逐渐掌握、积累了丰富的科学种植技术和管理经验，种植云杉、芍药、牡丹等花卉苗木的经济效益不断提高，规模逐年发展壮大。祁生武致富不忘乡邻，赢得了村民的信任和尊敬，成为当地农民花木种植行业的致富带头人。

成立种植专业合作社抱团发展。祁生武不仅积极带动指导当地农户科学种植花卉苗木，把种植技术和经验毫无保留地传授给村民，为了帮助村民拓宽苗木销售渠道，打开苗木销路、脱贫致富，他还利用自己的优势，在 2009 年 5 月建立了湟中县生武花卉苗木种植专业合作社，担任合作社主任，调动村民扩大种植规模。

生武花卉苗木种植专业合作社以绿化和花卉苗木种植、经营、销售为一体，社委会成员 9 人，入会农户 100 多户，采取“合作社 + 公司 + 基地 + 农户”的经营模式，指导入社农户科学化、规模化、品牌化种植。合作社充分发挥自身优势，与入社农户签订统种统购统销合同，帮助农户解决销售问题。如今，生武花卉苗木种植专业合作社已有育苗基地 800 多亩，培育各类苗木 2000 万株，主要生产针叶树、阔叶树、花灌木等苗木。其中花灌木海棠、红花槐、樱花、红花碧桃、色叶木、牡丹、芍药、鸢尾、丁香等 450 万株，价值 6000 万元。2015 年合作社出圃销售苗木 1000 多万株，销售额达到 2400 多万元；每年雇佣长期农民工 20 人，季节工 100 多人。还面向农村困难户，照顾性用工，帮扶困难家庭增加收入。

生武花卉苗木种植专业合作社生产的花卉苗

木主要销往河北、内蒙古、新疆、西藏、甘肃、宁夏、陕西、山西、四川等10多个省(区、市)。目前生武花卉苗木种植专业合作社已开始逐步承包以前生产蔬菜的2600多个大棚，准备在2015年冬季种植生产金叶榆、紫叶矮樱、金叶水蜡、紫叶稠李、紫叶海棠、金叶垂榆、金丝垂柳等金叶、彩叶树种。

江胜德　传播中国人的园艺精神。江胜德，浙江虹越花卉有限公司董事长。2014年1月，虹越在新三版挂牌上市，走在了同类企业中的前列。2014年12月28日，他们利用上市产生的影响迅速扩张，发布全渠道战略。2016年7月1日，经过1年的筹划、3个月的开发，虹越APP应用上线，线上线下连为一体。

2015年，浙江省全面启动建设一批产业特色鲜明、人文气息浓厚、生态环境优美、兼具旅游与社区功能的特色小镇。虹越总部所在的浙江省海宁市长安镇的长安花卉小镇通过论证被列为市级重点培育项目。虹越花卉作为花卉小镇的策划方、投资方、建设方和主要入驻企业，将全面参与小镇的建设。小镇一期占地2850亩，规划建设已经全面启动。这是一项比梦想更有梦想的创业。长安花卉小镇，将不同于以往的花卉园区，也不是简单的“花卉+生态+旅游”的机械叠加，而是经过对世界上闻名花卉小镇的充分考察后，以荷兰BOSKOOP小镇的成功模式为蓝本，以花卉产业及延伸为核心，集种植、交易、物流、居住、旅游、培训为一体的“创业”“宜居”两相宜的国际花卉园艺生活集聚地。

杨柳　走出苗木网络销售新模式。杨柳，河南紫田农业科技有限公司总经理。2011年她注册了紫田农业科技有限公司，如今，在杨柳的精心管理经营下，2000亩紫田农业苗圃已成为洛阳市示范基地，完成了60多个乡土树种的驯化，攻克了育苗技术难题，成功地培育出大量的乡土珍稀树种供应市场。互联网知识和思维也成为她步入苗木行业后成功的制胜法宝。她将互联网与苗木销售相结合，实现了“互联网+苗木”的转型。

2011年注册紫田农业科技有限公司后，杨柳第一时间就开始创建“紫田苗木网”。她发挥自己的知识优势，利用互联网销售平台进行网上苗木交易。2012年春天播种完树苗后，在其他种植户还在全国各地忙着跑推销时，她则带领团队做了另一件事——优化网站。他们在网站上不断上传自己产品的新图片，明码标价。专业的网站制作，真实合理的价格吸引了不少苗木采购商。夏天就有苗商来基地看苗，到了秋季700多亩地的小苗经过互联网销售一空。

杨柳的苗木网上销售成功时，洛阳周围不少农民找到她，希望自己的产品能够放到紫田花木网站上销售。2012年公司建立了一个公共的平台——中国花木网。苗木种植者可以免费将自己的苗木产品信息上传到平台。现在的中国花木网整合了大量苗木资源，已真正成为供应方与需求方之间联系的纽带。

2015年10月紫田农业被评为河南省第一个种苗花卉产业电子商务示范企业。目前，紫田农业已经开发筛选出了很多乡土珍稀树种作为主要发展对象，如巨紫荆、青檀、血皮槭、青榨槭、黄连木、四照花、小叶朴等，每年出圃苗木800余万株。除了苗木销售，杨柳还做了一件新鲜事，操作一个新项目——花总管。这是一个花卉绿植特卖、租赁平台。已在郑州开展，目前在洛阳市进行推广。

邓克云　痴迷兰花20年。邓克云，黔西南州绿缘动植物科技开发有限公司董事长。公司于2012年在万峰林开始建立一处新的兰花生产基地。新基地面积近300亩，目前已完成1万平方米温室大棚的建设。除此之外，绿缘公司在兴义还有2个兰花基地，兰花生产总面积达900多亩。在绿缘公司基地里，各个兰花家族争奇斗艳，兜兰种类尤为丰富。兜兰被许多人比作“植物界的大熊猫”，是非常珍稀的花卉种类。

从1996年创立绿缘公司以来，他把全部身家都投入到兰花的收集、驯化、保育、研发、生产和销售领域中。邓克云一做就是20年。绿缘公司收集和驯化的国内外兰花种类涵盖50多个属、570多个种系，数量超过500万株。其中，仅兜兰属原生种数量就有40多个，超过世界80个兜兰属植物种类的一半。绿缘公司已成为中国乃至世界最大的兜兰属植物生产和保育基地之一。此外，他们还引进了紫香兰、文心兰、树兰、米尔特兰等近

30个洋兰品种，以及近20个杂交兰品种进行产业化生产。绿缘公司已成为国内同行中首家实现多个兰属、多个种系同步产业化生产的企业。

在决定投身兰花事业之后，邓克云便坚持科技为先，带领公司团队到处考察。他们先后造访了国家花卉工程技术研究中心、中国科学院昆明植物所、北京林业大学、北京植物园、上海辰山植物园、贵州科学院、台湾育种者协会、日本向山兰园等国内外较有影响的科研机构及种植园的专家，博采众家之长，探索适合黔西南州的兜兰品种繁育方案，以及贵州春兰、杂交兰、文心兰等品种产业化生产并制订技术流程。

为了形成一套系统、标准化的生产技术，他们不断探索兰花各种类的生长规律，做了大量试验，寻找适合兰花的生产环境并制订技术方案。

经过多年积累，邓克云的团队已聚集了一批养兰高手，包括治病害、营养、环境等各方面的人才。

为了突破技术瓶颈，提供更多适合产业开发的品种，同时不断丰富兰花种类，为未来的科技研发提供创新平台，邓克云充分发挥种质资源优势，开展了一系列杂交育种工作。他的团队每年都要做上千个杂交，得到大量样本，择优培育。在绿缘生产基地里的每个杂交样本都挂有铭牌，上面清晰地标注了杂交亲本。

邓克云提出了创建众筹科研基地的构想，先后同国家花卉中心、广西热带植物园、贵州科学院等科研机构签订了合作协议，推动科技成果在基地内转化，实现全方位的科企合作模式。

在销售领域，绿缘公司目前已成为国内最大的贵州春兰、紫香兰、树兰、米尔顿兰、长瓣兜兰和文心兰的生产基地，在国内市场的占有率超过40%。2015年，他们有30万盆兰花产品供应市场。同时，他们在北京、上海、广州及贵州本省增设了20多个花卉直销店，并且成功开辟了新加坡市场。

产品的表现形式也日益多样，不断延伸兰花销售领域。除了盆栽，他们开发出兰花生态缸这一创新型产品，不仅有精致的兰花景观，还可以自动喷水、照明并设定了适合兰花生长的温度，成为装饰室内空间的别具一格的产品。他们还通过兜兰鲜切花保型、保色干燥工艺及镶嵌工艺，完成了兜兰工艺产品的研发。开发铁皮石斛、金线莲、金钗石斛等具有药用价值的兰花产品也成为绿缘公司的发展方向。

廉兵　立足产业多元化创新发展。廉兵，中花怡家花卉园艺(北京)有限公司董事长。从2002年开始，他先后承接了北京新年音乐会舞台景观设计，CCTV吉尼斯中国之夜现场设计，2007年好运北京柔道及跆拳道国际邀请赛奥运场馆环境景观绿植、鲜花设计和布置，2008年北京奥运会、残奥会筹办工作总动员大会会场环境景观绿植、鲜花设计和布置，2008年北京奥运会新闻中心新闻发布厅竹厅、兰厅主体景观设计与施工等大型工程，并担任2006年中国首届组合盆栽大赛导师。2009年，廉兵注册成立了北京宏强利达花卉园艺有限公司，专门从事花卉批发、植物景观设计。他先后担任了2009年中国(三亚)首届国际热带兰花博览会主题景观设计师，在2009中国红掌凤梨高层论坛、2009年中国第九届花卉零售业交流会(昆明)上进行组合盆栽专场表演，2012年代表北京市参加中国第五届月季展，北京展园的设计与施工，并获室外金奖、室内特别大奖，完成了2014年首届世界互联网大会现场花艺、景观设计和布置，2015年第二届世界互联网大会国宴花艺布置和现场花艺、景观设计与布置等。为更好地拓展终端消费市场，提升盆花产品附加值，推动花卉行业的发展，2015年他又注册成立了中花怡家花卉园艺(北京)有限公司，业务主要侧重组合盆栽研发、培训、展示和交流等。目前业务范围已覆盖北京、天津、山东、山西、内蒙古、东北等地。

在陕西西安，廉兵协助组织了由中国花卉协会盆栽植物分会参与主办的2016中国西部年宵花展暨中国组合盆栽大赛西北赛区邀请赛，吸引观众10万人次，引起业内强烈关注。为更好地促进组合盆栽发展，2015年他成立了廉兵工作室，与多家盆器厂商合作，专门研发生产适合组合盆栽用的特色花器以及茶器、香皂器皿。经过近一年的经营创新，廉兵工作室研发生产的花器已有200种左右，茶具10多个系列，香皂器皿30几个款式。

考虑到国内花艺培训学校组合盆栽课程比较少，为使创作者深刻表达作品意境，廉兵还组织成立了华夏组合盆栽研究院，专门教授组合盆栽方案、摄影、手绘等技艺，已在成都、西安、上海、郑州、青州、广州、沈阳设立了7个分院。

林远泉　砥砺三十载　筑就百年绿色梦。林远泉，江西远泉实业集团有限公司董事长。2015年1月6日，远泉集团下属的江西远泉林业股份有限公司在新三板挂牌上市，成为江西第一家以苗木为主体的上市公司，也是上饶第一家在新三版上市的公司。

1982年，林远泉创办了一个两亩地的小花圃，取名“春光花圃”。几年后，花圃规模扩大到20多亩，培育花卉品种10多个。当时正值花卉市场繁荣时期，林远泉在这里赚到了人生的第一桶金。1989年，他抓住省里实施“蚕桑工程”的机遇，种植桑苗100余亩。自2003年组建远泉集团以来，他通过“公司+基地+农户”的经营模式，以农业订单形式帮助4800余贫困户培育苗木，户均增收6400元，辐射带动周边县市农民5万多人发展林果业，既调整了种植结构，优化了资源配置，也增加了农民收入。现在的远泉集团已成为集苗木、花卉、茶叶、果业、种植与销售、园林绿化、市政工程设计与施工、水产养殖与销售、农副产品加工与销售、餐饮住宿、生态开发与利用等农、工、贸、产、供、销为一体的实业集团公司。2015年取得了园林绿化实用型专利6项、茶叶制作专利7项、消防器材专利3项，拥有杨梅、茶叶、早梨等3项地理标志。现有15个生产基地，直接经营面积达4.6万亩。

他积极引导周边的农户在荒山和自家庭院大量种植苗木，无偿为农户提供苗木种子、种苗及技术。农户负责生产管理，公司负责回收产品。此外，集团近5年来扶持村办小学、为乡村修桥筑路、架设供电线路、帮助贫困户发展林果业等各项资金近800余万元，先后荣获农业产业化国家重点龙头企业、全国扶贫开发重点龙头企业、全国绿化示范单位等荣誉称号。林远泉也被评为全国劳动模范、全国扶贫开发典型人物。

一直以来，上饶乃至整个江西省都没有大型的苗木花卉交易市场。为了填补这一空白，林远泉从2009年开始筹建江西远泉花卉苗木交易市场，通过3年多的考察论证，市场于2013年正式动工建设，2014年底第一期工程基本完工。至2015年已有浙江、广州、上海、江苏、安徽、福建、湖南等7省市的46家客户，江西省抚州、赣州、南昌、景德镇、上饶的80余家商户入驻市场。2015年实现销售总额上亿元。二期工程完工后，可吸收300个以上企业、1600户经营户入场经营。

刘颖　花茶相融　营造优雅新生活。刘颖现任溧阳市嘉和花卉苗木专业合作社理事长、幸福兰(江苏)现代园艺科技有限公司董事长、江苏天目花茶坊有限公司董事长。早年间，刘颖从父亲手中接过嘉和苗圃，专业种植大花蕙兰、蝴蝶兰。因为管理得当，效益很不错，还带动了周围花农一起成立合作社，共同致富。2007年，正值嘉和发展的上升期，却遭遇了一场强降雪。种植基地里都是普通大棚，受损严重。刘颖意识到需要提升硬件设施，提高企业的抗风险能力。她四处筹备，新建起了智能温室大棚，引进了一系列配套的温度、湿度调控设备，把嘉和改造成了设施完备、技术完善的现代型企业，更好地保障了洋兰的生产。

嘉和主营大花蕙兰、蝴蝶兰等高档花卉，随着市场环境的改变，集团消费大幅缩减，高端花卉市场受到较大冲击。刘颖带领企业转型，开拓家庭花卉市场。她多次到中国台湾、日本寻找合适的蝴蝶兰新品种，培养出5寸盆径的迷你蝴蝶兰产品。经过一番努力，刘颖筹建了幸福兰(江苏)现代园艺科技有限公司，主打产品便是迷你蝴蝶兰盆栽。

“幸福兰”的目标是将高档兰花变成大众消费品。目前，“幸福兰”在溧阳市上兴镇拥有一座面积5000平方米的智能生产温室，配备了可移动苗床、净水灌溉系统、计算机控制系统、高压喷雾系统等全自动化设备。这种工业化的种植模式，既提高了蝴蝶兰的产量，又降低了生产成本，提高了单位面积产量和效益。在生产过程中，刘颖特别强调严把质量关，产品不达标决不出货。2015年下半年，“幸福兰”精心培育的5寸迷你蝴蝶兰新品上市后，反响热烈，订单不断。

每年，刘颖都会拿出最好的洋兰产品参加年

宵花展。第八届中国花卉园艺博览会上，刘颖带来的参评作品“群蝶嬉兰”更是获得特别大奖，此外还有3个金奖、2个银奖。开发出幸福兰产品后，2015年中国国际花卉园艺展览会、常州夏溪花木市场举办的家庭花卉园艺展览会等，都有幸福兰的身影。随着经验的积累，“幸福兰”的物流运输系统的配备越来越完善。如今，不仅长三角地区知道“幸福兰”这一品牌，郑州、沈阳等许多省市的各大商铺也都有幸福兰产品在零售。

2015年，出于自身兴趣和企业创新需要，刘颖将花艺与茶艺相结合，打造了一间“花茶坊”。这个设想并不是刘颖一时的心血来潮，而是经过了深思熟虑。溧阳自古以来便是茶乡，已有千年产茶历史。花茶文化的相融，自古有之，他们同属于文人四雅（焚香、品茗、插花、挂画）。她细致分析了各个资源的优缺点，首先邀请中国杯插花花艺大赛冠军王志东将工作室落户溧阳，在花茶坊内建立了“王志东花艺工作室”，保证花茶坊的花艺设计水平。然后，刘颖又为花茶坊寻找到优质的茶产品和优秀的茶艺师，为顾客提供传统的茶道服务。有嘉和、幸福兰两大种植基地的支持，花茶坊内不仅有各类精致优雅的鲜花花艺商品，还能提供种类丰富、品质优良的盆栽花卉产品。花茶坊将花卉种植与零售终端相结合的方式，为同行带来了一个新思路：第一产业与第三产业并无绝对界限。产销结合的方式，既可以保障花卉生产的灵活性，又能够有效反馈销售终端的需求变化。

从幸福兰的礼盒产品到花茶坊新的销售模式，刘颖既是生产商，也是批发商、零售商。她证明了生产商也能将产品做成精美商品直接出售。这种产业模式的创新，有效减少了花卉产品几经辗转的浪费与损耗。

裴小明 苗木经纪人到行业开拓者。裴小明，湖南绿苑园林股份有限公司董事长。通过科技创新、资本运作、以工程促生产、多产业融合等一系列举措，对企业进行改造、融合、转型、升级，提升了企业的影响力和竞争力，推动了苗木行业的健康发展。2000年从湖南林业专科学校毕业的裴小明在海南一家园林公司实习，后来辗转到广东东莞等地的园林企业做施工员、项目经理。2003年，他回到家乡做起了苗木经纪人，在短短半年时间里，就掌握了苗木中介行业的运营思路与方法，很快成为行业内的一匹黑马。2006年，他以家里的十几亩山林作为生产基地，自繁自育，稳步发展，以诚实守信赢得了不少客户的青睐。2010年，裴小明注册成立了湖南绿苑园林股份有限公司，先后在益阳衡龙桥镇、长沙县干杉镇建设了占地面积600多亩的精品苗木生产基地，采用自动化喷灌滴灌繁育技术和规范化、精细化管理措施，培育各类大型乔木30多个品种、100多万株。绿苑公司大量引进香樟、香橼、香泡、桂花、杨梅、紫薇等优质苗木，并且与国内大型上市房地产企业碧桂园、岭南园林、恒大、万科及省内外相关产业经销商建立了稳定、完善的苗木花卉供销网络。2012年，绿苑开始陆续对外承建小型园林绿化工程中的栽植、花坛、园路、广场铺装等项目，建立了专业的园林景观施工团队，先后在长沙、张家界、湘潭、宁乡、浏阳、郴州、益阳以及广东、湖北、福建、安徽等省独立承担和参与园建、绿化项目20多个，工程产值突破亿元大关。

2015年，绿苑公司完成股份制改造，建立、健全各项管理制度，完善企业组织架构和运营机制，加强团队建设，使企业在激烈的市场竞争中逆势上扬。企业资产总额从1.15亿元增至3.5亿元，产值从2014年0.96亿元增至2.57亿元，苗木基地从1500亩增至3200亩，并且储备了一批优质项目。裴小明制订了标准化、规模化、专业化的发展要求，对苗木基地进行全面改造，对圃地进行整理，调整生产布局，突出基地特色，以生产适销对路、观赏性强、相对速生的无患子、榉树、栾树、北美橡树、美国紫薇、樱花等彩叶园林植物为主。同时，采取合理种植密度、自动喷灌、科学施肥、预防病虫害、适时修剪等专业配套管理技术，高标准培育优质精品苗木，提高单位面积经济效益，使苗木成活率达99.87%，销量比2014年增长58%。同时，绿苑公司与多家高校联合，加大了苗木研发力度，培育新品种投入市场。他们与美国佐治亚大学和中南林业科技大学合作，引进和选育冬青、齐金冬青、法斯特2号等新品种，并最大限度地实行机械化生产和全方位科学管理，力争在3年内将新品种面向全国推广。

绿苑公司的施工业务实现井喷式发展，全年完成绿化工程施工项目17个，分布在湖南、湖北、广东、四川、重庆、上海、江苏、山东等地，竣工项目合格率达100%。

为了打造一支能征善战、品质优良的团队，裴小明亲自抓业务、抓销售，与国内房地产前十强企业万科、万达、碧桂园，园林行业上市公司岭南、东方、铁汉生态、棕榈等企业及60家规模较大的苗木供应商建立战略合作关系。2015年，绿苑公司由裴小明联系和承揽的工程产值达1.5亿元，实现苗木销售2150万元。

身为湖南省花卉协会副会长、益阳市花卉苗木协会副会长的裴小明，在发展、壮大自身企业的同时，始终把带动产业、造福一方作为追求事业发展的强大动力。绿苑公司旗下的益阳市绿苑花卉苗木合作社，采取"公司+基地+农户"的运营方式，联合苗农3800多户，种植苗木面积达4.2万亩。合作社采取统一提供苗木、信息、技术、服务和保底收购的模式，促进苗农每年增收2200万元，并且带动了当地农资、运输、农机、餐饮等相关产业的发展。

池坚 用科技和管理助力企业发展。从上海市花卉良种试验场场长，到上海种业集团总经理，身为农业推广研究员的池坚，一直致力于花卉研究与推广工作。1985年，池坚从南京林业大学硕士研究生毕业后，在上海市林业站任花卉技术员，从事花卉种质资源开发与育种工作。1990年，池坚开始担任上海市花卉良种试验场场长，继续从事花卉科研相关工作。2002年，他进入上海种业集团，并于2012年担任了种业集团总经理。

池坚曾长期从事康乃馨、百合等花卉资源收集及种质创新工作。2010年，他通过体细胞融合育种手段培育出的康乃馨新品种'元红'应用于上海世博会。景观美化。纯正的亮红色、整齐的花期和株高、优良的品质和景观效果，让'元红'成为世博会上的热门品种，获得业内好评。同时，池坚还通过远缘杂交方法，利用转基因及胚胎拯救技术，培育出百合新品种'品阅'和'品乐'，现已通过了农业部新品种初审。

在不断提高个人科研水平的同时，担任总经理后的池坚也注意加强种业集团的科技工作。为了增强种苗生产的规范化、标准化，池坚带领科研骨干制定了《菊花种苗生产技术规程》(DB31/T 770—2013)、《康乃馨种苗生产技术规程》(DB/T 771—2013)。2013年，这两个技术规程被批准为上海市地方标准，并已正式实施。2014年，池坚带头组建了产业研发部，让种业集团的产业研发与实际生产紧密结合，使生产的种子、种苗、花卉产品质量得到有效提高。

新品种培育是种业公司站稳市场的有力基石，池坚带领种业集团提高研发力量，通过多方合作，推动花卉新品种培育工作。他们与上海鲜花港、上海市农业科学院共同成立"上海花卉工程技术研究中心"。2015年，中心获得研发专项资金1234万元，为花卉科研工作提供了资金保障。2015年，种业集团与中国科学院上海植物生理研究所共同培育的百合新品种'植百16''植百21'获得了上海市种子管理总站颁发的新品种认定证书，培育的非洲菊新品种'辉煌''火烈鸟(烈焰)'及'玉女'等也初步审查合格。

除了科研合作，种业集团还依靠自身的科技优势，加强企业与农户的利益联结，发挥示范作用。例如，这几年集团在上海崇明岛花卉产业带内的港沿基地，开发了切花菊和彩色马蹄莲、百合等球根类盆栽产品，逐渐成为集示范、培训为一体的花卉示范基地。通过培训和讲座，基地涌现出31个科技示范户，花卉种植面积已达500多亩，花卉亩效益由原来的3000多元增长到9000多元，有效推动了当地花卉产业的发展。

在池坚的带领下，种业集团生产销售规模在逐年扩大，工厂化穴盘苗产销全国领先，康乃馨种苗销量上海第三。2015年，种业集团的花卉种源板块业绩稳定增长，全年实现销售收入1.2亿元，占种业集团销售收入的61.6%。

在自产产品方面，种业集团的各个花卉生产基地逐步将生产重心从切花向盆花转移。2015年各基地产销郁金香、百合、菊花等盆花共计112万盆，实现销售收入794.6万元，与2014年同期相比增长34.1%。2015年年宵花销售期间，他们提早做了安排，从生产、包装、物流等各个方面都做了充分的准备。自产的康乃馨、百合、郁金香、水仙等花卉盆栽产品受到市场青睐。

在代理产品方面，池坚带领团队积极创新终端营销方式，从常规的花卉批发向高端零售转型。2015年下半年，花卉板块营销中心成立了家庭园艺部，努力寻找高品质的代理产品，丰富产品种类。2014年10月，家庭园艺部着手引进了家庭园艺套装产品，受到了家庭消费者的喜爱，2月销售套装两万多盆。目前，这一产品系列已经进驻上海外高桥进口商品超市，覆盖了江苏、安徽、广东等省的高端花店。2015年1月，家庭园艺套装产品又获得上海市科技馆认可，进驻科技馆试销，展销了春季系列产品，包括香草种植套装、樱桃番茄种植套装、儿童雏菊套装、儿童向日葵套装等7个系列30多个品种。

经过2015年的努力，种业集团开发了自有APP“种业商城”，还在淘宝、百联E城、微信、微店等平台，建立了官方店铺。借助电商平台的线上线下推广活动，他们在淘宝平台的销售已步入正轨，日均访客数在3000人以上，单日最高成交量308单。2015年1月，种业集团与京东签订合作销售协议，成为京东自营花卉的供应商。池坚表示，处在“互联网+”时代，他们在客户、产品、渠道等方面进行探索和尝试，目的是为了多渠道建立终端销售，树立种业花卉的品牌，才能为客户提供更好的服务，为企业创造更多的效益。

（中国花卉协会）

中国茶产业

【概　述】 2015 年，茶叶生产保持稳定发展，形势良好，面积增幅收窄，产量继续增加，产品结构优化，产值较快增长，提质增效成效明显。

茶园面积低幅增加　2015 年，18 个产茶省茶园面积 4316 万亩，比 2014 年增加 175 万亩，增加 4.2%，增速比 2014 年回落 1 个百分点。采摘面积 3387 万亩，增加 228 万亩，略低于 2014 年增加数。湖北、贵州、陕西、四川 4 省茶园面积各增加 20 万亩以上。

茶叶产量中幅增加　干毛茶产量 227.8 万吨，比 2014 年增加 18.6 万吨，增长 8.9%。其中，名优茶 99.3 万吨，增加 9.1 万吨，增长 10.1%；大宗茶 128.5 万吨，增加 9.5 万吨，增长 8.0%。六大茶类全面增产，其中，白茶增产 50% 以上，红茶、黑茶和黄茶也各增产 10% 以上。贵州增产 4 万吨，福建、四川、云南各增产 2 万吨以上。

茶叶产值大幅增加　干毛茶产值 1519.2 亿元，比 2014 年增加 170.1 亿元，增长 12.6%。其中，名优茶产值 1038 亿元，增加 145.4 亿元，增长 16.3%；大宗茶产值 481.2 亿元，增加 24.7 亿元，增长 5.4%。贵州、四川、浙江和陕西干毛茶产值分别增加 49.8 亿元、27 亿元、18.6 亿元和 16.5 亿元。

茶叶生产结构优化　茶叶生产结构调整优化体现在两个方面。第一，茶园结构优化，无性系良种茶园面积比例同比提高 1.2 个百分点，达 56.5%；有机茶园面积比例提高 0.3 个百分点，达 6.2%。第二，茶类结构优化，在干毛茶产量中绿茶、乌龙茶所占比例下降，红茶、黑茶、白茶、黄茶比例上升，六大茶类比例更加均衡。

茶叶提质增效明显　茶叶提质增效继续取得良好成效，主要体现在茶叶质量安全保持稳定，名优茶比重提高，亩产量和亩产值提高。全国名优茶产量、产值占茶叶总产量、总产值的比重分别提高 0.5 和 2.2 个百分点，分别达到 43.6% 和 68.3%。采摘茶园平均亩产量达 67.2 千克，比 2014 年提高 1 千克；平均亩产值为 4485 元，比 2014 年增加 215 元，增长 5%。

当前保持茶叶持续健康发展的压力逐步增大。一是近年来茶园面积增加较多，全国未投产幼龄茶园仍达 900 多万亩，保持茶叶产销平衡的压力逐步增大。二是茶叶价格回归理性，但生产成本越来越高，保持茶农持续增收的难度逐步加大。三是茶叶质量安全关注度高、容忍度低的现状未发生变化，国内外质量安全标准趋严，而依赖化肥、农药的传统种植模式还未彻底改变，确保茶叶质量安全的压力仍然较大。四是茶园季节性用工矛盾凸显，“谁来采茶”的问题日益严重。

表 1　2015 年茶叶主产区面积分布表

地区	茶园面积(万亩)		采摘面积(万亩)		无性系面积(万亩)		无公害面积(万亩)		有机茶面积(万亩)	
	2015 年	增减(%)	2015 年	增减(%)	2015 年	增减(%)	2015 年	增减(%)	2015 年	增减(%)
江苏	51.00	-0.58	44.30	1.37	17.10	0.59	39.10	-3.93	4.10	-12.77
浙江	295.00	5.02	266.00	2.70	206.20	2.08	236.40	1.24	19.16	-5.62
安徽	255.00	2.08	222.00	2.35	72.00	12.50	180.00	5.88	10.00	0.00
福建	370.00	1.54	350.00	7.89	345.00	1.47	90.00	12.50	50.00	11.11
江西	139.50	10.89	103.20	14.16	93.90	19.31	88.10	5.64	36.80	19.09
山东	54.73	7.15	41.27	7.95	6.46	29.05	40.17	16.85	5.35	-12.94
河南	230.70	0.30	154.17	4.88	90.32	1.12	161.70	-12.59	8.40	23.53

(续)

地区	茶园面积(万亩)		采摘面积(万亩)		无性系面积(万亩)		无公害面积(万亩)		有机茶面积(万亩)	
	2015 年	增减(%)	2015 年	增减(%)	2015 年	增减(%)	2015 年	增减(%)	2015 年	增减(%)
湖北	466.00	6.25	343.00	0.70	219.00	12.08	350.00	0.63	24.00	25.65
湖南	199.20	6.64	157.40	7.96	109.90	13.65	142.60	5.94	7.90	16.18
广东	77.00	6.41	70.00	4.48	56.00	9.80	75.00	7.14	10.60	20.45
广西	104.00	3.32	100.00	5.97	69.00	6.15	39.00	2.63	5.30	8.16
海南	1.04	8.33	0.77	14.93	0.38	2.70	0.57	11.76	0.00	—
重庆	68.17	3.87	47.87	11.61	32.96	10.72	18.98	4.57	1.67	35.77
四川	481.55	5.02	365.60	12.63	341.60	8.03	354.90	28.63	5.95	0.51
贵州	689.10	4.09	423.20	20.88	482.30	6.35	324.00	149.23	19.90	7.57
云南	602.00	1.18	550.00	2.23	230.00	0.00	530.00	1.92	39.50	0.77
陕西	215.90	12.21	138.10	10.30	63.50	17.59	85.00	10.39	18.60	28.28
甘肃	16.30	6.54	10.33	-4.35	1.30	34.02	16.30	6.54	0.25	0.00
合计	4316.19	4.22	3387.21	7.20	2436.92	6.47	2771.82	12.94	267.48	10.05

表2 2015年干毛茶、名优茶主产区产量产值明细表

地区	干毛茶总产量(吨)		名优茶总产量(吨)		干毛茶总产值(万元)		名优茶总产值(万元)	
	2015 年	增减(%)	2015 年	增减(%)	2015 年	增减(%)	2015 年	增减(%)
江苏	14006.33	-0.20	4296.30	-5.97	215903.80	-3.91	175861.10	-3.87
浙江	176000.00	5.39	80200.00	11.39	1686000.00	12.40	1495000.00	15.00
安徽	113200.00	3.85	34000.00	2.41	820000.00	7.84	608000.00	12.07
福建	379600.00	6.93	170000.00	6.25	2100000.00	5.00	1200000.00	9.09
江西	50356.30	8.37	13712.00	12.88	422476.50	6.11	300158.90	15.59
山东	21474.03	7.16	13520.04	7.48	456378.72	13.68	331164.62	10.65
河南	59560.15	8.43	46223.00	7.44	1047800.00	12.94	951472.00	10.60
湖北	196905.80	6.43	70326.00	5.96	1129338.00	5.57	687949.00	4.65
湖南	172355.00	6.87	16583.00	7.99	710809.00	15.16	230814.00	18.82
广东	79167.00	4.90	25600.00	4.92	332200.00	10.04	176067.00	10.04
广西	60000.00	3.63	35000.00	6.06	292420.00	5.22	207605.00	4.85
海南	441.40	-8.42	17.00	21.43	5488.00	-5.66	3302.00	3.67
重庆	31097.80	5.85	10704.35	4.69	157569.87	20.76	89601.72	26.68
四川	262319.00	10.63	150500.00	15.41	1570000.00	20.77	1231100.00	25.43
贵州	223285.00	23.00	86900.00	19.70	2113150.00	30.83	1147503.00	43.89
云南	362359.00	8.10	210297.00	9.92	1111564.00	0.05	970197.00	16.44
陕西	74194.80	21.81	24589.30	19.48	997514.00	19.84	562474.00	18.11
甘肃	1302.40	8.99	470.00	9.05	22600.00	36.14	11340.00	24.62
合计	2277624.01	8.88	992937.99	10.06	15191211.89	12.61	10379609.34	16.29

表 3　2015 年分品种茶业主产区产量表

地区	绿茶产量(吨)		红茶产量(吨)		乌龙茶产量(吨)		黑茶产量(吨)		白茶产量(吨)		黄茶产量(吨)	
	2015 年	增减(%)	2015 年	增减(%)	2015 年	增减(%)	2015 年	增减(%)	2015 年	增减(%)	2015 年	增减(%)
江苏	11528.93	-1.71	2477.40	7.52	—	—	—	—	—	—	—	—
浙江	164080.00	5.70	5890.00	5.75	600.00	0.00	5400.00	-1.82	15.00	—	15.00	-85.00
安徽	103025.00	3.54	7200.00	2.86	325.00	550.00	200.00	0.00	—	—	2450.00	8.89
福建	115100.00	4.64	41600.00	4.00	202500.00	6.58	—	—	20400.00	36.00	—	—
江西	40160.10	6.86	8554.50	15.70	1011.70	-32.10	630.00	—	—	—	—	—
山东	19405.86	6.55	2065.41	13.24	2.50	150.00	0.00	-100.00	0.15	50.00	0.10	100.00
河南	49429.00	11.21	8548.00	-5.55	1.15	12.75	1572.00	9.70	10.00	1900.00	—	—
湖北	130534.00	2.74	20523.00	10.14	4886.00	-13.35	37712.10	12.59	3250.00	1598.90	0.70	—
湖南	80353.00	5.48	18517.00	3.25	3306.00	-11.89	69381.00	10.40	5.00	66.67	793.00	39.37
广东	32422.00	5.77	4993.00	66.27	38275.00	6.24	3396.00	-40.51	72.00	0.00	9.00	12.50
广西	30210.00	0.34	26711.00	3.91	890.00	2.30	2169.00	80.75	20.00	33.33	—	—
海南	349.00	-10.05	92.40	-1.70	—	—	—	—	—	—	—	—
重庆	26561.60	4.24	3636.20	1.93	570.00	107.27	330.00	489.29	—	—	—	—
四川	208223.00	5.31	17771.00	31.92	3026.00	-14.18	33152.00	48.98	—	—	147.00	0.00
贵州	187250.00	22.99	22657.00	23.42	1763.00	12.80	10839.00	18.60	721.00	277.49	55.00	57.14
云南	170495.00	2.80	64596.00	21.00	1693.00	2.23	125376.00	9.68	199.00	—	—	—
陕西	67750.80	23.57	1208.00	-0.25	36.00	9.09	5200.00	8.33	—	—	—	—
甘肃	1202.40	1.08	75.00	1263.64	—	—	25.00	—	—	—	—	—
合计	1438079.69	7.52	257114.91	12.52	258885.35	5.46	295382.10	13.20	24692.15	59.17	3469.80	11.60

（中国农业国际合作促进会茶委会　封槐松）

【茶叶进出口贸易】　据海关统计，2015 年，中国茶叶出口 32.5 万吨，金额约 13.8 亿美元，同比分别上升 7.8%、8.6%。中国绿茶出口 27.21 万吨，金额约 10.05 亿美元，同比分别上升 9.2%、5.5%。中国红茶出口 2.81 万吨，金额约 2.06 亿美元，同比分别上升 1.3%、42.3%。中国乌龙茶出口 1.54 万吨，金额约 0.84 亿美元，同比分别下降 0.1%、5.2%。中国花茶出口 0.6 万吨，金额约 0.51 亿美元，同比分别上升 4.5%、8.0%。中国普洱茶出口 0.33 万吨，金额约 0.34 亿美元，同比分别下降 3%、12.5%。

表 4　我国茶叶出口海关统计分国别和地区前 20 位

	国别 (地区)	出口量 (千克)	出口额 (美元)	数量 同比(%)	金额 同比(%)
1	摩洛哥	64437537	22656346	9.2	7.1
2	乌兹别克斯坦	26795113	50405086	63.5	32.6

(续)

	国别 (地区)	出口量 (千克)	出口额 (美元)	数量 同比(%)	金额 同比(%)
3	塞内加尔	17221319	75383012	29.2	26.1
4	美国	16360326	91319730	6.9	9.7
5	阿尔及利亚	14364765	52227274	-4.3	-7.1
6	多哥	13311531	60008123	-21.2	-20.4
7	日本	13072813	56663596	-10.2	-6.6
8	毛里塔尼亚	12865730	55662356	-8.7	-9.9
9	俄罗斯联邦	12770694	37196392	-8.3	-24.0
10	德国	12478135	49701703	-0.5	2.4
11	中国香港	10310912	11675502	0.7	5.2
12	加纳	8628462	38672127	103.1	110.9
13	喀麦隆	7487745	6381795	5.5	-8.9
14	巴基斯坦	6620302	20742620	4.2	43.6
15	马里	5888260	27797741	11.6	13.9

（续）

	国别（地区）	出口量（千克）	出口额（美元）	数量同比(%)	金额同比(%)
16	法国	5532043	29133238	73.8	51.9
17	利比亚	5007040	14382957	52.9	31.0
18	冈比亚	4627250	18931570	4.2	5.3
19	贝宁	4564251	7816543	-9.8	-17.9
20	泰国	4115197	18788900	134.5	70.8

表5 我国绿茶出口海关统计分国别和地区前20位

	国别（地区）	出口量（千克）	出口额（美元）	数量同比(%)	金额同比(%)
1	摩洛哥	63788205	224490255	9.0	6.9
2	乌兹别克斯坦	26602657	50042245	62.9	32.3
3	塞内加尔	17107595	74535750	29.7	26.9
4	阿尔及利亚	14356765	52214107	-4.3	-7.0
5	多哥	13311531	60008123	-21.2	-20.4
6	毛里塔尼亚	12865730	55662356	-8.7	-9.9
7	俄罗斯联邦	9953540	26492119	-9.7	-25.8
8	德国	8984365	34175398	2.6	2.8
9	加纳	8628462	38672127	103.1	110.9
10	喀麦隆	7487745	6381795	5.5	-8.9
11	美国	6762140	33787271	10.0	8.6
12	巴基斯坦	6050082	20010525	42.6	73.7
13	马里	5888260	27797741	11.6	13.9
14	利比亚	4989760	14299200	53.1	31.4
15	法国	4918908	25055292	84.0	64.1
16	冈比亚	4627250	18931570	4.2	5.3
17	贝宁	4564251	7816543	-9.8	-17.9
18	中国香港	3095299	32346215	2.6	-23.9
19	突尼斯	2971490	4272576	5.4	-6.6
20	阿富汗	2904435	7578401	-29.7	-24.5

表6 我国红茶出口海关统计分国别和地区前20位

	国别（地区）	出口量（千克）	出口额（美元）	数量同比(%)	金额同比(%)
1	美国	8340691	36113729	4.0	7.2
2	中国香港	3955792	51796057	17.8	72.8
3	德国	2490734	9399874	-18.1	-7.8
4	缅甸	2487695	19640546	30.2	70.9
5	澳大利亚	1683149	19142686	27.2	26.5
6	俄罗斯联邦	1657171	6420148	-14.3	-18.6
7	蒙古国	1167284	1296253	11.1	2.8

（续）

	国别（地区）	出口量（千克）	出口额（美元）	数量同比(%)	金额同比(%)
8	日本	748559	6425829	16.7	45.0
9	波兰	576793	2093364	35.5	6.6
10	巴基斯坦	548490	605490	-73.5	-64.5
11	泰国	528420	3378877	-20.0	-38.0
12	英国	482088	2099582	-18.5	3.1
13	加拿大	417290	4882026	43.3	5.5
14	法国	384999	1649503	22.7	30.6
15	马来西亚	371450	1923846	27.5	-34.9
16	越南	365568	19942278	693.9	976.1
17	新加坡	335444	1783794	-27.0	-13.9
18	乌兹别克斯坦	180638	280313	307.4	308.9
19	新西兰	174160	902685	-18.0	-10.6
20	中国澳门	139672	533529	10.1	24.4

表7 我国乌龙茶出口海关统计分国别和地区前20位

	国别（地区）	出口量（千克）	出口额（美元）	数量同比(%)	金额同比(%)
1	日本	9013973	34869768	-11.6	-12.8
2	中国香港	1984600	12875931	-14.6	-16.9
3	泰国	1369745	5027535	1469.1	1461.0
4	越南	598905	9094654	-15.3	198.9
5	俄罗斯联邦	575919	2125552	126.8	5.7
6	美国	475530	7974305	12.2	-15.5
7	马来西亚	306841	4264012	-7.7	-49.4
8	印度	235150	612270	-8.1	-24.1
9	新加坡	201484	954784	-13.5	-14.1
10	斯里兰卡	137735	593037	20.1	-0.6
11	德国	81959	1015936	-27.3	7.4
12	加拿大	64254	434837	1.0	-24.6
13	西班牙	40082	77614	19941.0	1940.3
14	墨西哥	38583	331263	15.8	31.0
15	乌克兰	32827	92655	712.5	415.4
16	中国澳门	30210	140977	-28.0	-34.0
17	澳大利亚	30079	569284	16.5	68.9
18	英国	23930	367347	62.3	63.8
19	南非	14940	321080	91.7	57.2
20	印度尼西亚	13253	146178	-18.2	-14.5

表 8　我国花茶出口海关统计分国别和地区前 20 位

	国别（地区）	出口量（千克）	出口额（美元）	数量同比（%）	金额同比（%）
1	日本	1394721	10119769	1.9	4.1
2	美国	730318	12841759	9.2	49.6
3	摩洛哥	641960	2016093	42.6	35.4
4	俄罗斯联邦	556887	1952569	-13.4	-25.3
5	中国香港	536016	5536863	-17.0	-20.4
6	德国	373003	2907321	7.7	-2.7
7	马来西亚	272335	2890973	24.6	0.3
8	新加坡	188378	1086066	6.9	-7.9
9	法国	179313	1294979	52.7	31.4
10	斯里兰卡	125954	529831	-10.4	-7.9
11	英国	122153	893245	-6.9	-2.5
12	塞内加尔	113724	847262	-20.7	-16.4
13	加拿大	108905	1131039	20.5	19.1
14	澳大利亚	84956	1258452	-13.3	0.4
15	阿拉伯联合酋长国	63652	454771	-25.9	-2.6
16	比利时	57338	408455	184.9	164.6
17	荷兰	56464	585260	7.2	33.1
18	墨西哥	46384	544119	-21.2	-17.8
19	南非	36999	709472	15.0	39.6
20	中国澳门	30033	170546	42.5	24.3

表 9　我国普洱茶出口海关统计分国别和地区前 20 位

	国别（地区）	出口量（千克）	出口额（美元）	数量同比（%）	金额同比（%）
1	中国香港	738605	14195262	-17.3	-11.1
2	德国	548074	2203174	92.9	91.5
3	日本	527289	1968198	26.6	15.5
4	马来西亚	525023	5271557	-10.4	-26.4
5	中国台湾	223945	4748289	-12.3	18.5
6	新加坡	118991	772119	-9.5	-5.5
7	波兰	90811	448604	-45.5	-44.3
8	西班牙	77515	212664	-32.9	-31.8
9	中国澳门	62891	401434	-40.4	-47.4
10	荷兰	57234	207672	372.8	201.3
11	美国	51647	602666	29.2	39.0
12	法国	44470	1056366	-35.0	-29.0
13	泰国	31800	645959	168.2	-3.6
14	阿根廷	30000	65843	0.0	3.1
15	俄罗斯联邦	27177	206004	-64.7	-73.2
16	智利	27134	166370	-38.1	-38.9
17	阿拉伯联合酋长国	24992	62910		
18	韩国	20561	414178	-66.3	-74.5
19	澳大利亚	20420	197893	16.6	7.0
20	加拿大	14449	237948	-6.6	39.3

茶叶出口增长的主要原因如下：一是 2015 年 8 月以来人民币主动贬值对出口发挥了显著促进作用；二是摩洛哥、乌兹别克斯坦、美国等主销市场刚需有所恢复上扬，贸易量增加，强力拉升了茶叶出口总量；三是在国际茶叶质量标准越趋严格的形势倒逼下，中国茶企进一步强化质量管理，茶叶品质不断提升，国外客商信心增加。

随着"一带一路"经济区内国家经贸合作战略的不断推进，在拉动茶叶出口方面也取得突破。2015 年，中国茶叶对"一带一路"沿线国家出口 8.2 万吨，同比增长 15.2%；对东盟地区出口 1.3 万吨，同比增长 41.4%；对中东欧 16 国出口 4364 吨，同比增长 44.9%；对拉美地区出口 1472 吨，同比增长 31.5%。

国外市场技术壁垒愈加严苛，检测项目多变，风险加剧，严重阻碍出口。最突出的受阻市场就是欧盟、日本。20 世纪末一段时间，中国输欧茶叶出口快速增长，1998 年达到 4.2 万吨；而自欧盟实施了苛刻的农药残留限量检测标准后，中国输欧盟茶叶快速递减，2005 年降至 1.61 万吨。近 10 年来，中国出口欧盟茶叶始终维持在 2 万吨左右。另一个传统主销市场日本在实施食品安全法后，中输日茶叶总量从 2007 年 3.7 万吨降至当前的 1 万多吨。

饮茶习惯的差异从根本上也造成出口影响。欧美及中东地区是国际上最主要的茶叶消费地区，红茶为主流茶品。以俄罗斯为例，年均进口茶叶量 16 万吨，中国对俄茶叶出口仅为 1 万吨左右，市场份额很少。绿茶消费方面尽管呈上涨趋势，但仍以袋泡绿茶、绿茶饮料为主导。中国国产茶区各级政府部门非常重视茶产业，大力投入促进发展，当前，中国的茶园管理、工厂加工设备及清洁化管理等已达到国际先进水平。然而由于品饮差异，中国出口这些地区的绿茶绝大部分还是散装的原料茶。在国内茶叶生产成本、检测费用不断上涨而国外客户拒绝相应提价的双重挤压下，多数企业利润微乎其微甚至难以为继。对非洲的茶叶出口占中国茶叶出口总量的半壁江山，但非洲消费者购买力低，出口茶叶质量与价格倒挂严重，企业经营艰难。

【2015 年度中国茶叶行业综合实力百强企业】 根据《关于开展“2015 年度中国茶叶行业百强企业调查工作”的通知》(中茶协字〔2015〕38 号)的内容，在茶叶企业自愿申报的前提下，经过对其 2014 年度企业财务审计报告和取得相关认证进行整理，并在各省市茶叶组织审核，推荐的基础上，经中国茶叶流通协会组织专家对申报材料进行严谨认真的复审，最终推选出“2015 年度中国茶叶行业综合实力百强企业”。

整个调查推选过程坚持“自愿、公平、公正和公益”的原则，入选的百强企业代表了目前中国茶叶行业的总体发展水平，相关结果将作为今后行业推介、信用等级评定、品牌商标评选等项工作的依据。

表 10　2015 年度中国茶叶行业综合实力百强企业名单

序号	企业名称	法人代表
1	天福(開曼)控股有限公司	李家麟
2	湖南省茶业集团股份有限公司	周重旺
3	中国茶叶有限公司	王　震
4	安徽省茶叶进出口有限公司	顾公新
5	北京张一元茶叶有限责任公司	王秀兰
6	华茗园茶业股份有限公司	胡家华
7	萧氏茶业集团有限公司	肖　勇
8	湖南湘丰茶业有限公司	汤　宇
9	安徽省六安瓜片茶业股份有限公司	曾胜春
10	四川省茶业集团股份有限公司	颜泽文
11	武夷星茶业有限公司	何一心
12	云南滇红集团股份有限公司	王天权
13	湖南省白沙溪茶厂股份有限公司	周重旺
14	福建品品香茶业有限公司	林振传
15	福建新坦洋集团股份有限公司	张锦华

(续)

序号	企业名称	法人代表
16	湖南华莱生物科技有限公司	张先枚
17	信阳市龙潭茶叶有限公司	陈义兴
18	大不同集团有限公司	苏锦平
19	安徽天方茶业(集团)有限公司	郑孝和
20	福建省御茶园茶业股份有限公司	陈昌道
21	湖北邓村绿茶集团	刘长桥
22	湖北汉家刘氏茶业股份有限公司	刘家国
23	谢裕大茶叶股份有限公司	谢一平
24	宁德市奇隆翔农业有限公司	周大祥
25	四川省文君茶业有限公司	阎坤雄
26	福建省天湖茶业有限公司	林有希
27	黄山市松萝有机茶叶开发有限公司	王光熙
28	信阳市文新茶叶有限责任公司	刘文新
29	河南省信阳卢氏茶叶集团	卢文全
30	黄山市猴坑茶业有限公司	方继凡
31	福建三好茶博汇茶业有限公司	丁明雄
32	六安市黄府茶业有限公司	张永芳
33	陕西苍山茶业有限责任公司	纪晓明
34	黄山市新安源有机茶开发有限公司	方国强
35	浙江诚茂控股集团有限公司	俞晓刚
36	河南新林茶业有限公司	连启武
37	安徽省祁门红茶发展有限公司	王　昶
38	江西省宁红集团有限公司	俞学文
39	安徽国润茶业有限公司	殷天霁
40	厦门山国饮艺茶业有限公司	林玉辉
41	陕西省午子绿茶有限责任公司	闫战利
42	湖南洞庭山科技发展有限公司	袁小月
43	四川省蒙顶山皇茗园茶业集团有限公司	杨文学
44	福建鼎白茶业有限公司	王传意
45	江苏天乙生态茶业科技有限公司	赵汉如
46	北京二商京华茶业有限公司	任长青
47	安徽省华国茗人农业有限公司	宋光英
48	广东茶叶进出口有限公司	穆有为
49	黄山光明茶业有限公司	谢四十
50	益阳茶厂有限公司	彭雄根
51	黄山紫霞茶业有限公司	谢志生
52	风华致远(湖南)生物科技有限公司	刘　健
53	江西天骏农业开发有限公司	曹发明
54	安徽良奇生态农业科技有限责任公司	秦名祥
55	河南蓝天茶业有限公司	杨　扬

（续）

序号	企业名称	法人代表
56	福州东升茶厂	林增钦
57	福建省广福茶业有限公司	林型彪
58	安徽一笑堂茶业有限公司	陈苏亮
59	福建郑源茶业有限公司	郑传源
60	济南博茗茶叶交易中心	刘　勇
61	湖北三品源茶业科技开发有限公司	谢松甫
62	河南九华山茶业有限公司	舒学昌
63	福建誉达茶业有限公司	周庆贺
64	湖北宜红茶业有限公司	韩靖忠
65	陕西省紫阳富硒茶业有限公司	李龙安
66	广东省大埔县西岩茶叶集团有限公司	魏顶国
67	四川蒙顶山味独珍茶业有限公司	张　强
68	福州福民茶叶有限公司	刘南官
69	广西农垦茶业集团有限公司	唐永宁
70	湖南古洞春茶业有限公司	唐春仙
71	苏州三万昌茶叶有限公司	张建良
72	黄山市齐云山天然食品有限公司	郭德军
73	福建省天丰源茶产业有限公司	庄长强
74	福建福鼎东南白茶进出口有限公司	张郑库
75	勐海陈升茶业有限公司	陈升河
76	五峰武陵山茶业有限公司	王诗告
77	仙居县茶叶实业有限公司	戴青朋
78	河南仰天雪绿茶叶有限公司	王章春
79	浮梁县浮瑶仙芝茶业有限公司	吴水前
80	福建隽永天香茶业有限公司	龚　煦
81	信阳市广义茶叶有限公司	李广义
82	云南双江勐库茶叶有限责任公司	戎加升
83	福建瑞达茶业有限公司	陈家瑞
84	湖北龙峡茶业集团有限公司	万　志
85	霍山汉唐清茗茶叶有限公司	程俊生
86	恩施市润邦国际富硒茶业有限公司	张文旗
87	重庆市二圣茶业有限公司	张节明
88	武汉黄鹤楼茶叶有限公司	张岳峰
89	四川蒙顶山跃华茶业集团有限公司	张跃华
90	广东凯达茶业股份有限公司	赖法卫
91	福建省誉丰国心茶业有限公司	黄一丰
92	浙江千岛银珍农业开发有限公司	张再清
93	安徽宏云制茶有限公司	戴照云
94	赣州市武夷源实业有限公司	谢明进
95	贵州阳春白雪茶业有限公司	王　静

（续）

序号	企业名称	法人代表
96	安徽舒绿茶业有限公司	陈绍存
97	广西金花茶业有限公司	翁荣彬
98	安化道然茶业有限公司	何则良
99	湖南润和茶业集团股份有限公司	陈社行
100	湖南梅山黑茶股份有限公司	陈安社

（中国茶叶流通协会）

森林旅游业

【**森林公园发展**】 2015年，全国森林旅游游客量超过了10.5亿人次，创造社会综合产值达7800亿元。“十二五”时期，全国森林旅游游客量总数达到40亿人次，年增长15.5%。森林旅游的发展，实现了从“砍树”到“看树”、从“卖山头”到“卖生态”、从“卖木材”到“卖景观”、从“把林产品运出去”到“把城镇居民引进来”的历史性转变。随着森林旅游的发展壮大，森林旅游的综合效益日益凸显，森林旅游已经成为提高国民生活质量、增强国民体质的重要途径，成为中国林业重要的朝阳产业、绿色产业和富民产业。国家林业局数据显示，截至2015年年底，在全国832个贫困县中，仅国家森林公园、国家湿地公园等国家级森林旅游地数量就达到537处。目前，全国依托森林旅游实现增收的建档立卡贫困人口约35万户、110万人，年户均增收3500元。

总体情况 截至2015年年底，全国共建立森林公园3234处，规划总面积1801.71万公顷。其中，国家级森林公园826处(新设立39处)、国家级森林旅游区1处，面积1251.06万公顷；省级森林公园1402处，县(市)级森林公园1005处。11个省的森林公园总数超100处，分别是广东(615处)、山东(244处)、浙江(199处)、福建(177处)、江西(177处)、河南(171处)、山西(127处)、四川(126处)、湖南(125处)、江苏(107处)和河北(100处)。

建设情况 根据31个省(区、市)及内蒙古、吉林、龙江、大兴安岭森工(林业)集团公司共2962处森林公园(含白山市国家级森林旅游区)的统计数据，2015年森林公园共投入建设资金416.9亿元，其中用于环境建设方面的投资51.68亿元，营造景观林7.99万公顷，改造林相18.34万公顷。截至2015年年底，森林公园共拥有游步道8.17万千米，旅游车船3.55万台(艘)，接待床位92.8万张，餐位177万个。从事管理与服务的职工达17.23万人，导游人员1.67万人。

总体经营情况 2015年，2962处森林公园(含白山市国家森林旅游区)共接待游客7.95亿人次(其中海外游客1413.65万人次)，占国内旅游总人数的19.9%，旅游收入705.6亿元，分别比2014年度增长11.97%和23.33%。据测算，2014年全国森林公园创造的社会综合产值近7500亿元。

依据2961处森林公园(其中国家级森林公园826处，不含白山市国家森林旅游区)的具体统计数据，分析如下：①游客人数。2961处森林公园游客人数共计7.87亿人次，其中248处游客人数为0，277处游客人数不足1万人次，376处游客人数超50万人次，151处游客人数超100万人次。接待游客的2713处森林公园平均游客人数29万人次。②旅游收入。2961处森林公园旅游收入共计686.9亿元，其中465处森林公园旅游收入为0，72处不足5万元，477处超1000万元，175处超5000万元，93处超亿元。取得旅游收入的2496处森林公园平均旅游收入2752万元。

国家级森林公园经营情况 ①游客人数。826处国家级森林公园游客人数共计4.5亿人次，其中27处游客人数为0，53处不足1万人次，236处超50万人次，111处超100万人次。接待游客的799处国家级森林公园平均游客人次56万人次。②旅游收入。826处国家级森林公园旅游收入共计539.68亿元，其中54处旅游收入为0，5处不足5万元，339处超1000万元，134处超5000万元，73处超亿元。取得旅游收入的772处国家级森林公园平均旅游收入6990万元。

公益性开放 根据对2961处森林公园的统计，976处森林公园(其中国家级217处)目前免收门票，享受免票服务的游客达1.91亿人次(其中国家级7486.47万人次)，占本年度游客总人数的24%(占国家级游客总人数的16.63%)。

2015年度国家专类公园与国家生态公园建设经营情况 2015年，新建3处国家林木(花卉)花园，国家林木(花卉)公园总数达8处；新建11处国家生态公园试点，国家生态公园试点总数达14处。共投入建设资金6.21亿元，接待游客1002.19万人次，综合收入达3.78亿元。

表1 国家级森林公园名录(截至2015年年底)

序号	省份	公园名称	建园时间	面积(公顷)
001	北京(15处)	北京西山国家森林公园	1992.11	5926.10
002		北京上方山国家森林公园	1992.11	337.00
003		北京蟒山国家森林公园	1992.11	8581.53
004		北京云蒙山国家森林公园	1995.11	2208.00
005		北京小龙门国家森林公园	2000.02	1595.00
006		北京鹫峰国家森林公园	2003.12	775.12
007		北京大兴古桑国家森林公园	2004.12	1164.79
008		北京大杨山国家森林公园	2004.12	2106.50
009		北京八达岭国家森林公园	2005.12	2940.00
010		北京北宫国家森林公园	2005.12	914.50
011		北京霞云岭国家森林公园	2005.12	21487.40
012		北京黄松峪国家森林公园	2005.12	4274.00
013		北京崎峰山国家森林公园	2006.12	4290.18
014		北京天门山国家森林公园	2006.12	669.41
015		北京喇叭沟门国家森林公园	2008.01	11171.50
		合计		68441.03
001	天津(1处)	天津九龙山国家森林公园	1997.12	2126.00
		合计		2126.00
001	河北(26处)	河北海滨国家森林公园	1991.11	1666.67
002		河北塞罕坝国家森林公园	1993.05	94000.00
003		河北磬槌峰国家森林公园	1993.05	4020.00
004		河北翔云岛国家森林公园	1993.05	2400.00
005		河北清东陵国家森林公园	1993.05	2233.33
006		河北辽河源国家森林公园	1996.08	11886.00
007		河北山海关国家森林公园	1997.12	4853.30
008		河北五岳寨国家森林公园	2000.12	4400.00
009		河北白草洼国家森林公园	2002.12	5396.00
010		河北天生桥国家森林公园	2002.12	11600.00
011		河北黄羊山国家森林公园	2004.12	2107.00
012		河北茅荆坝国家森林公园	2004.12	19400.00
013		河北响堂山国家森林公园	2004.12	6348.80
014		河北野三坡国家森林公园	2004.12	22850.00

(续)

序号	省份	公园名称	建园时间	面积(公顷)
015	河北	河北六里坪国家森林公园	2004.12	2250.00
016		河北白石山国家森林公园	2005.12	3478.00
017		河北易州国家森林公园	2005.12	8446.00
018		河北古北岳国家森林公园	2005.12	1353.33
019		河北武安国家森林公园	2005.12	40500.00
020		河北前南峪国家森林公园	2006.12	2600.00
021		河北驼梁山国家森林公园	2006.12	15870.00
022		河北木兰围场国家森林公园	2008.01	5351.00
023		河北蝎子沟国家森林公园	2008.01	4634.15
024		河北仙台山国家森林公园	2008.12	1522.00
025		河北丰宁国家森林公园	2008.12	8839.00
026		河北黑龙山国家森林公园	2009.12	7034.40
		合计		295038.98
001	山西(19处)	山西五台山国家森林公园	1992.09	19133.33
002		山西天龙山国家森林公园	1992.09	17732.95
003		山西关帝山国家森林公园	1992.09	68448.40
004		山西管涔山国家森林公园	1992.09	43440.00
005		山西恒山国家森林公园	1992.11	27960.00
006		山西云岗国家森林公园	1992.11	15820.40
007		山西龙泉国家森林公园	1992.11	24380.00
008		山西禹王洞国家森林公园	1992.11	7333.33
009		山西赵杲观国家森林公园	1992.11	4700.07
010		山西方山国家森林公园	1992.11	3333.33
011		山西交城山国家森林公园	1992.11	16741.05
012		山西太岳山国家森林公园	1992.11	60000.00
013		山西五老峰国家森林公园	1992.11	10400.00
014		山西老顶山国家森林公园	1992.11	2200.00
015		山西乌金山国家森林公园	1993.05	3667.50
016		山西中条山国家森林公园	1993.10	46301.30
017		山西太行峡谷国家森林公园	1996.08	4000.00
018		山西黄崖洞国家森林公园	1996.08	6000.00
019		山西棋子山国家森林公园	2014.02	7541.14
		合计		389132.80
001	内蒙古(24处)	内蒙古红山国家森林公园	1991.11	3221.00
002		内蒙古哈达门国家森林公园	1992.04	3600.00
003		内蒙古察尔森国家森林公园	1992.04	12133.33
004		内蒙古海拉尔国家森林公园	1992.09	14062.00
005		内蒙古乌拉山国家森林公园	1992.09	93042.00
006		内蒙古乌素图国家森林公园	1992.09	80000.00
007		内蒙古马鞍山国家森林公园	1993.05	3500.00

(续)

序号	省份	公园名称	建园时间	面积(公顷)
008	内蒙古	内蒙古二龙什台国家森林公园	1993.05	9600.00
009		内蒙古兴隆国家森林公园	1994.12	2701.20
010		内蒙古黄岗梁国家森林公园	1996.08	103333.00
011		内蒙古贺兰山国家森林公园	2002.12	3455.10
012		内蒙古旺业甸国家森林公园	2003.12	25400.00
013		内蒙古好森沟国家森林公园	2003.12	37996.00
014		内蒙古额济纳胡杨国家森林公园	2003.12	5636.00
015		内蒙古桦木沟国家森林公园	2003.12	40000.00
016		内蒙古五当召国家森林公园	2005.12	1800.00
017		内蒙古红花尔基樟子松国家森林公园	2005.12	6726.00
018		内蒙古喇嘛山国家森林公园	2006.12	9379.00
019		内蒙古滦河源国家森林公园	2009.07	12666.70
020		内蒙古河套国家森林公园	2009.12	9652.33
021		内蒙古宝格达乌拉国家森林公园	2010.09	32562.80
022		内蒙古龙胜国家森林公园	2014.02	1077.00
023		内蒙古敕勒川国家森林公园	2015.01	10329.17
024		内蒙古成吉思汗国家森林公园	2015.01	38600.00
		合计		560472.63
001	内蒙古森工(9处)	内蒙古莫尔道嘎国家森林公园	1999.05	148324.00
002		内蒙古阿尔山国家森林公园	2000.02	103149.00
003		内蒙古达尔滨湖国家森林公园	2000.02	22081.00
004		内蒙古伊克萨玛国家森林公园	2001.11	15890.00
005		内蒙古乌尔旗汉国家森林公园	2003.12	36922.00
006		内蒙古兴安国家森林公园	2004.12	19217.00
007		内蒙古绰源国家森林公园	2004.12	52858.00
008		内蒙古阿里河国家森林公园	2004.12	2486.00
009		内蒙古绰尔大峡谷国家森林公园	2015.12	21191.00
		合计		422118.00
001	辽宁(29处)	辽宁旅顺口国家森林公园	1990.08	2741.33
002		辽宁海棠山国家森林公园	1991.08	1440.00
003		辽宁大孤山国家森林公园	1991.08	466.67
004		辽宁首山国家森林公园	1991.08	666.67
005		辽宁凤凰山国家森林公园	1991.11	1333.33
006		辽宁桓仁国家森林公园	1991.11	15786.67
007		辽宁本溪国家森林公园	1991.11	6666.00
008		辽宁陨石山国家森林公园	1992.01	2000.00
009		辽宁盖县国家森林公园	1992.01	1600.00
010		辽宁元帅林国家森林公园	1992.07	7279.20

(续)

序号	省份	公园名称	建园时间	面积(公顷)
011	辽宁	辽宁仙人洞国家森林公园	1992.07	3575.00
012		大连大赫山国家森林公园	1992.07	3846.60
013		辽宁长山群岛国家海岛森林公园	1993.05	4630.70
014		辽宁普兰店国家森林公园	1995.11	11000.00
015		辽宁大黑山国家森林公园	1996.08	3031.00
016		辽宁沈阳国家森林公园	1997.12	933.30
017		辽宁猴石国家森林公园	2002.12	5675.00
018		辽宁本溪环城国家森林公园	2002.12	19863.78
019		辽宁冰砬山国家森林公园	2002.12	2259.30
020		辽宁金龙寺国家森林公园	2002.12	2138.00
021		辽宁千山仙人台国家森林公园	2002.12	2931.00
022		辽宁清原红河谷国家森林公园	2003.12	9112.30
023		大连天门山国家森林公园	2003.12	3100.00
024		辽宁三块石国家森林公园	2004.12	7211.60
025		辽宁章古台沙地国家森林公园	2005.12	11341.30
026		辽宁大连银石滩国家森林公园	2005.12	570.00
027		辽宁大连西郊国家森林公园	2006.12	5958.00
028		辽宁医巫闾山国家森林公园	2008.01	1482.30
029		辽宁和睦国家森林公园	2008.01	1367.85
		合计		140006.90
001	吉林(26处)	吉林净月潭国家森林公园	1989.11	8330.00
002		吉林五女峰国家森林公园	1992.11	6866.67
003		吉林龙湾群国家森林公园	1992.11	8133.33
004		吉林白鸡峰国家级森林公园	1992.11	3333.33
005		吉林帽儿山国家森林公园	1992.11	1100.00
006		吉林半拉山国家森林公园	1992.11	9299.00
007		吉林三仙夹国家森林公园	1993.03	880.00
008		吉林大安国家森林公园	1993.03	666.67
009		吉林长白国家森林公园	1993.05	27000.00
010		吉林临江国家级森林公园	1995.11	18000.00
011		吉林拉法山国家森林公园	1995.11	34396.00
012		吉林图们江国家森林公园	1997.12	32678.00
013		吉林朱雀山国家森林公园	2001.11	5662.00
014		吉林图们江源国家森林公园	2002.12	12737.00
015		吉林延边仙峰国家森林公园	2002.12	19102.23
016		吉林官马莲花山国家森林公园	2003.12	5146.00
017		吉林肇大鸡山国家森林公园	2003.12	14127.63
018		吉林寒葱顶国家森林公园	2004.12	7480.00
019		吉林满天星国家森林公园	2004.12	17057.30

（续）

序号	省份	公园名称	建园时间	面积（公顷）
020	吉林	吉林吊水壶国家森林公园	2004.12	4785.00
021		吉林通化石湖国家森林公园	2005.12	2337.00
022		吉林江源国家森林公园	2006.12	14636.00
023		吉林鸡冠山国家森林公园	2006.12	2903.61
024		吉林兰家大峡谷国家森林公园	2013.01	10972.00
025		吉林长白山北坡国家森林公园	2013.10	11660.00
026		吉林红叶岭国家森林公园	2015.01	6038.80
		合计		285327.57
001	吉林森工（8处）	吉林露水河国家森林公园	2004.12	25786.94
002		吉林红石国家森林公园	2005.12	28574.60
003		吉林泉阳泉国家森林公园	2008.12	4977.00
004		吉林白石山国家森林公园	2008.12	7473.50
005		吉林松江河国家森林公园	2008.12	6018.00
006		吉林三岔子国家森林公园	2009.07	7126.00
007		吉林临江瀑布群国家森林公园	2009.07	4085.00
008		吉林湾沟国家森林公园	2009.07	5732.00
		合计		89773.04
001	黑龙江（34处）	黑龙江牡丹峰国家森林公园	1992.04	19466.67
002		黑龙江火山口国家森林公园	1992.04	66933.33
003		黑龙江大亮子河国家森林公园	1992.04	7133.33
004		黑龙江乌龙国家森林公园	1992.04	28000.00
005		黑龙江哈尔滨国家森林公园	1992.09	136.00
006		黑龙江街津山国家森林公园	1992.09	13570.00
007		黑龙江齐齐哈尔国家森林公园	1992.11	4666.00
008		黑龙江北极村国家森林公园	1992.11	36376.00
009		黑龙江长寿国家森林公园	1993.05	2483.00
010		黑龙江大庆国家森林公园	1993.05	5466.00
011		黑龙江一面坡国家森林公园	1995.11	23408.00
012		黑龙江龙凤国家森林公园	1997.12	21840.00
013		黑龙江金泉国家森林公园	1997.12	4000.00
014		黑龙江乌苏里江国家森林公园	1997.12	25069.00
015		黑龙江驿马山国家森林公园	1998.09	458.00
016		黑龙江三道关国家森林公园	1999.05	8000.00
017		黑龙江绥芬河国家森林公园	2000.12	971.00
018		黑龙江五顶山国家森林公园	2001.11	6651.00
019		黑龙江茅兰沟国家森林公园	2001.11	6000.00
020		黑龙江龙江三峡国家森林公园	2001.11	8569.20
021		黑龙江鹤岗国家森林公园	2002.12	2636.00
022		黑龙江勃利国家森林公园	2003.12	17601.00
023		黑龙江丹清河国家森林公园	2003.12	2850.00

（续）

序号	省份	公园名称	建园时间	面积（公顷）
024	黑龙江	黑龙江石龙山国家森林公园	2003.12	6307.50
025		黑龙江望龙山国家森林公园	2004.12	2152.00
026		黑龙江胜山要塞国家森林公园	2004.12	13828.00
027		黑龙江五大连池国家森林公园	2004.12	12380.00
028		黑龙江完达山国家森林公园	2005.12	61369.00
029		黑龙江金龙山国家森林公园	2008.01	8515.00
030		黑龙江呼兰国家森林公园	2009.12	10000.00
031		黑龙江伊春兴安国家森林公园	2005.12	4515.00
032		黑龙江长寿山国家森林公园	2012.09	7402.00
033		黑龙江桦川国家森林公园	2015.01	7850.90
034		黑龙江双子山国家森林公园	2015.12	2229.00
		合计		448831.93
001	龙江森工（24处）	黑龙江威虎山国家森林公园	1993.10	414756.00
002		黑龙江五营国家森林公园	1993.10	14141.00
003		黑龙江亚布力国家森林公园	1993.10	11748.30
004		黑龙江桃山国家森林公园	1997.12	100000.00
005		黑龙江日月峡国家森林公园	2000.12	29708.00
006		黑龙江八里湾国家森林公园	2001.11	41000.00
007		黑龙江乌马河国家森林公园	2001.11	12415.00
008		黑龙江凤凰山国家森林公园	2001.11	50000.00
009		黑龙江兴隆国家森林公园	2001.11	26812.00
010		黑龙江雪乡国家森林公园	2001.11	186000.00
011		黑龙江青山国家森林公园	2002.12	28000.00
012		黑龙江大沾河国家森林公园	2002.12	16270.30
013		黑龙江廻龙湾国家森林公园	2002.12	6326.00
014		黑龙江金山国家森林公园	2003.12	12283.00
015		黑龙江小兴安岭石林国家森林公园	2003.12	19007.00
016		黑龙江方正龙山国家森林公园	2003.12	66101.00
017		黑龙江溪水国家森林公园	2003.12	4580.00
018		黑龙江镜泊湖国家森林公园	2003.12	65000.00
019		黑龙江六峰山国家森林公园	2003.12	34640.00
020		黑龙江夹皮沟国家森林公园	2003.12	63114.00
021		黑龙江珍宝岛国家森林公园	2005.12	13429.00
022		黑龙江红松林国家森林公园	2006.12	19000.00
023		黑龙江七星峰国家森林公园	2006.12	15260.00
024		黑龙江仙翁山国家森林公园	2008.01	10555.00
		合计		1260145.60
001	大兴安岭（2处）	黑龙江呼中国家森林公园	2005.12	115340.27
002		黑龙江加格达奇国家森林公园	2008.12	14632.10
		合计		129972.37

(续)

序号	省份	公园名称	建园时间	面积(公顷)
001	上海(4处)	上海佘山国家森林公园	1993.05	401.00
002		上海东平国家森林公园	1993.05	355.00
003		上海海湾国家森林公园	2004.12	1065.10
004		上海共青国家森林公园	2005.12	131.00
		合计		1952.10
001	江苏(20处)	江苏虞山国家森林公园	1989.03	1466.67
002		江苏上方山国家森林公园	1992.07	500.00
003		江苏徐州环城国家森林公园	1992.11	1333.33
004		江苏宜兴国家森林公园	1992.11	3400.00
005		江苏惠山国家森林公园	1993.05	936.00
006		江苏东吴国家森林公园	1993.05	1200.00
007		江苏云台山国家森林公园	1993.05	2000.00
008		江苏盱眙第一山国家森林公园	1993.05	1400.00
009		江苏南山国家森林公园	1995.11	1000.00
010		江苏宝华山国家森林公园	1996.08	1700.00
011		江苏西山国家森林公园	1997.12	6000.00
012		江苏铁山寺国家森林公园	2003.12	7058.00
013		南京紫金山国家森林公园	2003.12	3008.80
014		江苏大阳山国家森林公园	2009.02	1029.80
015		南京栖霞山国家森林公园	2010.12	1019.00
016		江苏游子山国家森林公园	2012.01	3678.30
017		南京老山国家森林公园	2014.02	5063.00
018		江苏天目湖国家森林公园	2015.01	3759.02
019		南京无想山国家森林公园	2015.01	2071.71
020		江苏黄海海滨国家森林公园	2015.12	4156.93
		合计		51780.56
001	浙江(39处)	浙江千岛湖国家森林公园	1990.06	95000.00
002		浙江大奇山国家森林公园	1992.11	700.00
003		浙江兰亭国家森林公园	1992.11	229.67
004		浙江午潮山国家森林公园	1992.11	253.33
005		浙江富春江国家森林公园	1995.07	8466.67
006		浙江竹乡国家森林公园	1996.08	16600.00
007		浙江天童国家森林公园	1997.03	433.33
008		浙江雁荡山国家森林公园	1997.03	840.00
009		浙江溪口国家森林公园	1997.03	186.67
010		浙江九龙山国家森林公园	1997.03	433.33
011		浙江双龙洞国家森林公园	1997.03	773.33
012		浙江华顶国家森林公园	1997.03	3866.67
013		浙江青山湖国家森林公园	1999.05	2671.50
014		浙江玉苍山国家森林公园	1999.08	2378.60

(续)

序号	省份	公园名称	建园时间	面积(公顷)
015	浙江	浙江钱江源国家森林公园	1999.08	4500.00
016		浙江紫微山国家森林公园	2000.02	5500.00
017		浙江铜铃山国家森林公园	2001.11	2755.00
018		浙江花岩国家森林公园	2002.12	2640.00
019		浙江龙湾潭国家森林公园	2002.12	1561.67
020		浙江遂昌国家森林公园	2002.12	24647.37
021		浙江五泄国家森林公园	2003.12	733.33
022		浙江石门洞国家森林公园	2003.12	4295.00
023		浙江四明山国家森林公园	2003.12	6251.00
024		浙江双峰国家森林公园	2003.12	2281.41
025		浙江仙霞国家森林公园	2004.12	3449.46
026		浙江大溪国家森林公园	2004.12	3375.00
027		浙江松阳卯山国家森林公园	2005.12	1385.00
028		浙江牛头山国家森林公园	2005.12	1327.69
029		浙江三衢国家森林公园	2005.12	1067.53
030		浙江径山(山沟沟)国家森林公园	2006.12	5375.00
031		浙江南山湖国家森林公园	2006.12	2188.70
032		浙江大竹海国家森林公园	2008.01	3126.60
033		浙江仙居国家森林公园	2008.01	2980.00
034		浙江桐庐瑶琳国家森林公园	2008.12	949.00
035		浙江诸暨香榧国家森林公园	2009.12	2876.20
036		浙江杭州半山国家森林公园	2010.12	1002.88
037		浙江庆元国家森林公园	2010.12	2455.70
038		浙江杭州西山国家森林公园	2012.01	1775.20
039		浙江梁希国家森林公园	2014.02	1375.48
		合计		222707.32
001	安徽(31处)	安徽黄山国家森林公园	1987.05	11686.67
002		安徽琅琊山国家森林公园	1992.07	4866.67
003		安徽天柱山国家森林公园	1992.07	2048.47
004		安徽九华山国家森林公园	1992.07	14333.33
005		安徽皇藏峪国家森林公园	1992.07	2276.00
006		安徽徽州国家森林公园	1992.07	5314.40
007		安徽大龙山国家森林公园	1992.07	4018.00
008		安徽紫蓬山国家森林公园	1992.07	1002.47
009		安徽皇甫山国家森林公园	1992.07	3551.53
010		安徽天堂寨国家森林公园	1992.11	12000.00
011		安徽鸡笼山国家森林公园	1992.09	4500.00
012		安徽冶父山国家森林公园	1992.09	810.47
013		安徽太湖山国家森林公园	1992.09	1813.53
014		安徽神山国家森林公园	1992.09	2221.87

（续）

序号	省份	公园名称	建园时间	面积（公顷）
015	安徽	安徽妙道山国家森林公园	1992.09	752.00
016		安徽天井山国家森林公园	1992.09	1200.40
017		安徽舜耕山国家森林公园	1992.09	2533.33
018		安徽浮山国家森林公园	1992.12	3840.83
019		安徽石莲洞国家森林公园	1992.12	1479.33
020		安徽齐云山国家森林公园	1993.05	6000.00
021		安徽韭山国家森林公园	1993.06	5533.33
022		安徽横山国家森林公园	1994.12	1000.00
023		安徽敬亭山国家森林公园	1996.08	2009.00
024		安徽八公山国家森林公园	2002.12	2759.00
025		安徽万佛山国家森林公园	2002.12	2000.00
026		安徽水西国家森林公园	2004.12	2147.00
027		安徽青龙湾国家森林公园	2004.12	2730.00
028		安徽上窑国家森林公园	2005.12	1040.00
029		安徽马仁山国家森林公园	2008.01	712.00
030		安徽合肥大蜀山国家森林公园	2013.01	1003.01
031		安徽合肥滨湖国家森林公园	2014.02	1072.00
		合计		108254.64
001	福建（29处）	福建福州国家森林公园	1993.05	41814.50
002		福建天柱山国家森林公园	1995.11	2983.00
003		福建平潭海岛国家森林公园	1999.08	1295.70
004		福建华安国家森林公园	2000.02	8153.33
005		福建猫儿山国家森林公园	2000.02	2560.00
006		福建三元国家森林公园	2000.12	4572.00
007		福建龙岩国家森林公园	2000.12	2200.00
008		福建旗山国家森林公园	2000.12	3586.90
009		福建灵石山国家森林公园	2001.02	2275.00
010		福建东山国家森林公园	2002.12	874.60
011		福建德化石牛山国家森林公园	2003.12	8411.00
012		福建三明仙人谷国家森林公园	2003.12	1488.00
013		福建将乐天阶山国家森林公园	2003.12	939.00
014		福建厦门莲花国家森林公园	2003.12	3824.00
015		福建上杭国家森林公园	2003.12	4894.92
016		福建武夷山国家森林公园	2004.12	3085.00
017		福建乌山国家森林公园	2004.12	6920.20
018		福建漳平天台国家森林公园	2004.12	3851.10
019		福建王寿山国家森林公园	2004.12	1535.20
020		福建九龙谷国家森林公园	2006.12	1091.50
021		福建支提山国家森林公园	2006.12	2299.93
022		福建天星山国家森林公园	2008.01	1861.90

（续）

序号	省份	公园名称	建园时间	面积（公顷）
023	福建	福建闽江源国家森林公园	2008.01	1182.52
024		福建九龙竹海国家森林公园	2008.12	1704.60
025		福建长乐国家森林公园	2008.12	1768.90
026		福建匡山国家森林公园	2009.12	2175.13
027		福建南靖土楼国家森林公园	2010.09	2233.83
028		福建武夷天池国家森林公园	2013.01	2525.27
029		福建五虎山国家森林公园	2014.07	2668.73
		合计		124775.76
001	江西（46处）	江西三爪仑国家森林公园	1993.03	12396.23
002		江西庐山山南国家森林公园	1993.05	3346.67
003		江西梅岭国家森林公园	1993.05	11173.10
004		江西三百山国家森林公园	1993.05	3330.00
005		江西马祖山国家森林公园	1993.05	666.67
006		江西鄱阳湖口国家森林公园	1993.05	1280.00
007		江西灵岩洞国家森林公园	1993.05	3000.00
008		江西明月山国家森林公园	1994.12	7842.00
009		江西翠微峰国家森林公园	1994.12	7866.67
010		江西天柱峰国家森林公园	2000.02	20757.00
011		江西泰和国家森林公园	2000.12	3000.00
012		江西鹅湖山国家森林公园	2000.12	7950.00
013		江西龟峰国家森林公园	2000.12	7400.00
014		江西上清国家森林公园	2000.12	11800.00
015		江西梅关国家森林公园	2001.11	5300.00
016		江西永丰国家森林公园	2001.11	7600.00
017		江西阁皂山国家森林公园	2001.11	6860.00
018		江西三叠泉国家森林公园	2001.11	1650.97
019		江西武功山国家森林公园	2002.12	24190.00
020		江西铜钹山国家森林公园	2002.12	19500.00
021		江西阳岭国家森林公园	2003.12	6889.80
022		江西天花井国家森林公园	2003.12	685.00
023		江西五指峰国家森林公园	2003.12	24533.00
024		江西柘林湖国家森林公园	2004.12	16450.00
025		江西陡水湖国家森林公园	2004.12	22666.67
026		江西万安国家森林公园	2004.12	16333.00
027		江西三湾国家森林公园	2004.12	15513.30
028		江西安源国家森林公园	2004.12	11069.00
029		江西景德镇国家森林公园	2005.12	5479.70
030		江西云碧峰国家森林公园	2005.12	872.50
031		江西九连山国家森林公园	2005.12	20063.00
032		江西岩泉国家森林公园	2005.12	4885.39

(续)

序号	省份	公园名称	建园时间	面积(公顷)
033	江西	江西瑶里国家森林公园	2005.12	4471.00
034		江西峰山国家森林公园	2006.12	20635.20
035		江西清凉山国家森林公园	2006.12	3397.82
036		江西九岭山国家森林公园	2006.12	1266.16
037		江西岑山国家森林公园	2008.01	955.00
038		江西五府山国家森林公园	2008.01	1715.00
039		江西军峰山国家森林公园	2008.01	1217.15
040		江西碧湖潭国家森林公园	2008.12	6800.00
041		江西怀玉山国家森林公园	2008.12	3354.00
042		江西仰天岗国家森林公园	2009.07	2178.93
043		江西圣水堂国家森林公园	2009.12	4060.10
044		江西鄱阳莲花山国家森林公园	2012.01	6510.00
045		江西彭泽国家森林公园	2013.01	2505.00
046		江西金盆山国家森林公园	2014.02	5981.85
		合计		377396.88
001	山东(48处)	山东崂山国家森林公园	1992.09	7466.67
002		山东抱犊崮国家森林公园	1992.09	666.67
003		山东黄河口国家森林公园	1992.09	50933.33
004		山东昆嵛山国家森林公园	1992.09	4733.33
005		山东罗山国家森林公园	1992.09	480.00
006		山东长岛国家森林公园	1992.09	5700.00
007		山东沂山国家森林公园	1992.09	6466.67
008		山东尼山国家森林公园	1992.09	590.00
009		山东泰山国家森林公园	1992.09	12000.00
010		山东徂徕山国家森林公园	1992.09	9000.00
011		山东日照海滨国家森林公园	1992.09	788.67
012		山东鹤伴山国家森林公园	1992.09	480.00
013		山东孟良崮国家森林公园	1992.09	800.00
014		山东柳埠国家森林公园	1992.11	2465.53
015		山东刘公岛国家森林公园	1992.11	247.53
016		山东槎山国家森林公园	1992.11	106.67
017		山东药乡国家森林公园	1992.11	1463.67
018		山东原山国家森林公园	1992.12	1705.87
019		山东灵山湾国家森林公园	1993.05	666.67
020		山东双岛国家森林公园	1993.05	2477.30
021		山东蒙山国家森林公园	1994.12	3675.87
022		山东腊山国家森林公园	1996.08	723.00
023		山东仰天山国家森林公园	2000.02	2400.00
024		山东伟德山国家森林公园	2000.12	9150.27
025		山东珠山国家森林公园	2000.12	4000.00

(续)

序号	省份	公园名称	建园时间	面积(公顷)
026	山东	山东牛山国家森林公园	2002.12	3000.00
027		山东鲁山国家森林公园	2002.12	4133.33
028		山东岠嵎山国家森林公园	2002.12	1204.00
029		山东五莲山国家森林公园	2003.12	6800.00
030		山东莱芜华山国家森林公园	2003.12	4603.33
031		山东艾山国家森林公园	2004.12	2578.67
032		山东龙口南山国家森林公园	2004.12	949.00
033		山东新泰莲花山国家森林公园	2005.12	2164.00
034		山东牙山国家森林公园	2005.12	10140.00
035		山东招虎山国家森林公园	2005.12	1762.70
036		山东寿阳山国家森林公园	2008.12	2006.00
037		山东东阿黄河国家森林公园	2010.12	2446.33
038		山东峨庄古村落国家森林公园	2010.12	6800.00
039		山东峄山国家森林公园	2012.09	2136.50
040		山东滕州墨子国家森林公园	2013.01	3041.60
041		山东密州国家森林公园	2013.10	2553.60
042		山东留山古火山国家森林公园	2013.10	2539.00
043		山东泉林国家森林公园	2014.02	4780.46
044		山东章丘国家森林公园	2015.01	5853.50
045		山东峄城古石榴国家森林公园	2015.01	2447.20
046		山东棋山幽峡国家森林公园	2015.01	4257.60
047		山东夏津黄河故道国家森林公园	2015.01	2177.82
048		山东茌平国家森林公园	2015.01	2126.60
		合计		209688.96
001	河南(31处)	河南嵩山国家森林公园	1988.09	11582.00
002		河南寺山国家森林公园	1992.09	5600.00
003		河南汝州国家森林公园	1992.09	4496.67
004		河南石漫滩国家森林公园	1992.09	5333.33
005		河南薄山国家森林公园	1992.09	6066.67
006		河南开封国家森林公园	1992.09	881.60
007		河南亚武山国家森林公园	1992.11	15133.33
008		河南花果山国家森林公园	1993.05	4200.00
009		河南云台山国家森林公园	1993.05	360.00
010		河南白云山国家森林公园	1992.09	8133.33
011		河南龙峪湾国家森林公园	1994.12	1833.33
012		河南五龙洞国家森林公园	1995.11	2527.00
013		河南南湾国家森林公园	1996.09	2810.00
014		河南甘山国家森林公园	2000.12	3800.00
015		河南淮河源国家森林公园	2002.12	4924.00
016		河南神灵寨国家森林公园	2002.12	5300.00

（续）

序号	省份	公园名称	建园时间	面积(公顷)
017		河南铜山湖国家森林公园	2002.12	1996.00
018		河南黄河故道国家森林公园	2002.12	838.00
019		河南郁山国家森林公园	2002.12	2133.00
020		河南玉皇山国家森林公园	2003.12	2982.00
021		河南金兰山国家森林公园	2003.12	3333.00
022		河南嵖岈山国家森林公园	2004.12	2340.00
023		河南天池山国家森林公园	2004.12	1716.00
024	河南	河南始祖山国家森林公园	2005.12	4667.00
025		河南黄柏山国家森林公园	2006.12	4010.00
026		河南燕子山国家森林公园	2006.12	4776.00
027		河南棠溪源国家森林公园	2006.12	3800.00
028		河南大鸿寨国家森林公园	2008.01	3300.00
029		河南天目山国家森林公园	2015.01	4858.90
030		河南大苏山国家森林公园	2015.01	2788.53
031		河南云梦山国家森林公园	2015.12	6811.94
		合计		133331.63
001		湖北九峰国家森林公园	1992.07	333.33
002		湖北鹿门寺国家森林公园	1992.07	1866.67
003		湖北玉泉寺国家森林公园	1992.07	9666.67
004		湖北大老岭国家森林公园	1992.07	6000.00
005		湖北大口国家森林公园	1995.07	6333.00
006		湖北神农架国家森林公园	1992.11	13333.33
007		湖北龙门河国家森林公园	1993.05	4644.40
008		湖北薤山国家森林公园	1994.12	4533.33
009		湖北清江国家森林公园	1996.08	55738.00
010		湖北大别山国家森林公园	1996.08	57427.00
011		湖北柴埠溪国家森林公园	1996.08	6667.00
012	湖北（37处）	湖北潜山国家森林公园	1996.09	206.47
013		湖北八岭山国家森林公园	1996.09	666.67
014		湖北洈水国家森林公园	1998.09	28600.00
015		湖北三角山国家森林公园	2002.12	6451.70
016		湖北中华山国家森林公园	2002.12	5139.87
017		湖北太子山国家森林公园	2002.12	7930.00
018		湖北红安天台山国家森林公园	2003.12	6000.00
019		湖北坪坝营国家森林公园	2004.12	13237.50
020		湖北吴家山国家森林公园	2004.12	5873.00
021		湖北千佛洞国家森林公园	2005.12	993.42
022		湖北双峰山国家森林公园	2005.12	1400.00
023		湖北大洪山国家森林公园	2006.12	1755.50
024		湖北虎爪山国家森林公园	2008.01	2600.00

（续）

序号	省份	公园名称	建园时间	面积(公顷)
025		湖北五脑山国家森林公园	2008.01	2153.30
026		湖北沧浪山国家森林公园	2008.12	7466.70
027		湖北安陆古银杏国家森林公园	2009.07	2413.00
028		湖北牛头山国家森林公园	2009.12	1840.00
029		湖北诗经源国家森林公园	2010.12	8280.00
030		湖北九女峰国家森林公园	2012.01	3527.00
031	湖北	湖北偏头山国家森林公园	2012.01	3131.65
032		湖北丹江口国家森林公园	2013.01	17773.33
033		湖北崇阳国家森林公园	2014.02	3080.00
034		湖北汉江瀑布群国家森林公园	2014.02	5680.00
035		湖北西塞国国家森林公园	2015.01	5458.66
036		湖北岘山国家森林公园	2015.01	1759.00
037		湖北白竹园寺国家森林公园	2015.12	3052.30
		合计		308200.50
001		湖南张家界国家森林公园	1982.09	2466.67
002		湖南神农谷国家森林公园	1992.07	10000.00
003		湖南莽山国家森林公园	1992.07	19833.33
004		湖南大围山国家森林公园	1992.07	3703.00
005		湖南云山国家森林公园	1992.07	3110.00
006		湖南九嶷山国家森林公园	1992.07	8454.63
007		湖南阳明山国家森林公园	1992.07	11733.33
008		湖南南华山国家森林公园	1992.07	2242.73
009		湖南黄山头国家森林公园	1992.07	666.67
010		湖南桃花源国家森林公园	1992.07	233.33
011		湖南天门山国家森林公园	1992.07	733.33
012		湖南天际岭国家森林公园	1992.07	140.00
013	湖南（58处）	湖南天鹅山国家森林公园	1992.07	6326.40
014		湖南舜皇山国家森林公园	1992.09	14548.00
015		湖南东台山国家森林公园	1992.09	336.00
016		湖南夹山国家森林公园	1993.02	1530.00
017		湖南不二门国家森林公园	1993.05	5336.67
018		湖南河洑国家森林公园	1994.12	333.33
019		湖南岣嵝峰国家森林公园	1995.11	2067.00
020		湖南大云山国家森林公园	1996.08	1180.00
021		湖南花岩溪国家森林公园	1997.12	4000.00
022		湖南云阳国家森林公园	2002.12	8688.70
023		湖南大熊山国家森林公园	2002.12	7623.00
024		湖南中坡国家森林公园	2002.12	1688.00
025		湖南幕阜山国家森林公园	2005.12	1701.00
026		湖南金洞国家森林公园	2005.12	2500.00

(续)

序号	省份	公园名称	建园时间	面积(公顷)
027	湖南	湖南百里龙山国家森林公园	2006.12	13121.00
028		湖南千家峒国家森林公园	2006.12	4430.93
029		湖南两江峡谷国家森林公园	2008.01	6336.02
030		湖南雪峰山国家森林公园	2008.01	3478.10
031		湖南五尖山国家森林公园	2008.01	2879.89
032		湖南桃花江国家森林公园	2008.01	3153.05
033		湖南湘江源国家森林公园	2008.12	7046.70
034		湖南月岩国家森林公园	2008.12	3936.70
035		湖南峰峦溪国家森林公园	2008.12	2216.60
036		湖南柘溪国家森林公园	2009.07	8579.30
037		湖南天堂山国家森林公园	2009.12	5933.40
038		湖南宁乡香山国家森林公园	2009.12	2159.00
039		湖南九龙江国家森林公园	2009.12	8436.30
040		湖南嵩云山国家森林公园	2010.09	3349.67
041		湖南天泉山国家森林公园	2010.09	3538.10
042		湖南西瑶绿谷国家森林公园	2010.12	12441.00
043		湖南青洋湖国家森林公园	2010.12	3247.47
044		湖南熊峰山国家森林公园	2012.01	6161.00
045		湖南溪国家森林公园	2012.01	27718.70
046		湖南福音山国家森林公园	2012.01	6829.70
047		湖南长沙黑麋峰国家森林公园	2012.01	2451.70
048		湖南坐龙峡国家森林公园	2012.01	2371.29
049		湖南攸州国家森林公园	2013.01	6304.20
050		湖南矮寨国家森林公园	2013.10	3383.50
051		湖南嘉山国家森林公园	2014.02	2225.80
052		湖南永兴丹霞国家森林公园	2015.01	9006.15
053		湖南齐云峰国家森林公园	2015.01	12078.00
054		湖南四明山国家森林公园	2015.01	4372.00
055		湖南北罗霄国家森林公园	2015.12	2936.46
056		湖南靖州国家森林公园	2015.12	4301.36
057		湖南嘉禾国家森林公园	2015.12	4922.89
058		湖南沅陵国家森林公园	2015.12	10283.75
		合计		320804.85
001	广东(24处)	广东梧桐山国家森林公园	1989.06	678.00
002		广东小坑国家森林公园	1992.09	16700.00
003		广东南澳海岛国家森林公园	1992.12	1373.33
004		广东南岭国家森林公园	1993.03	27333.33
005		广东新丰江国家森林公园	1993.05	4479.47
006		广东韶关国家森林公园	1993.05	2010.73
007		广东流溪河国家森林公园	1993.09	9333.33

(续)

序号	省份	公园名称	建园时间	面积(公顷)
008	广东	广东南昆山国家森林公园	1993.10	2000.00
009		广东西樵山国家森林公园	1994.12	1400.00
010		广东石门国家森林公园	1995.11	2636.00
011		广东圭峰山国家森林公园	1997.12	3550.00
012		广东英德国家森林公园	2000.12	107000.00
013		广东广宁竹海国家森林公园	2004.12	8500.00
014		广东北峰山国家森林公园	2004.12	1161.60
015		广东大王山国家森林公园	2004.12	806.00
016		广东梁化国家森林公园	2005.12	1333.33
017		广东神光山国家森林公园	2005.12	674.60
018		广东观音山国家森林公园	2005.12	657.18
019		广东三岭山国家森林公园	2006.12	738.79
020		广东雁鸣湖国家森林公园	2006.12	923.80
021		广东天井山国家森林公园	2008.12	5564.10
022		广东大北山国家森林公园	2008.12	3067.20
023		广东镇山国家森林公园	2009.12	2177.37
024		广东南台山国家森林公园	2009.12	2073.20
		合计		206170.56
001	广西(20处)	广西桂林国家森林公园	1992.07	575.67
002		广西良凤江国家森林公园	1992.09	1348.00
003		广西三门江国家森林公园	1993.05	12475.60
004		广西龙潭国家森林公园	1993.05	7800.00
005		广西大桂山国家森林公园	1994.12	3000.00
006		广西元宝山国家森林公园	1994.12	25000.00
007		广西八角寨国家森林公园	1996.08	84000.00
008		广西十万大山国家森林公园	1996.08	8810.00
009		广西龙胜温泉国家森林公园	1996.08	420.00
010		广西姑婆山国家森林公园	1996.08	8000.00
011		广西大瑶山国家森林公园	1997.12	11124.00
012		广西黄猄洞天坑国家森林公园	2002.12	13879.70
013		广西飞龙湖国家森林公园	2003.12	12097.56
014		广西太平狮山国家森林公园	2003.12	5550.23
015		广西大容山国家森林公园	2003.12	4825.00
016		广西九龙瀑布群国家森林公园	2005.12	1639.87
017		广西平天山国家森林公园	2005.12	1676.20
018		广西红茶沟国家森林公园	2005.12	1896.40
019		广西阳朔国家森林公园	2005.12	4355.90
020		广西龙滩大峡谷国家森林公园	2008.01	4172.60
		合计		212646.73
001	海南	海南尖峰岭国家森林公园	1992.09	46666.67

（续）

序号	省份	公园名称	建园时间	面积（公顷）
002	海南（9处）	海南蓝洋温泉国家森林公园	1999.05	5660.32
003		海南吊罗山国家森林公园	1999.05	37900.00
004		海南海口火山国家森林公园	2000.02	2000.00
005		海南七仙岭温泉国家森林公园	2001.11	2200.00
006		海南黎母山国家森林公园	2002.12	12889.00
007		海南海上国家森林公园	2005.12	526.33
008		海南霸王岭国家森林公园	2006.12	8444.30
009		海南兴隆侨乡国家森林公园	2013.10	2815.31
		合计		119101.93
001	重庆（26处）	重庆双桂山国家森林公园	1992.09	102.00
002		重庆小三峡国家森林公园	1993.10	2000.00
003		重庆金佛山国家森林公园	1994.12	6081.87
004		重庆黄水国家森林公园	1998.09	4200.00
005		重庆仙女山国家森林公园	1999.05	2339.70
006		重庆茂云山国家森林公园	2000.12	1910.20
007		重庆武陵山国家森林公园	2001.11	1633.33
008		重庆青龙湖国家森林公园	2001.11	5236.30
009		重庆黔江国家森林公园	2001.11	12800.00
010		重庆梁平东山国家森林公园	2001.11	3780.00
011		重庆桥口坝国家森林公园	2002.12	7655.17
012		重庆铁峰山国家森林公园	2002.12	9100.00
013		重庆红池坝国家森林公园	2002.12	24200.00
014		重庆雪宝山国家森林公园	2002.12	9771.80
015		重庆歌乐山国家森林公园	2003.12	1403.03
016		重庆玉龙山国家森林公园	2003.12	3517.39
017		重庆茶山竹海国家森林公园	2003.12	9979.00
018		重庆黑山国家森林公园	2003.12	2652.00
019		重庆九重山国家森林公园	2004.12	10089.00
020		重庆大园洞国家森林公园	2004.12	3459.00
021		重庆南山国家森林公园	2004.12	3080.00
022		重庆观音峡国家森林公园	2005.12	1615.00
023		重庆天池山国家森林公园	2008.01	953.40
024		重庆酉阳桃花源国家森林公园	2008.12	2734.33
025		重庆巴尔盖国家森林公园	2010.09	3644.30
026		重庆毓青山国家森林公园	2015.12	2366.53
		合计		136303.35
001	四川（37处）	四川都江堰国家森林公园	1992.07	29548.00
002		四川剑门关国家森林公园	1992.07	3311.51
003		四川瓦屋山国家森林公园	1993.05	65869.80
004		四川高山国家森林公园	1993.05	837.87
005	四川	四川西岭国家森林公园	1993.05	48650.00
006		四川二滩国家森林公园	1993.10	54546.67
007		四川海螺沟国家森林公园	1993.10	18598.00
008		四川七曲山国家森林公园	1994.12	2000.00
009		四川九寨国家森林公园	1995.11	37000.00
010		四川天台山国家森林公园	1995.11	1328.00
011		四川福宝国家森林公园	1997.12	11000.00
012		四川黑竹沟国家森林公园	2000.02	28154.20
013		四川夹金山国家森林公园	2000.12	88332.10
014		四川龙苍沟国家森林公园	2000.12	7776.93
015		四川美女峰国家森林公园	2001.11	1900.00
016		四川白水河国家森林公园	2001.11	2271.71
017		四川华蓥山国家森林公园	2002.12	8091.25
018		四川五峰山国家森林公园	2002.12	876.16
019		四川千佛山国家森林公园	2002.12	7800.00
020		四川措普国家森林公园	2002.12	48061.77
021		四川米仓山国家森林公园	2002.12	40155.00
022		四川天曌山国家森林公园	2003.12	1334.30
023		四川镇龙山国家森林公园	2003.12	2553.00
024		四川二郎山国家森林公园	2003.12	57517.00
025		四川雅克夏国家森林公园	2003.12	44889.00
026		四川天马山国家森林公园	2004.12	2297.00
027		四川空山国家森林公园	2004.12	11511.00
028		四川云湖国家森林公园	2004.12	1013.00
029		四川铁山国家森林公园	2006.12	2666.70
030		四川荷花海国家森林公园	2006.12	5416.80
031		四川凌云山国家森林公园	2008.01	1116.40
032		四川北川国家森林公园	2012.09	3656.00
033		四川阆中国家森林公园	2013.01	2330.50
034		四川宣汉国家森林公园	2015.01	4621.27
035		四川苍溪国家森林公园	2015.01	2898.86
036		四川沐川国家森林公园	2015.01	6485.93
037		四川鸡冠山国家森林公园	2015.12	2601.55
		合计		659017.28
001	贵州（25处）	贵州百里杜鹃国家森林公园	1993.05	18114.60
002		贵州竹海国家森林公园	1993.05	11200.00
003		贵州九龙山国家森林公园	2001.11	12500.00
004		贵州凤凰山国家森林公园	2001.11	1061.77
005		贵州长坡岭国家森林公园	2001.11	1294.21
006		贵州尧人山国家森林公园	2001.11	4787.00

(续)

序号	省份	公园名称	建园时间	面积(公顷)
007	贵州	贵州燕子岩国家森林公园	2001. 11	10400. 00
008		贵州玉舍国家森林公园	2002. 12	924. 47
009		贵州雷公山国家森林公园	2002. 12	4354. 73
010		贵州习水国家森林公园	2003. 12	14027. 46
011		贵州黎平国家森林公园	2003. 12	5475. 00
012		贵州朱家山国家森林公园	2004. 12	4888. 20
013		贵州紫林山国家森林公园	2004. 12	3529. 00
014		贵州？阳湖国家森林公园	2004. 12	21283. 00
015		贵州赫章夜郎国家级森林公园	2004. 12	4733. 00
016		贵州青云湖国家森林公园	2005. 12	2991. 00
017		贵州大板水国家森林公园	2005. 12	3132. 00
018		贵州毕节国家森林公园	2005. 12	4133. 00
019		贵州仙鹤坪国家森林公园	2005. 12	9065. 00
020		贵州龙架山国家森林公园	2006. 12	6079. 00
021		贵州九道水国家森林公园	2006. 12	1244. 50
022		贵州台江国家森林公园	2012. 01	6702. 91
023		贵州甘溪国家森林公园	2015. 01	2680. 04
024		贵州油杉河大峡谷国家森林公园	2015. 01	5177. 92
025		贵州黄果树瀑布源国家森林公园	2015. 01	5811. 29
		合计		165589. 10
001	云南(27处)	云南巍宝山国家森林公园	1992. 11	1255. 00
002		云南天星国家森林公园	1992. 11	7420. 00
003		云南清华洞国家森林公园	1992. 11	9856. 47
004		云南东山国家森林公园	1992. 11	6281. 80
005		云南来凤山国家森林公园	1992. 11	6466. 93
006		云南花鱼洞国家森林公园	1992. 11	3143. 00
007		云南磨盘山国家森林公园	1992. 11	24200. 00
008		云南龙泉国家森林公园	1992. 11	1000. 00
009		云南太阳河国家森林公园	1992. 11	6666. 67
010		云南金殿国家森林公园	1992. 11	1970. 40
011		云南章凤国家森林公园	1993. 03	7000. 00
012		云南十八连山国家森林公园	1993. 05	2078. 00
013		云南鲁布革国家森林公园	1993. 05	4866. 67
014		云南珠江源国家森林公园	1993. 05	4376. 00
015		云南五峰山国家森林公园	1993. 05	2492. 13
016		云南钟灵山国家森林公园	1993. 05	540. 00
017		云南棋盘山国家森林公园	1997. 12	920. 00
018		云南灵宝山国家森林公园	1997. 12	811. 20
019		云南铜锣坝国家森林公园	1999. 05	3237. 00

(续)

序号	省份	公园名称	建园时间	面积(公顷)
020	云南	云南五老山国家森林公园	1999. 05	3604. 00
021		云南紫金山国家森林公园	2000. 12	1700. 00
022		云南飞来寺国家森林公园	2000. 12	3431. 25
023		云南圭山国家森林公园	2000. 12	3206. 00
024		云南新生桥国家森林公园	2001. 11	2616. 00
025		云南西双版纳国家森林公园	2004. 12	1801. 70
026		云南宝台山国家森林公园	2005. 12	1047. 00
027		云南双江古茶山国家森林公园	2015. 01	5412. 00
		合计		117399. 22
001	西藏(9处)	西藏巴松湖国家森林公园	2001. 11	410000. 00
002		西藏色季拉国家森林公园	2001. 11	400000. 00
003		西藏冈仁波齐国家森公园	2004. 12	167703. 91
004		西藏班公湖国家森公园	2004. 12	48159. 00
005		西藏然乌湖国家森公园	2004. 12	116150. 00
006		西藏热振国家森公园	2004. 12	7463. 00
007		西藏姐德秀国家森公园	2004. 12	8498. 00
008		西藏尼木国家森林公园	2009. 07	6192. 00
009		西藏比日神山国家森林公园	2012. 01	22594. 15
		合计		1186760. 06
001	陕西(35处)	陕西太白山国家森林公园	1991. 08	2949. 00
002		陕西延安国家森林公园	1992. 04	5446. 67
003		陕西楼观台国家森林公园	1992. 07	27487. 00
004		陕西终南山国家森林公园	1992. 07	4799. 00
005		陕西天台山国家森林公园	1993. 05	8100. 00
006		陕西天华山国家森林公园	1997. 12	6000. 00
007		陕西朱雀国家森林公园	1999. 05	2621. 00
008		陕西南宫山国家森林公园	2000. 02	3100. 00
009		陕西王顺山国家森林公园	2000. 12	3633. 00
010		陕西五龙洞国家森林公园	2001. 11	5800. 00
011		陕西骊山国家森林公园	2001. 11	1873. 30
012		陕西汉中天台国家森林公园	2002. 12	3929. 00
013		陕西黎坪国家森林公园	2002. 12	9400. 00
014		陕西金丝大峡谷国家森林公园	2002. 12	1790. 00
015		陕西通天河国家森林公园	2002. 12	5235. 00
016		陕西木王国家森林公园	2003. 12	3616. 00
017		陕西榆林沙漠国家森林公园	2003. 12	871. 40
018		陕西劳山国家森林公园	2004. 12	1933. 00
019		陕西太平国家森林公园	2004. 12	6085. 00
020		陕西鬼谷岭国家森林公园	2004. 12	5135. 00
021		陕西蟒头山国家森林公园	2005. 12	2120. 00

（续）

序号	省份	公园名称	建园时间	面积(公顷)
022		陕西玉华宫国家森林公园	2005.12	3200.00
023		陕西千家坪国家森林公园	2005.12	2145.00
024		陕西上坝河国家森林公园	2006.12	4526.00
025		陕西黑河国家森林公园	2006.12	7462.20
026		陕西洪庆山国家森林公园	2006.12	3000.00
027		陕西牛背梁国家森林公园	2008.01	2123.70
028		陕西天竺山国家森林公园	2008.12	1809.00
029	陕西	陕西紫柏山国家森林公园	2008.12	4662.00
030		陕西少华山国家森林公园	2008.12	6300.00
031		陕西石门山国家森林公园	2010.09	8856.00
032		陕西黄陵国家森林公园	2012.01	4358.50
033		陕西青峰峡国家森林公园	2013.01	6878.00
034		陕西黄龙山国家森林公园	2013.01	9913.00
035		陕西汉阴凤凰山国家森林公园	2014.02	8235.00
		合计		185391.77
001		甘肃吐鲁沟国家森林公园	1992.09	5848.00
002		甘肃石佛沟国家森林公园	1992.09	6376.00
003		甘肃松鸣岩国家森林公园	1992.09	2666.67
004		甘肃云崖寺国家森林公园	1992.11	14891.00
005		甘肃徐家山国家森林公园	1992.11	171.07
006		甘肃贵清山国家森林公园	1996.08	6200.00
007		甘肃麦积国家森林公园	1997.12	8442.00
008		甘肃鸡峰山国家森林公园	1999.05	4200.00
009		甘肃渭河源国家森林公园	2000.12	7917.00
010		甘肃天祝三峡国家森林公园	2002.12	138706.00
011		甘肃冶力关国家森林公园	2002.12	79400.00
012		甘肃官鹅沟国家森林公园	2003.12	41996.10
013	甘肃(22处)	甘肃沙滩国家森林公园	2003.12	17415.00
014		甘肃腊子口国家森林公园	2003.12	27896.90
015		甘肃大峪国家森林公园	2003.12	27625.00
016		甘肃小陇山国家森林公园	2005.12	19670.00
017		甘肃文县天池国家森林公园	2005.12	14338.00
018		甘肃莲花山国家森林公园	2005.12	4873.00
019		甘肃周祖陵国家森林公园	2005.12	613.70
020		甘肃寿鹿山国家森林公园	2005.12	1086.01
021		甘肃大峡沟国家森林公园	2005.12	4070.00
022		甘肃子午岭国家森林公园	2015.01	37350.00
		合计		471751.45
001	宁夏	宁夏六盘山国家森林公园	2000.02	7900.00
002		宁夏苏峪口国家森林公园	2000.02	9587.00

（续）

序号	省份	公园名称	建园时间	面积(公顷)
003	宁夏(4处)	宁夏花马寺国家森林公园	2002.12	5000.00
004		宁夏火石寨国家森林公园	2003.12	6100.00
		合计		28587.00
001		青海坎布拉国家森林公园	1992.11	15247.00
002		青海北山国家森林公园	1992.11	112723.00
003		青海大通国家森林公园	2001.11	4747.10
004	青海(7处)	青海群加国家森林公园	2002.12	5849.00
005		青海仙米国家森林公园	2003.12	148025.00
006		青海哈里哈图国家森林公园	2005.12	5170.50
007		青海麦秀国家森林公园	2005.12	1535.00
		合计		293296.60
001		新疆天山大峡谷国家森林公园	1993.05	84737.08
002		新疆天池国家森林公园	1994.12	44627.00
003		新疆那拉提国家森林公园	2001.11	6025.00
004		新疆巩乃斯国家森林公园	2001.11	73104.00
005		新疆贾登峪国家森林公园	2002.12	38985.00
006		新疆白哈巴国家森林公园	2002.12	48376.00
007		新疆江布拉克国家森林公园	2003.12	29306.00
008		新疆唐布拉国家森林公园	2003.12	34237.00
009		新疆科桑溶洞国家森林公园	2003.12	16400.00
010		新疆金湖杨国家森林公园	2003.12	2000.00
011		新疆巩留恰西国家森林公园	2004.12	55600.00
012	新疆(21处)	新疆哈密天山国家森林公园	2004.12	166570.30
013		新疆哈日图热格国家森林公园	2004.12	26848.00
014		新疆乌苏佛山国家森林公园	2008.12	39343.56
015		新疆哈巴河白桦国家森林公园	2010.09	24700.95
016		新疆阿尔泰山温泉国家森林公园	2010.09	88793.00
017		新疆夏塔古道国家森林公园	2010.09	38507.49
018		新疆塔西河国家森林公园	2012.01	4309.14
019		新疆巴楚胡杨林国家森林公园	2012.01	169371.03
020		新疆乌鲁木齐天山国家森林公园	2015.01	21236.06
021		新疆车师古道国家森林公园	2015.01	100120.00
		合计		1113196.61
		共计(826处)		10845491.71

注：①本统计不含香港、澳门特别行政区和台湾地区。

②自然保护区总面积中陆域面积约14247万公顷，海域面积约456万公顷。

③占陆地面积的比例指该辖区内自然保护区陆地面积占该辖区陆地面积的比例。

④长江上游珍稀、特有鱼类国家级自然保护区地跨四川、重庆、贵州、云南4省(市)，数量计入四川，面积分别计入各省。

【自然保护区工作措施与行动】

加快推进生态保护红线划定工作 印发《生态保护红线划定技术指南》,全国31个省(区、市)开展生态保护红线划定,有28个省(区、市)将生态红线划定工作列入2015年度政府工作任务,多数省份形成初步划定方案。印发《关于开展生态保护红线管控试点工作的通知》,江苏、湖北、重庆、海南等省(市)启动生态保护红线管控试点,推动建立生态保护红线管控制度体系。

建立国家公园体制 完成《国家公园体制研究报告》,通过对全国自然保护地体系建设和管理现状、存在的问题及成因进行梳理分析,借鉴国际经验和教训,提出了"自然保护区+国家公园+其他各类保护地"构成的自然保护地体系和中国国家公园组建方案。建立了国家公园工作协调机制,印发《建立国家公园体制试点方案》,指导北京、吉林、黑龙江、浙江、福建、湖北、湖南、云南和青海9个省(市)开展国家公园体制试点工作。印发《三江源国家公园体制试点方案》。

自然保护区综合管理 印发《关于进一步加强涉及自然保护区开发建设活动监督管理的通知》等文件,加强对各级各类自然保护区监管。对400多个国家级自然保护区开展人类活动遥感监测与实地核查,对12个保护区进行了重点执法检查,对7个问题较严重的国家级自然保护区所在地政府、省级保护区行业主管部门及保护区管理局进行了约谈。调整了6个国家级自然保护区的范围。国家级水产种质资源保护区数量已达492个,初步构建了覆盖各海区和内陆主要江河湖泊的水产种质资源保护区网络。

生物多样性保护 完成了中国生物多样性保护优先区域的边界核定工作,发布了《中国生物多样性保护优先区域范围》。完成了《中国生物物种名录2015年版》。对全国除海洋鱼类外的4357种脊椎动物受威胁状况进行了全面评估,完成《中国生物多样性红色名录——脊椎动物卷》。评估结果显示,中国脊椎动物属于灭绝等级(EX)的有4种,野外灭绝等级(EW)的有3种,区域灭绝等级(RE)的有10种,极度濒危等级(CR)的有185种,濒危等级(EN)的有288种,易危等级(VV)的有459种,近危等级(NT)的有598种,无危等级(LC)的有1869种。

风景名胜区综合管理 截至2015年年底,已完成225处国家级风景名胜区资源保护情况的卫星遥感动态监测,实现了国家级风景名胜区规划实施和资源保护状况监测全覆盖。对78处国家级风景名胜区综合执法情况进行了检查,并对8处检查不达标的风景名胜区进行了通报,责令限期整改。制订了《国家级风景名胜区管理评估和监督检查办法》,将11处资源破坏严重、保护管理不力的国家级风景名胜区列入濒危名单,给予黄牌警告,重点督促整改,对整改不力的依法追究有关主管人员法律责任。

湿地保护 中央预算内投资2.37亿元,实施湿地保护工程项目48个。安排中央财政资金16亿元,实施湿地补贴项目336个,其中,开展湿地生态效益补偿试点20处,落实退耕还湿试点任务11.5万亩。开展京津冀地区19处重要湿地生态系统健康、功能和价值评价。新批国家湿地公园(试点)137处,验收试点国家湿地公园46处,新增湿地保护面积34.5万公顷。建立了国家湿地公园数据库。新指定安徽升金湖国家级自然保护区、广东南澎湖列岛海洋生态国家级自然保护区、甘肃张掖黑河湿地国家级自然保护区为国际重要湿地。

外来入侵物种监测和防控 开展国家重点管理和区域性危害严重外来入侵物种调查摸底工作,进一步充实完善中国外来入侵物种数据库。利用卫星遥感技术,对全国11个省20个重点湖泊(水库)外来入侵水生植物的扩散蔓延进行监测。全国有30个省(区、市)开展外来入侵物种灭毒除害行动,集中在四川金堂县、内蒙古科右前旗、江苏泰州市三地开展水花生和少花蒺藜草灭除活动。建设水花生天敌繁育试点示范基地、少花蒺藜草防控示范区、紫茎泽兰扩散蔓延阻截带等,为外来入侵物种综合防控工作的全面推进奠定了良好的基础。

(《2015年中国环境状况公报》)

林木种苗产业

【林木种苗生产情况】

2015 年全国造林绿化林木种苗供需情况 总体上看,林木种子和苗木数量充足,总量满足造林绿化的需要,但常规生态造林树种种子和苗木供应总量过剩。良种穗条数量也基本满足生产需求,但经济林和乡土绿化阔叶树种和具有特殊抗性树种良种供应有些不足,苗木品种存在结构性短缺现象。

种子采收情况 全国共采收林木种子 2644 万千克,同比 2014 年增加了 649 万千克,增幅达 32.5%。林木良种采收为 664 千克,增加了 23 万千克,增幅 3.6%。

良种生产 全国生产良种 664 万千克,减少 66 万千克,同比减少 9%。

良种穗条 全国生产良种穗条 146 亿条(根),增加 77.2 亿条(根),同比增加 112%。

苗木生产情况

育苗面积 全国共完成育苗面积 2046 万亩,比 2014 年减少 72 万亩。

苗木产量 苗木生产总量为 671.7 亿株,比 2014 年减少 6 亿株,降幅为 0.9%,主要是常规生态树种育苗减少。2015 年,容器育苗产量为 104.6 亿株,良种苗产量 242.8 亿株。同比 2014 年,减少 11.4 亿株,减少了 12.2%;良种苗产量增加 56.8 亿株,增幅为 30.5%。

育苗单位情况 截至 2015 年年底,全国共有苗圃 37 万多个,其中国有苗圃 6270 多个,占苗圃总数的 1.68%。同比 2014 年苗圃总数减少 19.7%,国有苗圃减少了 16%。

【2015 年林木种苗使用情况和库存情况】

实际用种苗情况 实际用种 2210 万千克,同比 2014 年增加了 309 万千克。其中良种 626 万千克,良种穗条 151 亿条(根);除留圃苗木外,实际用苗木量为 163.7 亿株,其中容器苗 32.9 亿株,良种苗 73.6 亿株。用于经济林和用材林苗木 67 亿株,同比增加 20 亿株;用于生态公益苗木和其他类型苗木同比减少 32 亿株。用于防护林、用材林、经济林和其他林分苗木分别占 2015 年造林绿化使用总量的 33%、23.2%、18.2%、25.6%。

种苗库存情况 截至 2015 年年底,全国库存林木种子 1978 万千克,其中良种 216 万千克。此外,还有 2015 年采收未入库的种子补充新育苗木和 2016 年造林的需求,采收量加上库存量可达 4622 万千克。

【产业政策及发展】

《中华人民共和国种子法》修订 2015 年 11 月 4 日,《中华人民共和国种子法》由第十二届全国人大常委会第十七次会议修订通过。新修订的《种子法》,破解了林木种苗事业发展中的难题,进一步明确了林木种苗管理机构法律地位,赋予了林木种苗管理机构的行政执法权,林木种苗管理机构受林业主管部门委托可以开展相关执法工作;完善了林木种子扶持政策,对林木品种选育、生产、示范推广、种质资源保护、种子储备给予扶持,并将林木种子采种机械纳入农机具补贴范围;利用和占用林木种质资源都要经过审批或同意,加大了对林木种质资源的保护;对林木种子生产经营许可、标签、档案、品种审定与保护、质量监管等项制度进行了完善;在对打击侵犯植物新品种权和制售假冒伪劣林木种苗违法行为的处罚上,加大了力度。

截至 1015 年,全国各地出台了 60 多项规章和规范性文件、400 多项行业标准和地方标准。河北、山西、吉林等 16 个省(区、市)政府办公厅出台了贯彻落实《关于加强林木种苗工作的意见》的实施意见,上海、江苏、江西等 9 个省(区、市)林业部门会同农业部门共同出台了贯彻落实《关于深化种业体制改革提高创新能力的意见》的实施意见。种种举措,不仅为推动中国林木种苗事业可持续发展奠定了坚实基础,也为现代林业发展增添了不竭动力。

林木良种基地 良种是现代林业发展的根本

保障,基地是林木良种的温床。因此,抓好良种基地建设是种苗事业发展之道。建设国家重点林木良种基地是推动中国林木良种化进程、满足中国经济社会发展和现代林业建设对林木良种需要的重要保证。

经过50多年的建设,中国已建立了主要满足造林树种的700多个良种基地。但由于没有建立长效投入机制和扶持政策,经营管理跟不上,良种产量低,良种基地的作用和潜力难以发挥,多数基地运行入不敷出。2014年和2015年国家林业局连续两年组织开展了国家重点林木良种基地考核工作,对17个省(区、市)和龙江森工、大兴安岭森工的80个第一批国家重点林木良种基地进行了考核。中央财政良种补贴资金已由每年的2亿元增加到4.78亿元,国家重点林木良种基地全部纳入补贴范围,极大地调动了良种基地、国有育苗单位生产林木良种和苗木的积极性。

"十二五"期间,在国家林业局的积极推动下,在国家发改委、财政部等多部门的支持下,中国启动种苗工程项目304个,下达总投资15.7亿元,其中中央投资10亿元、地方配套5.7亿元,已建设完成项目280个。

目前,北京、江西、四川等多个省份均出台了相关政策或措施。2015年,224处国家重点林木良种基地都制定了"十三五"发展规划。

在全国各地基地建设的快速推进中,中国已成功建立了国家重点林木良种基地数据库和网站,实现了档案信息电子化,成立了杉木、马尾松、落叶松、油茶、油松良种基地技术协作组,北京、河北、山西等13个省(区、市)建立了省级林木良种补贴制度。目前,全国现有国家重点林木良种基地224处,其他各类林木良种基地1200多处,面积1000多万亩,采种基地面积600多万亩,育苗面积1900多万亩,不仅有效促进了生产、管理、科研相结合,提升了种苗科技成果转化水平,更为提高林木良种使用率、提升林木良种供应能力发挥了主渠道作用。

国家林业局统计显示,随着良种基地的推进,全国种苗保障能力得到了新的提高。近5年来,这些良种基地为生态建设累计提供林木种子1亿多千克,其中林木良种1600多万千克,生产合格苗木1900多亿株、良种穗条210亿条(根),良种使用率由51%提高到61%,极大地保障了国土绿化对林木种苗的需求。

种质资源 中国对林木种质资源的研究始于20世纪80年代,至2015年已建立了国家林木(含竹藤花卉)种质资源平台,开展了杉木、松类、杨树等近百个重点树种(属)的遗传多样性及变异状况的分析评价,完成了毛竹基因组测序研究,为种质资源研究在基因层面上开创了先例。

大战略推动大发展,在长期规划引领下,国家林木种质资源保护和利用工作动作频频,启动建设了国家林木种质资源设施保存库(主库),成立了全国林木种质资源技术协作组,编辑出版了《油茶优良种质资源》《中国枣种质资源》《中国马尾松优良种质资源》《中国核桃种质资源》《中国猕猴桃种质资源》《中国枸杞种质资源》《中国李杏种质资源》等系列丛书。浙江、山东出台了省级林木种质资源收集保存利用规划。北京、河北、山西、内蒙古、辽宁、吉林、江苏、浙江、安徽、江西、山东、湖北、湖南、广西、重庆、新疆、甘肃17个省(区、市)及龙江森工集团已完成或正在开展林木种质资源调查工作。新疆财政累计安排专项资金1320万元用于林木种质资源调查试点工作;2011~2014年山东省组织开展了新中国成立以来第一次全省的林木种质资源调查,各级财政投入2735万元,组织了林业系统和6所高校的159支调查队伍、1150名调查人员,设置4043个样地,采集8.5万份标本,拍摄40万余张图片,全面摸清了全省野生树种、栽培树种、古树名木、引进树种等种质资源情况;调查结束后,省政府新闻办公室召开新闻发布会发布了调查成果,全省林木种质资源共计91科276属946种,比《山东树木志》增加了12科57属372种,其中野生树种80种、栽培树种188种、引进树种104种,发现新种5个、新纪录24个。吉林省研发了林木种质资源电子数据平台,掌握了濒危植物如长白松、东北红豆杉等种群状态、濒危程度,建立了落叶松、红松等10多个树种优树收集区和收集圃,收集优树家系和无性系基因资源千余份等。

国家林业局统计显示,中国已建立13处国家级林木种质资源保存库,累计保存面积4800亩,保存杉木、马尾松、杨树、板栗、枸杞等林木种质资源超过2.1万份。

林木种苗质量 近年来,各地通过搭建交易平台,先后建设了一批交易市场,打造了辽宁开原、吉林柳河、安徽肥西等聚集区和集散地,从业人数成倍增长;通过完善市场化体系,实现了资源优化配置的目标;通过强化市场监管,为社会经济发展再添助力。

林木种苗建设发展不仅保障了绿色发展的需要,更促进了产业蓬勃发展,在带动农村发展、提高农民收入、调整农业产业结构、促进地方经济发展等方面发挥了重要作用。

"十二五"期间,全国苗木花卉生产面积3000多万亩,年产值达3600多亿元,较"十一五"期间翻了一番;油茶林面积由4500万亩发展到6000多万亩,油茶籽产量从96万吨增加到240.7万吨,茶油产量由20多万吨增加到58万吨,产值由110亿元增加到600亿元。

在江苏,全省拥有大中型种苗交易市场近20个,有5000余家企业、8万多户个体从事林木种苗生产经营,从业人员超过50万人,其中吴江苗圃、苏北花卉和中江种业等3家公司已成功上市,外商投资兴建的林木种苗生产企业达30余家;在北京,2014~2015年全市共吸引规模化苗圃建设总投资40亿余元,总投资中,政府土地流转补助资金1亿元,企业投资41亿元,占总投资的96%,成为成功吸引社会投资的典范。同时,带动近6800人绿岗就业,其中当地劳动力近5000人,占74%;在甘肃,"十二五"期间全省不断提高林木良种使用率,提升林业发展质量,各市(州)也对育苗产业予以扶持,庆阳市每年地方财政拿出2000万元专项资金扶持苗木产业发展,康乐县每年拿出300万元"以奖代补",促进苗木产业发展,激发了农民致富奔小康的积极性。

"十二五"期间,国家种苗网年均发布信息超过8500条,月均访问量达130万人次;全国种苗信息网络体系已初步建成,北京、山西等20个省(区、市)建立了种苗信息网站;中国形成了以国家级种苗交易市场为主体、以省级区域性交易市场为补充的全国种苗交易平台;全国种苗行业协会发展迅速,成立了中国林业产业联合会苗木分会、木本粮油分会,各地自发成立的专业合作社达5000多个。目前,北京、浙江、江苏等29个省(区、市)设置了信息采集点,及时向社会公布全国林木种苗价格行情。

"十二五"期间,中国不断加大林木种苗执法和质量管理及从业人员的培训,5年间累计培训6万人次,并启动了一系列打击侵犯知识产权和制售假冒伪劣林木种苗专项行动,国家林业局出台了多项打击制售假劣林木种苗和侵犯植物新品种权以及软件正版化工作等实施方案和细则,连续两年召开打击制售假劣林木种苗专项行动电视电话会议,使种苗市场秩序明显好转。与此同时,国家林业局与全国打击侵犯知识产权和制售假冒伪劣商品工作领导小组办公室协调,将林木种苗质量抽查和执法检查纳入省级人民政府打假工作绩效考核内容,5年间,全国共查处制售假冒伪劣林木种苗案件1500余起,涉案金额1800余万元;累计抽查林木种子样品700多个、苗木苗批2300多个,涉及近800个县,种子样品和苗木苗批合格率稳定在90%以上。

【全国林木良种建设先进典型】

山东——三大体系,构建种业健康发展新常态

山东省在建设生态山东、美丽山东进程中,将保护林木种质资源作为根本性、长远性工作来抓。近年来,山东努力构建动态监测、资源保存和管理运行三大体系,有效推动山东林业种业步入健康发展的新常态。

统筹安排、查清资源,建立动态监测体系。资源调查是建立动态监测体系、保护林木种质资源的重要基础工程。2011~2014年,山东开展了第一次全面性的林木种质资源调查工作。林业系统和6所高校的159支调查队伍,踏查9.5万个样点、采集8.5万份标本,全面摸清了全省野生树种、栽培树种、古树名木、引进树种等种质资源情况,建成了山东省林木种质资源数据库和信息系统,搭建了全省林木种质资源信息共享平台,并在昆嵛山、蒙山建立了动态监测点,为建立林木种质资源动态监测体系积累经验。

科学布局、项目带动,建立资源保存体系。山东坚持科学布局、科学规划、科学发展,通过出台《山东省林木种质资源保护与利用规划》,明确发展方向和任务目标。通过加大项目建设,对汇集保存珍稀濒危树种、带动保护与利用工作发挥了重要作用。其中,"山东(暖温带)珍稀濒危树种种质资源保护与利用建设项目”建立6处原地保存库、1处异地保存中心库、4处异地保存区域库。借助重点项目建设，在济南中心库创建了种质资源科研创新平台，建成了分子生物学等7个专业实验室，提高了全省林木种质资源保护技术水平。截至2015年，全省已建、在建林木种质资源库项目18个，初步形成原地保存、异地保存和设施保存相结合的保存体系。

推进立法、完善政策，建立资源管理体系。完整的管理体系是保护和利用好林木种质资源的关键。通过完善机构和人员设置，山东省林业厅成立了专职保护机构，各地指定负责辖区工作的专职人员，保证了责任落到实处；通过加强地方立法，积极推进种质资源工作纳入新颁布的《山东省森林资源条例》，起草制订的《山东省林木种质资源保护办法》也将于近期出台；通过进一步完善政策，省政府办公厅先后出台文件，促进全省林木种质资源保护，并于2014年召开了全省第一次林木种质资源工作会议，对工作进行了全面的部署。

湖南——强化监管“五统一”筑牢林业根基 近年来，湖南积极探索，以主要造林树种良种的生产与管理为切入点，制订出台《湖南省主要造林树种种子生产与管理办法》，在省林木种子储备库建成了种子加工生产线，对主要造林树种种子坚持实行统一基地布局、统一生产计划、统一加工包装、统一质量检验、统一调剂供应的“五统一”管理模式，确保良种的生产质量。“十二五”期间，湖南年均统一调剂主要造林树种良种种子超过2.5万千克，生产良种壮苗近10亿株，良种使用率超过85%。

在统一基地布局方面，分区域建设了一批主要造林树种良种生产基地。基本形成了以10个国家重点良种基地为龙头、14个省级重点良种基地为骨干、其他良种基地为补充的林木良种生产体系。同时，良种基地建园材料全部由省林科院提供，并与省林科院及专家签订科技支撑协议，从而确保良种基地建设质量。在统一生产计划方面，每年综合各良种基地的预测产量和市(州、县)的用种申报需求量，向良种基地下达采种计划，并限定种子价格，防止种子大小年价格波动。在统一加工包装方面，将良种基地采收的种子，经调制自检合格后送省林木种子储备库贮藏调剂，省林木种子储备库统一进行烘干、精选，并分别不同树种、不同重量规格进行统一包装。在统一质量检验方面，经省林木种子储备库精选、包装后的林木良种，由省种苗站、省林木种子储备库和省林木种苗质量监督检验站进行联合抽样，统一由省林木种苗质量监督检验站进行质量检验，并出具质量检验报告。在统一调剂供应方面，经统一加工包装、检验合格的林木良种，由省林木种子储备库按省林业厅下达的用种计划统一调剂供应给市(州、县)用种单位和个人，种子出库时，由省林木种子储备库出具林木良种证、种子质量合格证、植物检疫证和种子标签，同时健全林木种子生产经营档案。

四川——以法亮剑，守护林业发展命脉 林木种苗是林业生产建设命脉，现代化林业发展的重要基础和保障。四川在守护林业发展命脉中，以法制建设为利器，保障林木种苗事业健康持续发展。

强化种苗法制建设。四川颁布了第一部林木种苗地方性法规《四川省林木种子管理条例》，为强化种苗管理提供法律保障和技术支撑，相继制定了《四川省主要造林树种苗木质量分级》《四川省林木种子质量分级》等上百个地方标准。规章、办法的出台和种苗标准体系的日益完善，为强化种苗管理提供了法律保障和技术支撑，真正实现了有法可依、有章可循。

落实种苗政策措施。2013年，四川首次将“主要造林树种良种使用率”纳入对各市(州)人民政府现代农业发展的硬性考核指标；2015年，省林业厅将其作为各市(州)林业局的年度考核指标，且每年还纳入省农田水利基本建设林业项目绩效考核。结合四川实际，2014年出台了《关于加强林木种苗工作的意见》等林木种苗发展的文件，并将林木种子工作提升至关乎“生态文明建设、现代农业发展”及“扶贫攻坚、促农增收”的高度，为省委提出的“精准扶贫”提供种苗保障。

加大种苗执法力度。2011年以来，四川强化种苗行政执法，加强与工商、公安等部门合作，曝光典型案件，提高法治威慑力，并推行“黑名单”制度，实行行业禁入。5年来，相继开展林木种苗综合执法、执法交叉检查等专项行动，共查处无证生产经营企业159户，有效地维护了企业种苗生产、经营和使用者的合法权益，规范了市场秩序。

从严管理种苗质量。为确保用种安全，四川加大抽查力度，增添抽查内容和环节，综合判定抽查结果，对档案制度不落实的实行一票否决。坚持抽查结果通报制，并采取综合措施督促整改。同时，将“把好种苗质量关”和“提高良种使用率”贯穿到林业工程造林项目的始终。在项目规划、可研报告、实施方案、作业设计、工程监理和项目验收等环节中，均把种苗质量和品种要求作为重点审查内容。

健全机构队伍。为落实种苗管理的责任主体，四川强化各级种苗管理机构建设，现已建立市、县级林木种苗机构64个，种苗专职管理人员300多人，持证种检员1500多人；同时，加强从业人员培训，提高种苗执法能力和水平。目前，全省林木种苗管理体系初步形成，有力地保障了种苗各项工作的正常开展。

内蒙古——执法护航，构建绿色生态屏障 构建北方绿色生态屏障，发展现代种业是根本。内蒙古从强化职能入手，全面推进执法队伍能力建设，积极开展质检监督抽查和专项执法行动，努力开创了林木种苗行政执法工作的新局面。

强化质检执法职能。2011年9月，内蒙古出台了《关于加快林木种苗业发展的意见》明确了各级林木种苗管理机构的执法主体责任和林木种苗行政执法职能。2012年2月，内蒙古下发通告，将区林木种苗站的执法职能规定为“由法律、法规授权，依据法律、法规的规定行使行政执法权的执法机构”。这不仅明确了自治区各级林木种苗管理机构的执法主体地位，而且标志着管理机构开展林木种苗行政执法工作的合法性和在林业事业发展中的法律地位。

全面推进执法能力建设。明确各级林木种苗管理机构性质和职能，为建立健全的林木种苗质检执法管理体系打下了坚实基础。“十二五”期间，全区独立旗（县）级林木种苗站增至71个，基本实现了全区重点林业旗（县）都建有林木种苗管理机构的目标。同时，通过加强种苗站机构能力建设，为27个旗（县）林木种苗站配备了质检、执法和信息化设备，改善了质检执法工作条件，使县级林木种苗站的质检执法能力和社会化服务能力得到全面提升。

扎实开展质检监督抽查。“十二五”期间，内蒙古林木种苗质量检验制度初步确立，自治区不定期、盟（市）长期持续对林木种苗质量开展监督抽查，并对抽查结果进行通报，确保了造林绿化重点工程使用林木种苗和生产经营林木种苗的全面质量提升。据统计，“十二五”期间，内蒙古林木种子、苗木抽查合格率分别保持在90%以上和95%以上。

重点开展专项执法行动。从2011年起，内蒙古把全国打击侵犯知识产权和制售假冒伪劣商品专项行动作为全区全面推进林木种苗行政执法工作的契机，成立了领导小组、制订了年度实施方案、明确了各级部门责任，结合实际情况开展扎实有效的专项执法工作。“十二五”期间，全区共查处各类林木种苗违法案件234起，退回原产地不合格苗木1.5万株，有效打击了无证生产、经营林木种苗及生产经营假冒伪劣林木种苗等违法行为，进一步规范了林木种苗生产秩序。

福建——优化升级，激发“最绿”省份新活力 福建实行全省林木良种发展“一盘棋”战略，不断加快林木种苗产业结构优化升级，激发“最绿”省份新活力。

强化科技支撑，抓好种质创新。种苗是福建林业科研的重要内容，为充分发挥专家在林木良种基地建设发展中的指导、支撑和引领作用，福建鼓励并支持国家或省重点林木良种基地与科研院校的交流与协作，通过签订科技支撑协议，促进基地建设的科技含金量。同时，通过项目带动，福建持续开展林木种苗科技攻关，着力解决林木种苗生产中的关键技术和共性难题。

注重提质增效，推进基地建设。2009年起，福建启动实施新一轮林木良种基地建设，按照“林场为主、县企为辅、政府主导、社会共建”的思路，坚持“高起点、高标准、高质量”的建设要求，几年来，通过加快推进基地升级换代、建设珍贵和乡土阔叶树种基地、尝试建设专营花粉园、引进种子加工处理设备和推进育繁推一体化进程等一系列工作，有效提升全省林木良种基地的功能与实力。据统计，2011～2015年，全省完成新建林木良种基地1.73万亩，占“十二五”规划任务目标的130.3%。

提升管理水平，坚持多手共抓。福建坚持经营管理、监督考核和绩效评价多手共抓，有效地提升了管理水平。在抓经营管理方面，2011～2015年福建争取中央财政补贴资金4200万元，洋口国有林场等10处国家重点林木良种基地种子园的“六大管理”得到充分落实，良种产量显著提高；在抓监督考核方面，2012年起，按国家要求，福建从基地生产、基础设施、科技支撑、基地管理等方面，对10处国家重点林木良种基地进行考核，并对考核结果进行通报；在抓绩效评价方面，配合财政部门积极开展林木良种工程建设项目资金绩效评价工作，评价结果作为今后项目资金安排的重要依据。

浙江——保障为基，“苗”绘现代种业新蓝图 林业种苗是现代林业的源头基础和战略资源，保障性苗圃是种苗工作的重要阵地和发展平台。浙江省明确提出实施林业种业创新和珍贵彩色树种发展“两大工程”，深入实施现代种业工程，加快建设保障性苗圃，积极推进森林浙江建设，取得了较好的成效。

坚持公益定位，构建种苗保障体系。2011年，浙江制定出台了《浙江省林业保障性苗圃管理办法》，在全国率先启动了省级林业保障性苗圃建设，以弥补市场对公益性造林用苗的供应缺口。省财政按年度安排专项资金扶持林业容器育苗及配套设施设备建设，并明确省级林业保障性苗圃优先享受林业基础设施、林木良种补贴等项目扶持。目前，浙江设有省级保障性苗圃19家、市级23家、县级40余家，三级造林种苗供应保障体系基本形成。

创新运行机制，提高苗圃生产效益。激发保障性苗圃生产活力，浙江率先在全国提出并实行“定点培育、订单生产、定向培育和定量补助”的“四定一限”生产供应机制，明确年度生产任务和补助激励政策；为提高生产效率，积极引入市场竞争机制，采用公开招投标确定良种生产定点单位，享受省级财政补助，进一步提高资金使用率和苗木质量；为进一步提升苗圃服务质量，探索开展了种苗质量第三方评价管理机制，在提苗验收工作结束后，由用苗单位对保障性苗圃作出综合性评判打分，并将此作为下一轮招投标的重要指标依据。

强化科技支撑，提升种苗繁育水平。浙江强化科技支撑，努力提升种苗生产供应的科技含量，有效提高了保障性苗圃的种苗繁育水平。依托科研院所建立容器育苗专家联系制度，对林业保障性苗圃生产实行全程跟踪指导；组织科技力量加强重要树种育苗技术研究，成功掌握木荷等主要造林树种以及红豆树等珍贵彩色树种的容器育苗关键技术，积极开展榉树等珍贵树种的扦插繁育技术试验，并将容器育苗规格试验结果引入实际生产；积极推广轻型介质等育苗技术，组织修订了近20个标准，进一步规范全省苗木生产技术标准。

新疆——补贴先行，助推林兴果丰民富 提高林业效益、增加农牧民收入，新疆坚持补贴先行，率先在全国开展林木良种补贴工作，激发了良种繁育者和使用者的积极性。“十二五”期末，全区主要造林树种良种使用率比“十一五”期末提高了36个百分点，特色林果树种造林良种使用率达100%，果品产量、年产值及农民人均林果收入较“十一五”期末分别增加197万吨、303亿元和1300元。

高位推动，提供组织保证。2007年，新疆特色林果业发展进入关键时期，林木良种在林果业发展中的重要作用日渐凸显，自治区连续两年对全区14个地(州、市)不同林种、不同树种的林木良种和普通种的生产成本、市场销售情况及良种基地的生产、供应情况进行了全面详细的调研和测算，随后启动了特色林果良种补贴试点工作，成为全国开展林木良种补贴工作的首个省(区)。

落实政策，提供资金支持。2011年，自治区制定出台了《新疆维吾尔自治区人民政府关于加快现代农业种业发展的意见》，不断扩大补贴范围。为了更好地规范良种补贴试点工作，自治区制订下发了《自治区特色林果良种补贴试点工作管理办法(试行)》、重新修订了《新疆维吾尔自治区林木良种补贴工作管理办法(试行)》。2010年，中央财政林木良种补贴工作实施后，为了规范和加强资金管理和使用，自治区又先后制订下发了一系列措施办法。2009~2015年，自治区财政累计投入良种补贴资金6350万元。

严格检查，提供法律保证。为使林木良种补贴政策发挥最大效益，自治区从2010年起将补贴树种从特色林果树种扩大到生态树种，并提高了补贴标准。在补贴实施过程中，坚持惠农强林的原则，确定补贴对象为不同所有制类型的企业、集体和农户。通过制订详细操作流程和验收办法，对申请的补贴单位进行详细核实、下达计划任务、制订实施方案。补贴资金涉及个人，须进行公示，确保资金使用公开、公正、透明。从2011年起，自治区林木良种补贴实行了当年下达生产任务当年验收，补贴资金次年下拨兑现的管理办法，切实做到从补贴方案的制订、审核、检查验收，环环相扣，紧密衔接，使补贴程序更加科学规范。

广西——立体推动，加快种苗产业做大做强 “十二五”期间，广西以“六个坚持”为抓手，打造“六大体系”，推动林木种苗事业快速发展。

坚持以良种建设为核心，构建完备的良种体系。林以种为本，种以质为先。广西几十年坚持不懈抓良种建设，先后选育了一批种源和优良品种及一系列桉树优良无性系、优良家系和优良杂交组合。截至2015年年底，全区通过国家和自治区审（认）定的良种达175个。

坚持以苗木培育为重点，构建发达的供给体系。保障苗木供应是林木种苗工作的首要任务。广西从苗木市场供给侧结构性改革入手，在育苗规模上，发挥市场决定性作用和政府引导作用，按需下达生产计划；在育苗手段上，采取有性繁殖和无性快繁相结合，推广组培工厂化育苗；在技术应用上，广泛推广轻型基质等育苗新技术；在组织方式上，建立保障性苗圃，支持良种基地育繁推一体化生产。全区每年可生产苗木12亿株以上。

坚持以科技创新为突破，构建强大的支撑体系。广西坚持科研面向生产、生产依靠科技，林木种苗技术水平不断提升。在科研创新方面，积极组织开展良种繁育和配套栽培技术研究；在科技推广方面，建立专家指导制度，加强良种推广示范。“十二五”期间，全区共选派林业科技特派员374人（次），建立良种示范林面积7.5万亩，在苗木培育、良种示范推广方面发挥了重要作用。

坚持以政策支持为导向，构建完善的投入体系。政策支持是林木种苗事业稳步发展的重要基础。2013～2014年，广西出台了《广西现代种业发展规划2013～2020年》《关于加强林木种苗工作的实施意见》，将林木种苗纳入现代种业规划予以扶持。特别是2014年以来，广西财政设立林木良种专项，以财政资金为杠杆，吸引社会资本，推动种苗事业发展。

坚持以行业管理为主体，构建规范的监管体系。规范行业管理是促进林木种苗健康发展的重要保障。目前，广西先后制定了17项地方标准，加大对假劣种苗案件的查处力度及基地年度考核，13个市、1/3县建立了专门的林木种苗管理机构，并对机构人员进行了全员培训。

坚持以社会服务为依托，构建完善的服务体系。建设便捷高效的社会化服务体系是发展现代林木种苗事业的必然要求。2012年以来，组建了广西林木种苗行业协会，形成了以行业协会为纽带、龙头企业为骨干、其他社会力量为补充，公益性服务和经营性服务相结合，专项服务和综合服务相协调的社会化服务体系。

【国家林木（含竹藤花卉）种质资源平台】 林木种质资源是林木遗传改良和新品种选育的基础材料，对林业经济和生态建设具有重要战略意义。为满足林木（竹藤、花卉）育种、基础研究、生物技术研究和生产对林木种质资源的需要，2003年，国家林木（含竹藤花卉）种质资源平台试点建设启动，2011年通过财政部、科技部共同认定，形成了林木种质资源实物、信息和技术整合与共享服务体系，是中国科技集体制创新产物，有利于进一步促进产学研一体化进程，对提高林木种质资源保存与利用的效率与效益、促进林木种质资源科技创新具有重要意义，为中国林业行业科技创新、科学普及、政府决策、人才培养和社会经济发展注入了新动能。

整合共享——提高林木种质资源利用效率 国家林木种质资源平台建成后，在原有林木种质资源网点基础上，采用集中与适度分布相结合的方式，在全国30个省（区、市）建立了地跨中国北温带、温带、亚热带、南亚热带、热带5个气候带的林木种质资源国家林木种质资源异地保存库及原地保存库点，初步建成了原地保存、异地保存和设施保存相结合的林木种质资源保存库、点体系，为高效整理整合林木种质资源创造了条件。

10多年来，国家林木种质资源平台共整合全国从事林木种质资源收集、保存、研究、利用的科研、教学和生产单位70多个，包括中国林业科学研究院下属研究所、国际竹藤网络中心、省级林业科学研究院所、农林院校等机构，标准化整理林木种质资源共7.5万份，涵盖了中国林木种质资源的主要范围。

充分整合是为了更好地共享利用。为提升林

木种质资源共享效率,国家林木种质资源平台制定了林木种质资源描述标准和数据规范,构建了全国林木种质资源信息系统,建立起覆盖全国绝大部分省(区、市)的平台共享服务网络,并建立门户网站,实现了信息共享。平台充分整合了各平台建设单位的种质资源信息,依托平台参加单位作为服务网点,大大提高了资源信息处理效率,拓展了资源共享渠道。自2011年以来,平台向1000余个重点单位的用户提供种质资源服务3.5万份次,提供优异种质扩繁的苗木、穗条1390余万株(穗/条),其中,通过网站实现信息共享7.5万份,基本涵盖了用材树种、经济树种、生态树种、珍稀濒危树种、木本花卉、竹类、棕榈藤等林木种类,并为300多项林木育种、资源开发项目提供资源和技术支撑服务,开展了大量专题服务工作。

技术服务——推动林业行业持续健康发展

作为一个服务型平台,国家林木种质资源平台基本上建成覆盖全国的共享服务体系,服务对象包括政府部门,从事林木遗传育种的科研机构、企业和个人、国际组织等。

除提供常规的种质资源实物和信息服务外,平台服务内容还包括种质推荐、国外树种引种、技术与成果推广、技术培训、政策咨询、支撑企业创新等,并为行业管理部门制定林木种质资源的相关技术标准、规程和规范等。

2015年,在中国林科院林业研究所与江西齐云山食品有限公司开展技术合作过程中,根据公司的长期需要,国家林木种质资源平台与齐云山公司合作建设南酸枣种质资源保存林,其间,为公司提供了南酸枣种质资源180份,并与企业签订了长期技术服务协议,有效提升了企业创新能力。

《全国林木种质资源调查收集与保存利用规划(2014~2025年)》《林木遗传资源国家行动计划》等行业重大规划与计划也都是依托国家林木种质资源平台的专家和数据完成了编制,确定了林木种质资源的发展方向和战略目标,并通过国家林业局正式发布。

开展国际合作是国家林木种质资源平台的又一项重点服务内容。2015年,国家林木种质资源平台与生物多样性中心、亚太林业研究机构联合会、亚太森林遗传资源网络等机构联合成立了国家林木遗传资源培训中心,并担任亚太林木遗传资源网络"能力建设工作组"主席国,扩大了平台在亚太区域的主导作用,进一步提升了平台的国际话语权。

成效凸显——收获社会生态经济多重效益

依托强大的资源优势、技术优势、信息和人才优势,国家林木种质资源平台提供的优异种质和有效的科技支撑,对中国的生态环境建设、石漠化治理和种苗企业发展等国家重大工程起到了积极作用。

2015年,平台共有19366份(次)种质资源得到共享利用,推广优异种质苗木938万株用于造林生产,为政府决策提供技术服务15项,并以服务国家重大需求为宗旨,开展了西南山区特色种质资源综合利用、贵州石漠化治理联合专题服务、南水北调渠首水源地生态综合治理专题服务等一系列专题和联合专题服务,为国家生态安全和林业可持续发展提供了基础支撑;同时,通过优异种质资源的推广利用、培育园林绿化新品种、繁育优质绿化苗木等,为企业等服务对象带来了显著的经济效益,培植了新的经济增长点,安置了富余劳动力,改善了人民的生活水平,实现了社会、生态、经济效益三大发展。

据统计,自2011年开始运行服务以来,平台先后开展技术咨询、技术推广、技术服务共2000余次,技术培训3万余人次,得到了服务对象的良好评价。依托平台开展的500余项项目,共获得科技奖励45项,获得专利50项,选育出林木新品种、良种194个,发表相关研究论文978篇,平台科技支撑效果显著。

(国家林业局国有林场和林木种苗工作总站
于滨丽)

林产工业上市公司 2015 年年报分析

【林产工业上市公司经营概况】

经济下行 据相关数据统计，2015 年，2687 家上市公司净利润合计 24643.08 亿元，同比增幅仅为 1.72%，远远低于 2014 年的 7.37%。涉林上市公司对形势感觉更敏锐，只有少数龙头企业表现不凡，多数企业销售、利润均有下降。

从 12 家林板上市公司年报看，主营业务收入有半数同比下降，其中有 3 家出现两位数负增长。需要指出的是，优秀企业在困难中的表现仍然优秀，大亚科技尽管出现负增长，但仍居行业龙头地位；连续 3 年保持两位数增长的德尔家居、兔宝宝，因规模不大、产品过杂等原因限制了其行业地位。

利润下滑 盈利能力是林产工业企业可持续发展的前提，但 2015 年林产工业企业利润情况并不乐观。销售毛利率 3 年来一路下滑的有 3 家，波动后 2015 年仍低于 2013 年的有 3 家，提升的仅有 2 家，可见上市公司效益呈下降趋势。近年来，人造板生产企业销售毛利率高点在 20%，能达到者寥寥，多数企业销售毛利率在 10% 以下，呈亏损下滑趋势。木地板销售毛利率高点在 38% 左右，能达到者凤毛麟角。木门销售毛利率 3 年来一路下滑，也陷于亏损状态。

发展减缓 年报从应收账款周转次数、存货周转天数、货币资金、应收账款、存货等 5 个指标深层次反映了林产工业企业运营状况。2015 年财务报表显示，应收账款周转次数方面，家居建材占比总体较好，但 3 年来逐渐减少的企业有 10 家，趋势向差；存货周转天数总体较差，多数企业的存货周转天数超过 100 天，有的甚至多过 1 年，3 年来整体走势较差；货币资金占比总体较好，同比增长的企业有 10 家，减少的企业只有 2 家；应收账款超过个位数的企业仅 1 家；存货在总资产中占较差，有半数企业达到两位数，这也是宏观经济形势严峻的反映，但有 9 家企业同比减少，说明已引起企业重视。

根据装修上市公司收入与收益报表显示，2015 年，8 家上市企业中半数企业主营收入负增长。近 3 年来，有 6 家企业主营收入增长率呈下降趋势；在净资产收益率方面，近 3 年也呈下降趋势，多数企业净资产收益率由两位数降为一位数；在一定程度上，家居装修正在由高速发展向中高速发展转变。相关数据显示，2015 年全国工装完成 1.74 万亿元，同比增长 5.6%，家装完成 1.66 万亿元，同比增长 9.2%。

近 3 年，家具类上市公司主营收入同比增长和下降的各有 3 家；2015 年，家具类上市公司增加到 7 家、增长率达到两位数的公司有 5 家；3 年来，家具类上市公司净资产收益率呈上升趋势的有 4 家，下降趋势的有 3 家；家具类上市公司主营收入和净资产收益率两项指标优于人造板与木地板业，总体表现较好。

表 1　2013～2015 年林板上市公司主营收入变化

上市公司	主营收入情况					
	2015 年收入（亿元）	同比（%）	2014 年收入（亿元）	同比（%）	2013 年收入（亿元）	同比（%）
大亚科技	76.76	-9.04	84.39	3.05	81.39	-1.48
德尔家居	8.44	24.17	6.8	40.3	5.52	30.31
宜华木业	45.92	3.73	44.26	8.21	40.9	22.2
兔宝宝	16.46	16.63	14.12	13.6	12.43	10.84
丰林集团	11.56	-3.61	11.99	32.8	9.03	5.34
吉林森工	13.48	-4.9	14.18	5.83	13.39	3.88

（续）

上市公司	主营收入情况					
	2015 年收入（亿元）	同比（%）	2014 年收入（亿元）	同比（%）	2013 年收入（亿元）	同比（%）
永安林业	8.92	93.84	4.6	0.23	4.59	0.45
升达林业	6.57	-12.16	7.47	4.54	7.15	-9.7
威华股份	14.39	-16.07	17.15	-3.5	17.78	1.95
平潭发展	9.63	11.38	8.65	0.8	8.58	17.95
金森林业	1.98	4.51	1.9	9.2	1.74	12.06
国栋建设	5.64	-26.98	7.73	3.7	7.45	57.43

表 2　2013～2015 年林板上市公司运营能力

上市公司	应收账款周转次数			存货周转天数		
	2015 年	2014 年	2013 年	2015 年	2014 年	2013 年
大亚科技	11.40	10.30	9.77	138.90	135.90	133.90
德尔家居	43.47	108.70	109.90	108.90	124.70	98.70
宜华木业	3.80	4.21	4.30	218.30	195.10	176.60
兔宝宝	28.70	26.60	19.53	76.70	95.12	106.01
丰林集团	9	11.70	17.60	149.60	157.70	186.70
吉林森工	11.24	2	24.23	209.60	165.90	140.35
永安林业	3.18	22.95	45.08	453	607.40	567.60
升达林业	5.54	7.22	9.03	320.30	259.30	290.76
威华	10.86	2.10	14.51	147.80	950.00	124.80
平潭发展	4.25	4.89	6.46	530.40	516.60	398.40
金森林业	10.29	9.00	15.96	4621.00	5413.00	4275.00
国栋建设	4.25	0.81	13.82	238.30	1264.00	120.00

表 3　2013～2015 年林板上市公司赢利能力

<table>
<tr><th rowspan="2">上市公司及产品</th><th colspan="3">销售毛利率(%)</th></tr>
<tr><th>2015 年</th><th>2014 年</th><th>2013 年</th></tr>
<tr><td>大亚科技人造板</td><td>16.45</td><td>20.20</td><td rowspan="3">24.99</td></tr>
<tr><td>大亚科技地板</td><td>37.90</td><td>32.10</td></tr>
<tr><td>亚科技木门</td><td>11.66</td><td>16.80</td></tr>
<tr><td>德尔家居强化木地板</td><td rowspan="2">32.78</td><td>37.40</td><td rowspan="2">32.88</td></tr>
<tr><td>德尔家居实木复合地板</td><td>26.40</td></tr>
<tr><td>丰林集团纤维板</td><td>16.73</td><td>14.56</td><td rowspan="2">16.72</td></tr>
<tr><td>丰林集团刨花板</td><td>14.75</td><td>11.16</td></tr>
<tr><td>吉林森工人造板</td><td>8.88</td><td>10.15</td><td></td></tr>
</table>

表 4　2013～2015 年林板上市公司资产占用结构

上市公司	货币资金			应收账款			存货		
	金额（亿元）	占总资产（%）	同比（%）	金额（亿元）	占总资产（%）	同比（%）	金额（亿元）	占总资产（%）	同比（%）
大亚科技	16. 30	25. 18	10. 27	5. 06	7. 81	－2. 43	18. 18	28. 07	－1. 12
德尔家居	6. 25	35. 18	7. 90	0. 32	1. 80	1. 39	1. 62	9. 14	－1. 67
宜华木业	34. 25	26. 92	54. 26	12. 37	9. 72	5. 07	13. 11	10. 30	12. 11
兔宝宝	1. 94	16. 69	－1. 45	0. 61	5. 19	0. 21	2. 68	22. 97	－5. 68
丰林集团	4. 50	21. 00	24. 00	1. 28	6. 00	0. 00	3. 63	17. 00	－15. 00
吉林森工	4. 86	10. 56	151. 80	1. 03	2. 20	－25. 00	6. 05	13. 00	4. 80
永安林业	2. 64	6. 64	2. 20	5. 34	13. 40	1. 99	10. 52	26. 42	－21. 50
升达林业	8. 22	25. 85	4. 10	1. 21	3. 80	－2. 03	4. 32	13. 58	－9. 10
威华股份	1. 40	5. 83	2. 00	1. 38	5. 70	0. 99	5. 13	21. 40	－1. 00
平潭发展	14. 87	39. 16	32. 67	2. 82	7. 42	－0. 57	12. 47	32. 85	－17. 96
金森林业	1. 58	9. 53	5. 37	0. 10	0. 60	－1. 46	9. 63	58. 29	－3. 26
国栋建设	0. 80	2. 34	－52. 13	1. 43	4. 20	16. 40	3. 80	11. 10	25. 40

表 5　2013～2015 年家具类上市公司收入与收益

上市公司	主营收入增长率（%）			净资产收益率（%）		
	2015 年	2014 年	2013 年	2015 年	2014 年	2013 年
美克家居	5. 34	1. 44	1. 68	9. 84	8. 39	6. 58
索菲亚	35. 35	32. 38	45. 98	19. 92	18. 20	15. 14
好莱客	20. 07	38. 70	42. 71	17. 14	37. 35	35. 96
喜临门	30. 75	26. 29	13. 91	14. 23	8. 17	10. 97
浙江永强	7. 30	9. 18	9. 54	15. 90	9. 83	8. 32
永艺股份	18. 33	6. 98	24. 06	16. 51	20. 96	25. 35
曲美家居	14. 78	7. 54	10. 14	9. 58	15. 92	20. 08

表 6　2013～2015 年装修上市公司收入与收益

上市公司	主营收入增长率（%）			净资产收益率（%）		
	2015 年	2014 年	2013 年	2015 年	2014 年	2013 年
金螳螂	－9. 83	12. 59	32. 08	18. 60	29. 36	32. 36
江河集团	1. 58	33. 63	32. 40	5. 24	5. 37	6. 41
广田股份	－18. 16	12. 62	28. 23	4. 83	13. 60	15. 29
亚厦股份	－30. 57	5. 74	26. 80	8. 24	18. 90	22. 86
洪涛股份	－11. 39	－5. 69	24. 77	10. 98	13. 67	17. 06
瑞和装饰	19. 58	0. 85	12. 33	6. 00	5. 95	8. 64
东易日盛	20. 07	18. 09	15. 68	10. 32	14. 17	28. 38
全筑装饰	20. 59	8. 12	27. 18	9. 72	19. 62	－21. 51

（张森林）

各省(区、市)林业产业

PROVINCIAL FOREST INDUSTRY

北京市林业产业

【概　述】 2015年，北京市都市型现代林业产业快速发展壮大，实现年产值100多亿元。林业生态建设正在成为新的引擎，助推着北京市农业增效结构调整、农民增收。在北京城市不断发展和绿化面积增加的情况下，对林业产业该如何发展，也提出了新要求、新思路。

一是从单纯的依靠政府财政支持转变为依靠市场运作。以前都是从财政，农委，科委协调资金来发展林业产业。现在采取财政资金股权介入、一定年限后免回报退出的扶持方式，退出资金继续用于扶持产业发展，以发挥财政资金导向和杠杆作用，鼓励社会资本投入林业产业。创新投融资机制。改变传统的财政资金无偿投入模式，充分发挥市场资源配置的决定作用，鼓励社会资本参与北京市林业产业发展建设，提高财政资金使用效率和效果，发起设立“北京市林业产业发展基金”，目前正在实施。

二是从松形型散户转变为重点培育家庭农场、合作经营、集体经营和企业经营等四种新型经营主体。随着城市扩大和市场的变化，经营主体也在发生变化，一农一户的经营方式已不适应现代化都市林业产业的发展，产业化必须形成规模，利用百万亩造林这个契机，积极协调把土地向新型经营主体流转，提高了适度规模经营水平，促进林业产业发展。

三是从地头、集团购买为主转变为引进龙头企业带动发展。过去果、花、蜂等林产品很少进入市场，一般就地消化或由机关、企事业单位购买，或配送，或集体采摘。2015年始一方面拓宽北京市场，另一方面引进龙头企业，像香港的日升、深圳的百果园，拓宽了产后消费市场。使“京产”林产品得以及时消化。

四是从雇人做工转变为创新技术服务方式，即购买服务。引进了山西全保果业等公司，实行全托管、半托管或技术指导，只要有需要，服务公司就会根据客户的要求提供不同方式的服务，一方面解决了用人困难，另一方面也解决了技术难题。

五是从单一的林业产业转变为林业产业与文化相结合。开展了“百万市民观光采摘游”、花卉业“四节一展”等系列花果节庆文化活动(四节一展，即北京月季文化节、菊花文化节、郁金香文化节和百合文化节，迎春年宵花展)，全市观光果园达到1300个，果品采摘直接收入4.9亿元；全市森林公园达到31个，年接待游客600万人次，实现综合经营收入2.5亿元。

【果树产业】 在总体思路上认真落实《京津冀协同发展规划纲要》，按照“空间布局一体化、工程建设一体化、政策机制一体化”的思路，加强与津冀两地的工作对接，在《北京“十三五”林果产业发展规划》编制过程中，与河北省林业厅果桑处积极沟通，在《规划》中增加了协同发展的内容，推动产业转型升级，实现优势互补，错位发展，避免无序竞争。共同打造环首都生态经济型防护林基地，绿色高端果品供应基地，生态休闲观光采摘基地，节水增收致富产业基地。

在工作机制上。探索建立京津冀林业产业发展合作会商机制，整合三地生态资源，适度打破行政界线，力争在市场化投融资、重点项目合作等方面共同开展试点示范，发挥引领带动作用。

积极推动果树产业的发展。50万亩低效果园提升改造和10万亩高效节水果园建设工程进展顺利。市委、市政府在农业“调转节”意见中提出了新发展高效节水果树10万亩、改造低效果园50万亩的重点任务。本着试点先行的原则，2015年安排了3万亩试点任务，在地下水严重超采区分别新发展高效节水果园1万亩、更新低效果园1万亩和技术改造低效果园1万亩。目前实际完成新发展果园10667亩、更新果园7925亩、改造果园12870亩，合计31462亩。

在落实试点任务中，突出创新发展机制，在

“两转变、两创新”即转变农业市场方式、转变农业交易方式、创新农民组织方式、创新农业服务方式方面取得了初步成效。

一是创新投融资机制。改变传统的财政资金无偿投入模式，充分发挥市场配置资源的决定作用，鼓励社会资本参与北京市果树产业发展建设，提高财政资金使用效率和效果，与市财政局、首创集团所属北京市农业投资有限公司反复研究，征求区县和经营主体意见，拟发起设立“北京市果树产业发展基金”，目前已形成方案报市。

采取财政资金股权介入、一定年限后免回报退出的扶持方式，退出资金继续用于扶持果树产业发展，以发挥财政资金导向和杠杆作用，鼓励社会资本投入果树产业。

二是推广密植高效栽培技术模式。新发展和更新果园每亩栽植果树 222 ~ 317 株，比传统栽培模式提高 5 倍，应用主干形简化修剪和控水管理技术，土地产出率、劳动生产率、水资源利用率将大幅提高。

三是重点培育家庭农场、合作经营、集体经营和企业经营等 4 种新型经营主体。发展家庭果树农场 44 个、合作经营组织 18 个、集体组织经营 8 个、企业经营 20 个。土地向新型经营主体流转，提高了适度规模。家庭果树农场经营规模在 50 亩以上，平均达到 139 亩，合作经营、集体经营、企业经营规模在 200 亩以上，平均分别达到 675 亩、429 亩、489 亩。

四是引进龙头企业带动发展。在 3 万亩试点任务中，共引进 5 家龙头企业，流转土地 4781 亩，并编制出全产业链服务带动的发展计划。

五是创新技术服务方式。以山西全保果业公司(密植高效果树管理技术创造者)和北京史坦纳生物动力农业公司(生物动力有机农业技术拥有者)为技术依托，为试点果园提供技术咨询、半托管或全托管技术服务。落实协议服务面积 26128 亩，占 83%。基本做到人员有培训、技术有依托、管理能到位、效果有保证，确保新技术落实。

果树种植面积 据统计，全市春季完成果树发展 5.5 万亩、600.2 万株。其中，新发展果树 3.4 万亩、389.9 万株；更新果树 2.1 万亩、210.3 万株。全市新发展果树中，新发展鲜果 3.0 万亩，其中苹果 9058 亩、桃 8158 亩、梨 3543 亩、樱桃 4107 亩、葡萄 1862 亩、枣 1442 亩、甜柿 538 亩；新发展干果 4732.6 亩，以核桃为主。更新果树以鲜果为主，共更新 1.9 万亩，其中桃 1 万亩、苹果 5836 亩、梨 1186 亩、樱桃 1155 亩。

果品生产情况 2015 年，全市干鲜果品产量 8.4 亿千克，增产 1.1%，全市果品总收入达 44 亿元，同比增长 1.4%。产值在 2 亿元以上的果品有：桃(16.7 亿元)、苹果(6 亿元)、梨(5.2 亿元)、葡萄(3.5 亿元)、樱桃(3.5 亿元)、核桃(2.3 亿元)、板栗(2 亿元)；观光采摘果园接待游客 91.7 万人次，采摘量 3435 万千克，采摘收入 5.2 亿元，促销收入 3.9 亿元。

大力推广有机化栽培技术。全市组织各类果树技术培训班 3312 次，23.4 万人次参加培训；推广果树有机化栽培果园 896 个，有机化栽培面积 34.1 万亩；进入有机转换区果园 27 个，面积 1.8 万亩；有机果园 193 个，面积 11.2 万亩。

果树品种改良 完成果树品种改良高接换优 1.2 万亩、75.3 万株。其中，鲜果 1.0 万亩、64.2 万株，干果 1834 亩、11.1 万株，更新了优良品种。

有机栽培综合管理技术 2015 年春，全市果园 66.7 万亩、花期放蜂 18.8 万亩，幼树果园行间间作大豆 17.5 万亩，同比增长 14.9%。花期人工授粉 9.4 万亩，疏花疏果 52.7 万亩。完成果实套袋 26.7 亿个。继续推广增施有机肥，2014 年秋至 2015 年春，全市有 50.7 万亩果园施用完全腐熟有机肥，同比增加 13.3%。全市 6252 亩果园种植了罗勒、薰衣草、万寿菊等驱避植物。同时，为了更好地防治病虫害，全市还有 1.5 万亩果园使用粘虫带、释放天敌、挂诱芯、黄色粘虫板、挂糖醋液等其他有机生产病虫害防治技术。

设施果树稳定发展 新发展设施果树 258 亩、287 个棚室。全市共有设施果树面积 11772 亩，其中结果面积 7232 亩、6109 个棚室。设施果品总产量达到 818.9 万千克，总收入高达 2.8 亿元。结果面积的平均每亩收入达到 3.8 万元，与 2014 年持平。

【花卉产业】 全市花卉种植面积 6 万亩，其中保护地1万亩，产值11.7亿元；年产切花3672万支，盆栽植物1.5亿盆。

2016年世界月季洲际大会筹备工作 2015年是世界月季洲际大会筹备工作决战之年，时间紧，任务重。各部门，共同努力，加快场馆、园区、道路、环境综合整治等项目建设。①园区基础建设基本完成。一是3个功能园区全部建成。其中月季品种园已完工，具备接待能力；月季主题园和月季文化园主体基本完工，进入内装、布展阶段，明年初试运行。二是场馆主体建筑已于2015年年底完工。会议中心、月季主题酒店、月季博物馆(文化交流中心)及室内展馆和“三主三次”6条配套路网建成。三是产业基地初具规模。目前大兴区月季产业总规模已发展到6000余亩，其中核心区月季产业基地5000亩，引进国内外月季新品种2000余个，产业基地内各园区正在按前期规划加快建设。四是市花氛围效果初显。新城月季栽植工程顺利完工。

②招展布展工作有序开展。一是室外展区完成招展，正在布展。大会室外展主要涉及月季城市展、北京市区县(含市级公园)展和中国专家自育品种展三部分。确定参加月季城市展的省(市)9个，北京市区县展(含市级公园)参展单位17个，中国专家自育品种展参展单位13个。9个参展城市2015年年底前完成土建工程，第二年春季全部完工。二是室内展区招展方案已确定，待招展布展。已向20余个目标省市发出邀请。

③学术会议安排已逐项落实。会议每项日程内容安排已确定。大会对外注册系统已于2015年7月15日上线，截至2015年年底，有来自19个国家110名代表自行注册参会。有9位外籍专家确定作学术报告。届时将有法国、美国、日本等41个成员国代表1000~1200余人参会，其中国外代表500~600人。

④市场宣传共融互促。编制完成《宣传及市场开发工作方案》，确定宣传计划，组织开展“会歌征集”“摄影大赛”等多项宣传和市场招商推介活动。

⑤北京园及区县展园建设有序推进。北京园完成主题雕塑基础浇筑，垂花门木质结构框架搭建，中心广场、景墙、廊架、屏风、种植池等基础结构铺装；常绿、落叶乔木、花灌木栽植完成80%；部分树木及主题花月季和宿根地被花卉已备好待明年春季栽植。全市16区县已全部完成布展地块认领、方案设计和施工组织，并完成部分施工任务。

完成2015意大利米兰世博会中国馆划拨绿地和园林景观建设工作 按照《北京市贸促会关于印发北京市参与2015年意大利米兰世博会工作方案的通知》(京贸促发〔2014〕1号)，北京市园林绿化局作为协调小组成员单位，具体负责中国馆划拨的绿地和园林景观承建及养护工作。中国馆室外景观占地1200平方米，以“尚农”为主题，植根中国博大的文化及中国农业文明发展历史，选择北京地区作为景观设计形态的立足点。在景观各区域中采用故宫红墙、北京胡同、汉字、剪纸等鲜明的中国元素、北京元素，营造浓郁的中国风，充分体现“京味”。为遵循中国馆“希望的田野”设计主题，景观设计意向为“金色麦浪”效果，为此特选用暖黄色孔雀草，结合立体施工工艺，营造金色的花海景观，如同“希望的田野”，与中国馆“金色麦浪”相映生辉。

中国馆室外景观建设工作既要保证展出效果，又要力求节俭，由于中国馆工期延误半月影响进场施工，北京市园林绿化局协调施工单位对设计方案、施工和养护等进行了专项计划，确保展出期间景观效果。最终经一个月的紧张施工，按照中国馆组委会的要求于4月20日顺利完工。项目建成后，受到中国贸促会相关领导的高度评价。中国贸促会副会长王锦珍亲自致电北京市副市长程红，对北京市承担的室外景观建设给予高度评价。

第四届中国兰花大会成功举办 经过一年的精心筹备，第四届中国兰花大会于2015年9月29日至10月10日在北京房山长阳镇隆重举办。本届大会盛况空前，各项活动精彩纷呈，取得了圆满成功，赢得了社会各界的高度关注和广泛赞誉。

一是规模空前，水平层次高。本届大会上，来自新加坡、马来西亚、泰国以及中国台湾等4个国家和地区，天津、河北、贵阳、长沙、三亚、韶关和大理等8省市济济一堂，共同展出了24个兰属、400余个品种约8万多株兰花，接待了各界游客近20万人，吸引百余家境内外媒体高度聚焦，有力助推了首都城市生态文明与和谐宜居之都建设。二是交流深入，行业影响大。本届大会组织了国际学术研讨和中国兰花产业经济论坛两个学术活动，共有24位专家，400余位学术与产业界代表参会交流。三是理念超前，特色创新多。大会精心打造了主场馆、区县展位、喜羊羊嘉年华等六大功能板块，重磅推出了“空谷幽兰”“兰芝品鉴”“兰花文化”等12个主题展区。大会对传播兰花文化、助推兰产业发展起到重要作用，同时打造了首都西南生态文明建设新地标，助推了地区非首都功能疏解和城市转型。

花卉文化宣传活动 迎春年宵花展、月季文化节、百合文化节等花事系列活动顺利完成。一是迎春年宵花展活动。2月4日至3月5日，举办了以“鲜花扮靓美好生活”为主题的2015迎春年宵花展。通过组合盆栽大赛、蝴蝶兰、梅花、水仙花卉专项展览等系列活动的举办，弘扬花卉文化，丰富市民节日活动，促进花卉消费，满足人们精神文化需求，推动花卉产业发展。二是第七届北京月季文化节暨2016年世界月季洲际大会倒计时一周年活动启动。于2015年5月18日至6月18日在北京植物园、天坛公园、陶然亭公园、纳波湾园艺、繁华世金玫瑰谷、蔡家洼玫瑰情园和妙峰山森林公园、北京国际鲜花港八大会场同期举行。以“和平”作为主题花，纪念反法西斯战争胜利70周年，也弘扬了月季和平、友谊的文化特征。与大兴区月季办联合举办倒计时一周年活动，为月季大会宣传预热。文化节为期32天，组织主题活动50余项，展出月季2000余个品种、325万株，展出面积466万平方米。接待游客140万人，收入330万元。三是首届百合文化节。由市园林绿化局、北京花协和延庆县联合主办，6月26日在世界葡萄博览园开幕。为期36天。园区种植237个品种、150万粒百合种球，花海总观赏面积达1000亩，是世界最大的百合主题公园。四是第七届北京菊花文化节。由北京市园林绿化局、北京市公园管理中心、北京花卉协会、北京菊花协会主办，北京国际鲜花港、北海公园、世界花卉大观园、北京植物园、天坛公园、五棵松社区园艺中心共同承办，于2015年9月10日至11月21日举行，为期70天。展出面积50万平方米；展出菊花上千个品种，56万盆；其他时令花卉近百种，140万株；累计接待游客126万人，收入1021万元。

另外，还组织参加了2015年香港花卉展。北京室内展区，由丰台区花乡草桥设计、布展，主题为“花韵京城　盛世太平”，获得本届花卉展览的最高奖项——室内布展金奖。

筹备第十二届中国（荆门）菊花展览会 中国菊花展览会是中国风景园林学会组织和倡导的全国最高规格的专类花卉展，历经十一届，已成为弘扬菊文化、推动菊花产业发展、促进城市间交流的重要花事活动。本届菊展将于2016年10月28日至11月28日在湖北省荆门市举办。北京市园林绿化局承担北京市室外展园的建设任务。目前北京市完成选址，占地800平方米，并按照组委会要求做好了布展和展出期间工作计划，现正在完善室外园方案设计。

花卉育种研发与良种引进 充分发挥花卉育种研发创新团队的作用，继续开展百合、菊花、月季、兰花、火鹤、彩色马蹄莲等八大类花卉的育种研发工作。2015年，全市共培育出30余个具有自主知识产权花卉新品种。为2019年北京世园会新品种展示制订初步筛选计划，整理总结了花卉育种研发团队阶段性成果。自2006年以来，研发团队共培育具有自主知识产权花卉新品种147个，申请国家保护81个，北京市良种保护69个。目前有21个新品种达到一定生产规模并推广应用，其余品种均在扩繁、中试逐步推向市场。花卉育种研发工作取得一定成效。另外，2015年共收集和引进200个花卉优良品种进行引种筛选与示范，进一步丰富了首都花卉应用种类。

花卉生产示范基地建设 2015年，北京市利用国家农业综合开发资金，重点新建房山区高档盆花、顺义区切花菊、丰台区抗性宿根花卉3个名优花卉生产示范基地。项目实施后，房山高档盆花基地将充分发挥示范带动效应，充盈北京市高端花卉消费需求。顺义切花菊二期项目完工后种植面积可达到10000余平方米，预计年生产量将新增300万支，除满足国内市场外，扩大中国香港、日本、俄罗斯等地销量。丰台区抗性宿根花卉项目实施后，可直接带动周边农民就业50人，人均增收12000元/年，丰富2019世园会举办期间延庆地区抗寒抗旱宿根花卉的应用种类，丰富首都园林绿化节能地被植物材料。3个示范基地已全部完成建设任务。

花卉产业行业管理 一是做好花卉地方标准制定与推广。结合当前全市花卉产业发展实际，与相关企业等单位共同调研，北京市园林绿化局重点组织指导编写《彩色马蹄莲设施栽培技术规程》《花卉产品等级 马蹄莲》《盆栽红掌栽培技术规程》等5项地方标准，并发布实施。二是加强全市花卉技术人员培训，提高从业人员业务水平。2015年北京市园林绿化局与北京花卉协会积极推动行业技术交流与培训，相继开展了“百合栽培与应用”“草本花卉栽培”和“月季栽培技术”等培训，邀请相关专家就育种、栽培、应用及新品种推广等方面进行专题讲座。此外，与京东商场、京拍档等商超合作，开展花卉企业电子商务培训，展示花卉园艺电子商务市场前景、运用“互联网+”思维推动花卉产业转型等内容，普及花卉园艺电子商务相关知识。全年累计培训500余人。

启动“北京花田”项目和花卉电子商务 为探索融合性新兴产业，做大花卉产业增量，将北京市原本闲置土地，打造成“北京花田”，美化城市环境、探索新型业态。预热2016世界月季洲际大会，第一个“北京花田”试点选在大兴魏善庄，月季大会室外展区北面，占地200亩。此外，黄垡苗圃、世界花卉大观园“北京花田”项目，将集新品种研发、展示、繁育于一体，完成初步设计方案。北京市园林绿化局参加首届中国花海论坛，并积极申办第二届中国花海论坛，经过专家组考察，北京市延庆县取得了第二届中国花海论坛举办权。

2015年北京市园林绿化局与京东商城农资园艺部初步洽谈了合作协议，通过培训引导传统花卉企业“触电”，通过搭建平台，目前北京市已有10余家花卉企业入驻京东商城，拓宽销售网络。

【林下经济】 2015年，林下经济当年共完成新建面积6.94万亩，保存面积12.9万亩。2015年当年林下经济产值达2.53亿元，参与林下经济建设的企业175个，合作组织128个，参与林下经济建设的农户近1.29万户，带动就业2.8万人。

提质创新模式示范项目 2015年，开展林下经济创新提质模式示范项目。结合林下旅游模式，在密云、门头沟、怀柔、延庆等区县适宜林地开展林地果桑示范栽植150亩，栽植苗木5万株，引进了‘中桑1号’‘大马牙’‘小点红’等适应性强、效益高的新品种。在门头沟和延庆开展林药模式药用植物示范，选取有一定经济价值的药用植物藿香、紫草、金莲花和连翘开展示范种植，当年完成示范面积300亩。

开展《北京林木种苗产业提升及“圃林一体化”科技示范》 2015年，完成通州中草药20亩种质资源圃和延庆种植试验区100亩的补植工作，初步选育出适宜在北京山区与平原林下推广种植的种类(品种)10种，建立企业标准规程种苗繁殖技术1个，形成培训与宣传材料1套。同时，完成“林下经济耐阴植物栽培模式示范推广”课题，2015的工作任务建设示范推广面积3000亩，种植品种包括紫苏、黄芩、射干、藿香、桔梗、药用桑、油用牡丹等。

完成2014年平原林地项目绩效考评和林下经济示范基地公示工作 根据《北京市财政支出绩效评价管理暂行办法》(京财绩效〔2012〕272号)和《关于开展2015年度财政支出绩效评价工作的通知》(京财绩效〔2015〕729号)等文件有关要求，北京市园林绿化局委托北京源隆会计师事务所，对北京市园林绿化局2014年平原林地林下经济模式适宜品种引进示范项目进行了绩效考评。评价内容包括绩效目标和决策过程、项目资金和项目实施、项目产出和项目效果等。项目综合评价得分90.09分，绩效级别评定为“优秀”。

2015年，经国家林业局审核，认定北京市5家单位为2014~2015年国家林下经济国家级示范基地并予以公示。分别是万丰菌业专业合作社、草根堂种养殖合作社、山水田园怡人公司、灵芝秀文化发展有限公司、四海种植专业合作社。

【蚕蜂产业】 截至2015年年底，全市蜜蜂饲养总量为25.1万群，同比增长7%，其中授粉蜂3万群，中华蜜蜂1万群，蜂蜜产量644万千克，同比降低16%。蜂王浆产量7.18万千克，同比降低

19%；蜂授粉收入1600万元，同比增长7%，养蜂总产值1.8亿元，与2014年同期持平。蜂产品加工产值超过12亿元，出口创汇超过1500万美元。

产业扶持保障体系 2015年，北京市蜂产业以平原造林和首都生态涵养区建设为契机，在养蜂重点区县加大政策扶持倾斜力度，打造富有活力的“空中产业”。

一是开展第二次京郊养蜂检查活动。为推进全市蜂产业快速发展，7月7~9日，蚕业蜂业管理站组织开展了第二次全市性京郊养蜂检查活动。重点检查参观了密云县、平谷区、怀柔区、昌平区、房山区、大兴区6个区县的13个蜂场和合作社，通过总结学习、交流推广各区县的好经验和新亮点，使各区县互相学习、取长补短、共同提高，成效显著。

二是建成全国首个蜜蜂产业带。在密云水库一级保护区建成全国首个蜜蜂产业带，重点扶持保护区内7个镇32个村3年内未饲养过蜜蜂的农户，对非水库一级保护区的全县农户实施养蜂普惠政策，并对养蜂农户给予养蜂技术跟踪培训服务，同时，扶持产业带内重点养蜂合作社发展，协调给予3年以内的贷款支持，对按期还款还息的合作社给予全部担保费和贴息扶持。在政策的带动下，密云县蜜蜂饲养规模大幅提升，新增蜜蜂2万群，全县蜜蜂饲养量达10万群，占全市蜜蜂饲养总量的40%，是北京市养蜂第一大县(区)。

三是各区县产业扶持保障措施积极出台。密云县连续11年出台产业扶持政策，促进蜂产业发展，目前该县养蜂业已由单纯的发展蜂群数量向扩大蜂场规模和蜂产品深加工方向复合发展；房山区自2011年“7·21”特大自然灾害后，将蜂产业列为“十百千”工程，加大产业扶持力度；大兴区专项补贴农业授粉，推进蜜蜂授粉业发展；同时各区县加大实物扶持力度，据统计，2015年全市共免费发放给蜂农蜂箱2万套、各类养蜂机具5万个，蜂王2000只，养蜂专业书籍2万余册。

四是《养蜂证》发放工作全面推进。2015年，蚕业蜂业管理站加大《养蜂证》发放力度，目前，全市11个养蜂重点区县有4500多名蜂农领到了《养蜂证》，成为有资格证书的职业养蜂人。

京津冀蜂产业协同发展 根据北京城市功能定位和京津冀协同发展的总体要求，结合北京地域特征、蜂产业发展现状以及北京蜂业在全国蜂产业中的发展优势，2015年，蚕业蜂业管理站联合河北、天津蜂业主管部门，召开了京津冀蜂产业协同发展工作会，并先后组织北京市养蜂管理人员、合作社社长、科技人员到天津、丰宁、石家庄等地开展蜂产业调研，包括蜜蜂授粉、合作组织发展、产业技术应用与推广、蜜蜂文化及新兴蜂农培养等方面，为京津冀蜂产业协同发展奠定了良好的基础。

蜂业气象指数保险工作 2015年，北京市蜂业气象指数保险工作扩大试点范围，将昌平区、门头沟区和密云县纳入第二批保险试点范围。截至8月31日，本年度保险参保和赔偿工作已全部结束。参加试点的昌平区、门头沟区和密云县3个区县累计参保蜂农639户，承保蜂群61222群。投保金额244.89万元，蜂农自缴保险48.98万元，实现风险保障2571.33万元。年内639户蜂农获得保险赔付170万元。

蜜蜂授粉富民工程 蚕业蜂业管理站以顺义区蜜蜂授粉繁育基地为中心，充分发挥10个蜜蜂授粉专业队的作用，以草莓、西瓜、大桃3个设施作物品种为重点，兼顾大棚蔬菜制种、设施茄果类作物等，大力开展设施作物蜜蜂授粉，加大蜜蜂授粉专业队培训和服务力度，实施蜜蜂授粉富民工程，与各区县果办和果蔬产业协会联合，实现蜂农、果农、瓜农的多赢，使首都蜜蜂授粉业站在全国的最高端，辐射带动周边乃至全国的蜜蜂授粉业发展。

同时，在昌平区兴寿镇建立3个设施草莓蜜蜂授粉标准化示范基地，在顺义区杨镇和北务镇建立3个设施西瓜蜜蜂授粉标准化示范基地，在顺义区建立3个设施茄果类蔬菜熊蜂授粉标准化示范基地，共示范授粉2000棚。年内，共组织授粉蜂群2万多群，熊蜂5000多群，主要为北京地区及设施西瓜、设施大桃及露天樱桃授粉，授粉收入400万元。在昌平区南口、兴寿应用设施草莓蜜蜂授粉3000亩，每亩节约人工授粉费用600元，与人工授粉相比每亩提高经济收入1500元。

蜂业科技成果 蚕业蜂业管理站加快蜂业科

技试验示范与推广步伐，坚持自主创新与院校研发相结合，引进吸收与普及推广相结合，坚持成果转化与试验示范相结合，加大养蜂科研攻关与推广力度，创新、推广应用40项蜂业科技成果，推广普及蜂业标准25个，起草国家级蜂业标准2个，建成各类蜂产业基地40个，继续承担国家蜂产业技术体系北京综合实验站工作，推广蜂产品溯源管理技术，有效从源头抓起，确保蜂产品质量安全。

一是国家蜂产业技术体系示范基地建设。蚕业蜂业管理站自2008年承担国家蜂产业技术体系北京实验站工作，至今已第七年，年内通过西方蜜蜂规模化转地饲养技术的试验应用，形成了示范蜂场蜂群规模化管理技术规范，开展了北京地区蜜蜂主要病虫害流行病学调查，并继续在北京地区推广普及蜂产品溯源管理技术，目前，试验站示范蜂群5000群，蜂蜜单产提高40%，蜂王浆单产提高60%，试验蜂群均实施蜂产品质量溯源管理。

二是成熟蜂蜜生产技术推广。成熟蜂蜜具有营养成分高、保质期长、市场价值高等特点，为拓宽蜂产品销售渠道，增加蜂农收入。年内，北京市加大成熟蜂蜜生产技术推广力度，并在密云县、平谷区、房山区、门头沟区建成4个成熟蜂蜜生产基地，年产量达100万千克。通过生产天然的成熟蜂蜜，转变生产观念，实现了北京市蜂产品的高品质、高安全和高附加值。

三是北京市蜜蜂规模化饲养技术集成与示范。建立30个西方蜜蜂规模化饲养管理技术示范基地，示范蜂群9000群，研究并集成西方蜜蜂规模化饲养技术，重点解决蜂群检查、饲喂、造脾、育王、换王、分蜂热控制、病虫害防治、小转地放蜂快速装运等制约蜜蜂饲养规模的技术环节，初步形成西方蜜蜂规模化定地结合小转地饲养技术模式，开展免移虫生产蜂王浆技术、蜜蜂人工饲料配制技术、优良蜂种应用技术等新技术的示范。

四是蜂业标准化建设。蚕业蜂业管理站主持起草《巢蜜》和《王台型蜂王浆》两个国家标准，其中《巢蜜》国家标准已经于3月18日在广州通过了全国蜂产品标准化工作组的审查，将于2015年年底正式颁布实施；《王台型蜂王浆》国家标准目前正在全国范围内向国家蜂产业技术体系各综合试验站、蜂产品企业、蜂农专业合作社和养蜂大户广泛收集样品，进行检测和分析讨论，对每个数据指标进行研究和论证，目前已形成草案和征求意见稿。

五是蜂业科技培训。蚕业蜂业管理站积极开展蜂业科技推广与培训工作，共组织各类培训班25次，聘请蜂业专家39人次，培训蜂农和蜂业主管人员3000多人次，起到了很好的效果。

蜜蜂良种繁育与保护工作　一是建成北京市首个西方蜜蜂育种中心。为进一步提高北京市蜂种良种率，选育优良蜂种，提高蜂群产量，年内，在密云县建成了北京市首个西方蜜蜂育种中心，并于2015年4月开始运营，开展蜂种繁育工作，目前，已独立繁育出“密云一号”蜂蜜高产种蜂王500只，免费发放给蜂农。

二是中华蜜蜂保护工作。北京市中华蜜蜂数量稀少，仅有1万群，其中房山区蒲洼中华蜜蜂保护区2000群，密云县石城镇8000群。为有效解决北京市中华蜜蜂数量少、发展缓慢、种质资源退化等问题，年内，在密云县建设中华蜜蜂繁育基地，目前已完成蜂群、蜂机具采购及相关基础设施建设工作。

三是优良蜂种繁育基地建设。为进一步提高北京市蜂种良种率，选育优良蜂种，提高蜂群产量，2015年，重点加强北京市3个蜜蜂种王繁育基地建设，实现年产优良种蜂王15000只。从吉林省蜜蜂育种场引进了良种蜂王3000余只在北京市进行推广，有效解决了北京市种蜂王数量紧缺和种性退化问题。

蜂产品检测中心　北京市首个区县级蜂业质检中心——密云县蜂产品质检中心正式投入运营。该质检中心配置了高效液相色谱仪、农药残毒检测仪等53台(套)检测设备，可自行对蜂蜜、蜂王浆、蜂花粉、蜂胶等各种原料和产成品进行安全检测和质量追踪，严把蜂产品质量关。投入运营后，一方面使蜂产品农药残留和常规检测在本县完成，避免了蜂农和合作社千里迢迢送检现象，大大节省了检测费用和检测时间，提高流通效益，另一方面也起到了间接的监督作用，督促蜂农和合作社按标准化进行生产，从而从源头上保障了蜂产品安全。

蜜蜂文化 蚕业蜂业管理站积极推动蜂产业功能拓展，大力发展蜜蜂文化旅游观光业。一是蜜蜂文化观光园——密云白龙潭“蜜蜂大世界”正式运营。上半年，对主体建筑的蜜蜂文化展示、多功能厅、科技互动游戏室等内部功能进行建设和布置，对外部的绿化、道路、配套设施、安全消防设施等进行设计、建设和完善，目前已接待参观2万余人；二是参加第三节农业嘉年华。建设蜂彩馆。通过科学性、知识性、通俗性、趣味性、互动性的有机结合，立体展示蜜蜂及蜂展品在人们生活中的重要作用，重点突出蜜蜂生命奥秘知识的普及和蜂产品制作的互动体验。蜂彩馆设：蜂蜡艺术、蜂疗养生、长寿王浆、蜂胶百用、甜蜜一生、蜜蜂成长过程、蜜蜂岛、蜂彩魅影、蜜境寻踪、蜂产品互动售卖等10个部分；三是道边蜂场现代化改造。在密云县、怀柔区和房山区统一修建了集蜂产品销售、养蜂和旅游为一体的“蜂舞云间”“蜂彩小屋”和“蜂彩驿站”木屋共计49间，使蜂业特色旅游和蜂农增收相结合，有助于北京市蜂产业整体形象的提升；四是以蜜蜂授粉、荆花文化节、蜜蜂文化观光园及蜜蜂博物馆为主体举办主题宣传活动，提升产业知名度和影响力。

【森林公园】 北京市共有森林公园31处，其中，国家级森林公园15处、市级森林公园16处，总面积145万亩，分布于10个区，其中14个森林公园在国有林场基础上建立。“十二五”期间，全市森林公园共接待客3000万人，旅游创收超过10亿元；2015年，接待游客917万人，旅游创收3.2亿元。

2015年，北京市大力弘扬森林文化建园理念，改造提升特色森林景观，组织开展系列森林文化活动，探索建设森林文化设施和基地，进一步推进了森林文化内涵的拓展和森林文化建设步伐。本年度，北京市未批准设立新的森林公园。

森林文化建设 明确了森林文化建设的指导思想、总体目标、组织领导和任务分工，确定了森林公园规划编制、森林景观建设、文化设施建设、文化活动开展、森林文化宣传5个方面的建设内容。进一步挖掘森林公园风景资源和历史文化，突出各园特色，完善基础设施，打造文化精品，推动森林公园健康持续发展。

第三届森林文化节活动 3月27日，以“体验森林，感知文化”为主题的第三届北京森林文化节在西山国家森林公园举办，全市森林公园开展了110项350余次森林文化活动。包括森林音乐会、丁香节、红叶节、风筝节等，吸引了广大市民参与。

森林公园养护管理标准编制工作 6月，北京市园林绿化局委托国家林业局规划设计院编制《北京市森林公园养护管理标准》，目的是进一步理顺森林公园管养关系，健全养护长效、常态管理机制，建立符合森林公园实际的养护质量标准、技术要求、养护流程、养护时效、养护作业量等一整套标准体系，促进森林公园养护作业管理的规范化、制度化、长效化、精细化水平，增强服务能力、提升养护水平，提高森林公园形象。目前，已在北京市园林绿化局直属森林公园中落实了部分管护经费，下一步积极沟通协调相关部门，力争形成具有指导性的政策意见，将森林公园的日常管护费用纳入财政预算。

编制森林公园发展规划 已委托第二外国语学院编制《北京市森林公园发展规划》，按照发展林业产业、建设生态文明、推进现代林业发展的基本要求，在组织对各类森林风景资源进行全面调查的基础上，把环境优美、自然景观和人文景观集中、具有一定规模和具备一定区位条件地域的森林，确定为以提供欣赏和游憩服务为主的特种用途林，纳入森林公园规划建设的范围，有计划地开展风景林营造和对现有林的景观改造工作，充分发挥森林公园在保护自然生态景观多样性、为公众提供良好森林游憩服务以及开展科普和生态文化教育等方面的功能，并使之成为保护森林资源和促进森林文化传播、带动周边地区经济社会协调发展的重要途径。

森林公园总体规划的编制和修编工作 2015年对各森林公园总体规划编制情况进行了清查，凡是没有编制总体规划的，要在2016年前编制完成；凡是总体规划已超过10年期限的，要重新进行修订。通过加强规划、规范建设和相关政策研究，逐步构建起规划引领、规范保障、政策支撑的发展体系，把森林公园纳入法制化、规范化、可持续的发展轨道。

森林公园监督检查　北京市园林绿化局安排了全市各森林公园对设立以来的建设情况开展自查自纠。8～10月，北京市园林绿化局成立专门工作小组，对部分森林公园开展了实地监督检查，重点检查总体规划、管理机构、建设发展、资源保护、占用林地等情况，重点解决“批而不建”问题。

森林公园建设　2015年年初，党中央、国务院作出了国有林场改革的重大决策部署，国有林场建设发展迎来了一次历史性的重大机遇，与国有林场唇齿相依的森林公园也借机步入快车道。考虑到北京大都市巨大的生态需求，需要国有林场“打开场门”，通过建设森林公园的方式，对全社会开放，在北京市国有林场改革设计中，把森林公园建设发展作为重要内容加以考量，进行了顶层设计。方案明确，森林公园是保护森林资源、发挥森林多种功能的有效方式，国有林场应当按照“场园一体、保护优先、融合发展”的方向，大力推进森林公园建设，充分发挥森林教育、森林体验、森林疗养等多种功能。

【种苗产业】　2015年，种苗产业继续贯彻落实《北京市园林绿化局(首都绿化办)关于全面深化改革的实施意见》，以平原地区规模化苗圃建设为重点，推进规模化苗圃建设，加强苗圃管理和技术指导，及时开展验收工作，确保顺利完成全年的建设任务。建设规模化苗圃45处，总面积4.15万亩，超额完成3万亩规模化苗圃建设任务。

2015年，全市共有苗圃1249个，苗圃面积达到1.64万公顷，苗圃实际育苗面积达到1.46万公顷，总产苗量1.16亿株，产值48.3亿元。全市针、阔、花灌木的比例为30:41:29。

规模化苗圃建设进展顺利。2015年，全市新建规模化苗圃45个，总面积4.15万亩，超额完成3万亩规模化苗圃建设任务。2014～2015年累计批复发展规模化苗圃87个，共计8.13万亩，实际已完成7.15万亩，占批复计划的88%，占计划任务10万亩的71.5%。初步形成了“435”的总体结构布局。“4”是指以大兴、通州、顺义、延庆等4个区县作为重点建设片区；“3”是指形成漷县镇、永宁镇、旧县镇等3个万亩镇，“5”是指形成50个千亩以上苗圃。初步统计，累计培育乔木750余万株，大规格苗木自给率提高15个百分点，达到65%；全市千亩以上苗圃增加22个，达到44个；带动了3600多农民实现绿岗就业，其中吸纳当地劳动力72%。有效地保证了规模化苗圃建设的年度目标和三年的总体进度。

合理引导谋发展，特色规模双显著。种苗产业以典型示范、规范管理、增加科技含量的总体要求，通过宣传典型、现场指导、培训交流等工作，积极鼓励引导各区县和企业因地制宜的发展特色和规模集约建设。形成一批公园化、标准化、特色化、机械化的规模化苗圃。

落实政策引投资，种苗产业渐强大。严格落实《关于加快平原地区规模化苗圃发展的意见》指出的“政府协助落实苗圃发展用地”“给予发展苗圃土地流转补助”“允许规模化苗圃建设临时生产附属设施”等支持政策，鼓励创新发展机制，充分调动了企业参与林木种苗发展的积极性，吸引大量社会资金投入绿化建设中。据初步统计，两年吸引社会投资40余亿元，企业已完成投资约24.55亿元。

加强监督管理，提高服务质量。一方面抓好建设实施方案评审工作，组织专家评审会和部门联审会，完成方案批复；严格做好规模化苗圃年度检查验收工作，市、区两级园林绿化部门分别成立了市、区级抽(检)查验收小组完成2014年度检查验收，启动了2015年度检查验收工作；每季度组织召开一次规模化苗圃建设工作会，听取各区县汇报规模化苗圃总体建设情况，确保全市建设总体质量和进度。另一方面为全面提升北京市规模化苗圃建设管理服务水平，增进规模化苗圃建设企业间的交流与沟通，先后举办规模化苗圃建设企业培训交流会、规模化苗圃企业研讨会等近十次培训交流活动，累计培训规模化苗圃人员1000余人次，拓宽了参与者的经营思路。此外，组织编制完成了《北京市平原地区规模化苗圃建设总体规划(2014～2028年)》，提出了规模化苗圃“435”发展布局，建设指导，分区规划等内容，指导推进全市规模化苗圃建设工作。　（张林生）

天津市林业产业

【概　述】

森林资源　植物区系以华北成分为主。非地带性植被有杂草草甸、盐生草甸，坑塘、洼淀中有芦苇沼泽植被。全市共有1200多种植物，占全国的3.87%，隶属于150余科、近600属，其中被子植物种类1100多种，占总量的94.66%，植物成分具有明显的混合性。

野生动物在中国动物地理区划中，属于古北界东北亚界华北区，动物区系组成具有明显的过渡性，以古北界华北型为主。天津市复杂多样的生态环境，为多种野生动物的栖息、繁育、迁徙提供了条件，加上动物区系组成的过渡性，更增加了种群的多样性和差异性。各类动物共计约有1180余种，其中哺乳动物类40多种，占动物总数的3.83%(陆生哺乳类、大型哺乳类动物较少)；鸟类330多种，占28.3%；爬行类20种，占1.69%；两栖类10种，占0.84%；鱼类近220种，占18.5%；昆虫类400多种，占35.6%；浮游动物130多种，占11.5%。天津市的野生动物不仅在类群组成上差别悬殊，而且在地区分布上也是不平衡的。从整体上看，呈现出山地丘陵地区多，沿海地区多，平原地区少的分布格局。

林业投资　2015年，全市林业总投资100229.8万元，其中，中央财政投资8467万元、地方财政投资91762.8万元。

产业发展规模　天津已建成天津市小枣基地、天津市津西北水果基地和蓟宝干鲜果品基地三大经济林基地，同时开展了山区及滨海葡萄基地建设和冬枣基地建设。基本形成了东部滨海地区鲜食与酒用葡萄产区，大港、静海、津南冬枣和金丝小枣产区，津西北水果及设施栽培产区，蓟县北部山区特色优质果品产区。近几年，林木种苗业迅速发展，全市有市、县级国有苗圃10个，苗木生产品种由单一的用材树种向绿化苗木多品种转变。花卉产业基本形成了盆花、草花、宿根、球根花卉观叶花卉、绿化苗木、种苗生产等多种类、多品种的花卉种植结构。以森林资源为依托的生态旅游方兴未艾，全市有森林公园8处，包括九龙山国家森林公园、天津官港森林公园、滨海森林公园、大港湿地公园、杨柳青森林公园、港北森林公园、青北森林公园、东丽湖森林公园。此外，八仙山森林公园、团泊洼生态旅游风景区，新建七里海生态旅游风景区、黄庄洼生态旅游风景区、青北森林公园、雁鸣湖森林公园等一批重点森林公园、生态风景区也已初具规模。

发展经验　①强化政策扶持。一是稳定林权。林业产业基地建设按照“谁造谁有谁受益”的原则，保护投资者的合法权益。二是加大资金扶持，财政专项资金适当予以倾斜，加大重点项目的扶持力度，同时构建林业产业信贷和多种形式的投融资机制。大力发展非公有制林业产业，鼓励社会和企业投资林业产业。三是落实国家有关减免林业税费征收的政策。②加强组织领导。③实行项目拉动。一是着眼长远、立足当前，抓好三北防护林建设、沿海防护林建设及市级重点项目的实施。二是积极培植和发展干鲜果品加工、储存、保鲜基地建设。三是建设大规模高标准产业基地，按照规划确定的区域，创新发展机遇，加大资金投入，改善发展条件，完善服务体系，以基地的不断发展带动更大区域覆盖范围的产品产业带的形成和发展，夯实产业发展的物质基础。④坚持科技兴林。强化科技兴林，加速推进林业产业的科技进步与创新，加强林业科技成果和实用技术的集成与推广应用，强化林业产业标准化体系建设，提升林业产业的开发力度，为林业发展和生态建设提供有力的科技支撑。一是稳定林业科技队伍，完善科技推广体系。二是普及实用林业科技，以林业推广站和农民协会为阵地，大力开展技术培训。三是普及推广实用的丰产栽培技术，提高产量，改善品质。四是推广保鲜技术，提高保鲜能力。五是积极引进新品种、新工艺，开发市场占有率高、经济效益好的系列产品，同时开发种苗、花卉快繁技术。六是针对林业发展的关键技术组织科研人员联合攻关。⑤做好行业协会和专业经济合作组织建设，促进林业产业组织化程度的提高。在加强协会建设方面，重点抓好以下几项工作：一是加强协会的组织机构建设，按照专业化的要求组建协会。二是为协会创造良好的发展环境，按照“民办、公助、党领导”的协会建设方针，结合政府部门的职能转变，放权给协会，帮助协会扩大影响力、增强凝聚力、树立权威性。三是注意发挥协会的作用，依靠和利用协会开展工作。四是做好经纪人才的培养工作，建立现代营销体系和队伍。⑥加大人才培养力度。

【林木种苗产业】 天津市种苗工作认真贯彻执行全国种苗工作会议精神，以林木良种为核心，以体制创新为动力，以科技创新为先导，以执法监督为保障，牢固树立“林以种为本，种以质为先”理念，强化“种苗是林业的命脉，是生态建设的基础和前提”意识，着力构建林木种苗发展体系。全市加大投入，开展新苗圃的建设，政府投入4000万元，用4年时间增加育苗面积4万亩。同时，落实国有苗圃提升改造工程补助资金2000万元。投资2000万元建设苗木交易市场。

为确保种质资源安全，避免造成经济损失和生态灾难，积极推动林木种苗法治建设进程，科技兴种取得新的进展，林木种苗行政管理职能逐步强化，林木种苗社会化服务得到进一步加强，林木种子生产经营许可证发证率明显提高，生产企业一律凭证经营，核发林木种子生产许可证816份，林木种子经营许可证569份。截至2015年年底，天津市现有苗圃实有育苗面积8318公顷。其中，国有苗圃1085公顷，占苗圃总数的13%；集体苗圃476公顷，占苗圃总数的6%；个人育苗6757公顷，占总育苗面积的81%。各类苗木总量达到21612.6万株。初步形成了国有、集体、个人育苗相结合的苗木繁育格局。

【果品林业产业】 目前，天津市经济林种植面积49372.5公顷，含干果17011.6公顷、各类水果32360.9公顷。年产各类干鲜果品30余万吨。其中主产区蓟县经济林面积21624.6公顷，含柿子(鲜柿)4084公顷，苹果2556公顷、梨2245公顷、板栗3852公顷、葡萄1585公顷、桃1420公顷、核桃3135公顷、杏620.3公顷、山楂667公顷、枣435.3公顷、其他1025公顷；葡萄主产区汉沽经济林种植面积1570公顷，其中葡萄1528公顷、桃34公顷、苹果8公顷；大港经济林种植面积3933.9公顷，含冬枣3389公顷、葡萄162公顷、红枣311公顷、桃60公顷、其他11.9公顷；红枣主产区静海县经济林面积10206公顷，其中红枣7769.1公顷、苹果509.1公顷、梨946公顷、桃692公顷、葡萄130公顷、其他159.8公顷；近郊水果主产区武清区经济林面积3196公顷，主要生产各类优质水果。其余区县均有苹果、梨、桃等各类果树种植。

储藏加工企业。目前天津市的果品贮藏和加工能力的发展相对不足。初步统计果品主产区蓟县目前有果品加工企业20家，年加工能力2.60万吨，其中千万元以上的加工企业4家。各类果品储藏库(窖)136个，1000吨以上气调保鲜库有3座，年储藏能力3.5万吨。汉沽与大港的贮藏与加工设施规模相对较小，其中，汉沽现有葡萄冷藏保鲜库700座，加工企业8家，年储藏、加工能力2万吨；大港有保鲜库27座，总库存量0.28万吨，比较大的加工企业4家，年加工能力0.22万吨。

天津市先后推广实施《无公害农产品　红地球技术规范》《盘山磨盘柿》《天津板栗》《玫瑰香葡萄栽培技术规范》《玫瑰香葡萄病虫害防治技术规范》《玫瑰香葡萄保鲜库建库规范》《玫瑰香葡萄贮藏保鲜技术规范》《葡萄保鲜技术规范》《葡萄产地环境技术条件》《冬枣无公害生产》等十余项地方标准，既提高经济林生产的标准化水平，又增加了农民收入。汉沽十分注重葡萄的无公害生产，始终坚持走精品发展之路，在国内部分葡萄专家的指导下，已形成了一整套适应当地葡萄生产的先进技术，制定了玫瑰香葡萄栽培、病虫害防治等4项企业标准，在农户中广泛推广葡萄标准化生产；在玫瑰香葡萄的产后服务中，执行《玫瑰香葡萄贮藏保鲜规范》和《保鲜库建库规范》，严格控制葡萄保鲜技术环节的各项理化指标，使葡萄保鲜精品率始终保持在90%以上，贮藏时间也达到150天以上。经济林实现产值132420万元，增加值63852万元。带动林农脱贫致富。

在果品生产、储藏过程中，严格按照相应的规范，强化对农药、消毒剂、防腐剂、保鲜剂的管理，确保食品安全。

【森林旅游产业】 天津市有自然保护区8处(包括天津中上元古界国家级自然保护区、天津古海岸与湿地国家级自然保护区、天津八仙山国家级自然保护区、天津市团泊鸟类自然保护区、天津市盘山自然保护区、天津市北大港湿地自然保护区、天津大黄堡湿地自然保护区、天津青龙湾固沙林自然保护区)，总面积达911.15平方千米，占全市国土面积的7.64%。其中，湿地类型自然保护区4处(包括天津古海岸与湿地国家级自然保护区、天津市团泊鸟类自然保护区、天津市北大港湿地自然保护区、天津大黄堡湿地自然保护区)。全市已具有一定规模的森林公园8处(包括九龙山国家森林公园、天津官港森林公园、滨海森林公园、大港湿地公园、杨柳青森林公园、港北森林公园、青北森林公园、东丽湖森林公园)。其中蓟县国有林场，是天津市唯一的国有林场，该林场利用西水场自然景观建立了九龙山国家级森林公园，“十五”期间又开发了梨木台景区，两个旅游景区的基础设施和服务设施条件不断完善，每年接待中外游客达到10万人次，实现旅游综合收入约16311万元。

【林产品加工业】 天津市林产品加工业包含木材加工业和果品加工业。木材加工业主要产品为中密度纤维板、大芯板、胶合板、家具等。加工企业是以个体为主的中小型企业，全市共有30余家，主要分布在武清区、蓟县、静海、津南等区县。全市共有果品加工、贮藏企业1000多家，以葡萄酒生产、冬枣深加工以及罐头加工业为主。蓟县有天阳葡萄榨汁有限公司、天津明星葡萄酒有限公司和天津挂月果酒有限公司等60家中小型果品加工企业，年加工能力6.5万吨。大港翠果冬枣开发有限公司引进了意大利生产的气调贮藏保鲜设备，贮藏能力达1000吨，贮藏保鲜期达4个月以上；利用低温脱水干燥等物理方法，加工冬枣脆片，鲜枣日加工能力达到4吨，产品保值期延长到1年；大港区天津绿生源食品饮料有限公司开发了鲜冬枣汁、枣酒生产加工技术，日加工生产能力达到5吨。汉沽区有葡萄保鲜库700余座。

（宗晶莹）

河北省林业产业

【概　述】“十二五”期间林业产业快速发展，河北省政府办公厅出台了《关于加快木本油料产业发展的意见》，对全省木本油料产业发展工作进行了全面部署。以10个果品特色县和十大果品龙头企业为抓手，加快苹果、梨、核桃、红枣、板栗、葡萄、观光采摘七大优势果品生产基地建设，启动了果品质量安全追溯系统建设。加大重点品种、重点区域、重点时段果品质量安全监测力度。林业产业总产值连续五年保持增长态势，全省林业产业总产值已由“十一五”期间的2870亿元，增长到“十二五”期间的5922亿元，产值实现翻番。林业三次产业的产值结构由“十一五”末期的54∶42∶4，调整为“十二五”末期的49∶45∶6，林业二、三产业所占比重逐年加大，林业产业结构进一步优化。各类经济林产品产量稳定增长。干鲜果果品产量由“十一五”期间的5381万吨增加到“十二五”期间的6941万吨，增幅达到29%。其中，园林水果产量由“十一五”期间的5254万吨增加到“十二五”期间的6723万吨，实现5年产量连续增长。

2015年全省林业产值达14745594万元，与2015年同期相比增长4%，其中，第一产业产值7202539万元，第二产业产值6653099万元，第三产业产值889956万元，与2014年同期相比分别增长6%、1%、21%。全年果品产量15629805吨，与2011年同期相比增长6.5%，其中，园林水果15086122吨，食用坚果543683吨，分别占全部果品产量的97%、3%。与2014年同期相比分别增长6.2%、15.9%。全省木材产量804492立方米，与2014年同期相比下降11%。全省人造板年产量达16704174立方米，与2014年同期相比基本持平，位居全国前列。（闫香妥）

【林业科技】

继续开展科技惠民活动，全方位开展科技服务　①积极开展科技下乡和科技培训活动。全省举办科技培训班2000余次，培训林果农20多万人次，发放技术资料100多万份，受到基层欢迎。2015年7月，河北省林业厅被省委宣传部授予“河北省文化科技卫生‘三下乡’活动先进集体”荣誉称号。②组织455名省林业科技特派员赴生产一线解决技术难题，推广林果新品种新技术200多项次，建立和完善科技示范点500多个。③与北京市园林绿化局、北京林业大学等单位联合举办了“绿色科技，多彩生活”——2015园林绿化科技创新暨科普活动周，推介河北省林业科技成果和新产品。

突出重点，加强林业技术推广项目管理　①争取中央财政科技推广示范项目15项，落实资金1500万元。②修订印发《河北省中央财政林业科技推广示范资金项目计划管理办法》。③完成2014年18项中央财政林业科技推广示范资金项目的绩效评价工作。④和省农业厅、水利厅联合组织了第二届河北省农业技术推广奖评审工作，有9项林业技术推广项目分别获得项目奖和合作奖，19名市、县、乡级林业技术推广人员获得贡献奖。⑤完善科技推广成果库建设，新增加科技成果和林果新品种100多项，储备成果达到了300多项，为进一步组织实施科技推广项目打下了坚实的基础。

组织科研攻关，增加林业科技成果储备　①修订印发《河北省林业厅科学研究项目管理办法》和《河北省林业厅科学技术成果管理办法》。②围绕河北省林业建设需求，争取国家和省级科研经费1080万元。③加强项目成果管理，共取得林业科研成果9项。粘虫胶系列产品防治农林相关害虫技术、药林兼用型连翘种质创新等6项成果分别获得河北省科学技术进步奖和河北省山区创业奖。

做好基础平台建设，推进生态定位站健康发展　①编制完成《河北省生态系统长期定位监测网络建设规划(2015～2030年)》。②制订并印发了《河北省陆地生态系统定位观测研究站网管理办法》。③与北京大学环境与城市学院、塞罕坝机械林场总场一起研究组建了塞罕坝森林生态站的管理和运行机构，成立了生态站学术委员会、制定了相关管理制度，“北京大学生态与地球环境观测系统—塞罕坝实验站”顺利挂牌并开始运行。

进一步完善标准体系，加大林业标准推广力度 ①完成《河北省村庄绿化规范》等5项省级林业地方标准的审定工作。②全省新建设林果标准化示范点350多个，形成了“全省有重点，市县有项目，乡镇有基地，村有示范户”的良好格局。在2015年9月召开的全国林业标准化工作会议上，河北省作为4个先进典型之一作了大会交流。

注重实效，加强林业对外交流与合作 ①修订印发《河北省林业厅因公出国(境)管理办法》，全年因公出访共派出13批次26人，没有发生违规违纪问题。②对外交流和合作取得新成果。与日本地球绿化中心签署了生态合作备忘录，并计划于2016年春季签署“中日21世纪中国首都圈环境绿化”项目协议；与丰田汽车(中国)投资有限公司签署了“丰田环首都绿色经济圈丰宁植树二期项目”协议，由丰田(中国)投资有限公司3年内投资450万元，在丰宁开展植树造林150公顷。河北省晋州长城公司、泊头东方公司与巴西博乐国际贸易公司总部、巴西尔韦斯特琳公司和智利华商联合会签署了年销1100吨的果品代销合同，使河北省果品首次打入南美市场。③积极引进国外智力。邀请了德国专家3次来华与河北省进行森林经营技术方面的交流，并在木兰林管局举办了森林经营技术国际研讨会。河北省林科院与加拿大、日本等国专家合作实施了“干旱沙地无灌溉节水造林技术示范与推广”等引智项目2项，争取引智项目资金100万元。④积极扩大对内合作，向河北省发改委组织申报了省林科院与中国林科院合作开展“白榆优良无性系选育研究”等4项优势产能资金合作项目，争取资金120万元。 (树寿荣)

【花卉产业】 近年来，河北省花卉产业发展较快。2015年，河北省花卉种植面积已达到65.97万亩，产值55亿元，观赏苗木年产14.24亿株，盆栽植物产量达9919万盆，年产切花切叶1.62亿支。培育出了仙客来、红掌、大丽花、高山杜鹃等一批特色花卉。花卉产业实现了集群化发展，形成了“两环(环京津、环省会)带动，重点辐射”的发展格局；具备一定规模的花卉市场273个，花卉企业1072个，其中大中型企业72个，花农39367户，花卉从业人员132029人。近几年，通过举办迎春花卉展销会、插花花艺大赛、特色花卉节等一系列花事活动，提高了河北省花卉业的知名度和影响力，加快了花卉业的发展速度。 (张永信)

【林下经济】 林下经济是河北省近几年发展起来的一项新兴产业。其形式主要包括林禽模式、林畜模式、林菌模式、林草模式、林药模式、林下野生动植物繁养等多种复合种养模式。

河北省现有林业用地面积12000多万亩，其中有林地面积6511.9万亩，适宜发展林下产业的林地面积至少在4000万亩以上。截至2015年年底，全省林下经济经营总面积达450万亩(不含林下采集面积)，总产值119亿元。到2020年，全省林下产业年经营面积达到600万亩，有林地林下开发利用率达到10%以上，年产值达到140亿元。 (蒲建民)

【森林旅游】 2015年，全省森林公园总数达100多处，总面积51.5万公顷，其中国家级森林公园27处，省级森林公园74处，涌现出塞罕坝、白石山、野三坡、五岳寨等一大批受大众喜爱的森林公园。其中塞罕坝国家森林公园、白石山国家森林公园被评为2015年河北省“最受喜爱的旅游地”“年度最受微信粉丝追捧景区”；雾灵山省级森林公园荣获“中国森林氧吧”称号。全省森林公园收入总额123906.2万元，游客接待总人数达到1700.58万人次，其中海外游客接待人数为27.52万人次。白石山国家森林公园收入总额达2亿元，接待游客人数100万人次，荣获2015年河北省“最受喜爱的旅游地”称号。 (张昕欣)

【邢台市林业产业】 2015年，邢台市委组织部将果品产业纳入地方党政领导班子考核体系，权重1.0分。邢台市果品产业考核采用百分制，考核的重点是新发展果树面积、果品产量、果品安全生产情况、技术培训情况，还包括绿色有机果园建设、果品观光采摘园建设和获得的奖励情况等一些加减分项。此外，果品安全工作实行一票否决制，凡发生果品安全事故的县市区总分为0。

2015年，邢台市对所辖21个县(市、区)的林业专业合作社进行了调查摸底，全市共有各类林业专业合作社622家，其中国家级林业专业合作社1家，省级林果产业重点合作社27家。合作社成员总量达到2.88万人，注册资金总额达8.84亿元。各县市区中，以邢台县的合作社最多，达到240家，占总数的38.6%。该市林业合作社普遍人数较少，不足百人的合作社有530家，占85.2%，超千人的合作社仅1家。

“十三五”期间，规划生态经济示范区51个，总面积57.7万亩。另外，按照乡乡有工程、村村有任务的要求，在示范区外，规划经济沟建设面积40.67万亩，确保到2020年，全面完成111万亩经济沟建设任务。特别是用3年时间完成全部新建任务(35.2万亩)，实现经济沟建设全覆盖。示范区标准是面积5000亩以上。示范区建设形成了“3444”的工作布局，主要是：3个配套，即水、电、路工程配套。4个结合，即与扶贫开发、美丽乡村建设、旅游开发、现代农业园区建设相结合。4种类型，即果品生产型、观光休闲型、特色产业型及农产品深加工型。4种开发经营模式，①政府主导园区模式；②股份合作开发模式；③大户开发模式；④统分结合模式。4种模式贯穿了“六位一体”(政府、银行、工商企业、合作社、农民和科技)合作开发机制，通过打组合拳，实现山区综合开发健康快速发展。（国　宁）

红石沟观光采摘园隶属河北宝晟农业开发有限公司，是全省山区综合开发和生态经济示范区建设的典型代表，也是工商资本进入林业产业的重要案例。该园地处河北省沙河市白塔镇张下曹村西。这里交通便利，地理位置优越。采摘园占地5000亩，园内种有大樱桃、桃、杏、苹果、梨、草莓、核桃、欧李、山楂、蓝莓、李子、不老莓、醋栗、枣、石榴、柿子、葡萄、桑葚等适合北方生长的18种果树、上百个品种，建有7个日光温室大棚。种植多种绿化美化树木30多万株，并采用林下经济模式种植了菊花、欧李等，是一个集果品生产、休闲旅游、观光体验、科普示范、娱乐健身于一体的大型农业生态园区。公司注册了“红石沟”“张下曹”商标，企业被命名为“河北省林业重点龙头企业”，园区被授予“河北省山区特色产业科技示范基地”称号。

郝式造林法　邢台县林业局退休职工郝景香经过连续多年的实践摸索，在容器苗造林基础上，成功研究出一套绿化干旱石质山区的新办法——“郝氏造林法”，他本人因此获得全国绿化奖章。“郝式造林法”简要概括为实现4个创新(套塑料袋、埋玉米轴、盖石板片、靠育林板)，严把4个环节(整地、密度、苗木、管护)。该法创造性地解决了太行山石质山地造林成活率低的问题，延长了造林期限，提高了新植苗木的生长量，能够做到一次造林、一次成活，经过连续两年大旱考验，成活率达到了95%以上，为干旱山区绿化创出了一条新路。（国　宁）

“中国树莓谷”项目　“中国树莓谷”是邢台南和县引进的河北至高点农业科技有限公司实施的战略项目，计划利用5年时间，投资30亿元，建设占地3000亩的“中国树莓谷”1处，万亩树莓种植基地5~7个。截至2015年年底，该公司引进7个优良树莓品种，流转土地3000亩建设树莓种植示范基地，并筛选出适合该地区推广种植的品种。在河北农业大学、中国林科院、辽宁新大地集团的技术支持下，该市周边已推广种植7000余亩。该公司采用“公司+基地+合作社+农户+科研院所”的组织形式带动该地区的宁晋县、广宗县、任县、威县、邢台县和临城县，采取订单合作的形式发展种植。该公司投资建设了国内最大的红树莓专业组培中心，并已成功投产运行。树莓的深加工产品生产工艺已基本定型，工厂化将陆续进行。邢台市已初步形成了由种苗驯化培育到种植再到产品加工的全产业链条。（张　志）

第24届中国巨鹿红杏商务节暨第5届中国金银花节　2015年6月15~18日，第24届中国巨鹿红杏商务节暨第5届中国金银花节在巨鹿县举办。此次活动以“展现特色、开放合作、提档升级、共谋发展”为主题，本着“从简节约、务实高效”的原则，共安排了金银花产业升级研讨会等12项主题活动，包括经济、文化、商贸等内容，形式更多样、内涵更丰富，凸显出办节的商业意义和文化意义。巨鹿县是“中国金银花之乡”“中国地道药材产业之乡”“中国枸杞之乡”“中国串枝红杏之乡”

“国家串枝红杏标准化示范区”。目前，以金银花、枸杞为主的中药材种植面积达到20万亩，年产干花、干果3000多万千克；红杏种植面积达8.1万亩，年产鲜杏8000万千克，是全国最大的金银花和串枝红杏种植基地。（苑清珍）

电商营销 “双十一”是国内电商一年一度的盛宴，2015年，邢台市林果业在这一天首次取得重大突破。临城绿岭果业有限公司专门在阿里巴巴总部杭州市成立自己的电商分公司，负责绿岭食品天猫旗舰店的运营。2015年“双十一”当天，绿岭实现单日销量8万余单、单日销售额超400万的成绩。绿岭在农产品电商领域的异军突起，已作为“互联网+林果”的生动案例，成为了邢台市乃至河北省林果产业的开路先锋。此外，内丘富岗苹果、新河大枣、巨鹿枸杞等一批名优果品也在“双十一”期间崭露头角，为提升邢台市林果知名度，增加农民收入都作出了重大贡献。

（苑清珍）

柏乡县金藤葡萄专业合作社 其曾先后获得河北省林果产业重点合作组织、河北省省级农民合作社示范社等多项荣誉，并在2015年荣获“国家级林业专业合作示范社”称号。该合作社注册了“汉柏紫晶”商标，主要品种有金藤、伊豆锦和巨峰，在第十八届中国廊坊农产品交易会上，其伊豆锦葡萄荣获金奖。

该合作社的金藤葡萄产品主要特点是成熟期早，果穗大，果粒圆且大，果肉肥厚，汁多，色泽鲜艳耐运输，露天七月中旬成熟。伊豆锦葡萄产品主要特点有果穗大，圆锥形，肉质硬脆，含糖量高，有草莓香味，果实耐贮藏与运输，九月中下旬成熟。

威县林业产业 威县高起点编制《威县造林绿化总体规划(2013～2020年)》，确立了全县“三个十万亩”造林重点工程(10万亩优质高效梨产业带、10万亩优质葡萄生产基地、10万亩速生丰产用材林基地)，并与北京林业大学、河北农业大学、省农林科学院等科研院校建立了战略合作关系。

威县县委、县政府先后出台《加快西沙河流域梨产业带发展的实施意见》《加快葡萄产业提升步伐的实施意见》《加快农村土地流转促进规模经营的实施意见》等文件，对林果产业发展从政策、资金、土地等方面给予全力扶持，近3年林果产业发展县级财政扶持资金达到4亿元。

威县还出台了《现代农业招商引资优惠政策》，围绕林果产业种植、加工、储藏及物流等产业链发展，引进龙集等龙头企业16家、种植大户38家，发展合作社26个，带动全县建成标准化果园50个、梨种植面积4.2万亩、葡萄面积5万亩。

【唐山市林业产业】 胡子工贸有限公司成立于2002年，注册资金1060万元，有固定资产1060多万元，社员发展到5300户，现有能储存2000吨板栗的冷库、年产1000吨板栗仁生产线和年产300吨超微板栗粉生产线。开展“公司+合作社+社员+农户+基地+科教+市场+商标”的“八加一”模式，制定了有机果品京东板栗生产技术规程，实行标准化生产。开发的2万亩有机板栗基地、2000亩的核桃基地、2000亩的杂粮基地，注册的胡子板栗，喜峰口牌板栗仁被认定为河北省著名商标，同时在日本、韩国、泰国等15个国家注册了“张大胡子”商标。目前，38种有机农产品已上市，研发的板栗粽子、板栗月饼、板栗酒、板栗粥、板栗营养粉等系列产品受到市场欢迎，在全国建立了百家连锁店，年销售板栗3000多吨，年销售产品上亿元。为社员增收2500万元，直接安排就业千余人，带动农户5000多户。2015年被评为“全国农业合作示范社”称号。

（迁西县林业局李艳萍）

唐山曹妃甸木材产业园开发有限公司位于环渤海经济圈中心地带——曹妃甸工业区，公司于2009年9月成立。公司主要投资建设曹妃甸木材专业码头和进口木材检疫处理区及物流、商贸等多个项目，拥有完整的木材进口、检疫、加工、交易和现代化的木材交易等多个综合服务平台。是中国北方最大的木材专业码头，建有2个5万吨级和2个3万吨级木材专用泊位，年进口木材可达300万立方米。码头已于2014年初正式开港通航，已陆续接卸来自美国、加拿大、新西兰和俄罗斯等国家的优质木材。年熏蒸处理进口原木能力300万吨，是目前国内已经获批的第四家进口原木熏蒸基地，项目于2015年8月20日正式获得国家质检总局批文。（唐山市林业局姚志刚）

【承德市林业产业】 森林碳汇项目是实现林权所有者收益变现、促进社会资金进入生态建设的有效途径，是实施林业精准扶贫的有力举措，也是建设“生态强市，魅力承德”的重要内容。承德市规划林业用地4152.6万亩，占国土面积的69.8%，有林地面积3360万亩，活立木蓄积量8000万立方米，森林覆盖率56.7%。2014年，京承两市签订了区域合作框架协议，由北京凯莱美公司监测开发的丰宁千松坝林场碳汇项目在北京环境交易所挂牌交易成功，成为首单成交的京冀跨区域项目，也是河北省林业碳汇项目第一单，所得收益254万元。

按照河北省委、省政府对承德市“国家绿色发展先行区”的功能定位，2015年7月7日，承德市林业局在北京参加了北京中咨海外咨询有限公司组织召开的森林碳汇项目座谈会，双方就森林碳汇项目的开发潜力、项目具备的条件、开发流程、方法与成本、双方合作方式、碳交易市场的建设和发展前景等问题进行了深入的讨论。8月、10月，该公司应邀3次赴承德市实地考察，明确在借鉴千松坝试点经验的基础上，2016年在丰宁、围场、平泉、隆化四县启动一期工程试点，项目面积40万亩，待条件成熟后，在全市全面铺开。近期，将进行合作框架协议签署。与此同时，承德市林业局与北京凯莱美气候技术咨询有限公司就丰宁国有林场管理处达成碳汇开发合作意向；北京仟亿达科技股份有限公司与平泉县林业局达成碳汇开发合作意向。

丰宁满族自治县林业产业 2015年，立足京津冀生态功能区建设，紧紧围绕“生态建设”和“脱贫甩帽”两大任务，科学规划、合理布局、统筹安排、狠抓落实，全面开展生态建设和生态保护工作。①木材生产。2015年，原木产量2.02万立方米，薪材(非标准原木)产量3.0507万立方米，烧材产量500吨。②林产品加工。以宏森木业有限公司为龙头，主要生产细木工板(大芯板)和木质家具，年产细木工板9343立方米，年生产木质家具2.2万件。③木本粮食与食用油料生产。全县现有以仁用杏、山杏、核桃、板栗、榛子等木本粮油植物种植面积75693公顷，其中仁用杏7632公顷、山杏67350公顷、核桃7公顷、板栗701公顷、榛子3公顷，年产量3664吨。④果品生产。全县以苹果梨、金红苹果、杏、桃、葡萄、李子、红果等为主鲜果种植面积共7722公顷，其中苹果1277公顷、梨2918公顷、葡萄166公顷、桃77公顷、杏264公顷、枣127公顷、红果1308公顷、其他1585公顷，年产鲜果1.97万吨。目前果品产业发展已成为该县农民转变发展方式、发展壮大林业经济、脱贫致富重要的途径。⑤苗木生产。全县已发展大小苗圃350处，育苗面积2666公顷，主要以生产杨树、柳树、樟子松、油松、落叶松、山杏、沙棘、榆树、紫穗槐、刺槐等为主，年产优质合格苗木32000万株。目前已成为河北省北方重要的苗木产地，为京津冀一体化，发展壮大苗木产业提供坚强保障。2015年12月成立了丰宁县苗木协会，现有会员72家，引领了丰宁苗木产业发展方向。⑥森林蔬菜生产。森林蔬菜主要以木耳、蘑菇、蕨菜、黄花、苦力芽、猴腿等为主，资源面积385000公顷，其中食用菌90000公顷、山野菜295000公顷，年采集产量664吨。⑦花卉生产。花卉生产主要以盆栽花卉和观赏苗木为主，盆栽花卉以丰宁满族自治县丽景花卉种植有限责任公司为龙头，以生产蝴蝶兰为主，年产蝴蝶兰高档盆花42万盆，中华花卉、吉庆园艺场等一些种植大户，以生产海棠、杜鹃、鸡冠花、君子兰、凤梨等盆花为主，年产盆花43万盆。观赏苗木以羲佳园林、丰顺园绿化园林等种植企业大户经营的常绿植物、花灌木、草花及地被类为主，生产的品种主要有云杉、丁香类、一串红、万寿菊、金银木、榆叶梅、景天、萱草等20多个品种，年产1600万株。花卉产业的发展，已成为当地农民脱贫致富重要途径。⑧中药材生产。丰宁中药材主要以野生为主，品种主要有柴胡、黄芩、桔梗、苦参、苍术、当归等20多个品种，年产鲜药材232吨，折合干药材143吨。⑨森林旅游资源与利用。丰宁境内自然和人文资源十分丰富。特殊的地形地貌，构成了奇特的自然风景；丰宁又是北方少数民族牧游地带，各民族的悠久历史和文化，留下了大量的文化遗存，构成了丰宁多种森林旅游资源的基础，主要有白云古洞景区、九龙松景区、河北丰宁海留图国家级湿地公园等，占地面积2560公顷，隶属于国家级旅游景区，年接待游客28.1万人次，旅游总收入5890万元，其中门票收入2361万元。森林旅游业发展迅速，已成为带动丰宁经济快速发展的重要产业，同时也是当地农民脱贫致富的重要途径。⑩蜂产业及蜂产品生产销售。全县现有养蜂专业户85户，年饲养蜜蜂2550群，产蜂蜜原料12吨。

承德县林业产业 ①增资源、扩基地、抓发展苹果产业是承德县振兴县域经济，农民致富增收的三大主导产业之一。本着"适地适树，规模发展"的原则，进一步扩大果树栽培面积，增加果树资源，通过组织发动、规划设计，精心栽植，2015年新建经济林面积3.5万亩，其中苹果2万亩，山楂0.7万亩，板栗0.6万亩，其他时令热杂果等0.2万亩。打造了千亩以上特色果品示范基地10处，百亩以上精品工程20处。②加强观光采摘示范园建设，以果促游，以游带果。在环绕市区和县城的各乡镇打造了一批以观光采摘、休闲度假、生活体验为内容的高标准观光采摘果品基地，推动休闲观光果业，达到以果促游、以游带果，实现果品产业与观光采摘旅游双赢的目标，成为构建林果产业体系新的经济增长点。2015年年底已建成省级观光采摘示范园10个，市级采摘示范园6个。③抓龙头，促发展，企业示范带动作用凸显。承德畅达生物科技有限公司是省级林果产业重点龙头企业，公司已建成4000平方米科研综合楼，1000平方米GMP车间，300平方米中心实验室及800平方米的原料库房，设计年产油松花粉片剂10亿片，胶囊两亿粒，口服液1亿支，保健酒50吨，化妆品30吨，该项目建成后，年需原料松花粉500吨以上，增加工业产值10亿元，每年可带动农户40000多户，利用农闲劳动力20万/人天次，带动农民增收1亿元，带动相关产业增加值5000万元，新增就业岗位300个。公司实行"公司+基地+农户"的龙头型经济模式，年平均带动农户5200户，为当地财政税收增加逾千万。

围场县林业产业 2015年3月2~6日，县林业局组织全局林业职工、各乡镇林业站长、林业合作组织负责人、林业种植大户200人参加为期4天的全县林业科技培训班。全年实施承德市百万亩经济林建设项目，完成建设面积17.15万亩，其中生态林4.97万亩，老果园改造4.95万亩，新建果园0.33万亩，山杏改造0.55万亩，大果沙棘0.84万亩，花卉木本药材0.62万亩，园林苗木4.86万亩，其他0.03万亩。建设万亩示范工程12个。

2015年引进经济林新品种18个，其中苹果2个、葡萄4个、大樱桃2个、梨3个、设施桃2个、文冠果1个、灯笼果1个、树莓1个、欧李2个。2015年实施了29个重点林业经济示范项目，已完成全部建设内容。2015年首次开展全县农村林果实用人才职称评审。共评出农民高级技师7人，农民技师75名、农民助理技师40名、评审出农民技术员33名。2015年8月，四道沟乡果品采摘园被河北省林业厅确定为省级果品观光采摘园。2015年10月，在河北省名优果品擂台赛中，围场县获得金奖1项、银奖2项、名优产品奖1项。

为加快推进围场县"百万亩经济林建设"，2015年县政府出台《关于加快推进百万亩经济林建设实施方案》，支持经济林产业发展的补助政策，全年投入资金800万元支持林业经济产业发展。

（万丽君）

宽城县林业产业 ①新常态下林果产业发展增速。2015年上半年全县造林完成2800公顷，其中防护林733公顷，经济林2067公顷，果品产量10.18万吨，其中干果4.15万吨，鲜果6.03万吨，蚕茧产量65吨。②政府采取的产业新政策及新措施。2015年，该县出台"关于加快发展经济林扶持奖励办法(暂行)"。《办法》规定年度内新栽连片100亩以上，以板栗、核桃、苹果、红果为主的家庭果场，免费提供苗木、技术服务，当年成活率达到90%以上的；第二年保存率达到85%以上的，每亩给予300元奖励，连续奖励2年。年度内新栽植连片5亩以上，以板栗、核桃、苹果、红果为主的家庭果园，免费提供苗木、技术服务，当年成活率达到90%以上的；第二年保存率达到85%以上的，每亩给予200元人民币奖励，连续奖励2年。年度内新发展连片5亩以上，以桃、李子、杏、樱桃、大枣为主的采摘园，免费提供苗木、技术服务，当年成活率达到90%以上的；第二年保存率达到85%以上的，每亩给予200元奖励，连续奖励2年。零星栽植5亩以下的栽植、补植，免费提供苗木、技术服务。③产业富民资料。

全县从事林业产业的人数10.8万人，农民人均林果收入3800元。涉林合作社总数31个，入社总户数850户，涉林面积12万亩。

【石家庄市林业产业】

新乐市林业产业 在林果产业科技推广与引导产业升级方面，2015年春季发展名优果树新品种1500余亩，其中苹果500亩、葡萄500亩、核桃100亩、黄桃300亩，草莓100亩。为做好标准化示范园建设，提高果品生产效益，使果农学有样板，新乐市果树站确立了抓示范、出典型、以点带面的工作模式，在全市共建示范点4个，面积2000亩。其中东曹村葡萄园500亩；赤支苹果园500亩；西田梨园500亩；赤支桃园500亩。各示范点均起到示范带动作用，辐射良庄、安庄新发展黄桃500余亩，凤鸣、西紫烟发展苹果300余亩，正莫发展葡萄100余亩。围绕果树无公害标准化生产，在全市重点推广以梨、苹果、桃、葡萄为主的果树标准化管理新技术，按照无公害果品生产要求和规定组织生产，把果树标准化贯穿于生产全过程，以标准化带动无公害生产，通过树体改造、增施有机肥、果实套袋、生物防治病虫害等逐步把果树生产管理纳入规范化轨道。基地果品好果率达95%以上，优质果率达70%以上，全年果品产量达3万余吨。

加快果树标准化生产进程，提高果树植长效益，发展高效果品业，增加农民收入，2015年举办果树培训班4次，培训果农1000余人次。技术咨询达100人次以上。

赞皇县林业产业 其拥有经济林73万亩、生态公益林20万亩，具备发展林下产业得天独厚的优势条件。实行了“海、陆、空”立体发展。

“海”即林海旅游业。赞皇县将建设“生态强县”与全县“大旅游产业”充分结合，让农民吃上了生态饭。目前，全县除嶂石岩、棋盘山等景区外，还催生出了大枣采摘、樱桃采摘、乡村游、生态游的等产业。在生态旅游方面，全县从业人数达到1640人，年接待人数达到20万余人次，年创收6000余万元。赞皇鲍家滩通过发展樱桃休闲采摘，促进了全村经济的增长，人均收入达到2万元以上。

“陆”即林下产业。为解决林农增收难问题，赞皇县始终将林下产业作为调整农村产业结构的重头戏，通过加大扶持引导力度，形成了林畜、林禽、林粮等多种经营模式，林下产业总产值达到2331万元，其中，林畜541万元，林禽248万元，林粮1542万元。

“空”即空中林业，蜜蜂养殖。依托丰富的林果资源，利用果树花期不同，大力发展蜜蜂养殖，全县养蜂量达2万余箱，年生产销售蜂产品1600吨，年产值达到4100万元。

行唐县林业产业 其位于河北省西南部、省会石家庄北部，属太行山东麓浅山区，面积966平方千米，素有“五山二坡三分田”之称。辖15个乡镇1个省级经济开发区，330个行政村，人口46万人。当地林业产业和林产品特色鲜明，资源丰富，果品种类涵盖大枣、苹果、核桃、桃、梨、杏等十余个品种。2015年，全县果品产量达到13.6万吨，产值超4亿元。

2015年，行唐县积极开展大枣提质增效工程，完成了树体改造3万亩，建立标准化大枣示范园、标准化树体改造示范基地12个，完成以核桃为主的经济林栽植4.4万亩。使全县核桃面积突破10万亩，着力打造集观光采摘、旅游休闲于一体的特色果品产业带和产业集群，将果品种植作为山区、丘陵区域农民增收致富的重要民生工程。通过推进果品产业基地建设，引导企业提升果品质量，开展果品深加工，实现产供销一体化，促进全县林业产业化快速发展。

红枣种植是行唐县传统优势产业，距今已有2500多年。行唐县拥有“行唐大枣地理标志证明商标”，是国家林业局命名的“中国行唐大枣之乡”“中国红枣无公害生产十强县”和“中国优质大枣产业基地”。2015年，全县枣树种植区域面积约60万亩，产量1.2亿千克，全县有红枣观光采摘园4家，蜜枣厂、枣酒厂、枣汁厂等各类大枣深加工企业120多家，包括纯净枣、蜜枣、枣片、枣酒、枣醋，枣汁等六大系列20个品种，产品远销上海、广州、中国香港、中国澳门、日本、韩国等。

栾城区垚淼农林科技发展有限公司 公司成立于2013年3月，现有员工125人，资产总额9000多万元。2015年实现销售收入1190万元。公司拥有栾城区楼底镇夏户庄、窦妪镇赵庄两个种植基地，共流转土地8000余亩，总投资6000多万元，栽植国槐、法桐、造型白腊、造型女贞、皂角、杜仲、丝棉木、北栾、日本樱花、西府海棠等园林绿化树种6000余亩，苹果、桃、枣等各种果树2000余亩，涵盖了绿化林、经济林20多个品种120万株，已形成石家庄市南部一处优美的环境生态保护屏障和林木储备基地。同时，该公司大力开发林下空间，种植牧草，进行绿色生态养殖，现有笨(柴)鸡、鹅、猪、羊等多个品种1万余只(头)，全部采用散养、野生、原生态方式，生产出高品质的绿色生态食品。

河北绿诺食品有限公司 成立于2010年8月，位于河北赵县范庄镇雪梨基地园区，占地128亩，资产总额8616万元，专业技术人员40余人，现有世界一流的意大利进口果蔬浓缩汁、果蔬浆、终端饮品生产线3条，设计生产能力8万余吨，是国内外果蔬汁(浆)加工品类最多，综合生产能力最强的综合型饮品企业。目前，河北绿诺食品有限公司被评为河北省农业产业化(林果)重点龙头企业、河北省食品进出口企业、河北省中小企业知名品牌、石家庄市工业旅游示范单位、石家庄市知名品牌。

河北绿诺食品有限公司已有产品：①浓缩果蔬汁(浆)：梨汁、苹果汁、桃汁、杏汁、红薯汁、紫薯汁、葡萄汁、山楂汁、大枣汁、南瓜汁、草莓汁等各种果蔬汁。②浓缩脱色脱酸(果糖)：梨果糖、苹果果糖、桃果糖、杏果糖、葡萄果糖、山楂果糖、大枣果糖、南瓜果糖、草莓果糖等。③原浆及颗粒浆：雪梨、桃、杏、枣及枣枸杞、山楂、南瓜、胡萝卜等。④饮品：鲜榨雪梨汁系列(易拉罐、PT瓶、玻璃瓶装)。该公司除少部分产品供给国内饮料、食品、制药、乳品等行业外，绿诺公司80%产品销往美国、德国、英国、加拿大、俄罗斯、日本、韩国、澳大利亚、印度、土耳其等国外食品行业，成为国际市场认可的质量过硬的品牌之一，企业也在实现自身发展的同时，为国家创汇作出了贡献。

河北华泉食品有限公司 成立于1987年，位于栾城区冶河镇油通村东。目前，公司拥有固定员工300余名、高级技术人员30名，年生产能力12000余吨。注册资金500万元，注册商标“华泉牌”“妙果仙踪”。公司销售额以每年20%的速度递增，销售量在河北省名列前茅，产品覆盖水果罐头、鱼罐头、鹌鹑蛋罐头、果酱、秋梨膏、梨汁、面粉等领域。产品销售网络已遍及全国十几个省一百多个地级城市，与经销商都建立了较稳定的合作关系，产品在国内市场占有率已达95%。形成了全国性的销售网络。

公司连年被评为“石家庄市农业产业化重点龙头企业”。2005年企业首批顺利通过QS市场准入认证。2008年以来公司先后荣获“河北省优质产品”“石家庄市农业产业化重点龙头企业”。2010年获“河北省名牌”，并顺利通过ISO9001质量管理体系和ISO22000食品安全管理体系认证，2012年获得“河北省中小企业名牌产品”称号；2014年被评为“栾城县十佳名特产品”，被河北省林业厅授予2014～2015年度“河北省林业重点龙头企业”。

近年来，公司先后改良优质黄桃1000多亩，草莓1300多亩，无子葡萄800多亩，充分利用赵州雪花梨的资源优势，建设1000吨储存力的保鲜库，先后与多家鹌鹑养殖户签订了供应合同，基本实现原料的无公害基地供应，为创造优质产品提供了先决条件。

【沧州市林业产业】

泊头市林业产业 其是蜚声中外的“天津鸭梨”和“金丝小枣”主产区，是全国著名的鸭梨之乡和金丝小枣之乡，素有“中国鸭梨第一乡”和“金丝小枣之乡”的美称，是“国家级鲜梨出口质量安全示范县”“国家级鸭梨无公害标准化示范区”，泊头市金丝小枣2004年被国家原产地域产品保护办公室认定为沧州金丝小枣原产地之一。全市现有梨25万亩，年产量49万吨，枣30万亩，年产量9.5万吨。全市梨枣产值达9.6亿元，农民人均林业收入达3000元，梨枣产业是泊头的特色产业和重要支柱产业。

全市现有大型梨枣销售企业20余家，其中有出口经营权的11家，泊头东方果品公司为国家级龙头企业，亚丰果品公司等11家公司为河北省林业产业化龙头企业。全市建有冷库125个，其中千吨以上冷库40个，储存能力20万吨左右。近年来，泊头市又发展起了小枣保鲜、制干、制脯、枣汁、鸡心枣等多个深加工项目，创出了“八月红”“龙晴”等多个品牌产品，远销欧美东南亚、俄罗斯、中东等20多个国家和地区。2015年梨枣年出口量达9万吨，出口创汇达6000万美元，为河北省出口之冠。

肃宁县林业产业 地处华北平原腹地，全县国土面积5.15万公顷，总人口35万人，土地稀少，人口密集，是一个典型的平原农业小县。多年来，肃宁县把生态建设与产业富民有机结合，在大力造林绿化改善生态环境的同时，着力发展林下养殖、经济林、花卉苗木等林业产业。截至2015年年底，全县经济林面积达到4019公顷，产品总产量达到91706吨，较2014年增加4980吨；其中苹果、梨、桃、杏、葡萄等水果3889公顷，产量91702吨，林业产业总产值达101032万元。其中陆生动物繁育一项产值达50791万元，乐器加工产值9816万元，野生动物皮毛加工18557万元。

近年来肃宁县积极发展木本粮油、苗木、花卉等新兴产业，截至2015年年末，全县核桃、油用牡丹等木本油料种植面积为130公顷，花卉13公顷，矮牵牛、串红、万寿菊等盆栽植物6.5万盆，观赏苗木产量100万株，其中碧桃10万株，海棠花55万株，红叶小檗13万株，木槿7万株。2015年年底，全县苗木花卉产业产值达到3284万元。（王降雪）

献县红枣产业 献县金丝小枣栽培历史近3000年，是金丝小枣的起源地，先后被国家命名为“中国金丝小枣之乡”“全国经济林建设先进县”“全国农业标准化优秀示范区”，献县金丝小枣获得国家地理标志产品认证。2015年全县红枣总面积达到26.6万亩，总产量达到1.2亿千克，实现产值4.6亿元。

献县现有枣储藏保鲜库42座，储藏能力达4000万千克，占总产量的34%；有加工企业34家，其中省级龙头企业2家，市级龙头企业8家，全部通过国家和省技术监督局QS认证，年加工能力6000万千克，占总产量的52%；工业增加值2.05亿元；年出口红枣制品1000万千克，创汇0.9亿元。加工产品有枣汁、枣粉、阿胶枣、水晶枣、宫廷枣、灭菌枣、枣片等十几种。产品主要销往北京、天津、上海等城市，并出口到新加坡、马来西亚等国家。品牌有沧华园、金乡红、尚久红、枣道甜、挚爱、好滋味等。2015年，在上海博览会第十九届年展会上，献县沧华园生物有限公司选送的献王枣被评为果王，参展的无核小枣被评为金奖；沧州永成枣业种植有限公司选送的马牙枣、金丝四号被评为银奖，二代冬枣、大芒果枣被评为铜奖。

献县建有占地面积5.5公顷的国家A级农产品交易市场——尚庄红枣批发市场，年交易量达40000吨，交易额达1亿元，在全国各地建立金丝小枣销售网点500多个，从事金丝小枣经销的经纪人达3000多人，形成了献县小枣营销全国的良好态势。

（献县林业局　高洁）

【廊坊市林业产业】

大城县长芦疃村林下经济 大城县长芦疃村位于县城最南部，村东、村南濒临黑龙港河，区位优势明显，水利条件优越，交通条件便捷。长芦疃村有农户600户，人口2400多人。依托退耕还林、三北防护林等林业项目工程，林业建设发展迅速，全村森林覆盖率达到60%，有林地面积2000多亩，积极适应林业发展新形势，坚持走林业产业化的发展道路，大力发展林下养殖、设施果树种植等现代化林业生产。该村林下养殖、设施果树种植发展已初见规模，林下养殖面积400多亩，养殖柴鸡、鹅、鸭8万多只，发展大棚果树种植200多亩。

村制定一系列优惠政策对发展林下养殖进行扶持，在土地利用方面，建立了土地合理流转机制，实行土地租赁承包，签订长期合同，使土地使用权、林业生产户、林下养殖户实现三位一体、有机统一。资金支持方面，积极争取林业、农业、畜牧、农业综合开发等项目资金支持，科学合理地搞好林下经济发展规划设计，实行资金集中捆绑使用。另外，村委会拿出专门资金对养殖户进行补助，农户每卖一只鹅，村委会补贴5元钱，极大地调动了农户发展林下养殖的积极性和主动性。

三河市林业产业

木材　2015年三河市共加工生产木材2000立方米，均是村及村民组和农民个人生产的木材。

林副产品　①核桃。核桃是本市重要的干果品种之一，全市核桃面积达到45公顷，还有零星栽培的核桃树4万株，年产核桃70吨左右。②板栗。该市板栗没有成规模栽种，只有零星株数3万株，年产板栗5吨。③苹果。该市苹果的种植已经具有一定规模，红富士苹果的种植面积3960公顷，还有零星栽植的5万株，年总产量达到62300吨。④梨。该市共栽植梨树330公顷，年产量6910吨。其中雪花梨165公顷，年产量3672吨；鸭梨155公顷，年产量达到3258吨。⑤葡萄。该市共有葡萄460公顷，其中结果面积达到443公顷，年产量6526吨。⑥红枣。该市共有红枣面积100公顷，年产量达到529吨。⑦柿子。该市共有柿子树130公顷，年产量达到2370吨。⑧桃。该市共有桃树面积715公顷，主要分布在东部段甲岭镇，年产桃量达到8420吨。

花卉产业　2015年年末，该市实有花卉种植面积988公顷，其中切花切叶产量265万支，盆栽植物产量742.1万盆。共有大的花卉企业4家，花农3530户，花卉从业人员3250人，其中专业技术人员1600人，控温温室大棚9.1万平方米，日光温室大棚6.15万平方米。

廊坊市广阳区万庄镇红寺村　该村为果品产业重点核心村，带动周边村街发展果品产业，该村有农户200户，果品从业户数180户；经济总收入675万元，果品产业总收入500万元，占经济总收入的74%，农民人均纯收入达到7500元；该村2100亩果品基地全部通过省质检中心无公害认证。村引进了市场需求量大、发展前景好的“中梨一号”等优良品种，通过高接换优技术改造的梨树已进入了盛果期，该品种产量高，果实品质好，市场前景极其广阔。红寺村果品生产基地完全按照无公害标准化的生产规程操作，形成“六统一”，即统一修剪、统一浇水、统一施肥、统一花果管理、统一病虫防治、统一采摘销售。在自身标准化管理的基础上，加入无公害生产的内容，对全村果园进行了环境检测，已通过省级认定，并对肥水及病虫害的药剂使用进行规范的管理，使之和国际市场接轨，走可持续发展的道路，为全村的果品发展奠定基础。

中国香河国际家具城　地处环渤海经济圈腹地，京津冀都市圈金点之区。以京津市场为依托，辐射华北、东北、西北地区，距北京45千米，离天津75千米，多条国道、省道穿境而过。四通八达的交通网络，为家具客商搭建了广阔的人流物流平台。

中国香河家具城是由金钥匙家具品牌CBD、红星美凯龙家具展厅、鑫亿隆家具展厅、顺隆家具展厅、嘉亿龙家具展厅、贵都家具展厅、汇美展厅、鹏大展厅、香河好百年家具展厅、北方广东家具展厅、富华家具展厅、中意家具展厅、明泰来家具展厅、华汇家具展厅、京华家具展厅、随缘家具展厅、美家源家具展厅、经纬家具展厅等33座单体家具城组成，拥有红木家具、民用家具、办公家具、宾馆套房家具、中高档沙发、软床、户外类、藤艺类、工艺品类等专业家具，总面积突破300万平方米。家具城内参展家具企业7500余家，知名品牌1500余个，是中国北方最大的家具销售集散地、全国最大的办公家具和红木家具批发市场，产品除畅销北方10余个省(市)外，还远销东北亚、欧美和非洲等，日客流量两万人以上，年客流量650万人次，年销售额280亿元。

香河县林业产业　政府采取多种优惠政策鼓励农户种植果树，2015年香河县共种植果树7000亩，主要品种有核桃、葡萄、桃、杏、樱桃等品种。其中，左岸农业开发有限公司开发的东方千年古葡萄庄园项目最为突出，该项目占地900亩，集采摘、观光、休闲、商务会议、庆典礼仪服务以及文化艺术交流活动的智能生态农业开发于一体。

香河县林下经济具有了一定基础，全县林下经济面积发展到1.5万多亩，年产值约4000余万元，吸纳就业近千人，形成了以下5种较为成熟的模式：林菌模式、林菜模式、林粮模式、林养模式、林药模式。蒋辛屯镇百运达食用菌种植园，成立于2010年5月，注册资金500万元，占地500亩。主要生产香菇、平菇、木耳等，年产食用菌2500吨以上，年产值1500万元，每亩年均收益1万元左右，并带动农户50余户。

【张家口市林业产业】　张家口市认真贯彻落实《国

务院办公厅关于加快木本油料产业发展的意见》和《河北省人民政府办公厅关于加快木本油料产业发展的实施意见》精神，大力推进油用牡丹产业发展。一是科技支撑。市政府专门拨付160万元引进油用牡丹系列优良品种18万株，在12个县(区)建立试验示范基地270多亩，区划适栽区域，优选适宜品种，摸索栽培技术。与此同时，市林业局又牵线搭桥与北京林业大学成立了“生态科技协同创新中心”，建立技术依托，为油用牡丹产业发展奠定了坚实基础。二是龙头带动。引进了河南永达食业(集团)有限公司、北京三合农业开发公司、河北省润地油用牡丹种植有限公司等外地企业落户该市，在此带动下，涌现出了怀安县仟姿盛牡丹产业有限公司、裕丰农业综合开发有限公司、宣化县润地油用牡丹公司等一批油用牡丹种植企业，有力带动了油用牡丹规模化发展。三是政策扶持。3年来，市政府共投入255万元扶持建设千亩油用牡丹示范园区5个，起到了巨大的示范带动作用。全市油用牡丹面积已发展到6700多亩，年底预计达到上万亩。

【邯郸市林业产业】 邯郸市位于河北省最南端，辖19个县(市)区、214个乡(镇)、5330个行政村。土地总面积1810.65万亩，全市总人口1029.48万人，其中农业人口占68%，是典型的农业大市。全市国民生产总值3080.01亿元，其中农林牧渔总产值745.5亿元。

2015年，全市有林地面积达到418万亩，干鲜果树种植面积145.03万亩，果品总产量92.62万吨。目前，已初步形成核桃产业、花椒产业、鸭梨产业、木材加工产业、林下产业等五大产业体系，林业产业总产值74.2亿元，其中第一产业产值46.3亿元，第二产业产值25.5亿元，第三产业产值2.4亿元。全市涉林经营、加工、流通企业和单位已达到6907余家，其中木材生产经营加工1908家，果品生产经营加工2942家，种苗、花卉、中药材、野生动植物、造纸等企业共计2057家。全市人造板产量达到33.23万立方米，锯材产量100.2万立方米，改性木材10.84万立方米，木竹地板产量87万平方米，木材经营加工产值达15.1亿元。果品产业产值达到36.7亿元，稳步形成了魏县鸭梨，涉县、武安核桃和花椒，永年葡萄，邯郸县鲜桃，临漳苹果等优势果品基地和优势果品产业区，果品品质不断提升。果品加工产业产值1.1亿元，主要加工产品是核桃油、核桃仁、核桃露、果品脆片、熏枣、果脯等。拥有7个国有林场、2处国家级森林公园、2处省级森林公园、3处国家级湿地公园、2处省级湿地公园、1处国家级自然保护区，森林公园面积87.9万亩，林业旅游与休闲产业年接待325.5万人次，年营业额1.5亿元，直接带动其他产业产值达1120万元。涉林企业中有46家企业单位(合作组织)被评为“2014～2015年河北省林业重点龙头企业(重点合作组织)”，这些重点龙头企业和合作组织为邯郸市林业产业发展作出了贡献。 (*石利平*)

【衡水市林业产业】 衡水市桃城区地处河北省中南部的黑龙港流域，濒临衡水湖，区位优势明显，旅游资源丰富。辖区内人口54.3万人，农业人口15.1万，面积382.7平方千米。近年来，区委、区政府大力开发林业旅游，形成了独具特色的旅游模式。邓庄镇和赵圈镇的生态林业旅游模式。葡萄采摘、鲜桃采摘，瓜果采摘，观光垂钓，蔬菜采摘、农事体验、餐饮服务，山楂观光采摘、玫瑰观光采摘等，形成了一条龙式的森林旅游活动，2015年接待游客4.3万人次。河沿镇围绕衡水湖开展生态旅游。借助衡水湖的良好区位优势，打造以中湖大道两侧各100米果树绿色长廊，对衡水湖周边村庄进行了绿化美化，投入资金积极打造绳头庄省级旅游重点村。引导涉农公司开展果品采摘和观光活动，年接待游客3.5万人次。

(*崔慧淑*)

【保定市林业产业】 截至2015年年底，全市果品种植面积达到273万亩，年产果品162万吨；完成新造林面积73.5万亩，森林覆盖率净增1.55%；苗木花卉总面积突破9万亩，年产观赏苗木2亿株，盆花838万盆；生态旅游业日益蓬勃，省级果品采摘园达到了40家，林业产业总产值达到172.7亿元。

特色经济林发展 保定市把发展经济林产业作为改善生态环境建设、促进西部山区脱贫致富、保障木本粮油安全、优化人民膳食结构的重要内容来抓。①政策推动。为实现生态脱贫、兴林富民，加快发展特色经济林建设，保定市先后出台了《关于支持林业改革发展的若干意见》《进一步加快造林绿化实施意见》《关于加快西部山区果品产业带建设的意见》《关于加快推进果品产业发展的意见》《关于推进贫困地区林业产业发展的实施方案》《关于加快推进林业产业发展的意见》等政策，并先后编制了《保定市林业生态建设总体规划》《保定市山水林田湖生态修复林业专项规划》等规划，为经济林发展指明了方向，奠定了政策基础。②项目带动。在京津冀一体化发展、太行山绿化攻坚、扶贫攻坚等重要战略政策的推动下，“十二五”期间申请现代果品产业建设项目补助资金 1650 万元，农业综合开发经济林项目补助资金 1200 万元，科技推广资金 291 万元，企业申请贷款贴息 550 万元。在项目的建设和辐射带动下，全市新增经济林种植面积 53 万亩，成功打造了曲阳县的万亩红枣基地、易县下黄蒿万亩林果科技示范园、顺平南神南“三优”富士苹果示范区、唐县千亩核桃示范区、满城区庆欣万亩葡萄基地、阜平万亩大枣示范基地等 100 多处规模型示范基地。③技术支撑。一是积极与河北农大、省林科院等大专院校、科研院所对接合作，签订常年技术服务协议，聘请技术员驻基地进行技术指导；二是组织开展科技服务年、科技特派员和技术干部下基层等活动，不断向基层讲解传授林果生产管理技术。三是利用保定林业网、短信互动平台及印发技术管理挂历发布果树生产管理相关知识和先进技术。四是在顺平县建设技术推广体系试点，培养林果技术能手，不断壮大基层技术人员队伍。④机制创新。一是创新融资机制。将林业、水利、国土、扶贫、交通、电力、发改等部门的相关资金捆绑使用，仅 2015 年市级整合资金 2000 万元，县级整合资金 2.7 亿元。二是创新建设主体机制。深化市场化造林机制，广泛争取林业建设合作伙伴，吸引国内外龙头企业、大专院校等来保投资共建，实现了造林主体由政府、农户向社会多元化转型。三是创新发展模式机制。实施政策保障、财政补贴、市场运作的发展模式，积极推行“公司 + 专业合作组织 + 农户 + 基地”的产业化经营模式。四是创新营销机制。积极推进农村电子商务工作，加强与知名电商企业沟通合作，创新“林产品销售”渠道，先后在淘宝“特色中国”农产品展示交易平台上创建了阜平馆，在京东“中国特产”交易平台上创建了阜平馆、易县馆、涞水馆、唐县馆，促进了优质特色果品销售战略转型升级。

（保定市果桑处　刘艳）

望都县樱桃特色产业　望都县是河北省一个平原县，全国造林绿化模范县，自古就有“珠泉万斛之乡”的美誉，近年来望都县在推进美丽乡村建设中，打造以果蔬采摘为主体的集娱乐、休闲、度假、健身为一体的乡村旅游经济，发展生态旅游，拓宽群众致富门路。

为促进望都县樱桃产业发展，2000 年开始引进樱桃栽培，经过十几年的精心管理，樱桃长势良好，经济效益可观，彻底改变了“樱桃好吃树难栽”的传统观念。望都县樱桃种植在保定乃至河北省已颇具盛名。全县樱桃种植面积 1500 亩，主要栽培红灯、意大利早红、拉宾斯，早大果等品，产品远销京、津、沪等大中城市，种植户每亩年均纯收入可达 2 万元。目前已成功建立多个以樱桃为主的现代生态示范园。

5 月 21 日以“品尝樱桃，品味文化，全域旅游”为主题的河北省望都县首届文化旅游节拉开帷幕，为期 22 天，当日，全国政协委员、中国文联副主席、中国曲艺家协会名誉主席、国家一级演员、著名评书表演艺术家刘兰芳与当地文艺工作者演出了精彩节目，让游客在尽享采摘的同时还品赏到文艺大餐，充分领略“旅游 + 采摘 + 文艺”的独特魅力。

（望都县　刘晓芳）

【秦皇岛市林业产业】　山海关区大樱桃产业。山海关区自 1985 年开始引进大樱桃栽植，已有 30 年的栽培历史。全区大樱桃栽培面积 2.7 万亩，其中盛果期面积 2 万亩，产量超过 2 万吨，产值 2 亿元以上，主要栽培品种有红灯、意大利早红、美早、砂蜜豆、黄香蕉、拉宾斯、滨库等 30 多个品种。栽植范围涉及全区 3 个镇 53 个行政村，1.1 万余农户，是北方大樱桃主产区之一，也是全国大樱桃品质最好的产区之一。

多年来，该区一直致力于发展大樱桃这一特

色产业，本着打造中国最优质大樱桃这一目标，先后从美国加州、日本、大连、烟台等地引进20余个新品种及新砧木，由日本引进的“极品”被河北省林业厅评为“良种”。1999年在国家工商局申请注册了大樱桃图形商标；2008年山海关大樱桃生产标准化示范区从省级示范区升级为“国家级标准化生产示范区”，并于2010年顺利通过了国家级验收；2009年申请创建全国绿色食品原料(大樱桃)标准化生产基地，2010年通过国家验收；2010年在国家工商局注册了“贡仙”商标；2011年大樱桃图形商标通过续展；2011年完成了河北省名牌产品(大樱桃)的续展工作；2012、2014年分别完成了大樱桃绿色食品A级产品的续展及年检；2014年12月山海关大樱桃被授予河北省优质产品。

【定州市林业产业】 定州苗木花卉科技园区，苗木种植面积达16.6万亩，已形成乔木、灌木、花卉三大系列、1000多个品种、2000多个规格，年产值15亿元。2015年被评为“国家农业科技园区苗木产业核心区”。

依托龙头、引领示范，辐射带动作用明显增强，强化“政府引导、社会投入、多方参与”发展理念，努力打造现代农业发展新的增长极。一是推动产业集群化。依托天津创世等龙头企业集中打造大辛庄、东旺两个苗木花卉核心区域，辐射周边安国、博野、望都等7个县(市)，其中7个乡镇种植规模达到万亩以上，成为“全国特色种苗基地”，并带动绿化工程产业发展。二是推动股份合作化。搭建“公司+平台+农户”合作模式，农户以土地、田间管理等形式入股，与苗木公司互为依托，共同受益。三是推动销售网络化。搭建全国首家规模化农林综合服务平台，通过“O2O”“互联网+苗木”绿色产业新模式，整合苗木园艺产业链与供应链，供需双方线上销售、线下体验成常态。

科技支撑、创新驱动，示范带动能力显著提升，以先进技术为支撑，重点加强农业科技成果的集成和转化。一是建设研发中心。投资2000万元、占地7000平方米的植物新品种研发推广中心建成投用，分设组培实验室和工厂化温室育苗车间，年育苗超50万株。二是研发高端品种。自主研发绦柳、曲枝槐、龙桑以及圆冠榆等10多个品种，申请专利5项，“新几内亚—佳娃系列”荣获第七届中国花卉博览会盆栽植物类优秀奖，仙客来“皱边混”“火焰枝”品种连续4次在河北省仙客来展销会上荣获金奖。三是发展生态旅游。依托本市东部片区苗木花卉资源，投资200亿元参与美丽乡村生态游线路，逐步打造统筹城乡、产业结合、生态休闲的乡村生态旅游示范区。总投资13亿元、占地10万亩的幸福邑示范园，是集蔬果观光采摘、生态养殖游乐、新农业机械实验、农业设施展示和旅游接待于一体的生态观光休闲园区；投资3亿元、占地3000亩的东胜生态园，设有智能温室大棚、生态餐厅、水上游乐园、室外大型综合游乐场、热带植物温泉浴场等，2014年荣获河北省四星级休闲农业园；投资1.1亿元、占地1200亩的黄家营葡萄酒庄，年营业额超7000万元，是全国农业旅游示范园、国家乡村旅游示范点、3A级旅游景区。

政策扶持、完善服务，产业上档升级持续提速，出台“‘双创’新政”“电商十条”等支持政策，持续增强发展后劲和竞争力。一是提供全方位服务。免费提供职业技术培训及资质办理、省市级科技型企业申报等多项定制服务。引导天津创世、河北荣盛绿化、定州中天格润绿化、北方松杉苗圃等20家知名企业入园，年销售收入突破10亿元。投资3亿元、占地400亩的“中国北方苗木产业研发交易示范中心”纳入总体规划，构建“政府+园区+企业+金融机构+市场+农户”的“六位一体”新模式。二是拓宽融资渠道。与农发行、中信银行、农行等金融机构合作，为企业提供贴息贷款等。三是搭建苗木产业新平台。重点建设农业科技协同创新中心、植物新品种研发推广中心、景观设计研发集群、小微企业办公总部集群、大学生实教基地及创业平台6个高端载体。

【辛集市林业产业】

河北巴迈隆木业有限公司 成立于2005年，厂区坐落于河北省辛集市经济开发区，占地总面积200亩，拥有一条年产12万立方米多层压机中纤板生产线，主要生产8～25毫米厚的E0、E1、

E2级各种规格型号的中高密度纤维板产品，被业界誉为“河北第一板”。该公司是河北省农业产业化重点龙头企业、河北省林果产业化重点龙头企业，国家林业标准化示范企业，国家首批35家“中国林产品指标企业”之一。被日本东京板业誉为“亚洲第一”，同时被辛北尔康普(Siempelkamp)公司作为各种国际展会的唯一展示用板。2011年中纤维板产品获“第二届中国国际林业产业博览会金奖”。

为了打造国内一流的木板企业，公司于2010年全资成立衡水巴迈隆木业有限公司，地址位于衡水产业园区，占地面积近1200亩。其中，一期投入使用刨花板项目总占地400亩，注册资金1.8亿元，固定资产总投资5.6亿元，年产量22万立方米。生产线全部引进具有世界上最先进的刨花板生产线的德国辛北尔康普公司设备和工艺技术。公司立足当地资源，选用次小薪材、“林间三剩物”等作为主要原材料，生产环保等级达到E0级\CARB PII\F★★★★级的各种规格，并创新生产无醛板，产品实现无甲醛添加。

公司产品环保等级不仅远高于国标，而且完全满足全球要求最高的家具制造商如瑞典宜家、日本JISA的使用标准，代表了当今世界人造板生产最高技术及工艺水平。公司成立以来，已与国际国内知名品牌家具企业索菲亚、宜家(IKEA)、欧派、曲美、东方百盛、掌上明珠、蓝鸟、喜德来等形成紧密的战略合作伙伴关系。公司还引进了世界最先进的美国GTS能源工厂生产装备与工艺，充分利用除树干外的枝丫、树叶、农作物秸秆等一切资源，作为生产线的热介质，热烟气经除尘后直接用于干燥工艺，热能利用率达95%，年节约标煤4.1万吨，整个生产过程无二氧化硫排放，一年可减少碳排放3万多吨，生产线回收废料垃圾被再生利用，真正实现无废物、无废气、无废水“三无”排放，实现了环保、高效。企业每年原材料收购和燃料收购直接增加农民收入3亿元，直接带动周边地区农户6500户，提供就业岗位700个，带动3万农民脱贫致富，具有较好的经济效益和社会效益。

(辛集市林业局　曹明)

【塞罕坝林业产业】 塞罕坝机械林场总经营面积140万亩，有林地面积112万亩(人工林88万亩，次生林24万亩)，森林覆盖率80%。林木总蓄积1012万立方米，年均生长量53.8万立方米，林木资产总价值约42亿元。塞罕坝是华北地区重要的人工林基地，集生态公益林建设、商品林经营、自然保护和森林公园于一体。在木材产业方面，木材销售产业是塞罕坝林场目前支柱产业，产材主要为中小径材，常规产材大多为2~8米，径级3~26厘米，年产材12.39万立方米。在苗木产业方面，全场共建设绿化苗木基地10万亩，重点培育云杉、樟子松、白桦、油松、落叶松等树种，塞罕坝种苗业已基本步入苗木培育基地化、品种多样化、管理集约化的可持续发展之路。在旅游产业方面，塞罕坝国家森林公园建于1993年，由国家林业局批准建立，经过20多年的发展，已经成为国家4A级森林公园，年入园游客人数达到46万人次，年收入达4591万元。在风电产业方面，塞罕坝风电产业经过近3年的发展，已签约合作5个风电场，计划总装机容量39.3万千瓦，实现收入1.05亿元。

(王　栋　傅聿峰　王利民)

2015年，河北省塞罕坝机械林场获得“森林中国·首届生态英雄”称号；塞罕坝群体被评选为“2014河北年度十大新闻人物”；塞罕坝于士涛获得“全国乡村好青年”荣誉称号；塞罕坝青年志愿者服务站获得“第十届‘河北省优秀青年志愿服务集体’”荣誉称号。

2015年，河北省塞罕坝林场启动实施了全国首例国有林场基于中国核证减排量(CCER)的森林管理碳汇项目，项目计入期为20年，包括碳汇造林及森林经营碳汇两部分，经营主体主要为人工中幼龄林；由国家林业局副局长张永利作序、塞罕坝林场编制、中国林业出版社出版的《樟子松育苗造林经营技术》一书正式出版发行；《河北塞罕坝国家级自然保护区综合科学考察报告》正式出版发行，该书详细介绍了塞罕坝自然地理环境、植物多样性、动物多样性、旅游资源、社会经济等状况。

(温亚楠　程　涛　宋彦文)

【洪崖山林管局林业产业】 河北省洪崖山国有林场管理局原名河北省林业示范场，于1953年1月建场，2012年8月原易县白马国有林场划归河北省林业示范场后，2013年1月31日，根据冀机编办〔2013〕21号文，河北省林业示范场正式更名为河北省洪崖山国有林场管理局。

其主要职责调整为：编制林场森林经营规划和年度计划并组织实施；对区划的公益林搞好经营和管护；承担林场内荒山造林、更新造林、培育后森林资源；负责全省林业新品种、新技术的试验、示范工作；从事优良乡土树种种质资源的收集、保存和保护工作；从事优良林木品种选育技术方法的研究和林木良种的选育、中间试验、示范、推广工作。

2015年12月8日，根据有关文件，成立了河北省洪崖山森林公安局洪崖山分局，并加挂河北省公安厅森林警察总队洪崖山森林警察支队牌子。洪崖山森林公安分局的成立，标志着洪崖山林管局林业执法工作步入正规化、法制化的轨道。

（李海华）

【小五台山国家级自然保护区林业产业】 河北小五台山国家级自然保护区林业产业集中于王喜洞林场。2015年度王喜洞林场中幼林抚育林分均为人工商品林，作业方式为综合抚育(修枝卫生伐)，作业面积5000亩，设计采伐总蓄积1591.61立方米，产材总量为149.97立方米，全部为非规格材。

（张杰）

【木兰林管局林业产业】 目标树经营是近自然育林的重要组成部分，是以培养大径级、高价值木材为主要目标，以围绕目标树进行定期择伐为主要手段的经营技术，对于提高林地生产力、实现持续不断的经济收益，以及满足市场对优质大径级材的需求等都具有重要意义。经过几年的摸索和实践，木兰林管局的目标树经营技术体系已基本成熟。继续加大推广力度，是木兰林管局实现可持续经营的重要组成部分。

在发展林下草本中药材苗木种植方面，2015年木兰林管局以转变经营方式为主线，提高林地利用率，不仅能保障生态建设成效，而且能提高单位面积土地的产出。发展林下中草药种植，不仅不会破坏森林资源，反而有利于资源的综合利用；促进林业产业从单一利用林木资源产生效益的传统模式向森林资源，林地资源的综合利用模式过渡，最终实现林上林下的双增收。在龙头山林木良种苗木繁育场，种植草本中药材500亩，投资50万元，设计种植品种苦参200亩、柴胡20亩、黄芪250亩、桔梗30亩。

（木兰林管局　张二亮）

山西省林业产业

【概　述】 2015年，全省各级林业部门认真贯彻省委、省政府绿色发展、提质增效的战略部署，按照“山上治本、身边增绿、产业富民、林业增效”的发展思路，大力实施林业自然生态“六大工程”，全年完成营造林任务421.42万亩，其中新发展干果经济林70万亩，改造低产低效林35.5万亩，新育苗28万亩，干果产量48万吨，水果产量61.5万吨，森林食品1.73万吨、森林药材4.8万吨，林业总产值达到453亿元。

【干果经济林】 从2013年开始，在全省76个核桃、红枣、仁用杏重点县、基地县，实施了“低产低效干果经济林改造”项目和“干果经济林提质增效技术示范项目”。采取“现场培训、检查督查、指导服务、检查验收、绩效评价”等措施，2015年实施面积达35.5万亩。综合丰产管理技术，使项目区核桃、红枣、仁用杏等干果产量比对照区增产20%以上，经过丰产管理的核桃经济林亩产达到100千克。

同时，山西省林业厅2015年又在柳林县举办了全省红枣综合管理技术培训班，在全省12个红枣重点县实施了枣树低效林改造和管理示范项目，引导科学管理，增强树势，实施低产低效林改造，改善红枣品种结构，促进标准化和有机枣种植，提高红枣产量和品质；成立省市县乡四级科技服务团队，因地施策。2015年省级有组织、有计划地安排对各市、县开展的各种培训达10余次，市、县开展的技术培训次数达100余次，每年培训基层技术人员和农民达1万余人，发放技术资料10万余份。通过深入到基层县、乡、村，开展面对面，手把手的现场技术培训和指导，为项目的实施培养了一批农民技术员和土专家，已培养基层农村技术操作能手5000多人，为干果经济林提质增效发挥了较好的作用。

2015年，针对红枣在红熟期遇阴雨天裂果、烂枣，造成减产歉收的问题，在全省红枣重点产区县，选择了8个县推广实施了枣树搭雨棚防裂果技术示范项目，省级投入1000万元，建立示范区6600多亩，此举使红枣的裂果率控制在10%以下。为红枣防裂果探索了较好的技术路径。

【种苗繁育】 全年完成育苗110万亩，苗木数量45亿株，占年度任务100万亩的110%；完成新育苗28万亩，占年度任务25万亩的112%，其中阔叶树种占69%，针叶树种占31%，乡土树种育苗呈快速增长态势。全省共生产调剂各类林木种子约10.46万千克，其中省站贮备库调剂林木种子2.26万千克，占全省调剂总量的21.6%。全省已形成林木良种统一收购、统一调剂、统一管理的良好态势。

一是坚持“调结构，保供应”的原则，明确“增阔减针、增壮减弱、增良减劣、增长减短”的工作思路，注重处理好山上治本与身边增绿、荒山造林与经济林发展、针叶树与阔叶树、长寿树与速生树、乡土树与引进树种的关系，科学规划，合理布局。二是通过年初全省林木种苗工作座谈会集体研讨，明确了“调结构，保供应；创机制，促改革；强良种，重建设；严验收，抓管理”的要求，各级种苗管理部门积极部署，将育苗任务及时分解到各市县、省直各林局，保持及时的督促跟进，并将目标责任考核与国家级、省级良种补贴项目统筹安排，从而保证了育苗目标任务高质量完成。

出台种苗发展指导意见 面对苗木发展存在着面积盲目扩张、经营主体和苗木产品“小、散、乱、差”的问题，起草了《关于大力促进林木种苗健康发展的意见》。通过大量调查研究，倾听基层群众的建议，汇集专业种苗者的意见，召开座谈会、集中讨论、专家指正、领导点评等方法，历时两个月，经过20余次的反复修改，最终印发。

《意见》立足山西实际，科学分析了山西省林木种苗产业的现状、面临的形势，做好政策扶持，积极引导市场，切实改进新时期对林木种苗发展的宏观指导；优化种苗结构，培育行业龙头企业，加强行业多元发展，促进种苗产业提质增效；加大国有苗圃和保障性苗圃扶持力度，在良种补贴、种苗工程项目建设及其他林业重点工程中给予倾斜，切实改善国有苗圃和保障性苗圃的基础设施条件。

《意见》发出后，关键在落实。一是树立典型，积极推广良种基地建设先进经验。2015 年 4 月，山西省承办了全国油松－樟子松良种基地建设技术培训会，北京、内蒙古、河北等 20 多个省份的林木良种基地、种苗站负责人以及北京林业大学、西北农林科技大学等高校的林木良种专家、教授共 120 人参加了会议，现场观摩了上庄良种基地，对基地的规范化管理和油松良种的推广、培育、采收工作给予了高度评价和肯定。培训会指出：上庄油松良种基地的经验主要是，紧紧围绕“选良推优”一个中心，坚持科技兴种和艰苦创业两种精神，突出生产管理精细化、财务制度规范化、档案管理信息化、基地发展科技化 4 个重点，积极构建“三位一体”的新格局，是真正的集研发、生产、培育和推广为一体的大型良种壮苗供应基地。上庄的经验可用于全省良种基地建设。

二是良种审认定工作和培训工作顺利开展。目前，已申报 39 个品种，省厅已对申报品种进行了材料初审和实地调查，并举办了良种基地建设管理与技术培训班、林木良种和苗圃建设技术培训班；承担编写了《华北落叶松种子园营建技术规程》(被国家林业局科技司列为 2013～2014 年国家林业行业标准制定计划，适用于林木良种基地华北落叶松无性系种子园的营建与管理)；编制了《野生濒危树种种质资源调查技术标准》，对 5 个珍稀树种种质资源进行了调查；主持起草了山西省国家重点林木良种基地发展规划(2016～2020 年)。

培育典型　启动标准化苗圃建设试点。山西省积极启动标准化苗圃建设的试点工作，选择了一批圃地面积大、人员素质高、财政供养稳的国有苗圃作为重点，进行重点扶持。2015 年已在介休市国有苗圃、文水县国有苗圃、杨树局金沙滩苗圃等单位进行先期试点，实行省、市、县协调配合，实现建圃标准化、科研一体化、育苗规范化、品种优良化，试点工作有序推进，为国有苗圃走出一条集生产、管理、科研三位一体的创新发展模式。

开展国有苗圃数据库基本资料收集。起草《关于开展国有苗圃数据库建设的通知》，经调查全省共有 134 个国有苗圃，经营总面积 58646 亩，可育苗面积 51595 亩，其中自有土地 34998 亩，租赁土地 16597 亩。从分类来看，现有三分之一的国有苗圃经营状况良好，但仍需提质增效；三分之二的国有苗圃经营状况一般或者是较差，需要进行改制。

种苗社会服务　5 月 28 日，山西省林木种苗协会第三届会员代表大会在太原召开，通过了修改后的协会章程，选举产生了第三届理事会理事、常务理事、会长、副会长和秘书长。10 月 9～15 日，协会开展了“我为冬奥做贡献”主题活动，组织种苗协会部分会员单位赴河北、北京苗木生产基地和种苗市场学习考察，并同河北省、北京市的林业种苗工作人员、种苗企业家座谈，探讨了苗木生产与市场现状，交流了搭建苗木营销对接平台的思路，彼此交换了对冬奥苗木市场的看法。此次活动发挥了助力冬奥建设、促进省市行业交流、达成行业发展共识的积极作用。同时，办好《晋林种苗》，使之成为行业信息传播的有力武器。《晋林种苗》是协会主办的行业报纸，每月一期，目前已经办至第 111 期，主要刊登省种苗协会工作和活动、种苗行业新闻及技术，自协会第三届理事会成立后，报纸又新创了良种基地经验交流专栏、会员之声专栏、良种介绍专版，为广大苗木生产者和经营者提供了更多育苗技术和市场动态信息。

依法行政，严格执法，强化依法治种力度

一是依法强化行政审批，完成生产、经营许可证换证核发工作。目前，全省累计核发林木种子生产、经营许可证 3200 套，标签 3 万张。其中省级核发 260 套，其余为市、县核发。

二是认真部署开展林木种苗“双打”工作。4 月 20 日，下发《关于印发〈2015 年山西省林业厅打击侵犯植物新品种权专项行动方案〉的通知》，对整顿和规范种苗生产、经营秩序，严厉打击制售假冒伪劣林木种苗和侵犯林业植物新品种权行动进行了认真部署。并于10～11月集中组织开展了对林木种苗行政执法和“双打”工作督查。

三是推进诚信建设，鼓励社会公众举报，完成了省“双打”办的“两法”衔接工作。

种苗质检工作 为加强林木种苗生产、流通和使用环节的质量监督管理，确保山西省造林绿化用种质量。2015年进行了全省林木种苗质量抽查工作。对全省19个林场、22个县的41家生产单位进行了林木种苗质量抽查，对林木种苗生产、经营档案进行了检查，抽查合格率达到100%，并下发了《关于2015年林木种苗质量抽查情况的通报》。

办好苗博会，增强产业信息服务能力 一是举办了第三届山西苗木及绿化资材博览会。2015年3月20～21日，举办了第三届山西苗木及绿化资材博览会。本次博览会，展览面积近5000平方米，展位200多个，来自山西省11个市、九大国有林局和全国各地200多家苗木及绿化资材生产经营单位参加展会；展出内容包括花卉苗木、园林机械、植保肥料等园林绿化资材。

二是积极筹备第四届山西省农业博览会林业展区种苗部分。结合林业布展工作方案，调用各种秋果种实10余种，彩叶树种、造型树种、容器苗木20多种，并编制印刷种苗宣传册。山西省林木种苗新品种、新技术、新成果得到充分展示，获得了群众的广泛好评，杨树林局的特型树“迎客松”获得本次博览会金奖。

【花卉产业】 2015年山西省花卉种植面积1659.71公顷，花卉销售额4.67亿元，其中种植鲜切花169.81公顷，年销售鲜切花1897.35万支，销售额约1.04亿元；种植盆栽植物701.17公顷，年销售盆花3278.81万盆，销售额约2.94亿元；种植观赏苗木788.73公顷，年销售观赏苗木1461.49万株，销售额0.69亿元。

截至2015年年底，山西省共有花卉生产经营企业238个，其中营业额在500万元以上的大中型企业16个；从业人员1.21万人，其中，专业技术人员0.19万人，花卉市场163个。

花农花企服务平台 3月20～21日，第三届山西苗木及花卉博览会在太原煤炭交易中心举行。在本届博览会展示的花卉品种全部为山西省当地企业生产，主要品种包括蝴蝶兰、红掌、彩色马蹄莲、长寿花、铁皮石斛、凤仙花、非洲菊等，1天半时间销售额达6万元，达成合作意向9项。

花卉产业发展现状调查 为了掌握全省花卉产业发展的状况，了解全省花卉生产、销售、市场建设、从业人员等情况，分析全省花卉产业发展趋势，引导和推动全省花卉产业健康、持续发展。3月份，省林业厅下发《关于开展全省花卉产业状况调查的通知》，制订工作方案，举办培训，统一方法、标准、口径。同时，安排专人对太原、大同、忻州、阳泉等市花店经营情况进行了抽样调查，在此基础上进行了数据分析、整理，写出了《全省花卉产业发展现状调查报告》。5月份，组织相关技术人员前往河南进行了考察，筛选出多种适合我省栽培技术的食用菊品种苗。6月份，在合作科研基地种植了食用菊、饮用菊种苗8种，1.5万株。6～11月，种植的所有菊花在自然环境下，品种全部生长良好，总成活率达85%以上；10月上旬，部分品种进入初花期；11月上旬，所有品种全部开花，开花率达100%；并且由于山西省气候干燥、光照强、昼夜温差大等自然条件非常适合菊花生长，采摘的菊花花果硕大，颜色鲜艳，味道纯正，总体表现较好。特别是茶菊2号和食用菊1号，性状表现极为突出，具有极高的商品价值。目前，该项目已在分析总结阶段，下一步将提交完整的实验报告，为将来全省推广提供必要的理论依据。

【森林旅游业】 截至目前，山西省森林公园总数达到127处(其中国家级19处、省级51处、县级57处)，占全省国土总面积3.6%的847.1万亩林地以及范围内的森林风景、自然文化资源全部纳入森林公园保护范畴。2015年，全省森林公园共投入近3亿元进行了林木林相改造、基础服务以及休闲娱乐等设施的建设，服务功能更趋完善，服务质量得到进一步提升。全省78处免费开放的城郊型森林公园日接待游人40多万人次，直接受惠人数达到2400多万人。2015年，全省森林公园游客总数达1432.94万人次，实现门票收入2.47亿元，同比增长12.6%和13.5%，社会旅游综合收入达111多亿元，社会从业人员近2万人，森林旅游产业效能和优势正在逐步凸显，山西省也初步形成了以城郊型森林公园为载体的森林旅游生态休闲公共服务体系和以郊野型森林公园为主体的森林旅游产业发展两大体系并驾齐驱、互为补充、协调发展的新格局。

日常监管工作取得新成效。组织专家完成了对修编的棋子山国家森林公园及新编的金沙滩、清水河、馒头山3处省级森林公园总体规划的评审工作，下一步按程序分别报国家林业局批复。经过努力，《乌金山国家森林公园总体规划》、太岳山国家森林公园七里峪水库占用林地已获国家林业局批准。

【林下经济】 山西省林下经济发展，按照国家林业局《全国集体林地林下经济规划纲要(2013～2020)》和《全国林下经济林药、林菌模式发展实施方案》对林药和林菌予以引导、扶持和发展。目前，山西省发展林药、林菌种植的林下经济还处于示范推广阶段。

从2014年起，省财政每年拿出1000万元用于扶持发展林下经济，省林业厅及时出台了《山西省强农惠农富农专项资金林下经济种植项目实施指导意见》。2014年，选择林下经济中药材种植基础好、积极性高的10个典型县重点进行了扶持，2015年扩大到了15个县和两个国有林场。为突出重点、基地化发展，尽快增加农民收入，将1000万元扶持资金全部放在了林下中药材、林下菌菇种植上，其中林下中药材种植达到了90%以上。扶持资金每亩200元，主要用于中药材优良种苗、新技术引进、病虫害防治及示范基地建设管理等方面。

目前，山西省林下经济经营面积达到550多万亩，实现产值16亿元，连接近11万农户，从事林下经济的农户人均收入1599元。其中林下经济中药材种植近50多万亩，总产量近30万吨、总产值为1.5亿元。林下中药材种植，北部以黄芪、台党参、款冬花为主；中南部以潞党参、黄芩、连翘、柴胡、远志、山药为主，另外还有苦参、生地、桔梗、旱半夏、丹参、地黄、甘草、猪苓等山西省特有的道地药材。

【运城市经济林产业】 2015年，新发展干果经济林12万亩，全市干果经济林总面积已达到180.2万亩，面积在全省排名第二，总产值达百亿元以上，在全省排名第一。

科学规划，合理布局 围绕生态建设的总体目标，科学规划，狠抓落实，在规划布局上实行山区突出核桃发展，平原突出红枣、山楂的发展，前山沿、丘陵区突出双季槐、核桃、花椒的发展，尤其是黄土丘陵沟壑区和峨眉岭垣地的芮城、平陆、垣曲、绛县、稷山、河津、临猗，重点发展双季槐、核桃、鲜食枣。目前，临猗县的冬枣产业、稷山县的板枣产业、垣曲县的核桃产业、盐湖区的双季槐产业等都已初见成效，起到了辐射带动作用。

创新机制，规模发展 以企业参与、大户承包为导向，集中连片，规模化种植，突出地域特色，形成“龙头企业+农村经济合作社+基地+专业户”的生产模式，提高专业化管理，规模化发展、集约化经营的水平。垣曲县2015年新发展核桃3万余亩，目前核桃经济林面积已达到20万亩以上。仁和山谷公司通过土地流转，在运城市临猗、盐湖、闻喜规模化栽植核桃3万亩。河津市采取土地流转、合作社经营、大户承包等方式，以荒山、荒坡、荒沟为造林主战场，大力发展干果经济林，百亩以上集中连片规模化发展占总面积的90%以上。规模化的发展促进了干果经济林的精细化管理。

典型引路，突出特色 盐湖区三路里村雷茂端、河津市下牛村杜国良等潜心研究双季槐、单季槐新品种，培育出了米槐双季1号、单季8号、单季21号和耿宝米槐1号，并通过省林业良种专家认定，达到国内领先水平，并在全省推广，现全市双季槐推广面积达20万亩，收益达1亿元。盐湖区退休干部闫义定坚持10年，培育出皂角“帅丁”等优良品种，经过了省技术质量认证，山西省林业厅7月在运城市召开了全省皂角产业发展管理与技术培训会，也在全省进行推广，当前，皂角产业已经成为全市现代林业建设继核桃、双季槐之后又一个具有特色和活力的闪光点，这既丰富了现代林业的内涵，也把生态建设和兴林富民更加紧密地结合到了一起。

强化服务，提质增效 2015年，市林业局针对全市干果经济林产业发展的新态势，成立3个林业科技研究小组，主抓六大产业，每个小组由一位分管局长负责，全局8个高级技术职称人员参与，进行科技攻关和科技服务，六大产业包括核桃、红枣、柿子、双季槐、花椒、柿子以及苗木产业等。在基地建设上，坚持“抓改、挖潜、扩优、增效”整体推进思路，建立健全科技服务体系，组建市、县、乡、村四级科技服务团队和乡土专家队伍，提高干果经济林技术现代化水平，通过现代化的技术管理，以增效带动规模发展。2015年，运城市分别在盐湖、临猗、平陆举办了全市规模较大的核桃、红枣管理培训会，提高了技术人员的素质和水平，把综合管理技术送到了田间地头，提高了农民群的栽培管理水平，使群众栽植的干果经济林，逐步实现科学管理、规范管理，促进了全市干果经济林早成林、早见效、早受益。

【临县红枣产业】 临县号称“天下红枣第一县”，全县23个乡镇都有枣树种植，红枣林面积已突破82万亩，红枣林已覆盖17个乡镇、454个村、37.26万枣农。正常年景产量达1.8亿千克，面积和产量均居全国县级规模之首。为加强对红枣产业的宏观指导、服务、管理，县政府于2012年成立了临县红枣产业局，由政府主导建设连续实施3年并取得有机转换证的2万亩有机红枣生产示范基地，红枣已成为临县农民增收的一项主导产业。黄河沿岸几十千米已形成全国最大的枣树经济生态产业走廊。临县被命名为“中国红枣之乡”“中国红枣产业龙头县”“中国经济林产业示范县”等。

临县红枣产业在政府的强力推动、龙头企业的拉动、枣农与合作社的联动下实现红枣系列化生产，最大限度地挖掘红枣的增收潜力，临县天渊、鸿潮、奥华等20余家红枣加工龙头企业和67余个红枣企业、115个红枣专业合作社，依托建设的2000余座红枣烘干房，进行红枣的初精细加工，全县的红枣加工转化能力达60%。有3000余名红枣经纪人常年从事红枣的营销，建立起了林家坪、克虎、三交、正觉寺4个红枣批发市场。通过红枣加工企业、建设红枣批发市场，推动了红枣产业规模化、市场化发展，形成了“生产有基地，加工有龙头，销售有网络”的产业化发展格局。产品有真空油炸枣、贡枣、酒枣、黄河滩枣、红枣枣酒、红枣红酒、红枣啤酒、红枣饮料、红枣果脯、红枣粉等上百种产品。

11月上旬，为扩大临县农业对外开放，全方位拓展农产品市场，加强农业招商引资，突出优质农产品展示展销，加快现代农业发展步伐。在吕梁市离石体育馆举办了为期3天的临县首届农产品展销会。共有56家农产品加工企业参展，产品分九大类100余种，每天的销售额在50万元左右，吸引5万多人次参展。与外地客商签约了投资2.9亿元的8个农业合作项目，与晋中、朔州和离石餐饮协会签订了500多万元绿色蔬菜长期供货订单，3天现场展销产品销售总额突破150万元。红枣展区是重要的展区，有13户企业参加了展销活动，除企业的各种深加工产品展销外，原枣销量达3000箱左右，销售额达10多万元。

鼓励红枣加工企业收购加工销售临县红枣。11月初，县政府组织召开了驻临县各金融机构和20余户红枣加工企业银企对接会，明确提出对收购加工销售临县本土红枣的企业给予金融贷款支持、财政贴息等扶持，来推动红枣的销售。

【阳高县杏产业】 阳高县地处山西省东北部，北隔长城与内蒙古相邻，南与浑源、广灵为界，西与大同县毗邻，东与天镇县、河北省阳原县接壤，总面积1726平方千米，总人口28万人，以大接杏、杏脯驰名中外，也是阳高县名优特产。

阳高县栽植杏树也有300多年历史，分布广、品种多、品质优、阳高县委、政府针对阳高县杏树发展实际，紧紧抓住国家实施退耕还林工程，京津风沙源治理和建设干果经济林项目的有利时机，把发展杏树列入阳高县国民经济和社会发展的“十五”计划之中，使之确定为阳高县全县三大支柱产业之一，加以重点发展，经过近十年的政府政策引导，项目资金扶持，全县鲜食杏已发展到5万多亩，有200万千克用于杏脯加工，2500多万千克进入市场销售，全县杏产品产值达到1.08亿元，成为了农民的一项增收产业。

随着杏产业发展规模不断扩大，全县加工杏饮品、杏脯、杏核、杏仁等杏产品加工企业达50多家，其中有QS认证企业6家，每年可加工杏脯

50万千克，产值1300万元，吸收劳力1500人。

【关帝山国有林管理局吴城林场】 吴城林场食用菌种植基地创办于2013年7月，是吴城林场根据局党委提出的产业发展思路，争取政府优惠政策、发挥林场人力优势、自筹资金、对闲置房屋进行改造后，兴建的一个林场增收、职工创收的产业发展基地。

该基地创办之初以平菇种植为主，现有平菇出菇房2500平方米，可摆放菌棒6万余包，产菇约9万千克，年产值达十几万元。目前该基地运转正常，产供销环节衔接周密，市场稳定，形成了“政府扶持、林场经营、科技支撑、合作共赢”的良好局面，实现了“林场有积累、职工得实惠”的双赢目标。

2015年，关帝山香菇高效栽培示范综合利用项目落户林场，以林场为菌包生产中心兼生产示范区。目前已完成了香菇大棚建设及配套工程的改扩建工程，共建大棚4栋，建设面积1920平方米，硬化道路2000平方米，新建原料库300平方米，冷库63平方米；改建出菇房、灭菌仓等1500平方米。通过该项目的实施，年可消化采伐剩余物200吨，生产香菇菌包20万袋。

【杨树丰产实验局种苗产业】 近年来，通过实施种苗强局战略，全局苗木产业有了长足发展，从而确定了“固定苗圃调结构，林下育苗建基地，造景大苗提品质，种苗产业上台阶”的转型战略，以科技创新为动力，推动苗木产业走出困境。全局固定苗圃规模达到2万亩，建设林苗一体化基地5.8万亩，取得了优化结构，管理精细，以苗促林，林苗共赢的较好效果，表现在4个转变。

实现小苗向大苗，裸根苗向容器苗转变。全年苗圃培育10×18厘米营养钵1463万株，30×30厘米大营养钵148万株，目前全局营养钵苗木总量达到4000万株。

实现单一针叶树向针阔并重转变。全年新增固定苗圃4300亩，建设了五大阔叶树基地，即白桦基地50亩、白蜡基地1500亩、竹柳基地1700亩、樟河柳基地120亩、河北杨基地130亩，这5个基地既解决造林阔叶树苗木短缺问题，又培育紧俏绿化树种，满足了市场需求。

实现单一苗圃生产向林苗一体转变。在2014年完成3.8万亩的基础上，优化布局，调整密度，加大投入，全力推进一体化建设。2015年投入500万元，完成了2.9万亩，栽植大苗500万株。一体化建设低成本、集约化经营，形成既有中小苗木，又有精品大苗的梯次化格局，并消化积存苗木，减缓了苗木销售压力。

实现低端苗木向高端苗木转变。坚持保护和利用并重，充分利用林木资源和林地优势，面向市场发展高端优质苗木，延伸产业链，提高附加值。年内全局整合大苗资源，在12个有林单位推广造景树培育，精细培育，规范管理，尤其做好造景树编号、定位、命名及影像收集工作。5年计划完成5万株，已完成1万株。造景树工程的开启，增强了市场竞争力，吸引了外部客户，单株售价高达5000元。

【山西省山地阳光食品有限公司】 山西省山地阳光食品有限公司是一家以野生沙棘果为原料集生产、研发、加工、销售于一体的大型名牌企业，是水利部沙棘开发中心定点的四大沙棘示范基地之一。公司位于忻州市岢岚县，占地50亩，注册资金2000万元，现有职工217人，公司总资产2亿元，销售收入13334万元，实现利税1924万元。

多年来，公司一直置身于沙棘产品的深度研发，生产设备先进，有全自动生产流水线7条，公司年生产饮料3万吨；沙棘黄酮1.5吨；沙棘油50吨；高密度纤维板8万立方米。公司通过了ISO9001质量管理体系认证。产品销售网点遍及全国26个省，35个大中城市。随着公司的不断发展，先后为社会慈善、公益事业献爱心，多次捐款。获得山西省慈善总会和山西广播电视台授予的“关注社会公益、支持慈善事业”称号、获得“省级产业化龙头企业”“全国食品安全示范单位”“山西省著名商标”，连续三年被中国农业银行山西省分行评为“AA+级信用度企业”等40多项荣誉。

公司积极推动产、供、加、销一条龙的产业化发展模式，“公司+基地+农户”的经营模式，通过积聚资金、技术、人才，加快资源的整合利用，“以点带面、全民参与”逐步构成富有地方鲜明特色的林业产业。形成“种植+生产+加工”一站式产业化链条。增强了农户种植信心，形成了政府放心、经营者省心、村民开心的合力。同时，解决了筹资难、管护难、发展难的问题，增强了林业产业的发展活力，为企业永续经营提供了保障。仅2014年沙棘采摘季节带动本县农户1.5万户，收入4500万元，个别采摘大户1.5万~2万元。带动周边县3000户，收入300万元，平均每户约1000元。

【山西白老大食品有限公司】 山西白老大食品有限公司起源于一个小炒货加工，原名叫白老大综合食品加工厂。凭借着白家祖传炒货工艺，在广灵及周边地区炒出了有名的瓜子，瓜子虽好，但由于资源和市场的问题，形不成大气候。广灵的仁用杏的迅速发展，让山西白老大食品有限公司快速发展起来。2006年3月，公司投资1500万元，注册了山西白老大食品有限公司，从此公司走上了快速健康发展的道路。

山西白老大公司目前是省级扶贫龙头企业，是国家林业协会理事单位，也是全国食品工业协会坚果炒货委员会理事单位。“白老大”商标被山西省工商局认定为山西省著名商标。产品以其质地优良、匀称饱满、营养丰富、口感香脆等特点著称，深受广大消费者青睐。杏仁产品在林业博览会及全国农产品博览会上获得金奖。

公司现有总资产8515万元，年加工仁用杏核5000多吨。生产出开口杏核、杏仁系列产品等几十个品种。目前在全国沃尔玛、家乐福、山西美特好等大型连锁商超终端530家。特产店、高速公路、动车、机场航站楼、电视、报刊均有广告宣传，现已发展成为全国最大的杏仁炒货食品加工企业。产生了较好的经济效益。截至2015年，全县仁用杏种植面积6万余亩，进入盛果期4万余亩，目前年产杏核4000余吨。

白老大公司介入产业后，始终坚持“公司+农户+基地”的种植、加工模式，现有万亩仁用杏示范种植基地。公司所生产仁用杏系列产品，原料全部选用广灵县“优一”品种的优质杏核，每年可消化当地仁用杏核3000多吨。公司采用“公司+基地+农户”的经营模式，直接带动全县9个乡镇5000多农户，户均增收0.6万元；近年来公司实施仁用杏科技扶贫开发，出资为基地农户选购优良仁用杏新品种，组织开展仁用杏种植栽培及日常管护知识培训，有效提高老百姓科学种植和管理水平，为当地贫困户开辟了一条脱贫致富的渠道，促进贫困地区农民增收；公司内部安置下岗失业人员50多人，还带动物流运输业持续健康发展，具有良好的社会效益和生态效益。

【林业产业大事记】

5~7月 为全面了解全省森林食品种类分布和生产经营情况，筛选、组织优势企业和优质产品参加全国第二届森林食品交易博览会，充分展示山西森林食品特色和品牌；同时建立山西省森林食品产业数据资料库，进一步把山西省森林食品产业做大做强，经研究决定，在全省开展森林食品产业调查。

3月20~21日 第三届山西苗木及花卉博览会在太原煤炭交易中心举行。本届博览会由国家林业局场圃总站、山西省林木种苗协会、山西省花卉协会共同举办。来自山西省11市、九大国有林局和全国各地200多家苗木及绿化资材生产经营单位参加展会。5000多平方米的展区内，汇聚了上千种各类花卉苗木、园林机械、植保肥料等园林绿化资材，吸引各地苗商和市民们观赏选购。本届展会新增花卉展台，山西省出品的蝴蝶兰、红掌、石斛等特色花卉，受到各地客商的青睐。

10月23~27日 第四届中国(山西)特色农产品交易博览会(简称农博会)在太原举行，山西省林业厅为了展示林业产业“十二五”成就，突出“新品种、新技术、新成果”，专门布展了310平方米的林业展区，共组织了核桃、红枣、杏、板栗、柿子、槐米、皂荚等干果经济林新品种15个，种苗花卉新品种30余种，技术推广项目6个、教学科研成果10项、旅游项目5个、林下经济产品10个、野生动植物利用产品8个等新品种、新技术、新成果展示，到馆人数达2.5万人次，销售额10万余元，订单及意向订单300万元，果树盆景、异型油松、蝴蝶兰、晋泉甜柿被评为金奖。

（周　浩）

内蒙古自治区林业产业

【概　述】 2015年，内蒙古自治区实现林业总产值418亿元。“十二五”以来，全区林业产业一直保持较快的发展势头，全区林业产业总产值从2010年的202.2亿元扩大到2015年的418亿元，年均保持15.63%的高速增长。2015年，全区木材产量142.6万立方米，锯材产量761.46万立方米，人造板产量49.47万立方米，木片产量6.24万立方米；木材加工业形成的锯材、木片、木制品等系列产品，产值达93.9亿元。全区各类经济林产品总量57.97万吨，其中，水果48.57万吨，干果4.8万吨，森林食品(食用菌、山野菜)2.5万吨，木本药材2万吨；经济林产品产值达44.5亿元。森林旅游接待游客927万人次，旅游收入达31.34亿元。全区已形成以林木培育、特色经济林、种苗花卉、野生动物繁育、林下经济、森林食品药品、木材和人造板加工、生物质能源、灌木饲料、森林湿地沙漠旅游等产业为主导，以龙头企业为引领，以“企业+合作社+农户”的紧密型利益联结机制为探索的林业产业发展态势，已形成了一批初具发展规模、区域特色鲜明、产品品牌独特、市场反响良好的特色产业，涌现出一批辐射带动作用较大、集约经营水平较高、产品质量效益较好、农牧民增收效果明显的林业产业品牌和发展典型。林业产业在促进地方经济发展，改善农牧民生产生活条件方面发挥了积极作用。

产业发展得到重视和加强　自治区政府出台了《关于加快发展沙产业的若干意见》(内政发〔2010〕123号)，自治区政府办公厅印发《关于加快林下经济发展的实施意见》(内政办发〔2015〕36号)等，修订完善《内蒙古自治区林业产业化重点龙头企业认定管理办法》(内政办发〔2014〕29号)，对林业产业发展给予政策性支持。2007年以来，自治区财政累计安排9000余万元资金对林业产业化项目进行扶持，每年安排2亿余元中央财政林业贴息贷款，重点支持产业项目建设。

2015年8月，林业厅召开了全区林业产业现场会。会议对过去的产业工作进行了总结，对面临的发展形势进行了认真分析，明确了今后的发展思路，部署了“十三五”产业发展重点工作。

林业特色产业迅速崛起　全区经济林培育、沙生植物资源利用、特种野生动物繁育、果品饮料加工、森林湿地沙漠生态旅游等一批特色产业发展，规模、品牌、市场和效益并举共赢。如西部区的肉苁蓉、枸杞、葡萄等，中西部区的沙棘、小型水果、灌木饲料原料等，东部区的食用菌、山野菜、榛子、沙果、锦绣海棠、寒富苹果、设施林果业等，满洲里和二连浩特进口木材加工，以及通辽和赤峰市人造板加工等，在基地和园区建设、龙头企业和专业合作社培育、精深加工、品牌创建、市场开发等方面，已形成了较好的产业基础和发展势头。

林业产业助推县域经济发展　全区各地依托当地林业资源优势，以县域或区域为单位，确定主导产业，深挖林业产业发展潜力，不断延伸产业发展链条，实行规模化生产、集约化经营，着力打造“一县一业”乃至一个区域、一个林业产业的发展格局。赤峰市宁城县的特色经济林产业、克什克腾旗的森林沙漠旅游业、巴彦淖尔市磴口县的苁蓉产业、鄂尔多斯市杭锦旗的枣产业等均形成一定规模，在推动地方经济发展方面发挥重要作用。

龙头企业带动效果明显　林业龙头企业是林业产业发展的重要力量，在引导非公经济投入林业建设、扩大产业规模、提高产业质量和效益、实现产业转型升级和农牧民就业增收方面，发挥了很好的示范、引领作用。全区现有自治区级以上林业产业化重点龙头企业82家，其中内蒙古宇航人高技术产业有限公司、内蒙古金地生物质有限公司、内蒙古美林实业集团有限公司、内蒙古汉森酒业集团有限公司、内蒙古和盛生态育林有限公司、内蒙古东达蒙古王集团有限公司、内蒙古游牧一族生物科技有限公司、内蒙古高原杏仁露公司等8家企业被评为国家林业重点龙头企业。截至2015年，自治区82家林业重点龙头企业，总资产规模达374.4亿元，实现销售收入80.54亿元。

林下经济发展促进林农增收 全区认真落实国务院办公厅《关于加快林下经济发展的实施意见》(国办发〔2012〕42号)及自治区政府办公厅《关于加快林下经济发展的实施意见》(内政办发〔2015〕36号)。各地依托林地及森林生态环境，积极发展林药、林苗、林菌、林菜、林禽等为主的林下种养业、采集业，利用森林景观开展森林旅游业，形成取长补短、以短养长、长短结合、山上山下优势互补的立体开发新格局，发展模式不断丰富，规模不断扩大，极大地提高了单位面积林地产出率，促进了农牧民增收。

科技支撑提升效益 各地通过推广丰产栽培等林业适用技术、新品种新模式引进推广、新产品新技术开发、林业标准制定、林业科技下乡、农牧民科技培训等措施，有效支撑了基地集约经营、产品品牌创建、产业质量效益提升。阿拉善盟、巴彦淖尔市与北京大学、中国医科院药用植物所等20多家国内知名高校和科研院所，以及国外科研机构开展项目合作，建立梭梭、肉苁蓉栽培繁育、技术集成、成果转化、产品研发等多学科联合试验和创新平台，开展了多项关键技术研发。赤峰市与北京林业大学、内蒙古农业大学等多所院校建立战略联盟，举办果树培训班100多期，培训农牧民1万多人。

【林业产业化龙头企业发展情况】 国家林业局于2013年出台《国家林业重点龙头企业推选和管理工作实施方案(试行)》(办规字〔2013〕164号)，并于2013年、2015年开展了首批及第二批国家林业重点龙头企业评选认定工作。内蒙古自治区共有内蒙古宇航人高技术产业有限公司、内蒙古美林实业集团公司、内蒙古金地生物质公司、内蒙古汉森酒业集团公司、内蒙古东达蒙古王集团公司、内蒙古游牧一族公司、内蒙古高原杏仁露公司及内蒙古和盛生态育林公司等8家企业被评为国家林业重点龙头企业。从全区林业产业发展情况看，全区林业产业重点龙头企业已具备较大经营规模，生产技术较先进、产业层次较高、产品有一定市场竞争力，企业经营效益较好，在林业示范基地建设、连接带动农牧民、辐射周边区域产业、典型引领示范等方面，都发挥了非常积极的作用，已成为推动、支撑全区林业产业发展的中坚力量，起到了促进林业产业结构优化、产业链条延伸、产业富民增收等方面的领头羊作用。

区域分布情况 从全区林业产业化重点龙头企业区域分布来看，西部区鄂尔多斯市、巴彦淖尔市、乌海市、阿拉善盟4个盟市企业数量占全区总数的45%；呼和浩特市、包头市、乌拉察布市、锡林郭勒盟4个盟市占全区总数的20%；东部呼伦贝尔市、兴安盟、通辽市、赤峰市、内蒙古森工集团占总数的35%。西部区所占比重较大，近半数龙头企业分布于此区域(见表1)。

从各盟市龙头企业发展数量比重与盟市林业总产值在全区总产值中所占比重排序来看，赤峰市、通辽市、乌兰察布市、巴彦淖尔市林业总产值规模排序与龙头企业培育规模排序基本同步；乌海市、鄂尔多斯市、呼和浩特市、包头市、阿拉善盟5个盟市龙头企业数量所占比重均较产值所占比重排序有2~9位幅度上升；兴安盟、锡林郭勒盟、呼伦贝尔市3个盟市龙头企业培育数量所占比重均较产值所占比重排序有2~5位幅度的下降。东部区兴安盟、锡林郭勒盟、呼伦贝尔市需加大对龙头企业评定等有关政策的宣传，进一步加大龙头企业培育(见表2)。

从盟市龙头企业在一、二、三产业中的数量分布情况来看，呼和浩特市、巴彦淖尔市、乌海市第一产业龙头企业数量占全区第一产业总数的53.8%，占三地龙头企业总数的72.4%；鄂尔多斯市、通辽市第二产业龙头企业占全区第二产业总数的45.9%，占两地龙头企业总数的73.9%；赤峰市第一、二产业龙头企业数量各占其总数量一半。第二产业龙头企业主要集中在赤峰市、通辽市、鄂尔多斯市。呼和浩特市、巴彦淖尔市、乌海市第一产业龙头企业已具有较好基础(见表3)。

产业分类情况 从龙头企业数量在林业第一、二、三产业中的分布情况来看，以种养业为主的第一产业及第二产业所占比重较大，均在45%以上；第三产业比重较小，所占为7.3%。第三产业产值在总产值规模中所占比重为24.2%，龙头企业培育有较大潜力(见表4)。

从龙头企业具体从事的产业分类来看，全区82家林业产业龙头企业的生产经营活动共涉及一、二、三产业15个相关产业。其中育苗育种产业企业数量最多，占总量的23%；水果的种植、加工，人造板加工以及中草药材的种植加工类企业数量均占总量的10%以上；森林沙漠旅游业、驯养繁育野生动物及其产品加工产业、木制品及木质家具制造产业类企业数量均占总量的5%以上；林产化工、森林食品等其他产业类均占总量的2%以下。育苗育种、特色经济林、木材加工产业仍为主要产业(见表5)。

产业效益情况 全区82家龙头企业，总资产规模达374.4亿元。其中超1亿元龙头企业35家，资产超10亿元以上龙头企业4家。从龙头企业的资产效益情况来看，第二产业龙头企业数量虽较第一产业龙头企业少2家，但总资产规模较第一产业高出近22亿元，高出约6个百分点，占一、二、三产业龙头企业总资产规模的51.5%；第三产业总资产规模偏低，不足总资产规模的3%(见表6)。

全区82家龙头企业，总销售收入达80.54亿元。其中，销售收入超1亿元以上企业19家，销售收入达60.3亿元，占总销售收入的74.9%。从销售情况来看，第一产业龙头企业的销售收入总额较第二产业高4.4亿元，高出12%，占一、二、三产业总销售收入的51.4%；第三产业销售收入总额偏低，仅为总规模的2.7%(见表7)。

品牌建设情况 全区已形成巴彦淖尔苹果梨、枸杞，阿拉善肉苁蓉，呼伦贝尔榛子，赤峰蒙富苹果，通辽锦绣海棠等地方特色林产品品牌。截至2015年，“天骄”“东达蒙古王”“高原圣果”“汉森”“宇航人”“锦绣家园”6个商标被认定为中国驰名商标；“沙漠之花”等16个商标被认定为内蒙古著名商标。

表1 自治区级林业产业化重点龙头企业盟市分布情况表

序号	盟市	数量(个)	比例(%)
总计	全区	82	100.0
1	鄂尔多斯市	14	17.1
2	赤峰市	12	14.6
3	巴彦淖尔市	10	12.2
4	乌海市	10	12.2
5	呼和浩特市	9	10.9
6	通辽市	9	10.9
7	包头市	3	3.7
8	呼伦贝尔市	3	3.7
9	乌兰察布市	3	3.7
10	阿拉善盟	3	3.7
11	内蒙古森工集团	3	3.7
12	兴安盟	2	2.4
13	锡林郭勒盟	1	1.2

表2 盟市龙头企业数量与林业总产值排序对比表

企业数量	盟市	总产值(亿元)	比例(%)	产值排序
82	全区	418	100.0	13
不含满洲里、二连浩特		339	100.0	
14	鄂尔多斯市	15	4.4	6↑
12	赤峰市	59.7	17.6	2 =
10	巴彦淖尔市	27.6	8.1	4↑
10	乌海市	5.2	1.5	13↑
9	呼和浩特市	14.8	4.4	7↑
9	通辽市	17.8	5.3	5↓
3	包头市	11.5	3.4	9↑
3	呼伦贝尔市	35.4	10.4	3↓
3	乌兰察布市	13.6	4.0	8↑
3	阿拉善盟	7.9	2.3	12↑
3	内蒙古森工集团	110	32.4	1↓
2	兴安盟	10.9	3.2	10↓
1	锡林郭勒盟	9.6	2.8	11↓
14	满洲里市	64.4		
15	二连浩特市	14.2		

表3　盟市龙头企业在一、二、三产业中数量分布情况表

序号	盟市	数量(个)	一产	二产	三产
总计	全区	82	39	37	6
1	鄂尔多斯市	14	4	9	1
2	赤峰市	12	6	6	
3	巴彦淖尔市	10	7	2	1
4	乌海市	10	7	2	1
5	呼和浩特市	9	7	2	
6	通辽市	9		8	1
7	包头市	3	1	2	
8	呼伦贝尔市	3	1	2	
9	乌兰察布市	3	3		
10	阿拉善盟	3	2	1	
11	内蒙古森工集团	3		2	1
12	兴安盟	2	2		
13	锡林郭勒盟	1		1	

表4　龙头企业在三产业中的数量分布情况表

产业类型	数量(个)	比例(%)
总计	82	100.0
第一产业	39	47.6
第二产业	37	45.1
第三产业	6	7.3

表5　龙头企业产业分类情况表

序号	产品名称	企业个数	比例(%)
总计	15类	82个	100.0
1	育种育苗	19	23
2	水果加工	11	14
3	水果种植	11	14
4	人造板加工	8	10
5	中药材种植与加工	8	10
6	森林沙漠旅游	6	8
7	驯养繁育野生动物及产品加工	5	6
8	木制品、木质家具	4	5
9	林产化学产品	2	2
10	森林食品	2	2
11	生物质发电	2	2
12	花卉	1	1
13	饲料加工	1	1
14	造纸	1	1
15	种子加工	1	1

表6　龙头企业分产业资产情况表

单位：亿元

产业类型	总资产	其中：固定资产	比例(%)
总计	374.4	55.66	100.0
第一产业	170.7	17.8	45.6
第二产业	192.8	33.96	51.5
第三产业	10.9	3.9	2.9

表7　龙头企业分产业销售情况表

单位：亿元

产业类型	销售收入	净利润	销售收入比例(%)
总计	80.54	9.3	100.0
第一产业	41.4	5.6	51.4
第二产业	36.94	3.2	45.9
第三产业	2.2	0.5	2.7

【优势特色经济林】　全区各地依托地区特色优势，大力发展特色经济林基地建设。2015年，全区经济林产品的种植与采集实现产值44.5亿元，其中水果种植实现产值20.3亿元，森林药材及森林食品种植实现产值12.4亿元，各类经济林产品种植面积达87.3万公顷，产量达58万吨。

【林木种苗花卉】　2015年，全区林木育种育苗产业实现产值33.7亿元，花卉产业实现产值2.3亿元。全区共有林木良种基地34处，面积达9万亩；育苗基地73万亩，生产苗木19亿株，其中林木种苗种植龙头企业育苗面积达59.4万亩，主要以樟子松、云杉等树种为主。

【木材及人造板精深加工】　2015年，全区木材产量143万立方米，锯材产量761万立方米，其中，满洲里、二连浩特市进口锯材加工产量达709万立方米；人造板产量49万立方米。其中12家自治区级林业产业化重点龙头企业年生产人造板达19.7万立方米，占全区总产量的40.8%；生产木质家具5.8万立方米，生产木屋1.8万平方米。全区人造板及木质家具加工规模迅速扩大，木材综合加工利用率明显提高。

【驯养繁育野生动物及其产品加工】　全区各地积极开展貂、马鹿、野猪、野鸡等动物的人工驯养繁殖与利用，2015年实现产值11.3亿元，特色养殖业逐步向规模化、产业化方向发展。全区共有驯养繁育野生动物及产品加工自治区级龙头企业5家，其中驯养繁育及加工企业3家，以鹿产品加工为主。

【林业生态旅游】 2015年，全区森林旅游实现产值31.3亿元，全区已建成森林公园47处，经营面积77.4万公顷，其中国家森林公园24处，面积56.04万公顷。已批建国家湿地公园36处，面积25.5万公顷。自然保护区140处，面积1051.58万公顷，其中国家级24处。

【林下经济】 2015年，自治区人民政府办公厅印发《关于加快林下经济发展的实施意见》(内政办发〔2015〕36号)。全区各地依托森林及林地资源，合理开发利用发展林下种植业、养殖业、林下产品采集加工及森林景观利用产业。林下种植业主要有林药、林菌、林草、林苗、林粮、林果、林花、林菜等模式，产量达1.8万吨。林下养殖业主要以林禽、林畜、林蜂、林蛙等模式为主，养殖规模达335万头(只)。林下采集加工产量达4.4万吨，主要品种有食用菌、山野菜、中蒙药材等。

【林沙产业】 内蒙古自治区具有发展林沙产业的资源优势，境内分布有毛乌素、浑善达克、科尔沁、呼伦贝尔、乌珠穆沁五大沙地和巴丹吉林、腾格里、乌兰布、库布齐、巴音温都尔五大沙漠。长期以来，沙区人民在防沙治沙、改善生态的基础上，从当地实际出发，合理开发利用灌木资源，沙生药用植物资源等，发展人工种植肉苁蓉、锁阳等沙生中药材种植业，建设灌木饲料林基地，开展沙漠生态旅游业。把发展林沙产业作为重要产业，以资源转化增值拉动资源增长，实现沙区生态与产业协调发展。2015年，全区林沙产业产值已达到161亿元。

【赤峰市林业产业】 截至2015年年底，全市森林面积4511.7万亩，森林覆盖率35.5%，活立木总蓄积量6414万立方米。“十二五”期间，全市林业产业总产值平均每年以16%的速度递增。2015年，全市实现林业总产值59.7亿元，占全区林业总产值的14.3%。

截至2015年年底，全市经济林总面积达到979778亩、其中结果面积439555亩，年产量达35.28万吨，2015年产值11.35亿元。全市设施林果业建设面积达到13780.5亩，建设大棚6271个，栽植的主要品种为葡萄、油桃、大樱桃、草莓、火龙果等，年产各类水果11235.8吨，安排就业人数5581人，人均年收入2500元。全市设施花卉业建设面积达到3398.8亩，建设大棚1036个，主要品种有玫瑰、百合花、非洲菊、万寿菊、芍药和各种盆景等，年销售4675万株(盆)，安排就业人数1089人，人均年收入12000元。全市设施菌类面积达到4190.9亩，建设大棚2892个，年产量63562.5吨，安排就业人数29810人。

全市共有木材加工企业584家，主要产品有板方、细木工板、胶合板、家具等，产销率达到90%以上。2015年全市年采伐木材29.5万立方米，木材年消耗量54.81万立方米，年生产总值3.65亿元，利税3188万元，安排就业人数3759人，人均年收入7500元。全市有各类野生动物驯养繁殖场及合作社156家，安排就业人数3107人。驯养繁殖野生动物有马鹿、狍子、野猪、大雁等10多个种类。全市大力发展森林绿色食品采集加工业。山野菜、菌类年采集量6100吨，共带动农户2.53万户，人均年收入2600元。

全市共有各级森林公园14处，其中国家级6处，省、市级8处；共有各级自然保护区18处，其中国家级5处，省、市、县级13处。2015年全市森林沙漠生态旅游年接待游客231.84万人次，总收入达到11.03亿元，直接安排就业人员6188人，间接安排就业人员14600人。

【阿拉善盟林业产业】 阿拉善盟现有林业用地面积7745万亩，占全盟国土面积的19%，其中，有林地102.9万亩，灌木林地2994.3万亩，宜林地4409万亩，活立木蓄积量596万立方米，森林覆盖率7.65%。

“十二五”期间，林沙特色产业发展成为全盟林业工作的一大亮点。一是梭梭基地规模达到235万亩，接种肉苁蓉46万亩，白刺产业基地围封复壮120万亩，接种锁阳15万亩。2015年，全盟鲜肉苁蓉产量4200吨，鲜锁阳产量7260吨，鲜甘草产量220吨。2013年，阿拉善盟被授予“中国肉苁蓉之乡”称号。二是积极探索发展文冠果、沙地葡萄、黑果枸杞、红枣产业，种植沙地葡萄20000亩，红枣5000亩，文冠果1000亩，黑果枸杞6000亩，为发展林沙产业、提高区域农牧民收入奠定基础。三是阿左旗、阿右旗被评选为“国家级林下经济示范基地”；全盟27个林业专业合作社已有7个被评为自治区级示范社，阿拉善左旗苏海图肉苁蓉锁阳专业合作社被选为首批国家级示范社。四是为涉林企业及农牧户申报落实贴息贷款规模20183万元，补贴利息605万元。五是大力发展森林沙漠旅游，贺兰山、胡杨林、巴丹吉林沙漠、腾格里沙漠已成为该盟旅游的标志性品牌。

【准格尔旗林业产业】 鄂尔多斯市准格尔旗把山杏产业作为一项富民增收的主导产业，经过多年管护和开发，目前已成为鄂尔多斯市东部规模较大、品质优良的山杏资源大旗。

近年来，该旗依托退耕还林、天保工程、京津风沙源治理、日元贷款、旗级绿化等林业重点工程项目，以山杏、沙棘、海红子、苹果、梨、枣、葡萄、家桃、食用杏等为主的经济林产业得到迅速发展，已成为当地农村经济发展、促进农民增收的途径之一。全旗经济林总面积发展到67.37万亩，其中山杏31.63万亩。

在山杏产业发展进程中，该旗给予资金扶持。据统计，2015年，该旗山杏产业为依托的高原杏仁露公司总资产29333万元，企业人数180人，总产值为15097万元，年产量为2.5万吨，生产的主要产品有杏仁露、冰糖海红、酸杏汤等；年销售收入达到14777万元，利润总额为1671万元，实际上缴税金334万元；收购原料资金6300万元，带动农牧民人数51000人。该公司在准格尔旗率先提出建设“211”工程(2000亩育苗基地、1万亩杏林博览园、100万亩杏林原料基地)。充分利用准格尔旗杏树产业资源，促进产业结构调整，以提高杏仁露市场竞争力和增加农牧民收入为目标，以市场需求为导向，以提高杏仁露质量和营养价值为宗旨，利用杏林资源，成功举办了三届鄂尔多斯杏花节。公司通过采用“公司+基地+农户+经纪人”的模式，大力培育山杏深加工产业，使杏林成为该公司的原料车间，农民成为公司的产业工人，既保证了公司的原料供应，又保证农户的收入来源。该公司每年与退耕还林农户签订合同，以保护价收购杏核，使退耕还林农民成为产业工人。

【东胜区林业产业】 东胜区依托丰富的沙棘资源，大力发展沙棘产业，通过实施“产、加、销”一条龙、“公司+农户+基地”的经营模式，为林沙产业发展提供充足的原料。2015年，在鄂尔多斯市天骄资源发展有限责任公司、高原圣果生态开发有限公司两家龙头企业的带动下，全区林业产业企业总资产达到17612万元，总产值达到3360万元，销售收入达到2564万元，实际上缴税金217万元，用于收购原料的资金达1084万元，带动16000人参与到林沙产业生产建设中来，农民人均增收2866元。

该区通过创新造林机制，实行“五荒”土地承包到户政策，坚持“谁治理、谁拥有、谁管护、谁受益”原则，对荒山荒地实行有效流转和合理利用；同时改变过去单一造林投资方式，鼓励非公有制、集体、个人造林，实施“产、加、销”一条龙、“公司+农户+基地”的经营模式，加大林沙产业原料林建设。同时，坚持以科技先导，引领产业发展。该旗的自治区级林业产业化重点龙头企业，鄂尔多斯天骄沙棘资源发展有限公司与中国林科院沙棘研究所、北大生命科学院合作，成功研制出沙棘叶黄酮胶囊、沙棘原花青素胶囊和沙棘爽口片3种新产品，引进了一条18.4吨沙棘叶黄酮和80吨沙棘原花青素胶囊生产线，解决了沙棘雄株无利用价值的难题。该公司还对原有产业链进行了延伸，将生产沙棘醋、酱油产生的糟渣经过配比生产成饲料，提供给农牧民进行舍饲养殖，养殖产生的粪便替代原料林基地的化肥，形成了一条闭合产业链，实现了资源的循环利用。

【林业产业大事记】

4月 自治区政府办公厅正式印发了由林业厅代拟的《内蒙古自治区人民政府办公厅关于加快林下经济发展的实施意见》(内政办发〔2015〕36号)。

7 月 内蒙古伊泰集团有限公司董事长张双旺、内蒙古和盛生态育林有限公司董事长赵泉胜获得第六届“光彩事业国土绿化贡献奖”。

8 月 在赤峰市组织召开了全区林业产业现场会。

12 月 28 日，国家质量监督检验检疫总局发布公告《2015 年第 162 号公告》，正式批准对内蒙古肉苁蓉产品实施地理标志产品保护。获批地理标志保护产品后，“内蒙古肉苁蓉”产品对保持其地域特色，进一步提高知名度，提升品牌价值和市场竞争力，推动肉苁蓉产业发展具有重要意义。

（韩 英）

辽宁省林业产业

【概 述】 2015年，辽宁省林业产业实现总产值1664.59亿元，同比下降9.23%。其中，以林业特色种养业为主的第一产业实现产值917.7亿元，以林产品加工业实现产值500.84亿元，以林业旅游与休闲服务业等第三产业实现产值246.05亿元。全省涉林农民年林业人均增收1280元。

【政策规划】 2014年，辽宁省启动了千万亩经济林工程建设项目，并以省政府名义下发《千万亩经济林工程实施意见》，制定每亩补助300元的扶持政策。通过政策牵动、政府推动、科技引领、典型示范，从而使千万亩经济林工程建设工作取得较好成效。2015年，全省完成千万亩经济林建设施工面积181.24万亩，完成重点基地面积24.89万亩。全省民营企业、专业合作社、工商大户等经济林工程建设面积37.30万亩，占工程实际完成面积的20.59%。2015年，全省共投入经济林工程建设资金16.306亿元。其中，省补助资金5.306亿元，整合中央资金2.25亿元，市县整合和自筹资金3.32亿元，企业、专业合作社、工商大户等共投入资金5.43亿元。

【省级林业产业龙头企业】 辽宁省为促进全省林业产业的发展，2015年通过扶持龙头企业和培育品牌，积极推进彰武中国北方家居、台安木业产业集群、沈阳于洪家具和地板，大连金州家具、抚顺南杂木木材加工、本溪药都、辽阳灯塔毛皮动物加工、铁岭西丰鹿产业园区建设，提升了辽宁省林业产业竞争力和林产品品牌影响力。2015年，辽宁省有5家企业获得国家林业产业重点龙头企业称号，有6家企业获得省林业产业龙头企业称号。截至2015年，全省林业产业龙头企业达到141家。国家林业产业重点龙头企业5家，获得辽宁省名牌林产品92个。获得国家命名的产业第一县4个，产业示范市1个、示范县3个。全省获得地理标志认证产品14项。

【一县一业】 辽宁省通过鼓励和引导市县，依托资源和产业优势，大力推进林业产业示范基地建设，推进林业“一县一业”发展，形成具有辽宁地域特色的优势产业，提升对县域经济、富县富民的贡献率，提升林业在地方国民经济发展中的地位和作用。2015年，辽宁省的辽阳县获得中国经济林协会命名的“中国大果榛子之乡”称号。2015年，有5个乡镇获得“辽宁特产之乡”称号。截至2015年，获得“中国经济林之乡”称号的县(市)有13个，获得省命名的林产业“辽宁特产之乡”22个。省政府命名的全省“一县一业”示范县9个。

【沈阳市“寒富苹果”产业】 2015年，沈阳市林业产业总产值约106.43亿元。其中第一产业产值约56.93亿元，第二产业产值约36.25亿元，第三产业产值约13.24亿元。

寒富苹果作为沈阳市的地方名牌果品，以其色泽鲜艳、肉质细腻、酸甜爽口、果香浓郁的极佳品质，深受消费者青睐。产业发展规模大、区域优势突出，经济效益显著，具有极大的市场潜力和广阔的发展前景。截至目前，全市寒富苹果栽培面积已经达到48万亩，结果面积18万亩，丰产面积10万亩，年产量25万吨。寒富苹果专业合作社81家，合作社共有社员7381户，经营面积27.01万亩，占寒富苹果总面积的57%。寒富苹果专业合作社在落实生产计划、指导生产管理、推广新技术、培育技术人才、协调科技服务、组织产品销售做了大量的协调和服务工作，已经初步形成了以专业合作社为核心，“专业合作社+高校和科研院所+企业”的社会化服务体系。

2015年，全市建设寒富苹果示范园8个(市财政给每个寒富苹果示范园补助5万元)；建设林下示范小区16个(市财政给每个林下示范小区补助3万元)。

【丹东市“板栗”产业】 板栗是丹东市林业的传统、特色、主导产业，面积210万亩，产量10万吨，全市板栗总产量占辽宁省的95%，占全国的7.5%，占世界总产量的3.8%。全市各乡镇都有板栗栽培。2006年，丹东板栗获得国家地理标志产品保护，成为中国第一个获得国家认证的板栗产品，现已有板栗企业和合作社34家获得丹东板栗地理标志产品专用标志使用权。丹东板栗深加工初具规模，成为全国最大的生产、加工、出口基地，全市有22家板栗加工企业，年出口1万多吨，主要产品有速冻栗肉、板栗罐头、板栗酱、甘栗仁、栗子粉等。全市成立板栗专业合作联社1个、板栗合作社100个，社员5千余人，带动农户达3万余户。丹东市板栗协会现有团体会员130个，拥有会员4万余人。重点龙头企业：丹东华旭食品有限公司、丹东奥森食品有限公司(板栗产品出口最大企业)，辽宁鸭绿江酒厂(板栗酒，板栗内销产品最大企业)。市级板栗示范基地：凤城市弘助有机板栗专业合作社(有机板栗立体栽培)。

【朝阳市“两杏一枣”产业】 经济林是朝阳市山区农民脱贫致富奔小康的“摇钱树”，是干旱地区种植业的铁杆庄稼。朝阳积温高，日照长，降水少，温差大，为“两杏一枣”提供了丰厚的植生条件，积温高、日照长为结果提供了充足的热能资源；降水少吻合了“两杏一枣”耐干旱耐瘠薄的特性，同时减少枣果裂果，提高枣果质量；温差大有助于果实着色，提高含糖量和贮存能力，朝阳的干鲜果品享誉全国。

2015年，朝阳市林业产值达228.6319亿元。2015年末，全市共发展以“两杏一枣”为主的经济林总面积458万亩，产值38.83亿元。其中大枣62.2万亩，产量22.59万吨，产值16.73亿元；大扁杏40.1万亩，产量1.464万吨，产值5.2亿元；山杏355.7万亩，产量12.44万吨，产值16.9亿元。带动农户50万户，涉林农民人均收入达7650元。国家林业局先后将朝阳市的凌源市、朝阳县、北票市、喀左县命名为“仁用杏基地县”，凌源市“经济林之乡”，国家农业部命名朝阳县“大平顶枣之乡”，国家林业局命名北票市上园镇“金丝王枣之乡”，凌源市乌兰白镇、松岭子“大扁杏之乡”。

【电子商务】 辽宁省积极协调扶持电子商务项目。截至2015年年底，辽宁中珍科技股份有限公司“中珍网”、开原市北榛娃娃有限公司“北榛娃娃”电商平台建设，取得初步成效。“中珍网”电子商务综合平台已于2015年9月25日正式上线试运营。有22家生产企业的44款商品完成店铺装修及产品上架展示；“北榛娃娃”日订单量由原来的几十单，到几百单、几千单，销售额日均几万元，年均销售开原榛子5万千克，榛子销售产值年均300万元，网络平台也由原来的淘宝，增加了苏宁、京东、邮农丰，阿里巴巴，还有微商平台。产品现已销往全国各地。

(辽宁省林业厅)

吉林省林业产业

【概　述】 吉林省是全国重点林业省份之一，截至2015年年底，全省林地面积为937.6万公顷，占全省幅员面积的49.5%；有林地面积为822.1万公顷，森林覆盖率43.9%；活立木总蓄积为9.88亿立方米，单位面积蓄积量119.5立方米/公顷；全省建有不同类型的自然保护区42个，总面积261.3万公顷；省级以上森林公园57个，总面积258万公顷；省级以上湿地公园33个，总面积8.5万公顷；全省已有省级以上林业产业园区10个(其中国家级1个，省级9个)、省级以上林业龙头企业126户(其中国家级6户，省级120户)、国家林下经济示范基地5个、全国林业专业合作社示范社12个、省级林业产业基地59个。

2015年，全省完成林业产业总产值1550亿元，同比增长6.9%，三次产业结构比为26:60:14，东、中、西部地区产值比为81:13:6。自2006年实施省委省政府“建设林业经济强省”战略决策以来，林业产业进入了快速发展轨道，产业总产值从2006年的255亿元迅速增长到了2011年的1026亿元，5年翻了两番。近几年来，由于外需持续乏力、原材料及人力成本上涨、木材停伐、汇率波动以及国内经济新常态等因素影响，传统的木材加工及木制品制造业经营处于勉强维持的境地，新兴的林下经济产业依靠数量规模型增长也受到了资源、环境因素等瓶颈的制约，发展速度有所回落，第三产业发展迅猛，产业结构上第一产业所占比重持续小幅下降，第二产业所占比重继续保持稳定，以林业旅游与休闲为主的第三产业所占比重逐渐有所增大，产业转型效果正逐步显现。

第一产业实现产值399.85亿元，同比增长2.22%。其中森林培育业产值43.01亿元，木材采运业产值36.98亿元，经济林产品的种植与采集业产值223.19亿元，野生动物驯养业产值48.45亿元，花卉业产值14.36亿元。

第二产业实现产值938.59亿元，同比增长5.32%。其中，木材加工和木制品制造业产值290.49亿元，同比略有下降；非木质林产品加工制造业产值达到452.22亿元，同比增长6.0%。传统的木材加工业处于负增长状态，新兴的非木质林产品加工制造业增速回落明显。

第三产业产值211.6亿元，比2014年增长25.47%。其中，森林旅游及休闲服务业产值达到109.86亿元，占第三产业产值的51.91%，是第三产业的重要支柱。

【木材采运业】 2015年，全省生产木材287.87万立方米，同比下降16.6%；木材销售实际平均价格为1285元/立方米，同比增长5.67%；木材采运业产值同比下降11.41%。

2015年，国家实施停止天然林商业性采伐政策，木材产量下降三分之一，对下游企业造成了较大冲击，主要表现在东部山区人造板、锯材、木片生产企业大面积限产、停产。为做好木材的供应保障，吉林省制订了近、中、远期三步应对措施：近期以国家“一带一路”战略为支撑，支持大型木材加工企业“走出去”，建立海外木材供应基地，同时转移过剩木材加工产能。国家重点龙头企业中信美来木业、抚松金隆木业等大型企业在俄罗斯收购了80多万公顷林地，建立了木材初级加工厂，满足了自身木材需求。另一方面，采取市场化运作模式，探索建立远东木材、欧美木材原木交易中心，以满足东部山区中小企业对木材的需求；中期以大众创新为支撑，支持生产企业和科研院所研发木材替代产品，培育适合东北地区的速生树木新品种。镇赉县林业局培育抗寒竹柳新品种取得成功，有望未来几年为木片、人造板、造纸企业提供稳定的原料来源；远期着眼于国家级优质商品材战略储备基地建设，在造林、抚育中开展大径级珍贵树种用材林建设，建设以黄波罗、水曲柳、核桃楸等珍贵树种为主的大径级用材林基地。

【经济林产品种植与采集业】 2015年，以蓝莓为主的水果种植业，以人参、五味子、天麻、细辛、贝母、红景天为主的中药材种植业，以猴头、木耳、香菇为主的食用菌产业，以刺嫩芽、薇菜、山芹菜为主的山野菜产业都保持了较高的增速，经济林产品种植与采集业产值同比增长11.7%。其中，水果种植业实现产值30.37亿元，同比增长18.5%；森林食品种植业产值48.75亿元，同比增长11.9%；中药材种植业产值123.57亿元，同比增长14.2%。中药材种植业产值占第一产业产值的30.9%，是第一产业的重要支柱。

吉林省内的长白山是东亚大陆上唯一有高山冻原的名山，森林植被保持了原始状态的完整森林生态系统，有着丰富的植被与药材资源。研究表明，长白山区共有野生药用植物1063种，其中珍稀濒危药用植物61种，东北地道药材25种。因此，长白山成为中国“北药”的资源宝库。抚松县被誉为“中国人参之乡”，抚松的万良长白山人参市场目前是世界上最大的参类产品集散地。“长白山人参”本身就是重要的医药保健品品牌。随着社会向老龄化发展，人们保健意识的增强，人们对中草药认同度的日益提高，国内外对中药材的需求量越来越大。另外，市场对天然无污染的森林绿色食品需求旺盛，森林绿色食品加工产业也还有极大的发展空间。为构建绿色食品、药品、饮品等林特产品加工产业体系奠定基础，吉林省充分发挥丰富的野生动植物资源优势和良好的生态环境优势，制订了6个百万工程规划，即百万公顷红松果林工程、百万亩林下参工程、百万亩榛子果林工程、百万亩红豆杉工程、百万亩森林中药材工程、百万亩绿色菌菜工程。

【森林动物养殖业】 2015年，以林蛙、鹿、狐、野猪、山鸡等为主的野生动物驯养产业产值同比略有增长。全省共兴办各类野生动物养殖场超过9000户，基本形成了具有一定规模的野生动物驯养繁殖、加工利用产业体系，为广大人民群众开辟致富门路、拓宽就业渠道以及发展地方经济作出了积极的贡献。

【花卉产业】 全省花卉产业产值同比增长5.8%。全省鲜切花切叶产量4414万支，盆栽植物产量2840万盆，观赏苗木1023万株。全省花卉业走上了稳步发展之路，生产面积、产量、产值稳中有升，流通环节畅通，市场体系健全，已成为中国北方重要的花卉产业生产基地之一。

【木材加工和木制品制造业】

锯材产量增长、木片产量下降 2015年，全省木材加工业实现产值81.43亿元，其中锯材产值46.70亿元，木片(木粒)产值2.06亿元。锯材产量173.09万立方米，同比增长15.83%；木片加工产量达到37.92万实积立方米，同比下降11.42%。锯材、木片的平均销售价格分别为2698元/立方米、543元/实积立方米，同比增长19.49%、22.02%。木材停伐政策导致木材产量减少，由于进口木材的迅速补充，锯材产量仍保持了一定的增长，同时，进口木材的价格带动了锯材价格的上升；木片产量受停伐政策影响，产量下降，价格上涨明显。

人造板产量小幅增长 2015年，全省人造板实现产值98.82亿元，产量达到434.95万立方米，同比增长2.59%。其中，胶合板152.24万立方米，同比增长2.16%；纤维板135.9万立方米，同比增长7.84%；刨花板64.62万立方米，同比下降15.87%；其他人造板(主要为细木工板)82.2万立方米，同比增长13.93%。

人造板产业一直是吉林省林业产业的一大支柱产业，产值占总产值的8%左右。自2014年开始，随着国家停伐政策的实施，原料半径内的枝丫材产量骤减，纤维板、刨花板企业依靠库存原料勉强维持了2015年的正常生产。

木地板产量下降、价格小幅增长 2015年，全省木地板产量达4082万平方米，比2014年下降5.67%。其中实木复合地板3877万平方米，其他木地板21.44万平方米。2015年，全省木地板销售实际平均价格为129元/平方米，比2014年增长4.88%。

吉林省是国内实木复合地板的主产地，80%以上的产品出口欧美等国。近年来，由于外需的持续乏力，加上贸易壁垒政策、汇率波动等因素影响，木地板行业正处于严冬之中。为了“抱团取暖”，在省林业厅的支持下，省林业产业协会成立了主要以木地板生产企业参加的木地板专业委员会，对外协调统一采购、统一接单、统一销售等事宜，对内协调各产业链的合理布局，以改变“小而全”的产业结构，形成“大而专”的产业集群。

【非木质林产品加工制造业】 2015 年，全省非木质林产品加工制造业实现产值 452.22 亿元，比 2014 年增长 5.97%。其中，果酒、果汁饮料制造业产值 19.0 亿元，同比下降 46.3%；坚果加工业产值 33.96 亿元，同比增长 10.2%；山野菜、食用菌加工业产值 22.76 亿元，同比增长 37.6%；野生动物食品加工业 12.55 亿元，同比增长 41.9%；森林药材加工制造业 353.55 亿元，同比增长 11.7%。森林药材加工制造业产值占全部林业产业总产值的 22.8%，是全省林业产业的第一支柱。

依托得天独厚的长白山森林药材资源，围绕打造北药基地，吉林省大力发展中药材加工制造业，建设了一批具有 GMP 标准的生物制药加工基地，形成了产业配套、资源整合、技术集成能力较强的生物产业集群，以中成药为主的现代医药行业已经成为吉林省新兴的支柱产业之一。

【森林旅游业】 吉林省积极发展森林生态旅游、林业休闲服务等产业，特别是依托森林公园、湿地公园，沙漠公园、大力宣传和推动森林旅游产业发展，把发展森林旅游业作为优化林业产业结构、转变发展方式、构建绿色经济增长、增加林区百姓收入的重要举措。2015 年，全省林业旅游接待人数达 1328 万人次，产值比 2014 年增长 47.2%，成为林业第三产业的主要增长点。

【龙头企业】 吉林省自 2007 年开展龙头企业认定工作以来，先后分 9 批，共认定了 161 户企业为省级林业产业化龙头企业。经监测管理，截至 2015 年年底，省级林业产业化龙头企业有 126 户，其中国家林业重点龙头企业 6 户。

表 1 2015 年吉林省林业产业化龙头企业名单(部分)

序号	企业名称	主营产品	备 注
1	吉林兄弟木业有限公司	木门	国家级
2	吉林中信美来木业集团有限责任公司	地板、木门窗	国家级
3	抚松金隆木业集团有限公司	地板	国家级
4	吉林新元木业有限公司	地板、家具	国家级
5	吉林森林工业股份有限公司	刨花板	国家级
6	吉林森工集团金桥地板集团有限公司	地板	国家级
7	敦化森泰木业有限责任公司	地板	
8	敦化市碧源生物科研中心	人参制品	
9	汪清广联木业有限公司	木门	
10	汪清斯宅木业有限公司	木屋、家具	
11	吉林省春源木业有限公司	家具	
12	长春市华英木业有限公司	家具	
13	蛟河市于氏木业有限公司	家具	
14	临江市金豹木业有限公司	百叶窗、地板	
15	珲春市神怡菌业生物科技开发有限公司	香菇	
16	吉林白山传奇健康药业有限公司	人参	
17	敦化市森宝生物科技有限公司	熊胆粉	
18	吉林大戏台河旅游景区有限责任公司	旅游	
19	珲春兴家地板有限责任公司	地板	
20	珲春兴业木业有限责任公司	胶合板	
21	集安市宏发木业有限责任公司	家具	
22	吉林省云山木业有限公司	细木工板	
23	珲春长城菌业科技开发有限公司	食用菌	
24	吉林长白明珠森林食品有限公司	人参食品	
25	通化康元生物科技有限公司	林蛙生物制品	
26	汪清东北红豆杉生物科技有限公司	红豆杉	
27	汪清惠邦园艺科技有限公司	种苗、花卉	
28	靖宇县绿野林业科技开发服务有限公司	种苗、花卉	
29	吉林省北佳林业科技开发有限公司	五味子	
30	临江长白山鹿业有限公司	鹿	
31	吉林省东丰药业有限公司	鹿产品	
32	吉林省奈奇生态食品有限公司	果汁饮料	
33	白山市林源春生态科技有限公司	果汁饮料	
34	延边森林山食品有限公司	野猪肉制品	
35	延边兴林生物科技有限公司	食用菌	
36	长春城开园林绿化有限公司	苗木	
37	吉林市荣邦实业有限责任公司	苗木	

(续表)

序号	企业名称	主营产品	备　注
38	长春市宏达园林苗木绿化工程有限责任公司	苗木	
39	长春净月潭旅游发展集团有限公司	旅游	
40	吉林省工艺美术集团有限公司	工艺品	
41	吉林派诺生物技术股份有限公司	松子	
42	吉林省泰信达长白山生物科技开发有限公司	林蛙油	
43	吉林实验绿化集团有限责任公司	苗木	
44	梨树县永成木业有限公司	胶合板	
45	吉林省锦疆木业有限公司	木门	
46	吉林睿康生物科技有限公司	梅花鹿制品	
47	通化百泉参业集团股份有限公司	人参	
48	通化禾韵现代农业股份有限公司	蓝莓制品	
49	吉林省集安益盛药业股份有限公司	中成药	
50	吉林省红五味保健食品有限公司	五味子饮品	
51	白山华枫木业有限公司	地板	
52	抚松县和平家具有限责任公司	家具	
53	吉林省林海雪原酿酒有限责任公司	果酒、饮料	
54	吉林省鼎源特产经贸有限公司	山野菜制品	
55	临江市宝健木业有限责任公司	百叶窗	
56	长白山森工集团珲春森林山木业有限公司	地板	
57	延边宝利祥蜂业股份有限公司	蜂产品	
58	吉林福敦木业有限公司	木门	
59	敦化市大福门业有限公司	木门	
60	延边盛达木业有限公司	木门	
61	吉林森工集团泉阳泉饮品有限公司	矿泉水	
62	抚松县露水河天祥土特产有限公司	蜂产品	
63	吉林森工云龙木业有限公司	百叶窗	
64	吉林省三林木业有限责任公司	细木工板、家具	

(金元日)

黑龙江省林业产业

【概　述】

产业规模不断扩大　2015年，全省林业总产值实现1438.5亿元，比2010年的693.37亿元翻了一番多，“十二五”期间年均增长15.9%。其中，木材加工业实现产值616.39亿元，进口俄罗斯木材633万立方米，实现产值达60亿元；年产各类食用菌316万吨，交易额达到317亿元，同比2014年增长18.9%；北药种植面积57.7万亩，产量2.3万吨，产值突破100亿元；苹果、葡萄、李子等林果产量24.7万吨，红松籽、榛子、核桃等干坚果产量1.7万吨，蓝莓、沙棘等浆果产量3500吨，年加工产值120亿元；山野菜产量4.8万吨，产值36亿元，居全国第一位；全省驯养各类毛皮动物400万只，年产毛皮350万张，森林猪年出栏15万头、森林鸡600万只，林蛙养殖户6500家，驯养熊类5000多头，动物驯养利用年总产值实现50亿元；全省林区年接待游客2800万人次，实现旅游业总收入350亿元。

产业集聚效应初显　林业产业精深加工企业规模不断壮大，2015年，全省林业产业规模以上企业数量达406户，占全省工业企业的1/10，其中，木材加工和家具制造企业311户，占全产业的77%，森林食品加工企业35户，造纸及纸制品企业53户，北药加工企业10户。前20名企业年加工产值占全产业产值的8%，表明产业集群已经显现。

产业品牌初步叫响　培育了恒友、双叶、光明、华鹤四大家具品牌，林格贝、越橘庄园、可新食品、恒丰纸业、一辰北药、黑宝药业等龙头企业。在品牌建设上，形成了黑森、光明、华鹤、林都、森鹰、大兴安岭超越、长乐山、北五味、元宝耳、黄金耳等一批国内知名品牌。2013年，双叶、光明、华鹤在全国实木家具排名中分别列全国第五、第七、第八位。黑龙江的山特产品，尤其是森林食品在全国的知名度日益提升，得到社会广泛认可。

产业结构日趋合理　2015年，全省林业总产值1438.5亿元，第一产业实现产值566.1亿元，占总产值的39.35%，第二产业实现产值616.39亿元，占总产值的42.85%，第三产业实现产值256.02亿元，占总产值的17.8%。与2010年相比，一次产业比重明显下降，二次产业略有增加，三次产业明显增加。其中黑木耳和坚果产业全产业链已经初步成型，从种植、采摘、到加工、萃取，再到剩余物造肥回填土地，向绿色、生态、健康、环保产业迈出坚实步伐。

主要问题　作为国家重点林区，黑龙江省不但承担了维护国家生态安全、粮食安全和国家商品材生产等重任，更肩负了大量的社会职能，受资源保护政策和现有体制机制等多种因素制约，全省林业产业与国内发达地区相比还有很大差距，突出体现在以下几方面。

一是市场经济意识不强。黑龙江林业是国内较晚退出计划经济领域的行业。在市场经济高度发展的当下，黑龙江国有林区总体上还是计划经济下形成的管理机制和管理模式，市场经济意识明显落后于先进地区和发达行业，难以较好地适应市场经济为主体的经济体制运行体系。二是市场化体制机制不健全。黑龙江省林业产业发展主体为省森工总局、大兴安岭林业集团、伊春林管局，均为政企合一体制，既肩负政府行政职能，又具有企业性质。资源产权结构单一，全省林业资源国有比例高达95%，远高于39.7%的全国平均水平，与市场经济产权多元化要求脱节。产权关系转换难度大。三是忽略市场合作与营销。黑龙江林业产业发展滞后的根本原因在于市场化程度不高，突出表现为市场竞争意识不强、忽略合作、忽略营销。大多数企业为作坊式生产，专业化程度不够，相互间缺乏分工协作。上下游产业缺少沟通配合，产业链延伸困难。多数产品以原材料方式进入市场，未能实现资源利用最大化，集团化、集群化更是难以实现。四是不注重与资本市场合作。黑龙江林业企业对资本市场运用缺乏认识、把握不到位，利用资本市场发展壮大意识不强，对新兴业态重视程度不够，对公司债和资产证券化等新型融资工具知之甚少，没能充分利用资本市场的融资和整合功能，尤其是对新兴金融产品的驾驭能力不足，市场融资手段不足。

2016年的工作目标 要深刻反思本省林业产业发展滞后的根本原因。既要看到差距，更要坚定发展信心，用正确的思想观念、体制机制、路径方法加快推动林业产业发展。一要制订全省林业产业发展规划。核心要素包括食用菌、林果、北方道地药材种植加工、野生动物驯养与利用、山野菜、生态旅游、森林健康养老、对俄林业合作等8个重要产业发展方向，以及技术支撑体系，市场需求分析，产权转换，金融支持体系，交易中心、“互联网+”营销系统等的建立完善，要明确体制机制改革的目标任务和工作节奏，突出可操作性。二是召开全省林业产业发展及投融资体系与资本市场合作大会。系统梳理各类用于生产合作、股权合作(包括私募)、PPP、资产证券化合作等具体项目，邀请资本市场、有关批发市场及国内外有需求的客户参会，充分洽谈对接。用市场化机制选择有竞争力的企业，用市场化机制逼出我省企业竞争力。三是用市场化方式成立一期政府出资5亿元、引导社会资本投入组建25亿元的省林业产业投资基金。市场化选择基金管理机构。四是全面梳理全省与林业产业相关的交易中心、批发市场，确定重点培育支持对象，努力形成规模。五要转变体制机制。将全省有森林资源或较强科研能力、产业发展能力的涉林事业单位列入第一批事业单位改革范围，必要时可采取竞争性委托管理体制。六要加强有针对性的培训。提高林业系统干部队伍、产业界的市场经济意识和能力水平。七是成立省林业产业发展工作领导小组。省长和分管副省长任组长、副组长，用五年的时间，使黑龙江林业产业规模、质量达到国内中上水平，努力将林业产业培育成黑龙江省重要的支柱产业之一。

(陈凯声)

上海市林业产业

【概　述】 上海林业产业以经济果林为主。近年来，上海的林果产业呈现出良好的发展态势，生产规模迅速扩大，品种结构逐步优化，特色布局基本形成，标准化生产有序推进，组织化程度明显提高，品牌化经营效应凸显，经济效益、社会效益和生态效益显著提升。2015 年，经济果林面积 29.8 万亩，果品总产量 34.72 万吨，总产值 21.83 亿元。林果产业发展越来越显现其生态、经济和社会功能。一是经济果林成为重要的生态资源。经济果林面积约占森林资源面积的 1/5，成为森林资源的重要组成部分，为改善本市城乡生态环境作出了重大贡献。二是经济果林成为农民增收的重要来源。上海的经济果林以南汇水蜜桃、松江水晶梨、崇明柑橘、嘉定葡萄、奉贤黄桃、金山蟠桃等为特色品牌。平均亩产值超过 5000 元，远远高于粮食等一般农作物，已经成为农业增效、农民增收、农村稳定的重要保障。三是经济果林成为重要的旅游资源。近年来，南汇桃花节、嘉定马陆葡萄节、长兴柑橘节等以经济果林为主题的旅游已经成为上海市民家喻户晓的特色旅游节目，为广大市民休闲度假开拓了新的空间，为推进旅游事业和带动农村经济发展奠定了基础，为造福市民、服务社会作出了重要贡献。

【森林资源管理】 截至 2015 年年底，全市林地面积 108091 公顷，比 2014 年净增 6176 公顷；森林面积 95284 公顷，比 2014 年净增 6249 公顷；森林覆盖率 15.03%，比 2014 年净增 0.99 个百分点。上海市在加强森林资源管理方面做了以下重点工作，一是有序开展森林资源调查。按照国家林业局统一部署，如期完成上海市全国第九次森林资源连续清查和本市森林资源一体化监测工作，为实现国家监测与地方监测“一盘棋”、森林资源“一套数”、森林分布“一张图”的目标积累了经验，也为新造林地块和未成林造林地规划划示工作提供了科学依据。二是落实林业发展主体责任。围绕“十二五”期末全市森林覆盖率达到 15% 目标，市政府与区县政府和有关市属国有企业签订了森林目标责任书，分解落实林业建设与森林资源管理任务。三是严格森林资源保护责任。首次组建林政稽查队伍，加强林政稽查工作。四是加强三防体系建设。在全市范围内规划防火、病虫害监测点，加强体系建设。

【经济林生产】 上海市着力推动林业产业发展。一是继续组织实施经济果林“双增双减”和套袋扶持政策。全年共推广有机肥面积 27 万亩、无公害农药面积 21 万亩，累计推广面积 48 万亩次；推广果树套袋折合面积近 12 万亩；落实财政补贴资金 0.9 亿元。二是深化信得过果园创建评选。对 2014 年创建果园进行综合评分，评出 15 家合格果园并授牌，对第一批 40 家即将期满的“信得过果园”进行复审，对 15 家符合创建条件的果园进行审核。对全市“信得过果园”的安全监督员进行培训，考核并新录用 20 名安全监督员。委托专业机构对 70 家果园的 76 个样品进行农残检测，抽样结果均为合格。三是完善果品安全溯源系统。新添加 32 家果园二维码信息，共打印下发二维码 115.5 万个，实现了全市 70 家“信得过果园”二维码全覆盖。四是积极开拓果品市场销售。林业局会同市农委、市商务委、市妇联等部门，组织郊区经济果林专业合作社开展桃、梨、葡萄等地产优质果品“进公园、进商场、进社区、进楼宇”活动，扩大果品销路，市民买地产优质果品热情高涨，果农和社会反响良好。五是提升柑橘产业功能。引进柑橘类新优品种 3～5 个，为柑橘品种结构调整提供种苗和技术储备；协助地方建立和完善崇明柑橘品牌联盟管理、运营机制，提高崇明柑橘生产经营组织化程度；加大媒体宣传，进一步扩大“橘明蜜橘”社会影响和市场营销。

【森林旅游】 截至2015年年底，上海市共有5家森林公园，总占地面积2258公顷。2015年接待游客人数约546万人次，旅游直接收入1.1亿元，同比增加26%，其中门票收入5413.71万元，同比增长19%。全市大力发展森林公园旅游产业，为广大市民提供丰富的精神物质文化生活，带动相关产业发展，森林旅游效益凸显。除了松江佘山、崇明东平、上海海湾和上海共青等4座国家森林公园以及千亩以上大型生态片林15块供市民游憩外，上海市还建成青青旅游世界、申隆生态园、卫斯嘉闻道园、马陆葡萄主题公园等一大批具有自然、野趣、生态为主要特色的乡村森林旅游场所为市民提供旅游休闲服务，其中38家被市农委、市旅游局命名为"世博观光农园"，占全市(78家)的49%。南汇桃花节、马陆葡萄节、金山蟠桃节、崇明柑橘节等以经济果林为主题的旅游节庆已成为上海市民家喻户晓的特色旅游节目。据统计，全市森林公园和以森林旅游为主题的各类景点每年接待的游客超过1000万人次，这些旅游景点已经成为市民度假休闲的好去处。

【林下经济】 林下经济作为一种循环经济模式，是增加农民收入的新途径。近年来，上海市各级林业部门以科技为支撑，充分利用林下自然条件，在推进林下经济发展方面进行了许多有效探索，取得了一定成效。2013～2015年推行林下经济试点项目，积极探索适合上海市的林下经济发展模式，完成青浦林下种植莽草、菌菇试点项目、崇明县建设镇林下菌菇项目；嘉定、金山、松江开放休闲林地试点项目。带动郊区经济，吸收当地劳动力，为农民增收，其中青浦莽草已大量出口日本，有较稳定的收益和市场；崇明和青浦的林下种植菌菇项目有较好的产量，市场反响良好；开放休闲林地成为服务市民的新方向。

(刘亚文)

江苏省林业产业

【概　述】 截至2015年年底，全省林木覆盖率22.5%，活立木总蓄积量9004.3万立方米。全省人均森林面积为0.36亩，人均活立木蓄积量为1.13立方米，分别是全国平均水平的16.0%和9.4%。近年来，江苏省通过实施杨树林板纸一体化、特色经济林果及综合利用、林木种苗、野生动植物培育利用、珍贵用材林及生物质能源林培育、森林与湿地生态旅游6项产业提升工程，加快林板纸一体化产业升级，加速林木种苗市场信息化建设，加快笋用竹培育，提高以银杏和竹子为主的特色经济林产品加工及综合利用水平，拓展野生动植物培育利用空间，因地制宜发展林产品精深加工，加快发展森林湿地旅游，以占全国0.7%的林地，创造了占全国近7%的林业产值。

截至2015年年底，全省林业总产值达到4081亿元，占全国7%左右，居全国前六位；全省人造板产量5860万立方米，居全国第二，竹木地板产量2.8亿平方米，居全国第一；全省育苗面积16万公顷，年产苗量27.6亿株，年产值达249.5亿元；森林湿地生态旅游超过5000万人次；第三产业产值470亿元；全省林业一、二、三产业的产值比例由“十一五”的52∶41∶7调整为“十二五”期末的25∶63∶12。

产业结构日趋优化 近年来，江苏省各地坚持以市场为导向，延长产业链条，拓宽发展空间，不断完善优化林业产业结构与布局。现已形成一、二、三产业门类齐全，产品种类丰富的林业产业体系。

随着绿色江苏建设和林权制度改革的不断推进，各地不断创新经营机制，激活林业生产要素市场，引导社会资本进入林业行业。全省以木材加工为主的第二产业和森林旅游为代表的第三产业产值的比重逐年加大。林业龙头企业不断壮大，全省40家林业企业年总产值超过300亿元，其中有6家企业年销售收入超10亿元，最大的企业年销售收入超过100亿元。

区域增收作用明显 林业产业在农村经济结构调整和地方经济发展中具有重要作用。林业产业发展促进了财政增税、农业增效、农民增收、大地增绿。大亚集团每年消耗“三剩物”和“次小薪材”近60万吨，木材采购金额达到5亿元，直接惠及农民5万户，每户增加收入7000元；江苏胜阳集团是板材加工业的领头羊，由它带动的种植业、加工业、服务业、餐饮业、运输业、养殖业等产业的发展，为周边3000多人提供了就业岗位，为附近农民年增收1.2万元；邳州市陈楼、铁富、港上、邹庄4个镇30万农民从银杏产业中获得的纯收入近6亿元，人均达2000元。沭阳县桑墟镇、贤官镇，泗阳县临河镇等乡镇90%的农民从事林木种苗的种植，农业收入的90%来自于林木种苗；泰兴市积极引导农民进行银桑、银经、银果、银蔬、银药等高效间套种模式，努力提高土地的产出效益，每亩纯收益达2000元。

林业产业自主创新能力不断增强 为提升林产品科技含量，江苏省各级林业、科技、农业开发部门积极引导产学研结合，促进林业企业与科研院所合作，加快实用林业科技研究、开发和推广，鼓励木材加工企业上项目、搞技改。积极培育林业龙头企业，推动林产品加工企业实施兼并重组，扩大生产规模，提高产品质量，打造名牌产品。大力提升林产品加工生产线科技含量，加快木材加工产业提档升级，开展生产工艺、生产流程、生产自动化等方面技术改造和环保、降耗、节能改造。近年来林业贴息贷款项目扶持建设各类林产品加工生产线转型、升级、改造项目100多个。

【木材加工业】 以杨树产业为主的木材加工业是江苏省林业产业的一大特色。全省现有杨树成片林1395万亩，年提供杨木635万立方米。泗洪陈圩林场建有亚洲规模最大和品系最多的美洲黑杨种质资源库，保有42个品系、300多个无性系杨树优良品种。资源的稳步增加大大促进了木材加工业的发展。据统计，全省以杨树为主要加工原料，从简单初加工户到大型现代企业共6000多家，2015年杨树林板纸一体化产值达1704亿元，木材制品出口额达30多亿美元。全省人造板产量达5860万立方米，地板产量2.8亿平方米，居全国前列。

【林木种苗业】 林木种苗的种植规模和产值位居全国前列。截至2015年年底，林木种苗业产值达249.5亿元，在田苗木面积16万公顷，苗木总产量27.6亿株。全省已经形成以淮北、沿江、苏南为主的三大苗木主产区，涌现出一批花木交易市场。如武进夏溪花木市场、如皋花木大世界、沭阳花木大世界、嘉泽花木市场等闻名全国的种苗交易市场，年销售额均在20亿元以上。

【特色林产品综合利用】 2015年，特色林产品综合利用产值200多亿元。其中银杏业产值35亿元，形成以采叶加工为主的邳州主产区和银杏果综合利用为主的泰兴主产区。全省银杏成片林总面积80万亩，年产白果1.2万吨，干青叶1.5万吨，银杏酮350吨。

【野生动植物繁育利用产业】 近年来，野生动植物繁育利用产业发展迅速，成为带动地区经济发展和促进农民增收致富的重要产业。全省涌现出野生动植物繁育加工利用企业110余家，实现产值90亿元，从业人员2.5万人。

【林产化工产业】 近年来，凭借江苏较强的经济实力、丰富的人才资源和科技优势，全省林产化工产业已成为林业经济发展最具活力和潜力的新兴产业。据不完全统计，全省现有林产化工企业约300家，其中，制浆造纸企业200多家，林产初级化学品及深加工产品生产企业20多家，活性炭及炭材料生产企业20家，植物提取物及其衍生物生产企业约30家，香料生产企业约50家。产品被广泛应用于化工、轻工、电子、机械、石油、军工和食品等行业。

（雷礼纲）

浙江省林业产业

【概　述】 浙江，林业资源小省，产业大省。浙江在坚持生态优先、注重森林资源保护的同时，通过机制创新、政策引导、市场开拓，激活各类林业生产要素，推动了林业产业的快速发展，实现了从森林资源小省向林业产业大省的跨越。

浙江省始终坚持以生态建设为重点，倡导生态文明、共建绿色家园为主题，把植树造林和森林资源培育作为林业工作的重点。大力推进以森林通道为重点的平原绿化建设，启动“1818”平原绿化行动；深入开展关注森林活动，积极组织森林城市创建活动；扎实推进森林提质行动，启动了“千万珍贵树木发展行动”和森林抚育经营试点工作；共建成省级以上生态公益林4000万亩；全省森林覆盖率为60.63%，森林覆盖率继续位居全国前列，实现了森林面积、森林蓄积量和森林覆盖率的“三增长”，生态质量位居全国前列。

浙江林业立足省情林情，积极统筹生态与产业协调发展，坚持兴林与富民同步推进，大力发展以兴林富民为目标的绿色产业，形成了一、二、三产协调发展的产业格局。全省林业产业总产值达4000多亿元，林产品及木材相关产品进出口贸易总额突破百亿美元大关，均居全国前列。用5年时间，林业总产值翻了一番多。以约占全国2%的林地面积创造了占全国8%的林业总产值，实现了从森林资源小省向林业产业大省的跨越，有力地促进了绿色增长。

近几年，根据林业发展的新形势，全省围绕加快推进林业产业结构升级、转变经济增长方式和提高市场竞争力，提出了“巩固提高一产、培育壮大二产、积极发展三产”的林业产业发展思路。

建成了浙北、浙东、浙西南三大竹产业区，有竹林面积1280万亩，竹业总产值400多亿元；建成了以油茶、香榧、山核桃等为主的森林食品基地，面积1700万亩，产值350亿元；建成了以观赏花卉和绿化苗木为主的花卉苗木生产基地193万亩，种植业产值达160多亿元；全省森林旅游年收入达570亿元，森林旅游超过1.5亿人次。

林业产业的发展也促进了产业聚集和特色产业集群的形成。浙江省在人造板、地板、木门、家具、木竹玩具工艺品等方面形成特色和优势，已形成湖州、嘉兴、丽水、衢州、杭州的人造板制造业；湖州、杭州、绍兴的地板制造业；嘉善、温州、衢州、金华的家具制造业；嘉善、江山的木门制造业；东阳的木雕和红木家具制造业；云和的木制玩具工艺品等特色产业集群。“中国竹子之乡”“中国地板之都”“中国木雕之都”等国字号金字招牌，遍布浙江大地。

林业产业的发展，有力促进了区域经济的发展，涌现出一批林业经济强县，实现了兴林富民。全省有83%的县(市、区)林业总产值超过10亿元，其中超过100亿元的县有9个，50~100亿元的县有8个，显示出林业产业在促进区域经济发展中的作用，满足了社会对林业的民生需求。

拥有“中国竹乡”美誉的浙江省安吉县依托当地丰富的竹林资源，积极发展环保、低碳的竹产业，通过科技创新对一根竹子实现了从竹叶、竹竿、竹根甚至竹粉末的物理与化学的全竹高效利用。拥有百万亩竹林的安吉县竹业总产值超过了百亿元，可谓是“一根翠竹挑起了百亿元产业”。全县竹业从业人员约4.5万人，竹产业为农民平均增收7000多元，约占农民总收入的60%，成为农民增收、林业增效和推动农村经济发展的支柱产业。

近几年，每年安排1亿多元的财政资金，用于支持木本油料建设，重点支持龙头企业基地生产设施建设、先进生产技术等。积极争取中央财政贴息资金、省财政农业产业化贴息和专业合作社发展扶持资金等。浙江省还出台了允许林权作价出资林业企业、专业合作社登记的政策，全省首批以林权非货币财产出资的6家公司在安吉成功注册，注册资本达2.17亿元，其中以林权作价出资总额达1.5亿元，出资林地近2万亩。这些扶持政策有力地促进了林业经营基地化、规模化、集约化发展。

林业产业绝大多数是中小型企业，最需要的是金融服务。目前全省已有45个县开展了林权抵押贷款业务，贷款银行已扩展到12家国有及商业银行，累计发放林权抵押贷款100多亿元。丽水市等地通过建设“林权IC卡”，将林权信息、森林资源资产评估数据与金融系统实现对接，有效破解林权抵押贷款工作中的“评估难”“耗时长”等问题。为缓解中小企业融资难问题，林业部门先后组建了浙江信林担保公司和浙江林业小额贷款公司。担保公司已累计为400多家林产品加工企业、专业合作社提供融资担保45亿元，2014年林权抵押贷款发生额42.8亿元，林权抵押贷款余额74.5亿元，同比增长32%。推进政策性林木保险工作，联合省政策性农业保险共保体出台《关于共同推进林木综合保险工作的指导意见》，建立了林木综合保险协调工作机制，全省政策性林木保险面积5700万亩，占林地总面积的69%，比2014年提高8个百分点。

为推动林业转型发展工作，浙江省林业厅与省旅游局联合印发了《关于加快森林休闲养生发展的意见》，并确定桐庐、永嘉、磐安、遂昌开展试点示范。数据显示，浙江森林旅游游客量超1.5亿人次，总收入超过600亿元，年平均增幅三成以上，以休闲养生为主题的森林旅游，已成为浙江林业新的经济增长点。

加大林产品营销力度。已连续举办7年的义乌森博会继续保持中国林业会展领头羊的地位。第7届森博会共有23个省(区、市)的1088家企业参展，境外有29个国家和地区的234家企业参展，吸引了64个国家和地区41.22万人次的采购商、参观者到会参观采购，实现成交额46.83亿元，实现了经济新常态下的逆势增长。积极推进林业电子商务发展，深入实施“电商换市”，加快发展林产品电子商务，扶持大宗林产品现货电子交易平台建设，进一步拓展销售市场。

为加强示范园区、企业与科研单位、大专院校之间的合作，浙江省建立了首席专家、责任林技员与示范户一体化科技支撑体系。开展百名专家进百个园区的“双百”科技示范行动，为产业发展起到了示范辐射作用。以林业企业和专业合作社为主要对象，大力推广林业新品种示范、林下种植、养殖、采集初级加工、森林景观利用等技术，每年推广新品种(系)、新技术100项以上。还大力开展“服务基层、服务企业”科技活动，完善以省级产业技术专家团队、县级首席林技推广专家和林技指导员及乡镇责任林技员为主体的责任林技推广制度，架起“专家”与“农民”之间的桥梁，解决科技推广“最后一公里”的瓶颈。

从2013年开始，浙江省总结推广“一亩山万元林”生态高效模式，推广面积13.8万亩，实现总产值16.56亿元，增收7亿元，为加快转变农民增收方式、促进农民收入持续普遍较快增长开辟新路径。据统计，浙江省发展“一亩山万元林”十大创新模式的适合面积在100万亩左右。

(李长涛)

【杭州市林业产业】

全市林业产值情况 据统计，2015年杭州市林业产业总产值达到829.6亿元，再居全省第一位，占比18.34%。其中，一、二产产值居全省第一，三产排名第二。一、二、三产产值对全省产值贡献占比为21%、19.5%、14.8%。一产的坚果、茶和森林食品种植业、花卉苗木业、陆生野生动物繁殖与利用，二产的造纸、非木质林产品(木本油料、茶等)加工制造业，三产的林业旅游与休闲服务业是该市的区域特色产业，其产值均居全省前列。

林业产业结构不断优化 2015年，杭州市林业产业总产值比2014年增长6.36%；一、二、三产产值分别是176.3亿元、453.7亿元、199.6亿元，一、二、三产占比为21.3∶54.7∶24。除去二产中的木、竹、苇浆造纸产值277.3亿元，林业行业总产值为552.3亿元，与2014年493.2亿元相比增长12%。林业行业总产值中一、二、三产占比为32∶32∶36，产业结构不断优化，第三产业不断壮大，三产均衡协调发展。

主导产业发展势头强劲 2015年，杭州市通过加大林业生产投入和科技推广力度，主导产业提升成效明显。一产中花卉苗木、竹笋的产量产值居全省前列。花卉苗木5.6亿株(盆),较2014年增长3.7%,竹笋产量61.1万吨,较2014年增长6%。二产木、竹、苇浆造纸、非木质林产品加工制造产值居全省第一,产值分别为277亿元、73亿元。三产发展较快,森林公园及生态旅游景点发展到150多处,接待游客7240万人次,林业旅游与休闲服务业产值达176亿元,居全省第二。

开展全民义务植树活动 2015年3月6日,杭州市党政军领导龚正、戚哮虎等与市区机关干部、解放军武警官兵及"护绿使者"代表一起,在江干区东宁路铁路防护林带参加义务植树活动,有力地促进了各地义务植树活动的广泛开展。建立健全全民义务植树服务平台,每个区、县(市)和乡镇(街道)至少各设立2处及以上的义务植树基地或认建认养点,供市民报名参加植树劳动;利用全民义务植树网(www.hzywzs.com)为广大市民提供网上预约植树服务。据统计,全市累计参加义务植树活动尽责人数289万人次,完成年度目标任务的102%。

绿化面积进一步扩大 2015年,全市完成造林更新10.4万亩,其中造林5.7万亩,迹地更新4.7万亩。完成中央投资重点防护林建设1.7万亩,其中海防林1万亩、长防林0.7万亩。新建"三江两岸"景观绿化带53万平方米。新增省级以上公益林优质林分12万亩,累计建成572万亩。创建省级森林城镇5个、省级森林村庄21个、省级生态文化基地2个。

林业重点项目进一步推进 2015年,杭州市新建省级现代林业园区7个,其中主导产业示范区1个、精品园6个,新认定省级森林食品基地16个。完成市级设施农业配套项目林业类4个、建成"菜篮子"基地2个,建设面积2790亩。完成林道建设1450千米。杭州市森林面积1644.35万亩,森林蓄积量5799.63万立方米,森林覆盖率达到65.22%。

争取资金推动林业产业发展 2015年,争取省级以上支农资金3.1亿元,其中,支持森林生态效益补偿1.4亿元,中央立项木本油料产业提升项目1420万元,森林抚育补贴1340万元,造林补贴266万元等。同时,争取市级支农财政资金2893万元,设施配套建设55万元,"菜篮子"工程44万元,市级林道建设资金495万元,市级生态公益林补偿1260万元,珍贵树种发展培育374万元,"三江两岸"景观绿化带建设665万元。公共财政支持提高对林农的生态补偿,增加对林农的生产补助,加大林业基础建设投入,为推进杭州市林业产业发展提供了政策保障。

组团参展义乌国际森林产品博览会 2015年11月1~4日,杭州市组团参加第8届中国义乌国际森林产品博览会。杭州市共72家企业及合作社组团参展,共设126个展位。市林水局荣获最佳组织奖,杭州绿景早竹笋专业合作社"梦雷"牌竹笋、杭州华海木业有限公司的千年舟VIP精工板、淳安千岛湖常香果绿色食品有限公司的常香果牌山核桃等17个产品荣获金奖,富阳区富春江罐头食品有限公司的油焖笋罐头、浙江省霞雾农业开发中心的山茶油等17个产品荣获优质奖。

千岛湖森林彩化工程启动 淳安县2015年编制完成《千岛湖森林彩化工程总体规划》,启动千岛湖森林彩化工程。2015~2017年将对环千岛湖淳杨线、千汾线绿道的两侧照面山、高速公路淳安段和进城公路两侧的照面山及湖区的主要景点、部分孤岛山体11.6万亩区域范围实施森林彩化,施工面积10913亩,营造千岛湖"春花、夏荫、秋色、冬景"四季森林景观。2015年,完成森林彩化建设3038亩,涉及10个乡镇(林场)、14个村(林区)。

举办中国(萧山)花木节 2015年3月27~29日,"2015年中国(萧山)花木节"在浙江(中国)花木城成功举行。全国共有558家花木企业参加本次展会,除了国内的知名花木企业,还有来自美国、英国、德国、意大利、西班牙、日本等国的10多家外国企业。为期3天的"花木节"共吸引来自全国各地的参观者6万多人次,其中90%以上为专业观众;达成销售意向6.6亿元,比上一届增加1.6%,再创历史新高。

陆生野生动物繁殖利用 2015年,杭州市依托山林优势,大力发展陆生野生动物驯养繁殖与利用,产值达到7.5亿元,其中萧山产值达4.4亿元,淳安、桐庐产值都达到9千万元以上,杭州市饲养种类主要有梅花鹿、鳄鱼、扬子鳄、蛇类、鸟类、蛙类、龟类、雁鸭类等20余种,杭州市野生动物驯养繁殖已具规模，已形成如萧山珍禽养殖有限公司、临安钱王鸵鸟养殖有限公司、建德市千岛石蛙专业合作社等第一批省野生动植物驯养繁育利用示范基地，并初步形成集约化、规模化的繁育培植体系。

花卉苗木产业 2015年，全市实现花卉产业收入14.5亿元，同比增长17%，全省排名第一，年末实有花卉种植面积33万亩，切花切叶产量3100万支，盆栽植物产量1.3亿盆，花卉市场10个、花卉企业2308个、花卉从业人员12万人；苗木产业复苏，全年育苗面积29.6万亩，其中观赏苗木产量9.7亿株，实现种苗收入39亿元，全省排名第一。全市种苗产业产值排序(前三位)：萧山区25亿元，余杭区4.3亿元，淳安县3.7亿元。

坚果种植业 2015年，杭州市坚果种植业产值达13.1亿元，同比上涨10%，全省排名第一，坚果主要包括板栗、山核桃、油茶籽、香榧果、白果产量分别为1.2万、1.75万、1.1万、0.02万、0.05万吨。其中山核桃是杭州市最具特色的林业产业，临安、淳安均是国家林业局命名的“中国山核桃之乡”，目前杭州市现有山核桃面积82.3万亩，其中：临安市的山核桃面积46万亩、淳安县31.3万亩。全市投产山核桃面积57.8万亩，其中临安36万亩、淳安县20.3万亩。

竹产业 2015年，杭州市实现竹产业产值79.3亿元，全省排名第二。全市竹林面积245.67万亩，全年生产毛竹3614万支，小杂竹41.5万吨，鲜笋61.1万吨。 (裘靓)

【温州市林业产业】 2015年，全市林业产业总产值245.43亿元，比2014年增长24.02%。其中第一产业47.77亿元，第二产业90.14亿元，第三产业107.51亿元。9月份，温州市被授予“全国森林旅游示范市”称号，成为首批2个“全国森林旅游示范市”之一。温州市林业局在全省林业系统年度考核中获得了一等奖。

绿化造林 在2014年创成国家森林城市的基础上，进一步巩固成果，绿化力度不减，着重提升绿化品质。2015年，完成造林面积109969亩，是省下达计划任务60319亩的182.3%。其中：人工造林54413亩，无林地和疏林地新封55556亩。全面完成了“十二五”规划造林总任务。结合“四边”绿化、“三改一拆”区域绿化和浙南美丽水乡建设等，完成平原绿化面积26443亩，是省下达任务的161.7%。

林业生态建设 2015年，温州市完成重点防护林建设39815亩，是省下达任务的102.6%。发放生态公益林损失补偿金12932万元。全市新增省级公益林695288亩。加强公益林日常管理，强化公益林管护监管，2015年新增公益林优质林分10万亩，累计建成360万亩。

林业产业概况 据初步统计，2015年林业产业总产值245.43亿元，比2014年增长了24.02%。其中第一产业47.77亿元，第二产业90.14亿元，第三产业107.51亿元。林下经济产值131.12亿元，同比增长63.08%；旅客人数达3174万人次，同比增长50.1%。林业园区创建工作进一步加强，新增市级园区1个，建设林区道路418.5千米。

森林生态旅游建设 4月28日，在文成县铜铃山国家森林公园举行了2015中国(温州)森林旅游节开幕式，省政协副主席陈艳华、省林业厅厅长林云举、国家林业局森林公园保护和管理中心处长陈鑫锋和温州市、文成县领导及有关部门负责人等出席。举办了纪念2015“国际森林日”宣传活动、畲乡古道开通绿色行、“有氧温州之旅”体验活动、“百大公园百万人行”森林休闲体验游等系列活动。下发《关于公布温州市市级森林公园名录的通知》(温政发〔2015〕29号)统一公布36个市级森林公园名录，落实管护原则和责任。制订完成《温州森林人家建设规划》。

林业产品参展活动 组织林业企业参加中国(义乌)森博会、省农博会、市农博会等活动。在第八届中国义乌国际森林产品博览会上，温州共组织59家企业参展，获得最佳组织奖，有18项森林产品获得森博会优质金奖。

食用林产品质量安全监管 2015年，新认定省级森林食品基地12个，复认省级森林食品基地3个，面积达15267亩。落实市财政资金50万元，开展2015年度市本级食用林产品、生产环境及投入品安全检验检测，总共抽检296批次。

林权交易管理 2015年，全市继续稳步推进集体林权制度改革，共开展林权流转73笔，面积为2.03万亩；发放林权抵押贷款33笔，贷款金额1033万元。

资源林政管理 2015年，温州市继续推进林业行政审批制度改革，减少审批环节。所有市级林业行政审批服务事项由林政审批处负责办理，2月份进驻温州市行政审批服务中心，并授权到位，方便群众办事。全年共办理野生动物类审核审批9件，枯死古树名木采伐3件；公益林变更调整审核转报省林业厅5件，征占用林地59件，面积40.44公顷；木材运输证36件，森林植物检疫证78件，支持了地方经济社会发展。

湿地保护管理 2015年，根据各地湿地资源现状、生态安全与经济社会可持续发展需要，完成湿地红线划定工作，全市90%以上的湿地被划入红线范围。完成全市11个县(市、区)湿地规划编制并批复实施。全市湿地名录已达35处，其中2处列入省级湿地名录。

森林消防 2015年，全市发生森林火灾18起，受害森林面积91.7公顷，森林火灾发生率为每10万公顷2.51次，森林受害率为0.13‰。各项指标均远低于省定标准，没有发生人员伤亡事故，为近3年来最好成绩。市、县两级财政安排森林消防经费3015万元，与2014年度相比增加了15.6%。组建森林消防队伍共125支，组织各类森林消防培训15期。开展了“关注森林消防，建设平安林区”微电影创作展评活动，完成了9部微电影的创作拍摄，其中《老山林的呼唤》等三部森林消防微电影分别获得了国家林业局主办的首届生态文明主题微电影展“十佳影片”和“优秀影片”。

森林资源保护 2015年，森林公安坚持“严打”方针，相继开展了“雷霆一号”清火行动、春季护鸟专项行动，“雷霆二号”禁种铲毒行动，严厉打击了破坏森林资源、野生动物资源以及非法种植毒品原植物等违法犯罪活动，极大地震慑了犯罪分子，维护了林区社会治安秩序稳定。全市森林公安机关接处警756起，办理信访件32起，受理各类涉林案件207起，查处203起，综合查处率98%。

野生动植物管理保护 4月10日，在永嘉举办了以“关注候鸟保护　守护绿色家园”为主题的2015年温州市野生动植物保护宣传月暨爱鸟周活动。在文成县、永嘉县、瑞安市和乐清市等4个县(市)区域内开展野生动物兽类资源专项调查。联合相关部门多次赴各地开展人感染H7N9禽流感疫情防控督导工作，安排财政资金14.5万元在苍南县藻溪镇盛陶村开展野生动物救护和消毒防疫隔离场建设。

有害生物防控 2015年，林业有害生物发生面积为40.45万亩，成灾率1.07‰；测报准确率达90.67%；无公害防治率达100%；实施产地检疫面积2.68万亩，种苗产地检疫率达100%。全市投入经费2225万元，完成松枯死木除治面积36万多亩，清理松枯死木23.38万株。开展了2015“绿剑”执法专项行动，全市各地组织行动344次，出动执法人员1173人次，检查涉木企业352家，发放宣传资料4166份，查处案件11起。组织开展“百名森林医生进千村”活动。全市共开展各类活动148次，参与人数935人次，防治各类病虫害13350亩，开展技术培训18次，共培训人员473人次。

木材运输检查 2015年，全市各木材检查站、木材运输巡查大队共检查车辆1382辆，查处违法运输木材案件169件，没收违法运输木材427.5立方米，没收非法采挖的大树3棵，收缴罚没款14余万元。

林业种苗工作 2015年，温州市共调运苗木520多万株，确保了全市各项林业建设对林木种苗的需求。同时，扎实做好珍贵树种进万村行动，共向各县(市区)赠送珍贵树种90余万株，涉及900多个村庄。省亚热带作物研究所苗圃和文成县苗圃升级成为省级保障性苗圃。2015年主要造林树种良种使用率达到了95%，其中油茶良种使用率达100%。在省市种苗专项检查中，全市林木种苗合格率达到98%。

林业科技推广 2015年，组织实施了15个林业科技项目，其中3个项目获第十五届“科技兴林奖”，2个项目获市科技进步奖；新增中央、省市级科技项目12项。在瑞安、文成、平阳、泰顺、苍南等地开展科技下乡入企活动，开展毛竹高效栽培、猕猴桃丰产优质栽培、油茶优良品种引进等技术培训，培训人员近2051人次。

森林生态文化建设 2015年，温州市组织申报省级生态文化基地3个；平阳县青街畲族乡王神洞村获得“全国生态文化村”称号。

（温州市林业局赵文光）

【龙泉市林业产业】

林改创新 扎实推进国家集体林业综合改革试验示范区、浙江省林业股份合作制改革试点工作，深入推行林地经营权流转证制度、村级惠民担保合作社、林地信托和林业“一本图”4项全国林改先河，市林场、山坑林场顺利通过国有林场改革国家、省级验收。创新“公益林补偿金收益权质押贷款”经营模式，发放全国首批贷款3笔共计9万元。林权管理中心相关职能归并市不动产登记中心，并更名为农村林业改革发展中心。全市林权流转面积达102.7万亩，林权抵押贷款26.3亿元，分别占到全省的15%和7%，丽水的76%和20%。

项目推进 开工建设林科院容器苗基地改扩建工程和华东森博园(一期)两个市重点项目，完成容器苗基地改建工程25亩，华东森博园项目开工4个多月完成六幢主楼结顶工作，刷新林业工程建设历史纪录。在市委市政府两次项目攻坚战中率先完成青瓷文化创意基地二期、中国青瓷小镇两个项目政策处理攻坚工作，顺利完成龙泉山二期、衢宁铁路(龙泉段)等7个省市重点建设项目林地使用许可报批工作。超额完成招商引资、招项争资、招才引智及固定资产投资任务，2016年珍贵彩色健康森林等项目已正式开工建设。

资源保护 严格控制“三沿”“四边”地区林木采伐，推行小面积生态采伐，全年发放林木采伐许可证28.5万立方米，占省下达计划的50.4%。成立了龙泉市绿化与湿地保护委员会，编制实施了《龙泉市湿地保护规划》。全力开展非法侵占林地、野生动植物保护、“绿剑”执法和“餐桌安全治理三年行动计划”等一系列专项行动，积极排查化解山林纠纷和信访事项，组织开展“世界野生动植物日”“世界湿地日”和“爱鸟周”等主题宣传活动。成立农林建设发展有限国资公司，开展伐区调查设计服务市场化运作试点工作，组建龙泉市林业行政综合执法大队。全年森林火灾受害率、森林病虫害控制率、食用林产品安全质量合格率均控制在上级考核指标内，成为丽水市松材线虫病仅存安全的3个县(市)之一。

林相建设 强力推进“六边三化、美丽林相、平原绿化”等林业生态建设，编制实施了《龙泉市“六边三化”美丽林相建设工程实施方案》，完成八都镇供际村绿化试点建设。全年完成绿化造林26160亩、平原绿化2228亩、林相改造7259亩、森林抚育14万亩，赠送“珍贵+彩色”树种苗木32万余株，基本完成“竹、梅、樱、榧、茶”五大园建设，建成省级森林村庄2个、市级绿化示范村1个、山体绿化19个、环村绿化28个，完成公益林扩面90111亩，扩面后全市公益林面积为1714727亩，公益林比重43%。

产业建设 大力发展林业生态产业，初步形成以毛竹为主导，香榧、油茶为精品，珍贵树种、石蛙、苗木为特色，生态林产品加工为联动的现代林业产业体系。全年新建林区道路200千米、油茶基地4600亩、香榧基地5013亩、珍贵树种基地7005亩和石蛙基地63亩以及铁皮石斛等林下经济种植基地1500亩，完成林木育苗506万株；成功创建“中国棘胸蛙(石蛙)之乡”，列入国家“棘胸蛙(石蛙)原产地保护”；成功举办“龙泉市首届竹生态文化节暨第七届笋王擂台赛”，八都省级现代农业(林业)综合区以全省林业现代园区最高分92.96分通过省级验收；森林旅游与休闲养生产业蓬勃发展，2015年全市接待森林旅游人数107.9万人次，年收入达到3.9亿元。2015年，全市林业总产值63.4亿元，同比增长8%，其中一产17.6亿元，二产32.9亿元，三产12.9亿元。“十二五”期间，全市林业年均增速为16.93%，农民61%以上的收入来自于林业。

（龙泉市林业局）

【余姚市林业产业】 2015年，余姚市紧紧围绕“生产发展、产业提升、生态安全”的发展目标，以推进森林余姚建设为载体，坚持森林生态和森林产业建设两手抓，扎实稳步推进各项工作。

全市改造和新建绿化面积7005亩，其中：珍贵树种造林105亩，建设生物防火林带15千米(新建1千米，改建14千米)，面积30亩，矿山覆绿195亩，其他造林3675亩；平原绿化3000亩，包括营造沿海基干林带705亩，村、镇绿化525亩，城区新增公共绿地225亩，道路绿化里程25千米，面积1035亩，河道绿化28千米，面积315亩，经济林苗圃195亩。

据统计，2015年余姚市林业总产值达到58.5亿元，其中一产产值28.6亿元，二产产值24.6亿元，三产产值5.3亿元。一产主导产品收成如下：全市茶叶总产量7100吨，加工各类出口茶产量3.1万吨，全年茶叶总收入10.3亿元；2015年属产笋小年，与2014年相比基本持平，总产值为1.64亿元；水果总产量9.36万吨，比2014年增产5.1%，产值4.51亿元，比2014年增收2.1%；林特(花卉)苗木总产值为10.3亿元，同比2014年下降16.7%，由于总体苗价有所下跌，销售总额约1.1亿元，同比2014年下降21.4%。

森林生态建设情况 ①完善沿海基干林带建设。2015年，全市完成沿海基干林带建设长度10千米，面积705亩，种植乔灌木10万株，种植树种8个。同时完成小曹娥一线塘、二线塘和泗门二线塘3个标段的养护招标工作。经过9年建设，全市沿海防护林基干林带已初具规模，建设面积已达5300亩，三条长度23.1千米的沿海基干林带基本合拢，“三横三纵”的基干林带框架初具规模。

②开展生态公益林建设管理。一方面做好生态公益林增划工作。2015年，全市新增划宁波级公益林建设面积7.8万亩。

③启动森林彩化美化试点工程。2015年，余姚市选择重点生态区域、重要节点铺开美化彩化工作。实施村庄美化彩化工程。结合“五水共治”“三改一拆”等专项行动，实施东江东岸滨江绿地彩化工程和梁周线两侧的美化彩化工程，彩化长度10.6千米，面积318亩，将沿路绿化带打造成林、水、路三网相互交融的彩色森林景观；实施珍贵树种造林工程。大力推广珍贵、彩化树种造林，以阳明街道畈周村、鹿亭乡中姚村为试点，共造林105亩，引进浙江樟、美国红枫、金钱松、马褂木、红豆杉等彩叶珍贵树种，实施林相改造，加快荒山、迹地的复绿，提升森林品质。

④开展森林城镇(村庄)创建工作。继续加快村镇绿化建设力度，结合美丽乡村建设，深入推动森林城镇(村庄)创建，完成1个省级森林城镇、21个省、市级森林村庄的创建任务。目前该市已先后创建宁波级以上森林城镇9个(其中省级森林城镇7个)，宁波市级以上森林村庄164个(其中省级森林村庄24个)。

⑤强化森林资源保护。2015年，共查处林业刑事、行政及信访案件35起，其中刑事立案1起，追究刑事责任人1人，林业行政案件25起，行政处罚25人，行政罚款315716.59元，调处信访9起。全市共接到森林火情报告27起，发生火情6起，没有发生森林火灾和人员伤亡事故。

林业产业建设情况 ①茶叶生产。2015年，余姚市茶园6.3万亩，基地规模位居宁波首位。全市茶叶总产量7100吨，总产值3.27亿元；其中名优茶产量960吨，产值2.54亿元，全市茶叶产销与去年基本持平。全市目前有名茶厂46家，具备出口经营权的茶厂6家，其中规模名茶厂中销售200万元以上的有10家，规模出口茶厂出口销售额均在5000万元以上。

②竹笋竹材生产。据统计，2015年竹笋竹材总产值2.11亿元，同比增加6.57%。竹笋产量5.65万吨，产值1.56亿元，产量比2014年减少0.15万吨，产值比2014年增加0.22亿元。雷竹等小杂竹0.9万吨，产值1800万元。竹材产量500万支，产值0.55亿元，留养新竹350万支。

③果品生产。2015年，全市水果种植面积15.2万亩，与2014年保持稳定，产量略减，为8.9万吨，产值为4.88亿元，较2014年增加0.37亿元，增幅8.2%。

杨梅生产：2015年余姚市杨梅种植面积9.06万亩，产量2.31万吨，产值2.42亿元，比2014年增加0.19亿元，增幅8.6%。

蜜梨生产：蜜梨种植面积2.5万亩，产量32500吨，产值8207万元，与2015年持平。

葡萄生产：葡萄种植面积1.53万亩，产量2.28万吨，产值0.72亿元，与2014年持平。由于中晚熟葡萄生产关键期多逢阴雨天气，光照不足，导致品质有所下降。

樱桃生产：面积5500亩，产量600吨，比2014年略减；产值0.45亿元，比2014年增加0.05亿元。

果桑生产：面积1200亩，产量1400吨，比2014年增加20吨；产值660万元，比2014年增加

100万元。

其他以桃、柿子、蓝莓、猕猴桃为主的小水果继续扩展壮大。其中，桃种植面积2500亩，年产量3515吨，产值1160万元；柿子种植面积2660亩，年产量1600吨，产值510万元；蓝莓种植面积1000亩，年产量30吨，产值400万元；猕猴桃种植1460亩，年产量800吨，产值1400万元。蜜梨、葡萄等水果多次在省精品水果展销会、博览会上获金奖。其他小水果种植面积6780亩，年产量2655吨，产值563万元。

④科研工作。2015年余姚市林业科技项目获浙江省人民政府科技进步奖二等奖一项，国家林业局梁希科技进步奖二等奖一项；承担国家农业项目"杨梅矮化早果丰产技术研究与示范"专项，省林业厅、省科技厅下达的竹产业效益提升工程项目；开展院市合作项目一项，与省林科院、宁波市农科院合同项目各一项；新申报课题2项。

⑤示范园、精品园项目和"百户万亩"科技示范工程建设。"百户万亩"工程是宁波市林业局的考核项目，根据项目要求，余姚市制订实施方案，完善生产经营档案，建立科技联系人制度，采用多种形式，送科技到户，开展试验研究，在茶竹果花四大产业中确定17个科技示范户，对科技示范户定期走访，相互交流，完善制度，落实措施，带动产业发展，促进林农致富。同时，按要求开展好示范园、精品园建设项目的评审和技术辅导工作。截至2015年年底，余姚市有省级林业龙头企业5家，宁波市级林业龙头企业8家。

⑥苗木管理。抓好以春季绿化造林为主的苗木余缺调剂工作，为全市生态绿化建设作出贡献。按照余姚市落实的2015年度造林计划，组织订购落实苗木，确保符合国标或省标的良种壮苗用于绿化造林，特别重视我市珍贵彩色种造林、茶产业发展对苗木的需求。同时，根据浙江省林业种苗管理总站和宁波市林业局要求，对本市主要造林树种，木荷、杨梅、金钱松、大叶榉、南方红豆杉等苗木进行质量抽查，Ⅱ级以上(合格苗)比例达到100%，确保全市春季绿化造林工作的顺利进行。

林业品牌建设 "余姚杨梅"证明商标自2008年国家工商局商标局注册以来，制定了管理制度，吸收了15家企业为第一批成员单位。成员单位使用"余姚杨梅"证明商标，价格普遍有所提高，成员单位通过品牌化经营，市场化运作，企业化管理，杨梅通过包装改进，与物流、电商网络合作，销售时间大为缩短，12小时内可达全国省级城市进入大型超市销售，为余姚市的杨梅销售开辟了一条途径。2015年继续做好五项工作，一是统一品牌包装；二是建立销售档案；三是添置仪器设备；四是规范合同行为；五是检查监督。组织开展余姚杨梅民间擂台赛，参与制订并实施余姚杨梅产业发展项目。

2015年"余姚瀑布仙茗"区域品牌通过"浙江省著名商标"复审，知名度不断提高。逐步建立起以"余姚瀑布仙茗"品牌为核心、余姚瀑布仙茗协会管理为纽带、"双商标"授权制度的产业化发展模式，认真执行商品茶评审制度、巡回检查制度等6项管理制度，积极维护全体会员利益，塑造统一的品牌形象，形成以46家骨干企业群为引领，带动十万茶农受益的名茶产业发展新格局。

(余姚市林业局)

【仙居县杨梅产业】 仙居县有悠久的杨梅栽培历史，距今已有1000多年历史。近年来杨梅产业发展非常迅速，目前全县种植面积13.8万亩，投产面积12万亩，2016年预计产量8万吨，产值5.1亿元，仅此一项为全县农民人均增收1200余元；拥有两条投资总额近亿元、属国内首创的万吨杨梅深加工生产线，杨梅面积、产量、产后商品化处理能力均居全国之首。

多年来，仙居县委、县政府坚持把杨梅产业作为林业一大特色产业和促进林农持续增收的主导产业来抓，通过实施优质品牌战略，壮大基地规模，建设专业市场，推行标准化生产，仙居杨梅产业得到了迅速发展和不断提升。成功举办了20届"杨梅节"，开展评选"杨梅仙子""竞吃仙梅""仙梅大擂台""仙梅开采仪式"、评选"杨梅管理十佳能手"等活动。助推了仙居杨梅产业发展、吸引了各地游客来仙居观光旅游，带动了第三产业的快速发展；杨梅观光带入选中国美丽田园，2012年，仙居被确立为全国休闲农业与乡村旅游示范县。仙居杨梅使农工商互动、产加销良性循环。小杨梅，大产业，杨梅产业链越拉越长，在仙居形成了独特的"杨梅经济"现象。仙居杨梅已成为果农致富的法宝，仙居杨梅产业是一项真正意义上的富民产业，也是仙居农村经济发展的主导产业之一。

2015年，仙居县创建全国绿色食品原料(杨梅)标准化生产基地通过国家农业部中国绿色食品发展中心验收。同年"仙居杨梅"被授予"浙江区域名牌产品"荣誉称号。

目前，全县建有10个高标准仙居杨梅示范园区和50个绿色标准化示范基地。组建有300多家杨梅专业合作社、协会等合作经济组织，注册资金3300万元，入社农户3500多人，带动周边梅农1.8万户。有大型产地批发市场21个，冷藏保鲜包装设备300多套。建立了仙居杨梅观光园25个，日接待游客能力达5万余人。县内拥有两条投资总额近亿元属国内首创的万吨杨梅深加工生产线，生产的杨梅饮品远销海内外。两家杨梅加工企业加工转化杨梅能力近4万吨，开发了杨梅干红、杨梅原汁、杨梅浓缩汁、杨梅醋饮等10多个系列产品。

为确保每颗杨梅都成为绿色精品，近几年来，该县在杨梅质量上将绿色防控保安全作为主抓手，以技术培训为依托，狠抓杨梅质量安全管理。一是全面实行杨梅病虫害绿色防控，在20个乡镇(街道)共组建90多支绿色防控专业队全面开展统防统治。二是全面推行物理诱杀技术，共投入资金1100多万元，购买杀虫灯、黄板等免费发放到20个乡镇(街道)和300多个杨梅生产重点村，目前，全县共有1.4万多盏杀虫灯、12万多张黄板粘卡投入使用，物理防治面积达8万多亩，基本覆盖全县的投产杨梅园。三是通过统一时间、统一药剂、统一技术、统一督查，使防治技术到位率、防治水平、防治效果和防治效益得到同步提升，有效减少用工、用药和污染，保证了农产品质量安全。首次引入10L型"新农号"植保无人机，根据农作物种植区域地面高低不平的变化，自动调整与农作物的作业距离，单次作业仅需15分钟，喷施面积可达20亩，工作效率较人工提高了50～100倍。四是对全县杨梅种植村开展1700多场次的劳动力素质培训、农函大培训、电教工程培训和现场培训；发放《仙居杨梅农事操作记录本》2万余册，帮助果农做好杨梅生产操作、农业投入品、产品流向等农事记录。五是在20个乡镇(街道)、5个大型杨梅批发市场、5个杨梅专业合作社建立仙居杨梅质量安全检测站30个，县政府出资400余万元配备农残检测仪等相关监测设备，进行属地质量安全检测，检测面覆盖全县投产杨梅园和杨梅市场。

(仙居县林业局)

【临海市林业产业】

生态体系建设 ①创森工作。加大创森力度并全面启动系列创森工作，同时做好创森宣传动员工作，充分发挥电视台、临海市农林局局属网站、微信客户端等宣传平台优势，配合推进"爱鸟周"生态科普活动、古树名木复壮保护等工作，激发全市上下"创森护绿"意识，全力助推台州市创建国家森林城市。2015年涌泉、括苍两镇成功创建省级森林城市，汛桥、桃渚等镇已通过森林城镇规划评审；今年临海市申报省级森林村庄4个，并完成34个森林村庄的台州市级达标建设。②林相改造工程。以"绿化、彩化、健康"为核心关键词，着力构建以沿海防护林、平原绿化、生态公益林等为一体的森林生态网络，建设北洋大道、"83"省道、东大河等森林通道7公里，面积1700亩，通道沿线林相高质量改造7200亩，同时针对森林结构不尽合理，珍贵树种少，林木物种亟须保护的现状，编制并评审通过了《临海市特色林木种质资源库规划》，积极推进资源库的建成。③平原绿化建设。2015年完成平原绿化7612亩(其中城市绿化1150亩、城镇绿化1500亩等)，完成省任务2500亩的304.5%；完成重点防护林工程项目营造林8327亩，"四边"绿化面积7690亩，森林抚育面积70880亩，均超额完成省定任务。

森林资源保护 ①规划编制工作。根据《浙江省人民政府办公厅关于加强湿地保护管理工作的意见》(浙政办发〔2014〕23号)文件要求，积极开展临海市湿地保护规划工作，规划由浙江省森林资源监测中心负责，于2015年3月底通过评审，为浙江省首个完成的湿地规划，规划受到了省厅领导的高度评价；根据省林业厅《关于开展全省林地变更调查和新一轮森林资源二类调查工作的通知》(浙林资〔2014〕35号)文件要求，将项目委托有关单位落实，同时积极做好项目的招标工作，加快推进开展资源调查工作。②规范林地管理。严格森林采伐限额管理，切实执行林地征占用审核制度，做好林地、林木等许可项目审核、审批工作，严把林地审批关，加大监管力度，把更多精力从事前审批转向事中事后监管，联合检查站人员，对全市已经审批的占用林地进行全面检查，建立检查结果档案。2015年以来共计办件1697件，其中发放木材运输证296份，森林植物检疫证563份，办理木材采伐许可证761份，办理林地征占用项目31起等。③涉林违法案件查处。切实加强森林公安的队伍建设，充实执法人员力量，加大执法力度，特别是加大夜间和节假日的巡查力度。同时将涉林信访与接处警有机结合起来，加大日常工作力度，实行24小时无缝衔接值班机制，尽可能做到有警必接、有疑问必答、有信访必复，妥善处理涉林信访和报警，做到早发现、早防范、早打击，确保林区的平安稳定。积极开展"雷霆一号"火患火案清剿专项行动、"天网行动"等专项整治活动，2015年以来森警公安局共侦破失火、滥伐林木、野生动物等涉林刑事案件4起，办结擅自改变林地用途、毁坏林木以及违法规定用火等各类涉林行政案件36起，罚款金额达38万余元，规劝野外违章用火157起，维护了林区秩序的安全稳定。

生态安全建设 ①森林防火。始终坚持高压态势、倡导全民防火，周密部署、上下联动，市、镇等层层签订目标责任书，形成森林防火工作齐抓共管的局面。加强野外用火源管理，森林火灾得到了有效的预防和控制。2015年以来，全市共发生森林火灾2起，森林过火面积5.4公顷，森林火灾受害率为0.04‰，远低于上级下达的指标，并实现了连续9年实现森林火灾低发可控的目标；加强扑火队伍和防火基础设施建设，全市21支681人半专业森林消防队，加强辖区的动态巡逻和集中出击作业，发现零星火情及时处置，始终保持各辖区森林防火安全平稳，全力保障临海市的青山绿水。②林业有害生物防治。坚持预防为主、科学防控，切实做好松材线虫病防控，开展越冬代马尾松毛虫、春季松材线虫病与松褐天牛以及其他林业有害生物监测调查，2015年共实施监测面积530.6万余亩，监测率达100%，卓有成效地防治了森林的病虫害。与此同时，2015年共组织专业队投工2.37万工，清理松枯死木1242万千克，实际清理面积18.2万亩，清枯死树数量15.3万株，完成整个清理任务的100%。

林特产业发展 ①名优经济林建设。2015年，全市新发展名特优经济林面积6592亩，完成年度计划的174.1%，其中柑橘2201亩、杨梅355亩、桃2033亩、葡萄170亩、猕猴桃900亩、火龙果175亩、茶叶500亩等。②特色园区建设。严格落实现代农业综合园区、主导产业示范区以及特色农业精品园区的年度建设计划。2015年完成小芝镇猕猴桃、小芝镇柑橘、小芝镇铁皮石斛3个精品园的建设，目前已上报两个通过验收；抓省级项目实施，完成了高山蓝莓农业验收项目，加快油茶产业项目实施，推进了两个森林食品基地建设。林区道路建设计划60千米，实际完成175千米，其中主道85千米，辅道90千米。③科研技术工作逐步开展。加强技术培训，举办全市杨梅标准化生产、春茶安全生产、葡萄标准化生产、蓝莓生产等培训班，帮助有关镇、合作社举办技术培训班8次，发送各类技术资料3000多份；编辑发行《特产信息》6期1200份；重点推广杨梅防虫网技术、杨梅避雨栽培技术等，新建杨梅避雨栽培示范点2个，杨梅防虫网推广示范点3个；探索柑橘温室大棚促成栽培。2015年在浙江忘不了柑橘专业合作社基地进行了简易温室大棚栽培推广试验；全力推动临海市柑橘产业协同创新技术中心的构建以及平台搭建。7月13日，临海市机构编制委员会批复设立临海市柑橘产业技术协同创新中心，7月27～29日，中国农科院柑橘研究所以及浙江省柑橘研究所专家来临海进行柑橘产业技术交流，并就临海市柑橘产业协同创新中心工作开展具体会商。此外，2015年，根据相关部门的工作安排，撰写了《林业特产"十三五"发展规划》课题以及《台州市林业志》的临海林业部分。

(临海市农林局办公室)

【黄岩区林业产业】

名果品牌建设 ①推进名果工程发展。积极引导本地早向低丘缓坡发展，罗幔杨梅向高山发展推广。在品种上加大对柑橘新品种的扶持，在技术上推广省力化和设施栽培。同时，加强黄岩蜜橘、罗幔杨梅品牌建设，积极推广杨梅罗幔栽培技术，2015年新增罗幔杨梅4780株，累计推广4万余株。

②创新智慧林业建设。一是以技能培训为基础。举办两期果树种植大户电子商务专业培训，一期网店开店辅导，参训130余人次。二是以配套服务为支撑。提升电子商务物流服务，设计并制作水果物流专用包装箱模具4套，农产品淘宝店详情页26件，无偿提供各农民专业合作社、配送中心、种植大户，35家销售黄岩蜜橘、杨梅的淘宝网店使用。三是以搭建平台为主力。组建黄岩名果微信群、飞信群，定期指导示范基地和示范户按照标准进行生产管理。利用黄岩发布、黄岩罗幔杨梅微信公众账号、"h5"页面营销等推广黄岩蜜橘、杨梅、枇杷、桃子等。与顺丰优选平台、杭州19楼网络公司合作销售各地农产品，向北上广等各大城市销售黄岩杨梅2760多箱近8500千克，增收效益达60万余元。

③推进现代林业园区建设。积极推进柑橘博览园江北线更新改造，平田杨梅主导产业示范区、富山毛竹主导产业示范区和屿头枇杷精品园通过第四批省级现代林业园区示范区和精品园创建点验收。认真谋划和实施柑橘、笋竹等高效示范基地或林业生态观光等一批优势项目建设，完善提高基地基础设施建设水平，扩大优质水果设施栽培的规模，带动林农致富。同时，开展"互联网+林业产业"行动，谋求在电子商务领域的拓展，搭建黄岩精品水果电子商务平台，引导各林业经营主体与电商企业对接。

获奖情况　黄岩蜜橘、黄岩东魁杨梅、君林蓝莓入选2015年度全国名特优新农产品目录。黄岩蜜橘上榜"2015最具影响力的浙江农博品牌农产品"。

在2015浙江农业博览会上，黄岩区共有5个农产品获奖。其中黄岩蔡家洋本地早专业合作社的"蔡家洋"牌黄岩蜜橘(本地早)荣获金奖；黄岩神农铁皮石斛专业合作社的"灯山"牌铁皮石斛获优质奖。

在第八届中国义乌国际森林产品博览会上，黄岩区共有8种林产品获奖，其中黄岩农副产品配送中心有限公司的"九峰牌"黄岩蜜橘、浙江百龄芝草生物科技有限公司的灵芝荣获金奖；水上船屋、房车、帐篷风情酒店、营地帐篷、桂花苗木等获得优质奖。

（黄岩区林业局）

【金华市林业产业】

林业产业总产值　全市实现林业总产值511.6亿元，比2014年的466.3亿元增加了45.3亿元，同比增长9.71%。林业产业总产值列全省第三(一至二位分别是杭州、台州)，其中，一、二、三产产值分别是100.7亿元、239.4亿元、171.5亿元，占比分别为20∶46∶34。

第一产业产值100.7亿元，与2014年的94.5亿元，同比增长6.6%。其中育苗产值40.2亿元，比2014年35.5亿元，增加4.7亿元，增幅13.2%，花卉及其他观赏植物种植产值4.1亿元，比2014年6.0亿元减少1.9亿元，同比减少31.7%。

第二产业产值239.4亿元，比2014年210.9亿元增加28.5亿元，增长了13.5%。其中，木材加工和木、竹、藤、棕、苇制品制造产值35亿元，比2014年37.3亿元减少2.3亿元，减幅6.2%；木、竹、藤家具行业有萎缩现象，产值92亿元，较2014年的49.2亿元，增加87%；木制工艺品和木制文教体育用品制造44.9亿元，比2014年54.7亿元减少9.8亿元，降幅17.9%。

第三产业产值160.7亿元，比2014年154.9亿元，增加5.8亿元，增长了3.7%。其中，林业旅游与休闲服务产值41.1亿元，较2014年33.2亿元增加7.9亿元，增幅23.8%。

县(市、区)林业产业运行情况　2015年，义乌市全部林业产业产值名列全市第一，产值为180.81亿元，主要贡献是第三产业，尤其是林产品、果茶、木竹材及其加工制品批发、零售，产值80.01亿元，占全市的份额为44%。

东阳全部林业产业产值名列全市第二，产值为147.64亿元，优势在第二产业，产值为98.5亿元，占全市第二产业产值41.25%。其中，木材加工产值19.12亿元，占全市份额的92%；木、竹、藤家具制造产值31.28亿元，占全市份额的34%；

木质工艺品和木质文教体育用品制造产值43.81亿元，占全市份额的97.5%。

金东区第一产业全市第一，产值24.0亿元，其中花卉苗木为该区的支柱产业，林木育苗产值17.3亿元，为全市第一，对全市的贡献率为43%。

磐安中药材种植产业发达，2015年产值4.2亿元，占全市70%。

武义的相对强项在茶及其他饮料作物的种植业，实现产值4.1亿元，占全市的39.4%。

浦江林业旅游与休闲服务发展较快，2015年产值18.8亿元，位居全市第一，占全市的45.7%；在林业旅游与休闲服务带动，该县林下经济产值也为全市第一，产值27.4亿元，占全市28.1%。

主要林产品产量 锯材产量73.5万立方米，同比增加2.3%，其中义乌30.8万立方米，与2014年持平，东阳33.5万立方米，同比增长1.2%。平均价格2280元/立方米，同比减少310元/立方米。

木片、木粒加工产品12.4万实积立方米，同比增加0.8%。平均价格3185元/实积立方米，比2014年增加60元/实积立方米。

木竹地板6.9万立方米，同比减少5.4%，平均价格234元/立方米，比2014年增加2元/立方米。

木、竹、藤家具689.3万件，同比减少15.56%，平均价格545元/立方米，与2014年持平。

木材采伐12.07万立方米，减少0.3%，没有超采伐限额。

主要经济林产品产量 水果种植面积37626公顷，其中：柑橘10357公顷，葡萄6648公顷，杨梅5892公顷，占总种植面积61%。水果结果面积36106公顷，其中：柑橘10243公顷，葡萄6372公顷，杨梅5609公顷，占总结果面积62%。水果产量439751吨，其中：柑橘139767吨，葡萄131200吨，杨梅31558吨，占总产量69%，柑橘平均价格2元/千克，葡萄平均价格8元/千克，杨梅平均价格13元/千克。

干果产量6329吨，其中板栗2803吨，平均价格8元/千克，柿子1670吨，平均价格32元/千克，香榧1137吨，平均价格236元/千克。板栗、柿子、香榧占干果总产量的87%。

林产饮料产品产量，主要是毛茶22822吨，平均价格46元/千克，与2014年持平。

森林食品4122吨，其中竹笋干2585吨、食用菌(干重)1514吨，占森林食品总产量的99%。

木本药材92吨，其中银杏31吨、杜仲16吨、厚朴11吨，占总量的63%。

木本油料2059吨，其中油茶籽2049吨，占99%。平均价格16元/千克，比2014年上涨2元/千克，产量同比上涨。

林产工业原料50吨，棕片33吨，松脂15吨，占总产量100%。

油茶与花卉苗木产业发展 2015年年末，实有油茶林面积9058公顷，增加331公顷，当年新造面积314公顷，油茶籽产量2049吨，增加80吨。2015年年末，实有花卉种植面积10444公顷，增加14.6%，其中：金东区5008公顷，占总面积的48%。花卉苗木产业为金华市市区农业六大支柱产业之首，是全市效益最高的种植业之一，全市有花卉从业人员9.6万人，花卉企业1389个，花农2.83万户。育苗面积达1.83万公顷，2015年苗木产量60608万株，比2014年同期减少32%。其中，婺城、金东两个区的种植面积为1.22万公顷，占全市的67%。全市花卉苗木产值达44.2亿元。花卉苗木种植面积与2014年比变化不大，销售状况一般。 (金华市林业局叶倩雯)

【绍兴市林业产业】 在产业发展模式中，一是继续推进现代林业园区建设。园区建设中重点实现基础设施先进，科技应用广泛，作业高效节约，标准规范统一，品牌营销专业，经济效益突出。2015年，全市新增省级林业园区6个。二是壮大特色林业主导产业。目前全市有花卉苗木栽培面积达46.3万亩，为全省四大主产区之一；有毛竹林面积90多万亩；香榧种植面积达27.6万亩，量产近10万吨，2015年产量约2500吨，产值近7亿元。三是推动林业电子商务发展。以绍兴花卉网为平台，加强花卉产业信息化建设，申报花木交易中心项目1个，组织花卉苗木企业打造在线交易平台。以诸暨市赵家镇为代表，响应省政府“电商换市”战略号召，探索农村电商转型升级，提升香榧原产地标识品牌的知名度和影响力，实现惠农增收。四是探索林产品平台上市交易。继2014年“冠军香榧”在华东林业产权交易所挂牌上市之后，2015年诸暨市又促成阮仕珍珠和同山烧2个现货产品在华东林业产权交易所挂牌上市，推动林业产品价格形成机制市场化。五是节会宣传打响品牌。在线上积极开拓商业模式的同时，不放松线下林产品宣传推广，充分利用各种展会推介绍兴特色林业产品。5月，冠军香榧、嵊州香榧、山娃子香榧等产品在意大利米兰世博会展出。11月，组织了92家林业企业参加第8届义乌国际森博会，实现现场销售额115万元、订单销售额420万元，获最佳组织奖。

在支持香榧产业发展中，市委、市府出台了《关于做好市花市树推广工作的意见》，制订长远发展规划，安排200万元专项资金，用于扶持培育香榧产业，对连片生产的香榧基地给予补助。2015年新建香榧育苗基地560亩，新增香榧种植面积8000亩。

（绍兴市林业局）

安徽省林业产业

【概　述】“十二五”时期，全省林业总产值由2010年的715亿元增加到2015年的2832亿元；林业一、二、三次产业比例由“十一五”末的37∶54∶9调整到“十二五”期末的31∶49∶20；全省森林、湿地生态系统每年提供的生态服务价值达6499.61亿元；山区林农林业综合收入年均增长达10%以上。林业已成为地方经济发展和农民增收致富的支柱产业。

特色基地建设　安徽省政府相继出台了加快油茶、竹子、杨树等三大树竹发展的指导意见以及加快木本油料产业发展的实施意见，多次召开全省油茶产业发展现场会，强化项目带动，加大政策支持力度。“十二五”期末，全省木本油料面积达340万亩、竹林面积560万亩、杨树面积880万亩，苗木种植面积260万亩。池州森林生态产品生产基地、宣城森林食品产业示范基地等跻身“国字号”行列。合肥、芜湖等苗木花卉产业发展迅速，成为华东乃至全国重要的苗木花卉生产基地和交易市场，中国合肥苗木花卉交易大会已成为全国四大苗木花卉交易平台之一。

发展林下经济和森林旅游　省政府办公厅出台了《关于加快林下经济发展的实施意见》，省林业厅制定并印发了《安徽省林下经济发展规划(2012～2016年)》，全面组织实施林下经济发展“5211工程”，走出了一条“不砍树，能致富”的路子。目前，全省林下经济面积达到1300万亩，建成国家林下经济示范基地7处。森林旅游业快速发展，全省共有各类国家级和省级自然保护区38个，森林公园74个，湿地公园39个，省级森林旅游示范景区19家，“森林旅游人家”593家。2015年，全省森林公园年接待游客超过2014万人次，实现直接经济收入7.4亿元，比“十一五”期末增长97.8%，成为林业经济发展的重要增长点。

发展新型经营主体　据统计，“十二五”期间全省新造林面积中，80%以上由新型林业经营主体完成。为推进新型经营主体的规范化建设，省林业厅出台了省级农民林业专业合作社评选办法和认定标准，并组织开展了相关评选和认定工作，有效提高了林业产业组织化、规模化、标准化水平。全省现有各类新型林业经营主体13927个，其中林业专业合作社2536个，家庭林场3167个，专业大户5041个，新型林业企业3183个。

发展产业集聚　积极培育龙头企业，不断壮大产业集群，全省林业产业规模和聚集度逐年提升，初步形成了皖北人造板家具产业群、沿江江淮苗木花卉产业群和皖南皖西竹产业群、特色经济林产业群和生态旅游产业群。全省现有国家级林业重点龙头企业16家，省级林业产业化龙头企业694家，产值超亿元以上的企业147家。

林业品牌建设　围绕林业主导产业和特色产业，积极推进林业标准化建设，加强林产品质量与安全管理，建立了经济林产品质量检验检测中心，出台了省现代林业示范区建设认定标准，首批认定18家单位。培育了一批有影响力的龙头企业和知名品牌，16家企业的产品获得中国驰名商标，106家企业产品获得省名牌产品，5家企业获得国家林业标准化示范企业称号，39家企业跻身省级高新技术企业，7家林业企业成功登陆新三板。同时，安徽省林业企业实施“走出去”战略取得明显成效，2015年全省林业出口创汇企业达到216家，产品出口到110多个国家和地区，年出口创汇达147亿元。

【经济林产业】　截至2015年年底，全省实有经济林1210万亩，挂果面积900万亩，占74.4%；新栽面积310万亩，占25.6%。其中：木本油料面积342万亩，按树种分，油茶234万亩、山核桃82万亩、香榧4万亩、油用牡丹22万亩。已投产面积156万亩，其中油茶98万亩、山核桃44万亩、香榧1.58万亩、油用牡丹12.33万亩。

全省现有经济林加工企业500余家，其中木本油料加工企业120余家，约占24%，主要为油茶和山核桃加工企业。油茶加工企业90余家，其中年产5000吨以上的有4家，实际年加工量12万吨，年产油量1万吨左右；山核桃加工企业近20家，安徽詹氏食品科技股份有限公司、安徽山里仁食品股份有限公司等较具规模的加工企业年加工量约4000吨以上，产值近3亿元；香榧、油用牡丹等加工企业也在稳步发展。

2015年经济林产品种植、采集、加工总值达到550亿元，占全省林业总产值的19.4%，其中一产产值380亿元。各类经济林产品总量达到303.94万吨，其中：水果243.72万吨，干果15.26万吨，其中：油茶籽6.6万吨，核桃(主要是山核桃)3万吨(干籽)，香榧400吨(干籽)，油用牡丹2万吨(干籽)。

主要做法 ①高位推动、措施有力。省委、省政府先后召开了全省造林整地现场会、省千万亩森林增长工程建设领导小组全体会议，研究完善相关政策，细化落实工作任务，强力推进工程建设向纵深发展。省林业厅按照省委、省政府决策部署，强化检查督促，认真抓好落实。在整地和造林的关键时期，每10天通报一次进度，并派出8个督导组和24个专家组分赴各地督查指导，抓落实、促进度、保质量。各地迅速行动，分解落实造林绿化任务，相继召开现场会、调度会、推进会，党政领导深入造林现场，进行督促检查。各级林业部门全力以赴地做好技术培训、苗木调运和现场指导等服务，强力推进工程植树造林。

②上下合力，多方投入。千万亩森林增长工程实施以来，省财政每年安排5亿元的财政转移支付资金，对所有经省级部门验收合格的给予300元/亩的财政补助。此外，省财政还设立现代农业发展木本油料专项资金，每年拿出3000万元专项用于支持油茶、薄壳山核桃等木本油料发展。近两年，每年农业综合开发经济林示范项目财政投入资金保持在3000万~3500万元左右。市、县各级部门根据当地财力状况，积极出台配套政策。寿县对成片造林500亩以上的，每亩奖励500元，连补6年。石台县出台《关于加快推进特色农业发展的若干意见》，对青檀等特色经济林造林每亩一次性补助700元，现有特色经济林培育每亩一次性补助200元。全椒县制定了薄壳山核桃产业发展规划，计划每年发展5000亩，到2020年发展薄壳山核桃5万亩；对同一区域内造林(栽植薄壳山核桃嫁接苗)面积100亩以上的县财政连续补助6年，当年验收合格后每亩补助1000元，第2~6年每年秋季验收合格后每年每亩补助400元。望江县计划用5年时间发展薄壳山核桃10万亩，每亩给予财政补助1200元，分三年拨付，第一年验收合格后拨付600元/亩，第二、三年验收合格后分别拨付300元/亩·年。

③深化改革、创新机制。全省继续推进集体林权制度改革，巩固和扩大改革成果，进一步完善财政奖补、项目建设、金融服务等扶持政策，探索创新林业经营形式，培育壮大新型林业经营主体，林业企业、大户、家庭林场、专业合作组织等成为造林绿化的主力军。2015年1月30日，省林业厅与省银监局联合制定《关于加快推进林权抵押贷款工作的意见》，进一步拓宽了林业融资渠道，为各类林业主体投资兴林注入了新动力。2015年，全省各类社会主体承担的造林占总任务的90%以上。

④典型示范，树立品牌。安徽省先后有祁门、金寨、宁国等9个县被国家林业局或中国经济林协会命名为“中国经济林之乡”。宁国市南极乡、绩溪县万富山、歙县英坑等5个山核桃基地被国家林业局命名为“国家级核桃示范基地”。六安市被国家林业局确定为全国油茶产业发展示范市。安徽詹氏食品股份有限公司被中国经济林协会、中国绿色时报社联合评选为“中国核桃产业十佳企业”。“宁国山核桃”“怀远石榴”、歙县“三潭枇杷”、淮北“塔山石榴”“金寨板栗”先后被国家质检总局或国家工商局认定为“国家地理标志”保护产品。品牌建设，极大地带动了企业的发展和当地林农经营经济林的积极性。宁国市是最早一批由发展经济林而致富的地区，山核桃产业年产值达8亿多元。宁国市山核桃中心产区南极乡，村民收入主要来自山核桃生产、经营，目前当地林农来自山核桃生产经营的收入人均达到3万元，占其总收入的90%以上。淮北市也已形成以烈山区塔山为中心，绵延50余千米的石榴种植基地生态群落，年

产石榴近5万吨，产值一亿多元。

科技支撑，强化服务　在经济林营造中，安徽省坚持良种壮苗作为经济林营造的先决条件，尤其是国家和安徽省近年来大力扶持的木本油料树种油茶和薄壳山核桃，已经全部实现定点育苗。

一是建立首席专家制度。省林业厅从安徽农业大学等有关科研院所聘请油茶、竹子、薄壳山核桃等经济林首席专家，开展专项技术指导。从整地、种苗、栽植到抚育和管护，全程指导与服务，做到整地方式合理，栽植全部采用专业队，抚育管理严格执行技术规范，并大力推广根际覆盖地膜、测土配方等实用技术。

二是常抓实用技术培训。省林业厅每年都会有针对性地开展油茶、竹子、薄壳山核桃等主要经济林开展实用技术培训。近5年来，开展各种省级培训班200余次，培训大户和林业合作组织带头人20000余人，累计编发油茶种植技术资料10万余份，竹子营造林手册5000余份。各市、县也分不同层次开展培训，积极推广良种良法，培训到骨干企业和大户。20个竹子生产重点县结合竹子科技示范园建设，建立竹农科技示范户登记造册制度。示范户人手一本记录手册。淮北建立农民培训学校，不定期培训果农，为广大果农提供学习技术和了解石榴信息的场所。聘请山东石榴专家、安徽农业大学教授等前来授课，讲解石榴栽培实用技术，提高果农种植水平。并通过开展科技宣传周活动，采取举办培训班、送科技下乡、一技一训、扶持林业致富带头人等形式，发放林业技术资料5万余份，培训林农、果农上万人。

三是抓技术标准制定。近几年，安徽省先后组织专家编写了《油茶营造林技术规程》(DB 34/T 1268—2010)、《油茶芽苗砧嫁接容器育苗技术规程》(DB 34/T 1348—2001)、《红壳竹笋材两用林丰产栽培技术规程》(DB 34/T 1161.1～3—2010)、《竹子科技示范园建设规范》(DB 34/T 2237—2014)、《薄壳山核桃营造林技术规程》(试行)、《薄壳山核桃育苗技术规程》(试行)等10多项技术标准。

四是积极进行良种选育和开发利用。2010年以来，安徽省共审定经济林良种50余项，其中：油茶良种11项、核桃良种10项(其中：薄壳山核桃6项，山核桃4项)、蓝莓12项、枣4项、梨和石榴各1项；并认定和推荐了一大批在安徽省发展潜力大的优良品种。

【木本油料产业】　安徽省现有木本油料面积为337.74万亩，占全省经济林总面积的30.7%，其中油茶229.69万亩、山核桃81.95万亩、香榧4.17万亩、油用牡丹21.93万亩。已投产面积156.43万亩，其中油茶98.19万亩、山核桃44.33万亩、香榧1.58万亩、油用牡丹12.33万亩。

油茶　在全省山区、丘陵都有分布，主产区集中在六安市(舒城、霍山、金寨、裕安、金安)、安庆市(太湖、岳西、潜山、桐城、宿松等)和黄山市(歙县、祁门、休宁等)，其中六安、安庆和黄山三市油茶面积约占全省总面积的91.3%。全省县级油茶面积在10万亩以上的有舒城、太湖、霍山、金寨、潜山、岳西、歙县、祁门、裕安、休宁10个县(区)。2014年，全省油茶籽总产量为6.65万吨，产值约12.51亿元。全省现有各类加工企业90余家，年设计油茶籽总加工量19万吨，实际年加工量12万吨，年产茶油量3万吨左右。

山核桃　主要分布在皖南天目山山脉、黄山余脉及大别山区，宁国、绩溪、歙县、金寨、霍山是重点生产县(市)，其中皖南宁国、绩溪、歙县等地天目山山核桃和大别山区金寨、霍山等地大别山山核桃栽培面积分别达到58.61万亩和13.10万亩，广德、旌德、岳西等县有零星分布。同时，近几年来安徽省各地大力发展薄壳山核桃，栽培面积已达到10.24万亩。2014年，全省山核桃干籽产量2.98万吨，总产值约14.76亿元。全省加工企业20余家。

香榧　主要分布在皖南天目山脉及黄山余脉一带的黟县、黄山、宁国、徽州、休宁、旌德等县(市、区)，栽培面积4.17万亩，年产籽量400吨左右，年产值0.47亿元。近年来，香榧的栽培区域已延伸至岳西、金寨等大别山区。

油用牡丹　主要分布在皖北亳州和沿江铜陵等地，栽培面积21.93万亩，其中谯城区和铜陵县栽培面积分别达15.81万亩和3万亩，占全省油用牡丹总面积的72.1%和13.7%。年产籽量2万吨左右，年加工量1000吨左右，年产值4.07亿元。

【林下经济】 安徽省现有林下经济发展面积1311万亩，从事林下经济农业人口620万人，实现产值180亿元，发展林下经济促进农民人均增收1000元。林下种植面积349.12万亩，实现产值49.86亿元，主要模式有林药、林菌、林菜、林农、林果和林茶等模式。林下养殖3287.5万只，实现产值35.59亿元，主要模式有林禽、林草、林蜂等模式。林产品采集加工面积412万亩，主要模式有柳竹编织、竹笋采集加工、山野菜加工。森林景观利用面积501万亩，主要有森林旅游人家、农家乐经营等模式。

林下经济发展的主要特点 一是林下种植面积逐步扩大。林下种植分为：①林下种植中药材、食用菌和药用菌，这一类目前已列入国家财政和省级财政支持的范围。②林下种植蔬果，包括林下种植青菜、萝卜、大蒜、黄豆、西瓜、草莓等。③林下种植高山蔬菜，多为种植大户经营，以特定的蔬菜为主，重点提供给就近的大中城市。④林下种植小树苗等苗木花卉以及林下种茶，是林业的新型复合种植模式。二是林下养殖方兴未艾。林下养殖分为两类：一类为林下养殖的家禽家畜，家禽以养土鸡和生产土鸡蛋为主。家畜以养猪和野猪驯化杂交猪为主，安徽省五大山区市均有养殖。野生动物驯养也有养殖，但比重较小。三是林下林间采集促进农民增收效果好。主要有①毛竹冬春笋和元杂竹笋；②野生中药材和食用菌药用菌；③山野菜，以蕨菜、马兰头为主；④壳斗科树木苦槠类、栓皮、松脂等；⑤柳编、藤编、竹编等原料采集。四是森林旅游异军突起，全省由省林业厅和省旅游局共同授牌发展"森林人家"200个，各类森林游园、休闲小区等遍布全省各地。2014年，全省森林旅游接待游客1755万人次，创产值7.25亿元。四是示范带动作用强。近年来通过政策引导和资金扶持，形成了一批林下经济示范典型和示范基地，并在此基础上，引导各类新型经营主体发展现代林业，安徽省及时出台了《关于开展安徽省现代林业示范区建设与认定工作的通知》，并制定了《安徽省现代林业示范区建设认定标准》和《安徽省现代林业示范区建设分类细则》，开展了省级现代林业示范区申报和认定工作，重点将林下经济、林业复核经营作为现代林业建设的重点，促进一、二、三产业融合发展，各类经营主体发展发挥优势，成为深化集体林权制度改革体制机制创新、产业创新和基地建设的典范。

【宣城市林业产业】 宣城市，现有林业用地面积1146万亩，占市国土总面积的62%，其中有林地面积1035万亩，活立木总蓄积量3054万立方米，森林覆盖率58.21%，是安徽省重点林区之一。

全市现有林业企业1570家，其中国家级林业重点龙头企业4家、省级林业产业化龙头企业145家。全市林业企业累计获得省著名、中国驰名商标66个，省级、国家级名牌产品14个。2015年，全市林业总产值达433.8亿元，较2014年提高14.3%，是2010年的3.2倍。

通过不断整合林业资源，优化林业结构。全市初步形成木竹深加工、森林食品、生物制药、制浆造纸、森林旅游、苗木花卉、野生动物驯养、林下经济"八大主导产业"和以宣州区为中心的木业、郎溪县为中心的苗木花卉、广德县为中心的竹业、宁国市为中心的森林食品、泾县为中心的制浆造纸、绩溪县为中心的生物制药、旌德县为中心的森林旅游"七大产业集群"。林业一、二、三产业的比例，由五年前的47:51:2调整为30:50:20，形成了"特色+规模+品牌"的林业产业发展格局。

以推进"三个百万亩基地"建设为抓手，夯实特色林业发展基础 2015年4月，宣城市政府在宁国召开全市特色林业产业发展现场会，提出"十三五"期间，建成"三个百万亩基地"(100万亩笋竹两用林、100万亩木本油料、100万亩林下中药材)，培育特色林业企业200家(竹笋加工企业50家、森林食品加工企业100家、生物制药企业30家、森林旅游企业20家)，新增林业总产值200亿元，增加山区农民人均林业综合收入1000元。

为扎实推进"三个百万亩基地"建设，宣城市政府将其纳入《宣城市十三五发展规划》和市政府2016年重点推进工作，并成立了以3个市委常委分别为组长的宣城市竹业、木本油料、中药材产业发展领导组。广德县政府制定了《广德县竹业发展五年行动计划》，安排了10个事业编制，成立了竹产业发展局。其他县市区也出台了一系列扶持政策，有力地促进了“三个百万亩基地”的发展。据统计，去冬今春全市新造林6万亩，其中香榧、核桃、油茶等木本油料1.2万亩；林下种植中药材2.3万亩；实施笋竹两用林改造5万亩。既增加了就业岗位，又促进了产业扶贫，扩大了林产品和生态产品的有效供给。

以构建平台为突破口，解决产业发展“三难”问题 一是组建林权收储中心，构建融资平台。宣城市以推进国家林改试验示范区建设为契机，先在试验示范县市区成立林权收储中心，条件成熟时，组建宣城市林权收储中心，为出险林权抵押贷款托底，促进林业与金融融合，实现森林资源资本化，解决林业的“融资难”问题。目前，宁国市已基本确定同农村产权制度改革结合起来，成立林权收储中心。二是建立林业投资公司，构建投资平台。通过设立财政性林业投资基金，建立政府参与、企业主导、市场化运作的林业投资公司，以解决林业企业在生产经营中的“融资贵”问题。广德县在推动竹业发展中，从工业发展基金中每年切出2000万元用于竹业发展基金。三是发展林产品电子商务，构建交易平台。坚持线上、线下资源互补和协同应用，发展“B2B”“B2C”“O2O”和微商等营销网络平台，着力培育一批商业模式新、创新能力强、发展潜力大的林产品电子商务企业。鼓励林产品连锁超市、新型电商企业和仓储物流业发展。以华东林交所宣城营业部为龙头，推进大宗林产品、林权和碳汇交易，逐步解决林产品的“卖难”问题。目前，宣城市已发展林产品电商企业150多家。

以培育战略性新兴产业为方向，加快产业优化升级 宣城市在强化木竹深加工、制浆造纸和森林食品等传统产业转型升级的同时，积极构建技术先进、生产清洁、循环节约的新业态。认真实施《宣城市林下经济发展规划》，以林下种植中药材和菌类为突破口，带动林下养殖、林间采集加工和森林旅游业的发展。旌德县政府适时出台了《旌德县发展林下经济的实施意见》，鼓励大户、家庭林场、专业合作社、龙头企业租赁林农“闲置”的林下空间，种植灵芝、黄精、白芨、茯苓、重楼、覆盆子。该县的黄山云乐灵芝公司，租赁林农3000亩林下空间，采取“树上石斛树下芝”的种植模式，使林农的林木生长不受影响，“闲置”的空间又获取可观的租金，公司又迅速扩大了种植规模。截至2015年年底，旌德县发展林下经济农户达到6000户，林下种植面积达到14万亩，实现林下种植年收入1.2亿元，林农人均增收930元。2015年7月，旌德县被国家林业局授予“国家林下经济示范基地”称号。

为了做大做强中药材产业，宣城市委、市政府决定，将中药材产业划归林业部门主管。目前，宣城市林业局正对全市林下和田间的中药材资源进行调查，编制《宣城市中药材产业“十三五”发展规划》。

此外，宣城市积极参加“中国森林氧吧”“中国森林康养示范基地”申报工作，加快省级森林旅游示范景区建设，打造全国知名森林旅游目的地。全市新增省级森林公园13处，被省林业厅和省旅游局认定的“安徽省森林旅游人家”40家、“安徽省森林旅游示范景区”5家。

以建立各类示范园区为载体，促进产业聚集和融合发展 一是依托资源和区位优势，优化木竹深加工、森林食品加工、生物制药、制浆造纸和林业循环经济等产业布局，打造一批精深加工产业集群，如宣州孙埠木材加工园区、广德东亭竹材加工园区、宁国南山森林食品加工园区、旌德篁嘉灵芝产业园区、泾县榔桥木质工艺品加工园区等。二是依托特色林产品基地，建设特色林业精品园等现代产业示范园区，宣城市已获批建立宁国恩龙、旌德大礼和广德振扬3家省级现代林业示范园区。三是依托发展林业龙头企业、专业合作社和家庭林场，培育新型林业产业联合体。在此基础上，培育建立国家级林业产业示范园区和木材加工贸易区，发挥重点产业聚集效应和区域产业竞争优势。

以国家推进股票发行注册制改革为契机，引导企业对接多层次资本市场 为了有效拓宽企业融资渠道，提升企业管理水平，实现企业可持续发展，宣城市按照“政府引导、企业主导、政策扶持、市场化运作”模式，积极鼓励和推动企业实施股份制改造，多层次对接资本市场，努力实现上市或者挂牌。宣城市林业局先后与北京中标国际、上海汇昌富公司联系，引导优质龙头企业参加上市辅导，引导企业按照板块整合资源，整体上市，并建立了林业产业上市后备企业资源库。目前，宣城市已有8家企业挂牌、上市。

【池州市林业产业】 池州市是安徽省重点林区之一，“十二五”以来，池州市坚持以实施千万亩森林增长工程为契机，统筹加强林业生态与林业产业建设，截至2015年年底，全市有林地面积由“十一五”期末700万亩增加到729万亩，森林覆盖率由57.72%增加到59.34%；林木绿化率由62.23%增加到63.88%；林木蓄积量由2500万立方米增加到2831万立方米，林业总产值达221.7亿元，年均增长20%以上。2015年，池州市荣获国家首批森林生态产品生产基地称号。2015年11月，“国家森林生态产品品牌体系”和电商交易平台正式落户池州。

林业产业基地 “十二五”期间，池州市新增用材林、经济林基地面积30万亩。完成人工造林面积46万亩，非公有制造林占造林总量的86%。造林大户达300多个。2015年，全市乔木经济林基地面积达10万亩，灌木经济林15万亩，竹林达57万亩。水果达2万亩；干果6万亩；木本油料林5000亩；毛茶等林产饮料面积18万亩；苗木花卉、盆栽植物281万盆、观赏苗木1391万株、草坪21万平方米。

林业龙头企业 池州市林业龙头企业达72家，其中，国家级1家，省级33家。全市年产值5亿元以上林业企业1家，亿元以上林业企业3家，年产值5000万元以上企业4家。全市林业专业合作社达100余家。鸿叶集团、东盾木业、新河竹业、永红木业、八达木业等规模以上林业企业年加工原料生产人造板能力达50万立方米，生产竹地板、竹签、竹炭等年可加工毛竹1000万株以上。鸿叶集团利用池州市雄厚的竹业资源，竹签、竹筷产量和出口量连续七年全国排名第一，近两年每年出口创汇5000万美金，产品远销日本、欧盟、拉美和东南亚等110多个国家和地区。

主要林产品产量与效益 2015年，池州市森林食品业：水果达1.66万吨，产值1.3亿元；茶叶等饮料干重近万吨，产值19亿元；干果7000吨，产值1.5亿元；森林食品0.5万吨，产值4亿元。花卉苗木业：年产值10亿元。木竹加工业：总产值60亿元。其中锯材69万立方米，产值10亿元；木片64万立方米，产值6亿元；人造板70.8万立方米，产值10亿元；木竹地板94万平方米，产值13亿元。其中，金品西山枣业建立西山焦枣基地2300亩；瑞嘉现代农业公司新建油用牡丹基地1700亩；天源农业建设油茶和苗木基地达2.8万亩；天品堂生态科技有限公司建设黄精种植基地近1万亩，2015年销售额为6275.9万元；青阳九华中药材科技有限公司发展黄精、牡丹皮、杜仲等中药材原料基地1万余亩，年生产、收购中药材1000余吨，年销售额3000余万元。

休闲旅游和林下经济 全市森林旅游异军突起，成为池州市林业产业重要增长点之一。2015年，全市林业旅游与休闲产业收入74.3亿元(接待游客1883万人次)，产值占林业总产值的1/3。全市拥有国家5A级景区1个，4A级景区11个。投资20亿元的九华山大愿文化园开园迎客，投入近100亿元的杏花村文化旅游景区已初显森林和湿地生态旅游效应。池州市牯牛降、九华山莲花峰等景区年创收均在3000万元以上。同时全市大力开展林下经济示范点建设，创建示范点81家并授牌奖励。建立起林下种、养、游特色经济带，产值34亿元，占林业总产值的15.3%。恒源工贸、益林生态农业等林业种养殖企业年产值均在1000万元以上。

林业品牌建设 “十二五”期间，池州市林业企业省级名牌和著名商标发展到15个、中国驰名商标3个，新增国家地理标志保护产品2家(西山焦枣、石台富硒茶)。省森林旅游示范景区2家(石台牯牛降、贵池九华天池景区)、省级森林旅游人家57家。西山焦枣2015年荣获“中国十大枣品牌”。先后有3家企业荣获3项“中国·义乌森林博览会”金奖。金品西山枣业公司和安徽天品堂生态科技有限公司申报的焦枣、黄精两个项目双双获得2014~2015年度中国林业产业创新奖。

推动“互联网+林业”事业 池州市生态和林业硬件、软件资源雄厚，潜力巨大。从生态环境看：池州市生态环境优越，是国家森林城市、中国优秀旅游城市、国家园林城市和中国人居环境奖获奖城市、安徽省文明城市。从资源条件看：池州市有林地面积、林木绿化率、活立木蓄积量等均排在全省前列，全市拥有400余万亩商品林，产业资源充足。从产业基础看：池州市林产工业已具规模，目前呈现一产平稳增长，二产增速加快，三产异军突起的良好态势。

在2015年举行的第四届全国林业信息化工作会议上，国家林业局局长张建龙指出：以"互联网+"战略为契机，推动林业产业转型升级。池州市委、市政府领导敏锐地意识到国家全力推进"互联网+林业"的信号，经积极争取，国家林业局同意在池州市建设"国家森林生态标志产品电商交易平台"。11月23日，国家林业局、中国林业产业联合会在池州举行"国家森林生态标志产品品牌体系"建设座谈会暨电商交易平台启动仪式。全国政协人口资源环境委员会主任贾治邦、国家林业局局长张建龙等领导亲自到会，宣布"国家森林生态标志产品品牌体系"正式启动。

为保障该项目持续推进，池州市委、市政府高度重视，成立了以市长任组长的项目推进工作领导小组。首先规划推出"互联网"产业环理念。即以平天湖风景区为中心形成"互联网"产业区域分布的环形密集区，推动周边林业企业"触电"发展。二是出台《关于加快发展电子商务发展若干意见》等政策，从建立电商孵化基地、鼓励社会投资、给予服务年费补助等多个渠道为林业电商入驻园区提供每年最高100万元的奖励或补助。三是以国家林业局为主导，初步完成"国家森林生态标志产品品牌体系"标准拟定和专家论证工作，不断推进在池配套建设森林生态产品电商交易平台、全国林业产业数据综合服务平台、重点林产品质量追溯平台、林产品品牌公众查询平台四大系统，完善电商交易平台如期运营所需的服务、质控、查询等软件环境。四是积极打造国家级林业电商产业园区。3月17日，中国林业产业联合会、池州市政府、安徽朗坤物联网有限公司在北京正式签订三方战略合作框架协议。4月6日，成立中林朗坤科技股份有限公司并召开首次股东大会，注册资本2亿元。

【宿州市埇桥区林业产业】 宿州市埇桥区是省辖宿州市人民政府所在地，位于安徽省东北部。全区国土面积2868平方千米，人口187万人。2015年，林木产业又跃升为与纺织服装并列的"双首位"产业，共同促进埇桥经济发展。

产业发展取得的成绩 全区共有林地面积94.8万亩，活立木蓄积量413万立方米，其中杨树面积达到68.6万亩，杨树活立木蓄积量307万立方米，林木产业已经成为全区主导产业之一。埇桥区已先后被授予"全国平原绿化先进县(区)""中国杨木产业示范区""全国绿化模范县(区)"、安徽省"林业产业十强县(区)"称号。

全区林业产业进入以板材深加工和综合开发利用为特点的现代林业产业发展阶段。全区木材加工企业迅速发展到350家，拥有规模林业企业56家，年产值亿元以上企业14家，安徽省农业产业化龙头企业2家，安徽省林业产业化龙头企业8家，宿州市农业产业化龙头企业23家，林业专业合作社105家。品牌创建成果丰硕，全区拥有各类品牌认证105个，其中东大木业"红树湾"木地板、新远大木业"麒麟富宝"木地板、天缘家具"天之缘"家具等品牌荣获安徽省著名商标称号；2015年，宿州市东大木业自主品牌"红树湾"地板商标被评为中国驰名商标。产品远销到德国、英国、美国等30多个国家和地区。大力推进林下经济发展，开展林下种植、养殖、采集和林下复合经营，其中草本药材"宿州王枣子"荣获中国地理标志证明商标，目前，全区林下经营面积5万多亩，年创产值2亿元。2015年，全区林木产业实现总产值129.14亿元，出口创汇8000万美元。

主要经验及做法 围绕实现"一产稳步提升、二产快速跨越、三产多头并进"的林木产业新格局，埇桥区在政策、资金、项目、奖励等方面予以支持，着力构建了林木产业发展的有效保障机制。

①建立完整统筹规划。作为全国杨木产业示范区，埇桥区政府将林木产业纳入示范区四大支柱产业规划建设，制订《林木产业发展的实施方案》，确立了林木资源培育、木材加工提升、林业三产及拓展、林产品市场物流、林木产业服务体系建设"五大工程"，2014年提前实现五年规划提

出的林业产值百亿目标。

②建立政策支持机制。埇桥区政府出台《宿州市埇桥区国家现代农业示范区建设若干意见》，通过财政奖补政策促进林木产业发展，对新造连片林、荒山绿化50亩以上分别补助100元、500元/每亩；奖励做大做强的林业产业化龙头企业，凡企业自筹资金或引进资金，投入300万元以上新、扩建林木产品加工项目，按实际投资额的2%给予奖补；对新晋升为国家级、省级农业产业化龙头企业，分别给予10万、5万元的奖励。对新获得中国名牌、中国驰名商标、国家地理标志的龙头企业奖励20万元。对"三线三边"绿化、林苗两用林重点工程土地流转费给予80%补贴，并连续补贴12年。同时，鼓励林权抵押贷款、林农小额信用贷款和联保贷款，对林权抵押贷款，按各商业银行当年执行利率的50%对企业和农户进行贴息。鼓励各类担保机构开发林业资源担保业务，加强与中国人保财险的协调与合作，开展政策性森林保险业务，建立金融保险服务体系。

③建立资金投入机制。推行多元化投入机制，拓宽林业产业发展的融资渠道。埇桥区财政每年拿出不少于1000万元的资金，用于扶持产业发展。整合涉林资金，集中使用。积极争取项目资金，集聚和吸引民间资本投入林业开发，增加林业发展动力。立足产业发展和项目建设，按照"政府主导、市场运作、社会参与"的方式，组建现代农业投资公司，打造投融资平台。2015年，区财政投入1500多万元，用于京沪高铁和沈圩苗木花卉基地共1.7万亩的补贴，现代农业安排林业补贴350万元。

④建立投资创新机制。埇桥区在林业产业化发展上，培育和发展木材加工、林业立体种植等林业龙头企业，推广公司(企业)带基地、基地联农户的经营形式，延长产业链，增加附加值；在发展非公有制林业上，充分利用多种渠道，积极引进资金、技术、良种和管理经验，坚持"谁投资、谁经营、谁受益"的原则，大力发展个体私营林业。深化改革、放开搞活，为林业产业化发展提供了一定的发展空间。

⑤建立招商项目带动机制。埇桥区抓住国家现代农业示范区建设机遇，唱响全国杨木产业示范区金字招牌，专门成立林木产业发展推进组，加强与国家及省有关部门的项目对接，谋划一批关联性、竞争性、成长性强的重大项目，积极争取。建立了具有可操作性和前瞻性的项目库，并不断进行充实、调整和完善，把资源优势转化为项目优势。大力开展招商活动，以招商引资工作的大突破谋求林业产业的大发展。围绕生物质能源、森林旅游、木材加工、干鲜果加工、苗木花卉、食用菌生产、中药材种植、野生动物驯养繁殖等重点领域，收集筛选了10大类23个林业招商引资项目，建立了林业招商引资项目库，成立了林木产业招商推进组，招引涉林项目25个，建成亿元以上项目3个，吸引外商投入资金达5亿元，绿洲森工、TATA木门、神州长城等国内知名企业纷纷落户埇桥。

(白卫萍)

福建省林业产业

【概　述】 2015年，全年完成工业产值3887.94亿元(占全国的13.1%)，同比收窄0.5个百分点，高于同期全省生产总值增幅1.8个百分点；累计完成销售收入3742.46亿元，同比收窄0.3个百分点；产销率96.26%。全年累计完成工业增加值(可比)1040.79亿元，增幅同比提高0.7个百分点，高于全省1.5个百分点，占全省10700亿元的9.73%。全省规模以上林业企业共2513家，比2014年增加173家，增长7.39%；预计实现利润214亿元，高于全省工业企业5个百分点，增幅同比上升13.71个百分点；预计实现税金总额106.4亿元，增幅同比上升9.2个百分点。亏损企业预亏额为10.5亿元，同比收窄3.76个百分点。

林产品出口　全省林业工业主要产品完成出口交货值301.02亿元(占全省6983亿元的4.31%)，增幅同比提高2.1个百分点，增幅高于全省11.6个百分点。木竹制品、家具等出口增幅大，为全省林产品出口保持较快增长作出贡献。

木材生产　全年木材生产(商品原木)累计完成480.99万立方米，比2014年减少75.74万立方米，降幅达18.69%。

主要林产品产量　人造板产量增长较快，累计完成1583.67万立方米，增幅同比上升7.16个百分点，占全国总产量的6.33%；木制家具累计完成3420.14万件，纸浆累计完成35.75万吨；木竹地板累计完成957.62万平方米；松香累计完成4.2万吨；木质活性炭累计完成8万吨，与2014年基本持平。

服务企业　推荐20家企业申报中国驰名商标和省著名商标；12家企业获评国家林业龙头企业；评审认定154家2015~2017年度福建省林业产业化龙头企业；启动了中国林业采购经理指数采集工作；争取财政资金5000万元用于扶持永安等16个竹材(笋)精深加工示范县和省级林业电子商务平台项目，并已全面组织实施；“6·18”共完成项目成果对接38项，总投资16.2亿元，现场销售和订单合同658万元，同时举办科技专家下乡入企进林区专场对接活动，成效显著；组织企业参加第二届森交会、第八届义乌森博会、第十一届林博会成效显著，企业累计达成合作意向203项。在南平举办了林业产业科技创新驱动对接会、竹产业发展科技成果对接会和竹工业产品设计大赛等，在三明举办了木材原料供需对接会和慧聪网笋竹林产品知名卖家会员线下采购会等。据统计，通过政企、市企、科企等对接平台，达成市企合作意向346项、科企合作意向61项，帮助企业解决科研发展难题52个，征集需省直部门协调解决问题16个。

省级林木收储中心　经前期准备和多方协调，福建福人林木收储中心于3月7日正式挂牌，并注册成立了福建福人融资担保有限公司。同时正在积极探讨设立福人林业小额贷款公司和林业产业发展基金。并于12月底在顺昌完成了首单260万元的林权抵押贷款放款业务，福人收储中心、省农行、顺昌林业局三方签订合作意向，在顺昌县开展林权抵押收储贷款，省农行提供1亿元额度，利息按基准利率贷款优惠，具体由福人收储中心担保收储，顺昌林业局具体负责组织实施并反担保，该合作模式将为福人林木收储中心在全省开展业务提供可复制的模式。参与中国(莆田)标准红木交易中心建设，建立红木收储基地，开展红木收储经营业务，已收储红木价值约2亿元，大大缓解了部分中小红木企业的资金困难和缓冲原料市场价格波动。

福建名优特林产品电商平台(闽山碧)正式上线并运营　该平台于11月6日正式启动。平台内容涵盖了福建省林改及林产业政策、优势林企和林产品、第三产业服务资讯等，重点展示了福建省8家林业挂牌交易企业和290家林产业龙头企业等；电商平台采用“授人以渔”的方式，组织了9

场大型电商业务培训，服务700多家涉林企业，还采取重点服务对接的方式为福建省林业龙头企业——孟宗笋业、沈郎乡等提供一整套的电商运维方案，有力地促进林企林农转变观念，提高运用互联网拓宽销售渠道的思维和技能。

行业管理 县属国有林场改革积极推进，通过调研和经多方协调代拟的《福建省县属国有林场改革指导意见》已经省委常委会研究通过上报国家林业局并获批。县级改革方案初步意见的收集和基础设施及职工生活待遇等情况调查摸底工作也基本完成。督促落实2015年959套新建任务全面开工和续建任务按序时进度推进，全省林业危旧房改造全年累计完成总投资2.61亿元。召开省木材检验技术协会五届三次会员大会；依托省木材检验技术协会公开出版《木材检验技术(修订版)》，并采取送培训下乡，在南平、三明、漳州等地开展了35场木材新标准宣贯培训，参训人员达1859人。

【林业工业经济运行特点】

各项经济指标 规模以上林业工业企业产销、出口、经济效益等指标均保持增长，且均高于全国和全省平均水平，人造板、纸浆等逆市增长。部分停产企业得以重新开工，新增规模企业173家，同比增长7.39%，企业利润实现13%的增长，高于全省工业企业8%的平均水平。其中，造纸和纸制品业增长19.7%，家具制造业增长19.2%，在全省38个工业大类行业中，增速分别排名第三和第四位。但由于人工成本、融资成本增长较快，亏损企业亏损额也有所增加，出现了分化现象。

发展质量 直接融资和品牌建设越来越被企业所重视。全省新增上市企业4家(福建龙泰竹业股份有限公司、福建芝星炭业股份有限公司和厦门市江平生物基质技术股份有限公司在“新三板”成功上市，郑源国际控股有限公司在“港三板”上市，累计达27家)、中国驰名商标5个(“郑源及图”“元力及图”“栖息园及图”“开心一百及图”与“和其昌及图”，累计达36个)、省名牌产品92个(累计达208个)。12家企业获评国家级林业龙头企业(累计22家)，154家企业被评为省林业产业化重点龙头企业，25家企业申报中国驰名商标和省著名商标，10多家企业已完成股改待“新三板”等上市。

“互联网+”等新业态成为林业产业发展新动力 互联网与林业产业融合发展成为业界共识，为林业产业提供综合服务的省级林产品电商综合平台——“闽山碧”正式上线，清流“春舞枝”、邵武“味家”竹制品、“鑫森”炭业等电商销售已超过传统渠道销售量，同时，南平朝日网络的“闽北竹商网”和三明林业局的“林品汇”等一些电商公共服务平台也有一定规模，企业营销体系逐步走向“平台化、社会化、移动化、电商化、国际化”五化发展，互联网与林业产业的结合，打破了地区性产业壁垒，为林产业提供了新的发展空间。

【林业工业经济运行】 “十二五”期间，全省林业工业经济从过去初级加工为主向精深加工、“一条龙”全产业链结合转变；从过去主打木、竹产品，到现在向低碳材料、生物质能源、生物医药等新兴产业转变；从过去主要靠生产半成品、赚加工费谋生存，转变为更多地从新产品开发、品牌创立、科技创新找出路。

发展质量和效益 “十二五”期间，全省规模以上林业企业预计实现利税年均增长19.22%；截至2015年年底，全省林业行业共获得中国名牌产品2个、中国驰名商标34个、省名牌产品208个、福建省著名商标152个、国家地理标志产品15个，总品牌数达411个，比2010年的251个增加63%。林业产业总产值超50亿元的县已经达到28个(其中超100亿元的达10个)。

林业产业集聚效应 “两区两城”[海峡两岸(三明)现代林业合作实验区、中国·莆田秀屿国家级木材贸易加工示范区、中国笋竹城、海西林产工贸城]和“五大林业产业集群”(闽中外向型林产工业集群、闽南木制家具花卉产业集群、闽西北林产工业和生物产业集群、闽北林产笋竹加工产业集群、闽西北和闽东北森林旅游集群)建设扎实推进，“五大林业产业集群”产值已占全省同行业产值的60%以上，比2010年提高近20%。

林业资源综合利用率 产业集聚逐渐形成、企业分工协作不断加强，木材等资源综合利用率显著提高，木材加工利用率达95%以上。人造板产量已超过木材产量，平均每年从国外进口原木和锯材超200万立方米。

新兴产业 森林旅游、林产品交易市场、非木质利用、生物产业等新兴产业快速发展，基本形成原料基地与加工基地相适应，传统产业、特色产业、新兴产业协调发展的产业体系框架。

表1 “十二五”期间林业工业经济主要指标情况

年份	林业产业			规模以上林业工业		出口交货值（亿元）	木材产量（万立方米）	人造板产量（万立方米）	进口木材（万立方米）
	总产值（亿元）	增速（%）	一、二、三产比重	产值（亿元）	增速（%）				
2010	1673.15	13.60	25.5∶72.2∶2.3	1528.49	33.30	182.03	628.32	997.93	134.90
2011	2560.00	53.00	20.3∶78.1∶1.6	1893.00	33.40	203.00	601.30	1129.80	417.20
2012	3078.00	20.20	19.5∶78.1∶2.4	2613.70	22.60	210.54	506.23	1284.26	430.00
2013	3610.00	17.30	18.4∶78.8∶2.8	3137.20	17.30	243.49	551.06	1312.24	323.95
2014	3972.00	10.02	17.6∶78.6∶3.8	3466.65	11.30	265.56	565.54	1416.21	426.00
2015	4277.00	7.70	17.5∶78.3∶4.2	3887.94	10.80	301.02	480.90	1583.67	225.00

【林下经济】 近年来，福建省认真贯彻落实《国务院办公厅关于加快林下经济发展的意见》(国办发〔2012〕42号)、《福建省人民政府关于进一步加快林业发展的若干意见》(闽政〔2012〕48号)和《福建省人民政府关于推进林业改革发展加快生态文明先行示范区建设九条措施的通知》(闽政〔2015〕27号)精神，省财政2013年、2014年、2015年、2016年分别安排5000万元、7000万元、7000万元、7000万元，共计2.6亿元的省级财政专项资金扶持林下经济发展。各地利用丰富的林地资源，大力发展林药、林菌、林菜、林蜂、林蛙等林下种植业、养殖业以及“森林人家”等森林旅游业，以短养长、长短结合，在保护好生态的同时，提高了林业经营水平和综合效益，有效促进了林农增收，实现“不砍树、也致富”。据统计，2015年全省林下经济面积达2441万亩，实现产值804亿元。

【森林旅游】 福建森林覆盖率达65.96%，居全国第一。福建着力推进森林旅游工作，有以下几个特点。

一是森林景观资源优美。动植物资源丰富，植被繁茂，其中国家重点保护的珍稀树种多达55种，省重点保护树种25种。动物种类繁多，其中国家重点保护的野生动物有157种，如云豹、蟒蛇、黄腹角雉、白颈长尾雉等。福建省境内有武夷山、戴云山两大山系，分布着许多奇山异石，构成森林旅游的重要景观之一。

二是海岸林景观资源奇特。有大小岛屿1546个；海岸线3324千米，居全国第二位，且海岸曲折，多海湾。海滨、海岛天然或人工林景观资源丰富。全省有平潭海岛、长乐大鹤、惠安崇武、晋江坫头、东山岛、霞浦杨梅岭6处森林公园，分布在东南沿海，为游客提供度假、避暑、娱乐等场所，让游客领略海岛、海滨和海岸林风光。

三是森林中蕴藏着丰富的历史、人文旅游资源。福建历史、人文旅游资源有许多分布在森林中。福州国家森林公园的古驿道、正心寺，灵石山国家森林公园的灵石寺，天柱山国家森林公园的观音庙，东山海滨森林公园的西山岩，三元国家森林公园万寿岩、旧石器遗址等人文历史景观资源，融森林、宗教、历史与人文于一体，具有一定旅游开发价值。

自1988年福建省首家森林公园——福州国家森林公园批建以来，迄今为止全省已建县级以上森林公园177处，其中国家级森林公园29处、省级森林公园127处、县级森林公园20处，面积达18.6万多公顷。2015年全省森林旅游人数达3亿人次，森林旅游收入达20亿元。近年福建省林业厅推出了休闲林业品牌产品“森林人家”。截至目前，全省森林人家示范点和授牌点已达453户，其中三星级以上森林人家示范点已达118户。同时，全省已获批建国家湿地公园4处，国家级自然保护区13处，省级20处，市、县级53处，保护小区

3300多处，保护面积83万公顷。

在森林旅游品牌的建设方面，福建坚持以森林文化为主导，把生态文化、休闲文化、林业文化、历史人文等文化内涵融合发展，与当地的民俗风情相结合，体现了地域文化、历史人文与林业文化等多种类型文化的融合。如莆田市大洋乡杏山村笛韵森林人家挖掘森林文化的内涵，以“家庭乐队、家庭电影队、家庭导游队”为载体，不断丰富森林人家休闲健康游的内涵，以“走一趟红军路、吃一顿红军饭、唱一首红军歌、看一部红军电影”的形式，让游客体验红色之旅与绿野之游，体验回归自然的感受，在感受森林的自然风光的同时，又接受了革命传统教育。

【花卉产业】 花卉产业作为福建八大农业主导产业之一，省政府印发了《福建省花卉产业发展规划(2011~2020年)》和《关于扶持花卉苗木产业发展的意见》，福建省花卉产业迎来了难得的发展机遇，社会参与花卉业的热情高涨，扶持资金不断增加，全省花卉产业得到快速发展，取得了显著成效。截至2015年年底，全省花卉种植面积已达114.04万亩、全行业总产值439.03亿元，销售额224.78亿元，出口额1.061亿美元，分别比2011年增长了136.8%、137.3%、65.8%、63.5%，综合实力位居全国前列，福建省已成为全国盆花与观叶植物重点产区和花卉重点出口基地，特别是盆栽花卉(含盆花、盆栽观叶植物、盆景和花坛花卉)连续5年位居全国第一。目前，全省设施花卉种植面积已达12.78万亩，占全省花卉种植面积的11.2%，超出全国平均水平；连续14年亩均销售额超万元，位居全国前列。福建省现有花卉企业7400多家，从业人员超过30万人，初步形成了漳州九湖、漳浦马口、漳平永福、连城朋口、清流嵩溪、闽侯南屿、南靖丰田、南安霞美、延平王台等多个花卉产业群雏形，集结了数十万家花卉生产经营及相关企业，产区群众收入明显高于其他地区，花卉业已成为“百姓富”与“生态美”的新兴产业。“十二五”期间主要采取以下措施抓花卉生产。

据统计，全省已有16个市、县两级政府或行业主管部门印发了花卉产业发展规划，明确了各自的发展重点、布局与规划任务；有22个市、县两级政府或行业主管部门出台了加快发展花卉苗木产业扶持政策，提出了从加大财政投入、优化金融服务、减免税费等方面加大对花卉苗木产业的扶持措施，有力地推动了全省花卉苗木产业的快速发展。

调整结构，优化布局，提高产品竞争力

①持续推进设施花卉生产基地建设，不断改进生产条件。全省各地以推进现代花卉产业发展为目标，组织实施了一大批现代花卉生产基地建设项目。“十二五”期间，全省实施现代农业(花卉)生产发展项目和设施农业(花卉)项目的县(市、区)达41个，项目实施单位共新建花卉智能温室和各类生产大棚5503亩，苗木生产示范基地15206亩。项目的实施，极大地改善了全省花卉苗木生产条件，示范带动了全省花卉苗木产业的发展与升级，有力地提高了市场竞争力，确保了特色花卉出口持续增长。截至2015年年底，全省设施花卉种植面积12.78万亩，占全省花卉苗木种植面积的11.2%，盆栽花卉出口额连续五年位居全国第一，以菊花为主的切花出口也出现显著增长。

②持续开展花卉苗木品种引进与研发创新。“十二五”期间，省级财政共安排3200万元专项资金，用于开展名优花卉苗木新品种引进、新品种选育和推广。全省共引进花卉苗木新优品种100多个，筛选出一批市场前景好、竞争优势强的新品种，培育出一批具有自主知识产权花卉新品种。其中，有10个花卉品种获国家植物新品种权保护，30个品种通过省级品种审(认)定，10个品种获得英国皇家园艺协会登录。

③大力发展特色优势花卉和大众消费产品。近年来，针对全省观赏苗木面积激增、特色优势花卉产品面积扩大乏力的现状，积极引导花卉苗木生产企业和花农以市场为导向，控制观赏苗木生产面积过快增长，适当压缩蝴蝶兰等高档盆花生产面积，着力提升特色优势产品质量，增强市场竞争力，加大扶持切花菊、切花百合等适合大众与家庭消费产品的发展力度，引进开发了迷你蝴蝶兰(幸福兰)、红果茴芋等新优花卉产品，取得了良好成效。通过产业结构调整，2015年，全省观赏苗木种植面积占花卉苗木种植总面积的比

例开始下降，高档盆花销售价格有所回升，适合大众和家庭日常消费的多肉植物、观叶盆栽、切花百合、切花菊花等呈现量增价涨态度。2015 年，切花百合和切花菊种植面积分别达 5837.5 亩和 4726 亩，较上年分别增长了 20.57% 和 39.53%，产值分别达 4.26 亿元和 1.84 亿元，也分别增长了 4.60% 和 27.87%。

④大力发展花卉精深加工。在加快发展食用、药用和工业用花卉生产的同时，积极发展花卉精深加工业，瞄准健康养生、美容养颜等新兴潜力市场，抓住现代人“饮食回归自然”需求，开发以花卉产品为原料的工艺品、食品、化妆品、医疗保健品等，鼓励龙头企业与食品、制药企业合作开发花卉精深加工产品，培育新的产业增长点。如支持福建扬基生物科技有限公司与漳州片仔癀药业股份有限公司合作，将食用花卉——铁皮石斛制作成速冻干粉及其系列产品，使铁皮石斛的市场销售价提高了 3 ~ 5 倍。支持福建春舞枝花卉有限公司在武夷山发展玫瑰生产，除满足广大游客观赏休闲需求外，还加工生产出高质量的玫瑰精油及其系列产品，受到许多消费者的欢迎。

多渠道拓展花卉销售，销售终端建设取得新突破 ①积极推进花卉市场建设。各地在加快发展花卉苗木生产的同时，也十分重视传统花卉苗木市场的建设。漳州市建成了海峡两岸(漳州)花卉苗木集散中心(一期)，自 2011 年试运营至今，累计交易额达到 15.6 亿元；三明市建成了国家级清流台湾农民创业园花卉交易中心，较好地满足了当地群众鲜切花批发销售需求。正在建设中的大型花卉交易市场则有漳州市花卉交易中心、莆田市城厢区花卉世界、永春县乡土苗木集散交易中心等。此外，规划建设中的花卉苗木市场还有福州(蓼沿)花卉苗木市场、福州海峡花卉交易中心等。

②大力发展花卉电子商务。漳州市大力扶持建设“漳州味—水仙花乡”花木电子商务平台、漳州水仙花旗舰店、海峡花木在线网及海峡农博网等，充分发挥电商平台营销效应，有效带动了福建省花卉进入流通市场。总部设在三明清流的福建春舞枝花卉有限公司运用大数据分析，针对女性消费群体推出“花样生活”，引导大众消费，通过 12580 鲜花电子商务平台以及全球鲜花速递网等网上交易平台，2013 ~ 2015 年网上鲜花销售额就达 8.44 亿元，实现税收 5150.65 万元。还有许多龙头企业在淘宝、天猫等知名电商平台开设网店，积极拓展营销渠道，取得非常突出的成效。如福建连城兰花股份有限公司在全国 40 多个大中城市设立连城兰花专营店的基础上，又分别在淘宝、天猫、京东等主要电商平台设立了连城兰花旗舰店，现公司日均发货量已超过 200 件、销售额超过 10 万元。龙海恒隆园艺有限公司利用地处全国最大多肉植物生产基地的优势，在淘宝平台上设立的专营多肉植物的轩晨园艺(网店)成立还不足 4 个月，日均销售额就已超过了 3 万元。

③持续改善花卉出口环境，花卉出口连年增长。近年来，在各方重视与共同努力下，福建省花卉出口环境得到明显改善，林业、商检、海关等部门通力合作，有效提高了办事效率，花卉出口额连年增长。林业部门为花卉出口企业建立了审批年报制，实现了一次审批分次出单；出口濒危植物审批法定工作日也已缩短到 10 天；商检部门对企业申报花卉出口产品检验基本都能在 3 个工作日内办结；海关申报实现了即来即办。2014 年花卉出口首次超过 1 亿美元，仅次于云南(2.50 亿美元)和广东(1.11 亿美元)，位居全国第三(1.01 亿美元)；2015 年全省花卉出口在全国花卉出口总额下降近三成和传统优势产品人参榕、虎尾兰、发财树等盆栽花卉出口价格明显下降的情况下，仍达到 1.06 亿美元，较 2014 年增长 5.07%，并呈现了出口产品更加丰富、出口国家继续增加的特点，特别是以菊花为主的切花出口持续增长，全年出口额达到了 1653.7 万美元，同比增长 38.57%。

④大力推进花卉品牌建设。“十二五”期间，我福建新增中国驰名商标 1 件(连城兰花)，花卉驰名商标数达 3 件，占全国花卉驰名商标数的五分之三；新增国家地理标志产品 2 件(清流鲜切花、浦城丹桂)，国家地理标志证明商标 3 件(延平百合、明溪红豆杉、明溪金线莲)。此外，中毅达园林和春舞枝集团分别在上海证券交易所和德国证券交易所成功上市；福建连城兰花股份有限公司喜获国际园艺种植者协会和国际花卉生产协会联

合颁发的“2014 年度国际种植者银玫瑰奖”，成为中国第二家荣获国际种植者银玫瑰奖的花卉企业。

⑤因地制宜发展花卉旅游休闲业。积极推动花卉产业与休闲旅游、观光产业等融合发展，推广花卉观赏、花卉采摘等特色旅游。如漳平永福台湾农民创业园利用茶山套种多种樱花，打造出了一个有着“中国大陆樱花第一景”美誉的永福台品樱花园，每年都吸引几十万来自全国各地的游客，成为漳平台湾农民创业园区的一大亮点。福建春舞枝公司近期建设的“武夷花世界”“闽侯孔元花海”，安溪师竹轩园艺有限公司建设的“幸福花田”等乡村花卉旅游项目，开业不足 3 年，成为周边群众节假日休闲旅游热点，取得良好的经济社会效益。

积极发挥区域优势，对外对台交流合作取得新进展 ①充分发挥现有外资、台资花卉企业的引领示范作用。近几年来，福建省林业厅在做好前几年各地引进的 100 多家外资、台资花卉企业服务的同时，更加重视发挥现有外资、台资企业的引领与示范作用。如支持欧中现代农业技术研发中心(SEADC)举办第三届国际百合属研讨会暨项目技术对接会、水仙花专题研讨会，建设欧中种源生态谷项目，开展球根花卉引育种研究，目前该中心已培育出了百合新品种 11 个、马蹄莲新品种 5 个和水仙新品种 4 个。扶持落户各地台湾农民创业园的台资花卉企业做大做强，鼓励台资企业发挥技术与市场优势，开展品种引进与研发创新。如扶持漳州钜宝生物科技有限公司建设蝴蝶兰种质资源库，开展蝴蝶兰品种改良研究，该公司现已收集保存了蝴蝶兰种质资源 2380 份，培育出蝴蝶兰新品种 1026 个，其中有 7 个品种获得国家植物新品种权保护，3 个品种通过省级良种认定。

②积极走出去拓展国际市场。鼓励支持企业走出去设立贸易公司或展示窗口，宣传与打造“闽花”品牌。如支持漳龙集团与荷兰相关方在阿姆斯特丹设立了闽荷花卉合作农场，并在荷兰阿斯米尔花卉拍卖中心取得独立拍卖席位，致力于将福建各种特色花卉运销荷兰；支持漳州金诺花卉有限公司在阿联酋迪拜创办福建花卉展销中心，定期举办福建展销会；还有许多公司在韩国、日本发展了多家代理机构，专业销售福建花卉产品等。据商检部门统计，2015 年仅漳州市出口阿联酋的花卉产品已达 109 批次、货值 209.16 万美元，较 2010 年的 89 批次、56.48 万美元分别增长了 22.47% 和 270.33%；而出口荷兰的每批次货值则由 2010 年的 1.96 万美元提高到 2015 年的 3.58 万美元；出口韩国的每批次货值也由 2010 年的 1.59 万美元提高到 2015 年的 2.53 万美元。2010 年以来，向荷兰、韩国的出口花卉额占全省花卉出口额的比例一直都保持在 60% 以上，较好地稳住了出口大势。

(福建省林业厅产业处　伍清亮)

江西省林业产业

【概　述】 2015年，江西省继续深化林业改革，着力提升森林质量，积极促进绿色生态产业发展，家具、毛竹、油茶等特色产业得到快速发展，森林旅游、林下经济等产业异军突起，全省林业产业总产值突破3000亿元，林业产业呈现出良好的发展态势。

商品经济林培育效果明显 2015年，全省共完成造林面积223.87万亩，占国家下达计划(210万亩)的106.6%；改造毛竹低产林基地150万亩，建设竹林经营道路3800千米；完成油茶造林面积34.06万亩、油茶低改面积41.58万亩；苗木花卉种植面积达到160万亩，比2014年同期增长了23%。

林产加工业 2015年，全省有规模以上林业加工企业5000余家，年生产人造板436万立方米，其中，胶合板156万立方米、纤维板135万立方米、细木工板84万立方米、竹地板5030万平方米；生产林化产品30万吨，精炼茶油2.3万吨。林产品获中国驰名商标9个、省著名商标127个；南康家具产业博览会晋级为国家级展会，2015年南康家具产业集群产值突破700亿元。

森林旅游产业 2015年，赣州市成功创建为“全国森林旅游示范市”(全国仅赣州市和浙江温州市两家获此殊荣)。开展了“江西风景独好．森林旅游”年票发行工作，共向全国发行1万册。2015年节假日期间，全省森林公园接待游客人数和旅游收入分别比2014年同期大幅增长。全省林业旅游和休闲服务总产值达到4.82亿元，直接带动其他产业产值1334亿元。

竹林资源培育 2015年，江西省本级财政投入竹林资源培育资金达到1.6亿元，带动全省掀起了竹林资源培育的高潮，完成毛竹低改150万亩，为历年之最。全省竹林经营水平稳步提高，崇义、弋阳、资溪、宜黄、遂川等毛竹重点县都建立了竹林经营培育示范基地，发现和培育了一批竹林经营能手，竹农的经营意识和观念有了很大的提高，对竹林的开发利用已从单纯砍毛竹转变到笋、竹兼用，以笋为主的发展思路，部分竹农还利用竹林地开始发展林下种植食用菌、中草药、养鸡等林下经济。

产业集群发展 2015年，江西省积极推动林业产业集群建设。一是重点培育南康家具产业集群，2015年成功举办了第二届南康家具产业博览会，并同步举办了首届南康家具网上博览会，共吸引各地观展商16.6万人，成交额15.2亿元，比2014年举行的第一届家具产业博览会增长50.2%。二是积极推动金溪、吉水等香料香精产业发展，“金溪国家林木香料生物产业基地”建设项目获国家林业局批复并授牌。三是以龙头引领集群，扶持全省355家省级林业龙头企业做大做强，推荐江西正邦林业开发有限公司等9家企业申报2015年国家林业重点龙头企业。

林产品执法 在国家层面没有出台相关法律法规的背景下，江西省是继湖南省后在全国第二个出台《江西省林产品质量安全条例》(以下简称《条例》)的省份。2015年是《条例》实施的第一年，为做好林产品质量安全监管工作，江西省一是在全省范围内广泛开展了林产品质量安全宣传工作，印制《条例》宣传海报2万份，发放至全省各乡镇、行政村、自然村进行张贴，让广大林农、群众认知并熟知《条例》；二是开展了多层次、多方面的业务培训，更好地了解《条例》的实质内涵，为林产品质量安全执法打好了扎实的理论基础。三是开展了食用林产品的抽检工作，对全省11个设区市的135个样点的油茶、冬笋产品和产地环境进行了质量安全抽检，全面了解掌握了油茶、冬笋的土壤安全指标情况。

【油茶产业】 2015年，江西省先后召开了全省林业重点工作暨油茶产业发展现场会和全省油茶产业精准扶贫工作现场会；起草了《关于进一步加快油茶产业发展的意见》《江西省油茶产业发展规划(2015~2020年)》，制订了《赣州市油茶产业精准扶贫试点实施方案》，启动了江西油茶产业科技(示范)园暨现代农业示范园区建设。油茶金融信贷支持力度加大。中国农业银行江西省分行根据油茶特点专门设立了"金穗油茶贷"等贷款项目，目前已发放贷款14亿元，涉及油茶种植户9357户，油茶种植面积近100万亩。财政投入油茶产业资金达到2亿元，带动全社会投入资金8亿元。2015年，全省完成油茶造林面积34.06万亩、油茶低改面积41.58万亩，油茶产业总产值突破200亿元，比2014年增长26%。

搭建桥梁，产业协会不断发展壮大。江西省自林改之后，注重培养林业产业协会，着力帮扶林业企业，先后组建了油茶、松香、细木工板、竹胶板、活性炭等省级林业产业专业协会，2015年又筹备成立了省香榧产业协会、省食用菌产业协会，省级林业产业协会总数达到了17个，基本覆盖了江西省林业产业主要生产领域和产品。协会内部实行自我管理，协会负责人一改过去的"官办"模式，全部由本行业实力强、影响大的龙头企业老总担任会长。这些协会在推进行业自律、加强企业合作、维护企业合法权益等方面发挥了重要作用。

【林业产业发展思路】

转变思想观念，在新常态下创新林业产业发展理念　森林资源是林业产业发展与林业生态建设的基础。坚持在开发中保护，在保护中合理利用，使生态建设、农民致富和产业发展相得益彰。

扶持龙头企业，做强林产加工产业　一是积极扶持龙头企业，对现有林业企业进行整合。按照合理布局、资源配套、集约发展的要求，加强对现有同质化加工企业的整合力度。二是坚决执行"政府引导、企业主体、市场运作"等手段，鼓励现有林产品加工企业进行技改、转型升级，坚决淘汰一些规模小、产能不高、技术含量低、实力弱、木材利用率低的企业，扶持现有省级龙头企业做大做强。三是实施品牌战略。积极争创省级、国家级名牌产品，对于获得省级、国家级名牌产品的企业给予重奖。四是打造产业集群。以龙头企业为核心，其他中小企业为成员，打造建材、家具、油茶、竹产业集群，延伸产业链，形成产业集聚效益。以期形成2~3个类似南康家具产业的集群。

培育交易市场，做强林业服务业　大力培育和发展林产品交易市场，支持有条件的地方建设区域性林产品交易市场等林业产业商贸流通平台，积极谋划搭建一个依托江西及周边省份丰富的森林资源，以南昌为中心，类比"洪城大市场"，集生产、加工、营销、展示为一体的大型物流平台。积极扶持企业开展林产品电子商务，打造毛竹、油茶、香精香料等特色产业电子商务交易平台。做大林业产权交易中心，建立健全林业投融资平台，加大信贷支持力度，政府和金融联手，实行分类扶持政策。

【江西省林业行业协会】

江西省林业产业联合会　江西省林业产业联合会，成立于2001年。协会现有会员单位296个，其中常务副会长单位9个，副会长单位24个，理事单位78个。

江西省竹产业协会　该协会成立于1996年，现有会员单位85个，副会长单位22个，副理事长单位12个，理事单位28个。

江西省油茶产业协会　该协会成立于2005年，协会下设油茶加工和油茶种植两个专业委员会，现有会员单位85个，其中常务副会长单位3个，副会长单位15个，理事单位45个。

江西省松香协会　该协会成立于2006年，协会现有会员单位55个，其中常务副会长单位3个，副会长单位6个，理事单位17个。

江西省活性炭协会　该协会成立于2006年，协会现有会员单位35个，其中副会长单位5个，理事单位16个。

江西省细木工板协会　该协会成立于2006年，协会现有会员单位27个，其中常务副会长单位3个，副会长单位5个，理事单位8个。

江西省纤维板协会　该协会成立于2007年，协会现有会员单位20个，其中常务副会长单位2个，副会长单位3个，理事单位5个。

江西省林产香料香精行业协会 该协会成立于2010年，协会现有会员单位32个，其中常务副会长单位4个，副会长单位3个，理事单位7个，

江西省香榧产业协会 该协会成立于2015年，协会现有会员单位32个，其中副会长单位5个，理事单位11个。

江西省食用菌产业协会 该协会成立于2015年，协会现有会员单位35个，其中副会长单位8个，理事单位15个。

江西省国有林场协会 该协会成立于1994年，协会现有会员单位147个，其中副会长单位8个，常务理事单位23个，理事单位48个。

江西省花木产业协会 该协会成立于2004年，2010年7月，原江西省林木种苗协会名称经江西省林业厅、江西省民政厅等主管部门批准备案，正式更名为江西省花木产业协会。协会现有会员单位100个，其中副会长单位10个，常务理事单位17个，理事单位42个。

江西省森林公园和森林旅游协会 该协会成立于2004年，协会现有会员单位48个，其中副会长单位9个，理事单位36个。

江西省野生动植物保护协会 该协会成立于2007年，协会现有单位会员287个，个人会员39487人，常务理事单位22个，理事单位52个。

江西省速生丰产林协会 该协会成立于2008年，协会现有会员单位308个，其中副会长单位12个，常务理事单位6个，理事单位45个。

江西省泡桐产业协会 该协会成立于2009年，协会现有会员单位37个，其中副会长单位5个，常务理事单位1个，理事单位6个。

江西省林业体育协会 该协会成立于1984年，协会会员是由省林业厅机关及部分厅属单位离、退休老同志组成，现有会员300余人。

（万发令）

山东省林业产业

【概　述】 2015年，山东省加快林业产业转型升级，推动绿色富民产业发展，产业规模继续扩大，林业产业产值稳定增长。全年实现林业产业总产值6344亿元，比2014年增加250亿元，增长4.1%，继续位居全国前列，三产比重由“十二五”初期的37:58:5调整为36:57:7，第三产业占比进一步提高。

临沂、烟台、潍坊、菏泽、济宁五市林业产业产值继续保持全省前五位，五市产值占到了全省的68.4%，同比增加了0.9%。其中临沂林业产业产值继续保持全省首位，达到1238亿元，同比增加了36亿元，增长3%；烟台产值达947.8亿元，超过潍坊位居全省第二位；潍坊、菏泽、济宁紧随其后，产值分别是877亿元、748亿元及531.9亿元，均比2014年同期有所增长。2015年全省14个县(市、区)(沂源县、牟平区、龙口市、芝罘区、栖霞市、蓬莱市、诸城市、寿光市、高密市、沂水县、兰山区、费县、曹县、郓城县)林业产业产值超过100亿元，与2014年持平。其中临沂市兰山区产值达417.4亿元，继续稳居县级首位；其次是菏泽市曹县达324.1亿元、潍坊市寿光210.6亿元。有37个县(市、区)林业产值超过了50亿元，比2014年增加了1个县。

分产业看，第一产业产值为2302亿元，占全部林业总产值的36.3%；第二产业产值为3587亿元，占全部林业产值的56.5%；第三产业产值为455.5亿元，占全部林业产值的7.2%，三次产业的产值结构调整为36:57:7，以林业旅游与休闲为主的第三产业权重与2014年相比略有提升。

林下经济产业　2015年，全省林下经济发展面积达28.9万公顷，比2014年增长6.9万公顷；林下经济年产值达275.1亿元，年纯收入88.3亿元，带动劳动力就业179.5万人，与2014年基本持平。其中，以养殖鸡、鸭、鹅等为主的林禽模式成为林下经济发展最主要的模式，养殖规模达4.1亿只，带动劳动就业95.2万人，年总产值91亿元，占林下经济总产值的33.1%；其次是以养殖貂、狐狸等为主的林驯模式，养殖规模8866万只(头)，年产值65.4亿元，年纯收入16亿元，成为发展林下经济中经济效益较好的一种模式；另外，林菌种植产量71.3万吨，年总产值20.5亿元，年纯收入10.5亿元；林药种植产量8.7万吨，年总产值12.1亿元，年纯收入4.1亿元，均有不同程度的增长。

林业旅游与休闲服务业　山东省积极推进林业旅游与休闲服务业发展。2015年产值为302.3亿元，与2014年同期相比增长23.3%，占三产的66.4%。2015年全部林业旅游与休闲人次达11678万人次，直接带动其他产业产值524.1亿元，与2014年相比分别增长2.8%和31.2%。

产业集群发展情况　全省八大主导林业产业发展越来越突出，区域化、规模化、集群化发展趋势更加明显，如临沂的木材加工及人造板产业群，日照岚山区碑廓镇的木材进出口加工贸易产业群，龙口市的果品储藏加工产业群，青州市的花卉产业群，济宁任城区李营的绿化苗木产业群，茌平县的中密度纤维板产业群，费县、宁津县的实木家具产业群，菏泽市的木材加工产业群，齐河县、沂水县的林下种养产业群等，都在当地区域经济中占有较大比重。寿光木材加工业发展迅猛，汇集了鲁丽集团、晨鸣板材、富士木业等一大批知名品牌企业，将打造成山东第一个千亿级产业集群。

产业发展措施与成效

强化政府引导，加大政策扶持力度　山东省委、省政府召开了全省林业改革与发展工作会议、全省林业产业工作暨集体林权制度改革总结表彰会议等重要会议，相继出台了《关于深化集体林权制度改革　推进现代林业发展的意见》《关于加快全省林业产业发展的指导意见》《关于进一步加快林下经济发展的意见》《加快特色经济林产业发展的意见》，省林业厅与省财政厅、人行济南分行、银监会、保监会等部门联合制订了《山东省林权抵押贷款管理办法》等，编制完成《山东省林业发展“十二五”规划纲要》的基础上，对接省政府十大振兴规划编制完成了《山东省苗木花卉产业振兴规划实施方案》《山东省干果产业振兴规划实施方案》，编制了《山东省林下经济发展总体规划(2011～2020)》和《山东省森林公园与森林旅游发展规划(2011～2020)》。同时根据“十二五”总体规划的要求，制订了板栗产业、核桃、油用牡丹产业等14个分规划。这一系列重要文件、政策、规划的出台极大地推动了山东省林业产业的发展。

主导产业特点突出，优势明显　一是多措并举打造“林下经济建设年”活动。抓住国家林业局发展林下经济的机遇，超前谋划，超前行动，多措并举：一是邀请国家林业局专家，联合对山东省林下经济发展情况进行了调研。撰写了调研报告，时任国家林业局局长贾治邦对报告作出批示。二是编制完成了《山东省林下经济发展总体规划(2011～2020)》。三是组织上报了一批省级林下经济示范基地。四是为贯彻落实国务院办公厅《关于加快林下经济发展的意见》和省政府《关于加快全省林业产业发展的意见》，省林业厅转发了文件并做出了详细部署。五是启动实施了林业产业品牌建设年活动。为扩大山东省林产品的知名度，提高市场占有率，确定2012年为山东林产品品牌建设年。六是联合省质监局，启动了推荐国家地理标志产品工作，目前正在对上报的18份材料进行审查，通过审查的材料将及时上报国家质检总局。七是以联合会名义启动了山东名牌林产品评选推荐工作。八是加大了对山东省林产品的宣传力度。分别在《大众日报》《山东绿化》《中国绿色时报》等报刊上，对第二届中国国际林博会山东省获奖产品进行了系列宣传报道，提高省林产品品牌的知名度。

全省培育形成了木材生产加工、果品生产加工保鲜、森林旅游、种苗花卉、林下经济、野生动物驯养、木本粮油和生物质能源八大主导产业。如临沂兰山和潍坊寿光的木材加工及人造板产业群，日照岚山区碑廓镇的木材进出口加工贸易产业群，龙口市的果品储藏加工产业群，青州市的花卉产业群，济宁任城区李营镇的园林绿化苗木产业群，茌平县的中密度纤维板产业群，宁津县的实木家具产业群，菏泽市的木材加工产业群，齐河县、惠民县林下种养产业群等。

林产业组织　全省林业专业合作组织达到11764家，其中国家级林业示范社34家，省级示范社541家，入社农民84万户，400余万人，涉及种苗、花卉，林产品生产、加工、储藏、销售，林下经济发展和森林旅游等林业发展的各个领域，逐步建立起了“企业+合作社+农户”的发展模式，缓解了“小农户、大市场”的供需矛盾，对促进林业产业健康发展起到了积极作用。

林产品种类　2015年人造板产量达到7068万立方米，品种多、种类全、用途广，是建筑、家具、室内外装饰的主要用材；山东省有“北方落叶果树王国”之称，果品有3000多个品种和类型，极大地丰富了人们的生活需求；林下种养食用菌、中药材、家禽等，产品种类丰富，可再生，绿色环保，完全符合现代社会的消费趋势，深受人们欢迎；全省森林公园246处，总面积近44万公顷，较好地满足了人们回归自然、享受森林的需求。农民收入中来自林业的比重逐年增长，全省涌现出了一批农民人均年收入过5000元的县、过1万元的乡村、过10万元的农户，一些林果大县农民林业收入占到总收入的一半以上。青州花卉、茌平纤维板、费县家具、曹县木材加工、齐河林下种养等，都在当地经济中占有较大比重。郯城全县银杏果、叶、苗及系列产品加工年产值达10亿元，出口创汇2000万美元，农民人均年增收1500元。沾化县冬枣种植面积达50万亩以上，冬枣总产量达3亿千克，全县农民人均冬枣收入7000元，成为当地群众致富增收的支柱产业。

林产品品牌　一是认定龙头企业。制订了《山东省林业龙头企业认定和管理办法》和《山东省林业产业特色区域荣誉称号命名管理办法》，共命名全省林业产业3个示范市、9个特色之乡、21个特色名镇、13个特色示范县、27个特色示范基地；2013年、2014年、2015年三次共授予440家企业为省级林业产业龙头企业。提升了山东省林业产业的聚集度和龙头企业带动效应。二是积极组织参加林业展会。中国（菏泽）林产品交易会从2004年开始举办，至2015年已经成功举办十二届。第十二届林交会参会人数达17.8万人次，分别来自美国、俄罗斯、韩国以及国内20多个省（区、市）。签订投资项目和销售合同及协议318个，总金额86.5亿元。现场交易额9610万元。积极组织参加2011年第二届中国国际林业产业博览会，取得优异成绩，获得了优秀组织奖、优秀展台奖、最佳参展奖；展品方面获得金奖40项、优质产品79项，展品获奖总数全国第一名，占全国的11.3%，金牌产品数量全国第二，占全国的近9%。创造了山东省参加林业展会的又一个奇迹，达到了领导满意、企业得利、行业受益。提高了山东省林产品的知名度和美誉度。三是成功申报了“中国板材之都”荣誉称号。为突出山东林业产业区域特色，经反复与国家局沟通，联合临沂市林业局多次赴北京与相关领导及专家进行协商论证，中国林产工业协会组织专家现场考评，2011年中国林产工业协会授予临沂市“中国板材之都”荣誉称号，举办了授牌仪式，国家林业局有关领导出席了揭牌活动。

经济林方面，山东省有被国家林业局认定的国家级核桃示范基地3处，中国森林食品示范品牌企业4个，中国经济林之乡达36个，全国经济林建设先进县15个，产业化示范县7个；山东省经济林名特优之乡14个，并已经建成500亩以上经济林标准化示范园100处，山东森林食品推荐品牌企业50个，山东省“十佳观光果园”48处。果品方面，形成了烟台苹果、蒙阴蜜桃、日照绿茶、沾化冬枣等特色品牌。烟台张裕葡萄酒、烟台安德利果汁、沂源汇源果汁等几家公司均成功上市，在国内外享有很高的知名度；种苗花卉方面，有80多个单位被命名为“国家级特色林木种苗生产基地”，形成了菏泽牡丹、青州蝴蝶兰、平阴玫瑰、莱州月季等一批特色鲜明、规模较大的花卉品牌。潍坊昌邑、泰安上高、济宁李营、惠民皂户李等地形成了具有自主品牌的苗木中心，昌邑市被命名为“国家级苗木交易市场”，成为江北最大的苗木集散地；生态旅游方面，泰山国家森林公园、日照海滨森林公园、滕州滨湖国家湿地公园、原山国家森林公园等被评为4A级及以上旅游景区，成为“好客山东”旅游的金榜品牌。新港板材、华泰纸业、诸城欧美尔家具、曹普工艺、沾化冬枣等32家企业品牌被评为中国驰名商标，占山东省中国驰名商标总数的7.4%。

对外合作　坚持实施“走出去”战略，把产业基地建在海外，利用境外资源，开拓国外市场。据商务部门通报，山东企业拥有的境外林地林权面积达334万公顷，蓄积约6亿立方米，面积相当于全省版图的20%以上，蓄积量是全省林木蓄积量的6倍多。全省林产品出口到120多个国家和地区，出口种类达200多个，林产品进出口总额达100亿美元。山东在林业良种引进繁育方面一直走在全国前列，“十一五”期间共从国内外引进、收集保存楸树、核桃、大樱桃等树种（品种）1000多个。

【木材生产及林产工业】　以人造板加工为主的木材加工业以绝对优势依然占据全省林业产业的主导地位。2015年，山东省人造板产量为7068万立方米，同比增加了409万立方米，增长了6.1%；人造板制造业产值达1412.5亿元，占全省木材加工业产值的73.9%，占第二产业产值的39.4%，总产值的22.3%，继续保持山东省林业主导产业的优势地位。胶合板、纤维板和刨花板是山东省人造板产业的主要构成部分。在全部人造板产量中，胶合板产量达4839万立方米，同比增长4.6%，占全部人造板产量的68.5%；纤维板产量1376万立方米，刨花板产量403万立方米，分别占了人造板产量的19.5%和5.7%。

从各市情况看，2015年人造板产量超过1000万立方米的依然是临沂、菏泽两市，其中临沂产量为3323万立方米，同比下降了2%，但继续在全省保持遥遥领先地位，占全省总产量的47%；其次是菏泽，人造板产量为1931万立方米，同比上涨了44.4%，占全省总产量的27.3%；临沂、菏泽两市产量占了全省总产量的74.3%。除此之外，全省人造板产量超过100万立方米的市还有聊城、潍坊、济宁、滨州以及德州5市，以上7个市人造板产量共计6721万立方米，占山东省人造板总产量的95.1%。

此外，2015年，全省木竹地板产量4703万平方米，比2014年产量减少36.4%。由于近几年整体经济运行形势的走势下滑，导致山东省木地板企业数量减少，产量下降。山东省木地板主要以复合木地板为主，产量为3858万平方米，比2014年减少了26.4%；锯材产量为1356万立方米，比2014年减少6%，木片、木粒加工产品2009万实积立方米，与2014年同期相比减少3.2%。

【经济林及种苗花卉业】

水果、坚果种植和采集 以水果、坚果等作物种植和采集为主的经济林依旧保持第一产业的主导地位。2015年，山东省政府出台了加快特色经济林产业发展的意见，组织实施退耕还果还林工程，有力推进了经济全省经济林产业的发展。2015年全省各类经济林产品年末实有结果面积101.5公顷，产量达2018万吨，同比增长了5.4%；其中水果产量1879.6万吨，与去年同比增加了4.9%；2015年由于统计指标调整，把核桃由以前干果类调整到木本油料类，因此，2015年干果产量94.9万吨，同比有所下降；毛茶等林产品饮料产量为11.9万吨，同比增加了22.7%。

林木的育种育苗及花卉产业 山东省的种苗花卉业近几年发展迅速。全省近几年积极探索苗林一体化发展，种苗花卉业发展迅速。2015年，全省育苗面积达25612公顷，比2014年增长32.1%，林木的育种和育苗产值为448.1亿元，占一产的19.5%；年末实有花卉种植面积162569公顷，同比增长1.8%，产值为263.6亿元，占一产的11.5%；全省花卉市场达422个，花卉企业3926个，花卉从业人员52.5万人。

【龙头企业】 目前，山东省共有609家龙头企业，涵盖了人造板生产、家具制造、果品加工、种苗花卉、木浆造纸、园林绿化、林下经济等各个林业领域。2015年，在企业自愿申报，县、市林业主管部门审核推荐的基础上，组织十几位专家进行了综合评审，189家申报企业中151家通过了省级龙头企业评审认定，制发了证书和匾牌。

山东省共有18家国家级林业龙头企业，分别是菏泽尧舜牡丹生物科技有限公司、山东霞光实业有限公司、山东贺友集团有限公司、山东新港企业集团有限公司、东营正和木业有限公司、鲁丽集团有限公司和诸城市松源木业有限责任公司、山东鼎力枣业食品集团有限公司、山东华鲁食品有限公司、山东曹普工艺有限公司、山东立晨集团有限公司、山东穆拉德生物医药科技有限公司、山东鑫迪家居装饰有限公司、聊城市东正实业有限责任公司、山东阳光园林建设有限公司、东华市政园林工程有限公司、山东世丰农业有限公司、海阳市聚丰源甜柿专业合作社。山东鑫迪家居装饰有限公司、山东立晨集团有限公司、青岛彬圣木业有限公司3家企业被评为中国林业产业木门及木结构诚信企业。山东太阳纸业股份有限公司、山东华泰纸业股份有限公司、山东潍坊恒联浆纸有限公司、山东潍坊恒联铜版纸有限公司获得首届中国林业产业创新奖(林浆纸类)。

山东省人造板产量一直居于全国前列。山东鑫迪家居装饰有限公司总部占地面积170余亩，建有现代化标准厂房11万余平方米，职工1600余人，其中技术及管理人员180余人。公司拥有现代化木工专业生产设备，技术力量雄厚，配套设施完备，年可产实木板材30万吨以上，木质家居配饰40万套以上。公司云集了多年从事木门设计、制造的优秀人才，引进德国、意大利、日本等国家现代化的生产加工设备300余台(套)，掌握拼接门、镶嵌配色和雕刻镂空三大室内门生产主流技术，产品设计与生产已跨入同行业先进行列，成为当前国内生产室内门、实木板材等品种最多、发展最快的专业木制品制造商。公司通过了ISO9001：2008质量管理体系认证、中国环境标志认证，同时被授予“中国木门十大品牌”“中国木门30强双承诺示范企业”“中国木门领军企业”“中国木门专业委员会副会长单位”“中国木门与木制品特级企业”。

全国十大园林苗木企业在山东均有生产基地，很多大型企业转产转业到苗木行业求新发展和突破。山东世丰农业有限公司成立于2010年，是专业从事组培种苗研发、扩繁、种植、销售苗木的企业，属中美合作，是山东省林业龙头企业，主要经营北美海棠、美国红枫、加拿大红樱、蓝莓、树梅、大樱桃等品种的种植培育。该企业以引进国外先进农业技术为宗旨，坚持“品种先进、技术领先、设施一流”的目标，专注现代林业发展。现拥有国内最大的北美海棠种植基地，并设有独立的容器苗栽培专区，该基地属于“国家普及型引种试种苗圃”，共计从美国引进北美海棠43个品种，引进美国北美海棠品种及规模据国内首位，引进的皇家雨点、紫色王子、草原之火等海棠品种，成为国内表现力最好的树种，并在全国成功推广。几年来该公司带动并培育了以组培种苗为主的大丰园蓝莓基地项目和丰美园林现代育苗项目。大丰园项目从荷兰引进世界领先组培技术，建成目前国内最先进的组培实验室，年组培育苗2000万棵；丰美园林项目与美方合作，园区的生产技术管理全部由美方派员负责，利用美国技术建成国内最先进的现代苗木扩繁基地。现拥有3000亩彩色苗木基地，1000亩蓝莓基地，及6000亩的美式现代育苗基地，基地规划设计及种植技术全部采用美国技术，是国内理念领先、技术先进，最有影响力的苗木企业。公司被评为全国十佳苗圃、山东省现代化示范苗圃、山东省林业龙头企业、农业龙头企业。

山东省木浆造纸产业不断发展，在获得“中国轻工业造纸行业10强企业”称号中，山东省有两家龙头企业获此殊荣，分别是华泰纸业有限公司、山东晨鸣纸业集团股份有限公司。此外，山东省正大纸业等造纸企业也在造纸行业中居于前列。山东晨鸣纸业集团股份有限公司是以制浆、造纸为主业的大型上市企业集团，总资产260多亿元，年纸品生产能力400万吨，进入中国企业500强和世界纸业50强。主导产品为高档铜版纸、白卡纸、轻涂纸、新闻纸、双胶纸、电话号簿纸、静电复印纸、箱板纸、书写纸、高密度纤维板、强化木地板等。山东华泰集团是集造纸、化工、印刷、林业等于一体的国家大型企业，中国最大的新闻纸制造企业，“十一五”期间，华泰集团计划总投资100多亿元陆续增上“林纸一体化”国家重点技改项目。公司现有员工15000余人，总资产300亿元；年造纸生产能力400万吨，化工及造纸助剂200万吨，年承接印刷能力50万色令。

在果品加工企业中，山东鼎力枣业食品集团有限公司是国内专业加工金丝小枣系列制品规模最大的企业，是山东省林业龙头企业、高新技术企业，是农业产业化国家重点龙头企业、国家扶贫龙头企业、国家守合同重信用企业、中国枣产业著名企业，拥有国家枣加工技术研发分中心、省级企业技术中心和山东省工程研究中心，拥有3个现代化工业园区、1个红枣生态园区、1个万头肉牛养殖繁育基地。通过了HACCP认证、GMP产品合格认证、绿色食品认证和有机转换产品认证，拥有自营进出口权。

鼎力集团现有员工4000余人，主营业务为加工、销售枣深加工系列制品。公司拥有一流的管理人才，高素质的产品开发、营销队伍，拥有自己的“十万亩枣园”绿色食品基地。主要产品有枣啤酒、枣汁饮料、冻干纯枣粉、浓缩枣汁、红枣营养嚼片、红枣营养冲剂、枣肽精华口服液等六大系列产品。金丝小枣、金丝小枣汁饮料被中国绿色食品发展中心认证为“绿色食品”，“鼎力”“金粒宝”商标被评为山东省著名商标。金丝小枣汁饮料产销量被山东省饮料行业协会审定为山东省同行业中排名第一位。2014年实现销售收入286605万元，净利润30575万元。

鼎力集团是国内起步较早的专业加工枣制品的企业之一，已获得国家发明专利6项，省科技成果7项，承担过国家、省级重大项目4项，参与了中国饮料工业协会技术工作委员会牵头起草的轻工业标准《浓缩枣汁(浆)》的制定工作。

(姜　敏　郑汝志　杨　涛　宋　云)

河南省林业产业

【概　述】 截至2015年年底，全省森林面积394.5万公顷，森林覆盖率23.62%，活立木蓄积量22880万立方米，其中森林蓄积量17094万立方米。

林业产业成就 2015年，河南省共完成林业产值1658.19亿元，较2014年同期增长11.21%，林业产值实现持续稳定增长。其中一、二、三产业产值分别为820.62亿元、645.32亿元、192.25亿元，占总产值的49.49%、38.92%、11.59%。同比增长了113.02亿元、21.06亿元、33.25亿元，同比增长率为15.97%、3.37%、20.88%。第一产业共完成产值820.62亿元，涉林产业合计778.74亿元。其中林木育种和育苗54.36亿元，占6.62%；营造林70亿元，占8.53%；木材和竹材采运25.78亿元，占3.14%；经济林产品的种植与采集437.87亿元，占53.36%；花卉及其他观赏植物种植168.85亿元，占20.58；陆生野生动物繁育与利用21.87亿元，占2.67%。林业系统非林产业41.88亿元，占5.10%。第二产业共完成产值645.32亿元。涉林产业合计642.60亿元。其中木材加工和木、竹、藤、棕、苇制品制造316.26亿元，占49.01%；木、竹、藤家具制造86.78亿元，占13.45%；木、竹、苇浆造纸和纸制品84.76亿元，占13.13%；林产化学产品制造1.75亿元，占0.27%；非木质产品加工制造业126.35亿元，占19.58%；其他16.53亿元，占2.56%；林业系统非林产业2.72亿元，占0.42%。第三产业共完成产值192.25亿元。其中林业生产服务3.88亿元，占2.02%；林业旅游与休闲服务135.90亿元，占70.69%；林业生态服务35.23亿元，占18.33%；林业专业技术服务5.21亿元，占2.71%；林业公共管理及其他组织服务10.62亿元，占5.52%；林业系统非林产业1.39亿元，占0.72%。

全年竹产业产值0.62亿元，油茶产业产值2.72亿元，林下经济产业产值179.52亿元。

【国家储备林建设情况】 2015年，实施完成了2万亩的木材战略储备基地项目现有林改培建设任务，项目建设单位涉及商丘市民权林场、信阳市南湾实验林场、国有商城黄柏山林场、国有洛宁县吕村林场、国营嵩县王莽寨林场、卢氏县东湾林场、卢氏淇河林场、陕县国营窑店林场、国有桐柏毛集林场、国营新县林场10个国有林场。2015年6月底，2万亩的建设任务全部完成。

【森林旅游资源及利用】 河南省现有森林公园117个，总面积29.81万公顷，2015年全省国家级森林公园数量由原来的33个增加到34个，面积由12.91万公顷增加到13.59万公顷；省级森林公园数量83个，面积16.22万公顷。截至2015年年底，全省森林公园职工总人数达到7207人，导游1178人，社会旅游从业人员43729人，年接待游客2915.72万人，旅游总收入11.12亿元。

【林业科技创新与教育发展】 2015年，河南林业科研工作紧紧围绕河南林业生态省提升规划的实施，重点组织开展在种质资源发掘与引进和林业生态修复技术方面的科技研究。共组织全省林业系统承担国家各类林业科研项目8个，承担省级各类林业科技项目89个。受省科技厅委托，组织专家对由省林业调查规划院完成的“河南省野生花卉资源普查、价值评估与园林应用”和省林业产业发展中心“河南省林业外资项目高效管理关键技术及示范推广”等2项林业科技成果进行了鉴定。9月10日，在郑州组织召开了2015年河南省林业厅科技进步奖评审会，根据《河南省林业厅科学技术进步奖评审和奖励办法》(试行)的有关规定，经厅科学技术进步奖评审委员会评审，共评出获奖项目28项，其中一等奖17项，二等奖11项。根据河南省人民政府公布的《河南省人民政府 2015 年河南省科学技术奖励决定》(豫政〔2015〕67 号)，有 10 项林业科技成果获 2015 年度河南省科学技术进步奖励，其中二等奖 2 项，三等奖 8 项。

据统计，2015 年全省各级林业部门共开展送科技下乡 300 多次，受培训林农和林业职工 6 万多人次，发放林业科普宣传资料 6 万多份。

【登封市核桃产业】 近年来，登封市委、市政府按照科学发展观的要求，结合全市地处丘陵浅山区的实际，把发展核桃产业列为全市发展战略重要内容，使当地山岗薄地和干旱少雨的自然劣势逐步转变成为该市林业产业发展的优势，有效地促进了该市生态建设和林农的经济增收，开创了农民持续增收致富的新渠道，成为当地林业的支柱产业。目前该市核桃产业取得阶段性成效，已成为促进农村经济发展、带动农民增收的支柱性产业。登封市紧紧抓住国家“退耕还林”政策机遇，以“颍阳镇中灵山万亩核桃示范基地”为产业转型突破口，大力实施核桃产业规模化发展。2002 年以来该市累计种植核桃面积达到 14.27 万亩，品种主要为辽核 1 号、辽核 4 号、辽核 7 号、中林 5 号、绿波、清香等优良品种。其中核桃万亩乡(镇)7 个，千亩专业村 29 个，是全省重点规划建设的核桃产业化集群之一。截至 2015 年年底，该市核桃种植进入盛果期面积 3 万余亩，进入初果期面积 2 万余亩，年产干果约 4500 吨，年产值达 1.35 亿元。

【光山县油茶产业】 全县油茶种植总面积已达 16.7 万亩，其中老油茶林 5 万亩，实现了“三年见花、四年见果、五年见效”，并新建茶油加工厂 1 个。随着该县油茶产业的持续发展，油茶以其显著的社会效益、经济效益和生态效益，为光山县的精准扶贫工作助上了一臂之力。光山县委、县政府先后出台了《关于大力发展油茶产业的决定》《光山县全民油茶计划实施方案》，成立了油茶产业开发领导小组，建立了政府目标考核责任制。县财政每年拿出 200 万元以上专项资金，扶持贫困户种植油茶。一系列扶持政策的出台，吸引了众多企业和大户参与光山油茶产业的发展，目前，该县油茶产业的企业已达 30 多家，特别是近两年，全县每年投入油茶发展的资金都在 1 亿元以上，通过企业兴建基地，带动了周边贫困户以不同形式参与油茶产业发展，走出了一条“公司 + 基地 + 贫困户”的道路模式。

【省级龙头企业】 河南省着力推进了全省林业产业化进程，充分发挥了龙头企业辐射带动作用，进一步加快技术创新步伐，督促有关企业及时上报运营数据，加强动态管理，深入企业调研，对全省林业产业化重点龙头企业进行跟踪管理。积极引导河南林业企业争创国家林业重点龙头企业，印发《河南林业厅关于做好 2015 年国家林业重点龙头企业推荐和已认定的首批国家林业重点龙头企业信息报送工作的通知》，对各地推荐上报的 21 家企业材料，按《国家林业重点龙头企业推选和管理工作实施方案(试行)》要求及企业推荐标准进行逐一审查审核，将 8 家河南林业企业的申报材料上报国家林业局，其中有 5 家林业企业被国家林业局认定国家林业重点龙头企业。

好想你枣业股份有限公司 创建于 1992 年，于 2011 年 5 月 20 日在深交所中小板挂牌上市，注册资金 14760 万元，银行信用等级为 AAA 级，位于新郑市薛店镇。公司占地面积 260 亩，建设拥有 10 个现代化生产车间、18 条自动化红枣加工线、20000 吨气调保鲜库、6000 平方米配送中心的好想你工业园，好想你红枣科技园，红枣深加工工程技术中心和中华枣文化博览中心等产业化平台，是目前国内规模最大、产品品种最多的红枣加工企业。建立有河南新郑、河北沧州、新疆若羌、新疆阿克苏 4 个生产加工基地，自建原料基地 8000 余亩，拥有沧州好想你枣业有限公司、新疆若羌好想你枣业发展有限责任公司、新疆好想你创新农业投资有限公司等 16 家全资子公司和一家参股子公司，销售网络遍及全国 300 多个城市 2000 多家专卖店。

河南阿凡达精工家具有限公司 由台商投资 2.6 亿元筹建，工厂占地面积 260 亩，拥有 6.2 万平方米的标准现代化工厂，拥有 6000 平方米的现代化物流仓储中心，52000 平方米的现代标准生产车间，4000 平方米的办公及宿舍大楼。公司拥有员工2000多人，中层管理人员40多人，公司引进了德国及意大利的成套先进流水线设备；采用国际上新型环保的家具生产技术；专业生产欧式、美式、中式现代家具；产品远销欧洲、美国及东南亚等地区；每月出货量300多个货柜。公司本着“诚实守信”“回馈社会”的理念经营企业；以“为每个家庭提供一种全新的生活方式”为愿景研发设计产品款式；同时以质优价廉的产品让广大消费者都能够使用上好的环保家具。

夏邑县金展木业有限责任公司 公司坐落在夏邑县胡桥工业园区，于2006年8月注册成立，注册资金1000万元，法人代表胡宽玉，主要经营人造板加工销售、原木收购、自营和代理各类商品和技术的进出口。公司下辖总厂和10个分厂、国际贸易部及栗城进出口贸易公司，占地25万平方米，现有标准化厂房14万平方米。公司总资产46756万元，其中固定资产27626万元，流动资产19130万元。拥有20条胶合板生产线，主要生产建筑模板和胶合板，年生产总值达6.5亿多元。该公司第二期扩建工程占地200多亩正在建设中，建成后木材加工能力及出口创汇能力将进一步提高，龙头企业的带动作用将进一步增强。

兰考三环华兰实业集团 是一家集研发、设计、生产、销售出口实木家具、出口殡仪棺木和新型、环建筑材料为一体的中国最具规模的现代化外向型民营企业。集团占地1000余亩，员工2700余人，资产总额4.6亿元，固定资产总额2.9亿元。集团母公司：兰考三环木业有限公司。集团下辖12个子公司，其中：国内10家子公司和国外2家分公司。先后投资3200万元，建成了一座9500平方米的“三环木制品技术研发大楼”；投资1.2亿元，建成了一个年产10万套国内家具的生产基地；投资1.5亿元，在产业聚集区征地106亩，建成一个年产10万立方米中高密度人造板厂。该厂引进国内最先进的密度板生产线，环保、节能、高效。中高密度人造板每年可新增销售收入3亿元，实现税利4000万元，直接和间接带动3万名农村剩余人员就业。集团年产各种出口实木家具10万余套，年产国内家具10万套，年产日本火化棺木及欧式棺木15万套。产品95%出口到日本、西班牙、美国等国家。公司生产的日本火化棺木占日本国棺木市场销售量的36%以上，公司生产的“华兰”牌多屉柜，占日本大川市场销售量的30%。

河南双虹实业集团有限公司 前身是华丰工艺品有限责任公司，成立于2004年7月，坐落在“中国柳编之乡”固始县丰港乡，是一家专业生产柳制品的产、供、销一体化公司。公司现占地126亩，注册资金1600万元，华丰公司现下辖3个全资子公司和一个专业合作社，集原材料种植、品种培育、生产、加工、出口、仓储、物流、产品研发、新产品推广、会展电子商务等为一体的集团型公司，年产值近亿元，产品主要销往欧美及东南亚80多个国家和地区。公司采用瑞典宜家(IKEA)管理模式，2006年6月企业通过GB/T 19001、2000(ISO 9001：2000)质量管理体系认证。公司(华丰)牌注册商标先后获信阳知名商标、河南省著名商标、中国著名品牌称号。公司获河南省林业产业化龙头企业，河南省柳编产品出口基地，国家文化出口重点企业，河南省文化产业示范基地。2009年获得中国优秀旅游商品称号，2011年在国际旅游商品大赛中，首次为河南省在国际旅游商品大赛中获奖，2011年在第二届中国林产品博览会，为河南省在中国林产品博览会中获大奖，瑞典宜家(IKEA)指定为华中地区唯一柳制品供应商。

【林业产业大事记】

1月28日 河南省发展改革委向国家发改委出具了《关于欧洲投资银行林业专项框架贷款珍稀优质用材林可持续经营项目资金使用报告(河南部分)初步审查意见的报告》(豫发改外资〔2015〕107号)。

4月8日至5月20日 由吉泰克(GITEC)咨询公司派出的专家组对中德财政合作河南省农户林业发展项目的卢氏、嵩县、鲁山、南召四县进行访问。与县项目办工作人员进行了讨论，对挑选的造林和森林经营小班进行了检查，并且访问了项目技术人员和农民。与省项目办和县项目办的管理人员进行了讨论，明确项目进展和有关重要观点，澄清了省项目办和县项目办为该研究小组准备的大量的数据，并与省林业厅项目办公室签署了备忘录。

5月3~7日 小渊基金项目日方合作团体日本三重县日中友好协会理事长花井伦大先生，实地察看嵩县和光山县2015年度项目造林完成情况和往年造林生长情况，对下一年度造林地进行了实地踏查，走访了项目农户。

7月26~29日 亚洲开发银行项目经理苏珊娜(Suzanne Robertson)访问河南，对河南省构建国家粮食安全核心区生态保障体系研究项目提供技术援助，此次访问对项目进行了考察和初步的实况调查。代表团向河南省林业厅以及河南省财政厅进行了咨询和讨论，收集了完成技术援助草案所需要的信息，并签署了谅解备忘录。

7月28日 在郑州市召开了全省木本油料产业发展座谈会。省林业厅副厅长李军，厅有关处室、厅直属有关单位负责同志，各省辖市和省直管县(市)林业局主管局长及产业科长(负责人)，省产业中心的全体人员参加了会议。会议传达学习了《国务院办公厅关于加快木本油料产业发展的意见》(国办发〔2014〕68号)、《国家林业局关于贯彻落实〈国务院办公厅关于加快木本油料产业发展的意见〉的通知》(林规发〔2015〕18号)和国家林业局局长赵树丛《在全国木本油料产业发展电视电话会议上的讲话》精神。各省辖市、省直管县(市)林业局主要领导分别介绍了本地区木本油料产业发展现状及打算，对全省木本油料产业发展提出了意见建议。山东省林业厅副厅长李军作讲话。

9月14~23日 德国复兴信贷银行派出了以高级林业专家Hannes Neuner(哈内斯·诺伊勒)先生、外部财务专家李晓蓉和高艳平组成的德国复兴银行考察团对中德财政合作河南省农户林业发展项目实施了期终评估。考察团访问了卢氏、嵩县、鲁山、南召4个项目县，与省林业厅、县林业局、乡镇技术人员、监测中心以及农户代表进行了大量讨论。还现场考察了所有造林模式(生产性防护林，用材林，经济林I和经济林II)、封山育林、补植型封山，森林经营等。此外，还对放牧控制、小流域治理和示范基地等活动进行了评估。

9月18日至11月19日 期间，组织全省50余家林业企业分别参加了“第二届中国(长春)森林食品交易博览会”“第十二届山东(菏泽)林产品交易会”“第八届义乌国际森林产品博览会”“第十一届海峡两岸林业博览会暨投资贸易洽谈会”和“2015中国—东盟博览会林木展会”展会工作。

10月11日 陪同国家粮食经济研究中心原主任、研究员丁声俊赴滑县、安阳、信阳调研山东省木本油料发展情况。2015年度，山东省有10家林业企业(单位)及产品被中国林业产业联合会评为中国林业产业创新奖，其中，冷谷红葡萄酒有限公司、河南津思味农业食品发展有限公司等两家企业获得2013~2014年度中国林业产业创新奖(生态果酒及饮品类)；好想你枣业股份有限公司、三门峡二仙坡绿色果业有限公司、西峡县达能食品有限公司、冷谷红葡萄酒有限公司等4家企业获得2014~2015年度中国林业产业创新奖(森林食品类)；三门峡市林业工作总站、南召县花卉苗木产业办公室和南召县林业种苗工作站、河南四季春园林艺术工程有限公司、内黄县兴农果树栽培有限公司等有4家单位(企业)获得2013~2014年度中国林业产业创新奖(苗木类)。

12月21~22日 日本国际协力机构中国事务所项目经理川村怜子、张阳来豫考察日元贷款河南省造林项目，日方就项目评估、竣工验收程序进行了安排布置，并实地考察了偃师项目区。

(肖武奇　王　超)

湖北省林业产业

【概　述】　2015年，全省林业产业年总产值2324.14亿元，其中第一产业846.21亿元、第二产业888.71亿元、第三产业589.22亿元。全省商品木材产量227.13万立方米，竹材产量3123.76万根，竹产业产值34.33亿元。主要木竹加工产品包括锯材、木片、人造板、木竹地板及其他加工材等五大类。林产品分别为：锯材258.24万立方米，木片79.81万立方米，人造板产量633.47万立方米，其中胶合板171.26万立方米，纤维板318.56万立方米，刨花板78.44万立方米，细木工板等其他人造板65.21万立方米；木竹地板3271.44万平方米；改性材与指接材等其他加工材14.07万立方米。

林化产品　主要林产化工产品有松香类、松节油类、木竹热解产品、木质生物质成型燃料等四大类。产品分别为：松香类产品2.54吨、松节油类产品3402吨、竹炭35吨、木质生物质成型燃料6.53万吨。

龙头企业　2015年，国家林业局在全国范围内，评选出了第二批国家级林业重点龙头企业，湖北省的汉家刘氏茶业股份有限公司、炎帝农业科技股份有限公司、宜昌龙源林业有限公司、澳森木业股份有限公司、金卉花木有限公司、武汉林业集团有限公司、倪氏国际玫瑰产业股份有限公司、九森林业股份有限公司、荆州市万树木业有限公司9家企业被认定为第二批国家级林业重点龙头企业。评审和认定中，加大对龙头企业的监测管理力度，严格实行留优汰劣，经组织专家评审认定，新增省级重点龙头企业81家，对不符合条件的72家龙头企业予以取消称号，全省林业重点龙头企业达到440家，其中国家林业重点龙头企业总数达到18家。

招商引资　全省以竹木加工为主体的传统产业在转型发展中提质增效，木本粮油、花卉苗木、森林旅游等新兴产业实现快速发展，基地造林与产业规模同步增长。全省各地突出地方特色，以林地流转林业资源和重大项目为平台，以现代林业科技产业园区为依托，大力开展林业招商引资，同时加大签约项目落地的跟踪督办力度。林业招商引资签约额突破200亿元，实际落地投资额151.5亿元，其中落实首届武汉绿交会招商资金96.5亿元。

林产品博览会、交易会　组织近100家龙头企业参加全国性的林产品博览会、交易会，全国地板及木制品贸易会。16家企业参加米兰世博会，6家企业参加湖北海上丝绸之路经贸行活动。邓村绿茶、汉家刘氏、正全茶油、海富家具、黄袍山等一批企业成功签订了外贸协议。全省家具、茶叶、食用菌、木耳等林产品外销达到20亿美元。

品牌建设　广泛开展诚信品牌建设，实施品牌战略发展，康欣、黄袍山油茶、燕加隆等一批守信用、效益好的龙头企业负责人被授予"中国林业诚信企业领军人物"。品牌企业数量持续增长。康欣新材料、湖北福汉木业等8家企业获中国驰名商标，来凤金丝桐油、鄂州沼山茶油7个特色林产品等获得地理标志注册产品，全省累计有91家企业获得国家驰名商标、省级名牌产品。康欣新材料科技股份有限公司成功在上交所上市，成为全省首家以林业为主业的主板上市公司。

科技产业园　全省在全国率先创办现代林业科技产业园，创新"基地+加工+科技+融资+贸易"的循环发展模式，打造现代林业全产业链、多集群的综合产业园。截至2015年年底，全省创办现代林业科技产业园24个，入园企业456家，已投产225家，完成投资330亿元，实现年销售总额410亿元，年利税27亿元，出口总额8亿美元。引导市场主体兴建原料林基地，助推绿满荆楚行动。各地通过林地流转、股份合作、发展专业合作组织、兴办家庭林场等新兴业态，引进培育各类市场主体1800多家，投入资金48亿元，营造的森林旅游景观林、经济林、工业原料林等各类林业基地达18万公顷，占全省造林总面积的85%以上，有力推动了林业产业基地建设，为林农增收、产业发展、美丽湖北建设奠定了良好基础。

财政补贴 全省每年省财政安排扶持林业产业发展补助资金3000万元，其中林产品加工、木本油料两个专项各1000万元，油用牡丹试点和竹产业专项各500万元，直接补贴给林业重点龙头企业和原料基地建设。2015年，落实林业贷款中央和省级财政贴息补贴资金4580万元，惠及涉林企业96家，拉动企业贷款投资林业建设15.37亿元。通过实施这些产业扶持项目，共吸引社会资金36亿元投资林业产业，推动了林业产业快速发展，促进了龙头企业发展壮大和产业基地建设，同时，有力地支持了“绿满荆楚”、产业扶贫等中心工作。

加强林业产业统计工作 组织全省林业部门和涉林重点企业，并邀请统计部门参加，开展了林业产业统计调研工作，在襄阳、咸宁分别召开片区座谈会，推广宣传林业产业统计典型，学习交流好的工作经验。省林业厅会同省统计局共同研究印发了《湖北省林业产业统计管理办法(试行)》。办法的出台进一步改进和完善了全省林业产业统计工作，规范了林业及相关产业的统计口径、范围，准确反映全省林业产业发展情况，为提升全省林业产业统计水平发挥了积极作用。

森林旅游 2015年，全省新增国家级森林公园1个，国家生态公园2个，省级森林公园2个。组织指导7个国家级森林公园、6个省级森林公园编制了总体规划。全省当年新增森林旅游基础设施建设投资额达30亿元，林业旅游与休闲产业产值达357亿元，较2014年增长80%，成为增速最快的产业之一。组织省内32个优秀森林旅游景区参展国家林业局主办的“2015中国森林旅游节”，有效宣传和展示了湖北森林旅游品牌。

【经济林产品】 2015年，全部经济林产品的种植与采集产值544.45亿元，其中水果种植232.18亿元、坚果及含油果和香料作物种植37.53亿元、茶及其他饮料作物的种植产值106.59亿元、森林药材的种植36.92亿元、森林食品种植总产值108.17亿元。林产品的采集产值23.04亿元。2015年全省主要经济林产品总量年末实有种植面积149.84万公顷、年末实有结果面积90.53万公顷、产量783.42万吨。主要产品有水果、干果、林产饮料、林产调料、森林食品、木本药材、木本油料、林产工业原料等八大类经济林产品。

水果 水果产量639.87万吨，年末实有种植面积45.67万公顷，年末实有结果面积40.48万公顷，其中苹果1.47万吨、柑橘428.15万吨、梨57.26万吨、葡萄35.46万吨、桃106.21万吨、杏1.29万吨、猕猴桃2.63万吨、其他水果7.4万吨。

干果 干果产量47.42万吨，年末实有种植面积29.25万公顷，年末实有结果面积26.69万公顷，其中板栗41.24万吨、枣3.11万吨、柿子2.46万吨、仁用杏11吨、其他干果6030吨。

林产饮料 林产饮料产品20.33万吨，年末实有种植面积28.78万公顷，其中毛茶20.05万吨。

林产调料 林产调料产品5232吨，其中花椒3693吨、八角29吨、桂皮237吨、其他调料产品1273吨。

森林食品 森林食品23.47万吨，其中竹笋干1.82万吨、食用菌17.93万吨、山野菜2.42万吨、其他森林食品1.29万吨。

森林药材 森林药材18.67万吨，年末实有种植面积11.55万公顷，其中银杏2.12万吨、山杏仁5吨、杜仲1.74万吨、黄柏6552吨、厚朴1.39万吨、枸杞619吨、山茱萸1600吨、五味子5115吨、其他森林药材12.03万吨。

木本油料 木本油料23.78万吨，年末实有种植面积34.59万公顷，年末实有结果面积23.36万公顷，其中油茶籽14.19万吨，核桃9.44万吨、油用牡丹籽1450吨。

林产工业原料 林产工业原料9.36万吨，其中生漆4092吨、油桐籽2.41万吨、乌桕籽1.41万吨、五倍子2937吨、棕片2183吨、松脂4.62万吨。

【苗木花卉产业】 2015年，林木种子采集量4406吨，育苗面积5.03万公顷，其中国有育苗面积2835公顷，全省当年苗木产量17.59亿株。当年林木育种与育苗总产值49.59亿元，其中林木育种

7.82亿元、林木育苗41.77亿元。2015年末实有花卉种植面积8.62万公顷，切花切叶产量1.08亿支，盆花植物产量1.23亿盆，观赏苗木产量3.51亿株，草坪产量772.4万平方米，全省共有花卉市场269个，花卉企业1323个，其中大中型花卉企业180个，花卉从业人员12.13万人，花农5.11万户，全年花卉及其他观赏植物种植总产值90.4亿元。

【森林公园和森林旅游】 2015年，全省森林公园94个，总面积42.07万公顷，其中国家级森林公园37个、面积31.29万公顷，国家生态公园2个、面积4243公顷，省级森林公园55个、面积10.35万公顷。全省林业旅游与休闲产业7482.19万人次，旅游收入357.01亿元，人均花费477元。林业旅游与休闲产业直接带动的其他产业产值773.34亿元，其中全省林业旅游6841.34万人次，旅游收入317.03亿元，林业旅游直接带动的其他产业产值662.28亿元；林业疗养与休闲640.85万人次，休闲收入39.98亿元，直接带动的其他产业产值111.08亿元。

总体规划 2015年新申报了白竹园寺国家级森林公园，申报了随城山、尧治河两处国家生态公园，建设了长北山省级森林公园，崇阳香山、宜昌夷陵区笔峰洞、房县万峪河省级森林公园设立可行性研究报告已经完成，待批复设立。湖北省大别山、牛头山国家森林公园总体规划已获国家林业局批准，丹江口、崇阳、西塞国、安陆古银杏、大口国家森林公园总体规划均已完成，待上报国家林业局审批。柳树桠、老母荒、七里山、东方山等多个省级森林公园总体规划已完成。襄阳、宜昌、十堰、黄冈等多个地市已将森林公园建设列入年度考核目标，有效地推动了全省森林公园建设和发展。

打造森林旅游精品线路 竹溪县政府出台相关政策和文件，决定每年预算3000万支持偏头山国家森林公园建设，夷陵区政府每年预算2000万支持西塞国国家森林公园建设和森林旅游发展，全年完成了《湖北省森林等自然资源旅游管理办法》修订工作。全年打造了神农架、大别山等精典森林旅游品牌及数条森林旅游精品线路，其中安陆古银杏、丹江口、汉江瀑布群、沧浪山、滍水、大老岭、清江、柴埠溪等国家森林公园成为全省森林旅游热门目的地，一大批森林公园旅游热潮已开始启动，神农架被授予全国森林旅游示范区称号，黄冈罗田县被授予全国森林旅游示范县称号，武汉黄陂区被评为全国森林旅游示范区。

森林旅游文化宣传 《森林旅游》杂志(季刊)着重宣传了森林旅游政策法规，展示了森林旅游资源，传播生态文化，为全省森林旅游行业提供学习和交流平台，为读者提供森林旅游的深度认知、行业动态和出行指南，受到省内外好评。

2015中国森林旅游节 湖北省林业厅与武汉市政府共同承办了国家林业局主办的“2015中国森林旅游节”，湖北展馆展示了神农架、大别山、太子山、坪坝营、薤山、大老岭、五脑山、三角山、吴家山、大洪山、五祖寺、玉泉寺等国家级和省级森林公园，恩施大峡谷、洪湖国际重要湿地、九宫山国家级自然保护区等重要森林旅游景区与重要森林风景资源。在旅游节期间，安排了神农架梆鼓、恩施土家民俗歌舞等轮回表演，安排了以洪湖湿地红色文化为底蕴的情景剧场，利用LED大屏滚动播放了50多部森林旅游风光碟，现场派送景区门票3万张，发放各类森林旅游宣传资料6万余册。组织了全省森林公园系统培训班，聘请了省森林公园行业主管领导和业内专家作了专题讲座，联合“楚风行”旅游联合体共同打造精品森林旅游线路，省森林国际旅行社组织到全省森林公园、生态旅游景区旅游的游客达1.1万人次，实现营业收入986万元，经营利润106万元。

【野生动物驯养繁殖】 2015年，全省野生动物种源繁育基地193个，其中公益性野生动物救护繁育基地16个，商业性野生动物驯养繁殖单位177个。全年陆生野生动物繁育与利用总产值10.2亿元。驯养繁殖的野生动物食品与毛皮革等加工制造产值4.34亿元。全年陆生野生动物繁育与利用单位9个，年末实有人数60人。全年组织全省开展了野生动物驯养繁殖清理整顿专项行动，按照“清理一批、整顿一批、关停一批”的原则，先后检查集贸市场、花鸟市场、药店、餐馆、饭店1169处，查处各类野生动物案件132起，处理违法人员68

人，收缴青蛙、鸟类、蛇类等野生动物活体及死体10539只(条)，收缴捕鸟网1万余米、猎捕工具1235件。

【林下经济】 2015年，全省林下经济总产值77.43亿元，林下经济面积已发展到66.67万公顷。全省有房县1个县和湖北保康帝豪中药材种植有限责任公司、鄂州市兴林有限责任公司、湖北福舟坊药材有限公司、湖北春又生菜业股份有限公司、湖北武陵惠风农业科技有限公司5个龙头企业获国家级林下经济示范县与基地称号。林下经济已涵盖种植、养殖、林下产品采集加工、餐饮服务、生态休闲旅游等行业。

【木本油料】 2015年，湖北省年末实有油茶林面积21.5万公顷，其中当年新造面积2.39万公顷、当年低产林改造的油茶面积5588公顷，年末实有油茶籽结果面积16.05万公顷，全省油茶繁殖圃56个，面积1921公顷，油茶苗木产量7984万株。全省油茶籽产量14.19万吨。全省油茶产业企业198个、年产值33.38亿元。全省年末实有核桃种植面积12.67万公顷，实有核桃结果面积7.05万公顷，核桃年产量9.44万吨，全年共完成核桃新造林1.69万公顷，新培育核桃嫁接苗1650万株；年末实有油用牡丹籽种植面积3983公顷，年末实有油用牡丹籽结果面积2425公顷，油用牡丹籽年产量1450吨，全年共完成油用牡丹新造林0.15万公顷，新培育油用牡丹苗木1.2亿株。

为推动全省木本油料产业发展工作，统筹整合中央财政现代农业发展资金1.11亿元，扶持油茶、核桃产业发展工作，共涉及12个县(区)，其中油茶10个，核桃2个，编制了项目实施方案、组织了专家进行评审并开展了项目实施工作。全年开展了对省财政油茶、核桃木本油料专项资金1000万元项目、省财政油用牡丹专项资金500万元项目的合理分配，强化对项目的监督管理。省级木本油料油茶、核桃产业发展专项资金，主要用于扶持本省新建的示范林、良种苗木繁育和新建采穗圃抚育管理补贴等3个方面，立项个数总计23个。2015年，省级财政对木本油料产业发展项目实行绩效考核管理，制订绩效考核管理办法和评价标准。2015年，省级财政油用牡丹专项资金500万元，在全省布局建设了一批油用牡丹试点示范基地，包括红安、赤壁、江陵、保康、贾洲、巴东、随县、孝昌和太子山林管局9县(市、区、局)，通过试点示范为全省油用牡丹产业的全面推广提供经验。2015年10月，在随州市召开了部分木本油料种植基地、加工企业及县市林业局负责人座谈会，掌握全省木本油料产业发展情况、提出推动产业发展的建议及思路。

【林业安全生产监管】 2015年，省林业厅安全生产工作总体平稳。一是抓工作重点、突出行业监管。二是抓宣传教育、营造良好氛围。三是抓工作机制、成立监管专班。四是抓重点领域、强化检查督办。五是抓主体责任、重视体系建设。

【襄阳市林业产业】 2015年，全市林业总产值720亿元，全市营造特色经济林2.88万公顷，苗木花卉、水果、核桃、油茶、油用牡丹、玫瑰、茶叶等特色产业基地不断壮大。特色区域申报、认定工作处于全省领先水平，襄阳市获得“中国民生林业产业示范区”和“国家森林生态产品生产基地”称号，同时认定2个“国家级林下经济示范基地”和2个“湖北省林下经济示范基地”；谷城县、枣阳市、华中绿谷和湖北香芝源绿色食品有限公司分别获得“中国油茶产业示范县”“中国玫瑰产业与文化示范市”“中国林业金融创新产业园”“中国油茶产业示范基地”称号。

全市共签订涉林项目合作协议34个，协议总投资127.7亿元，已到位资金25.9亿元。中华紫薇园和华中绿谷苗木花卉建设项目初具规模，倪氏玫瑰、冬成杜仲、汉家刘氏茶业、谷城正全和枣阳香芝源茶油、宜城大山合食用菌、保康蓝莓等一批林产品加工项目相继建成投产。2015年，成功引进竹缠绕复合压力管高科技项目，首个模块化工厂在襄阳建成投产，该项目由华中绿谷旗下的盈汉泰竹复合压力管制造有限公司投资建设，项目首期总投资1.6亿元，厂址占地9.34公顷，引进4条生产线，8月建成试生产，计划年产2.5万吨竹缠绕复合压力管、年产值3亿元；与咸宁市咸安区、湖南桃江县联合建设的原材料供应基地项目已正式运营。“竹缠绕复合压力管领衔入选国家重点推广低碳技术目录”被评为“2015年中国林业产业十件大事”。

全市认定市级林业重点龙头企业36家；培育省级林业重点龙头企业69家，省级龙头企业总数位列全省第一；培育国家级林业重点龙头企业1家，实现了“零”的突破。“人人康及图”等6件涉林商标获中国驰名商标，“枣阳油茶”等6件商标获国家地理标志商标，新增17件“湖北著名商标”、9个“湖北省无公害产地”。

2015年，成功承办了全国性的“发展民生林业暨森林标志体系建设座谈会”“竹缠绕复合压力管项目落地考察座谈会”和“2015中国林业产业高峰论坛”，为襄阳林业走出湖北、面向全国奠定了基础。“十二五”以来，先后组团参加了“第二届中国(义乌)国际林业产业博览会”“第五届中国(义乌)国际森林产品博览会”“首届中国汉江流域(襄阳)农业博览会”“中国·武汉绿色产品交易会”“2015年中国森林食品交易博览会”“第二届汉江流域(襄阳)农业博览会”和“2015中国森林旅游节暨生态休闲产业博览会”等大型林业展会，荣获各类奖项40多个。

成立了市林业产业化办公室和市林业产业协会，服务指导林业产业。市林业产业协会自2014年8月登记成立以来，先后召开了全市林业产业暨林业金融创新工作座谈会、全市木本油料产业工作座谈会和全市林业产业项目管理知识培训会。

以襄阳·华中绿谷“中国林业金融创新产业园”为依托，由华中绿谷实业发展有限公司牵头，筹建华中林苗产品交易所，拟建设线上买卖、线下流通的“020”交易平台。2015年12月，《市政府常务会议纪要》明确同意组建华中林苗产品交易所，决定汉江投资控股有限公司出资500万元参股。交易所有3000多平方米的交易大厅。

以自然投资人为主体，筹建汉江流域森林生态产品展销中心，搭建展示与销售相结合的展销平台，积极探索化解林产品销售渠道窄、销售成本高的有效途径。1100平方米的展销大厅已上柜1000多种林特产品，待筹备举行揭牌仪式。

【宜城食用菌科技产业园】 2015年，湖北现代林业宜城食用菌科技产业园年利税1.03亿元，园区林产品加工企业总投资规模达到40亿元，入驻企业达到8家以上。整个产业园正逐步走向以宜城大山合现代农业为龙头，以开发区为依托的大型林业产业综合集聚体。用龙头企业加工优势带动基础产业发展，反哺基础产业，用“龙头企业＋专业合作社＋园区＋林户”的产业化运作模式，实现林产业可持续发展。

宜城大山合现代农业有限公司 该公司是集食用菌干制品及其精深加工产品、保健品的研发、生产、销售为一体的高科技民营股份有限公司，占地13.73公顷，现有员工258人。建有现代化加工厂房19.7万平方米，储藏冷库3.5万立方米。拥有一流的生产线，包括食用菌干品加工生产线20条，工业品菇酱、菇菜、罐头、菌汤、菇汁、固体饮料、食用菌多糖提取物7条生产线。公司在湖北省建立自有原料生产基地4个，生产以“大山合”牌为注册商标的食用菌干鲜品、调味料、罐头(果蔬罐头)、休闲食品、保健食品、干果、可控基地的农副土特产品等十四大类近300个品种756个条码，深加工产品五大类62个品种、保健品四大类33个品种。“大山合”牌系列产品，通过国家卫生注册、欧盟良好农业规范(EUREPGAP)、HACCP和ISO9001：2000等管理体系认证、获中国有机转换产品认证、全国工业产品生产许可证书。公司产品远销欧盟、南非、东南亚、日本、韩国、美国、加拿大等71个国家和地区，在国内通过大型商超、电子商务、终端连锁等通路渠道网络遍布全国各省市。

襄阳中泰德盛现代农业有限公司 总占地面积2.66万多平方米，并拥有53.33余公顷的食用菌产业园，现有员工200余名。公司的经营范围：农副土特产品的收购、生产、加工、销售、禽畜产品的生产和销售等。目前公司主要的出口产品有香菇、木耳、瓜果、蔬菜等。

湖北富亿农机制造有限公司 主要生产庆林牌CKL102T2拖拉机及其配套产品，该项目由(智利)龙盛国际投资贸易公司与重庆庆林汽车涪陵制造有限公司共同出资兴建，占地面积8公顷，现有员工235人。

安能(宜城)生物质热电有限公司 主要从事

生物质能的综合利用和开发，是以回收利用废弃的农作物秸秆及壳皮等生物质作为燃料产生电能及热能的发电企业。项目占地16公顷，现有员工145人。2015年公司预计投资2.8亿元，其中已完成投资2.8亿元；年销售9666万元，年利税1250万元。襄大农牧有限公司位于开发区白庙工业园，占地面积20公顷，拥有员工1021人，年生产饲料65万吨，生产代鸡苗6000万只。

宜城市天鑫油脂有限公司 投资1.75亿元兴建，占地10公顷，现有员工213人，网络油料种植农户1.5万户。

湖北广发纸业有限公司 由鑫富公司与宜城广发纸业公司合资组建，占地3.33公顷。现有员工110人。

【湖北正全农业科技开发有限公司】 2015年，作为首批国家林业重点龙头企业，该公司新增油茶基地1333.33公顷，完成工业产值3.7亿元，实现销售收入3.5亿元，实现利税5000万元，同比分别增长12.5%、13.3%，提供就业岗位280个，带动油茶种植林农近千人。公司成立于2009年4月，地处“中国油茶产业示范县”谷城县城关镇贡品农业园，主要从事油茶种植、茶油深加工、茶油研发等业务。公司是国家林业重点龙头企业，中国林业产业诚信企业品牌，全国科普惠农兴村先进单位，公司研发生产的“人人康”系列养生茶油，已通过“中国有机产品”认证，获得“中国驰名商标”称号。

2015年1月，公司被评为“湖北省林业产业化省级重点龙头企业”；3月，公司“人人康”品牌被授予“中国林业产业诚信企业品牌”；6月，公司被评为“全国科普惠农兴村先进单位”；7月，公司被评为“湖北省农业产业化重点龙头企业”；9月，公司被评为“中国有机谷·谷城示范区示范企业”，公司产品荣获“2015中国森林食品交易博览会·新技术、新产品奖”“第二届汉江流域(襄阳)农业博览会·金奖农产品”；11月，公司产品荣获“第十三届中国国际农产品交易会参展产品·金奖”。

【倪氏国际玫瑰产业股份有限公司】 2015年，完成综合产量32011.46吨，完成产值70165.42万元，实现利税16646.62万元。2015年，倪氏国际玫瑰产业股份有限公司九朵玫瑰干花蕾(代用茶)荣登《2015年度全国名特优新农产品目录》。国家林业局中国林业产业联合会授予倪氏国际“九朵玫瑰花汁饮品”为“2014～2015年度中国林业产业创新奖(森林食品类)”和“2014～2015年度中国林业产业创新奖(生态果酒及饮品类)”和“国家森林生态产品生产基地”牌匾。2015年，九朵玫瑰花汁饮品荣获2015武汉农博会金奖，第二届中国森林食品交易博览会(长春)“金奖”和“最喜爱产品奖”。2015年，倪氏国际被湖北省农业厅认定为“农业产业化重点龙头企业”。倪氏国际玫瑰产业股份有限公司成立于2011年10月，注册资金5亿元，现有员工612人、含季节用工400人，主要从事玫瑰产品的综合开发加工和玫瑰种植产业。“十万亩玫瑰综合开发项目”自2011年11至2015年11月采取“政府主导、企业运作”的办法，于枣阳市平林镇、熊集镇、车河农场、兴隆镇、刘升镇、环城办事处已建成3333.33公顷标准化玫瑰种植示范基地，涉及7个乡镇36个村级单位，辐射带动3412农户，每户亩均受益3500元，三年盛花期玫瑰亩产鲜花近千斤，为科技产业园稳定发展奠定了坚实的基础。该公司是集种植、研发、生产为一体的涵盖一、二、三产业，以现代科技为先导，现代制造业、加工业相结合，“以三立二，以二带一，以一促三”的玫瑰全产业链。

【湖北汉家刘氏茶业股份有限公司】 2015年，湖北汉家刘氏茶业股份有限公司实现产值137288万元，销售收入122545万元，资产总额34561万元，净资产26145万元，固定资产15420万元，资产负债率24.35%。成为全省标杆企业，荣获“中国有机谷”谷城示范区示范基地称号。以茶为媒，主动将“汉家刘氏”融入“丝绸之路”经济带。

2015年3月，举行了汉家刘氏茶业“驻俄罗斯代表处”和“汉家刘氏茶坊专卖店”入驻揭牌仪式，现场签订了3000万元的茶叶合同。标志着汉家刘氏部分产品正式进入俄罗斯的科斯特罗马州、弗拉基米尔州、莫斯科市、莫斯科州的50余家加盟店、代理店。汉家刘氏成功进军俄罗斯的中高端茶叶市场，在莫斯科设立代表处和旗舰专卖店。

2015 年 6 月，湖北省人民政府组织了省内部分企业家参加意大利米兰世博会并顺访西班牙、葡萄牙举办系列经贸活动，汉家刘氏积极推广“汉家刘氏”品牌，大力宣传汉家刘氏有机茶，先后和欧洲门道公司代表克劳谈成开发葡萄牙古伯儿茶叶岛合作意向，和白俄罗斯布莱斯特副州长安德烈、西班牙茶叶公司代表安东尼奥达成出口茶叶的合作意向，通过旅欧华人华侨开设加盟店，帮助汉家刘氏打开欧洲所在国销售市场。

2015 年 10 月，汉家刘氏黑茯茶进入博州对稳住俄罗斯市场，发展新疆市场，开辟格鲁吉亚市场。

2015 年，“汉家刘氏”王·黑金尖获得第二届汉江流域(襄阳)农业博览会“金奖农产品”荣誉称号。在由国家林业局支持中国林业产业联合会主办的第二届中国森林食品交易博览会上，“汉家刘氏”黑茶荣获 2015 中国森林食品交易博览会金奖。“福山岩”有机茶系列在第 3 届中国有机农产品展销会暨中国青(米)砖茶交易会上获金奖产品。公司研发的“绿茶光波杀青工艺与全套自动生产线集成配套研究”获 2014 ~ 2015 年度中国林业产业创新奖。公司在全力做好增开武汉茶体验馆、襄阳白云酒家等 4 家自营专卖店，新增山东临淄、湖北红安等 10 余个招商加盟，开发 30 多处外埠经销商等传统经营业务基础上，先后在武汉、襄阳、谷城等城市和地区的中百、武商 20 余家商场、超市，对公司的产品进行推广，全面抢占茶叶市场。以“互联网 +”为推手，大力发展电子商务。有效地提升了汉家刘氏全国乃至世界的知名度。公司先后组织参加了中国(广州)国际秋季茶业博览会，2015 国际茶业大会暨第三届中国有机农产品展销暨中国青(米)砖茶交易会，第二届中国森林食品交易博览会，第二届汉江流域(襄阳)农业博览会，天门陆羽茶圣节，上海、长春、济南和中国西部茶博会等 10 场国际国内知名展会，推介汉家刘氏系列产品。

12 月，中非文化大使、喀麦隆著名电视主持人捷盖来到汉家刘氏紫金生产基地考察，并对其汤色、耐泡、味纯赞不绝口。2015 年，公司与铜锣观基地新一轮茶园经营管理方案平稳有序签订。谈判完成了将军坪村茶园承包合同续签前的所有准备程序。拟定了精准扶贫茶园雨露计划，从制度上规范了企业在精准扶贫中应承担的帮扶责任。2015 年，公司先后组织了黑茯茶售后回购、集赞送好礼等 10 余次大型活动。并积极参与帮贫济困活动，履行社会责任。

【老河口市森林食品科技产业园】 2015 年，老河口森林食品科技产业园已入驻企业 11 家，林业总产值 53.5 亿元。该园构建起了以政府主导投入为主、社会投入为辅的基础设施建设投入机制。北园 3.8 平方千米征地、拆迁安置补偿，五通一平等工程地方财政硬性投入达到 1.5 亿元。构建起了园区运行管理机制、园区政策服务机制。2015 年，新增 4 家省级林业重点龙头企业、2 家市级林业重点龙头企业和 3 家年销售收入 2000 万元以上的林业企业。全市已注册林产品商标 15 个。春雨苗木果品专业合作社“四和香”商标获湖北省驰名商标，仙仙果品有限公司“汉水”牌砂梨获中国驰名商标，砂梨种质创新及特色品种选育应用获省政府科技进步奖。新建以油牡丹、梨、桃、核桃、苗木为主的花果苗木基地 933.3 公顷，其中李楼镇万亩油牡丹基地已流转土地 666.67 公顷，栽植油牡丹苗木 8000 余亩；围绕 302 省道在竹林桥建设 133.33 公顷的花卉苗木示范区。协助林业龙头个企业贴息贷款解决流动资金 100 多万元，帮助企业申报贷款贴息项目额度 3500 万元，协助银企对接贷款解决流动资金 2800 万元。尤其是对出口企业大额订单生产，林业部门千方百计协助企业多方借资解决流动资金周转 580 万元，满足了出口订单的按时交货。园区利用低产林改造与林业项目发展原料林达 666.67 公顷以上，引导企业参与老品种砂梨改造，投资开发原料林基地面积 3000 公顷以上。春雨合作社“黄桃 2 号”选育论文获省林木评审委员会通过，同时“黄桃 2 号”新品种也通过省林木良种委员会认定。引进黄桃、梨、核桃、葡萄、油牡丹等新品种 16 个，推广面积 1000 公顷，引进林果套袋、测土配方平衡施肥、黄铜板生物防治等技术 5 项，推广应用面积达 666.67 公顷，推广率达 95% 以上。通过合作社及科技下乡，现场培训 20 余次，培训农民 6000 余次。

【宜昌林业产业】 2015年，全市主要林产品产量达335万吨，林业社会总产值达325.23亿元，较2014年度增长51.2%，是"十一五"期末的4.5倍。全市新建木本油料林基地3900公顷，其中油茶353.3公顷，核桃3533.3公顷，全市木本油料林基地达到6.67万公顷。新发展种苗花卉基地1666.67公顷，种苗花卉基地达到1.21万公顷，已建成国家级种苗繁育基地4个，省级林木种苗示范基地4个，市级骨干花卉苗木基地10个。全市森林旅游接待游客774万人次，产值74.23亿元。全市新增林业产业化龙头企业24家，达到128家，其中国家级1家，省级58家。新增上市企业3家，创中国林业诚信企业品牌2个。按照省林业产业化龙头企业监测管理办法，全年共新申报省级龙头企业10家，复核省级龙头企业23家，淘汰9家，取消省级龙头企业称号；新增市级龙头企业16家，复核认定11家，淘汰5家，取消市级龙头企业称号。全市林业产业化龙头企业数量达到128家，其中，省级57家。2015年，赤诚生物、众森园林、宇隆茶叶先后在"新三板"、武汉股权交易中心、上海股权交易中心挂牌上市。2015年8月，组织远野风、食德福、武星材料、邓村绿茶、三品源等企业随省政府经贸团赴东南亚举办首届海上丝绸之路投资贸易行系列活动，成果颇丰，食德福签下2400万美金的订单，订单额占全市的80%。全市拥有邓村、采花、萧氏、土老憨、山山、森源、一致、特妙、华饴林产品等中国驰名商标达9件；湖北省著名商标9件，湖北名牌产品10个；拥有宜昌天麻、兴山薄壳核桃、邓村绿茶、宜昌百合、雾渡河猕猴桃、宜昌木姜子等地理标志证明商标6件。

【生物产业科技工业园】 湖北宜都现代林业生物产业科技工业园是以森林生物资源为基础，建立在生命科学和生物技术创新基础上的新兴高技术产业，是国家生物产业的重要组成部分。其核心园区5平方千米，投资规模38.7亿元。目前总投资11亿元，入住规模企业11家，规模企业产值16.5亿元，税收2.2亿元。龙头企业中以土老憨、绿源生物、丰岛集团、东阳光、湖北华饴、宜都三川、野山珍、湖北老乡科技、源丰花卉苗木、十里铺花卉种苗等为主，使园区规模达到5平方千米规划设计要求，带动和引领宜都产业发展。以全国驰名商标全省著名商标为抓手，充分运用"土老憨"全国驰名商标，"冬虫夏草""茶多酚""野山珍"等，"柑橘酱油""柑橘醋"等优质品牌打造和开发系列林副产品，促进企业高效、生态、长足发展。

【湖北五峰国家非木质林产品生物产业基地】 2015年，湖北现代林业五峰非木科技产业园中，经营状况良好的有五峰赤诚生物科技股份有限公司、湖北采花茶业有限公司、宜昌山山林业有限责任公司、湖北佳运木本植物油有限责任公司等4家企业，2015年，已完成总投资5.4亿元，主营的产品单宁酸、茶叶、纤维板、茶油等年销售额分别为1988万元、12100万元、11867万元、5140万元。年利税分别为14505万元、567万元、1007万元、77万元等。该园是国家继福建三明和山东菏泽之后成立的第三家国家级林业生物产业基地。已有赤诚生物、新桥科技、昌华药业、采花茶业、长乐科技等10家林业产业化龙头企业入园，形成了非木质林产品产业集群格局。湖北采花茶业有限公司投资5亿元新建采花茶业科技园一期工程已竣工，是国内最先进的自动化茶叶生产线，核心品牌"采花毛尖"荣获"中国驰名商标""钓鱼台国宾馆特供茶"等殊荣；湖北佳运木本植物油有限责任公司建成省内最先进的油茶生产线，主导产品"九福"牌山茶油深受消费者喜爱，产品供不应求；赤诚生物科技有限公司拥有完善的技术研发中心及装备先进的测试中心，已系统地掌握了以五倍子为主的植物提取生产技术和关键工艺，形成了具有自主知识产权的系列核心技术。龙头企业的不断壮大，强力拉动了全县非木产业的快速发展。园区已累计完成基础设施建设投资2.3亿元，形成了以南北路、东西路为主的五纵六横道路骨架。改建了11万伏输变线路，配备了一座4.8万千伏安的变电站。建有日供水5000吨自来水厂一座。

【随州市林业产业】 2015年，向省林业厅推荐了湖北炎帝农业、湖北品源、湖北丰年、湖北佳禾4家企业参加国家级重点龙头企业的竞争。对全市林业产业统计工作进行了调研。开展招商引资，引进山东亿丰源生物科技股份有限公司投资，与湖北炎帝农业科技合作开发30万吨有机肥项目，总投资5000万元，该项目将填补华中地区在该领域的空白。与武汉天能能源控股有限公司洽谈，投资建设万亩有机茶园配套光伏发电项目，已经过湖北省能源集团相关部门实地考察，该项目分期实施，一期项目总投资10亿元，并网发电后，每年可以发电1亿度，收入1.2亿元，工业税收1000万元左右。引进华能随县界山风电有限责任公司到大洪山投资风电场项目，计划总投资9.7亿元，已累计完成投资3.405亿元，其中2015年完成投资2.045亿元，占年度目标任务5000万元的409%，超额完成了全年的招商引资任务。

【曾都林业创汇产业园】 2015年，湖北现代林业曾都创汇产业园实现销售销售收入15.98亿元。现有以三友、神农生态、舜天粮油等企业为主的香菇、木耳食用菌加工出口的森林食品加工企业，以中盐银港为龙头的木材加工企业，以田丰土产为龙头的木本油料加工企业，以正佳生物为龙头的微生物肥料、农药、饲料、菌种及中间体加工企业。产业园林产品加工企业呈现出发展势头好，出口创汇强，地域特色浓，带动农户广的特点。湖北现代林业曾都创汇产业园。曾都创汇产业园是2010年2月由湖北省林业厅批准设立的湖北现代林业产业园区。现有林业产业化龙头企业6家，占地近66.67公顷，从业人员1500余人。为壮大湖北现代林业曾都创汇产业园规模，通过招商引资，引进5到8家企业进驻园区，主要项目是人造板深加工(家具、地板、包装)、林副产品(银杏、板栗)深加工以及蜂制品深加工等林业特色产业加工项目。

【荆门市林业产业】 2015年，全市林业产值达到180亿元，荆门市大力发展板材家居、森林食品、木本油料、野生动物繁殖驯养、花卉苗木、生态旅游六大产业，推进基地建设，促进生态绿化，保持林业经济持续快速增长。全市生态公益林8.87万公顷，建成以意杨、外松、泡桐、枫杨等为主的速生丰产林基地13万公顷，以油茶、蓝莓、黄桃、食用菌等为主的特色经济林基地11.33万公顷和以园林绿化苗木为主的花卉苗木基地4.27万公顷。板材家居以宝源木业为代表，发展有秦江人造板、金林木业、星球家俱、宝源装饰、丽轩家具等企业；森林食品(含森林药材)以汇源果汁为代表，发展有爱斯曼食品、道地药材、山缘山珍、佳鼎农业、永兴食品等企业；木本油料以汇澄茶油为代表，发展有广信食品、崇源农业等企业；野生动物繁殖驯养发展有白鹿春实业、金源鹿业、立农蓝孔雀等企业；花卉苗木以紫园园林为代表，发展有天德林业、天鑫京园林、宏大实业、青云园林、绿上林业、农青园艺、十里楚郡花木城等企业；生态旅游以大口、虎爪山、千佛洞等国家森林公园，漳河、惠亭湖、潘集湖、莫愁湖、仙居河等国家湿地公园、石龙、石门湖、官冲、象河、钱河等省级湿地公园资源为基础，并带动各类风景区和旅游业发展。推行“公司+基地+农户”订单模式，林业企业通过免费供苗、订单造林、合资造林、买断经营等方式，建立林业基地87.9万亩，带动农户8.9万户，吸纳农村劳动力15.5万人。全市共成立322家林业专业合作社，合计社员8213户。梅子冲油茶、常家洞茶叶、绿缘苗木盆景、山珍食用菌、阳程花卉苗木、城北金桂花卉苗木、廖梅子香菇、庙岭岗林木、绿盛柑橘、绿玉茶叶等10家合作社获认省级农民专业合作社示范社，其中梅子冲油茶、常家洞茶叶、阳程花卉苗木、绿缘苗木盆景等合作社被评定为国家农民专业合作社示范社。2015年新增省级林业产业化重点龙头企业11家。

【广信生态农业发展有限公司】 2015年，湖北广信生态农业发展有限公司本年实际完成销售收入6789万元，利税1944万元，均超额完成任务。公司实行“公司+农户+基地”的承包合同管理模式，公司旗下的丁家冲基地绿色产业发展迅速，万亩生态果园、现代观光农业、传统中药材种植等绿色产业生机勃勃。公司出资兴修了标准通组公路8千米，将公司核桃基地、京山贡枣基地、百果园采摘基地；珍稀树桩盆景、花卉苗木基地等连为一体。同时与政府部门合作，联合举办了第一届京山贡枣采摘节，取得了良好的效果。

【湖北汇澄茶油股份有限公司】 2015年，作为首批国家级重点龙头企业的湖北汇澄茶油股份有限公司销售收入达到1.35亿余元，净利润2500万余元。新开发了重庆、山东等茶油供销市场，力争将“汇澄”牌山茶油做成一个全国性品牌。新建油茶基地100公顷。企业产品的精深加工，茶皂素提炼项目建成后，公司产品线将出现多元化产品，每年新增销售收入3500万元，扣除各种费用，每年实际净利润可增加770万元，新增税收140万元。项目建成后可带动当地农民致富，农民户均增收7000元，企业新增就业岗位近50个。湖北汇澄茶油股份有限公司是一家集油茶良种繁育、产业基地建设、精加工、深加工、科研于一体的高新技术企业，成立于2009年2月。公司与相关科研院校机构，在研发、生产领域开展项目合作。汇澄“山茶油”荣获第二届中国国际林业产业博览会暨第四届中国义乌国际森林产品博览会金奖。公司在京山经济开发区建设食用油及化工产品精深加工基地14.53公顷。引进国内最先进、加工能力最大的自动化生产线，年加工优质茶籽3万吨。公司采取“公司+基地+农户”模式发展油茶产业，着力建设高产油茶良种繁育基地、油茶产业基地。公司现有油茶基地466.67公顷，优质油茶良种繁育基地13.33公顷，油茶良种采穗圃13.33公顷，油茶种植示范基地133.33公顷。

【东宝区林业产业】 2015年，东宝区把林业产业发展作为推动生态文明建设的重要举措，发展9大产业板块：原始板材产业区(北宝源、南凯利)，饰面板产业区，地板产业区(宝源东南部)，板式家具产业区(新城北路)，森工设备产业区(机械加工产业园片区)，森工辅料产业区，森工药材食品产业区(山缘山珍，道地药材)，森工物流产业、创业区(依托杨家桥现代物流园)，森工产业服务综合体；建设七大服务平台：木材板材交易及物流平台，行业标准认证平台，区域检验检测中心平台，电子商务平台，投资融资平台，招商服务平台，科技研发平台。全区投入资金近10亿元用于水、电、路、通讯基础设施建设，围绕延伸森工上下游产业链条大力引进家具(居)制造及配套项目。新引进森工家具(居)项目10个，总投资25亿元，园区森工企业达到16家，其中建成投产9家：国家级农业产业化龙头企业宝源木业；省级林业龙头企业宝源装饰、山缘山珍、道地药材、大荣家居4家，区级重点企业可信家具、福居家居、民心门业、瑞康药业4家；在建凯利板业、宝源装饰OSB地暖地板项目、宝源环保家具项目、中循门业、子陵家具物流园、长岗森工创业园、宝联家具7家，年底进入投产运行。入园企业主要生产高档板材、木门、地板、装饰材料、办公生活家具以及森林食品药品。园区建有国内最大、世界领先的OSB生产线，即将引进世界最先进的秸秆生态板生产线，产业集群发展已具雏形。2015年园区产值达到70亿元，森工产业集群被省政府列为全省重点成长型产业集群。该区被国家林产联合会吸纳为常务理事单位，进入全国近千家森工企业组成的森工产业核心圈，为森工产业快速发展搭建了平台。全区花卉苗木基地面积达近6666.67公顷，花卉苗木产业产值达9亿元左右，为全市建成以“207”国道两侧为主体，皂当、荆潜、汉宜公路、杨竹流域两侧为侧翼的百公里花卉苗木长廊打下坚实基础。杨冲万亩红豆杉基地、东宝万亩猕猴桃基地、栗溪万亩油茶基地、牌楼万亩铁皮石斛基地全面建设成型。不断培育具有特色的林下经济示范基地，建立林业专业协会、合作社113家，逐步形成“一地一业、一村一品”的发展格局。结合东宝林下资源分布实际情况，重点推广以下四种林下经济种养模式。在用材林、经济林下采用林粮、林药、林菌、林果、林菜等模式间作粮食、大豆、花生、中药材、食用菌、花草等作物，面积达1万公顷。2015年仙居乡创建首个林下经济示范种植基地“仙乐农业观光园”，集种、养一体，面积达3000亩，带动全乡林下种植200多户，林下种植面积1000公顷。利用林下空间发展立体养殖，林下圈养鸡、鸭、鹅等禽类，林下圈养或放养牛、羊、野猪等畜牧类。栗溪镇的香龙山牧业有限公司建野猪养殖基地，围山133.33公顷，放养野猪3000头，建有种苗繁育基地，带动养殖10户，年出栏1000多头，年产值800多万元。子陵铺镇的杨家坳家禽养殖合作社，引种繁育山羊550头，散养面积246.67公顷，可出栏商品羊1500头。利用林木花粉大力发展养蜂业，楚峰缘蜂业创建首个蜜蜂博物馆，连续两年成功举办了蜜蜂文化节。全区现有蜜蜂养殖专业合作社6家，蜜蜂成品年产量100万千克。东宝处于楚文化、三国文化、三峡旅游线的交汇处，得天独厚、山川秀美，有国家一级旅游景点60多处。全区共有旅游资源实体65处，建成漳河风景区、圣境山风景区、青林寨风景区、仙居乡村游风景区四大旅游片区和以仙居河国家级湿地公园、象河、钱河省级湿地公园、九龙谷、寺沟瀑布、香龙洞、沙滩河为代表的10个旅游景点，积极打造推出两条精品旅游线路。以梅花鹿、野猪、眼镜蛇为重点，大力发展野生动物养殖产业，全区野生动物驯养繁殖企业已发展到近30家，养殖基地达40多个，其中，野猪驯养年繁殖能力近2000头、养殖眼镜蛇10多万条，形成了野生动物驯养繁殖初步的产业基础，全区野生动物产业年产值达2亿元以上。

【承办2015中国森林旅游节暨生态休闲产业博览会】 2015年，武汉市承办2015中国森林旅游节，由国家林业局、湖北省人民政府主办，武汉市人民政府、湖北省林业厅、湖北省旅游局承办的2015中国森林旅游节暨生态休闲产业博览会于2015年10月8～12日在武汉市成功举办。全国300余家生态休闲产品生产商参加了全国生态休闲产品展。500余家旅行社到场观摩并参与了森林旅游推介、签约、论坛等活动。近100家媒体对本届森林旅游节进行了跟踪报道。来自全国各级林业主管部门、各类森林旅游地、相关政府、社团、企业、媒体、高校和研究机构的5000余人参加了本届森林旅游节。全国政协副主席罗富和，国家林业局党组书记、局长张建龙，湖北省人民政府省长王国生，国家林业局党组成员、副局长张永利，湖北省委常委、武汉市委书记阮成发，湖北省人民政府副省长甘荣坤，湖北省政协副主席郑心穗，湖北省人民政府秘书长王祥喜，武汉市人民政府常务副市长贾耀斌、副市长王立副秘书长马泽江，以及国家林业局相关司局长、全国31个省(区、市)林业厅(局)长和4个森工集团主要负责人等领导共500名正式代表参加了2015中国森林旅游节暨生态休闲产业博览会。

【湖北九森林业股份有限公司】 2015年，该公司在全国中小企业股份转让系统正式挂牌；全年实现销售收入8033万元，利税1401万元；公司基地建设林地总面积增加到1万公顷，加快推进了大悟加工项目建设。于2015年8月4日在新三板成功挂牌。在挂牌实现定增1亿元，被业界赞誉为实现了一个小“IPO”。完成定向增发10001.1万元；公司总资产达到3亿；以“林苗一体化”推进公司转型，公司投资九峰森林动物园获得较好收益；开展了网络销售，主要销售公司在房县、黄冈等基地的森林特色产品，进一步扩大了企业销售渠道；2015年公司造林面积661.47公顷，总造林株数大别山冬青幼苗140万株。对省内外优质珍贵林木进行调研，形成可研报告，为公司精选珍贵林木及种植提供了理论依据。2015年，公司选择在崇阳县石城镇种植檫木及白茶等有机茶，在阳新县龙港镇种植香樟，在阳新县洋港镇种植亚欧杂交马褂木、苦株、楠木、木荷等树种，在黄冈市团风县杜皮乡种植油茶和大别山冬青，在宜城市郑集镇护洲村种植对节白蜡等，初步实现了公司由单一种植杨树向珍贵及绿化树种的转型，由滩地造林向岗地山地造林的转型。

2015年，团风丽国子公司与杜皮乡魏家冲、船石冲签订林地租赁50年合同并办理了林权证；阳新富川子公司完成洋港镇门楼村林地租赁合同；在仙桃与汉江河道管理局签订666.67公顷近成熟杨树林购进协议，并与周边村签订预购协议，对随州灵龙木业的580公顷成熟林、房县193.33公顷成熟林完成勘测，对京山266.67公顷绿化苗木也完成了调查，与南京林业大学等科研院所进行合作，收集速生丰产林、珍稀园林景观树种，林下综合开发，种子园的调研等相关课题以及研究成果编辑整理，为公司未来转型发展打造自己的品牌提出可研报告。与湖北生态工程职业技术学院签订合作科研协议，对杨树病虫害防治进行科学研究。

【武汉林业集团】 2015年，实现销售收入2.19亿元，国有利润708万元。为发展集团生态旅游产业，全面落实集团“事业部制”组织架构调整要求，集团于6月1日成立花谷旅游公司发展生态旅游事业。成功举办了9月葵花展，持续扩大郁金香主题公园的品牌影响力。公司还成功引进百年映山红项目，拓展园区新特点和新亮点，为实现郁金香主题公园常态游奠定基础。12月，园区顺利通过验收，成为国家级3A旅游景区。同时搭建“互联网+”平台，建立网上商城或微店等形式，达到线上展示、经验交流、新品种推介、信息发布的目的，从而实现花卉园艺产品销售的O2O模式，拓宽销售渠道，促进市场大流通，使集团在花卉产业发展中，科技上档次、管理上水平、技术显实力、销售见真功。集团在临空经济开发区、左投、沌口、东湖经济开发区等新市场不断拓展。集团拥有3家园林施工绿化壹级资质企业，2家贰级资质企业，1家三级资质企业，1家园林绿化设计院，打造园博园3000平方米花海景观。在硬件建设上为绿化工程业务提供了有力的支撑和保障。

【咸宁市林业产业】 2015年，全市林业产业实现林业总产值114亿元，其中竹产业实现产值27亿元，油茶产业实现产值20亿元。全市竹材产量可达1500余万根，人造板产量55万立方米，木竹地板45万立方米，经济林产品总量15余万吨。2015年全市新造楠竹2133公顷，超额完成楠竹新造任务。全市已成功申报国家楠竹生产农业标准化示范区，建设楠竹示范基地。大力建设油茶示范基地，推广良种油茶，全市已有油茶基地面积达3.35万公顷。为了加快竹产业发展，从2014年起湖北省财政每年安排500万元，专项用于支持竹产业发展。全市共争取项竹产业发展目资金380万元，占总额的75%。先后帮助奥森木业、黄袍山公司、万树木业、林宝香榧4家企业成功申报林产品发展专项项目资金140万元。组织全市企业参加中国·武汉绿色产品交易会等一系列的林业产品展会，市林业局荣获最佳组织奖，巨宁重组竹家具、本草天香山茶籽油、锦睿木业泡桐板、羊楼洞青砖茶、京咸竹业竹家具、林宝香榧6个产品荣获金奖，崇阳瑞发雷竹笋、赤壁冠森竹纤维面板2个产品荣获优质奖。全面完成示范区建设目标，擦亮楠竹标准化示范区“金字招牌”。全市已有竹产业园、咸安森工产业园、赤壁竹产业园、通城油茶产业园、崇阳循环经济产业园五大园区建设。

【崇阳林业循环经济科技创新产业园】 2015年，崇阳林业循环经济科技创新产业园实现产值16.01亿元，年上缴税收4550万元人民币。该园创建于2012年，入园的企业有13家，包括秦江林业有限责任公司、武汉凯迪控股投资有限公司、湖北崇阳天森实业有限公司、湖北崇阳天先家具有限公司、湖北瑞发生物工程股份有限公司、湖北鑫发科技有限公司、湖北艺巢实木门有限公司、湖北佰福兴门业有限公司、金箸竹业、湖北森旺农业科技有限公司、坤旺农业科技园(湖北)有限公司、合基集团有限公司、崇阳县桃花岛生态旅游发展有限公司等。项目占地面积2.8平方千米，规划总投资24亿元，现已完成实际总投资13.68亿元。

【荆州市林业产业】 2015年，全市实现林业总产值205亿元，同比增长24.8%，其中林产品加工业产值142亿元，同比增长18%。其中，拍马集团实现产值85亿元，加工纸品45万吨；石首杨树科技产业园实现产值13.7亿元；监利林工一体化科技产业园实现产值17.2亿元。生产中纤板89万立方米，木地板452万平方米，胶合板9.5万立方米，加工纸品55.1万吨。

全市形成了以荆州拍马林浆纸科技产业园、石首杨树科技产业园、监利林工一体化科技产业园等现代林业科技产业园区为平台，以吉象国家级农业产业化龙头企业为领军，以福江、万树省级产业化龙头企业为骨干，以海富家具等15家企业为后续、以丽森、航森木业等企业为补充的林产品加工格局。产品包括刨花板、木芯板、中密度纤维板、多层板、复合地板等。全市拥有中国驰名商标3个。纤维板年加工设计产能突破130万立方米。全市林下经济发展已基本形成了桑蚕、桃树、林粮、林畜、林药等间作套养的林下经济体系。全市林下经济从业人员达5.8万人，林下经济效益突破3亿元。全市花卉苗木产业发展已发展绿化苗木面积达1万公顷，可实现产值20亿元。沙市海富家具在办公家具优势基础上将产品链向红木家具延伸。公安县大力发展木塑地板、实木门和建筑模板产业。洪湖市湖北新天地农林集团投资1.2亿元，扩大生产规模，木质套装门达到年产50万套的生产能力。监利福江集团发展生态板项目。全市新增拍马纸业国家林业重点龙头企业一家；新增湖北旺膳生态科技有限公司、湖北新启元农林科技有限公司、湖北源传林木科技发展有限公司省级林业重点龙头企业3家；2015年9月份组织福江集团有限公司、湖北万顺木业有限公司、湖北吉象人造林制品有限公司、湖北万树木业有限公司、湖北新天地农林集团有限公司等5家有效期满的省级龙头企业开展重新申报认定工作，同时组织湖北天乐新材料有限公司、湖北好景姿园林工程有限公司、湖北润景园林绿化有限公司3家企业积极申报省级龙头企业。参加了在长春举办第二届中国森林食品交易博览会，湖北旺膳生态科技有限公司产品参展，旺膳牌产品获博览会金奖。成功举办2015湖北·荆州花木苗木交易会暨创建省级森林城市宣传活动启动仪式。参展客户260多家，参会人员1500余人。

【石首杨树科技产业园】 2015年，石首杨树科技产业园建设实现总投资额10.25亿元，年销售额8.21亿元。园区通过多年的引进、培育和推广杨树新品种，研究总结杨树工业原料林高效栽培模式、病虫害综合防治及杨树加工利用等配套技术，现已基本完成了七大基地建设任务，已发展成为长江流域杨树研究中心和新技术推广基地。其中营建了全省最大的杨树种质资源库与持续育种基地16.67公顷，开展了杨树杂交育种与种质资源评价分析，自主培育了楚林2号、华石1号、华石2号等3个杨树新品种。建立了长江流域科研试验基地，为中国林科院、南京林业大学、华中农业大学等科研单位开展杨树试验提供了良好的基础条件。杨树标准化栽培示范已形成规范，先后获得省技术监督局颁发的技术标准达5项。杨树繁育基地已成为国家级杨树良种基地，每年为社会提供造林苗木达200多万株。杨树深加工示范已涵盖中纤板、细木工板、装饰材料、家具等。园区已成为大众的科教基地，面向广大林农和为企业开展技术服务。

【拍马纸业集团】 2015年，拍马纸业集团全年共完成纸品产量35万吨，彩印包装10000万平方米，防水材料150万卷，化工产品3万吨，农产品深加工8万吨，塑料编织袋5000万条。全集团及带管的农村实现工农业总产76.9亿元，销售收入66亿元，上缴国家税7000万元，所在管的村民人均纯收入达到2万元。“十二五”期末，先后引进湖北中烟国企、浙江美欣达、上海绿新两家上市公司，江苏连云港烟标材料的印刷公司、汕头依明机械公司、荆州成龙实业等10余家企业及自然人吴江先生等到集团投资，一批项目落地并开工建设。年产20万吨烟卡项目，建设地点在江陵县沿江产业园，总投资8.5亿元，福鹏思年产4万吨造纸助剂项目，总投资2亿元，天源生物药业、宝力食品2个项目，总投资1.2亿元，2015年底以前已建成投产，可实现产值3.5亿元，利税5000万元。集团投资10.5亿元，在开发区建设2个项目。2015年开工项目2个，一是学堂洲工业园拍马滨江林业林产品加工项目，总投资1.4亿元，占地6.73公顷，建设内容为150万立方米林产品加工，包括集成材30万立方米、实木地板80万立方米、实木门窗22万扇、仿古家具10万套，项目建成后年销售收入可达3亿元，年实现税收2000万元，解决就业200人。临港工业园宇兴纸品项目，总投资6亿元，占地17.33公顷，建设内容为年产1.5亿件彩盒、彩箱，1.25亿平方米瓦楞纸箱，各种包装器材、耗材等，项目建成后可实现年产值7亿元，年实现税收3000万元，解决就业1000人。

【荆州市万树木业有限公司】 2015年，荆州市万树木业有限公司生产中高密度纤维板产销量15.5万立方米，强化木地板产销量445万平方米，产值7.8亿元。公司现有资产总额5.4亿元，拥有林权证速生丰产林2.47万公顷，合作造林3.33公顷的林业基地；年产15万立方米的中、高密度纤维板生产线；年生产400万平方米强化木地板生产线。公司生产的“万树牌”高密度纤维板被评为湖北省名牌产品，连续多年被银行评定并授予企业“AA+”级信用等级单位，是湖北省林业产业化和农业产业化重点龙头企业，国家认定的资源综合利用企业。公司生产的“万树牌”中密度纤维板2015年再度评为“湖北省名牌产品”，获评“国家免检产品”称号，在义乌林博会获评“产品优质奖”，在首届中国·武汉绿色产品交易会获评“绿色产品金奖”。已申报“中国驰名商标”。以收购、合作造林等形式，在荆门、钟祥、京山、随州、五峰、南漳、枣阳等县、市，丘陵荒山、荒坡地域，低产林造林改造1.13万公顷；实行“基地+农户+龙头企业”相结合的产业化格局，致力于速生丰产林基地植树造林，使生态效益、社会效益、企业效益得到共同提升；公司已累计投入3.5亿元，带动基地农户数16500余户，农民18300多人，年人均增加收入12800元。

【福江集团有限公司】 2015年，完成细木工板、胶合板、纤维板总计8万立方米的销售，销售收入1.6亿元，销售利润率3.8%，利润总额608万元、上缴税金640万元。安置就业人员520人，带动农户4000户，每年为农民创收800万元。该公司注册资本5200万元，资产总额3.09亿元，固定资产1.4亿元。福江集团有限公司是集造林、木材加工、人造板生产、农产品种植、房地产开发、进出口贸易、境外投资、商业连锁等于一体的企业集团，核心林产品的加工能力为45万立方米，其中细木工板20万立方米、胶合板10万立方米、中纤板15万立方米。“福江”是湖北省老牌著名商标，2014年元月被国家工商总局认定为“中国驰名商标”。核心产品“福江”牌细木工板2007年被国家质检总局授予“中国名牌产品”称号，并荣获首届中国国际林业博览会金奖。2013年被认定为“湖北省高新技术企业”。企业长期坚持“质量第一，以质量求生存，以信誉求发展”的质量方针，率先在同行业中通过ISO9001质量体系认证、ISO14000环境管理体系认证、ISO18000职业健康安全管理体系认证、中国环境标志产品认证和采用国际标准产品标志认证。企业多次被授予“重合同守信用企业”称号，被评为“国家林业企业标准化示范企业”。顺利通过目前国际最高标准的美国加州环保认证(CARB)。该公司生产的生态防火板具有物理性能优良、制造成本低、简化了工艺流程等特点，通过胶品种改良达到甲醛释放为零。公司2015年投资3177万元，新建年产5万立方米生态防火板项目。公司新增原材料基地200公顷，基地规模达到1600公顷。公司采取“公司+基地+农户”的模式，带动农户总数达到4000户，其中合同制带动农户数3000户，合作制带动农户数1000户。

【潜江市林业产业】 2015年，全市林业产业以湖北巨江实业、乐水林纸为主的杨木加工业、以滕头园林、先林苗木为龙头的花木种苗业、以禄秀绿头野鸭养殖、白鹭湖黑斑蛙养殖为主的野生动物繁育利用业、以满园果公司为主的果树种植业五大林业产业板块，推动林业产业有序发展。全年申报中央贴息资金有200万元，竞争性补贴资金20万元。全市原有龙头企业9家。2015年，向省林业厅申报龙头企业4家。申报成功后全市龙头企业达到12家。招商引资工作组建完成了山东潜江分会。到全友、好迪、巨江等一些外资企业开展调研座谈20次以上，为企业解决问题4个。华中家具园园区全年共推进项目建设27个，完成招商引资到位资金20亿元。园区18家规模以上招商工业企业实现总产值22.8亿元，比2014年增长13.4%。完成工业增加值6.49亿元，比2014年增长12.11%。成功引进香河集团入驻园区，招商引资协议资金达到146.2亿元。组建成立潜江总商会山东分会。引入了133.33公顷古紫薇文化产业园花海项目。

【湖北现代林业华中家具产业园】 2015年，全年共推进项目建设27个，完成招商引资到位资金20亿元。园区18家规模以上招商工业企业实现总产值22.8亿元，同比增长13.4%。完成工业增加值6.49亿元，同比去年增长12.11%。成功引进香河集团入驻园区，招商引资协议资金达到146.2亿元。园区产业相关联的大型企业北京香河集团、上海复星集团等对接洽谈，2015年5月16日签约入驻华中家具产业园，签约投资达120亿元。全年已入园的家具制造企业有38家。已正式投产工业企业21家，其中金天拓、嘉添、灵芝、好迪、谦华、栋梁、鑫雅、全友、万腾、春晓、汉田、合泰利、家美、红丽、汉淇、虎腾、尚源、翰海18家为规模以上企业；已完成主体工程建设企业有展东、五极、天格、艺享忆家、鸿路行钢5家，在建企业有迪度、旺涵、大匠、灿辰、乐森、乐爱、邱氏建材、强卓木业等8家；正在做施工准备企业中森木业、帅德家具、尊派家具、格斐家具4家。签约项目11个，签约总投资146.2亿元；龙虾节签约项目6个，签约投资134.2亿元。即湖北华伽投资400公顷开发建设项目、湖北邱氏节能石墨塑板生产线项目、北京吉星德亿综合卖场建设项目、北京富世杰家具生产项目、爱依瑞斯(华中)家具卖场项目、潜江金松纱业扩规10万锭项目。

【天门市森工科技产业园】 2015年，天门市森工科技产业园整个产业园规划面积600公顷，投资总额16.9亿元。其中涉林企业完成投资额23100万元，年销售额42800万元，年利税1311万元。主要产品有中高密度板、家私、树莓系列产品、木工板材等。园区重新区划分为工业园和高新园两个区间，工业园主要以生产板材为主，高新园以生产家具、森林食品为主。高新工业园新引进一条树莓系列产品生产线，以生产树莓原浆和树莓茶叶为主。

【孝感市林业产业】 2015年，全市林业产业工作累计建设产业基地0.58万公顷，全市林业产业化龙头企业达到27家，完成林业产业总产值233.6亿元，较2014年增长62.2%，其中：第一产业92亿元，第二产业130.2亿元，第三产业11.4亿元。全市已形成了5.3万公顷速生丰产用材林、10万公顷高效特色经济林、2万公顷花卉苗木的林特基地板块，2015年产值92亿元。林业生态建设：国家级林业产业化企业2家，2015年新增1家、省级林业产业化企业25家，2015年新增3家。全市林业第二产业总产值130.2亿元。其中：康欣公司2015年实现营业收入10.31亿元，净利润2.69亿元，上缴税收9354万元。全市现有国家级森林公园2个，省级森林公园1个，国家级湿地公园试点5个。2015年，全市加大双峰山国家森林公园、安陆古银杏森林公园、观音湖风景区、朱湖湿地公园、府河湿地公园、老鹳湖湿地公园等景区的基础设施、景点建设力度，推进金卉庄园、天紫湖、红叶山庄等都市休闲观光型农庄发展，打造孝南杨店、安陆烟店、大悟四姑等一批以桃花、银杏、红叶为特色的乡镇生态旅游景点，2015全市全年吸引生态观光游游客近90万人次。全市林业第三产业产值达到11.4亿元。

【康欣新材料股份有限公司】 2015年，公司总资产达到36.62亿元，实现营业收入10.31亿元，净利润2.69亿元，上缴税收9354万元。2015年9月23日，经中国证监会上市公司并购重组审核委员会召开的2015年第81次工作会议审核，公司重大资产置换及发行股份购买资产并募集配套资金暨关联交易的重大资产重组事项获得无条件通过，公司至此步入资本市场，进入了发展快车道。公司已有的大量山林竹资源的条件，开展对竹木复合定向结构板的研发工作，继续开展竹束在集装箱底板中的应用研发。组织开展纤维增强材料在集装箱底板中的研发和技术攻关工作。进一步深化研究全杨木集装箱底板和层积材的开发工作。并大胆探索橡木和全杨木木束制造新型集装箱底板的可行性、工艺、试制方案等新思路。

通过三年的试点运行，顺利通过考核，获批湖北省科技厅第四批创新型企业。公司研发的《集装箱底板用定向结构板》获国家发明专利(专利号ZL2012101909455)；完成了1项发明专利和1项实用新型专利的申报工作。2015年积极申报并被授予：湖北省林业产业化省级重点龙头企业、中国林业产业联合会企业信用等级评价、湖北省文明诚信示范企业、中国林业产业诚信企业功勋人物、中国林业产业诚信企业领军人物、2015年国家林业重点龙头企业和2014年认定的首批国家林业重点龙头企业监测、2015年度(第二届)湖北省文明诚信示范企业等荣誉。2015年4月，公司COSB生产线批量生产，实现了劳动密集型向智能化生产转型。成为了一家集育苗、造林、木材深加工林板一体化的大型农业、林业产业化龙头企业。

【云梦生态观光科技产业园】 2015年，已经有湖北益嘉林业发展公司、湖北富苑科技有限公司、云梦天成实业有限公司、湖北楚盛堂红木家具有限公司、云梦县鹦鹉养殖场等31家企业进驻林业科技产业园区，逐步形成了木制品加工销售、花卉苗木生产、休闲采摘观光、蜂产品加工、观赏鸟养殖、商贸物流产业园六大林业产业集群，实现年销售收入30多亿元，利税1亿多元。一是木制品加工销售产业群：已形成成熟木制品加工产业链，有板材制作加工、家具制造、木地板生产及包装等一系列项目。其中，湖北益嘉林业发展有限公司是目前县招商引进的重点林业项目，占地面积33.3公顷，公司注册资金8000万元，5年总投资10亿元。第一期投资5.2亿元，引进德国技术和工艺流程，建设生产线三条：15万立方米多层压机中高密度板生产线一条，15万立方米连续压机高密度板生产线一条和年产6万吨木材胶黏剂生产线一条，生产中高密度纤维板、木地板、胶合板、饰面板等产品，实现年销售收入10亿元，利税1.2亿元；湖北郎时实业有限公司占地面积10公顷，总投资1.5亿元。2015年销售收入1.1亿元，创利税3800万元。同时，解决了600人的就业问题；益嘉森工产业园项目是围绕益嘉林业打造的强化木地板生产基地，实现年创产值100亿元以上，创利税7亿元，建成华中地区规模最大的强化木地板生产基地，打造华中地区销量最大，产业最集中的森工产业园区。8家企业已入住开工建设。其中一家企业2栋厂房建成，两条复合地板生产线投入试生产，一家企业办公楼已封顶，还有6家企业已相继开工建设；湖北楚盛堂红木家具有限公司是一家专业从事明清古典家具开发、设计、生产、销售、服务于一体的综合型生产企业，注册资金1000万元，资产总额6000万元，2015年利税总额520万元。年销售额在5700万元。二是花卉苗木生产销售产业群。已形成规模发展的大型苗木花卉企业有湖北富苑科技有限公司、湖北景盛银杏有限公司、云梦华益商贸有限公司等几家。湖北富苑科技有限公司是一家集苗木花卉生产销售、园林工程设计施工、苗木花卉租摆管护、竹木工艺产品制作于一体的湖北省林业产业化重点龙头企业。公司有生产基地8处，占地72公顷，苗木花卉品种200多个，盆景古桩3000盆(株)，年产时令花卉80多万盆，年创产值3000多万元，利税1000多万元。发挥龙头企业的带动作用，以“企业+基地+农户+协会”的发展模式，苗木种植户80多家，从业人员1000多人；湖北盛景银杏有限公司成立于2015年，由深圳摩根盛通集团董事长李厚德投资建设。公司投资3000余万元，在云梦县曾店镇建设盛景银杏基地66.67公顷，并将投资5000万元在清明河乡官渡村建设精品花卉苗木基地100公顷。云梦华益商贸有限公司，是一家以茶叶加工分包及批发、零售为主导产业企业。总投资3000万元，固定资产500万元，年产值4000万元，创税100余万元。三是休闲采摘观光产业群：在各乡镇都已形成了相当规模的采摘种植园，种植品种繁多，包括草莓、樱桃、桃李、苹果、梨子、葡萄、蹄子、西瓜、冬枣，各类有机蔬菜等，其中，十月有机农场、余楼冬枣基地、云霓生态葡萄采摘园、土桥生态采摘园、新河农庄等几家都是具有代表性的大规模休闲采摘基地。四是蜂产品加工产业群：云梦县天成实业有限公司是一家集环保绿化与生产加工蜂产品于一体化的绿色企业。2015年年底出口蜂蜜1.15万吨，创汇1050万美元。同时公司投资3000万元，购回名贵古树、盆景、根雕、奇石四大品种和1000盆4大系列精典盆景从事园林绿化，发展新的经济增长点；云梦县神葫公司拥有制片机、冷冻机、粉碎机等各类机械8台套。主要生产王浆冷干锭、超级花粉锭、王胎锭等蜜蜂锭剂产品，同时，实行“企业+基地+农户”的经营模式，培育蜂产品龙头企业，以拉动原料需求，带动蜂农脱贫致富，带动本地养蜂户600户，外地400户，实现年产值过亿元。五是观赏鸟养殖产业群：由左腊详创办的云梦县鹦鹉养殖场，年饲养虎皮、云斑、日本黄、蘑菇头、斑纹5个品种的鹦鹉2万余对，繁殖销售商品鹦鹉近20万对，为全国最大个体养鹦鹉户。全县养鸟经销户恢复到220多户，年饲养种鸟5万对，商品鸟购销量50万对，创收1000多万元。六是商贸物流产业群：打造了云梦县白云现代家具物流广场项目，该项目总投资2亿元。

【黄冈市林业产业】 2015年，全市实现林业总产值136.87亿元，增长26.64%，其中第一产业61.78亿元，第二产业22.26亿元，第三产业52.83亿元。第一产业，向社会提供木材11.50万立方米、毛竹286万根、水果105255吨、干果112360吨、森林食品14692吨、木本油料38104吨、木本药材7848吨、林产工业原料9754吨。第二产业，林产工业产品：生产锯材62857立方米，人造板278729立方米，其中胶合板51284立方米、纤维板220000立方米、刨花板6425立方米、细木工板1020立方米、实木(复合)木竹地板202万平方米；在林产化学品中，松香类产品1410吨。第三产业，森林旅游接待游客972万人次，旅游收入50.1亿元，带动相关产业产值119亿元。初步形成一定的林业特色规模产业，生产产品涵盖了锯材、人造板、林产化学产品、森林食品、木本粮油、生物质能源等类别。2015年新增省级重点龙头企业5家，分别为湖北大别山药业有限公司、湖北省罗田县大自然生物科技有限公司、湖北品上家居有限公司、湖北紫玉蓝莓科技有限公司、湖北同创林业开发有限公司。2015年重新认定6家，分别为红安县老君眉茶场、湖北福凯木业有限公司、湖北中林木业有限公司、湖北四季春茶油股份有限公司、湖北绿润食品有限公司、湖北山天林产品开发有限公司。全市现有国家级和省级林业产业化龙头企业19家，生产经营状况良好。全市发掘森林旅游资源，积极打造“四季独特景观”，为生态游注入特色元素。一是“春花”，杜鹃花、杏花、山茶花等。龟峰山杜鹃花以群落面积最大而载入吉尼斯世界纪录，堪称华中地区旅游景点中的经典；麻城杏花，位于歧亭镇辖区内。五脑山山茶花，现已建成茶花观赏园近万亩，收集引进茶花品种500余个，制作茶花盆景1000余盆，培育茶花苗木20余万株，是华中地区规模最大、品种最多、观赏价值最高的茶花观赏园。二是“夏凉”，以罗田天堂寨、英山桃花冲漂流等著名景区为核心打造大别山特色避暑胜地。

【蕲春低碳经济产业园】 2015年，实现年总产值5.22亿元，年利税3463.2万元。入园企业：湖北燕加隆木制品有限公司拥有的“一拍即合”锁扣技术是全球三大核心的专利技术之一。燕加隆木制品有限公司分别被国家林业局、湖北省林业厅授予为国家级和省级林业产业化龙头企业，也是中国农业部授予的国家级农业产业化龙头企业。湖北山天林产品开发有限公司。其是集种植、养殖、加工及贸易于一身的综合性集约化开发公司，2015年被评为中国最佳绿色典范企业，公司注册资金9088万元。公司已与申万宏源证券公司签订新三板挂牌协议，准备挂牌新三板的各项工作。公司木材加工厂已投入近1000万元，新建实木指接板生产线一条，购置各种机械设备50余台套；固定资产达1600余万元，木材加工企业预计年用材量3万余吨，公司统购统销3万立方米原木，年创纯利1500万元。

【罗田绿色科技产业园】 2015年，实现产值110306万元，年利税6299.3万元，年出口额1482.9万元，从业人员达到5200多人。该园开展板栗、甜柿、金银花、茯苓等系列森林食品、饮品、保健品以及板业、家具等产品的科技研发、精深加工和生产销售。产业园区已初具规模，园区的用地规划设计、三通一平、绿地绿化等基础设施建设已初步完成。2015年，产业园区招商湖北秋硕食品有限公司入驻，项目投资4800万元，进行板栗深加工生产经营，设计年生产加工板栗罐头1600吨、板栗饮料2400吨及风味炒栗2000吨3条生产线。湖北绿润食品有限公司新增建设容量1万吨的冷冻仓库、车间升级改造进口板栗剥壳生产线和1万吨板栗精深加工生产线项目已于2015年年底开工，项目总投资3390万元，建设期限为9个月，实现销售收入7997.88万元，年净利润787.52万元。已有罗田绿润食品有限公司、罗田大自然生物科技有限公司、湖北大别山药业有限公司、罗田食为天食品有限公司4家企业被评为湖北省林业产业化省级龙头企业。

【巴东县林业产业】 2015年，全县大力发展核桃和银杏产业，为湖北水布垭酒业有限公司和湖北西谷核桃有限公司等落实产业发展基金120万元。申报州级龙头企业2家，省级龙头企业1家，期满重新认定省级龙头企业2家，积极促成了湖北水布垭酒业有限公司与北京牛栏山酒厂的合作。用近3个月时间完成林业统计调查试点工作。抽取野三关镇竹园淌村和黄连坪两个村作为此次统计调查试点。根据两个村的调查结果，两个村林业总产值为233.34万元，其人均林业年收入1628元。林业产值可增加5亿多元。

（湖北省林业厅　彭锦云）

湖南省林业产业

【概　述】 2015 年，全省森林覆盖率达 59.57%，森林蓄积量达 5.05 亿立方米，全省林业产业突出结构调整和转型升级，继续保持良好发展态势。2015 年，全省林业产业总产值达 3225 亿元，较 2014 年增长 15.22%。其中一产业产值 1089 亿元，较 2014 年增长 14.18%；二产业产值 1169 亿元，较 2014 年增长 11.69%；三产业 967 亿元，较 2014 年增长 21.09%，一、二、三产业结构比为 33.8∶36.3∶29.9。二产业增速趋缓，三产业比重持续提高。从市州总产值来看，永州市跃居第一，长沙市第二，邵阳市第三。

结构调整促升级　一是木浆造纸、人造板等传统产业，由于产能萎缩，倒逼其转型升级。细木工板整体向环保型、功能型、装饰型方向发展；家具产业往高端化、实木化、品牌化及定制方向发展，全年产值近 300 亿元；二是优势产业继续保持优势。油茶产业共完成新造油茶林 3.75 万公顷、低改 7.05 万公顷、新造油茶幼林抚育 10 万公顷。全年竹产业产值达 265 亿元。苗木花卉产业，突出科技创新和标准化，培育出湘潭盘龙大观园等一批知名品牌。三是林下经济等新兴产业势头强劲，全省林下经济产值 399.5 亿元，比 2014 年增长 29.5%。生态旅游与森林康养、休闲产业实现收入 644.75 亿元，直接带动其他产业产值 1754.22 亿元。

项目建设增动力　积极与发改委、财政、扶贫等部门沟通协调，共投入油茶、楠竹、林下经济、林产工业、花卉等产业专项扶持资金 5.08 亿元，其中中央资金 2.2 亿元、地方资金 2.88 亿元，重点支持林业产业基地建设、试点示范、技术升级、品牌培育等方面，为产业发展添加了新的动力。

园区发展促转型　争取省财政对林业特色产业园项目的支持，新认定了 32 个林业特色产业园；加强对已认定的 18 个林业综合产业园和 16 个林业特色产业园建设的督导。目前，林业产业园建设已取得阶段性的成果。

服务企业优环境　深入开展企业服务年活动，努力为企业发展创造优质环境。推荐“银山竹业”等 11 家企业申报第二批国家林业重点龙头企业，已获批 7 家。推荐“湖南佰诺酒业”等 68 家企业申报“国家森林生态产品生产基地和供应商”；对省级龙头企业开展运行态势监测，及时掌握产业动态，主动帮助企业解决问题。为企业搭建投融资平台，争取林业企业贷款贴息项目 60 个，吸引工商资本 79 亿元投资林业。

保障品质树形象　下发了 2015 年全省林产品质量监测任务 365 批次，全面完成了抽样、检测和公示，保障了林产品质量安全；支持企业培育品牌，新增“贵太太”等中国驰名商标 4 件、新增和重新认定湖南省著名商标 77 件、湖南名牌产品 18 件。开展全省“板业十强”“竹产业十强”企业评选，提高企业的品牌和精品意识。

展会活动添后劲　组织企业参展了“长春森交会”“义乌林博会”“北京油博会”“湘商大会”和“第三届中国绿化博览会”等展会，推介了湖南林产品，提高了湖南林产品的知名度。特别是在益阳举办的第三届湖南家具博览会，吸引了 20 个省份 400 多个家具品牌参展，开展了一系列有层次、有影响的经贸学术活动，现场销售和签约 15 亿元，展位面积、参展企业、观展人次均为历届之最，得到了国家林业局、省政府领导和社会各界的高度评价，对做大做强湖南家具产业及林业产业都具有重大的推动作用。

【产业新政】 2015 年，湖南省财政厅、湖南省林业厅联合制订了《湖南省林业产业建设专项资金管理办法》(湘财农〔2015〕42 号)，为规范和加强湖南省林业产业建设专项资金管理，提高资金使用效益提供了制度保证。

湖南省农村信用社联合社、湖南省林业厅联合印发了《湖南省林权抵押贷款管理办法》(湘信联发〔2015〕31号),真正让林农、林业企业享受到林权制度改革带来的实惠,2015年,40多家林业企业通过林权抵押实现担保贷款3.46亿元。

湖南省财政厅、湖南省林业厅联合印发了《湖南省森林培育与资源保护专项资金管理办法》(湘财农〔2015〕43号),由省级财政预算安排,遵循公开、公平、公正和统筹兼顾、突出重点、讲求效益的原则,专项用于支持湖南省森林培育与资源保护的资金。

2015年,湖南省林业厅下发了《关于开展木竹经营加工许可证换证及其年度报告登记工作的通知》(湘林政〔2015〕1号),改木竹经营加工许可证年审制度为年度报告制度,在简化程序,为企业松绑的同时,把监管的重心从事前移到了事中事后,进一步规范经营加工行为,促进资源合理有序利用。"十二五"期末,全省共有木竹经营加工单位12443家(其中经营6628家,加工5815家),与"十一五"期末的17696家(经营8892家,加工8804家)相比,总数减少5253家(经营减少2264家,加工减少2989家)。通过开展木竹经营加工市场清理整顿行动,全省共处罚违规单位8108家(其中经营单位3670家,加工单位4438家),为国家挽回经济损失9800万元。

【油茶产业】 2015年,省政府出台了《关于进一步推动油茶产业发展的意见》(湘政办发〔2015〕14号),全省共投入油茶造林资金15.68亿元,全省完成新造油茶林56.4万亩,完成油茶低产林垦复改造104.2万亩,完成新造油茶幼林抚育150万亩,全省油茶林总面积达到2068.1万亩,茶油总产量达22万吨,产值达230亿元,实现了油茶产量产值双增长。社会资本和市场已成为油茶产业发展的核心驱动力,在2015年的"长春森交会""北京油博会"会上,湖南省油茶企业与战略投资商签约达20亿元。充分利用"国家油茶工程技术研究中心"等科技创新平台和人才团队,促进油茶育种、组织培养、分子技术、测土配方施肥、加工工艺、产品研发等领域现代技术不断创新和应用,推出了一批高产高抗优质的油茶优良品种,并形成了配套的良种繁育和栽培管理技术体系,油茶亩产油量达到30~50千克,亩产值突破了3000元,经济效益显著提升。组织开展了创建"国家油茶产业示范园"建设工作。经过积极争取和创建工作,2015年3月,国家林业局批准授予湖南邵阳县油茶产业园为"国家油茶产业示范园",成为国家林业局批准的第一个国家级油茶产业示范园。油茶加工利用产业链和茶油市场逐步完善,全省有油茶企业300多家,年加工设计能力达50多万吨,其中年产1000吨以上的茶油企业35家,培育出了林之神、大三湘、红星盛康、康奕达、神农、山润、大自然、中联天地等油茶龙头企业和知名茶油品牌。充分利用现有《油茶栽培技术规程》等地方标准规程加强了油茶科技推广与培训,推广科技特派员模式,实施了油茶科技进村入户工程。湖南省林业厅先后出台了《湖南省油茶采穗圃管理办法》《湖南省油茶苗木质量管理办法》等一系列管理制度,同时将油茶种苗生产和苗木质量检查结果分别作为全省绩效考核和省人民政府与市州人民政府"湘林杯"目标考核内容,并通过"油茶管理质量年"等专项行动,有效打击了制售假劣种苗行为,压缩非定点育苗空间,确保油茶产业健康发展。出版《油茶》杂志,为全省油茶产业发展搭建了技术、文化、宣传平台。

【楠竹产业】 2015年,竹材产量为6398.58万根,比2014年增加7.67%。其中,毛竹5564.83万根、其他833.75万根,分别占竹材产量的86.97%和13.03%。村及村以下各级组织和农民个人生产的大径竹为3288.24万根,占51.39%。全省竹产业产值达265亿元。

【花卉产业】 2015年,湖南省花卉种植面积为81917.59公顷,同比增长6.82%,年销售额510101.20万元,同比增长2.47%。在10项花卉类型中,观赏苗木、食用与药用花卉、盆栽植物和草坪占据全省花卉产业主体位置,4项种植面积和年销售额占到全省总量的96.04%和91.66%。观赏苗木种植面积达到36437.7公顷,销售额147187.84万元;食用与药用花卉种植面积34634公顷,销售额235620.89万元;盆栽植物种植面积

5125.3公顷，销售额71973.99万元；草坪种植面积2475.5公顷，销售额12767.27万元。全省现有花卉市场273个，花卉企业1710家。

【生态旅游】 一是积极申报建立森林公园。2015年组织完成嘉禾、北罗霄等4个拟设立国家级森林公园和临武通天山、荷塘婆仙岭、湘潭昭山等5个拟设立省级森林公园相关材料审查、专家评审。二是加强生态文化建设。策划和筹备2015湖南省森林公园杜鹃花生态文化节系列活动，进一步彰显森林公园在生态文明建设中的重大作用。三是与中南林业科技大学共同开展"湖南省城郊型森林公园建设模式研究"，着力推进城郊型森林公园建设与发展。四是大力宣传促销。积极筹备参加了2015中国森林旅游节，全面展示湖南森林旅游资源，配合旅游节制作了宣传光碟和《潇湘绿韵》会刊，取得了良好的宣传效果。

【林下经济】《国务院办公厅关于加快林下经济发展的意见》下发后，全省以此为契机，进一步加大了推进力度。湖南省人民政府出台了《关于加快林下经济发展的实施意见》，全省50多个市、县政府也出台了林下经济政策文件，编制了发展规划，明确了扶持资金。3年来中央和省财政共安排林下经济扶持资金5000万元。在省财政的引领下，全省市、县财政及林业主管部门扶持林下经济资金约5000万元。省林业厅确定了20个省级林下经济发展重点县，依托省林科院等3家单位技术力量成立了湖南林下经济科研示范中心。全省共创建国家林下经济示范基地10个、省级特色林下经济产业园5个、省级林下经济示范基地116个、省级林下经济科研示范基地4个。2015年全省林下经济产值399.5亿元，比2014年增长29.5%。

林业合作组织建设 全省创建全国农民林业专业合作社示范县11个、国家农民林业合作社示范社21个、省级农民林业合作社示范社200个；全省新增农民林业合作社4138家，是2010年底林业合作社总数956家的4.3倍。截至2015年年底，全省已成立林业专业合作社、股份合作林场、林业行业协会等各类林业合作组织12361个，经营林地面积3851万亩，占集体林地的21.4%，加入合作组织的农户196.35万户，占林农总户数的15.3%。其中，农民林业合作社5094个，入社农户127.07万户，经营林地1688.29万亩，占集体林地的9.4%。

【野生动植物产业开发】 目前，湖南省野生动物驯养繁殖有序发展，从事驯养繁殖的单位(个人)有1400余家，年产值达10亿元，驯养繁殖的种类主要有虎、梅花鹿、豪猪、黑斑蛙、竹鼠、蓝孔雀、果子狸、野猪、棘胸蛙、雉鸡、蛇类等。其中，豪猪的人工种群数量为全国第一；黑斑蛙的驯养繁殖有了突破性发展，养殖场约300家，年产量约500吨；蛇类养殖单位约350家，年销售约100万条蛇。单独办理经营许可证的经营单位有500家左右，主要以餐饮酒店为主，这样解决了经营单位的合法性问题，也为驯养繁殖的单位提供了销售市场，促进了全省驯养繁殖产业的发展。野生植物培育单位1000余家，年产值50多亿元，培育的植物有红豆杉、樟树、罗汉松等。

【生物防治产业化】 一是科研工作有新突破。2015年，省天敌昆虫繁育中心研发团队在昆虫通用型人工饲料研究方面取得了关键性突破，为开创马尾松毛虫、甜菜夜蛾、小菜蛾、烟青虫等6种昆虫病毒的工厂化生产提供了技术支撑；突破了瓢虫人工室内饲养国际性技术难题，为瓢虫大面积应用提供了保证。同时在赤眼蜂自动包装机、捕食螨、生物导弹等多项创新技术研究方面都取得了喜人的成绩。二是生产推广不断扩大。2015年，天敌昆虫生产数量不断增加。全年共生产赤眼蜂52.7亿头、花绒寄甲成虫127万头、卵2.8亿粒，肿腿蜂100万头，瓢虫3万头，产量创历史新高。天敌产品不但满足了省内需求，还推广到安徽、四川、江苏、江西、湖北等省份，产生经济效益200余万元。在生产的同时，做好示范工作。继续实施《张家界松褐天牛生物防治工程》，12月8日，《工程》顺利通过了验收。启动了靖县太阳坪村复合生态系统绿色防控项目，为生物防治技术的大面积应用进行推广示范。三是做好宣传与展示。一年来，中心开展了12场共414人次中小学生昆虫知识科普活动，培养了中小学生对自然、对昆虫的兴趣和爱好。

【产业富民】 发展多元化的林业产业成为扶贫开发、富民强省的重要举措。张家界市相继建立天门山、天平山、峰峦溪国家森林公园和江垭省级森林公园，大力发展以森林为依托的旅游、度假、休闲。2015年全年张家界市境内旅游人次超过5075万人次，实现旅游收入340.7亿元，其中森林旅游收入283.2亿元，占全市旅游总收入的83.1%，仅森林旅游就为全市人均增收16542元。常德市政府大力扶持林下经济发展，通过培育典型、农企合作、模式创新和辐射带动，实现了“山上种树—树下养畜禽—畜禽粪肥地—林地栽树”立体、多元化林业循环经济发展模式，涌现了“鼎城区长茅岭乡古城村养殖大户的油茶山养鸡、黑山羊”“石门县月岭君山金银花专业合作社的金银花种植”等一批林下经济发展的典型。2015年，常德市林下种植面积为65万亩，年产值近15亿元，林下养殖面积为30万亩，年产值10亿元，林下旅游休闲、森林人家、农家乐涉及林地面积80万亩，年产值3亿元，初步实现了增加林业附加值、促进林农增收和巩固生态成果三赢的效果。

【产业科技推广】 2015年，推进省带市县协同创新机制，实施研究项目82项，其中省林业科技创新专项52项、争取部省级项目30项，经费5000多万元。全年通过国家和省级重点项目验收13项、现场查定7项、中期评估5项；获得成果17项、专利100余件、新品种授权4件，70%以上成果是由科研单位和企业协同完成，具有良好的应用前景；11项成果获部省级奖。举行了湖南林业科技成果登录“中部林权交易平台”启动暨科技成果转让签约仪式。全省林业科技成果、专利、植物新品种等40余项正式登录中部林权交易平台，省林科院、植物园分别与“中部林权”签订战略合作协议，湖南风河竹木科技股份有限公司、桃源县桃花源跃宇竹业有限责任公司、湖南林盛科技有限公司3家企业分别与省林科院、省植物园签订了相关成果转让协议，开启了科技成果转化新渠道。

“油料能源植物高效转化国家地方联合工程实验室”获国家发改委批复建设；国家油茶工程技术研究中心顺利通过验收；2个生态站晋升国家林业局站；紧跟森林认证发展形势，成立2个森林认证研究中心，1个认证分中心。

惠民科技工程 一是狠抓林地测土配方工作。开展了11个树种测土配方定量施肥技术研究及配套专家咨询子系统研发，其中“油茶测土配方施肥与应用技术”通过成果评价，水平达国际先进，有效地推动了林业测土配方精准施肥；全年维护核查系统数据2亿个，调动全省技术力量修正系统数据1064万个，修正率达90%以上，建设测试站4个、示范区236个。二是狠抓百千万科技工程。落实省政府“百片千园万名”科技兴农工程，扎实推进“院县科技共建”对接，建立油茶、杉松、杨树、竹、蓝莓、林药、花卉、锥栗、林菌、珍贵树种产业等首批10个“院县科技共建专家团队”，筛选了20多项实用技术，对应14个县开展院县科技共建。完成了万名专家库林业专家库的建设，收录专家3618名。

【林业产业园区】 一是开展了湖南现代林业综合产业园、湖南现代林业特色产业园、省林业厅批复筹建省级林业产业园三类产业园区的综合调查摸底工作，深入指导和督查园区建设。二是落实省政府两个“百千万”工程，经与省政府办公厅、财政厅、农业厅多次沟通、协调，2015年争取省政府确定支持建设现代林业特色产业园省级示范园32个，下达财政及省厅配套项目资金3200万元。三是配合省政府对湖南现代林业特色产业园进行了专项督查。采取自查与实地督查相结合，听汇报、召开座谈会、现场察看、问卷调查等方式全面督查了园区工作进度。

【邵阳县油茶产业】 2015年，完成油茶新造林2.71万亩，完成油茶低产林改造14万亩，全县油茶林面积达58.9万亩，年产茶油1.56万吨，油茶林面积和产量均居全市第一、全省前列。

产业政策 邵阳县委、县政府先后出台了《关于加快油茶产业综合开发的决定》《关于落实退耕还林后续产业政策加快油茶产业发展的实施办法》《关于进一步加快油茶产业发展的意见》，明确定位油茶产业为富民强县的第一产业，把油茶产业作为全县农业领军支柱产业来扶持，县政府聘请国家林业局中南规划设计院的专家精心编制了《邵阳县80万亩油茶产业发展总体规划》。

专业指导团队 该县成立了由县、乡两级党政主要领导牵头的油茶产业发展领导小组，专门负责全县油茶产业发展的组织指导和综合协调，共建联动的工作格局。对乡镇场按时完成油茶林土地流转的，县委、县政府按10元/亩的标准解决乡镇场林地流转工作经费。据统计，全县林地流转至各企业主、造林大户和专业合作社的油茶林面积达20.8万亩，培育油茶种植大户379户。组建油茶专业合作社67家。采取以奖代投、扶贫贴息的办法，对连片开发5亩以上的大户或企业，低改油茶每亩补助400元，新造每亩补助1000元，扶植油茶产业发展。同时，对第六年挂果率达80%以上，且年产油茶鲜果在450千克/亩以上，面积在100亩以上、1000亩以上的，分别按100元/亩、200元/亩的标准予奖励；对连片种植300亩以上、500亩以上、1000亩以上油茶林基地，经验收合格的，自筹资金按标准完成油茶基地蓄水池、机耕道等基础设施建设的，分别解决3万元、5万元、10万元基础设施建设资金，对进入油茶专业市场交易的茶籽，销往县内茶油加工企业按0.6元/千克标准予以补贴，销往县外茶油加工企业的按0.2元/千克标准予以补贴，以促进油茶专业市场的繁荣。

油茶信贷风险补偿基金 邵阳县人民政府下发了《邵阳县油茶产业信贷风险补偿基金管理办法》邵政发〔2015〕113号文件，向县农业银行拨付1000万元的油茶信贷风险补偿基金，规定对新造验收合格的油茶造林面积按2500元/亩的标准予以贷款，分5年发放(第一年900元/亩、第二、三、四、五每年发放400元/亩)；对油茶低改验收合格面积按200元/亩的标准予以贷款，对油茶育苗面积按30000元/亩的标准予以贷款，并享受贷款贴息政策。

跟踪管护 县委、县政府采取“县直机关单位联基地、机关干部联农户”的办法，将油茶造林管护成效与干部津补贴直接挂钩，全县所有机关单位要按照人均联建12亩新造油茶林的任务，跟踪管护4年，协助搞好补植补造、培蔸、施肥、除草、修枝、病虫害防治等工作，确保管护到位。对完成油茶联点管护任务且验收合格的，按25%的比例评选联点先进单位，一等奖2万元，二等奖1万元，三等奖6000元；对联点任务尚未完成，管护成效较差，按未完成或管护面积不合格300元/亩的标准扣除单位预算经费，并予以通报批评。

商标与名牌 鼓励企业做好产品和品牌的市场定位，对获得无公害食品、绿色食品、有机食品、省著名商标或名牌产品、中国驰名商标或国家名牌产品、省农业(林业)产业化龙头企业、国家农业(林业)产业化龙头企业、国家地理标志证明商标、国家地理标志保护产品、国家油茶生物产业基地等名优产品和知名品牌，分别给予1万~50万元奖励，对参与起草制订国家茶油标准的企业奖励50万~100万元。

标准化示范基地 加强与省林科院和中南林业科技大学技术合作，推行良种良法，全面推行标准化栽培技术。在黄塘、白仓和九公桥等3个乡镇建立了2000亩全国油茶标准化示范基地(其中油茶新造林标准化示范基地1100亩，早实丰产栽培标准化示范基地600亩和低产林综合改造标准化示范基地300亩)，辐射带动五峰铺镇等周边乡镇建立了油茶标准化基地25700亩。在塘渡口镇建立了年产300万株无性系油茶良种苗木的繁育基地，在七里山场建立了300亩的全省油茶新品种示范基地，在县林科所建立了100亩的良种油茶采穗圃，在白仓镇建立200亩全国油茶新品种示范基地，引进了我省及湖北、广西、福建等油茶优良品种127个。鼓励推广“公司+基地+农户”，引导农民成立专业合作社，统一开发，统一管护、统一销售。目前，全县已成立日恋、怡悦、日盛、五龙、四尖峰、融城伟业等67家农民专业合作社，引进了中诚大通、长江粮油、盛和农林、瑞柏茶油、华强粮油等23家规模油茶企业，全县培育集中连片5000亩以上的油茶林示范基地5个，集中连片1000亩以上示范基地53个。坚持品牌发展战略，先后争创了全国油茶基地示范县、“中国茶油之都”“中国油茶之乡”“国家油茶产业示范园”“邵阳茶油”国家地理标志证明商标、“邵阳茶油”国家地理标志产品保护6个“国字”号金字招牌，成功举办了首届全国林业标准化工作会议和湖南油茶产业发展新闻发布会，扩大提升了“邵阳茶油”的社会影响力和市场竞争力。采取公开招商的模式，规划1470亩土地，引进中诚大通投资集团，投资8亿元，建设集科研、标准、仓储、交易、博览、加工、旅游、观光、休闲等于一体的中国·邵阳国家油茶产业园，逐步建立科技示范、标准示范、金融示范、产业集群示范、产业延伸示范服务平台，实现年茶籽交易量50万吨以上。

产业帮扶模式 邵阳县还依托龙头企业、农民专业合作社和油茶造林大户，将财政扶贫产业扶持资金直接委托给有意愿合作、有社会责任、讲诚信和有实力的企业、农民专业合作社和油茶造林大户，实行项目统一开发、统一管理、统一分成。部分龙头企业、农民专业合作社和油茶造林大户租赁贫困农户的宜林荒山荒地，利用荒山荒地发展油茶基地，贫困农户除享有土地租金外，还享有油茶投产后"五五"分成比例，产业帮扶模式已成为该县精准扶贫的主体模式。据统计，全县已有1455户、4810名扶贫对象签订了合作帮扶合同，共同发展油茶23200亩；13630户、44970名贫困农户以土地入股的形式参与了油茶基地建设，发展油茶基地51600亩。通过多方联动发展，近年来全县发展油茶种植大户379户，完成油茶造林13.7万亩，油茶低改14万亩，全县油茶林面积达到58.9万亩。全县的森林覆盖率从2010年的44.29%增加到2015年的46.92%，森林覆盖率迅速提高，生态环境明显改善。

【靖州苗族侗族自治县林业产业】 全县林业用地面积269.6万亩，有林地面积231.5万亩，森林覆盖率达74.93%，活立木蓄积量达1166.4万立方米，人均拥有量位居湖南省第一。来自林业产业的收入占全县财政收入的30%以上，占农民人均年收入的60%以上。

靖州是"中国茯苓之乡"，系全国最大的茯苓加工和贸易中心，加工交易量占全国的60%以上，出口量占全国的三分之二；靖州是"中国杨梅之乡"，全国第三大杨梅产区，是中南五省最大的杨梅种植加工和交易中心；靖州是湖南山核桃中心产区，是湘黔桂边界区域山核桃种植加工和交易中心。

茯苓 靖州全县现有茯苓种植面积3万余亩，年产干品茯苓6.7万余吨。茯苓种植基地遍布全国10余个省市，有152个省外茯苓标准化种植基地。靖州拥有全国最大的茯苓专业交易市场，鲜茯苓交易量占全国交易量60%以上，出口美国、日本、韩国、新加坡及中国港澳台等国家和地区，出口量占全国的三分之二。特别是"靖州茯苓"作为湖南唯一一个大宗农产品在天津渤海商品交易所上市挂牌交易，其行业产品占据全国市场的85%。湖南补天药业正在筹建院士工作站和省级企业工程技术中心，旗下3条生产线均采取最新科研成果，代表中国茯苓产业化的最高水准，成为中国茯苓行业的领头雁。另有小微茯苓初级产品加工企业3000多个。靖州已成为全国最大的茯苓集散地、国家重点药食用菌商品生产基地。有效带动了贵州、广西、四川等周边18个县(市区)120万人从事生产、加工、销售，并吸引了周边县(市区)的广大客商到靖州县进行加工交易。

杨梅 靖州木洞杨梅已有2000多年的栽培历史，是"中南五省第一""中国杨梅之乡"，靖州杨梅誉满全国、为"江南第一梅"。通过提纯、复壮、选优，现有木洞杨梅4个变种，12个栽培品种。已于2004年6月通过湖南省农作物品种审定。全县杨梅现有面积7.2万亩，年产量6.2万吨，居全省之首，是仅次于浙江、福建的全国第三大杨梅产区。杨梅系列果酒先后荣获湖南西部农博会金奖、湖南省第八届国际农博会金奖。木洞庄园在湖南股交所成功挂牌顺利成为优选版(Q版)挂牌企业。全县拥有省级以上杨梅加工龙头企业2家，市级以上杨梅加工龙头企业3家，农民专业合作社56家，入社农户1.4万户。

山核桃 靖州山核桃"湘黔桂三省区第一"，是湖南山核桃的中心产区，全县拥有山核桃基地面积4.8万亩，其中盛果期山核桃面积3.4万亩，年产山核桃干果2800吨，系全国第三大山核桃产区。靖州是湘黔桂边界地区的山核桃集散与加工中心，年集散加工量2.9万吨，拥有省级龙头加工企业1家、市级龙头企业2家。靖州金茶油科技开发有限公司和湖南四通食品科技开发的山核桃油，采用水酶法最新技术提炼山核桃油，领导山核桃油加工新潮流。

特产加工业 靖州县是湖南省农副产品加工

产业科技创新和产业发展孵化基地之一，科技对经济增长贡献率达到52.7%，是全国科技成果转化示范培育县、全国科普先进县和全省知识产权创建县。农林副产品加工企业技术人员占企业职工的14%。农林副产品加工是靖州科技创新的主战场，拥有国家高新技术企业1家，省级高新技术企业2家，与中国科学院、清华大学、中国林学会、国家中医药交流中心、湖南农业大学、长沙理工大学等多家科研院校建立战略合作关系，拥有国家专利技术41项，拥有各类中国驰名商标或省级品牌、商标、地理标识13个，其中获得国家地理标识认证2个(靖州杨梅、靖州茯苓)，创建中国驰名商标一个，省著名商标6个，其他品牌4个(中国茯苓之乡、中国杨梅之乡、中国杨梅生态博物馆)。积极推进茯苓、杨梅、山核桃绿色有机食品标准化生产体系建设，修订和制定各类农业标准16个。

科技创新 靖州县《大宗道地药材茯苓栽培与加工关键技术研究及产业化》课题项目荣获省科技进步一等奖，实现了怀化市建市以来该奖项“零的突破”。茯苓菌种选育“湘靖28”获得2009年湖南省科技进步三等奖和怀化市科技进步一等奖，靖州茯苓专业合作社和补天药业共同选育的茯苓菌种通过神舟十号进行太空基园诱变育种；茯苓种植基地已通过国家食品监督管理局GAP认证；补天药业公司研制的“茯苓多糖制剂及其制备方法”成功申报中国发明专利，“羧甲基茯苓多糖系列产品”被湖南省科技厅认定为省级高新技术产品。杨梅产业开发科技含量很高，其杨梅品种选育与推广获省科技进步二等奖，湖南佰诺酒业研发的杨梅果酒、杨梅果汁饮料技术获得国家知识产权局的技术专利。湖南四通食品科技山核桃油产品采用水酶法出油工艺技术，属于湖南省高档天然植物油生产工艺技术，山核桃人工嫁接技术在全国首创，获全市科技进步二等奖。近年来，靖州县农林产业化龙头企业在农林副产品科技投入2.6亿元，龙头企业技改投入占提质扩容投入的85%，以生物技术、信息技术等为主导的科技创新迅速发展，为茯苓、杨梅、山核桃为主的农林副产品加工业提供了强有力科技支撑。得天独厚的资源禀赋、产业基础，为以茯苓、杨梅、山核桃为主的特色农林副产品加工业提供了加快发展的保障。2006年，靖州木洞杨梅标准化示范区列入国家第五批全国农业标准化示范区，2009年，靖州山核桃列入第八批国家农业综合标准化示范区范围，成为国家山核桃栽培与加工综合标准化示范区。

【龙头企业】 省级林业产业龙头企业共397家，龙头企业产值合计达454.2亿元。在加强引导扶持方面，一是经组织申报认真考核，向国家林业局推荐湖南省“衡阳市天天见梳篦实业有限公司”等11家企业申报第二批国家林业重点龙头企业；二是对397家省级龙头企业开展了运行监测；三是在全省范围内开展了涉林企业的调查摸底，为掌握全省林业企业基本情况和了解企业发展现状提供了数据基础；四是引导工商资本转型投资林业企业，帮助企业林权抵押贷款，落实贷款贴息政策，积极拓宽企业融资渠道。2015年共计发放贷款贴息2069万元，工商资本转型投资总额79亿元，解决了部分重点企业资金运营短缺的难题。

国家林业重点龙头企业 益阳森华林业发展有限公司、株洲松本林化有限公司、湖南瑞柏茶油有限公司、湖南福湘木业有限责任公司、伟特家居股份有限公司、湖南林之神生物科技有限公司、湖南山润油茶科技发展有限公司。

表1 2015新增中国驰名商标名录

企业名称	商标
张家界茅岩莓有限公司	茅岩莓
湖南贵太太茶油科技有限公司	贵太太
桃江县湘益木业有限责任公司	湘益
郴州邦尔泰苏仙油脂有限公司	苏仙

表2 2015新增和重新认定湖南省著名商标名录

企业名称	商标
江华瑶族自治县宏宇香业有限责任公司	斑竹牌
张家界仙踪林农业科技开发有限公司	仙踪林+字母
湖南敬和堂制药有限公司	敬和堂
隆回瀚森纸业有限公司	湘瀚之星
邵东县两市镇爱民铅笔厂	聪明崽
株洲市芦淞区福岭木业行	福岭
炎陵县江陵木业有限公司	湘帝
株洲市健峰木业有限公司	健香

(续)

企业名称	商标
武冈市云山木业有限公司	云山鸿
湖南栋梁木业有限公司	栋梁+字母+图形
湖南林丰木业有限公司	顶坚
湖南长笛龙吟竹业有限责任公司	小牛+图形
湖南航天康达塑胶有限公司	航天康达+图形
湖南福星林业股份有限公司	连云福星
长沙市芙蓉区亮奇装饰建材商行	亮奇
常德市鼎城湘旺塑胶建材厂	尚美莱
湖南风河竹木科技股份有限公司	瑞匠
桃江县宏森木业有限责任公司	华春
湖南郝记木业有限公司	好万年
湖南旺德府投资控股集团有限公司	万象+图形
湖南中南神箭竹木有限公司	中南神箭
长沙美瑞家具有限公司	图形
湘潭市雨湖区金昌家具厂	尊绅
汨罗市振发木业有限公司	发坤
湖南艾度装饰材料有限公司	艾度巨迪+图形
益阳市明华木艺有限公司	小时候
岳阳县芭蕉扇业有限责任公司	岳阳楼+图形
湖南崀山家俱有限公司	崀山+图形
湖南旺德府投资控股集团有限公司	万象天冠+图形
湖南嘉宝家居有限公司	嘉宝
长沙世光家具有限公司	世光+图形+字母
湖南银山竹业有限公司	银山竹业+字母+图形
邵阳市双清区华阳家俬厂	柏齐+图形
湖南名洋家具有限公司	名洋
益阳市赫山区志中家具批发城	志中+字母
宁乡县玉潭镇畅通沙发厂	畅通
株洲市柳村家具厂	柳村+图形
湖南湘星家居有限公司	湘星+字母+图形
湖南省星梦家居有限公司	图形
湖南瑞亚高科集团有限公司	图形
湖南润竹竹业有限公司	席伊吖
湖南省春龙竹艺有限公司	春龙
桃江县晨康竹业有限公司	晨康+图形
湖南省常德市皇冠桌球台总厂	球王+字母+图形
湖南宾之郎食品有限公司	宾之郎+字母
湖南口味王集团有限责任公司	味赢天下
湖南果秀食品有限公司	果秀
湖南省石门县犟哥野生素食研制中心	犟哥+图形

(续)

企业名称	商标
湖南省华文食品有限公司	劲仔
辰溪县伍家湾乡竹笋加工厂	九角尖山+图形+字母
湖南林之神生物科技有限公司	林之神
醴陵金桥生态林农实业有限公司	湘醴+图形
湖南省天福油脂有限公司	老知青
邵阳县油茶产业发展办公室	邵阳茶油+图形
桃源县漳江镇万家油脂厂	福千府
湖南省康多利油脂有限公司	康多利+图形
澧县千诺拉油脂有限责任公司	图形
益阳市华荣农林科技开发有限公司	鱼形山+图形
永兴泰宇茶油有限公司	泰宇
嘉禾嘉津实业有限公司	嘉津
湖南湘浩油茶生物科技有限公司	湘浩
湖南大自然制药有限公司	自然港+图形
涟源市祥兴农林科技开发有限公司	湘山+字母
湖南新参芝林中药饮片有限公司	参芝林
张家界茅岩莓有限公司	茅岩莓
湖南株洲姚氏蜂业有限责任公司	琼园+字母+图形
湖南蜜蜂哥哥蜂业有限公司	大名围山+何国华+图形
岳阳市明贡蜂业有限责任公司	玺蜂+字母
湖南林盛林业科技开发有限责任公司	湖湘林盛+字母
湖南金鹰果业有限公司	秾湘
洪江市昌远果业有限责任公司	红岩+图形+字母
中方县澄渡江枇杷专业合作社	澄渡江
新宁县湘斛种植科技开发有限公司	湘斛+字母
湖南边城生物科技有限公司	神秘湘西

表3　2015新增和重新认定湖南名牌产品名录

企业名称	商标
湖南瑞亚高科集团有限公司	布伊你
湖南福湘木业有限责任公司	福湘
湖南风河竹木科技股份有限公司	风河、瑞匠、东彭
湖南开福家具有限公司	开福
湖南湖湘木业有限公司	湖湘
桃江县福森木业有限公司	怡湘居
桃江县宏森木业有限责任公司	华春
湖南吉星家居有限公司	吉洲吉星
怀化市恒裕竹木开发有限公司	志峰
浏阳市康明木业有限公司	冠湘
湖南福星林业股份有限公司	连云福星

（续）

企业名称	商标
桃江县湘益木业有限责任公司	湘益
汝城县纯正木业有限公司	汝垣
湖南艾度装饰材料有限公司	艾度巨迪
湖南舜皇峰竹木有限公司	舜皇峰
江永县大众木业有限责任公司	健湘
湖南省顺捷木艺有限公司	顺捷
娄底市海人科技开发有限公司	海人
湖南省顾帝家俬有限公司	顾帝
湖南嘉宝家居有限公司	嘉宝
衡阳市岑芳装饰材料实业有限公司	岑芳、林子
炎陵县江陵木业有限公司	湘帝
常德荣星家具有限公司	红荣居
湖南寰宇木业有限公司	寰宇
郴州市苏仙区龙跃细木工板厂	裕芳
洞口县佳利木业有限公司	佳卓
浏阳市恒春木业有限公司	春晓
湖南宏蔚家具实业有限公司	宏蔚
湖南崀山家俱有限公司	崀山
古丈县卓良木业有限责任公司	卓明板材
桃江县杨林木业有限公司	福晶
武冈市云山木业有限责任公司	云山鸿
慈利县绿为装饰材料有限责任公司	绿为
双峰县永盛木业有限公司	爱达
湘西老爹生物有限公司	果王素
湖南边城生物科技有限公司	神秘湘西
药圣堂(湖南)制药有限公司	药圣堂
湖南湘泉药业股份有限公司	湘泉
湖南省松龄堂中药饮片有限公司	SOLITA

【林业产业大事记】

1月23日 湖南省人民政府在长沙召开了全省油茶产业发展推进会。副省长张硕辅出席会议并作重要讲话，湖南省林业厅厅长邓三龙在会上作油茶产业发展工作报告。会议全面总结了2008年以来湖南油茶产业发展成效，认真研究当前油茶产业发展中存在的问题和对策。常宁市、邵阳县、耒阳市政府和湖南大三湘公司、永州伊园公司作了典型发言，中粮集团、全国粮油标准化技术委员会作了书面交流。各市州人民政府分管副市长、林业局局长，48个油茶重点县(市区)林业局局长，省林业厅、省发改委和省财政厅相关负责人，省内油茶龙头企业负责人和专家参加会议。

9月 湖南省林业厅组织12家湖南品牌茶油企业参加在长春举办的中国第二届森林食品交易博览会，湖南展团以“绿色生态健康”为主题，突出“健康好油数茶油，中国茶油看湖南”理念，通过“湖南茶油”推介会、广告宣传、现场体验、微信扫码、签约合作、样品茶油赠送等新颖展销形式，有效提升了“湖南茶油”在东北市场的认可度。

12月 以“品质家居、绿色生活”为主题的第三届湖南家具博览会在益阳顺德城家具博览中心举行。本届家博会展出面积达6万平方米，设有全国品牌家具馆、建材馆、湖南馆、广东顺德馆、家居O2O体验馆、整体(智能)家居体验馆等八大主题展区，集家具、建材、智能家居等泛家居产品展示、交易以及家居产业全产业链互动交流于一体，集中展示了湖南家具、家居产业发展成果。展会共吸引了全国20多个省(区、市)、30多个家具协会、400多家品牌企业、2万多件展品参展，5万多人次进馆参观采购，现场销售和订单金额达4亿元，投资签约超15亿元。

12月 湖南省林业厅和财政厅确定支持以特色油茶、特色珍贵花卉苗木、特色林产工业等八大产业为主的现代林业特色产业园省级示范园32个，下达项目扶持资金3200万元。

（何　宏　甄国懿）

广东省林业产业

【概　述】 2015年，广东省完成了以消灭宜林荒山，改造残次林、纯松林和布局不合理桉树林为重点的森林碳汇造林。新增14.5万公顷，建设生态景观林带1800千米，新建森林公园301个，湿地公园66个，绿化美化村庄2874个。截至2015年年末，全省森林面积已达1095.95万公顷，森林覆盖率58.88%，覆盖率较前提高0.19个百分点。森林蓄积量5.66亿立方米，增加2600万立方米。全省大力发展绿色产业，林业产业取得显著成绩。

林业产业产值　“十二五”以来，广东省林业产业紧紧围绕林业增效、林农增收、生态增优的目标，加快推进新一轮绿化广东大行动，科学发展现代林业，以创办特色、打造品牌、做强龙头为着力点，加快转变经济发展方式和转型升级、优化产业结构，促进产业持续快速发展，林业产业产值从2010年的2802亿增加到2015年的7150.3亿元，增长了155.17%，连续多年位居全国第一，为广东社会经济发展做出了积极贡献。其中第一产业825.4亿元，比2010年增长104.65%；第二产业4828.2亿元，比2010年增长106.87%；第三产业1496.7亿元，比2010年增长2202.62%。与同期国内生产总值增长速度比较，一、二、三产业分别高于GDP增长速度58.39个百分点、65.01个百分点、2120.28个百分点。

知名品牌　广东鼓励企业创新品牌，培育名牌产品，实施品牌发展战略，提升企业竞争力，在进行量的扩张同时，特别注重质的提升，提高市场占有率。据统计，截至2015年年底全省有联邦、红苹果家具和大自然、圣象地板等9个中国名牌产品，55个省驰名商标。著名品牌企业大量涌现，家具业有联邦、香港皇朝、红苹果、健威、台升、长江、好莱客、索菲亚、东成红木、红古轩；地板业有大自然、圣象、生活家、宜华木业；人造板制造业有大亚木业、鸿伟木业、威华木业；森林资源培育业有蟠龙油茶、大唐高科、新大地油茶、龙珠岛、沉香山；森林生态旅游业有万绿湖、西樵山、雁南飞、盘龙峡、丹霞山、乳源大峡谷、南昆山等。

“全国家具看广东”，顺德乐从、顺德龙江、东莞大岭山等现代家居产业集群园区历久常新，红木家具近年发展迅猛，逐渐形成了一批集研发、设计、材料、生产、销售于一体的产业集群，如中山大涌、台山大江、新会大泽。2015年，广东家具产业产值3820亿元，出口207亿美元，已经连续17年全国第一，其中木竹家具产值2337.62亿元。家具产业依然是环境友好型的常青产业。

二产转型升级　“十二五”期间，广东全省林业产业结构逐步优化，一、二、三产比例由期初的14.4∶83.3∶2.3调整为期末的11.5∶67.5∶21，二产比例逐渐下降，三产比重逐步加大，产业结构逐渐趋向合理。

广东人造板行业加快结构调整，兼并重组正在有序进行，不断淘汰落后产能，引进先进技术设备，生产绿色环保产品。截至2015年年底，广东省中纤板累计停产产能落后生产线10多条，约占行业数量的15%。全国近年来新建10条世界先进水平的连续压机刨花板生产线，其中广东占5条，分别是鸿伟木业、丰林亚创、华洲木业、曲江五联、惠州盛易，继续保持人造板加工业全国技术装备领先地位。

家具行业加工技术和设备水平大幅提高，如数字化控制技术、新的传感技术、激光测距及机器人技术在生产中得到广泛应用；水性油漆技术有新突破，逐渐引入家具生产中；文化元素和保健功能融入红木家具设计；设计端云计算技术和营销端虚拟现实技术为家具产业链变革注入新活力。

林业新兴产业　“十二五”期间，广东省大力发展林业新兴产业。一是鼓励发展森林生态文化休闲旅游业。紧抓国家大力发展文化产业机遇，挖掘生态文化经济效益，加快森林旅游基础设施建设，着力打造特色品牌，森林生态文化休闲旅游业成为新亮点，带动林农致富，推动森林旅游发展。二是大力发展林下经济，多次召开全省林下经济发展现场会，2015 年全省评选林下经济示范基地国家级 4 个、省级 10 个。全省林下经济产值达 463 亿元，农民在林下经济方面的人均年收入为 3988 元。三是大力发展森林资源培育业，积极推动珍贵树种和乡土树种的培育，建立国家储备大径级木材基地，大面积开展碳汇造林工程，已种植碳汇林 87.7 万公顷，珍贵树林 2.8 万公顷。四是加快发展油茶产业。省政府高度重视油茶发展，多次召开全省油茶现场推进会，把发展油茶产业列为重点工作内容加以督办。截至 2015 年年底，全省油茶种植总面积已达 17.14 万公顷；建立规模油茶加工厂 23 家，茶油年产能力约为 4.8 万吨，由于大量新造油茶林未进入丰产期，茶果相对缺乏，精加工茶油实际年产量 2.1 万吨。

木材循环利用业 按照循环经济要求，广东大力发展木材循环利用业，推广城市废旧木材、加工废料、粉尘回收利用节能技术，引导企业利用园林修枝和木材加工剩余物生产木质燃料棒、木塑复合材料。其中，广州市荔湾区和海珠区在推动城市园林修枝剩余物和废旧木材回收利用方面卓有成效，有效促进林业产业健康、稳定、持续发展。截至 2015 年年底，全省规模以上木质燃料棒生产企业有 30 多家，木塑生产企业接近 60 家。同时，广东省贯彻落实国家和省节能减排政策，木材加工厂热源由燃烧煤改造为燃烧木质废料和天然气，有效减少对环境的污染。

木材交易 广东是中国木材加工业最发达的地区之一，是全国的家具、人造板、木材交易集散地，2015 年全省拥有大中型木材、家具专业市场 100 多个，其中年销售额 100 亿元以上的有 10 多个，如广东鱼珠木材交易中心、顺德乐从家具城、顺德龙江亚洲国际家具材料交易中心、南海大转弯装饰材料城、东莞兴业木材夹板市场、东莞吉龙木材市场、中山大涌红木交易市场、新会大泽红木交易市场等都是业内知名度很高的大规模专业市场。广东木材市场的价格走势直接影响全国的木材价格指数的升降，其中渔珠木材指数是全国重要的木材交易指数之一。

林业碳汇交易 2015 年，广东长隆碳汇造林项目通过国家发展和改革委员会审定并获得签发核证减排量，在广州碳排放交易所完成交易，成为国内首个林业 CCER 交易项目，发挥了碳汇造林项目申报 CCER 的示范作用，对引导未来我国林业碳汇参与碳排放交易和应对气候变化具有积极意义。

主要经验 ①坚持市场为导向，宏观指导。广东充分发挥市场在资源配置中的决定作用，政府对林业产业引导调控，调控明确发展目标和发展重点，引导产业健康发展，完善相关支持政策，为企业发展创造良好环境。着重建设现代林业产业体系，培育设备先进、管理科学、技术领先、竞争力强的林业企业，打造高技术含量、高附加值、高效益的“中国制造”“中国智造”的林产品，重点扶持发展森林资源培育业、林木种苗与花卉业、野生动植物资源培育业、木竹材加工业、木竹家具业、木竹浆纸业、森林食品药品和油料生产加工业、林产化学工业、森林生态旅游业、林产品市场流通业十大支柱产业。

②坚持生态与产业并重，绿色发展。广东省以森林碳汇、生态景观林带、森林进城围城、乡村绿化美化四大重点林业生态工程为载体，构建北部连绵山体森林生态屏障体系、珠江水系等主要水源地森林生态安全体系、珠三角城市群森林绿地体系、道路林带与绿道网生态体系、沿海防护林生态安全体系五大森林生态体系。截至 2015 年年底，全省完成森林碳汇造林 87.7 万公顷，建设生态景观林带 10260 千米，累计建成乡村绿化美化示范村 4982 个，建成湿地公园 154 处，新建立各类森林公园 641 处，总面积 12.15 万公顷。2011 ~ 2015 年全省森林覆盖率增加 1.58 个百分点，森林蓄积量增加 1.06 亿立方米。

广东林业产业围绕林业增效、林农增收、生态增优的目标，以创办特色、打造品牌、做强龙头企业为着力点，优化产业结构，加快林业产业转型升级。一是积极培育以低碳排放为特征的新的经济增长点，大力发展油茶产业、林下经济、森林生态旅游业、生物质能源、林业碳汇等新兴产业；二是促进构建绿色制造体系，促进绿色生产技术开发示范，进一步加快环境友好型技术的产业化进程。三是大力倡导绿色消费，引导公众选择节约环保、低碳排放的消费模式，走生态文明的发展道路。

③坚持规划引领，科学指导。在《广东省林业产业发展规划(2008～2020年)》的宏观指导下，广东省林业厅组织编制林业产业发展规划和林下经济专项规划。率先在全国建立广东省林业产业基础数据库(收集了全省过万家企业名录)、指导各地市县建立林业产业基础数据库。自2008年以来每年编制《广东省林业产业年度监测报告》。

通过林业产业信息监测，每年向社会公布全省林业产业发展状况及木材资源消耗情况，及时发布最新林产品信息，合理引导更多社会资源投入林业建设，为各级政府制定林业方针、政策、制度提供准确和科学的依据。

坚持技术装备创新，质量为先 坚持把技术装备创新摆在制造业发展全局的核心位置，坚持把质量作为建设制造强省的生命线，强化企业质量主体责任，加强质量技术攻关、自主品牌培育。广东的人造板制造、家具制造、造纸等行业技术装备创新始终走在全国前列，引进国际先进的生产线设备和技术，生产高质量的绿色产品。如连续压机刨花板生产线、家具机器人喷涂、家具加工中心、造纸机器人堆剁等的应用。

坚持产业集群化，集约发展 鼓励扶持建设林业产业基地(园区)，引导林业产业规模化、专业化、产业化发展，推动区域特色产业集群化发展，全省已建设30多个产业集群生产基地。顺德乐从、东莞大岭山的现代家具制造，中山大涌、台山大江、新会大泽的红木家具制造，东莞麻涌纸业、湛江晨鸣纸业、江门银洲湖纸业基地，梅州的油茶产业，韶关、清远的森林生态旅游业等都是特色产业集群式发展的代表。

坚持扶持龙头企业，规模经营 大力培育扶持龙头企业，带动林业产业发展。坚持规模化、集约化、专业化经营，走“公司+基地+农户”的林业产业化发展模式，加强原料林基地建设。从2008年开始，广东省林业厅每年组织评定一批省级林业龙头企业，截至2015年年底，全省已评定了152家省级林业龙头企业、16家国家林业重点龙头企业。

【林业十大支柱产业产值统计】 广东省林业产业总产值统计范围涉及十大林业支柱产业，13个行业，共调查收集了2万多家涉林企业的基础信息，重点调查了1000多家企业，其中包括152家省级林业龙头企业，83家森林生态旅游示范基地。

2015年，全省林业产业总产值为7150.3亿元，与2014年的6500.34亿元相比，增幅为10%，2015年与2014年、2013年相比，增速放缓。2015年，广东省林业各行业产值在总产值中占比分别是(林产品市场流通业除外)：森林资源培育业8.2%、林木种苗和花卉业2.8%、野生动植物资源培育业0.5%、木竹材生产业1.2%、人造板制造业4.3%、木竹地板业5.1%、木竹藤加工业3.4%、木竹家具业32.7%、木竹浆纸业15.3%、

表1 2015年广东省林业十大支柱产业产值统计表

单位：家、亿元

	行业		企业数量	产量	2015年产值	合计	
第一产业	森林资源培育业			约358.70万公顷	589.39	825.4	7150.3
	林木种苗和花卉业			约1.08万公顷	202.54		
	野生动植物资源培育业		85		33.46		
第二产业	木竹材加工业	木竹材生产业	1228		88.72	4828.2	
		人造板制造业	482	1188.90万立方米	305.83		
		木竹地板业	322	15655.00万平方米	363.85		
		木竹藤制品业	1832		245.70		
	木竹家具业		4062		2337.62		
	木竹浆纸业		1411		1090.72		
	森林食品药品和油料生产加工业		23		285.43		
	林产化工业		63	6.40万吨(松香)	110.3		
第三产业	森林生态旅游业				1369.46	1496.7	
	林业生态服务业/专业技术服务业等				127.28		
	林产品市场流通业		482	规模以上林产品流通市场交易额达5415亿元			

森林食品药品和油料生产加工业4.0%、林产化工业1.5%、森林生态旅游业19.2%、林业生态服务业、专业技术服务业1.8%(见表1、表2)。

表2　2015年与2014年广东省林业十大支柱产业产量产值对比统计表　　单位：亿元

产业	行业		2014年		2015年		产值增长率%
			数量	产值	产量	产值	
第一产业	森林资源培育业		357.13万公顷	565.44	358.70万公顷	589.39	4.23
第一产业	林木种苗和花卉业		1.10万公顷	212.42	1.08万公顷	202.54	-4.65
第一产业	野生动植物资源培育业			32.49		33.46	3.00
第二产业	木竹材加工业	木竹材生产业		91.46		88.72	-3.00
第二产业	木竹材加工业	人造板制造业	1144.40万立方米	271.22	1188.90万立方米	305.83	12.76
第二产业	木竹材加工业	木竹地板业	17342万平方米	383.00	15655.00万平方米	363.85	-5.00
第二产业	木竹材加工业	木竹藤制品业		234.00		245.70	5.00
第二产业	木竹家具业			2178.00		2337.62	7.33
第二产业	木竹浆纸业			948.45		1090.72	15.00
第二产业	森林食品药品和油料生产加工业			240.43		285.43	18.72
第二产业	林产化工业		7.5万吨(松香)	115.70		110.30	-4.67
第三产业	森林生态旅游业		约234.7万公顷	1112.22		1369.46	23.13
第三产业	林业生态服务业/专业技术服务业等			115.51		127.28	10.19
第三产业	林产品市场流通业		规模以上林产品流通市场交易额达5308亿元		规模以上林产品流通市场交易额达5415亿元		

【森林资源培育业】　截止2015年年底，广东全省共有1095.95万公顷林业用地(995.36万公顷有林地)，其中商品林面积615.09万公顷。全省森林资源培育业现已形成产业化经营，短、中、长种植业全面发展的局面，具体包括以桉树为主的速生丰产林，以松树为主的工业原料林，油茶林，水果、调料香料、木本粮油、森林食品、森林药材等五大类特色经济林，檀香、沉香等珍贵树林，竹林。全省森林资源培育业各树种种植面积分别是：速生丰产林79.24万公顷、工业原料林75.87万公顷、油茶林22.388万公顷、特色经济林103.7万公顷、珍贵树林3万公顷、竹林74.5万公顷，以上合计358.7万公顷。

2003年6月26日，中共中央国务院发布关于加快林业发展的决定(中发〔2003〕9号)，在华南地区，桉树被作为重要工业原料大规模种植，形成完整的产业链。截至2015年年底，全省桉树林的保有量从2012年开始逐年减少，2014年减至83.41万公顷，2015年减至79.24万公顷。

2015年全省新造油茶林面积1.268万公顷，油茶种植面积达17.17万公顷(含旧林改造)。

【林木种苗和花卉业】　2015年，林木种苗和花卉业销售整体下降，2015年产值202.54亿元，较2014年产值212.42亿元下降了4.65%。2015年，全省有林木种苗和花卉业育苗面积与2014年相比，没有太大变化而苗木保有量因滞销原因有所增加。育苗面积约有10846公顷。其中一般造林苗圃1101公顷、经济林苗圃351公顷、绿化苗圃6070公顷、综合类苗圃3324公顷。

【野生动植物资源培育业】　2015年，广东省野生动植物资源培育利用的规模企业有85家，行业总产值为33.46亿元，同比增长了3%。

广东省野生动植的经营利用主要集中在野生动物驯养繁殖、野生植物培植、野生动植物及其产品加工利用及进出口等方面。野生动植物培育利用在广东省已初具规模，主要培植的珍贵野生植物种类有灵芝、石斛、金线莲等，灵芝种植基地主要分布在韶关市的仁化、乳源、始兴、新丰等县，石斛、金线莲种植主要在梅州、韶关、茂名等市。野生动物驯养繁殖方面，鳄鱼养殖主要分布在茂名高州、珠海、东莞、佛山三水、肇庆四会等地，娃娃鱼养殖主要在广州从化、揭阳揭东，黑熊养殖主要在广州花都，竹鼠养殖主要在肇庆德庆、广宁，食蟹猴养殖主要广州市白云区和从化市，蛇类养殖主要分布在肇庆鼎湖、高要、江门等地，梅花鹿养殖主要分布在江门、东莞，野猪养殖主要分布在韶关乳源、曲江等地，林下养牛主要分布在茂名高州、肇庆封开等地，林下养羊主要分布在韶关南雄、江门台山等地。

野生动植物资源经营利用在产业化发展中，逐渐形成一批较有特色的省级林业龙头企业。如梅州市梅江区的广东虎形山生物科技有限公司，主营高效精致、林下经济濒危珍稀药用植物“金线莲”和现代农业观光旅游产业园。梅州市大埔县的广东瑞和农林科技有限公司自创品牌“圣生源”，主要从事金线莲、铁皮石斛优质种苗繁育、生态种植、产品加工与销售。揭东县望天湖现代农业科技有限公司是广东省森林生态旅游示范基地及广东省林业龙头企业，除从事森林生态旅游、茶叶、水果、花卉种植外，还进行大鲵(娃娃鱼)养殖，现有存栏大鲵3万多条。

【木竹材生产业】 广东木竹材生产业包括原木、锯材、木片、竹材、单板(芯板)、表背板(木皮)生产。大部分表背板(木皮)生产企业位于东莞，并以进口原木为原材料。2015年，原木、锯材、竹材产品产量较2014年均略有减少，木片和单板(芯板)的产品产量均有增长。木竹材生产业全年总产值较2014年减少约3%。据统计，2015年广东全省产原木711.7万立方米、锯材172.2万立方米、木片215.5万立方米、竹材12753.7万根、单板(芯板)33万立方米。

【人造板制造业】 2015年，广东省人造板企业共计482家，其中胶合板企业297家、刨花板企业89家、中密度纤维板企业67家。全省人造板产量为1188.9万立方米，比2014年增加了3.89%。其中胶合板270.3万立方米，比2014年增加了7.8%；中密度纤维板475.7万立方米，比2014年增加了4.2%；刨花板389.7万立方米，比2014年增加了1.5%，细木工板为主的其他人造板53.2万立方米，产量基本没变。

广东省人造板生产基地主要集中在佛山、韶关、东莞、广州、惠州、江门。2015年，上述六市人造板产量分别是：佛山市205.3万立方米，韶关市132.0万立方米，东莞市122.9万立方米，广州市112.7万立方米，惠州市102.0万立方米，江门市100.5万立方米，以上六市的人造板总产量为775.4万立方米，占全省人造板总产量的65.2%。

表3　2015年广东省各市人造板产量表

单位：万立方米

板种 地区	人造板产量总计	中纤板产量	胶合板产量	刨花板产量	细木工板
全省	1188.9	475.7	270.3	389.7	53.2
佛山市	205.3	30.0	64.0	90.5	20.8
韶关市	132.0	51.0	3.0	78.0	0.0
东莞市	122.9	31.0	38.0	46.5	7.4
广州市	112.7	17.5	42.6	37.6	15.0
惠州市	102.0	39.0	5.0	58.0	0.0
肇庆市	97.9	76.7	9.5	3.7	8.0
江门市	100.5	49.0	42.0	8.5	1.0
湛江市	80.1	43.0	5.0	32.1	0.0
清远市	48.0	38.0	1.0	9.0	0.0
梅州市	38.2	6.0	27.0	5.2	0.0
茂名市	30.4	25.0	3.0	1.4	1.0
河源市	33.0	28.0	5.0	0.0	0.0
深圳市	25.0	0.0	15.0	10.0	0.0
阳江市	25.0	18.0	1.0	6.0	0.0
中山市	10.3	5.5	1.5	3.3	0.0
云浮市	13.5	12.0	1.5	0.0	0.0
汕尾市	6.0	6.0	0.0	0.0	0.0
揭阳市	4.2	0.0	4.2	0.0	0.0
汕头市	2.0	0.0	2.0	0.0	0.0
珠海市	0.0	0.0	0.0	0.0	0.0

从表3数据上也可以看出，近年来，广东省人造板制造业产业转型升级，淘汰落后产能等取得了一定的成绩，产能集中度不断提高，如中密度纤维板年产10万立方米以上的企业16家，产量占总产量的48.98%，其中连续平压生产线12条；中密度纤维板年产10万立方米以上的企业10家，产量占总产量的49.01%，其中连续平压生产线5条。

【木竹地板业】 2015年，中国地板行业受国内消费的下降和美国大幅度提高实木复合地板的反倾销税率等多重因素的影响，整体呈现下滑态势。同时，木地板行业经过20多年的快速发展，全省已进入了稳步发展的成熟阶段，建立了从生产、销售到配套铺装的整套服务体系。广东省上规模的品牌木地板生产企业主要有：大自然家居(中国)有限公司、巴洛克木业(中山)有限公司、广东省宜华木业股份有限公司、东莞富尔玛木业科技有限公司、东莞市洪梅赛维纳地板厂、深圳圣象木地板有限公司、深圳康美林木业有限公司、泉发木制品有限公司等。

2015年，广东木竹地板企业240多家，全省木竹地板产量为15655万平方米，比2014年减少9.73%。其中产实木地板2700万平方米、实木复合地板5905万平方米、强化木地板6975万平方米、竹材地板75万平方米。

【木竹藤制品业】 广东省木竹藤制品企业大多数规模较小，有一定规模的主要生产木门窗，再附带生产木线、木框等，广州、东莞、佛山、肇庆等地木门窗产业较发达。“十二五”以来，广东竹制品企业有所增加，特别是竹制家居用品，产品出口较多，比较有代表性的企业有省级林业龙头企业罗定市恒兆蒸笼有限公司、广宁县万众竹木业工艺制品有限公司和蕉岭县鹏宇装饰材料有限公司。罗定市恒兆蒸笼有限公司主要经营竹蒸笼、竹编制品、竹工艺品、筷子、竹篮等，产品出口83个国家、地区，每年创汇近1000万美元。广宁县万众竹木业工艺制品有限公司专业生产环保无菌竹砧板、竹水果盘、竹刀座、颗粒研磨器、竹茶具等各种竹木工艺制品、家居用品，产品种类多达80多种300多款。蕉岭县鹏宇装饰材料有限公司原来以生产竹百叶窗帘为主，产品远销美国、俄罗斯、韩国等国及东南亚地区，2014年增资2000多万元，扩建了3000平方米的厂房，引进了3条新的生产线，试水竹类长寿食品加工和竹制家具市场，实现每一根毛竹从头到梢的充分利用。企业还将增资3000万元，引入新的毛竹深加工生产线和生产工艺，延长毛竹的产业链，推动毛竹精深加工。该公司过去年产值2000多万元，新生产线全部运行后，年产值可达5000多万元。

木竹藤制品业企业数量和产值较2014年都有一定程度增长。2015年，广东省木竹藤制品业企业1832家，其中木门窗企业243家，木线及木制装饰材料企业115家，木制包装箱、地台板、卡板企业180家，木竹藤生活用品、工艺品等企业1168家，卫生筷子企业32家，木塑产品企业58家，生物质固体成型燃料企业36家。2015年，广东省木竹藤制品业产值245.7亿元，其中广州市23亿元、佛山市31亿元、东莞市10亿元、深圳市10.3亿元、肇庆市34亿元、江门市3亿元、珠海市3.8亿元、茂名市6.18亿元、揭阳市4.43亿元、其他地区119.99亿元。

【木竹家具业】 2015年，广东有木竹家具企业4062家，主要由民营、集体和港台资等企业组成，大多数是中、小型企业，大型企业以港资企业居多。深圳、东莞、佛山、广州等地家具业处于行业的龙头地位。截至2015年年末，广东省木竹家具业已经拥有10个“中国名牌产品”，23个“中国驰名商标”，137个“广东省名牌产品”，155个“广东省著名商标”，8个国家级家具产业集群。

据广东省家具协会统计资料，2015年广东省家具行业销售总产值3820亿元，同比增长5.2%，约占全国的30%，广东家具行业依旧保持了在国内的传统优势地位。2015年，出口创汇207.44亿美元，比2014年增长5.6%，占全国家具出口额的38.2%，持续保持在中国家具出口的龙头地位。其中全省木竹家具产值为2337.62亿元，同比2014年的2178亿元增长7.33%。

2011~2015年，广东家具业受国内经济增速减缓和国外反倾销等贸易保护的影响，行业总体进入低速发展状态，但也有些产品，找到合适的契入点，取得快速发展，定制家具近几年取得飞速发展，每年增长率都在10%以上。截至2015年年末，广东已发展了索菲亚、好莱客、欧派、顶固、德维尔、史丹利、尚品宅配等众多全国知名品牌。以水性木器漆为代表的环保性新材料在家具中的应用也取得了较大的增长，绿色发展的理念在家具行业得到了更多的重视，随着人民的消费升级，中高端的产品越来越成为消费的重点，引领消费的潮流。

家具旅游也是近几年家具业发展起来的新生事物，中山大涌红木博览城、新会古典家具城、顺德罗浮宫国际家具博览中心等都利用自身的优势和特点，已发展成为集采购、展览、观光、旅游、餐饮、货运于一体的特色文化旅游景区。

【木竹浆纸业】 2015 年，广东省造纸行业现有生产企业 1411 家(规模以上企业 206 家)，其中制浆企业 14 家(规模以上制浆企业 3 家)；机制纸和纸板企业 443 家；纸制品企业 1007 家。2015 年，广东省纸浆产量 115 万吨，纸及纸板产量 2078.3 万吨(居全国第一位)，比 2014 年增长 4.3%；完成工业增加值 453.68 亿元，增长 4.9%；纸制品产量 946.99 万吨。纸及纸板仍以包装箱纸为主。

广东省造纸产能集中度高。2015 年，广东省纸及纸板企业产能超过 10 万吨有 45 家，其中，产能 100 万吨以上企业 5 家，产量占全省总产量的 54.1%；30 万～100 万吨企业 19 家，产量占全省总产量的 24.8%；10 万～30 万吨企业 17 家。2015 年，广东省造纸行业共有 4 个“中国驰名商标”，32 个“广东省名牌产品”，39 个“广东省著名商标”。广东省浆纸业分布比较集中，已逐步形成东莞包装纸产业基地、江门银州湖纸业基地、湛江林浆纸产业基地、广宁特色纸产业基地及珠海(阳江)高新区技术开发区产业转移工业园 5 个产业集群。东莞市引导企业转型升级，对年产 20 万吨以下的包装纸和年产 5 万吨以下的生活用纸企业进行淘汰，截至 2015 年年底，共引导 53 家企业停产。合计淘汰落后产能 532.74 万吨。

【广东木材供应量和消耗木材量测算】 广东是木材消耗大省，2015 年木材加工企业(未含家具和木地板)消耗木材量估算约为 2735.4 万立方米，而 2015 年广东省本地采伐木材量仅约为 702.06 万立方米，缺口巨大，大部分加工企业依赖进口木材。广东省的木材资源除了靠进口外，还加强商品用材林基地建设，大幅提高林地产出率，对速生丰产林提高精深加工水平，提高木材利用率。坚持“资源节约型、环境友好型”发展理念，鼓励发展精深加工业，控制粗、初加工业，延长产业链，增加产品附加值；严格执行国家发改委《产业结构调整指导目录(2011 本)》有关“限制、加快淘汰、禁止”项目的规定。鼓励木材加工企业利用城市废旧木质材料生产人造板，以缓解木材资源供应不足的压力，实现循环经济和低碳经济(见表 4)。

表 4　广东省 2015 年木材供应量和木材加工消耗木材量测算　单位：万立方米

按产品分类	产量	消耗木材量测算	采伐木材量
胶合板	270.3	540.60	702.06
纤维板	475.7	665.98	
刨花板	389.7	467.64	
其他人造板	53.2	129.28	
锯材	35.0	52.50	
木片	225 万绝干吨	360.00	
单板	33.0	59.40	
木竹浆	115 万吨	460.00	
合计	—	2735.40	

注：表中所统计消耗木材加工企业包括人造板、锯材、木竹纸浆、木片、单板等企业，未含家具和木地板企业。

【森林食品药品和油料生产加工业】 广东森林食品药品加工品种主要有梅州的板栗、柚子，南雄的红菇，始兴的木耳，仁化的铁皮石斛、灵芝，高要、德庆、信宜的肉桂，德庆的首乌、巴戟，阳春的春砂仁，清新的金银花，鹤山的凉粉草，广宁的竹笋，德庆、五华的野生巴戟，河源的五指毛桃，恩平市的簕菜茶，紫金的竹壳茶，龙门的西溪笋，化州的橘红，从化的蜂蜜，新兴的凉果，新会的陈皮等。

油料生产主要是油茶加工厂，主要分布在粤东的梅州、河源和粤北的韶关、清远，产能最大的地级市是梅州市。2015 年，全省油茶种植面积达 17.14 万公顷，其中当年新造油茶林面积 1.268 万公顷，低产林改造面积 7783 公顷。全省共建立规模油茶加工厂 336 家，茶油产能达 12 万吨。2015 年，全省产油茶籽 14.93 万吨。

【林产化工业】 2015 年，广东省松香生产面临松林资源减少及资源老化严重、企业整体规模偏小与产能过剩现象突出、技术落后、深加工产品比例偏低、采脂工人匮乏、成本上涨过快、国外低价松香及石油树脂等替代产品竞争压力大等方面的问题。2015 年，广东省有松香加工企业 63 家，设计产能 29.096 万吨，2015 年实际产量 6.4 万吨，比 2014 年减少 15%，松香企业约有 10 家处于停产状态。

【森林生态旅游业】 广东省开展森林生态旅游的主要载体有森林公园、自然保护区、野生动物园、动植物园、树木园、湿地公园和其他森林生态旅游区等。

2015年，新增森林公园301个，各级森林公园总数量达1086个(含国家级、省级、市县级、镇级)，总面积116.55万公顷，占全省国土面积6.5%，其中国家级24个、省级76个、市县级515个、镇级471个。各级湿地公园总数量达154个(含国家级、省级、市县级、镇级)。经使用景区餐饮、住宿、零售业调查法，通过对景区内餐饮、住宿、零售业和景区内交通、游乐、门票、游客人数等方面进行调查统计，测算森林生态旅游产值。2015年，全省林业旅游与休闲接待游客2.52亿人次，比2014年增长16.83%，旅游收入达1369.46亿元，比2014年增长23.15%，直接带动其他产业产值254.24亿元(见表5)。

表5 2013~2015年广东省森林生态旅游业测算产值汇总 单位：亿元

地市	2013年	2014年	2015年
广州	171.30	213.74	219.00
深圳	53.19	66.37	114.39
梅州	82.39	102.80	110.00
佛山	83.97	104.77	105.00
韶关	77.95	97.26	102.00
东莞	57.40	71.62	88.19
惠州	46.19	57.63	70.96
清远	36.26	45.24	68.30
河源	31.01	38.69	66.80
江门	30.02	37.46	64.00
珠海	27.26	34.01	62.10
茂名	34.64	43.22	53.22
肇庆	30.60	38.18	47.01
云浮	28.42	35.46	43.66
汕头	20.15	25.14	30.96
揭阳	16.79	20.95	25.80
阳江	16.16	20.16	24.83
潮州	15.04	18.77	23.11
汕尾	12.89	16.08	19.80
中山	10.07	12.56	15.47
湛江	9.68	12.08	14.87
全省合计	891.38	1112.22	1369.46

【林产品市场流通业】 广东省林产品市场流通业包括木材市场、人造板市场、家具市场和建材市场。2015年，广东省木材、人造板市场有19家，家具市场有362家，建材市场有101家，全年销售额达5415亿元。

2015年，顺德乐从、中山大涌在产业结构调整，加快产业转型升级的创新浪潮中迈出了新步子。中山大涌中国红木文化博览城，累计投资达16亿元，首期15.5万平方米，是集产业、文化、旅游、休闲娱乐为一体的产业集群。中山大涌镇整合镇内各种资源，以红木文化引领家具、旅游等产业转型升级，实现三产融合发展，积极促进大涌镇从“中国红木家具产业之都”到“中国红木文化旅游名镇”的蜕变。

顺德乐从罗浮宫家博中心、乐从国际会展中心是国内顶级的家具卖场，其将家具产业与文化旅游业相结合，把“卖场”变“景区”，从“卖产品”到“卖文化”，先后获得“国家级4A旅游景区”称号，成为推动文化引领家具产业转型升级之路上的先行者。

表6 2012~2015年广东省林产品木材人造板市场规模和数量统计

单位：家、万平方米、亿元

项目＼类别	木材人造板市场			
	2012年	2013年	2014年	2015年
市场数量	19	19	19	19
市场面积	159.5	159.5	159.5	159.5
销售额	673	712	748	764

表7 2012~2015年广东省林产品家具市场规模和数量统计

单位：家、万平方米、亿元

项目＼类别	木材人造板市场			
	2012年	2013年	2014年	2015年
市场数量	350	360	361	362
市场面积	1829.9	1882.2	1870.4	1885.9
销售额	1910	2110	2260	2316.5

表 8　2012～2015 年广东省林产品建材市场规模和数量统计

单位：家、万平方米、亿元

项目＼类别	木材人造板市场			
	2012 年	2013 年	2014 年	2015 年
市场数量	80	100	101	101
市场面积	232.5	256	257	257
销售额	1910	2110	2300	2334.5

表 9　广东省各市林产品市场流通业分布表

单位：家、万平方米

地区＼类别	合　计		木材市场、人造板市场		家具市场		建材市场	
	市场数量	市场面积	市场数量	市场面积	市场数量	市场面积	市场数量	市场面积
全省	482	2302.4	19	159.5	362	1885.9	101	257.0
佛山市	25	1378.8	6	68.0	14	1259.0	5	51.8
广州市	109	351.3	3	19.5	81	279.5	25	53.8
东莞市	36	131.3	3	66.0	27	46.3	6	19.0
深圳市	59	106.5			40	44.3	19	62.2
江门市	35	77.8	1	0.5	29	51.3	5	26.0
中山市	6	26.0			6	40.5	1	1.0
肇庆市	43	43.0			33	33.0	10	10.0
惠州市	22	22.0			19	19.0	3	3.0
珠海市	20	22.7	1	0.5	13	13.0	6	9.2
茂名市	16	16.0			12	12.0	4	4.0
湛江市	15	15.0			12	12.0	3	3.0
清远市	13	13.0			11	11.0	2	2.0
揭阳市	13	13.0	1	1.0	11	11.0	1	1.0
河源市	11	11.0			10	10.0	1	1.0
汕头市	11	11.0			9	9.0	2	2.0
潮州市	10	10.0			9	9.0	1	1.0
梅州市	9	9.0	1	1.0	6	6.0	2	2.0
韶关市	8	8.0	1	1.0	5	5.0	2	2.0
云浮市	8	8.0			7	7.0	1	1.0
阳江市	7	7.0	1	1.0	5	5.0	1	1.0
汕尾市	5	5.0	1	1.0	3	3.0	1	1.0

【林业投资】

林业建设资金来源情况　2015 年，全省林业各类建设实际到位资金合计为 976822 万元，其中，2014 年年末结余资金 46817 万元；国家预算内资金 829512 万元；国内贷款 8789 万元；利用外资 6525 万元；自筹资金 48091 万元；其他资金 37088 万元。

在林业各类建设资金来源中，国家预算内资金所占的比重最大，占资金到位总量的 84.92%，较 2014 年增加 6.64 个百分点。

林业投资完成情况　2015 年，广东省全部林业投资完成额达到 967229 万元。按建设内容分，用于造林与保护方面的投资为 654459 万元，占全部林业投资完成额的 67.66%；用于林木种苗、森林防火、有害生物防治等林业支撑与保障方面的投资为 104612 万元，占全部林业投资完成额的 10.82%；用于林业产业发展方面的资金为 25918 万元，占全部林业投资完成额的 2.68%；用于林业民生工程方面的资金为 22545 元，占全部林业投资完成额的 2.33%；其他资金为 159695 万元，占全部林业投资完成额的 16.51%。

分区域看，2015 年珠三角地区累计完成林业投资额 383373 万元，占全部林业投资完成额 39.64%；山区市县林业投资完成额 425210 万元，占全部林业投资完成额 43.96%；东翼林业投资完成额 65946 万元，占全部林业投资完成额 6.82%；西翼林业投资完成额 92700 万元，占全部林业投资完成额 9.58%。

林业利用外资情况　2015 年，广东省林业利用外资项目 1 个，为毛里求斯韶关桉树工业原料林项目，实际利用外资规模达 993 万美元。较 2014 年减少 237 万美元，减少 19.27%。

【林业系统从业人员和安全生产情况】　截至 2015 年年底，广东省林业系统各种经济类型单位共计 1810 个，其中企业 40 家、事业单位 1508 家、机关 262 家。事业单位为主力军，占单位总数的 83.31%。

2015 年，林业系统年末实有人数 30424 人，单位从业人员 29491 人。按照性质分，事业单位职工人数最多，达到 20498 人，占 69.5%；按照所属行业分，农林牧渔业年末实有人数 14597 人，制造业 142 人，包括自然保护区和机关在内的服务业 14589 人，其他行业 163 人。

广东省全年林业系统在岗职工年平均工资 57231 元，比 2014 年增长 4.79%；离退休人员年生活费为 28645 元，增长 10.4%。分行业看，林业工程技术与规划管理年平均工资最高，为

101487 元，制造业年平均工资最低，为 14979 元。

【广东省林业龙头企业】 根据《广东省林业龙头企业评选标准》(粤林函〔2008〕503 号)和《广东省林业厅关于开展 2015 年省林业龙头企业申报和复核工作的通知》精神，2015 年 10 月广东省林业厅评审组对 2015 年申报省林业龙头企业进行考核，并对 2009、2012 年省林业龙头企业进行复核，评定了广东天亿实业有限公司等 20 家企业为 2015 年“广东省林业龙头企业”，认定保留广州市园林建筑工程公司等 33 家企业“广东省林业龙头企业”资格，取消佛山市沃德森板业有限公司等 5 家企业“广东省林业龙头企业”称号。截至 2015 年年底，广东省林业龙头企业家数为 152 家(见表 10)。

2015 年新认定广东省林业龙头企业 20 家：广东天亿实业有限公司、梅州市绿盛林业科技有限公司、广东龙岗马山茶业股份有限公司、广东神石生态农科股份有限公司、大埔世源农业生态有限公司、广东本草源科技有限公司、广东飞天马实业有限公司、大埔县单竹山绿雅农业生态开发有限公司、广东桂岭蜂业科技股份有限公司、饶平县茂林农林开发有限公司、广东梅龙农林产权流转服务公司、广东康帝绿色生物科技有限公司、佛山市高明桂园花木种植有限公司、广东森霖造绿有限公司、广州天适集团有限公司、罗定市浩良香料有限公司、博罗县罗浮山林场振基木器制品有限公司、广东林中宝食用菌有限公司、新丰云天海温泉原始森林度假村有限公司、广东世纪家园旅游开发有限公司。

复核保留 2009 年认定的省林业龙头企业资格名单 14 家：广东长荣林业发展有限公司、潮州市建成农业综合开发有限公司、广东大一品农业科技有限公司、兴宁市祥旺高山油茶种植场、平远县鸿基生态园有限公司、兴宁市林兴苗圃有限公司、兴宁树人木业有限公司、广东富然农科有限公司、广东韶能集团股份有限公司珠玑纸业分公司、广东省德庆县银龙实业有限公司、四会市汇隆木业有限公司、鸿伟木业(仁化)有限公司、怀集顺龙木业有限公司、潮州市紫莲森林度假村有限公司。

复核保留 2012 年认定的省林业龙头企业资格名单 19 家：广州市园林建筑工程公司、河源市融和生态农业发展有限公司、龙川万泰油茶发展有限公司、龙川县穗丰农业发展有限公司、广东紫金瑞丰农科实业有限公司、广东富阳生物科技有限公司、广东宏益鳄鱼产业有限公司、茂名市天山林牧发展有限公司、茂名市惠生源生物科技有限公司、广东肇林林业发展有限公司、广东惠邵实业发展有限公司、梅州市天润生态农林发展有限公司、梅州天地杰农林发展公司、平远园山湖油茶农业开发有限公司、五华县凯億达实业发展有限公司、广东兴源农林有限公司、揭东县望天湖现代农业科技有限公司、翁源县凯通纤维板有限公司、怀集宜美木业有限公司。

2015 年取消 5 家原认定的省林业龙头企业资格名单：广东金凤生物科技有限公司、上东林业(翁源)有限公司、佛山市沃德森板业有限公司、梅州富华中纤板有限公司、广州市园林科学研究所。

表 10　广东省林业龙头企业数量统计 单位：家

项目＼年度	原有数量	复核取消	保留数量	备注
2008 年评定	32	7	25	2014 年复核
2009 年评定	18	4	14	2015 年复核
2010 年评定	20	—	20	
2011 年评定	20	5	15	2014 年复核
2012 年评定	20	1	19	2015 年复核
2013 年评定	17	—	17	
2014 年评定	22	—	22	
2015 年评定	20	—	20	
合计	169	17	152	

【国家林业重点龙头企业】 根据《国家林业重点龙头企业推选和管理工作实施方案(试行)》(办规字〔2013〕164 号)和《国家林业局办公室关于做好 2013 年国家林业重点龙头企业推荐与选定工作的通知》(办规字〔2013〕165 号)的规定，2015 年，广东始兴县华洲木业有限公司、广东播龙农业科技发展有限公司、广东威华股份有限公司、梅县雁南飞茶田有限公司、广东绿宝佳股份有限公司、广东瑞恒农林科技发展有限公司、广东长荣林业发展股份有限公司、广东望天湖现代农业科技有限公司、广东肇林

林业发展有限公司、韶关市明弘生态农业有限公司10家企业入选第二批国家林业重点龙头企业。截至2015年年底，全省林业龙头企业共有152家，国家林业重点龙头企业16家。

【林下经济】 2015年，广东省继续巩固集体林权制度改革成果，深化集体林权制度改革，每年举办全省林下经济发展规划培训班，大力推广“龙头企业+专业合作组织+基地+农户”模式，挖掘和培养一批各具特色的林下经济示范基地，积极推动各级财政增加对林下经济发展的资金投入，落实林下经济示范基地的评定标准和补助政策，带动全省林下经济快速发展，切实增加农民涉林收入。广东林改总结推广了德庆、南雄、阳春、信宜、吴川、平远、始兴7个林下经济发展典型经验和做法，有效地促进各地林下经济发展。2015年广东扶持发展铁皮石斛、砂仁等林下经济199万公顷，产值达463亿元。

2014年，国家林业局开展林下经济示范基地创建工作，经申报评审，2015年广东省蕉岭的广东桂岭蜂业科技股份有限公司、揭东的广东望天湖现代农业科技公司、丰顺的广东龙岗马山茶业股份公司、怀集的肇庆市木林森黄栀子种植专业合作社等4个公司基地被认定为2014～2015年国家林下经济示范基地。

2015年广东省认定省级林下经济示范基地10个：翁源县邦农金银花专业合作社、广东神石生态农科股份有限公司、广东长荣林业发展股份有限公司、蕉岭中葛南药葛根专业合作社、广东林中宝食用菌有限公司、阳春市恒豐实业有限公司、梅州市中大南药发展有限公司、仁化县鑫宇生态开发有限公司、清远市檀香林业有限公司、始兴县车八岭茶业有限公司。

【林业产业大事记】

3月3日 由广东省林业厅、珠海市人民政府主办的第二届“世界野生动植物日”纪念活动在珠海长隆举行，本届世界野生动植物日的主题是“保护野生动植物物种，推进新一轮绿化广东”。

3月5日 7项林业科技成果获2014年度广东省科学技术奖：由中国林业科学研究院热带林业研究所主持完成的“红树林快速恢复与重建技术研究”获一等奖；由广东省林业科学研究院主持完成的“樟树良种选育及其种苗产业化快繁技术”获二等奖；由华南农业大学主持完成的“高抗性桉树优良无性系选育与生态栽培技术”、广东省林业科学研究院主持完成的“绿僵菌种质资源创新及高效防治林业主要害虫体系构建与应用”“森林消防立体灭火技术研究与应用”“广东油茶养分高效管理技术”和深圳市万信达生态环境股份有限公司主持完成的“采石矿山复绿关键技术研究与应用”获三等奖。

4月21日 广东省林业厅在广州市召开林业龙头企业座谈会，开展经验交流，研究部署工作，加大全省林业龙头企业培育力度，确保全省林业产业稳步发展。

4月28日 全省油茶产业发展座谈会在广州市召开。

5月12日 广东省林业厅在广州市召开了2015年全省深化林改工作会议。会议主要总结2014年20个重点县深化林改工作，客观分析当前全省深化林改面临的新形势新任务，研究部署全省2015年深化林改工作。

6月5日 广东首个林业CCER项目——广东长隆碳汇造林项目首期成功交易。

6月13日 广东园林植物产业技术创新促进会在顺德陈村花卉世界举行成立大会，审议通过了促进会章程，选举产生了第一届理事会和监事会。

11月27日 由广东省人民政府主办、广东省农业厅承办的第六届广东现代农业博览会开幕。

12月10日 全省林下经济发展现场会在梅州蕉岭召开。

12月11日 广东省林业厅在广州市召开了2015年省林业龙头企业座谈会。

12月23日 广东省林业调查规划院起草的地方标准《林业产业基础数据调查技术规范》由广东省技术监督局发布，于2016年4月23日起实施。

12月29日 2015年度全省油茶科技攻关协作组会议在广州市召开。

（吴灿军）

广西壮族自治区林业产业

【概　述】 2015年，广西林业产业总产值达4305亿元，同比增长11.8%。其中，林业第一产业产值1475亿元，同比增长14.0%；第二产业产值2402亿元，同比增长8.9%；第三产业产值428亿元，同比增长21.6%。其中，造纸与木材加工业产值约1360亿元；林产化工产值197亿元；各类经济林产品总量1313万吨；林下经济产值714亿元，发展面积累计达5293万亩；森林旅游收入240亿元。林业产业基本形成以市场需求为导向，以资源培育为基础，以优势产业为主体，以新兴产业为增长点，一、二、三产业全面覆盖，多元主体共同参与的林业产业体系和发展格局。其中，林下经济、野生动植物繁育利用、森林生态文化旅游等林业生态经济及林业电子商务、林业会展经济等新兴业态发展规模持续扩大，产业领域不断拓展，成为提升全区林业产业的新引擎。

林业产业就业情况 2015年，林业系统从业人员达到44968人，其中专业技术人员9372人，在岗职工39468人，其他从业人员3388人。

森林培育 2015年，广西完成植树造林面积257933公顷，其中完成荒山造林10万公顷、迹地人工更新41667公顷、低效林改造造林5267公顷、无林地和疏林地封育22400公顷、有林地和灌木林地封育23232公顷、桉树萌芽更新88600公顷。截至2015年年底，广西森林面积达1478.3万公顷，森林覆盖率达62.2%，活立木蓄积量达7.0亿立方米。

林下经济 2015年，广西林下经济产值达到714亿元，同比增长16.3%，林下经济发展面积达到5293万亩，同比增长6.2%。全区共有1611万人通过发展林下经济实现人均增收1678元，比2013年增加了184万人。

林浆纸一体化产业 2015年，广西木(竹)浆造纸产业产值296亿元。林浆纸类省级现代林业产业龙头企业共有4家。广西形成了以钦州、北海、南宁、百色等地为主的林浆纸和竹浆纸产业集群。构建了以钦州、北海、南宁、百色等沿海地区的大型林浆纸企业为核心，内地林(木竹)、草、蔗浆造纸并重发展的产业格局。

【木材精深加工产业】 2015年，广西木材年产量达2650万立方米，连续多年成为全国最大的木材产区。人造板产量突破3400万立方米，人造板类省级现代林业产业龙头企业一共有42家。

产业集群 广西形成了以南宁、柳州、桂林、梧州、玉林、贵港等为核心的木材加工产业集群。主要包括以柳州、桂林、南宁为中心的板式家具制造基地，以南宁、贵港为中心的胶合板制造基地，以南宁、梧州、贺州为中心的纤维板生产基地，以崇左、贺州为中心的刨花板生产基地，以柳州、河池为中心的细木工板、指接板生产基地；以凭祥、东兴为中心红木家具进出口及商贸物流基地，以玉林容县为代表的异型胶合板生产基地，以桂林荔浦县为代表的中国木衣架生产基地等木材精深加工产业基地。

知名品牌 以“高林”“丰林”“三威”三大品牌为首的纤维板以产量大、质量优良而享誉全国；“铜冠牌”指接板畅销国内；“壮象”生态板以环保健康、品质高优而畅销泰国、马来西亚等东盟国家；“俏天下”“裕祥”“华海”“高旭”“庆祥”“居美工艺”等品牌的木竹衣架产品享誉全国，畅销海外；“西柳·源木世家”的高档椎木家具以原料优质独特、糅合传统文化与先进制作工艺而畅销国内。

第12届中国—东盟博览会林产品及木制品展 11月19~22日，由国家林业局与广西壮族自治区人民政府联合主办，广西壮族自治区林业厅、中国—东盟博览会秘书处和中国林产工业协会承办的第12届中国—东盟博览会林产品及木制品展(以下简称“林木展”)在南宁国际会展中心举办。

本届林木展展示面积3万平方米，展示内容包括红木家具、木工机械、人造板、林业先进技术项目、林下经济等中国与东盟林木业贸易投资合作最多的相关产品。有来自柬埔寨、老挝、缅甸、越南等东盟国家及国内250家企业参展，展商重复参展率高达50%，展会期间共约5万人次参观，现场贸易投资成交额达到6亿元人民币。期间，还成功举办了第五届中国(南宁)林产品国际贸易论坛、中国—东盟国际木文化论坛等专业论坛、研讨会、贸易对接活动和现场技艺表演等丰富务实的系列活动。“高林”牌中(高)密度纤维板、“麓岭”牌特级毛尖茶等41个产品获第11届中国—东盟博览会林产品与木制品展金奖；“壮象”牌实木香杉生态板、“益朵”金花茶等30个产品获银奖。

【林产化工产业】 2015年，广西林产化工产业产值197亿元。松脂产量60万吨；松香产量98万吨，松香深加工产品4.7万吨；松节油产量11万吨，深加工产品1200吨。林产化工产业主要包括：以马尾松、湿地松商品松脂资源林培育并以此为原料的松香、松节油生产及其深加工的松脂产业；以八角、肉桂经济林培育并以此为原料的八角果、桂皮生产及其深加工产业；以油桐经济林培育并以此为原料的桐油生产及其深加工产业。林产化工类省级现代林业产业龙头企业有12家。

产业集群 广西形成了梧州、玉林、贵港、防城港等地的林产化工一体化产业集群。

知名品牌 主要有“华松”牌歧化松香系列产品、“龙舟牌”松香及系列深加工产品、“嘉盈”牌松香树脂产品，这些品牌的松香产品在全球的市场中占有一定份额。

【特色经济林】 2015年，广西有经济林总面积227万公顷，其中水果类111.3万公顷，干果类14.2万公顷，林产饮料类6.4万公顷，林产调料类34.8万公顷，森林药材类3.1万公顷，木本油料类57.2万公顷。经济林产品总产量1313.5万吨，其中水果类1139.5万吨，干果类23.5万吨，林产饮料类6.5万吨，林产调料类17.6万吨，森林食品类24.2万吨，木本药材类13万吨，木本油料类19.2万吨，林产工业原料类69.5万吨。经济林产品种植与采集总产值733亿元，比2014年提高33%。

核桃生产 2015年，广西核桃林总面积14.2万公顷，核桃产量2万吨。其中，河池市现有核桃面积占广西面积的98%。根据国家林业局办公室关于开展全国核桃遗传资源调查编目工作的通知要求，2015年，广西壮族自治区林业厅委托广西林科院开展广西核桃遗传资源调查编目工作。年内已完成了119份核桃种质的调查测定，收集图片资料1000多份，对广西核桃82份种质资源的经济性状，如果实大小、果壳厚度、出仁率、油脂和蛋白质的含量进行了测定，发现核桃特异种质资源8份，制作核桃标本40份。

八角生产 2015年，广西有八角林总面积30万公顷，占全国八角林总面积的90%以上。八角干果总产量12.3万吨，年产茴油3000吨左右，占全国茴香油产量的95%以上，占世界贸易量的80%以上，年加工产值超过5亿元。八角林面积10万亩以上的有防城、右江、德保、宁明、苍梧、藤县、岑溪、金秀、北流9个县(市、区)。全区八角品种群有4种，分别为红花八角品、淡红花八角品、黄花八角品和白花八角品。广西八角加工企业有21家，产量比较大的加工企业有浦北县大地八角开发有限公司、防城港市桂丰香料厂、南宁市益鑫植物香料厂、德保县腾隆香料工业有限公司、万山香料有限责任公司、藤县京桂高科技产业有限责任公司等，主要加工生产茴油、莽草酸等产品。省级现代林业产业龙头企业主要有万山香料有限责任公司、京桂香香料有限公司、藤县古龙龙淳八角专业合作社、藤县光华农工商贸发展有限责任公司4家。

肉桂生产 2015年，广西肉桂林总面积5.3万公顷，桂皮产量3.6万吨。广西藤县、防城区、岑溪市中心产区先后被国家林业局命名为“中国肉桂之乡”，防城区肉桂获得国家地理标志认证。

板栗生产 2015年，广西板栗林总面积10.2万公顷，板栗产量8.2万吨。广西东兰县、隆安县中心产区被国家林业局命名为“中国板栗之乡”，东兰板栗获商标注册和地理标志认证。

柿子生产 2015年，广西柿子林总面积1.5万公顷，柿子产量8.1万吨。

【油茶产业】 2015年，全区新造高产油茶示范林7867公顷，低产林改造9267公顷，其中油茶产业发展中央预算内投资和自治区财政专项补助新造林项目完成5867公顷，低产林改造项目完成2600公顷。培育良种油茶无性系苗3000多万株，全年油茶籽产量约19万吨，茶油产量4.5万吨，茶油一、二、三产总值超80亿元。

产业投入 2015年，广西共投入油茶产业发展资金2.4亿多元，其中油茶产业发展中央预算内投资、农业综合开发、林业科技推广示范等项目资金共计3225万元；自治区林业经营性产业发展扶持资金3000万元，油茶新造林补助标准从6000元/公顷提高到7500元/公顷；市县财政及统筹整合其他项目资金1232万元；企业及林农、合作社投入1.6亿元。

示范基地建设 2015年，建设7个共计593公顷新造油茶高产示范林基地和2个面积共计60公顷低产林改造示范基地，建设茶油压榨能力600吨/年生产线和精炼茶油生产能力1000吨/年示范生产线各一条。

油茶良种与新品种 2015年，岑软ZJ11、岑软ZJ14、岑软ZJ24和岑软3－62这4个油茶良种通过广西壮族自治区林木良种审定委员会审定。“红羽1号”“红羽2号”获国家林业局授予植物新品种权，品种权号分别为20150169和20150170，是继“松韵”之后广西获得授权的林业植物新品种，这两个品种果皮较薄，鲜出籽率达25%以上，远高于广宁红花油茶(13%左右)。

科研成果 2015年4月，中央财政林业科技推广项目“广西巴马县油茶标准化示范区建设”“广西八步区油茶标准化示范区建设”和广西农转项目“油茶高油酸优良品系中试示范”通过验收。2015年10月，国家农转项目“油茶采穗圃营建新技术中试示范”通过验收。广西林科院获授权国家发明专利2件，分别是《一种地热快速培育油茶芽苗砧木的方法》(ZL201310047716.2)和《油茶冬春芽苗砧嫁接繁殖方法》(ZL201310047650.7)。广西林科院“油茶配方施肥缓释多功能新技术与应用”获广西科技进步二等奖，“油茶精制的关键技术及应用”获广西技术发明三等奖，实现其在广西技术发明类奖项零的突破。

【花卉产业】 2015年，广西花卉产业总产值110亿元，比2014年增长2.8%。花卉种植面积约60万亩。花农98832户。广西最具特色的花卉品种主要为茉莉花、桂花、金花茶、罗汉松、兰花和山茶花。花卉培植类省级现代林业产业龙头企业有10家。

产业集群 广西初步形成广西北部湾、桂北桂西等地的花卉产业集群，具体包括以南宁为核心的茉莉花产业化生产区域，以桂林为核心的桂花产业化生产区域，以北海为核心的罗汉松产业化生产区域，以柳州、玉林、百色为核心的兰花生产区域，以防城港、北海、南宁为核心的金花茶产业化生产区域，以南宁、柳州、桂林、玉林、北海、梧州、河池等为重点的绿化苗木生产区域。

横县国际茉莉花文化节 8月23日，由中国茶叶流通协会主办、中国花卉协会支持、中国花卉花文化专业委员会和广西横县人民政府共同承办的“第九届全国茉莉花茶交易博览会暨2015年中国(横县)茉莉花文化节”在横县中国茉莉花茶交易中心隆重开幕。本届茉莉花文化节以“好亿朵茉莉花”为主题，举行了国际茉莉花茶大会，中国(横县)茉莉花音乐会，横县特色名优产品和旅游文化展，横县投资贸易洽谈会，横县茉莉花和茉莉花茶及特色产品展销会，南山白毛茶百年品牌营销峰会游等21项精彩纷呈的活动。2000多名来自全国及世界各地的嘉宾、茶商、文化艺人、媒体记者、游客云集花乡，推动中国茉莉花茶产业前行，并为全球茉莉花茶产业搭建了良好的平台。

【野生动植物繁育利用产业】 2015年，广西陆生野生动植物繁育与利用产业产值47亿元，同比增长27.0%。人工繁育的野生动物物种主要有食蟹猴、猕猴、虎纹蛙、梅花鹿、竹鼠、鳄鱼、蛇类、蛤蚧、龟类等20多种，人工种植利用的植物物种主要有金花茶、罗汉果、两面针、红豆杉、灵香草、铁皮石斛等几十种具有地方特色的产品。省级现代林业产业龙头企业有4家。

产业集群 广西基本形成了桂北、北部湾两大野生动物繁育利用集群区和桂北、桂西南两大野生植物利用产业集群区。初步形成了以食蟹猴、猕猴等灵长类实验动物驯养繁殖，蛇类、竹鼠、蛤蚧人工养殖及加工为优势的产业格局；打造了以玉林、贵港、梧州为中心的桂东医药用野生动物繁育利用及深加工基地，在南宁、百色、崇左、桂林建立9个培育兰科、苏铁、罗汉松的野生植物培育基地。

【森林旅游业】　2015年，广西森林旅游收入达240亿元，森林公园总数达63处，自然保护区73处，湿地公园17处。森林旅游产业规模进一步扩大，森林公园生态文化建设进一步拓展。以森林公园、自然保护区旅游小区和湿地公园、林业观光园等其他类型森林旅游景区协同发展的森林旅游体系逐步形成。

产业集群　广西形成了以西江黄金水道、北部湾滨海、大桂林山水和桂西北为主的森林旅游产业集群。

森林公园　2015年，广西新设立靖西五岭、广西派阳山、东兰红水河、昭平五指山和贵港亚计山等5处自治区级森林公园。截至2015年年底，广西森林公园总数为63处，其中国家级森林公园20处、自治区级森林公园35处、市县级森林公园8处。森林公园经营总面积266060.49公顷，比“十一五”期末增加10022.11公顷；游道里程955.90千米，职工总数2299人，导游人数271人，车船总数458台(艘)，接待床位5337张，接待餐位12542个。2015年各级森林公园共投入建设资金62502.28万元(其中财政投资5122.66万元，自筹43549.62万元，招商引资13830万元)，其中，森林公园环境保护投入8122.82万元，植树造林1082.7公顷，改造林相604.9公顷。2015年，各级森林公园接待游客量896.17万人次，森林公园收入总额25.63亿元。全区森林旅游人数4500万人次。

森林公园“提质增量”工程　截至2015年年底，广西3A级旅游景区以上的森林公园达到18处。姑婆山、良凤江、大容山国家森林公园先后建成为国家和自治区的科普教育基地；姑婆山、龙潭国家森林公园被评为国家和自治区生态旅游示范区；有6处森林公园(森林旅游景区)分别被评为“中国最美森林旅游景区”“中国最佳温泉度假地”和“中国最佳秋色观赏假地”；龙胜温泉国家森林公园被评为“中国森林氧吧”；柳州君武自治区森林公园被评为广西五星级乡村旅游区。另外，还有4处森林公园正在创建4A级旅游景区，2处森林公园正在创建5A级旅游景区。

【龙头企业】　2015年，广西现代林业产业龙头企业新增13家，截至2015年年底，广西现代林业产业龙头企业总数量达到127家，同比增长9%。

国家林业重点龙头企业　广西壮族自治区国有高峰林场、广西三威林产工业有限公司、广西金桂浆纸业有限公司、广西梧州日成林产化工股份有限公司、广西天利恒种业有限公司、广西桂林思源生态农业科技开发有限责任公司、广西丰林木业集团股份有限公司、广西国茗金花茶科技有限公司、广西桂人堂金花茶产业集团股份有限公司、广西壮族自治区国有黄冕林场、广西壮族自治区国有七坡林场、南宁良凤江国家森林公园、广西三椿生物科技有限公司。

自治区农业产业化重点龙头企业　广西丰林木业集团股份有限公司、北流市兆周松脂厂、田东县金荣纸业有限公司、永福县龙腾木业有限公司、桂林裕祥衣架有限公司、广西国有高峰林场、广西梧州松脂股份有限公司、广西三威林产工业有限公司、广西华劲纸业集团有限公司、梧州日成林产化工有限公司、广西浦北县龙门镇海龙工艺编织厂、广西京桂香料有限公司、贺州新凯骅木业有限公司、融安华海木业有限公司、广西金田木业有限公司、广西国有七坡林场、广西亿健茶业有限公司、玉林市汉桂园园林花木有限公司、贺州东辉木业有限公司、广西桂人堂金花茶产业集团股份有限公司、苍梧县桂森林产品发展有限公司、广西田东增年山茶油有限责任公司、广西大玉余甘果有限责任公司、广西宜州凯立木业有限公司、广西桂林思源生态农业科技开发有限公司、广西田阳华美纸业有限公司、广西肥涛纸制品有限公司、广西金茶王油脂有限公司、广西巴马印象生活体验产业有限公司、梧州市润森园艺发展有限责任公司、广西壮族自治区梧州茶厂、广西南山白毛茶茶业有限公司、贵港市伟创木业有限公司33家企业。

2015年新增广西现代林业产业龙头企业

贺州金润林业投资有限责任公司　该公司成立于2012年，注册资本2200万元，总资产达2亿元，是一家专营林业产业化项目投资开发和运营的现代林业民营企业。公司已建成杉木混交林示范基地3.5万亩，合作造林完成6万多亩，杉木纯林1万亩。并且建设有高档板材生产的加工厂以及杉木苗良种繁育基地，可解决2000名农村劳动力就业。

柳州市天姿园艺有限公司　该公司成立于2010年9月，注册资本800万元，是一家致力于发展现代标准化林业种植技术的台资企业，也是集高优精品果树和优良花卉研发、繁育、种植、加工、销售、休闲、观光于一体的农业产业化产、供、销一条龙的龙头企业。公司位于广西柳州市柳北区长塘花卉基地，已投资6000万元发展花卉规模化生产，建有花卉生产基地3个，占地总面积500亩，拥有生物组培工厂5000平方米，标准化温控大棚6万平方米。公司主要从事农业技术的开发、新品种的推广和咨询服务。公司以名特优兰花和新品树种研发及栽培为特色，其自主研发的国兰新品种目前达600多个，共申报专利180多项。

广西现代园林绿化工程种苗有限公司　该公司成立于2002年，注册资金1010万元，资产总额1209万元。公司位于广西南丹县城关镇丹东路大转盘旁，在南丹县建有规模化的苗木生产基地，主营精品桂花、南方红豆杉、香樟、核桃、银杏等。公司系生态园林绿化工程和种苗企业，专门从事：城市园林绿化景观工程的规划、设计、编制、预算、施工、养护等；林木造林绿化树、花卉、果树种苗科研、选育、移植、改良驯化、造型、示范推广等；石漠化地区核桃产业项目开发。

广西恒亚养殖发展有限公司　该公司成立于2009年12月，注册资金1000万元，隶属广西联恒投资集团有限公司旗下。公司经营范围包括：对养殖业、加工业、林业的投资；鳄鱼养殖、林业种植；农业开发；机械设备、电子产品、五金交电、矿产品、农副土特产品等。公司鳄鱼养殖基地占地面积140亩，养殖鳄鱼苗3000多条。带动周边200户农户发展养殖业务。

钦州市远鸿养殖场　养殖场成立于2000年3月，注册资金100万元，位于钦州市钦南区沙埠镇沙寮上李村，其经营范围及方式为：眼镜王蛇、眼镜蛇、滑鼠蛇、灰鼠蛇、五步蛇、虎纹蛙等养殖销售服务。养殖场总占地面积233.5亩，养殖池、孵化室、冷库等基础设施建设齐全。现有员工总人数63人。养殖种蛇38600条，种蛙10600对，商品蛇19.6万条，幼蛇23.3万条，蛇蛋30万枚，产品畅销区内外，产值达3800多万元。

广西东兴山峰石斛有限公司　该公司成立于2011年9月，位于十万大山，是一家种植、加工、科研、销售一体化，“基地+企业+市场”的创新型模式的大企业，公司主要经营范围为石斛种植、初加工、研发、收购及销售。公司已拥有广西规模较大的铁皮石斛集约化种植基地，目前已投资6800多万元，种植铁皮石斛占地面积近800亩，并与大中院校，科研单位密切合作、开发与研制了“不老峰”牌系列产品。

南宁帝旺村木业有限公司　公司成立于2010年，占地面积130亩，位于广西南宁市西乡塘区，注册资本1800万元，是一家集自主研发、生产、销售、服务于一体的木材加工企业。有国内最先进的单板生产线5条，年产桉木单板3万立方米，胶合板生产线5条，年产胶合板6万立方米。主导产品为按照年度订单配套生产集装箱专用木地板、木地板基材、贴面家具板，是广西唯一一家有资质生产集装箱木地板的企业。

广西鹿寨通用人造板有限公司　公司成立于2004年11月，总投资1200万元，位于广西柳州鹿寨县城南工业区。拥有年产16万立方米中密度纤维板生产线。公司依托柳州市及鹿寨县林木资源及林业产业优势，充分利用伐区剩余物、各类杂树枝丫、小径材及木材加工剩余物制造中密度纤维板，实现了林木资源的综合利用。

广西融水阳光木业有限公司　公司成立于2011年6月，位于广西柳州市融水县新国村麻洞屯马场。占地80亩，现有员工521人。公司主要生产建筑装饰用木工板和生态板等产品，常年为全国装饰板材界多个著名商标持有企业提供OEM服务，共有成品生产线23条，日产量约8000张，重点建设有年产6万立方米杉木细木工板的生产线。产品远销江苏、浙江、安徽、福建、湖南、湖北等18个省份。

广西融水春泉木业有限公司　公司成立于2009年3月，位于广西融水苗族自治县融水镇，主营细木工板、锯材、单板、原木加工及销售等，原木材料收购方面，与主要林区的10个乡镇林农建立了良好的交售关系，公司加工基地占地45亩，年产加工杉木原木3万多立方米，生产细木工板2.5万多立方米。产品销往重庆、浙江、江苏、安徽、山东、湖南、海南、广东等地。

广西华晟木业有限公司　该公司成立于2011年，是一家集生产、销售为一体的原木颗粒板专业生产企业，位于广西贵港(台湾)产业园主园区内。公司总投资3.2亿元，占地面积187亩，建筑面积5万多平方米，员工200多人。建设有一条年产22万多立方米的优质原木颗粒板生产线，充分利用桉木"三剩物"和枝丫材做原料，利用桉树皮作燃料，是木材综合利用率达到98%以上，为民众家具提供绿色环保板材。

广西钦州润港林业股份有限公司　公司成立于2008年8月，注册资金3330万元，是一家从事林业种植、采伐、木材加工的专业林木生产企业。现有管理人员154人，成产场地74.5亩。木材专用运输车辆16辆。拥有木片专业生产设备27台套，年木片生产能力60万湿吨，木材专用运输车辆16台，年货物运输350万吨千米专业的木材储运物流车队。目前，公司已占有钦州市70%以上的木片市场份额，成为广西金桂、中国纸业、湛江晨鸣、亚太森博、海南金海，山东博汇、泰格林纸、金东纸业、金海浆纸等大型浆纸企业稳定的材料供应商。

广西华沃特生态肥业股份有限公司　该公司成立于2012年7月，注册资金3000万元，专业生产你桉树、油茶等林业用肥，面向农业，逐步研发甘蔗、桑叶等农业用肥。拥有三大复合肥生产基地，总占地面积约150亩，年产能达到30万吨以上，约占广西桉树用肥量的20%，是广西林业系统技术最先进、规模最大的农林专用复合肥生产企业，也是广西区直国有林场唯一指定供肥企业。

表1　广西现代林业产业龙头企业名录表

序号	企业名称	类型	主营产品
1	广西国有派阳山林场	商品林种植类	商品林
2	广西国有钦廉林场	商品林种植类	商品林
3	广西国有六万林场	商品林种植类	商品林
4	广西国有东门林场	商品林种植类	商品林
5	广西国有七坡林场	商品林种植类	商品林
6	广西国有黄冕林场	商品林种植类	商品林
7	广西国有维都林场	商品林种植类	商品林
8	广西国有三门江林场	商品林种植类	商品林
9	广西国有博白林场	商品林种植类	商品林
10	广西国有雅长林场	商品林种植类	商品林
11	广西林业集团有限公司	商品林种植类	商品林
12	广西天利恒种业有限公司	商品林种植类	商品林
13	广西全通投资集团有限公司	商品林种植类	商品林
14	广西世银农林资源开发有限责任公司	商品林种植类	商品林
15	广西绿桂林业资源开发有限责任公司	商品林种植类	商品林
16	贺州市欣荣星林业有限公司	商品林种植类	商品林
17	昭平县远大营林投资有限责任公司	商品林种植类	商品林
18	广西贺州市远高林业开发有限公司	商品林种植类	商品林
19	贺州金润林业投资有限责任公司	商品林种植类	商品林
20	广西洲际林业投资有限公司	商品林种植类	商品林
21	广西坤旺林业有限公司	商品林种植类	商品林
22	广西三江源源茶叶有限公司	商品林种植类	茶叶
23	广西亿健茶叶有限公司	商品林种植类	茶叶
24	三江县茶油科技有限公司	商品林种植类	油茶
25	广西三椿生物科技有限公司	商品林种植类	油茶
26	广西田东增年山茶油有限责任公司	商品林种植类	油茶
27	广西桂林思源生态农业科技开发有限公司	商品林种植类	油茶
28	广西中港高科国宝金花茶产业有限公司	花卉培植类	金花茶
29	广西合浦佳永金花茶开发有限公司	花卉培植类	金花茶
30	防城港市百喜金花茶科技开发有限公司	花卉培植类	金花茶
31	广西桂人堂金花茶产业集团股份有限公司	花卉培植类	金花茶
32	广西天源农业开发有限公司	花卉培植类	金花茶
33	广西北海银阳园艺有限公司	花卉培植类	罗汉松

（续）

序号	企业名称	类型	主营产品
34	广西南宁碧湾园林工程有限公司	花卉培植类	花卉
35	柳州市天姿园艺有限公司	花卉培植类	兰花
36	广西现代园林绿化工程种苗有限公司	花卉培植类	花卉
37	玉林市汉桂园园林花木有限公司	花卉培植类	花卉
38	东兴市鑫祥野生动物养殖有限公司	野生动植物驯养、繁育类	野生动物
39	广西盟展鳄鱼科技开发有限公司	野生动植物驯养、繁育类	野生动物
40	防城港常春生物技术开发有限公司	野生动植物驯养、繁育类	野生动物
41	广西雄森灵长类实验动物养殖开发有限公司	野生动植物驯养、繁育类	野生动物
42	广西恒亚养殖发展有限公司	野生动植物驯养、繁育类	野生动物
43	钦州市远鸿养殖场	野生动植物驯养、繁育类	野生动物
44	广西大玉余甘果有限公司	野生植物加工流通类	余甘果
45	柳州市笑缘林业有限责任公司	种苗培育类	种苗
46	广西东兴山峰石斛有限公司	种苗培育类	种苗
47	广西高峰林浆纸业(集团)有限责任公司	人造板类	纤维板
48	广西国有高峰林场	人造板类	纤维板
49	广西华峰林业股份有限公司	人造板类	纤维板
50	广西浩林人造板有限公司	人造板类	纤维板
51	广西丰林木业集团股份有限公司	人造板类	纤维板
52	广西东正集团有限公司	人造板类	纤维板
53	广西乐林林业开发有限公司	人造板类	纤维板
54	广西鹿寨通用人造板有限公司	人造板类	纤维板
55	广西融水阳光木业有限公司	人造板类	细木工板
56	广西融水春泉木业有限公司	人造板类	细木工板、杉锯材、原木
57	广西华晟木业有限公司	人造板类	刨花板、中纤板
58	永福县龙腾木业有限公司	人造板类	纤维板
59	桂林速丰木业有限公司	人造板类	纤维板
60	广西三威林产工业有限公司	人造板类	纤维板
61	贺州新凯骅木业有限公司	人造板类	纤维板
62	贺州东辉木业有限公司	人造板类	纤维板
63	广西宜州凯立木业有限公司	人造板类	纤维板
64	广西金田木业有限公司	人造板类	纤维板、刨花板

（续）

序号	企业名称	类型	主营产品
65	广西国有大桂山林场	人造板类	纤维板、胶合板
66	广西桂巽板业有限公司	人造板类	胶合板
67	苍梧县桂森林产品发展有限公司	人造板类	胶合板
68	广西上思华林林产工业有限公司	人造板类	胶合板
69	贵港市鸿盛隆木业有限公司	人造板类	胶合板
70	广西贵港市树泰木业有限公司	人造板类	胶合板
71	广西春天木业有限责任公司	人造板类	胶合板
72	广西田东畅宇木业有限公司	人造板类	胶合板
73	广西平果县松森木业有限公司	人造板类	胶合板
74	广西防城港市昌海木业有限公司	人造板类	胶合板
75	崇左市恒宇木业有限公司	人造板类	胶合板
76	广西南宁绿园北林木业有限公司	人造板类	胶合板
77	南宁帝旺村木业有限公司	人造板类	胶合板、单板
78	广西横县威林木材市场投资限责任公司	人造板类	胶合板、单板
79	陆川县三力木业有限责任公司	人造板类	胶合板、单板
80	百色大地木业有限责任公司	人造板类	胶合板、单板
81	融水县融西木业有限公司	人造板类	细木工板
82	融水县新林木业有限公司	人造板类	细木工板
83	融安华海木业有限公司	人造板类	其他人造板
84	广西凤山宏宇木业有限责任公司	人造板类	其他人造板
85	环江森源木业有限责任公司	人造板类	其他人造板
86	广西澳林木业有限责任公司	人造板类	其他人造板
87	平果丰宇发展有限责任公司	人造板类	其他人造板
88	贵港市金利木业有限公司	人造板类	其他人造板
89	广西荔浦利林木业有限公司	木竹制品类	家具
90	广西志光办公家具有限公司	木竹制品类	家具
91	桂林森林美实木家具有限公司	木竹制品类	家具
92	广西桂林华海家居用品有限公司	木竹制品类	木、竹衣架
93	兴安全翼竹木业有限公司	木竹制品类	木、竹衣架
94	桂林裕祥家居用品有限公司	木竹制品类	木、竹衣架
95	桂林俏天下家居用品有限公司	木竹制品类	木、竹衣架
96	荔浦庆祥竹木制品有限公司	木竹制品类	木、竹衣架
97	荔浦县东方木业制品有限公司	木竹制品类	木、竹衣架
98	桂林佰客喜家居用品有限责任公司	木竹制品类	木、竹衣架

(续)

序号	企业名称	类型	主营产品
99	柳州隆泰竹业有限公司	木竹制品类	木、竹衣架
100	柳州林道轻型木结构制造有限公司	木竹制品类	木、竹衣架
101	广西浦北县龙门镇海龙工艺编织厂	木竹制品类	木、竹衣架
102	柳州市柳城鸿森家具制造有限公司	木竹制品类	木、竹衣架
103	桂林美万家竹业有限公司	木竹制品类	木竹制品
104	桂林毛嘉工艺品有限公司	木竹制品类	木竹制品
105	广西钦州润港林业股份有限公司	木竹制品类	木竹制品
106	防城港市宝兴工艺品有限公司	木竹制品类	木竹藤制品
107	广西梧州松脂股份有限公司	林产化工类	松香
108	梧州日成林产化工有限公司	林产化工类	松香
109	梧州市嘉盈树胶有限公司	林产化工类	松香
110	梧州市松桦化学品有限公司	林产化工类	松香
111	北流市兆周松脂厂	林产化工类	松香
112	富川瑶族自治县威龙林化有限公司	林产化工类	松香
113	桂林兴松林化有限责任公司	林产化工类	松香
114	国营武鸣县朝燕林场	林产化工类	松香
115	广西京桂香料有限公司	林产化工类	香精香料
116	广西万山香料有限责任公司	林产化工类	香精香料
117	广西藤县光华农工商贸发展有限责任公司	林产化工类	香精香料
118	广西藤县古龙龙淳八角专业合作社	林产化工类	香精香料
119	广西华劲纸业集团有限公司	制浆造纸类	制浆造纸
120	广西荔浦纸业有限责任公司	制浆造纸类	制浆造纸
121	广西金桂浆纸业有限公司	制浆造纸类	制浆造纸
122	田东县金荣纸业有限公司	制浆造纸类	制浆造纸
123	广西南宁良凤江国家森林公园	森林旅游类	森林公园
124	广西贺州市姑婆山国家森林公园	森林旅游类	森林公园
125	广西君武原生态旅游开发有限责任公司	森林旅游类	森林公园
126	百色市建鑫植物油有限公司	林副产品专业市场类	林副产品
127	广西华沃特生态肥业股份有限公司	其他类	桉树用肥料

【林业产业大事记】

3月 开展2015年全区现代特色林业(核心)示范区调研活动，由1名厅领导带队，产业处、营林处派员，组成多个调研小组，分赴各地就创建现代特色林业(核心)示范区开展调研。

4月 广西工程技术研发中心组建项目"广西油茶良种与栽培工程技术研究中心"通过验收。

6月4~5日 自治区林业厅举办全区林业产业信息化建设培训班，各市林业局、区直林场林业产业负责人及相关业务人员共60人参加会议。

9月18~21日 由中国林业产业联合会主办的第二届中国森林食品交易博览会在吉林省长春市长春国际会展中心举行，自治区林业厅组织区内森林食、药、果、饮等相关企业参加展览。

10月10~12日 由国家林业局和湖北省人民政府主办的2015年中国森林旅游节在武汉国际博览中心举办，自治区林业厅组织各市林业局和各自治区直属林场积极发动辖区内的森林公园、森林旅游景区通过发放宣传资料、组织人员推介、免费发放门票等方式参加广西森林旅游形象馆的宣传推介活动。

10月10~13日 第八届广西名特优农产品(北京)交易会在北京全国农业展览馆举办，自治区林业厅组织相关企业参加，广西共计269家企业(合作社)参展，广西壮族自治区张秀隆副主席、自治区林业厅副厅长韦纯良出席开幕式。

10月31日至11月3日 自治区林业厅组织广西林业考察团赴浙江省考察林业产业发展情况，并参加第八届中国义乌国际森林产品博览会相关活动，自治区政府副秘书长敖安强、自治区林业厅副厅长，党组副书记莫一平参加了考察活动。

11月1~4日 第8届中国义乌国际森林产品博览会在浙江省义乌市举行，设立广西林业形象馆，自治区林业厅组织相关企业积极参展，宣传广西林业资源优势，展示广西林业发展成就。

11月10日 自治区林业厅与自治区旅游发展委员会签订《推进广西森林旅游发展合作协议》，林业厅副厅长邓建华主持签约仪式，林业厅厅长黄显阳与旅发委主任陈建军出席了签约仪式并签约。仪式结束后自治区林业厅和自治区旅游发展委员召开部门磋商会议，讨论并通过了全区森林旅游工作领导小组调整方案。

11月10~11日 自治区林业厅举办全区森林公园管理业务培训班，培训森林公园管理、规划编制、审批等内容，各市林业局森林公园管理业务科室负责人，各国家级、自治区级森林公园主要负责人共计 120 人参加培训。

11 月 19 ~ 22 日 第 12 届中国—东盟博览会林产品及木制品展在南宁国际会展中心举行。自治区政府副主席张秀隆，原林业部副部长、国家林业局科技委员会副主任蔡延松，自治区人民政府副秘书长周光华，国家林业局计财司副司长、全国木材行业管理办公室主任(正司级)孙建等领导，自治区林业厅、中国—东盟博览会秘书处和中国林产工业协会等部门领导及老挝、马来西亚、缅甸、泰国、越南等东盟国家驻南宁总领事馆及中外客商出席了展会启幕仪式，并参观了展会。全国大部分兄弟省的林业厅(局)和国家级重点林业展会组委会组团前来观摩、交流、参展。

12 月 25 日 公布 2015 年广西现代林业产业龙头企业认定结果(桂林产发〔2015〕12 号)，此次认定的企业共 13 家。

(冷光明)

海南省林业产业

【概　述】 海南省有全国最丰富的热带野生动植物资源，维管束植物6036种，本岛野生植物4579多种，其中海南特有种483种，被列为国家Ⅰ级保护8种，国家Ⅱ级保护45种；乔灌木1400多种，药用植物2500多种，经济价值较高的用材树种800多种。野生陆栖脊椎动物660种，列入国家Ⅰ、Ⅱ类重点保护名录的123种，省级保护206种，海南长臂猿和海南坡鹿为海南独有。

全省规划林地面积3165万亩。截至2015年年底，全省现有森林面积3199万亩，森林覆盖率达62%。全省林业总产值达469.1亿元。

政府重视 2015年，海南省政府将全省产业归类为12个重点产业，热带特色高效农业列入12个重点产业之一。林业产业列入热带特色高效农业统筹，整合专项资金统筹使用，并于2015年12月14日出台了《海南省人民政府关于转变农业发展方式做大做强热带特色高效农业的意见》(琼府〔2015〕109号)。

龙头企业 目前，海南国家级林业龙头企业1家(金海纸浆厂)(2013年国家林业局评选)、13家省级林业龙头企业(2015年海南第一批)，龙头企业在自身发展的同时，与农民建立利益联动机制，带动了农民增收致富。

林业产业结构调整 正确处理好生态效益与经济效益的关系，大力发展林下经济，做精做优森林旅游、热带花卉、特色经济林、野生动物驯养、林木种苗、木材加工(包括林浆纸一体化)等产业，实现生态效益、社会效益和经济效益的有机统一。

林木种苗业 2015年，全省共有苗圃数量612个，占地面积达60253.78亩，育苗14002.8万株，产值约30亿元。

野生动物驯养业 2015年，全省野生动物驯养繁殖场共有253家，比2014年增加了43家，主要养殖有虎纹蛙、龟类、蛇类、实验猴、果子狸等野生动物，受到市场价格波动、消费力下降的影响，年产值3亿元，比2014年略低。

【森林旅游业】 全省共有各级森林公园28处，其中国家级森林公园9处，省级森林公园17处，市县级森林公园2处，总面积约257万亩。森林公园拥有游步道166.7千米，车船166台(艘)，床位1982张，餐位3146个，职工和导游总数分别约为2305人和159人，社会从业人员约2642人。

全省全年投入森林公园建设资金约2.05亿元，其中国家及各级地方财政投入0.16亿元，自筹资金为1.98亿元，环境建设投入为0.72亿元，累计完成植树造林1637.99公顷，改造林相1740.3公顷。全省森林公园基础设施和旅游服务设施逐步完善，环境日趋美观，旅游条件和品质继续大幅提升。

全年共接待国内外游客254.67万人次，其中海外旅游人数6.09万人次。森林公园总收入4.38亿元(门票收入和酒店住宿收入)，同比增长8%，为海南省经济社会的快速发展作出了贡献。

【热带花卉产业】 全省花卉种植面积达12.3万亩，花卉企业717家，从业人员5万人，年销售额17.4亿元。海南金钱树和菊花的种植规模在全国名列前茅，海南省乐东县佛罗镇种植金钱树全部是大棚设施栽培，种植面积7654亩，已建设规模化的花圃100多家，是全国最大的金钱树连片种植区，全镇种植、加工从业人员约1万人，生产金钱树2600盆、产值4.8亿元，并在2015年顺利出口韩国。海南省东方市是中国最大的菊花生产基地，目前有菊花生产企业15家，生产基地面积10240亩，每年出口日本和韩国的白菊花占全国出口量的一半以上。

【木材加工业】 2015年，积极推进海口、澄迈木材加工产业园区建设，全省木材加工行业完成产值102.5亿元。一是林浆纸产值81亿元。其中营造纸浆林约8万亩，生产木片288200吨，产值约1.4亿元；浆产量约150万吨，产值约40.5亿元；纸产量约108万吨，产值约35.8亿元，生活纸约7万吨，产值约4.7亿元。二是锯材产值4.7亿元，产量约28万立方米。三是人造板产值3.9亿元，各类高、中密度纤维板、胶合板等产量约20万立方米。四是木片产值6.6亿元，木片产量约65万吨。五是木、竹、藤制成品及其他产品产值4.9亿元。其中，各类木制品、成品产值完成约3.6亿元；其他产品完成产值约1.3亿元。

【特色经济林产业】

经济林种植 经济林是经济、生态、社会效益融于一体的林种，海南省具有发展热带特色经济林得天独厚的自然条件和传统。造林树种有椰子、槟榔、橡胶、芒果等。2015年，全省经济林种植16.6万亩。

珍贵树种种植 全省从过去以营造速生丰产林为主，转变为大力发展珍贵树种，造林树种调整实现了历史性大转变，珍贵树种种植以降香黄檀(花梨)、白木香(土沉香)和檀香等为主，2015年新种珍贵树种面积3.84万亩。

【林下经济产业】 一是为提高林下经济和林业产业品牌质量效益，提升市场竞争力，促进农民增收、农村奔小康，海南省林业厅会同省财政厅制定了《2015年度海南省品牌林业发展资金申报指南》，共同对全省46个审核合格的林业项目奖励扶持品牌林业发展资金共计998.29万元；二是根据国家林业局《关于公布2014～2015年国家林下经济示范基地名单的通知》(办改字〔2015〕106号)，国家林业局本次认定海南省2014～2015年国家林下经济示范基地共计3家单位，目前正按要求组织相关单位编制示范基地建设方案；三是2015年全年林下经济新增面积4.23万亩，产值63136.9万元，新增就业人数6468人。截至2015年年底，全省林下经济从业人数58.95万人，面积215.93万亩，产值122.5亿元。

（陈　康）

重庆市林业产业

【概　述】 2015 年，全市林业工作按照重庆市委、市政府决策部署，深入落实五大功能区域发展战略，大力推进生态文明建设，全面实施生态保护、生态修复、生态富民、生态服务、生态文化五大林业行动，加快建设长江上游重要生态屏障。完成营造林 329 万亩，森林覆盖率 45%，林木蓄积量 1.97 亿立方米，林业产业总产值 580 亿元，农民林业人均收入 920 元，林业投入 38.04 亿元，林业生态文明建设取得新进展，完成“十二五”各项林业目标任务。

【调查重点保护野生动植物】 市政府发布《重庆市重点保护野生植物名录(第一批)》，开展崖柏、缙云黄芩等极小种群植物的繁育研究和野外回归工作。开展野生动物驯养繁殖清理整顿，实施陆生野生动物疫源疫病重点监测，全市无陆生野生动物疫情发生。完成全市第二次重点保护野生动植物资源调查渝东北片区、渝西片区植物调查和大娄山—乌江流域地理单元、大巴山—巫山山地地理单元动物调查的野外调查。建成全市自然保护区的基础信息库和古树名木管理信息平台，开展古树名木保护补偿机制研究。

【林地、森林、湿地保护】 坚持保护优先，严守林地、森林和湿地三条“红线”。市政府发布林地变更调查成果，推进区县划定生态红线。执行严格的林地用途管制和差别化管理制度，印发《重庆市林地保护管理规定》。加强林木采伐管理，编制完成全市“十三五”采伐限额，统一全市林木采伐申请和林木采伐简易伐区调查作业设计文书(式样)，全面运行全国林木采伐管理系统，实现了网上申请、审核和发证。建成全市森林资源数据中心，推广林业资源管理信息系统在资源管理、造林绿化、森林防火、有害生物防治、林地权属管理等方面的应用。

【森林防火及病虫害防治】 开展春夏季航空消防，推广“以水灭火”技术，全年仅发生森林火灾 8 起，受害面积 5.2 公顷，取得近 10 年来的最好成绩。市政府办公厅出台《关于进一步加强林业有害生物防治工作的实施意见》，实施轻型直升机防治作业 85 万亩次，推广新型诱捕器及诱剂 26500 套，林业有害生物得到有效防控。

【造林绿化】 围绕长江上游重要生态屏障建设，依托国家重点工程，大力推进生态修复，持续改善生态环境。以荒山造林、通道绿化和城区绿化等为重点，大力开展植树造林，完成人工造林 224 万亩，封山育林 105 万亩，中幼林抚育 200 万亩。完成 2011 ~2013 年度三峡后续植被恢复项目清理工作，国务院三峡办批复 2015 年三峡后续植被恢复项目 10 个，建设规模 38.6 万亩，补助资金 7 亿元。制订《三峡水库生态屏障区生态林管护办法》并上报市政府。编制《长江经济带森林和自然生态保护与恢复规划》，加快长江绿色廊道建设。

【退耕还林】 加快实施新一轮退耕还林，重庆市委书记孙政才多次要求加大退耕还林力度，市政府办公厅出台《关于新一轮退耕还林还草的实施意见》，《重庆市新一轮退耕还林还草工程实施方案》由市政府审定后已报国家相关部委，印发《重庆市退耕还林工程年度考核试行办法》和《重庆市新一轮退耕还林作业设计实施细则》，全面完成 2014 年工程任务 65 万亩、巩固退耕还林成果专项种植业基地 62 万亩、荒山荒地造林 6 万亩，完成 2015 年工程任务 40.7 万亩。

【公益林管护及天保工程】 全面落实 4505 万亩公益林管护责任，签订管护责任书和管护合同 1.4 万份，落实管护人员 1.5 万人。2014 年度，公益林生态效益补偿金兑付率达到 99%，会同财政部门加大了对渝东北生态涵养发展区和渝东南生态保护发展区的森林生态效益补偿力度。加快天保工程业务管理系统建设和应用，助推工程精细化管理。加强生物措施治理，因地制宜开展人工造林和封山育林，完成石漠化综合治理建设任务20.5万亩，试点区县增加到17个。编制《重庆市森林经营工程规划》《重庆市退化防护林改造工程规划》，加大低质低效林改造力度，完成森林抚育补贴65.5万亩、造林补贴34.88万亩。编制《山体生态修复试点示范工程规划》，在重点地区探索生态修复有效做法。实施国家木材战略储备基地建设项目9000亩，推进珍稀树种、一般树种的新造和改培。

【林业扶贫】 坚持生态产业化、产业生态化，既注重生态建设，又兼顾农民增收。充分发挥林业产业的生态扶贫功能，本着“短期能脱贫、长期可持续”原则，制订《2015～2017年林业扶贫攻坚行动方案》，从区县和贫困户层面推进林业扶贫。明确每年投入到贫困区县的林业工程项目资金不低于26亿元，并保持10%的年投资增长率。出台支持贫困户脱贫致富的10条政策措施和相应的操作办法，确保林业扶贫政策聚焦到户。重庆市林业局机关和各直属单位落实对口帮扶村社或帮扶点，量身定做帮扶方案，建立“一对一”帮扶制度，助推精准扶贫精准脱贫。

【林业产业出台政策】 市政府办公厅出台《关于加快木本油料产业发展的实施意见》，市林业局、市发改委、市财政局、市农委联合印发《重庆市木本油料产业发展规划》，加强木本油料良种选育，新建4.5万亩、改造0.5万亩油茶基地。

编制《重庆市林业产业发展规划》，优化产业布局。编制完成《重庆市森林公园发展规划》，出台《重庆市森林人家申报管理办法》，新建市级森林公园1个、森林人家100个，森林旅游人数达6400万人次，实现森林旅游收入98.5亿元。

【林业招商引资及产业投入】 加大林业产业招商引资力度，成功举办首次林业产业发展招商会，推出招商项目150个。加大林业特色产业投入，落实3000万元扶持80个特色产业项目，落实500万元扶持100家森林人家，落实300万元扶持林业专业合作社建设。首次建立1000万元的市级林业贷款贴息专项资金，对发展林业产业的新型经营主体贷款贴息。出台《重庆市级林业龙头企业认定管理办法》，评定100家市级林业龙头企业。加快荣昌等地林业生物产业发展。与重庆市统计局联合开展林业产值统计体系研究，科学评估林业产业经济对社会经济的贡献率。

【服务提升】 以不断满足市民的生态需求为出发点和落脚点，不断提升生态服务水平。充分利用乡土树种和原生植被构建连接主要公路、风景林区、自然保护区、湿地公园、森林公园和城乡居民居住区等区域的绿道网，功能完备、衔接有序、惠及民生的绿道网络体系逐步形成，群众得到更多的绿色生态实惠。进一步提高森林公园、湿地公园和自然保护区开放程度，为市民提供休闲游憩场所。首次发布市级以上森林公园旅游线路图和10个森林生态旅游圈。“国际森林日”期间，全市83个市级以上森林公园、16个自然保护区、22个湿地公园免费向市民开放，吸引200万人次走进森林，享受生态，体验自然。

【站点完善】 完善空气负氧离子监测站点建设，坚持空气负氧离子日测日报，并向社会公布，切实为市民出行提供参考。全市森林空气负氧离子平均含量由2014年每立方厘米925个提升到980个，生态质量有所提升。

【义务植树活动】 坚持文化引领，充分发挥林业生态文化的独特优势和作用，增强全社会的生态文明意识。重庆市委书记孙政才、市长黄奇帆等市领导带头参加春季义务植树，共建绿色家园。组织7次义务植树活动，继续开展绿地、林地、名木古树的认建认养活动，义务植树尽责率达到90%以上，义务植树6100万株。

【生态文化宣传】 加强生态文化宣传，开展“共建库区生态屏障记者行”、全市生态文明建设大会一周年主题宣传等活动，开展缙云山、大巴山等保护区系列科普活动。在“3·3”世界野生动植物日“爱鸟周”等生态宣传活动期间，解救、放生野鸟300余只。积极推进生态文化载体建设。缙云山国家级自然保护区等5家单位获评首批“中国森林氧吧”，评选首批10个“重庆最美森林氧吧”。新增5个“全国生态文化村”，全市“全国生态文化村”达到19个，位居全国前列。评选6个“重庆市绿色新村”。积极开展全国绿化模范单位创建和全国绿化先进集体、劳动模范、先进工作者评选表彰活动。社会植绿、爱绿、护绿的意识逐渐增强，生态文明共建共享的良好社会风尚加快形成。

【林业改革】 市委、市政府将国有林场改革工作纳入2015年度重点改革内容。重庆市委副书记张国清、副市长刘强多次对国有林场改革作出指示。成立了国有林场改革领导小组，召开国有林场改革各类专题会议15次。开展市内蹲点调研、专题调研和市外学习考察。举办国有林场改革培训班，邀请国家林业局相关负责人解读中央6号文件精神。在多次征求市级相关部门、区县和国有林场意见的基础上，编制完成《重庆市国有林场改革实施方案》，已经市政府常务会审议通过。集体林权制度改革深入推进，流转集体林地8.1万亩，流转金额7131万元。森林保险面积达5188万亩，新增林权抵押贷款10亿元。深入推进集体林业综合改革、集体林地清产核资和量化确权改革试点。森林认证试点取得实质进展，德国莱茵TÜV认证机构向重庆理文造纸有限公司颁发15万亩竹林地FSC森林认证证书。碳汇交易试点全面启动，举办技术培训，开展林业碳汇交易研究与林业碳汇计量体系建设。

【林业科技创新】 开展科学研究40多项，获得科研成果30多项，获得省部级科技奖励3项。研究出三峡库区防护林营建以及适宜海拔800米以上区域发展的核桃优良品种等实用技术和良种。实施科技推广项目40多项，推广先进技术和良种近50个，编印《重庆林业科技推广示范集锦(1)》。开展技术培训近4万人次。完成技术标准项目11项，全市林业生产标准使用率达到60%以上，平均每个区县使用技术标准近25项。重庆武陵山森林生态国家定位观测研究站正式启用，重庆三峡库区湿地生态定位观测研究站一期工程和重庆森林空气负氧离子监测网络中心等科技平台建设全面启动。编制完成《重庆市“十三五”林业信息化建设规划》。

【林业对外合作】 积极推进欧投林业项目，签署了项目协议和转贷协议，制订了项目管理办法。加强与美国、加拿大、韩国的交流互访，国家林业局批准缙云山国家级自然保护区与美国明尼苏达河谷野生动物保护区签订合作备忘录。组团赴泰国、越南交流学习木材贸易。组织参加第十二届中国林产品交易会、第八届中国义乌国际森林产品博览会、第二届中国(重庆)—东盟家具博览会暨木材及木材制品采购订货会、第二届中国森林食品交易博览会等展会，学习先进省份的经验和做法。完成第三届中国绿化博览会、2015中国森林旅游节重庆展区的建设工作。

(重庆市林业局)

四川省林业产业

【概　述】 2015 年，全省认真贯彻落实中央决策部署，主动适应经济新常态，更加突出农民增收，更加突出市场导向，更加突出创新发展和转型升级，大力推进现代林业产业发展。

林业经济　2015 年，全省实现林业总产值 2664.3 亿元，其中超过百亿元的市(州)有 12 个，较 2014 年增加 1 个，超过 30 亿元的县级统计单位有 26 个，较 2014 年增加 10 个。全省林业总产值较 2014 年增长 14.0%，其中第一产业增长 14.1%，第二产业增长 10.7%，第三产业增长 18.0%。在 21 个市(州)中，超过全省平均增速的有 9 个市(州)，其中南充市达 27.8%。在 184 个县(市、区)中，增速超过 30%(含)的有 20 个县(市、区)。2015 年，全省林业第一、第二、第三产业产值的构成比为 37.8∶32.8∶29.4。其中第三产业产值比重较 2014 年增加了 1 个百分点，表明全省林业产业结构进一步优化，服务业快速增长。全省六大重点产业共实现产值 2340.5 亿元，占林业总产值的 87.8%。木竹产业、林业生态旅游产业和特色经济林产业所占比重较大，分别达到重点产业产值的 32.0%、28.8%和 23.7%。

林业产业投入　2015 年，全省林业产业总投入 254.7 亿元，比 2014 年减少 6.3%。21 个市(州)中林业产业投入超过 5 亿元(含)的有 12 个，其中 10 亿元以上(含)的有 10 个；181 个县级单位中投入超过 5 亿元(含)的有 9 个，其中 10 亿元以上的有 3 个，20 亿元以上的有 1 个。从资金来源来看，各级政府投入(含整合资金)43.0 亿元、企业自有资金投入 155.9 亿元、信贷投入 24.0 亿元、林农和业主等社会投入 31.8 亿元，分别比 2014 年增长 −9.3%、−0.7%、−35.7%和 5.3%。从资金投向来看，林业产业发展资金主要投向资源培育业和林产加工业。受木竹加工业开工严重不足、效益持续下滑的影响，第二产业投入同比下降，达 15.2%。

林产品产量　2015 年，全省原木、杂竹材和鲜竹笋比 2014 年有所减少，次小薪材、楠竹和竹片产量稳步增加。全省经济林果产品产量稳步增长，油茶籽产量继续保持较高增长，比 2014 年增长 61.5%，增长明显。木竹加工产品产量出现小幅波动，木竹人造板、木竹家具和竹浆生产及造纸产量有所上升，木竹地板、木竹工艺品和竹笋加工产量有所减少。

林业产业基地　2015 年，全省共培育林业产业基地 465.0 万亩。从培育方式看，新造 353.6 万亩、占 76.0%，低改或抚育 111.4 万亩，占 24.0%。在当年培育基地中，以核桃、油橄榄为主的木本油料林居多，占总面积的 47.0%。截至 2015 年年底，全省林业产业基地总规模达到 9442.5 万亩，其中木质原料林基地 3601.3 万亩，占总基地面积的 38.1%，位居第一。21 个市(州)的 125 个县(市、区)已建成现代林业产业基地 2295 万亩，其中木质原料林基地、竹林基地和木本油料基地面积位列前三，分别占总面积的 40.5%、29.8%和 16.8%。

【农民林业收入】 2015 年，全省农民人均林业收入达 1165 元。在 21 个市(州)中，农民人均林业收入达 1398 元以上的有 4 个市，分别为雅安市 1973 元、成都市 1631 元、广元市 1480 元、攀枝花市 1462 元。在 178 个县(市、区，成都市 6 城区除外，下同)中，农民人均林业收入达 1398 元以上的有 56 个县(市、区)，其中人均超过 2000 元的有 15 个，较 2014 年增加 5 个。朝天区、温江区、沐川县 3 区(县)农民人均林业收入突破 3000 元。2015 年，全省农民人均林业收入比 2014 年增加 132 元，同比增长 12.8%。在 21 个市(州)中，增幅在 12.8%以上的有 8 个市(州)，其中巴中市增幅达 19.9%。在 178 个县(市、区)中，增幅超过全省平均水平的有 72 个。在四大林业产业发展区域中，盆周山区农民人均林业收入增加184元、增幅13.8%，均居第一。2015年，在全省农民人均林业收入构成中，家庭经营性收入961元，占收入总额的82.5%；较2014年增加98元，占增收总额的74.2%，家庭经营性收入仍是全省农民获取林业收入的主要支撑。同时，工资性收入呈现快速增长态势，占比提高1.5个百分点。

【现代林业重点县建设】 2015年，40个县(市、区)已建成木竹、特色经济林果等现代林业产业基地945万亩，约占全省的41.2%；人造板生产能力516万立方米，木竹家具生产能力750万件套，竹浆造纸生产能力50万吨；木本油料、森林蔬菜、特色经济林果加工能力35万吨。实现林业总产值834亿元，约占全省的31.3%，农民人均林业收入为1385元，约为全省1.2倍，建成"万亩林亿元钱"示范片45片、面积50余万亩。经验收考核，39个区域特色明显、综合效益高、示范带动强的林业产业重点县通过认定。

领导重视，严格考核 各重点县党委、政府高度重视现代林业重点县建设工作，成立了领导机构，出台了扶持政策，完善了联动和考核机制，县(市、区)相关部门和乡(镇)各司其职、密切配合，为重点县建设顺利推进提供了保障。南部县采取季考季评的纪实式评价，形成了乡(镇)主动抓、部门配合抓的良好局面。金川县将重点县建设工作纳入乡(镇)政府和部门工作绩效考核，签订目标责任书，建立责任制和考核奖惩机制。省级林业、发改、财政等部门通力合作，每年对重点县进行年度考核并通报考核情况，2015年又对建设情况进行了半年督导，年终验收，确保重点县建设任务顺利完成。

规划引领，持续推进 围绕建成现代林业重点县的目标，40个重点县在深入调研、认真分析的基础上，结合有关要求和当地实际，组织人员科学编制了"2013～2015年现代林业重点县建设实施方案"，经县(市、区)政府审定后均报市(州)林业、发改、财政部门联合审批。"实施方案"成为各县持续推进现代林业重点县建设的"纲"。三台县对照实施方案，集中打造三条核桃产业带，辅助发展万亩藤椒走廊和米枣产业带。米易县围绕重点县三年实施规划，实行全方位、多渠道、多部门联动，分区落实。

项目整合，社会参与 按照"整合项目、集聚资金，整体打造、综合示范"的原则，省市县三级多渠道筹措发展资金，建立健全了政府、社会多元化参与机制。梓潼县搭建银企合作和信贷担保平台，2013～2015年林业企业累计获得3亿多元的信贷支持。青神县多渠道整合各项资金，投资4亿余元有序推进竹编产业园区建设。筠连县整合国家投入，引导8100万社会资本参与林业产业发展。3年来，全省省级财政投入重点县资金3.8亿元，整合其他林业项目资金4.5亿元，市州和县区财政投入3.2亿元，整合交通、水利资金和金融资金、社会投入超过100亿元。

创新机制，提升效益 积极探索建立三产联动、园区带动等发展模式和机制，着力提升林业产业的质量和效益，总结和提炼了"万亩林亿元钱"等经验和模式。高坪区在巨桉、香椿林下养殖鸡和羊，项目区年人均收入达8000元。南部县因地制宜推广林药、林粮、林菜、林禽、林畜等生态种养模式，全县林下套种蔬菜16万亩、中药材5.5万亩，林下养殖禽畜1080万只，林下综合利用产值达11.5亿元，占林业总产值的30.6%。都江堰市依托11.4万亩厚朴基地和2万余亩射干、桔梗等基地，年林下药材加工产值超过3亿元，林下中药材观光养身、林下高山野菜观光和林下珍禽狩猎观光等生态旅游业稳步推进，延伸林药产业链。青神县围绕竹编产业，已引进5家竹企业入驻竹产业孵化园，并与19家企业签订入园协议、与全国72家竹产业企业形成长效联接机制，将"青神竹编"打造成全国乃至世界的竹编品牌。

培育主体，规模发展 积极引进和培育龙头企业、专合组织、专业大户、家庭林场等新型经营主体，努力推进林业产业的规模化、集约化、标准化和一体化经营。蓬溪县引进食品加工公司培育标准化核桃示范基地1.2万亩，辐射带动周边乡(镇)规模种植核桃2万余亩，惠及农户2600余户。威远县引进"金四方公司"采取BOT模式发展无花果产业，有效解决了单家独户种植分散、管理粗放、效益低下、产品卖难等问题。开江县围绕油橄榄和银杏两个主导产业，培育专业合作社

10个、龙头企业2家，开发了银杏叶黄酮素和油橄榄榨油制酒、高档化妆品等系列加工产品。

【核桃产业】

基地规模 截至2015年年底，全省核桃种植范围已扩展到21个市(州)146个县(市、区)，累计种植面积1310万亩，仅次于云南省(约4500万亩)跃居全国第二位，比2010年增长163%。其中凉山州549.9万亩、广元市183.8万亩、巴中市102.1万亩，分居全省前三位，分别较2010年增长1.8倍、1.4倍和2.2倍。种植面积5万亩以上的有60个县(市、区)，其中盐源县68万亩、宁南县64万亩，位列全省一、二名。

核桃产量 2015年，全省生产核桃干果40.8万吨，占全国总产量的12.4%，位列云南省(82.4万吨)、新疆维吾尔自治区(59.8万吨)之后，居全国第三位；较2000年增加28.2万吨，年均增长26.5%。从产地看，以攀西地区和秦巴山区为多，广元市、凉山州、绵阳市超过5万吨，分占全省的27.0%、26.4%和17.9%，分别比2010年增长2.5倍、1.9倍和8.1倍。

科技支撑 “十五”以来，省林科院和川农大等科研院所加强与核桃主产区林业部门、涉林企业、林业专合社技术协作，联合开展核桃良种选育、丰产栽培、病虫害防控和加工综合利用等技术攻关与成果转化。全省已选育经省审(认)定的优良品种72个，建成良种采穗圃8200亩，研发与推广核桃嫁接育苗、“春季枝接+夏季芽接”“保果灵”、专用肥料、生物农药、系列产品加工和多酚类物质提取等实用技术60余项，为全省核桃产业发展提供了有力的科技支撑。

加工能力 近年来，四川省核桃加工企业，产能逐步扩大、产品日渐丰富。2015年，全省核桃就地粗加工基本实现全覆盖，累计建成核桃加工企业26个，年加工核桃7.5万吨，分别比2010年增长2.7倍和3.4倍，以核桃糖、核桃仁、核桃乳、核桃油为主的系列产品逐渐投放市场，涌现出四川良源食品、广元天湟山、广元棒仁食品、四川茂华食品等一批知名企业和品牌。

助农增收 目前，核桃产业已成为四川省一些山区农民收入增加的主要渠道之一。2015年，全省924.6万核桃种植户从种苗生产、基地培育、干果销售、产品加工与储运、技术服务等环节获得人均收入856元。朝天、利州和米易等18个县(市、区)核桃种植户农民核桃收入人均超2000元，会理县益门镇魏家沟村，全村核桃收入人均达到5000元，占农民人均收入的38%；朝天区核桃收入人均达到3000元，占全区农民人均收入的34.5%。

【林业扶贫攻坚顺利推进】 2015年，各地深入贯彻落实省委省政府《关于集中力量打赢扶贫开发攻坚战确保同步全面建成小康社会的决定》和林业厅《林业扶贫攻坚实施意见》，整合项目资金、聚合人才技术大力实施林业生态扶贫、产业扶贫、科技扶贫等六大行动。2015年，秦巴山区、乌蒙山区、川西藏区、大小凉山彝区采取新造、低改等方式培育林业产业基地271万亩，累计建成现代木质原料林、现代竹林和以核桃、花椒、油橄榄、木耳、乌梅、俄色茶为主的现代特色经济林基地1207万亩，比2014年增加165万亩，完成规划任务116万亩的142.2%。四大区域内的88个县(市、区)实现林业总产值976亿元，农民人均林业收入1200元，分别比2014年增长10.6%和13.3%。

完善投入机制 积极对接国家和省级相关部门，为林业特别是林业产业发展争取更多资金支持。指导和协调各地整合国家项目资金，建立完善政府引导、市场主体、群众参与的多元化投入机制。搭建合作平台，积极引导金融资金、社会资本投向现代林业，推动林业产业转型升级，带动农民增收。

强化三产融合 加大低产低效商品林改造和宜林地造林力度，着力增大现代林业产业基地规模，提高林地单产和产品质量。引进培育林产加工企业，引导龙头企业向林产品集中区的园区转移、中小微型企业向农村转移，努力提高林产品的就地加工转化率，提高附加值。鼓励、支持林农特别是新型经营主体结合森林资源培育，适度发展林下种养、生态旅游、林下野生产品采集、林产品储运等短平快项目，拓展农民增收空间。

推进扶贫攻坚 深入推进产业扶贫工作，积极指导适宜贫困地区结合退耕还林、造林补贴、防沙治沙、林业产业化、国家扶贫等项目，培育木竹原料林、木本油料林和其他特色经济林基地，支持贫困群众利用林地资源和景观资源，积极发展林下生态种植业、生态养殖业和生态旅游业。研究启动贫困地区生态护林员聘用政策，着力解决一部分有管护能力的贫困群众就业增收。

加大服务指导 按照突出重点、分类施策的原则，研究制定推动林板家具产业、竹产业、特色经济林产业和生态旅游产业发展的机制、政策和措施，着力培育新业态、研发新产品、实现新效益。采取科技下乡、专家进院、定向培训等措施加大林业生产标准、集约培育、科学采摘、分选储运、初级加工等实用技术推广应用，提升农户创业增收能力。

突出示范带动 扎实推进第三轮现代林业重点县、木本油料产业重点县建设，培育壮大四大产业集群和六个特色产业带。总结完善林地立体循环发展模式，推进“万亩林亿元钱”示范片和现代林业产业示范园区建设。完善集体林、经济林(果)经营权流转新模式和新机制，探索示范森林体验、森林康养、电子商务等新业态，鼓励支持返乡农民工和农民企业家利用先进理念与及时参与林业开发，盘活林业资源资产，辐射带动行业发展和农民增收。

【林产加工业】 截至2015年年底，全省有林产加工企业7748家，比2014年增加694家。在所有林产加工企业中，木材加工类企业数约占78.2%，占绝对优势。全省有中型以上林业企业423家，全年共实现营业收入510.8亿元。成都全友家具有限公司、四川叙府茶业有限公司、成都双虎实业有限责任公司、剑门关景区开发有限公司和犍为凤生纸业有限公司年营业收入超过10亿元，分别达到28.5亿元、16亿元、14.3亿元、11.1亿元和10.8亿元，十亿元企业较2014年减少1个。到2015年，全省有林业产业园区70个，其中亿元林业产业园区36个，比2014年增加5个。受市场影响，全省木竹地板加工企业产能有所下降。但全省林产加工能力稳步提高。

2015年，四川省林业厅制订和修改完善了《四川省林业产业化龙头企业认定和管理暂行办法》，加强省级林业产业化龙头企业认定和运行监测，根据《四川省林业产业化重点龙头企业认定和管理办法》(川林发〔2015〕61号)，经各地申报推荐，联合工作组审核，省级林业产业化龙头企业认定和管理工作领导小组审定，同意认定成都明珠家具股份有限公司等197家(包括已认定的第一、二批龙头企业)企业为四川省第三批林业产业化龙头企业，有效期2年。同时，四川8家企业入围第二批国家林业重点龙头企业，位居西部地区第一。分别是：泸州市容大竹业集团有限公司、四川广安和诚林业开发有限公司、四川天源油橄榄有限公司、四川五丰黎红食品有限公司、四川宜宾横竖生物科技有限公司、四川富森美家居股份有限公司、四川七彩林业开发有限公司、宜宾云辰乔木园林有限责任公司。

四川省第三批林业产业化龙头企业名单(197家)

新申报林业产业化龙头企业(64家)：

成都明珠家具股份有限公司
四川柯迪尔家私有限公司
四川威腾家具有限公司
泸州清平木业有限公司
四川奥群木业有限公司
万源市鸿光林业发展有限责任公司
达州瑞丰木业有限公司
四川同心门业有限公司
四川柯瑞马林业发展有限公司
成都光禾木业有限公司
四川安禾木业有限公司
四川宝山木业有限公司
泸州竹芯食品有限公司
四川宜华酒业有限公司
四川裕德源生态农业科技有限公司
四川梓州农业科技开发有限公司
四川锦城林业开发有限公司
源森林食品有限责任公司
冕宁元升农业科技有限公司
宜宾川红茶业集团有限公司
汉源县永丰和食品厂

宜宾石平香料有限公司
四川省巴山绿源生态农业开发有限公司
四川淦耀农林开发有限公司
蓬溪县民欣香桂有限责任公司
四川太阳湖农业有限责任公司
四川万隆锦绣农业科技有限责任公司
芦山农林建多元实业有限公司
巴中市卓轮林业开发有限公司
四川均益农牧业有限公司
宜宾腾杨林业科技发展有限公司
四川瀚森农林生态开发有限公司
宜宾原始林业投资股份有限公司
四川省川余农林科技有限公司
四川省君荣林木开发有限公司
宜宾县聚森缘农业开发有限公司
芦山县科龙农牧科技有限公司
达州市绿源商贸有限责任公司
银谷玫瑰科技有限公司
四川金贝尔生态科技开发有限公司
四川绿浪林业有限公司
四川长江生态景观建设有限公司
四川印山红农业科技有限公司
江油市三合天盛生态农业有限公司
宜宾县大景园林有限公司
宜宾中绿林业科技开发有限公司
四川宜宾信成林业有限公司
四川泰和园林工程有限公司
四川省松花岭农业开发有限公司
宜宾锦绣园景观工程有限责任公司
四川金万花生态园林股份有限公司
宜宾琦丰绿色能源有限公司
四川蓝伯特生物科技有限责任公司
四川省西龙生物质材料科技有限公司
古蔺县黄荆生态旅游开发有限公司
绵阳市药王谷旅游发展有限公司
四川省汉亭农业观光旅游有限公司
宜宾纸业股份有限公司
北川云中羌寨旅游开发有限公司
江油市康尔王鹿业开发有限公司
宣汉县龙森中药材种植有限公司
四川林木通林业有限公司
四川天保果业有限公司
简阳市青山林产有限责任公司

第一、二批林业产业化龙头企业(133 家):

攀枝花市捷茂中药材种植有限公司
芦山县鸿鑫林业开发有限公司
四川惊雷农林科技有限责任公司
射洪县峻原农业有限责任公司
四川山里来农业开发有限公司
都江堰市凯达绿色开发有限公司
乐山市绿野科技服务有限公司
炉霍雪域俄色有限责任公司
四川五丰黎红食品有限公司
四川森林茶业有限公司
四川弘鑫农业有限公司
四川省富顺锦明笋竹食品有限公司
四川省天盛竹业有限公司
四川天源油橄榄有限公司
万源市花萼绿色食品有限公司
达州市利根葛业有限公司
泸州市邓氏土特产品有限公司
泸州兴乐食品有限公司
四川帅青青花椒开发有限公司
广元天湟山核桃食品有限公司
广元市荣生源食品有限公司
四川唯鸿生物科技股份公司
广元棒仁食品有限公司
绵阳市佳乐农业开发有限公司
凉山州中泽新技术开发有限责任公司
德昌凤凰实业有限责任公司
四川茂华食品有限公司
峨眉山万佛绿色食品有限公司
成都鑫瑞现代农业开发有限公司
丹棱县麻妹子农业科技有限公司
小金县四姑娘山天然沙棘食品有限公司
四川黑竹沟集团峨边绿色食品公司
四川省青川县川珍实业有限公司
四川米仓林业集团有限公司
四川永丰纸业股份有限公司
四川天竹竹资源开发有限公司
四川银鸽竹浆纸业有限公司
四川省高县华盛纸业有限公司

良友木缘根雕艺术馆
雅安市雅森特木业有限责任公司
四川森楠农林科技有限公司
四川中天地木业有限公司
兴文县石海竹木制品有限公司
宜宾长顺竹木产业有限公司
中盐银港(四川)人造板有限公司
四川天罡木业制造有限责任公司
南充富达竹业有限公司
四川南充国栋林产科技有限公司
万源市长诚林业产业有限公司
四川发荣林业产业有限公司
泸州金山林木业有限公司
合江丽川木业有限公司
四川省沱江木业有限公司
广元升达林业产业有限责任公司
四川恒信友邦家具有限公司
绵阳蔓琪家俱有限责任公司
绵阳建丰林产有限公司
四川绵阳新瑞木业有限公司
凉山中天地林产工业有限公司
四川青神县云华竹旅有限公司
四川豪意木制品制造有限公司
北川县建成木业有限公司
眉山欧尔雅家私有限责任公司
四川顺达人造林制品有限公司
乐山吉象人造林制品有限公司
乐山市硕士儿童用品有限公司
四川华象林产工业有限公司
乐山吉源木业有限公司
沐川金石型材有限公司
乐山市国林木业有限公司
马边嘉美木业有限公司
四川峨眉山龙马木业有限公司
成都川雅木业有限公司
四川高宇木业有限公司
四川万峰林业发展有限公司
成都建丰林业股份有限公司
成都千川木业有限公司
四川升达林业产业股份有限公司
成都安居天下家具有限公司
全友家私有限公司
四川国栋建设股份有限公司
四川省鸿基木业有限公司
成都达江装饰材料有限公司
四川西林进出口贸易有限公司
绵阳市麒翔林产品有限公司
苍溪县林安木业有限公司
四川宜宾横竖生物科技有限公司
四川金皇乐爽鹿业有限公司
四川省鸿运农业开发有限公司
宜宾云辰乔木园林有限责任公司
宜宾市卉丰园林工程有限公司
宜宾市中景林业有限公司
泸州兴隆园林工程有限公司
四川万坤园林工程有限公司
四川恒江园林绿化工程有限公司
旺苍县华兴花木有限责任公司
四川康惠景观工程有限公司
四川乐山川林生态科技开发有限公司
遂宁隆鑫兰花产业开发有限公司
遂宁松涛园林工程有限公司
南充市皇城园林工程有限公司
成都聚宝盆农业开发有限公司
四川农大风景园林设计研究有限责任公司
成都苗夫现代苗木科技有限公司
成都市天祥园林绿化有限公司
成都市芊卉园林工程有限公司
成都伟峰生态园林工程有限公司
四川易园园林集团有限公司
四川省景林景观园林工程有限公司
四川安龙天然林技术有限责任公司
四川省绿色圣源农业开发有限公司
四川渝州农林开发有限公司
泸州市容大竹业集团有限公司
汇森林业股份有限公司
屏山县凯丰林业发展有限公司
四川七彩林业开发有限公司
盐亭县金土地农林发展有限公司
绵阳市荣兴林果业开发有限责任公司
绵阳市祥瑞生态林业开发有限公司
四川蓬溪建兴青花椒开发有限公司

四川祥光农业科技开发有限公司
四川省登悦林木种植开发有限公司
泸州森科园林有限公司
珙县观宝山林场
四川华东农林有限公司
四川省皓胜自然生态资源开发有限公司
四川广安和诚林业开发有限责任公司
广元紫阳农林工程有限责任公司
宜宾云华山农业生态资源开发有限公司
遂宁市龙鑫香料有限公司
成都富森美家居股份有限公司
泸州华泰贸易有限公司
宜宾市蜀南竹海旅游发展有限公司

【四大产业集群】

成都平原区林板家具产业集群 2015年，该集群的30个县(市、区)共实现木竹产业产值325.5亿元，占全省的43.5%；农民人均林业收入1246元，比全省平均水平高7.0个百分点。

川东北特色经济林产业集群 2015年，该集群的14个县(市、区)实现特色经济林产业产值126.9亿元，占全省的22.9%；农民人均林业收入1365元，高出全省平均水平12.2个百分点。

川南竹产业集群 2015年，该集群的20个县(区)共实现竹业总产值140.6亿元，占全省的64.4%；农民人均林业收入1297元，高出全省平均水平11.3个百分点。

川西生态旅游产业集群 2015年，该集群的44个县(市、区)共实现林业旅游直接收入174.5亿元，占全省的25.9%；农民人均林业收入1443元，高出全省平均水平23.9个百分点。

表1 2015年四川省林业产业园区名单

市(州)及县(市、区)	园区名称	主要产业
成都市		
新都	成都家具产业园	家具制造、销售
崇州	崇州市工业集中发展区	板式、实木家具生产、销售
郫县	成都现代工业港	实木门、复合门、强化木地板、枕木、锯材

(续)

市(州)及县(市、区)	园区名称	主要产业
彭州	成都市彭州市工业开发区	家具
邛崃	羊安工业园区	中纤板、纸浆、家具
自贡市		
富顺	富顺县竹产业园区	竹笋、竹材、竹叶、木材产品等
攀枝花市		
西区	川滇林产品交易市场	木材初加工
泸州市		
合江县	合江县临港工业园区	中密度纤维板、家具、实木门
	合江县九支工业园区	造纸、竹材加工
叙永县	江门竹产业园区	造纸、竹林建设、加工
纳溪区	大渡口临港产业园区	竹压板、竹炭
江阳区	泸州市江南轻工业集中发展区	原木、锯材、木材的深加工
德阳市		
什邡市	四川什邡经济开发区	人造板、家具
	马井镇家具产业园	家具
	师古镇家具产业园	家具
绵阳市		
安县	四川省安县工业园区	木工板、中纤板、竹浆纸、药材、家具
三台	北坝工业开发园区	木材加工
	芦溪工业开发园区	木材加工、油橄榄加工
梓潼	梓潼县经济开发区	中纤板、指接板，红木家俱
广元市		
苍溪县	苍溪县龙山现代林业产业园区	珍稀树木
	苍溪县武当工业园区	中密度纤维板
	苍溪县紫云工业园区	木工板、装饰板等
旺苍县	旺苍县黄花山远景核桃园区	核桃
	旺苍县普济天台扶贫园区	核桃
	旺苍县西河现代农业园区	核桃和绿化苗木
	旺苍县麻英核桃园区	核桃
	旺苍县正源核桃园区	核桃
	旺苍县先锋核桃园区	核桃

(续)

市(州)及县(市、区)	园区名称	主要产业
青川县	三锅山区林业综合开发示范园区	食用菌
	桥楼现代农业示范园区	核桃
	白龙湖幸福岛现代农业园区	油橄榄
	青溪现代农业示范园区	银杏
	姚渡现代农业示范园区	核桃
利州区	利州区赤化林业产业园区	核桃、林下种养殖、乡村旅游
	利州区工农万亩核桃产业园区	核桃、林下种养殖、乡村旅游
	利州区大荣木本油料产业园区	核桃、油橄榄、林下种养殖、木本油料加工
	利州区紫兰湖万亩核桃丰产示范园区	核桃种植、林下种植及乡村旅游等
昭化区	长坝工业园区	建筑模板，木质人造板
	晋贤香菇园区	晋贤香菇
朝天区	中子现代农业示范园区	核桃
	羊西现代农业示范园区	食用菌
内江市		
市中区	内江市市中区现代林业科技示范园区	花卉、苗木
东兴区	东兴区现代林业示范园区	苗木花卉、珍稀树木、中药材
威远县	威远县无花果现代农业(林业)园区	无花果
资中县	银山镇现代林业示范园区	花卉苗木、特色经果林、工业原料林、生态旅游、木本粮油
资阳市		
乐至县	现代林业产业园区	林木种苗等
乐山市		
犍为县	南岸沱工业园区	竹浆造纸，竹、木经营加工
沐川县	沐川县工业集中区	家具、竹型材、细木工板、墙板、原木、锯材、纸、浆板
南充市		
高坪区	南充市高坪区航空港集中工业园区	中高密度纤维板
阆中市	阆中市工业集中区	中密度纤维板
南部县	河东工业园区	中高密度纤维板加工家具生产
西充县	橡胶坝工业园区	麻竹笋加工

(续)

市(州)及县(市、区)	园区名称	主要产业
眉山市		
东坡区	金象化工园区	办公家具
彭山县	南方家居产业园	家具制造
仁寿县	天府新区仁寿视高工业园区	家私产品
	兴盛家私产业园	家私产品、人造板
洪雅	洪雅县机械化工产业园区管理委员会	木竹人造板
	洪雅建材产业园区管理委员会	木质人造板，造纸
丹棱县	城东工业集中区	中纤板
青神县	青神县竹编产业园区	竹产业
广安市		
前锋区	前锋区工业园区	中密度纤维板、花椒(油)
岳池县	岳池县工业园区	竹胶模板、套装门
达州市		
达川区	四川达州经济开发区	中纤板
	乌梅万亩产业园区	乌梅种植及加工
开江县	开江县普安工业集中区	橄榄油、橄榄酒、化妆品等
雅安市		
名山区	四川雅安工业园区	纤维板
荥经县	荥经县木材加工业园区	木材加工、细木工板生产
汉源县	汉源县甘溪坝食品工业园区	花椒油、水果
凉山州		
西昌市	成都凉山工业园区	中密度纤维板加工
盐源县	盐源县润盐工业集中区	人造板、花椒油

【林业产业大事记】

2 月 四川省林业厅、省委农工委、人行成都分行、银监会四川监管局在宜宾、朝天 5 个县区联合开展了以“两证一社”为主要内容的林权抵押贷款改革试点，该改革破解了林业发展资金瓶颈，目前试点范围已扩大到32个县。

3 月 1 日 巴中市通江县铁厂河林场天保工程“最美护林员”景祥俊获得由中华全国总工会颁发的“全国五一巾帼奖章”“全国五一劳动奖章”的荣誉称号。

3 月 21 日 四川省委书记王东明等省领导和成都市党政军负责人、机关干部等，在天府新区成都片区兴隆湖南岸参加春季义务植树活动，现场种植优质树苗300余株。王东明随后调研了天府新区生态文明建设工作。

6月2日　四川首个省级林业电子商务平台"天府林产"上线。四川省内的林农、专合组织、企业可借助该平台发布林权流转、林产品交易、涉林金融等信息，是四川林业走向"互联网+林业"的重要一步，将有助于四川林权流转、林产品交易打破地域限制，拓宽销售渠道。

6月12~18日　"四川首届生态旅游博览会"在江油市成功举办。共接待观众16万人次，展出全省21市州精品生态美景和依托林业生态资源生产的生态旅游商品477种，推荐生态旅游投融资项目197个总金额达1753亿元，举行了19个生态旅游招商引资项目集中签约仪式，签约金额达193.3亿元。

7月25日　四川省林业厅在洪雅举办首届森林康养年会，首批10处森林康养试点示范基地启动。

8月24日　四川省政府副省长曲木史哈主持召开四川省国有林场林区改革领导小组第一次会议，专题研究部署四川省国有林场林区改革工作，标志着四川省国有林场林区改革工作正式启动。

（李　艳）

贵州省林业产业

【概　述】 2015年，全省实现全部林业产业总产值(按现行价格计算，下同)810.27亿元，比2014年610.04亿元增长32.82%。分产业门类完成情况看：第一产业总产值实现344.66亿元，比2014年243.13亿元增长41.76%，第二产业总产值实现109.87亿元，比2014年91.35亿元增长20.27%，第三产业总产值实现355.75亿元，比2014年275.56亿元增长29.10%。

2015年，全省人造板年生产能力达到115万立方米。全省花卉苗木生产面积38.05万亩，年产值56.72亿元。发展经济林面积168.0万亩，其中油茶15.5万亩。截至2015年12月，全省经济林面积2258.0万亩，其中油茶233.5万亩。

三年倍增计划 2015年，贵州省林业产业牢固树立并切实贯彻创新、协调、绿色、开放、共享的发展理念，持续健康发展，按照贵州省委、省政府的要求，借鉴产业发展先进省区的经验做法，在对省内市、县充分调研的基础上，认真研究国家和省涉林产业政策及相关规划，编制完成《贵州省林业产业发展三年倍增计划(2015～2017年)》(征求意见稿)，征求了省直13个部门的意见，并经省政府常务会议、省委常委会研究通过。

《贵州省林业产业发展3年倍增计划(2015～2017年)》规定，安排省级林业产业专项资金3200万元对147个项目进行贴息、补助，撬动社会资本10.12亿元投入产业发展，其中安排1000万元扶持43个农民林业专业合作社、典型企业和大户建立林下经济示范基地，林下经济总产值增加到61.61亿元。大方县九龙天麻开发有限公司等7家企业产品荣获"中国森林食品示范品牌"称号。

林业投资 2015年组织各地编制林业招商引资项目，审定推出109个招商推介项目在林业厅门户网站上发布。截至2015年12月底，全省林业招商引资签约项目达116个，签约资金151.5亿元；履约项目100个，已到位资金34.1亿元，为贵州省林业产业发展和转型升级注入了强大动力。抓好省级林业产业发展专项资金项目管理。及时下发《关于组织申报2015年度省级林业产业发展专项资金项目的通知》，组织各地申报2015年林业产业项目，其中加工类项目78个，贴息1700万元。

扶持龙头企业 加大林业产业化经营龙头企业的扶持力度，促进林业产业规模化发展。建立了省级林业产业发展财政专项资金，推进林业产业化经营。2011～2015年，共扶持林业产业项目415个，其中395个项目为民营企业，占95%。5年来共下达省级林业产业发展专项资金9600万元，吸引社会资金投入约110亿元，对加快贵州省林业产业结构调整，促进民营经济发展的发挥了积极作用。2011～2015年，贵州省支持民营企业建商品林基地440万亩，补助资金15.2亿元。

林业税费优惠政策 落实好林业税费优惠政策。对贵州省民营企业投资林业建设，凡符合国家、省有关林业税费优惠政策规定的，及时帮助落实兑现相关优惠政策。据统计，2011～2014年全省共有46家林业民营企业享受了林业"三剩物"增值税即征即退政策，共获退税2455.8万元。

林业招商引资 加强林业招商引资工作，助推贵州省林业民营经济发展，贵州省林业厅先后出台了《贵州省林业厅关于加强林业招商引资工作进一步扩大开放的实施意见》(黔林产发〔2011〕8号)和《关于进一步做好林业招商引资工作的通知》(黔林产发〔2011〕127号)文件，通过招商引资，建成一批以松、杉、竹、桉树、油茶、核桃、珍贵树种为重点的林业产业基地林经营企业；建成一批以木(竹)浆(纸)为带动，具有一定规模的林板、林化工和家具精深加工企业；建成一批以森林观光、生态旅游及林产品贸易的三产企业。据统计，2011～2015年，全省共签约林业招商引资项目745个，签约投资总额达1185亿元，其中

95%以上为民间投资。

森林旅游 以全省74个森林公园和104个林业系统管理的森林和野生动物、湿地类型保护区的景观资源为依托，大力开展森林生态旅游，全省森林公园接待游客3200万人次，直接旅游收入42亿元。

【林下经济】 全省初步形成了黔东南人造板生产集群、黔东油茶产业集群、黔南刺梨产业集群、黔西北核桃产业集群、黔西南油桐产业集群、黔中家具产业集群，花卉园区、油茶园区、竹产业园区和木竹加工产业园区初具规模。全省经济林发展面积达到2258万亩，核桃、茶叶、油茶、木本药材、刺梨基地面积均超过100万亩；林下经济经营面积达到1038万亩，产值达61.6亿元；花卉及观赏苗木种植面积达到38万亩，产值56.7亿元；全省森林公园接待游客1.3亿人次，直接旅游收入130亿元，成为林业经济重要增长极；省级林业产业化经营龙头企业达到113家，林业专业合作社达到2300多家，有效地提高了林业产业的组织化水平。全省林业招商引资共落实到位资金309.09亿元，引进了一批优强企业，有力地推动了产业发展。

2015年，整合涉林项目基金6.2亿元发展林业产业，带动社会资金30.8亿元投入林业。加快发展工业原料林基地、中药材基地、茶叶基地、干鲜果品基地，总面积达到1920万亩。全省经济林总面积达2090万亩，年产量130万吨，年产值290亿元。省级林业产业化经营龙头企业达到80家，全省人造板年生产能力达到115万立方米，贵州桐油在国内市场的占有率多年稳居第一。全省共签约林业招商引资项目642个，履约项目为601个，目前已到位资金285.7亿元。全省林下经济经营面积达到1038万亩，产值达48.1亿元。

【林木种苗】 制订省林业厅支持现代高效农业示范园区建设年度工作方案，引导和支持林业企业入驻园区生产并做好协调服务。牵头实施的7个现代高效农业示范园区入驻企业106个、专业合作社71个，建设基地面积20.01万亩，从业农民达9.81万人，实现总产值39.77亿元。完成刺梨产业基地建设8.6万亩，育苗1.1亿株。2015年，育苗面积6.1万亩，培育合格苗木11.07亿株。现有各类苗圃2809家，种苗年产值达75亿元。截至2015年年底，全省共有国家重点林木良种基地7处，主要造林树种基地供种率85.70%，主要造林树种良种使用率55.68%。

【国家级重点龙头企业】 2015年，经专家评审和社会公示，贵州省大自然科技有限公司、赤天化纸业股份公司两家企业被国家林业局认定为第二批国家林业重点龙头企业。

贵州大自然科技股份有限公司 公司成立于2010年1月，公司位于贵州省贵阳市白云区，注册资本5000万元，主营业务为棕榈深加工系列产品的开发、生产和销售。2015年12月，在新三板挂牌上市。截至2015年年末，公司资产总额37664万元，资产负债率51.8%，现有员工264人。

贵州赤天化纸业股份公司 公司成立于2003年10月18日。2014年11月企业进行改制，通过股权转让，上海泰盛制浆(集团)正式收购本公司。上海泰盛制浆(集团)是集林业、制浆、特种纸、木材加工、再生塑料纤维及塑料包装、房地产、贸易为一体的综合性集团企业。公司位于川、黔两省交界的贵州省赤水市，20万吨竹浆纸一体化项目，是全国第一家经国务院审定、国家发改委核定的当今世界工艺技术最先进、单系列产量最大的竹浆生产项目，是一个集社会效益、经济效益、环保效益于一体林纸一体化项目。

【省级重点龙头企业】 组织开展林业产业化经营省级龙头企业的审(认)定工作。对第四批共80家省级龙头企业进行监测，对新申报的69家企业进行新审(认)定，经省级林业产业化经营龙头企业专家委员评审和厅长办公会审议，全省第五批省级林业龙头企业达到113家，其中复审通过58家、新认定55家。

贵州森林野生动物园股份有限公司 公司2004年9月在修文县注册成立，注册资本1.1亿元。公司现有员工230人，其中动管部技术骨干共84人，教授1人、工程师1人、执业兽医师1人、兽医助理3人、本科生20人、大中专生55人，动管部主要分为兽医院、饲料加工房、检疫场、孵化房等机构，为动物的饲料配制和供应，疾病防治、动物救护及繁育等工作提供了有力的保证。为了加强野生动物繁育方面的研究水平，公司还与贵州省野生动物和森林植物管理站、贵州大学、贵州师范大学、贵州科学院等科研机构合作开展研究，极大地提高了动物园的科研水平。

贵州湄潭兰馨茶业有限公司 公司的前身是创建于1996年的湄潭县兰馨制茶厂，2001年改制组建为自然人出资有限责任公司后，逐步壮大成长为集茶叶种植、研发、加工、销售于一体的知名茶企集团，中国茶叶行业百强企业(2014年排名第32位)，国家级重点龙头企业，全国五一劳动奖状荣誉单位，贵州黔茶联盟理事长单位。以贵州茶企第一枚(目前唯一)中国驰名商标"兰馨"为品牌旗舰，以"圣心""田坝""点犀""叶之韵""相遇太美""贵在知心"等65件注册商标为品牌补充，以21次荣获金奖的品质"金字招牌"为推手，以29项国家专利技术为支撑，以实体销售传统模式与B2C、O2O电子商务业态相融合的战略为发展引擎，积极稳妥推进企业发展。

贵州省凤冈县浪竹茶业有限公司 公司原名贵州省凤冈县龙江有机茶业有限公司，成立于2005年8月，注册资本500万元，是一家集茶叶生产加工、销售，茶旅一体的省级林业龙头企业。现有标准化、清洁化的茶叶加工厂2个，茶叶专业合作社1个，各种生产加工及包装、检验检测设备120余台(套)，建有现代化的茶叶生产线3条，年生产能力达300吨，产值近2800万元。采取公司加基地、基地带动农户的经营方式，建有有机茶基地1800余亩，带动农户218户1000人，户均年增收5418元。曾获得省级林业龙头企业、贵州省著名商标、贵州省名牌产品、省级创新型企业、省级企业技术中心、省级龙头企业、贵州省十大本土企业、出口茶示范企业，浪竹牌茶系列产品曾获得3次国际茶博会金奖，4次银奖。

贵州省赤水市金钗石斛产业开发有限公司 公司成立于2010年6月，目前在职员工58人，位于赤水市复兴工业园区赤水河畔旁。公司主要从事金钗石斛系列产品精深加工，目前公司拥有发明专利4件，外观专利35件，产品8大品种35个系列，包括金钗石斛茶片、金钗石斛养生花、金钗石斛养生酒、养生醋、金钗石斛浸膏、纳米粉、枫斗等产品。公司近3年发展迅速，拥有独立的办公大楼、生产车间、文化展馆、旅游休闲广场、实验室等，厂区综合占地面积达30亩，建筑面积6000平方米以上。截至2015年年末，公司总资产超过5000万元，固定资产净值2700万元，销售收入1704万元。目前公司是省级高新技术企业、省级技术中心、省级林业龙头企业，贵州省著名商标、国家地理标志授权、市级龙头企业、扶贫龙头企业等荣誉。

安顺市鸿祥绿色产业有限责任公司 公司系非公有制科技企业，始建于1996年，注册资本1180万元。公司以山苍子和果树种植及农、林产品加工、销售为主营，现拥有国内最大规模的人工山苍子种植基地，与之相匹配的系列产品深加工生产线及其工艺技术具有国内领先水平。公司累计投入资金2000余万元用于山苍子产业化建设，目前已建成山苍子人工育苗基地100亩，山苍子种植高效示范园600亩，山苍子种植基地10000亩、推广种植2万亩，并依托资源基地建成了山苍子系列产品生产线一条；所开发的数十种天然香料产品均具有较强的市场竞争优势。

普定县绿源苗业开发有限公司 基地于2009年创建，以经济林种植、林下种植推广为主。种植面积1200亩。秋锦梨400亩、黄金梨200亩、软籽石榴200亩、桃树10亩，李子40亩、育苗基地150亩，绿化苗木种植200亩，投入资金3000万元，目前产值3600万元。2015年度苗木、果品销售产值600万元，绿化苗木销售产值1000万元，公司着重打造现代经果林种植观光为一体的现代农业产业园，实现净利突破400万元，辐射带动方式以公司加农户形式，吸纳解决农村劳动力人数带动农户400人，实现农户人均增收3000元以上。

普定思源现代农业发展有限公司 公司成立于2012年10月，公司建设初期，主要项目为农业种养殖及基础设施的配套建设，于2015年年底已完工5000羽高脚鸡保种场；水果种植800亩(包含桑葚、桃、李、梨、杨梅等共计18个品种)；绿化苗木种植400亩(包含桂花、香樟、樱花、紫薇等)；蔬菜种植面积约1400亩；修建11000平方米标准大棚，种植了精品花卉。截至2015年年底，公司总资产已达5000余万元。2015年解决了当地居民150人的就业问题，季节性临时工的使用解决了当地6个村的剩余劳动力。

贵州昌泰科技开发有限公司 公司成立于2004年5月，是贵州省农业产业化经营重点龙头企业，贵州省知识产权专利产业化实施单位，贵州省安顺市重点农产品出口企业，是加工生产橡籽系列食品的厂家，2014年，公司被评为"全国放心粮油进农村进社区示范工程示范加工企业"，2015年，公司橡籽面条被评为"中国森林食品"；公司注册商标"格凸河"被评为贵州省著名商标。公司拥有自主知识产权发明专利四项、实用新型专利二项，技术处于国内领先地位。主要生产干橡籽仁、橡籽淀粉、葛根淀粉、蕨根淀粉、百合淀粉、橡籽面条、橡籽米粉、橡籽糖果、刺梨干等，产品主要出口韩国、日本，深受国外消费者欢迎。公司总资产2300万元，年生产能力3000吨。

贵州景天园林工程有限公司 公司成立于2003年9月16日，主要经营花卉苗木生产、批发、租赁。2006年9月6日，公司通过贵州省住房和城乡建设厅审核批准为城市园林绿化三级企业，可承接800万元以内的绿化工程施工，2009年7月10日，公司晋升为城市园林绿化企业二级标准企业。公司是集花卉苗木生产、批发、花卉苗木租赁、园林绿化设计、施工等多种业务为一体的园林绿化企业。公司经济实力雄厚，拥有货车、洒水车、自卸吊车、越野车、轿车、升降修剪机、铲车、油锯等十多台园林绿化生产设备，同时，公司还拥有雄厚的技术力量，公司有高、中、初级技术人员30人，技工30人，覆盖园林、土建、给排水、电器、环保、规划设计等各专业。

贵州青龙农林股份有限公司 公司是一家集无患子种植与销售、林下经济作物农产品及中药材种植与销售为一体的农林科技企业。公司团队自1998年开始在台湾、浙江、四川、湖北、河南、贵州、云南、福建等地进行无患子产业种植加工及相关天然制剂产品的研发。2012年在贵州省独山县上司镇开展无患子基地建设，截至2015年年底，公司已建成无患子绿色种植基地6万亩，有无毒害检验证明及化妆品生产许可证等批文。从林下资源开发至初级无患子皂苷粉深加工产品，已形成了完整的生态资源产业链。2014年公司在上海股交所挂牌，公司总资产重估后价值约为2亿元。

贵州御龙尊茶业有限公司 企业成立于2014年5月，由招商引资引进，落户独山县影山镇特色农业示范园区(省级园区)，是一家专业从事茶叶文化、茶餐饮、茶食品、茶饮料、茶系列工艺品、茶叶种植、生产加工、销售、研发、茶旅游开发、茶职业培训、进出口贸易为一体的产业化民营企业，注册资本1亿元。在独山影山镇建有示范种植茶园1500亩，企业获授权准用"都匀毛尖"证明商标企业；2014年获县级农业产业化经营龙头企业、林业龙头企业、扶贫龙头企业；2015年获州级农业产业化经营龙头企业，通过了中国森林食品认证、全国工业产品生产许可、省级无公害产地认证、ISO9001、ISO14001、ISO18001体系认证；2015年获黔南州茶叶协会副会长单位。

贵州涵龙生物科技有限公司 公司2013年2月成立于贵州省丹寨县，隶属于启迪科技园丹寨创新基地。主要利用贵州优势的生态资源，大力发展生物医药大健康产业，重点开展名贵珍稀中药材铁皮石斛附生茶树生态栽培项目的科学研究与产业化开发。公司与贵州大学、国家植物功能成分利用工程技术研究中心、教育部湖南农业大学茶学重点实验室、国家中医药管理局亚健康干预实验室、北京量子高科、以岭药业等科研机构及企业开展一系列的课题研究及产品开发。产业项目通过了黔东南州地方标准发布及贵州省科技成果鉴定，公司拥有多项知识产权及4项国家发明专利，成为生物科技领域上的一支新生力量。

贵州恒生源农业开发有限公司 该公司于2013年在天柱县凤城注册成立，是天柱县人民政府重点招商引资，主要以油茶、中药材的研发，实施、育苗、种植、加工、销售为一体的股份制企业。自企业成立以来，始终把研发放在首位，除自有的研发团队外，还与中国国家林业科学研究院、中科院云南植物研究所、贵州省林科院、贵州大学农学院、黔东南州林科所等多家科研单位签订了战略合作协议，为企业的发展提供技术支持。

贵州省黎平黔香园油脂有限公司 公司成立于2009年，企业资产总额3500万元，固定资产2120万元，注册资金为2000万元。在2012年7月被认定为“黔东南州扶贫龙头企业”，公司位于黎平县肇兴镇皮林村，注册资金为2000万元。公司现有管理、生产和销售人员90余人，其中大专以上管理人员8人，专业技术人16人，是一家从事山茶油、菜籽油等食用油生产加工及销售企业，以“公司+农户+基地”的运作模式。公司占地面积21000平方米，厂房、仓库、办公楼建筑面积6280平方米。2015年，被认定为“贵州省农业产业化龙头企业”；2015年4月，获得“ISO 9001质量管理体系认证”和“ISO 22000食品安全管理体系认证”证书。公司主要生产山茶油、菜籽油、大豆油和花生油等食用油。公司2015年生产产品产量47吨，产值330万余元，销售收入397万余元，获利56.3万元，消耗茶籽216余吨，涉及黎平县肇兴、双江、水口、龙额、地坪、高屯等乡镇农户3600多户，为农民增收597.6万元，上缴税收35万余元，同时安排70人就业。

贵州鸿辉木业技术有限公司 公司系黔东南州锦屏县招商引资的一家木材深加工企业，现坐落于锦屏县三江镇卦治工业园区，公司于2011年3月11日注册成立，注册资本为1200万元。公司占地面积25亩，新建钢架结构生产车间15104平方米，办公建筑544平方米，职工宿舍1200平方米，烤房用地235平方米。主要生产杉木高档细木板、指接板、高档家具板、防火板等产品。目前，公司已申请并取得了“苗岭”牌产品商标。2015年，公司生产高级细木工板15万张；生产高档指接板10万张，生产高档家具板10万张，当年实现产值4200万元，实现销售收入4000万元，实现销售利润300万元，为国家创税400万元，安置当地就业岗位200多个。

贵州永盛木业有限责任公司 成立于2011年3月，注册资本4200万元，是榕江县人民政府当年招商办起来的民营企业。公司位于贵州省黔东南自治州榕江县忠诚镇王岭村，属榕江县规划的城北工业园区。公司以木材为原料，生产生态免漆板(即三聚氰胺板)，现公司具有年生产生态免漆板6万立方米的生产能力。2015年生产生态免漆板2.84万立方米，销售2.54万立方米，销售收入8871万元，完成工业总产值10380万元，缴纳税金438万元。

贵州苗药生物技术有限公司 公司于2008年6月成立于贵州省铜仁地区江口县，注册资本1500万元。贵州苗药生物技术有限公司是一家专注于贵州特色植物药材研究开发、基地建设、植物有效成分提取、生物制品加工与销售的高科技民营企业，是铜仁市唯一具备植物提取分离技术的企业单位，是贵州省最大的专业从事贵州特色植物有效成分提取厂家。公司自成立以来分别获得了ISO 9000国际质量体系认证和国家货物进出口经营资格证，属“国家级高新技术企业”“贵州省创新型企业”“贵州省产业化经营重点龙头企业”“贵州省知识产权试点单位”“贵州省重合同守信誉单位”“贵州省产业化扶贫龙头企业”，2014年获“贵州省民营经济发展创新奖”。

贵州赫之林食品饮料有限公司 始建于2000年4月18日，由赫章县国有资产投资经营有限公司投资，公司经营范围包括：核桃乳饮料、核桃系列产品、板栗、樱桃、猕猴桃、松仁系列产品、胡萝卜、蔬莱汁、苦荞、洋芋、及矿泉水、纯净水的生产、加工、销售；进出口贸易等。

公司目前拥有资产总额2亿元，其中固定资产1.4亿元。公司拥有年产5万吨的核桃乳生产线2条，拥有1.2万吨低温保鲜库1座。公司已经建立起以本部为核心的南方营销中心和以山东为核心的北方营销中心，公司产品品种目前有两大系列6个品种，产品销往贵州、四川、云南、山东、河北、北京等市场。

黔西县金碧镇杨勇种植农民专业合作社 成立于2010年9月，目前有员工23人，有社员231户，1000余人，流转土地2371亩。2015年种植的“药用皂角树”已经覆盖全县6个乡镇，其中林泉镇、甘棠乡、五里乡、中建乡、重新镇扩大种植面积6000余亩。2014年4月，该社成立了黔西县药用皂角树种植联合社。采取三方连管的合作模式。目前全社已经免费提供100余万元的皂角苗给金碧镇6个行政村种植，种植面积达6000余亩，预计2017年投产。

大方县阳光林业综合开发有限责任公司 公司是毕节市农业产业化经营“重点龙头企业”，创建于2009年9月，公司注册资金600万元，到2014年12月公司资产总额已达6000万元，固定资产4000万元。公司是集“科研、示范、生态观光、种植、生产、销售”为一体的民营开发企业。已有10多年的育苗经验，苗圃基地在大方县八堡乡、响水乡，总面积800亩，主要培育核桃、板栗、梨、桃、李等优质经果林苗木，其中核桃连片育苗基地500亩。2015年，在大方县竹园乡建设核桃基地15000亩。公司现有职工800人，连续六年荣获省级“守合同、重信用”单位荣誉称号。

贵州楚人典范农业科技发展有限公司 成立于2011年4月，是黔西南州本土的农业林业企业，是集科研、生产、市场为一体的综合性企业，主要经营范围为农业林业苗木培育、种植、农业林业产品加工、农业实用技术培训等，2011年9月被评定为市级农业产业化龙头企业，2012年1月被评定为州级农业产业化龙头企业，2012年5月被评定为州级扶贫龙头企业，2012年11月被评定为省级扶贫龙头企业，2013年2月被评定为贵州省农业产业化经营重点龙头企业，2013年5月被评定为贵州绿色生态标杆企业，2015年1月被评定为省级林业龙头企业，2015年12月被选定为黔西南州林业产业协会副会长单位。

贵州珠江源生态实业有限公司 公司成立于2010年2月，注册资金1000万元，现有职工153人，2015年年底，资产总值2374万元，实现利润487万元。经营范围有：造林苗、经济林苗、城镇绿化苗、花卉生产、经营；农药、种子、化肥、奇石、根艺、农副产品销售，承接各类造林工程，各类绿化工程，绿化施工及养护，园林景观设计施工，农产品生产、加工、销售；生态旅游开发。2015年，公司承接石漠化整理工程；退耕还林、巩固退耕还林工程30000余亩，生产销售核桃苗45万株、杉苗300万株，其他苗木合计500余万株，公司新建核桃基地2000亩。截至2015年12月底，年产值1322万元，实现利润487万元，公司总资产2374万元。2013～2014年，公司先后荣获黔西南州州级扶贫龙头企业，贵州省省级扶贫龙头企业；2015年，公司荣获贵州省省级林业龙头企业，州级农业产业化龙头企业荣誉称号。

黔西南州绿缘动植物科技开发有限公司 创建于1996年。生产基地950亩，公司主要从事兰科植物的研究与开发，年产兰花300余万(盆)，年实现批发销售收入800多万元，零售销售收入600多万元，实现利润150余万元。公司是贵州省农业产业化经营重点龙头企业、贵州省林业产业化经营重点龙头企业，创新型企业。同时也是国家花卉工程技术研究中心批复建立的“国家花卉工程技术研究中心兜兰研发与推广中心”。分别被中国科学院昆明植物所，农工党北京市委、贵州省绿化委员会等单位授予“兜兰属植物研发基地”“药用兰科植物优良品种繁育联合基地”“珍稀花卉苗木种植示范基地”等称号。2015年，公司花卉板块实现销售收入1437万元，利税180余万元。公司保育的物种涵盖38个属、共计570多个种系。其中在中国区域内发现的世界一级保护植物——兜兰属植物物种已全部得到保育，公司已完成了20多个兰科植物品种的产业化生产技术示范，并实现了近10个品种的产业化生产。公司产品以兜兰、铁皮石斛、金线莲、贵州春兰、米尔特兰、树兰、紫香兰、文心兰、杂交兰为主。远销北京、上海、广州等国内20多个大中城市。

六盘水金玲籽农业科技发展有限公司 公司位于贵州省水城县野钟特色经果示范园区中心区域，创建于2012年7月，注册资金1000万元，项目总投资2.2亿元，是一家生产科技化、管理现代化、营销国际化、服务一体化，集产、供、销于一体的现代农业发展有限公司。公司主要以刺梨、红心猕猴桃种植、深加工为主，目前拥有特色科技刺梨产业种植基地16000亩，红心猕猴桃种植基地3000亩，中草药及蔬菜瓜果种植基地2000亩，刺梨、猕猴桃苗圃600亩，并已完成省级刺梨示范园区建设。

水城县茶叶发展有限公司 由贵州省水城县财政局出资，县人民政府直属，独立核算、自负盈亏的国有独资企业，公司成立于1998年，注册资金375.59万元，现已成为一个拥有资产逾3亿元、茶园3万余亩的茶叶生产加工企业，是六盘水市最大的茶叶生产加工企业。现已建成年设计产能在150吨加工厂一座、年产超微茶粉100吨生产线一条，公司已通过了HACCP、ISO9001、有机认证等。公司的注册商标有“春意”“水城春”等，主要产品有——“倚天剑”“明前翠芽”“凤羽”机制茶、“凤羽”手工茶、“高原茗珠”“神州香”等产品。

【第五批省级林业龙头企业】 第五批省级林业龙头企业认定名单(55家)，如下。

贵阳市(1家)

1. 贵州森林野生动物园股份有限公司

遵义市(10家)

2. 贵州赤天化纸业股份有限公司
3. 贵州省赤水市金钗石斛产业开发有限公司
4. 道真仡佬族苗族自治县博联茶业有限公司
5. 凤冈县富源茯苓有限责任公司
6. 贵州省凤冈县田坝魅力黔茶有限公司
7. 贵州省凤冈县浪竹茶业公司
8. 贵州湄潭兰馨茶业有限公司
9. 贵州苗夫都市园艺有限公司
10. 贵州海峰木业发展有限公司
11. 遵义市郎笑笑食品有限责任公司

安顺市(5家)

12. 安顺鸿祥绿色产业有限责任公司
13. 安顺市西秀区黔中缘种养殖农民专业合作社
14. 贵州昌泰科技开发有限公司
15. 普定县绿源苗业开发有限公司
16. 普定县思源现农业发展有限公司

黔南州(3家)

17. 贵州景天园林工程有限公司
18. 贵州青龙农林股份有限公司
19. 贵州御龙尊茶业有限公司

黔东南州(6家)

20. 贵州涵龙生物科技有限公司
21. 贵州恒生源农业开发有限公司
22. 贵州省黎平县黔香园油脂有限公司
23. 贵州鸿辉木业技术有限公司
24. 锦屏县锦源木业有限公司
25. 贵州永盛木业有限责任公司

铜仁市(10家)

26. 贵州大龙健康油脂有限公司
27. 贵州省玉屏县康惠植物油厂
28. 贵州一航生态农牧科技开发有限公司
29. 贵州苗药生物技术有限公司
30. 贵州玉屏千林林业投资有限公司
31. 思南乌江利民木业有限公司
32. 贵州天德农产品开发有限责任公司
33. 贵州德天生物科技有限公司
34. 贵州德江县康奇药植开发有限责任公司
35. 德江县伊甸园农业发展有限公司

毕节市(5家)

36. 贵州赫之林食品饮料有限公司
37. 黔西县金碧镇杨勇种植农民专业合作社
38. 贵州惠馨果业发展有限公司
39. 纳雍县万寿玛瑙红樱桃有限公司
40. 大方县阳光林业综合开发有限责任公司

黔西南州(13家)

41. 兴仁县富益茶业有限公司
42. 贵州楚人典范农业科技发展有限公司
43. 贵州资轻松天然食品有限公司
44. 册亨奇松林业发展有限公司
45. 安龙县西城秀树农林有限责任公司
46. 黔西南州鲲波生物资源开发有限公司
47. 贵州阳光农业科技有限公司
48. 贵州珠江源生态实业有限公司
49. 兴义市绿缘中药材种植农民专业合作社
50. 黔西南州绿缘动植物科技开发有限公司
51. 望谟县四海桐油福利加工厂
52. 贵州禾丰苑农林开发有限公司
53. 兴义市文辉中药材农民专业合作社

六盘水市(2家)

54. 六盘水金玲籽农业科技发展有限公司
55. 水城县茶叶发展有限公司

【授予省级林业龙头企业】 通过监测评价继续授予省级林业龙头企业称号名单(58家)，如下。

贵阳市(6家)

1. 贵阳单宁科技有限公司
2. 贵州合众家具有限公司
3. 贵州大自然科技有限公司
4. 贵州由由农业开发有限责任公司

5. 贵州阳光林业科技开发有限公司
6. 开阳紫江富硒茶叶有限公司

遵义市(13 家)

7. 贵州红赤水集团有限公司
8. 贵州新锦竹木制品有限公司
9. 赤水市供销社综合经营公司
10. 赤水市黔原笋业有限责任公司
11. 贵州赤水市新生竹纤维板有限公司
12. 贵州省桐梓县康利绿色食品有限公司
13. 贵州山珍宝绿色科技开发有限公司
14. 正安县顶箐方竹笋有限公司
15. 贵州乾艺园林工程有限公司
16. 贵州金泽地绿色产品开发有限责任公司
17. 贵州省三阁园林绿化工程有限责任公司
18. 遵义林源医药化工有限责任公司
19. 贵州凤冈仙人岭锌硒有机茶业有限公司

安顺市(3 家)

20. 贵州省关岭自治县板贵花椒食品香料有限公司
21. 普定县朵贝重华茶业有限责任公司
22. 安顺市西秀区钰霖种植农民专业合作社

黔南州(10 家)

23. 贵州颍梵农业资源开发有限公司
24. 贵州恒力源林业科技有限公司
25. 贵州龙港生态资源开发有限公司
26. 贵州汇生林业开发有限公司
27. 贵州金鸟木业有限责任公司
28. 三都县顺发木业有限公司
29. 长顺丹索亚刺梨庄园有限公司
30. 贵定县黔星云雾贡茶产业有限公司
31. 贵州高原农产资材开发有限公司
32. 贵定县三胜绿色产业开发基地

黔东南州(15 家)

33. 从江县华丰木业有限责任公司
34. 贵州永恒丰木业有限公司
35. 贵州省从江县红枫木业有限公司
36. 从江县盛源木业有限公司
37. 贵州森泰实业有限公司
38. 黎平县霞宇油脂有限公司
39. 黎平县锦龙木业公司
40. 锦屏县胜利木业有限公司
41. 锦屏县森科林产品有限公司
42. 锦屏县寰宇木业有限公司
43. 榕江县五榕木业有限责任公司
44. 贵州甘力木业有限公司
45. 贵州华宏木业有限公司
46. 贵州福林福木业工贸有限责任公司
47. 贵州黔昌生态农林股份有限公司

铜仁市(1 家)

48. 贵州省石阡和记绿色食品开发有限公司

毕节市(2 家)

49. 黔西县绿源食品开发有限公司
50. 大方县九龙天麻开发有限公司

六盘水市(3 家)

51. 贵州天刺力食品科技有限责任公司
52. 水城县玉舍旭鑫种养殖专业合作社
53. 六盘水神驰生物科技有限公司

黔西南州(5 家)

54. 贵州芳阳特产有限公司
55. 贞丰县顶罈椒业有限公司
56. 贵州马岭河植物油有限公司
57. 黔西南州宏森木业有限公司
58. 贵州益发绿色产业开发有限公司

(沈永生)

云南省林业产业

【概　述】 2015 年，全省森林面积 1992.4 万公顷，较“十一五”期末增加 174.67 万公顷；森林覆盖率 55.7%(含一般灌木林)，增加 2.8 个百分点。全省森林蓄积量 17.68 亿立方米，增加 2.14 亿立方米。全省林地面积 2501 万公顷，增加 24.9 万公顷。全省完成营造林 3634 万亩，义务植树 5.28 亿株，森林管护 1.98 亿亩，森林抚育 1297 万亩，低效林改造 805 万亩；建成国家储备林基地和珍贵用材林基地 41.44 万亩；石漠化治理重点工程县从 12 个扩大到 65 个，实现了全省石漠化重点地区治理全覆盖；森林生态系统服务功能价值达 1.48 万亿元/年，居全国前列。

动植物资源　云南有着光热水资源富集、气候类型多样的优势。北热带、南亚热带、中亚热带、北亚热带、南温带、中温带和高原气候区共 7 个气候类型，孕育了丰富的生物多样性资源和无与伦比的自然景观。树种繁多，类型多样，优良、速生、珍贵树种多，药用植物、香料植物、观赏植物等品种在全省范围内均有分布，全省已知高等植物 17000 余种，约占全国植物总数的 62.9%；云南动物种类数为全国之冠，有“动物王国”之称。脊椎动物达 1737 种，占全国 58.9%；其中，鸟类 793 种，占 63.7%；兽类 300 种，占 51.1%；鱼类 366 种，占 45.7%；爬行类 143 种，占 37.6%；两栖类 102 种，占 46.4%；全国见于名录的 2.5 万种昆虫类中云南有 1 万余种。云南珍稀保护动物较多，许多动物在国内仅分布在云南。珍禽异兽，如蜂猴、滇金丝猴、野象、野牛、长臂猿、印支虎、犀鸟、白尾梢虹雉等 46 种均属国家一类保护动物；熊猴、猕猴、灰叶猴、穿山甲、麝、小熊猫、绿孔雀、蟒蛇等 154 种均属于国家二类保护动物；故云南素有“药物宝库”“天然花园”“植物王国”“动物王国”“香料王国”“花卉之乡”“药物宝库”和“生物资源基因库”等美称，林业资源丰富。

产业布局　云南省现代林业产业发展规划为“六园区、八项骨干工程、九大产业”。

六园区　滇中林业产业加工园区、滇西南林浆纸林产化工工业园区、滇西特色林产品工业园区、滇东南林业产业工业园区、滇西北非木质林产品工业园区和滇东北竹藤产业工业园区。

八项骨干工程　低效林改造工程、产业园区建设工程、原料基地建设工程、基础设施建设工程、良种生产推广工程、市场体系建设工程、产品品牌打造工程和信息化平台工程。

九大产业　特色经济林产业、林(竹)浆纸产业、林产化工产业、竹藤产业、野生动物驯养繁殖产业、森林生态旅游产业、木材加工及人造板产业、非木材产业和观赏苗木产业。

林业产值取得突破　2015 年，全省林业总产值突破 2800 亿元，与 2010 年的 840 亿元相比，增长了 2.3 倍。

特色产业基地　新增木本油料种植面积 1900 万亩，目前种植面积已达到 4900 万亩，产量达 90 万吨，实现产值 290 亿元，云南已成为全国重要的木本油料产业基地；建成观赏苗木基地 4000 余个，经营面积 30 万余亩，实现产值 45.69 亿元。

木材加工及林产化工　年均商品材产量 393 万立方米，木材加工产值超 200 亿元，林浆纸产业实现产值 9.09 亿元；松香、松节油、紫胶、桉叶油、天然香料等林化工产业快速发展，产量位居全国前列。

新兴业态　全省林下经济经营面积达 6500 万亩，主要产品产量 700 万吨，产值 600 亿元，松茸是连续多年的全省第二大出口农产品；依托国家公园、自然保护区、森林公园、湿地公园等开展的森林旅游实现年收入 50.2 亿元；野生动物驯养繁殖、经营利用单位和养殖户超过 1000 家，实现年产值 20 亿元。

林业经营主体　林业企业由 2010 年的 8300 多户发展到 2015 年的 3 万多户，国家级龙头企业 13

户，省级龙头企业596户；林农专业合作社5000多家，其中国家级示范社46家，省级示范社467家。

产业金融支持 林权抵押贷款余额自2010年以来连续6年位居全国第一，2015年林权抵押贷款和林业贷款余额分别达到162.87亿元和185.65亿元。招商引资签约涉林项目109个，签约资金359亿元。

林浆纸 全省共完成350.4万亩林(竹)浆纸原料林基地建设，其中，桉树基地143.5万亩，思茅松基地59.8万亩，竹浆纸基地147.1万亩。全省有较大规模的林浆纸企业22家，浆产量14.26万吨，纸产量15.38万吨。

野生动物驯养繁殖 野生动物驯养繁殖产业发展趋势良好，从业单位和养殖户超过1000家，就业人数达4万多人，实现产值40亿元；形成了以观赏、食用、药用、科研、实验为主的野生动物驯养繁殖产业。带动了云南省经济发展，是农民脱贫致富的一条重要途径。也对野生动物资源保护起到了一定的作用。

林业改革 云南省委、省政府印发了《深化林业改革实施方案》，全省完成集体林确权2.70亿亩，确权率98.9%，调处林权纠纷16.48万起，发放林权证579万本，发证率99.3%，全省近840万户林农获得了林地承包经营权；建成三级林权管理服务机构141个，在全国率先建成了覆盖全省的林权管理和林权服务信息网络，开展了林木权证登记颁证工作，发放《云南省林木权证》9万本；在全国率先建设"林业惠农云服务体系"，配发IC卡6.8万张，林权社会化服务体系日趋完善。稳步推进自然保护区管理体制改革。省政府出台了加快推进自然保护区管理建设的意见，制订了《云南省自然保护区管理机构管理办法(试行)》。全力推进林业生态文明体制改革。充分发挥林业在生态文明建设中的主力军作用，积极配合相关部门完成了《云南省生态文明先行示范区实施方案》的编制并得到国家相关部委的批复；积极配合相关部门起草《关于努力成为生态文明建设排头兵的实施意见》，并促成了意见正式出台；起草《云南省国家公园管理条例》；完成并按程序报送《自然保护区建设管理规范》。积极推进国有林场改革，目前全省国有林场改革已经全面启动并正常推进。

【森林生态效益补偿】 通过不断努力探索实践，森林生态效益补偿成为全省林业建设规模最大、投入最多、惠民最广的生态工程和民生工程。全省划定公益林面积18840.6万亩(国家级11877.7万亩，省级5946.9万亩，州县级1016万亩)，基本形成了符合生态文明建设要求和经济社会发展需要的公益林体系。公益林补偿面积扩大到13207万亩，补偿资金增加到每年17.9亿元，集体、个人权属的国家级和省级公益林补偿标准从10元/亩提高到15元/亩，并实现了全省同标准全覆盖，"十二五"期间，落实公益林管护和生态效益补偿资金74.42亿元，初步形成了以公共财政投入为主的森林生态效益补偿机制。其带动了公益林管护能力的提升，管护力量的加强，管护方式的优化，促进了森林生态效益提高。直接惠及700多万农户近2385万人，并有7.3万农民直接参与公益林管护而得到工作岗位、获得劳务费收入，体现了扶贫攻坚精神，为公益林保护管理打下良好群众基础，形成了全民爱林护林的良好社会氛围。

【生物多样性保护】 启动实施了云南省生物多样性战略与行动计划，成立了云南省林业生物多样性保护委员会，先后发布了《丽江宣言》《腾冲纲领》和《版纳约定》，生物多样性保护范围由滇西北扩大到滇西南，保护重点由5个州(市)18个县(市、区)扩大到9个州(市)44个县(市、区)。在全国率先开展极小种群物种拯救保护。野生动物疫源疫病监测体系逐步完善，已建成10个国家级和54个省级监测站，监测防控能力明显提高，全省未发生重大陆生野生动物疫情。率先实现了野生动物肇事公众责任保险全覆盖。新增国家公园4个、国家级自然保护区4个、国家森林公园1个，国家公园、森林公园、自然保护区的数量分别达到8个、27个、159个，保护面积占全省国土总面积的8.5%。生物多样性保护体系基本建立，90%的典型生态系统和85%的重要物种得到了有效保护。

【林业支撑保障建设】

加强林业法制体系建设 全面推进法治林业

建设，制定出台了《云南省森林防火条例》《云南省湿地保护条例》《云南省国家公园管理条例》，《云南省林木种子条例(修订草案)》业经省政府常务会议审议通过，《木材运输管理办法》《农村能源管理办法》《林业有害生物防治检疫条例》《野生动植物保护条例》等已列入政府规章和地方性法规立法计划。在全国率先推行以森林公安为主、相对集中的林业行政处罚权执法模式，林业法治体系不断完善。

重视科技支撑能力建设 累计投入资金3.4亿元，新建林业科技研发机构31个，科技推广机构121个，完成省部级以上科研项目735个，获省部级以上奖项23项，授权专利近2000个；注册登记园艺植物新品种241件，被国家授权72件，增长1.5倍多；实施林业科技推广项目176项，推广新技术、新品种、良种122项，辐射带动面积150万亩，培训林业科技人员及林农75.7万人次，林业科技人才达1.4万人。

重视林业人才队伍建设 狠抓干部教育培训，2013年年底创新启动“百名科级干部到基层、百名基层干部到机关”双向挂职锻炼，截至2015年年底，共168名干部接受了挂职锻炼。

推进林木种苗工作 建成林木种子生产基地50.47万亩、林业苗圃10.4万亩，采收各类造林绿化种子2229万千克，培育苗木41.8亿株；审认定林木良种332个，良种使用率由2010年的35%提高到2015年的63%。

完善林业基础设施 完成了全省乡镇林业站本底调查，编制实施了《云南省乡镇林业站建设规划》，累计建成标准化林业站127个、国家一级木材检查站47个，建立了基层林业站信息管理系统和木材运输管理系统网络平台。实施林区道路、水电、办公用房改造和棚户区改造工程，新建林区(场)公路建设210千米，完成51653户林区职工引水安全项目，建成、改造房屋16056户。

【品牌建设】 全省有28户林业企业获得了37个省级名牌产品认定，核桃、三七、天麻、石斛、野生菌、松香等骨干产品在国内外市场的知名度和占有率进一步提高；西双版纳、高黎贡山、白马雪山、玉龙雪山、泸沽湖等自然保护区，以及亚洲象、滇金丝猴、黑颈鹤、长臂猿等物种资源已成为国内外知名的旅游品牌；不少林产品通过了国家绿色环保质量认证、国际食品质量认证。“文山三七”“大姚核桃”“龙陵石斛”和“昭通天麻”等成功申报产品原产地保护认证；石斛、野生食用菌、森林蔬菜等优势产品的绿色产品及原产地保护认证工作正有序推进。

【产业基地建设】 按照规模化、集约化、产业化的要求，积极调整林业产业结构，加快推广特色品种，优化区域布局，加大科技投入，加快由数量型向质量、效益、品牌型转变。完善优惠政策，将中低产林改造、退耕还林等林业重点项目建设与原料林基地相结合，鼓励和支持企业、个人和其他经济组织，特别是有条件的大中型林业企业，通过股份合作、联营、租赁、承包、转让等形式营造原料林基地，着力建设木本油料、林(竹)浆纸、高产脂、珍贵用材、野生动物驯养繁殖、珍贵用材、观赏苗木8个省级原料供给基地。各州(市)根据自身资源特点，建立2个以上优势特色产业原料基地。提高示范基地建设补助标准，核桃示范基地每亩补助提高到300元，澳洲坚果示范基地每亩补助提高到400元，油茶示范基地每亩补助提高到500元。进一步打造林业生态建设、产业发展、森林生态文化建设等各个领域亮点，已认定15类109个省级示范基地，涵盖了观赏苗木、特色经济林、野生动物驯养繁殖、林业科技推广、林木良种繁育、森林庄园等。

【林业产业园区建设】 按照“科学规划、合理布局、各具特色、资源互补、生态发展”原则，积极推进集林产品加工、研发、物流、商贸、信息为一体的基础先进、配套完备、交通发达、产业集聚的林业产业特色园区建设。坚持把园区建设作为促进林业转型升级，推动林业增效和农民增收的重要途径，和提升林业产业发展水平和综合效益的重要载体。对涉林园区建设项目的审核审批采取“提前介入、特事特办”的做法，按照“依法依规、并行推进、优质高效”的原则，及时做好项目使用林地手续的办理。深入嵩明泛亚家具园区、中国昆明杨林家居园区、宜良林产品加工园区、宜良花木城观赏苗木园区、玉溪林产品加工贸易物流中心等园区和云南利鲁环境建设有限公司百草园庄园、云南一条龙企业集团有限公司等投资过亿元大型项目检查指导，通过与省相关部门沟通协调，改善基础设施、推广先进技术、有力地推进了园区和项目的建设步伐。

【林下经济】 随着集体林权制度改革的深入推进，云南省各地坚持“产业发展生态化，生态建设产业化”发展思路，开展了不同形式的林下经济活动，通过发展林下经济，提高林地利用率，拓宽林业发展空间，增进资源培育，增加林地产出效益，提升森林生态产品供给能力，林下经济发展逐步向产业经营转变。

林下经济发展形式 通过开展林下种植、林下养殖、林果采摘及加工、森林资源采集及加工、生物质能源和森林景观利用，初步形成了以林下养殖、林下种植、林产品采集加工、森林生态旅游等为重点，涉及林药、林菌、林花、林果、林菜、林草、林禽、林畜、林虫、林景等领域的林下经济发展格局，林、农、牧等资源共享、优势互补、循环发展已形成趋势。

林下经济区域布局 滇中地区以野生菌、林下药材及木本油料产品的加工及流通为主；滇东北地区以林下药材种植为主，天麻、重楼等名贵药材种植已经形成规模；滇南地区多种植石斛、三七等林下药材；滇西北及滇西南地区依托丰富的旅游资源开展森林生态旅游。

截至2015年12月，全省林下经济经营面积达6500万亩，主要产品产量700万吨，产值600亿元，占全省林业总产值的28.9%，从事林下经济人数达600万人；林下养殖、林下产品采集加工迅速发展，仅野生食用菌年产量就超过8万吨，产值近70亿元，成为全省第二大出口创汇农产品；石斛、草果等林下药材和森林食品产值均超过10亿元。松香、松节油等林产化工产业走在全国前列，松香年产量18.6万吨，松节油3.5万吨。木本油料种植面积达4900万亩，产量90万吨，产值290亿元。核桃、澳洲坚果面积、产量和产值均属全国之冠。

【观赏苗木】 2015年，云南省观赏苗木产业产值突破60亿元，全省建设有观赏苗木基地4000余个，经营面积30万余亩，实际育苗面积25万亩；培植观赏苗木树种200个；从事观赏苗木生产及销售的苗木经营户超过3000户，其中林业产业省级龙头企业55户，生产从业人数3万余人。目前，以滇中、滇西南、滇西、滇东南、滇西北、滇东北6个区域为主的乡土苗木树种集约培育特色已基本形成，滇润楠、云南拟单性木兰、云南山茶花和云南樱花4个观赏苗木树种的育苗技术规程已颁布实施，滇朴、冬樱花、云南含笑、云南樱花、马缨花、奇楠沉香、香油果、清香木等观赏苗木树种繁育技术取得了突破；通过转让品种权的方式，杜鹃、月季、报春花、迎春花等品种在生产经营上也取得初步成效。

【野生食用菌】 云南有食用菌种类882种，占世界2000种的43%，占中国978种的91%。世界四大名菌——松茸、牛肝菌、块菌、鸡油菌，在云南均有分布，且资源量较大。松茸、牛肝菌、羊肚菌、鸡枞、干巴菌、红菇、块菌、金耳等，产量居全国之首。全省野生食用菌自然产量50万吨，其中已大量开发利用的约有20多种，年产量约8万吨，全国市场商品野生食用菌约70%为云南所产。

2015年，全省食用菌产量接近50万吨，产值、销售收入均突破100亿元，同比分别增长28.4%、24.4%。其中，野生食用菌产量达8万吨，产值突破80亿元。产品远销欧洲、美国、法国、德国、荷兰、日本、泰国、新加坡等40多个国家和地区，创汇排名仅次于烟草、咖啡和蔬菜，成为云南重要的林下产业。香格里拉松茸、丽江羊肚菌、楚雄牛肝菌、大理鸡枞、易门干巴菌等地理标志性产品具有较高知名度，“云菌”品牌效应基本形成。全省从事野生菌采收、加工销售、餐饮经营企业达上千户，从事野生菌加工销售的龙头企业有65家，年销售收入近50亿元，从事野生菌采集、加工、销售的林农专业合作社达460多家，涉及农户3万多户。

【木本油料】 全省木本油料种植面积达4900万

亩，产量90万吨，产值290亿元。其中：核桃面积4230万亩，产量80万吨，产值239亿元；油茶330.47万亩，产量1.68万吨，产值2.06亿元；澳洲坚果面积110万亩，产量0.8万吨，产值2.8亿元；油橄榄面积6.4万亩，产量0.05万吨，产值0.2亿元；膏桐面积69万亩，产量0.3万吨，产值0.1亿元；油桐面积31万亩，产量1.7万吨，产值1.3亿元。其中核桃、澳洲坚果面积、产量和产值均居全国之冠，云南已成为全国重要的木本油料基地。

【林产化工】 全省有林化工及生物质能源生产企业257户，经销企业400多户，主要产品有脂松香、松节油、桉叶油、紫胶、山苍子油、单宁酸、栲胶、活性炭、黄樟油、桐油、紫杉醇等，其中脂松香、松节油、桉叶油和紫胶为大宗出口创汇产品。云南是一个松脂资源大省，松香、松节油具有巨大的发展潜力，全省共有58个采脂县，主要产脂树种有云南松和思茅松，能采脂的林分面积和蓄积均居全国首位。2015年，松香产量18.6万吨，松节油3.5万吨，居全国第二位。林产化工产业及生物质能源产值达44.39亿元。

【木材加工及人造板】 全省木竹材、木制品经营加工企业共6298户，其中木竹材加工企业4520户，木竹制品经营企业1778户，规模以上木材加工和木、竹、藤、棕、草制品企业77户。按行业统计，木材加工实现产值154.43亿元。木竹商品材产量393.57万立方米，居全国第七位；大径竹产量14960.3万根，居全国第五位；生产木竹地板497.32万平方米，木质家具2.23万件；锯材产量199.23万立方米，人造板产量292.56万立方米，规模以上木材加工业实现年产值60余亿元。

【竹藤产业】 云南现有竹亚科植物29属250种(含变种、变型)，其属数占世界的40%，占全国的75%；种数占世界的25%，占全国的50%；特有竹属10个以上，特有竹种100种以上。

云南现有竹林面积756.8万亩。其中连片竹林415.5万亩，零星散生四旁竹调查株数44369.2万株，折合面积341.3万亩。按起源分：天然竹林380.0万亩，占50.2%；人工竹林376.8万亩，占49.8%。

云南竹林以大型丛生竹为主，全省生态旅游竹林有3种类型：风景竹林、竹类公园及竹类植物园。风景竹林、竹类公园重点分布在西双版纳州，风景竹林统计面积5.5万亩，2个竹类公园面积2.5万亩；在德宏州有2个竹类植物园，面积0.04万亩。全省竹林生态旅游产值主要在西双版纳、红河、德宏、玉溪和昭通等州市。从事竹籐种植加工企业364户，竹资源的加工主要为竹笋加工、竹浆造纸、竹人造板、竹地板、竹纤维、竹制日用品、竹家具、竹炭等方面。

【森林生态旅游】 云南省共建有自然保护区159个，其中国家级18个，总面积2684.5千公顷，省级以上自然保护区59个，国家公园13个，国家湿地公园8个，省级以上森林公园40个。创建了西双版纳、白马雪山、高黎贡山、哀牢山、玉龙雪山、泸沽湖、大山包、哈尼梯田等森林生态旅游品牌；亚洲象、滇金丝猴、黑颈鹤、长臂猿等物种资源已成为国内外知名的旅游品牌。中国野生动物保护协会分别授予昆明市为“中国红嘴鸥之乡”、昭通市昭阳区为“中国黑颈鹤之乡”、普洱市景东县为“中国黑长臂猿之乡”、保山市隆阳区为“中国白眉长臂猿之乡”；2006年，西双版纳保护区内的野象谷景区被《环球时报》评选为“中国50个最值得外国人去的地方”之一；白马雪山的森林被中国国家地理杂志评选为“中国最美十大森林”之一；2010年，高黎贡山保护区荣膺《时尚旅游》首届自然遗产保护奖。

云南省林业主管部门重视森林生态旅游产业发展，与省旅游发展委员会共同成立了“云南省森林生态旅游工作领导小组”，建立了联合推动森林生态旅游发展的有效机制；制定并发布实施了全省首项森林旅游地方标准《森林旅游示范区评定规程》，并将“森林旅游示范村”“森林旅游示范景区”列入森林云南示范基地。初步建立起了以林业部门为主导、社会各界共同参与的国家公园管理体制，制定了一套与国际先进理念接轨的国家公园政策法规和标准体系。

国家公园建设 遵循科学规划、严格保护、适度利用、共享发展的原则，在充分保护好生物多样性和自然景观的基础上，采取政府主导、多方参与、分区分类的管理方式，积极探索与国际接轨且兼具云南特色的国家公园发展道路，在全国实现“五个率先”。一是率先开展国家公园建设试点。为了丰富和完善生态保护体系，缓解生态保护与经济发展之间的矛盾，云南省委、省政府在广泛调研、深入论证的基础上，报经国家林业局批准在全国率先启动了国家公园建设试点工作。二是率先建立中国大陆第一个国家公园。2007 年建立香格里拉普达措国家公园，并对公众开放，建立了中国大陆首个国家公园。目前，全省已建立了 8 个代表国家形象的国家公园实体。三是率先初步建立国家公园体制。省政府出台了《关于推进国家公园建设试点工作的意见》，印发了《国家公园申报指南》和《国家公园管理评估指南》等政策性文件。编制了《云南省国家公园发展规划纲要(2009～2020 年)》，发布了《国家公园基本条件》《国家公园资源调查与评价技术规程》等 8 项地方推荐性标准，指导国家公园试点建设工作规范、有序地推进。四是率先实现第一部国家公园管理体制地方立法。制定了《云南省国家公园管理条例》，并于 2015 年 11 月 26 日经云南省第十二届人民代表大会常务委员会第二十二次会议审议通过，于 2016 年 1 月 1 日起实施。五是率先成为国家公园建设典范。云南省国家公园建设通过科学的管理模式和完善的保护方式，避免了资源的无序开发和过度消耗，维护了国家生态安全，得到了世界自然保护联盟、美国大自然保护协会、全球公园协会等国际组织的充分肯定，进一步提升了全省良好的生态保护形象，获得了国际社会的认同和支持。

湿地保护与恢复　一是湿地保护政策法规日益完善。云南省人大颁布了《云南省湿地保护条例》，标志云南省湿地保护步入法制轨道。省人民政府出台了《云南省人民政府关于加强湿地保护工作的意见》文件，制定了《省级重要湿地认定》《湿地生态监测》等系列技术标准，明确了今后一段时间全省湿地保护管理的指导思想、目标任务、工作重点、政策措施。二是湿地管理机制不断完善。全面完成全省第二次湿地资源调查，向社会发布了《云南省第二次湿地资源调查公报》。建立了全省湿地资源数据库与湿地资源变化核查制度，湿地保护纳入生态环境考评内容。开展湿地生态补偿试点，在大山包、纳帕海探索高原湿地补偿方式。建立湿地保护决策咨询机制，成立了云南省湿地保护专家委员会。完成第一批省级重要湿地认定，启动第二批省级重要湿地认定工作。启动湿地生态监测，印发了《云南省湿地生态监测规划》。三是湿地管理组织机构进一步完善。昆明、玉溪、红河、大理、丽江等州(市)成立或挂牌湿地保护管理办公室，洱源、鹤庆、晋宁、剑川、丘北等县(市、区)建立了专门的湿地保护机构。四是国家湿地公园建设快速推进。建立了国家湿地公园建设评估机制，制订并下发了《云南省国家湿地公园试点建设评估办法》和《云南省国家湿地公园试点建设进展评估表》，新建国家湿地公园试点 10 处，国家湿地公园达已达 12 处。五是湿地保护和恢复工作成效显著。全省有国际重要湿地 4 个，已建立各种级别的湿地类型自然保护区 17 处。湿地分类保护管理体系逐步形成，初步建立了以湿地类型的自然保护区、湿地公园为主的湿地分类分级保护体系，退化湿地恢复近 1 万亩，抢救性地保护了一批珍贵的湿地资源。

【龙头企业】　云南省采取扶持、改造、重组等多种形式，按照“扶优、扶强、扶特、扶大”的原则，先后扶持培育了一批有特色、有市场竞争优势、产业关联度大、带动能力强的大中型龙头企业，提高林业产业的规模化经营水平，带动相关中小企业协调发展。

全省林业企业 3 万余户，其中省级林业产业龙头企业 596 户，国家级林业产业龙头企业 13 户，覆盖九大林产业、16 个州市。企业从业人数近 30 万人，带动农户 500 多万户。20 户企业被省政府评为“全省推进高原特色农业产业化发展先进龙头企业”，14 户企业进入全省百强企业，4 户企业被评为“云南省农产品出口工作先进单位”。不少企业的产品通过了国家绿色环保质量认证、国际食品质量认证。企业与科研机构合作，取得了一批具有自主知识产权的科技成果。新产品开发和科技创新能力显著提高。林业龙头企业注重原料林基地规模建设，目前各企业原料林基地面积近1000万亩，为企业可持续发展奠定了良好的基础。

全省林农专业合作社近5000户，其中完成工商登记注册4234户；国家级林业专业合作社43户，省级示范社467户，截至2015年年底，省级示范社将接近600户。

表1　林业产业省级龙头企业名录

序号	企业名称
1	西双版纳青松林业有限公司
2	云南湄公河生物科技有限公司
3	景洪市版纳乐华木业有限责任公司
4	景洪福兴种植场
5	西双版纳蓝峰工贸有限公司
6	景洪市大黑山林场
7	云南金孔雀旅游集团有限公司
8	云南勐象竹业有限公司
9	西双版纳增靓生物科技有限公司
10	景洪市晨晓商贸有限公司
11	西双版纳银海福林石斛有限公司
12	西双版纳天源林石斛种植有限公司
13	西双版纳恒兴创吉橡胶有限公司
14	西双版纳云丰木业有限公司
15	云南景泰绿色产业有限公司
16	西双版纳菊香诚信木业有限公司
17	西双版纳礼龙木业有限公司
18	西双版纳印奇生物资源开发有限公司
19	勐海县布朗山林业有限公司
20	西双版纳高山铁皮石斛有限公司
21	勐海金沙农业科技发展有限责任公司
22	云南红土生源药用生物科技开发有限公司
23	光明食品集团云南石斛生物科技开发有限公司
24	西双版纳广顺生物科技有限责任公司
25	景洪雄伟园林种植有限公司
26	勐腊田野橡胶销售有限责任公司
27	西双版纳千松石斛种植有限责任公司
28	保山昌宁红茶业集团有限公司
29	云南昌宁建星纸业有限公司
30	昌宁县雄达木业有限公司
31	昌宁县桦东实业有限公司
32	昌宁笑果果食品有限公司
33	昌宁十里香食品有限公司
34	云南品斛堂生物科技有限公司
35	龙陵县碧寨金戈土特产品加工厂
36	龙陵县青丰生物科技有限公司
37	龙陵县盛龙生物科技发展有限公司
38	云南群田高原特色农业开发有限公司
39	龙陵县龙斛生物科技有限公司
40	龙陵县林源石斛开发有限公司
41	龙陵县富民石斛开发有限公司
42	龙陵县顺兴木材加工厂
43	云南极斛生物科技有限公司
44	龙陵县云河石斛开发有限责任公司
45	保山滇宝贡山绿色食品有限责任公司
46	保山市隆茂农业开发有限公司
47	云南大庄园食品有限公司
48	云南保山华恒木业有限公司
49	云南省保山市林业投资发展公司
50	保山奥新绿色资源开发有限公司
51	隆阳区丰源木业有限公司
52	保山市映山红甜柿开发有限公司
53	隆阳区凤溪茶叶有限公司
54	保山德森人造板有限公司
55	隆阳区华品木材高压板厂
56	保山丰源汇生物产业有限公司
57	保山富群农业科技有限公司
58	保山林佳园林绿化有限公司
59	保山市山田种植有限责任公司
60	云南优昊实业有限公司
61	保山市大寨山核桃开发有限公司
62	施甸县美良园艺有限公司
63	云南大山合农业科技发展有限公司
64	施甸荣呈石斛生物科技开发有限公司
65	云南斛健庄园生物科技有限公司
66	腾冲高黎贡山生态食品发展有限公司
67	腾冲县古林木业有限责任公司
68	云南省腾冲县林瑞木制品有限责任公司
69	云南腾冲杜鹃王旅游产品有限公司
70	和顺鑫生态食品开发有限公司
71	腾冲县腾虹油业有限公司
72	腾冲县高黎贡山生态茶业有限责任公司
73	楚雄泰恒工贸有限责任公司

(续)

序号	企业名称
74	云南欣绿茶花股份有限公司
75	云南楚雄东宝生物资源开发有限公司
76	楚雄宏桂绿色食品有限公司
77	云南摩尔农庄生物科技开发有限公司
78	云南滇洱古道山茶花园艺有限公司
79	楚雄泓利达食品有限公司
80	云南森阳林木种植有限责任公司
81	大姚东兴食品有限公司
82	大姚顺达农林科技有限公司
83	大姚县三台绿特食品开发有限责任公司
84	大姚亿利丰农产品有限公司
85	大姚广益发展有限公司
86	大姚兆鹏食品有限责任公司
87	大姚锦亿土特产有限公司
88	大姚森盛木业有限责任公司
89	大姚家和天然食品开发有限责任公司
90	大姚欣杰食品有限公司
91	大姚华盛饮料食品有限责任公司
92	楚雄市树苴乡农业技术综合开发有限公司
93	云南嘉缘绿色产业有限责任公司
94	云南楚雄圣谷食品有限公司
95	云南牟定恒瑞生物化工有限公司
96	云南星贸食品有限公司
97	楚雄德尔思紫胶有限公司
98	南华县云华绿色食品有限责任公司
99	南华县宏怡野生菌开发有限公司
100	南华松香厂
101	南华鸿发核桃产业开发有限公司
102	南华新世纪生物工程有限公司
103	南华县腾龙物流有限责任公司
104	云南华香源香料有限公司
105	南华嘉懋绿色食品有限公司
106	云南美森源林产科技有限公司
107	云南森源化工有限公司
108	双柏华兴人造板有限公司
109	云南万年青经贸有限责任公司
110	永仁县元宏农特产品开发有限公司
111	宾川康弘林产品有限责任公司
112	宾川瑞林克林业科技有限公司
113	宾川县沧海农林有限责任公司

(续)

序号	企业名称
114	宾川高原有机农业开发有限公司
115	大理国沣农产品有限公司
116	宾川拉乌峨溪核桃金果有限责任公司
117	大理堃达绿化有限公司
118	云南福安园林景观工程有限公司
119	大理番秀农牧有限责任公司
120	大理苍山植物园生物科技有限公司
121	云南印榕环境工程有限责任公司
122	大理福娟花卉有限公司
123	云南大理市佳利有限公司
124	云南远益园林工程有限公司
125	大理瑞鹤生物科技有限公司
126	云南绿野花卉科技有限公司
127	云南大理康亚生物科技有限公司
128	大理冠宇花卉发展有限公司
129	云南大理洱宝实业有限公司
130	洱源县云洱果脯有限公司
131	洱源县佳滤核桃食品开发有限公司
132	洱源县苗圃基地
133	洱源恒旺林畜开发有限公司
134	大理金彩龙农作物余料开发利用有限公司
135	鹤庆县石榴园赛丰核桃专业合作社
136	剑川县林兴木材有限公司
137	剑川县华艺木雕有限公司
138	剑川县兴艺古典木雕刻家具厂
139	剑川宏盛古建筑工程有限责任公司
140	云南茶花林化有限公司
141	云南凤凰木业开发有限责任公司
142	南涧县红云核桃加工销售有限责任公司
143	巍山县福禄食品有限责任公司
144	大理鑫湖食品有限公司
145	巍山县鸟道雄关生物投资开发有限责任公司
146	巍山县年丰农副产品有限责任公司
147	巍山大仓文华农产品有限责任公司
148	祥云县品位经贸有限责任公司
149	祥云县融兴经贸有限责任公司
150	祥云县龙云经贸有限责任公司
151	大理州怀宝经贸有限责任公司
152	祥云县晨宇经贸有限公司
153	漾濞侨盛核桃加工厂

（续）

序号	企业名称
154	漾濞彝族自治县万佳核桃有限责任公司
155	漾濞县昌茂林业开发有限公司
156	漾濞县彤兴核桃加工厂
157	大理漾濞核桃有限公司
158	大理涵轩绿色产业开发有限公司
159	漾濞县核桃秀工艺品
160	漾濞大漾生物科技有限公司
161	永平县果亮农副产品有限责任公司
162	永平县锦源绿化造林有限责任公司
163	昆明自主择业集源生物科技有限公司
164	永平云森木业有限公司
165	永平建标生命科学研究开发有限公司
166	永平创盈实业有限公司
167	永平大林生物科技有限公司
168	永平大衍生物科技有限公司
169	云南岚福源生态资源投资有限公司
170	云龙县恒源林产实业有限公司
171	云龙海嘉生物技术有限公司
172	云龙三森生物科技有限公司
173	阳森生物技术开发有限公司
174	梁河县三禾林业有限公司
175	陇川县集强林竹产业有限责任公司
176	陇川县雅森特木业有限公司
177	陇川山茶茶油有限责任公司
178	云南省陇川县福斯特实业有限公司
179	云南永利发林业有限公司
180	德宏后谷咖啡有限公司
181	德宏州天佑科技开发有限公司
182	德宏恒利达生物科技开发有限公司
183	芒市信凯石斛发展有限公司
184	云南铁枫石斛发展有限公司
185	云南亚豪木业有限责任公司
186	芒市大地生物科技有限公司
187	瑞丽彩云南集团木业有限公司
188	瑞丽市德冠恒隆红木家具有限公司
189	瑞丽市涵森实业有限责任公司
190	云南久丽康源石斛开发有限公司
191	瑞丽市岭瑞农业开发有限公司
192	瑞丽市千紫木业发展有限责任公司
193	瑞丽市宏茂石斛生物科技开发有限公司

（续）

序号	企业名称
194	云南迪思企业集团坚果有限公司
195	盈江林立油茶有限责任公司
196	盈江县源润坚果开发有限公司
197	维西叁疆植物保护抢救有限公司
198	维西傈僳族自治县综合贸易股份合作公司
199	云南香格里拉藏龙生物资源开发有限公司
200	迪庆香格里拉舒达有机食品有限公司
201	维西县康邦美味绿色资源开发公司
202	中甸野生食品进出口有限责任公司
203	香格里拉市圣宝食品进出口有限责任公司
204	香格里拉县智圆食品科技有限责任公司
205	香格里拉县祥和食品有限责任公司
206	香格里拉县岭地野生动物养殖有限公司
207	个旧市佳润三木家居有限公司
208	个旧市高绿农林开发有限公司
209	云南攀大木棉科技应用有限公司
210	云南红河州巨丰生物科技股份有限公司
211	恒盛木业有限公司
212	河口瑶族自治县坝洒农场
213	河口县森泰商贸发展有限责任公司
214	河口丰收农业发展有限公司
215	红河麟源农业科技发展有限公司
216	云南天佑熊业制药有限公司
217	红河谷辣木产业有限公司
218	红河顺和庄园有限公司
219	红河县郡励农林产业开发有限公司
220	红河瑞达农林开发有限公司
221	云南红河自然棕业有限公司
222	红河棕业有限责任公司
223	云南红河棠洲林木开发有限公司
224	建水县鸿林林业开发有限责任公司
225	建水大洋林化有限公司
226	建水千原木业有限公司
227	建水县浩野农林产业有限公司
228	红河州和源农业开发有限公司
229	大丰林业开发有限公司
230	红河山鼎木业有限公司
231	云南雲海山茶油有限公司
232	金平分水岭西隆生物资源开发有限责任公司
233	金平县金合宸投资有限公司

(续)

序号	企业名称
234	开远绿润苗木种植有限公司
235	开远南圃园林景观工程有限公司
236	开远市三鼎产业有限责任公司
237	云南浙兴林果种植有限公司
238	泸西希康银杏发展有限公司
239	云南粤泸木业有限责任公司
240	云南深发林业有限公司
241	红河中丹橡胶实业有限公司
242	红河五里冲生态茶业有限公司
243	红河阳光生物质能源有限公司
244	大山林业发展有限公司
245	云南桑田绿洲种植有限公司
246	弥勒县唐氏特种养殖有限公司
247	云南天巍竹业有限公司
248	吉成花卉园艺有限公司
249	远达果业有限公司
250	东兴昱特禽生态养殖场
251	弥勒江泰园林绿化有限责任公司
252	屏边县永春木业有限公司
253	红河阳光天地生态农业科技有限公司
254	云南长盛农林生物科技有限公司
255	云南省石屏县采伐林场
256	云南省红石木业有限责任公司
257	红河山鼎生物资源开发有限公司
258	昆明斗南国际花卉产业园区开发有限公司
259	云南宝琨置业有限公司
260	云南一条龙企业集团绿化工程有限公司
261	云南程盈森林资源开发控股集团有限公司
262	昆明大树景观绿化有限公司
263	昆明林茂科技有限公司
264	云南兴箐集团农林科技开发有限公司
265	富民富亚实业有限公司
266	昆明圣果园科技开发有限公司
267	云南康景农业科技有限公司
268	云南利鲁环境建设有限公司
269	云南腾众新能源科技有限公司
270	云南戎信农林产业开发股份有限公司
271	云南滇龙达园林工程有限公司
272	云南长江绿海环境工程集团有限公司
273	昆明宇妥生物科技有限公司

(续)

序号	企业名称
274	云南木水花旅游文化城有限公司
275	昆明金派园林绿化工程有限公司
276	云南绿原实业发展有限公司
277	云南绿大地生物科技股份有限公司
278	云南信威食品有限公司
279	昆明百年家园家俱有限公司
280	昆明云蕈食品有限责任公司
281	云南洪尧园林绿化工程有限公司
282	云南恒苑绿色产业开发有限公司
283	云南泰诚园艺工程有限公司
284	云南碧根农业科技有限公司
285	云南绿茵环境建设有限公司
286	昆明汇丰花卉园艺有限公司
287	云南大森生态园艺工程有限公司
288	云南新兴绿化工程有限公司
289	云南贝尔木业有限公司
290	云南悦馨香料科技有限公司
291	云南绿泰园艺有限公司
292	云南瑞丰园林绿化有限公司
293	昆明康嘉乐生物科技有限公司
294	昆明恒沅食品工业有限公司
295	昆明苏化生物科技有限公司
296	云南凯云科工贸有限公司
297	昆明福莱威尔家具制造有限公司
298	昆明天森木业有限公
299	云南汇昱园林景观工程有限公司
300	云南大色彩绿化有限公司
301	昆明鸿垚农业开发投资有限公司
302	锦德林业资源开发有限公司
303	云南园林绿化(集团)绿化有限公司
304	云南长江云通环境工程有限公司
305	昆明奥斯腾木业有限公司
306	云南九彩云蝶生物科技有限公司
307	云南腾龙园艺绿化工程技术有限公司
308	禄劝茂利农业发展有限责任公司
309	云南滇勃生物资源开发有限公司
310	云南彝道农业发展有限公司
311	禄劝绿大地农业科技发展有限公司
312	禄劝立云农业科技开发有限公司
313	昆明云河农业科技发展有限公司

(续)

序号	企业名称
314	云南川云养生保健食品有限公司
315	云南汇丰神农有限公司
316	昆明康蕊药业有限责任公司
317	云南苏林绿化工程有限公司
318	昆明泽恒林业技术开发有限公司
319	云南宝顿农林科技有限公司
320	云南中龙园林绿化工程有限公司
321	云南根源道农业科技有限公司
322	云南野生动物园有限公司
323	云南野生兰收藏基地有限公司
324	嵩明美迎和睦家俱有限公司
325	云南捷森木业有限公司
326	昆明为民林木种植有限公司
327	云南乾润林业开发有限公司
328	云南万家欢食品集团有限公司
329	昆明艾兰生物科技有限公司
330	云南景园绿化工程有限公司
331	昆明皓源园艺有限公司
332	云南高润林业科技有限公司
333	云南源宥林权投资管理有限公司
334	石林龙晖野生动物科研中心有限公司
335	石林红杉农林科技开发有限公司
336	石林闽滇绿化苗木有限公司
337	石林兴滇农产品开发有限公司
338	石林绿呈生物科技开发有限公司
339	昆明丰源花木有限公司
340	石林联申农产品开发有限公司
341	昆明振楚工贸有限公司
342	嵩明志龙林木良种培育有限公司
343	云南交林林业勘察绿化有限公司
344	昆明松远经贸有限公司
345	云南永烨园林景观工程有限公司
346	云南云澳达坚果开发有限公司
347	云南瑞林中密度纤维板有限公司
348	云南金江绿色产业有限公司
349	云南金九地生物科技有限公司
350	云南邦业园林绿化有限公司
351	云南华龙园林绿化工程有限公司
352	云南绿盛美地园林景观有限公司
353	云南山河园林有限公司

(续)

序号	企业名称
354	云南绿洲装饰有限公司
355	云南永通木业有限公司
356	云南海侨园艺有限公司
357	昆明鸣洲园林绿化工程有限公司
358	昆明森工集团有限公司
359	昆明新飞林人造板有限公司
360	云南汉德生物技术有限公司
361	云南神宇新能源有限公司
362	云南云安商贸有限公司
363	云南汇元生物开发有限公司
364	云南省林业投资有限公司
365	昆明大商汇实业有限公司
366	昆明普朗特园林绿化工程有限公司
367	昆明兴海绿化有限公司
368	昆明云海环境工程有限公司
369	云南山川园林有限公司
370	昆明三德木门制造有限公司
371	云南滇木人造板有限公司
372	寻甸林立方林业投资有限公司
373	云南林聚绿化工程有限公司
374	云南菜根潭饮食文化有限公司
375	云南辰申生物科技开发有限公司
376	云南天齐绿色食品开发有限公司
377	呈贡三人食品有限公司
378	云南锦苑春种植有限公司
379	宜良振明苗木种植有限公司
380	宜良安源农林科技有限公司
381	云南品淳农业科技开发有限公司
382	昆明市宜良滇王食品有限公司
383	东来种植开发有限公司
384	云南程春种植有限公司
385	云南雷兰生物科技有限公司
386	云南花城景观建设有限公司
387	云南福宜天水园艺科技有限公司
388	宜良绿兴苗木有限责任公司
389	云南兰弗农业科技开发有限公司
390	华坪县楷瑞商贸有限责任公司
391	华坪县嘉兴种养殖有限公司
392	丽江华利生物开发药业有限公司
393	宁蒗县女儿珍生物工程有限公司

(续)

序号	企业名称
394	丽江永胜边屯食尚养生园有限公司
395	永胜林辰绿色资源开发有限责任公司
396	云南永胜绿地源植物开发有限公司
397	永胜雷特生物工程有限责任公司
398	丽江得一食品有限责任公司
399	丽江中源绿色食品有限责任公司
400	沧源县茂名华建投资有限责任公司
401	凤庆磊鑫农产品开发有限责任公司
402	云南凤庆巨达食品工业有限责任公司
403	云南滇红集团股份有限公司
404	凤庆县胜达木业有限公司
405	耿马东兴园林绿化有限公司
406	云南仁利坤元养殖有限责任公司
407	临沧道地中药材种植科技有限公司
408	耿马泰兴发展有限责任公司
409	临沧南华纸业有限公司
410	耿马四方生物科技开发有限责任公司
411	临沧凌丰咖啡产业发展有限公司
412	临沧邦泰昔归庄园有限公司
413	云南省临沧市泛华林业投资发展有限公司
414	临沧凌丰产业(集团)有限公司
415	临沧市天移园林绿化工程有限责任公司
416	双江云药园生物资源开发有限公司
417	双江行云生物科技有限公司
418	云南奕华农业生物有限公司
419	云南福滋农业科技开发有限公司
420	永德县供销集团有限责任公司
421	永德华顺园林绿化植物研发工程有限公司
422	永德县林产业开发有限责任公司
423	永德县大雪山实业有限公司
424	云南康伟生物有限公司
425	云县乡土农业综合开发有限公司
426	云县凝鑫紫胶产业发展有限公司
427	临沧兴诚古树茶庄园有限公司
428	云南茅粮酒业集团有限公司
429	云南汇智源食品有限公司
430	云县嘉木茶业制品有限责任公司
431	云县新云州实业有限责任公司
432	临沧市结圆坚果有限公司
433	镇康县恒昊实业有限公司

(续)

序号	企业名称
434	镇康县安源经贸有限责任公司
435	镇康县创森林木开发有限责任公司
436	镇康县如意橡胶开发有限责任公司
437	镇康县云华物业管理有限责任公司
438	贡山县三源种养专业合作社
439	兰坪滇盛中药材种植有限公司
440	兰坪县啦井镇紫兴五味子饮品厂
441	泸水县银坡春灵种养开发基地
442	泸水县万群种养殖有限责任公司
443	云南森友木业有限公司
444	怒江绿源绿色产业发展有限公司
445	泸水县农业生产资料有限责任公司
446	云南怒江东方大峡谷生物城有限责任公司
447	怒江滇鑫农业科技示范园
448	云南福维临生物药业有限公司
449	泸水县凯锋农林发展有限公司
450	怒江八达农业科技发展有限公司
451	镇沅圣元堂生物科技开发有限责任公司
452	普洱泛亚农林资源开发有限公司
453	普洱南药庄园科技有限公司
454	云南江城木制品有限公司
455	普洱三国庄园茶业有限责任公司
456	江城耀霖木业有限责任公司
457	景东力奥林产集团有限公司
458	景东彝族自治县昌龙林产工业有限公司
459	景东彝族自治县天瑞林业有限公司
460	景谷邦永生物资源开发有限公司
461	云南景谷林业股份有限公司
462	云南云景林纸股份有限公司
463	景谷林化有限公司
464	思茅金澜沧丰产有限公司
465	孟连大发铁皮石斛有限公司
466	宁洱同泽生物科技有限责任公司
467	云南峻山傲斛珍浠植物药业有限公司
468	普洱林达木业有限责任公司
469	普洱市卫国林业局
470	普洱科茂林化有限公司
471	普洱瑞霖生物技术开发有限公司
472	普洱市玉林林业开发有限公司
473	云南斛哥庄园有限公司

（续）

序号	企业名称
474	云南恩润生物科技发展有限公司
475	普洱市思茅区森盛林化有限责任公司
476	普洱福通(集团)木业有限公司
477	普洱市思茅区沪顺木业有限公司
478	普洱市鼎达园林景观有限公司
479	云南长源投资集团普洱天翔林业开发有限公司
480	镇沅县林产工业有限公司
481	镇沅彝族哈尼族拉祜族自治县松香厂
482	镇沅彝族哈尼族拉祜族自治县昌龙林产工业有限公司
483	云南华晨林业发展有限公司
484	曲靖市万隆生态科技有限责任公司
485	富源县后所镇一带谷林场
486	富源县林山野生动物驯养繁殖有限责公司
487	富源县聚农绿色食品开发有限公司
488	会泽绿大地种苗有限责任公司
489	云南陆良国康天然生物资源开发有限公司
490	陆良招宝特种野生养殖有限公司
491	云南大地生态产业开发有限公司
492	云南奥普兰生物科技有限公司
493	马龙县红石农业科技开发有限公司
494	曲靖市荣昕园林绿化有限公司
495	云南育春园林艺术有限公司
496	曲靖市楹源农业科技有限公司
497	曲靖市俊成园艺有限公司
498	云南翠楹花卉公司
499	师宗县鑫盛绿化有限责任公司
500	师宗华海木业有限公司
501	云南司珈尔木业股份有限公司
502	宣威市鸿达移民园林有限公司
503	宣威市福宝种养殖专业合作社
504	宣威市汇丰食用菌开发有限公司
505	宣威市虹桥生态旅游开发有限公司
506	云南为君开园林工程有限公司
507	宣威市宝鑫种养殖科技发展有限公司
508	沾益县春海农林科技开发有限公司
509	曲靖市园通林牧有限公司
510	云南煜欣农林生物科技有限公司
511	曲靖市祥源农林开发有限公司
512	沾益播乐庄园农业科技有限公司
513	曲靖康庄肥业有限公司

（续）

序号	企业名称
514	曲靖兆金园艺有限公司
515	曲靖浩凯农林投资开发公司
516	曲靖鸿昊生物科技有限公司
517	沾益县坤泰园艺有限公司
518	曲靖市富田园林有限公司
519	云南伊森源林业开发有限公司
520	云南希美康农业开发有限公司
521	沾益县华晋农牧有限责任公司
522	云南大山木业有限责任公司
523	云南万道香茶业有限公司
524	云南富嘉林产科技有限公司
525	云南东昌农林产品开发有限公司
526	云南云岭山茶油有限公司
527	广南润和木业有限公司
528	广南豪威木业有限公司
529	广南皇饰木业有限公司
530	广南县天云植物油业有限公司
531	云南归田实业有限公司
532	麻栗坡县佳林咖啡发展有限责任公司
533	丘北县富亿木业有限公司
534	丘北县双龙油脂有限责任公司
535	文山开开药业有限公司
536	云南七乡农业综合开发有限公司
537	文山盘龙山生态农业综合开发有限公司
538	云南希诺康生物科技有限公司
539	文山市益力生物科技发展有限公司
540	云南跃兴园林工程有限公司
541	文山县金达利三七生物科技有限责任公司
542	金光集团文山金文山丰产林有限公司
543	文山圆和圆经贸有限责任公司
544	文山州叶飞林木种植有限公司
545	西畴县国营香坪山林场
546	西畴县百汇药材林果种植有限公司
547	云南盛禾生态农业科技发展有限公司
548	云南澄江木森苗木经营有限公司
549	澄江乐万家果林农庄有限公司
550	峨山天资生物开发有限公司
551	峨山彝人谷万亩竹海生态旅游开发有限公司
552	云南峨山高香万亩生态茶业有限责任公司
553	峨山县森达林业开发有限责任公司

（续）

序号	企业名称
554	峨山彝族自治县玉和林场
555	玉溪市洛河昱鑫工贸有限公司
556	云南锦萃园林工程有限公司
557	玉溪子墨商贸服务有限公司
558	云南玉达木门制造有限公司
559	玉溪比格力富康门业
560	华宁泉溪农林综合开发有限责任公司
561	云南万家红园艺有限公司
562	华宁华富核桃产业开发有限责任公司
563	玉溪市华冠蔬果有限公司
564	云南华宁鑫辰食品有限公司
565	华宁县山水农林开发有限责任公司
566	云南省江川县柏池古绿色产业有限公司
567	江川泰怡园林绿化工程有限公司
568	云南绿地园林绿化有限公司
569	通海元景园林有限责任公司
570	云南新平哀牢山兴智植物油厂
571	中林化工有限公司
572	云南新平南恩糖纸有限责任公司
573	云南磨浆农业有限公司
574	云南易门丛山食用菌有限责任公司
575	云南易门益生绿色食品有限责任公司
576	云南易门山里香食品有限责任公司
577	易门县康源菌业有限公司
578	云南林缘香料有限公司
579	云南金土地生态开发有限公司
580	云南易门恒源食品有限公司
581	云南玉加宝人造板有限公司
582	云南玉溪金土地绿色产品开发有限公司
583	云南原林生态有限公司
584	元江县江风园艺有限公司
585	云南瑞江木业有限公司
586	鲁甸县鑫辉农特产品开发有限公司
587	鲁甸县鸭子塘农业开发农民专业合作社
588	昭通市大成农业开发有限责任公司
589	云南威信锦昌生物科技有限公司
590	威信县兴源木业有限公司
591	盐津津华竹产业专业合作社
592	云南莱人家食品有限公司
593	云南永孜堂制药有限公司
594	昭通市宏联实业有限责任公司
595	昭通市昭阳区庆丰果树有限公司
596	镇雄县叶茂开发有限责任公司

表 2　林农专业合作社省级示范社名录

序号	林农专业合作社名称
1	景洪市景讷乡林园鸡养殖专业合作社
2	基诺洛普惠农冬瓜猪养殖专业合作社
3	勐海惠农林业专业合作社
4	勐海县勐混镇映彰林业专业合作社
5	勐海曼满富海林业种植专业合作社
6	勐海县天生绿科技农业专业合作社
7	勐海县竹源养殖专业合社
8	西双版纳山水石斛种植专业合作社
9	勐腊县高源农夫养殖专业合作社
10	昌宁县国光永泽泡核桃种植专业合作社
11	昌宁县荣星兴果泡核桃专业合作社
12	昌宁县恒亚农产品种植专业合作社
13	昌宁县正强嘎薄泡核桃专业合作社
14	昌宁县仙亚泡核桃专业合作社
15	昌宁县鑫隆金果泡核桃专业合作社
16	昌宁县智源金果泡核桃专业合作社
17	昌宁县军林泡核桃专业合作社
18	昌宁县大良田坚果种植专业合作社
19	昌宁县森鑫泡核桃专业合作社
20	昌宁县一根丝泡核桃种植专业合作社
21	昌宁县晶壳泡核桃专业合作社
22	昌宁县乡富华荣鑫泡核桃专业合作社
23	昌宁县客落勐泡核桃种植专业合作社
24	昌宁县盛和美食食用菌种植专业合作社
25	昌宁县春慧食用菌专业合作社
26	昌宁县欣欣药材种植专业合作社
27	昌宁县禹建平泡核桃专业合作社
28	昌宁县沧江明珠泡核桃专业合作社
29	昌宁县郑子根泡核桃专业合作社
30	昌宁县志成竹鼠养殖专业合作社
31	昌宁县实生益坚果种植专业合作社
32	昌宁县温泉镇联席古树茶专业合作社
33	昌宁县珍果泡核桃专业合作社
34	昌宁县文银魔芋专业合作社

(续)

序号	林农专业合作社名称
35	昌宁县桥发东禽类养殖专业合作社
36	昌宁县佳杰古树茶叶种植专业合作社
37	龙陵县林博石斛种植专业合作社
38	龙陵县金泉水核桃种植专业合作社
39	龙陵县合鑫众益核桃专业合作社
40	龙陵县翔丰草果种植专业合作社
41	龙陵县万金石斛专业合作社
42	龙陵县常盛棕树种植专业合作社
43	龙陵县富民石斛专业合作社
44	龙陵县正广重楼种植专业合作社
45	龙陵县立新石斛种植专业合作社
46	龙陵县永丰石斛专业合作社
47	龙陵县正才石斛专业合作社
48	龙陵县昌家石斛种植专业合作社
49	龙陵县春逸石斛种植专业合作社
50	龙陵县摩山重楼种植专业合作社
51	龙陵县旺盛草果种植专业合作社
52	龙陵县龙杰核桃种植专业合作社
53	龙陵县杨春焕重楼种植专业合作社
54	龙陵县富农中药材种植专业合作社
55	龙陵县香山石斛种植专业合作社
56	龙陵县康农石斛种植专业合作社
57	龙陵县威露农产品种植专业合作社
58	龙陵县永发橄榄种植专业合作社
59	隆阳区合惠元生物资源开发专业合作社
60	隆阳区英智竹柳树种植专业合作社
61	隆阳区贵盛核桃种植专业合作社
62	隆阳区昊天石斛种植专业合作社
63	隆阳区丰宇农产品专业合作社
64	隆阳区川顺核桃种植专业合作社
65	隆阳区明和种植专业合作社
66	隆阳区中昌中药材种植专业合作社
67	隆阳区中洲农产品专业合作社
68	隆阳区阿辉农产品种植专业合作社
69	隆阳区杨昇糯橄榄种植专业合作社
70	隆阳区康和种植专业合作社
71	隆阳区东睿种植专业合作社
72	隆阳区松坡金银花种植专业合作社
73	隆阳区金元盛农产品种植专业合作社
74	隆阳区横山农产品种植专业合作社

(续)

序号	林农专业合作社名称
75	隆阳区永蔚林果种植专业合作社
76	隆阳区三达地果蔬专业合作社
77	隆阳区百岑农产品种植专业合作社
78	隆阳区绿金农产品种植专业合作社
79	隆阳区长生农产品种植专业合作社
80	隆阳区怒江雪林农产品种植专业合作社
81	保山市佳品农产品专业合作社
82	隆阳区金鑫农产品种植专业合作社
83	隆阳区好伙伴农产品种植专业合作社
84	隆阳区振昇农产品种植专业合作社
85	保山市利民石斛种植专业合作社
86	隆阳区云贵养殖专业合作社
87	隆阳区赛格农产品种植专业合作社
88	隆阳区汇宏核桃种植专业合作社
89	隆阳区源升农产品种植专业合作社
90	隆阳区香树坚果种植专业合作社
91	隆阳区八鸭塘种植专业合作社
92	隆阳区万鑫农产品种植专业合作社
93	隆阳区丛岗农产品种植专业合作社
94	隆阳区大雁种植专业合作社
95	隆阳区柴河农产品种植专业合作社
96	隆阳区康源农产品种植专业合作社
97	隆阳区上麦庄核桃种植专业合作社
98	隆阳区十岸农产品种植专业合作社
99	隆阳区新寨聚源咖啡种植专业合作社
100	施甸县木老元雪山黑山羊专业合作社
101	施甸县金梧中药材种植专业合作社
102	施甸县勐旺甜柿专业合作社
103	施甸县利民果蔬专业合作社
104	施甸县高峰核桃种植专业合作社
105	施甸县禾源果蔬专业合作社
106	施甸县核老松果蔬专业合作社
107	施甸县查邑油茶种植专业合作社
108	保山市康宏农产品种植专业合作社
109	施甸县亚新亚食用菌种植专业合作社
110	施甸县宝翔果蔬专业合作社
111	腾冲腾龙石斛种植专业合作社
112	腾冲县强辉食用菌种植专业合作社
113	腾冲众富重楼种植专业合作社
114	腾冲谢家山金铁锁种植专业合作社

(续)

序号	林农专业合作社名称
115	腾冲县新岐绿益林业专业合作社
116	腾冲茂文中药材种植专业合作社
117	腾冲县华威草果种植专业合作社
118	腾冲县大尖山草果专业合作社
119	腾冲县界头石斛种植种植专业合作社
120	腾冲县云华红花油茶专业合作社
121	腾冲县宏营阳光石斛专业合作社
122	腾冲县富民药材种植专业合作社
123	腾冲县永兴核桃专业合作社
124	腾冲县箐口林业专业合作社
125	腾冲县侍郎坝花木种植专业合作社
126	腾冲县利民石斛专业合作社
127	腾冲县户弄核桃专业合作社
128	腾冲县公平火山银杏叶生产专业合作社
129	腾冲县大黑山泡核桃种植专业合作社
130	腾冲县红茂石斛种植专业合作社
131	腾冲南凹木瓜种植专业合作社
132	腾冲民鑫石斛种植专业合作社
133	楚雄市哀牢山森林蔬菜专业合作社
134	楚雄市八角核桃专业合作社
135	楚雄市大地基核桃专业合作社
136	楚雄市天森商品林木种苗专业合作社
137	楚雄市中山镇草介核桃专业合作社
138	楚雄滇彝农产品产销专业合作社
139	楚雄市紫溪林果业农民专业合作社
140	大姚县百草岭天麻种植专业合作社
141	大姚县桂花乡宏源野生菌专业合作社
142	大姚县锦彝核桃专业合作社
143	大姚县百草岭蜂养蜂专业合作社
144	大姚亿利丰核桃专业合作社
145	大姚县三台庆丰农副产品专业合作社
146	大姚三台核桃种苗专业合作社
147	大姚县三台丰顺核桃专业合作社
148	大姚县彝山松子专业合作社
149	楚雄新思路彝苗专业合作社
150	大姚县铁锁青花椒专业合作社
151	大姚县金碧镇涧水花椒种植专业合作社
152	大姚县荃玛箐核桃发展专业合作社
153	大姚县彝丽核桃专业合作社
154	大姚县桂花核桃专业合作社
155	大姚县殷连核桃发展专业合作社
156	禄丰县大华农产品种植营销专业合作社
157	禄丰县和平缘农林产品种植营销专业合作社
158	南华县金润杨梅种植专业合作社
159	南华鸿发农产品专业合作社
160	南华县张和新村种养殖专业合作社
161	宾川县毛氏种养业专业合作社
162	宾川县永升核桃产业开发专业合作社
163	大理市凤仪镇三哨村红亮核桃种植专业合作社
164	大理市海东上登南山林果专业合作社
165	大理市下关镇吊草食用菌种植专业合作社
166	大理市凤仪镇吉祥村松山核桃种植专业合作社
167	大理市桃树村邑兴核桃种植专业合作社
168	大理市凤仪镇绍宝核桃种植专业合作社
169	大理市凤仪镇银鑫核桃专业合作社
170	大理市凤仪镇南汤天村金彪核桃种植专业合作社
171	大理市挖色镇光邑村全月林果专业合作社
172	大理市森旺苗木种植专业合作社
173	大理市凤仪毓强核桃种植专业合作社
174	大理市下关镇瀚森苗木专业合作社
175	大理市凤仪镇明军核桃种植专业合作社
176	大理市挖色镇光邑村望旺林果种植专业合作社
177	大理州阳光森林园艺专业合作社
178	鹤庆县石榴园赛丰核桃专业合作社
179	弥渡县红土中草药种植农民专业合作社
180	南涧县金秋林果加工专业合作社
181	南涧县宏凤林产业专业合作社
182	南涧无量朝武泡核桃生产专业合作社
183	南涧云宏农民购销合作社
184	南涧县广纳特种养殖专业合作社
185	南涧县龙凤中药材种植专业合作社
186	南涧县无量山开春种植专业合作社
187	南涧县无量阿四茶叶购销专业合作社
188	祥云县明昌种植农民专业合作社
189	祥云县王葵种植农民专业合作社
190	祥云县吉才林园农民种植专业合作社
191	祥云县森茂种植农民专业合作社
192	祥云县经纬种植农民专业合作社
193	漾江核桃中药材种植农民专业合作社
194	箐口核桃专业合作社

（续）

序号	林农专业合作社名称
195	漾濞彝族自治县李家庄农民专业合作社
196	永平县胜泉苗木专业合作社
197	永平县荣兴林木培育农民专业合作社
198	永平县囿鑫中药材种植专业合作社
199	永平县龙门乡信农核桃种植专业合作社
200	永平县七昌村核桃农民专业合作社
201	永平县佳亿核桃种植农民专业合作社
202	永平县金丽苗木专业合作社
203	云龙县团结益创生态专业合作社
204	云龙共邦生态野猪养殖专业合作社
205	云龙县宏达核桃专业合社
206	云龙县宝丰乡胜得种植专业合作社
207	云龙县农欢重楼种植专业合作社
208	梁河县生龙林业专业合作社
209	梁河县宏粱蓝孔雀养殖专业合作社
210	陇川县双贵竹产品专业合作社
211	陇川县恒峰石斛种植专业合作社
212	芒市江东乡共荣石斛专业合作社
213	芒市江东乡云岩石斛发展专业合作社
214	芒市轩岗乡水井石斛发展专业合作社
215	芒市金山核桃专业合作社
216	芒市中山坚果咖啡专业合作社
217	芒市林生石斛科技发展专业合作社
218	芒市合心石斛发展专业合作社
219	芒市宏康重楼种植专业合作社
220	芒市众鑫核桃专业合作社
221	瑞丽市边育林产业专业合作社
222	盈江县儒林石斛种植专业合作社联合社
223	盈江县邦伟山核桃种植专业合作社
224	维西鹏程林农科技专业合作社
225	维西共吉惠民核桃种植农民专业合作社
226	维西县三和蜜蜂养殖专业合作社
227	塔城春福新藏药材种植专业合作社
228	维西卫红中药材农产品种植专业合作社
229	香格里拉县金江镇兴文村奔旺综合种养殖农民专业合作社
230	香格里拉县旺达种养殖专业合作社
231	香格里拉县东旺乡德康龙核桃种植农民专业合作社
232	香格里拉市山泉种植农民专业合作社
233	洛吉“绿生干果种植专业合作社”

（续）

序号	林农专业合作社名称
234	香格里拉县虎跳峡镇金星史跨迪综合种植农民专业合作社
235	香格里拉县虎跳峡镇界碑核桃种植农民专业合作社
236	香格里拉县崩龙养殖农民专业合作社
237	河口莲花滩橡胶农民专业合作社
238	河口县子母咖啡香蕉种植农民专业合作社
239	红河县泰富木豆种植专业合作社
240	建水县利民乡清江柑橘专业合作社
241	建水县思媛养殖专业合作社
242	金平县金色油茶专业合作社
243	金平县金山油茶产销专业合作社
244	金平县兴农油茶产销专业合作社
245	金平泓泰沉香美藤果开发专业合作社
246	金平云海山茶油产销专业合作社
247	金平十里生物产业开发专业合作社
248	开远市红土高原种植专业合作社
249	开远市伟业丰水梨种植专业合作社
250	元阳县煊元火龙果产业开发专业合作社
251	开远市绿野蜜桃专业合作社
252	泸西县泸忆农油桃产销农民专业合作社
253	泸西县普泽苗木花卉生产经营农民专业合作社
254	绿春县习比东茶叶专业合作社
255	蒙自市新安东桥石榴产销专业合作社
256	蒙自市龙潭兴农水果产销专业合作
257	蒙自市南疆水果产销专业合作社
258	弥勒县法门香椿专业合作社
259	弥勒县翠泉水果专业合作社
260	弥勒县绿水林业果蔬专业合作社
261	屏边县苗林贵族甜柿种植专业合作社
262	屏边县马马草果种植专业合作社
263	石屏县兴海大枇杷专业合作社
264	石屏县湖东杨梅专业合作社
265	石屏县湖畔杨梅种植专业合作社
266	石屏县果富杨梅专业合作社
267	石屏县园丽蓝莓种植专业合作社
268	元阳县黄茅岭乡橡胶专业合作社
269	元阳县康达重楼种植农民专业合作社
270	元阳县全福庄种植养殖专业合作社
271	安宁诚川油茶种植专业合作社
272	东川区杉木东柏种植专业合作社

(续)

序号	林农专业合作社名称
273	昆明市响水河农产品种植专业合作社
274	富民兴胜种植专业合作社
275	昆明清泉苗木种植专业合作社
276	禄劝忠义核桃种植专业合作社
277	石林县联谊林业专业合作社
278	寻甸永祥种植专业合作社
279	寻甸发祥种植专业合作社
280	宜良县大鹏坚果产销专业合作社
281	宜良恒瑞林木种植专业合作社
282	宜良全丰种植专业合作社
283	华坪县国华核桃种植农民专业合作社
284	华坪县源艺芒果种植专业合作社
285	华坪县金牛畜禽养殖专业合作社
286	宁蒗锦钰畜禽养殖专业合作社
287	永胜县林鑫种养专业合作社
288	永胜国海添绿林农种养专业合作社
289	永胜县荣和养殖专业合作社
290	永胜县德禄石榴专业合作社
291	凤庆县德发魔芋种植专业合作社
292	凤庆县裕泽谷核桃专业合作社
293	凤庆县春芽苗木种植专业合作社
294	凤庆县仙草石斛种植专业合作社
295	凤庆县核艺阁核桃专业合作社
296	凤庆县雪山镇裕源核桃种植专业合作社
297	凤庆县秋吉核桃专业合作社
298	凤庆县凤山镇东城社区金银花种植专业合作社
299	凤庆县万宝核桃种植农民专业合作社
300	凤庆县禾山种养殖合作社
301	凤庆县民生石斛专业合作社
302	耿马四方石斛种植专业合作社
303	耿马林农种植专业合作社
304	临沧市顺发中药材种植专业合作社
305	临沧市邦东乡古树茶农民专业合作社
306	临沧市邦东昔归茶叶农民专业合作社
307	临沧市南美植宝养殖农民专业合作社
308	临沧双鹿源石斛种植林农专业合作社
309	临沧金顺祥中药材种植专业合作社
310	临沧市勐昌药材种植专业合作社
311	临沧银河草果种植专业合作社
312	双江邦丙乡金壳泡核桃种植专业合作社

(续)

序号	林农专业合作社名称
313	永德县联源竹鼠产销专业合作社
314	永德县康伟药材德党产销专业合作社
315	永德县忙肺茶叶产销专业合作社
316	临沧市云县大寨云林核桃种植专业合作社
317	镇康县半个山核桃种植专业合作社
318	镇康县马鞍山大包包茶叶生产专业合作社
319	镇康县董家寨核桃种植专业合作社
320	镇康县麦地核桃专业合作社
321	镇康县南班木水果种植专业合作社
322	镇康石镇坚果专业合作社
323	福贡县野生鸡脚云黄连种植专业合作社
324	福贡迪付草果种植农民专业合作社
325	福贡老姆登高山茶种植农民专业合作社
326	贡山县三源种养专业合作社
327	贡山县一园中草药种植农民专业合作社
328	贡山县永刚独龙牛养殖农民专业合作社
329	兰坪县鑫良核桃种植农民专业合作社
330	兰坪县芳韵兰花专业合作社
331	兰坪县金浩药材种植农民专业合作社
332	兰坪县金顶镇仁和种植专业合作社
333	兰坪县联利生源核桃基地专业合作社
334	兰坪县通甸镇水俸福源核桃种植专业合作社
335	泸水县茂源碧乃金种养殖农民专业合作社
336	泸水县廖忠核桃种植农民专业合作社
337	泸水县老窝乡银坡村厂天灵重楼种植专业合作社
338	泸水县三河草果专业合作社
339	怒江望三江果品农民专业合作社
340	泸水县秤杆村一了石榴种植农民专业合作社
341	泸水县洛本卓久金生漆种植专业合作社
342	泸水县文中火龙果种植农民专业合作社
343	泸水县片古岗茶山族金源核桃种植林农专业合作社
344	泸水县华祥柑橘种植农民专业合作社
345	泸水县河新桤木种植农民专业合作社
346	泸水县农林木香种植农民专业合作社
347	泸水县云升核桃种植农民专业合作社
348	兰坪民丰有机农产品专业合作社
349	泸水县建彪石斛种植农民专业合作社
350	泸水县顺发土鸡养殖专业合作社
351	泸水县尤邓种养殖林农专业合作社
352	泸水县坤杉药材种植林农专业合作社

(续)

序号	林农专业合作社名称
353	江城县曲水乡怒那橡胶农民专业合作社
354	江城县瑶家山润森林场林业种植农民专业合作社
355	江城县加禾乡大岔河橡胶农民专业合作社
356	江城三江联盟种植专业合作社
357	景东新会中药材种植农民专业合作社
358	景东文俄泡核桃种植农民专业合作社
359	景东朝阳天鹅养殖农民专业合作社
360	景东加福石斛种植农民专业合作社
361	景东志和核桃种植农民专业合作社
362	景东花山泡核桃种植农民专业合作社
363	景东龙街泡核桃种植农民专业合作社
364	景东县新民陶府核桃种植农民专业合作社
365	景东桥万发核桃种植农民专业合作社
366	景谷雄剑重楼种植专业合作社
367	景谷香盐林业专业合作社
368	景谷春来绿勃氏甜龙竹种植专业合作社
369	景谷金果来黄栀子种植专业合作社
370	景谷阳林养殖专业合作社
371	墨江县文武乡文武村老毕寨核桃种植专业合作社
372	墨江泗南江镇干坝核桃种植农民专业合作社
373	墨江县团田乡生态农产品开发农民专业合作社
374	墨江县滇绿药材种植农民专业合作社
375	墨江县那哈乡坝栏河咖啡种植农民专业合作社
376	宁洱磨黑正春林下经济作物种植畜禽养殖试验示范农民专业合作社
377	普洱仙之源中草药种植专业合作社
378	镇沅根盛农林生物药种植农民专业合作社
379	镇沅县田坝乡龙藤铁皮石斛专业合作社
380	镇沅凯利龙胆草种植专业合作社
381	镇沅县祖明野生动物驯养繁殖专业合作社
382	镇沅县勐大镇东升石斛种植农民专业合作社
383	镇沅县勐大镇文开村重楼种植农民专业合作社
384	镇沅县金叶石斛种植农民专业合作社
385	镇沅利民林下养殖种植专业合作社
386	镇沅县茂源牲畜养殖专业合作社
387	会泽县马路乡泽辰种植专业合作社
388	会泽纸厂翔鸿种植专业合作社
389	罗平县九龙生态农业专业合作社
390	师宗五龙花桂林业发展专业合作社
391	师宗五龙南岩林业发展专业合作社

(续)

序号	林农专业合作社名称
392	宣威市福宝种养殖专业合作社
393	天宝蓝莓种植农民专业合作社
394	富宁县南渭茶果种植专业合作社
395	富宁县玉弄大红优质油茶专业合作社
396	富宁宏达油茶种植专业合作社
397	富宁田坝油茶农民专业合作社
398	富宁红都油茶种植专业合作社
399	广南县木贴秃杉种植农民专业合作社
400	广南县森源林果种植农民专业合作社
401	麻栗坡县林沃草果种植农民专业合作社
402	麻栗坡云岭野生中药材种植专业合作社
403	文山市薄竹清油茶种植服务专业合作社
404	文山市君龙源种植养殖农民专业合作社
405	文山市朵白库希诺康农业专业合作社
406	文山市老君山药材种植农民专业合作社
407	文山市明春他披梨种植农民专业合作社
408	文山市七花果蔬专业合作社
409	文山市七乡种植养殖专业合作社
410	文山市绿欣种养殖农民专业合作社
411	西畴县顺发阳荷种植专业合作社
412	西畴县莲花塘乡森海绿化林木种植专业合作社
413	澄江永鑫蓝莓种植专业合作社
414	澄江星星蓝莓农民专业合作社
415	澄江县森茂苗圃种植农民专业合作社
416	澄江县昌旭蓝莓种植专业合作社
417	国祥石斛种植农民专业合作社
418	澄江县禄充车厘子水果樱桃农民专业合作社
419	澄江县忠窑梅花鹿养殖农民专业合作社
420	澄江神农蓝莓专业合作社
421	澄江大山金果种植专业合作社
422	澄江县庆丰水果农民专业合作社
423	峨山县岔河谢扎富果核桃种植专业合作社
424	玉溪市红塔区小石桥彝族乡龙马梨王产销专业合作社
425	玉溪市宏升现代烟草农业专业合作社
426	玉溪活力中药材种植专业合作社
427	华宁县华溪镇桔乡柑橘桔专业合作社
428	华宁县泉乡梨专业合作社
429	华宁县阿贝楚甜柿专业合作社
430	华宁县盘溪镇果蔬营销专业合作社
431	江川柏池古经果林产销专业合作社

(续)

序号	林农专业合作社名称
432	江川盛果核桃种植专业合作社
433	江川上头营冬桃产销专业合作社
434	江川红燊蓝莓庄园专业合作社
435	通海县竹下天麻专业合作社
436	新平戛洒竹园竹子种植专业合作社
437	新平南达核桃产销专业合作社
438	新平睦群魔芋产销专业合作社
439	兴智核桃产销专业合作社
440	易门县浦贝乡板栗专业合作社
441	易门县阿告米核桃专业合作社
442	易门县龙泉镇大营板栗专业合作社
443	易门乡源食用菌专业合作社
444	岭锦源板栗专业合作社
445	易门县乾坤源核桃专业合作社
446	元江县果洛垤林果专业合作社
447	元江县龙洞荔枝专业合作社
448	元江县老虎箐芒果专业合作社
449	大关县中药材种植专业合作社
450	大关县永胜林果农民专业合作社
451	鲁甸县鸭子塘农业开发农民专业合作社
452	鲁甸县祥瑞核桃产业专业合作社
453	鲁甸县梭山乡妥乐村花椒专业合作社
454	鲁甸县绿林核桃种植专业合作社
455	巧家县白鹤滩生态农业专业合作社
456	绥江县丰华林果种植专业合作社
457	盐津津华竹产业专业合作社
458	彝良县富农核桃种植专业合作社
459	彝良县山地天麻种植专业合作社
460	彝良县小草坝天麻专业合作社
461	彝良县原生态天麻种植专业合作社
462	彝良县鸿志义观赏苗木种植专业合作社
463	彝良县白水江林农专业合作社
464	彝良县牛街猕猴桃专业合作社
465	永善县得天核桃种植专业合作社
466	昭通市昭阳区龙瑞竹柳专业种植合作社
467	镇雄县友贻核桃专业合作社

(云南省林业厅林业改革与产业发展处　李伟平　杨红朝)

西藏自治区林业产业

【概　述】 西藏自治区土地总面积12284.36万公顷，其中林地面积1783.64万公顷，占土地总面积的14.52%；森林面积1471.56万公顷，占林地面积的82.50%，森林覆盖率11.98%。活立木蓄积量228812.16万立方米，其中森林蓄积量226207.05万立方米，占98.86%。近年来，西藏林业产业总产值连续保持增长态势，林业收入占农牧民人均收入的比重不断增大，林业产业已经成为林区广大农牧民增收致富的重要渠道之一。2015年，西藏实现林业总产值264669万元，比2014年增加了25136万元，保持了10.52%的增长速度，三产产值比例为88.04:2.82:9.14。从产业结构看，第一产业仍是西藏林业产值的主流，第三产业呈现蓬勃发展态势。

林业产业项目建设 一是自治区财政，按《西藏自治区林业产业总体规划(2014~2020年)》安排项目建设资金，每年计划安排4000多万元用于林业产业建设项目。二是完成了林芝、山南、昌都市木本油料基地建设项目资金的申请工作。共落实项目4个，资金1725.13万元。三是2015年落实产业扶持项目5个，为《昌都市生物质燃料项目实施方案》《亚东县2015年度林场新建中药材种植基地示范项目实施方案》《林升森工有限责任公司防腐木材精深加工设备购置项目实施方案》《林升森工有限责任公司经济林(改扩建)建设项目实施方案》《林升森工有限责任公司森林生态旅游产业发展观光(一期)建设项目实施方案》，总投资1708.65万元。

木材生产及木材加工 2015年，全区共下达木材生产计划74.65万立方米，占“十二五”期间森林采伐限额210.13万立方米的35.53%。林区非商品采伐计划为61.49万立方米，其中自用材28.33万立方米(含自治区灾后重建预留计划3.33万立方米)，薪炭材33.16万立方米，竹子(箭竹)46万根。

【苗木产业】 截至2015年年底，全区各类苗圃238个，用地总面积1.93万亩，育苗面积为1.55万亩，占全区苗圃用地总面积的81%。其中，国有苗圃64个，面积1.65万亩，占苗圃总面积85%，育苗主要以针叶树苗木和插杆苗为主。全区年均苗木产量3498.80万株，年产值达21641万元。其中，拉萨市苗木基地规模最大，面积为12870亩，其次分别为山南市8820亩，昌都市7035亩，日喀则市7035亩，林芝市2760亩。

【特色经济林产业】 西藏经济林资源主要分布于海拔1500~4150米的38个县(区)。依据西藏各地区的地域特点，因地制宜，总体推进，重点突破，打造具有西藏高原生态特色的经济林基地。通过对现有特色经济林的培育改造和新建，全区现有各类经济林木47.21万亩，年产品总量1.11万吨，年产品总值3.47亿元。其中，以核桃为主的木本油料经济林种植面积最大，达40万亩，年产3795吨，产值14600万元；茶叶以及苹果、藏冬桃、蜜柚等果品业均有不同程度的发展。

【林下资源产业】 全区以保护促繁森林为前提，以合理开发利用为核心，以兴林富民为目标，科学规划，创新机制，培育龙头，兴建基地，形成“公司+中介组织+基地+农户”的林下种植、养殖和采集加工的发展格局，林农复合经营的生产模式，重点发展林下种植和林下养殖两大类，主要发展品种为以天麻为主的特色藏药材、食用菌的林下种植及藏香猪、藏鸡等西藏特有品种的林下养殖。林下中药材年产量最大的为林芝地区，主要有天麻、灵芝、三七、丹参等品种。林下食用菌年产量最大的也是林芝地区，主要有松茸、青杠菌等品种。

【野生动物】 全区共有野生脊椎动物795种，种类居全国第三，已有125种被列为国家重点保护野生动物，占全国重点保护野生动物的三分之一强，其中藏羚羊、野牦牛、黑颈鹤等45种被列为国家一级重点保护野生动物，在全国已知鸟类488种中西藏所特有种有22种。随着保护力度的不断加大，藏羚羊、野牦牛、黑颈鹤等野生动物恢复性增长明显，藏羚羊种群数由原来的5万~7万只增加至现在的20万只左右，野牦牛由原来的8000头左右增加至现在的1万头左右，黑颈鹤由原来的3000只左右上升至目前的8000只左右。

【林产品精深加工】 全区选择一批基础较好的现有重点企业加以扶持，并引进内地有实力的成功企业，逐步打造区域内典型产业，树立西藏林产品优秀品牌。结合资源优势，全区林产品加工业重点建设项目以现有加工企业改扩建为主，新建加工企业为辅，主要发展经济林果加工、林下资源加工和林木资源加工企业。根据各种林产品资源分区特点及发展现状，加工企业规划总数为19个(包括现有企业改扩建15个，新建加工企业4个)。

【湿地资源】 西藏湿地不仅是青藏高原的“物种基因库”和重要的氧气补给源，也是发源于此的河流流域生态系统的重要“平衡器”和“调节器”。根据西藏第二次湿地资源调查结果，西藏湿地共有4类17型，湿地总面积为652.90万公顷，占西藏国土面积的5.31%，是中国湿地类型齐全，数量最为丰富的省区之一。

截至2015年年底，全区已有2块湿地被列入国际重要湿地名录，16块湿地列入全国重要湿地名录；建立了各级别湿地类型的自然保护区19处、国家湿地公园14处(含试点)，受保护湿地面积达430.80万公顷，占全区湿地面积的65.98%，以自然保护区为主体，国家级湿地公园、国际重要湿地和国家重要湿地等多种方式的湿地保护体系逐步形成。

【森林旅游业】

森林公园 截至2015年年底，全区已完成班公错、色季拉山、比日神山、热振、玛旁雍错5处国家森林公园的总规编制。编撰出台了《西藏自治区林业厅 旅游局关于加快发展森林旅游的意见》和《西藏自治区林业厅 旅游局关于成立“自治区森林旅游工作领导小组”的通知(合作框架协议)》，并完成了森林公园标志统一化管理，进一步拓宽森林旅游产业发展空间，为构建西藏生态旅游新兴支柱产业提供新的支撑。

截至2015年年底，全区森林公园共有9处，总面积达132.96万公顷，均为国家森林公园，其中能够开展生态旅游的有6处，其余3处森林公园因正积极添置设备设施，待开放，“十二五”期间森林旅游接待游客312.57万人次，累计收入达42753.31万元，旅游产业发展相对较快。

自然保护区 截至2015年年底，西藏已建立林业自然保护区61处，总面积41.1万平方千米，占全区国土面积的33.46%，占全国林业系统自然保护区数量的2.82%、面积的33.03%，其中国家级自然保护区9处、自治区级自然保护区9处、地市级自然保护区11处、县级自然保护区32处。

(张万茹　德吉央宗)

陕西省林业产业

【概　述】 2015年，陕西林业产业总产值1008亿元，比2014年增长22%。其中，第一产业产值780亿元，第二产业产值118亿元，第三产业产值110亿元，分别比2014年增长17%、19%、47%，一、二、三产比例77∶12∶11。

政策措施　下达了2015年核桃红枣经济林基地建设项目计划。按照年初陕西省林业厅林业工作会议部署和干杂果发展规划，提出全省2016年核桃、红枣干杂果经济林基地建设计划，联合陕西省财政厅下达各市基地建设任务和省级财政补助资金计划1.35亿元。

制订《陕西省林业厅省级核桃示范基地验收认定暂行办法》。为规范全省核桃示范基地认定工作，充分发挥示范基地带动效应，推进全省核桃产业健康发展。依据国家级核桃示范基地建设标准，结合陕西省实际，制订了《陕西省林业厅省级核桃示范基地验收认定暂行办法》并已印发各市执行。

为适应新形势下全省林业企业的发展，加强对林业龙头企业的监测管理，树立企业是产业发展的核心，参照《国家林业局林业产业化国家级龙头企业管理办法》，修改完善了2008年制订的《陕西省林业厅林业产业省级龙头企业管理办法(试行)》，按照相关程序制订了《陕西省林业厅林业产业省级龙头企业管理办法》，并已下发各市执行。

科技教育　2015年，陕西省林业厅评选省林业科学技术进步奖6项、省林业技术推广奖9项。省林业科学技术进步奖包括：特等奖1项、一等奖3项、二等奖2项。省林业技术推广奖包括：特等奖2项，一等奖5项，二等奖2项。

【特色经济林】 2015年，新造核桃等五大干杂果经济林94.9万亩，全省干杂果总面积达到2169.67万亩，年产量143.52万吨，产值149.87亿元。其中核桃面积1090.49万亩，产量21.68万吨，产值49.82亿元；红枣面积278.78万亩，产量89.27万吨，产值39.43亿元；花椒面积271.98万亩，产量6.26万吨，产值45.65亿元；板栗面积476.8万亩，产量7.93万吨，产值10.13亿元；柿子面积51.64万亩，产量18.38万吨，产值4.84亿元。花椒产量居全国第一位，核桃面积、产量分别居全国第二和第四位。

严格按照省级核桃示范基地验收认定办法规定，在实施主体自主申报、市县推荐、材料初审的基础上，结合实地抽查和专家审议意见，批准认定黄龙县干果公司、陕西智源食品有限公司等14家单位为陕西省首批省级核桃示范基地。

组织申报了国家级核桃示范基地。组织全省相关部门认真学习《国家林业局办公室关于开展第二批国家级核桃示范基地认定工作的通知》精神，认真落实了省级核桃示范基地认定和国家级示范基地申报工作，黄龙县干果公司等6家单位被批准为国家级核桃示范基地。

陕西省商洛市政府专门制定了《商洛市关于加快核桃产业提质增效的意见》，省林业厅与商洛市人民政府在西安、北京成功举办“投资商洛核桃共享美好前景”核桃系列产品推荐会，提高了陕西核桃系列产品的国内国外知名度。

陕西省安康市启动了“陕西山林经济发展示范市”建设工作。省林业厅与安康市人民政府完成了《陕西省林业厅与安康市政府共建生态产业示范市》合作协议，及时总结安康林业产业园区和工业园区建设的做法经验，召开了“安康市建设山林经济发展示范市现场推进会”，为有序推进全省特色林业产业园区建设进行前期准备。

开展红枣产业专题调研。陕西省副省长祝列克在新华社记者《关于陕西省红枣产业发展报告》上作出专门批示，省林业厅组成调研组在调研的基础上，形成《关于我省红枣产业发展情况的调研报告》，并向省政府报送了《省林业厅关于支持推动我省红枣经济林产业健康发展的请示》，建议省财政加大对红枣产业的资金扶持力度。

协助韩城市人民政府建立国家级韩城花椒产业园区。为了充分发挥陕西省花椒产业优势，在调研的基础上，向国家林业局报送了《关于建设国家级韩城花椒产业园区的请示》，配合国家林业局计资司对韩城花椒产业园区建设的实地考察评审工作。

推进省级精品示范园建设。启动2015年省级精品示范园建设试点工作，按照年初陕西省林业厅与财政厅下达的精品示范园建设计划任务，按照实施单位申报，县级林业局初审上报，完成了大统生态产业开发公司、彬县、汉滨区3个核桃精品示范园项目和大荔县、延川县、佳县3个红枣精品园建设项目的评审批复，试点工作进展顺利。

以"丝绸之路经济新起点，陕西林业再出发"为主题的上海合作组织国家商品展陕西林业展成功举办。以陕西六宝、秦岭山脉和陕林特色为一体的243平方米的陕西林业展馆成了陕西林业宣传名牌，受到国内外参展商的广泛关注和高度赞赏，国家林业局副局长刘东生、省政府副省长王莉霞9月24日先后在省林业厅厅长李三原、总工范民康的陪同下参观了陕西林业展馆，刘东生、王莉霞等领导对陕西省林业厅立足展示陕西林业丝路合作资源和合作潜力进行布展给予肯定，对陕西林业所取得的成就表示赞赏，并与企业代表和林业劳模就展出林产品的品质质量、市场价格、产业发展前景等问题进行咨询交流。

【森林旅游业】 截至2015年年底，全省共建立森林公园87处，其中国家级35处，省级52处，规划面积34万公顷。组织专家严格审查并上报了黄陵国家森林公园、石门山国家森林公园的占用林地事项，并获国家公园办同意的批文。审核批准了陕西洽川森林公园调整经营面积和更名为武帝山森林公园的申请，审核批建了蓝田县莲花山、富县鹿州省级森林公园。举办"陕西省森林旅游宣传月"活动，联合省邮政公司组织发行2015年陕西省森林旅游年票，内容包含全省19处森林公园。

【种苗花卉】 全省2015年采收林木种子230万千克，育苗面积30万亩，生产各类苗木35亿株，完成了国家2014年度林木良种补贴项目实施工作，涉及9个国家级良种基地和24个育苗单位，培育良种苗木2292万株，并组织进行了省级验收。上半年，会同各市种苗管理机构，对宝鸡、安康、渭南等10个地市19个县区的29处造林地、11处苗圃的工程造林用苗和部分待出圃苗木质量进行了抽查检测。共抽查核桃等12个树种31个苗批，抽查结论为"良好"。开展"陕西珍稀林木种质资源库"项目可行性研究、评审工作，完善"陕西野生牡丹资源调查分析"项目后续事项，加快"秦巴野生花卉种质资源调查与收集保存"项目进度。

【木本油料】 全省核桃、油茶、花椒、油用牡丹、长柄扁桃、元宝枫、文冠果等木本油料种植面积1748万亩，牡丹育苗面积2501亩，年产苗木3.38亿株，种植资源库6处，共600亩，西北首条牡丹油自动化生产线建成投产，可年加工牡丹籽近5000吨。

开展木本油料产业发展调研。按照陕西省决策咨询委员会关于对林业重点课题调研计划安排，省决策咨询委副主任陈再生一行深入有关市县开展木本油料产业发展情况调研，形成了《关于做大做强木本油料产业在丝绸之路新起点上打造国家级木本油库建设的建议》的陕西木本油料产业发展调研报告。

【林下经济】 一是完成决策咨询委员会在商洛、安康、西安、咸阳、汉中、宝鸡等市的12个县区开展的林下经济发展调研工作，形成《关于加快发展林下经济意见和建议》的专题报告上报陕西省政府，省政府已指示有关部门抓好落实。二是完成投资3300万元扶持林下经济项目建设，中央财政安排300万元主要实施林木良种补贴资金项目，扶持永寿县、太白县、千阳县、岚皋县、白河县、紫阳县、西乡县、宁强县、商州区、山阳县10个县(区)重点发展林下种植草本中药材，省财政安排3000万元支持林下经济发展，扶持宝鸡市太白县等49个县(区)及省属国有林场重点发展林下种养殖、林产品采集加工等林下经济产业。

【林业产业龙头企业】 深入开展林业产业发展及涉林企业调研，通过在省内各市县及赴甘肃、宁夏等外省调研，以及配合国家林业局造林司、计资司、产业联合会等相关部门和兄弟省份林业厅局来陕调研考察等活动，深入了解各地林业产业发展现状、存在问题和涉林企业发展情况。通过广泛调研，总结经验，形成了《陕西林业产发展与展望》调研报告。充分应用QQ群、微信等快速便捷的通信手段，加强与基层产业部门和涉林企业的沟通交流，建立了以林业企业为主体的陕西林业产业发展能动群和以各级林业产业工作人员为主体的陕西林业产业发展服务群，对企业和产业工作人在陕西林业产业发展中的作用进行了准确定位，提高了服务基层、服务企业、服务产业发展能力水平。

【林业专业合作社】 结合林业检查工作，深入基层鼓励引导农民成立林业专业合作社，截至目前，全省已注册各类林业专业合作组织1410个，注册资金4.5亿元，加入合作组织农户数为21.26万户。其中城固县华绿食用菌专业合作社等15个合作社被评为国家级农民林业专业合作社示范社，安塞绿盛苗木花卉专业合作社等50个合作社被评定为省级农民林业专业合作示范社，太白县等10县(区)被确定为全国200个首批创建农民林业专业合作社示范基地，宁陕县入选全国28个典型示范县。

【野生动物繁育利用】 2015年，陕西省朱鹮繁育成活442只，超出年度目标任务的101%，全省朱鹮种群数量已达1848只，其中圈养朱鹮种群数量363只，野外朱鹮数量已达1485只。林麝繁育成活2747头，目前人工养殖种群数量9834只。

3月3日，举行陕西省暨西安市第二届“世界野生动植物日”宣传活动启动仪式，由工作人员向公众讲解野生动植物科普知识，开展爱护野生动植物教育，现场展出了动物的标本和10多块宣传展板，并发放了1000多份的科普宣传资料，受众人数1000余人。

4月11日，全国暨陕西省第34届“爱鸟周”活动在铜川市耀州区柳林林场启动，本次“爱鸟周”活动的主题是“关注候鸟保护，守护绿色家园”。国家林业局保护司司长张希武、陕西省林业厅厅长李三原讲话，国际爱鸟友人斯塔凡·威斯特兰德发言，中动协会长赵学敏宣布全国第34届“爱鸟周”启动，中动协会长赵学敏，中共陕西省委常委、省委政法委书记、副省长祝列克放飞朱鹮。

1月13日，省林业厅保护处、动管站、省野生动植物保护协会在西安西电实验小学联合开展野生动物方面的科普讲座，并向学校青少年赠送了一批野生动植物科普图书。向师生讲解了东方宝石——朱鹮、国宝大熊猫、陕西省现存的珍稀野生动物，使同学们对陕西省的野生动物有了初步的认识，同时了解了陕西省现存的珍稀野生动物的基本情况，以及人和自然的和谐关系。

【商洛核桃产业】 陕西省商洛市是全国著名的核桃产区，也是陕西和秦巴地区核桃的中心产区，核桃面积和产量居全省市级首位、全国地市级前列。商洛核桃发展多年，有着丰富的经验，2015年，商洛市市委、市政府印发了“三书三长”抓点示范工作实施办法，规定市级领导包抓示范点面积不低于1000亩，县区领导包抓示范点面积不少于800亩，镇办领导包抓示范点面积不少于300亩。一抓五年不变，做到换人不换点。全市落实市、县区、镇乡党委书记、副书记，政府市长、县区长、镇长主任，分管市长、县长、镇长主任“三书三长”包抓领导228人，落实包抓示范点214个。

核桃科管是提质增效的关键。为了扎实推进土壤深翻、科学施肥、病虫防控、整形修剪、品种提纯、间作套种、成熟采收、合理调制等10项措施的全面落实，商洛市林业局组织编写了《核桃标准化生产高接技术》《核桃园科学管理简明手册》，拍摄了《核桃丰产栽培技术》《从科管看潜力》专题片，邀请知名核桃种植专家开展现场培训、互联网在线咨询，举办核桃科管技术普及培训班207期次，培训农民技术人员5.5万人，夯实科管工作基础。通过检查督查，全市完成核桃科管面积达269万亩，占总面积310万亩的87%。

商洛市各地普遍开展了核桃营养价值、医疗保健作用、市场发展前景、核桃增收致富的典型事例宣传活动，在电视台等媒体轮番播放宣传片和技术专题片，在《商洛报》开辟栏目，宣传产业政策、科技知识、先进典型、观摩示范现场，截至2015年年底，全市核桃面积308万亩，其中挂果面积172万亩，开展综合科管269万亩，占总面积87%，产量达6.7万吨，果农人均核桃收入达到1500元以上。

【韩城市花椒产业】 大红袍花椒是陕西省韩城市的名优特产，距今已有上千年的栽植历史，以“粒大肉丰、色泽鲜艳、香气浓郁、麻味纯正”而闻名遐迩。

韩城市委、市政府按照“基地规模化、经营品牌化、服务社会化”的产业发展思路，定政策、抓培训、建市场、兴企业、树品牌，发挥政策驱动、行政推动、服务促动、龙头带动、品牌拉动作用，形成了“政府引导+协会+龙头企业、批发市场+基地+农户”的花椒产业化经营格局，花椒产业由规模化逐步迈入市场化、品牌化、标准化、产业化经营轨道，成为韩城农业上的主导产业和农民经济收入的重要来源。韩城已成为全国花椒面积最大、产量最高、富民作用最强、示范辐射带动力最大的县(市)，被国家林业局先后命名为“中国名特优经济林花椒之乡”“大红袍花椒国家林业标准化示范区”“全国经济林花椒产业示范县市”“国家花椒生物产业基地”。中国经济林协会花椒专业委员会在韩城设立，面向全国花椒产业开展工作。

全市建有百里4000万株大红袍花椒生产基地。全市花椒年总产量达2200万千克，约占全国花椒总产量的六分之一；花椒总产值达13.5亿元，占农业总产值的60%。全市农民人均花椒收入达5400元，椒区人均花椒收入达8400元。

市内形成了一支2000多人的花椒专业购销队伍，建有西塬花椒贸易城和芝阳花椒批发市场两个花椒专业交易市场，年经销量占全市花椒总产量的80%以上，并辐射带动周边县市花椒销售，年经销花椒2500万千克。在北京、重庆、四川等地设有花椒销售网点100多个。形成了“销售网点+批发市场+购销队伍+农户”的销售网络。韩城大红袍花椒已销往全国，出口东南亚。

先后创办花椒加工企业14家，其中韩城市金太阳花椒油脂药料有限责任公司被国家林业局命名为“全国经济林产业化龙头企业”和“陕西省农业产业化重点龙头企业”，韩城市宏达花椒香料有限公司被陕西省林业厅认定为“陕西省林业产业省级龙头企业”，7家企业被渭南市政府认定为“渭南市级农业产业化经营重点龙头企业”。全市年加工花椒能力达500万千克，年加工花椒籽能力达3000万千克。花椒加工工业总产值达3亿元，直接带动增加农民收入上亿元。

在花椒良种培育、生产技术、深加工开发等方面取得了一系列研究成果。培育的“狮子头”“无刺椒”“南强一号”3个品种被陕西省认定为韩城大红袍花椒优良品种。先后开展花椒科技研究、推广项目20多项，获得省、地科技奖励20多项。研制出花椒采摘机、烘干机、清选机等生产加工机械，开发出花椒、花椒粉、花椒油、花椒油树脂、花椒精油、花椒籽精炼油、椒目仁油、花椒芽菜辣酱、椒仁营养素软胶囊等系列产品20多种。获得专利100多项。

“韩城大红袍花椒”是全国花椒中第一个经国家工商总局商标局注册为地理标志证明商标，第一个经国家质检总局批准获得原产地域产品保护，并被相关部门认定为“陕西省著名商标”“陕西省名牌产品”、首届“陕西农业十大品牌”、中国杨凌农高会“后稷特别奖”“中国农产品区域公用品牌价值百强”。浙江大学中国农业品牌研究中心评估其品牌价值达12.66亿元，被中国优质农产品开发服务协会评定为“2012最具影响力中国农产品区域公用品牌”。

(郝媛媛)

甘肃省林业产业

【概　述】　多年来，在甘肃省委、省政府的高度重视和国家有关部门的大力支持下，全省各级党委、政府和林业部门始终坚持以市场需求为导向，以基地建设为抓手，以科技支撑为动力，以农民增收为核心，加大产业结构调整力度，积极推进传统林果产业向现代林果产业的转变，积极帮助引导群众大力发展经济林果，全力打造绿色富民产业，取得了显著成效。

【经济林果产业】

产业布局　截至2015年年底，新增特色经济林果82.5万亩，完成特色经济林果提质增产和低产林改造124.8万亩，全省经济林总面积2103.1万亩，总产量1050万吨，总产值247亿元，占林业总产值的64%。其中，苹果总面积657.68万亩，产量378.44万吨，产值163.41亿元，占经济林总产值的66%；核桃总面积514.74万亩，产量10.10万吨，产值17.23亿元，占经济林总产值的7%。建成千亩以上集中连片规模化林果生产基地1957个，其中5000亩以上400个，10000亩以上200个；已形成陇东富士系苹果，陇中元帅系苹果，陇南核桃、花椒、油橄榄，河西走廊和沿黄灌区红枣、葡萄、枸杞等特色鲜明的优质林果基地，区域特色进一步凸现。平凉、庆阳已成为全国知名的优质红富士苹果生产基地，天水已成为全国最大的元帅系苹果生产基地，河西走廊具有生产葡萄尤其是酿造葡萄最佳的光、热、水、土自然资源优势。

产业体系　全省林果贮藏、加工、包装及市场体系建设快速发展，已建成500～10000吨级果品贮藏气调库、恒温库464座，各种简易果窖3.2万个，贮藏能力达到150万吨；建成各类果品加工企业186家，年加工能力123.86万吨，建成各类果品产地交易及中小型批发市场131处，年交易量达到503.26万吨。平凉金果、麦积花牛苹果、武都大红袍花椒、陇南油橄榄、河西葡萄、瓜州枸杞等一批知名品牌在国内外市场初具知名度和影响力。

社会化服务　林果产业产前、产中、产后一体化服务体系不断完善，已形成“龙头企业＋农民合作社＋基地”“龙头企业＋基地＋农户”“果农协会＋农民合作社＋农户”等多种经营模式。全省注册登记各级林果经济协作组织1122个，参加农民人数28771人，资产总额28.35亿元，带动农户55.24万户。各级各类经营主体大力推广旱地果园栽植、高效节水、矮化密植、设施栽培等先进实用技术，“三品一标”、GAP、生态果园等标准化制度逐步推行，果农生产管理水平进一步提升，初步形成了企业与果农风险共担、利益共享的分配机制，形成了产业链条不断延伸的产加销一体化经营格局。

【林下经济】

发展现状　坚持从实际出发，突出特色，科学规划，合理布局，分区域确定重点产业和主攻方向，实施多种模式发展林下经济。一是利用承包林地营造林。林改以来，全省农民累计利用承包林地造林386.7万亩，完成树种改优88.78万亩。二是加快发展特色林果。按照不同的自然、水土、光热、气候条件和现有基础，分区域发展苹果、核桃、花椒、油橄榄、茶叶、桃、梨、杏、葡萄、大枣等特色林果，全省共栽植果树经济林362.8万亩。三是大力发展林下种植。在适宜地区发展林下种植中药材、优质牧草、叶类山野菜、观赏花卉和培植食用菌等，全省已发展林下种植中药材40.23万亩，林下培植食用菌7.52万亩，林下培育种苗花卉22.15万亩。四是大力发展林下养殖。充分利用林地空间，在适宜地区禽类养殖891.41万只，林下种草舍饲养畜84.59万头（只），林区特种养殖38.31万头（只）。五是发展森林旅游。发挥林区山清水秀、空气清新、生态良好的优势，利用森林景观、自然环境，发展生态旅游，兴办森林旅游农家乐2400多户。六是发展林下产品加工。大力发展林下产品采集、藤条编织、畜禽屠宰等产品加工、贮藏、包装、流通和销售，全省兴办林产品加工企业230个。

成效和特点 一是涌现出了一批林下经济示范典型。全省各地将抓点示范作为推进林下经济发展的先手棋，通过政策扶持、领导抓点、部门帮扶、加强指导等措施，在全省培育和树立了一大批林下经济发展的突出示范典型。二是涌现出了一批新型林业经营主体。为缓解林地面积、发展资金等方面的不足，扩大林下经济发展规模，提升发展层次和水平，各地农户在林下经济发展中逐步走上了互助合作、风险共担、利益共享的合作发展路子，林业合作社、家庭林场、林业龙头企业和专业大户等新型林业经营主体大量涌现。全省已组建林业合作社1775个，专业协会128个。三是社会资本投入林下经济发展。林下经济具有发展模式多、就业容量大、从业门槛低的显著优势，在经济发展转方式、调结构的大背景下，许多之前投入矿产资源开发和房地产建设等资本开始转向发展林下经济，走生态绿色的发展道路。四是林下经济发展链条逐步延伸。一些林下经济发展起步较早，成效明显的市县，开始在延伸产业链条、增加产品附加值上积极探索。泾川县通过招商引资，先后建成了润泰牧业公司1000万只种鸡孵化场，福润禽业公司3000万只肉鸡屠宰加工生产线和30万吨高档饲料生产线。农户通过与企业签订产销协议，实行订单生产，解决了产品销路，同时拉长了产业链条，提高了附加值和综合经济效益。

林下经济发展过程中新的探索和突破 一是支持农户“单干”，走自主经营的道路。以现有林权承包为基础，鼓励支持有条件的农民在承包林地、撂荒地发展林下种植、养殖等，对符合条件的农户，通过专项扶持资金和整合其他项目资金等方式，给予财政扶持，并提供技术指导、销售信息等方面的服务。二是鼓励大户“大包干”，走规模经营的道路。引导和动员有实力、善经营的专业大户积极参与林下经济发展，不设政策障碍，不受户籍限制，由专业大户将农户不愿经营或暂无能力经营的集体林地，采取租赁等方式流转出来，发展规模经营。三是入股分红“合作干”，走合作经营的道路。对不愿发展林下经济又不愿将林地出租的农户，通过林地入股组建合作社，由合作社统一经营、统一管理、统一销售、收益按比例分成的模式，发展合作经营。四是龙头带动“跟着干”，走企业化经营的道路。对未有效利用的集体林地、集体宜林荒山荒地整块规划，出租给林业龙头企业，按照“企业+基地+农户”的形式，通过企业化经营，带领广大农户共同发展林下经济。

近年来，庆阳市充分发挥林地资源丰富、农民发展林下经济积极性高的优势，因势利导，支持林下产业发展，壮大林下经济。全市大力实施“林一苗”“林一禽”“林一药”“林一菌”“林一菜”五大林下产业工程，引导农民拓展视野，培育林下增收产业，使林下经济的经营规模不断扩大和发展水平不断提高。2015年上半年，全市林下经济总产值达到2.27亿元，同比增长12.6%。庆阳市依托近1200万亩宜林荒山，出台扶持政策，市财政每年列支2000万元，大力扶持培育林苗产业，连续两年新增各类苗木在100万亩以上，使全市苗木留存达到642.6万亩；坚持“合作社+农户”“公司+农户”的模式，大力发展乌骨鸡、绿壳蛋鸡、虫草鸡、珍珠鸡、火鸡、孔雀、香醇雁等林下养殖，品种达到32种，存栏量达到228.6万只；充分利用林地资源，在林下种植芍药、柴胡、百合、山茱萸、板蓝根等10.9万亩；发展林下香菇、平菇、羊肚菌、木耳等21.9万亩；利用林地的间隙种植黄花菜、大白菜、甘蓝、西红柿等6.7万亩。五大林下产业工程直接增加农民收入6875.2万元，农民通过发展林下产业走上致富路。全市共涌现出养殖大户1018个，种植大户409个，专业村65个，有力地带动了林下产业的蓬勃发展，促进了林下经济提速、增效。

【景泰县林业产业】 白银市景泰县坚持“生态立县”不动摇，遵循“因地制宜、适地适树、科学规划、加快发展”的原则，紧紧围绕“生态立县，打造绿色景泰”的目标，走出了国有、私营、个体共同发展，生态、经济、社会效益同步提高的林业产业发展新道路。

优化区域布局 结合县情实际制定了《甘肃省千万亩林果基地建设景泰县产业发展规划》，提出了“东护、南封、西保、北治、中扩”的总体布局，因地制宜发展优势树种。东部以营造黄河沿岸生态经济型护岸林为重点，突出建设中泉镇万亩红富士苹果生产基地，加快五佛乡万亩枣园新品种改良，大力发展以大枣、苹果、核桃为主的沿黄河特色林果经济带；南部以实施国家公益林封禁保护为重点，充分利用引大入景水资源和节水灌溉技术发展小流域特色经济林；西部以寿鹿山、昌林山天然林资源保护为重点，突出建设正路镇、寺滩乡二阴山区10万亩文冠果生物能源基地和红水镇昌林山衍生区万亩枸杞基地；北部以风沙综合治理为重点，在二期灌区红水、漫水滩、上沙沃3个乡镇发展枸杞、优质梨、玫瑰等特色经济林，实施百公里骨架林网更新改造工程，大力营造防风固沙林，构筑生态安全屏障；中部以景电灌区扩绿增效为重点，依托条山集团成熟的优质梨培育技术，在条山镇、寺滩乡、芦阳镇、喜泉镇、草窝滩镇等灌区乡镇发展优质梨。

开拓营销市场 立足增强林果产品市场竞争力，大力推进品牌建设，先后注册红枣、枸杞、梨等商标40余个；五佛红枣、草窝滩枸杞、条山集团皇冠梨在全国多个林产品交易会、博览会上获得殊荣，“黄河石林”牌枸杞获第七届中国国际农产品交易会金奖及其甘肃省第二届林果花卉展金奖；条山集团果品被认定为国家驰名商标，条山集团被中国绿色食品发展中心批准为国家A级食品果品基地，是目前国内集约化管理面积最大的绿色食品果品基地。积极培育壮大市场营销主体，大力发展物流配送、电子商务等营销方式，建立多层次、多渠道的林果产品销售流通体系；2015年，通过昆明丝路荟电商平台和天津6688网上商城销售早酥梨40吨、鲜枣5吨、杏脯500件，电商助推林果产业发展的作用日益凸显。

打造示范基地 加强枸杞、红枣、优质梨等经济林苗木良种培育推广，在基地建设及综合管理、无公害生产与产品质量监测等方面推行生产标准化和管理规范化，着力解决林果品种混杂退化、产量较低、效益不高、良种缺乏等问题，大幅提高了优良品种率和优质林园数量。近3年来，建成枸杞种苗基地3个、优质梨种苗基地2个、文冠果种苗基地2个、枣树种苗基地1个，建成芦阳镇石城村优质梨、草窝滩镇西河村枸杞、五佛乡车木峡村红枣、红水镇大漠生态产业园等千亩以上示范片带13个，完成林果片带补植补造5万亩；西和村于2013年被农业部评为全国“一村一品”示范村。充分发挥示范园、示范片带对林果产业发展的带动和引领作用，依托国家天保、三北防护林、退耕还林等林业工程，引进试验示范新技术新品种，推动现有经济林增产提效。

提升发展效益 坚持“实际、实用、实效”原则，制订培训规划，建立完善领导干部、专业技术人员和农民三级培训体系。近3年来，共举办现场会和培训班90余场(次)，培训8000余人次。2015年，全县枸杞亩产量达到800千克，优质梨亩产量达到4000千克，红枣亩产量达到1200千克。针对经济林树种在产业化发展中存在的关键技术难题，与甘肃省林科院、甘肃农业大学林学院合作开展技术攻关，目前，累计完成绿色食品认证5个、无公害农产品认证11个，落实示范面积1.3万亩。

延伸产业链条 目前，全省共培育林果业化重点龙头企业18家(其中省级2家，市级16家)，龙头企业资产总额超过3亿元，实现年销售收入10亿元左右；菁茂生态农业科技股份有限公司于2015年5月，在新三板挂牌，为白银市首家新三板上市企业。组建林业农民专业合作组织28个，成员总数达1.8万人。大力发展林果储藏和加工业，建成冷藏库11个，实现了错峰销售。建成枸杞、打造烘干棚41座，烘干生产线3条，有力缓解了晾晒难的问题。同时，大力开展林果产品开发工作，包装开发了枸杞宴会醋、枸杞果酒、枸杞原汁、浓缩浆等系列产品，大幅提高了产品附加值。积极拓宽林果产业融资渠道，2015年已完成林权抵押贷款2200万元，抵押林权1280亩。

保障增产丰收 根据全县林果业发展总体形势和林业有害生物防控工作的总体要求，专门出台了《景泰县林果产业有害生物防控体系建设实施方案(2011~2015年)》，加强林果产业有害生物监测预警、检疫御灾、防治减灾和支撑保障体系建设，成立林果产业有害生物应急防控队伍，建立病虫害防控监测点6个，提高了应对有害生物灾情的防控能力。同时，按照林果产业"有害生物、低温冻害、大风沙尘"三大灾害对不同地区的影响程度，建立了标准统一、实用性强的公用林果产业数据库，形成了集信息发布、政策指导、技术推广、技术服务、产业分析为一体的综合信息服务平台。

【靖远县林业产业】 白银市靖远县结合当地经济林发展实际，突出特色，积极工作，先后申报"国家地理标志保护产品"4项，其中"小口大枣""靖远枸杞"已成功获得"保护产品"称号。据此，全县在严格规范使用保护产品专用标志的同时，结合国家林业重点工程建设及经济林基地建设，有力推动特色经济林产业发展。靖远县坚持"培育一个，发展壮大一个"的原则，按照"保护一个产品、做强一个产业、富裕一方百姓、拉动一方发展"的思路，以标准推动为先导，以提升质量为要求，结合全县经济林产业发展实际，进一步探索提升产业发展的突破口和新举措，强化综合服务，加大扶持力度，全面推进特色经济林产业建设，创建了全国绿色食品原料(枸杞)生产基地，在提高产品质量、促进农业增产增效和增加农民收入、拉动地方经济发展等方面起到了积极的作用。目前，全县各类经济林发展面积已达27万亩，其中，枸杞面积14.21万亩，小口大枣面积2.2万亩。

【酒泉市林业产业】 2015年，酒泉市在葡萄等果品价格普遍下降的情况下，枸杞价格稳中有升，成为移民区群众增收致富的新亮点。截至2015年年底，全市以瓜州、玉门为主的枸杞种植面积达到了21.87万亩，其中移民乡镇种植枸杞8万亩，成立枸杞加工销售企业5家，专业合作社11家，注册枸杞产品品牌10多个。金塔县累计发展特色林果面积6万亩，2015年全县果品总产量可达到2.7万吨，总产值达1.4亿元。为实现特色林果产业与市场的有效对接，成立了葡萄、红枣、枸杞等林业专业合作社22家，建成了市级林果科技示范园区4个，县级示范园区10个，建成千亩林果示范村10个，百亩连片示范点78个，成功注册"黄茨梁富珠""羊井子寿珠""大厨房晶塔""御欣源""花丰绿"5个林果产品商标。形成了"规模+品牌+企业+合作社+农户"长产业链条发展模式，使金塔特色林果产业取得了长足发展，全县林果产业出现了持续、快速、健康发展的良好态势。

【庆阳市林业产业】 甘肃庆阳西峰、合水、庆城等县区，苹果业已成为当地一个重要的富民产业。庆阳市委、市政府按照"小苹果，大产业；小苹果，大民生"的理念，确定苹果产业为全市农业三大主导产业之首，采取"政府引导、政策扶持、示范带动、技术服务"等形式，发展培育苹果产业龙头企业、专业合作社、技术能人和种植大户，积极实施国家级、省级苹果标准化示范园创建项目和市、县、乡三级苹果"千百十"示范园建设工程，全市苹果产业在规模面积大增的同时，果品质量也得到了大幅度提升。截至2014年年底，全市苹果栽培面积151.68万亩，已建成9个连片果带和5个优质苹果生产基地，苹果为农民人均增收718.46元，果业已发展成为全市群众脱贫致富奔小康的"铁杆庄稼"。西北农林科技大学庆城苹果试验示范站引进了127个新优果树品种，建立了砧木采穗圃和品种采穗圃。宁县引进陕西海升集团，按照高科技、高定位、高效益的"三高"理念、实施苗木良种化、栽培矮密化、管理机械化、水肥一体化、产品标准化"五化"措施，形成了"企业+基地+农户"的链式开发模式，不仅建成了海升高科技苹果示范园，还带动发展了北国春农业发展有限公司等一批企业和专业合作社，新建集中连片的现代化果园16处1万多亩。

庆阳通过积极运用现代先进生产技术，大力发展绿色、有机苹果。全市有机食品认证、GAP认证8000亩，全国绿色食品原料标准化生产基地21.5万亩。大力实施"引强入庆"战略，引导企业通过建办基地、创建合作组织等形式，形成"企业+合作组织+基地+农户"的经营模式，强化服务能力，扩大经营规模，提升了苹果产业发展水平和经济效益。全市现有果品贮藏企业35家，贮藏能力23.49万吨；有果品购销企业21个，加工企业

4家，包装企业23家，极大地提高了庆阳苹果的贮藏加工能力。庆阳市现有果业协会34个、农民专业合作组织201个，参与果农4.42万户，涵盖了果品生产、加工营销、技术服务等多个生产环节，在推动苹果产业发展中发挥了重要作用。为发挥品牌效益，庆阳对全市的苹果产品进行品牌整合，统一注册“庆阳苹果”商标，统一印制包装，在媒体和户外开展全方位、多角度的品牌宣传。2014年，在获得地理标志保护产品资格后，庆阳明确提出，在持续加大品牌宣传、市场营销力度的同时，加强营销策划，成立市级苹果产销联合会，加快电子销售平台建设，组织开展“赛果”“赛园”等活动，以此提升“庆阳苹果”知名度和市场占有率。由市委、市政府领导带队，已在北京、上海、广州、兰州、青岛、武汉等地举办大型苹果推介会10多场，“庆阳苹果”已畅销北京、上海、广州、深圳、香港等国内大中型城市以及越南、缅甸、马来西亚、泰国等东南亚国家和俄罗斯等欧洲市场。在苹果产业发展的远景规划上，庆阳制定了《庆阳市苹果产业发展规划(2013～2020)》和《关于进一步加快苹果产业发展的实施意见》，提出要按照“人均一亩果，亩均一万元”的目标，优化现有果园，扩大新栽面积。

【武都区林业产业】 陇南市武都区深入贯彻落实市委发展战略，大力推动特色产业转型升级、提速换挡，产业持续快速发展，经济效益十分可观。设立了1200万元特色产业发展基金，加大扶持力度，加快油橄榄、花椒、核桃、中药材、蔬菜等特色产业提质增效，成功举办了油橄榄产业新闻发布会和花椒节，全力打造“中国橄榄之城”“中国花椒之乡”。全区累计发展油橄榄30.2万亩，2015年产橄榄鲜果1.4万吨，榨油2000吨，实现综合产值7亿元。花椒基地达到100万亩，产量达2000万千克，实现产值16亿元。完成核桃高接换优51万株，核桃基地面积达50万亩，产量1.2万吨，实现产值2.4亿元。开工建设了千坝牧场旅游公路，五阳公路全线贯通，建成了万象洞游客接待中心，大力开展旅游宣传推介活动，积极推进电子旅游发展，主要景区景点实现了无线网络全覆盖。

【林业龙头企业】

国家级林业重点龙头企业 2014年，按照国家林业局要求，甘肃省相关企业申报国家林业重点龙头企业，经过逐层推荐和严格审核，推荐陇南市祥宇油橄榄科技开发公司等4家企业申报国家林业重点龙头企业，经过国家林业局最终评定，确定陇南市祥宇油橄榄科技开发公司、甘肃绿源农林科技有限公司为首批国家林业龙头企业。

2015年，国家林业局开展第二批国家林业龙头企业的评审认定工作，经过逐层推荐和严格审核，推荐陇南市田园油橄榄科技开发有限公司等4家企业申报国家林业重点龙头企业。在国家林业局公布的第二批国家林业重点龙头企业名单中，甘肃省3家企业榜上有名，即甘肃省陇南市田园油橄榄科技开发有限公司、甘肃和政八八啤特果集团有限公司、瓜州县立林生态农业科技开发有限责任公司。

省级林业龙头企业 2014年，为充分发挥涉林企业在助农增收、促进地方经济发展中的引领带动作用，结合《国家林业重点龙头企业推选和管理工作实施方案》，编制了《甘肃省林业产业化重点龙头企业认定和管理暂行办法》，并于2015年1月报省政府法制办备案后印发各市州和相关单位，组织开展省级林业产业化重点龙头企业申报工作。2015年年底前，全省共有64家涉林企业申请评选省级林业重点龙头企业。

(甘肃省林业厅造林产业处)

青海省林业产业

【概　述】　全省建设沙棘、枸杞、藏茶(花叶海棠)、核桃等特色经济林基地345万亩，其中沙棘240万亩、枸杞54.35万亩、藏茶(花叶海棠)种植1.41万亩，核桃、大果樱桃等杂果49.24万亩。同时，加大林业产业市场主体培育。全省林业产业化龙头企业发展到61家，林业合作社1018家，沙棘、枸杞加工企业40家，初步打造了“大漠红”“诺蓝杞”“青海青”沙棘和“中华核桃”等青海枸杞、沙棘、核桃品牌。全省林业总产值从2010年的7.49亿元增加到2015年的近42.94亿元。

【林木种苗业】　截至2015年年底，青海省有各类苗圃10840公顷，其中国有苗圃1566.7公顷、集体苗圃193.3公顷、个体苗圃9080公顷，种子生产基地5000公顷，年均可提供苗木11亿株，各类林木种子20万千克，满足了林业快速发展对林木种苗的需求。

为规范林木种苗，青海省相继修订和完善了《种子法》配套法规和规章，积极开展林木品种鉴定审定工作，规范了林木种子生产经营许可，目前共投入种苗建设资金8857万元，其中林木种苗工程中央预算内资金2487万元，新建和改扩建林木种苗工程项目6处；全省现有林木种苗管理机构21个，其中省级1个、市州级5个，县市、区级15个，从事林木种苗管理人员234人，其中中级专业技术人员165人。

【经济林基地培育】　青海地处青藏高原，自然生态环境脆弱，但土地资源丰富。选择适宜的小气候、因地制宜、适地适树、科学布局、适度规模、有计划地发展生态经济型经济林产业具有很大的潜力。近年来，青海依托“三北”工程、退耕还林等重点工程，按照“东部沙棘，西部枸杞”的林业产业发展思路，着力强化沙棘、枸杞基地建设，同时发展核桃、花椒、大果樱桃种植，全省经济林面积逐步扩大，经济林的优良树种品种率明显增加。民和县、贵德县、循化县等地引进了苹果、梨、油桃、仁用杏、西洋大樱桃等新品种，并建立了良种母木园和苗圃。全省已初步建立了“柴杞”基地和沙棘基地等大型经济林基地，促进了全省经济林的发展，同时也带动了相关加工业的发展。

沙　棘　青海是中国沙棘资源大省之一，当地政府历来高度重视沙棘资源的开发利用。近几年，随着天然林保护、退耕还林、三北防护林建设等国家个重点工程的推进，青海省沙棘资源得到了进一步的发展。沙棘这一新兴而又古老的经济树种，被形象地誉为“政府的招商树、企业的摇钱树、农民的致富树”。全省沙棘总面积约230万亩，青海沙棘品种共有4个，即中国沙棘、肋果沙棘、西藏沙棘和大果沙棘，前3种为天然原始分布种，大果沙棘为近年来的引进种。近年来，省委省政府将沙棘产品列为特色产业进行发展，青海独特的区位优势和丰富的沙棘资源已吸引了众多投资者。青海康普生物制品有限公司、青海清华博众生物技术有限公司、青海柴达木药业、西宁光华科技有限公司先后进入沙棘开发领域，并取得了一定成效。青海清华博众生物技术有限公司为代表的沙棘加工企业，已开发出了沙棘酒、沙棘果醋、沙棘油、沙棘果珍、沙棘茶、沙棘口服液等八大系列产品，并成功推出了“青海青”品牌。目前“青海青”沙棘系列产品不但销往北京、广东、福建等国内市场，而且远销日本、韩国、德国、英国等海外市场，高原特色产品在国内外消费者面前展示了独特的魅力。

枸杞　柴达木盆地东南缘诺木洪——都兰——乌兰——德令哈一线既是中国天然枸杞的中心分布区，也是青海省枸杞人工种植集中分布区域。柴达木盆地天然枸杞资源分布面积达100.0万亩，其中都兰县48.0万亩、格尔木市35.0万亩、德令哈市12.0万亩、乌兰县5.0万亩。都兰县乌龙沟有迄今发现的国内面积最大、最为集中的天然枸杞群落，面积达3400亩，集中分布青海省的全部枸杞天然种(3种2变种，共5个种)。独特的光热、水土自然条件很好地促进了枸杞的生长发育，产自柴达木盆地的枸杞果大、色艳、内在品质好、营养成分足，是青海省产量最高、品质最佳的枸杞生长地区。另外共和盆地有小面积的天然枸杞零星分布，气候条件基本满足枸杞生长需求。

枸杞基地的增加和产生的经济效益给企业带来了商机，通过实施龙头企业带动战略，大力推行"龙头企业+基地+农户"的经营模式，进一步推动了全省枸杞产业的纵深发展。目前有一定规模的枸杞加工、销售企业达到36家，主要从事枸杞种植生产、产品研发及加工销售。产品由直销干果逐步研发出枸杞浓缩汁、枸杞茶、枸杞籽油、枸杞多糖等系列产品。青海大漠红枸杞有限公司生产开发的冻干枸杞，青海圣烽生物技术公司开发生产的枸杞系列酒、枸杞籽等，诺木洪农场生产的黑果枸杞分别荣获2015年第六届义乌国际森林产品博览会金奖、创意产品金奖、优质产品金奖。

为引导和规范枸杞基地建设，省相继出台了《关于加快枸杞　沙棘产业发展的意见》《青海省枸杞产业发展规划》《青海省柴达木地区枸杞生态经济林基地建设技术规程(试行)》《青海省柴达木地区枸杞无性繁殖技术规程(试行)》《青海省柴达木地区黑果枸杞播种育苗技术规程(试行)》，引导枸杞种植走向标准化、规模化，成为当地群众脱贫致富，带动农村经济全面发展的"主导产业"和"富民产业"。

核桃　青海省适宜发展核桃的区域为光热条件较好的黄河及其一级支流湟水河两岸的一、二级台地，行政区域包括海东地区的化隆、循化、民和、乐都4县，海南州的贵德、共和2县，黄南州的尖扎县，国土总面积3.2万平方千米，其中农业用地313333.3公顷。该地区雨热同期，是青海省农业生产条件最好的地区，有利于核桃的生长，并有供核桃发展的荒山荒地、田坎、地边、河(沟)边及房屋四周等土地。近年来，青海省在循化、民和、化隆等地引进薄皮核桃进行种植，取得了良好的经济效益。目前，全省较著名的核桃品种有史纳大核桃、薄皮核桃、喇嘛核桃、离壳油核桃、循化露仁核桃等，其特点是个大仁满，皮薄而脆，出仁率高，含油丰富。

【花卉培育业】　花卉集观赏价值、经济价值、生态价值于一体，花卉产业已成为中国许多地区农业产业结构调整重要的产业之一，是农村经济发展新的增长点，也是各地林业产业发展的重要内容。全省有花卉苗木生产企业40余家，花卉种植面积7521亩，从事花卉的花农从业人员3071人，年产各类花卉苗木4000余万株(枝、粒、盆)，主要种植品种有康乃馨、亚洲百合、唐菖蒲、倒挂金钟、月季、石榴、荷兰菊、丁香、牡丹、芍药、鸢尾和各种盆花等。在销售领域，全省有1家专业花卉市场，3处花卉集散地，有各类苗木花卉、花店195家，生产和销售总产值达1.5亿元。同时，经过多年不懈努力，青海省已在东方百合、郁金香、唐菖蒲等球根花卉栽培技术、种球脱毒技术等方面的研究中获得重大突破，形成了适合青海气候特点的唐菖蒲生产技术，生产技术在全国处于领先地位。

【森林旅游业】　青海森林资源较为丰富，各个国家和省级森林公园的道路、电力基础设施较为完善，具有发展森林生态旅游业的较好条件。青海省以"保护为主，开发、利用相结合"的方针，把森林公园建设和森林生态旅游产业作为新的经济增长点，大力推进森林公园开发建设。

森林公园　青海省共有森林公园23处，面积54.48万公顷，其中国家级森林公园7处，面积29.33万公顷，包括北山国家森林公园、坎布拉国家森林公园、大通国家森林公园、仙米国家森林公园、哈里哈图国家森林公园、麦秀国家森林公园、群加国家森林公园。省级森林公园16处，经营面积25.15万公顷，包括峡群寺省级森林公园、南门峡省级森林公园、上北山省级森林公园、东峡省级森林公园、西宁湟水省级森林公园、上五庄省级森林公园、贵德黄河省级森林公园、祁连山黑河大峡谷省级森林公园、互助松多省级森林公园、湟中南朔山省级森林公园、德令哈柏树山省级森林公园、民和县南大山省级森林公园、同德县河北省级森林公园、化隆县雄先省级森林公园、乐都区药草台省级森林公园和药草台省级森林公园。截至2015年，森林公园共拥有车船总数169台(艘)，建成游道总长628千米，床位总数7768张，餐位总数12040个。拥有职工527人，专业导游89人，社会旅游从业人员3041人。2015年，全省森林公园旅游总人数340.1万人次，收入总额为10855.1万元，其中旅游收入10855.1万元，其中门票收入2392万元，食宿收入2132万元，娱乐收入986万元，其他收入5345.1万元。全年公园共投入建设资金17999万元。北山、坎布拉、大通等森林公园已成为当地旅游产业龙头，坎布拉国家森林公园的建设和发展更是带动了藏文化和黄南社会经济文化的发展。社会、经济效益均取得了明显成效。

自然保护区 截至2015年年底，青海省已建立国家级、省级自然保护区11处，总面积达21.8万平方千米，占省域国土面积的30.24%。其中国家级保护区7处，省级保护区4处。形成了涵盖三江源、青海湖流域、祁连山地、柴达木盆地和黄河干流五大地理区域，在维护区域生态系统平衡、物种多样性保护、资源与社会经济可持续发展的进程中发挥了应有的作用。

可可西里保护区的藏羚羊种群数量已明显恢复；青海湖保护区通过实施湿地恢复与保护工程和流域生态综合治理等工程项目，区域内退化、沙化的生态环境有了较快恢复，围栏封育和人工综合治理取得一定成效，已连续几年水位增长、水量增加。三江源保护区从2010年开始，先后和北京大学合作，开展了18处雪豹主要栖息分布调查研究，并实施了红外相机野外监测，首次收集到珍贵的雪豹照片资料；针对棕熊对社区的危害现状，为了解棕熊的活动栖息规律，开展了无线电相圈跟踪迁徙方面的调查。青海湖保护区与中国科学院计算机网络中心、病毒所、遥感所、湖泊所、西北高原生物研究所等科研部门多方面合作，积极搭建科研平台。在候鸟资源网络实时监控体系建设、鸟类迁徙规律跟踪课题研究、搭建青海湖数字化标本平台和野生候鸟疫源疫病监测研究等领域有了长足推进。

湿地资源 青海被誉为“三江源”“中华水塔”，是水之宗、山之祖，不仅发源了长江、黄河、澜沧江、黑河等大江大河，还有昆仑山、祁连山、唐古拉山等著名山脉，是中国淡水资源的重要补给地、亚洲重要的河源区，维护着长江、黄河、澜沧江和黑河水资源安全，在全国乃至世界上都具有不可替代的生态条件。

2014年1月13日，国务院新闻办发布全国第二次湿地资源调查成果，全省湿地面积814.36万公顷，占全国湿地总面积的15.19%，湿地面积居全国第一。青海省湿地资源具有类型多样，原始生态系统功能强大的特点，是中国乃至世界上影响力最大的生态调节区。全省分布的湿地类型有4大类17型。其中，沼泽湿地有564.54万公顷、湖泊湿地147.03万公顷、河流湿地88.53万公顷、人工湿地14.26万公顷。

目前，全省已建多类型自然保护区11处，总面积约2177万公顷；省境内有青海湖鸟岛、扎陵湖、鄂陵湖3处国际重要湿地名录，面积16.7万公顷；全省已批建贵德黄河清、西宁湟水、互助南门峡、祁连黑河源、德令哈尕海、乌兰都兰湖、都兰阿拉克湖、玉树巴塘河、天峻布哈河、玛多冬格措纳湖、河南洮河源11处国家湿地公园(试点)，总面积21.1万公顷。通过不断加强和完善湿地保护主体建设，初步构建了以自然保护区和国家湿地公园为主的湿地保护管理体系。

【林下经济】 全省以保护森林生态环境为前提，以科学利用林地资源为基础，抓示范、树典型、促服务，有计划、有重点地发展林下种植、林下养殖、生态茶园、农家乐，兼顾林菜林菌种植和野生动物驯养繁殖。截至2015年年底，全年实现林下养禽27.5万只，林下中藏药种植6.6万亩，森林景观利用1.1万亩，参与农户1.1万户，总产值达7630万元，全省林下经济呈现快速发展的势头。

(青海省林业厅林业产业处 孙鸿儒)

宁夏回族自治区林业产业

【概　述】 2015年，全区林业产业总产值突破200亿元，完成经济林新增面积0.88万公顷，占计划任务0.68万公顷的129.4%，（枸杞0.36万公顷，苹果0.18万公顷，红枣0.07万公顷，花卉0.01万公顷，小杂果及其他经济林0.25万公顷）；全年低产低效林改造提升完成0.35万公顷，新增育苗面积0.12万公顷，新建苹果细纺锤形篱架栽培、中部干旱带压砂地枣树小冠纺锤形修剪、仁用杏保花保果等各类示范园区12个，成立了8个枸杞产业人才高地工作站，建立红枣示范园区6个，苹果示范园区5个，优质红梅杏示范园区1个；建设苹果矮化自根砧篱架栽培模式13.33公顷、矮化中间砧高密高效栽培66.66公顷；矮化中间砧高密高效栽培示范园106.66公顷；成功举办2015中阿博览会中国枸杞论坛暨中宁枸杞文化节，在新加坡、马来西亚等国家开展了宁夏枸杞宣传推介活动，枸杞国际影响力显著提升。宁夏回族自治区出台《宁夏回族自治区枸杞产业促进条例》，自治区政府成立由自治区主席刘慧任组长、自治区政府特邀顾问、党组副书记郝林海、副主席曾一春为副组长的枸杞产业领导小组，编制完成再造宁夏枸杞产业发展新优势《工作方案》和《发展规划》，全面推进枸杞产业发展，打造宁夏枸杞产业升级版。

【林业改革】 湿地确权试点改革纳入《中央生态文明体制改革总体方案》和《中央全面深化改革领导小组2016年工作要点》。《宁夏国有林场改革方案》已获国家正式批复。林权抵押贷款取得积极进展，认定自治区级林业产业化龙头企业62家，首次评选了10家自治区级林下经济示范基地。加大简政放权力度，削减林业行政职权，将186项行政职权精简到79项，精简率达57.5%。非基本农田葡萄确权颁证试点在青铜峡、西夏区启动。林权流转试点在西吉、彭阳、同心开展。2015年，宁夏林业厅与宁夏农行3家金融机构签订战略合作协议，筹措林业信贷资金60亿元，发放林业贷款25亿元。其中，林权抵押贷款2.4亿元；发展林下经济25.53万公顷，实现年产值21亿元；培育各类新型林业经营主体8300余家，从业人员10万余人，年经营收入达80.5亿元；有近1500家工商资本、投资80亿元发展林下经济等特色林产业。

【林业科技】 申报中央和自治区林业科技项目21项，财政资金2960万元。其中，林业公益性行业专项资金795万元，中央财政林业科技推广示范11项，资金1100万元；自治区财政10项，资金400万元；林业科技创新平台运行补助项目8万元，基层科技站补助经费40万元，贺兰山生态定位站建设经费517万元，百万农民培训费100万元。林业科技创新稳步推进，审定发布《同心圆枣主要有害生物防控技术规程》等30项林业地方标准。

【林业信息化建设】 组建了林业厅宣传信息中心，负责全区林业宣传和信息化建设管理工作。“十二五”期间(截至2015年12月)，宁夏林业网共发布信息11812条，网站访问量大幅提升，荣获国家林业局2014年度“网站效能优先奖”。青铜峡市被国家林业局确定为第一批全国林业信息化建设示范县，中宁枸杞国际交易中心被国家林业局确定为第二批全国林业信息化建设示范基地。《宁夏智慧林业发展“十三五”规划(2016～2020年)》编制完成，宁夏林业信息化建设始有顶层设计。

【林业产业发展】

再造枸杞产业新优势上升为自治区重大战略

6月18日，自治区党委常委、组织部部长傅兴国同志为“宁夏枸杞产业人才高地”揭牌，大力培养枸杞产业专业技术人才、经营管理人才和实用技能人才。10月16日，自治区政府成立由主席刘慧任组长，自治区领导郝林海、曾一春担任副组长，自治区林业厅等有关部门为成员的领导小组，主抓枸杞产业发展提升工作，并由林业厅牵头制订了《再造宁夏枸杞产业新优势工作方案》。11月26日，自治区人大常委会第二十次会议审议并通过了《宁夏回族自治区枸杞产业促进条例》。在经济发展新常态下，自治区党委、政府打出了枸杞产业发展组合拳，宁夏枸杞成为全区的一张“红色”名片。

宁夏国有林场改革方案获国家正式批复 2015年，全区稳步推进国有林场改革，自治区林业厅编制的《宁夏国有林场改革方案》，经自治区全面深化改革领导小组会议、自治区政府第50次常务会议等4次会议研究通过，上报国家国有林场和国有林区改革工作小组。12月16日，《宁夏国有林场改革方案》经国家发展改革委、国家林业局正式批复，标志着自治区国有林场改革工作全面启动。

中国·阿拉伯国家绿化博览会在银川绿博园成功举办 **9月11日**，在第二届中国·阿拉伯国家博览会举办期间，中国·阿拉伯国家绿化博览会在银川开幕。2015中国·阿拉伯国家绿化博览会由全国绿化委员会、国家林业局、自治区政府共同主办，银川市政府承办，国家林业局三北防护林建设局、自治区林业厅、宁夏博览局协办，主题是“让绿色之歌唱响新丝路”。中阿绿博会全方位展示中阿绿化建设成果，交流国内外林业和城市园林绿化领域新技术、新理念、新成果。国家林业局副局长张永利在开幕式上讲话并宣布中阿绿博会开幕。

深化集体林权制度改革 自治区林业厅充分挖掘林下资源潜力，发展林下经济398万亩，实现年产值21亿元，为农民返乡创业、脱贫致富和区域经济发展开辟了新的途径；培育各类新型林业经营主体8300余家，从业人员10万余人，年经营收入达80.5亿元，促进了集体林业适度规模经营和发展方式转变；非基本农田葡萄确权颁证在青铜峡市、西夏区开展试点，葡萄确权盘活了葡萄要素市场，有效促进了贺兰山东麓葡萄产业健康稳定发展。

林业“十三五”规划 宁夏林业“十三五”规划正式编制完成。《规划》坚持保护优先、绿色发展、分区施策、改革创新、依法治林、全民参与六大原则。紧紧围绕深化改革、资源保护、生态建设、产业发展、科技创新“五大板块”，抢抓林业发展新机遇，突出重点，以点带面，举全区之力，大力推进“1235”工程，即再造枸杞产业新优势，深化国有林场和集体林权制度两项改革，开展资源管理创新、公民爱绿护绿、林业绿色共享三大行动，实施生态修复、防沙治沙、灌区绿网、城乡增绿、湿地保护五大工程。

林业精准扶贫 2015年5月，自治区林业厅制订《帮扶海原县发展特色产业与全区同步实现小康工作方案》，8名厅领导与海原县张湾、脱场、张堡、高崖、田拐、四营、团结、白吉8个行政村建立结对帮扶点。通过实地调研，针对8个村实际情况编制了《海原县特色产业帮扶规划(2015～2020)》，采取产业扶贫、结对帮扶、精准到户等措施，加大林业产业开发投资和技术服务支持力度，扎实推进海原县扶贫帮困工作，助力海原农民脱贫致富奔小康。截至2015年年底，统筹林业资金800多万元，发展枸杞、香水梨、红梅杏、苹果、中药材、苗木等特色产业基地3.1万亩。

【枸杞产业】

人才队伍 成立了“宁夏枸杞产业人才高地”。按照自治区党委、政府安排部署，组织召开自治区枸杞产业人才高地挂牌会议，成立了8个枸杞产业人才高地工作站，编制《宁夏枸杞产业人才高地建设方案》，由自治区党委组织部等五部门印发全区贯彻落实；年内举办了枸杞产业创新驱动暨产业联盟科技发展高峰论坛；在枸杞主产区实施“枸杞产业实用技术人才培训计划”，培训枸杞产业实用人才2000人次以上。

产业政策 自治区人大制定颁布《宁夏回族自治区枸杞产业促进条例》，编制完成再造宁夏枸杞产业发展新优势《工作方案》《发展规划》《实施方案》，制定了《关于创新财政支农方式加快枸杞产业发展的扶持政策暨实施办法》，明确了枸杞产业提档升级的目标任务、实施措施和时间节点，为再造宁夏枸杞产业发展新优势持续发力。

品牌培育 筹办了2015中阿博览会现代农业

展暨中国(宁夏)园艺博览会，借助中阿博览会，成功举办2015中国—阿拉伯国家博览会中国枸杞论坛暨中宁枸杞文化节，围绕枸杞“养生·品牌·文化”开展高峰对话，发布宁夏枸杞核心产区中宁县的枸杞小产区管理、产地环境评估、内含物研究等阶段性成果；以“红动中国”为主题，组织枸杞企业参加第二届中国森林食品交易博览会与第八届中国绿色食品博览会，荣获最佳组织奖1项、金奖5项、科技创新奖1项。

示范引领 组织实施《宁夏干旱区压砂地枣树标准化栽培技术推广》《灵武长枣2号繁育推广示范》《灵武长枣有害生物综合防控技术示范推广》《宁夏南部山区欧李新品种繁育及栽培》《枸杞病虫害综合防治技术示范推广》《文冠果优新品种种苗繁育及造林栽培技术示范推广》等中央及地方科技推广项目，充分发挥科技的引领作用，进一步加快科技成果转化应用。2015年，共建立红枣示范园区6个，苹果示范园区5个，优质红梅杏示范园区1个，辐射带动苹果、红枣基地10万亩，通过良种与良法、农艺与农机配套示范，提高经济林效益，为助农增收常态化奠定基础。

质量安全 采取“企业(合作社、家庭农场或专业大户)+基地+农户+标准化”的经营模式，加大枸杞标准化基地建设。以枸杞病虫害统防统治为抓手，规范农资等投入品使用，成立50家枸杞统防公司、合作社、统防服务队和企业应用于统防统治，全区统防统治面积达到10万亩；以枸杞设施制干为突破口，积极引进推广技术成熟的以清洁能源为主的烘干设施，有效解决枸杞晾晒过程中的二次污染问题，中宁县各类枸杞烘干设施累计达到480座(新能源13座)，枸杞鲜果日烘干能力达到1300余吨；推广枸杞测土配方施肥技术6万余亩。

苗木繁育 2015年，在中宁核心区建成中杞集团、杞鑫苗木合作社2个自治区级枸杞良种苗木繁育基地，采取硬枝扦插、嫩枝扦插、组培、设施育苗等综合繁殖育技术，逐步实现枸杞苗木繁育基地化、工厂化、专业化和设施化，使枸杞苗木繁育步入规范化。

技术培训 抽调枸杞、苹果、红枣等产业专家22名组成自治区林业产业宣讲团，分6个组、18个培训小组，深入主产县区、田间地头，开展以林业实用技术、政策法规等为主要内容的宣讲培训活动，共举办各类专题讲座20场，培训基层林业干部、果农、种植大户、合作社职工等5000余人次，发放培训资料1万余份。

支农方式创新 在枸杞产业核心区中宁县实行资金打捆扶持，集中产业资金1300余万元对中宁县枸杞产业发展实施捆绑支持。同时，对全区红枣、苹果、花卉等其他特色优势经济林产业从基地建设、低产园改造、统防统治、示范园建设等方面进行重点扶持。2015年，中心共争取产业扶持资金4950万元，其中财政专项产业资金4500万元，自治区枸杞产业人才项目资金150万元，自治区林业救灾补助资金300万元。

【贺兰山东麓葡萄酒】 2015年，完成固定资产投资20亿元，实现综合产值166亿元，生产葡萄酒1亿瓶以上，销售葡萄酒2.3万吨，实现销售收入30亿元，带动劳动力就业7.5万人次，酒庄接待游客20万人次，新开工建设酒庄14家。

五大节会 承办了法国“弗龙萨克葡萄酒骑士勋章”授勋仪式。自治区举办了首届贺兰山东麓葡萄春耕展藤活动。弘扬了宁夏产区葡萄农耕文化，交流了葡萄关键物候期管理经验，促进了基地建设和管理水平的整体提升；举办了第二届中法葡萄酒技术设备展览会。吸引国内外葡萄与葡萄酒机械设备制造商共157家近400人前来参展，参加人数和展出种类较上届都有增加，加快了葡萄与葡萄酒技术设备在宁夏产区的推广；举办了2015贺兰山东麓国际葡萄酒博览会。开展了葡萄酒金奖评选、专业论坛、世界酿酒师邀请赛、葡萄旅游、葡萄酒自酿体验、葡萄酒展览等8项活动。吸引了32个国家、405家企业参展，有630款葡萄酒和附属及衍生产品亮相博览会，共签订经销合作协议40多个，协议金额1.5亿元；举办了第8届香港国际美酒展暨贺兰山东麓葡萄酒推介会。组织产区32家酒庄近百款葡萄酒参展，评选出了12款港澳台消费者喜欢的葡萄酒，赢得了港澳台葡萄酒业界及消费者的青睐，共签订经销合作协议10个，为宁夏产区葡萄酒进入香港市场开辟了渠道。

优质葡萄园 新建优质葡萄园1.89万亩，改造提升低产葡萄园5.15万亩。出台了《宁夏产区优质葡萄园评选办法》，开展了优质葡萄园评选活动，共评选出二级园8个、三级园12个。

质量监管 加强良种苗木质量监管。对9家育苗基地繁育的近1000万株苗木进行了抽检，及时向社会发布了抽检结果。加大联合执法力度。会同自治区质监局、工商局、食药局，就产区酒庄使用“宁夏贺兰山东麓葡萄酒产区”专用标志情况进行了专项督查，目前产区酒庄已基本规范使用了专用标志。

宣传推介 加强国内宣传推介。支持酒庄在北京、上海、广州等地开展专场推介会14场次，组织酒庄参加了2015成都春季糖酒会和第十一届中国(深圳)国际文化产业博览交易会等；组织开展了葡萄酒自酿体验活动，70多个部门(单位)、1000余人参与了活动。加强国际交流。举办了第二届贺兰山东麓世界酿酒师邀请赛，邀请48名国际酿酒师在各酒庄精心酿酒，带动提升了产区整体酿造水平。

质量标准 修订了宁夏贺兰山东麓葡萄酒产区列级酒庄评定管理(暂行)办法，出台了《关于加强酿酒葡萄基地管理的指导意见》；制订了宁夏葡萄苗木繁育生产管理办法；加强产区人才培养，共举办各类培训班(包括葡萄酒夜校)13期，培训人员3000余人次。

【林业产业大事记】

1月8日，全区林业系统特色枸杞产业培训班在中宁县、利通区等地举办。林业系统干部职工、林业产业重点龙头企业负责人、专业合作社及家庭农场、种植大户等共160多人进行了集中培训。

2月3日 全区林业工作会议在自治区林业厅七楼会议室召开，自治区政府副主席屈冬玉出席会议并作讲话。各市、县(区)林业(园林)局局长，自治区林业厅领导班子成员、机关及直属单位负责人，自治区有关部门(单位)负责人，媒体记者等148人参加了会议。

3月16日 2015年宁夏春季苗木交易会在贺兰园艺产业园开幕。宁夏区内和山东、辽宁、天津、陕西等10余个省(市、区)的110多家单位参加了交易会，展出数百个苗木花卉品种。

3月20日 法国弗龙萨克区骑士勋章授勋活动在银川国际交流中心会议厅举行。由法国弗龙萨克公爵骑士团对中国及世界葡萄酒产业作出突出贡献者——自治区政府特邀顾问、党组副书记、宁夏贺兰山东麓葡萄与葡萄酒国际联合会主席郝林海授予“弗龙萨克葡萄酒骑士勋章”。郝林海是弗龙萨克公爵骑士团在中国授予勋章的第一人，宁夏产区也是中国第一个举办法国皇家骑士授勋的产区。

3月24~25日 自治区副主席屈冬玉在自治区林业厅厅长王文宇、副厅长平学智，农牧厅副巡视员周生俊及相关人员的陪同下，对全区枸杞产业和森林草原防火工作进行了现场调研。

4月8日 新挂牌成立的宁夏贺兰山东麓葡萄产业园区管理委员会办公室(自治区葡萄产业发展局)举办了以“传葡萄文化　圆紫色梦想”为主题的贺兰山东麓首届葡萄春耕展藤活动。

4月24日 自治区人大常委会副主任王儒贵到灵武，对王有德等10名自治区人大代表在自治区十一届人大四次会议中提出的《关于制定出台〈灵武长枣品牌保护条例〉的议案》(议字第5号)开展相关调研活动。

5月5日 自治区林业厅召开干部大会，自治区人民政府副主席屈冬玉，自治区党委组织部常务副部长李泽峰出席了干部大会。李泽峰主持大会并宣布干部任免决定，马金元任自治区林业厅党组书记、提名为自治区林业厅厅长人选。

5月25日 自治区主席刘慧在宁夏林业研究所调研时指出，要继续在种苗种植、葡萄栽培、产业链延伸等方面发挥示范作用，使更多的好品种走出实验室走向市场，在宁夏各地推广适合本土化的观赏植物，用本土植物扮靓宁夏城乡的大街小巷，实现生态效益和经济效益双赢。

6月10~12日 由贺兰山东麓葡萄与葡萄酒国际联合会和法国高美艾博展览(上海)有限公司共同主办的“2015中法葡萄酒设备技术展览会”在银川国际会展中心召开。本次展览会参展面积8000平方米，吸引了法国、意大利、德国、澳大利亚、新西兰等国家以及国内山东、河南等地的157家葡萄与葡萄酒设备和机械制造商前来参展。展出种类涵盖了葡萄园管理机械、酿酒设备、橡木桶清洗设备、葡萄酒贮存设备、包装设备及酒具器皿等先进设备和技术。展会期间还举办了“贺兰山东麓葡萄产业机械化发展”“国外机械设备展商演示”“贺兰山东麓产区机械设备展示”等专业性论坛。

6月18日 自治区建设枸杞产业人才高地启动会议隆重召开。自治区党委常委、组织部部长、人才工作协调小组组长傅兴国出席会议并揭牌，自治区党委组织部常务副部长李泽峰和政府副秘书长王凌出席会议，林业厅党组书记、厅长马金元主持会议。

6月19日 自治区林业厅、宁夏农行、黄河农村银行共同组织召开了全区林权抵押贷款签约暨座谈会。自治区林业厅、农业银行宁夏分行、黄河农村商业银行、自治区党委农办、人民银行银川中心支行、自治区银监局、自治区金融办、自治区葡萄产业局以及林业企业、专业合作社、家庭林场等生产经营主体的代表参加了座谈会。

8月21日 全区林下经济现场会在西吉县召开。自治区党委政策研究室，自治区财政厅、农牧厅、扶贫办，农业银行宁夏分行、黄河农村商业银行等部门的领导同志，自治区林业厅有关处(室)、直属单位负责人，各市、县(区)林业(园林)局主要负责人及分管领导，国家及自治区级林下经济示范基地代表参加了会议。

9月7~9日 由自治区人民政府主办，宁夏贺兰山东麓葡萄产业园区管委会办公室、宁夏葡萄与葡萄酒国际联合会承办的2015贺兰山东麓国际葡萄酒博览会，于9月7~9日在银川召开。大会以“高端诚信·合作交流”为主题，以列级酒庄评选、专业自酿体验活动、金奖葡萄酒评选、专业论坛、葡萄旅游、葡萄酒展览等为主要内容。

9月9日 由宁夏回族自治区人民政府主办，自治区林业厅及中宁县委、政府承办的“2015中国—阿拉伯国家博览会中国枸杞论坛暨中宁枸杞文化节”在中宁县枸杞交易市场隆重开幕。

9月12日 2015中国—阿拉伯国家博览会中国枸杞论坛在银川市召开。论坛由自治区人民政府主办，自治区林业厅、中共中宁县委员会、中宁县人民政府承办。

9月21日 贺兰山东麓世界酿酒师邀请赛启幕，这是宁夏产区第二次举办贺兰山东麓世界酿酒师邀请赛。来自世界六大洲的48名酿酒师(分布在48个酒庄)参加了2015贺兰山东麓世界酿酒师邀请赛。本次大赛进一步提升宁夏产区葡萄酒酿造工艺水平，扩大产区在国内外的影响力，推动贺兰山东麓葡萄产业持续发展。

10月21日 自治区党委书记、人大常委会主任李建华在银川会见了国家林业局党组书记、局长张建龙一行。

10月20~22日 自治区林业厅副厅长平学智带领林业产业发展中心有关人员，前往中国科学院华南植物所就枸杞产业基础研究、养生书籍编撰的合作事宜进行洽谈。

11月6日 由宁夏回族自治区政府主办，宁夏葡萄产业发展局、宁夏贺兰山东麓葡萄与葡萄酒国际联合会承办的2015贺兰山东麓葡萄酒香港推介会在香港举办。产区32家葡萄酒庄参加，展出近百款葡萄酒，吸引了大批国内外葡萄酒经销商和爱好者，充分展示了宁夏贺兰山东麓的“紫色魅力”。推介会上，宁夏国际葡萄酒交易博览中心与香港(宁夏)名特优产品中心有限公司、台湾百大葡萄酒集团分别签订了香港、台湾地区葡萄酒代理协议；宁夏贺兰山东麓葡萄与葡萄酒国际联合会与“联合佳酿”葡萄酒自酿协会、香港百本集团、广州久开商贸有限公司、澳门富景公司分别签订了葡萄酒自酿及旅游体验合作协议、房车旅游协议、广州地区葡萄酒代理协议、澳门地区代理协议。

11月24日 宁夏枸杞系列产品推介会在新加坡举行，中国驻新加坡大使馆经济商务参赞处一等秘书王跃茹和傅浩，新中友好协会潘国驹会长，中国贸易促进会新加坡总代表刘晓东，新加坡国际企业发展局华西区副司长张德隆等政商界代表140余人参加了宁夏枸杞推介会并观看了宁夏枸杞宣传片。

11月26日 宁夏枸杞走进马来西亚枸杞系列产品推介会，在马来西亚吉隆坡“2015年雪兰莪州国际商展”之际举行，马来西亚中国总商会会长、拿督黄汉良，大马福联会会长、拿督邱财加、MCH管理公司主席、拿督阿都哈金等政商界代表130余人参加了宁夏枸杞推介会。

(李　国　马永福　夏道芳　殷雪鹏　吕学民)

新疆维吾尔自治区林业产业

【概　述】 2015年，新疆林业产业发展工作，坚持从区情、林情出发，认真贯彻落实国家、自治区加快林业产业发展的系列政策措施，妥善解决生态保护与经济发展的关系问题，在生态建设优先的前提下，着力强化森林资源的基础到位和林业产业的支撑地位，转变产业发展方式，优化产业结构，克服全国经济下行带来的压力和不利影响，新疆林业产业总体向好，呈现出稳步发展的态势。新疆林业产业在探索调整中前进，在开拓创新中发展，为自治区农村经济发展、农民增收和全面建成小康社会作出了重要贡献。2015年，新疆全区林业产业总产值达到626亿元，比2014年增长11%，在自治区国民经济中的地位明显提高。

林业产业发展情况　新疆发展林业产业坚持从区情、林情出发，实施优势资源转换战略，加快推进以特色林果业为主的林业产业体系建设。新疆素有“瓜果之乡”的美誉。新疆水土光热资源丰富，特色林果资源多样，具有发展特色林果业的明显优势，林果产品工业化开发的价值和潜力很大。自治区党委、政府历来把发展特色林果业作为造福各族群众的一项重要产业大力推进。改革开放以后特别是中央新疆工作座谈会以来，自治区党委、政府把特色林果业作为振兴农村经济发展、大幅度提高农民收入、推进全面建成小康社会的支柱产业之一全力推进。2015年，全区特色林果种植面积达到2200万亩(含兵团)，果品产量700万吨，产值500亿元，农民人均林果收入达到2200元，林果业收入占农民人均收入的25%以上，主产区达到40%以上。2015年，已建立绿色、有机、出口注册、生态健康果园等标准化林果基地250万亩。培育林果加工贮藏保鲜企业380多家，农民林果业合作经济组织1300多家，贮藏保鲜和加工能力突破300万吨。林果产品品牌建设取得突破性进展，全区获得国家和自治区级各类知名品牌、名牌林果产品134个。

2015年，新疆森林旅游业、木材经营加工业、花卉种苗业、沙产业、野生动植物驯养繁殖业和林下经济等林业产业也呈现较好的发展态势，有力地带动了当地农牧民脱贫致富。

【“十二五”期间林业科研技术推广】　“十二五”期间，新疆林业组织完成国家、自治区各类重大林业科研技术推广项目347个，项目资金达2.36亿元，较“十一五”时期提高64.8%。

近5年，新疆各级林业部门深入实施科技创新、科技兴林战略，取得国家、自治区科技进步奖一等奖3项、二等奖13项、三等奖10项，新疆林业厅荣获“自治区科技兴新先进厅局”称号。申请发明专利34项、实用新型专利15项，良种审认定79项。同时，积极推行林业科技创新工作机制，深入推进人才强林战略。在全国率先成立特色林果发展科技支撑首席专家团队，目前已连续聘请三届，共47人次，指导各地开展林果科技培训，培养了一大批懂技术、善管理、会经营的林果专家。

“十二五”期间，围绕特色林果产业转型升级和提质增效，对核桃、红枣、巴旦木等特色林果新品种引进选育、林果资源管理、种质创新、丰产栽培、测土配肥、加工贮藏等关键技术研发取得重大突破；共制修订各类林业标准129项，制定核桃、巴旦木、红枣等6个林果标准体系，建立国家级林业科技示范县(区)2个、国家级标准化示范区8个。在全国率先提出“生态健康果园”概念，在阿克苏地区、巴音郭楞蒙古自治州、吐鲁番、博尔塔拉蒙古自治州进行生态健康果园建设试点，共建立苹果、核桃、香梨、红枣、葡萄和枸杞“生态健康果园”示范基地1.4万亩。

(新疆维吾尔自治区林业厅天保和产业办　朱建　和梅君)

【特色林果业】 2015年，新疆林果种植面积1825.5万亩(不含兵团)，其中，鲜果类面积572.2万亩，干果类面积1253.3万亩。林果总产量683.6万吨，其中，鲜果类469万吨，干果类214.6万吨。林果总产值495.5亿元，比2014年增长6.5%。截至2015年年底，全区获得国家级和自治区级的各类知名品牌名牌林果产品134个，"库尔勒香梨""阿克苏苹果"等13种林果产品及商标获中国驰名商标称号和"中国名牌产品""中国农业名牌产品""吐鲁番葡萄""哈密大枣"等33种产品获国家地理标志保护产品称号，"阿克苏红枣""阿克苏核桃"等88种产品成为"新疆著名商标"和"新疆名牌产品"，6家林果企业获得国家林业局首批"国家林业重点龙头企业"称号，17个县被国家林业局授予"中国经济林之乡"称号。

(自治区林果业发展协调领导小组办公室)

【森林公园】 截至2015年年底，全区共建立各级森林公园62处，森林公园经营总面积164.69万公顷。其中，国家级21处，面积111.32万公顷；自治区级33处，面积53.19万公顷；县级8处，面积0.19万公顷。

2015年，全区森林公园旅游直接收入3.1亿元，比2014年增加了34.8%。门票收入1.38亿元，较2014年增加了72.5%。接待游客人数首次突破千万，达到1029.06万人次，比2014年增长了32.8%。2015年共投入建设资金4.16亿元，森林公园基础设施和旅游接待条件不断改善。目前全区森林公园拥有旅游车船484台(艘)，旅游床位数14719张，餐位19057个，旅游步道2398.96千米，旅游经营能力进一步增强，"吃、住、行、游、购、娱"相配套的旅游服务体系建设日趋完善。

①积极推进森林公园森林旅游旅游标准体系建设。《森林公园森林旅游旅游住宿标准》和《森林公园森林旅游餐饮标准》已通过自治区质量技术监督局标准化处专家评审，于12月20日正式向社会发布。

②完成了《新疆森林旅游资源普查》和《新疆森林公园和森林旅游发展规划》编制工作。

③积极与自治区旅游局合作，强化对森林旅游的组织、协调和管理。自2011年国家林业局与国家旅游局签订了《关于加快森林旅游发展的合作框架协议》、自治区党委、自治区人民政府出台《关于推进旅游业跨越式发展的意见》后，自治区林业厅党委高度重视森林旅游发展工作，自治区林业厅与自治区旅游局多次协商，就双方共同推进森林旅游发展达成一致意见。2015年，召开全区森林公园和森林旅游工作会议暨森林公园管理培训班，通过以会带训的方式，通报每年森林公园和森林旅游发展取得的成效和存在问题并进行总结，对森林公园和森林旅游今后工作进行安排部署。

自治区林业厅与自治区旅游局在全区森林公园和森林旅游工作会议上签订了《自治区林业厅 自治区旅游局 关于推进森林旅游发展的合作协议》。双方统筹推进森林旅游发展。自治区林业厅、自治区旅游局联合发文，成立了"新疆维吾尔自治区森林旅游工作领导小组"，分别下设办公室。

(新疆维吾尔自治区林业厅天保和产业办 王江涛)

【种苗产业】 据统计，2015年全区苗圃数量1.05万处，育苗面积520557亩(其中，国有苗圃面积59658亩)，苗木产量234550万株，其中，1年生及以下、2年生、3年生和3年以上苗木产量分别为51537万株、71615万株、42020万株和69378万株。2015年，造林实际用苗量46077万株，其中，容器苗891万株，良种36874万株。

(新疆维吾尔自治区林业种苗管理总站 刘 刚)

【花卉产业】 新疆花卉产业呈现鲜切花、盆栽植物、观赏苗木、草坪和食用、药用、工业用花卉等多品种共同发展态势。2015年，全区花卉种植面积达到24万亩，其中，保护地栽培面积220万平方米，产值达到12亿元。建设各类花卉市场70多个，从事花卉生产、销售和服务的企业达2100个，从业人员约5.3万人。

新疆花卉生产主要分布在乌鲁木齐、昌吉、石河子、库尔勒、伊宁、喀什等城市，以鲜切花、盆栽植物和观赏苗木为主，出口主要面向中亚、俄罗斯等地区和国家。新疆花卉产业为调整农村产业结构、带动当地农民增收致富发挥了积极作用。

（新疆维吾尔自治区花卉业管理中心　孙永民）

【沙产业】 新疆始终坚持治沙与治穷相结合，在确保生态改善的同时，注重结构调整，发展沙区产业，增加农民收入，带动种植、育苗等林业产业以及二、三产业的融合发展。目前，已初步形成以灌草饲料、中药材、经济林果、沙漠旅游等为重点的沙区特色产业，开发出了饲料、药品、保健品、化妆品、食品、饮料、果品等一大批沙产业产品，带动了种植、加工、贮藏、运输、销售等相关产业的发展，沙产业链不断延长，增加了农民在加工、物流和销售环节的就业机率。据统计，全区肉苁蓉、酿酒葡萄、沙棘、枸杞、玫瑰、甘草、黑加仑等沙区特色经济植物种植面积已达131万亩，沙产业深加工企业93家，年加工能力118万吨，年总产值34.5亿元。

和田帝辰医药生物科技有限公司 该公司是一家医药集研发、生产、销售为一体的现代企业。公司主要经营医疗医药中间体。产品有帝辰康咖—沙漠苁蓉拥有完整产业链和世界最大的管花肉苁蓉生产基地，带动和田地区农民致富奔小康。

新疆和田阳光沙漠玫瑰有限公司 公司总投资10783万元，设计生产规模为年提取玫瑰精油2000千克，鲜玫瑰露600吨，玫瑰花茶500吨，玫瑰花酱500吨，产值1.4亿元。

（新疆维吾尔自治区防沙治沙工作协调领导小组办公室）

中国内蒙古森林工业集团有限责任公司林业产业

【概　述】 2015年，内蒙古森林工业集团(以下简称森工集团)面对改革发展的任务和经济压力，林区上下全面贯彻上级各项决策部署，主动适应新常态、新要求、新变化，统筹推进改革、生态、转型、民生、党建等各项工作，保持了稳中有进、稳中向好的良好态势。

【生态建设】 坚持生态优先战略，全面实施天保二期等重大工程，森林生态系统进一步恢复，生态服务功能进一步完善，森林生态价值进一步提高。2015年，内蒙古大兴安岭国有林区被国家列为"生态保护与建设示范区"。2015年4月1日起，全面停止了天然林商业性采伐。在完善三级管护责任体系的基础上，对全林区14497.38万亩森林资源进行了全面管护。林区森林面积达到826.85万公顷；活立木蓄积量达到9.5亿立方米；森林覆盖率达77.44%。森林资源得到恢复性增长。

【森林旅游业】 2015年，内蒙古大兴安岭林区积极建设内蒙古最大的生态旅游休闲度假基地，着力打造内蒙古大兴安岭旅游品牌，加大对森林文化、民族文化、民俗文化、企业文化的开发力度，使旅游与文化相结合，走出了一条不以消耗森林资源为代价的环境友好型的林业发展之路。8个游览景区(包括自然保护区、森林公园及森林旅游区)共接待游人133.11万人次，旅游收入7.98亿元，森林旅游直接带动其他产业产值5.32亿元，旅游产业正由投入增长期向效益回报期过渡。

【林下经济产业】 结合林区实际，按照规模化、集约化的思路，分类实施、分区打造，食用菌培植和绿色产品加工、经济林果种植、中草药种植、森林牲畜和特种动物养殖等示范基地基本形成，并依托基地逐渐培育龙头企业，"公司+基地+林户"的产业发展模式已经确立。2015年，林下经济实现产业总产值11.82亿元，带动就业4.87万人次。

食用菌培植　食用菌培植已经成为林区职工转岗就业、致富增收的一条重要途径。各森工公司(林业局)通过组织成立食用菌协会、合作社，为种植户提供优惠的木材原料、提供专项小额无息贷款、免费提供种植场地等扶持政策，引导职工发展食用菌产业，使林区食用菌培植规模逐步增加，其中培植规模较大的有克一河、阿里河、吉文、库都尔等森工公司(林业局)；产业链相对完善的有克一河、阿里河和莫尔道嘎森工公司(林业局)。2015年，内蒙古大兴安岭林区培植各类食用菌近3000万袋。

经济林果种植　截至2015年年末，林区人工种植蓝莓面积近2500亩，并集中区划了25000亩的野生蓝莓资源，进行集约化经营。同时在榛子产业发展上，营造榛子经济林16020亩，其中农户和职工种植4000亩；区划集中连片的野生榛子14000亩。

中草药培育　2015年，林区以乌尔旗汉、图里河、绰源、吉文等森工公司(林业局)为代表的北药产业发展已呈现出良好态势，各类中草药种植面积约有6000亩。

森林牲畜养殖　林区森林牲畜养殖结构不断调整，主要以马匹养殖为主，2015年，林区共有马匹8000匹，从事马匹养殖324户，草场面积9187公顷，涉及养殖林场33个；牛、羊2万多头(只)。林区的牲畜饲养大多采取散养方式，养殖场所主要是临时修建的简易棚舍，基础设施简陋。

特种动物养殖　林区北部的"冷资源"优势明显，冬季气温达到零下40℃，为发展北极狐养殖提供了得天独厚的自然环境。2015 年，金河林业局有北极狐种狐 1.78 万只，出栏 8 万只；并开始尝试养殖貂、野猪、森林猪、森林鸡、冷水鱼等动物。

【制浆造纸】 兴安浆纸公司的新安装的纸机生产线投产。2015 年，生产纸浆 370 吨，生产纸 5.45 万吨。目前。原料主要来自加格达奇、满洲里等地区，主要为造纸材、次加工材和削片，原料紧张是制约企业发展的主要瓶颈。

（许玉成）

中国吉林森林工业集团有限责任公司林业产业

【概　述】 2015年，吉林森工集团林业产业较2014年均有增长和提高。

生态建设 与"十一五"期末相比，2015年辖区有林地面积122.35万公顷，增加2900公顷。森林覆盖率90.8%，上升0.2个百分点。森林总蓄积量1.81亿立方米，增加1121万立方米。乔木林公顷蓄积量170.48立方米(第九次全国森林资源清查结果)，增加19.2立方米，位居全国已开发林区之首。据测算，森林总碳储量7855万吨，增加499万吨；森林生态服务功能年价值650亿元，增加23亿元。

经济效益 与"十一五"期末相比，2015年实现林业总产值188亿元，增长1.65倍。销售收入82.46亿元，按可比口径增长82.8%。利润总额10.02亿元，增长5.14倍。净利润4.34亿元，增长2.9倍。资产总额332.94亿元，增长2.37倍。净资产65.16亿元，增长1.07倍。

产业结构 六大产业和九大经济板块并进，人造板、实木复合地板、德式木门、木制百叶窗和天然矿泉水等主导产品年产能分别达到300万立方米、600万平方米、20万樘、3万立方米和100万吨。人造板和木制百叶窗位居全国第一，天然矿泉水位列全国前五名。一、二、三产业比例由2010年的28:46:26调整为2015年的19:39:42。

【林业产业项目】

坚持低成本扩张，加快兼并重组和项目建设步伐 ①实施林板一体化战略，重组并购中盐银港公司等3户省外人造板企业，组建人造板集团，建设64万亩环洞庭湖速生丰产工业原料林基地，推进了人造板产业的全国布局。

②对股份公司实施资产重组，把域内10户人造板亏损企业整合到人造板集团，提高了股份公司的创利能力。

③完成了河北永清20万樘实木复合门、江苏10万立方米防潮刨花板、长春150万平方米多功能墙体板和通化胶粘剂厂异地搬迁等项目建设。

④泉阳泉饮品公司通过新建项目、原厂改扩建和生产线技术改造，新增产能80万吨。

⑤临江林业局年产12吨二氢槲皮素保健品项目建成投产。完成680公顷GAP标准化人参种植，开发出五大类20余种"吉森参"深加工系列产品。

⑥打造白山湖至长白山水上航线、露水河国际狩猎场等精品旅游线路和重点景区，形成了以8个国家森林公园为主体的森林生态旅游产业格局。2个森林公园被评为国家4A级旅游景区。

⑦丰华矿业集团实施股权分立，精干主业，稳健经营。三岔子来宝铁矿和红石盛元铁矿项目建设稳步推进。

⑧强化财务公司和投资公司等投融资平台功能，为集团推进产业发展、度过金融危机和实体经济低迷期、壮大经济实力发挥了重要作用。2015年，类金融板块实现销售收入8.36亿元，利润总额5亿元，占盈利企业利润总额的25.8%。

⑨以林业棚户区改造为契机，整合建筑地产企业，组建开发建设集团，先后开发7个房地产项目。重组森晟房地产等3户关联企业，恢复组建了吉林制材厂集团。2015年，建筑地产板块实现销售收入10.1亿元，占总收入的13.3%，实现净利润1.9亿元。

强化经营管理，有效防范风险 ①持续开展"节本降耗、提质增效"和管理提升活动，完善落实内控制度体系，规范经营管理流程，企业经营管理能力进一步增强。

②推行采购、验收、出库"三分离"制度，实施考核站管理模式，有效地防止了"跑冒滴漏"现

象的发生。

③发挥纪检监察、监事会、工会、审计“四位一体”监督体系作用。强化巡视检查，开展资本权益和资产安全监管及问题整治，防控了经营风险。

④健全落实资产监督管理体系，对二级企业项目投资、资金使用和资产运营等重点领域实施全过程监督。集团的做法得到国务院国资委领导的肯定，并在吉林省国资委系统推广。

⑤落实安全生产责任制，坚持党政工青齐抓共管，分类分级责任管理、作业现场安全管理和事故隐患排查整治成效突出。集团连续7年实现“三无”目标，连续11年被省政府评为安全生产优胜单位。

不断深化改革，推进商业模式创新和科技创新 ①在省政府的领导下，稳步推进分离企业办社会职能试点工作，老国企退休人员医保缴费获得2亿元财政补贴，林区医院纳入当地卫生资源管理体系，733.8千米林区道路纳入国、省、县级公路管理。

②推行多元投资主体模式，坚持企业控股、经营者和员工参股，金桥地板集团等5户企业完成了股份制改造。12户企业完成了增资扩股。人造板集团引进战略者投资10亿元。

③通过重组兼并、增持股权，以13.6亿元资本掌控了103.3亿元资产。入股长白山旅游股份公司和榆树农商银行，累计实现收益4亿多元。

④推进内部品牌资源共享，拓展与外部同类企业品牌整合，“露水河”“金桥”和“泉阳泉”三大品牌先后荣获“中国驰名商标”“中国名牌”和“吉林老字号”称号。霍尔茨门被国家质检总局认定为“生态原产地保护产品”。“吉森参”商标通过ISO 9001认证。“吉林森工”品牌市场价值达到20亿元以上。

⑤组建中森电子商务公司，搭建“吉森商城”网上综合交易平台和产品O2O体验中心，加强与“京东商城”等网络平台合作，实现了吉林森工产品网上交易与实体店销售优势互补。

⑥利用参展东北亚博览会，冠名延边足球队、第十七届省运会和第24届金鸡百花电影节等契机，通过新闻媒体和自办网站等平台宣传吉林森工品牌，产品市场认知度和占有率进一步提升。

⑦积极拓宽融资渠道，集团获评AA信用等级，先后在银行间交易商市场发行长中短期债券90亿元(存续期债券余额为59亿元)，共节约财务费用1.3亿元。

⑧获得省级以上科技成果21项、新产品21项、国家专利25项、国家及行业标准11项，承担国家级、省级重点科研项目30余项。荣获国家科学技术进步二等奖1项。

(涂海萍)

中国龙江森林工业(集团)总公司林业产业

【概　述】 2015年是“十二五”收官之年，也是中国龙江森林工业(集团)总公司(以下简称龙江森工)真正意义上全面停伐的一年，面对诸多困难和问题，中国龙江森林工业(集团)总公司暨黑龙江省森林工业总局统揽全局，砥砺前行，各项工作取得突破性进展。一是经济总量稳步增长，全林区完成产业总产值501.4亿元，产业增加值212.6亿元，同比增长4.9%；二是生态建设持续强化，全面落实森林木材停伐，森林培育得到加强，清理回收林地1.79万亩，森林总蓄积量达到8.9亿立方米，比2014年增长3.5%，护林防火工作成效显著，全年未发生森林火灾；三是产业转型步伐加快，启动了产业项目建设三年攻坚战，推进60个重点项目建设，总投资84.17亿元，完成年度投资18.98亿元，林下经济实现产值299.3亿元，占森工总产值的59.6%，海外林产工业产值完成24.8亿元；四是各项改革不断深化，完成了《黑龙江省森工重点国有林区改革实施方案》的编制和上报，亚布力、方正、沾河3个林区管委会的财税体制改革试点进展顺利，均超额完成税收指标，取消、下放行政审批123项，林区发展环境进一步优化；五是全面谋划“十三五”发展，认真贯彻国家五大发展理念，科学编制《全省森工经济和社会发展“十三五”规划》，并制定了“十三五”规划纲要，进一步明确了“十三五”规划的目标、任务和措施，确保龙江森工“三步走”奋斗目标第二步的如期实现。

【营林产业】 累计完成更新造林28.7万亩，森林抚育748万亩，育苗7235亩，义务植树467.8万株，有效防治森林病虫鼠害229.67万亩。注重发展原料林、特色经济林、生物质能源、林业碳汇、花卉苗木等产业，为营林发展提供经济储备。出台《更新造林密度技术规定与质量管理办法》，常规人工更新密度不低于1650株/公顷、补植补造密度不低于1200株/公顷。针对全系统森林郁闭度稀疏、密度过小、林地生产力过低等问题，2015年春加大森林抚育补植和人促力度，对选择郁闭度0.4~0.6的林分，进行森林抚育补植补造，株树为20株/亩，任务量为年度抚育任务的20%。成功举办首届黑龙江省森工系统森林经营技能竞赛。

【林产工业】 实现产值60.7亿元，比2014年增长9.4%，其中境内完成35.9亿元，境外完成24.8亿元。重点抓好以下3项工作，一是贯彻落实走出去战略，扩大境外木业园区建设。由龙江森工集团参与建设的俄罗斯龙跃林业经贸合作区已落户8家企业，包括锯材、胶合板、单板、百叶窗木片板、实木复合地板等产品，形成年产值30亿元规模。该园区2015年通过了国家评估验收，享受到国家级境外园区基础投资1.76亿资金补助。二是针对院墙企业经济危困状况，总结推广牡丹江木材厂转型发展典型，实施“一厂一策”促进改革发展。三是针对产业发展如何解决体制、原料、市场等关键问题，推广柴河、海林、绥阳林业局发展经验，引领企业创新发展。其中，柴河林业局建设国家级园区，实现税收职能，依靠进口原料，调整产品结构，优化企业布局，吸纳1300人就业，2015年加工利用进口材10万立方米，促进产业全面发展。

【种植养殖业】 实现产值111.5亿元，比2014年增长8.3%。坚持“分散养殖与基地规模养殖相结合，常规养殖与特色养殖相结合，品牌创建与市场营销相结合”的发展思路，重点发展森林猪和森林禽类养殖，项目集约化、标准化养殖程度进一步提升。三江林区各类规模化、养殖小区(场)已达到429处，其中以猪、牛、羊、禽等为代表的常规项目养殖小区(场)371处，以鹿、狐、野猪、兔等为代表的林区特色项目养殖小区(场)58处。绿色有机订单和无公害蔬菜种植的规模不断扩大，农业机械化水平不断提升。组建农机合作社5个，匹配大中型农机190台(套)。迎春、桦南、双鸭山等林业局物流园区粮食仓储能力达到400万吨。

【森林食品】 实现产值75.9亿元，比2014年增长12.3%。森林食品业取得新进展，食用菌栽培15.5亿袋，产量7.3万吨，浆果种植面积6.1万亩，产量1万吨，采集山野菜5.7万吨。在绥阳林业局创建了龙江森工第一个全国绿色食品原料(黑木耳)标准化生产基地并通过农业部的验收。利用退耕还林地，大力推广以浆果和坚果为代表的林果产业，把林果做成大产业，全系统蓝莓种植面积达3.3万亩，产蓝莓5849吨；八面通林业局种植了万亩沙棘和万亩大榛子。以现有加工企业为基础，内抓品质、外拓市场，不断增强龙头企业的牵动作用。现有国有(含国有控股)、民营森林食品生产企业75家，其中国有(含国有控股)16家，生产规模1000吨以上企业10家。加强“三品一标”认证工作，目前三江林区有效使用有机食品标识认证产品26个，绿色食品标识认证产品37个，无公害标识认证产品39个，认证面积共计188万亩。争取农开资金1000万支持黑森绿色食品(集团)公司建设黑木耳基地，在全国直辖市、省会等大中城市建成21家“黑森”旗舰店，发展加盟连锁店和商超专柜近百个。

【北药业】 实现产值16.9亿元，比2014年增长19%。以培育和壮大“两参”、平贝等现有优势品种栽培面积作为北药产业发展基础，逐步实现林下药材栽培基地化、规模化、产业化，加快推进林药复合生产模式。2015年，北药栽培面积17万亩，其中“两参”1.8万亩，平贝2.3万亩，五味子3.5万亩。设立规模为1000万元的“黑龙江省森林工业总局发展林下经济专项资金”，支持林下经济产业发展，2015年，安排林下经济项目20个。注重发展中药材加工，产品附加值进一步提高。山河屯局三木药厂通过招商引资，走联营、联牌、总经销、总代理之路，扩大了产品的销路，现有中西药品种38个，全年实现产值4100万元，同比增加10%。

【森林生态旅游】 实现产值及收入51.2亿元，比2014年增长1.9%，接待1005万人次。为合理开发利用森工林区优越的自然生态景观资源，在严格保护前提下，以促进森工产业结构调整和实现可持续发展为目标，委托浙江远见旅游设计有限公司编制《黑龙江省森工林区旅游发展规划》，对产业发展方向进行准确定位，规划未来15年国有林区旅游产业的发展目标、途径与任务。以提升现有精品景区、开发未来优势景区为目标，以国家A级景区评价系统为标准，对平山、清河、绥棱、东方红、沾河、山河屯和亚布力等重点项目进行指导。2014～2015年，森工所属景区连续两年国家级A评100%通过审核。在新浪网、《大公报》《生活报》《龙江旅游》杂志、森工《画册》《黑龙江林业报》、哈尔滨市旅游咨询服务中心、黑龙江省企业家网站等媒体宣传森工旅游资源、四季景色，播放景区宣传片，展示图片和文字介绍，提高知名度。通过省旅游局争取到国家和省政府旅游发展金补助890万元，争取总局产业基金配套1190万元。参加了由国家林业局在武汉举办的2015森林旅游节，被评为优秀组织奖。龙江森工加入中国旅游协会，担任副理事长。推进智能化景区建设和旅游“互联网+”工程，全森工4A级景区的核心位置计划在2016年上半年全部开通景区无线网，银行卡POSS机投入使用并逐步完善。

【清洁能源】 2015年，森工林区清洁能源产业开工建设项目2个，森工林区风电企业完成发电量127345万千瓦时，完成销售收入7.77亿元。积极推进兴隆林业局太平林场生物质能源综合利用项目和林口林业局胜利风电项目的建设工作。

【公路交通】 2015年，完成农村公路建设434.9千米，完成危桥改造项目6座436延长米，完成平交道口安全改造514个。按时完成亚布力至雪乡公路建设任务，公路已于2015年10月建成通车，并移交大海林林业局养护管理。争取国省、县乡公路及边防公路规划项目，有1330千米林区公路纳入到国省道新规划中，其中国道187千米，省道1143千米，以及807千米林区公路列入边防支线公路。

【林业科技】 2015年，森工共落实承担各级各类科技项目64项，经费2450万元。组织科研院所、林业局和企事业单位向科技部、国家林业局和省科技厅等部门申报各类科技计划项目129项。龙江森工科技计划项目51项。已完成各类项目50项，获得省知识产权专利资助项目12个，获得授权专利46项。评审出2015年度龙江森工科技进步奖21项，获得黑龙江省科技进步奖6项。与国家林业局等单位在哈尔滨和新青局共同主办了"2015年全国林业科技活动周"，龙江森工与中国林科院签订了科技合作框架协议。继续开展了"科技特派员"和"科技上山下乡"等活动。迎春、柴河、汤旺河局被列为国家林业局森林认证试点单位；山河屯局凤凰山国家级森林公园和五营局丰林国家级自然保护区成为世界上首批同时通过中国CFCC和国际组织PEFC森林生态环境服务森林认证的单位。新增双鸭山局为龙江森工科技试验示范基地。有3个先进集体和5名先进工作者受到省部级表彰。

【教育培训】 2015年，省森工系统高考报名4044人，共录取大专以上考生3959人，录取率为97.89%，比2014年提高了2.2个百分点。获得义务教育薄弱学校改造资金1项2869余万元，争取国家、省两级教育资金近9000万元。有针对性地举办了12期培训班，培训教师3134人次。

【招商引资】 2015年赴韩国、俄罗斯、中国香港、北京、广东等地开展了8次招商活动，共签订合同、意向、在谈项目57个，项目总金额237.1亿元，其中合同项目38个，签约金额23.9亿元。在第二届中俄博览会上，龙江森工紧紧围绕"走入丝路带，拓展新空间"主题，重点展示森工绿色食品、旅游、境外开发三大主线，并获得优秀布展奖。2015年进出口额完成5015万美元，其中出口额4823万美元，同比上涨10%。

【基本建设】 2015年，安排改造任务4万多户，争取供热、给水等配套基础设施建设资金4.75亿元，进一步提升了林区新型城镇化水平。完成15万平方米既有建筑节能改造工程。申请国开行保障房建设贷款资金12亿元，解决了保障房建设资金缺口问题。

【龙江森工"十二五"期间发展成就】 5年来，龙江森工围绕生态林业、民生林业，组织实施"四八四三"发展战略，科学发展、主动作为，圆满完成了"十二五"规划各项目标任务，林区生态恢复与经济社会发展都取得显著进步。

坚持保护优先，实施天保工程和大小兴安岭林区生态保护与经济转型规划，逐年调减木材产量直至全面停伐。5年累计投入天保资金317.2亿元，更新造林289.4万亩、森林抚育3740万亩，清理回收林地4.3万公顷。森林面积达到858.1万公顷，比2010年(下同)增加8.3万公顷，提高了1.0%；森林总蓄积量达到8.9亿立方米，增加1.2亿立方米，提高了15.6%；森林覆被率达到85.1%，提高了0.9个百分点，森林生态功能持续提升。5年内未发生重特大森林火灾。

坚持产业为重，加快向生态产业、非木产业和境外开发3个方向转型，新型产业体系加速形成。森工总产值由2010年的344.1亿元提高到2015年的501.4亿元，产业增加值由144.2亿元提高到2015年的212.6亿元。伊春林区构建起生态旅游、森林食品、北药、绿色矿业四大产业板块，创出"全国木艺之乡"的品牌。"三江"林区十大基地建设成效显著，200个重点产业项目总投资235亿元，已形成1个境外国家级园区、4个仓储物流园区、24个产业园区的布局。累计完成对俄采伐234.3万立方米、加工木材337万立方米。全林区非林非木产值比重上升到88.9%，非国有经济产值比重达到76.8%。集团化发展快速推进，建立了黑森绿色食品集团、森林旅游集团、森工金融担保公司，黑森绿色食品集团构筑了覆盖全国主要城市的营销网络，研发生产产品达十二大系列、近300个品种，"黑森"品牌成为黑龙江省著名商标；森林旅游发展迅速，5年接待游客3795万人次，产值及收入突破200亿元；森工金融担保公司总资本达到7.8亿元，成为实力较强的融资担保公司。

坚持改革创新，不断破除体制机制障碍，经济发展潜力逐步释放。《黑龙江省重点国有林区条例》颁布实施，从法律和体制方面，加强了森林资源保护功能。建立了沾河、方正林业局城镇化管委会试点和亚布力滑雪旅游度假区管委会，完善了财税体制，其他林业局争取到新上产业项目税收分成政策。城市院墙企业改革取得进展，牡丹江木材综合加工厂等通过转变经营机制、发展混合所有制经济，调整产业结构，激活存量资产，实现主业转型、辅业突围。

（李海波）

大兴安岭林业集团公司林业产业

【概 述】 2015 年，大兴安岭林业集团公司森林面积、活立木蓄积量和森林覆盖率超额完成了“十二五”规划目标。森林面积、森林蓄积量、林分公顷蓄积量、森林覆盖率分别比规划目标增加了 8.8 万公顷、0.02 亿立方米、1 立方米/公顷、1.86 个百分点。2015 年营林产值实现 11.8 亿元；完成中幼林抚育面积 345.9 万亩，完成计划的 100%；补植补造 28 万亩，完成计划的 65.7%；人工造林 1.31 万亩，完成计划的 21.8%；育苗面积 87.3 公顷，其中本年新育 40 公顷；苗木产量 8388 万株。

大兴安岭已建成森林、湿地和野生动植物物种保护类型自然保护区 32 处，总面积 219.3 万公顷，占大兴安岭总面积的 26.26%，其中国家级保护区 5 处，分别为呼中、南瓮河、双河、绰纳河、多布库尔国家级保护区，总面积 72.0 万公顷，南瓮河国家自然区又是国际重要湿地，总面积 22.9 万公顷。省级保护区 6 处，分别为北极村、岭峰、盘中、盘古河、常青和漠河野生蓝莓保护区，总面积 41.2 万公顷，图强林业局常青省级保护区是新晋升的保护区。地级自然保护区 21 处。自然保护区按类型分，湿地类型自然保护区 18 处，总面积 134.2 万公顷；森林类型自然保护区的有 9 个，总面积 65.3 万公顷；野生动物类型自然保护区 2 处，总面积 11.1 万公顷；野生植物类型自然保护区 3 处，总面积 8.7 万公顷。

2015 年，林业产业总产值下降 21.0%。2015 年大兴安岭林业集团公司实现林业产业总产值 82.6 亿元。其中，第一产业产值 39.5 亿元，同比下降 13.8%；第二产业产值 12.1 亿元，同比下降 57.9%；第三产业产值 31 亿元，同比增长 3.4%。林业产业结构由 2014 年的 43.7∶27.6∶28.7 转变到 47.8∶14.7∶37.5，第一产业、第三产业比重分别上升了 4.1 个、8.8 个百分点，第二产业比重下滑了 12.9 个百分点。

第一产业因全面停伐，产值同比降低 13.8%。林业集团公司木材采运产值为零，而 2014 年同期木材采运产值完成 2.1 亿元。畜牧业产值同比降低 21%，下降的原因是畜牧业市场受制于价格因素，养殖户损失惨重，养殖数量大幅下降。存栏同比有升有降，存栏下降的有牛、獭兔、鹿；存栏增长的有羊，狐狸、貂、貉等。食用菌产业受停伐桦木材料的影响，较 2014 年减少 1.3 亿袋；采集野生浆果 1.26 万吨，其中蓝莓 0.6 万吨；北药采集 0.4 万吨。营林产值同比增长 16.2%。

林产工业、煤炭产值都大幅下降。林产工业行业受加工原材料和市场订单影响，产值完成 2.6 亿元，同比下降 85.6%。林产工业产品中除了卫生筷子采用进口材加工生产 17 万箱外，其他仅生产少量锯材、人造板、木片、木地板块、小材小料等产品。原煤市场受国内煤炭市场低迷及产能过剩的影响，仅生产 128 万吨，同比下降 36.6%。

第三产业平稳增长。林业旅游与休闲业延续了持续增长势头。

2015 年，全年共完成投资 31 亿元，同比增长 32.6%。投资增长的原因是天保工程二期投资比去年增加 4 亿元，其中林地管护费增加 1.2 亿元、五险补助增加 2.6 亿元。从投资主体看，国家投资 29.8 亿元，占总投资的 96.1%；企业自有资金(包括企业自筹、配套)完成 1.2 亿元，占总投资的 3.9%。以投资用途分，用于生态建设与保护投资 27.5 亿元，其中天保工程二期投资完成 26.75 亿元，占生态建设与保护投资的 97.3%；用于林业支撑与保障投资 0.6 亿元，主要用于森林防火；用于林业民生工程投资 2.4 亿元，其中棚户区主体 0.6 亿元，棚户区配套 1.5 亿元、社会性基础设施 0.4 亿元，分别占民生工程总投资的 25.0%、62.5%、12.5%。企业折旧 0.5 亿元，占完成全部投资的 1.4%。

林业固定资产投资完成 4.1 亿元。按构成分，建筑安装工程完成 2.7 亿元，设备工器具购置完成

0.5 亿元，其他完成 0.9 亿元。全年新增固定资产 2.2 亿元。

2015 年，林业集团公司实有职工 56523 人，其中在岗职工 54794 人，同比减少 5.8%。在岗职工的工资总额 18.2 亿元，在岗职工年平均工资 33448 元/人，同比增长 13.5%。

【森林资源】 大兴安岭活立木总蓄积量较 2014 年增加 1100 万立方米，达到 5.71 亿立方米。通过报纸、电视等多种形式开展停伐政策宣传，并专门印制《木材停伐宣传手册》，发放到各局作业组直接生产人员手中。下发了《关于加强停伐督导检查工作的通知》，组织各驻局监督办每月至少开展 1 次专项检查。对以森林抚育为名偷盗木材、以商品材为原料粉碎锯末等行为进行督导检查。开展了伐区作业质量和凭证采伐专项检查，下发了《大兴安岭集团公司关于加强区外购进木材运输管理工作的通知》，对区外购进木材实行报备制度，单独建账、单独管理、单独发证，在做好服务的同时全面加强了外购木材监管。

继续加大对林政案件的查处力度，牵头组织开展了为期 3 个月的"兴安七号"专项行动，成立了专门领导机构、制订了工作方案、召开会议，对偷盗木材、违法运输、毁林开垦等违法行为予以严厉打击。共查处各类森林资源案件 290 起，收缴木材 245 立方米，收回林地 436 公顷，打击处理违法犯罪人员 305 人，累计为国家挽回经济损失 4000 余万元。在大兴安岭日报开辟了普法宣传专栏 20 期，发放宣传单 2000 余份，举办林业法律法规知识培训班 3 期。

统筹安排使用林地定额，积极争取国家林业局对我区重点产业项目和基础设施建设使用林地予以政策倾斜，对黑龙江干流堤防等项目还专门开设了绿色通道。已有黑龙江干流堤防(三卡段)应急度汛工程占用林地、黑龙江省黑龙江干流堤防工程(永久部分)、漠河县北极村仲景大厨房有限公司一期工程等 11 个工程占用林地项目获得国家林业局批复，占用林地面积共计为 200.07 公顷。审核审批临时和为林业生产服务工程项目 18 个，占用林地面积 354.58 公顷。对违法占用林地、工程项目占用林地等开展专项检查行动。

完成了大兴安岭"十三五"限额的编制工作；在双河、绰纳河、多布库尔国家级自然保护区作为独立统计单位进行森林资源数据统计。开展了全区森林资源管护工作检查，下发了《关于加强森林资源管护工作的通知》，对管护区划调整局进行管护业务指导，摸清管护人员底数。

【营林管理】 森林抚育任务完成 307.57 万亩。推进十八站林业局 5 万亩碳汇造林项目，调查设计的调整编制工作已经完成，项目设计文件已由农林科学院编制完成正在修订中，十八站林业局与第三方审定机构已签订委托合同，各项文件资料准备工作完成后即可报国家发改委申请备案。碳汇资源普查工作已经确定了技术路线和技术要点。《大兴安岭林区碳汇林业发展实施意见》已经开始起草，地区和林业局两级碳汇管理机构请示报告已经上报。

组建以林业职工为主体、成建制的专业化营林队伍，半数转产转岗职工进入营林一线。共举办各级各类营林生产技术及管理培训班共计 113 期，培训营林管理技术人员、生产作业人员 19498 人次；举办了 2015 年大兴安岭森林抚育技能竞赛。

国家林木良种补贴基地建设顺利通过国家检查验收。林业有害生物普查工作符合国家林业局下达的"四率"指标。

国有林场按时完成了 2014 年度森林抚育任务 13 万亩；对 2014 年度纳入了国家和省森林生态效益补偿范围的县及国营林场进行了监督检查；帮助百盛蓝莓申报的林业龙头企业已经获批。

【绿色产业】 2015 年，森林生态食品产业实现产值 31.2 亿元，完成年计划的 100.8%。绿色种植和加工产业实现产值 11.2 亿元，蓝莓产业实现产值 6.6 亿元，野生蓝莓采集 4047 吨，野生红豆采集 4681 吨；食用菌产业生产菌包 2 亿袋，实现养殖产值 7.9 亿元；林下养殖产业出栏实现产值 3 亿元；冷水鱼、矿泉水、坚果、山野菜等产业实现 2.5 亿元。

出台了基地建设方案及标准，累计建成森林生态食品示范基地 150 个，其中，蓝莓基地 32 个、食用菌基地 57 个、特色养殖基地 40 个、山野菜基地1个。鼓励有实力、懂技术的职工带头开展林下种植、养殖，累计培育年产值10万元以上的种养示范大户212个。依据《合作社法》，按照“风险共担、利益共赢”原则，累计成立各类合作社、联合体538个，参与职工11197人。累计下发林下经济小额担保贷款9284万元。产业项目三年攻坚战累计推进林下经济项目17个，项目新增就业1086人。下发《大兴安岭全民创业扶持办法》，针对蓝莓、食用菌、坚果等森林生态食品产业，累计发放林下经济补贴资金3226万元。各县区局、乡镇林场累计投入物资和资金折合1.28亿元。

依据品牌建设工作方案，鼓励引导企业和林下经济合作社统一使用“大兴安岭”商标及“大兴安岭黑木耳”和“大兴安岭野生蓝莓”地理标志证明商标。

依托国家林业局林产品质量安全追溯体系平台，启动了全区质量安全追溯体系建设工作，率先在食用菌、蓝莓产品上进行。建立了地区、县区局、乡镇(林场)三级技术服务体系，累计开展技术培训27批4800人次。成立了林下资源经营产业协会，组建了5个专业委员会，11个县区局均成立了分会。制订了《大兴安岭黑木耳技术标准方案》，从菌种技术、栽培技术、产品技术这3个层面全面系统地进行试验研究。组织编订《大兴安岭地区蓝莓协会野生蓝莓产品联盟标准》已发布实施。

大兴安岭获得“三品一标”产品达到111个，其中有机食品31个、绿色食品16个、无公害产业认证达到59个、5个国家地理标志产品。2015年，重点推进的绿色食品产业项目共7项，年计划投资11240万元，固定资产投资已完成12297万元，完成计划的109%。引进了宛西制药等知名加工企业9家，培育本地加工企业57家，建设原料保障基地46个，吸纳职工272名参与承包，初步形成了“公司+基地+承包户”的产业化发展格局。

【境外采伐】 累计生产商品材43.9万立方米，加工锯材12.03万立方米，其中直接生产26.18万立方米，劳务生产17.72万立方米。

新林、松岭、阿木尔三局境外企业进行市场调查和信息收集，建立了木材销售监督制约机制，寻找和培养客户群，加速产品销售进度，打开销售路径。加强资金管理，细化监控措施，增加监督强度，降低企业风险，保障企业运营。

按照《境外采伐考核细则》对境外项目进行了检查和抽查，对境外劳务指标批复、伐区调查设计、伐区拨交与验收、外派人员和设备统计、产量报表(月报)等相关工作，进行了认真核实，规范了境外生产统计工作。

协助各林业局做好了生产作业前期各项准备工作，包括人员签证办理、设备检修、道路维护、伐区调查设计、资源批复、劳务指标批复等，确保境外木材生产工作顺利进行。

【林产工业】 2015年，完成产值25495万元，完成年计划的93.5%。完成增加值9942.9万元，完成年计划的93.5%。

在传统产业中科技含量高的木结构建筑产业上。与哈尔滨工业大学进行了对接，并就科研开发、人才引进与培养同哈工大签订了合作协议。制订了《神州北极木业绩效考核方案》《神州北极木业销售管理办法》，编制了科学合理的收入分配办法，协助神州北极木业在绥芬河国林木业城建立加工分厂，建立宜家分公司的原料供应基地，降低运输费用。神州北极木结构建筑有限公司具有全国唯一的木结构建筑资质，可做直梁、曲梁、“S”形梁、空心圆柱、方柱等产品。产品销往北京、海南、新疆、甘肃、辽宁、哈尔滨、绥芬河、大庆等地。已有21项研发成果填补了国家空白。

制订了生物质能源项目发展规划，测算了生物质原料年产量，测算了山场削片的成本，为生物质项目的发展提供理论依据。选择5块挖掘树根的示范样板地，测算了树根挖掘、运输、削片成本，抓好林下剩余物资源的集运工作。调研机制炭加工设备。将林下剩余物加工成炭棒，再进行气化，提高设备的利用效率和产品价格。协调十八站、韩家园、阿木尔等林业局为塔河生物质能源炭电联产项目供应原料。塔河生物质能源炭电联产项目2014年4月16日发电并网以来运行平稳，上网电价为0.75元/千瓦时。壮志生物质能源炭、气联产项目通过试运行达到用户使用要求。燃气管道输配入户200户改扩建工程已开始设计，对50台燃气壁挂炉已开始招投标。

制订林产工业国有和国有参股企业改制工作方案，各林业局对23家国有企业和4家参股企业的发展潜力、发展趋势、产品定位和原料供给等方面进行分析和研究。在确保国有资产不流失的情况下，对企业的设备、土地、技术、人才等生产要素进行重组。通过股份、租赁、转型、迁移，出售等形式，把国有资产从市场竞争中逐步退出。对国有和国有参股企业改制采取以属地管理为主，行管部门指导为辅方式进行，即以企业的所属林业局或集团公司负责提出改制意见，并制订改制方案，行业管理部门参与并进行指导。针对不同企业制订出切合实际的改制方案。林产工业处已成立改制领导小组，确定了具体推进领导和工作人员，重点推进神州北极木业公司改制工作。

编辑发布全区、重点项目企业、规模企业主要指标完成情况、《林产工业经济运行监控月报》等统计信息资料，编制完成《林产工业"十三五"规划》。组织林产工业企业参加哈洽会。对十八站、塔河、新林、呼中林业局外购进口材的企业进行调研。

【野生动物】 2015年，共出动人员2700余人次，车辆430余台次，执法检查221余(户)次，清理套、夹等猎捕工具562件，收缴野生动物230余只、林蛙10千克，放飞活鸟280余只，捣毁地笼子20个，破获野生动物案件4起。

阿木尔岭峰、塔河盘中自然保护区通过了国务院专家评审委员会的评审；呼源钻天柳自然保护区通过了黑龙江省评审委员会评审；图强常青自然保护区晋升为省级自然保护区。同时，新建地级自然保护区2处，使大兴安岭林业自然保护区面积达219.29万公顷，占总经营面积26.26%。

划建新林黑龙江大乌苏河、塔河源头湿地类型地级自然保护区两处，增加自然湿地保护面积5.7万公顷，保护率提高了3.7百分点，拉升全区自然湿地保护率提高到34.9%。

解除林下资源承包经营合同40211份，配合公安、工商等部门加强林下资源采集管理，对林下资源采集情况进行督查。

开展了第34届"爱鸟周""世界湿地日"和"世界野生动植物日"系列宣传活动。开展了原麝野外救护及栖息地维护项目。组织开展了大兴安岭北部山地春夏季陆生野生动物资源常规调查鸟类调查、国境线专项区域春冬两季陆生野生动物资源调查和陆生野生动物资源同步调查项目。成功救护长耳鸮、苍鹰、豆雁、凤头蜂鹰、东方白鹳等10余只野生动物。

监测到野生兽类2774只(头)、鸟类63173只，应急防控7起，救治鸟类71只，死亡兽类3只。开展鸟类环志活动，共环志鸟类4167只，采集鸟类粪便样本1353个，加强了候鸟禽流感监测防控工监测预警，防范俄罗斯境内非洲猪瘟疫情向大兴安岭地区蔓延，采集蜱虫样本1708只，采集野猪血清样本90头、180份。经国家指定检测检疫机构——中国农业科学院长春兽医研究所检验确定，送检的384个鸟类粪便样本全部呈阴性，蜱虫与野猪样本中非洲猪瘟检测全部呈阴性。对8家无证养殖户下发了整改通知，对4家已过期没有及时检审换证的进行了督导办理。

针对乱搭乱建、林地中未经批准探矿采矿等违规违法等行为逐一排查，进一步依法加强自然保护区管理。《黑龙江多布库尔国家级自然保护区总体规划(2015～2024年)》获得国家林业局的批复。

按照全球环境基金规划型项目(GEF)工作计划安排，成立了湿地生物多样性委员会，组织召开了指导委员会第二次会议，开展了生态系统健康指数(EHI)监测和保护地执法人员培训。协助东北林业大学基线监测项目组完成了水生生物、水质及鸟类监测工作。开展了全区打击围垦占用湖泊湿地专项行动。开展泥炭沼泽碳库调查工作，现已完成外业调查，正在进行样品送检分析和报告编写。组织指导开展了南瓮河国际重要湿地生态特征预警监测工作和2014年自然保护区重点工程监测工作。

【畜牧养殖】 主要畜禽存栏为狐(貂)58850只，同比下降1%；生猪107862头，同比增长2.8%；肉牛32422头，同比增长6.9%；奶牛1645头，同比下降18.6%；羊152218只，同比增长1.5%；禽类908549只，878375同比增长3.4%；兔22591

只，同比下降35.9%；鹿2676头，同比下降21%。畜产品肉类产量18743吨、蛋类产量6690吨、奶类产量3816吨，分别比2014年同比增长5%、5.8%、下降17.3%。畜牧业产值实现122139万元，同比增长8.7%。全区畜禽养殖户数达6032户，新增1007户；从事畜禽养殖人数达15086人，新增2021人；从事畜禽养殖的人员人均年收入达到1.7万元，同比增长13%。

森林猪养殖企业、养殖户发展到78家，狐(貉)养殖企业、养殖户发展到103家，特色动物养殖业产值实现25637万元，占全区畜牧业产值21%。

通过推进标准化规模养殖场建设、示范基地创建、典型大户培育等措施，畜禽标准化规模养殖场(小区)达60个，新增4个；标准化示范基地达50个，新增12个；典型大户达101个，新增20个；畜禽养殖标准化率达到62%，比2014年增加3个百分点。

成立了大兴安岭地区森林猪养殖协会和毛皮动物养殖协会两个全区性的行业组织，畜牧合作经济组织已发展到50家，新增17家。

大兴安岭绿森林食品有限公司投入资金60万元，将塔河县塔南社区办公原址改建成面积500平方米的森林猪肉制品加工厂，生产出的“力禾”牌森林猪系列产品，销售收入242万元。大兴安岭绿森牧业有限公司投资4400万元，在呼玛县工业园区建设了面积3630平方米的加工生产厂，生产的“兴安岭野猪林”牌森林猪系列产品，销售收入203万元。

在区内外开设森林猪产品专卖店(专柜)12处，与北京、上海、哈尔滨等大城市建立了常年供应森林猪肉合作关系。在图强举办了“毛皮动物产销对接大会”，为毛皮动物养殖户与毛皮收购、加工企业无隙对接搭建了平台。

在集中强制免疫方面，应免密度达到了100%，动物常规免疫率达到了95%以上。强化兽药经销的监督管理，从源头上控制伪劣兽药及其他禁用投入品流入大兴安岭地区；强化兽药、饲料等投入品使用环节监管，督促畜禽规模养殖场(户)、合作社建立养殖档案，严格执行兽药停药期的规定；强化屠宰生猪“瘦肉精”监测抽检，抽检合格率达到了100%。出动执法人员259人次，对定点屠宰场、养殖场户、兽药饲料经销店等生产经营企业596家(户)实施执法检查。屠宰检疫率达到100%。共有病死畜禽无害化处理设施12处，新建无害化处理设施1处；病死畜禽无害化处理率达到100%。

制定了《大兴安岭地区森林猪饲养管理技术规程》，并且通过了大兴安岭地方标准审定。共举办各类养殖技术培训班30期，培训养殖人员3025人次；举办各类业务技能培训班9期，培训系统内业务人员311人次。

【招商引资】 全年到位资金42.95亿元(比“十一五”末期增长1.2%)，完成计划的51.1%，同比下降46.3%，其中，实际利用省外资金28.49亿元，完成计划的41.9%，同比下降48.2%；实际利用境外资金3305万美元，完成计划的100.2%，同比增长10.2%。

编制了《大兴安岭地区潜力分析报告》，有68个项目纳入2015年招商引资重点项目库，投资7亿元的农夫山泉水开发项目顺利开工建设。大兴安岭有19个项目投产运营，17个项目落地，招商引资企业实现税收3655.6万元。

大兴安岭签约项目25个，投资额30.92亿元。项目涉及养老服务、生态旅游、矿泉水生产、北药开发、特色养殖、绿色食品加工等产业。与汇源集团、江西金源农业开发公司等大企业达成了战略合作协议，与中青旅、茅台集团、华唐新能源开发公司合作项目积极洽谈。

对《县、区(局)招商引资工作考核办法》进行了调整，重点突出投产和税收两大质量指标，有效地加快项目落地的步伐，由过去单纯注重签约数量，向质量与数量并重，质量重于数量转变。对大兴安岭招商引资企业开展全面调查摸底工作，修改完善大兴安岭招商引资产业优惠政策。

【进出口贸易】 制订《2015年大兴安岭地区绿色食品市场营销方案》，筛选出珠三角、长三角、山东3个区域10个城市的19家旗舰店进行市场对接和产品推广。先后对广州、杭州、南京、济南4个城市的省旗舰店和哈尔滨、中山、苏州、天津4个城市的大兴安岭绿色食品旗舰店进行了调研考察。与地区创业办、绿色产业处联合在杭州召开两次林下生态产品推介及品鉴会，经过推广推介，大兴安岭绿色食品已经入驻厦门、杭州、广州、北京、深圳、南京、济南等地10余个旗舰店；共有百盛、富林、超越等15家企业和合作社产品入驻旗舰店，入驻产品主要为野生蓝莓、食用菌、畜产品、坚果等十大类近300个品种，成交采购金额近500万元。加入黑龙江省绿色食品相关体系的企业达14家。建立绿色食品销售联盟、兴安旗舰店联盟等微信群互动平台，实现了大兴安岭林下产品生产企业与全国旗舰店的网上对接。

新增进出口备案企业13家，其中，新增加工贸易企业3家。对绥芬河市外经贸和口岸发展情况进行考察，加强外经贸企业的指导和服务。

参加了2015义乌(国际)电子商务博览会和中国(上海)全球电商互联网大会。分别在杭州和加格达奇区举办两次专门的电子商务培训。2个电子商务产业园已投入使用，淘宝特色中国·大兴安岭馆已上线运营，“北极珍品汇”平台完成交易额360万元。

【**森林旅游**】 2015年，接待游客456万人次，实现旅游收入43.42亿元，同比分别增长13.18%和14.17%，全面完成了年初确定的序时工作目标。

北极村景区正式晋升为5A级景区，实现了大兴安岭5A级景区零的突破，并跻身全省仅有的五家国家5A级景区顶级阵营。图强龙江第一湾景区、百环生态景区和南瓮河湿地景区通过了省旅游景区评定委员会的检查验收，成功晋升为国家3A级旅游景区。大兴安岭拥有国家5A级景区1个，4A级景区1个，3A级景区12个。

参加了2015中国森林旅游节暨生态休闲产业博览会和2015中国国际旅游交易会等多个高规格、影响力大的旅游节会，人民网、南方电视台等多家媒体进行了专题报道。实施区域合作战略，成立了由黑龙江、吉林、辽宁3省17个地市旅游局(委)组成的“东北旅游推广联盟”，大兴安岭作为成员之一，通过与其他地市联合开发优势旅游资源，开启了旅游产业发展一体化进程的全新时代。

开展低空旅游项目，在南瓮河湿地和漠河石林开展了为期两个月的低空游览旅游项目。举办了全区旅游干部培训班，聘请省旅游局和东北林业大学的专家授课，来自全区的60多名旅游管理干部参加了为期3天的培训，培训班期间举办了全区旅游局长座谈会。

【**科技管理**】 2015年，神州北极木业“异型承载木梁拼板制造技术与应用”项目获得国家科学技术进步二等奖。2家企业被认定为国家级高新技术企业，高新技术产业产值实现3.7亿元，工业增加值1.08亿元。申请国家专利132项，授权114项。生物产业推进名列第一。

林格贝公司寒带植物生物工程技术研究中心晋升为省级，2015年通过了国家级高新技术企业认定复核，2015年已定向发行股票2次，股权融资1亿元。定向吸引外来企业。通过与农夫山泉、宛西制药和同仁堂等企业沟通联系，促其到大兴安岭考察合作开发项目。促进与农夫山泉股份有限公司签署桦树汗项目战略合作框架协议，将投资5000万元，依托大兴安岭丰富的桦树资源，进行桦树汗饮料产品的研发与生产，达产后年产值将达到1亿元。组织企业与省科力高科技产业投资公司、中投惠民金融集团和银河证券等投融资机构和券商加强联系，组织林格贝公司、超越公司、兴佳种业等有融资和上市意愿的企业与资本市场开展对接活动16次，储备上市企业5家。

依托中国科学院哈尔滨产业技术创新与育成中心，注册成立了大兴安岭中科众创科技孵化服务有限公司，利用现有的服务设施，切实为大、中、小、微企业提供从种子初期到产业化项目提供产、学、研、用为一体的科技服务。通过电商孵化器，积极为创业者提供优质、专业服务，2015年已吸引10家电商入驻。

加格达奇林业局种子种苗繁育基地正式被国家中医药管理局认定为国家级中草药种子种苗繁育科技示范基地，大兴安岭已被正式批准建立国家级中药资源动态监测站，并列为全国第四次中药资源普查试点单位。协调召开了“中药材商品规格等级标准研讨会暨中药材商品规格等级标准研究技术中心(联盟)成立大会”，取得7项会议成果。2015年共推进生物产业项目5个，完成固定资产投资15656万元，占本年度计划投资的268%，2个项目已投产达效。

建立了大兴安岭科技资源信息服务平台，为基层和企业提供服务。在全区科技战线建立了远程视频培训系统，开展远程专家会诊、专题讲座等活动。

2015年共争取国家和省科技项目14项，到位资金436.58万元。根据国家和省科技管理相关文件精神，联合财政局下发了《大兴安岭地区应用技术研究与开发资金管理暂行办法》，进一步规范科技项目生成机制和经费管理，发挥科技经费作用。加大项目管理，建立了科技项目年度档案，完成到期项目的现场查定、验收工作和科技统计工作。

【企业改革】 北奇神公司按照国有资产退出的原则进行股份制改造，形成了《北奇神公司股份制改造方案》，企业正与碧生源等投资公司进行协商洽谈；丽雪精淀粉公司成立改制领导小组，形成改制思路；古莲河煤矿按照剥离企业办社会方式进行改制，企业在内部实行经营机制转换；指导国林旅游公司按照"属地化"管理改革，资产移交给西林吉林业局管理，国林旅游公司由行署旅游局主管，已完成公司实物资产移交工作。神州北极木业公司和汇源集团进行股份制改造。推进塔河热电厂整体移交工作，制订了整体移交方案，完成了移交工作。制订了《2015年县(区)、林业局目标考核办法》，实行了因地制宜的个性化考核。根据行署林业集团公司工作部署，研究制订了《大兴安岭林业集团公司2015年企业绩效管理活动方案》，全面建立健全林业局规章制度体系，发展接续产业，促进林业局经济转型，推进精细管理、节约挖潜。

(康文学)

新疆生产建设兵团林业产业

【"十二五"时期特色林果业】 新疆生产建设兵团(以下简称兵团)"十二五"期间新增特色林果面积71万亩，新增产量231万吨，新增产值160亿元，比2010年分别增长了21.8%、186.5%和315%，特色林果业产值占大农业的产值已由13.1%提高到32.8%，增长了近20个百分点，兵团"十二五"期末特色林果面积达到326万亩，产量351万吨，产值243亿元，其中红枣162.5万亩、162万吨，葡萄73万亩、87万吨，香梨23.5万亩、32.5万吨，苹果26万亩、46.5万吨，核桃18万亩、2万吨，杏、桃等其他干鲜果品面积12万亩、21万吨。纯收入2000元以上的特色林果面积达到300万亩，占兵团特色林果总面积92%。其中亩纯收入5000元以上的为200万亩，亩纯收入1万元以上的为110万亩，分别占高效作物总面积的22.2%和12.3%，特色林果产业已经成为兵团"十二五"期间新的经济增长点，也是兵团"十二五"期间最大的经济亮点和职工多元增收的重要途径。

龙头企业及品牌影响 在兵团特色林果业基地规模迅速扩大的基础上，积极培育和扶持龙头企业。新天酒业、聚天红、冠农果茸、伊珠酒业、北疆红提、西部果蔬、哈密瓜乡果业、昆仑山枣业、叶河源果业等10余家企业已经成为兵团果品加工销售的龙头企业，拥有20多个知名产品。据统计，"十二五"期末兵团农业产业化加工贸易企业共722家。其中果品加工贸易企业159家，占农业产业化加工贸易企业总数22.02%；完成工业总产值90.90亿元，占加工总产值19.2%；销售收入73.84亿元，增加值43.1亿元，分别占总数的19.53%、15.72%，林果业龙头企业带动了包装材料、加工设备、贮运保鲜等相关产业的快速发展。

科技水平 "十二五"期间，科技含量不断加大，全面推广配方施肥、生物防治、节水灌溉、花果管理等十大主体技术，整体生产水平得到提升，各级标准化果园达到60%，优质果品率达到50%以上，为规划指标的70.5%；肥水高效利用、整形修剪、绿色植保、品质调控等技术研发与示范推广应用覆盖率达到50%以上；机械化作业率和节水灌溉率由原来的30%分别提高到"十二五"期末的55%和52.1%。红枣直播建园、葡萄高效栽培等多项关键技术得到突破；标准化生产、采后处理、综合防控等技术推广应用进一步扩大，果品采后清选分级率达到100%，预冷保鲜率达到40%，商品率达到85%，进一步增强了特色林果产业持续发展能力。

主要做法及经验 ①切实加强领导是兵团"十二五"特色林果业发展的保证。"十二五"期间，兵师团切实加强对特色林果业工作的领导，主要体现在以下方面。一是将特色林果业发展纳入兵团农业现代化建设重要布局之中。兵团制定了《兵团现代农业建设中长期规划(2010～2020年)》和《兵团特色林果业"十二五"建设规划》，这是兵团首次为特色林果业单独制定发展规划。二是将特色林果业作为优化种植业结构的突破口，变资源优势为经济优势，进一步扩大发展，每年建园均在10万亩以上。三是将特色林果业当成一项产业来抓，并纳入各级绩效考核目标任务。

②加大投资力度，构建多元投入机制。一是充分利用国家巩固退耕还林资金用于兵团果树发展，如新建园，标准园建设、节水灌溉和采后处理等。二是利用国家林业贴息贷款促进兵团果品发展。"十二五"期间每年安排林业贴息贷款6亿元，累计达30多亿元，财政贴息1亿多元，有效地推动了兵团果蔬业的发展。三是利用国家林业局农业综合开发项目，累计5000万元，用于发展特色林果业。四是利用国家兴边富民工程资金用于结构调整、发展特色林果业，累计资金达2亿元。五是利用国家农机购置补贴资金累计6000万元，用于果树作业机械的购置。六是各师积极支持特色林果业，每年从本级财务中拿出1亿元资金

支持特色林果业发展。七是积极拓宽投融资渠道，引进非公有制经济成分和个人投资开发特色林果业，基本形成了多元化投入机制。

③整合品牌资源，搭建特色林果产业化的建设平台。“十二五”期间，兵团认真贯彻落实中央对兵团推进“三化”的要求，多方面加大对兵团龙头企业的支持、资源整合的力度，为特色林果产业化健康发展奠定良好基础。一是支持力度空前。兵团每年从国家巩固退耕还林项目中安排3000万左右的资金，每年从国家林业贴息贷款安排贴息贷款2亿元，累计5亿元；每年从兵团本级财务拿出产业化资金1亿元，支持兵师龙头企业。二是整合品牌资源。一师、三师、五师、八师、十二师、十三师和十四师等都对本师林果加工销售企业进行整合，建立统一生产、统一收购、统一品牌、统一销售的经营机制，特色林果产业化基本形成，为做大、做强兵团特色林果产业奠定了良好的基础。三是各龙头企业公司转变经营理念，树立以人为本的思想，逐步与各有关团场果品公司、专业合作社以及承包职工建立起更加紧密的合作关系，实行最低保护价收购，加工销售利润再分配的利益连接机制，使兵团龙头企业引领作用更加凸显。

④加强技术培训，提高人员素质。一是每年利用冬春季开展科技之冬活动，举办“十大主体”技术培训班1000多期，授训人员10万余人。二是引进人才、引进技术卓有成效。“十二五”时期兵团先后引进国内行业知名专家4人；引进技术3个，即“三优”苹果、葡萄“厂”字形和梨矮化密植高效栽培管理新模式；创新一个，即红枣省力优质高效栽培管理新模式。通过引进人才和技术，举办培训班30多期，培训人员1000余人次，为加速推进兵团园艺现代化奠定了人才和技术基础。

【2015年特色林果业】

发展概况 完成建园面积23.82万亩，为兵团计划的238%，其中“以主干结果为主”(省力简化密植)的高标准建园15.6万亩，为兵团计划的156%；果品产量品质再创新高达到351万吨，为兵团2015年计划的144%，比2014年增长25%；实现果品分级包装冷链等加工146万吨，比2014年增长70%，占兵团2015年果品总产量的42%，实现产值243亿元，比2014年增加58亿元。

职工增收逐年扩大。经各师统计，兵团2015年亩利润2000元以上、5000元以上、1万元以上的特色林果面积分别为220万亩、176.2万亩和96.6万亩，分别比2014年增长了3%、71%和242.6%。

主要特点 兵团2015年特色林果业发展具有以下五大特点。

①各师、团场认真开展“三严三实”教育活动，谋事实、干实事。

②“以主干结果为主”(省力简化密植)的先进适用新技术示范推广取得新突破。一是各级领导对“以主干结果为主”(省力简化密植)的现代果树栽培管理新模式认可度有所提高，实施面积较大，达到20万亩；二是“以主干结果为主”(省力简化密植)的栽培树种已涵盖了兵团所有果树品种；三是“三优”(优良的品种、优良的矮化中间砧和优化的栽培技术)苹果又有了新进展，通过剃光、刻牙、涂发枝素、拉枝等技术措施，树体干枝比形成良好；四是大樱桃的陆地种植有所突破。

③十大主体技术落实到位率较高。一是红枣春季病虫害防控工作做得比较全面扎实，机械化喷施石硫合剂1~2遍，效果较好，未发生枣瘿蚊等灾害性病虫害；二是苹果、梨等花期授粉工作积极主动，采取蜜蜂授粉为主、人工授粉为辅的方式进行，授粉效果很好，坐果率普遍好于2014年；三是有机肥投入量增加，据各果树主产区师反映，去冬今春增施有机肥普遍多于2014年，统计显示三师、一师2015年投入有机肥比2014年分别增加60%和50%。

④公司化运作稳步深入推进。各地在原有公司化运作的基础上，不断完善公司化运作体制机制，如建立“公司+团场+职工”的更加紧密的合作关系、建立科学合理的效益分配机制、多元化股权机制等，这为兵团园艺业健康持续发展进一步奠定良好的基础。

⑤各地均出台了一些扶持特色林果业发展的好政策，一是兵团2015年不断整合涉农资金向特色林果业倾斜；二是各师不同程度地拿出一定资金给予扶持如建立专项发展资金、贷款贴息等。

【退耕还林工程特色林果业】

发展概况 兵团2008~2015年在南疆(一、二、三、十四师)、边境及贫困团场(四、五、九、十、十三师)、天山北坡经济带(六、七、八、十二师及其他)3个项目区建设完成基本口粮田改造38.3万亩，配套101.04万亩退耕地灌溉设施；新建特色果品基地50.78万亩，建设养殖小区69个，新增林下经济作物16.51万亩；技能培训11.8万人次；补植补造47.5万亩。2011年，兵团根据退耕还林多为生态林的实际情况和农业结构调整的需要，对上述规划进行了变更调整，重点加强了特色林果基地的建设，规划2011～2015年建设果品基地101.5万亩、标准园25万亩、配套采后处理设施21处。

三大效益 ①生态效益显著。2008～2015年新增造林建园204万亩，完成补植补造47.5万亩，增加森林覆被率2.7个百分点，局部环境恶化的趋势在一定程度上得到遏制，生产、生活环境有所改善，基本上达到了设计效果；退耕还林区的荒漠化、水土流失情况有所缓解，宜林荒山荒地造林区植被明显改善；部分流动沙丘得到基本固定，其内侧的居民点、农田得到一定程度的保护，在一定程度上减弱了各种灾害造成的影响。

②社会效益显著。2008～2015年新增果园204万亩、新增固定就业13余万人、临时就业30多万人，职工队伍进一步扩大，对于履行好屯垦戍边使命具备十分重要的现实意义。

③经济效益显著。2015年实现果品产量351万吨，比2007年增长4倍多，实现产值243亿元，比2007年翻了3.5番，占农业总产值的比重也由2007年6.3%提高到2015年的32.8%，增长了近26.5个百分点；亩纯收入2000元以上特色林果面积比2007年增长4.5倍多，特色林果业已经成为兵团继棉花之后又一个重要产业，也成为兵团职工增收的重要途径。

主要做法 ①认真履行分工责任制。根据《兵团发改委、林业局、财务局、水利局等关于巩固退耕还林成果职责任务分工管理办法》，林业局认真履行退耕还林后特色林果基地建设的分工任务职责。

一是每年认真筛选落实特色林果基地有关建设项目，保证了各有关项目落得实、干得好、富有成效。二是加强指导，每年组织有关专家对项目建设重点师、团场和重点项目进行现场指导，如标准园建设和采后处理设施建设等，邀请国内知名权威专家进行指导，对提升标准园和葡萄冷链建设水平起到十分重要的作用。三是加强监督检查，每年对项目重点师、团场和企业特色林果基地建设项目进行监督检查，除少部分采后处理项目因实施程序多正在建以外，其他都已完成。

②实行项目管理。一是根据兵团《“十二五”特色林果业发展规划》，项目向优势区域倾斜，重点是第一、二、三、十四师，变资源优势为经济优势。二是根据项目管理的要求，项目实行自下而上申报，经兵团农业局(林业局)初选、联席会议复选、兵团会议三选后，报兵团批准下达执行。三是批准的项目由项目实施单位编制实施方案，师林业局会同发改委、财务局及有关部门、专家进行审定，审定通过后已实施。四是大宗农资和重大工程均实行招投标，使工程建设规范化，如新建园种苗采购由师实行统采，采后处理设施建设均实行招投标，既节约了建设成本，又净化了工程实施的政治风气。五是实行检查验收制度，特色林果基地建设项目实施完成后均进行了检查验收程序方式，师全面检查，兵团抽查，比例为20%。

③大力推行先进适用技术。一是推行红枣直播建园技术，兵团红枣面积迅速扩大。二是全面推行特色林果业十大主体技术。重点推广运用果树人工授粉、疏花疏果、生物防治、果品套袋和节水灌溉等6项适用技术。三是开展先进适用技术试验示范。在特色林果基地建设中进行了葡萄“厂”字形整枝技术、苹果“三优”栽培技术、香梨和核桃密植省力优质高效栽培技术、荒漠节水造林技术、果品采后处理技术等先进技术的示范，有力推动了后续产业的快速健康发展。

④改善管理方式，支持龙头企业。积极推进“团场建园、职工承包管理、公司化运作”的特色林果基地经营管理运行模式，确保了特色林果业健康可持续发展。2008～2015年新建园及标准园建设均由团场投资建设，职工实行定额按标准进行管理，其生产的果品全部由师龙头企业收购销售，实行产、供、销一体化。

⑤加大投资力度。2008～2015年兵团、师两级加大特色林果基地建设的投资力度。兵团提高了新建园及标准园建设补助标准，新建园及标准园建设由原来的每亩补助300元提高到每亩补助600元和1000元；各师也程度不同地给予积极支持。采后处理设施建设资金分配方案由原来分散性调整为集中性，重点加大兵团、师、团场知名龙头企业的加工能力建设，收到较好的效果。

（罗　毅）

林产品主产地及产量

PRINCIPAL PRODUCTION COUNTIES AND OUTPUT FOR FOREST PRODUCTS

表 1-1 原木主产地产量 (续) (续)

序号	原木主产地	万立方米
1	大兴区(京)	3.48
2	塞罕坝机械林场(冀)	12.39
3	木栏围场国营林场(冀)	7.69
4	围场满族蒙古族自治县(冀)	5.02
5	平泉县(冀)	2.51
6	丰宁满族自治县(冀)	2.02
7	承德县(冀)	1.07
8	怀安县(冀)	0.92
9	滦 县(冀)	0.80
10	迁安市(冀)	0.75
11	滦平县(冀)	0.70
12	兴隆县(冀)	0.61
13	遵化市(冀)	0.56
14	唐 县(冀)	0.53
15	冀州市(冀)	0.50
16	忻府区(晋)	0.50
17	科尔沁左翼后旗(蒙)	6.25
18	阿鲁科尔沁旗(蒙)	6.10
19	巴林左旗(蒙)	4.20
20	敖汉旗(蒙)	3.09
21	开鲁县(蒙)	3.00
22	奈曼旗(蒙)	3.00
23	松山区(蒙)	2.61
24	喀喇沁旗(蒙)	2.34
25	翁牛特旗(蒙)	2.20
26	库伦旗(蒙)	2.05
27	科尔沁左翼中旗(蒙)	2.01
28	牙克石市(蒙)	1.72
29	巴林右旗(蒙)	1.70
30	扎鲁特旗(蒙)	1.57
31	临河区(蒙)	1.50
32	扎赉特旗(蒙)	1.50
33	宁城县(蒙)	1.28
34	五原县(蒙)	1.11
35	杭锦后旗(蒙)	1.10
36	林西县(蒙)	1.05
37	柴河林业局(蒙)	1.00
38	鄂伦春自治旗(蒙)	1.00
39	免渡河林业局(蒙)	0.95
40	突泉县(蒙)	0.80
41	科尔沁右翼中旗(蒙)	0.75
42	乌拉特前旗(蒙)	0.71
43	科尔沁区(蒙)	0.70
44	达拉特旗(蒙)	0.67
45	宽甸满族自治县(辽)	14.00
46	清原满族自治县(辽)	13.00
47	新民市(辽)	10.64
48	昌图县(辽)	9.00
49	新宾满族自治县(辽)	8.00
50	彰武县(辽)	6.60
51	桓仁满族自治县(辽)	6.50
52	抚顺县(辽)	6.00
53	凌海市(辽)	6.00
54	本溪满族自治县(辽)	4.85
55	康平县(辽)	4.53
56	阜新蒙古族自治县(辽)	4.30
57	凌源市(辽)	3.20
58	辽中区(辽)	2.71
59	铁岭县(辽)	2.05
60	西丰县(辽)	2.00
61	南芬区(辽)	1.80
62	法库县(辽)	1.67
63	朝阳县(辽)	1.60
64	岫岩满族自治县(辽)	1.54
65	黑山县(辽)	1.50
66	建昌县(辽)	1.06
67	喀喇沁左翼蒙古族自治县(辽)	1.00
68	建平县(辽)	1.00
69	沈北新区(辽)	0.99
70	灯塔市(辽)	0.83
71	庄河市(辽)	0.80
72	大石桥市(辽)	0.80
73	东港市(辽)	0.80
74	北镇市(辽)	0.68
75	海城市(辽)	0.63
76	义 县(辽)	0.60
77	辽阳县(辽)	0.55
78	明山区(辽)	0.50
79	北票市(辽)	0.50
80	通化县(吉)	12.80
81	农安县(吉)	10.69
82	和龙林业局(吉)	10.18
83	汪清县(吉)	9.26
84	敦化市(吉)	9.03
85	镇赉县(吉)	8.59
86	敦化林业局(吉)	8.30
87	公主岭市(吉)	7.10
88	蛟河市(吉)	6.95
89	通榆县(吉)	6.70
90	榆树市(吉)	6.52
91	大石头林业局(吉)	6.14
92	和龙市(吉)	6.07
93	八家子林业局(吉)	6.07
94	集安市(吉)	6.03
95	德惠市(吉)	6.00
96	白河林业局(吉)	5.73
97	东丰县(吉)	5.38
98	汪清林业局(吉)	5.18
99	梨树县(吉)	5.10
100	永吉县(吉)	5.00
101	舒兰市(吉)	4.90
102	天桥岭林业局(吉)	4.20
103	柳河县(吉)	4.05
104	磐石市(吉)	3.94
105	黄泥河林业局(吉)	3.91
106	桦甸市(吉)	3.73
107	安图森林经营局(吉)	3.02
108	上营森林经营局(吉)	3.00
109	长白朝鲜族自治县(吉)	2.80
110	大兴沟林业局(吉)	2.68
111	珲春林业局(吉)	2.68
112	辉南县(吉)	2.58
113	丰满区(吉)	2.50
114	龙井市(吉)	2.23
115	九台市(吉)	2.00
116	珲春市(吉)	1.91
117	蛟河实验局(吉)	1.87
118	东辽县(吉)	1.74
119	东昌区(吉)	1.50
120	临江市(吉)	1.40
121	双阳区(吉)	1.35
122	长岭县(吉)	1.30
123	延吉市(吉)	1.23
124	江源区(吉)	1.12
125	图们市(吉)	0.96
126	洮南市(吉)	0.92
127	白山市市辖区(吉)	0.82
128	辉南森林经营局(吉)	0.75
129	乾安县(吉)	0.70
130	双辽市(吉)	0.65
131	洮北区(吉)	0.50
132	五常市(黑)	7.40
133	鹤岗市市辖区(黑)	5.82
134	讷河市(黑)	5.00
135	依兰县(黑)	4.70

（续）

序号	原木主产地	万立方米
136	龙江县(黑)	4.50
137	鸡东县(黑)	4.30
138	北林区(黑)	3.75
139	庆安国有林场管理局(黑)	3.58
140	双城市(黑)	3.53
141	萝北县(黑)	3.45
142	宾　县(黑)	3.30
143	肇源县(黑)	3.21
144	宝清县(黑)	3.18
145	克东县(黑)	3.05
146	林口县(黑)	2.80
147	转山实验林场(黑)	2.60
148	汤原县(黑)	2.50
149	孟家岗林场(黑)	2.37
150	桦南县(黑)	2.30
151	绥棱县(黑)	2.19
152	丹清河实验林场(黑)	2.06
153	肇东市(黑)	2.00
154	阿城区(黑)	1.90
155	延寿县(黑)	1.70
156	望奎县(黑)	1.70
157	巴彦县(黑)	1.65
158	七台河市市辖区(黑)	1.54
159	木兰县(黑)	1.50
160	方正县(黑)	1.50
161	林甸县(黑)	1.38
162	杜尔伯特蒙古族自治县(黑)	1.32
163	安达市(黑)	1.30
164	通河县(黑)	1.11
165	虎林市(黑)	1.10
166	山河实验林场(黑)	1.03
167	明水县(黑)	1.00
168	勃利县(黑)	1.00
169	新兴区(黑)	1.00
170	海林市(黑)	1.00
171	兰西县(黑)	1.00
172	肇州县(黑)	0.78
173	庆安县(黑)	0.70
174	佳木斯市郊区(黑)	0.57
175	绥滨县(黑)	0.55
176	依安县(黑)	0.50
177	克山县(黑)	0.50
178	宿城区(苏)	9.18
179	六合区(苏)	8.51
180	邗江区(苏)	6.99

（续）

序号	原木主产地	万立方米
181	宝应县(苏)	6.80
182	新沂市(苏)	6.00
183	大丰区(苏)	5.75
184	响水县(苏)	5.37
185	东台市(苏)	5.12
186	丰　县(苏)	4.50
187	泗洪县(苏)	4.42
188	邳州市(苏)	4.15
189	泗阳县(苏)	3.99
190	沛　县(苏)	3.20
191	沭阳县(苏)	2.98
192	灌云县(苏)	2.80
193	淮安区(苏)	2.72
194	睢宁县(苏)	2.58
195	阜宁县(苏)	2.56
196	金湖县(苏)	2.49
197	盱眙县(苏)	2.40
198	滨海县(苏)	2.19
199	东海县(苏)	2.03
200	洪泽县(苏)	2.00
201	涟水县(苏)	1.70
202	建湖县(苏)	1.65
203	赣榆区(苏)	1.64
204	海州区(苏)	1.56
205	淮阴区(苏)	1.50
206	射阳县(苏)	1.49
207	丹阳市(苏)	1.44
208	铜山区(苏)	1.39
209	高邮市(苏)	1.30
210	贾汪区(苏)	0.95
211	灌南县(苏)	0.93
212	江都区(苏)	0.87
213	龙泉市(浙)	19.00
214	开化县(浙)	9.30
215	临安市(浙)	8.35
216	庆元县(浙)	8.02
217	建德市(浙)	5.78
218	淳安县(浙)	5.61
219	临海市(浙)	3.02
220	桐庐县(浙)	2.70
221	仙居县(浙)	2.65
222	浦江县(浙)	2.52
223	云和县(浙)	2.28
224	天台县(浙)	2.07
225	缙云县(浙)	2.00

（续）

序号	原木主产地	万立方米
226	婺城区(浙)	1.97
227	磐安县(浙)	1.94
228	常山县(浙)	1.64
229	诸暨市(浙)	1.35
230	安吉县(浙)	1.33
231	龙游县(浙)	1.28
232	衢江区(浙)	1.10
233	莲都区(浙)	1.02
234	永康市(浙)	0.93
235	黄岩区(浙)	0.86
236	长兴县(浙)	0.76
237	青田县(浙)	0.72
238	嵊州市(浙)	0.71
239	泰顺县(浙)	0.70
240	余杭区(浙)	0.66
241	宁海县(浙)	0.61
242	兰溪市(浙)	0.54
243	东阳市(浙)	0.50
244	祁门县(皖)	22.88
245	东至县(皖)	13.66
246	萧　县(皖)	11.45
247	休宁县(皖)	10.87
248	埇桥区(皖)	10.86
249	潜山县(皖)	10.17
250	泾　县(皖)	10.00
251	灵璧县(皖)	9.76
252	涡阳县(皖)	9.60
253	泗　县(皖)	9.02
254	太和县(皖)	8.60
255	太湖县(皖)	8.17
256	旌德县(皖)	7.29
257	宣州区(皖)	7.16
258	颍上县(皖)	6.90
259	南谯区(皖)	6.90
260	阜南县(皖)	6.26
261	金寨县(皖)	5.80
262	黄山区(皖)	5.80
263	利辛县(皖)	5.69
264	青阳县(皖)	5.40
265	砀山县(皖)	5.31
266	固镇县(皖)	5.29
267	五河县(皖)	5.00
268	寿　县(皖)	4.20
269	霍山县(皖)	4.00
270	宿松县(皖)	3.91

(续)

序号	原木主产地	万立方米
271	石台县(皖)	3.60
272	黟　县(皖)	3.53
273	濉溪县(皖)	3.50
274	界首市(皖)	3.20
275	颍东区(皖)	3.09
276	怀远县(皖)	3.00
277	颍泉区(皖)	2.90
278	宁国市(皖)	2.62
279	明光市(皖)	2.56
280	南陵县(皖)	2.56
281	滁州市管店林业总场(皖)	2.50
282	绩溪县(皖)	2.50
283	无为县(皖)	2.21
284	桐城市(皖)	2.00
285	滁州市沙河集林业总场(皖)	1.70
286	全椒县(皖)	1.67
287	岳西县(皖)	1.50
288	定远县(皖)	1.46
289	怀宁县(皖)	1.07
290	和　县(皖)	1.00
291	烈山区(皖)	1.00
292	肥东县(皖)	1.00
293	舒城县(皖)	0.95
294	凤阳县(皖)	0.90
295	繁昌县(皖)	0.70
296	金安区(皖)	0.68
297	凤台县(皖)	0.67
298	徽州区(皖)	0.65
299	杜集区(皖)	0.53
300	大观区(皖)	0.50
301	肥西县(皖)	0.50
302	遂川县(赣)	19.50
303	崇义县(赣)	18.29
304	安福县(赣)	13.34
305	永丰县(赣)	8.00
306	信丰县(赣)	7.65
307	永新县(赣)	7.60
308	吉水县(赣)	7.32
309	大余县(赣)	6.22
310	浮梁县(赣)	5.10
311	靖安县(赣)	4.90
312	泰和县(赣)	4.50
313	铜鼓县(赣)	4.34
314	全南县(赣)	4.08
315	新干县(赣)	4.03

(续)

序号	原木主产地	万立方米
316	峡江县(赣)	3.54
317	万安县(赣)	3.52
318	青原区(赣)	3.40
319	吉安县(赣)	3.30
320	瑞金市(赣)	3.20
321	丰城市(赣)	3.00
322	资溪县(赣)	2.89
323	安远县(赣)	2.86
324	婺源县(赣)	2.84
325	彭泽县(赣)	2.73
326	德兴市(赣)	2.62
327	宜黄县(赣)	2.49
328	石城县(赣)	2.38
329	井冈山市(赣)	2.38
330	万载县(赣)	2.37
331	会昌县(赣)	2.21
332	南康市(赣)	2.05
333	高安市(赣)	2.05
334	分宜县(赣)	1.81
335	临川区(赣)	1.80
336	于都县(赣)	1.75
337	龙南县(赣)	1.35
338	永修县(赣)	1.30
339	定南县(赣)	1.29
340	德安县(赣)	1.27
341	上犹县(赣)	1.26
342	贵溪市(赣)	1.23
343	南城县(赣)	1.02
344	袁州区(赣)	1.00
345	鄱阳县(赣)	0.97
346	赣　县(赣)	0.90
347	都昌县(赣)	0.89
348	寻乌县(赣)	0.87
349	余江县(赣)	0.78
350	东乡县(赣)	0.75
351	兴国县(赣)	0.66
352	宁都县(赣)	0.60
353	安义县(赣)	0.56
354	瑞昌市(赣)	0.53
355	渝水区(赣)	0.53
356	玉山县(赣)	0.50
357	乐安县(赣)	0.50
358	高密市(鲁)	6.25
359	东阿县(鲁)	5.70
360	诸城市(鲁)	5.51

(续)

序号	原木主产地	万立方米
361	费　县(鲁)	5.10
362	平邑县(鲁)	4.80
363	宁阳县(鲁)	4.25
364	东平县(鲁)	4.25
365	高青县(鲁)	3.90
366	陵　县(鲁)	3.72
367	邹平县(鲁)	3.70
368	莒南县(鲁)	3.60
369	肥城市(鲁)	3.56
370	乐陵市(鲁)	3.30
371	沂水县(鲁)	3.00
372	广饶县(鲁)	2.91
373	临沭县(鲁)	2.60
374	武城县(鲁)	2.52
375	安丘市(鲁)	2.40
376	冠　县(鲁)	2.30
377	兰陵县(鲁)	2.30
378	新泰市(鲁)	2.19
379	兖州市(鲁)	2.18
380	沂南县(鲁)	2.08
381	章丘市(鲁)	2.00
382	长清区(鲁)	1.95
383	东昌府区(鲁)	1.92
384	博兴县(鲁)	1.82
385	阳谷县(鲁)	1.80
386	邹城市(鲁)	1.68
387	昌乐县(鲁)	1.60
388	高唐县(鲁)	1.56
389	兰山区(鲁)	1.55
390	济阳县(鲁)	1.54
391	青州市(鲁)	1.49
392	昌邑市(鲁)	1.42
393	临清市(鲁)	1.40
394	德城区(鲁)	1.40
395	临沂市蒙山旅游区(鲁)	1.35
396	莱阳市(鲁)	1.20
397	茌平县(鲁)	1.15
398	岱岳区(鲁)	1.10
399	沂源县(鲁)	1.05
400	微山县(鲁)	1.03
401	临朐县(鲁)	1.02
402	淄川区(鲁)	0.98
403	齐河县(鲁)	0.95
404	潍坊市峡山区(鲁)	0.92
405	莘　县(鲁)	0.90

（续）

序号	原木主产地	万立方米
406	利津县(鲁)	0.86
407	任城区(鲁)	0.79
408	文登市(鲁)	0.75
409	泗水县(鲁)	0.73
410	临淄区(鲁)	0.60
411	桓台县(鲁)	0.60
412	夏津县(鲁)	0.56
413	莱州市(鲁)	0.51
414	博山区(鲁)	0.50
415	永城市(豫)	8.38
416	夏邑县(豫)	7.50
417	太康县(豫)	6.00
418	内黄县(豫)	5.40
419	扶沟县(豫)	5.10
420	兰考县(豫)	4.90
421	西华县(豫)	4.50
422	郸城县(豫)	4.40
423	栾川县(豫)	4.30
424	商水县(豫)	4.13
425	固始县(豫)	4.10
426	睢　县(豫)	3.90
427	原阳县(豫)	3.74
428	内乡县(豫)	3.40
429	项城市(豫)	3.30
430	方城县(豫)	3.03
431	宁陵县(豫)	2.98
432	许昌县(豫)	2.80
433	柘城县(豫)	2.76
434	长垣县(豫)	2.60
435	商城县(豫)	2.60
436	通许县(豫)	2.47
437	睢阳区(豫)	2.45
438	西平县(豫)	2.34
439	新蔡县(豫)	2.32
440	民权县(豫)	2.30
441	辉县市(豫)	2.20
442	开封县(豫)	2.10
443	驿城区(豫)	1.93
444	洛宁县(豫)	1.87
445	泌阳县(豫)	1.87
446	遂平县(豫)	1.85
447	潢川县(豫)	1.82
448	嵩　县(豫)	1.80
449	禹州市(豫)	1.70
450	上蔡县(豫)	1.68

（续）

序号	原木主产地	万立方米
451	确山县(豫)	1.63
452	汝南县(豫)	1.57
453	正阳县(豫)	1.49
454	梁园区(豫)	1.44
455	罗山县(豫)	1.43
456	博爱县(豫)	1.35
457	新安县(豫)	1.30
458	郏　县(豫)	1.28
459	灵宝市(豫)	1.25
460	封丘县(豫)	1.24
461	伊川县(豫)	1.20
462	临颍县(豫)	1.18
463	郾城区(豫)	1.07
464	滑　县(豫)	1.05
465	新　县(豫)	1.03
466	卢氏县(豫)	1.02
467	桐柏县(豫)	1.02
468	邓州市(豫)	1.00
469	淅川县(豫)	1.00
470	修武县(豫)	0.97
471	宝丰县(豫)	0.96
472	陕　县(豫)	0.94
473	获嘉县(豫)	0.93
474	汝州市(豫)	0.93
475	延津县(豫)	0.93
476	武陟县(豫)	0.91
477	宜阳县(豫)	0.89
478	光山县(豫)	0.85
479	舞钢市(豫)	0.83
480	襄城县(豫)	0.81
481	卫辉市(豫)	0.75
482	平桥区(豫)	0.73
483	汤阴县(豫)	0.68
484	安阳县(豫)	0.66
485	南召县(豫)	0.66
486	林州市(豫)	0.60
487	新乡县(豫)	0.60
488	川汇区(豫)	0.58
489	浉河区(豫)	0.58
490	孟津县(豫)	0.58
491	召陵区(豫)	0.57
492	淮阳县(豫)	0.56
493	新野县(豫)	0.55
494	济源市(豫)	0.54
495	石首市(鄂)	12.60

（续）

序号	原木主产地	万立方米
496	仙桃市(鄂)	10.20
497	监利县(鄂)	10.00
498	洪湖市(鄂)	8.20
499	南漳县(鄂)	8.10
500	公安县(鄂)	5.90
501	咸安区(鄂)	5.15
502	潜江市(鄂)	4.20
503	京山县(鄂)	3.89
504	枣阳市(鄂)	3.75
505	浠水县(鄂)	3.72
506	远安县(鄂)	3.68
507	谷城县(鄂)	3.66
508	当阳市(鄂)	3.47
509	松滋市(鄂)	3.40
510	房　县(鄂)	3.20
511	嘉鱼县(鄂)	3.20
512	随　县(鄂)	3.10
513	荆州区(鄂)	2.94
514	襄州区(鄂)	2.90
515	江陵县(鄂)	2.90
516	五峰土家族自治县(鄂)	2.70
517	沙市区(鄂)	2.70
518	宜城市(鄂)	2.20
519	蕲春县(鄂)	2.12
520	罗田县(鄂)	1.90
521	建始县(鄂)	1.75
522	钟祥市(鄂)	1.60
523	安陆市(鄂)	1.50
524	咸丰县(鄂)	1.46
525	英山县(鄂)	1.21
526	襄城区(鄂)	1.20
527	广水市(鄂)	1.20
528	云梦县(鄂)	1.20
529	夷陵区(鄂)	1.20
530	来凤县(鄂)	1.16
531	蔡甸区(鄂)	1.14
532	利川市(鄂)	0.93
533	樊城区(鄂)	0.91
534	新洲区(鄂)	0.81
535	红安县(鄂)	0.80
536	秭归县(鄂)	0.79
537	麻城市(鄂)	0.78
538	宜都市(鄂)	0.78
539	恩施市(鄂)	0.75
540	黄州区(鄂)	0.63

(续)

序号	原木主产地	万立方米
541	保康县(鄂)	0.60
542	孝南区(鄂)	0.60
543	张湾区(鄂)	0.50
544	屈家岭管理区(鄂)	0.50
545	丹江口市(鄂)	0.50
546	应城市(鄂)	0.50
547	绥宁县(湘)	14.30
548	安化县(湘)	8.00
549	宁乡县(湘)	7.20
550	炎陵县(湘)	6.50
551	浏阳市(湘)	6.27
552	鼎城区(湘)	6.10
553	双牌县(湘)	6.02
554	城步苗族自治县(湘)	5.68
555	洞口县(湘)	5.66
556	平江县(湘)	5.49
557	澧　县(湘)	5.40
558	汝城县(湘)	5.17
559	醴陵市(湘)	4.63
560	会同县(湘)	4.60
561	桑植县(湘)	4.35
562	桂东县(湘)	4.00
563	资阳区(湘)	3.80
564	通道侗族自治县(湘)	3.72
565	金洞林场(湘)	3.60
566	江永县(湘)	3.50
567	桃源县(湘)	3.50
568	资兴市(湘)	3.48
569	南　县(湘)	3.38
570	慈利县(湘)	3.21
571	沅江市(湘)	3.10
572	新晃侗族自治县(湘)	3.10
573	华容县(湘)	3.09
574	永定区(湘)	3.08
575	武冈市(湘)	3.00
576	靖州苗族侗族自治县(湘)	3.00
577	君山区(湘)	3.00
578	鹤城区(湘)	2.87
579	宜章县(湘)	2.78
580	沅陵县(湘)	2.70
581	湘阴县(湘)	2.50
582	新化县(湘)	2.30
583	蓝山县(湘)	2.17
584	道　县(湘)	2.10
585	溆浦县(湘)	2.06

(续)

序号	原木主产地	万立方米
586	岳麓区(湘)	2.00
587	茶陵县(湘)	1.89
588	江华瑶族自治县(湘)	1.88
589	安仁县(湘)	1.80
590	桂阳县(湘)	1.58
591	攸　县(湘)	1.58
592	汨罗市(湘)	1.55
593	衡东县(湘)	1.50
594	临湘市(湘)	1.50
595	芷江侗族自治县(湘)	1.50
596	冷水滩区(湘)	1.49
597	永兴县(湘)	1.44
598	云溪区(湘)	1.40
599	辰溪县(湘)	1.30
600	洪江市(湘)	1.26
601	祁阳县(湘)	1.25
602	新邵县(湘)	1.20
603	东安县(湘)	1.15
604	隆回县(湘)	1.09
605	新宁县(湘)	1.07
606	新田县(湘)	1.02
607	石门县(湘)	1.00
608	零陵区(湘)	0.90
609	嘉禾县(湘)	0.89
610	常宁市(湘)	0.83
611	耒阳市(湘)	0.80
612	永顺县(湘)	0.80
613	衡南县(湘)	0.78
614	湘乡市(湘)	0.71
615	古丈县(湘)	0.70
616	中方县(湘)	0.66
617	望城县(湘)	0.65
618	苏仙区(湘)	0.60
619	株洲县(湘)	0.55
620	衡阳县(湘)	0.53
621	双峰县(湘)	0.53
622	衡山县(湘)	0.51
623	娄星区(湘)	0.50
624	凤凰县(湘)	0.50
625	怀集县(粤)	48.90
626	紫金县(粤)	34.00
627	高要市(粤)	26.57
628	广宁县(粤)	24.24
629	封开县(粤)	22.54
630	翁源县(粤)	22.20

(续)

序号	原木主产地	万立方米
631	东源县(粤)	22.00
632	鹤山市(粤)	18.56
633	高明区(粤)	17.65
634	台山市(粤)	17.34
635	博罗县(粤)	15.60
636	开平市(粤)	14.83
637	西江林业局(粤)	13.73
638	清新县(粤)	12.50
639	五华县(粤)	12.41
640	新兴县(粤)	12.18
641	英德市(粤)	11.62
642	佛冈县(粤)	11.00
643	清城区(粤)	10.60
644	增城市(粤)	10.21
645	肇庆市林业总场(粤)	8.57
646	仁化县(粤)	8.40
647	新丰县(粤)	8.35
648	四会市(粤)	8.18
649	从化市(粤)	7.70
650	恩平市(粤)	7.31
651	惠东县(粤)	7.10
652	新会区(粤)	6.50
653	连州市(粤)	6.34
654	梅　县(粤)	6.30
655	雷州市(粤)	6.19
656	云安县(粤)	5.92
657	郁南县(粤)	5.80
658	徐闻县(粤)	5.68
659	廉江市(粤)	5.36
660	清远市属总林场(粤)	5.30
661	信宜市(粤)	5.24
662	武江区(粤)	5.18
663	饶平县(粤)	5.10
664	丰顺县(粤)	4.98
665	兴宁市(粤)	4.55
666	化州市(粤)	4.44
667	云城区(粤)	4.20
668	吴川市(粤)	4.20
669	乐昌市(粤)	3.80
670	罗定市(粤)	3.55
671	连山壮族瑶族自治县(粤)	3.40
672	和平县(粤)	3.30
673	连平县(粤)	3.21
674	南雄市(粤)	3.15
675	遂溪县(粤)	3.12

（续）

序号	原木主产地	万立方米
676	阳东县(粤)	3.01
677	高州市(粤)	3.00
678	惠城区(粤)	3.00
679	阳西县(粤)	2.90
680	阳山县(粤)	2.80
681	龙川县(粤)	2.80
682	茂名市属总林场(粤)	2.63
683	连南瑶族自治县(粤)	2.32
684	揭东区(粤)	2.10
685	花都区(粤)	1.90
686	大埔县(粤)	1.70
687	电白区(粤)	1.58
688	蓬江区(粤)	1.53
689	东江林场(粤)	1.48
690	新丰江林管局(粤)	1.46
691	平远县(粤)	1.44
692	连山林场(粤)	1.27
693	普宁市(粤)	1.27
694	鼎湖区(粤)	1.26
695	潮安县(粤)	1.24
696	阳江花滩林场(粤)	1.20
697	九连山林场(粤)	1.11
698	梅江区(粤)	1.07
699	潮州市属总林场(粤)	1.00
700	惠阳区(粤)	1.00
701	江城区(粤)	1.00
702	乐昌林场(粤)	0.98
703	揭西县(粤)	0.90
704	蕉岭县(粤)	0.87
705	陆河县(粤)	0.84
706	天井山林场(粤)	0.81
707	惠州市属总林场(粤)	0.70
708	樟木头林场(粤)	0.55
709	灵山县(桂)	51.50
710	环江毛南族自治县(桂)	46.00
711	桂平市(桂)	44.98
712	横　县(桂)	41.60
713	象州县(桂)	39.17
714	鹿寨县(桂)	38.20
715	武宣县(桂)	37.31
716	田林县(桂)	36.59
717	合浦县(桂)	36.50
718	右江区(桂)	35.00
719	八步区(桂)	33.40
720	宁明县(桂)	31.00
721	容　县(桂)	30.96
722	武鸣县(桂)	30.60
723	陆川县(桂)	30.00
724	浦北县(桂)	26.80
725	西林县(桂)	25.35
726	岑溪市(桂)	24.50
727	苍梧县(桂)	23.70
728	天峨县(桂)	23.69
729	昭平县(桂)	23.02
730	钦南区(桂)	21.84
731	融水苗族自治县(桂)	21.00
732	钦北区(桂)	19.27
733	融安县(桂)	19.00
734	钦廉林场(桂)	15.90
735	港北区(桂)	15.71
736	良庆区(桂)	15.65
737	派阳山林场(桂)	15.21
738	博白林场(桂)	15.09
739	柳江县(桂)	14.78
740	覃塘区(桂)	14.00
741	七坡林场(桂)	13.78
742	江州区(桂)	13.14
743	罗城仫佬族自治县(桂)	12.70
744	隆林各族自治县(桂)	12.22
745	凤山县(桂)	12.04
746	玉林市福绵区(桂)	12.00
747	田东县(桂)	10.70
748	南丹县(桂)	10.48
749	资源县(桂)	10.30
750	防城区(桂)	10.22
751	兴安县(桂)	10.00
752	凌云县(桂)	9.21
753	金秀瑶族自治县(桂)	8.77
754	东门林场(桂)	8.67
755	那坡县(桂)	8.44
756	灵川县(桂)	8.40
757	黄冕林场(桂)	8.26
758	乐业县(桂)	8.20
759	合山市(桂)	8.06
760	三门江林场(桂)	7.95
761	龙胜各族自治县(桂)	7.79
762	富川瑶族自治县(桂)	7.50
763	荔浦县(桂)	7.07
764	巴马瑶族自治县(桂)	6.94
765	江南区(桂)	6.00
766	钟山县(桂)	5.80
767	金城江区(桂)	5.24
768	全州县(桂)	4.53
769	凭祥市(桂)	4.46
770	东兰县(桂)	4.40
771	临桂县(桂)	2.98
772	靖西县(桂)	2.80
773	灌阳县(桂)	2.74
774	都安瑶族自治县(桂)	2.57
775	铁山港区(桂)	2.33
776	平乐县(桂)	2.12
777	恭城瑶族自治县(桂)	1.65
778	博白县(桂)	1.52
779	银海区(桂)	0.85
780	大化瑶族自治县(桂)	0.84
781	平南县(桂)	0.60
782	丰都县(渝)	2.48
783	梁平县(渝)	2.10
784	南川区(渝)	1.45
785	涪陵区(渝)	1.34
786	石柱土家族自治县(渝)	1.25
787	彭水苗族土家族自治县(渝)	1.20
788	荣昌县(渝)	1.04
789	潼南县(渝)	1.00
790	江津区(渝)	1.00
791	忠　县(渝)	0.91
792	黔江区(渝)	0.86
793	巫溪县(渝)	0.78
794	城口县(渝)	0.72
795	长寿区(渝)	0.60
796	巫山县(渝)	0.50
797	宣汉县(川)	7.82
798	屏山县(川)	5.28
799	安　县(川)	5.10
800	雨城区(川)	5.05
801	南部县(川)	4.98
802	梓潼县(川)	4.80
803	邛崃市(川)	4.72
804	洪雅县(川)	4.65
805	古蔺县(川)	4.50
806	宝兴县(川)	4.25
807	平武县(川)	3.89
808	叙永县(川)	3.83
809	绵竹市(川)	3.22
810	三台县(川)	3.15

(续)

序号	原木主产地	万立方米
811	沙湾区(川)	3.01
812	旺苍县(川)	3.01
813	夹江县(川)	3.00
814	荣　县(川)	2.70
815	天全县(川)	2.65
816	荥经县(川)	2.51
817	合江县(川)	2.50
818	苍溪县(川)	2.35
819	沐川县(川)	2.32
820	崇州市(川)	2.30
821	昭化区(川)	2.30
822	什邡市(川)	2.22
823	马边彝族自治县(川)	2.09
824	江油市(川)	1.85
825	朝天区(川)	1.84
826	筠连县(川)	1.71
827	峨眉山市(川)	1.62
828	盐源县(川)	1.60
829	仪陇县(川)	1.60
830	北川羌族自治县(川)	1.50
831	宜宾县(川)	1.50
832	彭州市(川)	1.44
833	东坡区(川)	1.40
834	会理县(川)	1.40
835	彭山县(川)	1.39
836	中江县(川)	1.38
837	犍为县(川)	1.31
838	平昌县(川)	1.29
839	名山县(川)	1.20
840	西昌市(川)	1.20
841	船山区(川)	1.20
842	丹棱县(川)	1.18
843	巴州区(川)	1.18
844	威远县(川)	1.17
845	剑阁县(川)	1.15
846	达川区(川)	1.05
847	通江县(川)	1.03
848	炉霍县(川)	0.98
849	泸　县(川)	0.96
850	恩阳区(川)	0.91
851	高　县(川)	0.88
852	珙　县(川)	0.86
853	阆中市(川)	0.85
854	布拖县(川)	0.85
855	雅江县(川)	0.83

(续)

序号	原木主产地	万立方米
856	利州区(川)	0.81
857	大竹县(川)	0.80
858	峨边彝族自治县(川)	0.78
859	简阳市(川)	0.78
860	双流县(川)	0.77
861	五通桥区(川)	0.71
862	游仙区(川)	0.68
863	万源市(川)	0.66
864	蓬安县(川)	0.65
865	青神县(川)	0.62
866	南江县(川)	0.61
867	大英县(川)	0.60
868	仁寿县(川)	0.60
869	长宁县(川)	0.58
870	隆昌县(川)	0.56
871	雁江区(川)	0.53
872	乐至县(川)	0.50
873	石棉县(川)	0.50
874	册亨县(黔)	18.27
875	榕江县(黔)	14.70
876	三都水族自治县(黔)	8.90
877	独山县(黔)	5.00
878	兴仁县(黔)	3.30
879	赤水市(黔)	3.00
880	德江县(黔)	2.90
881	紫云苗族布依族自治县(黔)	2.08
882	望谟县(黔)	2.05
883	兴义市(黔)	2.00
884	长顺县(黔)	2.00
885	盘　县(黔)	1.69
886	六枝特区(黔)	1.50
887	平坝县(黔)	1.50
888	龙里县(黔)	1.25
889	开阳县(黔)	1.22
890	桐梓县(黔)	1.03
891	江口县(黔)	1.00
892	普安县(黔)	0.98
893	思南县(黔)	0.90
894	道真仡佬族苗族自治县(黔)	0.89
895	沿河土家族自治县(黔)	0.87
896	荔波县(黔)	0.83
897	贞丰县(黔)	0.77
898	赫章县(黔)	0.75
899	黔西县(黔)	0.74
900	息烽县(黔)	0.71

(续)

序号	原木主产地	万立方米
901	金沙县(黔)	0.65
902	织金县(黔)	0.60
903	都匀市(黔)	0.56
904	水城县(黔)	0.54
905	百里杜鹃管理区(黔)	0.50
906	景谷傣族彝族自治县(滇)	65.00
907	腾冲县(滇)	20.50
908	盈江县(滇)	15.17
909	景洪市(滇)	14.75
910	澜沧拉祜族自治县(滇)	13.74
911	富宁县(滇)	13.01
912	勐腊县(滇)	12.56
913	宁洱哈尼族彝族自治县(滇)	12.46
914	芒　市(滇)	10.45
915	镇沅彝族哈尼族拉祜族自治县(滇)	9.82
916	马关县(滇)	9.03
917	墨江哈尼族自治县(滇)	8.06
918	思茅区(滇)	6.00
919	景东彝族自治县(滇)	5.53
920	镇康县(滇)	5.51
921	麻栗坡县(滇)	5.10
922	广南县(滇)	5.09
923	瑞丽市(滇)	5.08
924	元阳县(滇)	4.82
925	双柏县(滇)	3.68
926	陇川县(滇)	3.62
927	梁河县(滇)	3.50
928	楚雄市(滇)	3.29
929	耿马傣族佤族自治县(滇)	3.27
930	威信县(滇)	3.00
931	勐海县(滇)	2.60
932	屏边苗族自治县(滇)	2.45
933	维西傈僳族自治县(滇)	2.40
934	隆阳区(滇)	2.27
935	江城哈尼族彝族自治县(滇)	2.21
936	大关县(滇)	1.91
937	沧源佤族自治县(滇)	1.81
938	永仁县(滇)	1.61
939	双江拉祜族佤族布朗族傣族自治县(滇)	1.60
940	蒙自市(滇)	1.53
941	文山市(滇)	1.49
942	峨山彝族自治县(滇)	1.43
943	砚山县(滇)	1.42
944	孟连傣族拉祜族佤族自治县(滇)	1.40
945	建水县(滇)	1.36

（续）

序号	原木主产地	万立方米
946	金平苗族瑶族傣族自治县(滇)	1.32
947	昌宁县(滇)	1.22
948	西盟佤族自治县(滇)	1.21
949	弥勒市(滇)	1.20
950	永善县(滇)	1.17
951	西畴县(滇)	1.14
952	南华县(滇)	1.13
953	绿春县(滇)	1.06
954	临翔区(滇)	1.00
955	个旧市(滇)	0.91
956	丘北县(滇)	0.86
957	宜良县(滇)	0.84
958	祥云县(滇)	0.73
959	石屏县(滇)	0.70
960	巧家县(滇)	0.69
961	镇雄县(滇)	0.68
962	凤庆县(滇)	0.63
963	盐津县(滇)	0.63
964	兰坪白族普米族自治县(滇)	0.58
965	通海县(滇)	0.58
966	易门县(滇)	0.57
967	昭阳区(滇)	0.51
968	边坝县(藏)	1.83
969	芒康县(藏)	1.20
970	洛隆县(藏)	1.09
971	镇巴县(陕)	1.68
972	洋　县(陕)	0.86
973	千阳县(陕)	0.64
974	户　县(陕)	0.62
975	陇　县(陕)	0.60
976	城固县(陕)	0.50
977	肃州区(甘)	1.20
978	高台县(甘)	0.56
979	莎车县(新)	1.89
980	阿克苏市(新)	1.10
981	麦盖提县(新)	0.90
982	库车县(新)	0.88
983	巩留县(新)	0.81
984	叶城县(新)	0.63
985	泽普县(新)	0.58
986	新源县(新)	0.56
987	疏附县(新)	0.56
988	根河林业局(内蒙古森工)	8.14
989	莫尔道嘎林业局(内蒙古森工)	8.13
990	金河林业局(内蒙古森工)	7.45

（续）

序号	原木主产地	万立方米
991	乌尔旗汉林业局(内蒙古森工)	6.36
992	绰尔林业局(内蒙古森工)	6.03
993	满归林业局(内蒙古森工)	5.77
994	阿龙山林业局(内蒙古森工)	4.93
995	阿里河林业局(内蒙古森工)	4.49
996	得耳布尔林业局(内蒙古森工)	3.97
997	甘河林业局(内蒙古森工)	3.90
998	库都尔林业局(内蒙古森工)	3.28
999	克一河林业局(内蒙古森工)	3.00
1000	图里河林业局(内蒙古森工)	2.98
1001	吉文林业局(内蒙古森工)	2.86
1002	绰源林业局(内蒙古森工)	2.74
1003	伊图里河林业局(内蒙古森工)	1.67
1004	红石林业局(吉林森工)	12.32
1005	三岔子林业局(吉林森工)	6.99
1006	松江河林业有限公司(吉林森工)	5.76
1007	临江林业局(吉林森工)	4.56
1008	露水河林业局(吉林森工)	4.09
1009	白石山林业局(吉林森工)	3.60
1010	泉阳林业局(吉林森工)	2.54
1011	湾沟林业局(吉林森工)	1.95
1012	农二师(新疆兵团)	3.35
1013	农四师(新疆兵团)	1.67

表 1-2　锯材主产地产量

序号	锯材主产地	万立方米
1	临漳县(冀)	98.07
2	南和县(冀)	30.82
3	沙河市(冀)	3.70
4	景　县(冀)	3.07
5	丰南区(冀)	3.00
6	藁城区(冀)	2.60
7	永年县(冀)	2.00
8	围场满族蒙古族自治县(冀)	1.50
9	正定县(冀)	1.38
10	灵寿县(冀)	0.85
11	定州市填报用户(冀)	0.71
12	平山县(冀)	0.60
13	兴隆县(冀)	0.57
14	大同县(晋)	0.80
15	方山县(晋)	0.53
16	巴林左旗(蒙)	3.83
17	乌拉特中旗(蒙)	3.00
18	松山区(蒙)	1.90
19	喀喇沁旗(蒙)	1.90

（续）

序号	锯材主产地	万立方米
20	巴林右旗(蒙)	1.60
21	库伦旗(蒙)	1.50
22	扎赉特旗(蒙)	1.50
23	开鲁县(蒙)	1.50
24	奈曼旗(蒙)	1.00
25	额尔古纳市(蒙)	0.89
26	宁城县(蒙)	0.84
27	林西县(蒙)	0.66
28	杭锦后旗(蒙)	0.60
29	顺城区(辽)	49.22
30	桓仁满族自治县(辽)	17.90
31	新宾满族自治县(辽)	10.00
32	昌图县(辽)	7.00
33	海城市(辽)	6.50
34	清原满族自治县(辽)	6.00
35	振安区(辽)	5.00
36	宽甸满族自治县(辽)	5.00
37	凌海市(辽)	4.00
38	新民市(辽)	3.60
39	本溪满族自治县(辽)	3.50
40	东洲区(辽)	3.20
41	义　县(辽)	2.90
42	凌源市(辽)	2.40
43	东港市(辽)	2.00
44	绥中县(辽)	1.40
45	龙城区(辽)	1.35
46	辽宁实验林场(辽)	0.88
47	盖州市(辽)	0.62
48	喀喇沁左翼蒙古族自治县(辽)	0.60
49	抚顺县(辽)	0.52
50	敦化市(吉)	27.70
51	汪清县(吉)	26.08
52	二道区(吉)	13.00
53	抚松县(吉)	9.70
54	辉南县(吉)	9.50
55	通化县(吉)	6.00
56	蛟河市(吉)	5.58
57	昌邑区(吉)	5.50
58	榆树市(吉)	5.45
59	镇赉县(吉)	4.99
60	集安市(吉)	4.73
61	图们市(吉)	4.68
62	公主岭市(吉)	4.19
63	和龙市(吉)	3.35
64	德惠市(吉)	3.00

(续)

序号	锯材主产地	万立方米
65	梨树县(吉)	2.60
66	柳河县(吉)	2.40
67	舒兰市(吉)	2.20
68	龙潭区(吉)	2.10
69	四平市市辖区(吉)	1.60
70	乾安县(吉)	1.40
71	永吉县(吉)	1.40
72	农安县(吉)	1.20
73	双阳区(吉)	1.20
74	丰满区(吉)	1.00
75	九台市(吉)	1.00
76	临江市(吉)	0.89
77	二道江区(吉)	0.83
78	江源区(吉)	0.78
79	龙井市(吉)	0.69
80	白河林业局(吉)	0.68
81	浑江区(吉)	0.64
82	经济开发区(吉)	0.62
83	船营区(吉)	0.55
84	安图森林经营局(吉)	0.51
85	同江市(黑)	80.00
86	宁安市(黑)	26.00
87	富锦市(黑)	25.56
88	爱辉区(黑)	20.00
89	巴彦县(黑)	5.54
90	七台河市市辖区(黑)	5.43
91	庆安国有林场管理局(黑)	5.36
92	讷河市(黑)	3.00
93	木兰县(黑)	2.50
94	鹤岗市市辖区(黑)	2.00
95	林口县(黑)	1.70
96	牡丹江市市本级(黑)	1.65
97	宝清县(黑)	1.56
98	肇东市(黑)	1.20
99	青冈县(黑)	1.13
100	鸡冠区(黑)	1.00
101	鸡西市市辖区(黑)	1.00
102	新兴区(黑)	1.00
103	勃利县(黑)	1.00
104	海林市(黑)	0.80
105	明水县(黑)	0.70
106	双城市(黑)	0.69
107	让胡路区(黑)	0.62
108	汤原县(黑)	0.60
109	依安县(黑)	0.50
110	丰　县(苏)	50.00
111	大丰区(苏)	40.80
112	沭阳县(苏)	29.00
113	东台市(苏)	9.80
114	泗洪县(苏)	7.57
115	吴中区(苏)	5.50
116	沛　县(苏)	4.00
117	宝应县(苏)	3.00
118	通州区(苏)	2.82
119	宿城区(苏)	2.81
120	滨海县(苏)	2.50
121	亭湖区(苏)	2.42
122	常熟市(苏)	2.38
123	阜宁县(苏)	1.89
124	盐都区(苏)	1.85
125	睢宁县(苏)	1.84
126	宿豫区(苏)	1.69
127	江宁区(苏)	1.44
128	涟水县(苏)	1.40
129	金湖县(苏)	1.40
130	泗阳县(苏)	1.35
131	建湖县(苏)	1.34
132	射阳县(苏)	0.97
133	仪征市(苏)	0.76
134	高邮市(苏)	0.75
135	淮安区(苏)	0.70
136	淮阴区(苏)	0.70
137	邗江区(苏)	0.60
138	响水县(苏)	0.59
139	东阳市(浙)	33.50
140	义乌市(浙)	30.86
141	临安市(浙)	16.62
142	桐乡市(浙)	15.90
143	安吉县(浙)	15.44
144	龙泉市(浙)	13.10
145	青田县(浙)	5.21
146	淳安县(浙)	4.94
147	莲都区(浙)	4.35
148	婺城区(浙)	4.06
149	衢江区(浙)	3.50
150	苍南县(浙)	3.17
151	长兴县(浙)	3.10
152	临海市(浙)	2.75
153	龙游县(浙)	2.54
154	建德市(浙)	2.40
155	富阳市(浙)	2.33
156	仙居县(浙)	2.32
157	宁海县(浙)	2.20
158	常山县(浙)	1.86
159	余杭区(浙)	1.30
160	永康市(浙)	1.20
161	天台县(浙)	1.00
162	缙云县(浙)	0.85
163	庆元县(浙)	0.85
164	瑞安市(浙)	0.60
165	秀洲区(浙)	0.52
166	宣州区(皖)	80.00
167	东至县(皖)	41.12
168	天长市(皖)	12.00
169	阜南县(皖)	9.54
170	全椒县(皖)	9.30
171	南陵县(皖)	9.02
172	明光市(皖)	8.15
173	谯城区(皖)	8.00
174	灵璧县(皖)	7.20
175	南谯区(皖)	7.00
176	祁门县(皖)	6.00
177	泾　县(皖)	6.00
178	潜山县(皖)	6.00
179	太和县(皖)	5.60
180	旌德县(皖)	4.65
181	定远县(皖)	4.35
182	颍州区(皖)	3.80
183	黟　县(皖)	3.60
184	濉溪县(皖)	3.30
185	太湖县(皖)	2.76
186	郎溪县(皖)	2.50
187	泗　县(皖)	2.23
188	来安县(皖)	2.20
189	无为县(皖)	2.02
190	五河县(皖)	2.00
191	长丰县(皖)	1.90
192	舒城县(皖)	1.89
193	青阳县(皖)	1.74
194	休宁县(皖)	1.66
195	怀宁县(皖)	1.65
196	宿松县(皖)	1.63
197	义安区(皖)	1.23
198	岳西县(皖)	1.11
199	桐城市(皖)	1.00

（续）

序号	锯材主产地	万立方米
200	霍山县(皖)	1.00
201	和　县(皖)	1.00
202	望江县(皖)	0.96
203	大观区(皖)	0.80
204	六安市叶集区(皖)	0.80
205	绩溪县(皖)	0.70
206	琅琊区(皖)	0.66
207	石台县(皖)	0.60
208	庐江县(皖)	0.59
209	界首市(皖)	0.55
210	长泰县(闽)	28.74
211	秀屿区(闽)	23.33
212	延平区(闽)	19.65
213	龙海市(闽)	12.99
214	芗城区(闽)	12.99
215	永安市(闽)	12.59
216	武夷山市(闽)	11.10
217	建瓯市(闽)	7.95
218	清流县(闽)	6.68
219	诏安县(闽)	6.24
220	漳浦县(闽)	6.22
221	漳平市(闽)	6.17
222	尤溪县(闽)	6.14
223	泰宁县(闽)	6.06
224	沙　县(闽)	4.74
225	宁化县(闽)	4.72
226	闽清县(闽)	4.08
227	德化县(闽)	3.68
228	仙游县(闽)	3.22
229	新罗区(闽)	3.16
230	长汀县(闽)	2.63
231	大田县(闽)	2.57
232	福清市(闽)	2.00
233	浦城县(闽)	1.81
234	连城县(闽)	1.70
235	梅列区(闽)	1.61
236	马尾区(闽)	1.56
237	南安市(闽)	1.47
238	东山县(闽)	1.31
239	邵武市(闽)	1.10
240	永春县(闽)	1.05
241	连江县(闽)	0.99
242	福鼎市(闽)	0.90
243	霞浦县(闽)	0.87
244	永泰县(闽)	0.81

（续）

序号	锯材主产地	万立方米
245	三元区(闽)	0.81
246	南靖县(闽)	0.76
247	平和县(闽)	0.65
248	屏南县(闽)	0.58
249	寿宁县(闽)	0.57
250	华安县(闽)	0.56
251	武平县(闽)	0.56
252	南昌市市辖区(赣)	111.28
253	南康市(赣)	40.00
254	新干县(赣)	12.01
255	遂川县(赣)	6.00
256	浮梁县(赣)	3.50
257	永新县(赣)	3.40
258	婺源县(赣)	3.06
259	信丰县(赣)	3.04
260	南昌县(赣)	3.00
261	贵溪市(赣)	2.33
262	永丰县(赣)	2.00
263	余江县(赣)	1.90
264	泰和县(赣)	1.80
265	吉水县(赣)	1.41
266	渝水区(赣)	1.38
267	宜黄县(赣)	1.36
268	崇义县(赣)	1.27
269	月湖区(赣)	1.20
270	安福县(赣)	1.20
271	瑞金市(赣)	1.20
272	高安市(赣)	1.17
273	安远县(赣)	1.15
274	安源区(赣)	1.13
275	铜鼓县(赣)	1.10
276	德安县(赣)	1.00
277	临川区(赣)	0.70
278	全南县(赣)	0.70
279	新建县(赣)	0.68
280	峡江县(赣)	0.62
281	兴国县(赣)	0.56
282	进贤县(赣)	0.55
283	泗水县(鲁)	1037.00
284	滨城区(鲁)	400.00
285	临沂市临港经济开发区(鲁)	204.00
286	曹　县(鲁)	68.85
287	诸城市(鲁)	32.18
288	郯城县(鲁)	30.20
289	梁山县(鲁)	28.64

（续）

序号	锯材主产地	万立方米
290	兰山区(鲁)	13.20
291	济阳县(鲁)	11.00
292	惠民县(鲁)	10.00
293	莱州市(鲁)	8.80
294	蒙阴县(鲁)	8.00
295	微山县(鲁)	7.15
296	高密市(鲁)	5.72
297	东平县(鲁)	4.50
298	寿光市(鲁)	3.91
299	嘉祥县(鲁)	3.50
300	兰陵县(鲁)	3.30
301	邹平县(鲁)	3.00
302	新泰市(鲁)	2.70
303	宁阳县(鲁)	2.60
304	昌乐县(鲁)	2.50
305	桓台县(鲁)	2.30
306	章丘市(鲁)	2.10
307	沂水县(鲁)	2.00
308	东昌府区(鲁)	1.75
309	武城县(鲁)	1.52
310	五莲县(鲁)	1.40
311	冠　县(鲁)	1.30
312	阳谷县(鲁)	1.30
313	汶上县(鲁)	1.29
314	肥城市(鲁)	1.20
315	高青县(鲁)	1.20
316	沂南县(鲁)	1.11
317	莱城区(鲁)	1.03
318	临朐县(鲁)	1.00
319	淄川区(鲁)	0.98
320	夏津县(鲁)	0.93
321	利津县(鲁)	0.82
322	乐陵市(鲁)	0.80
323	莘　县(鲁)	0.72
324	莱阳市(鲁)	0.60
325	青州市(鲁)	0.55
326	巩义市(豫)	45.30
327	兰考县(豫)	28.10
328	临颍县(豫)	14.96
329	西华县(豫)	11.00
330	睢阳区(豫)	10.61
331	梁园区(豫)	8.90
332	太康县(豫)	6.00
333	尉氏县(豫)	5.07
334	安阳县(豫)	5.00

(续)

序号	锯材主产地	万立方米
335	汝阳县(豫)	4.87
336	内黄县(豫)	4.40
337	淮阳县(豫)	4.20
338	沁阳市(豫)	4.10
339	虞城县(豫)	4.00
340	商水县(豫)	3.65
341	睢　县(豫)	3.50
342	镇平县(豫)	3.27
343	卫辉市(豫)	2.65
344	商城县(豫)	2.50
345	郸城县(豫)	2.30
346	温　县(豫)	2.10
347	民权县(豫)	2.00
348	淮滨县(豫)	1.80
349	宝丰县(豫)	1.69
350	宁陵县(豫)	1.67
351	台前县(豫)	1.40
352	新密市(豫)	1.40
353	许昌市经济技术开发区(豫)	1.20
354	内乡县(豫)	1.20
355	辉县市(豫)	1.10
356	郾城区(豫)	1.07
357	灵宝市(豫)	1.04
358	固始县(豫)	1.01
359	夏邑县(豫)	1.00
360	洛宁县(豫)	1.00
361	社旗县(豫)	0.98
362	西平县(豫)	0.95
363	鲁山县(豫)	0.85
364	叶　县(豫)	0.83
365	许昌县(豫)	0.80
366	伊川县(豫)	0.80
367	方城县(豫)	0.76
368	解放区(豫)	0.70
369	禹州市(豫)	0.70
370	新野县(豫)	0.67
371	新郑市(豫)	0.66
372	汝州市(豫)	0.65
373	确山县(豫)	0.60
374	舞阳县(豫)	0.60
375	潢川县(豫)	0.60
376	新蔡县(豫)	0.54
377	卢氏县(豫)	0.54
378	荥阳市(豫)	0.53
379	崇阳县(鄂)	120.00

(续)

序号	锯材主产地	万立方米
380	石首市(鄂)	13.10
381	监利县(鄂)	10.00
382	谷城县(鄂)	9.68
383	枣阳市(鄂)	8.50
384	嘉鱼县(鄂)	6.20
385	仙桃市(鄂)	5.80
386	利川市(鄂)	3.80
387	潜江市(鄂)	3.00
388	钟祥市(鄂)	3.00
389	天门市(鄂)	3.00
390	东宝区(鄂)	3.00
391	浠水县(鄂)	1.52
392	来凤县(鄂)	1.45
393	蔡甸区(鄂)	1.14
394	罗田县(鄂)	1.12
395	公安县(鄂)	1.10
396	咸丰县(鄂)	0.97
397	襄城区(鄂)	0.90
398	宜城市(鄂)	0.85
399	云梦县(鄂)	0.80
400	沙市区(鄂)	0.78
401	京山县(鄂)	0.77
402	沙洋县(鄂)	0.60
403	樊城区(鄂)	0.58
404	汉寿县(湘)	16.10
405	江华瑶族自治县(湘)	9.86
406	双牌县(湘)	8.78
407	靖州苗族侗族自治县(湘)	8.67
408	安化县(湘)	7.40
409	鼎城区(湘)	5.80
410	隆回县(湘)	5.48
411	绥宁县(湘)	5.10
412	武冈市(湘)	5.00
413	浏阳市(湘)	5.00
414	宁乡县(湘)	4.90
415	平江县(湘)	4.56
416	鹤城区(湘)	4.50
417	道　县(湘)	3.90
418	资兴市(湘)	3.51
419	赫山区(湘)	3.50
420	桑植县(湘)	3.00
421	开福区(湘)	3.00
422	洞口县(湘)	3.00
423	安仁县(湘)	2.95
424	衡山县(湘)	2.92

(续)

序号	锯材主产地	万立方米
425	金洞林场(湘)	2.85
426	攸　县(湘)	2.84
427	会同县(湘)	2.70
428	湘乡市(湘)	2.70
429	安乡县(湘)	2.63
430	君山区(湘)	2.20
431	蓝山县(湘)	2.17
432	北塔区(湘)	2.14
433	城步苗族自治县(湘)	2.09
434	汝城县(湘)	2.01
435	蒸湘区(湘)	2.00
436	桃源县(湘)	2.00
437	岳麓区(湘)	2.00
438	雨花区(湘)	2.00
439	天心区(湘)	2.00
440	芙蓉区(湘)	2.00
441	麻阳苗族自治县(湘)	1.90
442	中方县(湘)	1.80
443	永兴县(湘)	1.75
444	武陵区(湘)	1.66
445	东安县(湘)	1.56
446	云溪区(湘)	1.54
447	茶陵县(湘)	1.51
448	新化县(湘)	1.50
449	慈利县(湘)	1.44
450	澧　县(湘)	1.44
451	洪江市(湘)	1.41
452	临湘市(湘)	1.40
453	新宁县(湘)	1.36
454	祁东县(湘)	1.30
455	新晃侗族自治县(湘)	1.30
456	沅陵县(湘)	1.20
457	常德市市辖区(湘)	1.20
458	衡东县(湘)	1.10
459	雨湖区(湘)	1.00
460	湘阴县(湘)	1.00
461	衡南县(湘)	0.96
462	溆浦县(湘)	0.80
463	祁阳县(湘)	0.77
464	衡阳县(湘)	0.75
465	江永县(湘)	0.70
466	龙山县(湘)	0.70
467	嘉禾县(湘)	0.68
468	凤凰县(湘)	0.60
469	辰溪县(湘)	0.60

（续）

序号	锯材主产地	万立方米
470	紫金县(粤)	20.00
471	阳春市(粤)	19.00
472	蓬江区(粤)	18.60
473	东源县(粤)	18.50
474	高要市(粤)	13.51
475	鹤山市(粤)	13.10
476	高明区(粤)	13.00
477	增城市(粤)	12.10
478	清新县(粤)	9.50
479	台山市(粤)	7.89
480	清城区(粤)	7.40
481	英德市(粤)	6.46
482	四会市(粤)	5.73
483	恩平市(粤)	5.53
484	博罗县(粤)	4.68
485	郁南县(粤)	4.40
486	怀集县(粤)	4.20
487	鼎湖区(粤)	4.00
488	饶平县(粤)	2.89
489	兴宁市(粤)	2.76
490	罗定市(粤)	2.49
491	化州市(粤)	2.36
492	乐昌市(粤)	2.10
493	云安县(粤)	1.84
494	开平市(粤)	1.82
495	阳山县(粤)	1.81
496	惠东县(粤)	1.70
497	惠阳区(粤)	1.65
498	仁化县(粤)	1.50
499	信宜市(粤)	1.43
500	电白区(粤)	1.41
501	新丰县(粤)	1.35
502	大埔县(粤)	1.30
503	吴川市(粤)	1.20
504	揭东区(粤)	1.20
505	蕉岭县(粤)	1.12
506	惠城区(粤)	1.00
507	连州市(粤)	0.94
508	阳东县(粤)	0.85
509	雷州市(粤)	0.74
510	浈江区(粤)	0.74
511	和平县(粤)	0.70
512	广宁县(粤)	0.63
513	连平县(粤)	0.60
514	潮州市属总林场(粤)	0.60

（续）

序号	锯材主产地	万立方米
515	平远县(粤)	0.52
516	武宣县(桂)	34.59
517	龙胜各族自治县(桂)	28.23
518	江南区(桂)	27.36
519	北流市(桂)	20.80
520	八步区(桂)	20.50
521	融水苗族自治县(桂)	16.00
522	宁明县(桂)	15.00
523	贺州市平桂管理区(桂)	13.70
524	环江毛南族自治县(桂)	12.30
525	临桂县(桂)	11.70
526	苍梧县(桂)	11.00
527	宜州市(桂)	11.00
528	平果县(桂)	10.10
529	良庆区(桂)	9.80
530	田林县(桂)	9.76
531	天峨县(桂)	9.57
532	岑溪市(桂)	8.60
533	玉林市福绵区(桂)	8.50
534	合浦县(桂)	8.25
535	象州县(桂)	8.00
536	鹿寨县(桂)	7.90
537	隆林各族自治县(桂)	7.23
538	兴安县(桂)	7.20
539	灵山县(桂)	7.10
540	西林县(桂)	7.00
541	那坡县(桂)	6.57
542	港北区(桂)	6.53
543	海城区(桂)	5.93
544	罗城仫佬族自治县(桂)	5.80
545	荔浦县(桂)	5.31
546	覃塘区(桂)	5.00
547	陆川县(桂)	5.00
548	防城区(桂)	4.62
549	右江区(桂)	4.49
550	资源县(桂)	4.30
551	金秀瑶族自治县(桂)	4.20
552	钦北区(桂)	4.20
553	博白县(桂)	3.50
554	全州县(桂)	3.42
555	田阳县(桂)	3.24
556	平乐县(桂)	3.06
557	靖西县(桂)	2.86
558	桂平市(桂)	2.85
559	金城江区(桂)	2.80

（续）

序号	锯材主产地	万立方米
560	南丹县(桂)	2.41
561	灵川县(桂)	2.27
562	钦南区(桂)	2.26
563	凌云县(桂)	2.09
564	东兰县(桂)	2.00
565	灌阳县(桂)	1.81
566	昭平县(桂)	1.81
567	柳江县(桂)	1.40
568	浦北县(桂)	1.10
569	横　县(桂)	0.82
570	龙州县(桂)	0.69
571	田东县(桂)	0.62
572	凭祥市(桂)	0.62
573	钟山县(桂)	0.58
574	平南县(桂)	0.58
575	富川瑶族自治县(桂)	0.51
576	九龙坡区(渝)	15.17
577	开　县(渝)	1.60
578	南川区(渝)	1.47
579	梁平县(渝)	1.28
580	万州区(渝)	1.20
581	武隆县(渝)	1.14
582	忠　县(渝)	1.12
583	石柱土家族自治县(渝)	0.88
584	巫溪县(渝)	0.67
585	黔江区(渝)	0.66
586	酉阳土家族苗族自治县(渝)	0.60
587	垫江县(渝)	0.60
588	丰都县(渝)	0.58
589	雅安市市辖区(川)	10.99
590	威远县(川)	9.45
591	洪雅县(川)	9.10
592	雨城区(川)	8.26
593	崇州市(川)	6.34
594	夹江县(川)	5.00
595	乐山市市中区(川)	4.56
596	犍为县(川)	4.10
597	射洪县(川)	4.10
598	南部县(川)	3.97
599	攀枝花市西区(川)	3.80
600	梓潼县(川)	3.60
601	江油市(川)	3.50
602	旌阳区(川)	3.10
603	绵竹市(川)	2.63
604	叙永县(川)	2.50

(续)

序号	锯材主产地	万立方米
605	翠屏区(川)	2.30
606	邻水县(川)	2.10
607	彭州市(川)	2.05
608	安　县(川)	2.00
609	邛崃市(川)	1.70
610	雷波县(川)	1.70
611	马边彝族自治县(川)	1.54
612	冕宁县(川)	1.34
613	彭山县(川)	1.19
614	华蓥市(川)	1.10
615	东坡区(川)	1.05
616	沙湾区(川)	1.05
617	龙泉驿区(川)	1.03
618	新津县(川)	1.00
619	筠连县(川)	1.00
620	盐亭县(川)	0.95
621	丹棱县(川)	0.91
622	天全县(川)	0.87
623	达川区(川)	0.87
624	苍溪县(川)	0.85
625	平武县(川)	0.84
626	昭化区(川)	0.80
627	安岳县(川)	0.78
628	宣汉县(川)	0.76
629	都江堰市(川)	0.75
630	广安区(川)	0.74
631	仁和区(川)	0.74
632	五通桥区(川)	0.71
633	双流县(川)	0.66
634	兴文县(川)	0.58
635	万源市(川)	0.55
636	恩阳区(川)	0.52
637	隆昌县(川)	0.51
638	册亨县(黔)	10.11
639	三都水族自治县(黔)	4.80
640	玉屏侗族自治县(黔)	3.35
641	独山县(黔)	3.00
642	红花岗区(黔)	3.00
643	清镇市(黔)	1.70
644	德江县(黔)	0.90
645	六枝特区(黔)	0.85
646	大方县(黔)	0.81
647	长顺县(黔)	0.80
648	龙里县(黔)	0.62
649	黔西县(黔)	0.61

(续)

序号	锯材主产地	万立方米
650	南明区(黔)	0.56
651	思南县(黔)	0.55
652	开阳县(黔)	0.55
653	昌宁县(滇)	14.64
654	姚安县(滇)	12.51
655	双柏县(滇)	10.97
656	思茅区(滇)	9.00
657	镇沅彝族哈尼族拉祜族自治县(滇)	6.92
658	江城哈尼族彝族自治县(滇)	5.85
659	勐腊县(滇)	5.67
660	马关县(滇)	4.18
661	盈江县(滇)	3.97
662	澜沧拉祜族自治县(滇)	3.68
663	陇川县(滇)	3.62
664	景洪市(滇)	3.47
665	麻栗坡县(滇)	3.40
666	丘北县(滇)	3.26
667	广南县(滇)	3.07
668	文山市(滇)	2.89
669	耿马傣族佤族自治县(滇)	2.77
670	景谷傣族彝族自治县(滇)	2.70
671	富宁县(滇)	2.64
672	芒市(滇)	2.57
673	南华县(滇)	2.40
674	泸水县(滇)	2.21
675	腾冲县(滇)	2.00
676	瑞丽市(滇)	1.94
677	墨江哈尼族自治县(滇)	1.79
678	大理市(滇)	1.74
679	屏边苗族自治县(滇)	1.70
680	景东彝族自治县(滇)	1.58
681	宁洱哈尼族彝族自治县(滇)	1.56
682	红河县(滇)	1.50
683	楚雄市(滇)	1.49
684	宾川县(滇)	1.43
685	镇康县(滇)	1.38
686	孟连傣族拉祜族佤族自治县(滇)	1.14
687	蒙自市(滇)	1.10
688	元阳县(滇)	0.90
689	梁河县(滇)	0.84
690	禄丰县(滇)	0.82
691	盐津县(滇)	0.80
692	勐海县(滇)	0.79
693	永仁县(滇)	0.77
694	隆阳区(滇)	0.72

(续)

序号	锯材主产地	万立方米
695	大姚县(滇)	0.72
696	永善县(滇)	0.70
697	建水县(滇)	0.68
698	施甸县(滇)	0.60
699	波密县(藏)	1.28
700	汉台区(陕)	1.60
701	南郑县(陕)	0.66
702	霍城县(新)	1.86
703	巩留县(新)	0.62
704	柴河林业局(龙江森工)	7.60
705	兴隆林业局(龙江森工)	3.10
706	苇河林业局(龙江森工)	2.55
707	沾河林业局(龙江森工)	2.30
708	双丰林业局(龙江森工)	1.70
709	绥阳林业局(龙江森工)	1.60
710	山河屯林业局(龙江森工)	1.10
711	方正林业局(龙江森工)	1.00
712	亚布力林业局(龙江森工)	0.90
713	林口林业局(龙江森工)	0.85
714	清河林业局(龙江森工)	0.85
715	乌马河林业局(龙江森工)	0.77
716	佳木斯木材综合加工厂(龙江森工)	0.65
717	大海林林业局(龙江森工)	0.60

表 1-3　木片主产地产量

序号	木片主产地	万实积立方米
1	临漳县(冀)	3.26
2	涿州市(冀)	3.10
3	景　县(冀)	3.08
4	任　县(冀)	1.90
5	曲阳县(冀)	1.87
6	沽源县(冀)	1.82
7	藁城区(冀)	0.99
8	乌拉特中旗(蒙)	2.00
9	东港市(辽)	20.00
10	顺城区(辽)	8.90
11	昌图县(辽)	6.00
12	灯塔市(辽)	3.70
13	振安区(辽)	2.00
14	新宾满族自治县(辽)	2.00
15	凌海市(辽)	1.00
16	江源区(吉)	1.83
17	梨树县(吉)	1.60
18	二道区(吉)	1.25
19	龙潭区(吉)	1.20

（续）

序号	木片主产地	万立方米
20	安图县(吉)	1.00
21	前郭尔罗斯蒙古族自治县(吉)	0.98
22	乾安县(吉)	0.90
23	抚松县(吉)	0.80
24	公主岭市(吉)	0.80
25	安达市(黑)	8.80
26	龙江县(黑)	3.03
27	新兴区(黑)	1.00
28	富锦市(黑)	0.94
29	转山实验林场(黑)	0.83
30	鹤岗市市辖区(黑)	0.60
31	东阳市(浙)	11.70
32	桐乡市(浙)	8.90
33	临海市(浙)	3.15
34	余杭区(浙)	2.45
35	长兴县(浙)	1.22
36	苍南县(浙)	0.99
37	镇海区(浙)	0.65
38	婺城区(浙)	0.54
39	东至县(皖)	30.35
40	太和县(皖)	24.00
41	谯城区(皖)	20.00
42	郎溪县(皖)	6.50
43	潜山县(皖)	5.60
44	临泉县(皖)	5.00
45	南陵县(皖)	4.65
46	泗　县(皖)	4.42
47	霍山县(皖)	4.00
48	阜南县(皖)	3.88
49	无为县(皖)	3.72
50	宿松县(皖)	3.25
51	颍州区(皖)	2.70
52	太湖县(皖)	2.62
53	濉溪县(皖)	2.60
54	怀宁县(皖)	2.55
55	涡阳县(皖)	1.80
56	长丰县(皖)	1.30
57	桐城市(皖)	1.20
58	明光市(皖)	1.20
59	淮上区(皖)	1.00
60	五河县(皖)	1.00
61	寿　县(皖)	0.90
62	秀屿区(闽)	83.36
63	永安市(闽)	37.12
64	泉港区(闽)	32.14

（续）

序号	木片主产地	万立方米
65	长泰县(闽)	5.89
66	诏安县(闽)	5.86
67	龙海市(闽)	5.46
68	芗城区(闽)	5.46
69	寿宁县(闽)	5.32
70	云霄县(闽)	4.36
71	明溪县(闽)	3.94
72	闽清县(闽)	3.48
73	仙游县(闽)	3.34
74	南安市(闽)	1.79
75	连江县(闽)	1.07
76	闽侯县(闽)	0.76
77	霞浦县(闽)	0.71
78	新罗区(闽)	0.57
79	尤溪县(闽)	0.54
80	南昌市市辖区(赣)	95.95
81	进贤县(赣)	14.95
82	南康市(赣)	10.00
83	南城县(赣)	8.70
84	贵溪市(赣)	8.24
85	吉水县(赣)	0.99
86	婺源县(赣)	0.65
87	余江县(赣)	0.60
88	石城县(赣)	0.57
89	曹　县(鲁)	625.94
90	费　县(鲁)	334.50
91	滨城区(鲁)	300.00
92	茌平县(鲁)	168.52
93	惠民县(鲁)	40.00
94	兰陵县(鲁)	39.70
95	济阳县(鲁)	39.00
96	河东区(鲁)	27.00
97	莒　县(鲁)	16.60
98	夏津县(鲁)	13.50
99	东平县(鲁)	12.81
100	郯城县(鲁)	11.30
101	齐河县(鲁)	10.50
102	莘　县(鲁)	10.45
103	临朐县(鲁)	10.40
104	临清市(鲁)	10.00
105	宁阳县(鲁)	9.75
106	嘉祥县(鲁)	8.80
107	东阿县(鲁)	8.30
108	新泰市(鲁)	8.00
109	兖州市(鲁)	8.00

（续）

序号	木片主产地	万立方米
110	蒙阴县(鲁)	7.80
111	泗水县(鲁)	7.67
112	寿光市(鲁)	6.50
113	梁山县(鲁)	5.96
114	昌乐县(鲁)	5.80
115	肥城市(鲁)	5.60
116	临沂市临港经济开发区(鲁)	5.00
117	诸城市(鲁)	4.78
118	高唐县(鲁)	4.30
119	微山县(鲁)	4.15
120	陵　县(鲁)	3.80
121	博兴县(鲁)	3.32
122	邹城市(鲁)	2.95
123	章丘市(鲁)	2.40
124	高密市(鲁)	2.35
125	邹平县(鲁)	1.30
126	沂南县(鲁)	1.23
127	莒南县(鲁)	1.20
128	沂水县(鲁)	1.20
129	武城县(鲁)	1.00
130	乐陵市(鲁)	0.89
131	阳谷县(鲁)	0.66
132	淄川区(鲁)	0.55
133	利津县(鲁)	0.53
134	莱城区(鲁)	0.52
135	范　县(豫)	51.00
136	商水县(豫)	29.16
137	西华县(豫)	13.00
138	巩义市(豫)	12.50
139	武陟县(豫)	12.00
140	沁阳市(豫)	11.00
141	梁园区(豫)	10.15
142	洛宁县(豫)	10.00
143	濮阳县(豫)	8.00
144	许昌县(豫)	5.60
145	南乐县(豫)	5.10
146	淮阳县(豫)	4.00
147	社旗县(豫)	3.65
148	镇平县(豫)	3.45
149	内黄县(豫)	3.00
150	汝阳县(豫)	2.57
151	安阳县(豫)	2.50
152	息　县(豫)	1.84
153	郸城县(豫)	1.50
154	禹州市(豫)	1.46

(续)

序号	木片主产地	万立方米
155	兰考县(豫)	1.40
156	潢川县(豫)	1.25
157	虞城县(豫)	1.20
158	太康县(豫)	1.10
159	郾城区(豫)	1.01
160	清丰县(豫)	1.00
161	伊川县(豫)	1.00
162	通许县(豫)	0.92
163	西平县(豫)	0.90
164	灵宝市(豫)	0.89
165	获嘉县(豫)	0.87
166	许昌市经济技术开发区(豫)	0.87
167	栾川县(豫)	0.82
168	鹿邑县(豫)	0.80
169	内乡县(豫)	0.80
170	民权县(豫)	0.80
171	淮滨县(豫)	0.60
172	淇　县(豫)	0.60
173	管城回族区(豫)	0.52
174	长垣县(豫)	0.52
175	新洲区(鄂)	20.00
176	松滋市(鄂)	14.70
177	谷城县(鄂)	8.06
178	潜江市(鄂)	6.00
179	天门市(鄂)	4.00
180	监利县(鄂)	2.00
181	随县(鄂)	2.00
182	枣阳市(鄂)	1.85
183	来凤县(鄂)	1.60
184	罗田县(鄂)	1.26
185	老河口市(鄂)	0.62
186	利川市(鄂)	0.60
187	樊城区(鄂)	0.58
188	东安县(湘)	4.36
189	汉寿县(湘)	2.80
190	靖州苗族侗族自治县(湘)	2.51
191	衡山县(湘)	2.19
192	雨花区(湘)	2.00
193	开福区(湘)	2.00
194	君山区(湘)	1.70
195	祁东县(湘)	1.20
196	新化县(湘)	1.20
197	宁乡县(湘)	1.20
198	沅陵县(湘)	1.10
199	天心区(湘)	1.00

(续)

序号	木片主产地	万立方米
200	芙蓉区(湘)	1.00
201	岳阳县(湘)	1.00
202	岳麓区(湘)	1.00
203	洞口县(湘)	1.00
204	云溪区(湘)	0.89
205	茶陵县(湘)	0.80
206	南　县(湘)	0.80
207	通道侗族自治县(湘)	0.77
208	武冈市(湘)	0.60
209	廉江市(粤)	125.32
210	揭阳市普侨区(粤)	10.00
211	博罗县(粤)	7.74
212	增城市(粤)	6.40
213	高要市(粤)	6.26
214	清新县(粤)	5.00
215	恩平市(粤)	4.58
216	化州市(粤)	4.13
217	阳西县(粤)	3.50
218	雷州市(粤)	2.54
219	怀集县(粤)	2.50
220	遂溪县(粤)	2.20
221	新丰县(粤)	1.90
222	惠城区(粤)	1.50
223	高州市(粤)	1.50
224	饶平县(粤)	1.36
225	徐闻县(粤)	1.10
226	仁化县(粤)	1.00
227	龙川县(粤)	1.00
228	霞山区(粤)	1.00
229	惠东县(粤)	0.90
230	广宁县(粤)	0.61
231	覃塘区(桂)	40.00
232	江南区(桂)	22.53
233	宁明县(桂)	22.00
234	博白县(桂)	20.90
235	鹿寨县(桂)	19.70
236	武鸣县(桂)	11.02
237	北流市(桂)	10.76
238	宜州市(桂)	10.00
239	合浦县(桂)	9.00
240	浦北县(桂)	8.00
241	港北区(桂)	7.27
242	岑溪市(桂)	6.30
243	钦南区(桂)	6.30
244	钦北区(桂)	5.25

(续)

序号	木片主产地	万立方米
245	海城区(桂)	4.76
246	良庆区(桂)	4.70
247	柳江县(桂)	4.70
248	防城区(桂)	4.40
249	八步区(桂)	4.30
250	灵山县(桂)	4.00
251	全州县(桂)	4.00
252	隆林各族自治县(桂)	3.10
253	陆川县(桂)	3.00
254	横　县(桂)	3.00
255	昭平县(桂)	2.69
256	江州区(桂)	2.65
257	合山市(桂)	2.55
258	兴安县(桂)	2.55
259	玉林市福绵区(桂)	1.80
260	田林县(桂)	1.53
261	右江区(桂)	1.50
262	资源县(桂)	1.40
263	灵川县(桂)	1.39
264	临桂县(桂)	1.30
265	大化瑶族自治县(桂)	1.25
266	荔浦县(桂)	1.24
267	贺州市平桂管理区(桂)	1.09
268	田阳县(桂)	0.96
269	桂平市(桂)	0.92
270	苍梧县(桂)	0.90
271	铁山港区(桂)	0.87
272	靖西县(桂)	0.80
273	武宣县(桂)	0.50
274	万州区(渝)	7.60
275	丰都县(渝)	7.12
276	涪陵区(渝)	2.60
277	九龙坡区(渝)	2.16
278	梁平县(渝)	1.46
279	大足县(渝)	1.00
280	开　县(渝)	0.89
281	东坡区(川)	3.35
282	阆中市(川)	3.02
283	射洪县(川)	2.90
284	渠　县(川)	2.90
285	绵竹市(川)	2.63
286	彭山县(川)	2.58
287	苍溪县(川)	2.02
288	北川羌族自治县(川)	2.00
289	船山区(川)	1.90

（续）

序号	木片主产地	万立方米
290	荥经县(川)	1.80
291	筠连县(川)	1.78
292	乐山市市中区(川)	1.50
293	五通桥区(川)	1.50
294	江油市(川)	1.30
295	邻水县(川)	1.15
296	盐亭县(川)	1.11
297	中江县(川)	1.01
298	安　县(川)	1.00
299	丹棱县(川)	0.99
300	富顺县(川)	0.83
301	南溪县(川)	0.73
302	会理县(川)	0.71
303	名山县(川)	0.51
304	赤水市(黔)	2.95
305	独山县(黔)	1.00
306	景谷傣族彝族自治县(滇)	8.60
307	盈江县(滇)	5.01
308	双柏县(滇)	1.34
309	南华县(滇)	1.21
310	澜沧拉祜族自治县(滇)	0.64
311	洋　县(陕)	0.83
312	兴平市(陕)	0.68
313	勉　县(陕)	0.53
314	霍城县(新)	1.05

表 2-1　胶合板主产地产量

序号	胶合板主产地	万立方米
1	文安县(冀)	457.80
2	邢台市高新技术开发区(冀)	67.00
3	霸州市(冀)	30.17
4	灵寿县(冀)	8.00
5	正定县(冀)	6.84
6	青龙满族自治县(冀)	4.00
7	昌黎县(冀)	3.10
8	望都县(冀)	2.56
9	涿州市(冀)	0.79
10	盐山县(冀)	0.75
11	三河市(冀)	0.72
12	南和县(冀)	0.71
13	景　县(冀)	0.60
14	元宝山区(蒙)	18.00
15	杭锦后旗(蒙)	2.75
16	巴林右旗(蒙)	2.00
17	扎鲁特旗(蒙)	1.80

（续）

序号	胶合板主产地	万立方米
18	五原县(蒙)	1.00
19	奈曼旗(蒙)	1.00
20	宁城县(蒙)	0.53
21	大连市金州新区(辽)	124.42
22	新民市(辽)	10.56
23	台安县(辽)	10.00
24	顺城区(辽)	8.90
25	辽中区(辽)	7.00
26	喀喇沁左翼蒙古族自治县(辽)	5.00
27	黑山县(辽)	2.00
28	海城市(辽)	1.50
29	彰武县(辽)	1.00
30	建昌县(辽)	0.80
31	敦化市(吉)	20.50
32	珲春市(吉)	16.67
33	船营区(吉)	14.65
34	安图县(吉)	9.10
35	洮北区(吉)	8.40
36	梨树县(吉)	7.50
37	农安县(吉)	5.30
38	二道区(吉)	2.00
39	汪清县(吉)	1.89
40	江源区(吉)	1.80
41	宁江区(吉)	1.70
42	乾安县(吉)	1.50
43	图们市(吉)	1.39
44	前郭尔罗斯蒙古族自治县(吉)	1.20
45	榆树市(吉)	1.00
46	松原市市辖区(吉)	0.94
47	通化县(吉)	0.78
48	长岭县(吉)	0.70
49	大安市(吉)	0.63
50	东丰县(吉)	0.60
51	公主岭市(吉)	0.58
52	抚松县(吉)	0.52
53	穆棱市(黑)	147.48
54	宁安市(黑)	24.00
55	牡丹江市市本级(黑)	7.52
56	明水县(黑)	5.00
57	虎林市(黑)	3.00
58	克山县(黑)	3.00
59	安达市(黑)	1.40
60	勃利县(黑)	1.00
61	五常市(黑)	1.00
62	香坊区(黑)	0.80

（续）

序号	胶合板主产地	万立方米
63	松北区(黑)	0.75
64	邳州市(苏)	1000.00
65	泗阳县(苏)	830.00
66	沭阳县(苏)	628.00
67	丰　县(苏)	155.00
68	铜山区(苏)	61.00
69	沛　县(苏)	40.00
70	灌南县(苏)	40.00
71	东台市(苏)	34.84
72	东海县(苏)	32.41
73	赣榆区(苏)	23.00
74	涟水县(苏)	20.50
75	新沂市(苏)	15.00
76	宿城区(苏)	14.01
77	宿豫区(苏)	11.87
78	泗洪县(苏)	10.53
79	睢宁县(苏)	9.95
80	高淳县(苏)	7.67
81	灌云县(苏)	7.50
82	江都区(苏)	6.60
83	启东市(苏)	5.00
84	海州区(苏)	4.84
85	盱眙县(苏)	4.54
86	宜兴市(苏)	4.40
87	江宁区(苏)	3.58
88	金湖县(苏)	3.34
89	如东县(苏)	2.85
90	淮安区(苏)	2.28
91	吴中区(苏)	2.00
92	姜堰区(苏)	1.62
93	建湖县(苏)	1.29
94	高邮市(苏)	1.00
95	阜宁县(苏)	0.82
96	贾汪区(苏)	0.73
97	射阳县(苏)	0.64
98	安吉县(浙)	51.64
99	德清县(浙)	22.00
100	龙泉市(浙)	18.10
101	建德市(浙)	16.97
102	南浔区(浙)	13.20
103	吴兴区(浙)	7.57
104	富阳市(浙)	7.44
105	诸暨市(浙)	6.36
106	衢江区(浙)	5.30
107	庆元县(浙)	4.89

(续)

序号	胶合板主产地	万立方米
108	嵊州市(浙)	3.91
109	长兴县(浙)	2.89
110	宁海县(浙)	2.64
111	临海市(浙)	2.63
112	龙游县(浙)	2.00
113	桐庐县(浙)	1.99
114	常山县(浙)	1.32
115	苍南县(浙)	1.29
116	莲都区(浙)	1.00
117	临安市(浙)	0.85
118	永康市(浙)	0.80
119	余姚市(浙)	0.75
120	泰顺县(浙)	0.65
121	淳安县(浙)	0.65
122	浦江县(浙)	0.60
123	开化县(浙)	0.60
124	平湖市(浙)	0.59
125	桐乡市(浙)	0.58
126	鄞州区(浙)	0.55
127	埇桥区(皖)	351.46
128	六安市叶集区(皖)	180.00
129	砀山县(皖)	108.12
130	泗　县(皖)	92.48
131	萧　县(皖)	89.30
132	灵璧县(皖)	50.70
133	广德县(皖)	43.00
134	蒙城县(皖)	32.00
135	宣州区(皖)	31.00
136	天长市(皖)	27.20
137	太和县(皖)	12.00
138	宁国市(皖)	10.77
139	怀宁县(皖)	10.50
140	南谯区(皖)	9.00
141	利辛县(皖)	8.00
142	相山区(皖)	6.20
143	颍泉区(皖)	6.10
144	颍上县(皖)	5.90
145	来安县(皖)	5.05
146	潜山县(皖)	5.00
147	霍山县(皖)	5.00
148	宿松县(皖)	4.54
149	固镇县(皖)	4.52
150	寿　县(皖)	4.50
151	弋江区(皖)	4.50
152	东至县(皖)	3.95

(续)

序号	胶合板主产地	万立方米
153	黟　县(皖)	3.64
154	博望区(皖)	3.20
155	琅琊区(皖)	3.00
156	长丰县(皖)	2.90
157	定远县(皖)	2.80
158	霍邱县(皖)	2.51
159	义安区(皖)	2.50
160	旌德县(皖)	2.47
161	金寨县(皖)	2.20
162	临泉县(皖)	2.00
163	涡阳县(皖)	1.90
164	全椒县(皖)	1.75
165	界首市(皖)	1.68
166	屯溪区(皖)	1.58
167	太湖县(皖)	1.41
168	颍州区(皖)	1.30
169	五河县(皖)	1.20
170	禹会区(皖)	1.15
171	徽州区(皖)	1.09
172	和　县(皖)	1.00
173	当涂县(皖)	1.00
174	明光市(皖)	0.90
175	绩溪县(皖)	0.80
176	青阳县(皖)	0.79
177	岳西县(皖)	0.75
178	无为县(皖)	0.58
179	石台县(皖)	0.58
180	滁州市管店林业总场(皖)	0.56
181	南陵县(皖)	0.54
182	大观区(皖)	0.50
183	沙　县(闽)	104.57
184	永安市(闽)	47.48
185	古田县(闽)	23.87
186	尤溪县(闽)	21.31
187	三元区(闽)	18.15
188	云霄县(闽)	16.79
189	漳平市(闽)	16.54
190	将乐县(闽)	15.10
191	明溪县(闽)	14.81
192	建瓯市(闽)	14.07
193	武平县(闽)	13.45
194	延平区(闽)	12.31
195	大田县(闽)	9.69
196	龙海市(闽)	7.45
197	芗城区(闽)	7.45

(续)

序号	胶合板主产地	万立方米
198	邵武市(闽)	6.13
199	泰宁县(闽)	6.01
200	武夷山市(闽)	5.66
201	梅列区(闽)	4.96
202	漳浦县(闽)	4.89
203	宁化县(闽)	4.74
204	长汀县(闽)	4.63
205	连城县(闽)	4.42
206	新罗区(闽)	4.23
207	东山县(闽)	3.63
208	建阳市(闽)	2.23
209	光泽县(闽)	2.16
210	晋江市(闽)	2.01
211	政和县(闽)	1.85
212	长乐市(闽)	1.62
213	闽清县(闽)	1.62
214	上杭县(闽)	0.97
215	霞浦县(闽)	0.95
216	诏安县(闽)	0.95
217	龙文区(闽)	0.95
218	顺昌县(闽)	0.79
219	永定县(闽)	0.73
220	福鼎市(闽)	0.69
221	屏南县(闽)	0.56
222	南昌市市辖区(赣)	19.46
223	南康市(赣)	13.40
224	新干县(赣)	7.31
225	安福县(赣)	6.30
226	靖安县(赣)	6.00
227	章贡区(赣)	5.60
228	万载县(赣)	5.10
229	泰和县(赣)	5.00
230	峡江县(赣)	4.30
231	吉水县(赣)	4.04
232	铜鼓县(赣)	3.12
233	德兴市(赣)	2.86
234	婺源县(赣)	2.18
235	乐安县(赣)	2.10
236	遂川县(赣)	2.00
237	九江县(赣)	1.80
238	贵溪市(赣)	1.75
239	崇义县(赣)	1.54
240	高安市(赣)	1.45
241	全南县(赣)	1.45
242	永新县(赣)	1.10

（续）

序号	胶合板主产地	万立方米
243	永丰县(赣)	1.10
244	广昌县(赣)	1.04
245	南城县(赣)	1.01
246	新建县(赣)	0.96
247	瑞金市(赣)	0.90
248	武宁县(赣)	0.86
249	分宜县(赣)	0.85
250	石城县(赣)	0.79
251	吉州区(赣)	0.60
252	井冈山市(赣)	0.57
253	吉安县(赣)	0.56
254	于都县(赣)	0.51
255	兰山区(鲁)	2021.40
256	长清区(鲁)	1600.00
257	曹　县(鲁)	873.72
258	沂水县(鲁)	328.00
259	费　县(鲁)	305.00
260	寿光市(鲁)	145.00
261	高密市(鲁)	95.00
262	昌乐县(鲁)	85.00
263	茌平县(鲁)	68.29
264	莘　县(鲁)	60.35
265	高唐县(鲁)	36.50
266	平邑县(鲁)	31.10
267	兰陵县(鲁)	29.60
268	东平县(鲁)	25.31
269	济阳县(鲁)	21.18
270	微山县(鲁)	20.17
271	嘉祥县(鲁)	20.10
272	齐河县(鲁)	19.20
273	梁山县(鲁)	18.96
274	阳信县(鲁)	16.00
275	新泰市(鲁)	16.00
276	罗庄区(鲁)	15.00
277	东阿县(鲁)	12.00
278	郯城县(鲁)	12.00
279	兖州市(鲁)	12.00
280	临沂市高新技术产业开发区(鲁)	9.35
281	沂源县(鲁)	8.60
282	河东区(鲁)	8.20
283	潍城区(鲁)	7.60
284	陵　县(鲁)	7.50
285	蒙阴县(鲁)	7.40
286	鱼台县(鲁)	6.50
287	邹平县(鲁)	5.40

（续）

序号	胶合板主产地	万立方米
288	诸城市(鲁)	5.38
289	惠民县(鲁)	5.00
290	泗水县(鲁)	4.88
291	肥城市(鲁)	4.85
292	宁阳县(鲁)	4.36
293	岱岳区(鲁)	4.20
294	莒南县(鲁)	4.20
295	汶上县(鲁)	3.23
296	桓台县(鲁)	3.00
297	高青县(鲁)	2.70
298	张店区(鲁)	2.50
299	博兴县(鲁)	2.10
300	莒　县(鲁)	1.92
301	冠　县(鲁)	1.60
302	安丘市(鲁)	1.50
303	沂南县(鲁)	1.43
304	邹城市(鲁)	0.94
305	泰山区(鲁)	0.79
306	夏津县(鲁)	0.75
307	五莲县(鲁)	0.68
308	莱阳市(鲁)	0.60
309	临朐县(鲁)	0.60
310	临沂市蒙山旅游区(鲁)	0.60
311	鄢陵县(豫)	126.76
312	临颍县(豫)	89.79
313	兰考县(豫)	61.00
314	巩义市(豫)	60.00
315	滑　县(豫)	42.30
316	原阳县(豫)	32.83
317	梁园区(豫)	24.80
318	许昌县(豫)	24.50
319	邓州市(豫)	17.00
320	上蔡县(豫)	16.90
321	夏邑县(豫)	15.00
322	宁陵县(豫)	13.00
323	内乡县(豫)	13.00
324	固始县(豫)	10.70
325	禹州市(豫)	10.21
326	虞城县(豫)	10.00
327	永城市(豫)	9.40
328	尉氏县(豫)	9.40
329	范　县(豫)	9.00
330	正阳县(豫)	8.90
331	睢阳区(豫)	8.63
332	罗山县(豫)	7.49

（续）

序号	胶合板主产地	万立方米
333	息　县(豫)	5.70
334	台前县(豫)	5.60
335	镇平县(豫)	5.43
336	驿城区(豫)	5.00
337	太康县(豫)	5.00
338	汝南县(豫)	4.50
339	武陟县(豫)	4.00
340	杞　县(豫)	4.00
341	嵩　县(豫)	3.70
342	确山县(豫)	3.60
343	社旗县(豫)	3.30
344	汝阳县(豫)	3.23
345	郾城区(豫)	3.15
346	郸城县(豫)	3.10
347	淮滨县(豫)	3.10
348	民权县(豫)	3.00
349	伊川县(豫)	3.00
350	洛宁县(豫)	2.95
351	新蔡县(豫)	2.67
352	内黄县(豫)	2.60
353	平舆县(豫)	2.10
354	扶沟县(豫)	1.98
355	商水县(豫)	1.78
356	遂平县(豫)	1.70
357	封丘县(豫)	1.60
358	博爱县(豫)	1.40
359	登封市(豫)	1.36
360	舞阳县(豫)	1.20
361	孟津县(豫)	1.20
362	叶　县(豫)	1.08
363	淇　县(豫)	1.01
364	项城市(豫)	1.00
365	偃师市(豫)	1.00
366	牧野区(豫)	0.98
367	西平县(豫)	0.95
368	获嘉县(豫)	0.92
369	西峡县(豫)	0.86
370	延津县(豫)	0.80
371	辉县市(豫)	0.75
372	卫辉市(豫)	0.65
373	修武县(豫)	0.60
374	许昌市经济技术开发区(豫)	0.51
375	新洲区(鄂)	20.00
376	天门市(鄂)	18.00
377	西塞山区(鄂)	16.00

(续)

序号	胶合板主产地	万立方米
378	谷城县(鄂)	12.21
379	仙桃市(鄂)	10.50
380	嘉鱼县(鄂)	8.60
381	曾都区(鄂)	5.54
382	公安县(鄂)	5.50
383	枣阳市(鄂)	5.20
384	潜江市(鄂)	5.00
385	石首市(鄂)	4.92
386	洪湖市(鄂)	3.67
387	钟祥市(鄂)	3.50
388	枝江市(鄂)	3.00
389	咸安区(鄂)	3.00
390	监利县(鄂)	3.00
391	建始县(鄂)	2.50
392	沙洋县(鄂)	2.00
393	随　县(鄂)	2.00
394	老河口市(鄂)	1.80
395	当阳市(鄂)	1.78
396	崇阳县(鄂)	1.50
397	京山县(鄂)	1.10
398	大悟县(鄂)	1.00
399	樊城区(鄂)	0.74
400	汉川市(鄂)	0.73
401	浠水县(鄂)	0.64
402	襄城区(鄂)	0.61
403	丹江口市(鄂)	0.56
404	宜城市(鄂)	0.55
405	孝南区(鄂)	0.55
406	炎陵县(湘)	57.70
407	汉寿县(湘)	15.10
408	芙蓉区(湘)	15.00
409	攸　县(湘)	13.00
410	新田县(湘)	11.00
411	衡山县(湘)	10.90
412	雨花区(湘)	10.00
413	开福区(湘)	10.00
414	天心区(湘)	10.00
415	芦淞区(湘)	8.00
416	永定区(湘)	6.00
417	绥宁县(湘)	5.80
418	安化县(湘)	5.50
419	鹤城区(湘)	5.50
420	鼎城区(湘)	5.20
421	双峰县(湘)	5.20
422	株洲县(湘)	5.10

(续)

序号	胶合板主产地	万立方米
423	浏阳市(湘)	4.60
424	洞口县(湘)	4.50
425	祁东县(湘)	4.20
426	常宁市(湘)	4.03
427	沅江市(湘)	3.55
428	珠晖区(湘)	3.00
429	武冈市(湘)	3.00
430	衡阳县(湘)	2.16
431	邵阳县(湘)	2.08
432	岳麓区(湘)	2.00
433	汝城县(湘)	1.82
434	冷水滩区(湘)	1.62
435	隆回县(湘)	1.42
436	东安县(湘)	1.40
437	冷水江市(湘)	1.30
438	宁乡县(湘)	1.30
439	赫山区(湘)	1.20
440	双牌县(湘)	1.20
441	沅陵县(湘)	1.10
442	桑植县(湘)	1.00
443	岳阳县(湘)	1.00
444	石门县(湘)	1.00
445	慈利县(湘)	0.95
446	零陵区(湘)	0.90
447	安仁县(湘)	0.85
448	娄星区(湘)	0.80
449	城步苗族自治县(湘)	0.80
450	岳阳楼区(湘)	0.80
451	雨湖区(湘)	0.70
452	湘阴县(湘)	0.70
453	麻阳苗族自治县(湘)	0.70
454	汨罗市(湘)	0.69
455	苏仙区(湘)	0.62
456	芷江侗族自治县(湘)	0.61
457	资兴市(湘)	0.59
458	澧　县(湘)	0.59
459	洪江区(湘)	0.55
460	南海区(粤)	286.72
461	廉江市(粤)	117.02
462	揭阳市普侨区(粤)	50.00
463	开平市(粤)	38.36
464	遂溪县(粤)	31.84
465	顺德区(粤)	29.03
466	三水区(粤)	20.77
467	东源县(粤)	18.00

(续)

序号	胶合板主产地	万立方米
468	台山市(粤)	15.00
469	鹤山市(粤)	13.00
470	郁南县(粤)	7.00
471	东莞市(粤)	5.78
472	惠城区(粤)	4.50
473	平远县(粤)	4.09
474	仁化县(粤)	4.00
475	番禺区(粤)	4.00
476	高明区(粤)	3.50
477	斗门区(粤)	3.10
478	清新县(粤)	3.00
479	增城市(粤)	2.80
480	雷州市(粤)	2.76
481	连平县(粤)	2.20
482	大埔县(粤)	2.00
483	化州市(粤)	1.83
484	惠东县(粤)	1.70
485	浈江区(粤)	1.68
486	揭东区(粤)	1.41
487	兴宁市(粤)	1.30
488	博罗县(粤)	1.30
489	高州市(粤)	1.30
490	翁源县(粤)	1.00
491	禅城区(粤)	0.90
492	怀集县(粤)	0.90
493	覃塘区(桂)	112.00
494	武鸣县(桂)	92.00
495	浦北县(桂)	58.00
496	岑溪市(桂)	50.12
497	博白县(桂)	43.50
498	容　县(桂)	41.03
499	柳江县(桂)	40.00
500	港北区(桂)	38.00
501	良庆区(桂)	37.20
502	宁明县(桂)	33.00
503	八步区(桂)	31.50
504	恭城瑶族自治县(桂)	26.20
505	江南区(桂)	21.12
506	临桂县(桂)	20.10
507	桂平市(桂)	20.01
508	北流市(桂)	19.91
509	灵山县(桂)	19.80
510	合浦县(桂)	19.50
511	苍梧县(桂)	18.80
512	横　县(桂)	18.50

（续）

序号	胶合板主产地	万立方米
513	凭祥市(桂)	17.83
514	宜州市(桂)	17.00
515	鹿寨县(桂)	15.83
516	龙胜各族自治县(桂)	15.71
517	灵川县(桂)	15.11
518	龙圩区(桂)	15.00
519	环江毛南族自治县(桂)	14.90
520	荔浦县(桂)	14.32
521	贺州市平桂管理区(桂)	14.13
522	金秀瑶族自治县(桂)	14.10
523	象州县(桂)	12.85
524	防城区(桂)	12.03
525	田林县(桂)	12.00
526	平南县(桂)	12.00
527	富川瑶族自治县(桂)	11.00
528	灌阳县(桂)	10.95
529	平乐县(桂)	10.60
530	玉林市福绵区(桂)	10.20
531	兴安县(桂)	9.80
532	钦北区(桂)	9.74
533	罗城仫佬族自治县(桂)	9.50
534	西林县(桂)	8.31
535	全州县(桂)	8.30
536	平果县(桂)	7.70
537	资源县(桂)	6.83
538	田阳县(桂)	5.60
539	昭平县(桂)	5.42
540	大化瑶族自治县(桂)	4.72
541	凤山县(桂)	4.45
542	陆川县(桂)	4.30
543	武宣县(桂)	4.19
544	六万林场(桂)	4.17
545	右江区(桂)	4.10
546	博白林场(桂)	4.00
547	银海区(桂)	3.90
548	钦南区(桂)	3.76
549	江州区(桂)	3.30
550	隆林各族自治县(桂)	3.10
551	海城区(桂)	2.83
552	凌云县(桂)	2.66
553	田东县(桂)	2.50
554	南丹县(桂)	2.02
555	龙州县(桂)	1.85
556	东兰县(桂)	1.80
557	金城江区(桂)	1.66

（续）

序号	胶合板主产地	万立方米
558	那坡县(桂)	1.59
559	七坡林场(桂)	1.20
560	靖西县(桂)	1.00
561	铁山港区(桂)	0.91
562	巴马瑶族自治县(桂)	0.80
563	钟山县(桂)	0.72
564	融安县(桂)	0.70
565	大桂山林场(桂)	0.67
566	九龙坡区(渝)	9.02
567	荣昌县(渝)	3.49
568	大渡口区(渝)	3.36
569	永川区(渝)	2.50
570	开　县(渝)	2.10
571	垫江县(渝)	1.75
572	黔江区(渝)	0.86
573	江津区(渝)	0.80
574	涪陵区(渝)	0.80
575	邛崃市(川)	70.00
576	井研县(川)	24.00
577	丹棱县(川)	14.00
578	洪雅县(川)	10.00
579	前锋区(川)	8.00
580	荣　县(川)	7.60
581	万源市(川)	7.00
582	高坪区(川)	6.60
583	长宁县(川)	5.40
584	纳溪区(川)	4.30
585	宣汉县(川)	4.00
586	邻水县(川)	4.00
587	富顺县(川)	3.60
588	雁江区(川)	3.00
589	宜宾县(川)	2.90
590	东坡区(川)	2.25
591	剑阁县(川)	2.20
592	江油市(川)	2.20
593	乐山市市中区(川)	2.05
594	翠屏区(川)	2.00
595	旺苍县(川)	2.00
596	高　县(川)	1.70
597	金堂县(川)	1.60
598	达川区(川)	1.60
599	自流井区(川)	1.50
600	武胜县(川)	1.50
601	渠　县(川)	1.50
602	江安县(川)	1.33

（续）

序号	胶合板主产地	万立方米
603	贡井区(川)	1.20
604	旌阳区(川)	1.20
605	安　县(川)	1.00
606	营山县(川)	1.00
607	大安区(川)	0.90
608	泸　县(川)	0.80
609	赤水市(黔)	12.24
610	龙里县(黔)	1.69
611	红花岗区(黔)	1.35
612	贵定县(黔)	1.00
613	玉屏侗族自治县(黔)	1.00
614	德江县(黔)	0.95
615	长顺县(黔)	0.85
616	三都水族自治县(黔)	0.60
617	昌宁县(滇)	7.56
618	宁洱哈尼族彝族自治县(滇)	7.06
619	思茅区(滇)	6.00
620	寻甸回族彝族自治县(滇)	5.30
621	双柏县(滇)	4.60
622	楚雄市(滇)	3.37
623	个旧市(滇)	3.00
624	腾冲县(滇)	2.51
625	镇沅彝族哈尼族拉祜族自治县(滇)	2.35
626	大姚县(滇)	2.25
627	卫国林业局(滇)	2.10
628	芒　市(滇)	2.05
629	隆阳区(滇)	2.03
630	盈江县(滇)	1.93
631	马关县(滇)	1.65
632	景谷傣族彝族自治县(滇)	1.58
633	澜沧拉祜族自治县(滇)	1.33
634	南华县(滇)	1.20
635	西畴县(滇)	1.03
636	陇川县(滇)	1.01
637	富宁县(滇)	0.85
638	大理市(滇)	0.78
639	施甸县(滇)	0.70
640	耿马傣族佤族自治县(滇)	0.62
641	元阳县(滇)	0.58
642	乾　县(陕)	8.40
643	商南县(陕)	0.53
644	莎车县(新)	1.35
645	绥棱林业局(龙江森工)	1.70
646	美溪林业局(龙江森工)	0.96

表 2-2　纤维板主产地产量

(续)

序号	纤维板主产地	万立方米
1	文安县(冀)	244.80
2	藁城区(冀)	121.04
3	易　县(冀)	24.00
4	正定县(冀)	16.00
5	平泉县(冀)	15.90
6	邱　县(冀)	14.80
7	辛集市(冀)	9.85
8	唐　县(冀)	9.10
9	深州市(冀)	8.00
10	安平县(冀)	6.80
11	霸州市(冀)	3.82
12	涿州市(冀)	0.60
13	杭锦后旗(蒙)	1.25
14	翁牛特旗(蒙)	0.75
15	台安县(辽)	22.00
16	阜新蒙古族自治县(辽)	10.00
17	新宾满族自治县(辽)	7.50
18	桓仁满族自治县(辽)	5.91
19	清原满族自治县(辽)	4.40
20	彰武县(辽)	4.20
21	海城市(辽)	3.50
22	黑山县(辽)	2.00
23	抚松县(吉)	20.00
24	汪清林业局(吉)	1.70
25	桦甸市(吉)	1.50
26	绥芬河市(黑)	10.00
27	牡丹江市市本级(黑)	4.41
28	沭阳县(苏)	195.00
29	丹阳市(苏)	147.55
30	泗阳县(苏)	52.50
31	邳州市(苏)	48.00
32	灌南县(苏)	44.27
33	新沂市(苏)	40.00
34	泗洪县(苏)	38.40
35	浦口区(苏)	37.80
36	赣榆区(苏)	24.89
37	沛　县(苏)	20.00
38	高邮市(苏)	18.50
39	东海县(苏)	16.20
40	睢宁县(苏)	11.69
41	大丰区(苏)	11.00
42	滨海县(苏)	10.00
43	溧阳市(苏)	10.00
44	盱眙县(苏)	9.80
45	淮阴区(苏)	9.40
46	宿豫区(苏)	4.26
47	宝应县(苏)	3.00
48	阜宁县(苏)	0.68
49	泰顺县(浙)	31.78
50	仙居县(浙)	8.69
51	常山县(浙)	8.55
52	桐乡市(浙)	8.25
53	阜南县(皖)	40.60
54	怀宁县(皖)	28.70
55	太和县(皖)	21.00
56	宣州区(皖)	20.00
57	宁国市(皖)	16.82
58	东至县(皖)	15.20
59	利辛县(皖)	14.00
60	琅琊区(皖)	13.50
61	泗　县(皖)	13.42
62	寿　县(皖)	12.70
63	灵璧县(皖)	11.50
64	南谯区(皖)	11.00
65	定远县(皖)	10.00
66	六安市叶集区(皖)	10.00
67	蒙城县(皖)	10.00
68	埇桥区(皖)	8.76
69	固镇县(皖)	7.77
70	桐城市(皖)	7.60
71	祁门县(皖)	6.65
72	含山县(皖)	6.16
73	太湖县(皖)	5.80
74	怀远县(皖)	3.90
75	颍泉区(皖)	3.50
76	谯城区(皖)	3.00
77	石台县(皖)	2.35
78	濉溪县(皖)	1.60
79	潜山县(皖)	1.20
80	颍州区(皖)	0.60
81	旌德县(皖)	0.58
82	禹会区(皖)	0.54
83	大观区(皖)	0.50
84	永安市(闽)	42.50
85	南靖县(闽)	19.80
86	建阳市(闽)	18.17
87	建瓯市(闽)	15.15
88	龙海市(闽)	14.19
89	邵武市(闽)	13.70
90	新罗区(闽)	7.80
91	永春县(闽)	4.98
92	马尾区(闽)	1.61
93	永定县(闽)	0.54
94	南康市(赣)	25.20
95	吉安县(赣)	19.40
96	袁州区(赣)	18.60
97	南昌市市辖区(赣)	15.99
98	临川区(赣)	14.90
99	信丰县(赣)	12.89
100	遂川县(赣)	8.50
101	永丰县(赣)	6.50
102	九江县(赣)	3.00
103	高安市(赣)	2.43
104	万安县(赣)	1.50
105	余江县(赣)	0.70
106	兰山区(鲁)	194.80
107	茌平县(鲁)	181.84
108	临清市(鲁)	70.77
109	邹城市(鲁)	33.02
110	高唐县(鲁)	24.30
111	惠民县(鲁)	20.00
112	曹　县(鲁)	15.80
113	寿光市(鲁)	14.80
114	嘉祥县(鲁)	12.50
115	鱼台县(鲁)	12.30
116	临沂市临港经济开发区(鲁)	12.00
117	肥城市(鲁)	10.00
118	齐河县(鲁)	9.70
119	沾化县(鲁)	7.50
120	东平县(鲁)	6.35
121	汶上县(鲁)	5.84
122	任城区(鲁)	5.50
123	沂水县(鲁)	5.00
124	广饶县(鲁)	3.72
125	潍城区(鲁)	3.60
126	张店区(鲁)	3.50
127	博兴县(鲁)	3.35
128	兖州市(鲁)	3.00
129	郯城县(鲁)	2.30
130	宁阳县(鲁)	2.25
131	河东区(鲁)	2.07
132	费　县(鲁)	2.00
133	新泰市(鲁)	1.80
134	沂南县(鲁)	1.32
135	长葛市(豫)	121.00

（续）

序号	纤维板主产地	万立方米
136	濮阳县(豫)	28.00
137	尉氏县(豫)	22.27
138	汝南县(豫)	22.24
139	扶沟县(豫)	20.85
140	范　县(豫)	20.00
141	邓州市(豫)	16.00
142	兰考县(豫)	15.70
143	罗山县(豫)	12.22
144	孟州市(豫)	12.00
145	西华县(豫)	10.00
146	睢阳区(豫)	6.43
147	临颍县(豫)	6.23
148	泌阳县(豫)	4.50
149	新乡县(豫)	4.41
150	沁阳市(豫)	4.00
151	固始县(豫)	3.90
152	西峡县(豫)	3.54
153	宁陵县(豫)	3.50
154	郸城县(豫)	3.40
155	内乡县(豫)	3.00
156	沈丘县(豫)	3.00
157	淇　县(豫)	1.08
158	监利县(鄂)	38.00
159	天门市(鄂)	28.00
160	石首市(鄂)	25.00
161	东宝区(鄂)	23.00
162	曾都区(鄂)	20.00
163	南漳县(鄂)	16.20
164	咸安区(鄂)	14.80
165	松滋市(鄂)	14.30
166	远安县(鄂)	13.16
167	蕲春县(鄂)	13.00
168	沙市区(鄂)	12.00
169	新洲区(鄂)	11.90
170	枝江市(鄂)	10.00
171	麻城市(鄂)	9.00
172	沙洋县(鄂)	8.00
173	云梦县(鄂)	8.00
174	仙桃市(鄂)	6.50
175	五峰土家族自治县(鄂)	3.98
176	崇阳县(鄂)	3.50
177	潜江市(鄂)	2.50
178	枣阳市(鄂)	1.60
179	资阳区(湘)	14.00
180	浏阳市(湘)	6.47

（续）

序号	纤维板主产地	万立方米
181	攸　县(湘)	6.30
182	新邵县(湘)	5.50
183	华容县(湘)	4.50
184	资兴市(湘)	2.43
185	珠晖区(湘)	2.00
186	岳麓区(湘)	2.00
187	冷水滩区(湘)	1.03
188	安化县(湘)	0.70
189	揭阳市普侨区(粤)	50.00
190	花都区(粤)	30.00
191	茂南区(粤)	30.00
192	封开县(粤)	24.68
193	四会市(粤)	24.00
194	清城区(粤)	23.10
195	鹤山市(粤)	23.00
196	阳东县(粤)	21.20
197	德庆县(粤)	21.00
198	遂溪县(粤)	19.82
199	廉江市(粤)	18.41
200	罗定市(粤)	16.00
201	英德市(粤)	14.63
202	阳春市(粤)	13.00
203	东莞市(粤)	12.80
204	翁源县(粤)	10.00
205	台山市(粤)	9.50
206	增城市(粤)	9.30
207	郁南县(粤)	9.00
208	高明区(粤)	7.60
209	新丰县(粤)	7.57
210	陆河县(粤)	7.14
211	怀集县(粤)	5.10
212	南海区(粤)	5.01
213	仁化县(粤)	4.00
214	化州市(粤)	3.90
215	博罗县(粤)	3.50
216	顺德区(粤)	2.66
217	恩平市(粤)	1.60
218	禅城区(粤)	1.30
219	平远县(粤)	1.19
220	横　县(桂)	53.00
221	高峰林场(桂)	49.58
222	鹿寨县(桂)	47.42
223	合浦县(桂)	40.00
224	右江区(桂)	28.60
225	昭平县(桂)	28.18

（续）

序号	纤维板主产地	万立方米
226	宜州市(桂)	26.00
227	岑溪市(桂)	25.08
228	博白县(桂)	24.00
229	覃塘区(桂)	23.00
230	七坡林场(桂)	20.60
231	博白林场(桂)	18.00
232	象州县(桂)	17.25
233	容　县(桂)	16.76
234	良庆区(桂)	16.68
235	八步区(桂)	13.70
236	武宣县(桂)	10.05
237	苍梧县(桂)	10.00
238	陆川县(桂)	10.00
239	钦北区(桂)	9.54
240	桂平市(桂)	8.52
241	全州县(桂)	8.20
242	钦廉林场(桂)	7.00
243	钟山县(桂)	5.86
244	中国林科院热林中心(桂)	5.53
245	凭祥市(桂)	4.69
246	环江毛南族自治县(桂)	4.50
247	浦北县(桂)	3.80
248	玉林市福绵区(桂)	2.10
249	雅长林场(桂)	1.72
250	灵川县(桂)	1.00
251	石柱土家族自治县(渝)	13.00
252	丰都县(渝)	8.60
253	万州区(渝)	7.30
254	南岸区(渝)	3.34
255	开　县(渝)	1.50
256	彭山县(川)	42.00
257	双流县(川)	33.21
258	梓潼县(川)	27.00
259	乐山市市中区(川)	25.95
260	崇州市(川)	14.23
261	高坪区(川)	12.00
262	苍溪县(川)	11.00
263	彭州市(川)	10.00
264	合江县(川)	10.00
265	邛崃市(川)	10.00
266	屏山县(川)	9.50
267	丹棱县(川)	9.00
268	北川羌族自治县(川)	8.00
269	乐至县(川)	8.00
270	夹江县(川)	6.00

(续)

序号	纤维板主产地	万立方米
271	资中县(川)	6.00
272	达川区(川)	5.60
273	平武县(川)	5.60
274	名山县(川)	5.50
275	安　县(川)	5.00
276	剑阁县(川)	4.30
277	宣汉县(川)	3.90
278	三台县(川)	3.40
279	阆中市(川)	2.00
280	江油市(川)	1.80
281	武胜县(川)	1.50
282	旺苍县(川)	1.00
283	青川县(川)	0.80
284	西昌市(川)	0.80
285	金堂县(川)	0.73
286	富顺县(川)	0.60
287	龙里县(黔)	7.68
288	临翔区(滇)	16.00
289	双柏县(滇)	15.90
290	腾冲县(滇)	9.10
291	建水县(滇)	8.88
292	泸西县(滇)	8.69
293	宁洱哈尼族彝族自治县(滇)	8.53
294	景东彝族自治县(滇)	7.53
295	盘龙区(滇)	6.40
296	镇沅彝族哈尼族拉祜族自治县(滇)	6.36
297	隆阳区(滇)	4.65
298	卫国林业局(滇)	3.70
299	孟连傣族拉祜族佤族自治县(滇)	3.13
300	墨江哈尼族自治县(滇)	2.53
301	丘北县(滇)	2.18
302	景谷傣族彝族自治县(滇)	2.00
303	威信县(滇)	1.20
304	思茅区(滇)	1.00
305	芒　市(滇)	0.53
306	高陵县(陕)	42.21
307	勉　县(陕)	1.31
308	米东区(新)	7.00
309	红石林业局(吉林森工)	4.73
310	友好林业局(龙江森工)	0.53

表 2-3　刨花板主产地产量

序号	刨花板主产地	万立方米
1	灵寿县(冀)	6.00
2	文安县(冀)	163.20
3	南和县(冀)	39.15
4	正定县(冀)	18.00
5	临漳县(冀)	15.61
6	武邑县(冀)	15.00
7	藁城区(冀)	12.02
8	迁西县(冀)	7.00
9	望都县(冀)	6.09
10	邢台市高新技术开发区(冀)	5.67
11	霸州市(冀)	3.18
12	吴桥县(冀)	2.60
13	永年县(冀)	1.27
14	三河市(冀)	0.61
15	夏　县(晋)	5.60
16	乌拉特后旗(蒙)	0.51
17	法库县(辽)	31.80
18	庄河市(辽)	10.00
19	普兰店市(辽)	5.50
20	海城市(辽)	2.70
21	抚松县(吉)	10.00
22	公主岭市(吉)	1.05
23	穆棱市(黑)	23.20
24	宁安市(黑)	17.00
25	爱辉区(黑)	1.00
26	沭阳县(苏)	44.00
27	丹阳市(苏)	35.93
28	泗阳县(苏)	16.00
29	盱眙县(苏)	8.90
30	洪泽县(苏)	5.00
31	宿城区(苏)	4.70
32	丰　县(苏)	4.00
33	常熟市(苏)	3.51
34	滨海县(苏)	1.80
35	泗洪县(苏)	1.45
36	宝应县(苏)	1.00
37	建湖县(苏)	0.79
38	阜宁县(苏)	0.70
39	吴中区(苏)	0.60
40	吴兴区(浙)	5.93
41	鄞州区(浙)	3.80
42	太和县(皖)	21.00
43	六安市叶集区(皖)	20.00
44	砀山县(皖)	11.97
45	南谯区(皖)	10.00
46	埇桥区(皖)	8.10
47	凤阳县(皖)	6.00
48	全椒县(皖)	6.00
49	怀宁县(皖)	5.50
50	琅琊区(皖)	4.50
51	岳西县(皖)	4.25
52	泗　县(皖)	3.72
53	潜山县(皖)	1.60
54	宿松县(皖)	1.10
55	东至县(皖)	1.00
56	南陵县(皖)	0.76
57	祁门县(皖)	0.72
58	芗城区(闽)	10.69
59	龙海市(闽)	10.69
60	顺昌县(闽)	9.66
61	邵武市(闽)	7.12
62	清流县(闽)	6.91
63	建瓯市(闽)	6.01
64	武平县(闽)	5.41
65	明溪县(闽)	4.23
66	武夷山市(闽)	1.70
67	永安市(闽)	1.42
68	南康市(赣)	29.20
69	万安县(赣)	3.20
70	芦溪县(赣)	3.00
71	余江县(赣)	0.60
72	曹　县(鲁)	102.15
73	费　县(鲁)	50.00
74	莘　县(鲁)	36.70
75	寿光市(鲁)	25.56
76	沂水县(鲁)	22.00
77	兰山区(鲁)	19.30
78	惠民县(鲁)	10.00
79	兖州市(鲁)	4.00
80	诸城市(鲁)	2.10
81	微山县(鲁)	1.35
82	东平县(鲁)	1.09
83	郯城县(鲁)	1.00
84	沂南县(鲁)	0.87
85	周村区(鲁)	0.56
86	潍城区(鲁)	0.54
87	肥城市(鲁)	0.53
88	开封县(豫)	13.20
89	尉氏县(豫)	22.10
90	临颍县(豫)	17.36
91	柘城县(豫)	10.01
92	睢　县(豫)	10.00

（续）

序号	刨花板主产地	万立方米
93	许昌县(豫)	6.70
94	睢阳区(豫)	6.65
95	西华县(豫)	6.00
96	兰考县(豫)	6.00
97	沁阳市(豫)	3.10
98	新野县(豫)	2.31
99	湖滨区(豫)	1.40
100	新安县(豫)	1.18
101	平桥区(豫)	1.00
102	夏邑县(豫)	1.00
103	吉利区(豫)	0.80
104	郸城县(豫)	0.70
105	民权县(豫)	0.60
106	沈丘县(豫)	0.60
107	东宝区(鄂)	22.00
108	监利县(鄂)	12.00
109	沙市区(鄂)	2.50
110	枣阳市(鄂)	1.80
111	黄陂区(鄂)	1.50
112	石首市(鄂)	1.43
113	崇阳县(鄂)	0.60
114	汨罗市(湘)	3.30
115	天心区(湘)	3.00
116	开福区(湘)	3.00
117	岳麓区(湘)	2.00
118	澧　县(湘)	1.33
119	汝城县(湘)	1.15
120	珠晖区(湘)	1.00
121	洪江市(湘)	0.86
122	炎陵县(湘)	0.83
123	冷水江市(湘)	0.80
124	新会区(粤)	2.68
125	仁化县(粤)	30.00
126	遂溪县(粤)	22.70
127	惠城区(粤)	20.00
128	东莞市(粤)	8.09
129	五华县(粤)	6.22
130	花都区(粤)	4.50
131	蓬江区(粤)	3.13
132	顺德区(粤)	3.05
133	普宁市(粤)	2.68
134	番禺区(粤)	2.60
135	大埔县(粤)	1.60
136	清城区(粤)	1.60
137	龙川县(粤)	1.00

（续）

序号	刨花板主产地	万立方米
138	平远县(粤)	0.88
139	博罗县(粤)	0.83
140	西林县(桂)	1.12
141	派阳山林场(桂)	31.89
142	高峰林场(桂)	23.81
143	大桂山林场(桂)	23.80
144	八步区(桂)	23.60
145	宁明县(桂)	22.00
146	覃塘区(桂)	20.00
147	横　县(桂)	9.50
148	融水苗族自治县(桂)	7.00
149	荔浦县(桂)	6.71
150	全州县(桂)	6.50
151	玉林市福绵区(桂)	1.80
152	龙州县(桂)	1.19
153	铁山港区(桂)	1.05
154	融安县(桂)	0.60
155	永川区(渝)	9.50
156	三台县(川)	6.80
157	什邡市(川)	6.00
158	江阳区(川)	3.30
159	宣汉县(川)	3.10
160	雁江区(川)	2.00
161	安　县(川)	2.00
162	江油市(川)	1.20
163	旺苍县(川)	1.10
164	崇州市(川)	0.58
165	昌宁县(滇)	7.08
166	五华区(滇)	5.40
167	鹤庆县(滇)	2.00
168	定边县(陕)	0.55
169	吉林森工集团股份公司(吉林森工)	4.98
170	穆棱林业局(龙江森工)	2.10
171	朗乡林业局(龙江森工)	0.77

表 2-4　细木工板(大芯板)主产地产量

序号	细木工板(大芯板)主产地	万立方米
1	文安县(冀)	153.00
2	邢台市高新技术开发区(冀)	54.32
3	南和县(冀)	17.90
4	青龙满族自治县(冀)	6.00
5	藁城区(冀)	1.00
6	丰宁满族自治县(冀)	0.93
7	临漳县(冀)	0.63
8	高平市(晋)	1.00

（续）

序号	细木工板(大芯板)主产地	万立方米
9	科尔沁区(蒙)	1.50
10	杭锦后旗(蒙)	1.50
11	凌源市(辽)	0.87
12	海城市(辽)	0.80
13	镇赉县(吉)	2.00
14	洮北区(吉)	8.30
15	梨树县(吉)	7.80
16	抚松县(吉)	7.10
17	东辽县(吉)	4.90
18	龙山区(吉)	2.97
19	敦化市(吉)	2.80
20	经济开发区(吉)	1.78
21	长岭县(吉)	1.10
22	农安县(吉)	0.75
23	德惠市(吉)	0.60
24	五常市(黑)	4.50
25	香坊区(黑)	4.00
26	绥棱县(黑)	4.00
27	虎林市(黑)	2.00
28	明水县(黑)	1.00
29	望奎县(黑)	1.00
30	青冈县(黑)	1.00
31	克山县(黑)	0.80
32	沭阳县(苏)	330.00
33	六合区(苏)	5.39
34	宿豫区(苏)	3.62
35	铜山区(苏)	1.50
36	丰　县(苏)	1.00
37	通州区(苏)	0.65
38	涟水县(苏)	0.60
39	路桥区(浙)	7.38
40	德清县(浙)	23.00
41	余杭区(浙)	10.77
42	龙泉市(浙)	4.10
43	瓯海区(浙)	2.95
44	庆元县(浙)	1.78
45	苍南县(浙)	1.77
46	义乌市(浙)	1.72
47	开化县(浙)	0.90
48	常山县(浙)	0.78
49	临安市(浙)	0.55
50	砀山县(皖)	42.24
51	谯城区(皖)	7.00
52	潜山县(皖)	3.20
53	东至县(皖)	1.10

（续）

序号	细木工板（大芯板）主产地	万立方米
54	青阳县（皖）	1.00
55	泾　县（皖）	1.00
56	徽州区（皖）	0.79
57	旌德县（皖）	0.68
58	太湖县（皖）	0.63
59	祁门县（皖）	0.55
60	南康市（赣）	9.50
61	遂川县（赣）	9.00
62	浮梁县（赣）	8.50
63	南昌市市辖区（赣）	8.20
64	新干县（赣）	7.27
65	铜鼓县（赣）	6.83
66	武宁县（赣）	6.00
67	资溪县（赣）	2.87
68	德兴市（赣）	2.77
69	安远县（赣）	2.26
70	万载县（赣）	2.25
71	宜黄县（赣）	1.77
72	分宜县（赣）	1.75
73	瑞金市（赣）	1.70
74	崇义县（赣）	1.65
75	婺源县（赣）	1.46
76	安福县（赣）	1.40
77	广昌县（赣）	1.32
78	吉水县（赣）	1.25
79	丰城市（赣）	1.00
80	共青城市（赣）	1.00
81	安源区（赣）	0.70
82	峡江县（赣）	0.53
83	邹城市（鲁）	1.32
84	沂水县（鲁）	72.00
85	惠民县（鲁）	20.00
86	莘　县（鲁）	18.64
87	济阳县（鲁）	10.00
88	寿光市（鲁）	8.00
89	阳信县（鲁）	5.00
90	梁山县（鲁）	4.40
91	任城区（鲁）	3.00
92	肥城市（鲁）	1.58
93	桓台县（鲁）	1.50
94	岱岳区（鲁）	1.50
95	安丘市（鲁）	1.50
96	宁阳县（鲁）	1.37
97	东平县（鲁）	0.84
98	禹州市（豫）	66.81
99	尉氏县（豫）	31.40
100	兰考县（豫）	11.00
101	邓州市（豫）	9.50
102	睢阳区（豫）	3.25
103	新密市（豫）	2.10
104	义马市（豫）	1.95
105	孟津县（豫）	1.50
106	睢　县（豫）	1.20
107	濮阳县（豫）	1.00
108	内乡县（豫）	1.00
109	洛宁县（豫）	0.90
110	宁陵县（豫）	0.70
111	临颍县（豫）	0.68
112	东西湖区（鄂）	20.32
113	钟祥市（鄂）	3.80
114	潜江市（鄂）	3.00
115	沙洋县（鄂）	3.00
116	天门市（鄂）	3.00
117	新洲区（鄂）	1.87
118	五峰土家族自治县（鄂）	1.50
119	黄陂区（鄂）	1.20
120	沅江市（湘）	1.19
121	湘阴县（湘）	13.00
122	攸　县（湘）	12.60
123	桃江县（湘）	10.00
124	汉寿县（湘）	8.90
125	鹤城区（湘）	8.00
126	冷水滩区（湘）	6.83
127	炎陵县（湘）	6.10
128	湘潭县（湘）	4.83
129	安化县（湘）	4.20
130	新化县（湘）	3.80
131	衡山县（湘）	3.76
132	开福区（湘）	3.00
133	汝城县（湘）	2.66
134	北塔区（湘）	2.53
135	武冈市（湘）	2.50
136	中方县（湘）	2.50
137	蓝山县（湘）	2.28
138	衡阳县（湘）	2.16
139	隆回县（湘）	1.90
140	会同县（湘）	1.80
141	临澧县（湘）	1.60
142	双峰县（湘）	1.50
143	零陵区（湘）	1.50
144	衡南县（湘）	1.38
145	浏阳市（湘）	1.36
146	耒阳市（湘）	1.35
147	祁东县（湘）	1.30
148	新宁县（湘）	1.23
149	桃源县（湘）	1.22
150	岳阳楼区（湘）	1.20
151	石鼓区（湘）	1.20
152	芦淞区（湘）	1.20
153	宁乡县（湘）	1.20
154	古丈县（湘）	1.20
155	资兴市（湘）	1.08
156	洞口县（湘）	1.00
157	祁阳县（湘）	0.90
158	慈利县（湘）	0.80
159	湘乡市（湘）	0.70
160	雨花区（湘）	0.60
161	岳麓区（湘）	0.60
162	城步苗族自治县（湘）	0.60
163	株洲县（湘）	0.60
164	溆浦县（湘）	0.60
165	常宁市（湘）	0.53
166	顺德区（粤）	11.87
167	乐昌市（粤）	6.00
168	仁化县（粤）	4.00
169	清新县（粤）	3.50
170	增城市（粤）	3.40
171	浈江区（粤）	2.68
172	博罗县（粤）	2.40
173	大埔县（粤）	1.10
174	翁源县（粤）	1.00
175	台山市（粤）	0.70
176	封开县（粤）	0.53
177	融水苗族自治县（桂）	136.00
178	融安县（桂）	31.00
179	八步区（桂）	8.60
180	环江毛南族自治县（桂）	8.10
181	资源县（桂）	4.29
182	江南区（桂）	4.00
183	玉林市福绵区（桂）	3.70
184	田林县（桂）	3.00
185	金城江区（桂）	2.00
186	灵川县（桂）	1.90
187	博白县（桂）	1.79
188	田阳县（桂）	1.47

（续）

序号	细木工板(大芯板)主产地	万立方米
189	乐业县(桂)	1.44
190	横　县(桂)	0.56
191	那坡县(桂)	0.55
192	昭平县(桂)	0.53
193	青神县(川)	5.10
194	宣汉县(川)	3.50
195	夹江县(川)	3.00
196	中江县(川)	2.55
197	北川羌族自治县(川)	2.00
198	江安县(川)	1.00
199	广汉市(川)	1.00
200	安　县(川)	1.00
201	南江县(川)	0.90
202	荥经县(川)	0.70
203	三都水族自治县(黔)	1.90
204	玉屏侗族自治县(黔)	0.60
205	威信县(滇)	1.30
206	宁洱哈尼族彝族自治县(滇)	0.69
207	柴河林业局(龙江森工)	1.00
208	穆棱林业局(龙江森工)	0.95
209	新青林业局(龙江森工)	0.59
210	红星林业局(龙江森工)	0.59

表 3-1　木地板主产地产量

序号	木地板主产地	万平方米
1	魏　县(冀)	47.00
2	广平县(冀)	40.00
3	顺城区(辽)	500.76
4	溪湖区(辽)	330.00
5	新民市(辽)	204.00
6	于洪区(辽)	200.00
7	抚顺县(辽)	185.00
8	庄河市(辽)	100.00
9	普兰店市(辽)	65.00
10	大石桥市(辽)	33.50
11	清原满族自治县(辽)	16.50
12	甘井子区(辽)	7.96
13	沈北新区(辽)	6.00
14	彰武县(辽)	6.00
15	新宾满族自治县(辽)	6.00
16	凌海市(辽)	2.00
17	珲春市(吉)	1807.92
18	敦化市(吉)	895.20
19	船营区(吉)	200.00
20	宽城区(吉)	180.00

（续）

序号	木地板主产地	万立方米
21	抚松县(吉)	180.00
22	汪清林业局(吉)	105.00
23	珲春森林山公司(吉)	70.60
24	临江市(吉)	60.00
25	新元木业公司(吉)	59.00
26	集安市(吉)	25.00
27	昌邑区(吉)	13.70
28	延吉市(吉)	10.20
29	二道区(吉)	4.00
30	松原市市辖区(吉)	2.00
31	公主岭市(吉)	1.85
32	东丰县(吉)	1.40
33	穆棱市(黑)	109.37
34	绥芬河市(黑)	80.00
35	桦南县(黑)	45.00
36	五常市(黑)	43.00
37	道外区(黑)	30.00
38	海林市(黑)	20.00
39	延寿县(黑)	11.00
40	嘉荫县(黑)	10.00
41	香坊区(黑)	7.50
42	绥棱县(黑)	5.50
43	七台河市市辖区(黑)	2.70
44	呼兰区(黑)	2.00
45	方正县(黑)	1.72
46	新兴区(黑)	1.00
47	道里区(黑)	0.60
48	松江区(沪)	220.00
49	武进区(苏)	19209.34
50	丹阳市(苏)	4687.19
51	沭阳县(苏)	460.00
52	邳州市(苏)	450.00
53	泗阳县(苏)	365.00
54	宜兴市(苏)	274.50
55	吴江市(苏)	268.30
56	赣榆区(苏)	144.00
57	金坛市(苏)	130.00
58	铜山区(苏)	100.00
59	启东市(苏)	72.50
60	东台市(苏)	71.24
61	江宁区(苏)	54.37
62	大丰区(苏)	10.00
63	丰　县(苏)	6.00
64	邗江区(苏)	4.51
65	宿豫区(苏)	3.22

（续）

序号	木地板主产地	万立方米
66	海州区(苏)	3.20
67	涟水县(苏)	2.00
68	高邮市(苏)	2.00
69	常熟市(苏)	1.49
70	海安县(苏)	0.90
71	义乌市(浙)	2000.00
72	吴兴区(浙)	338.00
73	德清县(浙)	300.00
74	长兴县(浙)	200.00
75	桐庐县(浙)	186.92
76	龙泉市(浙)	151.60
77	诸暨市(浙)	95.27
78	安吉县(浙)	61.10
79	定海区(浙)	60.00
80	余杭区(浙)	44.30
81	鄞州区(浙)	24.50
82	越城区(浙)	23.45
83	建德市(浙)	8.60
84	开化县(浙)	8.00
85	南浔区(浙)	6.68
86	奉化市(浙)	5.86
87	临安市(浙)	4.00
88	瓯海区(浙)	3.09
89	淳安县(浙)	2.00
90	富阳市(浙)	1.85
91	永康市(浙)	1.62
92	镇海区(浙)	1.51
93	桐乡市(浙)	1.50
94	泰顺县(浙)	0.77
95	琅琊区(皖)	600.00
96	来安县(皖)	506.00
97	宿松县(皖)	465.08
98	阜南县(皖)	350.00
99	砀山县(皖)	308.55
100	南谯区(皖)	306.60
101	繁昌县(皖)	260.00
102	宣州区(皖)	204.00
103	怀宁县(皖)	200.00
104	埇桥区(皖)	140.44
105	广德县(皖)	131.30
106	定远县(皖)	80.00
107	淮上区(皖)	80.00
108	天长市(皖)	60.90
109	东至县(皖)	22.35
110	六安市叶集区(皖)	10.00

(续)

序号	木地板主产地	万立方米
111	旌德县(皖)	8.97
112	休宁县(皖)	7.60
113	岳西县(皖)	5.15
114	祁门县(皖)	4.50
115	霍山县(皖)	2.90
116	屯溪区(皖)	2.40
117	郎溪县(皖)	1.50
118	石台县(皖)	1.34
119	谢家集区(皖)	1.20
120	潜山县(皖)	1.20
121	颍上县(皖)	0.86
122	大观区(皖)	0.60
123	安福县(赣)	403.00
124	铜鼓县(赣)	180.00
125	高安市(赣)	77.96
126	南丰县(赣)	73.50
127	广昌县(赣)	65.50
128	资溪县(赣)	51.02
129	渝水区(赣)	32.66
130	新干县(赣)	29.04
131	遂川县(赣)	25.00
132	永新县(赣)	13.10
133	袁州区(赣)	12.00
134	玉山县(赣)	8.68
135	永修县(赣)	7.10
136	德兴市(赣)	7.00
137	石城县(赣)	5.00
138	宁都县(赣)	5.00
139	泰和县(赣)	4.00
140	芦溪县(赣)	3.50
141	婺源县(赣)	3.08
142	分宜县(赣)	2.00
143	新建县(赣)	1.98
144	吉州区(赣)	1.73
145	吉水县(赣)	1.42
146	靖安县(赣)	1.40
147	井冈山市(赣)	1.30
148	乐安县(赣)	1.00
149	峡江县(赣)	0.78
150	安远县(赣)	0.75
151	大余县(赣)	0.64
152	瑞金市(赣)	0.60
153	万安县(赣)	0.60
154	茌平县(鲁)	2167.40
155	任城区(鲁)	521.25

(续)

序号	木地板主产地	万立方米
156	费　县(鲁)	200.00
157	兖州市(鲁)	138.00
158	寿光市(鲁)	121.80
159	邹平县(鲁)	98.00
160	高唐县(鲁)	50.00
161	肥城市(鲁)	42.00
162	桓台县(鲁)	30.00
163	惠民县(鲁)	20.00
164	河口区(鲁)	15.00
165	东平县(鲁)	14.02
166	齐河县(鲁)	10.45
167	梁山县(鲁)	9.86
168	曹　县(鲁)	3.54
169	尉氏县(豫)	1100.00
170	邓州市(豫)	79.00
171	兰考县(豫)	12.00
172	长葛市(豫)	7.60
173	宁陵县(豫)	3.12
174	台前县(豫)	2.92
175	临颍县(豫)	1.80
176	固始县(豫)	0.90
177	孝南区(鄂)	1320.00
178	嘉鱼县(鄂)	383.90
179	咸安区(鄂)	246.80
180	荆州区(鄂)	200.00
181	沙市区(鄂)	200.00
182	蔡甸区(鄂)	190.00
183	东宝区(鄂)	100.00
184	利川市(鄂)	80.00
185	来凤县(鄂)	11.20
186	咸丰县(鄂)	5.27
187	五峰土家族自治县(鄂)	3.50
188	房　县(鄂)	3.00
189	崇阳县(鄂)	2.00
190	云梦县(鄂)	0.80
191	攸　县(湘)	400.00
192	长沙县(湘)	120.00
193	武冈市(湘)	100.00
194	望城县(湘)	40.00
195	湘阴县(湘)	31.00
196	安化县(湘)	25.00
197	炎陵县(湘)	22.00
198	雨花区(湘)	21.00
199	鹤城区(湘)	20.50
200	永定区(湘)	20.00

(续)

序号	木地板主产地	万立方米
201	芙蓉区(湘)	15.00
202	天心区(湘)	15.00
203	岳麓区(湘)	13.00
204	长沙市市辖区(湘)	12.00
205	苏仙区(湘)	10.90
206	桃源县(湘)	10.00
207	沅陵县(湘)	8.80
208	邵东县(湘)	8.60
209	洪江区(湘)	7.02
210	株洲县(湘)	5.50
211	靖州苗族侗族自治县(湘)	5.00
212	浏阳市(湘)	4.35
213	洞口县(湘)	4.00
214	绥宁县(湘)	3.80
215	石峰区(湘)	3.20
216	平江县(湘)	2.95
217	隆回县(湘)	2.80
218	溆浦县(湘)	2.70
219	新化县(湘)	2.50
220	开福区(湘)	2.00
221	桑植县(湘)	1.20
222	洪江市(湘)	1.17
223	衡东县(湘)	1.00
224	雨湖区(湘)	1.00
225	珠晖区(湘)	0.80
226	凤凰县(湘)	0.80
227	麻阳苗族自治县(湘)	0.80
228	零陵区(湘)	0.80
229	东源县(粤)	950.00
230	增城市(粤)	340.00
231	澄海区(粤)	135.40
232	顺德区(粤)	44.46
233	番禺区(粤)	24.45
234	雷州市(粤)	12.72
235	仁化县(粤)	10.00
236	禅城区(粤)	7.80
237	鹤山市(粤)	7.10
238	郁南县(粤)	1.00
239	融水苗族自治县(桂)	36.00
240	武鸣县(桂)	30.20
241	资源县(桂)	4.27
242	灵川县(桂)	0.53
243	乐至县(川)	260.00
244	青白江区(川)	142.00
245	乐山市市中区(川)	130.00

（续）

序号	木地板主产地	万立方米
246	雁江区（川）	50.00
247	盐亭县（川）	41.20
248	仪陇县（川）	39.00
249	剑阁县（川）	30.00
250	双流县（川）	19.93
251	安　县（川）	9.00
252	前锋区（川）	7.00
253	彭州市（川）	6.00
254	南江县（川）	5.30
255	沐川县（川）	4.50
256	华蓥市（川）	3.00
257	江油市（川）	2.00
258	蓬溪县（川）	1.10
259	昭化区（川）	1.05
260	开江县（川）	1.00
261	阆中市（川）	0.60
262	龙里县（黔）	42.63
263	红花岗区（黔）	2.30
264	碧江区（黔）	2.00
265	赤水市（黔）	1.73
266	昆明市高新技术开发区（滇）	100.00
267	瑞丽市（滇）	78.00
268	盈江县（滇）	50.49
269	晋宁县（滇）	12.00
270	昆明市经济技术开发区（滇）	8.72
271	芒　市（滇）	6.35
272	梁河县（滇）	2.94
273	腾冲县（滇）	0.80
274	吉林森工集团金桥木业有限公司（吉林森工）	406.00
275	穆棱林业局（龙江森工）	5.90
276	桃山林业局（龙江森工）	3.90
277	铁力林业局（龙江森工）	1.90

表 3-2　单板（刨切、旋切、微薄板）主产地产量

序号	单板（刨切、旋切、微薄板）主产地	万立方米
1	文安县（冀）	450.00
2	桃城区（冀）	46.00
3	望都县（冀）	6.47
4	元宝山区（蒙）	5.00
5	抚顺县（辽）	32.00
6	彰武县（辽）	16.00
7	昌图县（辽）	8.00

（续）

序号	单板（刨切、旋切、微薄板）主产地	万立方米
8	庄河市（辽）	4.00
9	新宾满族自治县（辽）	1.50
10	新邱区（辽）	1.00
11	北票市（辽）	0.70
12	二道区（吉）	6.85
13	农安县（吉）	6.00
14	洮北区（吉）	5.90
15	白城市市辖区（吉）	4.90
16	延吉市（吉）	3.44
17	长岭县（吉）	0.90
18	公主岭市（吉）	0.82
19	东丰县（吉）	0.60
20	青冈县（黑）	6.50
21	海林市（黑）	5.00
22	明水县（黑）	4.00
23	克山县（黑）	4.00
24	龙江县（黑）	2.80
25	南岗区（黑）	1.20
26	绥芬河市（黑）	1.00
27	克东县（黑）	0.60
28	庆安县（黑）	0.60
29	依安县（黑）	0.50
30	浦江县（浙）	0.60
31	六安市叶集区（皖）	150.00
32	灵璧县（皖）	18.20
33	潜山县（皖）	6.20
34	霍邱县（皖）	6.10
35	涡阳县（皖）	5.80
36	临泉县（皖）	5.00
37	桐城市（皖）	2.00
38	太和县（皖）	2.00
39	谯城区（皖）	2.00
40	界首市（皖）	1.55
41	颍州区（皖）	1.21
42	谢家集区（皖）	1.10
43	泾　县（皖）	1.00
44	颍东区（皖）	0.98
45	寿　县（皖）	0.90
46	大观区（皖）	0.80
47	南陵县（皖）	0.72
48	全椒县（皖）	0.70
49	望江县（皖）	0.60
50	吉水县（赣）	62.98
51	南昌市市辖区（赣）	50.00

（续）

序号	单板（刨切、旋切、微薄板）主产地	万立方米
52	靖安县（赣）	14.70
53	信丰县（赣）	7.05
54	九江县（赣）	5.10
55	南康市（赣）	3.50
56	万安县（赣）	2.20
57	石城县（赣）	2.00
58	余江县（赣）	1.60
59	婺源县（赣）	1.01
60	瑞金市（赣）	0.90
61	赣　县（赣）	0.80
62	泰和县（赣）	0.80
63	费　县（鲁）	980.00
64	惠民县（鲁）	400.00
65	曹　县（鲁）	160.40
66	肥城市（鲁）	140.00
67	高唐县（鲁）	10.50
68	鱼台县（鲁）	10.50
69	新泰市（鲁）	4.60
70	诸城市（鲁）	4.08
71	平邑县（鲁）	3.90
72	岱岳区（鲁）	3.50
73	宁阳县（鲁）	2.44
74	莒南县（鲁）	2.30
75	安丘市（鲁）	1.50
76	高青县（鲁）	1.20
77	郯城县（鲁）	1.10
78	范　县（豫）	42.00
79	商水县（豫）	29.16
80	邓州市（豫）	22.50
81	夏邑县（豫）	16.00
82	兰考县（豫）	12.00
83	虞城县（豫）	8.00
84	淮滨县（豫）	4.60
85	内乡县（豫）	3.00
86	项城市（豫）	2.90
87	新野县（豫）	2.30
88	洛宁县（豫）	2.10
89	新蔡县（豫）	1.89
90	湖滨区（豫）	1.60
91	桐柏县（豫）	1.00
92	偃师市（豫）	1.00
93	鹿邑县（豫）	0.90
94	沈丘县（豫）	0.60
95	光山县（豫）	0.55

(续)

序号	单板(刨切、旋切、微薄板)主产地	万立方米
96	天门市(鄂)	7.00
97	崇阳县(鄂)	3.50
98	南漳县(鄂)	1.50
99	嘉鱼县(鄂)	1.40
100	洪湖市(鄂)	0.70
101	襄城区(鄂)	0.51
102	安乡县(湘)	5.62
103	浏阳市(湘)	5.41
104	雨花区(湘)	3.00
105	沅江市(湘)	2.65
106	汉寿县(湘)	2.40
107	岳麓区(湘)	2.00
108	开福区(湘)	2.00
109	长沙市市辖区(湘)	1.00
110	城步苗族自治县(湘)	1.00
111	祁东县(湘)	0.90
112	赫山区(湘)	0.80
113	零陵区(湘)	0.61
114	芙蓉区(湘)	0.60
115	廉江市(粤)	117.02
116	揭阳市普侨区(粤)	100.00
117	阳春市(粤)	35.00
118	紫金县(粤)	20.00
119	佛冈县(粤)	12.30
120	清新县(粤)	7.50
121	遂溪县(粤)	6.70
122	英德市(粤)	6.37
123	增城市(粤)	6.20
124	博罗县(粤)	4.20
125	化州市(粤)	3.89
126	普宁市(粤)	2.68
127	新丰县(粤)	2.62
128	连平县(粤)	2.60
129	浈江区(粤)	2.30
130	饶平县(粤)	2.20
131	仁化县(粤)	2.00
132	惠阳区(粤)	1.60
133	电白区(粤)	1.20
134	郁南县(粤)	1.00
135	翁源县(粤)	1.00
136	清城区(粤)	0.98
137	云城区(粤)	0.70
138	覃塘区(桂)	178.00
139	合浦县(桂)	68.91

(续)

序号	单板(刨切、旋切、微薄板)主产地	万立方米
140	宁明县(桂)	54.00
141	容　县(桂)	44.09
142	鹿寨县(桂)	39.20
143	北流市(桂)	36.16
144	灵山县(桂)	34.20
145	岑溪市(桂)	32.56
146	凭祥市(桂)	32.43
147	武宣县(桂)	30.83
148	港北区(桂)	30.20
149	博白县(桂)	25.80
150	环江毛南族自治县(桂)	23.00
151	防城区(桂)	22.66
152	武鸣县(桂)	21.42
153	浦北县(桂)	20.00
154	江南区(桂)	19.05
155	钦北区(桂)	18.20
156	钦廉林场(桂)	14.00
157	玉林市福绵区(桂)	13.00
158	田林县(桂)	10.00
159	平果县(桂)	9.80
160	钦南区(桂)	8.98
161	临桂县(桂)	6.80
162	全州县(桂)	6.50
163	陆川县(桂)	6.50
164	平南县(桂)	3.80
165	大桂山林场(桂)	3.63
166	桂平市(桂)	3.53
167	兴安县(桂)	2.60
168	灵川县(桂)	2.38
169	昭平县(桂)	2.30
170	巴马瑶族自治县(桂)	1.68
171	田东县(桂)	1.50
172	那坡县(桂)	1.40
173	荔浦县(桂)	1.32
174	派阳山林场(桂)	1.22
175	合山市(桂)	1.01
176	苍梧县(桂)	1.00
177	金城江区(桂)	1.00
178	永川区(渝)	1.00
179	夹江县(川)	2.00
180	游仙区(川)	1.50
181	高　县(川)	0.80
182	册亨县(黔)	3.00
183	独山县(黔)	1.00

(续)

序号	单板(刨切、旋切、微薄板)主产地	万立方米
184	威信县(滇)	2.10
185	宁洱哈尼族彝族自治县(滇)	1.20
186	腾冲县(滇)	0.85
187	孟连傣族拉祜族佤族自治县(滇)	0.70
188	瑞丽市(滇)	0.51
189	霍城县(新)	0.85

表 3-3　木质家具主产地产量

序号	木质家具主产地	万件
1	宝坻区(津)	54.60
2	香河县(冀)	338.60
3	井陉矿区(冀)	182.00
4	武邑县(冀)	140.00
5	正定县(冀)	110.00
6	丰南区(冀)	57.30
7	文安县(冀)	50.00
8	无极县(冀)	39.00
9	巨鹿县(冀)	36.00
10	邢台市高新技术开发区(冀)	35.00
11	玉田县(冀)	11.60
12	威　县(冀)	11.00
13	宁晋县(冀)	7.27
14	临漳县(冀)	6.21
15	平泉县(冀)	5.15
16	广宗县(冀)	4.60
17	栾城区(冀)	4.60
18	望都县(冀)	4.51
19	秦皇岛开发区(冀)	4.30
20	平山县(冀)	3.30
21	广平县(冀)	3.10
22	任丘市(冀)	2.51
23	高碑店市(冀)	2.30
24	丰宁满族自治县(冀)	2.20
25	涿州市(冀)	1.43
26	邯郸县(冀)	1.36
27	元氏县(冀)	1.30
28	曲周县(冀)	1.20
29	武强县(冀)	1.20
30	馆陶县(冀)	1.16
31	永年县(冀)	1.10
32	唐　县(冀)	1.10
33	鸡泽县(冀)	1.03
34	赵　县(冀)	1.00
35	魏　县(冀)	0.98

(续)

序号	木质家具主产地	万件
36	永清县(冀)	0.80
37	鹿泉区(冀)	0.60
38	大名县(冀)	0.56
39	垣曲县(晋)	1.00
40	大同县(晋)	1.00
41	南郊区(晋)	0.89
42	喀喇沁旗(蒙)	3.68
43	科尔沁区(蒙)	1.60
44	九原区(蒙)	1.20
45	太子河区(辽)	180.00
46	于洪区(辽)	180.00
47	普兰店市(辽)	130.00
48	庄河市(辽)	100.00
49	本溪满族自治县(辽)	48.00
50	沈北新区(辽)	25.00
51	南芬区(辽)	20.00
52	新宾满族自治县(辽)	12.00
53	清原满族自治县(辽)	10.50
54	双塔区(辽)	10.00
55	甘井子区(辽)	8.00
56	银州区(辽)	5.80
57	彰武县(辽)	5.00
58	龙城区(辽)	4.20
59	桓仁满族自治县(辽)	4.10
60	喀喇沁左翼蒙古族自治县(辽)	4.00
61	连山区(辽)	3.00
62	北票市(辽)	2.80
63	建昌县(辽)	2.00
64	大石桥市(辽)	1.80
65	鲅鱼圈区(辽)	1.40
66	盖州市(辽)	1.20
67	本溪市经济开发区(辽)	1.00
68	凌海市(辽)	1.00
69	兴城市(辽)	0.70
70	抚顺县(辽)	0.52
71	辉南县(吉)	180.00
72	安图县(吉)	28.40
73	敦化市(吉)	21.20
74	柳河县(吉)	20.00
75	昌邑区(吉)	13.50
76	蛟河市(吉)	6.60
77	船营区(吉)	6.00
78	集安市(吉)	6.00
79	前郭尔罗斯蒙古族自治县(吉)	4.00
80	抚松县(吉)	3.50

(续)

序号	木质家具主产地	万件
81	二道区(吉)	3.30
82	农安县(吉)	3.00
83	四平市市辖区(吉)	3.00
84	宁江区(吉)	2.45
85	新元木业公司(吉)	2.40
86	绿园区(吉)	1.80
87	长春市净月经济开发区(吉)	1.48
88	南关区(吉)	1.40
89	德惠市(吉)	1.30
90	长白朝鲜族自治县(吉)	1.30
91	桦甸市(吉)	1.00
92	磐石市(吉)	1.00
93	道外区(黑)	62.00
94	南岗区(黑)	30.00
95	香坊区(黑)	21.00
96	巴彦县(黑)	14.50
97	阿城区(黑)	13.00
98	五常市(黑)	7.00
99	穆棱市(黑)	6.57
100	松北区(黑)	6.00
101	克山县(黑)	4.50
102	克东县(黑)	3.20
103	宾县(黑)	3.00
104	延寿县(黑)	1.50
105	方正县(黑)	1.20
106	尚志国有林场管理局(黑)	1.00
107	新兴区(黑)	1.00
108	让胡路区(黑)	1.00
109	桃山区(黑)	1.00
110	兰西县(黑)	1.00
111	虎林市(黑)	0.60
112	松江区(沪)	50.00
113	安吉县(浙)	781.59
114	诸暨市(浙)	660.00
115	东阳市(浙)	347.60
116	婺城区(浙)	235.00
117	建德市(浙)	184.04
118	桐庐县(浙)	133.15
119	玉环县(浙)	119.00
120	义乌市(浙)	85.62
121	椒江区(浙)	80.50
122	德清县(浙)	80.00
123	云和县(浙)	77.43
124	鄞州区(浙)	71.70
125	天台县(浙)	70.98

(续)

序号	木质家具主产地	万件
126	余姚市(浙)	48.00
127	富阳市(浙)	46.36
128	武义县(浙)	45.76
129	龙湾区(浙)	44.99
130	南浔区(浙)	39.90
131	三门县(浙)	32.88
132	江北区(浙)	27.00
133	临海市(浙)	25.86
134	开化县(浙)	25.50
135	温岭市(浙)	24.89
136	龙泉市(浙)	21.40
137	苍南县(浙)	20.25
138	慈溪市(浙)	18.16
139	嵊州市(浙)	16.33
140	镇海区(浙)	16.11
141	定海区(浙)	13.29
142	吴兴区(浙)	11.00
143	象山县(浙)	10.50
144	仙居县(浙)	10.47
145	龙游县(浙)	10.00
146	奉化市(浙)	9.60
147	兰溪市(浙)	9.00
148	瑞安市(浙)	7.69
149	海宁市(浙)	7.59
150	桐乡市(浙)	6.50
151	淳安县(浙)	6.33
152	临安市(浙)	5.57
153	常山县(浙)	5.10
154	磐安县(浙)	4.85
155	路桥区(浙)	4.69
156	瓯海区(浙)	3.51
157	宁海县(浙)	3.00
158	余杭区(浙)	2.62
159	长兴县(浙)	2.50
160	秀洲区(浙)	2.00
161	泰顺县(浙)	1.92
162	平湖市(浙)	1.25
163	浦江县(浙)	1.23
164	永康市(浙)	1.10
165	缙云县(浙)	0.87
166	普陀区(浙)	0.54
167	明光市(皖)	166.00
168	临泉县(皖)	120.00
169	凤阳县(皖)	85.00
170	潜山县(皖)	56.00

(续)

序号	木质家具主产地	万件
171	包河区(皖)	50.00
172	谯城区(皖)	40.00
173	砀山县(皖)	26.00
174	郎溪县(皖)	25.00
175	颍州区(皖)	22.00
176	泗　县(皖)	19.68
177	东至县(皖)	18.26
178	固镇县(皖)	14.00
179	颍泉区(皖)	12.30
180	桐城市(皖)	7.50
181	怀宁县(皖)	7.00
182	瑶海区(皖)	6.00
183	岳西县(皖)	5.80
184	界首市(皖)	5.60
185	徽州区(皖)	4.10
186	太湖县(皖)	4.00
187	屯溪区(皖)	3.80
188	黟　县(皖)	3.30
189	石台县(皖)	2.80
190	青阳县(皖)	2.79
191	潘集区(皖)	2.03
192	五河县(皖)	2.00
193	霍山县(皖)	2.00
194	毛集实验区(皖)	1.50
195	祁门县(皖)	1.10
196	怀远县(皖)	1.00
197	全椒县(皖)	1.00
198	谢家集区(皖)	0.90
199	涡阳县(皖)	0.90
200	蒙城县(皖)	0.90
201	寿　县(皖)	0.70
202	望江县(皖)	0.60
203	余江县(赣)	320.00
204	龙南县(赣)	154.75
205	高安市(赣)	43.95
206	宜黄县(赣)	39.97
207	南昌市市辖区(赣)	39.90
208	瑞金市(赣)	38.00
209	章贡区(赣)	30.00
210	丰城市(赣)	28.50
211	永新县(赣)	26.00
212	泰和县(赣)	17.00
213	永丰县(赣)	10.00
214	定南县(赣)	6.20
215	吉安县(赣)	6.00

(续)

序号	木质家具主产地	万件
216	石城县(赣)	6.00
217	临川区(赣)	5.80
218	万载县(赣)	5.60
219	广丰县(赣)	5.32
220	吉水县(赣)	5.18
221	青原区(赣)	4.80
222	渝水区(赣)	3.60
223	寻乌县(赣)	3.50
224	遂川县(赣)	3.50
225	赣　县(赣)	3.10
226	南城县(赣)	2.60
227	安福县(赣)	2.50
228	分宜县(赣)	2.50
229	全南县(赣)	2.40
230	余干县(赣)	2.01
231	万安县(赣)	2.00
232	广昌县(赣)	1.94
233	樟树市(赣)	1.90
234	婺源县(赣)	1.76
235	永修县(赣)	1.50
236	玉山县(赣)	1.30
237	新干县(赣)	1.08
238	新建县(赣)	1.02
239	星子县(赣)	1.00
240	都昌县(赣)	1.00
241	大余县(赣)	0.74
242	铅山县(赣)	0.54
243	德州市市辖区(鲁)	450.00
244	周村区(鲁)	450.00
245	寿光市(鲁)	221.00
246	莱阳市(鲁)	160.00
247	惠民县(鲁)	150.00
248	乐陵市(鲁)	120.00
249	肥城市(鲁)	120.00
250	邹平县(鲁)	120.00
251	费　县(鲁)	52.00
252	沂南县(鲁)	33.50
253	沂水县(鲁)	29.00
254	莒　县(鲁)	24.50
255	鱼台县(鲁)	21.00
256	天桥区(鲁)	19.00
257	临清市(鲁)	17.00
258	河东区(鲁)	16.40
259	莒南县(鲁)	15.00
260	东平县(鲁)	14.00

(续)

序号	木质家具主产地	万件
261	沂源县(鲁)	12.20
262	昌乐县(鲁)	10.50
263	阳信县(鲁)	10.00
264	青州市(鲁)	8.80
265	蒙阴县(鲁)	5.50
266	安丘市(鲁)	5.50
267	宁阳县(鲁)	5.35
268	桓台县(鲁)	5.00
269	岱岳区(鲁)	4.50
270	临沂市临港经济开发区(鲁)	4.00
271	东昌府区(鲁)	3.90
272	新泰市(鲁)	3.80
273	曹　县(鲁)	2.17
274	武城县(鲁)	2.00
275	博山区(鲁)	2.00
276	威海市市辖区(鲁)	1.90
277	莘　县(鲁)	1.78
278	齐河县(鲁)	1.30
279	罗庄区(鲁)	1.30
280	章丘市(鲁)	1.20
281	兖州市(鲁)	1.20
282	昌邑市(鲁)	1.20
283	淄川区(鲁)	1.00
284	坊子区(鲁)	0.90
285	利津县(鲁)	0.80
286	宁陵县(豫)	2500.00
287	新蔡县(豫)	1269.00
288	汤阴县(豫)	100.00
289	清丰县(豫)	79.00
290	西华县(豫)	60.00
291	项城市(豫)	57.00
292	镇平县(豫)	56.00
293	兰考县(豫)	51.00
294	渑池县(豫)	50.00
295	沈丘县(豫)	50.00
296	夏邑县(豫)	50.00
297	原阳县(豫)	45.00
298	梁园区(豫)	35.00
299	滑　县(豫)	30.80
300	睢阳区(豫)	25.60
301	邓州市(豫)	25.00
302	范　县(豫)	24.00
303	汝阳县(豫)	23.42
304	淅川县(豫)	23.00
305	中牟县(豫)	22.00

（续）

序号	木质家具主产地	万件
306	辉县市(豫)	20.00
307	正阳县(豫)	16.50
308	虞城县(豫)	15.00
309	嵩　县(豫)	15.00
310	魏都区(豫)	14.00
311	新安县(豫)	13.70
312	濮阳县(豫)	12.00
313	西峡县(豫)	11.69
314	伊川县(豫)	10.00
315	卧龙区(豫)	10.00
316	华龙区(豫)	10.00
317	鹿邑县(豫)	9.50
318	新郑市(豫)	9.50
319	荥阳市(豫)	8.70
320	宝丰县(豫)	8.20
321	淮阳县(豫)	8.00
322	台前县(豫)	7.60
323	桐柏县(豫)	7.20
324	洛宁县(豫)	7.20
325	太康县(豫)	7.00
326	商城县(豫)	6.50
327	博爱县(豫)	6.37
328	南乐县(豫)	6.00
329	林州市(豫)	5.50
330	偃师市(豫)	5.00
331	睢　县(豫)	5.00
332	沁阳市(豫)	5.00
333	方城县(豫)	4.70
334	凤泉区(豫)	4.60
335	汝州市(豫)	4.24
336	湖滨区(豫)	4.00
337	郸城县(豫)	4.00
338	登封市(豫)	3.90
339	长葛市(豫)	3.60
340	杞　县(豫)	3.50
341	新野县(豫)	3.30
342	西平县(豫)	3.20
343	获嘉县(豫)	3.20
344	商水县(豫)	3.16
345	郾城区(豫)	3.01
346	洛龙区(豫)	3.00
347	浚　县(豫)	2.90
348	固始县(豫)	2.90
349	淮滨县(豫)	2.70
350	永城市(豫)	2.70

（续）

序号	木质家具主产地	万件
351	平桥区(豫)	2.50
352	卫辉市(豫)	2.50
353	光山县(豫)	2.30
354	温　县(豫)	2.10
355	息　县(豫)	2.00
356	新密市(豫)	2.00
357	灵宝市(豫)	2.00
358	牧野区(豫)	1.90
359	济源市(豫)	1.80
360	封丘县(豫)	1.70
361	宛城区(豫)	1.10
362	郏　县(豫)	1.00
363	文峰区(豫)	0.97
364	内乡县(豫)	0.80
365	社旗县(豫)	0.70
366	舞钢市(豫)	0.61
367	孟津县(豫)	0.60
368	龙亭区(豫)	0.55
369	建始县(鄂)	100.00
370	孝南区(鄂)	92.00
371	潜江市(鄂)	90.00
372	枣阳市(鄂)	83.00
373	东宝区(鄂)	50.00
374	崇阳县(鄂)	25.00
375	洪湖市(鄂)	18.50
376	天门市(鄂)	18.00
377	谷城县(鄂)	15.00
378	荆州区(鄂)	15.00
379	嘉鱼县(鄂)	12.00
380	巴东县(鄂)	10.00
381	来凤县(鄂)	10.00
382	襄州区(鄂)	9.10
383	阳新县(鄂)	7.60
384	宜城市(鄂)	6.00
385	利川市(鄂)	5.77
386	鄂城区(鄂)	5.60
387	英山县(鄂)	5.00
388	华容区(鄂)	4.90
389	汉川市(鄂)	4.50
390	梁子湖区(鄂)	4.00
391	红安县(鄂)	3.00
392	兴山县(鄂)	3.00
393	沙市区(鄂)	3.00
394	恩施市(鄂)	3.00
395	竹山县(鄂)	2.80

（续）

序号	木质家具主产地	万件
396	蔡甸区(鄂)	2.40
397	夷陵区(鄂)	2.20
398	仙桃市(鄂)	2.20
399	沙洋县(鄂)	2.00
400	松滋市(鄂)	2.00
401	京山县(鄂)	2.00
402	随　县(鄂)	1.90
403	远安县(鄂)	1.79
404	西塞山区(鄂)	1.75
405	浠水县(鄂)	1.70
406	张湾区(鄂)	1.60
407	钟祥市(鄂)	1.60
408	咸安区(鄂)	1.40
409	咸丰县(鄂)	1.34
410	樊城区(鄂)	1.20
411	大冶市(鄂)	1.00
412	宜都市(鄂)	1.00
413	新洲区(鄂)	0.80
414	江陵县(鄂)	0.80
415	襄城区(鄂)	0.80
416	涟源市(湘)	92.00
417	鹤城区(湘)	65.00
418	安化县(湘)	50.00
419	珠晖区(湘)	50.00
420	汝城县(湘)	45.00
421	岳塘区(湘)	32.45
422	鼎城区(湘)	29.00
423	湘乡市(湘)	28.00
424	芙蓉区(湘)	26.00
425	岳麓区(湘)	23.00
426	武冈市(湘)	20.00
427	桃源县(湘)	18.00
428	桂东县(湘)	17.00
429	新化县(湘)	16.00
430	双峰县(湘)	15.00
431	资兴市(湘)	14.00
432	安仁县(湘)	13.00
433	中方县(湘)	12.50
434	武陵区(湘)	12.00
435	资阳区(湘)	12.00
436	汨罗市(湘)	10.15
437	雨湖区(湘)	10.00
438	临武县(湘)	9.80
439	石峰区(湘)	9.60
440	新田县(湘)	6.50

(续)

序号	木质家具主产地	万件
441	衡阳县(湘)	6.20
442	浏阳市(湘)	5.80
443	衡山县(湘)	5.74
444	永兴县(湘)	5.71
445	新宁县(湘)	5.60
446	醴陵市(湘)	5.50
447	赫山区(湘)	5.00
448	临澧县(湘)	4.80
449	宁乡县(湘)	4.20
450	汉寿县(湘)	3.90
451	邵东县(湘)	3.70
452	湘阴县(湘)	3.20
453	东安县(湘)	3.00
454	辰溪县(湘)	3.00
455	桃江县(湘)	3.00
456	绥宁县(湘)	2.80
457	永定区(湘)	2.50
458	北塔区(湘)	2.40
459	北湖区(湘)	2.20
460	开福区(湘)	2.10
461	武陵源区(湘)	2.00
462	长沙县(湘)	2.00
463	石门县(湘)	2.00
464	零陵区(湘)	1.80
465	宁远县(湘)	1.80
466	华容县(湘)	1.80
467	洞口县(湘)	1.80
468	望城县(湘)	1.50
469	芦淞区(湘)	1.50
470	岳阳楼区(湘)	1.50
471	新晃侗族自治县(湘)	1.50
472	津市市(湘)	1.40
473	株洲县(湘)	1.25
474	麻阳苗族自治县(湘)	1.10
475	邵阳县(湘)	1.00
476	城步苗族自治县(湘)	0.90
477	耒阳市(湘)	0.75
478	苏仙区(湘)	0.65
479	洪江市(湘)	0.63
480	澧 县(湘)	0.60
481	芷江侗族自治县(湘)	0.57
482	东莞市(粤)	1489.84
483	五华县(粤)	151.00
484	揭阳市普侨区(粤)	100.00
485	阳东县(粤)	24.00

(续)

序号	木质家具主产地	万件
486	台山市(粤)	22.10
487	鼎湖区(粤)	16.50
488	澄海区(粤)	14.60
489	云安县(粤)	12.00
490	潮安县(粤)	9.00
491	肇庆市大旺高新区(粤)	6.75
492	龙川县(粤)	6.00
493	花都区(粤)	5.20
494	德庆县(粤)	5.13
495	翁源县(粤)	5.10
496	惠阳区(粤)	5.00
497	霞山区(粤)	5.00
498	江海区(粤)	3.40
499	化州市(粤)	3.30
500	浈江区(粤)	2.60
501	番禺区(粤)	2.37
502	罗定市(粤)	2.23
503	雷州市(粤)	2.00
504	濠江区(粤)	1.20
505	徐闻县(粤)	1.12
506	茂南区(粤)	1.10
507	郁南县(粤)	1.00
508	吴川市(粤)	0.72
509	合浦县(桂)	145.00
510	龙胜各族自治县(桂)	78.59
511	象州县(桂)	38.70
512	平南县(桂)	20.00
513	灌阳县(桂)	11.00
514	兴安县(桂)	9.40
515	玉林市福绵区(桂)	8.50
516	灵山县(桂)	8.10
517	融水苗族自治县(桂)	8.00
518	覃塘区(桂)	8.00
519	金城江区(桂)	7.00
520	灵川县(桂)	4.53
521	桂平市(桂)	3.99
522	浦北县(桂)	3.50
523	凭祥市(桂)	3.50
524	银海区(桂)	3.10
525	海城区(桂)	2.90
526	荔浦县(桂)	2.90
527	鹿寨县(桂)	2.90
528	乐业县(桂)	2.70
529	昭平县(桂)	2.50
530	港北区(桂)	2.30

(续)

序号	木质家具主产地	万件
531	巴马瑶族自治县(桂)	2.00
532	田阳县(桂)	2.00
533	江州区(桂)	1.87
534	博白县(桂)	1.82
535	武宣县(桂)	1.52
536	南丹县(桂)	1.22
537	陆川县(桂)	0.90
538	融安县(桂)	0.70
539	那坡县(桂)	0.70
540	龙州县(桂)	0.64
541	岑溪市(桂)	0.60
542	梁平县(渝)	11.74
543	合川区(渝)	68.00
544	璧山县(渝)	28.37
545	长寿区(渝)	26.00
546	万州区(渝)	25.00
547	南川区(渝)	8.30
548	永川区(渝)	5.00
549	酉阳土家族苗族自治县(渝)	5.00
550	铜梁县(渝)	4.50
551	奉节县(渝)	3.00
552	彭水苗族土家族自治县(渝)	2.50
553	丰都县(渝)	2.48
554	大足县(渝)	2.00
555	江津区(渝)	1.50
556	巫溪县(渝)	1.10
557	石柱土家族自治县(渝)	1.04
558	城口县(渝)	0.90
559	崇州市(川)	780.00
560	仁寿县(川)	75.28
561	南部县(川)	65.00
562	彭州市(川)	59.00
563	青神县(川)	39.40
564	彭山县(川)	32.22
565	井研县(川)	30.00
566	合江县(川)	28.60
567	乐山市市中区(川)	26.00
568	双流县(川)	25.00
569	江阳区(川)	25.00
570	万源市(川)	23.00
571	平昌县(川)	22.00
572	华蓥市(川)	21.50
573	三台县(川)	21.20
574	巴州区(川)	20.00
575	游仙区(川)	20.00

（续）

序号	木质家具主产地	万件
576	泸　县(川)	20.00
577	东坡区(川)	18.15
578	邛崃市(川)	18.00
579	宣汉县(川)	15.50
580	峨眉山市(川)	14.90
581	乐至县(川)	14.00
582	丹棱县(川)	13.50
583	龙马潭区(川)	12.60
584	岳池县(川)	12.00
585	金堂县(川)	11.00
586	雅安市市辖区(川)	11.00
587	恩阳区(川)	10.50
588	梓潼县(川)	9.10
589	盐亭县(川)	9.10
590	都江堰市(川)	8.60
591	绵竹市(川)	8.60
592	青白江区(川)	8.60
593	射洪县(川)	8.50
594	大英县(川)	8.00
595	顺庆区(川)	8.00
596	筠连县(川)	7.85
597	新津县(川)	7.50
598	利州区(川)	6.80
599	简阳市(川)	6.50
600	安岳县(川)	6.00
601	威远县(川)	5.20
602	雁江区(川)	5.00
603	蓬溪县(川)	5.00
604	宜宾县(川)	4.20
605	什邡市(川)	4.00
606	沐川县(川)	3.90
607	江油市(川)	3.85
608	阆中市(川)	3.80
609	纳溪区(川)	3.80
610	邻水县(川)	3.73
611	布拖县(川)	3.50
612	安　县(川)	3.40
613	荣　县(川)	3.09
614	荥经县(川)	3.00
615	广安区(川)	3.00
616	渠　县(川)	3.00
617	达川区(川)	3.00
618	中江县(川)	2.90
619	苍溪县(川)	2.80
620	南江县(川)	2.80

（续）

序号	木质家具主产地	万件
621	剑阁县(川)	2.60
622	珙　县(川)	2.50
623	南溪县(川)	2.50
624	高　县(川)	2.22
625	平武县(川)	2.00
626	安居区(川)	2.00
627	江安县(川)	1.95
628	雷波县(川)	1.80
629	仁和区(川)	1.80
630	长宁县(川)	1.79
631	蒲江县(川)	1.70
632	通江县(川)	1.70
633	涪城区(川)	1.55
634	富顺县(川)	1.50
635	犍为县(川)	1.30
636	北川羌族自治县(川)	1.30
637	龙泉驿区(川)	1.28
638	攀枝花市东区(川)	1.20
639	隆昌县(川)	1.20
640	广汉市(川)	1.20
641	贡井区(川)	1.20
642	大安区(川)	1.10
643	高坪区(川)	1.00
644	旌阳区(川)	1.00
645	雨城区(川)	1.00
646	通川区(川)	0.95
647	兴文县(川)	0.90
648	洪雅县(川)	0.90
649	喜德县(川)	0.80
650	资中县(川)	0.80
651	蓬安县(川)	0.80
652	嘉陵区(川)	0.70
653	武胜县(川)	0.60
654	前锋区(川)	0.60
655	龙里县(黔)	32.33
656	七星关区(黔)	23.57
657	黔西县(黔)	7.53
658	普安县(黔)	5.50
659	开阳县(黔)	4.43
660	沿河土家族自治县(黔)	4.20
661	息烽县(黔)	3.40
662	德江县(黔)	2.90
663	红花岗区(黔)	2.70
664	贞丰县(黔)	2.50
665	赫章县(黔)	2.45

（续）

序号	木质家具主产地	万件
666	独山县(黔)	2.00
667	清镇市(黔)	1.80
668	平坝县(黔)	1.50
669	思南县(黔)	1.50
670	六枝特区(黔)	1.20
671	望谟县(黔)	1.00
672	榕江县(黔)	1.00
673	织金县(黔)	1.00
674	长顺县(黔)	0.95
675	碧江区(黔)	0.70
676	昆明市经济技术开发区(滇)	75.30
677	隆阳区(滇)	30.00
678	腾冲县(滇)	15.50
679	大关县(滇)	12.00
680	武定县(滇)	7.93
681	广南县(滇)	7.78
682	大理市(滇)	5.64
683	砚山县(滇)	5.20
684	昌宁县(滇)	4.79
685	五华区(滇)	4.00
686	寻甸回族彝族自治县(滇)	3.90
687	富民县(滇)	3.79
688	易门县(滇)	3.50
689	墨江哈尼族自治县(滇)	3.21
690	文山市(滇)	3.07
691	西畴县(滇)	3.00
692	双江拉祜族佤族布朗族傣族自治县(滇)	3.00
693	南华县(滇)	2.23
694	开远市(滇)	2.00
695	景东彝族自治县(滇)	1.86
696	耿马傣族佤族自治县(滇)	1.80
697	威信县(滇)	1.55
698	禄丰县(滇)	1.38
699	瑞丽市(滇)	1.09
700	丘北县(滇)	1.07
701	剑川县(滇)	0.80
702	盘龙区(滇)	0.75
703	石屏县(滇)	0.70
704	江城哈尼族彝族自治县(滇)	0.58
705	江川县(滇)	0.52
706	江孜县(藏)	15.00
707	琼结县(藏)	1.50
708	扶风县(陕)	16.30
709	长安区(陕)	4.20

(续)

序号	木质家具主产地	万件
710	千阳县(陕)	4.00
711	旬邑县(陕)	2.84
712	南郑县(陕)	1.80
713	渭城区(陕)	1.50
714	子洲县(陕)	1.30
715	三原县(陕)	1.10
716	蒲城县(陕)	1.00
717	商南县(陕)	0.98
718	合水县(甘)	1.00
719	吉林森工集团股份公司(吉林森工)	1.78
720	白石山林业局(吉林森工)	1.20
721	红石林业局(吉林森工)	0.53

表 3-4　卫生筷子主产地产量

序号	卫生筷子主产地	标准箱
1	江源区(吉)	2350000
2	敦化市(吉)	38800
3	长白朝鲜族自治县(吉)	1105
4	绥芬河市(黑)	100000
5	虎林市(黑)	30000
6	泰顺县(浙)	108405
7	安吉县(浙)	80000
8	奉化市(浙)	80000
9	义乌市(浙)	52000
10	龙泉市(浙)	4470
11	淳安县(浙)	4000
12	龙游县(浙)	2147
13	东至县(皖)	31000
14	石台县(皖)	28000
15	霍山县(皖)	8500
16	界首市(皖)	5000
17	潜山县(皖)	3300
18	谯城区(皖)	1000
19	南昌市市辖区(赣)	1980000
20	铅山县(赣)	860000
21	芦溪县(赣)	480000
22	贵溪市(赣)	369400
23	宜黄县(赣)	265562
24	定南县(赣)	150000
25	浮梁县(赣)	125000
26	靖安县(赣)	81800
27	全南县(赣)	70000
28	会昌县(赣)	55440
29	资溪县(赣)	40000
30	井冈山市(赣)	30500

(续)

序号	卫生筷子主产地	标准箱
31	高安市(赣)	30100
32	吉水县(赣)	27200
33	泰和县(赣)	23208
34	永新县(赣)	23000
35	武宁县(赣)	17600
36	安源区(赣)	16000
37	石城县(赣)	15600
38	遂川县(赣)	15000
39	婺源县(赣)	13800
40	南城县(赣)	7800
41	于都县(赣)	6200
42	崇仁县(赣)	6000
43	都昌县(赣)	3000
44	瑞金市(赣)	3000
45	永修县(赣)	2000
46	寻乌县(赣)	1500
47	渝水区(赣)	1250
48	安福县(赣)	1200
49	袁州区(赣)	1000
50	崇阳县(鄂)	45000
51	浠水县(鄂)	10500
52	蕲春县(鄂)	8600
53	新洲区(鄂)	5063
54	蓝山县(湘)	3000000
55	桃江县(湘)	1000000
56	安化县(湘)	400000
57	大祥区(湘)	340000
58	新宁县(湘)	200000
59	赫山区(湘)	150000
60	汝城县(湘)	100100
61	新化县(湘)	70000
62	衡南县(湘)	50000
63	洪江市(湘)	37000
64	耒阳市(湘)	36400
65	城步苗族自治县(湘)	28900
66	鼎城区(湘)	25000
67	资兴市(湘)	25000
68	东安县(湘)	20000
69	双峰县(湘)	16000
70	祁东县(湘)	16000
71	浏阳市(湘)	15000
72	零陵区(湘)	15000
73	武冈市(湘)	10000
74	洞口县(湘)	10000
75	长沙市市辖区(湘)	8000

(续)

序号	卫生筷子主产地	标准箱
76	开福区(湘)	8000
77	衡阳县(湘)	8000
78	株洲县(湘)	7500
79	岳麓区(湘)	6000
80	雨花区(湘)	6000
81	芙蓉区(湘)	6000
82	衡东县(湘)	5000
83	天心区(湘)	5000
84	溆浦县(湘)	2800
85	邵阳县(湘)	2000
86	茶陵县(湘)	1800
87	古丈县(湘)	1000
88	仁化县(粤)	5000
89	灵川县(桂)	94850
90	玉林市福绵区(桂)	2000
91	腾冲县(滇)	9500
92	瑞丽市(滇)	6350
93	绥阳林业局(龙江森工)	380000
94	亚布力林业局(龙江森工)	85086
95	黑龙江柴河林业局(龙江森工)	54500
96	大海林林业局(龙江森工)	45500
97	东京城林业局(龙江森工)	40000
98	穆棱林业局(龙江森工)	18812
99	红星林业局(龙江森工)	16000
100	鹤北林业局(龙江森工)	6000
101	十八站林业局(大兴安岭)	72992
102	新林林业局(大兴安岭)	34646
103	松岭林业局(大兴安岭)	24500
104	呼中林业局(大兴安岭)	23074
105	阿木尔林业局(大兴安岭)	11284
106	塔河林业局(大兴安岭)	4500

表 4-1　木浆主产地产量

序号	木浆主产地	万吨
1	龙潭区(吉)	30.00
2	滴道区(黑)	12.50
3	鄞州区(浙)	77.30
4	浦江县(浙)	10.00
5	桐庐县(浙)	3.70
6	吴兴区(浙)	0.99
7	潜山县(皖)	17.00
8	颍州区(皖)	8.00
9	铅山县(赣)	30.00
10	寿光市(鲁)	135.00
11	兖州市(鲁)	75.00

（续）

序号	木浆主产地	万吨
12	宁阳县(鲁)	36.50
13	桓台县(鲁)	20.50
14	齐河县(鲁)	14.00
15	陵　县(鲁)	3.63
16	濮阳市高新区(豫)	13.10
17	新乡县(豫)	10.80
18	武陟县(豫)	2.30
19	禹州市(豫)	0.65
20	潜江市(鄂)	5.00
21	老河口市(鄂)	2.00
22	南漳县(鄂)	1.00
23	监利县(鄂)	1.00
24	岳阳楼区(湘)	60.00
25	辰溪县(湘)	8.00
26	洪江区(湘)	5.00
27	蓝山县(湘)	4.04
28	绥宁县(湘)	3.00
29	新邵县(湘)	2.00
30	双峰县(湘)	2.00
31	沅江市(湘)	1.00
32	茶陵县(湘)	0.62
33	冷水滩区(湘)	0.60
34	揭阳市普侨区(粤)	30.00
35	广宁县(粤)	9.10
36	台山市(粤)	1.00
37	玉林市福绵区(桂)	1.20
38	全州县(桂)	0.85
39	田阳县(桂)	0.60
40	叙永县(川)	3.20
41	马边彝族自治县(川)	1.00
42	思南县(黔)	150.00
43	景谷傣族彝族自治县(滇)	20.62
44	青铜峡市(宁)	2.00

表 4-2　木浆纸主产地产量

序号	木浆纸主产地	万吨
1	顺平县(冀)	0.96
2	稷山县(晋)	1.00
3	龙潭区(吉)	26.00
4	公主岭市(吉)	0.60
5	德清县(浙)	180.00
6	南浔区(浙)	12.00
7	浦江县(浙)	10.00
8	长兴县(浙)	8.88
9	镇海区(浙)	1.98

（续）

序号	木浆纸主产地	万吨
10	吴兴区(浙)	0.99
11	迎江区(皖)	30.00
12	南昌市市辖区(赣)	33.04
13	章贡区(赣)	11.40
14	信丰县(赣)	0.61
15	兖州市(鲁)	314.00
16	寿光市(鲁)	260.50
17	宁阳县(鲁)	26.10
18	新泰市(鲁)	20.00
19	桓台县(鲁)	17.80
20	临清市(鲁)	15.00
21	齐河县(鲁)	14.00
22	昌乐县(鲁)	9.00
23	东平县(鲁)	8.40
24	青州市(鲁)	4.30
25	梁山县(鲁)	0.91
26	濮阳市高新区(豫)	33.80
27	台前县(豫)	13.00
28	范　县(豫)	8.00
29	新乡县(豫)	7.50
30	睢　县(豫)	6.00
31	武陟县(豫)	2.50
32	荆州区(鄂)	40.00
33	猇亭区(鄂)	2.00
34	南漳县(鄂)	1.10
35	监利县(鄂)	1.00
36	岳阳楼区(湘)	80.00
37	常德市市辖区(湘)	3.00
38	绥宁县(湘)	2.50
39	安乡县(湘)	1.00
40	揭阳市普侨区(粤)	20.00
41	覃塘区(桂)	12.00
42	田林县(桂)	11.36
43	玉林市福绵区(桂)	8.00
44	象州县(桂)	7.78
45	荔浦县(桂)	4.84
46	合川区(渝)	1.70
47	景谷傣族彝族自治县(滇)	3.00
48	柴河林业造纸厂(龙江森工)	2.16

表 4-3　竹浆主产地产量

序号	竹浆主产地	万吨
1	临川区(赣)	1.20
2	铅山县(赣)	1.00
3	大冶市(鄂)	2.00

（续）

序号	竹浆主产地	万吨
4	株洲县(湘)	320.00
5	娄星区(湘)	120.00
6	双峰县(湘)	2.00
7	东安县(湘)	1.80
8	绥宁县(湘)	1.30
9	茶陵县(湘)	0.73
10	宁远县(湘)	0.53
11	揭阳市普侨区(粤)	10.00
12	四会市(粤)	9.60
13	阳春市(粤)	0.60
14	永川区(渝)	18.00
15	合川区(渝)	5.80
16	沐川县(川)	22.00
17	犍为县(川)	21.40
18	纳溪区(川)	4.50
19	江安县(川)	2.50
20	长宁县(川)	2.20
21	富顺县(川)	2.10
22	夹江县(川)	1.00
23	沙湾区(川)	0.80
24	赤水市(黔)	20.00
25	景谷傣族彝族自治县(滇)	2.82
26	新平彝族傣族自治县(滇)	1.15

表 4-4　竹浆纸主产地产量

序号	竹浆纸主产地	万吨
1	德清县(浙)	46.00
2	瑞安市(浙)	15.23
3	临川区(赣)	1.00
4	株洲县(湘)	240.00
5	娄星区(湘)	40.00
6	辰溪县(湘)	4.00
7	绥宁县(湘)	1.00
8	双峰县(湘)	1.00
9	安化县(湘)	1.00
10	揭阳市普侨区(粤)	10.00
11	四会市(粤)	7.50
12	阳春市(粤)	0.60
13	田东县(桂)	9.53
14	梁平县(渝)	2.50
15	丰都县(渝)	2.07
16	犍为县(川)	11.60
17	沐川县(川)	8.00
18	南溪县(川)	6.60
19	高　县(川)	6.10

(续)

序号	竹浆纸主产地	万吨
20	青神县(川)	5.60
21	纳溪区(川)	5.50
22	达川区(川)	4.30
23	东坡区(川)	2.85
24	宜宾县(川)	1.30
25	盐边县(川)	0.90
26	赤水市(黔)	1.50
27	新平彝族傣族自治县(滇)	1.15

表 4-5 其他浆主产地产量

序号	其他浆主产地	万吨
1	平湖市(浙)	22.86
2	路桥区(浙)	15.39
3	余杭区(浙)	11.63
4	临海市(浙)	4.71
5	全椒县(皖)	1.00
6	瑞金市(赣)	1.60
7	高青县(鲁)	2.10
8	肥城市(鲁)	0.60
9	内乡县(豫)	15.00
10	南　县(湘)	4.50
11	津市市(湘)	3.30
12	双峰县(湘)	2.00
13	城步苗族自治县(湘)	0.80
14	揭阳市普侨区(粤)	10.00
15	连州市(粤)	1.15
16	玉林市福绵区(桂)	11.00
17	北流市(桂)	5.01

表 4-6 其他纸主产地产量

序号	其他纸主产地	万吨
1	赵　县(冀)	32.00
2	稷山县(晋)	3.00
3	大同区(黑)	2.00
4	杜尔伯特蒙古族自治县(黑)	1.80
5	林甸县(黑)	1.00
6	富阳市(浙)	564.18
7	平湖市(浙)	96.73
8	温岭市(浙)	78.44
9	临海市(浙)	70.67
10	临安市(浙)	62.95
11	仙居县(浙)	17.43
12	越城区(浙)	16.59
13	椒江区(浙)	14.80
14	玉环县(浙)	13.22

(续)

序号	其他纸主产地	万吨
15	东阳市(浙)	9.50
16	海宁市(浙)	6.04
17	余杭区(浙)	4.07
18	三门县(浙)	3.87
19	黄岩区(浙)	2.41
20	庆元县(浙)	1.84
21	龙湾区(浙)	1.72
22	桐乡市(浙)	1.50
23	安吉县(浙)	1.00
24	霍山县(皖)	18.00
25	潜山县(皖)	9.00
26	泾　县(皖)	3.60
27	临泉县(皖)	2.00
28	明光市(皖)	1.00
29	怀宁县(皖)	0.70
30	石城县(赣)	1.80
31	都昌县(赣)	1.60
32	宁阳县(鲁)	4.50
33	高青县(鲁)	3.20
34	太康县(豫)	34.20
35	内乡县(豫)	12.00
36	淮阳县(豫)	1.80
37	温　县(豫)	0.88
38	禹州市(豫)	0.60
39	娄星区(湘)	294.00
40	岳阳楼区(湘)	110.00
41	津市市(湘)	3.20
42	南　县(湘)	2.00
43	绥宁县(湘)	0.80
44	三水区(粤)	25.91
45	揭阳市普侨区(粤)	15.00
46	江海区(粤)	1.60
47	连州市(粤)	0.98
48	北流市(桂)	30.12
49	玉林市福绵区(桂)	13.10
50	田东县(桂)	7.61
51	容　县(桂)	2.10
52	永川区(渝)	92.00
53	江津区(渝)	1.00
54	沐川县(川)	8.50
55	彭州市(川)	8.00
56	南部县(川)	1.00
57	江川县(滇)	0.67

表 5-1 毛竹主产地产量

序号	毛竹主产地	万根
1	宜兴市(苏)	202.27
2	江宁区(苏)	17.05
3	句容市(苏)	16.00
4	六合区(苏)	8.50
5	溧水县(苏)	5.52
6	金坛市(苏)	2.78
7	江阴市(苏)	2.40
8	锡山区(苏)	1.90
9	溧阳市(苏)	0.70
10	高淳县(苏)	0.60
11	惠山区(苏)	0.58
12	安吉县(浙)	2970.00
13	庆元县(浙)	1813.00
14	富阳市(浙)	1202.96
15	衢江区(浙)	820.00
16	龙游县(浙)	800.00
17	余杭区(浙)	742.25
18	德清县(浙)	599.00
19	诸暨市(浙)	594.00
20	吴兴区(浙)	583.00
21	奉化市(浙)	535.00
22	长兴县(浙)	500.00
23	临安市(浙)	460.00
24	鄞州区(浙)	454.00
25	宁海县(浙)	410.00
26	淳安县(浙)	407.68
27	婺城区(浙)	366.00
28	桐庐县(浙)	266.93
29	嵊州市(浙)	247.00
30	泰顺县(浙)	242.00
31	建德市(浙)	236.90
32	余姚市(浙)	218.40
33	缙云县(浙)	180.20
34	龙泉市(浙)	138.40
35	萧山区(浙)	136.00
36	黄岩区(浙)	78.60
37	常山县(浙)	70.00
38	磐安县(浙)	62.59
39	开化县(浙)	60.00
40	越城区(浙)	56.75
41	莲都区(浙)	45.60
42	临海市(浙)	39.50
43	慈溪市(浙)	36.52
44	东阳市(浙)	30.00
45	苍南县(浙)	24.89

（续）

序号	毛竹主产地	万根	序号	毛竹主产地	万根	序号	毛竹主产地	万根
46	江北区(浙)	22.05	91	花山区(皖)	3.60	136	星子县(赣)	80.00
47	仙居县(浙)	21.37	92	屯溪区(皖)	3.20	137	吉安县(赣)	75.00
48	瓯海区(浙)	20.45	93	桐城市(皖)	2.00	138	横峰县(赣)	66.91
49	云和县(浙)	19.15	94	全椒县(皖)	2.00	139	永丰县(赣)	64.00
50	永康市(浙)	19.00	95	鸠江区(皖)	1.40	140	万载县(赣)	61.69
51	天台县(浙)	17.80	96	博望区(皖)	1.20	141	永新县(赣)	60.00
52	青田县(浙)	16.50	97	和　县(皖)	1.00	142	安义县(赣)	40.00
53	象山县(浙)	15.00	98	怀宁县(皖)	1.00	143	金溪县(赣)	39.00
54	瑞安市(浙)	14.50	99	明光市(皖)	0.80	144	兴国县(赣)	38.00
55	浦江县(浙)	5.08	100	寻乌县(赣)	1871.43	145	定南县(赣)	35.00
56	镇海区(浙)	4.97	101	遂川县(赣)	1100.00	146	玉山县(赣)	31.00
57	三门县(浙)	4.41	102	南丰县(赣)	1048.00	147	信丰县(赣)	29.69
58	北仑区(浙)	4.00	103	崇义县(赣)	910.00	148	临川区(赣)	28.00
59	义乌市(浙)	2.00	104	贵溪市(赣)	792.12	149	德兴市(赣)	22.80
60	广德县(皖)	3500.00	105	资溪县(赣)	785.30	150	全南县(赣)	22.50
61	霍山县(皖)	2000.00	106	崇仁县(赣)	512.00	151	婺源县(赣)	21.60
62	宁国市(皖)	1014.00	107	井冈山市(赣)	477.00	152	德安县(赣)	20.50
63	泾　县(皖)	700.00	108	渝水区(赣)	417.50	153	分宜县(赣)	20.00
64	东至县(皖)	420.55	109	宜黄县(赣)	385.00	154	赣　县(赣)	18.00
65	宣州区(皖)	350.00	110	龙南县(赣)	345.45	155	浮梁县(赣)	13.00
66	贵池区(皖)	350.00	111	黎川县(赣)	328.00	156	九江县(赣)	13.00
67	金寨县(皖)	345.00	112	芦溪县(赣)	300.00	157	湾里区(赣)	12.37
68	南陵县(皖)	315.00	113	武宁县(赣)	297.00	158	余江县(赣)	12.00
69	休宁县(皖)	300.00	114	新干县(赣)	296.80	159	瑞昌市(赣)	9.40
70	石台县(皖)	260.00	115	铜鼓县(赣)	280.00	160	都昌县(赣)	7.50
71	潜山县(皖)	250.00	116	广丰县(赣)	259.98	161	永修县(赣)	6.70
72	岳西县(皖)	220.00	117	瑞金市(赣)	250.00	162	高安市(赣)	6.20
73	舒城县(皖)	212.00	118	铅山县(赣)	245.00	163	新建县(赣)	5.92
74	黄山区(皖)	200.00	119	袁州区(赣)	230.00	164	樟树市(赣)	5.90
75	宿松县(皖)	168.80	120	宁都县(赣)	212.60	165	安源区(赣)	4.00
76	祁门县(皖)	155.00	121	安福县(赣)	198.53	166	安远县(赣)	3.30
77	黟　县(皖)	136.00	122	彭泽县(赣)	180.00	167	共青城市(赣)	3.00
78	郎溪县(皖)	105.00	123	大余县(赣)	158.00	168	南康市(赣)	2.20
79	繁昌县(皖)	100.00	124	万安县(赣)	150.00	169	章贡区(赣)	2.00
80	青阳县(皖)	95.78	125	青原区(赣)	130.00	170	余干县(赣)	1.00
81	太湖县(皖)	68.25	126	南城县(赣)	129.60	171	石城县(赣)	0.60
82	义安区(皖)	51.00	127	靖安县(赣)	121.00	172	新　县(豫)	62.39
83	绩溪县(皖)	50.00	128	丰城市(赣)	120.00	173	商城县(豫)	36.00
84	徽州区(皖)	37.00	129	吉水县(赣)	112.50	174	固始县(豫)	18.00
85	望江县(皖)	35.00	130	峡江县(赣)	105.72	175	汝阳县(豫)	10.00
86	旌德县(皖)	26.00	131	广昌县(赣)	97.89	176	西峡县(豫)	7.32
87	无为县(皖)	21.00	132	鄱阳县(赣)	89.00	177	唐河县(豫)	6.50
88	池州市九华山风景区(皖)	20.00	133	泰和县(赣)	86.00	178	南召县(豫)	3.50
89	庐江县(皖)	4.92	134	于都县(赣)	81.52	179	光山县(豫)	3.00
90	南谯区(皖)	4.00	135	会昌县(赣)	81.30	180	钟祥市(鄂)	600.00

(续)

序号	毛竹主产地	万根
181	咸安区(鄂)	350.00
182	崇阳县(鄂)	300.00
183	罗田县(鄂)	210.90
184	长阳土家族自治县(鄂)	180.00
185	随州市市辖区(鄂)	50.00
186	鹤峰县(鄂)	45.00
187	远安县(鄂)	40.00
188	京山县(鄂)	33.50
189	石首市(鄂)	32.00
190	麻城市(鄂)	30.00
191	宜都市(鄂)	20.00
192	阳新县(鄂)	17.00
193	英山县(鄂)	15.76
194	通城县(鄂)	11.40
195	宜城市(鄂)	11.00
196	嘉鱼县(鄂)	10.00
197	随　县(鄂)	10.00
198	浠水县(鄂)	7.80
199	鄂州市市辖区(鄂)	4.30
200	来凤县(鄂)	3.71
201	利川市(鄂)	3.39
202	蕲春县(鄂)	3.10
203	恩施市(鄂)	3.00
204	鄂城区(鄂)	2.50
205	梁子湖区(鄂)	2.40
206	咸丰县(鄂)	2.00
207	宣恩县(鄂)	1.45
208	桑植县(湘)	600.00
209	攸　县(湘)	600.00
210	岳阳县(湘)	500.00
211	安化县(湘)	350.00
212	新化县(湘)	280.00
213	绥宁县(湘)	260.00
214	衡阳县(湘)	200.00
215	祁东县(湘)	200.00
216	衡东县(湘)	200.00
217	零陵区(湘)	190.00
218	株洲县(湘)	190.00
219	蓝山县(湘)	167.20
220	汝城县(湘)	127.50
221	炎陵县(湘)	120.00
222	新宁县(湘)	112.00
223	衡山县(湘)	104.77
224	桂东县(湘)	100.00
225	鹤城区(湘)	100.00
226	赫山区(湘)	80.00
227	衡南县(湘)	70.00
228	资兴市(湘)	65.00
229	麻阳苗族自治县(湘)	50.00
230	武冈市(湘)	48.00
231	洪江市(湘)	47.00
232	洪江区(湘)	41.30
233	东安县(湘)	36.00
234	醴陵市(湘)	35.00
235	石门县(湘)	35.00
236	苏仙区(湘)	34.00
237	常宁市(湘)	32.18
238	冷水江市(湘)	32.00
239	汨罗市(湘)	31.74
240	澧　县(湘)	30.00
241	双峰县(湘)	30.00
242	荷塘区(湘)	30.00
243	湘乡市(湘)	29.80
244	浏阳市(湘)	27.69
245	华容县(湘)	26.35
246	平江县(湘)	25.97
247	永定区(湘)	24.80
248	祁阳县(湘)	21.00
249	南岳区(湘)	20.00
250	茶陵县(湘)	20.00
251	汉寿县(湘)	18.50
252	洞口县(湘)	18.00
253	北湖区(湘)	18.00
254	珠晖区(湘)	15.00
255	新邵县(湘)	14.34
256	会同县(湘)	14.00
257	双牌县(湘)	13.12
258	津市市(湘)	10.20
259	安仁县(湘)	8.50
260	湘潭县(湘)	8.00
261	宜章县(湘)	6.40
262	通道侗族自治县(湘)	6.29
263	涟源市(湘)	6.20
264	新田县(湘)	6.10
265	云溪区(湘)	5.63
266	溆浦县(湘)	5.28
267	新晃侗族自治县(湘)	5.00
268	大祥区(湘)	4.80
269	永兴县(湘)	4.30
270	宁乡县(湘)	4.20
271	邵阳县(湘)	4.15
272	湘阴县(湘)	4.05
273	邵东县(湘)	3.50
274	雨湖区(湘)	3.20
275	中方县(湘)	3.00
276	慈利县(湘)	3.00
277	芷江侗族自治县(湘)	2.90
278	临武县(湘)	2.85
279	辰溪县(湘)	2.50
280	蒸湘区(湘)	2.30
281	耒阳市(湘)	2.20
282	道　县(湘)	2.00
283	天心区(湘)	2.00
284	江华瑶族自治县(湘)	1.82
285	嘉禾县(湘)	1.80
286	隆回县(湘)	1.00
287	娄星区(湘)	1.00
288	冷水滩区(湘)	0.81
289	韶山市(湘)	0.80
290	芦淞区(湘)	0.80
291	靖州苗族侗族自治县(湘)	0.67
292	怀集县(粤)	486.20
293	揭阳市普侨区(粤)	300.00
294	信宜市(粤)	239.00
295	和平县(粤)	215.00
296	乐昌市(粤)	200.00
297	南雄市(粤)	188.17
298	化州市(粤)	177.65
299	仁化县(粤)	150.00
300	高州市(粤)	140.60
301	梅　县(粤)	108.00
302	阳山县(粤)	87.20
303	蕉岭县(粤)	68.00
304	连南瑶族自治县(粤)	65.00
305	连平县(粤)	50.00
306	廉江市(粤)	47.76
307	连州市(粤)	45.78
308	云安县(粤)	41.34
309	清新县(粤)	40.00
310	大埔县(粤)	38.00
311	源城区(粤)	30.70
312	阳春市(粤)	30.00
313	开平市(粤)	30.00
314	武江区(粤)	25.75
315	连山壮族瑶族自治县(粤)	23.47

（续）

序号	毛竹主产地	万根
316	英德市（粤）	22.45
317	五华县（粤）	19.80
318	清城区（粤）	16.10
319	东源县（粤）	15.00
320	翁源县（粤）	10.00
321	新丰县（粤）	7.37
322	湘桥区（粤）	5.50
323	浈江区（粤）	5.00
324	江城区（粤）	1.70
325	郁南县（粤）	1.50
326	斗门区（粤）	1.30
327	雷州市（粤）	1.16
328	潮州市枫溪区（粤）	0.60
329	兴安县（桂）	2100.00
330	防城区（桂）	2013.00
331	资源县（桂）	1502.00
332	灵川县（桂）	1125.77
333	灌阳县（桂）	651.35
334	那坡县（桂）	445.91
335	龙胜各族自治县（桂）	338.96
336	昭平县（桂）	330.00
337	融安县（桂）	300.00
338	全州县（桂）	250.00
339	博白县（桂）	167.00
340	荔浦县（桂）	162.00
341	宜州市（桂）	119.00
342	临桂县（桂）	119.00
343	罗城仫佬族自治县（桂）	87.31
344	大化瑶族自治县（桂）	78.00
345	钟山县（桂）	67.80
346	贺州市平桂管理区（桂）	65.11
347	环江毛南族自治县（桂）	52.00
348	凤山县（桂）	51.29
349	富川瑶族自治县（桂）	50.56
350	恭城瑶族自治县（桂）	32.10
351	覃塘区（桂）	29.00
352	北流市（桂）	26.38
353	鹿寨县（桂）	26.00
354	容　县（桂）	25.40
355	天峨县（桂）	25.00
356	金秀瑶族自治县（桂）	13.70
357	平乐县（桂）	8.07
358	灵山县（桂）	7.80
359	武宣县（桂）	6.00
360	东兰县（桂）	4.00

（续）

序号	毛竹主产地	万根
361	江南区（桂）	4.00
362	靖西县（桂）	3.00
363	龙圩区（桂）	2.00
364	融水苗族自治县（桂）	1.00
365	苍梧县（桂）	1.00
366	横　县（桂）	0.98
367	梁平县（渝）	378.30
368	酉阳土家族苗族自治县（渝）	251.00
369	涪陵区（渝）	204.80
370	垫江县（渝）	50.00
371	黔江区（渝）	18.00
372	渝北区（渝）	12.00
373	铜梁县（渝）	7.85
374	万州区（渝）	7.10
375	长寿区（渝）	5.20
376	江津区（渝）	5.00
377	永川区（渝）	4.92
378	石柱土家族自治县（渝）	2.30
379	奉节县（渝）	1.50
380	大足县（渝）	1.50
381	安　县（川）	347.00
382	叙永县（川）	122.00
383	长宁县（川）	120.05
384	沐川县（川）	60.00
385	绵竹市（川）	38.00
386	平昌县（川）	35.50
387	雅安市市辖区（川）	32.00
388	合江县（川）	25.00
389	纳溪区（川）	21.00
390	古蔺县（川）	17.00
391	威远县（川）	15.60
392	珙　县（川）	15.00
393	筠连县（川）	13.00
394	宣汉县（川）	12.50
395	营山县（川）	12.00
396	达川区（川）	9.50
397	彭州市（川）	8.00
398	江安县（川）	8.00
399	恩阳区（川）	8.00
400	屏山县（川）	8.00
401	富顺县（川）	7.80
402	五通桥区（川）	7.63
403	隆昌县（川）	6.50
404	北川羌族自治县（川）	6.00
405	宜宾县（川）	5.09

（续）

序号	毛竹主产地	万根
406	兴文县（川）	5.00
407	大竹县（川）	5.00
408	泸　县（川）	4.60
409	沙湾区（川）	4.30
410	崇州市（川）	4.23
411	都江堰市（川）	3.00
412	安居区（川）	3.00
413	犍为县（川）	2.90
414	邛崃市（川）	2.40
415	仁寿县（川）	1.00
416	高坪区（川）	0.65
417	瓮安县（黔）	200.00
418	德江县（黔）	165.00
419	沿河土家族自治县（黔）	102.30
420	独山县（黔）	100.00
421	惠水县（黔）	100.00
422	榕江县（黔）	80.00
423	普安县（黔）	74.00
424	紫云苗族布依族自治县（黔）	37.61
425	兴仁县（黔）	32.00
426	江口县（黔）	20.00
427	织金县（黔）	20.00
428	龙里县（黔）	15.64
429	思南县（黔）	11.50
430	黔西县（黔）	10.00
431	贵定县（黔）	10.00
432	平塘县（黔）	8.00
433	三都水族自治县（黔）	5.00
434	息烽县（黔）	2.64
435	百里杜鹃管委会林业局（黔）	2.00
436	关岭布依族苗族自治县（黔）	2.00
437	宁洱哈尼族彝族自治县（滇）	802.00
438	镇雄县（滇）	800.00
439	玉龙纳西族自治县（滇）	665.00
440	勐海县（滇）	600.00
441	寻甸回族彝族自治县（滇）	525.20
442	耿马傣族佤族自治县（滇）	294.00
443	凤庆县（滇）	275.00
444	弥勒市（滇）	209.50
445	巧家县（滇）	209.00
446	昌宁县（滇）	185.00
447	元阳县（滇）	175.00
448	景东彝族自治县（滇）	145.00
449	施甸县（滇）	131.00
450	峨山彝族自治县（滇）	123.50

(续)

序号	毛竹主产地	万根
451	石屏县(滇)	112.80
452	金平苗族瑶族傣族自治县(滇)	100.00
453	元江哈尼族彝族傣族自治县(滇)	98.00
454	云　县(滇)	93.96
455	腾冲县(滇)	85.00
456	勐腊县(滇)	78.50
457	澜沧拉祜族自治县(滇)	78.00
458	倘甸工业园区(滇)	75.00
459	临翔区(滇)	74.00
460	个旧市(滇)	73.60
461	南涧彝族自治县(滇)	51.00
462	芒市(滇)	47.80
463	陇川县(滇)	45.78
464	昭阳区(滇)	40.00
465	梁河县(滇)	38.00
466	盈江县(滇)	37.63
467	巍山彝族回族自治县(滇)	33.28
468	墨江哈尼族自治县(滇)	30.00
469	文山市(滇)	29.07
470	瑞丽市(滇)	27.86
471	隆阳区(滇)	22.72
472	剑川县(滇)	20.00
473	双江拉祜族佤族布朗族傣族自治县(滇)	20.00
474	麻栗坡县(滇)	17.88
475	漾濞彝族自治县(滇)	16.96
476	云龙县(滇)	16.00
477	威信县(滇)	15.00
478	西盟佤族自治县(滇)	12.00
479	南华县(滇)	12.00
480	晋宁县(滇)	10.70
481	兰坪白族普米族自治县(滇)	10.00
482	思茅区(滇)	7.00
483	砚山县(滇)	4.00
484	盐津县(滇)	3.71
485	镇沅彝族哈尼族拉祜族自治县(滇)	3.66
486	蒙自市(滇)	3.60
487	西畴县(滇)	3.18
488	马关县(滇)	1.80
489	江川县(滇)	1.20
490	景洪市(滇)	0.62
491	平利县(陕)	300.00
492	洋　县(陕)	120.00
493	石泉县(陕)	50.00
494	紫阳县(陕)	30.00

(续)

序号	毛竹主产地	万根
495	蓝田县(陕)	15.00
496	岚皋县(陕)	8.00

表 5-2　篙竹主产地产量

序号	篙竹主产地	万根
1	安吉县(浙)	330.00
2	淳安县(浙)	114.63
3	德清县(浙)	98.00
4	余杭区(浙)	44.97
5	广德县(皖)	2000.00
6	繁昌县(皖)	700.00
7	郎溪县(皖)	185.00
8	石台县(皖)	100.00
9	霍山县(皖)	20.00
10	休宁县(皖)	5.00
11	东至县(皖)	3.22
12	全椒县(皖)	3.00
13	潜山县(皖)	3.00
14	崇义县(赣)	210.00
15	铜鼓县(赣)	68.00
16	吉水县(赣)	67.13
17	万安县(赣)	60.00
18	定南县(赣)	51.00
19	丰城市(赣)	50.00
20	瑞昌市(赣)	48.80
21	遂川县(赣)	40.00
22	崇仁县(赣)	40.00
23	瑞金市(赣)	33.00
24	安福县(赣)	20.00
25	泰和县(赣)	19.00
26	永丰县(赣)	16.00
27	信丰县(赣)	15.13
28	新干县(赣)	12.00
29	会昌县(赣)	10.00
30	吉安县(赣)	10.00
31	井冈山市(赣)	9.00
32	武宁县(赣)	7.20
33	浮梁县(赣)	6.10
34	兴国县(赣)	6.00
35	永新县(赣)	5.00
36	分宜县(赣)	5.00
37	贵溪市(赣)	2.61
38	铅山县(赣)	2.00
39	德安县(赣)	1.80
40	婺源县(赣)	1.08

(续)

序号	篙竹主产地	万根
41	临川区(赣)	1.00
42	广水市(鄂)	200.00
43	咸安区(鄂)	125.00
44	崇阳县(鄂)	15.00
45	宜城市(鄂)	10.50
46	麻城市(鄂)	10.00
47	钟祥市(鄂)	3.00
48	宜都市(鄂)	2.00
49	阳新县(鄂)	1.90
50	安化县(湘)	250.00
51	岳阳县(湘)	100.00
52	蓝山县(湘)	98.00
53	祁东县(湘)	90.00
54	鼎城区(湘)	85.00
55	双峰县(湘)	28.00
56	株洲县(湘)	20.00
57	茶陵县(湘)	13.00
58	绥宁县(湘)	12.00
59	澧　县(湘)	12.00
60	苏仙区(湘)	11.00
61	南岳区(湘)	10.00
62	新宁县(湘)	6.80
63	资兴市(湘)	6.00
64	永定区(湘)	5.50
65	资阳区(湘)	5.00
66	洪江市(湘)	4.00
67	衡南县(湘)	3.00
68	天心区(湘)	2.00
69	武冈市(湘)	2.00
70	永兴县(湘)	1.44
71	城步苗族自治县(湘)	0.90
72	汝城县(湘)	0.70
73	怀集县(粤)	2120.00
74	四会市(粤)	575.65
75	英德市(粤)	378.88
76	仁化县(粤)	150.00
77	阳山县(粤)	125.70
78	和平县(粤)	75.00
79	揭阳市普侨区(粤)	50.00
80	廉江市(粤)	46.53
81	清新县(粤)	30.00
82	大埔县(粤)	20.00
83	翁源县(粤)	15.00
84	连南瑶族自治县(粤)	13.70
85	武江区(粤)	10.03

（续）

序号	篙竹主产地	万根
86	新丰县(粤)	5.52
87	连州市(粤)	5.21
88	浈江区(粤)	5.00
89	郁南县(粤)	3.00
90	花都区(粤)	2.45
91	南雄市(粤)	1.86
92	桂平市(桂)	2588.00
93	资源县(桂)	1425.00
94	浦北县(桂)	1145.00
95	都安瑶族自治县(桂)	547.00
96	田东县(桂)	540.00
97	宜州市(桂)	376.38
98	融水苗族自治县(桂)	368.00
99	防城区(桂)	326.00
100	龙州县(桂)	278.90
101	昭平县(桂)	250.00
102	灌阳县(桂)	210.00
103	容　县(桂)	185.00
104	合浦县(桂)	185.00
105	平果县(桂)	175.10
106	苍梧县(桂)	153.00
107	龙圩区(桂)	150.00
108	钟山县(桂)	143.00
109	荔浦县(桂)	128.00
110	恭城瑶族自治县(桂)	113.00
111	田阳县(桂)	105.10
112	北流市(桂)	90.62
113	右江区(桂)	85.00
114	凌云县(桂)	60.00
115	灵山县(桂)	50.30
116	龙胜各族自治县(桂)	36.12
117	玉林市福绵区(桂)	28.50
118	铁山港区(桂)	26.00
119	田林县(桂)	16.72
120	岑溪市(桂)	12.20
121	融安县(桂)	10.00
122	陆川县(桂)	10.00
123	平乐县(桂)	8.24
124	钦北区(桂)	5.10
125	东兰县(桂)	5.00
126	武宣县(桂)	1.00
127	酉阳土家族苗族自治县(渝)	29.00
128	荣　县(川)	627.72
129	平塘县(黔)	5.00
130	百里杜鹃管委会林业局(黔)	1.00
131	双柏县(滇)	13.00

表 5-3　小杂竹主产地产量

序号	小杂竹主产地	万吨
1	霍山县(皖)	14.50
2	潜山县(皖)	6.00
3	郎溪县(皖)	2.00
4	明光市(皖)	1.00
5	青阳县(皖)	0.85
6	石台县(皖)	0.60
7	乐安县(赣)	53.06
8	广昌县(赣)	11.59
9	瑞金市(赣)	10.00
10	信丰县(赣)	0.52
11	鱼台县(鲁)	134.00
12	宁阳县(鲁)	5.70
13	梁山县(鲁)	0.90
14	渑池县(豫)	5.80
15	汝阳县(豫)	2.35
16	宁陵县(豫)	0.70
17	广水市(鄂)	100.00
18	崇阳县(鄂)	6.00
19	蕲春县(鄂)	5.00
20	涟源市(湘)	3.10
21	冷水江市(湘)	2.30
22	安化县(湘)	1.00
23	株洲市市辖区(湘)	0.80
24	衡南县(湘)	0.80
25	揭阳市普侨区(粤)	10.00
26	仁化县(粤)	8.00
27	信宜市(粤)	5.30
28	雷州市(粤)	0.53
29	博白县(桂)	14.20
30	灵山县(桂)	0.80
31	合川区(渝)	320.00
32	平塘县(黔)	6.00
33	思南县(黔)	2.50
34	南郑县(陕)	0.80
35	康　县(甘)	0.86

表 6-1　油茶籽主产地产量

序号	油茶籽主产地	吨
1	青田县(浙)	10940.00
2	淳安县(浙)	7800.00
3	常山县(浙)	5800.00
4	莲都区(浙)	5268.00
5	开化县(浙)	3150.00
6	缙云县(浙)	2936.00
7	天台县(浙)	2500.00
8	衢江区(浙)	2300.00
9	建德市(浙)	1800.00
10	武义县(浙)	1512.00
11	仙居县(浙)	1500.00
12	龙泉市(浙)	1257.00
13	云和县(浙)	1019.00
14	龙游县(浙)	380.00
15	婺城区(浙)	300.00
16	苍南县(浙)	278.00
17	磐安县(浙)	185.00
18	泰顺县(浙)	154.00
19	嵊州市(浙)	137.00
20	桐庐县(浙)	130.00
21	黄岩区(浙)	126.00
22	宁海县(浙)	100.00
23	临安市(浙)	100.00
24	潜山县(皖)	28000.00
25	舒城县(皖)	19500.00
26	太湖县(皖)	14500.00
27	金寨县(皖)	5682.00
28	霍山县(皖)	2200.00
29	祁门县(皖)	1850.00
30	桐城市(皖)	1800.00
31	绩溪县(皖)	1500.00
32	休宁县(皖)	1235.00
33	凤阳县(皖)	830.00
34	徽州区(皖)	678.00
35	东至县(皖)	410.00
36	旌德县(皖)	380.00
37	黟　县(皖)	375.00
38	黄山区(皖)	335.00
39	岳西县(皖)	150.00
40	庐江县(皖)	141.00
41	含山县(皖)	105.00
42	怀宁县(皖)	102.00
43	金安区(皖)	100.00
44	尤溪县(闽)	34839.00
45	永泰县(闽)	12823.00
46	平和县(闽)	12810.00
47	清流县(闽)	10858.00
48	大田县(闽)	10350.00

(续)

序号	油茶籽主产地	吨
49	福安市(闽)	8552.00
50	浦城县(闽)	6457.00
51	仙游县(闽)	6095.00
52	宁化县(闽)	6048.00
53	闽清县(闽)	5682.00
54	建阳市(闽)	5248.00
55	松溪县(闽)	5211.00
56	沙　县(闽)	4971.00
57	邵武市(闽)	3933.00
58	建宁县(闽)	3701.00
59	延平区(闽)	3634.00
60	福鼎市(闽)	3413.00
61	将乐县(闽)	2486.00
62	漳平市(闽)	2215.00
63	柘荣县(闽)	2119.00
64	德化县(闽)	1515.00
65	永安市(闽)	1367.00
66	长汀县(闽)	1220.00
67	顺昌县(闽)	1207.00
68	明溪县(闽)	1182.00
69	建瓯市(闽)	962.00
70	武平县(闽)	928.00
71	泰宁县(闽)	785.00
72	寿宁县(闽)	772.00
73	光泽县(闽)	742.00
74	闽侯县(闽)	710.00
75	新罗区(闽)	555.00
76	连城县(闽)	537.00
77	武夷山市(闽)	401.00
78	罗源县(闽)	360.00
79	上杭县(闽)	274.00
80	永定县(闽)	229.00
81	长乐市(闽)	221.00
82	南安市(闽)	218.00
83	周宁县(闽)	188.00
84	永春县(闽)	180.00
85	惠安县(闽)	152.00
86	莆田市市辖区(闽)	143.00
87	浮梁县(赣)	35030.00
88	永丰县(赣)	31500.00
89	遂川县(赣)	30385.00
90	丰城市(赣)	25200.00
91	玉山县(赣)	23159.00
92	瑞金市(赣)	17500.00
93	袁州区(赣)	15000.00
94	樟树市(赣)	12782.00
95	万安县(赣)	10000.00
96	兴国县(赣)	9840.00
97	赣　县(赣)	9676.00
98	吉安县(赣)	9500.00
99	上犹县(赣)	8939.00
100	高安市(赣)	8282.00
101	德兴市(赣)	8000.00
102	渝水区(赣)	7320.00
103	万载县(赣)	6995.00
104	青原区(赣)	6822.00
105	新干县(赣)	6495.00
106	于都县(赣)	6120.00
107	崇义县(赣)	6000.00
108	新建县(赣)	5820.00
109	井冈山市(赣)	5739.00
110	宁都县(赣)	5230.00
111	石城县(赣)	5213.00
112	会昌县(赣)	5043.00
113	峡江县(赣)	4980.00
114	横峰县(赣)	4712.00
115	武宁县(赣)	3060.00
116	崇仁县(赣)	3000.00
117	永新县(赣)	3000.00
118	进贤县(赣)	3000.00
119	临川区(赣)	2940.00
120	南康市(赣)	2875.00
121	广丰县(赣)	2860.00
122	芦溪县(赣)	2850.00
123	安福县(赣)	2800.00
124	泰和县(赣)	2348.00
125	婺源县(赣)	2200.00
126	龙南县(赣)	2195.00
127	铅山县(赣)	2164.00
128	全南县(赣)	2124.00
129	分宜县(赣)	2000.00
130	余江县(赣)	2000.00
131	信丰县(赣)	1664.00
132	东乡县(赣)	1560.00
133	广昌县(赣)	1550.00
134	定南县(赣)	1465.00
135	乐安县(赣)	1380.00
136	安远县(赣)	1350.00
137	贵溪市(赣)	1247.00
138	铜鼓县(赣)	1100.00
139	鄱阳县(赣)	980.00
140	金溪县(赣)	780.00
141	永修县(赣)	750.00
142	信州区(赣)	401.00
143	安源区(赣)	400.00
144	共青城市(赣)	400.00
145	都昌县(赣)	340.00
146	余干县(赣)	330.00
147	南城县(赣)	280.00
148	星子县(赣)	260.00
149	瑞昌市(赣)	225.00
150	吉州区(赣)	216.00
151	九江县(赣)	120.00
152	资溪县(赣)	110.00
153	大余县(赣)	108.00
154	德安县(赣)	100.00
155	月湖区(赣)	100.00
156	新　县(豫)	14000.00
157	商城县(豫)	10800.00
158	光山县(豫)	3000.00
159	桐柏县(豫)	800.00
160	罗山县(豫)	200.00
161	通城县(鄂)	21907.00
162	麻城市(鄂)	15000.00
163	谷城县(鄂)	10098.00
164	阳新县(鄂)	7580.00
165	英山县(鄂)	7288.00
166	黄陂区(鄂)	7000.00
167	崇阳县(鄂)	5893.00
168	随　县(鄂)	5850.00
169	蕲春县(鄂)	4650.00
170	广水市(鄂)	4500.00
171	恩施市(鄂)	4060.00
172	大悟县(鄂)	4000.00
173	新洲区(鄂)	3100.00
174	来凤县(鄂)	2940.00
175	罗田县(鄂)	2146.00
176	红安县(鄂)	1780.00
177	梁子湖区(鄂)	1000.00
178	浠水县(鄂)	830.00
179	鄂城区(鄂)	800.00
180	五峰土家族自治县(鄂)	630.00
181	大冶市(鄂)	600.00
182	孝昌县(鄂)	600.00
183	枣阳市(鄂)	385.00
184	松滋市(鄂)	317.00
185	咸安区(鄂)	236.50
186	丹江口市(鄂)	220.00

（续）

序号	油茶籽主产地	吨
187	鄂州市市辖区(鄂)	220.00
188	钟祥市(鄂)	200.00
189	京山县(鄂)	173.00
190	竹山县(鄂)	130.00
191	宣恩县(鄂)	115.00
192	安陆市(鄂)	115.00
193	衡东县(湘)	55400.00
194	邵阳县(湘)	52000.00
195	醴陵市(湘)	35200.00
196	株洲县(湘)	31100.00
197	浏阳市(湘)	27840.00
198	衡阳县(湘)	26894.00
199	涟源市(湘)	26350.00
200	耒阳市(湘)	25000.00
201	溆浦县(湘)	23767.00
202	常宁市(湘)	21834.00
203	江华瑶族自治县(湘)	19864.00
204	永兴县(湘)	19753.00
205	津市市(湘)	18000.00
206	祁阳县(湘)	17564.00
207	宁远县(湘)	16200.00
208	攸　县(湘)	16000.00
209	祁东县(湘)	15800.00
210	中方县(湘)	13600.00
211	赫山区(湘)	13500.00
212	临澧县(湘)	13300.00
213	平江县(湘)	13000.00
214	蓝山县(湘)	12980.00
215	桃源县(湘)	12780.00
216	会同县(湘)	12708.00
217	邵东县(湘)	12000.00
218	新化县(湘)	11500.00
219	安化县(湘)	11050.00
220	桂阳县(湘)	10822.00
221	冷水滩区(湘)	10156.00
222	道　县(湘)	10110.00
223	永顺县(湘)	8000.00
224	临武县(湘)	7500.00
225	东安县(湘)	7320.00
226	鼎城区(湘)	7100.00
227	苏仙区(湘)	6850.00
228	双峰县(湘)	6700.00
229	湘潭县(湘)	6310.00
230	辰溪县(湘)	5900.00
231	零陵区(湘)	5400.00
232	泸溪县(湘)	5400.00

（续）

序号	油茶籽主产地	吨
233	新田县(湘)	5370.00
234	宁乡县(湘)	4900.00
235	资兴市(湘)	4610.00
236	北湖区(湘)	4520.00
237	石门县(湘)	4500.00
238	通道侗族自治县(湘)	3160.00
239	湘乡市(湘)	3000.00
240	绥宁县(湘)	2900.00
241	沅陵县(湘)	2597.00
242	临湘市(湘)	2200.00
243	龙山县(湘)	2200.00
244	石峰区(湘)	1950.00
245	大祥区(湘)	1920.00
246	江永县(湘)	1900.00
247	桑植县(湘)	1781.00
248	衡南县(湘)	1720.00
249	岳阳市市辖区(湘)	1600.00
250	城步苗族自治县(湘)	1500.00
251	芦淞区(湘)	1500.00
252	慈利县(湘)	1400.00
253	炎陵县(湘)	1400.00
254	雨湖区(湘)	1280.00
255	娄星区(湘)	1200.00
256	天元区(湘)	1198.00
257	双牌县(湘)	1190.00
258	永定区(湘)	1100.00
259	靖州苗族侗族自治县(湘)	1050.00
260	洪江市(湘)	960.00
261	汉寿县(湘)	950.00
262	隆回县(湘)	900.00
263	桃江县(湘)	900.00
264	荷塘区(湘)	900.00
265	韶山市(湘)	800.00
266	茶陵县(湘)	750.00
267	宜章县(湘)	700.00
268	桂东县(湘)	660.00
269	凤凰县(湘)	650.00
270	保靖县(湘)	600.00
271	武陵区(湘)	380.00
272	湘潭市市辖区(湘)	335.00
273	芷江侗族自治县(湘)	326.00
274	洞口县(湘)	324.00
275	洪江区(湘)	320.00
276	麻阳苗族自治县(湘)	312.00
277	古丈县(湘)	300.00
278	湘阴县(湘)	284.00

（续）

序号	油茶籽主产地	吨
279	武冈市(湘)	250.00
280	新宁县(湘)	230.00
281	澧　县(湘)	200.00
282	珠晖区(湘)	200.00
283	花垣县(湘)	180.00
284	吉首市(湘)	170.00
285	南岳区(湘)	160.00
286	岳阳县(湘)	150.00
287	金洞林场(湘)	145.00
288	冷水江市(湘)	110.00
289	望城县(湘)	100.00
290	揭阳市蓝城区(粤)	20000.00
291	梅　县(粤)	14500.00
292	龙川县(粤)	11000.00
293	兴宁市(粤)	9460.00
294	平远县(粤)	4973.00
295	浈江区(粤)	4140.00
296	连州市(粤)	3500.00
297	大埔县(粤)	3000.00
298	南雄市(粤)	2909.00
299	广宁县(粤)	2369.00
300	东源县(粤)	1860.50
301	连南瑶族自治县(粤)	1280.00
302	阳山县(粤)	1085.00
303	连平县(粤)	905.00
304	罗定市(粤)	702.00
305	高要市(粤)	668.00
306	连山壮族瑶族自治县(粤)	575.00
307	乐昌市(粤)	425.00
308	鼎湖区(粤)	420.00
309	丰顺县(粤)	413.00
310	仁化县(粤)	400.00
311	封开县(粤)	319.00
312	廉江市(粤)	300.00
313	翁源县(粤)	300.00
314	潮南区(粤)	226.00
315	化州市(粤)	206.00
316	德庆县(粤)	127.00
317	梅江区(粤)	100.00
318	巴马瑶族自治县(桂)	20001.00
319	平乐县(桂)	11506.00
320	龙胜各族自治县(桂)	10535.00
321	昭平县(桂)	8428.00
322	田阳县(桂)	8360.00
323	钟山县(桂)	7838.00
324	田林县(桂)	7820.00

(续)

序号	油茶籽主产地	吨
325	田东县(桂)	7496.00
326	隆林各族自治县(桂)	6500.00
327	融水苗族自治县(桂)	5448.00
328	凤山县(桂)	4870.00
329	凌云县(桂)	4196.00
330	八步区(桂)	4150.00
331	贺州市平桂管理区(桂)	3943.00
332	融安县(桂)	3808.00
333	浦北县(桂)	2620.00
334	金秀瑶族自治县(桂)	2545.00
335	那坡县(桂)	2423.00
336	西林县(桂)	2207.00
337	鹿寨县(桂)	2163.00
338	罗城仫佬族自治县(桂)	2150.00
339	全州县(桂)	2125.00
340	富川瑶族自治县(桂)	2110.00
341	南丹县(桂)	1944.00
342	天峨县(桂)	1842.00
343	灌阳县(桂)	1248.00
344	象州县(桂)	1200.00
345	乐业县(桂)	1092.00
346	灵川县(桂)	955.00
347	恭城瑶族自治县(桂)	831.00
348	苍梧县(桂)	698.00
349	武宣县(桂)	484.00
350	大化瑶族自治县(桂)	300.00
351	临桂县(桂)	300.00
352	桂平市(桂)	200.00
353	资源县(桂)	163.00
354	凭祥市(桂)	153.00
355	钦北区(桂)	128.50
356	防城区(桂)	121.00
357	金城江区(桂)	100.00
358	彭水苗族土家族自治县(渝)	800.00
359	酉阳土家族苗族自治县(渝)	300.00
360	梁平县(渝)	203.00
361	黔江区(渝)	190.00
362	荣　县(川)	15000.00
363	宜宾县(川)	1260.00
364	威远县(川)	1080.00
365	江油市(川)	500.00
366	翠屏区(川)	408.00
367	富顺县(川)	375.00
368	江安县(川)	246.00
369	贡井区(川)	220.00
370	隆昌县(川)	160.00

(续)

序号	油茶籽主产地	吨
371	犍为县(川)	150.00
372	蒲江县(川)	150.00
373	册亨县(黔)	5550.00
374	榕江县(黔)	4500.00
375	平塘县(黔)	3445.00
376	玉屏侗族自治县(黔)	3200.00
377	望谟县(黔)	2726.00
378	碧江区(黔)	1134.00
379	思南县(黔)	1000.00
380	万山区(黔)	350.00
381	石阡县(黔)	319.00
382	紫云苗族布依族自治县(黔)	199.58
383	沿河土家族自治县(黔)	167.00
384	德江县(黔)	151.00
385	贵定县(黔)	100.00
386	富宁县(滇)	5417.00
387	广南县(滇)	5366.00
388	盈江县(滇)	1382.50
389	江川县(滇)	600.00
390	腾冲县(滇)	372.40
391	丘北县(滇)	186.00
392	梁河县(滇)	168.00
393	砚山县(滇)	164.00
394	建水县(滇)	156.00
395	元阳县(滇)	150.00
396	南郑县(陕)	4350.00
397	汉滨区(陕)	2681.00
398	汉阴县(陕)	1510.00

表 6-2　核桃主产地产量

序号	核桃主产地	吨
1	平谷区(京)	3157.50
2	怀柔区(京)	910.10
3	房山区(京)	825.00
4	昌平区(京)	378.50
5	涉　县(冀)	19233.00
6	赞皇县(冀)	18000.00
7	武安市(冀)	16500.00
8	临城县(冀)	14073.00
9	平山县(冀)	13500.00
10	兴隆县(冀)	10565.00
11	元氏县(冀)	7000.00
12	灵寿县(冀)	6980.00
13	邢台县(冀)	6502.00
14	迁安市(冀)	6185.00
15	迁西县(冀)	6101.00
16	唐　县(冀)	5700.00

(续)

序号	核桃主产地	吨
17	遵化市(冀)	4540.00
18	内丘县(冀)	4100.00
19	阜平县(冀)	2800.00
20	沙河市(冀)	2652.00
21	抚宁区(冀)	2566.00
22	涞源县(冀)	2500.00
23	定州市(冀)	2210.00
24	井陉县(冀)	1870.00
25	涞水县(冀)	1650.00
26	易　县(冀)	1500.00
27	宽城满族自治县(冀)	1300.00
28	磁　县(冀)	1200.00
29	滦　县(冀)	1012.00
30	丰润区(冀)	860.00
31	青龙满族自治县(冀)	840.00
32	深泽县(冀)	710.00
33	藁城区(冀)	700.00
34	玉田县(冀)	601.00
35	高邑县(冀)	600.00
36	行唐县(冀)	600.00
37	涿鹿县(冀)	531.00
38	丛台区(冀)	500.00
39	景　县(冀)	500.00
40	曲阳县(冀)	413.00
41	卢龙县(冀)	403.41
42	怀来县(冀)	320.00
43	隆尧县(冀)	300.00
44	高碑店市(冀)	215.00
45	博野县(冀)	200.00
46	平乡县(冀)	200.00
47	汾阳市(晋)	15000.00
48	古　县(晋)	6000.00
49	夏　县(晋)	3707.60
50	临猗县(晋)	3090.00
51	中阳县(晋)	3000.00
52	永和县(晋)	2650.00
53	蒲　县(晋)	2345.00
54	平顺县(晋)	2300.00
55	原平市(晋)	2128.00
56	陵川县(晋)	1797.00
57	黎城县(晋)	1700.00
58	河津市(晋)	1581.00
59	平定县(晋)	1528.00
60	闻喜县(晋)	972.00
61	方山县(晋)	720.00

（续）

序号	核桃主产地	吨
62	大宁县（晋）	510.00
63	襄垣县（晋）	505.20
64	翼城县（晋）	500.00
65	芮城县（晋）	500.00
66	阳泉市郊区（晋）	424.00
67	忻府区（晋）	260.00
68	平陆县（晋）	260.00
69	稷山县（晋）	250.00
70	阳曲县（晋）	222.00
71	长治县（晋）	194.00
72	垣曲县（晋）	100.00
73	东洲区（辽）	2400.00
74	本溪满族自治县（辽）	950.00
75	建昌县（辽）	700.00
76	凌源市（辽）	399.00
77	振安区（辽）	275.00
78	集安市（吉）	2915.00
79	东丰县（吉）	100.00
80	贾汪区（苏）	537.00
81	临安市（浙）	9975.00
82	桐庐县（浙）	1400.00
83	安吉县（浙）	407.00
84	富阳市（浙）	200.00
85	宁国市（皖）	6411.00
86	绩溪县（皖）	4010.00
87	舒城县（皖）	1260.00
88	旌德县（皖）	235.00
89	谯城区（皖）	200.00
90	沂水县（鲁）	14050.00
91	肥城市（鲁）	12941.00
92	东平县（鲁）	11737.00
93	汶上县（鲁）	8500.00
94	长清区（鲁）	8160.00
95	泗水县（鲁）	8099.00
96	新泰市（鲁）	7047.00
97	章丘市（鲁）	3355.00
98	泰山区（鲁）	3291.25
99	邹城市（鲁）	2740.00
100	岱岳区（鲁）	2116.00
101	蒙阴县（鲁）	2000.00
102	青州市（鲁）	1728.00
103	栖霞市（鲁）	1564.00
104	临朐县（鲁）	1200.00
105	宁阳县（鲁）	1009.00
106	兰陵县（鲁）	963.00

（续）

序号	核桃主产地	吨
107	莱芜市雪野旅游区（鲁）	890.00
108	莱城区（鲁）	720.00
109	张店区（鲁）	530.00
110	诸城市（鲁）	510.00
111	淄川区（鲁）	500.00
112	安丘市（鲁）	500.00
113	泰安市市辖区（鲁）	416.43
114	沂源县（鲁）	343.00
115	邹平县（鲁）	325.40
116	莱阳市（鲁）	300.00
117	沂南县（鲁）	242.00
118	昌邑市（鲁）	230.00
119	寿光市（鲁）	230.00
120	临沂市蒙山旅游区（鲁）	210.00
121	梁山县（鲁）	207.00
122	莒　县（鲁）	171.00
123	莱州市（鲁）	110.00
124	卢氏县（豫）	25935.00
125	伊川县（豫）	10000.00
126	林州市（豫）	4162.00
127	洛宁县（豫）	4000.00
128	嵩　县（豫）	4000.00
129	淇　县（豫）	3860.00
130	济源市（豫）	3330.00
131	孟津县（豫）	3000.00
132	栾川县（豫）	2810.00
133	汤阴县（豫）	2500.00
134	灵宝市（豫）	2234.00
135	新安县（豫）	2160.00
136	汝阳县（豫）	1500.00
137	淅川县（豫）	1050.00
138	叶　县（豫）	1000.00
139	内乡县（豫）	800.00
140	鲁山县（豫）	650.00
141	偃师市（豫）	600.00
142	淇滨区（豫）	541.00
143	新密市（豫）	530.00
144	舞钢市（豫）	405.00
145	卫辉市（豫）	401.00
146	禹州市（豫）	300.00
147	确山县（豫）	300.00
148	范　县（豫）	284.50
149	台前县（豫）	230.00
150	新野县（豫）	225.00
151	方城县（豫）	180.00

（续）

序号	核桃主产地	吨
152	商水县（豫）	160.00
153	舞阳县（豫）	151.00
154	商城县（豫）	150.00
155	龙安区（豫）	150.00
156	安阳县（豫）	147.00
157	中站区（豫）	120.00
158	郏　县（豫）	100.00
159	竹山县（鄂）	16280.00
160	兴山县（鄂）	7000.00
161	保康县（鄂）	5000.00
162	秭归县（鄂）	4600.00
163	房　县（鄂）	3780.00
164	夷陵区（鄂）	1240.00
165	钟祥市（鄂）	900.00
166	京山县（鄂）	542.00
167	随　县（鄂）	500.00
168	谷城县（鄂）	379.00
169	神农架林区（鄂）	330.00
170	宣恩县（鄂）	283.00
171	竹溪县（鄂）	265.00
172	丹江口市（鄂）	250.00
173	鹤峰县（鄂）	208.00
174	恩施市（鄂）	187.00
175	宜城市（鄂）	145.00
176	长阳土家族自治县（鄂）	110.00
177	靖州苗族侗族自治县（湘）	1236.00
178	会同县（湘）	1200.00
179	永定区（湘）	820.00
180	永顺县（湘）	470.00
181	龙山县（湘）	460.00
182	保靖县（湘）	430.00
183	新邵县（湘）	360.00
184	安化县（湘）	300.00
185	洪江市（湘）	280.00
186	石门县（湘）	280.00
187	通道侗族自治县（湘）	258.00
188	慈利县（湘）	190.00
189	沅陵县（湘）	102.00
190	凤山县（桂）	1026.00
191	隆林各族自治县（桂）	220.00
192	乐业县（桂）	145.00
193	田林县（桂）	113.00
194	奉节县（渝）	2128.00
195	巫山县（渝）	1700.00
196	云阳县（渝）	1500.00

(续)

序号	核桃主产地	吨
197	巫溪县(渝)	967.00
198	荣昌县(渝)	622.00
199	石柱土家族自治县(渝)	450.00
200	丰都县(渝)	429.00
201	渝北区(渝)	386.00
202	南川区(渝)	210.00
203	酉阳土家族苗族自治县(渝)	165.00
204	黔江区(渝)	160.00
205	璧山县(渝)	154.00
206	忠　县(渝)	142.00
207	朝天区(川)	31000.00
208	盐源县(川)	23400.00
209	青川县(川)	21150.00
210	利州区(川)	18446.00
211	旺苍县(川)	15850.00
212	南江县(川)	12500.00
213	昭化区(川)	12500.00
214	金阳县(川)	11000.00
215	米易县(川)	9000.00
216	德昌县(川)	8936.00
217	通江县(川)	8100.00
218	雷波县(川)	7976.00
219	盐亭县(川)	7880.00
220	剑阁县(川)	7512.00
221	宁南县(川)	6600.00
222	雅安市市辖区(川)	6353.00
223	会理县(川)	6117.00
224	甘洛县(川)	5550.00
225	三台县(川)	5260.40
226	中江县(川)	4800.00
227	泸定县(川)	4800.00
228	木里藏族自治县(川)	4081.00
229	冕宁县(川)	3867.00
230	苍溪县(川)	3750.00
231	西昌市(川)	3620.00
232	旌阳区(川)	3200.00
233	江油市(川)	3027.00
234	南部县(川)	3000.00
235	简阳市(川)	2965.90
236	美姑县(川)	2865.00
237	汉源县(川)	2745.00
238	平武县(川)	2740.00
239	梓潼县(川)	2650.00
240	石棉县(川)	2600.00
241	越西县(川)	2430.00
242	宣汉县(川)	2250.00
243	万源市(川)	2240.00
244	巴塘县(川)	2210.00
245	会东县(川)	2000.00
246	巴州区(川)	1950.00
247	汶川县(川)	1800.00
248	昭觉县(川)	1780.00
249	仁寿县(川)	1645.00
250	岳池县(川)	1600.00
251	资中县(川)	1566.00
252	喜德县(川)	1372.00
253	蓬安县(川)	1350.00
254	叙永县(川)	1280.00
255	威远县(川)	1200.00
256	渠　县(川)	1100.00
257	游仙区(川)	1100.00
258	犍为县(川)	1061.00
259	雁江区(川)	1000.58
260	安　县(川)	1000.00
261	大英县(川)	1000.00
262	恩阳区(川)	940.00
263	嘉陵区(川)	900.00
264	屏山县(川)	810.00
265	北川羌族自治县(川)	750.00
266	罗江县(川)	720.00
267	乐至县(川)	652.00
268	得荣县(川)	650.00
269	开江县(川)	600.00
270	布拖县(川)	600.00
271	西充县(川)	580.00
272	峨边彝族自治县(川)	545.00
273	峨眉山市(川)	500.00
274	丹巴县(川)	480.00
275	仁和区(川)	450.00
276	邻水县(川)	450.00
277	金口河区(川)	423.00
278	宜宾县(川)	420.00
279	筠连县(川)	390.00
280	普格县(川)	380.00
281	小金县(川)	380.00
282	隆昌县(川)	350.00
283	乡城县(川)	320.00
284	龙泉驿区(川)	280.00
285	荣　县(川)	272.00
286	平昌县(川)	271.00
287	兴文县(川)	264.00
288	东兴区(川)	260.00
289	稻城县(川)	260.00
290	达川区(川)	210.00
291	内江市市中区(川)	200.00
292	沐川县(川)	200.00
293	九龙县(川)	200.00
294	高坪区(川)	200.00
295	广安区(川)	200.00
296	绵竹市(川)	196.00
297	彭山县(川)	180.00
298	马边彝族自治县(川)	179.00
299	高　县(川)	172.00
300	邛崃市(川)	142.00
301	康定县(川)	124.00
302	广汉市(川)	120.00
303	什邡市(川)	112.00
304	兴仁县(黔)	1275.00
305	大方县(黔)	1100.00
306	望谟县(黔)	1090.00
307	织金县(黔)	1060.00
308	仁怀市(黔)	900.00
309	普安县(黔)	800.00
310	册亨县(黔)	600.00
311	贞丰县(黔)	500.00
312	黔西县(黔)	436.00
313	罗甸县(黔)	411.00
314	六枝特区(黔)	378.00
315	修文县(黔)	222.00
316	金沙县(黔)	196.00
317	沿河土家族自治县(黔)	172.00
318	德江县(黔)	158.00
319	紫云苗族布依族自治县(黔)	157.43
320	凤庆县(滇)	120188.00
321	云龙县(滇)	43900.00
322	漾濞彝族自治县(滇)	43800.00
323	昌宁县(滇)	40621.20
324	隆阳区(滇)	31442.00
325	大姚县(滇)	25041.00
326	鲁甸县(滇)	16245.00
327	弥勒市(滇)	16067.60
328	禄劝彝族苗族自治县(滇)	16000.00
329	巧家县(滇)	15753.00
330	临翔区(滇)	15000.00
331	洱源县(滇)	12500.00

（续）

序号	核桃主产地	吨
332	楚雄市(滇)	11128.00
333	昭阳区(滇)	9856.00
334	永胜县(滇)	9032.00
335	南华县(滇)	8641.00
336	鹤庆县(滇)	7900.00
337	永善县(滇)	7044.43
338	禄丰县(滇)	6221.00
339	玉龙纳西族自治县(滇)	5625.00
340	新平彝族傣族自治县(滇)	5490.00
341	兰坪白族普米族自治县(滇)	5000.00
342	维西傈僳族自治县(滇)	4621.30
343	腾冲县(滇)	4000.00
344	泸水县(滇)	3742.50
345	双柏县(滇)	3500.00
346	武定县(滇)	3483.00
347	姚安县(滇)	3340.00
348	香格里拉县(滇)	2978.60
349	镇雄县(滇)	2610.00
350	盈江县(滇)	2113.20
351	东川区(滇)	1620.00
352	石林彝族自治县(滇)	1486.00
353	开远市(滇)	1374.70
354	元阳县(滇)	1286.00
355	大关县(滇)	1050.00
356	石屏县(滇)	942.00
357	永仁县(滇)	873.00
358	华宁县(滇)	800.70
359	寻甸回族彝族自治县(滇)	764.00
360	易门县(滇)	721.14
361	峨山彝族自治县(滇)	710.00
362	瑞丽市(滇)	700.00
363	元江哈尼族彝族傣族自治县(滇)	548.12
364	陇川县(滇)	535.80
365	宁洱哈尼族彝族自治县(滇)	466.00
366	富宁县(滇)	387.00
367	梁河县(滇)	376.00
368	文山市(滇)	332.00
369	晋宁县(滇)	328.50
370	丘北县(滇)	307.00
371	元谋县(滇)	304.00
372	牟定县(滇)	300.00
373	芒市(滇)	272.20
374	西畴县(滇)	213.00
375	屏边苗族自治县(滇)	195.40

（续）

序号	核桃主产地	吨
376	倘甸工业园区(滇)	168.00
377	蒙自市(滇)	160.00
378	砚山县(滇)	144.00
379	江川县(滇)	140.50
380	澄江县(滇)	108.00
381	洛南县(陕)	21075.00
382	山阳县(陕)	15100.00
383	宜君县(陕)	10610.00
384	黄龙县(陕)	8040.00
385	蓝田县(陕)	8000.00
386	汉滨区(陕)	6506.00
387	宁强县(陕)	5450.00
388	柞水县(陕)	5256.00
389	麟游县(陕)	5100.00
390	丹凤县(陕)	4478.00
391	陈仓区(陕)	4350.00
392	旬阳县(陕)	4230.00
393	略阳县(陕)	3257.00
394	蒲城县(陕)	3200.00
395	勉　县(陕)	2925.00
396	澄城县(陕)	2900.00
397	扶风县(陕)	2584.00
398	千阳县(陕)	2346.00
399	汉阴县(陕)	2183.00
400	眉　县(陕)	2023.00
401	南郑县(陕)	1800.00
402	乾　县(陕)	1532.00
403	韩城市林业局(陕)	1500.00
404	临潼区(陕)	1300.00
405	城固县(陕)	1220.00
406	岐山县(陕)	1167.00
407	洋　县(陕)	1034.00
408	太白县(陕)	1004.00
409	宁陕县(陕)	950.00
410	印台区(陕)	750.00
411	凤翔县(陕)	694.00
412	紫阳县(陕)	600.00
413	平利县(陕)	500.00
414	佛坪县(陕)	370.00
415	岚皋县(陕)	300.00
416	华阴市(陕)	240.00
417	石泉县(陕)	220.00
418	户　县(陕)	212.00
419	甘泉县(陕)	150.00
420	富平县(陕)	105.00

（续）

序号	核桃主产地	吨
421	清水县(甘)	54789.10
422	武都区(甘)	17149.00
423	礼　县(甘)	10850.00
424	武山县(甘)	9858.00
425	西和县(甘)	2800.00
426	崆峒区(甘)	2544.00
427	麦积区(甘)	2455.00
428	张家川回族自治县(甘)	2241.70
429	两当县(甘)	1753.00
430	宁　县(甘)	1600.00
431	文　县(甘)	1500.00
432	甘谷县(甘)	1133.12
433	陇西县(甘)	380.00
434	宕昌县(甘)	350.00
435	秦州区(甘)	279.90
436	彭阳县(宁)	120.00
437	叶城县(新)	100754.00
438	莎车县(新)	38597.00
439	泽普县(新)	34771.00
440	巴楚县(新)	25956.00
441	麦盖提县(新)	7235.00
442	英吉沙县(新)	2016.00
443	疏勒县(新)	1723.00
444	喀什市(新)	184.00
445	红石林业局(吉林森工)	3818.00
446	乌伊岭林业局(龙江森工)	1150.00
447	清河林业局(龙江森工)	500.00
448	桃山林业局(龙江森工)	400.00
449	带岭实验局(龙江森工)	200.00
450	农三师(新疆兵团)	4189.00

表 6-3　板栗主产地产量

序号	板栗主产地	吨
1	怀柔区(京)	9352.20
2	平谷区(京)	2208.50
3	昌平区(京)	1333.00
4	兴隆县(冀)	124250.00
5	迁西县(冀)	58476.00
6	宽城满族自治县(冀)	40000.00
7	遵化市(冀)	23473.00
8	青龙满族自治县(冀)	15000.00
9	邢台县(冀)	12609.00
10	抚宁区(冀)	11953.00
11	迁安市(冀)	5128.00
12	内丘县(冀)	4400.00

(续)

序号	板栗主产地	吨
13	灵寿县(冀)	3740.00
14	武安市(冀)	2700.00
15	沙河市(冀)	2535.00
16	承德县(冀)	2385.00
17	平泉县(冀)	2100.00
18	平山县(冀)	1740.00
19	赞皇县(冀)	1200.00
20	易　县(冀)	900.00
21	滦平县(冀)	825.00
22	临城县(冀)	800.00
23	阜平县(冀)	520.00
24	秦皇岛开发区(冀)	475.00
25	鹰手营子矿区(冀)	420.00
26	滦　县(冀)	356.00
27	卢龙县(冀)	162.16
28	涞水县(冀)	150.00
29	东港市(辽)	31600.00
30	宽甸满族自治县(辽)	30000.00
31	桓仁满族自治县(辽)	9410.00
32	岫岩满族自治县(辽)	7930.00
33	振安区(辽)	6600.00
34	庄河市(辽)	1072.00
35	建昌县(辽)	1000.00
36	凌源市(辽)	647.00
37	大连市保税区(辽)	450.00
38	东洲区(辽)	201.00
39	集安市(吉)	907.00
40	赣榆区(苏)	7368.00
41	溧阳市(苏)	2490.00
42	宜兴市(苏)	2330.00
43	金坛市(苏)	1609.00
44	新沂市(苏)	1150.00
45	浦口区(苏)	1125.00
46	六合区(苏)	1078.00
47	沭阳县(苏)	850.00
48	溧水县(苏)	790.00
49	吴中区(苏)	573.00
50	邳州市(苏)	551.00
51	江宁区(苏)	467.00
52	东海县(苏)	379.00
53	灌云县(苏)	162.00
54	仪征市(苏)	150.00
55	连云区(苏)	112.00
56	淳安县(浙)	4893.00
57	缙云县(浙)	3218.00
58	建德市(浙)	2860.00
59	泰顺县(浙)	2510.00
60	桐庐县(浙)	2400.00
61	诸暨市(浙)	1790.00
62	庆元县(浙)	1708.00
63	武义县(浙)	1215.00
64	富阳市(浙)	1200.00
65	云和县(浙)	1110.00
66	衢江区(浙)	1010.00
67	仙居县(浙)	1000.00
68	临安市(浙)	926.00
69	磐安县(浙)	850.00
70	临海市(浙)	524.00
71	天台县(浙)	360.00
72	三门县(浙)	220.00
73	黄岩区(浙)	182.00
74	长兴县(浙)	180.00
75	德清县(浙)	180.00
76	龙泉市(浙)	157.00
77	义乌市(浙)	148.00
78	余杭区(浙)	142.00
79	东阳市(浙)	120.00
80	舒城县(皖)	25430.00
81	潜山县(皖)	23400.00
82	金寨县(皖)	15300.00
83	太湖县(皖)	11600.00
84	霍山县(皖)	10000.00
85	广德县(皖)	2808.00
86	全椒县(皖)	2000.00
87	凤阳县(皖)	1726.00
88	石台县(皖)	1120.00
89	宁国市(皖)	1076.00
90	岳西县(皖)	1000.00
91	旌德县(皖)	850.00
92	休宁县(皖)	750.00
93	六安市叶集区(皖)	750.00
94	泾　县(皖)	660.00
95	庐江县(皖)	510.00
96	宣州区(皖)	500.00
97	祁门县(皖)	466.00
98	南陵县(皖)	264.00
99	八公山区(皖)	246.00
100	滁州市管店林业总场(皖)	236.00
101	滁州市沙河集林业总场(皖)	216.00
102	无为县(皖)	215.00
103	博望区(皖)	200.00
104	繁昌县(皖)	180.00
105	明光市(皖)	159.00
106	南谯区(皖)	150.00
107	东至县(皖)	132.00
108	定远县(皖)	120.00
109	屯溪区(皖)	101.00
110	黄山区(皖)	100.00
111	高安市(赣)	2393.00
112	靖安县(赣)	1800.00
113	贵溪市(赣)	1427.00
114	铜鼓县(赣)	1100.00
115	永修县(赣)	960.00
116	龙南县(赣)	745.00
117	婺源县(赣)	500.00
118	玉山县(赣)	486.00
119	乐安县(赣)	366.00
120	新建县(赣)	366.00
121	全南县(赣)	262.00
122	石城县(赣)	210.00
123	德安县(赣)	200.00
124	定南县(赣)	197.00
125	万载县(赣)	165.00
126	彭泽县(赣)	158.40
127	安远县(赣)	150.00
128	岱岳区(鲁)	41294.00
129	五莲县(鲁)	22000.00
130	泗水县(鲁)	16984.00
131	沂水县(鲁)	14600.00
132	诸城市(鲁)	14402.00
133	沂南县(鲁)	14360.00
134	临朐县(鲁)	12000.00
135	乳山市(鲁)	10000.00
136	莒南县(鲁)	7600.00
137	沂源县(鲁)	6849.00
138	新泰市(鲁)	6382.00
139	郯城县(鲁)	6200.00
140	莱城区(鲁)	5930.00
141	泰山区(鲁)	5860.00
142	临沂市蒙山旅游区(鲁)	4400.00
143	莱阳市(鲁)	4000.00
144	邹城市(鲁)	3920.00
145	栖霞市(鲁)	3200.00
146	兰陵县(鲁)	2731.00
147	莱芜市雪野旅游区(鲁)	2625.00

（续）

序号	板栗主产地	吨
148	章丘市(鲁)	2500.00
149	长清区(鲁)	2260.00
150	蒙阴县(鲁)	2200.00
151	安丘市(鲁)	2000.00
152	河东区(鲁)	1500.00
153	博山区(鲁)	1050.00
154	肥城市(鲁)	1013.50
155	临沂市临港经济开发区(鲁)	1000.00
156	莒　县(鲁)	885.00
157	荣成市(鲁)	750.00
158	泰安市市辖区(鲁)	700.00
159	临沭县(鲁)	489.50
160	牟平区(鲁)	480.00
161	宁阳县(鲁)	261.50
162	环翠区(鲁)	172.00
163	商城县(豫)	32000.00
164	浉河区(豫)	8500.00
165	新　县(豫)	7269.00
166	嵩　县(豫)	7140.00
167	栾川县(豫)	7035.00
168	平桥区(豫)	5407.00
169	固始县(豫)	4100.00
170	卢氏县(豫)	4030.00
171	内乡县(豫)	2780.00
172	罗山县(豫)	2470.00
173	鲁山县(豫)	1829.00
174	汝阳县(豫)	1543.00
175	林州市(豫)	1350.00
176	淅川县(豫)	560.00
177	光山县(豫)	300.00
178	镇平县(豫)	210.00
179	方城县(豫)	200.00
180	叶　县(豫)	150.00
181	遂平县(豫)	150.00
182	舞钢市(豫)	105.00
183	罗田县(鄂)	45509.00
184	大悟县(鄂)	35140.00
185	麻城市(鄂)	35000.00
186	夷陵区(鄂)	27000.00
187	英山县(鄂)	6720.00
188	红安县(鄂)	3420.00
189	房　县(鄂)	2814.00
190	宜城市(鄂)	2000.00
191	鹤峰县(鄂)	1712.00
192	谷城县(鄂)	1589.00

（续）

序号	板栗主产地	吨
193	黄陂区(鄂)	1500.00
194	孝昌县(鄂)	1400.00
195	曾都区(鄂)	1303.00
196	秭归县(鄂)	1150.00
197	东宝区(鄂)	927.00
198	保康县(鄂)	898.00
199	神农架林区(鄂)	780.00
200	来凤县(鄂)	700.00
201	利川市(鄂)	600.00
202	竹山县(鄂)	598.00
203	张湾区(鄂)	595.00
204	远安县(鄂)	588.00
205	蕲春县(鄂)	500.00
206	钟祥市(鄂)	300.00
207	广水市(鄂)	300.00
208	恩施市(鄂)	290.00
209	长阳土家族自治县(鄂)	110.00
210	沅陵县(湘)	24442.00
211	新化县(湘)	4800.00
212	耒阳市(湘)	3750.00
213	浏阳市(湘)	3300.00
214	永定区(湘)	3200.00
215	城步苗族自治县(湘)	3000.00
216	龙山县(湘)	2600.00
217	石门县(湘)	2300.00
218	永顺县(湘)	2000.00
219	祁阳县(湘)	1680.00
220	新田县(湘)	1590.00
221	江华瑶族自治县(湘)	1560.00
222	慈利县(湘)	1460.00
223	零陵区(湘)	1456.00
224	保靖县(湘)	1400.00
225	北湖区(湘)	1354.00
226	泸溪县(湘)	1200.00
227	大祥区(湘)	1000.00
228	常宁市(湘)	950.00
229	祁东县(湘)	915.00
230	古丈县(湘)	800.00
231	中方县(湘)	685.00
232	衡山县(湘)	638.00
233	洞口县(湘)	605.00
234	株洲县(湘)	580.00
235	安化县(湘)	560.00
236	新晃侗族自治县(湘)	471.00
237	道　县(湘)	407.00

（续）

序号	板栗主产地	吨
238	宁远县(湘)	345.00
239	新宁县(湘)	300.00
240	新邵县(湘)	250.00
241	津市市(湘)	210.00
242	蓝山县(湘)	210.00
243	永兴县(湘)	159.00
244	鼎城区(湘)	155.00
245	冷水江市(湘)	125.00
246	绥宁县(湘)	107.00
247	冷水滩区(湘)	102.00
248	阳山县(粤)	6611.00
249	封开县(粤)	4392.00
250	连州市(粤)	923.40
251	连南瑶族自治县(粤)	422.00
252	广宁县(粤)	319.00
253	龙川县(粤)	260.00
254	南丹县(桂)	6155.00
255	田林县(桂)	4159.00
256	天峨县(桂)	3243.00
257	巴马瑶族自治县(桂)	2359.00
258	乐业县(桂)	1538.00
259	灌阳县(桂)	1122.00
260	西林县(桂)	727.00
261	凤山县(桂)	716.00
262	兴安县(桂)	707.00
263	龙胜各族自治县(桂)	473.00
264	金秀瑶族自治县(桂)	465.00
265	武宣县(桂)	294.00
266	资源县(桂)	255.00
267	大化瑶族自治县(桂)	230.00
268	那坡县(桂)	205.00
269	钟山县(桂)	177.00
270	昭平县(桂)	154.00
271	凭祥市(桂)	136.00
272	金城江区(桂)	121.00
273	龙州县(桂)	114.00
274	南川区(渝)	3000.00
275	巫溪县(渝)	1530.00
276	巫山县(渝)	700.00
277	石柱土家族自治县(渝)	700.00
278	云阳县(渝)	680.00
279	黔江区(渝)	575.00
280	丰都县(渝)	420.00
281	万州区(渝)	380.00
282	璧山县(渝)	339.00

(续)

序号	板栗主产地	吨
283	渝北区(渝)	300.00
284	酉阳土家族苗族自治县(渝)	280.00
285	荣昌县(渝)	100.00
286	德昌县(川)	13772.00
287	会理县(川)	2020.00
288	南江县(川)	1820.00
289	宣汉县(川)	1180.00
290	仁和区(川)	1010.00
291	叙永县(川)	980.00
292	盐边县(川)	905.00
293	通江县(川)	900.00
294	万源市(川)	870.00
295	三台县(川)	785.00
296	冕宁县(川)	750.00
297	江油市(川)	730.00
298	开江县(川)	650.00
299	宁南县(川)	650.00
300	达川区(川)	600.00
301	邻水县(川)	500.00
302	汉源县(川)	435.00
303	雷波县(川)	420.00
304	荣　县(川)	289.00
305	会东县(川)	270.00
306	朝天区(川)	265.00
307	北川羌族自治县(川)	230.00
308	西昌市(川)	225.00
309	巴州区(川)	220.00
310	筠连县(川)	195.00
311	崇州市(川)	172.00
312	长宁县(川)	159.00
313	盐源县(川)	152.00
314	宜宾县(川)	150.00
315	马边彝族自治县(川)	138.00
316	平昌县(川)	131.00
317	普格县(川)	130.00
318	望谟县(黔)	22318.00
319	罗甸县(黔)	4435.00
320	贞丰县(黔)	3600.00
321	黔西县(黔)	2144.00
322	荔波县(黔)	1580.00
323	碧江区(黔)	1348.00
324	织金县(黔)	1060.00
325	仁怀市(黔)	600.00
326	纳雍县(黔)	424.00
327	六枝特区(黔)	356.00

(续)

序号	板栗主产地	吨
328	大方县(黔)	310.00
329	普安县(黔)	280.00
330	福泉市(黔)	224.00
331	兴仁县(黔)	183.00
332	紫云苗族布依族自治县(黔)	118.43
333	大姚县(滇)	7300.00
334	鲁甸县(滇)	3485.00
335	禄丰县(滇)	3334.00
336	寻甸回族彝族自治县(滇)	3191.00
337	永仁县(滇)	2845.00
338	武定县(滇)	2845.00
339	元阳县(滇)	2372.00
340	玉龙纳西族自治县(滇)	2296.00
341	禄劝彝族苗族自治县(滇)	1860.00
342	石林彝族自治县(滇)	1786.00
343	鹤庆县(滇)	1562.60
344	弥勒市(滇)	1434.00
345	隆阳区(滇)	1206.00
346	易门县(滇)	1101.63
347	镇雄县(滇)	900.00
348	江川县(滇)	680.00
349	巧家县(滇)	607.00
350	洱源县(滇)	470.50
351	腾冲县(滇)	432.00
352	澄江县(滇)	402.00
353	昌宁县(滇)	400.00
354	昭阳区(滇)	301.40
355	牟定县(滇)	290.00
356	芒　市(滇)	266.50
357	双柏县(滇)	237.00
358	晋宁县(滇)	223.40
359	永胜县(滇)	214.00
360	大关县(滇)	200.00
361	陇川县(滇)	195.00
362	姚安县(滇)	173.00
363	西畴县(滇)	166.00
364	元谋县(滇)	163.00
365	东川区(滇)	161.25
366	峨山彝族自治县(滇)	160.00
367	楚雄市(滇)	147.00
368	盈江县(滇)	141.00
369	香格里拉县(滇)	130.00
370	丘北县(滇)	126.00
371	华宁县(滇)	104.70
372	个旧市(滇)	104.00

(续)

序号	板栗主产地	吨
373	汉滨区(陕)	13660.00
374	山阳县(陕)	6570.00
375	柞水县(陕)	4123.00
376	宁陕县(陕)	3893.00
377	汉阴县(陕)	3460.00
378	蓝田县(陕)	2400.00
379	洋　县(陕)	1813.00
380	丹凤县(陕)	1809.00
381	城固县(陕)	1788.00
382	略阳县(陕)	1595.00
383	太白县(陕)	1213.00
384	宁强县(陕)	1201.00
385	南郑县(陕)	1130.00
386	陈仓区(陕)	700.00
387	勉　县(陕)	675.00
388	紫阳县(陕)	500.00
389	佛坪县(陕)	480.00
390	眉　县(陕)	450.00
391	洛南县(陕)	446.00
392	岐山县(陕)	400.00
393	黄龙县(陕)	100.00
394	两当县(甘)	150.00

表 6-4　花椒籽主产地产量

序号	花椒籽主产地	吨
1	平山县(冀)	3900.00
2	涉　县(冀)	3520.00
3	武安市(冀)	1800.00
4	宽城满族自治县(冀)	300.00
5	井陉县(冀)	290.00
6	峰峰矿区(冀)	100.00
7	芮城县(晋)	5000.00
8	平顺县(晋)	1800.00
9	临猗县(晋)	1545.00
10	夏　县(晋)	700.00
11	河津市(晋)	564.00
12	平陆县(晋)	520.00
13	稷山县(晋)	190.00
14	铜山区(苏)	150.00
15	沂水县(鲁)	6660.00
16	莱芜市雪野旅游区(鲁)	4119.00
17	章丘市(鲁)	3600.00
18	淄川区(鲁)	2400.00
19	兰陵县(鲁)	2280.00
20	蒙阴县(鲁)	2200.00

（续）

序号	花椒籽主产地	吨
21	博山区(鲁)	2005.00
22	新泰市(鲁)	457.00
23	岱岳区(鲁)	132.00
24	渑池县(豫)	3700.00
25	林州市(豫)	2560.00
26	湖滨区(豫)	1980.00
27	汝阳县(豫)	1450.00
28	济源市(豫)	1300.00
29	宝丰县(豫)	820.00
30	嵩　县(豫)	810.00
31	登封市(豫)	800.00
32	内乡县(豫)	780.00
33	宜阳县(豫)	310.00
34	孟津县(豫)	300.00
35	淇　县(豫)	240.00
36	新安县(豫)	180.00
37	博爱县(豫)	100.00
38	宜都市(鄂)	225.00
39	老河口市(鄂)	120.00
40	保靖县(湘)	420.00
41	永顺县(湘)	330.00
42	龙山县(湘)	300.00
43	江津区(渝)	20000.00
44	长寿区(渝)	6345.00
45	璧山县(渝)	3664.00
46	万盛区(渝)	1700.00
47	合川区(渝)	1480.00
48	石柱土家族自治县(渝)	1150.00
49	开　县(渝)	1010.00
50	丰都县(渝)	860.00
51	涪陵区(渝)	600.00
52	巴南区(渝)	540.00
53	梁平县(渝)	280.00
54	荣昌县(渝)	250.00
55	渝北区(渝)	100.00
56	金阳县(川)	5200.00
57	盐源县(川)	5062.00
58	渠　县(川)	4200.00
59	冕宁县(川)	3274.00
60	雷波县(川)	2203.00
61	汉源县(川)	1815.00
62	仁寿县(川)	1467.00
63	宣汉县(川)	1450.00
64	三台县(川)	1447.20
65	木里藏族自治县(川)	1326.00

（续）

序号	花椒籽主产地	吨
66	盐边县(川)	1300.00
67	茂　县(川)	1200.00
68	美姑县(川)	1113.00
69	乐至县(川)	1100.00
70	德昌县(川)	1010.00
71	会理县(川)	951.00
72	西昌市(川)	950.00
73	布拖县(川)	900.00
74	沿滩区(川)	840.00
75	昭觉县(川)	800.00
76	喜德县(川)	700.00
77	越西县(川)	610.00
78	普格县(川)	610.00
79	金川县(川)	580.00
80	米易县(川)	500.00
81	江安县(川)	425.00
82	邻水县(川)	410.00
83	达川区(川)	380.00
84	宁南县(川)	340.00
85	丹巴县(川)	280.00
86	开江县(川)	240.00
87	泸定县(川)	218.00
88	富顺县(川)	216.00
89	大安区(川)	201.00
90	通江县(川)	200.00
91	沐川县(川)	200.00
92	前锋区(川)	163.00
93	康定县(川)	160.00
94	九龙县(川)	158.00
95	华蓥市(川)	156.00
96	盐亭县(川)	138.00
97	中江县(川)	120.00
98	长宁县(川)	109.80
99	江油市(川)	107.00
100	贞丰县(黔)	6000.00
101	仁怀市(黔)	400.00
102	关岭布依族苗族自治县(黔)	360.00
103	道真仡佬族苗族自治县(黔)	120.00
104	彝良县(滇)	11504.00
105	永善县(滇)	4663.21
106	巧家县(滇)	4430.00
107	昭阳区(滇)	3960.00
108	大姚县(滇)	1850.00
109	玉龙纳西族自治县(滇)	1542.00
110	寻甸回族彝族自治县(滇)	870.00
111	姚安县(滇)	735.00

（续）

序号	花椒籽主产地	吨
112	武定县(滇)	302.00
113	大关县(滇)	295.00
114	禄劝彝族苗族自治县(滇)	200.00
115	永胜县(滇)	200.00
116	鹤庆县(滇)	197.50
117	洱源县(滇)	172.80
118	峨山彝族自治县(滇)	150.00
119	泸水县(滇)	143.20
120	通海县(滇)	140.00
121	腾冲县(滇)	115.00
122	隆阳区(滇)	110.00
123	东川区(滇)	102.87
124	兰坪白族普米族自治县(滇)	100.00
125	韩城市林业局(陕)	24000.00
126	富平县(陕)	15000.00
127	临潼区(陕)	4900.00
128	耀州区(陕)	3168.00
129	陈仓区(陕)	2100.00
130	澄城县(陕)	2000.00
131	宜川县(陕)	1230.00
132	华阴市(陕)	850.00
133	蒲城县(陕)	800.00
134	延长县(陕)	307.00
135	蓝田县(陕)	300.00
136	太白县(陕)	190.00
137	汉滨区(陕)	189.00
138	黄龙县(陕)	160.00
139	汉阴县(陕)	140.00
140	洛南县(陕)	129.00
141	印台区(陕)	120.00
142	武都区(甘)	20000.00
143	秦安县(甘)	9425.00
144	甘谷县(甘)	5800.80
145	积石山保安族东乡族撒拉族自治县(甘)	4140.00
146	麦积区(甘)	3285.00
147	礼　县(甘)	2099.00
148	文　县(甘)	1600.00
149	西和县(甘)	1050.00
150	崆峒区(甘)	680.00
151	清水县(甘)	410.90
152	永靖县(甘)	250.00
153	武山县(甘)	242.00
154	东乡族自治县(甘)	215.00
155	张家川回族自治县(甘)	199.11
156	宕昌县(甘)	140.00
157	广河县(甘)	110.00

表 6-5 八角主产地产量

序号	八角主产地	吨
1	沅陵县(湘)	20.00
2	信宜市(粤)	2000.00
3	茂名市属总林场(粤)	52.00
4	广宁县(粤)	21.00
5	金秀瑶族自治县(桂)	9295.00
6	苍梧县(桂)	6971.00
7	防城区(桂)	6671.00
8	凤山县(桂)	6604.00
9	龙州县(桂)	5986.00
10	田林县(桂)	4034.00
11	桂平市(桂)	3628.00
12	凌云县(桂)	3178.00
13	宁明县(桂)	3003.00
14	凭祥市(桂)	2802.00
15	乐业县(桂)	2422.00
16	那坡县(桂)	1639.00
17	靖西县(桂)	1161.00
18	玉林市福绵区(桂)	1005.00
19	江州区(桂)	878.00
20	北流市(桂)	450.00
21	天峨县(桂)	368.00
22	永福县(桂)	276.00
23	灵山县(桂)	250.00
24	派阳山林场(桂)	189.50
25	恭城瑶族自治县(桂)	143.00
26	西林县(桂)	117.00
27	陆川县(桂)	80.00
28	平乐县(桂)	77.00
29	高峰林场(桂)	52.78
30	武宣县(桂)	48.00
31	钟山县(桂)	42.00
32	龙胜各族自治县(桂)	38.00
33	临桂县(桂)	33.00
34	钦北区(桂)	14.50
35	西畴县(滇)	602.00
36	麻栗坡县(滇)	482.00
37	文山市(滇)	234.00
38	芒　市(滇)	117.10
39	腾冲县(滇)	75.00
40	元江哈尼族彝族傣族自治县(滇)	57.30
41	陇川县(滇)	55.00

表 6-6 其他木本粮油主产地产量

(续)

序号	其他木本粮油主产地	品种	产量(吨)
1	莎车县(新)	巴旦木	56258.00
2	英吉沙县(新)	巴旦木	4770.00
3	疏勒县(新)	巴旦木	184.00
4	喀什市(新)	巴旦木	156.00
5	昌邑市(鲁)	翅果油树	198.00
6	沧　县(冀)	干枣	116124.00
7	农三师(新疆兵团)	干枣	70341.00
8	献　县(冀)	干枣	49216.00
9	黄骅市(冀)	干枣	38152.00
10	新河县(冀)	干枣	37994.00
11	夏　县(晋)	干枣	35145.00
12	泊头市(冀)	干枣	22132.00
13	永和县(晋)	干枣	20000.00
14	海兴县(冀)	干枣	12288.00
15	祁东县(湘)	干枣	9300.00
16	芮城县(晋)	干枣	9100.00
17	盐山县(冀)	干枣	8800.00
18	青　县(冀)	干枣	8703.00
19	威　县(冀)	干枣	8360.00
20	凌源市(辽)	干枣	8000.00
21	阜新蒙古族自治县(辽)	干枣	7500.00
22	连山区(辽)	干枣	7231.00
23	南皮县(冀)	干枣	6979.00
24	涿鹿县(冀)	干枣	6132.60
25	盱眙县(苏)	干枣	5860.00
26	南丹县(桂)	干枣	5806.00
27	内黄县(豫)	干枣	5700.00
28	河间市(冀)	干枣	3204.00
29	吴中区(苏)	干枣	3201.00
30	宁阳县(鲁)	干枣	3132.00
31	怀来县(冀)	干枣	2800.00
32	原平市(晋)	干枣	2734.00
33	平山县(冀)	干枣	2702.00
34	景泰县(甘)	干枣	2666.00
35	新安县(豫)	干枣	2599.00
36	平陆县(晋)	干枣	2460.00
37	冀州市(冀)	干枣	2263.00
38	定远县(皖)	干枣	2150.00
39	平乡县(冀)	干枣	1800.00
40	蒲城县(陕)	干枣	1752.00
41	祁阳县(湘)	干枣	1750.00
42	临城县(冀)	干枣	1680.00
43	莱城区(鲁)	干枣	1603.00
44	道　县(湘)	干枣	1280.00
45	溆浦县(湘)	干枣	1235.00
46	连州市(粤)	干枣	1200.00
47	南宫市(冀)	干枣	1165.00
48	兰陵县(鲁)	干枣	1128.00
49	西夏区(宁)	干枣	1120.00
50	茌平县(鲁)	干枣	1110.00
51	东阳市(浙)	干枣	1074.00
52	任　县(冀)	干枣	1040.00
53	建昌县(辽)	干枣	1000.00
54	沙河市(冀)	干枣	826.00
55	邢台县(冀)	干枣	756.00
56	沂水县(鲁)	干枣	740.00

（续）

序号	其他木本粮油主产地	品种	产量(吨)
57	贾汪区(苏)	干枣	697.00
58	房　县(鄂)	干枣	672.00
59	六合区(苏)	干枣	635.00
60	任丘市(冀)	干枣	634.00
61	澄城县(陕)	干枣	627.00
62	宾川县(滇)	干枣	620.00
63	广宗县(冀)	干枣	604.00
64	梁山县(鲁)	干枣	586.00
65	津市市(湘)	干枣	500.00
66	凤阳县(皖)	干枣	430.00
67	大宁县(晋)	干枣	414.00
68	巨鹿县(冀)	干枣	380.00
69	子洲县(陕)	干枣	370.00
70	沂南县(鲁)	干枣	352.00
71	淮阴区(苏)	干枣	342.00
72	宁远县(湘)	干枣	325.00
73	内丘县(冀)	干枣	320.00
74	泗洪县(苏)	干枣	320.00
75	钟祥市(鄂)	干枣	315.00
76	武宣县(桂)	干枣	295.00
77	东平县(鲁)	干枣	293.00
78	沧州市临港经济技术开发区(冀)	干枣	280.00
79	清河县(冀)	干枣	276.00
80	铜山区(苏)	干枣	275.00
81	古　县(晋)	干枣	261.00
82	昌邑市(鲁)	干枣	260.00
83	江永县(湘)	干枣	260.00
84	大祥区(湘)	干枣	220.00
85	孟村回族自治县(冀)	干枣	212.00
86	蓝山县(湘)	干枣	210.00
87	柏乡县(冀)	干枣	205.00
88	东光县(冀)	干枣	200.00
89	开江县(川)	干枣	200.00
90	沙湾县(新)	干枣	185.00
91	义乌市(浙)	干枣	180.00
92	冷水滩区(湘)	干枣	153.00
93	滨海县(苏)	干枣	150.00
94	沂源县(鲁)	干枣	146.00
95	汉阴县(陕)	干枣	141.00
96	沧州市南大港管理区(冀)	干枣	140.00
97	赣榆区(苏)	干枣	132.00
98	济源市(豫)	干枣	130.00
99	临西县(冀)	干枣	120.00
100	忻府区(晋)	干枣	120.00
101	淳安县(浙)	干枣	110.00

（续）

序号	其他木本粮油主产地	品种	产量(吨)
102	郏　县(豫)	干枣	110.00
103	耒阳市(湘)	干枣	110.00
104	淇　县(豫)	干枣	104.00
105	栾川县(豫)	干枣	103.00
106	诸城市(鲁)	干枣	102.00
107	万州区(渝)	干枣	100.00
108	宽甸满族自治县(辽)	核桃楸	33000.00
109	清原满族自治县(辽)	核桃楸	29600.00
110	新宾满族自治县(辽)	核桃楸	18000.00
111	桓仁满族自治县(辽)	核桃楸	9460.00
112	岫岩满族自治县(辽)	核桃楸	3690.00
113	南芬区(辽)	核桃楸	800.00
114	明山区(辽)	核桃楸	225.00
115	清原满族自治县(辽)	红松籽	9806.00
116	新宾满族自治县(辽)	红松籽	4300.00
117	桓仁满族自治县(辽)	红松籽	3000.00
118	梅河口市(吉)	红松籽	2059.00
119	五营林业局(龙江森工)	红松籽	1623.00
120	海林林业局(龙江森工)	红松籽	800.00
121	南芬区(辽)	红松籽	800.00
122	集安市(吉)	红松籽	730.00
123	鹤北林业局(龙江森工)	红松籽	718.00
124	黑龙江柴河林业局(龙江森工)	红松籽	710.00
125	汤旺河林业局(龙江森工)	红松籽	510.00
126	本溪满族自治县(辽)	红松籽	500.00
127	东丰县(吉)	红松籽	500.00
128	清河林业局(龙江森工)	红松籽	500.00
129	东港市(辽)	红松籽	454.00
130	桦南林业局(龙江森工)	红松籽	450.00
131	红石林业局(吉林森工)	红松籽	425.00
132	沾河林业局(龙江森工)	红松籽	400.00
133	双鸭山林业局(龙江森工)	红松籽	372.00
134	东京城林业局(龙江森工)	红松籽	345.00
135	铁力林业局(龙江森工)	红松籽	320.00
136	穆棱林业局(龙江森工)	红松籽	300.00
137	朗乡林业局(龙江森工)	红松籽	298.00
138	依兰县(黑)	红松籽	220.00
139	东方红林业局(龙江森工)	红松籽	218.00
140	双丰林业局(龙江森工)	红松籽	200.00
141	鹤立林业局(龙江森工)	红松籽	153.00
142	红星林业局(龙江森工)	红松籽	150.00
143	友好林业局(龙江森工)	红松籽	150.00
144	带岭实验局(龙江森工)	红松籽	120.00
145	乌马河林业局(龙江森工)	红松籽	110.00
146	勃利县(黑)	红松籽	100.00

(续)

序号	其他木本粮油主产地	品种	产量(吨)
147	振安区(辽)	红松籽	90.00
148	金山屯林业局(龙江森工)	红松籽	82.00
149	大海林林业局(龙江森工)	红松籽	79.00
150	方正林业局(龙江森工)	红松籽	75.50
151	南岔林业局(龙江森工)	红松籽	65.00
152	翠峦林业局(龙江森工)	红松籽	60.00
153	桃山林业局(龙江森工)	红松籽	60.00
154	文山市(滇)	红松籽	51.00
155	绥棱林业局(龙江森工)	红松籽	50.00
156	山河屯林业局(龙江森工)	红松籽	46.00
157	新青林业局(龙江森工)	红松籽	38.00
158	苇河林业局(龙江森工)	红松籽	36.00
159	亚布力林业局(龙江森工)	红松籽	35.00
160	通北林业局(龙江森工)	红松籽	31.00
161	元谋县(滇)	红松籽	27.00
162	迎春林业局(龙江森工)	红松籽	17.00
163	茄子河区(黑)	红松籽	15.00
164	纳雍县(黔)	红松籽	12.00
165	漾濞彝族自治县(滇)	梅类	6700.00
166	信宜市(粤)	梅类	2280.00
167	台山市(粤)	梅类	600.00
168	涟源市(湘)	梅类	189.00
169	谯城区(皖)	牡丹籽	60000.00
170	曹　县(鲁)	牡丹籽	1541.60
171	商州区(陕)	牡丹籽	1300.00
172	新　县(豫)	牡丹籽	562.50
173	蕲春县(鄂)	牡丹籽	420.00
174	永城市(豫)	牡丹籽	135.00
175	明光市(皖)	牡丹籽	130.00
176	犍为县(川)	牡丹籽	120.00
177	孟津县(豫)	牡丹籽	120.00
178	谢家集区(皖)	牡丹籽	120.00
179	舞阳县(豫)	牡丹籽	101.00
180	汶上县(鲁)	牡丹籽	100.00
181	怀远县(皖)	牡丹籽	90.00
182	长清区(鲁)	牡丹籽	51.00
183	溆浦县(湘)	牡丹籽	45.00
184	栾川县(豫)	牡丹籽	20.00
185	彭泽县(赣)	牡丹籽	15.00
186	保康县(鄂)	牡丹籽	14.00
187	镇安县(陕)	牡丹籽	10.00
188	阜新蒙古族自治县(辽)	仁用杏	10000.00
189	建昌县(辽)	仁用杏	10000.00
190	吴起县(陕)	仁用杏	7700.00
191	蔚　县(冀)	仁用杏	6500.00

(续)

序号	其他木本粮油主产地	品种	产量(吨)
192	涿鹿县(冀)	仁用杏	5607.99
193	连山区(辽)	仁用杏	4172.00
194	天镇县(晋)	仁用杏	3800.00
195	宣化区(冀)	仁用杏	3371.00
196	凌源市(辽)	仁用杏	2734.00
197	浑源县(晋)	仁用杏	2600.00
198	怀来县(冀)	仁用杏	1890.00
199	唐　县(冀)	仁用杏	1800.00
200	下花园区(冀)	仁用杏	1470.00
201	怀安县(冀)	仁用杏	1350.00
202	丰宁满族自治县(冀)	仁用杏	1204.00
203	涞水县(冀)	仁用杏	1100.00
204	易　县(冀)	仁用杏	1000.00
205	涞源县(冀)	仁用杏	965.00
206	襄垣县(晋)	仁用杏	900.00
207	会宁县(甘)	仁用杏	880.00
208	平泉县(冀)	仁用杏	800.00
209	子洲县(陕)	仁用杏	800.00
210	盱眙县(苏)	仁用杏	635.00
211	阳原县(冀)	仁用杏	575.00
212	凌海市(辽)	仁用杏	550.00
213	奇台县(新)	仁用杏	541.00
214	滦平县(冀)	仁用杏	500.00
215	怀柔区(京)	仁用杏	474.10
216	承德县(冀)	仁用杏	426.00
217	兴隆县(冀)	仁用杏	363.00
218	大石桥市(辽)	仁用杏	300.00
219	房山区(京)	仁用杏	299.40
220	万全区(冀)	仁用杏	256.00
221	怀仁县(晋)	仁用杏	250.00
222	定襄县(晋)	仁用杏	248.80
223	隆化县(冀)	仁用杏	205.00
224	宽城满族自治县(冀)	仁用杏	200.00
225	博爱县(豫)	仁用杏	150.00
226	昌平区(京)	仁用杏	145.70
227	元宝山区(蒙)	仁用杏	120.00
228	子长县(陕)	仁用杏	120.00
229	阳曲县(晋)	仁用杏	105.00
230	康平县(辽)	仁用杏	100.00
231	青龙满族自治县(冀)	仁用杏	100.00
232	曲阳县(冀)	仁用杏	100.00
233	防城区(桂)	肉桂	11163.00
234	高　县(川)	肉桂	640.00
235	龙州县(桂)	肉桂	568.00
236	龙圩区(桂)	肉桂	412.00

（续）

序号	其他木本粮油主产地	品种	产量(吨)
237	广宁县(粤)	肉桂	80.00
238	信宜市(粤)	肉桂	39.00
239	麻栗坡县(滇)	肉桂	18.00
240	沅陵县(湘)	肉桂	10.00
241	江华瑶族自治县(湘)	沙枣	1024.00
242	黔西县(黔)	沙枣	319.00
243	凌源市(辽)	山杏	16450.00
244	朝阳县(辽)	山杏	12000.00
245	敖汉旗(蒙)	山杏	10500.00
246	彭阳县(宁)	山杏	7390.00
247	北票市(辽)	山杏	6000.00
248	隆化县(冀)	山杏	4595.00
249	承德县(冀)	山杏	4547.00
250	喀喇沁旗(蒙)	山杏	4300.00
251	平泉县(冀)	山杏	3300.00
252	甘泉县(陕)	山杏	3000.00
253	赤城县(冀)	山杏	2585.00
254	巴林左旗(蒙)	山杏	2400.00
255	丰宁满族自治县(冀)	山杏	2375.00
256	滦平县(冀)	山杏	2020.00
257	子长县(陕)	山杏	2000.00
258	宁阳县(鲁)	山杏	1944.00
259	宣化区(冀)	山杏	1810.00
260	围场满族蒙古族自治县(冀)	山杏	1600.00
261	竹山县(鄂)	山杏	1500.00
262	隆德县(宁)	山杏	1460.00
263	子洲县(陕)	山杏	1400.00
264	会宁县(甘)	山杏	1328.00
265	翁牛特旗(蒙)	山杏	1200.00
266	嵩　县(豫)	山杏	1000.00
267	宁城县(蒙)	山杏	900.00
268	宽城满族自治县(冀)	山杏	700.00
269	渭源县(甘)	山杏	624.00
270	巴林右旗(蒙)	山杏	550.00
271	怀来县(冀)	山杏	450.00
272	阿鲁科尔沁旗(蒙)	山杏	222.00
273	双滦区(冀)	山杏	220.00
274	大宁县(晋)	山杏	210.00
275	麟游县(陕)	山杏	205.00
276	元宝山区(蒙)	山杏	200.00
277	崇礼区(冀)	山杏	195.00
278	吴起县(陕)	山杏	180.00
279	原平市(晋)	山杏	160.00
280	鹰手营子矿区(冀)	山杏	120.00
281	绥中县(辽)	山杏	100.00

（续）

序号	其他木本粮油主产地	品种	产量(吨)
282	淄川区(鲁)	柿饼	15000.00
283	富平县(陕)	柿饼	10000.00
284	青州市(鲁)	柿饼	7350.00
285	文山市(滇)	柿饼	6305.00
286	沂南县(鲁)	柿饼	2510.00
287	保康县(鄂)	柿饼	1579.00
288	恩施市(鄂)	柿饼	728.00
289	扶风县(陕)	柿饼	399.00
290	汉阴县(陕)	柿饼	378.00
291	洱源县(滇)	松果	678.90
292	南郑县(陕)	松果	590.00
293	利川市(鄂)	松果	500.00
294	江川县(滇)	松果	80.00
295	晋宁县(滇)	松果	54.70
296	腾冲县(滇)	松果	37.00
297	乌当区(黔)	松果	18.00
298	漾濞彝族自治县(滇)	松果	18.00
299	宾川县(滇)	松果	16.00
300	保康县(鄂)	松果	15.00
301	昭阳区(滇)	松果	13.20
302	喀喇沁旗(蒙)	松果	10.00
303	东阳市(浙)	香榧	2110.00
304	诸暨市(浙)	香榧	1330.00
305	嵊州市(浙)	香榧	750.00
306	磐安县(浙)	香榧	700.00
307	绍兴县(浙)	香榧	268.00
308	宁海县(浙)	香榧	140.00
309	富阳市(浙)	香榧	100.00
310	新宁县(湘)	香榧	100.00
311	休宁县(皖)	香榧	85.00
312	铜鼓县(赣)	香榧	60.00
313	淳安县(浙)	香榧	53.00
314	建德市(浙)	香榧	45.00
315	黟　县(皖)	香榧	43.00
316	黄山区(皖)	香榧	34.00
317	缙云县(浙)	香榧	23.00
318	浦江县(浙)	香榧	15.00
319	临安市(浙)	香榧	11.00
320	武都区(甘)	油橄榄	24140.00
321	开江县(川)	油橄榄	3000.00
322	青川县(川)	油橄榄	2000.00
323	利州区(川)	油橄榄	505.00
324	游仙区(川)	油橄榄	500.00
325	奉节县(渝)	油橄榄	358.00
326	西昌市(川)	油橄榄	320.00

（续）

序号	其他木本粮油主产地	品种	产量（吨）
327	文　县（甘）	油橄榄	170.00
328	昭化区（川）	油橄榄	125.00
329	永仁县（滇）	油橄榄	61.00
330	冕宁县（川）	油橄榄	50.00
331	会理县（川）	油橄榄	44.00
332	宕昌县（甘）	油橄榄	23.00
333	永胜县（滇）	油橄榄	13.30
334	合川区（渝）	油橄榄	12.00
335	嵩　县（豫）	元宝枫	32.00
336	翁牛特旗（蒙）	元宝枫	26.00
337	铁岭县（辽）	榛子	14400.00
338	西丰县（辽）	榛子	14000.00
339	开原市（辽）	榛子	8400.00
340	围场满族蒙古族自治县（冀）	榛子	7965.00
341	海城市（辽）	榛子	6000.00
342	清原满族自治县（辽）	榛子	1500.00
343	桓仁满族自治县（辽）	榛子	887.00
344	本溪满族自治县（辽）	榛子	700.00
345	新宾满族自治县（辽）	榛子	450.00
346	汤旺河林业局（龙江森工）	榛子	425.00
347	平泉县（冀）	榛子	400.00
348	赤城县（冀）	榛子	248.00
349	五营林业局（龙江森工）	榛子	236.00
350	黑龙江柴河林业局（龙江森工）	榛子	230.00
351	南芬区（辽）	榛子	225.00
352	四平市市辖区（吉）	榛子	224.00
353	东丰县（吉）	榛子	200.00
354	宁城县（蒙）	榛子	200.00
355	铁力林业局（龙江森工）	榛子	180.00
356	金山屯林业局（龙江森工）	榛子	128.00
357	铁岭市经济开发区（辽）	榛子	125.00
358	集安市（吉）	榛子	120.00
359	南木林业局（蒙）	榛子	100.00
360	双丰林业局（龙江森工）	榛子	100.00

表 6-7　主要木本工业用油料主产地产量

序号	主要木本工业用油料主产地	品种	产量（吨）
1	楚雄市（滇）	桉树树叶	3850.00
2	双柏县（滇）	桉树树叶	2238.00
3	弥勒市（滇）	桉树树叶	1397.00
4	永胜县（滇）	桉树树叶	1297.00
5	石屏县（滇）	桉树树叶	1100.00
6	祥云县（滇）	桉树树叶	509.81
7	隆阳区（滇）	桉树树叶	441.00
8	牟定县（滇）	桉树树叶	396.00

（续）

序号	主要木本工业用油料主产地	品种	产量（吨）
9	南华县（滇）	桉树树叶	300.00
10	弥渡县（滇）	桉树树叶	212.60
11	巍山彝族回族自治县（滇）	桉树树叶	167.00
12	姚安县（滇）	桉树树叶	150.00
13	鹤庆县（滇）	桉树树叶	80.00
14	云　县（滇）	桉树树叶	80.00
15	武宣县（桂）	桉树树叶	60.00
16	峨山彝族自治县（滇）	桉树树叶	50.00
17	漾濞彝族自治县（滇）	桉树树叶	25.00
18	乡宁县（晋）	翅果油树	47.90
19	德江县（黔）	华山松籽	11.00
20	贞丰县（黔）	黄柏籽	120.00
21	大方县（黔）	黄柏籽	20.00
22	资兴市（湘）	黄柏籽	10.00
23	嵩　县（豫）	黄连木籽	15.00
24	容　县（桂）	马尾松籽	21362.00
25	灵川县（桂）	马尾松籽	14087.00
26	北流市（桂）	马尾松籽	13020.58
27	昭平县（桂）	马尾松籽	12702.00
28	吉安县（赣）	马尾松籽	12148.00
29	郁南县（粤）	马尾松籽	11000.00
30	凭祥市（桂）	马尾松籽	10881.00
31	江华瑶族自治县（湘）	马尾松籽	9667.00
32	思南县（黔）	马尾松籽	8000.00
33	新干县（赣）	马尾松籽	5890.00
34	平乐县（桂）	马尾松籽	5673.00
35	灵山县（桂）	马尾松籽	2586.00
36	廉江市（粤）	马尾松籽	1382.00
37	陆川县（桂）	马尾松籽	1000.00
38	龙川县（粤）	马尾松籽	986.00
39	沅陵县（湘）	马尾松籽	660.00
40	永修县（赣）	马尾松籽	657.00
41	太湖县（皖）	马尾松籽	450.00
42	玉林市福绵区（桂）	马尾松籽	450.00
43	京山县（鄂）	马尾松籽	413.00
44	靖安县（赣）	马尾松籽	320.00
45	浠水县（鄂）	马尾松籽	210.00
46	余江县（赣）	马尾松籽	200.00
47	资中县（川）	马尾松籽	200.00
48	中方县（湘）	马尾松籽	180.00
49	通道侗族自治县（湘）	马尾松籽	179.00
50	望江县（皖）	马尾松籽	175.00
51	东宝区（鄂）	马尾松籽	150.00
52	新宁县（湘）	马尾松籽	150.00
53	德兴市（赣）	马尾松籽	118.00

（续）

序号	主要木本工业用油料主产地	品种	产量(吨)
54	鼎城区(湘)	马尾松籽	110.00
55	竹山县(鄂)	马尾松籽	91.00
56	吉州区(赣)	马尾松籽	90.00
57	武冈市(湘)	马尾松籽	80.00
58	德安县(赣)	马尾松籽	60.00
59	宿松县(皖)	马尾松籽	58.00
60	南陵县(皖)	马尾松籽	51.00
61	临武县(湘)	马尾松籽	50.00
62	派阳山林场(桂)	马尾松籽	46.50
63	平塘县(黔)	马尾松籽	45.00
64	永定区(湘)	马尾松籽	40.00
65	惠水县(黔)	马尾松籽	30.00
66	潜山县(皖)	马尾松籽	30.00
67	祁东县(湘)	马尾松籽	21.50
68	宁远县(湘)	马尾松籽	20.00
69	黔江区(渝)	马尾松籽	17.00
70	渑池县(豫)	玫瑰	300.00
71	平利县(陕)	漆树籽	1000.00
72	卢氏县(豫)	漆树籽	917.00
73	汉阴县(陕)	漆树籽	320.00
74	大方县(黔)	漆树籽	180.00
75	竹山县(鄂)	漆树籽	165.00
76	房　县(鄂)	漆树籽	161.00
77	建始县(鄂)	漆树籽	111.00
78	维西傈僳族自治县(滇)	漆树籽	82.40
79	南江县(川)	漆树籽	76.00
80	酉阳土家族苗族自治县(渝)	漆树籽	73.00
81	岚皋县(陕)	漆树籽	60.00
82	利川市(鄂)	漆树籽	60.00
83	兰坪白族普米族自治县(滇)	漆树籽	46.00
84	大关县(滇)	漆树籽	45.00
85	龙山县(湘)	漆树籽	40.00
86	永顺县(湘)	漆树籽	40.00
87	金寨县(皖)	漆树籽	35.00
88	保靖县(湘)	漆树籽	30.00
89	绥宁县(湘)	漆树籽	30.00
90	资源县(桂)	漆树籽	30.00
91	盐津县(滇)	漆树籽	25.00
92	巧家县(滇)	漆树籽	24.80
93	南川区(渝)	漆树籽	22.00
94	兴文县(川)	漆树籽	22.00
95	恩施市(鄂)	漆树籽	20.00
96	武冈市(湘)	漆树籽	20.00
97	巴东县(鄂)	漆树籽	15.00
98	古丈县(湘)	漆树籽	15.00

（续）

序号	主要木本工业用油料主产地	品种	产量(吨)
99	花垣县(湘)	漆树籽	15.00
100	黔江区(渝)	漆树籽	15.00
101	舒城县(皖)	漆树籽	15.00
102	贞丰县(黔)	漆树籽	15.00
103	沿河土家族自治县(黔)	漆树籽	13.00
104	潜山县(皖)	漆树籽	12.00
105	凤凰县(湘)	漆树籽	10.00
106	泸溪县(湘)	漆树籽	10.00
107	紫阳县(陕)	漆树籽	10.00
108	资兴市(湘)	山苍子	354.00
109	新宁县(湘)	山苍子	325.00
110	遂川县(赣)	山苍子	170.00
111	桂东县(湘)	山苍子	92.00
112	株洲县(湘)	山苍子	90.00
113	洪江市(湘)	山苍子	75.00
114	衡阳县(湘)	山苍子	58.00
115	耒阳市(湘)	山苍子	50.00
116	翁源县(粤)	山苍子	50.00
117	赣　县(赣)	山苍子	15.00
118	祁东县(湘)	山苍子	12.80
119	全州县(桂)	山苍子	10.00
120	新　县(豫)	乌桕籽	563.00
121	商南县(陕)	乌桕籽	122.00
122	祁东县(湘)	乌桕籽	107.00
123	德江县(黔)	乌桕籽	100.00
124	龙山县(湘)	乌桕籽	60.00
125	郧　县(鄂)	乌桕籽	25.00
126	武冈市(湘)	乌桕籽	10.00
127	隆林各族自治县(桂)	油桐籽	3500.00
128	望谟县(黔)	油桐籽	3440.00
129	独山县(黔)	油桐籽	3000.00
130	会同县(湘)	油桐籽	2640.00
131	德江县(黔)	油桐籽	1890.00
132	龙山县(湘)	油桐籽	1800.00
133	平乐县(桂)	油桐籽	1477.00
134	商南县(陕)	油桐籽	1348.00
135	永顺县(湘)	油桐籽	1000.00
136	开江县(川)	油桐籽	850.00
137	新　县(豫)	油桐籽	842.00
138	西峡县(豫)	油桐籽	840.00
139	来凤县(鄂)	油桐籽	817.00
140	平塘县(黔)	油桐籽	810.00
141	澧　县(湘)	油桐籽	750.00
142	苏仙区(湘)	油桐籽	652.00
143	安福县(赣)	油桐籽	300.00

序号	主要木本工业用油料主产地	品种	产量(吨)
144	永定区(湘)	油桐籽	300.00
145	房　县(鄂)	油桐籽	248.00
146	泸溪县(湘)	油桐籽	230.00
147	祁东县(湘)	油桐籽	220.00
148	分宜县(赣)	油桐籽	210.00
149	安化县(湘)	油桐籽	200.00
150	石门县(湘)	油桐籽	200.00
151	桐城市(皖)	油桐籽	200.00
152	竹山县(鄂)	油桐籽	180.00
153	全州县(桂)	油桐籽	170.00
154	昭平县(桂)	油桐籽	165.00
155	大关县(滇)	油桐籽	163.00
156	保靖县(湘)	油桐籽	160.00
157	隆阳区(滇)	油桐籽	155.00
158	江州区(桂)	油桐籽	150.00
159	永新县(赣)	油桐籽	150.00
160	瑞金市(赣)	油桐籽	140.00
161	新宁县(湘)	油桐籽	120.00
162	资兴市(湘)	油桐籽	111.00
163	连山壮族瑶族自治县(粤)	油桐籽	109.00
164	凭祥市(桂)	油桐籽	104.00
165	溆浦县(湘)	油桐籽	85.00
166	信丰县(赣)	油桐籽	78.00
167	梁平县(渝)	油桐籽	75.70
168	建始县(鄂)	油桐籽	75.00
169	酉阳土家族苗族自治县(渝)	油桐籽	74.00
170	崇阳县(鄂)	油桐籽	60.00
171	黔江区(渝)	油桐籽	60.00
172	章贡区(赣)	油桐籽	60.00
173	株洲县(湘)	油桐籽	60.00
174	双峰县(湘)	油桐籽	55.00
175	阳新县(鄂)	油桐籽	53.00
176	新化县(湘)	油桐籽	50.00
177	凤凰县(湘)	油桐籽	45.00
178	舒城县(皖)	油桐籽	37.00
179	冷水滩区(湘)	油桐籽	36.60
180	临澧县(湘)	油桐籽	36.00
181	古丈县(湘)	油桐籽	30.00
182	临武县(湘)	油桐籽	30.00
183	潜山县(皖)	油桐籽	30.00
184	花垣县(湘)	油桐籽	25.00
185	零陵区(湘)	油桐籽	25.00
186	郧　县(鄂)	油桐籽	25.00
187	田阳县(桂)	油桐籽	24.00
188	湘乡市(湘)	油桐籽	20.00
189	武冈市(湘)	油桐籽	18.00
190	泰顺县(浙)	油桐籽	15.00
191	宁远县(湘)	油桐籽	14.50
192	张湾区(鄂)	油桐籽	13.00
193	中方县(湘)	油桐籽	11.00
194	东至县(皖)	油桐籽	10.00
195	岳阳县(湘)	油桐籽	10.00
196	宜宾县(川)	樟树籽	3481.00
197	翠屏区(川)	樟树籽	3100.00
198	大埔县(粤)	樟树籽	110.00
199	祁东县(湘)	樟树籽	75.00
200	宁乡县(湘)	樟树籽	71.00
201	湘阴县(湘)	樟树籽	33.00
202	全州县(桂)	樟树籽	20.00
203	兴文县(川)	樟树籽	14.00
204	贵溪市(赣)	樟树籽	12.40
205	安化县(湘)	棕榈籽	100.00
206	娄星区(湘)	棕榈籽	20.00
207	大关县(滇)	棕榈籽	12.00
208	溆浦县(湘)	棕榈籽	11.00

表 7-1　苹果主产地产量

(续)　(续)

序号	苹果主产地	产量(吨)
1	顺义区(京)	20406.00
2	昌平区(京)	18230.70
3	密云县(京)	11612.00
4	平谷区(京)	10332.10
5	通州区(京)	8420.91
6	房山区(京)	3365.60
7	怀柔区(京)	2188.60
8	大兴区(京)	1499.00
9	武清区(津)	21765.00
10	宝坻区(津)	8960.00
11	静海县(津)	2257.00
12	围场满族蒙古族自治县(冀)	252840.00
13	深州市(冀)	244575.00
14	承德县(冀)	186712.00
15	青龙满族自治县(冀)	180800.00
16	乐亭县(冀)	157626.00
17	平泉县(冀)	141365.00
18	辛集市(冀)	128720.00
19	邢台县(冀)	111643.00
20	抚宁区(冀)	88280.00
21	迁安市(冀)	80425.00
22	遵化市(冀)	79499.00
23	枣强县(冀)	74215.00
24	昌黎县(冀)	73800.00
25	兴隆县(冀)	73102.00
26	深泽县(冀)	70328.00
27	顺平县(冀)	64800.00
28	三河市(冀)	62300.00
29	冀州市(冀)	57974.00
30	涿鹿县(冀)	53768.00

(续)

序号	苹果主产地	产量(吨)	序号	苹果主产地	产量(吨)	序号	苹果主产地	产量(吨)
31	滦　县(冀)	51025.00	76	望都县(冀)	11950.00	121	柏乡县(冀)	3910.00
32	玉田县(冀)	46345.00	77	沧　县(冀)	11283.00	122	武强县(冀)	3588.00
33	藁城区(冀)	43630.00	78	隆化县(冀)	11230.00	123	涞源县(冀)	3500.00
34	井陉县(冀)	42291.00	79	博野县(冀)	11000.00	124	崇礼区(冀)	3480.00
35	滦南县(冀)	41500.00	80	广平县(冀)	9830.00	125	无极县(冀)	3474.00
36	武邑县(冀)	40485.00	81	雄　县(冀)	9800.00	126	正定县(冀)	3112.00
37	故城县(冀)	38551.00	82	邯郸县(冀)	9345.00	127	东光县(冀)	3000.00
38	卢龙县(冀)	34609.84	83	吴桥县(冀)	9139.00	128	大厂回族自治县(冀)	2896.00
39	宽城满族自治县(冀)	33000.00	84	迁西县(冀)	9044.00	129	安新县(冀)	2860.00
40	丰润区(冀)	32822.00	85	大名县(冀)	8775.00	130	沽源县(冀)	2400.00
41	临漳县(冀)	32000.00	86	香河县(冀)	8500.00	131	峰峰矿区(冀)	2210.00
42	隆尧县(冀)	27346.00	87	蠡　县(冀)	8175.00	132	怀安县(冀)	2200.00
43	魏　县(冀)	26700.00	88	威　县(冀)	8170.00	133	秦皇岛开发区(冀)	2127.00
44	定州市(冀)	25670.00	89	行唐县(冀)	8000.00	134	南和县(冀)	1915.00
45	新河县(冀)	25660.00	90	海兴县(冀)	7850.00	135	邢台市桥西区(冀)	1830.00
46	献　县(冀)	25657.00	91	曲阳县(冀)	7600.00	136	清河县(冀)	1600.00
47	景　县(冀)	24937.00	92	固安县(冀)	7130.00	137	广宗县(冀)	1555.00
48	怀来县(冀)	24825.00	93	沙河市(冀)	6886.00	138	元氏县(冀)	1500.00
49	文安县(冀)	24004.00	94	易　县(冀)	6500.00	139	新市区(冀)	1260.00
50	肃宁县(冀)	23985.00	95	任丘市(冀)	6269.00	140	运河区(冀)	1051.00
51	内丘县(冀)	22894.00	96	磁　县(冀)	6000.00	141	万荣县(晋)	496062.00
52	肥乡县(冀)	21800.00	97	徐水县(冀)	5830.00	142	吉　县(晋)	180000.00
53	桃城区(冀)	21041.00	98	丰南区(冀)	5750.00	143	翼城县(晋)	180000.00
54	饶阳县(冀)	20600.00	99	古冶区(冀)	5736.00	144	夏　县(晋)	168000.00
55	宁晋县(冀)	20119.00	100	平乡县(冀)	5665.00	145	平陆县(晋)	90010.00
56	平山县(冀)	20110.00	101	黄骅市(冀)	5576.00	146	稷山县(晋)	53590.00
57	霸州市(冀)	20097.00	102	灵寿县(冀)	5450.00	147	河津市(晋)	47000.00
58	晋州市(冀)	20000.00	103	丰宁满族自治县(冀)	5302.00	148	芮城县(晋)	38149.00
59	武安市(冀)	19900.00	104	任　县(冀)	5300.00	149	曲沃县(晋)	31630.00
60	南宫市(冀)	19161.00	105	广阳区(冀)	5288.00	150	新绛县(晋)	30000.00
61	永清县(冀)	19000.00	106	临西县(冀)	5197.00	151	高平市(晋)	21500.00
62	阜城县(冀)	18800.00	107	唐海县(冀)	5105.00	152	阳曲县(晋)	19302.00
63	临城县(冀)	18653.00	108	永年县(冀)	5100.00	153	汾阳市(晋)	13800.00
64	安平县(冀)	18200.00	109	大城县(冀)	5000.00	154	闻喜县(晋)	12076.00
65	海港区(冀)	18165.00	110	清苑县(冀)	4760.00	155	原平市(晋)	7926.00
66	成安县(冀)	18160.00	111	赤城县(冀)	4650.00	156	壶关县(晋)	7450.00
67	南皮县(冀)	16521.00	112	满城县(冀)	4530.00	157	定襄县(晋)	4802.60
68	曲周县(冀)	16500.00	113	赞皇县(冀)	4500.00	158	交城县(晋)	4500.00
69	鹿泉区(冀)	16004.00	114	孟村回族自治县(冀)	4425.00	159	垣曲县(晋)	3500.00
70	泊头市(冀)	15748.00	115	涞水县(冀)	4400.00	160	忻府区(晋)	3086.00
71	安国市(冀)	14795.00	116	青　县(冀)	4317.00	161	黎城县(晋)	3078.00
72	盐山县(冀)	14100.00	117	河间市(冀)	4200.00	162	阳泉市郊区(晋)	2650.00
73	邱　县(冀)	13290.00	118	宣化区(冀)	4120.00	163	陵川县(晋)	2173.00
74	巨鹿县(冀)	12330.00	119	唐　县(冀)	4100.00	164	临猗县(晋)	1988.00
75	馆陶县(冀)	12036.00	120	井陉矿区(冀)	4050.00	165	长治县(晋)	1900.00

(续)

序号	苹果主产地	产量(吨)
166	长治市郊区(晋)	1789.00
167	清徐县(晋)	1619.00
168	安泽县(晋)	1495.00
169	尖草坪区(晋)	1250.00
170	阿鲁科尔沁旗(蒙)	21500.00
171	凉城县(蒙)	21000.00
172	宁城县(蒙)	19330.00
173	土默特右旗(蒙)	10755.00
174	土默特左旗(蒙)	7546.00
175	松山区(蒙)	6552.00
176	元宝山区(蒙)	6200.00
177	扎赉特旗(蒙)	5800.00
178	红山区(蒙)	2500.00
179	科尔沁左翼中旗(蒙)	2426.00
180	喀喇沁旗(蒙)	2250.00
181	兴和县(蒙)	2202.00
182	巴林右旗(蒙)	1621.00
183	科尔沁左翼后旗(蒙)	1560.00
184	杭锦旗(蒙)	1500.00
185	临河区(蒙)	1357.50
186	和林格尔县(蒙)	1010.00
187	绥中县(辽)	400000.00
188	普兰店市(辽)	198739.00
189	盖州市(辽)	188704.00
190	台安县(辽)	110200.00
191	喀喇沁左翼蒙古族自治县(辽)	95000.00
192	新民市(辽)	89000.00
193	辽中区(辽)	78750.00
194	海城市(辽)	56000.00
195	铁岭县(辽)	45000.00
196	连山区(辽)	34000.00
197	法库县(辽)	30000.00
198	义　县(辽)	29000.00
199	阜新蒙古族自治县(辽)	28000.00
200	建昌县(辽)	26000.00
201	旅顺口区(辽)	24000.00
202	于洪区(辽)	22000.00
203	浑南区(辽)	21000.00
204	兴城市(辽)	18000.00
205	太和区(辽)	12000.00
206	甘井子区(辽)	11100.00
207	凤城市(辽)	11025.00
208	凌海市(辽)	11000.00
209	大连市金州新区(辽)	10541.00
210	康平县(辽)	10000.00
211	辽阳县(辽)	9000.00
212	南票区(辽)	8100.00
213	大石桥市(辽)	7150.00
214	沈北新区(辽)	7000.00
215	朝阳县(辽)	6000.00
216	清原满族自治县(辽)	5650.00
217	宏伟区(辽)	5000.00
218	岫岩满族自治县(辽)	5000.00
219	抚顺县(辽)	4500.00
220	文圣区(辽)	4318.00
221	苏家屯区(辽)	4226.00
222	北镇市(辽)	4000.00
223	千山区(辽)	3981.00
224	北票市(辽)	3500.00
225	太子河区(辽)	3396.00
226	昌图县(辽)	3000.00
227	灯塔市(辽)	2900.00
228	大连市长兴岛临港工业区(辽)	2469.00
229	大连市保税区(辽)	2228.00
230	振安区(辽)	1500.00
231	清河区(辽)	1200.00
232	大洼县(辽)	1080.00
233	大连市高新技术园区(辽)	1000.00
234	永吉县(吉)	19977.00
235	东丰县(吉)	11345.00
236	四平市市辖区(吉)	7760.00
237	辉南县(吉)	4600.00
238	柳河县(吉)	4500.00
239	集安市(吉)	3780.00
240	东辽县(吉)	3063.00
241	榆树市(吉)	2000.00
242	珲春市(吉)	1560.00
243	磐石市(吉)	1133.00
244	汪清县(吉)	1100.00
245	前郭尔罗斯蒙古族自治县(吉)	1020.00
246	洮南市(吉)	1002.00
247	牡丹江市市本级(黑)	7345.00
248	宝清县(黑)	6971.00
249	林口县(黑)	5383.00
250	鸡冠区(黑)	3162.00
251	恒山区(黑)	2700.00
252	杜尔伯特蒙古族自治县(黑)	1121.00
253	丰　县(苏)	460000.00
254	沛　县(苏)	34000.00
255	沭阳县(苏)	26000.00
256	赣榆区(苏)	14461.00
257	滨海县(苏)	13120.00
258	铜山区(苏)	10930.00
259	睢宁县(苏)	10733.00
260	涟水县(苏)	10000.00
261	泗阳县(苏)	8100.00
262	邳州市(苏)	7088.00
263	阜宁县(苏)	3320.00
264	高港区(苏)	2916.00
265	盐都区(苏)	2650.00
266	灌云县(苏)	1980.00
267	新沂市(苏)	1520.00
268	砀山县(皖)	275000.00
269	灵璧县(皖)	15911.00
270	烈山区(皖)	12000.00
271	凤阳县(皖)	9680.00
272	埇桥区(皖)	2127.00
273	栖霞市(鲁)	1858000.00
274	沂源县(鲁)	815325.00
275	牟平区(鲁)	559922.00
276	招远市(鲁)	530288.00
277	蓬莱市(鲁)	422050.00
278	荣成市(鲁)	340000.00
279	莱阳市(鲁)	325000.00
280	沂水县(鲁)	258000.00
281	莱州市(鲁)	246000.00
282	文登市(鲁)	225796.00
283	冠　县(鲁)	216000.00
284	龙口市(鲁)	192662.00
285	夏津县(鲁)	114000.00
286	岱岳区(鲁)	113829.00
287	惠民县(鲁)	110250.00
288	寿光市(鲁)	101300.00
289	高密市(鲁)	89000.00
290	新泰市(鲁)	87816.00
291	威海市经济技术开发区(鲁)	75002.00
292	五莲县(鲁)	65000.00
293	临朐县(鲁)	61000.00
294	诸城市(鲁)	51108.00
295	蒙阴县(鲁)	47300.00
296	威海市工业新区(鲁)	41500.00
297	寒亭区(鲁)	39537.00
298	沂南县(鲁)	39000.00
299	肥城市(鲁)	34508.00
300	莒　县(鲁)	31978.00

（续）

序号	苹果主产地	产量(吨)	序号	苹果主产地	产量(吨)	序号	苹果主产地	产量(吨)
301	临清市(鲁)	31800.00	346	高唐县(鲁)	2530.00	391	龙安区(豫)	3800.00
302	莱山区(鲁)	30000.00	347	陵　县(鲁)	2150.00	392	新乡县(豫)	3696.00
303	环翠区(鲁)	29731.00	348	临淄区(鲁)	2000.00	393	延津县(豫)	3500.00
304	高青县(鲁)	28500.00	349	钢城区(鲁)	2000.00	394	伊川县(豫)	3500.00
305	河口区(鲁)	27988.00	350	兰陵县(鲁)	1862.00	395	杞　县(豫)	3480.00
306	昌邑市(鲁)	26400.00	351	长清区(鲁)	1650.00	396	滑　县(豫)	3400.00
307	福山区(鲁)	25257.00	352	汶上县(鲁)	1600.00	397	登封市(豫)	2635.00
308	泗水县(鲁)	25070.00	353	莒南县(鲁)	1270.00	398	封丘县(豫)	2000.00
309	临沂市蒙山旅游区(鲁)	25000.00	354	微山县(鲁)	1266.00	399	栾川县(豫)	1600.00
310	乐陵市(鲁)	24300.00	355	坊子区(鲁)	1255.00	400	沁阳市(豫)	1570.00
311	邹城市(鲁)	23236.00	356	潍坊市峡山区(鲁)	1200.00	401	凤泉区(豫)	1538.00
312	安丘市(鲁)	22000.00	357	广饶县(鲁)	1010.00	402	民权县(豫)	1500.00
313	梁山县(鲁)	18632.00	358	灵宝市(豫)	1221529.00	403	辉县市(豫)	1500.00
314	利津县(鲁)	18454.00	359	虞城县(豫)	680000.00	404	郸城县(豫)	1400.00
315	阳谷县(鲁)	14900.00	360	陕　县(豫)	560000.00	405	嵩　县(豫)	1200.00
316	潍城区(鲁)	14611.00	361	洛宁县(豫)	168000.00	406	淇滨区(豫)	1130.00
317	滨城区(鲁)	12975.00	362	南乐县(豫)	93946.00	407	睢　县(豫)	1000.00
318	东昌府区(鲁)	12237.00	363	永城市(豫)	62000.00	408	建始县(鄂)	1012.00
319	莱城区(鲁)	11853.00	364	原阳县(豫)	53900.00	409	南岸区(渝)	2280.00
320	费　县(鲁)	11289.00	365	兰考县(豫)	47700.00	410	奉节县(渝)	2245.00
321	河东区(鲁)	11000.00	366	孟州市(豫)	42070.00	411	汉源县(川)	44298.00
322	东阿县(鲁)	10800.00	367	内黄县(豫)	42000.00	412	万源市(川)	8100.00
323	武城县(鲁)	10350.00	368	卢氏县(豫)	35000.00	413	越西县(川)	5047.00
324	章丘市(鲁)	10006.00	369	汤阴县(豫)	29100.00	414	金川县(川)	4300.00
325	昌乐县(鲁)	9628.00	370	梁园区(豫)	28890.00	415	冕宁县(川)	2852.00
326	东平县(鲁)	9451.00	371	安阳县(豫)	26134.00	416	会理县(川)	2154.00
327	临沂市临港经济开发区(鲁)	7000.00	372	湖滨区(豫)	24750.00	417	美姑县(川)	1837.00
328	泰山区(鲁)	6700.00	373	武陟县(豫)	21000.00	418	乡城县(川)	1827.00
329	青州市(鲁)	6650.00	374	林州市(豫)	18970.00	419	木里藏族自治县(川)	1600.00
330	沾化县(鲁)	6500.00	375	西华县(豫)	18520.00	420	恩阳区(川)	1500.00
331	德州市市辖区(鲁)	6200.00	376	睢阳区(豫)	17025.00	421	九寨沟县(川)	1420.00
332	临沭县(鲁)	5163.00	377	通许县(豫)	15057.00	422	康定县(川)	1260.00
333	德城区(鲁)	5000.00	378	宜阳县(豫)	13636.00	423	苍溪县(川)	1200.00
334	齐河县(鲁)	4990.00	379	太康县(豫)	11560.00	424	南江县(川)	1000.00
335	阳信县(鲁)	4813.00	380	卫辉市(豫)	9260.00	425	赫章县(黔)	4222.00
336	张店区(鲁)	4683.00	381	济源市(豫)	8100.00	426	长顺县(黔)	3100.00
337	博山区(鲁)	4100.00	382	清丰县(豫)	8000.00	427	黔西县(黔)	2007.00
338	茌平县(鲁)	3637.00	383	濮阳市高新区(豫)	6750.00	428	七星关区(黔)	1088.00
339	博兴县(鲁)	3595.00	384	汝州市(豫)	6686.00	429	纳雍县(黔)	1008.00
340	曹　县(鲁)	3280.00	385	荥阳市(豫)	6089.30	430	昭阳区(滇)	156058.00
341	潍坊市市辖区(鲁)	3000.00	386	项城市(豫)	4600.00	431	玉龙纳西族自治县(滇)	103567.00
342	宁阳县(鲁)	3000.00	387	获嘉县(豫)	4300.00	432	漾濞彝族自治县(滇)	6920.00
343	邹平县(鲁)	3000.00	388	濮阳县(豫)	4200.00	433	洱源县(滇)	4350.00
344	济阳县(鲁)	2950.00	389	扶沟县(豫)	4100.00	434	石林彝族自治县(滇)	2509.40
345	威海市市辖区(鲁)	2895.00	390	台前县(豫)	3975.00	435	永胜县(滇)	1703.80

(续)

序号	苹果主产地	产量(吨)
436	禄丰县(滇)	1360.00
437	武定县(滇)	1344.00
438	鹤庆县(滇)	1252.00
439	南华县(滇)	1188.00
440	云龙县(滇)	1016.00
441	洛川县(陕)	841274.00
442	淳化县(陕)	613900.00
443	黄陵县(陕)	310000.00
444	宝塔区(陕)	300000.00
445	扶风县(陕)	295650.00
446	澄城县(陕)	204262.00
447	大荔县(陕)	198708.00
448	旬邑县(陕)	198625.00
449	印台区(陕)	190708.00
450	宜君县(陕)	180000.00
451	礼泉县(陕)	161250.00
452	延长县(陕)	140000.00
453	韩城市林业局(陕)	132000.00
454	蒲城县(陕)	124740.00
455	陈仓区(陕)	116472.00
456	岐山县(陕)	101010.00
457	绥德县(陕)	79645.00
458	兴平市(陕)	63472.00
459	延川县(陕)	60000.00
460	三原县(陕)	57500.00
461	凤　县(陕)	53054.00
462	黄龙县(陕)	50000.00
463	王益区(陕)	41201.00
464	秦都区(陕)	36700.00
465	陇　县(陕)	26670.00
466	安塞县(陕)	18920.00
467	子洲县(陕)	14300.00
468	千阳县(陕)	13556.00
469	靖边县(陕)	11035.00
470	渭城区(陕)	9056.00
471	吴起县(陕)	7900.00
472	临潼区(陕)	4900.00
473	旬阳县(陕)	3570.00
474	麟游县(陕)	2662.00
475	眉　县(陕)	2416.00
476	丹凤县(陕)	1581.00
477	定边县(陕)	1525.00
478	略阳县(陕)	1387.00
479	山阳县(陕)	1265.00
480	柞水县(陕)	1120.00

(续)

序号	苹果主产地	产量(吨)
481	静宁县(甘)	680000.00
482	秦安县(甘)	548220.00
483	甘谷县(甘)	411008.00
484	麦积区(甘)	406297.00
485	泾川县(甘)	380000.00
486	庄浪县(甘)	370000.00
487	秦州区(甘)	285742.00
488	庆城县(甘)	137000.00
489	清水县(甘)	118103.00
490	西峰区(甘)	113450.00
491	正宁县(甘)	107050.00
492	灵台县(甘)	90000.00
493	崆峒区(甘)	87383.00
494	武山县(甘)	69490.00
495	张家川回族自治县(甘)	63738.40
496	会宁县(甘)	57980.00
497	靖远县(甘)	34936.00
498	宁　县(甘)	28402.00
499	礼　县(甘)	28200.00
500	合水县(甘)	27000.00
501	甘州区(甘)	21000.00
502	崇信县(甘)	20000.00
503	高台县(甘)	17440.00
504	西和县(甘)	15180.00
505	环　县(甘)	13955.00
506	永靖县(甘)	12672.00
507	华池县(甘)	10000.00
508	皋兰县(甘)	9946.00
509	古浪县(甘)	9000.00
510	镇原县(甘)	8400.00
511	西固区(甘)	6500.00
512	金塔县(甘)	5751.00
513	迭部县(甘)	4337.00
514	平川区(甘)	3000.00
515	临潭县(甘)	3000.00
516	永登县(甘)	2593.00
517	通渭县(甘)	2250.00
518	敦煌市(甘)	1600.00
519	临泽县(甘)	1366.00
520	康　县(甘)	1298.85
521	安定区(甘)	1079.80
522	玉门市(甘)	1047.00
523	文　县(甘)	1023.41
524	嘉峪关市(甘)	1000.00
525	沙坡头区(宁)	98182.00

(续)

序号	苹果主产地	产量(吨)
526	利通区(宁)	96000.00
527	中宁县(宁)	90720.00
528	青铜峡市(宁)	70000.00
529	灵武市(宁)	37473.00
530	农垦事业管理局(宁)	17237.00
531	大武口区(宁)	14370.00
532	永宁县(宁)	9976.00
533	西夏区(宁)	9481.00
534	海原县(宁)	8521.50
535	贺兰县(宁)	7740.00
536	惠农区(宁)	6660.00
537	同心县(宁)	6000.00
538	宁夏仁存渡护岸林场(宁)	2847.00
539	灵武白芨滩国家级自然保护区(宁)	1938.00
540	彭阳县(宁)	1505.00
541	平罗县(宁)	1320.00
542	阿克苏市(新)	139706.00
543	泽普县(新)	53169.00
544	叶城县(新)	33041.00
545	沙湾县(新)	13874.00
546	莎车县(新)	12894.00
547	巩留县(新)	12500.00
548	疏勒县(新)	7038.00
549	疏附县(新)	6466.00
550	阿瓦提县(新)	6000.00
551	新源县(新)	4844.00
552	英吉沙县(新)	3882.00
553	库车县(新)	2768.00
554	乌什县(新)	2514.00
555	沙雅县(新)	2247.00
556	麦盖提县(新)	2082.00
557	农一师(新疆兵团)	184985.00
558	农四师(新疆兵团)	150633.00
559	农三师(新疆兵团)	65176.00
560	农十四师(新疆兵团)	7884.00
561	农二师(新疆兵团)	3903.00
562	农五师(新疆兵团)	2100.00

表 7-2　梨主产地产量

序号	梨主产地	产量(吨)
1	大兴区(京)	39519.00
2	顺义区(京)	27887.00
3	房山区(京)	19431.30
4	密云县(京)	18147.00
5	平谷区(京)	15179.20

（续）

序号	梨主产地	产量(吨)
6	通州区(京)	12796.95
7	怀柔区(京)	3213.10
8	昌平区(京)	1646.00
9	静海县(津)	6638.00
10	宝坻区(津)	3796.00
11	武清区(津)	3681.00
12	晋州市(冀)	620800.00
13	赵　县(冀)	620000.00
14	泊头市(冀)	437839.00
15	深州市(冀)	410772.00
16	宁晋县(冀)	401443.00
17	辛集市(冀)	317940.00
18	魏　县(冀)	192648.00
19	藁城区(冀)	178350.00
20	阜城县(冀)	176720.00
21	定州市(冀)	99180.00
22	永清县(冀)	86000.00
23	曲阳县(冀)	63500.00
24	固安县(冀)	62580.00
25	肃宁县(冀)	62194.00
26	兴隆县(冀)	59712.00
27	平泉县(冀)	51000.00
28	遵化市(冀)	50305.00
29	滦　县(冀)	50135.00
30	青龙满族自治县(冀)	47507.00
31	南皮县(冀)	39639.00
32	冀州市(冀)	39639.00
33	馆陶县(冀)	33166.00
34	滦南县(冀)	30588.00
35	昌黎县(冀)	29800.00
36	新河县(冀)	26904.00
37	临漳县(冀)	26740.00
38	隆尧县(冀)	25758.00
39	乐亭县(冀)	25637.00
40	迁安市(冀)	24834.00
41	深泽县(冀)	24538.00
42	饶阳县(冀)	24120.00
43	滦平县(冀)	22178.00
44	迁西县(冀)	20511.00
45	雄　县(冀)	20090.00
46	怀来县(冀)	19900.00
47	沧　县(冀)	18915.00
48	成安县(冀)	18200.00
49	南宫市(冀)	17930.00
50	无极县(冀)	17495.00

（续）

序号	梨主产地	产量(吨)
51	安国市(冀)	17100.00
52	涿州市(冀)	17040.00
53	广阳区(冀)	16952.00
54	青　县(冀)	16670.00
55	文安县(冀)	16651.00
56	广平县(冀)	15420.00
57	高阳县(冀)	14310.00
58	抚宁区(冀)	13945.00
59	承德县(冀)	13344.00
60	安次区(冀)	13308.00
61	博野县(冀)	12900.00
62	任丘市(冀)	12371.00
63	涿鹿县(冀)	12141.30
64	蠡　县(冀)	12080.00
65	高碑店市(冀)	12000.00
66	大名县(冀)	11550.00
67	海兴县(冀)	11475.00
68	威　县(冀)	11080.00
69	隆化县(冀)	10970.00
70	安平县(冀)	10830.00
71	丰宁满族自治县(冀)	10475.00
72	平乡县(冀)	10435.00
73	卢龙县(冀)	10404.22
74	河间市(冀)	10253.00
75	献　县(冀)	9970.00
76	肥乡县(冀)	9900.00
77	大城县(冀)	9900.00
78	丰南区(冀)	9850.00
79	柏乡县(冀)	8410.00
80	景　县(冀)	8237.00
81	霸州市(冀)	7482.00
82	孟村回族自治县(冀)	7135.00
83	三河市(冀)	6910.00
84	临西县(冀)	6840.00
85	盐山县(冀)	6600.00
86	故城县(冀)	6570.00
87	曲周县(冀)	6380.00
88	巨鹿县(冀)	6090.00
89	海港区(冀)	5342.00
90	武邑县(冀)	4960.00
91	玉田县(冀)	4669.00
92	枣强县(冀)	4635.00
93	古冶区(冀)	4469.00
94	黄骅市(冀)	4401.00
95	平山县(冀)	4337.00

（续）

序号	梨主产地	产量(吨)
96	永年县(冀)	4180.00
97	清苑县(冀)	4100.00
98	灵寿县(冀)	3990.00
99	东光县(冀)	3500.00
100	围场满族蒙古族自治县(冀)	3460.00
101	邢台市大曹庄管委会(冀)	3300.00
102	磁　县(冀)	3000.00
103	邯郸县(冀)	2926.00
104	长安区(冀)	2790.00
105	新华区(冀)	2675.00
106	吴桥县(冀)	2657.00
107	南和县(冀)	2545.00
108	桃城区(冀)	2171.00
109	赞皇县(冀)	2130.00
110	徐水县(冀)	2100.00
111	安新县(冀)	1980.00
112	鹿泉区(冀)	1775.00
113	正定县(冀)	1755.00
114	宽城满族自治县(冀)	1700.00
115	武强县(冀)	1580.00
116	元氏县(冀)	1554.00
117	邢台市桥东区(冀)	1530.00
118	易　县(冀)	1500.00
119	秦皇岛开发区(冀)	1412.00
120	临城县(冀)	1350.00
121	双桥区(冀)	1275.00
122	广宗县(冀)	1160.00
123	邱　县(冀)	1100.00
124	邢台市桥西区(冀)	1094.00
125	行唐县(冀)	1000.00
126	原平市(晋)	37400.00
127	清徐县(晋)	18605.00
128	河津市(晋)	15000.00
129	高平市(晋)	13000.00
130	夏　县(晋)	11250.00
131	翼城县(晋)	6000.00
132	壶关县(晋)	5825.00
133	万荣县(晋)	4624.00
134	阳曲县(晋)	2937.00
135	交城县(晋)	2800.00
136	忻府区(晋)	2699.00
137	平陆县(晋)	2400.00
138	稷山县(晋)	1900.00
139	定襄县(晋)	1809.50
140	汾阳市(晋)	1800.00

(续)

序号	梨主产地	产量(吨)
141	长治县(晋)	1400.00
142	尖草坪区(晋)	1000.00
143	杭锦后旗(蒙)	24000.00
144	临河区(蒙)	8514.00
145	扎兰屯市(蒙)	5500.00
146	喀喇沁旗(蒙)	3500.00
147	宁城县(蒙)	3377.00
148	元宝山区(蒙)	1200.00
149	绥中县(辽)	320000.00
150	海城市(辽)	185000.00
151	千山区(辽)	115153.00
152	辽阳县(辽)	55000.00
153	建昌县(辽)	52000.00
154	义　县(辽)	50000.00
155	北镇市(辽)	40400.00
156	喀喇沁左翼蒙古族自治县(辽)	35000.00
157	大石桥市(辽)	30500.00
158	连山区(辽)	30000.00
159	康平县(辽)	22500.00
160	旅顺口区(辽)	19180.00
161	双塔区(辽)	13000.00
162	苏家屯区(辽)	10733.00
163	凤城市(辽)	10300.00
164	兴城市(辽)	10000.00
165	北票市(辽)	10000.00
166	清原满族自治县(辽)	9104.00
167	岫岩满族自治县(辽)	8800.00
168	盖州市(辽)	8305.00
169	太和区(辽)	7500.00
170	沈北新区(辽)	7500.00
171	法库县(辽)	7000.00
172	辽中区(辽)	5400.00
173	大连市金州新区(辽)	5384.00
174	宏伟区(辽)	5000.00
175	普兰店市(辽)	2723.00
176	清河门区(辽)	2700.00
177	清河区(辽)	2700.00
178	桓仁满族自治县(辽)	2680.00
179	文圣区(辽)	2542.00
180	大洼县(辽)	2334.00
181	太子河区(辽)	2022.00
182	甘井子区(辽)	2000.00
183	抚顺县(辽)	2000.00
184	东洲区(辽)	1701.00
185	新邱区(辽)	1699.00
186	朝阳县(辽)	1600.00
187	南票区(辽)	1300.00
188	龙井市(吉)	30162.00
189	延吉市(吉)	19450.00
190	四平市市辖区(吉)	6010.00
191	和龙市(吉)	5777.00
192	柳河县(吉)	4500.00
193	前郭尔罗斯蒙古族自治县(吉)	2300.00
194	伊通满族自治县(吉)	2000.00
195	集安市(吉)	1385.00
196	汪清县(吉)	1195.00
197	图们市(吉)	1112.00
198	东辽县(吉)	1060.00
199	延寿县(黑)	4800.00
200	林口县(黑)	2512.00
201	恒山区(黑)	2100.00
202	鸡冠区(黑)	1130.00
203	牡丹江市市本级(黑)	1105.00
204	碾子山区(黑)	1028.00
205	崇明县(沪)	7716.35
206	奉贤区(沪)	6818.60
207	浦东新区(沪)	6224.10
208	金山区(沪)	2288.00
209	松江区(沪)	2190.00
210	青浦区(沪)	1478.95
211	宝山区(沪)	1110.60
212	射阳县(苏)	182850.00
213	丰　县(苏)	90000.00
214	铜山区(苏)	35000.00
215	阜宁县(苏)	31160.00
216	睢宁县(苏)	30963.00
217	赣榆区(苏)	27320.00
218	如东县(苏)	26400.00
219	启东市(苏)	25000.00
220	大丰区(苏)	24000.00
221	东海县(苏)	22572.00
222	滨海县(苏)	20120.00
223	亭湖区(苏)	16205.00
224	泗阳县(苏)	15000.00
225	盱眙县(苏)	14020.00
226	武进区(苏)	14019.00
227	盐都区(苏)	13920.00
228	响水县(苏)	12604.00
229	灌云县(苏)	12056.00
230	沛　县(苏)	10431.00
231	江阴市(苏)	9627.00
232	涟水县(苏)	9000.00
233	东台市(苏)	8375.00
234	宿豫区(苏)	8110.00
235	浦口区(苏)	7932.00
236	建湖县(苏)	7123.00
237	灌南县(苏)	6320.00
238	高淳县(苏)	5780.00
239	溧水县(苏)	5505.00
240	高邮市(苏)	5050.00
241	溧阳市(苏)	4830.00
242	泗洪县(苏)	4500.00
243	沭阳县(苏)	4450.00
244	仪征市(苏)	4350.00
245	宜兴市(苏)	4328.00
246	昆山市(苏)	3512.00
247	兴化市(苏)	3279.00
248	金坛市(苏)	3150.00
249	句容市(苏)	3070.00
250	邳州市(苏)	2531.00
251	宝应县(苏)	2400.00
252	靖江市(苏)	2300.00
253	江都区(苏)	1900.00
254	海州区(苏)	1862.00
255	锡山区(苏)	1623.00
256	新沂市(苏)	1530.00
257	六合区(苏)	1510.00
258	吴江市(苏)	1480.00
259	如皋市(苏)	1300.00
260	淮安区(苏)	1300.00
261	张家港市(苏)	1261.00
262	宿城区(苏)	1220.00
263	姜堰区(苏)	1214.00
264	丹徒区(苏)	1096.00
265	慈溪市(浙)	44000.00
266	余姚市(浙)	29200.00
267	海宁市(浙)	20806.00
268	秀洲区(浙)	20383.00
269	龙游县(浙)	20000.00
270	天台县(浙)	19000.00
271	武义县(浙)	18713.00
272	义乌市(浙)	16137.00
273	建德市(浙)	15628.00
274	诸暨市(浙)	14058.00
275	嵊州市(浙)	9092.00

（续）

序号	梨主产地	产量(吨)
276	温岭市(浙)	7643.00
277	富阳市(浙)	7575.00
278	临海市(浙)	7129.00
279	仙居县(浙)	6350.00
280	永康市(浙)	6070.00
281	鄞州区(浙)	5500.00
282	淳安县(浙)	5280.00
283	临安市(浙)	5200.00
284	德清县(浙)	5085.00
285	江北区(浙)	4760.00
286	缙云县(浙)	3741.00
287	青田县(浙)	3430.00
288	长兴县(浙)	3000.00
289	安吉县(浙)	2950.00
290	云和县(浙)	2929.00
291	婺城区(浙)	2675.00
292	三门县(浙)	2520.00
293	庆元县(浙)	2100.00
294	平湖市(浙)	2018.00
295	宁海县(浙)	2000.00
296	镇海区(浙)	1290.00
297	北仑区(浙)	1250.00
298	萧山区(浙)	1206.00
299	砀山县(皖)	770000.00
300	灵璧县(皖)	45022.00
301	埇桥区(皖)	29340.00
302	阜南县(皖)	19805.00
303	怀远县(皖)	16000.00
304	固镇县(皖)	12000.00
305	临泉县(皖)	10000.00
306	寿　县(皖)	6430.00
307	凤台县(皖)	4744.00
308	定远县(皖)	2600.00
309	凤阳县(皖)	2360.00
310	长丰县(皖)	2250.00
311	宣州区(皖)	2000.00
312	颍泉区(皖)	2000.00
313	潘集区(皖)	1875.00
314	八公山区(皖)	1875.00
315	东至县(皖)	1600.00
316	肥西县(皖)	1560.00
317	大通区(皖)	1500.00
318	泗　县(皖)	1428.00
319	和　县(皖)	1200.00
320	金溪县(赣)	33483.00

（续）

序号	梨主产地	产量(吨)
321	永修县(赣)	8737.00
322	瑞昌市(赣)	8632.00
323	武宁县(赣)	7600.00
324	宁都县(赣)	5155.00
325	丰城市(赣)	5030.00
326	高安市(赣)	4750.00
327	新干县(赣)	3995.00
328	靖安县(赣)	3795.00
329	贵溪市(赣)	3360.00
330	广丰县(赣)	3166.00
331	上饶县(赣)	2895.00
332	九江县(赣)	2800.00
333	德安县(赣)	2715.00
334	永新县(赣)	2600.00
335	赣　县(赣)	2578.00
336	兴国县(赣)	2249.00
337	龙南县(赣)	2200.00
338	玉山县(赣)	1664.00
339	于都县(赣)	1626.00
340	大余县(赣)	1452.00
341	横峰县(赣)	1449.00
342	南丰县(赣)	1392.00
343	安福县(赣)	1250.00
344	黎川县(赣)	1165.00
345	定南县(赣)	1133.00
346	南城县(赣)	1100.00
347	崇仁县(赣)	1097.00
348	铜鼓县(赣)	1050.00
349	渝水区(赣)	1006.80
350	夏津县(鲁)	300000.00
351	阳信县(鲁)	262860.00
352	莱阳市(鲁)	233000.00
353	冠　县(鲁)	180000.00
354	龙口市(鲁)	96349.00
355	安丘市(鲁)	62000.00
356	梁山县(鲁)	36640.00
357	蓬莱市(鲁)	35396.00
358	荣成市(鲁)	32000.00
359	栖霞市(鲁)	28609.00
360	齐河县(鲁)	28600.00
361	高密市(鲁)	26300.00
362	寿光市(鲁)	20210.00
363	临清市(鲁)	18750.00
364	沂源县(鲁)	18642.00
365	岱岳区(鲁)	16230.00

（续）

序号	梨主产地	产量(吨)
366	昌邑市(鲁)	15600.00
367	临沂市临港经济开发区(鲁)	15000.00
368	河东区(鲁)	12000.00
369	东阿县(鲁)	10950.00
370	沂水县(鲁)	9000.00
371	诸城市(鲁)	8819.00
372	宁阳县(鲁)	8665.50
373	莒南县(鲁)	8600.00
374	邹城市(鲁)	7678.00
375	惠民县(鲁)	7200.00
376	新泰市(鲁)	5735.00
377	威海市工业新区(鲁)	5400.00
378	文登市(鲁)	5300.00
379	泗水县(鲁)	4800.00
380	临朐县(鲁)	4560.00
381	东昌府区(鲁)	4343.00
382	利津县(鲁)	4278.00
383	招远市(鲁)	4170.00
384	兖州市(鲁)	4000.00
385	济阳县(鲁)	3990.00
386	牟平区(鲁)	3965.00
387	环翠区(鲁)	3705.00
388	河口区(鲁)	3550.00
389	广饶县(鲁)	3100.00
390	兰陵县(鲁)	3027.00
391	阳谷县(鲁)	3000.00
392	莱山区(鲁)	3000.00
393	莱州市(鲁)	2780.00
394	邹平县(鲁)	2600.00
395	滨城区(鲁)	2525.00
396	张店区(鲁)	2264.00
397	莱城区(鲁)	2016.00
398	长清区(鲁)	2010.00
399	威海市经济技术开发区(鲁)	1990.00
400	微山县(鲁)	1940.00
401	寒亭区(鲁)	1859.00
402	沂南县(鲁)	1820.00
403	德城区(鲁)	1700.00
404	高唐县(鲁)	1685.00
405	淄川区(鲁)	1500.00
406	临沭县(鲁)	1484.00
407	汶上县(鲁)	1350.00
408	费　县(鲁)	1301.00
409	肥城市(鲁)	1239.00
410	章丘市(鲁)	1200.00

(续)

序号	梨主产地	产量(吨)
411	天桥区(鲁)	1109.00
412	宁陵县(豫)	175000.00
413	永城市(豫)	150632.00
414	虞城县(豫)	100000.00
415	夏邑县(豫)	45000.00
416	淅川县(豫)	45000.00
417	兰考县(豫)	42000.00
418	方城县(豫)	25000.00
419	西平县(豫)	23075.00
420	唐河县(豫)	20500.00
421	泌阳县(豫)	20000.00
422	梁园区(豫)	19940.00
423	商水县(豫)	18720.00
424	西华县(豫)	16600.00
425	太康县(豫)	15100.00
426	宛城区(豫)	15000.00
427	洛宁县(豫)	14200.00
428	孟州市(豫)	10850.00
429	社旗县(豫)	10500.00
430	灵宝市(豫)	10411.00
431	济源市(豫)	9900.00
432	新乡县(豫)	9894.00
433	内黄县(豫)	9300.00
434	鄢陵县(豫)	8725.00
435	南召县(豫)	8500.00
436	南乐县(豫)	8291.00
437	项城市(豫)	8000.00
438	正阳县(豫)	7500.00
439	汝州市(豫)	7086.00
440	新蔡县(豫)	7042.00
441	遂平县(豫)	5700.00
442	扶沟县(豫)	5120.00
443	潢川县(豫)	5115.00
444	睢阳区(豫)	5032.00
445	清丰县(豫)	5000.00
446	原阳县(豫)	5000.00
447	舞钢市(豫)	4700.00
448	长垣县(豫)	4200.00
449	卫辉市(豫)	4100.00
450	卢氏县(豫)	3740.00
451	栾川县(豫)	3615.00
452	宜阳县(豫)	3112.00
453	延津县(豫)	3000.00
454	新野县(豫)	2985.00
455	郾城区(豫)	2860.00

(续)

序号	梨主产地	产量(吨)
456	安阳县(豫)	2793.00
457	濮阳县(豫)	2520.00
458	市辖区(豫)	2511.00
459	龙亭区(豫)	2511.00
460	汝南县(豫)	2504.00
461	获嘉县(豫)	2400.00
462	新　县(豫)	2324.00
463	淇滨区(豫)	2150.00
464	鲁山县(豫)	2127.00
465	息　县(豫)	2100.00
466	沁阳市(豫)	2095.00
467	驿城区(豫)	2000.00
468	林州市(豫)	1980.00
469	惠济区(豫)	1938.00
470	杞　县(豫)	1850.00
471	鹿邑县(豫)	1810.00
472	嵩　县(豫)	1800.00
473	伊川县(豫)	1750.00
474	荥阳市(豫)	1700.00
475	汤阴县(豫)	1682.00
476	召陵区(豫)	1557.00
477	襄城县(豫)	1408.00
478	平舆县(豫)	1200.00
479	华龙区(豫)	1200.00
480	博爱县(豫)	1200.00
481	邓州市(豫)	1180.00
482	许昌县(豫)	1170.00
483	卧龙区(豫)	1100.00
484	金水区(豫)	1092.00
485	钟祥市(鄂)	130405.00
486	枝江市(鄂)	82500.00
487	老河口市(鄂)	16200.00
488	京山县(鄂)	11781.00
489	襄州区(鄂)	11600.00
490	石首市(鄂)	8000.00
491	潜江市(鄂)	7500.00
492	枣阳市(鄂)	6814.00
493	利川市(鄂)	6800.00
494	随　县(鄂)	5731.00
495	宜城市(鄂)	4922.00
496	东宝区(鄂)	4730.00
497	荆州区(鄂)	4500.00
498	恩施市(鄂)	3998.00
499	宣恩县(鄂)	2870.00
500	孝南区(鄂)	2640.00

(续)

序号	梨主产地	产量(吨)
501	大悟县(鄂)	2520.00
502	松滋市(鄂)	1992.00
503	谷城县(鄂)	1250.00
504	建始县(鄂)	1193.00
505	涟源市(湘)	48620.00
506	蓝山县(湘)	28230.00
507	中方县(湘)	22200.00
508	浏阳市(湘)	14220.00
509	桑植县(湘)	12000.00
510	邵东县(湘)	10837.00
511	湘潭县(湘)	10085.00
512	绥宁县(湘)	7190.00
513	临武县(湘)	7039.00
514	资兴市(湘)	7000.00
515	宜章县(湘)	6664.00
516	靖州苗族侗族自治县(湘)	4827.00
517	平江县(湘)	4310.00
518	株洲县(湘)	4200.00
519	北湖区(湘)	4037.00
520	嘉禾县(湘)	4003.00
521	安化县(湘)	3400.00
522	新田县(湘)	2650.00
523	石门县(湘)	2500.00
524	大祥区(湘)	2480.00
525	吉首市(湘)	2350.00
526	炎陵县(湘)	2124.00
527	衡东县(湘)	2000.00
528	珠晖区(湘)	2000.00
529	津市市(湘)	1805.00
530	南　县(湘)	1800.00
531	新邵县(湘)	1700.00
532	隆回县(湘)	1600.00
533	道　县(湘)	1270.00
534	宁远县(湘)	1246.00
535	城步苗族自治县(湘)	1100.00
536	洪江区(湘)	1045.00
537	辰溪县(湘)	1000.00
538	新化县(湘)	1000.00
539	连州市(粤)	60897.00
540	封开县(粤)	11555.00
541	乐昌市(粤)	11000.00
542	和平县(粤)	7500.00
543	阳山县(粤)	1366.00
544	南雄市(粤)	1180.00
545	灌阳县(桂)	82551.00

（续）

序号	梨主产地	产量(吨)
546	灵川县(桂)	24748.00
547	全州县(桂)	18000.00
548	钦北区(桂)	15805.00
549	富川瑶族自治县(桂)	12480.00
550	兴安县(桂)	10472.00
551	临桂县(桂)	7792.00
552	平乐县(桂)	5660.00
553	永福县(桂)	4986.00
554	金城江区(桂)	3328.00
555	龙胜各族自治县(桂)	3252.00
556	钟山县(桂)	2825.00
557	南丹县(桂)	2663.00
558	龙州县(桂)	2349.00
559	象州县(桂)	2236.00
560	右江区(桂)	2100.00
561	隆林各族自治县(桂)	2050.00
562	贺州市平桂管理区(桂)	1740.00
563	罗城仫佬族自治县(桂)	1390.00
564	环江毛南族自治县(桂)	1336.00
565	金秀瑶族自治县(桂)	1295.00
566	昭平县(桂)	1250.00
567	天峨县(桂)	1217.00
568	那坡县(桂)	1204.00
569	资源县(桂)	1157.00
570	永川区(渝)	55000.00
571	璧山县(渝)	32600.00
572	南川区(渝)	22050.00
573	云阳县(渝)	20000.00
574	万州区(渝)	15900.00
575	忠　县(渝)	15346.00
576	长寿区(渝)	15000.00
577	渝北区(渝)	12800.00
578	巫山县(渝)	12800.00
579	开　县(渝)	8843.00
580	铜梁县(渝)	8432.00
581	潼南县(渝)	6975.00
582	江津区(渝)	6500.00
583	巴南区(渝)	5920.00
584	荣昌县(渝)	4532.00
585	石柱土家族自治县(渝)	4500.00
586	合川区(渝)	3950.00
587	九龙坡区(渝)	2800.00
588	奉节县(渝)	2580.00
589	大足县(渝)	1800.00
590	南岸区(渝)	1673.00

（续）

序号	梨主产地	产量(吨)
591	武隆县(渝)	1666.00
592	万盛区(渝)	1400.00
593	涪陵区(渝)	1280.00
594	梁平县(渝)	1276.00
595	丰都县(渝)	1245.00
596	汉源县(川)	66914.00
597	龙泉驿区(川)	34200.00
598	金川县(川)	24000.00
599	南溪县(川)	19200.00
600	冕宁县(川)	17772.00
601	会理县(川)	17409.00
602	苍溪县(川)	15000.00
603	邻水县(川)	14658.00
604	绵竹市(川)	14400.00
605	万源市(川)	12110.00
606	宜宾县(川)	11900.00
607	米易县(川)	11598.00
608	简阳市(川)	10235.00
609	华蓥市(川)	10010.00
610	青白江区(川)	10000.00
611	长宁县(川)	9495.00
612	罗江县(川)	8360.00
613	翠屏区(川)	7939.00
614	游仙区(川)	7540.00
615	中江县(川)	7000.00
616	宣汉县(川)	6950.00
617	巴州区(川)	6075.00
618	顺庆区(川)	6000.00
619	南江县(川)	5500.00
620	高　县(川)	5340.00
621	蓬安县(川)	4720.00
622	崇州市(川)	4020.00
623	阆中市(川)	3675.00
624	越西县(川)	3540.00
625	昭觉县(川)	3180.00
626	宁南县(川)	3102.00
627	盐亭县(川)	3000.00
628	隆昌县(川)	3000.00
629	峨眉山市(川)	2800.00
630	美姑县(川)	2182.00
631	平昌县(川)	2173.00
632	江安县(川)	2150.00
633	古蔺县(川)	2136.00
634	开江县(川)	2000.00
635	木里藏族自治县(川)	2000.00

（续）

序号	梨主产地	产量(吨)
636	马边彝族自治县(川)	1895.00
637	恩阳区(川)	1830.00
638	仁寿县(川)	1703.00
639	安　县(川)	1700.00
640	德昌县(川)	1535.00
641	威远县(川)	1500.00
642	雷波县(川)	1350.00
643	纳溪区(川)	1320.00
644	荣　县(川)	1305.00
645	江油市(川)	1300.00
646	什邡市(川)	1180.00
647	涪城区(川)	1110.00
648	船山区(川)	1040.00
649	嘉陵区(川)	1010.00
650	普定县(黔)	24000.00
651	黔西县(黔)	23646.00
652	福泉市(黔)	22400.00
653	六枝特区(黔)	16914.00
654	乌当区(黔)	16093.00
655	龙里县(黔)	9500.00
656	红花岗区(黔)	7980.00
657	大方县(黔)	6000.00
658	榕江县(黔)	4500.00
659	三都水族自治县(黔)	3640.00
660	德江县(黔)	3450.00
661	安龙县(黔)	3420.00
662	惠水县(黔)	2759.00
663	兴仁县(黔)	2637.00
664	清镇市(黔)	2526.00
665	赤水市(黔)	2387.00
666	荔波县(黔)	2350.00
667	七星关区(黔)	2268.00
668	沿河土家族自治县(黔)	2236.00
669	赫章县(黔)	2050.00
670	石阡县(黔)	2028.00
671	独山县(黔)	2000.00
672	花溪区(黔)	1967.00
673	纳雍县(黔)	1851.00
674	开阳县(黔)	1500.00
675	江口县(黔)	1450.00
676	道真仡佬族苗族自治县(黔)	1200.00
677	普安县(黔)	1183.00
678	金沙县(黔)	1181.00
679	泸西县(滇)	60000.00
680	开远市(滇)	17496.00

(续)

序号	梨主产地	产量(吨)
681	石林彝族自治县(滇)	15560.06
682	洱源县(滇)	8980.00
683	漾濞彝族自治县(滇)	8000.00
684	个旧市(滇)	6405.00
685	弥勒市(滇)	5469.00
686	永胜县(滇)	5169.30
687	建水县(滇)	4539.00
688	镇雄县(滇)	4500.00
689	楚雄市(滇)	4146.00
690	石屏县(滇)	3965.00
691	昭阳区(滇)	3817.00
692	广南县(滇)	3624.00
693	玉龙纳西族自治县(滇)	3572.00
694	武定县(滇)	3550.00
695	云龙县(滇)	3491.00
696	隆阳区(滇)	3346.00
697	江川县(滇)	3300.00
698	牟定县(滇)	3252.00
699	鹤庆县(滇)	3129.90
700	南华县(滇)	2894.00
701	文山市(滇)	2432.00
702	丘北县(滇)	1735.00
703	施甸县(滇)	1669.00
704	凤庆县(滇)	1531.00
705	晋宁县(滇)	1479.00
706	峨山彝族自治县(滇)	1450.00
707	宾川县(滇)	1200.00
708	大姚县(滇)	1153.00
709	富宁县(滇)	1143.00
710	通海县(滇)	1100.00
711	元阳县(滇)	1093.00
712	元谋县(滇)	1087.00
713	永仁县(滇)	1087.00
714	双江拉祜族佤族布朗族傣族自治县(滇)	1007.00
715	蒲城县(陕)	105000.00
716	大荔县(陕)	87219.00
717	延长县(陕)	20000.00
718	洋　县(陕)	13910.00
719	阎良区(陕)	7650.00
720	泾阳县(陕)	4554.00
721	绥德县(陕)	4254.00
722	南郑县(陕)	4100.00
723	陈仓区(陕)	3352.00
724	子洲县(陕)	3160.00

(续)

序号	梨主产地	产量(吨)
725	淳化县(陕)	2800.00
726	兴平市(陕)	2663.00
727	临潼区(陕)	1700.00
728	略阳县(陕)	1671.00
729	旬阳县(陕)	1620.00
730	汉阴县(陕)	1430.00
731	汉滨区(陕)	1341.00
732	靖边县(陕)	1071.00
733	景泰县(甘)	79000.00
734	民乐县(甘)	46000.00
735	和政县(甘)	39000.00
736	高台县(甘)	22940.00
737	静宁县(甘)	16000.00
738	秦安县(甘)	15851.70
739	甘谷县(甘)	13249.00
740	甘州区(甘)	11200.00
741	金塔县(甘)	9835.00
742	张家川回族自治县(甘)	8723.20
743	皋兰县(甘)	7192.00
744	靖远县(甘)	7173.00
745	秦州区(甘)	6505.00
746	临夏县(甘)	6280.00
747	会宁县(甘)	6058.00
748	泾川县(甘)	6000.00
749	东乡族自治县(甘)	5000.00
750	安定区(甘)	4994.70
751	敦煌市(甘)	4200.00
752	积石山保安族东乡族撒拉族自治县(甘)	4200.00
753	嘉峪关市(甘)	3300.00
754	临潭县(甘)	3200.00
755	康乐县(甘)	2980.00
756	崆峒区(甘)	2794.00
757	迭部县(甘)	2176.00
758	临泽县(甘)	2167.00
759	山丹县(甘)	1865.00
760	渭源县(甘)	1680.00
761	玉门市(甘)	1547.00
762	临夏市(甘)	1392.00
763	永登县(甘)	1365.00
764	通渭县(甘)	1350.00
765	西和县(甘)	1240.00
766	西峰区(甘)	1161.00
767	古浪县(甘)	1000.00
768	海原县(宁)	3256.00

(续)

序号	梨主产地	产量(吨)
769	永宁县(宁)	2625.00
770	贺兰县(宁)	1395.00
771	彭阳县(宁)	1025.00
772	青铜峡市(宁)	1000.00
773	阿克苏市(新)	138810.00
774	库车县(新)	80139.00
775	莎车县(新)	6527.00
776	乌什县(新)	5519.00
777	巴楚县(新)	3441.00
778	叶城县(新)	2657.00
779	疏勒县(新)	1710.00
780	伽师县(新)	1568.00
781	农一师(新疆兵团)	191154.00
782	农二师(新疆兵团)	172624.00
783	农三师(新疆兵团)	49391.00

表 7-3　桃主产地产量

序号	桃主产地	产量(吨)
1	平谷区(京)	290978.50
2	大兴区(京)	31972.00
3	通州区(京)	27292.47
4	房山区(京)	11791.60
5	顺义区(京)	6904.00
6	昌平区(京)	3677.20
7	怀柔区(京)	3193.20
8	密云县(京)	2924.00
9	武清区(津)	16760.00
10	静海县(津)	9229.00
11	顺平县(冀)	277900.00
12	乐亭县(冀)	263195.00
13	深州市(冀)	200836.00
14	满城县(冀)	76153.00
15	临漳县(冀)	69070.00
16	昌黎县(冀)	66731.00
17	滦南县(冀)	54923.00
18	抚宁区(冀)	48678.00
19	辛集市(冀)	45023.00
20	永清县(冀)	38000.00
21	迁安市(冀)	34461.00
22	安次区(冀)	33365.00
23	滦　县(冀)	32580.00
24	邯郸县(冀)	27522.00
25	丰润区(冀)	26700.00
26	固安县(冀)	26600.00
27	唐　县(冀)	25000.00

（续）

序号	桃主产地	产量(吨)
28	定兴县(冀)	24300.00
29	晋州市(冀)	24000.00
30	魏　县(冀)	23280.00
31	饶阳县(冀)	18754.00
32	卢龙县(冀)	17616.45
33	定州市(冀)	16800.00
34	怀来县(冀)	14550.00
35	高碑店市(冀)	14400.00
36	山海关区(冀)	13870.00
37	涿州市(冀)	13500.00
38	兴隆县(冀)	13113.00
39	成安县(冀)	12800.00
40	威　县(冀)	11680.00
41	邢台县(冀)	11580.00
42	正定县(冀)	11206.00
43	霸州市(冀)	10952.00
44	香河县(冀)	10296.00
45	古冶区(冀)	10237.00
46	广阳区(冀)	9185.00
47	三河市(冀)	8420.00
48	安平县(冀)	8234.00
49	博野县(冀)	7850.00
50	沧　县(冀)	7690.00
51	易　县(冀)	7100.00
52	藁城区(冀)	6940.00
53	平山县(冀)	6400.00
54	泊头市(冀)	5670.00
55	玉田县(冀)	5356.00
56	宁晋县(冀)	5099.00
57	邱　县(冀)	5050.00
58	秦皇岛开发区(冀)	5029.00
59	献　县(冀)	4873.00
60	景　县(冀)	4712.00
61	涞水县(冀)	4700.00
62	任　县(冀)	4450.00
63	巨鹿县(冀)	4410.00
64	路北区(冀)	4113.00
65	丰南区(冀)	3950.00
66	大名县(冀)	3769.00
67	唐海县(冀)	3615.00
68	雄　县(冀)	3400.00
69	广宗县(冀)	3306.00
70	肃宁县(冀)	3090.00
71	曲阳县(冀)	3050.00
72	磁　县(冀)	3000.00

（续）

序号	桃主产地	产量(吨)
73	肥乡县(冀)	3000.00
74	吴桥县(冀)	2992.00
75	冀州市(冀)	2985.00
76	任丘市(冀)	2902.00
77	新市区(冀)	2748.00
78	长安区(冀)	2680.00
79	孟村回族自治县(冀)	2390.00
80	海港区(冀)	2257.00
81	河间市(冀)	2197.00
82	承德县(冀)	2172.00
83	盐山县(冀)	2060.00
84	望都县(冀)	2000.00
85	内丘县(冀)	2000.00
86	黄骅市(冀)	1857.00
87	阜城县(冀)	1855.00
88	永年县(冀)	1800.00
89	北戴河区(冀)	1770.00
90	鹿泉区(冀)	1626.00
91	枣强县(冀)	1468.00
92	迁西县(冀)	1392.00
93	隆尧县(冀)	1364.00
94	武强县(冀)	1326.00
95	青龙满族自治县(冀)	1300.00
96	平乡县(冀)	1300.00
97	高邑县(冀)	1282.00
98	邢台市桥东区(冀)	1213.00
99	涿鹿县(冀)	1118.10
100	清苑县(冀)	1100.00
101	夏　县(晋)	120400.00
102	临猗县(晋)	119000.00
103	平陆县(晋)	38530.00
104	河津市(晋)	35000.00
105	稷山县(晋)	29170.00
106	万荣县(晋)	28960.00
107	翼城县(晋)	20000.00
108	新绛县(晋)	20000.00
109	小店区(晋)	9328.00
110	清徐县(晋)	2326.00
111	曲沃县(晋)	2137.00
112	闻喜县(晋)	2000.00
113	忻府区(晋)	1119.00
114	阳曲县(晋)	1009.00
115	普兰店市(辽)	81996.00
116	盖州市(辽)	56055.00
117	大连市金州新区(辽)	19050.00

（续）

序号	桃主产地	产量(吨)
118	建昌县(辽)	12000.00
119	大连市保税区(辽)	4964.00
120	连山区(辽)	4600.00
121	甘井子区(辽)	4500.00
122	振安区(辽)	4000.00
123	海城市(辽)	3500.00
124	大连市长兴岛临港工业区(辽)	3161.00
125	辽中区(辽)	3000.00
126	康平县(辽)	2250.00
127	北镇市(辽)	2000.00
128	大石桥市(辽)	1500.00
129	岫岩满族自治县(辽)	1000.00
130	浦东新区(沪)	31200.00
131	奉贤区(沪)	17879.80
132	金山区(沪)	12141.00
133	崇明县(沪)	9518.87
134	青浦区(沪)	3647.22
135	松江区(沪)	2274.00
136	嘉定区(沪)	1107.00
137	贾汪区(苏)	57842.00
138	铜山区(苏)	56000.00
139	新沂市(苏)	38850.00
140	邳州市(苏)	38770.00
141	赣榆区(苏)	37800.00
142	如东县(苏)	37300.00
143	泗阳县(苏)	33000.00
144	武进区(苏)	29595.00
145	句容市(苏)	25890.00
146	六合区(苏)	23250.00
147	丰　县(苏)	21000.00
148	盱眙县(苏)	12000.00
149	灌云县(苏)	11634.00
150	江阴市(苏)	10371.00
151	浦口区(苏)	8348.00
152	张家港市(苏)	8067.00
153	泗洪县(苏)	7000.00
154	睢宁县(苏)	6311.00
155	阜宁县(苏)	5300.00
156	滨湖区(苏)	5170.00
157	海州区(苏)	5069.00
158	大丰区(苏)	4900.00
159	兴化市(苏)	4874.00
160	亭湖区(苏)	4000.00
161	高邮市(苏)	3970.00
162	锡山区(苏)	3476.00

(续)

序号	桃主产地	产量(吨)
163	连云区(苏)	3261.00
164	建湖县(苏)	3107.00
165	昆山市(苏)	2947.00
166	吴中区(苏)	2502.00
167	淮阴区(苏)	2453.00
168	东台市(苏)	2350.00
169	溧水县(苏)	2330.00
170	姜堰区(苏)	2204.00
171	盐都区(苏)	2130.00
172	高淳县(苏)	2000.00
173	靖江市(苏)	2000.00
174	宿豫区(苏)	1986.00
175	江宁区(苏)	1865.00
176	丹徒区(苏)	1756.00
177	启东市(苏)	1500.00
178	广陵区(苏)	1500.00
179	沭阳县(苏)	1500.00
180	泰兴市(苏)	1400.00
181	海门市(苏)	1266.00
182	扬中市(苏)	1200.00
183	太仓市(苏)	1150.00
184	如皋市(苏)	1000.00
185	嵊州市(浙)	33750.00
186	临海市(浙)	19600.00
187	奉化市(浙)	15159.00
188	慈溪市(浙)	14000.00
189	义乌市(浙)	13200.00
190	建德市(浙)	12005.00
191	淳安县(浙)	9132.00
192	秀洲区(浙)	8082.00
193	仙居县(浙)	7800.00
194	临安市(浙)	7500.00
195	诸暨市(浙)	7210.00
196	永康市(浙)	6736.00
197	天台县(浙)	5000.00
198	青田县(浙)	4905.00
199	宁海县(浙)	4500.00
200	余姚市(浙)	3357.00
201	海宁市(浙)	3232.00
202	黄岩区(浙)	2994.00
203	婺城区(浙)	2902.00
204	温岭市(浙)	2422.00
205	鄞州区(浙)	2329.00
206	路桥区(浙)	2152.00
207	平湖市(浙)	1838.00

(续)

序号	桃主产地	产量(吨)
208	武义县(浙)	1608.00
209	萧山区(浙)	1562.00
210	砀山县(皖)	470000.00
211	埇桥区(皖)	66615.00
212	金安区(皖)	30000.00
213	南谯区(皖)	30000.00
214	长丰县(皖)	29800.00
215	定远县(皖)	21000.00
216	大观区(皖)	21000.00
217	六安市叶集区(皖)	18600.00
218	谯城区(皖)	10000.00
219	怀远县(皖)	7830.00
220	八公山区(皖)	7560.00
221	当涂县(皖)	7500.00
222	无为县(皖)	7330.00
223	界首市(皖)	6000.00
224	寿　县(皖)	5845.00
225	潘集区(皖)	5063.00
226	全椒县(皖)	5000.00
227	明光市(皖)	4980.00
228	肥西县(皖)	4450.00
229	庐江县(皖)	4386.00
230	蒙城县(皖)	3600.00
231	庐阳区(皖)	3500.00
232	太湖县(皖)	2100.00
233	涡阳县(皖)	2060.00
234	东至县(皖)	1800.00
235	巢湖市(皖)	1800.00
236	泗　县(皖)	1730.00
237	舒城县(皖)	1650.00
238	黟　县(皖)	1597.00
239	霍邱县(皖)	1500.00
240	大通区(皖)	1485.00
241	凤阳县(皖)	1470.00
242	望江县(皖)	1100.00
243	博望区(皖)	1050.00
244	琅琊区(皖)	1050.00
245	永修县(赣)	6808.00
246	于都县(赣)	1778.00
247	武宁县(赣)	1655.00
248	上饶县(赣)	1620.00
249	新干县(赣)	1570.00
250	高安市(赣)	1354.00
251	宁都县(赣)	1248.00
252	蒙阴县(鲁)	716900.00

(续)

序号	桃主产地	产量(吨)
253	安丘市(鲁)	240000.00
254	沂源县(鲁)	203547.00
255	沂水县(鲁)	142250.00
256	岱岳区(鲁)	73149.00
257	青州市(鲁)	63650.00
258	费　县(鲁)	62850.00
259	新泰市(鲁)	62022.00
260	诸城市(鲁)	60844.00
261	泗水县(鲁)	57690.00
262	沂南县(鲁)	57490.00
263	五莲县(鲁)	56200.00
264	兰陵县(鲁)	49963.00
265	冠　县(鲁)	46000.00
266	莱阳市(鲁)	43800.00
267	邹城市(鲁)	43307.00
268	博山区(鲁)	43000.00
269	临沂市蒙山旅游区(鲁)	40200.00
270	莒　县(鲁)	35312.00
271	临朐县(鲁)	28500.00
272	夏津县(鲁)	24750.00
273	寿光市(鲁)	24300.00
274	河东区(鲁)	24000.00
275	昌乐县(鲁)	18400.00
276	莱城区(鲁)	17832.00
277	莒南县(鲁)	17500.00
278	邹平县(鲁)	16895.00
279	济阳县(鲁)	15000.00
280	蓬莱市(鲁)	14352.00
281	东平县(鲁)	13395.00
282	荣成市(鲁)	12000.00
283	莱州市(鲁)	12000.00
284	长清区(鲁)	11800.00
285	钢城区(鲁)	11250.00
286	德城区(鲁)	10000.00
287	高青县(鲁)	9300.00
288	微山县(鲁)	8711.00
289	德州市市辖区(鲁)	8200.00
290	曹　县(鲁)	8090.00
291	兰山区(鲁)	7958.00
292	兖州市(鲁)	7920.00
293	潍坊市峡山区(鲁)	7600.00
294	武城县(鲁)	7000.00
295	泰山区(鲁)	6285.55
296	环翠区(鲁)	5844.00
297	临清市(鲁)	5400.00

（续）

序号	桃主产地	产量(吨)
298	招远市(鲁)	5319.00
299	齐河县(鲁)	5100.00
300	阳谷县(鲁)	5045.00
301	龙口市(鲁)	4934.00
302	临沭县(鲁)	4895.00
303	高密市(鲁)	4200.00
304	章丘市(鲁)	3800.00
305	莱芜市雪野旅游区(鲁)	3570.00
306	栖霞市(鲁)	3322.00
307	宁阳县(鲁)	3280.00
308	潍城区(鲁)	3080.00
309	莱山区(鲁)	3000.00
310	利津县(鲁)	2695.00
311	文登市(鲁)	2400.00
312	牟平区(鲁)	2268.00
313	临沂市临港经济开发区(鲁)	1400.00
314	汶上县(鲁)	1300.00
315	坊子区(鲁)	1270.00
316	张店区(鲁)	1235.00
317	临沂市高新技术产业开发区(鲁)	1201.00
318	滨城区(鲁)	1033.00
319	虞城县(豫)	160000.00
320	内乡县(豫)	89000.00
321	西华县(豫)	82400.00
322	内黄县(豫)	50000.00
323	尉氏县(豫)	42375.00
324	原阳县(豫)	35000.00
325	泌阳县(豫)	32000.00
326	太康县(豫)	26600.00
327	永城市(豫)	21756.00
328	卫辉市(豫)	15130.00
329	武陟县(豫)	14000.00
330	扶沟县(豫)	12500.00
331	博爱县(豫)	12000.00
332	鄢陵县(豫)	11425.00
333	宛城区(豫)	11250.00
334	光山县(豫)	10000.00
335	济源市(豫)	9800.00
336	栾川县(豫)	9728.00
337	南召县(豫)	9050.00
338	汝州市(豫)	9000.00
339	濮阳市高新区(豫)	9000.00
340	洛宁县(豫)	8600.00
341	郾城区(豫)	8182.00
342	项城市(豫)	8000.00

（续）

序号	桃主产地	产量(吨)
343	新乡县(豫)	6654.00
344	延津县(豫)	6300.00
345	嵩　县(豫)	6110.00
346	舞钢市(豫)	5800.00
347	鲁山县(豫)	5311.00
348	获嘉县(豫)	5145.00
349	兰考县(豫)	5100.00
350	卧龙区(豫)	4990.00
351	汤阴县(豫)	4800.00
352	卢氏县(豫)	4500.00
353	宁陵县(豫)	4150.00
354	新野县(豫)	4050.00
355	郸城县(豫)	4000.00
356	商水县(豫)	3507.00
357	平桥区(豫)	3427.00
358	西平县(豫)	3366.00
359	潢川县(豫)	3258.00
360	社旗县(豫)	3150.00
361	安阳县(豫)	2965.00
362	杞　县(豫)	2900.00
363	龙亭区(豫)	2827.00
364	川汇区(豫)	2667.00
365	召陵区(豫)	2641.00
366	新蔡县(豫)	2636.00
367	上蔡县(豫)	2510.00
368	襄城县(豫)	2387.00
369	滑　县(豫)	2250.00
370	台前县(豫)	2200.00
371	惠济区(豫)	2194.80
372	湖滨区(豫)	2000.00
373	新　县(豫)	1963.00
374	许昌县(豫)	1962.00
375	洛龙区(豫)	1950.00
376	淇滨区(豫)	1821.00
377	遂平县(豫)	1650.00
378	平舆县(豫)	1600.00
379	商城县(豫)	1550.00
380	清丰县(豫)	1500.00
381	二七区(豫)	1480.00
382	长葛市(豫)	1462.00
383	孟州市(豫)	1400.00
384	新密市(豫)	1343.00
385	郏　县(豫)	1300.00
386	邓州市(豫)	1230.00
387	牧野区(豫)	1200.00

（续）

序号	桃主产地	产量(吨)
388	叶　县(豫)	1200.00
389	林州市(豫)	1100.00
390	正阳县(豫)	1000.00
391	枣阳市(鄂)	378730.00
392	襄州区(鄂)	24500.00
393	孝南区(鄂)	22950.00
394	钟祥市(鄂)	21733.00
395	老河口市(鄂)	18200.00
396	广水市(鄂)	15000.00
397	潜江市(鄂)	10000.00
398	石首市(鄂)	8200.00
399	大悟县(鄂)	4347.00
400	应城市(鄂)	4000.00
401	丹江口市(鄂)	3270.00
402	京山县(鄂)	2667.00
403	襄城区(鄂)	2380.00
404	浠水县(鄂)	2340.00
405	麻城市(鄂)	2300.00
406	东宝区(鄂)	2140.00
407	江陵县(鄂)	2086.00
408	安陆市(鄂)	2000.00
409	恩施市(鄂)	1983.00
410	孝昌县(鄂)	1850.00
411	谷城县(鄂)	1831.00
412	宜都市(鄂)	1650.00
413	曾都区(鄂)	1647.00
414	房　县(鄂)	1357.00
415	张湾区(鄂)	1245.00
416	鹤峰县(鄂)	1190.00
417	兴山县(鄂)	1010.00
418	浏阳市(湘)	13140.00
419	临武县(湘)	6760.00
420	涟源市(湘)	5320.00
421	靖州苗族侗族自治县(湘)	4800.00
422	湘潭县(湘)	4095.00
423	资兴市(湘)	4010.00
424	吉首市(湘)	3000.00
425	新田县(湘)	2688.00
426	大祥区(湘)	2680.00
427	祁阳县(湘)	2680.00
428	永顺县(湘)	2600.00
429	中方县(湘)	2400.00
430	株洲县(湘)	2250.00
431	宁远县(湘)	2241.00
432	澧　县(湘)	2225.00

(续)

序号	桃主产地	产量(吨)
433	云溪区(湘)	2102.00
434	衡东县(湘)	2000.00
435	衡山县(湘)	1885.00
436	华容县(湘)	1725.00
437	东安县(湘)	1690.00
438	洞口县(湘)	1600.00
439	慈利县(湘)	1481.00
440	新邵县(湘)	1320.00
441	津市市(湘)	1240.00
442	嘉禾县(湘)	1235.00
443	宜章县(湘)	1202.00
444	祁东县(湘)	1200.00
445	龙山县(湘)	1200.00
446	双牌县(湘)	1060.00
447	绥宁县(湘)	1000.00
448	和平县(粤)	30000.00
449	乐昌市(粤)	16350.00
450	翁源县(粤)	1500.00
451	恭城瑶族自治县(桂)	50362.00
452	灵川县(桂)	40731.00
453	象州县(桂)	20422.00
454	鹿寨县(桂)	11317.00
455	灌阳县(桂)	10867.00
456	兴安县(桂)	6603.00
457	田林县(桂)	5504.00
458	天峨县(桂)	4868.00
459	钟山县(桂)	3984.00
460	罗城仫佬族自治县(桂)	3251.00
461	八步区(桂)	2906.00
462	金秀瑶族自治县(桂)	2852.00
463	龙州县(桂)	2795.00
464	富川瑶族自治县(桂)	2685.00
465	南丹县(桂)	1903.00
466	龙胜各族自治县(桂)	1838.00
467	武宣县(桂)	1820.00
468	资源县(桂)	1795.00
469	永福县(桂)	1476.00
470	乐业县(桂)	1428.00
471	隆林各族自治县(桂)	1352.00
472	金城江区(桂)	1330.00
473	巴马瑶族自治县(桂)	1192.00
474	贺州市平桂管理区(桂)	1135.00
475	都安瑶族自治县(桂)	1072.00
476	潼南县(渝)	10500.00
477	奉节县(渝)	10177.00

(续)

序号	桃主产地	产量(吨)
478	璧山县(渝)	9400.00
479	合川区(渝)	9080.00
480	巫山县(渝)	8900.00
481	云阳县(渝)	7500.00
482	万州区(渝)	7400.00
483	巴南区(渝)	3620.00
484	忠　县(渝)	3045.00
485	渝北区(渝)	2800.00
486	江津区(渝)	2000.00
487	石柱土家族自治县(渝)	1850.00
488	永川区(渝)	1600.00
489	丰都县(渝)	1261.00
490	龙泉驿区(川)	65700.00
491	简阳市(川)	32135.00
492	冕宁县(川)	6575.00
493	顺庆区(川)	6500.00
494	峨眉山市(川)	6000.00
495	仁寿县(川)	5483.00
496	盐亭县(川)	5456.00
497	中江县(川)	5330.00
498	西昌市(川)	4520.00
499	南江县(川)	4300.00
500	邻水县(川)	4240.00
501	万源市(川)	3200.00
502	巴州区(川)	2835.00
503	阆中市(川)	2425.00
504	游仙区(川)	2320.00
505	恩阳区(川)	2150.00
506	翠屏区(川)	1494.00
507	高　县(川)	1380.00
508	德昌县(川)	1357.00
509	五通桥区(川)	1328.00
510	甘洛县(川)	1230.00
511	开江县(川)	1000.00
512	黔西县(黔)	8988.00
513	六枝特区(黔)	8275.00
514	龙里县(黔)	6782.00
515	大方县(黔)	5500.00
516	七星关区(黔)	5376.00
517	荔波县(黔)	4570.00
518	乌当区(黔)	4169.00
519	开阳县(黔)	3600.00
520	安龙县(黔)	3600.00
521	纳雍县(黔)	3315.00
522	独山县(黔)	2500.00

(续)

序号	桃主产地	产量(吨)
523	兴仁县(黔)	1956.00
524	赫章县(黔)	1860.00
525	惠水县(黔)	1677.00
526	长顺县(黔)	1618.80
527	碧江区(黔)	1603.00
528	德江县(黔)	1368.00
529	福泉市(黔)	1260.00
530	开远市(滇)	31263.00
531	元江哈尼族彝族傣族自治县(滇)	22600.00
532	泸西县(滇)	15000.00
533	弥勒市(滇)	7379.00
534	建水县(滇)	5198.00
535	石林彝族自治县(滇)	5165.70
536	玉龙纳西族自治县(滇)	4586.00
537	个旧市(滇)	4370.00
538	文山市(滇)	3630.00
539	永仁县(滇)	3597.00
540	富宁县(滇)	2820.00
541	武定县(滇)	2366.00
542	丘北县(滇)	1980.00
543	西畴县(滇)	1957.00
544	凤庆县(滇)	1882.00
545	姚安县(滇)	1780.00
546	元阳县(滇)	1735.00
547	峨山彝族自治县(滇)	1500.00
548	大姚县(滇)	1441.00
549	易门县(滇)	1371.11
550	隆阳区(滇)	1295.00
551	牟定县(滇)	1268.00
552	云　县(滇)	1194.00
553	洱源县(滇)	1040.00
554	大荔县(陕)	55397.00
555	长安区(陕)	38250.00
556	淳化县(陕)	22150.00
557	临潼区(陕)	16800.00
558	韩城市林业局(陕)	14080.00
559	兴平市(陕)	12428.00
560	户　县(陕)	12300.00
561	眉　县(陕)	11418.00
562	扶风县(陕)	9691.00
563	汉阴县(陕)	9600.00
564	秦都区(陕)	9383.00
565	汉滨区(陕)	6650.00
566	旬阳县(陕)	6515.00
567	岐山县(陕)	5175.00

（续）

序号	桃主产地	产量(吨)
568	泾阳县(陕)	4820.00
569	渭滨区(陕)	4432.00
570	陇　县(陕)	3312.00
571	南郑县(陕)	3250.00
572	王益区(陕)	3220.00
573	陈仓区(陕)	3160.00
574	千阳县(陕)	2448.00
575	渭城区(陕)	1935.00
576	绥德县(陕)	1737.00
577	凤　县(陕)	1642.00
578	未央区(陕)	1600.00
579	略阳县(陕)	1380.00
580	秦安县(甘)	133245.00
581	皋兰县(甘)	11519.00
582	敦煌市(甘)	4244.00
583	靖远县(甘)	2438.00
584	崆峒区(甘)	2248.00
585	宁　县(甘)	1804.00
586	金塔县(甘)	1455.00
587	庆城县(甘)	1327.00
588	西峰区(甘)	1288.00
589	麦积区(甘)	1233.00
590	西和县(甘)	1050.00
591	高台县(甘)	1000.00
592	利通区(宁)	1800.00
593	彭阳县(宁)	1800.00
594	贺兰县(宁)	1371.00
595	莎车县(新)	29343.00
596	叶城县(新)	11985.00
597	泽普县(新)	10336.00
598	沙湾县(新)	3105.00
599	麦盖提县(新)	1860.00
600	农四师(新疆兵团)	37590.00
601	农二师(新疆兵团)	4006.00
602	农三师(新疆兵团)	3827.00

表 7-4　杏主产地产量

序号	杏主产地	产量(吨)
1	密云县(京)	4299.00
2	房山区(京)	2516.20
3	通州区(京)	2454.30
4	顺义区(京)	2357.00
5	平谷区(京)	1886.20
6	怀柔区(京)	1828.90
7	昌平区(京)	1291.60

（续）

序号	杏主产地	产量(吨)
8	大兴区(京)	1123.00
9	武清区(津)	672.00
10	巨鹿县(冀)	82530.00
11	易　县(冀)	21000.00
12	顺平县(冀)	17550.00
13	满城县(冀)	15530.00
14	兴隆县(冀)	14704.00
15	遵化市(冀)	13270.00
16	永清县(冀)	9000.00
17	辛集市(冀)	7174.00
18	阜城县(冀)	7050.00
19	新河县(冀)	6200.00
20	涞水县(冀)	6000.00
21	宣化区(冀)	5900.00
22	蠡　县(冀)	5100.00
23	怀安县(冀)	4500.00
24	隆化县(冀)	4000.00
25	青龙满族自治县(冀)	3850.00
26	鹿泉区(冀)	3775.00
27	唐　县(冀)	3500.00
28	临漳县(冀)	3221.00
29	平乡县(冀)	3200.00
30	沙河市(冀)	3187.00
31	肥乡县(冀)	3000.00
32	蔚　县(冀)	2750.00
33	万全区(冀)	2601.00
34	承德县(冀)	2075.00
35	清苑县(冀)	2000.00
36	威　县(冀)	1780.00
37	迁西县(冀)	1778.00
38	大名县(冀)	1684.00
39	丰润区(冀)	1590.00
40	抚宁区(冀)	1584.00
41	深州市(冀)	1429.00
42	馆陶县(冀)	1313.00
43	涞源县(冀)	1300.00
44	魏　县(冀)	1290.00
45	广阳区(冀)	1153.00
46	迁安市(冀)	1153.00
47	任　县(冀)	1120.00
48	成安县(冀)	1050.00
49	怀来县(冀)	1000.00
50	平山县(冀)	998.00
51	献　县(冀)	894.00
52	滦平县(冀)	800.00

（续）

序号	杏主产地	产量(吨)
53	枣强县(冀)	794.00
54	饶阳县(冀)	775.00
55	武邑县(冀)	725.00
56	滦　县(冀)	714.00
57	望都县(冀)	700.00
58	玉田县(冀)	696.00
59	涿鹿县(冀)	674.60
60	内丘县(冀)	650.00
61	博野县(冀)	650.00
62	徐水县(冀)	650.00
63	赤城县(冀)	620.00
64	安国市(冀)	600.00
65	桃城区(冀)	560.00
66	元氏县(冀)	532.00
67	丰宁满族自治县(冀)	531.00
68	南宫市(冀)	527.00
69	高碑店市(冀)	525.00
70	安次区(冀)	514.00
71	临猗县(晋)	20700.00
72	夏　县(晋)	10500.00
73	河津市(晋)	9000.00
74	阳高县(晋)	8000.00
75	天镇县(晋)	6600.00
76	万荣县(晋)	2942.00
77	高平市(晋)	1200.00
78	闻喜县(晋)	1118.00
79	尖草坪区(晋)	1000.00
80	大同县(晋)	993.00
81	忻府区(晋)	913.00
82	稷山县(晋)	790.00
83	南郊区(晋)	700.00
84	原平市(晋)	599.00
85	新城区(蒙)	25720.00
86	土默特右旗(蒙)	18897.70
87	凉城县(蒙)	13500.00
88	土默特左旗(蒙)	6885.00
89	临河区(蒙)	5680.00
90	准格尔旗(蒙)	2140.00
91	杭锦后旗(蒙)	900.00
92	元宝山区(蒙)	820.00
93	兴和县(蒙)	764.00
94	昆都仑区(蒙)	738.00
95	阿鲁科尔沁旗(蒙)	583.00
96	扎兰屯市(蒙)	500.00
97	建昌县(辽)	30000.00

(续)

序号	杏主产地	产量(吨)
98	龙城区(辽)	11000.00
99	南票区(辽)	5100.00
100	建平县(辽)	5000.00
101	连山区(辽)	4000.00
102	法库县(辽)	4000.00
103	大石桥市(辽)	2500.00
104	双塔区(辽)	1800.00
105	海城市(辽)	1500.00
106	清河门区(辽)	1000.00
107	浑南区(辽)	503.00
108	铜山区(苏)	16000.00
109	贾汪区(苏)	5012.00
110	肥西县(皖)	950.00
111	东平县(鲁)	17016.00
112	岱岳区(鲁)	13095.00
113	新泰市(鲁)	12566.00
114	长清区(鲁)	11765.00
115	邹平县(鲁)	11300.00
116	夏津县(鲁)	10800.00
117	邹城市(鲁)	9799.00
118	泗水县(鲁)	9720.00
119	淄川区(鲁)	9000.00
120	临清市(鲁)	8400.00
121	莱阳市(鲁)	8200.00
122	沂水县(鲁)	8100.00
123	莱州市(鲁)	6300.00
124	肥城市(鲁)	5832.00
125	宁阳县(鲁)	5585.00
126	博山区(鲁)	5200.00
127	龙口市(鲁)	5058.00
128	费　县(鲁)	3455.00
129	微山县(鲁)	2654.00
130	青州市(鲁)	2635.00
131	临朐县(鲁)	2500.00
132	钢城区(鲁)	2400.00
133	诸城市(鲁)	2015.00
134	荣成市(鲁)	2000.00
135	梁山县(鲁)	1950.00
136	招远市(鲁)	1702.00
137	泰山区(鲁)	1550.00
138	沂南县(鲁)	1500.00
139	东昌府区(鲁)	1420.00
140	章丘市(鲁)	1200.00
141	昌乐县(鲁)	1000.00
142	沂源县(鲁)	854.00
143	坊子区(鲁)	845.00
144	兖州市(鲁)	660.00
145	蓬莱市(鲁)	600.00
146	汶上县(鲁)	600.00
147	齐河县(鲁)	500.00
148	临沂市临港经济开发区(鲁)	500.00
149	德城区(鲁)	500.00
150	宜阳县(豫)	8209.00
151	内黄县(豫)	7300.00
152	林州市(豫)	5720.00
153	舞钢市(豫)	5400.00
154	南乐县(豫)	5390.00
155	原阳县(豫)	5000.00
156	沁阳市(豫)	4347.00
157	汝州市(豫)	4050.00
158	新密市(豫)	3600.00
159	洛宁县(豫)	2800.00
160	栾川县(豫)	2700.00
161	济源市(豫)	2650.00
162	二七区(豫)	2322.00
163	新乡县(豫)	2215.00
164	新安县(豫)	2030.00
165	太康县(豫)	1800.00
166	宛城区(豫)	1680.00
167	嵩　县(豫)	1550.00
168	封丘县(豫)	1500.00
169	新　县(豫)	1395.00
170	渑池县(豫)	1200.00
171	荥阳市(豫)	1150.00
172	商城县(豫)	1100.00
173	睢阳区(豫)	1063.00
174	许昌县(豫)	1044.00
175	项城市(豫)	1000.00
176	延津县(豫)	1000.00
177	登封市(豫)	999.00
178	唐河县(豫)	900.00
179	兰考县(豫)	819.80
180	龙安区(豫)	798.00
181	郏　县(豫)	780.00
182	卫辉市(豫)	750.00
183	泌阳县(豫)	750.00
184	扶沟县(豫)	550.00
185	清丰县(豫)	500.00
186	孝昌县(鄂)	500.00
187	巫山县(渝)	1300.00
188	涪陵区(渝)	560.00
189	青白江区(川)	1894.00
190	恩阳区(川)	890.00
191	邻水县(川)	560.00
192	黔西县(黔)	2016.00
193	大荔县(陕)	55397.00
194	米脂县(陕)	32100.00
195	淳化县(陕)	15600.00
196	韩城市(陕)	15000.00
197	蓝田县(陕)	15000.00
198	榆阳区(陕)	8450.00
199	户　县(陕)	8250.00
200	泾阳县(陕)	7116.00
201	礼泉县(陕)	4800.00
202	汉滨区(陕)	2357.00
203	绥德县(陕)	1846.00
204	旬阳县(陕)	1608.00
205	岐山县(陕)	950.00
206	汉阴县(陕)	890.00
207	旬邑县(陕)	820.00
208	陈仓区(陕)	706.00
209	华阴市(陕)	550.00
210	阎良区(陕)	506.00
211	蒲城县(陕)	504.00
212	庆城县(甘)	9634.00
213	环　县(甘)	9408.00
214	镇原县(甘)	7000.00
215	宁　县(甘)	6278.00
216	渭源县(甘)	4800.00
217	民乐县(甘)	4800.00
218	东乡族自治县(甘)	4350.00
219	张家川回族自治县(甘)	4130.88
220	敦煌市(甘)	3450.00
221	西峰区(甘)	2623.00
222	崆峒区(甘)	2438.00
223	会宁县(甘)	2060.00
224	山丹县(甘)	1814.00
225	金塔县(甘)	1460.00
226	正宁县(甘)	1280.00
227	泾川县(甘)	1140.00
228	白银区(甘)	918.00
229	麦积区(甘)	812.00
230	高台县(甘)	708.00
231	甘谷县(甘)	688.00
232	西和县(甘)	630.00

（续）

序号	杏主产地	产量(吨)
233	崇信县(甘)	600.00
234	秦州区(甘)	598.00
235	玉门市(甘)	570.00
236	永靖县(甘)	509.00
237	彭阳县(宁)	21000.00
238	贺兰县(宁)	1350.00
239	盐池县(宁)	700.00
240	原州区(宁)	550.00
241	利通区(宁)	520.00
242	英吉沙县(新)	212613.00
243	叶城县(新)	137406.00
244	库车县(新)	115233.00
245	莎车县(新)	88346.00
246	疏附县(新)	71911.00
247	乌什县(新)	52057.00
248	伽师县(新)	45712.00
249	沙雅县(新)	27950.00
250	疏勒县(新)	14004.00
251	喀什市(新)	9100.00
252	巴楚县(新)	6297.00
253	阿图什市(新)	5492.00
254	巩留县(新)	5080.00
255	阿瓦提县(新)	3500.00
256	麦盖提县(新)	3360.00
257	岳普湖县(新)	1878.00
258	奇台县(新)	888.00
259	新源县(新)	560.00
260	柯坪县(新)	511.73
261	农四师(新疆兵团)	17296.00
262	农一师(新疆兵团)	7055.00
263	农二师(新疆兵团)	5216.00
264	农十四师(新疆兵团)	608.00

表 7-5　李主产地产量

序号	李主产地	产量(吨)
1	密云县(京)	3887.00
2	顺义区(京)	1723.00
3	昌平区(京)	1105.80
4	怀柔区(京)	833.50
5	通州区(京)	797.09
6	房山区(京)	731.60
7	平谷区(京)	706.70
8	大兴区(京)	425.00
9	迁安市(冀)	3623.00
10	迁西县(冀)	3380.00

（续）

序号	李主产地	产量(吨)
11	涉　县(冀)	2650.00
12	高邑县(冀)	1092.00
13	平泉县(冀)	975.00
14	承德县(冀)	945.00
15	大名县(冀)	919.00
16	滦平县(冀)	869.00
17	隆化县(冀)	600.00
18	海港区(冀)	574.50
19	涿鹿县(冀)	392.80
20	涿州市(冀)	300.00
21	丰宁满族自治县(冀)	239.00
22	赤城县(冀)	146.00
23	应　县(晋)	800.00
24	新城区(蒙)	14540.00
25	元宝山区(蒙)	2300.00
26	凉城县(蒙)	1875.00
27	杭锦后旗(蒙)	675.00
28	扎赉特旗(蒙)	460.00
29	扎兰屯市(蒙)	418.00
30	阿鲁科尔沁旗(蒙)	215.00
31	和林格尔县(蒙)	120.00
32	盖州市(辽)	11416.00
33	连山区(辽)	6000.00
34	大石桥市(辽)	4700.00
35	义　县(辽)	4200.00
36	苏家屯区(辽)	1201.00
37	铁岭市经济开发区(辽)	167.00
38	前郭尔罗斯蒙古族自治县(吉)	5000.00
39	洮南市(吉)	2005.00
40	东辽县(吉)	1860.00
41	辉南县(吉)	1850.00
42	丰满区(吉)	1171.00
43	白城市市辖区(吉)	1000.00
44	磐石市(吉)	350.00
45	洮北区(吉)	300.00
46	绿园区(吉)	300.00
47	九台市(吉)	200.00
48	东丰县(吉)	140.00
49	肇州县(黑)	7009.00
50	碾子山区(黑)	820.00
51	肇源县(黑)	475.00
52	让胡路区(黑)	420.00
53	昂昂溪区(黑)	300.00
54	龙凤区(黑)	280.00
55	五常市(黑)	240.00

（续）

序号	李主产地	产量(吨)
56	鹤岗市市辖区(黑)	125.00
57	崇明县(沪)	384.77
58	嵊州市(浙)	15090.00
59	临安市(浙)	7200.00
60	建德市(浙)	6800.00
61	永康市(浙)	2750.00
62	诸暨市(浙)	2550.00
63	淳安县(浙)	1709.00
64	婺城区(浙)	1498.00
65	定海区(浙)	1200.00
66	缙云县(浙)	1168.00
67	宁海县(浙)	1000.00
68	临海市(浙)	960.00
69	武义县(浙)	841.00
70	义乌市(浙)	450.00
71	富阳市(浙)	420.00
72	天台县(浙)	400.00
73	龙泉市(浙)	350.00
74	平湖市(浙)	322.00
75	仙居县(浙)	300.00
76	安吉县(浙)	231.00
77	三门县(浙)	180.00
78	泰顺县(浙)	113.00
79	瑞安市(浙)	105.00
80	屯溪区(皖)	517.00
81	潜山县(皖)	330.00
82	芜湖县(皖)	300.00
83	徽州区(皖)	270.00
84	黟　县(皖)	235.00
85	赣　县(赣)	1830.00
86	德安县(赣)	565.00
87	临朐县(鲁)	2000.00
88	岱岳区(鲁)	1640.00
89	昌乐县(鲁)	1400.00
90	蓬莱市(鲁)	620.00
91	宁阳县(鲁)	300.00
92	邹平县(鲁)	227.00
93	肥城市(鲁)	150.00
94	商水县(豫)	7326.00
95	嵩　县(豫)	4800.00
96	林州市(豫)	2365.00
97	平舆县(豫)	1100.00
98	宁陵县(豫)	103.50
99	竹山县(鄂)	300.00
100	阳新县(鄂)	252.00

(续)

序号	李主产地	产量(吨)
101	大悟县(鄂)	200.00
102	襄城区(鄂)	141.00
103	来凤县(鄂)	102.00
104	祁东县(湘)	15000.00
105	涟源市(湘)	6220.00
106	永定区(湘)	4500.00
107	平江县(湘)	3926.00
108	浏阳市(湘)	3240.00
109	新邵县(湘)	1649.00
110	宁远县(湘)	1500.00
111	株洲县(湘)	1150.00
112	石门县(湘)	1100.00
113	隆回县(湘)	620.00
114	中方县(湘)	600.00
115	临澧县(湘)	510.00
116	桑植县(湘)	500.00
117	麻阳苗族自治县(湘)	440.00
118	鼎城区(湘)	295.00
119	邵阳县(湘)	260.00
120	衡山县(湘)	243.00
121	新宁县(湘)	200.00
122	南岳区(湘)	190.00
123	北湖区(湘)	158.00
124	新丰县(粤)	25580.00
125	乐昌市(粤)	22000.00
126	平远县(粤)	16053.00
127	龙川县(粤)	15084.00
128	阳山县(粤)	3479.00
129	惠阳区(粤)	3465.00
130	五华县(粤)	2900.00
131	蕉岭县(粤)	2380.00
132	郁南县(粤)	2000.00
133	佛冈县(粤)	1884.00
134	丰顺县(粤)	163.00
135	潮南区(粤)	150.00
136	连南瑶族自治县(粤)	104.00
137	灌阳县(桂)	89599.00
138	武宣县(桂)	30739.00
139	平乐县(桂)	20527.00
140	天峨县(桂)	5718.00
141	田林县(桂)	5696.00
142	资源县(桂)	2321.00
143	金城江区(桂)	2161.00
144	巴马瑶族自治县(桂)	1573.00
145	龙胜各族自治县(桂)	1515.00

(续)

序号	李主产地	产量(吨)
146	西林县(桂)	1150.00
147	苍梧县(桂)	1033.00
148	平果县(桂)	960.00
149	乐业县(桂)	732.00
150	江州区(桂)	709.00
151	合山市(桂)	432.00
152	巫山县(渝)	50000.00
153	黔江区(渝)	10000.00
154	梁平县(渝)	9562.00
155	璧山县(渝)	4500.00
156	合川区(渝)	4450.00
157	丰都县(渝)	3951.00
158	铜梁县(渝)	3000.00
159	渝北区(渝)	2500.00
160	万州区(渝)	2000.00
161	永川区(渝)	1400.00
162	石柱土家族自治县(渝)	1260.00
163	巫溪县(渝)	1200.00
164	大足县(渝)	1100.00
165	江津区(渝)	1000.00
166	江北区(渝)	200.00
167	通川区(川)	8400.00
168	江油市(川)	7500.00
169	江安县(川)	2550.00
170	青白江区(川)	2300.00
171	兴文县(川)	1696.00
172	宣汉县(川)	1650.00
173	高　县(川)	1550.00
174	开江县(川)	1500.00
175	昭觉县(川)	1250.00
176	巴州区(川)	1050.00
177	井研县(川)	810.00
178	九寨沟县(川)	700.00
179	雷波县(川)	500.00
180	邻水县(川)	450.00
181	达川区(川)	370.00
182	得荣县(川)	201.00
183	筠连县(川)	200.00
184	彭州市(川)	200.00
185	大竹县(川)	130.00
186	贡井区(川)	110.00
187	恩阳区(川)	100.00
188	普定县(黔)	50000.00
189	德江县(黔)	20200.00
190	龙里县(黔)	5015.00

(续)

序号	李主产地	产量(吨)
191	贵定县(黔)	5000.00
192	乌当区(黔)	4239.00
193	清镇市(黔)	1500.00
194	赫章县(黔)	1500.00
195	沿河土家族自治县(黔)	1050.00
196	三都水族自治县(黔)	1005.00
197	兴仁县(黔)	810.00
198	荔波县(黔)	510.00
199	关岭布依族苗族自治县(黔)	500.00
200	平坝县(黔)	280.00
201	织金县(黔)	200.00
202	晴隆县(黔)	180.00
203	长顺县(黔)	170.00
204	元江哈尼族彝族傣族自治县(滇)	31800.00
205	开远市(滇)	3480.00
206	元阳县(滇)	2483.00
207	镇雄县(滇)	1200.00
208	石林彝族自治县(滇)	1152.30
209	峨山彝族自治县(滇)	500.00
210	武定县(滇)	445.00
211	禄丰县(滇)	384.00
212	盈江县(滇)	328.00
213	姚安县(滇)	300.00
214	江川县(滇)	300.00
215	玉龙纳西族自治县(滇)	275.00
216	元谋县(滇)	264.00
217	通海县(滇)	200.00
218	楚雄市(滇)	127.00
219	石泉县(陕)	2100.00
220	南郑县(陕)	950.00
221	岚皋县(陕)	600.00
222	紫阳县(陕)	150.00
223	镇坪县(陕)	100.00
224	康　县(甘)	922.90
225	彭阳县(宁)	1702.00
226	利通区(宁)	470.00
227	沙湾县(新)	4316.00
228	米东区(新)	1524.00
229	沙雅县(新)	168.20

表 7-6　樱桃主产地产量

序号	樱桃主产地	产量(吨)
1	通州区(京)	2849.52
2	房山区(京)	1799.50
3	昌平区(京)	1031.60

（续）

序号	樱桃主产地	产量(吨)
4	顺义区(京)	838.00
5	密云县(京)	642.00
6	大兴区(京)	274.00
7	平谷区(京)	258.50
8	丰台区(京)	145.00
9	山海关区(冀)	19676.00
10	迁西县(冀)	3333.00
11	望都县(冀)	2000.00
12	迁安市(冀)	585.00
13	平泉县(冀)	440.00
14	高碑店市(冀)	336.00
15	海港区(冀)	231.00
16	赞皇县(冀)	220.00
17	隆化县(冀)	200.00
18	河津市(晋)	300.00
19	大连市金州新区(辽)	34106.00
20	普兰店市(辽)	5469.00
21	大连市保税区(辽)	3276.00
22	仙居县(浙)	400.00
23	余姚市(浙)	343.00
24	临海市(浙)	163.00
25	天台县(浙)	150.00
26	宁海县(浙)	100.00
27	临朐县(鲁)	45000.00
28	新泰市(鲁)	33178.00
29	福山区(鲁)	28276.00
30	肥城市(鲁)	23002.90
31	岱岳区(鲁)	19101.00
32	蓬莱市(鲁)	17850.00
33	邹城市(鲁)	15680.00
34	莱山区(鲁)	10000.00
35	长清区(鲁)	9961.00
36	临沂市临港经济开发区(鲁)	8600.00
37	泰山区(鲁)	6604.38
38	招远市(鲁)	5370.00
39	五莲县(鲁)	4600.00
40	莒南县(鲁)	3600.00
41	沂水县(鲁)	3025.00
42	章丘市(鲁)	2356.00
43	芝罘区(鲁)	2229.00
44	文登市(鲁)	2150.00
45	费　县(鲁)	2100.00
46	蒙阴县(鲁)	1900.00
47	东平县(鲁)	1664.00
48	昌乐县(鲁)	1100.00

（续）

序号	樱桃主产地	产量(吨)
49	博山区(鲁)	950.00
50	钢城区(鲁)	800.00
51	荣成市(鲁)	750.00
52	青州市(鲁)	590.00
53	东昌府区(鲁)	467.00
54	张店区(鲁)	362.00
55	阳谷县(鲁)	248.00
56	汶上县(鲁)	200.00
57	临淄区(鲁)	191.00
58	新安县(豫)	10200.00
59	二七区(豫)	6200.00
60	栾川县(豫)	3328.00
61	博爱县(豫)	2600.00
62	尉氏县(豫)	1200.00
63	镇平县(豫)	900.00
64	洛龙区(豫)	640.00
65	新密市(豫)	495.00
66	淮阳县(豫)	370.00
67	商水县(豫)	360.00
68	台前县(豫)	320.00
69	长垣县(豫)	250.00
70	睢　县(豫)	250.00
71	濮阳县(豫)	150.00
72	夷陵区(鄂)	5360.00
73	房　县(鄂)	1000.00
74	铜梁县(渝)	3000.00
75	璧山县(渝)	1940.00
76	江北区(渝)	100.00
77	汉源县(川)	7519.00
78	汶川县(川)	1786.00
79	九寨沟县(川)	1200.00
80	青白江区(川)	1200.00
81	巴州区(川)	630.00
82	开江县(川)	300.00
83	三台县(川)	204.92
84	万源市(川)	200.00
85	泸定县(川)	110.00
86	木里藏族自治县(川)	100.00
87	普定县(黔)	4000.00
88	赫章县(黔)	3000.00
89	乌当区(黔)	2370.00
90	红花岗区(黔)	2000.00
91	开阳县(黔)	500.00
92	龙里县(黔)	355.00
93	安龙县(黔)	100.00

（续）

序号	樱桃主产地	产量(吨)
94	镇雄县(滇)	2200.00
95	武定县(滇)	693.00
96	峨山彝族自治县(滇)	130.00
97	灞桥区(陕)	36350.00
98	蓝田县(陕)	22500.00
99	长安区(陕)	5156.00
100	眉　县(陕)	2812.00
101	商州区(陕)	1811.00
102	周至县(陕)	1732.00
103	西乡县(陕)	1680.00
104	华阴市(陕)	1300.00
105	渭滨区(陕)	1016.00
106	旬阳县(陕)	813.00
107	丹凤县(陕)	548.00
108	略阳县(陕)	507.00
109	山阳县(陕)	291.00
110	洛南县(陕)	253.00
111	白河县(陕)	211.00
112	秦州区(甘)	26052.00
113	清水县(甘)	2628.00
114	麦积区(甘)	631.00
115	莎车县(新)	350.00

表 7-7　猕猴桃主产地产量

序号	猕猴桃主产地	产量(吨)
1	灵寿县(冀)	1670.00
2	金山区(沪)	717.00
3	浦东新区(沪)	409.00
4	崇明县(沪)	217.63
5	闵行区(沪)	184.60
6	海门市(苏)	1882.00
7	江都区(苏)	1800.00
8	金坛市(苏)	1066.00
9	高港区(苏)	602.00
10	六合区(苏)	505.00
11	东台市(苏)	420.00
12	相城区(苏)	258.00
13	昆山市(苏)	162.00
14	姜堰区(苏)	125.00
15	江宁区(苏)	110.00
16	泰顺县(浙)	7100.00
17	仙居县(浙)	2000.00
18	宁海县(浙)	2000.00
19	长兴县(浙)	1000.00
20	天台县(浙)	800.00

(续)

序号	猕猴桃主产地	产量(吨)
21	余姚市(浙)	709.00
22	武义县(浙)	668.00
23	磐安县(浙)	600.00
24	临海市(浙)	589.00
25	三门县(浙)	580.00
26	义乌市(浙)	550.00
27	临安市(浙)	550.00
28	淳安县(浙)	452.00
29	奉化市(浙)	351.00
30	婺城区(浙)	329.00
31	诸暨市(浙)	255.00
32	黄岩区(浙)	228.00
33	平湖市(浙)	192.00
34	越城区(浙)	164.00
35	永康市(浙)	162.00
36	鄞州区(浙)	152.00
37	嵊州市(浙)	130.00
38	温岭市(浙)	126.00
39	椒江区(浙)	120.00
40	龙泉市(浙)	110.00
41	绍兴县(浙)	100.00
42	龙游县(浙)	100.00
43	开化县(浙)	100.00
44	广德县(皖)	3150.00
45	舒城县(皖)	970.00
46	石台县(皖)	530.00
47	宿松县(皖)	283.00
48	霍邱县(皖)	210.00
49	六安市叶集区(皖)	120.00
50	颍泉区(皖)	110.00
51	宁都县(赣)	4004.00
52	德兴市(赣)	1000.00
53	芦溪县(赣)	353.00
54	永新县(赣)	300.00
55	瑞昌市(赣)	168.00
56	武宁县(赣)	165.00
57	吉州区(赣)	104.00
58	莱州市(鲁)	220.00
59	坊子区(鲁)	200.00
60	西峡县(豫)	22000.00
61	栾川县(豫)	2040.00
62	鲁山县(豫)	1554.00
63	卢氏县(豫)	1300.00
64	新　县(豫)	1060.00
65	新乡县(豫)	627.00
66	汝南县(豫)	157.00
67	郾城区(豫)	110.00
68	平桥区(豫)	100.00
69	建始县(鄂)	11090.00
70	丹江口市(鄂)	1890.00
71	大悟县(鄂)	1200.00
72	长阳土家族自治县(鄂)	750.00
73	房　县(鄂)	672.00
74	英山县(鄂)	617.00
75	谷城县(鄂)	573.00
76	随　县(鄂)	573.00
77	通城县(鄂)	570.00
78	张湾区(鄂)	430.00
79	恩施市(鄂)	403.00
80	利川市(鄂)	300.00
81	竹山县(鄂)	300.00
82	兴山县(鄂)	206.00
83	鹤峰县(鄂)	190.00
84	来凤县(鄂)	157.00
85	竹溪县(鄂)	144.00
86	凤凰县(湘)	26000.00
87	花垣县(湘)	12000.00
88	龙山县(湘)	5000.00
89	永顺县(湘)	2800.00
90	宁乡县(湘)	2450.00
91	吉首市(湘)	2008.00
92	泸溪县(湘)	1400.00
93	双牌县(湘)	1300.00
94	沅陵县(湘)	1051.00
95	永定区(湘)	780.00
96	新宁县(湘)	700.00
97	新化县(湘)	500.00
98	武冈市(湘)	500.00
99	浏阳市(湘)	500.00
100	石门县(湘)	450.00
101	桑植县(湘)	400.00
102	隆回县(湘)	253.16
103	绥宁县(湘)	240.00
104	麻阳苗族自治县(湘)	160.00
105	通道侗族自治县(湘)	160.00
106	祁东县(湘)	137.00
107	会同县(湘)	100.00
108	和平县(粤)	10000.00
109	宁明县(桂)	2759.00
110	兴安县(桂)	1512.00
111	资源县(桂)	1263.00
112	南丹县(桂)	600.00
113	乐业县(桂)	400.00
114	临桂县(桂)	340.00
115	罗城仫佬族自治县(桂)	150.00
116	黔江区(渝)	15000.00
117	永川区(渝)	2000.00
118	奉节县(渝)	1720.00
119	万州区(渝)	1450.00
120	开　县(渝)	1415.00
121	铜梁县(渝)	1324.00
122	江津区(渝)	1000.00
123	万盛区(渝)	1000.00
124	丰都县(渝)	663.00
125	石柱土家族自治县(渝)	400.00
126	荣昌县(渝)	261.00
127	武隆县(渝)	243.00
128	忠　县(渝)	197.00
129	邛崃市(川)	115707.00
130	苍溪县(川)	46000.00
131	都江堰市(川)	40000.00
132	沐川县(川)	8200.00
133	名山县(川)	6800.00
134	恩阳区(川)	2732.00
135	宣汉县(川)	2550.00
136	巴州区(川)	2399.00
137	南江县(川)	2000.00
138	万源市(川)	1500.00
139	什邡市(川)	1455.00
140	汶川县(川)	1210.00
141	兴文县(川)	1200.00
142	开江县(川)	700.00
143	安　县(川)	600.00
144	游仙区(川)	600.00
145	青白江区(川)	500.00
146	剑阁县(川)	500.00
147	彭山县(川)	480.00
148	邻水县(川)	370.00
149	乐山市市中区(川)	262.00
150	宜宾县(川)	180.00
151	平昌县(川)	165.00
152	阆中市(川)	100.00
153	修文县(黔)	50000.00
154	红花岗区(黔)	1500.00
155	石阡县(黔)	1078.00

（续）

序号	猕猴桃主产地	产量（吨）
156	道真仡佬族苗族自治县（黔）	990.00
157	龙里县（黔）	850.00
158	安龙县（黔）	624.00
159	贵定县（黔）	600.00
160	纳雍县（黔）	200.00
161	七星关区（黔）	146.00
162	碧江区（黔）	135.00
163	大方县（黔）	100.00
164	个旧市（滇）	2554.00
165	芒　市（滇）	928.00
166	石屏县（滇）	187.00
167	眉　县（陕）	456315.00
168	岐山县（陕）	49350.00
169	扶风县（陕）	28678.00
170	户　县（陕）	25080.00
171	灞桥区（陕）	19600.00
172	城固县（陕）	9800.00
173	陈仓区（陕）	9000.00
174	渭滨区（陕）	6353.00
175	南郑县（陕）	715.00
176	镇坪县（陕）	673.00
177	太白县（陕）	665.00
178	商南县（陕）	651.00
179	汉滨区（陕）	500.00
180	柞水县（陕）	315.00
181	华阴市（陕）	300.00
182	佛坪县（陕）	254.00
183	兴平市（陕）	240.00
184	略阳县（陕）	166.00
185	岚皋县（陕）	120.00

表 7-8　鲜葡萄主产地产量

序号	鲜葡萄主产地	产量（吨）
1	大兴区（京）	11513.00
2	平谷区（京）	1202.00
3	柏乡县（冀）	71600.00
4	顺平县（冀）	36000.00
5	满城县（冀）	20300.00
6	曲周县（冀）	15690.00
7	玉田县（冀）	13161.00
8	三河市（冀）	6526.00
9	徐水县（冀）	4850.00
10	曲阳县（冀）	3500.00
11	盐山县（冀）	2200.00
12	霸州市（冀）	2090.00
13	迁安市（冀）	2034.00
14	唐　县（冀）	1100.00
15	清徐县（晋）	27329.00
16	稷山县（晋）	17987.00
17	河津市（晋）	3000.00
18	忻府区（晋）	1453.00
19	河曲县（晋）	1362.00
20	阜新蒙古族自治县（辽）	33225.00
21	灯塔市（辽）	29100.00
22	龙城区（辽）	20000.00
23	义　县（辽）	11500.00
24	康平县（辽）	9000.00
25	东洲区（辽）	4998.00
26	凌海市（辽）	3000.00
27	大石桥市（辽）	1800.00
28	柳河县（吉）	30000.00
29	集安市（吉）	20587.00
30	南关区（吉）	17500.00
31	洮南市（吉）	3335.00
32	大同区（黑）	31773.00
33	延寿县（黑）	1600.00
34	奉贤区（沪）	27514.00
35	嘉定区（沪）	20648.00
36	句容市（苏）	75100.00
37	东海县（苏）	72750.00
38	江阴市（苏）	51962.00
39	邳州市（苏）	47900.00
40	如东县（苏）	41600.00
41	武进区（苏）	40524.00
42	通州区（苏）	17400.00
43	江宁区（苏）	16758.00
44	兴化市（苏）	12150.00
45	锡山区（苏）	12087.00
46	沛　县（苏）	11348.00
47	灌云县（苏）	11250.00
48	如皋市（苏）	8500.00
49	丰　县（苏）	8000.00
50	金坛市（苏）	7400.00
51	宜兴市（苏）	6827.00
52	六合区（苏）	6783.00
53	海门市（苏）	6772.00
54	惠山区（苏）	6197.00
55	滨湖区（苏）	5520.00
56	张家港市（苏）	5501.00
57	溧阳市（苏）	5430.00
58	新沂市（苏）	5260.00
59	泗洪县（苏）	4900.00
60	宝应县（苏）	4791.00
61	睢宁县（苏）	4443.00
62	丹徒区（苏）	4323.00
63	赣榆区（苏）	3652.00
64	涟水县（苏）	3000.00
65	高淳县（苏）	2860.00
66	江都区（苏）	2800.00
67	海州区（苏）	2800.00
68	扬中市（苏）	2000.00
69	靖江市（苏）	2000.00
70	启东市（苏）	2000.00
71	港闸区（苏）	1600.00
72	丹阳市（苏）	1250.00
73	金东区（浙）	19790.00
74	鄞州区（浙）	14518.00
75	镇海区（浙）	5400.00
76	仙居县（浙）	3670.00
77	缙云县（浙）	2900.00
78	衢江区（浙）	1680.00
79	庐江县（皖）	28168.00
80	定远县（皖）	16500.00
81	灵璧县（皖）	9204.00
82	宣州区（皖）	7000.00
83	无为县（皖）	6420.00
84	颍泉区（皖）	4600.00
85	来安县（皖）	4100.00
86	涡阳县（皖）	1350.00
87	龙子湖区（皖）	1200.00
88	吉安县（赣）	12000.00
89	栖霞市（鲁）	34560.00
90	沂南县（鲁）	7260.00
91	东营区（鲁）	5000.00
92	郯城县（鲁）	2630.00
93	坊子区（鲁）	2388.00
94	邹平县（鲁）	1835.00
95	诸城市（鲁）	1636.00
96	莒　县（鲁）	1315.00
97	临清市（鲁）	1189.00
98	长垣县（豫）	19200.00
99	偃师市（豫）	5500.00
100	商水县（豫）	4888.00
101	滑　县（豫）	4720.00
102	扶沟县（豫）	3100.00

(续)

序号	鲜葡萄主产地	产量(吨)
103	嵩　县(豫)	3076.00
104	驿城区(豫)	3000.00
105	平桥区(豫)	2118.00
106	鹿邑县(豫)	1850.00
107	荥阳市(豫)	1600.00
108	睢阳区(豫)	1592.00
109	淇滨区(豫)	1200.00
110	舞钢市(豫)	1200.00
111	老河口市(鄂)	22000.00
112	京山县(鄂)	1125.00
113	中方县(湘)	80000.00
114	邵东县(湘)	12390.00
115	永定区(湘)	7000.00
116	靖州苗族侗族自治县(湘)	6000.00
117	涟源市(湘)	4750.00
118	大祥区(湘)	4480.00
119	东安县(湘)	2900.00
120	鼎城区(湘)	2800.00
121	武陵区(湘)	2000.00
122	临澧县(湘)	1832.00
123	岳阳县(湘)	1500.00
124	平乐县(桂)	9621.00
125	武宣县(桂)	2680.00
126	恭城瑶族自治县(桂)	2500.00
127	江津区(渝)	2200.00
128	开　县(渝)	1760.00
129	华蓥市(川)	19865.00
130	涪城区(川)	5000.00
131	彭山县(川)	3200.00
132	崇州市(川)	2823.00
133	金川县(川)	1600.00
134	青白江区(川)	1200.00
135	普定县(黔)	8000.00
136	万山区(黔)	3500.00
137	长顺县(黔)	1576.00
138	龙里县(黔)	1520.00
139	榕江县(黔)	1500.00
140	石林彝族自治县(滇)	7495.20
141	个旧市(滇)	1542.00
142	勐海县(滇)	1500.00
143	汉台区(陕)	6400.00
144	渭城区(陕)	4350.00
145	临泽县(甘)	9390.00
146	民乐县(甘)	1595.00
147	庆城县(甘)	1439.00
148	天祝藏族自治县(甘)	1000.00
149	贺兰县(宁)	25157.50
150	红寺堡区(宁)	7950.00
151	沙坡头区(宁)	7843.00
152	永宁县(宁)	2160.00
153	灵武市(宁)	2097.00
154	青铜峡市(宁)	2000.00
155	西夏区(宁)	1198.00
156	农十三师(新疆兵团)	129703.00

表 7-9　山楂主产地产量

序号	山楂主产地	产量(吨)
1	武清区(津)	2500.00
2	涉　县(冀)	2800.00
3	桃城区(冀)	1361.00
4	博野县(冀)	800.00
5	卢龙县(冀)	637.39
6	抚宁区(冀)	547.00
7	古冶区(冀)	429.00
8	河津市(晋)	16000.00
9	闻喜县(晋)	14762.00
10	临猗县(晋)	3800.00
11	垣曲县(晋)	800.00
12	平遥县(晋)	505.00
13	阳城县(晋)	450.00
14	曲沃县(晋)	342.00
15	保德县(晋)	290.00
16	尖草坪区(晋)	260.00
17	陵川县(晋)	151.00
18	壶关县(晋)	100.00
19	义　县(辽)	12000.00
20	法库县(辽)	9600.00
21	清原满族自治县(辽)	1550.00
22	铁岭市经济开发区(辽)	197.00
23	苏家屯区(辽)	162.00
24	新宾满族自治县(辽)	120.00
25	普兰店市(辽)	100.00
26	辉南县(吉)	748.00
27	临沂市蒙山旅游区(鲁)	37500.00
28	费　县(鲁)	35145.00
29	青州市(鲁)	25840.00
30	临朐县(鲁)	20000.00
31	新泰市(鲁)	12649.10
32	岱岳区(鲁)	11665.00
33	钢城区(鲁)	8000.00
34	昌邑市(鲁)	6500.00
35	临沭县(鲁)	1929.00
36	惠民县(鲁)	1912.00
37	泰山区(鲁)	1329.31
38	莒　县(鲁)	1238.00
39	章丘市(鲁)	1121.00
40	邹平县(鲁)	927.00
41	夏津县(鲁)	750.00
42	坊子区(鲁)	600.00
43	昌乐县(鲁)	500.00
44	东平县(鲁)	367.00
45	莱芜市经济开发区(鲁)	360.00
46	肥城市(鲁)	340.00
47	招远市(鲁)	195.00
48	临沂市临港经济开发区(鲁)	140.00
49	辉县市(豫)	40100.00
50	林州市(豫)	5100.00
51	鹤山区(豫)	870.00
52	嵩　县(豫)	750.00
53	荥阳市(豫)	135.00
54	信宜市(粤)	2100.00
55	翁源县(粤)	100.00

表 7-10　柚主产地产量

序号	柚主产地	产量(吨)
1	青浦区(沪)	140.00
2	常山县(浙)	90486.00
3	苍南县(浙)	5130.00
4	定海区(浙)	1300.00
5	大观区(皖)	600.00
6	南康市(赣)	21240.00
7	安远县(赣)	4219.00
8	龙南县(赣)	3370.00
9	余江县(赣)	3000.00
10	新干县(赣)	2460.00
11	广丰县(赣)	1870.00
12	大余县(赣)	1547.00
13	于都县(赣)	1200.00
14	吉州区(赣)	900.00
15	玉山县(赣)	690.00
16	青原区(赣)	450.00
17	永丰县(赣)	282.00
18	兴国县(赣)	265.00
19	芦溪县(赣)	155.00
20	吉安县(赣)	120.00

（续）

序号	柚主产地	产量（吨）
21	梁子湖区（鄂）	29000.00
22	宜都市（鄂）	18000.00
23	鄂城区（鄂）	9900.00
24	鄂州市市辖区（鄂）	6800.00
25	利川市（鄂）	6000.00
26	来凤县（鄂）	2480.00
27	华容区（鄂）	1400.00
28	石门县（湘）	2400.00
29	鼎城区（湘）	2000.00
30	麻阳苗族自治县（湘）	1700.00
31	永定区（湘）	1400.00
32	辰溪县（湘）	1300.00
33	华容县（湘）	645.00
34	新邵县（湘）	406.00
35	株洲县（湘）	360.00
36	桑植县（湘）	300.00
37	南岳区（湘）	300.00
38	宁远县（湘）	200.00
39	双峰县（湘）	150.00
40	蕉岭县（粤）	19012.00
41	连山壮族瑶族自治县（粤）	18099.00
42	平远县（粤）	15285.00
43	五华县（粤）	13000.00
44	阳山县（粤）	6670.00
45	和平县（粤）	3750.00
46	丰顺县（粤）	3356.00
47	浈江区（粤）	3000.00
48	清新县（粤）	2500.00
49	连南瑶族自治县（粤）	802.00
50	南雄市（粤）	423.00
51	新丰县（粤）	187.00
52	佛冈县（粤）	185.00
53	翁源县（粤）	100.00
54	昭平县（桂）	19734.00
55	罗城仫佬族自治县（桂）	13811.00
56	金城江区（桂）	7947.00
57	天峨县（桂）	3105.00
58	武宣县（桂）	2250.00
59	苍梧县（桂）	1974.00
60	资源县（桂）	1656.00
61	巴马瑶族自治县（桂）	1425.00
62	防城区（桂）	736.00
63	黄冕林场（桂）	550.00
64	梁平县（渝）	59135.00
65	丰都县（渝）	35385.00

（续）

序号	柚主产地	产量（吨）
66	潼南县（渝）	8100.00
67	永川区（渝）	6900.00
68	合川区（渝）	410.00
69	万盛区（渝）	200.00
70	合江县（川）	305000.00
71	梓潼县（川）	3500.00
72	盐亭县（川）	1968.00
73	巴州区（川）	1663.00
74	彭山县（川）	1600.00
75	纳溪区（川）	610.00
76	邻水县（川）	355.00
77	达川区（川）	150.00
78	荔波县（黔）	4284.00
79	江口县（黔）	1387.00
80	沿河土家族自治县（黔）	420.00
81	孟连傣族拉祜族佤族自治县（滇）	1000.00
82	盈江县（滇）	187.00

表 7-11　柑橘主产地产量

序号	柑橘主产地	产量（吨）
1	崇明县（沪）	98614.61
2	浦东新区（沪）	11870.20
3	金山区（沪）	1956.00
4	吴江市（苏）	9064.00
5	吴中区（苏）	7175.00
6	张家港市（苏）	4200.00
7	滨湖区（苏）	3200.00
8	丹徒区（苏）	1956.00
9	启东市（苏）	1750.00
10	海门市（苏）	1332.00
11	武进区（苏）	1317.00
12	临海市（浙）	234144.00
13	衢江区（浙）	130000.00
14	象山县（浙）	112356.00
15	建德市（浙）	102000.00
16	三门县（浙）	74842.00
17	宁海县（浙）	71200.00
18	金东区（浙）	65190.00
19	黄岩区（浙）	56611.00
20	龙游县（浙）	49582.00
21	玉环县（浙）	45779.00
22	瓯海区（浙）	25786.00
23	永康市（浙）	24740.00
24	椒江区（浙）	23185.00
25	天台县（浙）	22000.00

（续）

序号	柑橘主产地	产量（吨）
26	仙居县（浙）	21300.00
27	鄞州区（浙）	19790.00
28	普陀区（浙）	17630.00
29	海宁市（浙）	17050.00
30	庆元县（浙）	15650.00
31	瑞安市（浙）	14470.00
32	义乌市（浙）	14000.00
33	温岭市（浙）	13139.00
34	定海区（浙）	11480.00
35	苍南县（浙）	10960.00
36	奉化市（浙）	10537.00
37	慈溪市（浙）	10200.00
38	婺城区（浙）	9742.00
39	北仑区（浙）	8369.00
40	龙湾区（浙）	8062.00
41	武义县（浙）	7171.00
42	镇海区（浙）	4575.00
43	开化县（浙）	4000.00
44	缙云县（浙）	3846.00
45	嵊州市（浙）	3375.00
46	岱山县（浙）	2753.00
47	江北区（浙）	2690.00
48	富阳市（浙）	2660.00
49	路桥区（浙）	2247.00
50	龙泉市（浙）	2210.00
51	临安市（浙）	2000.00
52	平湖市（浙）	1156.00
53	云和县（浙）	1018.00
54	大观区（皖）	8000.00
55	太湖县（皖）	3780.00
56	宿松县（皖）	3276.00
57	东至县（皖）	1700.00
58	望江县（皖）	1500.00
59	南丰县（赣）	1483822.00
60	寻乌县（赣）	452394.00
61	宁都县（赣）	198250.00
62	新干县（赣）	178358.00
63	信丰县（赣）	159254.00
64	会昌县（赣）	125567.00
65	南城县（赣）	96430.00
66	临川区（赣）	57037.00
67	崇义县（赣）	56005.00
68	永修县（赣）	54443.00
69	金溪县（赣）	46337.00
70	靖安县（赣）	44835.00

(续)

序号	柑橘主产地	产量(吨)
71	万安县(赣)	35000.00
72	安远县(赣)	32596.00
73	大余县(赣)	24778.00
74	吉水县(赣)	24355.00
75	泰和县(赣)	11488.00
76	武宁县(赣)	10788.00
77	赣　县(赣)	10152.00
78	渝水区(赣)	9370.00
79	黎川县(赣)	8830.00
80	龙南县(赣)	8468.00
81	峡江县(赣)	7073.00
82	崇仁县(赣)	7038.00
83	安福县(赣)	6792.00
84	樟树市(赣)	6209.00
85	玉山县(赣)	5770.00
86	上饶县(赣)	5085.00
87	进贤县(赣)	4967.00
88	德兴市(赣)	4500.00
89	九江县(赣)	4350.00
90	永丰县(赣)	4286.00
91	高安市(赣)	4210.00
92	瑞昌市(赣)	3653.00
93	分宜县(赣)	3500.00
94	青原区(赣)	2607.00
95	井冈山市(赣)	2598.00
96	吉州区(赣)	2163.00
97	余干县(赣)	2100.00
98	铜鼓县(赣)	2000.00
99	余江县(赣)	1800.00
100	共青城市(赣)	1690.00
101	星子县(赣)	1565.00
102	德安县(赣)	1503.00
103	贵溪市(赣)	1400.00
104	石城县(赣)	1365.00
105	吉安县(赣)	1000.00
106	淅川县(豫)	66520.00
107	内乡县(豫)	6000.00
108	固始县(豫)	4989.00
109	邓州市(豫)	1220.00
110	枝江市(鄂)	750000.00
111	当阳市(鄂)	682360.00
112	夷陵区(鄂)	585000.00
113	丹江口市(鄂)	378710.00
114	秭归县(鄂)	377518.00
115	宜都市(鄂)	300000.00

(续)

序号	柑橘主产地	产量(吨)
116	松滋市(鄂)	150988.00
117	兴山县(鄂)	97111.00
118	宣恩县(鄂)	96200.00
119	东宝区(鄂)	80380.00
120	点军区(鄂)	64637.00
121	钟祥市(鄂)	46512.00
122	猇亭区(鄂)	45454.00
123	漳河新区(鄂)	40000.00
124	荆州区(鄂)	32000.00
125	利川市(鄂)	30000.00
126	阳新县(鄂)	29917.00
127	远安县(鄂)	28500.00
128	石首市(鄂)	17360.00
129	恩施市(鄂)	15070.00
130	浠水县(鄂)	13760.00
131	来凤县(鄂)	11000.00
132	枣阳市(鄂)	8246.00
133	长阳土家族自治县(鄂)	7350.00
134	宜城市(鄂)	7269.20
135	通城县(鄂)	6564.00
136	随　县(鄂)	5582.00
137	蔡甸区(鄂)	5220.00
138	房　县(鄂)	4631.00
139	咸安区(鄂)	4550.00
140	京山县(鄂)	4064.00
141	咸丰县(鄂)	3501.00
142	建始县(鄂)	3213.00
143	鹤峰县(鄂)	1890.00
144	谷城县(鄂)	1775.00
145	孝南区(鄂)	1730.00
146	安陆市(鄂)	1621.00
147	应城市(鄂)	1500.00
148	孝昌县(鄂)	1400.00
149	巴东县(鄂)	1000.00
150	石门县(湘)	300000.00
151	麻阳苗族自治县(湘)	279800.00
152	泸溪县(湘)	200000.00
153	沅江市(湘)	175640.00
154	慈利县(湘)	171723.00
155	永顺县(湘)	160000.00
156	洪江市(湘)	136800.00
157	江永县(湘)	129061.00
158	龙山县(湘)	120000.00
159	道　县(湘)	110310.00
160	澧　县(湘)	107736.00

(续)

序号	柑橘主产地	产量(吨)
161	保靖县(湘)	92000.00
162	永定区(湘)	82000.00
163	资兴市(湘)	72501.00
164	吉首市(湘)	71608.00
165	凤凰县(湘)	71000.00
166	宁远县(湘)	60134.00
167	临澧县(湘)	53195.00
168	珠晖区(湘)	50000.00
169	邵东县(湘)	48015.00
170	绥宁县(湘)	43927.00
171	洞口县(湘)	37768.00
172	宜章县(湘)	35915.00
173	中方县(湘)	35800.00
174	安仁县(湘)	35000.00
175	冷水滩区(湘)	33020.00
176	浏阳市(湘)	32952.00
177	津市市(湘)	32700.00
178	安化县(湘)	31800.00
179	岳阳县(湘)	30000.00
180	东安县(湘)	30000.00
181	嘉禾县(湘)	24980.00
182	靖州苗族侗族自治县(湘)	23576.00
183	临武县(湘)	22141.00
184	古丈县(湘)	22000.00
185	鼎城区(湘)	22000.00
186	新宁县(湘)	21000.00
187	涟源市(湘)	20182.00
188	桃源县(湘)	20000.00
189	桑植县(湘)	20000.00
190	永兴县(湘)	18709.00
191	武陵区(湘)	17000.00
192	华容县(湘)	16025.00
193	花垣县(湘)	15000.00
194	隆回县(湘)	14099.00
195	宁乡县(湘)	13820.00
196	茶陵县(湘)	12600.00
197	平江县(湘)	12357.00
198	城步苗族自治县(湘)	12000.00
199	溆浦县(湘)	9628.00
200	江华瑶族自治县(湘)	9494.00
201	祁阳县(湘)	9100.00
202	大祥区(湘)	8900.00
203	通道侗族自治县(湘)	8513.00
204	邵阳县(湘)	7000.00
205	苏仙区(湘)	6820.00

（续）

序号	柑橘主产地	产量（吨）
206	新邵县（湘）	6531.00
207	双峰县（湘）	6500.00
208	株洲县（湘）	6500.00
209	衡阳县（湘）	6000.00
210	常宁市（湘）	6000.00
211	望城县（湘）	6000.00
212	南　县（湘）	6000.00
213	双牌县（湘）	5423.00
214	湘乡市（湘）	4186.00
215	辰溪县（湘）	3900.00
216	湘潭县（湘）	3645.00
217	岳阳楼区（湘）	3066.00
218	炎陵县（湘）	3021.00
219	衡东县（湘）	3000.00
220	衡山县（湘）	2698.20
221	北湖区（湘）	2381.00
222	金洞林场（湘）	2167.00
223	武冈市（湘）	2050.00
224	新化县（湘）	2000.00
225	双清区（湘）	1680.00
226	君山区（湘）	1650.00
227	冷水江市（湘）	1610.00
228	汨罗市（湘）	1393.80
229	湘潭市市辖区（湘）	1375.00
230	桂阳县（湘）	1350.00
231	临湘市（湘）	1300.00
232	桂东县（湘）	1230.00
233	赫山区（湘）	1200.00
234	封开县（粤）	265003.00
235	英德市（粤）	180544.00
236	德庆县（粤）	153812.00
237	阳春市（粤）	86900.00
238	佛冈县（粤）	76130.00
239	四会市（粤）	73010.00
240	普宁市（粤）	70773.00
241	平远县（粤）	63975.00
242	五华县（粤）	61000.00
243	郁南县（粤）	52000.00
244	阳山县（粤）	44120.00
245	乐昌市（粤）	36000.00
246	廉江市（粤）	32271.00
247	清城区（粤）	31100.00
248	饶平县（粤）	26116.00
249	龙川县（粤）	23602.00
250	新兴县（粤）	22461.00

（续）

序号	柑橘主产地	产量（吨）
251	连州市（粤）	22151.00
252	南雄市（粤）	17567.00
253	恩平市（粤）	13106.00
254	新丰县（粤）	10601.00
255	台山市（粤）	10219.00
256	连山壮族瑶族自治县（粤）	8509.00
257	开平市（粤）	8161.00
258	高要市（粤）	7823.00
259	惠阳区（粤）	5572.00
260	武江区（粤）	5373.00
261	蕉岭县（粤）	4843.00
262	鼎湖区（粤）	4700.00
263	信宜市（粤）	3960.00
264	丰顺县（粤）	3362.00
265	清远市属总林场（粤）	3200.00
266	云城区（粤）	2860.00
267	鹤山市（粤）	2665.00
268	高明区（粤）	2215.00
269	遂溪县（粤）	2169.00
270	连南瑶族自治县（粤）	1020.00
271	翁源县（粤）	1000.00
272	恭城瑶族自治县（桂）	493732.00
273	富川瑶族自治县（桂）	376069.00
274	平乐县（桂）	297782.00
275	永福县（桂）	162014.00
276	兴安县（桂）	158113.00
277	灵川县（桂）	145322.00
278	灌阳县（桂）	121437.00
279	融安县（桂）	109883.00
280	苍梧县（桂）	106975.00
281	临桂县（桂）	104142.00
282	浦北县（桂）	79620.00
283	全州县（桂）	74000.00
284	龙胜各族自治县（桂）	70917.00
285	西林县（桂）	54667.00
286	龙圩区（桂）	54296.00
287	鹿寨县（桂）	52303.00
288	融水苗族自治县（桂）	46175.00
289	岑溪市（桂）	33218.00
290	合浦县（桂）	30446.00
291	龙州县（桂）	30059.00
292	金秀瑶族自治县（桂）	28741.00
293	南丹县（桂）	28239.00
294	靖西县（桂）	26121.00
295	罗城仫佬族自治县（桂）	24028.00

（续）

序号	柑橘主产地	产量（吨）
296	八步区（桂）	22045.00
297	玉林市福绵区（桂）	18000.00
298	昭平县（桂）	12900.00
299	防城区（桂）	12832.00
300	环江毛南族自治县（桂）	11226.00
301	巴马瑶族自治县（桂）	9766.00
302	象州县（桂）	9460.00
303	宁明县（桂）	7804.00
304	贺州市平桂管理区（桂）	7572.00
305	都安瑶族自治县（桂）	6494.00
306	金城江区（桂）	5913.00
307	资源县（桂）	5428.00
308	天峨县（桂）	5331.00
309	凌云县（桂）	5233.00
310	平果县（桂）	4287.00
311	田阳县（桂）	3932.00
312	武宣县（桂）	3850.00
313	乐业县（桂）	3698.00
314	田林县（桂）	3392.00
315	容　县（桂）	3315.00
316	隆林各族自治县（桂）	3262.00
317	凤山县（桂）	2940.00
318	那坡县（桂）	2692.00
319	江南区（桂）	2657.00
320	江州区（桂）	2476.00
321	大化瑶族自治县（桂）	2277.00
322	凭祥市（桂）	1939.00
323	忠　县（渝）	295362.00
324	奉节县（渝）	268784.00
325	长寿区（渝）	249400.00
326	万州区（渝）	200420.00
327	云阳县（渝）	180000.00
328	江津区（渝）	100000.00
329	永川区（渝）	69300.00
330	渝北区（渝）	63892.00
331	璧山县（渝）	45611.00
332	巫山县（渝）	38800.00
333	丰都县（渝）	32797.00
334	垫江县（渝）	29998.00
335	开　县（渝）	29208.10
336	铜梁县（渝）	18234.00
337	荣昌县（渝）	11132.00
338	涪陵区（渝）	11000.00
339	九龙坡区（渝）	8700.00
340	石柱土家族自治县（渝）	8500.00

(续)

序号	柑橘主产地	产量(吨)
341	黔江区(渝)	6618.00
342	武隆县(渝)	6378.00
343	巴南区(渝)	6250.00
344	大足县(渝)	3800.00
345	南川区(渝)	3500.00
346	江北区(渝)	3200.00
347	巫溪县(渝)	2550.00
348	合川区(渝)	2543.00
349	梁平县(渝)	1157.10
350	青神县(川)	610000.00
351	阆中市(川)	90014.00
352	资中县(川)	80000.00
353	蓬安县(川)	66020.00
354	仁寿县(川)	61023.00
355	富顺县(川)	55318.00
356	简阳市(川)	51060.00
357	宜宾县(川)	49026.00
358	江安县(川)	48845.00
359	石棉县(川)	48000.00
360	渠　县(川)	45000.00
361	嘉陵区(川)	35116.00
362	雁江区(川)	30010.05
363	翠屏区(川)	25421.00
364	南溪县(川)	24600.00
365	开江县(川)	20000.00
366	顺庆区(川)	20000.00
367	井研县(川)	19640.00
368	青白江区(川)	17700.00
369	荣　县(川)	14542.00
370	龙泉驿区(川)	14400.00
371	五通桥区(川)	14081.00
372	巴州区(川)	12605.00
373	邛崃市(川)	11300.00
374	罗江县(川)	10400.00
375	隆昌县(川)	9974.00
376	威远县(川)	9900.00
377	彭山县(川)	9200.00
378	中江县(川)	8520.00
379	纳溪区(川)	8360.00
380	江油市(川)	7500.00
381	雷波县(川)	7000.00
382	涪城区(川)	6500.00
383	汉源县(川)	6316.00
384	宁南县(川)	6202.00
385	西充县(川)	6100.00
386	船山区(川)	6030.00
387	南江县(川)	5200.00
388	高　县(川)	4350.00
389	沿滩区(川)	4167.00
390	游仙区(川)	4050.00
391	龙马潭区(川)	3800.00
392	恩阳区(川)	3248.00
393	平昌县(川)	3156.00
394	崇州市(川)	3048.00
395	乐山市市中区(川)	2650.00
396	峨眉山市(川)	2600.00
397	洪雅县(川)	2428.00
398	盐亭县(川)	2159.00
399	苍溪县(川)	2100.00
400	古蔺县(川)	1756.00
401	兴文县(川)	1715.00
402	贡井区(川)	1310.00
403	会理县(川)	1245.00
404	长宁县(川)	1140.00
405	罗甸县(黔)	31572.00
406	荔波县(黔)	25460.00
407	石阡县(黔)	12150.00
408	沿河土家族自治县(黔)	9925.00
409	黔西县(黔)	8526.00
410	惠水县(黔)	7333.00
411	乌当区(黔)	6103.00
412	七星关区(黔)	4860.00
413	望谟县(黔)	4236.00
414	金沙县(黔)	3775.00
415	碧江区(黔)	3498.00
416	赤水市(黔)	3451.00
417	纳雍县(黔)	1875.00
418	长顺县(黔)	1563.00
419	修文县(黔)	1530.00
420	三都水族自治县(黔)	1468.00
421	织金县(黔)	1368.00
422	龙里县(黔)	1100.00
423	华宁县(滇)	201000.00
424	宾川县(滇)	152000.00
425	建水县(滇)	42950.00
426	石屏县(滇)	29142.00
427	元江哈尼族彝族傣族自治县(滇)	17800.00
428	弥勒市(滇)	11583.00
429	广南县(滇)	11287.00
430	芒　市(滇)	8618.00
431	个旧市(滇)	5882.00
432	开远市(滇)	5625.00
433	鹤庆县(滇)	3323.00
434	永胜县(滇)	3245.30
435	隆阳区(滇)	3005.00
436	双江拉祜族佤族布朗族傣族自治县(滇)	2954.00
437	镇雄县(滇)	2000.00
438	勐海县(滇)	1500.00
439	西畴县(滇)	1409.00
440	富宁县(滇)	1406.00
441	盐津县(滇)	1392.00
442	元谋县(滇)	1163.00
443	武定县(滇)	1148.00
444	梁河县(滇)	1004.00
445	城固县(陕)	243000.00
446	汉台区(陕)	144000.00
447	汉滨区(陕)	46580.00
448	旬阳县(陕)	42366.00
449	汉阴县(陕)	15400.00
450	洋　县(陕)	13218.00
451	白河县(陕)	5200.00
452	南郑县(陕)	3600.00
453	紫阳县(陕)	2200.00
454	山阳县(陕)	1708.00

表 7-12　枇杷主产地产量

序号	枇杷主产地	产量(吨)
1	青浦区(沪)	263.93
2	崇明县(沪)	224.17
3	黄岩区(浙)	10513.00
4	象山县(浙)	6015.00
5	仙居县(浙)	5500.00
6	建德市(浙)	5030.00
7	淳安县(浙)	4548.00
8	临海市(浙)	3420.00
9	温岭市(浙)	2832.00
10	路桥区(浙)	2605.00
11	衢江区(浙)	1850.00
12	三门县(浙)	1740.00
13	椒江区(浙)	1730.00
14	德清县(浙)	1460.00
15	宁海县(浙)	1200.00
16	嵊州市(浙)	1110.00
17	玉环县(浙)	1057.00

（续）

序号	枇杷主产地	产量（吨）
18	金东区（浙）	730.00
19	青田县（浙）	705.00
20	开化县（浙）	660.00
21	婺城区（浙）	605.00
22	义乌市（浙）	475.00
23	鄞州区（浙）	412.00
24	定海区（浙）	270.00
25	诸暨市（浙）	262.00
26	瑞安市（浙）	260.00
27	缙云县（浙）	257.00
28	海宁市（浙）	257.00
29	天台县（浙）	250.00
30	武义县（浙）	175.00
31	秀洲区（浙）	160.00
32	龙泉市（浙）	156.00
33	泰顺县（浙）	126.00
34	镇海区（浙）	115.00
35	大观区（皖）	400.00
36	潜山县（皖）	170.00
37	来凤县（鄂）	856.00
38	阳新县（鄂）	270.00
39	株洲县（湘）	2400.00
40	永定区（湘）	1500.00
41	桑植县（湘）	1000.00
42	安化县（湘）	600.00
43	双峰县（湘）	350.00
44	鼎城区（湘）	275.00
45	信宜市（粤）	1800.00
46	和平县（粤）	800.00
47	五华县（粤）	300.00
48	郁南县（粤）	150.00
49	翁源县（粤）	150.00
50	大足县（渝）	20500.00
51	合川区（渝）	10500.00
52	黔江区（渝）	10000.00
53	璧山县（渝）	5020.00
54	铜梁县（渝）	4600.00
55	永川区（渝）	1700.00
56	丰都县（渝）	1540.00
57	石柱土家族自治县（渝）	750.00
58	江津区（渝）	150.00
59	龙泉驿区（川）	19750.00
60	资中县（川）	15000.00
61	仁寿县（川）	8423.00
62	米易县（川）	6871.00

（续）

序号	枇杷主产地	产量（吨）
63	石棉县（川）	4200.00
64	游仙区（川）	2560.00
65	井研县（川）	2200.00
66	青白江区（川）	2100.00
67	盐亭县（川）	1875.00
68	雷波县（川）	1000.00
69	长宁县（川）	980.00
70	巴州区（川）	960.00
71	恩阳区（川）	800.00
72	涪城区（川）	730.00
73	宣汉县（川）	550.00
74	纳溪区（川）	500.00
75	剑阁县（川）	400.00
76	三台县（川）	384.00
77	九寨沟县（川）	200.00
78	西充县（川）	200.00
79	江油市（川）	124.00
80	开阳县（黔）	24000.00
81	乌当区（黔）	5780.00
82	荔波县（黔）	1020.00
83	贵定县（黔）	300.00
84	元阳县（滇）	2837.00
85	开远市（滇）	562.50
86	泸水县（滇）	382.00
87	岚皋县（陕）	400.00
88	南郑县（陕）	150.00

表 7-13　杧果主产地产量

序号	杧果主产地	产量（吨）
1	信宜市（粤）	15000.00
2	徐闻县（粤）	14285.00
3	郁南县（粤）	3000.00
4	阳春市（粤）	1500.00
5	丰顺县（粤）	712.00
6	雷州市（粤）	350.00
7	台山市（粤）	332.00
8	萝岗区（粤）	187.00
9	佛冈县（粤）	174.00
10	田阳县（桂）	130396.00
11	田东县（桂）	105055.00
12	钦北区（桂）	12577.00
13	田林县（桂）	5841.00
14	江州区（桂）	826.00
15	银海区（桂）	818.00
16	防城区（桂）	609.00

（续）

序号	杧果主产地	产量（吨）
17	良庆区（桂）	352.00
18	凭祥市（桂）	321.00
19	巴马瑶族自治县（桂）	231.00
20	仁和区（川）	41757.00
21	米易县（川）	18148.00
22	攀枝花市西区（川）	4200.00
23	会理县（川）	1851.00
24	元江哈尼族彝族傣族自治县（滇）	34370.00
25	红河县（滇）	13300.00
26	元阳县（滇）	5480.00
27	个旧市（滇）	4097.00
28	武定县（滇）	535.00
29	澜沧拉祜族自治县（滇）	500.00
30	永胜县（滇）	293.60
31	泸水县（滇）	247.00
32	开远市（滇）	102.00
33	大姚县（滇）	100.00

表 7-14　荔枝主产地产量

序号	荔枝主产地	产量（吨）
1	高州市（粤）	200000.00
2	电白区（粤）	164500.00
3	廉江市（粤）	101962.00
4	惠来县（粤）	33961.00
5	化州市（粤）	29955.00
6	阳春市（粤）	26200.00
7	郁南县（粤）	19000.00
8	惠阳区（粤）	15600.00
9	阳西县（粤）	13000.00
10	普宁市（粤）	12752.00
11	新兴县（粤）	12246.00
12	饶平县（粤）	10480.00
13	遂溪县（粤）	9475.00
14	揭西县（粤）	8538.00
15	丰顺县（粤）	8213.00
16	茂南区（粤）	7400.00
17	台山市（粤）	7213.00
18	五华县（粤）	7000.00
19	信宜市（粤）	6500.00
20	佛冈县（粤）	4897.00
21	恩平市（粤）	4888.00
22	茂名市属总林场（粤）	4050.00
23	斗门区（粤）	3500.00
24	潮南区（粤）	3188.00
25	湘桥区（粤）	3013.00

(续)

序号	荔枝主产地	产量(吨)
26	萝岗区(粤)	2633.00
27	封开县(粤)	1923.00
28	开平市(粤)	1486.00
29	清城区(粤)	1290.00
30	高要市(粤)	965.00
31	源城区(粤)	943.00
32	珠海市高新区(粤)	732.00
33	云城区(粤)	720.00
34	高明区(粤)	635.00
35	花都区(粤)	630.00
36	鹤山市(粤)	619.00
37	汕尾市华侨区(粤)	600.00
38	鼎湖区(粤)	570.00
39	雷州市(粤)	466.00
40	蕉岭县(粤)	383.00
41	龙川县(粤)	372.00
42	英德市(粤)	265.00
43	揭阳市大南山侨区(粤)	245.00
44	吴川市(粤)	200.00
45	坡头区(粤)	200.00
46	徐闻县(粤)	171.00
47	钦北区(桂)	115850.00
48	北流市(桂)	100210.00
49	浦北县(桂)	51188.00
50	容　县(桂)	14100.00
51	良庆区(桂)	12345.00
52	玉林市福绵区(桂)	10955.00
53	横　县(桂)	9158.00
54	合浦县(桂)	8388.00
55	右江区(桂)	4610.00
56	龙圩区(桂)	3714.00
57	宁明县(桂)	2856.00
58	苍梧县(桂)	2734.00
59	防城区(桂)	2567.00
60	江南区(桂)	1158.00
61	铁山港区(桂)	1046.00
62	武宣县(桂)	915.00
63	都安瑶族自治县(桂)	815.00
64	银海区(桂)	597.00
65	大化瑶族自治县(桂)	410.00
66	平果县(桂)	297.00
67	田东县(桂)	279.00
68	凭祥市(桂)	207.00
69	陆川县(桂)	200.00
70	巴马瑶族自治县(桂)	160.00

(续)

序号	荔枝主产地	产量(吨)
71	江州区(桂)	130.00
72	靖西县(桂)	125.00
73	那坡县(桂)	110.00
74	万州区(渝)	100.00
75	合江县(川)	8500.00
76	宜宾县(川)	1240.00
77	南溪县(川)	500.00
78	江安县(川)	210.00
79	赤水市(黔)	423.00
80	望谟县(黔)	311.00
81	隆阳区(滇)	2672.00
82	元江哈尼族彝族傣族自治县(滇)	2583.00
83	元阳县(滇)	1573.00
84	金平苗族瑶族傣族自治县(滇)	970.00
85	红河县(滇)	865.00
86	屏边苗族自治县(滇)	250.00
87	景洪市(滇)	224.00
88	建水县(滇)	188.00
89	石屏县(滇)	180.00
90	云　县(滇)	160.00
91	盈江县(滇)	156.00
92	麻栗坡县(滇)	143.00
93	华宁县(滇)	115.50

表 7-15　龙眼主产地产量

序号	龙眼主产地	产量(吨)
1	高州市(粤)	134000.00
2	电白区(粤)	45300.00
3	廉江市(粤)	44506.00
4	阳春市(粤)	34500.00
5	饶平县(粤)	30250.00
6	化州市(粤)	15110.00
7	台山市(粤)	13621.00
8	丰顺县(粤)	10851.00
9	恩平市(粤)	9409.00
10	郁南县(粤)	9000.00
11	惠阳区(粤)	8200.00
12	信宜市(粤)	6900.00
13	遂溪县(粤)	6163.00
14	封开县(粤)	5387.00
15	湛江市属总林场(粤)	4900.00
16	清城区(粤)	4380.00
17	英德市(粤)	3778.00
18	佛冈县(粤)	3157.00
19	蕉岭县(粤)	3150.00

(续)

序号	龙眼主产地	产量(吨)
20	普宁市(粤)	3100.00
21	茂名市属总林场(粤)	2675.00
22	开平市(粤)	2000.00
23	茂南区(粤)	1500.00
24	高要市(粤)	1482.00
25	萝岗区(粤)	1267.00
26	龙川县(粤)	1236.00
27	湘桥区(粤)	1232.00
28	花都区(粤)	1147.00
29	源城区(粤)	968.00
30	阳西县(粤)	950.00
31	潮南区(粤)	930.00
32	揭西县(粤)	882.00
33	五华县(粤)	760.00
34	徐闻县(粤)	755.00
35	高明区(粤)	693.00
36	鹤山市(粤)	610.00
37	鼎湖区(粤)	575.00
38	珠海市高新区(粤)	562.00
39	云城区(粤)	400.00
40	雷州市(粤)	265.00
41	新丰县(粤)	166.00
42	揭阳市大南山侨区(粤)	120.00
43	吴川市(粤)	120.00
44	江州区(桂)	39877.00
45	钦北区(桂)	31288.00
46	武宣县(桂)	23615.00
47	容　县(桂)	16100.00
48	横　县(桂)	12966.00
49	合浦县(桂)	10899.00
50	浦北县(桂)	9740.00
51	良庆区(桂)	9112.00
52	右江区(桂)	6480.00
53	象州县(桂)	6438.00
54	防城区(桂)	4012.00
55	鹿寨县(桂)	3848.00
56	八步区(桂)	3846.00
57	江南区(桂)	3253.00
58	银海区(桂)	2611.00
59	都安瑶族自治县(桂)	2560.00
60	田东县(桂)	2468.00
61	大化瑶族自治县(桂)	2386.00
62	平果县(桂)	2028.00
63	金秀瑶族自治县(桂)	1335.00
64	铁山港区(桂)	1315.00

（续）

序号	龙眼主产地	产量（吨）
65	苍梧县（桂）	1283.00
66	凭祥市（桂）	1265.00
67	北流市（桂）	1163.62
68	玉林市福绵区（桂）	1085.00
69	巴马瑶族自治县（桂）	1030.00
70	合山市（桂）	834.00
71	灵山县（桂）	800.00
72	龙圩区（桂）	412.00
73	田阳县（桂）	268.00
74	天峨县（桂）	243.00
75	昭平县（桂）	101.00
76	丰都县（渝）	9653.00
77	永川区（渝）	7600.00
78	江津区（渝）	3500.00
79	万州区（渝）	600.00
80	荣昌县（渝）	340.00
81	璧山县（渝）	330.00
82	涪陵区（渝）	181.00
83	忠　县（渝）	168.00
84	龙马潭区（川）	6500.00
85	南溪县（川）	4500.00
86	宜宾县（川）	1660.00
87	富顺县（川）	1350.00
88	高　县（川）	1240.00
89	翠屏区（川）	871.00
90	江安县（川）	385.00
91	德昌县（川）	350.00
92	雷波县（川）	110.00
93	赤水市（黔）	503.00
94	望谟县（黔）	225.00
95	元江哈尼族彝族傣族自治县（滇）	3157.00
96	隆阳区（滇）	2357.00
97	开远市（滇）	1216.00
98	金平苗族瑶族傣族自治县（滇）	970.00
99	景洪市（滇）	169.00
100	水富县（滇）	165.00
101	屏边苗族自治县（滇）	125.70

表 7-16　香蕉主产地产量

序号	香蕉主产地	产量（吨）
1	高州市（粤）	857383.00
2	恩平市（粤）	36800.00
3	丰顺县（粤）	14988.00
4	雷州市（粤）	8500.00
5	惠阳区（粤）	7233.00
6	台山市（粤）	6985.00
7	揭东区（粤）	6600.00
8	蕉岭县（粤）	4750.00
9	萝岗区（粤）	4001.00
10	佛冈县（粤）	2356.00
11	番禺区（粤）	1657.50
12	蓬江区（粤）	1163.00
13	珠海市高新区（粤）	330.00
14	潮南区（粤）	163.00
15	新丰县（粤）	106.00
16	浦北县（桂）	378598.00
17	田东县（桂）	94087.00
18	合浦县（桂）	27926.00
19	钦北区（桂）	25015.00
20	平果县（桂）	23984.00
21	江州区（桂）	9188.00
22	大化瑶族自治县（桂）	6098.00
23	铁山港区（桂）	4304.00
24	防城区（桂）	3712.00
25	苍梧县（桂）	3155.00
26	西林县（桂）	2165.00
27	银海区（桂）	1474.00
28	巴马瑶族自治县（桂）	526.00
29	合山市（桂）	121.00
30	会理县（川）	8757.00
31	宁南县（川）	460.00
32	关岭布依族苗族自治县（黔）	300.00
33	孟连傣族拉祜族佤族自治县（滇）	70000.00
34	盈江县（滇）	31683.50
35	红河县（滇）	27627.00
36	元阳县（滇）	27627.00
37	澜沧拉祜族自治县（滇）	26696.00
38	个旧市（滇）	23336.00
39	麻栗坡县（滇）	17818.70
40	元江哈尼族彝族傣族自治县（滇）	15600.00
41	武定县（滇）	6441.00
42	芒　市（滇）	3518.70
43	开远市（滇）	1250.00
44	施甸县（滇）	1000.00
45	元谋县（滇）	164.00
46	西盟佤族自治县（滇）	108.50
47	墨脱县（藏）	747.00

表 7-17　草莓主产地产量

序号	草莓主产地	产量（吨）
1	隆化县（冀）	6000.00
2	丰宁满族自治县（冀）	433.00
3	大名县（冀）	105.00
4	普兰店市（辽）	10000.00
5	苏家屯区（辽）	5112.00
6	桓仁满族自治县（辽）	336.00
7	太子河区（辽）	200.00
8	清原满族自治县（辽）	125.00
9	连山区（辽）	100.00
10	长白朝鲜族自治县（吉）	1275.00
11	辉南县（吉）	590.00
12	磐石市（吉）	150.00
13	松原市市辖区（吉）	118.00
14	崇明县（沪）	1532.35
15	永康市（浙）	2210.00
16	临海市（浙）	740.00
17	北仑区（浙）	402.00
18	颍泉区（皖）	12050.00
19	巢湖市（皖）	8325.00
20	霍山县（皖）	1500.00
21	潘集区（皖）	600.00
22	怀远县（皖）	225.00
23	蜀山区（皖）	150.00
24	浮梁县（赣）	1287.00
25	武宁县（赣）	404.00
26	芦溪县（赣）	395.00
27	新建县（赣）	220.00
28	共青城市（赣）	195.00
29	信州区（赣）	100.00
30	莒南县（鲁）	35200.00
31	章丘市（鲁）	1006.00
32	新泰市（鲁）	940.00
33	临沂市临港经济开发区（鲁）	200.00
34	梁园区（豫）	6240.00
35	太康县（豫）	3790.00
36	商水县（豫）	2460.00
37	新郑市（豫）	845.00
38	濮阳县（豫）	650.00
39	淮阳县（豫）	468.00
40	卫滨区（豫）	350.00
41	新蔡县（豫）	325.00
42	管城回族区（豫）	203.00
43	郾城区（豫）	194.00

(续)

序号	草莓主产地	产量(吨)
44	华龙区(豫)	150.00
45	睢　县(豫)	100.00
46	随　县(鄂)	1947.00
47	张湾区(鄂)	810.00
48	浠水县(鄂)	625.00
49	广水市(鄂)	180.00
50	吉首市(湘)	3500.00
51	南　县(湘)	3000.00
52	株洲县(湘)	1200.00
53	安化县(湘)	400.00
54	鼎城区(湘)	380.00
55	永定区(湘)	300.00
56	北湖区(湘)	288.00
57	安仁县(湘)	280.00
58	双峰县(湘)	200.00
59	平果县(桂)	300.00
60	合山市(桂)	100.00
61	黔江区(渝)	500.00
62	合川区(渝)	420.00
63	永川区(渝)	320.00
64	璧山县(渝)	125.00
65	邛崃市(川)	425.00
66	巴州区(川)	245.00
67	三台县(川)	157.00
68	贵定县(黔)	300.00
69	龙里县(黔)	192.00
70	峨山彝族自治县(滇)	1000.00
71	灞桥区(陕)	1100.00
72	蒲城县(陕)	500.00
73	南郑县(陕)	200.00
74	宕昌县(甘)	450.00
75	亚布力林业局(龙江森工)	350.00
76	汤旺河林业局(龙江森工)	180.00

表 7-18　鲜红枣主产地产量

序号	鲜红枣主产地	产量(吨)
1	怀柔区(京)	2085.50
2	昌平区(京)	1627.40
3	密云县(京)	1339.00
4	房山区(京)	492.60
5	顺义区(京)	246.00
6	静海县(津)	6727.00
7	武清区(津)	1486.00
8	沧　县(冀)	268690.00
9	行唐县(冀)	123000.00

(续)

序号	鲜红枣主产地	产量(吨)
10	献　县(冀)	118019.00
11	阜平县(冀)	110000.00
12	曲阳县(冀)	65980.00
13	泊头市(冀)	45486.00
14	大城县(冀)	43350.00
15	海兴县(冀)	27120.00
16	盐山县(冀)	21700.00
17	青　县(冀)	21078.00
18	南皮县(冀)	14159.00
19	唐　县(冀)	13200.00
20	河间市(冀)	7824.00
21	平山县(冀)	6755.00
22	元氏县(冀)	4879.00
23	藁城区(冀)	4830.00
24	井陉县(冀)	4015.00
25	遵化市(冀)	3325.00
26	辛集市(冀)	1867.00
27	玉田县(冀)	1775.00
28	滦平县(冀)	1760.00
29	魏　县(冀)	1600.00
30	滦　县(冀)	1410.00
31	任丘市(冀)	1372.00
32	承德县(冀)	1370.00
33	迁西县(冀)	1265.00
34	灵寿县(冀)	1170.00
35	兴隆县(冀)	1144.00
36	武安市(冀)	1000.00
37	广阳区(冀)	987.00
38	迁安市(冀)	725.00
39	黄骅市(冀)	700.00
40	易　县(冀)	700.00
41	大名县(冀)	693.00
42	平泉县(冀)	675.00
43	徐水县(冀)	650.00
44	安次区(冀)	624.00
45	固安县(冀)	615.00
46	孟村回族自治县(冀)	530.00
47	三河市(冀)	529.00
48	东光县(冀)	450.00
49	丰宁满族自治县(冀)	428.00
50	武强县(冀)	347.00
51	沧州市南大港管理区(冀)	300.00
52	广平县(冀)	300.00
53	成安县(冀)	290.00
54	高碑店市(冀)	285.00

(续)

序号	鲜红枣主产地	产量(吨)
55	双桥区(冀)	236.00
56	高邑县(冀)	230.00
57	鸡泽县(冀)	225.00
58	卢龙县(冀)	221.76
59	邯郸县(冀)	207.00
60	定兴县(冀)	190.00
61	宽城满族自治县(冀)	150.00
62	文安县(冀)	139.00
63	磁　县(冀)	130.00
64	吴桥县(冀)	103.00
65	运河区(冀)	100.00
66	清苑县(冀)	100.00
67	万全区(冀)	100.00
68	稷山县(晋)	48000.00
69	芮城县(晋)	45000.00
70	夏　县(晋)	35145.00
71	平遥县(晋)	7500.00
72	河津市(晋)	6000.00
73	平陆县(晋)	2580.00
74	定襄县(晋)	2000.00
75	河曲县(晋)	415.00
76	垣曲县(晋)	350.00
77	翼城县(晋)	200.00
78	朝阳县(辽)	102000.00
79	北票市(辽)	20000.00
80	龙城区(辽)	9000.00
81	南票区(辽)	5000.00
82	连山区(辽)	3800.00
83	大石桥市(辽)	2800.00
84	清河门区(辽)	300.00
85	盘山县(辽)	101.00
86	崇明县(沪)	217.10
87	灵璧县(皖)	1250.00
88	寿　县(皖)	670.00
89	石城县(赣)	200.00
90	章丘市(鲁)	5271.00
91	宁阳县(鲁)	3132.00
92	新泰市(鲁)	2510.00
93	东昌府区(鲁)	1319.00
94	梁山县(鲁)	1280.00
95	陵　县(鲁)	102.00
96	灵宝市(豫)	31105.00
97	新郑市(豫)	6076.00
98	安阳县(豫)	1506.00
99	林州市(豫)	546.00

（续）

序号	鲜红枣主产地	产量(吨)
100	扶沟县(豫)	495.00
101	随　县(鄂)	3478.00
102	大悟县(鄂)	200.00
103	衡阳县(湘)	400.00
104	浏阳市(湘)	200.00
105	株洲县(湘)	185.00
106	麻阳苗族自治县(湘)	178.00
107	雁峰区(湘)	105.00
108	黔江区(渝)	105.00
109	旌阳区(川)	672.00
110	青白江区(川)	180.00
111	桐梓县(黔)	165.00
112	个旧市(滇)	886.00
113	元谋县(滇)	237.00
114	佳　县(陕)	300000.00
115	延川县(陕)	60000.00
116	绥德县(陕)	36426.00
117	吴堡县(陕)	22000.00
118	米脂县(陕)	10500.00
119	商南县(陕)	288.00
120	子洲县(陕)	160.00
121	平川区(甘)	21000.00
122	敦煌市(甘)	10500.00
123	宁　县(甘)	5335.00
124	金塔县(甘)	3801.00
125	庆城县(甘)	1974.00
126	高台县(甘)	1560.00
127	皋兰县(甘)	419.00
128	永靖县(甘)	361.00
129	古浪县(甘)	280.00
130	永登县(甘)	109.00
131	环　县(甘)	102.00
132	中宁县(宁)	33420.00
133	灵武市(宁)	16000.00
134	同心县(宁)	15000.00
135	利通区(宁)	4725.00
136	贺兰县(宁)	4303.50
137	沙坡头区(宁)	3661.00
138	西夏区(宁)	2962.00
139	农垦事业管理局(宁)	1957.00
140	青铜峡市(宁)	1000.00
141	平罗县(宁)	565.00
142	惠农区(宁)	410.00
143	红寺堡区(宁)	400.00
144	库车县(新)	69957.00

（续）

序号	鲜红枣主产地	产量(吨)
145	柯坪县(新)	21253.10
146	莎车县(新)	11483.00
147	农一师(新疆兵团)	1000253.00
148	农十四师(新疆兵团)	185500.00
149	农二师(新疆兵团)	147686.00
150	农十三师(新疆兵团)	44386.00

表 7-19　青枣主产地产量

序号	青枣主产地	产量(吨)
1	通州区(京)	2284.60
2	涉　县(冀)	5100.00
3	仙居县(浙)	200.00
4	三门县(浙)	108.00
5	烈山区(皖)	6750.00
6	宣州区(皖)	3100.00
7	郎溪县(皖)	120.00
8	界首市(皖)	110.00
9	南城县(赣)	324.00
10	卫辉市(豫)	285.00
11	京山县(鄂)	250.00
12	衡山县(湘)	638.60
13	南岳区(湘)	320.00
14	石门县(湘)	300.00
15	双峰县(湘)	120.00
16	连州市(粤)	6594.00
17	灌阳县(桂)	2101.00
18	资源县(桂)	227.00
19	龙泉驿区(川)	700.00
20	元江哈尼族彝族傣族自治县(滇)	12885.20
21	元谋县(滇)	12711.00
22	禄丰县(滇)	1323.00
23	武定县(滇)	244.00
24	米东区(新)	306.00

表 7-20　冬枣主产地产量

序号	冬枣主产地	产量(吨)
1	平谷区(京)	8945.30
2	黄骅市(冀)	94679.00
3	沧　县(冀)	21620.00
4	泊头市(冀)	9845.00
5	献　县(冀)	5021.00
6	海兴县(冀)	3600.00
7	曲周县(冀)	3495.00
8	南皮县(冀)	3288.00

（续）

序号	冬枣主产地	产量(吨)
9	丛台区(冀)	3000.00
10	丰润区(冀)	1065.00
11	沧州市临港经济技术开发区(冀)	700.00
12	青　县(冀)	680.00
13	邯山区(冀)	440.00
14	盐山县(冀)	300.00
15	任丘市(冀)	212.00
16	河间市(冀)	186.00
17	临猗县(晋)	215270.00
18	万荣县(晋)	637.00
19	安泽县(晋)	215.00
20	青浦区(沪)	500.20
21	怀远县(皖)	1501.00
22	霍邱县(皖)	620.00
23	沾化县(鲁)	300030.00
24	无棣县(鲁)	127000.00
25	广饶县(鲁)	14700.00
26	河口区(鲁)	12214.00
27	昌邑市(鲁)	5900.00
28	利津县(鲁)	4092.00
29	滨城区(鲁)	3115.00
30	莒　县(鲁)	1170.00
31	沂水县(鲁)	740.00
32	阳信县(鲁)	700.00
33	泗水县(鲁)	375.00
34	德州市市辖区(鲁)	300.00
35	东昌府区(鲁)	200.00
36	濮阳县(豫)	5830.00
37	长垣县(豫)	3600.00
38	渑池县(豫)	1600.00
39	博爱县(豫)	800.00
40	龙安区(豫)	540.00
41	汝州市(豫)	162.00
42	孝昌县(鄂)	1350.00
43	祁东县(湘)	13000.00
44	临武县(湘)	2457.00
45	津市市(湘)	1585.00
46	衡南县(湘)	669.80
47	攀枝花市东区(川)	150.00
48	阎良区(陕)	3600.00
49	蒲城县(陕)	1500.00
50	灞桥区(陕)	679.00
51	西固区(甘)	1250.00

表 7-21 石榴主产地产量

序号	石榴主产地	产量(吨)
1	涉　县(冀)	1100.00
2	大名县(冀)	110.00
3	临猗县(晋)	10300.00
4	烈山区(皖)	131250.00
5	怀远县(皖)	10000.00
6	相山区(皖)	9000.00
7	凤台县(皖)	1200.00
8	禹会区(皖)	400.00
9	东平县(鲁)	5878.00
10	沂南县(鲁)	2600.00
11	泰山区(鲁)	1505.00
12	岱岳区(鲁)	1196.00
13	新泰市(鲁)	652.00
14	宁阳县(鲁)	560.50
15	梁山县(鲁)	360.00
16	肥城市(鲁)	325.30
17	武城县(鲁)	300.00
18	章丘市(鲁)	108.00
19	荥阳市(豫)	19000.00
20	卧龙区(豫)	2602.00
21	平桥区(豫)	2300.00
22	商水县(豫)	1350.00
23	太康县(豫)	1250.00
24	金水区(豫)	700.00
25	惠济区(豫)	573.50
26	孟州市(豫)	300.00
27	卫东区(豫)	210.00
28	新密市(豫)	140.00
29	涟源市(湘)	5860.00
30	番禺区(粤)	5475.00
31	郁南县(粤)	200.00
32	蕉岭县(粤)	122.00
33	会理县(川)	32190.00
34	仁和区(川)	9800.00
35	会东县(川)	1850.00
36	龙里县(黔)	157.00
37	建水县(滇)	24009.00
38	大姚县(滇)	4162.00
39	开远市(滇)	3216.00
40	个旧市(滇)	1776.00
41	禄丰县(滇)	995.00
42	元谋县(滇)	652.00
43	武定县(滇)	259.00
44	牟定县(滇)	112.00
45	临潼区(陕)	62200.00

(续)

序号	石榴主产地	产量(吨)
46	叶城县(新)	22805.00
47	喀什市(新)	17031.00
48	疏附县(新)	1436.00
49	伽师县(新)	1381.00
50	库车县(新)	1208.00
51	阿图什市(新)	998.00
52	莎车县(新)	125.00
53	巴楚县(新)	121.00

表 7-22 鲜柿子主产地产量

序号	鲜柿子主产地	产量(吨)
1	平谷区(京)	22666.60
2	房山区(京)	12547.30
3	密云县(京)	3148.00
4	昌平区(京)	2779.80
5	怀柔区(京)	1004.90
6	易　县(冀)	164600.00
7	满城县(冀)	80349.00
8	遵化市(冀)	25014.00
9	唐　县(冀)	24000.00
10	平山县(冀)	17889.00
11	徐水县(冀)	17251.00
12	磁　县(冀)	15020.00
13	兴隆县(冀)	14004.00
14	顺平县(冀)	11050.00
15	丰润区(冀)	7449.00
16	武安市(冀)	7002.00
17	玉田县(冀)	5169.00
18	灵寿县(冀)	5100.00
19	曲阳县(冀)	5056.00
20	涉　县(冀)	4965.00
21	迁西县(冀)	4002.00
22	滦　县(冀)	2661.00
23	迁安市(冀)	2637.00
24	三河市(冀)	2370.00
25	辛集市(冀)	2276.00
26	涞源县(冀)	1902.00
27	元氏县(冀)	1878.00
28	古冶区(冀)	1471.00
29	临猗县(晋)	46000.00
30	稷山县(晋)	5700.00
31	垣曲县(晋)	5000.00
32	夏　县(晋)	4800.00
33	河津市(晋)	4500.00
34	闻喜县(晋)	4448.00

(续)

序号	鲜柿子主产地	产量(吨)
35	新绛县(晋)	1600.00
36	芮城县(晋)	1332.00
37	大丰区(苏)	9925.00
38	东台市(苏)	9774.00
39	滨海县(苏)	3010.00
40	泰兴市(苏)	2450.00
41	东海县(苏)	1936.00
42	海陵区(苏)	1537.00
43	阜宁县(苏)	1100.00
44	天台县(浙)	7000.00
45	玉环县(浙)	4300.00
46	永康市(浙)	3872.00
47	仙居县(浙)	1800.00
48	瑞安市(浙)	1500.00
49	临海市(浙)	1099.00
50	灵璧县(皖)	4500.00
51	潘集区(皖)	1800.00
52	肥西县(皖)	1080.00
53	石城县(赣)	1215.00
54	临朐县(鲁)	11300.00
55	岱岳区(鲁)	7620.00
56	新泰市(鲁)	4311.70
57	钢城区(鲁)	2600.00
58	沂南县(鲁)	2510.00
59	昌乐县(鲁)	1125.00
60	章丘市(鲁)	1077.00
61	西华县(豫)	25860.00
62	林州市(豫)	24990.00
63	灵宝市(豫)	19779.00
64	渑池县(豫)	14000.00
65	鹤山区(豫)	12600.00
66	新安县(豫)	5400.00
67	荥阳市(豫)	4924.30
68	原阳县(豫)	3800.00
69	淮阳县(豫)	2716.80
70	安阳县(豫)	2368.00
71	正阳县(豫)	2000.00
72	鲁山县(豫)	1560.00
73	杞　县(豫)	1200.00
74	随　县(鄂)	2501.00
75	大悟县(鄂)	2000.00
76	五华县(粤)	148000.00
77	平远县(粤)	3709.00
78	和平县(粤)	2500.00
79	新丰县(粤)	1194.00

（续）

序号	鲜柿子主产地	产量（吨）
80	恭城瑶族自治县（桂）	347906.00
81	平乐县（桂）	282979.00
82	武宣县（桂）	68250.00
83	灌阳县（桂）	38217.00
84	鹿寨县（桂）	13018.00
85	钦北区（桂）	3589.00
86	天峨县（桂）	2649.00
87	田林县（桂）	2418.00
88	金城江区（桂）	2393.00
89	龙胜各族自治县（桂）	1383.00
90	资源县（桂）	1202.00
91	石林彝族自治县（滇）	3925.00
92	施甸县（滇）	2880.00
93	禄丰县（滇）	2150.00
94	华宁县（滇）	1700.00
95	富平县（陕）	50000.00
96	永寿县（陕）	27600.00
97	淳化县（陕）	8200.00
98	洛南县（陕）	7250.00
99	山阳县（陕）	6256.00
100	白河县（陕）	6000.00
101	三原县（陕）	4500.00
102	丹凤县（陕）	4096.00
103	蓝田县（陕）	3000.00
104	商南县（陕）	2730.00
105	眉　县（陕）	2693.00
106	略阳县（陕）	2418.00
107	麟游县（陕）	2070.00
108	灞桥区（陕）	1800.00
109	周至县（陕）	1300.00
110	千阳县（陕）	1049.00

表 7-23　脐橙主产地产量

序号	脐橙主产地	产量（吨）
1	黄岩区（浙）	250.00
2	北仑区（浙）	250.00
3	安远县（赣）	185643.00
4	于都县（赣）	74683.00
5	瑞金市（赣）	63000.00
6	兴国县（赣）	50169.00
7	赣　县（赣）	30233.00
8	龙南县（赣）	21565.00
9	全南县（赣）	21029.00
10	定南县（赣）	20662.00
11	南康市（赣）	17318.00
12	石城县（赣）	6575.00
13	章贡区（赣）	1706.00
14	吉州区（赣）	652.00
15	芦溪县（赣）	185.00
16	宜黄县（赣）	101.00
17	新宁县（湘）	106150.00
18	石门县（湘）	95000.00
19	安仁县（湘）	40000.00
20	耒阳市（湘）	6050.00
21	茶陵县（湘）	3780.00
22	永定区（湘）	3600.00
23	辰溪县（湘）	1900.00
24	华容县（湘）	1015.00
25	株洲县（湘）	780.00
26	新邵县（湘）	506.00
27	望城县（湘）	150.00
28	双峰县（湘）	150.00
29	雁峰区（湘）	150.00
30	平远县（粤）	39518.00
31	和平县（粤）	3500.00
32	潮南区（粤）	337.00
33	资源县（桂）	18551.00
34	武宣县（桂）	1450.00
35	邻水县（川）	210000.00
36	大安区（川）	2800.00
37	巴州区（川）	1241.00
38	美姑县（川）	407.00
39	恩阳区（川）	200.00
40	贡井区（川）	160.00
41	榕江县（黔）	5000.00

表 7-24　红果主产地产量

序号	红果主产地	产量（吨）
1	密云县（京）	4695.00
2	平谷区（京）	2505.90
3	怀柔区（京）	1396.90
4	昌平区（京）	123.30
5	宝坻区（津）	369.50
6	兴隆县（冀）	220239.00
7	清河县（冀）	49060.00
8	宽城满族自治县（冀）	25000.00
9	隆化县（冀）	17400.00
10	承德县（冀）	10276.00
11	青龙满族自治县（冀）	5813.00
12	滦平县（冀）	5030.00
13	海港区（冀）	1927.00
14	灵寿县（冀）	1500.00
15	迁安市（冀）	1390.00
16	平泉县（冀）	1300.00
17	鹰手营子矿区（冀）	875.00
18	滦　县（冀）	852.00
19	丰宁满族自治县（冀）	478.00
20	迁西县（冀）	447.00
21	双桥区（冀）	430.00
22	万全区（冀）	400.00
23	玉田县（冀）	348.00
24	徐水县（冀）	233.00
25	广阳区（冀）	201.00
26	平山县（冀）	180.00
27	邱　县（冀）	160.00
28	清苑县（冀）	150.00
29	乐亭县（冀）	145.00
30	高邑县（冀）	110.00
31	保德县（晋）	500.00
32	库伦旗（蒙）	150.00
33	桦甸市（吉）	3300.00

表 7-25　蓝莓主产地产量

序号	蓝莓主产地	产量（吨）
1	集安市（吉）	1205.00
2	江源区（吉）	1000.00
3	靖宇县（吉）	457.00
4	抚松县（吉）	250.00
5	九台市（吉）	100.00
6	延寿县（黑）	3800.00
7	尚志市（黑）	495.00
8	青浦区（沪）	243.62
9	松江区（沪）	146.00
10	仙居县（浙）	300.00
11	秀洲区（浙）	280.00
12	江北区（浙）	240.00
13	玉环县（浙）	227.00
14	宁海县（浙）	100.00
15	无为县（皖）	615.00
16	郎溪县（皖）	500.00
17	凤阳县（皖）	300.00
18	旌德县（皖）	250.00
19	包河区（皖）	250.00
20	临沂市蒙山旅游区（鲁）	2500.00
21	临沭县（鲁）	1850.00

(续)

序号	蓝莓主产地	产量(吨)
22	临沂市临港经济开发区(鲁)	400.00
23	新泰市(鲁)	400.00
24	肥城市(鲁)	200.00
25	招远市(鲁)	130.00
26	岱岳区(鲁)	108.00
27	伊川县(豫)	180.00
28	江津区(渝)	500.00
29	三台县(川)	131.80
30	清河林业局(龙江森工)	3100.00
31	朗乡林业局(龙江森工)	1030.00
32	乌马河林业局(龙江森工)	702.00
33	友好林业局(龙江森工)	300.00
34	五营林业局(龙江森工)	204.00
35	汤旺河林业局(龙江森工)	150.00
36	绥阳林业局(龙江森工)	150.00
37	乌伊岭林业局(龙江森工)	125.00

表 7-26 其他果品主产地产量

(续)

序号	其他果品主产地	品种	产量(吨)
1	雷州市(粤)	菠萝	40280.00
2	芒　市(滇)	菠萝	8680.00
3	饶平县(粤)	菠萝	7320.00
4	银海区(桂)	菠萝	1032.00
5	防城区(桂)	菠萝	650.00
6	麻栗坡县(滇)	菠萝	509.10
7	孟连傣族拉祜族佤族自治县(滇)	菠萝	300.00
8	盈江县(滇)	菠萝	154.00
9	澜沧拉祜族自治县(滇)	菠萝	60.00
10	潮南区(粤)	菠萝	50.00
11	萝岗区(粤)	菠萝	22.00
12	竹山县(鄂)	番木瓜	15000.00
13	莎车县(新)	番木瓜	970.50
14	盈江县(滇)	番木瓜	283.00
15	中宁县(宁)	枸杞	216900.00
16	靖远县(甘)	枸杞	89500.00
17	乌拉特前旗(蒙)	枸杞	43000.00
18	巨鹿县(冀)	枸杞	11870.00
19	同心县(宁)	枸杞	10000.00
20	古浪县(甘)	枸杞	5400.00
21	惠农区(宁)	枸杞	2250.00
22	农垦事业管理局(宁)	枸杞	2168.00
23	平罗县(宁)	枸杞	2146.95
24	贺兰县(宁)	枸杞	1238.40
25	原州区(宁)	枸杞	1100.00
26	红寺堡区(宁)	枸杞	1030.00
27	永昌县(甘)	枸杞	750.00
28	额济纳旗(蒙)	枸杞	522.00
29	雁峰区(湘)	枸杞	475.00
30	灵武市(宁)	枸杞	332.00
31	乌拉特中旗(蒙)	枸杞	130.00
32	怀来县(冀)	海棠	10170.00
33	扎赉特旗(蒙)	海棠	5500.00
34	奇台县(新)	海棠	3750.00
35	临沂市经济技术开发区(鲁)	海棠	3300.00
36	前郭尔罗斯蒙古族自治县(吉)	海棠	3000.00
37	龙江县(黑)	海棠	2700.00
38	平泉县(冀)	海棠	585.00
39	苏家屯区(辽)	海棠	430.00
40	土默特右旗(蒙)	海棠	407.00
41	赤城县(冀)	海棠	340.00
42	隆化县(冀)	海棠	300.00
43	丰宁满族自治县(冀)	海棠	201.00
44	玉龙纳西族自治县(滇)	海棠	121.00
45	滦平县(冀)	海棠	98.00
46	房山区(京)	海棠	40.90
47	科尔沁右翼前旗(蒙)	海棠	23.00
48	炉霍县(川)	海棠	20.00
49	双滦区(冀)	海棠	10.00
50	遂川县(赣)	金橘	49113.00
51	北仑区(浙)	金橘	480.00
52	铁山港区(桂)	金橘	390.00
53	浏阳市(湘)	金橘	300.00
54	赣　县(赣)	金橘	31.00
55	普宁市(粤)	梅	19250.00
56	漾濞彝族自治县(滇)	梅	6700.00
57	建德市(浙)	梅	5060.00
58	长兴县(浙)	梅	3000.00
59	游仙区(川)	梅	1900.00
60	腾冲县(滇)	梅	1400.00
61	连州市(粤)	梅	945.00
62	衢江区(浙)	梅	580.00
63	宁海县(浙)	梅	440.00
64	鹤庆县(滇)	梅	402.50
65	云龙县(滇)	梅	250.00
66	赣　县(赣)	梅	210.00
67	凤庆县(滇)	梅	129.40
68	巴马瑶族自治县(桂)	梅	120.00
69	郁南县(粤)	梅	100.00
70	潼南县(渝)	柠檬	78200.00

（续）

序号	其他果品主产地	品种	产量(吨)
71	安岳县(川)	柠檬	35500.00
72	资中县(川)	柠檬	33000.00
73	铜梁县(渝)	柠檬	5000.00
74	木里藏族自治县(川)	柠檬	4000.00
75	良庆区(桂)	柠檬	540.00
76	青白江区(川)	柠檬	500.00
77	江津区(渝)	柠檬	300.00
78	高　县(川)	柠檬	100.00
79	高　县(川)	桑葚	156000.00
80	莒　县(鲁)	桑葚	69000.00
81	康　县(甘)	桑葚	21663.70
82	大姚县(滇)	桑葚	10043.00
83	绥德县(陕)	桑葚	8567.00
84	夏津县(鲁)	桑葚	3800.00
85	余姚市(浙)	桑葚	1289.00
86	奉化市(浙)	桑葚	1250.00
87	章丘市(鲁)	桑葚	788.00
88	千阳县(陕)	桑葚	650.00
89	永康市(浙)	桑葚	275.00
90	临海市(浙)	桑葚	224.00
91	献　县(冀)	桑葚	200.00
92	宁阳县(鲁)	桑葚	145.00
93	温岭市(浙)	桑葚	133.00
94	赫章县(黔)	桑葚	100.00
95	江津区(渝)	桑葚	100.00
96	宁海县(浙)	桑葚	100.00
97	旌德县(皖)	山竹	4000.00
98	竹溪县(鄂)	山竹	198.00
99	永定区(湘)	山竹	100.00
100	尚志市(黑)	树莓	22000.00
101	林口县(黑)	树莓	11000.00
102	封丘县(豫)	树莓	7800.00
103	台安县(辽)	树莓	2300.00
104	金塔县(甘)	树莓	1755.00
105	凤阳县(皖)	树莓	375.00
106	章丘市(鲁)	树莓	36.00
107	扎兰屯市(蒙)	树莓	25.00
108	广水市(鄂)	树莓	15.00
109	阿城区(黑)	树莓	9.00
110	新源县(新)	树莓	9.00
111	石家庄市桥西区(冀)	树莓	2.00
112	钦北区(桂)	酸梅	1908.00
113	良庆区(桂)	酸梅	360.00
114	疏勒县(新)	酸梅	202.00
115	裕民县(新)	酸梅	134.00

（续）

序号	其他果品主产地	品种	产量(吨)
116	沙雅县(新)	酸梅	103.90
117	章丘市(鲁)	甜瓜	96866.00
118	株洲县(湘)	甜瓜	6500.00
119	龙南县(赣)	甜瓜	6353.00
120	鼎城区(湘)	甜瓜	6000.00
121	吉安县(赣)	甜瓜	6000.00
122	东丰县(吉)	甜瓜	4500.00
123	太康县(豫)	甜瓜	2500.00
124	商水县(豫)	甜瓜	1500.00
125	淮阳县(豫)	甜瓜	1200.00
126	北仑区(浙)	甜瓜	764.00
127	郾城区(豫)	甜瓜	615.00
128	新蔡县(豫)	甜瓜	590.00
129	青铜峡市(宁)	甜瓜	500.00
130	大名县(冀)	甜瓜	300.00
131	扎赉特旗(蒙)	甜瓜	300.00
132	扶沟县(豫)	甜瓜	130.00
133	汶上县(鲁)	甜瓜	130.00
134	点军区(鄂)	甜瓜	100.00
135	盈江县(滇)	甜瓜	100.00
136	卓资县(蒙)	文冠果	36.00
137	吴起县(陕)	文冠果	28.00
138	扎赉特旗(蒙)	文冠果	20.00
139	奇台县(新)	文冠果	5.00
140	荣成市(鲁)	无花果	20000.00
141	威远县(川)	无花果	15320.00
142	威海市经济技术开发区(鲁)	无花果	6440.00
143	阿图什市(新)	无花果	2653.00
144	东平县(鲁)	无花果	953.00
145	蓬莱市(鲁)	无花果	800.00
146	龙湾区(浙)	无花果	550.00
147	武强县(冀)	无花果	511.00
148	邹平县(鲁)	无花果	400.00
149	秀洲区(浙)	无花果	328.00
150	库车县(新)	无花果	204.00
151	宁阳县(鲁)	无花果	200.00
152	奉贤区(沪)	无花果	187.10
153	崇明县(沪)	无花果	129.60
154	梁山县(鲁)	无花果	100.00
155	阿瓦提县(新)	香梨	41400.00
156	沙雅县(新)	香梨	23813.00
157	花垣县(湘)	香梨	19000.00
158	凤凰县(湘)	香梨	16000.00
159	钢城区(鲁)	香梨	2400.00
160	永顺县(湘)	香梨	2000.00

(续)

序号	其他果品主产地	品种	产量(吨)
161	龙山县(湘)	香梨	1200.00
162	保靖县(湘)	香梨	1000.00
163	古丈县(湘)	香梨	700.00
164	会昌县(赣)	香梨	625.00
165	泸溪县(湘)	香梨	500.00
166	柯坪县(新)	香梨	427.20
167	奇台县(新)	香梨	187.00
168	尚志市(黑)	小浆果	18400.00
169	巩留县(新)	小浆果	1034.00
170	额敏县(新)	小浆果	480.00
171	华龙区(豫)	小浆果	480.00
172	桦川县(黑)	小浆果	140.00
173	任丘市(冀)	小浆果	120.00
174	五大连池市(黑)	小浆果	23.80
175	奇台县(新)	小浆果	12.00
176	逊克县(黑)	小浆果	10.00

表8　母树林种子主产地产量

序号	母树林种子主产地	品种	产量(千克)
1	英吉沙县(新)	巴旦木	10650.00
2	青铜峡市(宁)	白蜡	500.00
3	商州区(陕)	白皮松	100.00
4	竹山县(鄂)	柏树	5000.00
5	稷山县(晋)	柏树	2500.00
6	定西市巉口林业试验场(甘)	柏树	1200.00
7	德江县(黔)	柏树	1150.00
8	永定区(湘)	柏树	500.00
9	民乐县(甘)	柏树	320.00
10	蓬安县(川)	柏树	300.00
11	彝良县(滇)	檫树	850.00
12	竹山县(鄂)	檫树	250.00
13	嘉鱼县(鄂)	檫树	100.00
14	英吉沙县(新)	柽柳	72520.00
15	鼎城区(湘)	池杉	900.00
16	章丘市(鲁)	刺槐	280000.00
17	老河口市(鄂)	刺槐	42100.00
18	庄河市(辽)	刺槐	31130.00
19	宁　县(甘)	刺槐	12322.00
20	竹山县(鄂)	刺槐	10000.00
21	蒙阴县(鲁)	刺槐	6500.00
22	永寿县(陕)	刺槐	5000.00
23	凌海市(辽)	刺槐	2500.00
24	夏　县(晋)	刺槐	1000.00
25	淅川县(豫)	刺槐	250.00
26	贺兰县(宁)	刺槐	222.00

(续)

序号	母树林种子主产地	品种	产量(千克)
27	宁阳县(鲁)	刺槐	102.00
28	石门县(湘)	杜英	4500.00
29	巴东县(鄂)	鹅掌楸	100000.00
30	酉阳土家族苗族自治县(渝)	鹅掌楸	7548.00
31	东至县(皖)	鹅掌楸	5000.00
32	五峰土家族自治县(鄂)	鹅掌楸	700.00
33	祁东县(湘)	枫香	2300.00
34	石台县(皖)	枫香	1000.00
35	南岳区(湘)	枫香	200.00
36	东至县(皖)	枫香	180.00
37	罗田县(鄂)	枫香	100.00
38	仁寿县(川)	柑橘	500.00
39	关岭布依族苗族自治县(黔)	柑橘	100.00
40	竹山县(鄂)	枸杞	100.00
41	全州县(桂)	桂花	5000.00
42	石门县(湘)	桂花	4000.00
43	南岳区(湘)	桂花	3000.00
44	竹山县(鄂)	桂花	1500.00
45	冷水江市(湘)	桂花	1000.00
46	铜鼓县(赣)	桂花	218.00
47	资中县(川)	国外松	3000.00
48	冷水滩区(湘)	国外松	2300.00
49	于都县(赣)	国外松	500.00
50	泾　县(皖)	国外松	100.00
51	丰顺县(粤)	荷木	300.00
52	略阳县(陕)	核桃	8070000.00
53	文　县(甘)	核桃	588000.00
54	漾濞彝族自治县(滇)	核桃	120000.00
55	叶城县(新)	核桃	96000.00
56	南江县(川)	核桃	68000.00
57	泽普县(新)	核桃	34771.00
58	内乡县(豫)	核桃	15000.00
59	施甸县(滇)	核桃	10000.00
60	南部县(川)	核桃	5000.00
61	敦化市(吉)	核桃	3421.00
62	梁山县(鲁)	核桃	3000.00
63	淇　县(豫)	核桃	2400.00
64	罗田县(鄂)	核桃	1500.00
65	赞皇县(冀)	核桃	960.00
66	广水市(鄂)	核桃	300.00
67	梅河口市(吉)	黑松	960.00
68	新宾满族自治县(辽)	红松	408910.00
69	磐石市(吉)	红松	407000.00
70	安图森林经营局(吉)	红松	332000.00
71	敦化林业局(吉)	红松	268712.00

（续）

序号	母树林种子主产地	品种	产量（千克）
72	鹤岗市市辖区（黑）	红松	250000.00
73	宁安市（黑）	红松	200000.00
74	辽宁省森林经营研究所（辽）	红松	115000.00
75	桦南县（黑）	红松	100000.00
76	露水河林业局（吉林森工）	红松	86500.00
77	辉南县（吉）	红松	83000.00
78	安图县（吉）	红松	75000.00
79	临江市（吉）	红松	54300.00
80	海林市（黑）	红松	50000.00
81	汤旺河林业局（龙江森工）	红松	50000.00
82	蛟河实验局（吉）	红松	45000.00
83	虎林市（黑）	红松	35000.00
84	江源区（吉）	红松	27000.00
85	辉南森林经营局（吉）	红松	25850.00
86	八家子林业局（吉）	红松	23000.00
87	明山区（辽）	红松	22398.00
88	萝北县（黑）	红松	20000.00
89	孟家岗林场（黑）	红松	19062.50
90	东辽县（吉）	红松	14712.00
91	黄泥河林业局（吉）	红松	13900.00
92	东洲区（辽）	红松	7000.00
93	鹤北林业局（龙江森工）	红松	5735.00
94	带岭实验局（龙江森工）	红松	5000.00
95	东丰县（吉）	红松	5000.00
96	海伦市（黑）	红松	5000.00
97	山河实验林场（黑）	红松	5000.00
98	双阳区（吉）	红松	5000.00
99	丰满区（吉）	红松	2500.00
100	松江河林业有限公司（吉林森工）	红松	2400.00
101	敦化市（吉）	红松	2126.00
102	沾河林业局（龙江森工）	红松	2100.00
103	本溪满族自治县（辽）	红松	2000.00
104	红石林业局（吉林森工）	红松	2000.00
105	七台河市市辖区（黑）	红松	2000.00
106	通河县（黑）	红松	2000.00
107	长白朝鲜族自治县（吉）	红松	1526.00
108	桦川县（黑）	红松	1500.00
109	兴隆林业局（龙江森工）	红松	1500.00
110	通化县（吉）	红松	1200.10
111	大石头林业局（吉）	红松	1000.00
112	方正林业局（龙江森工）	红松	1000.00
113	辽宁实验林场（辽）	红松	975.00
114	迎春林业局（龙江森工）	红松	800.00
115	绥阳林业局（龙江森工）	红松	700.00
116	丹清河实验林场（黑）	红松	492.50

（续）

序号	母树林种子主产地	品种	产量（千克）
117	梅河口市（吉）	红松	355.00
118	延寿县（黑）	红松	150.00
119	汤原县（黑）	红松	126.50
120	城固县（陕）	厚朴	89600.00
121	桂东县（湘）	厚朴	18200.00
122	南郑县（陕）	厚朴	9000.00
123	北川羌族自治县（川）	厚朴	300.00
124	桑植县（湘）	厚朴	100.00
125	新宾满族自治县（辽）	胡桃楸	448050.00
126	敦化林业局（吉）	胡桃楸	303795.00
127	蛟河实验局（吉）	胡桃楸	20000.00
128	五常市（黑）	胡桃楸	7000.00
129	松江河林业有限公司（吉林森工）	胡桃楸	1000.00
130	山河实验林场（黑）	胡桃楸	500.00
131	山河屯林业局（龙江森工）	胡桃楸	100.00
132	倘甸工业园区（滇）	华山松	960000.00
133	略阳县（陕）	华山松	500000.00
134	泸西县（滇）	华山松	36500.00
135	剑川县（滇）	华山松	35000.00
136	南郑县（陕）	华山松	35000.00
137	七星关区（黔）	华山松	30000.00
138	德江县（黔）	华山松	20100.00
139	兰坪白族普米族自治县（滇）	华山松	20000.00
140	会东县（川）	华山松	12000.00
141	南华县（滇）	华山松	10000.00
142	楚雄市（滇）	华山松	3000.00
143	清水县（甘）	华山松	2900.00
144	万源市（川）	华山松	750.00
145	敦化林业局（吉）	桦树	4986.00
146	略阳县（陕）	黄连木	2700000.00
147	淇滨区（豫）	黄连木	8000.00
148	竹山县（鄂）	黄连木	1000.00
149	安福县（赣）	火炬松	220.00
150	英德市（粤）	火炬松	150.00
151	婺源县（赣）	火炬松	100.00
152	婺源县（赣）	栲树	500.00
153	固始县（豫）	栎树	16000.00
154	东至县（皖）	栎树	13000.00
155	霍山县（皖）	栎树	10000.00
156	竹山县（鄂）	栎树	10000.00
157	舞钢市（豫）	栎树	2880.00
158	资兴市（湘）	栎树	1740.00
159	丰满区（吉）	栎树	450.00
160	利川市（鄂）	柳杉	30000.00
161	南岳区（湘）	柳杉	3050.00

(续)

序号	母树林种子主产地	品种	产量(千克)
162	奉节县(渝)	柳杉	3000.00
163	洪雅县(川)	柳杉	2000.00
164	竹山县(鄂)	柳杉	500.00
165	大关县(滇)	柳杉	200.00
166	石门县(湘)	栾树	100000.00
167	井研县(川)	栾树	9000.00
168	敦化林业局(吉)	落叶松	151965.00
169	抚远县(黑)	落叶松	40000.00
170	庄河市(辽)	落叶松	26180.00
171	宁武县(晋)	落叶松	7600.00
172	兴和县(蒙)	落叶松	5850.00
173	宽甸满族自治县(辽)	落叶松	3200.00
174	清原满族自治县(辽)	落叶松	3000.00
175	塞罕坝机械林场(冀)	落叶松	2500.00
176	和林格尔县(蒙)	落叶松	1700.00
177	东丰县(吉)	落叶松	1000.00
178	富锦市(黑)	落叶松	1000.00
179	克山县(黑)	落叶松	1000.00
180	东辽县(吉)	落叶松	916.00
181	建始县(鄂)	落叶松	800.00
182	巴林左旗(蒙)	落叶松	500.00
183	木栏围场国营林场(冀)	落叶松	405.00
184	乌尔旗汉林业局(内蒙古森工)	落叶松	356.10
185	长白朝鲜族自治县(吉)	落叶松	277.00
186	龙江县(黑)	落叶松	235.20
187	磐石市(吉)	落叶松	200.00
188	尚义县(冀)	落叶松	200.00
189	克东县(黑)	落叶松	150.00
190	洞口县(湘)	马尾松	5000000.00
191	巴东县(鄂)	马尾松	2500000.00
192	利川市(鄂)	马尾松	300000.00
193	祁东县(湘)	马尾松	210000.00
194	开　县(渝)	马尾松	145700.00
195	南郑县(陕)	马尾松	48000.00
196	城固县(陕)	马尾松	22700.00
197	大悟县(鄂)	马尾松	20000.00
198	南江县(川)	马尾松	12000.00
199	汝城县(湘)	马尾松	11200.00
200	淅川县(豫)	马尾松	7550.00
201	黔江区(渝)	马尾松	6900.00
202	南岳区(湘)	马尾松	5000.00
203	罗田县(鄂)	马尾松	2500.00
204	彭水苗族土家族自治县(渝)	马尾松	2000.00
205	酉阳土家族苗族自治县(渝)	马尾松	1507.04
206	桐柏县(豫)	马尾松	1380.00

(续)

序号	母树林种子主产地	品种	产量(千克)
207	独山县(黔)	马尾松	1000.00
208	瑞金市(赣)	马尾松	860.00
209	潜山县(皖)	马尾松	800.00
210	全州县(桂)	马尾松	600.00
211	江永县(湘)	马尾松	500.00
212	桑植县(湘)	马尾松	500.00
213	淳安县(浙)	马尾松	217.00
214	高　县(川)	马尾松	210.00
215	陆川县(桂)	马尾松	200.00
216	富顺县(川)	马尾松	120.00
217	分宜县(赣)	马尾松	100.00
218	竹山县(鄂)	木瓜	10000.00
219	铜鼓县(赣)	南方红豆杉	220.00
220	金洞林场(湘)	楠木	2000.00
221	同心县(宁)	柠条	80000.00
222	米脂县(陕)	柠条	75000.00
223	盐池县(宁)	柠条	50000.00
224	西吉县(宁)	柠条	30000.00
225	鄂托克前旗(蒙)	柠条	11000.00
226	定西市巉口林业试验场(甘)	柠条	1300.00
227	永靖县(甘)	柠条	810.00
228	南岳区(湘)	女贞	100.00
229	竹山县(鄂)	泡桐	100.00
230	大化瑶族自治县(桂)	葡萄	664.00
231	元阳县(滇)	桤木	87560.00
232	平昌县(川)	桤木	5000.00
233	巴州区(川)	桤木	1500.00
234	汨罗市(湘)	桤木	100.00
235	江孜县(藏)	沙棘	2600.00
236	洛隆县(藏)	沙棘	800.00
237	英吉沙县(新)	沙枣	941800.00
238	临泽县(甘)	沙枣	10000.00
239	惠农区(宁)	沙枣	3600.00
240	洞口县(湘)	杉木	15000000.00
241	大悟县(鄂)	杉木	100000.00
242	元阳县(滇)	杉木	67920.00
243	祁东县(湘)	杉木	45000.00
244	倘甸工业园区(滇)	杉木	20000.00
245	阳新县(鄂)	杉木	15000.00
246	城固县(陕)	杉木	13100.00
247	竹山县(鄂)	杉木	10000.00
248	乐安县(赣)	杉木	5000.00
249	东安县(湘)	杉木	4000.00
250	资兴市(湘)	杉木	3630.00
251	安福县(赣)	杉木	3600.00

（续）

序号	母树林种子主产地	品种	产量（千克）
252	靖州苗族侗族自治县（湘）	杉木	2200.00
253	全州县（桂）	杉木	1800.00
254	会同县（湘）	杉木	1500.00
255	遂川县（赣）	杉木	950.00
256	铜鼓县（赣）	杉木	820.00
257	梁平县（渝）	杉木	660.00
258	筠连县（川）	杉木	500.00
259	彭水苗族土家族自治县（渝）	杉木	500.00
260	青川县（川）	杉木	500.00
261	融水苗族自治县（桂）	杉木	400.00
262	休宁县（皖）	杉木	260.00
263	鼎城区（湘）	杉木	180.00
264	商城县（豫）	杉木	180.00
265	永定区（湘）	杉木	130.00
266	南岳区（湘）	杉木	100.00
267	祁门县（皖）	杉木	100.00
268	汨罗市（湘）	湿地松	4100.00
269	台山市（粤）	湿地松	2000.00
270	孝昌县（鄂）	湿地松	1500.00
271	吉安县（赣）	湿地松	1000.00
272	瑞金市（赣）	湿地松	650.00
273	新宾满族自治县（辽）	水曲柳	77250.00
274	海林林业局（龙江森工）	水曲柳	600.00
275	方正林业局（龙江森工）	水曲柳	450.00
276	五常市（黑）	水曲柳	170.00
277	山河屯林业局（龙江森工）	水曲柳	150.00
278	临泉县（皖）	水杉	500.00
279	潜江市（鄂）	水杉	500.00
280	鼎城区（湘）	水杉	250.00
281	定西市巉口林业试验场（甘）	文冠果	11000.00
282	略阳县（陕）	香椿	13500.00
283	彭水苗族土家族自治县（渝）	香椿	2000.00
284	万源市（川）	香椿	1500.00
285	蓬溪县（川）	香椿	310.00
286	祁东县（湘）	香樟	2500000.00
287	石门县（湘）	香樟	1500000.00
288	翠屏区（川）	香樟	205000.00
289	南岳区（湘）	香樟	20000.00
290	岳阳县（湘）	香樟	12000.00
291	猇亭区（鄂）	香樟	7500.00
292	冷水江市（湘）	香樟	6000.00
293	大足县（渝）	香樟	5000.00
294	富顺县（川）	香樟	600.00
295	林西县（蒙）	杏	1065000.00
296	洮南市（吉）	杏	40000.00

（续）

序号	母树林种子主产地	品种	产量（千克）
297	敦化林业局（吉）	杨树	95746.00
298	广水市（鄂）	杨树	300.00
299	略阳县（陕）	银杏	197000.00
300	安陆市（鄂）	银杏	70000.00
301	全州县（桂）	银杏	12000.00
302	婺城区（浙）	油茶	300000.00
303	揭东区（粤）	油茶	240000.00
304	梁平县（渝）	油茶	170100.00
305	上饶县（赣）	油茶	24550.00
306	金平苗族瑶族傣族自治县（滇）	油茶	22000.00
307	大悟县（鄂）	油茶	10000.00
308	耒阳市（湘）	油茶	10000.00
309	新　县（豫）	油茶	10000.00
310	浏阳市（湘）	油茶	6500.00
311	慈利县（湘）	油茶	3000.00
312	那坡县（桂）	油茶	2500.00
313	九江县（赣）	油茶	1500.00
314	舒城县（皖）	油茶	750.00
315	廉江市（粤）	油茶	113.00
316	阜新蒙古族自治县（辽）	油松	200000.00
317	凌源市（辽）	油松	100000.00
318	庆城县（甘）	油松	95000.00
319	华池县（甘）	油松	25000.00
320	迭部县（甘）	油松	15800.00
321	南郑县（陕）	油松	11000.00
322	陵川县（晋）	油松	5000.00
323	青龙满族自治县（冀）	油松	5000.00
324	平顺县（晋）	油松	4500.00
325	凌海市（辽）	油松	3500.00
326	正宁林业总场（甘）	油松	2200.00
327	合水林业总场（甘）	油松	2000.00
328	宁城县（蒙）	油松	1900.00
329	平泉县（冀）	油松	1840.00
330	辉县市（豫）	油松	1200.00
331	卢氏县（豫）	油松	1130.00
332	桥山林业局（陕）	油松	600.00
333	陇　县（陕）	油松	486.00
334	韩城市林业局（陕）	油松	380.00
335	韩城市林业局（陕）	油松	380.00
336	罗田县（鄂）	油松	240.00
337	夏　县（晋）	油松	200.00
338	西吉县（宁）	榆树	800.00
339	倘甸工业园区（滇）	云南松	25000.00
340	澄江县（滇）	云南松	7400.00
341	腾冲县（滇）	云南松	250.00

(续)

序号	母树林种子主产地	品种	产量(千克)
342	香格里拉县(滇)	云南松	200.00
343	弥渡县(滇)	云南松	136.00
344	雅江县(川)	云南松	100.00
345	永仁县(滇)	云南松	100.00
346	迭部县(甘)	云杉	3500.00
347	五岔沟林业局(蒙)	云杉	2000.00
348	木栏围场国营林场(冀)	云杉	655.00
349	嫩江县(黑)	云杉	600.00
350	翁达林业局(川)	云杉	350.00
351	香格里拉县(滇)	云杉	260.00
352	绥棱林业局(龙江森工)	云杉	165.00
353	乌鲁木齐南山林场(新)	云杉	130.00
354	吉隆县(藏)	云杉	100.00
355	炉霍林业局(川)	云杉	100.00
356	抚远县(黑)	樟子松	60000.00
357	彰武县(辽)	樟子松	5050.00
358	黑河市直属林场(黑)	樟子松	2000.00
359	梨树县(吉)	樟子松	2000.00
360	昌图县(辽)	樟子松	1400.00
361	克山县(黑)	樟子松	1000.00
362	嫩江县(黑)	樟子松	1000.00
363	龙江县(黑)	樟子松	787.20
364	巴彦县(黑)	樟子松	510.00
365	北票市(辽)	樟子松	500.00
366	红花尔基林业局(蒙)	樟子松	500.00
367	长岭县(吉)	樟子松	500.00
368	南漳县(鄂)	珍稀乡土	5000.00
369	明光市(皖)	珍稀乡土	1200.00
370	竹山县(鄂)	珍稀乡土	1000.00
371	庆元县(浙)	珍稀乡土	143.50

表9　种子园种子主产地产量

序号	种子园种子主产地	品种	产量(千克)
1	澄江县(滇)	桉树	1600.00
2	英吉沙县(新)	巴旦木	12985.00
3	惠民县(鲁)	白蜡	49500.00
4	惠农区(宁)	白蜡	3000.00
5	青铜峡市(宁)	白蜡	500.00
6	平罗县(宁)	白蜡	224.00
7	垣曲县(晋)	柏树	150000.00
8	内乡县(豫)	柏树	75000.00
9	郧　县(鄂)	柏树	10000.00
10	竹山县(鄂)	柏树	3000.00
11	合川区(渝)	柏树	1800.00
12	郏　县(豫)	柏树	1800.00
13	定西市巉口林业试验场(甘)	柏树	400.00
14	蓬安县(川)	柏树	300.00
15	淅川县(豫)	柏树	280.00
16	三台县(川)	柏树	200.00
17	石林彝族自治县(滇)	柏树	100.00
18	东至县(皖)	檫树	17000.00
19	竹山县(鄂)	檫树	260.00
20	洪湖市(鄂)	池杉	6000.00
21	鼎城区(湘)	池杉	800.00
22	庄河市(辽)	赤松	4515.00
23	通渭县(甘)	刺槐	800000.00
24	内乡县(豫)	刺槐	75000.00
25	垣曲县(晋)	刺槐	45000.00
26	北票市(辽)	刺槐	24000.00
27	竹山县(鄂)	刺槐	10000.00
28	庄河市(辽)	刺槐	2741.00
29	凌海市(辽)	刺槐	2500.00
30	宁　县(甘)	刺槐	693.00
31	淅川县(豫)	刺槐	690.00
32	吉　县(晋)	刺槐	650.00
33	万源市(川)	刺槐	530.00
34	清水县(甘)	刺槐	300.00
35	商州区(陕)	刺槐	300.00
36	贺兰县(宁)	刺槐	222.00
37	南郑县(陕)	刺槐	110.00
38	费　县(鲁)	刺槐	100.00
39	永靖县(甘)	枸杞	450.00
40	资中县(川)	国外松	3000.00
41	冷水滩区(湘)	国外松	2300.00
42	双峰县(湘)	国外松	500.00
43	淳安县(浙)	国外松	196.00
44	余杭区(浙)	国外松	121.00
45	内乡县(豫)	核桃	4500000.00
46	泽普县(新)	核桃	1000000.00
47	文　县(甘)	核桃	450000.00
48	东平县(鲁)	核桃	300000.00
49	昌宁县(滇)	核桃	220000.00
50	南江县(川)	核桃	50000.00
51	夷陵区(鄂)	核桃	25000.00
52	英吉沙县(新)	核桃	23560.00
53	元阳县(滇)	核桃	18630.00
54	石林彝族自治县(滇)	核桃	15000.00
55	竹山县(鄂)	核桃	12000.00
56	叶城县(新)	核桃	11600.00
57	青川县(川)	核桃	8000.00

（续）

序号	种子园种子主产地	品种	产量(千克)
58	南郑县(陕)	核桃	7800.00
59	通化县(吉)	核桃	4362.80
60	大关县(滇)	核桃	1500.00
61	仁寿县(川)	核桃	1200.00
62	红河县(滇)	核桃	466.00
63	庄河市(辽)	黑松	1785.00
64	新宾满族自治县(辽)	红松	3500000.00
65	林口县(黑)	红松	83000.00
66	梅河口市(吉)	红松	29500.00
67	江源区(吉)	红松	27000.00
68	柳河县(吉)	红松	10000.00
69	本溪满族自治县(辽)	红松	5800.00
70	抚顺县(辽)	红松	4500.00
71	红石林业局(吉林森工)	红松	4000.00
72	磐石市(吉)	红松	1500.00
73	辽宁省森林经营研究所(辽)	红松	1000.00
74	龙井市(吉)	红松	635.00
75	永吉县(吉)	红松	600.00
76	敦化林业局(吉)	红松	500.00
77	露水河林业局(吉林森工)	红松	360.00
78	丹清河实验林场(黑)	红松	300.00
79	三岔子林业局(吉林森工)	红松	300.00
80	汪清林业局(吉)	红松	200.00
81	龙眼洞林场(粤)	红锥	150.00
82	新宾满族自治县(辽)	胡桃楸	4350000.00
83	竹山县(鄂)	胡桃楸	150.00
84	禄劝彝族苗族自治县(滇)	华山松	620000.00
85	奉节县(渝)	华山松	180000.00
86	平利县(陕)	华山松	150000.00
87	易门县(滇)	华山松	100000.00
88	泸西县(滇)	华山松	36500.00
89	七星关区(黔)	华山松	30000.00
90	永善县(滇)	华山松	25000.00
91	会东县(川)	华山松	17000.00
92	南江县(川)	华山松	12000.00
93	万源市(川)	华山松	12000.00
94	洱源县(滇)	华山松	8000.00
95	渭源县(甘)	华山松	7500.00
96	楚雄市(滇)	华山松	3000.00
97	巧家县(滇)	华山松	3000.00
98	宁东林业局(陕)	华山松	2000.00
99	庄河市(辽)	华山松	1607.00
100	威宁彝族回族苗族自治县(黔)	华山松	600.00
101	隆阳区(滇)	华山松	362.00
102	竹山县(鄂)	华山松	300.00

（续）

序号	种子园种子主产地	品种	产量(千克)
103	竹山县(鄂)	桦树	100.00
104	惠民县(鲁)	槐树	6000.00
105	荆州区(鄂)	火炬松	1500.00
106	双峰县(湘)	火炬松	450.00
107	安福县(赣)	火炬松	200.00
108	英德市(粤)	火炬松	150.00
109	郧　县(鄂)	栎树	200000.00
110	随　县(鄂)	栎树	48000.00
111	固始县(豫)	栎树	29000.00
112	南郑县(陕)	栎树	19000.00
113	浠水县(鄂)	栎树	12500.00
114	竹山县(鄂)	栎树	10000.00
115	明光市(皖)	栎树	8000.00
116	舞钢市(豫)	栎树	7290.00
117	双峰县(湘)	栎树	100.00
118	竹山县(鄂)	柳杉	1000.00
119	万源市(川)	柳杉	500.00
120	南川区(渝)	柳杉	306.00
121	南岳区(湘)	柳杉	200.00
122	清原满族自治县(辽)	落叶松	8500.00
123	渭源县(甘)	落叶松	5100.00
124	本溪满族自治县(辽)	落叶松	3200.00
125	赤城县(冀)	落叶松	3000.00
126	庄河市(辽)	落叶松	2730.00
127	宽甸满族自治县(辽)	落叶松	2000.00
128	新宾满族自治县(辽)	落叶松	2000.00
129	和林格尔县(蒙)	落叶松	1300.00
130	富锦市(黑)	落叶松	1000.00
131	泾源县(宁)	落叶松	820.00
132	龙江县(黑)	落叶松	680.40
133	巴林左旗(蒙)	落叶松	500.00
134	海伦市(黑)	落叶松	500.00
135	木栏围场国营林场(冀)	落叶松	460.00
136	建始县(鄂)	落叶松	400.00
137	柳河县(吉)	落叶松	360.00
138	东洲区(辽)	落叶松	340.00
139	克山县(黑)	落叶松	250.00
140	静乐县(晋)	落叶松	200.00
141	万源市(川)	落叶松	200.00
142	长城山林场(晋)	落叶松	160.00
143	宁城县(蒙)	落叶松	150.00
144	敦化林业局(吉)	落叶松	100.00
145	南江县(川)	马尾松	18000.00
146	霍山县(皖)	马尾松	15000.00
147	平桥区(豫)	马尾松	15000.00

(续)

序号	种子园种子主产地	品种	产量(千克)
148	祁东县(湘)	马尾松	13000.00
149	开　县(渝)	马尾松	12600.00
150	七星关区(黔)	马尾松	12000.00
151	黔江区(渝)	马尾松	6900.00
152	酉阳土家族苗族自治县(渝)	马尾松	2940.00
153	龙圩区(桂)	马尾松	1231.00
154	德江县(黔)	马尾松	1050.00
155	独山县(黔)	马尾松	1000.00
156	桐柏县(豫)	马尾松	823.00
157	都匀市(黔)	马尾松	820.00
158	万源市(川)	马尾松	800.00
159	安化县(湘)	马尾松	600.00
160	南岳区(湘)	马尾松	400.00
161	富顺县(川)	马尾松	380.00
162	湖北省太子山林场管理局(鄂)	马尾松	270.00
163	全椒县(皖)	马尾松	260.00
164	高　县(川)	马尾松	210.00
165	樟树市(赣)	马尾松	180.00
166	双峰县(湘)	马尾松	160.00
167	桂阳县(湘)	马尾松	150.00
168	赫山区(湘)	马尾松	150.00
169	竹山县(鄂)	楠木	1000.00
170	建德市(浙)	楠木	180.00
171	通渭县(甘)	柠条	750000.00
172	盐池县(宁)	柠条	50000.00
173	灵武市(宁)	柠条	2314.00
174	永靖县(甘)	柠条	810.00
175	定西市巉口林业试验场(甘)	柠条	600.00
176	崇阳县(鄂)	泡桐	3600.00
177	泰和县(赣)	葡萄	112.00
178	阳新县(鄂)	杉木	15000.00
179	祁东县(湘)	杉木	11300.00
180	竹山县(鄂)	杉木	8000.00
181	乐安县(赣)	杉木	5000.00
182	郧　县(鄂)	杉木	5000.00
183	会同县(湘)	杉木	3000.00
184	岳阳县(湘)	杉木	3000.00
185	马关县(滇)	杉木	1700.00
186	信丰县(赣)	杉木	1500.00
187	攸　县(湘)	杉木	1500.00
188	龙泉市(浙)	杉木	1130.00
189	彭水苗族土家族自治县(渝)	杉木	1000.00
190	资兴市(湘)	杉木	985.00
191	遂川县(赣)	杉木	900.00
192	万源市(川)	杉木	700.00

(续)

序号	种子园种子主产地	品种	产量(千克)
193	高　县(川)	杉木	684.00
194	恩施市(鄂)	杉木	600.00
195	青原区(赣)	杉木	600.00
196	双峰县(湘)	杉木	600.00
197	大关县(滇)	杉木	500.00
198	筠连县(川)	杉木	500.00
199	乐昌市(粤)	杉木	500.00
200	瑞金市(赣)	杉木	500.00
201	石台县(皖)	杉木	500.00
202	休宁县(皖)	杉木	500.00
203	全州县(桂)	杉木	480.00
204	昌宁县(滇)	杉木	400.00
205	德昌县(川)	杉木	400.00
206	融安县(桂)	杉木	370.00
207	安福县(赣)	杉木	300.00
208	乐昌林场(粤)	杉木	300.00
209	象州县(桂)	杉木	300.00
210	淳安县(浙)	杉木	269.00
211	靖州苗族侗族自治县(湘)	杉木	250.00
212	融水苗族自治县(桂)	杉木	250.00
213	余江县(赣)	杉木	230.00
214	平和县(闽)	杉木	139.00
215	浦城县(闽)	杉木	113.00
216	城步苗族自治县(湘)	杉木	101.00
217	泾　县(皖)	杉木	100.00
218	开化县(浙)	杉木	100.00
219	汨罗市(湘)	湿地松	4100.00
220	台山市(粤)	湿地松	2018.00
221	余江县(赣)	湿地松	1200.00
222	荆门市市辖区(鄂)	湿地松	910.00
223	瑞金市(赣)	湿地松	420.00
224	泾　县(皖)	湿地松	400.00
225	青原区(赣)	湿地松	400.00
226	孝南区(鄂)	湿地松	200.00
227	黔西县(黔)	石榴	126.00
228	竹山县(鄂)	石榴	100.00
229	竹山县(鄂)	水杉	100.00
230	景谷傣族彝族自治县(滇)	思茅松	320.00
231	双峰县(湘)	铁木	100.00
232	北票市(辽)	杏	500000.00
233	赤城县(冀)	杏	23000.00
234	英吉沙县(新)	杏	8320.00
235	环　县(甘)	杏	5000.00
236	竹山县(鄂)	杏	3000.00
237	华池县(甘)	杏	2500.00

（续）

序号	种子园种子主产地	品种	产量(千克)
238	南部县(川)	杨树	1000.00
239	竹山县(鄂)	杨树	500.00
240	广水市(鄂)	杨树	300.00
241	北票市(辽)	油松	50000.00
242	蓝田县(陕)	油松	40000.00
243	洛南县(陕)	油松	27000.00
244	赤城县(冀)	油松	5000.00
245	平顺县(晋)	油松	4500.00
246	正宁林业总场(甘)	油松	1900.00
247	合水林业总场(甘)	油松	800.00
248	凌海市(辽)	油松	350.00
249	陇　县(陕)	油松	328.00
250	平泉县(冀)	油松	270.00
251	渭源县(甘)	油松	260.00
252	宁城县(蒙)	油松	200.00
253	土默特左旗(蒙)	油松	150.00

（续）

序号	种子园种子主产地	品种	产量(千克)
254	卢氏县(豫)	油松	112.00
255	桥山林业局(陕)	油松	100.00
256	竹山县(鄂)	榆树	500.00
257	广南县(滇)	云南松	3138.00
258	玉龙纳西族自治县(滇)	云南松	600.00
259	普格县(川)	云南松	250.00
260	弥渡县(滇)	云南松	136.00
261	渭源县(甘)	云杉	420.00
262	乌鲁木齐南山林场(新)	云杉	110.00
263	炉霍林业局(川)	云杉	100.00
264	彰武县(辽)	樟子松	5050.00
265	克东县(黑)	樟子松	360.00
266	阿尔山市(蒙)	樟子松	300.00
267	克山县(黑)	樟子松	250.00
268	龙江县(黑)	樟子松	156.00

表 10-1　马尾松苗主产地产量

序号	马尾松苗主产地	产量(万株)
1	龙泉市(浙)	82.00
2	建德市(浙)	20.00
3	云和县(浙)	20.00
4	郎溪县(皖)	400.00
5	旌德县(皖)	200.00
6	潜山县(皖)	40.00
7	石城县(赣)	380.00
8	瑞金市(赣)	310.00
9	大余县(赣)	200.00
10	青原区(赣)	138.00
11	瑞昌市(赣)	62.13
12	分宜县(赣)	50.00
13	信丰县(赣)	32.00
14	随　县(鄂)	800.00
15	大悟县(鄂)	500.00
16	浠水县(鄂)	160.00
17	阳新县(鄂)	80.00
18	大冶市(鄂)	30.00
19	罗田县(鄂)	30.00
20	竹山县(鄂)	26.00
21	宣恩县(鄂)	12.00
22	宜城市(鄂)	10.00
23	蓝山县(湘)	1700.00
24	冷水江市(湘)	900.00
25	安仁县(湘)	750.00
26	新化县(湘)	500.00

（续）

序号	马尾松苗主产地	产量(万株)
27	芷江侗族自治县(湘)	430.00
28	汝城县(湘)	300.00
29	武冈市(湘)	300.00
30	湘乡市(湘)	300.00
31	新宁县(湘)	200.00
32	双峰县(湘)	180.00
33	资兴市(湘)	161.00
34	新晃侗族自治县(湘)	150.00
35	洞口县(湘)	150.00
36	安化县(湘)	145.00
37	桂阳县(湘)	141.70
38	邵东县(湘)	117.00
39	宜章县(湘)	116.20
40	辰溪县(湘)	100.00
41	溆浦县(湘)	67.00
42	中方县(湘)	60.00
43	洪江市(湘)	60.00
44	永兴县(湘)	52.00
45	宁远县(湘)	50.00
46	永定区(湘)	48.00
47	沅陵县(湘)	40.00
48	浏阳市(湘)	35.00
49	嘉禾县(湘)	30.00
50	临武县(湘)	23.00
51	慈利县(湘)	20.00
52	靖州苗族侗族自治县(湘)	16.00

（续）

序号	马尾松苗主产地	产量(万株)
53	麻阳苗族自治县(湘)	15.00
54	信宜市(粤)	200.00
55	封开县(粤)	150.00
56	清新县(粤)	50.00
57	郁南县(粤)	40.00
58	高要市(粤)	40.00
59	罗定市(粤)	30.00
60	乐昌市(粤)	30.00
61	隆林各族自治县(桂)	540.00
62	派阳山林场(桂)	391.61
63	田阳县(桂)	350.00
64	田东县(桂)	330.00
65	田林县(桂)	311.00
66	宜州市(桂)	300.00
67	巴马瑶族自治县(桂)	300.00
68	昭平县(桂)	210.00
69	西林县(桂)	183.00
70	武宣县(桂)	150.00
71	金城江区(桂)	111.50
72	陆川县(桂)	100.00
73	平果县(桂)	80.00
74	六万林场(桂)	60.00
75	钦北区(桂)	53.00
76	七坡林场(桂)	50.00
77	博白林场(桂)	43.00
78	三门江林场(桂)	40.00

(续)

序号	马尾松苗主产地	产量(万株)
79	苍梧县(桂)	33.00
80	中国林科院热林中心(桂)	32.00
81	全州县(桂)	30.00
82	高峰林场(桂)	29.40
83	雅长林场(桂)	23.40
84	黄冕林场(桂)	18.00
85	钦廉林场(桂)	14.00
86	灌阳县(桂)	12.00
87	开　县(渝)	37.00
88	宣汉县(川)	100.00
89	富顺县(川)	75.00
90	高　县(川)	16.00
91	平塘县(黔)	2000.00
92	荔波县(黔)	1040.00
93	沿河土家族自治县(黔)	996.00
94	三都水族自治县(黔)	746.33
95	龙里县(黔)	675.00
96	石阡县(黔)	390.00
97	德江县(黔)	309.50
98	碧江区(黔)	200.00
99	长顺县(黔)	170.00
100	开阳县(黔)	123.19
101	惠水县(黔)	70.00
102	江口县(黔)	60.00
103	思南县(黔)	50.00
104	万山区(黔)	49.00
105	建水县(滇)	49.50

表 10-2　落叶松苗主产地产量

序号	落叶松苗主产地	产量(万株)
1	丰宁满族自治县(冀)	2880.00
2	围场满族蒙古族自治县(冀)	2565.00
3	赤城县(冀)	2285.00
4	承德县(冀)	500.00
5	沽源县(冀)	450.00
6	塞罕坝机械林场(冀)	90.00
7	木栏围场国营林场(冀)	81.50
8	尚义县(冀)	67.00
9	张北县(冀)	50.00
10	静乐县(晋)	4000.00
11	怀仁县(晋)	515.00
12	神池县(晋)	118.00
13	长城山林场(晋)	40.00
14	克什克腾旗(蒙)	1109.00
15	松山区(蒙)	152.00
16	巴林左旗(蒙)	80.00
17	宁城县(蒙)	75.00
18	白狼林业局(蒙)	25.00
19	免渡河林业局(蒙)	11.00
20	凤城市(辽)	8000.00
21	宽甸满族自治县(辽)	3200.00
22	清原满族自治县(辽)	2500.00
23	新宾满族自治县(辽)	1800.00
24	本溪满族自治县(辽)	1300.00
25	庄河市(辽)	1000.00
26	抚顺县(辽)	397.00
27	辽阳县(辽)	300.00
28	盖州市(辽)	210.00
29	辽宁实验林场(辽)	25.00
30	梅河口市(吉)	34000.00
31	柳河县(吉)	7500.00
32	抚松县(吉)	6340.00
33	辉南县(吉)	1687.00
34	临江市(吉)	372.00
35	丰满区(吉)	300.00
36	永吉县(吉)	240.00
37	集安市(吉)	175.00
38	黄泥河林业局(吉)	140.00
39	东辽县(吉)	92.40
40	长白朝鲜族自治县(吉)	80.00
41	蛟河实验局(吉)	80.00
42	东丰县(吉)	73.00
43	浑江区(吉)	71.80
44	舒兰市(吉)	55.00
45	磐石市(吉)	34.00
46	和龙市(吉)	30.00
47	尚志市(黑)	6600.00
48	佳木斯市郊区(黑)	1430.00
49	七台河市市辖区(黑)	1342.00
50	鸡东县(黑)	1097.00
51	孙吴县(黑)	970.00
52	汤原县(黑)	900.00
53	延寿县(黑)	800.00
54	海林市(黑)	675.00
55	林口县(黑)	540.00
56	嫩江县(黑)	510.00
57	黑河市直属林场(黑)	400.00
58	鹤岗市市辖区(黑)	310.00
59	爱辉区(黑)	300.00
60	五常市(黑)	290.00
61	五大连池市(黑)	272.00
62	孟家岗林场(黑)	250.00
63	同江市(黑)	230.00
64	克山县(黑)	185.00
65	北安市(黑)	180.00
66	木兰县(黑)	150.00
67	桦南县(黑)	132.00
68	抚远县(黑)	105.00
69	勃利县(黑)	100.00
70	牡丹江市市本级(黑)	63.00
71	呼玛县(黑)	35.80
72	宁安市(黑)	31.00
73	萝北县(黑)	30.00
74	虎林市(黑)	30.00
75	通河县(黑)	28.00
76	富锦市(黑)	20.00
77	鸡西市市辖区(黑)	10.00
78	济源市(豫)	20.00
79	利川市(鄂)	1200.00
80	建始县(鄂)	350.00
81	武都区(甘)	8021.00
82	岷　县(甘)	1100.00
83	渭源县(甘)	800.00
84	文　县(甘)	700.00
85	礼　县(甘)	600.00
86	关山林业管理局(甘)	528.00
87	西和县(甘)	400.00
88	庄浪县(甘)	250.00
89	临潭县(甘)	193.20
90	康南林业总场(甘)	30.00
91	舟曲县(甘)	16.00
92	隆德县(宁)	512.00
93	哈密林场(新)	22.20
94	吉文林业局(内蒙古森工)	624.00
95	阿里河林业局(内蒙古森工)	345.00
96	乌尔旗汉林业局(内蒙古森工)	10.75
97	三岔子林业局(吉林森工)	10.00
98	迎春林业局(龙江森工)	129.60
99	双鸭山林业局(龙江森工)	95.00
100	八面通林业局(龙江森工)	58.00
101	亚布力林业局(龙江森工)	51.00
102	朗乡林业局(龙江森工)	44.70
103	大海林林业局(龙江森工)	42.60
104	穆棱林业局(龙江森工)	29.40
105	红星林业局(龙江森工)	19.00

（续）

序号	落叶松苗主产地	产量（万株）
106	东京城林业局（龙江森工）	15.10
107	鹤立林业局（龙江森工）	14.30

表 10-3　红松苗主产地产量

序号	红松苗主产地	产量（万株）
1	清原满族自治县（辽）	6800.00
2	宽甸满族自治县（辽）	4350.00
3	新宾满族自治县（辽）	2389.00
4	凤城市（辽）	2257.00
5	本溪满族自治县（辽）	1200.00
6	桓仁满族自治县（辽）	1110.00
7	辽宁省森林经营研究所（辽）	600.00
8	振安区（辽）	400.00
9	庄河市（辽）	105.00
10	振兴区（辽）	80.00
11	辽宁实验林场（辽）	35.00
12	船营区（吉）	166500.00
13	桦甸市（吉）	15700.00
14	柳河县（吉）	15000.00
15	抚松县（吉）	7925.00
16	黄泥河林业局（吉）	2735.00
17	东昌区（吉）	2080.00
18	临江市（吉）	1820.00
19	梅河口市（吉）	1819.00
20	敦化林业局（吉）	1406.00
21	辉南县（吉）	1379.00
22	江源区（吉）	1200.00
23	和龙林业局（吉）	921.00
24	集安市（吉）	888.00
25	长白朝鲜族自治县（吉）	840.00
26	大石头林业局（吉）	620.00
27	磐石市（吉）	612.00
28	上营森林经营局（吉）	480.00
29	蛟河实验局（吉）	470.00
30	汪清县（吉）	459.00
31	珲春林业局（吉）	447.00
32	永吉县（吉）	425.00
33	龙井市（吉）	339.00
34	安图县（吉）	300.00
35	敦化市（吉）	300.00
36	和龙市（吉）	280.00
37	蛟河市（吉）	275.00
38	汪清林业局（吉）	243.00
39	东辽县（吉）	240.50
40	东丰县（吉）	203.00

（续）

序号	红松苗主产地	产量（万株）
41	丰满区（吉）	200.00
42	浑江区（吉）	150.00
43	白山市市辖区（吉）	140.00
44	舒兰市（吉）	130.00
45	延吉市（吉）	100.00
46	图们市（吉）	92.00
47	二道江区（吉）	45.00
48	汤原县（黑）	3420.00
49	孙吴县（黑）	1153.00
50	延寿县（黑）	510.00
51	庆安国有林场管理局（黑）	478.30
52	鸡东县（黑）	400.00
53	海林市（黑）	202.00
54	北安市（黑）	183.00
55	鹤岗市市辖区（黑）	180.00
56	萝北县（黑）	165.00
57	孟家岗林场（黑）	162.00
58	木兰县（黑）	150.00
59	爱辉区（黑）	120.00
60	抚远县（黑）	75.00
61	通河县（黑）	70.00
62	桦南县（黑）	63.00
63	饶河县（黑）	57.60
64	佳木斯市郊区（黑）	50.00
65	海伦市（黑）	40.00
66	丹清河实验林场（黑）	26.00
67	牡丹江市市本级（黑）	25.00
68	宁安市（黑）	20.00
69	五大连池市（黑）	15.00
70	山河实验林场（黑）	12.00
71	松江河林业有限公司（吉林森工）	1284.00
72	白石山林业局（吉林森工）	1251.80
73	三岔子林业局（吉林森工）	1020.00
74	临江林业局（吉林森工）	710.00
75	露水河林业局（吉林森工）	558.00
76	红石林业局（吉林森工）	456.00
77	湾沟林业局（吉林森工）	100.00
78	东京城林业局（龙江森工）	352.10
79	双鸭山林业局（龙江森工）	313.10
80	林口林业局（龙江森工）	299.00
81	鹤立林业局（龙江森工）	275.50
82	亚布力林业局（龙江森工）	263.90
83	鹤北林业局（龙江森工）	204.60
84	苇河林业局（龙江森工）	198.60
85	清河林业局（龙江森工）	187.00

（续）

序号	红松苗主产地	产量（万株）
86	带岭实验局（龙江森工）	185.50
87	兴隆林业局（龙江森工）	184.50
88	朗乡林业局（龙江森工）	127.80
89	方正林业局（龙江森工）	126.60
90	绥阳林业局（龙江森工）	125.50
91	桦南林业局（龙江森工）	122.00
92	海林林业局（龙江森工）	115.00
93	大海林林业局（龙江森工）	113.00
94	黑龙江柴河林业局（龙江森工）	106.00
95	八面通林业局（龙江森工）	105.00
96	沾河林业局（龙江森工）	95.50
97	新青林业局（龙江森工）	89.90
98	山河屯林业局（龙江森工）	88.90
99	迎春林业局（龙江森工）	88.40
100	翠峦林业局（龙江森工）	84.90
101	金山屯林业局（龙江森工）	77.80
102	东方红林业局（龙江森工）	69.20
103	双丰林业局（龙江森工）	65.00
104	通北林业局（龙江森工）	58.00
105	铁力林业局（龙江森工）	53.40
106	友好林业局（龙江森工）	52.20
107	南岔林业局（龙江森工）	48.50
108	绥棱林业局（龙江森工）	39.90
109	乌伊岭林业局（龙江森工）	39.00
110	乌马河林业局（龙江森工）	35.00
111	桃山林业局（龙江森工）	32.00
112	红星林业局（龙江森工）	31.70
113	五营林业局（龙江森工）	31.70
114	上甘岭林业局（龙江森工）	25.00

表 10-4　国外松苗主产地产量

序号	国外松苗主产地	产量（万株）
1	常山县（浙）	130.00
2	南陵县（皖）	300.00
3	明光市（皖）	240.00
4	宿松县（皖）	132.00
5	望江县（皖）	110.00
6	怀宁县（皖）	100.00
7	宣州区（皖）	82.90
8	泾　县（皖）	80.00
9	桐城市（皖）	40.00
10	贵池区（皖）	40.00
11	永丰县（赣）	1000.00
12	于都县（赣）	52.00
13	广水市（鄂）	3000.00

(续)

序号	国外松苗主产地	产量(万株)
14	红安县(鄂)	1000.00
15	南漳县(鄂)	330.00
16	当阳市(鄂)	200.00
17	松滋市(鄂)	150.00
18	枣阳市(鄂)	122.50
19	谷城县(鄂)	40.00
20	东安县(湘)	1820.00
21	祁东县(湘)	550.00
22	岳阳县(湘)	500.00
23	衡山县(湘)	479.00
24	湘乡市(湘)	450.00
25	新田县(湘)	400.00
26	双峰县(湘)	380.00
27	汨罗市(湘)	375.00
28	安仁县(湘)	300.00
29	茶陵县(湘)	300.00
30	隆回县(湘)	189.70
31	鼎城区(湘)	150.00
32	武冈市(湘)	100.00
33	临澧县(湘)	100.00
34	新宁县(湘)	100.00
35	湘潭县(湘)	95.00
36	道　县(湘)	80.00
37	资兴市(湘)	63.00
38	赫山区(湘)	60.00
39	株洲县(湘)	52.00
40	浏阳市(湘)	50.00
41	衡东县(湘)	41.00
42	北塔区(湘)	40.00
43	大祥区(湘)	40.00
44	嘉禾县(湘)	38.00
45	冷水滩区(湘)	37.00
46	邵阳县(湘)	30.00
47	永兴县(湘)	28.00
48	芷江侗族自治县(湘)	20.00
49	台山市(粤)	503.00
50	云城区(粤)	450.00
51	连州市(粤)	400.00
52	恩平市(粤)	80.00
53	灵山县(桂)	120.00
54	钦北区(桂)	75.00
55	钦南区(桂)	30.00
56	独山县(黔)	500.00

表 10-5　黑松苗主产地产量

序号	黑松苗主产地	产量(万株)
1	松山区(蒙)	202.00
2	瓦房店市(辽)	130.00
3	普兰店市(辽)	107.00
4	鲅鱼圈区(辽)	56.00
5	莒南县(鲁)	5700.00
6	栖霞市(鲁)	860.00
7	新泰市(鲁)	820.00
8	泰山区(鲁)	680.00
9	莱城区(鲁)	538.00
10	招远市(鲁)	500.00
11	临沂市临港经济开发区(鲁)	500.00
12	沂水县(鲁)	471.00
13	荣成市(鲁)	350.00
14	龙口市(鲁)	234.20
15	蒙阴县(鲁)	190.00
16	莱芜市高新区(鲁)	180.00
17	芝罘区(鲁)	180.00
18	宁阳县(鲁)	151.00
19	牟平区(鲁)	148.00
20	莱山区(鲁)	120.00
21	博山区(鲁)	118.00
22	文登市(鲁)	95.00
23	沂源县(鲁)	92.34
24	费　县(鲁)	50.00
25	临淄区(鲁)	50.00
26	临沭县(鲁)	40.00
27	乳山市(鲁)	25.00
28	泰安市市辖区(鲁)	19.90
29	肥城市(鲁)	11.90
30	威海市经济技术开发区(鲁)	11.50
31	威海市工业新区(鲁)	10.70
32	潢川县(豫)	45.00

表 10-6　华山松苗主产地产量

序号	华山松苗主产地	产量(万株)
1	易　县(冀)	220.00
2	绛　县(晋)	260.00
3	桓仁满族自治县(辽)	353.00
4	庄河市(辽)	320.00
5	会东县(川)	15.00
6	威宁彝族回族苗族自治县(黔)	3170.00
7	赫章县(黔)	900.00
8	纳雍县(黔)	320.00
9	七星关区(黔)	127.80
10	腾冲县(滇)	350.00

(续)

序号	华山松苗主产地	产量(万株)
11	倘甸工业园区(滇)	180.00
12	昆明市经济技术开发区(滇)	140.00
13	洱源县(滇)	100.00
14	巧家县(滇)	60.00
15	南华县(滇)	50.00
16	永德县(滇)	40.00
17	通海县(滇)	39.00
18	澄江县(滇)	33.00
19	玉龙纳西族自治县(滇)	33.00
20	陈仓区(陕)	5440.00
21	平利县(陕)	1800.00
22	蓝田县(陕)	900.00
23	南郑县(陕)	400.00
24	商州区(陕)	82.00
25	佛坪县(陕)	78.00
26	镇安县(陕)	45.00
27	太白县(陕)	41.00
28	镇坪县(陕)	30.00
29	周至县(陕)	25.00
30	白水县(陕)	20.00
31	洋　县(陕)	18.00
32	陇　县(陕)	14.00
33	华阴市(陕)	12.00
34	武都区(甘)	2470.00
35	西和县(甘)	194.00
36	文　县(甘)	180.00
37	华池林业总场(甘)	160.13
38	礼　县(甘)	80.00
39	康南林业总场(甘)	60.00
40	正宁林业总场(甘)	46.00
41	清水县(甘)	45.00
42	渭源县(甘)	18.00
43	两当县(甘)	15.00
44	隆德县(宁)	20.00

表 10-7　湿地松苗主产地产量

序号	湿地松苗主产地	产量(万株)
1	临海市(浙)	35.00
2	衢江区(浙)	35.00
3	三门县(浙)	35.00
4	鄞州区(浙)	34.00
5	天台县(浙)	33.00
6	余杭区(浙)	19.60
7	建德市(浙)	18.00
8	苍南县(浙)	15.00

（续）

序号	湿地松苗主产地	产量（万株）
9	含山县（皖）	600.00
10	临川区（赣）	710.00
11	会昌县（赣）	675.00
12	南昌县（赣）	620.00
13	东乡县（赣）	580.00
14	吉安县（赣）	552.00
15	宁都县（赣）	450.00
16	万载县（赣）	360.00
17	星子县（赣）	320.00
18	玉山县（赣）	300.00
19	永修县（赣）	271.00
20	高安市（赣）	262.00
21	崇仁县（赣）	200.00
22	铅山县（赣）	120.00
23	广昌县（赣）	120.00
24	进贤县（赣）	101.00
25	信丰县（赣）	70.00
26	广丰县（赣）	64.00
27	靖安县（赣）	45.00
28	樟树市（赣）	40.00
29	分宜县（赣）	30.00
30	新建县（赣）	28.00
31	全南县（赣）	28.00
32	安福县（赣）	20.00
33	德安县（赣）	11.20
34	桐柏县（豫）	2700.00
35	浠水县（鄂）	1025.00
36	京山县（鄂）	450.00
37	大悟县（鄂）	300.00
38	孝昌县（鄂）	250.00
39	新洲区（鄂）	150.00
40	大冶市（鄂）	60.00
41	英山县（鄂）	60.00
42	阳新县（鄂）	45.00
43	宁远县（湘）	500.00
44	桂阳县（湘）	388.50
45	宜章县（湘）	209.60
46	新邵县（湘）	200.00
47	零陵区（湘）	150.00
48	麻阳苗族自治县（湘）	150.00
49	衡南县（湘）	117.00
50	江永县（湘）	70.00
51	中方县（湘）	50.00
52	临武县（湘）	44.00
53	常宁市（湘）	41.00

（续）

序号	湿地松苗主产地	产量（万株）
54	洪江市（湘）	36.00
55	台山市（粤）	178.00
56	化州市（粤）	140.00
57	乐昌市（粤）	110.00
58	新丰县（粤）	60.00
59	高要市（粤）	50.00
60	揭东区（粤）	47.00
61	电白区（粤）	18.00
62	钦廉林场（桂）	86.00
63	开江县（川）	30.00
64	威远县（川）	20.00
65	惠水县（黔）	410.00

表 10-8　白皮松苗主产地产量

序号	白皮松苗主产地	产量（万株）
1	北京市林业种子苗木管理总站（京）	40.20
2	定州市（冀）	120.00
3	赞皇县（冀）	90.00
4	峰峰矿区（冀）	40.00
5	曲阳县（冀）	30.00
6	三河市（冀）	14.00
7	正定县（冀）	10.00
8	古　县（晋）	2329.00
9	绛　县（晋）	2000.00
10	临猗县（晋）	1270.00
11	吉　县（晋）	1150.00
12	垣曲县（晋）	820.00
13	阳曲县（晋）	500.00
14	汾阳市（晋）	265.00
15	翼城县（晋）	135.00
16	大宁县（晋）	72.00
17	夏　县（晋）	68.60
18	原平市（晋）	67.14
19	泽州县（晋）	40.00
20	河津市（晋）	18.00
21	泰山区（鲁）	860.00
22	宁阳县（鲁）	12.50
23	文登市（鲁）	10.00
24	嵩　县（豫）	45.00
25	新蔡县（豫）	45.00
26	洛宁县（豫）	40.00
27	灵宝市（豫）	40.00
28	长葛市（豫）	27.60
29	新安县（豫）	20.00
30	济源市（豫）	15.00

（续）

序号	白皮松苗主产地	产量（万株）
31	蓝田县（陕）	6000.00
32	千阳县（陕）	821.00
33	渭滨区（陕）	720.00
34	佛坪县（陕）	84.00
35	凤　县（陕）	70.00
36	华阴市（陕）	60.00
37	太白县（陕）	43.00
38	桥北林业局（陕）	40.00
39	户　县（陕）	28.50
40	秦都区（陕）	28.00
41	长安区（陕）	16.00
42	南郑县（陕）	10.00
43	两当县（甘）	660.00
44	合水林业总场（甘）	185.00
45	正宁林业总场（甘）	56.00
46	华池林业总场（甘）	41.24

表 10-9　油松苗主产地产量

序号	油松苗主产地	产量（万株）
1	北京市林业种子苗木管理总站（京）	775.85
2	延庆县（京）	419.26
3	丰宁满族自治县（冀）	18000.00
4	平泉县（冀）	7281.00
5	青龙满族自治县（冀）	5609.00
6	围场满族蒙古族自治县（冀）	5000.00
7	承德县（冀）	5000.00
8	滦平县（冀）	3970.00
9	赤城县（冀）	3431.00
10	隆化县（冀）	897.00
11	怀来县（冀）	690.00
12	木栏围场国营林场（冀）	601.10
13	满城县（冀）	500.00
14	兴隆县（冀）	412.00
15	双桥区（冀）	360.00
16	阜平县（冀）	309.00
17	易　县（冀）	300.00
18	尚义县（冀）	293.00
19	定州市（冀）	250.00
20	双滦区（冀）	230.00
21	怀安县（冀）	200.00
22	赞皇县（冀）	150.00
23	阳原县（冀）	108.00
24	宽城满族自治县（冀）	100.00
25	沧　县（冀）	98.00
26	万全区（冀）	90.00

(续)

序号	油松苗主产地	产量(万株)
27	抚宁区(冀)	60.00
28	蔚　县(冀)	60.00
29	滦　县(冀)	60.00
30	张北县(冀)	56.00
31	张家口市高新技术管理区(冀)	53.67
32	博野县(冀)	50.00
33	邢台县(冀)	40.00
34	张家口市林场(冀)	35.00
35	滦平林场管理局(冀)	30.00
36	河北省林业示范场(冀)	20.71
37	平山县(冀)	15.00
38	鹿泉区(冀)	12.51
39	三河市(冀)	12.00
40	康保县(冀)	10.00
41	静乐县(晋)	11000.00
42	灵丘县(晋)	6200.00
43	陵川县(晋)	4560.00
44	偏关县(晋)	4500.00
45	代　县(晋)	3750.00
46	古　县(晋)	3329.00
47	新荣区(晋)	2725.00
48	中阳县(晋)	2600.00
49	吉　县(晋)	2200.00
50	阳曲县(晋)	2060.00
51	怀仁县(晋)	1552.00
52	定襄县(晋)	1500.00
53	原平市(晋)	1206.48
54	平顺县(晋)	1200.00
55	阳泉市郊区(晋)	980.00
56	保德县(晋)	860.00
57	大宁县(晋)	850.00
58	阳高县(晋)	800.00
59	浑源县(晋)	800.00
60	忻府区(晋)	685.86
61	岢岚县(晋)	680.00
62	五寨县(晋)	600.00
63	朔城区(晋)	500.00
64	绛　县(晋)	500.00
65	古交市(晋)	500.00
66	五台县(晋)	451.00
67	高平市(晋)	450.40
68	广灵县(晋)	375.00
69	大同县(晋)	300.00
70	天镇县(晋)	300.00
71	河曲县(晋)	299.30

(续)

序号	油松苗主产地	产量(万株)
72	南郊区(晋)	290.00
73	神池县(晋)	224.00
74	屯留县(晋)	211.00
75	稷山县(晋)	193.80
76	汾阳市(晋)	162.00
77	恒山林场(晋)	150.00
78	翼城县(晋)	140.00
79	桦林背林场(晋)	78.00
80	永和县(晋)	60.00
81	泽州县(晋)	55.00
82	夏　县(晋)	23.80
83	壶关县(晋)	22.00
84	襄垣县(晋)	14.00
85	阳城县(晋)	13.20
86	乌审旗(蒙)	900.00
87	集宁区(蒙)	832.00
88	丰镇市(蒙)	608.80
89	阿鲁科尔沁旗(蒙)	342.00
90	翁牛特旗(蒙)	223.50
91	库伦旗(蒙)	158.00
92	敖汉旗(蒙)	130.00
93	红山区(蒙)	117.09
94	武川县(蒙)	70.00
95	土默特左旗(蒙)	60.00
96	赛罕区(蒙)	47.80
97	石拐区(蒙)	25.00
98	宁城县(蒙)	24.00
99	察哈尔右翼前旗(蒙)	23.05
100	元宝山区(蒙)	22.00
101	鄂托克前旗(蒙)	18.55
102	克什克腾旗(蒙)	15.00
103	商都县(蒙)	15.00
104	察哈尔右翼后旗(蒙)	10.00
105	阜新蒙古族自治县(辽)	1800.00
106	凌海市(辽)	800.00
107	盖州市(辽)	714.00
108	绥中县(辽)	600.00
109	北票市(辽)	528.00
110	凌源市(辽)	225.00
111	喀喇沁左翼蒙古族自治县(辽)	121.20
112	辽宁省固沙造林研究所(辽)	10.00
113	长白朝鲜族自治县(吉)	75.00
114	莒南县(鲁)	1170.00
115	淇　县(豫)	360.00
116	卢氏县(豫)	191.80

(续)

序号	油松苗主产地	产量(万株)
117	济源市(豫)	47.00
118	安阳县(豫)	38.40
119	龙安区(豫)	10.00
120	吴起县(陕)	18013.00
121	陈仓区(陕)	8980.00
122	横山县(陕)	6000.00
123	黄陵县(陕)	4578.00
124	安塞县(陕)	4532.00
125	黄龙县(陕)	3784.00
126	千阳县(陕)	1508.00
127	凤　县(陕)	1288.00
128	宜君县(陕)	1000.00
129	山阳县(陕)	900.00
130	甘泉县(陕)	871.00
131	丹凤县(陕)	700.00
132	绥德县(陕)	672.00
133	洛南县(陕)	630.00
134	靖边县(陕)	565.00
135	城固县(陕)	540.00
136	延长县(陕)	540.00
137	南郑县(陕)	480.00
138	黄龙山林业局(陕)	472.00
139	宁强县(陕)	450.00
140	宁陕县(陕)	450.00
141	陇　县(陕)	372.00
142	劳山林业局(陕)	347.70
143	桥北林业局(陕)	246.50
144	神木县(陕)	200.00
145	镇安县(陕)	180.00
146	麟游县(陕)	174.00
147	商州区(陕)	173.00
148	永寿县(陕)	150.00
149	定边县(陕)	135.00
150	周至县(陕)	128.00
151	西乡县(陕)	120.00
152	乾　县(陕)	108.00
153	凤翔县(陕)	108.00
154	桥山林业局(陕)	94.30
155	华阴市(陕)	90.00
156	平利县(陕)	75.00
157	太白县(陕)	74.00
158	子洲县(陕)	73.00
159	蒲城县(陕)	70.00
160	佛坪县(陕)	65.00
161	澄城县(陕)	60.00

（续）

序号	油松苗主产地	产量(万株)
162	商南县(陕)	58.00
163	延川县(陕)	45.00
164	白水县(陕)	35.00
165	清涧县(陕)	28.00
166	高陵县(陕)	25.00
167	韩城市林业局(陕)	17.00
168	镇坪县(陕)	15.00
169	渭滨区(陕)	10.00
170	淳化县(陕)	10.00
171	子长县(陕)	10.00
172	平川区(甘)	16000.00
173	武都区(甘)	15840.00
174	合水林业总场(甘)	5973.00
175	华池林业总场(甘)	5657.10
176	迭部县(甘)	1750.00
177	崆峒区(甘)	1648.00
178	湘乐林业总场(甘)	1518.60
179	礼　县(甘)	800.00
180	清水县(甘)	705.00
181	庆城县(甘)	505.20
182	庄浪县(甘)	500.00
183	西峰区(甘)	495.00
184	关山林业管理局(甘)	456.00
185	通渭县(甘)	400.00
186	渭源县(甘)	400.00
187	西和县(甘)	300.00
188	临洮县(甘)	270.00
189	广河县(甘)	200.00
190	临夏市(甘)	180.00
191	灵台县(甘)	160.00
192	两当县(甘)	136.00
193	静宁县(甘)	124.86
194	正宁林业总场(甘)	105.00
195	民乐县(甘)	50.00
196	永昌县(甘)	40.13
197	会宁县(甘)	40.00
198	崇信县(甘)	23.00
199	舟曲县(甘)	12.00
200	定西市巉口林业试验场(甘)	10.00
201	隆德县(宁)	1565.00
202	泾源县(宁)	1200.00
203	原州区(宁)	547.50
204	彭阳县(宁)	360.00
205	西吉县(宁)	20.50
206	贺兰县(宁)	10.80

表 10-10　樟子松苗主产地产量

序号	樟子松苗主产地	产量(万株)
1	延庆县(京)	15.83
2	张北县(冀)	3390.00
3	沽源县(冀)	2314.90
4	丰宁满族自治县(冀)	1980.00
5	康保县(冀)	1115.00
6	尚义县(冀)	820.00
7	围场满族蒙古族自治县(冀)	480.00
8	御道口林场(冀)	400.00
9	定州市(冀)	220.00
10	塞罕坝机械林场(冀)	160.00
11	万全区(冀)	90.00
12	木栏围场国营林场(冀)	73.40
13	怀来县(冀)	63.50
14	怀安县(冀)	35.00
15	张家口市高新技术管理区(冀)	21.00
16	新荣区(晋)	4015.00
17	偏关县(晋)	2800.00
18	怀仁县(晋)	1385.00
19	代　县(晋)	440.00
20	五寨县(晋)	300.00
21	南郊区(晋)	260.00
22	广灵县(晋)	120.00
23	左云县(晋)	105.00
24	忻府区(晋)	67.51
25	桦林背林场(晋)	45.00
26	五台县(晋)	37.00
27	原平市(晋)	35.00
28	河曲县(晋)	32.50
29	乌审旗(蒙)	31000.00
30	阿鲁科尔沁旗(蒙)	4081.00
31	和林格尔县(蒙)	4000.00
32	克什克腾旗(蒙)	2000.00
33	扎赉特旗(蒙)	1500.00
34	巴林右旗(蒙)	1477.30
35	库伦旗(蒙)	1011.00
36	丰镇市(蒙)	854.10
37	林西县(蒙)	701.80
38	红山区(蒙)	562.54
39	扎兰屯市(蒙)	500.00
40	巴林左旗(蒙)	500.00
41	杭锦旗(蒙)	388.40
42	科尔沁区(蒙)	365.00
43	卓资县(蒙)	340.00
44	鄂托克前旗(蒙)	320.98
45	阿尔山市(蒙)	300.00

（续）

序号	樟子松苗主产地	产量(万株)
46	乌兰浩特市(蒙)	263.00
47	白狼林业局(蒙)	260.00
48	宁城县(蒙)	251.00
49	赛罕区(蒙)	234.60
50	鄂温克族自治旗(蒙)	220.00
51	察哈尔右翼后旗(蒙)	214.00
52	翁牛特旗(蒙)	200.00
53	海拉尔区(蒙)	185.00
54	达拉特旗(蒙)	167.00
55	东胜区(蒙)	160.50
56	敖汉旗(蒙)	160.00
57	红花尔基林业局(蒙)	120.00
58	牙克石市(蒙)	112.30
59	奈曼旗(蒙)	108.00
60	固阳县(蒙)	102.00
61	察哈尔右翼前旗(蒙)	68.31
62	四子王旗(蒙)	65.00
63	开鲁县(蒙)	40.00
64	土默特左旗(蒙)	30.00
65	元宝山区(蒙)	25.00
66	察哈尔右翼中旗(蒙)	22.00
67	巴林林业局(蒙)	14.20
68	土默特右旗(蒙)	10.26
69	鄂托克旗(蒙)	10.00
70	商都县(蒙)	10.00
71	阜新蒙古族自治县(辽)	1500.00
72	彰武县(辽)	570.00
73	昌图县(辽)	500.00
74	康平县(辽)	500.00
75	辽宁省固沙造林研究所(辽)	253.00
76	本溪满族自治县(辽)	100.00
77	苏家屯区(辽)	56.00
78	辽宁省生态实验林场(辽)	20.00
79	九台市(吉)	1200.00
80	伊通满族自治县(吉)	300.00
81	集安市(吉)	295.60
82	长白朝鲜族自治县(吉)	185.00
83	江源区(吉)	185.00
84	东辽县(吉)	178.70
85	辉南县(吉)	139.00
86	浑江区(吉)	129.60
87	东丰县(吉)	122.00
88	通榆县(吉)	71.50
89	双阳区(吉)	60.00
90	龙井市(吉)	58.60

(续)

序号	樟子松苗主产地	产量(万株)
91	蛟河实验局(吉)	36.00
92	洮南市(吉)	20.00
93	青冈县(黑)	53000.00
94	尚志市(黑)	4875.00
95	佳木斯市郊区(黑)	1768.00
96	孙吴县(黑)	1461.00
97	汤原县(黑)	1050.00
98	克东县(黑)	1020.00
99	嫩江县(黑)	850.00
100	林甸县(黑)	800.00
101	林口县(黑)	550.00
102	讷河市(黑)	500.00
103	北安市(黑)	470.00
104	黑河市直属林场(黑)	450.00
105	海林市(黑)	337.50
106	鸡东县(黑)	300.00
107	桦南县(黑)	230.00
108	呼玛县(黑)	228.20
109	五大连池市(黑)	203.80
110	让胡路区(黑)	200.00
111	龙江县(黑)	180.00
112	克山县(黑)	169.00
113	孟家岗林场(黑)	151.00
114	依安县(黑)	150.00
115	呼兰区(黑)	150.00
116	杜尔伯特蒙古族自治县(黑)	114.00
117	海伦市(黑)	100.00
118	大同区(黑)	79.05
119	逊克县(黑)	64.00
120	庆安国有林场管理局(黑)	55.31
121	抚远县(黑)	45.00
122	北林区(黑)	40.00
123	牡丹江市市本级(黑)	32.50
124	兰西县(黑)	30.00
125	富锦市(黑)	30.00
126	鹤岗市市辖区(黑)	28.00
127	横山县(陕)	102000.00
128	榆阳区(陕)	30186.00
129	吴起县(陕)	520.00
130	神木县(陕)	500.00
131	定边县(陕)	462.00
132	甘泉县(陕)	19.00
133	华阴市(陕)	15.00
134	子洲县(陕)	13.00
135	天祝藏族自治县(甘)	500.31

(续)

序号	樟子松苗主产地	产量(万株)
136	渭源县(甘)	400.00
137	广河县(甘)	340.00
138	肃州区(甘)	160.00
139	华池林业总场(甘)	67.05
140	正宁林业总场(甘)	63.00
141	高台县(甘)	52.00
142	民乐县(甘)	50.00
143	临泽县(甘)	39.40
144	永昌县(甘)	37.11
145	定西市巉口林业试验场(甘)	30.00
146	金塔县(甘)	30.00
147	临夏市(甘)	18.50
148	民勤县(甘)	14.52
149	武威市市辖区(甘)	11.00
150	隆德县(宁)	2244.00
151	盐池县(宁)	541.96
152	原州区(宁)	420.00
153	永宁县(宁)	348.00
154	灵武市(宁)	99.41
155	贺兰县(宁)	45.00
156	平罗县(宁)	24.10
157	金凤区(宁)	15.00
158	灵武白芨滩国家级自然保护区(宁)	10.27
159	阿龙山林业局(内蒙古森工)	792.70
160	阿尔山林业局(内蒙古森工)	181.90
161	乌尔旗汉林业局(内蒙古森工)	70.90
162	黑龙江柴河林业局(龙江森工)	21.00
163	东京城林业局(龙江森工)	21.00
164	方正林业局(龙江森工)	18.20
165	苇河林业局(龙江森工)	14.10

表 10-11　柳杉苗主产地产量

序号	柳杉苗主产地	产量(万株)
1	利川市(鄂)	1680.00
2	宣恩县(鄂)	105.50
3	竹山县(鄂)	98.00
4	石柱土家族自治县(渝)	240.00
5	武隆县(渝)	40.00
6	马边彝族自治县(川)	716.00
7	绵竹市(川)	420.00
8	宝兴县(川)	401.00
9	屏山县(川)	200.00
10	安　县(川)	120.00
11	沐川县(川)	100.00

(续)

序号	柳杉苗主产地	产量(万株)
12	北川羌族自治县(川)	100.00
13	合江县(川)	20.00
14	前锋区(川)	15.00
15	七星关区(黔)	1030.00
16	纳雍县(黔)	1021.00
17	平坝县(黔)	518.28
18	盘　县(黔)	173.00
19	六枝特区(黔)	150.00
20	织金县(黔)	20.00
21	赫章县(黔)	20.00
22	瓮安县(黔)	16.88
23	开阳县(黔)	10.00
24	城关区(藏)	13.00

表 10-12　水杉苗主产地产量

序号	水杉苗主产地	产量(万株)
1	松江区(沪)	18.00
2	桐乡市(浙)	400.00
3	婺城区(浙)	135.00
4	海宁市(浙)	126.40
5	天台县(浙)	32.00
6	奉化市(浙)	15.00
7	南陵县(皖)	60.00
8	宣州区(皖)	21.80
9	栾川县(豫)	1317.56
10	潢川县(豫)	240.00
11	源汇区(豫)	40.00
12	平桥区(豫)	15.00
13	利川市(鄂)	1125.00
14	京山县(鄂)	120.00
15	潜江市(鄂)	100.00
16	恩施市(鄂)	20.00
17	南　县(湘)	250.00
18	湘阴县(湘)	35.00
19	石柱土家族自治县(渝)	120.00
20	武隆县(渝)	31.00
21	大竹县(川)	22.00

表 10-13　杉木苗主产地产量

序号	杉木苗主产地	产量(万株)
1	常山县(浙)	960.00
2	龙泉市(浙)	213.00
3	衢江区(浙)	40.00
4	仙居县(浙)	25.00
5	天台县(浙)	25.00

（续）

序号	杉木苗主产地	产量(万株)
6	云和县(浙)	25.00
7	黄山区(皖)	1600.00
8	东至县(皖)	1200.00
9	南陵县(皖)	400.00
10	祁门县(皖)	400.00
11	贵池区(皖)	326.00
12	泾　县(皖)	250.00
13	石台县(皖)	225.00
14	金寨县(皖)	150.00
15	含山县(皖)	150.00
16	青阳县(皖)	121.00
17	宿松县(皖)	35.00
18	广德县(皖)	18.00
19	黟　县(皖)	10.00
20	安福县(赣)	11000.00
21	万载县(赣)	2748.00
22	定南县(赣)	2224.00
23	崇义县(赣)	1601.70
24	遂川县(赣)	1150.00
25	永丰县(赣)	1000.00
26	大余县(赣)	945.00
27	永新县(赣)	930.00
28	乐安县(赣)	900.00
29	铜鼓县(赣)	820.00
30	全南县(赣)	765.00
31	会昌县(赣)	600.00
32	黎川县(赣)	600.00
33	信丰县(赣)	480.00
34	宁都县(赣)	470.00
35	永修县(赣)	324.00
36	铅山县(赣)	300.00
37	彭泽县(赣)	294.40
38	瑞金市(赣)	240.00
39	临川区(赣)	220.00
40	峡江县(赣)	217.70
41	靖安县(赣)	205.00
42	安远县(赣)	195.00
43	广昌县(赣)	150.00
44	新建县(赣)	142.00
45	瑞昌市(赣)	125.72
46	婺源县(赣)	120.00
47	新干县(赣)	115.60
48	分宜县(赣)	100.00
49	崇仁县(赣)	90.00
50	赣　县(赣)	90.00
51	玉山县(赣)	80.00
52	德安县(赣)	69.20

（续）

序号	杉木苗主产地	产量(万株)
53	泰和县(赣)	60.07
54	樟树市(赣)	50.00
55	于都县(赣)	43.00
56	广丰县(赣)	40.00
57	新　县(豫)	1500.00
58	竹溪县(鄂)	3150.00
59	利川市(鄂)	1800.00
60	罗田县(鄂)	1000.00
61	阳新县(鄂)	1000.00
62	红安县(鄂)	960.00
63	大悟县(鄂)	750.00
64	南漳县(鄂)	600.00
65	房　县(鄂)	300.00
66	宣恩县(鄂)	134.00
67	松滋市(鄂)	120.00
68	建始县(鄂)	80.00
69	郧　县(鄂)	72.00
70	大冶市(鄂)	60.00
71	来凤县(鄂)	60.00
72	枣阳市(鄂)	55.00
73	新邵县(湘)	2500.00
74	东安县(湘)	1540.00
75	蓝山县(湘)	1350.00
76	茶陵县(湘)	1200.00
77	资兴市(湘)	1087.00
78	桂阳县(湘)	943.10
79	绥宁县(湘)	900.00
80	苏仙区(湘)	800.00
81	浏阳市(湘)	800.00
82	双峰县(湘)	800.00
83	汝城县(湘)	800.00
84	芷江侗族自治县(湘)	750.00
85	鼎城区(湘)	700.00
86	安化县(湘)	650.00
87	宁远县(湘)	600.00
88	靖州苗族侗族自治县(湘)	520.00
89	新宁县(湘)	500.00
90	新田县(湘)	500.00
91	会同县(湘)	500.00
92	常宁市(湘)	469.00
93	辰溪县(湘)	400.00
94	城步苗族自治县(湘)	400.00
95	金洞林场(湘)	400.00
96	慈利县(湘)	380.00
97	宜章县(湘)	372.50
98	安仁县(湘)	360.00
99	新晃侗族自治县(湘)	360.00

（续）

序号	杉木苗主产地	产量(万株)
100	隆回县(湘)	348.60
101	洪江市(湘)	330.00
102	临澧县(湘)	300.00
103	华容县(湘)	300.00
104	岳阳县(湘)	300.00
105	嘉禾县(湘)	280.00
106	麻阳苗族自治县(湘)	270.00
107	冷水江市(湘)	270.00
108	沅陵县(湘)	250.00
109	衡山县(湘)	239.40
110	永兴县(湘)	235.00
111	耒阳市(湘)	219.00
112	桂东县(湘)	210.00
113	零陵区(湘)	200.00
114	江永县(湘)	200.00
115	汨罗市(湘)	180.00
116	醴陵市(湘)	160.00
117	株洲市市辖区(湘)	154.00
118	祁东县(湘)	150.00
119	中方县(湘)	100.00
120	溆浦县(湘)	98.00
121	赫山区(湘)	85.00
122	湘乡市(湘)	80.00
123	永定区(湘)	78.00
124	株洲县(湘)	75.00
125	临武县(湘)	60.00
126	道　县(湘)	50.00
127	衡南县(湘)	42.00
128	湘潭县(湘)	30.00
129	邵阳县(湘)	28.00
130	连山壮族瑶族自治县(粤)	1000.00
131	仁化县(粤)	610.00
132	乐昌市(粤)	453.00
133	连州市(粤)	300.00
134	新丰县(粤)	270.00
135	封开县(粤)	200.00
136	乐昌林场(粤)	70.00
137	连山林场(粤)	60.00
138	西江林业局(粤)	60.00
139	水台林场(粤)	60.00
140	郁南县(粤)	30.00
141	蕉岭县(粤)	30.00
142	从化市(粤)	10.33
143	隆林各族自治县(桂)	13110.00
144	西林县(桂)	5698.00
145	融水苗族自治县(桂)	4620.00
146	田林县(桂)	3415.00

(续)

序号	杉木苗主产地	产量(万株)
147	凤山县(桂)	1050.00
148	灌阳县(桂)	900.00
149	资源县(桂)	810.00
150	凌云县(桂)	620.00
151	金城江区(桂)	471.00
152	昭平县(桂)	420.00
153	全州县(桂)	400.00
154	巴马瑶族自治县(桂)	396.00
155	维都林场(桂)	359.00
156	兴安县(桂)	315.00
157	武宣县(桂)	257.00
158	那坡县(桂)	200.00
159	苍梧县(桂)	188.00
160	高峰林场(桂)	180.00
161	田东县(桂)	120.00
162	田阳县(桂)	100.00
163	黄冕林场(桂)	95.60
164	浦北县(桂)	70.00
165	六万林场(桂)	60.00
166	宜州市(桂)	50.00
167	雅长林场(桂)	41.57
168	平果县(桂)	30.00
169	梁平县(渝)	450.00
170	黔江区(渝)	317.00
171	酉阳土家族苗族自治县(渝)	145.00
172	渝北区(渝)	55.70
173	忠　县(渝)	42.00
174	荣昌县(渝)	15.00
175	邻水县(川)	2020.00
176	马边彝族自治县(川)	540.00
177	古蔺县(川)	354.00
178	大竹县(川)	300.00
179	宣汉县(川)	200.00
180	华蓥市(川)	120.00
181	兴文县(川)	110.00
182	开江县(川)	108.00
183	泸　县(川)	90.00
184	青川县(川)	70.00
185	会东县(川)	50.00
186	威远县(川)	30.00
187	高　县(川)	28.00
188	达川区(川)	25.00
189	筠连县(川)	20.00
190	晴隆县(黔)	12000.00
191	榕江县(黔)	9000.00
192	兴仁县(黔)	3500.00
193	望谟县(黔)	1603.62

(续)

序号	杉木苗主产地	产量(万株)
194	石阡县(黔)	1312.00
195	普安县(黔)	1250.00
196	盘　县(黔)	905.00
197	七星关区(黔)	878.20
198	安龙县(黔)	800.00
199	江口县(黔)	300.00
200	纳雍县(黔)	267.00
201	碧江区(黔)	150.00
202	玉屏侗族自治县(黔)	132.45
203	三都水族自治县(黔)	127.21
204	六枝特区(黔)	120.00
205	沿河土家族自治县(黔)	108.00
206	荔波县(黔)	75.00
207	思南县(黔)	55.00
208	万山区(黔)	52.00
209	开阳县(黔)	40.00
210	平坝县(黔)	14.39
211	绿春县(滇)	3090.00
212	丘北县(滇)	1735.00
213	镇康县(滇)	929.00
214	红河县(滇)	650.00
215	广南县(滇)	500.00
216	镇雄县(滇)	300.00
217	元阳县(滇)	260.00
218	个旧市(滇)	200.00
219	屏边苗族自治县(滇)	200.00
220	麻栗坡县(滇)	160.00
221	云　县(滇)	140.00
222	陇川县(滇)	130.00
223	西盟佤族自治县(滇)	106.00
224	凤庆县(滇)	100.00
225	永德县(滇)	100.00
226	西畴县(滇)	97.00
227	大关县(滇)	30.00
228	昌宁县(滇)	20.00
229	瑞丽市(滇)	20.00
230	宁洱哈尼族彝族自治县(滇)	16.00
231	石泉县(陕)	1350.00
232	西乡县(陕)	20.00

表 10-14　云杉苗主产地产量

序号	云杉苗主产地	产量(万株)
1	北京市林业种子苗木管理总站(京)	673.85
2	延庆县(京)	663.86
3	围场满族蒙古族自治县(冀)	1000.00
4	定州市(冀)	700.00
5	木栏围场国营林场(冀)	409.40

(续)

序号	云杉苗主产地	产量(万株)
6	康保县(冀)	401.00
7	沽源县(冀)	387.00
8	尚义县(冀)	154.00
9	张北县(冀)	72.00
10	怀来县(冀)	61.20
11	塞罕坝机械林场(冀)	30.00
12	怀安县(冀)	26.00
13	宁武县(晋)	5400.00
14	原平市(晋)	530.00
15	代　县(晋)	510.00
16	五台县(晋)	120.00
17	阳高县(晋)	75.00
18	五寨县(晋)	45.00
19	偏关县(晋)	40.00
20	左云县(晋)	25.00
21	定襄县(晋)	15.00
22	五岔沟林业局(蒙)	15000.00
23	克什克腾旗(蒙)	2700.00
24	白狼林业局(蒙)	1755.00
25	和林格尔县(蒙)	500.00
26	林西县(蒙)	300.00
27	赛罕区(蒙)	271.80
28	阿尔山市(蒙)	250.00
29	红山区(蒙)	165.49
30	丰镇市(蒙)	85.70
31	乌审旗(蒙)	75.00
32	察哈尔右翼前旗(蒙)	64.79
33	扎兰屯市(蒙)	50.00
34	商都县(蒙)	40.00
35	察哈尔右翼后旗(蒙)	35.70
36	卓资县(蒙)	30.75
37	固阳县(蒙)	26.00
38	敖汉旗(蒙)	24.00
39	土默特左旗(蒙)	20.00
40	巴林林业局(蒙)	11.30
41	内蒙古柴河林业局(蒙)	11.00
42	集宁区(蒙)	10.00
43	乌兰浩特市(蒙)	10.00
44	本溪满族自治县(辽)	800.00
45	桓仁满族自治县(辽)	584.00
46	庄河市(辽)	100.00
47	普兰店市(辽)	86.00
48	宽甸满族自治县(辽)	51.00
49	盖州市(辽)	12.40
50	柳河县(吉)	15000.00
51	桦甸市(吉)	10700.00

（续）

序号	云杉苗主产地	产量（万株）
52	江源区（吉）	3580.00
53	抚松县（吉）	3170.00
54	长白朝鲜族自治县（吉）	2435.00
55	临江市（吉）	1788.00
56	九台市（吉）	1000.00
57	黄泥河林业局（吉）	691.00
58	大石头林业局（吉）	400.00
59	安图县（吉）	400.00
60	辉南县（吉）	390.00
61	珲春林业局（吉）	255.00
62	东辽县（吉）	237.00
63	龙井市（吉）	234.30
64	浑江区（吉）	181.00
65	蛟河实验局（吉）	165.00
66	汪清林业局（吉）	145.00
67	敦化市（吉）	140.00
68	磐石市（吉）	122.00
69	和龙市（吉）	110.00
70	集安市（吉）	95.60
71	汪清县（吉）	72.50
72	敦化林业局（吉）	70.00
73	丰满区（吉）	45.00
74	蛟河市（吉）	43.80
75	二道江区（吉）	40.00
76	昌邑区（吉）	30.00
77	东丰县（吉）	24.00
78	榆树市（吉）	20.00
79	白山市市辖区（吉）	10.00
80	孙吴县（黑）	15909.30
81	尚志市（黑）	4167.00
82	嫩江县（黑）	1100.00
83	鹤岗市市辖区（黑）	890.00
84	延寿县（黑）	800.00
85	爱辉区（黑）	480.00
86	鸡东县（黑）	380.00
87	北安市（黑）	350.00
88	庆安国有林场管理局（黑）	258.30
89	五大连池市（黑）	239.70
90	海伦市（黑）	200.00
91	讷河市（黑）	200.00
92	木兰县（黑）	150.00
93	北林区（黑）	150.00
94	克山县（黑）	148.00
95	汤原县（黑）	90.00
96	林口县（黑）	90.00
97	孟家岗林场（黑）	86.00

（续）

序号	云杉苗主产地	产量（万株）
98	黑河市直属林场（黑）	75.00
99	桦南县（黑）	68.00
100	克东县（黑）	55.00
101	富锦市（黑）	50.00
102	铁力市（黑）	50.00
103	呼兰区（黑）	45.00
104	绥芬河市（黑）	40.00
105	大同区（黑）	35.00
106	萝北县（黑）	35.00
107	通河县（黑）	34.00
108	牡丹江市市本级（黑）	32.00
109	巴彦县（黑）	30.00
110	佳木斯市郊区（黑）	20.00
111	山河实验林场（黑）	20.00
112	兰西县（黑）	15.00
113	饶河县（黑）	13.63
114	呼玛县（黑）	13.00
115	依安县（黑）	10.00
116	松潘县（川）	800.00
117	新龙林业局（川）	750.00
118	雅江县（川）	400.00
119	白玉林业局（川）	113.00
120	甘孜州林业工程处（川）	108.00
121	道孚林业局（川）	30.00
122	稻城县（川）	24.00
123	炉霍林业局（川）	20.00
124	翁达林业局（川）	10.50
125	丹巴林业局（川）	10.00
126	维西傈僳族自治县（滇）	100.00
127	香格里拉县（滇）	27.00
128	边坝县（藏）	29.31
129	贡觉县（藏）	20.00
130	左贡县（藏）	15.00
131	丁青县（藏）	11.50
132	太白县（陕）	47.00
133	劳山林业局（陕）	16.00
134	黄龙山林业局（陕）	11.60
135	辛家山林业局（陕）	10.00
136	迭部县（甘）	15200.00
137	天祝藏族自治县（甘）	9911.11
138	临潭县（甘）	9610.00
139	通渭县（甘）	3000.00
140	山丹县（甘）	1600.00
141	岷　县（甘）	1310.00
142	碌曲县（甘）	803.00
143	关山林业管理局（甘）	735.00

（续）

序号	云杉苗主产地	产量（万株）
144	临洮县（甘）	675.00
145	积石山保安族东乡族撒拉族自治县（甘）	645.00
146	渭源县（甘）	600.00
147	崆峒区（甘）	578.00
148	广河县（甘）	520.00
149	永昌县（甘）	427.58
150	夏河县（甘）	200.00
151	定西市华家岭林业站（甘）	166.70
152	肃州区（甘）	130.00
153	临夏市（甘）	123.00
154	民乐县（甘）	110.00
155	正宁林业总场（甘）	99.00
156	合作市（甘）	80.00
157	康乐县（甘）	75.00
158	会宁县（甘）	68.00
159	湘乐林业总场（甘）	60.60
160	定西市巉口林业试验场（甘）	40.00
161	华池林业总场（甘）	37.96
162	和政县（甘）	30.00
163	临泽县（甘）	10.00
164	隆德县（宁）	6240.00
165	泾源县（宁）	1600.00
166	原州区（宁）	1474.90
167	永宁县（宁）	858.00
168	彭阳县（宁）	300.00
169	西吉县（宁）	60.00
170	大武口区（宁）	10.70
171	富蕴林场（新）	82.00
172	哈密林场（新）	55.10
173	米泉林场（新）	20.00
174	奇台县（新）	16.70
175	乌苏林场（新）	15.50
176	乌尔旗汉林业局（内蒙古森工）	7635.00
177	临江林业局（吉林森工）	928.00
178	三岔子林业局（吉林森工）	700.00
179	松江河林业有限公司（吉林森工）	225.00
180	露水河林业局（吉林森工）	176.00
181	红石林业局（吉林森工）	130.00
182	白石山林业局（吉林森工）	18.85
183	朗乡林业局（龙江森工）	439.60
184	穆棱林业局（龙江森工）	381.00
185	鹤立林业局（龙江森工）	266.00
186	双鸭山林业局（龙江森工）	249.40
187	沾河林业局（龙江森工）	247.40

(续)

序号	云杉苗主产地	产量(万株)
188	绥阳林业局(龙江森工)	246.00
189	汤旺河林业局(龙江森工)	206.00
190	东京城林业局(龙江森工)	184.20
191	带岭实验局(龙江森工)	180.90
192	绥棱林业局(龙江森工)	165.80
193	迎春林业局(龙江森工)	162.00
194	兴隆林业局(龙江森工)	158.00
195	铁力林业局(龙江森工)	148.60
196	鹤北林业局(龙江森工)	131.60
197	翠峦林业局(龙江森工)	131.60
198	新青林业局(龙江森工)	129.10
199	清河林业局(龙江森工)	105.80
200	乌马河林业局(龙江森工)	105.00
201	林口林业局(龙江森工)	104.00
202	双丰林业局(龙江森工)	100.00
203	乌伊岭林业局(龙江森工)	89.40
204	苇河林业局(龙江森工)	86.60
205	红星林业局(龙江森工)	85.50
206	友好林业局(龙江森工)	77.90
207	黑龙江柴河林业局(龙江森工)	77.00
208	美溪林业局(龙江森工)	75.20
209	金山屯林业局(龙江森工)	71.70
210	桦南林业局(龙江森工)	70.70
211	山河屯林业局(龙江森工)	60.70
212	八面通林业局(龙江森工)	60.00
213	东方红林业局(龙江森工)	57.00
214	上甘岭林业局(龙江森工)	56.50
215	大海林林业局(龙江森工)	47.30
216	南岔林业局(龙江森工)	44.70
217	海林林业局(龙江森工)	34.20
218	五营林业局(龙江森工)	30.00
219	桃山林业局(龙江森工)	24.00
220	通北林业局(龙江森工)	23.00

表 10-15 柏树苗主产地产量

序号	柏树苗主产地	产量(万株)
1	定州市(冀)	8513.00
2	怀来县(冀)	389.50
3	遵化市(冀)	300.00
4	阜平县(冀)	181.00
5	满城县(冀)	150.00
6	沧　县(冀)	128.00
7	开平区(冀)	93.00
8	卢龙县(冀)	15.30
9	平山县(冀)	12.00
10	平顺县(晋)	2115.00
11	垣曲县(晋)	500.00

(续)

序号	柏树苗主产地	产量(万株)
12	定襄县(晋)	300.00
13	河曲县(晋)	284.20
14	南郊区(晋)	210.00
15	永和县(晋)	60.00
16	长治县(晋)	18.30
17	盖州市(辽)	600.00
18	苏家屯区(辽)	19.00
19	法库县(辽)	18.00
20	宁波市市辖区(浙)	16.20
21	高安市(赣)	16.80
22	临淄区(鲁)	1900.00
23	肥城市(鲁)	1350.00
24	沂水县(鲁)	195.00
25	兖州市(鲁)	45.00
26	东营区(鲁)	30.00
27	淅川县(豫)	4100.00
28	内乡县(豫)	270.00
29	禹州市(豫)	75.00
30	偃师市(豫)	21.00
31	郧　县(鄂)	831.00
32	郧西县(鄂)	650.00
33	竹山县(鄂)	500.00
34	房　县(鄂)	100.00
35	兴山县(鄂)	62.00
36	孝南区(鄂)	20.00
37	蔡甸区(鄂)	12.00
38	孝昌县(鄂)	10.00
39	洞口县(湘)	200.00
40	武冈市(湘)	200.00
41	新邵县(湘)	180.00
42	新田县(湘)	150.00
43	桂阳县(湘)	142.30
44	涟源市(湘)	112.00
45	零陵区(湘)	100.00
46	永定区(湘)	65.00
47	隆回县(湘)	30.70
48	衡山县(湘)	23.94
49	祁东县(湘)	16.00
50	新宁县(湘)	15.00
51	双峰县(湘)	15.00
52	酉阳土家族苗族自治县(渝)	2500.00
53	潼南县(渝)	980.00
54	巫山县(渝)	350.00
55	开　县(渝)	335.00
56	万州区(渝)	311.20
57	忠　县(渝)	90.00
58	大足县(渝)	60.00

(续)

序号	柏树苗主产地	产量(万株)
59	合川区(渝)	50.00
60	武隆县(渝)	47.00
61	万盛区(渝)	15.00
62	邻水县(川)	450.00
63	岳池县(川)	220.00
64	宣汉县(川)	200.00
65	金川县(川)	120.00
66	开江县(川)	40.00
67	兴义市(黔)	2000.00
68	石阡县(黔)	1312.00
69	沿河土家族自治县(黔)	576.00
70	普定县(黔)	500.00
71	六枝特区(黔)	150.00
72	江口县(黔)	100.00
73	紫云苗族布依族自治县(黔)	100.00
74	思南县(黔)	100.00
75	兴仁县(黔)	60.00
76	开阳县(黔)	48.70
77	普安县(黔)	40.00
78	清镇市(黔)	30.00
79	鹤庆县(滇)	400.00
80	石林彝族自治县(滇)	60.00
81	玉龙纳西族自治县(滇)	40.00
82	石屏县(滇)	30.00
83	倘甸工业园区(滇)	25.00
84	宾川县(滇)	20.00
85	西畴县(滇)	19.00
86	黄龙县(陕)	442.00
87	洋　县(陕)	251.00
88	定边县(陕)	38.00
89	蒲城县(陕)	14.00
90	崆峒区(甘)	387.00
91	环　县(甘)	88.00
92	肃州区(甘)	60.00
93	定西市巉口林业试验场(甘)	50.00
94	民乐县(甘)	40.48
95	临泽县(甘)	13.00
96	陇西县(甘)	10.60
97	永宁县(宁)	1158.00
98	灵武市(宁)	34.61

表 10-16 刺槐苗主产地产量

序号	刺槐苗主产地	产量(万株)
1	北京市林业种子苗木管理总站(京)	15.44
2	青龙满族自治县(冀)	4800.00
3	宽城满族自治县(冀)	2000.00
4	定州市(冀)	1900.00

（续）

序号	刺槐苗主产地	产量（万株）
5	阜平县（冀）	630.00
6	曲阳县（冀）	200.00
7	丰宁满族自治县（冀）	150.00
8	平泉县（冀）	150.00
9	博野县（冀）	140.00
10	易　县（冀）	120.00
11	邢台市桥西区（冀）	100.00
12	沙河市（冀）	50.00
13	桃城区（冀）	37.00
14	怀来县（冀）	27.30
15	吴桥县（冀）	26.70
16	兴隆县（冀）	10.00
17	绛　县（晋）	7300.00
18	方山县（晋）	630.00
19	河津市（晋）	410.00
20	大宁县（晋）	336.00
21	古　县（晋）	200.00
22	陵川县（晋）	178.00
23	阳泉市郊区（晋）	120.00
24	吉　县（晋）	120.00
25	南郊区（晋）	95.00
26	壶关县（晋）	72.00
27	中阳县（晋）	60.00
28	阳城县（晋）	43.20
29	泽州县（晋）	40.00
30	乡宁县（晋）	24.27
31	高平市（晋）	14.80
32	宁城县（蒙）	75.00
33	鄂托克前旗（蒙）	12.88
34	凌海市（辽）	800.00
35	凌源市（辽）	390.00
36	喀喇沁左翼蒙古族自治县（辽）	337.00
37	抚顺县（辽）	230.00
38	普兰店市（辽）	150.00
39	盖州市（辽）	112.00
40	苏家屯区（辽）	108.00
41	绥中县（辽）	100.00
42	大石桥市（辽）	75.00
43	东洲区（辽）	63.00
44	南票区（辽）	45.00
45	双塔区（辽）	22.50
46	阜新蒙古族自治县（辽）	18.00
47	太子河区（辽）	10.00
48	老边区（辽）	10.00
49	朝阳区（吉）	60.00
50	濉溪县（皖）	60.00
51	杜集区（皖）	60.00
52	萧　县（皖）	30.00

（续）

序号	刺槐苗主产地	产量（万株）
53	长清区（鲁）	150.00
54	芝罘区（鲁）	150.00
55	河口区（鲁）	60.00
56	宁阳县（鲁）	56.50
57	桓台县（鲁）	38.00
58	肥城市（鲁）	18.00
59	陵　县（鲁）	16.00
60	利津县（鲁）	15.00
61	德城区（鲁）	10.00
62	费　县（鲁）	10.00
63	汝州市（豫）	570.00
64	湖滨区（豫）	562.00
65	洛宁县（豫）	423.00
66	卢氏县（豫）	382.45
67	淇滨区（豫）	165.00
68	遂平县（豫）	101.00
69	灵宝市（豫）	90.00
70	淅川县（豫）	84.00
71	宜阳县（豫）	60.00
72	潢川县（豫）	57.00
73	商水县（豫）	45.00
74	嵩　县（豫）	20.00
75	义马市（豫）	15.00
76	大悟县（鄂）	520.00
77	利川市（鄂）	330.00
78	竹山县（鄂）	248.00
79	竹溪县（鄂）	120.00
80	郧西县（鄂）	60.00
81	宜都市（鄂）	50.00
82	当阳市（鄂）	13.00
83	双峰县（湘）	130.00
84	麻阳苗族自治县（湘）	18.00
85	慈利县（湘）	11.00
86	酉阳土家族苗族自治县（渝）	2150.00
87	万州区（渝）	201.60
88	石柱土家族自治县（渝）	90.00
89	万盛区（渝）	32.00
90	南江县（川）	80.00
91	六枝特区（黔）	50.00
92	丁青县（藏）	20.00
93	陈仓区（陕）	3044.00
94	吴起县（陕）	780.00
95	长武县（陕）	705.00
96	安塞县（陕）	353.00
97	甘泉县（陕）	312.00
98	韩城市林业局（陕）	262.00
99	延川县（陕）	253.00
100	千阳县（陕）	240.00

（续）

序号	刺槐苗主产地	产量（万株）
101	靖边县（陕）	146.00
102	子洲县（陕）	120.00
103	乾　县（陕）	108.00
104	印台区（陕）	72.00
105	镇安县（陕）	70.00
106	凤　县（陕）	60.00
107	镇坪县（陕）	60.00
108	麟游县（陕）	60.00
109	周至县（陕）	56.00
110	陇　县（陕）	54.00
111	淳化县（陕）	50.00
112	商南县（陕）	45.00
113	宁陕县（陕）	40.00
114	三原县（陕）	15.00
115	宜君县（陕）	10.00
116	崆峒区（甘）	2022.00
117	西峰区（甘）	1800.00
118	渭源县（甘）	1200.00
119	礼　县（甘）	1200.00
120	会宁县（甘）	806.00
121	通渭县（甘）	500.00
122	湘乐林业总场（甘）	313.40
123	静宁县（甘）	303.95
124	清水县（甘）	240.00
125	合水林业总场（甘）	216.00
126	崇信县（甘）	158.00
127	西和县（甘）	100.00
128	正宁县（甘）	90.00
129	两当县（甘）	60.00
130	民勤县（甘）	42.51
131	正宁林业总场（甘）	31.00
132	永靖县（甘）	22.50
133	靖远县（甘）	16.50
134	华池林业总场（甘）	15.00
135	环　县（甘）	12.00
136	彭阳县（宁）	1600.00
137	泾源县（宁）	1500.00
138	永宁县（宁）	998.00
139	中宁县（宁）	135.11
140	同心县（宁）	87.69
141	大武口区（宁）	84.30
142	灵武市（宁）	82.86
143	贺兰县（宁）	82.00
144	金凤区（宁）	75.10
145	原州区（宁）	69.90
146	隆德县（宁）	49.00
147	盐池县（宁）	44.03
148	平罗县（宁）	39.10

(续)

序号	刺槐苗主产地	产量(万株)
149	西吉县(宁)	20.00
150	灵武白芨滩国家级自然保护区(宁)	15.78
151	惠农区(宁)	15.00
152	西夏区(宁)	12.60
153	青铜峡市(宁)	10.00

表 10-17　桦树苗主产地产量

序号	桦树苗主产地	产量(万株)
1	延庆县(京)	4.28
2	木栏围场国营林场(冀)	39.00
3	围场满族蒙古族自治县(冀)	22.50
4	克什克腾旗(蒙)	106.00
5	辽宁实验林场(辽)	5.10
6	辽宁省生态实验林场(辽)	3.00
7	抚松县(吉)	1585.00
8	浑江区(吉)	205.40
9	临江市(吉)	200.00
10	东辽县(吉)	13.80
11	舒兰市(吉)	13.20
12	白山市市辖区(吉)	10.00
13	昌邑区(吉)	6.90
14	汤原县(黑)	58.00
15	讷河市(黑)	20.00
16	庆安国有林场管理局(黑)	10.80
17	呼兰区(黑)	9.00
18	五大连池市(黑)	4.20
19	中国林科院热林中心(桂)	25.00
20	雅长林场(桂)	15.60
21	施甸县(滇)	120.00
22	瑞丽市(滇)	90.00
23	庆城县(甘)	217.00
24	富蕴林场(新)	21.70
25	阿尔泰林场 (新)	20.00
26	奇台县(新)	17.00
27	呼图壁林场(新)	5.33
28	沙湾林场(新)	2.19
29	哈巴河林场(新)	1.00
30	三岔子林业局(吉林森工)	15.00
31	临江林业局(吉林森工)	3.00

表 10-18　泡桐苗主产地产量

序号	泡桐苗主产地	产量(万株)
1	邯郸县(冀)	70.00
2	南和县(冀)	64.00
3	沙河市(冀)	37.00
4	柏乡县(冀)	11.00
5	夏　县(晋)	22.50

(续)

序号	泡桐苗主产地	产量(万株)
6	曹　县(鲁)	182.00
7	青州市(鲁)	16.00
8	东平县(鲁)	15.00
9	民权县(豫)	180.00
10	睢　县(豫)	130.00
11	禹州市(豫)	80.00
12	郸城县(豫)	70.00
13	新安县(豫)	50.00
14	鹿邑县(豫)	48.00
15	商水县(豫)	45.00
16	梁园区(豫)	35.70
17	睢阳区(豫)	34.00
18	确山县(豫)	30.00
19	西华县(豫)	26.00
20	偃师市(豫)	23.00
21	博爱县(豫)	15.00
22	南乐县(豫)	15.00
23	长葛市(豫)	15.00
24	郏　县(豫)	15.00
25	杞　县(豫)	13.00
26	柘城县(豫)	11.00
27	淮阳县(豫)	10.50
28	大悟县(鄂)	10.00
29	双峰县(湘)	40.00
30	酉阳土家族苗族自治县(渝)	16.00
31	华阴市(陕)	15.00

表 10-19　柳树苗主产地产量

序号	柳树苗主产地	产量(万株)
1	延庆县(京)	27.30
2	宝坻区(津)	155.00
3	定州市(冀)	1120.00
4	邱　县(冀)	800.00
5	博野县(冀)	480.00
6	阳原县(冀)	450.00
7	南和县(冀)	296.00
8	馆陶县(冀)	280.00
9	景　县(冀)	241.00
10	永年县(冀)	227.00
11	沧　县(冀)	221.00
12	平乡县(冀)	200.00
13	丰宁满族自治县(冀)	180.00
14	吴桥县(冀)	165.00
15	涿州市(冀)	161.27
16	晋州市(冀)	140.26
17	邢台县(冀)	120.00
18	滦南县(冀)	102.00

(续)

序号	柳树苗主产地	产量(万株)
19	临西县(冀)	93.00
20	阜城县(冀)	78.75
21	辛集市(冀)	76.00
22	邯郸县(冀)	75.00
23	怀安县(冀)	68.00
24	滦　县(冀)	64.00
25	肥乡县(冀)	50.00
26	武安市(冀)	48.00
27	开平区(冀)	45.00
28	南皮县(冀)	42.00
29	武邑县(冀)	42.00
30	迁西县(冀)	40.00
31	沙河市(冀)	40.00
32	任　县(冀)	38.00
33	阜平县(冀)	37.00
34	广平县(冀)	36.00
35	盐山县(冀)	32.89
36	柏乡县(冀)	30.00
37	唐山市汉沽管理区(冀)	30.00
38	高碑店市(冀)	24.00
39	乐亭县(冀)	23.50
40	河间市(冀)	22.50
41	蔚　县(冀)	22.00
42	容城县(冀)	18.00
43	大名县(冀)	18.00
44	安次区(冀)	18.00
45	安平县(冀)	16.00
46	万全区(冀)	16.00
47	魏　县(冀)	15.00
48	围场满族蒙古族自治县(冀)	14.00
49	北戴河区(冀)	14.00
50	鸡泽县(冀)	13.00
51	沧州市临港经济技术开发区(冀)	11.50
52	临漳县(冀)	10.00
53	安新县(冀)	10.00
54	怀来县(冀)	10.00
55	康保县(冀)	10.00
56	原平市(晋)	369.67
57	绛　县(晋)	360.00
58	潞城市(晋)	360.00
59	代　县(晋)	340.00
60	怀仁县(晋)	249.00
61	河津市(晋)	200.00
62	稷山县(晋)	163.08
63	阳高县(晋)	130.00
64	定襄县(晋)	120.00
65	襄垣县(晋)	100.00
66	忻府区(晋)	76.03
67	岢岚县(晋)	75.00

（续）

序号	柳树苗主产地	产量(万株)
68	广灵县(晋)	60.00
69	壶关县(晋)	60.00
70	临猗县(晋)	59.00
71	高平市(晋)	53.20
72	屯留县(晋)	53.00
73	泽州县(晋)	50.00
74	翼城县(晋)	46.00
75	河曲县(晋)	36.23
76	夏　县(晋)	35.80
77	五台县(晋)	31.00
78	古　县(晋)	30.00
79	乡宁县(晋)	22.59
80	新荣区(晋)	20.25
81	垣曲县(晋)	20.00
82	大宁县(晋)	11.00
83	五原县(蒙)	815.90
84	科尔沁区(蒙)	617.00
85	乌拉特前旗(蒙)	300.00
86	土默特右旗(蒙)	212.38
87	杭锦后旗(蒙)	105.00
88	乌审旗(蒙)	100.00
89	库伦旗(蒙)	71.00
90	乌兰浩特市(蒙)	60.00
91	奈曼旗(蒙)	59.20
92	达拉特旗(蒙)	52.50
93	鄂托克前旗(蒙)	48.53
94	乌拉特后旗(蒙)	45.50
95	开鲁县(蒙)	45.00
96	固阳县(蒙)	33.00
97	元宝山区(蒙)	30.00
98	阿尔山市(蒙)	20.00
99	红山区(蒙)	18.51
100	丰镇市(蒙)	13.70
101	扎兰屯市(蒙)	10.00
102	东港市(辽)	1800.00
103	阜新蒙古族自治县(辽)	1020.00
104	新民市(辽)	913.16
105	普兰店市(辽)	425.00
106	庄河市(辽)	300.00
107	法库县(辽)	202.00
108	瓦房店市(辽)	186.00
109	大洼县(辽)	181.00
110	康平县(辽)	150.00
111	喀喇沁左翼蒙古族自治县(辽)	66.50
112	于洪区(辽)	50.00
113	义　县(辽)	40.00
114	调兵山市(辽)	25.00
115	银州区(辽)	24.00
116	双塔区(辽)	11.50
117	老边区(辽)	10.00
118	洮南市(吉)	483.00
119	长岭县(吉)	350.00
120	磐石市(吉)	200.00
121	辉南县(吉)	83.00
122	白城市市辖区(吉)	47.00
123	浑江区(吉)	37.50
124	舒兰市(吉)	30.20
125	朝阳区(吉)	30.00
126	通榆县(吉)	24.10
127	伊通满族自治县(吉)	15.00
128	东辽县(吉)	11.65
129	林甸县(黑)	610.00
130	松北区(黑)	268.00
131	呼兰区(黑)	225.00
132	五常市(黑)	170.00
133	讷河市(黑)	100.00
134	让胡路区(黑)	75.00
135	大同区(黑)	62.00
136	依安县(黑)	50.00
137	克东县(黑)	36.00
138	巴彦县(黑)	30.00
139	五大连池市(黑)	28.10
140	通河县(黑)	21.00
141	龙江县(黑)	20.00
142	孙吴县(黑)	18.00
143	奉化市(浙)	10.00
144	毛集实验区(皖)	120.00
145	怀远县(皖)	100.00
146	固镇县(皖)	50.00
147	潘集区(皖)	23.00
148	贵池区(皖)	21.00
149	肥西县(皖)	15.00
150	望江县(皖)	14.00
151	垦利县(鲁)	2827.00
152	乐陵市(鲁)	2096.00
153	长清区(鲁)	1620.00
154	高青县(鲁)	850.00
155	陵　县(鲁)	778.00
156	德州市市辖区(鲁)	700.00
157	东平县(鲁)	600.00
158	章丘市(鲁)	410.00
159	新泰市(鲁)	360.00
160	肥城市(鲁)	299.00
161	茌平县(鲁)	233.13
162	莱城区(鲁)	220.00
163	利津县(鲁)	185.00
164	夏津县(鲁)	181.00
165	梁山县(鲁)	172.00
166	宁阳县(鲁)	162.00
167	东营区(鲁)	150.00
168	昌邑市(鲁)	129.60
169	兖州市(鲁)	120.00
170	滨城区(鲁)	120.00
171	河东区(鲁)	100.00
172	昌乐县(鲁)	80.00
173	青州市(鲁)	60.00
174	东昌府区(鲁)	50.00
175	诸城市(鲁)	50.00
176	沂水县(鲁)	47.00
177	桓台县(鲁)	44.00
178	德城区(鲁)	41.00
179	环翠区(鲁)	40.00
180	阳信县(鲁)	35.00
181	岱岳区(鲁)	28.00
182	邹城市(鲁)	28.00
183	寒亭区(鲁)	27.00
184	汶上县(鲁)	25.00
185	费　县(鲁)	24.00
186	嘉祥县(鲁)	21.00
187	坊子区(鲁)	20.00
188	博山区(鲁)	20.00
189	牟平区(鲁)	10.00
190	濮阳县(豫)	1080.00
191	社旗县(豫)	400.00
192	杞　县(豫)	249.00
193	栾川县(豫)	201.78
194	淅川县(豫)	150.00
195	范　县(豫)	120.00
196	长葛市(豫)	111.00
197	汤阴县(豫)	90.00
198	尉氏县(豫)	87.00
199	商水县(豫)	76.00
200	濮阳市高新区(豫)	66.00
201	华龙区(豫)	65.00
202	郾城区(豫)	51.74
203	清丰县(豫)	47.00
204	济源市(豫)	37.00
205	原阳县(豫)	28.00
206	淇滨区(豫)	25.00
207	上蔡县(豫)	24.00
208	辉县市(豫)	23.00
209	宁陵县(豫)	13.50
210	安阳县(豫)	12.00
211	郧　县(鄂)	313.00

(续)

序号	柳树苗主产地	产量(万株)
212	竹山县(鄂)	35.00
213	红安县(鄂)	30.00
214	株洲县(湘)	60.00
215	零陵区(湘)	45.00
216	武隆县(渝)	27.00
217	甘孜县(川)	92.00
218	翁达林业局(川)	40.40
219	雅江县(川)	30.00
220	石渠县(川)	20.00
221	色达县(川)	15.00
222	洛隆县(藏)	20.00
223	拉孜县(藏)	17.00
224	达孜县(藏)	12.00
225	洛南县(陕)	470.00
226	商州区(陕)	200.00
227	吴起县(陕)	49.00
228	富平县(陕)	13.66
229	子洲县(陕)	12.00
230	延长县(陕)	12.00
231	麟游县(陕)	10.00
232	广河县(甘)	3200.00
233	崆峒区(甘)	1934.00
234	会宁县(甘)	501.00
235	临泽县(甘)	420.90
236	渭源县(甘)	360.00
237	肃州区(甘)	240.00
238	临夏市(甘)	215.00
239	西固区(甘)	200.00
240	永昌县(甘)	186.10
241	高台县(甘)	136.00
242	东乡族自治县(甘)	112.00
243	崇信县(甘)	75.00
244	西峰区(甘)	70.00
245	积石山保安族东乡族撒拉族自治县(甘)	38.00
246	金塔县(甘)	34.00
247	华池林业总场(甘)	29.37
248	民勤县(甘)	28.78
249	山丹县(甘)	25.00
250	古浪县(甘)	24.50
251	临潭县(甘)	18.00
252	靖远县(甘)	16.50
253	民乐县(甘)	13.30
254	清水县(甘)	12.00
255	定西市巉口林业试验场(甘)	10.00
256	永宁县(宁)	1895.00
257	隆德县(宁)	1038.00

(续)

序号	柳树苗主产地	产量(万株)
258	原州区(宁)	661.20
259	同心县(宁)	596.06
260	平罗县(宁)	411.30
261	中宁县(宁)	370.98
262	西吉县(宁)	310.50
263	彭阳县(宁)	200.00
264	金凤区(宁)	144.00
265	灵武市(宁)	95.97
266	利通区(宁)	70.00
267	大武口区(宁)	13.50
268	红寺堡区(宁)	11.10
269	西夏区(宁)	10.00
270	英吉沙县(新)	319.13
271	莎车县(新)	111.00
272	伽师县(新)	73.10
273	巴楚县(新)	40.17
274	岳普湖县(新)	38.00
275	农四师(新疆兵团)	30.00

表 10-20　杨树苗主产地产量

序号	杨树苗主产地	产量(万株)
1	延庆县(京)	24.10
2	宝坻区(津)	388.00
3	涿州市(冀)	3500.00
4	丰宁满族自治县(冀)	840.00
5	安次区(冀)	669.00
6	魏　县(冀)	649.00
7	曲阳县(冀)	540.00
8	邱　县(冀)	520.00
9	曲周县(冀)	470.00
10	阳原县(冀)	450.00
11	邢台县(冀)	440.00
12	香河县(冀)	430.00
13	沽源县(冀)	403.00
14	文安县(冀)	400.00
15	滦南县(冀)	369.00
16	迁安市(冀)	357.00
17	永年县(冀)	353.00
18	永清县(冀)	350.00
19	成安县(冀)	350.00
20	定兴县(冀)	350.00
21	阜城县(冀)	341.00
22	昌黎县(冀)	341.00
23	任丘市(冀)	339.85
24	沙河市(冀)	310.00
25	辛集市(冀)	309.00

(续)

序号	杨树苗主产地	产量(万株)
26	玉田县(冀)	295.00
27	南和县(冀)	285.00
28	沧　县(冀)	285.00
29	尚义县(冀)	276.00
30	定州市(冀)	270.00
31	临漳县(冀)	267.10
32	蠡　县(冀)	250.00
33	怀来县(冀)	242.40
34	晋州市(冀)	238.03
35	邯郸县(冀)	230.00
36	泊头市(冀)	228.22
37	武邑县(冀)	226.00
38	隆尧县(冀)	220.00
39	南皮县(冀)	203.90
40	景　县(冀)	200.10
41	广宗县(冀)	200.00
42	馆陶县(冀)	200.00
43	邢台市桥西区(冀)	200.00
44	康保县(冀)	175.00
45	宁晋县(冀)	165.00
46	围场满族蒙古族自治县(冀)	160.00
47	吴桥县(冀)	156.00
48	雄　县(冀)	150.00
49	望都县(冀)	150.00
50	宽城满族自治县(冀)	150.00
51	怀安县(冀)	130.00
52	临西县(冀)	129.00
53	迁西县(冀)	120.00
54	行唐县(冀)	120.00
55	肃宁县(冀)	100.20
56	藁城区(冀)	98.00
57	赵　县(冀)	90.00
58	鹿泉区(冀)	88.60
59	卢龙县(冀)	87.00
60	武强县(冀)	80.00
61	任　县(冀)	79.00
62	河间市(冀)	71.50
63	大厂回族自治县(冀)	71.00
64	高阳县(冀)	70.00
65	峰峰矿区(冀)	60.00
66	博野县(冀)	60.00
67	万全区(冀)	60.00
68	蔚　县(冀)	54.00
69	威　县(冀)	50.00
70	肥乡县(冀)	50.00
71	开平区(冀)	45.00
72	张家口市高新技术管理区(冀)	45.00
73	安国市(冀)	44.00

（续）

序号	杨树苗主产地	产量（万株）
74	清河县（冀）	40.00
75	易　县（冀）	40.00
76	高碑店市（冀）	37.50
77	容城县（冀）	37.00
78	故城县（冀）	35.00
79	柏乡县（冀）	33.00
80	平山县（冀）	33.00
81	桃城区（冀）	31.00
82	青　县（冀）	30.95
83	满城县（冀）	30.00
84	鸡泽县（冀）	30.00
85	盐山县（冀）	28.00
86	新河县（冀）	27.00
87	大名县（冀）	27.00
88	孟村回族自治县（冀）	25.00
89	枣强县（冀）	23.30
90	石家庄市南化苗圃（冀）	18.00
91	抚宁区（冀）	15.00
92	广平县（冀）	15.00
93	无极县（冀）	15.00
94	沧州市南大港管理区（冀）	15.00
95	新华区（冀）	14.50
96	安新县（冀）	13.00
97	安平县（冀）	11.00
98	三河市（冀）	10.00
99	献　县（冀）	10.00
100	绛　县（晋）	1400.00
101	原平市（晋）	418.79
102	襄垣县（晋）	370.00
103	高平市（晋）	294.20
104	汾阳市（晋）	266.00
105	代　县（晋）	255.00
106	大同县（晋）	225.00
107	定襄县（晋）	200.00
108	怀仁县（晋）	163.00
109	河津市（晋）	150.00
110	屯留县（晋）	149.00
111	夏　县（晋）	135.20
112	忻府区（晋）	111.61
113	南郊区（晋）	90.00
114	河曲县（晋）	86.40
115	天镇县（晋）	80.00
116	岢岚县（晋）	80.00
117	临猗县（晋）	77.00
118	翼城县（晋）	74.00
119	新荣区（晋）	70.68
120	稷山县（晋）	65.10
121	壶关县（晋）	64.00
122	阳城县（晋）	50.00
123	广灵县（晋）	45.00
124	古　县（晋）	31.00
125	黎城县（晋）	30.00
126	垣曲县（晋）	20.00
127	左云县（晋）	18.00
128	长治县（晋）	13.50
129	五原县（蒙）	1897.60
130	扎赉特旗（蒙）	1300.00
131	科尔沁区（蒙）	1300.00
132	乌审旗（蒙）	1000.00
133	杭锦后旗（蒙）	750.00
134	科尔沁左翼后旗（蒙）	499.00
135	开鲁县（蒙）	450.00
136	临河区（蒙）	425.00
137	库伦旗（蒙）	304.00
138	巴林右旗（蒙）	277.90
139	土默特右旗（蒙）	222.66
140	奈曼旗（蒙）	200.00
141	突泉县（蒙）	200.00
142	武川县（蒙）	180.00
143	翁牛特旗（蒙）	129.00
144	红山区（蒙）	123.15
145	达拉特旗（蒙）	101.00
146	乌兰浩特市（蒙）	95.00
147	鄂托克前旗（蒙）	94.95
148	额尔古纳市（蒙）	80.00
149	赛罕区（蒙）	77.93
150	察哈尔右翼后旗（蒙）	76.00
151	察哈尔右翼中旗（蒙）	67.50
152	乌拉特后旗（蒙）	66.50
153	阿鲁科尔沁旗（蒙）	64.00
154	固阳县（蒙）	59.00
155	巴林左旗（蒙）	52.00
156	海拉尔区（蒙）	40.00
157	杭锦旗（蒙）	36.90
158	鄂托克旗（蒙）	34.00
159	丰镇市（蒙）	31.20
160	敖汉旗（蒙）	26.00
161	四子王旗（蒙）	25.00
162	和林格尔县（蒙）	20.00
163	卓资县（蒙）	16.00
164	克什克腾旗（蒙）	10.00
165	辽中区（辽）	1000.00
166	凌海市（辽）	800.00
167	昌图县（辽）	800.00
168	新民市（辽）	575.30
169	喀喇沁左翼蒙古族自治县（辽）	437.10
170	法库县（辽）	435.00
171	康平县（辽）	400.00
172	绥中县（辽）	300.00
173	阜新蒙古族自治县（辽）	300.00
174	盖州市（辽）	180.00
175	北票市（辽）	180.00
176	凌源市（辽）	180.00
177	大洼县（辽）	173.00
178	普兰店市（辽）	87.00
179	老边区（辽）	45.00
180	辽宁省杨树研究所（辽）	32.00
181	太子河区（辽）	27.50
182	双塔区（辽）	27.00
183	银州区（辽）	21.00
184	于洪区（辽）	20.00
185	大石桥市（辽）	10.00
186	前郭尔罗斯蒙古族自治县（吉）	2100.00
187	通榆县（吉）	2031.30
188	洮南市（吉）	1125.00
189	公主岭市（吉）	1100.00
190	大安市（吉）	1100.00
191	镇赉县（吉）	1000.00
192	农安县（吉）	800.00
193	双辽市（吉）	520.00
194	磐石市（吉）	460.00
195	宁江区（吉）	200.00
196	洮北区（吉）	200.00
197	舒兰市（吉）	190.00
198	白城市市辖区（吉）	186.00
199	长岭县（吉）	120.00
200	浑江区（吉）	92.25
201	丰满区（吉）	80.00
202	朝阳区（吉）	70.00
203	辉南县（吉）	56.00
204	绿园区（吉）	45.00
205	长白朝鲜族自治县（吉）	16.00
206	伊通满族自治县（吉）	15.00
207	双阳区（吉）	10.00
208	林甸县（黑）	1620.00
209	阿城区（黑）	1130.00
210	双城市（黑）	628.00
211	巴彦县（黑）	600.00
212	呼兰区（黑）	480.00
213	五常市（黑）	450.00
214	明水县（黑）	400.00
215	大同区（黑）	307.00
216	庆安县（黑）	300.00
217	克山县（黑）	263.00

(续)

序号	杨树苗主产地	产量(万株)
218	松北区(黑)	254.00
219	汤原县(黑)	242.80
220	让胡路区(黑)	225.00
221	北林区(黑)	208.00
222	依安县(黑)	200.00
223	龙江县(黑)	200.00
224	杜尔伯特蒙古族自治县(黑)	192.00
225	安达市(黑)	150.00
226	尚志市(黑)	135.00
227	绥滨县(黑)	124.00
228	庆安国有林场管理局(黑)	81.60
229	通河县(黑)	65.00
230	木兰县(黑)	60.00
231	道外区(黑)	60.00
232	望奎县(黑)	50.00
233	同江市(黑)	41.00
234	红岗区(黑)	40.00
235	五大连池市(黑)	23.50
236	铁力市(黑)	20.00
237	昂昂溪区(黑)	20.00
238	孙吴县(黑)	11.50
239	克东县(黑)	11.00
240	桐庐县(浙)	27.30
241	霍邱县(皖)	520.00
242	淮上区(皖)	400.00
243	泗　县(皖)	341.97
244	无为县(皖)	144.00
245	望江县(皖)	130.00
246	庐阳区(皖)	110.00
247	怀远县(皖)	92.00
248	寿　县(皖)	90.00
249	固镇县(皖)	80.00
250	迎江区(皖)	75.00
251	萧　县(皖)	75.00
252	芜湖县(皖)	60.00
253	灵璧县(皖)	38.00
254	明光市(皖)	24.00
255	金寨县(皖)	15.00
256	贵池区(皖)	15.00
257	谢家集区(皖)	10.60
258	三山区(皖)	10.00
259	新建县(赣)	45.00
260	瑞昌市(赣)	13.07
261	冠　县(鲁)	3800.00
262	新泰市(鲁)	2830.00
263	肥城市(鲁)	2280.00
264	诸城市(鲁)	2000.00
265	德州市市辖区(鲁)	1600.00

(续)

序号	杨树苗主产地	产量(万株)
266	东平县(鲁)	1500.00
267	乐陵市(鲁)	1352.00
268	夏津县(鲁)	1070.00
269	莒南县(鲁)	960.00
270	曹　县(鲁)	901.60
271	宁阳县(鲁)	861.00
272	安丘市(鲁)	650.00
273	嘉祥县(鲁)	630.00
274	郯城县(鲁)	621.00
275	邹城市(鲁)	569.00
276	高青县(鲁)	500.00
277	岱岳区(鲁)	490.00
278	茌平县(鲁)	435.30
279	蒙阴县(鲁)	424.00
280	陵　县(鲁)	375.00
281	章丘市(鲁)	338.00
282	平邑县(鲁)	331.00
283	梁山县(鲁)	318.00
284	莱城区(鲁)	300.00
285	桓台县(鲁)	276.00
286	利津县(鲁)	250.00
287	沂水县(鲁)	225.00
288	滨城区(鲁)	210.00
289	沂南县(鲁)	200.00
290	东营区(鲁)	200.00
291	费　县(鲁)	156.00
292	昌乐县(鲁)	130.00
293	莱阳市(鲁)	120.00
294	兖州市(鲁)	115.00
295	东昌府区(鲁)	87.00
296	武城县(鲁)	80.00
297	垦利县(鲁)	75.00
298	临沭县(鲁)	60.00
299	德城区(鲁)	47.00
300	坊子区(鲁)	45.00
301	微山县(鲁)	45.00
302	莘　县(鲁)	38.00
303	寒亭区(鲁)	27.00
304	阳信县(鲁)	18.00
305	龙口市(鲁)	17.20
306	鱼台县(鲁)	15.00
307	荣成市(鲁)	10.00
308	西华县(豫)	2814.00
309	台前县(豫)	1926.00
310	商水县(豫)	1922.00
311	扶沟县(豫)	1029.00
312	卢氏县(豫)	969.50
313	获嘉县(豫)	851.00

(续)

序号	杨树苗主产地	产量(万株)
314	尉氏县(豫)	800.00
315	民权县(豫)	630.00
316	濮阳县(豫)	586.10
317	开封县(豫)	585.00
318	睢　县(豫)	500.00
319	夏邑县(豫)	450.00
320	襄城县(豫)	357.00
321	洛宁县(豫)	341.00
322	汤阴县(豫)	270.00
323	通许县(豫)	243.90
324	正阳县(豫)	221.00
325	济源市(豫)	220.00
326	潢川县(豫)	215.00
327	平舆县(豫)	213.00
328	安阳县(豫)	210.00
329	长葛市(豫)	193.00
330	西平县(豫)	180.00
331	新安县(豫)	180.00
332	内黄县(豫)	153.67
333	温　县(豫)	150.00
334	许昌县(豫)	142.00
335	睢阳区(豫)	121.10
336	上蔡县(豫)	101.00
337	范　县(豫)	100.00
338	原阳县(豫)	90.00
339	禹州市(豫)	80.00
340	滑　县(豫)	75.00
341	淇　县(豫)	65.00
342	郾城区(豫)	62.35
343	项城市(豫)	60.00
344	南乐县(豫)	60.00
345	淇滨区(豫)	55.00
346	叶　县(豫)	52.00
347	嵩　县(豫)	51.00
348	新蔡县(豫)	48.00
349	偃师市(豫)	47.00
350	鹿邑县(豫)	45.00
351	博爱县(豫)	45.00
352	林州市(豫)	38.20
353	梁园区(豫)	36.00
354	确山县(豫)	36.00
355	郏　县(豫)	30.00
356	宜阳县(豫)	27.00
357	华龙区(豫)	26.00
358	平桥区(豫)	24.00
359	义马市(豫)	22.00
360	社旗县(豫)	20.00
361	杞　县(豫)	19.00

（续）

序号	杨树苗主产地	产量（万株）
362	金明区（豫）	18.00
363	沈丘县（豫）	16.80
364	顺河回族区（豫）	12.00
365	殷都区（豫）	11.00
366	新野县（豫）	10.00
367	潜江市（鄂）	2000.00
368	洪湖市（鄂）	450.00
369	襄城区（鄂）	450.00
370	天门市（鄂）	400.00
371	监利县（鄂）	350.00
372	嘉鱼县（鄂）	270.00
373	应城市（鄂）	210.00
374	蔡甸区（鄂）	190.00
375	江陵县（鄂）	180.00
376	建始县（鄂）	120.00
377	随　县（鄂）	120.00
378	房　县（鄂）	100.00
379	新洲区（鄂）	90.00
380	枣阳市（鄂）	75.00
381	安陆市（鄂）	50.00
382	孝昌县（鄂）	50.00
383	黄州区（鄂）	30.00
384	郧西县（鄂）	20.00
385	松滋市（鄂）	10.00
386	华容县（湘）	865.00
387	君山区（湘）	650.00
388	南　县（湘）	300.00
389	沅江市（湘）	270.00
390	鼎城区（湘）	38.00
391	武陵区（湘）	25.00
392	安乡县（湘）	10.00
393	潼南县（渝）	378.00
394	巴南区（渝）	42.00
395	长寿区（渝）	10.40
396	顺庆区（川）	1000.00
397	高坪区（川）	301.00
398	通江县（川）	220.00
399	蓬安县（川）	150.00
400	盐亭县（川）	120.00
401	蓬溪县（川）	100.00
402	甘孜县（川）	70.00
403	三台县（川）	32.00
404	大英县（川）	30.00
405	巴州区（川）	23.00
406	昆明市经济技术开发区（滇）	50.00
407	通海县（滇）	40.00
408	阳宗海（滇）	30.00
409	墨竹工卡县（藏）	1200.00

（续）

序号	杨树苗主产地	产量（万株）
410	丁青县（藏）	50.00
411	达孜县（藏）	14.00
412	城关区（藏）	11.50
413	吴起县（陕）	1230.00
414	甘泉县（陕）	132.00
415	定边县（陕）	96.00
416	华阴市（陕）	60.00
417	桥北林业局（陕）	54.90
418	劳山林业局（陕）	22.00
419	甘州区（甘）	2500.00
420	玉门市（甘）	1028.00
421	临泽县（甘）	722.10
422	肃州区（甘）	720.00
423	会宁县（甘）	600.00
424	金塔县（甘）	395.00
425	高台县（甘）	283.00
426	景泰县（甘）	280.00
427	天祝藏族自治县（甘）	238.07
428	瓜州县（甘）	203.00
429	永昌县（甘）	174.01
430	民勤县（甘）	78.64
431	靖远县（甘）	66.00
432	民乐县（甘）	56.00
433	正宁林业总场（甘）	48.00
434	两当县（甘）	48.00
435	古浪县（甘）	45.00
436	华池林业总场（甘）	21.94
437	山丹县（甘）	12.00
438	清水县（甘）	10.00
439	西吉县（宁）	6000.00
440	永宁县（宁）	2330.00
441	彭阳县（宁）	900.00
442	平罗县（宁）	598.00
443	灵武市（宁）	471.65
444	中宁县（宁）	452.87
445	原州区（宁）	325.20
446	贺兰县（宁）	246.00
447	宁夏仁存渡护岸林场（宁）	108.61
448	同心县（宁）	106.63
449	惠农区（宁）	100.00
450	利通区（宁）	80.00
451	大武口区（宁）	28.00
452	沙坡头区（宁）	22.60
453	盐池县（宁）	15.42
454	叶城县（新）	945.00
455	莎车县（新）	796.00
456	疏勒县（新）	630.00
457	英吉沙县（新）	499.62

（续）

序号	杨树苗主产地	产量（万株）
458	沙湾县（新）	431.00
459	巩留县（新）	400.00
460	沙雅县（新）	373.40
461	额敏县（新）	315.00
462	新源县（新）	200.00
463	托里县（新）	181.00
464	阿图什市（新）	123.20
465	岳普湖县（新）	120.00
466	巴楚县（新）	99.14
467	库车县（新）	97.68
468	伽师县（新）	94.70
469	喀什市（新）	51.50
470	奇台县（新）	18.40
471	泽普县（新）	15.51
472	沙湾林场（新）	15.00
473	疏附县（新）	14.00
474	农四师（新疆兵团）	2200.00
475	农二师（新疆兵团）	28.98

表 10-21　白蜡苗主产地产量

序号	白蜡苗主产地	产量（万株）
1	北京市林业种子苗木管理总站（京）	227.46
2	延庆县（京）	71.50
3	静海县（津）	238.00
4	宝坻区（津）	142.00
5	定州市（冀）	1013.00
6	馆陶县（冀）	600.00
7	沧　县（冀）	542.00
8	南和县（冀）	462.00
9	博野县（冀）	345.00
10	遵化市（冀）	250.00
11	行唐县（冀）	240.00
12	邱　县（冀）	225.00
13	安次区（冀）	174.00
14	双桥区（冀）	120.00
15	北戴河新区（冀）	112.00
16	临漳县（冀）	105.10
17	武强县（冀）	100.00
18	滦　县（冀）	96.00
19	曲阳县（冀）	75.00
20	辛集市（冀）	71.00
21	隆尧县（冀）	70.00
22	吴桥县（冀）	66.00
23	永年县（冀）	57.50
24	沧州市南大港管理区（冀）	55.00
25	盐山县（冀）	49.32

(续)

序号	白蜡苗主产地	产量(万株)
26	阜城县(冀)	45.00
27	安国市(冀)	41.00
28	泊头市(冀)	39.74
29	黄骅市(冀)	38.90
30	清河县(冀)	37.00
31	晋州市(冀)	36.28
32	开平区(冀)	36.00
33	栾城区(冀)	35.50
34	邢台县(冀)	32.00
35	怀来县(冀)	31.20
36	高阳县(冀)	30.00
37	易　县(冀)	30.00
38	高碑店市(冀)	30.00
39	涿州市(冀)	30.00
40	故城县(冀)	29.30
41	任　县(冀)	29.00
42	容城县(冀)	27.00
43	徐水县(冀)	25.00
44	河间市(冀)	25.00
45	赵　县(冀)	24.00
46	深泽县(冀)	24.00
47	沧州市临港经济技术开发区(冀)	24.00
48	新河县(冀)	23.00
49	卢龙县(冀)	22.00
50	三河市(冀)	21.60
51	临西县(冀)	20.00
52	大厂回族自治县(冀)	19.00
53	元氏县(冀)	18.00
54	景　县(冀)	16.00
55	广平县(冀)	15.00
56	武邑县(冀)	15.00
57	滦南县(冀)	15.00
58	正定县(冀)	15.00
59	安平县(冀)	12.00
60	新华区(冀)	10.00
61	满城县(冀)	10.00
62	垣曲县(晋)	500.00
63	吉　县(晋)	76.00
64	夏　县(晋)	75.60
65	临猗县(晋)	75.00
66	怀仁县(晋)	53.00
67	大同市植物园(晋)	20.00
68	黎城县(晋)	20.00
69	河津市(晋)	18.00
70	奈曼旗(蒙)	110.00

(续)

序号	白蜡苗主产地	产量(万株)
71	红山区(蒙)	21.98
72	鄂托克前旗(蒙)	14.18
73	东港市(辽)	2300.00
74	庄河市(辽)	180.00
75	大洼县(辽)	38.00
76	瓦房店市(辽)	30.00
77	老边区(辽)	10.00
78	灵璧县(皖)	37.00
79	界首市(皖)	30.00
80	五河县(皖)	10.00
81	惠民县(鲁)	1596000.00
82	乐陵市(鲁)	4860.00
83	寿光市(鲁)	4550.00
84	高青县(鲁)	2300.00
85	垦利县(鲁)	2069.00
86	河口区(鲁)	1550.00
87	利津县(鲁)	1095.00
88	嘉祥县(鲁)	980.00
89	东营区(鲁)	800.00
90	周村区(鲁)	787.00
91	临沂市经济技术开发区(鲁)	732.00
92	兖州市(鲁)	600.00
93	长清区(鲁)	530.00
94	陵　县(鲁)	464.00
95	昌邑市(鲁)	425.00
96	梁山县(鲁)	400.00
97	东平县(鲁)	360.00
98	德州市市辖区(鲁)	300.00
99	东昌府区(鲁)	300.00
100	莘　县(鲁)	300.00
101	茌平县(鲁)	292.05
102	夏津县(鲁)	280.00
103	河东区(鲁)	250.00
104	滨城区(鲁)	240.00
105	汶上县(鲁)	135.00
106	昌乐县(鲁)	130.00
107	邹平县(鲁)	126.00
108	安丘市(鲁)	120.00
109	阳信县(鲁)	93.00
110	肥城市(鲁)	82.00
111	桓台县(鲁)	76.00
112	荣成市(鲁)	65.00
113	临淄区(鲁)	60.00
114	武城县(鲁)	60.00
115	阳谷县(鲁)	55.00

(续)

序号	白蜡苗主产地	产量(万株)
116	青州市(鲁)	45.00
117	文登市(鲁)	40.00
118	坊子区(鲁)	40.00
119	牟平区(鲁)	40.00
120	淄川区(鲁)	30.00
121	费　县(鲁)	23.00
122	环翠区(鲁)	22.00
123	临沭县(鲁)	20.00
124	德城区(鲁)	20.00
125	潍坊市峡山区(鲁)	12.00
126	寒亭区(鲁)	11.00
127	鄢陵县(豫)	1050.00
128	濮阳县(豫)	1050.00
129	湖滨区(豫)	877.00
130	西华县(豫)	432.00
131	栾川县(豫)	352.68
132	济源市(豫)	235.00
133	清丰县(豫)	219.00
134	嵩　县(豫)	150.00
135	南乐县(豫)	148.00
136	尉氏县(豫)	116.84
137	华龙区(豫)	116.00
138	郾城区(豫)	91.32
139	太康县(豫)	78.80
140	长葛市(豫)	75.00
141	项城市(豫)	75.00
142	温　县(豫)	54.00
143	安阳县(豫)	53.00
144	汝南县(豫)	50.00
145	牧野区(豫)	50.00
146	滑　县(豫)	50.00
147	上蔡县(豫)	40.00
148	范　县(豫)	40.00
149	惠济区(豫)	39.35
150	新密市(豫)	35.00
151	夏邑县(豫)	30.00
152	商水县(豫)	28.00
153	唐河县(豫)	22.00
154	新郑市(豫)	21.60
155	荥阳市(豫)	20.30
156	淮滨县(豫)	20.00
157	禹州市(豫)	20.00
158	凤泉区(豫)	19.00
159	濮阳市高新区(豫)	17.75
160	遂平县(豫)	15.44

（续）

序号	白蜡苗主产地	产量（万株）
161	原阳县（豫）	12.50
162	宜都市（鄂）	135.00
163	天门市（鄂）	30.00
164	渝北区（渝）	67.30
165	巴州区（川）	23.00
166	合水林业总场（甘）	134.00
167	正宁林业总场（甘）	91.00
168	临泽县（甘）	67.80
169	华池林业总场（甘）	28.18
170	定西市巉口林业试验场（甘）	10.00
171	永宁县（宁）	642.00
172	贺兰县（宁）	450.00
173	平罗县（宁）	236.60
174	灵武市（宁）	221.18
175	大武口区（宁）	58.20
176	金凤区（宁）	53.00
177	原州区（宁）	48.40
178	中宁县（宁）	45.96
179	惠农区（宁）	15.00
180	尼勒克县（新）	19980.00
181	米东区（新）	1422.68
182	英吉沙县（新）	632.50
183	巩留县（新）	350.00
184	奇台县（新）	111.24
185	阿尔泰林场（新）	70.00
186	阿图什市（新）	62.40
187	新源县（新）	51.00
188	伽师县（新）	29.00
189	富蕴林场（新）	23.80
190	呼图壁林场（新）	15.30
191	乌苏林场（新）	15.00
192	疏附县（新）	14.70
193	库车县（新）	14.51
194	农四师（新疆兵团）	300.00

表 10-22　水曲柳苗主产地产量

序号	水曲柳苗主产地	产量（万株）
1	振安区（辽）	500.00
2	东洲区（辽）	1.00
3	抚松县（吉）	3170.00
4	集安市（吉）	743.00
5	浑江区（吉）	244.20
6	长白朝鲜族自治县（吉）	51.00
7	榆树市（吉）	30.00
8	辉南县（吉）	13.00

（续）

序号	水曲柳苗主产地	产量（万株）
9	白山市市辖区（吉）	10.00
10	昌邑区（吉）	6.00
11	东辽县（吉）	4.00
12	珲春林业局（吉）	2.63
13	孟家岗林场（黑）	140.00
14	庆安国有林场管理局（黑）	6.70
15	克东县（黑）	2.50
16	许昌县（豫）	60.00
17	湘乐林业总场（甘）	1.00
18	奇台林场（新）	29000.00
19	呼图壁林场（新）	4.90
20	松江河林业有限公司（吉林森工）	436.50
21	三岔子林业局（吉林森工）	195.00
22	露水河林业局（吉林森工）	188.90
23	白石山林业局（吉林森工）	46.48
24	临江林业局（吉林森工）	35.00
25	迎春林业局（龙江森工）	664.40
26	海林林业局（龙江森工）	85.00
27	带岭实验局（龙江森工）	73.60
28	南岔林业局（龙江森工）	73.00
29	友好林业局（龙江森工）	54.80
30	大海林林业局（龙江森工）	50.00
31	苇河林业局（龙江森工）	47.20
32	亚布力林业局（龙江森工）	37.90
33	林口林业局（龙江森工）	27.00
34	东方红林业局（龙江森工）	20.50
35	穆棱林业局（龙江森工）	17.60
36	桦南林业局（龙江森工）	15.00
37	绥棱林业局（龙江森工）	13.70
38	乌马河林业局（龙江森工）	12.00
39	方正林业局（龙江森工）	10.80
40	朗乡林业局（龙江森工）	9.30
41	乌伊岭林业局（龙江森工）	9.20
42	黑龙江柴河林业局（龙江森工）	8.00
43	金山屯林业局（龙江森工）	4.20
44	五营林业局（龙江森工）	1.60

表 10-23　榆树苗主产地产量

序号	榆树苗主产地	产量（万株）
1	延庆县（京）	12.89
2	静海县（津）	84.00
3	康保县（冀）	2000.00
4	博野县（冀）	2000.00
5	定州市（冀）	1300.00
6	肥乡县（冀）	1000.00

（续）

序号	榆树苗主产地	产量（万株）
7	丰宁满族自治县（冀）	900.00
8	阳原县（冀）	900.00
9	张北县（冀）	616.00
10	馆陶县（冀）	558.00
11	围场满族蒙古族自治县（冀）	240.00
12	赵　县（冀）	135.00
13	吴桥县（冀）	114.00
14	尚义县（冀）	97.00
15	沙河市（冀）	90.00
16	盐山县（冀）	35.00
17	怀安县（冀）	33.00
18	高阳县（冀）	30.00
19	沽源县（冀）	30.00
20	邢台县（冀）	29.00
21	张家口市高新技术管理区（冀）	25.63
22	临西县（冀）	25.00
23	景　县（冀）	18.00
24	安平县（冀）	14.00
25	任　县（冀）	12.00
26	桃城区（冀）	11.00
27	大同县（晋）	180.00
28	化德县（蒙）	80000.00
29	巴林右旗（蒙）	2540.00
30	杭锦后旗（蒙）	1125.00
31	察哈尔右翼后旗（蒙）	900.00
32	土默特右旗（蒙）	378.26
33	察哈尔右翼中旗（蒙）	320.00
34	翁牛特旗（蒙）	304.00
35	固阳县（蒙）	200.00
36	乌审旗（蒙）	190.00
37	丰镇市（蒙）	136.00
38	科尔沁区（蒙）	130.00
39	松山区（蒙）	130.00
40	奈曼旗（蒙）	100.50
41	鄂温克族自治旗（蒙）	98.00
42	五原县（蒙）	86.70
43	乌拉特后旗（蒙）	72.10
44	鄂托克前旗（蒙）	60.19
45	海拉尔区（蒙）	50.00
46	商都县（蒙）	50.00
47	集宁区（蒙）	36.00
48	乌拉特前旗（蒙）	13.50
49	四子王旗（蒙）	13.00
50	察哈尔右翼前旗（蒙）	12.00
51	阜新蒙古族自治县（辽）	3000.00

(续)

序号	榆树苗主产地	产量(万株)
52	康平县(辽)	1000.00
53	法库县(辽)	173.00
54	喀喇沁左翼蒙古族自治县(辽)	50.00
55	大洼县(辽)	47.00
56	新民市(辽)	28.45
57	于洪区(辽)	20.00
58	太子河区(辽)	20.00
59	通榆县(吉)	478.50
60	丰满区(吉)	30.00
61	明水县(黑)	400.00
62	兰西县(黑)	100.00
63	克东县(黑)	60.00
64	呼兰区(黑)	60.00
65	依安县(黑)	50.00
66	嘉定区(沪)	150.40
67	桐城市(皖)	15.00
68	昌邑市(鲁)	410.00
69	垦利县(鲁)	225.00
70	东营区(鲁)	200.00
71	夏津县(鲁)	140.00
72	武城县(鲁)	68.00
73	利津县(鲁)	68.00
74	威海市工业新区(鲁)	19.20
75	淇滨区(豫)	115.00
76	林州市(豫)	66.00
77	卫辉市(豫)	50.00
78	龙安区(豫)	20.00
79	华龙区(豫)	15.40
80	安阳县(豫)	10.00
81	白朗县(藏)	300000.00
82	城关区(藏)	13.50
83	达孜县(藏)	10.00
84	丁青县(藏)	10.00
85	临泽县(甘)	1096.50
86	民勤县(甘)	108.73
87	肃州区(甘)	50.00
88	山丹县(甘)	46.00
89	永昌县(甘)	37.28
90	民乐县(甘)	24.40
91	定西市峨口林业试验场(甘)	10.00
92	永宁县(宁)	1440.00
93	灵武市(宁)	250.20
94	贺兰县(宁)	109.00
95	盐池县(宁)	102.47
96	原州区(宁)	96.90
97	同心县(宁)	78.90
98	平罗县(宁)	78.80
99	青铜峡市(宁)	30.00
100	灵武白芨滩国家级自然保护区(宁)	27.26
101	尼勒克县(新)	33300.00
102	米东区(新)	1577.32
103	奇台县(新)	571.00
104	沙湾县(新)	46.00
105	英吉沙县(新)	37.47
106	富蕴林场(新)	22.40
107	巩留县(新)	20.00
108	新源县(新)	12.00

表 10-24 楠木苗主产地产量

序号	楠木苗主产地	产量(万株)
1	建德市(浙)	70.00
2	临海市(浙)	45.00
3	全南县(赣)	80.00
4	临川区(赣)	11.00
5	新建县(赣)	3.20
6	分宜县(赣)	1.00
7	宜城市(鄂)	227.00
8	宜都市(鄂)	70.00
9	竹溪县(鄂)	70.00
10	来凤县(鄂)	15.00
11	宣恩县(鄂)	4.00
12	远安县(鄂)	2.00
13	株洲县(湘)	380.00
14	金洞林场(湘)	300.00
15	临武县(湘)	210.00
16	涟源市(湘)	138.00
17	常宁市(湘)	111.00
18	临澧县(湘)	45.00
19	桑植县(湘)	40.00
20	新化县(湘)	10.00
21	安化县(湘)	10.00
22	茶陵县(湘)	6.00
23	衡东县(湘)	4.00
24	南澳县(粤)	91.00
25	连山林场(粤)	5.00
26	东江林场(粤)	3.20
27	昭平县(桂)	8.00
28	江津区(渝)	10.00
29	渝北区(渝)	3.00
30	长宁县(川)	400.00
31	合江县(川)	120.00
32	丹棱县(川)	32.00
33	崇州市(川)	15.00
34	富顺县(川)	5.00
35	龙泉驿区(川)	2.50
36	江口县(黔)	30.00
37	道真仡佬族苗族自治县(黔)	4.00
38	石林彝族自治县(滇)	90.00
39	澜沧拉祜族自治县(滇)	1.10

表 10-25 桉树苗主产地产量

序号	桉树苗主产地	产量(万株)
1	遂溪县(粤)	3770.00
2	霞山区(粤)	2400.00
3	雷州市(粤)	1908.00
4	翁源县(粤)	650.00
5	西江林业局(粤)	490.00
6	高要市(粤)	450.00
7	鼎湖区(粤)	310.00
8	徐闻县(粤)	290.00
9	封开县(粤)	200.00
10	化州市(粤)	150.00
11	饶平县(粤)	150.00
12	吴川市(粤)	140.00
13	清城区(粤)	129.00
14	怀集县(粤)	120.00
15	台山市(粤)	105.00
16	清新县(粤)	80.00
17	恩平市(粤)	75.00
18	东门林场(桂)	4600.00
19	钦南区(桂)	2916.00
20	博白林场(桂)	2517.00
21	钦北区(桂)	1152.00
22	覃塘区(桂)	900.00
23	灵山县(桂)	850.00
24	田东县(桂)	750.00
25	武宣县(桂)	700.00
26	桂平市(桂)	685.00
27	良庆区(桂)	645.00
28	横　县(桂)	539.00
29	合浦县(桂)	510.00
30	陆川县(桂)	500.00
31	高峰林场(桂)	450.80
32	平果县(桂)	450.00
33	宜州市(桂)	450.00

（续）

序号	桉树苗主产地	产量（万株）
34	六万林场（桂）	405.00
35	玉林市福绵区（桂）	400.00
36	维都林场（桂）	368.00
37	田阳县（桂）	250.00
38	七坡林场（桂）	250.00
39	派阳山林场（桂）	217.95
40	三门江林场（桂）	200.00
41	钦廉林场（桂）	182.00
42	广西生态学院（桂）	170.00
43	铁山港区（桂）	129.40
44	昭平县（桂）	93.00
45	田林县（桂）	90.00
46	浦北县（桂）	80.00
47	苍梧县（桂）	60.00
48	江州区（桂）	50.00
49	合山市（桂）	40.00
50	黄冕林场（桂）	30.00
51	北流市（桂）	28.20
52	巴马瑶族自治县（桂）	20.00
53	西林县（桂）	20.00
54	金城江区（桂）	20.00
55	潼南县（渝）	460.00
56	永川区（渝）	60.00
57	荣昌县（渝）	55.00
58	丰都县（渝）	35.78
59	长寿区（渝）	33.40
60	九龙坡区（渝）	20.00
61	乐山市市辖区（川）	200.00
62	泸　县（川）	100.00
63	夹江县（川）	100.00
64	梓潼县（川）	90.00
65	南江县（川）	80.00
66	江油市（川）	60.00
67	威远县（川）	25.00
68	兴义市（黔）	500.00
69	石屏县（滇）	1550.00
70	景谷傣族彝族自治县（滇）	190.00
71	孟连傣族拉祜族佤族自治县（滇）	160.00
72	禄丰县（滇）	150.00
73	南华县（滇）	60.00
74	宁洱哈尼族彝族自治县（滇）	40.00
75	倘甸工业园区（滇）	20.00
76	建水县（滇）	18.00

表 10-26　香樟苗主产地产量

序号	香樟苗主产地	产量（万株）
1	松江区（沪）	127.00
2	滨江区（浙）	2000.00
3	海宁市（浙）	705.60
4	慈溪市（浙）	403.00
5	奉化市（浙）	380.00
6	余杭区（浙）	358.00
7	秀洲区（浙）	341.48
8	桐乡市（浙）	200.00
9	金东区（浙）	110.00
10	黄岩区（浙）	110.00
11	瑞安市（浙）	103.00
12	临安市（浙）	76.00
13	宁海县（浙）	75.00
14	三门县（浙）	73.00
15	嵊州市（浙）	48.50
16	建德市（浙）	45.00
17	玉环县（浙）	39.00
18	瓯海区（浙）	35.00
19	定海区（浙）	31.95
20	温岭市（浙）	30.00
21	诸暨市（浙）	30.00
22	路桥区（浙）	29.00
23	鄞州区（浙）	28.50
24	象山县（浙）	20.00
25	兰溪市（浙）	16.20
26	桐庐县（浙）	15.10
27	衢江区（浙）	13.00
28	鸠江区（皖）	4286.00
29	肥西县（皖）	1200.00
30	霍邱县（皖）	290.00
31	芜湖县（皖）	180.00
32	弋江区（皖）	145.00
33	寿　县（皖）	121.00
34	郎溪县（皖）	85.00
35	宣州区（皖）	56.40
36	潜山县（皖）	50.00
37	金安区（皖）	50.00
38	霍山县（皖）	30.00
39	巢湖市（皖）	29.20
40	青阳县（皖）	25.50
41	东至县（皖）	20.00
42	望江县（皖）	20.00
43	庐阳区（皖）	15.20
44	含山县（皖）	15.00
45	广德县（皖）	12.00
46	太湖县（皖）	10.00
47	新建县（赣）	250.00
48	上犹县（赣）	200.00
49	德安县（赣）	109.02
50	东乡县（赣）	100.00
51	芦溪县（赣）	86.00
52	樟树市（赣）	45.00
53	全南县（赣）	37.00
54	彭泽县（赣）	35.00
55	瑞金市（赣）	26.00
56	临川区（赣）	11.00
57	龙南县（赣）	10.00
58	淅川县（豫）	83.00
59	平桥区（豫）	68.00
60	邓州市（豫）	64.00
61	淮滨县（豫）	20.00
62	郾城区（豫）	16.88
63	老河口市（鄂）	800.00
64	应城市（鄂）	460.00
65	宜都市（鄂）	450.00
66	大悟县（鄂）	450.00
67	沙洋县（鄂）	440.00
68	天门市（鄂）	400.00
69	黄陂区（鄂）	200.00
70	襄城区（鄂）	170.00
71	孝南区（鄂）	150.00
72	蔡甸区（鄂）	130.00
73	襄州区（鄂）	120.00
74	大冶市（鄂）	60.00
75	猇亭区（鄂）	30.60
76	江陵县（鄂）	25.00
77	屈家岭管理区（鄂）	18.00
78	枣阳市（鄂）	17.00
79	张湾区（鄂）	15.00
80	谷城县（鄂）	12.00
81	株洲市市辖区（湘）	1741.00
82	华容县（湘）	500.00
83	衡山县（湘）	319.20
84	赫山区（湘）	300.00
85	涟源市（湘）	170.00
86	邵东县（湘）	135.00
87	临澧县（湘）	120.00
88	桂东县（湘）	90.00
89	新宁县（湘）	50.00
90	株洲县（湘）	45.00

(续)

序号	香樟苗主产地	产量(万株)
91	沅江市(湘)	30.00
92	醴陵市(湘)	30.00
93	双峰县(湘)	20.00
94	岳阳市市辖区(湘)	12.40
95	攸　县(湘)	10.00
96	梅　县(粤)	2500.00
97	惠来县(粤)	250.00
98	大埔县(粤)	220.00
99	饶平县(粤)	150.00
100	清新县(粤)	150.00
101	信宜市(粤)	100.00
102	高要市(粤)	100.00
103	封开县(粤)	80.00
104	乐昌市(粤)	60.00
105	郁南县(粤)	60.00
106	新丰县(粤)	55.00
107	龙川县(粤)	42.00
108	惠城区(粤)	30.00
109	南澳县(粤)	30.00
110	连南瑶族自治县(粤)	25.00
111	龙眼洞林场(粤)	20.00
112	佛冈县(粤)	10.00
113	榕城区(粤)	10.00
114	雅长林场(桂)	19.07
115	灌阳县(桂)	10.00
116	璧山县(渝)	209.93
117	大足县(渝)	90.00
118	潼南县(渝)	84.00
119	荣昌县(渝)	81.90
120	九龙坡区(渝)	80.00
121	沙坪坝区(渝)	69.62
122	巴南区(渝)	63.00
123	忠　县(渝)	50.00
124	永川区(渝)	50.00
125	开　县(渝)	45.00
126	丰都县(渝)	37.75
127	长寿区(渝)	34.10
128	黔江区(渝)	22.00
129	巴州区(川)	200.00
130	邻水县(川)	155.00
131	万源市(川)	130.00
132	合江县(川)	120.00
133	富顺县(川)	75.00
134	大英县(川)	70.00
135	蓬安县(川)	40.00

(续)

序号	香樟苗主产地	产量(万株)
136	宣汉县(川)	30.00
137	龙泉驿区(川)	25.00
138	高　县(川)	23.00
139	威远县(川)	22.00
140	渠　县(川)	20.00
141	长宁县(川)	20.00
142	乐山市市辖区(川)	18.00
143	龙里县(黔)	35.00
144	玉屏侗族自治县(黔)	19.09
145	红花岗区(黔)	11.10
146	弥勒市(滇)	33.80
147	威信县(滇)	15.00
148	永德县(滇)	15.00
149	西乡县(陕)	30.00
150	石泉县(陕)	12.00

表 10-27　女贞苗主产地产量

序号	女贞苗主产地	产量(万株)
1	定州市(冀)	20798.00
2	南和县(冀)	382.00
3	深州市(冀)	140.00
4	沧　县(冀)	102.00
5	开平区(冀)	50.00
6	北戴河区(冀)	32.00
7	山海关区(冀)	22.00
8	任　县(冀)	16.00
9	滦南县(冀)	11.70
10	阳泉市郊区(晋)	240.00
11	阳城县(晋)	36.00
12	缙云县(浙)	6705.00
13	北仑区(浙)	1910.00
14	婺城区(浙)	250.00
15	余杭区(浙)	220.00
16	慈溪市(浙)	210.00
17	金东区(浙)	180.00
18	瓯海区(浙)	35.00
19	海宁市(浙)	32.10
20	奉化市(浙)	30.00
21	宁海县(浙)	30.00
22	兰溪市(浙)	29.70
23	定海区(浙)	18.90
24	三门县(浙)	15.00
25	衢江区(浙)	12.00
26	临泉县(皖)	1200.00
27	肥西县(皖)	1000.00

(续)

序号	女贞苗主产地	产量(万株)
28	阜南县(皖)	991.80
29	怀远县(皖)	220.00
30	桐城市(皖)	120.00
31	濉溪县(皖)	90.00
32	庐阳区(皖)	82.00
33	弋江区(皖)	72.00
34	利辛县(皖)	30.00
35	宣州区(皖)	24.80
36	无为县(皖)	21.00
37	谯城区(皖)	20.00
38	颍泉区(皖)	18.00
39	芜湖县(皖)	12.00
40	淮上区(皖)	10.00
41	南谯区(皖)	10.00
42	九江县(赣)	3100.00
43	临川区(赣)	38.40
44	高安市(赣)	19.30
45	新建县(赣)	16.00
46	新泰市(鲁)	1180.00
47	河东区(鲁)	750.00
48	章丘市(鲁)	88.00
49	临沂市经济技术开发区(鲁)	55.00
50	诸城市(鲁)	40.00
51	德城区(鲁)	30.00
52	沂水县(鲁)	30.00
53	威海市经济技术开发区(鲁)	30.00
54	武陟县(豫)	4400.00
55	济源市(豫)	610.00
56	内乡县(豫)	450.00
57	卧龙区(豫)	380.00
58	通许县(豫)	306.00
59	邓州市(豫)	291.00
60	郾城区(豫)	263.57
61	滑　县(豫)	200.00
62	长葛市(豫)	182.00
63	商水县(豫)	168.00
64	永城市(豫)	142.00
65	宜阳县(豫)	141.30
66	舞钢市(豫)	135.00
67	西华县(豫)	121.00
68	宝丰县(豫)	108.00
69	新蔡县(豫)	105.00
70	清丰县(豫)	92.00
71	惠济区(豫)	79.00
72	太康县(豫)	50.00

（续）

序号	女贞苗主产地	产量（万株）
73	新密市（豫）	46.60
74	正阳县（豫）	40.00
75	博爱县（豫）	34.00
76	镇平县（豫）	33.00
77	方城县（豫）	32.00
78	安阳县（豫）	31.00
79	平桥区（豫）	23.00
80	华龙区（豫）	22.00
81	义马市（豫）	22.00
82	新郑市（豫）	19.60
83	林州市（豫）	18.50
84	荥阳市（豫）	18.40
85	洛宁县（豫）	18.00
86	濮阳市高新区（豫）	10.72
87	蔡甸区（鄂）	800.00
88	夷陵区（鄂）	600.90
89	大悟县（鄂）	400.00
90	潜江市（鄂）	100.00
91	宜都市（鄂）	100.00
92	房　县（鄂）	100.00
93	来凤县（鄂）	50.00
94	屈家岭管理区（鄂）	18.00
95	枣阳市（鄂）	16.00
96	宜城市（鄂）	10.00
97	张湾区（鄂）	10.00
98	汝城县（湘）	100.00
99	醴陵市（湘）	90.00
100	新晃侗族自治县（湘）	80.00
101	和平县（粤）	13.00
102	那坡县（桂）	30.00
103	江津区（渝）	220.00
104	巴南区（渝）	105.00
105	黔江区（渝）	16.00
106	铜梁县（渝）	10.00
107	高　县（川）	56.00
108	巴州区（川）	38.50
109	宣汉县（川）	30.00
110	龙里县（黔）	57.00
111	红花岗区（黔）	21.00
112	石林彝族自治县（滇）	115.00
113	南郑县（陕）	35.00
114	高陵县（陕）	12.00

表 10-28　杜英苗主产地产量

序号	杜英苗主产地	产量（万株）
1	松江区（沪）	18.00
2	浦东新区（沪）	1.28
3	余杭区（浙）	86.00
4	三门县（浙）	5.00
5	江北区（浙）	3.00
6	衢江区（浙）	2.50
7	弋江区（皖）	15.00
8	贵池区（皖）	5.50
9	黎川县（赣）	200.00
10	东乡县（赣）	102.00
11	新建县（赣）	40.00
12	德安县（赣）	16.35
13	星子县（赣）	15.00
14	临川区（赣）	10.40
15	靖安县（赣）	10.00
16	余江县（赣）	6.20
17	吉水县（赣）	4.63
18	湾里区（赣）	4.00
19	兴国县（赣）	2.91
20	高安市（赣）	2.46
21	德兴市（赣）	1.28
22	共青城市（赣）	1.18
23	襄城区（鄂）	60.00
24	蔡甸区（鄂）	17.00
25	宜都市（鄂）	10.00
26	猇亭区（鄂）	9.00
27	罗田县（鄂）	5.00
28	宣恩县（鄂）	3.00
29	孝南区（鄂）	3.00
30	黄州区（鄂）	2.80
31	应城市（鄂）	1.00
32	汝城县（湘）	100.00
33	赫山区（湘）	100.00
34	洞口县（湘）	85.00
35	株洲市市辖区（湘）	60.00
36	新宁县（湘）	50.00
37	双峰县（湘）	28.00
38	涟源市（湘）	23.00
39	南岳区（湘）	20.00
40	攸　县（湘）	15.00
41	醴陵市（湘）	12.00
42	新化县（湘）	8.00
43	石门县（湘）	4.00
44	望城县（湘）	1.25
45	梅　县（粤）	120.00

（续）

序号	杜英苗主产地	产量（万株）
46	惠东县（粤）	100.00
47	清新县（粤）	50.00
48	和平县（粤）	45.00
49	蕉岭县（粤）	20.00
50	龙眼洞林场（粤）	10.00
51	连州市（粤）	10.00
52	萝岗区（粤）	9.00
53	斗门区（粤）	1.31
54	璧山县（渝）	138.28
55	巴南区（渝）	84.00
56	渝北区（渝）	22.20
57	荣昌县（渝）	9.30
58	潼南县（渝）	8.00
59	沙坪坝区（渝）	1.13
60	广汉市（川）	1.00

表 10-29　桂花苗主产地产量

序号	桂花苗主产地	产量（万株）
1	松江区（沪）	55.00
2	婺城区（浙）	8350.00
3	嵊州市（浙）	800.00
4	余杭区（浙）	585.00
5	奉化市（浙）	450.00
6	义乌市（浙）	380.00
7	金东区（浙）	170.00
8	永康市（浙）	150.12
9	仙居县（浙）	150.00
10	鄞州区（浙）	130.00
11	兰溪市（浙）	124.30
12	淳安县（浙）	107.50
13	桐庐县（浙）	102.60
14	缙云县（浙）	100.00
15	象山县（浙）	82.00
16	临安市（浙）	78.00
17	建德市（浙）	70.00
18	天台县（浙）	55.00
19	海宁市（浙）	43.80
20	云和县（浙）	35.00
21	北仑区（浙）	35.00
22	苍南县（浙）	34.70
23	定海区（浙）	32.70
24	温岭市（浙）	32.00
25	慈溪市（浙）	25.00
26	衢江区（浙）	20.00
27	秀洲区（浙）	18.95

(续)

序号	桂花苗主产地	产量(万株)
28	诸暨市(浙)	15.00
29	岳西县(皖)	1500.00
30	旌德县(皖)	550.00
31	桐城市(皖)	300.00
32	弋江区(皖)	255.00
33	贵池区(皖)	215.00
34	绩溪县(皖)	200.00
35	舒城县(皖)	191.00
36	无为县(皖)	168.00
37	宣州区(皖)	118.40
38	蜀山区(皖)	100.00
39	青阳县(皖)	69.57
40	巢湖市(皖)	66.60
41	太湖县(皖)	60.00
42	潜山县(皖)	45.00
43	霍邱县(皖)	40.00
44	长丰县(皖)	32.00
45	南谯区(皖)	30.00
46	霍山县(皖)	30.00
47	庐阳区(皖)	26.00
48	东至县(皖)	25.00
49	利辛县(皖)	20.00
50	石台县(皖)	20.00
51	包河区(皖)	18.00
52	谯城区(皖)	16.00
53	博望区(皖)	15.00
54	怀远县(皖)	12.00
55	来安县(皖)	12.00
56	宿松县(皖)	12.00
57	金寨县(皖)	11.00
58	界首市(皖)	10.00
59	芦溪县(赣)	1320.00
60	新建县(赣)	760.00
61	上犹县(赣)	400.00
62	渝水区(赣)	314.90
63	德安县(赣)	270.70
64	兴国县(赣)	138.22
65	玉山县(赣)	130.00
66	高安市(赣)	104.90
67	会昌县(赣)	90.00
68	湾里区(赣)	80.00
69	月湖区(赣)	80.00
70	临川区(赣)	72.00
71	星子县(赣)	60.00
72	铜鼓县(赣)	55.00
73	南昌县(赣)	40.00
74	樟树市(赣)	24.00
75	共青城市(赣)	23.59
76	彭泽县(赣)	15.00
77	黎川县(赣)	12.00
78	龙南县(赣)	10.00
79	安源区(赣)	10.00
80	费　县(鲁)	70.00
81	临沭县(鲁)	10.00
82	潢川县(豫)	4100.00
83	桐柏县(豫)	1400.00
84	内乡县(豫)	320.00
85	卧龙区(豫)	180.00
86	永城市(豫)	75.80
87	平桥区(豫)	58.00
88	济源市(豫)	55.00
89	淮滨县(豫)	30.00
90	镇平县(豫)	30.00
91	源汇区(豫)	24.00
92	夏邑县(豫)	23.00
93	淅川县(豫)	22.00
94	禹州市(豫)	20.00
95	固始县(豫)	18.00
96	惠济区(豫)	15.80
97	许昌县(豫)	10.60
98	咸安区(鄂)	11500.00
99	沙市区(鄂)	5000.00
100	鄂州市市辖区(鄂)	1000.00
101	长阳土家族自治县(鄂)	1000.00
102	夷陵区(鄂)	869.00
103	孝昌县(鄂)	800.00
104	宜都市(鄂)	720.00
105	来凤县(鄂)	675.00
106	天门市(鄂)	480.00
107	老河口市(鄂)	400.00
108	沙洋县(鄂)	200.00
109	嘉鱼县(鄂)	180.00
110	大悟县(鄂)	165.00
111	通城县(鄂)	141.00
112	襄州区(鄂)	136.00
113	房　县(鄂)	100.00
114	孝南区(鄂)	100.00
115	潜江市(鄂)	100.00
116	利川市(鄂)	90.00
117	竹溪县(鄂)	67.00
118	蔡甸区(鄂)	52.00
119	江陵县(鄂)	50.00
120	五峰土家族自治县(鄂)	40.00
121	当阳市(鄂)	38.00
122	广水市(鄂)	30.00
123	红安县(鄂)	30.00
124	黄州区(鄂)	20.30
125	监利县(鄂)	20.00
126	宣恩县(鄂)	20.00
127	竹山县(鄂)	12.00
128	茅箭区(鄂)	10.00
129	韶山市(湘)	610.00
130	冷水江市(湘)	480.00
131	南　县(湘)	300.00
132	茶陵县(湘)	255.00
133	新宁县(湘)	100.00
134	双峰县(湘)	100.00
135	新田县(湘)	100.00
136	浏阳市(湘)	95.00
137	苏仙区(湘)	76.00
138	汨罗市(湘)	60.00
139	芷江侗族自治县(湘)	57.00
140	桂东县(湘)	50.00
141	零陵区(湘)	45.00
142	洞口县(湘)	40.00
143	新晃侗族自治县(湘)	33.00
144	娄星区(湘)	22.00
145	鹤城区(湘)	20.00
146	岳阳楼区(湘)	16.00
147	南岳区(湘)	15.60
148	祁东县(湘)	14.00
149	岳阳市市辖区(湘)	10.73
150	清新县(粤)	100.00
151	蕉岭县(粤)	30.00
152	新丰县(粤)	15.00
153	金秀瑶族自治县(桂)	28.00
154	合山市(桂)	10.00
155	垫江县(渝)	1500.00
156	江津区(渝)	1000.00
157	石柱土家族自治县(渝)	850.00
158	璧山县(渝)	462.21
159	奉节县(渝)	450.00
160	潼南县(渝)	280.00
161	黔江区(渝)	177.00
162	合川区(渝)	160.00

（续）

序号	桂花苗主产地	产量(万株)
163	沙坪坝区(渝)	141.65
164	巴南区(渝)	105.00
165	荣昌县(渝)	61.80
166	丰都县(渝)	61.14
167	长寿区(渝)	54.50
168	九龙坡区(渝)	54.00
169	渝北区(渝)	45.60
170	万州区(渝)	37.80
171	武隆县(渝)	37.00
172	开　县(渝)	37.00
173	江北区(渝)	14.50
174	苍溪县(川)	1400.00
175	邻水县(川)	375.00
176	高　县(川)	202.00
177	合江县(川)	160.00
178	射洪县(川)	100.00
179	巴州区(川)	92.00
180	大英县(川)	50.00
181	宣汉县(川)	50.00
182	华蓥市(川)	33.70
183	崇州市(川)	33.00
184	通川区(川)	21.60
185	简阳市(川)	17.00
186	江油市(川)	12.00
187	乐山市市辖区(川)	10.00
188	恩阳区(川)	10.00
189	南部县(川)	10.00
190	龙里县(黔)	212.00
191	瓮安县(黔)	124.37
192	清镇市(黔)	60.00
193	盘　县(黔)	56.00
194	红花岗区(黔)	30.20
195	道真仡佬族苗族自治县(黔)	13.00
196	玉屏侗族自治县(黔)	11.00
197	紫云苗族布依族自治县(黔)	10.00
198	黔西县(黔)	10.00
199	凤庆县(滇)	35.00
200	石林彝族自治县(滇)	22.60
201	弥勒市(滇)	11.30
202	南郑县(陕)	80.00
203	镇安县(陕)	41.00
204	石泉县(陕)	30.00
205	宁强县(陕)	24.00
206	柞水县(陕)	13.00
207	西乡县(陕)	10.00

表 10-30　广玉兰苗主产地产量

（续）

序号	广玉兰苗主产地	产量(万株)
1	定州市(冀)	300.00
2	阳城县(晋)	3.50
3	松江区(沪)	7.00
4	嘉定区(沪)	4.74
5	浦东新区(沪)	1.00
6	奉化市(浙)	200.00
7	嵊州市(浙)	54.00
8	婺城区(浙)	45.00
9	余杭区(浙)	27.00
10	宁海县(浙)	25.00
11	诸暨市(浙)	15.00
12	金东区(浙)	14.00
13	海宁市(浙)	9.80
14	兰溪市(浙)	6.00
15	秀洲区(浙)	5.09
16	临安市(浙)	5.00
17	衢江区(浙)	5.00
18	临海市(浙)	3.50
19	永康市(浙)	3.32
20	建德市(浙)	3.00
21	定海区(浙)	2.53
22	椒江区(浙)	2.50
23	桐庐县(浙)	2.40
24	仙居县(浙)	2.00
25	象山县(浙)	2.00
26	黄岩区(浙)	2.00
27	吴兴区(浙)	1.11
28	三门县(浙)	1.00
29	郎溪县(皖)	500.00
30	鸠江区(皖)	312.00
31	肥西县(皖)	180.00
32	无为县(皖)	62.00
33	濉溪县(皖)	60.00
34	弋江区(皖)	56.00
35	界首市(皖)	36.00
36	贵池区(皖)	25.00
37	全椒县(皖)	20.00
38	潜山县(皖)	20.00
39	宣州区(皖)	16.40
40	巢湖市(皖)	7.60
41	蒙城县(皖)	7.50
42	南陵县(皖)	5.00
43	淮上区(皖)	5.00
44	来安县(皖)	5.00
45	青阳县(皖)	3.50
46	谯城区(皖)	3.00
47	灵璧县(皖)	3.00
48	利辛县(皖)	2.00
49	芜湖县(皖)	2.00
50	南昌县(赣)	13.00
51	新建县(赣)	11.00
52	玉山县(赣)	4.00
53	芦溪县(赣)	3.32
54	临川区(赣)	2.30
55	德安县(赣)	2.25
56	临沭县(鲁)	56.00
57	东平县(鲁)	15.00
58	牟平区(鲁)	2.00
59	潢川县(豫)	3000.00
60	郾城区(豫)	165.80
61	宝丰县(豫)	111.00
62	汝州市(豫)	103.00
63	邓州市(豫)	80.00
64	卧龙区(豫)	56.00
65	源汇区(豫)	45.00
66	惠济区(豫)	30.80
67	新郑市(豫)	30.00
68	平桥区(豫)	27.00
69	方城县(豫)	23.00
70	唐河县(豫)	21.00
71	新野县(豫)	20.88
72	许昌县(豫)	19.00
73	长葛市(豫)	15.00
74	淅川县(豫)	8.50
75	新密市(豫)	7.00
76	商水县(豫)	6.70
77	项城市(豫)	6.00
78	湛河区(豫)	4.50
79	登封市(豫)	2.74
80	新蔡县(豫)	1.30
81	新华区(豫)	1.10
82	潜江市(鄂)	100.00
83	天门市(鄂)	100.00
84	蔡甸区(鄂)	91.00
85	应城市(鄂)	90.00
86	宜都市(鄂)	50.00
87	沙洋县(鄂)	50.00
88	荆门市市辖区(鄂)	45.00
89	襄城区(鄂)	42.00
90	当阳市(鄂)	28.00

(续)

序号	广玉兰苗主产地	产量(万株)
91	孝南区(鄂)	15.00
92	孝昌县(鄂)	8.00
93	猇亭区(鄂)	4.50
94	红安县(鄂)	3.00
95	掇刀区(鄂)	3.00
96	宜城市(鄂)	1.20
97	枣阳市(鄂)	1.10
98	双峰县(湘)	60.00
99	洞口县(湘)	17.00
100	醴陵市(湘)	12.00
101	株洲市市辖区(湘)	12.00
102	新化县(湘)	2.40
103	岳阳楼区(湘)	2.00
104	武陵区(湘)	1.00
105	巴南区(渝)	63.00
106	潼南县(渝)	12.70
107	渝北区(渝)	3.70
108	通川区(川)	2.10
109	龙里县(黔)	5.00
110	清镇市(黔)	3.00
111	南郑县(陕)	50.00
112	西乡县(陕)	5.00
113	石泉县(陕)	3.00

表 10-31 雪松苗主产地产量

序号	雪松苗主产地	产量(万株)
1	定州市(冀)	510.00
2	井陉矿区(冀)	10.00
3	夏　县(晋)	62.40
4	河津市(晋)	20.00
5	临猗县(晋)	15.00
6	平陆县(晋)	12.00
7	高平市(晋)	1.90
8	阳城县(晋)	1.70
9	松江区(沪)	5.00
10	余杭区(浙)	16.00
11	奉化市(浙)	8.00
12	建德市(浙)	2.00
13	芦溪县(赣)	8.13
14	莱城区(鲁)	480.00
15	诸城市(鲁)	200.00
16	坊子区(鲁)	60.00
17	肥城市(鲁)	48.00
18	新泰市(鲁)	35.00
19	宁阳县(鲁)	32.00

(续)

序号	雪松苗主产地	产量(万株)
20	威海市市辖区(鲁)	5.00
21	龙口市(鲁)	2.70
22	牟平区(鲁)	2.00
23	潢川县(豫)	150.00
24	新安县(豫)	62.00
25	中原区(豫)	42.00
26	嵩　县(豫)	22.50
27	义马市(豫)	20.00
28	郾城区(豫)	18.88
29	惠济区(豫)	16.00
30	淅川县(豫)	14.00
31	项城市(豫)	8.60
32	许昌县(豫)	7.80
33	舞钢市(豫)	6.50
34	林州市(豫)	4.80
35	正阳县(豫)	3.00
36	荥阳市(豫)	2.90
37	西华县(豫)	2.20
38	登封市(豫)	1.70
39	卫辉市(豫)	1.00
40	蔡甸区(鄂)	10.00
41	孝南区(鄂)	3.00
42	巴南区(渝)	31.50
43	渝北区(渝)	3.70
44	龙里县(黔)	1.50
45	澄江县(滇)	42.00
46	江川县(滇)	2.50
47	阳宗海(滇)	2.00
48	堆龙德庆县(藏)	1.50
49	南郑县(陕)	30.00
50	华阴市(陕)	6.00
51	澄城县(陕)	3.00
52	阎良区(陕)	2.00

表 10-32 杏苗主产地产量

序号	杏苗主产地	产量(万株)
1	北京市林业种子苗木管理总站(京)	35.35
2	延庆县(京)	15.35
3	丰宁满族自治县(冀)	2750.00
4	宽城满族自治县(冀)	1600.00
5	康保县(冀)	485.00
6	尚义县(冀)	253.00
7	围场满族蒙古族自治县(冀)	180.00
8	阳原县(冀)	100.00
9	怀来县(冀)	100.00

(续)

序号	杏苗主产地	产量(万株)
10	怀安县(冀)	65.00
11	平泉县(冀)	60.00
12	满城县(冀)	20.00
13	阜平县(冀)	18.00
14	涿州市(冀)	8.40
15	阳高县(晋)	900.00
16	偏关县(晋)	150.00
17	壶关县(晋)	60.00
18	黎城县(晋)	50.00
19	吉　县(晋)	46.00
20	大同县(晋)	45.00
21	天镇县(晋)	30.00
22	察哈尔右翼后旗(蒙)	4500.00
23	翁牛特旗(蒙)	632.40
24	巴林右旗(蒙)	302.00
25	鄂托克前旗(蒙)	201.36
26	杭锦旗(蒙)	159.40
27	乌拉特前旗(蒙)	40.00
28	奈曼旗(蒙)	27.00
29	乌兰浩特市(蒙)	10.00
30	商都县(蒙)	8.00
31	土默特右旗(蒙)	6.56
32	固阳县(蒙)	5.00
33	察哈尔右翼前旗(蒙)	2.00
34	喀喇沁左翼蒙古族自治县(辽)	920.00
35	凌源市(辽)	825.00
36	康平县(辽)	500.00
37	北票市(辽)	450.00
38	义　县(辽)	450.00
39	建平县(辽)	450.00
40	双塔区(辽)	225.00
41	苏家屯区(辽)	91.30
42	浑南区(辽)	1.00
43	洮南市(吉)	485.00
44	通榆县(吉)	245.00
45	东辽县(吉)	3.30
46	贵池区(皖)	1.00
47	新泰市(鲁)	670.00
48	牟平区(鲁)	10.00
49	夏津县(鲁)	7.20
50	舞钢市(豫)	47.00
51	长葛市(豫)	4.00
52	子洲县(陕)	23.00
53	临洮县(甘)	1800.00
54	渭源县(甘)	1200.00

（续）

序号	杏苗主产地	产量（万株）
55	临夏市（甘）	258.50
56	岷　县（甘）	250.00
57	古浪县（甘）	128.00
58	环　县（甘）	80.00
59	临夏县（甘）	1.50
60	彭阳县（宁）	500.00
61	原州区（宁）	117.00
62	灵武市（宁）	19.88
63	英吉沙县（新）	260.63
64	喀什市（新）	34.60
65	库车县（新）	33.00
66	新源县（新）	13.00
67	疏附县（新）	8.40
68	巩留县（新）	5.00
69	阿图什市（新）	2.40
70	伽师县（新）	2.00
71	农四师（新疆兵团）	30.00

表 10-33　核桃苗主产地产量

序号	核桃苗主产地	产量（万株）
1	定州市（冀）	7804.00
2	赞皇县（冀）	5760.00
3	青龙满族自治县（冀）	311.00
4	宽城满族自治县（冀）	270.00
5	邢台县（冀）	214.00
6	阜平县（冀）	120.00
7	满城县（冀）	100.00
8	邯郸县（冀）	100.00
9	内丘县（冀）	80.00
10	迁安市（冀）	60.00
11	沙河市（冀）	50.00
12	博野县（冀）	40.00
13	卢龙县（冀）	25.20
14	高邑县（冀）	20.00
15	平山县（冀）	15.00
16	深州市（冀）	15.00
17	抚宁区（冀）	12.50
18	汾西县（晋）	4100.00
19	汾阳市（晋）	900.00
20	临猗县（晋）	200.00
21	大宁县（晋）	135.00
22	阳曲县（晋）	100.00
23	壶关县（晋）	90.00
24	中阳县（晋）	80.00
25	襄垣县（晋）	52.50

（续）

序号	核桃苗主产地	产量（万株）
26	黎城县（晋）	35.00
27	屯留县（晋）	34.00
28	乡宁县（晋）	25.79
29	盂　县（晋）	24.00
30	阳城县（晋）	22.00
31	建昌县（辽）	90.00
32	绥中县（辽）	30.00
33	建德市（浙）	70.00
34	六安市叶集区（皖）	80.00
35	庐阳区（皖）	75.00
36	长丰县（皖）	30.00
37	滁州市市辖区（皖）	10.00
38	东平县（鲁）	2000.00
39	肥城市（鲁）	1440.00
40	长清区（鲁）	620.00
41	新泰市（鲁）	560.00
42	费　县（鲁）	350.00
43	沂源县（鲁）	261.36
44	昌邑市（鲁）	156.00
45	岱岳区（鲁）	150.00
46	河东区（鲁）	90.00
47	东阿县（鲁）	80.00
48	蒙阴县（鲁）	72.00
49	汶上县（鲁）	62.00
50	青州市（鲁）	60.00
51	莱城区（鲁）	41.00
52	宁阳县（鲁）	40.00
53	昌乐县（鲁）	25.00
54	博山区（鲁）	22.00
55	莱芜市高新区（鲁）	18.00
56	卢氏县（豫）	2094.50
57	汝阳县（豫）	900.00
58	济源市（豫）	560.00
59	新安县（豫）	550.00
60	内乡县（豫）	230.00
61	洛宁县（豫）	210.00
62	湖滨区（豫）	202.00
63	许昌县（豫）	124.80
64	嵩　县（豫）	110.00
65	淅川县（豫）	92.00
66	淇　县（豫）	80.00
67	唐河县（豫）	38.00
68	滑　县（豫）	37.50
69	凤泉区（豫）	37.00
70	舞钢市（豫）	32.00

（续）

序号	核桃苗主产地	产量（万株）
71	内黄县（豫）	30.00
72	淇滨区（豫）	28.00
73	林州市（豫）	27.80
74	卫辉市（豫）	23.20
75	栾川县（豫）	19.95
76	清丰县（豫）	16.00
77	管城回族区（豫）	16.00
78	安阳县（豫）	14.70
79	平桥区（豫）	12.00
80	中原区（豫）	10.00
81	房　县（鄂）	400.00
82	竹溪县（鄂）	240.00
83	秭归县（鄂）	120.00
84	郧西县（鄂）	95.00
85	郧　县（鄂）	38.00
86	宣恩县（鄂）	18.00
87	谷城县（鄂）	12.00
88	南丹县（桂）	5960.00
89	大化瑶族自治县（桂）	500.00
90	都安瑶族自治县（桂）	160.00
91	金城江区（桂）	50.00
92	乐业县（桂）	35.00
93	潼南县（渝）	320.00
94	巫溪县（渝）	180.00
95	巫山县（渝）	118.00
96	忠　县（渝）	30.00
97	丰都县（渝）	21.66
98	苍溪县（川）	2800.00
99	剑阁县（川）	1000.00
100	会东县（川）	480.00
101	盐亭县（川）	362.00
102	恩阳区（川）	300.00
103	沙湾区（川）	300.00
104	冕宁县（川）	300.00
105	射洪县（川）	288.00
106	简阳市（川）	280.00
107	旺苍县（川）	220.00
108	营山县（川）	210.00
109	喜德县（川）	200.00
110	顺庆区（川）	150.00
111	宣汉县（川）	150.00
112	大英县（川）	150.00
113	美姑县（川）	130.00
114	三台县（川）	124.00
115	仁寿县（川）	121.00

(续)

序号	核桃苗主产地	产量(万株)
116	蓬溪县(川)	120.00
117	古蔺县(川)	107.00
118	安居区(川)	105.00
119	大竹县(川)	100.00
120	峨边彝族自治县(川)	100.00
121	普格县(川)	96.00
122	通江县(川)	90.00
123	金堂县(川)	72.00
124	中江县(川)	65.00
125	平昌县(川)	51.00
126	东兴区(川)	50.00
127	青川县(川)	40.00
128	四川省大渡河造林局(川)	40.00
129	蓬安县(川)	40.00
130	巴塘县(川)	31.00
131	威远县(川)	30.00
132	犍为县(川)	29.80
133	金川县(川)	28.00
134	北川羌族自治县(川)	25.00
135	旌阳区(川)	20.00
136	游仙区(川)	20.00
137	渠　县(川)	15.00
138	岳池县(川)	12.00
139	米易县(川)	10.00
140	赫章县(黔)	600.00
141	盘　县(黔)	474.80
142	普安县(黔)	200.00
143	纳雍县(黔)	190.00
144	晴隆县(黔)	120.00
145	七星关区(黔)	102.00
146	思南县(黔)	80.00
147	六枝特区(黔)	60.00
148	普定县(黔)	46.20
149	安龙县(黔)	30.00
150	兴仁县(黔)	16.00
151	黔西县(黔)	10.00
152	漾濞彝族自治县(滇)	2023.00
153	景东彝族自治县(滇)	625.00
154	镇雄县(滇)	260.00
155	华宁县(滇)	242.00
156	双柏县(滇)	218.00
157	南华县(滇)	186.00
158	易门县(滇)	185.00
159	楚雄市(滇)	180.00
160	大姚县(滇)	139.00

(续)

序号	核桃苗主产地	产量(万株)
161	云　县(滇)	132.00
162	兰坪白族普米族自治县(滇)	130.00
163	元阳县(滇)	80.00
164	墨江哈尼族自治县(滇)	60.00
165	石林彝族自治县(滇)	51.40
166	永胜县(滇)	50.00
167	丘北县(滇)	42.20
168	凤庆县(滇)	40.00
169	宁洱哈尼族彝族自治县(滇)	36.00
170	昌宁县(滇)	32.00
171	永德县(滇)	20.00
172	西畴县(滇)	20.00
173	巧家县(滇)	20.00
174	永善县(滇)	20.00
175	玉龙纳西族自治县(滇)	18.50
176	澜沧拉祜族自治县(滇)	10.50
177	施甸县(滇)	10.00
178	屏边苗族自治县(滇)	10.00
179	贡觉县(藏)	11.00
180	扶风县(陕)	560.00
181	澄城县(陕)	476.00
182	眉　县(陕)	300.00
183	洋　县(陕)	270.00
184	乾　县(陕)	216.00
185	紫阳县(陕)	200.00
186	白水县(陕)	195.00
187	柞水县(陕)	186.00
188	蒲城县(陕)	166.00
189	汉滨区(陕)	165.00
190	山阳县(陕)	150.00
191	旬阳县(陕)	146.00
192	岐山县(陕)	135.00
193	绥德县(陕)	120.00
194	麟游县(陕)	105.00
195	千阳县(陕)	96.00
196	丹凤县(陕)	90.00
197	商南县(陕)	87.00
198	白河县(陕)	80.00
199	平利县(陕)	80.00
200	镇坪县(陕)	80.00
201	兴平市(陕)	77.00
202	城固县(陕)	75.00
203	西乡县(陕)	54.00
204	石泉县(陕)	50.00
205	佛坪县(陕)	31.00

(续)

序号	核桃苗主产地	产量(万株)
206	洛南县(陕)	28.00
207	略阳县(陕)	24.00
208	蓝田县(陕)	23.00
209	宜君县(陕)	20.00
210	周至县(陕)	17.00
211	王益区(陕)	17.00
212	凤翔县(陕)	17.00
213	大荔县(陕)	17.00
214	富平县(陕)	16.62
215	延长县(陕)	15.00
216	印台区(陕)	15.00
217	南郑县(陕)	11.00
218	淳化县(陕)	10.00
219	积石山保安族东乡族撒拉族自治县(甘)	756.00
220	临洮县(甘)	600.00
221	武都区(甘)	480.00
222	清水县(甘)	360.00
223	礼　县(甘)	300.00
224	文　县(甘)	180.00
225	两当县(甘)	90.00
226	西峰区(甘)	88.00
227	西和县(甘)	70.00
228	华亭县(甘)	53.00
229	库车县(新)	457.76
230	英吉沙县(新)	383.93
231	叶城县(新)	186.00
232	莎车县(新)	100.80
233	疏勒县(新)	80.00
234	疏附县(新)	64.30
235	泽普县(新)	31.46
236	沙雅县(新)	25.00
237	喀什市(新)	17.70
238	岳普湖县(新)	10.00
239	巩留县(新)	10.00

表 10-34　葡萄苗主产地产量

序号	葡萄苗主产地	产量(万株)
1	怀来县(冀)	1500.00
2	卢龙县(冀)	210.00
3	永年县(冀)	110.00
4	乐亭县(冀)	51.70
5	柏乡县(冀)	48.00
6	鸡泽县(冀)	23.50
7	饶阳县(冀)	21.00

（续）

序号	葡萄苗主产地	产量(万株)
8	沙河市(冀)	10.00
9	满城县(冀)	10.00
10	滦南县(冀)	6.00
11	任　县(冀)	3.00
12	南郊区(晋)	75.00
13	大同县(晋)	30.00
14	乌审旗(蒙)	100.00
15	南票区(辽)	150.00
16	东洲区(辽)	2.50
17	绿园区(吉)	20.00
18	让胡路区(黑)	75.00
19	五常市(黑)	70.00
20	临泉县(皖)	120.00
21	怀远县(皖)	40.00
22	肥西县(皖)	20.00
23	界首市(皖)	20.00
24	潘集区(皖)	12.00
25	临沂市经济技术开发区(鲁)	324.00
26	坊子区(鲁)	120.00
27	夏津县(鲁)	120.00
28	德城区(鲁)	20.00
29	茌平县(鲁)	2.00
30	偃师市(豫)	300.00
31	许昌县(豫)	102.00
32	嵩　县(豫)	100.00
33	内黄县(豫)	30.00
34	巩义市(豫)	16.00
35	顺河回族区(豫)	15.00
36	通许县(豫)	10.20
37	新蔡县(豫)	9.00
38	卫辉市(豫)	6.00
39	柘城县(豫)	1.00
40	天门市(鄂)	338.00
41	宣恩县(鄂)	5.00
42	当阳市(鄂)	5.00
43	洞口县(湘)	24.00
44	芷江侗族自治县(湘)	9.00
45	双峰县(湘)	1.20
46	铜梁县(渝)	10.00
47	巴州区(川)	1.50
48	荔波县(黔)	20.00
49	关岭布依族苗族自治县(黔)	10.00
50	商州区(陕)	10.00
51	民勤县(甘)	464.65
52	永宁县(宁)	956.00
53	利通区(宁)	620.00
54	农垦事业管理局(宁)	200.00
55	红寺堡区(宁)	135.00
56	青铜峡市(宁)	20.00
57	库车县(新)	20.45
58	喀什市(新)	8.60
59	阿图什市(新)	5.26

表 10-35　苹果苗主产地产量

序号	苹果苗主产地	产量(万株)
1	滦平县(冀)	1000.00
2	青龙满族自治县(冀)	538.00
3	赞皇县(冀)	180.00
4	围场满族蒙古族自治县(冀)	168.00
5	蠡　县(冀)	150.00
6	宽城满族自治县(冀)	80.00
7	平泉县(冀)	60.00
8	兴隆县(冀)	50.00
9	晋州市(冀)	45.00
10	乐亭县(冀)	42.00
11	深州市(冀)	33.00
12	邢台市桥西区(冀)	23.00
13	永年县(冀)	22.50
14	藁城区(冀)	22.00
15	沙河市(冀)	15.00
16	魏　县(冀)	10.00
17	阜平县(冀)	10.00
18	内丘县(冀)	10.00
19	邢台县(冀)	7.00
20	桃城区(冀)	4.00
21	任　县(冀)	3.00
22	满城县(冀)	3.00
23	临漳县(冀)	2.55
24	大同县(晋)	3.00
25	奈曼旗(蒙)	170.50
26	固阳县(蒙)	103.00
27	林西县(蒙)	60.00
28	土默特右旗(蒙)	50.13
29	宁城县(蒙)	30.00
30	红山区(蒙)	17.40
31	松山区(蒙)	6.00
32	盖州市(辽)	720.00
33	康平县(辽)	375.00
34	大石桥市(辽)	150.00
35	于洪区(辽)	20.00
36	浑南区(辽)	4.00
37	公主岭市(吉)	101.00
38	辉南县(吉)	6.00
39	河东区(鲁)	2600.00
40	栖霞市(鲁)	1060.00
41	临沭县(鲁)	180.00
42	坊子区(鲁)	100.00
43	牟平区(鲁)	58.00
44	夏津县(鲁)	57.00
45	新泰市(鲁)	55.00
46	河口区(鲁)	30.00
47	文登市(鲁)	25.00
48	荣成市(鲁)	20.00
49	费　县(鲁)	18.00
50	曹　县(鲁)	6.04
51	利津县(鲁)	5.00
52	龙口市(鲁)	4.10
53	东昌府区(鲁)	1.00
54	环翠区(鲁)	1.00
55	武陟县(豫)	2940.00
56	西华县(豫)	110.00
57	登封市(豫)	76.70
58	洛宁县(豫)	75.00
59	夏邑县(豫)	35.00
60	滑　县(豫)	28.50
61	通许县(豫)	17.10
62	安阳县(豫)	2.06
63	龙里县(黔)	31.00
64	西山区(滇)	23.00
65	八宿县(藏)	28.00
66	千阳县(陕)	130.00
67	吴起县(陕)	53.50
68	渭城区(陕)	30.00
69	横山县(陕)	12.00
70	澄城县(陕)	6.00
71	商州区(陕)	5.00
72	庆城县(甘)	343.20
73	庄浪县(甘)	240.00
74	清水县(甘)	120.00
75	崇信县(甘)	113.00
76	西和县(甘)	100.00
77	靖远县(甘)	66.00
78	西峰区(甘)	55.00
79	静宁县(甘)	34.26
80	西吉县(宁)	200.10

（续）

(续)

序号	苹果苗主产地	产量(万株)
81	灵武市(宁)	145.54
82	永宁县(宁)	129.50
83	利通区(宁)	9.00
84	奇台县(新)	235.71
85	英吉沙县(新)	72.01
86	新源县(新)	65.00
87	库车县(新)	33.69
88	巩留县(新)	30.00
89	疏附县(新)	16.30
90	伽师县(新)	1.50
91	泽普县(新)	1.01
92	农四师(新疆兵团)	30.00

表 10-36 沙枣苗主产地产量

序号	沙枣苗主产地	产量(万株)
1	翁牛特旗(蒙)	399.60
2	杭锦旗(蒙)	71.40
3	固阳县(蒙)	50.00
4	镇赉县(吉)	12.00
5	定边县(陕)	3.50
6	临泽县(甘)	1391.90
7	金塔县(甘)	1114.00
8	肃州区(甘)	800.00
9	古浪县(甘)	450.00
10	高台县(甘)	48.20
11	民勤县(甘)	45.75
12	永昌县(甘)	33.00
13	山丹县(甘)	25.00
14	永宁县(宁)	923.00
15	灵武市(宁)	181.58
16	平罗县(宁)	109.60
17	贺兰县(宁)	27.60
18	大武口区(宁)	25.00
19	惠农区(宁)	20.00
20	灵武白芨滩国家级自然保护区(宁)	6.86
21	英吉沙县(新)	298.97
22	伽师县(新)	37.20
23	阿图什市(新)	32.69
24	莎车县(新)	31.20
25	岳普湖县(新)	30.00
26	麦盖提县(新)	25.65
27	奇台县(新)	12.96
28	巴楚县(新)	6.39
29	乌恰县(新)	3.00
30	农二师(新疆兵团)	4.98

表 10-37 桤木苗主产地产量

序号	桤木苗主产地	产量(万株)
1	云和县(浙)	10.00
2	瑞金市(赣)	190.00
3	铜鼓县(赣)	61.00
4	新建县(赣)	12.20
5	分宜县(赣)	10.00
6	建始县(鄂)	20.00
7	黄冕林场(桂)	89.00
8	酉阳土家族苗族自治县(渝)	3700.00
9	万州区(渝)	225.80
10	潼南县(渝)	188.00
11	黔江区(渝)	60.00
12	石柱土家族自治县(渝)	60.00
13	彭州市(川)	1500.00
14	恩阳区(川)	600.00
15	巴州区(川)	350.00
16	通江县(川)	300.00
17	安　县(川)	300.00
18	宣汉县(川)	300.00
19	达川区(川)	280.00
20	平昌县(川)	154.00
21	梓潼县(川)	50.00
22	乐山市市辖区(川)	25.00
23	泸西县(滇)	400.00
24	凤庆县(滇)	300.00
25	石林彝族自治县(滇)	245.00
26	元阳县(滇)	200.00
27	红河县(滇)	160.00
28	施甸县(滇)	150.00
29	腾冲县(滇)	130.00
30	广南县(滇)	110.00
31	建水县(滇)	63.00
32	孟连傣族拉祜族佤族自治县(滇)	60.00
33	澄江县(滇)	52.00
34	倘甸工业园区(滇)	50.00
35	红塔区(滇)	40.00
36	西畴县(滇)	30.00
37	屏边苗族自治县(滇)	25.00
38	华宁县(滇)	15.00

表 10-38 枫香苗主产地产量

序号	枫香苗主产地	产量(万株)
1	云和县(浙)	47.20
2	常山县(浙)	45.00
3	余杭区(浙)	41.20
4	天台县(浙)	31.30

(续)

序号	枫香苗主产地	产量(万株)
5	建德市(浙)	28.00
6	仙居县(浙)	20.00
7	临安市(浙)	20.00
8	淳安县(浙)	18.71
9	临海市(浙)	15.00
10	缙云县(浙)	12.00
11	三门县(浙)	12.00
12	黄岩区(浙)	11.00
13	霍山县(皖)	300.00
14	桐城市(皖)	300.00
15	来安县(皖)	200.00
16	旌德县(皖)	160.00
17	郎溪县(皖)	150.00
18	东至县(皖)	100.00
19	黄山区(皖)	80.00
20	含山县(皖)	50.00
21	潜山县(皖)	15.00
22	信丰县(赣)	122.00
23	赣　县(赣)	120.00
24	铜鼓县(赣)	100.00
25	新建县(赣)	81.00
26	会昌县(赣)	60.00
27	临川区(赣)	22.00
28	全南县(赣)	18.00
29	万载县(赣)	18.00
30	德兴市(赣)	17.00
31	玉山县(赣)	10.00
32	英山县(鄂)	240.00
33	湖北省太子山林场(鄂)	180.00
34	建始县(鄂)	155.00
35	大悟县(鄂)	110.00
36	红安县(鄂)	60.00
37	罗田县(鄂)	45.00
38	浠水县(鄂)	32.00
39	茶陵县(湘)	270.00
40	绥宁县(湘)	210.00
41	安仁县(湘)	105.00
42	新邵县(湘)	60.00
43	宁远县(湘)	50.00
44	新宁县(湘)	50.00
45	靖州苗族侗族自治县(湘)	33.00
46	安化县(湘)	30.00
47	永兴县(湘)	28.00
48	隆回县(湘)	22.30
49	慈利县(湘)	22.00

（续）

序号	枫香苗主产地	产量（万株）
50	麻阳苗族自治县（湘）	21.00
51	沅陵县（湘）	15.00
52	南岳区（湘）	15.00
53	桂东县（湘）	12.00
54	邵阳县（湘）	10.00
55	梅　县（粤）	280.00
56	普宁市（粤）	160.00
57	惠东县（粤）	150.00
58	和平县（粤）	147.00
59	连平县（粤）	110.00
60	乐昌市（粤）	95.00
61	新丰县（粤）	80.00
62	蕉岭县（粤）	80.00
63	罗定市（粤）	75.00
64	清新县（粤）	70.00
65	紫金县（粤）	50.00
66	平远县（粤）	50.00
67	信宜市（粤）	40.00
68	惠城区（粤）	30.00
69	恩平市（粤）	30.00
70	新丰江林管局（粤）	28.50
71	五华县（粤）	20.00
72	电白区（粤）	20.00
73	郁南县（粤）	15.00
74	源城区（粤）	12.00
75	榕城区（粤）	10.00
76	龙眼洞林场（粤）	10.00
77	连南瑶族自治县（粤）	10.00
78	渝北区（渝）	135.00
79	巴南区（渝）	52.50
80	万盛区（渝）	10.00
81	石林彝族自治县（滇）	34.80

表 10-39　柑橘苗主产地产量

序号	柑橘苗主产地	产量（万株）
1	黄岩区（浙）	199.00
2	定海区（浙）	22.50
3	宁海县（浙）	20.00
4	三门县（浙）	15.00
5	新建县（赣）	130.00
6	淅川县（豫）	114.00
7	枝江市（鄂）	1500.00
8	天门市（鄂）	130.00
9	夷陵区（鄂）	80.00
10	巴东县（鄂）	50.00
11	长阳土家族自治县（鄂）	50.00
12	孝昌县（鄂）	10.00
13	桃源县（湘）	2000.00
14	麻阳苗族自治县（湘）	450.00
15	邵东县（湘）	112.00
16	双峰县（湘）	60.00
17	沅江市（湘）	39.00
18	蒸湘区（湘）	30.00
19	岳阳市市辖区（湘）	26.00
20	清新县（粤）	160.00
21	蕉岭县（粤）	20.00
22	郁南县（粤）	12.00
23	铜梁县（渝）	300.00
24	垫江县（渝）	240.00
25	长寿区（渝）	56.00
26	璧山县（渝）	25.00
27	彭山县（川）	300.00
28	江安县（川）	210.00
29	宣汉县（川）	30.00
30	内江市市中区（川）	20.00
31	仁寿县（川）	19.00
32	晴隆县（黔）	300.00
33	思南县（黔）	100.00
34	华宁县（滇）	180.00
35	石屏县（滇）	70.00
36	紫阳县（陕）	75.00

表 10-40　香椿苗主产地产量

序号	香椿苗主产地	产量（万株）
1	井陉矿区（冀）	12.00
2	大名县（冀）	10.00
3	建德市（浙）	15.00
4	霍山县（皖）	15.00
5	青州市（鲁）	300.00
6	新泰市（鲁）	230.00
7	夏津县（鲁）	43.00
8	卧龙区（豫）	300.00
9	登封市（豫）	74.00
10	惠济区（豫）	69.00
11	商水县（豫）	45.00
12	源汇区（豫）	35.00
13	栾川县（豫）	11.40
14	郧西县（鄂）	350.00
15	竹山县（鄂）	85.00
16	沅江市（湘）	50.00
17	株洲县（湘）	20.00
18	双峰县（湘）	16.00
19	雅长林场（桂）	26.50
20	田林县（桂）	25.00
21	江津区（渝）	500.00
22	潼南县（渝）	180.00
23	武隆县（渝）	58.00
24	九龙坡区（渝）	23.00
25	盐亭县（川）	252.00
26	大英县（川）	115.00
27	大竹县（川）	106.00
28	万源市（川）	85.00
29	蓬溪县（川）	60.00
30	蓬安县（川）	50.00
31	营山县（川）	40.00
32	前锋区（川）	15.00
33	武胜县（川）	12.00
34	荔波县（黔）	20.00

表 10-41　珍稀乡土苗主产地产量

序号	珍稀乡土苗主产地	产量（万株）
1	绿园区（吉）	265.00
2	三门县（浙）	1335.40
3	屯溪区（皖）	116.00
4	新　县（豫）	300.00
5	三门峡市市辖区（豫）	50.00
6	淮阳县（豫）	35.60
7	宜都市（鄂）	895.00
8	竹山县（鄂）	288.00
9	潜江市（鄂）	200.00
10	保康县（鄂）	53.00
11	遂溪县（粤）	274.20
12	新丰县（粤）	121.00
13	恩平市（粤）	120.00
14	高要市（粤）	60.00
15	萝岗区（粤）	32.67
16	乐昌市（粤）	15.00
17	坡头区（粤）	15.00
18	中国林科院热林中心（桂）	28.30
19	七坡林场（桂）	15.28
20	江油市（川）	270.00
21	兴义市（黔）	300.00
22	寻甸回族彝族自治县（滇）	2510.00
23	大关县（滇）	400.00
24	香格里拉县（滇）	19.20

(续)

序号	珍稀乡土苗主产地	产量(万株)
25	岚皋县(陕)	295.00
26	南郑县(陕)	210.00

表 10-42 栾树苗主产地产量

序号	栾树苗主产地	产量(万株)
1	北京市林业种子苗木管理总站(京)	133.36
2	延庆县(京)	35.47
3	定州市(冀)	300.00
4	南和县(冀)	220.00
5	安国市(冀)	170.00
6	武强县(冀)	60.00
7	邢台县(冀)	52.00
8	馆陶县(冀)	50.00
9	易　县(冀)	45.00
10	泊头市(冀)	31.89
11	涿州市(冀)	25.50
12	高阳县(冀)	15.00
13	桃城区(冀)	13.90
14	任　县(冀)	12.00
15	夏　县(晋)	60.60
16	海宁市(浙)	209.30
17	秀洲区(浙)	83.06
18	宁海县(浙)	57.00
19	桐乡市(浙)	46.00
20	金东区(浙)	15.00
21	嵊州市(浙)	14.00
22	奉化市(浙)	10.00
23	肥西县(皖)	1000.00
24	无为县(皖)	184.00
25	金安区(皖)	160.00
26	郎溪县(皖)	150.00
27	庐阳区(皖)	71.00
28	舒城县(皖)	63.00
29	杜集区(皖)	60.00
30	贵池区(皖)	48.00
31	桐城市(皖)	45.00
32	灵璧县(皖)	45.00
33	南谯区(皖)	45.00
34	相山区(皖)	40.00
35	东至县(皖)	40.00
36	界首市(皖)	35.00
37	禹会区(皖)	30.00
38	蒙城县(皖)	26.00
39	潘集区(皖)	24.00
40	巢湖市(皖)	23.26

(续)

序号	栾树苗主产地	产量(万株)
41	固镇县(皖)	20.00
42	博望区(皖)	20.00
43	淮上区(皖)	20.00
44	含山县(皖)	15.00
45	旌德县(皖)	13.00
46	望江县(皖)	12.00
47	霍邱县(皖)	10.00
48	蜀山区(皖)	10.00
49	九江县(赣)	2450.00
50	瑞昌市(赣)	18.82
51	新建县(赣)	16.00
52	兖州市(鲁)	300.00
53	东平县(鲁)	120.00
54	汶上县(鲁)	108.00
55	桓台县(鲁)	101.00
56	曹　县(鲁)	10.00
57	桐柏县(豫)	2160.00
58	济源市(豫)	298.00
59	郾城区(豫)	207.61
60	邓州市(豫)	167.00
61	长葛市(豫)	103.20
62	正阳县(豫)	100.00
63	宝丰县(豫)	72.00
64	惠济区(豫)	62.00
65	淮滨县(豫)	60.00
66	新郑市(豫)	56.00
67	太康县(豫)	52.50
68	洛宁县(豫)	47.70
69	平桥区(豫)	46.00
70	嵩　县(豫)	45.00
71	荥阳市(豫)	42.00
72	新野县(豫)	36.72
73	淇滨区(豫)	35.00
74	清丰县(豫)	34.00
75	安阳县(豫)	33.00
76	尉氏县(豫)	26.00
77	南乐县(豫)	24.00
78	林州市(豫)	20.20
79	伊川县(豫)	20.00
80	北关区(豫)	15.00
81	西平县(豫)	15.00
82	义马市(豫)	12.00
83	华龙区(豫)	10.00
84	沙洋县(鄂)	3150.00
85	夷陵区(鄂)	1525.00

(续)

序号	栾树苗主产地	产量(万株)
86	长阳土家族自治县(鄂)	1000.00
87	掇刀区(鄂)	480.00
88	天门市(鄂)	480.00
89	老河口市(鄂)	430.00
90	潜江市(鄂)	200.00
91	竹山县(鄂)	200.00
92	荆门市市辖区(鄂)	145.00
93	监利县(鄂)	140.00
94	黄陂区(鄂)	120.00
95	荆州区(鄂)	100.00
96	谷城县(鄂)	90.00
97	枣阳市(鄂)	61.80
98	京山县(鄂)	60.80
99	孝南区(鄂)	50.00
100	漳河新区(鄂)	50.00
101	大悟县(鄂)	40.00
102	宣恩县(鄂)	38.00
103	宜城市(鄂)	28.00
104	襄州区(鄂)	26.00
105	蔡甸区(鄂)	20.00
106	红安县(鄂)	12.00
107	澧　县(湘)	5175.00
108	桃源县(湘)	3000.00
109	新宁县(湘)	60.00
110	衡南县(湘)	36.00
111	石门县(湘)	32.00
112	沅江市(湘)	22.00
113	麻阳苗族自治县(湘)	10.00
114	湘桥区(粤)	11.35
115	万州区(渝)	1789.00
116	江津区(渝)	250.00
117	潼南县(渝)	153.00
118	荣昌县(渝)	73.00
119	巫山县(渝)	63.00
120	万盛区(渝)	55.00
121	大足县(渝)	52.00
122	丰都县(渝)	50.31
123	璧山县(渝)	46.06
124	武隆县(渝)	46.00
125	开　县(渝)	45.00
126	石柱土家族自治县(渝)	40.00
127	九龙坡区(渝)	36.00
128	忠　县(渝)	35.00
129	长寿区(渝)	31.10
130	黔江区(渝)	16.00

（续）

序号	栾树苗主产地	产量（万株）
131	井研县（川）	720.00
132	大英县（川）	130.00
133	彭山县（川）	75.00
134	蓬安县（川）	50.00
135	资中县（川）	24.00
136	乐山市市辖区（川）	21.00
137	乐至县（川）	15.00
138	西山区（滇）	45.00
139	长安区（陕）	28.00

表 10-43　银杏苗主产地产量

序号	银杏苗主产地	产量（万株）
1	北京市林业种子苗木管理总站（京）	158.84
2	定州市（冀）	480.00
3	南和县（冀）	238.00
4	涿州市（冀）	55.59
5	开平区（冀）	50.00
6	博野县（冀）	15.00
7	高阳县（冀）	15.00
8	邢台县（冀）	13.00
9	大厂回族自治县（冀）	12.00
10	东港市（辽）	7000.00
11	振安区（辽）	1000.00
12	凤城市（辽）	77.00
13	普兰店市（辽）	68.00
14	庄河市（辽）	60.00
15	文圣区（辽）	24.00
16	松江区（沪）	10.00
17	临安市（浙）	36.00
18	余杭区（浙）	30.00
19	缙云县（浙）	15.00
20	仙居县（浙）	12.00
21	贵池区（皖）	141.00
22	旌德县（皖）	90.00
23	庐阳区（皖）	36.00
24	九江县（赣）	950.00
25	芝罘区（鲁）	170.00
26	荣成市（鲁）	128.00
27	昌邑市（鲁）	126.00
28	昌乐县（鲁）	100.00
29	莱城区（鲁）	80.00
30	桓台县（鲁）	72.00
31	河东区（鲁）	60.00
32	曹　县（鲁）	55.63
33	兖州市（鲁）	50.00

（续）

序号	银杏苗主产地	产量（万株）
34	文登市（鲁）	50.00
35	嵩　县（豫）	55.00
36	惠济区（豫）	31.00
37	牧野区（豫）	19.00
38	长葛市（豫）	15.00
39	魏都区（豫）	13.40
40	安阳县（豫）	12.30
41	巴东县（鄂）	3000.00
42	安陆市（鄂）	700.00
43	夷陵区（鄂）	335.80
44	长阳土家族自治县（鄂）	240.00
45	宜都市（鄂）	200.00
46	建始县（鄂）	150.00
47	保康县（鄂）	102.00
48	宣恩县（鄂）	101.00
49	孝昌县（鄂）	80.00
50	大悟县（鄂）	72.00
51	襄城区（鄂）	67.00
52	当阳市（鄂）	60.00
53	东宝区（鄂）	40.00
54	枣阳市（鄂）	23.00
55	襄州区（鄂）	22.00
56	蔡甸区（鄂）	14.00
57	恩施市（鄂）	12.00
58	宜城市（鄂）	11.80
59	郧　县（鄂）	11.00
60	孝南区（鄂）	10.00
61	曾都区（鄂）	10.00
62	茶陵县（湘）	36.00
63	永定区（湘）	18.00
64	韶山市（湘）	16.00
65	荣昌县（渝）	238.80
66	石柱土家族自治县（渝）	150.00
67	璧山县（渝）	67.00
68	长寿区（渝）	62.30
69	巴南区（渝）	42.00
70	万州区（渝）	20.60
71	九龙坡区（渝）	18.00
72	潼南县（渝）	18.00
73	苍溪县（川）	1950.00
74	恩阳区（川）	1500.00
75	剑阁县（川）	500.00
76	西充县（川）	500.00
77	开江县（川）	235.00
78	彭山县（川）	160.00

（续）

序号	银杏苗主产地	产量（万株）
79	万源市（川）	150.00
80	射洪县（川）	105.00
81	高　县（川）	101.80
82	宣汉县（川）	100.00
83	巴州区（川）	92.00
84	岳池县（川）	80.00
85	长宁县（川）	70.00
86	崇州市（川）	39.00
87	东兴区（川）	30.00
88	合江县（川）	10.00
89	蓬安县（川）	10.00
90	盘　县（黔）	41.00
91	瓮安县（黔）	32.52
92	红花岗区（黔）	15.00
93	文山市（滇）	2500.00
94	威信县（滇）	36.00
95	腾冲县（滇）	20.00
96	宁强县（陕）	15505.00
97	洋　县（陕）	945.00
98	佛坪县（陕）	120.00
99	镇巴县（陕）	50.00
100	略阳县（陕）	31.00
101	西乡县（陕）	20.00
102	石泉县（陕）	10.00

表 10-44　合欢苗主产地产量

序号	合欢苗主产地	产量（万株）
1	定州市（冀）	310.00
2	博野县（冀）	20.00
3	滦南县（冀）	3.20
4	于洪区（辽）	20.00
5	滨江区（浙）	500.00
6	海宁市（浙）	32.50
7	临海市（浙）	30.00
8	秀洲区（浙）	17.18
9	奉化市（浙）	10.00
10	宁海县（浙）	8.00
11	建德市（浙）	1.00
12	桐庐县（浙）	1.00
13	三门县（浙）	1.00
14	衢江区（浙）	1.00
15	肥西县（皖）	30.00
16	界首市（皖）	7.00
17	贵池区（皖）	6.70
18	霍邱县（皖）	4.00

(续)

序号	合欢苗主产地	产量(万株)
19	巢湖市(皖)	3.13
20	梁山县(鲁)	80.00
21	东平县(鲁)	15.00
22	夏津县(鲁)	9.60
23	牟平区(鲁)	5.00
24	潢川县(豫)	450.00
25	惠济区(豫)	80.00
26	商水县(豫)	55.00
27	嵩　县(豫)	52.50
28	许昌县(豫)	34.00
29	清丰县(豫)	11.00
30	郾城区(豫)	7.66
31	长葛市(豫)	6.00
32	湛河区(豫)	2.00
33	孝南区(鄂)	20.00
34	蔡甸区(鄂)	8.00
35	石门县(湘)	4.00
36	新丰县(粤)	20.00
37	榕城区(粤)	5.00
38	攀枝花市国营林场总场(川)	4.00
39	碧江区(黔)	1.00
40	东川区(滇)	100.00
41	开远市(滇)	30.00
42	渭城区(陕)	3.00

表 10-45　沙棘苗主产地产量

序号	沙棘苗主产地	产量(万株)
1	围场满族蒙古族自治县(冀)	3960.00
2	丰宁满族自治县(冀)	3600.00
3	张北县(冀)	1200.00
4	康保县(冀)	826.00
5	尚义县(冀)	735.00
6	沽源县(冀)	450.00
7	塞罕坝机械林场(冀)	70.00
8	木栏围场国营林场(冀)	40.00
9	壶关县(晋)	104.00
10	翁牛特旗(蒙)	1235.00
11	武川县(蒙)	250.00
12	鄂托克前旗(蒙)	174.75
13	卓资县(蒙)	150.00
14	霍林郭勒市(蒙)	15.00
15	昌邑区(吉)	1.20
16	孙吴县(黑)	98.00
17	理塘县(川)	25.00
18	香格里拉县(滇)	6.00

(续)

序号	沙棘苗主产地	产量(万株)
19	江孜县(藏)	61.00
20	丁青县(藏)	30.00
21	城关区(藏)	14.00
22	堆龙德庆县(藏)	5.10
23	拉孜县(藏)	1.70
24	临潭县(甘)	2100.00
25	岷　县(甘)	1250.00
26	渭源县(甘)	800.00
27	古浪县(甘)	500.00
28	临泽县(甘)	300.00
29	合水林业总场(甘)	240.00
30	华池林业总场(甘)	74.00
31	肃南裕固族自治县(甘)	1.20
32	原州区(宁)	75.00

表 10-46　油茶苗主产地产量

序号	油茶苗主产地	产量(万株)
1	天台县(浙)	515.00
2	苍南县(浙)	320.00
3	常山县(浙)	240.00
4	宁海县(浙)	230.00
5	莲都区(浙)	228.00
6	云和县(浙)	220.00
7	青田县(浙)	200.00
8	建德市(浙)	66.00
9	缙云县(浙)	25.00
10	舒城县(皖)	1063.00
11	太湖县(皖)	600.00
12	徽州区(皖)	300.00
13	金寨县(皖)	260.00
14	宿松县(皖)	188.00
15	绩溪县(皖)	176.00
16	怀宁县(皖)	103.00
17	桐城市(皖)	90.00
18	宣州区(皖)	80.00
19	贵池区(皖)	50.00
20	潜山县(皖)	40.00
21	霍山县(皖)	20.00
22	滁州市市辖区(皖)	10.00
23	袁州区(赣)	4850.00
24	武宁县(赣)	520.00
25	安福县(赣)	320.00
26	樟树市(赣)	295.00
27	宁都县(赣)	170.00
28	广丰县(赣)	150.00

(续)

序号	油茶苗主产地	产量(万株)
29	兴国县(赣)	130.00
30	东乡县(赣)	110.00
31	赣　县(赣)	86.00
32	分宜县(赣)	50.00
33	瑞昌市(赣)	40.29
34	进贤县(赣)	22.00
35	玉山县(赣)	15.00
36	商城县(豫)	900.00
37	新　县(豫)	800.00
38	光山县(豫)	300.00
39	麻城市(鄂)	600.00
40	谷城县(鄂)	300.00
41	阳新县(鄂)	240.00
42	大悟县(鄂)	230.00
43	孝昌县(鄂)	150.00
44	京山县(鄂)	120.00
45	松滋市(鄂)	80.00
46	当阳市(鄂)	60.00
47	大冶市(鄂)	60.00
48	五峰土家族自治县(鄂)	40.00
49	新洲区(鄂)	32.00
50	宣恩县(鄂)	25.00
51	曾都区(鄂)	10.00
52	常宁市(湘)	2985.00
53	双峰县(湘)	780.00
54	鼎城区(湘)	600.00
55	攸　县(湘)	600.00
56	耒阳市(湘)	390.00
57	株洲县(湘)	390.00
58	涟源市(湘)	365.00
59	邵阳县(湘)	301.00
60	茶陵县(湘)	300.00
61	新邵县(湘)	300.00
62	中方县(湘)	280.00
63	宁远县(湘)	250.00
64	苏仙区(湘)	218.00
65	浏阳市(湘)	210.00
66	娄星区(湘)	200.00
67	安仁县(湘)	180.00
68	衡南县(湘)	178.00
69	道　县(湘)	150.00
70	衡山县(湘)	127.70
71	醴陵市(湘)	120.00
72	邵东县(湘)	120.00
73	新化县(湘)	100.00

（续）

序号	油茶苗主产地	产量(万株)
74	桂东县(湘)	100.00
75	慈利县(湘)	100.00
76	临澧县(湘)	80.00
77	桂阳县(湘)	41.00
78	湘潭县(湘)	30.00
79	石门县(湘)	24.00
80	汉寿县(湘)	15.00
81	新田县(湘)	12.00
82	梅　县(粤)	2300.00
83	云安县(粤)	500.00
84	罗定市(粤)	300.00
85	龙川县(粤)	296.00
86	信宜市(粤)	200.00
87	高要市(粤)	100.00
88	清新县(粤)	100.00
89	平远县(粤)	25.00
90	连平县(粤)	10.00
91	那坡县(桂)	1100.00
92	龙胜各族自治县(桂)	450.00
93	田林县(桂)	450.00
94	巴马瑶族自治县(桂)	310.00
95	昭平县(桂)	280.00
96	灌阳县(桂)	40.00
97	维都林场(桂)	25.00
98	梁平县(渝)	250.00
99	叙永县(川)	180.00
100	翠屏区(川)	120.00
101	江安县(川)	109.00
102	石阡县(黔)	3442.00
103	望谟县(黔)	545.26
104	碧江区(黔)	230.00
105	玉屏侗族自治县(黔)	130.00
106	万山区(黔)	25.00
107	砚山县(滇)	510.00
108	富宁县(滇)	487.00
109	建水县(滇)	400.00
110	凤庆县(滇)	370.00
111	梁河县(滇)	300.00
112	腾冲县(滇)	233.00
113	广南县(滇)	150.00
114	元阳县(滇)	120.00
115	昌宁县(滇)	65.00
116	盈江县(滇)	20.00
117	陇川县(滇)	11.10
118	东川区(滇)	10.00
119	汉滨区(陕)	1575.00
120	商南县(陕)	480.00
121	镇安县(陕)	120.00
122	南郑县(陕)	45.00
123	镇巴县(陕)	35.00

表 10-47　荷木苗主产地产量

序号	荷木苗主产地	产量(万株)
1	云和县(浙)	37.00
2	奉化市(浙)	10.00
3	安福县(赣)	110.00
4	铜鼓县(赣)	100.00
5	靖安县(赣)	60.00
6	会昌县(赣)	60.00
7	铅山县(赣)	50.00
8	信丰县(赣)	45.00
9	万载县(赣)	16.00
10	玉山县(赣)	10.00
11	新宁县(湘)	60.00
12	常宁市(湘)	38.00
13	浏阳市(湘)	30.00
14	桂阳县(湘)	14.60
15	衡东县(湘)	14.00
16	桂东县(湘)	13.00
17	隆回县(湘)	12.40
18	靖州苗族侗族自治县(湘)	12.00
19	惠东县(粤)	200.00
20	普宁市(粤)	180.00
21	紫金县(粤)	170.00
22	惠城区(粤)	150.00
23	高要市(粤)	140.00
24	五华县(粤)	130.00
25	云城区(粤)	120.00
26	连平县(粤)	115.00
27	电白区(粤)	100.00
28	新丰县(粤)	93.00
29	封开县(粤)	90.00
30	清新县(粤)	80.00
31	乐昌市(粤)	73.00
32	郁南县(粤)	60.00
33	揭东区(粤)	59.00
34	平远县(粤)	50.00
35	恩平市(粤)	45.00
36	清城区(粤)	41.00
37	新丰江林管局(粤)	40.00
38	潮南区(粤)	40.00
39	和平县(粤)	38.00
40	潮安县(粤)	30.00
41	水台林场(粤)	30.00
42	榕城区(粤)	20.00
43	信宜市(粤)	20.00
44	龙眼洞林场(粤)	20.00
45	源城区(粤)	12.00
46	连南瑶族自治县(粤)	12.00
47	高州市(粤)	10.00
48	黄冕林场(桂)	60.00
49	巴南区(渝)	52.50

表 10-48　南方红豆杉苗主产地产量

序号	南方红豆杉苗主产地	产量(万株)
1	阳城县(晋)	5.85
2	黄岩区(浙)	466.00
3	龙泉市(浙)	340.00
4	婺城区(浙)	106.00
5	慈溪市(浙)	82.00
6	天台县(浙)	80.00
7	宁海县(浙)	60.00
8	象山县(浙)	52.00
9	瓯海区(浙)	40.00
10	嵊州市(浙)	34.00
11	余杭区(浙)	31.00
12	桐庐县(浙)	27.00
13	三门县(浙)	23.00
14	衢江区(浙)	23.00
15	建德市(浙)	22.00
16	临安市(浙)	22.00
17	仙居县(浙)	21.00
18	缙云县(浙)	15.00
19	奉化市(浙)	15.00
20	义乌市(浙)	10.00
21	永康市(浙)	8.60
22	镇海区(浙)	8.50
23	淳安县(浙)	8.10
24	苍南县(浙)	6.00
25	江北区(浙)	5.00
26	临海市(浙)	4.80
27	金东区(浙)	3.00
28	路桥区(浙)	2.00
29	宁波市市辖区(浙)	1.50
30	温岭市(浙)	1.00

(续)

序号	南方红豆杉苗主产地	产量(万株)
31	黟　县(皖)	19.00
32	玉山县(赣)	160.00
33	铜鼓县(赣)	100.00
34	新建县(赣)	6.50
35	分宜县(赣)	1.00
36	孝昌县(鄂)	100.00
37	桂东县(湘)	450.00
38	汝城县(湘)	260.00
39	株洲县(湘)	45.00
40	新化县(湘)	6.00
41	灌阳县(桂)	60.00
42	龙里县(黔)	103.00
43	石林彝族自治县(滇)	41.00

表 10-49　其他主要苗圃苗木主产地产量

序号	其他主要苗圃苗木主产地	品种	产量(万株)
1	莎车县(新)	巴旦木	343.70
2	临江林业局(吉林森工)	班克松	48.00
3	旌德县(皖)	檫树	90.00
4	麻阳苗族自治县(湘)	檫树	14.00
5	渝北区(渝)	檫树	12.50
6	双峰县(湘)	檫树	12.00
7	民勤县(甘)	柽柳	10010.55
8	通榆县(吉)	柽柳	682.50
9	乌拉特前旗(蒙)	柽柳	300.00
10	垦利县(鲁)	柽柳	200.00
11	高台县(甘)	柽柳	108.00
12	平罗县(宁)	柽柳	56.10
13	东营区(鲁)	柽柳	50.00
14	贺兰县(宁)	柽柳	46.20
15	临泽县(甘)	柽柳	42.50
16	昌邑市(鲁)	柽柳	42.00
17	卧龙区(豫)	柽柳	40.00
18	永昌县(甘)	柽柳	26.40
19	西吉县(宁)	柽柳	13.50
20	南　县(湘)	池杉	300.00
21	桐乡市(浙)	池杉	195.00
22	江陵县(鄂)	池杉	39.60
23	南昌县(赣)	池杉	27.00
24	湘阴县(湘)	池杉	21.00
25	崇阳县(鄂)	池杉	16.00
26	红安县(鄂)	池杉	10.80
27	三门县(浙)	池杉	10.00
28	松江区(沪)	池杉	6.00
29	海阳市(鲁)	赤松	2487.00
30	郾城区(豫)	刺楸	1.32
31	偏关县(晋)	杜松	30.00
32	敖汉旗(蒙)	杜松	25.00
33	土默特左旗(蒙)	杜松	4.00
34	察哈尔右翼前旗(蒙)	杜松	2.98
35	定西市巉口林业试验场(甘)	杜松	1.00
36	滨江区(浙)	鹅掌楸	500.00
37	竹溪县(鄂)	鹅掌楸	135.00
38	潢川县(豫)	鹅掌楸	128.00
39	丰城市(赣)	鹅掌楸	100.00
40	新宁县(湘)	鹅掌楸	50.00
41	商水县(豫)	鹅掌楸	36.00
42	武隆县(渝)	鹅掌楸	32.00
43	慈溪市(浙)	鹅掌楸	30.00
44	宣恩县(鄂)	鹅掌楸	14.60
45	海原县(宁)	枸杞	7000.00
46	中宁县(宁)	枸杞	5500.00
47	原州区(宁)	枸杞	4850.00
48	青龙满族自治县(冀)	枸杞	900.00
49	山丹县(甘)	枸杞	600.00
50	康保县(冀)	枸杞	450.00
51	景泰县(甘)	枸杞	280.00
52	固阳县(蒙)	枸杞	203.00
53	红寺堡区(宁)	枸杞	200.00
54	惠农区(宁)	枸杞	150.00
55	古浪县(甘)	枸杞	80.30
56	平罗县(宁)	枸杞	76.00
57	沙坡头区(宁)	枸杞	50.70
58	民勤县(甘)	枸杞	40.00
59	张北县(冀)	枸杞	35.00
60	靖远县(甘)	枸杞	30.00
61	瓜州县(甘)	枸杞	12.00
62	雷州市(粤)	红树类	265.00
63	澄海区(粤)	红树类	150.00
64	恩施市(鄂)	红树类	13.00
65	凤泉区(豫)	红树类	8.00
66	龙里县(黔)	红树类	8.00
67	株洲县(湘)	红树类	6.00
68	番禺区(粤)	红树类	1.00
69	彭山县(川)	红叶臭椿	100.00
70	平罗县(宁)	红叶臭椿	19.90
71	长葛市(豫)	红叶臭椿	18.00
72	利津县(鲁)	红叶臭椿	13.00
73	寒亭区(鲁)	红叶臭椿	7.00
74	灵武市(宁)	红枣	928.90

（续）

序号	其他主要苗圃苗木主产地	品种	产量（万株）
75	沧　县（冀）	红枣	568.00
76	祁东县（湘）	红枣	360.00
77	大荔县（陕）	红枣	254.00
78	英吉沙县（新）	红枣	137.78
79	绥德县（陕）	红枣	125.00
80	乐陵市（鲁）	红枣	120.00
81	临泽县（甘）	红枣	107.70
82	阜平县（冀）	红枣	61.00
83	阿图什市（新）	红枣	40.60
84	宁阳县（鲁）	红枣	40.50
85	内黄县（豫）	红枣	36.13
86	民勤县（甘）	红枣	35.64
87	永宁县（宁）	红枣	35.00
88	清涧县（陕）	红枣	33.00
89	喀喇沁左翼蒙古族自治县（辽）	红枣	28.00
90	哈密林场（新）	红枣	24.90
91	古浪县（甘）	红枣	19.80
92	澄城县（陕）	红枣	10.00
93	岳普湖县（新）	红枣	10.00
94	云城区（粤）	红锥	140.00
95	五华县（粤）	红锥	77.70
96	水台林场（粤）	红锥	40.00
97	罗定市（粤）	红锥	35.00
98	三门江林场（桂）	红锥	30.00
99	西江林业局（粤）	红锥	28.00
100	蕉岭县（粤）	红锥	20.00
101	株洲县（湘）	红锥	8.00
102	东港市（辽）	厚朴	1300.00
103	宣汉县（川）	厚朴	240.00
104	建始县（鄂）	厚朴	200.00
105	五峰土家族自治县（鄂）	厚朴	90.00
106	资源县（桂）	厚朴	80.00
107	洋　县（陕）	厚朴	74.00
108	武隆县（渝）	厚朴	67.00
109	新宁县（湘）	厚朴	60.00
110	北川羌族自治县（川）	厚朴	40.00
111	宝兴县（川）	厚朴	30.00
112	桂东县（湘）	厚朴	26.00
113	镇巴县（陕）	厚朴	20.00
114	抚松县（吉）	胡桃楸	3170.00
115	五常市（黑）	胡桃楸	40.00
116	三岔子林业局（吉林森工）	胡桃楸	30.00
117	集安市（吉）	胡桃楸	27.00
118	浑江区（吉）	胡桃楸	19.65
119	讷河市（黑）	胡桃楸	15.00

（续）

序号	其他主要苗圃苗木主产地	品种	产量（万株）
120	临江林业局（吉林森工）	胡桃楸	14.00
121	白石山林业局（吉林森工）	胡桃楸	10.70
122	金塔县（甘）	胡杨	718.00
123	乌拉特前旗（蒙）	胡杨	400.00
124	瓜州县（甘）	胡杨	231.00
125	麦盖提县（新）	胡杨	195.30
126	农十四师（新疆兵团）	胡杨	169.00
127	沙湾县（新）	胡杨	150.00
128	库车县（新）	胡杨	128.60
129	农二师（新疆兵团）	胡杨	126.56
130	巴楚县（新）	胡杨	103.95
131	沙雅县（新）	胡杨	101.00
132	额济纳旗（蒙）	胡杨	54.00
133	肥西县（皖）	胡杨	50.00
134	民勤县（甘）	胡杨	17.11
135	定州市（冀）	槐树	1306.00
136	周村区（鲁）	槐树	1210.00
137	长清区（鲁）	槐树	530.00
138	武强县（冀）	槐树	290.00
139	商州区（陕）	槐树	252.00
140	东光县（冀）	槐树	150.00
141	长治市郊区（晋）	槐树	120.00
142	滨城区（鲁）	槐树	90.00
143	开平区（冀）	槐树	86.00
144	稷山县（晋）	槐树	81.00
145	邯郸县（冀）	槐树	70.00
146	泊头市（冀）	槐树	67.40
147	石林彝族自治县（滇）	槐树	50.00
148	新泰市（鲁）	槐树	48.00
149	肃州区（甘）	槐树	40.00
150	同心县（宁）	槐树	17.22
151	南皮县（冀）	槐树	12.00
152	子洲县（陕）	槐树	12.00
153	桥北林业局（陕）	槐树	10.00
154	抚松县（吉）	黄波罗	1585.00
155	桓仁满族自治县（辽）	黄波罗	879.00
156	集安市（吉）	黄波罗	80.00
157	露水河林业局（吉林森工）	黄波罗	14.60
158	三岔子林业局（吉林森工）	黄波罗	12.00
159	东辽县（吉）	黄波罗	11.50
160	扎兰屯市（蒙）	黄波罗	10.00
161	滨江区（浙）	黄连木	500.00
162	涉　县（冀）	黄连木	80.00
163	沙河市（冀）	黄连木	50.00
164	恩阳区（川）	黄连木	35.00

(续)

序号	其他主要苗圃苗木主产地	品种	产量(万株)
165	霍邱县(皖)	黄连木	30.00
166	弥勒市(滇)	黄连木	11.30
167	维西傈僳族自治县(滇)	黄连木	10.00
168	青州市(鲁)	黄栌	400.00
169	定州市(冀)	黄栌	360.00
170	章丘市(鲁)	黄栌	302.00
171	阳泉市郊区(晋)	黄栌	75.00
172	北京市林业种子苗木管理总站(京)	黄栌	73.43
173	淇滨区(豫)	黄栌	38.00
174	南召县(豫)	黄栌	26.10
175	泌阳县(豫)	火炬松	450.00
176	双峰县(湘)	火炬松	400.00
177	独山县(黔)	火炬松	250.00
178	含山县(皖)	火炬松	200.00
179	曾都区(鄂)	火炬松	150.00
180	宁波市市辖区(浙)	金钱松	23.40
181	淳安县(浙)	金钱松	9.50
182	隆回县(湘)	金钱松	2.70
183	奉化市(浙)	金钱松	2.00
184	陵川县(晋)	栎树	823.00
185	南谯区(皖)	栎树	270.00
186	霍山县(皖)	栎树	50.00
187	平泉县(冀)	栎树	30.00
188	莎车县(新)	栎树	13.00
189	桐乡市(浙)	落羽杉	180.00
190	淮滨县(豫)	落羽杉	150.00
191	松江区(沪)	落羽杉	110.00
192	斗门区(粤)	落羽杉	41.90
193	毛集实验区(皖)	落羽杉	30.00
194	海宁市(浙)	落羽杉	26.00
195	河东区(鲁)	木瓜	7000.00
196	长阳土家族自治县(鄂)	木瓜	560.00
197	舞钢市(豫)	木瓜	230.00
198	施甸县(滇)	木瓜	120.00
199	竹山县(鄂)	木瓜	55.00
200	宣汉县(川)	木瓜	50.00
201	维西傈僳族自治县(滇)	木瓜	40.00
202	正阳县(豫)	木瓜	30.00
203	霍山县(皖)	木瓜	20.00
204	长葛市(豫)	木瓜	18.00
205	平桥区(豫)	木瓜	17.00
206	吴起县(陕)	木瓜	16.00

(续)

序号	其他主要苗圃苗木主产地	品种	产量(万株)
207	新野县(豫)	木瓜	15.30
208	偏关县(晋)	柠条	8000.00
209	鄂托克前旗(蒙)	柠条	5410.00
210	翁牛特旗(蒙)	柠条	2595.00
211	河曲县(晋)	柠条	2124.00
212	巴林右旗(蒙)	柠条	1400.00
213	康保县(冀)	柠条	462.00
214	克什克腾旗(蒙)	柠条	294.00
215	神池县(晋)	柠条	220.00
216	四子王旗(蒙)	柠条	200.00
217	盐池县(宁)	柠条	200.00
218	围场满族蒙古族自治县(冀)	柠条	150.00
219	南郊区(晋)	柠条	144.00
220	丰镇市(蒙)	柠条	133.00
221	尚义县(冀)	柠条	120.00
222	固阳县(蒙)	柠条	105.00
223	达尔罕茂明安联合旗(蒙)	柠条	60.00
224	山丹县(甘)	柠条	46.00
225	鄂托克旗(蒙)	柠条	40.00
226	博野县(冀)	千头椿	460.00
227	静海县(津)	千头椿	64.40
228	南乐县(豫)	千头椿	26.00
229	邢台县(冀)	千头椿	22.00
230	新河县(冀)	千头椿	21.00
231	安次区(冀)	千头椿	18.00
232	河间市(冀)	千头椿	15.00
233	任　县(冀)	千头椿	12.00
234	定州市(冀)	青桐	370.00
235	华蓥市(川)	青桐	231.30
236	商水县(豫)	青桐	75.00
237	许昌县(豫)	青桐	17.40
238	竹山县(鄂)	青桐	15.00
239	鹿邑县(豫)	楸叶桐	187.50
240	东港市(辽)	沙松	1400.00
241	三岔子林业局(吉林森工)	沙松	49.00
242	南岔林业局(龙江森工)	山槐	12.70
243	五营林业局(龙江森工)	山槐	7.50
244	乌马河林业局(龙江森工)	山槐	6.00
245	铁力林业局(龙江森工)	山槐	5.70
246	亚布力林业局(龙江森工)	山槐	5.60
247	珲春林业局(吉)	山槐	4.56
248	金山屯林业局(龙江森工)	山槐	2.80

（续）

序号	其他主要苗圃苗木主产地	品种	产量（万株）
249	新郑市（豫）	石榴	542.00
250	荥阳市（豫）	石榴	530.00
251	惠水县（黔）	石榴	120.00
252	惠济区（豫）	石榴	100.00
253	普定县（黔）	石榴	93.00
254	禹会区（皖）	石榴	60.00
255	宁陵县（豫）	石榴	48.00
256	怀远县（皖）	石榴	24.00
257	商州区（陕）	石榴	20.00
258	纳雍县（黔）	石榴	15.00
259	市辖区（豫）	石榴	10.50
260	龙亭区（豫）	石榴	10.50
261	澜沧拉祜族自治县（滇）	思茅松	387.20
262	孟连傣族拉祜族佤族自治县（滇）	思茅松	185.00
263	宁洱哈尼族彝族自治县（滇）	思茅松	90.00
264	景谷傣族彝族自治县（滇）	思茅松	70.00
265	墨江哈尼族自治县（滇）	思茅松	56.00
266	巴楚县（新）	酸梅	1.73
267	普宁市（粤）	桃花心木	400.00
268	揭东区（粤）	桃花心木	33.00
269	博罗县（粤）	桃花心木	30.00
270	蕉岭县（粤）	桃花心木	15.00
271	湘桥区（粤）	桃花心木	15.00
272	榕城区（粤）	桃花心木	10.00
273	尼勒克县（新）	文冠果	13320.00
274	阿鲁科尔沁旗（蒙）	文冠果	619.00
275	翁牛特旗（蒙）	文冠果	515.20
276	克什克腾旗（蒙）	文冠果	500.00
277	凌源市（辽）	文冠果	150.00
278	民乐县（甘）	文冠果	150.00
279	鄂托克前旗（蒙）	文冠果	104.26
280	红山区（蒙）	文冠果	104.10
281	定西市巉口林业试验场（甘）	文冠果	80.00
282	靖远县（甘）	文冠果	60.00
283	敖汉旗（蒙）	文冠果	44.00
284	合水林业总场（甘）	文冠果	20.00
285	华池林业总场（甘）	文冠果	18.30
286	科尔沁区（蒙）	文冠果	15.00
287	松山区（蒙）	文冠果	14.00
288	酉阳土家族苗族自治县（渝）	香梨	32.00
289	长葛市（豫）	香梨	4.00
290	金平苗族瑶族傣族自治县（滇）	橡胶	10000.00
291	定州市（冀）	小檗	16992.00
292	尼勒克县（新）	小檗	5000.00
293	振安区（辽）	小檗	2000.00
294	新泰市（鲁）	小檗	1200.00
295	沂水县（鲁）	小檗	475.00
296	南和县（冀）	小檗	450.00
297	阳泉市郊区（晋）	小檗	220.00
298	商水县（豫）	小檗	192.00
299	坊子区（鲁）	小檗	180.00
300	莱芜市高新区（鲁）	小檗	72.00
301	阳城县（晋）	小檗	39.00
302	牟平区（鲁）	小浆果	10.00
303	彭州市（川）	银杉	90.00
304	株洲市市辖区（湘）	银杉	41.00
305	嵩　县（豫）	元宝枫	630.00
306	扶风县（陕）	元宝枫	560.00
307	定州市（冀）	元宝枫	300.00
308	北京市林业种子苗木管理总站（京）	元宝枫	109.24
309	郾城区（豫）	元宝枫	78.17
310	吉　县（晋）	元宝枫	48.00
311	涿州市（冀）	元宝枫	15.15
312	阳泉市郊区（晋）	元宝枫	8.00
313	辽宁实验林场（辽）	元宝枫	7.82
314	宁城县（蒙）	元宝枫	4.00
315	牟平区（鲁）	元宝枫	4.00
316	北京市黄垡苗圃（京）	元宝枫	3.06
317	汤阴县（豫）	元宝枫	3.00
318	阳城县（晋）	元宝枫	2.80
319	定兴县（冀）	元宝枫	2.00
320	土默特左旗（蒙）	元宝枫	2.00
321	北京市大东流苗圃（京）	元宝枫	1.31
322	双柏县（滇）	云南松	47.00
323	雅长林场（桂）	云南松	41.40
324	腾冲县（滇）	云南松	17.00
325	红塔区（滇）	云南松	16.00
326	香格里拉县（滇）	云南松	13.70
327	会东县（川）	云南松	10.00
328	巍山彝族回族自治县（滇）	云南松	10.00
329	个旧市（滇）	云南松	10.00
330	集安市（吉）	紫椴	32.00
331	松江河林业有限公司（吉林森工）	紫椴	3.70
332	讷河市（黑）	紫椴	2.00
333	振安区（辽）	紫杉	400.00

表 11-1　松香主产地产量

（续）

序号	松香主产地	产量(吨)
1	雨花台区(苏)	9600.00
2	常山县(浙)	100.00
3	全椒县(皖)	1750.00
4	祁门县(皖)	425.00
5	南谯区(皖)	400.00
6	滁州市管店林业总场(皖)	350.00
7	泾　县(皖)	160.00
8	桐城市(皖)	150.00
9	将乐县(闽)	4553.00
10	浮梁县(赣)	36990.00
11	吉水县(赣)	8255.00
12	吉安县(赣)	8050.00
13	宁都县(赣)	7000.00
14	崇仁县(赣)	5000.00
15	安福县(赣)	5000.00
16	泰和县(赣)	4709.00
17	永丰县(赣)	4500.00
18	乐安县(赣)	4479.00
19	安远县(赣)	4300.00
20	青原区(赣)	3700.00
21	瑞金市(赣)	3450.00
22	安义县(赣)	3000.00
23	峡江县(赣)	2591.00
24	吉州区(赣)	2100.00
25	贵溪市(赣)	800.00
26	新干县(赣)	780.00
27	于都县(赣)	695.00
28	万安县(赣)	600.00
29	永新县(赣)	350.00
30	信丰县(赣)	301.00
31	兴国县(赣)	280.00
32	余江县(赣)	220.00
33	婺源县(赣)	200.00
34	德兴市(赣)	190.00
35	赣　县(赣)	149.00
36	东乡县(赣)	128.00
37	大余县(赣)	107.00
38	上饶县(赣)	102.00
39	当阳市(鄂)	20500.00
40	英山县(鄂)	1000.00
41	京山县(鄂)	837.00
42	湖北省太子山林场管理局(鄂)	107.00
43	株洲市市辖区(湘)	6800.00
44	岳阳县(湘)	2000.00
45	道　县(湘)	1409.00
46	古丈县(湘)	1200.00
47	宜章县(湘)	900.00
48	浏阳市(湘)	610.00
49	绥宁县(湘)	510.00
50	永顺县(湘)	500.00
51	炎陵县(湘)	500.00
52	安化县(湘)	320.00
53	衡山县(湘)	251.40
54	东安县(湘)	190.00
55	中方县(湘)	180.00
56	双牌县(湘)	170.00
57	芦淞区(湘)	150.00
58	南雄市(粤)	10207.00
59	高要市(粤)	9345.00
60	梅　县(粤)	8800.00
61	德庆县(粤)	7500.00
62	阳东县(粤)	3200.00
63	仁化县(粤)	1000.00
64	阳春市(粤)	900.00
65	翁源县(粤)	800.00
66	新兴县(粤)	580.00
67	滨江区(粤)	500.00
68	连州市(粤)	485.00
69	和平县(粤)	300.00
70	信宜市(粤)	300.00
71	佛冈县(粤)	148.00
72	岑溪市(桂)	220000.00
73	宁明县(桂)	171035.00
74	北流市(桂)	99327.00
75	象州县(桂)	33857.00
76	兴安县(桂)	24115.00
77	防城区(桂)	17521.00
78	钦北区(桂)	14558.00
79	金秀瑶族自治县(桂)	10151.00
80	昭平县(桂)	7213.00
81	苍梧县(桂)	6978.00
82	融水苗族自治县(桂)	6481.00
83	永福县(桂)	6125.00
84	宜州市(桂)	6000.00
85	富川瑶族自治县(桂)	5200.00
86	右江区(桂)	5164.00
87	七坡林场(桂)	4500.00
88	鹿寨县(桂)	4468.00
89	桂平市(桂)	4430.00
90	恭城瑶族自治县(桂)	4000.00
91	全州县(桂)	4000.00
92	江州区(桂)	3163.00
93	武宣县(桂)	2955.00
94	六万林场(桂)	1440.00
95	陆川县(桂)	400.00
96	独山县(黔)	12000.00
97	都匀市(黔)	600.00
98	龙里县(黔)	420.00
99	镇沅彝族哈尼族拉祜族自治县(滇)	25093.00
100	南华县(滇)	19965.00
101	景东彝族自治县(滇)	19057.00
102	宁洱哈尼族彝族自治县(滇)	13638.00
103	景谷傣族彝族自治县(滇)	12082.00
104	双江拉祜族佤族布朗族傣族自治县(滇)	11000.00
105	双柏县(滇)	9259.00
106	思茅区(滇)	4268.00
107	临翔区(滇)	2600.00
108	勐海县(滇)	1829.00
109	云　县(滇)	1766.00
110	墨江哈尼族自治县(滇)	998.00
111	易门县(滇)	703.00
112	巍山彝族回族自治县(滇)	600.00
113	江城哈尼族彝族自治县(滇)	550.00
114	凤庆县(滇)	530.20
115	隆阳区(滇)	346.00
116	施甸县(滇)	200.00
117	大姚县(滇)	150.00
118	禄丰县(滇)	145.00
119	梁河县(滇)	120.00

表 11-2　松节油主产地产量

序号	松节油主产地	产量(吨)
1	开化县(浙)	8000.00
2	全椒县(皖)	485.00
3	滁州市管店林业总场(皖)	100.00
4	祁门县(皖)	85.00
5	泾　县(皖)	50.00
6	怀宁县(皖)	47.00
7	定远县(皖)	10.00
8	万安县(赣)	4800.00
9	南昌市市辖区(赣)	4230.00
10	乐安县(赣)	3260.00
11	吉安县(赣)	2051.78
12	吉水县(赣)	1800.00

（续）

序号	松节油主产地	产量(吨)
13	泰和县(赣)	1600.00
14	遂川县(赣)	1352.00
15	新干县(赣)	1130.00
16	崇仁县(赣)	1000.00
17	安远县(赣)	1000.00
18	永丰县(赣)	950.00
19	宁都县(赣)	800.00
20	青原区(赣)	750.00
21	永新县(赣)	602.00
22	会昌县(赣)	580.00
23	峡江县(赣)	569.00
24	安福县(赣)	550.00
25	吉州区(赣)	440.00
26	贵溪市(赣)	280.00
27	于都县(赣)	180.00
28	永修县(赣)	170.00
29	信丰县(赣)	140.00
30	余江县(赣)	120.00
31	兴国县(赣)	68.00
32	德兴市(赣)	60.00
33	赣　县(赣)	37.00
34	大余县(赣)	21.00
35	井冈山市(赣)	13.00
36	京山县(鄂)	359.00
37	湖北省太子山林场管理局(鄂)	16.00
38	随　县(鄂)	10.00
39	株洲市市辖区(湘)	1180.00
40	古丈县(湘)	700.00
41	道　县(湘)	338.00
42	衡东县(湘)	200.00
43	宜章县(湘)	200.00
44	永顺县(湘)	160.00
45	浏阳市(湘)	121.00
46	双牌县(湘)	40.00
47	湘阴县(湘)	29.00
48	衡山县(湘)	26.54
49	绥宁县(湘)	20.00
50	中方县(湘)	20.00
51	德庆县(粤)	21000.00
52	高要市(粤)	2056.00
53	新兴县(粤)	129.00
54	连州市(粤)	96.00
55	信宜市(粤)	40.00
56	阳东县(粤)	32.00
57	北流市(桂)	2500.32

（续）

序号	松节油主产地	产量(吨)
58	全州县(桂)	2200.00
59	钦北区(桂)	1852.00
60	灵山县(桂)	1500.00
61	永福县(桂)	1217.00
62	昭平县(桂)	1101.00
63	苍梧县(桂)	1016.00
64	融水苗族自治县(桂)	999.00
65	宜州市(桂)	700.00
66	金秀瑶族自治县(桂)	624.00
67	右江区(桂)	568.00
68	兴安县(桂)	550.00
69	富川瑶族自治县(桂)	397.00
70	六万林场(桂)	240.00
71	武宣县(桂)	165.00
72	龙里县(黔)	180.00
73	都匀市(黔)	120.00
74	南华县(滇)	6168.00
75	镇沅彝族哈尼族拉祜族自治县(滇)	5018.00
76	宁洱哈尼族彝族自治县(滇)	4044.00
77	双江拉祜族佤族布朗族傣族自治县(滇)	3000.00
78	双柏县(滇)	2975.00
79	易门县(滇)	2800.00
80	江城哈尼族彝族自治县(滇)	2590.00
81	思茅区(滇)	760.00
82	勐海县(滇)	700.00
83	临翔区(滇)	405.00
84	云　县(滇)	403.00
85	凤庆县(滇)	161.30
86	大姚县(滇)	50.00

表 11-3　松脂主产地产量

序号	松脂主产地	产量(吨)
1	淳安县(浙)	235.00
2	全椒县(皖)	2500.00
3	怀宁县(皖)	800.00
4	宣州区(皖)	651.00
5	祁门县(皖)	510.00
6	潜山县(皖)	450.00
7	太湖县(皖)	450.00
8	泾　县(皖)	300.00
9	旌德县(皖)	300.00
10	望江县(皖)	175.00
11	明光市(皖)	82.00
12	南陵县(皖)	51.00
13	定远县(皖)	50.00

（续）

序号	松脂主产地	产量(吨)
14	东至县(皖)	50.00
15	尤溪县(闽)	13962.00
16	大田县(闽)	10857.00
17	宁化县(闽)	9116.00
18	清流县(闽)	7921.00
19	连城县(闽)	7769.00
20	明溪县(闽)	7652.00
21	永定县(闽)	5293.00
22	建阳市(闽)	4730.00
23	建宁县(闽)	4102.00
24	漳平市(闽)	3169.00
25	上杭县(闽)	2570.00
26	建瓯市(闽)	2526.00
27	武平县(闽)	2510.00
28	沙　县(闽)	2459.00
29	长汀县(闽)	2125.00
30	永泰县(闽)	1891.00
31	邵武市(闽)	1755.00
32	永安市(闽)	1279.00
33	延平区(闽)	1071.00
34	仙游县(闽)	1044.00
35	三元区(闽)	1020.00
36	松溪县(闽)	844.00
37	新罗区(闽)	736.00
38	武夷山市(闽)	489.00
39	泰宁县(闽)	472.00
40	浦城县(闽)	351.00
41	芗城区(闽)	182.00
42	光泽县(闽)	145.00
43	福鼎市(闽)	97.00
44	南安市(闽)	89.00
45	顺昌县(闽)	53.00
46	闽清县(闽)	37.00
47	永春县(闽)	36.00
48	吉安县(赣)	12148.00
49	新干县(赣)	9880.00
50	会昌县(赣)	5800.00
51	青原区(赣)	4600.00
52	瑞金市(赣)	2600.00
53	渝水区(赣)	1980.00
54	于都县(赣)	900.00
55	浮梁县(赣)	900.00
56	永修县(赣)	657.00
57	定南县(赣)	485.00
58	兴国县(赣)	400.00

(续)

序号	松脂主产地	产量(吨)
59	永新县(赣)	300.00
60	赣　县(赣)	186.00
61	都昌县(赣)	180.00
62	分宜县(赣)	120.00
63	万载县(赣)	98.30
64	章贡区(赣)	66.00
65	德安县(赣)	60.00
66	资溪县(赣)	35.00
67	全南县(赣)	35.00
68	余干县(赣)	35.00
69	洛宁县(豫)	14.00
70	南漳县(鄂)	10000.00
71	京山县(鄂)	2300.00
72	崇阳县(鄂)	260.00
73	浠水县(鄂)	210.00
74	房　县(鄂)	202.00
75	兴山县(鄂)	185.00
76	湖北省太子山林场管理局(鄂)	170.00
77	东宝区(鄂)	150.00
78	谷城县(鄂)	146.00
79	红安县(鄂)	16.00
80	道　县(湘)	5209.00
81	浏阳市(湘)	860.00
82	冷水滩区(湘)	750.00
83	沅陵县(湘)	660.00
84	新宁县(湘)	600.00
85	安化县(湘)	350.00
86	宁远县(湘)	320.00
87	株洲县(湘)	320.00
88	祁东县(湘)	250.00
89	双牌县(湘)	230.00
90	东安县(湘)	200.00
91	临湘市(湘)	150.00
92	鼎城区(湘)	65.00
93	芷江侗族自治县(湘)	52.00
94	永定区(湘)	30.00
95	洪江市(湘)	30.00
96	新化县(湘)	20.00
97	慈利县(湘)	20.00
98	吉首市(湘)	15.00
99	罗定市(粤)	61600.00
100	德庆县(粤)	25409.00
101	怀集县(粤)	24500.00
102	封开县(粤)	24462.00
103	高要市(粤)	12801.00

(续)

序号	松脂主产地	产量(吨)
104	郁南县(粤)	11000.00
105	云城区(粤)	9618.00
106	四会市(粤)	5566.00
107	连山壮族瑶族自治县(粤)	4463.00
108	广宁县(粤)	4034.00
109	信宜市(粤)	1600.00
110	廉江市(粤)	1382.00
111	台山市(粤)	1002.00
112	新兴县(粤)	561.00
113	鼎湖区(粤)	550.00
114	大云雾林场(粤)	400.00
115	连南瑶族自治县(粤)	391.00
116	龙埇林场(粤)	376.00
117	阳山县(粤)	302.00
118	平远县(粤)	291.00
119	英德市(粤)	263.00
120	武江区(粤)	218.00
121	佛冈县(粤)	174.00
122	东江林场(粤)	150.00
123	新丰县(粤)	85.00
124	飞马林场(粤)	60.00
125	宁明县(桂)	99942.00
126	钦北区(桂)	31512.00
127	苍梧县(桂)	28258.00
128	容　县(桂)	21362.00
129	防城区(桂)	15035.00
130	覃塘区(桂)	13906.00
131	昭平县(桂)	12702.00
132	象州县(桂)	10145.00
133	全州县(桂)	7600.00
134	龙圩区(桂)	7173.00
135	平乐县(桂)	5673.00
136	钦南区(桂)	5000.00
137	荔浦县(桂)	4477.00
138	资源县(桂)	4375.00
139	江州区(桂)	4217.00
140	浦北县(桂)	4060.00
141	兴安县(桂)	4023.00
142	灌阳县(桂)	3604.00
143	西林县(桂)	2946.00
144	平果县(桂)	2896.00
145	武宣县(桂)	2358.00
146	中国林科院热林中心(桂)	1660.00
147	金秀瑶族自治县(桂)	1597.00
148	贺州市平桂管理区(桂)	1423.00

(续)

序号	松脂主产地	产量(吨)
149	北流市(桂)	1270.00
150	田阳县(桂)	705.00
151	龙州县(桂)	587.00
152	三门江林场(桂)	450.00
153	环江毛南族自治县(桂)	435.00
154	罗城仫佬族自治县(桂)	412.00
155	巴马瑶族自治县(桂)	404.00
156	玉林市福绵区(桂)	300.00
157	田林县(桂)	175.00
158	金城江区(桂)	140.00
159	凌云县(桂)	51.00
160	凤山县(桂)	30.00
161	仁和区(川)	800.00
162	南江县(川)	180.00
163	盐边县(川)	55.00
164	开江县(川)	50.00
165	思南县(黔)	15000.00
166	贵定县(黔)	726.00
167	荔波县(黔)	155.00
168	罗甸县(黔)	60.00
169	长顺县(黔)	50.00
170	平塘县(黔)	45.00
171	桐梓县(黔)	36.00
172	惠水县(黔)	24.00
173	紫云苗族布依族自治县(黔)	11.76
174	德江县(黔)	11.00
175	墨江哈尼族自治县(滇)	6501.40
176	宁洱哈尼族彝族自治县(滇)	4109.80
177	双江拉祜族佤族布朗族傣族自治县(滇)	2982.00
178	双柏县(滇)	2548.00
179	景洪市(滇)	1426.00
180	巍山彝族回族自治县(滇)	700.00
181	勐海县(滇)	300.00
182	凤庆县(滇)	245.00
183	昌宁县(滇)	80.90
184	永仁县(滇)	33.00
185	石屏县(滇)	32.00
186	楚雄市(滇)	24.00
187	漾濞彝族自治县(滇)	20.90
188	南郑县(陕)	20.00

表 11-4　活性炭主产地产量

序号	活性炭主产地	产量(吨)
1	平泉县(冀)	42000.00
2	宁城县(蒙)	3000.00

（续）

序号	活性炭主产地	产量（吨）
3	淳安县（浙）	11020.00
4	开化县（浙）	6000.00
5	龙游县（浙）	5296.00
6	德清县（浙）	4530.00
7	龙泉市（浙）	2973.00
8	长兴县（浙）	1000.00
9	浦江县（浙）	31.00
10	郎溪县（皖）	1000.00
11	旌德县（皖）	950.00
12	祁门县（皖）	312.00
13	南城县（赣）	9800.00
14	崇义县（赣）	9626.00
15	定南县（赣）	7928.00
16	南康市（赣）	4800.00
17	宜黄县（赣）	3000.00
18	龙南县（赣）	2782.00
19	余江县（赣）	1700.00
20	靖安县（赣）	1600.00
21	玉山县（赣）	1162.00
22	铜鼓县（赣）	500.00
23	信丰县（赣）	260.00
24	嘉祥县（鲁）	9000.00
25	中方县（湘）	1500.00
26	绥宁县（湘）	800.00
27	靖州苗族侗族自治县（湘）	750.00
28	桂东县（湘）	600.00
29	通道侗族自治县（湘）	420.00
30	安化县（湘）	300.00
31	溆浦县（湘）	140.00
32	江津区（渝）	5000.00
33	梁平县（渝）	800.00
34	荣昌县（渝）	560.00
35	碧江区（黔）	200.00
36	沿河土家族自治县（黔）	29.00
37	漾濞彝族自治县（滇）	800.00

表 11-5　生漆及其制品主产地产量

序号	生漆及其制品主产地	产量（吨）
1	浦城县（闽）	124.00
2	光泽县（闽）	12.00
3	恩施市（鄂）	20.00
4	兴山县（鄂）	12.00
5	慈利县（湘）	10.00
6	南川区（渝）	22.00
7	巫山县（渝）	12.00

（续）

序号	生漆及其制品主产地	产量（吨）
8	南部县（川）	100.00
9	南江县（川）	76.00
10	安　县（川）	40.00
11	兴文县（川）	22.00
12	桐梓县（黔）	81.00
13	六枝特区（黔）	40.00
14	普安县（黔）	10.00
15	镇雄县（滇）	100.00
16	兰坪白族普米族自治县（滇）	50.00
17	大关县（滇）	45.00
18	彝良县（滇）	35.00
19	平利县（陕）	1000.00
20	城固县（陕）	268.00
21	商南县（陕）	133.00
22	南郑县（陕）	65.00

表 11-6　木炭主产地产量

序号	木炭主产地	产量（吨）
1	彰武县（辽）	24000.00
2	图们市（吉）	3980.00
3	宝清县（黑）	204.00
4	丰　县（苏）	8200.00
5	临安市（浙）	800.00
6	长兴县（浙）	180.00
7	淳安县（浙）	85.00
8	南谯区（皖）	50000.00
9	太湖县（皖）	4000.00
10	旌德县（皖）	660.00
11	和　县（皖）	200.00
12	霍山县（皖）	100.00
13	宿松县（皖）	25.00
14	吉水县（赣）	3000.00
15	宜黄县（赣）	1500.00
16	泰和县（赣）	1132.00
17	全南县（赣）	1006.00
18	遂川县（赣）	850.00
19	瑞金市（赣）	800.00
20	芦溪县（赣）	600.00
21	崇义县（赣）	500.00
22	于都县（赣）	235.00
23	定南县（赣）	163.00
24	玉山县（赣）	122.00
25	靖安县（赣）	80.00
26	井冈山市（赣）	52.00
27	南城县（赣）	24.00

（续）

序号	木炭主产地	产量（吨）
28	分宜县（赣）	12.00
29	临沂市临港经济开发区（鲁）	300000.00
30	嘉祥县（鲁）	6000.00
31	济阳县（鲁）	1500.00
32	陵　县（鲁）	80.00
33	商城县（豫）	2800.00
34	永城市（豫）	380.00
35	固始县（豫）	70.00
36	浠水县（鄂）	365.00
37	建始县（鄂）	200.00
38	罗田县（鄂）	100.00
39	随县（鄂）	40.00
40	竹山县（鄂）	30.00
41	江华瑶族自治县（湘）	17300.00
42	新宁县（湘）	6000.00
43	绥宁县（湘）	5500.00
44	临湘市（湘）	3000.00
45	衡东县（湘）	2000.00
46	道　县（湘）	1550.00
47	湘潭县（湘）	1232.00
48	沅陵县（湘）	1120.00
49	株洲市市辖区（湘）	975.00
50	安化县（湘）	700.00
51	岳阳县（湘）	500.00
52	通道侗族自治县（湘）	490.00
53	溆浦县（湘）	410.00
54	株洲县（湘）	350.00
55	东安县（湘）	267.00
56	新化县（湘）	200.00
57	桂东县（湘）	200.00
58	衡阳县（湘）	188.00
59	祁东县（湘）	150.00
60	桑植县（湘）	120.00
61	桂阳县（湘）	110.00
62	赫山区（湘）	100.00
63	望城县（湘）	100.00
64	桃源县（湘）	90.00
65	永兴县（湘）	82.00
66	永定区（湘）	10.00
67	雷州市（粤）	41340.00
68	徐闻县（粤）	1064.00
69	化州市（粤）	875.00
70	和平县（粤）	800.00
71	新丰县（粤）	85.00
72	揭西县（粤）	40.00

(续)

序号	木炭主产地	产量(吨)
73	台山市(粤)	13.00
74	全州县(桂)	5000.00
75	灌阳县(桂)	3200.00
76	融水苗族自治县(桂)	1298.00
77	隆林各族自治县(桂)	1200.00
78	金城江区(桂)	1010.00
79	玉林市福绵区(桂)	580.00
80	武宣县(桂)	450.00
81	北流市(桂)	326.61
82	黔江区(渝)	1900.00
83	合川区(渝)	180.00
84	彭水苗族土家族自治县(渝)	60.00
85	奉节县(渝)	30.00
86	平昌县(川)	8600.00
87	思南县(黔)	200.00
88	碧江区(黔)	50.00
89	长顺县(黔)	30.00
90	息烽县(黔)	21.00
91	沿河土家族自治县(黔)	20.00
92	勐腊县(滇)	47686.00
93	陇川县(滇)	2000.00
94	宁洱哈尼族彝族自治县(滇)	1006.00
95	盈江县(滇)	916.00
96	隆阳区(滇)	430.00
97	漾濞彝族自治县(滇)	200.00
98	兰坪白族普米族自治县(滇)	150.00

表 11-7　其他林化产品主产地产量

序号	其他林化产品主产地	品种	产量(吨)
1	新宁县(湘)	白蜡	100.00
2	乐山市市辖区(川)	白蜡	50.00
3	喜德县(川)	白蜡	25.00
4	五峰土家族自治县(鄂)	单宁	1200.00
5	竹山县(鄂)	单宁	780.00
6	石柱土家族自治县(渝)	单宁	650.00
7	彭水苗族土家族自治县(渝)	单宁	80.00
8	翠屏区(川)	芳樟醇	3100.00
9	金溪县(赣)	芳樟醇	160.00
10	郁南县(粤)	桂油	115.00
11	梓潼县(川)	桂油	100.00
12	罗定市(粤)	桂油	80.00
13	桂平市(桂)	桂油	75.00
14	筠连县(川)	桂油	50.00
15	蓬溪县(川)	桂油	48.00
16	罗甸县(黔)	合成龙脑	43.00
17	新晃侗族自治县(湘)	合成樟脑	30.00
18	翁源县(粤)	合成樟脑	10.00
19	那坡县(桂)	茴油	2107.00
20	会昌县(赣)	聚合松香	2450.00
21	七坡林场(桂)	聚合松香	900.00
22	阿鲁科尔沁旗(蒙)	糠醛	12110.00
23	右江区(桂)	栲胶	2883.00
24	青龙满族自治县(冀)	栲胶	1200.00
25	栾川县(豫)	栲胶	1000.00
26	红花岗区(黔)	栲胶	800.00
27	南丹县(桂)	栲胶	53.00
28	双柏县(滇)	歧化松香	12653.00
29	南华县(滇)	歧化松香	9890.00
30	七坡林场(桂)	歧化松香	215.00
31	内乡县(豫)	栓皮	5000.00
32	嵩　县(豫)	栓皮	1250.00
33	霍山县(皖)	栓皮	1000.00
34	北川羌族自治县(川)	栓皮	600.00
35	西峡县(豫)	栓皮	400.00
36	商南县(陕)	栓皮	151.00
37	双柏县(滇)	松油醇	310.00
38	霍山县(皖)	松针粉	2.00
39	遂川县(赣)	萜烯树脂	4610.00
40	勐腊县(滇)	橡胶及其制品	175633.00
41	芒　市(滇)	橡胶及其制品	38708.00
42	孟连傣族拉祜族佤族自治县(滇)	橡胶及其制品	20000.00
43	墨江哈尼族自治县(滇)	橡胶及其制品	7023.60
44	河口瑶族自治县(滇)	橡胶及其制品	6000.00
45	雷州市(粤)	橡胶及其制品	340.00
46	麻栗坡县(滇)	橡胶及其制品	105.70
47	西安林产化学工厂(陕)	橡胶及其制品	25.00
48	农四师(新疆兵团)	熏衣草	256.00
49	临泉县(皖)	熏衣草	12.00
50	徐闻县(粤)	紫胶	498.00
51	牟定县(滇)	紫胶	292.00
52	昌宁县(滇)	紫胶	66.70
53	芒　市(滇)	紫胶	17.20
54	阳山县(粤)	紫胶	16.00

表 12-1　野菜主产地产量　（续）　（续）

序号	野菜主产地	产量(吨)	序号	野菜主产地	产量(吨)	序号	野菜主产地	产量(吨)
1	围场满族蒙古族自治县(冀)	2100.00	46	延寿县(黑)	600.00	91	沅陵县(湘)	9880.00
2	承德县(冀)	1000.00	47	讷河市(黑)	500.00	92	安化县(湘)	2500.00
3	丰宁满族自治县(冀)	262.00	48	恒山区(黑)	400.00	93	桑植县(湘)	1200.00
4	隆化县(冀)	230.00	49	爱辉区(黑)	218.00	94	新宁县(湘)	1000.00
5	滦平县(冀)	195.00	50	木兰县(黑)	126.00	95	汉寿县(湘)	920.00
6	崇礼区(冀)	150.00	51	牡丹江市市本级(黑)	123.00	96	常宁市(湘)	800.00
7	平泉县(冀)	100.00	52	林口县(黑)	120.00	97	江华瑶族自治县(湘)	636.00
8	岫岩满族自治县(辽)	470000.00	53	铁力市(黑)	100.00	98	醴陵市(湘)	500.00
9	宽甸满族自治县(辽)	55000.00	54	高淳县(苏)	2810.00	99	鹤城区(湘)	450.00
10	凤城市(辽)	42196.00	55	宜兴市(苏)	100.00	100	吉首市(湘)	252.00
11	清原满族自治县(辽)	18100.00	56	天台县(浙)	240.00	101	临澧县(湘)	250.00
12	本溪满族自治县(辽)	12000.00	57	凤阳县(皖)	11500.00	102	桃源县(湘)	220.00
13	新宾满族自治县(辽)	9000.00	58	舒城县(皖)	2800.00	103	城步苗族自治县(湘)	200.00
14	桓仁满族自治县(辽)	5000.00	59	霍山县(皖)	2800.00	104	宁远县(湘)	185.00
15	庄河市(辽)	4000.00	60	宿松县(皖)	2684.00	105	麻阳苗族自治县(湘)	128.00
16	抚顺县(辽)	1580.00	61	繁昌县(皖)	600.00	106	赫山区(湘)	120.00
17	振安区(辽)	800.00	62	滁州市沙河集林业总场(皖)	494.00	107	新晃侗族自治县(湘)	120.00
18	东洲区(辽)	696.00	63	休宁县(皖)	246.00	108	蒸湘区(湘)	112.00
19	清河区(辽)	500.00	64	旌德县(皖)	120.00	109	靖州苗族侗族自治县(湘)	111.00
20	南芬区(辽)	500.00	65	铜鼓县(赣)	660.00	110	连州市(粤)	288.00
21	东港市(辽)	420.00	66	靖安县(赣)	382.00	111	昭平县(桂)	950.00
22	连山区(辽)	400.00	67	南城县(赣)	192.00	112	全州县(桂)	200.00
23	海城市(辽)	320.00	68	浮梁县(赣)	128.00	113	合川区(渝)	859.00
24	凌海市(辽)	200.00	69	青州市(鲁)	185.00	114	石柱土家族自治县(渝)	650.00
25	普兰店市(辽)	100.00	70	桐柏县(豫)	12167.00	115	巴南区(渝)	153.00
26	延吉市(吉)	3230.00	71	卢氏县(豫)	7000.00	116	奉节县(渝)	100.00
27	汪清县(吉)	1052.00	72	罗山县(豫)	4300.00	117	井研县(川)	4035.00
28	柳河县(吉)	810.00	73	新安县(豫)	680.00	118	雷波县(川)	2300.00
29	集安市(吉)	685.00	74	新　县(豫)	600.00	119	冕宁县(川)	1516.00
30	东丰县(吉)	602.00	75	鲁山县(豫)	600.00	120	纳溪区(川)	1500.00
31	八家子林业局(吉)	480.00	76	舞钢市(豫)	400.00	121	安　县(川)	1500.00
32	黄泥河林业局(吉)	340.00	77	辉县市(豫)	320.00	122	宣汉县(川)	1350.00
33	浑江区(吉)	314.44	78	栾川县(豫)	210.00	123	通江县(川)	750.00
34	长白朝鲜族自治县(吉)	192.00	79	商城县(豫)	170.00	124	宜宾县(川)	620.00
35	丰满区(吉)	140.00	80	咸丰县(鄂)	1580.00	125	会理县(川)	495.00
36	安图森林经营局(吉)	131.00	81	麻城市(鄂)	1300.00	126	阆中市(川)	430.00
37	磐石市(吉)	112.00	82	宜都市(鄂)	850.00	127	马边彝族自治县(川)	421.00
38	胜利实验林场(黑)	50000.00	83	罗田县(鄂)	634.00	128	万源市(川)	205.00
39	依兰县(黑)	11650.00	84	郧　县(鄂)	500.00	129	邻水县(川)	200.00
40	尚志市(黑)	5000.00	85	丹江口市(鄂)	300.00	130	金阳县(川)	150.00
41	北安市(黑)	2000.00	86	大悟县(鄂)	220.00	131	西昌市(川)	150.00
42	宝清县(黑)	922.00	87	鹤峰县(鄂)	185.00	132	平武县(川)	140.00
43	五常市(黑)	800.00	88	鄂城区(鄂)	150.00	133	木里藏族自治县(川)	120.00
44	阿城区(黑)	800.00	89	阳新县(鄂)	122.00	134	喜德县(川)	100.00
45	宁安市(黑)	725.00	90	鄂州市市辖区(鄂)	100.00	135	石阡县(黔)	3360.00

(续)

序号	野菜主产地	产量(吨)
136	清镇市(黔)	1100.00
137	榕江县(黔)	800.00
138	惠水县(黔)	300.00
139	贵定县(黔)	150.00
140	玉龙纳西族自治县(滇)	1750.00
141	腾冲县(滇)	831.50
142	盈江县(滇)	687.10
143	大理市(滇)	607.00
144	禄丰县(滇)	573.00
145	昌宁县(滇)	501.00
146	大关县(滇)	450.00
147	洱源县(滇)	429.00
148	江川县(滇)	300.00
149	孟连傣族拉祜族佤族自治县(滇)	300.00
150	姚安县(滇)	225.00
151	元谋县(滇)	216.00
152	双柏县(滇)	207.00
153	施甸县(滇)	150.00
154	大姚县(滇)	121.00
155	寻甸回族彝族自治县(滇)	100.00
156	勉　县(陕)	3189.00
157	西乡县(陕)	1685.00
158	南郑县(陕)	1230.00
159	略阳县(陕)	926.00
160	文　县(甘)	3000.00
161	清水县(甘)	515.00
162	麦积区(甘)	450.00
163	渭源县(甘)	400.00
164	宕昌县(甘)	167.00
165	红石林业局(吉林森工)	1202.00
166	三岔子林业局(吉林森工)	512.10
167	临江林业局(吉林森工)	394.00
168	露水河林业局(吉林森工)	310.00
169	绥阳林业局(龙江森工)	15200.00
170	沾河林业局(龙江森工)	10048.00
171	朗乡林业局(龙江森工)	3200.00
172	五营林业局(龙江森工)	2472.00
173	汤旺河林业局(龙江森工)	2422.00
174	双丰林业局(龙江森工)	2300.00
175	新青林业局(龙江森工)	2089.00
176	鹤北林业局(龙江森工)	1503.00
177	乌伊岭林业局(龙江森工)	1150.00
178	带岭实验局(龙江森工)	1100.00
179	南岔林业局(龙江森工)	1072.00
180	亚布力林业局(龙江森工)	1010.00

(续)

序号	野菜主产地	产量(吨)
181	东方红林业局(龙江森工)	950.00
182	乌马河林业局(龙江森工)	890.00
183	方正林业局(龙江森工)	810.00
184	大海林林业局(龙江森工)	721.00
185	美溪林业局(龙江森工)	700.00
186	红星林业局(龙江森工)	680.00
187	桃山林业局(龙江森工)	600.00
188	海林林业局(龙江森工)	600.00
189	黑龙江柴河林业局(龙江森工)	579.00
190	兴隆林业局(龙江森工)	503.00
191	友好林业局(龙江森工)	500.00
192	清河林业局(龙江森工)	500.00
193	通北林业局(龙江森工)	481.00
194	铁力林业局(龙江森工)	460.00
195	苇河林业局(龙江森工)	424.00
196	东京城林业局(龙江森工)	420.00
197	穆棱林业局(龙江森工)	380.00
198	八面通林业局(龙江森工)	310.00
199	迎春林业局(龙江森工)	301.00
200	双鸭山林业局(龙江森工)	300.00
201	上甘岭林业局(龙江森工)	260.00
202	林口林业局(龙江森工)	260.00
203	山河屯林业局(龙江森工)	255.00
204	桦南林业局(龙江森工)	235.00
205	翠峦林业局(龙江森工)	235.00
206	金山屯林业局(龙江森工)	233.00
207	鹤立林业局(龙江森工)	190.00
208	绥棱林业局(龙江森工)	160.00

表 12-2　食用菌类主产地产量

序号	食用菌类主产地	产量(吨)
1	静海县(津)	1300.00
2	迁西县(冀)	2020.00
3	承德县(冀)	1900.00
4	滦平县(冀)	307.00
5	平泉县(冀)	300.00
6	隆化县(冀)	210.00
7	丰宁满族自治县(冀)	162.00
8	围场满族蒙古族自治县(冀)	160.00
9	宁城县(蒙)	30000.00
10	阿尔山市(蒙)	3000.00
11	敖汉旗(蒙)	1200.00
12	喀喇沁旗(蒙)	1000.00
13	松山区(蒙)	626.00
14	岫岩满族自治县(辽)	480000.00

(续)

序号	食用菌类主产地	产量(吨)
15	宽甸满族自治县(辽)	64000.00
16	东港市(辽)	27500.00
17	凤城市(辽)	16708.00
18	清原满族自治县(辽)	14120.00
19	兴城市(辽)	7200.00
20	海城市(辽)	2950.00
21	连山区(辽)	1655.00
22	桓仁满族自治县(辽)	1600.00
23	新宾满族自治县(辽)	1600.00
24	大洼县(辽)	1574.00
25	庄河市(辽)	1250.00
26	盘山县(辽)	1200.00
27	振安区(辽)	850.00
28	普兰店市(辽)	300.00
29	千山区(辽)	300.00
30	铁岭县(辽)	205.00
31	敦化市(吉)	17216.00
32	汪清县(吉)	11869.00
33	集安市(吉)	9180.00
34	梅河口市(吉)	1980.00
35	东辽县(吉)	1915.00
36	天桥岭林业局(吉)	1890.00
37	桦甸市(吉)	1756.00
38	大石头林业局(吉)	1709.00
39	和龙市(吉)	1620.00
40	白河林业局(吉)	1507.00
41	丰满区(吉)	1500.00
42	大兴沟林业局(吉)	1478.00
43	东丰县(吉)	1245.00
44	敦化林业局(吉)	550.00
45	和龙林业局(吉)	485.00
46	长白朝鲜族自治县(吉)	425.00
47	安图森林经营局(吉)	397.00
48	龙井市(吉)	312.00
49	浑江区(吉)	255.00
50	汪清林业局(吉)	204.00
51	上营森林经营局(吉)	190.00
52	八家子林业局(吉)	100.00
53	尚志市(黑)	99650.00
54	宁安市(黑)	14777.00
55	五常市(黑)	1700.00
56	鸡西市市辖区(黑)	911.20
57	依兰县(黑)	880.00
58	牡丹江市市本级(黑)	863.00
59	桦南县(黑)	800.00

（续）

序号	食用菌类主产地	产量（吨）
60	孙吴县（黑）	760.00
61	汤原县（黑）	500.00
62	讷河市（黑）	500.00
63	北安市（黑）	462.00
64	龙凤区（黑）	450.00
65	阿城区（黑）	343.00
66	五大连池市（黑）	341.60
67	绥芬河市（黑）	300.00
68	木兰县（黑）	300.00
69	鹤岗市市辖区（黑）	300.00
70	逊克县（黑）	289.50
71	尚志国有林场管理局（黑）	240.00
72	同江市（黑）	170.00
73	黑河市直属林场（黑）	120.00
74	延寿县（黑）	120.00
75	宝清县（黑）	111.00
76	丹徒区（苏）	11456.00
77	高淳县（苏）	6600.00
78	溧水县（苏）	4010.00
79	姜堰区（苏）	1696.00
80	磐安县（浙）	28598.00
81	开化县（浙）	19700.00
82	龙泉市（浙）	16328.00
83	庆元县（浙）	8038.00
84	云和县（浙）	5930.00
85	奉化市（浙）	5800.00
86	缙云县（浙）	4476.00
87	苍南县（浙）	3143.00
88	德清县（浙）	1830.00
89	武义县（浙）	1413.00
90	淳安县（浙）	1376.00
91	婺城区（浙）	830.00
92	常山县（浙）	700.00
93	富阳市（浙）	300.00
94	桐乡市（浙）	300.00
95	建德市（浙）	228.00
96	天台县（浙）	209.00
97	青田县（浙）	205.00
98	三门县（浙）	192.00
99	芜湖县（皖）	30500.00
100	潜山县（皖）	7800.00
101	南陵县（皖）	6500.00
102	舒城县（皖）	5200.00
103	凤阳县（皖）	2900.00
104	桐城市（皖）	2800.00

（续）

序号	食用菌类主产地	产量（吨）
105	宿松县（皖）	1325.00
106	东至县（皖）	1200.00
107	祁门县（皖）	858.00
108	旌德县（皖）	820.00
109	泾　县（皖）	800.00
110	滁州市沙河集林业总场（皖）	514.00
111	太湖县（皖）	480.00
112	石台县（皖）	330.00
113	金寨县（皖）	310.00
114	霍山县（皖）	210.00
115	休宁县（皖）	113.00
116	黟　县（皖）	105.00
117	浮梁县（赣）	6139.00
118	宁都县（赣）	2351.50
119	安远县（赣）	1366.00
120	永丰县（赣）	1350.00
121	吉水县（赣）	1202.00
122	崇义县（赣）	900.00
123	定南县（赣）	489.00
124	赣　县（赣）	381.00
125	靖安县（赣）	380.00
126	瑞金市（赣）	360.00
127	章贡区（赣）	347.00
128	渝水区（赣）	345.54
129	芦溪县（赣）	296.00
130	婺源县（赣）	250.00
131	于都县（赣）	245.00
132	永新县（赣）	210.00
133	南城县（赣）	200.00
134	永修县（赣）	180.00
135	新干县（赣）	180.00
136	贵溪市（赣）	176.00
137	九江县（赣）	170.00
138	武宁县（赣）	170.00
139	信丰县（赣）	169.00
140	会昌县（赣）	165.00
141	大余县（赣）	147.00
142	德兴市（赣）	130.00
143	金溪县（赣）	122.00
144	全南县（赣）	120.50
145	分宜县（赣）	100.00
146	沂水县（鲁）	5200.00
147	利津县（鲁）	4600.00
148	梁山县（鲁）	2150.00
149	肥城市（鲁）	1500.00

（续）

序号	食用菌类主产地	产量（吨）
150	乐陵市（鲁）	1500.00
151	沂南县（鲁）	1339.00
152	兰陵县（鲁）	1100.00
153	惠民县（鲁）	630.00
154	青州市（鲁）	505.00
155	诸城市（鲁）	320.00
156	宁阳县（鲁）	306.00
157	章丘市（鲁）	211.00
158	兖州市（鲁）	200.00
159	卢氏县（豫）	67000.00
160	泌阳县（豫）	62446.00
161	西峡县（豫）	45000.00
162	灵宝市（豫）	40000.00
163	夏邑县（豫）	20000.00
164	西华县（豫）	11200.00
165	西平县（豫）	7900.00
166	汝州市（豫）	5000.00
167	淅川县（豫）	5000.00
168	桐柏县（豫）	4696.00
169	淮阳县（豫）	3940.00
170	罗山县（豫）	3400.00
171	镇平县（豫）	3000.00
172	辉县市（豫）	2600.00
173	内乡县（豫）	1600.00
174	洛宁县（豫）	1000.00
175	淇滨区（豫）	752.00
176	舞钢市（豫）	500.00
177	叶　县（豫）	460.00
178	新野县（豫）	430.00
179	新　县（豫）	300.00
180	睢　县（豫）	300.00
181	商城县（豫）	280.00
182	栾川县（豫）	250.00
183	平桥区（豫）	250.00
184	宜阳县（豫）	156.00
185	浉河区（豫）	110.00
186	随　县（鄂）	57980.00
187	远安县（鄂）	28571.00
188	当阳市（鄂）	11500.00
189	钟祥市（鄂）	8200.00
190	南漳县（鄂）	7990.00
191	东宝区（鄂）	7200.00
192	宜城市（鄂）	6500.00
193	阳新县（鄂）	5600.00
194	保康县（鄂）	5120.00

(续)

序号	食用菌类主产地	产量(吨)
195	谷城县(鄂)	3658.00
196	房　县(鄂)	3364.00
197	曾都区(鄂)	3042.00
198	兴山县(鄂)	2595.00
199	京山县(鄂)	1900.00
200	随州市市辖区(鄂)	1200.00
201	建始县(鄂)	1050.00
202	咸丰县(鄂)	983.00
203	郧　县(鄂)	800.00
204	丹江口市(鄂)	788.00
205	罗田县(鄂)	700.00
206	广水市(鄂)	500.00
207	大悟县(鄂)	415.00
208	长阳土家族自治县(鄂)	350.00
209	鹤峰县(鄂)	350.00
210	利川市(鄂)	300.00
211	宜都市(鄂)	200.00
212	巴东县(鄂)	127.00
213	红安县(鄂)	120.00
214	衡山县(湘)	3512.70
215	道　县(湘)	1986.00
216	沅陵县(湘)	1950.00
217	新化县(湘)	1850.00
218	靖州苗族侗族自治县(湘)	1722.00
219	祁阳县(湘)	1690.00
220	常宁市(湘)	1500.00
221	北湖区(湘)	1346.00
222	江华瑶族自治县(湘)	1016.00
223	株洲县(湘)	900.00
224	安化县(湘)	850.00
225	赫山区(湘)	800.00
226	永兴县(湘)	563.00
227	资兴市(湘)	520.00
228	冷水滩区(湘)	360.00
229	绥宁县(湘)	355.00
230	涟源市(湘)	303.00
231	桑植县(湘)	300.00
232	新宁县(湘)	300.00
233	永顺县(湘)	280.00
234	龙山县(湘)	260.00
235	鹤城区(湘)	240.00
236	宁远县(湘)	225.00
237	城步苗族自治县(湘)	160.00
238	隆回县(湘)	160.00
239	古丈县(湘)	160.00

(续)

序号	食用菌类主产地	产量(吨)
240	新邵县(湘)	150.00
241	泸溪县(湘)	150.00
242	江永县(湘)	140.00
243	保靖县(湘)	140.00
244	永定区(湘)	130.00
245	桂东县(湘)	120.00
246	石门县(湘)	100.00
247	临武县(湘)	100.00
248	衡东县(湘)	100.00
249	双峰县(湘)	100.00
250	凤凰县(湘)	100.00
251	丰顺县(粤)	3000.00
252	封开县(粤)	1761.00
253	阳山县(粤)	1108.00
254	仁化县(粤)	1000.00
255	广宁县(粤)	890.00
256	武江区(粤)	747.00
257	清新县(粤)	350.00
258	高要市(粤)	254.00
259	连州市(粤)	211.00
260	英德市(粤)	194.00
261	新丰县(粤)	162.00
262	龙胜各族自治县(桂)	2878.00
263	兴安县(桂)	2588.00
264	昭平县(桂)	1846.00
265	资源县(桂)	1448.00
266	田林县(桂)	1050.00
267	融水苗族自治县(桂)	647.00
268	全州县(桂)	250.00
269	万盛区(渝)	8000.00
270	铜梁县(渝)	1684.00
271	垫江县(渝)	1500.00
272	荣昌县(渝)	1320.00
273	石柱土家族自治县(渝)	750.00
274	巫溪县(渝)	380.00
275	奉节县(渝)	180.00
276	巴南区(渝)	158.00
277	开　县(渝)	110.90
278	青川县(川)	11000.00
279	朝天区(川)	9140.00
280	利州区(川)	4150.00
281	江油市(川)	2000.00
282	南江县(川)	1820.00
283	昭化区(川)	1536.00
284	蓬安县(川)	1520.00

(续)

序号	食用菌类主产地	产量(吨)
285	会理县(川)	1355.00
286	通江县(川)	1100.00
287	仁寿县(川)	820.00
288	剑阁县(川)	806.00
289	小金县(川)	770.00
290	宣汉县(川)	750.00
291	万源市(川)	750.00
292	顺庆区(川)	700.00
293	苍溪县(川)	700.00
294	长宁县(川)	610.00
295	纳溪区(川)	600.00
296	旺苍县(川)	584.10
297	冕宁县(川)	506.00
298	邻水县(川)	500.00
299	什邡市(川)	459.00
300	木里藏族自治县(川)	411.00
301	梓潼县(川)	400.00
302	德昌县(川)	352.00
303	巴塘县(川)	350.00
304	金阳县(川)	350.00
305	三台县(川)	311.20
306	宜宾县(川)	310.00
307	安　县(川)	300.00
308	米易县(川)	246.00
309	金川县(川)	240.00
310	喜德县(川)	200.00
311	江安县(川)	196.50
312	丹巴县(川)	190.00
313	五通桥区(川)	180.00
314	盐边县(川)	172.00
315	阆中市(川)	160.00
316	稻城县(川)	150.00
317	九龙县(川)	150.00
318	康定县(川)	140.00
319	普格县(川)	135.40
320	乡城县(川)	130.00
321	自流井区(川)	120.00
322	北川羌族自治县(川)	120.00
323	道孚县(川)	110.00
324	西昌市(川)	110.00
325	得荣县(川)	100.00
326	南部县(川)	100.00
327	雅江县(川)	100.00
328	赤水市(黔)	5302.00
329	贵定县(黔)	1500.00

（续）

序号	食用菌类主产地	产量(吨)
330	桐梓县(黔)	1062.00
331	榕江县(黔)	1000.00
332	荔波县(黔)	800.00
333	惠水县(黔)	167.00
334	普安县(黔)	120.00
335	兴仁县(黔)	112.00
336	关岭布依族苗族自治县(黔)	100.00
337	永胜县(滇)	37000.00
338	大姚县(滇)	6813.00
339	禄劝彝族苗族自治县(滇)	5300.00
340	南华县(滇)	4959.00
341	剑川县(滇)	4200.00
342	弥勒市(滇)	3342.00
343	禄丰县(滇)	3298.00
344	鹤庆县(滇)	3131.90
345	楚雄市(滇)	2526.00
346	景东彝族自治县(滇)	2090.00
347	武定县(滇)	1924.00
348	镇沅彝族哈尼族拉祜族自治县(滇)	1300.00
349	勐腊县(滇)	1276.00
350	腾冲县(滇)	1220.00
351	巍山彝族回族自治县(滇)	1191.20
352	永仁县(滇)	1147.00
353	倘甸工业园区(滇)	1115.00
354	姚安县(滇)	1098.00
355	施甸县(滇)	1020.00
356	隆阳区(滇)	977.00
357	双柏县(滇)	829.00
358	江城哈尼族彝族自治县(滇)	800.00
359	弥渡县(滇)	769.10
360	易门县(滇)	660.50
361	牟定县(滇)	635.00
362	大理市(滇)	625.00
363	元谋县(滇)	619.00
364	兰坪白族普米族自治县(滇)	600.00
365	香格里拉县(滇)	600.00
366	玉龙纳西族自治县(滇)	550.00
367	墨江哈尼族自治县(滇)	550.00
368	盘龙区(滇)	500.00
369	澜沧拉祜族自治县(滇)	430.00
370	洱源县(滇)	422.20
371	石屏县(滇)	401.00
372	双江拉祜族佤族布朗族傣族自治县(滇)	390.00
373	盈江县(滇)	340.70
374	梁河县(滇)	320.00

（续）

序号	食用菌类主产地	产量(吨)
375	宁洱哈尼族彝族自治县(滇)	220.60
376	芒　市(滇)	199.00
377	江川县(滇)	182.00
378	维西傈僳族自治县(滇)	180.00
379	昌宁县(滇)	176.30
380	晋宁县(滇)	145.70
381	广南县(滇)	144.00
382	凤庆县(滇)	140.00
383	丘北县(滇)	135.60
384	富民县(滇)	118.00
385	漾濞彝族自治县(滇)	101.00
386	石林彝族自治县(滇)	100.50
387	西乡县(陕)	5360.00
388	宁强县(陕)	3275.00
389	南郑县(陕)	2490.00
390	略阳县(陕)	2391.00
391	城固县(陕)	2200.00
392	丹凤县(陕)	1770.00
393	山阳县(陕)	766.00
394	商州区(陕)	698.00
395	镇坪县(陕)	686.00
396	勉　县(陕)	607.00
397	洛南县(陕)	590.00
398	岚皋县(陕)	581.00
399	蓝田县(陕)	450.00
400	紫阳县(陕)	400.00
401	柞水县(陕)	300.00
402	佛坪县(陕)	260.00
403	旬阳县(陕)	198.00
404	洋　县(陕)	185.00
405	平利县(陕)	100.00
406	两当县(甘)	15680.00
407	迭部县(甘)	2890.00
408	临江林业局(吉林森工)	501.00
409	露水河林业局(吉林森工)	200.00
410	友好林业局(龙江森工)	20120.00
411	绥阳林业局(龙江森工)	18030.00
412	苇河林业局(龙江森工)	6873.00
413	朗乡林业局(龙江森工)	5513.00
414	亚布力林业局(龙江森工)	4655.00
415	东京城林业局(龙江森工)	4302.00
416	穆棱林业局(龙江森工)	3630.00
417	汤旺河林业局(龙江森工)	3360.00
418	黑龙江柴河林业局(龙江森工)	2760.00
419	清河林业局(龙江森工)	2600.00

（续）

序号	食用菌类主产地	产量(吨)
420	方正林业局(龙江森工)	2594.00
421	沾河林业局(龙江森工)	2402.00
422	金山屯林业局(龙江森工)	2280.00
423	兴隆林业局(龙江森工)	2223.50
424	南岔林业局(龙江森工)	2041.00
425	鹤北林业局(龙江森工)	1810.00
426	美溪林业局(龙江森工)	1805.00
427	新青林业局(龙江森工)	1754.00
428	大海林林业局(龙江森工)	1742.00
429	五营林业局(龙江森工)	1465.00
430	林口林业局(龙江森工)	1400.00
431	东方红林业局(龙江森工)	1390.00
432	红星林业局(龙江森工)	1010.00
433	乌马河林业局(龙江森工)	901.00
434	山河屯林业局(龙江森工)	862.00
435	带岭实验局(龙江森工)	850.00
436	绥棱林业局(龙江森工)	822.00
437	翠峦林业局(龙江森工)	704.00
438	八面通林业局(龙江森工)	629.00
439	上甘岭林业局(龙江森工)	611.00
440	桃山林业局(龙江森工)	573.00
441	海林林业局(龙江森工)	518.00
442	乌伊岭林业局(龙江森工)	490.00
443	双丰林业局(龙江森工)	452.00
444	鹤立林业局(龙江森工)	343.00
445	双鸭山林业局(龙江森工)	146.00
446	铁力林业局(龙江森工)	134.00
447	桦南林业局(龙江森工)	126.00

表 12-3　竹笋主产地产量

序号	竹笋主产地	产量(吨)
1	金山区(沪)	2894.00
2	宜兴市(苏)	300.00
3	临安市(浙)	210900.00
4	富阳市(浙)	81550.00
5	德清县(浙)	80700.00
6	桐庐县(浙)	77500.00
7	余杭区(浙)	69611.00
8	嵊州市(浙)	68000.00
9	龙泉市(浙)	57368.00
10	余姚市(浙)	45887.00
11	奉化市(浙)	40734.00
12	吴兴区(浙)	32642.00
13	瓯海区(浙)	31200.00
14	宁海县(浙)	29490.00

(续)

序号	竹笋主产地	产量(吨)
15	建德市(浙)	20680.00
16	临海市(浙)	19410.00
17	淳安县(浙)	15962.00
18	越城区(浙)	12245.00
19	苍南县(浙)	10720.00
20	莲都区(浙)	10480.00
21	庆元县(浙)	10195.00
22	慈溪市(浙)	9120.00
23	天台县(浙)	8000.00
24	仙居县(浙)	7290.00
25	常山县(浙)	7100.00
26	安吉县(浙)	6900.00
27	长兴县(浙)	5900.00
28	诸暨市(浙)	5344.00
29	象山县(浙)	5091.00
30	黄岩区(浙)	3880.00
31	义乌市(浙)	3364.50
32	三门县(浙)	2820.00
33	磐安县(浙)	2243.00
34	萧山区(浙)	1867.00
35	北仑区(浙)	1820.00
36	开化县(浙)	1760.00
37	泰顺县(浙)	1045.00
38	缙云县(浙)	882.00
39	瑞安市(浙)	720.00
40	永康市(浙)	580.00
41	青田县(浙)	420.00
42	武义县(浙)	275.00
43	云和县(浙)	242.00
44	定海区(浙)	220.00
45	广德县(皖)	63000.00
46	旌德县(皖)	6000.00
47	舒城县(皖)	2230.00
48	繁昌县(皖)	2000.00
49	宁国市(皖)	1877.00
50	绩溪县(皖)	1200.00
51	泾　县(皖)	1000.00
52	南陵县(皖)	950.00
53	太湖县(皖)	700.00
54	滁州市沙河集林业总场(皖)	684.00
55	黟　县(皖)	575.00
56	祁门县(皖)	510.00
57	休宁县(皖)	452.00
58	潜山县(皖)	350.00
59	芜湖县(皖)	345.00

(续)

序号	竹笋主产地	产量(吨)
60	定远县(皖)	300.00
61	石台县(皖)	230.00
62	宿松县(皖)	160.00
63	郎溪县(皖)	150.00
64	徽州区(皖)	146.00
65	霍山县(皖)	120.00
66	屯溪区(皖)	120.00
67	东至县(皖)	100.00
68	建瓯市(闽)	40153.00
69	沙　县(闽)	23280.00
70	建阳市(闽)	19392.00
71	南靖县(闽)	17432.00
72	邵武市(闽)	14969.00
73	延平区(闽)	14760.00
74	永安市(闽)	14302.00
75	永泰县(闽)	12989.00
76	尤溪县(闽)	12987.00
77	武夷山市(闽)	12489.00
78	建宁县(闽)	11494.00
79	松溪县(闽)	9552.00
80	顺昌县(闽)	8178.00
81	宁化县(闽)	6912.00
82	三元区(闽)	6761.00
83	将乐县(闽)	6714.00
84	泰宁县(闽)	6509.00
85	政和县(闽)	5738.00
86	闽清县(闽)	5287.00
87	平和县(闽)	4522.00
88	福安市(闽)	4194.00
89	连城县(闽)	4141.00
90	古田县(闽)	3874.00
91	明溪县(闽)	3675.00
92	华安县(闽)	3603.00
93	大田县(闽)	3530.00
94	漳平市(闽)	3454.00
95	清流县(闽)	3272.00
96	浦城县(闽)	3238.00
97	永定县(闽)	3077.00
98	长汀县(闽)	2695.00
99	新罗区(闽)	2521.00
100	永春县(闽)	2426.00
101	梅列区(闽)	2009.00
102	龙海市(闽)	1717.00
103	芗城区(闽)	1707.00
104	漳浦县(闽)	1617.00

(续)

序号	竹笋主产地	产量(吨)
105	屏南县(闽)	1312.00
106	寿宁县(闽)	1310.00
107	蕉城区(闽)	1237.00
108	武平县(闽)	1200.00
109	上杭县(闽)	1182.00
110	福鼎市(闽)	1078.00
111	光泽县(闽)	987.00
112	霞浦县(闽)	948.00
113	仙游县(闽)	858.00
114	闽侯县(闽)	750.00
115	德化县(闽)	651.00
116	周宁县(闽)	580.00
117	长泰县(闽)	561.00
118	涵江区(闽)	437.00
119	柘荣县(闽)	386.00
120	罗源县(闽)	384.00
121	连江县(闽)	243.00
122	惠安县(闽)	185.00
123	晋安区(闽)	120.00
124	崇义县(赣)	24000.00
125	资溪县(赣)	6000.00
126	瑞金市(赣)	3400.00
127	金溪县(赣)	3200.00
128	石城县(赣)	3100.00
129	青原区(赣)	3000.00
130	遂川县(赣)	2600.00
131	武宁县(赣)	2540.00
132	九江县(赣)	2540.00
133	井冈山市(赣)	2500.00
134	渝水区(赣)	2400.00
135	广丰县(赣)	1650.00
136	万安县(赣)	1200.00
137	铜鼓县(赣)	980.00
138	浮梁县(赣)	802.00
139	永丰县(赣)	380.00
140	大余县(赣)	350.00
141	赣　县(赣)	317.00
142	南城县(赣)	296.00
143	安福县(赣)	280.00
144	贵溪市(赣)	275.00
145	分宜县(赣)	270.00
146	余江县(赣)	200.00
147	全南县(赣)	200.00
148	会昌县(赣)	200.00
149	龙南县(赣)	198.00

(续)

序号	竹笋主产地	产量(吨)
150	定南县(赣)	175.00
151	新建县(赣)	165.00
152	瑞昌市(赣)	160.00
153	德兴市(赣)	150.00
154	高安市(赣)	138.00
155	信丰县(赣)	115.00
156	于都县(赣)	110.00
157	新干县(赣)	100.00
158	商城县(豫)	150.00
159	崇阳县(鄂)	80000.00
160	麻城市(鄂)	1800.00
161	房　县(鄂)	1014.00
162	阳新县(鄂)	498.00
163	利川市(鄂)	350.00
164	建始县(鄂)	300.00
165	远安县(鄂)	250.00
166	当阳市(鄂)	208.00
167	竹溪县(鄂)	198.00
168	丹江口市(鄂)	150.00
169	鄂州市市辖区(鄂)	150.00
170	来凤县(鄂)	130.00
171	罗田县(鄂)	112.00
172	竹山县(鄂)	110.00
173	京山县(鄂)	100.00
174	郧　县(鄂)	100.00
175	宜都市(鄂)	100.00
176	新化县(湘)	30000.00
177	城步苗族自治县(湘)	13200.00
178	苏仙区(湘)	10020.00
179	澧　县(湘)	7500.00
180	衡山县(湘)	7318.00
181	赫山区(湘)	5000.00
182	桑植县(湘)	5000.00
183	炎陵县(湘)	5000.00
184	北湖区(湘)	4828.00
185	耒阳市(湘)	4500.00
186	沅陵县(湘)	4350.00
187	涟源市(湘)	3020.00
188	会同县(湘)	3000.00
189	新宁县(湘)	3000.00
190	桃江县(湘)	2800.00
191	望城县(湘)	1500.00
192	鼎城区(湘)	1380.00
193	株洲县(湘)	1260.00
194	常宁市(湘)	1200.00

(续)

序号	竹笋主产地	产量(吨)
195	永兴县(湘)	1097.00
196	洪江市(湘)	1080.00
197	资兴市(湘)	1025.00
198	茶陵县(湘)	950.00
199	冷水滩区(湘)	820.00
200	祁阳县(湘)	750.00
201	绥宁县(湘)	650.00
202	南岳区(湘)	600.00
203	溆浦县(湘)	558.00
204	新邵县(湘)	501.00
205	衡阳县(湘)	500.00
206	祁东县(湘)	480.00
207	宁远县(湘)	402.00
208	永顺县(湘)	360.00
209	龙山县(湘)	340.00
210	泸溪县(湘)	300.00
211	凤凰县(湘)	300.00
212	东安县(湘)	260.00
213	慈利县(湘)	260.00
214	芷江侗族自治县(湘)	240.00
215	湘乡市(湘)	210.00
216	隆回县(湘)	200.00
217	醴陵市(湘)	200.00
218	洞口县(湘)	200.00
219	桂东县(湘)	182.00
220	道　县(湘)	160.00
221	麻阳苗族自治县(湘)	140.00
222	中方县(湘)	130.00
223	古丈县(湘)	120.00
224	永定区(湘)	120.00
225	冷水江市(湘)	120.00
226	鹤城区(湘)	100.00
227	清新县(粤)	120000.00
228	揭东区(粤)	26000.00
229	英德市(粤)	14499.00
230	广宁县(粤)	4113.00
231	和平县(粤)	4000.00
232	五华县(粤)	3750.00
233	揭西县(粤)	2302.00
234	阳山县(粤)	1653.00
235	浈江区(粤)	1500.00
236	封开县(粤)	1054.00
237	饶平县(粤)	850.00
238	连南瑶族自治县(粤)	704.00
239	郁南县(粤)	500.00

(续)

序号	竹笋主产地	产量(吨)
240	武江区(粤)	322.00
241	南雄市(粤)	295.00
242	四会市(粤)	292.00
243	湘桥区(粤)	260.00
244	连山壮族瑶族自治县(粤)	182.00
245	高要市(粤)	178.00
246	乐昌市(粤)	168.00
247	连州市(粤)	166.00
248	台山市(粤)	165.00
249	新丰县(粤)	145.00
250	龙川县(粤)	102.00
251	龙州县(桂)	5896.00
252	田阳县(桂)	4266.00
253	田林县(桂)	4000.00
254	平果县(桂)	2700.00
255	灵川县(桂)	2000.00
256	玉林市福绵区(桂)	1350.00
257	金秀瑶族自治县(桂)	1095.00
258	全州县(桂)	950.00
259	北流市(桂)	780.21
260	资源县(桂)	525.00
261	防城区(桂)	520.00
262	桂平市(桂)	488.00
263	昭平县(桂)	393.00
264	兴安县(桂)	386.00
265	凤山县(桂)	320.00
266	横　县(桂)	306.00
267	恭城瑶族自治县(桂)	292.00
268	灵山县(桂)	250.00
269	罗城仫佬族自治县(桂)	146.00
270	环江毛南族自治县(桂)	120.00
271	永福县(桂)	100.00
272	渝北区(渝)	45000.00
273	南川区(渝)	21000.00
274	石柱土家族自治县(渝)	9500.00
275	铜梁县(渝)	6320.00
276	武隆县(渝)	5557.00
277	涪陵区(渝)	2000.00
278	万盛区(渝)	1500.00
279	荣昌县(渝)	1451.00
280	垫江县(渝)	1400.00
281	合川区(渝)	955.00
282	忠　县(渝)	744.00
283	梁平县(渝)	207.10
284	璧山县(渝)	201.58

(续)

序号	竹笋主产地	产量(吨)
285	江津区(渝)	200.00
286	巴南区(渝)	150.00
287	富顺县(川)	221584.00
288	长宁县(川)	93743.00
289	叙永县(川)	91200.00
290	合江县(川)	35000.00
291	兴文县(川)	29600.00
292	威远县(川)	22500.00
293	隆昌县(川)	19600.00
294	江安县(川)	16526.00
295	雷波县(川)	16260.00
296	东兴区(川)	15000.00
297	沐川县(川)	12000.00
298	都江堰市(川)	9978.00
299	高　县(川)	9245.00
300	资中县(川)	9000.00
301	蒲江县(川)	8400.00
302	内江市市中区(川)	8000.00
303	荣　县(川)	7994.00
304	珙　县(川)	7600.00
305	邛崃市(川)	6712.00
306	西充县(川)	6000.00
307	纳溪区(川)	5300.00
308	筠连县(川)	4850.00
309	马边彝族自治县(川)	4200.00
310	仁寿县(川)	4200.00
311	乐至县(川)	4000.00
312	翠屏区(川)	3390.00
313	绵竹市(川)	2395.00
314	洪雅县(川)	2300.00
315	安　县(川)	2300.00
316	乐山市市中区(川)	1850.00
317	屏山县(川)	1800.00
318	雁江区(川)	1612.50
319	宜宾县(川)	1600.00
320	南江县(川)	1320.00
321	夹江县(川)	1125.00
322	广汉市(川)	1000.00
323	东坡区(川)	1000.00
324	古蔺县(川)	920.00
325	沿滩区(川)	910.00
326	峨边彝族自治县(川)	891.00
327	旺苍县(川)	778.80
328	江油市(川)	750.00
329	金口河区(川)	682.00

(续)

序号	竹笋主产地	产量(吨)
330	通江县(川)	650.00
331	大安区(川)	620.00
332	青神县(川)	520.00
333	宝兴县(川)	500.00
334	巴州区(川)	500.00
335	蓬安县(川)	450.00
336	井研县(川)	418.00
337	邻水县(川)	250.00
338	梓潼县(川)	220.00
339	自流井区(川)	220.00
340	汶川县(川)	210.00
341	赤水市(黔)	21600.00
342	桐梓县(黔)	4862.00
343	榕江县(黔)	1000.00
344	关岭布依族苗族自治县(黔)	400.00
345	德江县(黔)	378.00
346	惠水县(黔)	300.00
347	贵定县(黔)	210.00
348	荔波县(黔)	200.00
349	七星关区(黔)	150.00
350	望谟县(黔)	146.00
351	碧江区(黔)	110.00
352	镇雄县(滇)	7000.00
353	大关县(滇)	6205.00
354	元阳县(滇)	3375.00
355	孟连傣族拉祜族佤族自治县(滇)	2000.00
356	瑞丽市(滇)	1500.00
357	红河县(滇)	1375.00
358	隆阳区(滇)	560.00
359	盈江县(滇)	383.00
360	墨江哈尼族自治县(滇)	314.40
361	芒　市(滇)	310.00
362	威信县(滇)	300.00
363	永善县(滇)	297.00
364	陇川县(滇)	260.00
365	勐海县(滇)	260.00
366	河口瑶族自治县(滇)	240.00
367	梁河县(滇)	220.00
368	澜沧拉祜族自治县(滇)	157.00
369	兰坪白族普米族自治县(滇)	150.00
370	施甸县(滇)	149.20
371	勐腊县(滇)	142.50
372	昌宁县(滇)	115.10
373	绿春县(滇)	115.00
374	西畴县(滇)	112.00

(续)

序号	竹笋主产地	产量(吨)
375	盘龙区(滇)	100.00
376	南郑县(陕)	2640.00
377	镇坪县(陕)	750.00
378	城固县(陕)	310.00
379	平利县(陕)	100.00

表 12-4　蕨菜主产地产量

序号	蕨菜主产地	产量(吨)
1	丰宁满族自治县(冀)	199.00
2	赤城县(冀)	168.00
3	阿尔山市(蒙)	5000.00
4	巴林右旗(蒙)	70.00
5	新宾满族自治县(辽)	1500.00
6	庄河市(辽)	1450.00
7	东港市(辽)	380.00
8	天桥岭林业局(吉)	215.00
9	长白朝鲜族自治县(吉)	200.00
10	梅河口市(吉)	55.00
11	逊克县(黑)	4000.00
12	讷河市(黑)	2000.00
13	七台河市市辖区(黑)	903.20
14	黑河市直属林场(黑)	645.00
15	铁力市(黑)	500.00
16	五大连池市(黑)	359.00
17	鹤岗市市辖区(黑)	300.00
18	鸡东县(黑)	228.50
19	延寿县(黑)	210.00
20	爱辉区(黑)	135.00
21	桦南县(黑)	125.00
22	嫩江县(黑)	121.00
23	恒山区(黑)	120.00
24	鸡冠区(黑)	110.00
25	林口县(黑)	75.00
26	孙吴县(黑)	50.00
27	鸡西市市辖区(黑)	50.00
28	天台县(浙)	110.00
29	祁门县(皖)	415.00
30	太湖县(皖)	380.00
31	霍山县(皖)	300.00
32	泾　县(皖)	100.00
33	休宁县(皖)	100.00
34	黟　县(皖)	85.00
35	宿松县(皖)	65.00
36	浮梁县(赣)	725.00
37	靖安县(赣)	210.00

（续）

序号	蕨菜主产地	产量(吨)
38	安福县(赣)	66.00
39	南召县(豫)	310.00
40	新　县(豫)	100.00
41	嵩　县(豫)	55.00
42	阳新县(鄂)	1793.00
43	巴东县(鄂)	500.00
44	五峰土家族自治县(鄂)	250.00
45	梁子湖区(鄂)	150.00
46	猇亭区(鄂)	75.00
47	竹溪县(鄂)	50.00
48	耒阳市(湘)	21000.00
49	新化县(湘)	10000.00
50	株洲县(湘)	6000.00
51	沅陵县(湘)	3250.00
52	新宁县(湘)	3000.00
53	安化县(湘)	500.00
54	醴陵市(湘)	500.00
55	蒸湘区(湘)	375.00
56	资兴市(湘)	330.00
57	湘乡市(湘)	310.00
58	城步苗族自治县(湘)	210.00
59	鹤城区(湘)	200.00
60	永顺县(湘)	200.00
61	龙山县(湘)	200.00
62	涟源市(湘)	142.00
63	泸溪县(湘)	140.00
64	保靖县(湘)	140.00
65	洪江市(湘)	136.00
66	溆浦县(湘)	125.00
67	古丈县(湘)	120.00
68	凤凰县(湘)	120.00
69	桑植县(湘)	100.00
70	石门县(湘)	100.00
71	花垣县(湘)	100.00
72	望城县(湘)	80.00
73	赫山区(湘)	55.00
74	金洞林场(湘)	50.00
75	全州县(桂)	500.00
76	合川区(渝)	50.35
77	宣汉县(川)	880.00
78	兴文县(川)	320.00
79	九寨沟县(川)	300.00
80	德昌县(川)	255.00
81	荥经县(川)	213.00
82	宝兴县(川)	200.00

（续）

序号	蕨菜主产地	产量(吨)
83	旺苍县(川)	194.70
84	合江县(川)	185.00
85	长宁县(川)	97.60
86	木里藏族自治县(川)	80.00
87	美姑县(川)	72.00
88	金口河区(川)	60.00
89	金阳县(川)	52.00
90	安　县(川)	51.00
91	西昌市(川)	50.00
92	邻水县(川)	50.00
93	贵定县(黔)	9000.00
94	榕江县(黔)	2000.00
95	荔波县(黔)	600.00
96	清镇市(黔)	300.00
97	惠水县(黔)	300.00
98	龙里县(黔)	260.00
99	易门县(滇)	2600.00
100	孟连傣族拉祜族佤族自治县(滇)	2000.00
101	云龙县(滇)	700.00
102	大关县(滇)	530.00
103	兰坪白族普米族自治县(滇)	500.00
104	盘龙区(滇)	500.00
105	禄丰县(滇)	450.00
106	隆阳区(滇)	449.00
107	峨山彝族自治县(滇)	400.00
108	江川县(滇)	400.00
109	双江拉祜族佤族布朗族傣族自治县(滇)	390.00
110	盈江县(滇)	355.70
111	剑川县(滇)	350.00
112	云　县(滇)	310.00
113	双柏县(滇)	275.00
114	弥渡县(滇)	260.00
115	大姚县(滇)	198.00
116	永胜县(滇)	150.00
117	红河县(滇)	130.00
118	元阳县(滇)	120.00
119	石屏县(滇)	110.00
120	洱源县(滇)	100.00
121	石林彝族自治县(滇)	88.00
122	武定县(滇)	75.00
123	巍山彝族回族自治县(滇)	71.80
124	昌宁县(滇)	65.00
125	姚安县(滇)	60.00
126	临翔区(滇)	60.00
127	宾川县(滇)	51.50

（续）

序号	蕨菜主产地	产量(吨)
128	弥勒市(滇)	50.00
129	施甸县(滇)	50.00
130	平利县(陕)	120.00
131	迭部县(甘)	9200.00
132	文　县(甘)	2000.00
133	渭源县(甘)	1200.00
134	临潭县(甘)	125.00
135	宕昌县(甘)	65.00
136	三岔子林业局(吉林森工)	267.04

表 12-5　香椿主产地产量

序号	香椿主产地	产量(吨)
1	芮城县(晋)	1560.00
2	河津市(晋)	90.00
3	忻府区(晋)	48.00
4	东河区(蒙)	28.00
5	富阳市(浙)	10.00
6	泾　县(皖)	40.00
7	颍泉区(皖)	34.27
8	临泉县(皖)	24.00
9	怀宁县(皖)	20.00
10	祁门县(皖)	12.00
11	繁昌县(皖)	12.00
12	潜山县(皖)	10.00
13	新泰市(鲁)	14607.50
14	青州市(鲁)	3450.00
15	沂水县(鲁)	3055.00
16	邹平县(鲁)	1835.00
17	沂南县(鲁)	1800.00
18	章丘市(鲁)	1177.00
19	岱岳区(鲁)	700.00
20	乐陵市(鲁)	370.00
21	东平县(鲁)	300.00
22	博山区(鲁)	150.00
23	阳信县(鲁)	139.00
24	夏津县(鲁)	135.00
25	河东区(鲁)	70.00
26	宁阳县(鲁)	45.00
27	长清区(鲁)	40.00
28	陵　县(鲁)	10.00
29	偃师市(豫)	700.00
30	嵩　县(豫)	450.00
31	辉县市(豫)	400.00
32	新　县(豫)	120.00
33	林州市(豫)	90.00

(续)

序号	香椿主产地	产量(吨)
34	解放区(豫)	78.00
35	栾川县(豫)	28.00
36	淅川县(豫)	20.00
37	平桥区(豫)	10.00
38	钟祥市(鄂)	2000.00
39	宜都市(鄂)	500.00
40	五峰土家族自治县(鄂)	250.00
41	来凤县(鄂)	150.00
42	南漳县(鄂)	150.00
43	鄂州市市辖区(鄂)	100.00
44	鹤峰县(鄂)	56.00
45	竹山县(鄂)	44.00
46	房　县(鄂)	31.00
47	竹溪县(鄂)	30.00
48	郧　县(鄂)	30.00
49	长阳土家族自治县(鄂)	15.00
50	随县(鄂)	11.00
51	新化县(湘)	5000.00
52	沅陵县(湘)	530.00
53	永顺县(湘)	350.00
54	龙山县(湘)	350.00
55	城步苗族自治县(湘)	315.00
56	凤凰县(湘)	300.00
57	古丈县(湘)	200.00
58	泸溪县(湘)	200.00
59	保靖县(湘)	180.00
60	花垣县(湘)	150.00
61	永定区(湘)	128.00
62	新宁县(湘)	100.00
63	石门县(湘)	30.00
64	桑植县(湘)	30.00
65	株洲县(湘)	30.00
66	隆回县(湘)	26.00
67	永兴县(湘)	14.00
68	衡南县(湘)	10.00
69	梁平县(渝)	690.00
70	黔江区(渝)	25.00
71	武隆县(渝)	13.00
72	大竹县(川)	5000.00
73	雁江区(川)	2470.00
74	达川区(川)	1100.00
75	梓潼县(川)	700.00
76	三台县(川)	594.90
77	旺苍县(川)	389.40
78	西昌市(川)	285.00
79	绵竹市(川)	280.00
80	渠　县(川)	279.00
81	木里藏族自治县(川)	120.00
82	喜德县(川)	56.00
83	越西县(川)	50.00
84	广安区(川)	32.00
85	盐亭县(川)	22.00
86	平昌县(川)	20.00
87	宣汉县(川)	20.00
88	雷波县(川)	15.00
89	金阳县(川)	13.00
90	九寨沟县(川)	10.00
91	普定县(黔)	3000.00
92	关岭布依族苗族自治县(黔)	500.00
93	贵定县(黔)	300.00
94	惠水县(黔)	50.00
95	清镇市(黔)	38.00
96	息烽县(黔)	15.20
97	瓮安县(黔)	11.00
98	荔波县(黔)	10.00
99	盘龙区(滇)	1000.00
100	腾冲县(滇)	214.50
101	施甸县(滇)	200.00
102	梁河县(滇)	196.00
103	洱源县(滇)	130.00
104	禄丰县(滇)	130.00
105	倘甸工业园区(滇)	125.00
106	弥勒市(滇)	120.00
107	盈江县(滇)	75.80
108	石林彝族自治县(滇)	73.00
109	兰坪白族普米族自治县(滇)	70.00
110	武定县(滇)	65.00
111	姚安县(滇)	50.00
112	鹤庆县(滇)	46.50
113	大关县(滇)	42.00
114	大姚县(滇)	37.00
115	双柏县(滇)	33.00
116	牟定县(滇)	23.00
117	江川县(滇)	22.00
118	元阳县(滇)	18.90
119	昌宁县(滇)	18.60
120	红河县(滇)	15.90
121	芒　市(滇)	15.70
122	南华县(滇)	15.00
123	昭阳区(滇)	11.00
124	隆阳区(滇)	11.00
125	峨山彝族自治县(滇)	10.00
126	南涧彝族自治县(滇)	10.00
127	宁强县(陕)	700.00
128	洋　县(陕)	159.00
129	华阴市(陕)	140.00
130	长安区(陕)	90.00
131	镇巴县(陕)	70.00
132	紫阳县(陕)	15.00
133	略阳县(陕)	14.00
134	蓝田县(陕)	10.00
135	康　县(甘)	658.38

表 12-6　黄花菜主产地产量

序号	黄花菜主产地	产量(吨)
1	赤城县(冀)	195.00
2	丰宁满族自治县(冀)	41.00
3	大同县(晋)	100.00
4	广灵县(晋)	75.00
5	讷河市(黑)	20.00
6	嫩江县(黑)	20.00
7	桦南县(黑)	17.00
8	五大连池市(黑)	13.00
9	抚远县(黑)	10.00
10	太湖县(皖)	160.00
11	霍山县(皖)	60.00
12	新泰市(鲁)	16660.00
13	东平县(鲁)	150.00
14	宁阳县(鲁)	134.50
15	淮阳县(豫)	60.00
16	曾都区(鄂)	50.00
17	随　县(鄂)	20.00
18	竹山县(鄂)	13.00
19	邵东县(湘)	6828.00
20	耒阳市(湘)	3000.00
21	祁东县(湘)	2600.00
22	株洲县(湘)	1500.00
23	资兴市(湘)	420.00
24	蓝山县(湘)	164.25
25	邵阳县(湘)	20.00
26	永兴县(湘)	13.00
27	醴陵市(湘)	10.00
28	酉阳土家族苗族自治县(渝)	83.00
29	巴州区(川)	284.00
30	罗江县(川)	80.00
31	德江县(黔)	10.50
32	宁　县(甘)	1723.00
33	文　县(甘)	100.00
34	华池县(甘)	10.00

表 12-7 百合主产地产量

（续）

序号	百合主产地	产量(吨)
1	常山县(浙)	400.00
2	霍山县(皖)	29000.00
3	郎溪县(皖)	450.00
4	来凤县(鄂)	1696.00
5	恩施市(鄂)	953.20
6	宜都市(鄂)	600.00
7	鹤峰县(鄂)	93.00
8	隆回县(湘)	1800.00
9	新化县(湘)	1000.00
10	沅陵县(湘)	300.00
11	安化县(湘)	200.00
12	永定区(湘)	180.00
13	蓝山县(湘)	168.75
14	邵阳县(湘)	160.00
15	双峰县(湘)	32.00
16	耒阳市(湘)	22.00
17	黔江区(渝)	810.00
18	江津区(渝)	500.00
19	铜梁县(渝)	200.00
20	江油市(川)	25.00
21	贵定县(黔)	600.00
22	元阳县(滇)	150.00
23	永靖县(甘)	54.00

表 12-8 其他森林蔬菜主产地产量

（续）

序号	其他森林蔬菜主产地	品种	产量(吨)
1	本溪满族自治县(辽)	龙芽木	5100.00
2	迭部县(甘)	龙芽木	4802.00
3	铁岭县(辽)	龙芽木	925.00
4	通化县(吉)	龙芽木	180.90
5	鹤岗市市辖区(黑)	龙芽木	120.00
6	天桥岭林业局(吉)	龙芽木	40.00
7	东丰县(吉)	龙芽木	30.00
8	敦化林业局(吉)	龙芽木	30.00
9	明山区(辽)	龙芽木	24.00
10	庄河市(辽)	龙芽木	22.00
11	越西县(川)	龙芽木	20.00
12	嵩　县(豫)	龙芽木	18.00
13	大石桥市(辽)	龙芽木	15.00
14	清新县(粤)	笋用竹	120000.00
15	荣昌县(渝)	笋用竹	92000.00
16	衢江区(浙)	笋用竹	31300.00
17	彝良县(滇)	笋用竹	30400.00
18	宁海县(浙)	笋用竹	29490.00
19	南川区(渝)	笋用竹	21000.00
20	余姚市(浙)	笋用竹	20097.00
21	大足县(渝)	笋用竹	20000.00
22	淳安县(浙)	笋用竹	15962.00
23	和平县(粤)	笋用竹	15000.00
24	高　县(川)	笋用竹	9245.00
25	常山县(浙)	笋用竹	7080.00
26	大关县(滇)	笋用竹	6205.00
27	望城县(湘)	笋用竹	6000.00
28	田林县(桂)	笋用竹	4000.00
29	丰都县(渝)	笋用竹	3245.00
31	繁昌县(皖)	笋用竹	2000.00
30	个旧市(滇)	笋用竹	2452.00
32	袁州区(赣)	笋用竹	2000.00
33	新化县(湘)	笋用竹	2000.00
34	北仑区(浙)	笋用竹	1820.00
35	新宁县(湘)	笋用竹	1500.00
36	孟连傣族拉祜族佤族自治县(滇)	笋用竹	1000.00
37	德安县(赣)	笋用竹	900.00
38	南岳区(湘)	笋用竹	900.00
39	五通桥区(川)	笋用竹	868.00
40	郎溪县(皖)	笋用竹	750.00
41	镇海区(浙)	笋用竹	655.00
42	邻水县(川)	笋用竹	550.00
43	竹山县(鄂)	笋用竹	460.00
44	青白江区(川)	笋用竹	368.00
45	江津区(渝)	笋用竹	300.00
46	贵定县(黔)	笋用竹	210.00
47	余江县(赣)	笋用竹	200.00
48	隆林各族自治县(桂)	笋用竹	200.00
49	金城江区(桂)	笋用竹	153.80
50	北湖区(湘)	笋用竹	150.00
51	翁源县(粤)	笋用竹	150.00
52	新建县(赣)	笋用竹	140.00
53	新晃侗族自治县(湘)	笋用竹	100.00
54	维西傈僳族自治县(滇)	笋用竹	60.20
55	安仁县(湘)	笋用竹	60.00
56	黔江区(渝)	笋用竹	50.00
57	关岭布依族苗族自治县(黔)	笋用竹	50.00
58	武宣县(桂)	笋用竹	43.00
59	彭水苗族土家族自治县(渝)	笋用竹	15.00
60	分宜县(赣)	笋用竹	10.00

表 12-9　茶叶主产地产量

(续)

序号	茶叶主产地	产量(吨)
1	宜兴市(苏)	6331.00
2	溧阳市(苏)	2198.00
3	金坛市(苏)	1008.00
4	仪征市(苏)	525.00
5	溧水县(苏)	520.00
6	江宁区(苏)	505.00
7	高淳县(苏)	380.00
8	丹徒区(苏)	335.00
9	吴中区(苏)	299.00
10	赣榆区(苏)	232.00
11	滨湖区(苏)	163.00
12	浦口区(苏)	161.00
13	锡山区(苏)	135.00
14	六合区(苏)	103.00
15	嵊州市(浙)	19825.00
16	武义县(浙)	10305.00
17	余杭区(浙)	7952.00
18	诸暨市(浙)	7780.00
19	余姚市(浙)	7180.00
20	开化县(浙)	6000.00
21	宁海县(浙)	5684.00
22	淳安县(浙)	4523.00
23	安吉县(浙)	4300.00
24	婺城区(浙)	3500.00
25	泰顺县(浙)	3049.00
26	奉化市(浙)	2600.00
27	天台县(浙)	2498.00
28	临安市(浙)	2238.00
29	龙泉市(浙)	2200.00
30	建德市(浙)	2200.00
31	龙游县(浙)	2200.00
32	缙云县(浙)	2190.00
33	磐安县(浙)	2187.00
34	鄞州区(浙)	2058.00
35	富阳市(浙)	1919.00
36	兰溪市(浙)	1797.00
37	德清县(浙)	1556.00
38	临海市(浙)	1350.00
39	义乌市(浙)	1120.00
40	云和县(浙)	872.00
41	苍南县(浙)	823.00
42	越城区(浙)	739.00
43	仙居县(浙)	720.00
44	象山县(浙)	625.00
45	三门县(浙)	520.00
46	庆元县(浙)	492.00
47	北仑区(浙)	356.00
48	青田县(浙)	243.00
49	休宁县(皖)	10300.00
50	金寨县(皖)	7600.00
51	祁门县(皖)	6513.00
52	郎溪县(皖)	4500.00
53	宣州区(皖)	4000.00
54	霍山县(皖)	3800.00
55	东至县(皖)	3500.00
56	石台县(皖)	3500.00
57	潜山县(皖)	2950.00
58	舒城县(皖)	2910.00
59	宁国市(皖)	2500.00
60	太湖县(皖)	2200.00
61	黟　县(皖)	2121.00
62	泾　县(皖)	2100.00
63	广德县(皖)	2000.00
64	庐江县(皖)	1567.00
65	徽州区(皖)	1559.00
66	南谯区(皖)	1000.00
67	屯溪区(皖)	619.00
68	桐城市(皖)	500.00
69	宿松县(皖)	486.00
70	巢湖市(皖)	485.00
71	南陵县(皖)	460.00
72	青阳县(皖)	192.00
73	绩溪县(皖)	130.00
74	无为县(皖)	120.00
75	婺源县(赣)	11000.00
76	遂川县(赣)	3886.00
77	上饶县(赣)	1686.00
78	铜鼓县(赣)	1400.00
79	高安市(赣)	1270.00
80	崇义县(赣)	893.00
81	玉山县(赣)	652.00
82	泰和县(赣)	585.00
83	于都县(赣)	460.00
84	兴国县(赣)	451.00
85	永丰县(赣)	396.00
86	武宁县(赣)	340.00
87	吉水县(赣)	327.00
88	靖安县(赣)	323.00
89	崇仁县(赣)	282.00
90	樟树市(赣)	280.00
91	共青城市(赣)	250.00
92	永修县(赣)	234.00
93	德兴市(赣)	196.00
94	定南县(赣)	173.00
95	会昌县(赣)	162.00
96	广丰县(赣)	155.00
97	彭泽县(赣)	145.50
98	铅山县(赣)	141.00
99	全南县(赣)	132.00
100	诸城市(鲁)	1215.00
101	莒南县(鲁)	1210.00
102	莒　县(鲁)	575.00
103	五莲县(鲁)	550.00
104	新泰市(鲁)	286.50
105	长清区(鲁)	222.00
106	章丘市(鲁)	102.00
107	浉河区(豫)	8000.00
108	光山县(豫)	3500.00
109	新　县(豫)	2000.00
110	商城县(豫)	1080.00
111	固始县(豫)	750.00
112	桐柏县(豫)	555.00
113	潢川县(豫)	330.00
114	内乡县(豫)	192.00
115	确山县(豫)	100.00
116	利川市(鄂)	32346.00
117	英山县(鄂)	27239.00
118	鹤峰县(鄂)	25000.00
119	夷陵区(鄂)	19957.00
120	恩施市(鄂)	18983.00
121	宜都市(鄂)	16000.00
122	随　县(鄂)	11398.00
123	保康县(鄂)	6670.00
124	崇阳县(鄂)	6000.00
125	竹溪县(鄂)	5862.00
126	谷城县(鄂)	5805.00
127	竹山县(鄂)	5788.00
128	大悟县(鄂)	5500.00
129	秭归县(鄂)	4121.00
130	长阳土家族自治县(鄂)	3000.00
131	五峰土家族自治县(鄂)	2400.00
132	红安县(鄂)	2200.00
133	麻城市(鄂)	2000.00
134	远安县(鄂)	1850.00
135	南漳县(鄂)	1220.00

（续）

序号	茶叶主产地	产量(吨)	序号	茶叶主产地	产量(吨)	序号	茶叶主产地	产量(吨)
136	浠水县(鄂)	1200.00	181	城步苗族自治县(湘)	400.00	226	揭阳市普侨区(粤)	300.00
137	郧　县(鄂)	1000.00	182	涟源市(湘)	332.00	227	湘桥区(粤)	185.00
138	兴山县(鄂)	978.00	183	苏仙区(湘)	320.00	228	德庆县(粤)	180.00
139	房　县(鄂)	800.00	184	鼎城区(湘)	280.00	229	鹤山市(粤)	163.00
140	天门市(鄂)	800.00	185	宜章县(湘)	276.00	230	连山壮族瑶族自治县(粤)	131.00
141	枝江市(鄂)	750.00	186	保靖县(湘)	250.00	231	开平市(粤)	129.00
142	宜城市(鄂)	675.00	187	云溪区(湘)	218.00	232	南澳县(粤)	120.00
143	建始县(鄂)	650.00	188	祁阳县(湘)	215.00	233	潮南区(粤)	114.00
144	来凤县(鄂)	560.00	189	宁远县(湘)	209.00	234	阳山县(粤)	104.00
145	丹江口市(鄂)	544.00	190	茶陵县(湘)	200.00	235	昭平县(桂)	6801.00
146	罗田县(鄂)	506.00	191	桑植县(湘)	200.00	236	凌云县(桂)	5058.00
147	孝昌县(鄂)	500.00	192	永顺县(湘)	200.00	237	灵山县(桂)	4500.00
148	宣恩县(鄂)	450.00	193	炎陵县(湘)	180.00	238	乐业县(桂)	3518.00
149	黄陂区(鄂)	400.00	194	北湖区(湘)	160.00	239	龙州县(桂)	3240.00
150	阳新县(鄂)	325.00	195	华容县(湘)	155.00	240	西林县(桂)	2864.00
151	京山县(鄂)	261.00	196	常宁市(湘)	150.00	241	玉林市福绵区(桂)	2500.00
152	应城市(鄂)	250.00	197	龙山县(湘)	140.00	242	浦北县(桂)	1123.00
153	钟祥市(鄂)	140.00	198	隆回县(湘)	140.00	243	平乐县(桂)	999.00
154	新洲区(鄂)	110.00	199	临澧县(湘)	132.00	244	全州县(桂)	980.00
155	郧西县(鄂)	103.00	200	吉首市(湘)	124.00	245	苍梧县(桂)	920.00
156	曾都区(鄂)	103.00	201	溆浦县(湘)	120.00	246	恭城瑶族自治县(桂)	675.00
157	巴东县(鄂)	100.00	202	耒阳市(湘)	115.00	247	龙胜各族自治县(桂)	651.00
158	安化县(湘)	23180.00	203	江永县(湘)	110.00	248	融水苗族自治县(桂)	605.00
159	桃江县(湘)	10000.00	204	中方县(湘)	100.00	249	防城区(桂)	502.00
160	衡山县(湘)	6537.50	205	岳阳县(湘)	100.00	250	桂平市(桂)	465.00
161	桃源县(湘)	4500.00	206	新宁县(湘)	100.00	251	金秀瑶族自治县(桂)	371.00
162	古丈县(湘)	3400.00	207	饶平县(粤)	6560.00	252	灌阳县(桂)	336.00
163	双峰县(湘)	2500.00	208	揭西县(粤)	6250.00	253	武宣县(桂)	326.00
164	慈利县(湘)	1773.00	209	廉江市(粤)	5182.00	254	隆林各族自治县(桂)	315.00
165	浏阳市(湘)	1645.00	210	英德市(粤)	3709.00	255	兴安县(桂)	314.00
166	汨罗市(湘)	1500.00	211	丰顺县(粤)	2457.00	256	钟山县(桂)	132.00
167	新化县(湘)	1350.00	212	广宁县(粤)	1567.00	257	灵川县(桂)	129.00
168	资兴市(湘)	1210.00	213	揭东区(粤)	1400.00	258	平果县(桂)	100.00
169	湘潭县(湘)	962.00	214	封开县(粤)	1014.00	259	巴南区(渝)	3580.00
170	沅陵县(湘)	810.00	215	信宜市(粤)	988.00	260	荣昌县(渝)	3480.00
171	湘乡市(湘)	764.00	216	东源县(粤)	750.00	261	万盛区(渝)	700.00
172	江华瑶族自治县(湘)	707.00	217	平远县(粤)	725.00	262	永川区(渝)	650.00
173	赫山区(湘)	700.00	218	乐昌市(粤)	566.00	263	黔江区(渝)	552.00
174	株洲县(湘)	650.00	219	连南瑶族自治县(粤)	550.00	264	巫溪县(渝)	516.00
175	桂东县(湘)	639.00	220	梅江区(粤)	500.00	265	江津区(渝)	500.00
176	洞口县(湘)	580.00	221	连平县(粤)	500.00	266	璧山县(渝)	477.00
177	武冈市(湘)	580.00	222	五华县(粤)	450.00	267	铜梁县(渝)	440.00
178	会同县(湘)	500.00	223	龙川县(粤)	433.00	268	奉节县(渝)	396.00
179	宁乡县(湘)	492.00	224	徐闻县(粤)	346.00	269	云阳县(渝)	350.00
180	蓝山县(湘)	420.00	225	新丰县(粤)	303.00	270	涪陵区(渝)	320.00

(续)

序号	茶叶主产地	产量(吨)
271	万州区(渝)	212.00
272	南川区(渝)	180.00
273	忠　县(渝)	152.00
274	石柱土家族自治县(渝)	100.00
275	名山县(川)	27980.00
276	蒲江县(川)	17000.00
277	邛崃市(川)	8980.00
278	珙　县(川)	6518.00
279	沐川县(川)	5800.00
280	犍为县(川)	4050.00
281	青川县(川)	3920.00
282	纳溪区(川)	2529.00
283	威远县(川)	2430.00
284	乐山市市中区(川)	2240.00
285	筠连县(川)	2200.00
286	宜宾县(川)	1960.00
287	高　县(川)	1950.00
288	雨城区(川)	1940.00
289	屏山县(川)	1860.00
290	翠屏区(川)	1750.00
291	叙永县(川)	1680.00
292	通江县(川)	1650.00
293	井研县(川)	1600.00
294	南部县(川)	1500.00
295	万源市(川)	1440.00
296	旺苍县(川)	1400.00
297	五通桥区(川)	1283.00
298	荣　县(川)	1238.00
299	都江堰市(川)	1210.00
300	开江县(川)	900.00
301	江安县(川)	880.00
302	雷波县(川)	760.00
303	北川羌族自治县(川)	750.00
304	仁寿县(川)	645.00
305	宣汉县(川)	550.00
306	崇州市(川)	465.00
307	青神县(川)	354.00
308	南溪县(川)	310.00
309	渠　县(川)	300.00
310	马边彝族自治县(川)	300.00
311	南江县(川)	242.00
312	四川省大渡河造林局(川)	220.07
313	平昌县(川)	156.00
314	沙湾区(川)	105.00
315	瓮安县(黔)	10470.00

(续)

序号	茶叶主产地	产量(吨)
316	独山县(黔)	6000.00
317	普安县(黔)	5850.00
318	沿河土家族自治县(黔)	2843.00
319	江口县(黔)	1800.00
320	贵定县(黔)	1377.00
321	普定县(黔)	1200.00
322	思南县(黔)	1000.00
323	罗甸县(黔)	996.00
324	惠水县(黔)	723.00
325	兴仁县(黔)	720.00
326	纳雍县(黔)	562.00
327	六枝特区(黔)	438.00
328	长顺县(黔)	295.00
329	龙里县(黔)	277.00
330	紫云苗族布依族自治县(黔)	229.00
331	乌当区(黔)	225.00
332	金沙县(黔)	150.00
333	福泉市(黔)	105.00
334	凤庆县(滇)	33001.00
335	梁河县(滇)	29188.00
336	昌宁县(滇)	22852.00
337	勐海县(滇)	19642.00
338	云　县(滇)	19438.00
339	景洪市(滇)	18679.00
340	江城哈尼族彝族自治县(滇)	14050.00
341	腾冲县(滇)	12200.00
342	墨江哈尼族自治县(滇)	12102.00
343	景东彝族自治县(滇)	11744.00
344	芒　市(滇)	11554.00
345	景谷傣族彝族自治县(滇)	9742.90
346	双江拉祜族佤族布朗族傣族自治县(滇)	9551.30
347	宁洱哈尼族彝族自治县(滇)	9220.00
348	广南县(滇)	9202.00
349	绿春县(滇)	7294.00
350	勐腊县(滇)	4275.00
351	镇沅彝族哈尼族拉祜族自治县(滇)	4219.00
352	盈江县(滇)	4066.70
353	西盟佤族自治县(滇)	2746.00
354	隆阳区(滇)	1710.00
355	盐津县(滇)	1662.00
356	陇川县(滇)	1625.00
357	元阳县(滇)	1543.00
358	富宁县(滇)	603.00
359	麻栗坡县(滇)	591.20
360	南华县(滇)	425.00

(续)

序号	茶叶主产地	产量(吨)
361	峨山彝族自治县(滇)	285.00
362	西畴县(滇)	280.00
363	双柏县(滇)	279.00
364	牟定县(滇)	192.00
365	大关县(滇)	110.00
366	西乡县(陕)	10321.00
367	平利县(陕)	8500.00
368	勉　县(陕)	6912.00
369	南郑县(陕)	6240.00
370	紫阳县(陕)	5260.00
371	镇巴县(陕)	3636.00
372	汉滨区(陕)	2983.00
373	城固县(陕)	2300.00
374	岚皋县(陕)	2230.00
375	商南县(陕)	2023.00
376	汉阴县(陕)	823.00
377	石泉县(陕)	410.00
378	山阳县(陕)	263.00
379	镇坪县(陕)	181.00
380	丹凤县(陕)	128.00
381	康　县(甘)	627.20
382	文　县(甘)	482.00

表 12-10　矿泉水主产地产量

序号	矿泉水主产地	产量(吨)
1	平泉县(冀)	1000.00
2	阿鲁科尔沁旗(蒙)	350000.00
3	磐石市(吉)	18000.00
4	辉南县(吉)	13000.00
5	辉南森林经营局(吉)	10120.00
6	梅河口市(吉)	2000.00
7	抚远县(黑)	20000.00
8	巴彦县(黑)	5000.00
9	通河县(黑)	1000.00
10	逊克县(黑)	1000.00
11	孙吴县(黑)	720.00
12	黑河市直属林场(黑)	200.00
13	霍山县(皖)	240000.00
14	郎溪县(皖)	50000.00
15	凤阳县(皖)	200.00
16	于都县(赣)	215000.00
17	瑞金市(赣)	13000.00
18	分宜县(赣)	5000.00
19	铜鼓县(赣)	220.00
20	沂水县(鲁)	2400.00

（续）

序号	矿泉水主产地	产量(吨)
21	禹州市(豫)	50000.00
22	新　县(豫)	8000.00
23	长阳土家族自治县(鄂)	6000.00
24	随　县(鄂)	2000.00
25	枣阳市(鄂)	1800.00
26	城步苗族自治县(湘)	900200.00
27	桃源县(湘)	150000.00
28	新化县(湘)	100000.00
29	耒阳市(湘)	73500.00
30	安化县(湘)	25000.00
31	醴陵市(湘)	20000.00
32	湘乡市(湘)	11300.00
33	中方县(湘)	10000.00
34	隆回县(湘)	5000.00
35	双峰县(湘)	3500.00
36	沅陵县(湘)	2400.00
37	华容县(湘)	1000.00
38	汨罗市(湘)	1000.00
39	资兴市(湘)	460.00
40	金洞林场(湘)	400.00
41	临武县(湘)	260.00
42	五华县(粤)	6800000.00
43	雷州市(粤)	33000.00
44	清远市属总林场(粤)	15000.00
45	龙川县(粤)	12300.00
46	北流市(桂)	13600.00
47	全州县(桂)	3500.00
48	陆川县(桂)	1000.00
49	石柱土家族自治县(渝)	7000.00
50	江津区(渝)	5000.00
51	三台县(川)	1311.00
52	彭州市(川)	1200.00
53	金沙县(黔)	50000.00
54	龙里县(黔)	15844.00
55	关岭布依族苗族自治县(黔)	1000.00
56	德江县(黔)	510.00
57	长顺县(黔)	125.00
58	大关县(滇)	500000.00
59	漾濞彝族自治县(滇)	3000.00
60	香格里拉县(滇)	2030.00
61	腾冲县(滇)	1536.43
62	河口瑶族自治县(滇)	1000.00
63	楚雄市(滇)	400.00
64	宕昌县(甘)	450.00
65	吉林森工集团泉阳泉饮品有限公司(吉林森工)	400000.00
66	黑龙江柴河林业局(龙江森工)	6320.00
67	五营林业局(龙江森工)	4587.00
68	双鸭山林业局(龙江森工)	2000.00
69	鹤北林业局(龙江森工)	1900.00
70	金山屯林业局(龙江森工)	1840.00
71	鹤立林业局(龙江森工)	1200.00
72	大海林林业局(龙江森工)	786.00
73	汤旺河林业局(龙江森工)	600.00
74	东方红林业局(龙江森工)	400.00
75	绥阳林业局(龙江森工)	400.00
76	友好林业局(龙江森工)	200.00
77	翠峦林业局(龙江森工)	198.00
78	新青林业局(龙江森工)	180.00
79	绥棱林业局(龙江森工)	150.00

表 12-11　其他森林饮料主产地产量

（续）

序号	其他森林饮料主产地	品种	产量(吨)
1	贵定县(黔)	刺梨	7500.00
2	龙里县(黔)	刺梨	6422.00
3	黔西县(黔)	刺梨	2250.00
4	盘　县(黔)	刺梨	2000.00
5	大方县(黔)	刺梨	350.00
6	兴仁县(黔)	刺梨	266.00
7	长顺县(黔)	刺梨	200.00
8	南郑县(陕)	刺梨	12.00
9	本溪满族自治县(辽)	刺五加	4100.00
10	辉南县(吉)	刺五加	1580.00
11	新化县(湘)	刺五加	500.00
12	五常市(黑)	刺五加	200.00
13	桓仁满族自治县(辽)	刺五加	50.00
14	新宾满族自治县(辽)	刺五加	10.50
15	冷水江市(湘)	葛根	9000.00
16	元阳县(滇)	葛根	5860.00
17	梓潼县(川)	葛根	4300.00
18	祁东县(湘)	葛根	3000.00
19	横峰县(赣)	葛根	2325.00
20	桑植县(湘)	葛根	2000.00
21	霍山县(皖)	葛根	1700.00
22	随州市市辖区(鄂)	葛根	1600.00
23	竹溪县(鄂)	葛根	560.00
24	洱源县(滇)	葛根	500.00
25	宜都市(鄂)	葛根	440.00
26	永定区(湘)	葛根	230.00
27	新宁县(湘)	葛根	100.00
28	新建县(赣)	葛根	98.00
29	合川区(渝)	葛根	50.80
30	东至县(皖)	葛根	50.00
31	潜山县(皖)	葛根	45.00
32	浠水县(鄂)	葛根	25.00
33	安化县(湘)	葛根	20.00
34	桓仁满族自治县(辽)	葛根	15.00
35	彭泽县(赣)	葛根	13.00
36	兴山县(鄂)	葛根	10.50
37	凤阳县(皖)	葛根	10.00
38	罗江县(川)	葛根	10.00
39	西夏区(宁)	枸杞芽	4.60
40	利通区(宁)	枸杞芽	0.60
41	吉隆县(藏)	红景天	40.00
42	洛隆县(藏)	红景天	0.55
43	黄泥河林业局(吉)	桦树液	35.00
44	芒　市(滇)	咖啡	93382.00

(续)

序号	其他森林饮料主产地	品种	产量(吨)
45	隆阳区(滇)	咖啡	25698.00
46	宁洱哈尼族彝族自治县(滇)	咖啡	9790.00
47	盈江县(滇)	咖啡	7289.50
48	墨江哈尼族自治县(滇)	咖啡	5231.00
49	江城哈尼族彝族自治县(滇)	咖啡	4500.00
50	景谷傣族彝族自治县(滇)	咖啡	4001.70
51	镇沅彝族哈尼族拉祜族自治县(滇)	咖啡	936.00
52	勐腊县(滇)	咖啡	885.00
53	麻栗坡县(滇)	咖啡	562.90
54	陇川县(滇)	咖啡	307.00
55	勐海县(滇)	咖啡	140.00
56	北安市(黑)	蓝靛果酒	2300.00
57	通化县(吉)	蓝靛果酒	1588.80
58	黄泥河林业局(吉)	蓝靛果酒	70.00
59	爱辉区(黑)	蓝靛果酒	35.00
60	乾　县(陕)	苹果汁	405000.00
61	青铜峡市(宁)	苹果汁	60000.00
62	济源市(豫)	苹果汁	30080.00
63	牟平区(鲁)	苹果汁	20000.00
64	灵宝市(豫)	苹果汁	15306.00
65	湖滨区(豫)	苹果汁	15000.00
66	中宁县(宁)	苹果汁	15000.00
67	宁　县(甘)	苹果汁	10800.00
68	利通区(宁)	苹果汁	8421.00
69	乐陵市(鲁)	苹果汁	5500.00
70	宁城县(蒙)	苹果汁	3000.00
71	万荣县(晋)	苹果汁	2622.00
72	巩留县(新)	苹果汁	2000.00
73	通化县(吉)	苹果汁	1032.00
74	辉南县(吉)	苹果汁	320.00
75	商州区(陕)	苹果汁	100.00
76	双城市(黑)	苹果汁	100.00
77	渭源县(甘)	沙棘	21600.00
78	伊金霍洛旗(蒙)	沙棘	18618.00
79	岢岚县(晋)	沙棘	18000.00
80	敖汉旗(蒙)	沙棘	9590.00
81	和林格尔县(蒙)	沙棘	4500.00
82	东胜区(蒙)	沙棘	4400.00
83	隆德县(宁)	沙棘	3600.00
84	孙吴县(黑)	沙棘	1340.00
85	延寿县(黑)	沙棘	1200.00
86	吴起县(陕)	沙棘	1000.00
87	小金县(川)	沙棘	900.00
88	华池县(甘)	沙棘	500.00
89	尖草坪区(晋)	沙棘	400.00
90	临潭县(甘)	沙棘	210.00
91	民乐县(甘)	沙棘	140.00
92	爱辉区(黑)	沙棘	85.00
93	克什克腾旗(蒙)	沙棘	40.00
94	阿合奇县(新)	沙棘	30.00
95	洛隆县(藏)	沙棘	25.00
96	松潘县(川)	沙棘	23.00
97	漾濞彝族自治县(滇)	余甘子	120.00

表 12-12　主要森林饲料主产地产量

序号	主要森林饲料主产地	品种	产量(吨)
1	鄂托克旗(蒙)	阔叶维生素粉	16000.00
2	德江县(黔)	阔叶维生素粉	4001.00
3	随县(鄂)	阔叶维生素粉	1000.00
4	大关县(滇)	嫩树枝叶	680000.00
5	惠水县(黔)	嫩树枝叶	360000.00
6	桑植县(湘)	嫩树枝叶	300000.00
7	乌审旗(蒙)	嫩树枝叶	300000.00
8	敖汉旗(蒙)	嫩树枝叶	65375.00
9	新宾满族自治县(辽)	嫩树枝叶	37500.00
10	东平县(鲁)	嫩树枝叶	15000.00
11	罗田县(鄂)	嫩树枝叶	15000.00
12	新化县(湘)	嫩树枝叶	10000.00
13	南华县(滇)	嫩树枝叶	7720.00
14	嵩　县(豫)	嫩树枝叶	6500.00
15	关岭布依族苗族自治县(黔)	嫩树枝叶	5000.00
16	临泉县(皖)	嫩树枝叶	4000.00
17	瑞金市(赣)	嫩树枝叶	3700.00
18	耒阳市(湘)	嫩树枝叶	3650.00
19	沅陵县(湘)	嫩树枝叶	1965.00
20	永靖县(甘)	嫩树枝叶	1300.00
21	五峰土家族自治县(鄂)	嫩树枝叶	1100.00
22	竹山县(鄂)	嫩树枝叶	910.00
23	京山县(鄂)	嫩树枝叶	500.00
24	元阳县(滇)	嫩树枝叶	500.00
25	红河县(滇)	嫩树枝叶	460.00
26	株洲县(湘)	嫩树枝叶	450.00
27	宁　县(甘)	嫩树枝叶	300.00
28	猇亭区(鄂)	嫩树枝叶	225.00
29	田阳县(桂)	嫩树枝叶	130.00
30	望城县(湘)	嫩树枝叶	120.00
31	霍山县(皖)	嫩树枝叶	100.00
32	鹤庆县(滇)	桑叶	208333.40
33	黔江区(渝)	桑叶	180500.00
34	高　县(川)	桑叶	156000.00

（续）

序号	主要森林饲料主产地	品种	产量(吨)
35	凌云县(桂)	桑叶	102580.00
36	珙　县(川)	桑叶	62500.00
37	昭平县(桂)	桑叶	50996.00
38	铜梁县(渝)	桑叶	40000.00
39	东乡县(赣)	桑叶	35000.00
40	武宣县(桂)	桑叶	33450.00
41	沂水县(鲁)	桑叶	18850.00
42	西充县(川)	桑叶	15000.00
43	连南瑶族自治县(粤)	桑叶	12887.00
44	江津区(渝)	桑叶	12000.00
45	巴州区(川)	桑叶	9600.00
46	玉林市福绵区(桂)	桑叶	9000.00
47	融水苗族自治县(桂)	桑叶	8250.00
48	南部县(川)	桑叶	8000.00
49	蓬安县(川)	桑叶	8000.00
50	岱岳区(鲁)	桑叶	7610.00
51	垣曲县(晋)	桑叶	7500.00
52	雷州市(粤)	桑叶	7000.00
53	威远县(川)	桑叶	6500.00
54	井研县(川)	桑叶	6200.00
55	乐至县(川)	桑叶	6100.00
56	靖西县(桂)	桑叶	5000.00
57	苍梧县(桂)	桑叶	4665.00
58	嘉陵区(川)	桑叶	3800.00
59	潜山县(皖)	桑叶	3800.00
60	元阳县(滇)	桑叶	3500.00
61	隆林各族自治县(桂)	桑叶	3300.00
62	汉阴县(陕)	桑叶	3200.00
63	平果县(桂)	桑叶	3200.00
64	那坡县(桂)	桑叶	3180.00
65	合川区(渝)	桑叶	3100.00
66	崇阳县(鄂)	桑叶	3000.00
67	黟　县(皖)	桑叶	2860.00
68	南漳县(鄂)	桑叶	2800.00
69	东平县(鲁)	桑叶	2700.00
70	资兴市(湘)	桑叶	2231.00
71	安　县(川)	桑叶	2100.00
72	东至县(皖)	桑叶	2100.00
73	开　县(渝)	桑叶	1760.00
74	兴文县(川)	桑叶	1670.00
75	平利县(陕)	桑叶	1500.00
76	祁东县(湘)	桑叶	1220.00
77	霍山县(皖)	桑叶	1200.00
78	莒南县(鲁)	桑叶	1150.00
79	三台县(川)	桑叶	1041.00

（续）

序号	主要森林饲料主产地	品种	产量(吨)
80	桐城市(皖)	桑叶	1000.00
81	施甸县(滇)	桑叶	980.00
82	兖州市(鲁)	桑叶	980.00
83	石柱土家族自治县(渝)	桑叶	950.00
84	开江县(川)	桑叶	900.00
85	巫溪县(渝)	桑叶	850.00
86	双柏县(滇)	桑叶	845.00
87	建德市(浙)	桑叶	800.00
88	南郑县(陕)	桑叶	780.00
89	郁南县(粤)	桑叶	520.00
90	鼎城区(湘)	桑叶	500.00
91	惠民县(鲁)	桑叶	480.00
92	芜湖县(皖)	桑叶	450.00
93	汉源县(川)	桑叶	370.00
94	遂川县(赣)	桑叶	325.00
95	沅陵县(湘)	桑叶	320.00
96	罗江县(川)	桑叶	300.00
97	仁寿县(川)	桑叶	284.00
98	江安县(川)	桑叶	220.00
99	荔波县(黔)	桑叶	210.00
100	德江县(黔)	桑叶	200.00
101	新干县(赣)	桑叶	182.00
102	固始县(豫)	桑叶	180.00
103	永新县(赣)	桑叶	150.00
104	宁阳县(鲁)	桑叶	145.00
105	怀宁县(皖)	桑叶	143.00
106	嵩　县(豫)	桑叶	135.00
107	全州县(桂)	桑叶	120.00
108	临安市(浙)	桑叶	100.00
109	渠　县(川)	桑叶	100.00
110	米脂县(陕)	紫穗槐	75000.00
111	横山县(陕)	紫穗槐	53000.00
112	利通区(宁)	紫穗槐	2250.00
113	竹山县(鄂)	紫穗槐	800.00
114	冷水滩区(湘)	紫穗槐	200.00
115	关岭布依族苗族自治县(黔)	紫穗槐	100.00

表 13-1　蝴蝶兰主产地产量

序号	蝴蝶兰主产地	花卉类别(单位)	生产量
1	南岳区(湘)	城市绿化苗(万株)	90.00
2	开远市(滇)	城市绿化苗(万株)	5.00
3	贵池区(皖)	城市绿化苗(万株)	1.00
4	大洼县(辽)	观赏苗木(万株)	63.00
5	织金县(黔)	观赏苗木(万株)	15.00
6	张家口市高新技术管理区(冀)	观赏苗木(万株)	5.00

(续)

序号	蝴蝶兰主产地	花卉类别(单位)	生产量
7	苏家屯区(辽)	观赏苗木(万株)	5.00
8	桃城区(冀)	观赏苗木(万株)	1.00
9	柘城县(豫)	观赏苗木(万株)	0.90
10	高青县(鲁)	观叶植物(万盆)	320.00
11	新城区(蒙)	观叶植物(万盆)	1.50
12	临淄区(鲁)	花卉用种苗(千苗)	7.00
13	泰山区(鲁)	盆花(万盆)	4015.00
14	翁源县(粤)	盆花(万盆)	1500.00
15	松江区(沪)	盆花(万盆)	642.00
16	长清区(鲁)	盆花(万盆)	150.00
17	荥阳市(豫)	盆花(万盆)	150.00
18	兴庆区(宁)	盆花(万盆)	100.00
19	惠济区(豫)	盆花(万盆)	76.50
20	颍泉区(皖)	盆花(万盆)	58.90
21	莱阳市(鲁)	盆花(万盆)	52.00
22	昆都仑区(蒙)	盆花(万盆)	50.00
23	红山区(蒙)	盆花(万盆)	50.00
24	原阳县(豫)	盆花(万盆)	50.00
25	延庆县(京)	盆花(万盆)	42.50
26	丰宁满族自治县(冀)	盆花(万盆)	42.00
27	玉田县(冀)	盆花(万盆)	40.00
28	兖州市(鲁)	盆花(万盆)	40.00
29	四会市(粤)	盆花(万盆)	38.66
30	青浦区(沪)	盆花(万盆)	31.00
31	路北区(冀)	盆花(万盆)	30.00
32	阜新蒙古族自治县(辽)	盆花(万盆)	25.00
33	长安区(陕)	盆花(万盆)	21.00
34	喀喇沁左翼蒙古族自治县(辽)	盆花(万盆)	20.00
35	威海市工业新区(鲁)	盆花(万盆)	20.00
36	东营区(鲁)	盆花(万盆)	20.00
37	牟平区(鲁)	盆花(万盆)	20.00
38	章丘市(鲁)	盆花(万盆)	16.00
39	江川县(滇)	盆花(万盆)	12.00
40	邯郸县(冀)	盆花(万盆)	10.00
41	涿州市(冀)	盆花(万盆)	10.00
42	灵宝市(豫)	盆花(万盆)	10.00
43	环翠区(鲁)	盆花(万盆)	8.20
44	曲周县(冀)	盆花(万盆)	6.20
45	阳信县(鲁)	盆花(万盆)	6.00
46	藁城区(冀)	盆花(万盆)	5.00
47	淮滨县(豫)	盆花(万盆)	5.00
48	宁东林业局(陕)	盆花(万盆)	5.00
49	东洲区(辽)	盆花(万盆)	4.80
50	开封县(豫)	盆花(万盆)	4.50
51	阳新县(鄂)	盆花(万盆)	4.00

(续)

序号	蝴蝶兰主产地	花卉类别(单位)	生产量
52	汶上县(鲁)	盆花(万盆)	3.20
53	广西生态学院(桂)	盆花(万盆)	3.00
54	北京市大东流苗圃 (京)	盆花(万盆)	2.99
55	迁安市(冀)	盆花(万盆)	2.00
56	迁西县(冀)	盆花(万盆)	2.00
57	西夏区(宁)	盆花(万盆)	2.00
58	晋州市(冀)	盆花(万盆)	1.80
59	大城县(冀)	盆花(万盆)	1.00
60	安国市(冀)	盆花(万盆)	1.00
61	东昌府区(鲁)	盆花(万盆)	1.00
62	榕城区(粤)	盆花(万盆)	1.00
63	洞口县(湘)	盆花(万盆)	0.80
64	利津县(鲁)	盆花(万盆)	0.70
65	忻府区(晋)	盆花(万盆)	0.58
66	新丰县(粤)	盆景(万盆)	21.40
67	翠屏区(川)	盆景(万盆)	2.00
68	岳阳楼区(湘)	盆景(万盆)	1.30
69	新丰县(粤)	鲜切花(万支)	1049.00
70	濮阳县(豫)	鲜切花(万支)	150.00
71	临洮县(甘)	鲜切花(万支)	26.00
72	万州区(渝)	鲜切花(万支)	20.00
73	许昌县(豫)	鲜切花(万支)	5.00
74	白银区(甘)	鲜切花(万支)	0.80

表 13-2 吊兰主产地产量

序号	吊兰主产地	花卉类别(单位)	生产量
1	新化县(湘)	城市绿化苗(万株)	100.00
2	贵池区(皖)	城市绿化苗(万株)	20.00
3	醴陵市(湘)	城市绿化苗(万株)	10.00
4	建始县(鄂)	观赏苗木(万株)	200.00
5	织金县(黔)	观赏苗木(万株)	80.00
6	南丹县(桂)	观赏苗木(万株)	58.00
7	镇坪县(陕)	观赏苗木(万株)	20.00
8	蕉岭县(粤)	观赏苗木(万株)	8.00
9	太康县(豫)	观赏苗木(万株)	7.00
10	公安县(鄂)	观赏苗木(万株)	2.35
11	老城区(豫)	观赏苗木(万株)	1.00
12	应　县(晋)	观赏苗木(万株)	0.80
13	吴起县(陕)	观赏苗木(万株)	0.80
14	渭滨区(陕)	观叶植物(万盆)	63.00
15	章丘市(鲁)	观叶植物(万盆)	50.00
16	运河区(冀)	观叶植物(万盆)	30.00
17	中方县(湘)	观叶植物(万盆)	15.00
18	黔江区(渝)	观叶植物(万盆)	12.00
19	商州区(陕)	观叶植物(万盆)	10.00

（续）

序号	吊兰主产地	花卉类别(单位)	生产量
20	嵩　县(豫)	观叶植物(万盆)	6.00
21	辛集市填报用户(冀)	观叶植物(万盆)	5.00
22	丰南区(冀)	观叶植物(万盆)	3.71
23	闵行区(沪)	观叶植物(万盆)	2.30
24	忻府区(晋)	观叶植物(万盆)	1.35
25	景　县(冀)	观叶植物(万盆)	0.90
26	临沭县(鲁)	观叶植物(万盆)	0.80
27	鹤城区(湘)	盆花(万盆)	650.00
28	清苑县(冀)	盆花(万盆)	150.00
29	红山区(蒙)	盆花(万盆)	70.00
30	路南区(冀)	盆花(万盆)	50.00
31	石家庄市桥西区(冀)	盆花(万盆)	33.00
32	滦南县(冀)	盆花(万盆)	30.00
33	明光市(皖)	盆花(万盆)	30.00
34	东营区(鲁)	盆花(万盆)	30.00
35	无极县(冀)	盆花(万盆)	27.00
36	涿州市(冀)	盆花(万盆)	25.00
37	隆尧县(冀)	盆花(万盆)	14.00
38	高邑县(冀)	盆花(万盆)	12.00
39	桃城区(冀)	盆花(万盆)	10.00
40	藁城区(冀)	盆花(万盆)	10.00
41	黄骅市(冀)	盆花(万盆)	10.00
42	会宁县(甘)	盆花(万盆)	10.00
43	北戴河区(冀)	盆花(万盆)	8.00
44	永清县(冀)	盆花(万盆)	6.00
45	青　县(冀)	盆花(万盆)	6.00
46	大城县(冀)	盆花(万盆)	5.50
47	阳泉市郊区(晋)	盆花(万盆)	5.00
48	星子县(赣)	盆花(万盆)	5.00
49	湖滨区(豫)	盆花(万盆)	5.00
50	岳阳楼区(湘)	盆花(万盆)	5.00
51	旌阳区(川)	盆花(万盆)	5.00
52	龙里县(黔)	盆花(万盆)	5.00
53	任丘市(冀)	盆花(万盆)	4.80
54	邢台市桥东区(冀)	盆花(万盆)	4.50
55	赞皇县(冀)	盆花(万盆)	4.30
56	阳新县(鄂)	盆花(万盆)	4.00
57	东洲区(辽)	盆花(万盆)	3.20
58	西华县(豫)	盆花(万盆)	3.20
59	盐山县(冀)	盆花(万盆)	3.00
60	迁安市(冀)	盆花(万盆)	3.00
61	新华区(豫)	盆花(万盆)	3.00
62	巫山县(渝)	盆花(万盆)	3.00
63	三门县(浙)	盆花(万盆)	2.50
64	迁西县(冀)	盆花(万盆)	2.00

（续）

序号	吊兰主产地	花卉类别(单位)	生产量
65	魏　县(冀)	盆花(万盆)	2.00
66	凤阳县(皖)	盆花(万盆)	2.00
67	伽师县(新)	盆花(万盆)	1.80
68	井研县(川)	盆花(万盆)	1.60
69	汶上县(鲁)	盆花(万盆)	1.50
70	唐　县(冀)	盆花(万盆)	1.20
71	宁晋县(冀)	盆花(万盆)	1.20
72	洞口县(湘)	盆花(万盆)	1.20
73	邢台县(冀)	盆花(万盆)	1.00
74	晋州市(冀)	盆花(万盆)	1.00
75	承德县(冀)	盆花(万盆)	1.00
76	武强县(冀)	盆花(万盆)	1.00
77	中阳县(晋)	盆花(万盆)	1.00
78	陵　县(鲁)	盆花(万盆)	1.00
79	方城县(豫)	盆花(万盆)	1.00
80	永年县(冀)	盆花(万盆)	0.90
81	献　县(冀)	盆花(万盆)	0.90
82	孟村回族自治县(冀)	盆花(万盆)	0.80
83	海兴县(冀)	盆花(万盆)	0.80
84	新城区(蒙)	盆花(万盆)	0.80
85	凭祥市(桂)	盆花(万盆)	0.80
86	庆元县(浙)	盆花(万盆)	0.70
87	饶阳县(冀)	盆花(万盆)	0.60
88	建始县(鄂)	盆花(万盆)	0.60
89	襄城县(豫)	盆景(万盆)	864.00
90	会理县(川)	盆景(万盆)	25.00
91	章丘市(鲁)	盆景(万盆)	20.00
92	新丰县(粤)	盆景(万盆)	1.70
93	郎溪县(皖)	盆景(万盆)	1.20
94	黄州区(鄂)	盆景(万盆)	1.00
95	故城县(冀)	盆景(万盆)	0.90
96	平利县(陕)	盆景(万盆)	0.60
97	新丰县(粤)	鲜切花(万支)	708.00
98	龙南县(赣)	鲜切花(万支)	20.00
99	许昌县(豫)	鲜切花(万支)	6.00
100	会宁县(甘)	鲜切花(万支)	2.00
101	红花岗区(黔)	鲜切花(万支)	1.66
102	藁城区(冀)	鲜切叶(万支)	7.00

表 13-3　君子兰主产地产量

序号	君子兰主产地	花卉类别(单位)	生产量
1	醴陵市(湘)	城市绿化苗(万株)	10.00
2	贵池区(皖)	城市绿化苗(万株)	2.00
3	分宜县(赣)	城市绿化苗(万株)	1.00
4	建始县(鄂)	观赏苗木(万株)	50.00

(续)

序号	君子兰主产地	花卉类别(单位)	生产量
5	二道江区(吉)	观赏苗木(万株)	10.00
6	苏家屯区(辽)	观赏苗木(万株)	5.00
7	西峰区(甘)	观赏苗木(万株)	1.00
8	绿园区(吉)	观叶植物(万盆)	150.00
9	太子河区(辽)	盆花(万盆)	545.00
10	普兰店市(辽)	盆花(万盆)	50.00
11	颍泉区(皖)	盆花(万盆)	48.60
12	兴庆区(宁)	盆花(万盆)	38.10
13	武城县(鲁)	盆花(万盆)	20.50
14	遵化市(冀)	盆花(万盆)	20.00
15	宽城满族自治县(冀)	盆花(万盆)	16.00
16	邹城市(鲁)	盆花(万盆)	10.00
17	丰润区(冀)	盆花(万盆)	8.48
18	藁城区(冀)	盆花(万盆)	8.00
19	石家庄市桥西区(冀)	盆花(万盆)	6.00
20	涿州市(冀)	盆花(万盆)	5.00
21	岳阳楼区(湘)	盆花(万盆)	4.00
22	无极县(冀)	盆花(万盆)	3.00
23	丰宁满族自治县(冀)	盆花(万盆)	3.00
24	灵宝市(豫)	盆花(万盆)	3.00
25	迁安市(冀)	盆花(万盆)	2.00
26	大城县(冀)	盆花(万盆)	2.00
27	定兴县(冀)	盆花(万盆)	2.00
28	中阳县(晋)	盆花(万盆)	2.00
29	巴州区(川)	盆花(万盆)	1.40
30	任丘市(冀)	盆花(万盆)	1.20
31	郎溪县(皖)	盆花(万盆)	1.20
32	凤阳县(皖)	盆花(万盆)	1.00
33	东平县(鲁)	盆花(万盆)	1.00
34	黔江区(渝)	盆花(万盆)	0.60
35	忻府区(晋)	盆花(万盆)	0.52
36	赞皇县(冀)	盆景(万盆)	7.30
37	龙南县(赣)	鲜切花(万支)	11.00
38	藁城区(冀)	鲜切花(万支)	10.00
39	宜州市(桂)	鲜切花(万支)	0.70

表 13-4 玉兰类主产地产量

序号	玉兰类主产地	花卉类别(单位)	生产量
1	灵山县(桂)	城市绿化苗(万株)	5600.00
2	潢川县(豫)	城市绿化苗(万株)	1450.00
3	扶沟县(豫)	城市绿化苗(万株)	265.00
4	新　县(豫)	城市绿化苗(万株)	120.00
5	上蔡县(豫)	城市绿化苗(万株)	88.30
6	邵东县(湘)	城市绿化苗(万株)	70.00
7	濮阳县(豫)	城市绿化苗(万株)	60.00

(续)

序号	玉兰类主产地	花卉类别(单位)	生产量
8	东平县(鲁)	城市绿化苗(万株)	50.00
9	偃师市(豫)	城市绿化苗(万株)	50.00
10	新郑市(豫)	城市绿化苗(万株)	36.00
11	荥阳市(豫)	城市绿化苗(万株)	27.00
12	章丘市(鲁)	城市绿化苗(万株)	27.00
13	龙里县(黔)	城市绿化苗(万株)	25.00
14	淮上区(皖)	城市绿化苗(万株)	20.00
15	桐城市(皖)	城市绿化苗(万株)	20.00
16	北川羌族自治县(川)	城市绿化苗(万株)	15.00
17	宜都市(鄂)	城市绿化苗(万株)	10.00
18	中方县(湘)	城市绿化苗(万株)	10.00
19	乐昌市(粤)	城市绿化苗(万株)	9.00
20	华容县(湘)	城市绿化苗(万株)	8.40
21	掇刀区(鄂)	城市绿化苗(万株)	8.00
22	蚌山区(皖)	城市绿化苗(万株)	5.50
23	新化县(湘)	城市绿化苗(万株)	5.00
24	莱芜市高新区(鲁)	城市绿化苗(万株)	4.00
25	大竹县(川)	城市绿化苗(万株)	3.00
26	分宜县(赣)	城市绿化苗(万株)	1.00
27	万山区(黔)	城市绿化苗(万株)	0.78
28	兖州市(鲁)	观赏苗木(万株)	170.00
29	钟祥市(鄂)	观赏苗木(万株)	100.00
30	五峰土家族自治县(鄂)	观赏苗木(万株)	85.00
31	内乡县(豫)	观赏苗木(万株)	80.00
32	沙河市(冀)	观赏苗木(万株)	48.00
33	长葛市(豫)	观赏苗木(万株)	29.25
34	桐柏县(豫)	观赏苗木(万株)	22.30
35	霸州市(冀)	观赏苗木(万株)	20.00
36	大祥区(湘)	观赏苗木(万株)	20.00
37	藁城区(冀)	观赏苗木(万株)	20.00
38	芜湖县(皖)	观赏苗木(万株)	20.00
39	新泰市(鲁)	观赏苗木(万株)	17.00
40	沂水县(鲁)	观赏苗木(万株)	16.00
41	汝南县(豫)	观赏苗木(万株)	15.00
42	镇平县(豫)	观赏苗木(万株)	12.00
43	环翠区(鲁)	观赏苗木(万株)	8.00
44	蔡甸区(鄂)	观赏苗木(万株)	6.00
45	蒙阴县(鲁)	观赏苗木(万株)	5.00
46	阳新县(鄂)	观赏苗木(万株)	5.00
47	玉山县(赣)	观赏苗木(万株)	5.00
48	许昌市经济技术开发区(豫)	观赏苗木(万株)	3.60
49	北戴河区(冀)	观赏苗木(万株)	3.00
50	灵璧县(皖)	观赏苗木(万株)	3.00
51	洋　县(陕)	观赏苗木(万株)	2.60
52	台山市(粤)	观赏苗木(万株)	2.30

（续）

序号	玉兰类主产地	花卉类别(单位)	生产量
53	大厂回族自治县(冀)	观赏苗木(万株)	2.00
54	淮阳县(豫)	观赏苗木(万株)	2.00
55	井陉矿区(冀)	观赏苗木(万株)	2.00
56	鹿泉区(冀)	观赏苗木(万株)	2.00
57	涿州市(冀)	观赏苗木(万株)	2.00
58	宝丰县(豫)	观赏苗木(万株)	1.60
59	巴州区(川)	观赏苗木(万株)	1.40
60	黄州区(鄂)	观赏苗木(万株)	1.00
61	南郑县(陕)	花卉用种苗(千苗)	800.00
62	方城县(豫)	盆花(万盆)	8.20
63	巴州区(川)	盆花(万盆)	5.60
64	新丰县(粤)	盆景(万盆)	0.70
65	巴州区(川)	鲜切花(万支)	10.50

表 13-5 牡丹主产地产量

序号	牡丹主产地	花卉类别(单位)	生产量
1	贵池区(皖)	城市绿化苗(万株)	750.00
2	蒲城县(陕)	城市绿化苗(万株)	100.00
3	东兴区(川)	城市绿化苗(万株)	15.00
4	恩施市(鄂)	城市绿化苗(万株)	5.00
5	偃师市(豫)	城市绿化苗(万株)	2.00
6	灵宝市(豫)	工业及其他用途花卉(吨)	30.00
7	三台县(川)	工业及其他用途花卉(千克)	24.10
8	保康县(鄂)	观赏苗木(万株)	480.00
9	宜阳县(豫)	观赏苗木(万株)	300.00
10	建始县(鄂)	观赏苗木(万株)	300.00
11	怀安县(冀)	观赏苗木(万株)	36.00
12	范　县(豫)	观赏苗木(万株)	29.40
13	魏　县(冀)	观赏苗木(万株)	21.00
14	大城县(冀)	观赏苗木(万株)	20.00
15	镇坪县(陕)	观赏苗木(万株)	10.00
16	永年县(冀)	观赏苗木(万株)	7.10
17	织金县(黔)	观赏苗木(万株)	5.00
18	巫山县(渝)	观赏苗木(万株)	3.00
19	洛阳市龙门文化旅游园区(豫)	观赏苗木(万株)	2.00
20	陇西县(甘)	观赏苗木(万株)	2.00
21	赫章县(黔)	观赏苗木(万株)	1.00
22	南关区(吉)	观叶植物(万盆)	320.00
23	延庆县(京)	花卉用种苗(千苗)	2400.00
24	柏乡县(冀)	盆花(万盆)	7.00
25	安国市(冀)	盆花(万盆)	5.00
26	谯城区(皖)	盆花(万盆)	5.00
27	鼎城区(湘)	盆花(万盆)	5.00
28	汶上县(鲁)	盆花(万盆)	2.30
29	凤泉区(豫)	盆景(万盆)	55.62

（续）

序号	牡丹主产地	花卉类别(单位)	生产量
30	郎溪县(皖)	盆景(万盆)	0.80
31	康乐县(甘)	食用及药用花卉(千克)	37000.00
32	邓州市(豫)	食用及药用花卉(千克)	35.00
33	铜梁县(渝)	食用及药用花卉(千克)	10.00
34	新安县(豫)	鲜切花(万支)	450.00
35	临洮县(甘)	鲜切花(万支)	110.00
36	临夏市(甘)	鲜切花(万支)	74.00
37	隆尧县(冀)	鲜切花(万支)	15.00
38	平山县(冀)	鲜切花(万支)	10.00
39	西峰区(甘)	鲜切花(万支)	4.60
40	永靖县(甘)	鲜切花(万支)	1.30

表 13-6 榆叶梅主产地产量

序号	榆叶梅主产地	花卉类别(单位)	生产量
1	九台市(吉)	城市绿化苗(万株)	140.00
2	潢川县(豫)	城市绿化苗(万株)	105.00
3	康保县(冀)	城市绿化苗(万株)	57.00
4	北林区(黑)	城市绿化苗(万株)	50.00
5	海拉尔区(蒙)	城市绿化苗(万株)	50.00
6	大同区(黑)	城市绿化苗(万株)	48.00
7	彭阳县(宁)	城市绿化苗(万株)	30.00
8	肃州区(甘)	城市绿化苗(万株)	29.00
9	大武口区(宁)	城市绿化苗(万株)	15.00
10	永靖县(甘)	城市绿化苗(万株)	6.10
11	定襄县(晋)	城市绿化苗(万株)	5.00
12	金凤区(宁)	城市绿化苗(万株)	5.00
13	讷河市(黑)	城市绿化苗(万株)	5.00
14	尼勒克县(新)	城市绿化苗(万株)	5.00
15	青铜峡市(宁)	城市绿化苗(万株)	5.00
16	依安县(黑)	城市绿化苗(万株)	5.00
17	元宝山区(蒙)	城市绿化苗(万株)	5.00
18	鹤山区(豫)	城市绿化苗(万株)	3.75
19	定西市巉口林业试验场(甘)	城市绿化苗(万株)	3.00
20	西夏区(宁)	城市绿化苗(万株)	3.00
21	崆峒区(甘)	城市绿化苗(万株)	2.90
22	永昌县(甘)	城市绿化苗(万株)	1.60
23	白城市市辖区(吉)	城市绿化苗(万株)	1.00
24	应　县(晋)	城市绿化苗(万株)	1.00
25	五大连池市(黑)	城市绿化苗(万株)	0.70
26	呼兰区(黑)	观赏苗木(万株)	1000.00
27	永清县(冀)	观赏苗木(万株)	230.00
28	平泉县(冀)	观赏苗木(万株)	220.00
29	丰宁满族自治县(冀)	观赏苗木(万株)	55.00
30	藁城区(冀)	观赏苗木(万株)	50.00
31	丰润区(冀)	观赏苗木(万株)	40.00

（续）

序号	榆叶梅主产地	花卉类别(单位)	生产量
32	平罗县(宁)	观赏苗木(万株)	33.00
33	玉田县(冀)	观赏苗木(万株)	30.00
34	博野县(冀)	观赏苗木(万株)	24.00
35	北戴河区(冀)	观赏苗木(万株)	23.00
36	临夏市(甘)	观赏苗木(万株)	20.00
37	闻喜县(晋)	观赏苗木(万株)	15.60
38	新泰市(鲁)	观赏苗木(万株)	12.00
39	安平县(冀)	观赏苗木(万株)	11.90
40	大城县(冀)	观赏苗木(万株)	10.00
41	双滦区(冀)	观赏苗木(万株)	8.00
42	涿州市(冀)	观赏苗木(万株)	7.00
43	让胡路区(黑)	观赏苗木(万株)	5.00
44	滦平县(冀)	观赏苗木(万株)	4.00
45	迁安市(冀)	观赏苗木(万株)	4.00
46	任　县(冀)	观赏苗木(万株)	4.00
47	忻府区(晋)	观赏苗木(万株)	3.91
48	乐亭县(冀)	观赏苗木(万株)	3.60
49	赤城县(冀)	观赏苗木(万株)	3.00
50	大厂回族自治县(冀)	观赏苗木(万株)	3.00
51	晋州市(冀)	观赏苗木(万株)	2.80
52	怀来县(冀)	观赏苗木(万株)	2.00
53	海港区(冀)	观赏苗木(万株)	1.50
54	满城县(冀)	观赏苗木(万株)	1.00
55	新民市(辽)	盆花(万盆)	1.00

表 13-7　波斯菊主产地产量

序号	波斯菊主产地	花卉类别(单位)	生产量
1	包河区(皖)	城市绿化苗(万株)	150.00
2	肥西县(皖)	城市绿化苗(万株)	150.00
3	大足县(渝)	城市绿化苗(万株)	100.00
4	彭州市(川)	城市绿化苗(万株)	20.00
5	青铜峡市(宁)	城市绿化苗(万株)	10.00
6	尼勒克县(新)	城市绿化苗(万株)	5.00
7	攀枝花市东区(川)	城市绿化苗(万株)	3.30
8	南　县(湘)	城市绿化苗(万株)	1.00
9	盐亭县(川)	观赏苗木(万株)	4.80
10	仙桃市(鄂)	观叶植物(万盆)	12.00
11	西夏区(宁)	花卉用种子(千克)	200.00
12	大洼县(辽)	盆花(万盆)	260.00
13	玉田县(冀)	盆花(万盆)	80.00
14	富顺县(川)	盆花(万盆)	60.00
15	运河区(冀)	盆花(万盆)	20.00
16	南岗区(黑)	盆花(万盆)	10.00
17	广阳区(冀)	盆花(万盆)	7.00

（续）

序号	万寿菊主产地	花卉类别(单位)	生产量
18	星子县(赣)	盆花(万盆)	6.00
19	巴州区(川)	盆花(万盆)	5.60
20	阳泉市郊区(晋)	盆花(万盆)	5.00
21	唐山市汉沽管理区(冀)	盆花(万盆)	3.00
22	南岸区(渝)	盆花(万盆)	2.19
23	本溪满族自治县(辽)	盆花(万盆)	2.00
24	枣强县(冀)	盆花(万盆)	1.50
25	衡山县(湘)	盆花(万盆)	1.17
26	大埔县(粤)	盆花(万盆)	1.10
27	三门县(浙)	盆花(万盆)	0.60
28	南芬区(辽)	鲜切花(万支)	200.00
29	椒江区(浙)	鲜切花(万支)	109.70
30	迁西县(冀)	鲜切花(万支)	100.00
31	江川县(滇)	鲜切花(万支)	20.00
32	容城县(冀)	鲜切花(万支)	2.00
33	望都县(冀)	鲜切花(万支)	2.00
34	红花岗区(黔)	鲜切花(万支)	1.80
35	高碑店市(冀)	鲜切花(万支)	1.00
36	阳泉市郊区(晋)	鲜切花(万支)	1.00
37	白银区(甘)	鲜切花(万支)	0.90

表 13-8　万寿菊主产地产量

序号	万寿菊主产地	花卉类别(单位)	生产量
1	肥西县(皖)	城市绿化苗(万株)	150.00
2	大安区(川)	城市绿化苗(万株)	120.00
3	尼勒克县(新)	城市绿化苗(万株)	50.00
4	海拉尔区(蒙)	城市绿化苗(万株)	40.00
5	商州区(陕)	城市绿化苗(万株)	30.00
6	木兰县(黑)	城市绿化苗(万株)	10.00
7	嘉峪关市(甘)	城市绿化苗(万株)	6.10
8	洮南市(吉)	城市绿化苗(万株)	3.20
9	田阳县(桂)	城市绿化苗(万株)	2.60
10	贵池区(皖)	城市绿化苗(万株)	2.00
11	莎车县(新)	工业及其他用途花卉(吨)	165588.80
12	延庆县(京)	工业及其他用途花卉(吨)	15000.00
13	岳普湖县(新)	工业及其他用途花卉(吨)	11865.00
14	民乐县(甘)	工业及其他用途花卉(吨)	4000.00
15	石林彝族自治县(滇)	工业及其他用途花卉(千克)	3126.24
16	二道江区(吉)	观赏苗木(万株)	300.00
17	新民市(辽)	观赏苗木(万株)	50.00
18	恩施市(鄂)	观赏苗木(万株)	25.00
19	新泰市(鲁)	观赏苗木(万株)	15.00
20	定襄县(晋)	观赏苗木(万株)	12.00
21	瓜州县(甘)	观赏苗木(万株)	7.00
22	南和县(冀)	观赏苗木(万株)	7.00

（续）

序号	万寿菊主产地	花卉类别(单位)	生产量
23	宁城县(蒙)	观赏苗木(万株)	2.00
24	正阳县(豫)	观赏苗木(万株)	2.00
25	公安县(鄂)	观赏苗木(万株)	1.10
26	东胜区(蒙)	盆花(万盆)	400.00
27	隆德县(宁)	盆花(万盆)	320.00
28	新安县(豫)	盆花(万盆)	280.00
29	长安区(冀)	盆花(万盆)	280.00
30	莒南县(鲁)	盆花(万盆)	170.00
31	三河市(冀)	盆花(万盆)	150.00
32	鄢陵县(豫)	盆花(万盆)	140.00
33	金凤区(宁)	盆花(万盆)	137.00
34	商水县(豫)	盆花(万盆)	100.00
35	甘井子区(辽)	盆花(万盆)	90.00
36	肃州区(甘)	盆花(万盆)	71.00
37	西夏区(宁)	盆花(万盆)	40.00
38	户　县(陕)	盆花(万盆)	35.00
39	延庆县(京)	盆花(万盆)	35.00
40	永清县(冀)	盆花(万盆)	30.00
41	静海县(津)	盆花(万盆)	23.30
42	固安县(冀)	盆花(万盆)	22.00
43	涿州市(冀)	盆花(万盆)	20.00
44	惠济区(豫)	盆花(万盆)	15.00
45	隆尧县(冀)	盆花(万盆)	15.00
46	龙里县(黔)	盆花(万盆)	12.00
47	北戴河区(冀)	盆花(万盆)	10.00
48	广阳区(冀)	盆花(万盆)	10.00
49	井陉县(冀)	盆花(万盆)	10.00
50	平罗县(宁)	盆花(万盆)	10.00
51	未央区(陕)	盆花(万盆)	9.00
52	察哈尔右翼前旗(蒙)	盆花(万盆)	8.00
53	石家庄市桥西区(冀)	盆花(万盆)	8.00
54	魏　县(冀)	盆花(万盆)	8.00
55	高碑店市(冀)	盆花(万盆)	3.50
56	汶上县(鲁)	盆花(万盆)	3.50
57	东洲区(辽)	盆花(万盆)	3.20
58	唐　县(冀)	盆花(万盆)	3.10
59	鹿泉区(冀)	盆花(万盆)	3.00
60	满城县(冀)	盆花(万盆)	3.00
61	崆峒区(甘)	盆花(万盆)	2.70
62	肃宁县(冀)	盆花(万盆)	2.00
63	邢台县(冀)	盆花(万盆)	2.00
64	石柱土家族自治县(渝)	盆花(万盆)	1.90
65	邱　县(冀)	盆花(万盆)	1.50
66	山海关区(冀)	盆花(万盆)	1.00
67	饶阳县(冀)	盆花(万盆)	0.60
68	西峰区(甘)	盆花(万盆)	0.60
69	伽师县(新)	盆景(万盆)	9.30
70	九龙坡区(渝)	鲜切花(万支)	216.00
71	长葛市(豫)	鲜切花(万支)	80.00
72	宣汉县(川)	鲜切花(万支)	61.50
73	新干县(赣)	鲜切花(万支)	11.65
74	东河区(蒙)	鲜切花(万支)	7.00
75	隆化县(冀)	鲜切花(万支)	5.00
76	灵宝市(豫)	鲜切花(万支)	1.00
77	芜湖县(皖)	鲜切花(万支)	1.00

表 13-9　雏菊主产地产量

序号	雏菊主产地	花卉类别(单位)	生产量
1	许昌县(豫)	城市绿化苗(万株)	307.50
2	大安区(川)	城市绿化苗(万株)	73.00
3	恩施市(鄂)	城市绿化苗(万株)	10.00
4	洞口县(湘)	城市绿化苗(万株)	2.00
5	沿滩区(川)	城市绿化苗(万株)	1.20
6	禹州市(豫)	观赏苗木(万株)	400.00
7	南丹县(桂)	观赏苗木(万株)	60.00
8	公安县(鄂)	观赏苗木(万株)	2.00
9	新安县(豫)	盆花(万盆)	350.00
10	武陟县(豫)	盆花(万盆)	300.00
11	禹王台区(豫)	盆花(万盆)	80.00
12	临川区(赣)	盆花(万盆)	70.00
13	宁江区(吉)	盆花(万盆)	65.00
14	濮阳县(豫)	盆花(万盆)	40.00
15	雨山区(皖)	盆花(万盆)	40.00
16	石家庄市桥西区(冀)	盆花(万盆)	16.00
17	隆尧县(冀)	盆花(万盆)	12.00
18	北戴河区(冀)	盆花(万盆)	11.00
19	泊头市(冀)	盆花(万盆)	10.91
20	彭州市(川)	盆花(万盆)	10.00
21	阳泉市郊区(晋)	盆花(万盆)	10.00
22	西华县(豫)	盆花(万盆)	9.10
23	鼓楼区(豫)	盆花(万盆)	6.00
24	大名县(冀)	盆花(万盆)	5.00
25	威　县(冀)	盆花(万盆)	5.00
26	汶上县(鲁)	盆花(万盆)	4.80
27	旌阳区(川)	盆花(万盆)	4.00
28	内乡县(豫)	盆花(万盆)	3.00
29	肥城市(鲁)	盆花(万盆)	2.80
30	湘乡市(湘)	盆花(万盆)	2.18
31	白银区(甘)	盆花(万盆)	1.00
32	榕城区(粤)	盆花(万盆)	1.00

(续)

序号	雏菊主产地	花卉类别(单位)	生产量
33	湖滨区(豫)	盆景(万盆)	200.00
34	新丰县(粤)	盆景(万盆)	0.90
35	新丰县(粤)	鲜切花(万支)	283.00
36	榆树市(吉)	鲜切花(万支)	180.00
37	凤城市(辽)	鲜切花(万支)	22.00
38	双流县(川)	鲜切花(万支)	13.40
39	东洲区(辽)	鲜切花(万支)	7.00
40	凌云县(桂)	鲜切花(万支)	6.50
41	洋　县(陕)	鲜切花(万支)	3.50
42	藁城区(冀)	鲜切叶(万支)	10.00

表 13-10　非洲菊主产地产量

序号	非洲菊主产地	花卉类别(单位)	生产量
1	龙安区(豫)	城市绿化苗(万株)	10.00
2	蕉岭县(粤)	城市绿化苗(万株)	5.00
3	南　县(湘)	城市绿化苗(万株)	2.00
4	仁寿县(川)	观赏苗木(万株)	6.00
5	灯塔市(辽)	盆花(万盆)	24.00
6	兰陵县(鲁)	盆花(万盆)	13.00
7	霸州市(冀)	盆花(万盆)	10.00
8	井研县(川)	盆花(万盆)	1.20
9	祁东县(湘)	盆景(万盆)	8.00
10	嵊州市(浙)	鲜切花(万支)	1800000.00
11	兰山区(鲁)	鲜切花(万支)	45000.00
12	濮阳市高新区(豫)	鲜切花(万支)	24597.00
13	奉贤区(沪)	鲜切花(万支)	23980.00
14	河东区(鲁)	鲜切花(万支)	16000.00
15	简阳市(川)	鲜切花(万支)	15020.00
16	莒　县(鲁)	鲜切花(万支)	12100.00
17	喀喇沁左翼蒙古族自治县(辽)	鲜切花(万支)	11080.00
18	晋宁县(滇)	鲜切花(万支)	6352.00
19	古冶区(冀)	鲜切花(万支)	4533.00
20	临沭县(鲁)	鲜切花(万支)	4100.00
21	台安县(辽)	鲜切花(万支)	4000.00
22	石林彝族自治县(滇)	鲜切花(万支)	3556.90
23	长兴县(浙)	鲜切花(万支)	1500.00
24	灯塔市(辽)	鲜切花(万支)	1100.00
25	费　县(鲁)	鲜切花(万支)	600.00
26	凌源市(辽)	鲜切花(万支)	520.00
27	青浦区(沪)	鲜切花(万支)	399.60
28	红山区(蒙)	鲜切花(万支)	330.00
29	灵宝市(豫)	鲜切花(万支)	330.00
30	迁西县(冀)	鲜切花(万支)	200.00
31	沂水县(鲁)	鲜切花(万支)	150.00
32	漳河新区(鄂)	鲜切花(万支)	150.00

(续)

序号	非洲菊主产地	花卉类别(单位)	生产量
33	临沂市高新技术产业开发区(鲁)	鲜切花(万支)	120.00
34	椒江区(浙)	鲜切花(万支)	100.00
35	郯城县(鲁)	鲜切花(万支)	80.00
36	迁安市(冀)	鲜切花(万支)	60.00
37	德城区(鲁)	鲜切花(万支)	56.00
38	蒙阴县(鲁)	鲜切花(万支)	52.00
39	平坝县(黔)	鲜切花(万支)	50.00
40	管城回族区(豫)	鲜切花(万支)	43.00
41	平泉县(冀)	鲜切花(万支)	40.00
42	庆元县(浙)	鲜切花(万支)	40.00
43	秀洲区(浙)	鲜切花(万支)	38.20
44	崇明县(沪)	鲜切花(万支)	31.15
45	慈溪市(浙)	鲜切花(万支)	30.00
46	开平区(冀)	鲜切花(万支)	30.00
47	庄河市(辽)	鲜切花(万支)	29.00
48	广昌县(赣)	鲜切花(万支)	21.00
49	浦东新区(沪)	鲜切花(万支)	20.00
50	肃州区(甘)	鲜切花(万支)	18.00
51	路北区(冀)	鲜切花(万支)	16.50
52	松江区(沪)	鲜切花(万支)	10.00
53	嘉定区(沪)	鲜切花(万支)	4.00

表 13-11　菊花主产地产量

序号	菊花主产地	花卉类别(单位)	生产量
1	滑　县(豫)	城市绿化苗(万株)	72.00
2	大安区(川)	城市绿化苗(万株)	70.00
3	鹤山区(豫)	城市绿化苗(万株)	30.00
4	界首市(皖)	城市绿化苗(万株)	30.00
5	游仙区(川)	城市绿化苗(万株)	30.00
6	仙桃市(鄂)	城市绿化苗(万株)	26.00
7	肥西县(皖)	城市绿化苗(万株)	20.00
8	茅箭区(鄂)	城市绿化苗(万株)	20.00
9	元宝山区(蒙)	城市绿化苗(万株)	20.00
10	贵池区(皖)	城市绿化苗(万株)	11.00
11	醴陵市(湘)	城市绿化苗(万株)	5.00
12	攀枝花市东区(川)	城市绿化苗(万株)	2.20
13	兰考县(豫)	工业及其他用途花卉(吨)	6.00
14	建始县(鄂)	观赏苗木(万株)	1000.00
15	梁园区(豫)	观赏苗木(万株)	540.00
16	禹州市(豫)	观赏苗木(万株)	210.00
17	开封县(豫)	观赏苗木(万株)	38.00
18	武宣县(桂)	观赏苗木(万株)	35.00
19	新泰市(鲁)	观赏苗木(万株)	30.00
20	大城县(冀)	观赏苗木(万株)	20.00
21	商州区(陕)	观赏苗木(万株)	20.00

（续）

序号	菊花主产地	花卉类别(单位)	生产量
22	武安市(冀)	观赏苗木(万株)	20.00
23	织金县(黔)	观赏苗木(万株)	20.00
24	东平县(鲁)	观赏苗木(万株)	10.00
25	百里杜鹃管委会林业局(黔)	观赏苗木(万株)	1.00
26	山丹县(甘)	观赏苗木(万株)	1.00
27	中方县(湘)	观叶植物(万盆)	20.00
28	安化县(湘)	观叶植物(万盆)	15.00
29	关岭布依族苗族自治县(黔)	观叶植物(万盆)	5.00
30	延庆县(京)	花卉用种苗(千苗)	93000.00
31	肥乡县(冀)	盆花(万盆)	600.00
32	襄城县(豫)	盆花(万盆)	479.00
33	延庆县(京)	盆花(万盆)	240.00
34	商水县(豫)	盆花(万盆)	200.00
35	钟祥市(鄂)	盆花(万盆)	200.00
36	鼎城区(湘)	盆花(万盆)	180.00
37	蔡甸区(鄂)	盆花(万盆)	100.00
38	赫山区(湘)	盆花(万盆)	100.00
39	左云县(晋)	盆花(万盆)	100.00
40	大冶市(鄂)	盆花(万盆)	80.00
41	路南区(冀)	盆花(万盆)	80.00
42	贡井区(川)	盆花(万盆)	50.00
43	浦东新区(沪)	盆花(万盆)	50.00
44	恩阳区(川)	盆花(万盆)	35.00
45	藁城区(冀)	盆花(万盆)	30.00
46	潍城区(鲁)	盆花(万盆)	28.00
47	邹城市(鲁)	盆花(万盆)	25.00
48	沂水县(鲁)	盆花(万盆)	23.00
49	石家庄市桥西区(冀)	盆花(万盆)	22.00
50	辛集市填报用户(冀)	盆花(万盆)	22.00
51	赵　县(冀)	盆花(万盆)	21.50
52	淮滨县(豫)	盆花(万盆)	20.00
53	金明区(豫)	盆花(万盆)	20.00
54	彭山县(川)	盆花(万盆)	20.00
55	游仙区(川)	盆花(万盆)	20.00
56	固安县(冀)	盆花(万盆)	17.00
57	北戴河区(冀)	盆花(万盆)	16.00
58	来安县(皖)	盆花(万盆)	15.00
59	隆尧县(冀)	盆花(万盆)	15.00
60	内乡县(豫)	盆花(万盆)	15.00
61	谯城区(皖)	盆花(万盆)	15.00
62	武城县(鲁)	盆花(万盆)	15.00
63	成安县(冀)	盆花(万盆)	10.00
64	淮上区(皖)	盆花(万盆)	10.00
65	连州市(粤)	盆花(万盆)	10.00
66	灵璧县(皖)	盆花(万盆)	10.00

（续）

序号	菊花主产地	花卉类别(单位)	生产量
67	沂南县(鲁)	盆花(万盆)	10.00
68	枣强县(冀)	盆花(万盆)	9.60
69	赞皇县(冀)	盆花(万盆)	9.50
70	桐城市(皖)	盆花(万盆)	8.00
71	大名县(冀)	盆花(万盆)	7.00
72	蒙城县(皖)	盆花(万盆)	5.50
73	黔江区(渝)	盆花(万盆)	5.50
74	蚌山区(皖)	盆花(万盆)	5.00
75	谷城县(鄂)	盆花(万盆)	5.00
76	旌阳区(川)	盆花(万盆)	5.00
77	临淄区(鲁)	盆花(万盆)	5.00
78	隆化县(冀)	盆花(万盆)	5.00
79	迁西县(冀)	盆花(万盆)	5.00
80	青　县(冀)	盆花(万盆)	5.00
81	寿　县(皖)	盆花(万盆)	5.00
82	平山县(冀)	盆花(万盆)	4.80
83	颍泉区(皖)	盆花(万盆)	4.40
84	津市市(湘)	盆花(万盆)	4.20
85	磁　县(冀)	盆花(万盆)	4.00
86	鹿泉区(冀)	盆花(万盆)	4.00
87	清城区(粤)	盆花(万盆)	3.60
88	汶上县(鲁)	盆花(万盆)	3.10
89	阜城县(冀)	盆花(万盆)	3.00
90	平定县(晋)	盆花(万盆)	3.00
91	深州市(冀)	盆花(万盆)	3.00
92	嵩　县(豫)	盆花(万盆)	3.00
93	襄城区(鄂)	盆花(万盆)	2.70
94	黄骅市(冀)	盆花(万盆)	2.60
95	宝丰县(豫)	盆花(万盆)	2.50
96	肥城市(鲁)	盆花(万盆)	2.00
97	蠡　县(冀)	盆花(万盆)	2.00
98	陵　县(鲁)	盆花(万盆)	2.00
99	平泉县(冀)	盆花(万盆)	2.00
100	安平县(冀)	盆花(万盆)	1.96
101	宁晋县(冀)	盆花(万盆)	1.90
102	任丘市(冀)	盆花(万盆)	1.90
103	杞　县(豫)	盆花(万盆)	1.80
104	承德县(冀)	盆花(万盆)	1.50
105	西安区(吉)	盆花(万盆)	1.50
106	鸡泽县(冀)	盆花(万盆)	1.40
107	新建县(赣)	盆花(万盆)	1.25
108	台山市(粤)	盆花(万盆)	1.10
109	大城县(冀)	盆花(万盆)	1.00
110	敦煌市(甘)	盆花(万盆)	1.00
111	赫章县(黔)	盆花(万盆)	1.00

(续)

序号	菊花主产地	花卉类别(单位)	生产量
112	孟村回族自治县(冀)	盆花(万盆)	1.00
113	宁阳县(鲁)	盆花(万盆)	1.00
114	榕城区(粤)	盆花(万盆)	1.00
115	芜湖县(皖)	盆花(万盆)	1.00
116	武陵区(湘)	盆花(万盆)	1.00
117	芷江侗族自治县(湘)	盆花(万盆)	1.00
118	饶阳县(冀)	盆花(万盆)	0.91
119	鹤峰县(鄂)	盆花(万盆)	0.80
120	巴州区(川)	盆花(万盆)	0.70
121	故城县(冀)	盆花(万盆)	0.70
122	通城县(鄂)	盆花(万盆)	0.70
123	井陉矿区(冀)	盆花(万盆)	0.60
124	房　县(鄂)	盆景(万盆)	500.00
125	章丘市(鲁)	盆景(万盆)	10.00
126	霍山县(皖)	盆景(万盆)	6.00
127	雷州市(粤)	盆景(万盆)	4.00
128	郎溪县(皖)	盆景(万盆)	1.90
129	息烽县(黔)	盆景(万盆)	0.83
130	彭泽县(赣)	食用及药用花卉(吨)	200.00
131	安国市(冀)	食用及药用花卉(吨)	180.00
132	延庆县(京)	食用及药用花卉(吨)	105.00
133	内乡县(豫)	食用及药用花卉(吨)	1.50
134	奉贤区(沪)	鲜切花(万支)	2002.00
135	太子河区(辽)	鲜切花(万支)	1790.00
136	青浦区(沪)	鲜切花(万支)	1780.30
137	上街区(豫)	鲜切花(万支)	1300.00
138	东阳市(浙)	鲜切花(万支)	1260.00
139	卫滨区(豫)	鲜切花(万支)	1000.00
140	松江区(沪)	鲜切花(万支)	823.00
141	延庆县(京)	鲜切花(万支)	610.00
142	香河县(冀)	鲜切花(万支)	600.00
143	衢江区(浙)	鲜切花(万支)	350.00
144	沂源县(鲁)	鲜切花(万支)	240.00
145	榆树市(吉)	鲜切花(万支)	240.00
146	东洲区(辽)	鲜切花(万支)	170.00
147	阳新县(鄂)	鲜切花(万支)	150.00
148	瓦房店市(辽)	鲜切花(万支)	140.00
149	阳宗海(滇)	鲜切花(万支)	130.00
150	永清县(冀)	鲜切花(万支)	120.00
151	巫山县(渝)	鲜切花(万支)	100.00
152	淮滨县(豫)	鲜切花(万支)	90.00
153	宣汉县(川)	鲜切花(万支)	89.00
154	银海区(桂)	鲜切花(万支)	70.00
155	固安县(冀)	鲜切花(万支)	68.00
156	浦东新区(沪)	鲜切花(万支)	55.00

(续)

序号	菊花主产地	花卉类别(单位)	生产量
157	三河市(冀)	鲜切花(万支)	50.00
158	金明区(豫)	鲜切花(万支)	45.00
159	藁城区(冀)	鲜切花(万支)	40.20
160	大英县(川)	鲜切花(万支)	40.00
161	崇明县(沪)	鲜切花(万支)	31.23
162	枝江市(鄂)	鲜切花(万支)	30.00
163	椒江区(浙)	鲜切花(万支)	28.30
164	肃州区(甘)	鲜切花(万支)	23.00
165	牧野区(豫)	鲜切花(万支)	16.10
166	隆尧县(冀)	鲜切花(万支)	11.00
167	祁东县(湘)	鲜切花(万支)	11.00
168	定兴县(冀)	鲜切花(万支)	10.00
169	嘉定区(沪)	鲜切花(万支)	8.50
170	兴庆区(宁)	鲜切花(万支)	7.00
171	晋州市(冀)	鲜切花(万支)	5.80
172	临夏市(甘)	鲜切花(万支)	5.70
173	广阳区(冀)	鲜切花(万支)	5.32
174	白银区(甘)	鲜切花(万支)	5.00
175	开平区(冀)	鲜切花(万支)	5.00
176	碧江区(黔)	鲜切花(万支)	4.00
177	西华县(豫)	鲜切花(万支)	3.80
178	文山市(滇)	鲜切花(万支)	3.50
179	津市市(湘)	鲜切花(万支)	3.30
180	临洮县(甘)	鲜切花(万支)	3.00
181	满城县(冀)	鲜切花(万支)	3.00
182	曲阳县(冀)	鲜切花(万支)	3.00
183	沙市区(鄂)	鲜切花(万支)	3.00
184	许昌县(豫)	鲜切花(万支)	3.00
185	连州市(粤)	鲜切花(万支)	2.40
186	安新县(冀)	鲜切花(万支)	2.30
187	台山市(粤)	鲜切花(万支)	1.20
188	原阳县(豫)	穴盘苗(万株)	9.00

表 13-12　月季类主产地产量

序号	月季类主产地	花卉类别(单位)	生产量
1	潢川县(豫)	城市绿化苗(万株)	860.00
2	东平县(鲁)	城市绿化苗(万株)	500.00
3	邓州市(豫)	城市绿化苗(万株)	60.00
4	鄢陵县(豫)	城市绿化苗(万株)	55.00
5	蒲城县(陕)	城市绿化苗(万株)	30.00
6	商州区(陕)	城市绿化苗(万株)	30.00
7	游仙区(川)	城市绿化苗(万株)	30.00
8	威海市经济技术开发区(鲁)	城市绿化苗(万株)	17.00
9	鹤山区(豫)	城市绿化苗(万株)	15.00
10	利通区(宁)	城市绿化苗(万株)	15.00

（续）

序号	月季类主产地	花卉类别(单位)	生产量
11	城关区(藏)	城市绿化苗(万株)	5.00
12	文　县(甘)	城市绿化苗(万株)	4.10
13	嘉峪关市(甘)	城市绿化苗(万株)	3.00
14	南　县(湘)	城市绿化苗(万株)	3.00
15	贵池区(皖)	城市绿化苗(万株)	2.00
16	凭祥市(桂)	城市绿化苗(万株)	2.00
17	井陉县(冀)	城市绿化苗(万株)	1.00
18	卧龙区(豫)	观赏苗木(万株)	11150.00
19	固安县(冀)	观赏苗木(万株)	1185.00
20	射洪县(川)	观赏苗木(万株)	250.00
21	邹平县(鲁)	观赏苗木(万株)	247.00
22	巩义市(豫)	观赏苗木(万株)	150.00
23	镇坪县(陕)	观赏苗木(万株)	50.00
24	湛河区(豫)	观赏苗木(万株)	45.00
25	大城县(冀)	观赏苗木(万株)	30.00
26	光山县(豫)	观赏苗木(万株)	30.00
27	广平县(冀)	观赏苗木(万株)	30.00
28	南和县(冀)	观赏苗木(万株)	26.00
29	盐亭县(川)	观赏苗木(万株)	26.00
30	吴桥县(冀)	观赏苗木(万株)	22.00
31	静海县(津)	观赏苗木(万株)	18.00
32	藁城区(冀)	观赏苗木(万株)	15.30
33	迁安市(冀)	观赏苗木(万株)	15.00
34	辛集市(冀)	观赏苗木(万株)	15.00
35	新泰市(鲁)	观赏苗木(万株)	15.00
36	安阳县(豫)	观赏苗木(万株)	13.00
37	兖州市(鲁)	观赏苗木(万株)	12.00
38	监利县(鄂)	观赏苗木(万株)	10.00
39	青　县(冀)	观赏苗木(万株)	9.00
40	定西市巉口林业试验场(甘)	观赏苗木(万株)	6.00
41	寿　县(皖)	观赏苗木(万株)	6.00
42	闵行区(沪)	观赏苗木(万株)	5.00
43	夏邑县(豫)	观赏苗木(万株)	5.00
44	怀来县(冀)	观赏苗木(万株)	3.00
45	山海关区(冀)	观赏苗木(万株)	3.00
46	赞皇县(冀)	观赏苗木(万株)	2.80
47	海港区(冀)	观赏苗木(万株)	2.35
48	巴州区(川)	观赏苗木(万株)	2.10
49	扶风县(陕)	观赏苗木(万株)	2.00
50	淮阳县(豫)	观赏苗木(万株)	2.00
51	孟村回族自治县(冀)	观赏苗木(万株)	1.00
52	饶阳县(冀)	观赏苗木(万株)	0.56
53	太子河区(辽)	观叶植物(万盆)	866.00
54	华阴市(陕)	观叶植物(万盆)	450.00
55	中方县(湘)	观叶植物(万盆)	10.00
56	渠　县(川)	观叶植物(万盆)	5.00
57	新蔡县(豫)	花卉用种苗(千苗)	96.00
58	龙南县(赣)	花卉用种苗(千苗)	50.00
59	双峰县(湘)	花卉用种苗(千苗)	30.00
60	望都县(冀)	盆花(万盆)	1030.00
61	襄城县(豫)	盆花(万盆)	515.00
62	博爱县(豫)	盆花(万盆)	192.00
63	昌黎县(冀)	盆花(万盆)	172.00
64	瓦房店市(辽)	盆花(万盆)	160.00
65	秀洲区(浙)	盆花(万盆)	120.00
66	浦东新区(沪)	盆花(万盆)	100.00
67	阜新蒙古族自治县(辽)	盆花(万盆)	70.00
68	安国市(冀)	盆花(万盆)	66.00
69	睢　县(豫)	盆花(万盆)	60.00
70	辉南县(吉)	盆花(万盆)	56.00
71	延庆县(京)	盆花(万盆)	55.00
72	凤阳县(皖)	盆花(万盆)	50.00
73	馆陶县(冀)	盆花(万盆)	38.50
74	太和区(辽)	盆花(万盆)	30.00
75	固安县(冀)	盆花(万盆)	23.00
76	隆尧县(冀)	盆花(万盆)	23.00
77	肃州区(甘)	盆花(万盆)	21.00
78	邯郸县(冀)	盆花(万盆)	20.00
79	宽城满族自治县(冀)	盆花(万盆)	20.00
80	阳泉市郊区(晋)	盆花(万盆)	20.00
81	长治市郊区(晋)	盆花(万盆)	20.00
82	滦南县(冀)	盆花(万盆)	18.00
83	巴州区(川)	盆花(万盆)	17.50
84	安化县(湘)	盆花(万盆)	15.00
85	兰陵县(鲁)	盆花(万盆)	15.00
86	灵璧县(皖)	盆花(万盆)	15.00
87	魏　县(冀)	盆花(万盆)	11.00
88	赵　县(冀)	盆花(万盆)	11.00
89	藁城区(冀)	盆花(万盆)	10.00
90	曲阳县(冀)	盆花(万盆)	10.00
91	新宾满族自治县(辽)	盆花(万盆)	10.00
92	吴桥县(冀)	盆花(万盆)	9.00
93	鼎城区(湘)	盆花(万盆)	8.00
94	卫辉市(豫)	盆花(万盆)	6.50
95	盐山县(冀)	盆花(万盆)	5.20
96	磁　县(冀)	盆花(万盆)	5.00
97	阜城县(冀)	盆花(万盆)	5.00
98	龙里县(黔)	盆花(万盆)	4.00
99	沂源县(鲁)	盆花(万盆)	3.70
100	方城县(豫)	盆花(万盆)	3.52

(续)

序号	月季类主产地	花卉类别(单位)	生产量
101	容城县(冀)	盆花(万盆)	3.20
102	邢台县(冀)	盆花(万盆)	3.00
103	息　县(豫)	盆花(万盆)	2.90
104	沙河市(冀)	盆花(万盆)	2.80
105	陵　县(鲁)	盆花(万盆)	2.20
106	新建县(赣)	盆花(万盆)	2.02
107	安平县(冀)	盆花(万盆)	2.00
108	大厂回族自治县(冀)	盆花(万盆)	2.00
109	隆化县(冀)	盆花(万盆)	2.00
110	荣成市(鲁)	盆花(万盆)	2.00
111	高碑店市(冀)	盆花(万盆)	1.50
112	黔江区(渝)	盆花(万盆)	1.20
113	通城县(鄂)	盆花(万盆)	1.10
114	白银区(甘)	盆花(万盆)	1.00
115	大城县(冀)	盆花(万盆)	1.00
116	敦煌市(甘)	盆花(万盆)	1.00
117	开平区(冀)	盆花(万盆)	1.00
118	鹿泉区(冀)	盆花(万盆)	1.00
119	西安区(吉)	盆花(万盆)	1.00
120	峰峰矿区(冀)	盆花(万盆)	0.80
121	永年县(冀)	盆花(万盆)	0.76
122	宁晋县(冀)	盆花(万盆)	0.60
123	鸡泽县(冀)	盆花(万盆)	0.55
124	天桥区(鲁)	盆景(万盆)	33.00
125	邵阳县(湘)	鲜切花(万支)	60000.00
126	阳宗海(滇)	鲜切花(万支)	24900.00
127	宛城区(豫)	鲜切花(万支)	22800.00
128	房　县(鄂)	鲜切花(万支)	20000.00
129	苏仙区(湘)	鲜切花(万支)	6800.00
130	南召县(豫)	鲜切花(万支)	4800.00
131	丹江口市(鄂)	鲜切花(万支)	2600.00
132	鄢陵县(豫)	鲜切花(万支)	495.00
133	新野县(豫)	鲜切花(万支)	280.00
134	蓬安县(川)	鲜切花(万支)	200.00
135	阳新县(鄂)	鲜切花(万支)	160.00
136	固安县(冀)	鲜切花(万支)	102.00
137	濮阳县(豫)	鲜切花(万支)	100.00
138	三河市(冀)	鲜切花(万支)	90.00
139	广昌县(赣)	鲜切花(万支)	75.00
140	临夏市(甘)	鲜切花(万支)	55.00
141	香河县(冀)	鲜切花(万支)	52.00
142	白银区(甘)	鲜切花(万支)	50.00
143	太和区(辽)	鲜切花(万支)	50.00
144	定南县(赣)	鲜切花(万支)	41.68
145	宣汉县(川)	鲜切花(万支)	35.50

(续)

序号	月季类主产地	花卉类别(单位)	生产量
146	大英县(川)	鲜切花(万支)	30.00
147	彭山县(川)	鲜切花(万支)	30.00
148	肃州区(甘)	鲜切花(万支)	28.00
149	武安市(冀)	鲜切花(万支)	22.00
150	临漳县(冀)	鲜切花(万支)	21.00
151	玉田县(冀)	鲜切花(万支)	19.00
152	东洲区(辽)	鲜切花(万支)	15.00
153	九龙坡区(渝)	鲜切花(万支)	15.00
154	西华县(豫)	鲜切花(万支)	15.00
155	巴州区(川)	鲜切花(万支)	14.00
156	怀柔区(京)	鲜切花(万支)	12.00
157	满城县(冀)	鲜切花(万支)	10.00
158	彭州市(川)	鲜切花(万支)	10.00
159	平泉县(冀)	鲜切花(万支)	10.00
160	石柱土家族自治县(渝)	鲜切花(万支)	9.20
161	固始县(豫)	鲜切花(万支)	9.00
162	洋　县(陕)	鲜切花(万支)	8.00
163	衡山县(湘)	鲜切花(万支)	7.31
164	南皮县(冀)	鲜切花(万支)	7.12
165	双滦区(冀)	鲜切花(万支)	7.00
166	芜湖县(皖)	鲜切花(万支)	5.00
167	开平区(冀)	鲜切花(万支)	3.00
168	伽师县(新)	鲜切花(万支)	2.30
169	惠济区(豫)	鲜切花(万支)	2.30
170	北仑区(浙)	鲜切花(万支)	2.00
171	石台县(皖)	鲜切花(万支)	1.20
172	海兴县(冀)	鲜切花(万支)	1.00
173	章丘市(鲁)	鲜切叶(万支)	20.00
174	峰峰矿区(冀)	鲜切叶(万支)	1.00

表 13-13　西府海棠主产地产量

序号	西府海棠主产地	花卉类别(单位)	生产量
1	长清区(鲁)	城市绿化苗(万株)	2600.00
2	潢川县(豫)	城市绿化苗(万株)	51.00
3	坊子区(鲁)	城市绿化苗(万株)	10.00
4	定襄县(晋)	城市绿化苗(万株)	3.00
5	应　县(晋)	城市绿化苗(万株)	2.00
6	龙里县(黔)	城市绿化苗(万株)	1.00
7	平罗县(宁)	观赏苗木(万株)	2500.00
8	河东区(鲁)	观赏苗木(万株)	800.00
9	平泉县(冀)	观赏苗木(万株)	160.00
10	博野县(冀)	观赏苗木(万株)	95.00
11	淄川区(鲁)	观赏苗木(万株)	50.00
12	曲阳县(冀)	观赏苗木(万株)	40.00
13	丰宁满族自治县(冀)	观赏苗木(万株)	32.00

（续）

序号	西府海棠主产地	花卉类别(单位)	生产量
14	确山县(豫)	观赏苗木(万株)	30.00
15	辛集市填报用户(冀)	观赏苗木(万株)	30.00
16	沙河市(冀)	观赏苗木(万株)	25.00
17	涿州市(冀)	观赏苗木(万株)	14.00
18	满城县(冀)	观赏苗木(万株)	10.00
19	阳信县(鲁)	观赏苗木(万株)	8.10
20	武强县(冀)	观赏苗木(万株)	8.00
21	新泰市(鲁)	观赏苗木(万株)	8.00
22	安平县(冀)	观赏苗木(万株)	7.30
23	迁安市(冀)	观赏苗木(万株)	7.00
24	广平县(冀)	观赏苗木(万株)	6.00
25	长葛市(豫)	观赏苗木(万株)	5.20
26	滦平县(冀)	观赏苗木(万株)	5.00
27	永年县(冀)	观赏苗木(万株)	4.30
28	北戴河区(冀)	观赏苗木(万株)	2.40
29	高碑店市(冀)	观赏苗木(万株)	2.00
30	海港区(冀)	观赏苗木(万株)	1.85
31	广水市(鄂)	花卉用种苗(千苗)	2.00

表 13-14　桂花主产地产量

序号	桂花主产地	花卉类别(单位)	生产量
1	七星关区(黔)	城市绿化苗(万株)	633400.00
2	邵阳县(湘)	城市绿化苗(万株)	500000.00
3	南漳县(鄂)	城市绿化苗(万株)	350000.00
4	浈江区(粤)	城市绿化苗(万株)	200000.00
5	思南县(黔)	城市绿化苗(万株)	100000.00
6	攸　县(湘)	城市绿化苗(万株)	100000.00
7	炎陵县(湘)	城市绿化苗(万株)	15000.00
8	苏仙区(湘)	城市绿化苗(万株)	8500.00
9	北湖区(湘)	城市绿化苗(万株)	5510.00
10	临桂县(桂)	城市绿化苗(万株)	1500.00
11	钟祥市(鄂)	城市绿化苗(万株)	1200.00
12	房　县(鄂)	城市绿化苗(万株)	1000.00
13	岳阳县(湘)	城市绿化苗(万株)	1000.00
14	常山县(浙)	城市绿化苗(万株)	500.00
15	恩阳区(川)	城市绿化苗(万株)	300.00
16	达川区(川)	城市绿化苗(万株)	275.00
17	德安县(赣)	城市绿化苗(万株)	270.70
18	茶陵县(湘)	城市绿化苗(万株)	255.00
19	贵池区(皖)	城市绿化苗(万株)	214.00
20	大冶市(鄂)	城市绿化苗(万株)	200.00
21	洪江市(湘)	城市绿化苗(万株)	186.00
22	掇刀区(鄂)	城市绿化苗(万株)	150.00
23	肥西县(皖)	城市绿化苗(万株)	150.00
24	津市市(湘)	城市绿化苗(万株)	145.00

（续）

序号	桂花主产地	花卉类别(单位)	生产量
25	富顺县(川)	城市绿化苗(万株)	140.00
26	龙里县(黔)	城市绿化苗(万株)	140.00
27	通城县(鄂)	城市绿化苗(万株)	130.00
28	邵东县(湘)	城市绿化苗(万株)	126.00
29	恩施市(鄂)	城市绿化苗(万株)	100.00
30	全州县(桂)	城市绿化苗(万株)	100.00
31	华容县(湘)	城市绿化苗(万株)	80.00
32	汝城县(湘)	城市绿化苗(万株)	80.00
33	桐城市(皖)	城市绿化苗(万株)	80.00
34	铜梁县(渝)	城市绿化苗(万株)	80.00
35	株洲县(湘)	城市绿化苗(万株)	80.00
36	永城市(豫)	城市绿化苗(万株)	75.80
37	唐河县(豫)	城市绿化苗(万株)	70.00
38	北川羌族自治县(川)	城市绿化苗(万株)	68.00
39	广丰县(赣)	城市绿化苗(万株)	65.00
40	安化县(湘)	城市绿化苗(万株)	60.00
41	隆回县(湘)	城市绿化苗(万株)	60.00
42	平桥区(豫)	城市绿化苗(万株)	58.00
43	栾川县(豫)	城市绿化苗(万株)	54.75
44	济源市(豫)	城市绿化苗(万株)	53.00
45	分宜县(赣)	城市绿化苗(万株)	50.00
46	荔波县(黔)	城市绿化苗(万株)	50.00
47	南郑县(陕)	城市绿化苗(万株)	45.00
48	京山县(鄂)	城市绿化苗(万株)	34.10
49	开　县(渝)	城市绿化苗(万株)	31.00
50	安仁县(湘)	城市绿化苗(万株)	30.00
51	南康市(赣)	城市绿化苗(万株)	28.00
52	共青城市(赣)	城市绿化苗(万株)	23.59
53	汉寿县(湘)	城市绿化苗(万株)	23.00
54	上蔡县(豫)	城市绿化苗(万株)	22.50
55	邓州市(豫)	城市绿化苗(万株)	21.00
56	安居区(川)	城市绿化苗(万株)	20.00
57	新田县(湘)	城市绿化苗(万株)	20.00
58	长顺县(黔)	城市绿化苗(万株)	20.00
59	长阳土家族自治县(鄂)	城市绿化苗(万株)	20.00
60	中方县(湘)	城市绿化苗(万株)	20.00
61	资中县(川)	城市绿化苗(万株)	20.00
62	自流井区(川)	城市绿化苗(万株)	20.00
63	大竹县(川)	城市绿化苗(万株)	18.00
64	零陵区(湘)	城市绿化苗(万株)	18.00
65	彭山县(川)	城市绿化苗(万株)	18.00
66	保康县(鄂)	城市绿化苗(万株)	16.10
67	广昌县(赣)	城市绿化苗(万株)	15.00
68	利川市(鄂)	城市绿化苗(万株)	15.00
69	渠　县(川)	城市绿化苗(万株)	15.00

(续)

序号	桂花主产地	花卉类别(单位)	生产量
70	通江县(川)	城市绿化苗(万株)	15.00
71	新　县(豫)	城市绿化苗(万株)	15.00
72	黟　县(皖)	城市绿化苗(万株)	15.00
73	仙桃市(鄂)	城市绿化苗(万株)	12.80
74	禄丰县(滇)	城市绿化苗(万株)	12.03
75	南　县(湘)	城市绿化苗(万株)	12.00
76	泰顺县(浙)	城市绿化苗(万株)	12.00
77	郁南县(粤)	城市绿化苗(万株)	12.00
78	蜀山区(皖)	城市绿化苗(万株)	11.00
79	大英县(川)	城市绿化苗(万株)	10.00
80	独山县(黔)	城市绿化苗(万株)	10.00
81	关岭布依族苗族自治县(黔)	城市绿化苗(万株)	10.00
82	龙南县(赣)	城市绿化苗(万株)	10.00
83	晴隆县(黔)	城市绿化苗(万株)	10.00
84	桑植县(湘)	城市绿化苗(万株)	10.00
85	新化县(湘)	城市绿化苗(万株)	10.00
86	游仙区(川)	城市绿化苗(万株)	10.00
87	竹山县(鄂)	城市绿化苗(万株)	9.10
88	颍泉区(皖)	城市绿化苗(万株)	8.60
89	瑞金市(赣)	城市绿化苗(万株)	8.00
90	沿滩区(川)	城市绿化苗(万株)	7.00
91	辰溪县(湘)	城市绿化苗(万株)	6.00
92	禄劝彝族苗族自治县(滇)	城市绿化苗(万株)	6.00
93	凤阳县(皖)	城市绿化苗(万株)	5.00
94	怀宁县(皖)	城市绿化苗(万株)	5.00
95	那坡县(桂)	城市绿化苗(万株)	5.00
96	蓬安县(川)	城市绿化苗(万株)	5.00
97	黔江区(渝)	城市绿化苗(万株)	5.00
98	双清区(湘)	城市绿化苗(万株)	5.00
99	新晃侗族自治县(湘)	城市绿化苗(万株)	5.00
100	万山区(黔)	城市绿化苗(万株)	4.28
101	乐昌市(粤)	城市绿化苗(万株)	4.00
102	内江市市中区(川)	城市绿化苗(万株)	4.00
103	清新县(粤)	城市绿化苗(万株)	4.00
104	三山区(皖)	城市绿化苗(万株)	4.00
105	施甸县(滇)	城市绿化苗(万株)	4.00
106	威远县(川)	城市绿化苗(万株)	4.00
107	兴仁县(黔)	城市绿化苗(万株)	4.00
108	良凤江国家森林公园(桂)	城市绿化苗(万株)	3.20
109	涪城区(川)	城市绿化苗(万株)	3.00
110	金城江区(桂)	城市绿化苗(万株)	3.00
111	旌阳区(川)	城市绿化苗(万株)	3.00
112	邻水县(川)	城市绿化苗(万株)	3.00
113	普定县(黔)	城市绿化苗(万株)	3.00
114	永定区(湘)	城市绿化苗(万株)	3.00

(续)

序号	桂花主产地	花卉类别(单位)	生产量
115	韶山市(湘)	城市绿化苗(万株)	2.50
116	黄山区(皖)	城市绿化苗(万株)	2.00
117	中站区(豫)	城市绿化苗(万株)	2.00
118	赤水市(黔)	城市绿化苗(万株)	1.22
119	三台县(川)	城市绿化苗(万株)	1.10
120	蚌山区(皖)	城市绿化苗(万株)	1.00
121	赫章县(黔)	城市绿化苗(万株)	1.00
122	醴陵市(湘)	城市绿化苗(万株)	1.00
123	宁远县(湘)	城市绿化苗(万株)	1.00
124	盐亭县(川)	城市绿化苗(万株)	0.90
125	郎溪县(皖)	城市绿化苗(万株)	0.80
126	合山市(桂)	观赏苗木(万株)	160000.00
127	兰山区(鲁)	观赏苗木(万株)	156000.00
128	资源县(桂)	观赏苗木(万株)	41000.00
129	项城市(豫)	观赏苗木(万株)	15000.00
130	颍州区(皖)	观赏苗木(万株)	1500.00
131	袁州区(赣)	观赏苗木(万株)	1500.00
132	建始县(鄂)	观赏苗木(万株)	820.00
133	楚雄市(滇)	观赏苗木(万株)	531.00
134	平乐县(桂)	观赏苗木(万株)	521.00
135	社旗县(豫)	观赏苗木(万株)	520.00
136	新邵县(湘)	观赏苗木(万株)	500.00
137	襄城县(豫)	观赏苗木(万株)	413.00
138	来安县(皖)	观赏苗木(万株)	405.00
139	渝水区(赣)	观赏苗木(万株)	314.90
140	酉阳土家族苗族自治县(渝)	观赏苗木(万株)	310.00
141	名山县(川)	观赏苗木(万株)	300.00
142	内乡县(豫)	观赏苗木(万株)	260.00
143	桂东县(湘)	观赏苗木(万株)	200.00
144	射洪县(川)	观赏苗木(万株)	200.00
145	庆元县(浙)	观赏苗木(万株)	140.00
146	襄州区(鄂)	观赏苗木(万株)	130.00
147	玉山县(赣)	观赏苗木(万株)	130.00
148	临泉县(皖)	观赏苗木(万株)	120.00
149	潜江市(鄂)	观赏苗木(万株)	120.00
150	汝南县(豫)	观赏苗木(万株)	100.00
151	宜州市(桂)	观赏苗木(万株)	95.20
152	确山县(豫)	观赏苗木(万株)	80.00
153	新干县(赣)	观赏苗木(万株)	80.00
154	巴州区(川)	观赏苗木(万株)	70.00
155	恭城瑶族自治县(桂)	观赏苗木(万株)	50.25
156	长宁县(川)	观赏苗木(万株)	43.80
157	慈利县(湘)	观赏苗木(万株)	40.00
158	北仑区(浙)	观赏苗木(万株)	35.00
159	东宝区(鄂)	观赏苗木(万株)	30.00

（续）

序号	桂花主产地	花卉类别(单位)	生产量
160	双峰县(湘)	观赏苗木(万株)	30.00
161	阳新县(鄂)	观赏苗木(万株)	30.00
162	桐柏县(豫)	观赏苗木(万株)	28.70
163	鹤峰县(鄂)	观赏苗木(万株)	28.00
164	雨城区(川)	观赏苗木(万株)	22.00
165	武宣县(桂)	观赏苗木(万株)	21.00
166	芦淞区(湘)	观赏苗木(万株)	20.00
167	衢江区(浙)	观赏苗木(万株)	20.00
168	新蔡县(豫)	观赏苗木(万株)	13.00
169	赣　县(赣)	观赏苗木(万株)	12.00
170	临沭县(鲁)	观赏苗木(万株)	12.00
171	金寨县(皖)	观赏苗木(万株)	11.00
172	费　县(鲁)	观赏苗木(万株)	10.00
173	蕉岭县(粤)	观赏苗木(万株)	10.00
174	沙湾区(川)	观赏苗木(万株)	10.00
175	西平县(豫)	观赏苗木(万株)	10.00
176	广德县(皖)	观赏苗木(万株)	9.10
177	淮上区(皖)	观赏苗木(万株)	9.00
178	织金县(黔)	观赏苗木(万株)	8.00
179	长葛市(豫)	观赏苗木(万株)	7.00
180	蔡甸区(鄂)	观赏苗木(万株)	6.50
181	淅川县(豫)	观赏苗木(万株)	6.20
182	北塔区(湘)	观赏苗木(万株)	6.09
183	芜湖县(皖)	观赏苗木(万株)	6.00
184	柘城县(豫)	观赏苗木(万株)	6.00
185	川汇区(豫)	观赏苗木(万株)	5.00
186	彭水苗族土家族自治县(渝)	观赏苗木(万株)	5.00
187	青浦区(沪)	观赏苗木(万株)	5.00
188	洋　县(陕)	观赏苗木(万株)	5.00
189	猇亭区(鄂)	观赏苗木(万株)	4.00
190	清城区(粤)	观赏苗木(万株)	3.90
191	翠屏区(川)	观赏苗木(万株)	3.00
192	会理县(川)	观赏苗木(万株)	2.00
193	霍山县(皖)	观赏苗木(万株)	2.00
194	沅江市(湘)	观赏苗木(万株)	2.00
195	黄州区(鄂)	观赏苗木(万株)	1.00
196	商州区(陕)	观赏苗木(万株)	1.00
197	石泉县(陕)	观赏苗木(万株)	1.00
198	牟定县(滇)	观赏苗木(万株)	0.96
199	姚安县(滇)	观赏苗木(万株)	0.76
200	武定县(滇)	观赏苗木(万株)	0.73
201	维都林场(桂)	观赏苗木(万株)	0.72
202	宜州市(桂)	观叶植物(万盆)	3.00
203	武宣县(桂)	观叶植物(万盆)	1.20
204	平利县(陕)	观叶植物(万盆)	0.70

（续）

序号	桂花主产地	花卉类别(单位)	生产量
205	龙南县(赣)	花卉用种苗(千苗)	500.00
206	江阳区(川)	花卉用种苗(千苗)	110.00
207	河东区(鲁)	盆花(万盆)	200.00
208	沂水县(鲁)	盆花(万盆)	28.00
209	龙里县(黔)	盆花(万盆)	21.00
210	巴州区(川)	盆花(万盆)	17.50
211	莒南县(鲁)	盆花(万盆)	10.00
212	方城县(豫)	盆花(万盆)	9.10
213	兖州市(鲁)	盆花(万盆)	8.00
214	临淄区(鲁)	盆花(万盆)	4.00
215	沂源县(鲁)	盆花(万盆)	3.80
216	灵璧县(皖)	盆花(万盆)	2.00
217	章丘市(鲁)	盆花(万盆)	1.00
218	新丰县(粤)	盆景(万盆)	1.60
219	南　县(湘)	盆景(万盆)	0.80
220	巴州区(川)	鲜切花(万支)	140.00
221	芜湖县(皖)	鲜切花(万支)	10.00
222	井研县(川)	鲜切花(万支)	1.40
223	电白区(粤)	穴盘苗(万株)	2.70

表 13-15　杜鹃花主产地产量

序号	杜鹃花主产地	花卉类别(单位)	生产量
1	洪江市(湘)	城市绿化苗(万株)	380.00
2	东源县(粤)	城市绿化苗(万株)	350.00
3	武胜县(川)	城市绿化苗(万株)	300.00
4	钟祥市(鄂)	城市绿化苗(万株)	300.00
5	竹山县(鄂)	城市绿化苗(万株)	118.00
6	邵东县(湘)	城市绿化苗(万株)	112.00
7	武冈市(湘)	城市绿化苗(万株)	100.00
8	津市市(湘)	城市绿化苗(万株)	72.00
9	赤坎区(粤)	城市绿化苗(万株)	35.00
10	三台县(川)	城市绿化苗(万株)	28.60
11	大冶市(鄂)	城市绿化苗(万株)	20.00
12	望城县(湘)	城市绿化苗(万株)	20.00
13	游仙区(川)	城市绿化苗(万株)	20.00
14	洞口县(湘)	城市绿化苗(万株)	15.00
15	醴陵市(湘)	城市绿化苗(万株)	10.00
16	荔波县(黔)	城市绿化苗(万株)	5.00
17	商州区(陕)	城市绿化苗(万株)	5.00
18	蜀山区(皖)	城市绿化苗(万株)	5.00
19	利川市(鄂)	城市绿化苗(万株)	2.00
20	芷江侗族自治县(湘)	城市绿化苗(万株)	1.00
21	汝城县(湘)	观赏苗木(万株)	100.00
22	金秀瑶族自治县(桂)	观赏苗木(万株)	90.00
23	建始县(鄂)	观赏苗木(万株)	80.00

(续)

序号	杜鹃花主产地	花卉类别(单位)	生产量
24	贡井区(川)	观赏苗木(万株)	40.00
25	霍山县(皖)	观赏苗木(万株)	30.00
26	株洲县(湘)	观赏苗木(万株)	18.00
27	蕉岭县(粤)	观赏苗木(万株)	10.00
28	会理县(川)	观赏苗木(万株)	4.00
29	南明区(黔)	观赏苗木(万株)	3.00
30	石棉县(川)	观赏苗木(万株)	3.00
31	黄州区(鄂)	观赏苗木(万株)	2.00
32	鹤城区(湘)	观叶植物(万盆)	40.00
33	赣　县(赣)	观叶植物(万盆)	15.00
34	翁达林业局(川)	花卉用种苗(千苗)	160.00
35	恩阳区(川)	盆花(万盆)	350.00
36	兴国县(赣)	盆花(万盆)	199.00
37	武安市(冀)	盆花(万盆)	55.00
38	游仙区(川)	盆花(万盆)	40.00
39	南昌县(赣)	盆花(万盆)	36.00
40	椒江区(浙)	盆花(万盆)	35.00
41	浦东新区(沪)	盆花(万盆)	30.00
42	剑阁县(川)	盆花(万盆)	25.00
43	章丘市(鲁)	盆花(万盆)	15.00
44	鼎城区(湘)	盆花(万盆)	13.00
45	龙里县(黔)	盆花(万盆)	12.00
46	蔡甸区(鄂)	盆花(万盆)	9.50
47	维都林场(桂)	盆花(万盆)	8.53
48	北仑区(浙)	盆花(万盆)	5.00
49	隆尧县(冀)	盆花(万盆)	5.00
50	阳泉市郊区(晋)	盆花(万盆)	5.00
51	丰宁满族自治县(冀)	盆花(万盆)	4.00
52	岳阳楼区(湘)	盆花(万盆)	4.00
53	龙南县(赣)	盆花(万盆)	3.50
54	安国市(冀)	盆花(万盆)	3.00
55	大厂回族自治县(冀)	盆花(万盆)	3.00
56	大通区(皖)	盆花(万盆)	3.00
57	蒙城县(皖)	盆花(万盆)	3.00
58	荣成市(鲁)	盆花(万盆)	3.00
59	西安区(吉)	盆花(万盆)	3.00
60	阳新县(鄂)	盆花(万盆)	3.00
61	巴州区(川)	盆花(万盆)	2.80
62	三门县(浙)	盆花(万盆)	2.80
63	汶上县(鲁)	盆花(万盆)	2.30
64	凤阳县(皖)	盆花(万盆)	2.00
65	嵩　县(豫)	盆花(万盆)	1.50
66	建始县(鄂)	盆花(万盆)	1.20
67	沂南县(鲁)	盆花(万盆)	1.20
68	洞口县(湘)	盆花(万盆)	1.00

(续)

序号	杜鹃花主产地	花卉类别(单位)	生产量
69	张湾区(鄂)	盆花(万盆)	1.00
70	洋　县(陕)	盆花(万盆)	0.90
71	鸡泽县(冀)	盆花(万盆)	0.70
72	临漳县(冀)	盆花(万盆)	0.60
73	永兴县(湘)	盆景(万盆)	3.30
74	邻水县(川)	盆景(万盆)	3.00
75	新丰县(粤)	盆景(万盆)	2.10
76	郎溪县(皖)	盆景(万盆)	1.20
77	东昌区(吉)	食用及药用花卉(千克)	640.00
78	新丰县(粤)	鲜切花(万支)	740.00
79	宣汉县(川)	鲜切花(万支)	45.00
80	龙南县(赣)	鲜切花(万支)	15.00
81	洋　县(陕)	鲜切花(万支)	2.45
82	阳曲县(晋)	鲜切花(万支)	1.00
83	藁城区(冀)	鲜切叶(万支)	5.00

表 13-16　茶花主产地产量

序号	茶花主产地	花卉类别(单位)	生产量
1	攸　县(湘)	城市绿化苗(万株)	100000.00
2	邵阳县(湘)	城市绿化苗(万株)	10000.00
3	高　县(川)	城市绿化苗(万株)	527.00
4	新邵县(湘)	城市绿化苗(万株)	40.00
5	象山县(浙)	城市绿化苗(万株)	30.00
6	茶陵县(湘)	城市绿化苗(万株)	20.00
7	洞口县(湘)	城市绿化苗(万株)	20.00
8	全州县(桂)	城市绿化苗(万株)	20.00
9	武冈市(湘)	城市绿化苗(万株)	20.00
10	新建县(赣)	城市绿化苗(万株)	20.00
11	广丰县(赣)	城市绿化苗(万株)	16.00
12	安化县(湘)	城市绿化苗(万株)	15.00
13	瑞金市(赣)	城市绿化苗(万株)	13.00
14	醴陵市(湘)	城市绿化苗(万株)	10.00
15	荔波县(黔)	城市绿化苗(万株)	10.00
16	孝昌县(鄂)	城市绿化苗(万株)	10.00
17	宜都市(鄂)	城市绿化苗(万株)	10.00
18	京山县(鄂)	城市绿化苗(万株)	9.00
19	辰溪县(湘)	城市绿化苗(万株)	6.00
20	隆回县(湘)	城市绿化苗(万株)	6.00
21	贵池区(皖)	城市绿化苗(万株)	5.00
22	德安县(赣)	城市绿化苗(万株)	3.00
23	临武县(湘)	城市绿化苗(万株)	3.00
24	株洲县(湘)	城市绿化苗(万株)	3.00
25	新化县(湘)	城市绿化苗(万株)	2.00
26	彭山县(川)	城市绿化苗(万株)	1.50
27	望城县(湘)	城市绿化苗(万株)	1.50

(续)

序号	茶花主产地	花卉类别(单位)	生产量
28	怀宁县(皖)	城市绿化苗(万株)	1.00
29	岳阳县(湘)	城市绿化苗(万株)	1.00
30	楚雄市(滇)	观赏苗木(万株)	1865.00
31	婺城区(浙)	观赏苗木(万株)	1500.00
32	钟祥市(鄂)	观赏苗木(万株)	200.00
33	建始县(鄂)	观赏苗木(万株)	130.00
34	明光市(皖)	观赏苗木(万株)	125.00
35	邛崃市(川)	观赏苗木(万株)	42.00
36	贡井区(川)	观赏苗木(万株)	40.00
37	夷陵区(鄂)	观赏苗木(万株)	24.20
38	翠屏区(川)	观赏苗木(万株)	21.00
39	富顺县(川)	观赏苗木(万株)	20.00
40	沙洋县(鄂)	观赏苗木(万株)	20.00
41	阳新县(鄂)	观赏苗木(万株)	20.00
42	衢江区(浙)	观赏苗木(万株)	16.00
43	广昌县(赣)	观赏苗木(万株)	15.00
44	石城县(赣)	观赏苗木(万株)	13.00
45	新干县(赣)	观赏苗木(万株)	11.00
46	蕉岭县(粤)	观赏苗木(万株)	10.00
47	章丘市(鲁)	观赏苗木(万株)	10.00
48	屈家岭管理区(鄂)	观赏苗木(万株)	8.00
49	武定县(滇)	观赏苗木(万株)	4.42
50	蓝山县(湘)	观赏苗木(万株)	4.20
51	玉山县(赣)	观赏苗木(万株)	3.00
52	维都林场(桂)	观赏苗木(万株)	2.93
53	巴州区(川)	观赏苗木(万株)	2.10
54	玉林市福绵区(桂)	观赏苗木(万株)	2.00
55	碧江区(黔)	观赏苗木(万株)	1.50
56	石泉县(陕)	观赏苗木(万株)	1.00
57	织金县(黔)	观赏苗木(万株)	1.00
58	金洞林场(湘)	观赏苗木(万株)	0.85
59	石柱土家族自治县(渝)	观叶植物(万盆)	5.50
60	铅山县(赣)	观叶植物(万盆)	1.20
61	冷水滩区(湘)	观叶植物(万盆)	1.00
62	镇坪县(陕)	观叶植物(万盆)	1.00
63	田阳县(桂)	观叶植物(万盆)	0.60
64	开福区(湘)	花卉用种苗(千苗)	23000.00
65	龙南县(赣)	花卉用种苗(千苗)	1000.00
66	老河口市(鄂)	花卉用种苗(千苗)	160.00
67	广昌县(赣)	盆花(万盆)	80.00
68	筠连县(川)	盆花(万盆)	59.00
69	邵阳县(湘)	盆花(万盆)	30.00
70	英山县(鄂)	盆花(万盆)	20.00
71	南昌县(赣)	盆花(万盆)	15.00
72	巴州区(川)	盆花(万盆)	10.50
73	关岭布依族苗族自治县(黔)	盆花(万盆)	10.00
74	阳新县(鄂)	盆花(万盆)	5.00
75	龙南县(赣)	盆花(万盆)	4.00
76	当阳市(鄂)	盆花(万盆)	3.10
77	龙里县(黔)	盆花(万盆)	3.00
78	巫山县(渝)	盆花(万盆)	3.00
79	无极县(冀)	盆花(万盆)	3.00
80	津市市(湘)	盆花(万盆)	2.90
81	三门县(浙)	盆花(万盆)	2.20
82	荣成市(鲁)	盆花(万盆)	2.00
83	西安区(吉)	盆花(万盆)	2.00
84	岳阳楼区(湘)	盆花(万盆)	2.00
85	仙桃市(鄂)	盆花(万盆)	1.60
86	黔江区(渝)	盆花(万盆)	1.20
87	藁城区(冀)	盆花(万盆)	1.00
88	金洞林场(湘)	盆花(万盆)	1.00
89	新华区(豫)	盆花(万盆)	1.00
90	章丘市(鲁)	盆花(万盆)	1.00
91	中阳县(晋)	盆花(万盆)	1.00
92	鹤城区(湘)	盆景(万盆)	30.00
93	恩阳区(川)	盆景(万盆)	20.00
94	游仙区(川)	盆景(万盆)	10.00
95	郎溪县(皖)	盆景(万盆)	2.50
96	宁远县(湘)	盆景(万盆)	2.00
97	新丰县(粤)	盆景(万盆)	1.20
98	新丰县(粤)	鲜切花(万支)	577.00
99	龙南县(赣)	鲜切花(万支)	15.00
100	丰润区(冀)	鲜切花(万支)	5.00
101	金洞林场(湘)	鲜切叶(万支)	2.00

表 13-17　玫瑰主产地产量

序号	玫瑰主产地	花卉类别(单位)	生产量
1	东平县(鲁)	城市绿化苗(万株)	300.00
2	永城市(豫)	城市绿化苗(万株)	246.50
3	邵东县(湘)	城市绿化苗(万株)	89.00
4	北林区(黑)	城市绿化苗(万株)	80.00
5	潢川县(豫)	城市绿化苗(万株)	20.00
6	界首市(皖)	城市绿化苗(万株)	20.00
7	康保县(冀)	城市绿化苗(万株)	12.00
8	龙里县(黔)	城市绿化苗(万株)	10.00
9	元宝山区(蒙)	城市绿化苗(万株)	10.00
10	芷江侗族自治县(湘)	城市绿化苗(万株)	8.00
11	五河县(皖)	城市绿化苗(万株)	5.00
12	讷河市(黑)	城市绿化苗(万株)	2.00
13	兴仁县(黔)	干花(万支)	1334.00

(续)

序号	玫瑰主产地	花卉类别(单位)	生产量
14	卫东区(豫)	干花(万支)	4.20
15	应　县(晋)	干花(万支)	0.70
16	灵宝市(豫)	工业及其他用途花卉(千克)	420000.00
17	淇　县(豫)	工业及其他用途花卉(千克)	108750.00
18	兰考县(豫)	工业及其他用途花卉(千克)	12000.00
19	景泰县(甘)	工业及其他用途花卉(千克)	3000.00
20	莱州市(鲁)	观赏苗木(万株)	500.00
21	潼南县(渝)	观赏苗木(万株)	400.00
22	新邵县(湘)	观赏苗木(万株)	200.00
23	殷都区(豫)	观赏苗木(万株)	155.00
24	呼兰区(黑)	观赏苗木(万株)	150.00
25	淅川县(豫)	观赏苗木(万株)	75.00
26	射洪县(川)	观赏苗木(万株)	50.00
27	邢台县(冀)	观赏苗木(万株)	22.00
28	迁安市(冀)	观赏苗木(万株)	20.00
29	镇坪县(陕)	观赏苗木(万株)	20.00
30	栾城区(冀)	观赏苗木(万株)	17.00
31	伽师县(新)	观赏苗木(万株)	16.00
32	复兴区(冀)	观赏苗木(万株)	15.00
33	织金县(黔)	观赏苗木(万株)	12.00
34	隆德县(宁)	观赏苗木(万株)	11.00
35	登封市(豫)	观赏苗木(万株)	10.30
36	陵　县(鲁)	观赏苗木(万株)	4.00
37	施甸县(滇)	观赏苗木(万株)	2.00
38	肥东县(皖)	观赏苗木(万株)	1.80
39	西峰区(甘)	观赏苗木(万株)	1.30
40	商州区(陕)	观叶植物(万盆)	10.00
41	临夏市(甘)	观叶植物(万盆)	7.50
42	镇坪县(陕)	观叶植物(万盆)	1.00
43	周村区(鲁)	花卉用种苗(千苗)	3000.00
44	登封市(豫)	花卉用种子(千克)	371.00
45	范　县(豫)	盆花(万盆)	650.00
46	阳新县(鄂)	盆花(万盆)	100.00
47	颍泉区(皖)	盆花(万盆)	73.90
48	临川区(赣)	盆花(万盆)	70.00
49	东营区(鲁)	盆花(万盆)	30.00
50	定州市(冀)	盆花(万盆)	15.00
51	武城县(鲁)	盆花(万盆)	11.00
52	禄劝彝族苗族自治县(滇)	盆花(万盆)	10.00
53	赞皇县(冀)	盆花(万盆)	9.50
54	藁城区(冀)	盆花(万盆)	5.00
55	隆尧县(冀)	盆花(万盆)	5.00
56	龙南县(赣)	盆花(万盆)	4.00
57	乐业县(桂)	盆花(万盆)	3.20
58	巫山县(渝)	盆花(万盆)	3.00

(续)

序号	玫瑰主产地	花卉类别(单位)	生产量
59	魏　县(冀)	盆花(万盆)	2.50
60	邱　县(冀)	盆花(万盆)	1.50
61	台山市(粤)	盆花(万盆)	1.40
62	喀什市(新)	盆花(万盆)	1.00
63	盐山县(冀)	盆花(万盆)	1.00
64	大城县(冀)	盆花(万盆)	0.80
65	永年县(冀)	盆花(万盆)	0.70
66	新丰县(粤)	盆景(万盆)	1.80
67	星子县(赣)	盆景(万盆)	1.00
68	延庆县(京)	食用及药用花卉(千克)	60000.00
69	禄劝彝族苗族自治县(滇)	食用及药用花卉(千克)	10000.00
70	普定县(黔)	食用及药用花卉(千克)	20.00
71	铜梁县(渝)	食用及药用花卉(千克)	2.00
72	青白江区(川)	鲜切花(万支)	1300000.00
73	晋宁县(滇)	鲜切花(万支)	201950.00
74	白水县(陕)	鲜切花(万支)	80000.00
75	房　县(鄂)	鲜切花(万支)	50000.00
76	莒　县(鲁)	鲜切花(万支)	23900.00
77	辽中区(辽)	鲜切花(万支)	21600.00
78	石林彝族自治县(滇)	鲜切花(万支)	8959.65
79	东乡县(赣)	鲜切花(万支)	6258.00
80	台安县(辽)	鲜切花(万支)	6000.00
81	龙城区(辽)	鲜切花(万支)	5000.00
82	台前县(豫)	鲜切花(万支)	3000.00
83	瓦房店市(辽)	鲜切花(万支)	3000.00
84	朝阳县(辽)	鲜切花(万支)	2800.00
85	鹤庆县(滇)	鲜切花(万支)	2800.00
86	巴林左旗(蒙)	鲜切花(万支)	2600.00
87	罗山县(豫)	鲜切花(万支)	2200.00
88	凌源市(辽)	鲜切花(万支)	2000.00
89	平桥区(豫)	鲜切花(万支)	1950.00
90	灯塔市(辽)	鲜切花(万支)	1600.00
91	喀喇沁左翼蒙古族自治县(辽)	鲜切花(万支)	1600.00
92	郾城区(豫)	鲜切花(万支)	1062.00
93	峨山彝族自治县(滇)	鲜切花(万支)	1000.00
94	南丰县(赣)	鲜切花(万支)	960.00
95	清丰县(豫)	鲜切花(万支)	800.00
96	兰山区(鲁)	鲜切花(万支)	700.00
97	新丰县(粤)	鲜切花(万支)	403.00
98	红山区(蒙)	鲜切花(万支)	400.00
99	华龙区(豫)	鲜切花(万支)	320.00
100	濮阳县(豫)	鲜切花(万支)	300.00
101	东洲区(辽)	鲜切花(万支)	231.00
102	巫山县(渝)	鲜切花(万支)	200.00
103	淮滨县(豫)	鲜切花(万支)	150.00

（续）

序号	玫瑰主产地	花卉类别(单位)	生产量
104	许昌县(豫)	鲜切花(万支)	150.00
105	姚安县(滇)	鲜切花(万支)	150.00
106	辉南县(吉)	鲜切花(万支)	140.00
107	平山县(冀)	鲜切花(万支)	140.00
108	梁平县(渝)	鲜切花(万支)	121.00
109	丰满区(吉)	鲜切花(万支)	110.00
110	临川区(赣)	鲜切花(万支)	104.00
111	沂源县(鲁)	鲜切花(万支)	103.00
112	古冶区(冀)	鲜切花(万支)	100.00
113	固镇县(皖)	鲜切花(万支)	100.00
114	来凤县(鄂)	鲜切花(万支)	100.00
115	固安县(冀)	鲜切花(万支)	85.00
116	阿鲁科尔沁旗(蒙)	鲜切花(万支)	80.00
117	德江县(黔)	鲜切花(万支)	80.00
118	连州市(粤)	鲜切花(万支)	75.00
119	宣汉县(川)	鲜切花(万支)	72.50
120	龙南县(赣)	鲜切花(万支)	61.00
121	江阳区(川)	鲜切花(万支)	60.00
122	迁安市(冀)	鲜切花(万支)	60.00
123	金山区(沪)	鲜切花(万支)	53.00
124	包河区(皖)	鲜切花(万支)	50.00
125	振安区(辽)	鲜切花(万支)	50.00
126	遵化市(冀)	鲜切花(万支)	50.00
127	沙洋县(鄂)	鲜切花(万支)	42.00
128	慈溪市(浙)	鲜切花(万支)	40.00
129	长垣县(豫)	鲜切花(万支)	40.00
130	肃州区(甘)	鲜切花(万支)	38.00
131	花溪区(黔)	鲜切花(万支)	35.00
132	凤城市(辽)	鲜切花(万支)	34.00
133	仁寿县(川)	鲜切花(万支)	34.00
134	管城回族区(豫)	鲜切花(万支)	33.00
135	会理县(川)	鲜切花(万支)	33.00
136	庄河市(辽)	鲜切花(万支)	32.00
137	大英县(川)	鲜切花(万支)	30.00
138	藁城区(冀)	鲜切花(万支)	30.00
139	隆尧县(冀)	鲜切花(万支)	30.00
140	清苑县(冀)	鲜切花(万支)	30.00
141	章丘市(鲁)	鲜切花(万支)	30.00
142	绿园区(吉)	鲜切花(万支)	25.00
143	松江区(沪)	鲜切花(万支)	25.00
144	祁东县(湘)	鲜切花(万支)	23.00
145	芦溪县(赣)	鲜切花(万支)	22.00
146	台山市(粤)	鲜切花(万支)	21.30
147	龙山区(吉)	鲜切花(万支)	20.00
148	汝南县(豫)	鲜切花(万支)	20.00

（续）

序号	玫瑰主产地	花卉类别(单位)	生产量
149	梁山县(鲁)	鲜切花(万支)	18.00
150	栾城区(冀)	鲜切花(万支)	15.00
151	德城区(鲁)	鲜切花(万支)	14.00
152	临漳县(冀)	鲜切花(万支)	13.00
153	柞水县(陕)	鲜切花(万支)	12.00
154	白银区(甘)	鲜切花(万支)	10.00
155	大武口区(宁)	鲜切花(万支)	10.00
156	定兴县(冀)	鲜切花(万支)	10.00
157	广昌县(赣)	鲜切花(万支)	10.00
158	禄劝彝族苗族自治县(滇)	鲜切花(万支)	10.00
159	宁都县(赣)	鲜切花(万支)	10.00
160	青浦区(沪)	鲜切花(万支)	10.00
161	游仙区(川)	鲜切花(万支)	10.00
162	井研县(川)	鲜切花(万支)	9.60
163	怀远县(皖)	鲜切花(万支)	8.00
164	彭山县(川)	鲜切花(万支)	8.00
165	邱　县(冀)	鲜切花(万支)	8.00
166	满城县(冀)	鲜切花(万支)	6.00
167	献　县(冀)	鲜切花(万支)	5.40
168	文山市(滇)	鲜切叶(万支)	5.00
169	衡山县(湘)	鲜切花(万支)	4.39
170	大同区(黑)	鲜切花(万支)	4.00
171	顺庆区(川)	鲜切花(万支)	4.00
172	津市市(湘)	鲜切花(万支)	3.40
173	沂南县(鲁)	鲜切花(万支)	3.30
174	合浦县(桂)	鲜切花(万支)	3.02
175	海港区(冀)	鲜切花(万支)	3.00
176	碧江区(黔)	鲜切花(万支)	2.00
177	闵行区(沪)	鲜切花(万支)	2.00
178	平坝县(黔)	鲜切花(万支)	2.00
179	永靖县(甘)	鲜切花(万支)	1.80
180	蔡甸区(鄂)	鲜切花(万支)	1.60
181	永胜县(滇)	鲜切花(万支)	1.60
182	宜州市(桂)	鲜切花(万支)	1.30
183	惠济区(豫)	鲜切花(万支)	1.00
184	阳泉市郊区(晋)	鲜切花(万支)	1.00
185	西华县(豫)	鲜切叶(万支)	9.50

表 13-18　百合主产地产量

序号	百合主产地	花卉类别(单位)	生产量
1	邵东县(湘)	城市绿化苗(万株)	40.00
2	瑞金市(赣)	城市绿化苗(万株)	27.00
3	盐亭县(川)	城市绿化苗(万株)	15.00
4	元宝山区(蒙)	城市绿化苗(万株)	2.00
5	新城区(蒙)	城市绿化苗(万株)	0.80

(续)

序号	百合主产地	花卉类别(单位)	生产量
6	义安区(皖)	干花(万支)	980.00
7	二七区(豫)	干花(万支)	11.00
8	江油市(川)	观赏苗木(万株)	260.00
9	建始县(鄂)	观赏苗木(万株)	150.00
10	岳池县(川)	观赏苗木(万株)	10.00
11	铜官区(皖)	观赏苗木(万株)	9.50
12	魏　县(冀)	观赏苗木(万株)	3.00
13	洞口县(湘)	观赏苗木(万株)	1.20
14	织金县(黔)	观赏苗木(万株)	1.00
15	关岭布依族苗族自治县(黔)	观叶植物(万盆)	20.00
16	延庆县(京)	花卉用种球(千粒)	360.00
17	南郑县(陕)	花卉用种球(千粒)	200.00
18	隆德县(宁)	花卉用种球(千粒)	110.00
19	广昌县(赣)	盆花(万盆)	100.00
20	正定县(冀)	盆花(万盆)	98.00
21	东营区(鲁)	盆花(万盆)	10.00
22	藁城区(冀)	盆花(万盆)	5.00
23	桃城区(冀)	盆花(万盆)	4.00
24	二道区(吉)	盆花(万盆)	3.00
25	大城县(冀)	盆花(万盆)	2.00
26	旌阳区(川)	盆花(万盆)	2.00
27	平山县(冀)	盆花(万盆)	2.00
28	滦南县(冀)	盆花(万盆)	1.50
29	章丘市(鲁)	盆花(万盆)	1.50
30	中阳县(晋)	盆花(万盆)	1.50
31	无极县(冀)	盆花(万盆)	1.00
32	三门县(浙)	盆花(万盆)	0.90
33	巴州区(川)	盆花(万盆)	0.70
34	孟村回族自治县(冀)	盆花(万盆)	0.60
35	新丰县(粤)	盆景(万盆)	0.80
36	岳阳楼区(湘)	盆景(万盆)	0.80
37	蓝山县(湘)	盆景(万盆)	0.60
38	莱州市(鲁)	食用及药用花卉(千克)	50000.00
39	新宁县(湘)	食用及药用花卉(千克)	50000.00
40	隆德县(宁)	食用及药用花卉(千克)	55.00
41	嵊州市(浙)	鲜切花(万支)	750000.00
42	凌源市(辽)	鲜切花(万支)	56300.00
43	东乡县(赣)	鲜切花(万支)	8423.00
44	龙城区(辽)	鲜切花(万支)	5000.00
45	盘龙区(滇)	鲜切花(万支)	5000.00
46	阳宗海(滇)	鲜切花(万支)	4490.00
47	灯塔市(辽)	鲜切花(万支)	1500.00
48	太子河区(辽)	鲜切花(万支)	1000.00
49	晋宁县(滇)	鲜切花(万支)	950.00
50	清新县(粤)	鲜切花(万支)	850.00

(续)

序号	百合主产地	花卉类别(单位)	生产量
51	峨山彝族自治县(滇)	鲜切花(万支)	812.00
52	临川区(赣)	鲜切花(万支)	490.00
53	香河县(冀)	鲜切花(万支)	450.00
54	平泉县(冀)	鲜切花(万支)	400.00
55	新丰县(粤)	鲜切花(万支)	272.00
56	隆德县(宁)	鲜切花(万支)	210.00
57	获嘉县(豫)	鲜切花(万支)	200.00
58	濮阳县(豫)	鲜切花(万支)	200.00
59	长兴县(浙)	鲜切花(万支)	200.00
60	兴庆区(宁)	鲜切花(万支)	180.00
61	东洲区(辽)	鲜切花(万支)	179.00
62	红山区(蒙)	鲜切花(万支)	170.00
63	石林彝族自治县(滇)	鲜切花(万支)	150.00
64	漳河新区(鄂)	鲜切花(万支)	150.00
65	吉安县(赣)	鲜切花(万支)	100.00
66	江川县(滇)	鲜切花(万支)	100.00
67	临安市(浙)	鲜切花(万支)	100.00
68	金山区(沪)	鲜切花(万支)	92.00
69	武宁县(赣)	鲜切花(万支)	90.50
70	颍泉区(皖)	鲜切花(万支)	88.30
71	顺城区(辽)	鲜切花(万支)	84.02
72	闵行区(沪)	鲜切花(万支)	80.00
73	长垣县(豫)	鲜切花(万支)	70.00
74	迁安市(冀)	鲜切花(万支)	60.00
75	振安区(辽)	鲜切花(万支)	50.00
76	遵化市(冀)	鲜切花(万支)	50.00
77	崇明县(沪)	鲜切花(万支)	47.80
78	沙洋县(鄂)	鲜切花(万支)	45.00
79	宣汉县(川)	鲜切花(万支)	43.00
80	南丰县(赣)	鲜切花(万支)	41.25
81	会理县(川)	鲜切花(万支)	32.00
82	庄河市(辽)	鲜切花(万支)	30.00
83	浦东新区(沪)	鲜切花(万支)	20.70
84	连州市(粤)	鲜切花(万支)	20.00
85	维西傈僳族自治县(滇)	鲜切花(万支)	20.00
86	永靖县(甘)	鲜切花(万支)	20.00
87	游仙区(川)	鲜切花(万支)	20.00
88	章丘市(鲁)	鲜切花(万支)	20.00
89	路北区(冀)	鲜切花(万支)	16.50
90	开江县(川)	鲜切花(万支)	15.00
91	龙南县(赣)	鲜切花(万支)	12.00
92	九龙坡区(渝)	鲜切花(万支)	11.00
93	黔江区(渝)	鲜切花(万支)	10.00
94	三河市(冀)	鲜切花(万支)	10.00
95	玉田县(冀)	鲜切花(万支)	10.00

（续）

序号	百合主产地	花卉类别(单位)	生产量
96	开平区(冀)	鲜切花(万支)	8.00
97	双滦区(冀)	鲜切花(万支)	8.00
98	柞水县(陕)	鲜切花(万支)	8.00
99	临漳县(冀)	鲜切花(万支)	6.00
100	井研县(川)	鲜切花(万支)	5.40
101	怀柔区(京)	鲜切花(万支)	4.40
102	广昌县(赣)	鲜切花(万支)	4.00
103	丰润区(冀)	鲜切花(万支)	3.90
104	宽城满族自治县(冀)	鲜切花(万支)	3.50
105	瑶海区(皖)	鲜切花(万支)	2.25
106	都昌县(赣)	鲜切花(万支)	2.00
107	克什克腾旗(蒙)	鲜切花(万支)	1.80
108	郎溪县(皖)	鲜切花(万支)	1.50
109	蔡甸区(鄂)	鲜切花(万支)	1.30
110	西华县(豫)	鲜切花(万支)	1.30
111	宜州市(桂)	鲜切花(万支)	1.20
112	碧江区(黔)	鲜切花(万支)	0.80
113	桃城区(冀)	鲜切花(万支)	0.80
114	滦平县(冀)	鲜切花(万支)	0.70
115	藁城区(冀)	鲜切叶(万支)	18.00
116	谢家集区(皖)	鲜切叶(万支)	1.20

表 13-19　康乃馨主产地产量

序号	康乃馨主产地	花卉类别(单位)	生产量
1	五河县(皖)	城市绿化苗(万株)	5.00
2	闵行区(沪)	观叶植物(万盆)	2.00
3	闵行区(沪)	花卉用种苗(千苗)	47560.00
4	青浦区(沪)	花卉用种苗(千苗)	400.00
5	东营区(鲁)	盆花(万盆)	20.00
6	闵行区(沪)	盆花(万盆)	13.00
7	丰润区(冀)	盆花(万盆)	10.00
8	东河区(蒙)	盆花(万盆)	7.50
9	襄城区(鄂)	盆花(万盆)	3.80
10	盐山县(冀)	盆花(万盆)	3.00
11	旌阳区(川)	盆花(万盆)	2.00
12	新建县(赣)	盆花(万盆)	1.18
13	新丰县(粤)	盆景(万盆)	0.90
14	晋宁县(滇)	鲜切花(万支)	44953.00
15	石林彝族自治县(滇)	鲜切花(万支)	31200.85
16	兴庆区(宁)	鲜切花(万支)	4217.80
17	青浦区(沪)	鲜切花(万支)	663.70
18	凌源市(辽)	鲜切花(万支)	380.00
19	隆德县(宁)	鲜切花(万支)	350.00
20	香河县(冀)	鲜切花(万支)	350.00
21	普定县(黔)	鲜切花(万支)	300.00

（续）

序号	康乃馨主产地	花卉类别(单位)	生产量
22	南丰县(赣)	鲜切花(万支)	262.30
23	榆树市(吉)	鲜切花(万支)	260.00
24	巫山县(渝)	鲜切花(万支)	200.00
25	江川县(滇)	鲜切花(万支)	150.00
26	临川区(赣)	鲜切花(万支)	136.00
27	濮阳县(豫)	鲜切花(万支)	100.00
28	金山区(沪)	鲜切花(万支)	71.00
29	迁安市(冀)	鲜切花(万支)	60.00
30	费　县(鲁)	鲜切花(万支)	50.00
31	椒江区(浙)	鲜切花(万支)	50.00
32	会理县(川)	鲜切花(万支)	32.00
33	遵化市(冀)	鲜切花(万支)	30.00
34	庄河市(辽)	鲜切花(万支)	22.00
35	藁城区(冀)	鲜切花(万支)	20.00
36	游仙区(川)	鲜切花(万支)	20.00
37	章丘市(鲁)	鲜切花(万支)	20.00
38	广昌县(赣)	鲜切花(万支)	18.00
39	大武口区(宁)	鲜切花(万支)	15.00
40	沙市区(鄂)	鲜切花(万支)	15.00
41	文山市(滇)	鲜切花(万支)	15.00
42	浦东新区(沪)	鲜切花(万支)	12.50
43	龙南县(赣)	鲜切花(万支)	11.20
44	宁都县(赣)	鲜切花(万支)	10.00
45	宽城满族自治县(冀)	鲜切花(万支)	4.00
46	闵行区(沪)	鲜切花(万支)	4.00
47	井研县(川)	鲜切花(万支)	3.40
48	隆化县(冀)	鲜切花(万支)	3.00
49	石柱土家族自治县(渝)	鲜切花(万支)	2.60
50	西华县(豫)	鲜切花(万支)	2.50
51	红花岗区(黔)	鲜切花(万支)	1.80
52	碧江区(黔)	鲜切花(万支)	1.50
53	宜州市(桂)	鲜切花(万支)	0.90
54	闵行区(沪)	鲜切叶(万支)	9.00

表 13-20　鸡冠花主产地产量

序号	鸡冠花主产地	花卉类别(单位)	生产量
1	大武口区(宁)	城市绿化苗(万株)	25.00
2	大同县(晋)	城市绿化苗(万株)	20.00
3	集安市(吉)	城市绿化苗(万株)	5.00
4	青铜峡市(宁)	城市绿化苗(万株)	2.00
5	洮南市(吉)	城市绿化苗(万株)	1.00
6	梁平县(渝)	观赏苗木(万株)	1500.00
7	织金县(黔)	观赏苗木(万株)	15.00
8	涉　县(冀)	观赏苗木(万株)	5.55
9	田阳县(桂)	观叶植物(万盆)	2.00

(续)

序号	鸡冠花主产地	花卉类别(单位)	生产量
10	肥乡县(冀)	盆花(万盆)	400.00
11	户　县(陕)	盆花(万盆)	30.00
12	涿州市(冀)	盆花(万盆)	20.00
13	固安县(冀)	盆花(万盆)	18.00
14	古冶区(冀)	盆花(万盆)	15.00
15	丰宁满族自治县(冀)	盆花(万盆)	14.00
16	庐阳区(皖)	盆花(万盆)	13.50
17	香河县(冀)	盆花(万盆)	11.00
18	会宁县(甘)	盆花(万盆)	10.00
19	平罗县(宁)	盆花(万盆)	10.00
20	未央区(陕)	盆花(万盆)	9.00
21	金凤区(宁)	盆花(万盆)	8.50
22	大名县(冀)	盆花(万盆)	6.00
23	鼎城区(湘)	盆花(万盆)	6.00
24	广阳区(冀)	盆花(万盆)	3.76
25	高碑店市(冀)	盆花(万盆)	3.00
26	龙里县(黔)	盆花(万盆)	3.00
27	鹿泉区(冀)	盆花(万盆)	3.00
28	本溪满族自治县(辽)	盆花(万盆)	2.00
29	陵　县(鲁)	盆花(万盆)	2.00
30	隆德县(宁)	盆花(万盆)	2.00
31	望都县(冀)	盆花(万盆)	2.00
32	晋州市(冀)	盆花(万盆)	1.70
33	新民市(辽)	盆花(万盆)	1.60
34	昌乐县(鲁)	盆花(万盆)	1.50
35	藁城区(冀)	盆花(万盆)	1.00
36	满城县(冀)	盆花(万盆)	1.00
37	榆树市(吉)	鲜切花(万支)	220.00
38	会宁县(甘)	鲜切花(万支)	3.00
39	宁都县(赣)	鲜切花(万支)	3.00

表 13-21　紫叶李主产地产量

序号	紫叶李主产地	花卉类别(单位)	生产量
1	梁山县(鲁)	城市绿化苗(万株)	185.00
2	河东区(鲁)	城市绿化苗(万株)	180.00
3	濮阳县(豫)	城市绿化苗(万株)	80.00
4	东平县(鲁)	城市绿化苗(万株)	50.00
5	邹平县(鲁)	城市绿化苗(万株)	41.50
6	鄢陵县(豫)	城市绿化苗(万株)	35.00
7	许昌县(豫)	城市绿化苗(万株)	29.00
8	颍泉区(皖)	城市绿化苗(万株)	21.50
9	坊子区(鲁)	城市绿化苗(万株)	20.00
10	肥西县(皖)	城市绿化苗(万株)	20.00
11	龙里县(黔)	城市绿化苗(万株)	15.00
12	汶上县(鲁)	城市绿化苗(万株)	13.10

(续)

序号	紫叶李主产地	花卉类别(单位)	生产量
13	光山县(豫)	城市绿化苗(万株)	10.00
14	孝昌县(鄂)	城市绿化苗(万株)	10.00
15	章丘市(鲁)	城市绿化苗(万株)	10.00
16	竹山县(鄂)	城市绿化苗(万株)	10.00
17	蒲城县(陕)	城市绿化苗(万株)	8.00
18	独山县(黔)	城市绿化苗(万株)	5.00
19	崆峒区(甘)	城市绿化苗(万株)	3.30
20	茅箭区(鄂)	城市绿化苗(万株)	3.00
21	威海市经济技术开发区(鲁)	城市绿化苗(万株)	2.68
22	蚌山区(皖)	城市绿化苗(万株)	2.00
23	大竹县(川)	城市绿化苗(万株)	2.00
24	讷河市(黑)	城市绿化苗(万株)	2.00
25	莱芜市高新区(鲁)	城市绿化苗(万株)	1.80
26	旌阳区(川)	城市绿化苗(万株)	1.00
27	荔波县(黔)	城市绿化苗(万株)	1.00
28	鹿邑县(豫)	城市绿化苗(万株)	1.00
29	铁岭市经济开发区(辽)	城市绿化苗(万株)	1.00
30	呼兰区(黑)	观赏苗木(万株)	1500.00
31	安国市(冀)	观赏苗木(万株)	630.00
32	陵　县(鲁)	观赏苗木(万株)	166.00
33	永清县(冀)	观赏苗木(万株)	130.00
34	博野县(冀)	观赏苗木(万株)	80.00
35	嵩　县(豫)	观赏苗木(万株)	60.00
36	天桥区(鲁)	观赏苗木(万株)	51.00
37	平泉县(冀)	观赏苗木(万株)	44.00
38	磁　县(冀)	观赏苗木(万株)	40.00
39	肥城市(鲁)	观赏苗木(万株)	40.00
40	玉田县(冀)	观赏苗木(万株)	40.00
41	淄川区(鲁)	观赏苗木(万株)	40.00
42	乐亭县(冀)	观赏苗木(万株)	36.20
43	新泰市(鲁)	观赏苗木(万株)	35.00
44	安阳县(豫)	观赏苗木(万株)	31.53
45	丰宁满族自治县(冀)	观赏苗木(万株)	30.00
46	邢台县(冀)	观赏苗木(万株)	29.00
47	长葛市(豫)	观赏苗木(万株)	23.00
48	承德县(冀)	观赏苗木(万株)	22.00
49	兖州市(鲁)	观赏苗木(万株)	20.00
50	宁阳县(鲁)	观赏苗木(万株)	18.00
51	红花岗区(黔)	观赏苗木(万株)	15.00
52	肃宁县(冀)	观赏苗木(万株)	15.00
53	闻喜县(晋)	观赏苗木(万株)	14.00
54	三台县(川)	观赏苗木(万株)	12.60
55	巴州区(川)	观赏苗木(万株)	11.20
56	安平县(冀)	观赏苗木(万株)	10.50
57	霸州市(冀)	观赏苗木(万株)	10.00

（续）

序号	紫叶李主产地	花卉类别(单位)	生产量
58	霍山县(皖)	观赏苗木(万株)	10.00
59	曲阳县(冀)	观赏苗木(万株)	10.00
60	确山县(豫)	观赏苗木(万株)	10.00
61	辛集市(冀)	观赏苗木(万株)	10.00
62	临漳县(冀)	观赏苗木(万株)	9.40
63	广平县(冀)	观赏苗木(万株)	9.00
64	广阳区(冀)	观赏苗木(万株)	8.00
65	鹿泉区(冀)	观赏苗木(万株)	6.00
66	沂源县(鲁)	观赏苗木(万株)	5.80
67	大城县(冀)	观赏苗木(万株)	5.00
68	迁安市(冀)	观赏苗木(万株)	5.00
69	涉　县(冀)	观赏苗木(万株)	5.00
70	芜湖县(皖)	观赏苗木(万株)	5.00
71	涿州市(冀)	观赏苗木(万株)	5.00
72	晋州市(冀)	观赏苗木(万株)	4.90
73	鸡泽县(冀)	观赏苗木(万株)	4.50
74	任　县(冀)	观赏苗木(万株)	4.00
75	嘉峪关市(甘)	观赏苗木(万株)	2.64
76	静海县(津)	观赏苗木(万株)	2.50
77	高碑店市(冀)	观赏苗木(万株)	2.20
78	栾城区(冀)	观赏苗木(万株)	2.20
79	大厂回族自治县(冀)	观赏苗木(万株)	2.00
80	大名县(冀)	观赏苗木(万株)	2.00
81	定西市巉口林业试验场(甘)	观赏苗木(万株)	2.00
82	灵璧县(皖)	观赏苗木(万株)	2.00
83	阳信县(鲁)	观赏苗木(万株)	1.30
84	黔江区(渝)	观赏苗木(万株)	1.20
85	滦平县(冀)	观赏苗木(万株)	1.00
86	平罗县(宁)	观赏苗木(万株)	1.00
87	猇亭区(鄂)	观赏苗木(万株)	1.00
88	玉山县(赣)	观赏苗木(万株)	1.00
89	巴州区(川)	盆花(万盆)	2.10
90	南和县(冀)	盆景(万盆)	21.00
91	西华县(豫)	鲜切叶(万支)	7.20

表 13-22　碧桃主产地产量

序号	碧桃主产地	花卉类别(单位)	生产量
1	东平县(鲁)	城市绿化苗(万株)	120.00
2	坊子区(鲁)	城市绿化苗(万株)	60.00
3	潢川县(豫)	城市绿化苗(万株)	60.00
4	偃师市(豫)	城市绿化苗(万株)	28.00
5	郸城县(豫)	城市绿化苗(万株)	20.00
6	颍泉区(皖)	城市绿化苗(万株)	10.50
7	来安县(皖)	城市绿化苗(万株)	10.00
8	岳阳县(湘)	城市绿化苗(万株)	10.00

（续）

序号	碧桃主产地	花卉类别(单位)	生产量
9	仙桃市(鄂)	城市绿化苗(万株)	5.20
10	龙里县(黔)	城市绿化苗(万株)	5.00
11	夏邑县(豫)	城市绿化苗(万株)	5.00
12	新化县(湘)	城市绿化苗(万株)	5.00
13	广水市(鄂)	城市绿化苗(万株)	1.00
14	旌阳区(川)	城市绿化苗(万株)	1.00
15	南　县(湘)	城市绿化苗(万株)	1.00
16	兖州市(鲁)	观赏苗木(万株)	300.00
17	永清县(冀)	观赏苗木(万株)	230.00
18	邯郸县(冀)	观赏苗木(万株)	100.00
19	固安县(冀)	观赏苗木(万株)	90.00
20	安国市(冀)	观赏苗木(万株)	81.00
21	博野县(冀)	观赏苗木(万株)	40.00
22	清苑县(冀)	观赏苗木(万株)	30.00
23	沙河市(冀)	观赏苗木(万株)	26.00
24	大城县(冀)	观赏苗木(万株)	20.00
25	冀州市(冀)	观赏苗木(万株)	20.00
26	桃城区(冀)	观赏苗木(万株)	20.00
27	广平县(冀)	观赏苗木(万株)	15.00
28	辛集市(冀)	观赏苗木(万株)	15.00
29	闻喜县(晋)	观赏苗木(万株)	12.00
30	新泰市(鲁)	观赏苗木(万株)	12.00
31	广阳区(冀)	观赏苗木(万株)	10.00
32	乐亭县(冀)	观赏苗木(万株)	10.00
33	迁安市(冀)	观赏苗木(万株)	10.00
34	肃宁县(冀)	观赏苗木(万株)	10.00
35	芜湖县(皖)	观赏苗木(万株)	10.00
36	青　县(冀)	观赏苗木(万株)	7.00
37	满城县(冀)	观赏苗木(万株)	6.00
38	新华区(冀)	观赏苗木(万株)	6.00
39	西平县(豫)	观赏苗木(万株)	5.50
40	沙洋县(鄂)	观赏苗木(万株)	5.00
41	唐　县(冀)	观赏苗木(万株)	5.00
42	涿州市(冀)	观赏苗木(万株)	5.00
43	大厂回族自治县(冀)	观赏苗木(万株)	3.00
44	晋州市(冀)	观赏苗木(万株)	3.00
45	鹿泉区(冀)	观赏苗木(万株)	3.00
46	任　县(冀)	观赏苗木(万株)	3.00
47	任丘市(冀)	观赏苗木(万株)	3.00
48	章丘市(鲁)	观赏苗木(万株)	3.00
49	邢台县(冀)	观赏苗木(万株)	2.50
50	北戴河区(冀)	观赏苗木(万株)	2.40
51	故城县(冀)	观赏苗木(万株)	2.40
52	高碑店市(冀)	观赏苗木(万株)	2.00
53	容城县(冀)	观赏苗木(万株)	1.10

(续)

序号	碧桃主产地	花卉类别(单位)	生产量
54	武强县(冀)	观赏苗木(万株)	1.00
55	竹山县(鄂)	观赏苗木(万株)	1.00
56	海港区(冀)	观赏苗木(万株)	0.65
57	平罗县(宁)	观赏苗木(万株)	0.60
58	桃城区(冀)	盆花(万盆)	3.00
59	章丘市(鲁)	盆花(万盆)	1.00
60	三门县(浙)	盆花(万盆)	0.80
61	谢家集区(皖)	鲜切花(万支)	1.20

表 13-23　栀子花主产地产量

序号	栀子花主产地	花卉类别(单位)	生产量
1	龙里县(黔)	城市绿化苗(万株)	10.00
2	竹山县(鄂)	城市绿化苗(万株)	5.00
3	岳阳县(湘)	城市绿化苗(万株)	2.00
4	南　县(湘)	城市绿化苗(万株)	1.00
5	武陵区(湘)	城市绿化苗(万株)	1.00
6	袁州区(赣)	观赏苗木(万株)	2248.00
7	开江县(川)	观赏苗木(万株)	20.00
8	盐亭县(川)	观赏苗木(万株)	16.00
9	邻水县(川)	观赏苗木(万株)	7.00
10	阳新县(鄂)	观赏苗木(万株)	6.00
11	巴州区(川)	观赏苗木(万株)	2.80
12	黄州区(鄂)	观赏苗木(万株)	2.00
13	昌黎县(冀)	盆花(万盆)	345.00
14	巴州区(川)	盆花(万盆)	14.00
15	淮滨县(豫)	盆花(万盆)	6.00
16	安国市(冀)	盆花(万盆)	5.00
17	涿州市(冀)	盆花(万盆)	5.00
18	襄城区(鄂)	盆花(万盆)	3.40
19	鹤峰县(鄂)	盆花(万盆)	2.50
20	灵璧县(皖)	盆花(万盆)	2.00
21	兖州市(鲁)	盆花(万盆)	2.00
22	章丘市(鲁)	盆花(万盆)	1.00
23	铜梁县(渝)	食用及药用花卉(千克)	6.00
24	黔江区(渝)	鲜切花(万支)	100.00
25	彭山县(川)	鲜切花(万支)	30.00
26	巴州区(川)	鲜切花(万支)	10.50
27	章丘市(鲁)	鲜切花(万支)	2.00
28	息　县(豫)	鲜切叶(万支)	1.30

表 13-24　丁香类主产地产量

序号	丁香类主产地	花卉类别(单位)	生产量
1	北林区(黑)	城市绿化苗(万株)	240.00
2	山丹县(甘)	城市绿化苗(万株)	200.00
3	康保县(冀)	城市绿化苗(万株)	135.00
4	大同区(黑)	城市绿化苗(万株)	131.00
5	延寿县(黑)	城市绿化苗(万株)	120.00
6	龙里县(黔)	城市绿化苗(万株)	85.00
7	潢川县(豫)	城市绿化苗(万株)	66.00
8	五常市(黑)	城市绿化苗(万株)	50.00
9	岳池县(川)	城市绿化苗(万株)	50.00
10	肃州区(甘)	城市绿化苗(万株)	45.00
11	定襄县(晋)	城市绿化苗(万株)	30.00
12	讷河市(黑)	城市绿化苗(万株)	30.00
13	彭阳县(宁)	城市绿化苗(万株)	30.00
14	五大连池市(黑)	城市绿化苗(万株)	28.70
15	望奎县(黑)	城市绿化苗(万株)	20.00
16	大武口区(宁)	城市绿化苗(万株)	20.00
17	鄂托克前旗(蒙)	城市绿化苗(万株)	11.67
18	龙凤区(黑)	城市绿化苗(万株)	9.00
19	临夏市(甘)	城市绿化苗(万株)	6.50
20	西夏区(宁)	城市绿化苗(万株)	5.00
21	东辽县(吉)	城市绿化苗(万株)	4.73
22	克东县(黑)	城市绿化苗(万株)	3.00
23	丰都县(渝)	城市绿化苗(万株)	2.05
24	崆峒区(甘)	城市绿化苗(万株)	2.00
25	永靖县(甘)	城市绿化苗(万株)	1.60
26	吴起县(陕)	城市绿化苗(万株)	1.50
27	白城市市辖区(吉)	城市绿化苗(万株)	1.00
28	呼兰区(黑)	观赏苗木(万株)	4000.00
29	闻喜县(晋)	观赏苗木(万株)	300.00
30	丰宁满族自治县(冀)	观赏苗木(万株)	255.00
31	凤城市(辽)	观赏苗木(万株)	255.00
32	安国市(冀)	观赏苗木(万株)	92.00
33	乐亭县(冀)	观赏苗木(万株)	91.00
34	平泉县(冀)	观赏苗木(万株)	88.00
35	夷陵区(鄂)	观赏苗木(万株)	40.00
36	丰润区(冀)	观赏苗木(万株)	30.20
37	玉田县(冀)	观赏苗木(万株)	29.90
38	让胡路区(黑)	观赏苗木(万株)	26.00
39	平罗县(宁)	观赏苗木(万株)	25.00
40	忻府区(晋)	观赏苗木(万株)	23.09
41	翁牛特旗(蒙)	观赏苗木(万株)	20.00
42	涿州市(冀)	观赏苗木(万株)	12.00
43	延庆县(京)	观赏苗木(万株)	11.00
44	隆化县(冀)	观赏苗木(万株)	10.00
45	北戴河区(冀)	观赏苗木(万株)	9.30
46	章丘市(鲁)	观赏苗木(万株)	8.00
47	织金县(黔)	观赏苗木(万株)	8.00
48	怀来县(冀)	观赏苗木(万株)	7.00

（续）

序号	丁香类主产地	花卉类别(单位)	生产量
49	新民市(辽)	观赏苗木(万株)	5.50
50	沽源县(冀)	观赏苗木(万株)	4.80
51	博野县(冀)	观赏苗木(万株)	4.00
52	赤城县(冀)	观赏苗木(万株)	4.00
53	迁安市(冀)	观赏苗木(万株)	3.00
54	邢台县(冀)	观赏苗木(万株)	2.50
55	滦平县(冀)	观赏苗木(万株)	2.00
56	山海关区(冀)	观赏苗木(万株)	1.20
57	唐山市汉沽管理区(冀)	观赏苗木(万株)	1.00
58	二道区(吉)	观赏苗木(万株)	1.00
59	石泉县(陕)	观赏苗木(万株)	1.00
60	应　县(晋)	观赏苗木(万株)	0.70
61	安阳县(豫)	观赏苗木(万株)	0.60
62	顺城区(辽)	盆花(万盆)	727.03
63	阳新县(鄂)	盆花(万盆)	40.00
64	宣化区(冀)	盆花(万盆)	21.50
65	南和县(冀)	盆花(万盆)	19.00
66	汶上县(鲁)	盆花(万盆)	2.20
67	开江县(川)	盆景(万盆)	5.00
68	榆树市(吉)	鲜切花(万支)	170.00

表 13-25　樱花主产地产量

序号	樱花主产地	花卉类别(单位)	生产量
1	旌德县(皖)	城市绿化苗(万株)	12000.00
2	栾川县(豫)	城市绿化苗(万株)	222.60
3	潢川县(豫)	城市绿化苗(万株)	135.00
4	梁山县(鲁)	城市绿化苗(万株)	134.00
5	永城市(豫)	城市绿化苗(万株)	115.20
6	东平县(鲁)	城市绿化苗(万株)	100.00
7	宜都市(鄂)	城市绿化苗(万株)	75.00
8	上蔡县(豫)	城市绿化苗(万株)	48.00
9	龙里县(黔)	城市绿化苗(万株)	45.00
10	濮阳县(豫)	城市绿化苗(万株)	30.00
11	界首市(皖)	城市绿化苗(万株)	20.00
12	澧　县(湘)	城市绿化苗(万株)	20.00
13	蒲城县(陕)	城市绿化苗(万株)	20.00
14	蚌山区(皖)	城市绿化苗(万株)	10.00
15	关岭布依族苗族自治县(黔)	城市绿化苗(万株)	10.00
16	衢江区(浙)	城市绿化苗(万株)	10.00
17	枣阳市(鄂)	城市绿化苗(万株)	10.00
18	中方县(湘)	城市绿化苗(万株)	10.00
19	贵池区(皖)	城市绿化苗(万株)	8.20
20	江川县(滇)	城市绿化苗(万株)	8.00
21	屏山县(川)	城市绿化苗(万株)	8.00
22	坊子区(鲁)	城市绿化苗(万株)	7.00

（续）

序号	樱花主产地	花卉类别(单位)	生产量
23	京山县(鄂)	城市绿化苗(万株)	6.10
24	龙安区(豫)	城市绿化苗(万株)	5.00
25	三山区(皖)	城市绿化苗(万株)	5.00
26	汶上县(鲁)	城市绿化苗(万株)	4.07
27	旌阳区(川)	城市绿化苗(万株)	3.00
28	利川市(鄂)	城市绿化苗(万株)	3.00
29	孟连傣族拉祜族佤族自治县(滇)	城市绿化苗(万株)	3.00
30	象山县(浙)	城市绿化苗(万株)	3.00
31	仙桃市(鄂)	城市绿化苗(万株)	2.60
32	鹿邑县(豫)	城市绿化苗(万株)	2.20
33	涪城区(川)	城市绿化苗(万株)	2.00
34	淮上区(皖)	城市绿化苗(万株)	2.00
35	平桥区(豫)	城市绿化苗(万株)	2.00
36	禄丰县(滇)	城市绿化苗(万株)	1.00
37	楚雄市(滇)	观赏苗木(万株)	5220.00
38	邹平县(鲁)	观赏苗木(万株)	258.00
39	兖州市(鲁)	观赏苗木(万株)	200.00
40	沙湾区(川)	观赏苗木(万株)	100.00
41	钟祥市(鄂)	观赏苗木(万株)	100.00
42	安国市(冀)	观赏苗木(万株)	68.00
43	巴州区(川)	观赏苗木(万株)	42.00
44	社旗县(豫)	观赏苗木(万株)	40.00
45	西平县(豫)	观赏苗木(万株)	40.00
46	长葛市(豫)	观赏苗木(万株)	36.00
47	新泰市(鲁)	观赏苗木(万株)	35.00
48	肥城市(鲁)	观赏苗木(万株)	30.00
49	邯郸县(冀)	观赏苗木(万株)	30.00
50	株洲县(湘)	观赏苗木(万株)	20.00
51	淄川区(鲁)	观赏苗木(万株)	20.00
52	宁阳县(鲁)	观赏苗木(万株)	17.30
53	霸州市(冀)	观赏苗木(万株)	15.00
54	德安县(赣)	观赏苗木(万株)	12.00
55	红花岗区(黔)	观赏苗木(万株)	12.00
56	寿　县(皖)	观赏苗木(万株)	12.00
57	博野县(冀)	观赏苗木(万株)	11.00
58	广平县(冀)	观赏苗木(万株)	9.00
59	蒙阴县(鲁)	观赏苗木(万株)	8.00
60	三台县(川)	观赏苗木(万株)	7.42
61	万山区(黔)	观赏苗木(万株)	5.20
62	迁安市(冀)	观赏苗木(万株)	5.00
63	阳新县(鄂)	观赏苗木(万株)	5.00
64	沂源县(鲁)	观赏苗木(万株)	5.00
65	德城区(鲁)	观赏苗木(万株)	4.00
66	玉山县(赣)	观赏苗木(万株)	4.00
67	涿州市(冀)	观赏苗木(万株)	4.00

(续)

序号	樱花主产地	花卉类别(单位)	生产量
68	闻喜县(晋)	观赏苗木(万株)	3.50
69	安阳县(豫)	观赏苗木(万株)	3.44
70	柘城县(豫)	观赏苗木(万株)	2.30
71	宁波市市辖区(浙)	观赏苗木(万株)	2.25
72	施甸县(滇)	观赏苗木(万株)	2.20
73	翠屏区(川)	观赏苗木(万株)	2.00
74	大厂回族自治县(冀)	观赏苗木(万株)	2.00
75	黄州区(鄂)	观赏苗木(万株)	2.00
76	新华区(冀)	观赏苗木(万株)	2.00
77	故城县(冀)	观赏苗木(万株)	1.20
78	海港区(冀)	观赏苗木(万株)	1.07
79	平罗县(宁)	观赏苗木(万株)	1.00
80	盐亭县(川)	观赏苗木(万株)	0.90
81	峰峰矿区(冀)	观赏苗木(万株)	0.80
82	南郑县(陕)	花卉用种苗(千苗)	700.00
83	巴州区(川)	盆花(万盆)	3.50
84	商州区(陕)	鲜切花(万支)	36.00
85	巴州区(川)	鲜切花(万支)	7.00
86	洋　县(陕)	鲜切花(万支)	6.00

表 13-26　垂丝海棠主产地产量

序号	垂丝海棠主产地	花卉类别(单位)	生产量
1	旌德县(皖)	城市绿化苗(万株)	3000.00
2	河东区(鲁)	城市绿化苗(万株)	610.00
3	大足县(渝)	城市绿化苗(万株)	200.00
4	钟祥市(鄂)	城市绿化苗(万株)	200.00
5	肥西县(皖)	城市绿化苗(万株)	50.00
6	迁西县(冀)	城市绿化苗(万株)	50.00
7	潢川县(豫)	城市绿化苗(万株)	19.00
8	威海市经济技术开发区(鲁)	城市绿化苗(万株)	13.10
9	颍泉区(皖)	城市绿化苗(万株)	10.80
10	蕉岭县(粤)	城市绿化苗(万株)	10.00
11	江川县(滇)	城市绿化苗(万株)	6.00
12	贵池区(皖)	城市绿化苗(万株)	5.00
13	章丘市(鲁)	城市绿化苗(万株)	3.00
14	仙桃市(鄂)	城市绿化苗(万株)	2.40
15	来安县(皖)	城市绿化苗(万株)	2.00
16	博野县(冀)	观赏苗木(万株)	75.00
17	长葛市(豫)	观赏苗木(万株)	67.50
18	冀州市(冀)	观赏苗木(万株)	20.00
19	西平县(豫)	观赏苗木(万株)	7.00
20	新华区(冀)	观赏苗木(万株)	6.00
21	唐　县(冀)	观赏苗木(万株)	5.00
22	内江市市中区(川)	观赏苗木(万株)	3.00
23	大城县(冀)	观赏苗木(万株)	2.00

(续)

序号	垂丝海棠主产地	花卉类别(单位)	生产量
24	大名县(冀)	观赏苗木(万株)	1.50
25	北戴河区(冀)	观赏苗木(万株)	1.00
26	河东区(鲁)	盆花(万盆)	560.00
27	新丰县(粤)	盆景(万盆)	1.10
28	新丰县(粤)	鲜切花(万支)	675.00

表 13-27　海棠花主产地产量

序号	海棠花主产地	花卉类别(单位)	生产量
1	中牟县(豫)	城市绿化苗(万株)	248.00
2	滑　县(豫)	城市绿化苗(万株)	180.00
3	大城县(冀)	城市绿化苗(万株)	100.00
4	肥西县(皖)	城市绿化苗(万株)	100.00
5	东平县(鲁)	城市绿化苗(万株)	50.00
6	东昌府区(鲁)	城市绿化苗(万株)	40.00
7	濮阳县(豫)	城市绿化苗(万株)	40.00
8	章丘市(鲁)	城市绿化苗(万株)	36.00
9	栾川县(豫)	城市绿化苗(万株)	17.85
10	白水县(陕)	城市绿化苗(万株)	17.00
11	隆回县(湘)	城市绿化苗(万株)	15.00
12	洮南市(吉)	城市绿化苗(万株)	2.20
13	分宜县(赣)	城市绿化苗(万株)	1.00
14	淮上区(皖)	城市绿化苗(万株)	1.00
15	龙里县(黔)	城市绿化苗(万株)	1.00
16	永清县(冀)	观赏苗木(万株)	450.00
17	兖州市(鲁)	观赏苗木(万株)	200.00
18	邯郸县(冀)	观赏苗木(万株)	170.00
19	钟祥市(鄂)	观赏苗木(万株)	100.00
20	建始县(鄂)	观赏苗木(万株)	50.00
21	郾城区(豫)	观赏苗木(万株)	45.63
22	陵　县(鲁)	观赏苗木(万株)	44.00
23	万全区(冀)	观赏苗木(万株)	30.00
24	罗庄区(鲁)	观赏苗木(万株)	20.00
25	禹会区(皖)	观赏苗木(万株)	20.00
26	寿　县(皖)	观赏苗木(万株)	13.00
27	任　县(冀)	观赏苗木(万株)	9.00
28	织金县(黔)	观赏苗木(万株)	8.00
29	沂源县(鲁)	观赏苗木(万株)	6.20
30	盐山县(冀)	观赏苗木(万株)	3.50
31	石泉县(陕)	观赏苗木(万株)	1.00
32	晋州市(冀)	观赏苗木(万株)	0.90
33	故城县(冀)	观赏苗木(万株)	0.80
34	北京市大东流苗圃(京)	观赏苗木(万株)	0.62
35	嘉峪关市(甘)	观赏苗木(万株)	0.55
36	安国市(冀)	盆花(万盆)	220.00
37	莒南县(鲁)	盆花(万盆)	220.00

（续）

序号	海棠花主产地	花卉类别(单位)	生产量
38	延庆县(京)	盆花(万盆)	60.00
39	红山区(蒙)	盆花(万盆)	40.00
40	从化市(粤)	盆花(万盆)	30.00
41	正定县(冀)	盆花(万盆)	30.00
42	户　县(陕)	盆花(万盆)	25.00
43	辛集市(冀)	盆花(万盆)	20.00
44	元氏县(冀)	盆花(万盆)	15.00
45	武城县(鲁)	盆花(万盆)	11.50
46	蒙阴县(鲁)	盆花(万盆)	8.00
47	石家庄市桥西区(冀)	盆花(万盆)	8.00
48	丰宁满族自治县(冀)	盆花(万盆)	7.00
49	大名县(冀)	盆花(万盆)	6.00
50	桃城区(冀)	盆花(万盆)	5.00
51	阳泉市郊区(晋)	盆花(万盆)	5.00
52	沂源县(鲁)	盆花(万盆)	3.80
53	定兴县(冀)	盆花(万盆)	3.00
54	容城县(冀)	盆花(万盆)	3.00
55	涿州市(冀)	盆花(万盆)	3.00
56	方城县(豫)	盆花(万盆)	2.91
57	岳阳楼区(湘)	盆花(万盆)	2.50
58	黔江区(渝)	盆花(万盆)	2.00
59	邢台市桥东区(冀)	盆花(万盆)	2.00
60	邢台县(冀)	盆花(万盆)	2.00
61	中阳县(晋)	盆花(万盆)	2.00
62	藁城区(冀)	盆花(万盆)	1.00
63	平山县(冀)	盆花(万盆)	1.00
64	张湾区(鄂)	盆花(万盆)	1.00
65	鹤峰县(鄂)	盆花(万盆)	0.80
66	沂南县(鲁)	盆花(万盆)	0.60
67	伽师县(新)	盆花(万盆)	0.51
68	襄城县(豫)	盆景(万盆)	465.00
69	黄州区(鄂)	盆景(万盆)	1.00
70	星子县(赣)	盆景(万盆)	1.00
71	藁城区(冀)	鲜切花(万支)	10.00

表 13-28　连翘主产地产量

序号	连翘主产地	花卉类别(单位)	生产量
1	九台市(吉)	城市绿化苗(万株)	140.00
2	潢川县(豫)	城市绿化苗(万株)	130.00
3	龙安区(豫)	城市绿化苗(万株)	117.00
4	大同区(黑)	城市绿化苗(万株)	92.00
5	肃州区(甘)	城市绿化苗(万株)	58.00
6	北林区(黑)	城市绿化苗(万株)	50.00
7	定襄县(晋)	城市绿化苗(万株)	20.00
8	威海市经济技术开发区(鲁)	城市绿化苗(万株)	15.00

（续）

序号	连翘主产地	花卉类别(单位)	生产量
9	章丘市(鲁)	城市绿化苗(万株)	15.00
10	龙里县(黔)	城市绿化苗(万株)	15.00
11	元宝山区(蒙)	城市绿化苗(万株)	10.00
12	讷河市(黑)	城市绿化苗(万株)	10.00
13	坊子区(鲁)	城市绿化苗(万株)	8.00
14	尼勒克县(新)	城市绿化苗(万株)	5.00
15	彭阳县(宁)	城市绿化苗(万株)	5.00
16	青铜峡市(宁)	城市绿化苗(万株)	5.00
17	西夏区(宁)	城市绿化苗(万株)	5.00
18	集安市(吉)	城市绿化苗(万株)	4.00
19	临夏市(甘)	城市绿化苗(万株)	4.00
20	崆峒区(甘)	城市绿化苗(万株)	2.30
21	应　县(晋)	城市绿化苗(万株)	2.00
22	五大连池市(黑)	城市绿化苗(万株)	2.00
23	克东县(黑)	城市绿化苗(万株)	1.50
24	白城市市辖区(吉)	城市绿化苗(万株)	1.00
25	依安县(黑)	城市绿化苗(万株)	1.00
26	永靖县(甘)	城市绿化苗(万株)	0.76
27	呼兰区(黑)	观赏苗木(万株)	1000.00
28	丰宁满族自治县(冀)	观赏苗木(万株)	210.00
29	固安县(冀)	观赏苗木(万株)	115.00
30	乐亭县(冀)	观赏苗木(万株)	64.00
31	安阳县(豫)	观赏苗木(万株)	40.00
32	隆化县(冀)	观赏苗木(万株)	28.00
33	吴桥县(冀)	观赏苗木(万株)	28.00
34	开平区(冀)	观赏苗木(万株)	25.00
35	迁安市(冀)	观赏苗木(万株)	20.00
36	大城县(冀)	观赏苗木(万株)	10.00
37	涿州市(冀)	观赏苗木(万株)	10.00
38	延庆县(京)	观赏苗木(万株)	9.00
39	青　县(冀)	观赏苗木(万株)	9.00
40	北戴河区(冀)	观赏苗木(万株)	5.00
41	嵩　县(豫)	观赏苗木(万株)	5.00
42	滦平县(冀)	观赏苗木(万株)	1.00

表 13-29　木槿主产地产量

序号	木槿主产地	花卉类别(单位)	生产量
1	鄢陵县(豫)	城市绿化苗(万株)	85.00
2	永城市(豫)	城市绿化苗(万株)	75.80
3	濮阳县(豫)	城市绿化苗(万株)	60.00
4	济源市(豫)	城市绿化苗(万株)	43.00
5	鹤山区(豫)	城市绿化苗(万株)	30.00
6	章丘市(鲁)	城市绿化苗(万株)	19.00
7	颍泉区(皖)	城市绿化苗(万株)	12.90
8	邹平县(鲁)	城市绿化苗(万株)	11.00

(续)

序号	木槿主产地	花卉类别(单位)	生产量
9	枣阳市(鄂)	城市绿化苗(万株)	10.00
10	汶上县(鲁)	城市绿化苗(万株)	6.00
11	龙安区(豫)	城市绿化苗(万株)	5.00
12	龙里县(黔)	城市绿化苗(万株)	4.00
13	平桥区(豫)	城市绿化苗(万株)	1.00
14	昌黎县(冀)	观赏苗木(万株)	375.00
15	东平县(鲁)	观赏苗木(万株)	200.00
16	陵　县(鲁)	观赏苗木(万株)	140.00
17	邯郸县(冀)	观赏苗木(万株)	50.00
18	长垣县(豫)	观赏苗木(万株)	30.00
19	广平县(冀)	观赏苗木(万株)	27.00
20	霸州市(冀)	观赏苗木(万株)	22.00
21	环翠区(鲁)	观赏苗木(万株)	20.00
22	南和县(冀)	观赏苗木(万株)	19.00
23	北戴河区(冀)	观赏苗木(万株)	18.00
24	嵩　县(豫)	观赏苗木(万株)	12.00
25	利津县(鲁)	观赏苗木(万株)	11.00
26	大城县(冀)	观赏苗木(万株)	10.00
27	恩施市(鄂)	观赏苗木(万株)	10.00
28	迁安市(冀)	观赏苗木(万株)	10.00
29	唐　县(冀)	观赏苗木(万株)	10.00
30	新泰市(鲁)	观赏苗木(万株)	8.00
31	肃宁县(冀)	观赏苗木(万株)	7.00
32	德城区(鲁)	观赏苗木(万株)	5.00
33	乐亭县(冀)	观赏苗木(万株)	5.00
34	邢台县(冀)	观赏苗木(万株)	4.00
35	安阳县(豫)	观赏苗木(万株)	3.50
36	定兴县(冀)	观赏苗木(万株)	3.00
37	故城县(冀)	观赏苗木(万株)	2.50
38	永年县(冀)	观赏苗木(万株)	2.20
39	大名县(冀)	观赏苗木(万株)	2.00
40	鸡泽县(冀)	观赏苗木(万株)	2.00
41	涿州市(冀)	观赏苗木(万株)	2.00
42	卫辉市(豫)	观赏苗木(万株)	1.30
43	武强县(冀)	观赏苗木(万株)	1.00
44	阳信县(鲁)	观赏苗木(万株)	0.80
45	红花岗区(黔)	盆花(万盆)	9.00
46	冀州市(冀)	盆景(万盆)	50.00

表 13-30　黄杨类主产地产量

序号	黄杨类主产地	花卉类别(单位)	生产量
1	潢川县(豫)	城市绿化苗(万株)	1200.00
2	龙安区(豫)	城市绿化苗(万株)	1043.00
3	偃师市(豫)	城市绿化苗(万株)	1000.00
4	新泰市(鲁)	城市绿化苗(万株)	900.00

(续)

序号	黄杨类主产地	花卉类别(单位)	生产量
5	东平县(鲁)	城市绿化苗(万株)	500.00
6	上蔡县(豫)	城市绿化苗(万株)	250.00
7	新建县(赣)	城市绿化苗(万株)	100.00
8	龙里县(黔)	城市绿化苗(万株)	75.00
9	平山县(冀)	城市绿化苗(万株)	69.50
10	兰考县(豫)	城市绿化苗(万株)	67.50
11	肥西县(皖)	城市绿化苗(万株)	30.00
12	贵池区(皖)	城市绿化苗(万株)	20.00
13	五河县(皖)	城市绿化苗(万株)	20.00
14	莱芜市高新区(鲁)	城市绿化苗(万株)	10.00
15	黔江区(渝)	城市绿化苗(万株)	10.00
16	寿　县(皖)	城市绿化苗(万株)	10.00
17	平桥区(豫)	城市绿化苗(万株)	4.00
18	崆峒区(甘)	城市绿化苗(万株)	3.10
19	固安县(冀)	观赏苗木(万株)	1250.00
20	兴庆区(宁)	观赏苗木(万株)	1165.20
21	望都县(冀)	观赏苗木(万株)	1010.00
22	郏　县(豫)	观赏苗木(万株)	500.00
23	滦南县(冀)	观赏苗木(万株)	310.00
24	涿州市(冀)	观赏苗木(万株)	280.00
25	郾城区(豫)	观赏苗木(万株)	219.13
26	沂水县(鲁)	观赏苗木(万株)	155.00
27	开平区(冀)	观赏苗木(万株)	145.00
28	南皮县(冀)	观赏苗木(万株)	126.30
29	安阳县(豫)	观赏苗木(万株)	123.79
30	霸州市(冀)	观赏苗木(万株)	100.00
31	沙河市(冀)	观赏苗木(万株)	92.00
32	新蔡县(豫)	观赏苗木(万株)	70.00
33	深州市(冀)	观赏苗木(万株)	66.00
34	濮阳县(豫)	观赏苗木(万株)	60.00
35	内乡县(豫)	观赏苗木(万株)	55.00
36	肃宁县(冀)	观赏苗木(万株)	55.00
37	吴桥县(冀)	观赏苗木(万株)	50.00
38	玉田县(冀)	观赏苗木(万株)	50.00
39	运河区(冀)	观赏苗木(万株)	50.00
40	兖州市(鲁)	观赏苗木(万株)	40.00
41	永年县(冀)	观赏苗木(万株)	37.60
42	威海市经济技术开发区(鲁)	观赏苗木(万株)	35.00
43	迁安市(冀)	观赏苗木(万株)	33.00
44	辛集市(冀)	观赏苗木(万株)	30.00
45	河间市(冀)	观赏苗木(万株)	26.96
46	嵩　县(豫)	观赏苗木(万株)	22.50
47	邢台县(冀)	观赏苗木(万株)	20.50
48	广平县(冀)	观赏苗木(万株)	20.00
49	灵璧县(皖)	观赏苗木(万株)	20.00

（续）

序号	黄杨类主产地	花卉类别(单位)	生产量
50	泊头市(冀)	观赏苗木(万株)	19.74
51	盐山县(冀)	观赏苗木(万株)	16.00
52	北戴河区(冀)	观赏苗木(万株)	15.00
53	鹿泉区(冀)	观赏苗木(万株)	15.00
54	巴州区(川)	观赏苗木(万株)	11.20
55	赵　县(冀)	观赏苗木(万株)	10.80
56	鸡泽县(冀)	观赏苗木(万株)	10.50
57	磁　县(冀)	观赏苗木(万株)	10.00
58	隆尧县(冀)	观赏苗木(万株)	10.00
59	武强县(冀)	观赏苗木(万株)	10.00
60	卫辉市(豫)	观赏苗木(万株)	8.60
61	海港区(冀)	观赏苗木(万株)	6.50
62	赞皇县(冀)	观赏苗木(万株)	6.50
63	任　县(冀)	观赏苗木(万株)	6.00
64	大厂回族自治县(冀)	观赏苗木(万株)	5.00
65	孟村回族自治县(冀)	观赏苗木(万株)	2.00
66	石泉县(陕)	观赏苗木(万株)	2.00
67	故城县(冀)	观赏苗木(万株)	1.40
68	饶阳县(冀)	观赏苗木(万株)	1.10
69	河间市(冀)	观叶植物(万盆)	25.00
70	夏邑县(豫)	观叶植物(万盆)	10.00
71	龙南县(赣)	花卉用种苗(千苗)	1000.00
72	章丘市(鲁)	花卉用种苗(千苗)	200.00
73	巴州区(川)	盆花(万盆)	2.10
74	翠屏区(川)	盆景(万盆)	50.00
75	文　县(甘)	盆景(万盆)	2.40

表 13-31　紫荆主产地产量

序号	紫荆主产地	花卉类别(单位)	生产量
1	栾川县(豫)	城市绿化苗(万株)	391.65
2	潢川县(豫)	城市绿化苗(万株)	65.00
3	新田县(湘)	城市绿化苗(万株)	50.00
4	邵东县(湘)	城市绿化苗(万株)	20.00
5	岳池县(川)	城市绿化苗(万株)	20.00
6	颍泉区(皖)	城市绿化苗(万株)	11.60
7	宜都市(鄂)	城市绿化苗(万株)	10.00
8	良凤江国家森林公园(桂)	城市绿化苗(万株)	8.00
9	竹山县(鄂)	城市绿化苗(万株)	7.80
10	鹤山区(豫)	城市绿化苗(万株)	7.50
11	章丘市(鲁)	城市绿化苗(万株)	5.00
12	梁山县(鲁)	城市绿化苗(万株)	4.00
13	东昌府区(鲁)	城市绿化苗(万株)	2.00
14	茅箭区(鄂)	城市绿化苗(万株)	2.00
15	龙里县(黔)	城市绿化苗(万株)	2.00
16	碧江区(黔)	城市绿化苗(万株)	2.00

（续）

序号	紫荆主产地	花卉类别(单位)	生产量
17	威海市经济技术开发区(鲁)	城市绿化苗(万株)	1.82
18	南　县(湘)	城市绿化苗(万株)	0.80
19	东平县(鲁)	观赏苗木(万株)	50.00
20	陵　县(鲁)	观赏苗木(万株)	48.00
21	巴州区(川)	观赏苗木(万株)	25.20
22	通江县(川)	观赏苗木(万株)	25.00
23	郾城区(豫)	观赏苗木(万株)	20.72
24	盐亭县(川)	观赏苗木(万株)	18.00
25	环翠区(鲁)	观赏苗木(万株)	15.00
26	红花岗区(黔)	观赏苗木(万株)	12.00
27	新泰市(鲁)	观赏苗木(万株)	9.00
28	广平县(冀)	观赏苗木(万株)	6.00
29	长顺县(黔)	观赏苗木(万株)	6.00
30	雅长林场(桂)	观赏苗木(万株)	1.72
31	涿州市(冀)	观赏苗木(万株)	1.00
32	赞皇县(冀)	观赏苗木(万株)	0.80
33	巴州区(川)	盆花(万盆)	4.20

表 13-32　紫薇类主产地产量

序号	紫薇类主产地	花卉类别(单位)	生产量
1	梁平县(渝)	城市绿化苗(万株)	50.00
2	新郑市(豫)	城市绿化苗(万株)	40.00
3	荥阳市(豫)	城市绿化苗(万株)	35.00
4	邵东县(湘)	城市绿化苗(万株)	30.00
5	桐城市(皖)	城市绿化苗(万株)	20.00
6	桃源县(湘)	城市绿化苗(万株)	20.00
7	掇刀区(鄂)	城市绿化苗(万株)	18.00
8	章丘市(鲁)	城市绿化苗(万株)	16.00
9	江川县(滇)	城市绿化苗(万株)	10.10
10	淮上区(皖)	城市绿化苗(万株)	10.00
11	邓州市(豫)	城市绿化苗(万株)	7.00
12	广昌县(赣)	城市绿化苗(万株)	5.00
13	宁远县(湘)	城市绿化苗(万株)	2.00
14	南部县(川)	工业及其他用途花卉(千克)	100.00
15	南漳县(鄂)	观赏苗木(万株)	60.00
16	陵　县(鲁)	观赏苗木(万株)	60.00
17	沙河市(冀)	观赏苗木(万株)	43.00
18	新泰市(鲁)	观赏苗木(万株)	32.00
19	大竹县(川)	观赏苗木(万株)	20.00
20	玉林市福绵区(桂)	观赏苗木(万株)	19.00
21	桐柏县(豫)	观赏苗木(万株)	15.10
22	安阳县(豫)	观赏苗木(万株)	12.75
23	蒙阴县(鲁)	观赏苗木(万株)	10.80
24	唐　县(冀)	观赏苗木(万株)	6.00
25	任　县(冀)	观赏苗木(万株)	5.00

(续)

序号	紫薇类主产地	花卉类别(单位)	生产量
26	涿州市(冀)	观赏苗木(万株)	5.00
27	盐亭县(川)	观赏苗木(万株)	4.70
28	三台县(川)	观赏苗木(万株)	2.55
29	石泉县(陕)	观赏苗木(万株)	2.00
30	蔡甸区(鄂)	盆花(万盆)	7.00
31	襄城区(鄂)	盆花(万盆)	4.00
32	谷城县(鄂)	盆花(万盆)	3.00
33	宣汉县(川)	鲜切叶(万支)	7.50

表 13-33 矮牵牛主产地产量

序号	矮牵牛主产地	花卉类别(单位)	生产量
1	集宁区(蒙)	城市绿化苗(万株)	19982.00
2	梅河口市(吉)	城市绿化苗(万株)	700.00
3	大安区(川)	城市绿化苗(万株)	100.00
4	大同县(晋)	城市绿化苗(万株)	100.00
5	大武口区(宁)	城市绿化苗(万株)	70.00
6	嘉峪关市(甘)	城市绿化苗(万株)	60.00
7	临夏市(甘)	城市绿化苗(万株)	54.00
8	讷河市(黑)	城市绿化苗(万株)	50.00
9	沙市区(鄂)	城市绿化苗(万株)	15.00
10	青铜峡市(宁)	城市绿化苗(万株)	12.00
11	蕉岭县(粤)	城市绿化苗(万株)	10.00
12	木兰县(黑)	城市绿化苗(万株)	10.00
13	龙凤区(黑)	城市绿化苗(万株)	6.00
14	山丹县(甘)	城市绿化苗(万株)	6.00
15	洮南市(吉)	城市绿化苗(万株)	3.00
16	克东县(黑)	城市绿化苗(万株)	1.50
17	罗江县(川)	城市绿化苗(万株)	1.20
18	永城市(豫)	干花(万支)	25.10
19	延寿县(黑)	观赏苗木(万株)	800.00
20	包河区(皖)	观赏苗木(万株)	100.00
21	武川县(蒙)	观赏苗木(万株)	70.00
22	贡井区(川)	观赏苗木(万株)	50.00
23	南丹县(桂)	观赏苗木(万株)	20.00
24	通河县(黑)	观赏苗木(万株)	20.00
25	恩施市(鄂)	观赏苗木(万株)	10.00
26	明光市(皖)	观赏苗木(万株)	1.20
27	来安县(皖)	观叶植物(万盆)	31.00
28	应　县(晋)	观叶植物(万盆)	2.00
29	金凤区(宁)	盆花(万盆)	335.00
30	琅琊区(皖)	盆花(万盆)	280.00
31	莒南县(鲁)	盆花(万盆)	270.00
32	三河市(冀)	盆花(万盆)	230.00
33	庐阳区(皖)	盆花(万盆)	190.00
34	路南区(冀)	盆花(万盆)	150.00

(续)

序号	矮牵牛主产地	花卉类别(单位)	生产量
35	长安区(冀)	盆花(万盆)	103.00
36	肃州区(甘)	盆花(万盆)	91.00
37	延庆县(京)	盆花(万盆)	90.00
38	玉田县(冀)	盆花(万盆)	59.00
39	苏家屯区(辽)	盆花(万盆)	50.00
40	西夏区(宁)	盆花(万盆)	50.00
41	路北区(冀)	盆花(万盆)	42.00
42	永清县(冀)	盆花(万盆)	40.00
43	北戴河区(冀)	盆花(万盆)	38.00
44	椒江区(浙)	盆花(万盆)	35.50
45	户　县(陕)	盆花(万盆)	35.00
46	灯塔市(辽)	盆花(万盆)	30.00
47	惠农区(宁)	盆花(万盆)	30.00
48	雨山区(皖)	盆花(万盆)	30.00
49	涿州市(冀)	盆花(万盆)	30.00
50	石家庄市桥西区(冀)	盆花(万盆)	29.00
51	惠济区(豫)	盆花(万盆)	25.00
52	固安县(冀)	盆花(万盆)	22.00
53	静海县(津)	盆花(万盆)	20.00
54	黔江区(渝)	盆花(万盆)	20.00
55	张北县(冀)	盆花(万盆)	18.00
56	元氏县(冀)	盆花(万盆)	15.00
57	肇州县(黑)	盆花(万盆)	15.00
58	点军区(鄂)	盆花(万盆)	10.00
59	会宁县(甘)	盆花(万盆)	10.00
60	平罗县(宁)	盆花(万盆)	10.00
61	望花区(辽)	盆花(万盆)	10.00
62	海港区(冀)	盆花(万盆)	9.50
63	广阳区(冀)	盆花(万盆)	9.00
64	未央区(陕)	盆花(万盆)	9.00
65	察哈尔右翼前旗(蒙)	盆花(万盆)	8.00
66	巴州区(川)	盆花(万盆)	7.00
67	赞皇县(冀)	盆花(万盆)	7.00
68	瓜州县(甘)	盆花(万盆)	6.20
69	大厂回族自治县(冀)	盆花(万盆)	5.00
70	满城县(冀)	盆花(万盆)	5.00
71	普兰店市(辽)	盆花(万盆)	5.00
72	香河县(冀)	盆花(万盆)	5.00
73	阳泉市郊区(晋)	盆花(万盆)	5.00
74	长治县(晋)	盆花(万盆)	5.00
75	滨城区(鲁)	盆花(万盆)	4.00
76	本溪满族自治县(辽)	盆花(万盆)	3.50
77	井研县(川)	盆花(万盆)	3.50
78	通榆县(吉)	盆花(万盆)	3.30
79	淮上区(皖)	盆花(万盆)	3.00

(续)

序号	矮牵牛主产地	花卉类别(单位)	生产量
80	白银区(甘)	盆花(万盆)	2.00
81	东平县(鲁)	盆花(万盆)	2.00
82	开平区(冀)	盆花(万盆)	2.00
83	滦平县(冀)	盆花(万盆)	1.50
84	肃宁县(冀)	盆花(万盆)	1.50
85	新民市(辽)	盆花(万盆)	1.50
86	临漳县(冀)	盆花(万盆)	1.20
87	芜湖县(皖)	盆花(万盆)	1.00
88	商水县(豫)	盆花(万盆)	0.80
89	伽师县(新)	盆景(万盆)	14.00
90	蓝山县(湘)	盆景(万盆)	1.60
91	琅琊区(皖)	鲜切花(万支)	205.00
92	榆树市(吉)	鲜切花(万支)	190.00
93	庄河市(辽)	鲜切花(万支)	42.00
94	宜都市(鄂)	穴盘苗(万株)	400.00

表 13-34 一串红主产地产量

序号	一串红主产地	花卉类别(单位)	生产量
1	丹棱县(川)	城市绿化苗(万株)	50.00
2	海拉尔区(蒙)	城市绿化苗(万株)	40.00
3	濮阳县(豫)	城市绿化苗(万株)	40.00
4	大武口区(宁)	城市绿化苗(万株)	30.00
5	恩施市(鄂)	城市绿化苗(万株)	20.00
6	讷河市(黑)	城市绿化苗(万株)	20.00
7	游仙区(川)	城市绿化苗(万株)	20.00
8	关岭布依族苗族自治县(黔)	城市绿化苗(万株)	10.00
9	集安市(吉)	城市绿化苗(万株)	10.00
10	突泉县(蒙)	城市绿化苗(万株)	10.00
11	南　县(湘)	城市绿化苗(万株)	6.00
12	贵池区(皖)	城市绿化苗(万株)	5.00
13	木兰县(黑)	城市绿化苗(万株)	5.00
14	蜀山区(皖)	城市绿化苗(万株)	5.00
15	珠晖区(湘)	城市绿化苗(万株)	5.00
16	嘉峪关市(甘)	城市绿化苗(万株)	4.20
17	洮南市(吉)	城市绿化苗(万株)	3.40
18	二道江区(吉)	观赏苗木(万株)	200.00
19	西昌市(川)	观赏苗木(万株)	32.00
20	包河区(皖)	观赏苗木(万株)	3.00
21	宁城县(蒙)	观赏苗木(万株)	1.65
22	察哈尔右翼前旗(蒙)	观叶植物(万盆)	8.00
23	章丘市(鲁)	观叶植物(万盆)	6.00
24	镇坪县(陕)	观叶植物(万盆)	2.00
25	龙南县(赣)	花卉用种苗(千苗)	150.00
26	阿城区(黑)	花卉用种苗(千苗)	65.00
27	襄城县(豫)	盆花(万盆)	563.00

(续)

序号	一串红主产地	花卉类别(单位)	生产量
28	阜新蒙古族自治县(辽)	盆花(万盆)	520.00
29	玉田县(冀)	盆花(万盆)	120.00
30	甘井子区(辽)	盆花(万盆)	100.00
31	赫山区(湘)	盆花(万盆)	100.00
32	莒南县(鲁)	盆花(万盆)	90.00
33	蔡甸区(鄂)	盆花(万盆)	80.00
34	浦东新区(沪)	盆花(万盆)	50.00
35	长安区(冀)	盆花(万盆)	50.00
36	左云县(晋)	盆花(万盆)	50.00
37	金凤区(宁)	盆花(万盆)	48.40
38	延庆县(京)	盆花(万盆)	45.00
39	古冶区(冀)	盆花(万盆)	41.50
40	彭山县(川)	盆花(万盆)	40.00
41	肃州区(甘)	盆花(万盆)	37.00
42	环翠区(鲁)	盆花(万盆)	36.00
43	户　县(陕)	盆花(万盆)	32.00
44	海港区(冀)	盆花(万盆)	31.60
45	新泰市(鲁)	盆花(万盆)	30.00
46	涿州市(冀)	盆花(万盆)	30.00
47	巴州区(川)	盆花(万盆)	28.00
48	灯塔市(辽)	盆花(万盆)	26.00
49	石家庄市桥西区(冀)	盆花(万盆)	23.00
50	龙里县(黔)	盆花(万盆)	22.00
51	淮上区(皖)	盆花(万盆)	20.00
52	谯城区(皖)	盆花(万盆)	20.00
53	庐阳区(皖)	盆花(万盆)	19.80
54	北戴河区(冀)	盆花(万盆)	19.00
55	惠济区(豫)	盆花(万盆)	18.20
56	辛集市(冀)	盆花(万盆)	15.00
57	深州市(冀)	盆花(万盆)	12.00
58	磁　县(冀)	盆花(万盆)	11.00
59	莎车县(新)	盆花(万盆)	11.00
60	本溪满族自治县(辽)	盆花(万盆)	10.00
61	井陉县(冀)	盆花(万盆)	10.00
62	平罗县(宁)	盆花(万盆)	10.00
63	黔江区(渝)	盆花(万盆)	10.00
64	三河市(冀)	盆花(万盆)	10.00
65	苏家屯区(辽)	盆花(万盆)	10.00
66	香河县(冀)	盆花(万盆)	10.00
67	运河区(冀)	盆花(万盆)	10.00
68	凤城市(辽)	盆花(万盆)	9.00
69	未央区(陕)	盆花(万盆)	9.00
70	鼎城区(湘)	盆花(万盆)	8.00
71	隆尧县(冀)	盆花(万盆)	8.00
72	南和县(冀)	盆花(万盆)	7.00

(续)

序号	一串红主产地	花卉类别(单位)	生产量
73	平泉县(冀)	盆花(万盆)	6.00
74	大名县(冀)	盆花(万盆)	5.00
75	高碑店市(冀)	盆花(万盆)	5.00
76	广阳区(冀)	盆花(万盆)	5.00
77	淮滨县(豫)	盆花(万盆)	5.00
78	隆德县(宁)	盆花(万盆)	5.00
79	寿　县(皖)	盆花(万盆)	5.00
80	吴桥县(冀)	盆花(万盆)	5.00
81	阳泉市郊区(晋)	盆花(万盆)	5.00
82	沂南县(鲁)	盆花(万盆)	5.00
83	长治县(晋)	盆花(万盆)	4.00
84	井研县(川)	盆花(万盆)	3.30
85	陵　县(鲁)	盆花(万盆)	3.00
86	满城县(冀)	盆花(万盆)	3.00
87	平桥区(豫)	盆花(万盆)	3.00
88	肃宁县(冀)	盆花(万盆)	3.00
89	汶上县(鲁)	盆花(万盆)	3.00
90	望都县(冀)	盆花(万盆)	2.50
91	新建县(赣)	盆花(万盆)	2.20
92	崆峒区(甘)	盆花(万盆)	2.10
93	邢台市桥东区(冀)	盆花(万盆)	2.02
94	东平县(鲁)	盆花(万盆)	2.00
95	藁城区(冀)	盆花(万盆)	2.00
96	开平区(冀)	盆花(万盆)	2.00
97	鹿泉区(冀)	盆花(万盆)	2.00
98	邢台县(冀)	盆花(万盆)	2.00
99	昌乐县(鲁)	盆花(万盆)	1.60
100	沙河市(冀)	盆花(万盆)	1.60
101	宁阳县(鲁)	盆花(万盆)	1.40
102	鹤峰县(鄂)	盆花(万盆)	1.20
103	商水县(豫)	盆花(万盆)	1.20
104	黄泥河林业局(吉)	盆花(万盆)	1.00
105	滦平县(冀)	盆花(万盆)	1.00
106	邱　县(冀)	盆花(万盆)	1.00
107	山海关区(冀)	盆花(万盆)	1.00
108	张北县(冀)	盆花(万盆)	1.00
109	方城县(豫)	盆花(万盆)	0.90
110	汪清县(吉)	盆花(万盆)	0.80
111	枣强县(冀)	盆花(万盆)	0.80
112	安平县(冀)	盆花(万盆)	0.67
113	鸡泽县(冀)	盆花(万盆)	0.60
114	桃城区(冀)	盆花(万盆)	0.60
115	宝丰县(豫)	盆景(万盆)	1.20
116	榆树市(吉)	鲜切花(万支)	290.00
117	芜湖县(皖)	鲜切花(万支)	10.00
118	白银区(甘)	鲜切花(万支)	2.50
119	石台县(皖)	鲜切花(万支)	2.10
120	东河区(蒙)	鲜切叶(万支)	7.50

表 13-35　凤梨类主产地产量

序号	凤梨类主产地	花卉类别(单位)	生产量
1	游仙区(川)	城市绿化苗(万株)	30.00
2	贵池区(皖)	城市绿化苗(万株)	10.00
3	西昌市(川)	观赏苗木(万株)	51.00
4	闵行区(沪)	观赏苗木(万株)	3.80
5	诸城市(鲁)	盆花(万盆)	150.00
6	德昌县(川)	盆花(万盆)	100.00
7	怀宁县(皖)	盆花(万盆)	100.00
8	松江区(沪)	盆花(万盆)	97.00
9	东营区(鲁)	盆花(万盆)	40.00
10	攀枝花市西区(川)	盆花(万盆)	30.00
11	青浦区(沪)	盆花(万盆)	30.00
12	涿州市(冀)	盆花(万盆)	25.00
13	武城县(鲁)	盆花(万盆)	20.00
14	虞城县(豫)	盆花(万盆)	20.00
15	东洲区(辽)	盆花(万盆)	10.00
16	新华区(冀)	盆花(万盆)	10.00
17	永清县(冀)	盆花(万盆)	8.00
18	北京市大东流苗圃(京)	盆花(万盆)	5.81
19	东昌府区(鲁)	盆花(万盆)	5.00
20	淮滨县(豫)	盆花(万盆)	5.00
21	惠济区(豫)	盆花(万盆)	4.30
22	兖州市(鲁)	盆花(万盆)	4.00
23	七坡林场(桂)	盆花(万盆)	3.83
24	章丘市(鲁)	盆花(万盆)	3.00
25	赞皇县(冀)	盆花(万盆)	2.50
26	丰宁满族自治县(冀)	盆花(万盆)	2.00
27	凤阳县(皖)	盆花(万盆)	1.00
28	忻府区(晋)	盆花(万盆)	0.58
29	翠屏区(川)	盆景(万盆)	2.00

表 13-36　红檵木主产地产量

序号	红檵木主产地	花卉类别(单位)	生产量
1	北湖区(湘)	城市绿化苗(万株)	2049.00
2	洪江市(湘)	城市绿化苗(万株)	320.00
3	江津区(渝)	城市绿化苗(万株)	300.00
4	庐阳区(皖)	城市绿化苗(万株)	260.00
5	武冈市(湘)	城市绿化苗(万株)	200.00
6	岳阳县(湘)	城市绿化苗(万株)	200.00
7	宜都市(鄂)	城市绿化苗(万株)	150.00

（续）

序号	红檵木主产地	花卉类别(单位)	生产量
8	株洲县(湘)	城市绿化苗(万株)	145.00
9	潢川县(豫)	城市绿化苗(万株)	120.00
10	象山县(浙)	城市绿化苗(万株)	115.00
11	邵东县(湘)	城市绿化苗(万株)	103.00
12	孝昌县(鄂)	城市绿化苗(万株)	100.00
13	颍泉区(皖)	城市绿化苗(万株)	75.20
14	新建县(赣)	城市绿化苗(万株)	60.00
15	龙里县(黔)	城市绿化苗(万株)	45.00
16	华容县(湘)	城市绿化苗(万株)	40.00
17	蕉岭县(粤)	城市绿化苗(万株)	20.00
18	贵池区(皖)	城市绿化苗(万株)	15.00
19	茅箭区(鄂)	城市绿化苗(万株)	10.00
20	珠晖区(湘)	城市绿化苗(万株)	10.00
21	荔波县(黔)	城市绿化苗(万株)	8.00
22	武陵区(湘)	城市绿化苗(万株)	8.00
23	芷江侗族自治县(湘)	城市绿化苗(万株)	6.00
24	辰溪县(湘)	城市绿化苗(万株)	5.00
25	威远县(川)	城市绿化苗(万株)	5.00
26	新田县(湘)	城市绿化苗(万株)	5.00
27	英山县(鄂)	城市绿化苗(万株)	5.00
28	旌阳区(川)	城市绿化苗(万株)	4.00
29	碧江区(黔)	城市绿化苗(万株)	3.50
30	泰顺县(浙)	城市绿化苗(万株)	3.00
31	凤阳县(皖)	城市绿化苗(万株)	2.00
32	井研县(川)	城市绿化苗(万株)	1.20
33	南　县(湘)	城市绿化苗(万株)	1.20
34	丰都县(渝)	城市绿化苗(万株)	1.00
35	黟　县(皖)	城市绿化苗(万株)	1.00
36	北仑区(浙)	观赏苗木(万株)	2499.00
37	潜江市(鄂)	观赏苗木(万株)	200.00
38	慈利县(湘)	观赏苗木(万株)	120.00
39	高　县(川)	观赏苗木(万株)	105.00
40	猇亭区(鄂)	观赏苗木(万株)	50.00
41	南郑县(陕)	观赏苗木(万株)	45.00
42	连州市(粤)	观赏苗木(万株)	33.60
43	巴州区(川)	观赏苗木(万株)	21.00
44	安化县(湘)	观赏苗木(万株)	20.00
45	黔江区(渝)	观赏苗木(万株)	20.00
46	中方县(湘)	观赏苗木(万株)	20.00
47	蔡甸区(鄂)	观赏苗木(万株)	12.00
48	鹤峰县(鄂)	观赏苗木(万株)	10.00
49	阳新县(鄂)	观赏苗木(万株)	5.00
50	永兴县(湘)	观赏苗木(万株)	4.00
51	石泉县(陕)	观赏苗木(万株)	2.00
52	都昌县(赣)	观叶植物(万盆)	4.00
53	镇坪县(陕)	观叶植物(万盆)	1.00
54	龙南县(赣)	花卉用种苗(千苗)	1500.00
55	龙里县(黔)	盆花(万盆)	13.00
56	张湾区(鄂)	盆景(万盆)	10.00
57	郎溪县(皖)	盆景(万盆)	1.80
58	两当县(甘)	盆景(万盆)	1.50
59	津市市(湘)	鲜切花(万支)	1.30

表 13-37　红掌主产地产量

序号	红掌主产地	花卉类别(单位)	生产量
1	贵池区(皖)	城市绿化苗(万株)	12.00
2	游仙区(川)	城市绿化苗(万株)	10.00
3	茅箭区(鄂)	城市绿化苗(万株)	3.00
4	莱州市(鲁)	观赏苗木(万株)	20.00
5	苏家屯区(辽)	观赏苗木(万株)	5.00
6	包河区(皖)	观赏苗木(万株)	3.00
7	盐亭县(川)	观赏苗木(万株)	1.10
8	番禺区(粤)	观叶植物(万盆)	450.00
9	延庆县(京)	花卉用种苗(千苗)	1200.00
10	德昌县(川)	盆花(万盆)	165.00
11	三河市(冀)	盆花(万盆)	120.00
12	怀宁县(皖)	盆花(万盆)	100.00
13	颍泉区(皖)	盆花(万盆)	68.20
14	清丰县(豫)	盆花(万盆)	55.00
15	崇明县(沪)	盆花(万盆)	50.00
16	从化市(粤)	盆花(万盆)	50.00
17	东营区(鲁)	盆花(万盆)	50.00
18	虞城县(豫)	盆花(万盆)	40.00
19	攀枝花市西区(川)	盆花(万盆)	35.00
20	长清区(鲁)	盆花(万盆)	35.00
21	涿州市(冀)	盆花(万盆)	35.00
22	新华区(冀)	盆花(万盆)	31.00
23	延庆县(京)	盆花(万盆)	30.00
24	北京市大东流苗圃（京）	盆花(万盆)	25.21
25	游仙区(川)	盆花(万盆)	20.00
26	环翠区(鲁)	盆花(万盆)	18.00
27	红山区(蒙)	盆花(万盆)	15.00
28	长安区(陕)	盆花(万盆)	14.00
29	高邑县(冀)	盆花(万盆)	11.00
30	石家庄市桥西区(冀)	盆花(万盆)	9.00
31	栾城区(冀)	盆花(万盆)	6.00
32	章丘市(鲁)	盆花(万盆)	6.00
33	东昌府区(鲁)	盆花(万盆)	5.00
34	桃城区(冀)	盆花(万盆)	5.00
35	兖州市(鲁)	盆花(万盆)	5.00

(续)

序号	红掌主产地	花卉类别(单位)	生产量
36	定兴县(冀)	盆花(万盆)	2.00
37	隆德县(宁)	盆花(万盆)	2.00
38	黔江区(渝)	盆花(万盆)	2.00
39	白银区(甘)	盆花(万盆)	1.00
40	忻府区(晋)	盆花(万盆)	0.76
41	陵　县(鲁)	盆花(万盆)	0.70
42	湖滨区(豫)	盆景(万盆)	200.00
43	株洲县(湘)	盆景(万盆)	5.00
44	新丰县(粤)	盆景(万盆)	1.20
45	濮阳县(豫)	鲜切花(万支)	300.00
46	甘井子区(辽)	鲜切花(万支)	220.00
47	固安县(冀)	鲜切花(万支)	35.00
48	江川县(滇)	鲜切花(万支)	15.00
49	浦东新区(沪)	鲜切花(万支)	10.00
50	延庆县(京)	鲜切花(万支)	5.00
51	许昌县(豫)	鲜切花(万支)	3.00

表 13-38　富贵竹主产地产量

序号	富贵竹主产地	花卉类别(单位)	生产量
1	贵池区(皖)	城市绿化苗(万株)	8.00
2	洞口县(湘)	城市绿化苗(万株)	4.00
3	南丹县(桂)	观赏苗木(万株)	30.00
4	太康县(豫)	观赏苗木(万株)	4.00
5	涿州市(冀)	观叶植物(万盆)	5.00
6	清城区(粤)	观叶植物(万盆)	3.20
7	石柱土家族自治县(渝)	观叶植物(万盆)	3.00
8	竹山县(鄂)	观叶植物(万盆)	0.98
9	武宣县(桂)	观叶植物(万盆)	0.80
10	巴州区(川)	盆花(万盆)	28.00
11	连州市(粤)	盆花(万盆)	5.00
12	西华县(豫)	盆花(万盆)	4.50
13	青　县(冀)	盆花(万盆)	4.00
14	文山市(滇)	盆花(万盆)	3.00
15	巫山县(渝)	盆花(万盆)	3.00
16	无极县(冀)	盆花(万盆)	3.00
17	大城县(冀)	盆花(万盆)	2.20
18	石棉县(川)	盆花(万盆)	2.00
19	岳阳楼区(湘)	盆花(万盆)	2.00
20	中阳县(晋)	盆花(万盆)	1.50
21	盐山县(冀)	盆花(万盆)	1.20
22	新华区(豫)	盆花(万盆)	1.00
23	三门县(浙)	盆花(万盆)	0.80
24	孟村回族自治县(冀)	盆花(万盆)	0.60
25	新建县(赣)	盆花(万盆)	0.56
26	广昌县(赣)	盆景(万盆)	20.00

(续)

序号	富贵竹主产地	花卉类别(单位)	生产量
27	会理县(川)	盆景(万盆)	15.00
28	赞皇县(冀)	盆景(万盆)	7.80
29	宝丰县(豫)	盆景(万盆)	2.10
30	许昌县(豫)	鲜切花(万支)	5.00
31	永丰县(赣)	鲜切花(万支)	3.00
32	台山市(粤)	鲜切叶(万支)	1321.00
33	濮阳县(豫)	鲜切叶(万支)	250.00
34	永清县(冀)	鲜切叶(万支)	25.00
35	洋　县(陕)	鲜切叶(万支)	7.00
36	西华县(豫)	鲜切叶(万支)	5.90
37	藁城区(冀)	鲜切叶(万支)	3.00

表 13-39　草花主产地产量

序号	草花主产地	花卉类别(单位)	生产量
1	辉南县(吉)	城市绿化苗(万株)	1656.00
2	肥西县(皖)	城市绿化苗(万株)	1000.00
3	包河区(皖)	城市绿化苗(万株)	200.00
4	武胜县(川)	城市绿化苗(万株)	200.00
5	枝江市(鄂)	城市绿化苗(万株)	200.00
6	利通区(宁)	城市绿化苗(万株)	114.00
7	巩留县(新)	城市绿化苗(万株)	110.00
8	临河区(蒙)	城市绿化苗(万株)	100.00
9	土默特右旗(蒙)	城市绿化苗(万株)	55.00
10	蕉岭县(粤)	城市绿化苗(万株)	50.00
11	青铜峡市(宁)	城市绿化苗(万株)	15.00
12	石棉县(川)	城市绿化苗(万株)	8.00
13	涉　县(冀)	观赏苗木(万株)	30.00
14	临洮县(甘)	观赏苗木(万株)	11.00
15	芜湖县(皖)	观赏苗木(万株)	10.00
16	碾子山区(黑)	观赏苗木(万株)	6.00
17	康定县(川)	观赏苗木(万株)	3.00
18	顺城区(辽)	观赏苗木(万株)	1.00
19	辛集市(冀)	观叶植物(万盆)	10.00
20	石柱土家族自治县(渝)	观叶植物(万盆)	5.30
21	应　县(晋)	观叶植物(万盆)	5.00
22	宕昌县(甘)	观叶植物(万盆)	1.50
23	阳泉市郊区(晋)	花卉用种苗(千苗)	24.50
24	清原满族自治县(辽)	盆花(万盆)	2500.00
25	浦东新区(沪)	盆花(万盆)	1266.90
26	青浦区(沪)	盆花(万盆)	1046.28
27	武胜县(川)	盆花(万盆)	600.00
28	莒南县(鲁)	盆花(万盆)	380.00
29	恩阳区(川)	盆花(万盆)	320.00
30	禹会区(皖)	盆花(万盆)	300.00
31	松江区(沪)	盆花(万盆)	235.00

（续）

序号	草花主产地	花卉类别(单位)	生产量
32	忻府区(晋)	盆花(万盆)	132.38
33	富顺县(川)	盆花(万盆)	42.00
34	北戴河区(冀)	盆花(万盆)	33.00
35	桃城区(冀)	盆花(万盆)	20.00
36	沂水县(鲁)	盆花(万盆)	19.00
37	高邑县(冀)	盆花(万盆)	10.00
38	淮上区(皖)	盆花(万盆)	10.00
39	长葛市(豫)	盆花(万盆)	8.00
40	蜀山区(皖)	盆花(万盆)	6.00
41	蒙城县(皖)	盆花(万盆)	5.00
42	北京市大东流苗圃（京）	盆花(万盆)	4.60
43	东乡族自治县(甘)	盆花(万盆)	0.90
44	昭化区(川)	盆景(万盆)	24.00
45	攀枝花市东区(川)	盆景(万盆)	0.60
46	青浦区(沪)	鲜切花(万支)	900.00
47	东乡族自治县(甘)	鲜切花(万支)	150.00
48	岱山县(浙)	鲜切花(万支)	10.00
49	临沭县(鲁)	鲜切花(万支)	9.00
50	容城县(冀)	鲜切叶(万支)	3.00

表 13-40　法桐主产地产量

序号	法桐主产地	花卉类别(单位)	生产量
1	济源市(豫)	城市绿化苗(万株)	3450.00
2	新泰市(鲁)	城市绿化苗(万株)	1300.00
3	东平县(鲁)	城市绿化苗(万株)	400.00
4	河东区(鲁)	城市绿化苗(万株)	300.00
5	郸城县(豫)	城市绿化苗(万株)	200.00
6	章丘市(鲁)	城市绿化苗(万株)	168.00
7	濮阳县(豫)	城市绿化苗(万株)	130.00
8	偃师市(豫)	城市绿化苗(万株)	110.00
9	潢川县(豫)	城市绿化苗(万株)	100.00
10	汝南县(豫)	城市绿化苗(万株)	75.00
11	许昌县(豫)	城市绿化苗(万株)	58.00
12	夏邑县(豫)	城市绿化苗(万株)	50.00
13	坊子区(鲁)	城市绿化苗(万株)	40.00
14	迁西县(冀)	城市绿化苗(万株)	30.00
15	新郑市(豫)	城市绿化苗(万株)	20.00
16	鄢陵县(豫)	城市绿化苗(万株)	20.00
17	杞　县(豫)	城市绿化苗(万株)	17.00
18	龙安区(豫)	城市绿化苗(万株)	16.00
19	荥阳市(豫)	城市绿化苗(万株)	15.00
20	平桥区(豫)	城市绿化苗(万株)	5.00
21	平乡县(冀)	城市绿化苗(万株)	5.00
22	曲阳县(冀)	城市绿化苗(万株)	5.00
23	息　县(豫)	城市绿化苗(万株)	4.40

（续）

序号	法桐主产地	花卉类别(单位)	生产量
24	瑞金市(赣)	城市绿化苗(万株)	4.00
25	莱芜市高新区(鲁)	城市绿化苗(万株)	3.60
26	鹿邑县(豫)	城市绿化苗(万株)	3.50
27	威海市经济技术开发区(鲁)	城市绿化苗(万株)	2.40
28	凤阳县(皖)	城市绿化苗(万株)	2.00
29	西华县(豫)	城市绿化苗(万株)	1.50
30	沈丘县(豫)	城市绿化苗(万株)	1.10
31	广水市(鄂)	城市绿化苗(万株)	1.00
32	兖州市(鲁)	观赏苗木(万株)	5600.00
33	邱　县(冀)	观赏苗木(万株)	500.00
34	滑　县(豫)	观赏苗木(万株)	360.00
35	民权县(豫)	观赏苗木(万株)	300.00
36	馆陶县(冀)	观赏苗木(万株)	260.00
37	新野县(豫)	观赏苗木(万株)	200.00
38	成安县(冀)	观赏苗木(万株)	150.00
39	利津县(鲁)	观赏苗木(万株)	129.00
40	肥乡县(冀)	观赏苗木(万株)	100.00
41	固安县(冀)	观赏苗木(万株)	95.00
42	宁晋县(冀)	观赏苗木(万株)	57.00
43	长葛市(豫)	观赏苗木(万株)	41.60
44	确山县(豫)	观赏苗木(万株)	40.00
45	安国市(冀)	观赏苗木(万株)	33.00
46	鹿泉区(冀)	观赏苗木(万株)	32.00
47	无极县(冀)	观赏苗木(万株)	30.00
48	沙河市(冀)	观赏苗木(万株)	29.00
49	辛集市(冀)	观赏苗木(万株)	20.00
50	景　县(冀)	观赏苗木(万株)	19.80
51	乐亭县(冀)	观赏苗木(万株)	15.60
52	武强县(冀)	观赏苗木(万株)	15.00
53	莎车县(新)	观赏苗木(万株)	11.90
54	广阳区(冀)	观赏苗木(万株)	11.38
55	大城县(冀)	观赏苗木(万株)	10.00
56	涉　县(冀)	观赏苗木(万株)	10.00
57	广平县(冀)	观赏苗木(万株)	9.00
58	北戴河区(冀)	观赏苗木(万株)	7.00
59	文安县(冀)	观赏苗木(万株)	7.00
60	曲周县(冀)	观赏苗木(万株)	5.90
61	栾城区(冀)	观赏苗木(万株)	5.70
62	高碑店市(冀)	观赏苗木(万株)	5.50
63	井陉矿区(冀)	观赏苗木(万株)	3.00
64	仙桃市(鄂)	观赏苗木(万株)	2.60
65	丰南区(冀)	观赏苗木(万株)	2.50
66	淮阳县(豫)	观赏苗木(万株)	2.50
67	魏　县(冀)	观赏苗木(万株)	2.00
68	赞皇县(冀)	观赏苗木(万株)	1.60

(续)

序号	法桐主产地	花卉类别(单位)	生产量
69	南和县(冀)	盆花(万盆)	31.00
70	藁城区(冀)	鲜切叶(万支)	1.00

表 13-41　红叶小檗主产地产量

序号	红叶小檗主产地	花卉类别(单位)	生产量
1	古交市(晋)	城市绿化苗(万株)	100000.00
2	潢川县(豫)	城市绿化苗(万株)	660.00
3	龙安区(豫)	城市绿化苗(万株)	538.00
4	沂水县(鲁)	城市绿化苗(万株)	68.00
5	颍泉区(皖)	城市绿化苗(万株)	65.70
6	坊子区(鲁)	城市绿化苗(万株)	50.00
7	莱芜市高新区(鲁)	城市绿化苗(万株)	40.00
8	濮阳县(豫)	城市绿化苗(万株)	40.00
9	大武口区(宁)	城市绿化苗(万株)	30.00
10	定襄县(晋)	城市绿化苗(万株)	30.00
11	鹤山区(豫)	城市绿化苗(万株)	30.00
12	威海市经济技术开发区(鲁)	城市绿化苗(万株)	15.00
13	枣阳市(鄂)	城市绿化苗(万株)	10.00
14	茅箭区(鄂)	城市绿化苗(万株)	8.00
15	凤阳县(皖)	城市绿化苗(万株)	5.00
16	青铜峡市(宁)	城市绿化苗(万株)	2.00
17	兴庆区(宁)	观赏苗木(万株)	5914.00
18	望都县(冀)	观赏苗木(万株)	1510.00
19	邹平县(鲁)	观赏苗木(万株)	593.00
20	易　县(冀)	观赏苗木(万株)	300.00
21	涿州市(冀)	观赏苗木(万株)	180.00
22	博野县(冀)	观赏苗木(万株)	160.00
23	清苑县(冀)	观赏苗木(万株)	160.00
24	开平区(冀)	观赏苗木(万株)	110.00
25	莱州市(鲁)	观赏苗木(万株)	100.00
26	鹿泉区(冀)	观赏苗木(万株)	40.00
27	乐亭县(冀)	观赏苗木(万株)	35.00
28	北戴河区(冀)	观赏苗木(万株)	31.00
29	路南区(冀)	观赏苗木(万株)	30.00
30	深州市(冀)	观赏苗木(万株)	23.00
31	藁城区(冀)	观赏苗木(万株)	22.00
32	迁安市(冀)	观赏苗木(万株)	20.00
33	辛集市(冀)	观赏苗木(万株)	20.00
34	肃宁县(冀)	观赏苗木(万株)	13.00
35	范　县(豫)	观赏苗木(万株)	10.00
36	桃城区(冀)	观赏苗木(万株)	10.00
37	武强县(冀)	观赏苗木(万株)	10.00
38	章丘市(鲁)	观赏苗木(万株)	10.00
39	邢台县(冀)	观赏苗木(万株)	8.50
40	康保县(冀)	观赏苗木(万株)	6.00

(续)

序号	红叶小檗主产地	花卉类别(单位)	生产量
41	曲阳县(冀)	观赏苗木(万株)	5.00
42	大厂回族自治县(冀)	观赏苗木(万株)	4.00
43	井陉矿区(冀)	观赏苗木(万株)	2.00
44	石泉县(陕)	观赏苗木(万株)	2.00
45	安阳县(豫)	观赏苗木(万株)	0.80
46	环翠区(鲁)	观叶植物(万盆)	45.00
47	东营区(鲁)	盆花(万盆)	15.00
48	中阳县(晋)	盆花(万盆)	3.00
49	鸡泽县(冀)	盆花(万盆)	0.60
50	洋　县(陕)	鲜切叶(万支)	3.75

表 13-42　竹柳主产地产量

序号	竹柳主产地	花卉类别(单位)	生产量
1	范　县(豫)	城市绿化苗(万株)	550.00
2	东平县(鲁)	城市绿化苗(万株)	500.00
3	邵东县(湘)	城市绿化苗(万株)	40.00
4	章丘市(鲁)	城市绿化苗(万株)	36.00
5	华容县(湘)	城市绿化苗(万株)	20.00
6	零陵区(湘)	城市绿化苗(万株)	20.00
7	普定县(黔)	城市绿化苗(万株)	20.00
8	鹿邑县(豫)	城市绿化苗(万株)	16.00
9	蚌山区(皖)	城市绿化苗(万株)	15.00
10	贵池区(皖)	城市绿化苗(万株)	10.00
11	凤阳县(皖)	城市绿化苗(万株)	5.00
12	青铜峡市(宁)	城市绿化苗(万株)	5.00
13	三山区(皖)	城市绿化苗(万株)	3.00
14	陵　县(鲁)	观赏苗木(万株)	356.00
15	馆陶县(冀)	观赏苗木(万株)	260.00
16	赤城县(冀)	观赏苗木(万株)	150.00
17	蔚　县(冀)	观赏苗木(万株)	66.00
18	大城县(冀)	观赏苗木(万株)	50.00
19	辛集市(冀)	观赏苗木(万株)	50.00
20	兖州市(鲁)	观赏苗木(万株)	40.00
21	巴州区(川)	观赏苗木(万株)	17.50
22	乐亭县(冀)	观赏苗木(万株)	14.90
23	沅江市(湘)	观赏苗木(万株)	14.00
24	晋州市(冀)	观赏苗木(万株)	9.00
25	鸡泽县(冀)	观赏苗木(万株)	6.00
26	任丘市(冀)	观赏苗木(万株)	5.10
27	武强县(冀)	观赏苗木(万株)	5.00
28	海港区(冀)	观赏苗木(万株)	2.80
29	大名县(冀)	观赏苗木(万株)	1.00
30	永年县(冀)	观赏苗木(万株)	0.56
31	阳新县(鄂)	盆花(万盆)	3.00
32	方城县(豫)	盆花(万盆)	2.30

表 13-43　桧柏主产地产量

序号	桧柏主产地	花卉类别(单位)	生产量
1	迁西县(冀)	城市绿化苗(万株)	100.00
2	潢川县(豫)	城市绿化苗(万株)	100.00
3	偃师市(豫)	城市绿化苗(万株)	81.00
4	金凤区(宁)	城市绿化苗(万株)	37.70
5	三山区(皖)	城市绿化苗(万株)	11.00
6	章丘市(鲁)	城市绿化苗(万株)	10.00
7	忻府区(晋)	城市绿化苗(万株)	9.69
8	定襄县(晋)	城市绿化苗(万株)	6.00
9	龙里县(黔)	城市绿化苗(万株)	6.00
10	蒲城县(陕)	城市绿化苗(万株)	2.00
11	鄂托克前旗(蒙)	城市绿化苗(万株)	1.45
12	井陉县(冀)	城市绿化苗(万株)	1.00
13	南　县(湘)	城市绿化苗(万株)	0.80
14	望都县(冀)	观赏苗木(万株)	1165.00
15	邯郸县(冀)	观赏苗木(万株)	200.00
16	武安市(冀)	观赏苗木(万株)	100.00
17	涉　县(冀)	观赏苗木(万株)	50.00
18	兖州市(鲁)	观赏苗木(万株)	45.00
19	唐　县(冀)	观赏苗木(万株)	34.00
20	藁城区(冀)	观赏苗木(万株)	25.00
21	大城县(冀)	观赏苗木(万株)	20.00
22	盐山县(冀)	观赏苗木(万株)	14.00
23	临漳县(冀)	观赏苗木(万株)	9.80
24	北戴河区(冀)	观赏苗木(万株)	7.20
25	太康县(豫)	观赏苗木(万株)	7.00
26	魏　县(冀)	观赏苗木(万株)	5.00
27	井陉矿区(冀)	观赏苗木(万株)	3.00
28	迁安市(冀)	观赏苗木(万株)	2.00
29	定襄县(晋)	观赏苗木(万株)	2.00
30	卫辉市(豫)	观赏苗木(万株)	1.50
31	满城县(冀)	观赏苗木(万株)	1.00
32	应　县(晋)	观赏苗木(万株)	0.80
33	永年县(冀)	观赏苗木(万株)	0.51
34	榆树市(吉)	鲜切花(万支)	150.00

表 13-44　榕树(小叶榕)主产地产量

序号	榕树(小叶榕)主产地	花卉类别(单位)	生产量
1	清城区(粤)	城市绿化苗(万株)	1670.00
2	元阳县(滇)	城市绿化苗(万株)	150.00
3	红河县(滇)	城市绿化苗(万株)	130.00
4	达川区(川)	城市绿化苗(万株)	100.00
5	自流井区(川)	城市绿化苗(万株)	80.00
6	江津区(渝)	城市绿化苗(万株)	50.00
7	富顺县(川)	城市绿化苗(万株)	40.00
8	米易县(川)	城市绿化苗(万株)	30.00

(续)

序号	榕树(小叶榕)主产地	花卉类别(单位)	生产量
9	龙南县(赣)	城市绿化苗(万株)	20.00
10	攀枝花市西区(川)	城市绿化苗(万株)	10.00
11	岳池县(川)	城市绿化苗(万株)	10.00
12	潮安县(粤)	城市绿化苗(万株)	5.00
13	陆川县(桂)	城市绿化苗(万株)	5.00
14	屏山县(川)	城市绿化苗(万株)	5.00
15	南康市(赣)	城市绿化苗(万株)	3.50
16	赤水市(黔)	城市绿化苗(万株)	2.61
17	分宜县(赣)	城市绿化苗(万株)	1.00
18	仁和区(川)	城市绿化苗(万株)	1.00
19	大余县(赣)	观赏苗木(万株)	74.00
20	武宣县(桂)	观赏苗木(万株)	29.00
21	武定县(滇)	观赏苗木(万株)	20.58
22	赤坎区(粤)	观赏苗木(万株)	20.00
23	翠屏区(川)	观赏苗木(万株)	6.00
24	苏家屯区(辽)	观赏苗木(万株)	5.00
25	巴州区(川)	观赏苗木(万株)	3.50
26	台山市(粤)	观赏苗木(万株)	3.20
27	雷州市(粤)	观赏苗木(万株)	2.00
28	安阳县(豫)	观赏苗木(万株)	1.50
29	田阳县(桂)	观赏苗木(万株)	1.20
30	姚安县(滇)	观赏苗木(万株)	0.80
31	宜州市(桂)	观叶植物(万盆)	3.40
32	石柱土家族自治县(渝)	观叶植物(万盆)	0.70
33	龙南县(赣)	花卉用种苗(千苗)	500.00
34	江阳区(川)	花卉用种苗(千苗)	260.00
35	涿州市(冀)	盆花(万盆)	10.00
36	东洲区(辽)	盆花(万盆)	2.80
37	钦南区(桂)	盆景(万盆)	1.50
38	建始县(鄂)	盆景(万盆)	0.70
39	文山市(滇)	鲜切花(万支)	1.10

表 13-45　红叶石楠主产地产量

序号	红叶石楠主产地	花卉类别(单位)	生产量
1	竹山县(鄂)	城市绿化苗(万株)	20000.00
2	房　县(鄂)	城市绿化苗(万株)	5000.00
3	肥西县(皖)	城市绿化苗(万株)	1500.00
4	明光市(皖)	城市绿化苗(万株)	1200.00
5	岳阳县(湘)	城市绿化苗(万株)	1100.00
6	江口县(黔)	城市绿化苗(万株)	668.00
7	颍州区(皖)	城市绿化苗(万株)	500.00
8	许昌县(豫)	城市绿化苗(万株)	320.00
9	邵东县(湘)	城市绿化苗(万株)	304.00
10	洪江市(湘)	城市绿化苗(万株)	300.00
11	禹会区(皖)	城市绿化苗(万株)	300.00

（续）

序号	红叶石楠主产地	花卉类别(单位)	生产量
12	掇刀区(鄂)	城市绿化苗(万株)	200.00
13	界首市(皖)	城市绿化苗(万株)	200.00
14	贵池区(皖)	城市绿化苗(万株)	187.00
15	株洲县(湘)	城市绿化苗(万株)	180.00
16	铜梁县(渝)	城市绿化苗(万株)	160.00
17	龙里县(黔)	城市绿化苗(万株)	155.00
18	郸城县(豫)	城市绿化苗(万株)	120.00
19	古蔺县(川)	城市绿化苗(万株)	100.00
20	关岭布依族苗族自治县(黔)	城市绿化苗(万株)	100.00
21	赫山区(湘)	城市绿化苗(万株)	100.00
22	汝阳县(豫)	城市绿化苗(万株)	100.00
23	桐城市(皖)	城市绿化苗(万株)	100.00
24	孝昌县(鄂)	城市绿化苗(万株)	100.00
25	偃师市(豫)	城市绿化苗(万株)	100.00
26	汝南县(豫)	城市绿化苗(万株)	95.00
27	栾川县(豫)	城市绿化苗(万株)	88.50
28	颍泉区(皖)	城市绿化苗(万株)	88.01
29	长宁县(川)	城市绿化苗(万株)	80.90
30	新邵县(湘)	城市绿化苗(万株)	80.00
31	富顺县(川)	城市绿化苗(万株)	70.00
32	濮阳县(豫)	城市绿化苗(万株)	60.00
33	香格里拉县(滇)	城市绿化苗(万株)	60.00
34	凤阳县(皖)	城市绿化苗(万株)	50.00
35	屏山县(川)	城市绿化苗(万株)	50.00
36	五河县(皖)	城市绿化苗(万株)	50.00
37	保康县(鄂)	城市绿化苗(万株)	48.80
38	达川区(川)	城市绿化苗(万株)	45.00
39	叶　县(豫)	城市绿化苗(万株)	41.00
40	浠水县(鄂)	城市绿化苗(万株)	35.00
41	平桥区(豫)	城市绿化苗(万株)	34.00
42	京山县(鄂)	城市绿化苗(万株)	32.10
43	仙桃市(鄂)	城市绿化苗(万株)	28.00
44	鄢陵县(豫)	城市绿化苗(万株)	24.00
45	蓬安县(川)	城市绿化苗(万株)	20.00
46	黔江区(渝)	城市绿化苗(万株)	20.00
47	威海市经济技术开发区(鲁)	城市绿化苗(万株)	18.00
48	芷江侗族自治县(湘)	城市绿化苗(万株)	18.00
49	泰顺县(浙)	城市绿化苗(万株)	15.00
50	枣阳市(鄂)	城市绿化苗(万株)	13.00
51	汶上县(鲁)	城市绿化苗(万株)	12.30
52	三山区(皖)	城市绿化苗(万株)	12.00
53	丰都县(渝)	城市绿化苗(万株)	11.65
54	德安县(赣)	城市绿化苗(万株)	10.00
55	独山县(黔)	城市绿化苗(万株)	10.00
56	广水市(鄂)	城市绿化苗(万株)	10.00

（续）

序号	红叶石楠主产地	花卉类别(单位)	生产量
57	茅箭区(鄂)	城市绿化苗(万株)	10.00
58	黄山区(皖)	城市绿化苗(万株)	5.00
59	南　县(湘)	城市绿化苗(万株)	5.00
60	宁远县(湘)	城市绿化苗(万株)	5.00
61	新田县(湘)	城市绿化苗(万株)	5.00
62	英山县(鄂)	城市绿化苗(万株)	5.00
63	长顺县(黔)	城市绿化苗(万株)	5.00
64	江川县(滇)	城市绿化苗(万株)	4.00
65	旌阳区(川)	城市绿化苗(万株)	4.00
66	涪城区(川)	城市绿化苗(万株)	3.00
67	鹿邑县(豫)	城市绿化苗(万株)	3.00
68	威远县(川)	城市绿化苗(万株)	3.00
69	黟　县(皖)	城市绿化苗(万株)	3.00
70	沙市区(鄂)	城市绿化苗(万株)	2.50
71	息烽县(黔)	城市绿化苗(万株)	2.20
72	碧江区(黔)	城市绿化苗(万株)	2.00
73	东兴区(川)	城市绿化苗(万株)	2.00
74	万山区(黔)	城市绿化苗(万株)	2.00
75	西华县(豫)	城市绿化苗(万株)	1.80
76	韶山市(湘)	城市绿化苗(万株)	1.35
77	公安县(鄂)	城市绿化苗(万株)	1.20
78	蒲城县(陕)	城市绿化苗(万株)	1.00
79	北仑区(浙)	观赏苗木(万株)	7000.00
80	月湖区(赣)	观赏苗木(万株)	6000.00
81	常山县(浙)	观赏苗木(万株)	5000.00
82	袁州区(赣)	观赏苗木(万株)	2000.00
83	桂东县(湘)	观赏苗木(万株)	540.00
84	大冶市(鄂)	观赏苗木(万株)	300.00
85	江津区(渝)	观赏苗木(万株)	200.00
86	邱　县(冀)	观赏苗木(万株)	200.00
87	长葛市(豫)	观赏苗木(万株)	162.50
88	慈利县(湘)	观赏苗木(万株)	150.00
89	新干县(赣)	观赏苗木(万株)	120.00
90	光山县(豫)	观赏苗木(万株)	100.00
91	猇亭区(鄂)	观赏苗木(万株)	100.00
92	确山县(豫)	观赏苗木(万株)	60.00
93	青浦区(沪)	观赏苗木(万株)	45.00
94	高　县(川)	观赏苗木(万株)	41.56
95	嵩　县(豫)	观赏苗木(万株)	37.50
96	东宝区(鄂)	观赏苗木(万株)	20.00
97	川汇区(豫)	观赏苗木(万株)	18.00
98	巴州区(川)	观赏苗木(万株)	16.80
99	广平县(冀)	观赏苗木(万株)	15.00
100	红花岗区(黔)	观赏苗木(万株)	15.00
101	南郑县(陕)	观赏苗木(万株)	15.00

（续）

序号	红叶石楠主产地	花卉类别(单位)	生产量
102	开封县(豫)	观赏苗木(万株)	12.00
103	西平县(豫)	观赏苗木(万株)	12.00
104	鹤峰县(鄂)	观赏苗木(万株)	11.00
105	监利县(鄂)	观赏苗木(万株)	10.00
106	阳新县(鄂)	观赏苗木(万株)	10.00
107	中方县(湘)	观赏苗木(万株)	10.00
108	大城县(冀)	观赏苗木(万株)	5.00
109	蕉岭县(粤)	观赏苗木(万株)	5.00
110	章丘市(鲁)	观赏苗木(万株)	5.00
111	洋　县(陕)	观赏苗木(万株)	3.82
112	荷塘区(湘)	观赏苗木(万株)	3.00
113	彭水苗族土家族自治县(渝)	观赏苗木(万株)	2.00
114	石泉县(陕)	观赏苗木(万株)	2.00
115	魏　县(冀)	观赏苗木(万株)	2.00
116	山阳区(豫)	观赏苗木(万株)	1.20
117	安阳县(豫)	观赏苗木(万株)	0.76
118	淮阳县(豫)	观赏苗木(万株)	0.60
119	环翠区(鲁)	观叶植物(万盆)	92.40
120	冀州市(冀)	观叶植物(万盆)	60.00
121	大足县(渝)	观叶植物(万盆)	50.00
122	翠屏区(川)	观叶植物(万盆)	4.00
123	南昌县(赣)	观叶植物(万盆)	2.00
124	平利县(陕)	观叶植物(万盆)	0.80
125	洋　县(陕)	观叶植物(万盆)	0.70
126	龙南县(赣)	花卉用种苗(千苗)	500.00
127	章丘市(鲁)	花卉用种球(千粒)	300.00
128	蚌山区(皖)	盆花(万盆)	5.00
129	巴州区(川)	盆花(万盆)	3.50
130	岳阳楼区(湘)	盆景(万盆)	1.80
131	宣汉县(川)	鲜切花(万支)	24.50
132	巴州区(川)	鲜切花(万支)	14.00
133	西华县(豫)	鲜切叶(万支)	2.60
134	湖滨区(豫)	穴盘苗(万株)	300.00
135	广水市(鄂)	穴盘苗(万株)	200.00

表 13-46　罗汉松主产地产量

序号	罗汉松主产地	花卉类别(单位)	生产量
1	赫山区(湘)	城市绿化苗(万株)	200.00
2	银海区(桂)	城市绿化苗(万株)	110.00
3	四会市(粤)	城市绿化苗(万株)	79.20
4	潢川县(豫)	城市绿化苗(万株)	70.00
5	邵东县(湘)	城市绿化苗(万株)	47.00
6	钦廉林场(桂)	城市绿化苗(万株)	34.00
7	中方县(湘)	城市绿化苗(万株)	30.00
8	浦北县(桂)	城市绿化苗(万株)	20.00

（续）

序号	罗汉松主产地	花卉类别(单位)	生产量
9	龙里县(黔)	城市绿化苗(万株)	12.00
10	分宜县(赣)	城市绿化苗(万株)	10.00
11	钦南区(桂)	城市绿化苗(万株)	5.20
12	那坡县(桂)	城市绿化苗(万株)	5.00
13	清新县(粤)	城市绿化苗(万株)	5.00
14	新田县(湘)	城市绿化苗(万株)	4.00
15	独山县(黔)	城市绿化苗(万株)	3.00
16	安化县(湘)	城市绿化苗(万株)	2.00
17	辰溪县(湘)	城市绿化苗(万株)	2.00
18	新化县(湘)	城市绿化苗(万株)	2.00
19	仙桃市(鄂)	城市绿化苗(万株)	1.80
20	乐昌市(粤)	城市绿化苗(万株)	1.50
21	南　县(湘)	城市绿化苗(万株)	1.20
22	洞口县(湘)	城市绿化苗(万株)	1.00
23	金城江区(桂)	城市绿化苗(万株)	1.00
24	荔波县(黔)	城市绿化苗(万株)	1.00
25	袁州区(赣)	观赏苗木(万株)	1000.00
26	浦东新区(沪)	观赏苗木(万株)	30.20
27	潮安县(粤)	观赏苗木(万株)	30.00
28	蕉岭县(粤)	观赏苗木(万株)	5.00
29	金秀瑶族自治县(桂)	观赏苗木(万株)	5.00
30	玉山县(赣)	观赏苗木(万株)	5.00
31	台山市(粤)	观赏苗木(万株)	1.20
32	巴州区(川)	盆花(万盆)	2.80
33	岳阳楼区(湘)	盆花(万盆)	0.80
34	蓬江区(粤)	盆景(万盆)	1.10
35	南昌县(赣)	盆景(万盆)	1.00
36	黔江区(渝)	盆景(万盆)	1.00

表 13-47　红枫主产地产量

序号	红枫主产地	花卉类别(单位)	生产量
1	明光市(皖)	城市绿化苗(万株)	275.00
2	东平县(鲁)	城市绿化苗(万株)	200.00
3	达川区(川)	城市绿化苗(万株)	40.00
4	颍泉区(皖)	城市绿化苗(万株)	35.02
5	柳河县(吉)	城市绿化苗(万株)	30.00
6	濮阳县(豫)	城市绿化苗(万株)	30.00
7	潢川县(豫)	城市绿化苗(万株)	30.00
8	株洲县(湘)	城市绿化苗(万株)	25.00
9	关岭布依族苗族自治县(黔)	城市绿化苗(万株)	20.00
10	龙里县(黔)	城市绿化苗(万株)	20.00
11	丰都县(渝)	城市绿化苗(万株)	14.90
12	许昌县(豫)	城市绿化苗(万株)	12.00
13	唐河县(豫)	城市绿化苗(万株)	10.00
14	新　县(豫)	城市绿化苗(万株)	10.00

(续)

序号	红枫主产地	花卉类别(单位)	生产量
15	江川县(滇)	城市绿化苗(万株)	8.50
16	凤阳县(皖)	城市绿化苗(万株)	5.00
17	宜都市(鄂)	城市绿化苗(万株)	5.00
18	龙南县(赣)	城市绿化苗(万株)	4.00
19	蜀山区(皖)	城市绿化苗(万株)	3.00
20	三山区(皖)	城市绿化苗(万株)	3.00
21	新建县(赣)	城市绿化苗(万株)	3.00
22	浠水县(鄂)	城市绿化苗(万株)	2.60
23	贵池区(皖)	城市绿化苗(万株)	2.50
24	桐城市(皖)	城市绿化苗(万株)	2.00
25	怀宁县(皖)	城市绿化苗(万株)	2.00
26	仙桃市(鄂)	城市绿化苗(万株)	2.00
27	安化县(湘)	城市绿化苗(万株)	2.00
28	新化县(湘)	城市绿化苗(万株)	2.00
29	铜梁县(渝)	城市绿化苗(万株)	2.00
30	碧江区(黔)	城市绿化苗(万株)	2.00
31	黟　县(皖)	城市绿化苗(万株)	1.00
32	旌阳区(川)	城市绿化苗(万株)	1.00
33	房　县(鄂)	观赏苗木(万株)	1000.00
34	嘉陵区(川)	观赏苗木(万株)	160.00
35	宁晋县(冀)	观赏苗木(万株)	55.00
36	平泉县(冀)	观赏苗木(万株)	44.00
37	南郑县(陕)	观赏苗木(万株)	30.00
38	馆陶县(冀)	观赏苗木(万株)	20.00
39	大城县(冀)	观赏苗木(万株)	20.00
40	浦东新区(沪)	观赏苗木(万株)	20.00
41	翠屏区(川)	观赏苗木(万株)	20.00
42	邢台县(冀)	观赏苗木(万株)	18.00
43	宜阳县(豫)	观赏苗木(万株)	16.00
44	确山县(豫)	观赏苗木(万株)	10.00
45	沂源县(鲁)	观赏苗木(万株)	5.30
46	青浦区(沪)	观赏苗木(万株)	5.00
47	沙洋县(鄂)	观赏苗木(万株)	5.00
48	长葛市(豫)	观赏苗木(万株)	4.00
49	安平县(冀)	观赏苗木(万株)	3.40
50	内江市市中区(川)	观赏苗木(万株)	3.00
51	利津县(鲁)	观赏苗木(万株)	2.20
52	海港区(冀)	观赏苗木(万株)	2.00
53	衢江区(浙)	观赏苗木(万株)	2.00
54	阳新县(鄂)	观赏苗木(万株)	2.00
55	浠水县(鄂)	观赏苗木(万株)	1.60
56	巴州区(川)	观赏苗木(万株)	1.40
57	大厂回族自治县(冀)	观赏苗木(万株)	1.00
58	黄州区(鄂)	观赏苗木(万株)	1.00
59	大竹县(川)	观赏苗木(万株)	1.00
60	冀州市(冀)	观叶植物(万盆)	50.00
61	龙南县(赣)	花卉用种苗(千苗)	50.00

表 13-48　紫薇主产地产量

序号	紫薇主产地	花卉类别(单位)	生产量
1	新　县(豫)	城市绿化苗(万株)	400.00
2	恩阳区(川)	城市绿化苗(万株)	250.00
3	青阳县(皖)	城市绿化苗(万株)	160.00
4	河东区(鲁)	城市绿化苗(万株)	150.00
5	保康县(鄂)	城市绿化苗(万株)	120.30
6	肥西县(皖)	城市绿化苗(万株)	100.00
7	孝昌县(鄂)	城市绿化苗(万株)	100.00
8	富顺县(川)	城市绿化苗(万株)	80.00
9	贵池区(皖)	城市绿化苗(万株)	80.00
10	安化县(湘)	城市绿化苗(万株)	50.00
11	全州县(桂)	城市绿化苗(万株)	50.00
12	仙桃市(鄂)	城市绿化苗(万株)	32.00
13	鄢陵县(豫)	城市绿化苗(万株)	32.00
14	广安区(川)	城市绿化苗(万株)	30.00
15	彭山县(川)	城市绿化苗(万株)	30.00
16	龙里县(黔)	城市绿化苗(万株)	25.00
17	恩施市(鄂)	城市绿化苗(万株)	20.00
18	郎溪县(皖)	城市绿化苗(万株)	20.00
19	屏山县(川)	城市绿化苗(万株)	20.00
20	济源市(豫)	城市绿化苗(万株)	19.00
21	高　县(川)	城市绿化苗(万株)	14.80
22	京山县(鄂)	城市绿化苗(万株)	12.50
23	颍泉区(皖)	城市绿化苗(万株)	10.80
24	龙南县(赣)	城市绿化苗(万株)	10.00
25	岳池县(川)	城市绿化苗(万株)	10.00
26	竹山县(鄂)	城市绿化苗(万株)	10.00
27	平桥区(豫)	城市绿化苗(万株)	9.00
28	瑞金市(赣)	城市绿化苗(万株)	9.00
29	坊子区(鲁)	城市绿化苗(万株)	6.00
30	东兴区(川)	城市绿化苗(万株)	5.00
31	蒲城县(陕)	城市绿化苗(万株)	5.00
32	清新县(粤)	城市绿化苗(万株)	5.00
33	三山区(皖)	城市绿化苗(万株)	5.00
34	象山县(浙)	城市绿化苗(万株)	5.00
35	利川市(鄂)	城市绿化苗(万株)	4.00
36	碧江区(黔)	城市绿化苗(万株)	3.50
37	茅箭区(鄂)	城市绿化苗(万株)	3.00
38	蜀山区(皖)	城市绿化苗(万株)	3.00
39	息烽县(黔)	城市绿化苗(万株)	2.40
40	怀宁县(皖)	城市绿化苗(万株)	2.00

（续）

序号	紫薇主产地	花卉类别（单位）	生产量
41	醴陵市（湘）	城市绿化苗（万株）	2.00
42	龙安区（豫）	城市绿化苗（万株）	2.00
43	井研县（川）	城市绿化苗（万株）	1.50
44	金城江区（桂）	城市绿化苗（万株）	1.00
45	南　县（湘）	城市绿化苗（万株）	1.00
46	共青城市（赣）	城市绿化苗（万株）	0.62
47	芷江侗族自治县（湘）	城市绿化苗（万株）	0.60
48	社旗县（豫）	观赏苗木（万株）	340.00
49	射洪县（川）	观赏苗木（万株）	240.00
50	潜江市（鄂）	观赏苗木（万株）	200.00
51	兖州市（鲁）	观赏苗木（万株）	200.00
52	婺城区（浙）	观赏苗木（万株）	195.00
53	汝南县（豫）	观赏苗木（万株）	170.00
54	确山县（豫）	观赏苗木（万株）	150.00
55	肥城市（鲁）	观赏苗木（万株）	110.00
56	东平县（鲁）	观赏苗木（万株）	100.00
57	来凤县（鄂）	观赏苗木（万株）	80.00
58	襄城县（豫）	观赏苗木（万株）	59.00
59	襄州区（鄂）	观赏苗木（万株）	50.00
60	霸州市（冀）	观赏苗木（万株）	30.00
61	大城县（冀）	观赏苗木（万株）	30.00
62	巴州区（川）	观赏苗木（万株）	25.90
63	长葛市（豫）	观赏苗木（万株）	19.00
64	北仑区（浙）	观赏苗木（万株）	17.00
65	红花岗区（黔）	观赏苗木（万株）	15.00
66	宁明县（桂）	观赏苗木（万株）	15.00
67	北戴河区（冀）	观赏苗木（万株）	12.00
68	衢江区（浙）	观赏苗木（万株）	12.00
69	博野县（冀）	观赏苗木（万株）	10.00
70	玉山县（赣）	观赏苗木（万株）	10.00
71	邢台县（冀）	观赏苗木（万株）	9.00
72	北塔区（湘）	观赏苗木（万株）	8.60
73	铜梁县（渝）	观赏苗木（万株）	8.00
74	阳新县（鄂）	观赏苗木（万株）	8.00
75	三台县（川）	观赏苗木（万株）	5.60
76	百里杜鹃管委会林业局（黔）	观赏苗木（万株）	5.00
77	费　县（鲁）	观赏苗木（万株）	5.00
78	西平县（豫）	观赏苗木（万株）	5.00
79	施甸县（滇）	观赏苗木（万株）	3.80
80	永兴县（湘）	观赏苗木（万株）	3.40
81	长宁县（川）	观赏苗木（万株）	3.25
82	郾城区（豫）	观赏苗木（万株）	2.51
83	淅川县（豫）	观赏苗木（万株）	2.40
84	黄州区（鄂）	观赏苗木（万株）	2.00
85	迁安市（冀）	观赏苗木（万株）	1.00
86	苏仙区（湘）	观叶植物（万盆）	7000.00
87	文山市（滇）	观叶植物（万盆）	1.50
88	南郑县（陕）	花卉用种苗（千苗）	1100.00
89	龙南县（赣）	花卉用种苗（千苗）	50.00
90	通城县（鄂）	花卉用种苗（千苗）	0.60
91	巴州区（川）	盆花（万盆）	4.20
92	兖州市（鲁）	盆景（万盆）	700.00
93	来凤县（鄂）	盆景（万盆）	10.00
94	独山县（黔）	盆景（万盆）	2.00

表 13-49　仙客来主产地产量

序号	仙客来主产地	花卉类别（单位）	生产量
1	海港区（冀）	花卉用种球（千粒）	7.50
2	颍泉区（皖）	盆花（万盆）	80.70
3	霸州市（冀）	盆花（万盆）	55.00
4	万全区（冀）	盆花（万盆）	35.00
5	张家口市高新技术管理区（冀）	盆花（万盆）	30.00
6	闵行区（沪）	盆花（万盆）	23.90
7	牟平区（鲁）	盆花（万盆）	18.00
8	涿州市（冀）	盆花（万盆）	15.00
9	石家庄市桥西区（冀）	盆花（万盆）	13.00
10	丰宁满族自治县（冀）	盆花（万盆）	13.00
11	邹城市（鲁）	盆花（万盆）	10.00
12	东平县（鲁）	盆花（万盆）	10.00
13	鹿泉区（冀）	盆花（万盆）	9.00
14	栾城区（冀）	盆花（万盆）	8.00
15	普兰店市（辽）	盆花（万盆）	5.00
16	开封县（豫）	盆花（万盆）	5.00
17	旌阳区（川）	盆花（万盆）	5.00
18	赞皇县（冀）	盆花（万盆）	4.20
19	无极县（冀）	盆花（万盆）	4.00
20	隆化县（冀）	盆花（万盆）	4.00
21	定兴县（冀）	盆花（万盆）	3.00
22	安国市（冀）	盆花（万盆）	3.00
23	潍城区（鲁）	盆花（万盆）	3.00
24	章丘市（鲁）	盆花（万盆）	3.00
25	迁安市（冀）	盆花（万盆）	2.33
26	承德县（冀）	盆花（万盆）	2.00
27	蔚　县（冀）	盆花（万盆）	1.60
28	忻府区（晋）	盆花（万盆）	1.50
29	新市区（冀）	盆花（万盆）	1.00
30	宁东林业局（陕）	盆花（万盆）	0.80
31	七坡林场（桂）	盆花（万盆）	0.58
32	翠屏区（川）	盆景（万盆）	2.00
33	平泉县（冀）	鲜切花（万支）	4.00

(续)

序号	仙客来主产地	花卉类别(单位)	生产量
34	临洮县(甘)	鲜切花(万支)	1.00
35	曲周县(冀)	鲜切叶(万支)	6.50

表 13-50 卫矛类主产地产量

序号	卫矛类主产地	花卉类别(单位)	生产量
1	古交市(晋)	城市绿化苗(万株)	100000.00
2	龙安区(豫)	城市绿化苗(万株)	100.00
3	九台市(吉)	城市绿化苗(万株)	70.00
4	龙里县(黔)	城市绿化苗(万株)	35.00
5	威海市经济技术开发区(鲁)	城市绿化苗(万株)	6.90
6	青铜峡市(宁)	城市绿化苗(万株)	5.00
7	大同县(晋)	城市绿化苗(万株)	2.00
8	应　县(晋)	城市绿化苗(万株)	2.00
9	固安县(冀)	观赏苗木(万株)	820.00
10	滦南县(冀)	观赏苗木(万株)	300.00
11	易　县(冀)	观赏苗木(万株)	300.00
12	深州市(冀)	观赏苗木(万株)	214.00
13	开平区(冀)	观赏苗木(万株)	110.00
14	满城县(冀)	观赏苗木(万株)	90.25
15	沂水县(鲁)	观赏苗木(万株)	80.00
16	乐亭县(冀)	观赏苗木(万株)	59.00
17	北戴河区(冀)	观赏苗木(万株)	50.00
18	博野县(冀)	观赏苗木(万株)	30.00
19	沙河市(冀)	观赏苗木(万株)	29.00
20	海港区(冀)	观赏苗木(万株)	21.65
21	安阳县(豫)	观赏苗木(万株)	15.80
22	迁安市(冀)	观赏苗木(万株)	15.00
23	盐山县(冀)	观赏苗木(万株)	12.50
24	武强县(冀)	观赏苗木(万株)	10.00
25	涿州市(冀)	观赏苗木(万株)	5.00
26	翁牛特旗(蒙)	观赏苗木(万株)	4.00
27	忻府区(晋)	观赏苗木(万株)	3.30
28	山海关区(冀)	观赏苗木(万株)	1.90
29	长治县(晋)	鲜切花(万支)	75.00

表 13-51 其他花卉主产地产量

序号	其他花卉主产地	品种	花卉类别(单位)	生产量
1	崇明县(沪)	巴西铁	观赏苗木(万株)	15.80
2	关岭布依族苗族自治县(黔)	巴西铁	观赏苗木(万株)	5.00
3	清城区(粤)	巴西铁	观叶植物(万盆)	2.30
4	章丘市(鲁)	巴西铁	观叶植物(万盆)	2.00
5	南和县(冀)	巴西铁	盆花(万盆)	3.00
6	新丰县(粤)	巴西铁	盆景(万盆)	0.70
7	章丘市(鲁)	巴西铁	鲜切叶(万支)	8.00
8	阳泉市郊区(晋)	巴西铁	鲜切叶(万支)	1.00

(续)

序号	其他花卉主产地	品种	花卉类别(单位)	生产量
9	滦平县(冀)	白碧桃	观赏苗木(万株)	1.00
10	章丘市(鲁)	白碧桃	盆花(万盆)	1.00
11	郎溪县(皖)	白及	盆景(万盆)	2.50
12	铜官区(皖)	白鹃梅	盆景(万盆)	7.50
13	滑　县(豫)	百日草	城市绿化苗(万株)	90.00
14	上蔡县(豫)	百日草	城市绿化苗(万株)	41.90
15	元宝山区(蒙)	百日草	城市绿化苗(万株)	30.00
16	南　县(湘)	百日草	城市绿化苗(万株)	10.00
17	蕉岭县(粤)	百日草	城市绿化苗(万株)	2.00
18	老河口市(鄂)	百日草	观赏苗木(万株)	250.00
19	平罗县(宁)	百日草	观赏苗木(万株)	10.00
20	章丘市(鲁)	百日草	观叶植物(万盆)	1.00
21	罗江县(川)	百日草	盆花(万盆)	150.00
22	鄢陵县(豫)	百日草	盆花(万盆)	150.00
23	濮阳县(豫)	百日草	盆花(万盆)	100.00
24	北戴河区(冀)	百日草	盆花(万盆)	10.00
25	星子县(赣)	百日草	盆花(万盆)	5.00
26	淮上区(皖)	百日草	盆花(万盆)	2.00
27	旌阳区(川)	百日草	盆花(万盆)	2.00
28	唐　县(冀)	百日草	盆花(万盆)	1.70
29	九龙坡区(渝)	百日草	鲜切花(万支)	210.00
30	石城县(赣)	百子莲	观赏苗木(万株)	10.00
31	曹　县(鲁)	百子莲	观叶植物(万盆)	16500.00
32	太康县(豫)	薄荷	观赏苗木(万株)	29.00
33	魏　县(冀)	薄荷	观赏苗木(万株)	5.00
34	卫辉市(豫)	薄荷	盆花(万盆)	2.80
35	竹山县(鄂)	彩叶草	城市绿化苗(万株)	11.00
36	恩施市(鄂)	彩叶草	城市绿化苗(万株)	10.00
37	鹰手营子矿区(冀)	彩叶草	观叶植物(万盆)	10.00
38	嵩　县(豫)	彩叶草	观叶植物(万盆)	3.00
39	忻府区(晋)	彩叶草	观叶植物(万盆)	0.80
40	赫山区(湘)	彩叶草	盆花(万盆)	100.00
41	鄢陵县(豫)	彩叶草	盆花(万盆)	95.00
42	庐阳区(皖)	彩叶草	盆花(万盆)	30.00
43	永清县(冀)	彩叶草	盆花(万盆)	20.00
44	龙里县(黔)	彩叶草	盆花(万盆)	10.00
45	北戴河区(冀)	彩叶草	盆花(万盆)	8.00
46	旌阳区(川)	彩叶草	盆花(万盆)	8.00
47	章丘市(鲁)	彩叶草	盆花(万盆)	6.00
48	阳泉市郊区(晋)	彩叶草	盆花(万盆)	5.00
49	本溪满族自治县(辽)	彩叶草	盆花(万盆)	2.50
50	满城县(冀)	彩叶草	盆花(万盆)	2.20
51	滨城区(鲁)	彩叶草	盆花(万盆)	2.00
52	开平区(冀)	彩叶草	盆花(万盆)	2.00
53	商水县(豫)	彩叶草	盆花(万盆)	0.80

（续）

序号	其他花卉主产地	品种	花卉类别(单位)	生产量
54	新丰县(粤)	彩叶草	盆景(万盆)	1.00
55	迁西县(冀)	彩叶草	鲜切叶(万支)	100.00
56	宜都市(鄂)	彩叶草	穴盘苗	200.00
57	隆尧县(冀)	草芙蓉	鲜切花(万支)	8.00
58	石台县(皖)	草芙蓉	鲜切花(万支)	0.80
59	象山县(浙)	茶梅	城市绿化苗(万株)	450.00
60	德安县(赣)	茶梅	城市绿化苗(万株)	5.00
61	新化县(湘)	茶梅	城市绿化苗(万株)	5.00
62	贵池区(皖)	茶梅	城市绿化苗(万株)	3.00
63	株洲县(湘)	茶梅	城市绿化苗(万株)	3.00
64	新建县(赣)	茶梅	城市绿化苗(万株)	2.00
65	广水市(鄂)	茶梅	城市绿化苗(万株)	1.00
66	利川市(鄂)	茶梅	城市绿化苗(万株)	1.00
67	宜都市(鄂)	茶梅	城市绿化苗(万株)	1.00
68	南　县(湘)	茶梅	城市绿化苗(万株)	0.80
69	开福区(湘)	茶梅	干花(万支)	23000.00
70	北仑区(浙)	茶梅	观赏苗木(万株)	800.00
71	沙洋县(鄂)	茶梅	观赏苗木(万株)	20.00
72	蕉岭县(粤)	茶梅	观赏苗木(万株)	5.00
73	南郑县(陕)	茶梅	观赏苗木(万株)	3.00
74	南昌县(赣)	茶梅	盆花(万盆)	28.00
75	龙里县(黔)	茶梅	盆花(万盆)	5.00
76	岳阳楼区(湘)	茶梅	盆花(万盆)	1.50
77	三门县(浙)	茶梅	盆花(万盆)	0.90
78	当阳市(鄂)	茶梅	盆花(万盆)	0.80
79	星子县(赣)	茶梅	盆景(万盆)	2.00
80	竹山县(鄂)	茶梅	盆景(万盆)	0.80
81	新化县(湘)	常春藤类	城市绿化苗(万株)	10.00
82	新泰市(鲁)	常春藤类	观赏苗木(万株)	42.00
83	东平县(鲁)	常春藤类	观赏苗木(万株)	20.00
84	宜州市(桂)	常春藤类	观叶植物(万盆)	2.00
85	迁西县(冀)	常春藤类	观叶植物(万盆)	1.00
86	嵩　县(豫)	常春藤类	观叶植物(万盆)	0.80
87	定州市(冀)	常春藤类	盆花(万盆)	20.00
88	高邑县(冀)	常春藤类	盆花(万盆)	15.00
89	龙里县(黔)	常春藤类	盆花(万盆)	12.00
90	永清县(冀)	常春藤类	盆花(万盆)	8.00
91	海兴县(冀)	常春藤类	盆花(万盆)	1.20
92	饶阳县(冀)	常春藤类	盆花(万盆)	0.90
93	闵行区(沪)	常春藤类	盆景(万盆)	1.80
94	故城县(冀)	常春藤类	盆景(万盆)	0.80
95	洋　县(陕)	常春藤类	鲜切叶(万支)	3.00
96	夏邑县(豫)	赤楠	城市绿化苗(万株)	30.00
97	鼎城区(湘)	赤楠	观赏苗木(万株)	3.00
98	肥城市(鲁)	垂枝桃	观赏苗木(万株)	17.00

（续）

序号	其他花卉主产地	品种	花卉类别(单位)	生产量
99	章丘市(鲁)	春羽	鲜切叶(万支)	20.00
100	新化县(湘)	葱兰	城市绿化苗(万株)	100.00
101	蕉岭县(粤)	葱兰	城市绿化苗(万株)	10.00
102	南　县(湘)	葱兰	城市绿化苗(万株)	6.00
103	洞口县(湘)	葱兰	城市绿化苗(万株)	5.00
104	攀枝花市东区(川)	葱兰	城市绿化苗(万株)	3.80
105	芷江侗族自治县(湘)	葱兰	城市绿化苗(万株)	3.00
106	竹山县(鄂)	葱兰	观赏苗木(万株)	1.10
107	赫山区(湘)	葱兰	观叶植物(万盆)	300.00
108	彭山县(川)	葱兰	盆花(万盆)	35.00
109	襄城区(鄂)	葱兰	盆花(万盆)	2.60
110	乐业县(桂)	葱兰	盆花(万盆)	1.40
111	凤阳县(皖)	葱兰	盆花(万盆)	1.00
112	新华区(豫)	葱兰	盆花(万盆)	1.00
113	红花岗区(黔)	葱兰	鲜切花(万支)	1.70
114	濮阳县(豫)	翠柏	城市绿化苗(万株)	30.00
115	潢川县(豫)	翠柏	城市绿化苗(万株)	20.00
116	广水市(鄂)	翠柏	城市绿化苗(万株)	10.00
117	洞口县(湘)	翠柏	城市绿化苗(万株)	5.00
118	仙桃市(鄂)	翠柏	城市绿化苗(万株)	3.40
119	章丘市(鲁)	翠柏	城市绿化苗(万株)	1.00
120	芜湖县(皖)	翠柏	观赏苗木(万株)	5.00
121	鼎城区(湘)	翠柏	观赏苗木(万株)	2.00
122	木兰县(黑)	大丽花	城市绿化苗(万株)	2.00
123	新泰市(鲁)	大丽花	观赏苗木(万株)	12.00
124	蕉岭县(粤)	大丽花	观赏苗木(万株)	5.00
125	赫章县(黔)	大丽花	观赏苗木(万株)	1.00
126	西峰区(甘)	大丽花	观赏苗木(万株)	0.90
127	北戴河区(冀)	大丽花	花卉用种球(千粒)	20.00
128	郯城县(鲁)	大丽花	盆花(万盆)	142.00
129	浦东新区(沪)	大丽花	盆花(万盆)	20.00
130	北戴河区(冀)	大丽花	盆花(万盆)	12.00
131	肃州区(甘)	大丽花	盆花(万盆)	12.00
132	会宁县(甘)	大丽花	盆花(万盆)	10.00
133	嵩　县(豫)	大丽花	盆花(万盆)	3.00
134	旌阳区(川)	大丽花	盆花(万盆)	2.00
135	大名县(冀)	大丽花	盆花(万盆)	1.00
136	商水县(豫)	大丽花	盆花(万盆)	0.90
137	株洲县(湘)	大丽花	盆景(万盆)	18.00
138	九龙坡区(渝)	大丽花	鲜切花(万支)	214.00
139	榆树市(吉)	大丽花	鲜切花(万支)	200.00
140	临夏市(甘)	大丽花	鲜切花(万支)	12.00
141	竹山县(鄂)	淡竹	城市绿化苗(万株)	110.00
142	德安县(赣)	淡竹	城市绿化苗(万株)	100.00
143	德安县(赣)	淡竹	观赏苗木(万株)	200.00

(续)

序号	其他花卉主产地	品种	花卉类别(单位)	生产量
144	西峰区(甘)	倒挂金钟	观赏苗木(万株)	1.00
145	镇坪县(陕)	倒挂金钟	观叶植物(万盆)	1.00
146	红山区(蒙)	倒挂金钟	盆花(万盆)	22.00
147	蠡　县(冀)	倒挂金钟	盆花(万盆)	10.00
148	路南区(冀)	倒挂金钟	盆花(万盆)	10.00
149	赞皇县(冀)	倒挂金钟	盆花(万盆)	2.70
150	章丘市(鲁)	倒挂金钟	盆花(万盆)	2.00
151	涿州市(冀)	倒挂金钟	盆花(万盆)	2.00
152	凤阳县(皖)	倒挂金钟	盆花(万盆)	1.10
153	平山县(冀)	倒挂金钟	盆花(万盆)	1.00
154	东营区(鲁)	地肤	盆花(万盆)	10.00
155	嵩　县(豫)	地肤	盆花(万盆)	1.50
156	商水县(豫)	地肤	盆花(万盆)	0.80
157	彭泽县(赣)	地肤	食用及药用花卉(千克)	60000.00
158	涿州市(冀)	地锦	观赏苗木(万株)	10.00
159	满城县(冀)	地锦	观赏苗木(万株)	5.00
160	隆尧县(冀)	地石榴	观赏苗木(万株)	10.00
161	中阳县(晋)	地石榴	盆花(万盆)	1.00
162	章丘市(鲁)	棣棠	城市绿化苗(万株)	6.00
163	涿州市(冀)	棣棠	观赏苗木(万株)	5.00
164	北戴河区(冀)	棣棠	观赏苗木(万株)	2.00
165	织金县(黔)	吊金钱	观赏苗木(万株)	8.00
166	西华县(豫)	吊金钱	盆花(万盆)	1.30
167	荥阳市(豫)	杜仲	城市绿化苗(万株)	80.00
168	济源市(豫)	杜仲	城市绿化苗(万株)	40.00
169	瑞金市(赣)	杜仲	城市绿化苗(万株)	6.00
170	醴陵市(湘)	杜仲	城市绿化苗(万株)	3.00
171	洞口县(湘)	杜仲	城市绿化苗(万株)	1.50
172	天心区(湘)	杜仲	观赏苗木(万株)	3000.00
173	北戴河区(冀)	杜仲	观赏苗木(万株)	2.50
174	迁安市(冀)	杜仲	观赏苗木(万株)	1.00
175	番禺区(粤)	杜仲	观赏苗木(万株)	0.60
176	商州区(陕)	杜仲	观叶植物(万盆)	200.00
177	安国市(冀)	杜仲	食用及药用花卉(千克)	50000.00
178	钟祥市(鄂)	对节白蜡	城市绿化苗(万株)	800.00
179	京山县(鄂)	对节白蜡	城市绿化苗(万株)	190.60
180	宜都市(鄂)	对节白蜡	城市绿化苗(万株)	160.00
181	迁西县(冀)	对节白蜡	城市绿化苗(万株)	50.00
182	许昌县(豫)	对节白蜡	城市绿化苗(万株)	46.00
183	仙桃市(鄂)	对节白蜡	城市绿化苗(万株)	15.50
184	襄城县(豫)	对节白蜡	观赏苗木(万株)	118.00
185	社旗县(豫)	对节白蜡	观赏苗木(万株)	60.00
186	夷陵区(鄂)	对节白蜡	观赏苗木(万株)	59.80
187	沙洋县(鄂)	对节白蜡	观赏苗木(万株)	30.00
188	元氏县(冀)	对节白蜡	观赏苗木(万株)	19.00

(续)

序号	其他花卉主产地	品种	花卉类别(单位)	生产量
189	川汇区(豫)	对节白蜡	观赏苗木(万株)	1.00
190	屈家岭管理区(鄂)	对节白蜡	盆景(万盆)	5.00
191	伽师县(新)	多花枸子	食用及药用花卉(千克)	982.00
192	贵池区(皖)	多花蔷薇	城市绿化苗(万株)	5.00
193	伽师县(新)	多花蔷薇	城市绿化苗(万株)	1.20
194	南　县(湘)	多花蔷薇	城市绿化苗(万株)	0.60
195	建始县(鄂)	多花蔷薇	观赏苗木(万株)	50.00
196	北戴河区(冀)	多花蔷薇	观赏苗木(万株)	17.00
197	东宝区(鄂)	多花蔷薇	观赏苗木(万株)	16.70
198	涿州市(冀)	多花蔷薇	观赏苗木(万株)	10.00
199	织金县(黔)	多花蔷薇	观赏苗木(万株)	8.00
200	章丘市(鲁)	多花蔷薇	观赏苗木(万株)	6.00
201	赞皇县(冀)	多花蔷薇	花卉用种苗(千苗)	55.00
202	章丘市(鲁)	多花蔷薇	花卉用种苗(千苗)	30.00
203	张湾区(鄂)	多花蔷薇	盆花(万盆)	5.00
204	凤阳县(皖)	多花蔷薇	盆花(万盆)	1.00
205	岳阳楼区(湘)	多花蔷薇	盆花(万盆)	0.60
206	井研县(川)	多花蔷薇	鲜切花(万支)	3.50
207	伽师县(新)	多花素馨	盆花(万盆)	0.90
208	五大连池市(黑)	俄罗斯花楸	城市绿化苗(万株)	3.00
209	迁西县(冀)	费菜	观叶植物(万盆)	2.00
210	黔江区(渝)	费菜	盆花(万盆)	5.00
211	迁西县(冀)	风铃草	鲜切叶(万支)	20.00
212	黔江区(渝)	凤凰竹	观叶植物(万盆)	0.60
213	阳曲县(晋)	凤凰竹	鲜切叶(万支)	1.00
214	贵池区(皖)	凤尾竹	城市绿化苗(万株)	3.00
215	关岭布依族苗族自治县(黔)	凤尾竹	观赏苗木(万株)	2.00
216	洋　县(陕)	凤尾竹	观叶植物(万盆)	0.72
217	嵩　县(豫)	凤尾竹	观叶植物(万盆)	0.60
218	濮阳县(豫)	凤尾竹	盆花(万盆)	30.00
219	高邑县(冀)	凤尾竹	盆花(万盆)	8.00
220	巴州区(川)	凤尾竹	盆花(万盆)	2.10
221	洞口县(湘)	凤尾竹	盆花(万盆)	1.30
222	双滦区(冀)	凤尾竹	盆景(万盆)	1.50
223	黄州区(鄂)	凤尾竹	盆景(万盆)	1.00
224	新丰县(粤)	凤尾竹	盆景(万盆)	0.80
225	洋　县(陕)	凤尾竹	鲜切叶(万支)	8.00
226	武安市(冀)	凤仙花	盆花(万盆)	80.00
227	新安县(豫)	凤仙花	盆花(万盆)	30.00
228	庐阳区(皖)	凤仙花	盆花(万盆)	28.50
229	延庆县(京)	凤仙花	盆花(万盆)	27.00
230	海港区(冀)	凤仙花	盆花(万盆)	26.10
231	红山区(蒙)	凤仙花	盆花(万盆)	25.00
232	涿州市(冀)	凤仙花	盆花(万盆)	20.00
233	肃州区(甘)	凤仙花	盆花(万盆)	13.00

（续）

序号	其他花卉主产地	品种	花卉类别(单位)	生产量
234	高邑县(冀)	凤仙花	盆花(万盆)	10.00
235	阳泉市郊区(晋)	凤仙花	盆花(万盆)	10.00
236	黔江区(渝)	凤仙花	盆花(万盆)	5.00
237	东洲区(辽)	凤仙花	盆花(万盆)	4.00
238	唐　县(冀)	凤仙花	盆花(万盆)	3.00
239	西华县(豫)	凤仙花	盆花(万盆)	2.50
240	襄城区(鄂)	凤仙花	盆花(万盆)	2.30
241	高碑店市(冀)	凤仙花	盆花(万盆)	2.00
242	中阳县(晋)	凤仙花	盆花(万盆)	2.00
243	平山县(冀)	凤仙花	盆花(万盆)	1.00
244	新丰县(粤)	凤仙花	盆景(万盆)	1.10
245	新丰县(粤)	凤仙花	鲜切花(万支)	381.00
246	九龙坡区(渝)	凤仙花	鲜切花(万支)	265.00
247	隆尧县(冀)	凤仙花	鲜切花(万支)	10.00
248	金山区(沪)	扶郎花	鲜切花(万支)	76.00
249	闵行区(沪)	扶郎花	鲜切花(万支)	5.00
250	攀枝花市东区(川)	扶桑	城市绿化苗(万株)	7.50
251	瑞金市(赣)	扶桑	城市绿化苗(万株)	7.00
252	仙桃市(鄂)	扶桑	城市绿化苗(万株)	2.10
253	开远市(滇)	扶桑	观叶植物(万盆)	1.00
254	红岗区(黑)	扶桑	盆花(万盆)	20.00
255	红山区(蒙)	扶桑	盆花(万盆)	10.00
256	陵　县(鲁)	扶桑	盆花(万盆)	2.00
257	藁城区(冀)	扶桑	盆花(万盆)	1.00
258	章丘市(鲁)	扶桑	盆花(万盆)	1.00
259	郎溪县(皖)	扶桑	盆景(万盆)	1.80
260	藁城区(冀)	扶桑	鲜切叶(万支)	2.00
261	海港区(冀)	福禄考	城市绿化苗(万株)	7.50
262	嘉峪关市(甘)	福禄考	城市绿化苗(万株)	3.00
263	临洮县(甘)	福禄考	观赏苗木(万株)	1.20
264	易　县(冀)	福禄考	盆花(万盆)	100.00
265	延庆县(京)	福禄考	盆花(万盆)	30.00
266	涿州市(冀)	福禄考	盆花(万盆)	10.00
267	竹山县(鄂)	葛藤	城市绿化苗(万株)	2.00
268	郎溪县(皖)	葛藤	盆景(万盆)	0.80
269	章丘市(鲁)	拱手花篮	鲜切叶(万支)	2.00
270	北川羌族自治县(川)	珙桐	城市绿化苗(万株)	35.00
271	桑植县(湘)	珙桐	城市绿化苗(万株)	5.00
272	元阳县(滇)	珙桐	城市绿化苗(万株)	5.00
273	利川市(鄂)	珙桐	城市绿化苗(万株)	2.00
274	确山县(豫)	珙桐	观赏苗木(万株)	8.00
275	鹤峰县(鄂)	珙桐	观赏苗木(万株)	4.00
276	平利县(陕)	珙桐	观赏苗木(万株)	3.00
277	翠屏区(川)	珙桐	观赏苗木(万株)	1.00
278	孝昌县(鄂)	枸骨	城市绿化苗(万株)	10.00
279	新　县(豫)	枸骨	城市绿化苗(万株)	7.00
280	黟　县(皖)	枸骨	城市绿化苗(万株)	1.00
281	枝江市(鄂)	枸骨	盆景(万盆)	5.00
282	迁西县(冀)	观叶芋类	观叶植物(万盆)	2.00
283	嵩　县(豫)	观叶芋类	观叶植物(万盆)	2.00
284	德昌县(川)	观叶芋类	盆花(万盆)	65.00
285	崇明县(沪)	观叶芋类	盆花(万盆)	63.56
286	攀枝花市西区(川)	观叶芋类	盆花(万盆)	35.00
287	奉贤区(沪)	观叶芋类	盆花(万盆)	29.80
288	松江区(沪)	观叶芋类	盆花(万盆)	24.00
289	兖州市(鲁)	观叶芋类	盆花(万盆)	6.00
290	滨城区(鲁)	观叶芋类	盆花(万盆)	5.00
291	崆峒区(甘)	观叶芋类	盆花(万盆)	2.80
292	碧江区(黔)	观叶芋类	盆花(万盆)	1.50
293	定南县(赣)	观叶芋类	盆景(万盆)	8.00
294	新丰县(粤)	观叶芋类	盆景(万盆)	0.90
295	闵行区(沪)	观叶芋类	鲜切花(万支)	1.00
296	章丘市(鲁)	观叶芋类	鲜切叶(万支)	3.00
297	恩阳区(川)	光叶蔷薇	盆花(万盆)	60.00
298	蕉岭县(粤)	龟背竹	城市绿化苗(万株)	10.00
299	贵池区(皖)	龟背竹	城市绿化苗(万株)	2.00
300	关岭布依族苗族自治县(黔)	龟背竹	观叶植物(万盆)	5.00
301	涿州市(冀)	龟背竹	观叶植物(万盆)	5.00
302	高邑县(冀)	龟背竹	盆花(万盆)	10.00
303	无极县(冀)	龟背竹	盆花(万盆)	10.00
304	游仙区(川)	龟背竹	盆花(万盆)	10.00
305	赞皇县(冀)	龟背竹	盆花(万盆)	6.40
306	石家庄市桥西区(冀)	龟背竹	盆花(万盆)	4.00
307	南和县(冀)	龟背竹	盆花(万盆)	2.00
308	迁安市(冀)	龟背竹	盆花(万盆)	2.00
309	会理县(川)	龟背竹	盆景(万盆)	20.00
310	关岭布依族苗族自治县(黔)	龟背竹	盆景(万盆)	6.00
311	永清县(冀)	龟背竹	鲜切叶(万支)	6.00
312	元阳县(滇)	桂竹香	城市绿化苗(万株)	15.00
313	许昌县(豫)	桂竹香	鲜切花(万支)	378.00
314	潢川县(豫)	海桐	城市绿化苗(万株)	120.00
315	江津区(渝)	海桐	城市绿化苗(万株)	10.00
316	长顺县(黔)	海桐	城市绿化苗(万株)	8.00
317	竹山县(鄂)	海桐	城市绿化苗(万株)	3.00
318	庐阳区(皖)	海桐	城市绿化苗(万株)	2.60
319	郎溪县(皖)	海桐	城市绿化苗(万株)	2.50
320	旌阳区(川)	海桐	城市绿化苗(万株)	2.00
321	龙里县(黔)	海桐	城市绿化苗(万株)	1.00
322	巴州区(川)	海桐	观赏苗木(万株)	5.60
323	衢江区(浙)	海桐	观赏苗木(万株)	3.00

(续)

序号	其他花卉主产地	品种	花卉类别(单位)	生产量
324	巴州区(川)	海桐	盆花(万盆)	1.40
325	分宜县(赣)	含笑	城市绿化苗(万株)	100.00
326	荔波县(黔)	含笑	城市绿化苗(万株)	5.00
327	旌阳区(川)	含笑	城市绿化苗(万株)	2.00
328	醴陵市(湘)	含笑	城市绿化苗(万株)	2.00
329	丰都县(渝)	含笑	城市绿化苗(万株)	1.93
330	普宁市(粤)	含笑	城市绿化苗(万株)	0.98
331	南　县(湘)	含笑	城市绿化苗(万株)	0.70
332	蕉岭县(粤)	含笑	观赏苗木(万株)	5.00
333	蔡甸区(鄂)	含笑	观赏苗木(万株)	4.00
334	碧江区(黔)	含笑	观赏苗木(万株)	1.00
335	郁南县(粤)	含笑	观赏苗木(万株)	1.00
336	万山区(黔)	含笑	观赏苗木(万株)	0.76
337	龙南县(赣)	含笑	花卉用种苗(千苗)	300.00
338	南郑县(陕)	含笑	花卉用种苗(千苗)	28.00
339	涿州市(冀)	含笑	盆花(万盆)	5.00
340	方城县(豫)	含笑	盆花(万盆)	0.92
341	新丰县(粤)	含笑	盆景(万盆)	1.40
342	郎溪县(皖)	含笑	盆景(万盆)	1.20
343	新丰县(粤)	含笑	鲜切花(万支)	490.00
344	赞皇县(冀)	含羞草	观叶植物(万盆)	2.50
345	息　县(豫)	含羞草	观叶植物(万盆)	1.50
346	章丘市(鲁)	含羞草	观叶植物(万盆)	1.00
347	岳阳楼区(湘)	含羞草	盆花(万盆)	4.45
348	涿州市(冀)	含羞草	盆花(万盆)	3.00
349	鼎城区(湘)	含羞草	盆花(万盆)	2.00
350	中阳县(晋)	含羞草	盆花(万盆)	1.00
351	凤城市(辽)	含羞草	鲜切花(万支)	27.00
352	藁城区(冀)	含羞草	鲜切花(万支)	10.00
353	隆尧县(冀)	含羞草	鲜切花(万支)	8.00
354	石台县(皖)	含羞草	鲜切花(万支)	4.80
355	讷河市(黑)	荷包牡丹	城市绿化苗(万株)	50.00
356	桃城区(冀)	荷包牡丹	观赏苗木(万株)	5.00
357	临洮县(甘)	荷包牡丹	鲜切花(万支)	2.00
358	永昌县(甘)	荷兰菊	城市绿化苗(万株)	10.00
359	二道江区(吉)	荷兰菊	观赏苗木(万株)	20.00
360	路南区(冀)	荷兰菊	盆花(万盆)	10.00
361	普兰店市(辽)	荷兰菊	盆花(万盆)	10.00
362	望花区(辽)	荷兰菊	鲜切花(万支)	1.00
363	青铜峡市(宁)	黑心菊	城市绿化苗(万株)	2.00
364	南乐县(豫)	黑心菊	花卉用种苗(千苗)	230.00
365	龙安区(豫)	红碧桃	城市绿化苗(万株)	30.00
366	肥西县(皖)	红碧桃	城市绿化苗(万株)	20.00
367	许昌县(豫)	红碧桃	城市绿化苗(万株)	15.00
368	郸城县(豫)	红碧桃	城市绿化苗(万株)	10.00

(续)

序号	其他花卉主产地	品种	花卉类别(单位)	生产量
369	枣阳市(鄂)	红碧桃	城市绿化苗(万株)	8.00
370	鹤山区(豫)	红碧桃	城市绿化苗(万株)	7.50
371	定西市岷口林业试验场(甘)	红碧桃	城市绿化苗(万株)	1.00
372	郾城区(豫)	红碧桃	观赏苗木(万株)	77.73
373	安阳县(豫)	红碧桃	观赏苗木(万株)	54.30
374	宜阳县(豫)	红碧桃	观赏苗木(万株)	27.00
375	肥城市(鲁)	红碧桃	观赏苗木(万株)	25.00
376	北戴河区(冀)	红碧桃	观赏苗木(万株)	3.60
377	嵩　县(豫)	红碧桃	观赏苗木(万株)	3.00
378	忻府区(晋)	红碧桃	观赏苗木(万株)	2.35
379	迁安市(冀)	红碧桃	观赏苗木(万株)	2.00
380	宁阳县(鲁)	红碧桃	观叶植物(万盆)	15.60
381	章丘市(鲁)	红碧桃	盆花(万盆)	1.00
382	太康县(豫)	红花	城市绿化苗(万株)	11.00
383	铅山县(赣)	红花	观赏苗木(万株)	13000.00
384	宣汉县(川)	红花	鲜切花(万支)	13.50
385	潢川县(豫)	红瑞木	城市绿化苗(万株)	150.00
386	九台市(吉)	红瑞木	城市绿化苗(万株)	120.00
387	讷河市(黑)	红瑞木	城市绿化苗(万株)	30.00
388	威海市经济技术开发区(鲁)	红瑞木	城市绿化苗(万株)	15.00
389	依安县(黑)	红瑞木	城市绿化苗(万株)	3.00
390	元宝山区(蒙)	红瑞木	城市绿化苗(万株)	3.00
391	克东县(黑)	红瑞木	城市绿化苗(万株)	2.00
392	章丘市(鲁)	红瑞木	城市绿化苗(万株)	2.00
393	白城市市辖区(吉)	红瑞木	城市绿化苗(万株)	1.00
394	玉田县(冀)	红瑞木	观赏苗木(万株)	50.00
395	丰宁满族自治县(冀)	红瑞木	观赏苗木(万株)	45.00
396	平罗县(宁)	红瑞木	观赏苗木(万株)	22.00
397	翁牛特旗(蒙)	红瑞木	观赏苗木(万株)	21.00
398	广平县(冀)	红瑞木	观赏苗木(万株)	15.00
399	康保县(冀)	红瑞木	观赏苗木(万株)	15.00
400	北戴河区(冀)	红瑞木	观赏苗木(万株)	13.00
401	延庆县(京)	红瑞木	观赏苗木(万株)	6.00
402	涿州市(冀)	红瑞木	观赏苗木(万株)	5.00
403	井陉矿区(冀)	红瑞木	观赏苗木(万株)	3.00
404	山海关区(冀)	红瑞木	观赏苗木(万株)	0.80
405	庄河市(辽)	红瑞木	鲜切花(万支)	5.00
406	汝阳县(豫)	红叶小檗球	观赏苗木(万株)	50.00
407	章丘市(鲁)	红叶小檗球	观赏苗木(万株)	5.00
408	涿州市(冀)	红叶小檗球	观赏苗木(万株)	1.00
409	章丘市(鲁)	红叶小檗球	花卉用种球(千粒)	200.00
410	关岭布依族苗族自治县(黔)	红叶小檗球	盆景(万盆)	2.00
411	高碑店市(冀)	猴面花	盆花(万盆)	1.50
412	禄劝彝族苗族自治县(滇)	厚朴	城市绿化苗(万株)	6.00
413	丰都县(渝)	厚朴	城市绿化苗(万株)	3.00

（续）

序号	其他花卉主产地	品种	花卉类别(单位)	生产量
414	分宜县(赣)	厚朴	城市绿化苗(万株)	1.00
415	桂东县(湘)	厚朴	观赏苗木(万株)	13.00
416	镇坪县(陕)	厚朴	观赏苗木(万株)	2.00
417	邻水县(川)	厚朴	盆花(万盆)	1.40
418	邻水县(川)	厚朴	鲜切花(万支)	2.30
419	九台市(吉)	黄刺玫	城市绿化苗(万株)	70.00
420	大武口区(宁)	黄刺玫	城市绿化苗(万株)	35.00
421	康保县(冀)	黄刺玫	城市绿化苗(万株)	5.00
422	大同县(晋)	黄刺玫	城市绿化苗(万株)	1.00
423	永昌县(甘)	黄刺玫	城市绿化苗(万株)	0.80
424	丰宁满族自治县(冀)	黄刺玫	观赏苗木(万株)	44.00
425	莱州市(鲁)	黄刺玫	观赏苗木(万株)	30.00
426	呼兰区(黑)	黄刺玫	观赏苗木(万株)	20.00
427	洮北区(吉)	黄刺玫	观赏苗木(万株)	20.00
428	平罗县(宁)	黄刺玫	观赏苗木(万株)	11.00
429	章丘市(鲁)	黄刺玫	观赏苗木(万株)	8.00
430	迁安市(冀)	黄刺玫	观赏苗木(万株)	3.00
431	北戴河区(冀)	黄刺玫	观赏苗木(万株)	2.00
432	怀来县(冀)	黄刺玫	观赏苗木(万株)	1.00
433	冀州市(冀)	黄刺玫	盆花(万盆)	40.00
434	阳泉市郊区(晋)	黄刺玫	盆花(万盆)	9.00
435	恩阳区(川)	回欢草	盆花(万盆)	30.00
436	广水市(鄂)	惠兰	花卉用种苗(千苗)	1.00
437	瓦房店市(辽)	惠兰	盆花(万盆)	500.00
438	普兰店市(辽)	惠兰	盆花(万盆)	25.00
439	磐安县(浙)	惠兰	盆花(万盆)	1.20
440	兖州市(鲁)	惠兰	盆花(万盆)	1.00
441	阳曲县(晋)	惠兰	盆花(万盆)	1.00
442	忻府区(晋)	惠兰	盆花(万盆)	0.85
443	新丰县(粤)	惠兰	盆景(万盆)	1.30
444	章丘市(鲁)	惠兰	盆景(万盆)	0.60
445	四会市(粤)	惠兰	鲜切花(万支)	1254.98
446	罗田县(鄂)	惠兰	鲜切花(万支)	12.00
447	万州区(渝)	惠兰	鲜切花(万支)	1.90
448	潢川县(豫)	火棘	城市绿化苗(万株)	85.00
449	龙里县(黔)	火棘	城市绿化苗(万株)	12.00
450	黔江区(渝)	火棘	城市绿化苗(万株)	10.00
451	芜湖县(皖)	火棘	观赏苗木(万株)	5.00
452	鼎城区(湘)	火棘	观赏苗木(万株)	4.00
453	镇坪县(陕)	火棘	观赏苗木(万株)	3.00
454	猇亭区(鄂)	火棘	观赏苗木(万株)	2.00
455	环翠区(鲁)	火棘	观叶植物(万盆)	86.10
456	渠　县(川)	火棘	观叶植物(万盆)	1.50
457	商水县(豫)	霍香蓟	盆花(万盆)	2.00
458	岳阳楼区(湘)	藿香	盆花(万盆)	2.00

（续）

序号	其他花卉主产地	品种	花卉类别(单位)	生产量
459	恩阳区(川)	鸡爪槭	城市绿化苗(万株)	200.00
460	寿　县(皖)	鸡爪槭	城市绿化苗(万株)	18.00
461	龙里县(黔)	鸡爪槭	城市绿化苗(万株)	5.00
462	贵池区(皖)	鸡爪槭	城市绿化苗(万株)	1.00
463	固镇县(皖)	鸡爪槭	观赏苗木(万株)	30.00
464	沂水县(鲁)	鸡爪槭	观赏苗木(万株)	16.00
465	章丘市(鲁)	鸡爪槭	观赏苗木(万株)	10.00
466	衢江区(浙)	鸡爪槭	观赏苗木(万株)	3.00
467	北戴河区(冀)	鸡爪槭	观赏苗木(万株)	2.30
468	阳新县(鄂)	鸡爪槭	盆花(万盆)	2.00
469	双滦区(冀)	鸡爪槭	盆景(万盆)	1.50
470	洋　县(陕)	鸡爪槭	鲜切叶(万支)	7.00
471	邵东县(湘)	夹竹桃类	城市绿化苗(万株)	346.00
472	津市市(湘)	夹竹桃类	城市绿化苗(万株)	14.00
473	广水市(鄂)	夹竹桃类	城市绿化苗(万株)	1.00
474	贵池区(皖)	夹竹桃类	城市绿化苗(万株)	1.00
475	南　县(湘)	夹竹桃类	城市绿化苗(万株)	0.60
476	凤城市(辽)	夹竹桃类	观赏苗木(万株)	945.00
477	织金县(黔)	夹竹桃类	观赏苗木(万株)	5.00
478	迁安市(冀)	夹竹桃类	观赏苗木(万株)	1.00
479	藁城区(冀)	夹竹桃类	盆花(万盆)	1.10
480	平果县(桂)	夹竹桃类	盆景(万盆)	4.50
481	宣汉县(川)	夹竹桃类	鲜切花(万支)	21.00
482	蚌山区(皖)	夹竹桃类	鲜切花(万支)	2.20
483	延庆县(京)	假龙头	花卉用种苗(千苗)	31.00
484	龙里县(黔)	结香	城市绿化苗(万株)	1.20
485	独山县(黔)	金弹子	城市绿化苗(万株)	2.00
486	宜都市(鄂)	金弹子	观赏苗木(万株)	20.00
487	高　县(川)	金弹子	盆景(万盆)	160.00
488	来凤县(鄂)	金弹子	盆景(万盆)	1.00
489	建始县(鄂)	金弹子	盆景(万盆)	0.80
490	邢台县(冀)	金光菊	盆花(万盆)	3.00
491	魏　县(冀)	金光菊	盆花(万盆)	2.50
492	南乐县(豫)	金鸡菊	花卉用种苗(千苗)	200.00
493	邱　县(冀)	金鸡菊	鲜切花(万支)	5.00
494	大武口区(宁)	金银木	城市绿化苗(万株)	15.00
495	丰宁满族自治县(冀)	金银木	观赏苗木(万株)	50.00
496	平罗县(宁)	金银木	观赏苗木(万株)	25.00
497	郾城区(豫)	金银木	观赏苗木(万株)	13.65
498	延庆县(京)	金银木	观赏苗木(万株)	12.00
499	大城县(冀)	金银木	观赏苗木(万株)	10.00
500	北戴河区(冀)	金银木	观赏苗木(万株)	8.40
501	涿州市(冀)	金银木	观赏苗木(万株)	7.00
502	山海关区(冀)	金银木	观赏苗木(万株)	1.10
503	迁安市(冀)	金银木	观赏苗木(万株)	1.00

(续)

序号	其他花卉主产地	品种	花卉类别(单位)	生产量
504	九台市(吉)	锦带花	城市绿化苗(万株)	140.00
505	南岗区(黑)	锦带花	城市绿化苗(万株)	35.00
506	威海市经济技术开发区(鲁)	锦带花	城市绿化苗(万株)	20.00
507	讷河市(黑)	锦带花	城市绿化苗(万株)	10.00
508	青铜峡市(宁)	锦带花	城市绿化苗(万株)	3.00
509	丰宁满族自治县(冀)	锦带花	观赏苗木(万株)	120.00
510	博野县(冀)	锦带花	观赏苗木(万株)	12.00
511	双滦区(冀)	锦带花	观赏苗木(万株)	12.00
512	延庆县(京)	锦带花	观赏苗木(万株)	11.00
513	章丘市(鲁)	锦带花	观赏苗木(万株)	10.00
514	涿州市(冀)	锦带花	观赏苗木(万株)	5.00
515	山海关区(冀)	锦带花	观赏苗木(万株)	0.60
516	海港区(冀)	锦带花	观赏苗木(万株)	0.55
517	凤城市(辽)	锦熟黄杨	观赏苗木(万株)	240.00
518	北京市大东流苗圃(京)	荆芥	观赏苗木(万株)	1.00
519	安国市(冀)	荆芥	食用及药用花卉(千克)	120000.00
520	九台市(吉)	景天	城市绿化苗(万株)	120.00
521	大同县(晋)	景天	城市绿化苗(万株)	50.00
522	元宝山区(蒙)	景天	城市绿化苗(万株)	20.00
523	海港区(冀)	景天	城市绿化苗(万株)	12.50
524	青铜峡市(宁)	景天	城市绿化苗(万株)	10.00
525	应　县(晋)	景天	城市绿化苗(万株)	2.00
526	馆陶县(冀)	景天	观赏苗木(万株)	726.50
527	呼兰区(黑)	景天	观赏苗木(万株)	30.00
528	北京市大东流苗圃(京)	景天	观赏苗木(万株)	2.12
529	章丘市(鲁)	景天	观叶植物(万盆)	10.00
530	延庆县(京)	景天	花卉用种苗(千苗)	5000.00
531	海港区(冀)	景天	花卉用种苗(千苗)	1000.00
532	阜新蒙古族自治县(辽)	景天	盆花(万盆)	120.00
533	章丘市(鲁)	景天	盆花(万盆)	1.00
534	满城县(冀)	景天	盆花(万盆)	0.83
535	枣强县(冀)	景天	盆花(万盆)	0.60
536	临洮县(甘)	景天	鲜切叶(万支)	30.00
537	长宁县(川)	九重葛	观赏苗木(万株)	28.00
538	延庆县(京)	桔梗	花卉用种苗(千苗)	300.00
539	安国市(冀)	桔梗	食用及药用花卉(千克)	100000.00
540	石林彝族自治县(滇)	桔梗	鲜切花(万支)	420.00
541	潢川县(豫)	蜡梅	城市绿化苗(万株)	135.00
542	达川区(川)	蜡梅	城市绿化苗(万株)	90.00
543	保康县(鄂)	蜡梅	城市绿化苗(万株)	61.00
544	肥西县(皖)	蜡梅	城市绿化苗(万株)	20.00
545	铜梁县(渝)	蜡梅	城市绿化苗(万株)	2.30
546	栾川县(豫)	蜡梅	城市绿化苗(万株)	2.10
547	贵池区(皖)	蜡梅	城市绿化苗(万株)	2.00
548	浦东新区(沪)	蜡梅	观赏苗木(万株)	10.00

(续)

序号	其他花卉主产地	品种	花卉类别(单位)	生产量
549	巴州区(川)	蜡梅	观赏苗木(万株)	5.60
550	嵩　县(豫)	蜡梅	观赏苗木(万株)	2.00
551	浠水县(鄂)	蜡梅	观赏苗木(万株)	1.50
552	翠屏区(川)	蜡梅	观叶植物(万盆)	4.00
553	巴州区(川)	蜡梅	盆花(万盆)	2.10
554	宁阳县(鲁)	蜡梅	盆花(万盆)	0.60
555	保康县(鄂)	蜡梅	盆景(万盆)	2.50
556	双滦区(冀)	蜡梅	盆景(万盆)	2.00
557	北碚区(渝)	蜡梅	鲜切花(万支)	210.00
558	嘉定区(沪)	蜡梅	鲜切花(万支)	170.00
559	游仙区(川)	蜡梅	鲜切花(万支)	60.00
560	宣汉县(川)	蜡梅	鲜切花(万支)	38.00
561	巴州区(川)	蜡梅	鲜切花(万支)	21.00
562	彭山县(川)	蜡梅	鲜切花(万支)	10.00
563	邵东县(湘)	兰草	城市绿化苗(万株)	123.00
564	南岳区(湘)	兰草	城市绿化苗(万株)	21.00
565	洞口县(湘)	兰草	城市绿化苗(万株)	8.00
566	贵池区(皖)	兰草	城市绿化苗(万株)	2.00
567	安化县(湘)	兰草	观赏苗木(万株)	10.00
568	镇坪县(陕)	兰草	观赏苗木(万株)	8.00
569	闵行区(沪)	兰草	盆花(万盆)	57.00
570	牟定县(滇)	兰草	盆花(万盆)	32.00
571	恭城瑶族自治县(桂)	兰草	盆花(万盆)	30.65
572	黔江区(渝)	兰草	盆花(万盆)	22.00
573	来凤县(鄂)	兰草	盆花(万盆)	20.00
574	巴州区(川)	兰草	盆花(万盆)	12.60
575	鼎城区(湘)	兰草	盆花(万盆)	9.00
576	江川县(滇)	兰草	盆花(万盆)	5.00
577	禄丰县(滇)	兰草	盆花(万盆)	4.15
578	安国市(冀)	兰草	盆花(万盆)	4.00
579	涿州市(冀)	兰草	盆花(万盆)	2.00
580	新华区(豫)	兰草	盆花(万盆)	1.00
581	章丘市(鲁)	兰草	盆花(万盆)	1.00
582	钟祥市(鄂)	兰草	盆景(万盆)	100.00
583	郎溪县(皖)	兰草	盆景(万盆)	1.85
584	石屏县(滇)	兰草	鲜切花(万支)	689.00
585	宣汉县(川)	兰草	鲜切花(万支)	56.50
586	红花岗区(黔)	蓝目菊	盆花(万盆)	25.00
587	汶上县(鲁)	铃兰	盆花(万盆)	2.70
588	涿州市(冀)	凌霄花类	观赏苗木(万株)	1.00
589	栾川县(豫)	流苏	城市绿化苗(万株)	166.50
590	凤阳县(皖)	流苏	城市绿化苗(万株)	20.00
591	河东区(鲁)	流苏	观赏苗木(万株)	120.00
592	费　县(鲁)	流苏	观赏苗木(万株)	50.00
593	沂南县(鲁)	流苏	观赏苗木(万株)	5.00

（续）

序号	其他花卉主产地	品种	花卉类别(单位)	生产量
594	新泰市(鲁)	龙柏	城市绿化苗(万株)	1150.00
595	龙安区(豫)	龙柏	城市绿化苗(万株)	150.00
596	来安县(皖)	龙柏	城市绿化苗(万株)	100.00
597	沙河市(冀)	龙柏	城市绿化苗(万株)	29.00
598	竹山县(鄂)	龙柏	城市绿化苗(万株)	22.00
599	坊子区(鲁)	龙柏	城市绿化苗(万株)	20.00
600	莱芜市高新区(鲁)	龙柏	城市绿化苗(万株)	20.00
601	威海市经济技术开发区(鲁)	龙柏	城市绿化苗(万株)	13.72
602	凤阳县(皖)	龙柏	城市绿化苗(万株)	2.00
603	醴陵市(湘)	龙柏	城市绿化苗(万株)	1.00
604	龙里县(黔)	龙柏	城市绿化苗(万株)	0.70
605	禹州市(豫)	龙柏	观赏苗木(万株)	538.00
606	陵　县(鲁)	龙柏	观赏苗木(万株)	37.00
607	章丘市(鲁)	龙柏	观赏苗木(万株)	10.00
608	安阳县(豫)	龙柏	观赏苗木(万株)	6.22
609	芜湖县(皖)	龙柏	观赏苗木(万株)	5.00
610	故城县(冀)	龙柏	观赏苗木(万株)	3.06
611	深州市(冀)	龙柏	观赏苗木(万株)	3.00
612	中方县(湘)	龙柏	观赏苗木(万株)	2.00
613	红花岗区(黔)	龙舌兰牡丹	盆花(万盆)	20.00
614	岳阳楼区(湘)	龙舌兰牡丹	盆花(万盆)	2.00
615	鼎城区(湘)	罗汉竹	观赏苗木(万株)	1.00
616	巴州区(川)	罗汉竹	盆花(万盆)	1.40
617	新丰县(粤)	罗汉竹	盆景(万盆)	0.60
618	涿州市(冀)	麻叶绣线菊类	观赏苗木(万株)	15.00
619	迁安市(冀)	麻叶绣线菊类	观赏苗木(万株)	10.00
620	章丘市(鲁)	麻叶绣线菊类	花卉用种苗(千苗)	20.00
621	青铜峡市(宁)	马蔺	城市绿化苗(万株)	10.00
622	金凤区(宁)	马蔺	盆花(万盆)	36.00
623	东洲区(辽)	马蔺	盆花(万盆)	6.90
624	红岗区(黑)	马蹄井	鲜切花(万支)	20.00
625	宜都市(鄂)	麦冬	城市绿化苗(万株)	2000.00
626	潢川县(豫)	麦冬	城市绿化苗(万株)	500.00
627	蓬安县(川)	麦冬	城市绿化苗(万株)	200.00
628	新化县(湘)	麦冬	城市绿化苗(万株)	50.00
629	肥西县(皖)	麦冬	城市绿化苗(万株)	30.00
630	旌阳区(川)	麦冬	城市绿化苗(万株)	12.00
631	昭觉县(川)	麦冬	观叶植物(万盆)	291.00
632	辛集市(冀)	麦冬	观叶植物(万盆)	15.00
633	南昌县(赣)	麦冬	盆花(万盆)	20.00
634	攀枝花市东区(川)	满天星	城市绿化苗(万株)	1.80
635	二道江区(吉)	满天星	观赏苗木(万株)	300.00
636	施甸县(滇)	满天星	观赏苗木(万株)	1.50
637	岳阳楼区(湘)	满天星	盆花(万盆)	10.00
638	藁城区(冀)	满天星	盆花(万盆)	5.00
639	鼎城区(湘)	满天星	盆花(万盆)	1.50
640	新建县(赣)	满天星	盆花(万盆)	0.86
641	濮阳县(豫)	满天星	鲜切花(万支)	100.00
642	巫山县(渝)	满天星	鲜切花(万支)	100.00
643	遵化市(冀)	满天星	鲜切花(万支)	50.00
644	三河市(冀)	满天星	鲜切花(万支)	40.00
645	藁城区(冀)	满天星	鲜切花(万支)	28.00
646	沙市区(鄂)	满天星	鲜切花(万支)	25.00
647	龙南县(赣)	满天星	鲜切花(万支)	23.00
648	游仙区(川)	满天星	鲜切花(万支)	20.00
649	鹿泉区(冀)	满天星	鲜切花(万支)	10.00
650	迁安市(冀)	满天星	鲜切花(万支)	10.00
651	东洲区(辽)	满天星	鲜切花(万支)	6.00
652	彭山县(川)	满天星	鲜切花(万支)	5.00
653	文山市(滇)	满天星	鲜切花(万支)	5.00
654	定兴县(冀)	满天星	鲜切花(万支)	3.00
655	石柱土家族自治县(渝)	满天星	鲜切花(万支)	2.20
656	碧江区(黔)	满天星	鲜切花(万支)	1.50
657	洋　县(陕)	满天星	鲜切花(万支)	1.40
658	西华县(豫)	满天星	鲜切花(万支)	1.20
659	晋州市(冀)	满天星	鲜切花(万支)	0.60
660	南皮县(冀)	满天星	鲜切叶(万支)	4.02
661	红花岗区(黔)	蔓胡颓子	盆花(万盆)	10.00
662	连平县(粤)	毛竹	城市绿化苗(万株)	50.00
663	邵东县(湘)	毛竹	城市绿化苗(万株)	26.00
664	丰都县(渝)	毛竹	城市绿化苗(万株)	11.50
665	平利县(陕)	毛竹	城市绿化苗(万株)	1.50
666	桂东县(湘)	毛竹	观赏苗木(万株)	10.00
667	岳阳楼区(湘)	毛竹	盆花(万盆)	6.00
668	洋　县(陕)	毛竹	鲜切叶(万支)	3.00
669	潢川县(豫)	梅花	城市绿化苗(万株)	80.00
670	龙里县(黔)	梅花	城市绿化苗(万株)	6.00
671	肥西县(皖)	梅花	城市绿化苗(万株)	5.00
672	克东县(黑)	梅花	城市绿化苗(万株)	3.00
673	威海市经济技术开发区(鲁)	梅花	城市绿化苗(万株)	2.20
674	旌阳区(川)	梅花	城市绿化苗(万株)	1.00
675	建始县(鄂)	梅花	观赏苗木(万株)	60.00
676	临川区(赣)	梅花	观赏苗木(万株)	38.00
677	莱州市(鲁)	梅花	观赏苗木(万株)	10.00
678	寿　县(皖)	梅花	观赏苗木(万株)	4.00
679	淮阳县(豫)	梅花	观赏苗木(万株)	3.70
680	巴州区(川)	梅花	观赏苗木(万株)	1.40
681	翠屏区(川)	梅花	观赏苗木(万株)	1.00
682	卢氏县(豫)	梅花	盆花(万盆)	100.00
683	鼎城区(湘)	梅花	盆花(万盆)	8.00

(续)

序号	其他花卉主产地	品种	花卉类别(单位)	生产量
684	巴州区(川)	梅花	盆花(万盆)	3.50
685	岳阳楼区(湘)	梅花	盆花(万盆)	3.00
686	凤阳县(皖)	梅花	盆花(万盆)	1.00
687	宣汉县(川)	梅花	鲜切花(万支)	43.50
688	巴州区(川)	梅花	鲜切花(万支)	14.00
689	黔江区(渝)	梅花	鲜切花(万支)	10.00
690	平桥区(豫)	梅花	鲜切花(万支)	5.00
691	顺庆区(川)	梅花	鲜切花(万支)	4.00
692	巴州区(川)	梅花	鲜切叶(万支)	7.00
693	潢川县(豫)	美国红栌	城市绿化苗(万株)	9.00
694	界首市(皖)	美国红栌	城市绿化苗(万株)	1.00
695	迁安市(冀)	美国红栌	观赏苗木(万株)	8.00
696	贵池区(皖)	米兰	城市绿化苗(万株)	13.00
697	监利县(鄂)	米兰	城市绿化苗(万株)	8.00
698	商州区(陕)	米兰	观叶植物(万盆)	10.00
699	肥乡县(冀)	米兰	盆花(万盆)	700.00
700	红山区(蒙)	米兰	盆花(万盆)	50.00
701	红花岗区(黔)	米兰	盆花(万盆)	25.00
702	阳新县(鄂)	米兰	盆花(万盆)	9.00
703	郎溪县(皖)	米兰	盆花(万盆)	1.20
704	安国市(冀)	米兰	盆花(万盆)	1.00
705	西安区(吉)	米兰	盆花(万盆)	0.70
706	会理县(川)	米兰	盆景(万盆)	12.00
707	邹城市(鲁)	茉莉花	观赏苗木(万株)	10.00
708	巴州区(川)	茉莉花	观赏苗木(万株)	1.40
709	涿州市(冀)	茉莉花	盆花(万盆)	20.00
710	章丘市(鲁)	茉莉花	盆花(万盆)	10.00
711	阳新县(鄂)	茉莉花	盆花(万盆)	6.00
712	定兴县(冀)	茉莉花	盆花(万盆)	3.00
713	无极县(冀)	茉莉花	盆花(万盆)	3.00
714	汶上县(鲁)	茉莉花	盆花(万盆)	2.50
715	邢台市桥东区(冀)	茉莉花	盆花(万盆)	2.30
716	兖州市(鲁)	茉莉花	盆花(万盆)	2.00
717	新华区(豫)	茉莉花	盆花(万盆)	1.50
718	武邑县(冀)	茉莉花	盆花(万盆)	1.20
719	晋州市(冀)	茉莉花	盆花(万盆)	0.90
720	黄州区(鄂)	茉莉花	盆景(万盆)	1.00
721	宣汉县(川)	茉莉花	鲜切花(万支)	24.00
722	文山市(滇)	茉莉花	鲜切花(万支)	2.00
723	岳池县(川)	木芙蓉	城市绿化苗(万株)	30.00
724	龙里县(黔)	木芙蓉	城市绿化苗(万株)	2.00
725	巴州区(川)	木芙蓉	观赏苗木(万株)	18.20
726	龙南县(赣)	木芙蓉	花卉用种苗(千苗)	50.00
727	巴州区(川)	木芙蓉	盆花(万盆)	2.10
728	巴州区(川)	木芙蓉	鲜切花(万支)	10.50

(续)

序号	其他花卉主产地	品种	花卉类别(单位)	生产量
729	巴州区(川)	木芙蓉	鲜切叶(万支)	7.00
730	阜新蒙古族自治县(辽)	木犀草	盆花(万盆)	110.00
731	潢川县(豫)	南天竹	城市绿化苗(万株)	190.00
732	黟　县(皖)	南天竹	城市绿化苗(万株)	106.00
733	龙里县(黔)	南天竹	城市绿化苗(万株)	16.00
734	汝南县(豫)	南天竹	城市绿化苗(万株)	10.00
735	茅箭区(鄂)	南天竹	城市绿化苗(万株)	5.00
736	贵池区(皖)	南天竹	城市绿化苗(万株)	2.00
737	巴州区(川)	南天竹	观赏苗木(万株)	14.00
738	嵩　县(豫)	南天竹	观赏苗木(万株)	1.50
739	郾城区(豫)	南天竹	观赏苗木(万株)	1.48
740	广水市(鄂)	南天竹	花卉用种苗(千苗)	5.00
741	红花岗区(黔)	南天竹	盆花(万盆)	13.00
742	巴州区(川)	南天竹	盆花(万盆)	2.80
743	郎溪县(皖)	南天竹	盆景(万盆)	0.80
744	巴州区(川)	南天竹	鲜切花(万支)	3.50
745	巴州区(川)	南天竹	鲜切叶(万支)	14.00
746	北戴河区(冀)	平枝栒子	观赏苗木(万株)	2.00
747	九台市(吉)	葡萄	城市绿化苗(万株)	60.00
748	蒲城县(陕)	葡萄	城市绿化苗(万株)	30.00
749	坊子区(鲁)	葡萄	城市绿化苗(万株)	20.00
750	青铜峡市(宁)	葡萄	城市绿化苗(万株)	20.00
751	三山区(皖)	葡萄	城市绿化苗(万株)	1.00
752	呼兰区(黑)	葡萄	观赏苗木(万株)	20.00
753	辛集市(冀)	葡萄	观赏苗木(万株)	20.00
754	沅江市(湘)	葡萄	观赏苗木(万株)	1.50
755	大名县(冀)	葡萄	观赏苗木(万株)	1.00
756	巴州区(川)	葡萄	盆花(万盆)	1.40
757	新蔡县(豫)	葡萄	食用及药用花卉(千克)	11.00
758	南郑县(陕)	七叶树	城市绿化苗(万株)	20.00
759	潢川县(豫)	七叶树	城市绿化苗(万株)	10.00
760	利川市(鄂)	七叶树	城市绿化苗(万株)	1.00
761	长垣县(豫)	七叶树	观赏苗木(万株)	20.00
762	两当县(甘)	七叶树	观赏苗木(万株)	11.00
763	冀州市(冀)	七叶树	观赏苗木(万株)	10.00
764	确山县(豫)	七叶树	观赏苗木(万株)	10.00
765	镇坪县(陕)	七叶树	观赏苗木(万株)	6.00
766	洋　县(陕)	七叶树	观赏苗木(万株)	4.50
767	嵩　县(豫)	七叶树	观赏苗木(万株)	1.20
768	洋　县(陕)	七叶树	观叶植物(万盆)	0.65
769	渭城区(陕)	千花葵	观赏苗木(万株)	1.00
770	南　县(湘)	千日红	城市绿化苗(万株)	11.00
771	恩施市(鄂)	千日红	城市绿化苗(万株)	5.00
772	集安市(吉)	千日红	城市绿化苗(万株)	3.00
773	延寿县(黑)	千日红	观赏苗木(万株)	600.00

（续）

序号	其他花卉主产地	品种	花卉类别(单位)	生产量
774	南和县(冀)	千日红	观赏苗木(万株)	9.00
775	许昌市经济技术开发区(豫)	千日红	观赏苗木(万株)	2.00
776	松潘县(川)	千日红	盆花(万盆)	1150.00
777	石城县(赣)	千日红	盆花(万盆)	10.00
778	隆尧县(冀)	千日红	盆花(万盆)	8.00
779	香河县(冀)	千日红	盆花(万盆)	5.00
780	龙里县(黔)	千日红	盆花(万盆)	3.00
781	沙河市(冀)	千日红	盆花(万盆)	2.70
782	襄城区(鄂)	千日红	盆花(万盆)	1.80
783	石城县(赣)	千日红	鲜切花(万支)	25.00
784	潢川县(豫)	青枫	城市绿化苗(万株)	50.00
785	许昌县(豫)	青枫	城市绿化苗(万株)	15.60
786	龙里县(黔)	青枫	城市绿化苗(万株)	5.00
787	万山区(黔)	青枫	城市绿化苗(万株)	3.00
788	分宜县(赣)	青枫	城市绿化苗(万株)	1.00
789	兖州市(鲁)	青枫	观赏苗木(万株)	120.00
790	宁波市市辖区(浙)	青枫	观赏苗木(万株)	4.50
791	玉林市福绵区(桂)	秋风	城市绿化苗(万株)	56.00
792	蕉岭县(粤)	秋风	城市绿化苗(万株)	30.00
793	浦北县(桂)	秋风	城市绿化苗(万株)	13.00
794	银海区(桂)	秋风	城市绿化苗(万株)	5.00
795	良凤江国家森林公园(桂)	秋风	城市绿化苗(万株)	2.82
796	清新县(粤)	秋风	城市绿化苗(万株)	1.00
797	武宣县(桂)	秋风	观赏苗木(万株)	8.00
798	电白区(粤)	秋风	穴盘苗	3.90
799	定西市峨口林业试验场(甘)	秋牡丹	观赏苗木(万株)	5.00
800	鹿邑县(豫)	楸树	城市绿化苗(万株)	82.00
801	潢川县(豫)	楸树	城市绿化苗(万株)	60.00
802	贵池区(皖)	楸树	城市绿化苗(万株)	4.00
803	吉利区(豫)	楸树	城市绿化苗(万株)	1.20
804	章丘市(鲁)	楸树	城市绿化苗(万株)	1.00
805	川汇区(豫)	楸树	观赏苗木(万株)	65.00
806	淮阳县(豫)	楸树	观赏苗木(万株)	12.00
807	睢阳区(豫)	楸树	观赏苗木(万株)	1.30
808	红花岗区(黔)	楸树	盆花(万盆)	10.00
809	淅川县(豫)	球根海棠	观赏苗木(万株)	1.50
810	涿州市(冀)	球根海棠	盆花(万盆)	15.00
811	巴州区(川)	球根海棠	盆花(万盆)	2.10
812	九台市(吉)	忍冬类	城市绿化苗(万株)	70.00
813	龙里县(黔)	忍冬类	城市绿化苗(万株)	5.00
814	克东县(黑)	忍冬类	城市绿化苗(万株)	2.30
815	丰宁满族自治县(冀)	忍冬类	观赏苗木(万株)	75.00
816	新民市(辽)	忍冬类	观赏苗木(万株)	4.50
817	静海县(津)	忍冬类	观赏苗木(万株)	3.00
818	东营区(鲁)	忍冬类	盆花(万盆)	20.00

（续）

序号	其他花卉主产地	品种	花卉类别(单位)	生产量
819	郎溪县(皖)	忍冬类	盆景(万盆)	0.80
820	临淄区(鲁)	忍冬类	食用及药用花卉(千克)	10000.00
821	大余县(赣)	瑞香	盆花(万盆)	3920.00
822	游仙区(川)	三色堇	城市绿化苗(万株)	50.00
823	集安市(吉)	三色堇	城市绿化苗(万株)	3.00
824	安源区(赣)	三色堇	观赏苗木(万株)	15.00
825	恩施市(鄂)	三色堇	观赏苗木(万株)	10.00
826	公安县(鄂)	三色堇	观赏苗木(万株)	0.90
827	贡井区(川)	三色堇	观叶植物(万盆)	40.00
828	甘井子区(辽)	三色堇	盆花(万盆)	90.00
829	庐阳区(皖)	三色堇	盆花(万盆)	80.50
830	新安县(豫)	三色堇	盆花(万盆)	42.00
831	彭山县(川)	三色堇	盆花(万盆)	40.00
832	户　县(陕)	三色堇	盆花(万盆)	35.00
833	惠济区(豫)	三色堇	盆花(万盆)	32.30
834	苏家屯区(辽)	三色堇	盆花(万盆)	30.00
835	北戴河区(冀)	三色堇	盆花(万盆)	23.00
836	黔江区(渝)	三色堇	盆花(万盆)	20.00
837	延庆县(京)	三色堇	盆花(万盆)	20.00
838	未央区(陕)	三色堇	盆花(万盆)	9.00
839	龙里县(黔)	三色堇	盆花(万盆)	6.00
840	石柱土家族自治县(渝)	三色堇	盆花(万盆)	5.50
841	香河县(冀)	三色堇	盆花(万盆)	5.00
842	东洲区(辽)	三色堇	盆花(万盆)	4.80
843	凤阳县(皖)	三色堇	盆花(万盆)	2.00
844	山海关区(冀)	三色堇	盆花(万盆)	2.00
845	枣强县(冀)	三色堇	盆花(万盆)	1.40
846	商水县(豫)	三色堇	盆花(万盆)	1.20
847	芜湖县(皖)	三色堇	盆花(万盆)	1.00
848	东洲区(辽)	三色堇	鲜切花(万支)	7.00
849	洋　县(陕)	三色堇	鲜切花(万支)	3.40
850	宜都市(鄂)	三色堇	穴盘苗	2500.00
851	涿州市(冀)	散尾葵	观叶植物(万盆)	15.00
852	碧江区(黔)	散尾葵	鲜切叶(万支)	0.70
853	北湖区(湘)	山茶花	城市绿化苗(万株)	3248.00
854	津市市(湘)	山茶花	城市绿化苗(万株)	12.60
855	临川区(赣)	山茶花	观赏苗木(万株)	78.00
856	酉阳土家族苗族自治县(渝)	山茶花	观赏苗木(万株)	33.00
857	织金县(黔)	山茶花	观赏苗木(万株)	12.00
858	巴州区(川)	山茶花	观赏苗木(万株)	6.30
859	大竹县(川)	山茶花	观赏苗木(万株)	5.00
860	芜湖县(皖)	山茶花	观赏苗木(万株)	5.00
861	中方县(湘)	山茶花	观赏苗木(万株)	5.00
862	武宣县(桂)	山茶花	观叶植物(万盆)	0.70
863	临川区(赣)	山茶花	盆花(万盆)	16.00

(续)

序号	其他花卉主产地	品种	花卉类别(单位)	生产量
864	鼎城区(湘)	山茶花	盆花(万盆)	5.00
865	淮滨县(豫)	山茶花	盆花(万盆)	5.00
866	巴州区(川)	山茶花	盆花(万盆)	4.20
867	武陵区(湘)	山茶花	盆花(万盆)	2.00
868	鹤峰县(鄂)	山茶花	盆花(万盆)	1.10
869	衡山县(湘)	山茶花	盆花(万盆)	0.63
870	巴州区(川)	山茶花	鲜切花(万支)	17.50
871	石城县(赣)	山茶花	鲜切叶(万支)	25.00
872	巴州区(川)	山茶花	鲜切叶(万支)	21.00
873	北塔区(湘)	山桃	观赏苗木(万株)	9.30
874	博野县(冀)	山桃	观赏苗木(万株)	6.00
875	满城县(冀)	山桃	观赏苗木(万株)	1.00
876	平罗县(宁)	山桃	观赏苗木(万株)	1.00
877	吉利区(豫)	山茱萸	城市绿化苗(万株)	0.89
878	禹州市(豫)	山茱萸	观赏苗木(万株)	100.00
879	界首市(皖)	芍药	城市绿化苗(万株)	200.00
880	上蔡县(豫)	芍药	城市绿化苗(万株)	15.00
881	鹤山区(豫)	芍药	城市绿化苗(万株)	6.00
882	讷河市(黑)	芍药	城市绿化苗(万株)	2.00
883	克东县(黑)	芍药	城市绿化苗(万株)	1.20
884	关山林业管理局(甘)	芍药	城市绿化苗(万株)	0.60
885	淮阳县(豫)	芍药	观赏苗木(万株)	2.00
886	芜湖县(皖)	芍药	观赏苗木(万株)	2.00
887	洛阳市龙门文化旅游园区(豫)	芍药	观赏苗木(万株)	1.00
888	西峰区(甘)	芍药	观赏苗木(万株)	1.00
889	平罗县(宁)	芍药	观赏苗木(万株)	0.70
890	竹山县(鄂)	芍药	盆花(万盆)	20.00
891	隆尧县(冀)	芍药	盆花(万盆)	12.00
892	谯城区(皖)	芍药	盆花(万盆)	7.00
893	巴州区(川)	芍药	盆花(万盆)	2.10
894	柏乡县(冀)	芍药	盆花(万盆)	1.50
895	安国市(冀)	芍药	食用及药用花卉(千克)	140000.00
896	邓州市(豫)	芍药	食用及药用花卉(千克)	12.00
897	西峰区(甘)	芍药	鲜切花(万支)	8.00
898	漳河新区(鄂)	芍药	鲜切花(万支)	2.00
899	巴州区(川)	芍药	鲜切叶(万支)	21.00
900	北京市大东流苗圃(京)	蛇莓	观赏苗木(万株)	1.00
901	嵩　县(豫)	射干	观赏苗木(万株)	500.00
902	德安县(赣)	射干	观赏苗木(万株)	10.00
903	延庆县(京)	射干	花卉用种苗(千苗)	140.00
904	固始县(豫)	麝香百合类	鲜切花(万支)	19.00
905	津市市(湘)	麝香百合类	鲜切花(万支)	1.30
906	嘉峪关市(甘)	蓍草	城市绿化苗(万株)	2.00
907	建始县(鄂)	十姊妹	观赏苗木(万株)	140.00
908	隆尧县(冀)	石刁柏	盆景(万盆)	4.60
909	金城江区(桂)	石斛兰	工业及其他用途花卉(千克)	2000.00
910	黄冕林场(桂)	石斛兰	观赏苗木(万株)	66.30
911	织金县(黔)	石斛兰	观赏苗木(万株)	12.00
912	七坡林场(桂)	石斛兰	花卉用种苗(千苗)	276.32
913	北京市大东流苗圃(京)	石斛兰	盆花(万盆)	2.96
914	庆元县(浙)	石斛兰	食用及药用花卉(千克)	9500.00
915	雅长林场(桂)	石斛兰	食用及药用花卉(千克)	250.54
916	涿州市(冀)	石莲花	盆花(万盆)	5.00
917	宜都市(鄂)	石榴	城市绿化苗(万株)	110.00
918	荥阳市(豫)	石榴	城市绿化苗(万株)	80.00
919	新郑市(豫)	石榴	城市绿化苗(万株)	68.00
920	邵东县(湘)	石榴	城市绿化苗(万株)	5.00
921	中方县(湘)	石榴	城市绿化苗(万株)	5.00
922	龙里县(黔)	石榴	城市绿化苗(万株)	1.00
923	鹿邑县(豫)	石榴	城市绿化苗(万株)	1.00
924	岳阳县(湘)	石榴	城市绿化苗(万株)	1.00
925	陵　县(鲁)	石榴	观赏苗木(万株)	63.00
926	开封县(豫)	石榴	观赏苗木(万株)	22.00
927	沙洋县(鄂)	石榴	观赏苗木(万株)	10.00
928	鹿泉区(冀)	石榴	观赏苗木(万株)	5.00
929	镇坪县(陕)	石榴	观赏苗木(万株)	5.00
930	邹城市(鲁)	石榴	观赏苗木(万株)	2.00
931	赞皇县(冀)	石榴	观赏苗木(万株)	1.50
932	巴州区(川)	石榴	观赏苗木(万株)	0.70
933	广水市(鄂)	石榴	花卉用种苗(千苗)	2.00
934	巴州区(川)	石榴	盆花(万盆)	1.40
935	凤阳县(皖)	石榴	盆花(万盆)	1.00
936	昌乐县(鲁)	石榴	盆景(万盆)	2.40
937	巴州区(川)	石榴	鲜切花(万支)	7.00
938	武陵区(湘)	石蒜	观赏苗木(万株)	1.00
939	元阳县(滇)	石竹	城市绿化苗(万株)	200.00
940	九台市(吉)	石竹	城市绿化苗(万株)	100.00
941	嘉峪关市(甘)	石竹	城市绿化苗(万株)	3.00
942	安源区(赣)	石竹	观赏苗木(万株)	10.00
943	新安县(豫)	石竹	盆花(万盆)	180.00
944	蔡甸区(鄂)	石竹	盆花(万盆)	60.00
945	西夏区(宁)	石竹	盆花(万盆)	40.00
946	延庆县(京)	石竹	盆花(万盆)	36.00
947	庐阳区(皖)	石竹	盆花(万盆)	15.40
948	竹山县(鄂)	石竹	盆花(万盆)	13.00
949	龙里县(黔)	石竹	盆花(万盆)	8.00
950	金凤区(宁)	石竹	盆花(万盆)	7.50
951	赞皇县(冀)	石竹	盆花(万盆)	4.60
952	津市市(湘)	石竹	盆花(万盆)	3.30
953	湘乡市(湘)	石竹	盆花(万盆)	2.08

（续）

序号	其他花卉主产地	品种	花卉类别(单位)	生产量
954	息　县(豫)	石竹	盆花(万盆)	1.70
955	唐　县(冀)	石竹	盆花(万盆)	1.50
956	肃州区(甘)	石竹	鲜切花(万支)	15.00
957	龙南县(赣)	石竹	鲜切花(万支)	5.00
958	沙市区(鄂)	石竹	鲜切花(万支)	3.00
959	隆尧县(冀)	石竹	鲜切叶(万支)	4.00
960	宜都市(鄂)	石竹	穴盘苗	2200.00
961	武陵区(湘)	矢车菊	观赏苗木(万株)	2.00
962	三河市(冀)	矢车菊	盆花(万盆)	200.00
963	高碑店市(冀)	矢车菊	盆花(万盆)	10.00
964	枣强县(冀)	矢车菊	盆花(万盆)	1.33
965	北仑区(浙)	矢车菊	鲜切花(万支)	20.00
966	宣汉县(川)	矢车菊	鲜切花(万支)	15.50
967	章丘市(鲁)	柿	城市绿化苗(万株)	1.00
968	郾城区(豫)	柿	观赏苗木(万株)	0.85
969	广水市(鄂)	柿	花卉用种苗(千苗)	1.00
970	贵池区(皖)	水仙	城市绿化苗(万株)	4.00
971	建始县(鄂)	水仙	观赏苗木(万株)	100.00
972	普陀区(浙)	水仙	花卉用种球(千粒)	1000.00
973	赞皇县(冀)	水仙	盆花(万盆)	6.80
974	巴州区(川)	水仙	盆花(万盆)	3.50
975	东洲区(辽)	水仙	盆花(万盆)	2.80
976	大城县(冀)	水仙	盆花(万盆)	2.00
977	章丘市(鲁)	水仙	盆花(万盆)	2.00
978	凤阳县(皖)	水仙	盆花(万盆)	1.00
979	新建县(赣)	水仙	盆花(万盆)	0.90
980	崇明县(沪)	水仙	鲜切花(万支)	52.00
981	固始县(豫)	水仙	鲜切花(万支)	3.00
982	许昌县(豫)	丝绵木	城市绿化苗(万株)	80.00
983	金凤区(宁)	丝绵木	城市绿化苗(万株)	28.70
984	栾川县(豫)	丝绵木	城市绿化苗(万株)	16.80
985	东昌府区(鲁)	丝绵木	城市绿化苗(万株)	10.00
986	青铜峡市(宁)	丝绵木	城市绿化苗(万株)	1.00
987	馆陶县(冀)	丝绵木	观赏苗木(万株)	30.00
988	丰宁满族自治县(冀)	丝绵木	观赏苗木(万株)	28.00
989	大城县(冀)	丝绵木	观赏苗木(万株)	10.00
990	确山县(豫)	丝绵木	观赏苗木(万株)	10.00
991	霸州市(冀)	丝绵木	观赏苗木(万株)	5.00
992	安阳县(豫)	丝绵木	观赏苗木(万株)	3.60
993	栾城区(冀)	丝绵木	观赏苗木(万株)	2.20
994	大厂回族自治县(冀)	丝绵木	观赏苗木(万株)	2.00
995	涿州市(冀)	丝绵木	观赏苗木(万株)	2.00
996	新建县(赣)	四季竹	盆花(万盆)	0.65
997	宣汉县(川)	四季竹	鲜切花(万支)	36.00
998	贵池区(皖)	四照花	城市绿化苗(万株)	2.00

（续）

序号	其他花卉主产地	品种	花卉类别(单位)	生产量
999	南乐县(豫)	松果菊	花卉用种苗(千苗)	200.00
1000	红山区(蒙)	昙花	盆花(万盆)	14.70
1001	九台市(吉)	唐菖蒲	城市绿化苗(万株)	120.00
1002	永清县(冀)	唐菖蒲	花卉用种球(千粒)	120.00
1003	龙里县(黔)	唐菖蒲	盆花(万盆)	2.00
1004	白银区(甘)	唐菖蒲	盆花(万盆)	1.00
1005	凌源市(辽)	唐菖蒲	鲜切花(万支)	25800.00
1006	香河县(冀)	唐菖蒲	鲜切花(万支)	550.00
1007	永清县(冀)	唐菖蒲	鲜切花(万支)	120.00
1008	平泉县(冀)	唐菖蒲	鲜切花(万支)	80.00
1009	崇明县(沪)	唐菖蒲	鲜切花(万支)	61.83
1010	肃州区(甘)	唐菖蒲	鲜切花(万支)	41.00
1011	管城回族区(豫)	唐菖蒲	鲜切花(万支)	21.00
1012	开平区(冀)	唐菖蒲	鲜切花(万支)	21.00
1013	白银区(甘)	唐菖蒲	鲜切花(万支)	10.00
1014	红岗区(黑)	唐菖蒲	鲜切花(万支)	10.00
1015	沂南县(鲁)	唐菖蒲	鲜切花(万支)	2.00
1016	蔡甸区(鄂)	唐菖蒲	鲜切花(万支)	1.00
1017	闵行区(沪)	唐菖蒲	鲜切花(万支)	1.00
1018	洋　县(陕)	唐菖蒲	鲜切叶(万支)	5.00
1019	龙里县(黔)	藤本月季	城市绿化苗(万株)	15.00
1020	凤阳县(皖)	藤本月季	城市绿化苗(万株)	10.00
1021	凤泉区(豫)	藤本月季	观赏苗木(万株)	107.10
1022	迁安市(冀)	藤本月季	观赏苗木(万株)	14.00
1023	涿州市(冀)	藤本月季	观赏苗木(万株)	5.00
1024	章丘市(鲁)	藤本月季	观赏苗木(万株)	2.00
1025	商州区(陕)	藤本月季	观叶植物(万盆)	50.00
1026	永靖县(甘)	藤本月季	鲜切花(万支)	3.40
1027	龙里县(黔)	藤类	城市绿化苗(万株)	125.00
1028	织金县(黔)	藤类	观赏苗木(万株)	12.00
1029	涿州市(冀)	藤类	观赏苗木(万株)	3.00
1030	赞皇县(冀)	藤类	观赏苗木(万株)	1.20
1031	大城县(冀)	藤类	观叶植物(万盆)	5.30
1032	兖州市(鲁)	藤类	盆花(万盆)	27.00
1033	霸州市(冀)	藤萝	观赏苗木(万株)	30.00
1034	九台市(吉)	天目琼花	城市绿化苗(万株)	80.00
1035	涿州市(冀)	天目琼花	观赏苗木(万株)	2.00
1036	利通区(宁)	天人菊	城市绿化苗(万株)	12.00
1037	河东区(鲁)	贴梗海棠	城市绿化苗(万株)	9000.00
1038	龙里县(黔)	贴梗海棠	城市绿化苗(万株)	3.00
1039	定西市巉口林业试验场(甘)	贴梗海棠	城市绿化苗(万株)	1.00
1040	宁阳县(鲁)	贴梗海棠	观赏苗木(万株)	12.40
1041	北戴河区(冀)	贴梗海棠	观赏苗木(万株)	3.30
1042	南郑县(陕)	贴梗海棠	观赏苗木(万株)	3.00
1043	巴州区(川)	贴梗海棠	观赏苗木(万株)	2.80

(续)

序号	其他花卉主产地	品种	花卉类别(单位)	生产量
1044	安阳县(豫)	贴梗海棠	观赏苗木(万株)	1.50
1045	蠡　县(冀)	贴梗海棠	观赏苗木(万株)	1.00
1046	滦　县(冀)	贴梗海棠	观赏苗木(万株)	1.00
1047	涿州市(冀)	贴梗海棠	观赏苗木(万株)	1.00
1048	河东区(鲁)	贴梗海棠	盆花(万盆)	600.00
1049	巴州区(川)	贴梗海棠	盆花(万盆)	5.60
1050	宁阳县(鲁)	贴梗海棠	盆花(万盆)	1.60
1051	北京市大东流苗圃(京)	菱陵菜	观赏苗木(万株)	1.01
1052	宁　县(甘)	文冠果	工业及其他用途花卉(千克)	130.00
1053	隆化县(冀)	文冠果	观赏苗木(万株)	26.00
1054	北京市大东流苗圃(京)	文冠果	观赏苗木(万株)	2.31
1055	寻甸回族彝族自治县(滇)	文殊兰	观赏苗木(万株)	3.20
1056	镇坪县(陕)	五味子类	观赏苗木(万株)	14.00
1057	安国市(冀)	五味子类	食用及药用花卉(千克)	20000.00
1058	北仑区(浙)	五针松	观赏苗木(万株)	80.00
1059	兖州市(鲁)	五针松	观赏苗木(万株)	7.00
1060	邹城市(鲁)	五针松	观叶植物(万盆)	3.00
1061	北仑区(浙)	五针松	盆景(万盆)	5.00
1062	凤城市(辽)	勿忘草	鲜切花(万支)	23.00
1063	广昌县(赣)	勿忘草	鲜切叶(万支)	48.00
1064	蒲城县(陕)	现代月季	城市绿化苗(万株)	20.00
1065	龙里县(黔)	现代月季	城市绿化苗(万株)	5.00
1066	五河县(皖)	现代月季	城市绿化苗(万株)	5.00
1067	威海市经济技术开发区(鲁)	现代月季	城市绿化苗(万株)	2.00
1068	新密市(豫)	现代月季	观赏苗木(万株)	400.00
1069	莱州市(鲁)	现代月季	观赏苗木(万株)	300.00
1070	武邑县(冀)	现代月季	观赏苗木(万株)	105.00
1071	武陟县(豫)	现代月季	观赏苗木(万株)	80.00
1072	武安市(冀)	现代月季	观赏苗木(万株)	48.00
1073	临洮县(甘)	现代月季	观赏苗木(万株)	22.00
1074	辛集市(冀)	现代月季	观叶植物(万盆)	8.00
1075	遵化市(冀)	现代月季	盆花(万盆)	100.00
1076	新野县(豫)	现代月季	盆花(万盆)	70.00
1077	章丘市(鲁)	现代月季	盆花(万盆)	10.00
1078	东洲区(辽)	现代月季	盆花(万盆)	8.00
1079	龙南县(赣)	现代月季	盆花(万盆)	5.00
1080	忻府区(晋)	现代月季	盆花(万盆)	3.20
1081	山海关区(冀)	现代月季	盆花(万盆)	2.00
1082	长葛市(豫)	现代月季	鲜切花(万支)	320.00
1083	浦东新区(沪)	现代月季	鲜切花(万支)	120.00
1084	甘州区(甘)	现代月季	鲜切花(万支)	80.00
1085	涿州市(冀)	现代月季	鲜切花(万支)	25.00
1086	定兴县(冀)	现代月季	鲜切花(万支)	10.00
1087	徐水县(冀)	现代月季	鲜切花(万支)	8.00
1088	武陵区(湘)	现代月季	鲜切花(万支)	5.00

(续)

序号	其他花卉主产地	品种	花卉类别(单位)	生产量
1089	蠡　县(冀)	现代月季	鲜切花(万支)	2.50
1090	闵行区(沪)	香雪球	鲜切花(万支)	2.00
1091	涿州市(冀)	小苍兰	盆花(万盆)	3.00
1092	海拉尔区(蒙)	小丽花	城市绿化苗(万株)	40.00
1093	南和县(冀)	小丽花	观赏苗木(万株)	7.00
1094	延庆县(京)	小丽花	盆花(万盆)	30.00
1095	洋　县(陕)	小雀舌兰	鲜切叶(万支)	1.90
1096	九台市(吉)	杏	城市绿化苗(万株)	140.00
1097	大同县(晋)	杏	城市绿化苗(万株)	10.00
1098	贵池区(皖)	杏	城市绿化苗(万株)	1.00
1099	呼兰区(黑)	杏	观赏苗木(万株)	5.00
1100	平罗县(宁)	杏	观赏苗木(万株)	0.60
1101	九台市(吉)	绣球花	城市绿化苗(万株)	140.00
1102	武陵区(湘)	绣球花	观赏苗木(万株)	1.00
1103	颍泉区(皖)	绣球花	盆花(万盆)	52.10
1104	延庆县(京)	绣球花	盆花(万盆)	20.00
1105	涿州市(冀)	绣球花	盆花(万盆)	3.00
1106	章丘市(鲁)	绣球花	盆花(万盆)	1.00
1107	兴庆区(宁)	绣球花	鲜切花(万支)	20.00
1108	西华县(豫)	绣球花	鲜切花(万支)	1.50
1109	九台市(吉)	萱草	城市绿化苗(万株)	1200.00
1110	威海市经济技术开发区(鲁)	萱草	城市绿化苗(万株)	30.00
1111	讷河市(黑)	萱草	城市绿化苗(万株)	10.00
1112	海港区(冀)	萱草	城市绿化苗(万株)	6.53
1113	北京市大东流苗圃(京)	萱草	观赏苗木(万株)	17.81
1114	二道区(吉)	萱草	观赏苗木(万株)	3.00
1115	海港区(冀)	萱草	花卉用种苗(千苗)	54154.00
1116	延庆县(京)	萱草	花卉用种苗(千苗)	4000.00
1117	望都县(冀)	萱草	盆花(万盆)	1180.00
1118	易　县(冀)	萱草	盆花(万盆)	700.00
1119	涿州市(冀)	萱草	盆花(万盆)	586.00
1120	满城县(冀)	萱草	盆花(万盆)	50.00
1121	西夏区(宁)	萱草	盆花(万盆)	40.00
1122	高碑店市(冀)	萱草	盆花(万盆)	14.00
1123	许昌县(豫)	萱草	鲜切花(万支)	200.00
1124	涿州市(冀)	雁来红	盆花(万盆)	20.00
1125	良凤江国家森林公园(桂)	羊蹄甲类	城市绿化苗(万株)	33.37
1126	田阳县(桂)	羊蹄甲类	城市绿化苗(万株)	3.00
1127	乐昌市(粤)	羊蹄甲类	城市绿化苗(万株)	1.00
1128	武宣县(桂)	羊蹄甲类	观赏苗木(万株)	26.00
1129	宁明县(桂)	羊蹄甲类	观赏苗木(万株)	11.00
1130	翠屏区(川)	羊蹄甲类	观赏苗木(万株)	1.00
1131	红河县(滇)	叶子花	城市绿化苗(万株)	300.00
1132	元阳县(滇)	叶子花	城市绿化苗(万株)	200.00
1133	龙里县(黔)	叶子花	城市绿化苗(万株)	2.00

（续）

序号	其他花卉主产地	品种	花卉类别(单位)	生产量
1134	南澳县(粤)	叶子花	城市绿化苗(万株)	0.60
1135	西昌市(川)	叶子花	观赏苗木(万株)	24.00
1136	施甸县(滇)	叶子花	观赏苗木(万株)	3.00
1137	开远市(滇)	叶子花	盆花(万盆)	5.00
1138	内江市市中区(川)	夜来香	观赏苗木(万株)	2.00
1139	肥乡县(冀)	夜来香	盆花(万盆)	300.00
1140	石家庄市桥西区(冀)	夜来香	盆花(万盆)	2.00
1141	邵东县(湘)	一品红	城市绿化苗(万株)	150.00
1142	正阳县(豫)	一品红	观赏苗木(万株)	50000.00
1143	西昌市(川)	一品红	观赏苗木(万株)	53.00
1144	会理县(川)	一品红	观赏苗木(万株)	4.00
1145	平利县(陕)	一品红	花卉用种苗(千苗)	2.00
1146	新安县(豫)	一品红	盆花(万盆)	350.00
1147	涿州市(冀)	一品红	盆花(万盆)	25.00
1148	延庆县(京)	一品红	盆花(万盆)	21.00
1149	从化市(粤)	一品红	盆花(万盆)	20.00
1150	濮阳县(豫)	一品红	盆花(万盆)	20.00
1151	辛集市(冀)	一品红	盆花(万盆)	15.00
1152	长安区(陕)	一品红	盆花(万盆)	13.00
1153	灵璧县(皖)	一品红	盆花(万盆)	5.00
1154	东洲区(辽)	一品红	盆花(万盆)	3.10
1155	沙河市(冀)	一品红	盆花(万盆)	2.90
1156	崆峒区(甘)	一品红	盆花(万盆)	2.40
1157	邢台市桥东区(冀)	一品红	盆花(万盆)	2.00
1158	蠡　县(冀)	一品红	盆花(万盆)	1.00
1159	迁安市(冀)	一品红	盆花(万盆)	1.00
1160	晋州市(冀)	一品红	盆花(万盆)	0.90
1161	白银区(甘)	一品红	盆花(万盆)	0.60
1162	新建县(赣)	一品红	盆花(万盆)	0.55
1163	永兴县(湘)	一品红	盆景(万盆)	3.30
1164	郎溪县(皖)	一品红	盆景(万盆)	0.80
1165	潢川县(豫)	樱桃	城市绿化苗(万株)	45.00
1166	肥西县(皖)	樱桃	城市绿化苗(万株)	5.00
1167	龙里县(黔)	樱桃	城市绿化苗(万株)	5.00
1168	恩阳区(川)	樱桃	城市绿化苗(万株)	1.50
1169	孝昌县(鄂)	樱桃	观赏苗木(万株)	5.00
1170	威远县(川)	樱桃	观赏苗木(万株)	3.00
1171	井陉矿区(冀)	樱桃	观赏苗木(万株)	2.00
1172	霍山县(皖)	樱桃	观赏苗木(万株)	1.00
1173	商州区(陕)	樱桃	鲜切叶(万支)	80.00
1174	龙里县(黔)	迎春	城市绿化苗(万株)	52.00
1175	隆回县(湘)	迎春	城市绿化苗(万株)	10.00
1176	新化县(湘)	迎春	城市绿化苗(万株)	10.00
1177	宜都市(鄂)	迎春	城市绿化苗(万株)	10.00
1178	黔江区(渝)	迎春	城市绿化苗(万株)	1.00

（续）

序号	其他花卉主产地	品种	花卉类别(单位)	生产量
1179	南　县(湘)	迎春	城市绿化苗(万株)	0.90
1180	新泰市(鲁)	迎春	观赏苗木(万株)	20.00
1181	广平县(冀)	迎春	观赏苗木(万株)	15.00
1182	大城县(冀)	迎春	观赏苗木(万株)	5.00
1183	迁安市(冀)	迎春	观赏苗木(万株)	2.00
1184	赞皇县(冀)	迎春	观赏苗木(万株)	1.40
1185	涿州市(冀)	迎春	观赏苗木(万株)	1.00
1186	南乐县(豫)	迎春	花卉用种苗(千苗)	300.00
1187	彭山县(川)	迎春	盆花(万盆)	25.00
1188	延庆县(京)	迎春	盆花(万盆)	17.00
1189	阳曲县(晋)	迎春	盆花(万盆)	1.50
1190	恩施市(鄂)	羽叶甘蓝	城市绿化苗(万株)	10.00
1191	洮南市(吉)	羽叶甘蓝	城市绿化苗(万株)	1.70
1192	武陵区(湘)	羽叶甘蓝	观叶植物(万盆)	2.00
1193	莒南县(鲁)	羽叶甘蓝	盆花(万盆)	180.00
1194	庐阳区(皖)	羽叶甘蓝	盆花(万盆)	80.00
1195	新安县(豫)	羽叶甘蓝	盆花(万盆)	80.00
1196	浦东新区(沪)	羽叶甘蓝	盆花(万盆)	50.00
1197	阜新蒙古族自治县(辽)	羽叶甘蓝	盆花(万盆)	30.00
1198	海港区(冀)	羽叶甘蓝	盆花(万盆)	20.00
1199	户　县(陕)	羽叶甘蓝	盆花(万盆)	20.00
1200	沙市区(鄂)	羽叶甘蓝	盆花(万盆)	20.00
1201	肃州区(甘)	羽叶甘蓝	盆花(万盆)	14.00
1202	石柱土家族自治县(渝)	羽叶甘蓝	盆花(万盆)	5.90
1203	龙里县(黔)	羽叶甘蓝	盆花(万盆)	5.00
1204	凤阳县(皖)	羽叶甘蓝	盆花(万盆)	1.00
1205	商水县(豫)	羽叶甘蓝	盆花(万盆)	0.80
1206	两当县(甘)	羽叶甘蓝	鲜切叶(万支)	4.00
1207	九台市(吉)	玉簪类	城市绿化苗(万株)	120.00
1208	海港区(冀)	玉簪类	城市绿化苗(万株)	65.00
1209	北京市大东流苗圃(京)	玉簪类	观赏苗木(万株)	40.62
1210	二道区(吉)	玉簪类	观赏苗木(万株)	2.00
1211	海港区(冀)	玉簪类	花卉用种苗(千苗)	16003.00
1212	涿州市(冀)	玉簪类	盆花(万盆)	210.00
1213	延庆县(京)	玉簪类	盆花(万盆)	38.00
1214	安国市(冀)	玉簪类	盆花(万盆)	5.00
1215	滦南县(冀)	玉簪类	盆花(万盆)	1.60
1216	碧江区(黔)	玉簪类	盆花(万盆)	0.80
1217	游仙区(川)	郁金香	城市绿化苗(万株)	200.00
1218	分宜县(赣)	郁金香	城市绿化苗(万株)	2.00
1219	独山县(黔)	郁金香	干花(万支)	50.00
1220	藁城区(冀)	郁金香	观赏苗木(万株)	8.00
1221	巫山县(渝)	郁金香	观赏苗木(万株)	4.00
1222	渠　县(川)	郁金香	观叶植物(万盆)	30.00
1223	关岭布依族苗族自治县(黔)	郁金香	观叶植物(万盆)	3.00

(续)

序号	其他花卉主产地	品种	花卉类别(单位)	生产量
1224	龙里县(黔)	郁金香	盆花(万盆)	55.00
1225	濮阳县(豫)	郁金香	盆花(万盆)	30.00
1226	章丘市(鲁)	郁金香	盆花(万盆)	8.00
1227	宽城满族自治县(冀)	郁金香	盆花(万盆)	6.00
1228	旌阳区(川)	郁金香	盆花(万盆)	5.00
1229	郎溪县(皖)	郁金香	盆花(万盆)	1.50
1230	赫章县(黔)	郁金香	盆花(万盆)	1.00
1231	永年县(冀)	郁金香	盆花(万盆)	0.80
1232	新丰县(粤)	郁金香	盆景(万盆)	0.60
1233	永清县(冀)	郁金香	鲜切花(万支)	120.00
1234	巫山县(渝)	郁金香	鲜切花(万支)	100.00
1235	闵行区(沪)	郁金香	鲜切花(万支)	72.00
1236	章丘市(鲁)	郁金香	鲜切花(万支)	12.00
1237	费　县(鲁)	郁金香	鲜切花(万支)	10.00
1238	开平区(冀)	郁金香	鲜切花(万支)	8.00
1239	浦东新区(沪)	郁金香	鲜切花(万支)	5.00
1240	隆化县(冀)	郁金香	鲜切花(万支)	2.00
1241	蔡甸区(鄂)	郁金香	鲜切花(万支)	1.00
1242	湖滨区(豫)	郁金香	穴盘苗	50.00
1243	龙里县(黔)	鸢尾类	城市绿化苗(万株)	22.00
1244	威海市经济技术开发区(鲁)	鸢尾类	城市绿化苗(万株)	20.00
1245	旌阳区(川)	鸢尾类	城市绿化苗(万株)	15.00
1246	海港区(冀)	鸢尾类	城市绿化苗(万株)	5.00
1247	北京市大东流苗圃(京)	鸢尾类	观赏苗木(万株)	5.00
1248	海港区(冀)	鸢尾类	花卉用种苗(千苗)	80.00
1249	望都县(冀)	鸢尾类	盆花(万盆)	1200.00
1250	涿州市(冀)	鸢尾类	盆花(万盆)	760.00
1251	易　县(冀)	鸢尾类	盆花(万盆)	400.00
1252	蠡　县(冀)	鸢尾类	盆花(万盆)	13.00
1253	阳泉市郊区(晋)	鸢尾类	盆花(万盆)	5.00
1254	赞皇县(冀)	鸢尾类	盆花(万盆)	3.00
1255	崇明县(沪)	鸢尾类	鲜切花(万支)	4.08
1256	开平区(冀)	鸢尾类	鲜切花(万支)	3.00
1257	栾川县(豫)	元宝枫	城市绿化苗(万株)	111.60
1258	竹山县(鄂)	元宝枫	城市绿化苗(万株)	9.10
1259	丰宁满族自治县(冀)	元宝枫	观赏苗木(万株)	40.00
1260	西平县(豫)	元宝枫	观赏苗木(万株)	20.00
1261	广阳区(冀)	元宝枫	观赏苗木(万株)	10.00
1262	红花岗区(黔)	元宝枫	观赏苗木(万株)	10.00
1263	鹿泉区(冀)	元宝枫	观赏苗木(万株)	4.00
1264	北戴河区(冀)	元宝枫	观赏苗木(万株)	2.60
1265	邢台县(冀)	元宝枫	观赏苗木(万株)	2.00
1266	大名县(冀)	元宝枫	盆花(万盆)	1.00
1267	巴州区(川)	元宝枫	鲜切叶(万支)	3.50
1268	香格里拉县(滇)	云杉	城市绿化苗(万株)	980.00

(续)

序号	其他花卉主产地	品种	花卉类别(单位)	生产量
1269	九台市(吉)	云杉	城市绿化苗(万株)	280.00
1270	讷河市(黑)	云杉	城市绿化苗(万株)	50.00
1271	关山林业管理局(甘)	云杉	城市绿化苗(万株)	22.00
1272	新宾满族自治县(辽)	云杉	城市绿化苗(万株)	12.00
1273	忻府区(晋)	云杉	城市绿化苗(万株)	8.53
1274	章丘市(鲁)	云杉	城市绿化苗(万株)	3.00
1275	定襄县(晋)	云杉	城市绿化苗(万株)	2.00
1276	白城市市辖区(吉)	云杉	城市绿化苗(万株)	1.00
1277	集安市(吉)	云杉	城市绿化苗(万株)	1.00
1278	应　县(晋)	云杉	城市绿化苗(万株)	1.00
1279	隆德县(宁)	云杉	观赏苗木(万株)	3485.00
1280	清原满族自治县(辽)	云杉	观赏苗木(万株)	750.00
1281	丰宁满族自治县(冀)	云杉	观赏苗木(万株)	500.00
1282	平泉县(冀)	云杉	观赏苗木(万株)	323.00
1283	隆化县(冀)	云杉	观赏苗木(万株)	26.00
1284	承德县(冀)	云杉	观赏苗木(万株)	10.00
1285	长治市郊区(晋)	云杉	观赏苗木(万株)	6.50
1286	宽城满族自治县(冀)	云杉	观赏苗木(万株)	4.50
1287	嘉峪关市(甘)	杂种香水月季	城市绿化苗(万株)	2.50
1288	承德县(冀)	杂种香水月季	观赏苗木(万株)	32.00
1289	长葛市(豫)	杂种香水月季	盆花(万盆)	1.00
1290	深泽县(冀)	杂种香水月季	鲜切花(万支)	10.00
1291	偃师市(豫)	杂种香水月季	鲜切叶(万支)	310.00
1292	满城县(冀)	早园竹	观赏苗木(万株)	1.00
1293	涉　县(冀)	皂角	观赏苗木(万株)	20.00
1294	安阳县(豫)	皂角	观赏苗木(万株)	5.00
1295	费　县(鲁)	皂角	观赏苗木(万株)	5.00
1296	大名县(冀)	皂角	观赏苗木(万株)	1.50
1297	巴州区(川)	皂角	观赏苗木(万株)	1.40
1298	鼎城区(湘)	长春花	盆花(万盆)	25.00
1299	从化市(粤)	长寿花	盆花(万盆)	50.00
1300	安国市(冀)	长寿花	盆花(万盆)	5.00
1301	渭城区(陕)	长寿花	盆花(万盆)	0.55
1302	西华县(豫)	长寿花	鲜切花(万支)	2.30
1303	宜都市(鄂)	中华蚊母	城市绿化苗(万株)	250.00
1304	新化县(湘)	中华蚊母	城市绿化苗(万株)	20.00
1305	镇坪县(陕)	中华蚊母	观赏苗木(万株)	2.00
1306	夷陵区(鄂)	中华蚊母	盆景(万盆)	476.80
1307	黔江区(渝)	中华蚊母	盆景(万盆)	1.00
1308	石泉县(陕)	中华蚊母	盆景(万盆)	0.60
1309	九台市(吉)	紫萼玉簪	城市绿化苗(万株)	120.00
1310	平罗县(宁)	紫花地丁	观赏苗木(万株)	20.00
1311	安国市(冀)	紫花地丁	食用及药用花卉(千克)	100000.00
1312	红花岗区(黔)	紫罗兰	观赏苗木(万株)	11.00
1313	庐阳区(皖)	紫罗兰	盆花(万盆)	17.50

（续）

序号	其他花卉主产地	品种	花卉类别(单位)	生产量
1314	泊头市(冀)	紫罗兰	盆花(万盆)	6.34
1315	乐业县(桂)	紫罗兰	盆花(万盆)	4.20
1316	襄城区(鄂)	紫罗兰	盆花(万盆)	3.10
1317	湘乡市(湘)	紫罗兰	盆花(万盆)	2.91
1318	郎溪县(皖)	紫罗兰	盆花(万盆)	1.30
1319	衡山县(湘)	紫罗兰	盆花(万盆)	0.73
1320	新丰县(粤)	紫罗兰	盆景(万盆)	0.60
1321	唐　县(冀)	紫茉莉	盆花(万盆)	3.00
1322	安国市(冀)	紫菀	食用及药用花卉(千克)	150000.00
1323	彭阳县(宁)	紫叶矮樱	城市绿化苗(万株)	60.00
1324	大同县(晋)	紫叶矮樱	城市绿化苗(万株)	5.00
1325	青铜峡市(宁)	紫叶矮樱	城市绿化苗(万株)	5.00
1326	永昌县(甘)	紫叶矮樱	城市绿化苗(万株)	2.00
1327	永城市(豫)	紫叶矮樱	干花(万支)	94.80
1328	兴庆区(宁)	紫叶矮樱	观赏苗木(万株)	994.00
1329	永清县(冀)	紫叶矮樱	观赏苗木(万株)	110.00
1330	博野县(冀)	紫叶矮樱	观赏苗木(万株)	30.00
1331	丰宁满族自治县(冀)	紫叶矮樱	观赏苗木(万株)	22.00
1332	忻府区(晋)	紫叶矮樱	观赏苗木(万株)	2.00
1333	阜城县(冀)	紫叶矮樱	观赏苗木(万株)	1.11
1334	平罗县(宁)	紫叶矮樱	观赏苗木(万株)	0.74
1335	嘉峪关市(甘)	紫叶矮樱	观赏苗木(万株)	0.51
1336	九台市(吉)	紫叶稠李	城市绿化苗(万株)	120.00

（续）

序号	其他花卉主产地	品种	花卉类别(单位)	生产量
1337	北林区(黑)	紫叶稠李	城市绿化苗(万株)	67.00
1338	东辽县(吉)	紫叶稠李	城市绿化苗(万株)	4.85
1339	望都县(冀)	紫叶稠李	观赏苗木(万株)	1560.00
1340	博野县(冀)	紫叶稠李	观赏苗木(万株)	70.00
1341	丰宁满族自治县(冀)	紫叶稠李	观赏苗木(万株)	24.00
1342	柘城县(豫)	紫叶稠李	观赏苗木(万株)	15.00
1343	呼兰区(黑)	紫叶稠李	观赏苗木(万株)	10.00
1344	双滦区(冀)	紫叶稠李	观赏苗木(万株)	10.00
1345	大名县(冀)	紫叶稠李	观赏苗木(万株)	5.00
1346	让胡路区(黑)	紫叶稠李	观赏苗木(万株)	5.00
1347	康保县(冀)	紫叶稠李	观赏苗木(万株)	4.00
1348	安阳县(豫)	紫叶稠李	观赏苗木(万株)	2.60
1349	二道区(吉)	紫叶稠李	观赏苗木(万株)	1.00
1350	承德县(冀)	紫叶桃	观赏苗木(万株)	18.00
1351	宁阳县(鲁)	紫叶桃	观赏苗木(万株)	12.00
1352	涉　县(冀)	紫叶桃	观赏苗木(万株)	5.00
1353	江海区(粤)	紫叶桃	观赏苗木(万株)	3.00
1354	三台县(川)	紫叶桃	观赏苗木(万株)	1.30
1355	涿州市(冀)	紫叶桃	观赏苗木(万株)	1.00
1356	故城县(冀)	紫叶桃	观赏苗木(万株)	0.80
1357	三台县(川)	紫竹	城市绿化苗(万株)	13.70
1358	南郑县(陕)	紫竹	花卉用种苗(千苗)	1000.00
1359	竹山县(鄂)	紫竹	盆景(万盆)	7.00

表 13-52　草坪主产地产量

序号	草坪主产地	产量(万平方米)
1	怀柔区(京)	10.50
2	静海县(津)	40.00
3	路北区(冀)	238.00
4	香河县(冀)	79.90
5	涿州市(冀)	40.00
6	定州市(冀)	23.00
7	玉田县(冀)	16.00
8	邯郸县(冀)	10.00
9	曲周县(冀)	6.10
10	任　县(冀)	2.00
11	涉　县(冀)	0.70
12	长治市郊区(晋)	10.00
13	长治市城区(晋)	10.00
14	壶关县(晋)	2.30
15	清徐县(晋)	2.00
16	定襄县(晋)	1.50
17	海拉尔区(蒙)	2.85
18	东河区(蒙)	0.90

（续）

序号	草坪主产地	产量(万平方米)
19	铁岭县(辽)	333.00
20	普兰店市(辽)	10.00
21	本溪满族自治县(辽)	4.20
22	凌海市(辽)	3.00
23	铁岭市经济开发区(辽)	3.00
24	阜新蒙古族自治县(辽)	0.80
25	敦化市(吉)	35.00
26	延吉市(吉)	2.80
27	东丰县(吉)	1.00
28	香坊区(黑)	18.00
29	龙凤区(黑)	5.00
30	依安县(黑)	2.00
31	黑河市直属林场(黑)	1.00
32	双城市(黑)	0.60
33	金山区(沪)	499.10
34	奉贤区(沪)	323.35
35	崇明县(沪)	148.95
36	松江区(沪)	45.00

（续）

序号	草坪主产地	产量(万平方米)
37	青浦区(沪)	17.30
38	武进区(苏)	4149.00
39	如皋市(苏)	1800.90
40	句容市(苏)	1273.97
41	宜兴市(苏)	1100.00
42	锡山区(苏)	188.95
43	泰兴市(苏)	120.00
44	浦口区(苏)	100.00
45	太仓市(苏)	73.37
46	大丰区(苏)	50.00
47	扬中市(苏)	40.00
48	溧水县(苏)	38.00
49	东台市(苏)	21.00
50	惠山区(苏)	16.00
51	滨海县(苏)	15.00
52	睢宁县(苏)	15.00
53	江宁区(苏)	14.37
54	盐都区(苏)	14.00

(续)

序号	草坪主产地	产量(万平方米)	序号	草坪主产地	产量(万平方米)	序号	草坪主产地	产量(万平方米)
55	海陵区(苏)	10.87	99	颍上县(皖)	8.60	143	漳平市(闽)	0.68
56	盱眙县(苏)	9.00	100	来安县(皖)	5.50	144	新建县(赣)	275.00
57	如东县(苏)	5.20	101	庐阳区(皖)	5.00	145	浮梁县(赣)	130.00
58	靖江市(苏)	5.00	102	霍邱县(皖)	2.80	146	分宜县(赣)	100.00
59	沭阳县(苏)	3.50	103	禹会区(皖)	2.30	147	吉水县(赣)	80.00
60	溧阳市(苏)	2.27	104	太湖县(皖)	2.00	148	新干县(赣)	60.00
61	邳州市(苏)	2.00	105	屯溪区(皖)	2.00	149	横峰县(赣)	54.00
62	吴中区(苏)	2.00	106	潜山县(皖)	2.00	150	彭泽县(赣)	40.00
63	新沂市(苏)	1.00	107	徽州区(皖)	1.50	151	渝水区(赣)	23.64
64	宝应县(苏)	0.67	108	石台县(皖)	1.20	152	都昌县(赣)	20.00
65	余杭区(浙)	2209.70	109	桐城市(皖)	1.20	153	广昌县(赣)	20.00
66	海宁市(浙)	426.50	110	永泰县(闽)	77.29	154	赣　县(赣)	17.00
67	常山县(浙)	145.00	111	宁化县(闽)	71.47	155	瑞金市(赣)	11.00
68	婺城区(浙)	101.72	112	邵武市(闽)	37.04	156	余江县(赣)	11.00
69	金东区(浙)	70.00	113	明溪县(闽)	24.12	157	高安市(赣)	10.60
70	武义县(浙)	38.00	114	尤溪县(闽)	23.91	158	临川区(赣)	10.00
71	瑞安市(浙)	36.00	115	浦城县(闽)	21.34	159	安源区(赣)	5.00
72	衢江区(浙)	33.96	116	云霄县(闽)	15.03	160	石城县(赣)	5.00
73	平湖市(浙)	23.50	117	大田县(闽)	12.92	161	进贤县(赣)	4.99
74	龙游县(浙)	21.80	118	闽清县(闽)	12.10	162	遂川县(赣)	4.50
75	莲都区(浙)	20.00	119	建阳市(闽)	11.89	163	东乡县(赣)	4.30
76	诸暨市(浙)	20.00	120	南安市(闽)	11.35	164	德兴市(赣)	3.50
77	义乌市(浙)	15.00	121	建宁县(闽)	11.24	165	靖安县(赣)	3.40
78	慈溪市(浙)	13.00	122	建瓯市(闽)	8.70	166	金溪县(赣)	3.36
79	温岭市(浙)	11.00	123	清流县(闽)	8.31	167	芦溪县(赣)	3.30
80	龙湾区(浙)	10.69	124	连江县(闽)	8.27	168	章贡区(赣)	3.20
81	天台县(浙)	10.00	125	将乐县(闽)	7.43	169	乐安县(赣)	3.00
82	嵊州市(浙)	10.00	126	武夷山市(闽)	6.85	170	吉安县(赣)	3.00
83	富阳市(浙)	9.00	127	德化县(闽)	5.30	171	龙南县(赣)	3.00
84	临安市(浙)	5.70	128	松溪县(闽)	4.89	172	玉山县(赣)	2.00
85	余姚市(浙)	4.00	129	罗源县(闽)	3.55	173	吉州区(赣)	2.00
86	定海区(浙)	2.00	130	仙游县(闽)	2.89	174	铜鼓县(赣)	1.60
87	桐乡市(浙)	1.50	131	沙　县(闽)	2.76	175	永修县(赣)	1.55
88	象山县(浙)	1.00	132	惠安县(闽)	2.51	176	会昌县(赣)	1.20
89	长兴县(浙)	1.00	133	平和县(闽)	2.50	177	永丰县(赣)	1.00
90	南谯区(皖)	1200.00	134	延平区(闽)	2.25	178	星子县(赣)	0.80
91	义安区(皖)	150.00	135	晋安区(闽)	2.23	179	龙口市(鲁)	76.40
92	芜湖县(皖)	67.00	136	永安市(闽)	1.85	180	莱州市(鲁)	60.00
93	全椒县(皖)	50.00	137	政和县(闽)	1.50	181	宁阳县(鲁)	35.00
94	霍山县(皖)	30.00	138	长泰县(闽)	1.16	182	长清区(鲁)	18.00
95	望江县(皖)	17.00	139	光泽县(闽)	1.07	183	临朐县(鲁)	5.00
96	南陵县(皖)	15.00	140	永春县(闽)	0.95	184	沂水县(鲁)	4.10
97	鸠江区(皖)	12.00	141	顺昌县(闽)	0.77	185	桓台县(鲁)	3.20
98	庐江县(皖)	11.23	142	华安县(闽)	0.72	186	汶上县(鲁)	2.64

（续）

序号	草坪主产地	产量（万平方米）
187	章丘市(鲁)	1.80
188	滨城区(鲁)	1.00
189	鄢陵县(豫)	69.75
190	潢川县(豫)	50.00
191	新　县(豫)	15.00
192	许昌县(豫)	12.00
193	获嘉县(豫)	9.00
194	长葛市(豫)	7.30
195	卧龙区(豫)	4.00
196	渑池县(豫)	4.00
197	唐河县(豫)	1.20
198	中站区(豫)	1.00
199	夷陵区(鄂)	160.00
200	崇阳县(鄂)	150.00
201	麻城市(鄂)	80.00
202	嘉鱼县(鄂)	40.00
203	大冶市(鄂)	30.00
204	仙桃市(鄂)	12.00
205	安陆市(鄂)	10.00
206	阳新县(鄂)	5.50
207	孝南区(鄂)	3.00
208	竹山县(鄂)	2.60
209	随　县(鄂)	2.00
210	洪湖市(鄂)	2.00
211	当阳市(鄂)	1.80
212	猇亭区(鄂)	1.00
213	茅箭区(鄂)	1.00
214	岳阳县(湘)	1100.00
215	苏仙区(湘)	550.00
216	鼎城区(湘)	150.00
217	东安县(湘)	26.00
218	芷江侗族自治县(湘)	15.00
219	澧　县(湘)	15.00
220	桂阳县(湘)	14.50
221	宁远县(湘)	13.20
222	涟源市(湘)	11.10
223	汝城县(湘)	10.00
224	云溪区(湘)	9.85
225	沅江市(湘)	6.70
226	浏阳市(湘)	6.10
227	湘潭县(湘)	5.50
228	中方县(湘)	5.00
229	珠晖区(湘)	5.00
230	衡南县(湘)	5.00

（续）

序号	草坪主产地	产量（万平方米）
231	隆回县(湘)	4.00
232	新化县(湘)	4.00
233	靖州苗族侗族自治县(湘)	3.53
234	辰溪县(湘)	3.00
235	赫山区(湘)	3.00
236	衡阳县(湘)	3.00
237	资兴市(湘)	3.00
238	永定区(湘)	2.80
239	武陵区(湘)	2.30
240	祁东县(湘)	2.20
241	湘潭市市辖区(湘)	2.00
242	常宁市(湘)	2.00
243	吉首市(湘)	1.98
244	望城县(湘)	1.60
245	新田县(湘)	1.60
246	湘阴县(湘)	1.40
247	慈利县(湘)	0.70
248	南岳区(湘)	0.56
249	南海区(粤)	855.00
250	蕉岭县(粤)	100.00
251	遂溪县(粤)	82.64
252	萝岗区(粤)	80.00
253	清城区(粤)	36.18
254	鼎湖区(粤)	17.00
255	开平市(粤)	11.00
256	番禺区(粤)	10.00
257	英德市(粤)	6.22
258	榕城区(粤)	6.00
259	台山市(粤)	1.00
260	江南区(桂)	124.00
261	龙圩区(桂)	96.00
262	合浦县(桂)	68.00
263	右江区(桂)	62.00
264	海城区(桂)	22.00
265	平果县(桂)	10.00
266	融水苗族自治县(桂)	8.00
267	灵川县(桂)	6.00
268	全州县(桂)	4.00
269	兴安县(桂)	4.00
270	钦南区(桂)	3.30
271	陆川县(桂)	3.00
272	武宣县(桂)	1.25
273	北流市(桂)	1.20
274	苍梧县(桂)	0.83

（续）

序号	草坪主产地	产量（万平方米）
275	桂平市(桂)	0.65
276	田阳县(桂)	0.55
277	北碚区(渝)	655.00
278	璧山县(渝)	371.44
279	酉阳土家族苗族自治县(渝)	41.00
280	合川区(渝)	30.00
281	江津区(渝)	4.50
282	奉节县(渝)	3.00
283	南川区(渝)	2.70
284	彭水苗族土家族自治县(渝)	2.00
285	荣昌县(渝)	1.90
286	黔江区(渝)	1.20
287	永川区(渝)	1.00
288	万州区(渝)	0.56
289	青白江区(川)	350.00
290	五通桥区(川)	85.00
291	彭州市(川)	66.70
292	富顺县(川)	60.00
293	南部县(川)	10.00
294	长宁县(川)	8.00
295	广汉市(川)	6.00
296	江油市(川)	5.00
297	仁寿县(川)	3.30
298	顺庆区(川)	3.00
299	巴州区(川)	2.30
300	翠屏区(川)	2.20
301	万源市(川)	1.80
302	中江县(川)	1.30
303	井研县(川)	1.20
304	高　县(川)	0.78
305	三台县(川)	0.61
306	惠水县(黔)	80.00
307	龙里县(黔)	20.00
308	息烽县(黔)	19.00
309	红花岗区(黔)	8.00
310	乌当区(黔)	7.00
311	清镇市(黔)	2.40
312	江口县(黔)	0.60
313	大理市(滇)	16.00
314	施甸县(滇)	2.00
315	景洪市(滇)	1.14
316	临翔区(滇)	1.00
317	秦都区(陕)	40.00
318	长安区(陕)	8.20

(续)

序号	草坪主产地	产量(万平方米)
319	镇坪县(陕)	5.00
320	灞桥区(陕)	1.50
321	汉台区(陕)	1.10
322	临潭县(甘)	1.50
323	宁　县(甘)	1.00
324	贺兰县(宁)	14.67
325	巴楚县(新)	1.38

表 14-1　木雕主产地产值

序号	木雕主产地	产值(万元)
1	顺平县(冀)	360.00
2	涿州市(冀)	20.00
3	满城县(冀)	5.00
4	克什克腾旗(蒙)	113.00
5	柴河林业局(蒙)	26.00
6	新宾满族自治县(辽)	35000.00
7	桓仁满族自治县(辽)	430.00
8	敦化市(吉)	14740.00
9	辉南县(吉)	3850.00
10	磐石市(吉)	70.00
11	普陀区(浙)	4428000.00
12	东阳市(浙)	434739.00
13	仙居县(浙)	79487.00
14	开化县(浙)	20000.00
15	天台县(浙)	13925.00
16	三门县(浙)	13776.00
17	椒江区(浙)	11404.00
18	临海市(浙)	7927.00
19	温岭市(浙)	5307.00
20	黄岩区(浙)	4048.00
21	德清县(浙)	3800.00
22	嵊州市(浙)	2300.00
23	淳安县(浙)	1835.00
24	龙湾区(浙)	763.00
25	常山县(浙)	500.00
26	泰顺县(浙)	120.00
27	庆元县(浙)	93.00
28	余杭区(浙)	54.00
29	浦江县(浙)	31.00
30	衢江区(浙)	20.00
31	灵璧县(皖)	125781.00
32	徽州区(皖)	2300.00
33	霍山县(皖)	1200.00
34	岳西县(皖)	500.00

(续)

序号	木雕主产地	产值(万元)
35	郎溪县(皖)	500.00
36	绩溪县(皖)	350.00
37	潜山县(皖)	160.00
38	石台县(皖)	150.00
39	六安市叶集区(皖)	120.00
40	黟　县(皖)	68.00
41	广丰县(赣)	24239.00
42	南城县(赣)	6500.00
43	余江县(赣)	6500.00
44	婺源县(赣)	5600.00
45	靖安县(赣)	5600.00
46	龙南县(赣)	4680.00
47	安远县(赣)	2000.00
48	临川区(赣)	1420.00
49	会昌县(赣)	1380.00
50	玉山县(赣)	1050.00
51	铅山县(赣)	1000.00
52	信丰县(赣)	907.00
53	安福县(赣)	900.00
54	南康市(赣)	420.00
55	遂川县(赣)	225.00
56	新建县(赣)	220.00
57	袁州区(赣)	200.00
58	大余县(赣)	100.00
59	分宜县(赣)	50.00
60	东乡县(赣)	30.00
61	万安县(赣)	10.00
62	曹　县(鲁)	8100.00
63	肥城市(鲁)	7400.00
64	沂源县(鲁)	5000.00
65	青州市(鲁)	1650.00
66	坊子区(鲁)	900.00
67	昌邑市(鲁)	60.00
68	洛宁县(豫)	22750.00
69	濮阳市高新区(豫)	5000.00
70	范　县(豫)	2400.00
71	新　县(豫)	1200.00
72	嵩　县(豫)	650.00
73	桐柏县(豫)	372.30
74	光山县(豫)	300.00
75	湖滨区(豫)	200.00
76	宝丰县(豫)	38.00
77	来凤县(鄂)	15220.00
78	钟祥市(鄂)	9360.00
79	谷城县(鄂)	5600.00

(续)

序号	木雕主产地	产值(万元)
80	建始县(鄂)	4000.00
81	南漳县(鄂)	2500.00
82	咸丰县(鄂)	1890.00
83	阳新县(鄂)	1040.00
84	竹山县(鄂)	910.00
85	老河口市(鄂)	550.00
86	恩施市(鄂)	500.00
87	崇阳县(鄂)	300.00
88	孝南区(鄂)	200.00
89	保康县(鄂)	180.00
90	猇亭区(鄂)	150.00
91	监利县(鄂)	115.00
92	长阳土家族自治县(鄂)	110.00
93	随　县(鄂)	100.00
94	京山县(鄂)	100.00
95	浠水县(鄂)	20.00
96	广水市(鄂)	10.00
97	随州市市辖区(鄂)	10.00
98	炎陵县(湘)	9500.00
99	蓝山县(湘)	6230.00
100	雨花区(湘)	6000.00
101	湘乡市(湘)	5900.00
102	永兴县(湘)	5853.00
103	鹤城区(湘)	5000.00
104	资兴市(湘)	3125.00
105	南岳区(湘)	2100.00
106	常德市市辖区(湘)	2030.00
107	南　县(湘)	2000.00
108	茶陵县(湘)	1800.00
109	吉首市(湘)	1680.00
110	洞口县(湘)	1600.00
111	沅陵县(湘)	1500.00
112	祁东县(湘)	1400.00
113	武陵区(湘)	1300.00
114	永顺县(湘)	900.00
115	龙山县(湘)	850.00
116	保靖县(湘)	850.00
117	古丈县(湘)	800.00
118	衡山县(湘)	731.80
119	汨罗市(湘)	717.00
120	新晃侗族自治县(湘)	500.00
121	资阳区(湘)	500.00
122	安化县(湘)	500.00
123	醴陵市(湘)	500.00
124	澧　县(湘)	500.00

（续）

序号	木雕主产地	产值(万元)
125	通道侗族自治县(湘)	400.00
126	新宁县(湘)	400.00
127	凤凰县(湘)	360.00
128	娄星区(湘)	340.00
129	会同县(湘)	300.00
130	浏阳市(湘)	300.00
131	石门县(湘)	300.00
132	东安县(湘)	260.00
133	桑植县(湘)	200.00
134	邵阳县(湘)	200.00
135	泸溪县(湘)	140.00
136	临武县(湘)	120.00
137	靖州苗族侗族自治县(湘)	112.00
138	新化县(湘)	100.00
139	岳阳楼区(湘)	100.00
140	桃江县(湘)	100.00
141	洪江市(湘)	100.00
142	花垣县(湘)	80.00
143	麻阳苗族自治县(湘)	72.00
144	赫山区(湘)	70.00
145	芷江侗族自治县(湘)	55.00
146	道　县(湘)	55.00
147	宁远县(湘)	39.60
148	永定区(湘)	20.00
149	岳阳县(湘)	15.00
150	望城县(湘)	2.60
151	新会区(粤)	82000.00
152	鼎湖区(粤)	1510.00
153	东源县(粤)	580.00
154	和平县(粤)	400.00
155	雷州市(粤)	220.00
156	云城区(粤)	200.00
157	化州市(粤)	190.00
158	斗门区(粤)	107.00
159	台山市(粤)	32.60
160	恭城瑶族自治县(桂)	1273.00
161	全州县(桂)	1000.00
162	陆川县(桂)	1000.00
163	昭平县(桂)	960.00
164	田林县(桂)	500.00
165	钦北区(桂)	252.00
166	北流市(桂)	200.20
167	凌云县(桂)	120.00
168	金城江区(桂)	55.00
169	平果县(桂)	12.50

（续）

序号	木雕主产地	产值(万元)
170	黔江区(渝)	3320.00
171	巫溪县(渝)	2200.00
172	南川区(渝)	1897.00
173	大足县(渝)	650.00
174	梁平县(渝)	500.00
175	奉节县(渝)	350.00
176	石柱土家族自治县(渝)	35.00
177	彭水苗族土家族自治县(渝)	10.00
178	三台县(川)	684.00
179	江油市(川)	600.00
180	纳溪区(川)	500.00
181	渠　县(川)	500.00
182	翠屏区(川)	330.00
183	北川羌族自治县(川)	300.00
184	甘洛县(川)	250.00
185	高　县(川)	217.50
186	彭州市(川)	180.00
187	安　县(川)	160.00
188	南部县(川)	150.00
189	江安县(川)	33.00
190	普安县(黔)	3000.00
191	榕江县(黔)	2000.00
192	赤水市(黔)	1314.00
193	龙里县(黔)	1214.00
194	独山县(黔)	1000.00
195	贵定县(黔)	1000.00
196	江口县(黔)	850.00
197	七星关区(黔)	800.00
198	望谟县(黔)	800.00
199	沿河土家族自治县(黔)	730.00
200	关岭布依族苗族自治县(黔)	500.00
201	赫章县(黔)	490.00
202	长顺县(黔)	250.00
203	思南县(黔)	100.00
204	碧江区(黔)	100.00
205	德江县(黔)	35.00
206	黔西县(黔)	20.00
207	腾冲县(滇)	6457.00
208	墨江哈尼族自治县(滇)	2709.00
209	文山市(滇)	2000.00
210	隆阳区(滇)	1700.00
211	瑞丽市(滇)	543.00
212	易门县(滇)	500.00
213	施甸县(滇)	500.00
214	巧家县(滇)	350.00

（续）

序号	木雕主产地	产值(万元)
215	镇康县(滇)	234.00
216	开远市(滇)	200.00
217	寻甸回族彝族自治县(滇)	186.00
218	石屏县(滇)	75.00
219	楚雄市(滇)	70.00
220	江川县(滇)	25.00
221	屏边苗族自治县(滇)	8.00
222	眉　县(陕)	1200.00
223	宁陕县(陕)	245.00
224	敦煌市(甘)	710.00
225	文　县(甘)	300.00
226	麦积区(甘)	95.00
227	临潭县(甘)	50.00
228	永靖县(甘)	16.00
229	巩留县(新)	30.00

表 14-2　竹雕主产地产值

序号	竹雕主产地	产值(万元)
1	涞水县(冀)	6160.00
2	余杭区(浙)	13750.00
3	德清县(浙)	2600.00
4	三门县(浙)	404.00
5	象山县(浙)	390.00
6	泰顺县(浙)	80.00
7	衢江区(浙)	14.00
8	徽州区(皖)	9730.00
9	舒城县(皖)	8000.00
10	霍山县(皖)	1500.00
11	黟　县(皖)	810.00
12	石台县(皖)	180.00
13	泾　县(皖)	50.00
14	潜山县(皖)	30.00
15	新建县(赣)	150.00
16	遂川县(赣)	150.00
17	瑞金市(赣)	138.00
18	袁州区(赣)	80.00
19	分宜县(赣)	10.00
20	宝丰县(豫)	32.00
21	西峡县(豫)	14.68
22	崇阳县(鄂)	600.00
23	竹山县(鄂)	191.00
24	罗田县(鄂)	120.00
25	浠水县(鄂)	2.30
26	衡山县(湘)	1916.00
27	资兴市(湘)	1301.00

（续）

序号	竹雕主产地	产值(万元)
28	龙山县(湘)	400.00
29	永顺县(湘)	350.00
30	武陵区(湘)	300.00
31	娄星区(湘)	300.00
32	桑植县(湘)	300.00
33	醴陵市(湘)	300.00
34	古丈县(湘)	280.00
35	石门县(湘)	200.00
36	吉首市(湘)	155.00
37	桃江县(湘)	150.00
38	安化县(湘)	150.00
39	祁东县(湘)	130.00
40	赫山区(湘)	80.00
41	汨罗市(湘)	42.78
42	保靖县(湘)	40.00
43	凤凰县(湘)	35.00
44	邵阳县(湘)	30.00
45	花垣县(湘)	30.00
46	新化县(湘)	30.00
47	泸溪县(湘)	30.00
48	衡南县(湘)	23.00
49	双峰县(湘)	20.00
50	汉寿县(湘)	17.00
51	道　县(湘)	6.00
52	梅　县(粤)	520.00
53	万州区(渝)	3590.00
54	梁平县(渝)	3210.00
55	大足县(渝)	500.00
56	长宁县(川)	2470.00
57	纳溪区(川)	1000.00
58	江安县(川)	550.00
59	北川羌族自治县(川)	120.00
60	翠屏区(川)	60.00
61	赤水市(黔)	1625.00
62	龙里县(黔)	62.00
63	关岭布依族苗族自治县(黔)	30.00
64	荔波县(黔)	30.00
65	墨江哈尼族自治县(滇)	437.00
66	南郑县(陕)	750.00

表 14-3　竹编主产地产值

序号	竹编主产地	产值(万元)
1	德清县(浙)	10000.00
2	诸暨市(浙)	6404.00
3	仙居县(浙)	5903.00
4	东阳市(浙)	3328.00
5	常山县(浙)	3100.00
6	淳安县(浙)	2960.00
7	永康市(浙)	2660.00
8	路桥区(浙)	1857.00
9	黄岩区(浙)	1651.00
10	嵊州市(浙)	1150.00
11	武义县(浙)	785.00
12	北仑区(浙)	520.00
13	临安市(浙)	100.00
14	衢江区(浙)	52.00
15	浦江县(浙)	39.00
16	椒江区(浙)	15.00
17	岱山县(浙)	13.00
18	旌德县(皖)	21180.00
19	舒城县(皖)	9100.00
20	界首市(皖)	6000.00
21	太湖县(皖)	3500.00
22	南谯区(皖)	2500.00
23	霍山县(皖)	1550.00
24	郎溪县(皖)	1500.00
25	庐江县(皖)	1024.00
26	徽州区(皖)	500.00
27	明光市(皖)	420.00
28	广德县(皖)	330.00
29	临泉县(皖)	300.00
30	祁门县(皖)	245.00
31	六安市叶集区(皖)	210.00
32	潜山县(皖)	130.00
33	石台县(皖)	100.00
34	全椒县(皖)	20.00
35	泾　县(皖)	15.00
36	南陵县(皖)	10.00
37	吉水县(赣)	10494.00
38	青原区(赣)	6798.00
39	广昌县(赣)	5450.00
40	丰城市(赣)	4330.00
41	崇义县(赣)	3000.00
42	泰和县(赣)	1866.00
43	安福县(赣)	920.00
44	婺源县(赣)	410.00
45	大余县(赣)	380.00
46	南城县(赣)	368.00
47	永丰县(赣)	360.00
48	瑞昌市(赣)	300.00
49	乐安县(赣)	209.00
50	定南县(赣)	200.00
51	星子县(赣)	200.00
52	铅山县(赣)	200.00
53	吉安县(赣)	150.00
54	袁州区(赣)	100.00
55	兴国县(赣)	65.00
56	赣　县(赣)	62.00
57	瑞金市(赣)	35.00
58	石城县(赣)	30.00
59	新建县(赣)	22.00
60	彭泽县(赣)	20.00
61	分宜县(赣)	10.00
62	东平县(鲁)	6700.00
63	坊子区(鲁)	3500.00
64	新　县(豫)	2300.00
65	新野县(豫)	1500.00
66	商城县(豫)	500.00
67	光山县(豫)	500.00
68	洛宁县(豫)	300.00
69	汝阳县(豫)	210.00
70	嵩　县(豫)	160.00
71	鲁山县(豫)	110.00
72	淅川县(豫)	80.00
73	新蔡县(豫)	69.00
74	卫辉市(豫)	52.00
75	宛城区(豫)	19.00
76	来凤县(鄂)	22658.00
77	竹山县(鄂)	11000.00
78	鄂州市市辖区(鄂)	7500.00
79	咸丰县(鄂)	3610.00
80	阳新县(鄂)	1107.00
81	建始县(鄂)	600.00
82	广水市(鄂)	500.00
83	宜都市(鄂)	355.00
84	恩施市(鄂)	300.00
85	崇阳县(鄂)	200.00
86	利川市(鄂)	120.00
87	红安县(鄂)	115.00
88	石首市(鄂)	100.00
89	随县(鄂)	80.00
90	监利县(鄂)	55.00
91	浠水县(鄂)	28.00
92	长阳土家族自治县(鄂)	8.00
93	蓝山县(湘)	7816.00

（续）

序号	竹编主产地	产值(万元)
94	资兴市(湘)	6108.00
95	永兴县(湘)	4735.00
96	湘潭县(湘)	4100.00
97	会同县(湘)	3800.00
98	湘阴县(湘)	3500.00
99	溆浦县(湘)	1520.00
100	永顺县(湘)	1200.00
101	龙山县(湘)	1000.00
102	宁远县(湘)	850.00
103	株洲县(湘)	750.00
104	安仁县(湘)	500.00
105	衡山县(湘)	439.00
106	宜章县(湘)	410.00
107	凤凰县(湘)	400.00
108	冷水江市(湘)	380.00
109	新晃侗族自治县(湘)	300.00
110	醴陵市(湘)	300.00
111	泸溪县(湘)	300.00
112	保靖县(湘)	300.00
113	安化县(湘)	300.00
114	沅陵县(湘)	280.00
115	鼎城区(湘)	220.00
116	冷水滩区(湘)	210.00
117	汨罗市(湘)	207.00
118	通道侗族自治县(湘)	203.00
119	双峰县(湘)	200.00
120	石门县(湘)	200.00
121	古丈县(湘)	200.00
122	慈利县(湘)	173.00
123	吉首市(湘)	150.00
124	娄星区(湘)	130.00
125	华容县(湘)	120.00
126	花垣县(湘)	100.00
127	东安县(湘)	100.00
128	桑植县(湘)	100.00
129	岳阳县(湘)	100.00
130	麻阳苗族自治县(湘)	97.00
131	芷江侗族自治县(湘)	81.00
132	新化县(湘)	60.00
133	隆回县(湘)	50.00
134	桂东县(湘)	42.00
135	邵阳县(湘)	30.00
136	临武县(湘)	30.00
137	武冈市(湘)	29.00
138	道　县(湘)	23.00

（续）

序号	竹编主产地	产值(万元)
139	洪江市(湘)	20.00
140	辰溪县(湘)	12.00
141	永定区(湘)	12.00
142	南　县(湘)	10.00
143	望城县(湘)	2.50
144	阳春市(粤)	98368.00
145	信宜市(粤)	56590.00
146	兴宁市(粤)	17000.00
147	罗定市(粤)	5569.00
148	新兴县(粤)	2652.00
149	开平市(粤)	2576.00
150	新丰县(粤)	1961.00
151	梅　县(粤)	1500.00
152	大埔县(粤)	700.00
153	清新县(粤)	600.00
154	和平县(粤)	450.00
155	徐闻县(粤)	130.00
156	雷州市(粤)	110.00
157	潮阳区(粤)	60.00
158	云城区(粤)	55.00
159	斗门区(粤)	40.00
160	广宁县(粤)	10.00
161	平南县(桂)	25000.00
162	横　县(桂)	11890.00
163	北流市(桂)	3000.30
164	灵山县(桂)	850.00
165	荔浦县(桂)	600.00
166	隆林各族自治县(桂)	450.00
167	合浦县(桂)	258.00
168	田阳县(桂)	50.00
169	环江毛南族自治县(桂)	23.00
170	靖西县(桂)	10.00
171	龙圩区(桂)	4.00
172	铜梁县(渝)	4360.00
173	垫江县(渝)	3000.00
174	涪陵区(渝)	2845.00
175	黔江区(渝)	1700.00
176	荣昌县(渝)	852.00
177	酉阳土家族苗族自治县(渝)	430.00
178	开　县(渝)	342.90
179	合川区(渝)	85.00
180	石柱土家族自治县(渝)	82.00
181	奉节县(渝)	30.00
182	江津区(渝)	3.50
183	彭水苗族土家族自治县(渝)	2.00

（续）

序号	竹编主产地	产值(万元)
184	青神县(川)	38870.00
185	叙永县(川)	32000.00
186	井研县(川)	30400.00
187	江油市(川)	5530.00
188	泸　县(川)	4753.00
189	达川区(川)	2520.00
190	渠　县(川)	2500.00
191	仁寿县(川)	1656.00
192	长宁县(川)	1578.00
193	三台县(川)	1136.00
194	邛崃市(川)	1100.00
195	沐川县(川)	600.00
196	雨城区(川)	469.00
197	南江县(川)	400.00
198	彭州市(川)	360.00
199	罗江县(川)	260.00
200	高坪区(川)	216.00
201	嘉陵区(川)	140.00
202	汉源县(川)	121.43
203	南部县(川)	100.00
204	蓬安县(川)	50.00
205	营山县(川)	50.00
206	高　县(川)	48.00
207	东兴区(川)	20.00
208	资中县(川)	20.00
209	大竹县(川)	15.00
210	屏山县(川)	10.00
211	碧江区(黔)	1200.00
212	织金县(黔)	1000.00
213	关岭布依族苗族自治县(黔)	600.00
214	榕江县(黔)	600.00
215	普安县(黔)	420.60
216	贵定县(黔)	200.00
217	赫章县(黔)	200.00
218	思南县(黔)	100.00
219	龙里县(黔)	75.00
220	长顺县(黔)	50.00
221	七星关区(黔)	30.00
222	德江县(黔)	22.00
223	荔波县(黔)	20.00
224	彝良县(滇)	1600.00
225	文山市(滇)	1555.00
226	墨江哈尼族自治县(滇)	1021.00
227	隆阳区(滇)	814.00
228	蒙自市(滇)	671.00

(续)

序号	竹编主产地	产值(万元)
229	临翔区(滇)	518.00
230	澜沧拉祜族自治县(滇)	400.00
231	盈江县(滇)	291.00
232	腾冲县(滇)	220.00
233	威信县(滇)	200.00
234	建水县(滇)	180.00
235	禄丰县(滇)	103.00
236	红河县(滇)	70.00
237	楚雄市(滇)	67.00
238	西畴县(滇)	50.00
239	施甸县(滇)	30.00
240	大关县(滇)	10.00
241	剑川县(滇)	10.00
242	江川县(滇)	5.00
243	墨脱县(藏)	110.00
244	吉隆县(藏)	7.00
245	平利县(陕)	1320.00

表 14-4　藤编主产地产值

序号	藤编主产地	产值(万元)
1	五常市(黑)	150.00
2	德清县(浙)	2800.00
3	萧山区(浙)	2000.00
4	椒江区(浙)	903.00
5	黄岩区(浙)	882.00
6	温岭市(浙)	362.00
7	霍邱县(皖)	426518.00
8	阜南县(皖)	340000.00
9	界首市(皖)	9000.00
10	太湖县(皖)	1000.00
11	六安市叶集区(皖)	620.00
12	霍山县(皖)	500.00
13	明光市(皖)	420.00
14	潜山县(皖)	120.00
15	石台县(皖)	35.00
16	南陵县(皖)	20.00
17	怀远县(皖)	10.00
18	广昌县(赣)	4506.00
19	章贡区(赣)	4000.00
20	万载县(赣)	3300.00
21	乐安县(赣)	2800.00
22	南康市(赣)	880.00
23	新干县(赣)	860.00
24	定南县(赣)	298.00
25	信丰县(赣)	287.00

(续)

序号	藤编主产地	产值(万元)
26	崇仁县(赣)	200.00
27	大余县(赣)	200.00
28	会昌县(赣)	185.00
29	赣　县(赣)	116.00
30	星子县(赣)	100.00
31	永新县(赣)	60.00
32	兴国县(赣)	35.00
33	瑞金市(赣)	30.00
34	石城县(赣)	23.00
35	新建县(赣)	10.00
36	分宜县(赣)	10.00
37	万安县(赣)	10.00
38	临沭县(鲁)	156777.00
39	鱼台县(鲁)	62000.00
40	博兴县(鲁)	30000.00
41	沂源县(鲁)	5000.00
42	陵　县(鲁)	2500.00
43	河东区(鲁)	550.00
44	宁阳县(鲁)	218.50
45	郯城县(鲁)	22.00
46	固始县(豫)	28263.00
47	宁陵县(豫)	6500.00
48	渑池县(豫)	3229.00
49	新　县(豫)	1800.00
50	新野县(豫)	600.00
51	淅川县(豫)	80.00
52	嵩　县(豫)	80.00
53	卫辉市(豫)	50.00
54	枣阳市(鄂)	16400.00
55	襄州区(鄂)	8500.00
56	咸丰县(鄂)	860.00
57	竹山县(鄂)	591.00
58	广水市(鄂)	200.00
59	崇阳县(鄂)	150.00
60	红安县(鄂)	90.00
61	京山县(鄂)	70.00
62	利川市(鄂)	25.00
63	监利县(鄂)	12.00
64	蓝山县(湘)	5320.00
65	湘潭县(湘)	1750.00
66	溆浦县(湘)	1130.00
67	南　县(湘)	1000.00
68	永兴县(湘)	928.00
69	安仁县(湘)	500.00
70	会同县(湘)	500.00

(续)

序号	藤编主产地	产值(万元)
71	株洲县(湘)	310.00
72	汨罗市(湘)	262.00
73	通道侗族自治县(湘)	200.00
74	沅陵县(湘)	180.00
75	鼎城区(湘)	170.00
76	衡山县(湘)	159.70
77	宁远县(湘)	150.00
78	资兴市(湘)	101.00
79	珠晖区(湘)	100.00
80	冷水江市(湘)	100.00
81	双峰县(湘)	60.00
82	娄星区(湘)	50.00
83	安化县(湘)	50.00
84	芷江侗族自治县(湘)	40.00
85	道　县(湘)	35.00
86	永顺县(湘)	30.00
87	邵阳县(湘)	30.00
88	龙山县(湘)	25.00
89	东安县(湘)	20.00
90	新化县(湘)	20.00
91	泸溪县(湘)	12.00
92	凤凰县(湘)	10.00
93	保靖县(湘)	9.00
94	古丈县(湘)	8.00
95	花垣县(湘)	6.00
96	望城县(湘)	1.40
97	阳春市(粤)	63246.00
98	兴宁市(粤)	23600.00
99	新兴县(粤)	2652.00
100	大埔县(粤)	1300.00
101	梅　县(粤)	700.00
102	丰顺县(粤)	530.00
103	东源县(粤)	528.50
104	清新县(粤)	300.00
105	仁化县(粤)	80.00
106	雷州市(粤)	50.00
107	坡头区(粤)	30.00
108	平南县(桂)	30000.00
109	浦北县(桂)	20250.00
110	都安瑶族自治县(桂)	16465.00
111	岑溪市(桂)	3250.00
112	容　县(桂)	666.00
113	灵山县(桂)	650.00
114	龙圩区(桂)	1.00
115	万州区(渝)	720.00

(续)

序号	藤编主产地	产值(万元)
116	大足县(渝)	350.00
117	酉阳土家族苗族自治县(渝)	260.00
118	合川区(渝)	220.00
119	石柱土家族自治县(渝)	33.00
120	奉节县(渝)	10.00
121	崇州市(川)	6970.00
122	盐边县(川)	874.00
123	长宁县(川)	650.00
124	江油市(川)	230.00
125	嘉陵区(川)	140.00
126	双流县(川)	106.04
127	织金县(黔)	1000.00
128	榕江县(黔)	500.00
129	赤水市(黔)	443.00
130	贵定县(黔)	200.00
131	思南县(黔)	50.00
132	关岭布依族苗族自治县(黔)	30.00
133	德江县(黔)	11.00
134	惠水县(黔)	10.00
135	元阳县(滇)	1550.00
136	文山市(滇)	1200.00
137	建水县(滇)	360.00
138	腾冲县(滇)	300.00
139	巧家县(滇)	200.00
140	澜沧拉祜族自治县(滇)	100.00
141	施甸县(滇)	40.00
142	大关县(滇)	4.00
143	南郑县(陕)	1900.00
144	平利县(陕)	1000.00
145	汉台区(陕)	358.00
146	镇巴县(陕)	130.00
147	永靖县(甘)	260.00
148	宁　县(甘)	3.00
149	青铜峡市(宁)	50.00

表 14-5　棕编主产地产值

序号	棕编主产地	产值(万元)
1	淳安县(浙)	14.00
2	椒江区(浙)	5.00
3	太湖县(皖)	700.00
4	明光市(皖)	480.00
5	怀宁县(皖)	350.00
6	祁门县(皖)	238.00
7	石台县(皖)	42.00
8	潜山县(皖)	30.00
9	崇义县(赣)	612.00
10	赣　县(赣)	362.00
11	永新县(赣)	50.00
12	石城县(赣)	15.00
13	瑞金市(赣)	8.00
14	分宜县(赣)	5.00
15	龙南县(赣)	4.00
16	镇平县(豫)	1021.00
17	新野县(豫)	140.00
18	宜都市(鄂)	680.00
19	咸丰县(鄂)	340.00
20	利川市(鄂)	80.00
21	竹山县(鄂)	18.00
22	京山县(鄂)	10.00
23	浠水县(鄂)	2.60
24	醴陵市(湘)	300.00
25	龙山县(湘)	280.00
26	株洲县(湘)	270.00
27	宁远县(湘)	250.00
28	资兴市(湘)	231.00
29	溆浦县(湘)	220.00
30	沅陵县(湘)	165.00
31	永顺县(湘)	150.00
32	新晃侗族自治县(湘)	150.00
33	娄星区(湘)	120.00
34	衡山县(湘)	117.00
35	安化县(湘)	100.00

(续)

序号	棕编主产地	产值(万元)
36	祁东县(湘)	42.00
37	保靖县(湘)	40.00
38	凤凰县(湘)	30.00
39	泸溪县(湘)	30.00
40	双峰县(湘)	30.00
41	临武县(湘)	25.00
42	古丈县(湘)	20.00
43	南　县(湘)	20.00
44	花垣县(湘)	15.00
45	邵阳县(湘)	15.00
46	岳阳县(湘)	12.00
47	新化县(湘)	10.00
48	道　县(湘)	6.00
49	芷江侗族自治县(湘)	2.00
50	万州区(渝)	1720.00
51	黔江区(渝)	650.00
52	大足县(渝)	50.00
53	石柱土家族自治县(渝)	46.00
54	合川区(渝)	30.00
55	彭水苗族土家族自治县(渝)	5.00
56	江津区(渝)	2.00
57	江油市(川)	543.00
58	嘉陵区(川)	140.00
59	蓬安县(川)	20.00
60	赤水市(黔)	882.00
61	贵定县(黔)	100.00
62	关岭布依族苗族自治县(黔)	50.00
63	思南县(黔)	20.00
64	七星关区(黔)	10.00
65	红河县(滇)	66.00
66	大关县(滇)	3.00
67	南郑县(陕)	300.00
68	镇坪县(陕)	100.00
69	镇巴县(陕)	75.00

表 15　2015 年驯化野生动物与利用

(续)

序号	主产地	动物种类	动物种类排序	驯养数量(只、头、条)
1	巩义市(豫)	短尾猴	1	5
2	宜宾县(川)	猕猴	2	7560
3	平南县(桂)	猕猴	2	4800
4	新野县(豫)	猕猴	2	4195
5	呈贡县(滇)	猕猴	2	910
6	曾都区(鄂)	猕猴	2	850
7	祁门县(皖)	猕猴	2	844
8	耿马傣族佤族自治县(滇)	猕猴	2	570
9	独山县(黔)	猕猴	2	500
10	元江哈尼族彝族傣族自治县(滇)	猕猴	2	422
11	南郑县(陕)	猕猴	2	353
12	正定县(冀)	猕猴	2	321

(续)

序号	主产地	动物种类	动物种类排序	驯养数量(只、头、条)
13	北戴河区(冀)	猕猴	2	228
14	从化市(粤)	猕猴	2	187
15	松滋市(鄂)	猕猴	2	152
16	个旧市(滇)	猕猴	2	139
17	资兴市(湘)	猕猴	2	121
18	茅箭区(鄂)	猕猴	2	100
19	永顺县(湘)	猕猴	2	80
20	五华区(滇)	猕猴	2	70
21	龙山县(湘)	猕猴	2	60
22	蓝田县(陕)	猕猴	2	50
23	内乡县(豫)	猕猴	2	50
24	金山区(沪)	猕猴	2	46
25	镇海区(浙)	猕猴	2	46
26	颍上县(皖)	猕猴	2	41
27	婺城区(浙)	猕猴	2	34
28	大兴区(京)	猕猴	2	26
29	奉贤区(沪)	猕猴	2	20
30	罗田县(鄂)	猕猴	2	20
31	双辽市(吉)	猕猴	2	18
32	攀枝花市西区(川)	猕猴	2	12
33	浦东新区(沪)	猕猴	2	11
34	翠屏区(川)	猕猴	2	10
35	回民区(蒙)	猕猴	2	10
36	浑南区(辽)	猕猴	2	10
37	金城江区(桂)	猕猴	2	10
38	从化市(粤)	食蟹猴	3	61457
39	平南县(桂)	食蟹猴	3	28000
40	防城区(桂)	食蟹猴	3	13000
41	呈贡县(滇)	食蟹猴	3	3593
42	浦东新区(沪)	食蟹猴	3	1155
43	元江哈尼族彝族傣族自治县(滇)	食蟹猴	3	978
44	松江区(沪)	食蟹猴	3	300
45	奉贤区(沪)	食蟹猴	3	40
46	瓦房店市(辽)	松鼠猴	4	20
47	北戴河区(冀)	松鼠猴	4	18
48	浑南区(辽)	松鼠猴	4	11
49	雁江区(川)	狗熊	5	4000
50	都江堰市(川)	狗熊	5	3231
51	瓯海区(浙)	狗熊	5	1500
52	榆树市(吉)	狗熊	5	1493
53	龙井市(吉)	狗熊	5	876
54	陇川县(滇)	狗熊	5	570
55	延吉市(吉)	狗熊	5	519
56	虎林市(黑)	狗熊	5	300
57	勉　县(陕)	狗熊	5	209
58	敦化市(吉)	狗熊	5	200
59	同江市(黑)	狗熊	5	200
60	资溪县(赣)	狗熊	5	200
61	山河实验林场(黑)	狗熊	5	86
62	安图森林经营局(吉)	狗熊	5	72
63	铁岭市经济开发区(辽)	狗熊	5	50
64	延庆县(京)	狗熊	5	38
65	义乌市(浙)	狗熊	5	10
66	都江堰市(川)	小熊猫	6	35
67	浑南区(辽)	小熊猫	6	11
68	大兴区(京)	小熊猫	6	8
69	翠屏区(川)	小熊猫	6	4
70	婺城区(浙)	小熊猫	6	4
71	红花岗区(黔)	小熊猫	6	2
72	桓仁满族自治县(辽)	棕熊	7	787
73	大理市(滇)	棕熊	7	467
74	饶平县(粤)	棕熊	7	90
75	大兴区(京)	棕熊	7	34
76	北戴河区(冀)	棕熊	7	33
77	巢湖市(皖)	棕熊	7	15
78	浑南区(辽)	棕熊	7	13
79	北戴河区(冀)	浣熊	8	19
80	浑南区(辽)	浣熊	8	13
81	红花岗区(黔)	浣熊	8	12
82	婺城区(浙)	浣熊	8	12
83	牡丹江市市本级(黑)	黑熊	9	2000
84	蒙自市(滇)	黑熊	9	550
85	从化市(粤)	黑熊	9	177
86	大兴区(京)	黑熊	9	31
87	巴林左旗(蒙)	马鹿	10	5600
88	桦南县(黑)	马鹿	10	2000
89	建昌县(辽)	马鹿	10	1300
90	八家子林业局(吉)	马鹿	10	723
91	阿城区(黑)	马鹿	10	585
92	清原满族自治县(辽)	马鹿	10	500
93	绥中县(辽)	马鹿	10	500
94	永济市(晋)	马鹿	10	500
95	五常市(黑)	马鹿	10	480
96	龙井市(吉)	马鹿	10	453
97	红石林业局(吉林森工)	马鹿	10	350
98	农四师(新疆兵团)	马鹿	10	285
99	扎兰屯市(蒙)	马鹿	10	258
100	伊通满族自治县(吉)	马鹿	10	236

（续）

序号	主产地	动物种类	动物种类排序	驯养数量（只、头、条）
101	方正县（黑）	马鹿	10	215
102	逊克县（黑）	马鹿	10	213
103	阿鲁科尔沁旗（蒙）	马鹿	10	200
104	龙港区（辽）	马鹿	10	200
105	抚远县（黑）	马鹿	10	150
106	维西傈僳族自治县（滇）	马鹿	10	150
107	乌鲁木齐南山林场（新）	马鹿	10	150
108	克什克腾旗（蒙）	马鹿	10	135
109	石门县（湘）	马鹿	10	120
110	龙江县（黑）	马鹿	10	106
111	新宾满族自治县（辽）	马鹿	10	104
112	林西县（蒙）	马鹿	10	100
113	民乐县（甘）	马鹿	10	100
114	调兵山市（辽）	马鹿	10	100
115	盈江县（滇）	马鹿	10	98
116	沙雅县（新）	马鹿	10	80
117	合水林业总场（甘）	马鹿	10	64
118	鄂温克族自治旗（蒙）	马鹿	10	54
119	鸡西市市辖区（黑）	马鹿	10	50
120	奇台林场（新）	马鹿	10	50
121	额尔古纳市（蒙）	马鹿	10	49
122	乌苏林场（新）	马鹿	10	43
123	大兴区（京）	马鹿	10	41
124	渭源县（甘）	马鹿	10	40
125	巩留县（新）	马鹿	10	36
126	新源县（新）	马鹿	10	36
127	承德县（冀）	马鹿	10	30
128	旌阳区（川）	马鹿	10	30
129	木栏围场国营林场（冀）	马鹿	10	27
130	双阳区（吉）	马鹿	10	25
131	内蒙古柴河林业局（蒙）	马鹿	10	21
132	青川县（川）	马鹿	10	20
133	江川县（滇）	马鹿	10	15
134	关山林业管理局（甘）	马鹿	10	10
135	西丰县（辽）	梅花鹿	11	123500
136	东丰县（吉）	梅花鹿	11	65000
137	四平市市辖区（吉）	梅花鹿	11	14788
138	朝阳区（吉）	梅花鹿	11	10000
139	蛟河市（吉）	梅花鹿	11	7618
140	磐石市（吉）	梅花鹿	11	6926
141	通化县（吉）	梅花鹿	11	4307
142	龙山区（吉）	梅花鹿	11	4020
143	梅河口市（吉）	梅花鹿	11	4000
144	前郭尔罗斯蒙古族自治县（吉）	梅花鹿	11	4000
145	江油市（川）	梅花鹿	11	3500
146	金山屯林业局（龙江森工）	梅花鹿	11	3500
147	辉南县（吉）	梅花鹿	11	3490
148	东辽县（吉）	梅花鹿	11	3345
149	桃山林业局（龙江森工）	梅花鹿	11	3300
150	丰满区（吉）	梅花鹿	11	3286
151	东港市（辽）	梅花鹿	11	3266
152	德惠市（吉）	梅花鹿	11	3000
153	乌马河林业局（龙江森工）	梅花鹿	11	2920
154	屈家岭管理区（鄂）	梅花鹿	11	2850
155	伊通满族自治县（吉）	梅花鹿	11	2550
156	九台市（吉）	梅花鹿	11	2500
157	迁西县（冀）	梅花鹿	11	2500
158	让胡路区（黑）	梅花鹿	11	2500
159	宁江区（吉）	梅花鹿	11	2300
160	九原区（蒙）	梅花鹿	11	2136
161	邻水县（川）	梅花鹿	11	2000
162	铁岭市经济开发区（辽）	梅花鹿	11	2000
163	临江市（吉）	梅花鹿	11	1900
164	双阳区（吉）	梅花鹿	11	1841
165	朝阳县（辽）	梅花鹿	11	1800
166	南江县（川）	梅花鹿	11	1800
167	清原满族自治县（辽）	梅花鹿	11	1500
168	绥中县（辽）	梅花鹿	11	1500
169	京山县（鄂）	梅花鹿	11	1475
170	白狼林业局（蒙）	梅花鹿	11	1450
171	船营区（吉）	梅花鹿	11	1200
172	新宁县（湘）	梅花鹿	11	1200
173	安宁市（滇）	梅花鹿	11	1190
174	广丰县（赣）	梅花鹿	11	1100
175	彭泽县（赣）	梅花鹿	11	1100
176	瑞安市（浙）	梅花鹿	11	1050
177	武义县（浙）	梅花鹿	11	975
178	方正林业局（龙江森工）	梅花鹿	11	830
179	寿光市（鲁）	梅花鹿	11	800
180	新宾满族自治县（辽）	梅花鹿	11	752
181	翠峦林业局（龙江森工）	梅花鹿	11	742
182	北票市（辽）	梅花鹿	11	700
183	昌邑区（吉）	梅花鹿	11	700
184	射洪县（川）	梅花鹿	11	690
185	逊克县（黑）	梅花鹿	11	687
186	宜章县（湘）	梅花鹿	11	680
187	朗乡林业局（龙江森工）	梅花鹿	11	660
188	西山区（滇）	梅花鹿	11	658

(续)

序号	主产地	动物种类	动物种类排序	驯养数量(只、头、条)
189	带岭实验局(龙江森工)	梅花鹿	11	600
190	湖北省太子山林场管理局(鄂)	梅花鹿	11	600
191	内乡县(豫)	梅花鹿	11	600
192	吴兴区(浙)	梅花鹿	11	600
193	奉化市(浙)	梅花鹿	11	560
194	江津区(渝)	梅花鹿	11	556
195	松江区(沪)	梅花鹿	11	554
196	莱山区(鲁)	梅花鹿	11	500
197	柳河县(吉)	梅花鹿	11	500
198	蔡甸区(鄂)	梅花鹿	11	498
199	五营林业局(龙江森工)	梅花鹿	11	452
200	易门县(滇)	梅花鹿	11	444
201	闵行区(沪)	梅花鹿	11	417
202	瓯海区(浙)	梅花鹿	11	412
203	鹤北林业局(龙江森工)	梅花鹿	11	400
204	长白山林业局(吉)	梅花鹿	11	400
205	乐至县(川)	梅花鹿	11	387
206	茂南区(粤)	梅花鹿	11	380
207	普安县(黔)	梅花鹿	11	380
208	秦皇岛开发区(冀)	梅花鹿	11	370
209	光山县(豫)	梅花鹿	11	360
210	汤原县(黑)	梅花鹿	11	360
211	彰武县(辽)	梅花鹿	11	360
212	都江堰市(川)	梅花鹿	11	331
213	图们市(吉)	梅花鹿	11	330
214	秀洲区(浙)	梅花鹿	11	322
215	绛　县(晋)	梅花鹿	11	320
216	乐安县(赣)	梅花鹿	11	320
217	钦北区(桂)	梅花鹿	11	318
218	大兴区(京)	梅花鹿	11	317
219	上营森林经营局(吉)	梅花鹿	11	315
220	桓仁满族自治县(辽)	梅花鹿	11	310
221	双丰林业局(龙江森工)	梅花鹿	11	305
222	白河县(陕)	梅花鹿	11	300
223	峨眉山市(川)	梅花鹿	11	300
224	鹤岗市市辖区(黑)	梅花鹿	11	300
225	晋宁县(滇)	梅花鹿	11	300
226	良凤江国家森林公园(桂)	梅花鹿	11	300
227	临沭县(鲁)	梅花鹿	11	300
228	栾川县(豫)	梅花鹿	11	300
229	汪清县(吉)	梅花鹿	11	300
230	东莞市(粤)	梅花鹿	11	290
231	梓潼县(川)	梅花鹿	11	290
232	博罗县(粤)	梅花鹿	11	280

(续)

序号	主产地	动物种类	动物种类排序	驯养数量(只、头、条)
233	浦东新区(沪)	梅花鹿	11	273
234	苇河林业局(龙江森工)	梅花鹿	11	272
235	鄂托克旗(蒙)	梅花鹿	11	270
236	美溪林业局(龙江森工)	梅花鹿	11	270
237	永川区(渝)	梅花鹿	11	270
238	盖州市(辽)	梅花鹿	11	269
239	昌乐县(鲁)	梅花鹿	11	260
240	永康市(浙)	梅花鹿	11	255
241	大海林林业局(龙江森工)	梅花鹿	11	252
242	金东区(浙)	梅花鹿	11	250
243	民乐县(甘)	梅花鹿	11	250
244	大石桥市(辽)	梅花鹿	11	240
245	东方红林业局(龙江森工)	梅花鹿	11	240
246	绥棱林业局(龙江森工)	梅花鹿	11	237
247	石林彝族自治县(滇)	梅花鹿	11	232
248	沂源县(鲁)	梅花鹿	11	230
249	双滦区(冀)	梅花鹿	11	210
250	友好林业局(龙江森工)	梅花鹿	11	205
251	丹江口市(鄂)	梅花鹿	11	200
252	开远市(滇)	梅花鹿	11	200
253	平利县(陕)	梅花鹿	11	200
254	永胜县(滇)	梅花鹿	11	197
255	宁国市(皖)	梅花鹿	11	196
256	铁力林业局(龙江森工)	梅花鹿	11	195
257	长白朝鲜族自治县(吉)	梅花鹿	11	195
258	木栏围场国营林场(冀)	梅花鹿	11	190
259	三门县(浙)	梅花鹿	11	190
260	扎兰屯市(蒙)	梅花鹿	11	190
261	佳木斯市郊区(黑)	梅花鹿	11	187
262	隆阳区(滇)	梅花鹿	11	182
263	禹州市(豫)	梅花鹿	11	182
264	澄江县(滇)	梅花鹿	11	180
265	鹤立林业局(龙江森工)	梅花鹿	11	180
266	穆棱林业局(龙江森工)	梅花鹿	11	180
267	上甘岭林业局(龙江森工)	梅花鹿	11	180
268	峨山彝族自治县(滇)	梅花鹿	11	160
269	天桥岭林业局(吉)	梅花鹿	11	160
270	鹰手营子矿区(冀)	梅花鹿	11	160
271	莱阳市(鲁)	梅花鹿	11	153
272	抚顺县(辽)	梅花鹿	11	150
273	含山县(皖)	梅花鹿	11	150
274	恒山区(黑)	梅花鹿	11	150
275	红星林业局(龙江森工)	梅花鹿	11	150
276	湘阴县(湘)	梅花鹿	11	150

（续）

序号	主产地	动物种类	动物种类排序	驯养数量（只、头、条）
277	玉山县（赣）	梅花鹿	11	150
278	大石头林业局（吉）	梅花鹿	11	140
279	徽州区（皖）	梅花鹿	11	140
280	金山区（沪）	梅花鹿	11	134
281	鸡西市市辖区（黑）	梅花鹿	11	130
282	龙湾区（浙）	梅花鹿	11	130
283	大余县（赣）	梅花鹿	11	126
284	奉贤区（沪）	梅花鹿	11	120
285	藁城区（冀）	梅花鹿	11	120
286	和林格尔县（蒙）	梅花鹿	11	120
287	桦南林业局（龙江森工）	梅花鹿	11	120
288	江源区（吉）	梅花鹿	11	120
289	临安市（浙）	梅花鹿	11	120
290	通海县（滇）	梅花鹿	11	120
291	望花区（辽）	梅花鹿	11	120
292	巫山县（渝）	梅花鹿	11	114
293	绩溪县（皖）	梅花鹿	11	113
294	昭阳区（滇）	梅花鹿	11	111
295	吉安县（赣）	梅花鹿	11	110
296	龙游县（浙）	梅花鹿	11	110
297	玉龙纳西族自治县（滇）	梅花鹿	11	110
298	开　县（渝）	梅花鹿	11	105
299	全椒县（皖）	梅花鹿	11	105
300	瑞丽市（滇）	梅花鹿	11	105
301	双鸭山林业局（龙江森工）	梅花鹿	11	104
302	惠阳区（粤）	梅花鹿	11	103
303	昂昂溪区（黑）	梅花鹿	11	100
304	抚远县（黑）	梅花鹿	11	100
305	高州市（粤）	梅花鹿	11	100
306	露水河林业局（吉林森工）	梅花鹿	11	100
307	宁阳县（鲁）	梅花鹿	11	100
308	清河区（辽）	梅花鹿	11	100
309	榆树市（吉）	梅花鹿	11	100
310	延庆县（京）	梅花鹿	11	97
311	大姚县（滇）	梅花鹿	11	96
312	楚雄市（滇）	梅花鹿	11	95
313	缙云县（浙）	梅花鹿	11	95
314	开化县（浙）	梅花鹿	11	95
315	黄岩区（浙）	梅花鹿	11	92
316	利辛县（皖）	梅花鹿	11	91
317	腾冲县（滇）	梅花鹿	11	89
318	建德市（浙）	梅花鹿	11	84
319	北仑区（浙）	梅花鹿	11	80
320	杭锦后旗（蒙）	梅花鹿	11	80

（续）

序号	主产地	动物种类	动物种类排序	驯养数量（只、头、条）
321	嘉峪关市（甘）	梅花鹿	11	80
322	青铜峡市（宁）	梅花鹿	11	80
323	仁寿县（川）	梅花鹿	11	80
324	新平彝族傣族自治县（滇）	梅花鹿	11	72
325	通北林业局（龙江森工）	梅花鹿	11	71
326	禄劝彝族苗族自治县（滇）	梅花鹿	11	70
327	通城县（鄂）	梅花鹿	11	70
328	湘乐林业总场（甘）	梅花鹿	11	70
329	宁陕县（陕）	梅花鹿	11	68
330	宝山区（沪）	梅花鹿	11	67
331	奉节县（渝）	梅花鹿	11	65
332	宾川县（滇）	梅花鹿	11	64
333	关山林业管理局（甘）	梅花鹿	11	64
334	北戴河区（冀）	梅花鹿	11	63
335	海林林业局（龙江森工）	梅花鹿	11	63
336	绥阳林业局（龙江森工）	梅花鹿	11	63
337	本溪满族自治县（辽）	梅花鹿	11	60
338	敦化林业局（吉）	梅花鹿	11	60
339	房　县（鄂）	梅花鹿	11	60
340	瓦房店市（辽）	梅花鹿	11	60
341	寻甸回族彝族自治县（滇）	梅花鹿	11	60
342	依安县（黑）	梅花鹿	11	60
343	宜良县（滇）	梅花鹿	11	60
344	中宁县（宁）	梅花鹿	11	60
345	自流井区（川）	梅花鹿	11	60
346	南川区（渝）	梅花鹿	11	59
347	东宝区（鄂）	梅花鹿	11	56
348	南岔林业局（龙江森工）	梅花鹿	11	56
349	金川县（川）	梅花鹿	11	55
350	宁武县（晋）	梅花鹿	11	55
351	元江哈尼族彝族傣族自治县（滇）	梅花鹿	11	54
352	香格里拉县（滇）	梅花鹿	11	53
353	保康县（鄂）	梅花鹿	11	50
354	浑南区（辽）	梅花鹿	11	50
355	建始县（鄂）	梅花鹿	11	50
356	明光市（皖）	梅花鹿	11	50
357	宁　县（甘）	梅花鹿	11	50
358	随县（鄂）	梅花鹿	11	50
359	铁岭县（辽）	梅花鹿	11	50
360	文　县（甘）	梅花鹿	11	50
361	阳山县（粤）	梅花鹿	11	50
362	北湖区（湘）	梅花鹿	11	49
363	乌拉特后旗（蒙）	梅花鹿	11	48
364	新青林业局（龙江森工）	梅花鹿	11	47

(续)

序号	主产地	动物种类	动物种类排序	驯养数量(只、头、条)
365	义乌市(浙)	梅花鹿	11	46
366	克什克腾旗(蒙)	梅花鹿	11	45
367	资兴市(湘)	梅花鹿	11	41
368	从化市(粤)	梅花鹿	11	40
369	德兴市(赣)	梅花鹿	11	40
370	兰溪市(浙)	梅花鹿	11	40
371	龙山县(湘)	梅花鹿	11	40
372	宁城县(蒙)	梅花鹿	11	40
373	西夏区(宁)	梅花鹿	11	40
374	株洲县(湘)	梅花鹿	11	40
375	寒亭区(鲁)	梅花鹿	11	38
376	方山县(晋)	梅花鹿	11	36
377	武定县(滇)	梅花鹿	11	36
378	滴道区(黑)	梅花鹿	11	35
379	灵川县(桂)	梅花鹿	11	35
380	永仁县(滇)	梅花鹿	11	33
381	镇海区(浙)	梅花鹿	11	32
382	虎林市(黑)	梅花鹿	11	30
383	罗田县(鄂)	梅花鹿	11	30
384	南芬区(辽)	梅花鹿	11	30
385	山河屯林业局(龙江森工)	梅花鹿	11	30
386	松滋市(鄂)	梅花鹿	11	28
387	托克托县(蒙)	梅花鹿	11	28
388	颍上县(皖)	梅花鹿	11	28
389	苍南县(浙)	梅花鹿	11	25
390	额尔古纳市(蒙)	梅花鹿	11	25
391	山河实验林场(黑)	梅花鹿	11	25
392	万荣县(晋)	梅花鹿	11	25
393	五华区(滇)	梅花鹿	11	25
394	正宁林业总场(甘)	梅花鹿	11	25
395	信丰县(赣)	梅花鹿	11	22
396	呈贡县(滇)	梅花鹿	11	20
397	珙　县(川)	梅花鹿	11	20
398	景东彝族自治县(滇)	梅花鹿	11	20
399	磐安县(浙)	梅花鹿	11	20
400	苏仙区(湘)	梅花鹿	11	20
401	元宝山区(蒙)	梅花鹿	11	20
402	汉台区(陕)	梅花鹿	11	18
403	新建县(赣)	梅花鹿	11	15
404	林口林业局(龙江森工)	梅花鹿	11	12
405	永顺县(湘)	梅花鹿	11	12
406	巴东县(鄂)	梅花鹿	11	10
407	察哈尔右翼前旗(蒙)	梅花鹿	11	10
408	巢湖市(皖)	梅花鹿	11	10

(续)

序号	主产地	动物种类	动物种类排序	驯养数量(只、头、条)
409	翠屏区(川)	梅花鹿	11	10
410	黑龙江柴河林业局(龙江森工)	梅花鹿	11	10
411	丘北县(滇)	梅花鹿	11	10
412	双城市(黑)	麋鹿	12	190
413	大兴区(京)	麋鹿	12	170
414	临安市(浙)	麋鹿	12	120
415	章丘市(鲁)	麋鹿	12	50
416	浑南区(辽)	麋鹿	12	14
417	房　县(鄂)	白鹿	13	300
418	定海区(浙)	河麂	14	1581
419	颍上县(皖)	河麂	14	376
420	三门县(浙)	河麂	14	170
421	澄江县(滇)	河麂	14	150
422	北湖区(湘)	河麂	14	120
423	吴兴区(浙)	河麂	14	120
424	施甸县(滇)	河麂	14	116
425	巢湖市(皖)	河麂	14	80
426	苍南县(浙)	河麂	14	20
427	岫岩满族自治县(辽)	野猪	15	150000
428	承德县(冀)	野猪	15	26530
429	渑池县(豫)	野猪	15	25000
430	东方红林业局(龙江森工)	野猪	15	17000
431	汤旺河林业局(龙江森工)	野猪	15	16445
432	祁东县(湘)	野猪	15	13000
433	黄山区(皖)	野猪	15	12000
434	栾川县(豫)	野猪	15	10840
435	宁海县(浙)	野猪	15	10000
436	饶河县(黑)	野猪	15	10000
437	上饶县(赣)	野猪	15	10000
438	万源市(川)	野猪	15	10000
439	友好林业局(龙江森工)	野猪	15	8360
440	分宜县(赣)	野猪	15	8000
441	临海市(浙)	野猪	15	7400
442	平桥区(豫)	野猪	15	6500
443	漾濞彝族自治县(滇)	野猪	15	6300
444	红安县(鄂)	野猪	15	6000
445	清原满族自治县(辽)	野猪	15	6000
446	迁西县(冀)	野猪	15	5300
447	巴州区(川)	野猪	15	5000
448	东至县(皖)	野猪	15	5000
449	洞口县(湘)	野猪	15	5000
450	乌马河林业局(龙江森工)	野猪	15	5000
451	澜沧拉祜族自治县(滇)	野猪	15	4976
452	盐边县(川)	野猪	15	4500

（续）

序号	主产地	动物种类	动物种类排序	驯养数量（只、头、条）
453	青州市（鲁）	野猪	15	4150
454	新丰县（粤）	野猪	15	4000
455	乐安县（赣）	野猪	15	3800
456	临翔区（滇）	野猪	15	3700
457	东昌区（吉）	野猪	15	3600
458	巴东县（鄂）	野猪	15	3510
459	香格里拉县（滇）	野猪	15	3207
460	无为县（皖）	野猪	15	3200
461	洛宁县（豫）	野猪	15	3000
462	迎春林业局（龙江森工）	野猪	15	3000
463	铁力林业局（龙江森工）	野猪	15	2950
464	腾冲县（滇）	野猪	15	2826
465	宁国市（皖）	野猪	15	2601
466	江城哈尼族彝族自治县（滇）	野猪	15	2594
467	淅川县（豫）	野猪	15	2550
468	游仙区（川）	野猪	15	2500
469	新平彝族傣族自治县（滇）	野猪	15	2350
470	乐昌市（粤）	野猪	15	2341
471	巫溪县（渝）	野猪	15	2230
472	科尔沁右翼前旗（蒙）	野猪	15	2200
473	梓潼县（川）	野猪	15	2200
474	大兴区（京）	野猪	15	2122
475	北川羌族自治县（川）	野猪	15	2000
476	衡东县（湘）	野猪	15	2000
477	环江毛南族自治县（桂）	野猪	15	2000
478	阆中市（川）	野猪	15	2000
479	汤原县（黑）	野猪	15	2000
480	洮北区（吉）	野猪	15	2000
481	禄丰县（滇）	野猪	15	1989
482	岑溪市（桂）	野猪	15	1820
483	沂源县（鲁）	野猪	15	1800
484	泾　县（皖）	野猪	15	1785
485	南川区（渝）	野猪	15	1580
486	利津县（鲁）	野猪	15	1500
487	浏阳市（湘）	野猪	15	1500
488	内乡县（豫）	野猪	15	1500
489	双柏县（滇）	野猪	15	1500
490	五常市（黑）	野猪	15	1500
491	彰武县（辽）	野猪	15	1490
492	古交市（晋）	野猪	15	1380
493	兴宁市（粤）	野猪	15	1350
494	大石头林业局（吉）	野猪	15	1330
495	灵宝市（豫）	野猪	15	1300
496	清河林业局（龙江森工）	野猪	15	1300

（续）

序号	主产地	动物种类	动物种类排序	驯养数量（只、头、条）
497	南溪县（川）	野猪	15	1200
498	融水苗族自治县（桂）	野猪	15	1200
499	盐亭县（川）	野猪	15	1200
500	良庆区（桂）	野猪	15	1130
501	克什克腾旗（蒙）	野猪	15	1126
502	兴国县（赣）	野猪	15	1120
503	巴林右旗（蒙）	野猪	15	1104
504	宜良县（滇）	野猪	15	1100
505	石台县（皖）	野猪	15	1050
506	金洞林场（湘）	野猪	15	1000
507	陆川县（桂）	野猪	15	1000
508	汤阴县（豫）	野猪	15	1000
509	喜德县（川）	野猪	15	1000
510	小金县（川）	野猪	15	1000
511	宁明县（桂）	野猪	15	969
512	辉南县（吉）	野猪	15	927
513	慈利县（湘）	野猪	15	920
514	麻城市（鄂）	野猪	15	920
515	北流市（桂）	野猪	15	900
516	林口林业局（龙江森工）	野猪	15	900
517	遂川县（赣）	野猪	15	900
518	汪清林业局（吉）	野猪	15	900
519	新田县（湘）	野猪	15	900
520	鹤北林业局（龙江森工）	野猪	15	898
521	都昌县（赣）	野猪	15	880
522	八家子林业局（吉）	野猪	15	864
523	兴隆林业局（龙江森工）	野猪	15	853
524	建昌县（辽）	野猪	15	850
525	南岔林业局（龙江森工）	野猪	15	827
526	集宁区（蒙）	野猪	15	810
527	东丰县（吉）	野猪	15	800
528	老边区（辽）	野猪	15	800
529	桑植县（湘）	野猪	15	800
530	松潘县（川）	野猪	15	800
531	嵩　县（豫）	野猪	15	800
532	镇坪县（陕）	野猪	15	800
533	双丰林业局（龙江森工）	野猪	15	787
534	峨边彝族自治县（川）	野猪	15	741
535	文　县（甘）	野猪	15	710
536	龙川县（粤）	野猪	15	700
537	沾河林业局（龙江森工）	野猪	15	700
538	沅陵县（湘）	野猪	15	680
539	垫江县（渝）	野猪	15	670
540	铅山县（赣）	野猪	15	660

(续)

序号	主产地	动物种类	动物种类排序	驯养数量(只、头、条)
541	固阳县(蒙)	野猪	15	640
542	江源区(吉)	野猪	15	640
543	内蒙古柴河林业局(蒙)	野猪	15	640
544	阿鲁科尔沁旗(蒙)	野猪	15	620
545	沧源佤族自治县(滇)	野猪	15	620
546	带岭实验局(龙江森工)	野猪	15	600
547	东宝区(鄂)	野猪	15	600
548	贵溪市(赣)	野猪	15	600
549	双峰县(湘)	野猪	15	600
550	翁源县(粤)	野猪	15	600
551	开　县(渝)	野猪	15	590
552	上甘岭林业局(龙江森工)	野猪	15	560
553	五营林业局(龙江森工)	野猪	15	560
554	新青林业局(龙江森工)	野猪	15	560
555	安图森林经营局(吉)	野猪	15	550
556	临江市(吉)	野猪	15	550
557	新宾满族自治县(辽)	野猪	15	550
558	东京城林业局(龙江森工)	野猪	15	536
559	白河县(陕)	野猪	15	535
560	广南县(滇)	野猪	15	532
561	盖州市(辽)	野猪	15	520
562	两当县(甘)	野猪	15	520
563	清城区(粤)	野猪	15	520
564	安　县(川)	野猪	15	500
565	北安市(黑)	野猪	15	500
566	碧江区(黔)	野猪	15	500
567	方正林业局(龙江森工)	野猪	15	500
568	集安市(吉)	野猪	15	500
569	金城江区(桂)	野猪	15	500
570	君山区(湘)	野猪	15	500
571	临安市(浙)	野猪	15	500
572	灵川县(桂)	野猪	15	500
573	南部县(川)	野猪	15	500
574	南江县(川)	野猪	15	500
575	宁安市(黑)	野猪	15	500
576	宁城县(蒙)	野猪	15	500
577	三山区(皖)	野猪	15	500
578	社旗县(豫)	野猪	15	500
579	绥中县(辽)	野猪	15	500
580	五岔沟林业局(蒙)	野猪	15	500
581	阳新县(鄂)	野猪	15	500
582	玉环县(浙)	野猪	15	500
583	云龙县(滇)	野猪	15	500
584	紫金县(粤)	野猪	15	500

(续)

序号	主产地	动物种类	动物种类排序	驯养数量(只、头、条)
585	彭水苗族土家族自治县(渝)	野猪	15	480
586	盈江县(滇)	野猪	15	467
587	崇义县(赣)	野猪	15	460
588	新建县(赣)	野猪	15	460
589	梁山县(鲁)	野猪	15	458
590	牟定县(滇)	野猪	15	450
591	绥棱林业局(龙江森工)	野猪	15	430
592	永胜县(滇)	野猪	15	409
593	临泉县(皖)	野猪	15	400
594	平利县(陕)	野猪	15	400
595	邵东县(湘)	野猪	15	400
596	汶川县(川)	野猪	15	380
597	玉龙纳西族自治县(滇)	野猪	15	380
598	勐腊县(滇)	野猪	15	376
599	石林彝族自治县(滇)	野猪	15	375
600	翠峦林业局(龙江森工)	野猪	15	371
601	苇河林业局(龙江森工)	野猪	15	371
602	朗乡林业局(龙江森工)	野猪	15	361
603	醴陵市(湘)	野猪	15	360
604	秦皇岛开发区(冀)	野猪	15	360
605	麻栗坡县(滇)	野猪	15	358
606	耿马傣族佤族自治县(滇)	野猪	15	350
607	南郑县(陕)	野猪	15	350
608	双鸭山林业局(龙江森工)	野猪	15	350
609	长阳土家族自治县(鄂)	野猪	15	350
610	彭山县(川)	野猪	15	336
611	潜山县(皖)	野猪	15	330
612	黑龙江柴河林业局(龙江森工)	野猪	15	320
613	江华瑶族自治县(湘)	野猪	15	320
614	安福县(赣)	野猪	15	300
615	白狼林业局(蒙)	野猪	15	300
616	巢湖市(皖)	野猪	15	300
617	东安县(湘)	野猪	15	300
618	丰都县(渝)	野猪	15	300
619	赫山区(湘)	野猪	15	300
620	鹤庆县(滇)	野猪	15	300
621	惠东县(粤)	野猪	15	300
622	鸡西市市辖区(黑)	野猪	15	300
623	耒阳市(湘)	野猪	15	300
624	临川区(赣)	野猪	15	300
625	穆棱林业局(龙江森工)	野猪	15	300
626	南票区(辽)	野猪	15	300
627	邵阳县(湘)	野猪	15	300
628	石门县(湘)	野猪	15	300

（续）

序号	主产地	动物种类	动物种类排序	驯养数量（只、头、条）
629	双江拉祜族佤族布朗族傣族自治县（滇）	野猪	15	300
630	五大连池市（黑）	野猪	15	300
631	余杭区（浙）	野猪	15	300
632	长白森林经营局（吉）	野猪	15	300
633	丹江口市（鄂）	野猪	15	290
634	建德市（浙）	野猪	15	290
635	额尔古纳市（蒙）	野猪	15	287
636	电白区（粤）	野猪	15	280
637	都江堰市（川）	野猪	15	280
638	房　县（鄂）	野猪	15	280
639	绥阳林业局（龙江森工）	野猪	15	280
640	中宁县（宁）	野猪	15	270
641	佛坪县（陕）	野猪	15	260
642	景东彝族自治县（滇）	野猪	15	260
643	沐川县（川）	野猪	15	260
644	永寿县（陕）	野猪	15	260
645	大同县（晋）	野猪	15	250
646	天桥岭林业局（吉）	野猪	15	250
647	孟连傣族拉祜族佤族自治县（滇）	野猪	15	247
648	襄城区（鄂）	野猪	15	230
649	永仁县（滇）	野猪	15	230
650	巴林林业局（蒙）	野猪	15	220
651	大石桥市（辽）	野猪	15	210
652	个旧市（滇）	野猪	15	210
653	金山屯林业局（龙江森工）	野猪	15	210
654	上营森林经营局（吉）	野猪	15	210
655	长寿区（渝）	野猪	15	205
656	巩留县（新）	野猪	15	200
657	和平县（粤）	野猪	15	200
658	建始县（鄂）	野猪	15	200
659	江安县（川）	野猪	15	200
660	兰坪白族普米族自治县（滇）	野猪	15	200
661	连南瑶族自治县（粤）	野猪	15	200
662	廉江市（粤）	野猪	15	200
663	宁强县（陕）	野猪	15	200
664	磐石市（吉）	野猪	15	200
665	随县（鄂）	野猪	15	200
666	随州市市辖区（鄂）	野猪	15	200
667	亚布力林业局（龙江森工）	野猪	15	200
668	枣阳市（鄂）	野猪	15	200
669	建水县（滇）	野猪	15	177
670	屏山县（川）	野猪	15	172
671	长白朝鲜族自治县（吉）	野猪	15	172
672	宾川县（滇）	野猪	15	171

（续）

序号	主产地	动物种类	动物种类排序	驯养数量（只、头、条）
673	乐至县（川）	野猪	15	160
674	蒙自市（滇）	野猪	15	152
675	大姚县（滇）	野猪	15	150
676	红星林业局（龙江森工）	野猪	15	150
677	冷水滩区（湘）	野猪	15	150
678	芦溪县（赣）	野猪	15	150
679	邛崃市（川）	野猪	15	150
680	石柱土家族自治县（渝）	野猪	15	150
681	闻喜县（晋）	野猪	15	150
682	武定县（滇）	野猪	15	150
683	西畴县（滇）	野猪	15	150
684	延庆县（京）	野猪	15	150
685	永清县（冀）	野猪	15	150
686	和龙林业局（吉）	野猪	15	146
687	威远县（川）	野猪	15	145
688	大海林林业局（龙江森工）	野猪	15	141
689	楚雄市（滇）	野猪	15	135
690	舒兰市（吉）	野猪	15	130
691	万盛区（渝）	野猪	15	130
692	玉山县（赣）	野猪	15	130
693	麦积区（甘）	野猪	15	126
694	江川县（滇）	野猪	15	120
695	瑞丽市（滇）	野猪	15	120
696	石屏县（滇）	野猪	15	120
697	天台县（浙）	野猪	15	120
698	乌伊岭林业局（龙江森工）	野猪	15	120
699	新安县（豫）	野猪	15	120
700	永宁县（宁）	野猪	15	120
701	宝兴县（川）	野猪	15	110
702	大足县（渝）	野猪	15	100
703	敦化林业局（吉）	野猪	15	100
704	峨山彝族自治县（滇）	野猪	15	100
705	藁城区（冀）	野猪	15	100
706	桂平市（桂）	野猪	15	100
707	鹤城区（湘）	野猪	15	100
708	林西县（蒙）	野猪	15	100
709	新晃侗族自治县（湘）	野猪	15	100
710	阳山县（粤）	野猪	15	100
711	永修县（赣）	野猪	15	100
712	扎兰屯市（蒙）	野猪	15	100
713	三门县（浙）	野猪	15	95
714	泰和县（赣）	野猪	15	95
715	易门县（滇）	野猪	15	87
716	明光市（皖）	野猪	15	85

(续)

序号	主产地	动物种类	动物种类排序	驯养数量(只、头、条)
717	卢氏县(豫)	野猪	15	80
718	露水河林业局(吉林森工)	野猪	15	80
719	太湖县(皖)	野猪	15	80
720	舞钢市(豫)	野猪	15	80
721	秭归县(鄂)	野猪	15	80
722	翠屏区(川)	野猪	15	70
723	龙江县(黑)	野猪	15	70
724	宁　县(甘)	野猪	15	70
725	逊克县(黑)	野猪	15	70
726	施甸县(滇)	野猪	15	61
727	武江区(粤)	野猪	15	61
728	博罗县(粤)	野猪	15	60
729	调兵山市(辽)	野猪	15	60
730	彝良县(滇)	野猪	15	60
731	忠　县(渝)	野猪	15	60
732	昂昂溪区(黑)	野猪	15	50
733	河津市(晋)	野猪	15	50
734	桃江县(湘)	野猪	15	50
735	望城县(湘)	野猪	15	50
736	巍山彝族回族自治县(滇)	野猪	15	50
737	土默特右旗(蒙)	野猪	15	49
738	怀宁县(皖)	野猪	15	46
739	井陉县(冀)	野猪	15	40
740	彭泽县(赣)	野猪	15	40
741	文山市(滇)	野猪	15	39
742	奉化市(浙)	野猪	15	36
743	万州区(渝)	野猪	15	35
744	兴山县(鄂)	野猪	15	32
745	安宁市(滇)	野猪	15	30
746	双辽市(吉)	野猪	15	30
747	乌拉特前旗(蒙)	野猪	15	30
748	赤城县(冀)	野猪	15	28
749	孙吴县(黑)	野猪	15	24
750	绩溪县(皖)	野猪	15	23
751	禹州市(豫)	野猪	15	23
752	定南县(赣)	野猪	15	22
753	黎城县(晋)	野猪	15	20
754	渭源县(甘)	野猪	15	20
755	永川区(渝)	野猪	15	20
756	长丰县(皖)	野猪	15	19
757	宁武县(晋)	野猪	15	18
758	德兴市(赣)	野猪	15	17
759	井冈山市(赣)	野猪	15	15
760	奈曼旗(蒙)	野猪	15	15

(续)

序号	主产地	动物种类	动物种类排序	驯养数量(只、头、条)
761	倘甸工业园区(滇)	野猪	15	15
762	颍上县(皖)	野猪	15	15
763	苍南县(浙)	野猪	15	10
764	九江县(赣)	野猪	15	10
765	青阳县(皖)	野猪	15	10
766	永年县(冀)	野猪	15	10
767	耀州区(陕)	猏猪	16	300
768	新化县(湘)	猏猪	16	200
769	涿州市(冀)	猏猪	16	40
770	桃源县(湘)	豪猪	17	20000
771	邻水县(川)	豪猪	17	12480
772	浮梁县(赣)	豪猪	17	11000
773	武隆县(渝)	豪猪	17	9000
774	镇沅彝族哈尼族拉祜族自治县(滇)	豪猪	17	8710
775	兴宁市(粤)	豪猪	17	8500
776	长宁县(川)	豪猪	17	6350
777	万安县(赣)	豪猪	17	6000
778	大余县(赣)	豪猪	17	5318
779	腾冲县(滇)	豪猪	17	3724
780	东至县(皖)	豪猪	17	3500
781	石柱土家族自治县(渝)	豪猪	17	2445
782	安宁市(滇)	豪猪	17	1860
783	从化市(粤)	豪猪	17	1845
784	江津区(渝)	豪猪	17	1843
785	黔江区(渝)	豪猪	17	1696
786	永定区(湘)	豪猪	17	1630
787	鹤城区(湘)	豪猪	17	1612
788	德兴市(赣)	豪猪	17	1559
789	耿马傣族佤族自治县(滇)	豪猪	17	1350
790	肥西县(皖)	豪猪	17	1209
791	巴东县(鄂)	豪猪	17	1143
792	铅山县(赣)	豪猪	17	1130
793	兴国县(赣)	豪猪	17	1120
794	新田县(湘)	豪猪	17	1050
795	彭水苗族土家族自治县(渝)	豪猪	17	1040
796	靖州苗族侗族自治县(湘)	豪猪	17	1000
797	咸丰县(鄂)	豪猪	17	1000
798	勐腊县(滇)	豪猪	17	958
799	江华瑶族自治县(湘)	豪猪	17	910
800	江城哈尼族彝族自治县(滇)	豪猪	17	909
801	金城江区(桂)	豪猪	17	900
802	通城县(鄂)	豪猪	17	820
803	南川区(渝)	豪猪	17	751
804	全州县(桂)	豪猪	17	750

（续）

序号	主产地	动物种类	动物种类排序	驯养数量（只、头、条）
805	彭泽县（赣）	豪猪	17	700
806	常宁市（湘）	豪猪	17	600
807	潮阳区（粤）	豪猪	17	600
808	鹤庆县（滇）	豪猪	17	600
809	洪江市（湘）	豪猪	17	600
810	景东彝族自治县（滇）	豪猪	17	600
811	施甸县（滇）	豪猪	17	589
812	元江哈尼族彝族傣族自治县（滇）	豪猪	17	580
813	建始县（鄂）	豪猪	17	570
814	垫江县（渝）	豪猪	17	550
815	新丰县（粤）	豪猪	17	550
816	博罗县（粤）	豪猪	17	530
817	柞水县（陕）	豪猪	17	521
818	德江县（黔）	豪猪	17	510
819	安福县（赣）	豪猪	17	500
820	会昌县（赣）	豪猪	17	500
821	翁源县（粤）	豪猪	17	500
822	阳新县（鄂）	豪猪	17	500
823	紫金县（粤）	豪猪	17	500
824	盈江县（滇）	豪猪	17	474
825	永修县（赣）	豪猪	17	460
826	陇川县（滇）	豪猪	17	459
827	沧源佤族自治县（滇）	豪猪	17	427
828	新建县（赣）	豪猪	17	420
829	连平县（粤）	豪猪	17	380
830	饶平县（粤）	豪猪	17	370
831	遂溪县（粤）	豪猪	17	360
832	新平彝族傣族自治县（滇）	豪猪	17	358
833	桂平市（桂）	豪猪	17	350
834	乐昌市（粤）	豪猪	17	350
835	来凤县（鄂）	豪猪	17	313
836	香格里拉县（滇）	豪猪	17	311
837	怀宁县（皖）	豪猪	17	302
838	江永县（湘）	豪猪	17	300
839	金川县（川）	豪猪	17	300
840	长阳土家族自治县（鄂）	豪猪	17	300
841	永胜县（滇）	豪猪	17	298
842	易门县（滇）	豪猪	17	296
843	茶陵县（湘）	豪猪	17	280
844	信丰县（赣）	豪猪	17	260
845	个旧市（滇）	豪猪	17	255
846	澜沧拉祜族自治县（滇）	豪猪	17	225
847	倘甸工业园区（滇）	豪猪	17	225
848	威远县（川）	豪猪	17	215
849	麻城市（鄂）	豪猪	17	213
850	大安区（川）	豪猪	17	203
851	丰都县（渝）	豪猪	17	200
852	醴陵市（湘）	豪猪	17	200
853	宁远县（湘）	豪猪	17	200
854	屈家岭管理区（鄂）	豪猪	17	200
855	寿　县（皖）	豪猪	17	200
856	芜湖县（皖）	豪猪	17	200
857	息烽县（黔）	豪猪	17	200
858	屏山县（川）	豪猪	17	196
859	桃江县（湘）	豪猪	17	195
860	镇康县（滇）	豪猪	17	188
861	武定县（滇）	豪猪	17	170
862	崇仁县（赣）	豪猪	17	160
863	高安市（赣）	豪猪	17	150
864	夹江县（川）	豪猪	17	150
865	舒城县（皖）	豪猪	17	150
866	晋宁县（滇）	豪猪	17	140
867	钦北区（桂）	豪猪	17	132
868	太白县（陕）	豪猪	17	126
869	云溪区（湘）	豪猪	17	125
870	潜山县（皖）	豪猪	17	120
871	石门县（湘）	豪猪	17	120
872	麻栗坡县（滇）	豪猪	17	106
873	和平县（粤）	豪猪	17	100
874	茂南区（粤）	豪猪	17	100
875	米易县（川）	豪猪	17	100
876	七星关区（黔）	豪猪	17	100
877	兴安县（桂）	豪猪	17	100
878	慈利县（湘）	豪猪	17	90
879	忠　县（渝）	豪猪	17	90
880	平昌县（川）	豪猪	17	85
881	酉阳土家族苗族自治县（渝）	豪猪	17	84
882	建水县（滇）	豪猪	17	82
883	合江县（川）	豪猪	17	80
884	融安县（桂）	豪猪	17	80
885	洪江区（湘）	豪猪	17	70
886	黎川县（赣）	豪猪	17	70
887	巴马瑶族自治县（桂）	豪猪	17	65
888	大关县（滇）	豪猪	17	60
889	江川县（滇）	豪猪	17	60
890	晴隆县（黔）	豪猪	17	60
891	连南瑶族自治县（粤）	豪猪	17	55
892	峨山彝族自治县（滇）	豪猪	17	50

(续)

序号	主产地	动物种类	动物种类排序	驯养数量(只、头、条)
893	吉安县(赣)	豪猪	17	50
894	兴仁县(黔)	豪猪	17	48
895	章丘市(鲁)	豪猪	17	48
896	孟连傣族拉祜族佤族自治县(滇)	豪猪	17	45
897	翠屏区(川)	豪猪	17	41
898	合山市(桂)	豪猪	17	40
899	苍南县(浙)	豪猪	17	30
900	荣　县(川)	豪猪	17	29
901	巫山县(渝)	豪猪	17	28
902	西山区(滇)	豪猪	17	26
903	太湖县(皖)	豪猪	17	25
904	富阳市(浙)	豪猪	17	20
905	泰和县(赣)	豪猪	17	10
906	大洼县(辽)	银狐	18	148000
907	杜尔伯特蒙古族自治县(黑)	银狐	18	122305
908	东港市(辽)	银狐	18	25470
909	青州市(鲁)	银狐	18	15000
910	南票区(辽)	银狐	18	12000
911	让胡路区(黑)	银狐	18	11686
912	灯塔市(辽)	银狐	18	5000
913	获嘉县(豫)	银狐	18	2200
914	承德县(冀)	银狐	18	1650
915	彰武县(辽)	银狐	18	1500
916	民乐县(甘)	银狐	18	550
917	大同县(晋)	银狐	18	200
918	鹿泉区(冀)	银狐	18	100
919	辽阳县(辽)	北极狐	19	70000
920	永宁县(宁)	北极狐	19	1820
921	肥城市(鲁)	北极狐	19	600
922	鄂温克族自治旗(蒙)	北极狐	19	150
923	诸城市(鲁)	水貂	20	5700000
924	庄河市(辽)	水貂	20	1500000
925	尚志国有林场管理局(黑)	水貂	20	400000
926	普兰店市(辽)	水貂	20	292500
927	青州市(鲁)	水貂	20	165000
928	尚志市(黑)	水貂	20	150000
929	东港市(辽)	水貂	20	121380
930	昌乐县(鲁)	水貂	20	95000
931	前郭尔罗斯蒙古族自治县(吉)	水貂	20	60000
932	灯塔市(辽)	水貂	20	51000
933	昌邑区(吉)	水貂	20	50000
934	东平县(鲁)	水貂	20	50000
935	河口区(鲁)	水貂	20	40000
936	沾河林业局(龙江森工)	水貂	20	40000
937	舒兰市(吉)	水貂	20	38100
938	枣强县(冀)	水貂	20	31000
939	邹城市(鲁)	水貂	20	30000
940	寒亭区(鲁)	水貂	20	28000
941	孟家岗林场(黑)	水貂	20	26000
942	新宾满族自治县(辽)	水貂	20	24000
943	利津县(鲁)	水貂	20	6300
944	章丘市(鲁)	水貂	20	5200
945	鹤立林业局(龙江森工)	水貂	20	4052
946	集宁区(蒙)	水貂	20	3300
947	美溪林业局(龙江森工)	水貂	20	3200
948	肥城市(鲁)	水貂	20	2600
949	翠峦林业局(龙江森工)	水貂	20	2434
950	大石桥市(辽)	水貂	20	2100
951	乌马河林业局(龙江森工)	水貂	20	2100
952	让胡路区(黑)	水貂	20	1600
953	利辛县(皖)	水貂	20	1006
954	亚布力林业局(龙江森工)	水貂	20	1000
955	永宁县(宁)	水貂	20	1000
956	磐石市(吉)	水貂	20	500
957	东方红林业局(龙江森工)	水貂	20	350
958	大同县(晋)	水貂	20	200
959	浑南区(辽)	水貂	20	6
960	肇源县(黑)	狐狸	21	320000
961	微山县(鲁)	狐狸	21	210000
962	寿光市(鲁)	狐狸	21	70000
963	东平县(鲁)	狐狸	21	50000
964	林甸县(黑)	狐狸	21	37067
965	藁城区(冀)	狐狸	21	25000
966	枣强县(冀)	狐狸	21	24000
967	前郭尔罗斯蒙古族自治县(吉)	狐狸	21	20000
968	方正林业局(龙江森工)	狐狸	21	16500
969	友好林业局(龙江森工)	狐狸	21	15200
970	东京城林业局(龙江森工)	狐狸	21	15000
971	绥阳林业局(龙江森工)	狐狸	21	9200
972	寒亭区(鲁)	狐狸	21	8400
973	河口区(鲁)	狐狸	21	8000
974	海林林业局(龙江森工)	狐狸	21	7400
975	磐石市(吉)	狐狸	21	7000
976	金山屯林业局(龙江森工)	狐狸	21	5200
977	沾河林业局(龙江森工)	狐狸	21	5000
978	邹城市(鲁)	狐狸	21	5000
979	章丘市(鲁)	狐狸	21	3782
980	上甘岭林业局(龙江森工)	狐狸	21	3660

（续）

序号	主产地	动物种类	动物种类排序	驯养数量（只、头、条）
981	汤旺河林业局（龙江森工）	狐狸	21	3200
982	尚义县（冀）	狐狸	21	3000
983	南岔林业局（龙江森工）	狐狸	21	2957
984	大武口区（宁）	狐狸	21	2570
985	曹　县（鲁）	狐狸	21	2300
986	翠峦林业局（龙江森工）	狐狸	21	2178
987	东方红林业局（龙江森工）	狐狸	21	2000
988	集宁区（蒙）	狐狸	21	2000
989	临沭县（鲁）	狐狸	21	2000
990	肥城市（鲁）	狐狸	21	1420
991	昌乐县（鲁）	狐狸	21	1400
992	双丰林业局（龙江森工）	狐狸	21	1338
993	双塔区（辽）	狐狸	21	1000
994	绥中县（辽）	狐狸	21	1000
995	亚布力林业局（龙江森工）	狐狸	21	1000
996	乌马河林业局（龙江森工）	狐狸	21	950
997	西夏区（宁）	狐狸	21	865
998	美溪林业局（龙江森工）	狐狸	21	850
999	逊克县（黑）	狐狸	21	800
1000	临泉县（皖）	狐狸	21	700
1001	临江市（吉）	狐狸	21	620
1002	鹿泉区（冀）	狐狸	21	530
1003	桃山林业局（龙江森工）	狐狸	21	300
1004	绥棱林业局（龙江森工）	狐狸	21	250
1005	利辛县（皖）	狐狸	21	203
1006	顺河回族区（豫）	狐狸	21	200
1007	乌兰浩特市（蒙）	狐狸	21	200
1008	苇河林业局（龙江森工）	狐狸	21	180
1009	利津县（鲁）	狐狸	21	150
1010	舒兰市（吉）	狐狸	21	150
1011	新青林业局（龙江森工）	狐狸	21	140
1012	临泽县（甘）	狐狸	21	120
1013	麻栗坡县（滇）	狐狸	21	62
1014	回民区（蒙）	狐狸	21	13
1015	万安县（赣）	果子狸	22	12000
1016	和平县（粤）	果子狸	22	2600
1017	白河县（陕）	果子狸	22	2105
1018	安宁市（滇）	果子狸	22	2000
1019	栾川县（豫）	果子狸	22	1478
1020	鹤城区（湘）	果子狸	22	1380
1021	全州县（桂）	果子狸	22	1100
1022	襄州区（鄂）	果子狸	22	700
1023	江安县（川）	果子狸	22	500
1024	桃源县（湘）	果子狸	22	500
1025	武江区（粤）	果子狸	22	500
1026	东乡县（赣）	果子狸	22	380
1027	沅陵县（湘）	果子狸	22	370
1028	镇坪县（陕）	果子狸	22	350
1029	江津区（渝）	果子狸	22	320
1030	霍山县（皖）	果子狸	22	300
1031	金城江区（桂）	果子狸	22	300
1032	泰和县（赣）	果子狸	22	250
1033	铜鼓县（赣）	果子狸	22	250
1034	巴东县（鄂）	果子狸	22	230
1035	慈利县（湘）	果子狸	22	200
1036	石林彝族自治县（滇）	果子狸	22	200
1037	良庆区（桂）	果子狸	22	190
1038	宁明县（桂）	果子狸	22	175
1039	东宝区（鄂）	果子狸	22	150
1040	桂平市（桂）	果子狸	22	150
1041	廉江市（粤）	果子狸	22	150
1042	铅山县（赣）	果子狸	22	120
1043	盈江县（滇）	果子狸	22	113
1044	倘甸工业园区（滇）	果子狸	22	110
1045	灵川县（桂）	果子狸	22	100
1046	内乡县（豫）	果子狸	22	100
1047	屏山县（川）	果子狸	22	76
1048	耒阳市（湘）	果子狸	22	60
1049	醴陵市（湘）	果子狸	22	56
1050	翠屏区（川）	果子狸	22	50
1051	彭水苗族土家族自治县（渝）	果子狸	22	25
1052	夹江县（川）	果子狸	22	15
1053	禹州市（豫）	果子狸	22	11
1054	南溪县（川）	果子狸	22	10
1055	麻栗坡县（滇）	果子狸	22	5
1056	婺城区（浙）	果子狸	22	4
1057	肇源县（黑）	貉	23	750000
1058	巴彦县（黑）	貉	23	335500
1059	东平县（鲁）	貉	23	100000
1060	杜尔伯特蒙古族自治县（黑）	貉	23	91780
1061	前郭尔罗斯蒙古族自治县（吉）	貉	23	40000
1062	林甸县（黑）	貉	23	37100
1063	东辽县（吉）	貉	23	26000
1064	大洼县（辽）	貉	23	22000
1065	东港市（辽）	貉	23	19020
1066	绥阳林业局（龙江森工）	貉	23	17830
1067	方正林业局（龙江森工）	貉	23	15500
1068	海林林业局（龙江森工）	貉	23	14400

(续)

序号	主产地	动物种类	动物种类排序	驯养数量(只、头、条)
1069	河口区(鲁)	貉	23	13000
1070	枣强县(冀)	貉	23	12000
1071	兴城市(辽)	貉	23	8000
1072	喀喇沁左翼蒙古族自治县(辽)	貉	23	5500
1073	抚远县(黑)	貉	23	5000
1074	美溪林业局(龙江森工)	貉	23	4500
1075	鸡西市市辖区(黑)	貉	23	4000
1076	东方红林业局(龙江森工)	貉	23	3500
1077	栾川县(豫)	貉	23	3400
1078	汤旺河林业局(龙江森工)	貉	23	3400
1079	黑龙江柴河林业局(龙江森工)	貉	23	3350
1080	迎春林业局(龙江森工)	貉	23	3000
1081	沾河林业局(龙江森工)	貉	23	2500
1082	友好林业局(龙江森工)	貉	23	2300
1083	鹤立林业局(龙江森工)	貉	23	2084
1084	双丰林业局(龙江森工)	貉	23	2034
1085	藁城区(冀)	貉	23	2000
1086	连山区(辽)	貉	23	2000
1087	梅河口市(吉)	貉	23	2000
1088	永宁县(宁)	貉	23	1970
1089	南岔林业局(龙江森工)	貉	23	1873
1090	逊克县(黑)	貉	23	1776
1091	苇河林业局(龙江森工)	貉	23	1696
1092	让胡路区(黑)	貉	23	1628
1093	获嘉县(豫)	貉	23	1400
1094	舒兰市(吉)	貉	23	1400
1095	翠峦林业局(龙江森工)	貉	23	1278
1096	曹　县(鲁)	貉	23	1200
1097	朗乡林业局(龙江森工)	貉	23	1061
1098	金山屯林业局(龙江森工)	貉	23	1000
1099	双城市(黑)	貉	23	1000
1100	绥中县(辽)	貉	23	1000
1101	五营林业局(龙江森工)	貉	23	1000
1102	亚布力林业局(龙江森工)	貉	23	1000
1103	龙井市(吉)	貉	23	820
1104	上甘岭林业局(龙江森工)	貉	23	750
1105	利津县(鲁)	貉	23	600
1106	五常市(黑)	貉	23	510
1107	通北林业局(龙江森工)	貉	23	500
1108	大武口区(宁)	貉	23	470
1109	大海林林业局(龙江森工)	貉	23	421
1110	乌伊岭林业局(龙江森工)	貉	23	320
1111	乌兰浩特市(蒙)	貉	23	300
1112	鹿泉区(冀)	貉	23	250

(续)

序号	主产地	动物种类	动物种类排序	驯养数量(只、头、条)
1113	绥棱林业局(龙江森工)	貉	23	250
1114	洮南市(吉)	貉	23	240
1115	新青林业局(龙江森工)	貉	23	75
1116	内蒙古柴河林业局(蒙)	貉	23	60
1117	古交市(晋)	狍子	24	370
1118	克什克腾旗(蒙)	狍子	24	240
1119	抚远县(黑)	狍子	24	200
1120	赤城县(冀)	狍子	24	102
1121	内蒙古柴河林业局(蒙)	狍子	24	62
1122	汤原县(黑)	狍子	24	55
1123	延庆县(京)	狍子	24	40
1124	林西县(蒙)	狍子	24	26
1125	托克托县(蒙)	狍子	24	4
1126	怀来县(冀)	狍子	24	2
1127	浑南区(辽)	狍子	24	1
1128	沂源县(鲁)	金钱豹	25	4
1129	汉台区(陕)	金钱豹	25	1
1130	红花岗区(黔)	金钱豹	25	1
1131	婺城区(浙)	金钱豹	25	1
1132	浑南区(辽)	狼	26	23
1133	北戴河区(冀)	狼	26	21
1134	回民区(蒙)	狼	26	20
1135	延庆县(京)	狼	26	15
1136	大兴区(京)	狼	26	13
1137	新源县(新)	狼	26	4
1138	红花岗区(黔)	狼	26	3
1139	翠屏区(川)	狼	26	2
1140	汉台区(陕)	狼	26	2
1141	双辽市(吉)	狼	26	2
1142	五华区(滇)	狼	26	2
1143	婺城区(浙)	狼	26	2
1144	延庆县(京)	老虎	27	41
1145	北戴河区(冀)	老虎	27	27
1146	永川区(渝)	老虎	27	25
1147	浑南区(辽)	老虎	27	22
1148	回民区(蒙)	老虎	27	11
1149	翠屏区(川)	老虎	27	10
1150	五华区(滇)	老虎	27	7
1151	肥城市(鲁)	老虎	27	2
1152	汉台区(陕)	老虎	27	2
1153	青原区(赣)	老虎	27	2
1154	婺城区(浙)	老虎	27	2
1155	颍上县(皖)	老虎	27	2
1156	万州区(渝)	老虎	27	1

（续）

序号	主产地	动物种类	动物种类排序	驯养数量（只、头、条）
1157	北戴河区（冀）	狮子	28	20
1158	延庆县（京）	狮子	28	11
1159	回民区（蒙）	狮子	28	7
1160	富阳市（浙）	狮子	28	4
1161	婺城区（浙）	狮子	28	3
1162	肥城市（鲁）	狮子	28	2
1163	巩义市（豫）	狮子	28	2
1164	五华区（滇）	狮子	28	2
1165	颍上县（皖）	狮子	28	2
1166	汉台区（陕）	狮子	28	1
1167	万州区（渝）	狮子	28	1
1168	浑南区（辽）	海狮	29	3
1169	翠屏区（川）	河马	30	1
1170	富阳市（浙）	河马	30	1
1171	浑南区（辽）	河马	30	1
1172	五华区（滇）	河马	30	1
1173	颍上县（皖）	河马	30	1
1174	新化县（湘）	海狸鼠	31	10000
1175	北湖区（湘）	海狸鼠	31	520
1176	宁远县（湘）	海狸鼠	31	300
1177	秭归县（鄂）	海狸鼠	31	100
1178	婺城区（浙）	海狸鼠	31	11
1179	翠屏区（川）	豚鼠	32	35000
1180	金城江区（桂）	豚鼠	32	3000
1181	崇义县（赣）	豚鼠	32	400
1182	双峰县（湘）	豚鼠	32	400
1183	秭归县（鄂）	豚鼠	32	50
1184	麻栗坡县（滇）	豚鼠	32	38
1185	香格里拉县（滇）	花鼠	33	40
1186	廉江市（粤）	仓鼠	34	2000
1187	芷江侗族自治县（湘）	仓鼠	34	2000
1188	东源县（粤）	仓鼠	34	800
1189	武江区（粤）	仓鼠	34	40
1190	邛崃市（川）	仓鼠	34	15
1191	丰都县（渝）	复齿鼯鼠	35	1700
1192	卢氏县（豫）	复齿鼯鼠	35	130
1193	栾川县（豫）	麝鼠	36	1500
1194	渭滨区（陕）	麝鼠	36	800
1195	南郑县（陕）	麝鼠	36	650
1196	蓝山县（湘）	竹鼠	37	300000
1197	龙里县（黔）	竹鼠	37	56640
1198	汨罗市（湘）	竹鼠	37	51000
1199	隆阳区（滇）	竹鼠	37	46000
1200	顺庆区（川）	竹鼠	37	30000

（续）

序号	主产地	动物种类	动物种类排序	驯养数量（只、头、条）
1201	勐腊县（滇）	竹鼠	37	26848
1202	耿马傣族佤族自治县（滇）	竹鼠	37	8850
1203	瑞金市（赣）	竹鼠	37	8700
1204	佛冈县（粤）	竹鼠	37	8500
1205	陇川县（滇）	竹鼠	37	7978
1206	施甸县（滇）	竹鼠	37	5703
1207	瑞丽市（滇）	竹鼠	37	5500
1208	洞口县（湘）	竹鼠	37	5000
1209	榕江县（黔）	竹鼠	37	5000
1210	邵东县（湘）	竹鼠	37	5000
1211	翁源县（粤）	竹鼠	37	5000
1212	渝水区（赣）	竹鼠	37	5000
1213	碧江区（黔）	竹鼠	37	4500
1214	金城江区（桂）	竹鼠	37	4200
1215	新平彝族傣族自治县（滇）	竹鼠	37	4100
1216	融水苗族自治县（桂）	竹鼠	37	3800
1217	都江堰市（川）	竹鼠	37	3500
1218	钦北区（桂）	竹鼠	37	3460
1219	慈利县（湘）	竹鼠	37	3400
1220	会昌县（赣）	竹鼠	37	3300
1221	兴国县（赣）	竹鼠	37	3300
1222	江永县（湘）	竹鼠	37	3200
1223	南川区（渝）	竹鼠	37	3200
1224	麻栗坡县（滇）	竹鼠	37	3134
1225	新宁县（湘）	竹鼠	37	3000
1226	双柏县（滇）	竹鼠	37	2500
1227	建水县（滇）	竹鼠	37	2140
1228	桂东县（湘）	竹鼠	37	2000
1229	乐昌市（粤）	竹鼠	37	2000
1230	连平县（粤）	竹鼠	37	2000
1231	龙山县（湘）	竹鼠	37	2000
1232	南江县（川）	竹鼠	37	2000
1233	永顺县（湘）	竹鼠	37	2000
1234	连南瑶族自治县（粤）	竹鼠	37	1930
1235	樟树市（赣）	竹鼠	37	1800
1236	盈江县（滇）	竹鼠	37	1745
1237	阳山县（粤）	竹鼠	37	1700
1238	苏仙区（湘）	竹鼠	37	1600
1239	镇康县（滇）	竹鼠	37	1600
1240	全州县（桂）	竹鼠	37	1550
1241	保靖县（湘）	竹鼠	37	1500
1242	江津区（渝）	竹鼠	37	1300
1243	博罗县（粤）	竹鼠	37	1200
1244	屏山县（川）	竹鼠	37	1200

(续)

序号	主产地	动物种类	动物种类排序	驯养数量(只、头、条)
1245	田阳县(桂)	竹鼠	37	1200
1246	彝良县(滇)	竹鼠	37	1080
1247	景东彝族自治县(滇)	竹鼠	37	1050
1248	东安县(湘)	竹鼠	37	1000
1249	合江县(川)	竹鼠	37	950
1250	遂川县(赣)	竹鼠	37	950
1251	兴仁县(黔)	竹鼠	37	920
1252	辰溪县(湘)	竹鼠	37	900
1253	洪江市(湘)	竹鼠	37	900
1254	和平县(粤)	竹鼠	37	800
1255	花垣县(湘)	竹鼠	37	800
1256	新田县(湘)	竹鼠	37	750
1257	易门县(滇)	竹鼠	37	750
1258	江城哈尼族彝族自治县(滇)	竹鼠	37	746
1259	凤凰县(湘)	竹鼠	37	700
1260	泸溪县(湘)	竹鼠	37	700
1261	紫金县(粤)	竹鼠	37	700
1262	巴东县(鄂)	竹鼠	37	600
1263	崇仁县(赣)	竹鼠	37	600
1264	古丈县(湘)	竹鼠	37	600
1265	灌阳县(桂)	竹鼠	37	600
1266	衡南县(湘)	竹鼠	37	600
1267	双峰县(湘)	竹鼠	37	600
1268	双江拉祜族佤族布朗族傣族自治县(滇)	竹鼠	37	600
1269	澜沧拉祜族自治县(滇)	竹鼠	37	550
1270	兴宁市(粤)	竹鼠	37	550
1271	铅山县(赣)	竹鼠	37	540
1272	惠城区(粤)	竹鼠	37	500
1273	邵阳县(湘)	竹鼠	37	500
1274	沿滩区(川)	竹鼠	37	500
1275	永兴县(湘)	竹鼠	37	500
1276	秭归县(鄂)	竹鼠	37	500
1277	乐至县(川)	竹鼠	37	453
1278	安　县(川)	竹鼠	37	450
1279	四会市(粤)	竹鼠	37	450
1280	潼南县(渝)	竹鼠	37	450
1281	沧源佤族自治县(滇)	竹鼠	37	446
1282	广南县(滇)	竹鼠	37	420
1283	怀集县(粤)	竹鼠	37	420
1284	宁远县(湘)	竹鼠	37	400
1285	泰和县(赣)	竹鼠	37	400
1286	石林彝族自治县(滇)	竹鼠	37	376
1287	开远市(滇)	竹鼠	37	350
1288	墨江哈尼族自治县(滇)	竹鼠	37	350

(续)

序号	主产地	动物种类	动物种类排序	驯养数量(只、头、条)
1289	酉阳土家族苗族自治县(渝)	竹鼠	37	340
1290	开　县(渝)	竹鼠	37	300
1291	开平市(粤)	竹鼠	37	300
1292	宁海县(浙)	竹鼠	37	300
1293	息烽县(黔)	竹鼠	37	300
1294	永善县(滇)	竹鼠	37	300
1295	峨山彝族自治县(滇)	竹鼠	37	250
1296	石屏县(滇)	竹鼠	37	220
1297	晋宁县(滇)	竹鼠	37	200
1298	永川区(渝)	竹鼠	37	200
1299	定南县(赣)	竹鼠	37	189
1300	靖州苗族侗族自治县(湘)	竹鼠	37	180
1301	两当县(甘)	竹鼠	37	160
1302	珙　县(川)	竹鼠	37	150
1303	南康市(赣)	竹鼠	37	150
1304	灵川县(桂)	竹鼠	37	130
1305	璧山县(渝)	竹鼠	37	100
1306	勐海县(滇)	中华竹鼠	38	82000
1307	慈利县(湘)	中华竹鼠	38	12000
1308	孟连傣族拉祜族佤族自治县(滇)	中华竹鼠	38	8800
1309	腾冲县(滇)	中华竹鼠	38	5960
1310	金秀瑶族自治县(桂)	中华竹鼠	38	5000
1311	平南县(桂)	中华竹鼠	38	3000
1312	良庆区(桂)	中华竹鼠	38	2600
1313	麻阳苗族自治县(湘)	中华竹鼠	38	2470
1314	桃江县(湘)	中华竹鼠	38	2128
1315	金洞林场(湘)	中华竹鼠	38	1700
1316	大余县(赣)	中华竹鼠	38	1470
1317	巴马瑶族自治县(桂)	中华竹鼠	38	1300
1318	洪江区(湘)	中华竹鼠	38	1200
1319	鹤城区(湘)	中华竹鼠	38	1060
1320	安宁市(滇)	中华竹鼠	38	1000
1321	桂平市(桂)	中华竹鼠	38	1000
1322	沅陵县(湘)	中华竹鼠	38	850
1323	灵川县(桂)	中华竹鼠	38	730
1324	宁远县(湘)	中华竹鼠	38	700
1325	丘北县(滇)	中华竹鼠	38	660
1326	宁明县(桂)	中华竹鼠	38	412
1327	崇义县(赣)	中华竹鼠	38	320
1328	井冈山市(赣)	中华竹鼠	38	320
1329	耿马傣族佤族自治县(滇)	中华竹鼠	38	300
1330	攸　县(湘)	中华竹鼠	38	300
1331	盈江县(滇)	中华竹鼠	38	260
1332	南康市(赣)	中华竹鼠	38	150

（续）

序号	主产地	动物种类	动物种类排序	驯养数量（只、头、条）
1333	资兴市（湘）	中华竹鼠	38	115
1334	祥云县（滇）	中华竹鼠	38	100
1335	余杭区（浙）	巴西龟	39	1020950
1336	吴兴区（浙）	巴西龟	39	350000
1337	惠城区（粤）	巴西龟	39	5000
1338	陆川县（桂）	巴西龟	39	5000
1339	萧山区（浙）	巴西龟	39	4000
1340	博罗县（粤）	巴西龟	39	160
1341	茂南区（粤）	巴西龟	39	100
1342	吴川市（粤）	鳄龟	40	300
1343	奉化市（浙）	鳄龟	40	101
1344	大余县（赣）	中华鳖	41	12000
1345	耒阳市（湘）	中华鳖	41	800
1346	怀集县（粤）	中华鳖	41	150
1347	勐腊县（滇）	中华鳖	41	80
1348	孝南区（鄂）	湾鳄	42	30000
1349	双辽市（吉）	湾鳄	42	7
1350	资兴市（湘）	湾鳄	42	4
1351	闵行区（沪）	湾鳄	42	2
1352	潮南区（粤）	暹罗鳄	43	16000
1353	吴兴区（浙）	暹罗鳄	43	15000
1354	博罗县（粤）	暹罗鳄	43	3000
1355	临川区（赣）	暹罗鳄	43	600
1356	浦东新区（沪）	暹罗鳄	43	350
1357	奉贤区（沪）	暹罗鳄	43	220
1358	利津县（鲁）	暹罗鳄	43	140
1359	四会市（粤）	尼罗鳄	44	7000
1360	亚布力林业局（龙江森工）	黑龙江林蛙	45	100000000
1361	苇河林业局（龙江森工）	黑龙江林蛙	45	40000000
1362	山河屯林业局（龙江森工）	黑龙江林蛙	45	35040000
1363	金山屯林业局（龙江森工）	黑龙江林蛙	45	28500000
1364	绥阳林业局（龙江森工）	黑龙江林蛙	45	22000000
1365	东方红林业局（龙江森工）	黑龙江林蛙	45	20000000
1366	五营林业局（龙江森工）	黑龙江林蛙	45	20000000
1367	兴隆林业局（龙江森工）	黑龙江林蛙	45	11000000
1368	桦南林业局（龙江森工）	黑龙江林蛙	45	10000000
1369	友好林业局（龙江森工）	黑龙江林蛙	45	10000000
1370	尚志市（黑）	黑龙江林蛙	45	9100000
1371	沾河林业局（龙江森工）	黑龙江林蛙	45	8750000
1372	南岔林业局（龙江森工）	黑龙江林蛙	45	8232000
1373	带岭实验局（龙江森工）	黑龙江林蛙	45	7000000
1374	朗乡林业局（龙江森工）	黑龙江林蛙	45	7000000
1375	汤旺河林业局（龙江森工）	黑龙江林蛙	45	6200000
1376	铁力林业局（龙江森工）	黑龙江林蛙	45	5100000

（续）

序号	主产地	动物种类	动物种类排序	驯养数量（只、头、条）
1377	海林林业局（龙江森工）	黑龙江林蛙	45	5000000
1378	鹤北林业局（龙江森工）	黑龙江林蛙	45	4180000
1379	黑龙江柴河林业局（龙江森工）	黑龙江林蛙	45	3000000
1380	清河林业局（龙江森工）	黑龙江林蛙	45	3000000
1381	五常市（黑）	黑龙江林蛙	45	3000000
1382	绥棱林业局（龙江森工）	黑龙江林蛙	45	2600000
1383	迎春林业局（龙江森工）	黑龙江林蛙	45	2400000
1384	鹤立林业局（龙江森工）	黑龙江林蛙	45	2100000
1385	扎赉特旗（蒙）	黑龙江林蛙	45	2000000
1386	大海林林业局（龙江森工）	黑龙江林蛙	45	1500000
1387	东京城林业局（龙江森工）	黑龙江林蛙	45	1480000
1388	穆棱林业局（龙江森工）	黑龙江林蛙	45	900000
1389	林口林业局（龙江森工）	黑龙江林蛙	45	787400
1390	双鸭山林业局（龙江森工）	黑龙江林蛙	45	730000
1391	八面通林业局（龙江森工）	黑龙江林蛙	45	680000
1392	鹤岗市市辖区（黑）	黑龙江林蛙	45	500000
1393	方正林业局（龙江森工）	黑龙江林蛙	45	330000
1394	饶河县（黑）	黑龙江林蛙	45	300000
1395	汤原县（黑）	黑龙江林蛙	45	300000
1396	黑河市直属林场（黑）	黑龙江林蛙	45	160000
1397	乌马河林业局（龙江森工）	黑龙江林蛙	45	100000
1398	新青林业局（龙江森工）	黑龙江林蛙	45	100000
1399	内蒙古柴河林业局（蒙）	黑龙江林蛙	45	3000
1400	来凤县（鄂）	虎纹蛙	46	1200000
1401	南川区（渝）	虎纹蛙	46	1101200
1402	襄城区（鄂）	虎纹蛙	46	800000
1403	高明区（粤）	虎纹蛙	46	500000
1404	九龙坡区（渝）	虎纹蛙	46	250000
1405	高　县（川）	虎纹蛙	46	200000
1406	蓝山县（湘）	虎纹蛙	46	200000
1407	璧山县（渝）	虎纹蛙	46	150000
1408	永兴县（湘）	虎纹蛙	46	126220
1409	金山区（沪）	虎纹蛙	46	100000
1410	桐庐县（浙）	虎纹蛙	46	80000
1411	贵溪市（赣）	虎纹蛙	46	60000
1412	荣　县（川）	虎纹蛙	46	55170
1413	赫山区（湘）	虎纹蛙	46	55000
1414	新干县（赣）	虎纹蛙	46	40000
1415	江津区（渝）	虎纹蛙	46	30000
1416	旌阳区（川）	虎纹蛙	46	30000
1417	三山区（皖）	虎纹蛙	46	30000
1418	鼎城区（湘）	虎纹蛙	46	20000
1419	耒阳市（湘）	虎纹蛙	46	20000
1420	横　县（桂）	虎纹蛙	46	12000

(续)

序号	主产地	动物种类	动物种类排序	驯养数量(只、头、条)
1421	洪湖市(鄂)	虎纹蛙	46	12000
1422	平桥区(豫)	虎纹蛙	46	12000
1423	瑞昌市(赣)	虎纹蛙	46	10000
1424	宣州区(皖)	虎纹蛙	46	10000
1425	开　县(渝)	虎纹蛙	46	4500
1426	万盛区(渝)	虎纹蛙	46	4200
1427	桂平市(桂)	虎纹蛙	46	4000
1428	宁明县(桂)	虎纹蛙	46	3660
1429	芷江侗族自治县(湘)	虎纹蛙	46	3500
1430	三门县(浙)	虎纹蛙	46	3000
1431	椒江区(浙)	虎纹蛙	46	1500
1432	苍南县(浙)	虎纹蛙	46	1000
1433	汶上县(鲁)	虎纹蛙	46	1000
1434	资兴市(湘)	棘胸蛙	47	1130520
1435	慈利县(湘)	棘胸蛙	47	703500
1436	龙泉市(浙)	棘胸蛙	47	367302
1437	祁东县(湘)	棘胸蛙	47	350000
1438	贵溪市(赣)	棘胸蛙	47	300000
1439	江川县(滇)	棘胸蛙	47	242000
1440	宁海县(浙)	棘胸蛙	47	103200
1441	桐庐县(浙)	棘胸蛙	47	90000
1442	大余县(赣)	棘胸蛙	47	83000
1443	辰溪县(湘)	棘胸蛙	47	80000
1444	彭泽县(赣)	棘胸蛙	47	80000
1445	绩溪县(皖)	棘胸蛙	47	70000
1446	三门县(浙)	棘胸蛙	47	70000
1447	黄山区(皖)	棘胸蛙	47	60000
1448	靖州苗族侗族自治县(湘)	棘胸蛙	47	60000
1449	咸丰县(鄂)	棘胸蛙	47	52000
1450	苍南县(浙)	棘胸蛙	47	50000
1451	苍梧县(桂)	棘胸蛙	47	50000
1452	米易县(川)	棘胸蛙	47	40000
1453	屏山县(川)	棘胸蛙	47	40000
1454	腾冲县(滇)	棘胸蛙	47	30800
1455	都江堰市(川)	棘胸蛙	47	30000
1456	开化县(浙)	棘胸蛙	47	30000
1457	浏阳市(湘)	棘胸蛙	47	30000
1458	宣州区(皖)	棘胸蛙	47	30000
1459	铅山县(赣)	棘胸蛙	47	29600
1460	永胜县(滇)	棘胸蛙	47	26500
1461	崇义县(赣)	棘胸蛙	47	26000
1462	沅陵县(湘)	棘胸蛙	47	26000
1463	龙游县(浙)	棘胸蛙	47	24000
1464	宁国市(皖)	棘胸蛙	47	20400

(续)

序号	主产地	动物种类	动物种类排序	驯养数量(只、头、条)
1465	德兴市(赣)	棘胸蛙	47	20000
1466	翁源县(粤)	棘胸蛙	47	20000
1467	临安市(浙)	棘胸蛙	47	19000
1468	连南瑶族自治县(粤)	棘胸蛙	47	15000
1469	磐安县(浙)	棘胸蛙	47	12000
1470	武定县(滇)	棘胸蛙	47	12000
1471	铜鼓县(赣)	棘胸蛙	47	11000
1472	上饶县(赣)	棘胸蛙	47	10000
1473	信丰县(赣)	棘胸蛙	47	10000
1474	瑞安市(浙)	棘胸蛙	47	7000
1475	泰和县(赣)	棘胸蛙	47	7000
1476	定海区(浙)	棘胸蛙	47	5000
1477	黔江区(渝)	棘胸蛙	47	5000
1478	新晃侗族自治县(湘)	棘胸蛙	47	5000
1479	天台县(浙)	棘胸蛙	47	4643
1480	桂平市(桂)	棘胸蛙	47	4500
1481	安福县(赣)	棘胸蛙	47	4000
1482	徽州区(皖)	棘胸蛙	47	4000
1483	攸　县(湘)	棘胸蛙	47	4000
1484	乐昌市(粤)	棘胸蛙	47	2000
1485	英德市(粤)	棘胸蛙	47	2000
1486	北湖区(湘)	棘胸蛙	47	1500
1487	祥云县(滇)	棘胸蛙	47	1500
1488	长阳土家族自治县(鄂)	棘胸蛙	47	1000
1489	彝良县(滇)	棘胸蛙	47	900
1490	鹤城区(湘)	棘胸蛙	47	800
1491	泾　县(皖)	棘胸蛙	47	400
1492	牟定县(滇)	棘胸蛙	47	300
1493	永仁县(滇)	棘胸蛙	47	100
1494	蛟河市(吉)	中国林蛙	48	1200000000
1495	新宾满族自治县(辽)	中国林蛙	48	450000000
1496	舒兰市(吉)	中国林蛙	48	170000000
1497	宽甸满族自治县(辽)	中国林蛙	48	160000000
1498	红石林业局(吉林森工)	中国林蛙	48	119400000
1499	磐石市(吉)	中国林蛙	48	99302000
1500	汪清县(吉)	中国林蛙	48	71410000
1501	西丰县(辽)	中国林蛙	48	37000000
1502	抚顺县(辽)	中国林蛙	48	35000000
1503	清原满族自治县(辽)	中国林蛙	48	35000000
1504	安图县(吉)	中国林蛙	48	18870000
1505	振安区(辽)	中国林蛙	48	7000000
1506	岫岩满族自治县(辽)	中国林蛙	48	5500000
1507	敦化林业局(吉)	中国林蛙	48	5200000
1508	开原市(辽)	中国林蛙	48	5000000

（续）

序号	主产地	动物种类	动物种类排序	驯养数量（只、头、条）
1509	龙潭区（吉）	中国林蛙	48	5000000
1510	太白县（陕）	中国林蛙	48	5000000
1511	东港市（辽）	中国林蛙	48	4090000
1512	安图森林经营局（吉）	中国林蛙	48	3742857
1513	珲春林业局（吉）	中国林蛙	48	3552000
1514	长白朝鲜族自治县（吉）	中国林蛙	48	2785412
1515	辉南县（吉）	中国林蛙	48	2700000
1516	八家子林业局（吉）	中国林蛙	48	2100000
1517	梅河口市（吉）	中国林蛙	48	2000000
1518	天桥岭林业局（吉）	中国林蛙	48	1600000
1519	大兴沟林业局（吉）	中国林蛙	48	1500000
1520	白河林业局（吉）	中国林蛙	48	1260000
1521	汪清林业局（吉）	中国林蛙	48	1050000
1522	和龙林业局（吉）	中国林蛙	48	932000
1523	长白森林经营局（吉）	中国林蛙	48	504000
1524	东丰县（吉）	中国林蛙	48	500000
1525	露水河林业局（吉林森工）	中国林蛙	48	500000
1526	铁岭县（辽）	中国林蛙	48	492000
1527	宁安市（黑）	中国林蛙	48	459200
1528	龙井市（吉）	中国林蛙	48	340000
1529	临沭县（鲁）	中国林蛙	48	300000
1530	嫩江县（黑）	中国林蛙	48	300000
1531	庄河市（辽）	中国林蛙	48	200000
1532	七台河市市辖区（黑）	中国林蛙	48	70000
1533	桓仁满族自治县（辽）	中国林蛙	48	60000
1534	桂东县（湘）	中国林蛙	48	20000
1535	鸡东县（黑）	中国林蛙	48	20000
1536	资兴市（湘）	中国林蛙	48	11000
1537	邛崃市（川）	中国林蛙	48	6000
1538	会理县（川）	中国林蛙	48	500
1539	秭归县（鄂）	中国林蛙	48	150
1540	兴宁市（粤）	猪蛙	49	5000
1541	荆州区（鄂）	黑斑蛙	50	1150000
1542	华容县（湘）	黑斑蛙	50	280000
1543	贵溪市（赣）	黑斑蛙	50	200000
1544	邵阳县（湘）	黑斑蛙	50	200000
1545	监利县（鄂）	黑斑蛙	50	175000
1546	攸　县（湘）	黑斑蛙	50	150000
1547	慈利县（湘）	黑斑蛙	50	110000
1548	新建县（赣）	黑斑蛙	50	20000
1549	浦北县（桂）	黑斑蛙	50	10000
1550	云溪区（湘）	黑斑蛙	50	10000
1551	桃江县（湘）	黑斑蛙	50	5000
1552	南溪县（川）	黑斑蛙	50	3000

（续）

序号	主产地	动物种类	动物种类排序	驯养数量（只、头、条）
1553	汶上县（鲁）	黑斑蛙	50	1000
1554	永川区（渝）	黑斑蛙	50	1000
1555	德清县（浙）	蛇	51	5821550
1556	秀洲区（浙）	蛇	51	551113
1557	浦北县（桂）	蛇	51	126800
1558	钦南区（桂）	蛇	51	82900
1559	钦北区（桂）	蛇	51	81365
1560	博罗县（粤）	蛇	51	80200
1561	电白区（粤）	蛇	51	78520
1562	灵山县（桂）	蛇	51	76420
1563	襄城区（鄂）	蛇	51	70000
1564	桂平市（桂）	蛇	51	53000
1565	洞口县（湘）	蛇	51	50000
1566	从化市（粤）	蛇	51	38845
1567	海宁市（浙）	蛇	51	38659
1568	三台县（川）	蛇	51	36662
1569	四会市（粤）	蛇	51	35000
1570	高安市（赣）	蛇	51	32770
1571	廉江市（粤）	蛇	51	30000
1572	潼南县（渝）	蛇	51	30000
1573	新会区（粤）	蛇	51	30000
1574	迎江区（皖）	蛇	51	30000
1575	宁明县（桂）	蛇	51	28948
1576	襄州区（鄂）	蛇	51	28000
1577	涟源市（湘）	蛇	51	25850
1578	桃江县（湘）	蛇	51	24500
1579	武陵区（湘）	蛇	51	24000
1580	恩阳区（川）	蛇	51	23000
1581	北流市（桂）	蛇	51	22000
1582	增城市（粤）	蛇	51	21905
1583	古丈县（湘）	蛇	51	20000
1584	江永县（湘）	蛇	51	20000
1585	南川区（渝）	蛇	51	20000
1586	祁门县（皖）	蛇	51	20000
1587	萧山区（浙）	蛇	51	20000
1588	东莞市（粤）	蛇	51	17500
1589	东宝区（鄂）	蛇	51	16000
1590	遂溪县（粤）	蛇	51	15400
1591	贵溪市（赣）	蛇	51	15000
1592	平昌县（川）	蛇	51	15000
1593	高州市（粤）	蛇	51	14900
1594	威远县（川）	蛇	51	14132
1595	碧江区（黔）	蛇	51	14000
1596	陇川县（滇）	蛇	51	13300

(续)

序号	主产地	动物种类	动物种类排序	驯养数量(只、头、条)
1597	全州县(桂)	蛇	51	13000
1598	邵东县(湘)	蛇	51	13000
1599	新干县(赣)	蛇	51	13000
1600	英德市(粤)	蛇	51	13000
1601	苏仙区(湘)	蛇	51	12800
1602	阳新县(鄂)	蛇	51	12500
1603	掇刀区(鄂)	蛇	51	12000
1604	新建县(赣)	蛇	51	12000
1605	合浦县(桂)	蛇	51	11800
1606	盈江县(滇)	蛇	51	11513
1607	慈利县(湘)	蛇	51	11200
1608	青州市(鲁)	蛇	51	11000
1609	桃源县(湘)	蛇	51	11000
1610	信丰县(赣)	蛇	51	11000
1611	竹山县(鄂)	蛇	51	10300
1612	建始县(鄂)	蛇	51	10150
1613	环江毛南族自治县(桂)	蛇	51	10000
1614	江津区(渝)	蛇	51	10000
1615	垫江县(渝)	蛇	51	9800
1616	容　县(桂)	蛇	51	9000
1617	湘乡市(湘)	蛇	51	8620
1618	横　县(桂)	蛇	51	8500
1619	富民县(滇)	蛇	51	8300
1620	盘龙区(滇)	蛇	51	8000
1621	平南县(桂)	蛇	51	8000
1622	泰和县(赣)	蛇	51	7914
1623	瑞金市(赣)	蛇	51	7750
1624	沅陵县(湘)	蛇	51	7600
1625	怀宁县(皖)	蛇	51	7500
1626	房　县(鄂)	蛇	51	7300
1627	监利县(鄂)	蛇	51	7000
1628	通城县(鄂)	蛇	51	7000
1629	武隆县(渝)	蛇	51	7000
1630	永修县(赣)	蛇	51	6800
1631	常宁市(湘)	蛇	51	6000
1632	乐昌市(粤)	蛇	51	6000
1633	隆昌县(川)	蛇	51	6000
1634	宁海县(浙)	蛇	51	6000
1635	双峰县(湘)	蛇	51	6000
1636	兴宁市(粤)	蛇	51	6000
1637	阳山县(粤)	蛇	51	6000
1638	梁平县(渝)	蛇	51	5800
1639	翠屏区(川)	蛇	51	5685
1640	酉阳土家族苗族自治县(渝)	蛇	51	5315

(续)

序号	主产地	动物种类	动物种类排序	驯养数量(只、头、条)
1641	南溪县(川)	蛇	51	5230
1642	陆川县(桂)	蛇	51	5200
1643	茶陵县(湘)	蛇	51	5000
1644	吉州区(赣)	蛇	51	5000
1645	开化县(浙)	蛇	51	5000
1646	七星关区(黔)	蛇	51	5000
1647	田阳县(桂)	蛇	51	5000
1648	新化县(湘)	蛇	51	5000
1649	义乌市(浙)	蛇	51	5000
1650	余江县(赣)	蛇	51	5000
1651	惠阳区(粤)	蛇	51	4880
1652	怀集县(粤)	蛇	51	4500
1653	石柱土家族自治县(渝)	蛇	51	4400
1654	永康市(浙)	蛇	51	4200
1655	崇仁县(赣)	蛇	51	4100
1656	长寿区(渝)	蛇	51	4080
1657	洪江区(湘)	蛇	51	4000
1658	永川区(渝)	蛇	51	4000
1659	良庆区(桂)	蛇	51	3930
1660	攸　县(湘)	蛇	51	3700
1661	内江市市中区(川)	蛇	51	3600
1662	龙泉市(浙)	蛇	51	3584
1663	都江堰市(川)	蛇	51	3500
1664	金秀瑶族自治县(桂)	蛇	51	3300
1665	天台县(浙)	蛇	51	3221
1666	开　县(渝)	蛇	51	3200
1667	沙湾区(川)	蛇	51	3195
1668	苍梧县(桂)	蛇	51	3000
1669	奉节县(渝)	蛇	51	3000
1670	金城江区(桂)	蛇	51	3000
1671	那坡县(桂)	蛇	51	3000
1672	彭水苗族土家族自治县(渝)	蛇	51	3000
1673	邵阳县(湘)	蛇	51	3000
1674	石门县(湘)	蛇	51	3000
1675	武义县(浙)	蛇	51	3000
1676	玉山县(赣)	蛇	51	3000
1677	长宁县(川)	蛇	51	3000
1678	祥云县(滇)	蛇	51	2600
1679	茂南区(粤)	蛇	51	2400
1680	惠城区(粤)	蛇	51	2300
1681	永定区(湘)	蛇	51	2300
1682	璧山县(渝)	蛇	51	2000
1683	洪江市(湘)	蛇	51	2000
1684	芦溪县(赣)	蛇	51	2000

（续）

序号	主产地	动物种类	动物种类排序	驯养数量（只、头、条）
1685	彭山县（川）	蛇	51	2000
1686	水城县（黔）	蛇	51	2000
1687	丰都县（渝）	蛇	51	1970
1688	永顺县（湘）	蛇	51	1800
1689	武江区（粤）	蛇	51	1700
1690	三门县（浙）	蛇	51	1680
1691	龙山县（湘）	蛇	51	1600
1692	文　县（甘）	蛇	51	1500
1693	沿滩区（川）	蛇	51	1500
1694	保靖县（湘）	蛇	51	1400
1695	凭祥市（桂）	蛇	51	1400
1696	源城区（粤）	蛇	51	1300
1697	连南瑶族自治县（粤）	蛇	51	1230
1698	芷江侗族自治县（湘）	蛇	51	1200
1699	合山市（桂）	蛇	51	1000
1700	米易县（川）	蛇	51	1000
1701	宜城市（鄂）	蛇	51	1000
1702	兰溪市（浙）	蛇	51	920
1703	沧源佤族自治县（滇）	蛇	51	900
1704	望城县（湘）	蛇	51	800
1705	忠　县（渝）	蛇	51	800
1706	花垣县（湘）	蛇	51	700
1707	黎城县（晋）	蛇	51	700
1708	凤凰县（湘）	蛇	51	600
1709	泸溪县（湘）	蛇	51	600
1710	长丰县（皖）	蛇	51	600
1711	巴东县（鄂）	蛇	51	580
1712	卢氏县（豫）	蛇	51	580
1713	徽州区（皖）	蛇	51	550
1714	佛冈县（粤）	蛇	51	500
1715	惠东县（粤）	蛇	51	500
1716	金洞林场（湘）	蛇	51	500
1717	连平县（粤）	蛇	51	500
1718	邛崃市（川）	蛇	51	500
1719	青阳县（皖）	蛇	51	400
1720	永兴县（湘）	蛇	51	200
1721	玉环县（浙）	蛇	51	200
1722	镇康县（滇）	蛇	51	200
1723	河津市（晋）	蛇	51	100
1724	耒阳市（湘）	黑眉蛇	52	2000
1725	七星关区（黔）	黑眉蛇	52	2000
1726	白河县（陕）	黑眉蛇	52	1890
1727	秭归县（鄂）	黑眉蛇	52	1800
1728	腾冲县（滇）	黑眉蛇	52	1100

（续）

序号	主产地	动物种类	动物种类排序	驯养数量（只、头、条）
1729	汶上县（鲁）	黑眉蛇	52	1000
1730	宁国市（皖）	黑眉蛇	52	380
1731	寿　县（皖）	王锦蛇	53	20000
1732	浠水县（鄂）	王锦蛇	53	18000
1733	鹤城区（湘）	王锦蛇	53	16000
1734	来凤县（鄂）	王锦蛇	53	12000
1735	浏阳市（湘）	王锦蛇	53	10000
1736	攸　县（湘）	王锦蛇	53	9800
1737	秭归县（鄂）	王锦蛇	53	9700
1738	慈利县（湘）	王锦蛇	53	9000
1739	耒阳市（湘）	王锦蛇	53	6000
1740	黔江区（渝）	王锦蛇	53	5200
1741	温岭市（浙）	王锦蛇	53	5000
1742	资兴市（湘）	王锦蛇	53	4125
1743	洪江区（湘）	王锦蛇	53	3000
1744	万州区（渝）	王锦蛇	53	3000
1745	麻城市（鄂）	王锦蛇	53	2550
1746	巴东县（鄂）	王锦蛇	53	2100
1747	黎川县（赣）	王锦蛇	53	2100
1748	恩施市（鄂）	王锦蛇	53	2000
1749	恩阳区（川）	王锦蛇	53	2000
1750	桃江县（湘）	王锦蛇	53	2000
1751	德兴市（赣）	王锦蛇	53	1950
1752	腾冲县（滇）	王锦蛇	53	1800
1753	白河县（陕）	王锦蛇	53	1300
1754	苍南县（浙）	王锦蛇	53	1300
1755	平桥区（豫）	王锦蛇	53	1250
1756	缙云县（浙）	王锦蛇	53	1100
1757	汶上县（鲁）	王锦蛇	53	1000
1758	湘阴县（湘）	王锦蛇	53	1000
1759	宣州区（皖）	王锦蛇	53	790
1760	泾　县（皖）	王锦蛇	53	730
1761	宁远县（湘）	王锦蛇	53	700
1762	宁海县（浙）	王锦蛇	53	600
1763	靖州苗族侗族自治县（湘）	王锦蛇	53	500
1764	太湖县（皖）	王锦蛇	53	500
1765	永修县（赣）	王锦蛇	53	500
1766	三山区（皖）	王锦蛇	53	450
1767	长阳土家族自治县（鄂）	王锦蛇	53	400
1768	芷江侗族自治县（湘）	王锦蛇	53	400
1769	耿马傣族佤族自治县（滇）	王锦蛇	53	200
1770	临猗县（晋）	王锦蛇	53	200
1771	彭水苗族土家族自治县（渝）	王锦蛇	53	200
1772	丘北县（滇）	王锦蛇	53	200

(续)

序号	主产地	动物种类	动物种类排序	驯养数量(只、头、条)
1773	大余县(赣)	王锦蛇	53	176
1774	祁东县(湘)	乌梢蛇	54	15000
1775	安　县(川)	乌梢蛇	54	10000
1776	明光市(皖)	乌梢蛇	54	7500
1777	万州区(渝)	乌梢蛇	54	5000
1778	秭归县(鄂)	乌梢蛇	54	5000
1779	温岭市(浙)	乌梢蛇	54	4500
1780	耒阳市(湘)	乌梢蛇	54	4000
1781	彭水苗族土家族自治县(渝)	乌梢蛇	54	3000
1782	七星关区(黔)	乌梢蛇	54	3000
1783	酉阳土家族苗族自治县(渝)	乌梢蛇	54	2500
1784	华容县(湘)	乌梢蛇	54	2000
1785	永定区(湘)	乌梢蛇	54	1550
1786	苍南县(浙)	乌梢蛇	54	1500
1787	桃江县(湘)	乌梢蛇	54	1000
1788	缙云县(浙)	乌梢蛇	54	800
1789	临安市(浙)	乌梢蛇	54	800
1790	太湖县(皖)	乌梢蛇	54	800
1791	巴东县(鄂)	乌梢蛇	54	700
1792	邛崃市(川)	乌梢蛇	54	500
1793	永善县(滇)	乌梢蛇	54	500
1794	泾　县(皖)	乌梢蛇	54	260
1795	长阳土家族自治县(鄂)	乌梢蛇	54	200
1796	宣州区(皖)	乌梢蛇	54	150
1797	文山市(滇)	乌梢蛇	54	14
1798	翠屏区(川)	蟒蛇	55	2
1799	红花岗区(黔)	蟒蛇	55	2
1800	婺城区(浙)	蟒蛇	55	1
1801	潜山县(皖)	菜蛇	56	21000
1802	大足县(渝)	菜蛇	56	20000
1803	鼎湖区(粤)	菜蛇	56	14650
1804	田阳县(桂)	菜蛇	56	10000
1805	武冈市(湘)	菜蛇	56	10000
1806	砚山县(滇)	菜蛇	56	10000
1807	仙居县(浙)	菜蛇	56	9915
1808	大安区(川)	菜蛇	56	4800
1809	兴宁市(粤)	菜蛇	56	4100
1810	临川区(赣)	菜蛇	56	3000
1811	椒江区(浙)	菜蛇	56	1500
1812	夹江县(川)	菜蛇	56	600
1813	蓝山县(湘)	孔雀	57	22000
1814	上饶县(赣)	孔雀	57	5000
1815	沙洋县(鄂)	孔雀	57	3000
1816	石林彝族自治县(滇)	孔雀	57	2500

(续)

序号	主产地	动物种类	动物种类排序	驯养数量(只、头、条)
1817	淅川县(豫)	孔雀	57	2050
1818	永康市(浙)	孔雀	57	2000
1819	户　县(陕)	孔雀	57	1950
1820	奉贤区(沪)	孔雀	57	1100
1821	衡东县(湘)	孔雀	57	1000
1822	永清县(冀)	孔雀	57	850
1823	昂昂溪区(黑)	孔雀	57	600
1824	谢家集区(皖)	孔雀	57	600
1825	昌邑区(吉)	孔雀	57	500
1826	无极县(冀)	孔雀	57	500
1827	青州市(鲁)	孔雀	57	450
1828	金东区(浙)	孔雀	57	400
1829	新平彝族傣族自治县(滇)	孔雀	57	365
1830	东安县(湘)	孔雀	57	300
1831	江津区(渝)	孔雀	57	300
1832	屈家岭管理区(鄂)	孔雀	57	300
1833	铜鼓县(赣)	孔雀	57	300
1834	乌兰浩特市(蒙)	孔雀	57	300
1835	竹山县(鄂)	孔雀	57	250
1836	勐腊县(滇)	孔雀	57	232
1837	珙　县(川)	孔雀	57	200
1838	浉河区(豫)	孔雀	57	200
1839	枣阳市(鄂)	孔雀	57	200
1840	让胡路区(黑)	孔雀	57	190
1841	浠水县(鄂)	孔雀	57	150
1842	璧山县(渝)	孔雀	57	130
1843	北戴河区(冀)	孔雀	57	105
1844	南溪县(川)	孔雀	57	80
1845	路桥区(浙)	孔雀	57	58
1846	椒江区(浙)	孔雀	57	55
1847	乌拉特前旗(蒙)	孔雀	57	50
1848	翠屏区(川)	孔雀	57	40
1849	东河区(蒙)	孔雀	57	40
1850	杭锦后旗(蒙)	孔雀	57	30
1851	石屏县(滇)	孔雀	57	30
1852	资兴市(湘)	孔雀	57	30
1853	倘甸工业园区(滇)	孔雀	57	25
1854	颍上县(皖)	孔雀	57	25
1855	托克托县(蒙)	孔雀	57	22
1856	岱岳区(鲁)	孔雀	57	20
1857	双辽市(吉)	孔雀	57	20
1858	河口区(鲁)	孔雀	57	18
1859	威远县(川)	孔雀	57	14
1860	沂源县(鲁)	孔雀	57	13

（续）

序号	主产地	动物种类	动物种类排序	驯养数量（只、头、条）
1861	青原区（赣）	孔雀	57	12
1862	红花岗区（黔）	孔雀	57	10
1863	安丘市（鲁）	蓝孔雀	58	12544
1864	宁国市（皖）	蓝孔雀	58	11824
1865	京山县（鄂）	蓝孔雀	58	10000
1866	德安县（赣）	蓝孔雀	58	8600
1867	无为县（皖）	蓝孔雀	58	8000
1868	黄山区（皖）	蓝孔雀	58	6000
1869	定海区（浙）	蓝孔雀	58	5000
1870	广丰县（赣）	蓝孔雀	58	5000
1871	桐城市（皖）	蓝孔雀	58	4700
1872	巧家县（滇）	蓝孔雀	58	4500
1873	磐安县（浙）	蓝孔雀	58	4290
1874	忠　县（渝）	蓝孔雀	58	3370
1875	简阳市（川）	蓝孔雀	58	3285
1876	温岭市（浙）	蓝孔雀	58	3230
1877	徽州区（皖）	蓝孔雀	58	3000
1878	巢湖市（皖）	蓝孔雀	58	2860
1879	苍南县（浙）	蓝孔雀	58	2500
1880	铅山县（赣）	蓝孔雀	58	2500
1881	宁海县（浙）	蓝孔雀	58	2300
1882	谷城县（鄂）	蓝孔雀	58	2000
1883	阎良区（陕）	蓝孔雀	58	1800
1884	寿　县（皖）	蓝孔雀	58	1400
1885	井陉县（冀）	蓝孔雀	58	1300
1886	奉化市（浙）	蓝孔雀	58	1250
1887	肥西县（皖）	蓝孔雀	58	1168
1888	丰都县（渝）	蓝孔雀	58	1000
1889	桐庐县（浙）	蓝孔雀	58	1000
1890	永川区（渝）	蓝孔雀	58	1000
1891	柞水县（陕）	蓝孔雀	58	1000
1892	江川县（滇）	蓝孔雀	58	950
1893	玉环县（浙）	蓝孔雀	58	850
1894	临川区（赣）	蓝孔雀	58	800
1895	蔡甸区（鄂）	蓝孔雀	58	700
1896	武陵区（湘）	蓝孔雀	58	700
1897	北戴河区（冀）	蓝孔雀	58	607
1898	怀宁县（皖）	蓝孔雀	58	600
1899	新晃侗族自治县（湘）	蓝孔雀	58	600
1900	兖州市（鲁）	蓝孔雀	58	600
1901	义乌市（浙）	蓝孔雀	58	600
1902	兰溪市（浙）	蓝孔雀	58	576
1903	常山县（浙）	蓝孔雀	58	500
1904	掇刀区（鄂）	蓝孔雀	58	500
1905	芜湖县（皖）	蓝孔雀	58	500
1906	渝北区（渝）	蓝孔雀	58	460
1907	青铜峡市（宁）	蓝孔雀	58	430
1908	万盛区（渝）	蓝孔雀	58	430
1909	吉州区（赣）	蓝孔雀	58	400
1910	鹿泉区（冀）	蓝孔雀	58	400
1911	瑞昌市（赣）	蓝孔雀	58	400
1912	舒城县（皖）	蓝孔雀	58	400
1913	湘潭县（湘）	蓝孔雀	58	400
1914	秭归县（鄂）	蓝孔雀	58	400
1915	都江堰市（川）	蓝孔雀	58	360
1916	泰和县（赣）	蓝孔雀	58	352
1917	瑞安市（浙）	蓝孔雀	58	350
1918	巫山县（渝）	蓝孔雀	58	350
1919	偃师市（豫）	蓝孔雀	58	350
1920	阳谷县（鲁）	蓝孔雀	58	320
1921	垫江县（渝）	蓝孔雀	58	300
1922	利津县（鲁）	蓝孔雀	58	300
1923	临泉县（皖）	蓝孔雀	58	300
1924	临沭县（鲁）	蓝孔雀	58	280
1925	瑞丽市（滇）	蓝孔雀	58	270
1926	襄城区（鄂）	蓝孔雀	58	250
1927	建水县（滇）	蓝孔雀	58	210
1928	安宁市（滇）	蓝孔雀	58	200
1929	璧山县（渝）	蓝孔雀	58	200
1930	邛崃市（川）	蓝孔雀	58	200
1931	全州县（桂）	蓝孔雀	58	200
1932	吴兴区（浙）	蓝孔雀	58	200
1933	息烽县（黔）	蓝孔雀	58	200
1934	奉贤区（沪）	蓝孔雀	58	180
1935	两当县（甘）	蓝孔雀	58	170
1936	五华区（滇）	蓝孔雀	58	163
1937	牟定县（滇）	蓝孔雀	58	150
1938	迎江区（皖）	蓝孔雀	58	150
1939	勉　县（陕）	蓝孔雀	58	134
1940	缙云县（浙）	蓝孔雀	58	120
1941	个旧市（滇）	蓝孔雀	58	119
1942	宣州区（皖）	蓝孔雀	58	114
1943	界首市（皖）	蓝孔雀	58	110
1944	彭山县（川）	蓝孔雀	58	110
1945	三门县（浙）	蓝孔雀	58	110
1946	利辛县（皖）	蓝孔雀	58	101
1947	白河县（陕）	蓝孔雀	58	98
1948	西山区（滇）	蓝孔雀	58	82

(续)

序号	主产地	动物种类	动物种类排序	驯养数量(只、头、条)
1949	浑南区(辽)	蓝孔雀	58	70
1950	栾川县(豫)	蓝孔雀	58	60
1951	昌邑市(鲁)	蓝孔雀	58	50
1952	鼎城区(湘)	蓝孔雀	58	50
1953	靖安县(赣)	蓝孔雀	58	50
1954	满城县(冀)	蓝孔雀	58	50
1955	巍山彝族回族自治县(滇)	蓝孔雀	58	50
1956	长宁县(川)	蓝孔雀	58	50
1957	禹州市(豫)	蓝孔雀	58	43
1958	沙坪坝区(渝)	蓝孔雀	58	40
1959	颍上县(皖)	蓝孔雀	58	37
1960	北湖区(湘)	蓝孔雀	58	30
1961	奉节县(渝)	蓝孔雀	58	30
1962	易门县(滇)	蓝孔雀	58	28
1963	巴东县(鄂)	蓝孔雀	58	25
1964	河津市(晋)	蓝孔雀	58	25
1965	滨城区(鲁)	蓝孔雀	58	20
1966	开远市(滇)	蓝孔雀	58	20
1967	浦东新区(沪)	蓝孔雀	58	20
1968	昭阳区(滇)	蓝孔雀	58	18
1969	土默特右旗(蒙)	蓝孔雀	58	15
1970	万州区(渝)	蓝孔雀	58	15
1971	婺城区(浙)	蓝孔雀	58	14
1972	楚雄市(滇)	蓝孔雀	58	10
1973	肥城市(鲁)	蓝孔雀	58	10
1974	巩义市(豫)	白孔雀	59	36
1975	廉江市(粤)	禾雀	60	5000
1976	寿光市(鲁)	兔	61	245000
1977	五营林业局(龙江森工)	兔	61	77502
1978	枣强县(冀)	兔	61	76000
1979	宁城县(蒙)	兔	61	53000
1980	获嘉县(豫)	兔	61	50000
1981	建昌县(辽)	兔	61	41000
1982	林甸县(黑)	兔	61	37000
1983	掇刀区(鄂)	兔	61	30000
1984	汤旺河林业局(龙江森工)	兔	61	30000
1985	朗乡林业局(龙江森工)	兔	61	20020
1986	青州市(鲁)	兔	61	15500
1987	东丰县(吉)	兔	61	15000
1988	让胡路区(黑)	兔	61	11320
1989	承德县(冀)	兔	61	10200
1990	桃山林业局(龙江森工)	兔	61	9495
1991	迁西县(冀)	兔	61	8500
1992	双鸭山林业局(龙江森工)	兔	61	8500

(续)

序号	主产地	动物种类	动物种类排序	驯养数量(只、头、条)
1993	双丰林业局(龙江森工)	兔	61	6600
1994	翠峦林业局(龙江森工)	兔	61	6040
1995	东方红林业局(龙江森工)	兔	61	6000
1996	上甘岭林业局(龙江森工)	兔	61	5800
1997	兰溪市(浙)	兔	61	5600
1998	乌马河林业局(龙江森工)	兔	61	5100
1999	富阳市(浙)	兔	61	5000
2000	清河林业局(龙江森工)	兔	61	5000
2001	金山屯林业局(龙江森工)	兔	61	4800
2002	罗江县(川)	兔	61	4000
2003	潜山县(皖)	兔	61	4000
2004	龙井市(吉)	兔	61	3137
2005	龙里县(黔)	兔	61	3000
2006	美溪林业局(龙江森工)	兔	61	3000
2007	绥棱林业局(龙江森工)	兔	61	3000
2008	新青林业局(龙江森工)	兔	61	2850
2009	穆棱林业局(龙江森工)	兔	61	2800
2010	逊克县(黑)	兔	61	2527
2011	带岭实验局(龙江森工)	兔	61	2000
2012	明光市(皖)	兔	61	1800
2013	三门县(浙)	兔	61	1800
2014	开　县(渝)	兔	61	1530
2015	石台县(皖)	兔	61	1500
2016	苇河林业局(龙江森工)	兔	61	1435
2017	古交市(晋)	兔	61	1000
2018	芜湖县(皖)	兔	61	1000
2019	克什克腾旗(蒙)	兔	61	800
2020	新安县(豫)	兔	61	800
2021	赤城县(冀)	兔	61	700
2022	大海林林业局(龙江森工)	兔	61	642
2023	集宁区(蒙)	兔	61	500
2024	文　县(甘)	兔	61	500
2025	友好林业局(龙江森工)	兔	61	500
2026	南岔林业局(龙江森工)	兔	61	450
2027	双柏县(滇)	兔	61	300
2028	桐庐县(浙)	兔	61	300
2029	奉化市(浙)	兔	61	280
2030	望城县(湘)	兔	61	200
2031	天台县(浙)	兔	61	160
2032	巴东县(鄂)	兔	61	100
2033	临猗县(晋)	兔	61	100
2034	三台县(川)	鸵鸟	62	4200
2035	藁城区(冀)	鸵鸟	62	2500
2036	满城县(冀)	鸵鸟	62	1300

（续）

序号	主产地	动物种类	动物种类排序	驯养数量（只、头、条）
2037	农四师（新疆兵团）	鸵鸟	62	1000
2038	腾冲县（滇）	鸵鸟	62	940
2039	涪城区（川）	鸵鸟	62	500
2040	射洪县（川）	鸵鸟	62	400
2041	屈家岭管理区（鄂）	鸵鸟	62	300
2042	澄江县（滇）	鸵鸟	62	280
2043	让胡路区（黑）	鸵鸟	62	280
2044	垫江县（渝）	鸵鸟	62	200
2045	临安市（浙）	鸵鸟	62	200
2046	利津县（鲁）	鸵鸟	62	100
2047	红塔区（滇）	鸵鸟	62	70
2048	新平彝族傣族自治县（滇）	鸵鸟	62	56
2049	曹　县（鲁）	鸵鸟	62	50
2050	肥西县（皖）	鸵鸟	62	36
2051	翠屏区（川）	鸵鸟	62	35
2052	楚雄市（滇）	鸵鸟	62	30
2053	普安县（黔）	鸵鸟	62	30
2054	河口区（鲁）	鸵鸟	62	20
2055	邻水县（川）	鸵鸟	62	20
2056	土默特右旗（蒙）	鸵鸟	62	15
2057	牟定县（滇）	鸵鸟	62	13
2058	颍上县（皖）	鸵鸟	62	13
2059	昭阳区（滇）	鸵鸟	62	13
2060	浑南区（辽）	鸵鸟	62	11
2061	回民区（蒙）	鸵鸟	62	10
2062	江川县（滇）	鸵鸟	62	10
2063	临海市（浙）	非洲鸵鸟	63	1000
2064	广丰县（赣）	非洲鸵鸟	63	500
2065	延庆县（京）	非洲鸵鸟	63	500
2066	西山区（滇）	非洲鸵鸟	63	326
2067	祥云县（滇）	非洲鸵鸟	63	300
2068	米易县（川）	非洲鸵鸟	63	200
2069	三门县（浙）	非洲鸵鸟	63	120
2070	黎城县（晋）	非洲鸵鸟	63	100
2071	汉台区（陕）	非洲鸵鸟	63	50
2072	青铜峡市（宁）	非洲鸵鸟	63	20
2073	浦东新区（沪）	非洲鸵鸟	63	17
2074	文山市（滇）	非洲鸵鸟	63	12
2075	昭阳区（滇）	非洲鸵鸟	63	10
2076	巴东县（鄂）	蜈蚣	64	7251000
2077	宜都市（鄂）	蜈蚣	64	200000
2078	淳安县（浙）	蜈蚣	64	19200
2079	威远县（川）	蜈蚣	64	3000
2080	内江市市中区（川）	蝎子	65	30000

（续）

序号	主产地	动物种类	动物种类排序	驯养数量（只、头、条）
2081	威远县（川）	蝎子	65	2000
2082	建德市（浙）	石鸡	66	398800
2083	袁州区（赣）	石鸡	66	90000
2084	屏山县（川）	石鸡	66	82500
2085	乌拉特后旗（蒙）	石鸡	66	30000
2086	淳安县（浙）	石鸡	66	18300
2087	廉江市（粤）	石鸡	66	15000
2088	贵溪市（赣）	石鸡	66	12000
2089	新化县（湘）	石鸡	66	10000
2090	新源县（新）	石鸡	66	1150
2091	东河区（蒙）	石鸡	66	1000
2092	西夏区（宁）	石鸡	66	500
2093	赤城县（冀）	石鸡	66	400
2094	永川区（渝）	石鸡	66	200
2095	长宁县（川）	石鸡	66	200
2096	月湖区（赣）	白腹锦鸡	67	5000
2097	奉贤区（沪）	白腹锦鸡	67	190
2098	彝良县（滇）	白腹锦鸡	67	100
2099	宁国市（皖）	白腹锦鸡	67	50
2100	大兴区（京）	白腹锦鸡	67	14
2101	禹州市（豫）	白腹锦鸡	67	12
2102	大英县（川）	七彩山鸡	68	400000
2103	承德县（冀）	七彩山鸡	68	190860
2104	黄山区（皖）	七彩山鸡	68	160000
2105	武城县（鲁）	七彩山鸡	68	150000
2106	颍州区（皖）	七彩山鸡	68	56000
2107	芜湖县（皖）	七彩山鸡	68	36500
2108	永定区（湘）	七彩山鸡	68	22400
2109	含山县（皖）	七彩山鸡	68	22000
2110	昭阳区（滇）	七彩山鸡	68	16780
2111	旌阳区（川）	七彩山鸡	68	15180
2112	云龙县（滇）	七彩山鸡	68	15000
2113	瑞金市（赣）	七彩山鸡	68	14500
2114	宜都市（鄂）	七彩山鸡	68	14000
2115	麦积区（甘）	七彩山鸡	68	13000
2116	平利县（陕）	七彩山鸡	68	12000
2117	都江堰市（川）	七彩山鸡	68	11050
2118	简阳市（川）	七彩山鸡	68	10000
2119	山阳区（豫）	七彩山鸡	68	10000
2120	汤阴县（豫）	七彩山鸡	68	10000
2121	新平彝族傣族自治县（滇）	七彩山鸡	68	10000
2122	威远县（川）	七彩山鸡	68	9215
2123	鼎城区（湘）	七彩山鸡	68	8000
2124	瑞丽市（滇）	七彩山鸡	68	8000

(续)

序号	主产地	动物种类	动物种类排序	驯养数量(只、头、条)
2125	巫溪县(渝)	七彩山鸡	68	7500
2126	徽州区(皖)	七彩山鸡	68	7400
2127	巴东县(鄂)	七彩山鸡	68	6625
2128	奉节县(渝)	七彩山鸡	68	6500
2129	渭滨区(陕)	七彩山鸡	68	6200
2130	安　县(川)	七彩山鸡	68	5000
2131	陆川县(桂)	七彩山鸡	68	5000
2132	榕江县(黔)	七彩山鸡	68	5000
2133	通城县(鄂)	七彩山鸡	68	5000
2134	安宁市(滇)	七彩山鸡	68	4000
2135	耒阳市(湘)	七彩山鸡	68	4000
2136	沙湾区(川)	七彩山鸡	68	3300
2137	迁西县(冀)	七彩山鸡	68	3000
2138	桃江县(湘)	七彩山鸡	68	3000
2139	潼南县(渝)	七彩山鸡	68	2800
2140	潜山县(皖)	七彩山鸡	68	2570
2141	祥云县(滇)	七彩山鸡	68	2500
2142	平乐县(桂)	七彩山鸡	68	2104
2143	鹤庆县(滇)	七彩山鸡	68	2000
2144	临泽县(甘)	七彩山鸡	68	2000
2145	宁海县(浙)	七彩山鸡	68	2000
2146	彭山县(川)	七彩山鸡	68	2000
2147	桐城市(皖)	七彩山鸡	68	2000
2148	猇亭区(鄂)	七彩山鸡	68	2000
2149	邹城市(鲁)	七彩山鸡	68	2000
2150	无极县(冀)	七彩山鸡	68	1800
2151	牟定县(滇)	七彩山鸡	68	1705
2152	井陉矿区(冀)	七彩山鸡	68	1600
2153	六枝特区(黔)	七彩山鸡	68	1500
2154	星子县(赣)	七彩山鸡	68	1450
2155	禄丰县(滇)	七彩山鸡	68	1300
2156	永胜县(滇)	七彩山鸡	68	1200
2157	界首市(皖)	七彩山鸡	68	1130
2158	大石桥市(辽)	七彩山鸡	68	1100
2159	霍城县(新)	七彩山鸡	68	1100
2160	洞口县(湘)	七彩山鸡	68	1000
2161	光山县(豫)	七彩山鸡	68	1000
2162	平舆县(豫)	七彩山鸡	68	1000
2163	巧家县(滇)	七彩山鸡	68	1000
2164	嵩　县(豫)	七彩山鸡	68	1000
2165	清城区(粤)	七彩山鸡	68	900
2166	彝良县(滇)	七彩山鸡	68	880
2167	安岳县(川)	七彩山鸡	68	800
2168	玉龙纳西族自治县(滇)	七彩山鸡	68	800

(续)

序号	主产地	动物种类	动物种类排序	驯养数量(只、头、条)
2169	枣阳市(鄂)	七彩山鸡	68	750
2170	会理县(川)	七彩山鸡	68	700
2171	平桥区(豫)	七彩山鸡	68	700
2172	桐庐县(浙)	七彩山鸡	68	700
2173	南华县(滇)	七彩山鸡	68	680
2174	路桥区(浙)	七彩山鸡	68	596
2175	赤城县(冀)	七彩山鸡	68	500
2176	融水苗族自治县(桂)	七彩山鸡	68	500
2177	扎兰屯市(蒙)	七彩山鸡	68	500
2178	开　县(渝)	七彩山鸡	68	450
2179	永川区(渝)	七彩山鸡	68	400
2180	武定县(滇)	七彩山鸡	68	320
2181	宾川县(滇)	七彩山鸡	68	300
2182	翠屏区(川)	七彩山鸡	68	300
2183	兰考县(豫)	七彩山鸡	68	300
2184	墨江哈尼族自治县(滇)	七彩山鸡	68	284
2185	阳谷县(鲁)	七彩山鸡	68	280
2186	贺兰县(宁)	七彩山鸡	68	216
2187	鹿泉区(冀)	七彩山鸡	68	200
2188	茂南区(粤)	七彩山鸡	68	200
2189	青州市(鲁)	七彩山鸡	68	200
2190	泰和县(赣)	七彩山鸡	68	200
2191	文　县(甘)	七彩山鸡	68	200
2192	象山县(浙)	七彩山鸡	68	200
2193	永善县(滇)	七彩山鸡	68	200
2194	两当县(甘)	七彩山鸡	68	120
2195	昌邑市(鲁)	七彩山鸡	68	100
2196	华池县(甘)	七彩山鸡	68	100
2197	永康市(浙)	七彩山鸡	68	100
2198	卢氏县(豫)	红腹锦鸡	69	4030
2199	瑞昌市(赣)	红腹锦鸡	69	600
2200	大兴区(京)	红腹锦鸡	69	583
2201	奉贤区(沪)	红腹锦鸡	69	422
2202	佛坪县(陕)	红腹锦鸡	69	400
2203	都江堰市(川)	红腹锦鸡	69	300
2204	青铜峡市(宁)	红腹锦鸡	69	300
2205	文　县(甘)	红腹锦鸡	69	300
2206	屈家岭管理区(鄂)	红腹锦鸡	69	250
2207	河口区(鲁)	红腹锦鸡	69	200
2208	宁国市(皖)	红腹锦鸡	69	100
2209	合作市(甘)	珠鸡	70	10000
2210	宁城县(蒙)	珠鸡	70	10000
2211	承德县(冀)	珠鸡	70	4000
2212	洮南市(吉)	珠鸡	70	2545

（续）

序号	主产地	动物种类	动物种类排序	驯养数量（只、头、条）
2213	翁牛特旗（蒙）	珠鸡	70	2400
2214	察哈尔右翼前旗（蒙）	珠鸡	70	2000
2215	集宁区（蒙）	珠鸡	70	2000
2216	金洞林场（湘）	珠鸡	70	2000
2217	都江堰市（川）	珠鸡	70	1000
2218	临泽县（甘）	珠鸡	70	1000
2219	无极县（冀）	珠鸡	70	1000
2220	青铜峡市（宁）	珠鸡	70	900
2221	彭水苗族土家族自治县（渝）	珠鸡	70	800
2222	赤城县（冀）	珠鸡	70	600
2223	北戴河区（冀）	珠鸡	70	346
2224	禹州市（豫）	珠鸡	70	320
2225	鹿泉区（冀）	珠鸡	70	300
2226	彭山县（川）	珠鸡	70	300
2227	中宁县（宁）	珠鸡	70	200
2228	屈家岭管理区（鄂）	珠鸡	70	100
2229	南江县（川）	火鸡	71	2000
2230	邵东县（湘）	火鸡	71	2000
2231	无为县（皖）	火鸡	71	2000
2232	柞水县（陕）	火鸡	71	2000
2233	青铜峡市（宁）	火鸡	71	800
2234	邵阳县（湘）	火鸡	71	600
2235	浉河区（豫）	火鸡	71	550
2236	彭山县（川）	火鸡	71	115
2237	鹿泉区（冀）	火鸡	71	100
2238	新会区（粤）	野鸡	72	70000
2239	建昌县（辽）	野鸡	72	40000
2240	永寿县（陕）	野鸡	72	40000
2241	巴东县（鄂）	野鸡	72	25660
2242	东丰县（吉）	野鸡	72	24000
2243	大石头林业局（吉）	野鸡	72	22000
2244	南川区（渝）	野鸡	72	20020
2245	栾川县（豫）	野鸡	72	18600
2246	颍上县（皖）	野鸡	72	16000
2247	竹山县（鄂）	野鸡	72	11000
2248	乐安县（赣）	野鸡	72	10500
2249	南溪县（川）	野鸡	72	10500
2250	汤阴县（豫）	野鸡	72	10000
2251	乌拉特后旗（蒙）	野鸡	72	10000
2252	乌马河林业局（龙江森工）	野鸡	72	10000
2253	石柱土家族自治县（渝）	野鸡	72	9600
2254	松潘县（川）	野鸡	72	8500
2255	明光市（皖）	野鸡	72	7000
2256	北安市（黑）	野鸡	72	6000

（续）

序号	主产地	动物种类	动物种类排序	驯养数量（只、头、条）
2257	东安县（湘）	野鸡	72	6000
2258	平利县（陕）	野鸡	72	6000
2259	梓潼县（川）	野鸡	72	6000
2260	天台县（浙）	野鸡	72	5540
2261	淅川县（豫）	野鸡	72	5100
2262	安陆市（鄂）	野鸡	72	5000
2263	白河县（陕）	野鸡	72	5000
2264	丹江口市（鄂）	野鸡	72	5000
2265	浏阳市（湘）	野鸡	72	5000
2266	兴安县（桂）	野鸡	72	5000
2267	大足县（渝）	野鸡	72	4500
2268	望奎县（黑）	野鸡	72	4500
2269	双峰县（湘）	野鸡	72	4000
2270	游仙区（川）	野鸡	72	4000
2271	南江县（川）	野鸡	72	3700
2272	房　县（鄂）	野鸡	72	3500
2273	林西县（蒙）	野鸡	72	3500
2274	科尔沁右翼前旗（蒙）	野鸡	72	3100
2275	阆中市（川）	野鸡	72	3000
2276	舒城县（皖）	野鸡	72	3000
2277	铁力林业局（龙江森工）	野鸡	72	3000
2278	小金县（川）	野鸡	72	3000
2279	赤城县（冀）	野鸡	72	2800
2280	翠屏区（川）	野鸡	72	2720
2281	察哈尔右翼中旗（蒙）	野鸡	72	2650
2282	汶川县（川）	野鸡	72	2620
2283	新建县（赣）	野鸡	72	2500
2284	察哈尔右翼前旗（蒙）	野鸡	72	2000
2285	昌邑区（吉）	野鸡	72	2000
2286	赫山区（湘）	野鸡	72	2000
2287	乌兰浩特市（蒙）	野鸡	72	2000
2288	宁武县（晋）	野鸡	72	1500
2289	西夏区（宁）	野鸡	72	1500
2290	宜都市（鄂）	野鸡	72	1500
2291	奈曼旗（蒙）	野鸡	72	1400
2292	富阳市（浙）	野鸡	72	1300
2293	文　县（甘）	野鸡	72	1300
2294	舞钢市（豫）	野鸡	72	1200
2295	长安区（陕）	野鸡	72	1200
2296	长丰县（皖）	野鸡	72	1200
2297	椒江区（浙）	野鸡	72	1020
2298	利辛县（皖）	野鸡	72	1002
2299	古交市（晋）	野鸡	72	1000
2300	麻栗坡县（滇）	野鸡	72	1000

(续)

序号	主产地	动物种类	动物种类排序	驯养数量(只、头、条)
2301	喜德县(川)	野鸡	72	1000
2302	垫江县(渝)	野鸡	72	800
2303	黔江区(渝)	野鸡	72	700
2304	让胡路区(黑)	野鸡	72	700
2305	克什克腾旗(蒙)	野鸡	72	620
2306	简阳市(川)	野鸡	72	550
2307	新晃侗族自治县(湘)	野鸡	72	500
2308	中宁县(宁)	野鸡	72	500
2309	宁阳县(鲁)	野鸡	72	400
2310	香格里拉县(滇)	野鸡	72	307
2311	杭锦后旗(蒙)	野鸡	72	300
2312	大武口区(宁)	野鸡	72	275
2313	北湖区(湘)	野鸡	72	248
2314	井冈山市(赣)	野鸡	72	200
2315	梅河口市(吉)	野鸡	72	200
2316	永川区(渝)	野鸡	72	200
2317	峨山彝族自治县(滇)	野鸡	72	120
2318	土默特右旗(蒙)	野鸡	72	120
2319	内蒙古柴河林业局(蒙)	野鸡	72	100
2320	永仁县(滇)	野鸡	72	100
2321	云溪区(湘)	野鸡	72	100
2322	渝北区(渝)	贵妃鸡	73	30000
2323	彭水苗族土家族自治县(渝)	贵妃鸡	73	7000
2324	平桥区(豫)	贵妃鸡	73	6000
2325	含山县(皖)	贵妃鸡	73	2000
2326	青铜峡市(宁)	贵妃鸡	73	2000
2327	浉河区(豫)	贵妃鸡	73	1100
2328	无极县(冀)	贵妃鸡	73	900
2329	温岭市(浙)	绿头鸭	74	34000
2330	奉化市(浙)	绿头鸭	74	22000
2331	辽阳县(辽)	绿头鸭	74	20000
2332	慈溪市(浙)	绿头鸭	74	18000
2333	萧山区(浙)	绿头鸭	74	10000
2334	洪湖市(鄂)	绿头鸭	74	7000
2335	太湖县(皖)	绿头鸭	74	5000
2336	泰和县(赣)	绿头鸭	74	5000
2337	君山区(湘)	绿头鸭	74	3500
2338	彭山县(川)	绿头鸭	74	2200
2339	包河区(皖)	绿头鸭	74	2000
2340	桐城市(皖)	绿头鸭	74	2000
2341	兴国县(赣)	绿头鸭	74	1680
2342	贺兰县(宁)	绿头鸭	74	538
2343	大兴区(京)	绿头鸭	74	505
2344	延庆县(京)	绿头鸭	74	350
2345	三门县(浙)	绿头鸭	74	230
2346	禹州市(豫)	绿头鸭	74	210
2347	利辛县(皖)	绿头鸭	74	201
2348	泾　县(皖)	绿头鸭	74	180
2349	永宁县(宁)	绿头鸭	74	121
2350	都江堰市(川)	绿头鸭	74	120
2351	昌邑市(鲁)	绿头鸭	74	100
2352	鹤城区(湘)	绿头鸭	74	100
2353	贵溪市(赣)	绿头野鸭	75	60000
2354	来凤县(鄂)	绿头野鸭	75	40000
2355	铅山县(赣)	绿头野鸭	75	34000
2356	潜山县(皖)	绿头野鸭	75	32000
2357	安新县(冀)	绿头野鸭	75	9000
2358	光山县(豫)	绿头野鸭	75	5000
2359	都江堰市(川)	绿头野鸭	75	2500
2360	星子县(赣)	绿头野鸭	75	2420
2361	玉龙纳西族自治县(滇)	绿头野鸭	75	2300
2362	简阳市(川)	绿头野鸭	75	2070
2363	桐乡市(浙)	绿头野鸭	75	2000
2364	达川区(川)	绿头野鸭	75	1000
2365	寒亭区(鲁)	绿头野鸭	75	260
2366	监利县(鄂)	斑嘴鸭	76	50000
2367	慈溪市(浙)	斑嘴鸭	76	41000
2368	温岭市(浙)	斑嘴鸭	76	34000
2369	新建县(赣)	斑嘴鸭	76	12000
2370	鼎城区(湘)	斑嘴鸭	76	10000
2371	洪湖市(鄂)	斑嘴鸭	76	8000
2372	永修县(赣)	斑嘴鸭	76	6000
2373	鹤城区(湘)	斑嘴鸭	76	2000
2374	星子县(赣)	斑嘴鸭	76	1500
2375	太湖县(皖)	斑嘴鸭	76	1300
2376	丘北县(滇)	斑嘴鸭	76	1200
2377	茶陵县(湘)	斑嘴鸭	76	600
2378	湘阴县(湘)	斑嘴鸭	76	400
2379	巢湖市(皖)	斑嘴鸭	76	300
2380	永宁县(宁)	斑嘴鸭	76	110
2381	奉贤区(沪)	黑天鹅	77	1000
2382	岱岳区(鲁)	黑天鹅	77	400
2383	平舆县(豫)	黑天鹅	77	300
2384	河口区(鲁)	黑天鹅	77	280
2385	托克托县(蒙)	黑天鹅	77	260
2386	岳塘区(湘)	黑天鹅	77	220
2387	邛崃市(川)	黑天鹅	77	200
2388	吴兴区(浙)	黑天鹅	77	200

（续）

序号	主产地	动物种类	动物种类排序	驯养数量（只、头、条）
2389	丘北县（滇）	黑天鹅	77	172
2390	温岭市（浙）	黑天鹅	77	100
2391	颍上县（皖）	黑天鹅	77	89
2392	富阳市（浙）	黑天鹅	77	80
2393	都江堰市（川）	黑天鹅	77	60
2394	青铜峡市（宁）	黑天鹅	77	25
2395	浑南区（辽）	黑天鹅	77	24
2396	婺城区（浙）	黑天鹅	77	14
2397	宝山区（沪）	黑天鹅	77	10
2398	城步苗族自治县（湘）	白天鹅	78	3000
2399	广丰县（赣）	白天鹅	78	500
2400	邻水县（川）	白天鹅	78	500
2401	河口区（鲁）	白天鹅	78	300
2402	秦皇岛开发区（冀）	白天鹅	78	130
2403	开　县（渝）	白天鹅	78	120
2404	岱岳区（鲁）	白天鹅	78	100
2405	阳谷县（鲁）	白天鹅	78	90
2406	颍上县（皖）	白天鹅	78	38
2407	宝山区（沪）	白天鹅	78	14
2408	寒亭区（鲁）	白天鹅	78	10
2409	临海市（浙）	灰天鹅	79	9800
2410	河口区（鲁）	灰天鹅	79	6000
2411	龙游县（浙）	灰天鹅	79	6000
2412	芜湖县（皖）	灰天鹅	79	5000
2413	南涧彝族自治县（滇）	灰天鹅	79	2000
2414	茶陵县（湘）	灰天鹅	79	1300
2415	德安县（赣）	灰天鹅	79	1000
2416	椒江区（浙）	灰天鹅	79	1000
2417	三门县（浙）	灰天鹅	79	800
2418	洪江市（湘）	灰天鹅	79	600
2419	永川区（渝）	灰天鹅	79	500
2420	新源县（新）	灰天鹅	79	213
2421	江津区（渝）	灰天鹅	79	150
2422	怀宁县（皖）	灰天鹅	79	90
2423	宝山区（沪）	庞鼻天鹅	80	10
2424	藁城区（冀）	鹌鹑	81	221000
2425	寒亭区（鲁）	鹌鹑	81	200000
2426	武冈市（湘）	鹌鹑	81	40000
2427	逊克县（黑）	鹌鹑	81	24000
2428	汝州市（豫）	鹌鹑	81	22500
2429	兴国县（赣）	鹌鹑	81	11200
2430	东丰县（吉）	鹌鹑	81	10000
2431	井陉矿区（冀）	鹌鹑	81	1800
2432	桐城市（皖）	鹌鹑	81	1200
2433	新安县（豫）	鹌鹑	81	1200
2434	大兴区（京）	鹌鹑	81	500
2435	宛城区（豫）	鹌鹑	81	500
2436	岱岳区（鲁）	鸳鸯	82	600
2437	奉贤区（沪）	鸳鸯	82	216
2438	浦东新区（沪）	鸳鸯	82	46
2439	颍上县（皖）	鸳鸯	82	32
2440	浑南区（辽）	鸳鸯	82	23
2441	宝山区（沪）	鸳鸯	82	20
2442	禹州市（豫）	鸳鸯	82	11
2443	大兴区（京）	鸳鸯	82	10
2444	栾川县（豫）	鹧鸪	83	15000
2445	苍南县（浙）	鹧鸪	83	2000
2446	都江堰市（川）	鹧鸪	83	1650
2447	昌邑市（鲁）	鹧鸪	83	1000
2448	英德市（粤）	鹧鸪	83	500
2449	禹州市（豫）	鹧鸪	83	350
2450	贺兰县（宁）	鹧鸪	83	146
2451	中宁县（宁）	鹧鸪	83	100
2452	奈曼旗（蒙）	鹧鸪	83	50
2453	容　县（桂）	鹧鸪	83	30
2454	浑南区（辽）	鹧鸪	83	10
2455	旌德县（皖）	中华大蟾蜍	84	1300000
2456	临泉县（皖）	中华大蟾蜍	84	300000
2457	渭滨区（陕）	中华大蟾蜍	84	75000
2458	景东彝族自治县（滇）	中华大蟾蜍	84	50000
2459	万州区（渝）	中华大蟾蜍	84	2000
2460	汶上县（鲁）	中华大蟾蜍	84	2000
2461	璧山县（渝）	中华大蟾蜍	84	1500
2462	大兴区（京）	牡丹鹦鹉	85	400
2463	新会区（粤）	牡丹鹦鹉	85	250
2464	邛崃市（川）	牡丹鹦鹉	85	50
2465	花都区（粤）	金刚鹦鹉	86	500
2466	明光市（皖）	金刚鹦鹉	86	128
2467	沙坪坝区（渝）	金刚鹦鹉	86	6
2468	颍上县（皖）	金刚鹦鹉	86	6
2469	富阳市（浙）	金刚鹦鹉	86	4
2470	金城江区（桂）	虎皮鹦鹉	87	100
2471	颍上县（皖）	虎皮鹦鹉	87	30
2472	五华区（滇）	虎皮鹦鹉	87	20
2473	浑南区（辽）	虎皮鹦鹉	87	17
2474	红花岗区（黔）	虎皮鹦鹉	87	1
2475	颍上县（皖）	鸡尾鹦鹉	88	3
2476	浑南区（辽）	鸡尾鹦鹉	88	1

(续)

序号	主产地	动物种类	动物种类排序	驯养数量(只、头、条)
2477	通城县(鄂)	凤头鹦鹉	89	800
2478	颍上县(皖)	凤头鹦鹉	89	6
2479	红花岗区(黔)	凤头鹦鹉	89	2
2480	遂溪县(粤)	非洲鹦鹉	90	20
2481	沙坪坝区(渝)	非洲鹦鹉	90	10
2482	巩义市(豫)	非洲鹦鹉	90	2
2483	红花岗区(黔)	非洲鹦鹉	90	1
2484	颍上县(皖)	桃脸牡丹鹦鹉	85	4
2485	宁国市(皖)	白鹇	92	150
2486	大兴区(京)	白鹇	92	121
2487	奉贤区(沪)	白鹇	92	20
2488	禹州市(豫)	白鹇	92	11
2489	墨竹工卡县(藏)	斑头雁	93	10000
2490	丘北县(滇)	斑头雁	93	1000
2491	江川县(滇)	斑头雁	93	100
2492	浑南区(辽)	斑头雁	93	22
2493	红花岗区(黔)	斑头雁	93	14
2494	武威市市辖区(甘)	斑头雁	93	14
2495	渑池县(豫)	大雁	94	36000
2496	咸丰县(鄂)	大雁	94	30000
2497	永修县(赣)	大雁	94	23920
2498	梅河口市(吉)	大雁	94	21000
2499	邛崃市(川)	大雁	94	10000
2500	镇赉县(吉)	大雁	94	10000
2501	梁子湖区(鄂)	大雁	94	8000
2502	东辽县(吉)	大雁	94	4500
2503	新建县(赣)	大雁	94	4500
2504	阎良区(陕)	大雁	94	4200
2505	周村区(鲁)	大雁	94	3128
2506	彭泽县(赣)	大雁	94	3100
2507	抚远县(黑)	大雁	94	3000
2508	桐城市(皖)	大雁	94	3000
2509	椒江区(浙)	大雁	94	2500
2510	来凤县(鄂)	大雁	94	2500
2511	永清县(冀)	大雁	94	2400
2512	岱岳区(鲁)	大雁	94	2000
2513	星子县(赣)	大雁	94	2000
2514	洮南市(吉)	大雁	94	1964
2515	黎城县(晋)	大雁	94	1500
2516	浏阳市(湘)	大雁	94	1500
2517	四平市市辖区(吉)	大雁	94	1500
2518	丘北县(滇)	大雁	94	1300
2519	都江堰市(川)	大雁	94	1200
2520	慈利县(湘)	大雁	94	1000
2521	鼎城区(湘)	大雁	94	1000
2522	临安市(浙)	大雁	94	1000
2523	让胡路区(黑)	大雁	94	1000
2524	谢家集区(皖)	大雁	94	1000
2525	光山县(豫)	大雁	94	870
2526	兰考县(豫)	大雁	94	800
2527	明光市(皖)	大雁	94	800
2528	兰溪市(浙)	大雁	94	620
2529	鹤城区(湘)	大雁	94	600
2530	托克托县(蒙)	大雁	94	550
2531	茶陵县(湘)	大雁	94	500
2532	界首市(皖)	大雁	94	500
2533	无极县(冀)	大雁	94	500
2534	湘潭县(湘)	大雁	94	500
2535	湘阴县(湘)	大雁	94	400
2536	屏山县(川)	大雁	94	360
2537	沂源县(鲁)	大雁	94	302
2538	博罗县(粤)	大雁	94	300
2539	耿马傣族佤族自治县(滇)	大雁	94	300
2540	建德市(浙)	大雁	94	300
2541	林西县(蒙)	大雁	94	300
2542	太湖县(皖)	大雁	94	300
2543	颍上县(皖)	大雁	94	228
2544	和平县(粤)	大雁	94	200
2545	延庆县(京)	大雁	94	200
2546	遂溪县(粤)	大雁	94	150
2547	肥西县(皖)	大雁	94	114
2548	安新县(冀)	大雁	94	100
2549	丰都县(渝)	大雁	94	100
2550	临猗县(晋)	大雁	94	100
2551	桐庐县(浙)	大雁	94	100
2552	永康市(浙)	大雁	94	100
2553	栾川县(豫)	大雁	94	70
2554	江川县(滇)	大雁	94	50
2555	灵川县(桂)	大雁	94	50
2556	彭山县(川)	大雁	94	20
2557	浑南区(辽)	鸸鹋	95	16
2558	彭州市(川)	鸸鹋	95	10
2559	颍上县(皖)	鸸鹋	95	4
2560	沂源县(鲁)	鸸鹋	95	3

（续）

序号	主产地	动物种类	动物种类排序	驯养数量（只、头、条）
2561	红花岗区（黔）	鸸鹋	95	2
2562	万州区（渝）	鸸鹋	95	2
2563	武威市市辖区（甘）	鸸鹋	95	2
2564	肥城市（鲁）	鸸鹋	95	1
2565	温岭市（浙）	环颈雉	96	105000
2566	盐亭县（川）	环颈雉	96	104000
2567	泾　县（皖）	环颈雉	96	66500
2568	保康县（鄂）	环颈雉	96	30000
2569	上饶县（赣）	环颈雉	96	30000
2570	江华瑶族自治县（湘）	环颈雉	96	15000
2571	江安县（川）	环颈雉	96	12000
2572	三门县（浙）	环颈雉	96	12000
2573	苍南县（浙）	环颈雉	96	10000
2574	三台县（川）	环颈雉	96	8700
2575	珙　县（川）	环颈雉	96	8000
2576	澄江县（滇）	环颈雉	96	7000
2577	湘潭县（湘）	环颈雉	96	6700
2578	巩留县（新）	环颈雉	96	6500
2579	香格里拉县（滇）	环颈雉	96	5630
2580	恩施市（鄂）	环颈雉	96	5000
2581	增城市（粤）	环颈雉	96	5000
2582	大兴区（京）	环颈雉	96	4731
2583	兰溪市（浙）	环颈雉	96	4500
2584	临川区（赣）	环颈雉	96	4000
2585	颍上县（皖）	环颈雉	96	3980
2586	南郑县（陕）	环颈雉	96	3500
2587	秀洲区（浙）	环颈雉	96	3500
2588	高安市（赣）	环颈雉	96	3200
2589	宁国市（皖）	环颈雉	96	3019
2590	京山县（鄂）	环颈雉	96	3000
2591	临沭县（鲁）	环颈雉	96	3000
2592	秭归县（鄂）	环颈雉	96	2850
2593	新源县（新）	环颈雉	96	2620
2594	浏阳市（湘）	环颈雉	96	2500
2595	内江市市中区（川）	环颈雉	96	2500
2596	兴国县（赣）	环颈雉	96	2240
2597	个旧市（滇）	环颈雉	96	2223
2598	镇巴县（陕）	环颈雉	96	2100
2599	都昌县（赣）	环颈雉	96	2000
2600	巧家县（滇）	环颈雉	96	2000
2601	遂川县（赣）	环颈雉	96	2000
2602	泰和县（赣）	环颈雉	96	2000

（续）

序号	主产地	动物种类	动物种类排序	驯养数量（只、头、条）
2603	长安区（陕）	环颈雉	96	1810
2604	建始县（鄂）	环颈雉	96	1500
2605	资兴市（湘）	环颈雉	96	1220
2606	共青城市（赣）	环颈雉	96	1200
2607	延庆县（京）	环颈雉	96	1050
2608	德兴市（赣）	环颈雉	96	1000
2609	维西傈僳族自治县（滇）	环颈雉	96	1000
2610	英德市（粤）	环颈雉	96	1000
2611	永川区（渝）	环颈雉	96	1000
2612	镇海区（浙）	环颈雉	96	1000
2613	青铜峡市（宁）	环颈雉	96	800
2614	克什克腾旗（蒙）	环颈雉	96	715
2615	禹州市（豫）	环颈雉	96	694
2616	茶陵县（湘）	环颈雉	96	600
2617	星子县（赣）	环颈雉	96	550
2618	武定县（滇）	环颈雉	96	470
2619	巴东县（鄂）	环颈雉	96	400
2620	博罗县（粤）	环颈雉	96	258
2621	寒亭区（鲁）	环颈雉	96	215
2622	安福县（赣）	环颈雉	96	200
2623	崇仁县（赣）	环颈雉	96	200
2624	樟树市（赣）	环颈雉	96	200
2625	长阳土家族自治县（鄂）	环颈雉	96	200
2626	涿州市（冀）	环颈雉	96	200
2627	麻栗坡县（滇）	环颈雉	96	142
2628	马林林业局（川）	环颈雉	96	14
2629	洋　县（陕）	环颈雉	96	14
2630	大兴区（京）	白冠长尾雉	98	107
2631	禹州市（豫）	白冠长尾雉	98	10
2632	邛崃市（川）	七彩文鸟	99	200
2633	监利县（鄂）	尖吻蝮	100	8000
2634	上饶县（赣）	尖吻蝮	100	2000
2635	宁国市（皖）	尖吻蝮	100	600
2636	泰和县（赣）	尖吻蝮	100	600
2637	泾　县（皖）	尖吻蝮	100	430
2638	巴东县（鄂）	尖吻蝮	100	400
2639	丘北县（滇）	尖吻蝮	100	370
2640	宁远县（湘）	尖吻蝮	100	200
2641	永修县（赣）	尖吻蝮	100	200
2642	浦东新区（沪）	洪式环企鹅	101	4
2643	墨江哈尼族自治县（滇）	刺猬	102	800
2644	梁山县（鲁）	刺猬	102	280

表 16-1 人参主产地产量

序号	人参主产地	产量(吨)
1	凤城市(辽)	1838.00
2	宽甸满族自治县(辽)	900.00
3	新宾满族自治县(辽)	850.00
4	岫岩满族自治县(辽)	40.00
5	本溪满族自治县(辽)	20.00
6	桓仁满族自治县(辽)	15.00
7	长白朝鲜族自治县(吉)	8512.00
8	集安市(吉)	5211.00
9	辉南县(吉)	1100.00
10	珲春市(吉)	1000.00
11	和龙市(吉)	420.00
12	蛟河市(吉)	375.00
13	长白森林经营局(吉)	240.00
14	珲春林业局(吉)	63.50
15	高新开发区(吉)	60.00
16	和龙林业局(吉)	49.00
17	图们市(吉)	45.00
18	浑江区(吉)	40.00
19	黄泥河林业局(吉)	29.00
20	大石头林业局(吉)	20.00
21	逊克县(黑)	314.00
22	虎林市(黑)	200.00
23	鸡东县(黑)	120.00
24	尚志市(黑)	100.00
25	贵定县(黔)	30.00
26	临江林业局(吉林森工)	367.00
27	露水河林业局(吉林森工)	360.00
28	泉阳林业局(吉林森工)	200.00
29	三岔子林业局(吉林森工)	20.00
30	穆棱林业局(龙江森工)	630.00
31	绥阳林业局(龙江森工)	135.00
32	桃山林业局(龙江森工)	125.00
33	乌伊岭林业局(龙江森工)	19.20

表 16-2 刺五加主产地产量

序号	刺五加主产地	产量(吨)
1	新宾满族自治县(辽)	5000.00
2	本溪满族自治县(辽)	3800.00
3	凤城市(辽)	2835.00
4	清原满族自治县(辽)	950.00
5	抚顺县(辽)	144.00
6	平山区(辽)	95.00
7	庄河市(辽)	52.00
8	振安区(辽)	40.00
9	桓仁满族自治县(辽)	40.00

(续)

序号	刺五加主产地	产量(吨)
10	本溪市经济开发区(辽)	20.00
11	辉南县(吉)	173.00
12	通化县(吉)	56.10
13	九台市(吉)	30.00
14	虎林市(黑)	8000.00
15	尚志国有林场管理局(黑)	718.00
16	抚远县(黑)	200.00
17	方正县(黑)	100.50
18	海林市(黑)	100.00
19	勃利县(黑)	100.00
20	巴彦县(黑)	40.00
21	延寿县(黑)	12.00
22	朗乡林业局(龙江森工)	2005.00
23	南岔林业局(龙江森工)	1053.00
24	东方红林业局(龙江森工)	900.00
25	桃山林业局(龙江森工)	800.00
26	方正林业局(龙江森工)	350.00
27	友好林业局(龙江森工)	300.00
28	双丰林业局(龙江森工)	300.00
29	五营林业局(龙江森工)	264.00
30	汤旺河林业局(龙江森工)	258.00
31	带岭实验局(龙江森工)	254.00
32	翠峦林业局(龙江森工)	168.00
33	乌伊岭林业局(龙江森工)	150.00
34	新青林业局(龙江森工)	138.00
35	乌马河林业局(龙江森工)	90.00
36	铁力林业局(龙江森工)	80.00
37	大海林林业局(龙江森工)	66.00
38	美溪林业局(龙江森工)	65.00
39	迎春林业局(龙江森工)	40.00
40	金山屯林业局(龙江森工)	33.00
41	红星林业局(龙江森工)	30.00
42	海林林业局(龙江森工)	20.00
43	亚布力林业局(龙江森工)	20.00
44	上甘岭林业局(龙江森工)	12.00
45	穆棱林业局(龙江森工)	10.00

表 16-3 杜仲主产地产量

序号	杜仲主产地	产量(吨)
1	三门县(浙)	28.00
2	祁门县(皖)	665.00
3	宿松县(皖)	58.00
4	定远县(皖)	15.00
5	芦溪县(赣)	805.00
6	遂川县(赣)	650.00

(续)

序号	杜仲主产地	产量(吨)
7	武宁县(赣)	187.00
8	安福县(赣)	55.00
9	婺源县(赣)	10.00
10	昌乐县(鲁)	12.00
11	汤阴县(豫)	150.00
12	商城县(豫)	120.00
13	禹州市(豫)	95.00
14	宝丰县(豫)	36.00
15	桐柏县(豫)	26.00
16	夷陵区(鄂)	75300.00
17	来凤县(鄂)	2800.00
18	恩施市(鄂)	2071.00
19	咸丰县(鄂)	850.00
20	长阳土家族自治县(鄂)	500.00
21	南漳县(鄂)	450.00
22	茅箭区(鄂)	200.00
23	京山县(鄂)	40.00
24	松滋市(鄂)	18.00
25	竹山县(鄂)	12.00
26	蓝山县(湘)	1500.00
27	新化县(湘)	200.00
28	新宁县(湘)	200.00
29	衡阳县(湘)	195.00
30	冷水江市(湘)	130.00
31	双牌县(湘)	90.00
32	洞口县(湘)	68.00
33	株洲县(湘)	60.00
34	金洞林场(湘)	50.00
35	新田县(湘)	50.00
36	祁阳县(湘)	45.00
37	桂东县(湘)	43.00
38	麻阳苗族自治县(湘)	40.00
39	通道侗族自治县(湘)	36.00
40	耒阳市(湘)	20.00
41	会同县(湘)	20.00
42	北塔区(湘)	18.00
43	武陵源区(湘)	12.00
44	衡东县(湘)	10.00
45	安仁县(湘)	10.00
46	隆林各族自治县(桂)	90.00
47	兴安县(桂)	22.00
48	凌云县(桂)	20.00
49	开 县(渝)	6942.00
50	武隆县(渝)	464.00
51	酉阳土家族苗族自治县(渝)	380.00

（续）

序号	杜仲主产地	产量(吨)
52	云阳县(渝)	86.00
53	巫山县(渝)	42.00
54	万州区(渝)	30.00
55	丰都县(渝)	13.00
56	万源市(川)	3600.00
57	北川羌族自治县(川)	765.00
58	邛崃市(川)	512.00
59	剑阁县(川)	500.00
60	通江县(川)	210.00
61	崇州市(川)	188.00
62	安居区(川)	180.00
63	兴文县(川)	67.00
64	荣　县(川)	62.00
65	宝兴县(川)	57.00
66	蓬安县(川)	40.00
67	邻水县(川)	35.00
68	犍为县(川)	26.00
69	华蓥市(川)	18.00
70	船山区(川)	15.00
71	珙　县(川)	12.00
72	兴仁县(黔)	3000.00
73	桐梓县(黔)	597.00
74	道真仡佬族苗族自治县(黔)	520.00
75	兴义市(黔)	300.00
76	赤水市(黔)	291.00
77	清镇市(黔)	210.00
78	三都水族自治县(黔)	180.00
79	安龙县(黔)	115.00
80	修文县(黔)	75.00
81	罗甸县(黔)	50.00
82	红花岗区(黔)	48.00
83	福泉市(黔)	28.00
84	碧江区(黔)	25.00
85	龙里县(黔)	21.00
86	西秀区(黔)	20.00
87	关岭布依族苗族自治县(黔)	20.00
88	金沙县(黔)	14.00
89	赫章县(黔)	13.00
90	泸西县(滇)	1000.00
91	盐津县(滇)	142.00
92	广南县(滇)	14.00
93	西畴县(滇)	13.00
94	城固县(陕)	2000.00
95	西乡县(陕)	320.00
96	周至县(陕)	80.00
97	石泉县(陕)	67.00
98	佛坪县(陕)	60.00
99	丹凤县(陕)	47.00
100	千阳县(陕)	30.00

表 16-4　五味子主产地产量

序号	五味子主产地	产量(吨)
1	凤城市(辽)	5850.00
2	桓仁满族自治县(辽)	750.00
3	清原满族自治县(辽)	568.00
4	抚顺县(辽)	160.00
5	本溪满族自治县(辽)	100.00
6	普兰店市(辽)	50.00
7	东港市(辽)	50.00
8	集安市(吉)	4112.00
9	四平市市辖区(吉)	2182.00
10	汪清县(吉)	2167.00
11	柳河县(吉)	2000.00
12	浑江区(吉)	530.00
13	蛟河市(吉)	220.00
14	抚松县(吉)	200.00
15	和龙市(吉)	120.00
16	磐石市(吉)	90.00
17	大兴沟林业局(吉)	36.00
18	长白朝鲜族自治县(吉)	32.00
19	桦甸市(吉)	20.00
20	虎林市(黑)	3000.00
21	尚志市(黑)	600.00
22	桦南县(黑)	220.00
23	双城市(黑)	55.00
24	延寿县(黑)	35.00
25	富锦市(黑)	30.00
26	汤原县(黑)	25.00
27	鸡东县(黑)	20.00
28	七台河市市辖区(黑)	15.00
29	嵩　县(豫)	95.00
30	南漳县(鄂)	35.00
31	澧　县(湘)	100.00
32	镇坪县(陕)	125.00
33	丹凤县(陕)	45.00
34	蓝田县(陕)	30.00
35	三岔子林业局(吉林森工)	69.00
36	泉阳林业局(吉林森工)	50.00
37	清河林业局(龙江森工)	4600.00
38	双丰林业局(龙江森工)	1190.00
39	金山屯林业局(龙江森工)	506.00
40	绥阳林业局(龙江森工)	500.00
41	方正林业局(龙江森工)	350.00
42	五营林业局(龙江森工)	300.00
43	亚布力林业局(龙江森工)	280.00
44	东方红林业局(龙江森工)	260.00
45	鹤立林业局(龙江森工)	222.00
46	美溪林业局(龙江森工)	217.00
47	朗乡林业局(龙江森工)	181.00
48	穆棱林业局(龙江森工)	165.00
49	桃山林业局(龙江森工)	160.00
50	南岔林业局(龙江森工)	120.00
51	铁力林业局(龙江森工)	110.00
52	东京城林业局(龙江森工)	100.00
53	兴隆林业局(龙江森工)	100.00
54	翠峦林业局(龙江森工)	82.00
55	大海林林业局(龙江森工)	76.00
56	鹤北林业局(龙江森工)	75.00
57	迎春林业局(龙江森工)	72.00
58	双鸭山林业局(龙江森工)	65.00
59	林口林业局(龙江森工)	65.00
60	带岭实验局(龙江森工)	60.00
61	山河屯林业局(龙江森工)	50.00
62	新青林业局(龙江森工)	42.00
63	汤旺河林业局(龙江森工)	39.00
64	苇河林业局(龙江森工)	16.00
65	桦南林业局(龙江森工)	15.00
66	上甘岭林业局(龙江森工)	11.00
67	乌马河林业局(龙江森工)	10.00

表 16-5　黄柏主产地产量

序号	黄柏主产地	产量(吨)
1	桓仁满族自治县(辽)	20.00
2	本溪市经济开发区(辽)	10.00
3	辉南县(吉)	30.00
4	武宁县(赣)	87.00
5	来凤县(鄂)	1500.00
6	咸丰县(鄂)	780.00
7	恩施市(鄂)	526.00
8	竹山县(鄂)	15.00
9	新化县(湘)	3000.00
10	桑植县(湘)	800.00
11	新宁县(湘)	200.00
12	安化县(湘)	180.00
13	冷水江市(湘)	90.00

(续)

序号	黄柏主产地	产量(吨)
14	桂东县(湘)	78.00
15	金洞林场(湘)	70.00
16	衡东县(湘)	20.00
17	祁阳县(湘)	18.00
18	会同县(湘)	15.00
19	武陵源区(湘)	15.00
20	常宁市(湘)	15.00
21	潼南县(渝)	1320.00
22	开　县(渝)	1310.00
23	南川区(渝)	500.00
24	酉阳土家族苗族自治县(渝)	160.00
25	巫山县(渝)	144.00
26	万州区(渝)	20.00
27	万源市(川)	2600.00
28	邛崃市(川)	846.00
29	北川羌族自治县(川)	650.00
30	宝兴县(川)	308.00
31	崇州市(川)	206.00
32	平武县(川)	152.00
33	通江县(川)	100.00
34	雨城区(川)	52.00
35	屏山县(川)	51.00
36	邻水县(川)	51.00
37	犍为县(川)	41.00
38	珙　县(川)	18.00
39	安居区(川)	10.00
40	三都水族自治县(黔)	450.00
41	道真仡佬族苗族自治县(黔)	400.00
42	兴仁县(黔)	300.00
43	赤水市(黔)	175.00
44	西秀区(黔)	80.00
45	桐梓县(黔)	20.00
46	金沙县(黔)	18.00
47	惠水县(黔)	10.00
48	盐津县(滇)	127.00
49	水富县(滇)	44.00
50	大关县(滇)	20.00
51	西乡县(陕)	125.00

表 16-6　金银花主产地产量

序号	金银花主产地	产量(吨)
1	巨鹿县(冀)	12050.00
2	南和县(冀)	3750.00
3	平乡县(冀)	740.00
4	元氏县(冀)	255.00
5	任　县(冀)	210.00
6	藁城区(冀)	60.00
7	鸡泽县(冀)	14.00
8	威　县(冀)	10.00
9	宁晋县(冀)	10.00
10	阳城县(晋)	21.50
11	瑞安市(浙)	75.00
12	广德县(皖)	2250.00
13	涡阳县(皖)	450.00
14	寿　县(皖)	100.00
15	蜀山区(皖)	15.00
16	袁州区(赣)	5018.00
17	临川区(赣)	2100.00
18	玉山县(赣)	147.00
19	永丰县(赣)	86.00
20	永修县(赣)	76.00
21	武宁县(赣)	69.00
22	赣　县(赣)	41.00
23	余江县(赣)	30.00
24	芦溪县(赣)	27.00
25	平邑县(鲁)	56700.00
26	阳谷县(鲁)	8000.00
27	新泰市(鲁)	1300.00
28	乳山市(鲁)	500.00
29	武城县(鲁)	200.00
30	宁阳县(鲁)	175.00
31	临沂市蒙山旅游区(鲁)	140.00
32	沂水县(鲁)	95.00
33	无棣县(鲁)	50.00
34	东平县(鲁)	20.00
35	肥城市(鲁)	18.00
36	临沂市高新技术产业开发区(鲁)	10.00
37	封丘县(豫)	4200.00
38	登封市(豫)	1760.00
39	嵩　县(豫)	900.00
40	睢　县(豫)	800.00
41	南乐县(豫)	700.00
42	商水县(豫)	360.00
43	宜阳县(豫)	95.00
44	鹿邑县(豫)	45.00
45	淮滨县(豫)	30.00
46	辉县市(豫)	25.00
47	梁园区(豫)	24.00
48	西平县(豫)	20.00
49	来凤县(鄂)	750.00
50	恩施市(鄂)	175.00
51	竹山县(鄂)	98.00
52	通城县(鄂)	36.00
53	大冶市(鄂)	10.00
54	涟源市(湘)	6570.00
55	龙山县(湘)	2400.00
56	冷水江市(湘)	1800.00
57	洪江市(湘)	1200.00
58	凤凰县(湘)	1200.00
59	保靖县(湘)	700.00
60	永兴县(湘)	512.00
61	岳阳县(湘)	500.00
62	永顺县(湘)	400.00
63	新宁县(湘)	300.00
64	花垣县(湘)	300.00
65	北湖区(湘)	290.00
66	桑植县(湘)	200.00
67	芷江侗族自治县(湘)	120.00
68	古丈县(湘)	100.00
69	澧　县(湘)	100.00
70	汨罗市(湘)	96.00
71	双峰县(湘)	80.00
72	耒阳市(湘)	40.00
73	城步苗族自治县(湘)	40.00
74	麻阳苗族自治县(湘)	35.00
75	新晃侗族自治县(湘)	20.00
76	邵阳县(湘)	15.00
77	醴陵市(湘)	10.00
78	仁化县(粤)	50.00
79	乐昌市(粤)	25.00
80	潮阳区(粤)	10.00
81	隆林各族自治县(桂)	1000.00
82	昭平县(桂)	32.00
83	田林县(桂)	26.00
84	开　县(渝)	2277.00
85	铜梁县(渝)	22.00
86	沐川县(川)	8000.00
87	游仙区(川)	90.00
88	安龙县(黔)	2400.00
89	兴仁县(黔)	600.00
90	龙里县(黔)	122.00
91	独山县(黔)	100.00
92	紫云苗族布依族自治县(黔)	80.00
93	清镇市(黔)	50.00
94	福泉市(黔)	35.00

（续）

序号	金银花主产地	产量(吨)
95	长顺县(黔)	25.00
96	德江县(黔)	21.00
97	西秀区(黔)	20.00
98	三都水族自治县(黔)	10.00
99	武定县(滇)	60.00
100	禄劝彝族苗族自治县(滇)	20.00
101	蒲城县(陕)	400.00
102	乾　县(陕)	150.00
103	蓝田县(陕)	20.00

表 16-7　厚朴主产地产量

序号	厚朴主产地	产量(吨)
1	衢江区(浙)	410.00
2	安吉县(浙)	10.00
3	潜山县(皖)	10.00
4	芦溪县(赣)	985.00
5	遂川县(赣)	250.00
6	武宁县(赣)	112.00
7	安福县(赣)	28.50
8	来凤县(鄂)	19800.00
9	恩施市(鄂)	4190.00
10	咸丰县(鄂)	850.00
11	长阳土家族自治县(鄂)	600.00
12	蓝山县(湘)	53000.00
13	安化县(湘)	620.00
14	新化县(湘)	600.00
15	桑植县(湘)	400.00
16	新宁县(湘)	300.00
17	桂东县(湘)	260.00
18	金洞林场(湘)	100.00
19	冷水江市(湘)	85.00
20	新田县(湘)	55.00
21	洞口县(湘)	55.00
22	麻阳苗族自治县(湘)	37.00
23	衡东县(湘)	30.00
24	常宁市(湘)	11.00
25	通道侗族自治县(湘)	10.00
26	开　县(渝)	22153.50
27	武隆县(渝)	1011.00
28	云阳县(渝)	75.00
29	南川区(渝)	54.00
30	丰都县(渝)	21.00
31	万州区(渝)	10.00
32	北川羌族自治县(川)	4500.00
33	都江堰市(川)	3452.00

（续）

序号	厚朴主产地	产量(吨)
34	万源市(川)	954.00
35	平武县(川)	800.00
36	宝兴县(川)	265.00
37	彭州市(川)	200.00
38	通江县(川)	140.00
39	崇州市(川)	138.00
40	邻水县(川)	50.00
41	道真仡佬族苗族自治县(黔)	200.00
42	倘甸工业园区(滇)	10.00
43	城固县(陕)	2900.00
44	西乡县(陕)	1620.00
45	平利县(陕)	1213.00
46	佛坪县(陕)	65.00

表 16-8　柴胡主产地产量

序号	柴胡主产地	产量(吨)
1	涉　县(冀)	100.00
2	丰宁满族自治县(冀)	42.00
3	鹰手营子矿区(冀)	10.00
4	绛　县(晋)	250.00
5	垣曲县(晋)	45.00
6	喀喇沁旗(蒙)	11000.00
7	克什克腾旗(蒙)	30.00
8	九台市(吉)	30.00
9	抚远县(黑)	110.00
10	嵩　县(豫)	850.00
11	宜阳县(豫)	145.00
12	辉县市(豫)	120.00
13	南漳县(鄂)	400.00
14	竹山县(鄂)	285.00
15	旺苍县(川)	6000.00
16	米易县(川)	300.00
17	清镇市(黔)	70.00
18	贵定县(黔)	10.00
19	波密县(藏)	155.00
20	千阳县(陕)	60.00
21	麟游县(陕)	55.00
22	文　县(甘)	130.00
23	迭部县(甘)	127.00
24	临潭县(甘)	80.00
25	宕昌县(甘)	75.00
26	永靖县(甘)	15.00
27	隆德县(宁)	24000.00
28	彭阳县(宁)	750.00

表 16-9　蜂蜜主产地产量

序号	蜂蜜主产地	产量(吨)
1	元氏县(冀)	85.00
2	东丰县(吉)	138.00
3	长白森林经营局(吉)	35.00
4	延寿县(黑)	380.00
5	东宝区(鄂)	82.00
6	五峰土家族自治县(鄂)	15.00
7	来凤县(鄂)	15.00
8	澧　县(湘)	1000.00
9	中方县(湘)	320.00
10	新晃侗族自治县(湘)	250.00
11	沅陵县(湘)	95.00
12	茶陵县(湘)	25.00
13	邵东县(湘)	14.00
14	鼎湖区(粤)	100.00
15	北流市(桂)	200.10
16	合川区(渝)	450.00
17	关岭布依族苗族自治县(黔)	60.00
18	盈江县(滇)	74.50
19	孟连傣族拉祜族佤族自治县(滇)	40.00
20	南郑县(陕)	220.00
21	文　县(甘)	180.00
22	两当县(甘)	160.00

表 16-10　板蓝根主产地产量

序号	板蓝根主产地	产量(吨)
1	镇赉县(吉)	500.00
2	洮南市(吉)	245.00
3	兰西县(黑)	300.00
4	让胡路区(黑)	256.00
5	肇源县(黑)	150.00
6	红岗区(黑)	100.00
7	瑞安市(浙)	76.75
8	太和县(皖)	10000.00
9	固镇县(皖)	100.00
10	龙南县(赣)	268.00
11	彭泽县(赣)	57.00
12	嵩　县(豫)	2300.00
13	宜阳县(豫)	350.00
14	睢　县(豫)	80.00
15	邓州市(豫)	65.00
16	凤泉区(豫)	17.60
17	崇阳县(鄂)	1000.00
18	广水市(鄂)	100.00
19	恩施市(鄂)	17.00
20	湘阴县(湘)	60.00

(续)

序号	板蓝根主产地	产量(吨)
21	和平县(粤)	1000.00
22	那坡县(桂)	11000.00
23	凌云县(桂)	1055.00
24	木里藏族自治县(川)	30.00
25	兴义市(黔)	600.00
26	贵定县(黔)	20.00
27	元阳县(滇)	6500.00
28	红河县(滇)	6300.00
29	墨江哈尼族自治县(滇)	265.00
30	商南县(陕)	1393.00
31	千阳县(陕)	60.00
32	山丹县(甘)	5373.00
33	崆峒区(甘)	541.00
34	两当县(甘)	25.00
35	隆德县(宁)	2000.00
36	彭阳县(宁)	1000.00

表 16-11 桔梗主产地产量

序号	桔梗主产地	产量(吨)
1	丰宁满族自治县(冀)	24.00
2	临漳县(冀)	15.00
3	喀喇沁旗(蒙)	45000.00
4	扎兰屯市(蒙)	1000.00
5	凌源市(辽)	45.00
6	振安区(辽)	30.00
7	鸡东县(黑)	750.00
8	太和县(皖)	30000.00
9	界首市(皖)	2000.00
10	砀山县(皖)	175.37
11	蜀山区(皖)	34.00
12	武宁县(赣)	43.00
13	东乡县(赣)	33.00
14	沂源县(鲁)	5000.00
15	梁山县(鲁)	262.00
16	新泰市(鲁)	220.00
17	临朐县(鲁)	90.00
18	嵩　县(豫)	6000.00
19	鹿邑县(豫)	15.00
20	漳河新区(鄂)	750.00
21	广水市(鄂)	50.00
22	桑植县(湘)	200.00
23	开　县(渝)	1957.00
24	昭化区(川)	120.00
25	关岭布依族苗族自治县(黔)	500.00
26	兴义市(黔)	500.00

(续)

序号	桔梗主产地	产量(吨)
27	兴仁县(黔)	240.00
28	玉龙纳西族自治县(滇)	10450.00

表 16-12 丹参主产地产量

序号	丹参主产地	产量(吨)
1	平陆县(晋)	28.00
2	谯城区(皖)	10000.00
3	桐城市(皖)	750.00
4	固镇县(皖)	50.00
5	新泰市(鲁)	16080.00
6	平邑县(鲁)	5100.00
7	沂源县(鲁)	5000.00
8	临沂市蒙山旅游区(鲁)	1300.00
9	莒　县(鲁)	1125.00
10	梁山县(鲁)	642.00
11	沂水县(鲁)	550.00
12	济阳县(鲁)	385.00
13	肥城市(鲁)	266.00
14	宁阳县(鲁)	105.00
15	莱芜农业高新技术产业示范区(鲁)	100.00
16	东平县(鲁)	60.00
17	长清区(鲁)	30.00
18	汶上县(鲁)	10.00
19	嵩　县(豫)	4500.00
20	义马市(豫)	300.00
21	辉县市(豫)	25.00
22	商水县(豫)	25.00
23	方城县(豫)	14.00
24	鹿邑县(豫)	11.00
25	伊川县(豫)	10.00
26	恩施市(鄂)	10.00
27	禄劝彝族苗族自治县(滇)	900.00
28	蒲城县(陕)	720.00
29	碌曲县(甘)	10.00

表 16-13 天麻主产地产量

序号	天麻主产地	产量(吨)
1	辉南县(吉)	860.00
2	蛟河市(吉)	21.00
3	珲春林业局(吉)	12.50
4	磐石市(吉)	10.00
5	金寨县(皖)	14705.00
6	嵩　县(豫)	600.00
7	商水县(豫)	35.00
8	罗田县(鄂)	4795.00
9	夷陵区(鄂)	3500.00
10	英山县(鄂)	300.00
11	恩施市(鄂)	116.00
12	咸丰县(鄂)	63.00
13	靖州苗族侗族自治县(湘)	3000.00
14	湘乡市(湘)	1098.00
15	洪江市(湘)	380.00
16	鹤城区(湘)	250.00
17	新宁县(湘)	10.00
18	开　县(渝)	49.50
19	丰都县(渝)	10.00
20	珙　县(川)	300.00
21	利州区(川)	105.00
22	金口河区(川)	70.00
23	茂　县(川)	50.00
24	七星关区(黔)	2000.00
25	独山县(黔)	200.00
26	普安县(黔)	150.00
27	龙里县(黔)	32.00
28	瓮安县(黔)	11.00
29	彝良县(滇)	11470.00
30	泸西县(滇)	600.00
31	永善县(滇)	469.20
32	禄劝彝族苗族自治县(滇)	400.00
33	腾冲县(滇)	400.00
34	鹤庆县(滇)	100.00
35	玉龙纳西族自治县(滇)	40.00
36	大姚县(滇)	13.00
37	通海县(滇)	10.31
38	大关县(滇)	10.00
39	波密县(藏)	300.00
40	宁强县(陕)	3500.00
41	商南县(陕)	140.00
42	太白县(陕)	100.00
43	蓝田县(陕)	20.00
44	三岔子林业局(吉林森工)	11.50

表 16-14 党参主产地产量

序号	党参主产地	产量(吨)
1	清原满族自治县(辽)	716.00
2	辉南县(吉)	170.00
3	恩施市(鄂)	565.00
4	竹山县(鄂)	391.00
5	咸丰县(鄂)	60.00
6	长阳土家族自治县(鄂)	12.00

（续）

序号	党参主产地	产量（吨）
7	新化县（湘）	100.00
8	开　县（渝）	901.00
9	资中县（川）	3000.00
10	木里藏族自治县（川）	65.00
11	会理县（川）	55.00
12	关岭布依族苗族自治县（黔）	10.00
13	云龙县（滇）	3100.00
14	永善县（滇）	450.00
15	漾濞彝族自治县（滇）	350.00
16	禄劝彝族苗族自治县（滇）	75.00
17	倘甸工业园区（滇）	20.00
18	文　县（甘）	6300.00
19	礼　县（甘）	4050.00
20	宕昌县（甘）	650.00
21	山丹县（甘）	240.00
22	崆峒区（甘）	231.00
23	临潭县（甘）	150.00

表 16-15　石斛主产地产量

序号	石斛主产地	产量（吨）
1	富阳市（浙）	347.00
2	余姚市（浙）	130.00
3	余杭区（浙）	75.00
4	绍兴县（浙）	33.00
5	诸暨市（浙）	20.00
6	瑞安市（浙）	20.00
7	象山县（浙）	15.00
8	天台县（浙）	15.00
9	婺城区（浙）	12.00
10	庆元县（浙）	10.00
11	三门县（浙）	5.00
12	霍山县（皖）	8.00
13	余江县（赣）	10.00
14	新宁县（湘）	10.00
15	饶平县（粤）	15.00
16	大埔县（粤）	10.00
17	斗门区（粤）	5.00
18	垫江县（渝）	8.00
19	合江县（川）	5000.00
20	安龙县（黔）	3000.00
21	独山县（黔）	100.00
22	兴仁县（黔）	20.00
23	龙陵县（滇）	2500.00
24	芒市（滇）	2433.00
25	腾冲县（滇）	746.10

（续）

序号	石斛主产地	产量（吨）
26	耿马傣族佤族自治县（滇）	700.00
27	江城哈尼族彝族自治县（滇）	640.00
28	陇川县（滇）	504.00
29	孟连傣族拉祜族佤族自治县（滇）	500.00
30	勐海县（滇）	433.00
31	隆阳区（滇）	416.00
32	宁洱哈尼族彝族自治县（滇）	295.90
33	盈江县（滇）	291.00
34	禄劝彝族苗族自治县（滇）	200.00
35	广南县（滇）	144.00
36	墨江哈尼族自治县（滇）	133.00
37	昌宁县（滇）	115.65
38	泸西县（滇）	100.00
39	建水县（滇）	94.70
40	漾濞彝族自治县（滇）	80.00
41	景东彝族自治县（滇）	65.00
42	双江拉祜族佤族布朗族傣族自治县（滇）	56.00
43	临翔区（滇）	40.00
44	石屏县（滇）	35.00
45	西盟佤族自治县（滇）	16.00
46	石林彝族自治县（滇）	10.00
47	盘龙区（滇）	10.00
48	楚雄市（滇）	7.00
49	西畴县（滇）	5.00
50	江川县（滇）	5.00

表 16-16　百合主产地产量

序号	百合主产地	产量（吨）
1	克什克腾旗（蒙）	10.00
2	常山县（浙）	900.00
3	三门县（浙）	455.00
4	郎溪县（皖）	1500.00
5	旌德县（皖）	600.00
6	兴国县（赣）	12.00
7	咸丰县（鄂）	1617.00
8	罗田县（鄂）	1200.00
9	恩施市（鄂）	953.00
10	来凤县（鄂）	500.00
11	鹤峰县（鄂）	278.70
12	竹山县（鄂）	89.00
13	宜都市（鄂）	20.00
14	永定区（湘）	500.00
15	沅陵县（湘）	300.00
16	新化县（湘）	260.00
17	安化县（湘）	200.00

（续）

序号	百合主产地	产量（吨）
18	祁东县（湘）	107.00
19	新宁县（湘）	80.00
20	双峰县（湘）	30.00
21	金洞林场（湘）	30.00
22	辰溪县（湘）	30.00
23	武陵源区（湘）	25.00
24	芷江侗族自治县（湘）	20.00
25	醴陵市（湘）	5.00
26	黔江区（渝）	810.00
27	江津区（渝）	500.00
28	铜梁县（渝）	200.00
29	梁平县（渝）	6.70
30	会理县（川）	55.00
31	昭化区（川）	10.00
32	龙里县（黔）	21.00
33	元阳县（滇）	533.00
34	永胜县（滇）	20.00
35	江川县（滇）	12.00

表 16-17　枸杞子主产地产量

序号	枸杞子主产地	产量（吨）
1	巨鹿县（冀）	11870.00
2	元氏县（冀）	850.00
3	辛集市填报用户（冀）	167.00
4	乌拉特前旗（蒙）	43000.00
5	土默特左旗（蒙）	1800.00
6	托克托县（蒙）	115.00
7	磴口县（蒙）	84.00
8	临河区（蒙）	52.00
9	达拉特旗（蒙）	7.00
10	连山区（辽）	12.00
11	梅河口市（吉）	100.00
12	渑池县（豫）	150.00
13	禹州市（豫）	77.00
14	金洞林场（湘）	20.00
15	凌云县（桂）	34.00
16	巫山县（渝）	33.00
17	万州区（渝）	30.00
18	桐梓县（黔）	31.00
19	永昌县（甘）	750.00
20	瓜州县（甘）	608.00
21	永登县（甘）	375.00

(续)

序号	枸杞子主产地	产量(吨)
22	山丹县(甘)	44.00
23	西夏区(宁)	4600.00
24	惠农区(宁)	2250.00
25	原州区(宁)	1607.00
26	金凤区(宁)	72.00
27	奇台县(新)	310.00
28	托里县(新)	15.00

表 16-18　白果主产地产量

序号	白果主产地	产量(吨)
1	泰兴市(苏)	6000.00
2	高港区(苏)	4000.00
3	邳州市(苏)	3203.00
4	姜堰区(苏)	3048.00
5	赣榆区(苏)	1930.00
6	靖江市(苏)	1300.00
7	东台市(苏)	1250.00
8	新沂市(苏)	1100.00
9	沭阳县(苏)	925.00
10	兴化市(苏)	732.00
11	滨海县(苏)	650.00
12	海陵区(苏)	475.00
13	睢宁县(苏)	338.00
14	响水县(苏)	196.00
15	江阴市(苏)	176.00
16	丹阳市(苏)	135.00
17	金寨县(皖)	162.00
18	宿松县(皖)	68.00
19	南漳县(鄂)	2100.00
20	来凤县(鄂)	280.00
21	红安县(鄂)	12.00
22	广水市(鄂)	10.00
23	衡南县(湘)	2400.00
24	南雄市(粤)	713.00
25	连南瑶族自治县(粤)	40.00
26	资源县(桂)	109.00
27	平乐县(桂)	36.00
28	万源市(川)	900.00
29	瓮安县(黔)	120.00
30	惠水县(黔)	30.00
31	贵定县(黔)	10.00
32	宁强县(陕)	5780.00

表 16-19　贝母主产地产量

序号	贝母主产地	产量(吨)
1	桓仁满族自治县(辽)	30.00
2	辉南县(吉)	450.00
3	苍南县(浙)	203.00
4	恩施市(鄂)	789.00
5	咸丰县(鄂)	470.00
6	茂　县(川)	40.00
7	木里藏族自治县(川)	10.00
8	吉隆县(藏)	20.00
9	巩留县(新)	270.00
10	红星林业局(龙江森工)	2200.00
11	海林林业局(龙江森工)	1600.00
12	亚布力林业局(龙江森工)	1550.00
13	带岭实验局(龙江森工)	780.00
14	美溪林业局(龙江森工)	445.00
15	金山屯林业局(龙江森工)	390.00
16	苇河林业局(龙江森工)	384.00
17	山河屯林业局(龙江森工)	359.00
18	上甘岭林业局(龙江森工)	280.00
19	新青林业局(龙江森工)	187.00
20	方正林业局(龙江森工)	175.00
21	五营林业局(龙江森工)	121.00
22	绥阳林业局(龙江森工)	86.00
23	翠峦林业局(龙江森工)	65.00
24	朗乡林业局(龙江森工)	58.00
25	乌伊岭林业局(龙江森工)	40.00
26	乌马河林业局(龙江森工)	12.00

表 16-20　茯苓主产地产量

序号	茯苓主产地	产量(吨)
1	金寨县(皖)	6407.00
2	旌德县(皖)	100.00
3	黄山区(皖)	30.00
4	潜山县(皖)	30.00
5	武宁县(赣)	61.00
6	谷城县(鄂)	240.00
7	竹山县(鄂)	15.00
8	靖州苗族侗族自治县(湘)	40000.00
9	湘乡市(湘)	1458.00
10	桑植县(湘)	500.00
11	安仁县(湘)	10.00
12	岑溪市(桂)	2880.00
13	田林县(桂)	246.00

(续)

序号	茯苓主产地	产量(吨)
14	昭平县(桂)	12.00
15	石柱土家族自治县(渝)	3200.00
16	彭水苗族土家族自治县(渝)	700.00
17	昭化区(川)	280.00
18	独山县(黔)	5000.00
19	龙里县(黔)	202.00
20	贵定县(黔)	50.00
21	双江拉祜族佤族布朗族傣族自治县(滇)	15084.00
22	楚雄市(滇)	1595.00
23	永胜县(滇)	500.00
24	澜沧拉祜族自治县(滇)	400.00

表 16-21　黄芪主产地产量

序号	黄芪主产地	产量(吨)
1	广灵县(晋)	780.00
2	浑源县(晋)	500.00
3	应　县(晋)	450.00
4	扎兰屯市(蒙)	425.00
5	武川县(蒙)	100.00
6	科尔沁右翼前旗(蒙)	29.00
7	克什克腾旗(蒙)	20.00
8	桓仁满族自治县(辽)	100.00
9	凌源市(辽)	82.00
10	龙井市(吉)	84.00
11	抚远县(黑)	400.00
12	逊克县(黑)	100.00
13	双城市(黑)	21.00
14	沂源县(鲁)	3000.00
15	子洲县(陕)	245.00
16	商南县(陕)	45.00
17	山阳县(陕)	37.00
18	民乐县(甘)	3500.00
19	山丹县(甘)	1600.00
20	和政县(甘)	558.00
21	宕昌县(甘)	350.00
22	永靖县(甘)	250.00
23	崆峒区(甘)	231.00
24	彭阳县(宁)	750.00

表 16-22　其他中药材主产地产量　　（续）

序号	其他中药材主产地	品种	产量(吨)	序号	其他中药材主产地	品种	产量(吨)
1	襄城区(鄂)	艾叶	450.00	45	竹山县(鄂)	白芍	53.00
2	合川区(渝)	艾叶	350.00	46	芜湖县(皖)	白芍	45.00
3	嵩　县(豫)	艾叶	350.00	47	永城市(豫)	白芍	33.80
4	广水市(鄂)	艾叶	300.00	48	克什克腾旗(蒙)	白芍	20.00
5	开　县(渝)	艾叶	258.00	49	鹿邑县(豫)	白芍	16.00
6	德江县(黔)	艾叶	105.00	50	沈丘县(豫)	白芍	13.20
7	社旗县(豫)	艾叶	30.00	51	安国市(冀)	白术	13333.00
8	赣　县(赣)	艾叶	21.00	52	咸丰县(鄂)	白术	11112.00
9	大悟县(鄂)	艾叶	20.00	53	谯城区(皖)	白术	7000.00
10	醴陵市(湘)	艾叶	20.00	54	临泉县(皖)	白术	1500.00
11	兴国县(赣)	艾叶	11.00	55	恩施市(鄂)	白术	865.00
12	望城县(湘)	艾叶	10.00	56	东昌府区(鲁)	白术	700.00
13	和平县(粤)	巴戟天	200.00	57	砀山县(皖)	白术	568.28
14	醴陵市(湘)	巴戟天	20.00	58	界首市(皖)	白术	550.00
15	恩施市(鄂)	白附子	264.00	59	宁国市(皖)	白术	220.00
16	新洲区(鄂)	白花蛇	500.00	60	淳安县(浙)	白术	180.00
17	大悟县(鄂)	白花蛇	50.00	61	来凤县(鄂)	白术	150.00
18	广德县(皖)	白及	1400.00	62	天台县(浙)	白术	129.00
19	新宁县(湘)	白及	800.00	63	北湖区(湘)	白术	66.00
20	泸西县(滇)	白及	500.00	64	贵定县(黔)	白术	50.00
21	禄劝彝族苗族自治县(滇)	白及	400.00	65	湘阴县(湘)	白术	50.00
22	旌德县(皖)	白及	120.00	66	竹溪县(鄂)	白术	35.00
23	墨江哈尼族自治县(滇)	白及	112.00	67	永城市(豫)	白术	26.30
24	东至县(皖)	白及	80.00	68	龙里县(黔)	白术	26.00
25	独山县(黔)	白及	80.00	69	鹿邑县(豫)	白术	13.00
26	仁和区(川)	白及	50.00	70	双峰县(湘)	白术	12.00
27	青阳县(皖)	白及	41.00	71	淮阳县(豫)	白术	11.50
28	木里藏族自治县(川)	白及	25.00	72	万安县(赣)	白术	10.00
29	剑川县(滇)	白及	11.00	73	谯城区(皖)	白芷	40000.00
30	贵定县(黔)	白及	10.00	74	安国市(冀)	白芷	12500.00
31	合川区(渝)	白茅根	450.00	75	鹿邑县(豫)	白芷	1450.00
32	新晃侗族自治县(湘)	白茅根	10.00	76	开　县(渝)	白芷	846.00
33	谯城区(皖)	白芍	120000.00	77	竹山县(鄂)	白芷	65.00
34	涡阳县(皖)	白芍	4300.00	78	大足县(渝)	白芷	60.00
35	虞城县(豫)	白芍	3500.00	79	宜阳县(豫)	白芷	60.00
36	崇阳县(鄂)	白芍	700.00	80	竹溪县(鄂)	白芷	50.00
37	夏邑县(豫)	白芍	400.00	81	永城市(豫)	白芷	21.50
38	新泰市(鲁)	白芍	380.00	82	耒阳市(湘)	百两金	0.60
39	零陵区(湘)	白芍	300.00	83	耒阳市(湘)	败酱草	1200.00
40	曹　县(鲁)	白芍	217.70	84	砀山县(皖)	半夏	328.83
41	临漳县(冀)	白芍	102.00	85	贵池区(皖)	半夏	200.00
42	睢　县(豫)	白芍	100.00	86	嵩　县(豫)	半夏	85.00
43	舞钢市(豫)	白芍	100.00	87	酉阳土家族苗族自治县(渝)	半夏	62.00
44	界首市(皖)	白芍	72.00	88	麻阳苗族自治县(湘)	半夏	45.00

(续)

序号	其他中药材主产地	品种	产量(吨)
89	竹溪县(鄂)	半夏	45.00
90	恩施市(鄂)	半夏	35.00
91	竹山县(鄂)	半夏	33.00
92	来凤县(鄂)	半夏	12.00
93	赫章县(黔)	半夏	11.00
94	贵定县(黔)	薄荷	5.00
95	沈丘县(豫)	薄荷	3.40
96	丰顺县(粤)	薄荷	2.00
97	赫章县(黔)	薄荷	2.00
98	清镇市(黔)	薄荷	2.00
99	新晃侗族自治县(湘)	薄荷	1.00
100	罗甸县(黔)	冰片	43.00
101	耒阳市(湘)	苍耳子	20.00
102	扎兰屯市(蒙)	苍术	4000.00
103	罗田县(鄂)	苍术	1250.00
104	南漳县(鄂)	苍术	800.00
105	郧西县(鄂)	苍术	550.00
106	崇阳县(鄂)	苍术	500.00
107	京山县(鄂)	苍术	300.00
108	丰宁满族自治县(冀)	苍术	51.00
109	木里藏族自治县(川)	苍术	10.00
110	红河县(滇)	草果	6110.00
111	盈江县(滇)	草果	5578.10
112	元阳县(滇)	草果	5518.00
113	屏边苗族自治县(滇)	草果	2713.80
114	龙陵县(滇)	草果	1254.00
115	芒市(滇)	草果	288.40
116	墨江哈尼族自治县(滇)	草果	30.00
117	江城哈尼族彝族自治县(滇)	草果	28.00
118	青州市(鲁)	侧柏	480.00
119	辉县市(豫)	侧柏叶	120.00
120	竹山县(鄂)	侧柏叶	10.00
121	兴仁县(黔)	茶树	3600.00
122	台山市(粤)	茶树	263.00
123	合川区(渝)	菖蒲	65.00
124	清镇市(黔)	菖蒲	12.00
125	崇阳县(鄂)	车前子	500.00
126	辉南县(吉)	车前子	166.00
127	龙里县(黔)	车前子	67.00
128	广水市(鄂)	车前子	10.00
129	清镇市(黔)	车前子	7.00
130	新干县(赣)	车前子	6.50
131	青铜峡市(宁)	车前子	2.00
132	新晃侗族自治县(湘)	车前子	2.00
133	长白朝鲜族自治县(吉)	车前子	0.70

(续)

序号	其他中药材主产地	品种	产量(吨)
134	化州市(粤)	沉香	1.20
135	安仁县(湘)	陈皮	5000.00
136	仁寿县(川)	陈皮	45.00
137	清镇市(黔)	陈皮	15.00
138	扎兰屯市(蒙)	赤芍	7600.00
139	抚远县(黑)	赤芍	1500.00
140	虎林市(黑)	赤小豆	10000.00
141	石渠县(川)	虫草	50.20
142	木里藏族自治县(川)	虫草	30.00
143	九台市(吉)	虫草	20.00
144	鱼台县(鲁)	虫草	18.00
145	兴国县(赣)	虫草	3.00
146	吉隆县(藏)	虫草	2.00
147	九寨沟县(川)	虫草	1.00
148	南部县(川)	臭椿	1500.00
149	崇阳县(鄂)	臭椿	500.00
150	竹山县(鄂)	臭椿	150.00
151	来凤县(鄂)	川椒	172.00
152	兴义市(黔)	川椒	100.00
153	金口河区(川)	川芎	2580.00
154	开　县(渝)	川芎	153.00
155	辉南县(吉)	穿山甲	300.00
156	辉南县(吉)	穿山龙	330.00
157	延寿县(黑)	穿山龙	300.00
158	麟游县(陕)	穿山龙	134.00
159	桓仁满族自治县(辽)	穿山龙	100.00
160	鹰手营子矿区(冀)	穿山龙	40.00
161	耒阳市(湘)	大红藤	6.00
162	礼　县(甘)	大黄	30600.00
163	开　县(渝)	大黄	7840.00
164	绛　县(晋)	大黄	3600.00
165	茂　县(川)	大黄	1200.00
166	恩施市(鄂)	大黄	1078.00
167	咸丰县(鄂)	大黄	525.00
168	宕昌县(甘)	大黄	235.00
169	碌曲县(甘)	大黄	60.00
170	迭部县(甘)	大黄	52.00
171	克什克腾旗(蒙)	大黄	30.00
172	耒阳市(湘)	大青叶	200.00
173	望城县(湘)	大青叶	2.00
174	兴国县(赣)	大枣	3.00
175	谯城区(皖)	丹皮	160000.00
176	曹　县(鲁)	丹皮	15000.00
177	南陵县(皖)	丹皮	3800.00
178	砀山县(皖)	丹皮	756.43

（续）

序号	其他中药材主产地	品种	产量(吨)
179	恩施市(鄂)	丹皮	451.00
180	青阳县(皖)	丹皮	200.00
181	宜阳县(豫)	丹皮	195.00
182	泾　县(皖)	丹皮	100.00
183	临漳县(冀)	丹皮	49.00
184	永城市(豫)	丹皮	45.30
185	贵池区(皖)	丹皮	20.00
186	鹿邑县(豫)	丹皮	16.00
187	舞钢市(豫)	丹皮	10.00
188	礼　县(甘)	当归	5400.00
189	和政县(甘)	当归	5231.00
190	临潭县(甘)	当归	1800.00
191	金口河区(川)	当归	1300.00
192	宕昌县(甘)	当归	450.00
193	禄劝彝族苗族自治县(滇)	当归	350.00
194	米易县(川)	当归	300.00
195	文　县(甘)	当归	210.00
196	鹤庆县(滇)	当归	137.00
197	百里杜鹃管委会林业局(黔)	当归	80.00
198	珲春林业局(吉)	当归	62.50
199	恩施市(鄂)	当归	30.00
200	合川区(渝)	当归	30.00
201	永胜县(滇)	当归	19.20
202	丰宁满族自治县(冀)	当归	14.00
203	武宁县(赣)	当归	13.00
204	倘甸工业园区(滇)	当归	10.00
205	澧　县(湘)	地肤子	100.00
206	彭泽县(赣)	地肤子	30.00
207	盖州市(辽)	地龙	230.00
208	克什克腾旗(蒙)	地龙	10.00
209	茂　县(川)	独活	500.00
210	长阳土家族自治县(鄂)	独活	250.00
211	炉霍林业局(川)	独活	5.00
212	淅川县(豫)	番木瓜	1.18
213	喀喇沁旗(蒙)	防风	14000.00
214	扎兰屯市(蒙)	防风	2000.00
215	藁城区(冀)	防风	1900.00
216	清原满族自治县(辽)	防风	593.00
217	洮南市(吉)	防风	273.00
218	逊克县(黑)	防风	80.00
219	桦南县(黑)	防风	30.00
220	墨江哈尼族自治县(滇)	防风	27.00
221	克什克腾旗(蒙)	防风	25.00
222	垣曲县(晋)	防风	22.00
223	海林市(黑)	防风	20.00

（续）

序号	其他中药材主产地	品种	产量(吨)
224	阿城区(黑)	防风	16.00
225	彭泽县(赣)	防己	21.00
226	新宁县(湘)	榧子	20.00
227	澧　县(湘)	枫香	60.00
228	耒阳市(湘)	枫香	12.00
229	石柱土家族自治县(渝)	佛手	1600.00
230	江城哈尼族彝族自治县(滇)	佛手	1260.00
231	梁平县(渝)	佛手	150.00
232	耒阳市(湘)	浮萍	300.00
233	玉龙纳西族自治县(滇)	附子	11205.00
234	云龙县(滇)	附子	5000.00
235	宾川县(滇)	附子	3000.00
236	禄劝彝族苗族自治县(滇)	附子	400.00
237	永胜县(滇)	附子	294.00
238	漾濞彝族自治县(滇)	附子	150.00
239	武定县(滇)	附子	70.00
240	姚安县(滇)	附子	50.00
241	楚雄市(滇)	附子	11.00
242	广德县(皖)	覆盆子	1500.00
243	天门市(鄂)	覆盆子	500.00
244	新宁县(湘)	覆盆子	100.00
245	旌德县(皖)	覆盆子	80.00
246	黄山区(皖)	覆盆子	30.00
247	瓜州县(甘)	甘草	11060.00
248	金塔县(甘)	甘草	4015.00
249	杭锦旗(蒙)	甘草	2500.00
250	沙雅县(新)	甘草	1820.00
251	甘州区(甘)	甘草	1000.00
252	永靖县(甘)	甘草	1000.00
253	集宁区(蒙)	甘草	681.00
254	阿拉善右旗(蒙)	甘草	220.00
255	磴口县(蒙)	甘草	220.00
256	惠农区(宁)	甘草	200.00
257	民乐县(甘)	甘草	200.00
258	子洲县(陕)	甘草	190.00
259	浮梁县(赣)	甘草	168.00
260	和林格尔县(蒙)	甘草	62.00
261	克什克腾旗(蒙)	甘草	20.00
262	洮南市(吉)	甘草	19.00
263	安福县(赣)	甘草	10.00
264	肃南裕固族自治县(甘)	甘草	10.00
265	托克托县(蒙)	甘草	10.00
266	关岭布依族苗族自治县(黔)	干姜	1000.00
267	合川区(渝)	干姜	680.00
268	铜鼓县(赣)	干姜	500.00

(续)

序号	其他中药材主产地	品种	产量(吨)
269	赣　县(赣)	干姜	210.00
270	武宁县(赣)	干姜	155.00
271	开　县(渝)	藁本	116.00
272	茂　县(川)	藁本	50.00
273	昭化区(川)	葛根	5000.00
274	沅陵县(湘)	葛根	1500.00
275	来凤县(鄂)	葛根	1100.00
276	全州县(桂)	葛根	800.00
277	耒阳市(湘)	葛根	600.00
278	澧　县(湘)	葛根	500.00
279	恩施市(鄂)	葛根	300.00
280	金堂县(川)	葛根	300.00
281	墨江哈尼族自治县(滇)	葛根	212.00
282	和平县(粤)	葛根	200.00
283	旌德县(皖)	葛根	200.00
284	新宁县(湘)	葛根	100.00
285	嵩　县(豫)	葛根	90.00
286	新化县(湘)	葛根	50.00
287	辰溪县(湘)	葛根	30.00
288	广德县(皖)	葛根	25.00
289	彭泽县(赣)	葛根	13.00
290	鹰手营子矿区(冀)	葛根	10.00
291	新宁县(湘)	钩藤	50.00
292	长顺县(黔)	钩藤	5.50
293	三都水族自治县(黔)	钩藤	3.00
294	耒阳市(湘)	谷精草	4.00
295	安国市(冀)	瓜蒌	20625.00
296	谯城区(皖)	瓜蒌	10000.00
297	潜山县(皖)	瓜蒌	80.00
298	彭泽县(赣)	瓜蒌	10.00
299	祁东县(湘)	贯众	60.00
300	兴仁县(黔)	何首乌	2000.00
301	武陵源区(湘)	何首乌	40.00
302	陆川县(桂)	何首乌	10.00
303	谷城县(鄂)	何首乌	6.00
304	清镇市(黔)	何首乌	3.00
305	永定区(湘)	何首乌	2.00
306	竹山县(鄂)	荷叶	5.00
307	淮阳县(豫)	黑芝麻	807.00
308	潜山县(皖)	黑芝麻	30.00
309	商水县(豫)	黑芝麻	10.00
310	黟　县(皖)	黑芝麻	3.00
311	平罗县(宁)	红花	12.60
312	大姚县(滇)	红花	2.00
313	大关县(滇)	胡黄连	2.50

(续)

序号	其他中药材主产地	品种	产量(吨)
314	旬阳县(陕)	黄姜	88500.00
315	淅川县(豫)	黄姜	25000.00
316	山阳县(陕)	黄姜	21280.00
317	沐川县(川)	黄姜	10000.00
318	独山县(黔)	黄姜	5000.00
319	商南县(陕)	黄姜	3790.00
320	眉　县(陕)	黄姜	812.00
321	澧　县(湘)	黄姜	300.00
322	安化县(湘)	黄姜	250.00
323	阳新县(鄂)	黄姜	95.00
324	北湖区(湘)	黄姜	60.00
325	会理县(川)	黄荆	55.00
326	耒阳市(湘)	黄荆	40.00
327	广德县(皖)	黄精	1040.00
328	兴义市(黔)	黄精	600.00
329	开　县(渝)	黄精	515.00
330	旌德县(皖)	黄精	400.00
331	青阳县(皖)	黄精	300.50
332	恩施市(鄂)	黄精	160.00
333	咸丰县(鄂)	黄精	115.00
334	腾冲县(滇)	黄精	100.00
335	株洲县(湘)	黄精	100.00
336	贵池区(皖)	黄精	60.00
337	祁门县(皖)	黄精	55.00
338	鹤城区(湘)	黄精	50.00
339	嵩　县(豫)	黄精	20.00
340	新化县(湘)	黄精	20.00
341	开　县(渝)	黄连	6400.00
342	恩施市(鄂)	黄连	338.00
343	珙　县(川)	黄连	200.00
344	来凤县(鄂)	黄连	180.00
345	沙湾区(川)	黄连	105.00
346	桑植县(湘)	黄连	80.00
347	咸丰县(鄂)	黄连	15.00
348	酉阳土家族苗族自治县(渝)	黄连	15.00
349	平邑县(鲁)	黄芩	5200.00
350	绛　县(晋)	黄芩	4600.00
351	蒲城县(陕)	黄芩	1300.00
352	赤城县(冀)	黄芩	670.00
353	龙城区(辽)	黄芩	521.00
354	嵩　县(豫)	黄芩	500.00
355	莒　县(鲁)	黄芩	225.00
356	喀喇沁左翼蒙古族自治县(辽)	黄芩	185.00
357	涉　县(冀)	黄芩	151.00
358	子洲县(陕)	黄芩	105.00

（续）

序号	其他中药材主产地	品种	产量（吨）
359	临潭县（甘）	黄芩	100.00
360	凌源市（辽）	黄芩	82.00
361	沂水县（鲁）	黄芩	70.00
362	武川县（蒙）	黄芩	65.00
363	丰宁满族自治县（冀）	黄芩	62.00
364	鹰手营子矿区（冀）	黄芩	60.00
365	垣曲县（晋）	黄芩	45.00
366	麟游县（陕）	黄芩	22.00
367	东平县（鲁）	黄芩	10.00
368	西畴县（滇）	姜黄	20.00
369	清镇市（黔）	金钱草	12.00
370	永胜县（滇）	金钱草	3.00
371	万州区（渝）	金钱草	1.20
372	澧　县（湘）	金樱子	100.00
373	鼎城区（湘）	金樱子	28.00
374	云城区（粤）	金樱子	12.00
375	涉　县（冀）	荆芥	1000.00
376	克什克腾旗（蒙）	韭菜子	5.00
377	淳安县（浙）	菊花	986.00
378	夷陵区（鄂）	菊花	864.00
379	武宁县（赣）	菊花	258.00
380	永城市（豫）	菊花	235.00
381	鹿邑县（豫）	菊花	170.00
382	桐城市（皖）	菊花	150.00
383	东平县（鲁）	菊花	100.00
384	彭泽县（赣）	菊花	100.00
385	汤阴县（豫）	菊花	90.00
386	鹤山区（豫）	菊花	60.00
387	临西县（冀）	菊花	60.00
388	永丰县（赣）	菊花	40.00
389	耒阳市（湘）	菊花	20.00
390	潜山县（皖）	菊花	12.00
391	袁州区（赣）	菊花	11.00
392	辉县市（豫）	决明子	68.00
393	伊川县（豫）	决明子	15.00
394	丰顺县（粤）	决明子	2.00
395	赤城县（冀）	苦参	7500.00
396	喀喇沁左翼蒙古族自治县（辽）	苦参	950.00
397	康平县（辽）	苦参	150.00
398	麟游县（陕）	苦参	63.00
399	丰宁满族自治县（冀）	苦参	39.00
400	和政县（甘）	款冬花	697.00
401	耒阳市（湘）	阔叶十大功劳	4.00
402	沁水县（晋）	连翘	8500.00
403	黎城县（晋）	连翘	6692.00

（续）

序号	其他中药材主产地	品种	产量（吨）
404	陵川县（晋）	连翘	3816.00
405	沁源县（晋）	连翘	3500.00
406	嵩　县（豫）	连翘	3200.00
407	涉　县（冀）	连翘	2300.00
408	阳城县（晋）	连翘	1224.00
409	青州市（鲁）	连翘	300.00
410	翼城县（晋）	连翘	40.00
411	中站区（豫）	连翘	20.00
412	耒阳市（湘）	楝	5.00
413	龙泉市（浙）	灵芝	931.00
414	旌德县（皖）	灵芝	500.00
415	黄岩区（浙）	灵芝	250.00
416	和平县（粤）	灵芝	100.00
417	通化县（吉）	灵芝	89.20
418	利州区（川）	灵芝	75.00
419	崇义县（赣）	灵芝	50.00
420	抚远县（黑）	灵芝	50.00
421	八家子林业局（吉）	灵芝	45.00
422	谷城县（鄂）	灵芝	40.00
423	椒江区（浙）	灵芝	40.00
424	武宁县（赣）	灵芝	37.00
425	永丰县（赣）	灵芝	22.00
426	昭平县（桂）	灵芝	13.00
427	奉化市（浙）	灵芝	12.00
428	独山县（黔）	灵芝	10.00
429	清原满族自治县（辽）	龙胆草	705.00
430	云龙县（滇）	龙胆草	500.00
431	永德县（滇）	龙胆草	140.00
432	宽甸满族自治县（辽）	龙胆草	110.00
433	桦南县（黑）	龙胆草	50.00
434	兴仁县（黔）	龙胆草	40.00
435	辉南县（吉）	龙胆草	10.00
436	丰顺县（粤）	龙眼肉	8.00
437	化州市（粤）	龙眼肉	3.80
438	台山市（粤）	龙眼肉	3.00
439	耒阳市（湘）	芦根	300.00
440	伊通满族自治县（吉）	鹿茸	5.56
441	辉南县（吉）	鹿茸	2.30
442	新宾满族自治县（辽）	鹿茸	1.20
443	铁力市（黑）	鹿茸	1.00
444	鄂托克前旗（蒙）	麻黄	2480.00
445	达拉特旗（蒙）	麻黄	900.00
446	临潭县（甘）	麻黄	15.00
447	耒阳市（湘）	马勃	2.00
448	耒阳市（湘）	马齿苋	2000.00

(续)

序号	其他中药材主产地	品种	产量(吨)
449	竹山县(鄂)	马齿苋	20.00
450	兴国县(赣)	马齿苋	11.00
451	克什克腾旗(蒙)	马齿苋	10.00
452	曹　县(鲁)	麦冬	10000.00
453	襄城区(鄂)	麦冬	7400.00
454	麻阳苗族自治县(湘)	麦冬	15.00
455	澧　县(湘)	芒硝	5000.00
456	潼南县(渝)	玫瑰花	750.00
457	东平县(鲁)	玫瑰花	600.00
458	肥城市(鲁)	玫瑰花	140.00
459	永城市(豫)	玫瑰花	56.90
460	大冶市(鄂)	玫瑰花	50.00
461	兴仁县(黔)	玫瑰花	50.00
462	永胜县(滇)	玫瑰花	30.00
463	竹山县(鄂)	木瓜	15000.00
464	谷城县(鄂)	木瓜	12000.00
465	方城县(豫)	木瓜	7120.00
466	郧　县(鄂)	木瓜	6000.00
467	长阳土家族自治县(鄂)	木瓜	2500.00
468	施甸县(滇)	木瓜	2200.00
469	桐柏县(豫)	木瓜	2174.00
470	河东区(鲁)	木瓜	650.00
471	商南县(陕)	木瓜	625.00
472	桑植县(湘)	木瓜	500.00
473	泌阳县(豫)	木瓜	252.00
474	恩施市(鄂)	木瓜	226.00
475	舞钢市(豫)	木瓜	50.00
476	宝丰县(豫)	木瓜	42.00
477	武陵源区(湘)	木瓜	30.00
478	广水市(鄂)	木瓜	20.00
479	永胜县(滇)	木瓜	12.00
480	耒阳市(湘)	木槿	1.00
481	来凤县(鄂)	木通	150.00
482	辉南县(吉)	木通	56.00
483	玉龙纳西族自治县(滇)	木香	22500.00
484	文　县(甘)	木香	16800.00
485	开　县(渝)	木香	6200.65
486	禄劝彝族苗族自治县(滇)	木香	1000.00
487	洱源县(滇)	木香	800.00
488	漾濞彝族自治县(滇)	木香	400.00
489	耒阳市(湘)	南蛇藤	100.00
490	耒阳市(湘)	南天竹	6.00
491	迭部县(甘)	牛蒡子	121.00
492	临潭县(甘)	牛蒡子	60.00
493	姚安县(滇)	牛蒡子	40.00

(续)

序号	其他中药材主产地	品种	产量(吨)
494	耒阳市(湘)	牛蒡子	20.00
495	恩施市(鄂)	牛膝	1094.00
496	元宝山区(蒙)	牛膝	3.00
497	临泉县(皖)	女贞子	200.00
498	嵩　县(豫)	女贞子	75.00
499	瑞金市(赣)	女贞子	4.00
500	瓮安县(黔)	女贞子	2.50
501	淮阳县(豫)	女贞子	1.00
502	株洲县(湘)	枇杷叶	120.00
503	兴仁县(黔)	枇杷叶	100.00
504	竹山县(鄂)	枇杷叶	67.00
505	石屏县(滇)	枇杷叶	25.00
506	新宾满族自治县(辽)	蒲公英	4500.00
507	辉南县(吉)	蒲公英	3600.00
508	清原满族自治县(辽)	蒲公英	558.00
509	临泉县(皖)	蒲公英	180.00
510	宁阳县(鲁)	蒲公英	60.00
511	耒阳市(湘)	蒲公英	40.00
512	龙里县(黔)	蒲公英	35.00
513	襄城区(鄂)	蒲公英	30.00
514	广水市(鄂)	蒲公英	20.00
515	随州市市辖区(鄂)	七叶树	10.00
516	耒阳市(湘)	千金藤	10.00
517	石柱土家族自治县(渝)	前胡	5000.00
518	固始县(豫)	芡实	30.00
519	迭部县(甘)	羌活	1760.00
520	茂　县(川)	羌活	100.00
521	玉龙纳西族自治县(滇)	秦艽	16704.00
522	隆德县(宁)	秦艽	13000.00
523	迭部县(甘)	秦艽	20.00
524	耒阳市(湘)	青蒿	500.00
525	开　县(渝)	青蒿	130.00
526	新田县(湘)	青蒿	50.00
527	会理县(川)	青蒿	40.00
528	富蕴林场(新)	青蒿	20.00
529	恩施市(鄂)	青蒿	15.00
530	耒阳市(湘)	青葙子	8.00
531	内乡县(豫)	全蝎	2.20
532	贵池区(皖)	忍冬	2.00
533	阿拉善左旗(蒙)	肉苁蓉	3600.00
534	阿拉善右旗(蒙)	肉苁蓉	600.00
535	磴口县(蒙)	肉苁蓉	440.00
536	木里藏族自治县(川)	肉苁蓉	210.00
537	高台县(甘)	肉苁蓉	184.00
538	德庆县(粤)	肉桂	26728.00

（续）

序号	其他中药材主产地	品种	产量（吨）
539	高要市（粤）	肉桂	19443.00
540	鼎湖区（粤）	肉桂	475.00
541	信宜市（粤）	肉桂	400.00
542	屏边苗族自治县（滇）	肉桂	148.70
543	北流市（桂）	肉桂	20.30
544	武宁县（赣）	肉桂	11.00
545	腾冲县（滇）	三七	4050.00
546	泸西县（滇）	三七	3000.00
547	个旧市（滇）	三七	2938.00
548	文山市（滇）	三七	2667.00
549	那坡县（桂）	三七	2358.00
550	屏边苗族自治县（滇）	三七	1433.80
551	广南县（滇）	三七	1277.90
552	建水县（滇）	三七	459.80
553	禄劝彝族苗族自治县（滇）	三七	366.00
554	江川县（滇）	三七	250.00
555	弥勒市（滇）	三七	150.00
556	倘甸工业园区（滇）	三七	60.00
557	墨江哈尼族自治县（滇）	三七	50.00
558	东兴区（川）	桑椹	30.00
559	兴国县（赣）	桑椹	6.00
560	黟　县（皖）	桑椹	4.00
561	瓮安县（黔）	桑椹	1.00
562	连南瑶族自治县（粤）	桑叶	12887.00
563	兴仁县（黔）	桑叶	300.00
564	耒阳市（湘）	桑叶	80.00
565	竹山县（鄂）	桑叶	33.00
566	东兴区（川）	桑叶	15.00
567	安国市（冀）	沙参	11200.00
568	逊克县（黑）	沙参	240.00
569	会理县（川）	沙参	75.00
570	桓仁满族自治县（辽）	沙参	50.00
571	阜新蒙古族自治县（辽）	沙参	2.00
572	屏山县（川）	砂仁	12000.00
573	信宜市（粤）	砂仁	400.00
574	江城哈尼族彝族自治县（滇）	砂仁	380.00
575	孟连傣族拉祜族佤族自治县（滇）	砂仁	300.00
576	兴仁县（黔）	砂仁	100.00
577	澜沧拉祜族自治县（滇）	砂仁	86.00
578	翠屏区（川）	砂仁	20.00
579	兴义市（黔）	山豆根	500.00
580	那坡县（桂）	山豆根	210.00
581	耒阳市（湘）	山鸡椒	4.00
582	安国市（冀）	山药	30500.00
583	温　县（豫）	山药	20000.00
584	淮阳县（豫）	山药	7170.00
585	玉龙纳西族自治县（滇）	山药	4000.00
586	恩施市（鄂）	山药	1200.00
587	桓仁满族自治县（辽）	山药	900.00
588	东平县（鲁）	山药	100.00
589	竹山县（鄂）	山药	100.00
590	关岭布依族苗族自治县（黔）	山药	20.00
591	嵩　县（豫）	山萸肉	30500.00
592	丹凤县（陕）	山萸肉	7667.00
593	淳安县（浙）	山萸肉	2983.00
594	周至县（陕）	山萸肉	1408.00
595	阳城县（晋）	山萸肉	1378.00
596	城固县（陕）	山萸肉	250.00
597	黎城县（晋）	山萸肉	131.00
598	船山区（川）	山萸肉	93.00
599	万州区（渝）	山萸肉	40.00
600	武宁县（赣）	山萸肉	26.00
601	内乡县（豫）	山萸肉	10.00
602	辉县市（豫）	山楂	780.00
603	嵩　县（豫）	山楂	460.00
604	阳城县（晋）	山楂	371.00
605	辉南县（吉）	山楂	210.00
606	大石桥市（辽）	山楂	205.00
607	盖州市（辽）	山楂	160.00
608	东平县（鲁）	山楂	100.00
609	庄河市（辽）	山楂	41.00
610	舞钢市（豫）	山楂	40.00
611	麟游县（陕）	山楂	26.00
612	谯城区（皖）	射干	1000.00
613	涉　县（冀）	射干	200.00
614	新洲区（鄂）	射干	100.00
615	茂　县（川）	射干	50.00
616	汝城县（湘）	升麻	1000.00
617	蒲城县（陕）	生地	1400.00
618	连南瑶族自治县（粤）	生姜	4510.00
619	龙里县（黔）	生姜	3445.00
620	昭平县（桂）	生姜	2700.00
621	全州县（桂）	生姜	800.00
622	兴仁县（黔）	生姜	600.00
623	新宁县（湘）	生姜	300.00
624	耒阳市（湘）	生姜	100.00
625	苏仙区（湘）	生姜	70.00
626	玉山县（赣）	生姜	65.00
627	会理县（川）	生姜	55.00
628	北流市（桂）	生姜	50.10

(续)

序号	其他中药材主产地	品种	产量(吨)
629	潜山县(皖)	生姜	50.00
630	新化县(湘)	生姜	50.00
631	大埔县(粤)	生姜	22.00
632	瑞金市(赣)	生姜	13.00
633	乐安县(赣)	生姜	11.00
634	元氏县(冀)	石榴	365.00
635	会理县(川)	石榴	200.00
636	黔西县(黔)	石榴皮	1.00
637	宁明县(桂)	松香	171035.00
638	龙里县(黔)	松香	610.00
639	沅陵县(湘)	松香	600.00
640	安化县(湘)	松香	320.00
641	辉南县(吉)	苏子	110.00
642	青州市(鲁)	酸枣仁	1850.00
643	宜阳县(豫)	酸枣仁	400.00
644	阿拉善左旗(蒙)	锁阳	4860.00
645	阿拉善右旗(蒙)	锁阳	2400.00
646	龙里县(黔)	太子参	32.00
647	德江县(黔)	太子参	22.00
648	瓮安县(黔)	太子参	12.00
649	石阡县(黔)	太子参	4.60
650	芜湖县(皖)	太子参	2.25
651	兴仁县(黔)	桃仁	10.00
652	耒阳市(湘)	通脱木	3.00
653	北流市(桂)	土沉香	30.50
654	开　县(渝)	土大黄	11128.32
655	英山县(鄂)	土茯苓	800.00
656	长顺县(黔)	土茯苓	570.00
657	耒阳市(湘)	土茯苓	300.00
658	鼎城区(湘)	土茯苓	20.00
659	平罗县(宁)	菟丝子	37.40
660	青铜峡市(宁)	菟丝子	20.00
661	山丹县(甘)	王不留行	1200.00
662	本溪满族自治县(辽)	威灵仙	300.00
663	达川区(川)	乌梅	50000.00
664	鹤庆县(滇)	乌头	878.00
665	天台县(浙)	乌药	15.00
666	淳安县(浙)	乌药	2.00
667	恩施市(鄂)	吴茱萸	500.00
668	汨罗市(湘)	吴茱萸	62.00
669	江城哈尼族彝族自治县(滇)	吴茱萸	30.00
670	耒阳市(湘)	梧桐	2.00
671	石城县(赣)	梧桐	1.00
672	东宝区(鄂)	蜈蚣	40.00
673	来安县(皖)	蜈蚣	10.00
674	竹山县(鄂)	五倍子	2646.50

(续)

序号	其他中药材主产地	品种	产量(吨)
675	三都水族自治县(黔)	五倍子	910.00
676	桑植县(湘)	五倍子	500.00
677	永定区(湘)	五倍子	300.00
678	红安县(鄂)	五倍子	280.00
679	德江县(黔)	五倍子	205.00
680	来凤县(鄂)	五倍子	140.00
681	桐梓县(黔)	五倍子	118.00
682	西乡县(陕)	五倍子	115.00
683	东宝区(鄂)	五倍子	40.00
684	邻水县(川)	五倍子	37.00
685	水富县(滇)	五倍子	35.00
686	瓮安县(黔)	五倍子	10.00
687	新化县(湘)	五加	200.00
688	茂　县(川)	五加皮	10.00
689	新化县(湘)	五加皮	10.00
690	宽甸满族自治县(辽)	细辛	4000.00
691	新宾满族自治县(辽)	细辛	1545.00
692	凤城市(辽)	细辛	1102.00
693	清原满族自治县(辽)	细辛	920.00
694	桓仁满族自治县(辽)	细辛	400.00
695	阜新蒙古族自治县(辽)	细辛	390.00
696	迭部县(甘)	细辛	222.00
697	东港市(辽)	细辛	200.00
698	湾沟林业局(吉林森工)	细辛	30.00
699	桐柏县(豫)	夏枯草	7354.00
700	广水市(鄂)	夏枯草	500.00
701	耒阳市(湘)	夏枯草	80.00
702	新宁县(湘)	仙鹤草	100.00
703	耒阳市(湘)	香叶树	4.00
704	澧　县(湘)	香橼	500.00
705	耒阳市(湘)	香橼	6.00
706	会理县(川)	小茴香	105.00
707	鲁山县(豫)	辛夷	800.00
708	恩施市(鄂)	辛夷	49.00
709	竹山县(鄂)	辛夷	12.00
710	丹江口市(鄂)	杏仁	1650.00
711	环　县(甘)	杏仁	100.00
712	临潭县(甘)	杏仁	20.00
713	华池县(甘)	杏仁	15.00
714	云龙县(滇)	续断	9800.00
715	禄劝彝族苗族自治县(滇)	续断	1200.00
716	鹤庆县(滇)	续断	742.00
717	腾冲县(滇)	续断	730.00
718	龙里县(黔)	续断	336.00
719	恩施市(鄂)	续断	306.00
720	木里藏族自治县(川)	续断	159.00

（续）

序号	其他中药材主产地	品种	产量(吨)
721	仁和区(川)	续断	80.00
722	南川区(渝)	玄参	7500.00
723	咸丰县(鄂)	玄参	592.00
724	恩施市(鄂)	玄参	279.00
725	长顺县(黔)	玄参	250.00
726	嵩　县(豫)	玄参	200.00
727	东平县(鲁)	玄参	100.00
728	富阳市(浙)	延胡索	100.00
729	耒阳市(湘)	盐肤木	200.00
730	耒阳市(湘)	羊踯躅	1.00
731	耒阳市(湘)	夜明砂	4.00
732	义乌市(浙)	益母草	350.00
733	兴国县(赣)	益母草	5.50
734	丰顺县(粤)	益母草	5.00
735	高州市(粤)	益智仁	700.00
736	信宜市(粤)	益智仁	600.00
737	兴仁县(黔)	薏苡仁	30000.00
738	墨江哈尼族自治县(滇)	薏苡仁	3.00
739	石城县(赣)	薏苡仁	1.00
740	嵩　县(豫)	茵陈	2000.00
741	石城县(赣)	茵陈	3.00
742	泸西县(滇)	银杏	30000.00
743	灵川县(桂)	银杏	3094.00
744	兴安县(桂)	银杏	3079.00
745	全州县(桂)	银杏	2000.00
746	恩施市(鄂)	银杏	600.00
747	剑阁县(川)	银杏	500.00
748	城固县(陕)	银杏	309.00
749	南川区(渝)	银杏	280.00
750	怀远县(皖)	银杏	180.00
751	武宁县(赣)	银杏	160.00
752	禹州市(豫)	银杏	90.00
753	新宁县(湘)	银杏	50.00
754	邻水县(川)	银杏	45.00
755	威远县(川)	银杏	41.00
756	信丰县(赣)	银杏	34.00
757	德江县(黔)	银杏	22.00
758	远安县(鄂)	银杏	15.00
759	修文县(黔)	银杏	14.00
760	振安区(辽)	银杏	10.00
761	株洲县(湘)	银杏	10.00
762	新宾满族自治县(辽)	淫羊藿	2000.00
763	桓仁满族自治县(辽)	淫羊藿	400.00
764	本溪满族自治县(辽)	淫羊藿	70.00
765	新宁县(湘)	淫羊藿	50.00
766	新化县(湘)	玉竹	10000.00

（续）

序号	其他中药材主产地	品种	产量(吨)
767	凤城市(辽)	玉竹	7000.00
768	慈利县(湘)	玉竹	5000.00
769	涟源市(湘)	玉竹	2160.00
770	桃江县(湘)	玉竹	1800.00
771	宽甸满族自治县(辽)	玉竹	1500.00
772	清原满族自治县(辽)	玉竹	966.00
773	祁东县(湘)	玉竹	800.00
774	东港市(辽)	玉竹	700.00
775	本溪满族自治县(辽)	玉竹	300.00
776	安化县(湘)	玉竹	200.00
777	桑植县(湘)	玉竹	150.00
778	会理县(川)	玉竹	135.00
779	青州市(鲁)	远志	5.00
780	新野县(豫)	月季	60.00
781	耒阳市(湘)	月季	1.00
782	谯城区(皖)	知母	5000.00
783	临漳县(冀)	知母	60.00
784	鹿寨县(桂)	栀子	23472.00
785	孝南区(鄂)	栀子	3375.00
786	临川区(赣)	栀子	2600.00
787	长阳土家族自治县(鄂)	栀子	2250.00
788	株洲县(湘)	栀子	1500.00
789	都昌县(赣)	栀子	900.00
790	苍南县(浙)	栀子	765.00
791	郎溪县(皖)	栀子	750.00
792	广水市(鄂)	栀子	300.00
793	纳溪区(川)	栀子	200.00
794	开　县(渝)	栀子	135.45
795	孝昌县(鄂)	栀子	100.00
796	冷水江市(湘)	栀子	90.00
797	双峰县(湘)	栀子	60.00
798	新干县(赣)	栀子	60.00
799	太白县(陕)	猪苓	2535.00
800	嵩　县(豫)	猪苓	620.00
801	辉南县(吉)	猪苓	340.00
802	蓝田县(陕)	猪苓	100.00
803	两当县(甘)	猪苓	55.00
804	耒阳市(湘)	竹叶	80.00
805	双峰县(湘)	竹叶	5.00
806	嵩　县(豫)	紫花地丁	150.00
807	耒阳市(湘)	紫花地丁	60.00
808	耒阳市(湘)	紫金牛	1.00
809	耒阳市(湘)	紫苏	200.00
810	新化县(湘)	紫苏	5.00
811	安国市(冀)	紫菀	10000.00
812	临西县(冀)	紫菀	75.00

表17　2015年主要森林旅游资源与利用

序号	县(旗、市、区、局、场)	森林公园及自然保护区(名称)	级别	实际接待人数(万人次)	旅游总收入(万元)	其中:门票收入(万元)
1	大兴区(京)	古桑国家森林公园	国家	10.00	20.00	20.00
2	北京市西山林场(京)	北京市西山国家森林公园	国家	140.00	411.50	316.00
3	北京松山国家级自然保护区管理处(京)	北京松山国家级自然保护区森林旅游景区	国家	5.70	228.00	224.00
4	北京市十三陵林场(京)	蟒山国家森林公园	国家	21.58	336.00	330.00
5	灵寿县(冀)	五岳寨国家森林公园	国家	192.00	115200.00	3264.00
6	平山县(冀)	河北驼梁自然保护区	国家	69.10	5200.00	2822.00
7	平山县(冀)	平山天桂山风景名胜区	国家	52.00	3344.00	2468.00
8	迁西县(冀)	达峪林场	国家	50.00	15000.00	5600.00
9	山海关区(冀)	山海关森林公园	国家	30.00	840.00	0.00
10	北戴河区(冀)	秦皇岛野生动物园	国家	101.00	7100.00	7100.00
11	峰峰矿区(冀)	响堂山国家森林公园	国家	35.20	1020.00	100.00
12	武安市(冀)	武安市国家级森林公园	国家	69.00	4800.00	4800.00
13	邢台县(冀)	紫金山	国家	21.90	575.60	575.60
14	邢台县(冀)	大峡谷	国家	19.10	396.70	396.70
15	邢台县(冀)	前南峪森林公园	国家	45.30	1579.30	1579.30
16	邢台县(冀)	云梦山	国家	28.30	503.70	503.70
17	邢台县(冀)	九龙峡	国家	36.68	916.00	916.00
18	邢台县(冀)	天梯山	国家	22.90	334.30	334.30
19	邢台县(冀)	天河山	国家	31.37	637.90	637.90
20	邢台县(冀)	英谈历史文化古村	国家	15.25	21.50	21.50
21	临城县(冀)	小天池	国家	2.60	180.00	10.00
22	内丘县(冀)	太子岩景区	国家	1.50	2000.00	150.00
23	涞水县(冀)	白草畔景区	国家	350.00	28350.00	0.00
24	阜平县(冀)	天生桥国家地质森林公园	国家	14.50	4060.00	1450.00
25	唐　县(冀)	古北岳国家森林公园	国家	25.00	800.00	0.00
26	易　县(冀)	易州森林公园	国家	22.00	1200.00	55.00
27	曲阳县(冀)	虎山风景区	国家	2.98	447.00	149.00
28	沽源县(冀)	沽源县闪电河湿地公园	国家	4.89	170.00	0.00
29	尚义县(冀)	察汗淖湿地公园	国家	7.80	50.00	0.00
30	蔚　县(冀)	小五台山国家级自然保护区	国家	2.67	2266.70	186.90
31	赤城县(冀)	黑龙山森林公园	国家	1.00	29.00	5.00
32	赤城县(冀)	大海坨自然保护区	国家	3.00	13.00	0.00
33	双桥区(冀)	磬锤峰国家森林公园	国家	5.00	250.00	250.00
34	兴隆县(冀)	兴隆县六里坪林场国家森林公园	国家	21.00	1050.00	41.00
35	平泉县(冀)	辽河源国家森林公园	国家	5.00	300.00	100.00
36	滦平县(冀)	白草洼国家森林公园	国家	3.00	29.00	29.00
37	隆化县(冀)	河北省茅荆坝国家级自然保护区	国家	8.50	20.00	0.00
38	丰宁满族自治县(冀)	白云古洞景区	国家	12.00	948.00	600.00
39	丰宁满族自治县(冀)	河北海流图国家级湿地公园	国家	14.20	4885.00	1704.00
40	塞罕坝机械林场(冀)	河北省塞罕坝国家级森林公园	国家	46.01	4591.00	3997.90
41	木栏围场国营林场(冀)	河北省木兰围场国家森林公园	国家	0.50	22.50	15.00
42	雾灵山国家级自然保护区(冀)	河北雾灵山国家级自然保护区	国家	18.70	2345.51	2007.73
43	浑源县(晋)	恒山森林公园	国家	88.65	36920.00	6154.00
44	长治市郊区(晋)	老顶山国家森林公园	国家	38.00	5582.00	0.00

（续）

序号	县（旗、市、区、局、场）	森林公园及自然保护区（名称）	级别	实际接待人数（万人次）	旅游总收入（万元）	其中：门票收入（万元）
45	黎城县（晋）	黄崖洞国家森林公园	国家	21.00	230.00	150.00
46	壶关县（晋）	太行峡谷国家森林公园	国家	14.00	1.70	1.30
47	沁源县（晋）	沁源县灵空山自然保护区	国家	29.24	1000.00	162.38
48	阳城县（晋）	蟒河自然保护区	国家	56.69	5615.74	2837.10
49	垣曲县（晋）	历山国家级自然保护区	国家	30.00	10000.00	2000.00
50	忻府区（晋）	禹王洞国家森林公园	国家	1.46	17.00	17.00
51	回民区（蒙）	呼和浩特市乌素图森林公园	国家	2.50	72.00	72.00
52	武川县（蒙）	哈达门森林公园	国家	0.42	60.00	17.00
53	石拐区（蒙）	五当召国家森林公园	国家	13.00		400,00
54	九原区（蒙）	梅力更自然保护区	国家	7.00	502.00	0.00
55	海勃湾区（蒙）	乌海市金沙湾旅游区	国家	32.60	1100.00	400.00
56	元宝山区（蒙）	兴隆国家森林公园	国家	2.00	1000.00	0.00
57	阿鲁科尔沁旗（蒙）	罕山自然保护区	国家	4.50	3000.00	0.00
58	巴林左旗（蒙）	乌兰坝自然保护区	国家	0.76	510.00	0.00
59	巴林右旗（蒙）	赛罕乌拉国家级自然保护区	国家	0.80	50.00	48.00
60	克什克腾旗（蒙）	黄岗梁国家森林公园	国家	35.00	6000.00	4000.00
61	克什克腾旗（蒙）	桦木沟国家森林公园	国家	20.00	8000.00	2000.00
62	克什克腾旗（蒙）	白音敖包国家级自然保护区	国家	6.00	200.00	40.00
63	喀喇沁旗（蒙）	马鞍山国家森林公园	国家	3.50	792.00	0.00
64	喀喇沁旗（蒙）	旺业甸国家森林公园	国家	5.50	1708.00	0.00
65	宁城县（蒙）	藏龙谷景区	国家	2.30	970.00	184.00
66	宁城县（蒙）	杜鹃山景区	国家	2.00	864.00	160.00
67	宁城县（蒙）	道须沟生态旅游景区	国家	14.90	7837.00	1192.00
68	宁城县（蒙）	大坝沟生态旅游景区	国家	10.80	5215.00	432.00
69	敖汉旗（蒙）	大黑山自然保护区（清泉谷风景区塞外神汤度假村）	国家	7.00	1400.00	490.00
70	科尔沁左翼后旗（蒙）	大青沟	国家	25.00	15000.00	0.00
71	东胜区（蒙）	九成功旅游区	国家	38.00	4604.00	4604.00
72	达拉特旗（蒙）	响沙湾旅游区	国家	11.70	5161.00	4360.00
73	鄂托克前旗（蒙）	大沙头生态文化旅游区	国家	8.44	7763.00	253.20
74	鄂托克前旗（蒙）	鄂尔多斯文化旅游村	国家	12.00	80.00	2.00
75	鄂托克前旗（蒙）	上海庙欢乐大草原旅游区	国家	7.60	7131.00	228.00
76	杭锦旗（蒙）	杭锦旗七星湖旅游区	国家	6.58	4408.25	0.00
77	乌审旗（蒙）	萨拉乌苏国家湿地公园	国家	5.40	3000.00	600.00
78	伊金霍洛旗（蒙）	成吉思汗陵园	国家	4200.00	6100.00	4400.00
79	海拉尔区（蒙）	海拉尔西山国家森林公园	国家	18.90	182.00	182.00
80	红花尔基林业局（蒙）	红花尔基樟子松国家级森林公园	国家	1.15	144.18	64.38
81	乌拉特前旗（蒙）	乌梁素海	国家	15.00	600.00	0.00
82	杭锦后旗（蒙）	河套森林公园	国家	1.50	350.00	50.00
83	凉城县（蒙）	二龙什台国家级森林公园	国家	5.00	250.00	50.00
84	五岔沟林业局（蒙）	好森沟国家森林公园	国家	11.00	820.00	660.00
85	白狼林业局（蒙）	内蒙古白狼洮儿河国家湿地公园	国家	2.00	200.00	0.00
86	额济纳旗（蒙）	内蒙古额济纳胡杨林国家级自然保护区	国家	14.00	28.00	28.00
87	浑南区（辽）	棋盘山风景区	国家	200.00	9600.00	400.00

(续)

序号	县(旗、市、区、局、场)	森林公园及自然保护区(名称)	级别	实际接待人数(万人次)	旅游总收入(万元)	其中:门票收入(万元)
88	辽中区(辽)	辽中蒲河国家湿地公园	国家	44.00	403.00	0.00
89	康平县(辽)	康平县辽河湿地公园	国家	10.00	4000.00	0.00
90	康平县(辽)	康平县国家沙漠公园	国家	2.00	800.00	0.00
91	法库县(辽)	五龙山自然保护区	国家	43.75	7000.00	2800.00
92	甘井子区(辽)	大连西郊森林公园	国家	91.60	14950.00	10395.00
93	甘井子区(辽)	大连金龙寺森林公园	国家	16.00	235.00	200.00
94	普兰店市(辽)	普兰店国家森林公园	国家	21.50	638.00	138.00
95	庄河市(辽)	大连银石滩国家级森林公园	国家	32.00	3500.00	590.00
96	庄河市(辽)	大连冰峪风景区	国家	27.00	3800.00	2700.00
97	庄河市(辽)	大连天门山国家级森林公园	国家	9.00	540.00	220.00
98	抚顺县(辽)	三块石森林公园	国家	10.00		290.00
99	新宾满族自治县(辽)	猴石森林公园	国家	32.00	3200.00	2000.00
100	新宾满族自治县(辽)	和睦森林公园	国家	22.00	2200.00	1500.00
101	新宾满族自治县(辽)	岗山森林公园	国家	10.00	1000.00	200.00
102	南芬区(辽)	大冰沟	国家	4.00	55.00	50.00
103	本溪满族自治县(辽)	汤沟森林公园	国家	8.00	400.00	400.00
104	本溪满族自治县(辽)	铁刹山森林公园	国家	7.00	200.00	140.00
105	本溪满族自治县(辽)	关门山森林公园	国家	40.00	3000.00	2300.00
106	桓仁满族自治县(辽)	库区国家森林公园	国家	2.00	165.00	80.00
107	宽甸满族自治县(辽)	青山沟森林公园	国家	4.70	1200.00	689.00
108	凤城市(辽)	大梨树自然保护区	国家	105.00	84000.00	0.00
109	凤城市(辽)	凤凰山自然保护区	国家	36.00	21828.00	0.00
110	阜新蒙古族自治县(辽)	海棠山国家级自然保护区	国家	500.00	3000.00	2500.00
111	西丰县(辽)	冰砬山森林公园	国家	36.00	670.00	8.00
112	建平县(辽)	牛河梁自然保护区	国家	40.00	2000.00	500.00
113	喀喇沁左翼蒙古族自治县(辽)	辽宁楼子山国家级自然保护区	国家	10.00	200.00	0.00
114	北票市(辽)	大黑山自然保护区	国家	50.00	32000.00	2500.00
115	连山区(辽)	虹螺山自然保护区	国家	1.65	550.00	0.00
116	建昌县(辽)	白狼山国家级自然保护区	国家	5.00	1000.00	200.00
117	双阳区(吉)	长春吊水壶国家森林公园	国家	1.40	150.00	150.00
118	九台市(吉)	庙香山旅游区	国家	200.00	2400.00	0.00
119	长春市净月经济开发区(吉)	净月潭旅游森林公园	国家	450.00	105600.00	80000.00
120	蛟河市(吉)	吉林省拉法山国家森林公园	国家	19.50	40377.00	1300.00
121	桦甸市(吉)	南楼山国家 AAA 级风景区	国家	4.00	16.00	16.00
122	东丰县(吉)	东丰县南照山公园	国家	160.00	1000.00	0.00
123	东辽县(吉)	吉林东辽鴜鹭湖国家级湿地公园	国家	11.20	1462.00	0.00
124	通化市市辖区(吉)	白鸡峰国家森林公园	国家	1.35	33.50	19.50
125	集安市(吉)	集安市五女峰国家级森林公园	国家	11.30	1000.00	400.00
126	临江市(吉)	吉林临江五道沟国家湿地公园	国家	5.00	300.00	50.00
127	前郭尔罗斯蒙古族自治县(吉)	查干湖自然保护区	国家	200.00	93000.00	0.00
128	汪清县(吉)	汪清县满天星国家森林公园	国家	16.70	2215.00	0.00
129	汪清林业局(吉)	吉林兰家大峡谷国家森林公园	国家	0.18	5.40	5.40
130	珲春林业局(吉)	珲春图们江国家森林公园	国家	24.00	102.00	85.00
131	辉南森林经营局(吉)	吉林龙湾群国家森林公园	国家	12.90	1405.00	1186.00

（续）

序号	县(旗、市、区、局、场)	森林公园及自然保护区（名称）	级别	实际接待人数（万人次）	旅游总收入（万元）	其中:门票收入（万元）
132	长白山林业局(吉)	长白山保护区	国家	215.00	297000.00	19000.00
133	松北区(黑)	太阳岛风景管理区	国家	158.00	37140.00	7140.00
134	呼兰区(黑)	黑龙江呼兰森林公园	国家	5.00	100.00	0.00
135	方正县(黑)	双子山森林公园	国家	75.00	150.00	150.00
136	巴彦县(黑)	驿马山森林公园	国家	6.00	68.00	0.00
137	延寿县(黑)	延寿县长寿山森林公园	国家	1.20	80.00	45.00
138	阿城区(黑)	金龙山国家级森林公园	国家	30.00	778.30	642.37
139	五常市(黑)	龙凤国家森林公园	国家	3.00	160.00	40.00
140	丹清河实验林场(黑)	丹清河国家森林公园	国家	3.00	39.50	0.00
141	鹤岗市市辖区(黑)	黑龙江鹤岗国家森林公园	国家	2.50	250.00	45.00
142	萝北县(黑)	太平沟国家级自然保护区	国家	1.20	122.00	8.40
143	萝北县(黑)	龙江三峡国家级森林公园	国家	0.80	40.00	4.00
144	绥滨县(黑)	月牙湖国家湿地公园	国家	1.90	56.00	20.00
145	大同区(黑)	红旗林场	国家	2.50	30.00	0.00
146	嘉荫县(黑)	茅兰沟国家级自然保护区	国家	10.00	400.00	300.00
147	汤原县(黑)	大亮子河国家森林公园	国家	25.00	3000.00	450.00
148	同江市(黑)	街津山国家森林公园	国家	3.50	65.00	42.00
149	富锦市(黑)	五顶三国家级森林公园	国家	0.65	12.00	4.00
150	宁安市(黑)	宁安市火山口森林公园	国家	14.80	2300.00	1184.00
151	孙吴县(黑)	胜山要塞国家级森林公园	国家	3.10	17.00	7.30
152	五大连池市(黑)	五大连池国家森林公园	国家	22.60	678.00	678.00
153	庆安国有林场管理局(黑)	望龙山国家森林公园	国家	5.20	350.00	0.00
154	绥芬河市(黑)	绥芬河国家森林公园	国家	0.50	25.00	2.50
155	抚远县(黑)	黑瞎子岛湿地公园	国家	110.00	3200.00	1400.00
156	奉贤区(沪)	上海海湾国家森林公园	国家	53.00	1148.00	1148.00
157	崇明县(沪)	东平国家森林公园	国家	150.00	6000.00	3000.00
158	桐庐县(浙)	大奇山国家森林公园	国家	28.60	1400.00	1199.00
159	淳安县(浙)	千岛湖国家森林公园	国家	559.00	61.10	6.50
160	建德市(浙)	富春江森林公园	国家	40.00	25000.00	0.00
161	临安市(浙)	青山湖森林公园	国家	16.00		800.00
162	临安市(浙)	天目山自然保护区	国家	32.00		1600.00
163	宁波市市辖区(浙)	四明山国家森林公园	国家	36.00	477.00	242.00
164	鄞州区(浙)	宁波市天童森林国家公园	国家	2.60	140.00	23.00
165	宁海县(浙)	双峰森林公园	国家	16.89	1206.00	1206.00
166	苍南县(浙)	玉苍山国家森林公园	国家	30.00	4130.00	890.00
167	泰顺县(浙)	泰顺县乌岩岭国家级自然保护区	国家	11.00	130.00	100.00
168	安吉县(浙)	龙王山自然保护区	国家	5.60		180.00
169	绍兴县(浙)	兰亭森林公园	国家	18.00	238.00	204.00
170	嵊州市(浙)	南山湖国家森林公园	国家	61.89	10678.00	0.00
171	武义县(浙)	牛头山国家森林公园	国家	96.00	6000.00	0.00
172	永康市(浙)	方岩自然保护区	国家	225.00	15150.00	11250.00
173	衢江区(浙)	紫微山国家森林公园	国家	26.00	52000.00	0.00
174	常山县(浙)	常山县国家级森林公园	国家	8.00	1000.00	600.00
175	开化县(浙)	钱江源森林公园	国家	26.00	503.00	325.00

(续)

序号	县(旗、市、区、局、场)	森林公园及自然保护区(名称)	级别	实际接待人数(万人次)	旅游总收入(万元)	其中:门票收入(万元)
176	开化县(浙)	古田山自然保护区	国家	2.18	203.00	43.00
177	龙游县(浙)	浙江大竹海国家森林公园	国家	172.80	32000.00	0.00
178	天台县(浙)	华顶国家森林公园	国家	23.50	4763.00	1786.00
179	仙居县(浙)	仙居国家森林公园	国家	460.56	519608.00	0.00
180	温岭市(浙)	大溪国家级森林公园	国家	50.00	9150.00	2000.00
181	缙云县(浙)	缙云仙都风景区	国家	675.34	361900.00	217140.00
182	庆元县(浙)	百山祖自然保护区	国家	5.58	1004.40	263.99
183	蜀山区(皖)	大蜀山森林公园	国家	100.00	3000.00	2600.00
184	包河区(皖)	合肥滨湖湿地森林公园	国家	126.00	8000.00	0.00
185	肥西县(皖)	紫蓬山国家森林公园	国家	110.00	13000.00	0.00
186	庐江县(皖)	冶父山国家森林公园	国家	69.85	12548.00	1397.00
187	繁昌县(皖)	马仁国家森林公园	国家	77.00	17300.00	6200.00
188	无为县(皖)	天井山国家森林公园	国家	0.30	30.00	0.00
189	五河县(皖)	沱湖湿地保护区	国家	8.00	1500.00	0.00
190	大通区(皖)	上窑森林公园	国家	56.00	25.00	0.00
191	八公山区(皖)	八公山国家森林公园	国家	90.00	150.00	150.00
192	含山县(皖)	安徽太湖山国家森林公园	国家	2.61	52.12	52.12
193	和　县(皖)	鸡笼山国家森林公园	国家	10.00	23500.00	0.00
194	宜秀区(皖)	大龙山国家森林公园	国家	6.00	120.00	80.00
195	潜山县(皖)	天柱山国家森林公园	国家	130.00	276000.00	15000.00
196	太湖县(皖)	花亭湖国家湿地公园	国家	300.00	12000.00	1100.00
197	宿松县(皖)	石莲洞国家森林公园	国家	8.65	2000.00	900.00
198	屯溪区(皖)	花山谜窟	国家	30.00	4200.00	2700.00
199	黄山区(皖)	安徽黄山国家森林公园	国家	4.00	540.00	0.00
200	黄山区(皖)	安徽太平湖国家湿地公园	国家	100.00	10000.00	5500.00
201	祁门县(皖)	黄山市祁门县牯牛降自然保护区	国家	60.00	30000.00	4800.00
202	滁州市市辖区(皖)	琅琊山国家森林公园	国家	90.00	9900.00	400.00
203	全椒县(皖)	神山森林公园	国家	20.00	6000.00	200.00
204	凤阳县(皖)	凤阳县韭山国家森林公园	国家	28.00	11760.00	11760.00
205	滁州市沙河集林业总场(皖)	皇甫山森林公园	国家	4.50	1356.00	200.00
206	颍泉区(皖)	阜阳生态乐园	国家	310.00	6200.00	2100.00
207	萧　县(皖)	皇藏峪国家级森林公园	国家	45.00	4600.00	0.00
208	寿　县(皖)	安徽省八公山森林公园	国家	32.00	2090.00	1390.00
209	舒城县(皖)	万佛山自然保护区	国家	25.00	13700.00	1250.00
210	池州市九华山风景区(皖)	九华山风景区	国家	900.00	980000.00	30000.00
211	东至县(皖)	升金湖国家级自然保护区	国家	18.00	1300.00	0.00
212	东至县(皖)	大历山风景区	国家	27.00	3000.00	35.00
213	石台县(皖)	牯牛降自然保护区	国家	120.00	60000.00	15000.00
214	青阳县(皖)	九华山国家森林公园	国家	90.00	2000.00	400.00
215	青阳县(皖)	莲花峰生态园	国家	5.00	250.00	0.00
216	宣州区(皖)	安徽扬子鳄国家级自然保护区	国家	20.00	450.00	400.00
217	广德县(皖)	横山国家森林公园	国家	220.00	4400.00	0.00
218	泾　县(皖)	水西国家森林公园	国家	60.00	1500.00	0.00
219	新建县(赣)	南矶湿地国家级自然保护区	国家	30.00	2200.00	0.00

（续）

序号	县(旗、市、区、局、场)	森林公园及自然保护区(名称)	级别	实际接待人数(万人次)	旅游总收入(万元)	其中:门票收入(万元)
220	永修县(赣)	柘林湖国家森林公园	国家	50.00	3600.00	0.00
221	星子县(赣)	庐山	国家	60.00	35000.00	0.00
222	彭泽县(赣)	桃红岭梅花鹿国家自然保护区	国家	3.00	15.00	0.00
223	彭泽县(赣)	江西彭泽国家森林公园	国家	30.00	6000.00	1200.00
224	章贡区(赣)	峰山森林公园	国家	43.00	4300.00	0.00
225	赣　县(赣)	江西大湖江湿地公园	国家	3.00	1800.00	0.00
226	信丰县(赣)	金盆山森林公园	国家	125.05	7.00	0.00
227	大余县(赣)	梅关国家森林公园	国家	40.00	4160.00	1527.00
228	崇义县(赣)	阳岭国家森林公园	国家	90.00	88000.00	216.78
229	崇义县(赣)	齐云山自然保护区	国家	5.00	4900.00	0.00
230	安远县(赣)	三百山国家森林公园	国家	37.00	2399.00	999.00
231	龙南县(赣)	九连山森林公园	国家	2.00	672.00	100.00
232	宁都县(赣)	翠微峰森林公园	国家	5.00	5400.00	120.00
233	石城县(赣)	赣江源自然保护区	国家	80.00	16000.00	13900.00
234	安福县(赣)	武功山风景名胜区	国家	52.00	11220.00	2600.00
235	靖安县(赣)	三爪仑国家森林公园	国家	214.00	85600.00	29800.00
236	铜鼓县(赣)	天柱峰国家森林自然保护区	国家	16.00	6820.00	670.00
237	樟树市(赣)	阁皂山国家森林公园	国家	16.86	1012.00	0.00
238	南丰县(赣)	傩湖湿地公园	国家	28.60	37.18	0.00
239	上饶县(赣)	五府山国家森林公园	国家	25.00	3940.00	3940.00
240	广丰县(赣)	上饶市铜钹山国家级森林公园	国家	27.19	37538.00	6526.00
241	玉山县(赣)	怀玉山国家森林公园	国家	10.20	16320.00	0.00
242	铅山县(赣)	鹅湖山国家森林公园	国家	20.00	1200.00	380.00
243	鄱阳县(赣)	鄱阳湖国家湿地公园	国家	320.00	1260000.00	57600.00
244	婺源县(赣)	灵岩洞森林保护区	国家	10.00	800.00	200.00
245	德兴市(赣)	大茅山风景名胜管理区	国家	70.00	1020.00	935.00
246	淄川区(鲁)	峨庄古村落森林公园	国家	42.00	3545.00	915.00
247	博山区(鲁)	鲁山国家森林公园	国家	24.10	642.00	416.00
248	博山区(鲁)	原山国家森林公园	国家	105.00	3300.00	1400.00
249	桓台县(鲁)	马踏湖湿地公园	国家	8.10	980.00	550.00
250	长岛县(鲁)	山东长岛国家级自然保护区	国家	350.00	350000.00	13900.00
251	龙口市(鲁)	南山国家森林公园	国家	22.71	2810.00	0.00
252	栖霞市(鲁)	牙山国家级森林公园	国家	3.50	18.00	18.00
253	潍坊市峡山区(鲁)	峡山湖国家湿地公园	国家	2.00	20.00	0.00
254	临朐县(鲁)	沂山国家森林公园	国家	90.00	7816.00	1700.00
255	昌乐县(鲁)	山东寿阳山国家森林公园	国家	1.60	210.00	0.00
256	青州市(鲁)	弥河湿地公园	国家	35.00	20.30	20.30
257	青州市(鲁)	仰天山森林公园	国家	25.16	1262.00	495.00
258	诸城市(鲁)	密州国家级森林公园	国家	85.00	3762.00	1840.00
259	寿光市(鲁)	滨海湿地公园	国家	80.00	2300.00	1220.00
260	安丘市(鲁)	山东留山古火山国家森林公园	国家	60.12	320.11	303.79
261	邹城市(鲁)	山东峄山国家森林公园	国家	48.00	21500.00	21500.00
262	泰安市市辖区(鲁)	泰山国家森林公园	国家	589.80	116000.00	45000.00
263	泰安市市辖区(鲁)	徂徕山国家森林公园	国家	41.55	600.00	0.00

（续）

序号	县（旗、市、区、局、场）	森林公园及自然保护区（名称）	级别	实际接待人数（万人次）	旅游总收入（万元）	其中：门票收入（万元）
264	东平县（鲁）	腊山国家森林公园	国家	100.00	10000.00	2000.00
265	新泰市（鲁）	莲花山森林公园	国家	40.00	15500.00	300.00
266	肥城市（鲁）	牛山森林公园	国家	10.00	60.00	20.00
267	环翠区（鲁）	双岛国家森林公园	国家	128.30	4321.00	256.00
268	荣成市（鲁）	伟德山国家森林公园	国家	2.90	107.00	40.00
269	五莲县（鲁）	五莲山旅游度假区	国家	100.00	12000.00	5600.00
270	钢城区（鲁）	棋山国家森林公园	国家	50.00	4000.00	0.00
271	罗庄区（鲁）	临沂武河国家湿地公园	国家	3.00	8000.00	0.00
272	河东区（鲁）	汤河国家级湿地公园	国家	150.00	1500.00	0.00
273	沂南县（鲁）	孟良崮森林公园	国家	3.10	130.00	80.00
274	莒南县（鲁）	天马岛旅游区	国家	27.00	3800.00	3300.00
275	夏津县（鲁）	黄河故道森林公园	国家	160.00	32000.00	530.00
276	无棣县（鲁）	黄河岛湿地公园	国家	2.80	56.00	56.00
277	邹平县（鲁）	鹤伴山国家森林公园	国家	21.00	700.00	630.00
278	登封市（豫）	嵩山国家森林公园	国家	332.00	24000.00	0.00
279	新安县（豫）	新安县黄河湿地保护区	国家	13.00	110.00	0.00
280	新安县（豫）	新安县郁山国家森林公园	国家	15.00	230.00	0.00
281	栾川县（豫）	龙峪湾	国家	19.00	3200.00	120.00
282	栾川县（豫）	老君山	国家	78.79	9501.00	3860.00
283	嵩　县（豫）	白云山	国家	169.00	64000.00	5073.00
284	嵩　县（豫）	天池山	国家	143.80	55000.00	2875.50
285	嵩　县（豫）	木札岭	国家	141.70	54000.00	3117.40
286	宜阳县（豫）	花果山	国家	31.00	820.00	133.00
287	洛宁县（豫）	洛宁县神灵寨森林公园	国家	20.00	16284.00	316.00
288	鲁山县（豫）	尧山自然保护区	国家	30.00	8295.00	0.00
289	舞钢市（豫）	石漫滩国家森林公园	国家	30.00	6175.00	0.00
290	安阳县（豫）	漳河峡谷湿地公园	国家	2.80	12.00	3.00
291	林州市（豫）	五龙洞森林公园	国家	12.00	180.00	70.00
292	淇　县（豫）	云梦山国家森林公园	国家	15.00	3900.00	900.00
293	修武县（豫）	河南太行山国家级自然保护区修武管理区	国家	120.00	9600.00	9600.00
294	博爱县（豫）	河南太行山猕猴国家自然保护区	国家	21.00	3531.00	2650.00
295	沁阳市（豫）	河南省猕猴国家级自然保护区沁阳白松岭管理区	国家	20.00	5668.00	
296	濮阳市高新区（豫）	濮上生态园区	国家	25.00	1200.00	0.00
297	鄢陵县（豫）	鄢陵国家花木博览园	国家	521.42	90270.00	520.00
298	禹州市（豫）	鸠山大鸿寨森林公园	国家	210.00	3650.00	378.00
299	三门峡市市辖区（豫）	亚武山国家森林公园	国家	28.20	45.00	1.50
300	陕　县（豫）	甘山森林公园	国家	68.00	46025.00	90.00
301	灵宝市（豫）	燕子山国家森林公园	国家	6.00	100.00	50.00
302	南召县（豫）	宝天曼风景区	国家	360.00	42650.00	2550.00
303	西峡县（豫）	西峡县寺山森林公园	国家	3.20	56.00	51.00
304	内乡县（豫）	宝天曼自然保护区	国家	12.00	1600.00	700.00
305	梁园区（豫）	黄河故道国家级森林公园	国家	30.00	450.00	100.00
306	信阳市市辖区（豫）	鸡公山国家级自然保护区	国家	9.00	300.00	300.00
307	平桥区（豫）	两河口国家湿地公园	国家	10.00	150.00	0.00

（续）

序号	县(旗、市、区、局、场)	森林公园及自然保护区（名称）	级别	实际接待人数（万人次）	旅游总收入（万元）	其中:门票收入（万元）
308	平桥区(豫)	信阳天目山国家级森林公园	国家	4.00	180.00	0.00
309	罗山县(豫)	董寨国家级自然保护区	国家	12.26	1988.00	990.00
310	光山县(豫)	河南大苏山国家森林公园	国家	152.00	9500.00	4000.00
311	新　县(豫)	连康山国家级自然保护区	国家	300.00	10200.00	430.00
312	商城县(豫)	河南大别山国家级自然保护区	国家	25.00	5200.00	800.00
313	商城县(豫)	黄柏山国家森林公园	国家	40.00	9800.00	1500.00
314	淮阳县(豫)	河南淮阳龙湖国家湿地公园	国家	122.00	5000.00	2000.00
315	西平县(豫)	棠溪源国家级森林公园	国家	7.50	1017.00	382.00
316	确山县(豫)	薄山森林公园	国家	20.00	8000.00	800.00
317	泌阳县(豫)	铜山湖国家级森林公园	国家	3.50	277.00	70.00
318	泌阳县(豫)	白云山风景区	国家	5.20	415.80	104.00
319	遂平县(豫)	嵖岈山森林公园	国家	157.00	18854.00	7850.00
320	济源市(豫)	猕猴自然保护区	国家	200.00	8500.00	5700.00
321	蔡甸区(鄂)	九真森林公园	国家	38.00	5700.00	2660.00
322	蔡甸区(鄂)	嵩阳森林公园	国家	29.00	2320.00	870.00
323	新洲区(鄂)	将军山森林公园	国家	0.30	60.00	0.00
324	茅箭区(鄂)	赛武当国家级自然保护区	国家	5.00	1500.00	125.00
325	郧　县(鄂)	湖北苍浪山	国家	30.00	300.00	0.00
326	郧西县(鄂)	汉江瀑布群森林公园	国家	33.00	15500.00	2640.00
327	竹山县(鄂)	湖北圣水湖湿地公园	国家	6.00	1600.00	600.00
328	竹山县(鄂)	湖北堵塞河源国家级自然保护区	国家	0.91	362.00	0.00
329	竹山县(鄂)	湖北九女峰国家森林公园	国家	0.70	198.00	98.00
330	竹溪县(鄂)	偏头山森林公园	国家	180.00	20.00	0.00
331	竹溪县(鄂)	十八里长峡自然保护区	国家	120.00	25.00	0.00
332	房　县(鄂)	湖北诗经园国家森林公园	国家	0.25	100.00	0.00
333	丹江口市(鄂)	丹江口市国家森林公园	国家	5.50	400.00	0.00
334	夷陵区(鄂)	湖北西塞国国家森林公园	国家	8.20	1610.00	0.00
335	兴山县(鄂)	龙门河国家森林公园	国家	1.01	45.60	45.60
336	秭归县(鄂)	屈原故里	国家	47.13		535.00
337	长阳土家族自治县(鄂)	清江画廊风景区	国家	500.50	45100.00	40000.00
338	长阳土家族自治县(鄂)	清江国家森林公园	国家	100.00	10100.00	0.00
339	五峰土家族自治县(鄂)	后河国家级自然保护区	国家	1.60	610.00	60.00
340	五峰土家族自治县(鄂)	五峰柴埠溪国家森林公园	国家	6.20	1070.00	180.00
341	宜都市(鄂)	天龙湾国家湿地公园	国家	1.20	60.00	25.00
342	当阳市(鄂)	玉泉寺国家森林公园	国家	70.00	760.00	180.00
343	樊城区(鄂)	长寿岛湿地公园	国家	10.00	1000.00	0.00
344	襄州区(鄂)	鹿门寺国家森林公园	国家	4.00	500.00	50.00
345	谷城县(鄂)	薤山国家森林公园	国家	30.00	5200.00	160.00
346	谷城县(鄂)	南河自然保护区	国家	4.00	560.00	0.00
347	谷城县(鄂)	谷城汉江国家湿地公园	国家	5.00	1800.00	0.00
348	保康县(鄂)	保康县尧治河森林公园	国家	30.00	92340.00	360.00
349	枣阳市(鄂)	白竹园寺	国家	12.00	600.00	450.00
350	鄂州市市辖区(鄂)	白雉山自然保护小区	国家	12.00	30.00	0.00
351	荆门市市辖区(鄂)	湖北千佛洞国家森林公园	国家	10.00	5.00	0.00

(续)

序号	县(旗、市、区、局、场)	森林公园及自然保护区(名称)	级别	实际接待人数(万人次)	旅游总收入(万元)	其中:门票收入(万元)
352	东宝区(鄂)	漳河风景区	国家	52.00	61000.00	2600.00
353	京山县(鄂)	湖北虎爪山国家森林公园	国家	2.00	46.00	0.00
354	钟祥市(鄂)	大口国家森林公园	国家	80.00	1356.00	400.00
355	安陆市(鄂)	湖北安陆古银杏国家森林公园	国家	35.00	2800.00	1100.00
356	荆州区(鄂)	八岭山森林公园	国家	10.00	100.00	50.00
357	松滋市(鄂)	洈水国家森林公园	国家	30.00	61540.00	1000.00
358	红安县(鄂)	天台山国家级森林公园	国家	280.00	5400.00	680.00
359	红安县(鄂)	金沙湖湿地公园	国家	120.00	2800.00	0.00
360	罗田县(鄂)	大别山国家森林公园	国家	460.00	242300.00	2300.00
361	浠水县(鄂)	三角山森林公园	国家	32.30	7136.00	615.00
362	麻城市(鄂)	湖北五脑山国家森林公园	国家	110.60	4000.00	220.00
363	通城县(鄂)	大溪湿地公园	国家	20.00	600.00	0.00
364	崇阳县(鄂)	桂花林场国家级森林公园	国家	25.00	600.00	100.00
365	随州市市辖区(鄂)	大洪山风景名胜区	国家	70.00	21000.00	7000.00
366	广水市(鄂)	中华山森林公园	国家	5.00	300.00	30.00
367	随县(鄂)	炎帝故里风景名胜区	国家	60.00	42000.00	3600.00
368	恩施市(鄂)	恩施大峡谷	国家	30.00	7000.00	5000.00
369	咸丰县(鄂)	坪坝营国家级森林公园	国家	110.73	82234.00	32000.00
370	鹤峰县(鄂)	木林子自然保护区	国家	0.52	264.00	0.00
371	仙桃市(鄂)	湖北仙桃沙湖湿地公园	国家	50.00	1000.00	0.00
372	神农架林区(鄂)	神农架国家级自然保护区	国家	450.00	173000.00	8000.00
373	湖北省太子山林场管理局(鄂)	湖北省太子山国家森林公园	国家	3.45	1318.78	102.83
374	望城县(湘)	黑麋峰森林公园	国家	30.00	3000.00	60.00
375	宁乡县(湘)	宁乡县香山公园	国家	3.20	920.00	0.00
376	浏阳市(湘)	大围山国家森林公园	国家	90.10	18473.00	2770.00
377	攸　县(湘)	攸州国家森林公园	国家	20.00	2417.00	591.00
378	茶陵县(湘)	云阳国家森林公园	国家	13.00	56.00	26.00
379	炎陵县(湘)	神农谷国家森林公园	国家	416.73	21720.00	350.00
380	醴陵市(湘)	湖南醴陵官庄国家湿地公园	国家	7.60	912.00	0.00
381	湘乡市(湘)	东台山森林公园	国家	21.00	2180.00	0.00
382	韶山市(湘)	滴水洞景区	国家	50.00	15000.00	1000.00
383	南岳区(湘)	南岳衡山国家级自然保护区	国家	710.00	53200.00	31600.00
384	衡阳县(湘)	湖南省衡阳县岣嵝峰国家级森林公园	国家	44.50	3900.00	1800.00
385	祁东县(湘)	四明山国家森林公园	国家	3.80	450.00	0.00
386	耒阳市(湘)	耒水国家湿地公园	国家	1.00	100.00	0.00
387	常宁市(湘)	湖南天堂山国家森林公园	国家	36.00	15840.00	290.00
388	新邵县(湘)	岳坪峰国家森林公园	国家	6.00	700.00	120.00
389	邵阳县(湘)	天子湖国家湿地公园	国家	3.00	10.00	0.00
390	洞口县(湘)	罗溪森林公园	国家	18.00	11252.00	0.00
391	绥宁县(湘)	黄双自然保护区	国家	12.00	9000.00	0.00
392	新宁县(湘)	舜皇山国家级自然保护区	国家	12.00	7580.00	0.00
393	城步苗族自治县(湘)	两江峡谷国家森林公园	国家	4.00	300.00	0.00
394	城步苗族自治县(湘)	南山牧场	国家	8.60	1000.00	500.00
395	武冈市(湘)	云山国家森林公园	国家	400.00	20000.00	2000.00

（续）

序号	县(旗、市、区、局、场)	森林公园及自然保护区（名称）	级别	实际接待人数（万人次）	旅游总收入（万元）	其中:门票收入（万元）
396	岳阳县(湘)	大云山森林公园	国家	19.80	1246.00	248.60
397	湘阴县(湘)	洋沙湖东湖湿地公园	国家	35.00	5800.00	0.00
398	湘阴县(湘)	鹅形山森林公园	国家	25.00	1900.00	0.00
399	平江县(湘)	幕阜山森林公园	国家	10.00	1105.00	70.00
400	鼎城区(湘)	湖南省常德花岩溪国家森林公园	国家	9.50	2900.00	200.00
401	安乡县(湘)	黄山头森林公园	国家	100.00	950.00	200.00
402	石门县(湘)	石门夹山国家森林公园	国家	80.00	3000.00	30.00
403	石门县(湘)	石门壶瓶山国家级自然保护区	国家	25.00	1200.00	12.00
404	津市市(湘)	湖南毛里湖湿地公园	国家	11.00	430.00	0.00
405	津市市(湘)	嘉山森林公园	国家	5.00	280.00	0.00
406	永定区(湘)	天泉山国家森林公园	国家	4.00	24.00	18.00
407	永定区(湘)	天门山森林公园	国家	600.00	23000.00	20000.00
408	武陵源区(湘)	湖南张家界森林公园	国家	538.00	293580.08	51330.00
409	桑植县(湘)	八大公山国家级自然保护区	国家	1.20	70.00	30.00
410	南　县(湘)	南洲湿地公园	国家	2.00	100.00	0.00
411	桃江县(湘)	湖南省桃花江国家森林公园	国家	250.00	10000.00	1000.00
412	安化县(湘)	六步溪国家自然保护区	国家	25.00	5000.00	0.00
413	苏仙区(湘)	郴州苏仙岭风景区	国家	150.00	1260.00	560.00
414	苏仙区(湘)	飞天山国家地质公园	国家	30.70	1010.00	920.00
415	宜章县(湘)	莽山国家森林公园	国家	27.00	39121.00	2889.00
416	永兴县(湘)	湖南永兴丹霞国家森林公园	国家	13.80	14.30	10.58
417	嘉禾县(湘)	嘉禾国家森林公园	国家	3.00	1020.00	0.00
418	临武县(湘)	西瑶绿谷国家森林公园	国家	8.78	1231.00	0.00
419	桂东县(湘)	湖南八面山自然保护区	国家	30.00	9900.00	2700.00
420	安仁县(湘)	雄峰山国家森林公园	国家	60.00	1800.00	0.00
421	资兴市(湘)	东江湖国家森林公园	国家	130.00	135000.00	41000.00
422	资兴市(湘)	天鹅山国家森林公园	国家	32.00	50.00	0.00
423	祁阳县(湘)	永州市金洞国家级森林公园	国家	4.30	3636.00	2750.00
424	东安县(湘)	舜皇山国家森林公园	国家	10.78	21450.00	600.00
425	双牌县(湘)	阳明山国家森林公园	国家	100.00		8000.00
426	道　县(湘)	道县月岩森林公园	国家	4.10	7358.00	0.00
427	蓝山县(湘)	湘江源森林公园	国家	11.67	3267.00	0.00
428	新田县(湘)	福音山国家森林公园	国家	31.00	3700.00	0.00
429	金洞林场(湘)	金洞国家森林公园	国家	6.00	2400.00	1800.00
430	洪江区(湘)	嵩云山国家森林公园	国家	270.00	73400.00	3000.00
431	鹤城区(湘)	怀化市中坡国家森林公园	国家	36.00	7822.00	0.00
432	沅陵县(湘)	借母溪保护区	国家	4.50	2250.00	0.00
433	溆浦县(湘)	思蒙湿地公园	国家	30.00	4500.00	0.00
434	会同县(湘)	湖南鹰嘴界国家级自然保护区	国家	24.70	1.10	0.00
435	靖州苗族侗族自治县(湘)	五龙潭国家湿地公园	国家	3.10	787.40	0.00
436	靖州苗族侗族自治县(湘)	湖南省靖州国家森林公园	国家	6.00	1524.00	0.00
437	双峰县(湘)	水府庙湿地公园	国家	150.00	1200.00	0.00
438	新化县(湘)	大熊山国家森林公园	国家	22.50	2000.00	76.00
439	涟源市(湘)	涟源龙山国家森林公园	国家	53.20	12728.00	0.00

(续)

序号	县(旗、市、区、局、场)	森林公园及自然保护区(名称)	级别	实际接待人数(万人次)	旅游总收入(万元)	其中:门票收入(万元)
440	仁化县(粤)	丹霞山	国家	310.00	9500.00	0.00
441	乐昌市(粤)	龙王潭	国家	3.00	130.00	45.00
442	乐昌市(粤)	金鸡山	国家	3.00	102.00	41.00
443	南澳县(粤)	黄花山森林公园	国家	30.00	150.00	18.00
444	南海区(粤)	西樵山	国家	305.80	24464.00	0.00
445	新会区(粤)	圭峰山国家森林公园	国家	250.00	138000.00	0.00
446	台山市(粤)	北峰山国家森林公园	国家	6.00	230.00	5.00
447	雷州市(粤)	九龙山红树林国家级湿地公园	国家	84.00	1600.00	0.00
448	雷州市(粤)	雷州市南渡河红树林湿地自然保护区	国家	60.00	150.00	0.00
449	茂名市属总林场(粤)	广东茂名森林公园	国家	54.00	1015.00	1015.00
450	鼎湖区(粤)	鼎湖山	国家	15.00	60958.00	7080.00
451	广宁县(粤)	广宁县竹海森林公园	国家	35.00	6370.00	952.00
452	梅　县(粤)	梅县雁鸣湖森林公园	国家	52.00	1968.00	593.00
453	平远县(粤)	广东南台山国家森林公园	国家	90.00	120.00	0.00
454	蕉岭县(粤)	广东省长潭自然保护区	国家	50.00	2850.00	0.00
455	蕉岭县(粤)	广东镇山国家森林公园	国家	30.00	2980.00	0.00
456	新丰江林管局(粤)	东源县新丰江国家森林公园	国家	206.92	7906.56	4898.20
457	英德市(粤)	广东石门台国家级自然保护区	国家	118.90	37.22	0.00
458	揭西县(粤)	广东省大北山国家森林公园	国家	33.00	2150.20	14.20
459	郁南县(粤)	广东郁南大河国家湿地公园	国家	10.00	50.00	0.00
460	郁南县(粤)	广东郁南大王山国家森林公园	国家	20.00	500.00	0.00
461	乳阳林业局(粤)	南岭国家森林公园	国家	12.10	4900.00	479.00
462	天井山林场(粤)	广东天井山国家森林公园	国家	2.01	89.40	4.00
463	横　县(桂)	广西九龙瀑布群国家森林公园	国家	5.30	184.00	165.00
464	融水苗族自治县(桂)	元宝山自然保护区	国家	138.00	96480.00	0.00
465	灌阳县(桂)	千家洞国家级自然保护区	国家	18.87	18160.00	0.00
466	龙胜各族自治县(桂)	龙胜温泉国家森林公园	国家	82.73	41365.00	0.00
467	资源县(桂)	八角寨国家森林公园	国家	154.00	40100.00	8500.00
468	防城区(桂)	广西十万山国家级自然保护区	国家	22.00	1850.00	0.00
469	防城区(桂)	金花茶国家级自然保护区	国家	10.00	650.00	0.00
470	防城区(桂)	广西北仑河口国家级自然保护区	国家	1.50	110.00	0.00
471	桂平市(桂)	龙潭国家森林公园	国家	6.50	264.00	203.00
472	环江毛南族自治县(桂)	环江牛角寨瀑布群景区	国家	100.00	100.00	30.00
473	金秀瑶族自治县(桂)	大瑶山国家级森林公园	国家	158.85	35680.00	2923.20
474	江州区(桂)	广西板利自然保护区	国家	0.13	32.00	12.00
475	良凤江国家森林公园(桂)	南宁良凤江国家森林公园	国家	20.84	1275.00	1275.00
476	三门江林场(桂)	三门江国家森林公园	国家	19.00	721.00	147.00
477	万州区(渝)	重庆市铁峰山国家森林公园	国家	10.40	450.00	0.00
478	万盛区(渝)	黑山国家森林公园	国家	70.00	8700.00	4300.00
479	巴南区(渝)	桥口坝国家森林公园	国家	26.99	1260.00	189.00
480	黔江区(渝)	黔江国家森林公园	国家	161.17	65350.00	1200.00
481	江津区(渝)	大圆洞国家森林公园	国家	6.50	300.00	0.00
482	江津区(渝)	四面山风景名胜区	国家	40.00	12000.00	2300.00
483	永川区(渝)	茶山竹海国家森林公园	国家	65.00	9350.00	750.00

（续）

序号	县(旗、市、区、局、场)	森林公园及自然保护区（名称）	级别	实际接待人数（万人次）	旅游总收入（万元）	其中:门票收入（万元）
484	南川区(渝)	重庆南川山王坪喀斯特国家生态公园	国家	5.00	300.00	100.00
485	南川区(渝)	金佛山国家森林公园	国家	75.00	25000.00	1350.00
486	大足县(渝)	玉龙山国家级森林公园	国家	20.00	1980.00	0.00
487	璧山县(渝)	青龙湖国家森林公园	国家	5.13	3739.00	0.00
488	梁平县(渝)	东山国家森公园	国家	18.00	28.00	0.00
489	武隆县(渝)	仙女山森林公园	国家	480.70	72110.00	25300.00
490	忠　县(渝)	重庆天池山国家森林公园	国家	4.50	70.00	0.00
491	开　县(渝)	雪宝山国家级森林公园	国家	3.70	748.00	0.00
492	巫山县(渝)	小三峡森林公园	国家	87.20	25000.00	13080.00
493	石柱土家族自治县(渝)	重庆黄水国家森林公园	国家	280.00	137500.00	16800.00
494	酉阳土家族苗族自治县(渝)	巴尔盖国家森林公园	国家	35.00	3650.00	0.00
495	酉阳土家族苗族自治县(渝)	桃花源国家森林公园	国家	78.00	20800.00	7800.00
496	酉阳土家族苗族自治县(渝)	酉水河国家湿地公园	国家	30.00	1200.00	0.00
497	彭水苗族土家族自治县(渝)	茂云山国家森林公园摩围山景区	国家	30.00	3500.00	80.00
498	彭水苗族土家族自治县(渝)	茂云山国家森林公园阿依河景区	国家	40.00	4000.00	100.00
499	彭州市(川)	白水河国家级森林公园	国家	2.00	150.00	0.00
500	邛崃市(川)	天台山国家森林公园	国家	50.00	13409.15	2950.00
501	攀枝花市西区(川)	四川攀枝花苏铁国家级自然保护区	国家	0.20	60.00	2.00
502	纳溪区(川)	天仙硐风景名胜区	国家	91.00	41800.00	230.00
503	纳溪区(川)	凤凰湖风景区	国家	68.00	31200.00	0.00
504	纳溪区(川)	普照山景区	国家	61.00	28000.00	0.00
505	合江县(川)	合江县福宝森林公园	国家	130.00	87511.00	7500.00
506	叙永县(川)	画稿溪国家级自然保护区	国家	15.00	4000.00	0.00
507	盐亭县(川)	高山国家森林公园	国家	52.00	5200.00	0.00
508	盐亭县(川)	白鹭自然保护区	国家	230.00	23000.00	0.00
509	安　县(川)	千佛山国家级森林公园	国家	10.00	200.00	0.00
510	梓潼县(川)	七曲山国家森林公园	国家	270.00	49600.00	4753.00
511	北川羌族自治县(川)	四川北川国家森林公园	国家	67.78	19025.00	8010.00
512	旺苍县(川)	米仓山自然保护区	国家	7.80	1560.00	131.30
513	青川县(川)	唐家河自然保护区	国家	1000.00	32000.00	2400.00
514	剑阁县(川)	剑门关国家森林公园	国家	214.00	67050.00	7470.00
515	苍溪县(川)	四川苍溪国家森林公园	国家	42.20	14000.00	0.00
516	射洪县(川)	射洪县侏罗纪公园	国家	54.00	17064.00	2700.00
517	大英县(川)	东方生态旅游度假区	国家	40.00	20000.00	0.00
518	沙湾区(川)	美女峰国家森林公园	国家	5.00	500.00	0.00
519	沐川县(川)	四川沐川国家森林公园	国家	6.50	170.00	151.00
520	顺庆区(川)	崇仙境森林公园	国家	0.35	17.00	0.00
521	阆中市(川)	阆中构溪河湿地公园	国家	24.37	5405.00	0.00
522	彭山县(川)	彭祖山风景区	国家	38.70	361.20	328.40
523	长宁县(川)	长宁竹海自然保护区	国家	246.14	93251.00	18873.00
524	邻水县(川)	天易谷	国家	100.00	27000.00	10500.00
525	达川区(川)	四川省铁山国家级森林公园	国家	16.50	5350.00	0.00
526	宣汉县(川)	四川宣汉国家森林公园	国家	28.66	7451.00	0.00
527	宣汉县(川)	百里峡自然保护区	国家	19.10	2750.00	0.00

(续)

序号	县(旗、市、区、局、场)	森林公园及自然保护区（名称）	级别	实际接待人数（万人次）	旅游总收入（万元）	其中:门票收入（万元）
528	开江县(川)	宝石水库风景区	国家	10.00	1500.00	0.00
529	开江县(川)	金山寺	国家	20.00	7000.00	2000.00
530	大竹县(川)	五峰山国家森林公园	国家	49.50	3654.00	348.00
531	渠　县(川)	四川省大坡森林公园	国家	18.30	3670.00	0.00
532	万源市(川)	花萼自然保护区	国家	12.00	160.00	0.00
533	石棉县(川)	贡嘎山自然保护区	国家	1.80	270.00	0.00
534	石棉县(川)	栗子坪自然保护区	国家	2.50	150.00	0.00
535	宝兴县(川)	宝兴县夹金山国家级森林公园	国家	1.76	884.00	50.00
536	巴州区(川)	天马山国家森林公园	国家	27.00	4689.30	102.00
537	通江县(川)	空山国家森林公园	国家	74.00	29600.00	0.00
538	南江县(川)	米仓山国家森林公园	国家	93.91	32095.00	6350.00
539	平昌县(川)	镇龙山国家森林公园	国家	36.20	6116.00	0.00
540	汶川县(川)	草坡自然保护区	国家	66.90	3678.00	0.00
541	松潘县(川)	黄龙自然保护区	国家	200.00	1350.00	580.00
542	九寨沟县(川)	九寨沟自然保护区	国家	500.00	90000.00	15500.00
543	泸定县(川)	海螺沟森林公园	国家	37.80	33000.00	0.00
544	雅江县(川)	格西沟自然保护区	国家	1.70	2200.00	0.00
545	白玉县(川)	察青松多白唇鹿自然保护区	国家	5.80	2820.00	0.00
546	石渠县(川)	四川长沙贡玛自然保护区	国家	0.30	500.00	0.00
547	理塘县(川)	海子山自然保护区	国家	2.60	3532.00	0.00
548	巴塘县(川)	措普国家森林公园	国家	5.85	4200.00	0.00
549	稻城县(川)	海子山国家级自然保护区	国家	20.00	20000.00	0.00
550	力邱河林业局(川)	荷花海	国家	4.40	240.00	0.00
551	普格县(川)	螺髻山风景区	国家	26.20	3960.00	3406.00
552	美姑县(川)	美姑大风顶自然保护区	国家	1.80	180.00	0.00
553	钟山区(黔)	明湖湿地公园	国家	135.50	27100.00	0.00
554	六枝特区(黔)	贵州黄果树瀑布源国家森林公园	国家	3.00	120.00	0.00
555	水城县(黔)	六盘水市玉舍国家级森林公园	国家	73.00	366000.00	140.00
556	红花岗区(黔)	凤凰山森林公园	国家	165.40	49620.00	0.00
557	红花岗区(黔)	大板水森林公园	国家	44.90	13470.00	0.00
558	赤水市(黔)	竹海国家森林公园	国家	87.00	22600.00	3400.00
559	赤水市(黔)	燕子岩森林公园	国家	110.00	49700.00	4600.00
560	西秀区(黔)	九龙山森林公园	国家	5.00	30.00	0.00
561	关岭布依族苗族自治县(黔)	关岭地质公园	国家	50.00	5000.00	2000.00
562	关岭布依族苗族自治县(黔)	黄果树瀑布	国家	1000.00	600000.00	180000.00
563	碧江区(黔)	九龙洞国家级风景名胜区	国家	3.30	1500.00	300.00
564	江口县(黔)	梵净山国家级自然保护区	国家	50.00	15470.00	5100.00
565	沿河土家族自治县(黔)	贵州沿河乌江国家湿地公园	国家	3.70	1003.00	0.00
566	沿河土家族自治县(黔)	麻阳河国家级自然保护区	国家	14.93	4014.00	0.00
567	七星关区(黔)	贵州毕节国家森林公园	国家	60.60	1235.70	0.00
568	赫章县(黔)	水塘森林公园	国家	100.00	4000.00	0.00
569	百里杜鹃管委会林业局(黔)	贵州百里杜鹃国家级森林公园	国家	150.00	50000.00	4000.00
570	荔波县(黔)	茂兰自然保护区	国家	10.20	680.00	240.00
571	贵定县(黔)	摆龙河湿地公园	国家	15.00	1500.00	0.00

（续）

序号	县(旗、市、区、局、场)	森林公园及自然保护区（名称）	级别	实际接待人数（万人次）	旅游总收入（万元）	其中:门票收入（万元）
572	贵定县(黔)	贵定甘溪国家森林公园	国家	10.00	2000.00	0.00
573	瓮安县(黔)	朱家山国家森林公园	国家	60.11	538.07	17.16
574	独山县(黔)	紫林山国家级森林公园	国家	150.00	8000.00	3000.00
575	长顺县(黔)	杜鹃湖风景区	国家	7.80	1210.00	0.00
576	龙里县(黔)	贵州龙架山国家森林公园	国家	51.00	9610.00	112.00
577	三都水族自治县(黔)	贵州三都尧人山国家森林公园	国家	12.88	205.60	0.00
578	茂兰国家级自然保护区(黔)	贵州茂兰国家级自然保护区	国家	10.20	410.00	280.00
579	西山区(滇)	西山国家级风景名胜区	国家	73.00	3956.10	2190.00
580	西山区(滇)	棋盘山国家级森林公园	国家	3.00	30.00	20.00
581	通海县(滇)	秀山公园	国家	11.40	114.00	0.00
582	易门县(滇)	龙泉国家森林公园	国家	26.50	20.00	9.00
583	新平彝族傣族自治县(滇)	哀牢山国家级自然保护区	国家	10.00	444.00	444.00
584	新平彝族傣族自治县(滇)	磨盘山国家森林公园	国家	18.60	731.00	316.00
585	昭阳区(滇)	大山包自然保护区	国家	125.00	10200.80	22.00
586	楚雄市(滇)	紫溪山国家级森林公园	国家	14.60	190.00	190.00
587	河口瑶族自治县(滇)	花鱼洞森林公园	国家	0.50	10.00	2.50
588	大理市(滇)	苍山洱海国家级自然保护区	国家	62.86	60385.00	12077.00
589	祥云县(滇)	清华洞国家级森林公园	国家	13.10	350.00	200.00
590	宾川县(滇)	鸡足山风景名胜区	国家	90.20	6089.00	2455.00
591	弥渡县(滇)	东山国家森林公园	国家	0.67	3.20	3.20
592	南涧彝族自治县(滇)	灵宝山国家级森林公园	国家	9.00	120.00	0.00
593	吉隆县(藏)	珠峰国家自然保护区	国家	40.00	70.00	0.00
594	墨脱县(藏)	雅鲁藏布江大峡谷国家级自然保护区	国家	6.74	1482.93	0.00
595	波密县(藏)	岗云杉云自然保护区	国家	0.28	8.20	6.40
596	灞桥区(陕)	洪庆山国家森林公园	国家	9.00	85.00	10.00
597	临潼区(陕)	骊山森林公园	国家	106.00	5567.00	0.00
598	长安区(陕)	终南山国家森林公园	国家	48.00	3360.00	2400.00
599	蓝田县(陕)	王顺山森林公园	国家	22.00	900.00	600.00
600	周至县(陕)	厚畛子林场黑河森林公园	国家	18.00	434.00	249.00
601	户　县(陕)	朱雀国家森林公园	国家	17.50	1380.00	726.00
602	户　县(陕)	太平国家森林公园	国家	51.30	2133.00	1391.00
603	印台区(陕)	玉华宫森林公园	国家	76.00	39850.00	795.00
604	眉　县(陕)	太白山国家森林公园	国家	66.50	10742.00	4290.00
605	凤　县(陕)	紫柏山自然保护区	国家	29.60	13558.00	0.00
606	太白县(陕)	青峰峡国家森林公园	国家	160.00	32100.00	8000.00
607	辛家山林业局(陕)	通天河国家森林公园	国家	4.60	220.00	188.00
608	马头滩林业局(陕)	宝鸡天台山国家森林公园嘉陵江源头景区	国家	6.05	336.54	295.45
609	旬邑县(陕)	石门山国家森林公园	国家	2.00	200.00	60.00
610	劳山林业局(陕)	劳山国家森林公园	国家	5.50	260.00	120.00
611	汉台区(陕)	汉中天台国家森林公园	国家	9.00	3808.00	115.00
612	南郑县(陕)	黎坪国家森林公园	国家	62.00	31000.00	3720.00
613	洋　县(陕)	陕西省朱鹮国家级自然保护区	国家	8.50	425.00	340.00
614	洋　县(陕)	陕西长青华阳国家然保护区	国家	13.00	1560.00	1170.00
615	西乡县(陕)	米仓山自然保护区	国家	1.50	270.00	0.00

(续)

序号	县(旗、市、区、局、场)	森林公园及自然保护区(名称)	级别	实际接待人数(万人次)	旅游总收入(万元)	其中:门票收入(万元)
616	略阳县(陕)	五龙洞国家森林公园	国家	2.00	1200.00	15.00
617	佛坪县(陕)	秦岭人与自然博物馆	国家	4.00	220.00	120.00
618	汉阴县(陕)	凤凰山国家森林公园	国家	37.00	15736.00	0.00
619	石泉县(陕)	鬼谷岭国家森林公园	国家	18.00	15702.00	0.00
620	岚皋县(陕)	南宫山国家森林公园	国家	35.00	5000.00	1750.00
621	平利县(陕)	陕西省千家坪森林公园	国家	100.00	12000.00	10000.00
622	商州区(陕)	丹江源湿地公园	国家	1.00	10.00	6.00
623	商南县(陕)	金丝峡国家森林公园	国家	75.60	6123.00	4310.00
624	山阳县(陕)	陕西天竺山国家森林公园	国家	102.00	20402.00	7248.00
625	柞水县(陕)	牛背梁国家森林公园	国家	80.50	13600.00	6520.00
626	太白林业局(陕)	陕西青峰峡国家森林公园	国家	8.70	299.00	0.00
627	城关区(甘)	兰州徐家山国家森林公园	国家	23.00	160.81	66.63
628	景泰县(甘)	寿鹿山国家森林公园	国家	3.00	40.00	20.00
629	武威市市辖区(甘)	神州荒漠野生动物园	国家	8.80	60.00	60.00
630	甘州区(甘)	甘州区黑河湿地自然保护区	国家	10.00	10.00	0.00
631	肃南裕固族自治县(甘)	马蹄寺森林公园	国家	30.00	250.00	100.00
632	山丹县(甘)	焉支山森林公园	国家	20.00	1500.00	200.00
633	庄浪县(甘)	云崖寺国家级森林公园	国家	2.10	56.80	56.80
634	庆城县(甘)	周祖陵森林公园	国家	48.00	355.00	355.00
635	渭源县(甘)	渭河源国家级森林公园	国家	42.80	4200.00	12.00
636	漳　县(甘)	贵清山国家级森林公园	国家	650.00	600.00	200.00
637	文　县(甘)	天池国家级森林公园	国家	12.00	48.00	48.00
638	宕昌县(甘)	官鹅沟国家森林公园	国家	116.00	6400.00	32.00
639	两当县(甘)	云屏三峡景区	国家	3.50	100.00	100.00
640	和政县(甘)	松鸣岩国家AAAA级森林公园	国家	25.40	93.00	77.00
641	舟曲县(甘)	大峡沟	国家	0.20	50.00	0.00
642	金凤区(宁)	银川市阅海公园	国家	24.20	1158.00	642.20
643	西吉县(宁)	党岔震湖	国家	7.00	4.00	0.00
644	西吉县(宁)	火石寨国家地质公园	国家	100.00	407.00	300.00
645	沙雅县(新)	世界胡杨林森林公园	国家	11.50	88.20	8.40
646	泽普县(新)	中国泽普县国家金胡杨	国家	5.00	300.00	300.00
647	巴楚县(新)	新疆巴楚胡杨林国家森林公园	国家	1.56	135.00	86.00
648	尼勒克县(新)	喀什河国家湿地公园(试点)	国家	65.00	54.00	48.00
649	布尔津林场(新)	贾登峪国家级森林公园	国家	1.50	38.00	20.00
650	哈巴河林场(新)	白哈巴国家森林公园	国家	1.20	20.00	0.00
651	福海林场(新)	新疆阿尔泰山温泉国家森林公园	国家	0.65	51.00	0.62
652	哈密林场(新)	哈密天山国家森林公园	国家	4.00	54.48	7.85
653	吉木萨尔林场(新)	新疆车师古道国家森林公园	国家	4.00	30.00	24.00
654	奇台林场(新)	新疆江布拉克国家级森林公园	国家	22.50	1226.00	924.00
655	米泉林场(新)	新疆乌鲁木齐天山国家森林公园	国家	4.00	90.00	82.00
656	乌苏林场(新)	乌苏佛山国家森林公园	国家	15.00	1200.00	434.00
657	板房沟林场(新)	新疆天山大峡谷森林公园	国家	380.00	542.00	402.00
658	松江河林业有限公司(吉林森工)	松江河国家级森林公园	国家	4.50	1526.00	0.00
659	露水河林业局(吉林森工)	露水河国家森林公园	国家	5.40	786.00	0.00

（续）

序号	县(旗、市、区、局、场)	森林公园及自然保护区（名称）	级别	实际接待人数（万人次）	旅游总收入（万元）	其中:门票收入（万元）
660	白石山林业局(吉林森工)	吉林省白石山林业局国家森林公园	国家	1.50	1000.00	0.00
661	红石林业局(吉林森工)	红石国家森林公园	国家	6.30	360.00	92.00
662	大海林林业局(龙江森工)	雪乡国家森林公园	国家	56.70	53868.50	4525.30
663	黑龙江柴河林业局(龙江森工)	威虎山国家森林公园	国家	59.21	17003.00	2948.00
664	东京城林业局(龙江森工)	镜泊湖国家森林公园	国家	17.00	5100.00	3.50
665	穆棱林业局(龙江森工)	六峰山国家森林公园	国家	14.50	1660.00	320.00
666	海林林业局(龙江森工)	黑龙江夹皮沟国家森林公园	国家	15.50	1627.50	232.50
667	桦南林业局(龙江森工)	黑龙江七星峰国家森林公园	国家	8.00	2150.00	0.00
668	双鸭山林业局(龙江森工)	青山国家森林公园	国家	30.00	4800.00	85.00
669	鹤北林业局(龙江森工)	黑龙江红松林国家森林公园	国家	23.70	4287.50	0.00
670	东方红林业局(龙江森工)	黑龙江珍宝岛国家森林公园	国家	22.50	5306.00	0.00
671	上甘岭林业局(龙江森工)	溪水国家森林公园	国家	10.50	1980.00	60.00
672	乌马河林业局(龙江森工)	乌马河国家森林公园	国家	25.00	5850.28	0.18
673	美溪林业局(龙江森工)	回龙湾国家森林公司	国家	31.00	4380.00	1550.00
674	金山屯林业局(龙江森工)	金山国家森林公园	国家	19.50	3100.00	278.00
675	南岔林业局(龙江森工)	仙翁山国家森林公园	国家	14.20	5054.00	284.00
676	桃山林业局(龙江森工)	桃山国家森林公园	国家	10.90	5262.00	830.00
677	铁力林业局(龙江森工)	日月峡国家森林公园	国家	15.00	152.20	30.00
678	汤旺河林业局(龙江森工)	小兴安岭石林国家森林公园	国家	18.15	1047.00	1015.00
679	五营林业局(龙江森工)	五营国家森林公园	国家	19.61	860.39	562.51
680	山河屯林业局(龙江森工)	凤凰山国家森林公园	国家	29.00	17465.00	2600.00
681	苇河林业局(龙江森工)	八里湾国家级森林公园	国家	16.46	5014.16	186.58
682	亚布力林业局(龙江森工)	亚布力国家森林公园	国家	21.70	2410.00	108.00
683	方正林业局(龙江森工)	龙山国家级森林公园	国家	13.70	2834.00	0.00
684	兴隆林业局(龙江森工)	兴隆国家级森林公园	国家	6.70	1475.00	50.00
685	沾河林业局(龙江森工)	大沾河国家森林公园	国家	9.60	3690.00	820.00
686	井陉矿区(冀)	清凉湾湿地公园	省	11.00	400.00	0.00
687	井陉县(冀)	南寺掌森林公园	省	48.80	1950.00	730.00
688	赞皇县(冀)	棋盘山省级森林公园	省	3.50	1200.00	150.00
689	元氏县(冀)	松鼠岩森林公园	省	31.60	1580.00	0.00
690	鹿泉区(冀)	封龙山休闲度假旅游区	省	20.00	500.00	450.00
691	唐海县(冀)	曹妃甸湿地和鸟类省级自然保护区	省	10.00	5839.00	1950.00
692	迁安市(冀)	山叶口省级森林公园	省	18.00	3600.00	700.00
693	迁安市(冀)	迁安市乐丫文化产业园	省	12.00	2600.00	0.00
694	迁安市(冀)	迁安市乐活生态采摘观光园	省	13.00	1800.00	0.00
695	迁安市(冀)	桃园林果采摘园	省	5.00	200.00	0.00
696	迁安市(冀)	徐流口省级森林公园	省	10.00	1900.00	700.00
697	迁安市(冀)	白羊峪旅游区	省	20.00	3902.00	334.00
698	青龙满族自治县(冀)	祖山省级森林公园	省	11.00	817.00	660.00
699	北戴河新区(冀)	黄金海岸森林公园	省	373.00	12266.00	11469.00
700	北戴河新区(冀)	渤海森林公园	省	218.00	14827.00	13863.00
701	邯郸县(冀)	古石龙景区	省	5.00	200.00	190.00
702	临城县(冀)	天台山	省	3.00	70.00	30.00
703	清河县(冀)	快活林森林公园	省	0.50	2.00	0.00

(续)

序号	县(旗、市、区、局、场)	森林公园及自然保护区(名称)	级别	实际接待人数(万人次)	旅游总收入(万元)	其中:门票收入(万元)
704	唐　县(冀)	全胜峡景区	省	45.00	1200.00	675.00
705	唐　县(冀)	西胜沟景区	省	30.00	1000.00	450.00
706	安新县(冀)	白洋淀自然保护区	省	70.00	13000.00	8100.00
707	张北县(冀)	坝头森林省级公园	省	16.00	8.00	2.00
708	张北县(冀)	桦皮岭省级森林公园	省	40.00	18.00	5.00
709	张北县(冀)	河北仙娜都省级森林公园	省	20.00	12.00	2.00
710	尚义县(冀)	大青山森林公园	省	3.50	50.00	0.00
711	蔚　县(冀)	空中草原森林公园	省	2.67	1733.30	160.30
712	怀来县(冀)	黄龙山庄森林公园	省	9.80	690.00	280.00
713	赤城县(冀)	温泉度假村	省	5.00	245.00	2.00
714	双滦区(冀)	双塔山森林公园	省	10.00	1690.00	480.00
715	承德县(冀)	北大山石海森林公园	省	1.50	1300.00	750.00
716	宽城满族自治县(冀)	都山森林望海公园	省	0.32	8.00	6.00
717	永清县(冀)	永清森林公园	省	70.00	200.00	50.00
718	广灵县(晋)	山西省壶流河湿地省级自然保护区	省	5.10	100.00	0.00
719	恒山林场(晋)	恒山国家森林公园	省	110.00		6301.00
720	阳泉市郊区(晋)	翠枫山自然风景区	省	4.50	140.00	140.00
721	屯留县(晋)	老爷山森林公园	省	3.00	150.00	90.00
722	陵川县(晋)	山西省南方红豆杉自然保护区	省	372.50	89700.00	3000.00
723	永济市(晋)	五老峰	省	10.00	412.00	120.00
724	宁武县(晋)	马营海森林公园	省	4.10	98.00	75.00
725	中阳县(晋)	柏洼山森林公园	省	0.12	3.00	3.00
726	土默特左旗(蒙)	哈素海自然保护区	省	45.00	3568.00	0.00
727	东河区(蒙)	东河区南海湿地保护区	省	20.00	130.00	100.00
728	昆都仑区(蒙)	石门风景区	省	12.00	360.00	150.00
729	松山区(蒙)	老府林场乌梁苏森林公园	省	0.80	556.00	0.00
730	林西县(蒙)	九佛山旅游区	省	0.36	715.94	0.00
731	克什克腾旗(蒙)	平顶山自治区级森林公园	省	1.00	3.00	0.00
732	克什克腾旗(蒙)	黄岗梁国家级自然保护区	省	17.00	2000.00	1000.00
733	克什克腾旗(蒙)	飞云渡自治区级森林公园	省	1.50	4.00	0.00
734	翁牛特旗(蒙)	松树山自然保护区	省	0.26	166.00	0.00
735	达拉特旗(蒙)	恩格贝森林公园	省	5.96	2385.00	1960.00
736	准格尔旗(蒙)	准格尔旗油松王旅游区	省	3.26	360.00	150.00
737	鄂伦春自治旗(蒙)	嘎仙洞森林公园	省	4.20	148.00	127.80
738	额尔古纳市(蒙)	哈乌尔河景区	省	6.20	123.10	123.10
739	额尔古纳市(蒙)	亚洲第一湿地	省	51.70	2555.80	2369.80
740	兴和县(蒙)	苏木山森林公园	省	3.50	80.00	70.00
741	凉城县(蒙)	岱海旅游区	省	8.00	420.00	320.00
742	康平县(辽)	卧龙湖自然保护区	省	10.00	5000.00	0.00
743	甘井子区(辽)	大连大黑石森林公园	省	50.00	1850.00	0.00
744	台安县(辽)	西平林场森林公园	省	0.41	268.00	41.00
745	清原满族自治县(辽)	红河峡谷国家级森林公园	省	68.00	34400.00	25200.00
746	清原满族自治县(辽)	辽宁浑河源省级保护区	省	32.00	900.00	350.00
747	本溪满族自治县(辽)	老边沟森林公园	省	35.00	2000.00	1800.00

(续)

序号	县(旗、市、区、局、场)	森林公园及自然保护区(名称)	级别	实际接待人数(万人次)	旅游总收入(万元)	其中:门票收入(万元)
748	本溪满族自治县(辽)	大地森林公园	省	1.00	30.00	15.00
749	桓仁满族自治县(辽)	枫林谷森林公园	省	12.00	700.00	580.00
750	宽甸满族自治县(辽)	天桥沟森林公园	省	28.00	1000.00	400.00
751	宽甸满族自治县(辽)	花脖山森林公园	省	1.10	31.80	27.80
752	宽甸满族自治县(辽)	黄椅山森林公园	省	3.00	142.00	45.80
753	宽甸满族自治县(辽)	天华山森林公园	省	5.00	240.00	170.00
754	凤城市(辽)	蒲石河森林公园	省	64.00	23754.00	0.00
755	凌海市(辽)	岩井寺	省	20.00	150.00	75.00
756	凌海市(辽)	翠岩山	省	20.00	150.00	75.00
757	盖州市(辽)	玉石水库自然保护区	省	4.30	650.00	0.00
758	新邱区(辽)	元宝山省级森林公园	省	3.00	30.00	0.00
759	阜新蒙古族自治县(辽)	关山省级自然保护区	省	3.00	10.00	5.00
760	阜新蒙古族自治县(辽)	老鹰窝山省级自然保护区	省	8.00	30.00	9.00
761	辽阳县(辽)	辽阳核伙沟森林公园	省	15.00	2000.00	150.00
762	清河区(辽)	清河水库	省	3.20	18000.00	0.00
763	开原市(辽)	龙潭省级森林公园	省	10.00	500.00	300.00
764	龙城区(辽)	朝阳椴木头沟自然保护区	省	4.00	1851.00	0.00
765	建平县(辽)	天秀山森林公园	省	50.00	3000.00	1000.00
766	喀喇沁左翼蒙古族自治县(辽)	辽宁省龙凤山森林公园	省	38.00	14000.00	960.00
767	凌源市(辽)	牛河梁省级森林公园	省	42.00	7745.00	0.00
768	凌源市(辽)	青龙河自然保护区	省	29.50	12080.00	0.00
769	连山区(辽)	灵山寺森林公园	省	2.50	810.00	200.00
770	绥中县(辽)	妙峰森林公园	省	5.00	120.00	8.00
771	绥中县(辽)	锥山森林公园	省	2.00	1.50	0.00
772	辽宁实验林场(辽)	浑河源森林公园	省	0.30	30.00	0.00
773	九台市(吉)	石头口门水库	省	60.00	1200.00	0.00
774	伊通满族自治县(吉)	吉林省伊通河源省级自然保护区	省	5.00	350.00	0.00
775	双辽市(吉)	一马树森林公园	省	5.50	240.00	240.00
776	东丰县(吉)	吉林省江城森林植物园	省	40.00	1000.00	300.00
777	东辽县(吉)	吉林东辽红叶岭森林公园	省	10.80	2140.00	0.00
778	长白朝鲜族自治县(吉)	十五道沟望天鹅景区	省	30.50	5643.00	3652.00
779	宁江区(吉)	松原市宁江区森林公园	省	1.83	1828.00	0.00
780	白城市市辖区(吉)	白城市团结水库	省	12.00	450.00	5.00
781	敦化市(吉)	寒葱岭枫叶山庄	省	6.00	75.00	0.00
782	呼兰区(黑)	呼兰河口湿地公园	省	35.00	5880.00	4318.00
783	木兰县(黑)	骆驼峰森林公园	省	0.50	50.00	10.00
784	通河县(黑)	铧子山森林公园	省	3.00	200.00	75.00
785	阿城区(黑)	哈尔滨北方森林动物园	省	10.00	660.00	600.00
786	碾子山区(黑)	蛇洞山省级森林公园	省	36.10	6537.00	0.00
787	鸡西市市辖区(黑)	兴凯湖省级森林公园	省	6.00	10.00	0.00
788	鸡西市市辖区(黑)	铁西森林公园	省	10.00	30.00	0.00
789	鹤岗市市辖区(黑)	金顶山省级地质公园	省	1.80	180.00	38.00
790	萨尔图区(黑)	黑鱼湖自然保护区	省	8.10	1324.00	40.50
791	富锦市(黑)	荷兰郫省级森林公园	省	0.42	11.00	3.00

（续）

序号	县(旗、市、区、局、场)	森林公园及自然保护区（名称）	级别	实际接待人数（万人次）	旅游总收入（万元）	其中:门票收入（万元）
792	七台河市市辖区(黑)	西大圈森林公园	省	35.00	285.00	30.00
793	逊克县(黑)	东山省级森林公园	省	1.20	56.70	0.00
794	黑河市直属林场(黑)	瑷珲省级森林公园	省	3.80	85.30	15.80
795	抚远县(黑)	华夏东极森林公园	省	20.00	1000.00	0.00
796	桐庐县(浙)	白云源森林公园	省	6.00	318.00	318.00
797	桐庐县(浙)	琴溪香谷风景区	省	4.00	180.00	180.00
798	建德市(浙)	新安江森林公园	省	36.00	12000.00	3600.00
799	象山县(浙)	南田岛省级森林公园	省	4.80		260.00
800	宁海县(浙)	南溪温泉森林公园	省	60.70	6290.00	0.00
801	瓯海区(浙)	西雁荡森林公园	省	132.00	800.00	320.00
802	瓯海区(浙)	茶山森林公园	省	205.00	7460.00	268.00
803	长兴县(浙)	尹家边扬子鳄自然保护区	省	5.00	70.00	0.00
804	绍兴县(浙)	千年香榧森林公园	省	10.00	90.00	0.00
805	绍兴县(浙)	香雪梅海森林公园	省	3.00	150.00	0.00
806	嵊州市(浙)	南山湖国家森林公园	省	41.26	7890.00	0.00
807	浦江县(浙)	三角潭森林公园	省	6.00	623.00	90.00
808	兰溪市(浙)	六洞山森林公园	省	24.50	5190.00	865.00
809	义乌市(浙)	德胜岩森林公园	省	100.00	1500.00	1500.00
810	义乌市(浙)	华溪森林公园	省	14.00	288.00	249.00
811	椒江区(浙)	大陈岛	省	126.00	21534.00	0.00
812	玉环县(浙)	大鹿岛森林公园	省	55.00	1900.00	0.00
813	肥东县(皖)	安徽浮槎山森林公园	省	1.00	45.00	0.00
814	南陵县(皖)	丫山花海石林风景区	省	40.00	5600.00	4500.00
815	南陵县(皖)	小格里森林公园	省	5.00	60.00	50.00
816	五河县(皖)	大巩山森林公园	省	5.00	1000.00	0.00
817	凤台县(皖)	茅仙洞省级森林公园	省	7.60	200.00	150.00
818	相山区(皖)	相山省级森林公园	省	100.00	200.00	0.00
819	大观区(皖)	安庆陈独秀陵园	省	6.00	4.00	4.00
820	桐城市(皖)	安徽省龙眠山省级森林公园	省	1.50	700.00	20.00
821	桐城市(皖)	安庆沿江湿地珍稀水禽自然保护区	省	12.00	800.00	30.00
822	黟　县(皖)	五溪山自然保护区	省	5.00	45.00	15.00
823	来安县(皖)	龙窝寺森林公园	省	5.00	6500.00	0.00
824	来安县(皖)	白鹭岛森林公园	省	15.00	10000.00	0.00
825	全椒县(皖)	南屏山森林公园	省	20.00	1000.00	0.00
826	明光市(皖)	女山湖湿地自然保护区	省	2.30	860.00	235.00
827	滁州市管店林业总场(皖)	老嘉山森林公园	省	6.30	1790.00	0.00
828	砀山县(皖)	黄河湿地自然保护区	省	60.10	15609.00	0.00
829	霍邱县(皖)	安徽安阳山省级森林公园	省	5.60	558.00	56.00
830	霍山县(皖)	南岳山森林公园	省	300.00	31000.00	0.00
831	霍山县(皖)	佛子岭自然保护区	省	500.00	54000.00	0.00
832	东至县(皖)	安徽省天台山森林公园	省	3.00	15.00	0.00
833	郎溪县(皖)	高井庙森林公园	省	1.50	50.00	1.50
834	广德县(皖)	东亭阳岱山省级森林公园	省	50.00	1000.00	0.00
835	广德县(皖)	柏垫茅田山省级森林公园	省	50.00	1000.00	0.00

（续）

序号	县(旗、市、区、局、场)	森林公园及自然保护区(名称)	级别	实际接待人数(万人次)	旅游总收入(万元)	其中:门票收入(万元)
836	广德县(皖)	卢村笋山竹海森林公园	省	570.00	28500.00	0.00
837	泾　县(皖)	月亮湾漂流	省	12.00	1800.00	700.00
838	泾　县(皖)	水墨汀溪	省	30.00	4200.00	1500.00
839	泾　县(皖)	江南第一漂	省	15.00	2500.00	800.00
840	绩溪县(皖)	鄣山省级森林公园	省	35.00	1000.00	950.00
841	新建县(赣)	象山森林公园	省	12.00	260.00	0.00
842	九江县(赣)	中华贤母园	省	5.00	15000.00	180.00
843	永修县(赣)	江西省云居山自然保护区	省	20.00	2300.00	0.00
844	德安县(赣)	九仙岭森林公园	省	10.00	5.00	0.00
845	德安县(赣)	义门陈森林公园	省	20.00	10.00	0.00
846	都昌县(赣)	湿地候鸟保护区	省	14.00	14.00	0.00
847	都昌县(赣)	南山森林公园	省	24.00	24.00	0.00
848	瑞昌市(赣)	瑞昌市青山森林公园	省	3.80	140.00	0.00
849	渝水区(赣)	百丈峰森林公园	省	8.60	1652.00	0.00
850	分宜县(赣)	分宜县大砻下生态林场	省	5.00	55.00	0.00
851	崇义县(赣)	章江源自然保护区	省	1.20	1600.00	0.00
852	龙南县(赣)	武当山森林公园	省	18.80	7128.00	940.00
853	于都县(赣)	屏山省级森林公园	省	13.00	265.00	0.00
854	于都县(赣)	罗田岩森林公园	省	12.00	160.00	0.00
855	石城县(赣)	通天寨森林公园	省	100.00	16000.00	5000.00
856	瑞金市(赣)	罗汉岩森林公园	省	12.60	700.00	70.00
857	吉州区(赣)	江西省君华省级森林公园	省	25.00	85.00	0.00
858	青原区(赣)	江西省青原山省级森林公园	省	2.80	1050.00	70.00
859	永丰县(赣)	水浆自然保护区	省	2.00	2900.00	0.00
860	万载县(赣)	九龙庙森林公园	省	22.00	13532.00	0.00
861	临川区(赣)	汝水公园	省	60.00	420.00	0.00
862	崇仁县(赣)	灵芝峰自然保护区	省	3.86	2700.00	0.00
863	乐安县(赣)	江西老虎脑自然保护区	省	11.00	5669.00	0.00
864	金溪县(赣)	白马湖湿地公园	省	35.00	21.00	0.00
865	金溪县(赣)	翠云峰森林公园	省	25.00	38.00	0.00
866	上饶县(赣)	远泉西郊公园	省	10.00	2000.00	2000.00
867	上饶县(赣)	清水湾森林公园	省	1.00	2000.00	2000.00
868	广丰县(赣)	江西省广丰三山省级森林公园	省	3.42	4813.00	803.00
869	广丰县(赣)	江西省六石岩省级森林公园	省	13.60	18769.00	3128.00
870	广丰县(赣)	铜钹山自然保护区	省	10.20	14111.00	2352.00
871	广丰县(赣)	江西省大南省级森林公园	省	3.40	4658.00	776.00
872	广丰县(赣)	江西省龙华山省级森林公园	省	10.20	14111.00	2300.00
873	玉山县(赣)	江西玉山信江源省级自然保护区	省	6.10	9760.00	0.00
874	玉山县(赣)	玉山冰江省级森林公园	省	3.56	560.00	0.00
875	婺源县(赣)	理田园森林保护区	省	2.00	120.00	0.00
876	婺源县(赣)	鸳鸯湖保护区	省	5.00	300.00	80.00
877	婺源县(赣)	珍珠山森林保护区	省	1.00	60.00	0.00
878	婺源县(赣)	大鄣山自然保护区	省	3.20	210.00	65.00
879	长清区(鲁)	卧龙峪森林公园	省	0.86	38.00	9.80

(续)

序号	县(旗、市、区、局、场)	森林公园及自然保护区(名称)	级别	实际接待人数(万人次)	旅游总收入(万元)	其中:门票收入(万元)
880	长清区(鲁)	大峰山森林公园	省	3.50	230.00	86.00
881	长清区(鲁)	五峰山森林公园	省	11.00	124.00	81.00
882	博山区(鲁)	五阳湖湿地公园	省	8.00	320.00	0.00
883	沂源县(鲁)	鲁山森林公园	省	20.00	240.00	240.00
884	沂源县(鲁)	织女洞森林公园	省	12.00	150.00	120.00
885	沂源县(鲁)	杏花村森林公园	省	10.00	30.00	0.00
886	福山区(鲁)	山合山卢寺森林公园	省	40.00	7500.00	0.00
887	莱州市(鲁)	大基山自然保护区	省	33.00	3500.00	890.00
888	招远市(鲁)	罗山自然保护区	省	35.00	2000.00	700.00
889	海阳市(鲁)	招虎山省级自然保护区	省	1.70	13000.00	136.00
890	昌乐县(鲁)	远古火山群生态林场	省	3.00	530.00	0.00
891	昌乐县(鲁)	仙月湖湿地公园	省	8.20	921.00	0.00
892	青州市(鲁)	泰和山风景区	省	23.19	2590.00	2302.00
893	青州市(鲁)	驼山森林公园	省	6.50	79.80	79.80
894	诸城市(鲁)	绿源森林公园	省	0.50	836.00	0.00
895	寿光市(鲁)	省级巨淀湖公园	省	21.00	1800.00	820.00
896	微山县(鲁)	南四湖省级自然保护区	省	828.00	182500.00	0.00
897	梁山县(鲁)	梁山泊森林公园	省	4.27	15962.00	4530.00
898	宁阳县(鲁)	神童山森林公园	省	70.00	10885.00	752.00
899	新泰市(鲁)	朝阳洞森林公园	省	15.00	800.00	200.00
900	新泰市(鲁)	九顶皇山旅游公园	省	10.00	600.00	100.00
901	新泰市(鲁)	太平山自然保护区	省	8.00	3000.00	0.00
902	新泰市(鲁)	新汶森林公园	省	25.00	4000.00	500.00
903	肥城市(鲁)	肥城云蒙山	省	1.60	6.00	6.00
904	肥城市(鲁)	肥城剪云山	省	2.00	16.00	10.00
905	文登市(鲁)	天福山森林公园	省	6.10	102.00	0.00
906	五莲县(鲁)	大青山风景区	省	60.00	8000.00	800.00
907	莒　县(鲁)	浮来山风景名胜区	省	48.00	1920.00	1920.00
908	莱芜市雪野旅游区(鲁)	房干帅旗生态旅游区	省	51.00	8100.00	5100.00
909	郯城县(鲁)	郯城县清泉寺森林公园	省	21.00	1002.00	3.00
910	郯城县(鲁)	省级神州古栗园	省	100.00	300.00	0.00
911	郯城县(鲁)	古银杏森林公园	省	50.00	2000.00	20.00
912	兰陵县(鲁)	文峰山森林公园	省	4.50	78.00	40.00
913	费　县(鲁)	费县塔山森林公园	省	30.00	3000.00	100.00
914	蒙阴县(鲁)	岱崮地貌	省	120.00	600.00	0.00
915	蒙阴县(鲁)	中山寺度假村	省	100.00	400.00	0.00
916	临沭县(鲁)	冠山风景旅游区	省	17.00	1000.00	580.00
917	武城县(鲁)	武城县四女寺湿地公园	省	2.00	20.00	0.00
918	乐陵市(鲁)	山东乐陵金丝小枣森林公园	省	5.60	1020.00	224.00
919	冠　县(鲁)	冠州梨园	省	4.50	2160.00	380.00
920	二七区(豫)	樱桃沟	省	70.00	5720.00	0.00
921	巩义市(豫)	长寿山森林公园	省	40.00	1900.00	1000.00
922	巩义市(豫)	南河渡森林公园	省	1.50	100.00	0.00
923	巩义市(豫)	巩义市青龙山森林公园	省	14.00	750.00	600.00

（续）

序号	县(旗、市、区、局、场)	森林公园及自然保护区（名称）	级别	实际接待人数（万人次）	旅游总收入（万元）	其中:门票收入（万元）
924	巩义市(豫)	河南嵩北森林公园	省	6.00	160.00	120.00
925	荥阳市(豫)	郑州黄河湿地省级自然保护区	省	65.00	780.00	0.00
926	荥阳市(豫)	环翠峪森林公园	省	41.00	1000.00	520.00
927	荥阳市(豫)	桃花峪森林公园	省	52.00	1170.00	640.00
928	新密市(豫)	神仙洞省级森林公园	省	60.00	2000.00	1600.00
929	登封市(豫)	大熊山森林公园	省	6.80	75.80	0.00
930	登封市(豫)	香山森林公园	省	2.50	16.30	0.00
931	孟津县(豫)	小浪底森林公园	省	20.00	350.00	180.00
932	伊川县(豫)	荆山森林公园	省	800.00	1000.00	0.00
933	偃师市(豫)	河南省双龙山森林公园	省	20.00	40.00	10.00
934	叶　县(豫)	望夫石山森林公园	省	3.00	65.00	0.00
935	龙安区(豫)	龙泉省级森林公园	省	2.50	27.50	20.00
936	安阳县(豫)	马鞍山森林公园	省	8.46	228.00	112.00
937	内黄县(豫)	二帝陵森林公园	省	95.00	4174.00	1900.00
938	林州市(豫)	白泉森林公园	省	6.00	70.00	0.00
939	鹤山区(豫)	南山省级森林公园	省	1.56	95.00	0.00
940	鹤山区(豫)	黄庙沟森林公园	省	1.56	291.00	0.00
941	淇　县(豫)	黄洞森林公园	省	1.60	250.00	0.00
942	凤泉区(豫)	新乡凤凰山省级森林公园	省	8.00	40.00	0.00
943	延津县(豫)	延津县森林公园	省	21.45	2145.00	0.00
944	卫辉市(豫)	卫辉市跑马岭休闲生态园	省	12.70	3365.00	460.00
945	焦作市市辖区(豫)	焦作市森林公园	省	4.50	131.00	131.00
946	中站区(豫)	龙翔省级森林公园	省	1.00	8.00	0.00
947	南乐县(豫)	马颊河湿地公园	省	35.00	2400.00	0.00
948	范　县(豫)	毛楼生态旅游区	省	33.00	2950.00	0.00
949	襄城县(豫)	紫云山风景区	省	10.00		297.00
950	禹州市(豫)	禹州森林植物园	省	180.00	950.00	54.00
951	义马市(豫)	河南省清风山森林公园	省	0.60	35.00	0.00
952	灵宝市(豫)	佛山省级森林公园	省	3.00	100.00	50.00
953	卧龙区(豫)	独山森林公园	省	10.00	95.00	46.00
954	方城县(豫)	七峰山森林公园	省	3.00	260.00	0.00
955	方城县(豫)	国有大寺林场	省	57.00	750.00	342.00
956	镇平县(豫)	菩提寺森林公园	省	40.00	4500.00	2000.00
957	宁陵县(豫)	葛天森林公园	省	120.00	1500.00	0.00
958	平桥区(豫)	信阳市震雷山森林公园	省	80.00	1100.00	0.00
959	固始县(豫)	安山森林公园	省	11.00	550.00	220.00
960	息　县(豫)	息洲森林公园	省	14.00	1400.00	24.00
961	确山县(豫)	乐山森林公园	省	10.00	4000.00	400.00
962	蔡甸区(鄂)	索子长河湿地公园	省	18.00	3600.00	324.00
963	蔡甸区(鄂)	湖北省后官湖湿地公园	省	120.00	19200.00	0.00
964	蔡甸区(鄂)	湖北省沉湖湿地自然保护区	省	55.00	7150.00	0.00
965	黄陂区(鄂)	木兰山自然保护小区	省	30.00	0.80	2400.00
966	黄陂区(鄂)	素山寺国家森林公园	省	60.00	1.20	4800.00
967	黄陂区(鄂)	木兰湖白鹭自然保护区	省	10.00	1000.00	300.00

(续)

序号	县(旗、市、区、局、场)	森林公园及自然保护区(名称)	级别	实际接待人数(万人次)	旅游总收入(万元)	其中:门票收入(万元)
968	下陆区(鄂)	东方山森林公园	省	45.00	2000.00	300.00
969	阳新县(鄂)	湖北省阳新仙岛湖生态旅游风景区	省	9.40	15040.00	0.00
970	张湾区(鄂)	大西沟自然保护区	省	10.00	1600.00	0.00
971	郧西县(鄂)	五龙河自然保护区	省	28.00	13000.00	2240.00
972	竹溪县(鄂)	八卦山自然保护区	省	80.00	20.00	0.00
973	丹江口市(鄂)	龙口森林公园	省	0.20	30.00	0.00
974	点军区(鄂)	车溪自然保护小区	省	53.00	35880.00	3180.00
975	夷陵区(鄂)	南津关大峡谷	省	8.50	560.00	0.00
976	秭归县(鄂)	九畹溪观光及漂流	省	20.50		1355.37
977	宜都市(鄂)	宋山森林公园	省	12.00	720.00	400.00
978	宜都市(鄂)	梁山自然保护区	省	5.00	187.00	95.00
979	当阳市(鄂)	青龙湖湿地公园	省	8.00	350.00	40.00
980	南漳县(鄂)	七里山森林公园	省	0.50	1.00	0.00
981	谷城县(鄂)	承恩寺森林公园	省	6.00	1600.00	10.00
982	保康县(鄂)	官山森林公园	省	2.10	718.00	0.00
983	保康县(鄂)	五道峡自然保护区	省	16.40	5613.70	1684.00
984	鄂州市市辖区(鄂)	沼山森林公园	省	26.00	140.00	0.00
985	鄂州市市辖区(鄂)	葛山森林公园	省	80.00	1000.00	0.00
986	京山县(鄂)	湖北绿林山省级森林公园	省	120.00	20000.00	1300.00
987	公安县(鄂)	国有黄山林场	省	1.87	560.00	56.00
988	石首市(鄂)	南岳山森林公园	省	40.00	100.00	0.00
989	黄州区(鄂)	湖北黄州滨江公园	省	6.00	110.00	0.00
990	英山县(鄂)	大别山主峰风景区	省	80.00	32000.00	1000.00
991	英山县(鄂)	桃花冲风景区	省	40.00	20000.00	1000.00
992	麻城市(鄂)	龟峰山风景区	省	82.00	2600.00	2600.00
993	嘉鱼县(鄂)	牛头山森林公园	省	30.00	7350.00	0.00
994	通城县(鄂)	通城县国有锡山自然保护区	省	7.00	150.00	0.00
995	通城县(鄂)	通城县岳姑自然保护区	省	4.50	70.00	0.00
996	崇阳县(鄂)	青山湿地公园	省	100.00	4500.00	4000.00
997	曾都区(鄂)	湖北随州银杏森林公园	省	50.00	12000.00	0.00
998	广水市(鄂)	大贵寺森林公园	省	30.00	600.00	60.00
999	随　县(鄂)	七尖峰森林公园	省	2.00	400.00	0.00
1000	鹤峰县(鄂)	八峰山森林公园	省	0.85	423.00	0.00
1001	望城县(湘)	乌山森林公园	省	5.00	50.00	2.00
1002	宁乡县(湘)	青羊湖森林公园	省	5.60	1100.00	0.00
1003	石峰区(湘)	石峰公园	省	22.00	1700.00	0.00
1004	石峰区(湘)	九郎山森林公园	省	7.00	520.00	0.00
1005	醴陵市(湘)	仙岳山森林公园	省	16.50	1530.00	0.00
1006	湘潭县(湘)	齐白石森林公园	省	4.20	269.00	0.00
1007	湘乡市(湘)	水府庙旅游区	省	52.00	13800.00	0.00
1008	衡东县(湘)	湖南衡东·天光山省级自然保护区	省	1.50	200.00	0.00
1009	耒阳市(湘)	长坪红豆杉	省	0.20	15.00	0.00
1010	耒阳市(湘)	蔡伦竹海	省	4.00	650.00	0.00
1011	常宁市(湘)	大义山自然保护区	省	15.30	95.00	25.00

（续）

序号	县（旗、市、区、局、场）	森林公园及自然保护区（名称）	级别	实际接待人数（万人次）	旅游总收入（万元）	其中：门票收入（万元）
1012	大祥区（湘）	金山湖休闲山庄	省	1.20	400.00	0.00
1013	新邵县（湘）	白云岩风景名胜区	省	10.00	800.00	200.00
1014	新邵县（湘）	白水洞风景名胜区	省	10.00	900.00	180.00
1015	隆回县（湘）	望云山森林公园	省	2.10	1.20	0.00
1016	隆回县（湘）	白马山森林公园	省	2.60	3.00	0.00
1017	岳阳楼区（湘）	麻布山森林公园	省	15.00	526.00	0.00
1018	君山区（湘）	君山区天井山省级森林公园	省	1.50	210.00	0.00
1019	华容县（湘）	桃花山省级森林公园	省	6.00	4.00	0.00
1020	湘阴县（湘）	横岭湖湿地	省	2.50	220.00	0.00
1021	平江县（湘）	连云山森林公园	省	5.10	495.60	0.00
1022	平江县（湘）	福寿山森林公园	省	5.40	1468.00	52.00
1023	汨罗市（湘）	神鼎山省级森林公园	省	0.96	565.00	0.00
1024	汉寿县（湘）	湖南鹿溪省级森林公园	省	6.00	1500.00	0.00
1025	澧　县（湘）	天供山森林公园	省	0.90	32.00	27.00
1026	武陵源区（湘）	湖南天子山自然保护区	省	37.00	9935.35	1737.10
1027	武陵源区（湘）	湖南索溪峪自然保护区	省	1086.00	415698.62	72680.90
1028	南　县（湘）	德昌公园	省	1.00	52.00	0.00
1029	安化县（湘）	雪峰湖湿地公园	省	30.00	7000.00	0.00
1030	安化县（湘）	柘溪森林公园	省	70.00	35000.00	4000.00
1031	冷水滩区（湘）	四明山自然保护区	省	8.30	830.00	0.00
1032	祁阳县（湘）	大江森林公园	省	1.20	1014.00	700.00
1033	鹤城区（湘）	怀化凉山森林公园	省	10.00	300.00	0.00
1034	中方县（湘）	康龙自然保护区	省	20.00	2500.00	0.00
1035	沅陵县（湘）	凤凰山森林公园	省	21.00	2010.00	230.00
1036	沅陵县（湘）	齐眉界森林公园	省	3.80	1330.00	0.00
1037	沅陵县（湘）	夸父山森林公园	省	2.20	440.00	0.00
1038	辰溪县（湘）	燕子洞旅游区	省	2.00	65.00	40.00
1039	溆浦县（湘）	威虎山	省	5.00	600.00	0.00
1040	溆浦县（湘）	穿岩山	省	20.00	1500.00	0.00
1041	新晃侗族自治县（湘）	黄家垄森林公园	省	10.80	200.00	54.00
1042	芷江侗族自治县（湘）	三道坑自然保护区	省	200.00	1500.00	0.00
1043	娄星区（湘）	洪家山森林公园	省	13.20	9300.00	0.00
1044	双峰县（湘）	九峰山林场	省	22.00	160.00	0.00
1045	冷水江市（湘）	紫云峰森林公园	省	1.60	320.00	0.00
1046	涟源市（湘）	包围山省级森林公园	省	8.20	426.00	0.00
1047	萝岗区（粤）	广东省天鹿湖森林公园	省	18.00	480.00	48.00
1048	花都区（粤）	王子山森林公园	省	1.80	90.00	90.00
1049	新丰县（粤）	云髻山省级自然保护区	省	15.10	2397.00	545.00
1050	乐昌市（粤）	后洞森林生态旅游	省	1.10	27.00	5.00
1051	台山市（粤）	上川岛省级猕猴自然保护区	省	2.50	2.00	0.10
1052	鹤山市（粤）	广东大雁山森林公园	省	35.00	25760.00	246.00
1053	鼎湖区（粤）	九龙湖生态旅游风景区	省	13.50	1810.00	205.00
1054	鼎湖区（粤）	黄金沟生态旅游风景区	省	4.50	135.00	60.00
1055	四会市（粤）	广东贞山森林公园	省	21.00	306.00	0.00

(续)

序号	县(旗、市、区、局、场)	森林公园及自然保护区(名称)	级别	实际接待人数(万人次)	旅游总收入(万元)	其中:门票收入(万元)
1056	大埔县(粤)	丰溪自然保护区	省	4.00	4.00	0.00
1057	平远县(粤)	广东平远龙文黄田省级自然保护区	省	5.00	3000.00	0.00
1058	平远县(粤)	五指石省级风景名胜区	省	27.52	16512.00	1248.35
1059	陆河县(粤)	广东省南万省级风锥林自然保护区	省	4.35	0.11	0.00
1060	源城区(粤)	河源市野趣沟旅游区	省	14.82	677.75	436.41
1061	龙川县(粤)	枫树坝	省	6.50	690.00	0.00
1062	龙川县(粤)	霍山	省	19.00	2670.00	154.00
1063	佛冈县(粤)	佛冈县观音山自然保护区	省	6.00	200.00	120.00
1064	连州市(粤)	广东天湖森林公园	省	1.80	150.00	12.00
1065	清远市属总林场(粤)	羊角山森林公园	省	1.00	83.00	0.00
1066	湘桥区(粤)	紫莲山森林公园	省	55.00	1300.00	0.00
1067	郁南县(粤)	广东省同乐大山省级自然保护区	省	5.00	30.00	0.00
1068	樟木头林场(粤)	广东宝山森林公园	省	38.00	26.00	0.00
1069	乐昌林场(粤)	广东后洞森林公园	省	15.00	10.13	10.13
1070	全州县(桂)	全州龙岩森林公园	省	1.60	300.00	12.00
1071	钦北区(桂)	广西钦州市八寨沟旅游区	省	75.25	46255.00	4135.50
1072	浦北县(桂)	广西五皇山自治区级森林公园	省	3.00	75.00	30.00
1073	陆川县(桂)	谢鲁山庄	省	200.00	8000.00	3000.00
1074	陆川县(桂)	龙颈瀑布	省	50.00	600.00	200.00
1075	北流市(桂)	大容山自然保护区	省	40.50	35000.00	230.00
1076	右江区(桂)	广西大王岭自治区级自然保护区	省	4.50	593.00	543.00
1077	平果县(桂)	达洪江自然保护区	省	9.50	7028.00	2108.00
1078	凌云县(桂)	广西凌云县森林公园	省	13.23		4230.00
1079	贺州市平桂管理区(桂)	姑婆山森林公园	省	79.40	4764.00	0.00
1080	六万林场(桂)	广西六万大山自治区级森林公园	省	3.90	270.00	0.00
1081	万州区(渝)	重庆市王二包市级自然保护区	省	0.10	3.30	0.00
1082	江北区(渝)	鸿恩寺森林公园	省	650.00	78.00	78.00
1083	江北区(渝)	铁山坪森林公园	省	113.00	2100.00	0.00
1084	九龙坡区(渝)	三多桥白鹭自然保护区	省	10.00	11.00	0.00
1085	九龙坡区(渝)	重庆市白塔坪森林公园	省	25.00	32.00	0.00
1086	九龙坡区(渝)	重庆市尖刀山森林公园	省	18.00	28.00	0.00
1087	九龙坡区(渝)	重庆市白市驿城市花卉森林公园	省	46.00	52.00	0.00
1088	万盛区(渝)	九锅箐森林公园	省	1.30	130.00	0.00
1089	渝北区(渝)	重庆市渝北区玉峰山森林公园	省	2.70	1500.00	0.00
1090	巴南区(渝)	重庆南泉森林公园	省	7.35	573.30	0.00
1091	巴南区(渝)	重庆东温泉森林公园	省	8.40	468.30	0.00
1092	江津区(渝)	重庆市滚子坪森林公园	省	2.00	50.00	0.00
1093	江津区(渝)	重庆市临峰山森林公园	省	7.00	200.00	0.00
1094	江津区(渝)	重庆市云雾坪森林公园	省	6.00	240.00	0.00
1095	永川区(渝)	桃花源森林公园	省	2.00	405.00	2.00
1096	永川区(渝)	石笋山森林公园	省	12.00	930.00	10.00
1097	永川区(渝)	黄瓜山森林公园	省	25.00	3700.00	0.00
1098	永川区(渝)	代家店森林公园	省	13.00	1200.00	0.00
1099	潼南县(渝)	重庆市马鞍山森林公园	省	6.90	542.00	0.00

（续）

序号	县(旗、市、区、局、场)	森林公园及自然保护区（名称）	级别	实际接待人数（万人次）	旅游总收入（万元）	其中:门票收入（万元）
1100	铜梁县(渝)	重庆市西温泉山森林公园	省	31.00	450.00	0.00
1101	大足县(渝)	宝林寺森林公园	省	2.00	100.00	0.00
1102	荣昌县(渝)	重庆市岚峰森林公园	省	0.80	6.00	0.00
1103	梁平县(渝)	百里竹海	省	30.00	3600.00	150.00
1104	垫江县(渝)	宝鼎森林公园	省	5.00	20.00	0.00
1105	垫江县(渝)	明月山森林公园	省	0.50	2.00	0.00
1106	开　县(渝)	南山市级森林公园	省	5.60	1320.00	0.00
1107	巫山县(渝)	梨子坪森林公园	省	1.00	50.00	30.00
1108	巫溪县(渝)	红池坝国家森林公园	省	133.00	3377.00	0.00
1109	酉阳土家族苗族自治县(渝)	青华山	省	1.20	50.00	0.00
1110	酉阳土家族苗族自治县(渝)	翠屏山	省	3.00	150.00	0.00
1111	都江堰市(川)	四川省灵岩山森林公园	省	4.40	520.00	0.00
1112	自流井区(川)	飞龙峡森林公园	省	80.00	11000.00	500.00
1113	荣　县(川)	金花桫椤自然保护区	省	151.00	16637.00	9734.00
1114	富顺县(川)	青山岭森林公园	省	95.50	19100.00	0.00
1115	江阳区(川)	泸州方山森林公园	省	35.00	4460.00	600.00
1116	龙马潭区(川)	九狮山风景区	省	10.00	2200.00	0.00
1117	泸　县(川)	玉蟾山森林公园	省	14.00	280.00	210.00
1118	叙永县(川)	玉皇观森林公园	省	20.00	6000.00	0.00
1119	古蔺县(川)	红龙湖森林公园	省	14.10	142.00	0.00
1120	旌阳区(川)	巍螺山森林公园	省	16.00	510.00	0.00
1121	绵竹市(川)	剑南春森林公园	省	5.19	473.00	0.00
1122	游仙区(川)	仙海风景区	省	125.00	6800.00	0.00
1123	三台县(川)	凤凰山森林公园	省	34.21	871.00	0.00
1124	江油市(川)	观雾山省级森林公园	省	3.00	540.00	0.00
1125	朝天区(川)	水磨沟自然保护区	省	46.30	5354.00	229.00
1126	剑阁县(川)	翠云廊古柏自然保护区	省	77.95	21950.00	1280.00
1127	苍溪县(川)	四川九龙山自然保护区	省	28.96	2899.00	0.00
1128	蓬溪县(川)	红海	省	190.00	23000.00	0.00
1129	射洪县(川)	平安森林公园	省	29.00	8500.00	0.00
1130	东兴区(川)	长江森林公园	省	0.85	2.83	0.13
1131	威远县(川)	四川省茨菇塘森林公园	省	4.50	600.00	0.00
1132	资中县(川)	白云山森林公园	省	1.00	20.00	0.00
1133	峨边彝族自治县(川)	黑竹沟风景区	省	81.90	41940.00	0.00
1134	顺庆区(川)	西山风景区	省	50.00	1200.00	50.00
1135	营山县(川)	太蓬山森林公园	省	50.00	800.00	0.00
1136	蓬安县(川)	白云寨森林公园	省	1.00	100.00	0.00
1137	仁寿县(川)	黑龙滩森林公园	省	145.00	19285.00	0.00
1138	丹棱县(川)	九龙山森林公园	省	13.00	12100.00	1700.00
1139	翠屏区(川)	四川七星山森林公园	省	32.08	420.00	0.00
1140	宜宾县(川)	越溪河	省	51.00	6120.00	0.00
1141	宜宾县(川)	石城山	省	4.10	520.00	0.00
1142	宜宾县(川)	永兴荷莲湿地	省	8.20	984.00	0.00
1143	南溪县(川)	云台湖湿地公园	省	27.50	6710.00	0.00

(续)

序号	县(旗、市、区、局、场)	森林公园及自然保护区（名称）	级别	实际接待人数（万人次）	旅游总收入（万元）	其中:门票收入（万元）
1144	南溪县(川)	云台山森林公园	省	22.00	5300.00	0.00
1145	江安县(川)	青峰寺森林公园	省	3.73	254.10	0.00
1146	江安县(川)	连天山森林公园	省	2.49	169.00	0.00
1147	高　县(川)	七仙湖湿地公园	省	9.72	1317.00	0.00
1148	邻水县(川)	罗家洞森林公园	省	40.00	16000.00	0.00
1149	邻水县(川)	白龙峡	省	30.00	10000.00	6000.00
1150	通川区(川)	凤凰山公园	省	150.00	15000.00	0.00
1151	通川区(川)	犀牛山	省	69.00	2055.00	0.00
1152	达川区(川)	雷音铺森林公园	省	6.00	2000.00	0.00
1153	达川区(川)	真佛山风景区	省	4.00	400.00	0.00
1154	开江县(川)	明月水湖	省	5.00	500.00	0.00
1155	万源市(川)	四川省黑宝山森林公园	省	8.00	82.00	0.00
1156	万源市(川)	四川省东林山森林公园	省	10.00	65.00	0.00
1157	恩阳区(川)	章怀山森林公园	省	1.23	18.20	14.00
1158	平昌县(川)	四川驷马自然保护区	省	26.70	8844.00	0.00
1159	安岳县(川)	四川省千佛寨森林公园	省	40.00	41000.00	0.00
1160	康定县(川)	贡嘎山自然保护区	省	38.00	34600.00	0.00
1161	丹巴县(川)	莫斯卡自然保护区	省	15.00	15000.00	0.00
1162	九龙县(川)	贡嘎山自然保护区	省	15.00	15000.00	0.00
1163	雅江县(川)	亿比措自然保护区	省	0.80	1100.00	0.00
1164	雅江县(川)	神仙山自然保护区	省	0.20	300.00	0.00
1165	道孚县(川)	四川亿比措省级自然保护区	省	3.80	3400.00	0.00
1166	炉霍县(川)	卡莎湖省级自然保护区	省	7.00	4500.00	0.00
1167	新龙县(川)	雄龙西自然保护区	省	1.10	1070.00	0.00
1168	德格县(川)	新路海自然保护区	省	1.24	1240.00	161.20
1169	石渠县(川)	四川省石渠县洛须白唇鹿自然保护区	省	0.20	300.00	0.00
1170	西昌市(川)	泸山森林公园	省	48.00	430.00	144.00
1171	木里藏族自治县(川)	鸭咀自然保护区	省	1.20	800.00	0.00
1172	盐源县(川)	盐源县泸沽湖湿地保护区	省	28.00	13512.70	0.00
1173	金阳县(川)	金阳百草坡自然保护区	省	2.70	675.00	0.00
1174	冕宁县(川)	四川省灵山森林公园	省	37.80	3594.10	2192.40
1175	越西县(川)	四川省申果庄自然保护区	省	0.60	102.00	0.00
1176	息烽县(黔)	息烽温泉省级森林公园	省	2.00	450.00	40.00
1177	钟山区(黔)	凉都森林公园	省	37.30	7460.00	0.00
1178	思南县(黔)	万圣山森林公园	省	10.00	1500.00	0.00
1179	金沙县(黔)	冷水河森林公园	省	180.00	30.00	0.00
1180	贵定县(黔)	金海雪山	省	200.00	40000.00	6000.00
1181	独山县(黔)	都柳江源湿地自然保护区	省	100.00	3000.00	0.00
1182	长顺县(黔)	威远湖井	省	1.20	160.00	0.00
1183	长顺县(黔)	白云山自然风景区	省	6.50	660.00	0.00
1184	贵州省扎佐林场(黔)	贵州景阳省级森林公园	省	9.80	3990.00	3200.00
1185	盘龙区(滇)	云南野生动物园	省	97.00	9000.00	5100.00
1186	江川县(滇)	抚仙湖湿地公园	省	50.00	5000.00	20.00
1187	腾冲县(滇)	北海湿地省级自然保护区	省	13.18	1090.00	850.73

（续）

序号	县(旗、市、区、局、场)	森林公园及自然保护区（名称）	级别	实际接待人数（万人次）	旅游总收入（万元）	其中:门票收入（万元）
1188	玉龙纳西族自治县(滇)	玉龙山自然保护区	省	365.00		39400.00
1189	禄丰县(滇)	五台山森林公园	省	5.00	100.00	0.00
1190	屏边苗族自治县(滇)	屏边大围山省级森林公园	省	5.20	208.00	158.00
1191	弥勒市(滇)	锦屏山	省	54.21	708.26	6.20
1192	丘北县(滇)	云南丘北普者黑省级自然保护区	省	26.01	55850.00	6260.00
1193	漾濞彝族自治县(滇)	石门关景区	省	20.00	3000.00	0.00
1194	漾濞彝族自治县(滇)	脉地大花园	省	12.00	1500.00	0.00
1195	香格里拉县(滇)	香格里拉普达措国家森林公园(碧塔海自然保护区)	省	134.32	31409.58	14212.42
1196	灞桥区(陕)	白鹿原省级森林公园	省	3.00	50.00	20.00
1197	长安区(陕)	西安祥峪森林公园	省	28.00	1400.00	560.00
1198	长安区(陕)	太兴山森林公园	省	3.20	64.00	64.00
1199	长安区(陕)	沣峪森林公园	省	12.80	272.00	128.00
1200	蓝田县(陕)	紫云山森林公园	省	20.00	500.00	0.00
1201	蓝田县(陕)	玉山森林公园	省	15.00	300.00	0.00
1202	宜君县(陕)	陕西太安省级自然保护区	省	0.50	5.00	0.00
1203	岐山县(陕)	崛山森林公园景区	省	0.57	11.00	0.00
1204	扶风县(陕)	陕西野河省级自然保护区	省	3.00	60.00	40.00
1205	眉　县(陕)	红河谷森林公园	省	35.80	4603.00	1848.00
1206	陇　县(陕)	陕西省关山森林公园	省	3.00	60.00	6.00
1207	陇　县(陕)	陇县龙门洞森林公园	省	5.00	656.00	164.00
1208	三原县(陕)	陕西三原嵯峨山森林公园	省	1.50	18.00	0.00
1209	淳化县(陕)	仲山森林公园	省	20.00	2400.00	600.00
1210	白水县(陕)	方山森林公园	省	10.00	5.00	5.00
1211	富平县(陕)	金粟山森林公园	省	25.00	55.00	55.00
1212	汉台区(陕)	陕西省省级褒河森林公园	省	6.00	600.00	40.00
1213	宁强县(陕)	宁强汉水源森林公园	省	28.00	9553.00	600.00
1214	佛坪县(陕)	佛坪县熊猫谷景区	省	33.00	2341.00	990.00
1215	汉滨区(陕)	陕西省凤凰山森林公园	省	4.00	350.00	0.00
1216	紫阳县(陕)	陕西省雷鼓台森林公园	省	5.00	3000.00	100.00
1217	岚皋县(陕)	神河源省级森林公园	省	6.00	2000.00	600.00
1218	平利县(陕)	女娲山森林公园	省	50.00	8000.00	7000.00
1219	旬阳县(陕)	灵岩寺森林公园	省	10.00	2255.00	3.00
1220	洛南县(陕)	陕西省玉虚洞	省	0.50	75.00	25.00
1221	汉西林业局(陕)	陕西省摩天岭自然保护区	省	0.02	2.50	0.00
1222	汉西林业局(陕)	陕西省雷神谷森林公园	省	0.03	4.00	0.00
1223	宁东林业局(陕)	陕西省宁东森林公园	省	1.20	125.30	36.00
1224	城关区(甘)	五一山省级森林生态旅游区	省	1.15	19.56	3.99
1225	崇信县(甘)	五龙山省级森林公园	省	1.00	100.00	36.00
1226	华亭县(甘)	米家沟森林公园	省	3.20	63.00	32.00
1227	庄浪县(甘)	朝那湫省级森林公园	省	1.22	12.20	12.20
1228	金塔县(甘)	金塔沙漠胡杨林景区	省	35.00	320.00	260.00
1229	环　县(甘)	兴隆山森林公园	省	8.00	15.00	0.00
1230	华池县(甘)	双塔森林公园	省	5.00	300.00	0.00
1231	合水林业总场(甘)	连家砭森林公园	省	0.13	2.00	0.00

(续)

序号	县(旗、市、区、局、场)	森林公园及自然保护区(名称)	级别	实际接待人数(万人次)	旅游总收入(万元)	其中:门票收入(万元)
1232	华池林业总场(甘)	东华池森林公园	省	0.20	0.80	0.00
1233	正宁林业总场(甘)	调令关森林公园	省	5.10	120.00	2.20
1234	陇西县(甘)	仁寿山森林公园	省	5.00	50.00	5.00
1235	两当县(甘)	灵官峡白皮松自然保护区	省	1.80	36.00	36.00
1236	两当县(甘)	黑河森林公园	省	1.20	40.00	40.00
1237	临夏市(甘)	临夏市南龙山森林公园	省	3.30	28.50	0.50
1238	舟曲县(甘)	拉尕山	省	1.00	250.00	0.00
1239	迭部县(甘)	腊子口风景区	省	9.26	136.00	0.00
1240	碌曲县(甘)	则岔森林公园	省	15.20	5098.00	260.00
1241	金凤区(宁)	银川市森林公园	省	50.70	3201.00	0.00
1242	青铜峡市(宁)	青铜峡市库区自然保护区	省	100.00	2000.00	1000.00
1243	巩留县(新)	野核桃自然保护区	省	14.81	3392.14	600.00
1244	尼勒克县(新)	喀什河中游湿地自然保护区	省	65.00	54.00	48.00
1245	裕民县(新)	巴山塔斯特旅游风景区	省	18.70	12800.00	561.00
1246	富蕴林场(新)	神钟山森林公园	省	3.60	90.04	20.00
1247	青河林场(新)	大青河森林公园	省	0.11	2.10	0.00
1248	木垒林场(新)	木垒大龙王森林公园	省	5.00	27.00	15.00
1249	玛纳斯南山林场(新)	新疆维吾尔自治区玛纳斯南山林场凤凰山森林公园	省	0.50	245.00	
1250	沙湾林场(新)	新疆沙湾蒙古庙森林公园	省	0.20	24.00	0.00
1251	新疆东林生态旅游股份公司(新)	新疆东林生态旅游区	省	7.00	158.40	0.00
1252	绥阳林业局(龙江森工)	绥阳小天桥省级森林公园	省	11.00	3000.00	0.00
1253	鹤立林业局(龙江森工)	红旗森林公园	省	4.00	38.00	0.00
1254	清河林业局(龙江森工)	清河森林公园	省	5.50	650.00	55.00
1255	新青林业局(龙江森工)	新青森林公园	省	5.00	400.00	150.00
1256	友好林业局(龙江森工)	友好森林公园	省	0.80	350.00	30.00
1257	朗乡林业局(龙江森工)	青翠森林公园	省	2.05	110.00	0.00
1258	朗乡林业局(龙江森工)	林中园森林公园	省	1.05	58.00	0.00
1259	朗乡林业局(龙江森工)	朗乡森林公园	省	1.55	105.50	0.00
1260	绥棱林业局(龙江森工)	绥棱白马石	省	0.68	69.50	0.00
1261	井陉矿区(冀)	清凉山	地	11.00	450.00	330.00
1262	御道口林场(冀)	河北省御道口林场	地	10.00	6745.00	1279.00
1263	阿鲁科尔沁旗(蒙)	根皮庙	地	4.50	3000.00	0.00
1264	杭锦旗(蒙)	鄂尔多斯草原旅游区	地	6.62	1470.56	0.00
1265	乌拉特前旗(蒙)	桦背风景区	地	0.50	50.00	0.00
1266	察哈尔右翼中旗(蒙)	辉腾锡勒草原旅游景区	地	58.00	1.40	1.40
1267	振安区(辽)	丹东市五龙山森林公园	地	18.00	5100.00	900.00
1268	凤城市(辽)	帽盔山森林公园	地	24.00	7120.00	0.00
1269	大石桥市(辽)	老轿顶自然保护区	地	11.00	185.00	0.00
1270	大石桥市(辽)	迷镇山	地	55.00	600.00	0.00
1271	大石桥市(辽)	盘龙山公园	地	62.00	1500.00	0.00
1272	太平区(辽)	塔子沟风景区	地	1.68	80.00	0.00
1273	梅河口市(吉)	鸡冠山森林公园	地	200.00	1000.00	500.00
1274	鸡东县(黑)	麒麟山风景区	地	200.00	2000.00	0.00
1275	桐庐县(浙)	天子岗森林公园	地	2.50	110.00	110.00

(续)

序号	县(旗、市、区、局、场)	森林公园及自然保护区(名称)	级别	实际接待人数(万人次)	旅游总收入(万元)	其中:门票收入(万元)
1276	镇海区(浙)	九龙湖森林公园	地	153.35	13555.50	881.40
1277	绍兴县(浙)	大香林森林公园	地	53.70	858.00	657.00
1278	黄岩区(浙)	黄岩富山大裂谷	地	3.10	450.00	90.00
1279	黄岩区(浙)	浙江省台州市布袋山区	地	5.10	1000.00	20.00
1280	大观区(皖)	安庆市狮子山公园	地	5.00	10.00	0.00
1281	大观区(皖)	安庆菱湖公园	地	10.00	300.00	0.00
1282	颍州区(皖)	阜阳市颍州西湖景区	地	11.00	5300.00	5300.00
1283	南昌县(赣)	江西凤凰沟风景区	地	3.00	20.00	20.00
1284	章丘市(鲁)	三王峪山水风景园	地	40.00	158.00	98.00
1285	章丘市(鲁)	济南野生动物世界	地	10.60	1676.00	1088.00
1286	章丘市(鲁)	济南植物园	地	83.00	309.00	236.00
1287	章丘市(鲁)	济南野生动物世界	地	10.60	1676.00	1088.00
1288	淄川区(鲁)	孟子山森林公园	地	6.00	37.00	10.00
1289	淄川区(鲁)	雁山森林公园	地	0.70	47.70	0.00
1290	淄川区(鲁)	三龙山森林公园	地	3.50	235.00	90.00
1291	淄川区(鲁)	马鞍山森林公园	地	15.00	368.00	120.00
1292	淄川区(鲁)	卧虎山森林公园	地	1.20	40.00	10.00
1293	博山区(鲁)	金牛山森林公园	地	0.50	25.00	4.00
1294	博山区(鲁)	樵岭前森林公园	地	8.00	600.00	185.00
1295	博山区(鲁)	莲花山森林公园	地	1.60	100.00	0.00
1296	博山区(鲁)	志公坪森林公园	地	0.20	20.00	4.80
1297	临朐县(鲁)	石门坊	地	25.00	1000.00	600.00
1298	诸城市(鲁)	大山森林公园	地	3.00	360.00	0.00
1299	安丘市(鲁)	青云山森林公园	地	68.77	1198.56	1116.89
1300	东平县(鲁)	东平湖湿地保护区	地	200.00	10000.00	3000.00
1301	新泰市(鲁)	白马寺森林公园	地	6.00	800.00	30.00
1302	新泰市(鲁)	墨石山森林公园	地	20.00	3000.00	200.00
1303	新泰市(鲁)	青云山森林公园	地	15.00	800.00	0.00
1304	新泰市(鲁)	白马寺森林公园	地	6.00	800.00	0.00
1305	新泰市(鲁)	和圣园森林公园	地	20.00	1000.00	250.00
1306	莱芜市雪野旅游区(鲁)	龙山森林公园	地	30.00	12000.00	60.00
1307	莱芜市高新区(鲁)	大崮山森林公园	地	5.00	600.00	0.00
1308	沂南县(鲁)	五彩山森林公园	地	10.00	450.00	0.00
1309	阳谷县(鲁)	景阳冈旅游区	地	65.00	3000.00	1950.00
1310	滨城区(鲁)	三河湖森林公园	地	5.00	70.00	50.00
1311	惠济区(豫)	郑州黄河风景名胜区	地	68.00	6800.00	4080.00
1312	登封市(豫)	朝阳沟森林公园	地	2.80	32.80	0.00
1313	龙安区(豫)	凤凰岗森林公园	地	10.00	110.00	30.00
1314	安阳县(豫)	塔山森林公园	地	1.97	63.00	29.00
1315	安阳县(豫)	宝山灵泉寺森林公园	地	13.99	547.00	112.00
1316	林州市(豫)	天平山森林公园	地	4.50	85.00	75.00
1317	林州市(豫)	柏尖山森林公园	地	20.00	300.00	0.00
1318	渑池县(豫)	三门峡黄河丹霞旅游区	地	37.80	11516.00	1890.00
1319	竹山县(鄂)	十堰女娲山森林公园	地	9.00	2198.00	980.00

(续)

序号	县(旗、市、区、局、场)	森林公园及自然保护区（名称）	级别	实际接待人数（万人次）	旅游总收入（万元）	其中:门票收入（万元）
1320	鄂州市市辖区(鄂)	麻羊垴森林公园	地	28.00	200.00	0.00
1321	蒸湘区(湘)	雨母山风景区	地	35.10	6120.00	0.00
1322	临澧县(湘)	太浮山森林公园	地	12.00	1200.00	0.00
1323	新丰县(粤)	新丰鲁古河市级自然保护区	地	8.60	1451.00	0.00
1324	三水区(粤)	九道谷自然生态旅游区	地	2.02	104.52	68.87
1325	江海区(粤)	江门市白水带森林公园	地	380.00	168.00	67.00
1326	四会市(粤)	奇石河森林公园	地	12.00	68.00	50.00
1327	蕉岭县(粤)	龙潭森林公园	地	10.00	1250.00	0.00
1328	蕉岭县(粤)	蕉岭石礤市级森林公园	地	10.00	2200.00	0.00
1329	蕉岭县(粤)	皇佑笔自然保护区	地	40.00	2233.00	0.00
1330	清远市属总林场(粤)	大东山森林公园	地	11.00		25.00
1331	田阳县(桂)	百东河水源林自然保护区	地	0.60	21.00	0.00
1332	游仙区(川)	渔父村森林公园	地	5.80	580.00	0.00
1333	船山区(川)	灵泉寺森林公园	地	103.57	23606.00	4142.80
1334	嘉陵区(川)	太和鹭鸟自然保护区	地	95.00	30115.00	475.00
1335	兴文县(川)	香水山森林公园	地	133.00	28758.00	2540.00
1336	宣汉县(川)	笔架山风景区	地	30.50	2190.00	0.00
1337	开江县(川)	飞云温泉	地	15.00	3000.00	1000.00
1338	德格县(川)	多普沟自然保护区	地	0.62	620.00	80.60
1339	乡城县(川)	巴姆七湖・尼顶峡谷	地	3.60	3600.00	0.00
1340	木里藏族自治县(川)	木里大寺	地	2.30	2000.00	0.00
1341	木里藏族自治县(川)	恰朗多吉自然保护区	地	0.80	632.00	0.00
1342	木里藏族自治县(川)	巴丁娜姆自然保护区	地	0.50	100.00	0.00
1343	双柏县(滇)	白竹山自然保护区	地	54.22	11099.00	0.00
1344	牟定县(滇)	化佛山自然保护区	地	4.11	205.00	0.00
1345	大姚县(滇)	昙华山州级自然保护区	地	3.30	3.00	0.00
1346	永仁县(滇)	方山自然保护区	地	103.50	9100.00	0.00
1347	元谋县(滇)	土林州级自然保护区	地	60.00	1671.00	1671.00
1348	武定县(滇)	狮子山州级自然保护区	地	77.45	99454.40	743.79
1349	弥渡县(滇)	太极山自然保护区	地	6.00	28.00	0.00
1350	巍山彝族回族自治县(滇)	巍宝山州级自然保护区	地	15.00	260.00	260.00
1351	淳化县(陕)	爷台山自然保护区	地	1.10	200.00	0.00
1352	镇坪县(陕)	飞渡峡休闲现代园区	地	20.00	800.00	400.00
1353	迭部县(甘)	扎尕那风景区	地	7.92	91.69	0.00
1354	新源县(新)	那拉提森林公园	地	214.73	53000.00	2832.00
1355	赵　县(冀)	赵县梨区	县	110.00	2850.00	0.00
1356	迁安市(冀)	灵山景区	县	1.00	30.00	30.00
1357	迁安市(冀)	迁安塔寺峪景区	县	10.00	1500.00	450.00
1358	迁安市(冀)	挂云山景区	县	6.65	1000.00	200.00
1359	迁安市(冀)	红峪山庄	县	1.00	100.00	20.00
1360	迁安市(冀)	皇姑寺景区	县	1.00	30.00	30.00
1361	迁安市(冀)	成山景区	县	0.50	25.00	0.00
1362	磁　县(冀)	龙洞沟	县	3.00	100.00	0.00
1363	磁　县(冀)	溢泉湖	县	23.00	1500.00	0.00

（续）

序号	县(旗、市、区、局、场)	森林公园及自然保护区（名称）	级别	实际接待人数（万人次）	旅游总收入（万元）	其中:门票收入（万元）
1364	磁　县(冀)	炉峰山	县	2.00	200.00	0.00
1365	邢台县(冀)	小西天	县	13.90	40.20	40.20
1366	邢台县(冀)	白云山	县	6.93	16.10	16.10
1367	邢台县(冀)	张果老山	县	11.60	39.00	39.00
1368	内丘县(冀)	寒山景区	县	2.00	1600.00	100.00
1369	柏乡县(冀)	柏乡县汉牡丹园	县	5.50	400.00	200.00
1370	满城县(冀)	满城陵山汉墓	县	7.00	390.00	0.00
1371	满城县(冀)	满城柿子沟	县	4.70	400.00	0.00
1372	顺平县(冀)	龙潭湖风景区	县	2.00	60.00	0.00
1373	赤城县(冀)	冰山梁景区	县	0.50	3.00	0.50
1374	屯留县(晋)	巍山森林公园	县	1.00	50.00	0.00
1375	绛　县(晋)	东华山森林公园	县	8.00	195.00	115.00
1376	夏　县(晋)	瑶台山森林公园	县	10.00	310.00	5.00
1377	回民区(蒙)	呼和浩特市动物园	县	25.00	1000.00	1000.00
1378	土默特左旗(蒙)	白石头沟生态旅游区	县	15.00	407.00	0.00
1379	和林格尔县(蒙)	大南山生态文化旅游园区	县	82.00	5100.00	0.00
1380	松山区(蒙)	东山皇家漫甸	县	0.50	335.00	0.00
1381	阿鲁科尔沁旗(蒙)	阿日宝勒格沙地	县	2.50	1720.00	0.00
1382	阿鲁科尔沁旗(蒙)	巴彦花水库	县	4.50	3000.00	0.00
1383	林西县(蒙)	大冷山森林公园	县	0.88	1751.17	0.00
1384	鄂托克旗(蒙)	碧海阳光温泉度假村	县	4.80	2654.00	0.00
1385	鄂托克旗(蒙)	湿地公园	县	0.74	80.00	0.00
1386	鄂托克旗(蒙)	阿尔寨石窟寺旅游景区	县	0.20	40.00	0.00
1387	鄂托克旗(蒙)	布龙湖旅游景区	县	0.40	750.00	0.00
1388	内蒙古柴河林业局(蒙)	柴河森林公园	县	3.43	205.50	204.50
1389	卓资县(蒙)	红召九龙湾	县	2.00	300.00	30.00
1390	溪湖区(辽)	溪湖区	县	10.00	1200.00	1000.00
1391	凤城市(辽)	“农家乐”等自发形成旅游景点	县	32.00	17600.00	0.00
1392	细河区(辽)	松涛湖风景旅游区	县	2.00	400.00	0.00
1393	彰武县(辽)	那木斯莱湿地保护区	县	0.35		0.70
1394	彰武县(辽)	柳河湿地沿岸保护区	县	0.25	45.00	2.50
1395	宏伟区(辽)	龙石风景旅游区	县	110.00	3000.00	60.00
1396	大洼县(辽)	红汉滩湿地旅游度假区	县	45.00	56000.00	3400.00
1397	调兵山市(辽)	调兵山风景区	县	51.00	9000.00	500.00
1398	连山区(辽)	打渔山自然风景区	县	0.20	50.00	0.00
1399	连山区(辽)	卧龙沟自然保护区	县	0.20	50.00	0.00
1400	连山区(辽)	三道沟自然风景区	县	0.20	50.00	0.00
1401	南票区(辽)	九龙公园	县	0.20	50.00	0.00
1402	建昌县(辽)	龙潭大峡谷	县	5.00	1000.00	400.00
1403	莲花山开发区(吉)	长春莲花山生态旅游度假区	县	92.00	69230.00	2000.00
1404	桦甸市(吉)	白桦林风景区	县	0.30	1.00	1.00
1405	东丰县(吉)	丽水山庄	县	15.00	240.00	4.00
1406	珲春市(吉)	防川风景区	县	0.99	1097.00	0.00
1407	林甸县(黑)	九道沟满族风情园	县	15.00	1760.00	600.00

(续)

序号	县(旗、市、区、局、场)	森林公园及自然保护区(名称)	级别	实际接待人数(万人次)	旅游总收入(万元)	其中:门票收入(万元)
1408	林甸县(黑)	鹤鸣湖旅游度假区	县	30.00	3540.00	2400.00
1409	杜尔伯特蒙古族自治县(黑)	新店林场野生动物保护区	县	0.10	2.00	2.00
1410	杜尔伯特蒙古族自治县(黑)	连环湖水禽保护区	县	0.20	4.00	4.00
1411	建德市(浙)	绿荷塘森林公园	县	2.00	680.00	110.00
1412	三门县(浙)	湫水山森林公园	县	14.20	3512.00	683.00
1413	三门县(浙)	大岙坑自然景观	县	6.40	2204.00	315.00
1414	三门县(浙)	瑞云山自然景观	县	2.40	14.00	0.30
1415	禹会区(皖)	蚌埠花博园	县	50.00	300.00	200.00
1416	花山区(皖)	濮塘风景度假区	县	9.18	2295.00	0.00
1417	怀宁县(皖)	观音洞水库	县	12.00	4230.00	600.00
1418	祁门县(皖)	渚口櫓溪湾景区	县	25.00	7500.00	1810.00
1419	祁门县(皖)	芦溪倒湖十八湾	县	3.00	600.00	0.00
1420	祁门县(皖)	柏溪燕山	县	2.50	375.00	0.00
1421	祁门县(皖)	牯牛降九龙池景区	县	59.00	29500.00	4100.00
1422	祁门县(皖)	历口镇历溪景区	县	21.00	6300.00	1980.00
1423	东至县(皖)	马坑紫石塔自然保护区	县	3.00	200.00	0.00
1424	东至县(皖)	仙寓山-南溪古寨风景区	县	3.00	300.00	0.00
1425	青阳县(皖)	清源山风景区	县	10.00	600.00	400.00
1426	青阳县(皖)	佛缘谷漂流	县	1.00	123.00	60.00
1427	九江县(赣)	杨梅采摘	县	2.00	400.00	0.00
1428	永修县(赣)	柘林湖桃花溪漂流景区	县	25.00	630.00	0.00
1429	永修县(赣)	燕山林业公司龙源峡景区	县	5.00	350.00	0.00
1430	彭泽县(赣)	彭泽兆吉沟红色旅游景区	县	5.00	40.00	0.00
1431	共青城市(赣)	庐山国际高尔夫球会	县	2.10	840.00	0.00
1432	共青城市(赣)	共青城市富华山景区	县	4.00	320.00	0.00
1433	分宜县(赣)	分宜县石门寨公园	县	10.00	5.00	0.00
1434	定南县(赣)	国营定南县云台山林场	县	0.34	8.00	0.00
1435	兴国县(赣)	园岭森林公园	县	0.80	63.40	0.00
1436	兴国县(赣)	均福山森林公园	县	1.00	120.00	0.00
1437	吉安县(赣)	君山湖	县	220.00	560.00	0.00
1438	泰和县(赣)	天湖山自然保护区	县	6.00	2.60	0.00
1439	泰和县(赣)	紫瑶山自然保护区	县	4.00	90.00	0.00
1440	袁州区(赣)	飞剑潭自然保护区	县	2.00	1800.00	200.00
1441	丰城市(赣)	仙姑岭自然保护区	县	30.00	9000.00	0.00
1442	丰城市(赣)	竹山自然保护区	县	20.00	6000.00	0.00
1443	资溪县(赣)	大觉山景区	县	73.93	86765.00	0.00
1444	婺源县(赣)	文公山自然保护区	县	2.00	120.00	50.00
1445	天桥区(鲁)	黄河森林公园	县	27.00	360.00	125.00
1446	长清区(鲁)	凤凰岭森林公园	县	0.40	14.70	0.00
1447	长清区(鲁)	马山森林公园	县	2.00	20.00	0.00
1448	长清区(鲁)	双泉俺森林公园	县	3.20	170.00	0.00
1449	长清区(鲁)	金箭山森林公园	县	0.80	56.00	0.00
1450	长清区(鲁)	莲台山森林公园	县	10.00	218.00	9.10
1451	章丘市(鲁)	山东省章丘国家森林公园	县	45.00	256.00	207.00

（续）

序号	县(旗、市、区、局、场)	森林公园及自然保护区（名称）	级别	实际接待人数（万人次）	旅游总收入（万元）	其中:门票收入（万元）
1452	沂源县(鲁)	凤凰山森林公园	县	6.00	10.00	10.00
1453	坊子区(鲁)	九龙涧森林公园	县	1.00	15.00	15.00
1454	荣成市(鲁)	石岛山市级森林公园	县	60.30	6913.20	4000.00
1455	莱芜市雪野旅游区(鲁)	吕祖泉生态旅游区	县	10.60	1020.00	402.80
1456	莱芜市雪野旅游区(鲁)	雪野三峡生态旅游区	县	10.60	2030.00	424.00
1457	临沂市高新技术产业开发区(鲁)	曹家峪风景区	县	10.00	510.00	0.00
1458	阳信县(鲁)	万亩梨园风景区	县	6.00	1700.00	0.00
1459	登封市(豫)	情人谷景区	县	5.60	63.60	0.00
1460	新安县(豫)	翠屏山森林公园	县	6.00	23.00	0.00
1461	新安县(豫)	城北森林公园	县	10.00	40.00	0.00
1462	新安县(豫)	世纪生态园	县	20.00	40.00	0.00
1463	伊川县(豫)	鹤鸣峡风景区	县	10.00	350.00	300.00
1464	宝丰县(豫)	尖山坡	县	1.30	145.00	0.00
1465	殷都区(豫)	殷都区生态观光园	县	4.41	300.00	300.00
1466	浚　县(豫)	大伾山风景名胜区	县	60.00	10793.00	960.00
1467	魏都区(豫)	西湖公园	县	17.30	2003.00	0.00
1468	禹州市(豫)	吴道子故里景区	县	41.00	205.00	0.00
1469	禹州市(豫)	无梁周定王陵旅游景区	县	64.00	190.00	32.00
1470	禹州市(豫)	浅井逍遥观景区	县	62.00	358.00	31.00
1471	长葛市(豫)	葛天源	县	3.00	150.00	0.00
1472	长葛市(豫)	鑫亮源生态旅游度假村	县	1.00	50.00	0.00
1473	西峡县(豫)	老界岭风景区	县	5.50	430.00	330.00
1474	西峡县(豫)	龙潭沟风景区	县	7.00	330.00	330.00
1475	内乡县(豫)	桃花源森林公园	县	3.00	350.00	200.00
1476	内乡县(豫)	七星潭森林公园	县	7.00	700.00	400.00
1477	内乡县(豫)	云路山森林公园	县	6.00	500.00	300.00
1478	内乡县(豫)	方山森林公园	县	5.00	50.00	0.00
1479	新野县(豫)	白河滩湿地公园	县	9.00	1020.00	0.00
1480	川汇区(豫)	生态观光园	县	133.75	1.12	0.00
1481	西华县(豫)	黄桥观花及旅游	县	6.00	152.00	45.00
1482	商水县(豫)	白鹭森林公园	县	1.50	160.00	0.00
1483	商水县(豫)	陆捷生态园	县	0.80	120.00	0.00
1484	商水县(豫)	练集镇美人指葡萄生态园	县	2.00	750.00	0.00
1485	商水县(豫)	和畅生态园	县	0.30	30.00	0.00
1486	商水县(豫)	银杏博览园	县	0.50	50.00	0.00
1487	猇亭区(鄂)	猇亭古战场风景区	县	4.00	1000.00	400.00
1488	秭归县(鄂)	五龙温泉	县	0.75		12.20
1489	秭归县(鄂)	链子崖风景区	县	3.80		75.00
1490	秭归县(鄂)	三峡竹海	县	22.80		506.50
1491	宜都市(鄂)	三峡九凤谷生态旅游度假区	县	8.00	300.00	150.00
1492	东宝区(鄂)	圣景山风景区	县	35.00	35000.00	210.00
1493	东宝区(鄂)	仙居乡村游景区	县	10.00	1600.00	310.00
1494	东宝区(鄂)	青林寨风景区	县	13.00	2100.00	500.00
1495	嘉鱼县(鄂)	官桥八组森林公园	县	20.00	6132.00	0.00

(续)

序号	县(旗、市、区、局、场)	森林公园及自然保护区(名称)	级别	实际接待人数(万人次)	旅游总收入(万元)	其中:门票收入(万元)
1496	建始县(鄂)	石门河旅游风景区	县	6.42	17955.00	5130.00
1497	建始县(鄂)	野三河旅游风景区	县	6.75	18900.00	5400.00
1498	巴东县(鄂)	巴山森林公园	县	3.00	50.00	20.00
1499	鹤峰县(鄂)	董家河	县	2.00	999.00	0.00
1500	鹤峰县(鄂)	屏山	县	2.25	1126.00	0.00
1501	荷塘区(湘)	仙庾岭风景区	县	26.50	300.00	36.00
1502	大祥区(湘)	松坡公园	县	2.00	740.00	0.00
1503	邵阳县(湘)	河伯岭自然保护区	县	3.00	10.00	0.00
1504	汨罗市(湘)	八景洞森林公园	县	0.82	300.00	0.00
1505	临湘市(湘)	五尖山国家森林公园	县	91.60	1760.00	69.00
1506	武陵源区(湘)	湖南杨家界自然保护区	县	234.00	82372.85	14402.10
1507	赫山区(湘)	林芳生态旅游村	县	10.00	1400.00	40.00
1508	赫山区(湘)	先锋岭花乡林家乐	县	30.00	2200.00	0.00
1509	资兴市(湘)	连坪天狮仙水鹿保护区	县	1.00	2.00	0.00
1510	资兴市(湘)	烟坪顶辽自然保护区	县	2.30	3.00	0.00
1511	资兴市(湘)	天鹅山	县	3.00	4.50	0.00
1512	新田县(湘)	秀峰岭自然保护区	县	4.00	1001.00	0.00
1513	溆浦县(湘)	米粮洞	县	4.00	800.00	0.00
1514	溆浦县(湘)	圣人山自然保护区	县	5.00	600.00	0.00
1515	双峰县(湘)	黄龙林场	县	16.00	80.00	0.00
1516	双峰县(湘)	猪婆山林场	县	12.00	50.00	0.00
1517	新化县(湘)	古台山国有林场	县	4.50	500.00	0.00
1518	南沙区(粤)	南沙湿地游览区	县	30.00	1564.00	950.00
1519	增城市(粤)	兰溪森林公园	县	48.50	1200.00	0.00
1520	增城市(粤)	大丰门森林公园	县	106.00	1010.00	0.00
1521	新丰县(粤)	新丰黄礤西莲山森林公园	县	2.60	453.00	0.00
1522	新丰县(粤)	新丰雁塔山森林公园	县	2.20	492.00	0.00
1523	新丰县(粤)	新丰朱洞森林公园	县	1.50	272.00	0.00
1524	新丰县(粤)	新丰小正崖婆石森林公园	县	1.20	132.00	0.00
1525	新丰县(粤)	新丰司茅坪清心礤森林公园	县	1.20	136.00	0.00
1526	新丰县(粤)	新丰丰城雪山顶森林公园	县	2.20	311.00	0.00
1527	新丰县(粤)	新丰回龙新村森林公园	县	1.60	220.00	0.00
1528	乐昌市(粤)	古佛岩	县	8.00	180.00	55.00
1529	顺德区(粤)	翠湖森林公园	县	6.80	243.00	243.00
1530	三水区(粤)	佛山市三水区森林公园	县	130.85	453.97	168.28
1531	三水区(粤)	佛山市南丹山旅游区	县	1.17	31.21	31.21
1532	高明区(粤)	泰康山森林公园	县	10.00	830.00	200.00
1533	高明区(粤)	皂幕山森林公园	县	8.50	170.00	127.50
1534	遂溪县(粤)	螺岗岭森林公园	县	8.00	30.00	0.00
1535	遂溪县(粤)	黄屋湿地公园	县	3.00	9.00	0.00
1536	遂溪县(粤)	孔圣山森林公园	县	18.00	80.00	0.00
1537	高州市(粤)	仙人洞森林公园	县	2.00	98.00	50.00
1538	信宜市(粤)	大仁山	县	25.00	120.00	60.00
1539	信宜市(粤)	天马山	县	30.00	320.00	180.00

（续）

序号	县(旗、市、区、局、场)	森林公园及自然保护区（名称）	级别	实际接待人数（万人次）	旅游总收入（万元）	其中:门票收入（万元）
1540	信宜市(粤)	太华山	县	20.00	180.00	100.00
1541	信宜市(粤)	石根山	县	5.00	80.00	72.00
1542	鼎湖区(粤)	藏龙沟风景区	县	2.00	93.00	28.00
1543	广宁县(粤)	宝锭山景区	县	16.00	2020.00	750.00
1544	德庆县(粤)	盘龙峡生态旅游区	县	736.50	472312.00	160586.00
1545	四会市(粤)	贞山龙泉森林公园	县	4.00	15.00	0.00
1546	丰顺县(粤)	龙归寨瀑布	县	20.00	8000.00	2000.00
1547	丰顺县(粤)	八乡山大峡谷	县	2.00	1350.00	176.00
1548	丰顺县(粤)	龙鲸河漂流	县	40.00	13345.00	6720.00
1549	蕉岭县(粤)	满山红森林公园	县	10.00	765.00	0.00
1550	蕉岭县(粤)	新铺雷公坑森林公园	县	10.00	765.00	0.00
1551	蕉岭县(粤)	逢甲森林公园	县	10.00	1380.00	0.00
1552	蕉岭县(粤)	蓝坊会仙洞森林公园	县	20.00	235.00	0.00
1553	连山壮族瑶族自治县(粤)	金子山景区	县	31.00	923.00	923.00
1554	连山壮族瑶族自治县(粤)	鹰扬关	县	2.70	40.50	40.50
1555	连山壮族瑶族自治县(粤)	大旭山森林公园	县	1.80	54.00	54.00
1556	连山壮族瑶族自治县(粤)	福林园	县	1.50	7.50	7.50
1557	连南瑶族自治县(粤)	涡水河盘王庙森林公园	县	16.70	200.00	0.00
1558	连南瑶族自治县(粤)	三排镇姊妹亭森林公园	县	18.50	290.00	0.00
1559	连南瑶族自治县(粤)	三江河湿地公园	县	12.00	430.00	0.00
1560	连南瑶族自治县(粤)	东山森林公园	县	5.00	80.00	0.00
1561	连南瑶族自治县(粤)	三江镇狮子山森林公园	县	5.00	175.00	0.00
1562	连南瑶族自治县(粤)	西北山森林公园	县	15.00	50.00	0.00
1563	郁南县(粤)	连滩镇五指山县级森林公园	县	5.00	10.00	0.00
1564	恭城瑶族自治县(桂)	大岭山	县	100.90	7.97	0.00
1565	岑溪市(桂)	天龙顶山地公园	县	41.50	21100.00	21100.00
1566	合浦县(桂)	红树林保护区	县	42.00	20000.00	0.00
1567	玉林市福绵区(桂)	莲花山森林公园	县	9.80	550.00	150.00
1568	武宣县(桂)	百崖大峡谷	县	19.65	6530.00	3918.00
1569	梁平县(渝)	滑石古寨	县	36.56	1800.00	0.00
1570	丰都县(渝)	世坪森林公园	县	2.50	25.00	0.00
1571	都江堰市(川)	莲花湖森林公园	县	18.00	1500.00	0.00
1572	合江县(川)	笔架山风景区	县	6.00	600.00	0.00
1573	广汉市(川)	鸭子河湿地保护区	县	31.00	5700.00	2800.00
1574	游仙区(川)	老龙山风景区	县	520.00	20800.00	0.00
1575	三台县(川)	鲁班水库风景区	县	42.60	1427.10	0.00
1576	射洪县(川)	金华山陈子昂读书台	县	8.50	1833.00	0.00
1577	翠屏区(川)	宜宾市翠屏区	县	23.02	2510.00	0.00
1578	高　县(川)	乡村生态旅游区	县	60.89	21069.00	0.00
1579	邻水县(川)	铜锣山生态旅游中心	县	20.00	8000.00	0.00
1580	邻水县(川)	清水谷度假中心	县	20.00	2000.00	500.00
1581	开江县(川)	宝塔坝万亩荷花池	县	20.00	1500.00	0.00
1582	开江县(川)	峨城山	县	6.00	500.00	0.00
1583	雅江县(川)	旁母林自然保护区	县	0.30	400.00	0.00

(续)

序号	县(旗、市、区、局、场)	森林公园及自然保护区(名称)	级别	实际接待人数(万人次)	旅游总收入(万元)	其中:门票收入(万元)
1584	新龙县(川)	郎村自然保护区	县	0.60	930.00	0.00
1585	新龙县(川)	日巴自然保护区	县	0.70	900.00	0.00
1586	德格县(川)	阿须湿地自然保护区	县	0.47	465.00	60.45
1587	德格县(川)	志巴沟自然保护区	县	0.31	310.00	40.30
1588	德格县(川)	阿木拉自然保护区	县	0.46	465.00	60.45
1589	色达县(川)	泥拉坝湿地自然保护区	县	2.50	480.00	0.00
1590	色达县(川)	年龙自然保护区	县	1.70	420.00	0.00
1591	得荣县(川)	下拥自然保护区	县	1.50	1500.00	0.00
1592	得荣县(川)	嘎金自然保护区	县	1.50	1500.00	0.00
1593	普格县(川)	大槽河温泉瀑布	县	5.00	1344.00	1000.00
1594	修文县(黔)	贵阳扎佐野生动物园	县	30.00	3300.00	3300.00
1595	关岭布依族苗族自治县(黔)	花江大侠谷	县	10.00	10000.00	0.00
1596	惠水县(黔)	九龙寺森林公园	县	20.00	1200.00	0.00
1597	惠水县(黔)	野梅岭森林公园	县	14.00	840.00	0.00
1598	江川县(滇)	李家山古滇国墓葬遗址森林旅游区	县	3.00	12.00	12.00
1599	江川县(滇)	白山寺森林公园	县	8.00	220.00	0.00
1600	江川县(滇)	碧云寺森林公园	县	12.00	150.00	60.00
1601	江川县(滇)	大龙潭自然保护区	县	8.00	40.00	0.00
1602	华宁县(滇)	象鼻山温泉	县	2.50	530.00	0.00
1603	腾冲县(滇)	云峰山森林公园	县	6.75		143.13
1604	腾冲县(滇)	樱花谷森林公园	县	2.59		116.55
1605	澜沧拉祜族自治县(滇)	景迈山万亩古茶园	县	154.43	62849.00	0.00
1606	西盟佤族自治县(滇)	勐梭龙潭公园	县	2.67	107.00	107.00
1607	文山市(滇)	头塘坝森林公园	县	1.30	20.00	3.90
1608	安宁市(滇)	水神桥旅游度假区	县	10.00	45.00	12.00
1609	安宁市(滇)	青龙峡	县	20.00	800.00	400.00
1610	乾　县(陕)	乾陵风景林场	县	0.97	8784.00	984.00
1611	长武县(陕)	红星森林公园	县	2.00	370.00	0.00
1612	洋　县(陕)	朱鹮梨园景区	县	54.20	813.00	0.00
1613	西乡县(陕)	午子山	县	21.00	1050.00	360.00
1614	榆阳区(陕)	五十里沙臭柏保护区	县	10.00	2000.00	0.00
1615	紫阳县(陕)	文笔山森林公园	县	7.00	3500.00	0.00
1616	旬阳县(陕)	太极城森林公园	县	20.00	3895.00	0.00
1617	洛南县(陕)	老君山	县	3.50	525.00	120.00
1618	库车县(新)	大龙池自然保护区	县	9.00	28.00	0.00
1619	沙雅县(新)	太阳岛景区	县	11.50	88.20	8.40
1620	阿里河林业局(内蒙古森工)	阿里河国家森林公园	县	0.12	1262.00	

表 18-1　蜂蜜主产地产量

(续)

序号	蜂蜜主产地	养蜂户数(户)	蜜蜂饲养(群)	蜂蜜产量(千克)	序号	蜂蜜主产地	养蜂户数(户)	蜜蜂饲养(群)	蜂蜜产量(千克)
1	房山区(京)	974	31067	203410.00	3	怀柔区(京)	180	15000	100000.00
2	大兴区(京)	34	3000	109000.00	4	延庆县(京)	98	7000	35000.00

（续）

序号	蜂蜜主产地	养蜂户数（户）	蜜蜂饲养（群）	蜂蜜产量（千克）
5	通州区（京）	17	1048	20000.00
6	阜平县（冀）	620	36000	2000000.00
7	赞皇县（冀）	1260	40000	1800000.00
8	平山县（冀）	518	3056	76328.00
9	宁晋县（冀）	210	370	55122.00
10	宽城满族自治县（冀）	30	2010	39070.00
11	丰宁满族自治县（冀）	85	2550	11960.00
12	永年县（冀）	4		8860.00
13	大名县（冀）	98		2100.00
14	平泉县（冀）	18	25	1600.00
15	清河县（冀）	5		1000.00
16	馆陶县（冀）	10	1400	738.00
17	鸡泽县（冀）	4	80	500.00
18	垣曲县（晋）	150	15000	150000.00
19	忻府区（晋）	98		130200.00
20	清徐县（晋）			30920.00
21	陵川县（晋）			7500.00
22	黎城县（晋）	202	2100	4760.00
23	平陆县（晋）	7	7	605.00
24	古交市（晋）	20	5	400.00
25	乌审旗（蒙）	130	18000	30000.00
26	凌源市（辽）	859	61500	3940000.00
27	宽甸满族自治县（辽）	4000	40000	800000.00
28	北票市（辽）	120		200000.00
29	清原满族自治县（辽）	300	14500	150000.00
30	盖州市（辽）	29	1682	42050.00
31	新宾满族自治县（辽）	450	8500	35000.00
32	康平县（辽）	100	800	9500.00
33	桓仁满族自治县（辽）	70		2200.00
34	抚顺县（辽）	67	1730	1560.00
35	铁岭市经济开发区（辽）	7		1000.00
36	安图县（吉）	20		3421000.00
37	敦化市（吉）	3600	4110	3005600.00
38	汪清县（吉）	10	30456	1532000.00
39	和龙市（吉）	220	13100	393000.00
40	龙井市（吉）			250520.00
41	八家子林业局（吉）	5	1000	225000.00
42	敦化林业局（吉）	38	3500	175000.00
43	汪清林业局（吉）	20	2000	150000.00
44	东丰县（吉）	8	230	138000.00
45	舒兰市（吉）	38	2912	133165.00
46	和龙林业局（吉）			124000.00
47	黄泥河林业局（吉）	30		118000.00
48	蛟河实验局（吉）	31	1	70000.00
49	丰满区（吉）	30		65000.00
50	磐石市（吉）	36	2030	65000.00
51	集安市（吉）	500	3303	65000.00
52	临江市（吉）	61		48000.00
53	大兴沟林业局（吉）			32330.00
54	安图森林经营局（吉）			32000.00
55	东辽县（吉）	40	1300	21000.00
56	图们市（吉）	5	550	13600.00
57	洮南市（吉）	62	2050	10000.00
58	白山市市辖区（吉）	30	800	9740.00
59	辉南县（吉）	193	6700	8000.00
60	蛟河市（吉）	6		7300.00
61	长白朝鲜族自治县（吉）	140	7970	6862.00
62	四平市市辖区（吉）	2	450	5500.00
63	桦甸市（吉）	7	392	5000.00
64	梅河口市（吉）	3		4000.00
65	天桥岭林业局（吉）	53	2400	1200.00
66	尚志市（黑）	1800	1800	1500000.00
67	延寿县（黑）		22000	830000.00
68	方正县（黑）	30		525000.00
69	木兰县（黑）	150		300000.00
70	逊克县（黑）	28	3000	207883.00
71	鹤岗市市辖区（黑）	45	6000	201000.00
72	林口县（黑）	450	2650	87360.00
73	通河县（黑）	300		70000.00
74	巴彦县（黑）	18		57000.00
75	北安市（黑）	45		48660.00
76	孙吴县（黑）	5	26000	40000.00
77	黑河市直属林场（黑）	6		32000.00
78	嘉荫县（黑）	30		30000.00
79	鸡东县（黑）	15	891	26730.00
80	依兰县（黑）			21010.00
81	依安县（黑）	50	1000	20000.00
82	萝北县（黑）	13	800	20000.00
83	孟家岗林场（黑）	8		19200.00
84	抚远县（黑）	5	2000	16000.00
85	爱辉区（黑）	60		12500.00
86	鸡西市市辖区（黑）	50		12000.00
87	阿城区（黑）		2147	8600.00
88	丹清河实验林场（黑）	5		8400.00
89	虎林市（黑）	300	1000	8000.00
90	海伦市（黑）	7	705	8000.00
91	汤原县（黑）	50	500	7813.00
92	五常市（黑）	158		7500.00

(续)

序号	蜂蜜主产地	养蜂户数（户）	蜜蜂饲养（群）	蜂蜜产量（千克）
93	同江市(黑)	25		6300.00
94	山河实验林场(黑)	2	2	4000.00
95	绥芬河市(黑)	12	400	3500.00
96	明水县(黑)	5		1000.00
97	呼玛县(黑)	1		620.00
98	桦川县(黑)	1		600.00
99	桐庐县(浙)	926	67015	7966000.00
100	宁海县(浙)	900	90000	3000000.00
101	萧山区(浙)	98	15000	1040000.00
102	义乌市(浙)		5553	205000.00
103	建德市(浙)			80000.00
104	三门县(浙)	2		35000.00
105	淳安县(浙)	22		23169.00
106	北仑区(浙)	22	150	19300.00
107	椒江区(浙)	3		15000.00
108	临海市(浙)			10000.00
109	路桥区(浙)			6560.00
110	磐安县(浙)	462		5000.00
111	仙居县(浙)			5000.00
112	龙湾区(浙)	2		4000.00
113	象山县(浙)	105	13300	2680.00
114	徽州区(皖)	1255	1182000	3799672.00
115	桐城市(皖)	250	15400	1200000.00
116	淮上区(皖)	100	9000	700000.00
117	芜湖县(皖)	50	6000	480000.00
118	怀宁县(皖)	20	350	285185.00
119	凤阳县(皖)	50		240000.00
120	绩溪县(皖)	2500	95000	120000.00
121	黄山区(皖)	10	10	78000.00
122	霍山县(皖)	180	400	50000.00
123	临泉县(皖)	500	2500	42000.00
124	旌德县(皖)	50		20000.00
125	望江县(皖)	172	92500	19000.00
126	青阳县(皖)	21	540	15000.00
127	潜山县(皖)	155	250	13000.00
128	石台县(皖)			10000.00
129	谯城区(皖)	15		7000.00
130	东至县(皖)	47		5100.00
131	黟　县(皖)	4	4	3350.00
132	颍州区(皖)	15		2700.00
133	泾　县(皖)	20		2000.00
134	大观区(皖)	5		1100.00
135	明光市(皖)	5	0	1000.00
136	祁门县(皖)	18	2309	688.00
137	上饶县(赣)	6000	65200	500000.00
138	龙南县(赣)	50	3000	180000.00
139	铜鼓县(赣)	30	19776	147000.00
140	信丰县(赣)	902		133870.00
141	婺源县(赣)	403	8560	128450.00
142	万安县(赣)	220	30000	120000.00
143	永丰县(赣)	200	6000	90000.00
144	玉山县(赣)	1550	3812	77680.00
145	武宁县(赣)			75750.00
146	芦溪县(赣)	42	62	70000.00
147	吉水县(赣)			69800.00
148	新干县(赣)	126	2431	68068.00
149	万载县(赣)	350		60000.00
150	崇义县(赣)	300	3462	54000.00
151	德安县(赣)	30		50000.00
152	峡江县(赣)	102	400	50000.00
153	乐安县(赣)	55	70	45000.00
154	永新县(赣)	6		40000.00
155	靖安县(赣)	180		35000.00
156	兴国县(赣)	47	2737	20290.00
157	于都县(赣)	91	1850	19000.00
158	崇仁县(赣)	30		18000.00
159	南康市(赣)	320	1600	16000.00
160	会昌县(赣)	400		13000.00
161	赣　县(赣)	85	92	9100.00
162	樟树市(赣)	80		7200.00
163	石城县(赣)	20	660	5000.00
164	吉安县(赣)	36		5000.00
165	定南县(赣)	32		4980.00
166	瑞金市(赣)	30	14500	3600.00
167	德兴市(赣)	510	690	2550.00
168	遂川县(赣)	20		2500.00
169	井冈山市(赣)	9	195	2050.00
170	分宜县(赣)	1000		2000.00
171	余江县(赣)	110		1200.00
172	泰和县(赣)	17	400	1000.00
173	铅山县(赣)	210		310.00
174	利津县(鲁)	86	10100	402000.00
175	钢城区(鲁)	200		400000.00
176	青州市(鲁)	450	22331	300000.00
177	章丘市(鲁)	167	167	217000.00
178	招远市(鲁)	280	6000	200000.00
179	莱芜市高新区(鲁)	12	12	48000.00
180	沂源县(鲁)	300	40000	43000.00

（续）

序号	蜂蜜主产地	养蜂户数（户）	蜜蜂饲养（群）	蜂蜜产量（千克）
181	临沂市蒙山旅游区(鲁)	20		32500.00
182	肥城市(鲁)	85	2125	30281.00
183	临淄区(鲁)	55	700	25000.00
184	泰安市市辖区(鲁)	4	500	23000.00
185	栖霞市(鲁)	21		19520.00
186	梁山县(鲁)	25	320	18000.00
187	武城县(鲁)	4	320	9500.00
188	宁阳县(鲁)	320	420	6008.00
189	东昌府区(鲁)	3		5300.00
190	曹　县(鲁)	5	221	5000.00
191	新泰市(鲁)	160		4700.00
192	汶上县(鲁)	18		4000.00
193	东平县(鲁)	20	20	3000.00
194	昌乐县(鲁)	7		1000.00
195	乐陵市(鲁)	50	500	600.00
196	兖州市(鲁)	7	7	300.00
197	安阳县(豫)	330	46000	1550000.00
198	尉氏县(豫)	420	20000	520000.00
199	登封市(豫)	230	8300	415000.00
200	林州市(豫)	130	130	250000.00
201	桐柏县(豫)	78	3417	150000.00
202	新密市(豫)	1500		130000.00
203	栾川县(豫)	500	10000	102000.00
204	淮滨县(豫)	35	35	95000.00
205	邓州市(豫)	130	6500	82000.00
206	南乐县(豫)	40	1700	62000.00
207	偃师市(豫)	300	1000	30000.00
208	西峡县(豫)	13		10800.00
209	舞钢市(豫)		3120	9080.00
210	宝丰县(豫)	32	680	6000.00
211	唐河县(豫)	16		4030.00
212	平桥区(豫)	10	20	3000.00
213	郏　县(豫)	10	65	1400.00
214	镇平县(豫)	60	97	644.00
215	新郑市(豫)	183	16000	500.00
216	新野县(豫)	15		500.00
217	淅川县(豫)	100		450.00
218	内乡县(豫)	35	45	200.00
219	保康县(鄂)	720	8000	2970000.00
220	随　县(鄂)	386	32419	2800000.00
221	麻城市(鄂)	2300	30000	2500000.00
222	东宝区(鄂)	36	8370	1553000.00
223	神农架林区(鄂)	2000	25000	780000.00
224	长阳土家族自治县(鄂)	5000	60000	400000.00

（续）

序号	蜂蜜主产地	养蜂户数（户）	蜜蜂饲养（群）	蜂蜜产量（千克）
225	漳河新区(鄂)	7		300000.00
226	崇阳县(鄂)	600	68	300000.00
227	曾都区(鄂)	1000	1600	240000.00
228	云梦县(鄂)	12	500	180000.00
229	大悟县(鄂)	120		150000.00
230	房　县(鄂)	170	13516	127660.00
231	猇亭区(鄂)	20	2000	60000.00
232	巴东县(鄂)	2000	28000	60000.00
233	兴山县(鄂)	1000		50000.00
234	浠水县(鄂)	45	55	34000.00
235	枝江市(鄂)	12	15000	30000.00
236	南漳县(鄂)	1760	620	30000.00
237	当阳市(鄂)		33	15500.00
238	五峰土家族自治县(鄂)	20000		15000.00
239	来凤县(鄂)	1860	3500	15000.00
240	京山县(鄂)	2000	200000	13000.00
241	英山县(鄂)	820		10000.00
242	竹山县(鄂)	220	2600	9189.00
243	谷城县(鄂)	80	860	8500.00
244	点军区(鄂)	210	1100	7000.00
245	宜都市(鄂)	80	400	4000.00
246	建始县(鄂)	350	1400	4000.00
247	黄陂区(鄂)	70	120	3600.00
248	石首市(鄂)	50	50	3500.00
249	红安县(鄂)	136	210	3000.00
250	阳新县(鄂)	81		2350.00
251	广水市(鄂)	120	200	1500.00
252	茅箭区(鄂)	20	20	500.00
253	襄城区(鄂)	22	360	480.00
254	醴陵市(湘)	1500	100000	2000000.00
255	浏阳市(湘)	4700	170000	1620000.00
256	鼎城区(湘)	150	19500	860000.00
257	澧　县(湘)	1000	300000	800000.00
258	岳阳县(湘)	500		500000.00
259	中方县(湘)	98	3000	200000.00
260	资兴市(湘)	2125	20020	100813.00
261	新宁县(湘)	600	9000	90000.00
262	祁东县(湘)	60	300	60000.00
263	慈利县(湘)	250	3500	50000.00
264	株洲县(湘)	27	40	45000.00
265	常宁市(湘)	28	1000	40000.00
266	洪江市(湘)	37		36000.00
267	茶陵县(湘)	110	110	25000.00
268	麻阳苗族自治县(湘)	32	4000	25000.00

（续）

序号	蜂蜜主产地	养蜂户数（户）	蜜蜂饲养（群）	蜂蜜产量（千克）
269	衡南县(湘)	200		20000.00
270	新邵县(湘)	150	3000	20000.00
271	新化县(湘)	135	15000	20000.00
272	城步苗族自治县(湘)	23		11200.00
273	沅陵县(湘)	320	11615	10500.00
274	邵阳县(湘)	60	3000	10000.00
275	洞口县(湘)	65		8000.00
276	永定区(湘)		900	8000.00
277	桑植县(湘)	1200		4000.00
278	华容县(湘)	22		3500.00
279	东安县(湘)	23		3500.00
280	永兴县(湘)	218	1648	3399.00
281	桂东县(湘)	650	1810	2800.00
282	双峰县(湘)	80		2800.00
283	隆回县(湘)	30	60	2500.00
284	新晃侗族自治县(湘)	155		2500.00
285	芷江侗族自治县(湘)	600	2400	2486.00
286	安化县(湘)	1280		2450.00
287	炎陵县(湘)	78	3000	2400.00
288	绥宁县(湘)	28	360	1800.00
289	金洞林场(湘)	5		1000.00
290	零陵区(湘)	25	2000	900.00
291	湘阴县(湘)	4		800.00
292	冷水江市(湘)	14	85	500.00
293	耒阳市(湘)	100	200	400.00
294	冷水滩区(湘)	6	6	400.00
295	蕉岭县(粤)	2898		663210.00
296	新丰县(粤)	34	69	648000.00
297	英德市(粤)	530	37300	610000.00
298	五华县(粤)	1000		58000.00
299	化州市(粤)	1089		54630.00
300	梅江区(粤)	43		49000.00
301	云城区(粤)	30	150	35000.00
302	乐昌市(粤)	10	2000	30000.00
303	和平县(粤)	255	10	28000.00
304	普宁市(粤)	18	321	13527.00
305	大埔县(粤)	520	16000	12000.00
306	丰顺县(粤)	150		9102.00
307	南雄市(粤)			8000.00
308	揭阳市大南山侨区(粤)	10	500	5000.00
309	四会市(粤)	38	1150	2875.00
310	东源县(粤)	48	480	2400.00
311	连州市(粤)	382	1337	1805.00
312	吴川市(粤)	6	23	520.00
313	郁南县(粤)	20	50	500.00
314	平远县(粤)	962	26000	257.00
315	昭平县(桂)	2105	45050	526585.00
316	苍梧县(桂)		11691	205400.00
317	合浦县(桂)	628		87000.00
318	防城区(桂)	113	3300	40000.00
319	钦北区(桂)	158	9258	38360.00
320	那坡县(桂)	65	5782	29135.00
321	金秀瑶族自治县(桂)	30	60000	24900.00
322	西林县(桂)	20		20000.00
323	全州县(桂)	230	11000	16800.00
324	玉林市福绵区(桂)	30	1200	6000.00
325	灵山县(桂)	2500	50000	2500.00
326	隆林各族自治县(桂)	200	600	2000.00
327	北流市(桂)	128	1620	1800.00
328	钦南区(桂)	150	750	1500.00
329	金城江区(桂)	5		1250.00
330	巴马瑶族自治县(桂)	2		1200.00
331	陆川县(桂)	30	1000	600.00
332	大足县(渝)	2550	300500	700000.00
333	石柱土家族自治县(渝)	4800	68000	610000.00
334	武隆县(渝)	22170	41280	412800.00
335	梁平县(渝)	1500	16605	251126.00
336	江津区(渝)	500	13000	180000.00
337	酉阳土家族苗族自治县(渝)		33420	160000.00
338	开　县(渝)	1259	26186	145750.00
339	永川区(渝)	220	6500	97500.00
340	南川区(渝)	6000	80000	70000.00
341	丰都县(渝)	1991	7451	62355.00
342	巫溪县(渝)	680	980	50000.00
343	合川区(渝)	3890	33400	13200.00
344	黔江区(渝)	5400	22800	10600.00
345	奉节县(渝)	150		10000.00
346	彭水苗族土家族自治县(渝)	1500	15000	1500.00
347	万州区(渝)		1950	290.00
348	什邡市(川)			387000.00
349	仁寿县(川)	198	3015	217324.00
350	南江县(川)	876		150000.00
351	万源市(川)	500	1600	61000.00
352	茂　县(川)	3000	25000	32000.00
353	屏山县(川)	26		20000.00
354	邻水县(川)	25	375	20000.00
355	翠屏区(川)	70	210	12000.00
356	游仙区(川)	150		10000.00

（续）

序号	蜂蜜主产地	养蜂户数（户）	蜜蜂饲养（群）	蜂蜜产量（千克）
357	宝兴县(川)	256	1274	7701.00
358	安　县(川)	60		7000.00
359	罗江县(川)	50	1500	6600.00
360	北川羌族自治县(川)	125	2500	6000.00
361	九寨沟县(川)	500		5000.00
362	剑阁县(川)	200	20	3000.00
363	松潘县(川)	50		2600.00
364	营山县(川)	23		2500.00
365	顺庆区(川)	20	100	2000.00
366	三台县(川)	1131	1923	1704.00
367	马林林业局(川)		200	1460.00
368	汶川县(川)	28		1200.00
369	梓潼县(川)	500		1000.00
370	蓬安县(川)	70	70	1000.00
371	前锋区(川)	50		1000.00
372	道孚林业局(川)	1	1	600.00
373	兴文县(川)	125	200	400.00
374	新龙林业局(川)	2	55	300.00
375	嘉陵区(川)	10	85	260.00
376	彭州市(川)	2		200.00
377	普定县(黔)	34	2500	900000.00
378	贵定县(黔)	2000		400000.00
379	德江县(黔)	1050		214500.00
380	七星关区(黔)	70	25000	200000.00
381	关岭布依族苗族自治县(黔)	200	10	100000.00
382	独山县(黔)	20	2000	60000.00
383	普安县(黔)	450	1050	12600.00
384	清镇市(黔)	27	500	12000.00
385	赫章县(黔)	5000	25000	10000.00
386	龙里县(黔)	32	635	3875.00
387	百里杜鹃管委会林业局(黔)	383	998	2093.00
388	长顺县(黔)	110	360	1800.00
389	道真仡佬族苗族自治县(黔)	25		1300.00
390	惠水县(黔)	42		1000.00
391	息烽县(黔)	6	210	600.00
392	澜沧拉祜族自治县(滇)			533571.00
393	隆阳区(滇)			146700.00
394	景东彝族自治县(滇)		8	142100.00
395	洱源县(滇)			132000.00
396	姚安县(滇)			100000.00
397	永胜县(滇)	3100	10200	99000.00
398	剑川县(滇)	509		96024.00
399	兰坪白族普米族自治县(滇)	900		88000.00
400	凤庆县(滇)			80000.00
401	勐海县(滇)	4500		72000.00
402	大姚县(滇)			63020.00
403	墨江哈尼族自治县(滇)			62000.00
404	漾濞彝族自治县(滇)	3500		60000.00
405	泸水县(滇)	371	10071	40284.00
406	玉龙纳西族自治县(滇)			33000.00
407	鹤庆县(滇)			21000.00
408	施甸县(滇)	50	6866	20598.00
409	石屏县(滇)	73	2300	20000.00
410	禄劝彝族苗族自治县(滇)	300	5750	19036.50
411	宁洱哈尼族彝族自治县(滇)			18800.00
412	大关县(滇)	110		16200.00
413	江川县(滇)	18		15000.00
414	云　县(滇)	1800		12600.00
415	西畴县(滇)			12100.00
416	双柏县(滇)		3800	11305.00
417	西山区(滇)	117	1750	10300.00
418	建水县(滇)	12		7800.00
419	双江拉祜族佤族布朗族傣族自治县(滇)	3		7000.00
420	楚雄市(滇)	15	0	5997.00
421	倘甸工业园区(滇)	210	1475	5700.00
422	富民县(滇)			5500.00
423	五华区(滇)	21	20	5000.00
424	晋宁县(滇)	1	1500	3000.00
425	南华县(滇)	160	530	2820.00
426	砚山县(滇)	120	0	2000.00
427	牟定县(滇)			1150.00
428	临翔区(滇)			800.00
429	波密县(藏)	138		3000.00
430	麟游县(陕)	364	1630	1730000.00
431	黄龙县(陕)	1256	50233	753000.00
432	岚皋县(陕)	7100	48000	360000.00
433	太白县(陕)		12082	341000.00
434	佛坪县(陕)	850	16500	200000.00
435	永寿县(陕)	145		178260.00
436	略阳县(陕)	663		158000.00
437	镇坪县(陕)	260		118600.00
438	镇巴县(陕)	3200	51400	91000.00
439	商南县(陕)	4668		52960.00
440	定边县(陕)		861	52005.00
441	紫阳县(陕)	200	3000	45000.00
442	太白林业局(陕)	63	2902	34695.00
443	黄龙山林业局(陕)	34	2010	31000.00
444	宁强县(陕)	596		25000.00

(续)

序号	蜂蜜主产地	养蜂户数(户)	蜜蜂饲养(群)	蜂蜜产量(千克)
445	横山县(陕)	35	2000	25000.00
446	南郑县(陕)	382		15000.00
447	长安区(陕)	130		10400.00
448	子长县(陕)	8	237	8295.00
449	汉西林业局(陕)	12	408	3500.00
450	龙草坪林业局(陕)	22	982	2000.00
451	宁西林业局(陕)	8	350	1905.00
452	劳山林业局(陕)	5	910	1800.00
453	马头滩林业局(陕)	3		1500.00
454	商州区(陕)	30		1500.00
455	宁东林业局(陕)	25	175	1500.00
456	宕昌县(甘)	157	11000	200000.00
457	文　县(甘)	600	2	152000.00
458	两当县(甘)	300	26000	110000.00
459	迭部县(甘)	302	2960	59200.00
460	景泰县(甘)	35	4000	50000.00
461	麦积区(甘)	35	1880	28600.00
462	宁　县(甘)	50	1200	18000.00
463	康乐县(甘)	10	5000	5000.00
464	舟曲县(甘)	380	3400	4250.00
465	永靖县(甘)	18	12	3094.00
466	华池县(甘)	300	628	3000.00
467	环　县(甘)	25	162	1300.00
468	甘州区(甘)	10	540	800.00
469	东乡族自治县(甘)	12	180	500.00
470	泾源县(宁)	400	8000	150000.00
471	西夏区(宁)	13	15	6000.00
472	盐池县(宁)	120	16000	3500.00
473	青铜峡市(宁)	10	20	3000.00
474	巩留县(新)	70	14250	285000.00
475	岳普湖县(新)	45	2720	73990.00
476	伽师县(新)	5	120	4760.00
477	布尔津林场(新)	2	70	230.00
478	迎春林业局(龙江森工)		45000	706000.00
479	清河林业局(龙江森工)		9400	680000.00
480	双鸭山林业局(龙江森工)		5500	511000.00
481	东京城林业局(龙江森工)		10034	500000.00

(续)

序号	蜂蜜主产地	养蜂户数(户)	蜜蜂饲养(群)	蜂蜜产量(千克)
482	东方红林业局(龙江森工)		20000	500000.00
483	双丰林业局(龙江森工)		6940	450000.00
484	穆棱林业局(龙江森工)		6800	300000.00
485	带岭实验局(龙江森工)		4300	300000.00
486	亚布力林业局(龙江森工)		4700	270000.00
487	方正林业局(龙江森工)		5160	257000.00
488	汤旺河林业局(龙江森工)		4260	256000.00
489	鹤北林业局(龙江森工)		5000	250000.00
490	乌马河林业局(龙江森工)		4100	225500.00
491	美溪林业局(龙江森工)		4900	210000.00
492	铁力林业局(龙江森工)		5150	180100.00
493	桦南林业局(龙江森工)		2000	176000.00
494	朗乡林业局(龙江森工)		3384	171000.00
495	绥棱林业局(龙江森工)		5508	150000.00
496	山河屯林业局(龙江森工)		3278	137000.00
497	桃山林业局(龙江森工)		2600	129800.00
498	兴隆林业局(龙江森工)		3109	120700.00
499	鹤立林业局(龙江森工)		1540	100000.00
500	大海林林业局(龙江森工)		4904	97000.00
501	绥阳林业局(龙江森工)		2000	80000.00
502	五营林业局(龙江森工)		1380	64000.00
503	苇河林业局(龙江森工)		3170	63000.00
504	上甘岭林业局(龙江森工)		1700	61500.00
505	黑龙江柴河林业局(龙江森工)		1460	60000.00
506	海林林业局(龙江森工)		2000	60000.00
507	金山屯林业局(龙江森工)		2500	60000.00
508	林口林业局(龙江森工)		1450	58000.00
509	翠峦林业局(龙江森工)		1340	46900.00
510	新青林业局(龙江森工)		1546	41840.00
511	友好林业局(龙江森工)		2000	40000.00
512	乌伊岭林业局(龙江森工)		2000	35000.00
513	通北林业局(龙江森工)		1122	35000.00
514	沾河林业局(龙江森工)		600	30000.00
515	八面通林业局(龙江森工)		130	5000.00
516	红星林业局(龙江森工)		200	4000.00
517	农四师(新疆兵团)	500	69505	4069000.00

表 18-2　蜂王浆主产地产量

序号	蜂王浆主产地	产量(千克)
1	怀柔区(京)	15000.00
2	通州区(京)	2000.00
3	延庆县(京)	1000.00

(续)

序号	蜂王浆主产地	产量(千克)
4	房山区(京)	776.10
5	大兴区(京)	121.00
6	赞皇县(冀)	1200.00

(续)

序号	蜂王浆主产地	产量(千克)
7	阜平县(冀)	1000.00
8	馆陶县(冀)	240.00
9	平山县(冀)	212.00

(续)

序号	蜂王浆主产地	产量(千克)
10	宽城满族自治县(冀)	205.00
11	黎城县(晋)	2340.00
12	古交市(晋)	50.00
13	宽甸满族自治县(辽)	15000.00
14	凌源市(辽)	1264.00
15	盖州市(辽)	841.00
16	抚顺县(辽)	695.00
17	康平县(辽)	600.00
18	铁岭市经济开发区(辽)	300.00
19	集安市(吉)	20000.00
20	舒兰市(吉)	1747.00
21	辉南县(吉)	1300.00
22	通化县(吉)	1000.00
23	蛟河实验局(吉)	500.00
24	磐石市(吉)	370.00
25	汪清林业局(吉)	300.00
26	临江市(吉)	220.00
27	长白朝鲜族自治县(吉)	102.00
28	洮南市(吉)	100.00
29	天桥岭林业局(吉)	100.00
30	林口县(黑)	26880.00
31	饶河县(黑)	14960.00
32	萝北县(黑)	1600.00
33	逊克县(黑)	800.00
34	孙吴县(黑)	800.00
35	丹清河实验林场(黑)	720.00
36	虎林市(黑)	700.00
37	孟家岗林场(黑)	480.00
38	五常市(黑)	310.00
39	山河实验林场(黑)	80.00
40	汤原县(黑)	60.00
41	依安县(黑)	50.00
42	抚远县(黑)	50.00
43	桐庐县(浙)	1090000.00
44	萧山区(浙)	86000.00
45	秀洲区(浙)	5020.00
46	北仑区(浙)	3147.00
47	宁海县(浙)	3000.00
48	象山县(浙)	125.00
49	龙湾区(浙)	50.00
50	徽州区(皖)	412300.00
51	芜湖县(皖)	48000.00
52	怀宁县(皖)	46200.00
53	凤阳县(皖)	20000.00
54	绩溪县(皖)	18000.00

(续)

序号	蜂王浆主产地	产量(千克)
55	桐城市(皖)	13000.00
56	淮上区(皖)	3000.00
57	青阳县(皖)	2200.00
58	临泉县(皖)	1500.00
59	望江县(皖)	1200.00
60	霍山县(皖)	1200.00
61	东至县(皖)	700.00
62	旌德县(皖)	500.00
63	明光市(皖)	350.00
64	潜山县(皖)	300.00
65	大观区(皖)	200.00
66	黟　县(皖)	100.00
67	新干县(赣)	12155.00
68	德安县(赣)	3500.00
69	德兴市(赣)	2090.00
70	东乡县(赣)	1600.00
71	兴国县(赣)	1000.00
72	永丰县(赣)	1000.00
73	遂川县(赣)	1000.00
74	余江县(赣)	500.00
75	南康市(赣)	450.00
76	分宜县(赣)	400.00
77	乐安县(赣)	120.00
78	博山区(鲁)	115000.00
79	沂源县(鲁)	30000.00
80	招远市(鲁)	30000.00
81	肥城市(鲁)	6056.00
82	临淄区(鲁)	2800.00
83	章丘市(鲁)	2000.00
84	青州市(鲁)	2000.00
85	高青县(鲁)	1900.00
86	东平县(鲁)	1500.00
87	宁阳县(鲁)	1106.00
88	汶上县(鲁)	1000.00
89	泰安市市辖区(鲁)	1000.00
90	乐陵市(鲁)	400.00
91	新泰市(鲁)	280.00
92	东昌府区(鲁)	100.00
93	曹　县(鲁)	80.00
94	兖州市(鲁)	12.00
95	南乐县(豫)	12520.00
96	安阳县(豫)	11000.00
97	登封市(豫)	8400.00
98	淮滨县(豫)	3000.00
99	桐柏县(豫)	1500.00

(续)

序号	蜂王浆主产地	产量(千克)
100	平桥区(豫)	1500.00
101	新郑市(豫)	200.00
102	栾川县(豫)	200.00
103	郏　县(豫)	80.00
104	东宝区(鄂)	152000.00
105	崇阳县(鄂)	60000.00
106	京山县(鄂)	40000.00
107	随　县(鄂)	40000.00
108	黄陂区(鄂)	10000.00
109	保康县(鄂)	5700.00
110	巴东县(鄂)	3000.00
111	谷城县(鄂)	1900.00
112	宜都市(鄂)	1600.00
113	来凤县(鄂)	1500.00
114	麻城市(鄂)	1000.00
115	云梦县(鄂)	480.00
116	襄城区(鄂)	330.00
117	浠水县(鄂)	320.00
118	红安县(鄂)	300.00
119	猇亭区(鄂)	100.00
120	广水市(鄂)	100.00
121	曾都区(鄂)	50.00
122	鼎城区(湘)	69000.00
123	浏阳市(湘)	45000.00
124	衡南县(湘)	17000.00
125	洪江市(湘)	13000.00
126	澧　县(湘)	8000.00
127	新化县(湘)	7500.00
128	新宁县(湘)	6000.00
129	祁东县(湘)	1400.00
130	双峰县(湘)	1200.00
131	麻阳苗族自治县(湘)	1000.00
132	慈利县(湘)	700.00
133	城步苗族自治县(湘)	211.00
134	金洞林场(湘)	200.00
135	耒阳市(湘)	100.00
136	零陵区(湘)	100.00
137	常宁市(湘)	36.00
138	蕉岭县(粤)	4003.00
139	北流市(桂)	120.00
140	陆川县(桂)	12.00
141	开　县(渝)	19338.00
142	丰都县(渝)	9450.00
143	大足县(渝)	6000.00
144	酉阳土家族苗族自治县(渝)	3700.00

(续)

序号	蜂王浆主产地	产量(千克)
145	梁平县(渝)	1135.00
146	彭水苗族土家族自治县(渝)	200.00
147	江津区(渝)	20.00
148	万源市(川)	28000.00
149	邻水县(川)	3000.00
150	罗江县(川)	1500.00
151	三台县(川)	612.00
152	北川羌族自治县(川)	300.00
153	游仙区(川)	100.00
154	梓潼县(川)	100.00
155	剑阁县(川)	100.00
156	屏山县(川)	50.00
157	普定县(黔)	19500.00
158	德江县(黔)	6350.00
159	贵定县(黔)	3000.00
160	七星关区(黔)	2000.00
161	道真仡佬族苗族自治县(黔)	30.00
162	龙里县(黔)	28.00
163	五华区(滇)	800.00
164	定边县(陕)	1022.00
165	南郑县(陕)	450.00
166	商州区(陕)	150.00
167	文　县(甘)	6900.00
168	两当县(甘)	600.00
169	景泰县(甘)	500.00
170	盐池县(宁)	2500.00
171	泾源县(宁)	1600.00
172	莎车县(新)	50000.00
173	沙雅县(新)	200.00

表 18-3　蜂胶主产地产量

序号	蜂胶主产地	产量(千克)
1	延庆县(京)	1000.00
2	房山区(京)	313.50
3	大兴区(京)	200.00
4	赞皇县(冀)	900.00
5	宁晋县(冀)	215.00
6	永年县(冀)	35.00
7	平山县(冀)	15.00
8	黎城县(晋)	350.00
9	抚顺县(辽)	1650.00
10	盖州市(辽)	100.00
11	集安市(吉)	5000.00
12	长白朝鲜族自治县(吉)	462.00
13	磐石市(吉)	435.00

(续)

序号	蜂胶主产地	产量(千克)
14	辉南县(吉)	210.00
15	舒兰市(吉)	203.00
16	汪清林业局(吉)	200.00
17	洮南市(吉)	150.00
18	天桥岭林业局(吉)	50.00
19	饶河县(黑)	3540.00
20	虎林市(黑)	1600.00
21	丹清河实验林场(黑)	520.00
22	汤原县(黑)	30.00
23	桐庐县(浙)	67000.00
24	象山县(浙)	2680.00
25	龙湾区(浙)	100.00
26	秀洲区(浙)	62.00
27	绩溪县(皖)	100000.00
28	旌德县(皖)	20000.00
29	东至县(皖)	11000.00
30	桐城市(皖)	10000.00
31	徽州区(皖)	8925.00
32	望江县(皖)	1010.00
33	芜湖县(皖)	720.00
34	凤阳县(皖)	400.00
35	明光市(皖)	120.00
36	青阳县(皖)	10.00
37	靖安县(赣)	6500.00
38	遂川县(赣)	600.00
39	兴国县(赣)	400.00
40	新干县(赣)	300.00
41	乐安县(赣)	10.00
42	青州市(鲁)	2233.00
43	沂源县(鲁)	1800.00
44	汶上县(鲁)	820.00
45	招远市(鲁)	400.00
46	东平县(鲁)	400.00
47	高青县(鲁)	350.00
48	曹　县(鲁)	200.00
49	新泰市(鲁)	170.00
50	临淄区(鲁)	150.00
51	利津县(鲁)	100.00
52	泰安市市辖区(鲁)	100.00
53	乐陵市(鲁)	80.00
54	安阳县(豫)	5500.00
55	尉氏县(豫)	3000.00
56	淮滨县(豫)	1600.00
57	登封市(豫)	1400.00
58	南乐县(豫)	1200.00

(续)

序号	蜂胶主产地	产量(千克)
59	桐柏县(豫)	1000.00
60	平桥区(豫)	800.00
61	新郑市(豫)	150.00
62	郏　县(豫)	90.00
63	崇阳县(鄂)	45000.00
64	东宝区(鄂)	10000.00
65	保康县(鄂)	5600.00
66	猇亭区(鄂)	500.00
67	巴东县(鄂)	500.00
68	随县(鄂)	420.00
69	云梦县(鄂)	130.00
70	麻城市(鄂)	100.00
71	广水市(鄂)	100.00
72	谷城县(鄂)	70.00
73	曾都区(鄂)	15.00
74	衡南县(湘)	15000.00
75	澧　县(湘)	10000.00
76	醴陵市(湘)	7000.00
77	新宁县(湘)	7000.00
78	新化县(湘)	6200.00
79	鼎城区(湘)	5100.00
80	沅陵县(湘)	4350.00
81	浏阳市(湘)	1500.00
82	资兴市(湘)	1035.00
83	常宁市(湘)	36.00
84	慈利县(湘)	20.00
85	丰都县(渝)	2410.00
86	大足县(渝)	1500.00
87	酉阳土家族苗族自治县(渝)	120.00
88	梁平县(渝)	48.70
89	万源市(川)	8000.00
90	三台县(川)	117.00
91	罗江县(川)	40.00
92	德江县(黔)	21050.00
93	七星关区(黔)	20000.00
94	普定县(黔)	5000.00
95	赫章县(黔)	1000.00
96	百里杜鹃管委会林业局(黔)	300.00
97	龙里县(黔)	286.00
98	昭阳区(滇)	2200.00
99	五华区(滇)	300.00
100	南郑县(陕)	16000.00
101	商州区(陕)	90.00
102	临潭县(甘)	26000.00
103	文　县(甘)	6000.00

（续）

序号	蜂胶主产地	产量（千克）
104	景泰县（甘）	500.00
105	泾源县（宁）	4000.00
106	盐池县（宁）	26.00
107	沙雅县（新）	66.00

表 18-4　蜂花粉主产地产量

序号	蜂花粉主产地	产量（千克）
1	房山区（京）	8080.10
2	大兴区（京）	5000.00
3	怀柔区（京）	5000.00
4	延庆县（京）	1000.00
5	馆陶县（冀）	7400.00
6	阜平县（冀）	6000.00
7	大名县（冀）	5700.00
8	宁晋县（冀）	2755.00
9	赞皇县（冀）	1500.00
10	永年县（冀）	677.00
11	黎城县（晋）	6300.00
12	凌源市（辽）	123000.00
13	北票市（辽）	8000.00
14	盖州市（辽）	1682.00
15	抚顺县（辽）	650.00
16	洮南市（吉）	10000.00
17	蛟河实验局（吉）	7000.00
18	集安市（吉）	2000.00
19	舒兰市（吉）	1456.00
20	辉南县（吉）	670.00
21	天桥岭林业局（吉）	500.00
22	磐石市（吉）	100.00
23	汪清林业局（吉）	50.00
24	长白朝鲜族自治县（吉）	18.00
25	饶河县（黑）	47850.00
26	孙吴县（黑）	1000.00
27	丹清河实验林场（黑）	550.00
28	虎林市（黑）	500.00
29	孟家岗林场（黑）	480.00
30	依安县（黑）	300.00
31	山河实验林场（黑）	150.00
32	汤原县（黑）	150.00
33	桐庐县（浙）	263000.00
34	宁海县（浙）	150000.00
35	萧山区（浙）	90000.00
36	秀洲区（浙）	3068.00

（续）

序号	蜂花粉主产地	产量（千克）
37	象山县（浙）	330.00
38	龙湾区（浙）	30.00
39	徽州区（皖）	295600.00
40	桐城市（皖）	150000.00
41	望江县（皖）	31000.00
42	芜湖县（皖）	30000.00
43	绩溪县（皖）	28000.00
44	凤阳县（皖）	20000.00
45	旌德县（皖）	10000.00
46	淮上区（皖）	2000.00
47	青阳县（皖）	1000.00
48	东至县（皖）	400.00
49	明光市（皖）	70.00
50	永丰县（赣）	100000.00
51	石城县（赣）	4600.00
52	兴国县（赣）	3000.00
53	招远市（鲁）	60000.00
54	沂源县（鲁）	21000.00
55	东昌府区（鲁）	2500.00
56	青州市（鲁）	2000.00
57	汶上县（鲁）	1400.00
58	利津县（鲁）	1000.00
59	泰安市市辖区（鲁）	1000.00
60	曹　县（鲁）	1000.00
61	临淄区（鲁）	380.00
62	乐陵市（鲁）	330.00
63	新泰市（鲁）	300.00
64	淮滨县（豫）	70000.00
65	安阳县（豫）	30000.00
66	尉氏县（豫）	6000.00
67	桐柏县（豫）	2000.00
68	平桥区（豫）	2000.00
69	登封市（豫）	700.00
70	郏　县（豫）	130.00
71	淅川县（豫）	80.00
72	麻城市（鄂）	150000.00
73	随　县（鄂）	60000.00
74	曾都区（鄂）	30000.00
75	崇阳县（鄂）	20000.00
76	保康县（鄂）	13300.00
77	黄陂区（鄂）	12000.00
78	广水市（鄂）	6000.00

（续）

序号	蜂花粉主产地	产量（千克）
79	京山县（鄂）	5000.00
80	猇亭区（鄂）	2000.00
81	巴东县（鄂）	2000.00
82	来凤县（鄂）	500.00
83	云梦县（鄂）	180.00
84	浏阳市（湘）	91500.00
85	澧　县（湘）	48000.00
86	新化县（湘）	16500.00
87	衡南县（湘）	8000.00
88	鼎城区（湘）	4600.00
89	麻阳苗族自治县（湘）	3200.00
90	新宁县（湘）	3000.00
91	资兴市（湘）	2003.00
92	慈利县（湘）	1800.00
93	双峰县（湘）	1000.00
94	金洞林场（湘）	200.00
95	湘阴县（湘）	100.00
96	常宁市（湘）	71.00
97	蕉岭县（粤）	36803.00
98	云城区（粤）	6080.00
99	那坡县（桂）	17.00
100	大足县（渝）	15000.00
101	梁平县（渝）	5645.00
102	江津区（渝）	300.00
103	开　县（渝）	25806.00
104	酉阳土家族苗族自治县（渝）	200.00
105	万源市（川）	900000.00
106	邻水县（川）	50000.00
107	三台县（川）	1435.00
108	普定县（黔）	29000.00
109	德江县（黔）	2430.00
110	赫章县（黔）	2000.00
111	龙里县（黔）	37.00
112	七星关区（黔）	30.00
113	五华区（滇）	500.00
114	南郑县（陕）	3500.00
115	商州区（陕）	150.00
116	景泰县（甘）	2500.00
117	两当县（甘）	1200.00
118	盐池县（宁）	20000.00
119	泾源县（宁）	500.00
120	沙雅县（新）	4180.00

林产品进出口

FOREIGN TRADS STATISTICS OF FOREST PRODUCTS

原木出口量值表

国家/地区	出口数量（立方米）	出口金额（千美元）
44034990 未列名本章子目注释二所列热带木原木		
合计	1460.00	508.00
越南	785.00	296.70
泰国	675.00	211.30
44039950 水曲柳原木		
合计	182.00	123.30
韩国	182.00	123.30
44039990 未列名非针叶木原木		
合计	10428.00	3509.10
越南	10217.00	3457.20
印度	164.00	38.60
泰国	47.00	13.30

原木进口量值表

国家/地区	进口数量（立方米）	进口金额（千美元）
44031000 用油漆、着色剂、杂酚油等防腐剂处理的原木		
合计	324900.00	57986.30
新西兰	322948.00	57636.30
澳大利亚	1763.00	324.80
朝鲜	176.00	21.00
日本	6.00	2.80
印度尼西亚	7.00	1.40
44032010 红松和樟子松原木		
合计	4514458.00	534046.70
俄罗斯	3726945.00	443824.70
乌克兰	756221.00	86401.80
立陶宛	18486.00	2280.30
拉脱维亚	6550.00	715.90
波兰	1728.00	229.70
德国	1633.00	223.60
比利时	1083.00	130.70
爱沙尼亚	850.00	99.70
朝鲜	416.00	62.90
津巴布韦	160.00	30.60
法国	202.00	28.00
西班牙	134.00	15.40
缅甸	50.00	3.50
44032020 白松(云杉和冷杉)原木		
合计	4775425.00	612478.30
俄罗斯	2690648.00	307125.70
美国	918375.00	151413.20

（续）

国家/地区	进口数量（立方米）	进口金额（千美元）
加拿大	460498.00	69929.70
白俄罗斯	178858.00	19604.90
法国	112461.00	13424.10
罗马尼亚	80810.00	11444.50
朝鲜	90150.00	10734.80
乌克兰	88134.00	10358.30
爱沙尼亚	54303.00	6228.60
丹麦	29453.00	3350.50
挪威	21134.00	2562.00
日本	18260.00	2374.70
拉脱维亚	13823.00	1552.50
波兰	7581.00	1046.40
立陶宛	7084.00	783.80
新西兰	2057.00	269.90
西班牙	1444.00	196.20
捷克	272.00	56.20
澳大利亚	70.00	16.50
奥地利	10.00	5.70
德国	0.00	0.20
44032030 辐射松原木		
合计	12247338.00	1319437.60
新西兰	9970891.00	1097600.70
澳大利亚	2269244.00	221052.30
智利	3056.00	352.20
巴西	2782.00	260.20
南非	1343.00	170.00
西班牙	22.00	2.30
44032040 落叶松原木		
合计	2530673.00	267327.70
俄罗斯	2498318.00	263566.70
朝鲜	28534.00	3250.90
日本	1093.00	137.90
波兰	884.00	121.50
新西兰	843.00	116.40
斯洛伐克	543.00	69.50
美国	321.00	50.90
南非	96.00	9.50
丹麦	41.00	4.40
44032050 花旗松原木		
合计	1607665.00	253400.70
美国	733684.00	126360.80
加拿大	498049.00	79624.10
新西兰	367413.00	46253.10
法国	8452.00	1153.50

（续）

国家/地区	进口数量（立方米）	进口金额（千美元）
波兰	55.00	7.80
丹麦	12.00	1.30
44032090 未列名针叶木原木		
合计	4057604.00	612226.30
美国	1884632.00	301068.20
加拿大	1377185.00	211198.50
日本	413226.00	50671.80
澳大利亚	208074.00	20345.30
俄罗斯	70040.00	10615.40
新西兰	52841.00	9862.60
哥斯达黎加	11969.00	3041.20
缅甸	11642.00	967.50
危地马拉	2339.00	759.10
马来西亚	2213.00	504.20
波兰	3445.00	462.00
乌拉圭	3741.00	457.90
巴西	5158.00	452.10
越南	3568.00	351.00
法国	2238.00	314.50
丹麦	2316.00	302.80
老挝	420.00	243.90
中国台湾省	607.00	227.40
萨尔瓦多	575.00	190.50
新加坡	609.00	48.80
马达加斯加	257.00	34.10
罗马尼亚	192.00	28.00
意大利	21.00	27.30
南非	76.00	17.00
朝鲜	125.00	15.00
韩国	50.00	10.40
印度尼西亚	11.00	5.70
乌克兰	34.00	4.20
44034100 深红色红柳桉木、浅红色红柳桉木及巴栲红柳桉木原木		
合计	57116.00	13046.70
马来西亚	47809.00	11927.00
巴西	6857.00	693.90
澳大利亚	705.00	124.70
乌拉圭	598.00	109.20
老挝	214.00	64.40
中国台湾省	110.00	54.40
智利	377.00	42.90
泰国	433.00	26.00
缅甸	6.00	2.20

（续）

国家/地区	进口数量（立方米）	进口金额（千美元）
菲律宾	7.00	2.10
44034910 柚木原木		
合计	74516.00	51444.20
缅甸	50509.00	37193.80
老挝	11188.00	5507.40
哥斯达黎加	3896.00	2340.20
巴拿马	2912.00	1783.40
巴西	2318.00	1665.40
中国台湾省	1483.00	1574.50
哥伦比亚	913.00	600.70
加纳	751.00	455.90
厄瓜多尔	244.00	117.60
危地马拉	159.00	97.80
越南	52.00	47.80
马来西亚	18.00	19.10
洪都拉斯	23.00	13.70
贝宁	17.00	11.30
印度尼西亚	15.00	8.50
巴布亚新几内亚	13.00	4.60
尼加拉瓜	5.00	2.50
44034920 奥克曼木 *Okoume*（奥克榄）原木		
合计	642343.00	191478.10
刚果（布）	325517.00	104409.20
赤道几内亚	316826.00	87068.90
44034930 龙脑香木 *Dipterocarpus* spp.（克隆木）原木		
合计	54776.00	9809.90
缅甸	48501.00	8080.90
马来西亚	6213.00	1689.00
柬埔寨	62.00	39.40
印度尼西亚	0.00	0.60
44034940 山樟木 *Kapur*（香木 *ryobalanops* spp.）原木		
合计	21467.00	6308.70
马来西亚	20251.00	6073.20
缅甸	1216.00	235.50
44034950 印加木 *Intsia* spp.（波罗格 *Mengaris*）原木		
合计	185497.00	80997.10
巴布亚新几内亚	181637.00	78923.40
马来西亚	3072.00	1562.60
老挝	365.00	217.60
所罗门群岛	297.00	204.60
印度尼西亚	45.00	36.30

（续）

国家/地区	进口数量（立方米）	进口金额（千美元）
加纳	45.00	27.50
贝宁	34.00	24.00
莫桑比克	2.00	1.20
44034960 大干巴豆木 *Koompassia* spp.（门格里斯或康派斯）原木		
合计	23621.00	5193.60
马来西亚	20701.00	4405.70
巴布亚新几内亚	2920.00	787.80
44034970 异翅香木 *Anisopter* spp. 原木		
合计	67986.00	14752.70
巴布亚新几内亚	67986.00	14752.70
44034990 未列名本章子目注释二所列热带木原木		
合计	562450.00	180983.50
喀麦隆	199556.00	58354.00
刚果（布）	90860.00	32775.40
赤道几内亚	101814.00	25544.90
中非	44068.00	17275.10
刚果（金）	15834.00	8911.40
利比里亚	29828.00	8235.90
马来西亚	18460.00	7938.60
安哥拉	10122.00	3226.40
苏里南	7243.00	2196.50
菲律宾	5288.00	2163.20
老挝	7512.00	1980.70
巴布亚新几内亚	9490.00	1762.10
澳大利亚	7135.00	1430.30
赞比亚	935.00	1394.70
加纳	2425.00	1288.50
尼加拉瓜	522.00	1146.60
墨西哥	882.00	847.40
加蓬	820.00	750.60
所罗门群岛	3494.00	672.20
马拉维	209.00	659.70
贝宁	597.00	426.10
中国台湾省	953.00	367.60
缅甸	2227.00	287.70
巴拉圭	216.00	210.00
坦桑尼亚	224.00	177.90
圭亚那	437.00	159.70
印度尼西亚	207.00	114.20
尼日利亚	185.00	112.20
伯利兹	115.00	80.40
斐济	62.00	79.30

（续）

国家/地区	进口数量（立方米）	进口金额（千美元）
秘鲁	100.00	62.00
德国	50.00	61.60
新加坡	223.00	58.90
哥伦比亚	81.00	47.60
冈比亚	75.00	35.90
巴基斯坦	3.00	32.20
阿根廷	44.00	30.70
多哥	49.00	28.20
津巴布韦	43.00	19.20
危地马拉	24.00	18.10
几内亚	21.00	10.70
科特迪瓦	17.00	9.20
44039100 栎木（橡木）原木		
合计	894464.00	260712.40
法国	348108.00	84654.20
美国	160705.00	66261.20
俄罗斯	157061.00	52265.00
比利时	66905.00	16155.40
乌克兰	54889.00	15257.10
德国	38396.00	9354.20
罗马尼亚	18258.00	4757.60
斯洛文尼亚	9017.00	2453.90
加拿大	6849.00	2256.80
丹麦	4832.00	1205.10
斯洛伐克	4493.00	948.40
朝鲜	6286.00	942.90
捷克	3525.00	849.20
克罗地亚	3033.00	709.40
塞尔维亚	1883.00	467.50
匈牙利	1376.00	367.20
西班牙	1315.00	332.30
立陶宛	951.00	257.50
缅甸	2544.00	194.40
荷兰	740.00	168.10
保加利亚	685.00	162.60
瑞典	626.00	156.60
英国	335.00	120.70
波兰	355.00	99.90
奥地利	331.00	83.80
卢森堡	342.00	75.80
摩尔多瓦	162.00	43.40
爱沙尼亚	196.00	39.60
意大利	104.00	33.40
瑞士	120.00	28.40

(续)

国家/地区	进口数量（立方米）	进口金额（千美元）
波黑	42.00	10.60
44039200 山毛榉木原木		
合计	712476.00	131382.60
德国	267845.00	49827.90
法国	153587.00	28236.90
比利时	75637.00	14347.60
斯洛伐克	73688.00	13039.60
丹麦	45623.00	8520.70
捷克	22241.00	4055.40
乌克兰	20123.00	3346.10
罗马尼亚	13011.00	2606.00
瑞士	12522.00	2322.10
瑞典	6993.00	1345.40
波兰	8107.00	1306.60
卢森堡	5854.00	1110.50
斯洛文尼亚	3528.00	607.60
克罗地亚	1314.00	239.10
西班牙	994.00	175.00
塞尔维亚	534.00	100.20
日本	168.00	82.80
奥地利	219.00	41.10
爱沙尼亚	280.00	32.20
荷兰	142.00	28.00
波黑	56.00	10.60
澳大利亚	10.00	1.30
44039910 楠木原木		
合计	289.00	172.70
中国台湾省	288.00	169.60
美国	0.00	1.60
意大利	1.00	1.50
44039920 樟木原木		
合计	575.00	920.50
中国台湾省	418.00	816.00
柬埔寨	39.00	76.80
马来西亚	53.00	11.70
印度尼西亚	50.00	9.00
日本	9.00	4.00
澳大利亚	6.00	3.00
44039930 红木原木		
合计	742641.00	869770.70
老挝	214825.00	323451.80
尼日利亚	205375.00	148287.40
缅甸	50539.00	100084.40
印度	1715.00	65878.70

(续)

国家/地区	进口数量（立方米）	进口金额（千美元）
冈比亚	57900.00	41805.40
刚果(金)	34920.00	23890.40
莫桑比克	28401.00	18981.20
多哥	24386.00	17683.40
几内亚比绍	23723.00	17394.30
加纳	21803.00	15768.30
贝宁	19901.00	14351.20
马来西亚	6773.00	14154.20
越南	6867.00	12992.80
科特迪瓦	12288.00	8870.80
刚果(布)	9401.00	6761.70
印度尼西亚	3012.00	6150.90
尼加拉瓜	1719.00	5860.40
柬埔寨	3158.00	5521.70
马里	7034.00	5062.60
墨西哥	3114.00	5020.10
巴拿马	1264.00	4771.80
危地马拉	874.00	1629.30
哥斯达黎加	335.00	1295.00
伯利兹	755.00	1101.00
赞比亚	1179.00	956.20
泰国	262.00	388.20
萨尔瓦多	85.00	295.20
喀麦隆	149.00	255.50
巴西	49.00	188.30
坦桑尼亚	217.00	162.30
苏里南	84.00	150.90
厄瓜多尔	103.00	143.70
瓦努阿图	173.00	133.70
巴布亚新几内亚	73.00	101.80
洪都拉斯	55.00	90.20
菲律宾	42.00	68.30
塞内加尔	70.00	52.40
南苏丹	18.00	15.00
44039950 水曲柳原木		
合计	96581.00	31232.50
俄罗斯	96396.00	31161.10
美国	185.00	71.40
44039960 北美硬阔叶木(包括樱桃木、黑胡桃木、枫木)原木		
合计	309464.00	161241.20
美国	266857.00	148213.10
加拿大	15940.00	6943.30
乌克兰	8293.00	2115.40

(续)

国家/地区	进口数量（立方米）	进口金额（千美元）
列支敦士登	8070.00	1767.90
法国	4799.00	972.50
卢森堡	1601.00	366.30
比利时	1163.00	229.50
罗马尼亚	777.00	163.80
缅甸	838.00	120.40
斯洛伐克	399.00	92.50
中国台湾省	18.00	63.10
塞尔维亚	227.00	54.20
丹麦	193.00	39.80
刚果(布)	46.00	33.20
德国	129.00	25.00
意大利	20.00	15.20
俄罗斯	22.00	14.70
波兰	65.00	9.10
日本	5.00	2.00
奥地利	2.00	0.20
44039980 其他温带非针叶木原木		
合计	1969820.00	276414.00
俄罗斯	1374745.00	172264.50
拉脱维亚	322198.00	51454.70
美国	54324.00	20403.40
爱沙尼亚	52748.00	6947.30
立陶宛	30448.00	4202.70
乌克兰	22381.00	3745.50
罗马尼亚	14945.00	2739.50
乌拉圭	17614.00	2305.50
法国	14696.00	2112.50
比利时	12613.00	1424.00
新西兰	11915.00	1190.40
塞尔维亚	3967.00	1097.90
朝鲜	7652.00	1039.20
加拿大	3841.00	959.80
澳大利亚	2375.00	705.80
白俄罗斯	4242.00	568.30
列支敦士登	2442.00	532.90
保加利亚	1969.00	510.40
德国	4024.00	461.60
斯洛伐克	3877.00	428.40
巴西	1759.00	231.50
意大利	49.00	185.40
卢森堡	690.00	151.30
波兰	922.00	133.70
越南	283.00	118.10

（续）

国家/地区	进口数量（立方米）	进口金额（千美元）
丹麦	812.00	88.00
挪威	452.00	64.60
奥地利	587.00	62.50
巴布亚新几内亚	325.00	60.20
波黑	176.00	54.10
日本	60.00	30.80
缅甸	78.00	23.10
印度尼西亚	47.00	21.10
菲律宾	73.00	18.60
马来西亚	168.00	18.50
所罗门群岛	97.00	16.20
克罗地亚	89.00	13.20
南非	75.00	11.40
哥伦比亚	24.00	9.50
智利	35.00	6.30
匈牙利	3.00	1.70
44039990 未列名非针叶木原木		
合计	8093377.00	2120133.30
巴布亚新几内亚	2900421.00	564643.00
所罗门群岛	2218790.00	440066.00
莫桑比克	496121.00	269764.30
尼日利亚	350091.00	200639.80
喀麦隆	349488.00	125881.50
赤道几内亚	239185.00	66072.00
赞比亚	35288.00	57885.60
圭亚那	98371.00	45051.90
澳大利亚	343675.00	43365.00
刚果（布）	100485.00	33776.20
苏里南	83510.00	26571.00
缅甸	188377.00	24315.80
利比里亚	89573.00	24155.30
加纳	43090.00	24084.80
贝宁	33272.00	19337.20
马来西亚	74260.00	17528.40
冈比亚	23224.00	13334.10
美国	102051.00	12027.60
安哥拉	21765.00	8641.30
刚果（金）	8993.00	8363.20
巴拿马	12751.00	8098.20
加蓬	8746.00	7202.60
坦桑尼亚	8218.00	7081.10
乌拉圭	35921.00	6205.30
老挝	26695.00	5776.60
墨西哥	4779.00	4557.60
中国台湾省	10943.00	4370.70
尼加拉瓜	2690.00	4088.90
新西兰	39486.00	3901.50
多哥	6690.00	3696.20
厄瓜多尔	11974.00	3549.50
科特迪瓦	5397.00	3295.70
阿根廷	5181.00	3237.50
中非	4530.00	2629.40
哥伦比亚	3989.00	2554.80
印度尼西亚	9070.00	2184.80
智利	20876.00	2123.40
巴西	15736.00	1595.30
危地马拉	4293.00	1433.70
乌克兰	7330.00	1239.90
柬埔寨	1964.00	1162.20
塞尔维亚	4528.00	1148.40
巴拉圭	1643.00	1105.30
越南	2679.00	1078.30
日本	2149.00	1001.80
菲律宾	2484.00	946.00
秘鲁	1237.00	773.00
塞内加尔	1166.00	624.10
玻利维亚	670.00	568.00
哥斯达黎加	1949.00	547.60
几内亚	1026.00	545.00
伯利兹	906.00	543.80
法国	2672.00	543.60
保加利亚	2016.00	520.60
罗马尼亚	2732.00	469.80
比利时	3324.00	448.00
南非	1371.00	434.70
马里	665.00	364.90
朝鲜	2727.00	345.20
新加坡	1598.00	250.70
几内亚比绍	413.00	226.90
萨尔瓦多	351.00	210.70
俄罗斯	532.00	195.00
马拉维	107.00	189.50
新喀里多尼亚	18.00	180.50
拉脱维亚	1113.00	154.50
立陶宛	1058.00	154.20
津巴布韦	249.00	143.10
多米尼加	577.00	135.80
德国	834.00	101.00
泰国	1076.00	100.60
爱沙尼亚	557.00	82.80
加拿大	581.00	80.60
乌干达	205.00	67.40
波黑	233.00	59.60
意大利	63.00	54.60
洪都拉斯	61.00	51.90
索马里	70.00	35.10
西班牙	55.00	33.80
塞拉利昂	57.00	30.40
瑞士	127.00	24.90
汤加	4.00	23.40
丹麦	75.00	14.70
斯洛伐克	14.00	10.30
苏丹	76.00	10.20
匈牙利	12.00	10.00
白俄罗斯	27.00	1.90
斯里兰卡	1.00	1.80

锯材出口量值表

国家/地区	出口数量（立方米）	出口金额（千美元）
44069000 已浸渍铁道及电车道枕木		
合计	19539.00	1582.50
马来西亚	1469.00	944.10
日本	424.00	114.60
吉布提	63.00	92.00
加纳	28.00	86.00
沙特阿拉伯	195.00	74.50
巴基斯坦	6725.00	55.90
中国台湾省	145.00	52.00
瑞典	13.00	27.50
安哥拉	90.00	21.20
尼日利亚	26.00	19.10
伊拉克	192.00	15.60
摩洛哥	16.00	14.20
哈萨克斯坦	18.00	12.50
埃塞俄比亚	35.00	12.10
印度尼西亚	11.00	8.60
刚果（金）	10006.00	7.60
斯里兰卡	31.00	6.60
泰国	26.00	5.40
科特迪瓦	10.00	5.30
捷克	9.00	4.00

(续)

国家/地区	出口数量(立方米)	出口金额(千美元)
越南	6.00	3.30
尼泊尔	1.00	0.40
44071010 纵锯纵切刨或旋切红松和樟子松木材,厚>6mm		
合计	26797.00	19261.00
日本	24017.00	16584.10
韩国	2344.00	2416.00
加拿大	201.00	106.20
中国台湾省	113.00	97.90
塞内加尔	72.00	21.10
澳大利亚	8.00	9.30
厄立特里亚	12.00	7.20
斯里兰卡	14.00	5.80
阿联酋	1.00	5.10
塞拉利昂	7.00	4.00
美国	3.00	2.80
安哥拉	5.00	1.60
44071020 纵锯切刨或旋切白松(云、冷杉)木材,厚>6mm		
合计	12510.00	7802.00
日本	10647.00	6405.30
韩国	938.00	649.10
墨西哥	294.00	442.40
莫桑比克	399.00	238.20
安哥拉	124.00	34.00
中国台湾省	50.00	17.00
菲律宾	30.00	6.00
苏丹	11.00	5.20
塞拉利昂	6.00	3.10
缅甸	11.00	1.70
44071030 纵锯、纵切刨或旋切的辐射松木材,厚>6mm		
合计	44229.00	28581.40
韩国	26098.00	17172.70
日本	15170.00	9713.00
中国台湾省	1382.00	861.70
澳大利亚	612.00	443.10
马尔代夫	701.00	226.60
印度尼西亚	117.00	69.80
科威特	32.00	25.20
新喀里多尼亚	25.00	19.80
马来西亚	21.00	17.80
新西兰	20.00	15.50
朝鲜	28.00	8.30

(续)

国家/地区	出口数量(立方米)	出口金额(千美元)
伊朗	5.00	4.00
英国	8.00	2.40
帕劳	10.00	1.40
44071040 经纵锯、纵切刨或旋切的花旗松木材,厚>6mm		
合计	2120.00	1145.50
日本	1172.00	808.40
加拿大	232.00	144.90
美国	352.00	105.60
马来西亚	306.00	69.10
韩国	49.00	13.50
毛里塔尼亚	9.00	4.00
44071090 其他纵锯切、刨或旋切的针叶木木材,厚>6mm		
合计	28258.00	19121.50
日本	15709.00	11668.00
韩国	5589.00	4321.00
巴基斯坦	1748.00	647.10
德国	615.00	579.70
中国台湾省	622.00	493.20
印度尼西亚	1144.00	461.50
斯里兰卡	1271.00	335.60
塔吉克斯坦	255.00	183.90
菲律宾	276.00	96.70
特立尼达和多巴哥	300.00	71.1
美国	131.00	56.00
孟加拉国	150.00	42.40
墨西哥	24.00	40.60
荷兰	60.00	25.80
吉布提	45.00	16.30
巴布亚新几内亚	51.00	16.10
安哥拉	36.00	13.60
刚果(金)	20.00	12.50
瓦努阿图	30.00	11.80
意大利	151.00	8.50
毛里塔尼亚	12.00	5.00
中国香港	2.00	4.50
英国	1.00	4.00
尼日利亚	5.00	2.00
喀麦隆	4.00	1.70
阿曼	5.00	1.60
纳米比亚	2.00	1.30
加拿大	0.00	0.00

(续)

国家/地区	出口数量(立方米)	出口金额(千美元)
44072500 经纵锯切刨或旋切的红柳桉木材,厚>6mm		
合计	2853.00	1014.70
中国香港	2707.00	891.60
韩国	118.00	115.60
莫桑比克	28.00	7.50
44072600 纵锯切刨或旋切的白黄柳桉木等木材,厚>6mm		
合计	3264.00	894.80
中国香港	3190.00	871.20
新加坡	74.00	23.60
44072700 纵锯切刨或旋切的沙比利木材,厚>6mm		
合计	8.00	6.20
马来西亚	8.00	4.10
日本	0.00	1.50
澳大利亚	0.00	0.60
44072910 经纵锯切刨切或旋切的柚木木材,厚>6mm		
合计	2438.00	3322.50
印度	908.00	986.90
中国台湾省	494.00	581.20
美国	76.00	342.10
马来西亚	174.00	325.50
泰国	183.00	241.30
巴基斯坦	125.00	182.90
韩国	97.00	175.60
新加坡	117.00	166.60
日本	54.00	118.10
比利时	74.00	111.80
意大利	33.00	42.90
中国香港	89.00	26.90
克罗地亚	14.00	20.60
阿尔及利亚	0.00	0.20
44072920 纵锯切刨或旋切非洲桃花心木木材,厚>6mm		
合计	196.00	219.60
帕劳	137.00	193.80
印度尼西亚	59.00	25.80
44072930 经纵锯切、刨或旋切的波罗格木木材,厚>6mm		
合计	140.00	157.80
韩国	77.00	115.80
日本	10.00	18.80

（续）

国家/地区	出口数量（立方米）	出口金额（千美元）
美国	10.00	18.00
马来西亚	2.00	3.30
中国台湾省	41.00	1.90
44072990 其他纵锯切、刨或旋切的子目注释二所列的热带木木材，厚＞6mm		
合计	728.00	889.70
日本	204.00	260.40
美国	150.00	186.80
韩国	159.00	177.50
以色列	68.00	130.90
马来西亚	77.00	52.20
立陶宛	22.00	42.20
阿联酋	21.00	22.00
卡塔尔	22.00	13.30
伊朗	5.00	4.00
阿曼	0.00	0.50
44079100 经纵锯纵切、刨或旋切的栎木木材，厚＞6mm		
合计	9907.00	11476.20
日本	5873.00	6222.90
德国	1289.00	1951.90
韩国	1187.00	1702.90
越南	580.00	364.20
马来西亚	193.00	295.10
瑞典	211.00	293.70
比利时	286.00	268.90
英国	78.00	91.40
伊朗	69.00	78.70
荷兰	58.00	72.70
中国台湾省	42.00	64.00
澳大利亚	30.00	54.10
新西兰	5.00	5.80
新喀里多尼亚	2.00	3.40
阿联酋	0.00	2.40
沙特阿拉伯	2.00	1.40
印度尼西亚	2.00	1.30
美国	0.00	0.60
菲律宾	0.00	0.50
中国香港	0.00	0.40
44079200 经纵锯纵切、刨或旋切山毛榉木木材，厚＞6mm		
合计	101.00	155.30
韩国	91.00	141.40
日本	10.00	13.90

（续）

国家/地区	出口数量（立方米）	出口金额（千美元）
44079300 经纵锯纵切、刨或旋切枫木木材，厚＞6mm		
合计	811.00	935.50
印度尼西亚	568.00	711.20
韩国	117.00	109.30
日本	105.00	97.20
墨西哥	21.00	17.00
中国香港	0.00	0.80
44079400 经纵锯纵切、刨或旋切樱桃木木材，厚＞6mm		
合计	73.00	63.80
新加坡	11.00	37.70
日本	9.00	16.00
墨西哥	53.00	10.20
44079500 经纵锯纵切、刨或旋切白蜡木木材，厚＞6mm		
合计	7966.00	5900.30
日本	6970.00	5023.10
韩国	990.00	871.90
马来西亚	6.00	5.40
44079910 纵锯切刨或旋切的樟木、楠木、红木，厚＞6mm		
合计	80.00	64.70
越南	80.00	64.70
44079920 经纵锯切、刨或旋切的泡桐木木材，厚＞6mm		
合计	88866.00	68320.20
美国	29677.00	26912.60
日本	25210.00	18954.40
中国台湾省	3161.00	4664.40
韩国	7609.00	3708.60
越南	4367.00	2589.70
马来西亚	3585.00	1820.10
澳大利亚	2277.00	1814.50
加拿大	1233.00	904.70
斯洛文尼亚	1560.00	801.80
法国	1242.00	729.80
德国	1074.00	709.80
意大利	1173.00	646.60
西班牙	1212.00	642.40
阿联酋	517.00	548.60
荷兰	714.00	368.50
尼加拉瓜	689.00	359.70
俄罗斯	446.00	271.50

（续）

国家/地区	出口数量（立方米）	出口金额（千美元）
克罗地亚	418.00	243.70
瑞士	276.00	219.40
哥斯达黎加	359.00	186.90
泰国	223.00	155.00
阿尔及利亚	244.00	142.10
捷克	192.00	101.00
留尼汪	178.00	96.70
南非	170.00	92.10
哥伦比亚	162.00	82.10
墨西哥	152.00	80.90
洪都拉斯	120.00	68.80
孟加拉国	116.00	68.60
菲律宾	124.00	63.10
奥地利	73.00	55.40
波兰	45.00	36.30
芬兰	45.00	31.20
阿尔巴尼亚	55.00	27.40
突尼斯	24.00	21.40
英国	42.00	21.30
柬埔寨	24.00	16.80
比利时	21.00	15.20
中国澳门	4.00	12.40
印度尼西亚	9.00	7.90
毛里求斯	7.00	7.20
秘鲁	10.00	5.30
阿根廷	6.00	3.40
巴拿马	6.00	2.80
瑞典	4.00	2.70
拉脱维亚	3.00	2.60
罗马尼亚	2.00	1.30
肯尼亚	3.00	0.90
乌克兰	2.00	0.50
智利	1.00	0.50
44079930 经纵锯切、刨或旋切的北美硬阔叶材，厚＞6mm		
合计	7770.00	8959.90
德国	4717.00	5497.50
意大利	1607.00	1742.90
日本	503.00	788.20
韩国	166.00	203.60
越南	196.00	191.30
印度尼西亚	179.00	190.40
波兰	129.00	140.10
中国台湾省	184.00	96.50

(续)

国家/地区	出口数量(立方米)	出口金额(千美元)
美国	65.00	63.50
瑞典	18.00	34.40
新西兰	5.00	8.90
英国	1.00	2.60
44079980 纵锯切刨或旋切其他温带非针叶木材,厚>6mm		
合计	17832.00	18718.30
日本	14015.00	15082.50
韩国	3045.00	3334.00
越南	541.00	130.50
加拿大	36.00	59.60
美国	75.00	46.90
朝鲜	82.00	27.20
中国台湾省	33.00	23.60
塞浦路斯	5.00	14.00
意大利	0.00	0.10
44079990 其他纵锯切、刨或旋切的非叶木木材,厚>6mm		
合计	11824.00	8232.90
日本	4929.00	2458.40
韩国	2484.00	2299.70
越南	1391.00	1280.70
中国台湾省	1006.00	994.00
埃塞俄比亚	1049.00	396.30
加拿大	268.00	302.80
美国	221.00	241.30
吉布提	134.00	59.40
巴拿马	32.00	43.10
泰国	116.00	34.40
沙特阿拉伯	82.00	29.40
委内瑞拉	18.00	23.50
印度	25.00	22.10
澳大利亚	13.00	22.00
土耳其	43.00	15.00
巴布亚新几内亚	10.00	7.90
新西兰	2.00	1.40
阿富汗	1.00	1.10
挪威	0.00	0.40

锯材进口量值表

国家/地区	进口数量(立方米)	进口金额(千美元)
44061000 未浸渍铁道及电车道枕木		
合计	21653.00	5095.20

(续)

国家/地区	进口数量(立方米)	进口金额(千美元)
俄罗斯	20854.00	3814.00
喀麦隆	799.00	1281.20
44069000 已浸渍铁道及电车道枕木		
合计	1744.00	340.50
朝鲜	1451.00	260.50
美国	253.00	52.70
南非	25.00	21.90
英国	15.00	5.50
44071010 纵锯纵切刨或旋切红松和樟子松木材,厚>6mm		
合计	5905562.00	1090637.60
俄罗斯	5699799.00	1037307.90
德国	91823.00	23645.70
芬兰	44624.00	12396.90
瑞典	37934.00	9783.20
拉脱维亚	5607.00	1902.60
英国	6769.00	1554.30
乌克兰	6414.00	1108.20
爱沙尼亚	3450.00	888.70
波兰	503.00	314.30
西班牙	1303.00	293.80
奥地利	925.00	284.70
捷克	819.00	258.90
日本	2377.00	198.10
美国	695.00	138.20
罗马尼亚	535.00	128.90
加拿大	514.00	123.80
立陶宛	591.00	111.30
斯洛伐克	359.00	103.50
巴西	300.00	51.10
马达加斯加	221.00	43.40
44071020 纵锯切刨或旋切白松(云、冷杉)木材,厚>6mm		
合计	7311209.00	1426701.80
加拿大	4373861.00	819248.20
俄罗斯	1745606.00	305055.60
芬兰	539017.00	135489.00
瑞典	428831.00	104403.80
德国	66662.00	17494.70
丹麦	26894.00	7982.50
拉脱维亚	25784.00	6368.10
奥地利	16727.00	4941.20
美国	18769.00	4395.30
罗马尼亚	13429.00	3489.10

(续)

国家/地区	进口数量(立方米)	进口金额(千美元)
日本	3495.00	3408.60
韩国	3712.00	2046.10
波黑	7353.00	1791.20
爱沙尼亚	6791.00	1780.40
捷克	7018.00	1558.30
挪威	5369.00	1274.00
立陶宛	5240.00	1258.10
乌克兰	5540.00	1247.10
英国	5404.00	1182.10
朝鲜	3272.00	700.00
瑞士	710.00	687.50
中国台湾省	501.00	343.20
印度尼西亚	130.00	194.80
意大利	44.00	95.70
荷兰	353.00	91.00
澳大利亚	244.00	65.20
白俄罗斯	172.00	46.50
法国	136.00	27.10
克罗地亚	98.00	25.00
西班牙	20.00	6.70
阿根廷	27.00	5.20
斯洛伐克	0.00	0.20
44071030 纵锯、纵切刨或旋切的辐射松木材,厚>6mm		
合计	1177581.00	293703.70
智利	680236.00	175161.50
新西兰	435902.00	103345.70
澳大利亚	31939.00	6621.30
西班牙	15956.00	4142.20
阿根廷	5716.00	1445.10
巴西	5910.00	1408.00
荷兰	776.00	1361.30
加拿大	200.00	53.40
瑞典	187.00	49.00
日本	475.00	44.20
乌拉圭	187.00	42.20
中国台湾省	34.00	12.00
美国	37.00	11.30
马达加斯加	26.00	6.60
44071040 经纵锯、纵切刨或旋切的花旗松木材,厚>6mm		
合计	209453.00	37436.90
加拿大	158036.00	28223.70
美国	47056.00	8868.70

（续）

国家/地区	进口数量（立方米）	进口金额（千美元）
日本	4216.00	294.60
中国台湾省	22.00	23.90
法国	68.00	13.60
英国	55.00	12.40
44071090 其他纵锯切、刨或旋切的针叶木木材,厚>6mm		
合计	2861900.00	553011.50
加拿大	1040059.00	206507.00
俄罗斯	954304.00	138241.30
美国	526021.00	120125.80
巴西	105716.00	24467.50
瑞典	51283.00	14287.50
阿根廷	52524.00	13103.60
芬兰	30430.00	8955.60
德国	28023.00	6776.90
日本	24108.00	5323.00
乌拉圭	12186.00	3153.80
新西兰	2593.00	2916.10
澳大利亚	5402.00	2084.80
乌克兰	5679.00	1087.30
拉脱维亚	2212.00	918.00
英国	3698.00	911.10
朝鲜	5750.00	743.80
波兰	1127.00	704.00
立陶宛	2391.00	527.20
西班牙	2013.00	444.00
匈牙利	500.00	332.70
罗马尼亚	903.00	209.20
缅甸	2242.00	202.50
中国台湾省	465.00	182.10
马来西亚	177.00	147.40
智利	415.00	101.90
印度尼西亚	24.00	80.60
爱沙尼亚	271.00	71.00
越南	203.00	64.60
挪威	232.00	62.50
瑞士	190.00	56.50
荷兰	93.00	56.00
赞比亚	116.00	34.40
马达加斯加	234.00	32.20
奥地利	92.00	31.80
韩国	54.00	17.80
哥斯达黎加	40.00	14.10
柬埔寨	11.00	13.00

（续）

国家/地区	进口数量（立方米）	进口金额（千美元）
法国	45.00	11.30
蒙古	66.00	8.20
南非	8.00	3.30
44072100 经纵锯切刨或旋切的美洲桃花心木材,厚>6mm		
合计	9230.00	5704.80
印度尼西亚	8077.00	5095.20
菲律宾	879.00	406.70
巴西	176.00	143.10
越南	98.00	59.30
秘鲁	0.00	0.50
44072200 经纵锯切刨或旋切的肉豆蔻木等木材,厚>6mm		
合计	67028.00	57716.70
厄瓜多尔	57225.00	52355.50
巴布亚新几内亚	7861.00	4084.20
印度尼西亚	1642.00	830.40
苏里南	150.00	355.30
乌拉圭	40.00	42.10
几内亚	60.00	26.50
哥斯达黎加	50.00	22.70
44072500 经纵锯切刨或旋切的红柳桉木材,厚>6mm		
合计	17222.00	6985.50
马来西亚	9646.00	3165.60
印度尼西亚	5210.00	2399.60
澳大利亚	995.00	789.80
乌拉圭	813.00	486.90
巴西	111.00	61.40
安哥拉	380.00	60.80
中国台湾省	42.00	15.00
英国	25.00	6.40
44072600 纵锯切刨或旋切的白黄柳桉木等木材,厚>6mm		
合计	21292.00	26639.00
马来西亚	17025.00	23874.10
菲律宾	159.00	1101.40
中国台湾省	2761.00	978.40
澳大利亚	607.00	324.70
印度尼西亚	652.00	252.30
意大利	54.00	89.30
缅甸	32.00	17.30
南非	2.00	1.30
德国	0.00	0.20

（续）

国家/地区	进口数量（立方米）	进口金额（千美元）
44072700 纵锯切刨或旋切的沙比利木材,厚>6mm		
合计	91214.00	64439.70
喀麦隆	47182.00	32834.40
刚果(布)	29422.00	20825.60
中非	6959.00	4977.30
加蓬	4307.00	3109.10
刚果(金)	2205.00	1887.60
安哥拉	945.00	709.20
科特迪瓦	181.00	78.10
德国	0.00	8.80
加纳	10.00	8.70
赤道几内亚	3.00	0.80
44072800 纵锯切刨或旋切的伊罗科木木材,厚>6mm		
合计	20.00	13.50
喀麦隆	20.00	13.50
44072910 经纵锯切刨切或旋切的柚木木材,厚>6mm		
合计	49622.00	43367.30
缅甸	35398.00	34934.60
印度尼西亚	3946.00	2092.00
老挝	2822.00	1694.30
贝宁	3800.00	1614.90
中国台湾省	665.00	833.30
巴西	1013.00	796.60
加纳	710.00	379.60
纳米比亚	381.00	281.80
赞比亚	247.00	210.90
哥斯达黎加	166.00	116.80
坦桑尼亚	102.00	101.60
苏里南	123.00	57.40
墨西哥	47.00	52.80
东帝汶	35.00	45.70
玻利维亚	38.00	28.80
德国	26.00	28.30
哥伦比亚	23.00	23.50
泰国	6.00	20.70
洪都拉斯	25.00	17.80
越南	19.00	15.10
秘鲁	23.00	13.10
马来西亚	7.00	7.80
44072920 纵锯切刨或旋切非洲桃花心木木材,厚>6mm		

(续)

国家/地区	进口数量(立方米)	进口金额(千美元)
合计	9537.00	5956.00
加蓬	7118.00	4030.50
喀麦隆	1611.00	1039.40
中国台湾省	228.00	447.00
印度尼西亚	224.00	143.10
科特迪瓦	153.00	119.80
坦桑尼亚	39.00	48.20
加纳	48.00	40.30
新加坡	62.00	36.50
贝宁	36.00	28.90
西班牙	9.00	11.10
刚果(金)	8.00	9.30
巴西	1.00	1.90
44072930 经纵锯切、刨或旋切的波罗格木木材,厚>6mm		
合计	130610.00	105737.40
印度尼西亚	123196.00	99799.20
马来西亚	5265.00	4372.60
巴布亚新几内亚	1110.00	879.90
所罗门群岛	533.00	435.70
美国	409.00	170.50
老挝	97.00	79.30
澳大利亚	0.00	0.10
44072990 其他纵锯切、刨或旋切的子目注释二所列的热带木木材,厚>6mm		
合计	247030.00	124187.90
加蓬	114098.00	56961.60
喀麦隆	35019.00	17944.10
加纳	18233.00	9121.40
巴西	12385.00	8344.40
马来西亚	20020.00	7775.00
印度尼西亚	8610.00	6528.30
刚果(布)	10548.00	5104.40
越南	4255.00	2505.00
老挝	9961.00	1500.30
中国台湾省	1224.00	952.70
赞比亚	947.00	925.30
缅甸	3017.00	794.40
秘鲁	1000.00	761.60
苏里南	852.00	523.90
科特迪瓦	1091.00	523.90
中非	792.00	405.90
瓦努阿图	406.00	365.60
刚果(金)	632.00	364.20

(续)

国家/地区	进口数量(立方米)	进口金额(千美元)
尼加拉瓜	122.00	342.60
哥伦比亚	517.00	300.00
巴拉圭	467.00	278.90
贝宁	360.00	256.30
美国	472.00	250.80
韩国	153.00	189.00
泰国	502.00	186.60
尼日利亚	183.00	134.30
印度	46.00	110.00
菲律宾	268.00	108.90
阿根廷	160.00	101.50
比利时	75.00	81.80
马达加斯加	9.00	75.00
莫桑比克	123.00	62.70
危地马拉	62.00	47.50
坦桑尼亚	73.00	45.50
赤道几内亚	114.00	40.20
日本	9.00	39.80
利比里亚	72.00	28.90
巴拿马	20.00	28.10
柬埔寨	47.00	23.40
民族玻利维亚国	28.00	18.10
安哥拉	40.00	15.20
意大利	11.00	10.60
澳大利亚	0.00	4.30
法国	4.00	3.80
西班牙	3.00	1.80
44079100 经纵锯纵切、刨或旋切的栎木木材,厚>6mm		
合计	1236634.00	737387.80
美国	956066.00	594326.40
俄罗斯	172962.00	80846.10
加拿大	30883.00	23107.50
法国	31683.00	16109.60
乌克兰	16867.00	8578.40
德国	10538.00	5138.90
克罗地亚	4513.00	2526.30
罗马尼亚	2520.00	1598.30
奥地利	2650.00	1399.70
越南	1057.00	523.80
波黑	947.00	518.40
意大利	915.00	504.00
捷克	1134.00	413.40
比利时	763.00	384.50

(续)

国家/地区	进口数量(立方米)	进口金额(千美元)
朝鲜	881.00	281.40
斯洛文尼亚	459.00	217.20
斯洛伐克	450.00	198.40
澳大利亚	140.00	97.70
匈牙利	220.00	84.00
日本	128.00	82.30
瑞典	107.00	61.90
荷兰	136.00	61.10
韩国	117.00	50.30
波兰	56.00	42.20
丹麦	41.00	39.10
印度尼西亚	76.00	36.90
西班牙	54.00	29.60
土耳其	72.00	28.80
拉脱维亚	20.00	20.90
保加利亚	29.00	20.70
英国	38.00	19.30
芬兰	42.00	13.40
中国台湾省	16.00	11.50
塞尔维亚	19.00	9.20
缅甸	32.00	4.50
马来西亚	3.00	2.00
44079200 经纵锯纵切、刨或旋切山毛榉木木材,厚>6mm		
合计	508920.00	192624.90
罗马尼亚	217022.00	81031.20
德国	145726.00	53498.20
克罗地亚	39035.00	14991.50
法国	32136.00	13130.30
波黑	24364.00	9662.70
塞尔维亚	16647.00	7208.00
波兰	8599.00	3214.30
奥地利	7206.00	2829.60
意大利	6325.00	2519.90
乌克兰	6660.00	2410.20
丹麦	1473.00	573.50
斯洛伐克	1166.00	502.90
保加利亚	965.00	398.00
日本	140.00	131.80
俄罗斯	245.00	90.50
比利时	269.00	86.30
匈牙利	227.00	77.70
斯洛文尼亚	210.00	74.00
黑山	124.00	44.50

（续）

国家/地区	进口数量（立方米）	进口金额（千美元）
瑞士	96.00	40.30
西班牙	90.00	33.20
厄瓜多尔	73.00	30.80
捷克	63.00	21.50
前南马其顿	32.00	12.30
美国	27.00	11.70
44079300 经纵锯纵切、刨或旋切枫木木材，厚＞6mm		
合计	120105.00	43802.00
美国	101797.00	32146.50
加拿大	16570.00	9999.50
罗马尼亚	541.00	408.90
德国	120.00	341.30
克罗地亚	44.00	239.20
法国	338.00	138.30
韩国	129.00	134.50
乌克兰	280.00	92.80
奥地利	84.00	78.50
日本	84.00	77.50
英国	59.00	42.70
瑞士	1.00	31.40
挪威	10.00	22.10
马来西亚	16.00	16.90
意大利	10.00	15.00
黑山	6.00	8.00
中国台湾省	0.00	5.40
缅甸	16.00	3.10
斯洛伐克	0.00	0.40
44079400 经纵锯纵切、刨或旋切樱桃木木材，厚＞6mm		
合计	98019.00	77569.70
美国	94125.00	74506.40
加拿大	3182.00	2458.10
智利	482.00	354.30
中国台湾省	42.00	117.50
罗马尼亚	63.00	40.40
德国	31.00	28.10
巴西	43.00	24.90
意大利	25.00	23.80
日本	26.00	16.10
44079500 经纵锯纵切、刨或旋切白蜡木木材，厚＞6mm		
合计	443845.00	271834.10
美国	296916.00	212438.90

（续）

国家/地区	进口数量（立方米）	进口金额（千美元）
俄罗斯	101378.00	42256.10
加拿大	21443.00	15900.50
波黑	377.00	263.40
罗马尼亚	364.00	198.10
塞尔维亚	245.00	191.80
克罗地亚	205.00	111.00
越南	255.00	105.40
意大利	96.00	80.50
日本	119.00	78.20
法国	22145.00	67.30
德国	95.00	52.60
乌克兰	138.00	51.20
保加利亚	57.00	22.40
韩国	12.00	16.60
44079910 纵锯切刨或旋切的樟木、楠木、红木，厚＞6mm		
合计	113918.00	202844.70
老挝	68271.00	125405.60
印度尼西亚	22113.00	48045.20
贝宁	8336.00	6410.50
尼加拉瓜	938.00	3495.30
马来西亚	2054.00	2856.30
越南	1437.00	2706.20
坦桑尼亚	3182.00	2300.70
印度	111.00	2186.60
缅甸	849.00	1756.60
柬埔寨	840.00	1645.50
喀麦隆	247.00	1080.20
加蓬	1711.00	934.50
泰国	512.00	915.10
瓦努阿图	474.00	550.10
尼日利亚	548.00	413.50
加纳	511.00	409.00
几内亚	320.00	256.20
莫桑比克	330.00	218.40
巴拿马	60.00	213.90
刚果(金)	259.00	202.30
危地马拉	80.00	179.40
多哥	206.00	164.10
日本	58.00	131.70
哥斯达黎加	24.00	97.90
中国台湾省	227.00	90.30
科特迪瓦	126.00	88.70
几内亚比绍	50.00	38.40

（续）

国家/地区	进口数量（立方米）	进口金额（千美元）
菲律宾	16.00	23.10
所罗门群岛	14.00	17.10
巴布亚新几内亚	13.00	9.60
巴西	1.00	1.30
马达加斯加	0.00	1.20
西班牙	0.00	0.50
44079920 经纵锯切、刨或旋切的泡桐木木材，厚＞6mm		
合计	8.00	19.20
斯洛文尼亚	8.00	19.00
土耳其	0.00	0.10
44079930 经纵锯切、刨或旋切的北美硬阔叶材，厚＞6mm		
合计	572090.00	258802.40
美国	565878.00	254963.90
加拿大	5610.00	3519.20
日本	118.00	79.50
中国	130.00	57.80
奥地利	21.00	52.20
拉脱维亚	165.00	31.00
意大利	41.00	29.40
马来西亚	37.00	22.80
喀麦隆	39.00	19.40
塞尔维亚	45.00	15.90
瑞士	1.00	6.00
中国台湾省	4.00	3.60
韩国	1.00	1.60
44079980 纵锯切刨或旋切其他温带非针叶木材，厚＞6mm		
合计	891688.00	226995.70
俄罗斯	745460.00	172326.40
美国	51946.00	21874.50
拉脱维亚	39971.00	12593.80
爱沙尼亚	14243.00	5180.40
立陶宛	16291.00	4823.10
芬兰	4652.00	2139.90
白俄罗斯	4370.00	1318.20
瑞典	2615.00	991.00
日本	1707.00	925.10
克罗地亚	1986.00	829.50
罗马尼亚	2075.00	774.30
加拿大	1190.00	674.30
乌拉圭	728.00	511.90
乌克兰	1353.00	343.40

（续）

国家/地区	进口数量（立方米）	进口金额（千美元）
澳大利亚	534.00	332.50
印度尼西亚	198.00	246.30
德国	408.00	168.60
越南	221.00	168.00
中国台湾省	247.00	161.00
斯洛文尼亚	359.00	117.80
保加利亚	175.00	61.40
菲律宾	147.00	61.40
玻利维亚	57.00	59.50
智利	109.00	57.50
喀麦隆	14.00	51.40
朝鲜	220.00	40.20
塞尔维亚	80.00	30.90
中国	65.00	27.80
西班牙	1.00	22.90
哈萨克斯坦	109.00	21.60
韩国	41.00	20.90
奥地利	44.00	10.90
捷克	30.00	9.10
波黑	25.00	8.30
斯洛伐克	12.00	7.80
瓦努阿图	5.00	4.20
44079990 其他纵锯切、刨或旋切的非叶木木材，厚＞6mm		
合计	4483448.00	1650404.80
泰国	3052259.00	1031183.20
加蓬	217773.00	157450.40
马来西亚	192559.00	80043.30
越南	196717.00	71567.20
菲律宾	315019.00	45335.80
秘鲁	49768.00	40789.40
美国	78872.00	31982.00
喀麦隆	40068.00	31326.80
印度尼西亚	76869.00	27464.20
莫桑比克	28086.00	18275.80
巴西	18700.00	13562.70
贝宁	19822.00	11914.70
柬埔寨	32634.00	10911.10
澳大利亚	16210.00	9079.60
刚果(布)	10403.00	6872.70
玻利维亚	7743.00	6815.70
缅甸	28397.00	6405.90
乌拉圭	9358.00	5877.30
坦桑尼亚	5252.00	5380.80

（续）

国家/地区	进口数量（立方米）	进口金额（千美元）
赞比亚	5807.00	5075.00
几内亚	8121.00	5047.80
老挝	25209.00	3595.90
加纳	4322.00	2014.00
斯里兰卡	4823.00	1566.60
意大利	1648.00	1513.70
俄罗斯	5165.00	1445.50
中国台湾省	2566.00	1433.60
苏里南	2674.00	1397.60
哥伦比亚	2178.00	1185.80
巴拿马	1112.00	1165.20
加拿大	2873.00	1141.10
巴拉圭	1290.00	1106.60
阿根廷	963.00	976.30
爱沙尼亚	1621.00	819.40
科特迪瓦	1430.00	797.80
尼日利亚	1225.00	756.60
克罗地亚	1811.00	727.00
德国	1121.00	551.50
智利	637.00	499.80
刚果(金)	660.00	472.40
赤道几内亚	736.00	457.40
圭亚那	784.00	452.50
拉脱维亚	869.00	380.20
尼加拉瓜	155.00	331.00
纳米比亚	288.00	300.90
危地马拉	316.00	229.50
巴布亚新几内亚	635.00	221.50
南非	386.00	209.20
日本	280.00	168.80
奥地利	336.00	165.30
厄瓜多尔	465.00	162.40
多哥	174.00	159.30
安哥拉	412.00	154.40
芬兰	284.00	148.30
立陶宛	568.00	148.00
马达加斯加	397.00	147.80
印度	43.00	145.90
利比里亚	220.00	142.90
墨西哥	107.00	120.20
罗马尼亚	433.00	111.20
瑞典	210.00	69.90
朝鲜	566.00	69.80
孟加拉国	138.00	59.00

（续）

国家/地区	进口数量（立方米）	进口金额（千美元）
乌克兰	162.00	51.80
白俄罗斯	145.00	39.80
哥斯达黎加	92.00	32.00
津巴布韦	93.00	30.80
斐济	91.00	30.00
法国	62.00	29.80
韩国	65.00	25.30
保加利亚	48.00	21.90
中国	52.00	13.70
冈比亚	20.00	12.40
新加坡	30.00	11.10
斯洛文尼亚	4.00	10.20
马拉维	9.00	5.60
西班牙	8.00	5.50
挪威	0.00	1.90

人造板出口量值表

国家/地区	出口数量（千克）	出口金额（千美元）
44081011 用胶合板等制的针叶木饰面用单板，厚≤6mm		
合计	121649.00	89.80
马来西亚	8365.00	24.40
孟加拉国	65744.00	21.30
美国	17009.00	15.40
朝鲜	11000.00	11.00
刚果(金)	9100.00	7.70
柬埔寨	7171.00	6.10
厄瓜多尔	1900.00	2.70
韩国	1360.00	1.30
44081019 其他针叶木饰面用单板，厚≤6mm		
合计	2905666.00	2369.10
菲律宾	2494800.00	1667.20
韩国	230203.00	484.30
中国台湾省	58500.00	66.90
泰国	58600.00	48.50
越南	30150.00	39.20
马拉维	19773.00	33.70
印度尼西亚	830.00	12.60
安哥拉	6800.00	4.80
巴基斯坦	1760.00	4.60
墨西哥	1822.00	3.70
日本	2255.00	3.20

（续）

国家/地区	出口数量（千克）	出口金额（千美元）
智利	173.00	0.30
44081020 针叶木制胶合板用单板，厚≤6mm		
合计	50275.00	70.80
中国台湾省	21969.00	40.10
意大利	4900.00	11.40
希腊	8900.00	7.60
文莱	11000.00	7.00
菲律宾	2606.00	4.30
日本	400.00	0.30
加纳	500.00	0.30
44081090 其他纵锯切、刨或旋切的针叶木木材，厚≤6mm		
合计	5761961.00	24501.20
德国	1354953.00	6519.30
墨西哥	1551444.00	6380.40
日本	862321.00	3353.80
美国	780215.00	3145.60
英国	236230.00	1121.10
越南	213184.00	845.30
荷兰	184607.00	753.60
泰国	178573.00	660.30
比利时	78088.00	457.40
阿根廷	56752.00	335.10
韩国	78374.00	297.00
中国台湾省	50536.00	167.20
土耳其	19331.00	114.20
菲律宾	21533.00	86.90
意大利	17942.00	73.80
突尼斯	21845.00	56.00
葡萄牙	13285.00	53.20
中国香港	654.00	49.50
阿曼	40500.00	22.30
印度	1573.00	9.10
捷克	21.00	0.10
44083111 用胶合板等制饰面单板，红柳桉木制，厚≤6mm		
合计	4900.00	16.40
新加坡	1500.00	10.80
印度尼西亚	3400.00	5.50
44083119 其他饰面用单板，红柳桉木制，厚≤6mm		
合计	327146.00	249.10
越南	278500.00	170.00
印度尼西亚	26200.00	42.80

（续）

国家/地区	出口数量（千克）	出口金额（千美元）
尼日利亚	19800.00	24.00
日本	141.00	8.70
中国香港	2260.00	2.90
澳大利亚	245.00	0.80
44083911 用胶合板等制其他子目注释二所列的热带木饰面用单板，厚≤6mm		
合计	1477783.00	8546.00
加拿大	167695.00	1681.20
韩国	277380.00	1446.10
美国	106845.00	1244.30
西班牙	195160.00	966.40
中国台湾省	83125.00	419.00
埃及	193437.00	390.30
马来西亚	36610.00	382.80
哥伦比亚	70200.00	289.00
墨西哥	39878.00	285.80
俄罗斯	61390.00	284.50
澳大利亚	21175.00	212.20
日本	19814.00	150.10
意大利	22290.00	146.20
泰国	16413.00	139.10
土耳其	114000.00	112.60
阿联酋	15595.00	111.60
印度尼西亚	9412.00	91.40
阿根廷	9410.00	48.20
新加坡	3460.00	39.80
智利	2915.00	33.40
苏丹	4200.00	15.80
卡塔尔	1270.00	15.60
南非	990.00	11.40
越南	719.00	9.40
安哥拉	400.00	7.70
尼日利亚	840.00	4.20
印度	3000.00	4.00
菲律宾	160.00	3.90
44083919 其他子目注释二所列的热带木制饰面用单板，厚≤6mm		
合计	1416711.00	2372.80
日本	185869.00	1414.80
中国台湾省	813671.00	435.10
意大利	152732.00	232.20
泰国	188214.00	107.00
印度尼西亚	8689.00	52.10
越南	11870.00	49.60

（续）

国家/地区	出口数量（千克）	出口金额（千美元）
新加坡	620.00	24.90
马来西亚	2595.00	24.10
菲律宾	50000.00	21.90
印度	1195.00	4.70
乌兹别克斯坦	450.00	2.80
南非	183.00	2.40
澳大利亚	45.00	0.90
加拿大	542.00	0.30
塞内加尔	23.00	0.10
墨西哥	13.00	0.00
44083920 其他子目注释二所列的热带木制胶合板用单板，厚≤6mm		
合计	4481430.00	8793.40
美国	1537770.00	3748.20
菲律宾	1542920.00	1730.30
墨西哥	516440.00	1345.90
以色列	161980.00	432.10
越南	234930.00	330.00
印度尼西亚	180100.00	323.70
南非	76060.00	238.10
加拿大	85200.00	176.20
吉布提	35530.00	172.70
哥伦比亚	28920.00	77.90
西班牙	18760.00	58.90
危地马拉	16240.00	51.80
斯里兰卡	18460.00	37.50
文莱	6076.00	31.60
智利	9440.00	18.50
多米尼加	9440.00	15.40
埃塞俄比亚	2800.00	2.90
坦桑尼亚	364.00	1.70
44083990 其他纵锯切、刨或旋切的子目注释二所列的热带木木材，厚≤6mm		
合计	112722.00	267.50
马来西亚	89853.00	100.60
泰国	2834.00	42.50
捷克	3605.00	40.80
以色列	3065.00	31.40
意大利	8610.00	30.50
荷兰	420.00	5.70
土耳其	270.00	5.50
日本	950.00	4.30
赤道几内亚	1600.00	4.20

(续)

国家/地区	出口数量(千克)	出口金额(千美元)
苏丹	1500.00	2.00
美国	15.00	0.00
44089011 用胶合板等制其他非针叶木饰面单板,厚≤6mm		
合计	4921686.00	18736.40
俄罗斯	1635595.00	8377.30
美国	230092.00	2232.40
意大利	214074.00	1344.40
哥伦比亚	215310.00	891.60
中国台湾省	773311.00	822.60
土耳其	953615.00	736.60
波兰	86513.00	542.70
西班牙	69484.00	412.50
新加坡	52310.00	390.90
巴西	77550.00	384.30
澳大利亚	25961.00	267.30
菲律宾	124000.00	242.30
泰国	32963.00	239.50
印度	33790.00	190.80
日本	23064.00	176.30
阿尔巴尼亚	66406.00	173.60
墨西哥	26382.00	169.00
阿联酋	26089.00	150.10
马来西亚	44823.00	144.90
阿根廷	26415.00	134.00
越南	31874.00	82.10
葡萄牙	20045.00	80.00
约旦	13150.00	76.50
智利	10355.00	68.30
韩国	19910.00	54.70
立陶宛	7605.00	53.40
加拿大	3701.00	44.70
乌克兰	7173.00	43.20
奥地利	6895.00	42.60
白俄罗斯	4275.00	23.90
南非	3400.00	22.40
坦桑尼亚	19747.00	21.10
摩洛哥	16060.00	21.00
安哥拉	8900.00	20.30
卡塔尔	1680.00	15.20
塞拉利昂	400.00	8.30
巴林	1471.00	7.60
委内瑞拉	1131.00	6.00
危地马拉	958.00	4.70

(续)

国家/地区	出口数量(千克)	出口金额(千美元)
孟加拉国	540.00	4.50
巴拿马	477.00	3.60
拉脱维亚	286.00	3.60
柬埔寨	2520.00	3.60
尼日利亚	296.00	1.50
加纳	1090.00	0.60
44089012 温带非针叶木制其他饰面用单板,厚≤6mm		
合计	6925981.00	16600.60
日本	3336407.00	9128.00
马来西亚	1474780.00	2556.40
印度尼西亚	521320.00	1376.50
中国台湾省	148527.00	841.30
伊朗	298860.00	806.00
越南	502170.00	721.30
柬埔寨	415039.00	358.60
墨西哥	113347.00	305.10
韩国	50961.00	242.60
斯洛文尼亚	25050.00	117.50
德国	17425.00	67.30
乍得	7200.00	34.90
阿联酋	980.00	13.70
澳大利亚	4500.00	10.60
新加坡	950.00	7.60
芬兰	1200.00	5.10
以色列	245.00	1.80
菲律宾	5250.00	1.70
泰国	560.00	1.70
美国	360.00	1.50
瑞典	245.00	0.50
文莱	60.00	0.50
加拿大	542.00	0.40
英国	3.00	0.00
44089013 竹制饰面用单板,厚≤6mm		
合计	247.00	2.40
中国台湾省	244.00	2.40
美国	3.00	0.00
44089019 其他非针叶木饰面用单板,厚≤6mm		
合计	77818429.00	95966.40
印度	29583311.00	20882.10
越南	17326264.00	15463.20
韩国	2813656.00	10615.30
马来西亚	4579954.00	6342.40

(续)

国家/地区	出口数量(千克)	出口金额(千美元)
日本	2731822.00	5702.20
中国台湾省	1710279.00	5035.40
泰国	3297452.00	3696.90
印度尼西亚	2009855.00	3097.10
墨西哥	1008121.00	2458.10
美国	613245.00	2049.10
西班牙	888005.00	2035.10
埃及	2278250.00	1691.60
澳大利亚	701354.00	1575.70
阿联酋	911910.00	1552.70
俄罗斯	306572.00	1540.20
巴拿马	255085.00	1251.80
斯里兰卡	1234615.00	1201.80
巴基斯坦	1179890.00	1044.80
菲律宾	1257154.00	869.90
哥伦比亚	225287.00	769.80
伊朗	354664.00	730.30
以色列	284000.00	699.40
意大利	169867.00	585.70
孟加拉国	361116.00	535.00
沙特阿拉伯	239224.00	447.10
新加坡	193308.00	385.10
乌克兰	54680.00	338.70
波兰	48110.00	322.50
秘鲁	74665.00	297.30
希腊	74011.00	291.70
葡萄牙	78140.00	280.30
土耳其	127847.00	242.90
黎巴嫩	30720.00	193.80
荷兰	32827.00	166.70
厄瓜多尔	82883.00	165.20
中国香港	165417.00	164.10
乌兹别克斯坦	44264.00	151.30
英国	27791.00	128.80
阿尔巴尼亚	58686.00	118.60
德国	60579.00	110.20
缅甸	36850.00	107.70
安哥拉	89083.00	99.60
斯洛文尼亚	16000.00	88.70
叙利亚	30672.00	81.90
拉脱维亚	10000.00	45.80
法国	3905.00	45.80
南非	16180.00	41.50
立陶宛	9008.00	32.00

（续）

国家/地区	出口数量（千克）	出口金额（千美元）
马拉维	39546.00	30.10
古巴	19000.00	28.60
白俄罗斯	2186.00	18.30
坦桑尼亚	9480.00	16.70
保加利亚	1300.00	13.90
巴勒斯坦	4000.00	11.20
克罗地亚	2825.00	9.50
塞尔维亚	2790.00	7.80
巴西	2450.00	7.70
科摩罗	1059.00	6.70
摩尔多瓦	1241.00	5.90
毛里求斯	4600.00	5.50
比利时	20185.00	4.30
委内瑞拉	523.00	4.20
智利	9855.00	4.00
爱沙尼亚	950.00	4.00
塔吉克斯坦	45.00	3.40
加拿大	660.00	3.30
格鲁吉亚	1090.00	3.10
斯洛伐克	7110.00	2.80
巴林	171.00	2.50
柬埔寨	250.00	0.50
匈牙利	520.00	0.30
芬兰	15.00	0.00
44089021 温带非针叶木制胶合板用单板，厚≤6mm		
合计	1242828.00	851.60
日本	819628.00	589.90
埃及	403900.00	252.30
巴基斯坦	17920.00	7.40
西班牙	1350.00	1.90
希腊	30.00	0.10
44089029 其他非针叶木制胶合板用单板，厚≤6mm		
合计	68790582.00	54742.60
印度	16211848.00	19824.10
韩国	22416890.00	15961.90
中国台湾省	10604223.00	5261.60
越南	2949247.00	3325.60
菲律宾	7211070.00	2552.30
马来西亚	3211253.00	2112.10
埃及	2775655.00	1451.90
泰国	593327.00	517.20
孟加拉国	313440.00	405.90

（续）

国家/地区	出口数量（千克）	出口金额（千美元）
巴基斯坦	308300.00	392.40
厄瓜多尔	528000.00	338.80
智利	104700.00	326.20
美国	221740.00	322.90
南非	145630.00	278.10
柬埔寨	409750.00	277.10
墨西哥	85484.00	197.70
英国	45340.00	155.20
哥伦比亚	24600.00	124.60
巴拿马	6155.00	99.70
以色列	49400.00	99.20
印度尼西亚	80709.00	98.60
阿根廷	19200.00	94.60
斯里兰卡	47600.00	88.60
日本	77000.00	77.90
巴西	30300.00	68.70
澳大利亚	59160.00	66.70
新加坡	89546.00	59.50
西班牙	25760.00	51.00
沙特阿拉伯	80000.00	40.70
赞比亚	22500.00	24.70
安哥拉	17500.00	15.00
肯尼亚	13750.00	13.60
阿曼	9750.00	13.50
中国香港	80.00	2.40
土耳其	1450.00	1.70
德国	225.00	1.00
44089091 温带非针叶木制经纵刨旋切的木材，厚≤6mm		
合计	10526645.00	24573.20
墨西哥	2984595.00	6261.80
土耳其	1206726.00	3864.90
越南	1665595.00	3137.10
日本	782793.00	2898.00
泰国	801701.00	1882.40
美国	474430.00	1063.20
印度尼西亚	715143.00	1005.80
巴基斯坦	373681.00	688.60
马来西亚	228000.00	668.10
秘鲁	259058.00	657.90
德国	191448.00	517.80
中国台湾省	157067.00	447.10
斯洛文尼亚	95041.00	237.90
奥地利	94800.00	226.80

（续）

国家/地区	出口数量（千克）	出口金额（千美元）
厄瓜多尔	90181.00	224.40
印度	125326.00	155.60
韩国	28129.00	136.40
中国香港	117518.00	116.50
伊朗	45575.00	98.00
捷克	14851.00	65.40
克罗地亚	24896.00	51.60
阿根廷	11700.00	28.90
柬埔寨	8400.00	24.40
哥伦比亚	7800.00	23.50
法国	4800.00	22.60
比利时	3896.00	21.50
意大利	4000.00	15.90
芬兰	2039.00	13.50
西班牙	5329.00	10.00
阿联酋	564.00	3.50
英国	788.00	2.20
肯尼亚	588.00	1.20
新加坡	187.00	0.70
44089099 其他非针叶木制经纵刨旋切的木材，厚≤6mm		
合计	12195505.00	24952.00
越南	4201315.00	8942.50
印度	5353790.00	6846.70
德国	691107.00	2566.70
委内瑞拉	750060.00	2280.20
巴西	473834.00	1496.20
意大利	51876.00	818.20
泰国	189325.00	550.60
日本	105515.00	328.00
美国	85725.00	239.40
中国台湾省	34605.00	197.30
菲律宾	52628.00	164.20
韩国	49686.00	134.20
巴拿马	16190.00	98.80
法国	2260.00	82.80
哥伦比亚	26448.00	74.60
印度尼西亚	23355.00	40.00
萨尔瓦多	9525.00	23.60
安哥拉	65000.00	23.40
土耳其	4695.00	14.80
布隆迪	3114.00	13.30
比利时	1416.00	8.20
中国香港	791.00	4.00

（续）

国家/地区	出口数量（千克）	出口金额（千美元）
荷兰	1080.00	2.30
几内亚比绍	1980.00	1.10
澳大利亚	185.00	1.10
44101100 木制碎料板		
合计	76124306.00	46949.90
阿联酋	8118352.00	7834.10
美国	3609572.00	3810.70
中国台湾省	4622451.00	3124.60
韩国	5950348.00	2292.70
沙特阿拉伯	5329869.00	2140.50
卡塔尔	2036788.00	2045.70
埃及	1212215.00	2032.70
加拿大	1697231.00	1327.30
马来西亚	2358185.00	1142.00
厄瓜多尔	644350.00	1106.60
澳大利亚	859233.00	1100.50
菲律宾	2144220.00	940.30
巴林	878018.00	914.30
印度	816348.00	909.60
哥伦比亚	1603295.00	798.20
葡萄牙	1263600.00	753.20
日本	849339.00	750.40
英国	1033882.00	737.20
肯尼亚	2177491.00	734.90
印度尼西亚	1979773.00	707.80
俄罗斯	1612688.00	645.20
蒙古	4901530.00	636.40
智利	1197318.00	489.90
伊拉克	1953400.00	472.20
中国香港	1084296.00	455.80
哥斯达黎加	1139587.00	447.10
尼日利亚	1002966.00	441.10
南非	675138.00	411.80
比利时	559412.00	402.90
墨西哥	598242.00	384.30
缅甸	1066222.00	383.60
阿曼	509490.00	379.60
新加坡	494667.00	377.80
泰国	419034.00	372.00
土耳其	256430.00	335.70
危地马拉	769315.00	328.70
秘鲁	647000.00	277.30
吉布提	561750.00	271.40
巴拿马	541217.00	251.90

（续）

国家/地区	出口数量（千克）	出口金额（千美元）
越南	480234.00	244.50
古巴	685617.00	216.20
意大利	191620.00	215.10
埃塞俄比亚	508090.00	186.10
约旦	322355.00	182.90
新西兰	193653.00	180.10
波兰	155069.00	175.80
哈萨克斯坦	340665.00	149.60
马达加斯加	118413.00	141.70
西班牙	140634.00	120.60
黎巴嫩	289219.00	117.70
乌兹别克斯坦	9304.00	116.30
尼加拉瓜	199200.00	116.00
奥地利	155386.00	114.70
科威特	113291.00	113.00
尼泊尔	201217.00	111.6
荷兰	115687.00	103.80
苏里南	244370.00	90.20
爱尔兰	122188.00	85.90
罗马尼亚	148020.00	70.20
德国	48496.00	65.40
多米尼加	146240.00	63.70
阿尔及利亚	69668.00	60.40
安哥拉	132900.00	55.20
洪都拉斯	215812.00	54.30
莫桑比克	68395.00	52.50
马拉维	120320.00	47.10
纳米比亚	100688.00	45.90
斐济	94511.00	44.70
波多黎各	99100.00	43.40
加纳	111268.00	43.40
以色列	134300.00	43.10
坦桑尼亚	95182.00	42.00
克罗地亚	49911.00	41.10
新喀里多尼亚	115830.00	40.90
斯里兰卡	99240.00	37.30
斯洛文尼亚	29248.00	31.50
阿根廷	49000.00	29.50
希腊	24659.00	24.80
拉脱维亚	25713.00	23.10
毛里求斯	45840.00	22.70
伊朗	18060.00	21.60
科特迪瓦	48160.00	20.30
匈牙利	18593.00	20.20

（续）

国家/地区	出口数量（千克）	出口金额（千美元）
丹麦	17667.00	20.00
法国	18041.00	18.30
巴布亚新几内亚	44650.00	18.10
萨尔瓦多	41384.00	15.90
芬兰	14293.00	14.60
留尼汪	27840.00	11.30
几内亚	23730.00	10.30
阿尔巴尼亚	16761.00	10.20
挪威	9990.00	10.00
朝鲜	7000.00	7.80
加蓬	2250.00	5.10
文莱	10020.00	4.80
柬埔寨	14565.00	4.4
北美洲其他国家(地区)	180.00	1.6
马耳他	1107.00	1.50
多哥	1800.00	0.90
亚美尼亚	3400.00	0.90
44101200 木制定向刨花板(OSB)		
合计	43151699.00	15156.50
蒙古	28802379.00	4044.60
中国台湾省	4857032.00	1540.80
马来西亚	149794.00	904.30
肯尼亚	331026.00	700.10
秘鲁	1036913.00	637.50
阿尔及利亚	124138.00	597.30
坦桑尼亚	81325.00	556.30
俄罗斯	1163396.00	470.50
尼日利亚	205330.00	461.00
美国	71924.00	378.70
莫桑比克	352460.00	283.00
伊拉克	409655.00	281.70
菲律宾	449109.00	265.90
哈萨克斯坦	645130.00	264.30
沙特阿拉伯	193715.00	259.50
澳大利亚	204817.00	243.80
巴拿马	49016.00	219.40
卡塔尔	323174.00	211.90
印度	254440.00	196.60
科威特	432561.00	171.40
纳米比亚	39706.00	156.20
安哥拉	308530.00	150.90
智利	422117.00	145.00
新加坡	162847.00	140.20

（续）

国家/地区	出口数量（千克）	出口金额（千美元）
文莱	23001.00	126.50
泰国	220214.00	123.50
土耳其	261936.00	119.00
突尼斯	16150.00	113.10
马约特	14000.00	98.00
约旦	11850.00	83.00
毛里塔尼亚	10250.00	71.80
英国	76602.00	70.80
加拿大	12285.00	68.70
加纳	14170.00	64.60
韩国	131736.00	62.70
危地马拉	164740.00	62.40
赤道几内亚	23449.00	61.70
缅甸	6400.00	61.00
越南	131664.00	57.10
以色列	7000.00	49.00
塞舌尔	6900.00	48.30
吉尔吉斯斯坦	108600.00	46.80
博茨瓦纳	8865.00	39.90
朝鲜	95013.00	38.70
马尔代夫	51000.00	27.50
阿根廷	52000.00	26.40
科摩罗	3750.00	26.30
阿联酋	65290.00	25.50
日本	41576.00	23.80
乌拉圭	53500.00	23.50
洪都拉斯	15571.00	19.10
南非	40930.00	18.30
贝宁	2500.00	17.50
罗马尼亚	51000.00	17.50
巴林	31919.00	16.50
哥斯达黎加	26500.00	15.30
巴巴多斯	42860.00	14.60
中国香港	16752.00	14.30
利比亚	2000.00	14.00
新喀里多尼亚	27000.00	13.80
厄瓜多尔	40300.00	13.70
尼加拉瓜	53400.00	13.00
留尼汪	27500.00	11.50
芬兰	1298.00	10.60
孟加拉国	8475.00	7.20
巴基斯坦	7553.00	5.80
乌克兰	15000.00	5.70
斐济	15100.00	5.30

（续）

国家/地区	出口数量（千克）	出口金额（千美元）
希腊	9907.00	4.30
阿曼	5705.00	4.00
特立尼达和多巴哥	10550.00	3.80
克罗地亚	4400.00	2.10
刚果(金)	6228.00	2.10
安提瓜和巴布达	628.00	1.8
圣文森特和格林纳丁斯	3720.00	1.3
马里	190.00	1.10
南苏丹	750.00	0.70
巴哈马	610.00	0.60
新西兰	58.00	0.60
刚果(布)	780.00	0.40
法国	40.00	0.10
44101900 其他木制类似板(例如,华夫板)		
合计	42250042.00	48493.90
印度	17414937.00	18942.60
埃及	6456674.00	8572.20
俄罗斯	2904192.00	3247.30
韩国	2602043.00	2919.10
越南	2625634.00	2293.00
马来西亚	1249308.00	1087.40
新加坡	511894.00	980.90
中国台湾省	446046.00	900.60
巴拿马	237924.00	812.30
日本	225746.00	791.90
美国	459994.00	725.50
波兰	92086.00	506.10
巴基斯坦	288908.00	483.20
孟加拉国	281541.00	446.00
中国香港	217514.00	413.50
塔吉克斯坦	1549120.00	409.00
墨西哥	352987.00	364.40
巴西	83978.00	321.80
立陶宛	61527.00	301.20
斯里兰卡	207106.00	268.50
英国	62334.00	267.60
阿联酋	96992.00	237.50
南非	342929.00	234.90
伊拉克	925229.00	199.90
印度尼西亚	236896.00	191.60
几内亚	231149.00	178.00
菲律宾	151885.00	177.20
沙特阿拉伯	379409.00	177.10

（续）

国家/地区	出口数量（千克）	出口金额（千美元）
泰国	106524.00	172.40
哥伦比亚	51299.00	158.20
安哥拉	182200.00	140.40
黎巴嫩	199040.00	121.10
秘鲁	205547.00	117.30
巴林	23467.00	116.60
希腊	43499.00	114.00
厄瓜多尔	20442.00	107.80
智利	12235.00	87.00
西班牙	15593.00	83.10
葡萄牙	16570.00	72.20
尼日尔	93566.00	70.30
伊朗	14800.00	58.40
科威特	39530.00	52.80
澳大利亚	40099.00	49.60
德国	18583.00	47.60
加拿大	68815.00	46.10
肯尼亚	60570.00	35.10
阿曼	5520.00	33.70
乌克兰	6760.00	32.40
阿根廷	3800.00	29.50
约旦	81385.00	28.80
中国澳门	3450.00	21.70
马尔代夫	13800.00	19.50
土库曼斯坦	4490.00	17.00
意大利	3876.00	16.90
朝鲜	28740.00	16.90
荷兰	9034.00	16.80
土耳其	2560.00	15.40
多米尼加	14600.00	12.80
马达加斯加	27000.00	11.80
比利时	17316.00	11.00
津巴布韦	16500.00	10.30
奥地利	1630.00	9.80
莫桑比克	4800.00	9.60
塞拉利昂	11000.00	8.40
法国	3931.00	7.50
缅甸	4560.00	6.30
挪威	1753.00	5.90
洪都拉斯	15788.00	5.70
以色列	1171.00	5.60
摩洛哥	10896.00	5.30
博茨瓦纳	5481.00	4.50
吉布提	10480.00	4.40

(续)

国家/地区	出口数量(千克)	出口金额(千美元)
几内亚比绍	2500.00	4.30
毛里求斯	2800.00	4.20
卡塔尔	3453.00	3.40
乍得	2700.00	2.60
塞浦路斯	652.00	2.30
赤道几内亚	4150.00	2.30
新西兰	5645.00	2.20
哈萨克斯坦	744.00	1.70
斐济	250.00	1.40
牙买加	1320.00	0.70
柬埔寨	1037.00	0.50
加纳	6000.00	0.20
留尼汪	25.00	0.10
哥斯达黎加	40.00	0.10
丹麦	40.00	0.00
阿尔及利亚	4.00	0.00
44109011 麦稻秸秆制碎料板		
合计	2488689.00	1873.80
日本	322794.00	601.90
美国	972494.00	540.80
英国	203126.00	169.00
中国台湾省	289908.00	137.10
马来西亚	200314.00	133.70
荷兰	172005.00	100.10
韩国	95434.00	49.90
澳大利亚	9784.00	37.60
哈萨克斯坦	49882.00	24.20
新加坡	47261.00	17.00
印度尼西亚	38348.00	16.40
泰国	46080.00	15.80
丹麦	23148.00	15.50
新喀里多尼亚	12545.00	10.30
意大利	2113.00	1.50
德国	1911.00	1.40
中国香港	960.00	1.30
加拿大	582.00	0.20
44109019 其他木质材料制碎料板		
合计	2640803.00	1371.30
美国	385318.00	528.50
智利	1548234.00	489.60
萨尔瓦多	459500.00	148.90
文莱	9905.00	74.40
尼日利亚	136500.00	48.60
新西兰	18846.00	28.50

(续)

国家/地区	出口数量(千克)	出口金额(千美元)
日本	8427.00	19.00
越南	30000.00	11.80
南苏丹	13900.00	11.20
中国台湾省	19013.00	6.00
柬埔寨	2100.00	2.80
马来西亚	560.00	1.60
墨西哥	7700.00	0.30
韩国	800.00	0.20
44109090 其他木质材料制定向刨花板(OSB)及类似板(例如,华夫板)		
合计	1270723.00	2134.90
巴拿马	159507.00	1082.00
中国台湾省	461663.00	221.00
马来西亚	50060.00	198.80
中国香港	12620.00	145.60
新加坡	27995.00	102.50
文莱	25600.00	99.80
韩国	330849.00	97.70
吉布提	62884.00	43.40
阿联酋	15000.00	36.00
日本	54840.00	31.30
埃塞俄比亚	25750.00	24.90
菲律宾	2368.00	17.80
美国	3566.00	13.00
澳大利亚	14930.00	8.70
加拿大	14875.00	8.00
白俄罗斯	420.00	1.30
肯尼亚	6370.00	0.90
斯洛文尼亚	940.00	0.70
德国	150.00	0.60
西班牙	55.00	0.40
印度	134.00	0.30
意大利	147.00	0.30
44111211 未机械加工中密度板,密度>0.8g/cucm,厚≤5mm		
合计	45800370.00	25235.10
伊朗	11264520.00	4350.30
阿尔及利亚	4082072.00	2944.50
苏丹	6719782.00	2272.80
埃及	5042695.00	1821.00
越南	3837643.00	1573.10
中国台湾省	3087810.00	1217.70
摩洛哥	151483.00	785.40
沙特阿拉伯	1227920.00	783.70

(续)

国家/地区	出口数量(千克)	出口金额(千美元)
尼日利亚	458879.00	595.50
哥伦比亚	1001767.00	585.10
新加坡	107147.00	502.40
美国	881009.00	478.70
吉布提	139381.00	444.90
澳大利亚	229123.00	418.30
马来西亚	247486.00	406.40
印度	200511.00	365.50
加纳	176178.00	355.50
厄瓜多尔	756900.00	331.00
巴基斯坦	554456.00	328.20
坦桑尼亚	59862.00	324.70
日本	528926.00	313.60
肯尼亚	166287.00	312.40
孟加拉国	68156.00	291.50
利比亚	42427.00	219.70
泰国	304755.00	198.50
文莱	37130.00	194.90
缅甸	424060.00	192.20
古巴	248920.00	186.90
墨西哥	420427.00	170.30
约旦	156073.00	169.90
蒙古	1549270.00	161.70
菲律宾	23110.00	124.30
西班牙	21870.00	119.50
博茨瓦纳	45492.00	118.20
伊拉克	22350.00	114.40
南非	146519.00	89.00
荷兰	18134.00	85.80
卡塔尔	106260.00	80.90
马达加斯加	47662.00	80.70
比利时	14845.00	79.40
洪都拉斯	156436.00	62.80
留尼汪	9989.00	57.30
俄罗斯	81168.00	55.10
安哥拉	13199.00	51.50
印度尼西亚	22037.00	50.40
塞内加尔	9570.00	49.80
瑞典	8712.00	45.30
所罗门群岛	97300.00	43.10
马尔代夫	14336.00	41.30
柬埔寨	7524.00	39.70
科摩罗	7350.00	39.60
阿鲁巴	7174.00	39.50

（续）

国家/地区	出口数量（千克）	出口金额（千美元）
阿联酋	178340.00	38.80
朝鲜	113375.00	37.90
马约特	6952.00	37.50
毛里塔尼亚	6952.00	36.80
中国香港	107600.00	36.00
德国	6346.00	33.60
乌拉圭	3905.00	21.90
乌干达	4368.00	21.40
牙买加	3773.00	17.70
加拿大	24630.00	17.60
毛里求斯	3528.00	16.90
伯利兹	38400.00	16.60
苏里南	42000.00	15.00
荷属安的列斯群岛	2994.00	15.00
刚果(金)	2520.00	13.60
韩国	25241.00	13.60
莫桑比克	37070.00	13.10
危地马拉	27500.00	12.20
英国	18800.00	10.60
秘鲁	21058.00	8.90
瓦努阿图	18600.00	8.70
黎巴嫩	1150.00	6.40
智利	11780.00	5.10
赤道几内亚	6000.00	5.10
埃塞俄比亚	20008.00	4.30
巴西	6005.00	3.30
意大利	4690.00	2.50
以色列	2180.00	0.80
希腊	513.00	0.20
44111219 经机械加工中密度板，密度 >0.8g/cucm，厚≤5mm		
合计	73081285.00	50400.80
尼日利亚	10353283.00	5346.90
巴基斯坦	5464832.00	4796.90
伊朗	5696246.00	3881.10
美国	2167446.00	3427.70
日本	1876027.00	2639.30
伊拉克	2478358.00	2612.20
埃及	4259054.00	2606.80
苏丹	5824140.00	2195.70
肯尼亚	2244074.00	1885.20
印度	2293607.00	1810.70
孟加拉国	4736461.00	1592.00
韩国	1760147.00	1586.40

（续）

国家/地区	出口数量（千克）	出口金额（千美元）
沙特阿拉伯	1547888.00	1148.50
利比亚	1162775.00	1090.80
阿联酋	2232510.00	1088.10
墨西哥	1110947.00	1076.20
中国台湾省	1946603.00	1021.40
约旦	1061770.00	739.30
越南	1173829.00	730.60
哥伦比亚	962447.00	672.30
摩洛哥	510366.00	525.50
埃塞俄比亚	573467.00	499.30
卡塔尔	567964.00	444.10
吉布提	564183.00	421.60
俄罗斯	590752.00	419.30
泰国	532587.00	394.20
马来西亚	552403.00	381.50
蒙古	1640511.00	361.70
危地马拉	467500.00	312.10
中国香港	336756.00	281.60
新加坡	126056.00	252.30
法国	194392.00	228.00
莫桑比克	736330.00	224.50
乌兹别克斯坦	258990.00	224.10
多米尼加	499743.00	191.50
缅甸	375248.00	180.20
以色列	150880.00	167.00
秘鲁	77350.00	153.20
加拿大	273520.00	142.10
印度尼西亚	184337.00	137.00
尼加拉瓜	250325.00	129.00
英国	135271.00	109.60
荷兰	103850.00	104.40
智利	100918.00	99.10
巴西	86858.00	97.20
土耳其	115962.00	92.10
朝鲜	243018.00	90.50
冈比亚	153628.00	85.50
坦桑尼亚	53586.00	83.70
阿塞拜疆	74250.00	78.20
阿尔及利亚	136630.00	71.20
利比里亚	138815.00	70.00
法属波利尼西亚	112240.00	69.30
菲律宾	116410.00	67.10
安哥拉	39790.00	61.40
意大利	60581.00	59.70

（续）

国家/地区	出口数量（千克）	出口金额（千美元）
哥斯达黎加	71613.00	56.70
科威特	74203.00	55.50
毛里求斯	53642.00	52.20
塞拉利昂	98200.00	52.20
南非	84714.00	47.10
阿曼	71671.00	46.00
萨尔瓦多	76042.00	45.00
黎巴嫩	44042.00	44.90
新西兰	16662.00	42.10
哈萨克斯坦	62812.00	40.20
爱沙尼亚	22413.00	37.90
斯里兰卡	76347.00	36.80
也门	49273.00	34.00
巴勒斯坦	38338.00	31.00
古巴	44033.00	30.60
塔吉克斯坦	17650.00	30.60
加纳	60717.00	29.20
德国	26437.00	28.30
巴拿马	23870.00	27.20
西班牙	50665.00	26.70
乌克兰	61132.00	26.10
索马里	41940.00	26.10
阿尔巴尼亚	8787.00	25.30
克罗地亚	17910.00	21.80
希腊	13400.00	18.40
突尼斯	17500.00	17.70
马达加斯加	26880.00	17.70
刚果(布)	9186.00	17.40
所罗门群岛	40200.00	17.00
塞舌尔	40489.00	16.80
委内瑞拉	21130.00	15.10
苏里南	17000.00	13.50
瑞士	8060.00	11.50
阿根廷	13075.00	11.20
立陶宛	20500.00	11.10
贝宁	40000.00	9.20
科摩罗	21000.00	8.80
马拉维	10897.00	7.90
玻利维亚	7400.00	7.90
刚果(金)	12000.00	7.70
洪都拉斯	18531.00	7.70
巴布亚新几内亚	18224.00	7.50
牙买加	6960.00	6.30
叙利亚	9715.00	5.10

(续)

国家/地区	出口数量(千克)	出口金额(千美元)
中国澳门	4142.00	4.00
斐济	9400.00	3.20
纳米比亚	1900.00	2.00
澳大利亚	4265.00	2.00
马尔代夫	5192.00	1.90
多哥	3215.00	1.80
44111229 其他中密度板 0.5g/cucm < 密度≤0.8g/cucm,厚≤5mm		
合计	64847318.00	71653.80
印度	7017768.00	14644.40
埃及	17676977.00	9631.60
沙特阿拉伯	8448386.00	7489.90
尼日利亚	3675662.00	3519.20
约旦	2110281.00	1967.80
肯尼亚	1159991.00	1902.30
巴基斯坦	1725836.00	1873.70
吉布提	2351063.00	1607.70
墨西哥	1918502.00	1565.40
越南	730132.00	1561.60
阿尔及利亚	1351244.00	1474.20
阿联酋	1900109.00	1370.80
科威特	1797570.00	1333.70
马来西亚	275946.00	1218.70
澳大利亚	251956.00	1142.90
伊朗	1279646.00	1130.80
中国台湾省	190451.00	1081.40
菲律宾	274933.00	1035.90
安哥拉	176329.00	951.70
新加坡	257771.00	915.70
摩洛哥	176786.00	913.50
孟加拉国	1145232.00	686.90
阿曼	344152.00	645.90
坦桑尼亚	406685.00	557.90
苏丹	1085699.00	540.50
利比亚	182114.00	493.70
巴布亚新几内亚	77490.00	434.10
俄罗斯	120184.00	429.20
南非	523092.00	421.20
美国	237313.00	392.70
加纳	246387.00	390.90
缅甸	83412.00	385.90
埃塞俄比亚	875155.00	375.30
莫桑比克	213270.00	351.10
黎巴嫩	98988.00	349.30

(续)

国家/地区	出口数量(千克)	出口金额(千美元)
新西兰	103168.00	348.10
冈比亚	478844.00	298.80
伊拉克	293519.00	289.70
比利时	55245.00	275.00
纳米比亚	42766.00	273.30
塞内加尔	44310.00	269.80
西班牙	45228.00	268.90
卡塔尔	205856.00	226.70
斯里兰卡	166596.00	218.00
马达加斯加	108474.00	195.10
智利	102126.00	170.30
科摩罗	38540.00	162.40
喀麦隆	25911.00	162.00
英国	34930.00	157.10
哥伦比亚	246000.00	156.80
多米尼加	142260.00	153.80
以色列	62412.00	152.60
日本	51140.00	149.70
泰国	24000.00	146.30
委内瑞拉	21240.00	144.20
荷属安的列斯群岛	28959.00	132.70
毛里求斯	90075.00	125.80
阿富汗	136168.00	124.80
巴拿马	28096.00	123.10
荷兰	47482.00	122.70
塞拉利昂	222000.00	116.60
朝鲜	271624.00	110.50
危地马拉	166676.00	109.40
加拿大	26670.00	107.90
秘鲁	27251.00	105.10
苏里南	14170.00	96.90
索马里	119866.00	91.50
中国香港	151617.00	87.70
刚果(金)	24725.00	83.70
法国	15900.00	83.50
阿尔巴尼亚	22887.00	77.60
几内亚	9920.00	71.40
古巴	58013.00	69.90
赞比亚	36175.00	65.40
文莱	18922.00	63.90
土库曼斯坦	92244.00	57.70
巴林	64956.00	52.00
哥斯达黎加	37890.00	47.90
塞舌尔	8050.00	39.80

(续)

国家/地区	出口数量(千克)	出口金额(千美元)
博茨瓦纳	8240.00	39.70
加蓬	8800.00	39.60
格鲁吉亚	6600.00	37.60
吉尔吉斯斯坦	39650.00	37.50
印度尼西亚	40376.00	36.80
洪都拉斯	71608.00	35.30
萨尔瓦多	45140.00	32.30
韩国	6600.00	32.00
阿鲁巴	6200.00	29.90
土耳其	69840.00	28.20
刚果(布)	5092.00	19.70
意大利	17500.00	14.60
留尼汪	3200.00	14.40
几内亚比绍	18000.00	14.30
挪威	5715.00	12.50
贝宁	18000.00	11.90
蒙古	12310.00	9.80
特立尼达和多巴哥	15400.00	9.70
尼加拉瓜	21681.00	9.10
斯洛文尼亚	9200.00	3.80
哈萨克斯坦	5988.00	3.10
乌兹别克斯坦	3590.00	2.90
也门	4400.00	2.40
柬埔寨	2392.00	2.40
斐济	2370.00	1.00
爱沙尼亚	13.00	0.00
44111291 未加工中密度板,密度≤0.5g/cucm,厚≤5mm		
合计	2056176.00	756.80
埃塞俄比亚	1086700.00	381.20
墨西哥	555650.00	191.40
苏丹	203015.00	71.50
博茨瓦纳	12000.00	33.60
巴基斯坦	93278.00	29.30
智利	46200.00	19.80
比利时	17873.00	8.90
加纳	17000.00	6.10
伊朗	11280.00	5.50
中国澳门	2060.00	4.10
马来西亚	4300.00	2.20
法属波利尼西亚	4015.00	1.90
多哥	2085.00	0.90
英国	720.00	0.30

（续）

国家/地区	出口数量（千克）	出口金额（千美元）
44111299 加工中密度板，密度≤0.5g/cucm，厚≤5mm		
合计	17968706.00	13523.20
伊朗	1545061.00	1265.20
吉布提	2850234.00	1244.20
南非	1725560.00	949.70
阿联酋	1072950.00	929.10
墨西哥	2035512.00	853.80
马来西亚	362577.00	734.80
俄罗斯	460300.00	674.90
伊拉克	488056.00	598.50
中国香港	909543.00	570.40
日本	276723.00	425.30
埃塞俄比亚	579640.00	399.30
印度	977641.00	385.40
肯尼亚	465960.00	378.30
埃及	488891.00	284.90
沙特阿拉伯	282778.00	282.70
美国	140838.00	271.80
以色列	204674.00	271.50
约旦	233540.00	255.00
印度尼西亚	267020.00	253.20
尼日利亚	344203.00	223.90
越南	176058.00	217.90
新加坡	42892.00	193.30
加拿大	82395.00	122.40
克罗地亚	92442.00	117.80
阿富汗	162582.00	115.10
菲律宾	189659.00	111.90
科威特	148006.00	109.70
巴基斯坦	122601.00	102.40
泰国	101212.00	98.30
危地马拉	99576.00	87.70
卡塔尔	68982.00	79.40
哥伦比亚	56100.00	58.30
利比亚	54508.00	54.80
孟加拉国	56003.00	50.70
阿尔及利亚	60000.00	50.00
毛里求斯	34883.00	42.90
秘鲁	12312.00	42.80
巴拿马	8855.00	38.90
英国	33191.00	37.80
牙买加	37495.00	36.70
中国台湾省	30754.00	35.90

（续）

国家/地区	出口数量（千克）	出口金额（千美元）
土耳其	25700.00	35.00
多米尼加	54000.00	32.30
朝鲜	63692.00	31.80
古巴	15800.00	29.20
马拉维	41040.00	28.10
比利时	17270.00	25.90
莫桑比克	58840.00	25.40
哥斯达黎加	35800.00	24.20
韩国	19864.00	22.70
突尼斯	14098.00	20.70
安哥拉	17990.00	17.90
智利	38000.00	16.00
白俄罗斯	5273.00	15.20
乌兹别克斯坦	24000.00	14.80
特立尼达和多巴哥	15980.00	14.10
保加利亚	10632.00	12.90
法国	11730.00	12.40
阿根廷	19000.00	12.30
澳大利亚	10276.00	7.90
贝宁	7560.00	7.60
巴巴多斯	20500.00	7.40
厄瓜多尔	5260.00	6.70
苏里南	13750.00	6.60
坦桑尼亚	4650.00	6.40
希腊	1035.00	5.40
蒙古	7664.00	4.90
马达加斯加	8500.00	3.80
斯里兰卡	300.00	3.20
乌拉圭	4450.00	3.10
巴布亚新几内亚	4160.00	2.70
多哥	2840.00	2.40
哈萨克斯坦	1620.00	2.00
纳米比亚	2500.00	1.90
加纳	740.00	1.50
叙利亚	185.00	1.50
津巴布韦	1615.00	0.80
斐济	65.00	0.10
塞浦路斯	120.00	0.10
44111311 未加工中密度板，密度＞0.8g/cucm，5mm＜厚≤9mm		
合计	4452248.00	1771.80
沙特阿拉伯	3086932.00	1260.40
厄瓜多尔	304500.00	128.30
伊朗	299750.00	111.20

（续）

国家/地区	出口数量（千克）	出口金额（千美元）
朝鲜	156080.00	78.00
埃及	205410.00	77.90
乍得	31900.00	27.30
蒙古	198700.00	19.10
泰国	17146.00	12.80
智利	31600.00	12.00
阿联酋	44268.00	10.30
印度	21761.00	9.30
埃塞俄比亚	15936.00	7.40
肯尼亚	19465.00	6.50
以色列	13080.00	6.30
韩国	770.00	1.50
巴基斯坦	372.00	1.20
莫桑比克	3015.00	1.10
越南	1463.00	1.00
日本	100.00	0.20
44111319 加工中密度板，密度＞0.8g/cucm，5mm＜厚≤9mm		
合计	433888825.00	304437.00
美国	100125589.00	82749.60
俄罗斯	40422541.00	27189.60
韩国	32492891.00	23372.90
智利	22653428.00	14464.90
伊朗	21380719.00	13636.00
印度	19382099.00	12383.80
乌兹别克斯坦	14473416.00	11794.60
澳大利亚	13775628.00	10950.70
哥伦比亚	15340216.00	10435.00
南非	11940763.00	6881.70
沙特阿拉伯	11370895.00	6802.90
格鲁吉亚	9962326.00	5565.70
泰国	8502583.00	5546.70
厄瓜多尔	7951339.00	4757.50
加拿大	6309321.00	4584.50
墨西哥	7223895.00	4520.70
阿联酋	5732609.00	4488.00
越南	6026509.00	3748.40
阿根廷	6135173.00	3650.90
印度尼西亚	4525488.00	3228.60
马来西亚	4435467.00	3157.10
菲律宾	4482317.00	2972.50
秘鲁	4885903.00	2942.60
巴基斯坦	3779717.00	2460.40
罗马尼亚	4044521.00	2299.90

(续)

国家/地区	出口数量（千克）	出口金额（千美元）
巴西	3441902.00	2157.00
埃及	4091133.00	2062.30
乌克兰	2650253.00	1895.60
哈萨克斯坦	2283970.00	1837.10
塔吉克斯坦	2007094.00	1750.40
吉尔吉斯斯坦	2532843.00	1610.40
乌拉圭	1852816.00	1108.50
中国台湾省	1890897.00	1096.70
英国	1242844.00	802.20
意大利	1206629.00	779.80
玻利维亚	1176670.00	778.70
缅甸	1100601.00	741.90
西班牙	1111272.00	724.00
黎巴嫩	1071599.00	671.70
新加坡	1017422.00	657.50
毛里求斯	824138.00	513.00
约旦	846963.00	499.10
巴林	807997.00	496.70
伊拉克	561938.00	460.70
希腊	753133.00	421.50
保加利亚	758392.00	413.80
特立尼达和多巴哥	644562.00	404.60
比利时	442871.00	347.90
摩尔多瓦	489244.00	347.50
中国香港	340495.00	273.60
肯尼亚	430467.00	271.40
阿塞拜疆	469711.00	268.70
新西兰	365408.00	268.50
尼泊尔	368164.00	239.9
哥斯达黎加	379303.00	228.80
土库曼斯坦	384912.00	224.70
立陶宛	358152.00	223.60
委内瑞拉	330494.00	221.40
波黑	380100.00	204.90
斯里兰卡	253232.00	203.30
科威特	330191.00	199.00
挪威	259350.00	191.10
留尼汪	277527.00	187.90
尼日利亚	388504.00	187.90
莫桑比克	214555.00	176.80
卡塔尔	252132.00	174.80
多米尼加	238825.00	154.00
日本	164690.00	152.10
爱尔兰	233790.00	146.50

(续)

国家/地区	出口数量（千克）	出口金额（千美元）
文莱	235377.00	144.90
危地马拉	204856.00	140.80
安哥拉	164146.00	130.90
德国	147233.00	120.10
匈牙利	151910.00	109.80
阿尔及利亚	196741.00	106.20
土耳其	144204.00	98.10
亚美尼亚	197496.00	96.20
多哥	141000.00	93.10
加纳	131379.00	91.80
贝宁	141000.00	91.70
前南马其顿	159089.00	91.40
阿尔巴尼亚	171243.00	90.90
拉脱维亚	159344.00	87.70
克罗地亚	129720.00	75.20
巴拉圭	119643.00	74.80
法属波利尼西亚	128276.00	73.30
法国	86999.00	71.60
荷兰	62271.00	67.80
以色列	121518.00	67.00
塞尔维亚	122600.00	65.60
津巴布韦	99764.00	64.80
蒙古	637500.00	62.20
孟加拉国	76836.00	60.70
古巴	95430.00	57.50
巴拿马	89464.00	55.60
坦桑尼亚	71243.00	53.50
马达加斯加	92560.00	50.40
巴布亚新几内亚	20100.00	46.50
吉布提	74855.00	45.20
苏丹	93793.00	43.40
利比亚	52973.00	41.70
白俄罗斯	67336.00	41.50
喀麦隆	63555.00	39.80
牙买加	45400.00	30.50
塞浦路斯	52180.00	30.30
马耳他	47870.00	26.70
刚果(布)	41200.00	26.60
圭亚那	41710.00	23.20
塞内加尔	35006.00	22.90
尼加拉瓜	35303.00	22.60
新喀里多尼亚	28746.00	19.70
巴哈马	31360.00	19.50
摩洛哥	18360.00	19.10

(续)

国家/地区	出口数量（千克）	出口金额（千美元）
老挝	29700.00	18.40
捷克	39848.00	16.40
埃塞俄比亚	24455.00	16.00
冰岛	19760.00	13.30
东帝汶	16800.00	13.10
柬埔寨	5500.00	12.40
黑山	21000.00	12.30
加蓬	14161.00	11.70
洪都拉斯	18900.00	11.30
塞舌尔	10935.00	11.10
圣卢西亚	16740.00	9.60
突尼斯	8087.00	7.90
库克群岛	13932.00	7.70
马尔代夫	9200.00	6.00
索马里	13230.00	5.60
密克罗尼西亚联邦	8520.00	4.00
叙利亚	4320.00	2.40
法属圭亚那	2568.00	2.00
爱沙尼亚	42.00	0.00
44111321 辐射松制的中密度板,5mm<厚≤9mm		
合计	2435591.00	12083.90
日本	898995.00	3364.10
科威特	348558.00	2023.70
马来西亚	306622.00	1747.80
肯尼亚	160238.00	906.20
巴拿马	120001.00	627.70
摩洛哥	61416.00	348.70
塞内加尔	56686.00	302.50
印度	42095.00	252.60
阿联酋	58300.00	249.80
加拿大	41499.00	244.00
越南	32090.00	238.50
以色列	33875.00	198.70
新加坡	27438.00	177.00
阿尔及利亚	24197.00	149.00
尼日利亚	25285.00	148.90
科摩罗	20300.00	104.80
中国台湾省	14430.00	99.00
印度尼西亚	16957.00	90.10
坦桑尼亚	14756.00	88.50
沙特阿拉伯	13776.00	83.70
毛里求斯	14050.00	77.30
英国	10166.00	61.00

（续）

国家/地区	出口数量（千克）	出口金额（千美元）
毛里塔尼亚	10050.00	55.30
吉布提	12500.00	50.00
孟加拉国	8300.00	49.80
喀麦隆	8300.00	49.80
莫桑比克	8300.00	49.80
文莱	8254.00	49.50
泰国	9702.00	48.40
刚果(金)	9845.00	39.40
阿尔巴尼亚	6270.00	34.50
斯里兰卡	5640.00	33.80
贝宁	4200.00	25.20
埃及	2500.00	15.00

44111329 其他中密度板 0.5g < 密度 ≤ 0.8g，5mm < 厚 ≤ 9mm

国家/地区	出口数量（千克）	出口金额（千美元）
合计	42341790.00	20565.40
埃及	11394413.00	4985.70
越南	9313787.00	2862.30
约旦	5169552.00	2369.20
沙特阿拉伯	2833741.00	1486.20
美国	1154521.00	1374.00
古巴	787230.00	712.80
斯里兰卡	1057265.00	570.30
伊朗	1089795.00	540.30
阿尔及利亚	895931.00	483.40
阿联酋	809125.00	434.20
澳大利亚	284370.00	349.20
苏丹	960926.00	347.10
伊拉克	554710.00	340.50
坦桑尼亚	675794.00	331.20
尼日利亚	662136.00	304.50
日本	124501.00	277.00
肯尼亚	481776.00	219.60
埃塞俄比亚	495803.00	205.10
吉布提	425932.00	173.20
印度	250828.00	143.80
巴基斯坦	320120.00	120.60
特立尼达和多巴哥	132870.00	105.40
塔吉克斯坦	118480.00	97.60
捷克	12702.00	88.30
马来西亚	89284.00	83.00
秘鲁	28536.00	82.70
缅甸	257655.00	82.30
玻利维亚	142700.00	81.20
乌兹别克斯坦	100200.00	79.10

（续）

国家/地区	出口数量（千克）	出口金额（千美元）
印度尼西亚	139134.00	75.60
俄罗斯	75209.00	56.30
中国香港	38231.00	55.70
泰国	58098.00	47.00
菲律宾	51711.00	45.60
格鲁吉亚	106900.00	42.20
加拿大	47386.00	42.10
科威特	72927.00	40.60
洪都拉斯	99337.00	39.70
巴西	3101.00	39.50
英国	43284.00	39.30
巴林	65976.00	39.30
墨西哥	37151.00	35.60
西班牙	23418.00	34.70
危地马拉	68043.00	34.20
加纳	77826.00	33.90
亚美尼亚	32002.00	32.00
朝鲜	55282.00	30.50
卡塔尔	64217.00	30.00
委内瑞拉	32543.00	29.40
智利	54772.00	26.20
塞内加尔	29900.00	24.80
安哥拉	12750.00	22.70
新加坡	19666.00	22.50
丹麦	7200.00	22.30
保加利亚	41886.00	21.90
也门	32253.00	17.50
土耳其	40497.00	17.30
萨尔瓦多	13750.00	17.20
中国澳门	1834.00	17.20
阿曼	23200.00	17.10
留尼汪	46875.00	15.60
毛里求斯	30876.00	13.80
多米尼加	26204.00	13.10
巴拿马	4153.00	13.10
德国	1271.00	13.10
挪威	12900.00	10.50
哈萨克斯坦	5579.00	10.20
圣卢西亚	8750.00	9.80
索马里	17276.00	9.60
所罗门群岛	2940.00	9.10
南非	4702.00	7.60
孟加拉国	14420.00	7.20
斐济	5500.00	7.00

（续）

国家/地区	出口数量（千克）	出口金额（千美元）
法属圭亚那	10570.00	6.80
法国	5676.00	6.30
巴布亚新几内亚	17500.00	6.20
韩国	953.00	4.00
前南马其顿	3000.00	3.90
黎巴嫩	10252.00	3.80
荷属安的列斯群岛	1468.00	3.20
意大利	369.00	3.20
尼加拉瓜	8128.00	2.60
阿尔巴尼亚	3500.00	1.60
瓜德罗普	1350.00	1.30
叙利亚	2238.00	1.00
哥伦比亚	74.00	0.80
新西兰	61.00	0.70
罗马尼亚	301.00	0.60
卢旺达	502.00	0.20
中国台湾省	194.00	0.10
新喀里多尼亚	41.00	0.00

44111391 未加工中密度板，密度 ≤ 0.5g/cucm，5mm < 厚 ≤ 9mm

国家/地区	出口数量（千克）	出口金额（千美元）
合计	1009705.00	489.10
埃塞俄比亚	608400.00	314.80
吉布提	99000.00	51.40
伊朗	126560.00	48.20
波兰	55000.00	30.60
智利	59800.00	20.50
印度尼西亚	44000.00	19.30
新喀里多尼亚	5680.00	2.20
法属波利尼西亚	4015.00	1.30
阿联酋	7250.00	0.70

44111399 加工中密度板，密度 ≤ 0.5g/cucm，5mm < 厚 ≤ 9mm

国家/地区	出口数量（千克）	出口金额（千美元）
合计	5832659.00	3152.30
伊朗	3036291.00	1054.50
日本	144542.00	344.40
伊拉克	717549.00	311.30
埃塞俄比亚	331190.00	205.30
吉布提	323602.00	171.50
马来西亚	220600.00	168.40
美国	116468.00	166.80
沙特阿拉伯	203121.00	98.30
墨西哥	80409.00	76.20
特立尼达和多巴哥	46660.00	63.10
加拿大	40575.00	62.80

（续）

国家/地区	出口数量（千克）	出口金额（千美元）
阿联酋	35185.00	55.60
印度	92472.00	49.10
巴拿马	8795.00	44.00
菲律宾	57604.00	38.50
韩国	32950.00	25.00
英国	18500.00	23.70
哥斯达黎加	82920.00	23.70
阿曼	14040.00	21.00
索马里	18000.00	20.40
越南	3580.00	20.00
朝鲜	25640.00	15.10
埃及	37420.00	13.60
塞内加尔	20913.00	13.40
肯尼亚	18200.00	11.70
多米尼加	15820.00	9.80
智利	26000.00	9.50
缅甸	20400.00	7.50
厄瓜多尔	9000.00	6.30
新加坡	11740.00	5.20
俄罗斯	1600.00	3.70
科威特	4050.00	3.10
卡塔尔	9545.00	2.50
留尼汪	1825.00	1.40
中国香港	280.00	1.30
柬埔寨	1130.00	1.10
坦桑尼亚	1310.00	1.00
德国	30.00	0.50
新西兰	735.00	0.40
牙买加	370.00	0.40
巴基斯坦	360.00	0.40
土耳其	62.00	0.30
蒙古	230.00	0.20
澳大利亚	800.00	0.20
斐济	108.00	0.10
中国台湾省	38.00	0.00
44111411 未加工中密度板，密度 >0.8g/cucm，厚 >9mm		
合计	837866.00	299.30
蒙古	537320.00	77.50
阿联酋	18415.00	60.90
朝鲜	59740.00	59.70
伊拉克	91143.00	33.70
埃塞俄比亚	42824.00	20.00
巴基斯坦	57000.00	17.30

（续）

国家/地区	出口数量（千克）	出口金额（千美元）
尼泊尔	1200.00	7.8
文莱	12600.00	5.40
加拿大	4100.00	5.40
尼日利亚	7900.00	3.10
安哥拉	2700.00	2.20
多米尼加	945.00	2.20
韩国	566.00	1.60
日本	925.00	1.50
中国澳门	420.00	0.70
中国台湾省	60.00	0.20
英国	8.00	0.10
44111419 加工中密度板，密度 >0.8g/cucm，厚 >9mm		
合计	521204779.00	397825.90
美国	221461893.00	181015.00
加拿大	69453559.00	47554.70
俄罗斯	66589811.00	44076.70
澳大利亚	22469831.00	17956.40
英国	17761497.00	17379.50
越南	17920936.00	11123.70
罗马尼亚	11907863.00	6830.70
乌兹别克斯坦	8225133.00	6367.70
格鲁吉亚	10198706.00	5615.90
伊朗	5219391.00	3872.80
爱尔兰	5834397.00	3852.20
沙特阿拉伯	3442042.00	3807.50
哈萨克斯坦	4008352.00	3124.90
缅甸	4490108.00	3113.70
马来西亚	2157801.00	2564.00
厄瓜多尔	3087582.00	2478.70
印度	2393123.00	2106.30
泰国	3214620.00	2048.40
塔吉克斯坦	1955017.00	2031.20
南非	2370275.00	1971.80
阿联酋	1915644.00	1809.40
蒙古	3779707.00	1649.80
智利	2150267.00	1556.70
墨西哥	1535380.00	1472.40
中国台湾省	1737683.00	1460.60
巴基斯坦	1721052.00	1256.60
比利时	1130460.00	1046.60
法国	888222.00	976.80
秘鲁	623692.00	968.30
新加坡	571225.00	946.50

（续）

国家/地区	出口数量（千克）	出口金额（千美元）
吉尔吉斯斯坦	1191715.00	891.60
新西兰	1125087.00	819.30
哥伦比亚	689121.00	730.10
阿根廷	820461.00	647.80
玻利维亚	849083.00	617.00
摩尔多瓦	941427.00	589.90
西班牙	718915.00	550.80
肯尼亚	570260.00	443.00
菲律宾	459143.00	427.10
乌拉圭	471980.00	408.20
前南马其顿	666008.00	403.40
希腊	622915.00	401.30
塞尔维亚	628459.00	400.50
巴西	360991.00	359.00
波黑	523350.00	338.20
土库曼斯坦	490750.00	336.50
黎巴嫩	369613.00	292.80
卡塔尔	308892.00	285.60
伊拉克	498889.00	283.00
阿尔巴尼亚	433561.00	283.00
韩国	320191.00	277.80
立陶宛	418939.00	257.60
土耳其	360270.00	248.70
埃塞俄比亚	449805.00	248.70
保加利亚	367693.00	237.80
乌克兰	382470.00	234.40
埃及	376802.00	228.90
印度尼西亚	232168.00	208.00
德国	208805.00	196.20
特立尼达和多巴哥	206168.00	192.80
巴拿马	57345.00	182.00
文莱	166174.00	181.30
瑞典	143500.00	176.20
阿塞拜疆	247357.00	171.90
朝鲜	369622.00	164.30
亚美尼亚	272033.00	162.40
约旦	236825.00	161.30
中国香港	203783.00	159.40
毛里求斯	214518.00	158.10
阿富汗	200300.00	124.20
吉布提	133492.00	122.50
孟加拉国	435789.00	118.60
克罗地亚	173383.00	118.20
尼日利亚	170277.00	112.90

（续）

国家/地区	出口数量（千克）	出口金额（千美元）
危地马拉	127440.00	104.60
阿尔及利亚	30908.00	98.50
波兰	131637.00	95.30
意大利	93719.00	88.80
莫桑比克	45689.00	74.60
以色列	39985.00	71.30
哥斯达黎加	50091.00	67.60
中国澳门	91723.00	67.20
匈牙利	92605.00	66.50
巴林	47764.00	57.40
斯里兰卡	68898.00	57.30
安哥拉	61617.00	56.30
多米尼加	43618.00	56.20
马拉维	32389.00	54.10
白俄罗斯	76246.00	46.70
马尔代夫	67706.00	45.00
尼泊尔	55833.00	42.9
日本	14423.00	39.30
加纳	58090.00	38.90
芬兰	58896.00	37.10
委内瑞拉	27356.00	36.50
赤道几内亚	21400.00	35.00
科威特	19569.00	32.30
刚果（金）	26390.00	28.80
马达加斯加	39592.00	28.00
黑山	42680.00	26.70
利比亚	28134.00	25.40
牙买加	26344.00	25.30
葡萄牙	38059.00	24.80
塞舌尔	23244.00	23.80
加蓬	27988.00	21.30
也门	23000.00	20.20
苏里南	27923.00	20.20
巴拉圭	17039.00	19.20
喀麦隆	17513.00	16.80
留尼汪	12157.00	15.50
巴布亚新几内亚	12982.00	14.60
法属波利尼西亚	22134.00	14.50
苏丹	23531.00	14.00
津巴布韦	8388.00	13.00
斯洛文尼亚	17820.00	12.40
荷兰	12800.00	12.00
马耳他	5260.00	11.10
塞浦路斯	7600.00	10.00

（续）

国家/地区	出口数量（千克）	出口金额（千美元）
奥地利	14600.00	8.10
尼加拉瓜	10050.00	7.60
赞比亚	11280.00	7.10
挪威	8370.00	6.30
坦桑尼亚	12800.00	6.00
圭亚那	3900.00	5.10
塞内加尔	2074.00	4.30
洪都拉斯	1117.00	4.00
丹麦	5560.00	3.70
圣卢西亚	1890.00	3.10
阿鲁巴	618.00	3.00
老挝	2590.00	2.40
波多黎各	2958.00	2.30
巴巴多斯	392.00	2.30
摩洛哥	1560.00	1.90
新喀里多尼亚	995.00	1.30
库克群岛	1097.00	1.30
捷克	1150.00	1.00
44111421 辐射松制的中密度板，厚 > 9mm		
合计	4573505.00	11987.50
日本	4485275.00	11929.70
美国	75657.00	44.50
澳大利亚	8325.00	8.90
巴布亚新几内亚	4000.00	4.10
加拿大	248.00	0.30
44111429 其他中密度板 0.5g/cucm < 密度≤0.8g/cucm，厚 > 9mm		
合计	727172513.00	308781.70
沙特阿拉伯	176448923.00	63662.10
尼日利亚	116421209.00	47144.20
伊朗	104526773.00	37205.20
阿联酋	78994514.00	30993.30
埃及	33861673.00	12081.00
越南	38300696.00	12014.80
日本	4444181.00	8558.80
约旦	20173887.00	8497.50
乌兹别克斯坦	9020128.00	6312.70
肯尼亚	12439208.00	5358.50
古巴	9782397.00	5185.60
美国	4231672.00	3507.60
苏丹	11103422.00	3505.50
南非	4003038.00	3300.50
伊拉克	6987985.00	3086.90
巴基斯坦	4006510.00	3054.30

（续）

国家/地区	出口数量（千克）	出口金额（千美元）
哈萨克斯坦	3966103.00	2746.80
埃塞俄比亚	8458595.00	2735.30
黎巴嫩	5771295.00	2570.60
印度	3143613.00	2566.30
吉尔吉斯斯坦	3170450.00	2510.90
索马里	6028576.00	2383.10
朝鲜	4343050.00	1996.50
马来西亚	1434453.00	1903.50
阿曼	4613545.00	1850.10
菲律宾	1538343.00	1620.60
斯里兰卡	3285476.00	1569.00
坦桑尼亚	2727848.00	1475.60
西班牙	1835403.00	1407.90
缅甸	3385603.00	1398.40
摩洛哥	1010846.00	1309.70
澳大利亚	1055604.00	1285.40
墨西哥	2079800.00	1146.60
阿尔及利亚	1832589.00	1082.20
俄罗斯	1328796.00	1077.00
毛里求斯	1997410.00	1049.20
吉布提	3387271.00	1045.60
塔吉克斯坦	2195555.00	988.30
巴拿马	490497.00	969.10
智利	1705263.00	940.90
卡塔尔	1547625.00	771.20
中国香港	1018035.00	726.70
新加坡	499395.00	720.60
加纳	1333470.00	687.90
加拿大	810572.00	620.70
利比亚	649630.00	586.10
中国台湾省	294403.00	573.70
巴林	1016928.00	523.10
英国	464304.00	520.00
孟加拉国	698105.00	511.00
危地马拉	1027610.00	490.20
特立尼达和多巴哥	977230.00	487.60
秘鲁	205296.00	441.30
马达加斯加	607428.00	391.20
葡萄牙	400673.00	361.30
科威特	599143.00	350.70
以色列	410300.00	331.90
苏里南	553900.00	299.90
安哥拉	135060.00	297.10
委内瑞拉	412121.00	269.40

(续)

国家/地区	出口数量（千克）	出口金额（千美元）
哥伦比亚	337856.00	246.90
刚果(金)	115871.00	244.30
意大利	194845.00	241.00
印度尼西亚	379930.00	216.10
泰国	206142.00	208.50
荷属安的列斯群岛	377667.00	199.20
马尔代夫	90774.00	188.40
也门	403790.00	171.30
多米尼加	389258.00	167.10
莫桑比克	254513.00	158.10
突尼斯	230557.00	144.80
叙利亚	259251.00	142.50
新西兰	158660.00	133.30
克罗地亚	162535.00	127.40
荷兰	95401.00	125.80
土耳其	189533.00	124.50
波兰	151964.00	121.20
巴西	148736.00	120.20
斐济	210310.00	117.50
格鲁吉亚	221934.00	102.50
纳米比亚	43240.00	97.00
丹麦	56971.00	95.00
厄瓜多尔	34728.00	88.70
比利时	94010.00	85.80
博茨瓦纳	39120.00	85.70
韩国	208848.00	83.10
亚美尼亚	125253.00	83.00
塞内加尔	102290.00	81.90
尼加拉瓜	144905.00	80.80
哥斯达黎加	138877.00	77.30
土库曼斯坦	103893.00	74.70
法属圭亚那	101112.00	73.40
阿鲁巴	17822.00	67.20
阿尔巴尼亚	71560.00	63.80
洪都拉斯	201300.00	62.80
阿根廷	39070.00	61.20
匈牙利	70936.00	59.30
留尼汪	165571.00	59.10
德国	50009.00	53.70
科摩罗	14637.00	53.20
萨尔瓦多	114691.00	52.40
法国	95132.00	51.70
津巴布韦	168355.00	50.60
刚果(布)	45350.00	48.50

(续)

国家/地区	出口数量（千克）	出口金额（千美元）
巴布亚新几内亚	70350.00	46.30
挪威	38484.00	42.80
所罗门群岛	10300.00	39.80
蒙古	134811.00	38.80
法属波利尼西亚	37090.00	38.70
瓜德罗普	55450.00	36.90
马拉维	56744.00	31.80
玻利维亚	37690.00	30.70
乌干达	137000.00	29.10
斯洛文尼亚	20524.00	28.40
希腊	121196.00	26.10
保加利亚	35940.00	25.90
圭亚那	63610.00	25.40
科特迪瓦	15244.00	25.40
基里巴斯	6500.00	24.70
马耳他	33350.00	23.00
罗马尼亚	19800.00	20.30
乌拉圭	18738.00	15.80
白俄罗斯	17550.00	14.20
柬埔寨	22620.00	12.10
喀麦隆	9042.00	11.50
多哥	6000.00	11.20
卢旺达	29238.00	10.90
前南马其顿	14000.00	10.80
爱沙尼亚	5815.00	9.90
塞浦路斯	11378.00	9.80
捷克	14400.00	9.30
瑞士	2200.00	8.40
赞比亚	2000.00	8.00
圣卢西亚	16250.00	7.40
瑙鲁	17747.00	7.30
海地	1850.00	7.10
文莱	15860.00	5.80
乌克兰	6800.00	5.30
佛得角	6250.00	5.30
巴拉圭	7756.00	4.50
瑞典	4933.00	4.40
摩尔多瓦	10500.00	4.40
贝宁	1150.00	4.00
冈比亚	930.00	3.50
密克罗尼西亚联邦	7620.00	2.90
圣其茨和尼维斯	1910.00	2.20
牙买加	4560.00	2.10
利比里亚	648.00	0.20

(续)

国家/地区	出口数量（千克）	出口金额（千美元）
芬兰	24.00	0.00
中国澳门	26.00	0.0
44111491 未加工中密度板，密度≤0.5g/cucm，厚>9mm		
合计	9803402.00	3624.40
埃塞俄比亚	5206379.00	1605.50
伊朗	1663000.00	550.50
以色列	873050.00	381.60
巴拿马	112500.00	322.40
肯尼亚	449035.00	160.60
吉布提	288500.00	101.70
英国	69604.00	86.60
印度尼西亚	183000.00	66.30
阿联酋	182216.00	65.10
墨西哥	145400.00	45.60
阿尔及利亚	109200.00	27.80
沙特阿拉伯	67500.00	26.60
智利	79500.00	22.80
越南	53125.00	20.40
比利时	9300.00	18.60
泰国	23203.00	17.20
斐济	49594.00	17.00
朝鲜	39415.00	15.80
阿曼	35660.00	13.50
乌克兰	16693.00	10.60
巴林	27950.00	9.40
新喀里多尼亚	21890.00	7.40
土耳其	19020.00	6.80
马尔代夫	25976.00	5.40
马来西亚	11500.00	4.40
马达加斯加	11640.00	3.00
法属波利尼西亚	8070.00	2.90
莫桑比克	9320.00	2.70
哥斯达黎加	7184.00	2.50
喀麦隆	2550.00	1.90
日本	720.00	1.00
孟加拉国	1708.00	0.8
44111499 厚度超过9毫米的其他中密度木纤维板，经机械加工或盖面的		
合计	120057775.00	58842.60
伊朗	87530616.00	30779.80
巴拿马	816555.00	3437.90
美国	1906239.00	2522.00
伊拉克	5580765.00	2262.40

（续）

国家/地区	出口数量（千克）	出口金额（千美元）
肯尼亚	2505750.00	1444.70
吉布提	2582870.00	1349.40
新加坡	391679.00	1045.80
马来西亚	935856.00	1014.40
阿联酋	1429616.00	910.30
澳大利亚	916530.00	826.00
尼日利亚	1010447.00	745.70
沙特阿拉伯	937183.00	709.00
文莱	122814.00	690.00
英国	430028.00	618.80
埃塞俄比亚	1324686.00	569.70
智利	1155029.00	559.20
古巴	960429.00	558.60
印度	626471.00	543.40
斯里兰卡	583796.00	478.20
土耳其	625299.00	436.80
摩洛哥	96480.00	436.40
毛里求斯	333756.00	433.40
黎巴嫩	133970.00	339.20
菲律宾	487773.00	293.70
坦桑尼亚	339840.00	257.20
西班牙	166579.00	245.60
安哥拉	50780.00	208.80
科威特	394598.00	207.50
加纳	78023.00	207.10
卡塔尔	463644.00	199.70
巴基斯坦	321077.00	196.60
苏丹	419910.00	188.40
南非	104855.00	181.50
约旦	222978.00	177.00
越南	178175.00	171.30
德国	145606.00	165.60
意大利	204114.00	160.00
中国香港	154155.00	159.20
哈萨克斯坦	53112.00	153.40
缅甸	116810.00	147.50
比利时	207307.00	138.60
阿尔及利亚	51890.00	134.50
韩国	27768.00	127.30
日本	12079.00	126.10
特立尼达和多巴哥	126520.00	116.90
新西兰	191341.00	111.60
希腊	174250.00	104.90
墨西哥	177920.00	103.50

（续）

国家/地区	出口数量（千克）	出口金额（千美元）
挪威	44145.00	103.00
苏里南	216750.00	96.80
留尼汪	125839.00	91.90
巴哈马	32420.00	84.80
以色列	357250.00	81.30
中国台湾省	92528.00	80.70
斐济	113868.00	74.10
泰国	29185.00	68.50
丹麦	89439.00	66.30
塞内加尔	46257.00	60.30
印度尼西亚	15703.00	56.50
孟加拉国	106477.00	55.90
加拿大	38555.00	55.00
荷兰	32491.00	50.10
科特迪瓦	10400.00	49.90
利比亚	8775.00	46.50
秘鲁	4528.00	41.70
多米尼加	75260.00	40.00
巴林	53647.00	39.80
瓦努阿图	7420.00	37.70
贝宁	28040.00	37.40
蒙古	28078.00	37.30
刚果(布)	11400.00	36.50
阿尔巴尼亚	62900.00	32.70
洪都拉斯	48150.00	30.00
埃及	41115.00	28.30
阿曼	36000.00	27.50
马尔代夫	21040.00	26.30
玻利维亚	24000.00	23.70
中国澳门	1942.00	20.60
朝鲜	15920.00	19.80
也门	56000.00	19.30
叙利亚	29837.00	18.90
毛里塔尼亚	3500.00	16.10
柬埔寨	28843.00	15.30
阿根廷	37700.00	14.70
索马里	35952.00	12.50
赤道几内亚	12840.00	12.00
瑞典	8064.00	12.00
牙买加	23530.00	11.70
厄瓜多尔	26240.00	10.80
法国	13886.00	10.40
喀麦隆	17000.00	10.20
捷克	12603.00	8.00

（续）

国家/地区	出口数量（千克）	出口金额（千美元）
马达加斯加	15700.00	7.50
多米尼克	5520.00	7.30
巴西	409.00	6.80
突尼斯	8850.00	6.40
津巴布韦	16480.00	6.40
波多黎各	13600.00	6.10
博茨瓦纳	4700.00	4.90
萨尔瓦多	8380.00	4.50
新喀里多尼亚	9920.00	4.40
马里	7280.00	3.90
俄罗斯	3292.00	3.70
乌拉圭	9780.00	3.70
危地马拉	1009.00	1.90
乌兹别克斯坦	10488.00	1.70
所罗门群岛	3670.00	1.60
拉脱维亚	1225.00	1.60
赞比亚	1880.00	1.50
格鲁吉亚	1308.00	0.80
爱尔兰	34.00	0.40
瑞士	705.00	0.40
塞浦路斯	60.00	0.00
44119210 未加工木纤维板,密度>0.8g/cucm		
合计	36945.00	36.90
肯尼亚	20520.00	20.30
乌兹别克斯坦	10625.00	10.50
德国	5800.00	6.10
44119290 加工木纤维板,密度>0.8g/cucm		
合计	199643253.00	133614.00
加拿大	50921668.00	32324.00
美国	39179346.00	28459.80
韩国	12235016.00	9133.70
澳大利亚	11472345.00	8501.70
伊朗	8531482.00	5738.00
苏丹	9531435.00	3859.60
南非	4991964.00	3814.70
智利	5118417.00	3712.70
尼日利亚	5053076.00	3193.70
印度	3795371.00	2965.60
蒙古	10371024.00	2492.70
泰国	4393849.00	2483.40
英国	2776537.00	2006.10
沙特阿拉伯	2971528.00	1838.20
墨西哥	2536462.00	1741.70
哥伦比亚	2411858.00	1728.10

(续)

国家/地区	出口数量(千克)	出口金额(千美元)
越南	2322198.00	1671.80
俄罗斯	2180360.00	1466.80
缅甸	1755610.00	1166.10
马来西亚	904659.00	1129.40
爱尔兰	1693290.00	1116.70
新西兰	1449225.00	958.00
日本	608555.00	640.90
吉布提	269253.00	593.40
巴西	705189.00	516.90
约旦	107450.00	512.20
阿联酋	751591.00	485.00
黎巴嫩	594365.00	471.40
印度尼西亚	580315.00	442.90
中国澳门	130887.00	436.30
阿根廷	604848.00	423.00
伊拉克	324206.00	376.40
乌克兰	585095.00	358.60
厄瓜多尔	448116.00	341.50
哈萨克斯坦	457975.00	298.50
新加坡	187854.00	278.70
土耳其	193550.00	278.50
挪威	513292.00	271.70
利比亚	62162.00	248.40
巴基斯坦	353435.00	244.70
阿尔巴尼亚	338159.00	221.40
卡塔尔	297813.00	210.80
巴拿马	164406.00	204.60
摩洛哥	53646.00	201.30
波兰	355490.00	200.50
格鲁吉亚	322416.00	190.80
以色列	264080.00	169.80
埃及	278621.00	168.30
荷兰	27968.00	158.30
希腊	239680.00	156.60
莫桑比克	191549.00	155.10
阿尔及利亚	28560.00	151.70
意大利	173320.00	151.40
肯尼亚	58858.00	141.80
斯洛文尼亚	187640.00	140.00
中国台湾省	161499.00	131.90
文莱	149760.00	128.00
斯里兰卡	78356.00	126.90
科威特	117621.00	118.40
坦桑尼亚	39837.00	107.80

(续)

国家/地区	出口数量(千克)	出口金额(千美元)
孟加拉国	65363.00	94.60
马耳他	43506.00	90.00
塞浦路斯	121720.00	82.00
中国香港	67875.00	77.20
危地马拉	101622.00	76.90
秘鲁	95997.00	73.80
阿曼	95478.00	73.20
罗马尼亚	120000.00	67.90
毛里求斯	80000.00	65.40
哥斯达黎加	84655.00	62.80
巴林	71885.00	57.90
莱索托	19169.00	57.40
塞内加尔	66919.00	57.20
埃塞俄比亚	69974.00	55.90
葡萄牙	69200.00	52.60
博茨瓦纳	11704.00	46.20
乌兹别克斯坦	43458.00	41.30
西班牙	48700.00	34.10
苏里南	40380.00	32.40
吉尔吉斯斯坦	57625.00	28.80
马尔代夫	32268.00	26.80
尼泊尔	41200.00	25.9
安哥拉	37170.00	25.70
洪都拉斯	53752.00	25.30
瓦努阿图	62956.00	25.10
巴布亚新几内亚	46145.00	23.80
菲律宾	19584.00	23.50
阿塞拜疆	25000.00	20.60
津巴布韦	19852.00	19.00
特立尼达和多巴哥	29400.00	17.50
委内瑞拉	18845.00	17.50
斐济	40500.00	17.10
塞舌尔	40631.00	16.90
加纳	4256.00	16.80
牙买加	21980.00	16.20
法国	19759.00	15.60
巴巴多斯	16424.00	12.80
法属波利尼西亚	23178.00	12.50
匈牙利	18450.00	12.30
多米尼加	15639.00	12.20
塞拉利昂	18000.00	11.80
冈比亚	18725.00	8.10
乌拉圭	14300.00	7.50
马达加斯加	19900.00	6.10

(续)

国家/地区	出口数量(千克)	出口金额(千美元)
尼日尔	260.00	4.60
喀麦隆	760.00	3.00
土库曼斯坦	2460.00	2.40
南苏丹	710.00	2.00
新喀里多尼亚	1032.00	0.70
德国	750.00	0.5
44119310 辐射松制的纤板,0.5g/cucm < 密度≤0.9g/cucm		
合计	91400.00	42.20
中国台湾省	91400.00	42.2
44119390 木纤板,0.5g/cucm < 密度≤0.10g/cucm		
合计	1924487.00	1070.20
智利	80642.00	245.90
沙特阿拉伯	435030.00	230.00
马来西亚	556580.00	143.60
新加坡	293024.00	76.90
越南	41871.00	53.90
埃及	63200	40.70
印度	126600.00	32.70
孟加拉国	72270.00	29.40
罗马尼亚	13110.00	23.40
中国香港	7660.00	21.70
马达加斯加	32998.00	20.60
秘鲁	28498.00	18.10
美国	20612.00	17.60
特立尼达和多巴哥	31009.00	17.00
印度尼西亚	1946.00	14.40
巴拿马	53500.00	13.80
法国	9018.00	12.90
西班牙	2200.00	9.90
柬埔寨	3400.00	9.40
菲律宾	3880.00	8.30
墨西哥	26000.00	6.70
巴林	2000.00	5.50
泰国	676.00	4.80
阿联酋	9840.00	4.30
丹麦	2943.00	4.30
朝鲜	5000.00	3.00
瑞典	580.00	0.80
乌兹别克斯坦	400.00	0.6
44119410 木纤板,0.35g/cucm < 密度≤0.5g/cucm		
合计	243967.00	537.30

（续）

国家/地区	出口数量（千克）	出口金额（千美元）
美国	38076.00	179.20
塔吉克斯坦	112766.00	89.40
智利	15000.00	70.00
加拿大	15663.00	67.80
日本	4727.00	50.70
澳大利亚	38880.00	33.10
印度	2321.00	19.60
韩国	1060.00	12.60
朝鲜	11187.00	8.90
阿联酋	1240.00	2.30
巴基斯坦	552.00	2.20
巴布亚新几内亚	2400.00	1.20
比利时	95.00	0.40
44119429 加工木纤板，密度≤0.35g/cucm		
合计	702041.00	1678.00
美国	208600.00	421.10
俄罗斯	82758.00	293.10
芬兰	55499.00	206.90
埃及	49985.00	75.90
西班牙	6667.00	59.30
尼日利亚	26850.00	51.50
阿根廷	10200.00	50.30
印度尼西亚	24900.00	49.80
智利	13406.00	48.50
印度	26155.00	43.20
加纳	21020.00	42.00
巴林	16200.00	40.50
摩洛哥	17400.00	34.80
墨西哥	3985.00	28.40
日本	15055.00	28.20
纳米比亚	12000.00	24.00
菲律宾	5340.00	20.80
泰国	2707.00	15.30
巴布亚新几内亚	36050.00	15.00
荷兰	430.00	14.70
缅甸	21550.00	12.30
新加坡	2700.00	10.30
阿联酋	3489.00	10.20
肯尼亚	5100.00	10.20
立陶宛	1889.00	10.00
安哥拉	2000.00	9.40
莫桑比克	9880.00	9.00
中国台湾省	1730.00	8.70
巴拿马	3520.00	6.80

（续）

国家/地区	出口数量（千克）	出口金额（千美元）
保加利亚	6500.00	6.70
法国	585.00	5.60
越南	592.00	3.70
巴西	1216.00	3.20
马来西亚	1900.00	1.80
沙特阿拉伯	190.00	1.50
坦桑尼亚	1570.00	1.20
约旦	1500.00	1.00
韩国	200.00	0.90
挪威	450.00	0.90
中国香港	145.00	0.90
德国	58.00	0.10
加拿大	70.00	0.0
44123100 其他薄板制胶合板至少一表层是子目注释二所列的热带木，厚≤6mm		
合计	137196599.00	199635.90
美国	32208942.00	79346.40
伊拉克	13068746.00	17261.00
澳大利亚	4631234.00	13193.90
中国澳门	7573281.00	10210.20
菲律宾	13877190.00	8859.90
英国	5019918.00	8748.40
墨西哥	9105764.00	7911.30
日本	6268855.00	6481.80
比利时	3190880.00	4212.80
泰国	3713614.00	3530.60
新西兰	1276419.00	2426.10
印度	1682109.00	1997.90
中国台湾省	2324081.00	1948.60
阿联酋	2628495.00	1944.80
加拿大	1020068.00	1907.90
以色列	854872.00	1870.30
哥斯达黎加	2471175.00	1802.30
智利	1567061.00	1746.20
埃及	1650960.00	1619.20
南非	723826.00	1429.40
多米尼加	1911145.00	1387.30
尼加拉瓜	1696550.00	1339.60
新加坡	1404475.00	1312.00
韩国	1019641.00	1256.90
危地马拉	1408300.00	1125.20
斯里兰卡	1489458.00	994.00
意大利	828594.00	868.80
哥伦比亚	859780.00	860.50

（续）

国家/地区	出口数量（千克）	出口金额（千美元）
荷兰	870716.00	792.60
中国香港	998545.00	656.30
缅甸	771720.00	629.60
肯尼亚	759049.00	625.00
牙买加	815800.00	579.10
法国	655480.00	577.70
丹麦	247130.00	516.40
马来西亚	271012.00	508.10
越南	621628.00	498.50
西班牙	168630.00	457.00
爱尔兰	176700.00	453.40
伊朗	577760.00	409.50
沙特阿拉伯	414420.00	385.00
印度尼西亚	124301.00	383.90
德国	449777.00	365.40
尼日利亚	344442.00	359.90
利比亚	184432.00	346.00
坦桑尼亚	208272.00	299.10
特立尼达和多巴哥	353950.00	263.20
波多黎各	270950.00	224.20
海地	292800.00	220.50
安哥拉	145380.00	174.70
科威特	112680.00	170.20
卡塔尔	136488.00	162.80
芬兰	25704.00	149.10
秘鲁	82479.00	139.60
巴拿马	220660.00	138.20
纳米比亚	22920.00	135.20
阿尔巴尼亚	165300.00	127.50
毛里求斯	109982.00	119.30
厄瓜多尔	110200.00	113.90
约旦	72600.00	109.00
孟加拉国	21339.00	103.50
赤道几内亚	52496.00	88.60
文莱	60777.00	84.60
阿曼	102750.00	75.60
摩洛哥	53500.00	64.90
俄罗斯	102280.00	64.70
朝鲜	77085.00	59.10
巴林	49700.00	58.80
巴布亚新几内亚	40150.00	37.10
贝宁	53000.00	36.10
马提尼克	55100.00	35.60
哈萨克斯坦	7776.00	33.80

(续)

国家/地区	出口数量(千克)	出口金额(千美元)
斐济	55100.00	33.70
吉布提	42000.00	29.00
委内瑞拉	29748.00	28.80
乌拉圭	19360.00	22.10
波兰	27550.00	21.30
巴基斯坦	25600.00	19.70
尼泊尔	12500.00	11.40
黎巴嫩	12900.00	9.60
基里巴斯	5671.00	5.00
萨尔瓦多	5800.00	4.90
罗马尼亚	5040.00	4.10
几内亚	4080.00	3.60
科特迪瓦	3223.00	2.80
苏丹	2200.00	2.70
刚果(金)	3060.00	2.70
莫桑比克	2326.00	2.10
津巴布韦	2838.00	2.00
柬埔寨	2040.00	1.80
乌干达	1469.00	1.30
加蓬	194.00	1.00
东帝汶	367.00	0.30
帕劳	200.00	0.30
马里	40.00	0.10
44123210 其他薄板制胶合板至少一表层是温带木,厚≤6mm		
合计	3351839997.00	2888043.80
美国	688197121.00	692202.60
菲律宾	261322372.00	240059.40
英国	256308999.00	213584.10
日本	268889586.00	198204.80
阿联酋	149209923.00	124056.60
越南	121451814.00	113228.30
以色列	106079446.00	86430.80
泰国	110449295.00	78277.50
加拿大	60344545.00	65663.60
沙特阿拉伯	80706827.00	59000.90
韩国	77702403.00	57480.70
尼日利亚	61582013.00	53419.30
墨西哥	52178726.00	48979.90
印度	41782963.00	47132.60
埃及	54001827.00	44604.00
印度尼西亚	39380552.00	40647.80
新加坡	58449242.00	40007.30
中国台湾省	51283860.00	38278.00

(续)

国家/地区	出口数量(千克)	出口金额(千美元)
比利时	48623673.00	36784.10
马来西亚	37916396.00	34789.90
德国	44411417.00	34378.80
阿尔及利亚	45226950.00	33509.80
伊拉克	29666493.00	28036.30
法国	30196326.00	25153.40
卡塔尔	35175023.00	22767.20
澳大利亚	20177782.00	22315.30
波兰	26584369.00	19302.50
智利	26090750.00	18322.30
巴拿马	18144148.00	15177.50
缅甸	16361364.00	13962.70
爱尔兰	18414023.00	13705.50
荷兰	13810928.00	12663.10
保加利亚	19524740.00	12515.90
俄罗斯	18412090.00	10701.40
斯里兰卡	11993875.00	10178.10
南非	12909636.00	9951.30
巴基斯坦	12627060.00	9676.90
肯尼亚	12306319.00	9391.10
阿曼	12733746.00	9376.90
巴林	12101908.00	9250.60
吉布提	8829613.00	9237.30
毛里求斯	10664420.00	8756.20
科威特	12115246.00	8623.60
柬埔寨	5821188.00	8150.10
西班牙	8418962.00	8022.60
坦桑尼亚	10772736.00	7850.50
多米尼加	9937223.00	7174.50
安哥拉	11271194.00	6637.70
危地马拉	7671366.00	6597.30
挪威	7392195.00	6400.80
委内瑞拉	6017200.00	5953.30
哈萨克斯坦	9167501.00	5353.50
瑞典	6350798.00	5277.30
中国香港	3213168.00	5070.30
格鲁吉亚	7164859.00	5021.30
新西兰	5274759.00	4787.80
埃塞俄比亚	4286199.00	4665.90
罗马尼亚	6548732.00	4412.40
哥伦比亚	4736847.00	4260.70
丹麦	5317222.00	4243.20
秘鲁	5693817.00	4240.20
古巴	5316437.00	4213.50

(续)

国家/地区	出口数量(千克)	出口金额(千美元)
土库曼斯坦	6767760.00	4000.50
海地	4861851.00	3920.30
哥斯达黎加	4833724.00	3631.60
尼加拉瓜	4014219.00	3384.70
黎巴嫩	4478553.00	3378.60
莫桑比克	4156516.00	3320.70
希腊	4259675.00	2938.30
马尔代夫	3255344.00	2926.40
牙买加	3182363.00	2850.10
洪都拉斯	2809230.00	2624.30
波多黎各	3184322.00	2590.90
约旦	3325436.00	2491.10
芬兰	2362715.00	2483.40
葡萄牙	3035229.00	2477.30
孟加拉国	2795261.00	2437.00
留尼汪	3200983.00	2155.10
索马里	2778063.00	2139.40
东帝汶	2272417.00	2104.80
意大利	2150510.00	2098.90
苏丹	3021330.00	2061.60
加纳	2159933.00	1815.50
利比亚	2080620.00	1614.00
赤道几内亚	2112450.00	1485.50
乌克兰	2167490.00	1429.50
利比里亚	1692270.00	1412.90
萨尔瓦多	1694340.00	1393.00
克罗地亚	1762195.00	1384.60
苏里南	2172403.00	1371.50
法属波利尼西亚	1746100.00	1305.50
阿根廷	1163665.00	1281.70
新喀里多尼亚	1876710.00	1249.50
马约特	1520220.00	1169.60
塞拉利昂	1409720.00	1165.50
巴布亚新几内亚	1548706.00	1156.50
塞舌尔	1310130.00	1097.70
摩洛哥	963717.00	1033.10
马达加斯加	1379345.00	1000.00
塞浦路斯	1086695.00	890.40
冈比亚	1072697.00	836.70
斐济	1052102.00	776.70
朝鲜	829493.00	704.10
厄瓜多尔	869980.00	681.80
塞内加尔	793848.00	661.40
马耳他	882660.00	660.80

（续）

国家/地区	出口数量（千克）	出口金额（千美元）
萨摩亚	906436.00	639.80
所罗门群岛	880680.00	624.90
特立尼达和多巴哥	776792.00	605.40
乌拉圭	883630.00	600.70
塔吉克斯坦	979274.00	597.20
瓦努阿图	528418.00	595.90
斯洛文尼亚	480412.00	586.60
纳米比亚	838050.00	567.60
贝宁	765710.00	567.00
瓜德罗普	774670.00	555.60
几内亚	685750.00	554.00
刚果（金）	717145.00	522.50
伊朗	716915.00	500.50
土耳其	597944.00	494.60
阿鲁巴	597767.00	456.50
阿尔巴尼亚	620560.00	433.20
马提尼克	525800.00	404.20
刚果（布）	441478.00	330.00
黑山	518570.00	306.80
科摩罗	346590.00	291.00
捷克	297554.00	264.40
卢旺达	287000.00	256.00
多哥	301475.00	237.00
拉脱维亚	343830.00	233.60
叙利亚	293875.00	227.10
赞比亚	277144.00	226.40
圣卢西亚	298300.00	224.80
乌兹别克斯坦	231740.00	224.70
吉尔吉斯斯坦	249479.00	220.40
玻利维亚	224000.00	218.80
密克罗尼西亚联邦	266440.00	198.80
汤加	277012.00	198.70
文莱	268950.00	197.50
圭亚那	209600.00	175.50
蒙古	70320.00	173.70
巴巴多斯	189280.00	165.00
伯利兹	192000.00	164.90
立陶宛	232780.00	156.20
巴拉圭	178500.00	155.70
博茨瓦纳	190700.00	146.60
荷属安的列斯群岛	107140.00	142.20
多米尼克	152600.00	137.20
乌干达	200280.00	134.60
匈牙利	187800.00	124.40

（续）

国家/地区	出口数量（千克）	出口金额（千美元）
阿塞拜疆	77016.00	101.60
爱沙尼亚	146000.00	93.40
圣文森特和格林纳丁斯	129700.00	90.20
津巴布韦	115700.00	85.70
马拉维	121350.00	83.40
科特迪瓦	96430.00	79.70
安提瓜和巴布达	104920.00	76.50
加蓬	134550.00	76.40
塞尔维亚	102100.00	73.10
毛里塔尼亚	80800.00	65.60
前南马其顿	51000.00	64.60
法属圭亚那	79500.00	56.20
喀麦隆	66200.00	51.10
开曼群岛	50000.00	48.90
几内亚比绍	51700.00	47.90
圣多美和普林西比	56290.00	39.70
佛得角	55300.00	37.60
格林纳达	50000.00	36.00
斯洛伐克	55320.00	33.20
冰岛	11014.00	32.70
波黑	25000.00	22.30
瑙鲁	40768.00	22.20
南苏丹	27800.00	21.40
特克斯和凯科斯群岛	26000.00	21.00
白俄罗斯	26460.00	20.30
阿富汗	21080.00	14.50
突尼斯	24500.00	14.00
马里	10472.00	13.40
马绍尔群岛	18512.00	13.40
帕劳	11800.00	8.90
图瓦卢	11500.00	8.70
尼泊尔	12500.00	8.60
瓦利斯和富图纳	11340.00	8.40
亚美尼亚	2279.00	8.20
基里巴斯	11700.00	7.70
库克群岛	7350.00	6.50
中国澳门	450.00	1.50
巴西	4.00	0.00
44123290 其他薄板制胶合板至少一表层非针叶木，厚≤6mm		
合计	326157914.00	247476.60
韩国	129729265.00	73797.40

（续）

国家/地区	出口数量（千克）	出口金额（千美元）
美国	13671282.00	31800.40
英国	46532416.00	29880.60
日本	17855941.00	18300.20
以色列	18301818.00	16892.80
中国台湾省	24689009.00	14264.10
中国香港	20890760.00	12119.00
澳大利亚	10612581.00	11801.00
朝鲜	8922910.00	5327.00
沙特阿拉伯	7024878.00	5185.20
新加坡	7500093.00	4712.60
加拿大	2036734.00	3534.80
荷兰	1142358.00	3480.60
印度	3542040.00	2439.80
印度尼西亚	2104810.00	1560.90
意大利	579913.00	1558.40
南非	329381.00	1255.40
菲律宾	1735956.00	1114.20
瑞典	1032716.00	1069.30
泰国	1310552.00	847.20
墨西哥	588852.00	806.50
巴基斯坦	751400.00	791.20
德国	312709.00	641.20
比利时	906080.00	625.20
越南	835722.00	574.60
马来西亚	374467.00	501.80
新西兰	302570.00	306.70
安哥拉	307500.00	306.70
缅甸	630706.00	274.70
法国	73185.00	244.20
巴林	379280.00	235.90
阿联酋	284590.00	202.00
法属波利尼西亚	53580.00	136.00
柬埔寨	173360.00	128.50
巴拿马	25480.00	90.50
西班牙	26260.00	77.30
葡萄牙	22579.00	59.40
毛里求斯	83860.00	58.40
哈萨克斯坦	22658.00	54.80
孟加拉国	38835.00	52.50
阿尔及利亚	51000.00	36.10
埃塞俄比亚	53250.00	34.10
肯尼亚	19002.00	33.80
秘鲁	12500.00	32.50
卡塔尔	56000.00	32.10

(续)

国家/地区	出口数量(千克)	出口金额(千美元)
喀麦隆	50000.00	31.40
马尔代夫	54400.00	29.80
马达加斯加	25800.00	29.70
尼日利亚	10500.00	27.80
黎巴嫩	8050.00	26.80
刚果(金)	19488.00	16.70
约旦	9000.00	12.60
希腊	24000.00	11.00
阿尔巴尼亚	18000.00	10.20
智利	3948.00	1.50
巴西	3890.00	1.50
44123900 其他薄板制胶合板,厚≤6mm		
合计	1066038757.00	780689.00
阿联酋	195821412.00	186784.70
沙特阿拉伯	134460385.00	91483.50
韩国	141678400.00	85415.30
中国台湾省	81142392.00	48469.80
日本	43577314.00	34038.80
科威特	40387634.00	28814.50
卡塔尔	42482732.00	27885.10
阿尔及利亚	38468091.00	23191.60
比利时	29429830.00	21319.70
新加坡	29432307.00	20645.90
中国香港	27564157.00	16683.90
英国	21797786.00	14888.40
菲律宾	14267988.00	11808.80
澳大利亚	11256928.00	11138.10
泰国	15330278.00	10600.70
美国	7104203.00	10585.60
伊拉克	16167756.00	9865.40
法国	10440637.00	7498.30
马来西亚	5236637.00	7056.80
尼日利亚	11185226.00	7035.30
阿曼	9530364.00	6967.30
巴林	9597380.00	6910.10
越南	7670250.00	5916.80
黎巴嫩	8549957.00	5392.20
德国	7208628.00	5103.30
埃及	6887091.00	4694.50
以色列	6659976.00	4335.90
肯尼亚	5110125.00	4022.00
印度尼西亚	4178994.00	3523.80
苏丹	5572214.00	3469.20
巴布亚新几内亚	1303453.00	3384.70

(续)

国家/地区	出口数量(千克)	出口金额(千美元)
波兰	4427312.00	2996.90
柬埔寨	3034477.00	2821.60
秘鲁	3503382.00	2594.70
西班牙	1927965.00	2534.90
智利	3231160.00	2306.10
瑞典	2514078.00	2209.80
荷兰	1939466.00	1848.40
格鲁吉亚	2497510.00	1807.60
俄罗斯	3426486.00	1751.40
缅甸	2758125.00	1719.70
巴基斯坦	2441509.00	1704.10
坦桑尼亚	2153084.00	1626.40
土库曼斯坦	2444839.00	1618.70
蒙古	11800770.00	1481.20
约旦	2059388.00	1316.40
罗马尼亚	1808260.00	1222.90
南非	1503998.00	1116.40
加纳	1512225.00	1048.30
莫桑比克	791728.00	974.80
墨西哥	920335.00	946.00
印度	751930.00	867.00
新西兰	1025873.00	866.90
立陶宛	669202.00	755.10
巴拿马	748873.00	744.80
希腊	1106800.00	738.00
丹麦	973323.00	736.20
塔吉克斯坦	627443.00	608.40
刚果(布)	657218.00	593.80
加拿大	483270.00	555.00
毛里求斯	424530.00	525.40
安哥拉	504389.00	462.20
马尔代夫	662630.00	442.70
朝鲜	479863.00	366.20
拉脱维亚	510378.00	344.40
斯里兰卡	375542.00	330.00
古巴	364736.00	321.60
土耳其	803585.00	310.30
伊朗	402961.00	305.90
喀麦隆	389406.00	293.50
赤道几内亚	316925.00	267.70
乌克兰	354740.00	264.60
中国澳门	393508.00	256.90
几内亚	523080.00	226.80
特立尼达和多巴哥	248709.00	219.50

(续)

国家/地区	出口数量(千克)	出口金额(千美元)
留尼汪	350155.00	215.20
爱沙尼亚	224500.00	178.70
津巴布韦	231170.00	153.00
阿根廷	46700.00	150.00
苏里南	119967.00	150.00
委内瑞拉	152263.00	146.40
哥伦比亚	110770.00	143.40
赞比亚	211950.00	135.20
贝宁	189200.00	129.80
塞内加尔	142100.00	125.10
摩洛哥	49846.00	124.60
阿尔巴尼亚	180500.00	123.90
黑山	181400.00	120.60
塞舌尔	165667.00	117.80
刚果(金)	207865.00	117.30
塞浦路斯	157440.00	110.30
萨尔瓦多	171100.00	109.20
纳米比亚	103760.00	101.10
马耳他	126100.00	90.10
斐济	127950.00	89.30
科特迪瓦	100600.00	87.80
乌干达	134700.00	87.10
哈萨克斯坦	132614.00	83.80
挪威	76700.00	82.90
马达加斯加	118040.00	76.40
乌拉圭	38978.00	73.40
老挝	143100.00	71.70
利比亚	96734.00	69.60
吉布提	84420.00	69.30
马提尼克	78000.00	69.20
孟加拉国	116959.00	66.30
芬兰	65000.00	66.00
哥斯达黎加	93500.00	59.00
危地马拉	78390.00	56.80
马拉维	47800.00	56.20
乌兹别克斯坦	94100.00	56.00
塞拉利昂	79505.00	55.30
爱尔兰	63800.00	52.90
吉尔吉斯斯坦	92256.00	51.90
冈比亚	80780.00	51.30
新喀里多尼亚	64600.00	49.30
意大利	49734.00	41.40
阿鲁巴	51210.00	40.00
多米尼加	11024.00	39.90

（续）

国家/地区	出口数量（千克）	出口金额（千美元）
所罗门群岛	19570.00	36.40
瓦努阿图	34400.00	36.10
葡萄牙	55512.00	35.90
安提瓜和巴布达	24035.00	32.20
捷克	7700.00	31.10
阿富汗	50000.00	30.10
加蓬	36400.00	30.00
叙利亚	51000.00	28.30
马约特	25800.00	25.80
毛里塔尼亚	94097.00	24.80
利比里亚	27480.00	21.70
科摩罗	39800.00	21.00
牙买加	25600.00	21.00
多哥	28440.00	19.20
圭亚那	25650.00	18.40
克罗地亚	25000.00	17.20
保加利亚	25500.00	17.10
莱索托	13210.00	16.60
索马里	27540.00	15.50
波多黎各	26500.00	15.40
洪都拉斯	23500.00	14.80
奥地利	63664.00	11.40
法属波利尼西亚	12500.00	9.40
佛得角	8300.00	8.80
南苏丹	580.00	5.20
文莱	4750.00	5.00
也门	5000.00	3.90
巴拉圭	6000.00	3.20
卢旺达	6750.00	2.80
帕劳	2020.00	2.80
乍得	2815.00	2.40
突尼斯	840.00	1.50
厄立特里亚	321.00	0.40
44129410 其他木块芯胶合板等至少一表层是非针叶木		
合计	165591175.00	438742.90
美国	32194867.00	113664.50
比利时	16711873.00	50643.70
德国	11786953.00	36121.70
意大利	10195492.00	31461.80
荷兰	9135545.00	26738.70
英国	10024539.00	26163.80
瑞典	8797830.00	26160.30
加拿大	8531393.00	25973.10

（续）

国家/地区	出口数量（千克）	出口金额（千美元）
日本	9589917.00	13102.30
中国香港	13233816.00	12527.00
澳大利亚	4066107.00	12482.50
丹麦	1771692.00	5667.60
法国	1377300.00	4585.70
墨西哥	1261721.00	4069.30
挪威	1143691.00	3854.90
波兰	3446111.00	3673.00
以色列	1271295.00	3650.90
西班牙	1100725.00	3441.40
俄罗斯	1092911.00	3367.60
新加坡	2434461.00	3022.30
约旦	2902556.00	2877.60
南非	809486.00	2646.10
韩国	908023.00	2384.90
斯洛文尼亚	840599.00	2332.00
阿根廷	577417.00	1616.20
智利	376830.00	1203.40
中国台湾省	947447.00	1103.40
奥地利	272411.00	1023.60
菲律宾	652960.00	946.10
阿联酋	501518.00	851.30
芬兰	249792.00	773.40
克罗地亚	260780.00	762.00
埃及	947552.00	758.90
瑞士	227395.00	747.80
新西兰	272412.00	730.00
沙特阿拉伯	791741.00	610.00
刚果（布）	249384.00	520.00
印度	332110.00	513.30
爱沙尼亚	161310.00	470.40
泰国	155464.00	445.10
爱尔兰	201162.00	435.20
伊拉克	422565.00	357.10
卡塔尔	294400.00	355.70
黎巴嫩	266934.00	326.50
葡萄牙	111771.00	295.20
马拉维	404310.00	266.30
哥伦比亚	63021.00	199.40
巴拿马	60690.00	193.50
蒙古	124495.00	169.60
博茨瓦纳	226100.00	160.90
危地马拉	61260.00	152.70
秘鲁	44990.00	152.70

（续）

国家/地区	出口数量（千克）	出口金额（千美元）
冰岛	42550.00	144.30
多哥	66205.00	136.80
巴布亚新几内亚	145200.00	133.40
安哥拉	127210.00	133.00
巴基斯坦	147920.00	130.60
文莱	161900.00	130.00
马来西亚	75450.00	117.30
朝鲜	138851.00	117.10
肯尼亚	93250.00	105.80
亚美尼亚	17747.00	81.50
科威特	55390.00	77.10
巴西	20000.00	71.60
尼日利亚	51896.00	63.00
马尔代夫	53500.00	60.20
刚果（金）	55470.00	50.70
缅甸	79500.00	43.90
土耳其	49190.00	37.70
希腊	14580.00	37.60
莫桑比克	50000.00	37.40
苏丹	23558.00	32.30
罗马尼亚	12000.00	31.20
毛里求斯	22200.00	26.80
赤道几内亚	30570.00	26.40
越南	34700.00	25.20
摩洛哥	25000.00	23.40
津巴布韦	32180.00	20.50
乌拉圭	7800.00	20.30
坦桑尼亚	27500.00	19.60
塞浦路斯	5775.00	15.40
毛里塔尼亚	10000.00	14.50
加纳	9500.00	10.70
伊朗	8000.00	4.40
斯洛伐克	2565.00	3.80
利比里亚	4490.00	2.90
瓦努阿图	1400.00	2.20
埃塞俄比亚	1000.00	2.00
哈萨克斯坦	4.00	0.00
44129491 其他木块芯胶合板等至少一表层是子目注释二所列的热带木		
合计	123097.00	161.80
朝鲜	77450.00	67.60
马来西亚	5680.00	50.00
刚果（金）	27000.00	35.60
厄立特里亚	7500.00	6.10

(续)

国家/地区	出口数量（千克）	出口金额（千美元）
肯尼亚	4967.00	2.20
克罗地亚	500.00	0.40
44129492 其他木块芯胶合板等至少一表层是木碎料板		
合计	245790.00	247.70
肯尼亚	230000.00	186.30
沙特阿拉伯	10270.00	42.50
爱尔兰	888.00	8.40
赤道几内亚	2640.00	6.90
美国	1950.00	3.40
缅甸	42.00	0.20
44129499 其他木块芯、侧板条芯、板条芯胶合板		
合计	4306563.00	6277.30
德国	2202189.00	3287.50
意大利	627918.00	1322.80
加拿大	126017.00	407.20
越南	524523.00	367.70
新加坡	359626.00	242.90
比利时	123600.00	161.50
巴基斯坦	17704.00	98.40
巴拿马	6750.00	89.50
葡萄牙	25000.00	65.90
美国	51320.00	54.60
法国	26000.00	35.30
阿根廷	12500.00	28.90
印度尼西亚	65860.00	24.00
缅甸	66280.00	23.90
韩国	13280.00	20.20
中国台湾省	24388.00	16.40
以色列	12910.00	7.50
挪威	1600.00	4.90
日本	400.00	4.80
南苏丹	8400.00	4.20
柬埔寨	2955.00	3.80
菲律宾	4407.00	2.50
赤道几内亚	1500.00	1.60
澳大利亚	580.00	0.50
中国香港	722.00	0.50
英国	86.00	0.30
肯尼亚	48.00	0.00
44129910 其他胶合板等至少一表层是非针叶木		
合计	377104752.00	823734.00

(续)

国家/地区	出口数量（千克）	出口金额（千美元）
美国	176713206.00	421114.90
加拿大	29682346.00	73898.20
英国	26710451.00	61436.00
日本	11432155.00	41453.50
中国香港	43231771.00	32023.20
韩国	11643161.00	27726.60
澳大利亚	8329425.00	23080.10
比利时	5906632.00	17088.70
意大利	3553615.00	11044.30
荷兰	4307489.00	10677.20
德国	3508469.00	9929.70
墨西哥	4657234.00	7703.70
俄罗斯	2610307.00	6787.10
瑞典	2285153.00	5842.80
阿联酋	1452075.00	4615.90
沙特阿拉伯	3360359.00	4031.90
以色列	2900037.00	3885.10
菲律宾	1893922.00	3872.10
印度	1302173.00	3655.10
马来西亚	1525018.00	3628.90
爱尔兰	1213897.00	3549.70
中国澳门	842371.00	3312.90
阿根廷	1329751.00	2812.40
约旦	2855902.00	2773.20
南非	962172.00	2731.10
西班牙	951265.00	2605.20
泰国	963438.00	2341.90
伊拉克	2214455.00	2209.00
中国台湾省	939709.00	1883.70
新西兰	692447.00	1796.10
智利	726839.00	1731.70
秘鲁	983871.00	1728.40
法国	635115.00	1558.20
蒙古	842091.00	1507.90
新加坡	986940.00	1485.00
斯洛文尼亚	580204.00	1399.40
芬兰	328684.00	1089.80
埃及	1619982.00	1065.60
克罗地亚	467190.00	863.50
黎巴嫩	335270.00	747.70
越南	294234.00	683.30
丹麦	166895.00	623.10
卡塔尔	627569.00	576.10
坦桑尼亚	666152.00	520.70

(续)

国家/地区	出口数量（千克）	出口金额（千美元）
巴拿马	554146.00	493.80
毛里求斯	529094.00	477.80
朝鲜	1033038.00	442.10
巴基斯坦	664263.00	413.40
阿曼	285345.00	376.50
挪威	121270.00	372.00
科威特	218172.00	356.80
圣马力诺	94620.00	338.10
伊朗	153772.00	332.80
安哥拉	260305.00	306.20
缅甸	290910.00	275.20
印度尼西亚	81220.00	274.90
哥伦比亚	90271.00	261.50
阿塞拜疆	99762.00	244.80
肯尼亚	365467.00	233.90
尼日利亚	247237.00	226.40
土库曼斯坦	399320.00	204.20
马尔代夫	166520.00	170.30
危地马拉	107418.00	170.10
斯里兰卡	223970.00	157.60
摩洛哥	30131.00	142.50
孟加拉国	52346.00	134.60
阿尔及利亚	46719.00	128.90
莫桑比克	94455.00	124.90
苏里南	137500.00	124.50
希腊	175060.00	118.00
土耳其	146930.00	112.30
保加利亚	51154.00	110.00
斐济	143406.00	107.30
多米尼加	36076.00	104.60
爱沙尼亚	114368.00	104.20
拉脱维亚	49800.00	83.90
特立尼达和多巴哥	39520.00	78.80
乌克兰	22823.00	73.80
格鲁吉亚	37469.00	72.00
吉布提	47589.00	65.60
波兰	20100.00	65.10
黑山	46238.00	64.10
阿尔巴尼亚	18000.00	60.20
乌拉圭	21497.00	58.90
巴林	80682.00	56.00
厄瓜多尔	25328.00	51.70
文莱	29516.00	47.70
巴西	19663.00	38.30

（续）

国家/地区	出口数量（千克）	出口金额（千美元）
瑞士	13700.00	36.20
亚美尼亚	48144.00	31.70
苏丹	31918.00	30.20
纳米比亚	6768.00	28.30
加纳	50000.00	28.20
葡萄牙	25560.00	21.20
埃塞俄比亚	12368.00	21.20
巴拉圭	14600.00	20.80
赤道几内亚	27500.00	20.50
冈比亚	27600.00	18.20
津巴布韦	48050.00	17.20
法属波利尼西亚	11220.00	14.30
摩尔多瓦	3500.00	13.70
柬埔寨	15375.00	12.30
圭亚那	4660.00	11.80
南苏丹	27640.00	11.00
留尼汪	12800.00	10.20
哈萨克斯坦	898.00	9.20
利比亚	3005.00	8.10
多哥	11800.00	7.00
马提尼克	1200.00	5.30
刚果(布)	560.00	4.00
圣其茨和尼维斯	900.00	3.20
捷克	185.00	1.70
哥斯达黎加	690.00	1.40
波黑	160.00	0.30
巴布亚新几内亚	20.00	0.10
44129991 其他胶合板等至少一表层是子目注释二所列的热带木层		
合计	104917.00	460.50
尼日利亚	51210.00	243.60
巴拿马	12460.00	158.90
柬埔寨	24034.00	37.40
阿尔巴尼亚	13760.00	15.80
中国澳门	1500.00	2.50
美国	86.00	1.20
中国香港	267.00	0.70
澳大利亚	1600.00	0.50
44129992 其他胶合板等至少一表层是木碎料板		
合计	10540617.00	13987.00
中国澳门	10431907.00	13847.80
美国	19300.00	47.10
澳大利亚	23500.00	30.50

（续）

国家/地区	出口数量（千克）	出口金额（千美元）
塞内加尔	28300.00	24.90
赞比亚	7400.00	10.50
柬埔寨	15000.00	7.90
几内亚	7270.00	7.30
多米尼克	7100.00	5.20
汤加	800.00	3.80
波兰	40.00	2.00
44129999 未列名胶合板、单板饰面板及类似的多层板		
合计	14923887.00	14367.10
韩国	2462494.00	2268.80
德国	1058440.00	1747.70
阿联酋	1762548.00	1334.00
沙特阿拉伯	1597495.00	1106.70
巴林	1218210.00	951.50
阿尔及利亚	746105.00	737.20
挪威	702520.00	693.10
印度	215858.00	685.10
日本	199505.00	592.60
中国香港	1298655.00	583.30
中国澳门	534748.00	533.00
委内瑞拉	701295.00	514.00
意大利	282066.00	448.60
中国台湾省	405837.00	342.40
巴拿马	40775.00	257.70
澳大利亚	173509.00	185.10
荷兰	99455.00	134.10
新加坡	38736.00	119.40
印度尼西亚	133843.00	118.30
美国	115834.00	99.80
安哥拉	119006.00	92.80
埃及	103680.00	84.40
卡塔尔	110800.00	77.80
巴布亚新几内亚	97280.00	65.50
约旦	76420.00	61.10
孟加拉国	65542.00	46.10
坦桑尼亚	35721.00	43.20
泰国	48217.00	42.10
阿曼	49910.00	41.70
菲律宾	56300.00	39.20
法国	25865.00	37.30
瑞典	45825.00	36.50
朝鲜	49364.00	24.70
哈萨克斯坦	26300.00	23.70

（续）

国家/地区	出口数量（千克）	出口金额（千美元）
缅甸	47468.00	22.50
特立尼达和多巴哥	15850.00	21.40
赤道几内亚	30000.00	20.00
苏丹	31932.00	16.30
斯洛伐克	15860.00	14.10
巴基斯坦	1500.00	12.40
毛里塔尼亚	6580.00	11.90
吉布提	9400.00	10.80
几内亚	8663.00	10.00
萨摩亚	17000.00	9.60
南非	9710.00	8.60
黎巴嫩	4900.00	8.10
尼日利亚	7315.00	7.30
马来西亚	3942.00	6.10
马耳他	8500.00	5.80
莫桑比克	2470.00	5.50
博茨瓦纳	2880.00	3.60
俄罗斯	399.00	2.10
加拿大	110.00	1.30
瑙鲁	1250.00	1.10

人造板进口量值表

国家/地区	进口数量（千克）	进口金额（千美元）
44081011 用胶合板等制的针叶木饰面用单板，厚≤6mm		
合计	1453.00	13.30
德国	1453.00	13.30
44081019 其他针叶木饰面用单板，厚≤6mm		
合计	560968.00	3149.60
中国台湾省	99007.00	848.60
韩国	115952.00	784.30
加拿大	74792.00	721.00
美国	54979.00	251.10
瑞士	3971.00	165.10
奥地利	23270.00	143.60
俄罗斯	136738.00	139.30
德国	40934.00	31.30
日本	2076.00	25.10
意大利	6398.00	24.50
印度	2486.00	10.40
印度尼西亚	300.00	5.10
喀麦隆	65.00	0.10

(续)

国家/地区	进口数量（千克）	进口金额（千美元）
44081020 针叶木制胶合板用单板,厚≤6mm		
合计	19036138.00	5514.90
俄罗斯	18923410.00	5484.80
巴西	23478.00	10.70
中国台湾省	198.00	7.90
越南	62460.00	6.20
马达加斯加	24132.00	4.30
韩国	2460.00	0.90
44081090 其他纵锯切、刨或旋切的针叶木木材,厚≤6mm		
合计	947633.00	4225.40
印度尼西亚	490572.00	2032.60
加拿大	142351.00	1013.30
美国	46447.00	621.10
西班牙	17345.00	159.00
芬兰	198126.00	98.50
俄罗斯	8475.00	53.10
奥地利	7870.00	46.50
马来西亚	4752.00	38.80
德国	6929.00	36.40
中国台湾省	12370.00	32.10
韩国	2676.00	28.80
瑞士	1460.00	19.80
中国	3271.00	13.00
新加坡	610.00	11.40
意大利	208.00	10.50
日本	2150.00	9.20
罗马尼亚	1835.00	0.80
秘鲁	130.00	0.60
乌克兰	56.00	0.20
44083111 用胶合板等制饰面单板,红柳桉木制,厚≤6mm		
合计	1536.00	4.40
日本	510.00	2.50
中国台湾省	1026.00	2.00
44083119 其他饰面用单板,红柳桉木制,厚≤6mm		
合计	178395.00	209.50
马来西亚	177180.00	194.80
意大利	258.00	9.30
越南	227.00	2.40
日本	110.00	2.20
印度尼西亚	620.00	0.80

(续)

国家/地区	进口数量（千克）	进口金额（千美元）
44083120 制胶合板用单板,红柳桉木制,厚≤6mm		
合计	1060862.00	219.10
澳大利亚	519050.00	119.10
越南	407885.00	40.90
印度尼西亚	20880.00	34.90
泰国	111435.00	19.80
马来西亚	1518.00	3.50
印度	14.00	0.50
中国台湾省	80.00	0.40
44083190 其他纵锯切刨或旋切的红柳桉木木材,厚≤6mm		
合计	4390.00	2.60
加拿大	4390.00	2.60
44083911 用胶合板等制其他子目注释二所列的热带木饰面用单板,厚≤6mm		
合计	5112.00	196.30
美国	375.00	160.50
中国台湾省	4576.00	31.00
德国	161.00	4.80
44083919 其他子目注释二所列的热带木制饰面用单板,厚≤6mm		
合计	839213.00	3543.40
加纳	185891.00	712.10
中国台湾省	37581.00	532.50
加拿大	12752.00	408.10
印度	15304.00	394.80
日本	10514.00	238.40
缅甸	105701.00	200.60
喀麦隆	131599.00	197.10
加蓬	126231.00	153.50
墨西哥	59406.00	146.00
法国	46085.00	138.70
美国	14965.00	83.20
意大利	10318.00	52.60
葡萄牙	22560.00	52.10
捷克	4350.00	44.80
西班牙	4024.00	40.40
土耳其	18130.00	33.50
巴西	7819.00	26.50
印度尼西亚	4893.00	20.80
韩国	560.00	18.10
越南	3263.00	17.20
马来西亚	14386.00	12.50

(续)

国家/地区	进口数量（千克）	进口金额（千美元）
奥地利	1900.00	10.30
刚果(金)	930.00	8.50
德国	31.00	0.80
罗马尼亚	11.00	0.30
秘鲁	9.00	0.00
44083920 其他子目注释二所列的热带木制胶合板用单板,厚≤6mm		
合计	3837145.00	3704.80
喀麦隆	2552667.00	2741.10
柬埔寨	753760.00	423.90
加蓬	189068.00	205.40
印度尼西亚	177642.00	203.20
马来西亚	91700.00	54.90
印度	4320.00	47.70
越南	67938.00	27.90
新加坡	50.00	0.80
44083990 其他纵锯切、刨或旋切的子目注释二所列的热带木木材,厚≤6mm		
合计	458152.00	758.10
中国台湾省	30760.00	154.30
加纳	21025.00	154.20
柬埔寨	283773.00	140.30
西班牙	41685.00	118.20
泰国	18520.00	85.20
印度	1900.00	36.90
科特迪瓦	7090.00	29.60
日本	673.00	8.30
越南	44000.00	7.20
韩国	860.00	6.90
加拿大	5811.00	6.30
厄瓜多尔	1810.00	5.60
喀麦隆	109.00	4.00
巴西	20.00	0.90
美国	116.00	0.40
44089011 用胶合板等制其他非针叶木饰面单板,厚≤6mm		
合计	8361.00	6.10
日本	373.00	1.40
马来西亚	6000.00	1.20
刚果(金)	890.00	1.20
印度	323.00	1.00
西班牙	670.00	0.80
法国	48.00	0.50
奥地利	32.00	0.00

（续）

国家/地区	进口数量（千克）	进口金额（千美元）
意大利	25.00	0.00
44089012 温带非针叶木制其他饰面用单板，厚≤6mm		
合计	10102659.00	21552.40
俄罗斯	6144207.00	7775.10
美国	1222088.00	2818.40
捷克	45156.00	2080.40
德国	37011.00	2018.00
乌克兰	923440.00	1600.70
日本	7407.00	570.60
中国台湾省	68753.00	526.80
罗马尼亚	121155.00	465.00
芬兰	159854.00	440.80
爱沙尼亚	421386.00	414.90
意大利	61161.00	401.00
越南	107552.00	366.00
拉脱维亚	154301.00	293.00
土耳其	111550.00	287.60
西班牙	65854.00	280.50
法国	40379.00	197.80
韩国	10324.00	182.30
克罗地亚	27586.00	134.10
巴西	27496.00	103.60
澳大利亚	15512.00	85.60
葡萄牙	18440.00	78.10
秘鲁	165620.00	76.90
加拿大	40172.00	70.50
玻利维亚	19518.00	68.40
印度	4585.00	67.10
波黑	41670.00	55.70
斯洛文尼亚	21865.00	33.40
瑞士	10775.00	32.30
中国	7515.00	17.50
喀麦隆	82.00	6.60
英国	240.00	3.40
斯洛伐克	5.00	0.30
44089019 其他非针叶木饰面用单板，厚≤6mm		
合计	6135182.00	23460.20
美国	1966683.00	6147.20
意大利	342662.00	2747.90
中国台湾省	418837.00	2332.80
印度	141942.00	1472.00
德国	99864.00	1270.40
加蓬	339629.00	1133.20

（续）

国家/地区	进口数量（千克）	进口金额（千美元）
加纳	150803.00	966.60
捷克	201757.00	909.50
土耳其	115546.00	652.70
法国	143573.00	498.90
玻利维亚	124876.00	467.00
印度尼西亚	126194.00	463.30
爱沙尼亚	268325.00	455.00
日本	18072.00	442.30
英国	9386.00	427.30
巴西	130839.00	422.90
西班牙	91161.00	333.00
喀麦隆	103413.00	317.60
斯洛文尼亚	91396.00	266.30
乌克兰	168921.00	262.70
越南	292814.00	210.00
罗马尼亚	16347.00	207.30
加拿大	66202.00	177.80
芬兰	76022.00	170.60
韩国	8216.00	122.80
葡萄牙	39350.00	110.40
柬埔寨	434375.00	108.90
克罗地亚	12417.00	78.10
菲律宾	10500.00	63.20
科特迪瓦	14400.00	47.80
缅甸	20497.00	36.70
奥地利	3085.00	31.00
拉脱维亚	23883.00	24.10
冈比亚	27525.00	19.70
瑞士	600.00	18.90
澳大利亚	4516.00	15.50
俄罗斯	26483.00	11.40
中非	400.00	10.20
马来西亚	2831.00	5.40
阿根廷	110.00	1.40
刚果(金)	730.00	0.50
44089021 温带非针叶木制胶合板用单板，厚≤6mm		
合计	24076547.00	10719.40
俄罗斯	22124610.00	9685.70
中国台湾省	43793.00	442.50
越南	1124990.00	284.60
芬兰	230502.00	116.80
泰国	346040.00	63.80
美国	18819.00	40.30

（续）

国家/地区	进口数量（千克）	进口金额（千美元）
乌克兰	47143.00	25.60
意大利	370.00	17.70
朝鲜	107980.00	14.80
韩国	15364.00	13.70
爱沙尼亚	16735.00	11.00
西班牙	201.00	2.80
丹麦	0.00	0.10
44089029 其他非针叶木制胶合板用单板，厚≤6mm		
合计	666578724.00	75691.70
越南	655766035.00	70436.20
马来西亚	3956742.00	2351.60
俄罗斯	4068140.00	2208.90
坦桑尼亚	1048590.00	174.30
泰国	1036790.00	166.30
印度尼西亚	279540.00	129.20
加拿大	39935.00	73.60
加纳	54810.00	49.10
中国台湾省	2597.00	45.60
马达加斯加	196595.00	35.40
德国	9265.00	13.30
缅甸	119220.00	7.40
厄瓜多尔	295.00	0.70
日本	168.00	0.20
意大利	2.00	0.00
44089091 温带非针叶木制经纵刨旋切的木材，厚≤6mm		
合计	8508928.00	5828.10
俄罗斯	6675088.00	4546.50
乌克兰	1475215.00	502.20
西班牙	35404.00	243.00
加纳	64870.00	175.70
缅甸	24736.00	91.30
美国	40723.00	77.80
拉脱维亚	68715.00	51.70
中国台湾省	51421.00	45.30
德国	8400.00	41.40
爱沙尼亚	11825.00	20.00
印度	1000.00	8.40
越南	26000.00	8.20
印度尼西亚	24259.00	8.10
奥地利	885.00	6.30
斯洛伐克	367.00	1.20
瑞士	20.00	0.90

(续)

国家/地区	进口数量(千克)	进口金额(千美元)
44089099 其他非针叶木制经纵刨旋切的木材,厚≤6mm		
合计	6677120.00	3480.10
乌克兰	3683500.00	1396.60
泰国	2767276.00	450.00
印度	28176.00	392.30
德国	24327.00	326.60
玻利维亚	62768.00	229.60
韩国	2412.00	195.90
美国	41791.00	119.30
西班牙	13400.00	102.70
意大利	10324.00	66.40
葡萄牙	6020.00	58.00
日本	119.00	49.90
法国	2213.00	29.90
土耳其	3952.00	21.60
斯洛文尼亚	1150.00	20.90
墨西哥	115.00	5.40
喀麦隆	518.00	4.50
俄罗斯	23905.00	3.60
马达加斯加	77.00	2.90
巴西	20.00	2.00
越南	2762.00	1.30
柬埔寨	2295.00	0.50
44101100 木制碎料板		
合计	132123913.00	43284.20
马来西亚	67801940.00	16909.00
罗马尼亚	18830548.00	5622.50
德国	7729093.00	4638.40
意大利	3910136.00	4131.10
越南	12304305.00	3289.10
泰国	6483953.00	1804.90
日本	2969141.00	1539.70
印度尼西亚	2871936.00	1319.40
西班牙	3373084.00	987.30
奥地利	1639471.00	972.90
美国	1076666.00	518.70
法国	708634.00	341.80
新西兰	916926.00	300.30
葡萄牙	516383.00	240.20
韩国	148270.00	204.30
瑞士	107286.00	156.20
拉脱维亚	230032.00	69.60
比利时	97412.00	64.10

(续)

国家/地区	进口数量(千克)	进口金额(千美元)
丹麦	121972.00	49.90
俄罗斯	129990.00	34.40
英国	66378.00	34.10
爱沙尼亚	26262.00	11.00
中国	15036.00	10.50
波兰	17100.00	10.40
立陶宛	2312.00	9.30
新加坡	10595.00	5.00
南非	15603.00	4.00
瑞典	576.00	2.40
印度	28.00	1.30
中国台湾省	308.00	1.10
墨西哥	190.00	0.50
芬兰	95.00	0.40
加拿大	1500.00	0.20
挪威	700.00	0.10
土耳其	40.00	0.10
澳大利亚	12.00	0.10
44101200 木制定向刨花板(OSB)		
合计	113339352.00	43892.90
罗马尼亚	46973238.00	16841.90
加拿大	27508604.00	11740.70
德国	15506800.00	6811.80
巴西	11601187.00	4073.90
美国	5572915.00	2216.40
意大利	2719533.00	1117.70
泰国	2177535.00	597.90
马来西亚	952849.00	296.80
奥地利	81661.00	42.10
中国台湾省	35847.00	38.30
印度尼西亚	34704.00	27.00
西班牙	54038.00	25.40
拉脱维亚	50770.00	22.20
孟加拉国	25200.00	15.30
中国	18640.00	15.20
日本	13477.00	5.30
波兰	1039.00	2.40
智利	135.00	1.10
澳大利亚	180.00	1.10
匈牙利	11000.00	0.40
44101900 其他木制类似板(例如,华夫板)		
合计	169440533.00	53497.50
泰国	79218528.00	22596.80
马来西亚	55564578.00	14481.90

(续)

国家/地区	进口数量(千克)	进口金额(千美元)
罗马尼亚	23616172.00	11503.40
越南	7677006.00	1930.80
意大利	510945.00	729.50
芬兰	89386.00	530.00
奥地利	600324.00	448.20
中国台湾省	601721.00	383.30
德国	494987.00	287.60
比利时	249570.00	186.80
日本	258402.00	163.00
葡萄牙	478477.00	160.70
印度尼西亚	44819.00	30.70
瑞士	600.00	20.00
西班牙	28087.00	14.70
印度	4145.00	12.20
波兰	421.00	9.60
英国	200.00	2.70
瑞典	157.00	1.40
新西兰	1800.00	1.20
美国	31.00	1.20
韩国	45.00	0.40
捷克	18.00	0.40
加拿大	48.00	0.30
中国	56.00	0.30
丹麦	10.00	0.30
44109019 其他木质材料制碎料板		
合计	12490.00	52.60
奥地利	712.00	35.20
日本	10368.00	14.50
德国	525.00	2.30
澳大利亚	70.00	0.30
意大利	812.00	0.20
中国	3.00	0.00
44109090 其他木质材料制定向刨花板(OSB)及类似板(例如,华夫板)		
合计	399036.00	292.10
罗马尼亚	338134.00	189.40
英国	1800.00	40.70
奥地利	30790.00	23.50
意大利	21923.00	23.30
德国	1691.00	6.80
日本	887.00	3.30
澳大利亚	85.00	2.40
西班牙	3090.00	0.90
丹麦	53.00	0.60

（续）

国家/地区	进口数量（千克）	进口金额（千美元）
法国	81.00	0.30
美国	52.00	0.30
韩国	24.00	0.20
中国	424.00	0.20
中国香港	2.00	0.00
44111211 未机械加工中密度板，密度＞0.8g/cucm，厚≤5mm		
合计	13171059.00	6154.10
新西兰	9351938.00	4493.40
澳大利亚	1098761.00	514.40
泰国	897060.00	499.20
印度尼西亚	1084626.00	333.30
阿根廷	421651.00	176.90
马来西亚	283037.00	98.30
美国	21459.00	26.70
日本	12527.00	11.70
44111219 经机械加工中密度板，密度＞0.8g/cucm，厚≤5mm		
合计	4014310.00	3584.40
韩国	121502.00	957.70
泰国	1113205.00	704.80
美国	95990.00	429.10
印度尼西亚	1285398.00	363.20
日本	202292.00	236.50
马来西亚	174952.00	158.00
阿根廷	278405.00	144.80
澳大利亚	292287.00	143.10
中国台湾省	73863.00	141.90
匈牙利	55278.00	120.20
瑞典	206115.00	101.30
新西兰	89103.00	44.20
英国	1031.00	9.60
新加坡	10850.00	6.70
俄罗斯	11070.00	6.50
瑞士	361.00	6.40
意大利	1869.00	3.50
墨西哥	47.00	2.50
德国	70.00	2.10
西班牙	591.00	1.60
中国香港	9.00	0.60
比利时	21.00	0.30
委内瑞拉	1.00	0.00
44111221 辐射松制的中密度板，0.5g/cucm＜密度≤0.8g/cucm，厚≤5mm		

（续）

国家/地区	进口数量（千克）	进口金额（千美元）
合计	8891622.00	4181.10
新西兰	8546331.00	4028.70
澳大利亚	258021.00	85.90
日本	60170.00	48.80
韩国	26789.00	17.60
意大利	311.00	0.10
44111229 其他中密度板 0.5g/cucm＜密度≤0.8g/cucm，厚≤5mm		
合计	9463087.00	4330.20
泰国	5360018.00	2077.40
澳大利亚	1762761.00	1110.60
印度尼西亚	1451156.00	514.60
新西兰	337752.00	177.40
美国	14136.00	146.30
马来西亚	331595.00	101.50
南非	61600.00	66.00
阿根廷	72732.00	43.60
日本	14896.00	43.60
巴西	43520.00	29.90
德国	5031.00	7.60
瑞典	2324.00	5.00
奥地利	3085.00	3.00
中国	185.00	2.70
瑞士	2296.00	1.20
44111291 未加工中密度板，密度≤0.5g/cucm，厚≤5mm		
合计	1451435.00	656.90
澳大利亚	1450531.00	652.70
日本	900.00	3.90
德国	4.00	0.20
44111299 加工中密度板，密度≤0.5g/cucm，厚≤5mm		
合计	651334.00	391.00
新西兰	556225.00	337.20
马来西亚	47701.00	25.40
澳大利亚	24088.00	10.40
印度尼西亚	21176.00	8.70
德国	1990.00	6.00
美国	129.00	2.60
日本	15.00	0.40
中国台湾省	4.00	0.30
意大利	6.00	0.10
44111311 未加工中密度板，密度＞0.8g/cucm，5mm＜厚≤9mm		

（续）

国家/地区	进口数量（千克）	进口金额（千美元）
合计	1686623.00	820.30
澳大利亚	1122425.00	503.20
美国	162962.00	144.90
泰国	173092.00	70.80
新西兰	148032.00	67.90
马来西亚	74388.00	30.70
阿根廷	5613.00	2.40
日本	108.00	0.50
西班牙	3.00	0.00
44111319 加工中密度板，密度＞0.8g/cucm，5mm＜厚≤9mm		
合计	26192655.00	23916.10
德国	9947897.00	9418.30
比利时	6440052.00	6935.20
瑞士	6384865.00	5309.80
奥地利	2369305.00	1627.00
新西兰	527559.00	208.20
美国	159574.00	131.60
挪威	80348.00	84.00
中国	81827.00	62.50
法国	47979.00	56.00
泰国	124980.00	52.60
中国台湾省	3120.00	7.40
日本	16951.00	6.50
韩国	3377.00	5.50
印度尼西亚	1833.00	4.90
斯洛文尼亚	58.00	1.60
瑞典	78.00	1.50
加拿大	370.00	0.90
新加坡	1718.00	0.90
意大利	725.00	0.90
墨西哥	37.00	0.60
澳大利亚	2.00	0.10
44111321 辐射松制的中密度板，5mm＜厚≤9mm		
合计	8515282.00	4377.80
新西兰	8299711.00	4302.20
阿根廷	178652.00	58.50
澳大利亚	27278.00	11.20
韩国	9571.00	5.80
泰国	28.00	0.10
日本	42.00	0.10
44111329 其他中密度板 0.5g/cucm＜密度≤0.8g/cucm，5mm＜厚≤9mm		

(续)

国家/地区	进口数量（千克）	进口金额（千美元）
合计	4784050.00	2900.00
印度尼西亚	1933748.00	1050.40
德国	945561.00	820.10
比利时	119250.00	248.50
泰国	663488.00	225.60
新西兰	339473.00	184.80
澳大利亚	414742.00	155.10
马来西亚	249359.00	81.60
中国台湾省	20593.00	61.70
意大利	51620.00	26.20
越南	8790.00	19.90
中国	20730.00	9.50
韩国	1263.00	6.10
日本	8947.00	5.50
美国	5376.00	3.90
罗马尼亚	40.00	0.80
伊朗	1070.00	0.20
44111391 未加工中密度板，密度≤0.5g/cucm，5mm＜厚≤9mm		
合计	1414632.00	582.00
澳大利亚	949224.00	405.20
印度尼西亚	234648.00	89.20
泰国	230760.00	87.70
44111399 加工中密度板，密度≤0.5g/cucm，5mm＜厚≤9mm		
合计	50036.00	45.60
加拿大	18938.00	15.00
澳大利亚	26621.00	14.50
西班牙	4248.00	12.50
韩国	77.00	2.60
中国	58.00	0.70
英国	30.00	0.40
意大利	16.00	0.00
罗马尼亚	48.00	0.00
44111411 未加工中密度板，密度＞0.8g/cucm，厚＞9mm		
合计	253455.00	170.70
德国	158411.00	81.90
奥地利	29150.00	37.40
澳大利亚	48804.00	27.20
美国	16878.00	23.70
意大利	192.00	0.40
泰国	20.00	0.00

(续)

国家/地区	进口数量（千克）	进口金额（千美元）
44111419 加工中密度板，密度＞0.8g/cucm，厚＞9mm		
合计	8109724.00	9878.20
德国	2832182.00	3291.30
比利时	1364669.00	2313.70
瑞士	1501656.00	1570.90
意大利	720961.00	994.50
中国	725872.00	599.30
奥地利	316166.00	279.40
日本	164609.00	277.30
挪威	126596.00	186.00
中国台湾省	43170.00	90.60
法国	28894.00	76.70
泰国	145828.00	72.90
新西兰	126155.00	60.20
美国	9392.00	41.00
英国	805.00	12.20
韩国	1270.00	9.50
加拿大	196.00	1.10
越南	82.00	0.40
新加坡	1063.00	0.40
伊朗	108.00	0.40
中国香港	50.00	0.30
44111421 辐射松制的中密度板，厚＞9mm		
合计	14329938.00	6792.00
新西兰	12455818.00	6023.40
阿根廷	784846.00	267.00
澳大利亚	487924.00	208.30
智利	359417.00	128.60
马来西亚	183448.00	112.70
日本	44500.00	36.60
韩国	13463.00	13.40
美国	522.00	1.90
44111429 其他中密度板 0.5g/cucm＜密度≤0.8g/cucm，厚＞9mm		
合计	27558781.00	14874.70
意大利	7093773.00	4805.90
日本	5129661.00	3106.90
澳大利亚	4022287.00	1622.70
泰国	3431818.00	1222.90
越南	5107551.00	1163.50
印度尼西亚	1061220.00	460.20
德国	388005.00	436.60
葡萄牙	135194.00	419.70

(续)

国家/地区	进口数量（千克）	进口金额（千美元）
西班牙	314747.00	392.90
美国	44654.00	360.60
马来西亚	567483.00	263.80
比利时	86822.00	190.60
韩国	28647.00	185.80
法国	30935.00	177.50
新西兰	46752.00	27.10
卢森堡	61299.00	25.90
奥地利	1410.00	4.20
中国台湾省	1293.00	3.90
中国	1437.00	1.70
瑞士	3674.00	1.40
土耳其	88.00	0.80
荷兰	19.00	0.10
丹麦	12.00	0.00
44111491 未加工中密度板，密度≤0.5g/cucm，厚＞9mm		
合计	1880110.00	842.60
泰国	1729420.00	773.30
新西兰	95062.00	34.20
意大利	27151.00	22.30
澳大利亚	25251.00	11.40
西班牙	3226.00	1.40
44111499 厚度超过9毫米的其他中密度木纤维板，经机械加工或盖面的		
合计	118684.00	297.70
德国	40895.00	124.60
意大利	1365.00	45.40
美国	1359.00	24.70
日本	13646.00	20.50
西班牙	3321.00	19.80
中国台湾省	11144.00	19.60
中国	1772.00	17.60
荷兰	12658.00	9.40
马来西亚	11999.00	4.60
澳大利亚	13331.00	4.00
瑞士	2410.00	3.70
印度尼西亚	3750.00	1.10
越南	99.00	1.00
英国	122.00	0.70
伊朗	190.00	0.50
比利时	580.00	0.40
新加坡	25.00	0.10
瑞典	1.00	0.00

（续）

国家/地区	进口数量（千克）	进口金额（千美元）
韩国	17.00	0.00
44119210 未加工木纤维板，密度 >0.8g/cucm		
合计	743124.00	407.30
新西兰	498782.00	318.20
印度尼西亚	168516.00	44.80
泰国	49152.00	29.10
阿根廷	26274.00	13.40
中国台湾省	400.00	1.70
44119290 加工木纤维板，密度 >0.8g/cucm		
合计	10373334.00	12092.80
德国	7667711.00	8303.00
比利时	1211323.00	1137.00
波兰	445256.00	626.60
美国	493576.00	563.00
意大利	11807.00	512.90
奥地利	93142.00	266.90
瑞士	59598.00	164.90
葡萄牙	49455.00	142.10
马来西亚	159045.00	132.70
智利	31931.00	67.90
新西兰	25200.00	51.70
法国	886.00	30.50
中国台湾省	36638.00	27.80
印度尼西亚	47448.00	23.90
匈牙利	22236.00	18.60
西班牙	15506.00	17.50
日本	2020.00	2.20
丹麦	17.00	1.60
新加坡	80.00	0.60
捷克	300.00	0.60
中国	42.00	0.40
澳大利亚	30.00	0.30
英国	65.00	0.20
克罗地亚	22.00	0.00
44119310 辐射松制的纤板，0.5g/cucm < 密度≤0.9g/cucm		
合计	1136135.00	397.40
新西兰	755450.00	241.10
澳大利亚	343377.00	132.90
葡萄牙	21326.00	17.10
意大利	15982.00	6.40
44119390 木纤板，0.5g/cucm < 密度≤0.10g/cucm		
合计	21441574.00	9225.20

（续）

国家/地区	进口数量（千克）	进口金额（千美元）
澳大利亚	17869421.00	7686.30
泰国	2447699.00	878.70
新西兰	418438.00	245.10
韩国	401876.00	171.40
马来西亚	230795.00	77.30
奥地利	17319.00	71.00
瑞士	10968.00	34.30
西班牙	10429.00	30.30
美国	12314.00	18.20
智利	16537.00	5.00
比利时	3243.00	3.90
中国台湾省	2354.00	2.00
意大利	181.00	1.90
44119410 木纤板，0.35g/cucm < 密度≤0.5g/cucm		
合计	20024.00	105.50
中国	910.00	45.90
比利时	6068.00	35.20
德国	11617.00	18.00
意大利	348.00	4.20
荷兰	1080.00	2.10
英国	1.00	0.10
44119421 未加工木纤板，密度≤0.35g/cucm		
合计	30191.00	17.30
爱沙尼亚	14973.00	10.00
波兰	15217.00	7.40
西班牙	1.00	0.00
44119429 加工木纤板，密度≤0.35g/cucm		
合计	602270.00	1371.70
德国	365917.00	974.50
瑞士	76890.00	231.40
美国	39790.00	76.20
泰国	72462.00	38.10
日本	25524.00	26.30
新西兰	20331.00	21.20
新加坡	970.00	2.40
土耳其	20.00	0.60
韩国	213.00	0.60
比利时	120.00	0.20
英国	27.00	0.20
意大利	6.00	0.00
44123100 其他薄板制胶合板至少一表层是子目注释二所列的热带木，厚≤6mm		
合计	11379288.00	14927.70

（续）

国家/地区	进口数量（千克）	进口金额（千美元）
印度尼西亚	6423711.00	7235.30
马来西亚	4333181.00	6402.00
日本	162697.00	456.40
中国台湾省	174716.00	354.10
德国	91963.00	225.70
韩国	59928.00	79.10
中国	87646.00	62.70
法国	14079.00	42.70
美国	4576.00	20.10
意大利	2681.00	17.00
澳大利亚	1980.00	11.70
泰国	7800.00	9.70
西班牙	1665.00	4.50
新西兰	5665.00	4.10
加拿大	7000.00	2.50
44123210 其他薄板制胶合板至少一表层是温带木，厚≤6mm		
合计	19941785.00	28494.20
俄罗斯	12468186.00	11196.50
中国台湾省	963803.00	7671.90
芬兰	2432460.00	3727.70
日本	903062.00	1590.00
德国	409800.00	1330.40
西班牙	260662.00	1053.60
意大利	391029.00	640.80
越南	1469938.00	591.80
爱沙尼亚	176357.00	236.20
马来西亚	138286.00	112.70
拉脱维亚	49517.00	84.90
中国	78228.00	73.00
印度尼西亚	56923.00	49.70
白俄罗斯	45597.00	39.70
波兰	5584.00	23.10
沙特阿拉伯	25000.00	21.70
阿联酋	62590.00	19.50
美国	2316.00	14.60
加拿大	1797.00	8.60
巴西	165.00	3.90
英国	168.00	2.00
丹麦	38.00	1.20
澳大利亚	19.00	0.50
韩国	260.00	0.30
44123290 其他薄板制胶合板至少一表层非针叶木，厚≤6mm		

(续)

国家/地区	进口数量(千克)	进口金额(千美元)
合计	38361565.00	28965.30
马来西亚	31518936.00	21261.10
印度尼西亚	5658960.00	5859.80
中国台湾省	115531.00	685.60
俄罗斯	173440.00	232.60
日本	224645.00	207.10
意大利	86357.00	187.00
中国	110818.00	129.50
德国	137367.00	105.60
韩国	110440.00	75.80
波黑	16232.00	74.40
缅甸	56850.00	44.80
越南	110268.00	31.10
西班牙	9267.00	28.40
拉脱维亚	22838.00	18.90
印度	8739.00	12.60
美国	500.00	8.70
芬兰	167.00	1.10
加拿大	110.00	0.80
新加坡	100.00	0.50
44123900 其他薄板制胶合板,厚≤6mm		
合计	19105644.00	23353.90
俄罗斯	4567749.00	6358.80
芬兰	3414094.00	4943.00
印度尼西亚	2966231.00	2866.80
马来西亚	2999654.00	2230.70
爱沙尼亚	1251144.00	1768.90
英国	254235.00	1510.70
缅甸	1465834.00	1154.80
中国	132252.00	996.20
日本	365180.00	317.20
中国台湾省	206897.00	255.90
越南	1058354.00	212.80
德国	33992.00	179.80
美国	81971.00	167.90
智利	124879.00	113.70
意大利	78265.00	74.80
比利时	17081.00	58.20
菲律宾	37713.00	31.70
加拿大	23144.00	27.40
厄瓜多尔	3420.00	20.10
澳大利亚	5088.00	15.10
法国	1665.00	14.80
奥地利	2325.00	14.70

(续)

国家/地区	进口数量(千克)	进口金额(千美元)
新西兰	12955.00	10.90
挪威	340.00	4.30
西班牙	1032.00	3.60
韩国	52.00	0.50
捷克	58.00	0.40
瑞典	40.00	0.10
44129410 其他木块芯胶合板等至少一表层是非针叶木		
合计	3081313.00	3919.30
印度尼西亚	1958602.00	1652.40
意大利	239857.00	821.70
爱沙尼亚	136002.00	473.60
中国	361322.00	438.10
马来西亚	229856.00	185.80
捷克	50366.00	157.40
加拿大	28431.00	104.20
日本	21846.00	53.30
俄罗斯	41051.00	22.00
越南	12400.00	4.40
中国台湾省	465.00	1.50
厄瓜多尔	264.00	1.10
新加坡	51.00	0.80
英国	160.00	0.70
德国	40.00	0.60
比利时	10.00	0.40
美国	250.00	0.40
以色列	20.00	0.40
泰国	220.00	0.30
瑞典	85.00	0.20
匈牙利	15.00	0.10
44129491 其他木块芯胶合板等至少一表层是子目注释二所列的热带木		
合计	72186.00	263.70
马来西亚	44150.00	173.50
捷克	14139.00	45.30
日本	13897.00	44.90
44129492 其他木块芯胶合板等至少一表层是木碎料板		
合计	82441.00	73.40
中国	49171.00	28.00
意大利	1699.00	24.00
印度尼西亚	23145.00	13.10
马来西亚	7531.00	5.30
奥地利	470.00	2.00

(续)

国家/地区	进口数量(千克)	进口金额(千美元)
日本	425.00	1.00
44129499 其他木块芯、侧板条芯、板条芯胶合板		
合计	78898.00	18.50
越南	76190.00	12.00
加拿大	2295.00	3.80
美国	413.00	2.80
44129910 其他胶合板等至少一表层是非针叶木		
合计	7371467.00	20104.40
比利时	1145649.00	3312.00
瑞典	534084.00	2641.60
奥地利	885719.00	2484.70
芬兰	688759.00	2312.20
马来西亚	1055605.00	1720.00
德国	310127.00	1607.30
意大利	193099.00	1514.10
波兰	263978.00	973.90
印度尼西亚	647714.00	719.50
克罗地亚	108979.00	496.20
中国	859153.00	474.20
波黑	121733.00	457.00
斯洛文尼亚	144808.00	267.70
匈牙利	91941.00	247.60
日本	121165.00	234.90
俄罗斯	23698.00	164.70
美国	44499.00	125.30
立陶宛	29118.00	100.40
丹麦	21501.00	84.40
英国	43890.00	76.60
中国台湾省	13383.00	37.90
加拿大	12662.00	32.70
越南	1203.00	4.40
阿根廷	6872.00	3.80
捷克	106.00	3.10
巴拉圭	436.00	2.30
爱沙尼亚	165.00	1.60
法国	515.00	1.40
加纳	224.00	0.90
西班牙	544.00	0.90
韩国	70.00	0.80
中国香港	55.00	0.30
秘鲁	12.00	0.30
印度	1.00	0.00

（续）

国家/地区	进口数量（千克）	进口金额（千美元）
44129991 其他胶合板等至少一表层是子目注释二所列的热带木层		
合计	18955.00	78.30
中国台湾省	14280.00	66.90
日本	3065.00	10.00
韩国	1610.00	1.40
44129992 其他胶合板等至少一表层是木碎料板		
合计	9674.00	49.10
中国台湾省	8445.00	45.90
美国	680.00	1.60
澳大利亚	291.00	1.00
日本	228.00	0.40
奥地利	30.00	0.20
44129999 未列名胶合板、单板饰面板及类似的多层板		
合计	668426.00	803.70
日本	126919.00	455.90
芬兰	113848.00	114.30
加拿大	81259.00	72.20
马来西亚	155400.00	46.60
俄罗斯	47757.00	33.10
美国	24293.00	31.70
中国	88129.00	18.20
新西兰	20517.00	14.10
中国台湾省	4685.00	5.40
韩国	1795.00	3.80
西班牙	1360.00	3.40
荷兰	1519.00	2.40
德国	783.00	1.60
克罗地亚	82.00	0.70
泰国	80.00	0.10

木质家具出口量值表

国家/地区	出口数量（件）	出口金额（千美元）
94016110 皮革或再生皮革面的带软垫的木框架坐具		
合计	18234414.00	3056661.00
美国	7397366.00	1388387.80
英国	2280718.00	324130.60
韩国	1127012.00	230552.30
澳大利亚	753052.00	168791.40
加拿大	973025.00	151945.00

（续）

国家/地区	出口数量（件）	出口金额（千美元）
日本	709773.00	110981.00
法国	587344.00	89986.50
德国	524439.00	52075.40
荷兰	318141.00	39454.00
中国香港	153601.00	35868.10
新加坡	100227.00	35035.30
南非	202366.00	29141.40
比利时	221469.00	24737.20
新西兰	120609.00	20084.40
阿联酋	106168.00	19536.30
印度	136654.00	19410.30
西班牙	185083.00	18979.90
沙特阿拉伯	83640.00	17733.70
中国台湾省	85960.00	15961.60
墨西哥	90118.00	15230.80
爱尔兰	95188.00	15207.50
泰国	61773.00	15149.50
丹麦	346856.00	14185.40
以色列	68817.00	13771.30
马来西亚	68689.00	11709.30
智利	96613.00	11434.00
意大利	80205.00	9589.00
秘鲁	35500.00	8584.20
瑞典	167751.00	8530.90
波多黎各	42418.00	8526.20
巴拿马	33689.00	8123.00
哥伦比亚	31137.00	7754.50
印度尼西亚	41924.00	7717.50
波兰	187506.00	5570.30
文莱	7997.00	4975.40
俄罗斯	20114.00	4272.20
菲律宾	24205.00	4178.90
中国澳门	17204.00	4151.60
挪威	62382.00	3735.50
留尼汪	13931.00	3605.30
乌拉圭	21747.00	3578.00
越南	13336.00	3031.40
哥斯达黎加	10970.00	2445.50
阿尔及利亚	9033.00	2104.60
芬兰	11770.00	2066.10
摩洛哥	15993.00	1987.80
塞内加尔	9938.00	1961.30
巴西	27714.00	1940.40
厄瓜多尔	10910.00	1910.70

（续）

国家/地区	出口数量（件）	出口金额（千美元）
土耳其	13379.00	1899.80
安哥拉	27985.00	1687.60
肯尼亚	12990.00	1618.80
黎巴嫩	7732.00	1590.20
罗马尼亚	5178.00	1568.80
科特迪瓦	6529.00	1468.60
坦桑尼亚	9579.00	1449.60
多米尼加	7716.00	1425.70
葡萄牙	18522.00	1416.20
埃及	8103.00	1388.90
危地马拉	7848.00	1368.90
科威特	10079.00	1338.70
尼日利亚	30976.00	1334.90
喀麦隆	5069.00	1331.50
斯洛文尼亚	7687.00	1264.50
卡塔尔	5045.00	1262.70
加纳	9932.00	1232.90
阿根廷	10531.00	1147.50
克罗地亚	8128.00	1141.40
希腊	24710.00	1095.40
巴基斯坦	9446.00	1062.40
奥地利	4873.00	989.20
刚果(布)	4040.00	954.80
萨尔瓦多	3842.00	851.20
刚果(金)	4326.00	819.00
拉脱维亚	9078.00	801.30
巴林	4347.00	751.40
瑞士	4033.00	749.80
莫桑比克	11994.00	747.90
冰岛	4438.00	731.60
伊朗	2600.00	722.60
捷克	5840.00	688.70
毛里求斯	6093.00	682.80
委内瑞拉	2433.00	609.20
爱沙尼亚	9687.00	608.10
阿曼	5039.00	606.40
哈萨克斯坦	4649.00	592.30
蒙古	2530.00	575.50
特立尼达和多巴哥	2477.00	571.30
乌兹别克斯坦	2607.00	569.40
立陶宛	3737.00	568.10
约旦	4894.00	540.70
塞浦路斯	2527.00	496.40
纳米比亚	2045.00	458.40

(续)

国家/地区	出口数量(件)	出口金额(千美元)
马耳他	2176.00	448.20
乌克兰	5617.00	441.70
多哥	2906.00	431.10
格鲁吉亚	1694.00	406.40
新喀里多尼亚	1860.00	405.50
几内亚	3109.00	394.60
伊拉克	4777.00	360.90
贝宁	3617.00	352.60
保加利亚	3135.00	345.10
苏丹	1732.00	339.30
斯洛伐克	2770.00	333.00
柬埔寨	1014.00	310.10
加蓬	2980.00	304.10
阿尔巴尼亚	1890.00	302.40
巴布亚新几内亚	1632.00	300.80
吉布提	3015.00	298.50
赤道几内亚	2308.00	282.60
孟加拉国	4416.00	281.60
突尼斯	4121.00	266.30
津巴布韦	817.00	247.80
尼加拉瓜	1399.00	247.30
赞比亚	526.00	214.40
马里	1070.00	209.30
斐济	435.00	178.50
海地	938.00	172.30
老挝	800.00	168.20
洪都拉斯	1106.00	162.20
塔吉克斯坦	2213.00	145.70
斯里兰卡	2195.00	144.60
法属波利尼西亚	551.00	143.60
乍得	49.00	139.00
埃塞俄比亚	1205.00	132.80
巴拉圭	577.00	128.70
缅甸	806.00	126.90
佛得角	862.00	124.30
瓜德罗普	322.00	123.80
塞拉利昂	268.00	123.50
法属圭亚那	388.00	121.70
马提尼克	274.00	119.60
尼日尔	247.00	117.50
苏里南	769.00	108.30
布基纳法索	330.00	102.80
马达加斯加	548.00	98.90
朝鲜	1005.00	98.00

(续)

国家/地区	出口数量(件)	出口金额(千美元)
巴哈马	688.00	96.70
阿塞拜疆	343.00	87.30
乌干达	344.00	78.20
古巴	570.00	78.20
马尔代夫	643.00	76.60
玻利维亚	513.00	75.00
马约特	515.00	73.60
白俄罗斯	121.00	73.50
吉尔吉斯斯坦	500.00	72.50
摩尔多瓦	188.00	70.40
莱索托	331.00	66.60
牙买加	364.00	65.80
百慕大	302.00	65.30
马拉维	393.00	62.30
利比里亚	257.00	56.10
卢旺达	132.00	55.50
冈比亚	530.00	55.00
东帝汶	75.00	53.80
博茨瓦纳	742.00	49.60
前南马其顿	167.00	47.50
亚美尼亚	123.00	47.50
巴勒斯坦	140.00	37.30
利比亚	1186.00	36.20
塞尔维亚	73.00	33.80
荷属安的列斯群岛	345.00	33.20
几内亚比绍	500.00	30.90
索马里	572.00	30.90
卢森堡	72.00	25.20
圭亚那	878.00	17.70
南苏丹	73.00	15.20
阿富汗	2.00	14.00
匈牙利	48.00	13.30
科摩罗	555.00	11.00
瓦努阿图	51.00	6.30
巴巴多斯	18.00	5.50
安道尔	16.00	5.30
阿鲁巴	1.00	4.50
萨摩亚	96.00	3.80
斯威士兰	7.00	3.50
毛里塔尼亚	11.00	3.40
格林纳达	6.00	3.00
多米尼克	5.00	3.00
塞舌尔	5.00	2.50
土库曼斯坦	25.00	2.40

(续)

国家/地区	出口数量(件)	出口金额(千美元)
黑山	6.00	1.80
帕劳	22.00	1.50
开曼群岛	3.00	1.30
圣文森特和格林纳丁斯	6.00	0.90
叙利亚	13.00	0.50
所罗门群岛	1.00	0.20
94016190 其他带软垫的木框架坐具		
合计	49294958.00	4426771.10
美国	20707724.00	1745431.10
日本	3183673.00	360135.40
沙特阿拉伯	1256884.00	224100.80
英国	2607001.00	215915.30
澳大利亚	2011241.00	212500.60
韩国	1507493.00	160063.50
加拿大	1714463.00	152269.20
阿联酋	863584.00	152165.30
法国	2202182.00	124936.90
新加坡	596498.00	122596.80
德国	1570192.00	73573.90
巴拿马	233138.00	42993.90
荷兰	1130707.00	42705.20
马来西亚	365499.00	42090.10
南非	435348.00	39264.50
比利时	783978.00	33130.30
新西兰	262246.00	32597.10
墨西哥	305580.00	31822.70
西班牙	566141.00	30726.30
科威特	199075.00	28617.80
中国香港	356254.00	27926.80
印度	283928.00	27392.90
智利	273742.00	26705.40
丹麦	561971.00	26100.90
泰国	204398.00	23503.90
瑞典	499427.00	22956.50
以色列	209639.00	20631.90
中国台湾省	185707.00	18739.60
意大利	405291.00	18234.00
波多黎各	137620.00	16832.80
爱尔兰	193027.00	16822.00
印度尼西亚	129236.00	14974.70
波兰	416704.00	13408.00
俄罗斯	159531.00	13050.80
卡塔尔	65169.00	12826.50
中国澳门	44035.00	11792.30

（续）

国家/地区	出口数量（件）	出口金额（千美元）
巴西	161160.00	11167.70
菲律宾	120003.00	11010.00
挪威	159434.00	10898.10
哈萨克斯坦	172773.00	10552.60
秘鲁	81241.00	10164.00
阿曼	84901.00	10087.00
文莱	38025.00	8927.40
巴林	55253.00	8387.50
土耳其	86020.00	8050.00
留尼汪	31328.00	7299.80
埃及	46214.00	7028.60
乌拉圭	58123.00	6648.00
哥伦比亚	64540.00	6209.30
葡萄牙	103668.00	5469.60
肯尼亚	50123.00	5163.10
希腊	91043.00	4821.20
塞浦路斯	29375.00	4660.70
摩洛哥	29143.00	4445.40
阿根廷	56679.00	4353.90
多米尼加	31733.00	4180.40
越南	40572.00	3986.00
约旦	28889.00	3820.90
芬兰	35813.00	3120.70
黎巴嫩	24914.00	2853.30
危地马拉	23999.00	2690.50
罗马尼亚	31057.00	2686.70
安哥拉	34109.00	2582.70
加纳	21330.00	2331.10
哥斯达黎加	19964.00	2322.90
利比亚	26560.00	2265.50
伊朗	29396.00	2230.00
蒙古	45931.00	2209.30
尼日利亚	38969.00	2196.80
塞内加尔	20119.00	2140.70
伊拉克	33059.00	2071.00
瑞士	80829.00	2057.70
格鲁吉亚	14296.00	1937.50
厄瓜多尔	19223.00	1852.40
乌克兰	18347.00	1815.40
拉脱维亚	25202.00	1797.50
毛里求斯	13134.00	1502.90
特立尼达和多巴哥	14898.00	1439.60
巴基斯坦	12375.00	1432.40
坦桑尼亚	29844.00	1423.20

（续）

国家/地区	出口数量（件）	出口金额（千美元）
科特迪瓦	9204.00	1400.50
牙买加	10439.00	1382.50
奥地利	26381.00	1286.20
阿尔及利亚	28844.00	1279.30
洪都拉斯	11107.00	1236.50
莫桑比克	13928.00	1227.90
乌兹别克斯坦	9569.00	1215.60
萨尔瓦多	8244.00	1202.10
爱沙尼亚	15582.00	1197.40
马耳他	9261.00	1196.00
克罗地亚	10088.00	1001.00
新喀里多尼亚	4745.00	991.40
立陶宛	13744.00	956.20
委内瑞拉	9600.00	947.30
喀麦隆	9504.00	877.70
刚果(金)	8230.00	869.50
尼加拉瓜	5365.00	835.20
瓜德罗普	2962.00	804.90
冰岛	4680.00	797.50
保加利亚	11230.00	771.90
索马里	6353.00	718.40
阿塞拜疆	9909.00	718.30
斯洛文尼亚	18671.00	701.10
多哥	5195.00	674.60
老挝	2169.00	666.00
纳米比亚	6885.00	655.60
阿尔巴尼亚	6235.00	635.00
捷克	9624.00	610.50
苏里南	4030.00	597.10
刚果(布)	4309.00	591.10
孟加拉国	12631.00	537.00
圭亚那	2382.00	534.70
贝宁	9642.00	531.80
加蓬	2837.00	518.20
吉布提	4588.00	515.60
乍得	911.00	510.70
缅甸	4543.00	507.70
斯里兰卡	9941.00	486.00
法属波利尼西亚	2183.00	482.00
马提尼克	1528.00	475.40
佛得角	1275.00	416.90
苏丹	1733.00	416.10
巴哈马	1917.00	405.00
巴布亚新几内亚	3427.00	390.30

（续）

国家/地区	出口数量（件）	出口金额（千美元）
柬埔寨	2903.00	386.80
朝鲜	4176.00	377.00
赞比亚	2550.00	374.70
塔吉克斯坦	2161.00	354.90
斯洛伐克	6111.00	343.30
亚美尼亚	3798.00	333.40
几内亚	2925.00	332.80
突尼斯	3842.00	327.40
塞尔维亚	3802.00	304.10
巴拉圭	4899.00	280.40
马约特	1831.00	274.90
马尔代夫	1607.00	273.40
斐济	1018.00	223.40
玻利维亚	1648.00	213.00
马达加斯加	2258.00	212.80
赤道几内亚	1388.00	205.50
古巴	1317.00	193.00
马里	1689.00	180.00
法属圭亚那	1732.00	174.40
荷属安的列斯群岛	1475.00	169.40
利比里亚	1305.00	164.60
乌干达	1074.00	155.20
巴勒斯坦	1204.00	148.70
冈比亚	735.00	132.70
莱索托	640.00	131.90
塞舌尔	1189.00	129.60
吉尔吉斯斯坦	675.00	112.10
匈牙利	1772.00	109.10
尼日尔	463.00	107.60
土库曼斯坦	1332.00	106.00
布基纳法索	743.00	100.10
摩尔多瓦	493.00	98.70
伯利兹	1237.00	96.10
海地	601.00	85.80
埃塞俄比亚	608.00	83.20
津巴布韦	1104.00	82.10
巴巴多斯	729.00	78.90
马拉维	1279.00	72.90
阿鲁巴	230.00	67.10
瓦努阿图	277.00	59.20
东帝汶	413.00	54.10
科摩罗	440.00	52.50
白俄罗斯	718.00	39.80
斯威士兰	496.00	39.40

(续)

国家/地区	出口数量（件）	出口金额（千美元）
也门	974.00	38.60
黑山	433.00	36.70
圣卢西亚	214.00	27.10
博茨瓦纳	489.00	25.50
尼泊尔	600.00	24.90
叙利亚	456.00	23.90
毛里塔尼亚	188.00	23.00
列支敦士登.00	87.00	19.60
圣文森特和格林纳丁斯	84.00	16.40
阿富汗	118.00	15.90
开曼群岛	42.00	10.90
摩纳哥	17.00	8.90
圣其茨和尼维斯	63.00	8.50
前南马其顿	39.00	8.30
格林纳达	158.00	7.90
萨摩亚	97.00	7.60
百慕大	89.00	7.50
安提瓜和巴布达	63.00	5.30
南苏丹	20.00	4.00
安道尔	16.00	2.30
马绍尔群岛	20.00	2.00
帕劳	206.00	1.90
汤加	16.00	1.70
所罗门群岛	4.00	0.90
波黑	10.00	0.90
几内亚比绍	9.00	0.90
94016900 其他木框架坐具		
合计	31664613.00	722330.20
美国	6760521.00	193268.00
德国	2389807.00	47558.40
日本	2330102.00	46811.10
英国	2124512.00	36075.40
新加坡	487461.00	34169.50
澳大利亚	1555872.00	30218.60
中国台湾省	619601.00	24717.60
马来西亚	600098.00	24208.20
韩国	922308.00	19682.90
加拿大	818711.00	18962.50
法国	1158326.00	18200.70
瑞典	971168.00	17933.10
西班牙	979559.00	15539.10
荷兰	1203723.00	14965.30
意大利	955161.00	14488.20
丹麦	338492.00	13324.40

(续)

国家/地区	出口数量（件）	出口金额（千美元）
波兰	1034800.00	12083.40
阿联酋	362248.00	10639.70
巴拿马	171227.00	10565.30
中国香港	234912.00	9825.40
墨西哥	385166.00	7292.90
沙特阿拉伯	318646.00	6988.60
菲律宾	172628.00	6006.30
南非	252550.00	5785.70
俄罗斯	389839.00	5603.90
印度	263997.00	5393.40
巴西	274863.00	5148.80
比利时	295971.00	5014.90
泰国	212228.00	5009.20
文莱	52065.00	3308.50
新西兰	142779.00	3041.00
智利	222350.00	2991.70
瑞士	204380.00	2807.30
以色列	157561.00	2771.90
印度尼西亚	96136.00	2217.40
秘鲁	40839.00	1936.20
挪威	100029.00	1883.40
土耳其	95366.00	1757.60
阿根廷	73344.00	1637.90
哥伦比亚	78232.00	1465.40
阿尔及利亚	156556.00	1379.20
希腊	75975.00	1245.70
尼日利亚	51763.00	1111.80
安哥拉	56420.00	1072.90
越南	34990.00	1036.90
芬兰	62572.00	1020.40
中国澳门	18436.00	987.00
格鲁吉亚	15321.00	935.70
肯尼亚	37670.00	858.60
葡萄牙	56272.00	833.60
奥地利	83673.00	819.10
摩洛哥	46117.00	792.10
科威特	19113.00	780.40
加纳	33484.00	712.50
坦桑尼亚	33221.00	674.70
塞内加尔	30962.00	643.00
爱尔兰	24304.00	636.90
拉脱维亚	72017.00	595.60
巴基斯坦	27423.00	528.80
突尼斯	167693.00	527.70

(续)

国家/地区	出口数量（件）	出口金额（千美元）
乌拉圭	31009.00	521.20
斯洛文尼亚	27575.00	513.40
巴拉圭	11436.00	499.10
黎巴嫩	19384.00	482.30
伊拉克	65153.00	482.20
阿曼	11713.00	441.00
罗马尼亚	45617.00	437.30
波多黎各	15311.00	416.40
哥斯达黎加	31143.00	396.20
卡塔尔	17399.00	390.70
利比亚	24960.00	389.30
莫桑比克	13918.00	343.00
立陶宛	18870.00	341.30
吉布提	8864.00	323.40
约旦	13575.00	308.40
刚果(布)	13988.00	303.10
克罗地亚	19596.00	297.10
毛里求斯	14756.00	292.80
委内瑞拉	8132.00	273.70
乌克兰	12367.00	254.80
科特迪瓦	19470.00	254.00
孟加拉国	12505.00	250.90
埃及	12382.00	250.70
巴林	8555.00	245.70
古巴	3390.00	237.30
多哥	11637.00	231.20
危地马拉	15766.00	228.00
多米尼加	5390.00	227.60
斯里兰卡	8467.00	216.00
哈萨克斯坦	5798.00	212.70
蒙古	5739.00	211.90
贝宁	8766.00	199.70
塞浦路斯	8302.00	182.40
保加利亚	11722.00	182.30
伊朗	5692.00	143.70
几内亚	6984.00	143.00
缅甸	7662.00	141.50
留尼汪	7706.00	137.30
捷克	8863.00	135.50
刚果(金)	4165.00	132.50
马耳他	2860.00	126.20
加蓬	6573.00	124.90
厄瓜多尔	12517.00	123.80
乌兹别克斯坦	1294.00	111.10

（续）

国家/地区	出口数量（件）	出口金额（千美元）
喀麦隆	3329.00	102.10
柬埔寨	989.00	91.90
博茨瓦纳	3695.00	91.70
洪都拉斯	4552.00	88.20
爱沙尼亚	6321.00	78.70
利比里亚	1901.00	70.80
毛里塔尼亚	4082.00	68.70
阿尔巴尼亚	3196.00	67.00
尼加拉瓜	3026.00	64.60
朝鲜	2463.00	61.00
塞舌尔	2602.00	56.70
南苏丹	3236.00	49.20
纳米比亚	2482.00	48.10
新喀里多尼亚	3186.00	40.50
萨尔瓦多	3406.00	40.40
塞尔维亚	4635.00	39.50
匈牙利	1897.00	39.10
巴布亚新几内亚	740.00	34.60
津巴布韦	1567.00	33.10
赤道几内亚	284.00	32.10
斯洛伐克	2710.00	31.10
牙买加	916.00	31.10
赞比亚	1952.00	30.00
海地	2460.00	25.80
阿鲁巴	305.00	21.20
马达加斯加	1649.00	21.20
索马里	1014.00	20.80
法属波利尼西亚	1378.00	19.50
土库曼斯坦	1633.00	18.80
汤加	48.00	16.80
斯威士兰	840.00	16.70
叙利亚	2402.00	14.00
佛得角	119.00	13.40
吉尔吉斯斯坦	594.00	12.80
斐济	201.00	12.70
白俄罗斯	580.00	11.00
荷属安的列斯群岛	554.00	10.90
亚美尼亚	147.00	10.50
马约特	465.00	10.40
东帝汶	85.00	10.00
莱索托	440.00	8.60
特立尼达和多巴哥	972.00	8.40
玻利维亚	129.00	8.30
乌干达	237.00	8.00

（续）

国家/地区	出口数量（件）	出口金额（千美元）
苏丹	2037.00	7.60
冈比亚	230.00	7.00
阿富汗	35.00	6.50
塔吉克斯坦	60.00	6.00
法属圭亚那	245.00	5.40
马尔代夫	188.00	4.60
科摩罗	230.00	4.50
埃塞俄比亚	119.00	4.50
马提尼克	364.00	4.40
波黑	416.00	4.20
马里	112.00	3.90
黑山	434.00	3.80
苏里南	403.00	3.70
冰岛	86.00	3.70
也门	846.00	3.50
所罗门群岛	160.00	3.10
马拉维	67.00	3.00
乍得	14.00	2.70
阿塞拜疆	48.00	2.20
摩尔多瓦	270.00	1.70
格林纳达	12.00	1.40
安提瓜和巴布达	81.00	1.20
瓦利斯和富图纳	120.00	0.90
瓜德罗普	17.00	0.90
巴哈马	23.00	0.80
开曼群岛	1.00	0.80
萨摩亚	5.00	0.30
巴巴多斯	40.00	0.20
94033000 办公室用木家具		
合计	18525350.00	1220368.30
美国	7408808.00	396301.20
新加坡	592389.00	115789.60
沙特阿拉伯	644768.00	72279.40
日本	1144892.00	55091.70
阿联酋	472931.00	52089.40
韩国	1317722.00	45201.40
印度	418658.00	39725.40
澳大利亚	576588.00	30411.20
马来西亚	212576.00	28498.60
加拿大	342256.00	22864.80
墨西哥	265654.00	21899.20
中国香港	373749.00	21876.70
南非	129715.00	18251.90
尼日利亚	185065.00	17959.30

（续）

国家/地区	出口数量（件）	出口金额（千美元）
英国	399779.00	17383.10
巴拿马	104597.00	14681.90
菲律宾	242262.00	12755.50
印度尼西亚	143818.00	12192.60
中国台湾省	148806.00	11923.00
科威特	91601.00	8892.60
阿曼	134073.00	8845.60
德国	139271.00	8451.80
阿尔及利亚	103156.00	8325.00
泰国	102308.00	7241.40
孟加拉国	59439.00	7019.70
肯尼亚	68735.00	6887.70
荷兰	616690.00	6650.60
加纳	55369.00	6279.60
苏丹	11587.00	5222.70
秘鲁	93553.00	5087.20
卡塔尔	41014.00	5071.40
塞内加尔	51773.00	4997.20
智利	158863.00	4742.70
吉布提	44623.00	4663.80
新西兰	79165.00	4456.90
摩洛哥	50224.00	4177.90
法国	101332.00	4119.20
伊拉克	28050.00	3809.90
巴基斯坦	32778.00	3592.10
坦桑尼亚	37656.00	3457.50
意大利	37823.00	3379.00
越南	27405.00	3226.90
以色列	38386.00	3168.80
刚果(布)	23859.00	3072.90
安哥拉	31265.00	2983.10
俄罗斯	17072.00	2694.30
西班牙	54950.00	2610.90
哥伦比亚	90970.00	2372.20
莫桑比克	27386.00	2184.50
喀麦隆	19977.00	2148.20
巴林	16459.00	2142.80
文莱	13531.00	2141.70
特立尼达和多巴哥	14722.00	2140.00
中国澳门	17794.00	2073.30
科特迪瓦	19829.00	1926.50
几内亚	12653.00	1734.00
多米尼加	39972.00	1717.10
利比亚	15509.00	1704.20

（续）

国家/地区	出口数量（件）	出口金额（千美元）
埃及	23800.00	1522.30
贝宁	14974.00	1474.10
蒙古	13470.00	1470.40
约旦	13024.00	1429.40
丹麦	45127.00	1412.70
多哥	14297.00	1393.30
哥斯达黎加	38856.00	1387.60
刚果(金)	10619.00	1371.50
黎巴嫩	11501.00	1306.10
拉脱维亚	7151.00	1220.60
波兰	67731.00	1137.40
斯里兰卡	10834.00	1131.80
委内瑞拉	5437.00	1044.50
比利时	34044.00	1015.90
柬埔寨	7002.00	1004.40
巴布亚新几内亚	11210.00	956.70
缅甸	12074.00	905.70
毛里求斯	8672.00	876.30
哈萨克斯坦	10395.00	859.10
希腊	28220.00	843.20
捷克	6038.00	833.60
牙买加	13397.00	799.20
巴西	41300.00	786.30
爱沙尼亚	3689.00	744.80
波多黎各	12106.00	738.60
赞比亚	4830.00	719.80
埃塞俄比亚	6074.00	696.10
萨尔瓦多	10957.00	663.60
危地马拉	17731.00	637.50
阿根廷	19509.00	633.10
毛里塔尼亚	6028.00	632.10
马达加斯加	8654.00	613.20
乌拉圭	14472.00	606.40
尼加拉瓜	7336.00	496.00
马耳他	2975.00	495.50
叙利亚	5418.00	480.00
爱尔兰	12600.00	471.60
瑞典	19725.00	462.50
索马里	4068.00	435.90
玻利维亚	4380.00	418.90
赤道几内亚	3270.00	414.60
老挝	1468.00	402.30
马拉维	3940.00	397.80
古巴	9248.00	389.40

（续）

国家/地区	出口数量（件）	出口金额（千美元）
格鲁吉亚	4348.00	381.80
博茨瓦纳	3136.00	368.20
洪都拉斯	6815.00	353.40
葡萄牙	12875.00	351.70
塔吉克斯坦	3148.00	349.00
纳米比亚	2482.00	327.60
加蓬	3521.00	323.60
乌干达	3038.00	319.30
巴勒斯坦	689.00	316.80
海地	1026.00	289.40
厄瓜多尔	8309.00	284.90
土耳其	14751.00	281.10
伊朗	1443.00	267.80
马里	2626.00	264.60
乌兹别克斯坦	1262.00	254.80
东帝汶	1210.00	249.80
津巴布韦	2715.00	240.00
佛得角	267.00	235.40
亚美尼亚	2222.00	231.70
马尔代夫	2930.00	229.50
克罗地亚	11725.00	213.40
乌克兰	12314.00	198.00
斐济	255.00	187.40
利比里亚	1720.00	176.60
罗马尼亚	6809.00	154.10
科摩罗	1552.00	150.30
塞舌尔	1513.00	149.90
苏里南	1201.00	143.70
匈牙利	5219.00	133.90
尼日尔	94.00	126.10
莱索托	111.00	124.90
朝鲜	1358.00	119.10
也门	2211.00	119.00
突尼斯	1425.00	107.80
瑞士	1255.00	102.90
挪威	682.00	98.70
布基纳法索	653.00	93.10
瓦努阿图	652.00	88.10
立陶宛	954.00	86.30
新喀里多尼亚	1463.00	84.30
乍得	134.00	82.80
土库曼斯坦	935.00	82.50
塞浦路斯	1261.00	75.40
圭亚那	762.00	73.30

（续）

国家/地区	出口数量（件）	出口金额（千美元）
保加利亚	1229.00	69.60
马约特	817.00	68.30
南苏丹	383.00	67.60
冈比亚	658.00	62.60
布隆迪.00	5.00	61.70
塞拉利昂	272.00	56.00
阿尔巴尼亚	1116.00	55.90
多米尼克	580.00	54.10
巴巴多斯	1737.00	47.50
吉尔吉斯斯坦	169.00	45.80
白俄罗斯	78.00	41.40
芬兰	367.00	41.00
黑山	396.00	39.20
斯洛文尼亚	1242.00	37.80
塞尔维亚	1950.00	35.90
留尼汪	913.00	35.70
奥地利	1191.00	33.50
法属圭亚那	365.00	32.50
马提尼克	560.00	29.80
瓜德罗普	520.00	29.20
阿鲁巴	270.00	26.50
荷属安的列斯群岛	280.00	25.90
伯利兹	256.00	24.60
圣文森特和格林纳丁斯	412.00	24.00
卢旺达	140.00	19.10
法属波利尼西亚	426.00	18.20
几内亚比绍	55.00	17.10
格林纳达	97.00	13.10
所罗门群岛	75.00	11.60
巴拉圭	85.00	7.80
尼泊尔	50.00	6.40
摩尔多瓦	6.00	5.60
汤加	35.00	3.10
摩纳哥	2.00	2.50
阿富汗	5.00	2.00
帕劳	24.00	1.70
巴哈马	2.00	0.30
萨摩亚	4.00	0.20
中非	1.00	0.20
94034000 厨房用木家具		
合计	25823680.00	1636290.10
美国	16462336.00	826541.00
新加坡	798415.00	171127.20
英国	796213.00	92846.90

（续）

国家/地区	出口数量（件）	出口金额（千美元）
澳大利亚	1799129.00	59895.00
巴拿马	245915.00	57804.90
加拿大	659553.00	40248.00
德国	994916.00	37002.90
日本	619064.00	34822.20
马来西亚	165892.00	27160.30
南非	123019.00	25153.90
中国台湾省	261472.00	24095.70
阿联酋	101507.00	21380.60
墨西哥	112854.00	21239.80
沙特阿拉伯	252967.00	19845.20
文莱	70337.00	15585.50
韩国	189476.00	13649.50
中国香港	170899.00	12981.70
丹麦	91006.00	10871.30
法国	100471.00	7518.50
意大利	137363.00	7489.70
荷兰	162513.00	7297.70
新西兰	222267.00	6819.60
瑞典	74315.00	6307.30
印度	84431.00	5369.90
越南	62148.00	5133.40
尼日利亚	37318.00	3946.00
比利时	77772.00	3415.50
泰国	58175.00	3359.90
挪威	25906.00	3356.40
西班牙	60382.00	3323.90
以色列	89874.00	2558.60
肯尼亚	21757.00	2525.90
菲律宾	32081.00	2484.80
哈萨克斯坦	6858.00	2044.60
坦桑尼亚	17731.00	1963.80
安哥拉	16492.00	1853.10
中国澳门	4496.00	1847.10
加纳	15563.00	1752.80
卡塔尔	22696.00	1711.70
阿曼	16094.00	1673.60
莫桑比克	10800.00	1579.60
俄罗斯	22097.00	1526.00
巴林	15826.00	1368.50
牙买加	36092.00	1314.80
巴布亚新几内亚	5501.00	1313.30
波兰	19682.00	1244.70
印度尼西亚	23810.00	1207.90

（续）

国家/地区	出口数量（件）	出口金额（千美元）
利比亚	17159.00	1202.20
秘鲁	13811.00	1185.70
巴基斯坦	18374.00	1101.90
博茨瓦纳	9311.00	1079.30
黎巴嫩	13792.00	1075.10
智利	17619.00	972.90
约旦	12307.00	957.70
蒙古	13904.00	935.40
贝宁	7127.00	853.20
刚果(布)	5446.00	737.90
阿尔及利亚	30786.00	709.30
乌兹别克斯坦	7457.00	699.70
委内瑞拉	6114.00	653.40
伊拉克	10905.00	642.60
赤道几内亚	1394.00	627.00
孟加拉国	5752.00	586.80
阿根廷	13020.00	536.90
乌克兰	1130.00	536.40
科威特	3922.00	522.60
毛里求斯	4771.00	518.70
爱尔兰	1950.00	496.40
乌拉圭	7445.00	494.50
缅甸	6457.00	481.60
特立尼达和多巴哥	8261.00	470.10
加蓬	4346.00	458.40
土耳其	11632.00	420.90
朝鲜	6049.00	419.30
马尔代夫	5853.00	418.00
马耳他	2198.00	411.40
巴哈马	7542.00	397.60
希腊	7054.00	368.00
格鲁吉亚	2675.00	342.40
埃及	2093.00	338.30
波多黎各	4853.00	325.50
瑞士	4665.00	323.60
科特迪瓦	4941.00	322.30
留尼汪	2734.00	321.00
拉脱维亚	3215.00	311.80
苏丹	1806.00	308.30
纳米比亚	3609.00	288.10
多米尼加	2128.00	283.20
斯里兰卡	3323.00	279.90
葡萄牙	11334.00	259.40
多哥	2514.00	247.60

（续）

国家/地区	出口数量（件）	出口金额（千美元）
哥斯达黎加	1949.00	239.40
摩洛哥	1375.00	238.70
危地马拉	2797.00	217.30
厄瓜多尔	846.00	212.90
索马里	2865.00	211.20
哥伦比亚	7445.00	198.90
伊朗	4612.00	196.40
芬兰	1552.00	195.50
塞舌尔	1145.00	194.30
塞内加尔	1903.00	191.80
马达加斯加	1653.00	190.10
阿鲁巴	1757.00	164.40
喀麦隆	1451.00	153.40
赞比亚	1210.00	148.20
马里	317.00	142.20
新喀里多尼亚	1347.00	140.40
塞浦路斯	21684.00	128.10
奥地利	3282.00	127.80
巴西	8086.00	125.30
突尼斯	1044.00	113.80
荷属安的列斯群岛	1011.00	112.40
爱沙尼亚	6006.00	109.60
吉布提	758.00	103.50
几内亚	687.00	103.10
罗马尼亚	1514.00	102.80
柬埔寨	724.00	102.30
埃塞俄比亚	2204.00	100.10
斐济	528.00	95.10
阿塞拜疆	628.00	91.60
刚果(金)	768.00	84.90
尼加拉瓜	709.00	80.40
冈比亚	298.00	74.20
克罗地亚	1106.00	70.20
法属波利尼西亚	395.00	65.60
佛得角	151.00	60.50
乌干达	269.00	60.00
津巴布韦	775.00	58.70
圣其茨和尼维斯	993.00	56.70
塞拉利昂	251.00	48.00
毛里塔尼亚	524.00	47.20
圭亚那	700.00	46.60
伯利兹	332.00	42.60
苏里南	160.00	39.70
古巴	120.00	39.40

(续)

国家/地区	出口数量（件）	出口金额（千美元）
阿富汗	19.00	36.70
保加利亚	350.00	33.00
尼泊尔	174.00	27.80
莱索托	246.00	27.10
立陶宛	1583.00	26.70
阿尔巴尼亚	277.00	26.70
洪都拉斯	587.00	22.40
汤加	12.00	22.20
也门	200.00	20.30
吉尔吉斯斯坦	111.00	18.30
东帝汶	56.00	18.20
塞尔维亚	335.00	17.20
摩尔多瓦	167.00	16.80
塔吉克斯坦	63.00	16.20
利比里亚	136.00	16.00
玻利维亚	14.00	15.60
老挝	51.00	15.00
亚美尼亚	55.00	14.90
法属圭亚那	122.00	12.00
所罗门群岛	82.00	11.50
巴拉圭	164.00	10.10
冰岛	79.00	8.70
南苏丹	35.00	8.60
黑山	292.00	7.20
巴勒斯坦	13.00	6.50
斯威士兰	71.00	6.10
白俄罗斯	21.00	6.00
海地	39.00	3.50
马约特	18.00	2.90
乍得	36.00	2.50
英属维尔京群岛	1.00	1.40
萨摩亚	5.00	1.20
瓦利斯和富图纳	30.00	1.10
多米尼克	4.00	1.00
土库曼斯坦	2.00	0.60
布基纳法索	40.00	0.50
94035010 卧室用红木家具		
合计	998.00	377.40
新加坡	335.00	98.00
中国香港	83.00	66.70
中国澳门	81.00	46.70
中国台湾省	35.00	45.40
美国	58.00	26.70
阿联酋	102.00	24.70

(续)

国家/地区	出口数量（件）	出口金额（千美元）
莫桑比克	160.00	20.40
澳大利亚	14.00	14.90
马来西亚	7.00	12.50
阿曼	100.00	12.00
加拿大	22.00	9.00
苏里南	1.00	0.40
94035091 卧室用天然漆(大漆)漆木家具		
合计	1895.00	129.70
英国	1468.00	56.90
中国台湾省	140.00	33.20
阿联酋	272.00	31.60
加拿大	1.00	5.40
美国	10.00	1.70
澳大利亚	4.00	0.80
94035099 其他卧室用木家具		
合计	35435596.00	4508399.80
美国	5988965.00	883194.70
中国香港	4928319.00	708618.00
英国	2368809.00	292107.20
新加坡	1423891.00	269178.60
沙特阿拉伯	2037336.00	250370.20
日本	2457369.00	222344.70
马来西亚	1347456.00	197701.90
阿联酋	1311299.00	191444.90
澳大利亚	1660964.00	154217.70
韩国	1097052.00	153876.80
巴拿马	643742.00	122599.70
南非	612831.00	95262.90
德国	1044939.00	68418.30
加拿大	441258.00	61627.30
印度	481681.00	55255.70
墨西哥	259305.00	52211.10
文莱	303704.00	46066.20
法国	635413.00	36546.00
中国台湾省	283549.00	32045.70
意大利	302550.00	31579.70
阿曼	214818.00	28187.40
伊拉克	260302.00	27612.80
荷兰	363693.00	22841.00
比利时	210087.00	19219.90
中国澳门	54196.00	17140.40
以色列	181305.00	17060.20
摩洛哥	192864.00	16545.70
菲律宾	154141.00	16173.30

(续)

国家/地区	出口数量（件）	出口金额（千美元）
尼日利亚	149565.00	16133.30
俄罗斯	124397.00	15682.30
新西兰	191214.00	15645.40
印度尼西亚	148263.00	15621.40
科威特	119194.00	15456.40
泰国	103783.00	15276.60
卡塔尔	121909.00	15100.40
安哥拉	146866.00	14514.70
利比亚	136740.00	14138.00
阿尔及利亚	153407.00	13935.20
西班牙	143468.00	13548.30
越南	86820.00	12684.30
智利	104067.00	12040.70
肯尼亚	109917.00	12026.70
乌兹别克斯坦	90832.00	9039.00
约旦	69123.00	8742.20
坦桑尼亚	96703.00	8529.10
瑞典	191139.00	8151.50
塞内加尔	76621.00	7356.70
伊朗	74011.00	7322.70
秘鲁	32145.00	7128.10
丹麦	125389.00	6132.70
波兰	114923.00	5611.20
巴林	39894.00	4813.20
哈萨克斯坦	43481.00	4729.20
巴基斯坦	47880.00	4536.30
马耳他	31951.00	4479.00
莫桑比克	40942.00	4462.90
格鲁吉亚	34530.00	4363.90
朝鲜	31305.00	4191.10
蒙古	90522.00	4189.30
黎巴嫩	32419.00	4175.10
加纳	42342.00	4075.30
吉布提	24451.00	3993.90
巴西	16420.00	3587.40
孟加拉国	29144.00	3425.20
索马里	29420.00	3117.10
贝宁	29737.00	3096.10
埃及	26293.00	3001.70
毛里求斯	25871.00	2769.40
拉脱维亚	25351.00	2658.60
阿塞拜疆	20238.00	2513.20
几内亚	24666.00	2437.10
阿根廷	31192.00	2349.00

（续）

国家/地区	出口数量（件）	出口金额（千美元）
乌克兰	17470.00	2293.60
土耳其	25878.00	2254.10
爱尔兰	31636.00	2229.00
希腊	28035.00	2204.70
刚果(布)	15635.00	2165.40
纳米比亚	21904.00	2111.20
罗马尼亚	16772.00	2046.90
挪威	55732.00	1996.20
博茨瓦纳	23902.00	1969.00
喀麦隆	17085.00	1885.80
乌拉圭	19244.00	1851.10
波多黎各	14910.00	1819.70
瑞士	24353.00	1759.10
乍得	1602.00	1739.30
芬兰	10130.00	1667.90
巴布亚新几内亚	6634.00	1623.20
马尔代夫	11627.00	1548.20
刚果(金)	15156.00	1534.30
爱沙尼亚	12842.00	1450.50
塔吉克斯坦	9910.00	1404.40
斯洛文尼亚	27558.00	1365.60
斯里兰卡	11974.00	1349.30
哥斯达黎加	18297.00	1238.00
科特迪瓦	13977.00	1237.70
缅甸	9621.00	1198.10
留尼汪	10624.00	1192.50
厄瓜多尔	15487.00	1141.70
哥伦比亚	16645.00	1119.70
突尼斯	12666.00	1078.50
苏丹	15493.00	969.50
加蓬	9555.00	958.60
马达加斯加	9282.00	903.20
塞浦路斯	8055.00	858.80
葡萄牙	6076.00	836.60
多哥	8242.00	832.00
毛里塔尼亚	8790.00	809.60
马约特	6963.00	801.50
阿尔巴尼亚	6426.00	697.90
科摩罗	6878.00	664.10
冈比亚	7240.00	650.80
危地马拉	3119.00	615.20
赤道几内亚	4700.00	611.40
土库曼斯坦	8188.00	611.10
亚美尼亚	4930.00	579.00
多米尼加	3177.00	520.00
法属波利尼西亚	2671.00	505.20
冰岛	2890.00	483.50
牙买加	1894.00	479.30
委内瑞拉	2970.00	470.10
也门	4541.00	465.10
特立尼达和多巴哥	2921.00	450.00
柬埔寨	2486.00	447.80
马里	2572.00	440.30
马拉维	4369.00	418.10
奥地利	5900.00	414.20
荷属安的列斯群岛	4156.00	398.30
巴哈马	1973.00	383.70
利比里亚	4069.00	377.30
津巴布韦	3228.00	313.90
洪都拉斯	2328.00	300.60
新喀里多尼亚	3275.00	295.10
斐济	2374.00	293.40
保加利亚	2767.00	291.50
赞比亚	1991.00	284.80
立陶宛	2330.00	274.30
尼加拉瓜	1800.00	235.20
海地	2187.00	233.00
乌干达	1810.00	218.70
巴勒斯坦	1966.00	213.30
塞舌尔	1961.00	209.50
苏里南	1906.00	200.30
巴拉圭	1274.00	178.00
斯洛伐克	2053.00	171.60
叙利亚	8615.00	163.40
南苏丹	1662.00	150.80
捷克	5526.00	142.00
斯威士兰	992.00	125.70
塞尔维亚	1735.00	123.60
东帝汶	738.00	114.70
尼日尔	1502.00	110.20
埃塞俄比亚	1274.00	110.10
萨尔瓦多	1234.00	106.30
克罗地亚	989.00	101.20
摩尔多瓦	975.00	95.60
玻利维亚	648.00	92.40
老挝	543.00	88.40
吉尔吉斯斯坦	394.00	86.20
白俄罗斯	334.00	63.40
马绍尔群岛	643.00	61.10
瓜德罗普	244.00	48.60
法属圭亚那	565.00	47.60
黑山	230.00	44.20
莱索托	316.00	42.40
几内亚比绍	402.00	39.60
佛得角	155.00	37.70
古巴	171.00	35.90
布基纳法索	859.00	33.40
阿鲁巴	220.00	32.90
库克群岛	309.00	31.00
圭亚那	341.00	24.40
汤加	66.00	19.80
萨摩亚	256.00	19.60
尼泊尔	193.00	18.80
塞拉利昂	42.00	17.60
匈牙利	576.00	15.50
伯利兹	179.00	14.90
百慕大	240.00	13.40
所罗门群岛	52.00	12.40
瓦努阿图	421.00	9.20
阿富汗	55.00	8.00
卢旺达	22.00	5.60
安道尔	255.00	5.10
马提尼克	20.00	4.30
帕劳	80.00	3.60
英属维尔京群岛	5.00	3.10
格林纳达	4.00	2.60
圣其茨和尼维斯	40.00	1.80
摩纳哥	1.00	1.40
圣卢西亚	4.00	0.80
图瓦卢	4.00	0.40
94036010 其他红木家具		
合计	5901.00	3303.50
中国台湾省	1069.00	1504.30
泰国	145.00	389.60
美国	553.00	349.00
日本	1352.00	300.10
新加坡	485.00	172.40
中国澳门	428.00	128.20
马来西亚	343.00	122.90
中国香港	427.00	109.40
澳大利亚	127.00	95.80
加拿大	306.00	77.70

(续)

国家/地区	出口数量(件)	出口金额(千美元)
法国	72.00	24.50
沙特阿拉伯	420.00	10.70
摩洛哥	80.00	10.30
西班牙	10.00	3.10
哈萨克斯坦	16.00	2.20
牙买加	5.00	1.20
南非	43.00	0.70
俄罗斯	1.00	0.50
苏里南	11.00	0.50
乌干达	1.00	0.50
巴拿马	5.00	0.10
黎巴嫩	2.00	0.10
94036091 其他天然漆(大漆)漆木家具		
合计	7542.00	392.20
日本	1202.00	235.80
美国	2210.00	80.50
沙特阿拉伯	75.00	19.80
瑞典	1162.00	19.30
韩国	1786.00	19.10
中国台湾省	1000.00	8.70
澳大利亚	6.00	3.60
马来西亚	19.00	1.60
阿尔巴尼亚	47.00	1.20
中国香港	7.00	1.10
英国	22.00	0.90
印度尼西亚	5.00	0.50
新加坡	1.00	0.10
94036099 未列名木家具		
合计	148238053.00	7276501.50
美国	46569683.00	2461054.60
中国香港	4224116.00	457428.80
英国	10986110.00	371235.20
日本	11057830.00	367204.40
新加坡	2206295.00	331195.10
澳大利亚	6238995.00	276181.30
德国	9868112.00	257699.10
加拿大	4471321.00	219823.80
法国	5532221.00	185627.70
沙特阿拉伯	3150173.00	171468.70
马来西亚	1791949.00	163873.80
阿联酋	1653161.00	141436.50
韩国	2871334.00	122805.40
印度	1550855.00	110582.30
荷兰	5334529.00	92380.80

(续)

国家/地区	出口数量(件)	出口金额(千美元)
中国台湾省	1316372.00	91258.60
中国澳门	212613.00	65622.60
意大利	2017990.00	65290.40
比利时	2163222.00	64942.90
南非	857042.00	62874.50
瑞典	1682508.00	60404.90
巴拿马	531550.00	59373.70
丹麦	1565686.00	58039.40
西班牙	2048134.00	54542.90
墨西哥	1020591.00	53526.40
尼日利亚	446688.00	41964.30
泰国	654187.00	39785.80
安哥拉	426460.00	38754.40
菲律宾	645064.00	34764.00
智利	1208991.00	33942.80
波兰	1055418.00	32801.00
俄罗斯	614831.00	32796.30
新西兰	872698.00	31344.80
印度尼西亚	849824.00	29851.20
秘鲁	421550.00	28201.40
阿尔及利亚	499205.00	27694.80
以色列	442818.00	20512.90
科威特	323437.00	20098.90
肯尼亚	246912.00	19952.60
挪威	422266.00	18314.40
坦桑尼亚	281426.00	17588.80
文莱	121983.00	17122.70
越南	161274.00	16865.10
塞内加尔	178143.00	16730.60
伊拉克	237745.00	14027.10
孟加拉国	139600.00	13332.20
巴西	489433.00	12796.70
阿曼	138373.00	12758.30
阿根廷	182790.00	12139.50
加纳	156704.00	11937.00
利比亚	151845.00	11412.60
摩洛哥	179921.00	11115.40
卡塔尔	93866.00	10924.60
土耳其	217861.00	9757.30
莫桑比克	106735.00	9084.50
希腊	499254.00	7888.90
哥伦比亚	300183.00	7562.60
黎巴嫩	79302.00	7239.70
葡萄牙	241694.00	6879.20

(续)

国家/地区	出口数量(件)	出口金额(千美元)
瑞士	240280.00	6621.00
贝宁	66720.00	6493.20
乌兹别克斯坦	63323.00	6476.00
巴林	103455.00	5968.10
爱尔兰	176983.00	5871.80
拉脱维亚	146445.00	5845.80
巴基斯坦	66128.00	5661.00
埃及	108358.00	5656.80
哈萨克斯坦	38724.00	5649.70
吉布提	61945.00	5569.40
刚果(金)	63641.00	5453.80
约旦	62276.00	5410.60
科特迪瓦	112442.00	5255.40
毛里求斯	64914.00	5088.50
多米尼加	218927.00	5017.70
芬兰	109515.00	5005.00
伊朗	47307.00	4955.40
罗马尼亚	115276.00	4747.70
乌拉圭	127779.00	4691.20
刚果(布)	44602.00	4497.50
波多黎各	103729.00	4480.20
斯洛文尼亚	197319.00	4472.40
几内亚	40837.00	3987.70
奥地利	78359.00	3831.90
喀麦隆	41367.00	3803.10
乌克兰	65483.00	3760.40
多哥	60918.00	3748.70
斯里兰卡	46671.00	3409.80
格鲁吉亚	30517.00	3341.30
加蓬	35805.00	3264.20
马耳他	34205.00	3205.70
爱沙尼亚	47182.00	3071.90
索马里	32041.00	3064.70
委内瑞拉	51761.00	3034.50
阿尔巴尼亚	31516.00	3017.60
蒙古	46854.00	2760.10
捷克	78073.00	2629.10
克罗地亚	80771.00	2488.20
厄瓜多尔	88325.00	2458.90
牙买加	16803.00	2367.00
突尼斯	30955.00	2329.70
哥斯达黎加	93037.00	2322.60
巴布亚新几内亚	25224.00	2145.90
马达加斯加	38777.00	2138.90

（续）

国家/地区	出口数量（件）	出口金额（千美元）
缅甸	17102.00	1907.80
阿塞拜疆	13648.00	1721.10
纳米比亚	21089.00	1695.10
朝鲜	42878.00	1688.70
斯洛伐克	42229.00	1669.90
立陶宛	76988.00	1612.60
危地马拉	47931.00	1611.20
特立尼达和多巴哥	16818.00	1592.00
保加利亚	35398.00	1357.50
巴哈马	5436.00	1347.10
柬埔寨	6878.00	1311.90
马约特	14199.00	1252.20
博茨瓦纳	27259.00	1250.70
留尼汪	26603.00	1233.40
毛里塔尼亚	15829.00	1231.00
冈比亚	12078.00	1171.80
马尔代夫	12619.00	1109.70
津巴布韦	10869.00	1096.30
赤道几内亚	9424.00	1033.10
荷属安的列斯群岛	9924.00	1027.70
利比里亚	15492.00	1016.20
亚美尼亚	11525.00	962.50
塞浦路斯	20178.00	921.60
匈牙利	32296.00	791.60
塞舌尔	6013.00	727.90
科摩罗	6897.00	670.20
洪都拉斯	11581.00	648.60
赞比亚	9215.00	621.90
新喀里多尼亚	14125.00	621.30
土库曼斯坦	7517.00	612.30
马里	6282.00	595.90
冰岛	8897.00	576.10
马拉维	4943.00	564.50
也门	19405.00	545.20
乍得	921.00	533.70
斐济	5077.00	488.60
法属波利尼西亚	4309.00	434.10
萨尔瓦多	9887.00	410.50
玻利维亚	4295.00	409.90
巴拉圭	5189.00	392.20
尼加拉瓜	5252.00	389.00
塔吉克斯坦	3357.00	378.20
古巴	6585.00	354.50
苏里南	12003.00	345.70

（续）

国家/地区	出口数量（件）	出口金额（千美元）
苏丹	12760.00	314.00
塞尔维亚	7744.00	307.10
摩尔多瓦	2034.00	301.00
瓜德罗普	4835.00	297.90
斯威士兰	3022.00	271.60
圭亚那	2330.00	262.20
乌干达	2495.00	257.90
老挝	1563.00	216.80
巴勒斯坦	2369.00	216.00
海地	6672.00	215.20
佛得角	1820.00	206.50
法属圭亚那	4305.00	202.00
东帝汶	1654.00	168.60
布基纳法索	2967.00	165.60
塞拉利昂	1395.00	163.80
叙利亚	9115.00	162.90
帕劳	582.00	152.50
马提尼克	3232.00	130.20
埃塞俄比亚	905.00	126.60
阿鲁巴	2296.00	118.60
前南马其顿	1191.00	115.30
吉尔吉斯斯坦	1069.00	110.30
卢旺达	364.00	102.50
黑山	1690.00	100.80
尼日尔	631.00	72.70
圣卢西亚	1724.00	68.90
库克群岛	698.00	68.10
几内亚比绍	681.00	65.70
南苏丹	1721.00	62.40
阿富汗	549.00	58.80
伯利兹	625.00	57.20
开曼群岛	145.00	52.70
萨摩亚	349.00	50.90
波黑	670.00	46.40
摩纳哥	133.00	44.50
大洋洲其他国家(地区)	122.00	41.80
马绍尔群岛	398.00	39.20
巴巴多斯	5026.00	36.20
多米尼克	1177.00	36.00
白俄罗斯	145.00	32.30
安提瓜和巴布达	43.00	31.10
莱索托	192.00	31.00
百慕大	250.00	18.70
瓦努阿图	545.00	15.60

（续）

国家/地区	出口数量（件）	出口金额（千美元）
汤加	150.00	15.20
库腊索岛	51.00	13.90
圣马丁岛	89.00	10.20
圣其茨和尼维斯	267.00	9.80
所罗门群岛	254.00	8.00
基里巴斯	28.00	2.70
格林纳达	22.00	2.60
尼泊尔	20.00	1.20
英属维尔京群岛	4.00	0.70
圣文森特和格林纳丁斯	42.00	0.60
蒙特塞拉特	11.00	0.50

木质家具进口量值表

国家/地区	进口数量（件）	进口金额（千美元）
94016110 皮革或再生皮革面的带软垫的木框架坐具		
合计	120152.00	63218.20
意大利	21869.00	39179.30
美国	2464.00	3597.70
越南	18013.00	2581.30
德国	2259.00	2421.30
印度尼西亚	33632.00	2387.10
波兰	2061.00	2252.70
墨西哥	1575.00	2051.20
泰国	2773.00	1468.40
挪威	1779.00	1372.40
波黑	13224.00	978.50
中国	1669.00	877.90
瑞士	181.00	715.10
法国	428.00	566.00
马来西亚	6602.00	458.80
丹麦	668.00	415.80
罗马尼亚	804.00	229.40
荷兰	534.00	189.60
英国	155.00	184.40
中国台湾省	485.00	181.20
西班牙	266.00	174.50
比利时	334.00	139.50
印度	1061.00	120.30
葡萄牙	134.00	100.00
菲律宾	390.00	99.10
日本	4912.00	91.10
巴西	650.00	72.60

(续)

国家/地区	进口数量（件）	进口金额（千美元）
新加坡	102.00	64.50
韩国	823.00	57.50
奥地利	48.00	45.60
澳大利亚	60.00	28.20
中国香港	35.00	27.70
加拿大	47.00	26.90
新西兰	7.00	12.30
瑞典	54.00	11.40
洪都拉斯	20.00	9.10
立陶宛	12.00	8.30
圣马力诺	2.00	6.30
爱沙尼亚	6.00	4.30
塞尔维亚	5.00	4.10
匈牙利	2.00	2.60
土耳其	4.00	2.60
捷克	3.00	1.70
94016190 其他带软垫的木框架坐具		
合计	293621.00	72442.80
意大利	14692.00	25048.50
美国	21726.00	20620.20
越南	125155.00	7946.30
中国	25919.00	3813.20
墨西哥	2509.00	2613.90
印度尼西亚	5513.00	1704.50
法国	1920.00	1469.20
马来西亚	56301.00	1145.00
波兰	8116.00	1057.80
英国	825.00	845.90
德国	1299.00	817.00
泰国	2941.00	658.90
西班牙	979.00	638.40
日本	8000.00	589.90
丹麦	1619.00	340.70
中国台湾省	1998.00	337.80
荷兰	2265.00	297.70
比利时	1641.00	272.50
菲律宾	386.00	252.40
韩国	700.00	243.10
印度	2801.00	220.90
挪威	352.00	211.60
葡萄牙	306.00	193.70
圣马力诺	279.00	187.90
土耳其	392.00	115.90
罗马尼亚	2654.00	103.20

(续)

国家/地区	进口数量（件）	进口金额（千美元）
瑞士	35.00	68.90
加拿大	180.00	61.10
澳大利亚	126.00	60.00
中国香港	133.00	56.20
瑞典	258.00	53.60
爱沙尼亚	98.00	50.30
新加坡	70.00	48.90
芬兰	65.00	43.90
埃及	165.00	42.40
奥地利	27.00	29.10
爱尔兰	38.00	27.30
克罗地亚	23.00	22.40
阿联酋	642.00	20.80
捷克	6.00	13.30
巴西	2.00	9.70
新西兰	38.00	9.70
洪都拉斯	43.00	9.20
立陶宛	17.00	8.80
波黑	15.00	8.80
巴基斯坦	143.00	8.30
哥伦比亚	4.00	8.10
伊朗	76.00	7.30
尼泊尔	8.00	6.50
斯里兰卡	14.00	4.60
叙利亚	1.00	3.70
塞尔维亚	6.00	2.90
匈牙利	7.00	2.60
斯洛文尼亚	3.00	2.20
保加利亚	15.00	2.10
南非	22.00	1.60
拉脱维亚	3.00	0.70
中国澳门	40.00	0.50
前南马其顿	6.00	0.50
蒙古	2.00	0.40
乌克兰	1.00	0.10
俄罗斯	1.00	0.00
94016900 其他木框架坐具		
合计	1801191.00	85447.80
越南	817878.00	55454.20
印度尼西亚	82476.00	5245.90
泰国	182368.00	4626.00
马来西亚	265687.00	3585.70
罗马尼亚	197652.00	2405.40
意大利	5289.00	2299.00

(续)

国家/地区	进口数量（件）	进口金额（千美元）
波兰	106447.00	2137.90
老挝	12948.00	1719.50
中国	35462.00	1198.30
美国	3139.00	951.40
丹麦	7961.00	844.50
保加利亚	24080.00	524.50
立陶宛	14763.00	507.30
德国	1579.00	469.70
芬兰	1529.00	421.00
法国	2779.00	349.80
洪都拉斯	1666.00	265.10
波黑	13454.00	243.00
印度	5377.00	230.00
日本	1060.00	225.20
斯洛文尼亚	2679.00	206.40
中国台湾省	3456.00	170.70
柬埔寨	934.00	152.90
爱沙尼亚	1989.00	150.60
韩国	351.00	132.80
西班牙	349.00	117.30
荷兰	627.00	108.40
英国	464.00	105.80
菲律宾	1270.00	78.20
比利时	721.00	73.70
瑞典	552.00	50.00
匈牙利	1160.00	42.60
挪威	40.00	38.70
瑞士	40.00	38.30
巴西	469.00	34.80
中国香港	157.00	32.80
捷克	279.00	29.80
加拿大	46.00	25.80
葡萄牙	67.00	17.10
斯里兰卡	101.00	16.90
拉脱维亚	89.00	16.70
多哥	119.00	16.40
阿联酋	540.00	13.40
奥地利	33.00	11.10
澳大利亚	64.00	10.30
土耳其	214.00	9.70
叙利亚	5.00	9.50
南非	101.00	7.30
突尼斯	15.00	4.70
巴基斯坦	195.00	4.50

（续）

国家/地区	进口数量（件）	进口金额（千美元）
新加坡	47.00	3.40
冈比亚	238.00	2.50
塞内加尔	80.00	2.40
圣马力诺	23.00	2.40
新西兰	8.00	2.10
克罗地亚	13.00	1.30
尼日利亚	1.00	1.10
俄罗斯	3.00	0.40
墨西哥	2.00	0.40
缅甸	20.00	0.40
尼泊尔	28.00	0.30
孟加拉国	6.00	0.30
国别(地区)不详	1.00	0.20
科特迪瓦	1.00	0.10
94033000 办公室用木家具		
合计	478347.00	43093.70
葡萄牙	284124.00	13433.90
波兰	49766.00	5357.20
德国	29127.00	3719.80
意大利	15308.00	3261.70
立陶宛	54685.00	3250.10
斯洛伐克	23108.00	3209.20
澳大利亚	1721.00	2806.20
瑞典	2847.00	2054.00
美国	2131.00	1668.20
荷兰	447.00	665.90
中国台湾省	1947.00	659.80
奥地利	161.00	418.20
英国	238.00	379.90
越南	2239.00	278.10
韩国	402.00	269.00
日本	1980.00	254.00
捷克	4211.00	213.00
印度尼西亚	635.00	166.10
中国	1268.00	145.90
丹麦	281.00	139.20
马来西亚	473.00	132.30
老挝	201.00	108.50
瑞士	20.00	90.20
法国	223.00	74.40
匈牙利	84.00	57.50
西班牙	36.00	53.70
新西兰	5.00	47.00
罗马尼亚	71.00	28.00

（续）

国家/地区	进口数量（件）	进口金额（千美元）
菲律宾	97.00	24.70
印度	64.00	20.50
土耳其	155.00	20.40
墨西哥	40.00	15.70
泰国	50.00	11.10
新加坡	9.00	10.90
加拿大	17.00	7.40
芬兰	9.00	7.00
斯洛文尼亚	23.00	6.20
克罗地亚	19.00	5.80
中国香港	6.00	5.40
比利时	23.00	5.30
巴基斯坦	4.00	2.90
挪威	66.00	2.50
沙特阿拉伯	3.00	2.10
中国澳门	13.00	2.10
俄罗斯	3.00	1.00
科威特	1.00	0.50
爱沙尼亚	3.00	0.40
缅甸	1.00	0.40
拉脱维亚	2.00	0.40
94034000 厨房用木家具		
合计	596702.00	96725.10
德国	438343.00	64526.90
意大利	67406.00	22701.00
越南	18789.00	1811.30
韩国	28952.00	1351.50
日本	1714.00	1325.40
圣马力诺	716.00	699.70
罗马尼亚	3187.00	575.40
马来西亚	7873.00	490.40
西班牙	964.00	422.20
美国	1904.00	372.00
印度尼西亚	2033.00	355.80
比利时	315.00	253.20
阿联酋	3904.00	252.60
法国	277.00	250.80
老挝	524.00	164.40
中国	1937.00	143.90
斯洛文尼亚	3912.00	126.70
波兰	836.00	121.70
中国台湾省	752.00	113.20
澳大利亚	220.00	103.00
丹麦	670.00	97.80

（续）

国家/地区	进口数量（件）	进口金额（千美元）
立陶宛	7217.00	77.10
加拿大	1553.00	76.10
瑞典	1628.00	66.00
奥地利	74.00	55.90
泰国	443.00	41.40
印度	386.00	30.00
新西兰	1.00	23.00
菲律宾	22.00	22.00
荷兰	38.00	15.00
葡萄牙	6.00	13.60
英国	52.00	10.30
墨西哥	2.00	7.20
波黑	15.00	6.80
土耳其	10.00	6.10
匈牙利	3.00	5.30
南非	13.00	4.90
斯里兰卡	5.00	3.70
中国香港	2.00	1.30
蒙古	2.00	0.20
伊朗	1.00	0.10
瑞士	1.00	0.10
94035010 卧室用红木家具		
合计	18246.00	6878.00
越南	16926.00	6084.50
老挝	1093.00	611.00
中国	13.00	80.00
印度尼西亚	144.00	45.80
柬埔寨	47.00	31.30
中国香港	11.00	11.20
斯里兰卡	3.00	8.10
巴基斯坦	7.00	5.10
美国	1.00	0.70
英国	1.00	0.30
94035091 卧室用天然漆(大漆)漆木家具		
合计	113.00	88.20
意大利	43.00	44.70
印度尼西亚	62.00	21.30
美国	4.00	15.60
西班牙	3.00	6.20
德国	1.00	0.40
94035099 其他卧室用木家具		
合计	1153928.00	154324.00
越南	231779.00	31640.00
波兰	447016.00	30955.90

(续)

国家/地区	进口数量（件）	进口金额（千美元）
意大利	36613.00	29651.50
斯洛伐克	51993.00	9041.10
美国	7207.00	8025.00
印度尼西亚	31000.00	7535.10
罗马尼亚	80704.00	4946.70
泰国	69668.00	4871.70
立陶宛	40903.00	4666.50
德国	11495.00	4306.40
瑞典	10069.00	3671.60
中国	16962.00	2214.30
马来西亚	8045.00	1350.70
丹麦	23248.00	1239.80
克罗地亚	5853.00	1225.90
法国	916.00	959.20
菲律宾	905.00	864.30
比利时	2005.00	721.40
英国	223.00	719.80
圣马力诺	1210.00	578.60
葡萄牙	755.00	563.30
拉脱维亚	3973.00	558.50
西班牙	1579.00	539.00
中国台湾省	3065.00	396.10
巴西	11672.00	369.20
爱沙尼亚	2389.00	303.10
土耳其	1154.00	229.70
韩国	2043.00	226.90
波黑	11410.00	216.10
俄罗斯	33616.00	212.10
瑞士	33.00	204.50
荷兰	1024.00	200.80
印度	675.00	177.10
日本	534.00	175.70
老挝	741.00	149.00
奥地利	108.00	143.60
挪威	173.00	90.30
洪都拉斯	150.00	83.10
加拿大	44.00	47.50
希腊	83.00	47.20
柬埔寨	126.00	43.70
斯洛文尼亚	263.00	38.20
澳大利亚	63.00	22.30
新西兰	36.00	14.60
尼泊尔	36.00	14.30
斯里兰卡	17.00	12.50

(续)

国家/地区	进口数量（件）	进口金额（千美元）
中国香港	25.00	9.00
墨西哥	11.00	8.30
秘鲁	6.00	5.50
新加坡	19.00	5.40
以色列	8.00	4.90
捷克	37.00	4.80
南非	9.00	4.40
白俄罗斯	20.00	3.00
哥伦比亚	2.00	3.00
阿联酋	93.00	2.80
埃及	7.00	2.10
摩洛哥	1.00	1.80
冈比亚	100.00	1.10
匈牙利	3.00	0.90
蒙古	3.00	0.90
巴基斯坦	3.00	0.80
古巴	1.00	0.50
特立尼达和多巴哥	1.00	0.40
塞内加尔	2.00	0.30
保加利亚	1.00	0.10
94036010 其他红木家具		
合计	160441.00	21916.80
越南	130090.00	19726.60
老挝	27388.00	1456.20
印度尼西亚	1840.00	305.30
泰国	595.00	149.80
美国	38.00	92.00
柬埔寨	97.00	47.60
中国	73.00	29.60
意大利	17.00	27.50
中国香港	42.00	25.40
中国台湾省	135.00	18.50
日本	32.00	11.70
英国	24.00	8.50
巴基斯坦	48.00	5.50
缅甸	7.00	5.00
印度	10.00	3.30
斯里兰卡	3.00	2.80
菲律宾	1.00	1.60
德国	1.00	0.10
94036091 其他天然漆(大漆)漆木家具		
合计	540.00	343.00
意大利	343.00	193.70
美国	12.00	53.70

(续)

国家/地区	进口数量（件）	进口金额（千美元）
日本	8.00	32.70
印度尼西亚	104.00	16.80
英国	4.00	14.50
中国	8.00	14.10
比利时	41.00	8.20
西班牙	3.00	3.10
德国	4.00	2.40
波兰	1.00	2.40
斯里兰卡	7.00	0.70
丹麦	2.00	0.40
法国	3.00	0.30
94036099 未列名木家具		
合计	5569338.00	339642.60
意大利	684375.00	80464.00
波兰	1566032.00	41475.70
越南	662153.00	32718.70
泰国	742558.00	28066.80
美国	12705.00	19677.00
立陶宛	431501.00	19025.80
瑞典	436850.00	17397.10
德国	58952.00	16396.20
印度尼西亚	104426.00	15833.20
斯洛伐克	118234.00	11624.30
中国	38997.00	7659.00
马来西亚	159672.00	5732.10
捷克	121433.00	5044.00
法国	3721.00	4788.00
菲律宾	5265.00	3960.50
俄罗斯	47280.00	3125.50
中国台湾省	28309.00	3005.10
波黑	99465.00	2682.00
拉脱维亚	79094.00	2506.50
罗马尼亚	20389.00	2334.10
丹麦	17009.00	1951.60
印度	12093.00	1582.10
巴西	23647.00	1406.10
日本	4133.00	1166.40
奥地利	948.00	1037.90
西班牙	1020.00	937.40
比利时	2918.00	902.20
斯洛文尼亚	43526.00	895.50
韩国	6623.00	784.20
葡萄牙	17348.00	715.50
英国	1725.00	698.40

（续）

国家/地区	进口数量（件）	进口金额（千美元）
荷兰	1880.00	611.00
老挝	2525.00	495.50
新加坡	277.00	365.10
巴基斯坦	772.00	349.20
澳大利亚	307.00	337.00
洪都拉斯	468.00	330.10
克罗地亚	2780.00	275.40
挪威	1696.00	216.70
瑞士	62.00	177.80
中国香港	434.00	174.90
柬埔寨	925.00	116.00
墨西哥	101.00	106.10
土耳其	552.00	101.40
加拿大	190.00	69.70
保加利亚	2603.00	53.40
南非	152.00	30.00
新西兰	37.00	29.40
匈牙利	393.00	28.90
埃及	148.00	25.00
尼泊尔	109.00	24.60
斯里兰卡	103.00	24.10
以色列	11.00	19.30
阿联酋	41.00	15.60
圣马力诺	86.00	15.30
爱沙尼亚	57.00	9.70
叙利亚	6.00	8.10
伊朗	52.00	7.80
多哥	47.00	7.60
希腊	24.00	6.20
芬兰	18.00	3.70
哥伦比亚	3.00	3.70
白俄罗斯	16.00	2.60
摩洛哥	9.00	2.20
朝鲜	1.00	1.60
特立尼达和多巴哥	5.00	1.50
国别(地区)不详	5.00	1.00
乌克兰	9.00	0.70
科威特	1.00	0.50
冈比亚	22.00	0.40
缅甸	2.00	0.40
突尼斯	1.00	0.20
蒙古	1.00	0.10
沙特阿拉伯	3.00	0.10
塞内加尔	3.00	0.10

木制品出口量值表

国家/地区	出口数量（千克）	出口金额（千美元）
44091010 任一边、端或面制成连续形状针叶木地板条		
合计	2169046.00	4934.90
日本	1782005.00	4088.60
美国	329280.00	749.60
孟加拉国	11837.00	26.30
澳大利亚	5400.00	9.70
法国	1497.00	9.30
俄罗斯	15100.00	9.10
中国台湾省	3071.00	7.40
莫桑比克	2860.00	7.20
韩国	3843.00	6.40
老挝	7400.00	4.90
阿联酋	780.00	4.50
泰国	2629.00	4.30
几内亚比绍	1150.00	2.90
多米尼加	875.00	2.60
菲律宾	407.00	1.00
哈萨克斯坦	390.00	0.50
加拿大	450.00	0.40
沙特阿拉伯	72.00	0.10
44091090 其他任一边、端或面制成连续形状针叶木木材		
合计	7678738.00	13572.70
日本	5411881.00	8430.40
韩国	982376.00	2170.40
美国	737325.00	1804.10
尼日利亚	212506.00	295.10
马来西亚	117400.00	242.10
中国台湾省	99563.00	237.40
中国澳门	38041.00	225.10
加拿大	35121.00	91.80
新加坡	27414.00	56.10
中国香港	12206.00	17.50
墨西哥	4840.00	2.60
科特迪瓦	65.00	0.20
44092910 其他任一边、端或面成连续状非针叶木地板条		
合计	162998828.00	268198.80
美国	71487798.00	104220.80
新加坡	3189150.00	41458.90
日本	25339358.00	34722.30
英国	20028408.00	28815.30
加拿大	15186757.00	22279.80

（续）

国家/地区	出口数量（千克）	出口金额（千美元）
澳大利亚	6945743.00	9392.00
韩国	8703512.00	8745.10
比利时	2352805.00	3763.10
法国	2227010.00	3021.20
俄罗斯	1711024.00	2999.90
中国香港	1848003.00	2631.20
印度	462137.00	714.20
阿联酋	416085.00	644.20
菲律宾	384348.00	439.70
刚果(布)	80071.00	316.60
波兰	164636.00	311.50
荷兰	206054.00	294.10
巴基斯坦	150432.00	281.10
伊朗	138403.00	259.20
中国澳门	17509.00	253.00
泰国	156640.00	234.50
中国台湾省	238933.00	202.90
爱尔兰	147827.00	176.70
意大利	89766.00	156.70
斯洛文尼亚	90519.00	155.10
阿塞拜疆	83462.00	140.90
新西兰	81866.00	114.40
格鲁吉亚	69982.00	103.20
塔吉克斯坦	24324.00	101.70
西班牙	71150.00	99.50
乌兹别克斯坦	62355.00	86.20
马来西亚	54935.00	84.20
罗马尼亚	59700.00	79.80
巴拿马	74320.00	78.10
埃及	47592.00	72.70
沙特阿拉伯	40836.00	54.40
希腊	30908.00	52.80
墨西哥	38140.00	49.00
肯尼亚	38893.00	44.00
土耳其	125600.00	43.30
保加利亚	26073.00	41.30
瑞典	47691.00	40.80
卡塔尔	22700.00	34.00
莱索托	3800.00	32.80
智利	16500.00	32.40
黎巴嫩	30214.00	31.50
阿根廷	27730.00	27.70
文莱	10990.00	24.90
德国	22400.00	20.70

（续）

国家/地区	出口数量（千克）	出口金额（千美元）
佛得角	11037.00	19.70
利比亚	2572.00	19.60
津巴布韦	4803.00	19.20
安哥拉	3750.00	18.60
拉脱维亚	17300.00	16.10
以色列	7050.00	15.10
乌克兰	11172.00	15.00
多米尼克	7300.00	14.40
斯里兰卡	6179.00	13.00
莫桑比克	1648.00	10.70
几内亚	4050.00	10.60
约旦	5600.00	9.10
亚美尼亚	8000.00	8.60
巴哈马	10500.00	5.80
巴布亚新几内亚	5082.00	4.90
孟加拉国	2800.00	3.60
哈萨克斯坦	4060.00	3.50
丹麦	3200.00	3.20
突尼斯	1950.00	2.10
多米尼加	2220.00	2.10
蒙古	1000.00	2.00
柬埔寨	460.00	0.90
越南	345.00	0.70
摩尔多瓦	1499.00	0.50
阿曼	110.00	0.30
巴拉圭	52.00	0.30
44092990 其他任一边、端或面成连续形状非针叶木木材		
合计	4653781.00	7956.00
日本	2851369.00	3417.40
美国	1050441.00	2414.70
中国香港	172523.00	634.00
中国澳门	59783.00	443.60
印度	143325.00	230.30
澳大利亚	89601.00	205.90
荷兰	49720.00	133.80
英国	23982.00	116.10
加拿大	36470.00	93.90
立陶宛	17500.00	36.90
肯尼亚	52000.00	28.20
芬兰	7803.00	28.00
尼日利亚	29632.00	27.20
沙特阿拉伯	1765.00	19.60
菲律宾	16939.00	19.60

（续）

国家/地区	出口数量（千克）	出口金额（千美元）
波多黎各	7500.00	19.50
阿联酋	6264.00	17.20
阿尔及利亚	3718.00	13.20
巴基斯坦	18100.00	12.40
俄罗斯	4593.00	11.30
德国	4140.00	9.50
多米尼加	1560.00	7.10
文莱	1520.00	4.80
埃及	860.00	4.40
泰国	894.00	2.90
韩国	256.00	1.30
博茨瓦纳	540.00	1.10
瑞士	680.00	0.90
利比亚	126.00	0.50
哥斯达黎加	110.00	0.40
新加坡	60.00	0.20
南非	7.00	0.00
44140010 辐射松制的画框、相框、镜框及类似品		
合计	5600501.00	12500.40
美国	3978896.00	9190.40
英国	334434.00	766.50
荷兰	320555.00	522.80
德国	220698.00	438.80
比利时	238378.00	381.60
西班牙	102090.00	275.00
加拿大	114250.00	273.20
澳大利亚	83131.00	218.00
法国	83006.00	145.30
日本	49005.00	138.40
瑞典	14681.00	24.70
马来西亚	8091.00	24.40
爱尔兰	8227.00	16.50
希腊	7579.00	13.60
新西兰	5946.00	13.60
中国香港	6816.00	13.60
智利	7847.00	12.60
新加坡	5419.00	11.90
瑞士	6925.00	11.50
阿联酋	833.00	2.10
墨西哥	906.00	1.80
土耳其	796.00	1.30
斯洛伐克	790.00	1.30
韩国	543.00	1.10

（续）

国家/地区	出口数量（千克）	出口金额（千美元）
沙特阿拉伯	159.00	0.50
蒙古	500.00	0.20
44140090 其他木制的画框、相框、镜框及类似品		
合计	157205026.00	439867.50
美国	80756934.00	205646.30
英国	10152552.00	29129.50
德国	8465803.00	23578.90
日本	5729785.00	21888.10
澳大利亚	9171721.00	20481.80
荷兰	5255790.00	13188.80
加拿大	4588388.00	11120.50
比利时	4534285.00	11080.40
马来西亚	1407935.00	9778.90
法国	3106259.00	9250.00
新加坡	1220512.00	8889.70
墨西哥	1196375.00	7792.30
意大利	2018131.00	7542.30
西班牙	2007592.00	5415.40
俄罗斯	1593522.00	3821.00
瑞典	1306671.00	3793.80
波兰	1113878.00	3623.00
新西兰	1306838.00	3089.70
巴拿马	413890.00	3027.80
韩国	1023283.00	2890.80
智利	1005444.00	2787.10
丹麦	798576.00	2499.50
南非	644907.00	1971.70
中国香港	502963.00	1865.70
阿联酋	428691.00	1832.30
巴西	430595.00	1817.80
爱沙尼亚	626922.00	1583.00
沙特阿拉伯	301901.00	1285.20
土耳其	354829.00	1182.60
爱尔兰	360930.00	1144.30
希腊	302376.00	1111.00
菲律宾	492330.00	1100.60
文莱	98501.00	1065.70
中国台湾省	315983.00	1013.30
阿根廷	337906.00	950.40
挪威	334035.00	885.40
泰国	229313.00	823.20
以色列	294127.00	804.90
秘鲁	214183.00	673.00

（续）

国家/地区	出口数量（千克）	出口金额（千美元）
印度尼西亚	157981.00	610.60
葡萄牙	129877.00	550.90
伊拉克	165763.00	426.60
奥地利	168590.00	423.30
尼日利亚	147419.00	415.40
哥伦比亚	124759.00	394.00
芬兰	70836.00	345.90
黎巴嫩	81360.00	327.70
吉布提	84051.00	325.70
瑞士	89913.00	274.70
印度	78291.00	271.80
哥斯达黎加	81580.00	237.30
科威特	64919.00	210.60
厄瓜多尔	42573.00	163.20
中国澳门	34929.00	158.30
立陶宛	37611.00	153.40
塞浦路斯	35358.00	148.00
阿曼	104559.00	144.20
尼加拉瓜	67780.00	140.10
匈牙利	46750.00	134.30
乌克兰	28332.00	117.00
罗马尼亚	28041.00	114.60
埃及	94793.00	111.80
越南	29480.00	106.00
乌拉圭	41411.00	101.50
捷克	17966.00	93.80
斯洛文尼亚	33759.00	91.80
巴布亚新几内亚	47332.00	91.40
哈萨克斯坦	26219.00	88.40
摩洛哥	38864.00	86.60
巴基斯坦	14219.00	86.40
埃塞俄比亚	11466.00	85.90
缅甸	39746.00	83.00
马耳他	21177.00	79.40
多米尼加	24586.00	71.40
巴林	24748.00	70.70
格鲁吉亚	9489.00	65.20
伊朗	15925.00	58.40
朝鲜	29045.00	56.20
贝宁	26186.00	56.10
斯洛伐克	28292.00	51.30
危地马拉	18795.00	48.70
克罗地亚	10284.00	47.30
萨尔瓦多	21051.00	47.10

（续）

国家/地区	出口数量（千克）	出口金额（千美元）
拉脱维亚	35629.00	43.70
波多黎各	18279.00	40.40
几内亚	10969.00	37.90
利比亚	9318.00	35.60
肯尼亚	13066.00	35.50
古巴	4396.00	31.70
安哥拉	10591.00	28.90
阿尔及利亚	15025.00	28.00
卡塔尔	5599.00	27.90
孟加拉国	5428.00	24.80
乌兹别克斯坦	21953.00	24.80
加纳	8705.00	24.80
毛里求斯	4428.00	23.70
留尼汪	6786.00	22.90
委内瑞拉	7629.00	21.40
突尼斯	21847.00	20.30
斐济	2915.00	19.80
叙利亚	6069.00	19.30
冰岛	3767.00	15.90
坦桑尼亚	2883.00	15.60
玻利维亚	7182.00	15.40
刚果(金)	3080.00	13.20
牙买加	3110.00	12.80
荷属安的列斯群岛	700.00	11.20
科特迪瓦	2817.00	10.30
约旦	3660.00	9.00
洪都拉斯	3112.00	8.40
保加利亚	1657.00	7.70
刚果(布)	2409.00	6.70
喀麦隆	2387.00	6.50
冈比亚	300.00	4.50
布基纳法索	817.00	3.30
佛得角	731.00	2.90
黑山	6566.00	2.90
多哥	649.00	2.70
特立尼达和多巴哥	160.00	2.40
斯里兰卡	166.00	2.00
巴拉圭	455.00	1.70
博茨瓦纳	398.00	1.50
亚美尼亚	670.00	1.40
蒙古	7000.00	1.30
塞内加尔	179.00	1.10
波黑	192.00	1.00
摩尔多瓦	240.00	1.00

（续）

国家/地区	出口数量（千克）	出口金额（千美元）
柬埔寨	129.00	0.80
马尔代夫	97.00	0.50
吉尔吉斯斯坦	66.00	0.20
新喀里多尼亚	49.00	0.20
马里	5.00	0.00

44151000 木制箱、盒、桶及类似的包装容器；电缆卷筒

国家/地区	出口数量（千克）	出口金额（千美元）
合计	16732060.00	34653.30
美国	3701507.00	6237.60
德国	1583937.00	5537.10
日本	3103000.00	4096.60
中国香港	1812757.00	2919.30
新加坡	692873.00	2250.30
韩国	1425907.00	1904.60
英国	402834.00	1751.50
巴拿马	120553.00	1240.20
荷兰	235045.00	811.20
马来西亚	328826.00	736.10
澳大利亚	614553.00	714.70
印度	371235.00	669.80
意大利	267661.00	541.20
阿联酋	84362.00	491.90
菲律宾	498698.00	487.70
文莱	24347.00	446.80
法国	116898.00	403.10
沙特阿拉伯	83809.00	238.90
爱尔兰	33720.00	229.50
中国台湾省	94929.00	208.60
加拿大	58348.00	184.70
西班牙	85110.00	163.20
朝鲜	15174.00	160.20
越南	41263.00	159.90
斯里兰卡	91827.00	151.00
中国澳门	29101.00	150.60
新西兰	141717.00	147.80
瑞典	29415.00	145.00
丹麦	53788.00	121.70
泰国	84079.00	120.60
比利时	63750.00	115.90
南非	24980.00	101.90
希腊	12154.00	83.60
苏丹	50240.00	81.00
墨西哥	32565.00	75.60
阿曼	2170.00	71.00

(续)

国家/地区	出口数量（千克）	出口金额（千美元）
秘鲁	8106.00	68.30
智利	23813.00	66.60
巴西	16539.00	64.90
印度尼西亚	40772.00	53.80
阿根廷	17320.00	52.40
科威特	7510.00	48.60
葡萄牙	11029.00	44.40
土库曼斯坦	21330.00	33.00
巴基斯坦	1658.00	30.00
土耳其	39916.00	28.00
哈萨克斯坦	16120.00	23.70
尼日利亚	7659.00	20.20
立陶宛	4908.00	17.20
安哥拉	4655.00	17.00
俄罗斯	4953.00	17.00
挪威	4362.00	14.60
捷克	4323.00	12.90
塔吉克斯坦	35350.00	12.20
黎巴嫩	15500.00	12.10
厄瓜多尔	14769.00	11.10
以色列	2157.00	10.50
瑞士	2163.00	6.60
伊拉克	667.00	5.20
哥伦比亚	1043.00	4.60
突尼斯	787.00	4.60
乌克兰	934.00	3.80
叙利亚	2545.00	3.30
爱沙尼亚	700.00	3.20
芬兰	770.00	2.90
肯尼亚	315.00	1.20
保加利亚	276.00	1.00
波兰	132.00	1.00
加蓬	2200.00	1.00
卡塔尔	307.00	0.90
奥地利	32.00	0.80
巴布亚新几内亚	603.00	0.80
刚果(布)	300.00	0.60
罗马尼亚	436.00	0.50
伊朗	89.00	0.50
多米尼加	474.00	0.50
亚美尼亚	180.00	0.40
多哥	900.00	0.30
刚果(金)	120.00	0.20
斯洛文尼亚	55.00	0.20

(续)

国家/地区	出口数量（千克）	出口金额（千美元）
蒙古	8.00	0.10
波多黎各	80.00	0.10
摩洛哥	13.00	0.10
马尔代夫	50.00	0.00
44152010 辐射松制托板箱形托盘及其他装载板托盘护框		
合计	41999.00	42.40
日本	34960.00	34.20
中国澳门	5550.00	5.30
德国	193.00	1.90
埃塞俄比亚	1296.00	1.00
44152090 木托板、箱形托盘及其他装载木板;托盘护框		
合计	37899514.00	29613.20
中国香港	19822756.00	10251.40
韩国	5421235.00	7042.30
新加坡	2143571.00	2378.30
中国台湾省	3307316.00	1492.50
中国澳门	836745.00	1438.70
日本	1325117.00	1346.40
美国	486421.00	842.80
马来西亚	918619.00	816.80
巴拿马	65699.00	672.40
厄立特里亚	448963.00	497.80
印度	233496.00	361.70
越南	378314.00	361.30
瑞典	294160.00	170.30
阿联酋	151376.00	165.70
英国	49494.00	155.50
法国	99673.00	151.80
沙特阿拉伯	127931.00	146.40
澳大利亚	76893.00	136.10
比利时	167690.00	135.60
波兰	163660.00	121.70
奥地利	425002.00	109.30
印度尼西亚	151676.00	88.70
泰国	123350.00	73.80
菲律宾	79340.00	73.70
柬埔寨	64125.00	70.30
南非	3466.00	60.00
加拿大	32654.00	46.30
荷兰	25111.00	35.10
意大利	27515.00	33.10
德国	24414.00	31.70

(续)

国家/地区	出口数量（千克）	出口金额（千美元）
尼日尔	57057.00	31.30
西班牙	9818.00	26.40
毛里塔尼亚	99450.00	23.60
丹麦	4624.00	22.00
葡萄牙	51369.00	20.70
法属波利尼西亚	8686.00	20.00
肯尼亚	20680.00	17.90
卡塔尔	12177.00	16.10
朝鲜	18674.00	15.80
巴基斯坦	11001.00	13.00
墨西哥	5114.00	12.60
阿曼	61367.00	11.40
斯洛文尼亚	9107.00	9.70
以色列	750.00	8.50
纳米比亚	7050.00	8.00
文莱	1625.00	7.50
尼日利亚	5684.00	7.20
利比亚	4925.00	7.00
匈牙利	4739.00	5.10
伊拉克	10200.00	4.90
新西兰	2586.00	3.40
俄罗斯	2964.00	3.30
缅甸	5671.00	1.70
斯里兰卡	2550.00	1.70
格鲁吉亚	144.00	1.30
东帝汶	1530.00	1.00
吉布提	900.00	0.80
阿尔及利亚	720.00	0.60
土耳其	460.00	0.60
捷克	386.00	0.60
乌克兰	710.00	0.60
伊朗	360.00	0.50
智利	418.00	0.30
埃及	98.00	0.20
挪威	97.00	0.20
哈萨克斯坦	12.00	0.00
黎巴嫩	29.00	0.00
44160010 辐射松制大桶、琵琶桶、盆等箍桶及零件		
合计	2994.00	24.60
加拿大	2478.00	22.70
美国	516.00	1.90
44160090 木制大桶、琵琶桶、盆等木制箍桶及其零件		

（续）

国家/地区	出口数量（千克）	出口金额（千美元）
合计	1330549.00	5272.40
美国	826177.00	2203.80
巴拿马	35590.00	900.00
日本	122240.00	467.80
新加坡	22347.00	429.50
英国	79206.00	274.20
澳大利亚	33271.00	179.00
荷兰	50803.00	156.30
瑞典	11588.00	68.30
印度	8977.00	57.60
德国	17520.00	52.90
芬兰	6625.00	48.50
文莱	1291.00	39.90
阿尔及利亚	16513.00	35.00
韩国	9000.00	33.60
俄罗斯	3375.00	28.00
中国台湾省	9871.00	26.60
波兰	7339.00	26.20
中国香港	7744.00	24.20
立陶宛	3046.00	22.80
加拿大	3637.00	16.80
马来西亚	4737.00	16.10
法国	1838.00	14.20
伊拉克	10913.00	13.90
印度尼西亚	2470.00	11.40
爱尔兰	3187.00	11.20
黎巴嫩	1048.00	11.20
新西兰	2356.00	10.40
土耳其	982.00	9.20
阿联酋	2158.00	8.80
中国澳门	2304.00	8.60
菲律宾	2195.00	8.60
摩洛哥	3102.00	7.40
匈牙利	885.00	7.10
奥地利	468.00	5.40
意大利	898.00	5.30
泰国	1106.00	5.00
比利时	1016.00	5.00
捷克	447.00	3.60
西班牙	624.00	3.30
丹麦	874.00	2.10
越南	5030.00	2.00
阿根廷	440.00	1.90
以色列	80.00	1.80

（续）

国家/地区	出口数量（千克）	出口金额（千美元）
保加利亚	217.00	1.70
墨西哥	2825.00	1.30
伊朗	95.00	0.80
约旦	986.00	0.70
哈萨克斯坦	94.00	0.70
塞尔维亚	57.00	0.50
南非	160.00	0.50
乌拉圭	32.00	0.30
智利	194.00	0.30
巴西	100.00	0.20
巴基斯坦	20.00	0.20
秘鲁	145.00	0.20
孟加拉国	14.00	0.10
哥伦比亚	44.00	0.10
坦桑尼亚	45.00	0.10
巴布亚新几内亚	3.00	0.00
蒙古	200.00	0.00
44170010 辐射松制工具等；扫帚及刷子；鞋靴楦及楦头		
合计	208398.00	227.00
日本	142885.00	115.00
美国	54985.00	83.90
越南	6237.00	19.40
韩国	1680.00	3.20
澳大利亚	1735.00	3.10
刚果（金）	750.00	1.20
德国	26.00	0.90
中国澳门	100.00	0.40
44170090 木制工具等；扫帚及刷子等；木鞋靴楦及楦头		
合计	56683293.00	127422.70
新加坡	8479890.00	35960.90
阿联酋	6645730.00	15573.50
巴拿马	4911456.00	14912.50
马来西亚	4043473.00	8727.20
伊拉克	3073144.00	5482.50
印度尼西亚	1616791.00	4167.70
沙特阿拉伯	5072051.00	3602.20
日本	782028.00	2602.00
荷兰	494135.00	2550.20
韩国	1319916.00	2489.80
秘鲁	693974.00	2243.80
尼日利亚	1273253.00	2207.70
南非	1430202.00	2152.20

（续）

国家/地区	出口数量（千克）	出口金额（千美元）
印度	2911855.00	2048.80
美国	594850.00	1992.60
墨西哥	780412.00	1698.20
埃及	1115327.00	1547.50
阿尔及利亚	501927.00	1544.20
中国台湾省	306334.00	1220.90
文莱	224260.00	1209.50
巴基斯坦	454801.00	1094.60
土耳其	1037135.00	878.70
以色列	424044.00	686.60
利比亚	806488.00	686.50
斯里兰卡	642699.00	630.30
比利时	113849.00	627.40
法国	77884.00	436.10
智利	486732.00	422.20
坦桑尼亚	112492.00	416.80
德国	121887.00	385.20
毛里利亚	111283.00	372.50
约旦	564733.00	348.10
泰国	266000.00	298.00
安哥拉	172921.00	286.90
罗马尼亚	276495.00	285.30
西班牙	294058.00	270.80
英国	125609.00	266.20
肯尼亚	125483.00	264.70
摩洛哥	223207.00	261.60
意大利	358369.00	225.10
阿曼	75148.00	209.00
澳大利亚	51508.00	207.80
毛里求斯	72970.00	207.30
危地马拉	351498.00	190.60
加纳	132603.00	189.20
吉布提	286225.00	182.30
多米尼加	48880.00	176.70
黎巴嫩	146772.00	175.50
萨尔瓦多	73108.00	173.40
哥伦比亚	134740.00	160.30
阿根廷	70840.00	159.20
突尼斯	397035.00	156.30
叙利亚	61400.00	152.60
塞内加尔	26620.00	150.10
中国香港	100360.00	139.60
加拿大	84756.00	139.40
波多黎各	88770.00	122.60

(续)

国家/地区	出口数量（千克）	出口金额（千美元）
波兰	46001.00	119.70
卡塔尔	71370.00	96.30
也门	198392.00	94.90
古巴	25172.00	90.10
哥斯达黎加	13355.00	90.00
巴西	27100.00	78.00
菲律宾	75560.00	76.40
葡萄牙	47240.00	57.30
越南	14150.00	55.50
埃塞俄比亚	73343.00	52.90
伊朗	116948.00	48.50
科威特	90076.00	41.20
巴林	32751.00	40.50
牙买加	27518.00	35.80
阿尔巴尼亚	87520.00	34.90
瑞典	7412.00	34.80
希腊	72324.00	32.50
乌拉圭	30410.00	30.50
新西兰	9090.00	30.10
特立尼达和多巴哥	65582.00	27.00
海地	13150.00	25.40
刚果(金)	10670.00	24.80
几内亚比绍	13500.00	21.90
毛里塔尼亚	11868.00	15.20
中国澳门	3500.00	15.10
赞比亚	9705.00	14.70
马达加斯加	19108.00	13.20
俄罗斯	27073.00	13.00
柬埔寨	29647.00	11.60
乌克兰	6782.00	11.10
科特迪瓦	16394.00	10.60
玻利维亚	26000.00	10.10
爱尔兰	2468.00	9.40
巴巴多斯	12580.00	7.30
孟加拉国	13000.00	7.00
塞拉利昂	3542.00	6.20
莫桑比克	5331.00	5.90
塞浦路斯	4182.00	5.30
苏丹	13110.00	4.80
法属波利尼西亚	1652.00	4.50
吉尔吉斯斯坦	10350.00	4.50
爱沙尼亚	1980.00	4.30
利比里亚	1956.00	3.60
索马里	2208.00	3.20

(续)

国家/地区	出口数量（千克）	出口金额（千美元）
博茨瓦纳	2400.00	3.00
丹麦	1500.00	3.00
赤道几内亚	475.00	2.30
莱索托	2397.00	2.20
贝宁	748.00	2.20
斯洛文尼亚	2247.00	2.10
乌兹别克斯坦	170.00	1.80
马约特	950.00	1.80
马尔代夫	1091.00	1.50
瑞士	134.00	1.40
乌干达	910.00	1.10
多哥	570.00	1.10
朝鲜	360.00	1.10
圭亚那	600.00	1.00
洪都拉斯	225.00	0.90
瓦努阿图	699.00	0.80
立陶宛	103.00	0.70
刚果(布)	318.00	0.60
几内亚	300.00	0.60
摩尔多瓦	1476.00	0.50
冈比亚	240.00	0.50
乍得	215.00	0.40
委内瑞拉	323.00	0.40
卢旺达	250.00	0.30
南苏丹	166.00	0.30
巴布亚新几内亚	296.00	0.30
黑山	140.00	0.30
斯洛伐克	255.00	0.30
厄瓜多尔	130.00	0.30
纳米比亚	250.00	0.20
新喀里多尼亚	130.00	0.20
尼日尔	145.00	0.20
喀麦隆	140.00	0.20
厄立特里亚	200.00	0.20
科摩罗	75.00	0.10
蒙古	1050.00	0.10
马里	35.00	0.10
圣其茨和尼维斯	100.00	0.10
44181090 木制窗、法兰西式(落地)窗及其木制框架		
合计	30147278.00	168506.50
美国	8103341.00	46901.10
澳大利亚	4746917.00	38115.10
中国香港	7324582.00	38106.30

(续)

国家/地区	出口数量（千克）	出口金额（千美元）
英国	2311984.00	15663.50
日本	4600393.00	12528.40
荷兰	674388.00	4728.20
韩国	368679.00	2704.00
法国	449054.00	1632.10
南非	283996.00	1401.90
印度	388526.00	1169.40
新西兰	101582.00	978.30
比利时	71046.00	668.20
阿联酋	93555.00	659.80
中国台湾省	91416.00	586.00
伊朗	47032.00	326.30
尼日利亚	49512.00	264.50
贝宁	39055.00	212.80
马来西亚	16535.00	185.00
波兰	31112.00	183.50
加拿大	59075.00	173.80
新加坡	15560.00	164.10
智利	39570.00	136.80
德国	52209.00	133.20
土耳其	19821.00	108.70
佛得角	23700.00	74.60
以色列	9913.00	65.80
沙特阿拉伯	12409.00	61.20
捷克	10190.00	57.30
意大利	25000.00	53.10
巴拿马	8380.00	48.60
哈萨克斯坦	5653.00	45.70
罗马尼亚	12680.00	45.30
中国澳门	5140.00	40.20
哥斯达黎加	3747.00	39.20
葡萄牙	9140.00	38.80
菲律宾	13078.00	35.20
希腊	4573.00	32.70
巴林	3621.00	26.10
挪威	5200.00	25.40
墨西哥	2312.00	21.50
西班牙	6480.00	20.50
丹麦	540.00	10.40
瑞典	1355.00	9.00
特立尼达和多巴哥	1604.00	7.60
爱尔兰	568.00	6.60
刚果(布)	2000.00	4.50
塔吉克斯坦	350.00	2.80

（续）

国家/地区	出口数量（千克）	出口金额（千美元）
乌拉圭	465.00	1.10
巴基斯坦	35.00	0.70
加纳	88.00	0.50
缅甸	70.00	0.40
拉脱维亚	28.00	0.30
匈牙利	19.00	0.10
44182000 木制门及其框架和门槛		
合计	346205717.00	723438.80
美国	78419481.00	156547.20
日本	37006031.00	106171.60
中国香港	36157235.00	68915.60
英国	19817814.00	41199.10
委内瑞拉	11322091.00	35588.00
罗马尼亚	24516990.00	28788.20
新加坡	6990235.00	25870.80
中国澳门	5319393.00	23906.90
加拿大	12960353.00	21885.50
尼日利亚	8224143.00	15907.80
阿联酋	5633409.00	11648.90
爱尔兰	5019416.00	9749.50
澳大利亚	2397567.00	9623.20
沙特阿拉伯	3450549.00	8844.00
韩国	5758189.00	8538.30
法国	2558769.00	8435.80
土耳其	5862509.00	7197.40
伊拉克	5955423.00	6794.10
阿尔及利亚	3288349.00	5507.00
印度	1976103.00	5433.40
安哥拉	2143666.00	5083.60
卡塔尔	2036433.00	5067.20
保加利亚	4539283.00	4968.70
菲律宾	2543948.00	4554.20
格鲁吉亚	3988959.00	4542.40
比利时	2976726.00	4333.20
以色列	2010689.00	3360.00
科威特	1730520.00	2910.20
巴拿马	906453.00	2737.30
墨西哥	1387481.00	2652.10
肯尼亚	662843.00	2566.70
泰国	1370870.00	2543.90
土库曼斯坦	1980938.00	2539.50
加纳	988620.00	2415.40
摩尔多瓦	2040409.00	2318.20
坦桑尼亚	991118.00	2300.50

（续）

国家/地区	出口数量（千克）	出口金额（千美元）
埃及	2519609.00	2127.10
伊朗	1769116.00	2115.40
亚美尼亚	1464549.00	1953.60
荷兰	755852.00	1856.70
塞内加尔	491048.00	1855.50
阿曼	518716.00	1830.70
蒙古	2493524.00	1821.10
越南	808182.00	1635.30
刚果(布)	401065.00	1628.80
巴基斯坦	772647.00	1608.90
莫桑比克	473908.00	1508.70
阿尔巴尼亚	1223998.00	1437.40
吉布提	399249.00	1435.50
中国台湾省	415774.00	1343.60
几内亚	260671.00	1343.50
利比亚	867618.00	1317.80
阿塞拜疆	906588.00	1265.50
马来西亚	275813.00	1224.70
牙买加	248792.00	1208.10
塞尔维亚	931726.00	1074.50
立陶宛	908532.00	1066.90
俄罗斯	556023.00	1014.50
乌拉圭	621761.00	979.50
赤道几内亚	280929.00	974.70
秘鲁	411383.00	869.20
科特迪瓦	152774.00	789.80
埃塞俄比亚	211671.00	788.40
巴布亚新几内亚	224361.00	759.60
南非	341530.00	742.10
乌克兰	821110.00	731.70
哥斯达黎加	364413.00	681.00
冈比亚	293723.00	674.90
喀麦隆	241469.00	657.60
毛里求斯	182720.00	655.30
约旦	198526.00	633.80
古巴	237987.00	584.10
孟加拉国	117969.00	579.40
加蓬	279967.00	562.50
黎巴嫩	276507.00	557.40
希腊	416312.00	541.70
巴林	180021.00	518.00
巴西	365060.00	494.10
卢旺达	169436.00	481.20
哈萨克斯坦	144423.00	477.20

（续）

国家/地区	出口数量（千克）	出口金额（千美元）
斯里兰卡	124463.00	473.70
马尔代夫	105041.00	472.80
智利	298201.00	454.80
多米尼加	194761.00	454.70
巴拉圭	182953.00	445.30
贝宁	157362.00	438.40
尼日尔	70337.00	406.60
缅甸	171297.00	403.50
特立尼达和多巴哥	187787.00	397.90
意大利	162736.00	396.60
乌干达	109055.00	390.30
塔吉克斯坦	182081.00	347.80
前南马其顿	220862.00	326.10
赞比亚	114310.00	316.90
文莱	67159.00	302.20
柬埔寨	82149.00	301.00
阿富汗	188683.00	297.70
多哥	31973.00	249.80
刚果(金)	53557.00	247.70
马里	119875.00	246.90
苏丹	142875.00	242.10
哥伦比亚	69821.00	232.20
突尼斯	71186.00	222.30
毛里塔尼亚	71524.00	218.40
朝鲜	73601.00	216.50
海地	91295.00	209.30
尼泊尔	71951.00	208.90
索马里	47402.00	195.60
德国	78815.00	195.10
博茨瓦纳	24184.00	192.90
阿根廷	152729.00	187.10
马耳他	115628.00	186.40
印度尼西亚	118497.00	176.80
马达加斯加	37430.00	166.40
黑山	122811.00	161.80
老挝	30864.00	161.20
南苏丹	35659.00	151.10
法属波利尼西亚	32368.00	150.20
玻利维亚	118492.00	150.10
波多黎各	15930.00	146.40
新西兰	47562.00	139.50
马拉维	36950.00	136.20
瑞典	32074.00	106.20
也门	19717.00	102.80

(续)

国家/地区	出口数量（千克）	出口金额（千美元）
苏里南	76400.00	94.80
几内亚比绍	29180.00	94.00
萨摩亚	49115.00	93.20
格林纳达	10654.00	88.90
塞舌尔	16492.00	87.80
津巴布韦	34551.00	87.60
巴哈马	19337.00	85.80
摩洛哥	23456.00	85.60
瓦努阿图	18132.00	83.70
佛得角	26737.00	83.30
克罗地亚	51088.00	71.60
危地马拉	36030.00	63.80
科摩罗	15210.00	63.40
汤加	15314.00	63.30
巴巴多斯	28898.00	59.10
阿鲁巴	21332.00	53.00
布基纳法索	38809.00	51.60
圭亚那	24400.00	43.10
东帝汶	15991.00	42.70
斐济	18367.00	39.90
莱索托	10314.00	38.00
洪都拉斯	17794.00	34.60
马约特	6831.00	32.10
白俄罗斯	3152.00	29.80
密克罗尼西亚联邦	26719.00	29.00
荷属安的列斯群岛	10294.00	25.10
斯洛伐克	12507.00	24.50
西班牙	8653.00	22.60
挪威	3776.00	22.40
所罗门群岛	14154.00	21.90
塞拉利昂	6823.00	21.00
乍得	3017.00	20.30
多米尼克	9660.00	18.60
新喀里多尼亚	14570.00	18.30
斯威士兰	3864.00	18.30
丹麦	2366.00	18.10
马绍尔群岛	13734.00	17.50
波黑	13489.00	17.50
留尼汪	12221.00	17.30
厄瓜多尔	6680.00	14.30
乌兹别克斯坦	2358.00	9.40
捷克	1355.00	9.10
纳米比亚	7407.00	9.00
圣其茨和尼维斯	5060.00	9.00

(续)

国家/地区	出口数量（千克）	出口金额（千美元）
波兰	163.00	6.80
开曼群岛	638.00	4.50
瑞士	449.00	4.10
利比里亚	750.00	3.90
葡萄牙	1513.00	2.40
帕劳	784.00	2.00
百慕大	320.00	1.20
塞浦路斯	467.00	1.00
英属维尔京群岛	278.00	0.40
44184000 木制水泥构件的模板		
合计	28784770.00	27055.50
阿尔及利亚	4803081.00	3941.30
马来西亚	838808.00	2596.30
文莱	728621.00	2512.40
朝鲜	2529776.00	1990.90
巴基斯坦	855603.00	1053.70
塔吉克斯坦	690900.00	975.40
印度尼西亚	1465725.00	924.80
加蓬	1169370.00	850.50
越南	1390320.00	840.10
新加坡	809736.00	803.20
阿联酋	787843.00	764.80
肯尼亚	906395.00	746.10
埃塞俄比亚	762350.00	645.40
菲律宾	672800.00	563.50
缅甸	779551.00	536.70
南非	182760.00	498.50
柬埔寨	622350.00	470.10
卡塔尔	419376.00	406.10
委内瑞拉	311594.00	383.10
科威特	613050.00	368.70
莫桑比克	426476.00	319.20
吉布提	357327.00	270.40
马尔代夫	288668.00	242.70
安哥拉	339000.00	223.00
中国台湾省	194465.00	210.40
赞比亚	224760.00	206.30
新西兰	193236.00	203.00
加纳	273583.00	184.40
坦桑尼亚	250565.00	176.90
中国香港	409386.00	162.60
乌兹别克斯坦	130000.00	147.30
尼日尔	178060.00	136.60
哥斯达黎加	174080.00	124.70

(续)

国家/地区	出口数量（千克）	出口金额（千美元）
赤道几内亚	136310.00	123.10
纳米比亚	146802.00	121.50
孟加拉国	115820.00	110.20
厄立特里亚	142095.00	110.00
韩国	141600.00	106.00
汤加	116200.00	104.40
刚果(金)	140175.00	103.30
吉尔吉斯斯坦	65600.00	81.50
瓦努阿图	101760.00	81.10
布隆迪.00	148400.00	80.90
俄罗斯	80814.00	80.30
泰国	125904.00	79.40
斯里兰卡	89630.00	78.00
几内亚	105700.00	69.70
贝宁	78450.00	68.50
乌干达	66955.00	66.30
科特迪瓦	67378.00	64.90
玻利维亚	95810.00	59.80
格鲁吉亚	122500.00	59.30
老挝	117700.00	54.20
莱索托	101380.00	52.70
蒙古	375820.00	51.80
突尼斯	43500.00	48.90
沙特阿拉伯	90560.00	47.90
中国澳门	378528.00	47.20
利比亚	81000.00	47.00
马拉维	54000.00	35.20
毛里塔尼亚	42847.00	34.60
圣其茨和尼维斯	49340.00	34.30
危地马拉	31242.00	33.60
博茨瓦纳	11000.00	33.30
马达加斯加	28000.00	33.30
喀麦隆	35660.00	33.00
斐济	55000.00	27.70
澳大利亚	26500.00	23.20
巴布亚新几内亚	49870.00	22.60
印度	25980.00	22.60
刚果(布)	7980.00	21.50
哈萨克斯坦	48000.00	21.40
塞内加尔	29000.00	16.00
特立尼达和多巴哥	18350.00	15.60
伊拉克	18000.00	14.70
埃及	8000.00	14.40
毛里求斯	14376.00	14.10

（续）

国家/地区	出口数量（千克）	出口金额（千美元）
伊朗	21200.00	14.00
东帝汶	14850.00	12.90
利比里亚	12500.00	12.20
所罗门群岛	23000.00	11.00
尼日利亚	14000.00	9.80
土耳其	15000.00	9.20
圣多美和普林西比	9979.00	8.10
塞拉利昂	8940.00	7.70
苏丹	13300.00	7.50
卢旺达	8975.00	7.20
挪威	3622.00	6.30
萨摩亚	9000.00	5.40
佛得角	9100.00	4.90
英国	101.00	4.00
美国	2352.00	3.10
津巴布韦	6000.00	1.80
摩洛哥	2700.00	1.50
南苏丹	1000.00	0.80
44185000 木瓦及木制盖屋板		
合计	14854728.00	17267.30
美国	10836863.00	12555.20
加拿大	3035010.00	3240.70
韩国	523832.00	829.80
日本	340039.00	334.50
伊朗	81943.00	166.30
澳大利亚	8467.00	74.70
新加坡	8746.00	35.90
尼日利亚	3030.00	15.30
中国台湾省	11492.00	8.80
菲律宾	3850.00	2.50
德国	154.00	1.50
比利时	40.00	1.20
丹麦	1262.00	0.90
44186000 木制柱及梁		
合计	8346917.00	9747.70
日本	3599920.00	3832.80
阿联酋	1724700.00	2552.60
韩国	478593.00	699.80
美国	175278.00	295.10
中国香港	212239.00	250.80
菲律宾	46196.00	203.30
纳米比亚	115480.00	144.80
马尔代夫	62236.00	130.80
加拿大	63053.00	130.60

（续）

国家/地区	出口数量（千克）	出口金额（千美元）
尼日利亚	84204.00	124.50
新加坡	49376.00	110.70
澳大利亚	49153.00	110.20
中国台湾省	82114.00	103.20
阿根廷	52710.00	95.50
阿尔及利亚	49750.00	83.80
中国澳门	918817.00	81.30
德国	75128.00	81.20
缅甸	57400.00	80.60
沙特阿拉伯	56110.00	78.30
埃塞俄比亚	42800.00	63.30
肯尼亚	48746.00	62.60
智利	35700.00	59.50
莫桑比克	31279.00	39.50
马来西亚	12220.00	39.30
毛里塔尼亚	83100.00	39.00
巴林	26990.00	36.20
乌兹别克斯坦	23723.00	34.00
哈萨克斯坦	132.00	25.60
伊拉克	4659.00	24.30
苏丹	15293.00	19.00
巴西	11569.00	18.40
圣多美和普林西比	12960.00	14.70
印度	5208.00	13.40
英国	2980.00	12.80
泰国	1494.00	11.40
塞内加尔	13000.00	9.80
以色列	7200.00	9.20
斯洛伐克	5660.00	8.70
南非	3170.00	3.90
新喀里多尼亚	1700.00	3.10
意大利	1540.00	2.70
马耳他	1175.00	2.60
巴拿马	490.00	2.30
印度尼西亚	1262.00	1.60
新西兰	210.00	0.30
马里	200.00	0.30
44187100 马赛克地板用已装拼的木地板		
合计	109781.00	308.00
日本	81166.00	209.70
乌兹别克斯坦	6646.00	33.20
英国	12573.00	31.40
巴西	3196.00	13.70
以色列	1248.00	10.90

（续）

国家/地区	出口数量（千克）	出口金额（千美元）
澳大利亚	2600.00	7.20
俄罗斯	1812.00	1.10
美国	540.00	0.70
44187290 其他多层已装拼的木地板		
合计	4316752.00	9034.30
中国澳门	672283.00	2240.90
中国香港	1694878.00	1427.20
朝鲜	553316.00	983.80
印度	141928.00	683.00
肯尼亚	126757.00	575.70
英国	297919.00	550.30
马来西亚	110066.00	496.20
黎巴嫩	46400.00	232.00
沙特阿拉伯	38612.00	182.40
新加坡	44450.00	169.70
毛里求斯	28685.00	153.80
秘鲁	34240.00	109.90
俄罗斯	119948.00	109.80
尼日尔	30500.00	97.70
阿联酋	22590.00	93.80
吉布提	15126.00	83.10
多哥	16720.00	80.30
柬埔寨	12900.00	72.00
斯里兰卡	14880.00	71.40
加拿大	43547.00	56.80
安哥拉	8160.00	53.40
坦桑尼亚	9082.00	50.70
委内瑞拉	10000.00	49.00
日本	7129.00	35.30
利比亚	7000.00	34.30
越南	6089.00	34.00
刚果(布)	9600.00	32.60
约旦	6000.00	28.20
比利时	14760.00	27.60
菲律宾	29539.00	24.00
澳大利亚	4128.00	23.00
哥伦比亚	4000.00	22.00
巴基斯坦	7374.00	17.70
加纳	3600.00	14.40
哈萨克斯坦	12900.00	13.00
蒙古	28710.00	11.70
中国台湾省	30792.00	11.70
马达加斯加	2880.00	11.50
莫桑比克	1978.00	11.00

（续）

国家/地区	出口数量（千克）	出口金额（千美元）
美国	7835.00	10.90
阿尔及利亚	1849.00	10.30
塞内加尔	2400.00	9.60
罗马尼亚	22061.00	9.60
文莱	5280.00	6.50
土耳其	580.00	4.30
瑞典	3445.00	4.20
新西兰	1470.00	1.80
阿根廷	2040.00	0.80
科威特	165.00	0.50
博茨瓦纳	88.00	0.50
西班牙	73.00	0.40
44187990 其他已装拼的木地板		
合计	13650653.00	21720.40
美国	8195710.00	10400.20
加拿大	1069233.00	2565.50
日本	609562.00	1013.50
英国	422980.00	838.50
朝鲜	929310.00	809.20
韩国	388191.00	708.00
肯尼亚	279546.00	700.20
中国香港	435052.00	653.60
马来西亚	85792.00	298.70
沙特阿拉伯	172476.00	296.40
吉布提	65950.00	282.90
古巴	37440.00	280.80
印度尼西亚	52844.00	260.10
印度	66907.00	236.40
澳大利亚	81820.00	197.30
坦桑尼亚	38050.00	129.10
阿尔巴尼亚	28920.00	125.40
比利时	49358.00	117.60
阿尔及利亚	17850.00	108.30
尼日利亚	26532.00	107.10
越南	29661.00	106.10
新加坡	60816.00	97.00
科威特	30060.00	85.30
埃及	25200.00	80.20
菲律宾	19650.00	73.70
赞比亚	51644.00	69.80
刚果(金)	22000.00	69.70
意大利	12003.00	67.60
德国	19508.00	62.90
毛里求斯	16755.00	56.60
马拉维	11160.00	55.40
塞舌尔	13780.00	52.40
丹麦	15696.00	51.80
塞内加尔	15878.00	50.10
南非	13900.00	46.40
哈萨克斯坦	23362.00	38.90
马达加斯加	12020.00	38.10
突尼斯	5820.00	37.80
刚果(布)	3815.00	33.00
俄罗斯	10526.00	31.00
格鲁吉亚	5575.00	27.50
巴拿马	11105.00	27.00
加纳	6400.00	24.30
泰国	23245.00	22.50
阿联酋	3500.00	21.60
希腊	20549.00	21.30
巴哈马	11868.00	20.90
也门	4500.00	19.70
多哥	6000.00	19.60
新西兰	5531.00	18.30
塔吉克斯坦	7225.00	17.80
黎巴嫩	5250.00	16.40
瓦努阿图	8500.00	16.00
斯里兰卡	5500.00	15.90
文莱	3625.00	13.90
安哥拉	3828.00	13.60
尼日尔	6216.00	11.40
中国澳门	472.00	8.30
巴基斯坦	2000.00	7.60
厄瓜多尔	2400.00	7.50
卡塔尔	1920.00	7.40
巴西	32185.00	6.40
孟加拉国	2000.00	6.20
中国台湾省	1500.00	5.40
科摩罗	1600.00	5.00
哥伦比亚	1000.00	3.90
伊拉克	63.00	1.70
巴林	237.00	0.30
荷兰	82.00	0.30
44190031 木制一次性筷子		
合计	73924637.00	49794.80
日本	59064684.00	40414.70
韩国	10816558.00	6610.30
美国	2247432.00	1461.80
中国台湾省	364755.00	295.50
澳大利亚	260951.00	163.90
巴西	191370.00	130.60
加拿大	163187.00	101.60
印度尼西亚	99507.00	82.00
智利	108110.00	79.40
德国	103701.00	66.80
新西兰	92096.00	58.00
新加坡	34134.00	46.20
法国	65227.00	41.30
英国	55341.00	39.60
马来西亚	48510.00	39.30
西班牙	48067.00	36.10
瑞典	40670.00	27.60
中国香港	2739.00	17.20
墨西哥	22055.00	14.90
荷兰	13644.00	13.50
葡萄牙	21760.00	12.10
乌拉圭	3320.00	7.10
菲律宾	3884.00	6.40
泰国	10078.00	5.30
意大利	8322.00	5.00
挪威	7350.00	4.60
朝鲜	6300.00	3.20
印度	4009.00	3.10
委内瑞拉	8177.00	2.70
阿联酋	2160.00	1.30
芬兰	2100.00	1.10
瑞士	1453.00	0.80
科威特	1200.00	0.70
斯里兰卡	111.00	0.60
新喀里多尼亚	660.00	0.40
蒙古	1000.00	0.10
安哥拉	5.00	0.00
吉布提	10.00	0.00
44190099 其他木制餐具及厨房用具		
合计	35033550.00	162904.10
美国	8366640.00	37496.60
日本	3841542.00	27473.50
英国	3730295.00	14819.60
德国	2512437.00	11047.50
澳大利亚	2491545.00	9363.40
荷兰	1720280.00	6342.70
加拿大	1281296.00	5191.40

（续）

国家/地区	出口数量（千克）	出口金额（千美元）
韩国	961056.00	4146.20
新加坡	480454.00	3654.20
沙特阿拉伯	747544.00	3524.70
法国	678260.00	2961.80
意大利	710075.00	2635.90
丹麦	409250.00	2546.90
西班牙	517153.00	2483.70
巴拿马	237636.00	2279.50
中国香港	498616.00	1890.70
瑞典	283056.00	1871.90
土耳其	434766.00	1816.50
俄罗斯	431015.00	1715.10
比利时	387212.00	1704.20
阿联酋	356396.00	1589.00
中国台湾省	252015.00	1409.80
马来西亚	250039.00	1400.60
芬兰	236252.00	1156.40
波兰	261297.00	1029.60
墨西哥	368073.00	982.00
新西兰	232405.00	976.50
南非	204228.00	886.20
挪威	122628.00	773.00
以色列	159717.00	671.60
巴西	132360.00	615.20
捷克	89512.00	431.80
印度尼西亚	236937.00	408.20
智利	100998.00	404.80
泰国	85767.00	362.80
印度	92062.00	335.10
菲律宾	43171.00	321.30
黎巴嫩	82011.00	316.70
瑞士	59521.00	280.50
埃及	65516.00	233.10
爱尔兰	61014.00	219.80
希腊	56885.00	219.20
阿尔及利亚	81004.00	180.90
葡萄牙	36794.00	172.30
利比亚	42142.00	153.40
波多黎各	41188.00	149.30
科威特	48175.00	143.80
乌克兰	16035.00	136.70
奥地利	47848.00	128.90
哥伦比亚	42243.00	127.00
伊拉克	23784.00	109.20

（续）

国家/地区	出口数量（千克）	出口金额（千美元）
秘鲁	22542.00	103.80
阿塞拜疆	26201.00	100.20
阿根廷	19181.00	93.70
约旦	13194.00	82.80
罗马尼亚	13678.00	79.30
立陶宛	13578.00	71.60
卡塔尔	16447.00	55.50
厄瓜多尔	15294.00	55.40
乌拉圭	12404.00	52.20
哥斯达黎加	8884.00	48.00
伊朗	12120.00	44.50
拉脱维亚	12256.00	43.10
肯尼亚	5264.00	41.50
哈萨克斯坦	8665.00	40.30
巴林	9633.00	39.90
多米尼加	8265.00	38.20
尼日利亚	16878.00	36.20
摩洛哥	6752.00	36.10
爱沙尼亚	5958.00	36.10
塞浦路斯	9390.00	34.50
巴基斯坦	6671.00	34.50
保加利亚	6225.00	30.50
巴布亚新几内亚	5275.00	28.30
委内瑞拉	6490.00	27.00
斯洛文尼亚	5359.00	26.00
孟加拉国	5021.00	23.20
塞尔维亚	7650.00	22.80
危地马拉	6830.00	21.30
科特迪瓦	3022.00	20.40
斯洛伐克	4755.00	19.80
安哥拉	3112.00	19.00
中国澳门	2855.00	18.70
克罗地亚	3987.00	16.00
新喀里多尼亚	6041.00	15.90
匈牙利	3248.00	15.80
阿曼	3945.00	13.60
斯里兰卡	3048.00	13.00
叙利亚	2489.00	12.80
巴拉圭	4887.00	12.60
巴勒斯坦	1150.00	10.10
越南	3716.00	9.20
塞内加尔	1472.00	8.00
喀麦隆	1452.00	8.00
乌兹别克斯坦	4867.00	6.70

（续）

国家/地区	出口数量（千克）	出口金额（千美元）
刚果(布)	947.00	5.90
加纳	491.00	5.90
毛里求斯	844.00	4.90
赞比亚	491.00	4.30
白俄罗斯	2025.00	3.90
文莱	2237.00	3.10
格鲁吉亚	687.00	2.70
柬埔寨	217.00	2.10
法属波利尼西亚	184.00	1.90
蒙古	12820.00	1.90
萨尔瓦多	666.00	1.70
苏丹	349.00	1.70
特立尼达和多巴哥	650.00	1.70
斐济	55.00	1.10
突尼斯	1812.00	0.80
冰岛	67.00	0.50
洪都拉斯	59.00	0.50
亚美尼亚	86.00	0.50
尼加拉瓜	53.00	0.40
留尼汪	63.00	0.40
莫桑比克	39.00	0.30
刚果(金)	45.00	0.20
巴哈马	20.00	0.20
马尔代夫	49.00	0.20
吉布提	144.00	0.20
尼日尔	30.00	0.20
东帝汶	90.00	0.10
荷属安的列斯群岛	4.00	0.10
坦桑尼亚	30.00	0.10
44201011 木刻		
合计	57461.00	1071.90
日本	19778.00	919.20
美国	7137.00	64.10
中国台湾省	375.00	24.60
加拿大	2315.00	21.70
肯尼亚	600.00	9.80
摩洛哥	22569.00	9.70
新加坡	698.00	7.10
韩国	880.00	6.40
莫桑比克	1200.00	4.50
澳大利亚	547.00	3.00
中国香港	526.00	0.70
新西兰	226.00	0.60
英国	370.00	0.20

(续)

国家/地区	出口数量(千克)	出口金额(千美元)
荷兰	145.00	0.20
俄罗斯	95.00	0.10
44201020 木扇		
合计	486284.00	6337.20
西班牙	227652.00	2905.60
日本	111345.00	2183.10
英国	24726.00	370.50
墨西哥	36577.00	235.30
美国	28198.00	164.10
德国	3177.00	123.10
中国香港	2373.00	49.70
葡萄牙	2181.00	36.80
巴拿马	3212.00	36.60
法国	2497.00	35.70
阿联酋	2000.00	29.70
希腊	4274.00	24.00
韩国	10402.00	23.30
土耳其	7944.00	23.10
荷兰	2914.00	20.60
奥地利	616.00	14.90
丹麦	1670.00	12.10
意大利	1312.00	8.60
古巴	2900.00	7.40
新加坡	7789.00	6.10
摩洛哥	291.00	6.00
马耳他	284.00	5.80
巴西	449.00	4.10
马尔代夫	170.00	4.10
比利时	190.00	2.90
哥伦比亚	876.00	2.00
沙特阿拉伯	141.00	0.70
泰国	1.00	0.30
马来西亚	58.00	0.20
智利	26.00	0.20
澳大利亚	1.00	0.20
中国台湾省	1.00	0.10
新西兰	1.00	0.10
厄瓜多尔	10.00	0.10
秘鲁	7.00	0.10
加拿大	12.00	0.00
捷克	2.00	0.00
玻利维亚	3.00	0.00
菲律宾	1.00	0.00
毛里求斯	1.00	0.00

(续)

国家/地区	出口数量(千克)	出口金额(千美元)
44201090 其他木制小雕像及装饰品		
合计	107796278.00	594234.50
美国	53929712.00	258221.70
德国	9406435.00	58565.50
荷兰	8553329.00	43212.50
英国	7972164.00	41623.30
日本	2476200.00	28307.80
中国台湾省	2912892.00	18094.00
意大利	1585778.00	12131.60
加拿大	2134085.00	11248.60
马来西亚	1133745.00	10609.20
法国	1555904.00	9836.10
澳大利亚	1823925.00	9172.50
西班牙	1301281.00	8388.80
比利时	1212812.00	8331.50
新加坡	875037.00	8035.30
巴拿马	691207.00	7162.20
墨西哥	1110739.00	6870.10
丹麦	622581.00	4312.70
瑞典	639615.00	3595.10
中国香港	683912.00	3226.60
波兰	531935.00	3053.50
南非	450666.00	2439.00
沙特阿拉伯	475535.00	2411.30
土耳其	351171.00	2300.10
希腊	266928.00	2199.50
韩国	320404.00	2176.60
阿联酋	331517.00	2015.30
俄罗斯	321284.00	1951.70
瑞士	201908.00	1790.80
文莱	120752.00	1674.80
巴西	253324.00	1628.40
以色列	332620.00	1525.00
奥地利	208342.00	1365.30
挪威	233373.00	1240.30
印度	266838.00	1077.90
捷克	107528.00	1066.30
新西兰	185058.00	958.90
爱尔兰	168954.00	807.90
芬兰	102084.00	735.60
泰国	125275.00	722.50
阿根廷	165584.00	680.60
智利	122263.00	674.30
斯洛文尼亚	75123.00	656.00

(续)

国家/地区	出口数量(千克)	出口金额(千美元)
匈牙利	57290.00	632.50
科威特	80849.00	531.60
阿尔及利亚	229423.00	508.00
菲律宾	117549.00	489.40
印度尼西亚	72459.00	482.30
卡塔尔	56959.00	457.90
葡萄牙	60071.00	405.00
哥伦比亚	40874.00	338.30
黎巴嫩	46486.00	336.70
保加利亚	39995.00	333.10
乌克兰	48108.00	249.20
坦桑尼亚	5350.00	240.80
波多黎各	32601.00	235.50
越南	17542.00	216.10
伊朗	52600.00	196.40
厄瓜多尔	22541.00	180.70
多米尼加	15535.00	156.60
克罗地亚	14147.00	141.90
尼日利亚	45020.00	122.70
秘鲁	17666.00	122.00
伊拉克	53261.00	111.30
阿曼	15966.00	99.40
埃及	63810.00	94.30
爱沙尼亚	7213.00	93.50
乌拉圭	11431.00	88.60
塞浦路斯	9536.00	76.00
中国澳门	8286.00	71.70
亚美尼亚	1781.00	61.20
肯尼亚	34276.00	53.40
哥斯达黎加	7465.00	51.90
斯洛伐克	3181.00	51.90
拉脱维亚	7998.00	50.10
牙买加	3480.00	49.70
萨尔瓦多	12834.00	48.80
巴布亚新几内亚	3017.00	48.30
冰岛	2801.00	41.10
摩洛哥	8842.00	40.90
刚果(布)	8540.00	40.50
孟加拉国	2413.00	38.90
巴林	9168.00	37.30
白俄罗斯	8203.00	32.40
哈萨克斯坦	9823.00	31.60
罗马尼亚	6182.00	31.60
马耳他	4025.00	31.00

（续）

国家/地区	出口数量（千克）	出口金额（千美元）
立陶宛	1775.00	30.20
柬埔寨	12543.00	29.60
委内瑞拉	5078.00	28.90
格鲁吉亚	8855.00	28.90
利比亚	5855.00	28.40
巴基斯坦	2909.00	24.10
圣马力诺	3227.00	21.90
约旦	9011.00	20.90
巴拉圭	3049.00	20.20
阿富汗	2671.00	15.70
毛里求斯	4670.00	14.80
危地马拉	1791.00	13.60
塞尔维亚	1227.00	13.60
波黑	1501.00	11.60
黑山	778.00	9.00
塞内加尔	1736.00	8.70
突尼斯	1492.00	8.20
蒙古	3843.00	7.90
阿塞拜疆	159.00	7.70
巴哈马	662.00	7.30
东帝汶	347.00	6.90
叙利亚	2056.00	6.20
乌兹别克斯坦	387.00	4.30
法属波利尼西亚	460.00	3.70
库克群岛	95.00	2.90
安哥拉	358.00	2.20
荷属安的列斯群岛	270.00	2.00
摩纳哥	120.00	1.50
斯里兰卡	1367.00	0.90
新喀里多尼亚	195.00	0.80
玻利维亚	96.00	0.70
加纳	700.00	0.70
法属圭亚那	40.00	0.60
留尼汪	272.00	0.60
巴勒斯坦	250.00	0.30
马提尼克	11.00	0.20
瓜德罗普	6.00	0.10
44209010 镶嵌木		
合计	897877.00	1763.20
美国	751582.00	1478.10
越南	117137.00	248.50
东帝汶	8560.00	13.70
日本	3387.00	10.00
英国	13680.00	6.40

（续）

国家/地区	出口数量（千克）	出口金额（千美元）
韩国	400.00	2.10
中国香港	337.00	2.10
加拿大	80.00	1.50
厄瓜多尔	2700.00	0.70
俄罗斯	7.00	0.20
中国台湾省	3.00	0.00
泰国	2.00	0.00
沙特阿拉伯	1.00	0.00
新加坡	1.00	0.00
44209090 珠宝或刀具木盒及类似品；第 94 章以外木家具		
合计	60983286.00	290706.20
美国	19675738.00	82533.90
日本	4846876.00	26393.30
德国	4340084.00	18605.50
新加坡	1641764.00	18527.10
英国	3665635.00	17597.10
荷兰	3436767.00	11735.40
巴拿马	704597.00	10775.30
瑞士	713932.00	8570.60
法国	1870943.00	7965.80
中国香港	1515892.00	7739.90
加拿大	1739690.00	6748.70
澳大利亚	1616429.00	6385.00
韩国	1454066.00	6101.00
西班牙	1359541.00	5643.90
沙特阿拉伯	1339164.00	5213.60
意大利	1171616.00	4815.70
马来西亚	658018.00	4229.90
阿联酋	777428.00	4138.70
比利时	1106800.00	3930.90
墨西哥	696631.00	2696.20
波兰	684907.00	2666.60
瑞典	519739.00	2428.00
中国台湾省	669689.00	2247.90
俄罗斯	445422.00	2074.30
巴西	505235.00	1937.60
丹麦	347981.00	1624.80
南非	209025.00	1375.20
泰国	182234.00	1275.30
文莱	93570.00	1117.70
葡萄牙	192391.00	808.60
秘鲁	102271.00	776.40
新西兰	172209.00	724.90

（续）

国家/地区	出口数量（千克）	出口金额（千美元）
土耳其	169827.00	721.30
科威特	124601.00	677.80
以色列	171559.00	639.60
爱尔兰	145174.00	615.60
希腊	121821.00	589.70
智利	163601.00	588.20
斯洛文尼亚	97850.00	554.20
芬兰	111813.00	480.20
印度	129905.00	443.60
挪威	131971.00	436.50
古巴	89580.00	355.00
捷克	61356.00	347.90
越南	44584.00	341.80
阿根廷	75076.00	333.40
阿曼	28752.00	315.80
菲律宾	50407.00	280.00
奥地利	47219.00	255.30
印度尼西亚	60927.00	215.30
匈牙利	39476.00	203.90
乌克兰	46776.00	193.90
利比亚	38132.00	186.10
黎巴嫩	33323.00	151.90
哥伦比亚	29964.00	149.10
多米尼加	26063.00	148.50
约旦	16364.00	129.00
爱沙尼亚	36128.00	126.10
埃及	48128.00	118.10
克罗地亚	32614.00	102.90
乌拉圭	26673.00	102.40
洪都拉斯	22868.00	99.20
罗马尼亚	23684.00	92.40
中国澳门	23247.00	89.60
卡塔尔	10663.00	77.60
拉脱维亚	18393.00	65.60
伊拉克	13520.00	61.90
巴林	9671.00	59.80
列支敦士登.00	2307.00	52.50
卢森堡	4385.00	51.70
厄瓜多尔	12704.00	49.90
波多黎各	15654.00	49.70
孟加拉国	9956.00	48.90
摩洛哥	7522.00	46.90
亚美尼亚	9581.00	46.00
斯里兰卡	11076.00	45.80

(续)

国家/地区	出口数量(千克)	出口金额(千美元)
毛里求斯	6111.00	43.00
白俄罗斯	8808.00	41.60
危地马拉	7880.00	38.50
马提尼克	4305.00	28.80
安哥拉	8314.00	27.00
伊朗	5738.00	26.80
立陶宛	3536.00	25.70
尼日利亚	5821.00	23.80
塞浦路斯	5347.00	23.80
巴基斯坦	4400.00	23.80
乌兹别克斯坦	2627.00	22.10
马耳他	3692.00	20.30
保加利亚	6160.00	19.50
哥斯达黎加	3510.00	19.40
斯洛伐克	4469.00	16.70
巴布亚新几内亚	1568.00	16.30
叙利亚	11643.00	15.50
阿尔及利亚	4665.00	15.40
塞尔维亚	1422.00	14.90
委内瑞拉	6518.00	14.10
巴勒斯坦	5597.00	11.30
格鲁吉亚	2560.00	11.10
摩尔多瓦	1915.00	10.80
哈萨克斯坦	972.00	9.40
也门	2876.00	8.20
冰岛	1005.00	5.00
法属波利尼西亚	1114.00	4.60
马尔代夫	306.00	3.20
突尼斯	3000.00	3.10
尼加拉瓜	2100.00	2.20
巴拉圭	583.00	2.10
苏丹	425.00	1.70
缅甸	16.00	1.60
特立尼达和多巴哥	161.00	1.30
玻利维亚	155.00	1.00
纳米比亚	888.00	1.00
赤道几内亚	585.00	1.00
肯尼亚	85.00	0.80
留尼汪	228.00	0.70
斐济	102.00	0.50
塞内加尔	71.00	0.50
阿鲁巴	95.00	0.40
牙买加	300.00	0.40
刚果(金)	44.00	0.30

(续)

国家/地区	出口数量(千克)	出口金额(千美元)
新喀里多尼亚	47.00	0.30
坦桑尼亚	230.00	0.20
多哥	42.00	0.20
加纳	22.00	0.20
科特迪瓦	22.00	0.20
佛得角	11.00	0.10
法属圭亚那	16.00	0.10
44211000 木制衣架		
合计	59950617.00	224550.70
美国	11491452.00	41925.60
德国	5690351.00	19961.50
巴拿马	1443568.00	13704.40
瑞典	4001989.00	12014.00
荷兰	3753853.00	11804.90
英国	3284326.00	11650.20
日本	2197695.00	10038.90
新加坡	858803.00	10001.50
意大利	2581017.00	8611.00
西班牙	2144665.00	8007.80
韩国	1968814.00	7123.90
法国	2035386.00	6895.70
俄罗斯	2213932.00	6866.90
中国香港	857049.00	5405.40
澳大利亚	1659776.00	5366.30
加拿大	1354204.00	4320.00
巴西	1504198.00	3982.30
墨西哥	1622837.00	3144.50
丹麦	545437.00	2863.60
土耳其	963586.00	2830.30
波兰	842775.00	2385.20
阿联酋	442734.00	2258.70
比利时	628517.00	1973.20
阿根廷	644886.00	1788.10
马来西亚	408034.00	1779.80
印度	257242.00	1231.90
秘鲁	323802.00	1213.80
智利	409262.00	1135.20
中国台湾省	195978.00	1039.70
沙特阿拉伯	200374.00	1029.70
乌克兰	254022.00	794.00
印度尼西亚	236926.00	781.50
以色列	139269.00	728.40
挪威	144923.00	560.40
希腊	168724.00	519.00

(续)

国家/地区	出口数量(千克)	出口金额(千美元)
新西兰	151886.00	517.20
瑞士	144473.00	509.30
哥伦比亚	155977.00	499.50
泰国	122987.00	479.00
南非	102561.00	450.60
芬兰	122516.00	430.70
奥地利	151102.00	419.70
爱尔兰	128520.00	381.00
菲律宾	89641.00	353.20
立陶宛	95502.00	334.20
越南	93779.00	304.30
文莱	14771.00	290.00
葡萄牙	90992.00	283.40
乌拉圭	72787.00	257.00
突尼斯	31752.00	225.50
阿尔及利亚	61485.00	224.80
斯洛伐克	59657.00	201.30
拉脱维亚	70110.00	177.90
克罗地亚	58944.00	154.60
捷克	51358.00	154.50
罗马尼亚	58035.00	147.50
伊朗	35562.00	144.50
哥斯达黎加	37109.00	134.80
黎巴嫩	27318.00	113.70
孟加拉国	19974.00	99.40
保加利亚	34034.00	99.40
爱沙尼亚	27274.00	98.70
摩洛哥	37219.00	93.10
科威特	27803.00	90.00
卡塔尔	14196.00	85.00
约旦	11663.00	75.50
斯洛文尼亚	14494.00	70.90
利比亚	29158.00	67.80
毛里求斯	12183.00	59.70
多米尼加	18883.00	59.40
白俄罗斯	17121.00	59.00
中国澳门	11837.00	49.00
巴林	9127.00	47.60
巴基斯坦	18455.00	47.10
叙利亚	10585.00	45.80
危地马拉	10843.00	44.50
古巴	9539.00	43.70
斯里兰卡	7963.00	43.10
伊拉克	8674.00	37.90

（续）

国家/地区	出口数量（千克）	出口金额（千美元）
阿塞拜疆	8309.00	27.60
马耳他	11819.00	27.20
塞浦路斯	5606.00	20.70
埃及	7378.00	19.90
匈牙利	5677.00	19.50
牙买加	2548.00	17.80
贝宁	6581.00	17.30
格鲁吉亚	3802.00	16.00
吉布提	3781.00	13.90
塞内加尔	3859.00	12.80
安哥拉	3483.00	11.20
波多黎各	3240.00	8.70
坦桑尼亚	1574.00	8.50
肯尼亚	4560.00	8.00
哈萨克斯坦	602.00	7.80
蒙古	5980.00	7.70
刚果(金)	2380.00	7.40
科特迪瓦	1951.00	6.70
塞尔维亚	2205.00	5.90
喀麦隆	1626.00	5.60
加纳	1428.00	5.20
刚果(布)	1453.00	4.50
黑山	1376.00	4.30
乌兹别克斯坦	1035.00	4.30
阿曼	3222.00	4.00
冰岛	533.00	2.60
佛得角	580.00	2.10
多哥	584.00	2.00
莫桑比克	181.00	1.90
特立尼达和多巴哥	702.00	1.90
亚美尼亚	567.00	1.50
布基纳法索	413.00	1.30
巴拉圭	210.00	0.90
委内瑞拉	279.00	0.60
柬埔寨	378.00	0.50
斐济	112.00	0.50
缅甸	9.00	0.10
法属波利尼西亚	12.00	0.10
尼加拉瓜	205.00	0.10
洪都拉斯	122.00	0.00
44219010 木制卷轴、纡子、筒管、缝纫用线轴及类似品		
合计	542904.00	1597.90
荷兰	193795.00	474.10

（续）

国家/地区	出口数量（千克）	出口金额（千美元）
意大利	25390.00	201.90
比利时	101655.00	184.30
加拿大	34199.00	120.90
美国	8659.00	113.50
法国	19977.00	106.60
日本	32932.00	86.70
中国台湾省	7115.00	78.10
韩国	11712.00	70.20
德国	14356.00	56.60
中国香港	44912.00	29.50
朝鲜	13968.00	18.50
澳大利亚	8030.00	16.90
中国澳门	18135.00	12.80
泰国	3586.00	5.40
瑞士	1340.00	4.70
丹麦	774.00	3.30
以色列	1083.00	2.70
英国	282.00	2.30
波兰	290.00	2.20
秘鲁	60.00	2.10
希腊	155.00	1.50
新西兰	85.00	1.10
巴基斯坦	44.00	0.50
俄罗斯	106.00	0.40
葡萄牙	200.00	0.40
芬兰	12.00	0.40
西班牙	52.00	0.30
44219021 木制圆签圆棒冰果棒压舌片及类似一次性制品		
合计	61869841.00	69020.40
日本	13639735.00	14194.20
美国	10392643.00	12715.00
印度尼西亚	1733062.00	3594.40
韩国	3868198.00	3185.00
泰国	1457849.00	2519.80
印度	3594909.00	2345.80
伊朗	2309013.00	1874.70
意大利	1202239.00	1556.90
法国	772646.00	1528.70
英国	1214765.00	1456.50
墨西哥	938914.00	1392.50
埃及	1523235.00	1354.30
加拿大	1062821.00	1329.60
德国	1549902.00	1326.00

（续）

国家/地区	出口数量（千克）	出口金额（千美元）
俄罗斯	797278.00	1311.80
巴基斯坦	544782.00	1297.20
土耳其	1620774.00	1238.70
荷兰	983110.00	1231.50
中国香港	506119.00	1071.70
西班牙	843718.00	1032.70
巴西	1570091.00	820.10
沙特阿拉伯	487837.00	654.60
澳大利亚	707464.00	628.00
哥伦比亚	432396.00	500.00
阿联酋	409293.00	463.70
伊拉克	377152.00	450.20
菲律宾	216928.00	447.40
摩洛哥	313622.00	431.70
马来西亚	225938.00	425.80
智利	381095.00	404.40
孟加拉国	192592.00	343.70
阿根廷	691026.00	325.10
黎巴嫩	264863.00	291.70
乌克兰	92672.00	256.20
以色列	279118.00	244.80
朝鲜	127679.00	230.10
危地马拉	252862.00	224.40
罗马尼亚	99711.00	221.00
委内瑞拉	150224.00	211.00
爱尔兰	132620.00	193.90
中国台湾省	215706.00	189.20
希腊	193005.00	186.00
波兰	129681.00	184.20
南非	213073.00	179.10
比利时	109466.00	174.60
约旦	154494.00	173.40
克罗地亚	176699.00	167.20
哥斯达黎加	203739.00	149.00
拉脱维亚	41324.00	126.20
丹麦	149819.00	125.20
阿尔及利亚	153502.00	124.80
多米尼加	82596.00	115.90
秘鲁	101122.00	108.20
瑞典	80115.00	96.20
也门	141884.00	96.20
斯里兰卡	133575.00	81.10
新加坡	69753.00	77.90
叙利亚	137550.00	68.90

（续）

国家/地区	出口数量（千克）	出口金额（千美元）
斯洛文尼亚	46944.00	68.10
葡萄牙	87860.00	57.70
哈萨克斯坦	125232.00	56.80
立陶宛	94162.00	55.00
索马里	26645.00	53.90
新西兰	68948.00	53.20
利比亚	38273.00	52.10
津巴布韦	23686.00	48.70
格鲁吉亚	127944.00	46.80
保加利亚	28741.00	46.40
科威特	23664.00	44.20
洪都拉斯	15449.00	42.40
芬兰	55293.00	40.20
爱沙尼亚	74650.00	37.60
尼加拉瓜	85138.00	33.20
乌干达	14880.00	32.60
乌兹别克斯坦	21330.00	31.40
卡塔尔	42421.00	29.80
毛里求斯	22863.00	28.10
匈牙利	13360.00	26.00
塞尔维亚	12145.00	24.60
乌拉圭	40888.00	23.90
巴林	28169.00	23.50
塞拉利昂	9430.00	21.20
厄瓜多尔	22521.00	20.50
瑞士	9566.00	20.30
坦桑尼亚	16630.00	19.50
巴拿马	22027.00	18.20
蒙古	38760.00	16.60
越南	21863.00	15.20
马拉维	15000.00	15.00
捷克	11250.00	13.80
肯尼亚	8350.00	12.80
赞比亚	4550.00	12.30
阿曼	13469.00	11.50
纳米比亚	3730.00	10.50
安哥拉	13360.00	10.50
缅甸	24400.00	9.90
萨尔瓦多	5262.00	7.90
塞浦路斯	7781.00	7.00
巴布亚新几内亚	3029.00	7.00
土库曼斯坦	11385.00	6.80
加纳	2580.00	6.70
玻利维亚	2080.00	6.40

（续）

国家/地区	出口数量（千克）	出口金额（千美元）
突尼斯	16381.00	6.20
挪威	3628.00	4.70
波黑	2600.00	4.20
埃塞俄比亚	1046.00	4.10
柬埔寨	1400.00	4.00
巴拉圭	1180.00	3.20
特立尼达和多巴哥	1300.00	3.00
奥地利	1471.00	2.70
布基纳法索	660.00	1.90
留尼汪	396.00	1.80
波多黎各	1604.00	1.70
牙买加	420.00	1.60
巴巴多斯	260.00	1.30
莫桑比克	600.00	1.20
塔吉克斯坦	280.00	0.80
阿塞拜疆	290.00	0.80
法属波利尼西亚	740.00	0.70
马达加斯加	220.00	0.60
白俄罗斯	1390.00	0.60
亚美尼亚	108.00	0.40
新喀里多尼亚	75.00	0.40
尼泊尔	1.00	0.20
澳门	85.00	0.10
44219090 未列名木制品		
合计	657976409.00	1910365.50
美国	221735804.00	546875.20
日本	78872071.00	269696.20
英国	43108538.00	145430.00
德国	35858525.00	106394.00
荷兰	31216605.00	91948.30
韩国	35241362.00	88375.00
澳大利亚	27355678.00	68723.30
法国	21984712.00	56589.60
中国香港	15203043.00	43950.30
新加坡	5963681.00	43662.30
加拿大	15008726.00	37355.00
意大利	8652447.00	31828.70
西班牙	7023112.00	29809.40
比利时	10132798.00	28066.80
中国台湾省	7667585.00	23708.10
巴拿马	2080754.00	19761.80
马来西亚	5097853.00	18403.70
墨西哥	6137484.00	18103.00
阿联酋	4784386.00	15196.30

（续）

国家/地区	出口数量（千克）	出口金额（千美元）
南非	4897030.00	13871.10
越南	5263311.00	13028.60
沙特阿拉伯	3733233.00	12402.70
印度	3104564.00	10435.40
中国澳门	2942355.00	10180.80
瑞典	2655765.00	9130.70
俄罗斯	2843726.00	8748.90
丹麦	2021815.00	8465.60
印度尼西亚	2849322.00	7511.30
泰国	1655385.00	7068.60
波兰	1504254.00	6698.50
新西兰	2219692.00	6562.10
土耳其	1452297.00	6334.00
智利	1467073.00	6330.50
瑞士	982343.00	5639.60
爱尔兰	1058367.00	5249.50
以色列	2374163.00	4967.80
尼日利亚	1830252.00	4773.60
伊拉克	2860946.00	4737.00
菲律宾	2372135.00	4356.30
挪威	1106744.00	3608.60
阿根廷	2112244.00	3545.80
巴西	964228.00	3501.50
文莱	603218.00	2980.30
斯洛文尼亚	1104962.00	2895.50
贝宁	565698.00	2681.70
芬兰	772850.00	2499.90
埃及	1097066.00	2304.80
哈萨克斯坦	58551.00	2284.50
希腊	481442.00	2136.40
危地马拉	587304.00	2128.00
秘鲁	465545.00	2105.10
波多黎各	416016.00	1607.50
巴基斯坦	968623.00	1559.00
哥伦比亚	287859.00	1455.20
多米尼加	403630.00	1420.40
摩洛哥	386097.00	1376.60
捷克	341873.00	1375.00
科威特	472046.00	1305.40
葡萄牙	404185.00	1226.60
黎巴嫩	326226.00	1046.60
阿曼	531727.00	1000.30
罗马尼亚	395076.00	977.30
伊朗	400423.00	973.60

（续）

国家/地区	出口数量（千克）	出口金额（千美元）
萨尔瓦多	1694662.00	970.10
克罗地亚	388692.00	969.10
奥地利	232616.00	871.30
突尼斯	281912.00	798.70
利比亚	428879.00	748.20
马尔代夫	440216.00	717.30
斯里兰卡	237599.00	673.70
阿尔及利亚	245642.00	667.30
马耳他	103627.00	659.20
约旦	222812.00	658.20
乌克兰	211160.00	626.20
柬埔寨	205832.00	574.50
博茨瓦纳	147031.00	556.40
立陶宛	157255.00	549.80
保加利亚	64829.00	511.40
安哥拉	340297.00	511.00
孟加拉国	63016.00	508.20
乌拉圭	192773.00	474.40
卡塔尔	135791.00	453.70
厄瓜多尔	131507.00	427.50
哥斯达黎加	80878.00	422.70
肯尼亚	128403.00	410.00
加纳	144061.00	386.80
拉脱维亚	135046.00	385.90
牙买加	85939.00	369.00
匈牙利	74742.00	357.60
乍得	25672.00	341.30
巴布亚新几内亚	73866.00	328.10
蒙古	848377.00	324.20
委内瑞拉	63036.00	314.30
老挝	165691.00	283.40
埃塞俄比亚	107866.00	262.90
缅甸	97515.00	261.50
科特迪瓦	29840.00	218.60
斯洛伐克	44394.00	201.90
塞浦路斯	53918.00	198.20
巴巴多斯	40233.00	194.20
吉布提	84864.00	189.20
塞尔维亚	49707.00	185.90
毛里求斯	74091.00	181.10
乌兹别克斯坦	45705.00	180.60
特立尼达和多巴哥	38326.00	175.00
叙利亚	109891.00	173.10
巴林	53956.00	169.30

（续）

国家/地区	出口数量（千克）	出口金额（千美元）
爱沙尼亚	53641.00	167.30
坦桑尼亚	86546.00	162.20
百慕大	14083.00	138.20
新喀里多尼亚	67567.00	123.40
赞比亚	20597.00	113.20
格鲁吉亚	63208.00	111.60
刚果（金）	17497.00	109.00
乌干达	11232.00	102.90
塞舌尔	17366.00	97.30
多哥	41885.00	96.50
格林纳达	19650.00	79.50
刚果（布）	14248.00	68.20
喀麦隆	8802.00	64.10
阿尔巴尼亚	24437.00	62.00
马里	45274.00	61.00
尼加拉瓜	29469.00	56.50
留尼汪	23301.00	55.50
朝鲜	32200.00	52.50
阿塞拜疆	15186.00	49.70
阿鲁巴	7157.00	48.50
圣文森特和格林纳丁斯	9290.00	47.50
摩尔多瓦	19194.00	46.70
莫桑比克	30310.00	42.70
法属波利尼西亚	9388.00	41.10
毛里塔尼亚	12000.00	37.40
阿富汗	12463.00	36.70
巴哈马	1462.00	34.20
古巴	6791.00	33.80
荷属安的列斯群岛	4563.00	31.80
洪都拉斯	11889.00	30.30
巴拉圭	8994.00	30.00
索马里	13500.00	24.80
海地	14901.00	24.30
圣卢西亚	7100.00	23.40
马达加斯加	20726.00	22.70
斐济	7594.00	21.80
塞内加尔	16659.00	21.20
亚美尼亚	7921.00	19.90
也门	4308.00	19.40
波黑	9638.00	19.20
冰岛	983.00	17.60
津巴布韦	8005.00	14.70
利比里亚	8240.00	13.50
纳米比亚	7365.00	12.30

（续）

国家/地区	出口数量（千克）	出口金额（千美元）
马绍尔群岛	1560.00	10.60
玻利维亚	3374.00	10.50
赤道几内亚	2735.00	10.40
安提瓜和巴布达	2208.00	7.80
黑山	2700.00	6.50
苏丹	36940.00	6.00
几内亚	1123.00	5.30
几内亚比绍	3900.00	4.40
巴勒斯坦	2900.00	3.20
前南马其顿	535.00	1.80
白俄罗斯	732.00	1.50
加蓬	471.00	1.30
莱索托	244.00	0.80
诺福克岛	426.00	0.50
法属圭亚那	113.00	0.40
马约特	49.00	0.40
卢森堡	55.00	0.30
卢旺达	207.00	0.30
冈比亚	98.00	0.30
塞拉利昂	72.00	0.20
瓜德罗普	56.00	0.20
摩纳哥	5.00	0.10
马提尼克	36.00	0.10
吉尔吉斯斯坦	24.00	0.10
帕劳	160.00	0.10
土库曼斯坦	38.00	0.00
塔吉克斯坦	28.00	0.00

木制品进口量值表

国家/地区	进口数量（千克）	进口金额（千美元）
44091010 任一边、端或面制成连续形状针叶木地板条		
合计	1259877.00	1592.20
瑞典	1125799.00	1201.40
丹麦	110261.00	301.90
意大利	1660.00	28.10
法国	1479.00	17.70
俄罗斯	3520.00	14.90
新西兰	2138.00	10.70
德国	5047.00	8.70
日本	598.00	3.90
阿根廷	9315.00	2.90
瑞士	60.00	2.00

(续)

国家/地区	进口数量（千克）	进口金额（千美元）
44091090 其他任一边、端或面制成连续形状针叶木木材		
合计	373845.00	434.20
巴西	76262.00	146.30
加拿大	122410.00	116.60
荷兰	1981.00	46.30
美国	134330.00	37.50
立陶宛	2749.00	26.90
芬兰	25452.00	24.90
印度尼西亚	3583.00	14.30
柬埔寨	4759.00	12.10
德国	865.00	3.40
意大利	206.00	3.10
爱沙尼亚	1028.00	2.40
中国台湾省	186.00	0.40
英国	34.00	0.10
44092910 其他任一边、端或面制成连续状非针叶木地板条		
合计	4365643.00	11125.30
美国	2086456.00	5681.20
意大利	174966.00	1450.50
爱沙尼亚	428757.00	705.70
巴拉圭	198479.00	572.40
奥地利	178540.00	482.00
日本	129473.00	395.20
印度尼西亚	506331.00	339.60
加拿大	107354.00	306.70
丹麦	38730.00	215.40
德国	35887.00	211.10
立陶宛	47333.00	154.50
泰国	54750.00	153.70
马来西亚	158619.00	146.30
波兰	2440.00	97.60
法国	108531.00	74.40
秘鲁	67412.00	41.00
老挝	10895.00	23.00
中国	6036.00	22.50
土耳其	2423.00	12.70
越南	5200.00	9.60
瑞典	418.00	7.00
中国台湾省	1440.00	5.20
葡萄牙	564.00	4.20
澳大利亚	2434.00	3.50
缅甸	3100.00	3.40
阿根廷	6393.00	2.80
匈牙利	421.00	1.40
希腊	967.00	1.40
柬埔寨	972.00	0.60
英国	180.00	0.50
西班牙	142.00	0.30
44092990 其他任一边、端或面制成连续形状非针叶木木材		
合计	15643485.00	28058.70
印度尼西亚	13608339.00	22631.40
美国	1440058.00	4078.90
荷兰	181390.00	339.00
加拿大	159262.00	290.00
意大利	19079.00	276.00
比利时	32728.00	188.80
印度	20835.00	69.20
爱沙尼亚	7297.00	39.20
马来西亚	80655.00	39.00
文莱	32000.00	35.40
俄罗斯	45196.00	27.10
立陶宛	2345.00	9.20
斯洛伐克	4024.00	8.60
丹麦	680.00	7.50
墨西哥	7192.00	6.90
奥地利	485.00	6.10
德国	1320.00	4.20
中国台湾省	423.00	1.50
巴西	100.00	0.40
日本	1.00	0.20
泰国	76.00	0.00
44140010 辐射松制的画框、相框、镜框及类似品		
合计	242.00	8.30
意大利	83.00	5.40
中国台湾省	94.00	1.40
斯洛伐克	36.00	1.20
法国	18.00	0.20
中国	11.00	0.10
44140090 其他木制的画框、相框、镜框及类似品		
合计	92720.00	1342.40
中国	18208.00	318.90
美国	9115.00	240.30
印度	17455.00	160.30
意大利	3794.00	114.40
泰国	5573.00	104.30
法国	1465.00	86.70
印度尼西亚	15129.00	69.20
中国台湾省	7298.00	68.50
西班牙	2159.00	40.10
瑞士	775.00	26.90
德国	321.00	19.50
越南	914.00	17.30
日本	716.00	11.80
荷兰	584.00	9.50
中国香港	274.00	9.00
波兰	1772.00	7.70
英国	528.00	7.70
罗马尼亚	3180.00	6.70
韩国	1234.00	5.40
比利时	622.00	4.30
土耳其	530.00	3.40
葡萄牙	66.00	2.30
新加坡	5.00	1.40
柬埔寨	244.00	1.30
澳大利亚	114.00	1.00
希腊	18.00	0.90
丹麦	139.00	0.70
菲律宾	59.00	0.70
斯洛文尼亚	9.00	0.30
马来西亚	111.00	0.30
巴基斯坦	75.00	0.30
捷克	24.00	0.20
墨西哥	38.00	0.20
斯洛伐克	33.00	0.20
拉脱维亚	91.00	0.20
尼泊尔	13.00	0.10
老挝	23.00	0.10
国别(地区)不详	4.00	0.10
加拿大	3.00	0.00
瑞典	5.00	0.00
44151000 木制箱、盒、桶及类似的包装容器；电缆卷筒		
合计	3293915.00	7572.80
中国	2143869.00	4238.80
日本	169175.00	576.30
越南	154695.00	437.30
荷兰	135740.00	423.50

（续）

国家/地区	进口数量（千克）	进口金额（千美元）
美国	40422.00	287.00
巴西	111305.00	233.80
波兰	105043.00	174.20
法国	18543.00	146.30
意大利	13482.00	125.80
马来西亚	86771.00	118.00
德国	17833.00	108.10
瑞典	54143.00	100.30
西班牙	110508.00	92.30
中国台湾省	55187.00	80.60
英国	8850.00	80.00
奥地利	4959.00	75.50
新加坡	7555.00	67.90
以色列	3889.00	56.50
印度	5088.00	28.00
澳大利亚	6737.00	23.50
芬兰	8640.00	18.20
立陶宛	10094.00	16.60
韩国	8963.00	15.60
比利时	1711.00	7.70
加拿大	927.00	6.10
瑞士	647.00	5.30
中国香港	719.00	3.60
捷克	2124.00	3.50
塞尔维亚	109.00	3.40
朝鲜	2545.00	3.20
南非	394.00	2.60
印度尼西亚	961.00	2.30
土耳其	193.00	1.60
丹麦	102.00	1.60
老挝	389.00	1.50
厄瓜多尔	136.00	1.10
泰国	227.00	1.10
菲律宾	83.00	0.90
爱沙尼亚	77.00	0.70
葡萄牙	90.00	0.60
罗马尼亚	34.00	0.40
塞内加尔	29.00	0.40
斯洛伐克	168.00	0.30
智利	600.00	0.30
阿根廷	70.00	0.20
尼泊尔	11.00	0.20
斯里兰卡	62.00	0.10
沙特阿拉伯	8.00	0.10

（续）

国家/地区	进口数量（千克）	进口金额（千美元）
巴基斯坦	8.00	0.00
44152010 辐射松制托板箱形托盘及其他装载板托盘护框		
合计	236702.00	50.20
中国	230447.00	47.20
拉脱维亚	5750.00	1.80
新加坡	194.00	0.70
新西兰	280.00	0.40
泰国	31.00	0.20
44152090 木托板、箱形托盘及其他装载木板；托盘护框		
合计	18388813.00	11216.50
中国	13496181.00	4369.00
德国	935981.00	3472.10
瑞典	2295255.00	1584.80
丹麦	809671.00	835.30
印度	144991.00	249.00
美国	18888.00	102.20
波兰	147865.00	100.00
西班牙	101614.00	89.80
韩国	41495.00	62.50
法国	43075.00	47.10
中国台湾省	47211.00	47.00
拉脱维亚	44213.00	43.80
意大利	9095.00	39.40
立陶宛	55601.00	34.40
朝鲜	67798.00	27.80
捷克	29634.00	24.30
比利时	22956.00	23.50
日本	15220.00	14.30
荷兰	1392.00	9.90
新加坡	5766.00	7.60
中国香港	31454.00	6.70
马来西亚	6018.00	6.30
国别(地区)不详	5910.00	5.50
英国	728.00	5.10
泰国	6712.00	2.20
瑞士	53.00	1.60
墨西哥	680.00	1.50
印度尼西亚	207.00	1.00
奥地利	1700.00	0.90
以色列	576.00	0.70
斯洛文尼亚	674.00	0.50
尼泊尔	27.00	0.40

（续）

国家/地区	进口数量（千克）	进口金额（千美元）
越南	156.00	0.20
巴西	16.00	0.10
44160010 辐射松制大桶、琵琶桶、盆等箍桶及零件		
合计	28.00	0.70
英国	25.00	0.50
中国	3.00	0.10
44160090 木制大桶、琵琶桶、盆等木制箍桶及其零件		
合计	582123.00	4456.00
法国	337016.00	3600.60
美国	38578.00	290.60
匈牙利	33200.00	269.80
澳大利亚	8060.00	135.40
智利	7711.00	68.10
日本	136671.00	22.60
西班牙	8855.00	17.60
韩国	138.00	12.70
葡萄牙	1651.00	12.70
意大利	499.00	7.80
罗马尼亚	250.00	4.00
中国台湾省	1447.00	2.00
南非	516.00	2.00
英国	3749.00	1.90
德国	98.00	1.60
中国	114.00	1.50
越南	44.00	1.20
印度尼西亚	264.00	1.00
印度	195.00	0.70
泰国	188.00	0.50
墨西哥	394.00	0.40
菲律宾	96.00	0.30
比利时	49.00	0.30
乌克兰	286.00	0.20
丹麦	6.00	0.20
土耳其	1630.00	0.10
亚美尼亚	74.00	0.10
俄罗斯	15.00	0.10
阿根廷	210.00	0.00
奥地利	94.00	0.00
格鲁吉亚	25.00	0.00
44170010 辐射松制工具等；扫帚及刷子；鞋靴楦及楦头		
合计	562.00	2.20

（续）

国家/地区	进口数量（千克）	进口金额（千美元）
意大利	555.00	1.80
法国	0.00	0.30
日本	3.00	0.10
中国	3.00	0.10
中国台湾省	1.00	0.00
44170090 木制工具等;扫帚及刷子等;木鞋靴楦及楦头		
合计	128594.00	1490.20
日本	15499.00	690.00
中国	25743.00	330.20
法国	1857.00	184.00
意大利	1188.00	92.90
巴西	10294.00	51.80
柬埔寨	18562.00	34.20
中国台湾省	15553.00	26.60
斯里兰卡	24307.00	26.30
德国	194.00	14.80
乌克兰	14351.00	13.00
英国	110.00	11.20
希腊	86.00	6.30
美国	110.00	5.20
越南	73.00	1.00
印度尼西亚	427.00	1.00
韩国	92.00	0.90
西班牙	132.00	0.50
捷克	11.00	0.10
新加坡	2.00	0.00
瑞士	3.00	0.00
44181090 木制窗、法兰西式(落地)窗及其木制框架		
合计	150420.00	1366.10
德国	23218.00	421.30
韩国	29130.00	363.60
波兰	53205.00	208.40
丹麦	28150.00	146.90
美国	6758.00	76.70
日本	995.00	44.00
印度尼西亚	626.00	24.80
中国	2271.00	22.00
意大利	1635.00	21.50
挪威	1802.00	13.80
捷克	340.00	6.40
立陶宛	600.00	5.00
瑞士	130.00	4.20

（续）

国家/地区	进口数量（千克）	进口金额（千美元）
加拿大	862.00	3.50
奥地利	297.00	2.30
西班牙	36.00	1.30
印度	360.00	0.30
荷兰	5.00	0.00
44182000 木制门及其框架和门槛		
合计	1014326.00	5985.40
德国	105093.00	1620.40
美国	29324.00	709.90
意大利	84745.00	695.80
西班牙	32854.00	676.30
瑞士	105196.00	542.60
日本	135300.00	364.30
印度尼西亚	101035.00	359.40
中国	175380.00	246.70
越南	41203.00	121.10
奥地利	5655.00	108.80
泰国	38166.00	103.70
印度	25920.00	64.30
荷兰	868.00	63.20
墨西哥	8234.00	61.70
韩国	10698.00	48.70
澳大利亚	684.00	31.80
波兰	2854.00	29.80
新加坡	52530.00	27.30
圭亚那	27060.00	16.60
中国台湾省	3423.00	13.90
法国	1017.00	12.60
马来西亚	15353.00	10.40
立陶宛	460.00	10.30
英国	381.00	10.20
柬埔寨	5549.00	8.70
老挝	1928.00	7.60
比利时	770.00	5.70
乌克兰	705.00	2.60
中国澳门	250.00	2.10
加拿大	304.00	1.90
罗马尼亚	41.00	1.90
斯洛文尼亚	230.00	1.10
葡萄牙	76.00	0.90
卡塔尔	107.00	0.90
丹麦	262.00	0.80
中国香港	284.00	0.60
尼泊尔	200.00	0.50

（续）

国家/地区	进口数量（千克）	进口金额（千美元）
南非	50.00	0.40
缅甸	120.00	0.10
以色列	17.00	0.00
44184000 木制水泥构件的模板		
合计	356308.00	1119.30
德国	184575.00	814.40
智利	40850.00	123.20
西班牙	58850.00	93.10
奥地利	28520.00	42.00
印度尼西亚	34921.00	31.70
俄罗斯	6705.00	11.40
捷克	1887.00	3.50
44186000 木制柱及梁		
合计	770641.00	1888.20
奥地利	306071.00	1287.20
芬兰	196584.00	212.10
美国	81808.00	138.30
印度	36534.00	67.00
加拿大	39422.00	60.80
俄罗斯	69232.00	50.70
德国	25501.00	28.50
泰国	6559.00	15.10
斯洛文尼亚	2506.00	13.90
意大利	3131.00	5.80
乌克兰	2405.00	3.50
日本	701.00	2.50
瑞典	106.00	1.40
印度尼西亚	52.00	1.40
塞内加尔	9.00	0.10
巴基斯坦	20.00	0.10
44187100 马赛克地板用已装拼的木地板		
合计	42063.00	115.60
意大利	3472.00	82.10
英国	38471.00	33.00
日本	120.00	0.50
44187290 其他多层已装拼的木地板		
合计	7667211.00	28742.10
印度尼西亚	1625409.00	6434.10
奥地利	1134371.00	5374.20
立陶宛	1202271.00	4268.80
德国	747240.00	3438.50
西班牙	1184612.00	3096.60
爱沙尼亚	479285.00	1427.10
马来西亚	476078.00	1368.60

（续）

国家/地区	进口数量（千克）	进口金额（千美元）
意大利	147797.00	1075.50
匈牙利	200696.00	524.60
芬兰	90181.00	489.00
美国	83587.00	320.10
波兰	65792.00	260.70
中国台湾省	24604.00	110.90
法国	16716.00	108.50
日本	78211.00	90.70
巴拉圭	23860.00	77.20
瑞典	26562.00	65.60
葡萄牙	12302.00	45.90
荷兰	8823.00	45.50
克罗地亚	11584.00	39.90
泰国	14562.00	28.70
挪威	2870.00	15.60
瑞士	3110.00	14.40
中国	1907.00	8.50
比利时	1734.00	6.70
韩国	2228.00	4.20
加拿大	819.00	2.00
44187990 其他已装拼的木地板		
合计	1333182.00	3431.70
丹麦	745596.00	2129.30
意大利	31807.00	346.10
印度尼西亚	294341.00	286.80
德国	127208.00	259.40
奥地利	20153.00	88.40
克罗地亚	22260.00	64.40
匈牙利	9713.00	55.70
美国	18583.00	46.50
爱沙尼亚	12750.00	34.90
柬埔寨	13768.00	21.10
缅甸	13528.00	18.90
西班牙	5936.00	15.70
加拿大	4090.00	15.40
日本	2381.00	10.50
中国台湾省	3235.00	9.30
卢森堡	950.00	7.90
荷兰	2264.00	7.50
比利时	1430.00	6.30
澳大利亚	375.00	1.80
捷克	940.00	1.70
马来西亚	602.00	1.60
印度	175.00	1.00

（续）

国家/地区	进口数量（千克）	进口金额（千美元）
越南	107.00	0.70
英国	280.00	0.70
瑞典	100.00	0.20
葡萄牙	610.00	0.10
44189090 其他建筑用木工制品		
合计	982913.00	4344.40
日本	53582.00	835.30
意大利	165125.00	684.80
加拿大	98019.00	548.30
比利时	84896.00	489.40
奥地利	75709.00	470.50
印度尼西亚	165542.00	434.50
美国	92429.00	246.20
瑞典	26097.00	159.60
泰国	108854.00	84.70
西班牙	6796.00	69.50
波兰	12361.00	61.00
拉脱维亚	1947.00	48.40
法国	19858.00	40.90
德国	6692.00	36.20
新西兰	13414.00	23.10
中国台湾省	6269.00	18.40
马来西亚	16442.00	17.00
韩国	7461.00	15.30
葡萄牙	637.00	8.80
卡塔尔	539.00	7.50
中国	2068.00	6.90
尼泊尔	2200.00	6.90
斯洛文尼亚	700.00	6.80
英国	780.00	6.60
乌克兰	11070.00	5.00
荷兰	591.00	4.30
丹麦	218.00	2.90
老挝	650.00	2.30
越南	295.00	1.80
印度	1465.00	0.90
柬埔寨	73.00	0.30
新加坡	22.00	0.20
土耳其	105.00	0.10
澳大利亚	7.00	0.10
44190031 木制一次性筷子		
合计	19663511.00	10312.50
俄罗斯	17484048.00	9389.70
朝鲜	1061100.00	387.20

（续）

国家/地区	进口数量（千克）	进口金额（千美元）
蒙古	948420.00	364.80
越南	144450.00	91.90
中国	21601.00	55.00
日本	3771.00	20.90
泰国	13.00	1.50
印度尼西亚	41.00	0.90
斯里兰卡	64.00	0.70
国别(地区)不详	3.00	0.00
44190099 其他木制餐具及厨房用具		
合计	1537548.00	7326.00
罗马尼亚	821979.00	2046.00
美国	62703.00	924.90
泰国	176933.00	631.40
中国台湾省	17337.00	578.20
日本	15573.00	569.00
越南	230053.00	528.10
捷克	40717.00	419.10
中国	56340.00	373.20
菲律宾	26104.00	358.00
印度	34275.00	225.40
韩国	14034.00	114.30
瑞典	7956.00	104.10
德国	4136.00	98.90
意大利	6481.00	79.20
加拿大	2599.00	53.70
印度尼西亚	11471.00	52.70
法国	1446.00	36.20
保加利亚	413.00	23.90
巴西	1498.00	20.50
英国	507.00	15.00
瑞士	734.00	14.60
芬兰	130.00	11.10
斯洛文尼亚	649.00	8.20
波兰	592.00	7.60
老挝	1592.00	5.50
中国香港	61.00	4.30
突尼斯	91.00	4.00
丹麦	144.00	3.60
尼泊尔	335.00	2.70
匈牙利	43.00	2.60
克罗地亚	49.00	1.70
土耳其	85.00	1.50
葡萄牙	30.00	1.50
马来西亚	197.00	1.20

(续)

国家/地区	进口数量(千克)	进口金额(千美元)
巴基斯坦	95.00	0.90
立陶宛	20.00	0.80
南非	28.00	0.40
新加坡	5.00	0.30
以色列	30.00	0.30
西班牙	3.00	0.20
坦桑尼亚	19.00	0.20
荷兰	11.00	0.20
比利时	9.00	0.10
挪威	0.00	0.10
黎巴嫩	9.00	0.10
叙利亚	14.00	0.10
摩洛哥	6.00	0.00
阿联酋	10.00	0.00
柬埔寨	2.00	0.00
44201011 木刻		
合计	116709.00	365.30
新西兰	45060.00	132.20
印度尼西亚	40122.00	97.30
中国台湾省	9195.00	57.40
意大利	125.00	15.00
泰国	1055.00	11.70
美国	195.00	9.40
南非	14758.00	9.20
多哥	1575.00	7.60
肯尼亚	1600.00	6.40
印度	995.00	3.70
日本	167.00	3.70
加拿大	313.00	3.00
柬埔寨	221.00	2.50
中国	219.00	2.40
越南	862.00	1.70
比利时	120.00	1.30
法国	44.00	0.30
丹麦	76.00	0.20
捷克	2.00	0.10
德国	0.00	0.10
尼泊尔	5.00	0.00
44201020 木扇		
合计	432.00	10.70
日本	30.00	8.60
韩国	270.00	1.10
中国	81.00	0.60
西班牙	14.00	0.50

(续)

国家/地区	进口数量(千克)	进口金额(千美元)
越南	37.00	0.10
44201090 其他木制小雕像及装饰品		
合计	2003690.00	7175.10
泰国	521991.00	1785.70
印度尼西亚	314795.00	1038.90
印度	80658.00	601.00
中国台湾省	98347.00	453.40
缅甸	564566.00	432.80
中国	32835.00	354.30
日本	35122.00	299.70
意大利	4767.00	280.00
越南	34983.00	272.70
尼泊尔	62195.00	234.10
巴基斯坦	93964.00	144.20
菲律宾	18329.00	124.90
美国	4290.00	119.60
坦桑尼亚	13137.00	115.70
比利时	5876.00	114.40
老挝	22282.00	101.60
德国	5102.00	86.60
法国	3850.00	75.40
英国	919.00	72.30
西班牙	4111.00	62.30
柬埔寨	20093.00	54.70
南非	10053.00	48.80
中国香港	839.00	46.40
荷兰	10470.00	39.90
斯里兰卡	2492.00	26.00
丹麦	2518.00	25.80
马来西亚	14010.00	21.80
塞内加尔	2289.00	21.10
波兰	335.00	20.70
俄罗斯	288.00	16.10
多哥	10816.00	13.80
瑞典	390.00	12.10
毛里求斯	598.00	10.70
葡萄牙	135.00	8.90
肯尼亚	3321.00	8.20
新加坡	528.00	5.70
韩国	866.00	5.70
斐济	38.00	3.50
土耳其	205.00	3.10
奥地利	19.00	2.50
伊朗	213.00	2.40

(续)

国家/地区	进口数量(千克)	进口金额(千美元)
津巴布韦	336.00	1.30
加拿大	100.00	1.00
乌拉圭	20.00	0.80
巴西	13.00	0.80
赞比亚	269.00	0.60
捷克	17.00	0.60
马达加斯加	50.00	0.60
加蓬	130.00	0.60
乌克兰	28.00	0.40
尼日尔	52.00	0.30
澳大利亚	20.00	0.20
保加利亚	20.00	0.20
多米尼加	0.00	0.10
阿联酋	0.00	0.10
44209010 镶嵌木		
合计	931.00	7.40
印度尼西亚	908.00	5.60
中国	13.00	1.70
捷克	10.00	0.10
44209090 珠宝或刀具木盒及类似品;第94章以外木家具		
合计	1439535.00	6293.90
德国	432500.00	909.10
中国	36245.00	902.50
波兰	430430.00	901.40
法国	6111.00	731.40
意大利	72509.00	625.60
泰国	163136.00	448.40
越南	79515.00	359.70
印度	37256.00	286.10
罗马尼亚	22176.00	164.60
老挝	38418.00	155.30
印度尼西亚	2349.00	131.00
中国台湾省	11818.00	117.90
瑞士	2259.00	90.00
西班牙	454.00	67.80
菲律宾	1574.00	61.80
捷克	23599.00	60.40
美国	2388.00	50.70
马来西亚	49927.00	43.90
日本	1066.00	37.80
毛里求斯	120.00	14.50
立陶宛	10863.00	13.70
葡萄牙	137.00	13.40

（续）

国家/地区	进口数量（千克）	进口金额（千美元）
韩国	894.00	12.90
加拿大	618.00	12.30
中国香港	494.00	10.80
新加坡	320.00	10.40
英国	198.00	9.70
阿联酋	3652.00	7.60
丹麦	188.00	6.80
匈牙利	1031.00	6.40
尼泊尔	818.00	5.40
巴基斯坦	4717.00	5.00
瑞典	199.00	3.80
奥地利	332.00	3.60
荷兰	569.00	2.20
智利	60.00	2.10
以色列	16.00	1.50
斯洛伐克	123.00	1.40
秘鲁	29.00	1.40
澳大利亚	136.00	1.20
斯里兰卡	107.00	0.90
比利时	140.00	0.80
土耳其	28.00	0.20
伊朗	10.00	0.20
乌克兰	2.00	0.10
沙特阿拉伯	4.00	0.00
44211000 木制衣架		
合计	323959.00	1736.90
中国	130367.00	855.40
意大利	19518.00	415.90
越南	122805.00	168.60
波兰	9728.00	85.00
印度尼西亚	20989.00	50.80
泰国	13695.00	36.40
法国	605.00	33.80
日本	603.00	27.50
英国	308.00	8.10
美国	277.00	8.00
韩国	779.00	7.60
立陶宛	346.00	7.10
中国香港	256.00	4.90
菲律宾	166.00	4.40
印度	839.00	4.30
丹麦	740.00	3.20
德国	149.00	3.00
荷兰	662.00	2.20

（续）

国家/地区	进口数量（千克）	进口金额（千美元）
土耳其	40.00	1.90
中国台湾省	134.00	1.70
塞尔维亚	51.00	1.40
西班牙	266.00	1.40
罗马尼亚	88.00	0.90
比利时	93.00	0.80
克罗地亚	80.00	0.70
葡萄牙	84.00	0.60
斯里兰卡	13.00	0.40
保加利亚	100.00	0.40
马来西亚	91.00	0.20
老挝	73.00	0.20
爱沙尼亚	11.00	0.10
新加坡	1.00	0.10
瑞典	0.00	0.10
斯洛文尼亚	2.00	0.00
44219010 木制卷轴、纡子、筒管、缝纫用线轴及类似品		
合计	238258.00	688.10
美国	120779.00	538.90
中国	111951.00	64.20
中国台湾省	1523.00	45.00
印度	3887.00	38.50
日本	108.00	1.50
德国	10.00	0.10
44219021 木制圆签圆棒冰果棒压舌片及类似一次性制品		
合计	9225206.00	8923.80
俄罗斯	4401923.00	5611.30
朝鲜	4592915.00	2715.00
中国	225453.00	531.30
阿联酋	556.00	20.50
以色列	2160.00	17.10
日本	1467.00	10.70
泰国	67.00	5.20
法国	18.00	4.10
中国台湾省	176.00	2.10
丹麦	21.00	1.50
捷克	36.00	1.10
埃及	166.00	1.00
罗马尼亚	23.00	0.90
挪威	10.00	0.60
美国	20.00	0.40
印度尼西亚	85.00	0.40

（续）

国家/地区	进口数量（千克）	进口金额（千美元）
马来西亚	5.00	0.20
韩国	38.00	0.10
德国	3.00	0.10
加拿大	26.00	0.10
英国	2.00	0.10
土耳其	20.00	0.00
奥地利	2.00	0.00
意大利	1.00	0.00
中国澳门	6.00	0.00
菲律宾	5.00	0.00
国别(地区)不详	2.00	0.00
44219090 未列名木制品		
合计	690824790.00	633162.70
印度尼西亚	655807310.00	541951.80
厄瓜多尔	10474980.00	41920.40
巴布亚新几内亚	1871888.00	12572.80
越南	11459556.00	7704.40
中国	501092.00	6293.10
德国	536665.00	3605.40
马来西亚	4475521.00	3011.80
意大利	175221.00	2842.50
日本	431508.00	1576.70
美国	300901.00	1555.60
泰国	1411162.00	1425.20
西班牙	32638.00	1114.90
罗马尼亚	391911.00	1047.80
匈牙利	625029.00	713.00
中国台湾省	158329.00	606.50
波黑	107066.00	591.00
瑞士	31626.00	560.70
法国	12362.00	545.90
菲律宾	780376.00	415.60
印度	36912.00	319.50
柬埔寨	394008.00	279.20
加纳	23369.00	220.80
韩国	11640.00	217.60
瑞典	14239.00	213.80
波兰	20790.00	188.40
贝宁	206080.00	183.50
加拿大	1750.00	157.40
俄罗斯	33771.00	135.60
丹麦	6803.00	113.40
奥地利	21376.00	106.00
英国	5850.00	99.30

(续)

国家/地区	进口数量（千克）	进口金额（千美元）
荷兰	35453.00	88.60
捷克	14078.00	85.10
比利时	49321.00	81.90
挪威	1462.00	80.00
巴西	37020.00	73.10
立陶宛	15727.00	58.80
芬兰	67177.00	46.00
安哥拉	49286.00	42.60
朝鲜	30199.00	42.20
葡萄牙	66794.00	39.90
斯洛文尼亚	1983.00	24.20
中国香港	1629.00	21.30
巴基斯坦	51004.00	21.20
斯里兰卡	871.00	17.10
毛里求斯	343.00	16.70
尼泊尔	3785.00	16.70
缅甸	16263.00	12.50
斯洛伐克	300.00	12.20
乌克兰	2754.00	11.00
南非	709.00	10.80
爱沙尼亚	9362.00	10.30
澳大利亚	1341.00	9.80
秘鲁	337.00	9.30
老挝	1183.00	7.80
坦桑尼亚	247.00	6.70
土耳其	1983.00	6.50
新加坡	930.00	6.20
新西兰	121.00	3.50
希腊	42.00	2.30
墨西哥	162.00	2.30
摩洛哥	555.00	1.70
保加利亚	85.00	1.20
卡塔尔	284.00	1.00
克罗地亚	60.00	0.90
巴勒斯坦	94.00	0.50
黎巴嫩	1.00	0.40
卢森堡	13.00	0.20
塞内加尔	36.00	0.20
阿根廷	3.00	0.10
赞比亚	2.00	0.10
利比亚	2.00	0.10
特立尼达和多巴哥	60.00	0.00

木片出口量值表

国家/地区	出口数量（千克）	出口金额（千美元）
44012100 针叶木的木片或木粒		
合计	23960.00	33.40
古巴	6660.00	30.00
新加坡	17300.00	3.40
44012200 非针叶木的木片或木粒		
合计	58726.00	54.80
美国	9301.00	20.80
意大利	22280.00	16.20
俄罗斯	585.00	12.20
中国香港	15560.00	3.00
泰国	4000.00	1.40
韩国	7000.00	1.10

木片进口量值表

国家/地区	进口数量（千克）	进口金额（千美元）
44012100 针叶木的木片或木粒		
合计	117281220.00	20947.60
斐济	50962650.00	9112.40
美国	42170800.00	7485.30
澳大利亚	19878527.00	3594.90
马来西亚	3631000.00	446.60
德国	247777.00	170.40
荷兰	223898.00	63.00
日本	8233.00	44.00
意大利	12576.00	13.10
英国	13680.00	6.10
新西兰	61300.00	4.50
新加坡	50240.00	4.00
法国	19480.00	3.20
西班牙	1050.00	0.20
中国	9.00	0.10
44012200 非针叶木的木片或木粒		
合计	9704232019.00	1672830.30
越南	4288808805.00	683203.40
澳大利亚	2687559507.00	516724.10
泰国	1205940848.00	189899.90
印度尼西亚	968160506.00	169807.80
智利	378564954.00	78967.10
南非	87753700.00	16553.70
巴西	77589280.00	15499.30
马来西亚	9235901.00	1158.60
法国	126001.00	485.10
美国	181463.00	275.00

(续)

国家/地区	进口数量（千克）	进口金额（千美元）
意大利	8435.00	77.90
立陶宛	199440.00	42.10
俄罗斯	45057.00	34.40
匈牙利	2710.00	23.10
德国	27576.00	21.00
中国	9180.00	18.40
日本	8792.00	16.80
韩国	4000.00	16.20
丹麦	3003.00	3.80
中国香港	930.00	1.90
加拿大	1724.00	0.40
乌克兰	124.00	0.40
中国台湾省	83.00	0.10

木炭出口量值表

国家/地区	出口数量（千克）	出口金额（千美元）
44029000 其他木炭(包括果壳炭及果核炭)，不论是否结块		
合计	55156209.00	77756.40
日本	33886314.00	31970.60
沙特阿拉伯	3229562.00	9722.60
南非	1457184.00	3226.70
印度尼西亚	1110479.00	3200.60
阿联酋	1315491.00	3193.60
以色列	1359227.00	2332.90
马来西亚	344236.00	1879.20
韩国	2569899.00	1746.90
美国	1179549.00	1699.20
利比亚	456833.00	1353.50
中国澳门	371350.00	1261.00
阿曼	261936.00	1229.80
印度	253951.00	1025.70
伊朗	256514.00	993.40
伊拉克	254636.00	926.00
科威特	323029.00	875.40
巴西	557405.00	851.50
尼日利亚	185287.00	696.50
约旦	173095.00	675.30
英国	628082.00	656.50
希腊	326659.00	511.80
卡塔尔	106860.00	446.20
澳大利亚	1041640.00	440.50
阿尔及利亚	206297.00	430.50

（续）

国家/地区	出口数量（千克）	出口金额（千美元）
巴基斯坦	109127.00	412.50
比利时	281353.00	387.00
爱尔兰	25200.00	381.80
西班牙	205032.00	354.60
新加坡	47620.00	281.90
泰国	53212.00	281.90
埃及	121138.00	257.80
也门	66007.00	235.70
荷兰	280841.00	214.90
巴林	75777.00	204.30
毛里塔尼亚	55806.00	187.30
德国	109644.00	179.50
土耳其	102391.00	171.60
加拿大	48586.00	160.40
巴拿马	37227.00	151.60
塔吉克斯坦	96000.00	150.50
莫桑比克	26363.00	146.80
摩洛哥	123846.00	141.50
黎巴嫩	80818.00	135.30
意大利	91352.00	124.40
俄罗斯	63636.00	123.10
罗马尼亚	37857.00	121.60
埃塞俄比亚	195000.00	119.20
贝宁	25870.00	112.30
中国香港	111715.00	111.80
突尼斯	44943.00	91.90
苏丹	39255.00	90.60
瑞典	41955.00	89.50
挪威	115209.00	73.00
多米尼加	66586.00	70.20
丹麦	58494.00	62.90
津巴布韦	17000.00	54.70
乌克兰	17381.00	49.60
中国台湾省	63755.00	47.80
梅利利亚	21472.00	46.40
乌兹别克斯坦	11699.00	45.30
新西兰	95999.00	40.80
阿根廷	18073.00	39.50
乌拉圭	7056.00	39.50
哥伦比亚	13919.00	37.90
缅甸	14000.00	33.60
毛里求斯	7674.00	32.90
朝鲜	20325.00	26.70
法国	10902.00	25.60

（续）

国家/地区	出口数量（千克）	出口金额（千美元）
格鲁吉亚	11815.00	25.40
新喀里多尼亚	22316.00	24.00
葡萄牙	10988.00	22.30
加蓬	3692.00	21.50
拉脱维亚	11200.00	18.90
布基纳法索	6923.00	15.90
立陶宛	6179.00	15.70
智利	4771.00	12.80
科特迪瓦	7420.00	10.70
越南	18360.00	10.20
留尼汪	1104.00	8.20
哈萨克斯坦	4735.00	7.40
塞内加尔	1153.00	6.20
芬兰	983.00	6.20
墨西哥	3732.00	5.70
叙利亚	1809.00	5.40
尼泊尔	3200.00	5.20
菲律宾	1473.00	4.30
巴布亚新几内亚	1112.00	4.00
孟加拉国	711.00	3.80
刚果（金）	700.00	3.70
东帝汶	1267.00	3.30
哥斯达黎加	1845.00	3.20
保加利亚	3409.00	3.00
瑞士	5875.00	2.90
马尔代夫	832.00	2.10
阿尔巴尼亚	1470.00	2.00
斐济	2080.00	1.50
危地马拉	735.00	1.30
几内亚	111.00	1.30
肯尼亚	201.00	1.10
厄瓜多尔	157.00	1.10
斯洛文尼亚	176.00	1.00
尼加拉瓜	500.00	0.80
索马里	238.00	0.60
柬埔寨	229.00	0.30
波兰	78.00	0.30

木炭进口量值表

国家/地区	进口数量（千克）	进口金额（千美元）
44029000 其他木炭（包括果壳炭及果核炭），不论是否结块		
合计	172222544.00	49585.10
印度尼西亚	36162578.00	14475.10

（续）

国家/地区	进口数量（千克）	进口金额（千美元）
缅甸	50914914.00	10701.90
老挝	49979614.00	10466.90
菲律宾	18122268.00	7583.00
孟加拉国	3648646.00	1957.00
马来西亚	5865324.00	1741.20
泰国	3226476.00	1301.40
越南	1444282.00	489.50
俄罗斯	1857568.00	398.50
科特迪瓦	507475.00	182.10
日本	208230.00	122.60
韩国	32063.00	47.30
美国	31836.00	36.50
比利时	10080.00	28.40
朝鲜	80440.00	12.60
中国台湾省	3106.00	8.20
多哥	49400.00	7.40
中国	36000.00	6.50
南非	9800.00	6.10
澳大利亚	3000.00	5.40
尼日利亚	20700.00	4.70
埃及	7500.00	1.60
印度	500.00	1.00
蒙古	744.00	0.20

软木出口量值表

国家/地区	出口数量（千克）	出口金额（千美元）
45019020 碎的、粒状的或粉状的软木		
合计	186563.00	290.10
中国台湾省	74539.00	89.30
日本	20563.00	54.30
孟加拉国	24000.00	50.30
中国香港	46000.00	29.70
俄罗斯	5000.00	27.50
越南	6150.00	20.00
印度	1500.00	7.30
荷兰	7700.00	4.90
印度尼西亚	500.00	3.80
巴基斯坦	411.00	2.30
乌克兰	200.00	0.80
45020000 除去表皮或成方块、板、片或条状的天然软木		
合计	6510.00	29.70

(续)

国家/地区	出口数量（千克）	出口金额（千美元）
中国香港	390.00	12.10
法国	3394.00	8.50
美国	2287.00	5.70
德国	318.00	2.50
阿根廷	121.00	1.0
45031000 天然软木塞子		
合计	45146.00	359.80
美国	14553.00	95.20
澳大利亚	2612.00	78.80
越南	2599.00	45.40
法国	1688.00	33.70
马来西亚	4401.00	30.30
哥伦比亚	757.00	23.90
中国香港	9203.00	22.20
新加坡	950.00	8.80
西班牙	4563.00	7.20
韩国	90.00	5.00
希腊	1600.00	2.20
意大利	560.00	2.00
巴西	507.00	1.30
日本	520.00	0.90
英国	123.00	0.80
斯洛文尼亚	84.00	0.80
比利时	83.00	0.70
德国	158.00	0.50
泰国	5.00	0.20
新西兰	66.00	0.10
荷兰	24.00	0.00
45039000 其他天然软木制品		
合计	66018.00	400.70
日本	35284.00	220.70
美国	11138.00	64.10
韩国	9720.00	48.30
英国	377.00	10.20
比利时	1080.00	9.60
墨西哥	460.00	9.50
加拿大	2090.00	8.20
中国台湾省	240.00	8.00
爱沙尼亚	1478.00	7.30
荷兰	1768.00	6.60
瑞典	1070.00	3.30
丹麦	690.00	2.60
法国	209.00	1.40

(续)

国家/地区	出口数量（千克）	出口金额（千美元）
中国香港	313.00	0.70
秘鲁	100.00	0.20
意大利	1.00	0.0
45041000 压制软木块、板、片及条；任何形状的压制软木砖、瓦；压制软木实心圆柱体，包括圆片		
合计	2155414.00	6949.60
美国	988461.00	2766.40
日本	209137.00	760.60
韩国	113757.00	718.80
加拿大	219858.00	481.30
澳大利亚	83083.00	222.30
英国	43919.00	215.20
中国台湾省	49647.00	189.00
俄罗斯	49368.00	181.30
中国香港	30951.00	137.90
意大利	3083.00	126.30
新西兰	31249.00	115.60
荷兰	27170.00	82.30
阿联酋	24144.00	73.60
墨西哥	32066.00	67.90
土耳其	10340.00	60.80
印度	13005.00	58.80
新加坡	16179.00	50.30
哥伦比亚	19425.00	50.30
越南	24886.00	46.90
以色列	27388.00	42.70
黎巴嫩	11026.00	40.30
法国	12759.00	36.90
印度尼西亚	11319.00	36.70
德国	9168.00	35.50
菲律宾	11035.00	35.10
丹麦	2324.00	34.50
沙特阿拉伯	8190.00	30.10
爱沙尼亚	7008.00	29.30
智利	3516.00	22.70
巴拿马	6146.00	21.10
巴西	4522.00	19.90
波兰	13855.00	19.80
拉脱维亚	3555.00	17.70
厄瓜多尔	3647.00	11.30
爱尔兰	1305.00	10.30
孟加拉国	5760.00	10.10
马来西亚	1668.00	7.80

(续)

国家/地区	出口数量（千克）	出口金额（千美元）
斯洛文尼亚	1163.00	7.70
安哥拉	2928.00	7.60
希腊	3050.00	7.60
泰国	6029.00	7.40
乌克兰	409.00	6.20
立陶宛	231.00	5.50
阿根廷	630.00	4.90
西班牙	302.00	4.60
比利时	1143.00	4.20
瑞士	364.00	4.20
瑞典	627.00	3.60
多米尼加	66.00	2.60
巴林	720.00	2.30
巴基斯坦	43.00	2.20
秘鲁	342.00	2.10
南非	455.00	2.00
葡萄牙	847.00	2.00
亚美尼亚	1077.00	1.60
保加利亚	397.00	1.50
芬兰	248.00	1.40
挪威	310.00	0.60
克罗地亚	114.00	0.50
45049000 其他压制软木及其制品		
合计	5161929.00	14407.70
美国	2354370.00	5284.20
德国	470624.00	1614.90
日本	431086.00	1312.90
加拿大	338243.00	979.40
澳大利亚	210242.00	566.30
俄罗斯	140914.00	405.70
意大利	133965.00	403.20
荷兰	89019.00	330.00
英国	79003.00	294.60
瑞典	106468.00	289.20
法国	77405.00	288.40
西班牙	75925.00	256.60
比利时	71131.00	215.60
马来西亚	72152.00	208.10
韩国	44301.00	175.90
奥地利	45819.00	135.70
波兰	44580.00	132.20
中国香港	24990.00	131.10
新加坡	32395.00	125.70
中国台湾省	23340.00	108.90

（续）

国家/地区	出口数量（千克）	出口金额（千美元）
泰国	25546.00	101.70
印度尼西亚	25778.00	87.90
葡萄牙	7560.00	79.20
丹麦	16334.00	79.20
以色列	24654.00	77.60
哥伦比亚	9315.00	68.70
委内瑞拉	15642.00	58.30
巴西	17170.00	52.80
墨西哥	14352.00	51.80
沙特阿拉伯	11698.00	44.10
智利	11854.00	40.00
新西兰	6985.00	33.40
希腊	7385.00	26.90
南非	3244.00	25.10
土耳其	6598.00	23.80
拉脱维亚	7985.00	22.80
厄瓜多尔	7738.00	21.70
罗马尼亚	5763.00	20.70
阿联酋	9867.00	20.50
巴拿马	5414.00	20.00
瑞士	1837.00	14.00
捷克	3653.00	13.80
挪威	3655.00	13.00
亚美尼亚	1096.00	12.80
爱尔兰	4760.00	12.10
多米尼加	484.00	11.70
哈萨克斯坦	905.00	11.40
菲律宾	4430.00	11.00
斯里兰卡	2340.00	9.70
越南	2344.00	8.20
伊拉克	4469.00	7.80
印度	2825.00	6.80
科威特	1156.00	5.70
秘鲁	701.00	5.40
萨尔瓦多	1999.00	4.80
塞浦路斯	1639.00	4.70
斯洛文尼亚	610.00	3.80
安哥拉	1575.00	3.70
阿尔及利亚	1623.00	3.50
洪都拉斯	1005.00	2.80
格鲁吉亚	1149.00	2.70
乌克兰	507.00	2.50
黎巴嫩	823.00	2.30
乌拉圭	844.00	1.90

（续）

国家/地区	出口数量（千克）	出口金额（千美元）
乌兹别克斯坦	869.00	1.70
莫桑比克	877.00	1.50
卡塔尔	605.00	1.40
中国澳门	300.00	1.20
留尼汪	958.00	1.00
冰岛	6.00	0.90
埃及	398.00	0.90
柬埔寨	450.00	0.90
利比亚	433.00	0.80
哥斯达黎加	411.00	0.80
塞尔维亚	565.00	0.70
吉尔吉斯斯坦	280.00	0.60
冈比亚	303.00	0.60
阿根廷	900.00	0.50
肯尼亚	225.00	0.50
阿塞拜疆	190.00	0.40
巴布亚新几内亚	182.00	0.30
前南马其顿	133.00	0.30
约旦	62.00	0.30
毛里求斯	103.00	0.20
法属波利尼西亚	22.00	0.20
克罗地亚	86.00	0.20
巴基斯坦	74.00	0.20
纳米比亚	90.00	0.20
塞拉利昂	83.00	0.20
巴林	28.00	0.10
新喀里多尼亚	7.00	0.10
匈牙利	6.00	0.10

软木进口量值表

国家/地区	进口数量（千克）	进口金额（千美元）
45011000 未加工或简单加工的天然软木		
合计	2319600.00	6947.80
葡萄牙	2062076.00	6266.50
西班牙	196520.00	596.30
意大利	61004.00	85.00
45019020 碎的、粒状的或粉状的软木		
合计	2822779.00	2918.10
阿尔及利亚	1337525.00	1266.20
葡萄牙	640733.00	624.50
意大利	449030.00	425.10
西班牙	301027.00	422.80
美国	52018.00	59.90

（续）

国家/地区	进口数量（千克）	进口金额（千美元）
日本	4680.00	59.90
菲律宾	7488.00	47.10
中国台湾省	2358.00	4.30
中国	1000.00	3.20
新加坡	26700.00	2.80
德国	220.00	2.30
45020000 除去表皮或成方块、板、片或条状的天然软木		
合计	43460.00	200.00
阿尔及利亚	25145.00	136.40
阿尔巴尼亚	3500.00	26.40
法国	13200.00	23.00
意大利	1400.00	12.10
葡萄牙	215.00	2.00
45031000 天然软木塞子		
合计	267845.00	5071.30
意大利	88331.00	2345.60
葡萄牙	137088.00	2245.40
阿尔及利亚	30397.00	206.60
法国	2968.00	128.80
西班牙	7378.00	106.60
英国	63.00	18.70
日本	1134.00	8.10
美国	20.00	4.00
加拿大	282.00	4.00
巴基斯坦	114.00	1.40
土耳其	10.00	0.90
喀麦隆	40.00	0.60
德国	2.00	0.30
中国	4.00	0.20
印度	14.00	0.10
45039000 其他天然软木制品		
合计	251876.00	950.60
葡萄牙	220822.00	679.40
美国	9122.00	168.20
奥地利	20348.00	65.70
日本	442.00	29.50
中国	801.00	5.20
波兰	155.00	1.90
中国台湾省	3.00	0.30
英国	2.00	0.30
法国	180.00	0.10
土耳其	1.00	0.1

（续）

国家/地区	进口数量（千克）	进口金额（千美元）
45041000 压制软木块、板、片及条;任何形状的压制软木砖、瓦;压制软木实心圆柱体,包括圆片		
合计	5226346.00	23713.80
葡萄牙	3241040.00	15693.80
意大利	592858.00	3362.80
西班牙	501354.00	1334.60
阿尔及利亚	554175.00	889.50
法国	69456.00	884.10
日本	21285.00	506.30
突尼斯	148000.00	357.90
中国台湾省	35594.00	194.10
中国	3495.00	142.30
德国	31677.00	126.10
瑞士	17322.00	103.60
美国	7152.00	65.10
韩国	2231.00	21.90
英国	147.00	18.50
加拿大	221.00	9.20
柬埔寨	307.00	1.70
瑞典	22.00	1.10
新加坡	10.00	1.10
45049000 其他压制软木及其制品		
合计	155566.00	1097.10
葡萄牙	57013.00	494.30
荷兰	232.00	233.30
西班牙	62589.00	152.10
菲律宾	10920.00	68.70
中国	2054.00	62.90
阿尔及利亚	20639.00	21.50
美国	990.00	18.70
德国	658.00	18.00
意大利	203.00	9.70
法国	161.00	4.80
新加坡	32.00	3.90
中国台湾省	47.00	3.70
日本	14.00	2.20
英国	8.00	1.70
韩国	3.00	1.00
瑞士	0.00	0.30
澳大利亚	3.00	0.10

木浆出口量值表

国家/地区	出口数量（千克）	出口金额（千美元）
47010000 机械木浆		
合计	68048.00	106.10
朝鲜	30260.00	36.30
日本	1350.00	35.50
印度	36000.00	34.20
中国台湾省	438.00	0.10
47020000 化学木浆、溶解级		
合计	16610.00	20.10
朝鲜	13485.00	17.00
阿联酋	3125.00	3.10
47031100 未漂白的针叶木烧碱木浆或硫酸盐木浆		
合计	1501828.00	534.50
印度尼西亚	1500221.00	533.50
瑞典	1600.00	0.90
中国香港	7.00	0.10
47032100 半漂白或漂白的针叶木烧碱木浆或硫酸盐木浆		
合计	14843813.00	10939.00
伊朗	11641833.00	8403.90
朝鲜	488048.00	445.70
中国台湾省	485804.00	350.70
俄罗斯	388340.00	280.90
日本	194726.00	257.60
马拉维	269380.00	179.70
莫桑比克	204123.00	151.10
泰国	207875.00	148.00
坦桑尼亚	139126.00	124.30
埃及	150473.00	113.80
巴基斯坦	108709.00	82.30
斯里兰卡	79190.00	68.70
印度尼西亚	145843.00	55.40
利比亚	50981.00	34.70
菲律宾	50623.00	33.90
苏丹	35952.00	28.80
津巴布韦	38321.00	28.40
南非	41617.00	28.30
埃塞俄比亚	20092.00	25.00
吉尔吉斯斯坦	25238.00	21.10
印度	14662.00	20.00
孟加拉国	23449.00	18.30
乌兹别克斯坦	17670.00	16.00
土库曼斯坦	9928.00	8.40

（续）

国家/地区	出口数量（千克）	出口金额（千美元）
卡塔尔	4697.00	5.70
美国	3525.00	4.40
叙利亚	2000.00	2.80
摩洛哥	1588.00	1.30
47032900 半漂白或漂白非针叶木烧碱木浆或硫酸盐木浆		
合计	8932932.00	5156.70
泰国	4442928.00	2671.90
韩国	2984690.00	1638.30
澳大利亚	965064.00	562.60
伊朗	520000.00	273.50
朝鲜	19500.00	9.90
日本	750.00	0.50
47042900 半漂白或漂白的非针叶木亚硫酸盐木浆		
合计	18000.00	16.30
越南	6000.00	9.30
土耳其	12000.00	7.00
47050000 用机械与化学联合制浆法制得的木浆		
合计	59669.00	45.50
印度	33200.00	27.20
蒙古	24809.00	17.30
瑞典	1660.00	1.00
47061000 棉短绒纸浆		
合计	72094083.00	92068.10
韩国	16053017.00	19232.20
荷兰	11099274.00	13836.90
日本	7435722.00	10040.40
泰国	6789896.00	8417.70
印度尼西亚	3127866.00	5306.50
瑞典	3956208.00	4640.90
英国	2553118.00	4511.20
比利时	3239599.00	4115.40
意大利	2883805.00	3609.30
德国	2716916.00	3319.80
法国	2144663.00	2726.10
巴西	2243278.00	2680.70
斯洛文尼亚	1473174.00	1872.10
芬兰	1459598.00	1681.60
印度	1003570.00	1206.90
墨西哥	836801.00	999.40
哥伦比亚	805370.00	955.00
南非	615088.00	813.70

（续）

国家/地区	出口数量（千克）	出口金额（千美元）
乌克兰	464388.00	614.00
土耳其	321594.00	451.70
菲律宾	362158.00	424.00
美国	274536.00	330.80
马来西亚	9000.00	108.00
中国香港	159700.00	104.80
俄罗斯	20000.00	27.50
挪威	15386.00	19.80
越南	15200.00	9.10
朝鲜	4994.00	6.60
吉布提	7164.00	4.70
古巴	3000.00	1.40
47062000 从回收（废碎）纸或纸板提取的纤维浆		
合计	537424.00	282.20
中国香港	210298.00	86.00
肯尼亚	90000.00	78.60
日本	88179.00	62.30
菲律宾	88453.00	32.60
中国台湾省	25350.00	12.30
马来西亚	6400.00	3.00
秘鲁	7125.00	2.60
尼日利亚	5688.00	1.80
越南	8626.00	1.70
土耳其	2000.00	0.50
津巴布韦	4750.00	0.40
美国	180.00	0.20
印度尼西亚	200.00	0.10
韩国	150.00	0.10
坦桑尼亚	25.00	0.00
47069100 其他纤维状纤维素机械浆		
合计	38528.00	32.50
印度尼西亚	10065.00	17.30
朝鲜	27030.00	14.70
中国台湾省	1433.00	0.60
47069200 其他纤维状纤维素化学浆		
合计	421132.00	371.90
德国	220000.00	194.80
波兰	110000.00	104.80
美国	62652.00	48.80
埃及	15980.00	11.80
埃塞俄比亚	12500.00	11.60
47069300 其他用机械和化学联合法制得的纤维状纤维素浆		

（续）

国家/地区	出口数量（千克）	出口金额（千美元）
合计	7925.00	6.00
埃及	1000.00	2.40
泰国	3000.00	1.50
中国台湾省	3500.00	1.30
法国	425.00	0.80
47072000 回收（废碎）漂白化学木浆制未经本体染色纸		
合计	64120.00	11.80
肯尼亚	64120.00	11.80
47079000 回收（废碎）的其他纸及纸板，包括未分选的		
合计	636736.00	299.00
加拿大	635137.00	298.50
瑞典	1599.00	0.50
48010000 成卷或成张的新闻纸		
合计	17144174.00	21401.50
中国香港	6720052.00	3551.40
喀麦隆	288941.00	3058.60
朝鲜	4246013.00	3046.20
马来西亚	169181.00	1616.40
加纳	106250.00	1503.30
新加坡	342908.00	1105.60
越南	598420.00	971.20
古巴	827588.00	701.80
印度	38435.00	684.80
缅甸	333157.00	662.00
文莱	106090.00	424.90
厄立特里亚	764260.00	404.50
新西兰	69020.00	361.30
美国	36012.00	310.20
柬埔寨	630605.00	266.60
中国台湾省	159228.00	229.90
阿联酋	67380.00	204.90
毛里求斯	146601.00	191.70
瑞典	43616.00	177.10
巴基斯坦	218726.00	142.20
印度尼西亚	149450.00	106.10
卡塔尔	3925.00	106.00
以色列	14492.00	98.30
澳大利亚	62559.00	97.20
俄罗斯	42599.00	92.30
沙特阿拉伯	26012.00	88.70
莫桑比克	98790.00	85.00
南非	30240.00	83.70

（续）

国家/地区	出口数量（千克）	出口金额（千美元）
挪威	19913.00	81.00
阿鲁巴	24287.00	79.40
荷兰	10100.00	78.60
西班牙	24174.00	78.50
伊朗	29430.00	66.70
孟加拉国	89681.00	60.90
海地	92576.00	60.00
中国澳门	110753.00	56.60
牙买加	19074.00	49.60
也门	49860.00	42.40
立陶宛	12926.00	40.00
德国	45440.00	34.20
巴拿马	26325.00	34.10
菲律宾	8000.00	33.70
英国	5500.00	33.00
约旦	35540.00	27.90
日本	14036.00	25.30
毛里塔尼亚	27480.00	20.00
肯尼亚	23970.00	15.60
意大利	12754.00	15.30
马达加斯加	25452.00	13.70
萨尔瓦多	15394.00	11.70
加拿大	8760.00	9.60
斯里兰卡	4595.00	8.30
土耳其	6500.00	7.80
巴西	10260.00	7.80
墨西哥	8106.00	6.90
丹麦	9548.00	6.90
哥伦比亚	5999.00	6.40
厄瓜多尔	6160.00	4.40
阿根廷	5500.00	4.00
所罗门群岛	2200.00	3.00
泰国	3777.00	2.70
哥斯达黎加	1452.00	1.40
蒙古	8000.00	1.30
比利时	102.00	1.10
48021010 宣纸		
合计	1247863.00	9795.60
日本	431767.00	4702.40
韩国	362060.00	1578.80
马来西亚	85832.00	860.30
中国台湾省	133137.00	695.30
印度尼西亚	39780.00	448.90
泰国	32147.00	319.40

（续）

国家/地区	出口数量（千克）	出口金额（千美元）
美国	14598.00	217.30
斯里兰卡	18988.00	188.60
吉尔吉斯斯坦	41640.00	127.60
澳大利亚	21182.00	98.30
刚果(布)	3750.00	96.80
尼日利亚	12260.00	78.90
阿联酋	3584.00	52.00
柬埔寨	2591.00	36.80
法国	6284.00	35.60
利比亚	4785.00	30.60
中国香港	2716.00	29.30
英国	1828.00	22.10
荷兰	2469.00	20.50
德国	1430.00	20.40
加拿大	4321.00	19.30
缅甸	3690.00	19.00
伊朗	3950.00	15.80
新加坡	4113.00	15.70
越南	2656.00	11.30
文莱	480.00	11.00
瑞士	600.00	9.10
印度	819.00	8.20
厄瓜多尔	659.00	6.60
以色列	932.00	3.50
俄罗斯	615.00	3.00
比利时	540.00	2.90
爱沙尼亚	210.00	2.00
瑞典	195.00	1.20
芬兰	150.00	1.10
西班牙	106.00	1.00
新西兰	395.00	0.90
南非	91.00	0.80
塞尔维亚	25.00	0.70
乌克兰	5.00	0.70
莫桑比克	118.00	0.60
中国澳门	90.00	0.40
意大利	30.00	0.30
朝鲜	150.00	0.20
突尼斯	28.00	0.10
蒙古	10.00	0.10
特立尼达和多巴哥	10.00	0.10
墨西哥	27.00	0.10
哈萨克斯坦	5.00	0.00
尼泊尔	1.00	0.00

（续）

国家/地区	出口数量（千克）	出口金额（千美元）
斯洛伐克	13.00	0.00
巴巴多斯	1.00	0.00
48021090 其他手工制纸及纸板		
合计	1549080.00	7223.60
日本	513083.00	3295.10
韩国	493642.00	2017.20
美国	54393.00	649.70
意大利	21614.00	194.60
秘鲁	84758.00	178.80
厄瓜多尔	110206.00	164.40
中国台湾省	10666.00	92.80
沙特阿拉伯	14368.00	79.30
荷兰	26358.00	71.10
俄罗斯	40071.00	66.50
黎巴嫩	2520.00	59.10
希腊	27397.00	46.60
英国	24207.00	45.00
柬埔寨	46820.00	39.60
土耳其	8710.00	38.90
马来西亚	23351.00	34.20
加拿大	1225.00	24.10
中国香港	5009.00	18.10
立陶宛	4225.00	16.30
瑞典	1843.00	14.40
新加坡	12066.00	13.80
波兰	1335.00	12.80
巴基斯坦	3145.00	9.70
克罗地亚	4512.00	9.40
法国	4962.00	8.60
巴西	883.00	4.40
越南	704.00	2.70
德国	2210.00	2.40
澳大利亚	365.00	2.30
瑞士	850.00	2.20
吉尔吉斯斯坦	1050.00	2.10
缅甸	940.00	1.50
泰国	25.00	1.30
伊朗	74.00	1.20
哈萨克斯坦	240.00	0.80
丹麦	176.00	0.80
巴拿马	481.00	0.70
西班牙	1.00	0.50
爱尔兰	296.00	0.30
菲律宾	45.00	0.30

（续）

国家/地区	出口数量（千克）	出口金额（千美元）
孟加拉国	252.00	0.20
印度	2.00	0.00

木浆进口量值表

国家/地区	进口数量（千克）	进口金额（千美元）
47010000 机械木浆		
合计	4630650.00	2200.60
德国	2163380.00	950.60
加拿大	1360555.00	499.70
美国	237531.00	259.70
新西兰	494192.00	202.60
瑞典	296296.00	124.50
日本	27830.00	107.10
中国台湾省	1872.00	31.80
立陶宛	48000.00	23.30
法国	994.00	1.10
47020000 化学木浆、溶解级		
合计	2247342326.00	2039207.80
美国	288939631.00	362501.20
巴西	366070897.00	344470.60
南非	358730315.00	297238.00
加拿大	229129670.00	191624.50
印度尼西亚	178727745.00	148285.70
奥地利	158009281.00	134890.30
芬兰	144003526.00	115755.20
瑞典	122556970.00	102166.30
捷克	105642737.00	87246.00
泰国	93474317.00	77715.50
葡萄牙	83908521.00	68199.40
日本	71885129.00	59493.10
挪威	42759596.00	46100.10
法国	1052122.00	1415.10
莫桑比克	1316107.00	1111.60
澳大利亚	976000.00	897.20
中国台湾省	158400.00	92.90
意大利	1162.00	4.50
国别(地区)不详	200.00	0.60
47031100 未漂白的针叶木烧碱木浆或硫酸盐木浆		
合计	558601903.00	311092.20
智利	145790631.00	87610.10
日本	123562850.00	66827.70
俄罗斯	116272525.00	55854.30

（续）

国家/地区	进口数量（千克）	进口金额（千美元）
美国	80050352.00	42740.00
加拿大	63587183.00	40352.00
瑞典	9560077.00	6538.00
奥地利	11339919.00	6338.00
新西兰	8381966.00	4777.20
德国	27500.00	38.20
挪威	25200.00	10.10
中国台湾省	3700.00	6.70
47031900 未漂白的非针叶木烧碱木浆或硫酸盐木浆		
合计	1769754.00	737.20
俄罗斯	1135535.00	352.00
智利	493099.00	321.50
马来西亚	141120.00	63.70
47032100 半漂白或漂白的针叶木烧碱木浆或硫酸盐木浆		
合计	7316435154.00	4827696.40
加拿大	2689070737.00	1764439.40
美国	1374890839.00	968198.00
智利	1196754278.00	783363.10
俄罗斯	1053518081.00	647407.80
芬兰	777368203.00	515266.10
瑞典	73065481.00	50375.50
新西兰	76940231.00	50203.00
德国	55751392.00	36687.80
日本	15171806.00	9103.20
比利时	1964794.00	1208.10
瑞士	502347.00	379.30
荷兰	496325.00	334.50
北美洲其他国家(地区)	507046.00	317.90
挪威	281756.00	299.60
蒙古	60824.00	37.10
泰国	40557.00	36.00
巴西	23000.00	17.00
阿根廷	15287.00	14.30
中国台湾省	11783.00	8.10
中国	387.00	0.80
47032900 半漂白或漂白非针叶木烧碱木浆或硫酸盐木浆		
合计	7905748313.00	4728282.80
巴西	3556519902.00	2097672.10
印度尼西亚	2041410619.00	1217404.80
乌拉圭	865765577.00	548170.80

（续）

国家/地区	进口数量（千克）	进口金额（千美元）
智利	520166902.00	323538.60
美国	257378190.00	151532.40
加拿大	209594605.00	125012.90
俄罗斯	196050375.00	117920.80
日本	120073148.00	68711.60
南非	78887194.00	46942.90
中国台湾省	39773875.00	18696.60
芬兰	6192282.00	3881.90
瑞典	4446000.00	2729.90
中国	2887531.00	1851.60
越南	2889233.00	1740.20
泰国	2426678.00	1602.10
葡萄牙	763094.00	527.50
中国香港	518008.00	336.80
突尼斯	5000.00	9.10
伊朗	100.00	0.30
47041100 未漂白的针叶木亚硫酸盐木浆		
合计	12129495.00	5992.00
俄罗斯	11531765.00	5628.00
日本	597730.00	364.00
47041900 未漂白的非针叶木亚硫酸盐木浆		
合计	22001.00	24.90
德国	22000.00	24.80
挪威	1.00	0.10
47042100 半漂白或漂白的针叶木亚硫酸盐木浆		
合计	11497853.00	5878.70
加拿大	5200724.00	2723.40
俄罗斯	5283951.00	2516.50
瑞典	1008000.00	633.70
德国	4800.00	4.70
泰国	378.00	0.40
47042900 半漂白或漂白的非针叶木亚硫酸盐木浆		
合计	5716464.00	5264.10
德国	4260318.00	4138.50
瑞典	768000.00	474.30
美国	182877.00	347.40
印度尼西亚	502545.00	298.90
瑞士	2724.00	5.00
47050000 用机械与化学联合制浆法制得的木浆		
合计	1727915924.00	775348.90
加拿大	1314204015.00	595685.30

（续）

国家/地区	进口数量（千克）	进口金额（千美元）
新西兰	268111193.00	115960.80
瑞典	66990305.00	28797.20
芬兰	29102545.00	13781.10
挪威	33168618.00	13377.40
俄罗斯	6386324.00	3315.70
爱沙尼亚	2899353.00	1170.50
美国	1506094.00	946.90
西班牙	1476801.00	702.60
德国	1828489.00	622.40
韩国	899990.00	283.20
泰国	222365.00	236.10
意大利	536932.00	234.60
荷兰	570980.00	215.60
菲律宾	2000.00	13.60
中国台湾省	2060.00	4.20
英国	7860.00	1.70
47061000 棉短绒纸浆		
合计	2093369.00	5218.60
美国	2085996.00	5186.70
日本	4600.00	24.50
瑞士	1828.00	6.10
中国香港	930.00	1.10
马来西亚	15.00	0.20
47062000 从回收(废碎)纸或纸板提取的纤维浆		
合计	8097537.00	3791.10
德国	4402292.00	2119.50
比利时	1165139.00	497.90
加拿大	730686.00	319.20
泰国	502671.00	239.00
美国	491391.00	210.50
日本	231667.00	159.90
荷兰	207280.00	93.10
马来西亚	139920.00	42.20
中国台湾省	96166.00	35.30
西班牙	45040.00	21.70
捷克	9000.00	20.10
韩国	25860.00	12.00
法国	27780.00	11.90
英国	14820.00	6.20
中国	225.00	1.50
印度	7600.00	1.10
47069100 其他纤维状纤维素机械浆		

(续)

国家/地区	进口数量(千克)	进口金额(千美元)
合计	266030.00	150.40
伊朗	216000.00	75.60
美国	48909.00	60.30
日本	1121.00	14.60
47069200 其他纤维状纤维素化学浆		
合计	34820974.00	38583.50
泰国	29209183.00	20476.10
菲律宾	2737208.00	12031.50
西班牙	1273464.00	4573.10
法国	197335.00	603.60
比利时	854900.00	433.20
伊朗	190860.00	126.90
日本	22664.00	94.40
德国	102040.00	61.80
英国	105880.00	58.30
印度尼西亚	7107.00	34.50
荷兰	67180.00	31.90
突尼斯	11200.00	19.60
加拿大	13137.00	12.30
越南	11370.00	9.70
哥伦比亚	10379.00	9.10
瑞典	6629.00	6.20
美国	90.00	0.50
芬兰	3.00	0.40
印度	102.00	0.30
俄罗斯	173.00	0.30
意大利	70.00	0.00
47069300 其他用机械和化学联合法制得的纤维状纤维素浆		
合计	2551896.00	5951.80
菲律宾	1288356.00	5028.50
泰国	1261639.00	913.20
美国	1769.00	9.40
丹麦	32.00	0.50
澳大利亚	100.00	0.30
47071000 回收(废碎)的未漂白牛皮纸或瓦楞纸及纸板		
合计	16670317449.00	3158568.10
美国	7151476291.00	1435790.40
英国	2277724211.00	412529.60
日本	1221018747.00	230555.80
荷兰	957833663.00	169999.70
意大利	822669740.00	142518.90
西班牙	633878120.00	111545.10

(续)

国家/地区	进口数量(千克)	进口金额(千美元)
中国香港	480624891.00	91855.00
比利时	476166160.00	84562.00
法国	435801648.00	77662.10
澳大利亚	410468884.00	72775.40
韩国	419685395.00	71839.60
加拿大	332561470.00	64756.70
德国	225967223.00	40035.70
墨西哥	155353983.00	30240.90
爱尔兰	151974088.00	26926.20
希腊	89199992.00	15511.50
中国台湾省	76840865.00	14697.90
新加坡	76258749.00	14280.70
多米尼加	43076185.00	8243.50
挪威	41300390.00	7012.60
中国澳门	24891000.00	4853.70
危地马拉	21784898.00	4174.80
葡萄牙	23927720.00	4126.30
萨尔瓦多	14253129.00	2802.10
俄罗斯	14952559.00	2575.80
波兰	11752070.00	2115.60
波多黎各	10189470.00	2028.60
洪都拉斯	8520623.00	1750.00
以色列	8379220.00	1566.00
克罗地亚	8872500.00	1534.70
爱沙尼亚	5790324.00	1070.50
文莱	6017027.00	1045.60
巴哈马	4644331.00	885.60
摩洛哥	4551360.00	804.30
保加利亚	3016060.00	518.90
阿尔及利亚	2930460.00	487.30
罗马尼亚	2424300.00	437.50
斯洛文尼亚	2360000.00	434.10
瑞典	2250100.00	415.50
拉脱维亚	2366510.00	414.20
新西兰	1322810.00	232.50
马耳他	1330580.00	224.80
巴西	722570.00	127.90
海地	633543.00	120.90
牙买加	588075.00	111.20
捷克	547400.00	102.60
尼加拉瓜	421250.00	88.80
也门	419100.00	75.70
新喀里多尼亚	328240.00	55.10
巴拿马	125105.00	24.90

(续)

国家/地区	进口数量(千克)	进口金额(千美元)
芬兰	124420.00	23.00
47072000 回收(废碎)漂白化学木浆制未经本体染色纸		
合计	849532786.00	214561.20
美国	229127271.00	61810.90
日本	222168026.00	54028.50
荷兰	68686590.00	17056.20
澳大利亚	70459232.00	16930.00
西班牙	44935415.00	11312.50
中国香港	48524709.00	9659.80
英国	29595660.00	7554.30
加拿大	26365979.00	7066.80
巴西	25493015.00	6822.00
韩国	17611860.00	4874.80
法国	18353502.00	4553.90
德国	15804113.00	4161.30
比利时	12045080.00	3217.10
希腊	4801415.00	1215.20
意大利	4294430.00	1192.40
中国台湾省	3692955.00	1166.70
新加坡	2076600.00	502.70
新西兰	1520840.00	346.20
墨西哥	899220.00	303.90
新喀里多尼亚	1211700.00	288.70
多米尼加	582230.00	151.00
海地	451187.00	114.00
沙特阿拉伯	379950.00	104.00
巴哈马	154727.00	41.40
巴布亚新几内亚	107390.00	27.20
泰国	58330.00	20.40
爱尔兰	75800.00	20.20
以色列	55560.00	18.90
47073000 回收(废碎)的主要由机械浆制成的纸或纸板		
合计	5744867299.00	967781.50
美国	3595130671.00	596662.90
加拿大	938214082.00	148337.70
中国香港	312864746.00	57220.20
日本	260224983.00	54046.50
澳大利亚	280963023.00	45328.20
英国	184618727.00	31842.20
意大利	41973795.00	8752.80
巴西	34112120.00	7099.90
比利时	21187210.00	3640.60

（续）

国家/地区	进口数量（千克）	进口金额（千美元）
韩国	12585160.00	2586.20
中国台湾省	7110010.00	1571.60
墨西哥	7043810.00	1476.90
新西兰	5895860.00	1048.80
文莱	5336153.00	983.20
荷兰	5153570.00	970.70
中国澳门	4270000.00	884.00
挪威	4317860.00	835.60
希腊	4177440.00	818.70
法国	4347560.00	801.80
爱尔兰	3774600.00	761.80
德国	4114920.00	704.70
西班牙	2933760.00	564.60
塞浦路斯	1171745.00	236.70
多米尼加	1368751.00	220.10
以色列	586550.00	116.30
新加坡	460190.00	85.50
土耳其	436040.00	77.20
阿尔及利亚	257380.00	62.80
哥斯达黎加	140388.00	29.50
新喀里多尼亚	51380.00	7.20
巴哈马	44815.00	6.70
47079000 回收(废碎)的其他纸及纸板,包括未分选的		
合计	6018931853.00	943058.70
美国	2041839611.00	300786.60
日本	1300534852.00	243607.00
英国	1231587994.00	181924.10
加拿大	383062433.00	55275.70
荷兰	274196880.00	40566.30
澳大利亚	246722083.00	36142.90
意大利	165113190.00	26076.50
爱尔兰	109191930.00	16075.90
比利时	77951790.00	13043.40
法国	64843310.00	9997.30
希腊	32624515.00	4627.80
新西兰	31238762.00	4567.90
德国	16328330.00	2831.50
沙特阿拉伯	5708620.00	1290.40
西班牙	7108800.00	1082.80
中国台湾省	4006550.00	1073.70
克罗地亚	6561770.00	942.10
巴西	5055650.00	731.60
韩国	2998480.00	457.00

（续）

国家/地区	进口数量（千克）	进口金额（千美元）
瑞典	2455620.00	368.90
泰国	1495810.00	275.60
挪威	1259530.00	190.00
多米尼加	1111556.00	169.70
中国香港	864040.00	121.80
菲律宾	797440.00	115.60
南非	544020.00	115.10
爱沙尼亚	734780.00	107.50
斯洛文尼亚	624720.00	103.60
牙买加	641691.00	96.10
波多黎各	495186.00	77.50
新加坡	291050.00	52.40
瑞士	193220.00	48.30
波兰	242800.00	38.20
萨尔瓦多	229170.00	37.10
文莱	228590.00	32.10
葡萄牙	47080.00	8.50
48010000 成卷或成张的新闻纸		
合计	59414788.00	30599.50
韩国	40903677.00	19429.60
美国	4795240.00	3162.40
芬兰	3441258.00	2152.50
加拿大	2722782.00	1696.40
新西兰	2099189.00	1545.90
比利时	3101585.00	1461.80
瑞典	1185321.00	584.40
日本	744348.00	250.10
澳大利亚	257060.00	183.10
中国	86355.00	69.10
俄罗斯	77973.00	64.10
48021010 宣纸		
合计	11234.00	54.90
泰国	1863.00	21.60
日本	7845.00	19.40
中国	319.00	7.10
中国台湾省	740.00	4.40
新加坡	68.00	0.90
朝鲜	168.00	0.60
加拿大	126.00	0.50
韩国	105.00	0.40
48021090 其他手工制纸及纸板		
合计	56643.00	150.20
尼泊尔	18582.00	59.000
日本	3299.00	22.60

（续）

国家/地区	进口数量（千克）	进口金额（千美元）
意大利	61.00	20.70
朝鲜	15924.00	15.60
泰国	9119.00	15.60
中国	8339.00	6.20
德国	173.00	3.60
印度	329.00	2.40
中国台湾省	590.00	1.60
美国	21.00	1.30
韩国	180.00	0.90
瑞典	0.00	0.60
新加坡	26.00	0.00

竹藤出口量值表

国家/地区	出口数量（件）	出口金额（千美元）
44021000 竹炭,不论是否结块		
合计	19050597.00	31407.265
伊朗	4917139.00	9255.986
日本	4024871.00	7174.187
沙特阿拉伯	2572964.00	4869.019
中国香港	261005.00	1326.341
阿联酋	1382201.00	1291.395
韩国	787963.00	993.229
约旦	780081.00	869.835
美国	480416.00	772.84
马来西亚	552256.00	553.67
科威特	347698.00	469.6
荷兰	99625.00	396.257
中国台湾省	291118.00	301.826
加拿大	397712.00	281.873
埃及	119482.00	253.306
伊拉克	255277.00	249.097
瑞典	187072.00	236.24
印度	181207.00	207.763
比利时	227551.00	203.886
印度尼西亚	14630.00	195.932
巴基斯坦	122561.00	147.131
利比亚	37149.00	140.855
黎巴嫩	123059.00	126.304
卡塔尔	124971.00	98.913
德国	61216.00	91.763
新加坡	46972.00	86.557
摩洛哥	83388.00	81.795
英国	12260.00	67.463

(续)

国家/地区	出口数量(件)	出口金额(千美元)
也门	15977.00	63.109
澳大利亚	37148.00	59.846
巴西	34316.00	54.355
以色列	29986.00	49.667
意大利	50907.00	46.538
菲律宾	105332.00	36.661
土耳其	59650.00	30.725
法国	20769.00	30.666
尼日利亚	6384.00	30.614
突尼斯	21546.00	29.504
斯里兰卡	4486.00	26.467
危地马拉	4199.00	25.194
委内瑞拉	25920.00	24.96
多米尼加	9375.00	23.22
乌克兰	24600.00	18.45
巴林	16793.00	16.388
新西兰	17571.00	14.835
俄罗斯	16440.00	13.902
阿曼	16686.00	13.284
越南	16803.00	9.578
塞浦路斯	5533.00	6.64
希腊	2474.00	5.987
中国澳门	970.00	5.057
毛里塔尼亚	1043.00	3.722
泰国	1500.00	3.557
丹麦	480.00	3.00
瑞士	430.00	2.65
巴拿马	900.00	2.417
波兰	3600.00	2.34
加蓬	450.00	2.056
立陶宛	2833.00	1.813
黑山	278.00	1.39
亚美尼亚	1200.00	1.20
墨西哥	335.00	1.101
拉脱维亚	133.00	0.82
南非	199.00	0.597
安哥拉	1050.00	0.558
智利	111.00	0.414
奥地利	73.00	0.363
挪威	24.00	0.227
留尼汪	147.00	0.182
西班牙	102.00	0.148

44092110 任何一边、端或面制成连续形状的竹地板条块

(续)

国家/地区	出口数量(件)	出口金额(千美元)
合计	156945308.00	259148.214
美国	99724871.00	161027.795
澳大利亚	21999832.00	33604.748
荷兰	5345980.00	9472.76
德国	3172884.00	5766.724
日本	1930227.00	4250.419
英国	2577983.00	3771.108
法国	2209793.00	3750.434
阿联酋	663390.00	2713.771
韩国	1929765.00	2336.579
比利时	947936.00	2041.33
新西兰	1036825.00	1943.303
加拿大	1074501.00	1814.896
波兰	1156055.00	1729.231
格鲁吉亚	560833.00	1699.065
意大利	805839.00	1583.708
俄罗斯	556212.00	1316.416
伊朗	526205.00	1174.792
新加坡	359324.00	1157.843
马来西亚	521467.00	1085.887
墨西哥	568520.00	1075.697
南非	693567.00	1063.66
丹麦	525283.00	891.097
克罗地亚	363164.00	734.422
以色列	441435.00	701.319
泰国	379641.00	683.163
西班牙	412395.00	665.451
肯尼亚	287245.00	647.58
哥伦比亚	316768.00	646.941
斯里兰卡	365057.00	604.223
厄瓜多尔	418840.00	597.126
秘鲁	316908.00	484.805
印度	239103.00	483.342
菲律宾	266194.00	481.465
土库曼斯坦	233558.00	446.707
越南	243537.00	421.881
智利	198094.00	357.688
罗马尼亚	233980.00	321.354
瑞典	204686.00	309.368
巴西	211130.00	303.582
斯洛文尼亚	227393.00	289.539
中国台湾省	174335.00	284.972
摩洛哥	186740.00	272.792
阿根廷	182127.00	265.436

(续)

国家/地区	出口数量(件)	出口金额(千美元)
埃及	117548.00	256.879
中国香港	136547.00	242.681
印度尼西亚	93587.00	234.014
沙特阿拉伯	79880.00	221.014
哈萨克斯坦	117100.00	192.002
哥斯达黎加	129493.00	177.56
立陶宛	121274.00	168.455
莫桑比克	101263.00	145.719
土耳其	92180.00	135.337
阿曼	93282.00	131.892
马尔代夫	57371.00	131.155
巴拿马	29859.00	114.56
保加利亚	65205.00	113.723
塞尔维亚	17915.00	99.975
黎巴嫩	49687.00	87.87
法属波利尼西亚	34720.00	87.456
吉尔吉斯斯坦	59000.00	87.331
阿塞拜疆	67706.00	86.783
乌拉圭	53688.00	79.982
危地马拉	46694.00	70.021
多米尼加	37640.00	66.21
乌克兰	8745.00	62.60
新喀里多尼亚	40000.00	62.419
捷克	35976.00	59.377
毛里求斯	30331.00	56.699
巴基斯坦	31149.00	53.651
柬埔寨	38765.00	49.378
葡萄牙	29839.00	46.374
奥地利	24500.00	41.074
坦桑尼亚	15617.00	40.00
玻利维亚	21600.00	38.87
匈牙利	37900.00	35.173
马耳他	21150.00	34.087
委内瑞拉	21448.00	34.081
科威特	23628.00	33.364
吉布提	16945.00	31.84
阿尔巴尼亚	17490.00	28.878
约旦	16418.00	26.738
也门	17268.00	26.714
马达加斯加	14016.00	25.225
朝鲜	12000.00	22.80
巴林	11120.00	16.424
瑞士	3090.00	14.686
希腊	7756.00	14.529

（续）

国家/地区	出口数量（件）	出口金额（千美元）
尼日利亚	10075.00	13.673
瓦努阿图	6503.00	9.838
孟加拉国	7410.00	9.786
巴巴多斯	5078.00	8.518
津巴布韦	4306.00	7.821
挪威	4500.00	7.204
利比亚	5061.00	7.037
斯洛伐克	1830.00	4.41
黑山	2316.00	4.285
文莱	1744.00	4.094
洪都拉斯	3145.00	3.497
巴拉圭	1600.00	3.391
纳米比亚	2268.00	3.116
博茨瓦纳	1300.00	1.00
斐济	160.00	0.525
44092190 其他任何一边、端或面制成连续形状的竹材		
合计	749369.00	2992.902
韩国	213146.00	790.672
美国	151233.00	577.022
波兰	90418.00	519.557
荷兰	65396.00	353.602
日本	30479.00	148.746
南非	25164.00	100.123
巴西	18250.00	82.76
德国	24290.00	73.439
沙特阿拉伯	33750.00	65.544
中国台湾省	26499.00	43.857
英国	8677.00	42.90
比利时	11045.00	38.475
马来西亚	3900.00	25.969
斯洛文尼亚	11250.00	23.578
委内瑞拉	12000.00	14.42
越南	2550.00	12.675
泰国	1330.00	11.178
加拿大	2542.00	10.871
瑞士	1640.00	8.914
西班牙	1750.00	8.469
亚美尼亚	941.00	8.385
法国	2841.00	7.91
孟加拉国	2223.00	6.117
肯尼亚	4000.00	5.854
澳大利亚	2052.00	5.227
奥地利	400.00	2.641

（续）

国家/地区	出口数量（件）	出口金额（千美元）
捷克	300.00	2.236
墨西哥	335.00	0.969
阿联酋	930.00	0.672
瑞典	38.00	0.12
44121019 其他薄板制竹胶板单板饰面板多层板，厚≤6mm		
合计	19770584.00	18200.517
泰国	4035260.00	2630.946
坦桑尼亚	3187293.00	2585.659
安哥拉	2042699.00	1811.887
肯尼亚	754676.00	691.732
加纳	545113.00	664.463
朝鲜	767412.00	615.901
阿尔及利亚	480471.00	572.35
莫桑比克	447771.00	466.555
委内瑞拉	496260.00	429.76
刚果(布)	491600.00	428.413
埃塞俄比亚	486467.00	408.107
南非	473662.00	389.503
荷兰	275448.00	317.099
加拿大	115676.00	307.732
美国	278214.00	302.745
尼日利亚	224904.00	250.749
西班牙	66150.00	229.475
印度	219160.00	223.64
澳大利亚	55730.00	220.926
毛里求斯	244650.00	219.851
菲律宾	215460.00	186.613
尼日尔	203000.00	185.981
伊拉克	216958.00	185.265
韩国	112350.00	179.846
孟加拉国	65981.00	170.396
赞比亚	179473.00	152.476
津巴布韦	138235.00	144.033
马来西亚	51614.00	136.839
俄罗斯	141989.00	134.03
尼泊尔	131220.00	131.610
印度尼西亚	44396.00	129.528
乌兹别克斯坦	86320.00	125.273
纳米比亚	146925.00	122.914
越南	127667.00	120.816
喀麦隆	105399.00	113.873
法国	3120.00	107.544
日本	38863.00	100.497

（续）

国家/地区	出口数量（件）	出口金额（千美元）
刚果(金)	104300.00	90.918
几内亚	90000.00	89.707
中国台湾省	27000.00	86.36
新加坡	83650.00	81.944
赤道几内亚	84420.00	80.196
马尔代夫	22584.00	79.255
卢旺达	88600.00	77.526
博茨瓦纳	105830.00	73.755
哥斯达黎加	71000.00	71.254
科特迪瓦	68350.00	65.026
瑞典	52500.00	61.50
东帝汶	91630.00	60.098
巴布亚新几内亚	66172.00	59.824
斐济	69850.00	58.548
沙特阿拉伯	73111.00	50.879
帕劳	13200.00	50.52
玻利维亚	28200.00	48.288
利比里亚	56900.00	48.114
秘鲁	52300.00	46.565
斯里兰卡	37934.00	44.935
塞拉利昂	58300.00	41.452
厄瓜多尔	40731.00	37.167
索马里	37308.00	35.257
牙买加	35006.00	32.58
塞内加尔	30900.00	28.494
塞尔维亚	39188.00	27.799
缅甸	34436.00	26.487
南苏丹	32400.00	26.129
乌拉圭	36400.00	24.884
巴拿马	10450.00	24.75
马里	24530.00	24.266
萨尔瓦多	27900.00	22.079
阿根廷	25552.00	22.00
苏丹	28810.00	20.624
墨西哥	8697.00	19.259
多哥	22500.00	18.219
多米尼加	4790.00	16.765
土库曼斯坦	36950.00	16.535
乌干达	16700.00	16.461
意大利	15000.00	16.40
科摩罗	11877.00	16.111
约旦	17070.00	14.95
瓦努阿图	18000.00	14.71
也门	24040.00	13.572

(续)

国家/地区	出口数量(件)	出口金额(千美元)
哥伦比亚	12850.00	13.10
利比亚	14127.00	12.236
阿联酋	15320.00	12.157
老挝	12789.00	10.26
柬埔寨	14800.00	10.037
马达加斯加	11100.00	10.016
汤加	2400.00	7.68
新西兰	2692.00	7.538
布隆迪.00	4555.00	5.581
危地马拉	5800.00	5.04
德国	2673.00	4.678
吉布提	4656.00	4.221
萨摩亚	4508.00	4.016
阿曼	12573.00	4.00
突尼斯	230.00	3.27
塞舌尔	2950.00	2.555
乍得	1675.00	1.76
哈萨克斯坦	1100.00	1.434
智利	11000.00	1.162
圣卢西亚	3400.00	1.16
圭亚那	640.00	0.60
蒙古	6000.00	0.586
土耳其	94.00	0.241
44121020 其他薄板制竹胶板,单板饰面板及类似多层板		
合计	1835243.00	1763.734
马来西亚	1259185.00	997.295
韩国	333187.00	551.119
美国	190431.00	171.36
柬埔寨	25000.00	18.00
科特迪瓦	14970.00	14.16
比利时	12470.00	11.80
44121091 其他竹胶合板单板饰面板至少有一表层子目注释二所列的热带木		
合计	34089.00	71.357
美国	34089.00	71.357
44121092 其他竹胶合板类似多层板至少一表层木碎料板		
合计	433546.00	796.822
美国	359286.00	648.73
澳大利亚	59380.00	118.06
英国	14880.00	30.032

(续)

国家/地区	出口数量(件)	出口金额(千美元)
44121099 其他竹制胶合板、单板饰面板及类似的多层板		
合计	28162092.00	51491.914
美国	11676381.00	25896.166
马来西亚	7607965.00	8202.598
荷兰	1778535.00	3688.15
加拿大	1311418.00	2578.239
德国	735516.00	1515.172
澳大利亚	504565.00	1279.475
法国	607763.00	936.585
土耳其	153910.00	737.207
比利时	370433.00	693.767
英国	253464.00	536.164
新西兰	153391.00	530.944
印度	133615.00	438.242
丹麦	113755.00	387.083
伊朗	178442.00	336.412
南非	139136.00	293.287
韩国	146362.00	285.703
中国台湾省	88767.00	277.239
莫桑比克	193016.00	163.971
瑞士	61044.00	140.297
日本	58276.00	136.881
吉布提	119440.00	126.717
越南	87096.00	122.166
乌干达	114351.00	115.27
坦桑尼亚	130650.00	111.266
安哥拉	143180.00	111.22
西班牙	27386.00	110.012
加纳	99700.00	104.891
洪都拉斯	2874.00	92.751
泰国	10519.00	87.484
智利	40852.00	79.304
以色列	29471.00	77.846
阿尔及利亚	91822.00	71.358
刚果(金)	70500.00	69.324
厄瓜多尔	93020.00	65.013
中国香港	8162.00	64.47
委内瑞拉	58600.00	61.23
哥伦比亚	28800.00	59.728
赤道几内亚	52766.00	54.648
埃塞俄比亚	85250.00	54.345
意大利	26330.00	51.157
埃及	13500.00	50.865

(续)

国家/地区	出口数量(件)	出口金额(千美元)
几内亚	39750.00	46.5
赞比亚	47838.00	45.617
墨西哥	16550.00	43.674
瑞典	13044.00	37.50
喀麦隆	42825.00	37.315
波兰	21660.00	35.946
加蓬	20840.00	32.094
毛里求斯	33500.00	31.00
希腊	15800.00	30.156
斯洛文尼亚	10885.00	27.916
巴西	7875.00	26.082
肯尼亚	24080.00	25.607
沙特阿拉伯	34950.00	24.89
利比里亚	35100.00	24.21
厄立特里亚	23400.00	23.00
刚果(布)	19600.00	17.887
俄罗斯	12000.00	17.02
巴布亚新几内亚	16800.00	16.839
博茨瓦纳	17048.00	16.184
南苏丹	14500.00	14.472
新加坡	2575.00	13.125
尼日尔	10975.00	12.796
乌拉圭	5656.00	12.786
巴拿马	5840.00	11.504
菲律宾	5794.00	11.391
匈牙利	2000.00	11.114
哈萨克斯坦	12726.00	10.50
乌兹别克斯坦	9300.00	8.199
汤加	8840.00	6.632
危地马拉	2170.00	5.436
玻利维亚	7190.00	4.775
多哥	6020.00	4.762
佛得角	10000.00	4.531
瓦努阿图	4248.00	3.79
挪威	380.00	1.115
文莱	90.00	0.65
乍得	220.00	0.252
44187210 其他多层已装拼的竹地板		
合计	46020289.00	102703.507
美国	30074009.00	68937.909
澳大利亚	4040138.00	6775.633
加拿大	1498458.00	4878.125
荷兰	1318188.00	2724.447
阿塞拜疆	1075870.00	2583.639

（续）

国家/地区	出口数量（件）	出口金额（千美元）
波兰	717348.00	1209.339
阿联酋	463514.00	1175.782
德国	454026.00	1163.077
意大利	543513.00	1144.844
格鲁吉亚	361533.00	1049.749
伊朗	319767.00	948.776
比利时	350162.00	753.954
墨西哥	430474.00	711.892
英国	364425.00	607.46
俄罗斯	401030.00	581.297
罗马尼亚	369237.00	532.431
土库曼斯坦	261558.00	471.82
吉布提	204375.00	455.203
韩国	169960.00	391.195
摩洛哥	107992.00	334.974
智利	160955.00	294.422
秘鲁	127465.00	294.351
斯洛文尼亚	145358.00	289.804
菲律宾	137336.00	288.987
日本	141657.00	286.699
肯尼亚	127538.00	267.303
克罗地亚	108148.00	222.942
西班牙	111958.00	217.984
波黑	102385.00	206.589
中国香港	82608.00	206.055
圭亚那	83607.00	191.397
莫桑比克	76579.00	188.767
希腊	87128.00	186.468
丹麦	69360.00	180.424
印度尼西亚	79456.00	169.801
泰国	60350.00	161.935
法国	90829.00	152.104
哥伦比亚	52165.00	133.949
巴拿马	40253.00	132.972
马尔代夫	63750.00	110.822
缅甸	49023.00	93.858
印度	43993.00	89.966
新西兰	41449.00	85.931
巴西	31822.00	81.04
马达加斯加	30488.00	75.154
南非	40364.00	74.967
特立尼达和多巴哥	37972.00	73.794
海地	38400.00	57.115
中国台湾省	27983.00	47.697

（续）

国家/地区	出口数量（件）	出口金额（千美元）
科威特	16878.00	42.501
前南马其顿	16965.00	39.868
匈牙利	13104.00	38.788
阿尔巴尼亚	19104.00	37.475
亚美尼亚	17001.00	33.151
法属波利尼西亚	12635.00	31.382
沙特阿拉伯	13200.00	31.179
巴基斯坦	22850.00	29.867
保加利亚	16501.00	25.56
埃及	17110.00	23.384
哈萨克斯坦	9800.00	16.505
朝鲜	7325.00	15.889
瑞典	5581.00	11.936
以色列	4840.00	9.796
厄瓜多尔	5575.00	7.24
文莱	2240.00	6.393
也门	2900.00	5.495
中国澳门	300.00	1.80
新加坡	310.00	0.31
土耳其	114.00	0.145
44187910 其他已装拼的竹地板		
合计	29016542.00	44565.593
美国	15339757.00	22953.625
澳大利亚	8379937.00	12726.713
德国	1012626.00	1494.758
俄罗斯	744424.00	1081.535
英国	585755.00	965.622
菲律宾	412802.00	807.314
秘鲁	270610.00	466.913
加拿大	167094.00	397.169
南非	220502.00	376.464
新西兰	232394.00	369.00
法国	142200.00	299.314
智利	141332.00	247.452
意大利	145973.00	243.153
荷兰	104593.00	227.427
格鲁吉亚	127443.00	223.427
比利时	117307.00	178.73
厄瓜多尔	109248.00	161.688
斯里兰卡	69822.00	156.272
日本	58693.00	149.10
西班牙	79990.00	141.503
墨西哥	66903.00	109.038
印度	66913.00	102.603

（续）

国家/地区	出口数量（件）	出口金额（千美元）
巴西	60950.00	99.528
波兰	42970.00	60.633
斯洛文尼亚	36193.00	59.343
韩国	36720.00	56.668
阿根廷	42600.00	56.206
马来西亚	30760.00	53.225
肯尼亚	26614.00	50.014
以色列	17786.00	42.193
巴林	20170.00	29.414
毛里求斯	17130.00	27.98
埃及	20100.00	25.457
瑞典	14832.00	22.523
印度尼西亚	13730.00	20.423
中国澳门	4025.00	20.125
中国香港	8280.00	13.857
马达加斯加	4636.00	10.873
乌拉圭	5737.00	9.679
哥伦比亚	6472.00	9.436
阿联酋	3550.00	5.641
新加坡	1500.00	5.25
博茨瓦纳	1200.00	4.20
马耳他	3500.00	3.00
丹麦	769.00	1.105
44190032 竹制一次性筷子		
合计	84040628.00	181183.514
日本	26989359.00	63162.601
中国台湾省	25690814.00	49179.417
美国	9256742.00	18240.65
泰国	4771800.00	11671.515
俄罗斯	3668503.00	8076.537
巴西	1382886.00	3383.88
韩国	1267783.00	3162.941
加拿大	1136510.00	2696.119
中国香港	1493374.00	2489.658
英国	740457.00	1849.756
法国	783619.00	1754.674
澳大利亚	707611.00	1575.994
马来西亚	555479.00	1442.305
德国	526906.00	1234.783
新加坡	450868.00	1099.99
菲律宾	379072.00	792.637
奥地利	292181.00	657.182
西班牙	259881.00	634.213
印度尼西亚	289681.00	581.694

(续)

国家/地区	出口数量(件)	出口金额(千美元)
荷兰	269914.00	542.664
墨西哥	309326.00	531.52
乌克兰	264688.00	507.164
以色列	234441.00	497.574
意大利	230453.00	492.967
中国澳门	186326.00	454.469
阿联酋	143396.00	388.713
阿根廷	177853.00	368.328
智利	120677.00	278.83
波兰	128184.00	277.348
丹麦	93247.00	246.267
挪威	79032.00	245.471
南非	112596.00	221.393
瑞典	87269.00	194.392
越南	75089.00	175.611
葡萄牙	71751.00	156.888
立陶宛	79306.00	153.739
哥伦比亚	57788.00	141.611
土耳其	55792.00	140.592
比利时	54927.00	120.126
黎巴嫩	52766.00	104.739
芬兰	36342.00	88.628
巴拿马	10263.00	87.307
卡塔尔	13424.00	82.21
新西兰	29771.00	75.839
拉脱维亚	37421.00	75.178
斯洛文尼亚	24807.00	71.022
瑞士	15598.00	63.578
埃及	29015.00	61.489
爱沙尼亚	25299.00	56.786
印度	27415.00	54.935
爱尔兰	29692.00	50.543
哈萨克斯坦	25300.00	40.875
科威特	14610.00	39.723
危地马拉	20352.00	38.16
文莱	6980.00	38.065
希腊	20994.00	36.871
摩洛哥	20716.00	34.826
秘鲁	14610.00	31.278
厄瓜多尔	9954.00	30.052
约旦	15834.00	29.53
沙特阿拉伯	11326.00	22.964
冰岛	7480.00	16.83
罗马尼亚	9920.00	16.253

(续)

国家/地区	出口数量(件)	出口金额(千美元)
捷克	7920.00	16.04
白俄罗斯	9590.00	14.24
巴林	4175.00	13.05
马耳他	6260.00	12.80
塞浦路斯	6099.00	10.807
巴拉圭	3300.00	10.20
斯里兰卡	3349.00	9.03
多米尼加	4000.00	5.939
哥斯达黎加	1980.00	5.148
格鲁吉亚	2500.00	3.816
阿尔及利亚	1140.00	3.634
肯尼亚	340.00	3.00
朝鲜	2100.00	2.10
叙利亚	1666.00	2.10
乌拉圭	130.00	0.664
委内瑞拉	439.00	0.549
尼日尔	80.00	0.293
塞内加尔	80.00	0.15
刚果(金)	5.00	0.049
安哥拉	5.00	0.011
44190091 其他竹制餐具及厨房用具		
合计	61851389.00	237620.057
美国	20020441.00	73733.556
德国	7604995.00	26427.474
日本	2251328.00	15447.108
荷兰	4507673.00	14852.334
英国	2574619.00	10083.886
土耳其	2662252.00	9978.155
澳大利亚	1974756.00	9623.386
法国	2154603.00	8011.804
加拿大	2468127.00	7559.28
比利时	2029743.00	6912.694
俄罗斯	1175264.00	4314.493
中国台湾省	1265645.00	3910.305
巴西	875398.00	3464.369
波兰	1034239.00	3072.259
韩国	557970.00	2944.90
西班牙	775156.00	2787.367
意大利	805720.00	2651.363
瑞典	582197.00	2369.724
菲律宾	306256.00	2251.105
墨西哥	541315.00	2187.709
丹麦	404605.00	1657.611
中国香港	396922.00	1562.493

(续)

国家/地区	出口数量(件)	出口金额(千美元)
伊朗	295973.00	1509.917
新加坡	254678.00	1509.116
智利	364973.00	1467.772
阿联酋	316218.00	1366.225
新西兰	250867.00	1219.362
印度尼西亚	112031.00	1205.146
以色列	265745.00	1148.745
南非	307442.00	1084.037
沙特阿拉伯	261653.00	1052.932
斯洛文尼亚	363248.00	851.31
马来西亚	124640.00	784.21
巴拿马	97467.00	691.135
越南	51181.00	616.206
哥伦比亚	132048.00	540.582
泰国	112673.00	484.732
斯里兰卡	69102.00	436.082
印度	118668.00	431.612
阿根廷	103438.00	403.693
挪威	77427.00	345.877
葡萄牙	79943.00	323.743
芬兰	77798.00	303.344
埃及	94184.00	278.008
秘鲁	81547.00	249.387
厄瓜多尔	48991.00	245.206
罗马尼亚	92590.00	190.911
阿曼	20389.00	176.016
哥斯达黎加	35168.00	168.096
乌拉圭	35863.00	167.217
奥地利	52690.00	162.083
约旦	11688.00	155.754
爱沙尼亚	45664.00	153.05
立陶宛	37036.00	148.958
摩洛哥	30464.00	144.958
多米尼加	30191.00	142.437
希腊	43763.00	142.432
捷克	22778.00	133.486
瑞士	33200.00	130.007
克罗地亚	36894.00	124.723
波多黎各	22097.00	114.829
爱尔兰	31698.00	104.397
乌克兰	27533.00	91.968
塞浦路斯	21131.00	84.953
科威特	12585.00	67.944
卡塔尔	7367.00	65.626

（续）

国家/地区	出口数量（件）	出口金额（千美元）
黎巴嫩	9898.00	64.512
阿尔及利亚	19512.00	58.203
危地马拉	8132.00	37.85
保加利亚	20715.00	35.427
拉脱维亚	10092.00	33.146
巴基斯坦	10864.00	32.698
安哥拉	4782.00	30.57
乌兹别克斯坦	2196.00	29.965
白俄罗斯	7143.00	29.86
委内瑞拉	6844.00	19.374
匈牙利	6304.00	18.046
毛里求斯	5657.00	15.568
阿塞拜疆	3295.00	15.337
萨尔瓦多	5000.00	14.875
科特迪瓦	2365.00	12.739
塞内加尔	2207.00	11.34
巴布亚新几内亚	3100.00	10.54
喀麦隆	1961.00	10.108
赞比亚	2266.00	9.35
叙利亚	5410.00	9.273
刚果（金）	1650.00	9.189
洪都拉斯	1899.00	7.507
巴林	2090.00	6.218
加纳	2297.00	6.21
马耳他	1065.00	5.716
利比亚	1390.00	5.56
马里	715.00	5.085
布基纳法索	939.00	5.006
中国澳门	3190.00	4.724
肯尼亚	1080.00	4.536
苏丹	1185.00	3.893
朝鲜	2037.00	3.754
孟加拉国	1150.00	3.45
苏里南	715.00	3.001
尼加拉瓜	621.00	2.772
贝宁	619.00	2.742
坦桑尼亚	619.00	2.742
安道尔	880.00	2.695
格鲁吉亚	351.00	2.101
特立尼达和多巴哥	1021.00	1.968
塞尔维亚	1263.00	1.619
安提瓜和巴布达	266.00	1.596
柬埔寨	600.00	1.53
突尼斯	558.00	1.113

（续）

国家/地区	出口数量（件）	出口金额（千美元）
尼日利亚	729.00	1.094
津巴布韦	310.00	1.002
冰岛	101.00	0.72
伊拉克	213.00	0.596
巴巴多斯	48.00	0.384
文莱	1670.00	0.309
荷属安的列斯群岛	134.00	0.306
亚美尼亚	122.00	0.248
巴拉圭	104.00	0.215
新喀里多尼亚	44.00	0.05
法属圭亚那	23.00	0.026
44201012 竹刻		
合计	12334.00	359.137
中国香港	6.00	306
美国	8602.00	13.781
瑞士	477.00	13.685
波兰	561.00	9.555
新加坡	476.00	6.694
德国	180.00	3.307
英国	1943.00	3.234
澳大利亚	89.00	2.881
44219022 竹制圆签圆棒冰果棒压舌片及类似一次性制品		
合计	76271133.00	243410.941
日本	6944211.00	23915.781
印度	9869073.00	22083.424
中国香港	2902667.00	17249.571
印度尼西亚	4671582.00	15459.267
巴西	4592382.00	15116.548
美国	5054660.00	15113.434
越南	2520230.00	12608.252
泰国	2495086.00	11653.047
新加坡	1731453.00	11046.391
马来西亚	2637969.00	10926.814
荷兰	4919103.00	8476.509
中国台湾省	2622156.00	5835.406
韩国	2143628.00	5128.055
意大利	1619855.00	4810.033
法国	1027948.00	3983.907
英国	1169000.00	3944.297
德国	1266890.00	3564.242
土耳其	978319.00	3476.502
墨西哥	783867.00	3367.397
哥伦比亚	1202546.00	3050.005

（续）

国家/地区	出口数量（件）	出口金额（千美元）
西班牙	765694.00	2820.975
俄罗斯	790597.00	2742.169
希腊	1032993.00	2697.908
比利时	743852.00	2539.154
澳大利亚	723711.00	2327.375
加拿大	1065899.00	2270.763
巴拿马	293124.00	2192.507
以色列	701873.00	1961.914
阿联酋	721059.00	1951.741
智利	495921.00	1608.578
沙特阿拉伯	625367.00	1526.472
菲律宾	422808.00	1387.764
缅甸	218374.00	1337.277
尼日利亚	559273.00	1325.194
南非	350084.00	1084.66
文莱	122932.00	844.435
朝鲜	790620.00	756.699
波兰	319277.00	753.142
秘鲁	276046.00	617.766
乌克兰	144258.00	576.888
阿曼	482944.00	534.292
肯尼亚	201583.00	383.101
厄瓜多尔	265092.00	373.996
斯里兰卡	201354.00	359.962
埃及	219233.00	349.24
伊朗	131864.00	327.179
哥斯达黎加	64637.00	303.071
叙利亚	133355.00	302.264
黎巴嫩	130764.00	293.316
安哥拉	103083.00	290.738
伊拉克	122460.00	288.737
瑞典	98842.00	285.752
罗马尼亚	102465.00	274.229
多米尼加	101233.00	271.403
喀麦隆	88238.00	252.077
阿尔及利亚	118919.00	223.683
约旦	70152.00	217.555
拉脱维亚	69283.00	204.298
利比亚	42758.00	194.221
丹麦	59279.00	192.141
新西兰	70630.00	192.022
刚果（金）	37230.00	190.363
萨尔瓦多	51995.00	185.396
阿根廷	42224.00	181.595

(续)

国家/地区	出口数量(件)	出口金额(千美元)
坦桑尼亚	47992.00	158.158
巴基斯坦	71058.00	151.30
危地马拉	50178.00	148.328
巴拉圭	69290.00	140.119
奥地利	15258.00	122.226
葡萄牙	36685.00	121.946
加纳	48839.00	121.787
芬兰	26207.00	121.51
克罗地亚	36118.00	112.591
科特迪瓦	24932.00	95.21
保加利亚	42172.00	91.196
摩洛哥	16932.00	76.209
挪威	60118.00	68.953
孟加拉国	20436.00	67.942
斯洛文尼亚	19822.00	62.775
立陶宛	19247.00	60.547
爱沙尼亚	13560.00	58.501
格鲁吉亚	12921.00	58.104
巴布亚新几内亚	2300.00	55.881
波多黎各	33602.00	53.379
阿尔巴尼亚	27330.00	51.648
吉布提	26008.00	50.521
爱尔兰	12572.00	44.048
毛里求斯	16802.00	40.811
乌拉圭	16407.00	40.575
科威特	7030.00	39.319
突尼斯	12475.00	38.718
委内瑞拉	20033.00	34.131
瑞士	2320.00	30.167
中国澳门	13853.00	29.325
匈牙利	17934.00	25.79
洪都拉斯	17621.00	23.157
卡塔尔	9526.00	23.105
捷克	7336.00	20.604
牙买加	2788.00	17.75
马达加斯加	7450.00	17.605
乌兹别克斯坦	7943.00	16.359
贝宁	9350.00	15.895
古巴	2694.00	12.229
留尼汪	6551.00	11.26
冰岛	1884.00	10.068
塞浦路斯	4542.00	7.823
纳米比亚	4000.00	7.813
斯洛伐克	4500.00	7.455

(续)

国家/地区	出口数量(件)	出口金额(千美元)
多哥	2450.00	7.032
哈萨克斯坦	4400.00	6.80
玻利维亚	1850.00	6.57
白俄罗斯	1260.00	5.468
东帝汶	2024.00	3.215
几内亚	525.00	2.939
安提瓜和巴布达	680.00	1.958
埃塞俄比亚	287.00	1.934
马耳他	900.00	1.868
莫桑比克	200.00	1.742
巴林	137.00	1.687
瓦努阿图	888.00	1.045
苏丹	1900.00	0.738
海地	321.00	0.684
法属波利尼西亚	271.00	0.504
尼加拉瓜	142.00	0.219
法属圭亚那	45.00	0.193
巴哈马	1.00	0.163
特立尼达和多巴哥	50.00	0.163
新喀里多尼亚	157.00	0.158
马提尼克	22.00	0.099
亚美尼亚	3.00	0.03
46012100 竹制的席子、席料及帘子		
合计	25190694.00	77395.735
美国	4557468.00	17967.683
中国台湾省	3669529.00	11202.179
日本	2597274.00	7928.799
韩国	2196083.00	6764.673
越南	1078111.00	4132.363
意大利	1268347.00	3348.302
德国	888730.00	2484.969
马来西亚	671822.00	1954.457
西班牙	678408.00	1802.51
俄罗斯	679986.00	1684.46
加拿大	496996.00	1483.979
墨西哥	395623.00	1474.117
法国	427607.00	1123.246
伊朗	252093.00	1018.481
印度	416500.00	928.695
荷兰	327620.00	826.42
澳大利亚	412331.00	760.684
土耳其	274120.00	748.627
英国	344133.00	718.646
智利	260788.00	657.719

(续)

国家/地区	出口数量(件)	出口金额(千美元)
南非	239934.00	650.359
沙特阿拉伯	218960.00	625.298
波兰	252221.00	611.569
比利时	130896.00	547.175
以色列	434870.00	526.524
巴西	141604.00	474.399
乌克兰	186899.00	447.202
哥伦比亚	127718.00	367.224
阿联酋	132437.00	324.263
印度尼西亚	102071.00	284.694
希腊	180224.00	268.77
新加坡	84380.00	237.463
瑞典	80445.00	213.682
哥斯达黎加	45306.00	189.788
泰国	59309.00	171.52
拉脱维亚	55527.00	150.61
秘鲁	49328.00	126.804
阿根廷	49901.00	123.148
克罗地亚	56746.00	122.597
哈萨克斯坦	29521.00	108.622
巴基斯坦	40959.00	105.527
留尼汪	33644.00	103.397
斯里兰卡	31948.00	101.803
黎巴嫩	29235.00	100.643
芬兰	33604.00	95.494
罗马尼亚	47121.00	89.277
中国香港	48526.00	88.599
立陶宛	34133.00	87.094
多米尼加	8665.00	57.33
毛里求斯	19815.00	57.238
瑞士	16525.00	50.322
匈牙利	21716.00	49.806
塞内加尔	5509.00	41.976
葡萄牙	16031.00	40.364
丹麦	13743.00	38.936
叙利亚	12160.00	38.638
尼日利亚	9100.00	38.272
巴拿马	14858.00	37.289
科特迪瓦	4600.00	35.107
刚果(金)	4600.00	35.107
巴拉圭	12293.00	33.03
菲律宾	9058.00	32.891
约旦	11766.00	32.504
埃及	23197.00	32.024

（续）

国家/地区	出口数量（件）	出口金额（千美元）
伊拉克	5085.00	31.798
危地马拉	10390.00	28.737
爱沙尼亚	13381.00	27.722
加纳	4179.00	26.042
喀麦隆	3305.00	24.497
孟加拉国	7780.00	24.481
新西兰	9659.00	22.479
安哥拉	5640.00	22.37
圭亚那	4200.00	16.712
布基纳法索	2400.00	16.203
马里	2104.00	14.245
斯洛文尼亚	5460.00	11.705
法属波利尼西亚	2700.00	10.433
马耳他	3679.00	9.84
波多黎各	11453.00	9.751
马约特	3825.00	9.418
阿尔及利亚	8860.00	9.221
突尼斯	3000.00	7.272
摩洛哥	1600.00	7.00
巴巴多斯	2870.00	6.46
中国澳门	1826.00	6.383
乌兹别克斯坦	4653.00	6.16
乌拉圭	2315.00	6.15
牙买加	1180.00	5.64
阿曼	2008.00	4.929
保加利亚	4017.00	4.281
加蓬	1150.00	3.542
奥地利	909.00	3.03
新喀里多尼亚	1014.00	3.025
文莱	880.00	2.772
塞浦路斯	566.00	2.488
科威特	822.00	2.477
捷克	320.00	1.50
摩尔多瓦	304.00	0.802
坦桑尼亚	454.00	0.50
苏里南	1920.00	0.108
莫桑比克	54.00	0.092
斐济	60.00	0.082
46012200 藤制的席子、席料及帘子		
合计	35143.00	213.989
中国台湾省	13755.00	66.238
美国	9776.00	59.716
西班牙	3881.00	49.627
新加坡	3495.00	17.762

（续）

国家/地区	出口数量（件）	出口金额（千美元）
中国香港	1453.00	8.119
保加利亚	375.00	4.86
土耳其	1142.00	2.284
毛里求斯	213.00	1.917
俄罗斯	54.00	1.62
意大利	554.00	1.062
英国	200.00	0.31
喀麦隆	40.00	0.224
日本	125.00	0.214
马来西亚	80.00	0.036
46012911 灯心草属材料制的席子、席料及帘子		
合计	23458280.00	113457.834
日本	22879768.00	111896.274
中国台湾省	108260.00	345.135
克罗地亚	143646.00	308.295
希腊	128147.00	286.047
美国	52888.00	137.157
意大利	23328.00	65.759
荷兰	24022.00	65.395
英国	21894.00	62.353
秘鲁	8420.00	53.803
西班牙	10927.00	33.138
加拿大	10817.00	28.872
葡萄牙	6590.00	22.866
智利	4800.00	17.00
中国香港	3134.00	16.973
德国	6198.00	16.728
马来西亚	3893.00	14.967
韩国	1046.00	14.367
法国	3920.00	12.948
菲律宾	2360.00	12.24
新加坡	1825.00	12.204
阿根廷	3165.00	11.007
泰国	4205.00	9.822
塞浦路斯	3005.00	6.536
墨西哥	1400.00	3.908
印度尼西亚	342.00	3.336
阿联酋	280.00	0.704
46012919 其他草制的席子、席料及帘子		
合计	6446666.00	13479.854
日本	2291230.00	3297.322
荷兰	1258970.00	2281.181
美国	378023.00	1265.809

（续）

国家/地区	出口数量（件）	出口金额（千美元）
德国	576210.00	1153.035
法国	344249.00	833.119
西班牙	219428.00	639.436
俄罗斯	224818.00	560.588
英国	252084.00	518.779
巴西	66543.00	426.337
意大利	109351.00	349.463
比利时	81993.00	239.931
中国台湾省	64597.00	212.931
加纳	28932.00	166.98
希腊	57190.00	140.843
韩国	51215.00	128.404
阿根廷	39795.00	119.925
斯洛文尼亚	33872.00	115.088
马来西亚	57865.00	107.966
土耳其	32410.00	94.792
秘鲁	37551.00	82.04
加拿大	27801.00	71.029
新加坡	28594.00	66.167
摩洛哥	5608.00	63.302
智利	18006.00	61.752
菲律宾	18236.00	58.243
乌拉圭	17191.00	49.386
中国香港	14696.00	48.369
罗马尼亚	10904.00	36.286
巴拿马	10732.00	35.152
阿联酋	9908.00	34.616
波兰	8323.00	31.411
哥斯达黎加	6910.00	23.609
塞浦路斯	6868.00	23.442
墨西哥	7571.00	22.10
瑞典	6152.00	17.165
委内瑞拉	3750.00	13.92
泰国	13831.00	9.55
澳大利亚	1563.00	7.447
新西兰	1839.00	7.209
埃及	1914.00	6.862
南非	1975.00	6.604
匈牙利	1938.00	5.083
印度尼西亚	144.00	5.00
以色列	1400.00	4.50
萨尔瓦多	1576.00	4.316
克罗地亚	1540.00	4.102
丹麦	3090.00	3.519

(续)

国家/地区	出口数量(件)	出口金额(千美元)
奥地利	508.00	3.096
马耳他	680.00	2.952
厄瓜多尔	660.00	2.70
危地马拉	625.00	2.615
捷克	415.00	1.892
中国澳门	400.00	1.442
保加利亚	300.00	1.368
乌克兰	353.00	1.233
卡塔尔	376.00	1.149
约旦	289.00	1.111
法属波利尼西亚	238.00	0.766
阿曼	287.00	0.721
马提尼克	168.00	0.649
洪都拉斯	167.00	0.642
尼加拉瓜	167.00	0.642
黎巴嫩	146.00	0.526
科威特	138.00	0.479
瓜德罗普	120.00	0.464
蒙古	2000.00	0.30
葡萄牙	72.00	0.291
格鲁吉亚	59.00	0.246
亚美尼亚	43.00	0.208
多米尼加	33.00	0.113
新喀里多尼亚	24.00	0.093
多哥	12.00	0.046
46012921 苇帘		
合计	27966777.00	36554.884
日本	13888663.00	20340.711
美国	3002967.00	2998.263
意大利	2282166.00	2368.371
法国	1669604.00	1868.741
英国	1245847.00	1368.185
澳大利亚	1119198.00	1321.061
西班牙	680630.00	1103.819
比利时	910186.00	929.814
韩国	667541.00	892.374
荷兰	633379.00	882.46
希腊	463534.00	796.711
德国	496416.00	610.768
以色列	284434.00	315.668
波兰	53629.00	126.037
克罗地亚	111096.00	117.405
塞浦路斯	47345.00	53.259
罗马尼亚	27802.00	47.623

(续)

国家/地区	出口数量(件)	出口金额(千美元)
斯洛文尼亚	47620.00	47.561
瑞士	37740.00	43.595
智利	37377.00	36.994
加拿大	44640.00	32.681
爱沙尼亚	26098.00	31.172
波多黎各	24544.00	27.68
俄罗斯	29216.00	27.565
保加利亚	8221.00	22.974
泰国	10441.00	17.113
瑞典	13000.00	14.559
法属波利尼西亚	8267.00	11.769
哥斯达黎加	12640.00	11.619
南非	11290.00	10.213
哥伦比亚	9140.00	9.20
秘鲁	9140.00	9.20
土耳其	5660.00	7.587
阿联酋	6051.00	7.196
巴基斯坦	5830.00	5.732
新喀里多尼亚	3801.00	5.538
乌拉圭	4960.00	5.469
阿根廷	6040.00	5.437
朝鲜	8652.00	5.298
社会群岛	3000.00	4.882
拉脱维亚	1968.00	3.96
新西兰	3208.00	3.938
留尼汪	2782.00	3.432
法属圭亚那	529.00	0.548
捷克	150.00	0.355
多哥	245.00	0.262
马提尼克	90.00	0.0850
46012929 芦苇制的席子、席料		
合计	4858972.00	2811.114
荷兰	3233220.00	2000.573
德国	1337560.00	616.065
法国	191022.00	118.28
丹麦	83240.00	47.934
美国	13000.00	24.822
日本	930.00	3.44
46012990 其他植物材料制的席子、席料及帘子		
合计	9026455.00	22995.577
美国	887753.00	8454.077
西班牙	2560837.00	3824.047
墨西哥	237157.00	2221.131

(续)

国家/地区	出口数量(件)	出口金额(千美元)
荷兰	1128319.00	1817.298
英国	961668.00	1516.582
比利时	1261578.00	1419.649
法国	867881.00	1333.658
德国	353678.00	787.981
希腊	178718.00	448.382
以色列	195773.00	220.28
澳大利亚	50136.00	140.063
日本	41544.00	135.909
中国台湾省	18683.00	134.277
意大利	19160.00	65.477
俄罗斯	52074.00	59.892
斯里兰卡	4283.00	46.77
爱沙尼亚	41709.00	46.619
智利	13764.00	43.717
伊朗	6856.00	42.326
南非	39180.00	35.999
印度	4619.00	35.631
芬兰	13365.00	31.35
塞浦路斯	18573.00	20.808
加拿大	9415.00	16.935
波兰	10450.00	13.019
韩国	9162.00	12.252
土耳其	12390.00	11.861
新加坡	2591.00	10.69
阿联酋	2214.00	10.108
葡萄牙	6700.00	9.695
中国香港	1401.00	6.348
沙特阿拉伯	1600.00	5.09
斯洛文尼亚	4660.00	4.792
泰国	1041.00	4.153
罗马尼亚	4285.00	4.09
印度尼西亚	399.00	1.58
留尼汪	1464.00	1.552
新喀里多尼亚	488.00	0.517
吉布提	350.00	0.403
法属圭亚那	293.00	0.31
多哥	244.00	0.259
46019210 竹制的缏条及类似产品,不论是否缝合成宽条		
合计	484188.00	1462.272
希腊	37915.00	341.235
西班牙	183149.00	331.097
法国	46046.00	249.54

（续）

国家/地区	出口数量（件）	出口金额（千美元）
荷兰	46751.00	184.424
日本	70733.00	159.639
比利时	40685.00	64.342
中国台湾省	11223.00	36.465
意大利	20047.00	27.757
美国	8618.00	26.407
波兰	11114.00	20.682
英国	1401.00	7.392
韩国	1190.00	3.78
尼日利亚	1200.00	2.64
加拿大	885.00	2.476
沙特阿拉伯	427.00	2.178
德国	484.00	1.412
肯尼亚	2000.00	0.65
中国香港	320.00	0.156
46019290 竹制其他平行连结或编结的产品		
合计	19704589.00	57493.627
以色列	2640294.00	8770.134
意大利	2886765.00	6498.819
日本	1367299.00	5499.602
美国	1577873.00	5065.725
中国台湾省	922782.00	4140.776
马来西亚	845811.00	3481.117
法国	1746118.00	3239.821
英国	1409447.00	3053.799
德国	860626.00	2133.461
韩国	584360.00	2118.889
荷兰	824079.00	1766.639
阿联酋	233503.00	1688.099
澳大利亚	769411.00	1490.645
西班牙	372478.00	985.005
巴西	311668.00	841.037
波兰	289735.00	736.654
新加坡	154189.00	519.817
比利时	207349.00	460.322
俄罗斯	144003.00	457.821
墨西哥	105429.00	362.774
哥伦比亚	101393.00	347.993
乌克兰	155260.00	307.544
加拿大	177710.00	307.409
印度	81560.00	283.985
希腊	120991.00	229.648
智利	50714.00	227.96
秘鲁	40903.00	210.343

（续）

国家/地区	出口数量（件）	出口金额（千美元）
立陶宛	46005.00	160.196
菲律宾	28809.00	145.144
拉脱维亚	30345.00	137.787
摩洛哥	8265.00	137.695
印度尼西亚	81017.00	133.785
斯洛文尼亚	51289.00	132.358
泰国	14471.00	106.728
葡萄牙	26724.00	84.179
伊朗	9810.00	84.10
埃及	11138.00	81.953
新西兰	85185.00	80.955
沙特阿拉伯	6380.00	77.056
南非	20203.00	69.796
厄瓜多尔	2325.00	66.30
塞浦路斯	15953.00	58.228
捷克	16451.00	51.062
格鲁吉亚	14287.00	47.49
越南	13481.00	46.58
乌拉圭	12354.00	46.451
巴拿马	6901.00	44.545
罗马尼亚	19737.00	41.837
巴基斯坦	10459.00	40.52
留尼汪	51386.00	34.894
阿尔及利亚	2900.00	32.00
丹麦	11092.00	30.897
瑞典	17356.00	30.564
科威特	18371.00	28.688
阿根廷	8962.00	26.753
危地马拉	6391.00	23.069
匈牙利	7513.00	21.926
土耳其	11124.00	21.25
克罗地亚	8750.00	20.83
乌兹别克斯坦	1538.00	16.437
中国香港	2447.00	15.438
厄立特里亚	12330.00	13.19
塞内加尔	5612.00	12.281
中国澳门	4570.00	10.47
保加利亚	4000.00	9.353
巴林	2699.00	6.53
喀麦隆	2572.00	5.633
刚果（金）	2572.00	5.633
瑞士	1183.00	4.674
斯里兰卡	929.00	3.514
赞比亚	1440.00	3.49

（续）

国家/地区	出口数量（件）	出口金额（千美元）
马尔代夫	1600.00	3.20
芬兰	1260.00	2.863
约旦	886.00	2.837
挪威	587.00	2.62
马耳他	720.00	1.86
哥斯达黎加	375.00	1.30
奥地利	85.00	0.85
46019310 藤制的缏条及类似产品，不论是否缝合成宽条		
合计	80246.00	914.667
德国	28829.00	362.369
南非	6870.00	99.00
印度	7631.00	83.104
意大利	3087.00	66.909
西班牙	5821.00	63.852
巴西	707.00	57.72
美国	12433.00	39.027
法国	792.00	38.311
以色列	1695.00	23.543
韩国	1288.00	21.87
土耳其	816.00	16.822
哥伦比亚	882.00	11.388
日本	1438.00	7.914
澳大利亚	1445.00	6.924
中国台湾省	259.00	3.906
中国香港	2603.00	3.082
墨西哥	2279.00	2.762
爱尔兰	90.00	1.854
英国	33.00	1.23
中国澳门	200.00	0.939
荷兰	250.00	0.744
新加坡	665.00	0.595
巴拿马	75.00	0.525
泰国	50.00	0.161
古巴	8.00	0.1160
46019390 藤制其他平行连结或编结的产品		
合计	510483.00	1597.24
德国	160357.00	784.563
荷兰	68533.00	188.472
西班牙	121817.00	140.046
日本	35780.00	99.222
法国	62582.00	97.754
澳大利亚	7226.00	54.548
摩洛哥	4174.00	36.048

(续)

国家/地区	出口数量(件)	出口金额(千美元)
巴拿马	1655.00	32.484
阿联酋	1824.00	27.36
意大利	6043.00	25.391
乌拉圭	609.00	17.622
英国	3205.00	17.545
美国	9205.00	15.853
新喀里多尼亚	14845.00	14.75
中国台湾省	1785.00	6.854
俄罗斯	941.00	6.154
新加坡	732.00	4.804
墨西哥	2496.00	4.797
斯里兰卡	1840.00	3.864
阿根廷	1014.00	3.123
新西兰	300.00	2.88
比利时	110.00	2.64
土耳其	582.00	1.746
波兰	173.00	1.637
古巴	49.00	1.58
捷克	107.00	1.361
斯洛文尼亚	85.00	1.352
瑞典	301.00	0.579
希腊	241.00	0.578
马来西亚	1005.00	0.519
厄瓜多尔	489.00	0.505
泰国	208.00	0.499
中国香港	170.00	0.11
46019491 未列名植物编结材料编成的缏条及类似产品		
合计	135461.00	692.776
越南	89535.00	556.317
意大利	15034.00	35.76
荷兰	5890.00	32.816
美国	1200.00	14.71
中国香港	6360.00	11.869
德国	5929.00	11.858
智利	1140.00	7.80
土耳其	3079.00	4.808
英国	3075.00	4.363
日本	89.00	4.232
丹麦	2151.00	3.029
塞浦路斯	500.00	2.362
拉脱维亚	999.00	1.892
澳大利亚	480.00	0.96

(续)

国家/地区	出口数量(件)	出口金额(千美元)
46019499 未列名植物编结材料制其他平行连结或编结品		
合计	10159184.00	38112.602
西班牙	2143632.00	7511.552
法国	2329891.00	6065.408
美国	941477.00	5486.114
英国	1015673.00	4305.629
日本	423979.00	2701.331
比利时	571801.00	2312.773
荷兰	693352.00	2229.596
以色列	407230.00	2128.04
德国	349917.00	1572.561
澳大利亚	621791.00	1025.318
新西兰	239116.00	1025.226
意大利	189548.00	668.318
韩国	25150.00	339.015
加拿大	37221.00	144.084
俄罗斯	29056.00	107.347
波兰	19183.00	71.79
阿联酋	40403.00	70.403
智利	2866.00	45.41
瑞典	9206.00	40.925
巴基斯坦	1936.00	39.815
希腊	14953.00	37.072
南非	10167.00	34.315
多米尼加	1326.00	26.231
新加坡	4240.00	22.561
罗马尼亚	4360.00	17.777
墨西哥	5524.00	16.664
伊朗	976.00	14.265
爱沙尼亚	1080.00	8.855
挪威	725.00	7.25
泰国	4442.00	7.211
多米尼克	336.00	6.293
科威特	917.00	4.681
沙特阿拉伯	10117.00	4.608
越南	2700.00	2.55
爱尔兰	1670.00	1.774
留尼汪	627.00	1.568
拉脱维亚	390.00	1.309
土耳其	946.00	1.275
马来西亚	73.00	1.154
中国香港	240.00	1.105
菲律宾	140.00	1.002

(续)

国家/地区	出口数量(件)	出口金额(千美元)
乌克兰	36.00	0.81
几内亚	296.00	0.573
奥地利	40.00	0.301
中国台湾省	305.00	0.30
法属圭亚那	98.00	0.245
克罗地亚	32.00	0.1980
46021100 竹制篮筐及其他编结品		
合计	24600133.00	150821.339
美国	3685054.00	28821.662
阿联酋	2360886.00	18072.065
日本	2375562.00	17590.235
马来西亚	929228.00	7459.726
英国	1899966.00	7277.94
法国	1247224.00	6912.404
意大利	1177180.00	6301.612
墨西哥	437072.00	6075.914
德国	1253042.00	5741.823
以色列	1479804.00	4703.933
荷兰	832899.00	4365.664
新加坡	775502.00	4250.33
中国香港	841470.00	4226.834
韩国	391150.00	2771.96
西班牙	554343.00	2313.133
澳大利亚	341619.00	2231.834
加拿大	368468.00	2172.063
俄罗斯	289587.00	1924.185
沙特阿拉伯	243905.00	1761.625
中国台湾省	344156.00	1701.107
比利时	319949.00	1489.30
波兰	292532.00	1444.769
巴拿马	216188.00	1332.734
土耳其	190150.00	977.177
巴西	121020.00	798.558
南非	64640.00	791.488
希腊	329759.00	733.533
泰国	54483.00	622.825
智利	96156.00	519.414
丹麦	59175.00	445.457
印度	53176.00	378.012
阿根廷	58321.00	327.343
捷克	66676.00	312.837
匈牙利	57780.00	294.08
挪威	23942.00	273.846
科威特	25738.00	256.411

（续）

国家/地区	出口数量（件）	出口金额（千美元）
罗马尼亚	51690.00	216.83
爱沙尼亚	58730.00	199.181
伊朗	53061.00	187.192
瑞典	25979.00	182.043
新西兰	25303.00	153.987
秘鲁	21222.00	142.049
菲律宾	34999.00	130.662
克罗地亚	19159.00	129.955
斯洛文尼亚	29703.00	129.86
阿尔及利亚	19306.00	128.373
乌拉圭	15864.00	121.86
文莱	1468.00	102.631
印度尼西亚	22971.00	94.256
立陶宛	21528.00	87.464
芬兰	10659.00	87.371
瑞士	12634.00	84.932
乌克兰	14182.00	84.542
中国澳门	26637.00	81.912
埃及	30223.00	75.862
哥伦比亚	11978.00	69.262
塞尔维亚	6818.00	59.789
葡萄牙	10643.00	56.796
加纳	8620.00	44.015
拉脱维亚	10620.00	37.87
利比亚	5069.00	37.496
黎巴嫩	4208.00	37.375
尼日利亚	63901.00	34.848
塞浦路斯	8703.00	30.423
摩洛哥	8978.00	27.853
萨尔瓦多	3215.00	26.372
马耳他	4128.00	24.357
波多黎各	5122.00	24.33
斯洛伐克	5325.00	22.614
奥地利	3464.00	21.494
爱尔兰	2825.00	21.412
白俄罗斯	4830.00	19.92
保加利亚	2857.00	15.424
危地马拉	1854.00	12.93
波黑	1893.00	11.905
巴基斯坦	2688.00	11.308
留尼汪	3160.00	9.90
圭亚那	19500.00	9.00
博茨瓦纳	4900.00	6.692
叙利亚	2820.00	6.55

（续）

国家/地区	出口数量（件）	出口金额（千美元）
格鲁吉亚	231.00	6.311
厄瓜多尔	1452.00	5.496
新喀里多尼亚	7253.00	5.274
哥斯达黎加	372.00	4.378
马尔代夫	23850.00	4.325
塞内加尔	1480.00	3.40
约旦	525.00	2.30
阿塞拜疆	640.00	2.23
多米尼加	708.00	2.146
卡塔尔	354.00	1.908
乌兹别克斯坦	160.00	1.60
伊拉克	324.00	1.573
洪都拉斯	83.00	1.243
尼加拉瓜	83.00	1.243
肯尼亚	700.00	0.868
委内瑞拉	100.00	0.567
毛里求斯	138.00	0.476
阿曼	80.00	0.392
朝鲜	63.00	0.295
亚美尼亚	40.00	0.196
牙买加	17.00	0.168
冰岛	11.00	0.143
蒙古	200.00	0.038
哈萨克斯坦	6.00	0.02
乍得	24.00	0.019
46021200 藤制篮筐及其他编结品		
合计	8739899.00	75137.61
美国	1812399.00	18551.443
荷兰	1271230.00	12573.878
英国	2286577.00	9715.196
德国	956151.00	8395.729
日本	380534.00	4219.395
新加坡	274634.00	3973.638
巴拿马	68043.00	1688.709
加拿大	110728.00	1204.013
比利时	147120.00	1083.48
墨西哥	115534.00	974.509
马来西亚	77572.00	952.492
中国香港	73868.00	881.859
波兰	77090.00	861.553
西班牙	73060.00	792.775
澳大利亚	104353.00	776.043
法国	52552.00	615.492
沙特阿拉伯	92111.00	550.946

（续）

国家/地区	出口数量（件）	出口金额（千美元）
丹麦	38079.00	546.896
爱尔兰	107368.00	540.15
意大利	67437.00	519.89
希腊	17425.00	495.267
巴西	36503.00	466.351
瑞典	31347.00	405.823
俄罗斯	42568.00	391.314
韩国	44713.00	353.097
挪威	29175.00	273.567
土耳其	33499.00	209.629
阿联酋	17591.00	206.063
立陶宛	18809.00	203.033
厄瓜多尔	5901.00	170.256
捷克	9459.00	150.37
科威特	9610.00	139.472
阿根廷	14310.00	135.447
智利	12147.00	122.61
中国台湾省	18963.00	119.52
斯洛文尼亚	13880.00	117.307
阿塞拜疆	17116.00	115.964
南非	3907.00	113.925
芬兰	17027.00	111.349
文莱	3707.00	110.589
保加利亚	1360.00	101.782
哥伦比亚	6448.00	94.41
泰国	10932.00	82.24
以色列	5754.00	81.681
罗马尼亚	7232.00	67.756
印度	10423.00	61.836
秘鲁	5053.00	60.843
匈牙利	9351.00	59.232
哥斯达黎加	3262.00	59.227
塞浦路斯	2433.00	53.667
乌拉圭	5065.00	49.016
奥地利	6653.00	46.488
危地马拉	5327.00	46.209
葡萄牙	3728.00	44.062
爱沙尼亚	3003.00	42.161
阿曼	5470.00	39.896
伊拉克	4077.00	34.108
斯洛伐克	3670.00	33.499
新西兰	4782.00	31.869
哈萨克斯坦	4513.00	21.808
黎巴嫩	7417.00	19.813

(续)

国家/地区	出口数量(件)	出口金额(千美元)
克罗地亚	3943.00	17.967
波多黎各	1900.00	17.591
瑞士	2298.00	16.958
伊朗	3807.00	16.895
中国澳门	1100.00	15.769
苏丹	8586.00	13.565
乌克兰	2155.00	13.41
留尼汪	2983.00	12.09
印度尼西亚	1150.00	8.655
马尔代夫	795.00	5.949
波黑	957.00	5.128
摩洛哥	882.00	4.955
巴基斯坦	647.00	3.247
斯里兰卡	396.00	3.213
刚果(布)	530.00	3.143
叙利亚	4106.00	2.808
拉脱维亚	1150.00	2.594
利比亚	350.00	2.513
多米尼加	210.00	2.304
约旦	268.00	1.779
安哥拉	183.00	1.491
巴布亚新几内亚	428.00	1.142
尼日利亚	242.00	1.113
菲律宾	84.00	0.588
巴林	485.00	0.579
格鲁吉亚	67.00	0.56
毛里求斯	72.00	0.36
委内瑞拉	24.00	0.12
乌兹别克斯坦	25.00	0.111
新喀里多尼亚	7.00	0.099
法属波利尼西亚	7.00	0.099
科特迪瓦	5.00	0.074
法属圭亚那	5.00	0.074
马提尼克	2.00	0.025
46021910 草制篮筐及其他编结品		
合计	17464138.00	141770.917
美国	5441857.00	44554.047
日本	2532637.00	15975.845
墨西哥	914389.00	15507.654
德国	1268197.00	8776.541
英国	1768025.00	8203.365
泰国	270415.00	5363.065
马来西亚	276338.00	4361.235
西班牙	357547.00	3981.464

(续)

国家/地区	出口数量(件)	出口金额(千美元)
澳大利亚	460836.00	3970.479
荷兰	647785.00	3667.989
巴拿马	242614.00	3660.313
意大利	367734.00	2348.136
法国	273234.00	2166.807
加拿大	248315.00	2105.878
韩国	197710.00	2046.25
新加坡	132533.00	1748.285
新西兰	127702.00	1233.775
比利时	240582.00	1124.464
波兰	149704.00	1025.97
土耳其	73296.00	784.993
中国台湾省	123992.00	743.677
巴西	61902.00	725.828
希腊	145637.00	569.699
瑞典	85975.00	524.634
沙特阿拉伯	50875.00	516.863
阿联酋	76286.00	497.925
丹麦	62242.00	489.194
阿根廷	67124.00	487.364
俄罗斯	76786.00	467.556
克罗地亚	140588.00	362.534
斯洛文尼亚	68275.00	297.856
葡萄牙	30068.00	264.268
印度	14852.00	239.218
斯里兰卡	4082.00	228.876
挪威	24390.00	222.366
伊朗	21627.00	179.556
越南	60111.00	171.117
智利	30204.00	162.662
以色列	25064.00	157.354
乌拉圭	16251.00	147.629
芬兰	30411.00	146.185
南非	19959.00	134.445
捷克	9206.00	128.084
中国香港	17984.00	122.215
拉脱维亚	25676.00	121.039
科威特	23932.00	118.318
秘鲁	2389.00	118.118
奥地利	10287.00	90.559
斯洛伐克	5887.00	86.64
爱尔兰	19330.00	84.984
罗马尼亚	3877.00	71.074
瑞士	8854.00	69.606

(续)

国家/地区	出口数量(件)	出口金额(千美元)
爱沙尼亚	22514.00	58.122
哥伦比亚	3551.00	47.151
阿尔及利亚	11150.00	45.264
匈牙利	5259.00	42.474
危地马拉	8269.00	39.394
印度尼西亚	4316.00	26.789
乌克兰	3427.00	20.968
哈萨克斯坦	2345.00	15.787
立陶宛	1596.00	15.715
巴林	3510.00	15.308
伊拉克	1557.00	13.345
阿尔巴尼亚	1855.00	12.70
菲律宾	5409.00	8.487
波多黎各	2294.00	8.116
毛里求斯	1697.00	7.34
黎巴嫩	2437.00	6.099
肯尼亚	23760.00	5.843
哥斯达黎加	388.00	5.75
保加利亚	1230.00	5.133
塞浦路斯	481.00	4.09
圣马丁岛	300.00	3.557
约旦	268.00	2.144
埃及	362.00	1.96
塞尔维亚	164.00	1.92
巴哈马	105.00	1.089
中国澳门	80.00	0.80
百慕大	96.00	0.576
卢旺达	100.00	0.566
留尼汪	26.00	0.226
阿曼	5.00	0.092
马提尼克	7.00	0.057
法属波利尼西亚	7.00	0.057
46021930 柳条制篮筐及其他编结品		
合计	50006836.00	452218.89
美国	7805001.00	100125.167
英国	6939116.00	52856.582
德国	5430115.00	45771.839
荷兰	5263733.00	36619.03
意大利	3748237.00	27550.759
韩国	1941223.00	20829.054
波兰	1750583.00	18538.8
法国	2351273.00	16878.173
西班牙	1952333.00	13498.079
泰国	963477.00	12978.696

（续）

国家/地区	出口数量（件）	出口金额（千美元）
日本	1041219.00	9835.082
加拿大	821954.00	7952.566
比利时	1134495.00	7689.565
土耳其	605205.00	6253.064
瑞典	817822.00	6065.435
澳大利亚	615058.00	5220.287
南非	532601.00	4976.627
丹麦	544635.00	4539.848
阿联酋	449214.00	4474.322
俄罗斯	383588.00	4427.018
挪威	664438.00	4103.79
新加坡	229795.00	3967.849
希腊	349720.00	2782.405
沙特阿拉伯	255046.00	2583.809
芬兰	250366.00	2061.065
墨西哥	210177.00	1987.274
新西兰	186963.00	1713.902
以色列	231462.00	1600.257
爱尔兰	198555.00	1437.674
印度	109594.00	1366.899
葡萄牙	105950.00	1321.37
巴西	94788.00	1246.279
中国香港	119036.00	1213.932
中国台湾省	113574.00	1152.061
瑞士	185553.00	1108.545
捷克	136303.00	1106.389
厄瓜多尔	34567.00	896.526
拉脱维亚	81692.00	857.947
科威特	101257.00	823.357
马来西亚	79842.00	776.202
智利	72889.00	651.161
斯洛文尼亚	70801.00	610.864
匈牙利	73063.00	605.883
阿根廷	72405.00	597.325
乌拉圭	37401.00	579.365
黎巴嫩	45418.00	542.066
巴拿马	45741.00	517.097
多米尼加	36737.00	497.302
克罗地亚	56753.00	482.955
立陶宛	46349.00	436.273
奥地利	44682.00	432.229
哥斯达黎加	42306.00	425.998
秘鲁	30870.00	351.195
约旦	21637.00	323.403

（续）

国家/地区	出口数量（件）	出口金额（千美元）
乌克兰	24795.00	313.402
哈萨克斯坦	48194.00	311.87
哥伦比亚	34606.00	271.483
爱沙尼亚	28378.00	246.128
塞浦路斯	28242.00	237.383
阿尔及利亚	28608.00	224.454
卡塔尔	27327.00	213.412
巴哈马	13408.00	194.34
罗马尼亚	22027.00	193.737
波多黎各	16355.00	185.498
斯洛伐克	25731.00	171.161
保加利亚	15200.00	126.742
白俄罗斯	8574.00	115.982
特立尼达和多巴哥	5845.00	93.652
文莱	4101.00	81.759
莫桑比克	4324.00	73.166
苏里南	2125.00	70.829
马耳他	6294.00	69.925
土库曼斯坦	18741.00	68.092
巴拉圭	4277.00	58.897
印度尼西亚	9577.00	55.035
利比亚	10130.00	49.991
危地马拉	4901.00	47.978
阿曼	4522.00	47.175
伊拉克	8688.00	44.256
伊朗	5266.00	43.225
摩洛哥	6212.00	43.198
埃及	8012.00	37.522
安哥拉	6305.00	32.269
阿塞拜疆	10052.00	29.845
越南	3204.00	24.348
古巴	9540.00	23.831
乌兹别克斯坦	1291.00	22.914
菲律宾	3802.00	22.057
格鲁吉亚	1995.00	17.69
塞尔维亚	1862.00	16.001
巴林	1617.00	13.448
叙利亚	3486.00	12.373
法属波利尼西亚	2134.00	10.942
阿尔巴尼亚	1731.00	10.528
肯尼亚	1541.00	9.669
毛里求斯	1925.00	9.45
贝宁	1113.00	7.326
新喀里多尼亚	893.00	6.458

（续）

国家/地区	出口数量（件）	出口金额（千美元）
留尼汪	885.00	5.142
冰岛	734.00	3.473
安道尔	567.00	3.36
库克群岛	75.00	1.745
巴基斯坦	430.00	1.738
中国澳门	150.00	1.35
坦桑尼亚	108.00	0.98
瓜德罗普	79.00	0.317
多哥	79.00	0.316
法属圭亚那	146.00	0.308
科特迪瓦	20.00	0.079
46021990 其他植物材料制篮筐等编结品；丝瓜络制品		
合计	13837692.00	113696.532
美国	4093685.00	35827.091
新加坡	642505.00	10930.481
日本	819774.00	7291.164
英国	1201967.00	6149.769
荷兰	1104802.00	5529.258
德国	905282.00	5294.251
意大利	705700.00	5187.125
西班牙	789881.00	4395.098
马来西亚	254489.00	3881.933
墨西哥	272134.00	3452.539
巴拿马	172759.00	2459.508
泰国	115688.00	2263.414
加拿大	247307.00	2070.597
法国	305939.00	1912.351
韩国	155660.00	1870.162
瑞典	211481.00	1530.124
澳大利亚	233000.00	1525.722
比利时	234290.00	1068.339
南非	93728.00	898.265
沙特阿拉伯	87967.00	897.693
俄罗斯	101095.00	834.268
丹麦	56888.00	787.694
土耳其	85882.00	661.259
以色列	73084.00	621.928
阿联酋	62671.00	554.624
波兰	85222.00	549.222
中国香港	46954.00	505.421
爱尔兰	61242.00	500.662
希腊	108609.00	452.901
文莱	34094.00	348.113

(续)

国家/地区	出口数量(件)	出口金额(千美元)
芬兰	24874.00	306.83
新西兰	32577.00	272.194
印度尼西亚	25581.00	254.201
巴西	40684.00	249.662
智利	14865.00	196.941
中国台湾省	17118.00	154.207
挪威	18899.00	149.846
印度	12228.00	145.359
罗马尼亚	13473.00	142.686
哥斯达黎加	30631.00	129.897
黎巴嫩	11904.00	114.483
拉脱维亚	9933.00	95.801
瑞士	25202.00	90.866
葡萄牙	19155.00	88.543
乌克兰	9237.00	85.248
匈牙利	22008.00	83.922
阿根廷	9405.00	78.925
菲律宾	6276.00	78.126
科威特	15457.00	64.913
摩洛哥	12417.00	63.356
伊朗	6573.00	61.264
秘鲁	6867.00	59.669
保加利亚	24399.00	57.389
马耳他	5927.00	41.72
斯洛文尼亚	8952.00	39.21
捷克	2429.00	31.308
哥伦比亚	3499.00	30.542
乌拉圭	8949.00	30.127
中国澳门	5233.00	28.041
塞浦路斯	6231.00	25.123
塞尔维亚	1759.00	23.373
越南	1933.00	20.98
巴哈马	550.00	19.44
立陶宛	1141.00	16.207
多米尼加	2336.00	12.527
约旦	329.00	12.405
阿曼	1324.00	11.098
克罗地亚	3308.00	9.895
毛里求斯	478.00	8.303
奥地利	1200.00	6.841
格鲁吉亚	472.00	6.595
波多黎各	1018.00	5.763
斯洛伐克	1358.00	5.419
阿尔及利亚	426.00	5.117

(续)

国家/地区	出口数量(件)	出口金额(千美元)
爱沙尼亚	651.00	4.826
危地马拉	1031.00	3.483
卡塔尔	263.00	3.265
马尔代夫	120.00	3.225
加纳	200.00	2.70
冰岛	308.00	2.685
坦桑尼亚	120.00	1.655
肯尼亚	1345.00	1.628
也门	147.00	1.134
塞舌尔	39.00	1.053
萨尔瓦多	297.00	1.047
尼加拉瓜	263.00	0.926
巴林	30.00	0.81
孟加拉国	30.00	0.72
洪都拉斯	238.00	0.61
厄瓜多尔	16.00	0.325
留尼汪	38.00	0.276
伊拉克	60.00	0.266
缅甸	43.00	0.229
蒙古	28.00	0.149
科特迪瓦	23.00	0.12
法属圭亚那	4.00	0.031
马提尼克	4.00	0.031
47063000 其他纤维状纤维素竹浆		
合计	3457728.00	3191.641
德国	1393687.00	1211.509
美国	802027.00	808.497
比利时	407477.00	399.956
澳大利亚	178200.00	175.781
韩国	196000.00	160.44
日本	159400.00	140.287
英国	79200.00	79.008
波兰	80001.00	67.001
中国台湾省	63674.00	59.136
印度	57762.00	58.252
沙特阿拉伯	20000.00	14.332
埃及	15980.00	13.423
泰国	4320.00	4.019
48236100 竹浆纸或纸板制的盘、碟、盆、杯及类似品		
合计	3422517.00	12481.542
美国	1984982.00	3778.637
新加坡	39461.00	1875.966
德国	18000.00	1080.464

(续)

国家/地区	出口数量(件)	出口金额(千美元)
澳大利亚	126983.00	755.37
沙特阿拉伯	98285.00	492.54
利比亚	234276.00	321.227
土耳其	8194.00	303.845
菲律宾	49593.00	294.661
约旦	232809.00	293.833
加拿大	110625.00	288.558
中国香港	75011.00	229.555
巴拿马	8303.00	225.878
以色列	35062.00	204.995
泰国	8036.00	201.505
英国	15921.00	164.857
黎巴嫩	10050.00	152.212
马来西亚	30036.00	137.517
新西兰	11629.00	124.481
阿尔及利亚	80122.00	96.23
埃及	8742.00	94.473
西班牙	11366.00	80.367
印度	9787.00	77.716
尼日利亚	6850.00	75.245
科威特	13101.00	69.469
马耳他	6360.00	65.19
伊朗	11964.00	59.965
斯里兰卡	4346.00	58.20
安哥拉	5210.00	57.54
南非	8067.00	53.57
伊拉克	9399.00	51.73
加纳	23359.00	51.411
阿联酋	9504.00	47.253
俄罗斯	5370.00	47.008
秘鲁	6158.00	42.073
希腊	21500.00	41.664
日本	9085.00	37.833
乌拉圭	3123.00	33.26
巴基斯坦	5055.00	30.683
巴拉圭	3559.00	26.751
巴西	5281.00	25.575
越南	3261.00	23.599
留尼汪	2626.00	22.452
巴布亚新几内亚	3658.00	22.092
智利	2160.00	20.759
塞内加尔	3101.00	20.698
墨西哥	5022.00	20.677
文莱	2082.00	17.001

（续）

国家/地区	出口数量（件）	出口金额（千美元）
肯尼亚	3300.00	16.63
荷兰	1355.00	15.156
印度尼西亚	1728.00	12.59
韩国	3440.00	12.068
格鲁吉亚	1400.00	10.082
乌克兰	1660.00	9.33
卡塔尔	2304.00	8.755
瓦努阿图	1030.00	8.514
瑞典	987.00	8.441
巴林	938.00	7.605
斯洛文尼亚	1302.00	7.501
丹麦	588.00	7.32
哈萨克斯坦	1600.00	5.60
莫桑比克	1636.00	5.288
克罗地亚	858.00	5.079
哥斯达黎加	812.00	4.683
加蓬	388.00	3.791
阿尔巴尼亚	401.00	3.769
坦桑尼亚	511.00	3.462
委内瑞拉	414.00	3.374
喀麦隆	475.00	3.065
中国澳门	2630.00	3.038
苏里南	434.00	2.95
孟加拉国	270.00	2.52
意大利	650.00	2.382
中国台湾省	481.00	2.371
毛里求斯	165.00	1.787
法国	360.00	1.638
挪威	440.00	1.50
哥伦比亚	213.00	1.487
赤道几内亚	205.00	1.308
蒙古	2830.00	0.752
阿根廷	84.00	0.384
罗马尼亚	79.00	0.38
牙买加	69.00	0.297
多哥	6.00	0.06
94015100 竹制或藤制的坐具		
合计	1764484.00	10624.172
美国	471093.00	2071.424
澳大利亚	298579.00	1276.457
韩国	76447.00	1009.133
巴拿马	82082.00	965.552
德国	107392.00	538.895
波兰	46074.00	457.084

（续）

国家/地区	出口数量（件）	出口金额（千美元）
土耳其	29308.00	379.647
意大利	28996.00	362.893
新加坡	28509.00	324.701
俄罗斯	16707.00	266.237
马来西亚	67596.00	254.758
印度	31107.00	245.40
英国	30748.00	240.631
瑞典	57056.00	147.521
荷兰	25868.00	130.99
日本	14535.00	119.961
乌兹别克斯坦	15879.00	117.59
丹麦	31109.00	117.457
以色列	11326.00	116.578
加拿大	32623.00	116.428
中国台湾省	29295.00	104.977
黎巴嫩	27530.00	101.704
立陶宛	5800.00	98
泰国	19744.00	95.265
法国	18349.00	85.072
拉脱维亚	5907.00	67.24
中国香港	10820.00	67.044
塞尔维亚	4055.00	65.987
新西兰	15242.00	49.666
特立尼达和多巴哥	2765.00	48.80
毛里求斯	3816.00	45.075
比利时	10930.00	42.942
埃及	3101.00	39.523
希腊	3979.00	28.958
沙特阿拉伯	7191.00	28.924
巴巴多斯	3271.00	26.498
南非	8086.00	26.425
尼日利亚	4603.00	24.021
马尔代夫	2007.00	20.503
葡萄牙	5305.00	17.755
阿联酋	8082.00	17.723
中国澳门	1327.00	14.017
菲律宾	3592.00	13.85
印度尼西亚	4083.00	13.497
西班牙	4172.00	12.359
莫桑比克	2001.00	10.317
芬兰	969.00	9.738
安哥拉	1532.00	9.143
爱尔兰	2252.00	8.85
肯尼亚	1447.00	8.79

（续）

国家/地区	出口数量（件）	出口金额（千美元）
哈萨克斯坦	3261.00	8.576
索马里	684.00	7.995
留尼汪	2531.00	7.835
刚果（布）	1428.00	7.711
巴西	1910.00	7.56
几内亚	1343.00	7.175
越南	380.00	6.761
阿曼	1840.00	6.216
奥地利	1200.00	6.00
巴拉圭	1275.00	5.70
乌拉圭	1511.00	5.535
阿根廷	1340.00	5.194
塞内加尔	877.00	4.448
墨西哥	1463.00	4.383
朝鲜	480.00	4.00
赤道几内亚	154.00	4.00
阿尔及利亚	1125.00	3.602
卡塔尔	420.00	3.538
刚果（金）	966.00	3.409
加纳	942.00	3.372
加蓬	400.00	3.168
巴基斯坦	851.00	2.968
哥斯达黎加	903.00	2.967
巴哈马	140.00	2.90
纳米比亚	709.00	2.896
巴布亚新几内亚	900.00	2.772
秘鲁	915.00	2.66
阿鲁巴	1013.00	2.43
科摩罗	300.00	2.376
格鲁吉亚	900.00	2.368
吉布提	150.00	2.00
斯洛文尼亚	329.00	1.817
智利	280.00	1.701
伊拉克	370.00	1.585
海地	400.00	1.56
挪威	582.00	1.47
蒙古	2205.00	1.405
科威特	90.00	1.278
阿尔巴尼亚	350.00	1.26
乌克兰	66.00	1.157
文莱	342.00	0.874
斯里兰卡	631.00	0.742
马约特	90.00	0.713
伊朗	74.00	0.70

(续)

国家/地区	出口数量（件）	出口金额（千美元）
贝宁	75.00	0.594
利比亚	153.00	0.465
坦桑尼亚	121.00	0.44
土库曼斯坦	1310.00	0.405
喀麦隆	50.00	0.396
斐济	75.00	0.294
赞比亚	15.00	0.27
荷属安的列斯群岛	76.00	0.198
牙买加	48.00	0.152
哥伦比亚	29.00	0.131
阿塞拜疆	110.00	0.027
摩洛哥	15.00	0.023
94015900 柳条及类似材料制的坐具		
合计	271160.00	1084.321
中国台湾省	63306.00	385.267
美国	102454.00	349.75
意大利	44891.00	133.186
乌拉圭	12348.00	30.451
新西兰	4254.00	28.107
德国	8887.00	27.708
韩国	6746.00	25.743
马来西亚	3986.00	14.656
伊朗	5830.00	12.90
阿联酋	2887.00	10.783
英国	514.00	8.58
加拿大	2087.00	7.277
泰国	1811.00	7.006
爱沙尼亚	1127.00	6.665
新加坡	2164.00	6.189
哈萨克斯坦	1079.00	5.24
澳大利亚	1318.00	5.216
瑞典	1155.00	4.812
印度尼西亚	890.00	3.445
巴巴多斯	401.00	3.384
法国	578.00	1.82
以色列	700.00	1.73
加纳	360.00	1.32
伊拉克	300.00	1.00
中国香港	190.00	0.733
西班牙	55.00	0.602
荷兰	120.00	0.273
吉尔吉斯斯坦	12.00	0.264
安哥拉	710.00	0.214
94038100 竹制或藤制家具		

(续)

国家/地区	出口数量（件）	出口金额（千美元）
合计	18384949.00	66178.139
美国	6038094.00	18599.333
德国	3263987.00	11235.753
阿联酋	555034.00	3848.819
英国	911221.00	3362.728
韩国	832395.00	3287.23
法国	795115.00	2481.808
澳大利亚	660911.00	2394.173
荷兰	730581.00	2222.758
新加坡	249539.00	1844.993
马来西亚	246048.00	1707.881
中国香港	276651.00	1479.931
日本	361835.00	1459.09
意大利	418194.00	1253.569
丹麦	368608.00	1124.979
西班牙	297417.00	926.333
瑞典	354613.00	861.498
中国台湾省	202263.00	848.642
比利时	243215.00	790.19
加拿大	215795.00	699.05
俄罗斯	96544.00	379.927
奥地利	113909.00	363.757
黎巴嫩	49580.00	343.463
印度	64542.00	322.412
智利	68535.00	320.669
波兰	92950.00	278.068
新西兰	82685.00	261.021
墨西哥	59081.00	258.553
沙特阿拉伯	65691.00	236.166
泰国	51049.00	220.732
葡萄牙	58874.00	208.935
菲律宾	34799.00	205.644
巴拿马	16266.00	204.48
土耳其	42640.00	162.659
南非	47569.00	150.224
斯洛文尼亚	43336.00	146.226
巴西	42236.00	136.879
阿尔巴尼亚	18990.00	124.89
拉脱维亚	32464.00	124.655
乌拉圭	17530.00	111.982
秘鲁	27993.00	103.498
莫桑比克	10786.00	96.471
挪威	21174.00	89.693
以色列	19602.00	81.236

(续)

国家/地区	出口数量（件）	出口金额（千美元）
瑞士	24145.00	72.97
卡塔尔	12008.00	69.608
阿尔及利亚	9360.00	62.47
中国澳门	5450.00	61.761
巴巴多斯	12247.00	56.693
留尼汪	13755.00	45.686
尼日利亚	5780.00	32.90
马达加斯加	11482.00	32.709
伊朗	3951.00	27.57
马约特	7194.00	26.248
乌兹别克斯坦	3451.00	24.893
印度尼西亚	5858.00	23.677
阿根廷	7858.00	22.18
厄瓜多尔	5916.00	21.688
特立尼达和多巴哥	2155.00	21.432
乌克兰	6837.00	21.10
科威特	4631.00	18.086
爱尔兰	3524.00	17.146
芬兰	3646.00	15.629
安哥拉	4780.00	15.46
哈萨克斯坦	3532.00	12.162
罗马尼亚	2995.00	11.507
危地马拉	2805.00	11.341
伊拉克	2355.00	10.433
塞尔维亚	252.00	7.44
巴布亚新几内亚	505.00	7.108
多米尼加	2155.00	7.007
希腊	2108.00	6.733
立陶宛	1987.00	5.636
埃及	305.00	5.46
约旦	1107.00	5.375
哥伦比亚	825.00	5.095
朝鲜	360.00	4.45
哥斯达黎加	2425.00	3.749
巴基斯坦	478.00	3.618
加纳	525.00	3.465
索马里	408.00	2.64
斯里兰卡	330.00	2.156
保加利亚	780.00	2.126
毛里求斯	726.00	2.105
赤道几内亚	99.00	1.724
刚果(金)	563.00	1.549
萨尔瓦多	662.00	1.125
博茨瓦纳	230.00	0.714

（续）

国家/地区	出口数量（件）	出口金额（千美元）
洪都拉斯	331.00	0.563
越南	624.00	0.387
马拉维	80.00	0.38
尼加拉瓜	166.00	0.282
塞内加尔	16.00	0.192
蒙古	220.00	0.133
土库曼斯坦	456.00	0.13
赞比亚	12.00	0.12
瓦努阿图	10.00	0.10
斐济	20.00	0.095
津巴布韦	69.00	0.073
牙买加	39.00	0.056
文莱	20.00	0.0060
94038910 柳条及类似材料制家具		
合计	634943.00	5277.677
新加坡	197972.00	1870.776
美国	152302.00	899.481
阿联酋	61664.00	658.953
英国	60082.00	545.378
意大利	22144.00	285.824
马来西亚	27342.00	217.341
比利时	19911.00	139.629
文莱	16185.00	129.114
德国	9312.00	89.284
巴拿马	11495.00	88.164
印度尼西亚	7600.00	79.173
墨西哥	6869.00	78.58
西班牙	11671.00	57.705
日本	9701.00	55.827
加拿大	4560.00	37.464
沙特阿拉伯	6420.00	19.60
澳大利亚	1768.00	11.431
科威特	1700.00	7.064
阿根廷	839.00	2.753
瑞典	529.00	1.024
阿曼	450.00	0.936
法国	32.00	0.6
巴巴多斯	111.00	0.555
泰国	2828.00	0.505
哈萨克斯坦	640.00	0.39
南非	816.00	0.126

竹藤进口量值表

国家/地区	进口数量（件）	进口金额（千美元）
44021000 竹炭,不论是否结块		
合计	557008.00	488.40
马来西亚	200000.00	179.10
阿联酋	250000.00	100.10
新加坡	100000.00	90.70
韩国	1980.00	57.90
中国台湾省	3066.00	41.60
日本	1234.00	14.00
中国	663.00	3.70
泰国	25.00	0.70
德国	40.00	0.60
44092110 任何一边、端或面制成连续形状的竹地板条块		
合计	76370.00	139.30
中国	76370.00	139.30
44092190 其他任何一边、端或面制成连续形状的竹材		
合计	97.00	0.40
印度尼西亚	97.00	0.40
44121011 薄板制竹胶合板至少一表层本章子目注释二所列的热带木层,厚≤6mm		
合计	19152.00	29.30
印度尼西亚	19152.00	29.30
44121019 其他薄板制竹胶板单板饰面板多层板,厚≤6mm		
合计	117491.00	248.20
瑞士	7357.00	129.30
印度尼西亚	80070.00	65.00
比利时	1561.00	24.10
中国台湾省	9809.00	13.50
俄罗斯	9996.00	11.70
意大利	534.00	4.20
德国	8164.00	0.40
44121099 其他竹制胶合板、单板饰面板及类似的多层板		
合计	230.00	0.60
日本	140.00	0.20
美国	90.00	0.50
44187210 其他多层已装拼的竹地板		
合计	36000.00	25.80
中国	36000.00	25.80
44190032 竹制一次性筷子		
合计	1904.00	23.50

（续）

国家/地区	进口数量（件）	进口金额（千美元）
中国	1027.00	14.10
阿联酋	808.00	8.70
印度尼西亚	17.00	0.40
中国台湾省	5.00	0.10
德国	27.00	0.10
马来西亚	20.00	0.10
44190091 其他竹制餐具及厨房用具		
合计	147378.00	1417.10
越南	118510.00	731.90
中国台湾省	3520.00	347.80
日本	3615.00	152.30
中国	15195.00	133.00
荷兰	5016.00	30.90
美国	106.00	6.30
捷克	687.00	3.50
瑞典	60.00	3.20
德国	274.00	2.50
韩国	155.00	1.40
英国	105.00	1.30
澳大利亚	28.00	1.10
泰国	11.00	0.80
意大利	20.00	0.60
丹麦	3.00	0.20
巴西	31.00	0.20
新加坡	4.00	0.20
阿联酋	29.00	0.10
法国	9.00	0.10
44201012 竹刻		
合计	136.00	306.80
中国	6.00	306.00
澳大利亚	18.00	0.60
印度尼西亚	112.00	0.20
44219022 竹制圆签圆棒冰果棒压舌片及类似一次性制品		
合计	16207.00	23.50
日本	12661.00	12.80
美国	49.00	4.40
中国	140.00	3.80
中国台湾省	3220.00	1.40
以色列	35.00	0.60
印度尼西亚	30.00	0.20
意大利	4.00	0.20
斯里兰卡	57.00	0.10

(续)

国家/地区	进口数量（件）	进口金额（千美元）
法国	11.00	0.00
46012100 竹制的席子、席料及帘子		
合计	4189.00	20.20
中国	2876.00	9.30
越南	515.00	6.40
日本	418.00	2.80
印度尼西亚	194.00	1.20
中国台湾省	186.00	0.50
46012200 藤制的席子、席料及帘子		
合计	1472.00	3.30
中国	1472.00	3.30
46012911 灯心草属材料制的席子、席料及帘子		
合计	326.00	4.80
日本	301.00	4.70
文莱	20.00	0.10
中国	5.00	0.00
46012919 其他草制的席子、席料及帘子		
合计	7499.00	30.80
日本	296.00	15.90
朝鲜	2931.00	7.10
马达加斯加	2704.00	4.30
越南	402.00	2.10
中国台湾省	1140.00	1.40
孟加拉国	14.00	0.10
印度尼西亚	10.00	0.00
意大利	2.00	0.00
46012929 芦苇制的席子、席料		
合计	2.00	0.10
日本	2.00	0.10
46012990 其他植物材料制的席子、席料及帘子		
合计	82557.00	266.30
越南	60388.00	221.40
菲律宾	1637.00	16.10
中国	2947.00	12.00
中国台湾省	2064.00	11.30
朝鲜	15475.00	4.90
印度尼西亚	32.00	0.60
印度	14.00	0.10
46019210 竹制的缏条及类似产品，不论是否缝合成宽条		
合计	15.00	0.60
中国台湾省	15.00	0.60

(续)

国家/地区	进口数量（件）	进口金额（千美元）
46019290 竹制其他平行连结或编结的产品		
合计	21413.00	93.00
越南	20896.00	81.90
日本	109.00	7.20
中国台湾省	364.00	3.80
印度尼西亚	44.00	0.20
46019310 藤制的缏条及类似产品，不论是否缝合成宽条		
合计	37.00	0.50
法国	12.00	0.30
印度	21.00	0.20
英国	4.00	0.10
46019390 藤制其他平行连结或编结的产品		
合计	217.00	7.10
菲律宾	55.00	6.20
印度尼西亚	154.00	0.90
日本	6.00	0.00
斯里兰卡	2.00	0.00
46019491 未列名植物编结材料编成的缏条及类似产品		
合计	485016.00	399.40
越南	453760.00	353.10
印度	30813.00	43.60
日本	439.00	2.70
菲律宾	4.00	0.10
46019499 未列名植物编结材料制其他平行连结或编结品		
合计	131579.00	270.50
印度尼西亚	45340.00	106.40
越南	45360.00	79.70
中国台湾省	2100.00	29.30
菲律宾	12344.00	27.40
中国	17417.00	20.80
马达加斯加	9000.00	6.30
日本	1.00	0.20
孟加拉国	12.00	0.20
美国	5.00	0.20
46021100 竹制篮筐及其他编结品		
合计	63698.00	612.90
越南	50784.00	505.60
泰国	4272.00	36.90
中国台湾省	1178.00	27.70
中国	4791.00	18.00

(续)

国家/地区	进口数量（件）	进口金额（千美元）
日本	428.00	8.70
印度尼西亚	955.00	4.40
缅甸	713.00	4.30
法国	80.00	3.80
德国	94.00	1.20
尼泊尔	249.00	0.60
比利时	19.00	0.50
韩国	56.00	0.30
南非	25.00	0.20
美国	21.00	0.20
瑞典	6.00	0.20
菲律宾	20.00	0.10
印度	7.00	0.10
摩洛哥	0.00	0.10
46021200 藤制篮筐及其他编结品		
合计	206069.00	1514.30
越南	67575.00	636.70
印度尼西亚	120637.00	560.20
缅甸	11209.00	176.00
菲律宾	3486.00	47.30
泰国	1159.00	36.00
中国	1567.00	32.70
意大利	25.00	12.50
中国香港	171.00	5.90
法国	129.00	2.60
日本	15.00	1.70
美国	43.00	1.50
比利时	8.00	0.40
葡萄牙	14.00	0.40
中国台湾省	10.00	0.20
德国	1.00	0.10
白俄罗斯	5.00	0.00
斯里兰卡	2.00	0.00
马来西亚	13.00	0.00
46021910 草制篮筐及其他编结品		
合计	207560.00	1054.00
越南	197577.00	956.50
菲律宾	4063.00	35.40
中国	550.00	15.20
印度尼西亚	844.00	14.20
意大利	15.00	13.20
孟加拉国	3547.00	3.70
肯尼亚	92.00	3.20
加纳	18.00	2.30

（续）

国家/地区	进口数量（件）	进口金额（千美元）
南非	40.00	2.00
泰国	271.00	2.00
法国	95.00	1.50
日本	115.00	1.30
塞内加尔	30.00	1.10
摩洛哥	71.00	1.10
马来西亚	49.00	0.70
中国台湾省	75.00	0.40
巴基斯坦	10.00	0.20
朝鲜	80.00	0.10
英国	10.00	0.00
斯里兰卡	8.00	0.00
46021930 柳条制篮筐及其他编结品		
合计	177438.00	235.30
朝鲜	175964.00	174.50
法国	365.00	44.60
中国	854.00	10.30
菲律宾	52.00	1.70
摩洛哥	60.00	1.70
意大利	1.00	1.00
英国	50.00	1.00
阿根廷	13.00	0.30
印度尼西亚	78.00	0.30
日本	1.00	0.00
46021990 其他植物材料制篮筐等编结品；丝瓜络制品		
合计	311960.00	1818.10
越南	225756.00	1238.00
印度尼西亚	54231.00	375.30
中国	14083.00	102.40
孟加拉国	2437.00	35.00
印度	5140.00	34.50
朝鲜	7096.00	13.70
菲律宾	844.00	6.20
泰国	1437.00	4.40
中国台湾省	549.00	3.50
比利时	264.00	1.50
日本	15.00	1.30
意大利	3.00	0.70
法国	5.00	0.60
柬埔寨	45.00	0.50
葡萄牙	14.00	0.30
埃及	7.00	0.20
美国	15.00	0.10

（续）

国家/地区	进口数量（件）	进口金额（千美元）
摩洛哥	12.00	0.10
斯里兰卡	7.00	0.10
47063000 其他纤维状纤维素竹浆		
合计	302642.00	123.50
缅甸	272000.00	91.30
泰国	27285.00	22.20
美国	3357.00	10.10
48236100 竹浆纸或纸板制的盘、碟、盆、杯及类似品		
合计	4396.00	49.70
美国	3769.00	38.70
德国	143.00	6.00
意大利	348.00	2.60
新加坡	100.00	1.70
中国	28.00	0.40
日本	8.00	0.30
94015100 竹制或藤制的坐具		
合计	478528.00	1940.00
印度尼西亚	358415.00	1399.60
越南	60937.00	222.00
菲律宾	8942.00	178.60
尼泊尔	43364.00	53.00
美国	685.00	27.90
意大利	246.00	17.70
中国	1332.00	15.30
泰国	3489.00	9.90
中国香港	178.00	5.10
印度	349.00	4.80
丹麦	47.00	2.80
中国台湾省	322.00	1.70
国别(地区)不详	82.00	0.70
比利时	70.00	0.50
荷兰	12.00	0.20
日本	42.00	0.10
英国	16.00	0.10
94015900 柳条及类似材料制的坐具		
合计	66843.00	257.90
越南	57649.00	180.80
德国	7347.00	45.80
意大利	96.00	17.50
菲律宾	1250.00	10.00
加拿大	190.00	2.30
印度尼西亚	308.00	1.40
摩洛哥	3.00	0.00

（续）

国家/地区	进口数量（件）	进口金额（千美元）
94038100 竹制或藤制家具		
合计	128278.00	627.70
越南	59479.00	290.30
印度尼西亚	57077.00	238.50
菲律宾	2091.00	51.70
泰国	4818.00	14.00
中国	2940.00	11.50
缅甸	234.00	4.90
中国台湾省	686.00	4.10
比利时	191.00	2.80
意大利	82.00	2.50
印度	20.00	2.50
法国	333.00	2.30
中国香港	41.00	1.00
西班牙	79.00	0.80
日本	149.00	0.40
加拿大	20.00	0.30
荷兰	38.00	0.20
94038910 柳条及类似材料制家具		
合计	1009.00	4.80
印度尼西亚	997.00	3.60
意大利	12.00	1.2

参加编纂地、县级单位名单

北京市

丰台区园林绿化局
房山区园林绿化局
通州区园林绿化局
顺义区园林绿化局
昌平区园林绿化局
大兴区园林绿化局
怀柔区园林绿化局
平谷区园林绿化局
平谷区人民政府果品办公室
密云县园林绿化局
延庆县园林绿化局
延庆县果品服务中心

北京市园林绿化局直属单位

林业种子苗木管理总站
西山林场
共青林场
松山国家级自然保护区管理处
十三陵林场
大东流苗圃
黄垡苗圃
温泉苗圃
天竺苗圃
南大荒苗圃

天津市

武清区林业局
宝坻区林业局
静海县林业局

河北省

石家庄市林业局
长安区农办
桥西区农办
新华区农办
井陉矿区林业局
藁城区林业局
鹿泉区林业局
栾城区林业局
晋州市林业局
井陉县林业局
正定县林业局
行唐县林业局
灵寿县林业局
高邑县林业局
深泽县林业局
赞皇县林业局
无极县林业局
平山县林业局
元氏县林业局
赵县林业局
石家庄市南化苗圃
石家庄市高新区

张家口市林业局

宣化区农委
下花园区农委
张北县林业局
康保县林业局
沽源县林业局
尚义县林业局
蔚县林业局
阳原县林业局
怀安县林业局
万全县林业局
怀来县林业局
涿鹿县林业局
赤城县林业局
崇礼县林业局
张家口市林场
张家口市高新区农委

承德市林业局

双桥区林业局
双滦区林水局
鹰手营子矿区林水局
承德县林业局
兴隆县林业局
平泉县林业局
滦平县林业局
隆化县林业局
丰宁满族自治县林业局
宽城满族自治县林业局
围场满族蒙古族自治县林业局
滦平林场管理局
御道口林场

秦皇岛市林业局

海港区林业局
山海关区林业局
北戴河区林业局
昌黎县林业局
抚宁县林业局
卢龙县林业局
青龙满族自治县林业局

唐山市林业局

路北区农林畜牧水产局
路南区农林畜牧水产局
古冶区农林畜牧水产局
开平区农林畜牧水产局
丰润区林业局
丰南区林业局
遵化市林业局
迁安市林业局
滦县林业局
滦南县林业局
乐亭县林业局
迁西县林业局
玉田县林业局
唐海县农林畜牧水产局
芦台经济技术开发区农委
汉沽管理区农业局

廊坊市林业局

广阳区林业局
安次区林业局
霸州市林业局

三河市林业局
固安县林业局
永清县林业局
香河县林业局
大城县林业局
文安县林业局
大厂回族自治县林业局
杨柳青林场
保定市林业局
新市区农业局
北市区农业局
南市区农业局
涿州市农业局
安国市林业局
高碑店市农牧局
满城县林业局
清苑县农业局
易县林业局
徐水县林业局
涞源县林业局
定兴县林业局
顺平县林业局
唐县林业局
望都县林业局
涞水县林业局
高阳县林业局
安新县农业局
雄县农业局
容城县农牧局
曲阳县林业局
阜平县林业局
博野县农业局
蠡县林业局
沧州市林业局
运河区农林局
新华区农林局
泊头市林业局
任丘市林业局
黄骅市林业局
河间市林业局
沧县林业局
青县林业局
东光县林业局
海兴县农林局
盐山县农林局
肃宁县林业局
南皮县林业局
吴桥县农林局
献县林业局
孟村回族自治县农林局
临港经济技术开发区林业局
南大港管理区林业局
衡水市林业局
桃城区林业局
冀州市林业局
深州市林业局
枣强县林业局
武邑县林业局
武强县林业局
饶阳县林业局
安平县林业局
故城县林业局
景县林业局
阜城县林业局
邢台市林业局
桥东区农业局
桥西区农业局
南宫市林业局
沙河市林业局
邢台县林业局
临城县林业局
内丘县林业局
柏乡县林业局
隆尧县林业局
任县林业局
南和县林业局
宁晋县林业局
巨鹿县林业局
新河县林业局
广宗县林业局
平乡县林业局
威县林业局
清河县林业局
临西县林业局
高新技术开发区农业办
大曹庄管委会农业办
邯郸市林业局
丛台区农牧局
邯山区农牧局
复兴区农牧局
峰峰矿区林业局
武安市林业局
邯郸县林业局
临漳县林业局
成安县林业局
大名县林业局
涉县林业局
磁县林业局
肥乡县林业局
永年县林业局
邱县林业局
鸡泽县林业局
广平县林业局
馆陶县林业局
魏县林业局
曲周县林业局
辛集市林业局
定州市林业局
省直属单位
塞罕坝机械化林场
木兰围场国有林场管理局
河北雾灵山国家级自然保护区管理局
小五台国家级自然保护区管理局
河北省林业示范场

山西省

太原市林业局
小店区林业局
迎泽区林业局
尖草坪区林业局
古交市林业局
清徐县林业局
阳曲县林业局
大同市林业局
南郊区林业局
新荣区林业局
阳高县林业局
天镇县林业局
广灵县林业局
灵丘县林业局
浑源县林业局

左云县林业局
大同县林业局
长城山林场
恒山林场
桦林背林场
十里河林场
大同市植物园
朔州市林业局
朔城区林业局
应县林业局
怀仁县林业局
阳泉市林业局
郊区林业局
平定县林业局
盂县林业局
长治市林业局
城区林业局
郊区林业局
潞城市林业局
长治县林业局
襄垣县林业局
屯留县林业局
平顺县林业局
黎城县林业局
壶关县林业局
长子县林业局
沁源县林业局
晋城市林业局
高平市林业局
泽州县林业局
沁水县林业局
阳城县林业局
陵川县林业局
忻州市林业局
忻府区林业局
原平市林业局
定襄县林业局
五台县林业局
代　县林业局
繁峙县林业局
宁武县林业局
静乐县林业局
神池县林业局
五寨县林业局
岢岚县林业局
河曲县林业局
保德县林业局
偏关县林业局
晋中市林业局
和顺县林业局
平遥县林业局
临汾市林业局
曲沃县林业局
翼城县林业局
古县林业局
安泽县林业局
吉县林业局
乡宁县林业局
蒲县林业局
大宁县林业局
永和县林业局
汾西县林业局
运城市林业局
永济市林业局
河津市林业局
芮城县林业局
临猗县林业局
万荣县林业局
新绛县林业局
稷山县林业局
闻喜县林业局
夏县林业局
绛县林业局
平陆县林业局
垣曲县林业局
吕梁市林业局
汾阳市林业局
中阳县林业局
方山县林业局
交城县林业局

内蒙古自治区

呼和浩特市林业局
新城区林业局
回民区林业局
赛罕区林业局
托克托县林业局
武川县林业局
和林格尔县林业局
土默特左旗林业局
包头市林业局
昆都仑区林业局
东河区林业局
青山区林业局
石拐区林业局
九原区林业局
固阳县林业局
土默特右旗林业局
达尔罕茂明安联合旗林业局
稀土高新区林业局
乌海市林业局
海勃湾区林业局
海南区林业局
乌达区林业局
赤峰市林业局
红山区林业局
元宝山区林业局
松山区林业局
宁城县林业局
林西县林业局
阿鲁科尔沁旗林业局
巴林左旗林业局
巴林右旗林业局
克什克腾旗林业局
翁牛特旗林业局
喀喇沁旗林业局
敖汉旗林业局
通辽市林业局
科尔沁区林业局
霍林郭勒市林业局
开鲁县林业局
库伦旗林业局
奈曼旗林业局
扎鲁特旗林业局
科尔沁左翼中旗林业局
科尔沁左翼后旗林业局
呼伦贝尔市林业局
海拉尔区林业局
扎兰屯市林业局
牙克石市林业局
根河市林业局
额尔古纳市林业局

鄂伦春自治旗林业局
鄂温克族自治旗林业局
免渡河林业局
乌奴尔林业局
巴林林业局
南木林业局
红花尔基林业局
柴河林业局
鄂尔多斯市林业局
东胜区林业局
达拉特旗林业局
准格尔旗林业局
鄂托克前旗林业局
鄂托克旗林业局
杭锦旗林业局
乌审旗林业局
伊金霍洛旗林业局
乌兰察布市林业局
集宁区林业局
丰镇市林业局
卓资县林业局
化德县林业局
商都县林业局
兴和县林业局
凉城县林业局
察哈尔右翼前旗林业局
察哈尔右翼中旗林业局
察哈尔右翼后旗林业局
四子王旗林业局
巴彦淖尔市林业局
临河区林业局
五原县林业局
磴口县林业局
乌拉特前旗林业局
乌拉特中旗林业局
乌拉特后旗林业局
杭锦后旗林业局
兴安盟林业局
乌兰浩特市林业局
阿尔山市林业局
突泉县林业局
科尔沁右翼前旗林业局
科尔沁右翼中旗林业局
扎赉特旗林业局
白狼林业局
五岔沟林业局
阿拉善盟林业局
阿拉善左旗林业局
阿拉善右旗林业局
额济纳旗林业局

辽宁省

沈阳市林业局
苏家屯区农林局
浑南区林业局
沈北新区农林局
于洪区农林局
新民市林业局
辽中县林业局
康平县林业局
法库县林业局
朝阳市林业局
双塔区林业局
龙城区林业局
北票市林业局
凌源市林业局
朝阳县林业局
建平县林业局
喀喇沁左翼蒙古族自治县林业局
阜新市林业局
细河区农林水利局
海州区农村经济工作办公室
新邱区林业局
太平区农林水利局
清河门区农村经济局
彰武县林业局
阜新蒙古族自治县林果局
铁岭市林业局产业办
银州区林业局
清河区林业局
调兵山市林业局
开原市林业局
铁岭县林业局
西丰县林业局
昌图县林业局
铁岭经济开发区林业局
抚顺市林业局
顺城区农发局
东洲区农发局
望花区农发局
抚顺县林业局
新宾满族自治县林业局
清原满族自治县林业局
本溪市林业局
本溪市农委
平山区林业局
溪湖区林业局
明山区林业局
南芬区林业局
本溪满族自治县林业局
桓仁满族自治县林业局
本溪市经济开发区林业局
辽阳市林业局
文圣区农村经济局
宏伟区农村经济局
弓长岭区农村经济局
太子河区农村经济局
灯塔市林业局
辽阳县林业局
鞍山市林业局
千山区农村经济发展局
海城市林业局
台安县林业局
岫岩满族自治县林业局
千山风景区林业局
开发区林业局
丹东市林业局
振兴区林业局
元宝区农发局
振安区林业局
凤城市林业局
东港市林业局
宽甸满族自治县林业局
大连市林业局
甘井子区农发局
旅顺口区农林水利局
金州新区农林水利局
瓦房店市林业局
普兰店市林业局
庄河市林业水利局
保税区林业局
高新技术园区林业局

花园口经济开发区林业局
长兴岛临港工业区林业局
营口市林业局
鲅鱼圈区林业局
老边区农委
大石桥市林业局
盖州市林业局
盘锦市农林局
大洼县农村经济局
盘山县农村经济局
锦州市林业局
太和区林业水利局
凌海市林业局
北镇市林业局
黑山县林业局
义县林业果树局
葫芦岛市林业局
龙港区林业局
连山区林业局
南票区林业局
兴城市林业局
绥中县林业局
建昌县林业局
省直属单位
辽宁实验林场
杨树研究所
生态实验林场
森林经营研究所
经济林研究所
固沙造林研究所
干旱地区造林研究所

吉林省

长春市林业局
南关区林业局
朝阳区林业局
宽城区林业局
二道区林业局
绿园区林业局
双阳区林业局
德惠市林业局
九台市林业局
榆树市林业局
农安县林业局
净月经济开发区林业局
高新开发区林业局
经济开发区林业局
西新开发区林业局
莲花山开发区林业局
白城市林业局
市辖区林业局
洮北区林业局
大安市林业局
洮南市林业局
镇赉县林业局
通榆县林业局
松原市林业局
市辖区林业局
宁江区林业局
长岭县林业局
乾安县林业局
前郭尔罗斯蒙古族自治县林业局
吉林市林业局
船营区林业局
龙潭区林业局
昌邑区林业局
丰满区林业局
磐石市林业局
蛟河市林业局
桦甸市林业局
舒兰市林业局
永吉县林业局
四平市林业局
市辖区林业局
铁东区林业局
双辽市林业局
公主岭市林业局
梨树县林业局
伊通满族自治县林业局
辽源市林业局
市辖区林业局
龙山区林业局
西安区林业局
东丰县林业局
东辽县林业局
通化市林业局
市辖区林业局
东昌区林业局
二道江区林业局
梅河口市林业局
集安市林业局
通化县林业局
辉南县林业局
柳河县林业局
白山市林业局
市辖区林业局
浑江区林业局
江源区林业局
临江市林业局
抚松县林业局
靖宇县林业局
长白朝鲜族自治县林业局
延边朝鲜族自治州林业局
延吉市林业局
图们市林业局
敦化市林业局
珲春市林业局
龙井市林业局
和龙市林业局
汪清县林业局
安图县林业局
长白山森工集团
黄泥河林业局
敦化林业局
大石头林业局
八家子林业局
和龙林业局
汪清林业局
大兴沟林业局
天桥岭林业局
白河林业局
珲春林业局
安图森林经营局
和龙人造板公司
珲春森林山公司
新元木业公司
汪清林源木业有限公司
吉林省林业厅直属单位
上营森林经营局
辉南森林经营局
长白森林经营局
长白山林业局

蛟河实验局

黑龙江省

哈尔滨市林业局
松北区农林局
道里区农林局
南岗区农林局
道外区农林局
香坊区农林局
呼兰区林业局
阿城区林业局
双城市林业局
尚志市林业局
五常市林业局
依兰县林业局
方正县林业局
宾县林业局
巴彦县林业局
木兰县林业局
通河县林业局
延寿县林业局
转山实验林场
山河实验林场
丹清河实验林场
胜利实验林场
齐齐哈尔市林业局
昂昂溪区林业局
碾子山区林业局
讷河市林业局
龙江县林业局
依安县林业局
克山县林业局
克东县林业局
黑河市林业局
爱辉区林业局
北安市林业局
五大连池市林业局
嫩江县林业局
逊克县林业局
孙吴县林业局
五大连池风景区管理委员会
市直属林场
大庆市林业局
萨尔图区农林局
龙凤区农林局
让胡路区农林局
大同区林业局
红岗区农林局
肇州县林业局
肇源县林业局
林甸县林业局
杜尔伯特蒙古族自治县林业局
伊春市林业局
铁力市林业局
嘉荫县林业局
鹤岗市林业局
市辖区林业局
萝北县林业局
绥滨县林业局
佳木斯市林业局
郊区林业局
同江市林业局
富锦市林业局
桦南县林业局
桦川县林业局
汤原县林业局
孟家岗林场
双鸭山市林业局
宝清县林业局
饶河县林业局
七台河市林业局
市辖区林业局
桃山区林业局
新兴区林业局
茄子河区林业局
勃利县林业局
鸡西市林业局
市辖区林业局
鸡冠区林业局
恒山区人民政府林业站
滴道区林业局
梨树区林业站
麻山区林业局
虎林市林业局
鸡东县林业局
牡丹江市林业局
穆棱市林业局
海林市林业局
宁安市林业局
林口县林业局
绥化市林业局
北林区林业局
安达市林业局
肇东市林业局
海伦市林业局
望奎县林业局
兰西县林业局
青冈县林业局
庆安县林业局
明水县林业局
绥棱县林管局
大兴安岭地区行署营林局
呼玛县林业局
漠河县林业局
直属单位
绥芬河市林业局
抚远县林业局
尚志国有林场管理局
庆安国有林场管理局

上海市

闵行区林业站
宝山区林业站
嘉定区林业站
浦东新区绿化管理署
金山区林业站
松江区林业站
青浦区林业站
奉贤区林业署
崇明县农业委员会

江苏省

南京市林业局
浦口区林业局
六合区林业局
雨花台区林业局
江宁区林业局
溧水县林业局
高淳县林业局
徐州市林业局
贾汪区林业局
铜山区林业局

邳州市林业局
新沂市林业局
睢宁县林业局
沛县林业局
丰县林业局
连云港市林业局
连云区林业局
海州区林业局
赣榆县林业局
灌云县林业局
东海县林业局
灌南县林业局
宿迁市林业局
宿城区林业局
宿豫区林业局
沭阳县林业局
泗阳县林业局
泗洪县林业局
淮安市林业局
淮安区林业局
淮阴区林业局
金湖县林业局
盱眙县林业局
洪泽县林业局
涟水县林业局
盐城市林业局
亭湖区林业局
盐都区林业局
东台市林业局
大丰市林业局
射阳县林业局
阜宁县林业局
滨海县海洋林业渔业局
响水县林业局
建湖县林业局
扬州市林业局
邗江区林业局
广陵区林业局
江都区林业局
仪征市林业局
高邮市林业局
宝应县农业委员会
泰州市林业局
海陵区林业局
高港区林业局
姜堰区林业局
靖江市林业局
泰兴市林业局
兴化市林业局
南通市林业局
港闸区林业局
通州区林业局
海门市林业局
启东市林业局
如皋市林业局
如东县林业局
海安县林业局
镇江市林业局
润州区林业局
丹徒区林业局
扬中市林业局
丹阳市农业委员会
句容市林业局
常州市林业局
武进区林业局
溧阳市林业局
金坛市林业局
无锡市林业局
滨湖区林业局
惠山区林业局
锡山区林业局
江阴市林业局
宜兴市林业局
苏州市林业局
吴中区林业局
相城区林业局
吴江区林业局
昆山市林业局
太仓市林业局
常熟市林业站
张家港市林业局

浙江省

杭州市林业局
滨江区林业局
余杭区林业局
萧山区林业局
临安市林业局
富阳市林业局
建德市林业局
桐庐县林业局
淳安县林业局
湖州市林业局
吴兴区林业局
南浔区林业局
长兴县林业局
德清县林业局
安吉县林业局
嘉兴市林业局
秀洲区林业局
平湖市林业局
海宁市林业局
桐乡市林业局
舟山市林业局
定海区林业局
普陀区林业局
岱山县林业局
嵊泗县林业局
宁波市林业局
市辖区林业局
江北区林业局
北仑区林业局
镇海区林业局
鄞州区林业局
慈溪市林业局
余姚市林业局
奉化市林业局
宁海县林业局
象山县林业局
绍兴市林业局
越城区林业局
诸暨市林业局
嵊州市林业局
绍兴县林业局
衢州市林业局
衢江区林业局
常山县林业局
开化县林业局
龙游县林业局
金华市林业局
婺城区林业局
金东区林业局

兰溪市林业局
永康市林业局
义乌市林业局
东阳市林业局
武义县林业局
浦江县林业局
磐安县林业局
台州市林业局
椒江区林业局
黄岩区林业局
路桥区林业局
临海市林业局
温岭市林业局
三门县林业局
天台县林业局
仙居县林业局
玉环县林业局
温州市林业局
龙湾区林业局
瓯海区林业局
瑞安市林业局
泰顺县林业局
苍南县林业局
丽水市林业局
莲都区林业局
龙泉市林业局
缙云县林业局
青田县林业局
云和县林业局
庆元县林业局

安徽省

合肥市林业局
蜀山区林业局
庐阳区林业局
瑶海区林业局
包河区林业局
巢湖市林业局
长丰县林业局
肥东县林业局
肥西县林业局
庐江县林业局
宿州市林业局
埇桥区林业局
砀山县林业局
萧县林业局
灵璧县林业局
泗县林业局
淮北市林业局
相山区林业局
杜集区林业局
烈山区林业局
濉溪县林业局
阜阳市林业局
颍州区林业局
颍东区林业局
颍泉区林业局
界首市林业局
临泉县林业局
太和县林业局
阜南县林业局
颍上县林业局
亳州市林业局
谯城区林业局
涡阳县林业局
蒙城县林业局
利辛县林业局
蚌埠市林业局
蚌山区林业局
龙子湖区林业局
禹会区林业局
淮上区林业局
怀远县林业局
五河县林业局
固镇县林业局
淮南市林业局
田家庵区林业局
大通区林业局
谢家集区林业局
八公山区林业局
潘集区林业局
凤台县林业局
毛集实验区林业局
滁州市林业局
市辖区林业局
琅琊区农委
南谯区林业局
明光市林业局
天长市林业局
来安县林业局
全椒县林业局
定远县林业局
凤阳县林业局
管店林业总场
沙河集林业总场
琅琊山林场
马鞍山市林业局
博望区林业局
雨山区林业局
花山区林业局
当涂县林业局
含山县林业局
和县林业局
市直属林场
芜湖市林业局
鸠江区林业局
弋江区林业局
三山区林业局
镜湖区林业局
芜湖县林业局
繁昌县林业局
南陵县林业局
无为县林业局
铜陵市林业局
铜官区林业局
郊区林业局
义安区林业局
安庆市林业局
大观区林业局
迎江区林业局
宜秀区林业局
桐城市林业局
怀宁县林业局
潜山县林业局
太湖县林业局
宿松县林业局
望江县林业局
岳西县林业局
黄山市林业局
屯溪区林业局
黄山区林业局
徽州区林业局

休宁县林业局
黟县林业局
祁门县林业局
六安市林业局
金安区林业局
叶集区林业局
寿县林业局
霍邱县林业局
舒城县林业局
金寨县林业局
霍山县林业局
池州市林业局
贵池区林业局
东至县林业局
石台县林业局
青阳县林业局
九华山风景区管委会
宣城市林业局
宣州区林业局
宁国市林业局
郎溪县林业局
广德县林业局
泾县林业局
旌德县林业局
绩溪县林业局

福建省

福州市林业局
马尾区林业局
晋安区林业局
福清市林业局
长乐市林业局
闽侯县林业局
连江县林业局
罗源县林业局
闽清县林业局
永泰县林业局
南平市林业局
延平区林业局
邵武市林业局
武夷山市林业局
建瓯市林业局
建阳市林业局
顺昌县林业局
浦城县林业局
光泽县林业局
松溪县林业局
政和县林业局
三明市林业局
梅列区林业局
三元区林业局
永安市林业局
明溪县林业局
清流县林业局
宁化县林业局
大田县林业局
尤溪县林业局
沙　县林业局
将乐县林业局
泰宁县林业局
建宁县林业局
莆田市林业局
市辖区林业局
涵江区林业局
秀屿区林业局
仙游县林业局
泉州市林业局
泉港区林业局
晋江市林业局
南安市林业局
惠安县林业局
永春县林业局
德化县林业局
漳州市林业局
芗城区林业局
龙文区林业局
龙海市林业局
云霄县林业局
漳浦县林业局
诏安县林业局
长泰县林业局
东山县林业局
南靖县林业局
平和县林业局
华安县林业局
龙岩市林业局
新罗区林业局
漳平市林业局
长汀县林业局
永定县林业局
上杭县林业局
武平县林业局
连城县林业局
宁德市林业局
蕉城区林业局
福安市林业局
福鼎市林业局
寿宁县林业局
霞浦县林业局
柘荣县林业局
屏南县林业局
古田县林业局
周宁县林业局

江西省

南昌市林业局
市辖区林业局
湾里区林业局
南昌县林业局
新建县林业局
安义县林业局
进贤县林业局
九江市林业局
瑞昌市林业局
共青城市林业局
九江县林业局
武宁县林业局
永修县林业局
德安县林业局
星子县林业局
都昌县林业局
彭泽县林业局
景德镇市林业局
浮梁县林业局
鹰潭市林业局
月湖区林业局
贵溪市林业局
余江县林业局
新余市林业局
渝水区林业局
分宜县林业局
萍乡市林业局
安源区林业局

芦溪县林业局
赣州市林业局
章贡区林业局
瑞金市林业局
南康市林业局
赣县林业局
信丰县林业局
大余县林业局
上犹县林业局
崇义县林业局
安远县林业局
龙南县林业局
定南县林业局
全南县林业局
宁都县林业局
于都县林业局
兴国县林业局
会昌县林业局
寻乌县林业局
石城县林业局
上饶市林业局
信州区林业局
德兴市林业局
上饶县林业局
广丰县林业局
玉山县林业局
铅山县林业局
横峰县林业局
余干县林业局
鄱阳县林业局
婺源县林业局
抚州市林业局
临川区林业局
南城县林业局
黎川县林业局
南丰县林业局
崇仁县林业局
乐安县林业局
宜黄县林业局
金溪县林业局
资溪县林业局
东乡县林业局
广昌县林业局
宜春市林业局
袁州区林业局
丰城市林业局
樟树市林业局
高安市林业局
万载县林业局
靖安县林业局
铜鼓县林业局
吉安市林业局
吉州区林业局
青原区林业局
井冈山市林业局
吉安县林业局
吉水县林业局
峡江县林业局
新干县林业局
永丰县林业局
泰和县林业局
遂川县林业局
万安县林业局
安福县林业局
永新县林业局

山东省

济南市林业局
天桥区林业局
长清区林业局
章丘市林业局
济阳县林业局
聊城市林业局
东昌府区林业局
临清市林业局
阳谷县林业局
莘县林业局
茌平县林业局
东阿县林业局
冠县林业局
高唐县林业局
德州市林业局
市辖区林业局
德城区林业局
乐陵市林业局
陵县林业局
夏津县林业局
武城县林业局
齐河县林业局
东营市林业局
东营区林业局
河口区林业局
垦利县林业局
利津县林业局
广饶县林业局
淄博市林业站
张店区林业局
淄川区林业局
博山区林业局
临淄区林业局
周村区林业局
桓台县林业局
高青县林业局
沂源县林业局
潍坊市林业局
市辖区林业局
奎文区林业局
潍城区农林局
寒亭区林业局
坊子区林业局
峡山区林业局
安丘市林业局
昌邑市林业局
高密市林业局
青州市林业局
诸城市林业局
寿光市林业局
临朐县林业局
昌乐县林业局
烟台市林业局
莱山区林业局
芝罘区林业局
福山区林业局
牟平区林业局
栖霞市林业局
海阳市林业局
龙口市林业局
莱阳市林业局
莱州市林业局
蓬莱市林业局
招远市林业局
长岛县林业局
威海市林业局
市辖区林业局

环翠区林业局
荣成市林业局
乳山市林业局
文登市林业局
威海市经济技术开发区林业局
威海市工业新区林业局
日照市林业局
五莲县林业局
莒县林业局
临沂市林业局
兰山区林业局
罗庄区林业局
河东区林业局
郯城县林业局
兰陵县林业局
莒南县林业局
沂水县林业局
蒙阴县林业局
平邑县林业局
费县林业局
沂南县林业局
临沭县林业局
高新技术产业开发区林业局
经济技术开发区林业局
临港经济开发区林业局
蒙山旅游区林业局
济宁市林业局
任城区林业局
兖州市林业局
邹城市林业局
微山县林业局
鱼台县林业局
嘉祥县林业局
汶上县林业局
泗水县林业局
梁山县林业局
泰安市林业局
市辖区林业局
泰山区林业局
岱岳区林业局
新泰市林业局
肥城市林业局
宁阳县林业局
东平县林业局
莱芜市林业局
莱城区林业局
钢城区林业局
高新区林业局
雪野旅游区林业局
经济开发区林业局
农业高新技术产业示范区林业局
滨州市林业局
滨城区林业局
惠民县林业局
阳信县林业局
无棣县林业局
沾化县林业局
博兴县林业局
邹平县林业局
菏泽市林业局
曹县林业局

河南省

郑州市林业局
中原区农经委
二七区农经委
管城回族区农委会
金水区农经委
上街区农经委
惠济区林业局
新郑市林业局
登封市林业局
新密市林业局
巩义市林业局
荥阳市林业局
中牟县林业局
三门峡市林业和园林局
市辖区林业局
湖滨区林业局
义马市农林和农机局
灵宝市林业局
渑池县林业局
陕县林业局
卢氏县林业局
洛阳市林业局
西工区林业局
老城区林业局
瀍河回族区林业局
涧西区林业局
吉利区林业局
洛龙区林业局
偃师市林业局
孟津县林业局
新安县林业局
栾川县林业局
嵩县林业局
汝阳县林业局
宜阳县林业局
洛宁县林业局
伊川县林业局
高新区林业局
伊洛工业园区林业局
龙门文化旅游园区林业局
焦作市林业局
市辖区林业局
解放区农林水利局
山阳区林业局
中站区农林水利局
马村区农林水利局
孟州市林业局
沁阳市林业局
修武县林业局
博爱县林业局
武陟县林业局
温县林业局
新乡市林业局
卫滨区农村工作委员会
红旗区农村工作委员会
凤泉区林业局
牧野区农林局
卫辉市林业局
辉县市林业局
新乡县林业局
获嘉县林业局
原阳县林业局
延津县林业局
封丘县林业局
长垣县林业局
鹤壁市林业局
淇滨区林业局
山城区林业局
鹤山区林业局

浚县林业局
淇县林业局
安阳市林业局
北关区农林水务局
文峰区农林水牧局
殷都区农林水牧局
龙安区林业局
林州市林业局
安阳县林业局
汤阴县林业局
滑县林业局
内黄县林业局
濮阳市林业局
华龙区林业局
清丰县林业局
南乐县林业局
范县林业局
台前县林业局
濮阳县林业局
高新区农业科技服务中心
开封市农林局
市辖区林业局
龙亭区林业局
顺河回族区林业局
鼓楼区林业局
禹王台区林业局
金明区林业局
杞县林业局
通许县林业局
尉氏县林业局
开封县林业局
兰考县林业局
商丘市林业局
梁园区林业局
睢阳区林业局
永城市林业局
虞城县林业局
民权县林业局
宁陵县林业局
睢县林业局
夏邑县林业局
柘城县林业局
许昌市林业局
东城区农村工作局
魏都区林业局
禹州市农业林业局
长葛市林业局
许昌县林业局
鄢陵县林业局
襄城县林业局
许昌市经济技术开发区农村工作局
漯河市林业和园林局
郾城区林业技术推广站
源汇区林业局
召陵区林业局
舞阳县林业园艺局
临颍县林业局
平顶山市林业局
新华区农林水利局
卫东区农林水利局
湛河区农林水利局
石龙区林业畜牧局
新城区林业局
舞钢市林业局
汝州市林业局
宝丰县林业局
叶县林业局
鲁山县林业局
郏县林业局
南阳市林业局
卧龙区林业局
宛城区林业局
邓州市林业局
南召县林业局
方城县林业局
西峡县林业局
镇平县林业局
内乡县林业局
淅川县林业局
社旗县林业局
唐河县林业局
新野县林业局
桐柏县林业局
信阳市林业局
市辖区林业局
浉河区林业局
平桥区林业局
息县林业局
淮滨县林业局
潢川县林业局
光山县林业局
固始县林业局
商城县林业局
罗山县林业局
新县林业局
周口市林业局
川汇区林业局
项城市林业局
扶沟县林业局
西华县林业局
商水县林业局
太康县林业局
鹿邑县林业局
郸城县林业局
淮阳县林业局
沈丘县林业局
驻马店市林业局
驿城区林业局
确山县林业局
泌阳县林业局
遂平县林业局
西平县林业局
上蔡县林业局
汝南县林业局
平舆县林业局
新蔡县林业局
正阳县林业局
济源市林业局

湖北省

武汉市林业局
东西湖区林业局
蔡甸区林业局
黄陂区林业局
新洲区林业局
十堰市林业局
茅箭区林业局
张湾区林业局
丹江口市林业局
郧县林业局
竹山县林业局

房县林业局
郧西县林业局
竹溪县林业局
襄阳市林业局
襄城区林业局
樊城区林业局
襄州区林业局
老河口市林业局
枣阳市林业局
宜城市林业局
南漳县林业局
谷城县林业局
保康县林业局
荆门市林业局
市辖区林业局
东宝区林业局
掇刀区林业局
钟祥市林业局
沙洋县林业局
京山县林业局
屈家岭管理区林业局
漳河新区林业局
孝感市林业局
孝南区林业局
应城市林业局
安陆市林业局
汉川市林业局
孝昌县林业局
大悟县林业局
云梦县林业局
黄冈市林业局
黄州区林业局
麻城市林业局
红安县林业局
罗田县林业局
英山县林业局
浠水县林业局
蕲春县林业局
鄂州市林业局
市辖区林业局
鄂城区林业局
梁子湖区林业局
华容区林业局
黄石市林业局
下陆区林业局
黄石港区林业局
西塞山区林业局
铁山区林业局
大冶市林业局
阳新县林业局
咸宁市林业局
咸安区林业局
嘉鱼县林业局
通城县林业局
崇阳县林业局
荆州市林业局
沙市区林业局
荆州区林业局
石首市林业局
洪湖市林业局
松滋市林业局
江陵县林业局
公安县林业局
监利县林业局
宜昌市林业局
点军区林业局
猇亭区林业局
夷陵区林业局
枝江市林业局
宜都市林业局
当阳市林业局
远安县林业局
兴山县林业局
秭归县林业局
长阳土家族自治县林业局
五峰土家族自治县林业局
随州市林业局
市辖区林业局
曾都区林业局
广水市林业局
随县林业局
省直辖县级行政单位
仙桃市林业局
天门市林业局
潜江市林业局
神农架林区林业管理局
太子山林场管理局
恩施土家族苗族自治州林业局
恩施市林业局
利川市林业局
建始县林业局
巴东县林业局
宣恩县林业局
咸丰县林业局
来凤县林业局
鹤峰县林业局

湖南省

长沙市林业局
市辖区林业局
岳麓区农林水利局
芙蓉区农林水利局
天心区农林水利局
开福区农林水利局
雨花区农林水利局
浏阳市林业局
长沙县林业局
望城县林业局
宁乡县林业局
张家界市林业局
永定区林业局
武陵源区林业局
慈利县林业局
桑植县林业局
常德市林业局
市辖区林业局
武陵区林业局
鼎城区林业局
津市市林业局
安乡县林业局
汉寿县林业局
澧县林业局
临澧县林业局
桃源县林业局
石门县林业局
益阳市林业局
赫山区林业局
资阳区林业局
沅江市林业局
南县林业局
桃江县林业局
安化县林业局
岳阳市林业局
市辖区林业局

岳阳楼区农林局
君山区林业局
云溪区林业局
汨罗市林业局
临湘市林业局
岳阳县林业局
华容县林业局
湘阴县林业局
平江县林业局
株洲市林业局
市辖区林业局
天元区农村工作局
荷塘区农村工作局
芦淞区农村工作局
石峰区农村工作局
醴陵市林业局
株洲县林业局
攸县林业局
茶陵县林业局
炎陵县林业局
湘潭市林业局
市辖区林业局
岳塘区林业局
雨湖区林业局
湘乡市林业局
韶山市林业局
湘潭县林业局
衡阳市林业局
蒸湘区林业局
雁峰区林业局
珠晖区林业局
石鼓区林业局
南岳区农林局
常宁市林业局
耒阳市林业局
衡阳县林业局
衡南县林业局
衡山县林业局
衡东县林业局
祁东县林业局
郴州市林业局
北湖区林业局
苏仙区林业局
资兴市林业局
桂阳县林业局
永兴县林业局
宜章县林业局
嘉禾县林业局
临武县林业局
汝城县林业局
桂东县林业局
安仁县林业局
永州市林业局
冷水滩区林业局
零陵区林业局
东安县林业局
道县林业局
宁远县林业局
江永县林业局
蓝山县林业局
新田县林业局
双牌县林业局
祁阳县林业局
江华瑶族自治县林业局
金桐林场
邵阳市林业局
大祥区农林局
双清区农林局
北塔区林业局
武冈市林业局
邵东县林业局
邵阳县林业局
新邵县林业局
隆回县林业局
洞口县林业局
绥宁县林业局
新宁县林业局
城步苗族自治县林业局
怀化市林业局
洪江区林业局
鹤城区林业局
洪江市林业局
沅陵县林业局
辰溪县林业局
溆浦县林业局
中方县林业局
会同县林业局
麻阳苗族自治县林业局
新晃侗族自治县林业局
芷江侗族自治县林业局
靖州苗族侗族自治县林业局
通道侗族自治县林业局
娄底市林业局
市辖区林业局
娄星区林业局
冷水江市林业局
涟源市林业局
双峰县林业局
新化县林业局
湘西土家族苗族自治州林业局
吉首市林业局
泸溪县林业局
凤凰县林业局
花垣县林业局
保靖县林业局
古丈县林业局
永顺县林业局
龙山县林业局

广东省

广州市林业局
白云区林业局
番禺区林业局
花都区林业局
南沙区林业局
萝岗区林业局
增城市林业局
从化市林业局
清远市林业局
清城区林业局
英德市林业局
连州市林业局
佛冈县林业局
阳山县林业局
清新县林业局
连山壮族瑶族自治县林业局
连南瑶族自治县林业局
清远市属总林场
韶关市林业局
浈江区林业局
武江区林业局
乐昌市林业局

南雄市林业局
仁化县林业局
翁源县林业局
新丰县林业局
河源市林业局
源城区林业局
紫金县林业局
龙川县林业局
连平县林业局
和平县林业局
东源县林业局
新丰江林管局
梅州市林业局
梅江区林业局
兴宁市林业局
梅县林业局
大埔县林业局
丰顺县林业局
五华县林业局
平远县林业局
蕉岭县林业局
潮州市林业局
湘桥区林业局
枫溪区林业局
潮安县林业局
饶平县林业局
潮州市属总林场
汕头市林业局
金平区林业局
濠江区林业局
潮阳区林业局
潮南区林业局
澄海区林业局
南澳县林业局
揭阳市林业局
榕城区林业局
揭东区林业局
普宁市林业局
揭西县林业局
惠来县林业局
蓝城区林业局
空港经济区林业局
普侨区林业局
大南山侨区林业局

汕尾市林业局
华侨区林业局
陆河县林业局
惠州市林业局
惠城区林业局
惠阳区林业局
博罗县林业局
惠东县林业局
惠州市属总林场
东莞市林业局
大岭山林场
清溪林场
大屏嶂林场
珠海市林业局
香洲区林业局
斗门区林业局
金湾区林业局
横琴新区林业局
高栏港区林业局
万山区林业局
高新区林业局
江门市林业局
蓬江区林业局
江海区林业局
新会区林业局
恩平市林业局
台山市林业局
开平市林业局
鹤山市林业局
佛山市林业局
禅城区林业局
南海区林业局
顺德区林业局
三水区林业局
高明区林业局
肇庆市林业局
端州区林业局
鼎湖区林业局
大旺高新区林业局
高要市林业局
四会市林业局
广宁县林业局
怀集县林业局
封开县林业局

德庆县林业局
肇庆市林业总场
云浮市林业局
云城区林业局
罗定市林业局
云安县林业局
新兴县林业局
郁南县林业局
大云雾林场
龙埇林场
飞马林场
同乐林场
水台林场
阳江市林业局
江城区林业局
海陵区林业局
阳春市林业局
阳西县林业局
阳东县林业局
高新区林业局
阳江花滩林场
茂名市林业局
茂南区林业局
电白区林业局
化州市林业局
信宜市林业局
高州市林业局
茂名市属总林场
湛江市林业局
赤坎区林业局
霞山区林业局
坡头区林业局
吴川市林业局
廉江市林业局
雷州市林业局
遂溪县林业局
徐闻县林业局
湛江市属总林场
省直属单位
西江林业局
乳阳林业局
沙头角林场
龙眼洞林场
天井山林场

樟木头林场
乐昌林场
连山林场
东江林场
九连山林场

广西壮族自治区

南宁市林业局
江南区农业林业水利局
良庆区农林水利局
武鸣县林业局
横县林业局
桂林市林业局
临桂县林业局
灵川县林业局
全州县林业局
兴安县林业局
永福县林业局
灌阳县林业局
资源县林业局
平乐县林业局
荔浦县林业局
龙胜各族自治县林业局
恭城瑶族自治县林业局
柳州市林业局
柳江县林业局
鹿寨县林业局
融安县林业局
融水苗族自治县林业局
梧州市林业局
龙圩区林业局
岑溪市林业局
苍梧县林业局
贵港市林业局
港北区林业局
覃塘区林业局
桂平市林业局
平南县林业局
玉林市林业局
福绵区林业局
北流市林业局
容　县林业局
陆川县林业局
博白县林业局
钦州市林业局
钦南区林业局
钦北区林业局
灵山县林业局
浦北县林业局
北海市林业局
海城区林业局
银海区林业局
铁山港区林业局
合浦县林业局
防城港市林业局
防城区林业局
崇左市林业局
江州区林业局
凭祥市林业局
宁明县林业局
龙州县林业局
百色市林业局
右江区林业局
田阳县林业局
田东县林业局
平果县林业局
靖西县林业局
那坡县林业局
凌云县林业局
乐业县林业局
西林县林业局
田林县林业局
隆林各族自治县林业局
河池市林业局
金城江区林业局
宜州市林业局
南丹县林业局
天峨县林业局
凤山县林业局
东兰县林业局
巴马瑶族自治县林业局
都安瑶族自治县林业局
大化瑶族自治县林业局
罗城仫佬族自治县林业局
环江毛南族自治县林业局
来宾市林业局
合山市林业局
象州县林业局
武宣县林业局
金秀瑶族自治县林业局
贺州市林业局
八步区林业局
平桂管理区林业局
昭平县林业局
钟山县林业局
富川瑶族自治县林业局
直属单位
高峰林场
七坡林场
博白林场
六万林场
东门林场
派阳山林场
雅长林场
黄冕林场
三门江林场
钦廉林场
大桂山林场
维都林场
良凤江国家森林公园
中国林科院热林中心
广西生态学院

重庆市

大渡口区林业绿化办公室
江北区农林水利局
沙坪坝区林业局
九龙坡区农林水利局
南岸区农林水利局
北碚区林业局
万盛区林业局
大足区林业局
渝北区林业局
巴南区林业局
万州区林业局
涪陵区林业局
黔江区林业局
长寿区林业局
江津区林业局
合川区林业局
永川区林业局
南川区林业局

潼南县林业局
铜梁县林业局
荣昌县林业局
璧山县林业局
垫江县林业局
武隆县林业局
丰都县林业局
城口县林业局
梁平县林业局
开县林业局
巫溪县林业局
巫山县林业局
奉节县林业局
云阳县林业局
忠县林业局
石柱土家族自治县林业局
彭水苗族土家族自治县林业局
酉阳土家族苗族自治县林业局

四川省

成都市林业局
龙泉驿区林业局
青白江区林业局
都江堰市林业局
彭州市林业局
邛崃市林业局
崇州市林业局
金堂县林业局
双流县林业局
蒲江县林业局
新津县林业局
广元市林业局
利州区林业局
朝天区林业局
昭化区林业局
旺苍县林业局
青川县林业局
剑阁县林业局
苍溪县林业局
绵阳市林业局
涪城区林业局
游仙区林业局
江油市林业局
三台县林业局
盐亭县林业局
安县林业局
梓潼县林业局
北川羌族自治县林业局
平武县林业局
德阳市林业局
旌阳区林业局
什邡市林业局
广汉市林业局
绵竹市林业局
罗江县林业局
中江县林业局
南充市林业局
顺庆区林业局
高坪区林业局
嘉陵区林业局
阆中市林业局
南部县林业局
营山县林业局
蓬安县林业局
仪陇县林业局
西充县林业局
广安市林业局
广安区林业局
前锋区林业局
华蓥市林业局
岳池县林业局
武胜县林业局
邻水县林业局
遂宁市林业局
市辖区林业局
船山区林业局
安居区林业局
蓬溪县林业局
射洪县林业局
大英县林业局
内江市林业局
市中区林业局
东兴区林业局
威远县林业局
资中县林业局
隆昌县林业局
乐山市林业局
市辖区林业局
市中区林业局
沙湾区林业局
五通桥区林业局
金口河区林业局
峨眉山市林业局
犍为县林业局
井研县林业局
夹江县林业局
沐川县林业局
峨边彝族自治县林业局
马边彝族自治县林业局
自贡市林业局
自流井区林业局
大安区林业局
贡井区林业局
沿滩区林业局
荣县林业局
富顺县林业局
泸州市林业局
江阳区林业局
纳溪区林业局
龙马潭区林业局
泸县林业局
合江县林业局
叙永县林业局
古蔺县林业局
宜宾市林业局
翠屏区林业局
宜宾县林业局
南溪县林业局
江安县林业局
长宁县林业局
高县林业局
筠连县林业局
珙县林业局
兴文县林业局
屏山县林业局
攀枝花市林业局
东区林业局
西区林业局
仁和区林业局
米易县林业局
盐边县林业局
普威林业局

市国营林场总场
巴中市林业局
巴州区林业局
恩阳区林业局
通江县林业局
南江县林业局
平昌县林业局
达州市林业局
通川区林业局
达川区林业局
万源市林业局
宣汉县林业局
开江县林业局
大竹县林业局
渠县林业局
资阳市林业局
雁江区林业局
简阳市林业局
乐至县林业局
安岳县林业局
眉山市林业局
东坡区林业局
仁寿县林业局
彭山县林业局
洪雅县林业局
丹棱县林业局
青神县林业局
雅安市林业局
市辖区林业局
雨城区林业局
名山县林业局
荥经县林业局
汉源县林业局
石棉县林业局
天全县林业局
宝兴县林业局
阿坝藏族羌族自治州林业局
汶川县林业局
茂县林业局
松潘县林业局
九寨沟县林业局
金川县林业局
小金县林业局
黑水县林业局
壤塘县林业局
松林林业局
马林林业局
阿坝州筑路处
甘孜藏族自治州林业局
康定县林业局
泸定县林业局
丹巴县林业局
九龙县林业局
雅江县林业局
道孚县林业局
炉霍县林业局
甘孜县林业局
新龙县林业局
德格县林业局
白玉县林业局
石渠县林业局
色达县林业局
理塘县林业局
巴塘县林业局
乡城县林业局
稻城县林业局
得荣县林业局
丹巴林业局
道孚林业局
炉霍林业局
新龙林业局
白玉林业局
力邱河林业局
翁达林业局
甘孜州林业工程处
凉山彝族自治州林业局
西昌市林业局
盐源县林业局
德昌县林业局
会理县林业局
会东县林业局
宁南县林业局
普格县林业局
布拖县林业局
金阳县林业局
昭觉县林业局
喜德县林业局
冕宁县林业局
越西县林业局
甘洛县林业局
美姑县林业局
雷波县林业局
木里藏族自治县林业局
林业第五筑路工程处
省直属单位
大渡河造林局

贵州省

贵阳市林业局
乌当区林业局
南明区林业局
花溪区林业局
白云区林业局
清镇市林业局
开阳县林业局
修文县林业局
息烽县林业局
六盘水市林业局
钟山区林业局
六枝特区林业局
水城县林业局
盘县林业局
遵义市林业局
红花岗区林业局
赤水市林业局
仁怀市林业局
桐梓县林业局
道真仡佬族苗族自治县林业局
安顺市林业局
西秀区林业局
平坝县林业局
普定县林业局
关岭布依族苗族自治县林业局
紫云苗族布依族自治县林业局
毕节市林业局
七星关区林业局
大方县林业局
黔西县林业局
金沙县林业局
织金县林业局
纳雍县林业局
赫章县林业局

威宁彝族回族苗族自治县林业局
百里杜鹃管委会
铜仁市林业局
碧江区林业局
万山区林业局
江口县林业局
石阡县林业局
思南县林业局
德江县林业局
玉屏侗族自治县林业局
沿河土家族自治县林业局
黔东南苗族侗族自治州林业局
榕江县林业局
黔南布依族苗族自治州林业局
都匀市林业局
福泉市林业局
荔波县林业局
贵定县林业局
瓮安县林业局
独山县林业局
平塘县林业局
罗甸县林业局
长顺县林业局
龙里县林业局
惠水县林业局
三都水族自治县林业局
黔西南布依族苗族自治州林业局
兴义市林业局
兴仁县林业局
普安县林业局
晴隆县林业局
贞丰县林业局
望谟县林业局
册亨县林业局
安龙县林业局
省直属单位
茂兰国家级自然保护区管理局
扎佐林场

云南省

昆明市林业局
呈贡区林业局
盘龙区林业局
五华区林业局
官渡区林业局
西山区林业局
东川区林业局
晋宁县林业局
富民县林业局
宜良县林业局
石林彝族自治县林业局
禄劝彝族苗族自治县林业局
寻甸回族彝族自治县林业局
阳宗海风景名胜区管理委员会
昆明市经济技术开发区林业局
倘甸工业园区林业局
昆明市高新技术开发区林业局
玉溪市林业局
红塔区林业局
江川县林业局
澄江县林业局
通海县林业局
华宁县林业局
易门县林业局
峨山彝族自治县林业局
新平彝族傣族自治县林业局
元江哈尼族彝族傣族自治县林业局
保山市林业局
隆阳区林业局
施甸县林业局
腾冲县林业局
龙陵县林业局
昌宁县林业局
昭通市林业局
昭阳区林业局
鲁甸县林业局
巧家县林业局
盐津县林业局
大关县林业局
永善县林业局
镇雄县林业局
彝良县林业局
威信县林业局
水富县林业局
丽江市林业局
永胜县林业局
玉龙纳西族自治县林业局
普洱市林业局
思茅区林业局
宁洱哈尼族彝族自治县林业局
墨江哈尼族自治县林业局
景东彝族自治县林业局
景谷傣族彝族自治县林业局
镇沅彝族哈尼族拉祜族自治县林业局
江城哈尼族彝族自治县林业局
孟连傣族拉祜族佤族自治县林业局
澜沧拉祜族自治县林业局
西盟佤族自治县林业局
临沧市林业局
临翔区林业局
凤庆县林业局
云县林业局
永德县林业局
镇康县林业局
双江拉祜族佤族布朗族傣族自治县林业局
耿马傣族佤族自治县林业局
沧源佤族自治县林业局
德宏傣族景颇族自治州林业局
芒市林业局
瑞丽市林业局
梁河县林业局
盈江县林业局
陇川县林业局
怒江傈僳族自治州林业局
泸水县林业局
兰坪白族普米族自治县林业局
迪庆藏族自治州林业局
香格里拉县林业局
德钦县林业局
维西傈僳族自治县林业局
大理白族自治州林业局
大理市林业局
祥云县林业局
宾川县林业局
弥渡县林业局
永平县林业局
云龙县林业局
洱源县林业局

剑川县林业局
鹤庆县林业局
漾濞彝族自治县林业局
南涧彝族自治县林业局
巍山彝族回族自治县林业局
楚雄彝族自治州林业局
楚雄市林业局
双柏县林业局
牟定县林业局
南华县林业局
姚安县林业局
大姚县林业局
永仁县林业局
元谋县林业局
武定县林业局
禄丰县林业局
红河哈尼族彝族自治州林业局
蒙自市林业局
个旧市林业局
开远市林业局
弥勒市林业局
建水县林业局
石屏县林业局
泸西县林业局
元阳县林业局
红河县林业局
绿春县林业局
屏边苗族自治县林业局
金平苗族瑶族傣族自治县林业局
河口瑶族自治县林业局
文山壮族苗族自治州林业局
文山市林业局
砚山县林业局
西畴县林业局
麻栗坡县林业局
马关县林业局
丘北县林业局
广南县林业局
富宁县林业局
西双版纳傣族自治州林业局
景洪市林业局
勐海县林业局
勐腊县林业局
滇中产业聚焦区(新区)林业局
安宁市林业局

西藏自治区

拉萨市林业局
城关区林业局
堆龙德庆县林业局
达孜县林业局
墨竹工卡县林业局
昌都地区林业局
昌都县林业局
江达县林业局
贡觉县林业局
丁青县林业局
八宿县林业局
左贡县林业局
芒康县林业局
洛隆县林业局
边坝县林业局
林芝地区林业局
墨脱县林业局
波密县林业局
山南地区林业局
琼结县林业局
加查县林业局
日喀则地区林业局
日喀则市林业局
南木林县林业局
江孜县林业局
拉孜县林业局
昂仁县林业局
白朗县林业局
定结县林业局
吉隆县林业局

陕西省

西安市林业局
未央区林业局
灞桥区林业局
雁塔区林业局
阎良区林业局
临潼区林业局
长安区林业局
蓝田县林业局
周至县林业局
户县林业局
高陵县林业局
延安市林业局
宝塔区林业局
延长县林业局
延川县林业局
子长县林业局
安塞县林业局
志丹县林业局
吴起县林业局
甘泉县林业局
富县林业局
洛川县林业局
宜川县林业局
黄龙县林业局
黄陵县林业局
桥山林业局
桥北林业局
劳山林业局
黄龙山林业局
铜川市林业局
耀州区林业局
王益区林业局
印台区林业局
宜君县林业局
渭南市林业局
华阴市林业局
大荔县林业局
蒲城县林业局
澄城县林业局
白水县林业局
富平县林业局
咸阳市林业局
秦都区林业局
渭城区林业局
兴平市林业局
三原县林业局
泾阳县林业局
永寿县林业局
旬邑县林业局
乾县林业局
礼泉县林业局
淳化县林业局
长武县林业局
彬县林业局

宝鸡市林业局
渭滨区林业局
陈仓区林业局
凤翔县林业局
岐山县林业局
扶风县林业局
眉县林业局
陇县林业局
千阳县林业局
麟游县林业局
凤县林业局
太白县林业局
辛家山林业局
马头滩林业局
汉中市林业局
汉台区林业局
南郑县林业局
城固县林业局
洋县林业局
西乡县林业局
勉县林业局
宁强县林业局
略阳县林业局
镇巴县林业局
佛坪县林业局
榆林市林业局
榆阳区林业局
神木县林业局
府谷县林业局
横山县林业局
靖边县林业局
定边县林业局
绥德县林业局
米脂县林业局
佳县林业局
吴堡县林业局
清涧县林业局
子洲县林业局
安康市林业局
汉滨区林业局
紫阳县林业局
镇坪县林业局
旬阳县林业局
石泉县林业局
平利县林业局
宁陕县林业局
岚皋县林业局
汉阴县林业局
白河县林业局
商洛市林业局
商州区林业局
洛南县林业局
丹凤县林业局
商南县林业局
山阳县林业局
镇安县林业局
柞水县林业局
陕西省森林资源管理局
太白林业局
宁西林业局
宁东林业局
龙草坪林业局
汉西林业局
长青林业局
西安林产化学工厂
陕西省胶合板厂
陕西省林产品贸易总公司
陕西省林产品经销公司
陕西省林业机械研究所
陕西省森林职工医院
省直属单位
韩城市林业局

甘肃省

兰州市林业局
城关区林业局
西固区林业局
永登县林业局
皋兰县林业局
嘉峪关市林业局
金昌市林业局
金川区林业局
永昌县林业局
白银市林业局
白银区林业局
平川区林业局
靖远县林业局
会宁县林业局
景泰县林业局
天水市林业局
秦州区林业局
麦积区林业局
清水县林业局
秦安县林业局
甘谷县林业局
武山县林业局
张家川回族自治县林业局
武威市林业局
市辖区林业局
民勤县林业局
古浪县林业局
天祝藏族自治县林业局
酒泉市林业局
肃州区林业局
玉门市林业局
敦煌市林业局
金塔县林业局
瓜州县林业局
肃北蒙古族自治县林业局
阿克塞哈萨克族自治县林业局
张掖市林业局
甘州区林业局
民乐县林业局
临泽县林业局
高台县林业局
山丹县林业局
肃南裕固族自治县林业局
庆阳市林业局
市辖区林业局
西峰区林业局
庆城县林业局
环县林业局
华池县林业局
合水县林业局
正宁县林业局
宁县林业局
镇原县林业局
正宁林业总场
湘乐林业总场
华池林业总场
合水林业总场
平凉市林业局
崆峒区林业局

泾川县林业局
灵台县林业局
崇信县林业局
华亭县林业局
庄浪县林业局
静宁县林业局
关山林业管理局
定西市林业局
安定区林业局
通渭县林业局
临洮县林业局
漳县林业局
岷县林业局
渭源县林业局
陇西县林业局
巉口林业试验场
华家岭林业站
陇南市林业局
武都区林业局
宕昌县林业局
康县林业局
文县林业局
西和县林业局
礼县林业局
两当县林业局
康南林业总场
临夏回族自治州林业局
临夏市林业局
临夏县林业局
康乐县林业局
永靖县林业局
广河县林业局
和政县林业局
东乡族自治县林业局
积石山保安族东乡族撒拉族自治县林业局
甘南藏族自治州林业局
合作市林业局
临潭县林业局
舟曲县林业局
迭部县林业局
碌曲县林业局
夏河县林业局

宁夏回族自治区

银川市林业局
兴庆区林业局
金凤区林业局
西夏区林业局
灵武市林业局
永宁县林业局
贺兰县林业局
灵武白芨滩国家级自然保护区管理局
石嘴山市林业局
大武口区林业局
惠农区林业局
平罗县林业局
吴忠市林业局
利通区林业局
青铜峡市林业局
盐池县林业局
同心县林业局
红寺堡开发区林业局
固原市林业局
原州区林业局
西吉县林业局
隆德县林业局
泾源县林业局
彭阳县林业局
中卫市林业局
沙坡头区林业局
中宁县林业局
海原县林业局
省直属单位
宁夏仁存渡护岸林场
农垦事业管理局

新疆维吾尔自治区

乌鲁木齐市林业局
沙依巴克区林业局
头屯河区林业局
米东区林业局
乌鲁木齐县林业局
喀什地区林业局
喀什市林业局
疏附县林业局
疏勒县林业局
英吉沙县林业局
泽普县林业局
莎车县林业局
叶城县林业局
麦盖提县林业局
岳普湖县林业局
伽师县林业局
巴楚县林业局
塔什库尔干塔吉克自治县林业局
阿克苏地区林业局
阿克苏市林业局
库车县林业局
沙雅县林业局
乌什县林业局
阿瓦提县林业局
柯坪县林业局
哈密地区林业局
伊吾县林业局
克孜勒苏柯尔克孜自治州
阿图什市林业局
阿克陶县林业局
阿合奇县林业局
乌恰县林业局
昌吉回族自治州林业局
奇台县林业局
伊犁哈萨克自治州林业局
霍城县林业局
巩留县林业局
新源县林业局
尼勒克县林业局
塔城地区林业局
乌苏市林业局
额敏县林业局
沙湾县林业局
托里县林业局
裕民县林业局
新疆阿尔泰山国有林管理局
布尔津林场
哈巴河林场
阿尔泰林场
福海林场
富蕴林场
青河林场
新疆天山东部国有林管理局
哈密林场

木垒林场
奇台林场
玛纳斯南山林场
呼图壁林场
米泉林场
吉木萨尔林场
沙湾林场
乌苏林场
板房沟林场
乌鲁木齐南山林场
新疆东林生态旅游股份公司

内蒙古森工集团

阿尔山林业局
绰尔林业局
绰源林业局
乌尔旗汉林业局
库都尔林业局
图里河林业局
伊图里河林业局
克一河林业局
甘河林业局
吉文林业局
阿里河林业局
根河林业局
金河林业局
阿龙山林业局
满归林业局
得耳布尔林业局
莫尔道嘎林业局

吉林森工集团

临江林业局
三岔子林业局
湾沟林业局
松江河林业局
泉阳林业局
露水河林业局
白石山林业局
红石林业局
吉林森工集团股份公司
吉林森工集团泉阳泉饮品有限公司
金桥木业有限公司

龙江森工集团

牡丹江林业管理局
大海林林业局
柴河林业局
东京城林业局
穆棱林业局
绥阳林业局
海林林业局
林口林业局
八面通林业局
柴河林业造纸厂

合江林业管理局

桦南林业局
双鸭山林业局
鹤立林业局
鹤北林业局
东方红林业局
迎春林业局
清河林业局
佳木斯木材综合加工厂

伊春林业管理局

双丰林业局
铁力林业局
桃山林业局
朗乡林业局
南岔林业局
金山屯林业局
美溪林业局
乌马河林业局
翠峦林业局
友好林业局
上甘岭林业局
五营林业局
红星林业局
新青林业局
汤旺河林业局
乌伊岭林业局
带岭实验局

松花江林业管理局

山河屯林业局
苇河林业局
亚布力林业局
方正林业局
兴隆林业局
绥棱林业局
通北林业局
沾河林业局
新工木材综合加工厂

集团直属单位

松江胶合板厂

大兴安岭林业集团

大兴安岭林管局
松岭林业局
新林林业局
塔河林业局
呼中林业局
阿木尔林业局
十八站林业局

新疆生产建设兵团

农一师
农二师
农三师
农四师
农五师
农六师
农七师
农八师
农十二师
农十三师
农十四师